Z 8589

Paris
1791

Naigeon, Jacques-André

Philosophie ancienne et moderne

Encyclopédie méthodique, ou par ordre de matières...

janvier   Tome 1

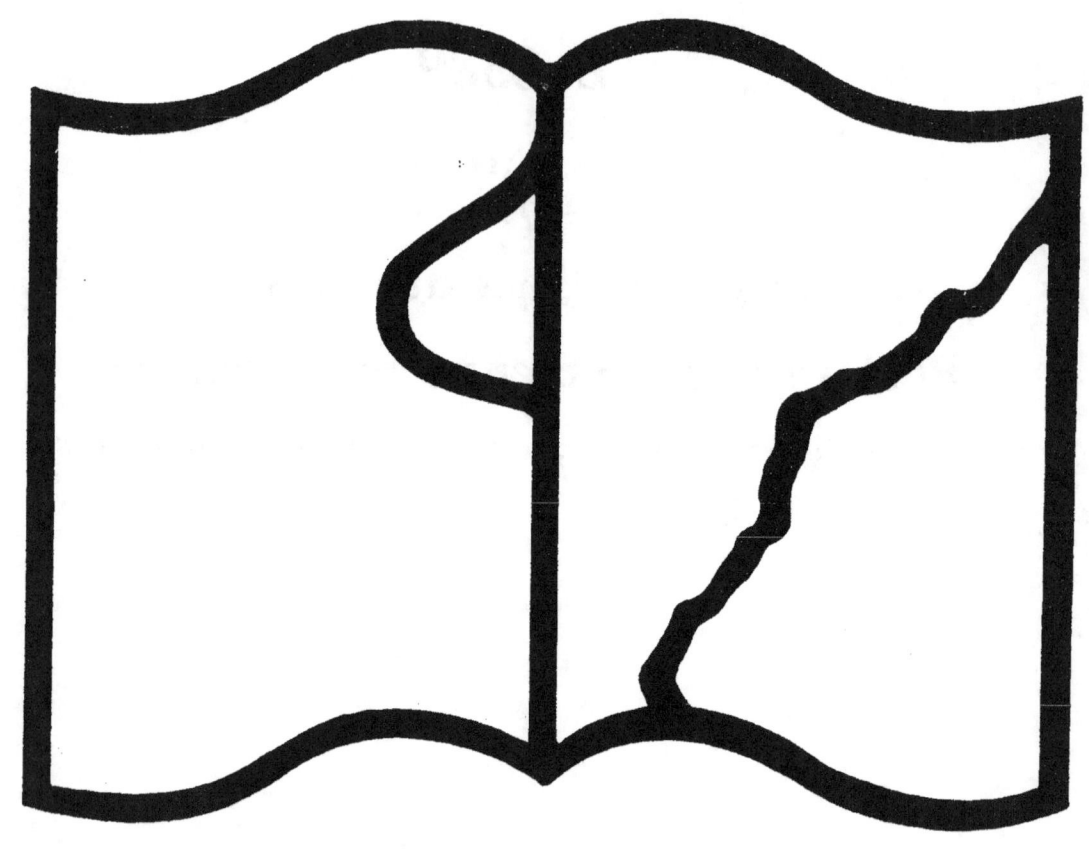

Symbole applicable
pour tout, ou partie
des documents microfilmés

Texte détérioré — reliure défectueuse

NF Z 43-120-11

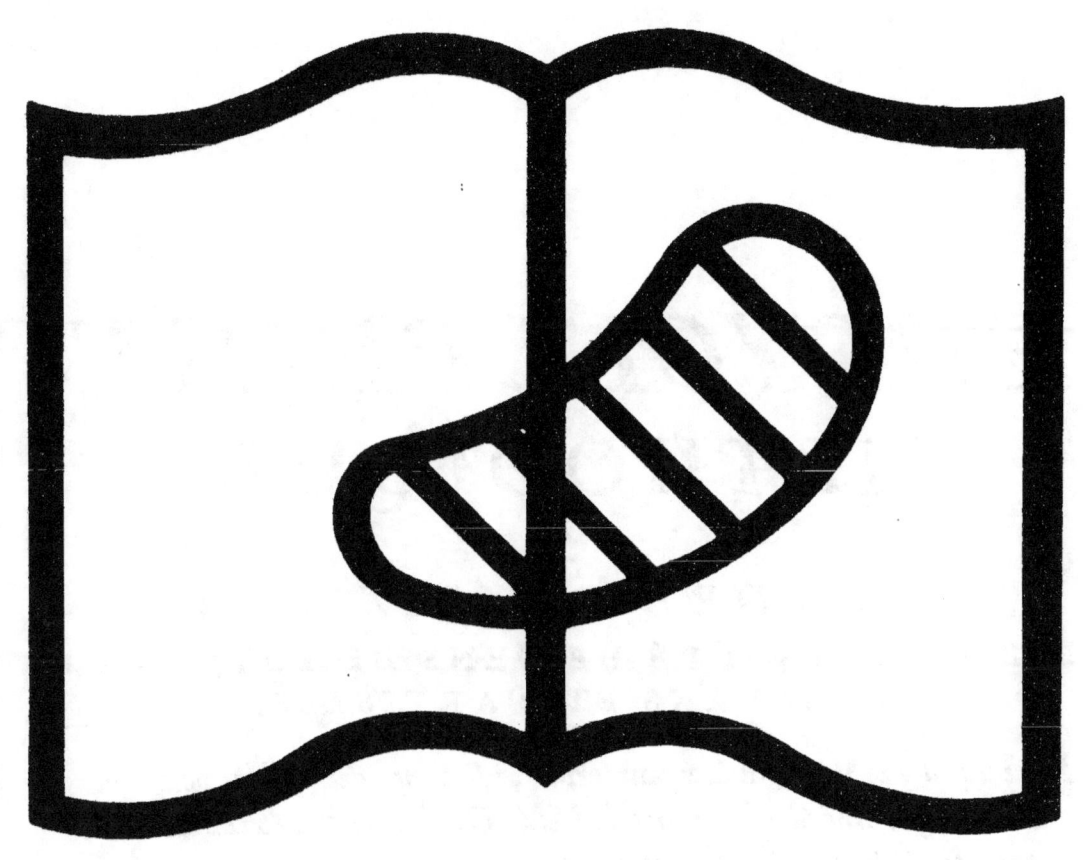

Symbole applicable
pour tout, ou partie
des documents microfilmés

Original illisible

NF Z 43-120-10

ENCYCLOPEDIE
METHODIQUE,
OU

PAR ORDRE DE MATIÈRES;
PAR UNE SOCIÉTÉ DE GENS DE LETTRES,
DE SAVANS ET D'ARTISTES;

Précédée d'un Vocabulaire universel, *servant de Table pour tout l'Ouvrage*, ornée *des Portraits de* MM. DIDEROT & D'ALEMBERT, *premiers Éditeurs de* l'Encyclopédie.

ENCYCLOPEDIE
METHODIQUE.

PHILOSOPHIE
ANCIENNE ET MODERNE.

Par M. NAIGEON.

TOME PREMIER.

A PARIS,

Chez PANCKOUCKE, Imprimeur-Libraire, hôtel de Thou, rue des Poitevins.

M. DCC. XCI.
Avec Privilège du Roi.

DISCOURS PRELIMINAIRE

Pour servir d'introduction à ce dictionnaire.

L'ouvrage que nous publions aujourd'hui est un de ceux dont le chancelier Bacon desiroit ardemment que quelque savant enrichît la littérature. Il en a même tracé le plan dans cet excellent traité où il fait si bien sentir la nécessité de refaire l'entendement humain pour travailler avec succès à l'accroissement des sciences. « Je vou-
» drois, dit-il, qu'un critique exact & judicieux nous donnât une histoire des opi-
» nions des anciens philosophes : personne encore n'a traité ce sujet. J'observerai donc
» ici que chaque philosophie doit être exposée à part, & former un tout : il ne faut
» pas faire, comme Plutarque, un recueil, une espèce de faisceau d'opinions déta-
» chées de tous les systêmes. Une philosophie quelconque, bien complette dans toutes
» ses parties, se soutient d'elle même, & ses dogmes, ainsi liés, s'éclaircissent &
» se fortifient réciproquement, au lieu qu'isolés & dispersés, ils ont je ne sais
» quoi d'étrange & de paradoxal » (1).

Ce passage de Bacon est une nouvelle preuve qu'aucune branche des connoissances humaines n'avoit échappé à son attention, & qu'il avoit même trouvé, sans autre guide que son génie, le point de vue d'où il falloit considérer chaque objet pour en saisir l'ensemble, & le pénétrer, pour ainsi dire, tout entier d'un coup-d'œil.

Si une foule d'exemples pris indistinctement chez les peuples anciens & modernes, même les plus policés, n'apprenoit pas avec quelle lenteur, quelle indifférence le bien s'opère dans quelque genre que ce soit, on seroit étonné du long intervalle de tems qui s'est écoulé entre ce projet de Bacon & l'histoire philosophique de Stanley qui n'est elle-même qu'une esquisse très-foible & peu terminée : c'est qu'en effet une entreprise de

---

(1) Optarim igitur, ex vitis antiquorum philosophorum, ex fasciculo Plutarchi de placitis eorum, ex citationibus Platonis, ex confutationibus Aristotelis, ex sparsa mentione, quæ habetur in aliis libris, tam ecclesiasticis, quam ethnicis, (Lactantio, Philone, Philostrato, & reliquis) opus confici cum diligentia & studio, de antiquis philosophiis. Tale enim opus nondum extare video. Attamen hìc moneo, ut hoc fiat distinctè : ita ut singulæ philosophiæ seorsum componantur & continuentur : non per titulos & fasciculos (quod Plutarchus fecit) excipiantur. Quævis enim philosophia integra se ipsam sustentat : atque dogmata ejus sibi mutuò & lumen & robur adjiciunt : quod si distrahantur, peregrinum quiddam & durum sonant. De augment. scientiar. liv. 3, cap. 4, pag. 95. Opp. tom. 4. edit. Lond. 1778.

Philosophie anc. & mod. Tome I.

cette nature ne paroit pas devoir être l'ouvrage d'un seul homme. Outre les difficultés communes à toutes les matières abstraites, celle-ci en a qui lui sont particulières. Une des plus grandes sans doute, est la variété des connoissances & des talens qu'elle exige, & dont plusieurs semblent même s'exclure réciproquement; car le philosophe, dont la vie entière n'est qu'une longue méditation appliquée successivement à divers objets, & que l'habitude a transformée chez lui en un besoin souvent très-impérieux, a moins d'inaptitude encore que de répugnance pour les recherches d'érudition qui fatiguent plus le corps qu'elles n'exercent l'esprit : & l'érudit de son côté, qui s'est plus occupé de l'étude des mots (1) que de celle des choses, qui fait plus de cas d'une collection de variantes & de lieux communs (2) que d'un recueil d'expériences & d'observations, que la restitution d'un texte corrompu ou qu'il suppose tel, intéresse plus que la solution d'un grand problème de philosophie spéculative, d'astronomie-physique ou de géométrie, n'a ni le tems, ni le desir, ni même l'instrument nécessaire pour sonder les profondeurs des sciences, & pour en reculer les limites. En effet, le cerveau est un organe qui a ses habitudes, ses goûts, ses *tics* particuliers, comme tous les autres viscères; & qui, indépendamment de sa struc-

---

(1) On trouve dans Séneque le détail des travaux des grammairiens, des critiques, en un mot, des érudits de son siècle & des précédens. Rien ne prouve mieux que, sur ce point comme sur beaucoup d'autres, les hommes n'ont point changé depuis ce philosophe, & que de toutes les choses, de tous les biens de la vie, le tems est celui dont ils ont toujours moins connu le prix.

« Le grammairien Didyme, dit-il, a écrit quatre mille volumes : il eût été bien à plaindre, s'il
» avoit été obligé de lire autant de livres inutiles. Ces livres sont consacrés, les uns à rechercher
» quelle fut la patrie d'Homere; les autres quelle fut la mere d'Enée; dans ceux-ci il examine si
» Anacréon étoit plus adonné aux femmes qu'au vin; dans ceux-là si Sapho étoit une courtisanne
» publique, ainsi que beaucoup d'autres questions de ce genre qu'il seroit bon d'oublier si on les
» savoit. Venez nous dire maintenant que la vie est courte....... Quoi! je passerois mon tems à par-
» courir les annales de toutes les nations, pour chercher qui le premier a composé des vers ? Je
» calculerois combien de tems s'est écoulé entre Orphée & Homere ? J'examinerois toutes les
» notes d'Aristarque sur les poésies des autres, & toute ma vie se consumeroit sur des syllabes.
» Ai-je donc oublié ce précepte si salutaire, *ménagez bien le tems*? n'apprendrai-je jamais à ignorer
» quelque chose ? Il vaut mieux ne rien savoir que de savoir des riens.

Quatuor millia librorum Didymus grammaticus scripsit. Miser, si tam multa supervacua legisset! in his libris de patriâ Homeri quaritur; in his de Æneæ matre vera: in his libidinosior Anacreon an ebriosior vixerit? In his an Sapho publica fuerit; & alia, quæ erant dediscenda, si scires. I nunc, & vitam esse longam nega..... Itane est? Annales evolvam omnium gentium, & quis primus carmina scripserit, quæram: quantum temporis inter Orphea interfit & Homerum, cum fastos non habeam, computabo, & Aristarchi notas, quibus aliena carmina compunxit, recognoscam: & ætatem in syllabis conteram...... Adeo mihi præceptum illud salutare excidit; tempori parce? Hæc sciam, ut quid ignorem? &c. Senec. Epist. 88. Voyez aussi *de Brevit. vitæ*, cap. 13 & 14.

(2) Quelqu'un a comparé le compte que deux Académies célèbres se rendent tous les six mois de leurs travaux respectifs au repas du Renard & de la Cigogne, *sorbitionem liquidam*. Il en est des meilleures plaisanteries à-peu-près comme des discours des hommes passionnés; il y entre toujours un peu d'exagération qui ajoute à leur effet, sans nuire à la vérité. Dans les unes elle fait sortir davantage le ridicule; dans les autres elle rend l'accent plus énergique & plus touchant.

ture intérieure qui le rend plus propre à telle fonction qu'à telle autre, & qui l'y détermine même irrésistiblement, ne se prête qu'avec beaucoup de peine & sans succès à celles auxquelles il ne s'est pas d'abord accoutumé. J'observerai même à ce sujet que ce n'est pas seulement à l'égard du plus ou moins d'énergie des facultés intellectuelles qu'à une certaine époque l'homme est modifié pour le reste de sa vie : il l'est de même en bien ou en mal; pour le vice, comme pour la vertu : & c'est en ce sens général qu'il faut dire avec la Fontaine;

> Certain âge accompli,
> Le vase est imbibé, l'étoffe a pris son pli.

Il semble, au premier aspect, que la moitié des efforts que les pères de l'Eglise, les scholastiques & les théologiens de toutes les communions ont faits pour embarrasser de pièges, d'écueils & d'obscurités la route de la vérité, leur auroit suffi pour l'applanir, & pour lever au moins une partie du voile qui la dérobe à nos foibles yeux; mais lorsqu'on lit avec attention quelques-uns de leurs ouvrages les plus vantés par la tourbe sacerdotale; lorsqu'on voit les sophismes, les misérables subtilités & le *non sens* dont ils sont remplis, on reconnoît bientôt que ces hommes, la plupart très-ignorans & d'une crédulité stupide, vivant d'ailleurs sous l'empire de ce fanatisme religieux, qui forme le caractère & l'esprit dominant de tous les siècles barbares, n'auroient fait dans aucune autre époque un meilleur usage de leurs talens, & d'une certaine sagacité qu'on ne peut leur refuser, & qu'on remarque jusques dans leurs erreurs les plus bizarres. Si la solution bonne ou mauvaise de ces questions ridicules & souvent absurdes, dont cette science vaine & contentieuse, qu'on appelle *Théologie*, est une source si féconde, n'avoit pas épuisé toutes les forces de leur esprit, ils les auroient portées avec la même activité sur d'autres objets aussi futiles; de sorte que le résultat auroit toujours été le même; ils auroient seulement perdu leur tems d'une autre manière; mais en dernière analyse, nous n'en serions aujourd'hui ni plus instruits, ni des interprètes plus sûrs & plus fidèles de la nature.

C'est ce qui me fait penser que les hommes doués de quelque aptitude extraordinaire pour les sciences ou pour les arts, sont, en général, dans quelque siècle, dans quelque circonstance où le hasard les fasse naître, à-peu-près tout ce qu'ils peuvent être, & font presque toujours la chose à laquelle ils sont particulièrement propres, & vers laquelle ils se sentent le plus fortement entraînés. S'il en est quelques-uns de déplacés, ils sont beaucoup plus rares qu'on ne le suppose communément; & peut-être même qu'en y regardant de plus près, on trouveroit que ce sont plutôt des hommes de talent que des hommes de génie. En effet, ceux-ci ont tous, plus ou moins, cette espèce d'inquiétude automate qu'on remarque dans les animaux quelques momens avant leur sommeil, & qui les porte à s'agiter en tout sens, à changer sans cesse de position, jusqu'à ce qu'ils rencontrent celle qui est la plus commode pour eux, & qui finissent toujours par la trouver. Pour se convaincre de la vérité de cette observation, il suffit de lire les éloges que Fontenelle, Mairan, d'Alembert & Condorcet nous ont donnés des hommes célèbres dans les sciences & dans les lettres : on voit par l'histoire des premières années de leur vie, presque toujours décisives pour le caractère, comme pour la sorte de gloire & d'illustration à laquelle on est nécessairement destiné, qu'il n'en est aucun qui après avoir lutté plus ou moins long-tems contre les divers obstacles qui s'opposoient à ses progrès, n'ait fini par en triompher, par suivre cette première & vive impulsion de la nature, plus forte, plus impérieuse que la volonté ou l'intérêt des parens, & par se mettre enfin, un peu plutôt, un peu plus tard, à sa vraie place.

Cessons donc de croire que le tems employé à l'étude de la scholastique & de la théologie, ait été perdu pour la culture des sciences, des lettres & des arts. Ceux qui dans les quinzième & seizième siècles se sont occupés des catégories, des quiddités, des formes substantielles, de l'universel de la part de la chose, de la distinction de l'*Ens per se* & de l'*Ens per accidens*, & de tant d'autres sottises, n'avoient que la sorte d'esprit propre à ce genre d'escrime, & auroient parcouru sans gloire une autre carrière. A l'égard de la Théologie, je ne connois qu'un seul grand homme, véritablement tel, que le christianisme ait enlevé aux sciences, & dont il ait, pour ainsi dire, paralysé tout-à coup la raison & le génie : & cet homme unique, sous plusieurs rapports, c'est l'inventeur du triangle arithmétique; c'est l'auteur immortel du traité de la roulette & de tant d'autres découvertes aussi ingénieuses & aussi utiles ; en un mot, c'est Pascal. C'est lui qu'on peut appeler un illustre *martyr* de la foi chrétienne ; car, pour l'observer ici en passant, qu'est-ce dans ces anciens fanatiques, dont la plupart ayant embrassé le christianisme sans examen, y tenoient bien moins par conviction que par opiniâtreté, que le sacrifice de quelques années d'une vie pauvre, obscure, souvent pénible pour eux mêmes & inutile aux autres, auprès de celui de la gloire, du plaisir si doux, si pur d'être utile à l'espèce humaine, & de se voir, en prolongeant ses regards dans l'avenir, l'objet de l'admiration, de la reconnoissance & du respect de la postérité ?

Il y a d'ailleurs, entre l'auteur éloquent des *lettres provinciales*, & ceux qu'on appelle en Sorbonne de *grands théologiens*, une autre différence très-remarquable ; c'est qu'en transportant par la pensée Pascal dans le siècle d'Euclide, d'Apollonius ou d'Archimède, on le verra successivement inventer la nouvelle analyse, simplifier, perfectionner les méthodes, & s'élever en même-tems aux concepts les plus hardis, aux résultats les plus importans de la philosophie rationelle : au lieu qu'en plaçant avant l'établissement du christianisme, & l'invention de la théologie Arnaud, Nicole, Bossuet, Clarke, Ditton, Cudworth & tant d'autres *quos fama obscura recondit*, on ne fera jamais de ces sophistes plus ou moins habiles, de ces grands diseurs d'inutiles fadaises, ni des philoso-

PRÉLIMINAIRE.

phes, ni des géomètres; mais on les verra reproduire, à la honte de la raison humaine, les ergoteries, les vaines subtilités de la secte de Mégare & des scholastiques, autre espèce de fous encore plus tristes.

Ce que nous venons de dire de ceux dont l'étude de la théologie a rempli, &, pour ainsi dire, absorbé la vie entière, peut s'appliquer également (*mutatis mutandis*) aux érudits, aux commentateurs *& id genus omne*. Le genre de travail auquel les uns & les autres se sont livrés, n'étoit ni le résultat d'une délibération, de ces oscillations plus ou moins longues qui annoncent une égalité au moins apparente de motifs, & qui précèdent le choix, ni une affaire de circonstance, mais de caractère, mais d'organisation, mais d'instinct: c'étoit en eux l'effet nécessaire d'un goût plus marqué, d'une aptitude exclusive à telle ou telle chose, de ce sentiment plus ou moins vif que chaque homme a de ses propres forces, sentiment qui lui est commun avec l'animal (1), & qui les avertit l'un & l'autre de ce qu'ils peuvent oser. C'est lui qui semble leur dire: « Tu peux aller
» jusques là; voilà le terme que la nature t'a fixé; & tous les efforts que tu feras pour
» le passer, ne serviront qu'à révéler le secret de ta foiblesse:

— — Non, si te ruperis, inquit,
Par eris.

Il résulte des réflexions précédentes, que si le philosophe & l'érudit sont, pour parler avec quelque précision, deux espèces d'automates montés pour une certaine suite de mouvemens divers, deux machines nécessairement disposées, organisées, l'une pour avoir beaucoup d'esprit, de jugement & d'idées, & pour faire de la raison; l'autre, pour retenir, par exemple, à-peu-près tous les mots d'une langue morte & leurs radicaux, pour savoir dans quel sens chacun de ces mots est employé dans tel & tel auteur ancien, & le passage original ou de quelque vieux scholiaste où cette expression se trouve (2); enfin, si, comme on n'en peut douter, chacun de nous est nécessairement tel, si l'un est destiné, signé par la nature pour être Saumaise, l'autre pour être Hobbes ou Newton,

---

(1) Sentit enim vim quisque suam quam possit abuti:
    Cornua nata priùs vitulo quam frontibus exstent.
    Illis iratus petit, atque infensus inurget.
        Lucret. de rer. nat. L. 5, vers. 1032 & seqq.

(2) Il y a en effet tel érudit dont toute la science ne s'étend guères plus loin. Je ne pense pas que ce soit l'homme de l'Europe qui sache le mieux le grec, mais c'est peut-être celui qui sait le plus de grec, ce qui est fort différent, & ne suppose même qu'une sorte de mémoire assez commune. Au reste, cet éditeur de plusieurs ouvrages qui auroient dû rester ensevelis dans la poussière des bibliothèques d'où il les a tirés, peut être cité comme un des exemples du mauvais usage que certaines gens font de l'érudition. Il est du nombre de ces critiques dont parle Buddeus, & qui croyent, dit-il, » qu'il ne leur manque rien pour être parfaitement savans pourvu qu'ils fatiguent perpétuellement les yeux de leurs lecteurs par ces paroles fastueuses, *deleo, interpungo, corrigo, manuscripta sic habent, hoc ab antiquo ritu*, &c. Voyez parmi les *selecta juris naturæ & gentium* de Buddeus, la dissertation qui traite de la culture de l'esprit, *de cultura ingenii*; c'est la sixième de ce recueil.

Voltaire ou l'inventeur du métier à bas, on ne peut guère espérer de voir jamais une bonne histoire critique de la Philosophie ancienne, à moins qu'il ne naisse quelque jour un homme qui réunisse à des connoissances très-étendues dans plusieurs sciences un esprit juste & profond, une érudition immense & bien digérée, une étude réfléchie des langues anciennes, un goût perfectionné par la lecture & la comparaison des grands modèles, & le talent de colorer agréablement les divers objets qu'il veut offrir alternativement à l'imagination & à la raison de ses lecteurs.

De ces différentes sortes de mérite, toutes si nécessaires à un historien de la Philosophie ancienne, Diderot a peut-être rassemblé en lui seul les plus rares, & celles qui dans tous les tems suffisent pour faire & pour assurer le succès d'un poëme, d'un ouvrage de littérature ou de raisonnement ; mais une histoire de la Philosophie exige quelque chose de plus. Si d'un côté il est peu de parties dans l'Encyclopédie d'une utilité plus générale, plus constante, & qui par la profondeur des matières qu'elle embrasse, par le nombre & la nature des idées qu'elle réveille dans l'esprit, & qui sont quelquefois à une grande distance des premières, offre un champ plus vaste à la méditation ; de l'autre il n'en est aucune où l'on ait plus souvent besoin des secours de l'érudition & de la critique ; & ces deux instrumens ne sont pas, en général, ceux dont les philosophes fassent le plus d'usage. Diderot étoit même absolument incapable de cette patience, de cette exactitude si nécessaires dans l'examen des faits : & cette attention scrupuleuse que dans ces recherches & dans ces discussions arides il faut sans cesse donner à une foule de petits objets, qui ont néanmoins leur utilité, étoit sur-tout au-dessus de ses forces. Il en usoit précisément avec les anciens comme avec les modernes ; il les lisoit dans sa tête, citoit leurs pensées dans la forme originale qu'elles y avoient prise, & s'identifioit tellement avec eux, que sans s'en appercevoir, il leur prêtoit quelquefois ses idées, & s'approprioit de même les leurs, à-peu-près comme des amis dont les biens sont communs & qui vivent solidaires.

Quoique la plupart des articles où il a traité de la Philosophie des anciens, soient très-curieux, très-agréables à lire, & qu'ils aient sur-tout le mérite si rare de faire beaucoup penser, il est aisé de voir qu'il n'avoit pas recueilli lui-même les matériaux qu'il met en œuvre, & que la forme à laquelle il s'est astreint dans ces articles, n'est pas celle qu'il leur eût donnée, si elle ne lui eût pas été en quelque sorte prescrite par le savant qu'il avoit pris pour guide. Il parloit souvent de la contrainte que cette marche uniforme, méthodique & compassée lui avoit imposée, & de l'influence trop sensible qu'elle avoit eue sur l'ensemble & les détails de l'ouvrage ; il regrettoit de n'avoir pas donné à cette partie de l'histoire des progrès de l'esprit humain une attention & des soins qui répondissent à l'importance de l'objet ; & il se proposoit d'y suppléer dans une seconde édition. Son plan étoit vaste & bien conçu ; l'exécution devoit être

PRÉLIMINAIRE.

précédée d'une étude suivie, & d'une analyse exacte de tous les auteurs cités par Brucker & par Stanley ; & cette nouvelle route étoit certainement la meilleure & la plus sûre, mais il s'agit moins ici de ce que Diderot avoit dessein de faire, que de juger ce qu'il a fait.

Chargé de la description des arts & métiers, dont il a exposé avec tant d'exactitude & de clarté (1) la théorie & les procédés ; maîtrisé d'ailleurs par des circonstances difficiles qui le forçoient de s'occuper indistinctement d'un grand nombre d'objets divers, souvent disparates, & auxquels il étoit plus ou moins étranger (2) : tourmenté sur-tout par l'impatience peu réfléchie des souscripteurs toujours pressés de jouir, & à qui en général il importe trop peu qu'un ouvrage soit bien ou mal fait, pourvu que les volumes dont il doit être composé, & qu'on leur a promis, se succèdent rapidement ; Diderot crut pouvoir suivre Brucker sans craindre de s'égarer sur ses traces ; il supposa qu'un livre qui avoit couté quarante ans de lectures & de recherches (3) à son auteur, ne devoit rien laisser à desirer sur la matière qui en faisoit l'objet ; & cette confiance que l'érudition de Brucker lui inspira d'abord, jointe au peu de tems que lui laissoient d'autres travaux qu'il s'étoit réservés en qualité d'éditeur, le détermina à se borner en partie à la fonction d'interprète. En effet, ses extraits ne sont souvent que la traduction de ceux de Brucker, dont il a même adopté l'ordre, la méthode & les divisions. Il a seulement eu l'art d'y répandre avec autant de goût que de sobriété, quelques unes de ces vues ingénieuses & fines, de ces pensées nouvelles & hardies, de ces réflexions profondes, telles qu'on en trouve dans tous ses ouvrages, & qui caractérisent particulièrement ce philosophe éloquent. Ce sont ces vues, ces idées,

---

(1) Voyez l'article *Bas* (métier à) l'article *Velours* ; & dans un autre genre, non moins difficile, la belle description de la machine arithmétique de Pascal.

(2) C'est ce qu'il fait entendre assez clairement dans le passage suivant :

« Nous avions espéré d'un de nos amateurs les plus vantés, l'article *Composition en peinture*. (M. Wa-
» telet ne nous avoit point encore offert ses secours.) Nous reçumes de l'Amateur deux lignes de
» définition, sans exactitude, sans style & sans idées, avec l'aveu humiliant qu'il n'en savoit pas
» davantage ; & je fus obligé de faire l'article *Composition en peinture*, moi qui ne suis ni amateur
» ni peintre. «

Remarquons, en passant, que cet article est très-beau, qu'il est rempli d'excellentes observations sur l'art, & qu'il n'y a point d'amateur, ni d'artiste capable de le faire aussi bien.

(3) Voici ce que Brucker lui-même dit d'une nouvelle édition qu'on lui proposoit de faire de son ouvrage.

Quam licet ingravescens Senectus annorumque canities nobis difficilem redderet, manum tamen retrahere voluimus, cum in quadraginta annorum spatio, quo hoc historiæ philosophicæ saxum volvimus continua lectione & usu nobis observationes multæ enatæ essent, quibus historiam hanc philosophiæ criticam perfici augerique posse, & in nonnullis emendari fueramus persuasissimi, &c. *Bruckeri Præfat. secund. edit.*

ces réflexions remarquables par la sagacité & l'étendue d'esprit qu'elles supposent, qu'on chercheroit envain dans Brucker & dans Stanley ; c'est par elles, & par ce style vif, énergique & rapide dont ces réflexions sont écrites, que Diderot a fait disparoître la monotonie, la sécheresse des extraits qu'il employoit, & que dans cet exposé des opinions des anciens, l'attention du lecteur, souvent distraite par cette multitude d'objets divers entre lesquels elle est obligée de se partager, n'est jamais fortement excitée que par ceux qui sont réellement dignes de la fixer, & qui lui offrent de grands résultats.

Pénétré de respect pour la mémoire d'un ami que je regrette sans cesse, & dont la perte irréparable (1) pour mon cœur laisse encore un vuide affreux dans les lettres ; très-convaincu d'ailleurs qu'il me seroit impossible, je ne dis pas de faire mieux que lui, mais de faire à-peu près aussi bien, &, pour parler comme Montaigne, *de lutter en gros & corps-à-corps ce vieil athlète*, j'ai conservé religieusement cette partie de son travail dans l'Encyclopédie ; & ce qui m'a paru nécessaire pour le compléter, ou pour rectifier certains faits, est enfermé entre deux crochets disposés de cette manière, [ ] afin qu'on ne puisse pas imputer à cet homme de génie (2), auquel son siècle n'a pas rendu justice, les fautes que je peux avoir commises.

A l'égard des articles dont il n'est pas l'auteur, j'en ai usé comme de mon propre bien ; je les ai refaits en tout ou en partie, selon qu'ils m'ont paru exiger des changemens plus ou moins considérables ; les gens de lettres que Diderot en avoit chargés, ou qui, par une suite naturelle de cette ferveur & de cet enthousiasme qu'inspire d'abord un grand projet consacré tout entier à l'utilité publique, lui avoient offert des secours ; occupés d'autres travaux, ou trop foibles pour celui qu'ils s'imposoient, s'étoient contentés de copier servilement Huet, Deslandes, Rapin, &c. sans les citer, & sur-tout sans corriger leurs inexactitudes, & sans réparer leurs omissions.

Il seroit injuste de refuser à Brucker & à Stanley les éloges que méritent la nouveauté, la hardiesse & la difficulté de leur entreprise ; mais le respect qu'on doit à la vérité, ne permet pas de dissimuler les négligences & les méprises de toute espèce qui leur sont échappées. Montaigne observe que « tel allègue Platon & Homère qui ne les vid onques ; » & moi, *ajoute-t-il*, ay prins des lieux assez, ailleurs qu'en leur source. » Cette méthode, si propre à perpétuer les erreurs, me paroît être celle de Stanley, & plus encore celle de Brucker (3). Mais ce qui est absolument sans conséquence & sans inconvénient

---

(1) Multis ille quidem flebilis occidit:
Nulli flebilior quam *mihi*.

(2) Maximè solutum, & sine obtrectatore fuit, prodere de iis, quos mors odio aut gratiæ exemisset. Tacit.

(3) Il suffit, pour s'en convaincre, de lire dans les Auteurs originaux la plupart des passages
dans

dans un livre tel que les *Essais*, où les citations, tantôt directes & tantôt ingénieusement détournées de leur vrai sens par la finesse des applications, ne changent point les résultats, & ne servent que d'ornement, n'est pas aussi indifférent dans des matières de faits & de discussion : là, pour trouver la vérité, souvent si fugitive & si difficile à constater dans tout ce qui n'est pas du ressort des sciences exactes, il faut joindre à une logique très-sévère, beaucoup de discernement & de sagacité dans le choix des témoins, dans la manière de les interroger, de les confronter les uns aux autres, de les concilier, de déterminer leurs différens degrés de véracité ; & tirer ensuite de toutes ces autorités plus ou moins opposées, & réduites à leur juste valeur, une opinion à laquelle on puisse s'arrêter avec confiance, & qui ait au moins pour elle toutes les vraisemblances & les probabilités dont elle est susceptible.

Un auteur, dont on se plaît à emprunter jusqu'aux expressions mêmes, parce qu'elles ont, dans son style, d'ailleurs incorrect & familier, mais vif & serré, une énergie, une précision & une grace inimitables, critique avec raison ces historiens qui « entreprennent de choisir les choses dignes d'estre sues, & nous cachent souvent telle parole, telle action privée qui nous instruiroit mieux ; obmettent pour choses incroyables celles qu'ils n'entendent pas ; & peut-être encore telle chose pour ne la sçavoir dire en bon latin ou françois. » *Il veut* « qu'ils jugent à leur poste, mais qu'ils nous laissent aussi de quoi juger après eux : & qu'ils n'alterent ny dispensent par leurs racourciemens & par leur choix, rien sur le corps de la matière : ains qu'ils nous la renvoyent pure & entiere en toutes ses dimensions. » On regrette que cette leçon, si sage dans ce qu'elle blâme & dans ce qu'elle prescrit, n'ait pas servi de règle à Brucker & à Stanley, que, par cela même, il faut lire par-tout avec beaucoup de précaution. Je dis mon avis d'autant plus librement, que je crois avoir acquis, par une étude réfléchie de la Philosophie ancienne, & par celle de plusieurs sciences sans lesquelles il me paroît impossible de l'entendre & de l'éclaircir, le droit de juger ceux qui, n'ayant qu'une partie des connoissances & des instrumens nécessaires pour débrouiller ce chaos, n'ont fait, dans un certain sens, qu'effleurer la matière, & rendre plus sensible & plus pressant le besoin d'un ouvrage où il y ait moins à lire, & plus à apprendre.

Si Brucker avoit été aussi instruit que laborieux ; s'il avoit eu autant de pénétration que de savoir, s'il avoit envisagé son sujet sous son vrai point de vue, & dans tous ses rapports, il auroit fait un beau livre, dont la lecture auroit dispensé de beaucoup d'autres : c'eût été là un véritable *traité de l'opinion*, très-supérieur à celui de le Gendre, dans lequel il n'y a de philosophique que le titre, & d'utile que les citations. Le lecteur

---

qu'il rapporte ; de les considérer dans la chaîne de raisonnemens où ils sont placés, & relativement à ce qui les précède & à ce qui les suit.

auroit trouvé dans le livre de Brucker, à-peu-près tel que je le conçois, un recueil complet de tout ce que, dans une longue suite de siècles marqués dans l'histoire par des époques plus ou moins longues de barbarie & de lumiere, l'esprit humain a pensé de plus absurde & de plus judicieux, de plus extravagant & de plus raisonnable, de plus conjectural & de plus précis: on y auroit vu l'homme en général, & souvent le même individu, alternativement sage & fou, profond & frivole, circonspect & hardi, superstitieux & philosophe; offrant sans cesse les contrastes les plus bizarres, ayant tantôt des idées puériles & tantôt des concepts sublimes; luttant ici avec succès contre l'ignorance & les préjugés, devinant même quelquefois sans expériences & sans instrumens la marche & le secret de la nature, & éclairant tout-à-coup un horison immense; là débitant gravement sur la physique, la politique & la morale, les rêves d'une imagination en délire, & travaillant dès-lors en silence & sans le savoir, à épuiser la série des erreurs par lesquelles l'homme semble être condamné à passer avant d'arriver à la vérité.

Un ouvrage critique & raisonné sur la philosophie ou la science générale des anciens, composé dans cet esprit, & enrichi de toutes les connoissances spéculatives qu'il suppose & qu'il exige, offriroit au lecteur un spectacle curieux, souvent même imposant & très-digne à plusieurs égards de son attention. Ce seroit une *Histoire philosophique de l'entendement humain* considéré dans ses différens périodes, ou si l'on veut dans ses accès divers de force & de foiblesse, de raison & de folie: on y verroit marqués avec précision tous les pas que l'homme a faits jusqu'à présent vers l'erreur & vers la vérité; & si l'on ne peut gueres douter de ce que Fontenelle observe quelque part, que l'histoire des folies des hommes ne soit une grande partie du savoir, & que malheureusement plusieurs de nos connoissances ne se réduisent là, nous serions au moins très-avancés dans celles de cette nature; & ce seroit toujours une découverte importante que celle de toutes les routes qui mènent à l'erreur; elle rendroit plus libre, plus courte & plus facile celle de la vérité.

On est étonné, sans doute, que l'énorme compilation de Brucker & de Stanley n'apprenne au fond que fort peu de choses, qu'on sauroit même mieux, & avec moins de peine & d'ennui, en consultant les sources. Les grandes recherches d'érudition effrayent l'imagination comme ces vastes receuils d'expériences de physique ou d'histoire naturelle: & cet effet n'est pas toujours la suite d'un défaut d'instruction, mais de cette paresse d'esprit à laquelle tous les hommes sont plus ou moins enclins, & qui est une source féconde d'erreurs & de préjugés. Tant de passages accumulés, tant d'expériences réunies, lorsque l'esprit philosophique n'a pas guidé le savant, & éclairé les pas de l'observateur, ne prouvent souvent que la patience de l'un, & les petites vues de l'autre. Il en est de ces recherches & de ces recueils comme des relations des voyageurs, dont un Philosophe disoit avec raison, « rien n'est si commun que les voyages & les relations, mais il est rare que

PRÉLIMINAIRE.

» leurs auteurs, ou ne rapportent que ce qu'ils ont vu, ou aient bien vu, » *& sans poésie.*

Brucker & Stanley peuvent suffire à ceux qui, incapables d'un long travail & d'un certain degré d'attention, se contentent d'appercevoir les choses d'une vue générale & confuse, & qui sont fort aises de trouver rassemblés dans un même ouvrage, non pas tout ce qu'on peut savoir sur une matière, mais à-peu près tout ce qu'ils en veulent apprendre. Cette classe de lecteurs est par-tout la plus commune & la plus étendue. Mais ceux qui sont obsédés, tourmentés de ce désir, de ce besoin de connoître, de cette soif de l'instruction que l'âge augmente encore dans ce petit nombre d'hommes privilégiés que la nature destine en secret à la gloire & à l'illustration; ceux qui veulent approfondir tout ce qu'ils étudient, & porter successivement la lumiere sur toutes les faces, sur tous les détails de l'objet qu'ils observent, trouveront Brucker & Stanley très superficiels & très prolixes ; c'est qu'il est bien difficile de ne pas omettre une infinité de choses essentielles, quand on en dit beaucoup de superflues, & que ce défaut est celui de presque tous les érudits : ils ressemblent plus ou moins à ce Posthume dont Martial se moque, & qui, ayant à parler pour un vol de trois chèvres, se jetta sur la bataille de Cannes & les guerres de Carthage. A quoi bon, lui dit le poëte, ces écarts pour étaler si mal-à-propos de l'éloquence & de la littérature ! *Jam dic Posthume de tribus capellis.*

Je sais que la sorte d'esprit & de sagacité nécessaire pour appercevoir les défauts d'un ouvrage ne suppose pas le talent d'en faire un bon ; mais il n'en est pas moins vrai que c'est en remarquant les fautes de ceux qui nous ont précédés dans une carriere épineuse, en indiquant par des traits distincts les écueils contre lesquels ils se sont brisés, qu'on peut espérer de les éviter, & d'en préserver ceux qu'une fausse lueur pourroit égarer. Il y a dans tous les genres un certain degré de perfection dont il est très-difficile & très-rare d'approcher, & qu'il n'est pas même accordé à tout le monde de sentir (1) & d'admirer dans le petit nombre d'écrivains qui semblent l'avoir atteint. C'est vers ce terme que chacun éloigne ou qu'il rapproche selon la portée de sa vue, & la mesure ou le modèle idéal & abstrait qu'il s'est fait du beau & du bon, qu'on doit tendre constamment & avec effort, même sans l'espoir d'y arriver : car ici, comme dans la plupart des circonstances de la vie, ce n'est qu'en voulant faire mieux qu'on ne peut, qu'on parvient à faire à-peu-près aussi bien qu'on le doit. Quand je resterois fort au-dessous de mon sujet, ce qui arrive souvent à ceux qui tentent de grandes choses ; quand,

---

(1) Il y a telle page, ou même telle pensée de Tacite ; telle scène, ou seulement tel hémistiche, tel mot de Racine, de Voltaire ou de Molière ; telle fable de Lafontaine, &c. dont toute la profondeur, tout le pathétique & le sublime, tout le comique, le naturel & la grace sont perdus pour le plus grand nombre des lecteurs.

oubliant les sages leçons (1) d'Horace, je succomberois sous le poids du fardeau dont je me suis chargé, cela ne prouveroit rien en faveur de Brucker & de Stanley ; leur ouvrage n'en seroit pour cela, ni meilleur, ni plus instructif, & je n'en aurois pas moins le droit de le dire. Toutes les autorités, sacrées ou profanes, sont égales & indifférentes pour un bon esprit ; ce n'est ni leur source, ni leur nombre, ni leur ancienneté, c'est la raison qui fait leur différence : c'est elle seule qu'on doit écouter & compter pour rien Brucker, Stanley & moi, parce que, dans toute espèce de discussion, il faut toujours, en dernière analyse, en revenir aux faits & à la logique.

Je n'espérois pas trouver dans les écrits de ces savans beaucoup d'idées ; les érudits en général (2) pensent peu. Plus capables, & par cela même plus empressés d'amasser des matériaux que de les ordonner : presqu'uniquement occupés à compiler indistinctement un grand nombre de faits, ils semblent laisser au Philosophe le soin de les appliquer, de découvrir la source de la dépendance mutuelle où ils sont les uns des autres, d'indiquer ces rapports souvent très-difficiles à saisir, d'éclaircir, de lier entr'eux par ces rapports finement apperçus la plupart de ces faits, jusqu'alors isolés, obscurs, & d'élever ensuite les vérités qui résultent de cette espèce d'analyse à la plus grande universalité. Mais les érudits ont du moins, dans leurs savantes & pénibles recherches, le mérite de l'exactitude, & il faut avouer que sur ce point important, Brucker & Stanley ne sont pas tout-à-fait exempts de reproches. Souvent même leurs extraits sont très-incomplets, soit que ne sentant pas la finesse ou la profondeur de certaines idées des anciens, ils n'aient pu les recueillir, soit qu'ils aient passé trop légèrement sur les endroits de leurs écrits, où ces idées se trouvent jettées comme par hasard, & présentées même avec une sorte d'obscurité qui accompagne quelquefois les idées générales ; obscurité qu'on ne parvient pas à dissiper par les secours réunis de l'érudition & des langues anciennes ; car, selon la remarque judicieuse de Bayle, ceux qui excellent dans les langues & dans les matières de faits, ne sont point forts en raisonnement.

---

(1) Sumite materiam vestris, qui scribitis, æquam
Viribus ; & versate diù quid ferre recusent,
Quid valeant humeri.

De Art. Poet. vers. 38, & seqq.

(2) Lorsque Voltaire fait dire par un de ces savans :
» Le goût n'est rien ; nous avons l'habitude
» De rédiger au long, de point en point,
» Ce qu'on pensa ; mais nous ne pensons point ».

Ce n'est pas seulement une excellente plaisanterie, c'est encore une de ces vérités générales qui ont leurs exceptions, comme toutes celles de ce genre.

PRÉLIMINAIRE

Si, entraîné par la réputation & l'autorité de ces savans, dont les recueils peuvent être consultés avec fruit, mais ne doivent pas servir de guides, j'avois cru pouvoir me dispenser de puiser dans les sources, & de suivre un autre plan, j'aurois fait les mêmes fautes qu'eux, & mon ouvrage aussi sec, aussi diffus, aussi pesant que le leur, auroit excité les mêmes plaintes de la part des lecteurs Philosophes, les seuls dont on doive desirer le suffrage, parce que s'il n'est pas toujours ratifié par le public au moment où ils l'accordent, il est nécessairement le seul qui reste & qui fasse loi dans l'avenir.

C'est un principe connu & avoué des meilleurs esprits, qu'il faut redoubler de preuves, à proportion que ce que l'on combat est plus établi : j'ajouterai donc ici que ceux à qui le jugement que je porte de Brucker & de Stanley paroîtra trop sévère, m'excuseront peut-être, s'ils prennent la peine de comparer ce que ces auteurs disent de la *Philosophie des Académiciens* avec ce même article, tel qu'il est imprimé dans ce volume (1). Sans parler de beaucoup de choses qu'ils auroient dû dire, & qu'ils n'ont pas seulement indiquées, ni même entrevues, les nuances délicates & fugitives qui séparent les trois époques célèbres de *l'académie*, ne sont pas assez distinctes, & semblent se confondre : défaut de critique, ou, si l'on veut, négligence d'autant plus blâmable, que cet article *Académiciens* est un des plus curieux & des plus importans de la Philosophie ancienne, & méritoit, sous ce point de vue, une attention particulière. En effet, il n'est aucune secte, (si ce n'est peut-être celle des stoïciens) dont la doctrine, en général, peu connue des modernes, soit plus subtile, plus obscure, plus difficile à éclaircir & à exposer fidèlement dans toutes ses parties. On trouve peu d'observations exactes sur cette matière dans les auteurs qui ont écrit de la Philosophie des anciens. Le petit ouvrage latin de Pierre Valentia, publié il y a deux cens ans, en apprend lui seul, plus que le fatras métaphysique & théologico-scolastique de M. Castillon, qui, même avec le secours de Brucker & de Stanley beaucoup plus savans que lui, & avec moins de faste, n'a donné qu'une idée vague, incomplette & souvent fausse des opinions des *académiciens*. En rassemblant tout ce qu'il en dit dans ses notes sur le Lucullus de Cicéron, on n'en connoît pas mieux cette secte fameuse qui a eu pour défenseurs & pour appuis les plus grands génies de la Grèce & de Rome; qui a changé presqu'entièrement la méthode de philosopher des anciens, accoutumé peu-à-peu les dogmatiques à tempérer la hardiesse & la témérité de leurs assertions, & éclairé les modernes sur la meilleure manière de procéder dans la recherche de la vérité. On peut, sans doute, lui reprocher l'usage trop fréquent d'une

---

(1) Voyez depuis la page 19, jusqu'à la page 132.

Quelque soin que j'aie apporté à la correction des épreuves, j'ai remarqué depuis l'impression de cet article plusieurs fautes qui me sont échappées. Quelques unes sont assez legeres, & n'exigent point d'errata ; mais il s'en trouve une très grave & qui corrompt le sens. Voyez page. 23, colon. première, ligne 5, en remontant, & lisez *une différence essentielle entre*, &c.

dialectique captieuse & sophistique : mais il y a du moins entre les ergoteries des disciples de Zénon, & celles de l'école d'Arcésilas & de Carnéade, une différence remarquable, c'est que les disputes des stoïciens entre-eux & avec les autres philosophes, avoient souvent pour objet des questions qui n'exerçoient qu'une vaine subtilité, & qui, pour parler comme Montaigne, *laissoient l'entendement & la conscience vuides* : au lieu que les arguties des *Académiciens* étant presque toujours liées à des discussions dont le fonds étoit très intéressant pour de bons esprits, & sur lequel il n'étoit pas indifférent d'avoir une opinion vraie ou fausse, fixe ou vacillante, n'ont pas été inutiles aux progrès de la raison, parce que, pressé d'abord par cette logique épineuse qui ne persuade pas, mais qui rend tout plus ou moins incertain, on a senti la nécessité d'écarter ces difficultés ; on en a cherché la solution, & on l'a trouvée.

Ce qui rend la Physique & la Métaphysique des anciens si vague, si obscure, si difficile à entendre, c'est qu'ils n'avoient pas, si l'on peut s'exprimer ainsi, la langue de leurs idées. En étudiant leur philosophie spéculative & purement rationnelle, on s'apperçoit que cette langue qui leur eût été si nécessaire pour traduire leurs pensées par des termes qui correspondissent exactement à la finesse, à la subtilité de ces concepts, leur manque très souvent, & qu'elle n'étoit pas encore faite. L'éloquence & la poésie cultivées chez les grecs avec tant de succès & de gloire, avoient donné à leur langue ce mouvement, ce nombre & cette harmonie qui la caractérisent, & dont leur oreille sensible & délicate étoit un juge si sévère & si exercé. Toutes les ressources, tous les avantages qu'une langue peut offrir à des hommes qui avoient un besoin continuel d'émouvoir, d'attendrir, d'irriter, de porter successivement le trouble & le calme dans les esprits, & de parler fortement aux sens & à l'imagination, se trouvent réunis dans le grec. Mais la langue philosophique de ce peuple ingénieux & subtil n'avoit pas fait autant de progrès, parce que, même dans les hommes les mieux organisés, ce jugement sain & réfléchi, ces pensées vastes & profondes, en un mot, cette raison perfectionnée & dans toute sa force qui fait les philosophes, est partout le produit de la méditation, de l'expérience & de l'observation, multiplié par le temps ; & qu'un peuple est déjà bien vieux, souvent même bien corrompu, quand le flambeau de la philosophie commence à l'éclairer. Les grecs s'étoient enrichis de plusieurs connoissances nouvelles ; leurs idées tournées assez rapidement vers des objets intellectuels, très-propres par leur nature à aiguiser l'esprit, à lui donner du ressort & de l'activité, étoient devenues plus abstraites, plus générales : mais leur langue douce & flexible, féconde en termes énergiques & passionnés, en métaphores hardies, en images, en inversions, est restée la même pour l'orateur, pour le poëte & pour le philosophe : celui-ci avec plus d'étude, plus d'instruction, avec une plus grande habitude d'observer & de comparer ; j'ajouterai même avec plus d'esprit, puisqu'il avoit sans cesse à trouver l'expression de nouvelles idées, de nouveaux rapports apperçus entre les objets,

PRÉLIMINAIRE.

n'avoit pour communiquer ses pensées que les mêmes mots, les mêmes signes oratoires déjà institués, & employés long-tems avant lui par les deux premiers. De-là la nécessité d'étendre souvent l'acception de ces mots, de leur en donner même une différente, & d'en créer (1) de nouveaux ; ce qui a dû introduire dans la langue philosophique beaucoup d'équivoques, rendre les disputes de mots fréquentes & interminables chez un peuple où l'art si utile de définir & d'analyser avec précision étoit encore peu connu ; exciter contre les Philosophes les clameurs des beaux esprits de la Grèce qui les accusoient sans doute de corrompre le goût; & enfin répandre de grandes obscurités sur les écrits de ceux qui étoient obligés de traiter les questions les plus abstruses & les plus épineuses de la Métaphysique & de la Physique, dans une langue très-imparfaite à cet égard, & qu'on peut appeller par excellence la langue des poëtes & des orateurs, mais non pas celle des Philosophes.

On peut inférer de ces réflexions, qu'il est en général très-difficile de bien suivre le fil des idées des anciens, & que, sans les preuves les plus fortes & les plus évidentes, on ne doit ni leur faire honneur de notre sagesse & de nos découvertes, ni leur attribuer nos conjectures plus ou moins bisarres, ou, si l'on veut, nos folies.

Rien n'est donc plus illusoire & moins philosophique que d'expliquer par-tout, comme l'a fait M. Dutens, la métaphysique & la physique des philosophes grecs par des vues, des théories & des connoissances puisées dans nos sciences & dans nos arts perfectionnées : méthode, à l'aide de laquelle, en tordant les faits pour les accommoder à son hypothèse, il trouve dans les anciens les plus belles découvertes des modernes. Il est vrai que ces

---

(1) On voit, par le témoignage exprès de Cicéron, qu'il y avoit dans la langue des Grecs plusieurs termes qui n'étoient employés que par les Philosophes, & que les Dialecticiens avoient aussi leur langue particulière. Car, dit judicieusement cet Orateur, pour exprimer des idées nouvelles, il faut, ou créer de nouveaux mots ou en emprunter d'ailleurs. C'est ce que font les Grecs qui s'occupent depuis tant de siècles de matières philosophiques.

Qualitates igitur adpellavi quas Ποιοτητας *Græci vocant : quod ipsum apud Græcos non est vulgi verbum, sed philosophorum ; atque id in multis. Dialecticorum vero verba nulla sunt publica : suis utuntur. Et id quidem commune omnium fere est artium : aut enim nova sunt rerum novarum facienda nomina, aut ex aliis transferenda. Quod si græci faciunt, qui in iis rebus tot jam sæcula versantur ; quanto, &c.* Académic.

Cicéron explique lui-même, dans un autre Ouvrage, ce qu'il entend ici par emprunter des mots d'ailleurs, *ex aliis transferenda* ; car, dit-il, comme il n'y a point de noms établis pour des choses inconnues, il est permis alors d'avoir recours à la métaphore pour donner plus de grace au discours, ou pour remédier à la disette de la langue. Nous faisons donc ici ce qu'on a coutume de faire dans les découvertes des Arts, où la nécessité oblige tantôt d'inventer des termes nouveaux, & tantôt d'en former par analogie pour exprimer des choses qui, ayant été jusqu'alors ignorées, n'avoient point encore de noms.

Neque enim esse possunt, rebus ignotis, nota nomina; sed quum verba aut suavitatis, aut inopia causa transferre soleamus ; in omnibus hoc fit artibus, ut, cùm id appellandum sit, quod propter rerum ignorationem ipsarum, nullum habuerit ante nomen, necessitas cogat, aut novum facere verbum, aut à simili mutuari.

découvertes font fort antérieures au petit système de M. Dutens, & qu'il n'a vu toutes ces merveilles dans Leucippe ; Epicure, Démocrite, Empedocle, Anaxagore, Pline, Aristote & Platon, que depuis que le génie des modernes a levé le voile qui les lui cachoit. Il n'a point voulu compromettre sa sagacité ; pour être plus sûr de ne pas se tromper, il a fait comme ces espèces de foux qu'on appelle *Prophetes*; il a prédit après l'évènement, & n'a précisément trouvé dans les anciens, que ce que les modernes avoient découvert à l'époque où il a publié son livre; ce qui ne donne pas, à la vérité, une grande idée de son habileté, mais ce qui prouve au moins sa prudence. Cependant, comme il ne peut pas raisonnablement supposer que les Géomètres, les Physiciens, les Naturalistes & les Philosophes, qui depuis la renaissance des lettres jusqu'en (1) 1776, ont ajouté successivement à nos connoissances sur les divers objets de leurs spéculations, n'aient rien laissé aux anciens dont la postérité puisse profiter, je le défie de faire dans les sciences ou dans les arts une seule découverte avec le secours de leurs ouvrages, d'y entrevoir même avec toute sa pénétration quelques unes de celles que les modernes doivent faire un jour, & d'indiquer dans ces sources antiques qu'il trouve si fécondes, la pensée, ou le simple apperçu qui doit désormais éclairer la route des modernes, & les aider à reculer le terme où les anciens ont laissé l'explication des phénomènes, & la théorie des loix de la nature.

M. Dutens confond par-tout ce qu'il falloit séparer ; il établit un rapport entre des quantités qui n'ont aucune mesure commune ; il met sur la même ligne les opinions bizarres, hasardées des anciens, & des résultats auxquels les modernes n'ont pu être conduits que par des efforts de tête prodigieux, & après des tentatives long-tems inutiles ; il ignore l'intervalle immense qui sépare une conjecture plus ou moins heureuse, une hypothèse, d'un fait démontré par une analyse savante, ou par une suite d'observations exactes ; il n'a pas vu sur-tout, que, même dans la supposition la plus favorable aux anciens, & en leur accordant tout ce qu'il réclame en leur faveur, les modernes ne perdroient pas encore leurs justes droits au titre d'inventeurs, puisqu'il est certain que par rapport à l'effort d'esprit & au travail, il n'est pas impossible, comme l'a très-bien remarqué un écrivain célèbre, qu'une même chose soit inventée par deux personnes, sans que l'une soit en rien aidée de l'autre. C'est un fait dont l'histoire des sciences & des arts offre plusieurs exemples, & dont je ne citerai ici que cette seule preuve qui me dispensera de beaucoup d'autres. Le célèbre Jacques Bernoulli, après avoir établi une certaine égalité entre les arcs & les espaces correspondans de la spirale d'Archimède, & d'une parabole construite suivant une loi qu'il indique, ajoute ces paroles remarquables. *Quam miram parabolæ & spiralis convenientium, postmodum apud Wallisium deprehendimus, qui de ejus detectione Hobbium &*

---

(1) C'est la date de l'impression du livre de M. Dutens.

Robervallium

PRÉLIMINAIRE.

Robervallium inter se disceptasse referr : quasi non possint plures, & tempore & loco dissidentes, in idem inventum, suopte ingenio, incidere (1).

On trouve plusieurs autres preuves de la justesse de cette réflexion de Bernoulli, dans un très-beau discours qui sert d'introduction à la partie mathématique de l'Encyclopédie méthodique.

J'observerai, à cette occasion, que M. l'abbé Bossut, à qui nous devons cet exposé rapide & précis des progrès des sciences mathématiques depuis leur origine jusqu'à nos jours, acquerroit de nouveaux droits à l'estime des géomètres & à la reconnoissance publique, s'il vouloit joindre à cette préface si curieuse & si instructive, tous les développemens dont elle est susceptible, sur-tout pour la troisième & la quatrième période. Cette histoire de l'analyse, & en particulier des découvertes importantes qu'on a faites par le secours des nouveaux calculs dans toutes les parties des sciences qui ont la géométrie pour base, traitée avec cette clarté, cette exactitude & cette profondeur qui caractérisent tous les ouvrages de M. l'abbé Bossut, ne donneroit pas seulement une grande idée de l'excellence & des avantages des méthodes savantes employées avec tant d'art & de succès dans la géométrie transcendante; ce seroit encore la preuve la plus décisive, la plus imposante de la force & de la perfectibilité de cette machine singulière & si peu connue, qu'on appelle l'entendement humain.

Au reste, si M. Dutens a eu le talent d'appercevoir dans les anciens ce qui n'y étoit pas, il n'a pas eu celui d'y voir ce qui s'y trouve, & cela étoit en effet plus difficile. On pourroit lui prouver que s'il eût les lumières & les vrais principes qui devoient le guider dans ses recherches, il auroit retrouvé décrits dans les anciens des arts qui sont en usage parmi les modernes, & dont cependant ceux-ci n'ont pris aux Grecs ni l'idée, ni les détails; & cette correspondance entre les anciens & les modernes, relativement à ces arts, étoit beaucoup plus curieuse à montrer que celle entre de simples opinions, où, à la faveur de plusieurs expressions vagues, obscures, & par cela même susceptibles de plusieurs sens, on trouve tous les rapports qu'on veut voir, à peu-près comme on apperçoit dans les nuages toutes les formes & les figures qu'on imagine.

D'ailleurs, quand M. Dutens auroit démontré ce qu'il avance si légèrement & avec une confiance que la foiblesse de ses preuves & ses méprises continuelles rendent fort suspecte & même un peu ridicule; quel fruit le philosophe, l'astronome, le physicien &

---

(1) Joann. Bernoulli, opp. tom. 1. pag. 47.

Philosophie anc. & mod. Tome I.

le géomètre pourroient-ils recueillir de cette vérité ? Ne seroit elle pas plutôt, comme Senèque l'a dit de plusieurs autres recherches aussi frivoles(1), une de ces inutilités qu'il faut savoir, quand on veut savoir beaucoup de choses ? Si le désir d'occuper le public de ses productions; si l'*infanabile scribendi Cacoëthes* ne tourmentoit pas, n'obsédoit pas M. Dutens dans tous les pays qu'il parcourt successivement (2), auroit-il entrepris un ouvrage dont le chancelier Bacon, qui avoit tant à cœur la dignité & l'accroissement des sciences, & qui ne négligeoit aucun des moyens d'en accélérer les progrès, pensoit qu'un bon esprit ne devoit pas s'occuper. » Il n'importe pas plus, dit-il, de savoir si
» nos nouvelles découvertes appartiennent aux anciens, & si, tout étant en vicissitude,
» ces inventions ne sont que des connoissances oubliées, perdues & ensuite retrouvées,
» qu'il n'est intéressant pour nous de savoir si notre nouveau monde est l'isle Atlantique
» des anciens géographes, ou si les modernes sont les premiers qui ayent pénétré dans
» ces climats. C'est en portant sur toute la nature le flambeau de l'expérience & de l'ob-
» servation qu'on fait des découvertes ; mais ce n'est pas dans les ténèbres de l'antiquité
» qu'il faut chercher la lumière (3) ».

---

(1) Talia sciat oportet, qui multa vult scire. *Senec. Epist.*

(2) M. Dutens a le goût des voyages ;

.... Quiconque a beaucoup vu,
Peut avoir beaucoup retenu.

aussi est-il très-empressé de faire part au public de ses lumieres, & il lui arrive rarement de quitter un pays sans y laisser quelques preuves de la fécondité de son génie. Paris est sur-toute la ville qu'il a le plus favorisée à cet égard, quoique ce ne soit pas celle où il compte le plus d'admirateurs : mais il en a usé avec elle comme avec une maîtresse ingrate qu'on aime avec d'autant plus de passion qu'on en est plus maltraité. Il y a donc fait imprimer : 1°. Son Origine des Découvertes attribuées aux modernes ; 2°. une édition grecque des Pastorales de Longus ; 3°. un Itinéraire des routes les plus fréquentées, espece de livre de poste plus curieux, plus utile que l'ancien, & le meilleur ouvrage de l'auteur ; 4°. un Traité des Pierres précieuses, écrit sans aucunes connoissances de chymie, d'histoire naturelle, & par conséquent rempli d'erreurs ; 5°. une Dissertation sur le miroir d'Archimede, qui ne contient rien de nouveau, & qui d'ailleurs ne résout point la grande difficulté ; 6°. un extrait des notes critiques de Rousseau sur le livre *de l'Esprit*; notes qui, selon M. Dutens, devoient détruire la réputation d'Helvétius, & qui n'ont fait aucune sensation, parce que la plupart manquent de justesse, & sont bien plus souvent l'ouvrage de l'humeur que celui de la raison ; 7°. enfin une petite brochure intitulé *le Tocsin*, que M. Dutens distribuoit clandestinement à ses amis, & dans laquelle il peint comme des citoyens dangereux, & dénonce bénignement au glaive du magistrat ceux qui n'ont pas, sur la religion, les mêmes préjugés que lui.

Les sentimens humains, mon frere, que voilà !

(3) Verum & de aristotele, & de reliquis istis græcis, non dissimile judicium fecit, esse nimirum hujusmodi placita ac theorias veluti diversa, diversarum fabularum in theatro argumenta, in quandam verisimilitudinem, alia elegantius, alia negligentius, aut crassius conficta; atque habere quod fabularum proprium est, ut veris narrationibus concinniora & commodiora videantur.....

PRÉLIMINAIRE.

M. Dutens n'a bien prouvé qu'une seule chose ; c'est que s'il eût vécu du tems de Platon, d'Aristote, &c. il auroit de même revendiqué en faveur de Pythagore, ou de quelqu'autre philosophe encore plus ancien, les découvertes, ou plutôt les idées, les conjectures & les opinions du disciple de Socrate, du philosophe de Stagyre, &c. En effet, on sent que la mesure des connoissances de M. Dutens, & son caractère une fois donnés, dans quelque siècle éclairé où le hasard l'eût fait naître, il auroit nécessairement fait le même livre ; c'est-à-dire, un livre dans le même esprit, & qu'on ne lit point sans se rappeller les plaintes d'Horace, sur l'injustice de ses contemporains, parmi lesquels on voyoit, comme aujourd'hui, des hommes envieux & jaloux, qui, dit-il, étoient moins les admirateurs des anciens que les détracteurs de leur siecle (1).

Ennius disoit que les vers d'autrefois n'étoient bons que pour les Faunes & pour les oracles ; pour moi loin de refuser à l'antiquité la justice qui lui est dûe, je l'estime plus en ce qu'elle possède, que je ne la blâme en ce qui lui manque (2). Il y a sans doute dans les écrits des anciens quelques étincelles, quelques germes de vérités que l'instruction allume ou qu'elle développe ; mais à l'égard de ces vûes, de ces idées si lumineuses, de ces connoissances si précises qu'on leur prête, & auxquelles on prétend que

---

Hos itaque, (scilicet Telesium, Fracastorium, Cardanum, & Gilbertum) & si qui sunt, aut erunt horum similes, antiquorum turbæ aggregandos, unam enim eamdemque omnium rationem haberi. Esse nimirum homines secundum pauca pronuntiantes, & naturam leviter attingentes, nec ita se illi immiscentes, ut aut contemplationum veritatem, aut operum utilitatem assequi possint. Credere enim ex tot philosophiis, per tot annorum spatia elaboratis & cultis, ne unum quidem experimentum adduci posse, quod ad hominum statum levandum, aut locupletandum spectet, & hujusmodi speculationibus vere acceptum referri possit..... Et qualemcumque ipse opinionem de illis seculis habeat, talem ad id quod agitur, non plus interesse putare, utrum quæ jam inveniuntur, antiquis cognita, & per rerum vicissitudines occidentia & orientia sint ; quam hominibus curæ esse debere, utrum novus orbis fuerit insula illa Atlantis & veteri mundo cognita, an nunc primum reperta. Rerum enim inventionem à naturæ luce petendam, non ab antiquitatis tenebris repetendam esse. *Francis. Bacon. cogitata & visa de interpretat. natur. pp.* 112, 113 & 114 ; *opp. tom.* 5, édit. Lond. 1778.

On peut voir aussi l'aphorisme 122 du *novum organum*, dans lequel Bacon s'exprime à-peu-près de la même maniere sur l'inutilité des recherches de M. Dutens. Il paroit même qu'en général ce grand homme faisoit assez peu de cas de la philosophie ancienne, & qu'il n'en croyoit pas l'étude fort nécessaire à ceux qui ne veulent pas perdre en vains raisonnemens sur l'homme & sur la nature, un tems qu'ils peuvent employer plus utilement à étudier l'un & à observer l'autre.

(1) Ingeniis non ille favet, plauditque sepultis :

Nostra sed impugnat, nos nostraque lividus odit.

Lib. 2, *epist.* 1.

(2) C'est à-peu-près le jugement qu'en portoit Cicéron, relativement au nombre & à l'harmonie oratoires. *Nec ego id*, dit-il, *quod deest antiquitati, flagito potius, quam laudo, quod est ; præsertim quum ea majora judicem, quæ sunt, quam illa quæ desunt.*

nous devons tous les pas que nous avons faits depuis eux dans les sciences; pour les voir, pour les distinguer dans les fragmens épars & souvent mutilés qui nous restent de leur philosophie; pour être bien sûr qu'elles y sont, il faut avoir eu les mêmes pensées; ce sont de ces découvertes qu'on ne peut se promettre qu'après les avoir faites; il faut être arrivé au même but sans autre guide que son propre génie; il faut qu'un certain esprit de divination fasse d'abord soupçonner la possibilité du fait, ou donne si l'on veut le système, & que la méditation, l'expérience ou le calcul en donne ensuite la démonstration. En un mot, pour entendre, pour expliquer ce que les anciens ont dit si énigmatiquement, ou plutôt ce qu'on leur fait dire, il faut l'avoir inventé. C'est parce que les modernes ont fait ces découvertes, & parce qu'on vouloit leur en ravir la gloire qu'on les a trouvées dans les anciens; mais les modernes ne les ont pas trouvées, parce que les anciens les ont faites.

Un des meilleurs historiens de l'académie, & qui, juge plus éclairé des anciens que M. Dutens, cherchoit dans les écrits de ces premiers scrutateurs de la nature, les moyens de multiplier, d'étendre ses connoissances, comme on se place sur un lieu élevé pour embrasser un plus grand nombre d'objets, n'a pas dissimulé les imperfections de leur physique générale & le peu d'utilité de leurs travaux dans la plupart des sciences qui exigent le concours de l'expérience & de l'observation. " Quelqu'habiles & ingénieux qu'ils pussent
" être d'ailleurs, dit-il, ils n'ont guère connu de la terre qu'une très-petite portion de sa
" surface, qu'ils regardoient aussi quelquefois comme une vaste plaine circulaire, sans trop
" s'embarrasser du solide qui en faisoit le fondement; solide que quelques-uns de leurs
" philosophes comparoient à un cilindre, à un tambour, à un cône, à un palet concave,
" à une gondole. Il est vrai qu'ils s'apperçurent enfin par la convexité uniforme de la
" mer & par les éclipses de lune, que la terre devoit être sphérique; mais tout ce qu'ils
" nous en ont dit de plus, dans le sens qu'on l'entend aujourd'hui, *s'il est vrai qu'il s'en*
" *trouve chez eux quelque vestige, ne mérite aucune attention, & n'a pu être dit qu'au*
" *hasard*. Ils n'avoient ni les observations, ni les instrumens nécessaires pour s'assurer du
" fait, ni les principes d'hydrostatique & des forces centrales qui auroient pu le faire
" soupçonner, & conduire à quelque conjecture plausible sur ce sujet. On en jugera
" par les finesses de théorie & de pratique qu'il a fallu y employer dans ces derniers
" tems ".

On vient d'entendre un physicien géomètre, très-instruit d'ailleurs de l'histoire & des progrès de ces sciences, nier formellement que les anciens aient eu quelque connoissance du principe & des loix des forces centrales dont la découverte est due au célèbre Huyghens. Cependant un savant astronome a prétendu trouver ce système dans le Timée de Platon, dialogue souvent très-obscur, & qui ne contient guère que les rêveries de l'école de Pythagore, par-tout embellies & commentées par l'imagination poétique & très-exaltée du disciple de Socrate. Pour moi, moins prévenu en faveur de la physique de ce philosophe, & sur-tout moins disposé à lui attribuer légèrement une des plus belles inventions du siècle dernier, j'ai examiné avec la plus sévère attention l'original du passage sur lequel on fonde cet étrange paradoxe, j'en ai cherché le vrai sens dans ce qui le précède & ce qui le suit; & je crois pouvoir assurer que Platon n'a pas dit un mot de ce qu'on lui fait dire: il est même presque aussi ridicule de supposer que cette théorie des forces centripetes & centrifuges est renfermée dans le texte qu'on cite, que de la voir dans tout autre passage du Timée. Avouons la vérité; une idée aussi lumineuse, aussi féconde ne se trouve pas isolée, solitaire dans la tête de l'inventeur; elle n'y est pas arrivée brusquement, & pour ainsi dire, à son insçu; il a au moins une partie de celles auxquelles cette idée correspond, & qui ont pu l'y conduire. Si Platon avoit eu celle des deux forces qui composent le mouvement curviligne des planetes, il en auroit nécessairement eu beaucoup d'autres plus ou moins liées à cette idée mère, & qui sont, pour ainsi dire, de son département. Mais ce n'est pas ici le lieu de traiter ce (1) sujet. Ce que nous venons de dire pour réfuter l'assertion précédente, & particulièrement celles de M. Dutens, qu'on peut regarder comme un ennemi secret de la raison (2), suffit dans un discours préliminaire, où il s'agit moins d'approfondir les matières, que de donner un apperçu général de son travail, & de celui des savans qui ont parcouru la même carrière.

Une autre conséquence qu'on peut tirer de ces réflexions, c'est qu'une histoire critique de

---

(1) Voyez *Mémoires historiques & philosophiques, pour servir à la vie & aux ouvrages de Diderot*: j'examine & je réfute dans un des paragraphes de ces *mémoires* l'opinion de ceux qui prétendent que les plus grandes découvertes dans les sciences & dans les arts sont dues au hasard.

(2) J'ai fait voir dans une note sur les questions naturelles de Sénèque (*L.* 2, *c.* 33, note 2), que M. Dutens s'étoit trompé en prétendant que les anciens avoient eu la connoissance des barres électriques pour soutirer le tonnerre; j'aurois pu prouver avec la même évidence qu'il n'entendoit rien à cette question de physique; mais voulant seulement l'avertir que son zèle pour les anciens n'étoit pas selon la science, & l'avoit même emporté fort au-delà de la juste limite, je me contentai de faire imprimer en *italiques* une expression peu exacte dont M. Dutens s'étoit servi, & d'où l'on pouvoit conclure qu'en écrivant sur ces matières, il parloit une langue qui lui étoit étrangère. J'ai appris depuis, qu'un philosophe célèbre n'avoit pas jugé plus favorablement du travail de cet auteur, & qu'il lui faisoit même à ce sujet des reproches très-graves.

« Je ne sais pas, dit-il, s'il y a beaucoup d'érudition dans l'ouvrage de M. Dutens, contre
» les modernes; mais je sais qu'on y trouve bien peu de philosophie, & *sur-tout une grande*
» *ignorance des sciences naturelles*; apparemment que l'idée de n'avoir à admirer que des gens
» morts il y a long-tems, humilie moins M. Dutens, que s'il lui falloit admirer ses contemporains.
» Si Pythagore a deviné le véritable système du monde, Képler & Galilée l'ont établi sur des faits
» qu'ils ont observés les premiers. Pythagore a dit que les astres suivoient dans leurs mouvemens
» des loix mathématiques; Képler a déterminé cette loi; Newton a trouvé en vertu de quelle
» force ils y étoient assujettis; les successeurs de Newton ont démontré que cette même force
» pouvoit expliquer les inégalités des planetes, & même le mouvement que les modernes ont
» remarqué dans l'axe de la terre & dans celui de la lune. Est-ce là n'avoir rien ajouté à ce
» qu'a fait Pythagore »?

DISCOURS

la philosophie ancienne, ou plutôt une analyse raisonnée des opinions de chaque secte considérée séparément est une espèce de problème très compliqué, dont la solution suppose des talens divers qu'on trouve rarement réunis, & dont un des plus utiles seroit peut-être celui que joignoit à tant d'autres le sage Fontenelle, qu'un géomètre son confrere (1) fit remercier en mourant, de l'avoir, disoit-il, *éclairci*.

J'ajouterai que cette analyse, où les dogmes particuliers à tel ou tel philosophe de la même secte doivent entrer comme indiquant les additions, modifications ou restaurations plus ou moins considérables que ces philosophes ont faites successivement au système fondamental & primitif du chef de leur secte, exige des recherches immenses, & que, pour réussir dans ce travail pénible & souvent très-ingrat, il faut pour le moins avoir autant médité que lu. D'où il résulte qu'un bon livre en ce genre ne peut être que l'ouvrage du tems, sans lequel rien ne se fait dans la nature & dans l'art; que de toutes les connoissances qu'un excellent esprit doit nécessairement réunir, il n'en est aucune qui, dans un sujet aussi vaste, aussi divers, ne puisse avoir son usage & son application; enfin que si le style de toute espèce de livre qu'on veut rendre d'une utilité générale & constante, doit être clair & précis, simple & naturel avec élégance, il importe sur-tout que celui-ci soit pensé & écrit avec cette liberté si nécessaire aux progrès de la raison, & le remède le plus doux, le plus efficace contre les deux fléaux les plus destructeurs de l'espèce humaine, les prêtres & les rois (2).

---

(1) Il lui appliquoit ces paroles de l'écriture : *Domine, illuxisti tenebras meas.*

(2) C'est à-peu-près le jugement qu'en portoit le curé Meslier; il a même fait à ce sujet un vœu très-patriotique, & qu'on trouve dans toutes les copies exactes de son *testament*. L'énergie & la précision avec lesquelles ce vœu est exprimé, n'ont peut-être de modèles dans aucune langue connue.

Si la plupart des ecclésiastiques députés à l'Assemblée nationale avoient pensé comme ce bon curé, ils n'auroient pas fait des efforts aussi coupables que vains pour exciter en France une guerre de religion, pour inspirer leur fanatisme à tous les mauvais citoyens répandus dans le royaume, & qui aujourd'hui, vils instrumens des fureurs de ces bourreaux sacrés, hâtent comme eux, au fond de leur cœur, le moment où ils pourront renouveller les horribles massacres de la Saint-Barthélemi.

Je ne répéterai point ici ce que j'ai dit ailleurs (1) sur l'indispensable nécessité d'*enchaîner*, d'*emmuseler le prêtre* pour rendre sa rage impuissante, & l'empêcher sur-tout de se communiquer; j'ajouterai seulement dans cette note que la nature & la multitude de ses fonctions lui laissent encore beaucoup trop d'influence & de moyens de nuire; qu'on ne sçauroit assez épurer, diminuer le nombre des dogmes d'une religion nationale & en simplifier le culte; en un mot, qu'on verra la tranquillité, la liberté publiques souvent troublées, compromises & ébranlées dans leurs fondemens, jusqu'à ce que, fatigués par ces secousses violentes que la superstition donne aux empires,

---

(1) *Adresse à l'Assemblée Nationale sur la liberté des opinions quel qu'en soit l'objet; sur celle du culte & sur celle de la presse, &c.* Voyez sur-tout depuis la page 37, jusqu'à la page 57, & notez que cet écrit a été publié dans le mois de février 1790.

PRÉLIMINAIRE.

D'ailleurs, il ne faut pas le diffimuler : toutes les religions connues ayant une origine commune, doivent néceffairement finir toutes de la même manière, c'eft-à-dire, être regardées un peu plutôt, un peu plus tard, comme des efpèces de mythologies, &, comme telles, exercer un jour la fagacité de quelque érudit qui voudra recueillir ces triftes débris d'une partie des folies humaines, & connoître les caufes de la plupart des maux qui ont défolé la terre, & des crimes qui l'ont fouillée. En confidérant fous ce point de vue très-philofophique ces différens dogmes ou articles de foi dont l'enfemble s'appelle aujourd'hui *religion*, & demain *un conte abfurde*, il eft évident que rien ne feroit plus ridicule que de traiter la théologie chrétienne comme une fcience pofitive, & de ne pas lire le fort qui l'attend dans celui qu'ont éprouvé fucceffivement tous les fyftêmes religieux. Il n'y a donc qu'une feule manière raifonnable de juger d'une religion actuellement établie & confacrée chez un peuple, c'eft de fe tranfporter tout-à-coup à fept ou huit cents ans, plus ou moins, du fiècle où l'on écrit, de confulter alors les lignes impartiales de l'hiftoire, & d'en parler comme elle.

Diderot comparoit les philofophes dans leurs cabinets, à ces féaux fufpendus dans les veftibules de nos commiffaires, tout prêts à verfer de l'eau dans les incendies du fanatifme. C'eft fur-tout aujourd'hui que ce monftre lève fa tête hideufe (1), qu'il eft de leur devoir de le fouler aux pieds. En arrêtant fes ravages auffi rapides, auffi deftructeurs que ceux d'un torrent qui a rompu fes digues, ils rempliffent leur miffion, & deviennent les bienfaiteurs de l'humanité. Il y a des animaux fujets dans le premier âge de leur vie à une maladie qu'ils fe communiquent entre-eux, & qui s'appelle *gourme* : la fuperftition, également contagieufe, eft la *gourme* des hommes ; il faut de même qu'ils la jettent de bonne heure pour de-

---

& voulant enfin tarir la fource de ces maux, les repréfentans de la nation décrètent, comme loi conftitutionnelle de l'état, le culte établi dans l'ifle de Ternate. Il fe réduifoit à ce qui fuit :

Il y avoit dans cette ifle un temple, au milieu duquel s'élevoit une pyramide. La porte du temple s'ouvroit à certains jours ; le peuple accouroit & fe profternoit devant la pyramide fur laquelle on lifoit : ADORE DIEU ; AIME TON PROCHAIN, ET OBÉIS À LA LOI. Le prêtre, *muet*, montroit avec une baguette les mots écrits fur la pyramide. Cela fait, le peuple fe relevoit, s'en alloit, les portes du temple fe fermoient, & tout l'office divin étoit achevé.

Si vous ne pouvez pas inftituer la religion fimple de l'ifle de Ternate, difoit un philofophe, ayez en le prêtre ; coupez lui la langue.

(1) . . . . Gravi fub relligione
  Quæ caput à cœli regionibus oftendebat,
  Horribili fuper afpectu mortalibus inftans.

Lucret. de rer. nat. L. I.

venir dans la suite des sujets sains, *reiglez & en ferme & seure posture*, selon l'expression de Montaigne.

C'est à ces principes, plus contraires aux préjugés reçus qu'à la saine raison, que je me suis conformé dans les différens articles (1) de philosophie ancienne & moderne dont je suis l'auteur. Diderot avoit donné autrefois le précepte & l'exemple; en cela d'autant plus courageux, que, vivant sous le régime le plus absurde & le plus oppresseur (2), c'étoit dans l'antre même du lion qu'il osoit se plaindre de *l'odeur de son charnier* (3). N'ayant pas eu à lutter contre les mêmes obstacles, mon ouvrage devoit être écrit avec plus de liberté que le sien; cela convenoit également à mon caractère, à l'intérêt de la vérité (4), & à l'époque à jamais mémorable où je le publie : *rara temporum felicitate, ubi sentire quæ velis, & quæ sentias, dicere licet.*

Si le sçavant traducteur d'Hérodote & l'ingénieux auteur des voyages du jeune

---

(1) Je n'ai mis mon nom qu'à un très-petit nombre, & seulement à ceux que j'ai eu le tems de méditer & d'écrire avec quelque soin, ou sur lesquels j'ai cru avoir acquis, par un travail d'un autre genre, une vraie propriété. A l'égard de ceux dont je n'ai fait, par exemple, que le préambule, ou dans lesquels je me suis contenté, en qualité de rédacteur de cette partie de l'Encyclopédie, d'intercaler de nouveaux faits, ou d'insérer çà & là quelques-unes de ces réflexions philosophiques telles qu'il s'en présente à l'esprit en lisant les pensées d'un autre, ils sont imprimés sans nom d'auteur : il m'a semblé que, pour prendre ce titre, il falloit avoir, sur un ouvrage quelconque, des droits plus légitimes & plus étendus. Mais je n'ai pas oublié de nommer ceux qui m'ont fourni divers morceaux très-intéressans, & particulièrement un jeune littérateur fort studieux, & fort instruit, à qui l'on doit les deux premiers articles de ce volume, & le supplément à l'article *Académiciens* (philosophie des). J'ai reçu aussi d'autres secours de plusieurs personnes qui n'ont pas voulu se faire connoître, & j'ai observé scrupuleusement la loi qu'ils m'imposoient.

(2) Rien n'en donne, sous tous les rapports, une idée plus exacte que ce tableau effrayant du regne de Domitien, dessiné & peint par Tacite.

Neque in ipsos modò auctores, sed in libros quoque eorum sævitum, delegato triumviris ministerio, ut monumenta clarissimorum ingeniorum in comitio ac foro urerentur. Scilicet illo igne vocem populi romani, & libertatem senatus, & conscientiam generis humani aboleri arbitrabantur, expulsis insuper sapientiæ professoribus, atque omni bona arte in exilium acta, ne quid usquam honestum occurreret. DEDIMUS PROFECTO GRANDE PATIENTIÆ DOCUMENTUM, & sicut vetus ætas vidit quid ultimum in libertate esset, ita nos quid in servitute; adempto per inquisitiones, & loquendi audiendique commercio. Memoriam quoque ipsam cum voce perdidissemus, si tam in nostra potestate esset oblivisci, quam tacere. *In vitâ Agricol. cap. 2.*

(3) Voyez la belle fable de La Fontaine, qui a pour titre, *la Cour du Lion*, (Liv. 7, fab. 7).

(4) Ce seul motif m'avoit autrefois déterminé à faire imprimer mon ouvrage en Suisse ou en Hollande : j'y étois même tellement résolu, que tous les articles de ce premier volume étoient faits long-tems avant la révolution, & que, depuis ce nouvel ordre de choses si désiré & si inattendu, je n'y ai ajouté qu'une seule note d'éclaircissement sur un de mes articles imprimés dans la première édition de l'Encyclopédie.

Anacharsis avoient pris pour objet de leurs travaux l'histoire de la philosophie ancienne, ils m'auroient épargné beaucoup de tems & de fautes : je n'aurois rien eu de mieux à faire que d'extraire leur ouvrage, & d'en enrichir l'Encyclopédie : mais je n'ai pas été assez heureux pour trouver d'aussi bons guides, & le public, qui lit & qui juge, ne s'en appercevra que trop souvent.

Privé de ces secours, qui me seroient aujourd'hui si utiles; n'étant plus éclairé par la critique sévère & judicieuse de l'homme célèbre, dont j'ai entrepris, trop légèrement sans doute, de completter le travail ; & connoissant mieux la route dont je dois m'écarter, que les écueils de celle où je suis engagé, je ne puis pas douter qu'il ne me soit souvent arrivé de m'égarer. Il en est de cette matière comme de toutes celles qui ont quelque importance : plus on l'approfondit, plus on y trouve de difficultés. Ce n'est pas cependant qu'il n'y ait en philosophie spéculative quelques uns de ces principes si féconds, qu'en les employant à éclaircir telle ou telle question, on s'apperçoit qu'ils donnent en même-tems la solution de plusieurs autres qu'on n'avoit pas prévues ; à peu-près comme en géométrie, on se sert de certaines formules particulières qui ne sont que pour certains cas, & qui néanmoins donnent encore beaucoup plus de combinaisons que l'usage n'en demande. Mais cet avantage, spécialement attaché aux sciences exactes, ne s'offre ni aussi facilement, ni aussi communément dans celles où, si je puis m'exprimer ainsi, on marche plus souvent à la lueur foible & vacillante de la probabilité, ou si l'on veut des démonstrations morales, qu'à la clarté des démonstrations physiques ou géométriques. D'ailleurs, quelle est l'étendue d'esprit capable de tout voir, de tout embrasser ? Quelle est même l'attention qui ne soit pas sujette à des espèces d'intermittences plus ou moins fréquentes ? Lorsqu'un homme tel que Bayle appelle Solon le législateur de Lacédémone, & ne s'apperçoit pas de sa méprise ou de sa distraction en relisant sa copie, & en en corrigeant l'épreuve; quand je trouve dans d'autres ouvrages estimables, un nom adjectif ou celui d'une maladie, pris pour un nom propre & ●●● pièces de marbres transformés en deux chevaliers romains, &c. j'ai tout lieu de cra●●●● qu'il ne me soit échappé beaucoup d'inadvertances de cette nature, & peut-être des fautes plus graves, sans compter celles de raisonnement, dont les plus grands esprits même ne sont pas exempts.

Je dois donc m'attendre à être critiqué très-sévèrement, & sur-tout avec aigreur, parce que les érudits, aussi irritables que les poëtes (1), ne s'appaisent pas plus facilement, & qu'en appréciant leur travail tout ce qu'il vaut, en reconnoissant l'importance des ser-

---

(1) Genus irritabile vatum.
Horat.

vices qu'ils ont rendus aux lettres, à l'histoire, à la géographie, & quelquefois même aux sciences, je n'ai pas dissimulé qu'ils n'avoient pas pris autant de soin de perfectionner leur goût, de cultiver leur raison, que de charger leur mémoire de mots, de faits, de citations; &, pour me servir de l'expression énergique de Montaigne, *de se couvrir des armes d'autrui, jusques à ne montrer pas seulement le bout de leurs doigts.* Pour moi, en profitant des recherches des savans toutes les fois qu'elles pouvoient m'être utiles, je ne me suis traîné sur les traces de personne ; j'ai conservé toute la liberté de mon esprit, & j'ai pensé d'après moi.

Horace dit que, quoiqu'il se promène sous les mêmes portiques que (1) le peuple, il ne juge pas comme lui, & n'a pas les mêmes opinions; il me semble que celui qui a consacré sa vie à la recherche de la vérité, qui croit fermement qu'elle est toujours utile, & que le mensonge seul est nuisible, doit se conduire par le même principe. J'ignore quel sera le sort de mon ouvrage, & s'il répondra par quelque côté à l'empressement que le public paroît témoigner d'en voir l'impression. Quelque soit le jugement qu'il en porte, j'oserai dire de son estime, ce que Pline le jeune disoit de celle de la postérité. *Je ne sais pas si je dois compter sur elle, mais je suis sûr de m'en être rendu digne, non par mon mérite, ce que je ne pourrois dire sans orgueil, mais par mon ardeur, par mon travail, & par le prix que j'y ai toujours attaché.* Posteris an aliqua cura nostri, nescio. Nos certè meremur ut sit aliqua, non dico ingenio, id enim superbum, sed studio, sed labore, sed reverentia posterum.

---

(1) Non, ut porticibus, sic judiciis fruar iisdem.

A.

ACADÉMICIENS (*Philosophie des anciens*). Hist. de la philos. anc.

Avant d'expofer, d'après les auteurs de l'antiquité les plus inftruits fur ces matieres, les principaux dogmes de la morale & de la philofophie fpéculative des anciens *académiciens*, nous croyons, pour rendre cet article plus inftructif & d'une utilité plus générale, devoir faire précéder ce précis hiftorique de quelques réflexions fur les moyens de juger du vrai, felon le fentiment de ces mêmes philofophes, qui tous fortis de l'école des anciens *académiciens*, & formant depuis des fectes très-diverfes, ont fait du *criterium* de l'évidence & de la vérité, l'objet le plus important de leurs recherches & de leurs difputes refpectives.

Il y a déjà bien des fiecles que toutes les nations font cas de l'étude de la philofophie, & on n'a jamais trouvé de peuple fi barbare & fi peu policé, qui n'ait eu & confidéré des perfonnes qui en faifoient profeffion. Mais cette étude n'a pas eu une origine également ancienne chez tous les peuples; les uns ont commencé plus tard que les autres à s'y attacher.

Les grecs qui, à cet égard, s'attribuent le premier rang, font, fi on les compare aux habitans de l'Afie, des enfans quant à l'ancienneté de la doctrine, comme un fage égyptien le reproche à Solon, à ce que dit Platon dans fon Timée.

La raifon en eft, je penfe, que cette fageffe qui eft le fruit du travail & des efforts de l'efprit humain, ne fe trouve que parmi les peuples tranquilles, qui jouiffent de la paix & fe livrent aux recherches philofophiques.

Les grecs ne purent fe procurer de bonne heure le loifir, la paix, la domination & la fageffe. Comment des hommes forcés à s'occuper du foin de chercher leur nourriture, de repouffer les attaques des ennemis, ou d'augmenter leur territoire, pouvoient-ils fe livrer à l'étude de la fageffe & à la culture des arts qui ne fleuriffent que dans le fein du loifir?

Les premiers que les grecs honorèrent du nom de *fages*, furent ces docteurs de la fuperftition, que cette nation appella *théologiens & poëtes*, qui chantèrent les généalogies des dieux, inftituèrent les myfteres, & inventèrent le culte des divinités.

Après les théologiens, vinrent ceux qui s'adonnèrent entiérement à la contemplation de la nature, & qui, par cette raifon, furent nommés *phyficiens*.

De ce nombre fut Anaxagore, célèbre par lui-même, & plus encore par Socrate qui fut fon difciple.

Anaxagore fut le dernier des phyficiens; car après Socrate, la philofophie changea de face.

La plupart des philofophes divifent la philofophie en trois parties, en logique, phyfique, & éthique ou morale. La premiere traite du difcours & du raifonnement; la feconde de la nature, & la troifieme des mœurs: une partie de la derniere eft la politique, que les péripatéticiens regardent comme la quatrieme partie de la philofophie.

Les prédéceffeurs de Socrate ne nomment pas même la logique & la morale. Il eft vrai qu'on a d'eux plufieurs maximes & apophthegmes relatifs aux mœurs; mais on n'y voit pas la moindre trace d'art, & ils ne forment pas un corps complet de morale. Il eft auffi vrai que ces philofophes, dans leurs inftructions & dans leurs difcours, faifoient ufage de raifonnemens & d'argumens, car tous les hommes raifonnent; mais ils n'avoient jamais fongé à l'art de former les argumens & de les apprécier, art que dans la fuite on appella *dialectique* ou *logique*.

Socrate n'étoit pas homme à projetter & à conduire une entreprife fans art: s'étant donc propofé d'abandonner la contemplation fubtile de la nature & des chofes fublimes, de régler fa conduite fur la raifon, & de former fes mœurs & celles des autres hommes, il inventa la logique & la morale.

Au moins eft-il certain que Socrate fut fort verfé dans ces fciences, & qu'il s'en fervit merveilleufement. Mais Socrate même crut peut-être, comme les *académiciens* qui le fuivirent, que la meilleure maniere d'enfeigner étoit d'avancer le pour & le contre, & fit grand ufage de cette méthode, n'affirmant avec affurance jamais rien, & déclarant qu'il ne faifoit que chercher, & que toute fa fcience fe réduifoit à favoir qu'il ne favoit rien.

L'effet de cet aveu, ou plutôt de cette diffimulation, fut que fes difciples ou fectateurs ne comprirent pas bien fa penfée, ou que, fuivant chacun fon tour d'efprit, ils fe partagèrent en différentes opinions.

Tous ceux qui avoient vécu familièrement avec

Socrate, prirent des chemins différens en enseignant la logique & la morale : cette diversité vint peut-être de l'amour que ces philosophes avoient pour la gloire, & de leur goût pour la dispute ; car ils ne s'accordent pas mieux dans la physique, qu'ils n'avoient pas apprise de Socrate.

Comme en physique il y eut toujours de grandes disputes sur les principes & sur les causes, de même dans la suite on se disputa vivement en logique & en morale : en logique, sur la marque distinctive, ou, si je puis me servir de ce mot, sur le *criterium* de la vérité, ou sur le moyen de la connoître avec certitude ; & en morale, sur le bien & le mal suprême. Mais je n'ai pas dessein de parler de toute la philosophie, ni d'exposer les sentimens de tous les philosophes ; ouvrage qui seroit aussi long que difficile.

Je me borne à suivre rapidement ce ruisseau, qui, tirant sa source de Socrate, passa à *l'académie*, continua son cours à travers la succession de divers savans jusqu'à Cicéron, & se perdit ; si pourtant il ne se remonta pas depuis dans Phavorinus & dans Plutarque, au moins son cours ne fut pas brillant après Cicéron.

Je pense que la connoissance de cette matiere, sans laquelle, à ce que Varron assure, on ne peut pas entendre la philosophie latine, sera fort utile à ceux qui entreprennent la lecture des œuvres philosophiques de Cicéron, sur-tout celle de son Lucullus, & répandra beaucoup de jour sur plusieurs autres livres que les anciens nous ont laissés. D'ailleurs la question sur les moyens de juger du vrai, que nous allons examiner, a toujours été trouvée digne d'être approfondie.

Sentiment de Platon sur les moyens de juger du vrai.

Platon, qui a été fort au-dessus de tous les autres disciples de Socrate, fut, selon les uns, dogmatique ; selon les autres, aporématique ou sceptique ; & selon quelques-uns l'un & l'autre. Car on range tous les philosophes sous une de ces deux sectes générales : l'une est celle des dogmatiques qui avoient des sentimens fixes & arrêtés : l'autre, celle des aporématiques ou sceptiques, qui doutoient de tout, faisoient des recherches sur tout, examinoient tout, n'affirmoient rien & n'étoient convaincus de rien.

Que Platon fût dogmatique, qu'il fût sceptique, comme il semble l'avoir été sur plusieurs articles, on dit qu'il avoit sur le *criterium* de la vérité les opinions suivantes ; car rien n'empêche un sceptique d'avoir des dogmes, pourvu qu'il les regarde comme probables, non comme certains. Avec cette précaution, il peut dire ce qu'il pense, même sur le sujet dont il est question.

Voici donc ce que pensoit Platon : c'est l'esprit de l'homme ou l'entendement guidé par la raison qui juge. Mais, comme il y a des choses qui sont l'objet de l'entendement, & d'autres qui tombent sous les sens, c'est-à-dire, des choses intellectuelles & des choses sensibles, aussi la raison humaine a deux parties : celle qui reçoit les sensations, n'a que des opinions ; les choses sensibles ne sont l'objet que de l'opinion, & leur perception n'est qu'une opinion : l'autre partie de notre raison est scientifique, & la science ou certitude résulte des notions des choses intellectuelles. Car Platon lui-même trouve aux choses sensibles une clarté que la raison approuve : cette clarté pourtant produit, non la certitude, mais l'opinion qui nous rappelle la connoissance certaine des choses vraies.

Ainsi les sens avec cette partie de la raison qui est le siege des opinions, jugent des choses sensibles ; & l'esprit ou l'intellect, avec la raison qui produit la certitude, juge des choses intellectuelles.

Ces choses intellectuelles sont les idées, c'est-à-dire, les formes constantes des choses qui sont réellement, ou, comme dit Platon, qui existent dans ce qui est.

Voici comme il s'exprime dans le Timée : *Il est des choses qui existent & ne sont pas produites ; il en est qui sont produites, & qui n'existent pas. Les premieres, qui existent toujours de la même maniere, sont l'objet de l'intellect & de la raison : les dernieres sont du ressort de l'opinion & des sens destitués de raison ; elles sont incertaines, produites, périssables : ce ne sont jamais de vrais êtres.*

Varron, dans Cicéron, explique cette doctrine qu'Antiochus disoit être celle de Platon & des anciens *académiciens*. Voici ses termes :

« Quoique le jugement naisse des sens, cependant les sens ne peuvent pas juger de la vérité. Les anciens *académiciens* soutenoient que l'esprit est le seul juge des choses ; qu'il mérite seul croyance, parce qu'il est le seul qui voie ce qui existe toujours, ce qui est simple, toujours le même & tel qu'il est. C'est ce qu'ils appellent une *idée*, nom que Platon lui avoit déjà donné : nous pouvons l'appeller *image*. Ils ajoutoient que tous les sens sont lourds & pesans ; qu'ils n'apperçoivent point les choses qui semblent être de leur ressort, & qui sont, ou si petites qu'elles leur échappent, ou si mobiles & si agitées qu'il n'y a rien qui fasse un tout permanent ni même identique ; car tout change & s'écoule continuellement. C'est pourquoi ils disoient que tout cet ordre des choses est l'objet des opinions (ou incertain), & ils pensoient que la science ou la certitude ne se trouve que dans les idées & dans le raisonnement ».

Ciceron dit aussi dans son Lucullus, « que Platon attribue à la pensée & à l'ame toute connoissance du vrai, & la vérité même séparée de l'opinion ou de l'incertitude & des sens ».

Galien, qui étoit platonicien, enseigne que la nature nous a donné deux instrumens pour juger ; les sens & l'entendement, qu'on peut appeller *esprit*, *ame* ou *raison*.

Les anciens péripatéticiens ont été du même sentiment ; car ils faisoient les sens, y compris la raison, juges des choses sensibles, & l'intellect juge des choses intellectuelles.

Il est cependant vrai qu'Aristote attaqua les idées que Platon regarde comme intellectuelles, en leur substituant des notions universelles qui ne se trouvent que dans les individus ; l'entendement sépare de la matiere : elles deviennent ainsi simples, perpétuelles, immuables, & l'objet de la contemplation, pendant que les individus sont composés & variables.

Voilà les genres & les especes des choses, & tout ce que l'on en conçoit & affirme est le fondement de la certitude : c'est ce que les scholastiques ont nommé les *universaux* ; mais ces matieres sont assez abstruses & subtiles ; il faut les apprendre de ces deux grands philosophes & de leurs nombreux commentateurs.

Speusippe qui succéda à Platon, Xénocrate & les autres anciens *académiciens* jusqu'à Arcésilas, s'écarterent peu de la doctrine de Platon, comme le montrent leurs sentimens sur le *criterium* de la vérité, que nous trouvons dans Sextus Empiricus.

Ciceron écrit que, selon Antiochus dont Varron soutient le sentiment, les anciens *académiciens* conservèrent & défendirent avec soin les autres dogmes de leur maître. Cependant Numenius, pythagoricien, prétend qu'on le garda, en tant qu'on n'avoit pas encore introduit le fameux précepte de suspendre son jugement & d'autres semblables ; car tous les *académiciens* avoient abandonné, les uns plutôt, les autres plus tard, les autres dogmes de Platon, & même ils les avoient énervés & altérés, soit de dessein prémédité, soit par inadvertance ou par quelque autre cause : plût à Dieu que ce n'eût été par ambition ! Numenius ne voit pas de bon œil cet abandon.

De la secte sceptique ou pyrrhonienne.

Il semble qu'il seroit à propos d'expliquer ici la doctrine des Sceptiques ou de Pyrrhon. Mais presque tout le monde a entre les mains les écrits de Sextus Empiricus, dans lesquels on trouve au long tout ce qui regarde cette secte ; & ceux qui n'ont pas assez de loisir pour lire Sextus, peuvent aisément s'instruire dans Laërce : c'est pourquoi je pourrois omettre ce détail sans faire une grande faute. Cependant, c'en seroit une : ainsi nous dirons un mot du scepticisme. Pour faire mieux encore, nous en copierons l'abrégé fait par Timon, disciple de Pyrrhon, & répété par Aristocles de Messene.

Aristocles dit d'abord que quelques philosophes, contredits par Aristote, avoient affirmé que la nature ne nous a faits capables d'aucune connoissance. Ensuite Aristocles ajoute : « cependant Pyrrhon d'Elée persévéra à soutenir la même these, mais il ne laissa rien par écrit. Timon son disciple dit que celui qui veut être heureux, doit faire attention à ces trois points : premierement à la nature des choses : en second lieu, à la maniere dont nous devons nous conduire à leur égard ; enfin aux avantages dont jouissent ceux qui se conduisent ainsi. Qu'il trouve que toutes les choses sont également indifférentes, & que les raisons sont chancelantes & douteuses. Que par conséquent le vrai & le faux sont hors de la portée de nos sens & de nos opinions ; qu'ainsi il ne faut point leur ajouter foi, mais qu'on doit être ferme & inébranlable, sans rien croire, & dire de chaque chose qu'on ne sait pas plus si elle est, que si elle n'est pas, ou qu'elle est & qu'elle n'est pas. Timon dit que ceux qui sont parvenus à ce point, obtiennent d'abord l'Aphasie, ensorte qu'ils n'affirment ni ne nient rien de rien ; & en second lieu, l'Ataraxie, ou bien une tranquillité d'esprit exempte de tout trouble : Ænesidemus dit la volupté ». Voilà l'abrégé de ce que disent les sceptiques, & voilà ce que rapporte Aristocles.

Ajoutons la définition que donne Sextus du scepticisme. Il est, dit-il, *une faculté ou force qui oppose de toute maniere entr'elles les choses sensibles & les choses intelligibles*. Ceux qui en ont le loisir peuvent lire, dans Sextus, l'explication de cette définition.

Diogene de Laërce donne cette description de la doctrine de Pyrrhon, & il la tire d'Ænesidemus. *Le pyrrhonisme est le souvenir des choses qui frappent nos sens, ou qui nous viennent dans la pensée, de quelque maniere que ce soit ; par lequel souvenir on compare toutes ces choses les unes aux autres, & par cette comparaison on les trouve inutiles & confuses.*

Sextus avertit en plusieurs endroits que les sceptiques ne nient point les phenomènes, c'est-à-dire, les choses qui paroissent, les impressions des sens.

Les sceptiques les croient, comme dit Sextus. « Par exemple, lorsqu'un sceptique a chaud ou froid, il ne dira jamais : *je pense que je n'ai*

» *pas chaud ou froid*; mais nous difons que les
» fceptiques ne fixent point de dogmes, dans le
» fens que quelques-uns donnent au mot *dogme*,
» qui eft celui de la croyance donnée à une chofe
» douteufe & incertaine, du nombre de celles
» qu'on met en difpute dans les fciences ».

Un pyrrhonien ne croit jamais ce qui eft douteux & incertain; il cherche, il doute, non de ce qui paroît, mais de ce qu'on dit de la chofe qui paroît.

« Par exemple, s'il nous paroît que le miel nous fournit la perception du doux, nous l'accordons ; car les fens nous préfentent la douceur : mais nous doutons fi, par rapport à la raifon & à l'intellect, le miel eft doux. Nos recherches ne regardent pas le phénomène, mais ce qu'on dit du phénomène. Si quelquefois nous mettons ouvertement en queftion ce qui paroit, ce n'eft pas que nous prétendions renverfer les apparences : notre but eft de faire fentir aux dogmatiques leur témérité. Car, fi l'impofture de la raifon va prefque jufqu'à nous dérober les apparences, ne devons-nous pas la tenir pour fufpecte dans les chofes incertaines, & craindre, en la fuivant, de tomber dans des jugemens téméraires »?

Cet avis eft remarquable, & l'on doit fe le rappeller, non feulement quand on parle des pyrrhoniens, mais à plus forte raifon quand il s'agit des *académiciens*. « Car, comme le dit S. Auguftin, les *académiciens* auffi foutiennent que les hommes ne peuvent jamais connoitre fûrement les chofes qui appartiennent à la philofophie. Carnéade déclaroit qu'il ne fe mettoit pas en peine du refte ».

Ainfi, ajoute Sextus, nous dirons que la marque diftinctive dont fait ufage le fceptique (pour fa conduite dans la vie ordinaire), eft l'*apparence*, ou, ce qui revient au même, la *perception*. « Elle eft au-deffus de tout doute, en tant qu'elle confifte dans une perfuafion ou affection involontaire. Ainfi perfonne, peut-être, ne doute qu'un objet ne paroiffe tel ou tel; mais on doute fi réellement il eft tel qu'il paroit. Donc nous acquiefçons aux apparences ; nous obfervons tout ce qui regarde la vie commune, parce que nous ne pouvons pas refter dans une inaction totale, mais nous ne pofons aucun dogme. Il femble que l'obfervation des chofes qui appartiennent à la vie commune eft de quatre fortes, & qu'elle fe fonde en partie fur l'empire de la nature, en partie fur la force invincible des befoins, en partie fur la conftitution des loix & des coutumes, & en partie fur l'enfeignement des arts. Sur l'empire de la nature, où nous a donné le fens & l'entendement. Sur la force des befoins, d'où vient que la faim nous fait manger, & la foif nous fait boire. Sur la conftitution des loix & coutumes, qui nous portent à approuver la piété

& à réprouver l'impiété dans la vie commune. Sur l'enfeignement des arts, au moyen duquel nous ne fommes pas inutiles & oififs dans les arts que nous avons entrepris de cultiver. Nous difons toutes ces chofes, fans pofer aucun dogme ». *Voyez* SCEPTICISME.

Lorfqu'on interroge un fceptique fur une queftion, il fe fert de certains mots comme d'autant de formules. Il a coutume de répondre : *je cherche*, c'eft-à-dire, je cherche ce qu'il faut répondre, parce que je ne le fais pas encore : *je fufpends mon jugement, je ne détermine rien* ; car tout eft indéterminé : *rien n'eft plutôt ceci que cela* ; *une raifon eft toujours combattue par une raifon égale*.

Les fceptiques fe fervoient d'autres formules femblables, qu'on trouve dans Sextus avec leur explication, & avec plufieurs autres chofes concernant cette fecte, de laquelle parle affez au long Diogene Laërce dans la vie de Pyrrhon.

On peut auffi confulter le cinquieme chapitre du livre XI d'Aulu-Gelle, pourvu qu'on n'admette point la différence qu'il trouve entre les *académiciens* & les pyrrhoniens.

« Les *académiciens*, dit-il, font, pour ainfi dire, fûrs de la maxime, *on ne peut être fûr de rien*, & ils établiffent, pour ainfi dire, le dogme, *il ne faut point établir de dogme*. Les pyrrhoniens affirment qu'ils ne jugent pas même vraie la maxime, *rien ne femble vrai* ».

La réponfe de Carnéade à Antipater, qu'on lit dans Cicéron, fait voir que ce qu'Aulu-Gelle écrit des *académiciens* eft faux.

Les *académiciens* affirmoient que même cette maxime, *il n'y a rien de certain*, n'eft pas certaine ; mais ils la trouvoient probable.

Les pyrrhoniens & les *académiciens* s'accordoient en ce que les uns & les autres faifoient ufage de la fufpenfion du jugement ; mais ils différoient fur-tout en ce que les *académiciens*, comme nous le montrerons clairement plus bas, ne refufoient point la vérité & la fauffeté aux chofes, ni même aux concepts, puifqu'ils difoient qu'il y en a de vrais & de faux, au lieu que les pyrrhoniens affirmoient que rien ne différencie les uns des autres.

Les pyrrhoniens jugeoient que tout s'appuyoit fur des raifons égales. Les *académiciens* accordoient qu'il y a des chofes tout-à-fait improbables, qu'il y en a de probables, & de plus probables qui ont pour elles un plus grand nombre de raifons, ou raifons plus fortes & plus valables ; & ils ajoutoient que les chofes les plus probables ne font pas certaines, & qu'ainfi elles n'extorquent pas leur croyance.

J'ai assez parlé du scepticisme pour le but que je me suis proposé : il est temps de retourner à l'*académie* ; mais il faut auparavant passer en revue les troupes de ses adversaires, c'est-à-dire, des stoïciens : je l'ai promis, & je le crois nécessaire.

Il est difficile, sans remonter fort haut, de bien entendre les dogmes du Portique, qui d'ailleurs sont pour la plupart extraordinaires. Voici donc par où je crois devoir commencer, pour expliquer ce que les stoïciens pensoient au sujet de la connoissance de la vérité.

L'ame, selon ces philosophes, n'est pas immatérielle ; ils pensoient que rien n'est immatériel dans la nature. Ils disoient que l'ame est *un esprit, un souffle chaud*, ou, comme dit Chrysippe dans Galien, que *l'ame est un esprit né avec nous, inhérent à tout le corps, ou répandu par tout le corps, qui y reste tant que le corps est conduit & gouverné par les fonctions de l'ame* ; & Stobée, où il parle des stoïciens : *ils pensent que l'ame est un esprit chaud né avec nous.*

Ils donnoient à l'ame huit parties, comme Chrysippe l'explique après la description que nous venons de copier de Galien. Plutarque le dit encore plus clairement. « Les stoïciens disent que la partie supérieure de l'ame est celle qui conduit tout, & forme les concepts, le contentement, les sens & les appétits ; ils l'appellent *raison*. De cette partie supérieure en naissent sept autres qui, comme les bras du polype, s'étendent par tout le corps. Cinq de ces sept parties sont les sens, la vue, l'odorat, l'ouïe, le goût, le tact. La vue est l'esprit qui, de la partie supérieure de l'ame, va jusques dans les yeux ; l'ouïe est l'esprit qui va, de la partie supérieure de l'ame, jusques dans les oreilles ; l'odorat est l'esprit qui va de la partie supérieure de l'ame jusques dans narines ; le goût est l'esprit qui va de la partie supérieure de l'ame jusques dans la langue ; le tact est l'esprit qui, de la partie supérieure de l'ame, s'étend sur toute la surface du corps pour nous faire sentir aisément ce que nous rencontrons. Les autres parties sont d'abord la semence, qui est l'esprit qui va depuis la partie supérieure de l'ame jusques dans les prostates ; ensuite celle que Zénon appelle *vocale*, & que d'autres nomment *voix* ; c'est l'esprit qui va de la partie supérieure de l'ame jusques dans le gosier, dans la langue, & dans les autres organes de la parole ».

Les stoïciens assignoient pour siege, & comme pour trône à cette partie supérieure, tout le cœur ou l'esprit qui est autour du cœur, à ce qu'écrit Plutarque qui cependant, dans un autre livre, la place dans le milieu du cœur, dans un point d'où, comme du centre d'une sphère à sa circonférence, on tire des rayons aux organes des sens.

On trouve à ce sujet une assez longue dispute, ou plutôt altercation dans Galien qui défend le sentiment de Platon & d'Hippocrate, & leur sentiment est que l'ame réside dans le cerveau. Nous nous hâtons de rejoindre l'*académie*.

Les stoïciens disent qu'à la naissance de l'homme, cette partie supérieure de l'ame a, pour ainsi dire, un papier blanc dans lequel s'inscrivent successivement toutes les notions.

La note commence par les perceptions dont ils donnent cette définition : *la perception est une appréhension ou connoissance reçue par les organes des sens*. Car, comme nous lisons dans Laërce, les connoissances viennent ou des sens, ou de la raison ; des sens, comme la perception du blanc, du noir, du raboteux, de l'uni, &c. ; de la raison viennent celles que l'on conclut par le raisonnement, comme la notion de l'existence des Dieux, de leur providence.

Dans cette écriture, les concepts tiennent lieu de lettres. Le concept, selon Chrysippe dans Plutarque, est une affection de l'ame qui se montre elle-même, & qui montre l'objet qui la cause. Comme, quand nous voyons du blanc, il se fait dans l'ame une impression, dont le sujet est le blanc qui l'a causée. La perception, comme la lumiere d'où elle tire son nom, se fait voir elle-même, & fait voir les objets qu'elle éclaire.

Zénon ayant appelé la perception *une impression dans l'ame*, Chrysippe expliqua le mot *impression* par *altération, changement*, parce que si l'ame recevoit des impressions, comme la cire reçoit celles d'un cachet, il seroit impossible que plusieurs impressions fussent réunies dans le même endroit au même temps.

Au reste, quand les stoïciens parlent de l'ame, ils entendent sa partie supérieure ; car c'est-là seulement que se trouvent les perceptions, la croyance, les appétits, comme nous l'apprennent Plutarque & Stobée dans ses fragmens de physique recueillis des anciens.

Les concepts sont ou rationels, qui ne se trouvent que dans les animaux doués de raison, ou irrationels, dont sont susceptibles les animaux privés de raison, & ces derniers n'ont point de nom propre.

Les premiers sont appellés *concepts de l'esprit*. De plus, les concepts sont ou sensibles, qu'on apperçoit par le moyen des sens, ou intelligibles qu'on apperçoit, non par les sens, mais par l'esprit. Outre cela, quelques perceptions sont artificielles, & d'autres inartificielles (si j'ose hasarder ce mot). Car, disent les stoïciens, un artiste voit un tableau ou une statue autrement qu'un homme ordinaire. *Où les sens semblent manquer, les stoïciens veulent qu'on ait recours aux arts comme à de nouveaux sens*, dit Ciceron dans le Lucullus.

Epictete blâme les *académiciens* de ce qu'ils combattent & s'efforcent d'anéantir tous les secours que nous pouvons tirer des sens pour acquérir la certitude & la science, lorsqu'il faudroit au contraire n'épargner ni soins ni peines pour aider, cultiver & perfectionner les sens.

Lucullus ou Antiochus, c'est-à-dire les stoïciens, disent dans Ciceron : « qui ne voit ce que peuvent les sens fortifiés par l'art & par l'exercice, ensorte que les yeux soient épris de la peinture, & les oreilles de la musique ? Combien de choses qui nous échappent, les peintres ne voient-ils pas dans les ombres & dans les reliefs ? Combien de choses que nous ne saisissons pas dans la musique, n'entendent point ceux qui s'y sont exercés, & qui, dès que le joueur de flûte entonne un air, savent dire : c'est Antiope ou Andromaque, pendant que nous ne le soupçonnons pas même » ?

Les stoïciens divisent aussi les perceptions en vraies & fausses ; de plus ils disent qu'il y en a de cataleptiques & d'acataleptiques, division qui est plus importante que les autres, & qui touche de plus près à la question que nous débattons.

On connoît la définition que Zénon donne de la perception cataleptique : *c'est celle qui vient de ce qui est, qui le représente tel qu'il est, & qui ne peut point venir de ce qui n'est pas. La perception acataleptique est celle qui vient de ce qui n'est pas.* Voyez ZÉNONISME.

Ils disent donc qu'il y a des perceptions vraies & fausses, de cataleptiques & d'acataleptiques ; que toutes les perceptions sont vraies & cataleptiques, puisque ce sont des catalepsies ; ils ajoutent même qu'il est impossible de ne pas leur donner croyance. Celui qui voit du blanc & l'apperçoit, avoue qu'il est blanc, ou il ne l'apperçoit point. C'est le sentiment d'Antiochus qu'on lit dans le Lucullus, & que Laërce rapporte avec les expressions des stoïciens : car ils prétendent que *l'ame cède & acquiesce aux perceptions qu'elle reçoit*, & c'est un des principaux chefs de la controverse.

Notre jugement ne seroit pas libre, & nous ne pourrions pas le suspendre ; car il faudroit dire que celui qui a des perceptions, par là même saisit & acquiesce. Stobée, dans ses extraits sur la physique des anciens, dit quelque chose à ce sujet ; mais le passage est si corrompu que je ne crois pas devoir le copier. Voici le sens qu'il me semble renfermer.

Les stoïciens ne vouloient pas que les perceptions se bornassent à l'acte de sentir ; ils soutenoient que les perceptions & les appétits s'étendoient jusqu'à l'approbation, & qu'il n'y avoit point de perception sans acquiescement.

Les anciens philosophes, & sur-tout les *académiciens*, pensoient que les perceptions ne sont que de simples affections de l'ame ; que d'abord elles ne sont pas accompagnées d'appétit, & encore moins d'approbation, parce qu'autrement il ne dépendroit pas de nous d'y adhérer ou de nous y refuser.

Les stoïciens, qui affirment qu'il n'est point de perception sans approbation, n'auront garde d'accorder qu'on appète, sans avouer que ce qu'on appète est conforme à la nature. Ils établissent donc que *tout appétit est une approbation*. Et voilà le principal sujet de la dispute que les stoïciens ont eue avec les *académiciens*.

Plutarque dit « dans leurs disputes contre les *académiciens*, Chrysippe & Antipater ont fait tous leurs efforts pour montrer qu'on ne peut ni agir, ni desirer sans consentir, & qu'on avance des absurdités & des chimeres en disant que, dès que nous avons la perception d'une chose conforme à notre nature, nous l'appétons d'abord sans nous rendre & sans y acquiescer ».

Cependant le même Plutarque assure que, malgré toutes les machines que les stoïciens mirent en œuvre, malgré tous les combats qu'ils livrerent, ils n'avancerent rien, & que la maxime de suspendre son jugement subsiste dans toute sa force, Mais il vaut mieux rapporter les paroles de Plutarque, qui viennent bien à propos.

« Le précepte de suspendre son jugement sur toute chose n'a point été renversé par ceux qui l'ont attaqué avec de grands efforts, & qui ont composé de gros livres contre ce dogme. Les philosophes voyant que, même après avoir emprunté du Portique l'inaction totale, & l'avoir présentée comme la tête de Méduse (pour pétrifier leurs adversaires), ils n'avançoient rien, abandonnerent leur entreprise par désespoir. Mais ce ne fut qu'après s'être convaincus que, malgré toutes leurs tentatives & tous leurs efforts, l'appétition ne pouvoit, ni devenir croyance, ni reconnoître les sens pour son principe, & qu'elle se trouvoit, par elle-même & sans aucun accessoire, assez forte pour attirer & engager à agir ». Mais retournons aux subtilités des stoïciens.

Nous avons observé que les perceptions qu'ont les êtres raisonnables, s'appellent *conceptions de l'esprit* : après qu'elles ont été placées & gardées dans l'entendement, on les nomme *notions* ; car les stoïciens définissent les notions, *des perceptions déposées dans l'entendement*. Si elles y restent, il en résulte la mémoire qui est, selon eux, une impression durable & changée en habitude ; comme, lorsqu'ayant vu du blanc, il en reste la mémoire, après qu'il a disparu. Car les stoïciens difoient que, pendant la préfence d'un objet qui frappe les fens, nous avons, non la mémoire, mais l'infpection (l'emphafe) de la perception. C'eft ainfi que j'entends ce paffage de Laërce : « les impreffions des perceptions font celles qui viennent de ce qui eft ». Cependant j'avoue que ces paroles peuvent fignifier qu'on donne proprement le nom d'emphafes aux perceptions de ce qui eft.

Les mêmes philofophes affirment que la réunion de plufieurs fouvenirs de la même efpèce forme l'ufage, l'habitude, l'art, l'expérience ; & l'habitude eft la collection ou la multitude des fouvenirs de la même efpèce.

Dans Ciceron, les ftoïciens avancent que l'art confifte, non en une ou deux perceptions, mais en plufieurs. Toutes les notions que notre ame reçoit fans art, font appellées *naturelles*, & proprement *prénotions*.

Selon Diogène Laërce : *une prénotion eft une connoiffance naturelle des univerfaux*, ou des chofes qu'on dit en général, *comme la notion d'homme, de bœuf, de blanc, de noir*, &c.

Les notions qu'on acquiert par art, par étude, par des foins, font nommées *notions artificielles*, & n'ont point de nom particulier.

Ciceron ne diftingue point les premieres des fecondes, & les nomme indifféremment *notions*.

La raifon qui mérite à l'homme le titre de raifonnable, réfulte de ces prénotions, & fe forme dans les fept premieres années de notre vie. Car alors les hommes ont confidéré les différentes notions, les ont comparées & réunies, & font en état de juger des raifonnemens.

Ainfi Zénon & la plupart des ftoïciens veulent que la perception certaine foit la marque diftinctive de la vérité.

Nous avons déjà donné de la perception certaine une définition tirée des grecs. Ciceron la définit, dans le Lucullus, « une perception imprimée & empreinte par ce qui eft, & qui ne peut point venir de ce qui n'eft pas ».

J'ignore comment on a omis dans cette définition les paroles *tel qu'il eft* ; paroles qui femblent abfolument néceffaires, comme il paroit par l'explication qu'a donnée de cette définition Sextus Empiricus, qui en examine au long tous les termes, & en explique toutes les parties. Car enfin, pour qu'une perception mérite le titre de certaine, il ne fuffit pas qu'elle vienne de ce qui eft ; il faut de plus qu'elle repréfente l'objet tel qu'il eft, & qu'elle foit telle qu'il ne puiffe exifter aucune perception fauffe fi femblable à la vraie, qu'il foit abfolument impoffible de la diftinguer de la vraie.

Effectivement une pareille perception feroit certaine, & on devroit lui ajouter pleinement foi, s'il y en avoit quelqu'une de cette efpèce.

C'eft auffi le fentiment des *académiciens*, qui goûtent infiniment la définition des ftoïciens, & la pofent pour fondement de leur acatalepfie. Mais les ftoïciens foutiennent opiniatrément que les perceptions de cette efpèce ne font pas rares, & les *académiciens* prétendent qu'il n'y en a jamais eu une feule, & qu'il ne peut pas y en avoir ; & que c'eft avec raifon qu'ils fufpendent leur jugement, puifqu'il n'y a aucune perception certaine. Voilà le fujet de prefque toute la difpute ; les uns plaident en faveur des fens, de l'habitude, de l'évidence, de la raifon ; les autres rejettent le témoignage des fens, de l'habitude, de l'évidence & de tous les raifonnemens, dès qu'on veut qu'il produife quelque chofe de plus que la probabilité. De là font venus tant d'écrits de Chryfippe en faveur des fens & de l'habitude, & tant d'ouvrages des *académiciens* contre les mêmes chofes.

Plutarque appelle les ftoïciens, *avocats de l'évidence*. L'*académicien* Phavorinus compofa trois livres contre la perception certaine, à ce que dit Galien, qui ajoute que Carnéade n'accordoit pas feulement que les chofes qui font égales à une troifieme font égales entr'elles, & Ciceron ne fe repofe pas beaucoup fur les élémens de la géométrie. Mais tâchons, s'il fe peut, d'éclaircir les penfées très-fubtiles, & fouvent obfcures, des ftoïciens.

« La perception précède ; enfuite l'entendement, chargé d'énoncer ce qu'il reçoit de la perception, l'exprime par des mots ». Par exemple, il fe dit : ce que je vois eft du blanc. Et, s'il n'y a rien qui nous empêche de croire que la perception eft vraie, l'entendement la faifit & y confent.

Si l'objet dont on a reçu & approuvé la perception, eft jugé convenable à notre nature, il en réfulte d'abord l'appétit ; & l'averfion, fi l'on trouve de la difconvenance dans l'objet. L'appétit eft un mouvement de l'ame vers quelque chofe, & l'appétit rationel eft le mouvement de l'ame vers les chofes qui concernent l'action ou la pratique. Ces définitions de l'appétit font tirées des ftoïciens, & fe lifent dans Stobée.

Plutarque nous enfeigne que Chryfippe, dans fon livre de la loi, avoit ainfi décrit l'appétit : *c'eft une raifon qui commande à l'homme de faire quelque chofe* ; defcription que Ciceron femble avoir eu en vue, quand il écrivit : « autrement l'appétit qui nous force à agir & à fouhaiter ce que nous avons apperçu, ne peut être excité ».

Philon, juif, qui aime à faire ufage des termes & des dogmes de différentes fectes philofophiques, écrit au sujet de l'appétit, non en stoïcien, mais en vrai *académicien* : « ce qui nous frappe & nous donne des perceptions, tantôt nous paroit convenable à notre nature, & tantôt non. On donne à cette manière d'être affecté le nom *d'appétit*, & ceux qui ont voulu le définir, ont dit que c'est le premier mouvement de l'ame ».

Au reste, les stoïciens divisent, suivant leur coutume, cet appétit actif en plusieurs menues parties ; ils y trouvent le dessein, l'intention, la préparation, l'effort, la résolution, la volonté. Mais nous nous sommes assez arrêtés dans ces broussailles stoïciennes ; venons enfin à la science qui est le but où tend la vie, le port où se termine cette navigation, & la demeure des gens heureux.

Les stoïciens donnent différentes définitions de la science. En voici quelques-unes que Stobée a recueillies des écrits de ces philosophes : *la science est une certitude ferme, immuable, & appuyée sur la raison, ou que la raison ne peut pas renverser : — un système de semblables sciences, formé dans la partie rationelle de l'ame d'un sage : — un système ou une collection de sciences artificielles, qui a sa solidité en lui-même comme les vertus : — une faculté ou habitude propre à recevoir les perceptions, qui tire sa solidité de la raison, ensorte qu'elle est indestructible.*

Le principal dogme des stoïciens assure que c'est uniquement dans la vertu & chez le sage seul qu'on trouve la science, qu'ils appellent le plus grand des biens, le bien unique.

Ciceron dit, dans le Lucullus : « nous (les stoïciens avec Antiochus) disons que c'est seulement dans la vertu qu'on trouve la science, & nous pensons qu'elle est, non une simple connoissance des choses, mais une connoissance ferme & immuable ». Et un peu avant la fin du livre : « nous (les stoïciens) soutenons que même celui qui manque de sagesse connoit plusieurs choses ». Je réponds : « mais vous assurez que le sage seul possède la science ».

Plutarque, en rapportant les paroles des stoïciens, dit : « toute perception enracinée dans la mémoire, chez le sage devient d'abord science ; elle est un grand bien, & même le plus grand des biens ». Car ils vouloient que tout ce qui est dans un sage, fût un bien ; & que dans un fou, c'est-à-dire dans un homme ordinaire, il n'y eût aucun bien ; que ce qu'il avoit de meilleur, étoit entre le bien & le mal. Aussi prétendoient-ils que les actions les plus conformes au devoir n'étoient bonnes & parfaites que chez le sage ; & que chez celui qui ne l'étoit pas, elles devoient être nommées imparfaites & moyennes : nous aurons occasion d'en parler ailleurs.

Par quels degrés pouvoit-on monter à ce souverain bien ? C'est ce qui paroît par les choses qu'on vient de dire.

On sait ce que c'est que perception, notion, prénotion, mémoire, habitude, usage ou art, & comment l'entendement, guidé par la dialectique, forme des raisonnemens avec des notions, & arrête & prouve des dogmes.

Ces choses sont aussi le partage de l'homme ordinaire, avant qu'il soit parvenu à la sagesse ; & , quelque belles qu'elles paroissent, elles ne font que des choses moyennes en lui : l'infortuné n'a rien obtenu qui le tire de l'état de fol & de misère dans lequel il croupit ; mais à la dernière démarche, il saisit la science, & tout d'un coup, de fou très-malheureux, en bute à tous les maux, il devient sage & très-heureux.

Plutarque, dans le livre intitulé : *que les stoïciens avancent des choses plus extraordinaires que les poètes*, dit : « un entendement parfait, une souveraine sagesse, un état semblable à l'état des dieux, une science exempte de toute incertitude, une habitude immuable font son partage, quoiqu'auparavant il n'eût perdu aucun de ses anciens défauts ; tout d'un coup il est changé, peu s'en faut que je ne dise en héros ou en Dieu. Celui qui a la vertu que fournit le Portique, peut dire : tu n'as qu'à souhaiter, tout te viendra d'abord, &c ».

Le même auteur, dans son traité *des notions communes contre les stoïciens*, détaille clairement tous ces degrés, & dit que les stoïciens ne sont pas d'accord avec eux-mêmes, & ne font pas attention à ce qu'ils avancent ; car, après avoir enseigné que les notions sont des perceptions de l'esprit mises en réserve, que la mémoire consiste dans des impressions régulières & habituelles ; après avoir pressé & condensé les sciences pour les rendre infaillibles & immuables, ils donnent à tout cela pour base & pour siège un être glissant, variable, qui change sans cesse & peut se dissiper, c'est-à-dire, l'ame qu'ils composent d'un air subtil. A ce sujet, on trouve dans le Lucullus de Ciceron un long discours, dont les premiers mots sont : « commençant donc par le sens, &c. » discours qu'on peut lire dans l'auteur. Cependant je crois nécessaire de transcrire deux passages. Dans le premier, Varron décrit, sur la parole d'Antiochus, toute la doctrine des stoïciens concernant la marque distinctive de la vérité ; & dans le second, Ciceron retrace l'image dont Zénon se servoit pour représenter toutes ces choses. Varron dit : « Zénon ajoutoit foi, non à toutes les perceptions, mais seulement à celles qui portent d'une façon particuliere l'empreinte des objets qu'elles représentent. Parce que l'on voyoit par elles-mêmes les perceptions de cette espèce, il leur donne le nom de *cataleptiques* : me passerez-vous

vous ce mot? Sans difficulté, dit Atticus; car comment traduiriez-vous le terme grec? Mais, continua Varron, quand la perception étoit reçue & approuvée, Zénon l'appelloit *catalepsie*, parce que l'esprit la saisit comme la main saisit les choses matérielles : c'est de cette ressemblance que Zénon tira ce nom, dont personne ne s'étoit servi dans cette occasion avant ce philosophe, qui a fait usage de plusieurs autres mots nouveaux, parce qu'il disoit des choses nouvelles. Il donnoit aussi le nom de sens à ce qui étoit saisi par les sens; & ce qui étoit si bien saisi que la raison ne pouvoit pas l'arracher, il l'appelloit *science*; & ce qui n'avoit pas cette qualité, il le nommoit *inscience*, source de l'opinion qui est foible, & commune aux choses fausses & aux inconnues ».

» Entre la science & l'inscience, Zénon plaçoit cette catalepsie dont je viens de parler, & il ne la comptoit ni parmi les bonnes choses, ni parmi les mauvaises, mais il affirmoit que c'étoit la seule qui méritât croyance. Il faisoit de même honneur aux sens, parce que, comme je viens de le remarquer, il trouvoit que la catalepsie faite par les sens étoit vraie & fidelle, non parce qu'elle embrassoit tout ce qui étoit dans l'objet, mais parce qu'elle n'omettoit rien de ce qu'elle pouvoit embrasser, & parce que la nature nous l'avoit donnée pour nous servir comme de règle dans la science & dans la connoissance de la nature même; cette catalepsie imprimoit ensuite dans l'ame les notions qui fournissoient non-seulement des principes, mais aussi des chemins plus larges pour parvenir à la raison. Zénon éloignoit de la vertu & de la sagesse, l'erreur, la précipitation, l'ignorance, l'opinion, le soupçon; en un mot, tout ce qui s'écarte de la conviction. Voilà en quoi consistent presque tous les changemens que Zénon a fait dans la doctrine de ses prédécesseurs ». (*Voyez* ZÉNONISME).

On vient de lire ce que dit Varron dans Cicéron. Voici ce que dit Cicéron même dans le second passage que j'ai promis. « C'est ce que Zénon exprimoit par des gestes; car il montroit, du côté de la paume, la main étendue, & disoit : *ainsi est la perception*. Ensuite il plioit un peu les doigts, & continuoit : *ainsi est l'adhésion ou acquiescement*. Après, il fermoit la main ou le poing, en ajoutant : *voilà la catalepsie*; & c'est de cet image que Zénon tira le nom qu'il donna à cette opération de l'ame, nom qu'elle n'avoit pas auparavant. Enfin Zénon mettoit la main gauche sur la droite, & serroit fortement son poing, en disant : *voilà la science que le sage seul peut acquérir* ».

Vous voyez quel ordre suivent ces choses, selon les stoïciens. *La perception, la catalepsie, & le sens & l'acquiescement, la mémoire, la science.*

Philosopie anc. & mod. Tom. I.

Je pense que, dans l'image de Zénon, l'adhésion ou l'acquiescement précède la catalepsie, parce que la chose arrive chez la plupart des hommes, ensorte que dans les hommes ordinaires l'adhésion est moins ferme que la catalepsie. Je dis, dans les hommes ordinaires, parce que le sage doit, ou saisir avant d'approuver, ou opiner.

Les stoïciens détestent le dernier parti : c'est, selon eux, une grande faute de précipiter ses jugemens; *car si les choses sont obscures, on croit avant de connoître; si elles sont fausses, on est trompé; si elles sont incertaines, on opine.*

Selon Stobée, les stoïciens veulent que *le sage n'adhère jamais que fortement, & que par conséquent il n'ait point d'opinion; qu'il y ait deux sortes d'opinion, dont l'une consiste à croire ce qui n'est pas certain, & l'autre à croire foiblement ; que l'une & l'autre soient fort éloignées de la condition du sage; qu'il appartienne aux inconsidérés & aux étourdis, non aux sages, de croire avant d'avoir la certitude.*

On a dû remarquer que Cicéron, dans le passage qu'il met dans la bouche de Varron, & que nous avons rapporté, conserve à la première de ces deux sortes d'opinions le nom d'*opinion*, & donne à la seconde le nom de *soupçon*.

La science est donc un très-grand bien, le bien souverain; mais à quoi sert-elle, si personne ne peut l'acquérir? Cicéron dit dans le Lucullus : « les stoïciens mêmes ne disent point quel est l'homme qui a été sage ». C'est-à-dire, ils ne peuvent nommer personne qui ait atteint ce haut degré de bonheur. Possidonius, stoïcien, croyoit pouvoir conjecturer qu'il n'étoit pas impossible de parvenir à la vertu & à la sagesse, parce que Socrate, Diogène & Antisthène s'en étoient approchés; cependant les stoïciens ne connoissoient & ne pensoient pas que jamais personne eût possédé la vertu. Plutarque exprime leur sentiment, lorsque, parlant du sage des stoïciens, il dit : *ce sage n'est & n'a été nulle part.*

Les stoïciens ne furent pas seuls de cet avis; nous pourrions citer presque tous les philosophes de différentes nations, qui ont expressément déclaré que personne n'avoit eu la sagesse en partage, & même que personne ne pouvoit l'avoir.

Ces aveux sont remarquables à cause de ce passage de S. Paul : la loi n'a mené personne à la perfection, & il met la philosophie au même rang, lors qu'il dit; *car ceux qui n'ont pas cette loi, sont loi à eux-mêmes.*

Il ne faut pas oublier que, selon Dioclès dans Laërce, il y eût des stoïciens qui n'approuvèrent point le sentiment de Zénon au sujet du *criterium* de la vérité.

Les anciens stoïciens, comme dit Possidonius

dans son traité sur ce sujet, soutenoient que c'est la droite raison qui juge du vrai. Boëtius veut que ce soient l'esprit, les sens, *l'appétit ou le désir*, & la science. Chrysippe, dans son traité de la raison ou du discours, l'assigne *aux sens & aux prénotions*. Cependant Galien attribue à Chrysippe le sentiment de Zénon. Voilà ce que nous avions à dire sur cette matière.

Nous ajouterons ici, en forme d'appendice, ce qu'Epicure & les cyrénaïques pensoient de la manière de juger la vérité.

Aristippe de Cyrène, qui fréquentoit Socrate, fut le chef de la secte qui tira de lui le nom de cyrénaïque. (*Voyez* ce mot). Ce philosophe & ses disciples enseignèrent que la marque de la vérité se trouvoit dans les affections & dans les mouvemens de l'ame ; que c'étoient les seules choses dont on peut dire : *elles sont* ; & que des choses extérieures, quoiqu'elles nous occasionnent ces passions & ces mouvemens, on n'en peut rien dire, si ce n'est : *elles paroissent ainsi*. Car la même chose affecte diversement diverses personnes, & il n'y a aucun principe commun qui nous aide à en juger ; d'où il s'ensuit qu'on ne peut pas avoir une connoissance certaine des choses extérieures ; mais les mouvemens intérieurs peuvent être saisis. Ainsi, pendant qu'on sent du plaisir ou de la douleur, on peut indubitablement affirmer qu'on a du plaisir ou de la douleur ; mais on ne peut pas dire que l'objet qui a occasionné le plaisir, est agréable, ni que celui qui a occasionné la douleur est désagréable. De même, lorsqu'on a la perception du blanc ou du doux, on peut dire qu'on éprouve cette perception ; la chose est certaine & indubitable. Mais il ne faut pas affirmer que l'objet qui occasionne cette perception, est blanc ou doux ; c'est ce qu'on ne peut pas saisir. Ainsi les affections se montrent elles-mêmes, & indiquent les objets qui les produisent. Elles ne trompent point, quand elles parlent d'elles-mêmes ; mais elles ne disent pas toujours vrai des choses extérieures.

Ciceron dans le Luculius : « les cirénaïques sont d'un autre sentiment ; ils pensent que, hors les mouvemens intérieurs, il n'est aucune vérité dont on puisse être sûr ». Et ailleurs : « que pensez-vous des cyrénaïques ? Ces philosophes, qui ne sont pas à mépriser, affirment qu'il n'y a rien d'extérieur qu'on puisse saisir ; qu'ils ne saisissent que ce qu'ils sentent par le tact intérieur, c'est-à-dire, le plaisir & la douleur ; enfin qu'ils ignorent quelle est la couleur ou quel est le son d'un objet, mais qu'ils sentent qu'ils en sont affectés d'une certaine manière ».

Laërce, dans la vie d'Aristippe, dit la même chose. Sextus Empiricus en parle plus au long : *voyez* son traité contre les mathématiques.

Plutarque explique très-bien le sentiment des cyrénaïques qu'il défend contre Colote : *les cyrénaïques plaçant les affections & les perceptions au-dedans d'eux, n'y trouvèrent pas un fondement suffisant pour juger des choses mêmes ; mais, comme dans un siège, ils abandonnèrent les dehors ; ils se mirent derrière le rempart des affections, & dirent des choses extérieures :* elles semblent, *& des intérieures :* elles sont.

Et peu après : *ils disent qu'ils goûtent la douceur ou l'amertume, qu'ils sont frappés de la lumière & de l'obscurité, quand chacune de ces perceptions a sa propre force, & n'est pas contrariée ; mais que la douceur du miel, l'amertume des feuilles d'olivier, la froideur de la grêle, la chaleur du vin, l'obscurité de la nuit, sont contredites par plusieurs choses, par plusieurs animaux & par plusieurs hommes ; puisqu'il en est qui ont de l'aversion pour le miel, qui mangent avidement des feuilles d'olivier, qui sont brûlés par la grêle, rafraîchis par le vin, qui ne voient rien à la lumière du soleil, & qui voient clair la nuit. Qu'ainsi, tant que la croyance se tient dans les bornes des affections, elle est exempte d'erreur ; mais que lorsqu'elle en sort & se mêle curieusement des choses extérieures pour en juger, souvent elle se trouble elle-même, & se trouve en contradiction avec ceux qui, des mêmes choses, reçoivent des affections & des perceptions différentes*.

Vous voyez quel étoit le sentiment de ces philosophes. Je ne l'approuve point ; mais je ne le trouve pas ridicule, puisqu'il semble que S. Augustin l'a plutôt approuvé que rejetté.

Ceux qui sont engagés dans d'autres sectes, ont coutume de donner aux dogmes qu'ils veulent attaquer, une interprétation si forcée, & de les peindre avec des couleurs si noires que ce même sentiment, tel qu'ils le représentent, est extrêmement ridicule. On peut lire, dans Plutarque, les railleries dont Colote accable le dogme des cyrénaïques.

Aristocles, péripatéticien, l'expose ainsi à la raillerie du public : « Plaçons après ces philoso-
» phes, ceux qui affirment qu'on ne peut saisir
» que les affections ; ce sont quelques hommes
» de Cyrène. Ces gens, comme autant de lé-
» thargiques, pensent qu'il n'y a rien nulle part,
» à moins qu'il n'y ait quelqu'un qui les frappe
» ou les pique. Car si on les brûloit ou si on les
» déchiquetoit, ils diroient qu'ils savent qu'ils
» souffrent quelque chose, mais qu'ils ne peu-
» vent pas assurer si ce qui les brûle est du feu,
» ou si ce qui les déchiquète est du fer. Mais
» qu'on leur demande si du moins ils savent qu'ils
» sentent. S'ils répondent qu'ils ne le savent pas,
» ils ne peuvent pas dire qu'ils saisissent les af-
» fections. S'ils le savent, ils doivent avouer que
» les affections ne sont pas les seules choses qu'ils
» saisissent ; car ces mots : *je me brûle*, sont une

» proposition, non une affection. Il y a nécessai-
» rement trois choses; l'affection, l'objet qui la
» cause, & le sujet qui la reçoit. Le sujet d'une
» affection la sent certainement; sans cela, il ne
» sauroit point, par exemple, qu'il sent la cha-
» leur. Ignorera-t-il si c'est lui qui sent ou son
» voisin? Si la chose arrive à présent, ou si elle
» arriva hier? Si c'est à Athènes ou en Egypte?
» Si, quand il se brûle, il est en vie ou mort?
» Si c'est un homme qui se brûle ou une pierre?
» Donc il connoîtra l'objet qui cause la percep-
» tion qu'il éprouve; car les autres hommes con-
» noissent des hommes, des chemins, des vil-
» les, des alimens, les ouvriers, leurs instru-
» mens. Les médecins & les pilotes prévoient l'a-
» venir; les chiens trouvent les traces du gibier.
» De plus, celui qui éprouve une affection, né-
» cessairement l'apperçoit, ou comme conforme,
» ou comme contraire à sa nature; autrement
» pourroit-il affirmer que c'est de la douleur ou
» du plaisir? Et comment il est affecté lorsqu'il
» goûte, qu'il voit, qu'il entend? Et que c'est
» avec la langue qu'il goûte, avec les yeux
» qu'il voit, avec les oreilles qu'il entend? Ou
» comment sait-il qu'il doit rechercher ceci, évi-
» ter cela? Si les cyrénaïques n'en savent rien,
» ils ne peuvent, ni rien appéter, ni rien faire;
» par conséquent ce ne sont pas des animaux,
» & il seroit ridicule de dire que ces choses leur
» arrivent, mais qu'ils ne savent pas comment.
» Ils pourroient également dire qu'ils ne savent
» pas s'ils sont hommes ou s'ils vivent, ni par
» conséquent s'ils parlent ou s'ils pensent. Qui
» voudroit disputer avec de pareilles gens? Se-
» roit-ce une merveille qu'ils ignorassent s'ils sont
» sur la terre ou dans le ciel? Mais ce qu'il y a
» de plus étonnant, c'est qu'ils ne savent pas si
» quatre sont plus que trois, & combien font
» un & deux; & ils se donnent pour philoso-
» phes! Ils ne peuvent pas dire combien de doigts
» ils ont dans chaque main, & si chaque doigt
» est un seul ou plusieurs. Ils ne savent ni leur
» propre nom, ni leur patrie; ils méconnoissent
» même Aristippe. Ils ne savent, ni qui sont
» ceux qu'ils aiment, ni qui sont ceux qu'ils
» haïssent, ni ce qu'ils souhaitent. S'ils rient ou
» s'ils pleurent, ils ne pourront pas dire que ce
» qui les fait rire est ridicule, & que ce qui les
» fait pleurer, est désagréable. Il est donc clair
» qu'ils n'entendent pas ce que nous disons. Il
» faut qu'ils ne diffèrent point des cousins &
» des mouches, & même ces animaux savent ce
» qui leur convient. On pourroit dire bien d'au-
» tres choses aux philosophes qui pensent ainsi;
» mais ce que nous venons de rapporter, peut
» suffire ».

Nous avons traduit ce passage d'Aristocles, pour faire voir, par cet exemple, combien il est dangereux de juger les dogmes des anciens sur la parole de leurs adversaires. Pour moi, lorsque j'entends rapporter & siffler des dogmes absurdes & contraires au sens commun, & qu'on attribue à des hommes célèbres, je ne puis pas me persuader que ces dogmes soient rapportés fidelement & interprétés dans le sens que leur donnoient leurs auteurs. Je me dis à moi-même: moi qui ne suis doué que d'une intelligence ordinaire, je verrois sur-le-champ l'absurdité de ces sentimens; & de grands hommes, après une méditation sérieuse, auroient avancé des pensées ridicules! Vous trouverez toujours vrai ce mot de Thucydide: *il ne faut pas croire qu'un homme surpasse de beaucoup un autre*; & : *il faut juger que ce que nous pensons, les autres le pensent aussi.*

Les uns disent qu'Epicure n'eut point de maître, & qu'il s'instruisit par la lecture des ouvrages des anciens; d'autres lui donnent pour précepteurs Xénocrate & Nausiphanes.

Epicure méprisa la logique, & la crut plutôt nuisible qu'utile; cependant, dans sa physique, il toucha la question de la manière de juger de la vérité.

Il avance que les indices de la vérité sont les sens, les prénotions & les affections, comme écrit Laërce.

« Epicure, dit Cicéron, pensa diversement; il voulut que les sens, les notions & le plaisir fussent la pierre de touche de la vérité. Il soutint que les sens annonçoient la vérité aussi bien que les perceptions, & que s'il y avoit ou pouvoit y avoir des perceptions fausses, il ne restoit aucune marque de la vérité ». C'est ce qu'Epicure tâche de prouver ainsi dans Laërce. « Tout sens est destitué de raison & de mémoire; il ne se meut pas de lui-même; & quand il est mis en mouvement par une cause extérieure, il n'y peut rien ajouter ni ôter; car il est nécessaire que les sens sentent, ou qu'ils ne sentent pas. S'ils sentent, ils ne peuvent pas tromper, parce qu'ils n'ont point de raison, & ne peuvent ni ajouter, ni ôter aux perceptions qu'ils reçoivent; donc ils les représentent fidelement. De plus, les sens ne conservent aucune mémoire des sensations passées, car ils sont aussi privés de cette faculté; donc ils ne peuvent pas changer les perceptions, & en offrir une à la place de l'autre. Ainsi les sens sont invariables, & aucune cause extérieure ne peut faire ensorte qu'ils ajoutent ou retranchent ».

Epicure ajoute de nouvelles preuves. « Si les sens pouvoient mentir & nous tromper, nous n'aurions aucun moyen de les convaincre de faux. Un sens ne peut pas être jugé par un sens semblable; car ils ont la même force, & méritent autant de croyance l'un que l'autre. Un sens ne peut pas juger un sens différent; chaque sens a son objet particulier, & la vue ne juge pas des odeurs. La raison ne peut nous convaincre de la fausseté des sens; car la raison dépend des perceptions, & une perception n'a aucun avantage sur l'autre; elles ont la même force sur notre esprit. Une autre preuve de la véridicité des sens est que les effets existent & subsistent manifestement. La douleur ne peut pas exister sans un objet qui l'occasionne; ces deux choses sont toujours ensemble: de même, puisqu'il est certain que nous voyons & que nous entendons, il y a quelque objet qui est vu & entendu ». (*Voyez* ÉPICURÉISME).

Ainsi, selon Epicure, tous les sens & toutes les perceptions annoncent la vérité; mais toutes les opinions ne l'annoncent pas: il y en a de vraies & de fausses.

Ce philosophe dit que chaque perception est accompagnée & immédiatement suivie de l'opinion, ou persuasion, ou jugement, qui nous dit que cette perception provient de tel ou tel objet.

C'est dans cette opinion ou jugement que peut se trouver l'erreur. Nous ne savons pas distinguer l'opinion de la perception, & nous attribuons à la dernière les erreurs de la première.

Un sage doit donc séparer l'opinion de la perception, & se bien garder de confondre l'une avec l'autre, pour ne pas se priver des moyens de juger: c'est ce qu'écrit Epicure même dans son traité *des pensées approuvées*.

« Epicure va jusqu'à dire que si un seul sens a
» menti une seule fois dans la vie, il ne faut
» croire à aucun », comme écrit Cicéron, avec lequel s'accordent Laërce, Plutarque, & Sextus Empiricus en plusieurs endroits.

Aristoclès dit qu'Epicure craignit de perdre tout moyen de connoître la vérité, s'il avouoit que les sens trompent quelquefois.

Tertullien dit: « les épicuriens sont plus conséquens que les stoïciens, en soutenant, mais d'une autre manière, que tous les sens annoncent également & toujours la vérité; que c'est l'opinion, non le sens, qui trompe; que le sens est passif & ne décide rien. Ces philosophes séparent l'opinion des sens, & les sens de l'ame ».

On objecte aux épicuriens les imaginations de la folie & des songes; on leur demande comment la même tour peut paroître grande & petite, quarrée & ronde, suivant qu'on la regarde de près ou de loin; comment la même chose semble chaude aux uns & froide aux autres, ensorte que, si toutes les perceptions étoient véridiques, le même objet devroit avoir des qualités opposées.

Pour répondre, ils ont besoin de nous enseigner & faire embrasser toute leur physique. Ils y travaillent, & disent que, dans un vuide immense, voltige une infinité de corpuscules ou atomes, comme ils les appellent, doués de différentes propriétés, les uns étant froids, & les autres chauds. Que ces atomes se rencontrent, &, se réunissant, forment les corps nommés solides par ces philosophes. Que de tous les corps sortent d'autres corps plus minces, qui sont les images de ceux qui les transmettent. Que des corps émanent les odeurs, les saveurs, les sons, qui frappent tous les organes & produisent les perceptions. Que ces images, transportées en différens lieux, s'usent, deviennent plus petites, & enfin dépérissent. Qu'elles se mêlent entr'elles & prennent divers arrangemens; que, dans cet état, elles traversent les corps des fous & de ceux qui songent, auxquels elles se montrent. Que ces malheureux sont trompés, non pas par les sens, puisque effectivement ils voient ces phantômes, mais par le jugement qu'ils portent, en se persuadant que ces images proviennent de quelques corps solides qui sont devant eux.

Tout ce détail, aussi bien que le reste de leur physique, Epicure l'emprunta de Démocrite, qui écrivit, à ce que nous apprend Cicéron, que si actuellement ou même en dormant, nous nous figurons de voir quelque chose, c'est parce que les images extérieures passent dans nos esprits à travers nos corps.

Laërce, suivant les sentimens d'Epicure, dit: « les imaginations des fous & de ceux qui songent, sont vraies; car elles affectent, & ce qui n'est pas n'affecte point ».

Plutarque, en parlant des épicuriens, dit dans son traité contre Colote: quels phantômes étranges & monstrueux ne réunissent-ils pas, en les tirant des songes ou des délires? Ils disent que ce ne sont pas des visions, des choses fausses & inconsistantes ou impossibles, mais de vraies perceptions des corps & des figures, qui nous sont transmises par l'air ambiant ».

Ces philosophes font la même réponse à la tour qui de loin nous paroît petite & ronde, quoiqu'elle soit grande & quarrée. L'image de la tour nous paroît ainsi défigurée; l'organe est réellement frappé de la représentation qu'il offre à l'ame, & ne trompe point.

Celui qui pense que la tour ressemble à cette image défigurée par le long chemin qu'elle a fait, affoiblie & sur le point de s'évanouir, est trompé par son jugement, non par les sens.

Celui qui croit qu'un son éclatant qui vient de loin, est aussi foible qu'il le semble à ses oreilles, se trompe lui-même, & n'est pas trompé par l'organe qui a reçu ce bruit tel qu'il lui est parvenu, & l'a représenté fidèlement.

Epicure pouvoit faire la même chose au sujet de la grandeur du soleil & des astres; il ne se seroit pas rendu le jouet des philosophes & des mathématiciens. Cependant, sans alléguer ce que dit Cicéron avec nombre d'autres auteurs, nous avons les propres termes d'Epicure tirés de sa lettre à Pythoclès, & du onzième livre de la nature, rapportés par Diogène Laërce qui étoit épicurien: ces termes ne souffrent aucune interprétation.

Epicure dit expressément que tous les astres sont aussi grands qu'ils le paroissent, ou un peu plus, & il en donne la ridicule raison que la distance ne leur a rien fait perdre de leur grandeur, puisqu'elle n'a pas altéré leur couleur. Mais Cléomène, stoïcien, (car cet auteur paroît stoïcien) a prouvé, par mille preuves très-claires, que ce sentiment est faux & ridicule.

Plutarque nous apprend comment les épicuriens expliquoient pourquoi une chose paroît froide aux uns & chaude aux autres. Tout, disoient-ils, a des qualités différentes & même contraires, & différentes choses opposées se trouvent réunies & mêlées dans chaque objet. De plus, les organes des hommes sont diversement constitués, & s'appliquent diversement aux objets, ensorte que lorsque deux personnes différentes touchent la même chose, l'une ne touche pas les mêmes parties que l'autre; mais, suivant la nature de la chose & celle de la personne, celle-ci touche de certaines parties & est frappée de certaines propriétés, & celle-là d'autres. C'est comme si d'une source qui contient plusieurs choses différentes, l'un puisoit une chose, & l'autre une autre. Ce que nous disons du toucher, doit s'entendre des autres sens.

On n'a donc aucune raison de condamner les sens des autres, & de les traiter de menteurs, sous prétexte que tout le monde n'est pas affecté de la même manière par la même chose; tous les sens de tous les hommes annoncent la vérité, & ne peuvent pas mentir.

C'est ainsi que le vin paroît chaud aux uns, & froid aux autres; les sens ne trompent ni les uns, ni les autres.

Ainsi, selon les épicuriens, toutes les perceptions sont vraies, certaines & claires; mais les opinions ou jugemens qui naissent des perceptions claires, & suivent immédiatement les impressions des sens, ne sont pas tous vrais; il y en a de vrais & de faux, parce que nous ajoutons ou ôtons quelque chose à la perception, qui ne nous annonce que ce qu'elle est: voilà la source des erreurs.

Les jugemens sont vrais, lorsqu'ils sont confirmés par le témoignage clair & non démenti de la chose & de la perception. Par exemple, on voit un homme s'approcher, & l'on croit que c'est Socrate. Si lorsqu'il est si près que la distance ne nous empêche pas de recevoir son image entière & parfaite, le témoignage de la perception claire nous dit que c'est Socrate, le jugement est vrai; si non, il est faux. C'est pourquoi les épicuriens veulent que, pour examiner & adopter les jugemens, on attende l'évidence ou la clarté.

Ainsi, quand je vois une tour de loin, je n'en dois rien affirmer; je dois attendre, m'approcher de la tour, & voir l'apparence qu'elle a quand elle est vue de près. Cette attente, ou l'examen qui en résulte, avoit un nom particulier chez les épicuriens.

Les prénotions aussi sont claires & certaines, & on n'en doute point. Les prénotions ou premières notions sont certaines notions exprimées par des paroles, &, pour ainsi dire, des jugemens vrais & certains, des idées universelles placées dans l'esprit, des souvenirs des choses apperçues par les sens.

La sensation, par exemple, d'abord vient d'un homme, d'un cheval, d'un bœuf; suivent les images gravées & conservées dans l'esprit, que nous appliquons aux choses que nous voyons dans la suite: car nous ne pouvons pas demander si ce que nous voyons est un cheval ou un bœuf, à moins d'avoir l'idée d'un cheval & d'un bœuf, & d'en savoir le nom.

Premièrement, on apperçoit la chose par le moyen des sens, ensuite on en apprend le nom: cela est évident & incontestable; car, en voyant un bœuf, on ne dispute pas si son nom en français est *bœuf*.

J'expliquerai bien, je crois, cette pensée, en disant: quand Epicure dit que les sens ne trompent point, il dit que l'objet de la perception, ou la chose indiquée est indubitable; quand le même philosophe dit que les prénotions aussi sont certaines, il affirme qu'on ne doute pas de l'attribut, mais qu'on doute du jugement, c'est-à-dire de la connexion, ou de la proposition.

Clément d'Alexandrie, en parlant d'Epicure, dit: « il définit la prénotion une observation » (mot à mot une application) de l'esprit tou- » chant une chose claire, & la notion claire d'une » chose; il dit qu'on ne peut ni chercher, ni » douter, ni conjecturer, ni raisonner sans pré- » notions ».

Les affections qu'Epicure, comme nous l'avons remarqué, met au nombre des moyens de connoître la vérité, sont de deux sortes, selon les épicuriens, *le plaisir & la douleur*; tous les animaux y sont sujets.

Le plaisir convient à la nature; la douleur ne

lui convient point. Ce sont les guides qu'Epicure nous donne pour juger ce que nous devons rechercher ou éviter ; car il faut rechercher ce qui fait plaisir, & éviter ce qui fait de la peine.

Il prétendoit donc que les sens, les prénotions & les affections sont trois choses claires dont on ne peut douter, qui doivent nous guider dans la recherche de ce qui n'est pas clair, puisque toutes nos opinions naissent de ce qui est clair.

Ainsi les épicuriens pensent déduire de l'évidence du mouvement, ce qui, selon Valentia, n'est pas évident, c'est-à-dire, qu'il y a du vuide, parce que, si tout étoit plein de corps, il n'y auroit point de mouvement. Voilà ce qui regarde Epicure & sa pierre de touche de la vérité.

Mais il faut ajouter encore quelque chose. Diogène Laërce, que je ne crois pas un auteur fort ancien, dit que, peu avant son temps, s'étoit élevée une nouvelle secte philosophique, fondée par un Potamon d'Alexandrie, & nommée éclectique, ou qui choisit. (*Voyez* ECLECTISME)

Ce Potamon déclaroit qu'il ne vouloit établir aucun dogme nouveau, & qu'il se borneroit à choisir ce qu'il y avoit de meilleur dans les nombreux dogmes des anciens.

Laërce nous enseigne que ce philosophe, dans un livre qu'il intitula *Instruction élémentaire*, écrivit que ce qui juge est la partie supérieure de l'ame ; & que l'instrument dont elle se sert pour juger, ce sont les perceptions très-exactes & très-bien examinées.

Les éclectiques étoient dogmatiques, non sceptiques. Ils adoptoient les dogmes qu'ils avoient choisis, & les regardoient comme certains, non comme simplement probables.

Les éclectiques différoient aussi des *académiciens*, en ce que les premiers paroissent tous avoir embrassé les dogmes que Potamon avoit choisis ; au lieu que chaque *académicien* choisissoit ou imaginoit ce qui étoit à son gré, & que tous ceux qui sont venus après Carnéade, n'ont pas trouvé probable tout ce que ce philosophe avoit jugé tel.

Voilà presque tous les sentimens que les philosophes venus après Socrate ont soutenus touchant la manière de juger de la vérité ; article qui, comme dit Ciceron, est un des plus importans de la philosophie.

Nous ne sommes point entrés ici dans l'examen des opinions d'Arcésilas & de Carnéade sur cette matière obscure & difficile, parce que cette discussion qui embrasse une infinité de questions délicates, & qu'il vaut mieux omettre que de traiter superficiellement, fait un des principaux objets de l'histoire critique & philosophique des dogmes de la seconde & de la troisième *académie*.

Or l'auteur de cette histoire, qui suit immédiatement l'article *académiciens* qu'on va lire, a porté dans l'exposé analytique qu'il a fait des divers sentimens d'Arcésilas, de Carnéade & de leurs successeurs dans l'*académie*, une exactitude & une profondeur que nous n'aurions pu sans doute nous promettre d'atteindre par le seul secours de nos foibles lumières, & qui, peut-être, ne laissent qu'une seule chose à desirer ; c'est que tous les articles de philosophie ancienne, qui doivent composer ce dictionnaire, soient traités avec le même soin, écrits du même style & dans le même esprit.

Nous allons présentement donner très-succintement l'histoire de la philosophie depuis Socrate jusqu'à Arcésilas, c'est-à-dire, celle de l'ancienne *académie*, dont la doctrine exige, pour être expliquée nettement & avec précision, une extrême pénétration, selon l'aveu formel de Varron (1). Mais, pour éviter plus sûrement de nous égarer dans cette route incertaine & remplie d'écueils, nous prendrons par-tout pour guide celui de tous les anciens qui a le mieux connu les opinions des philosophes de son temps, & de ceux qui avoient écrit avant lui ; & nous aurons soin, pour nous servir de l'expression du savant interlocuteur qu'il fait parler, de puiser à la source, plutôt que de courir après les ruisseaux (2). Ce dessein n'annonce sans doute ni ces recherches longues & pénibles, auxquelles les érudits se livrent avec tant de complaisance & d'opiniâtreté, ni cette forte contention d'esprit sans laquelle on ne fait qu'effleurer toutes les matières philosophiques ; mais ces moyens d'ailleurs si nécessaires, si utiles, ces divers instrumens de la science ne peuvent avoir leur application dans le plan de travail que nous nous sommes tracés pour ce seul article. Le seul mérite que nous puissions avoir aux yeux de ceux qui lisent les anciens, c'est celui de l'exactitude ; car toutes les probabilités sont ici en faveur du témoignage de Ciceron, & on ne le soupçonnera jamais d'avoir parlé de ce qu'il n'entendoit pas, & de ce qu'il n'avoit pas profondément étudié.

Socrate fut le premier qui tira la philosophie des choses cachées & voilées par la nature elle-même, lesquelles auparavant occupoient tous les philosophes, & la ramena à la vie commune, & à ce qui regarde les vertus & les vices, le bien & le mal.

---

(1) *Sive academiam veterem persequamur, quam nos, ut scis, probamus ; quam erit illa acutè explicanda nobis ? Varro apud Cicer. academ. quæst. lib. 1, cap. 2.*

(2) *Sed meos amicos in quibus est studium (philosophia:) in Græciam mitto, id est ad græcos ire jubeo, ut ea à fontibus potiùs hauriant, quàm rivulos consectentur. Varro apud Ciceron. acad. quæst. lib. 1, cap. 2.*

Socrate pensoit que le ciel est hors de notre portée, & que, quand même nous le connoîtrions parfaitement, nous n'en serions ni meilleurs, ni plus heureux.

Ce philosophe, dans presque tous ses discours que ses disciples ont écrit diversement & avec éloquence, observe de ne rien affirmer, & se borne à réfuter les autres : il dit qu'il ne sait autre chose, sinon qu'il ne sait rien ; qu'il n'est au-dessus des autres qu'en ce qu'ils s'imaginent savoir ce qu'ils ignorent, tandis qu'il sait uniquement qu'il ne sait rien, & qu'il pense que c'est pour cela qu'Apollon l'a déclaré le plus sage des hommes, puisque toute la sagesse humaine se réduit à ne pas croire qu'on sait ce qu'on ne sait pas.

C'est ce que Socrate disoit constamment & sans varier, ne parlant que pour faire l'éloge de la vertu, & pour exhorter les hommes à l'aimer, comme on peut le voir par les ouvrages de ses disciples, & sur-tout par les écrits de Platon.

Platon eut divers talens, posséda nombre de sciences, & fut éloquent ; sous son autorité, s'établit une seule & même philosophie sous deux noms ; l'un d'*académiciens*, & l'autre de péripatéticiens.

Ces deux écoles s'accordoient quant à la doctrine, & différoient de nom. Car Platon laissa, pour ainsi dire, héritier de sa philosophie, Speusippus, fils de sa sœur : il eut de plus deux disciples très-distingués par leur assiduité & par leur savoir ; Xénocrate de Chalcédoine, & Aristote de Stagire.

On donna aux sectateurs d'Aristote le nom de *péripatéticiens*, parce qu'ils tenoient leurs conférences en se promenant dans le Lycée ; & ceux qui, suivant la coutume de Platon, s'assembloient & s'entretenoient dans l'*académie*, furent appellés *académiciens* du nom du lieu de leurs assemblées. (*Voyez* l'art. ACADÉMIE) Mais les uns & les autres, pleins de la science étendue de Platon, formèrent un corps complet de philosophie, & abandonnèrent le doute universel de Socrate, & sa coutume de raisonner sans rien affirmer.

C'est ainsi que, contre l'avis de Socrate, on réduisit la philosophie en art, on arrangea les matières, & on fit un corps de doctrine.

Au commencement, elle étoit la même sous deux noms, comme je viens de le dire ; car il n'y avoit point de différence entre les péripatéticiens & la vieille *académie*.

Il est vrai qu'Aristote avoit plus de génie ; mais les uns & les autres puisoient à la même source, & adoptoient la même division des choses qu'on doit éviter & rechercher.

Division de la philosophie ; précis de la morale.

On divisa donc, à l'exemple de Platon, la philosophie en trois parties ; la première traite de la conduite & des mœurs ; la seconde parle de la nature & de ses secrets ; & la troisième roule sur l'art de raisonner & de discerner ce qui est vrai ou faux ; ce qui dans un discours est bon ou mauvais ; ce qui est conséquent ou inconséquent.

Pour la première partie, ces philosophes tiroient de la nature les règles de notre conduite : ils disoient qu'il falloit obéir à la nature, que c'étoit dans la nature seule qu'il falloit chercher le souverain bien auquel tout se rapporte, & ils soutenoient que le comble des choses désirables & le faîte des biens consistoient à posséder tous les dons que la nature peut nous faire par rapport à l'ame, au corps & à la fortune.

Ils plaçoient les biens du corps, ou dans le tout, ou dans les parties : la santé, la vigueur, la beauté regardoient le tout ; aux parties appartenoient l'intégrité des sens, & certains avantages dans chaque partie, comme la vitesse des pieds, la force des mains, la voix claire, & la prononciation nette pour la langue.

Ces philosophes appelloient biens de l'esprit les qualités propres à nous mener à la connoissance de la vertu. Ils les divisoient en naturelles & artificielles. Ils mettoient au nombre des premières la facilité à apprendre & la mémoire, qui toutes deux tiennent à l'esprit. Ils pensoient que les secondes demandoient de l'étude, & pour ainsi dire, de l'habitude, qu'ils faisoient naître en partie de la raison, & en partie d'un exercice assidu.

Au nombre des avantages artificiels étoit la philosophie, dans laquelle ils nommoient progrès vers la vertu ce qui est commencé & non achevé ; & ce qui est achevé, ils l'appelloient vertu, comme qui diroit perfection de la nature : c'étoit la chose la plus excellente de toutes celles qu'ils attribuoient à l'esprit : voilà pour ce qui regarde les esprits.

Passons au troisième article. Ces philosophes donnoient le nom de biens de la fortune à ce qui facilite la pratique de la vertu. Or cette vertu brille en certains avantages de l'esprit & du corps, qui regardent plus le bonheur de la vie que la nature.

Ces philosophes considéroient l'homme comme une partie de l'état & de tout le genre humain, & disoient qu'il étoit lié aux autres hommes par leur nature commune. Voilà comme ils parloient du bien souverain & naturel. Ils pensoient que le reste, comme les richesses, la puissance, la gloire, le crédit, servent ou à augmenter ce bien, ou à le conserver. Ainsi ils divisoient les biens en trois espèces.

Fin du précis de la morale ; commencement de celui de la physique.

Ce sont les trois espèces dont parlent les péripatéticiens, à ce qu'on pense assez généralement. On ne se trompe pas : c'est effectivement leur division ; mais on a tort si l'on croit que les péripatéticiens différoient de ceux qu'on nommoit alors *académiciens*.

Ces deux écoles avoient le même sentiment, & toutes deux faisoient consister le souverain bien à obtenir, ou toutes les choses principales que la nature demande, & qui sont désirables par elles-mêmes, ou les plus importantes de ces choses. Or les plus importantes sont celles qui regardent l'esprit & la vertu.

Ainsi tous ces anciens philosophes pensèrent que la vertu seule rend la vie heureuse ; mais non entièrement, à moins qu'on n'y ajoute les biens du corps, & les autres choses qui, comme nous l'avons dit, contribuent à la pratique de la vertu.

De ces principes, on tiroit la nécessité de la vie active & les règles des devoirs qui consistoient à conserver ce que la nature exige. De là résultoit l'éloignement pour la paresse & le mépris des plaisirs, d'où il s'ensuivoit qu'il falloit s'exposer aux travaux les plus rudes & aux souffrances les plus cruelles, en faveur du bon, de l'honnête, & de tout ce qui est conforme à la nature. Il en naissoit l'amitié, la justice, l'égalité d'ame, vertus qu'on préféroit aux plaisirs & aux avantages corporels.

Voilà quelle étoit la morale de ces philosophes, & le dessein & le plan de cette partie de la philosophie que j'ai mise à la première place.

A la seconde étoit la physique. Ils divisoient la nature en deux parties : l'une étoit active, & la seconde qui, pour ainsi dire, se prêtoit à la première, étoit celle qui devenoit quelque chose. Ils attribuoient la force à la partie efficiente, & une certaine matière à la partie passive.

Cependant ils croyoient que ces deux choses se trouvoient dans les deux parties ; car la matière ne seroit pas cohérente, si elle n'étoit retenue par quelque force ; & l'activité ne peut pas exister sans quelque matière, puisque tout ce qui existe, doit être quelque part. Ce qui est composé de ces deux parties, ils l'appelloient *corps*, & presque une espèce de *qualité*.

Fin de la physique.

Parmi ces qualités (ποιότητας), il en est de premières & de secondaires ou dérivées. Les premières qualités sont uniformes & simples, les dérivées sont variables & changeantes. Ainsi les premiers principes sont aussi l'air, le feu, l'eau & la terre ; il en dérive les formes des animaux, & des autres choses qui naissent de la terre.

C'est pourquoi les premiers sont nommés *principes*, ou, pour traduire le mot grec, *élémens*, parmi lesquels l'air & le feu sont actifs & ont une force motrice ; quant aux deux autres, je veux dire l'eau & la terre, ils sont passifs, & ne peuvent que recevoir le mouvement.

Aristote croyoit qu'il y avoit une cinquième essence particulière, qui différoit des quatre dont nous avons parlé, de laquelle étoient formées les astres & les ames de chaque individu.

Mais ils pensent que toutes les choses ont pour base une certaine matière dénuée de toute forme, & dépouillée de toute qualité ; que tout est fait de cette matière, qui est le réceptacle universel de tout, qui peut être changée de toute manière & de tout côté ; qui par conséquent peut périr, non en s'anéantissant, mais en se résolvant en ses parties qui sont divisibles à l'infini, puisqu'il n'y a dans la nature rien de si petit qui ne puisse encore être divisé ; que tout ce qui se meut, se meut dans l'espace, qui est aussi divisible à l'infini.

Comme c'est ainsi que se meut cette force que nous avons nommée *qualité*, & qu'elle se tourne de tout côté, ces philosophes pensent que toute la matière souffre un changement total, d'où résultent les êtres distingués par leurs qualités.

Ces êtres, dans toute la nature qui est cohérente & continue dans toutes ses parties, forment le monde, hors duquel il n'y a ni matière, ni corps : les parties du monde sont toutes les choses qu'il contient : ces parties sont liées par un être doué de sentiment & d'une intelligence parfaite, & de plus éternel ; car il n'existe point d'être plus fort qui puisse le détruire : c'est lui qu'ils disent être l'ame du monde, l'esprit & la sagesse parfaite ; ils l'appellent *Dieu*, & lui donnent la connoissance de toutes les choses qui lui sont soumises ; ils disent qu'il a soin sur-tout des choses célestes, & ensuite, sur la terre, de ce qui regarde les hommes.

Quelquefois ils le nommoient *nécessité*, parce que rien ne peut être autrement qu'il ne l'a ordonné : quelquefois une continuation, pour ainsi dire, fatale & immuable de l'ordre éternel ; & quelquefois *fortune*, parce qu'il fait naître toutes ces choses inattendues que nous ne prévoyons pas par l'obscurité de leurs causes qui nous sont inconnues.

De la dialectique.

Voici comment les uns & les autres traitoient la troisième partie de la philosophie, qui regarde l'art l'art de penser & de raisonner. Quoique le jugement naisse des sens, cependant les sens ne peuvent pas juger de la vérité. Ils soutenoient que l'esprit est le seul juge des choses; qu'il mérite seul croyance, parce qu'il est le seul qui voie ce qui existe toujours, ce qui est simple, toujours le même & tel qu'il est. C'est ce qu'ils appelloient une *idée*, nom que Platon lui avoit déjà donné: nous pouvons l'appeller *image*; ils ajoutoient que tous les sens sont lourds & pesans, qu'ils n'apperçoivent point les choses qui semblent être de leur ressort, & qui sont, ou si petites qu'elles leur échappent, ou si mobiles & si agitées qu'il n'y a rien qui fasse un tout permanent ni même identique, car tout change & s'écoule continuellement.

C'est pourquoi ils disoient que tout cet ordre des choses est l'objet de l'opinion (ou incertain), & ils pensoient que la science ou la certitude ne se trouve que dans les idées & dans les raisonnemens. Par conséquent ils approuvoient les définitions, & en faisoient usage dans tous les sujets qu'ils examinoient.

Ils aimoient à expliquer les mots, c'est-à-dire, à montrer pourquoi chaque chose avoit le nom qu'elle avoit: c'est ce qu'ils appelloient *étimologie*. Ensuite, ils suivoient, pour ainsi dire, les choses à la piste, & se servoient des preuves qu'elles leur fournissoient, pour prouver & démontrer ce qu'ils vouloient mettre dans tout son jour. C'est en quoi consistoit toute la doctrine de la dialectique, c'est-à-dire, du discours syllogistique.

D'autre côté, ils y ajoutoient l'art oratoire, où l'on donnoit les règles d'un discours, propre à persuader.

Changemens faits à la philosophie de Platon.

Voilà la philosophie qu'enseigna d'abord Platon.

Aristote porta les premiers coups aux idées dont je viens de parler, auxquelles Platon étoit tellement attaché qu'il leur attribuoit quelque chose de divin.

Théophraste, doué d'une éloquence douce & de mœurs si pures que la probité & la droiture percent dans ses écrits, affoiblit encore davantage l'ancienne philosophie, lorsqu'il dépouilla la vertu de ses prérogatives, & l'énerva en disant qu'elle seule ne suffisoit pas pour rendre la vie heureuse.

Pour Straton, disciple de Théophraste, il faut, malgré la beauté de son génie, l'exclure de cette école, parce qu'il abandonna la plus importante partie de la philosophie, je veux dire, la morale, & se donna tout entier aux recherches de la physique, dans laquelle même il s'éloigne beaucoup des autres platoniciens.

Philosophie anc. & mod. Tome I.

Speusippus & Xénocrate qui, les premiers, avoient adopté la méthode & la doctrine de Platon, & ensuite Polémon, Crates & Crantor, réunis dans l'*académie*, conservèrent soigneusement les dogmes qu'ils tenoient de leurs prédécesseurs.

Zénon & Arcésilas écoutèrent assiduement les leçons de Polémon. Zénon qui étoit plus âgé qu'Arcésilas, & qui avoit beaucoup de pénétration & de sagacité, s'efforça de corriger la doctrine qu'il professoit. Voici cette correction telle qu'Antiochus l'expliquoit.

Sentimens de Zénon sur la morale.

Zénon étoit bien éloigné d'imiter Théophraste & d'énerver la force de la vertu; au contraire il plaçoit dans la vertu tout ce qui est nécessaire pour vivre heureux, ne connoissoit d'autres biens qu'elle, & il appelloit honnête le bien simple, uniforme & unique. Quant aux autres choses, quoiqu'elles ne fussent ni bonnes ni mauvaises, cependant il disoit que les unes étoient conformes, & les autres contraires à la nature. Entre ces deux sortes, il en mettoit de moyennes. Il enseignoit que les choses conformes à la nature étoient désirables ou recevables, qu'elles devoient être recherchées & méritoient quelque estime, & que celles qui étoient contraires à la nature, devoient être évitées: il mettoit au rang des choses moyennes celles qui n'étoient ni conformes, ni contraires à la nature, & il ne leur attribuoit aucune importance.

Cependant il ne falloit pas faire le même cas de toutes les choses moyennes ou recevables; il nommoit *préférées* celles qui étoient plus estimables, & *rejettées* les autres. Comme il avoit changé plutôt les expressions que le fond de ces dogmes, de même, entre la vertu & le vice, le devoir & son contraire, il admettoit des actions moyennes: les seules actions vertueuses étoient bonnes, & les seules vicieuses étoient mauvaises. Il comptoit parmi les choses moyennes, les devoirs, soit remplis, soit négligés.

Ses prédécesseurs avoient soutenu que toutes les vertus ne dépendoient pas de la raison, mais qu'il y en avoit qui dépendoient du naturel ou de l'habitude: Zénon vouloit que toutes les vertus fussent dépendantes de la raison.

Les anciens pensoient qu'on pouvoit avoir quelques-unes de ces sortes de vertus dont je viens de parler, sans avoir les autres: Zénon prétendoit que cela n'étoit pas possible, & que, non seulement la pratique de la vertu étoit, conformément à l'ancienne doctrine, très-louable, mais que la disposition même l'étoit, & que cependant personne ne possédoit la vertu sans la pratiquer continuellement.

Les anciens ne privoient pas l'homme de toute passion ; selon eux, la tristesse, le desir, la crainte, la joie étoient des affections naturelles qu'ils modéroient & renfermoient dans de justes bornes : Zénon voulut que le sage fût exempt de toutes ces foiblesses.

Les anciens disoient que ces affections sont naturelles & indépendantes de la raison, qu'ils plaçoient dans une partie différente de celle où, à leur avis, étoient les passions : Zénon n'étoit pas de ce sentiment ; il pensoit qu'elles sont volontaires & l'effet de l'opinion, & il croyoit que la source de toutes les passions étoit une intempérance excessive. Voilà à peu près ce qu'il pensoit sur la morale (*Voyez* STOICISME).

Sentimens de Zénon sur la physique & sur la dialectique.

Passons à ses opinions sur la physique. D'abord il n'ajoutoit pas aux quatre élémens cette cinquième essence de laquelle ses prédécesseurs avoient formé l'ame & les sens ; car il soutenoit que le feu étoit la substance qui produisoit tout, aussi bien que l'ame & les sens.

Zénon différoit encore des anciens, en ce qu'il pensoit que rien ne pouvoit être formé d'une substance destituée de corps, telle qu'étoit, selon Xénocrate & les anciens, celle de l'ame ; mais que tout ce qui produisoit ou étoit produit, étoit nécessairement corps.

Zénon fit beaucoup de changemens dans la troisième partie de la philosophie. Il avança quelques nouveautés touchant les sens, qu'il crut consister dans des impulsions extérieures : c'est ce que nous appellerons *perception* ou *impression des sens*.

A ces objets apperçus, & pour ainsi dire, reçus par les sens, il ajouta le consentement de l'esprit, qu'il regarde comme placé en nous & dépendant de notre volonté.

Zénon ajoutoit foi, non à toutes les perceptions, mais seulement à celles qui portent d'une façon particulière l'empreinte des objets qu'elles représentent. Parce que l'on voyoit par elles-mêmes les perceptions de cette espèce, il leur donna le nom de *cataleptiques* ; quand la perception étoit reçue & approuvée, Zénon l'appelloit *catalepsie*, parce que l'esprit la saisit comme la main saisit les choses matérielles : c'est de cette ressemblance que Zénon tira ce nom, dont personne ne s'étoit servi dans cette occasion avant ce philosophe, qui a fait usage de plusieurs autres mots nouveaux, parce qu'il disoit des choses nouvelles.

Il donnoit aussi le nom de sens à ce qui étoit saisi par les sens ; & ce qui étoit si bien saisi que la raison ne pouvoit pas l'arracher, il l'appelloit *science* ; & ce qui n'avoit pas cette qualité, il le nommoit *inscience*, source de l'opinion qui est foible, & commune aux choses fausses & aux inconnues.

Entre la science & l'inscience, Zénon plaçoit cette *catalepsie* dont je viens de parler, & il ne la comptoit ni parmi les bonnes choses, ni parmi les mauvaises, mais il affirmoit que c'étoit la seule qui méritât croyance.

Il faisoit le même honneur aux sens, parce que, comme je viens de le remarquer, il trouvoit que la catalepsie faite par les sens étoit vraie & fidelle, non parce qu'elle embrassoit tout ce qui étoit dans l'objet, mais parce qu'elle n'omettoit rien de ce qu'elle pouvoit embrasser, & parce que la nature nous l'avoit donnée pour nous servir comme de règle dans la science & dans la connoissance de la nature même : cette catalepsie imprimoit ensuite dans l'ame les notions qui fournissoient non seulement des principes, mais aussi des chemins plus larges pour parvenir à la raison. Zénon éloignoit de la vertu & de la sagesse, l'erreur, la précipitation, l'ignorance, l'opinion, le soupçon ; en un mot, tout ce qui s'écarte de la conviction. Voilà en quoi consistent presque tous les changemens que Zénon a faits dans la doctrine de ses prédécesseurs ; changemens qui ont fait dire à Antiochus que la philosophie des stoïciens est plutôt une correction de l'ancienne *académie* qu'une école nouvelle.

N. B. Dans un des paragraphes de l'article suivant, l'auteur renvoie aux mots *Aristotélisme* & *Platonisme*, l'exposé des dogmes des anciens *académiciens* : peut-être en effet cet exposé, inféré dans un des deux articles indiqués, seroit-il à sa vraie place ; mais il paroîtroit (& selon nous avec quelque raison) si étrange à la plupart des lecteurs, de ne pas trouver sous le mot *académiciens*, l'histoire des opinions de ceux qui, dans des époques différentes, ont fondé les trois célèbres *académies*, la vieille, la seconde ou la moyenne, & la nouvelle, que nous n'avons pas cru devoir omettre ici, ce que tout le monde doit être à-peu-près sûr d'y trouver. Nous ne doutons pas que l'auteur, qui va parler dans l'article suivant, n'ait eu de très-bonnes raisons pour se déterminer à suivre la liaison naturelle des idées, plutôt que l'ordre alphabétique : mais dans un dictionnaire où l'on doit sur-tout s'occuper des moyens de rendre l'instruction plus facile, & en général avoir égard à la commodité des lecteurs, il faut très-souvent, comme dans presque toutes les circonstances de la vie, laisser le mieux pour se contenter du bien, toujours très difficile à faire.

Voy. les *Académiq.* de Cicéron & celles de Pierre Valentia, qui sont le commentaire de l'ouvrage de cet orateur philosophe. C'est de ces deux excellentes sources qu'ont été tirés les matériaux de cet article qui nous a été envoyé avec plusieurs autres d'ancienne philosophie, par M. Roland de Croissy, auquel nous nous empressons d'en témoigner ici notre reconnoissance, & que nous aurons grand soin de nommer toutes les fois que nous ferons usage des articles qu'il nous a fait remettre, & qu'il destinoit à l'Encyclopédie méthodique.

ACADÉMICIENS (*Philosophie des*). Hist. de la philos. anc.

Les différentes sectes de philosophie se réduisent nécessairement & en dernière analyse à trois; celle des dogmatistes, celle des *académiciens*, & celle des sceptiques. Cette division des anciens philosophes est très-exacte; elle résulte même de la nature de l'entendement humain, & l'on ne peut imaginer aucune nouvelle méthode de philosopher, qui ne se rapporte à l'une de ces trois sectes si distinctes, & qui n'en suppose plus ou moins explicitement les principes : en effet, comme l'observe très-bien Sextus Empiricus, « les » uns disent qu'ils ont trouvé la vérité, les au- » tres disent qu'elle est incompréhensible, & les » autres continuent à la chercher ».

Alii quidem verum se invenisse dixerunt ; alii autem id esse ejusmodi, quod comprehendi non posset, pronuntiarunt ; alii verò quærere pergunt. (Pyrrhon. hypotyp. lib. 1, cap. 1, sect. 2).

Le même esprit s'est conservé parmi les modernes, mais avec les restrictions & les modifications que le progrès des lumières a dû successivement y apporter ; car il faut avouer que le nombre des vérités précises, connues avec certitude dans chaque science, s'est fort accru depuis Socrate & Platon, que plusieurs des difficultés dont les *académiciens* & les pyrrhoniens accabloient les dogmatiques, n'auroient pas aujourd'hui la même force, & que celles même qui ne paroîtroient pas puériles, seroient, en général, assez faciles à résoudre, à l'aide de nos connoissances &, si j'ose le dire, de nos méthodes & de nos instrumens. Il reste certainement dans l'état actuel des sciences, & malgré les efforts réunis & continuels de tant d'hommes de génie qui les cultivent avec succès depuis la renaissance des lettres, une infinité de faits obscurs, d'autres incertains, & sur lesquels tout bon esprit doit encore suspendre son jugement ; d'autres enfin, qu'il doit se résoudre à ignorer encore long-tems & peut-être toujours. Le doute est donc non seulement permis, il est même utile, nécessaire & très-conforme aux principes de la saine philosophie : mais ce doute a sa limite plus ou moins variable, plus ou moins circonscrite ; il ne s'étend pas indistinctement sur tous les objets de nos connoissances, comme le prétendoient les sceptiques, moins à mon sens par l'effet d'une intime & forte persuasion, que par le desir de contredire les dogmatiques, d'humilier leur amour propre, & de les forcer à tempérer la hardiesse & la témérité de leurs assertions. Un homme qui seroit aujourd'hui sceptique au sens rigoureux de Pyrrhon, sur les mêmes questions, & par les mêmes principes de logique & d'argumentation, seroit regardé avec raison comme un fou ou comme un menteur. Mais cet ancien scepticisme qui, à beaucoup d'égards, seroit de nos jours une philosophie d'enfant, n'étoit pas autrefois sans quelque fondement ; & quoique ses défenseurs donnassent souvent trop d'importance à des argumens frivoles & à de vaines subtilités, on ne peut nier, en général, qu'il n'ait fort contribué aux progrès des lumières, soit en accoutumant insensiblement les esprits dans la dispute à définir avec plus de précision les termes, à examiner les objets sous toutes leurs faces, à ne donner leur assentiment qu'à des notions évidentes, à distinguer les nuances qui séparent le vrai du vraisemblable, la certitude de la probabilité, soit enfin en rendant les dogmatiques plus circonspects, moins décisifs & plus exacts à marquer sur chaque objet de nos connoissances, le terme où finit la science, & où commence l'opinion.

On peut regarder Socrate comme le fondateur de l'*académie*, c'est-à-dire, comme le premier qui introduisit dans les matières philosophiques cette méthode de douter de tout, & de raisonner sans rien affirmer positivement, se contentant de réfuter les autres, avouant d'ailleurs en toute occasion qu'il ne savoit rien, & renfermant sa science dans un seul article (1). Cependant Socrate n'étoit, à proprement parler, ni *académicien*, ni sceptique, ni dogmatique absolu. Sa méthode de philosopher tenoit plus ou moins du caractère & de l'esprit particulier de chacune de ces sectes, selon le degré d'évidence ou d'obscurité des matières qu'il traitoit, la force & la subtilité des adversaires qu'il avoit à combattre, ou plutôt selon la manière dont il plaisoit à Pla-

(1) Hic in omnibus ferè sermonibus, qui ab iis, qui illum audierunt, perscripti variè, copiosè sunt, ita disputat, ut nihil adfirmet ipse, refellat alios, nihil se scire dicat, nisi id ipsum : eoque præstare ceteris, quod illi quæ nesciant scire se putent ; ipse se nihil scire, id unum sciat : ob eamque rem se arbitrari ab Apolline omnium sapientissimum esse dictum quod hæc esset una omnis sapientia non arbitrari sese scire quod nesciat. Cicer. academ. lib. 1, cap. 4.

Cicéron dit ailleurs, en parlant de Socrate & de Platon : *an de ullis certiùs possum dicere ? Vixisse cum his equidem videor : ita multi sermones perscripti sunt è quibus dubitari non possit, quin Socrati nihil sit visum scire posse. Exceptum unum tantum, scire se, nihil se scire : nihil amplius.* Academ. lib. 2, cap. 23.

ton de faire raisonner les philosophes & les sophistes qu'il mettoit aux prises avec lui : mais aucune de ces sectes ne peut le réclamer, ni se flatter de l'avoir exclusivement dans son parti ; & c'est en vain que l'auteur d'une traduction des *Académiques*, écrite d'un stye lâche & souvent barbare, a prétendu que ce père de la philosophie, comme l'appelle Ciceron (1), étoit dogmatique ; outre que les passages qu'il accumule sans ordre & sans choix pour prouver ce paradoxe, ne signifient rien, ainsi détachés de ce qui les précède & de ce qui les suit, il seroit facile de lui en opposer une infinité d'autres qui établiroient le contraire avec plus de force. Mais ce n'est pas ici le lieu de réfuter cette étrange assertion qui est d'ailleurs démentie par le témoignage exprès & formel de toute l'antiquité, & particuliérement de Ciceron dont l'autorité, dans cette question & dans beaucoup d'autres plus importantes, est d'un tout autre poids que celle de M. Castillon, qui a fait sans philosophie un gros livre sur la philosophie. Ainsi, sans avoir aucun égard à ce fatras de notes si souvent inutiles, sous lequel il a étouffé sa traduction peu élégante & souvent infidelle de l'ouvrage de Ciceron, nous dirons avec cet orateur philosophe que cette secte, dont le principe fondamental est de soumettre tout à la dispute, sans décider nettement sur rien, fut fondée par Socrate, rétablie par Arcésilas, & affermie par Carnéade.

Hæc in philosophia ratio contra omnia differendi nullamque rem apertè judicandi, profecta à Socrate, repetita ab Arcesila, confirmata à Carneade, usque ad nostram viguit ætatem. (De Nat. Deor. lib. 1, cap. 5).

Il y a donc eu trois *académies* très-distinctes ; la vieille, la moyenne ou la seconde & la nouvelle. Ce passage de Ciceron n'en fixe pas seulement l'époque avec précision, il en détermine encore le caractère propre & particulier, d'après le nom seul de leur fondateur. Mais il paroit, par Ciceron même que ce fut sous l'autorité de Platon que se forma dans la suite un seul & même corps de philosophie, quoique distingué sous les noms d'*académiciens* & de *péripatéticiens*. Ces deux écoles s'accordoient pour le fond des choses ; elles puisoient à la même source, & ne différoient que par la dénomination ; en effet, ajoute Ciceron, les péripatéticiens & cette ancienne *académie* sont absolument les mêmes : les uns & les autres abandonnèrent l'incertitude de Socrate ; & ce qu'il désapprouvoit absolument, la philosophie fut réduite en art, distribuée en un certain ordre, & formée en système, unique d'abord, quoique sous deux noms différens.

Illam autem Socraticam dubitationem de omnibus rebus, & nullâ adfirmatione adhibitâ consuetudinem disserendi reliquerunt. Ita facta est quod minimè Socrates probabat, ars quædam philosophia, & rerum ordo & descriptio disciplinæ; quæ quidem erat primo duobus, ut dixi, nominibus una : nihil enim inter peripateticos, & illam veterem academiam differebat. (Cicer. academ. lib. 1, c. 4).

On trouvera aux articles *Aristotélisme* & *Platonisme* l'histoire de cette ancienne philosophie des premiers *académiciens* & des péripateticiens relativement à la physique, à la dialectique & à la morale, & l'exposé succinct des changemens que cette philosophie qu'ils avoient reçue de Platon (1), a éprouvés depuis. Nous devons nous restreindre, dans cet article, à rapporter fidelement la doctrine de ceux qui fonderent la seconde & la nouvelle *académie*, & c'est ce que nous allons faire avec toute l'exactitude dont cette analyse est susceptible. Nous aurons sur-tout l'attention de ne faire dire aux auteurs anciens ou modernes, qui nous serviront de guide, que ce qu'ils ont dit ; & comme parmi les premiers, il s'en trouve plusieurs qui avoient embrassé les principes de la secte qui fait le sujet de cet article, nous nous attacherons particuliérement & de préférence à ces auteurs originaux, qui, par cela même, doivent inspirer plus de confiance : nous les laisserons le plus souvent exposer eux-mêmes leur système, en donner les preuves bonnes ou mauvaises, & nous aurons soin de rapporter leurs propres paroles toutes les fois qu'elles pourront donner plus de force, plus de précision à leurs raisonnemens, ou que nous craindrons d'en avoir mal exprimé le sens, toujours très-difficile à saisir lorsqu'il s'agit de matières qui roulent sur des idées très-fines, très-subtiles, traitées d'ailleurs dans une langue qu'on ne parle plus. Ce nouveau plan d'une histoire critique de la philosophie ; cette manière d'exposer sur les différens objets de nos connoissances les théories, ou, pour parler plus philosophiquement, les opinions des anciens, en les cherchant dans leurs ouvrages mêmes, sans avoir égard aux extraits souvent infideles & incomplets qu'on en trouve dans les vastes compilations de quelques savans, nous paroit d'autant meilleure, que les philosophes grecs ou latins ont dû savoir mieux que les modernes ce qu'ils pensoient ou ne pensoient pas ; les principes d'où ils partoient dans la recherche de la vérité ; qu'ils ne peuvent pas avoir en général de meilleurs interpretes qu'eux-mêmes, & qu'il ne faut pas rappeller aux lecteurs l'histoire en français des *Lettres Persanes* qui, sans être sorti de Paris, avoit la sotte & ridicule prétention de connoître mieux qu'Usbeck les rues d'Ispahan.

---

(1) Socrates qui parens philosophiæ jure dici potest. *De finib. bon. & mal. lib.* 2, *cap.* 1, *init.*

(1) Hæc erat illis prima à Platone tradita. Cicer. acad. quæst. lib. 1, cap. 9.

D'*Arcésilas*, ou de la seconde académie.

Arcésilas, successeur de Cratès & disciple de Polémon, ainsi que Zénon, chef des stoiciens, fonda la seconde *académie*. Ce philosophe qui parloit avec tant de grace, selon le témoignage exprès d'un excellent juge dans ces matières, établit la coutume, (quoiqu'à dire le vrai, ce fût aussi celle de Socrate) de s'attacher plutôt à réfuter le sentiment d'autrui, qu'à déclarer le sien; & de la lecture des dialogues où Platon introduit ce philosophe, il avoit sur-tout emprunté ce principe qu'il n'y a rien de certain, rien que notre esprit ou nos sens puissent comprendre, & dont il puisse résulter pour nous une pleine & entière évidence.

Arcesilas primum qui Polemonem audierat, ex variis Platonis libris sermonibusque Socraticis hoc maximè tripuit, nihil esse certi, quod aut sensibus, aut animo percipi possit : quem ferunt eximio quodam usum lepore dicendi aspernatum esse omne animi sensusque judicium, primumque instituisse (quanquàm id fuit Socraticum maximè) non quid ipse sentiret ostendere; sed contra id quod quisque se sentire dixisset, disputare. (Cicer. de orator. lib. 3, cap. 18, n°. 51).

Numénius, dans Eusèbe, attribue de même à Arcésilas un des dogmes fondamentaux du pyrrhonisme. Après avoir dit qu'il (1) apprit de Crantor à être persuasif, de Diodore à être sophiste, & de Pyrrhon à tourner de toutes parts & à n'être rien, il ajoute: « ce que ce philosophe enseignoit de particulier, étoit la nécessité de suspendre son jugement, parce que tout est incertain, que les raisons pour & contre sont égales, que les sens trompent aussi bien que le raisonnement (2) ». Arcésilas n'avoit donc pris que le nom d'*académicien*; mais, dans le fond & à quelques légères nuances près que nous indiquerons bientôt, c'étoit un véritable sceptique. Sextus Empiricus semble en convenir, quoiqu'il assigne ensuite subtilement ce qui différencie ces deux doctrines: « j'avoue, dit-il, que ce philosophe me paroît approcher beaucoup des sentimens des pyrrhoniens, ensorte que sa doctrine & la nôtre, sont presque une même chose; car on ne trouve pas qu'il prononce définitivement touchant l'existence ou la non-existence d'aucune chose, ou qu'il considère une chose comme préférable à une autre, soit pour persuader, soit pour ne pas persuader, s'abstenant au contraire de juger & d'accorder son assentiment à quoi que ce soit. De plus, il dit que la fin est l'époque dont nous avons dit que l'ataraxia ou l'exemption de trouble est une suite nécessaire. Il prétend encore que toutes les suspensions de jugement en particulier sont des biens, & que tous les assentimens particuliers sont des maux, (*esse quidem bona singulares assensus suspensiones ; mala autem singulares assensiones*).

« Mais, à cet égard, on pourroit observer que quand nous disons la même chose qu'Arcésilas, c'est seulement pour marquer ce qui nous paroît, & non point pour établir cela comme une assertion; au lieu qu'il avance ces propositions comme si elles étoient telles réellement, & suivant la nature des choses: de manière qu'il prononce affirmativement que l'époque est un bien, & l'assentiment un mal (1) ».

On pourroit encore inférer d'un autre passage de Sextus Empiricus, que la doctrine d'Arcésilas s'éloignoit en quelque point de la sceptique. Après avoir observé que ce philosophe avoit eu ses raisons pour ne point établir de *criterium*, il ajoute: (2) mais ensuite il falloit penser à une règle de conduite, & on ne sauroit la donner sans quelque *criterium* du vrai & du faux; *criterium* qui in-

---

(1) A Crantore quidem ad persuadendum Callidus, à Diodoro autem sophista, denique à Pyrrhone cùm omnem in partem versatilis ac temerarius, tam etiam nullus esse didicit. Numen. apud Euseb. præp. Evang. lib. 14, cap. 5, pag. 729, c. edit. viger. Paris. 1628.

(2) Hujus enim proprium id fuisse, ut diceret rebus in omnibus retinendam assensionem esse: quod certò percipi nihil posset, quod æquè probabilis esset in partem utramque disputatio. Quod denique tam rationum omnium quàm sensuum fides laboraret. Numen. apud Euseb. loc. cit. cap. 4, p. 726. D.

(1) At verò Arcesilaus, quem mediæ academiæ dicebamus præsidem fuisse & autorem, magnam mihi videtur cum pyrrhoniorum rationibus affinitatem habere adeo ut una sit propemodum disciplina ejus & nostra. Neque enim de existentia aut non existentia rei cujusquam pronuntiare comperitur, neque alterum alteri ad finem obtinendam aut non obtinendam præferre : sed de omnibus assensum retinet, & finem esse dicit assensus suspensionem: cum qua simul ingredi imperturbatum mentis statum dicebamus. Vult præterea esse quidem bona singulares assensus suspensiones, mala autem singulares assensiones. Nisi dicat aliquis nos hæc secundùm id quod apparet nobis, dicere, & non affirmantes: illum autem, tanquam ita haberet se secundùm naturam: adeo ut bonum quidem esse ipsam assensus suspensionem, malum autem assensionem dicat. Pyrrhon. hypotyp. lib. 1; cap. 33, sect. 232 & seq. Edit. Fabric. Lips. 1718.

(2) Sed quoniam post hoc oportebat etiam quærere de vitæ traductione, quæ absque criterio veri falsique tradi non potest, à quo etiam felicitas, hoc est, ad quem vita tendit, finis, pendentem habet probationem ; ait Arcesilaus, quòd qui de omnibus sustinet assensionem, eligenda & fugienda & communiter quæ sunt agenda diriget per id quod est probabile : & id sequens tanquam judicem, rectè se geret. Conciliari enim felicitatem per prudentiam : versari autem prudentiam in rectè factis. Rectè autem factum esse, quod cur factum sit, probabilis potest reddi causa. Qui ergo attendit id quod est probabile, rectè se geret, & erit beatus. Adversus mathemat. lib. 7. contr. logic. lib. 1, sect. 150-158.

téresse le bonheur, c'est-à-dire, le but auquel tend la vie. C'est pourquoi Arcésilas dit que celui qui suspend son jugement, se règle pour ce qui regarde les choses à choisir & à éviter, & en général, la conduite, sur la probabilité, & qu'en la prenant pour *criterium*, il se conduira bien ; car la prudence mène au bonheur ; la prudence consiste à se bien conduire, & on se conduit bien quand on peut se rendre une raison probable de ses actions. Celui donc qui s'attache à la probabilité, se conduira bien, & sera heureux ».

Il me semble cependant que l'opposition qu'on croit d'abord appercevoir entre cette doctrine & celle des pyrrhoniens, est très-légère & peut-être moins dans les choses que dans les termes qui les expriment, comme on peut s'en convaincre par cet aveu de Sextus : « nous acquiesçons aux » apparences, & nous observons tout ce qui » appartient à la vie commune, parce que nous » ne pouvons pas être absolument sans action ; » mais nous n'établissons aucun dogme ».

Apparentibus igitur acquiescendo, ea, quæ ad vitam communem pertinent, observantes, vivimus; quia omnis actionis prorsùs expertes esse non possumus, ita tamen ut dogma nullum statuamus. (Pyrrhon. hypot. lib. 1, cap. 11, sect. 23).

Les *académiciens* disoient aussi, au rapport de Cicéron, que le sage ne peut pas passer sa vie sans maximes (1) ; mais comme ces maximes sont probables & nullement comprises ou certaines, il en est de même de celle-ci qu'on ne peut rien comprendre. Car s'il avoit une marque distinctive de la vérité pour ce dogme, il feroit usage de la même marque pour les autres ; mais ne l'ayant pas, il se conduit d'après des probabilités. Il ne craint donc pas qu'on l'accuse de confondre tout & de rendre tout incertain ; car si on l'interroge sur nos devoirs & sur d'autres matières dans lesquelles il est versé & instruit, il ne répondra pas qu'il les ignore, comme il feroit à la question, si le nombre des étoiles est pair ou impair. Car, dans les choses incertaines, il n'y a rien de probable ; mais, dans les choses où il y a probabilité, le sage saura toujours ce qu'il doit faire & ce qu'il doit répondre. « Les *académiciens*, ajoute-t-il ailleurs, ne se précipitent pas dans le doute jusqu'au point de ne savoir à quoi s'arrêter... Notre sentiment n'est pas qu'il n'y ait rien de vrai. Nous disons seulement que le faux est mêlé par-tout de telle façon avec le vrai, & lui ressemble si fort, qu'il n'y a point de marque certaine pour les distinguer sûrement. Nous ajoutons qu'il y a beaucoup de choses probables, & qu'une grande probabilité, au défaut de l'évidence, doit être la règle du sage ».

Non enim sumus ii, quibus nihil verum esse videatur ; sed ii qui omnibus veris falsa quædam adjuncta esse dicimus, tantâ similitudine ut in iis nulla insit certa judicandi & assentiendi nota. Ex quo existit & illud multa esse probabilia ; quæ quanquàm non perciperentur, tamen quia visum haberent quemdam insignem & illustrem, his sapientis vita regeretur. (De Natura Deor. lib. 1, cap. 5).

L'auteur d'un ouvrage latin, qu'on peut regarder comme un bon commentaire des *Académiques* de Cicéron, a très-bien marqué ce qui distingue le sentiment des *académiciens* de celui des pyrrhoniens. « Ces philosophes, dit-il (1), s'accordoient en ce que les uns & les autres faisoient usage de la suspension de jugement ; mais ils diff:roient sur-tout en ce que les *académiciens* ne refusoient point la vérité & la fausseté aux choses, ni même aux concepts, puisqu'ils disoient qu'il y en a de vrais & de faux, au lieu que les pyrrhoniens affirmoient que rien ne différencie les uns des autres. Les pyrrhoniens jugeoient que tout s'appuyoit sur des raisons égales ; les *académiciens* accordoient qu'il y a des choses tout-à-fait improbables, qu'il y en a de plus probables les unes que les autres, & qui ont pour elles un plus grand nombre de raisons, ou des raisons plus fortes & plus décisives : ils ajoutoient que les choses les plus probables ne sont pas certaines, & qu'ainsi ne peuvent en aucune manière forcer & arracher, pour ainsi dire, leur consentement ». Je citerai bientôt un passage de Sextus, où l'on verra bien clairement en quoi le sceptique diffère de la philosophie des sectateurs de la nouvelle *académie*.

Arcésilas ne fut, selon Cicéron, que le res-

---

(1) *Sed ut illa habet probabilia, non percepta; sic hoc ipsum, nihil posse percipi. Nam si in hoc haberet cognitionis notam, eâdem uteretur in cæteris, quam quoniam non habet, utitur probabilibus. Itaque non metuit, ne confundere omnia videatur & incerta reddere. Non enim quemadmodum si quæsitum ex eo sit, stellarum numerus par an impar sit; item si de officio multisque aliis de rebus, in quibus versatus excitatusque sit, nescire se dicat: in incertis enim nihil est probabile, in quibus autem est ; in his non deerit sapienti, nec quid faciat, nec quid respondeat. Cicer. academ. quæst. lib. 2, cap. 34. Edit. Davis.*

(1) *Ea est inter Pyrrhoniam & academicam rationem, quam utrique philosophi Epoche utantur, id est adsensionem cohibeant: potior differentia; quod academici.... Verum ac falsum ex rebus minimè tollant, nec ex phantasiis quidem; nam phantasias aut veraces aut mendaces dicunt: pyrrhonii hæc utraque nihil inter ea interesse pronuntiant. Pyrrhonii paribus omnia stabiliri rationibus existimant. Academici & quædam improbabilia omninò, & alia aliis probabiliora quæ pluribus aut potioribus fulciantur ; majoremque fidem faciant, concedunt : quæ tamen adhuc quantumvis probabilia cùm comprehensa non sint, adsensum ab ipsis minimè extorqueant. Petr. Valent. academ. pag.* 31 *de l'édition donnée par Durand, & imprimée à la suite de la traduction des Académiques de Cicéron, Londres,* 1740.

taurateur de cette manière de philofopher, établie par Socrate; méthode qui avoit été négligée par fes fuccefleurs, & qui confiſtoit à interroger ceux avec qui il s'entretenoit, afin de tirer d'eux leur fentiment pour y répondre ce qu'il jugeoit à propos. Ciceron obſerve feulement cette différence entre la méthode de Socrate & celle d'Arcéfilas; c'eſt que ce dernier voulut que ceux qui defir. roient apprendre quelque choſe de lui, commençaſſent par dire eux-mêmes leur fentiment, au lieu de l'interroger; après quoi il argumentoit contre eux, mais de telle forte pourtant que ceux qui venoient l'entendre, avoient auſſi la liberté de foutenir leur opinion contre lui tant qu'il leur plaifoit.

Is enim (Socrates) *percunctando atque interrogando elicere folebat eorum opiniones quibufcum differebat, ut ad hæc quæ hi refpondiſſent, fi quid videretur, diceret: qui mos, cùm à pofterioribus, non eſſet retentus, Arcefilas eum revocavit, inſtituitque ut ii qui fe audire vellent, non de fe quærerent, fed ipſi dicerent quid fentirent: quod cùm dixiſſent, ille contrà: fed qui audiebant, quoad poterant, defendebant fententiam fuam.* (De Finib. bon. & mal. lib. 2, cap. 1).

Cet orateur ne trouvoit aucune différence entre l'*académie* d'Arcéfilas & celle de Platon; « car, dans les livres de ce dernier, *dit-il*, on » n'affirme rien; on y débat le pour & le contre » fur une infinité de chofes; on y cherche la vé- » rité en tout, fans arriver à rien de certain ».

Hanc academiam novam adpellant, quæ mihi vetus videtur, fi quidem Platonem ex illa vetere numeramus; cujus in libris nihil adfirmatur, & in utramque partem multa differuntur; de omnibus quæritur, nihil certi dicitur. (Acad. quæſt. lib. 1, cap. 13).

Arcéfilas s'éloignoit fans doute fur plufieurs points, de la doctrine des fceptiques, & j'ai déjà obſervé, d'après Sextus Empiricus, ces légères différences qui confiſtent plus fouvent dans les nuances très-fines de certains termes, de certaines formules, que dans les chofes; mais en recueillant foigneufement tout ce que les anciens nous ont conſervé des opinions de ce philofophe, en réfléchiſſant fur tous ces paſſages épars dans leurs écrits, on eſt quelquefois tenté de croire que les difciples de Pyrrhon n'ont jamais porté plus loin qu'Arcéfilas l'efprit de fcepticifme. En effet, Ciceron dit pofitivement qu'il difputoit contre quelque propofition que ce fût, & il nous fait même remarquer, à cette occaſion, une différence eſſentielle contre cette méthode & celle d'Ariſtote, qui enfeigne à parler fur chaque chofe pour & contre, non pas, dit-il, comme Arcéfilas, mais en faifant voir tout ce qui fe peut dire de part & d'autre fur toute forte de matière.

Ab Ariſtotele.... de fingulis rebus in utramque partem dicendi exercitatio eſt inſtituta, ut non contra omnia femper, ficut Arcefilas diceret, & tamen ut in omnibus rebus, quicquid ex utraque parte dici poſſet expromeret. (De Finib. bon. & mal. lib. 5, cap. 4).

Diogene Laërce confirme le fentiment de Ciceron fur le rapport que cet orateur croyoit appercevoir entre la manière de philofopher de Platon & celle d'Arcéfilas; il ajoute feulement avec raifon que ce dernier ne fit que rendre plus (1) contentieufe la méthode platonique. En effet, il fortifia de nouvelles preuves le principe de Socrate fur l'incertitude de nos connoiſſances; il attaqua les dogmatiques par des raifonnemens plus fubtils, plus profonds, plus éloquens, & il fe montra un plus ardent défenfeur du dogme de l'acatalepfie ou de l'incompréhenfibilité. Ce fut un adverfaire fi redoutable que Lucullus, dans Ciceron, ne craint point de le comparer à Tiberius Gracchus, & de l'appeler, comme ce tribun inquiet & remuant, un autre perturbateur du repos public, qui s'étoit élevé pour renverfer la philofophie déjà fi bien fondée, & fe faire un rempart de l'autorité de ces grands hommes qui avoient nié toute efpèce de fcience & de compréhenfion.

Tùm ut exortus eſt in optima republica Ti. Gracchus qui etiam perturbaret, fic Arcefilas, qui conſtitutam philofophiam everteret, & in eorum auctoritate delitefceret, qui negaviſſent quicquam fciri aut percipi poſſe. (Acad. quæſt. lib. 2, cap. 5).

Au reſte, ce paſſage & celui de Diogene Laërce cité ci-deſſus, prouvent qu'Arcéfilas ne s'arrogeoit point la gloire fi juſtement attachée au titre d'inventeur Plutarque le juſtifie de tout reproche à cet égard, & dit expreſſément que, bien loin de vouloir paſſer pour novateur, & de fe montrer avide de cette réputation, il faifoit hommage de l'invention de l'époque & de l'acatalepfie à Socrate, à Platon, à Parménide & à Héraclite; il paroit même que les fophiſtes de fon temps lui en faifoient un crime, prétendant qu'il n'en ufoit ainfi que pour donner plus de poids & de fanction à fes opinions, en les attribuant à des perfonnages auſſi illuſtres. (*Voyez* Plutarque contre l'épicurien Colotes, pag. 1121. F, & notez en paſſant qu'Amiot n'a point entendu ce paſſage qu'il a même traduit à contrefens).

Si on en croit plufieurs auteurs anciens, mais très-poſtérieurs à Ciceron, & par conféquent moins inſtruits que lui des faits dont l'incertitude

(1) Idque orationis genus quod Plato tradiderat per interrogationem ac refponfionem, ex umbra in contentiofius certamen primus eduxit. *In Arcefil. lib.* 4, *fegm.* 28.

& l'obscurité augmentent comme celles des objets, à mesure qu'on s'en éloigne ; Arcésilas voyant que Zénon étoit son rival en philosophie, & jugeant que la défaite d'un tel adversaire lui feroit beaucoup d'honneur, attaqua sans balancer, & avec courage, tout ce que Zénon avançoit ; & sachant que les athéniens goûtoient & vantoient le dogme de l'acatalepsie, que ce chef des stoïciens venoit d'inventer, il dirigea toutes ces machines contre cette doctrine (1).

Ciceron avoue à la vérité, qu'Arcésilas en vouloit principalement à Zénon ; mais il nie que ce fût par opiniâtreté, par un esprit de contradiction, par vaine gloire ou par jalousie ; c'étoit plutôt, si on l'en croit, en conséquence de cette obscurité qu'il trouvoit dans les choses mêmes, & qui avoit amené Socrate à avouer son ignorance ; & avant Socrate, Démocrite, Anaxagore, Empédocle, en un mot, presque tous les anciens qui ont prononcé qu'on ne peut rien connoître, rien concevoir, rien savoir, que nos sens sont bornés, nos esprits foibles, la vie courte, & la vérité même cachée, comme disoit Démocrite, au fond d'un puits ; que tout est rempli d'opinions & de préjugés ; qu'il ne reste plus de place pour le vrai ; qu'enfin tout est enveloppé de ténèbres. C'est pourquoi Arcésilas nioit absolument qu'on pût rien savoir, pas même le seul article que Socrate s'étoit reservé. Il étoit persuadé que tout est caché pour nous, qu'il n'y a rien qu'on puisse discerner ou comprendre ; que loin de professer, d'affirmer ou d'approuver quelque chose, nous devions mettre un frein à notre penchant à croire, & réprimer la témérité dangereuse de nos assertions ; que cette témérité est portée à son comble, dès que nous donnons notre acquiescement à une chose fausse ou inconnue ; enfin que rien n'est plus honteux que de croire & d'approuver, avant d'avoir apperçu & connu. Arcésilas se conformoit à ces principes ; il passoit une grande partie de sa vie à disputer contre le sentiment de tous les philosophes, afin qu'après avoir trouvé sur le même sujet, des raisons également fortes pour & contre, il lui fût plus facile de suspendre son jugement (2).

(1) Is (Arcesilas) Zenonem & artis contrariæ professorem, & suâ dignum victoriâ cum videret, hominis disputationes convellebat, suî plané securus... ac decretum illud, cujus ipse princeps auctor erat, quodque celebri tunc nomine Athenis jactari videbat, illam inquam comprehendendi vim quam phantasiæ tribuebat Zeno, machinis sibi omnibus petendam & concutiendam putavit. *Numenius apud Euseb. præp. Ev. lib. 14, cap. 6, pag.* 933. A. B.

(2) Cum Zenone.... Arcesilas sibi omne certamen instituit, non pertinaciâ aut studio vincendi, ut mihi quidem videtur, sed earum rerum obscuritate quæ ad confessionem ignorationis adduxerant Socratem, & jam ante Socratem, Democritum, Anaxagoram, Empedoclem, omnes pené veteres : qui nihil cog-

Ce passage est d'autant plus important, qu'il contient un exposé succinct de la doctrine d'Arcésilas, & des changemens qu'il fit à la théorie des philosophes qui l'avoient précédé, sur l'incompréhensibilité de toutes choses. On peut dire qu'il n'y avoit qu'un homme, doué comme lui, d'une éloquence forte & persuasive & d'une grande étendue d'esprit, qui pût soutenir avec succès le personnage d'*académicien*. C'est ce que Ciceron fait assez entendre dans un de ses meilleurs ouvrages : « S'il y a si peu de personnes qui approfondissent un système, dit-il, ne sera-t-il pas encore bien plus rare de trouver quelqu'un qui les possède tous, comme le doit posséder quiconque embrasse un parti où il s'agit de parler pour & contre tous les philosophes, dans la vue de trouver la vérité ».

Nam si singulas disciplinas percipere magnum est, quantò majus omnes ? Quòd facere iis necesse est quibus propositum est veri reperiendi causâ, & contra omnes philosophos, & pro omnibus dicere. (De Nat. Deor. lib. 1, cap. 5).

Valentia ne donne pas une idée moins favorable des *académiciens*.

« De ce qu'ils suspendoient leur jugement dans
» tous les points dont on a coutume de dispu-
» ter, il n'en faut pas conclure, dit-il, que c'é-
» toient des paresseux qui passoient leur vie dans
» l'inaction. C'étoient, au contraire, les philo-
» sophes les plus laborieux & les plus attachés
» à la recherche de la vérité. Pour la découvrir,
» ils s'étoient imposés une tâche très-pénible &
» très-difficile. C'étoit de chercher, d'apprendre
» & de retenir les sentimens de tous les philoso-
» phes dans toutes les parties de la philosophie ;
» de trouver, proposer & publier ce qui restoit
» à découvrir touchant une question, & de par-
» ler pour & contre tous ces sentimens : ils
» croyoient que c'étoit la meilleure manière d'en-

nosci, nihil percipi, nihil scire posse dixerunt ; angustos sensus, imbecillos animos, brevia curricula vitæ, & (ut Democritus) in profundo veritatem esse demersam : opinionibus & institutis omnia teneri, nihil veritati relinqui : deinceps omnia tenebris circumfusa esse dixerunt. Itaque Arcesilas negabat esse quicquam quod sciri posset ; ne illud quidem ipsum, quod Socrates sibi reliquisset. Sic omnia latere censebat in occulto, neque esse quidquam, quod cerni aut intelligi possit. Quibus de causis nihil oportere, neque profiteri, neque affirmare quidquam, neque adsensione adprobare : cohibereque semper & ab omni lapsu continere temeritatem : quæ tum esset insignis, cum aut falsa, aut incognita res adprobaretur : nec hoc quicquam esse turpius quam cognitioni & perceptioni adsensionem adprobationemque præcurrere. Huic rationi quod erat consentaneum, faciebat, ut contra omnium sententias dies jam perosque deduceret, ut cum in eadem re paria contrariis in partibus momenta rationum invenirentur faciliùs ab utraque parte adsensio sustineretur. *Cicer. acad. quæst. lib.* 1, *cap.* 13.

seigner ,

» feigner ; car en examinant ainsi les divers sen-
» timens de chacun, en pesant leurs raisons,
» on trouvoit que, pour ce qui regarde la possi-
» bilité de saisir & de concevoir, les sentimens
» opposés s'appuyoient de raisons également for-
» tes, & l'on suspendoit son jugement, & l'on
» choisissoit pour l'usage ce qu'il y avoit de plus
» probable : car, par rapport à la probabilité,
» les raisons qui favorisent un sentiment, ne
» sont pas égales à celles qui établissent le sen-
» timent opposé ; les unes plaisent plus que les
» autres (1) ».

Arcésilas avoit reçu de la nature ce génie heureux & facile, cette singulière aptitude aux sciences, si propre à en accélérer les progrès. Il avoit perfectionné, par l'étude & la méditation, ces dispositions si rares dans la plupart des hommes, & rien ne prouve mieux la force de son éloquence que ce passage des *Académiques*, dans lequel Lucullus avoue que personne n'auroit jamais osé soutenir un principe aussi évidemment faux, aussi manifestement destructeur que celui qui établit qu'on ne peut rien concevoir, s'il n'eût pas été avancé par un Arcésilas & par un Carnéade, l'un & l'autre remplis de connoissances & très-éloquens, sur-tout le dernier.

Quis enim ista (scilicet , nihil esse , quod per-
---
(1) Non quòd assensionem in omnibus, quæ in disputationem veniunt, academici continerent ; ideo deinde illos atque otiosos accipere quisquam debet : qui quidem philosophorum omnium laboriosissimi verique inveniendi studiosissimi fuerunt, cujus adsequendi causa arduum nimis & difficile opus sibi proposuere : « omnium qui unquam fuerunt philosophorum, in omni philosophiæ parte, sententias exquirere, ediscere & memoriâ tenere, quæque enim adhuc inventa circà eandem quæstionem comminisci dogmata possint ingenio pervestigata in medium adducere & proponere ; atque pro omnibus iis sententiis contraque omnes dicere ».

Hoc autem optimum dicendi genus existimabant : sic enim omnibus omnium sententiis examinatis & rationum momentis libratis, atque pensitatis, cum quidem quod ad comprehensionem perceptionemque adtinet, paria contrariis in rebus rationum pondera invenirentur ; adsensus, velut à nondum perceptis, sustineretur, probabilia utenda seligerentur. Probabilitatis namque ratione, non æquè sunt pro contrariis rationum momenta ; adrident enim & placent rationes aliæ, aliis magis. *Petr. Valent. academ. pp.* 51, 52. *Edit. eiz. ub. sup.*

Ce passage où Valentia cite les propres paroles d'un auteur ancien qu'il ne nomme pas, & que jusqu'à présent je n'ai pu découvrir, est d'autant plus remarquable, qu'en général ce savant jurisconsulte a exposé assez fidèlement la doctrine de l'académie, sur-tout lorsqu'on considère le temps & le pays où il écrivoit, & le peu de secours qu'il pouvoit tirer à cet égard des lumières de son siècle, & des textes originaux dont la plupart, ou n'étoient pas encore imprimés, ou l'étoient très-incorrectement. *Voyez* ce qu'il dit lui-même sur ce sujet à la fin de son ouvrage, pag. 110.

Philosophie anc. & mod. Tome I.

cipi possit) tam apertè perspicuèque & perversa & falsa secutus esset , nisi tanta in Arcesila multò etiam major in Carneade & copia rerum & dicendi vis fuisset. (Acad. quæst. lib. 2, cap. 18).

Donnons ici une idée de la dialectique, ou plus particulièrement de l'argumentation d'Arcésilas. Ce passage, en faisant connoître le sujet de sa dispute avec Zénon, & le pivot sur lequel roulent en général les controverses les plus épineuses qui se sont élevées entre les stoïciens & les *académiciens*, servira de nouvelle preuve à cette assertion de Cicéron, qu'Arcésilas n'avoit pas attaqué Zénon par jalousie, mais par le desir de s'instruire avec lui, & de trouver la vérité.

Personne, parmi les anciens, n'avoit enseigné expressément, personne n'avoit dit qu'il est possible qu'un homme n'affirme ni ne nie rien sur les matières incertaines, que non seulement cela est possible, mais que c'est même le devoir du sage. Arcésilas approuva cette proposition ; elle lui parut vraie, convenable, & digne du sage. Cicéron, dont je ne suis ici que l'interprète, suppose ensuite qu'Arcésilas demanda à Zénon : qu'arrivera-t-il si l'homme sage ne peut rien connoître clairement, & s'il ne doit rien admettre qui ne soit évidemment vrai ? & que Zénon répondit : il n'admettra rien d'obscur, parce qu'il y a des choses qu'on peut comprendre clairement. Quelles sont, dit Arcésilas, ces choses clairement comprises ? Zénon répondit, à ce que je crois : les perceptions. Mais quelles perceptions ? celles, répliqua Zénon, qui sont imprimées en nous, qui y sont bien empreintes, bien formées, qui viennent de ce qui est, & qui le représentent tel qu'il est. Arcésilas insista, & lui demanda ensuite si, dans la supposition que la perception vraie fût telle qu'est la fausse, cette perception seroit certaine ? Zénon vit bien qu'on ne pourroit être sûr d'aucune perception, & qu'on ne pourroit rien comprendre si ce qui n'est pas, pouvoit nous paroître absolument sous la même forme que ce qui est, & exciter en nous la même sensation. Arcésilas avoua que l'addition qu'on venoit de faire à la définition, étoit juste ; car on ne peut être assuré ni de ce qui est faux, ni de ce qui est vrai, si le vrai est tel qu'il ressemble au faux ; il s'attacha donc, dans cette dispute, à prouver la conformité d'idée entre ce qui est & ce qui n'est point, c'est-à-dire, que la vérité ne peut produire en nous aucune perception qui soit telle, que le faux n'en puisse exciter une semblable. Voilà, ajoute Cicéron, l'unique sujet de leur dispute qui subsiste encore aujourd'hui (2).

---
(2) Arcesilam vero non obtrectandi causâ cum Zenone pugnavisse, sed verum invenire voluisse, sic intelligitur. Nemo unquam superiorum non modo expresserat, sed ne dixerat quidem, posse hominem nihil opinari : nec solum posse, sed ita necesse esse sapienti. Visa est Arcesilæ cum vera sententia, tum

Ainsi, selon la théorie des anciens stoïciens, la perception cataleptique est celle qui est imprimée & empreinte par un objet qui existe, conformément à l'objet qui existe, & qui est telle qu'elle ne peut pas venir de ce qui n'est point.

Comprehendens autem est, quæ impressa & obsignata ab re quæ existit, & congruenter rei quæ existit : cujusmodi non fuerit ab eo quod non existit.

Ils ont ajouté, dit Sextus Empiricus (1) : *telle qu'elle ne peut pas venir de ce qui n'existe point*, parce que, contre l'avis des *académiciens*, ils croient impossible de trouver une perception qui vienne de ce qui n'est pas, & qui ne diffère en rien de celle qui vient de ce qui existe. Ils prétendent que celui qui a la perception cataleptique, peut artistement saisir la différence des choses, parce que cette perception a, sur les autres, quelque propriété particulière, comme le céraste en a sur les autres serpens. Les *académiciens*, au contraire, soutiennent qu'on peut trouver des faussetés qui ne diffèrent point de la perception cataleptique; & Carnéade dont l'opinion sur le *criterium* ou la marque distinctive de la vérité, est la même que celle de la moyenne *académie*, voulant prouver contre les stoïciens que la notion cataleptique n'est pas telle qu'elle ne peut pas venir d'un objet qui ne soit pas réel, en donne cette raison ; c'est que les notions sont produites par les objets qui ne sont pas réels, comme par ceux qui sont réels.

Existunt enim visa phantasia etiam ab iis quæ non existunt, tanquam ab iis quæ existunt. (Apud Sext. Empir. adv. mathem. lib. 7. adv. logic. lib. 1, sect. 401. 402).

Au reste, j'ose dire qu'il n'y a que des lecteurs superficiels, ou peu exercés dans ces matières abstraites, qui ne s'apperçoivent pas qu'elles ont plus de profondeur qu'on ne pense, & que la discussion fine & délicate qu'elles exigent & à laquelle elles donnent lieu, décèle, dans Arcésilas, un esprit subtil & pénétrant, qui sait découvrir dans une question le point fixe de la difficulté, & qui se trouve arrêté par des obscurités dont personne avant lui n'avoit été frappé, & qu'on ne soupçonnoit pas même avoir besoin d'éclaircissement.

A l'égard d'un conte que Sextus Empiricus rapporte sur Arcésilas, & qu'il ne donne lui-même que comme un bruit public, sans en alléguer aucune preuve, on ne doit pas, ce me semble, y ajouter foi. Le système d'Arcésilas est trop réfléchi, trop bien lié dans toutes ses parties, pour qu'on puisse raisonnablement supposer qu'il enseignoit ce qu'il ne croyoit pas, & que, dans ses discours ou ses leçons, il conformoit sa doctrine au génie particulier de ses auditeurs, & aux dispositions plus ou moins heureuses qu'il leur trouvoit pour tels ou tels principes de philosophie. Quoi qu'il en soit, voici ce qu'on lit à ce sujet dans Sextus Empiricus. « On assure, dit-il, qu'Ar-
» césilas n'étoit pyrrhonien qu'en apparence, &
» qu'au fond c'étoit un véritable dogmatique.
» Les doutes qu'il proposoit à ses auditeurs pour
» éprouver s'ils étoient propres à recevoir les
» dogmes de Platon, le faisoient regarder comme
» un philosophe aporétique ou doutant ; mais il
» enseignoit la doctrine platonique à ceux de ses
» amis en qui il avoit reconnu une grande force
» d'esprit. C'est pour cette raison qu'Ariston di-
» soit de lui qu'il étoit Platon par devant, Pyr-
» rhon par derrière, & Diodore par le milieu,
» parce que, quoiqu'il fût platonicien, il se ser-
» voit de la dialectique de Diodore (2) ».

---

honesta & digna sapiente. Quæsivit de Zenone fortasse, quid futurum esset, si nec percipere quicquam posset sapiens, nec opinari sapientis esset. Ille, credo, nihil opinaturum ; quoniam esset quod percipi posset. Quid ergo esset id ? *visum* ; credo ; quale igitur *visum* ? tum illum ita definivisse ; ex eo quod esset, sicut esset, impressum & signatum & effictum. Post requisitum, etiamne si ejusmodi esset visum verum, quale vel falsum. Hic Zenonem vidisse acute, nullum esse visum, quod percipi posset, si id tale esset ab eo, quod est, ut ejusmodi ab eo quod non est, posset esse. Rectè consensit Arcesilas : ad definitionem additum : neque enim falsum percipi posse, neque verum, si esset tale verum, quale vel falsum. Incubuit autem in eas disputationes ut doceret nullum tale esse visum a vero, ut non ejusdem modi etiam à falso possit esse. Hæc est una contentio, quæ adhuc permanserit. *Acad. quæst. lib.* 2, *cap.* 24.

(2) Illud autem qualis non fuerit ab eo quod non existit, addiderunt, quoniam non sic stoïci ut academici existimant, fieri posse ut inveniatur phantasia ab re non existente quæ ab altera quæ à re existente est nullo modo differat. Nam illi quidem dicunt quod qui habet comprehendentem phantasiam artificiosè valet assequi rerum differentiam. Quoniam ejusmodi phantasia habet aliquam ejusmodi proprietatem præter cæteras phantasias, quomodo cerastæ præter alios serpentes. Academici autem dicunt contra posse inveniri falsum quod à comprehendente phantasia nihil differat.

Les anciens stoïciens vouloient que cette perception cataleptique fût le *criterium* de la vérité ; les modernes y ont ajouté : quand elle ne trouve point d'obstacle : ainsi le *criterium* est la perception cataleptique non combattue. Voyez *Sextus Empiricus adverf. mathem. lib.* 7. *adverf. logic. lib.* 1. *sect.* 241. 252 *& seq. Edit. Fabric.*

---

(1) Si qua fides autem iis quæ de eo dicuntur, adhibenda est, ferunt ipsum, primâ quidem fronte, Pyrrhonium visum, verè autem dogmaticum fuisse ; & quùm in sibi familiaribus periculum faceret suis disputationibus an naturam aptam ad percipienda Platonis dogmata haberent, existimatum fuisse aporeticum sive dubitatorem : at familiaribus suis qui acri ingenio præditi essent, Platonis doctrinam tradidisse. Atque ideò Aristonem jactasse, esse in ipsum, ante *Plato, Pyrrho retrò, medius Diodorus*, quòd dialectica Diodori uteretur, plané tamen esset platonicus. *Pyrrhon. hypotyp. lib.* 1, *cap.* 33, *sect.* 234.

Il paroît, par Diogène Laërce, qu'Arcésilas avoit joint la culture des lettres à celle des sciences. Il n'avoit négligé aucun de ces arts enchanteurs, dont l'effet nécessaire est d'épurer, d'adoucir les mœurs, & qui font aimer la vie, parce qu'ils en multiplient les jouissances. La musique, la poésie amusèrent son loisir, & la géométrie même ne lui fut pas étrangère : il l'apprit sous Hipponicus ; mais je conjecture qu'il ne suivit pas fort loin cette branche si importante de nos connoissances, & qu'il la cultiva moins par goût que par raison, & par une suite de ce besoin de s'instruire qui fait un des caractères distinctifs du bon esprit. En effet l'amour des mathématiques, porté à un certain degré, est exclusif comme toutes les fortes passions ; il les absorbe toutes. Lorsqu'une fois on s'est livré à l'étude de ces sciences si attrayantes, dont les résultats divers sont ou des vérités nouvelles, ou de nouveaux rapports apperçus entre des vérités déjà connues; lorsqu'à l'ardeur & à l'espèce d'enthousiasme qu'elles inspirent au petit nombre de ceux qui en pénètrent les profondeurs, on joint sur-tout un génie propre à en reculer les limites, toutes les pensées, toutes les méditations, tous les efforts de l'esprit se tournent nécessairement & machinalement vers ces grands objets ; on en est, pour ainsi dire, obsédé ; on ne peut presque plus s'occuper d'autre chose ; on n'en a pas même le desir ; & tel est le charme attaché aux spéculations de la (1) géométrie, qu'elles ont le même intérêt, soit qu'elles puissent s'appliquer directement à la pratique dans quelques-uns des arts ou des sciences, soit qu'elles aient pour but de perfectionner les méthodes, & en général l'instrument, soit enfin qu'elles se réduisent à des vérités de pure théorie ; car même dans ce dernier cas, le moins favorable de tous, on les suit encore avec d'autant plus de plaisir qu'on se flatte qu'un jour quelqu'un plus heureux ou plus habile en trouvera l'application à des objets utiles, comme cela est presque toujours arrivé.

Arcésilas auroit sans doute éprouvé cet effet de l'étude des mathématiques, s'il eût été entraîné vers elles par ce penchant naturel & irrésistible qu'on apporte en naissant pour tel ou tel art, telle ou telle science, & qui dispose de nous invinciblement le reste de notre vie ; mais il préféra la philosophie : le desir de s'y rendre célèbre fut plus vif, plus impérieux, ce qui signifie en d'autres termes que la nature l'avoit destiné à être philosophe & non pas géomètre ; car, selon l'observation judicieuse de Voltaire, quand un homme ne cultive point un talent, c'est qu'il ne l'a pas. (*Œuvres de Voltaire*, tom. 12, p. 139). Arcésilas suivit donc la carrière de la philosophie, qui étoit encore celle de la gloire, & il s'y acquit une réputation méritée. Un fait assez remarquable, c'est qu'au milieu des disputes fréquentes qu'il eut à soutenir contre les stoïciens, & en général contre les dogmatiques, disputes qui, par leur objet & par les subtilités de dialectique auxquelles il étoit forcé de recourir pour combattre ses adversaires, auroient dû dessécher son cœur, & éteindre peu à peu le feu de son imagination ; il ne perdit jamais le goût & le sentiment de la belle poésie. Homère, sur-tout, faisoit ses délices ; il en lisoit tous les soirs quelques chants avant que de s'endormir, & il disoit le matin en se levant: *qu'il alloit voir ses inclinations*, voulant insinuer par là qu'il alloit lire.

Amplectabatur Homerum maximè ex omnibus, cujus adeò studiosus erat, ut semper antè somnum ejus aliquid legeret. Manè quoque cùm surgeret, dicens se ad amasium ire, cùm se velle legere innueret. (Diog. Laërt. lib. 4, segm. 31).

Il ne faisoit pas moins de cas de Platon, dont il lisoit aussi les ouvrages avec beaucoup de plaisir ; ce qui se conçoit également, soit qu'on considère cet auteur comme philosophe, comme orateur, ou seulement comme poète.

On prétend qu'Arcésilas n'a fait aucun livre (1), parce qu'il trouvoit sur toutes les questions, des raisons également fortes pour suspendre son jugement. Cependant Diogène Laërce ne garantit pas ce dernier fait sur lequel les auteurs qu'il cite, ne s'accordoient point, mais que le penchant d'Arcésilas pour le dogme de l'acatalepsie rend assez vraisemblable.

Ce philosophe qui, au jugement de S. Augustin, avoit autant d'esprit que de douceur (2), étoit fort grave dans ses discours ; ses censures étoient, à la vérité, aigres & piquantes ; mais comme il avoit un grand fonds de bonté, & qu'il remplissoit d'espérances ses disciples, il en attira un grand nombre à son auditoire. Son éloquence étoit forte & persuasive ; il avoit le mérite rare de ne jamais perdre de vue son sujet principal,

---

(1) Voyez, sur les avantages de l'étude de la physique en général, un très-beau passage de Ciceron que je citerai plus bas, (folio 93. verso) : il y parle avec cette éloquence qui convient à la grandeur & à la majesté du sujet, de la dignité, de la force & de l'élévation que donne à l'ame la culture des hautes sciences.

(1) C'est aussi le sentiment de Plutarque. Pythagoras, dit-il, n'a jamais rien escrit, ny Socrates, ni Arcésilaus, ne Carneades qui ont tous esté philosophes très-renommés.... Ces grands hommes là combien qu'ils eussent tout loysir, si laissèrent-ils ceste partie là, de coucher par escrit aux sophistes. *De la fortune d'Alexandre*, traité premier. pag. 794. *A. B.* tom. 1. de la version d'Amiot.

(2) Arcesilas vir acutissimus atque humanissimus. *Cont. academ.* lib. 3, cap. 17, n°. 38. Édit. des Bénédictins.

& de répondre subtilement & facilement aux objections. Diogène Laërce ajoute à tant d'excellentes qualités que personne n'étoit plus prompt à obliger & plus communicatif de son bien qu'Arcésilas ; il faisoit même tous ses efforts pour n'être pas connu de ceux auxquels il rendoit service, tant il étoit éloigné de donner avec faste, comme la plupart des bienfaiteurs. Senèque nous apprend à cette occasion un fait qui fait beaucoup d'honneur à notre philosophe. Après avoir observé qu'il faut quelquefois tromper celui qu'on oblige, de manière qu'il jouisse du bienfait, sans savoir d'où il lui vient, il propose pour exemple la conduite d'Arcésilas envers un ami pauvre, & qui cachoit sa pauvreté. Cet ami étoit malade, & même alors il ne vouloit pas avouer qu'il manquoit du nécessaire ; Arcésilas jugeant qu'il falloit l'assister en secret, glissa à son insu sous son oreiller une bourse d'argent, afin que cet homme, honteux mal-à-propos, trouvât, plutôt qu'il ne reçût ce dont il avoit besoin.

Arcesilaus, ut ajunt, amico pauperi, & paupertatem suam dissimulanti ægro autem, & ne hoc quidem consentù deesse sibi in sumptum ad necessarios usus, cùm clam succurrendum judicasset, pulvino ejus ignorantis sacculum subjecit ut homo inutiliter verecundus, quod desiderabat inveniret potiùs quàm acciperet. (Senec. de benef. lib. 2, c. 10).

Plutarque, qui raconte le même fait avec quelques circonstances curieuses que Sénèque a omises ou qu'il a ignorées, nous apprend, dans le même traité, une autre action d'Arcésilas, aussi honnête & peut-être plus rare, plus difficile à faire que la première, parce que c'est une justice publique rendue à un ennemi, ou du moins, à un adversaire célèbre dans la secte la plus opposée aux principes d'Arcésilas. Battus, son disciple, avoit inséré dans une pièce, des vers satyriques contre Cléanthes ; Arcésilas le bannit de son école, & ne lui permit d'y rentrer que lorsqu'il auroit réparé cette offense. (Voyez Plutarque au traité *comment on pourra discerner le flatteur d'avec l'ami,* pag. 40. Edit. grecq. & franç.). Ayant prêté une autre fois de la vaisselle d'argent à un ami qui devoit donner un festin, & sachant que cet ami étoit pauvre, il ne la demanda pas, comme s'il l'eût donnée & non pas prêtée : Diogène Laërce, de qui j'emprunte ces détails si intéressans de la vie privée d'Arcésilas, ajoute que, selon d'autres auteurs, il envoya exprès cette vaisselle à son ami dont il connoissoit les besoins, & qu'il ne voulut pas la reprendre quand on la lui reporta. (Lib. 4. segm. 38).

La plupart de ceux qui enseignent un art ou une science, ont la vanité puérile de croire que leurs disciples doivent préférer leurs leçons à celles des autres professeurs, comme s'il y avoit une méthode générale d'instruction également propre à toutes les sortes d'esprit, comme si cette méthode appartenoit exclusivement à tel ou tel maître. Arcésilas étoit bien éloigné de cet orgueil doctoral ; il savoit, par expérience & par réflexion, que les preuves d'une vérité n'ont ni la même force, ni la même évidence pour deux personnes diversement organisées, & que les progrès de plusieurs disciples doués à-peu-près également de la même aptitude, mais avec cette diversité de caractère qui en met nécessairement dans le degré d'attention qu'on apporte aux mêmes choses, dépendent beaucoup de l'habileté de l'instituteur, & de la forme sous laquelle il leur présente les mêmes principes. Il étoit donc le premier à conseiller à ses élèves de prendre un autre maître que lui ; & l'un d'eux lui témoignant que l'école du pythagoricien Hiérome lui seroit plus agréable, il le prit par la main, le mena lui-même à ce philosophe, & le lui recommanda. (*Diog. Laërt. lib.* 4. *segm.* 42).

L'éloge que le stoïcien Cléanthes fit de la morale d'Arcésilas, les honore également tous deux. C'est un bel exemple sans doute à proposer à ceux qu'un caractère sombre, inquiet, violent, impérieux & féroce, fortifié, & pour ainsi dire, aigri par une certaine doctrine spéculative, surnaturelle & anti-sociale, porte à haïr, à calomnier, à persécuter tous ceux qui ne pensent pas comme eux. Mais le succès de cet exemple demande, comme toutes les leçons, que les esprits soient préparés par la nature, ou modifiés de bonne heure par l'éducation ; il exige bien moins encore un changement dans les opinions à cet égard que dans le caractère de ceux qui les admettent, & le caractère ne se change (1) point. Ce n'est pas parce qu'un homme croit ou ne croit pas tels ou tels dogmes, qu'il est bon ou méchant, vertueux ou vicieux, c'est parce qu'il est heureusement ou malheureusement né. Supposez Fénélon dans les principes de Spinosa, & Spinosa dans ceux de Fénélon ; ces deux hommes également respectables par leurs mœurs douces & pures & par la simplicité de leurs vertus, resteront absolument les mêmes. Leur doctrine prendra nécessairement la teinte dominante de leur tempérament, de leur caractère, & pour ainsi dire, l'esprit du corps. *Omnia bona bonis, omnia mala malis,* ce qui signifie en d'autres termes qu'ils seront toujours ce que la nature les avoit faits. « On a beau changer de principes & de dogmes, dit admirablement Bayle, la nature recouvre toujours ses droits. Ce qui est fondé » sur les passions machinales, est un domaine inaliénable & imprescriptible ; on en dépossède la » nature pour un temps sous les grandes révolu-

---

(1) Naturam expelles furcâ ; tamen usque recurret. *Horat. Epist.* 10, *lib.* 1, *v.* 24.

» tions de religion, mais tôt ou tard elle se re-
» met en poſſeſſion ».

Revenons à Arcéſilas; ſes adverſaires l'accu-
ſoient de négliger tous les devoirs de la vie, &
lui reprochoient de vivre conformément à ſes principes : « taiſez - vous, leur dit Cléanthes, ne
» blâmez point Arcéſilas; il renverſe les devoirs
» par ſes paroles; mais il les établit & en re-
» commande la pratique par ſes actions. Arcéſi-
» las lui ayant répondu qu'il n'aimoit pas à être
» flatté : eſt-ce donc vous flatter, répartit Cléan-
» thes, que de ſoutenir que vous faites une choſe,
» & que vous en dites une autre » ?

*Cùm diceret quidam Arceſilaum vitæ officia ne-
gligere : quieſce, inquit, neque vituperes ; ille enim
etſi verbis officium tollit, operibus tamen id com-
mendat. Ad quem Arceſilaus, non, inquit, adu-
lationes admitto : & Cleanthes, at equidem, ait,
tibi adulor, qui dixi alia te facere, alia dicere?*
(Diog. Laërt. in Cleanth. lib. 7. ſem. 171).

J'ai déjà inſinué ci-deſſus que ce témoignage
en faveur des bonnes qualités morales d'Arcéſilas eſt d'une grande force dans la bouche de
Cléanthes; j'obſerverai ici qu'on peut encore en
tirer ces deux concluſions remarquables; l'une
qu'en ſuppoſant fauſſement que l'hypotheſe d'Arcéſilas ſur l'incertitude & l'incompréhenſibilité de
toutes choſes, tende à prouver qu'il n'y a ni
vices ni vertus, & que la différence de l'honnête & du déshonnête eſt chimérique & purement
idéale, ce qui renverſe la baſe de la moralité des
actions humaines; ſes dogmes étoient en contradiction avec ſa conduite; d'où il réſulte que,
de la fauſſeté ou de la perverſité des uns à l'irrégularité & au déſordre de l'autre, la conſéquence n'eſt pas bonne : vérité très-importante,
& ſur laquelle on ne peut trop inſiſter; l'autre,
c'eſt que, ſuivant la remarque également judicieuſe & profonde d'un grand homme, « le vrai
» principe de nos mœurs eſt ſi peu dans les ju-
» gemens ſpéculatifs que nous formons ſur la na-
» ture des choſes, que rien n'eſt plus ordinaire
» que des chrétiens orthodoxes qui vivent mal,
» & des libertins d'eſprit qui vivent bien ».

Les faits & le raiſonnement concourent donc
ici à prouver, 1°. que toutes les opinions vraies
ou fauſſes ſur quelque matiere que ce ſoit, ſont
abſolument indifférentes.

2°. Qu'elles n'ont par elles-mêmes aucune influence ſur la conduite qui en eſt néceſſairement
indépendante.

3°. Que, pour devenir le mobile ou le principe d'actions bonnes ou mauvaiſes, utiles ou nui-
ſibles, elles ont également beſoin du concours
d'une cauſe phyſique, telle, par exemple, que le
tempérament, l'intérêt ou les paſſions, quelquefois même de la réunion de ces trois cauſes ſi
énergiques, ſi déterminantes.

4°. Que par la nature de l'entendement humain,
la vérité & l'erreur étant particuliérement du domaine de l'homme, & ſa propriété inaliénable, ſi je
puis m'exprimer ainſi, lui interdire le droit de
dire l'une & de tomber dans l'autre, c'eſt comme
ſi on lui défendoit d'être ſage ou fou, raiſonnable ou abſurde; en un mot, d'être ce qu'il eſt.

5°. Que l'examen & la diſcuſſion, l'expérience
& l'obſervation auxquelles, après des détours &
des écarts plus ou moins longs, il faut néceſſairement revenir dans toute queſtion, rendent très-
inégale la lutte de l'erreur & de la vérité, parce
qu'il en eſt de l'analyſe, & en général des principes d'une bonne logique appliqués immédiatement à la recherche du vrai & du faux, comme
du temps par rapport aux traditions fabuleuſes ;
il les détruit & leur fait perdre chaque jour de
leur autorité ; mais les doctrines véritables &
fondées ſur la nature des choſes, ſe confirment
en vieilliſſant (1).

6°. Enfin, que dans un gouvernement éclairé
où les droits ſacrés de l'homme & du citoyen
ſont établis & reſpectés, toutes les opinions doivent être tolérées, ou, ce qui revient au même,
qu'il doit être permis à chacun de ſoutenir telle
ou telle propoſition, ſans encourir d'autre peine,
s'il ſe trompe, que celle d'être réfuté publiquement, & de paſſer aux yeux des gens ſenſés pour
un eſprit faux, ou pour un mauvais logicien,
ſelon le degré d'abſurdité de ſa doctrine.

Il eſt triſte, ſans doute, qu'on puiſſe reprocher à Arcéſilas certains déſordres condamnables
& même très-honteux ſelon nos mœurs actuelles :
cependant tâchons d'être juſtes, & n'exagerons
rien. Si les opinions que nous allons examiner
dans le ſilence des paſſions & des préjugés, ſont
vraies, elles prendront par la diſcuſſion un caractere d'évidence & de certitude qui en aſſurera
la durée ; ſi elles ſont fauſſes, il importe qu'elles ſoient connues pour telles, & il eſt utile de
les détruire.

Pour juger Arcéſilas relativement au vice qu'on
lui impute, tranſportons-nous dans les plus beaux
temps de la Grece & d'Athenes, où ce genre
de débauche n'étoit que trop commun, ſans qu'on
voie par l'hiſtoire de ces ſiecles ſi brillans, que
ceux qui s'y livroient avec plus ou moins de pu-
blicité & d'effronterie, en fuſſent, pour cela,
ni moins eſtimés, ni moins eſtimables, quand ils
avoient d'ailleurs toutes les qualités qui font l'homme de bien, le grand capitaine, l'orateur élo-

---

(1) *Opinionum commenta delet dies; naturæ judicia confirmat.* Cic. *de nat. Deor. lib.* 2, *cap.* 2.

quent, le philosophe profond & le citoyen utile. Ne portons point sur cette étrange turpitude un jugement absolu d'après certaines idées de pudeur, d'honnête & de déshonnête que nous avons aujourd'hui, & qui, par leur nature & par l'effet d'une infinité de causes toujours agissantes, sont en vicissitude comme beaucoup d'autres idées. Réservons les dénominations odieuses pour les vices & les crimes réellement nuisibles à la société, & qui, en détruisant le ressort & la liaison des différentes parties qui la composent, en entraînent tôt ou tard la dissolution : ne nous dissimulons point que les anciens n'étoient pas aussi choqués que nous de ce cynisme bisarre, sur lequel l'imagination la plus déréglée ose à peine s'arrêter. Héraclides dit expressément que l'amour des garçons n'avoit rien de honteux chez les crétois (1) qui paroissent, selon lui, s'être livrés les premiers à ce vice ; & je trouve dans Aristote (2) que Minos, leur législateur, autorisa même cet amour, comme un moyen de prévenir dans cette république le trop grand nombre d'enfans. Platon fait sur plusieurs points l'éloge des institutions de Crète & de Lacédèmone, dont ses loix ne sont même, à beaucoup d'égards, que la correction ; mais sur l'article dont il s'agit, il s'éloigne absolument de la façon de penser de ces peuples, chez lesquels l'usage avoit consacré ces amours infames (3), comme il le reproche avec autant d'art que de politesse (4) à ses deux interlocuteurs, dont l'un étoit crétois & l'autre lacédémonien. « Il est très-difficile, dit-il, de » prévenir cet amour des enfans de l'un & de » l'autre sexe, où les hommes & les femmes » pervertissent l'ordre de la nature. Par rapport » à beaucoup d'autres réglemens que nous avons » déjà faits, nous avons trouvé un puissant se-» cours dans les loix de vos deux cités ; mais » ici (soit dit (1) entre nous) elles ne pour-» roient que nous égarer ».

Les perses, les germains & les thébains n'avoient à cet égard ni d'autres idées, ni d'autres mœurs que les crétois & les lacédémoniens. La pédérastie étoit passée en usage chez eux, & ils n'y attachoient aucune espèce de honte (2). A l'égard des grecs, il paroît évident que le climat, les mœurs générales & certaines institutions particulières, très-propres à irriter les désirs, à allumer les sens & à corrompre l'imagination, les portoient nécessairement, & par un attrait irrésistible, vers ce genre de débauche : c'est ce que Platon fait entendre très-clairement, lorsqu'il dit que l'établissement des gymnases & des repas en commun a produit un très-grand mal en pervertissant l'usage ancien des plaisirs de l'amour, tel qu'il a été réglé par la nature, non seulement pour les hommes, mais aussi pour les animaux ; & il ajoute que c'est sur-tout aux deux cités de Crète & de Lacédémone, & aux autres états où les gymnases sont introduits, qu'il faut attribuer la cause de ce désordre, un des plus criminels que l'excès de l'intempérance ait produits (3).

---

(1) De politiis, pag. 508. ad calcem dissert. Cragii de republ. Lacedæmon. Lugd. Batav. 1670. in-8°.

(2) Jam verò ad victus parcimoniam, cibique paucitatem, ut rem utilem, & ad fæminarum disjunctionem ne nimis multos filios pariant, masculorum consuetudine introductâ, (rectè, an secus, alius erit disputandi locus) multa sapienter & acutè excogitavit lator legis. De republ. lib. 2. c. 10. p. 443. E. Edit. Paris. 1654, tom. 3.

(3) Il accuse du même désordre les autres grecs & la plupart des peuples barbares. Vid. de legib. lib. 8. pag. 913. D.

J'ai cité le passage en latin ci-dessous, pag. 34.

(4) Sed adolescentulorum adolescentularumque contra naturam amores, & virorum pro fæminis & mulierum pro viris abusus.... quomodò aliquis evitabit ? & quod in singulorum periculis remedium inveniet ? omninò difficile id est ô Clinia. Nam in cæteris quidem multis universa Creta Lacedæmoniaque nobis ad leges ponendas à multorum moribus alienas valdè opitulantur, sed quoad mores pertinet, adversariæ dissentiuntque omninò. De legib. lib. 8. pag. 910. E. Edit. Ficin. Francofurt. 1602. Voyez la note suivante.

(1) Notez que toute la finesse du reproche de Platon disparoît dans la version latine de Ficin qu'on vient de lire ; mais elle est très-sensible dans le grec qui dit : αὐτοὶ γάρ ἐσμεν (car nous sommes seuls).

(2) Apud persas quidem consuetudinem esse uti venere masculâ.... apud germanos autem, ut fertur, turpe non est, sed unum ex iis quæ usu recepta sunt. Quin etiam apud thebanos olim hoc turpe habitum non fuisse dicitur. Sextus Empiric. Pyrrhon. hypotypos. lib. 1. cap. 14. sect. 152, & lib. 3. cap. 24. sect. 199.

Aristote, Diodore de Sicile & Strabon disent la même chose des cimbres, des belges & autres peuples de la celtique que les romains, selon Diodore, comprenoient sous la dénomination générale de gaulois.

Romani gentes hasce universas unâ gallorum appellatione comprehendunt.

Voyez Aristote de republ. lib. 2. cap. 9. Diodor. Sicul. lib. 5. sect. 32. tom. 1. pag. 355. 356. Edit. Wesseling. Strabon Geogr. lib. 4. pag. 304. Edit. Amstel. 1707. & joignez à ces autorités ce que dit la Mothe le Vayer dans ses *dialogues d'Orasius Tubero*, tom. 1. pag. 151 & suiv. Edit. de 1716.

(3) Atqui hæc studia prisca (nempe communia convivia certaminaque gymnastica) videntur veteres & naturales circa venerea voluptates, non in hominibus solùm, sed in bestiis pervertisse. Quâ in re primæ civitates vestræ possent accusari, & aliæ omnes quibus cura gymnasiorum exercitationum maximè fuit.... quod mares autem maribus, aut fæminæ fæminis commiscentur, præter naturam voluptas ea est. Et qui primum tale facinus ausi sunt, voluptatis incontinentia id fecerunt. *Plato, de legibus*, lib. 1. pag. 776. D. E. Edit. Ficin. Francofurt. ann. 1602.

Ciceron est d'accord avec Platon sur ce funeste effet des gymnases : « Je m'imagine, dit-il, que l'amour des garçons a pris naissance dans les gymnases des grecs où il est toléré. Aussi notre Ennius dit-il très-bien que la nudité est un commencement de prostitution ».

Mihi quidem hæc in græcorum gymnasiis nata consuetudo videtur ; in quibus isti liberi & concessi sunt amores. Bene ergo Ennius

Flagitii principium est nudare inter cives corpora.
(*Cicer. Tuscul. lib.* 4. *cap.* 33).

M. de Paw qui aime trop les paradoxes, mais dans les ouvrages duquel ils ont toujours quelque chose de piquant, d'original & même d'instructif, parce qu'ils font penser, espèce de mérite que n'ont pas des vérités communes ; M. de Paw, dis-je, prétend que chez les athéniens la beauté individuelle fut plutôt le partage des jeunes hommes, que celui des jeunes femmes ; d'où il résulta, selon lui, dans le cours ordinaire des passions humaines, un écart qui a beaucoup étonné la postérité, mais dont on avoit ignoré jusqu'à présent la véritable cause. Quoique ce phénomène, ajoute-t-il, fût aussi très-sensible en quelques contrées voisines, cependant Eschine assure que le plus beau des grecs n'égaloit pas le plus beau des athéniens (1).

La cause indiquée ici par M. de Paw a pu, sans doute, contribuer à corrompre en ce point les mœurs des athéniens ; mais, dans cette même hypothèse, cette espèce de corruption n'a pas dû s'étendre au-delà du territoire de l'Attique, parce qu'une cause particulière & purement locale, telle que celle dont il parle, ne peut avoir qu'une influence de même nature ; elle n'explique donc point cet *écart dans le cours ordinaire des passions humaines* qu'on remarque dans les mœurs de tous les peuples de la Grèce : ce n'est donc point là, comme il le suppose, la véritable cause de ce phénomène qui doit en avoir une beaucoup plus générale, comme, par exemple, l'établissement des gymnases où les grecs combattoient nuds : il ne faut point chercher ailleurs un principe plus énergique, plus actif de corruption & de débauche.

Au reste, quelle que puisse être la cause de ce fait que Platon & Ciceron me paroissent avoir bien connue, il n'est pas de mon sujet de faire sur ce point de plus profondes recherches. Ce qu'il nous importe de savoir, & ce qui mérite sur-tout d'être observé, c'est que chez ces peuples doués d'une imagination vive, souvent même très-exaltée, & qui respiroient, pour ainsi dire, avec l'air pur de leur beau climat, le goût de tous les plaisirs, le desir de toutes les sortes de jouissances, les législateurs avoient eu la sagesse & le bon esprit de penser que bien loin de connoître de ces désordres secrets dont je viens de parler, & d'en faire l'objet particulier d'une loi, ils ne devoient pas même les supposer, ni prononcer aucune peine contre les divers excès auxquels l'homme peut s'abandonner par l'impulsion de la passion la plus violente & la plus générale de la nature, quelque soit d'ailleurs le genre de ces excès, & l'objet vers lequel sa passion l'entraîne & le précipite.

A l'égard de cette expression, d'ailleurs si vague, *de crime contre nature*, par laquelle les modernes ont désigné cette espèce de monstruosité, elle présente une idée fausse, & que la saine philosophie doit rectifier : en effet, il n'y a rien qui ne soit en nature, le crime comme la vertu. Montaigne dont la raison étoit si avancée, & qui, par la force & la justesse naturelle de son esprit, a deviné tant de vérités, s'est élevé ici, comme dans beaucoup d'autres endroits de ses *Essais*, fort au-dessus des préjugés de son siècle & même du nôtre, souvent trop enclin à suivre les anciens erremens. « De vrai, dit-il, la pudicité est une belle vertu, & de laquelle l'utilité est assez connue : mais de la traiter & faire valoir selon nature, il est autant mal-aisé, comme il est aisé de la faire valoir selon l'usage, les loix et les préceptes. (*Essais. liv.* 1, *chap.* 22. *p. m.* 90).

Enfin le long silence des loix des grecs & des romains sur ce vice si commun parmi eux, semble prouver qu'ils l'avoient mis, comme beaucoup d'autres articles sur lesquelles les loix de tous les peuples n'ont rien statué, au nombre de ces actions purement locales que la coutume ne justifie pas sans doute, mais qu'elle autorise tacitement, & qui, n'étant ni défendues ni permises par le législateur, peuvent être regardées comme licites, & par conséquent comme indifférentes. C'est aussi le jugement que les cyniques & même les stoïciens portoient de ce genre de débauche, comme nous l'apprenons de Sextus Empiricus.

Illum quoque, dit-il, *Achillis erga Patroclum ardentem amorem ad hoc* (scilicet ad cretensium consuetudinem de mascula venere) *referunt nonnulli : quod cur mirum ulli videatur ? quùm etiam cynici philosophi & Zenon citticus & Cleanthes & Chrysippus indifferens hoc esse dicant.* (*Pyrrhon.* hypotyp. *lib.* 3. *cap.* 24. *segm.* 199. 200).

Il faut avouer que ce n'est pas là le beau côté de la morale des stoïciens, & que s'ils n'avoient pas expié ces étranges erreurs par un grand nom-

---

(1) *Recherches philosophiques sur les grecs*, part. première, section première, tom. 1, pag. 5. Edit. de Berlin, in-8°.

bre d'excellens préceptes de conduite, & surtout par une vie continuellement employée à faire le bien, il faudroit mettre ces philosophes au nombre des corrupteurs les plus dangereux & les plus effrontés. Heureusement que ces principes si faux, si pernicieux, & quelques autres non moins détestables, rapportés par Sextus (1), & extraits des ouvrages de Zénon & de Chrysippe, n'étoient point ceux de toute la secte, mais seulement l'opinion particulière de son fondateur & de plusieurs de ses disciples que l'amour du paradoxe & de la singularité portoit souvent à l'extrême, & qui, par je ne sais quel travers d'esprit très-difficile à excuser dans des hommes graves, affectoient de paroître pires qu'ils n'étoient, contre la coutume de la plupart des hommes qui veulent au contraire se montrer meilleurs qu'ils ne sont. Sextus Empiricus lui-même, quoique plus porté à aggraver les torts des dogmatistes qu'à les atténuer, ne rapporte pas ces preuves de l'étrange égarement de ces philosophes, sans remarquer qu'ils disent plusieurs choses semblables qu'ils n'oseroient jamais pratiquer eux-mêmes, à moins qu'ils ne vécussent dans quelque république de cyclopes & de lestrigons. *Atque his similia quam plurima dicunt philosophi quæ nequaquàm ausint facere, nisi in cyclopum aut lestrigonum politia versentur.* (Pyrrhon. hypotyp. lib. 3. cap. 25. segm. 249).

On peut opposer à ce que j'ai dit ci-dessus du long silence des loix des grecs & des romains sur cette espèce de prostitution en usage chez les crétois, &c. un passage des hypotyposes où Sextus dit que l'amour des garçons étoit défendu par la loi chez les romains (2) : mais outre que Sextus Empiricus ne fixe point l'époque de cette loi, ce qu'il faudroit néanmoins déterminer exactement pour savoir jusqu'où mon assertion sur le long silence des législateurs à cet égard, peut être vraie ou fausse, ce philosophe est un auteur moderne relativement aux temps dont je parle, puisque les savans ne le font vivre que quelque temps après la mort de Galien le médecin, c'est-à-dire, environ l'an 200, de Jesus-Christ, sous le règne de l'empereur Sévère. Or il est certain qu'à cette époque même, le christianisme, sans être la religion dominante dans l'Empire, avoit néanmoins déjà eu quelque influence sur l'esprit général des romains; car une religion qui s'établit dans un état, sans changer d'abord toutes les idées, modifie nécessairement plus ou moins le peuple qui la reçoit, qui la tolère ou qui la persécute. Quelque lent, quelqu'insensible qu'on suppose son effet, elle en a un, puisque c'est une cause, & même une cause très-efficace & sans cesse agissante. Il suffit, pour s'en convaincre, d'étudier l'histoire des grecs & des romains depuis la naissance du christianisme jusqu'à Constantin; on n'y retrouve plus les mêmes peuples que Thucydide, Xénophon, Polybe, Tite-Live, César & Plutarque nous ont décrits; on croit souvent lire l'histoire de deux autres nations : on remarque, presqu'à chaque page, les progrès de la révolution qui s'est faite successivement dans leur caractère, dans leurs mœurs & dans leurs opinions; on est étonné de voir combien, dans ce court intervalle de tems, ces peuples jadis si fameux, *se sont disconvenus à eux-mêmes*, pour me servir de l'expression de Montaigne (1). Le commun des lecteurs n'apperçoit que quelques-unes de ces nuances; il ne saisit que les plus tranchantes; mais le philosophe en observe curieusement toutes les variétés; il cherche la série des causes alternativement énergiques & foibles, obscures & visibles, générales & particulières qui ont préparé ce phénomène, celle dont l'action continuelle & quelquefois très-sensible, en a le plus accéléré la production, & il la trouve. Tant il est vrai, comme le dit très-judicieusement l'auteur des *Essais*, que « l'histoire est, entre toutes, la matière à laquelle nos esprits s'appliquent de plus diverse mesure... A d'aucuns c'est un pur estude grammairien : à d'autres l'anatomie de la philosophie, par laquelle les plus abstruses parties de nostre nature se pénétrent ». (*Essais*, liv. 1. chap. 25. pag. m. 132).

Concluons de tout ceci qu'il est facile de concilier entr'eux les jugemens divers que les auteurs anciens portent, à certains égards, des mœurs du même peuple. L'un affirme positivement ce que l'autre nie avec la même assurance, & ils ont tous deux raison. Pour faire disparoître la contradiction, il ne faut que distinguer exactement les époques; on voit alors que chacun a parlé des loix & des coutumes établies de son temps, toutes choses qui varient d'un siècle à l'autre, & quelquefois plus promptement : sous ce point de vue, ce qu'ils ont dit, quoique diamétralement opposé, étoit vrai au moment où ils ont écrit.

Arcésilas, coupable en France ou ailleurs d'un déréglement particulier proscrit par la loi, n'est donc plus dans Athènes, où cette loi n'existoit pas, qu'un homme qui avoit à cet égard les mœurs plus ou moins générales de son pays, & qui en suivoit en quelque sorte les usages, ou,

---

(1) Pyrrhon. hypotypos. lib. 3. cap. 24. segm. 105, 106, & cap. 25. segm. 245, 246. & seqq.

(2) *Apud romanos autem lege prohibitum uti venere mascula.* Sext. Empiric. Pyrrhon. hypotypos. lib. 1. cap. 14. segm. 152. lib. 3. cap. 24. segm. 199. Edit. Fabric. Lips. 1718.

(1) Essais, liv. 1. cap. 25. p. m. 134.

si l'on veut, les abus. L'oracle d'Apollon répondoit à ceux qui venoient le consulter sur la meilleure manière de sacrifier aux dieux (1), que le vrai culte pour chacun est celui qu'il trouve consacré par l'usage du pays où il vit : il en est de même de ce qu'on appelle en général honnête & déshonnête, bien & mal, vice & vertu. Si on veut examiner cette matière avec un esprit libre de préjugés, & en philosophe, on verra qu'il y a un grand nombre d'actions qui, restant les mêmes, changent de dénomination d'un siècle ou d'une ville à l'autre, & que pour faire paroître alternativement le même homme coupable ou innocent, chaste ou impudique, bon ou méchant, juste ou injuste, vertueux ou vicieux, il ne faut souvent que le déplacer. C'est ce qui faisoit dire à Montaigne, en considérant *cette mer flottante des opinions d'un peuple* sur le juste & l'injuste : « quelle bonté est-ce que je voyois hyer en crédit, & demain ne l'estre plus, & que le trajet » d'une rivière fait crime ? quelle vérité est-ce » que ces montagnes bornent, mensonge au monde » qui se tient au-delà ? » (*Essais*, liv. 2. ch. 12. pag. m. 590).

Pascal qui, dans la plupart de ses *pensées*, raisonne sur des principes que les philosophes les plus hardis dans leurs spéculations ne désavoueroient pas, observe de même qu'en général, & dans une infinité de cas, le juste ou l'injuste est, comme on l'a dit de la foi, une pure affaire de géographie ; & paraphrasant ensuite à sa manière le passage de Montaigne qu'on vient de lire, & dont on auroit dû (2) lui faire honneur, il ajoute : « on ne voit presque rien de juste ou d'injuste, » qui ne change de qualité en changeant de cli- » mat. Trois degrés d'élévation du pôle renver- » sent toute la jurisprudence : un méridien dé- » cide de la vérité, ou peu d'années de posses- » sion ; les loix fondamentales changent ; le droit » a ses époques. Plaisante justice qu'une rivière » ou une montagne borne ! Vérité au-deçà des » Pyrénées, erreur au-delà (3) ».

(1) Apud Xenophon, memorab. lib. 1. cap. 3. §. 2. Edit. exon. 1759.

(2) Remarquons ici, puisque l'occasion s'en présente, la conduite des solitaires de Port-Royal envers Montaigne : toutes les fois qu'il s'agit de le critiquer à tort ou à droit, ils ont grand soin de le citer ; mais lorsqu'ils s'attribuent ses pensées en propres termes, ou en y changeant très-peu de choses ; lorsqu'ils insèrent dans leurs ouvrages des pages entières de ses *Essais*, ils se gardent bien d'indiquer la source où ils ont puisé ; ou, s'ils la désignent, c'est d'une manière si vague, si générale, que celui qui n'a lu Montaigne qu'une fois, ce qui ne suffit pas pour l'entendre, encore moins pour le juger, sait toujours à qui s'adresse leur critique, & ne connoît jamais l'objet de leur éloge.

(3) Pensées de Pascal, art. 5. §. 9. pp. 282. 282. Edit. de 1776. in 8°.

Philosopie sac. & mod. Tom. I,

C'est en appliquant ainsi la philosophie à la recherche de l'origine & des fondemens du droit & des idées morales, sans craindre de s'éloigner des opinions reçues, que Hobbes est arrivé à ce résultat très-digne, par sa profondeur & sa précision, d'un esprit aussi pénétrant. « Les loix de » la société, dit-il, sont la mesure commune du » bien & du mal, des vices & des vertus : on » n'est vraiment bon ou vraiment méchant que » dans sa ville ».

Nisi in vita civili, virtutum & vitiorum communis mensura non invenitur : qua mensura ob eam causam alia esse non potest, præter uniuscujusque civitatis leges. (De homine, cap. 13. §. 9. opp. tom. 1. pag. 76).

Au reste, le genre particulier de débauche, qui a donné lieu à ces réflexions, a excité de même toute l'attention de Platon : il s'occupe fort, dans ses loix, des moyens de prévenir ce mal, & de détourner de ces infames plaisirs les habitans de la cité. Connoissant toute la force de l'opinion publique, & combien elle a d'influence sur les mœurs (1), il conseille de faire agir ce grand ressort de la machine politique, & de le rendre encore plus utile. Il prouve par l'expérience que cette loi non écrite, comme il l'appelle très-bien, suffit pour empêcher des hommes, d'ailleurs très-corrompus (2), de franchir certaines limites ; & pour mettre à couvert le fils ou la fille de la passion de leur père, & la sœur de celle de son frère : il indique les moyens de consacrer cette même voix publique (3), & de réduire ainsi

(1) Il prétend même qu'elle va jusqu'à nous empêcher de respirer contre la défense de la loi. *Miram enim famæ potentiam novimus, quandò nemo aliter quam jubeat lex, ne respirare quidem audeat.* Plat. de legib. lib. 8. pag. 911. B. Edit. Ficin. Francofurt. 1602.

(2) Constat nunc quoque plurimos hominum quamvis iniqui sint, bene & diligenter, & non ingratis, sed admodum sponte à pulchrorum conjunctione sese abstinere... à filio quoque filiaque lex eadem, quamvis scripta non sit, sufficienter repellit, prohibetque & manifestum & furtivum istorum concubitum. Imo vero facit, ut ne cupiditas quidem ulla rei hujus vulgus aggrediatur. Id. ibid. pag. 911. E. F.

« La cause de tout ceci, ajoute-t-il, n'est-elle pas » que personne n'a jamais tenu un autre langage ; mais » que chacun de nous, depuis qu'il est né, entend tou- » jours & par-tout dire la même chose à ce sujet » soit dans les discours badins, soit au théâtre dans » l'appareil sérieux de la tragédie, lorsqu'elle intro- » duit sur la scène des Thiestes, des Œdipes ou des » Macarées qui ont eu avec leurs sœurs un commerce » clandestin, & qui, leur crime ayant été décou- » vert, n'ont pas hésité à se donner la mort, comme » la juste peine de leur forfait ». Id. ibid. pag. 912. A.

(3) Quippe si famam hujusmodi, apud omnes servos & liberos, masculosque & fœminas, & universam civitatem, quasi sacrum quiddam dicaverit, firmissimam hanc legem efficiet. Id. ibid. lib 8. pag. 912. B.

les citoyens à n'avoir point avec ceux du même sexe un commerce stérile, proscrit par la nature (1), & à s'interdire tout usage du sexe féminin, contraire à la fin de la génération : il veut que, dans les poëmes, dans les discours particuliers, dans les chants publics, on peigne fortement à leurs yeux, dès leur enfance, les suites funestes du vice & de la débauche (2), & la victoire qu'on remporte sur ses plaisirs, comme la plus belle de toutes, & celle à laquelle est attaché le bonheur de la vie. Il ne se dissimule point la difficulté de faire passer & de rendre stable une loi dont le but est de vaincre quelques-unes de ces passions qui entraînent les hommes avec le plus de fureur, & de réprimer les desirs d'un jeune homme robuste & d'un tempérament ardent, (*vehemens aliquis juvenis multo spermate plenus*) ; mais il soutient qu'aussi-tôt que cette loi aura été consacrée d'une manière suffisante,

elle subjuguera tous les esprits, & les rendra dociles avec crainte aux ordres du législateur (1).

Il suppose ensuite que les habitans de la république qu'il institue, se laissent corrompre (2) par l'exemple des autres grecs, & de la plupart des peuples barbares ; & qu'à force d'entendre dire & de voir que les amours désordonnés sont en usage chez les autres, ils cessent d'être maîtres de leurs desirs ; il propose alors d'arrêter ce désordre par une seconde loi moins parfaite, & qui établit un genre d'honnêteté moins étroite (3) ; mais qui, embrassant également les trois classes de citoyens, contiendra par force dans le devoir la troisième, c'est-à-dire, celle des hommes corrompus & inférieurs à eux-mêmes, ainsi qu'il les appelle. Cette loi consiste à affoiblir en eux, autant qu'il est possible, l'empire tyrannique de la volupté, en détournant par la fatigue ce qui la nourrit & l'entretient (4), & lui faisant prendre son cours par quelqu'autre endroit du corps. « Cela réussira infailliblement, dit-il, à moins » que, corrompus par l'usage immodéré des plai- » sirs, ils n'aient abjuré toute pudeur. En effet, » la volupté sera d'autant plus foible, que la » honte de s'y livrer sera plus forte, & la » provoquera plus rarement ».

Cet endroit des loix de Platon, dont je ne donne ici que l'analyse, en supprimant les détails qui ne sont pas de mon sujet, est très-beau & très-digne d'être lu dans l'original : il vient à l'appui de mes idées, & renferme de plus des vûes très-saines sur l'éducation de la jeunesse,

_____

(1) Abstinendum igitur à maribus jubeo. Nam qui istis utuntur, genus hominum dedita opera interficiunt, in lapidem seminantes, ubi radices agere quod seritur numquam poterit. Abstinendum quoque & ab agro illo fæminino, ubi semen germina nolit producere. Hæc lex si perpetuo in aliis sicut in concubitu parentum, conservabitur, innumerorum erit bonorum causa. *Id. ibid. pag.* 912. *C.*

(2) « N'avez-vous jamais ouï dire, (demande-t-il à » Clinias,) ce qu'on raconte d'Iccus de Tarente » que, dans la vûe de remporter la victoire aux jeux » olympiques & aux autres jeux, il s'appliqua tel- » lement à son art, & fit un tel progrès dans la » force & la tempérance, que durant tout le temps » de ses exercices il ne toucha à aucune femme, ni » à aucun garçon ? On raconte la même chose, de » Crison, d'Astillus, de Diopompe & de beaucoup » d'autres athlètes. Cependant, mon cher Clinias, » tous ces gens-là étoient bien moins élevés quant » à l'ame, que vos concitoyens & les miens ; & pour » le corps ils étoient d'une complexion tout autre- » ment vigoureuse....

» Quoi donc, pour remporter le prix de la lutte, » de la course & d'autres exercices semblables, ces » athletes ont eu le courage de se refuser à des vo- » luptés dans lesquelles la plupart font consister le » bonheur de la vie ! & nos élèves ne pourront maî- » triser leurs desirs en vue d'une victoire mille fois » plus glorieuse, & dont nous réussirons sans doute » à leur faire goûter les charmes.

« Num igitur de Tarentino Icco non audivimus : qui propter olympica aliaque certamin., artificioso circa artis studio temperantiam simul & fortitudinem animi consecutus, nullam unquam in toto exercitationis suæ tempore mulierem, nullum puerum cognovit ? idem quoque... de aliis quam plurimis fertur. ... illi igitur ut luctando & currendo cæterisque hujusmodi vincerent alios, ab ea voluptate quæ beata vulgò existimatur, abstinere voluerunt. Nostri adolescentes victoriæ causâ longè præstantioris, non poterunt ? quam nos carminibus fabulisque & solutâ oratione & cantibus eis optimam pueris statim à teneris occinemus, &, ut verisimile est, oblectando persuadebimus. Clin. quam victoriam dicis. Athen. ut volup- tate inquam victa feliciter vivant, victi autem contra. Plat. de legib. lib. 8. pag. 913. *A. B. C.*

_____

(1) Nam cùm apud omnes legitima hæc sententia dedicata fuerit, animos omnes domabit, efficietque ut metu latis legibus pareant. *Id. ibid. p.* 912. *E.*

(2) Quod sua cæteris græcis barbarisque plurimis corrumpantur, nec possint se continere, cum videant audiantque inordinatam apud eos venerem plurimum posse, alteram præterea legem custodem legum ad ferendas leges auctoritatem nacti, excogitent. *Id. ibid. pag.* 913. *D.*

Ce passage prouve ce que j'ai dit ci-dessus des mœurs générales des grecs, & ne donne pas à cet égard une idée plus favorable de celles des peuples de l'Asie, que Platon, selon l'usage immémorial de son pays, désigne par l'épithète de *barbares*.

(3) Sic enim & secundo servabimus honestum loco, & genus unum hominum, tria genera continens, homines depravatæ naturæ, quos sui dominos esse negamus, coget utique ne leges contemnant. Clin. quæ tria genera ? Athenien. cultores inquam deorum, honoris amatores, & qui non corporum, sed animi morum pulchritudinem diligunt. *De legib. lib.* 8, pp. 913. *E.* & 914. *A.*

(4) Ut quam maximè laboribus corporis veneris robur infringant, & aliò vires suas convertant. Quod erit, si non impudenter ipsa utentur. Nam si rarius propter ruborem id fiat, imbecillior erit domina. *Id. ibid. pag.* 913. *E.*

& sur l'usage que le législateur peut faire de l'opinion publique pour arrêter le torrent des mauvaises mœurs. Il me semble en effet, que dans le cas dont il s'agit ici, on peut la diriger de manière à donner à ce frein une force coercitive plus grande & plus efficace que celle des loix pénales dont il faut d'ailleurs user dans toutes les circonstances avec beaucoup de modération. J'oserai même dire qu'indépendamment de cette considération, ce vice si commun à Rome & dans les principales villes de la Grèce où tout y invitoit, est une de ces violations de mœurs, un de ces délits qui ne doit avoir de vengeur que le mépris public, & qu'il faut abandonner à la juste sévérité de ce tribunal redoutable pour tout homme qui n'a pas entièrement étouffé au fond de son cœur le sentiment de l'honneur & de la vertu, sans lequel on ne peut espérer ni sécurité, ni bonheur, ni repos.

Montesquieu n'a point sur tout ceci des principes fort différens des miens. Quoiqu'il ne s'agisse pas ici d'autorité, mais de raisonnement, on est bien-aise néanmoins, après avoir beaucoup réfléchi sur une matière, que le résultat où l'on est arrivé, diffère peu de celui que tel ou tel grand homme a autrefois trouvé par une autre méthode, ou qu'il a deviné par la seule force de son génie. On en prend plus de confiance dans ses propres pensées, on en inspire davantage aux lecteurs, la plupart très-paresseux, & qui, en fait d'opinion, aiment en général à marcher à la suite de quelque homme célèbre, comme si la même chose étoit plus ou moins vraie, selon le degré de talent & de réputation de celui qui l'a dite. Mais écoutons l'auteur de l'*Esprit des loix*.

« A Dieu ne plaise, dit-il, que je veuille diminuer l'horreur que l'on a pour un crime que la religion, la morale & la politique condamnent tour-à-tour ! Il faudroit le proscrire, quand il ne feroit que donner à un sexe la foiblesse de l'autre, & préparer à une vieillesse infame par une jeunesse honteuse. Ce que j'en dirai lui laissera toutes ses flétrissures, & ne portera que contre la tyrannie qui peut abuser de l'horreur même que l'on en doit avoir ».

» Le crime contre nature ne sera jamais dans une société de grands progrès, si le peuple ne s'y trouve porté d'ailleurs par quelque coutume, comme chez les grecs où les jeunes gens faisoient tous leurs exercices nuds ; comme chez nous, où l'éducation domestique est hors d'usage ; comme chez les asiatiques, où des particuliers ont un grand nombre de femmes qu'ils méprisent, tandis que les autres n'en peuvent avoir. Que l'on ne prépare point ce crime ; qu'on le proscrive par une police exacte, comme toutes les violations de mœurs, & l'on verra soudain la nature ou défendre ses droits, ou les reprendre. Douce, aimable & charmante, elle a répandu les plaisirs d'une main libérale ; & en nous comblant de délices, elle nous prépare par des enfans qui nous font, pour ainsi dire, renaître, à des satisfactions plus grandes que ces délices mêmes ». (*Esprit des loix*, liv. 12. chap. 6).

Il y a sans doute dans ce passage quelques expressions plus conformes aux préjugés reçus, qu'à la saine philosophie : mais en se transportant au temps où Montesquieu écrivoit, on se sent plus disposé à lui tenir compte de ce qu'il a eu le courage de dire, qu'à le blâmer d'avoir parlé quelquefois comme le peuple. Ajoutons qu'ici même, malgré la circonspection avec laquelle il s'est exprimé, il a encore le mérite d'avoir énoncé des vérités qui n'étoient pas mûres à cette époque ; sort ordinaire de ceux qui sont plus avancés que leur siècle. Comme, par l'effet nécessaire du progrès des lumières, la différence des temps en met une grande dans les opinions & dans les rapports apperçus entre les mêmes objets, j'ai cru devoir traiter la même question d'une manière plus générale, & en y faisant entrer plusieurs élémens que Montesquieu a négligés, & qui m'ont conduit naturellement à des conclusions dont la nouveauté, ou, si l'on veut, la hardiesse ne m'a point arrêté. La vérité est d'un ordre antérieur à tout, & la crainte de s'éloigner des routes battues est aussi propre à éterniser les erreurs, qu'elle sied mal à un philosophe. Personne ne respecte plus que moi les bonnes mœurs ; personne peut-être ne leur accorde une plus grande influence sur le bonheur des individus, sur la force & la prospérité des états ; il seroit même difficile d'avoir à cet égard, dans la pratique comme dans la théorie, des maximes plus sévères, plus inflexibles : mais quand je considère les avantages inappréciables qui résultent des bonnes loix, & toutes les sortes de biens qu'elles procurent aux hommes ; quand je pense sur-tout que ce sont elles qui, en général, font les bonnes mœurs dont par cela même la corruption est extrême, & l'utilité bientôt réduite à rien par-tout où elles sont mauvaises, je me confirme dans cette opinion que la législation & l'éducation perfectionnées & fondées sur la nature de l'homme, sur ses besoins physiques & ses rapports bien connus, sont les meilleurs garans que l'on puisse avoir des mœurs d'un peuple, & par conséquent que l'édifice de toute société politique doit porter sur ces deux bases, les seules qui puissent en fortifier les différens ressorts quand la machine est saine & bien constituée, les restituer quand ils commencent à se relâcher & s'affoiblir, & assurer la durée du tout.

Je prie donc le lecteur tranquille & impartial

de bien saisir l'esprit dans lequel j'ai écrit ce qu'on vient de lire, & de rendre justice à la pureté des motifs qui m'ont déterminé à examiner ici cette question délicate. Je le prie sur-tout de ne jamais perdre de vue que dans tout ceci, je n'approuve pas, j'excuse; je cherche à expliquer un paradoxe que présente à certains égards les mœurs d'ailleurs très-louables d'un ancien philosophe, à faire sentir l'injustice de régler par des préjugés, ou même, si l'on veut, par des opinions sagement établies, mais puisées dans nos mœurs, dans nos usages actuels, & dans nos manières ordinaires de concevoir, ce qui doit l'être par d'autres idées, & par l'esprit général d'un autre siècle ou d'un autre peuple; en un mot, à déterminer par les principes d'une philosophie douce, indulgente, fondée sur la nature de l'homme, & appropriée sur-tout à sa foiblesse, la vraie mesure des fautes; & le degré, ainsi que le genre de peine que la loi ou l'opinion publique, souvent plus sévère & plus redoutable que la loi, peut raisonnablement infliger à chacune. Je ne pense pas, comme les stoïciens, que tous les péchés soient égaux, & que celui qui aura dérobé (1) des choux dans un jardin, soit aussi coupable que celui qui aura pillé de nuit le temple des dieux, & mérite le même châtiment: je crois que, comme *un fait courageux ne doit pas conclure un homme vaillant*; pour me servir de l'expression de Montaigne, un déréglement de tête, un penchant plus ou moins fort, plus ou moins habituel vers un certain genre de débauche, *ne doit pas conclure* un homme vicieux, ni effacer ou seulement affoiblir le mérite réel de ses bonnes actions, ni même empêcher qu'on ne puisse avec raison l'appeler un homme vertueux, lorsqu'il se montre tel par toute la teneur de sa vie. Je vois dans Arcésilas un philosophe sensible, humain, bienfaisant, qui joint à un esprit supérieur les qualités & les vertus sociales les plus utiles & les plus rares: je vois ses ennemis même faire à cet égard son apologie, & imposer silence à ses calomniateurs; j'observe de plus que chez le peuple le plus instruit, le plus civilisé de la Grèce, & qui, par ses leçons & par ses exemples, a peut-être contribué plus qu'aucun autre aux progrès de la morale, les hommes les plus célèbres dans tous les genres étoient adonnés au même vice qu'on attribue à Arcésilas; ils s'y livroient même sans scrupule, & sans y attacher plus d'importance qu'à l'amour des femmes. On sait le mot de ce grec à qui l'on demandoit lequel des deux sexes avoit le plus d'attrait pour lui, & qui répondit: *par-tout où je trouve de la beauté, je suis à deux mains;* (ἀμφιδέξιος) il paroit comme son siècle. Les plus grands poëtes de cette nation avoient tous plus ou moins à cet égard la même doctrine; elle est consacrée dans les vers d'Alcée, d'Anacréon, d'Ibycus; & Cicéron qui le remarque, étoit bien éloigné de penser que ces amours fussent innocens & purs (1).

Les mœurs des romains, considérées sous ce rapport, n'étoient pas meilleures. Leurs poëtes chantoient avec le même sang-froid leurs sales & infames plaisirs. Voyez avec quelle ingénuité, & pour ainsi dire, avec quelle tranquillité de conscience, Horace avoue qu'il est amoureux du jeune Lyciscus (2), & qu'il ne peut guérir de cette cruelle passion que par un autre amour pour quelque jeune fille, ou pour quelque beau gai-

---

(1) Quid denique homines doctissimi & summi poëtæ de se ipsi & carminibus edant & cantibus? fortis vir in sua republica cognitus, quæ de juvenum amore scribit Alcæus? nam Anacreontis quidem tota poësis est amatoria. Maxime verò omnium flagrasse amore rheginum Ibycum apparet ex scriptis. Atque horum omnium libidinosos esse amores videmus. *Cicer. Tusculan. lib.* 4. *cap.* 33. 34.

(2) Amor Lycisci me tenet:
Undè expedire non amicorum queant
Libera consilia,
Nec contumeliæ graves,
Sed alius ardor, aut puellæ candidæ,
Aut teretis pueri,
Longam renodantis comam.
Horat. Epod. lib. od. XI. v. 36 & *seqq.*

On trouve quelques traces de cet amour impur dans les élégies de Tibulle: mais il souille la plupart des vers de Catulle, écrits d'ailleurs avec tant d'élégance & de pureté. Tout ce que le cynisme le plus effronté peut accumuler d'ordures, se trouve dans les poésies de ce dernier. On peut s'en faire une idée par cette seule épigramme où il traite de pure plaisanterie une action, dont le simple récit blesseroit les oreilles les moins délicates.

O rem ridiculam, Cato, & jocosam,
Dignamque auribus, & tuo Cachinno!
Ride, quicquid amas, Cato, Catullum:
Res est ridicula, & nimis jocosa.
Deprendi modo pupulum puellæ
Trusantem. Hunc ego, si placet Dionæ,
Protelo rigida mea cecidi.
Catull. carm. 56. Edit. *Vulpii, Patav.* 1737.

Voyez encore, Carmin. 15. 21. 48. 97. 98. & Tibulle, lib. 1. Eleg. 4 & 9.

(a) Nec vincet ratio hoc, tantumdem ut peccet idemque
Qui teneros caules alieni fregerit horti,
Et qui nocturnus divum sacra legerit......
Horat. satyr. 3. *lib.* 1. *vers.* 115. & *seqq.*

çon. Ce n'eſt ni l'abnégation totale de la pudeur, ni le mépris de l'opinion publique, eſpèce de corruption la plus dangereuſe de toutes, qui le fait parler ainſi ; c'eſt un homme impérieuſement dominé par ſes ſens, qui laiſſe voir à ſon ami ſon ame toute entière, & qui lui confie toutes ſes foibleſſes, comme il lui auroit parlé de ſon goût pour la campagne, ou décrit le repas ridicule de Naſidiénus. Ciceron diſoit que le retour de Régulus à Carthage faiſoit moins l'éloge de cet honnête homme, que celui du temps où il vivoit (1) : on peut dire au contraire que ces (2) des-naturées & prépoſteres amours, auxquels les grecs & les romains étoient ſi violemment enclins, font bien plus la ſatyre de leur ſiècle que celle de leur cœur ou de leur eſprit (3). Le torrent des bonnes ou des mauvaiſes mœurs eſt comme le deſtin (4); il conduit celui qui le ſuit, mais il entraîne celui qui lui réſiſte : chacun reçoit plus ou moins directement l'impulſion générale, & ſe meut, pour ainſi dire, dans le ſens, & en raiſon de la force du choc. On ne réfléchit point aſſez au joug impérieux de la coutume, que Montaigne appelle avec raiſon « une violente
» & traîtreſſe maîtreſſe d'eſcole. Elle eſtablit en
» nous peu à peu, à la deſrobée, le pied de ſon
» authorité : mais par ce doux & humble commencement, l'ayant raſſis & planté avec l'ayde
» du temps, elle nous deſcouvre tantoſt un furieux & tyrannique viſage, contre lequel nous
» n'avons plus la liberté de hauſſer ſeulement les
» yeux : nous lui voyons forcer tous les coups
» les reigles de nature (5) ».

Ce furent ſans doute ces obſervations ou d'autres ſemblables, qui inſpirèrent aux crétois cette formule particulière d'imprécations dont ils ſe ſervoient pour ſe venger de ceux qu'ils haïſſoient fortement : faſſent les dieux, diſoient-ils, qu'ils trouvent un grand plaiſir à ſuivre quelque mauvaiſe coutume (6) !

Il y a donc dans les mœurs bonnes ou mauvaiſes des différens peuples, de même que dans le génie particulier de chaque ſiècle relativement aux ſciences & aux arts, un caractère dominant qu'il faut bien connoître, lorſqu'on veut ſe faire des notions exactes de ces différentes choſes, & en juger ſainement. Un de nos plus célèbres écrivains obſerve quelque part très-judicieuſement que transporter dans des ſiècles reculés toutes les idées du ſiècle où l'on vit, c'eſt des ſources de l'erreur celle qui eſt la plus féconde.

Conſultons l'hiſtoire, & nous verrons que ces mêmes hommes qui, ſoit dans Rome, ſoit dans Athènes, cédoient ſans honte à ce penchant vers un genre de débauche qu'on ne peut nier, parce que c'eſt un fait, mais qui n'en eſt pas pour cela plus facile à concevoir, n'en jouiſſoient pas moins de l'eſtime générale lorſqu'ils s'en rendoient dignes par des actions utiles à la ſociété. Malgré les ſatyres ſanglantes (1) de quelques-uns de leurs concitoyens que l'envie ou des motifs particuliers de haine animoient contre eux, ils étoient la gloire & l'ornement de leur patrie, qui, diſtinguant avec équité la vie privée d'un homme, de ſa vie publique, la ſeule qui intéreſſe directement l'état, & ſur laquelle ſon animadverſion puiſſe s'étendre, ſe trouvoit plus affermie, plus honorée par les talens, le génie & le grand caractère d'un citoyen, qu'affoiblie & humiliée par quelques-uns de ſes vices. La délicateſſe des vers de Catulle lui acquit l'amitié & la conſidération des ſavans & des beaux eſprits, « & comme les anciens romains ne s'étoient point
» fait ces règles de politeſſe qui font tomber aujourd'hui, dans le mépris & dans la haine publique, ceux qui compoſent des vers ſales &
» remplis d'une débauche dévoilée, Catulle ne ſe
» fit pas beaucoup de tort par les ſaletés groſsières ! & par les impudicités infames dont
» il empoiſonnoit pluſieurs de ſes poéſies (2) ».

---

(1) Ex tota hac laude Reguli unum illud eſt admiratione dignum, quod captivos, retinendos cenſuerit : nam, quod rediit, nobis non mirabile videtur ; illis quidem temporibus aliter facere non potuit : itaque iſta laus non eſt hominis, ſed temporum. Cicer. de offic. lib. 3. cap. 31. init.

(2) Expreſſions de Montaigne. Eſſais, liv. 1. ch. 22.

(3) J'ai lu quelque part une remarque qui confirme celle-ci : c'eſt qu'Auguſte qui devoit être l'homme le plus poli de ſa cour, compoſoit les plus infames & les plus horribles vers qui ſe puiſſent lire. Martial en a rapporté ſix dans une de ſes épigrammes, afin de juſtifier par un ſi grand nom la liberté qu'il ſe donnoit.

(4) Ducunt volentem fata, nolentem trahunt.

(5) Montaigne. Eſſais, liv. 1. ch. 22. p. m. 54.

(6) Cretenſes cum acerbiſſima execratione adversùs eos quos vehementer oderunt, uti volunt ; ut malâ conſuetudine delectentur, optant. Modeſtoque voti genere efficaciſſimum ultionis eventum reperiunt. Valer. Max. lib. 7. cap. 2. in extern. §. 18 Edit. Torren.

(1) Voyez entr'autres celles de Catulle contre Céſar ; elles ſont remplies du fiel le plus amer : mais ce qui mérite ſur-tout d'être remarqué, c'eſt que ces vers ſatyriques ne ſervirent qu'à mettre dans un plus grand jour la modération de Céſar ; à la vérité, il ne diſſimula pas l'injure atroce qu'il avoit reçue ; mais il ſe contenta d'obliger le poëte à faire ſatisfaction, & le jour même il le pria à ſouper, & continua d'aller loger chez ſon père.

Valerium Catullum à quo ſibi verſiculis de mamurra perpetua ſtigmata impoſita non diſſimulaverat, ſatisfacientem eadem die adhibuit cænæ, hoſpitioque patris ejus, ſicut conſueverat ; uti perſeveravit. Sueton. in Cæſar. cap. 73.

(2) Cette remarque d'un critique philoſophe (deux qualités ſi rarement réunies dans le même homme)

Le libertinage effréné d'un homme qui ne rachète ses défauts ou ses vices par aucune vertu, l'avilit aux yeux de ses concitoyens, & l'opinion générale en fait bientôt justice, parce qu'on suppose avec assez de vraisemblance qu'une ame corrompue à un certain point par la débauche, n'est plus susceptible d'aucun sentiment honnête (1). mais on calcule différemment avec celui dont les mœurs, peut-être aussi mauvaises à cet égard, se montre au moins sous d'autres rapports, avec toutes les qualités qui font le grand homme, & qui le recommandent fortement à notre estime. On juge moins sévérement les déréglemens de sa vie, & même les autres taches qui le déparent. Si le destin veut qu'il nous échappe, combien cet homme rare laisse en arrière d'actions utiles ou de productions sublimes que ses fautes & ses erreurs passées ne peuvent ni détruire, ni faire oublier. Ces choses font une partie de lui-même ; elles conservent, pour ainsi dire, une empreinte de son image, & la font respecter. On se transporte par la pensée à deux ou trois cents ans de cet homme célèbre ; on le regarde à cette distance, & l'on voit la postérité inclinée aux pieds de sa statue, & l'on partage son admiration, & l'on se prosterne comme elle, parce que les grands talens, les bonnes actions & les qualités éminentes, dans quelque genre que ce soit, sont comme la charité dans le christianisme, elles couvrent bien des péchés. Au bout d'un certain tems plus ou moins reculé dans l'avenir, on ne voit plus dans un grand homme que le bien qu'il a fait ; il ne reste nécessairement de lui que cela, & c'est peut-être le seul symbole de l'immutabilité. A cette époque indéterminée, il en est de ses défauts & même de ses vices, comme des monumens qui nous transmettent ses traits ; le tems en altère successivement toutes les formes, & finit par les détruire entièrement ; mais, ainsi que Tacite le disoit d'Agricola, tout ce que ses contemporains ont admiré en lui, tout ce qu'ils en ont aimé, subsiste & subsistera dans le cœur des hommes, dans l'éternité des temps, dans les annales de l'univers (2).

Toutes ces considérations me font penser ;

1°. Qu'il n'y a aucune parité, aucun rapport ni dans leur nature, ni dans leurs effets entre certains déréglemens auxquels plusieurs individus d'un même sexe peuvent s'abandonner entre eux, & des vices qui ont leur source dans un cœur corrompu, & qui condamnent le méchant, ou, pour parler avec plus d'exactitude, l'homme malheureusement né à de longs remords, ce mal qu'on n'assoupit qu'en le portant à l'excès, c'est-à-dire, qu'en se rendant le plus vil & le plus misérable des êtres.

2°. Qu'il n'y a presque rien, soit au physique, soit au moral, dont on puisse porter un jugement absolu.

3°. Que c'est sur-tout à l'égard des différentes institutions civiles, politiques & religieuses des différens peuples, de leurs mœurs, de leurs coutumes, de leurs usages, de leurs manières ; en un mot, de tout ce qui forme l'esprit général d'une nation, que l'ancienne doctrine de la relation (*omnia ad aliquid*) paroît le résultat de l'expérience & de l'observation.

4°. Que c'est évidemment en ce sens qu'il faut entendre ce passage du Pentateuque, où Moyse dit aux israélites : *je vous ai donné des préceptes qui ne sont pas bons* ; paroles remarquables qui, appliquées aux loix des différens peuples, en indiquent le véritable esprit, & qui, en justifiant dans plusieurs cas les vues souvent étroites & minutieuses des législateurs, restreignent en général l'usage d'une loi au seul peuple chez lequel elle est instituée, & prouvent combien il est absurde & dangereux d'introduire dans le code d'une nation les loix selon lesquelles une autre se gouverne ; en effet, à quelques exceptions près, elles doivent toutes être tellement propres au peuple qui les reçoit, tellement adaptées à ses circonstances, à ses besoins, à son climat, à son caractère, &c. qu'elles ne puissent convenir qu'à lui seul.

5°. Enfin qu'en supposant qu'Arcésilas, d'ailleurs si recommandable par ses bonnes qualités, ait été réellement coupable de l'espèce de désordre dont parle Diogène Laërce, ce seroit une nouvelle preuve, même dans les principes reçus, que non seulement les vices & les vertus savent l'art de s'allier, comme l'observe un philosophe célèbre ; mais, ce qui n'est pas moins vrai, « que
» les actions humaines se contredisent commu-
» nément de si estrange façon, qu'il semble im-

---

peut s'appliquer également à Horace, à Martial, & à tous les poètes licencieux. Ce caractère de leurs poésies n'influoit en rien sur le jugement qu'on portoit de leur personne.

(1) Il paroît que c'étoit l'opinion de Tacite, comme on le voit par ce qu'il dit de Messaline, à qui sa mère conseilloit inutilement de ne pas attendre la hache du tribun, & de prévenir par une mort volontaire & qui eût quelque dignité, la fin honteuse qu'on lui préparoit.

Suadebatque, ne percussorem opperiretur : transisse vitam, neque aliud, quam morti decus quærendum. Sed animo per libidines corrupto nihil honestum inerat. Tacit. Annal. lib. XI. cap. 37.

(2) Quicquid ex Agricola amavimus ; quicquid mi-

---

rati sumus, manet, mansurumque est in animis hominum, in æternitate temporum, famâ rerum. *Tacit. in agricol. cap. 46. sub fin.*

» possible qu'elles soient parties de mesme bou-
» tique.... autant d'actions, autant faut-il de ju-
» gemens particuliers : le plus seur à mon opi-
» nion, seroit de les rapporter aux circonstances
» voisines, sans entrer en plus longue recher-
» che, & sans en conclurre autre conséquence.
» Ceste variation & contradiction qui se void en
» nous, si souple, a fait qu'aucuns nous songent
» deux ames, d'autres deux puissances qui nous
» accompagnent, & agitent chascune à sa mode,
» vers le bien l'une, l'autre vers le mal : une si
» brusque diversité ne se pouvant bien assortir à
» un subjet simple. Non seulement le vent des
» accidens me remue selon son inclination, mais
» en outre je me remue & trouble moi-mesme
» par l'instabilité de ma posture; & qui y regarde
» primement, ne se trouve guères deux fois en
» mesme estat. Je donne à mon ame tantost un
» visage, tantost un autre, selon le costé où je
» la couche. Si je parle diversement de moi, c'est
» que je me regarde diversement. Toutes les con-
» trariétés s'y trouvent, selon quelque tour & en
» quelque façon. Honteux, insolent, chaste,
» luxurieux, bavard, taciturne, laborieux, dé-
» licat, ingénieux, hébété, chagrin, débon-
» naire, menteur, véritable, savant, ignorant &
» libéral & avare & prodigue; tout cela, je le
» vois en moi, aucunement selon que je me vire;
» & quiconque s'estudie bien attentivement,
» trouve en soi, voyre & en son jugement mes-
» me, ceste volubilité & discordance.... Nous
» sommes tous de lopins, & d'une contexture
» si informe & diverse, que chaque pièce, cha-
» que moment fait son jeu ». (*Montaigne. Essais,
liv. 2, chap. 1*).

Au reste, sur cet article, comme sur beaucoup d'autres, il n'en faut pas croire sans restriction Diogène Laërce, historien d'ailleurs peu exact, dont la narration, en général, est pleine de désordre & de confusion, & qui rapporte souvent sur le même personnage, des choses contradictoires qu'il avoit recueillies de divers auteurs, sans choix, sans examen, & avec cette indifférence pour la vérité, qui est un des caractères de la médiocrité de l'esprit. Je trouve dans Bayle, sur le genre d'attachement & d'affection que les philosophes témoignoient aux jeunes gens qui fréquentoient leur école ou leur société, une réflexion très-judicieuse qu'on peut opposer au passage équivoque de Diogène Laërce, & qui peut du moins servir à rectifier, &, si je l'ose dire, à épurer le sens déshonnête que présente presque toujours le terme grec employé par cet ancien biographe.

« Quand cet auteur, dit-il, & plusieurs au-
» tres en même cas, parlent d'un grand philo-
» sophe & de ses disciples, ils observent presque
» toujours qu'il étoit l'amant d'un tel ou d'un tel.
» J'avoue qu'en plusieurs rencontres, cela peut

» s'entendre en un vilain sens ; mais je crois aussi
» qu'en cent autres occasions, il ne faut enten-
» dre qu'une tendresse bonne (1) & honnête.
» Parmi plusieurs disciples, il y en avoit un qui
» étoit le bien-aimé & le favori de son maître ;
» c'étoit celui qu'on désignoit pour son succes-
» seur; celui qui avoit le plus de docilité, ou de
» respect, ou de génie, &c. falloit-il désigner
» cela par le terme d'ἐρώμενος ? (*Dict. hist. &
crit.* art. Arcésilas, rem. B).

Voilà le langage d'un homme honnête, d'un juge intègre & d'un critique éclairé qui, soit qu'il s'agisse d'absoudre ou d'accuser, pèse avec le même soin, avec le même scrupule & la même équité les vraisemblances & les probabilités de part & d'autre; qui, à l'exemple de tant d'auteurs assez pervers, assez malheureusement nés pour ne pas croire à la vertu, ne se fait point un triste & cruel plaisir de diminuer le nombre des gens de bien, comme s'ils n'étoient pas déjà assez rares (2), & de voir un coupable par-tout où, sans faire plier la règle du juste & de l'injuste, & sans altérer la vérité, il peut trouver un innocent.

Les compilateurs sont de mauvais guides en matière de faits : il en est d'eux à cet égard, comme des poëtes, des orateurs, des faiseurs d'éloges ou de satyres, qui de tous les écrivains sont ceux qu'on doit lire avec le plus de précaution, lorsqu'on a besoin de leur témoignage. Laissons donc Diogène Laërce & ceux qui l'ont copié servilement, répéter de sang-froid ce que la haine & la calomnie ont inventé pour décrier les mœurs d'Arcésilas. Il est plus sage & plus sûr de s'en rapporter à ce qu'on lit à ce sujet dans Plutarque, dont les ouvrages sont très-

---

(1) Cicéron pensoit aussi que ces sortes d'attachemens pouvoient n'avoir rien de contraire à la pudeur ; mais il les blâme par cette seule raison qu'ils prennent sur la tranquillité du cœur ; &, d'autant plus, qu'ils se réduisent à de purs sentimens. *Qui ut sunt, quod fieri posse video, pudici; solliciti tamen & anxii sunt : eoque magis, quod se ipsi continent & coercent.* Tusculan. lib. 4. cap. 33.

(2) Juvénal dit qu'ils égalent à peine le nombre des portes de Thèbes & des embouchures du Nil :

Rari quippe boni : numerus vix est totidem, quot
Thebarum portæ, vel divitis ostia Nili.

Satyr. 13. v. 26.

C'est l'assertion d'un poëte satyrique & plein de bile, qui exagère à ses propres yeux le mal même dont il s'irrite justement : mais en réduisant à sa juste valeur cette exagération d'une ame fortement aigrie par le spectacle du vice déguisé sous toutes sortes de formes, & répandu dans tous les états de la société, elle exprimera encore une vérité assez affligeante.

précieux pour un observateur de la nature humaine, parce qu'après avoir jugé avec son bon sens ordinaire qu'il y a telle action, tel détail de la vie privée, tel mot d'un homme célèbre qui le peint mieux que vingt pages d'histoire, il a composé dans cet esprit ses parallèles & même ses opuscules morales.

Ce sont ces faits, ces détails particuliers, *ces actions communes & privées* qu'il faut consulter, lorsqu'on veut se faire une idée exacte des mœurs & du caractère d'un homme; c'est sous ce point de vue très-philosophique qu'il faut le considérer, parce que c'est peut-être le seul sous lequel on puisse le voir absolument tel qu'il est, & *le surprendre en son à tous les jours*, pour me servir de l'expression énergique de Montaigne. En effet, je regarde certain mot dit ou écrit comme un trou percé subitement à une porte, par lequel je vois tout l'intérieur de l'appartement, comme un rayon qui éclaire tout-à-coup le fond de la caverne, & qui s'éteint. Plutarque est plein de ces traits caractéristiques dont je parle; il s'est plu à les recueillir, & ce n'est pas une des moindres preuves de la droiture de son jugement. Le mot d'Arcésilas qu'il nous a conservé dans son excellent traité d'Hygienne, mérite d'autant plus d'attention, qu'il nous montre dans ce philosophe si injustement & si légèrement accusé d'un déréglement honteux, un censeur très-sévère de toute espèce d'intempérance & de débauche. « Il » ne peut chaloir, disoit-il, de quel côté on soit » paillard & luxurieux, pource qu'il y a autant de » mal à l'un qu'à l'autre (1) ».

L'histoire des opinions d'Arcésilas; la manière dont il les défendoit; les points importans & délicats sur lesquels rouloient ses disputes avec les stoïciens; les difficultés & les obscurités qu'il appercevoit dans des questions où d'autres philosophes moins attentifs ou moins pénétrans ne trouvoient aucune raison de suspendre leur jugement, &c. tout cela prouve assez que c'étoit un homme d'un grand esprit; mais on voit, par plusieurs détails de sa vie privée, qu'il avoit de plus du caractère, qualité moins brillante sans doute, mais plus rare que l'esprit, plus utile pour le bonheur, & qui donne à toutes les règles de conduite, à tous les principes moraux, cette constance & cette uniformité qui est le plus grand effort, la plus grande preuve de la sagesse que Sénèque définit si bien (2), la science de toujours vouloir ou ne vouloir pas la même chose.

_____

(1) Voyez les règles & préceptes de santé, de la version d'Amyot, pag. 758. D. tom. 3. édit. de Vascosan, in-8°. & p. 126. A. tom. 2. du Plutarque grec & latin, édit. Ruald. Parisf. 1624. & notez qu'Amyot exprime très-fidèlement ici le sens des paroles grecques.

(2) Quid est sapientia? semper idem velle atque idem nolle. *Epist.* 20.

La plupart des philosophes se rendoient auprès d'Antigonus, & s'empressoient de faire leur cour à ce prince; Arcésilas refusa constamment de le voir, & ne voulut pas même s'en faire connoître. Tout ce qu'il accorda aux instances réitérées du gouverneur du Pirée dont il étoit l'ami, fut d'aller jusqu'à la porte d'Antigonus; mais il n'entra pas chez lui, & s'en retourna aussi tôt; démarche puérile dont le courtisan ne pouvoit pas se faire un mérite auprès de celui qu'il vouloit flatter, & qui ôte à la conduite du philosophe une partie de sa dignité. Mais suivons: Antigonus, après la perte d'une bataille navale, reçut des lettres de condoléance des autres philosophes: Arcésilas, ferme dans ses principes, & ne prenant plus conseil que de son caractère qu'il n'auroit pas dû oublier, garda le silence, & ne crut pas devoir consoler dans le malheur, celui qu'il avoit négligé dans la prospérité; Antigonus qui, avec des idées plus saines des droits de l'homme, & sur-tout moins corrompu par le pouvoir, auroit dû approuver cette conduite, & respecter dans Arcésilas cet amour de la liberté & de l'indépendance, ce désir de ne vivre qu'avec ses égaux qui convient si bien à un philosophe, eut la foiblesse de s'en offenser, &, ce qui décèle encore une ame plus petite, la lâcheté de s'en venger; car quelque temps après, Arcésilas qui d'ailleurs n'aimoit pas à se mêler des affaires politiques, mais qui, en qualité de citoyen, mot vide de sens dans la plupart de nos gouvernemens modernes, se croyoit avec raison obligé de faire à sa patrie le sacrifice de son aversion pour les emplois publics, ayant été député à Démétriade pour négocier quelque chose en faveur de sa patrie, auprès du roi Antigonus, revint sans en avoir rien obtenu; ce qui prouve qu'Arcésilas l'avoit pas bien jugé; car il est si rare qu'un peuple foible sollicite un prince puissant de quelque injustice; il est si difficile que celui qui prie ou qui se plaint, & qui n'est pas le plus fort, ait tort, qu'on ne peut voir dans le refus d'Antigonus qu'un lâche & coupable abus du pouvoir, & l'effet d'un ressentiment particulier, peu généreux, lors même qu'il est juste.

Je ne donnerai pas comme une preuve qu'Arcésilas sût maîtriser sa colère, un fait rapporté par Plutarque, quoique cet auteur semble vouloir en tirer cette conséquence. Je crois qu'il faudroit d'autres exemples, & sur-tout de plus forts, de plus concluans pour motiver ce résultat; mais je dirai qu'on peut du moins inférer de ce fait qu'Arcésilas étoit indulgent pour les fautes d'autrui, soit qu'il tînt cette disposition si nécessaire dans la société de la nature ou de l'institution. Juste appréciateur du bien & du mal, il avoit senti le ridicule & l'inconvénient pour son propre bonheur, de donner à la fortune & aux événemens trop de moyens de troubler son repos, d'attacher

trop

trop d'importance à des bagatelles, & de s'irriter autant de l'inadvertance d'un esclave que d'un crime qu'il auroit commis. C'est tout ce qu'on peut raisonnablement conclure de ce passage de Plutarque.

« Arcésilas donnoit un jour à souper à quelques siens hostes estrangers, & à quelques-uns de ses amis ; mais quand la viande fut apportée, il ne se trouva point de pain sur table, parce que les serviteurs n'avoient pas eu le soin d'en acheter : pour laquelle faute, qui est celuy de nous qui n'eust rompu les murailles à force de crier ? Mais lui ne s'en feit que rire : voyez, dit-il, s'il faut pas estre sage pour bien dresser un banquet (1) ! »

La remarque de ce philosophe sur cette étrange répugnance de la plupart des hommes à s'observer de près, à descendre en eux-mêmes, à chercher à se connoître, comme s'ils craignoient de se voir ; & sur ce penchant qui nous porte à regarder curieusement tout ce qui n'est pas nous, est une de ces réflexions que tout le monde peut faire ; elle est sans doute de très-bon sens, mais elle ne suppose que cela.

Il y a plus de finesse & d'originalité dans sa pensée sur la mort : il disoit que de tous les maux, c'est le seul dont la présence n'ait jamais incommodé personne, & qui ne chagrine qu'en son absence, & pendant qu'on l'attend (2).

Il montra dans une violente attaque de goutte une force de courage peu commune, & telle qu'on auroit pu l'attendre d'un stoïcien de la force d'Epictète. « Rien n'est encore passé de-là jusqu'ici, dit-il à Carnéade l'épicurien, en lui montrant sa poitrine & ses pieds. *Is cum arderet podagræ doloribus, visitassetque hominem Carneades epicuri perfamiliaris, & tristis exiret. Mane, quaso, inquit, Carneade noster ; nihil illinc huc pervenit : offendit pedes & pectus.* (Apud Cicer. de finib. bon. & mal. lib. 5. cap. 31. in fin.)

Arcésilas florissoit vers la 120ᵉ olympiade, & mourut à l'âge de 75 ans, la quatrième année de l'olympiade 134. Je n'ajoute point que selon Hermippus, cité par Diogène Laërce, notre philosophe mourut d'avoir trop bu, & en délire, parce qu'on ne sait ni quel est cet Hermippus, ni quel fonds on peut faire sur son témoignage, ni de quel Arcésilas il a voulu parler, & que d'ailleurs rien n'est plus vague, plus équivoque que cette manière de rapporter le genre de mort d'un homme, puisqu'il est très possible qu'Arcésilas soit mort des suites d'une indigestion, accident assez commun, sur-tout à son âge, & qui souvent est moins l'effet de l'intempérance que d'une disposition habituelle ou particulière & momentanée d'un viscère qui s'affoiblit, se dérange & se restitue comme un ressort.

Personne n'étoit plus propre qu'Arcésilas à rendre à la secte *académique*, autrefois si florissante, son antique splendeur & sa première célébrité ; mais chez les peuples policés, il en est des differens systêmes de philosophie, comme de ceux de religion : les uns & les autres sont des espèces de modes qui sont en vicissitude comme toutes les choses humaines, & qui passent comme tout ce qui nous environne : les hommes s'en lassent plus ou moins vîte, mais aussi nécessairement. Lorsque leur crédulité pour certains dogmes ou pour certaines hypothèses est, en quelque sorte, épuisée, ils lui cherchent bientôt un autre aliment ; & ce penchant à changer ainsi les objets de leur croyance religieuse ou philosophique, est même dans quelques-uns un besoin assez impérieux.

Arcésilas avoit observé avec quelque peine, mais sans s'en étonner, la décadence déjà sensible de sa secte, & les progrès rapides de celle d'Epicure : en effet, celle-ci étendoit de jour en jour ses conquêtes ; &, ce qui est souvent plus difficile, elle les conservoit, & l'on ne voyoit jamais revenir un déserteur à la secte *académique*: quelqu'un, frappé de ce phénomène, en demanda la cause à Arcésilas : « c'est, répondit froidement ce philosophe, que d'un homme on peut faire un eunuque, mais qu'un eunuque ne redevient jamais homme ». *Percontanti enim cur ex disciplinis aliis plerique ad sectam Epicuream transirent, ex Epicureis vero nullus se ad cæteras conferret, ait ; quia ex viris quidem galli fiunt, ex gallis viri nunquam.* (Apud Diog. Laërt. lib. 4. segm. 43).

Lacyde ; disciple d'Arcésilas, & son successeur dans l'*académie*, ne changea rien à la doctrine de son maître. Diogène Laërce, dont l'ouvrage, d'ailleurs utile, doit être lu avec beaucoup de précaution, prétend faussement (1) que Lacyde

---

(1) Arcesilaus cum peregrinos quosdam, cumque his amicos convivio accepisset. Cibo apposito, panes deerant, quod eos emere pueri neglexissent. Quis hic nostrûm parietes vociferando non rupisset ! at ille subridens : qualis, inquit, res est, sapientem esse conviviis aptum? *De cohibend. ird.* Opp. tom. 2. pag. 461. D. Edit. Ruald. Parif. 1624. J'ai suivi la version d'Amiot.

(2) Elegans est Arcesilai dictum, mors quæ mali nomine censetur, hoc unum habet peculiare ex omnibus quæ mala judicantur, quod præsens neminem unquam affecit molestia, absens, & dum in expectatione est, molestiam adfert. *Apud Plutarch. de consolat. ad Appollon.* pag. 110. A. Opp. tom. 2. Edit. cit. ub. sup.

(1) *In Lacyde*, lib. 4. segm. 59. init.

fut le fondateur de la nouvelle *académie*, *novæ academiæ princeps* ; mais il est évident que cela ne convient qu'à Carnéade. C'est ce que Lucullus fait assez entendre dans ce passage des *académiques*, où, après avoir dit qu'en cherchant à renverser les axiomes & les définitions de Zénon, Arcésilas s'est efforcé d'envelopper de ténèbres les choses les plus claires ; il ajoute que, malgré la sagacité prodigieuse de son esprit & le charme inexplicable de son élocution, qualités bien propres à faire valoir un système, sa méthode de philosopher ne fut pas d'abord fort goûtée, & que Lacyde fut le seul qui l'adopta ; mais que dans la suite elle fut perfectionnée par Carnéade, le quatrième depuis Arcésilas.

Dum hujus definitiones labefactare vult, conatus est clarissimis rebus tenebras obducere. Cujus primo non admodùm probata ratio (quamquam floruit cum acumine ingenii, tum admirabili quodam lepore dicendi) proximè à Lacyde solo retenta est ; post autem confessa à Carneade qui est quartus ab Arcesilâ. (Apud Cicer. acad. quæst. lib. 2. c. 6).

Je n'ai que deux choses à dire de Lacyde ; l'une, c'est qu'à l'exemple d'Arcésilas, il aimoit aussi à faire du bien, & ne vouloit pas qu'on le sût ; ce rapport, cette heureuse conformité dans la manière d'obliger, entre le maître & le disciple, avoit frappé Plutarque, comme on le voit par la réflexion qui suit immédiatement le récit de la belle action d'Arcésilas envers Apelles de Chio.

« Sans doute, dit-il, qu'en philosophie les en-
» fans ressemblent à leurs pères ; car un des dis-
» ciples d'Arcésilas, Lacyde, savoit obliger aussi
» généreusement que son maître. Il assistoit un
» jour avec d'autres amis communs à l'interro-
» gatoire de Céphisocrate, qu'on avoit dénoncé
» pour un crime d'état ; le délateur demandoit
» que l'accusé montrât son anneau ; & comme
» celui-ci l'avoit jetté secrétement à terre, parce
» que cet anneau seul faisoit preuve, Lacyde
» mit le pied dessus & le cacha. Céphisocrate
» absous voulut rendre grace à ses juges ; mais
» un d'entr'eux qui vraisemblablement s'étoit ap-
» perçu de ce que Lacyde avoit fait sans en par-
» ler à personne, lui dit de remercier seulement
» son ami, dont il lui apprit l'officieux procédé ».
(*De discrimin. adulat. & amic.* pag. 87. Edit. grec. & franç.

L'autre chose qui me paroît digne de remarque dans la vie de Lacyde, c'est sa réponse à Attalus, roi de Pergame, qui l'invitoit à venir à sa cour (*e*). Lacyde le refusa, en lui disant avec autant de vérité que de fermeté, qu'il falloit regarder de loin le portrait des rois ; mot plein de sens, & qui ne plaira pas moins à ceux qui ont un long usage de la cour, *quibus altior intellectus*, comme dit admirablement Tacite, qu'à ceux qui, toujours inconnus des rois, & ne les jugeant que par leurs actions publiques & particulières, ou plus généralement encore & presque aussi sûrement, d'après l'éducation qu'on leur donne, mettent comme Junie,

Au rang de leurs bienfaits,
L'heureuse liberté de ne les voir jamais.

De Carnéade, ou de la troisième académie.

J'ai eu soin, dans tout ce qui précède, de ne point confondre la doctrine de la *moyenne* & de la nouvelle *académie*, dont Carnéade fut le fondateur & l'ornement. Quoique ce subtil philosophe ait moins altéré qu'adouci par des modifications & des restrictions purement verbales, le dogme de l'incompréhensibilité porté si loin par Arcésilas ; quoique les nuances qui distinguent à cet égard, ainsi que sur le *criterium* & la suspension de jugement, la doctrine de ce dernier de celle de Carnéade, soient souvent très-légères, très-fugitives, & peut-être même au fond plus apparentes que réelles, j'ai cru devoir au moins les indiquer avec toute la précision dont ces matières délicates sont susceptibles, & ne pas réunir ce que les anciens, pour qui ces différences qui nous échappent ou qui nous frappent à peine, étoient plus sensibles que pour nous, ont constamment séparé.

1°. Il est évident, ce me semble, que, relativement à l'acatalepsie, Carnéade n'en étoit pas un défenseur moins ardent qu'Arcésilas, comme le prouve ce passage où Cicéron se fait dire par Lucullus. « C'est ce qui a donné lieu à cette ob-
» jection d'Hortensius : que vous deviez admet-
» tre dans le sage au moins un perception évi-
» dente ; savoir, que *rien ne peut être connu avec*
» *certitude.* Mais lorsqu'Antipater exigeoit de vous
» le même aveu, disant que, pour être consé-
» quent, celui qui affirmoit qu'il n'y a aucune
» connoissance certaine, devoit avouer que cette
» seule proposition, *il n'y a rien de certain*, étoit
» certaine ; Carnéade faisoit à cette objection sub-
» tile une réponse plus subtile encore. Cet aveu,
» disoit-il, bien loin d'être conséquent, est très-
» contradictoire ; car puisque celui qui soutient
» qu'on ne peut rien savoir, n'excepte rien, il
» s'ensuit nécessairement que la proposition dont
» il s'agit, n'étant pas exceptée, est incertaine,
» incompréhensible ».

Ex hoc illud est natum, quod postulabat Hortensius, ut id ipsum saltem perceptum à sapiente diceretis, nihil posse percipi. Sed Antipatro hoc idem postu-

---

(*e*) *Attalo enim illum ad se accersente, dixisse fertur. Imagines regum procul esse intuendas.* Apud Diog. Laërt. lib. 4. segm. 60.

lanti, cùm diceret, ei, qui adfirmaret nihil poffe percipi, confentaneum effe unum tamen illud dicere percipi poffe, ut alia non poffent. Carneades (1) *acutius refiftebat : nam tantum abeffe dicebat, ut id confentaneum effet, ut maximè etiam repugnaret : qui enim negaret quicquam effe quod perciperetur, eum nihil excipere : ita neceffe effe, ne id ipfum quidem quod exceptum non effet, comprehendi & percipi ullo modo poffe.* (Academ. lib. 2. c. 9).

Cicéron fait voir enfuite, par des paffages formels de Clitomaque, que Carnéade nioit toute certitude, & qu'il n'admettoit que des probabilités.

« Ce philofophe, dit-il, veut qu'il y ait deux
» fortes de perceptions ; que dans une forte fe
» trouve cette divifion : *il y a des perceptions*
» *certaines, il y en a d'incertaines* ; & que dans
» l'autre foit la divifion : *il y a des perceptions*
» *probables, il y en a d'improbables* ; que tout
» ce qu'on dit contre les fens & contre l'évi
» dence, regarde la première divifion, & qu'on
» ne dife rien contre la feconde : donc, felon
» lui, il n'y a aucune perception fuivie de la
» certitude, & il y en a plufieurs accompagnées
» de la probabilité : car il feroit contre la nature
» que rien ne fût probable ».

Duo placet effe Carneadi genera viforum : in uno hanc divifionem alia vifa effe, quæ percipi poffint, alia quæ percipi non poffint : in altero autem, alia vifa effe probabilia, alia non probabilia : itaque quæ contra fenfus contraque perfpicuitatem dicantur, ea pertingere ad fuperiorem divifionem : contra pofteriorem nihil dici oportere : quare ita placere, tale vifum nullum effe, ut perceptio confequeretur ; ut autem probatio multa : etenim contra naturam effet, fi probabile nihil effet, &c. (Academ. lib. 2. cap. 31).

Voilà donc tout réduit à de pures probabilités. On pourroit néanmoins inférer d'un paffage du Lucullus, que Carnéade ne fuivoit pas toujours ces principes dans toutes leurs conféquences, & qu'il accordoit plus à fes adverfaires qu'Arcéfilas : car ce dernier prouvoit que fi le fage adopte quelques propofitions, il admettra quelquefois des chofes incertaines, d'où il concluoit qu'il n'adoptera aucune propofition. Carnéade, au contraire, accordoit quelquefois que le fage peut adopter quelque propofition ; d'où il s'enfuit qu'il peut opiner en quelque cas, c'eft-à-dire, foufcrire à des chofes incertaines.

---

(1) M. Caftillon n'a point fenti la force de cette expreffion, par laquelle Cicéron fait entendre clairement que l'objection d'Antipater étoit fort fubtile, mais que la réponfe de Carnéade l'étoit encore davantage : *Carneades acutius refiftebat.*

Si ulli rei fapiens adfentietur unquam, aliquandò etiam opinabitur : numquam autem opinabitur : nulli igitur rei adfentietur. Hanc conclufionem Arcefilas probabat : confirmabat enim & primum & fecundum. Carneades nonnumquam fecundum illud dabat, adfentiri aliquandò : ita fequebatur etiam opinari. (Academ. lib. 2. cap. 21).

Mais il paroît qu'on avoit mal pris la penfée de Carnéade, qu'il étoit permis de n'être fûr de rien & d'avoir des opinions. Cicéron eft le feul qui ne s'y foit pas trompé, & qui ait bien vu dans quel fens, &, pour ainfi dire, dans quel efprit ce philofophe s'étoit exprimé de la forte.

« Pour moi, dit-il, qui me fie plus à Clito
» maque qu'à Philon & à Métrodore, je penfe
» que Carnéade foutenoit cette propofition dans
» la difpute, fans l'approuver ».

Licebat enim nihil percipere, & tamen opinari ; quod à Carneade dicitur probatum. Equidem Clitomacho plus, quàm Philoni aut Metrodoro, credens, hoc magis ab eo difputatum quàm probatum puto. (Acad. lib. 2. cap. 24).

Ce paffage ne tend pas feulement à prouver qu'on avoit pris pour une affertion de la part de Carnéade, ce qu'il mettoit en queftion, il donne encore la vraie valeur de ces paroles de Cicéron (1) : *le fage opine quelquefois* ; Carnéade lui-même ne s'oppofe guère à cette dernière propofition. Il eft clair que c'eft ici un de ces aveux, une de ces chofes qu'on fuppofe & qu'on accorde tous les jours dans la difpute, fans en être perfuadé ; ce qui le prouve, c'eft qu'on fait d'ailleurs par Cicéron que Carnéade avoit fait tous fes efforts pour affujettir l'homme à n'opiner pas, c'eft-à-dire, à rejetter tout ce dont l'évidence ne lui eft pas fuffifamment démontrée ; car l'opinion eft l'oppofé de la fcience, de la certitude. Le paffage où Cicéron nous apprend ce fait curieux, eft très-éloquent ; après avoir dit que, felon lui, la plus grande de toutes les actions eft de réfifter aux apparences, de fe roidir contre les opinions, de fufpendre fon jugement dans des chofes douteufes, il ajoute que la peine que Carnéade s'étoit donnée pour déraciner de nos ames le confentement, c'eft-à-dire, l'opinion & la témérité de juger, étoit, felon Clitomaque, un travail (2) d'Hercule.

---

(1) *Si, cùm ego nihil dicerem poffe comprehendi, diceret ille fapientem interdùm opinari, non repugnarem ; præfertim ne Carneades quidem huic loco valdè repugnante. Academ. lib. 2. cap. 35.*

(2) Cette fantaifie de Carnéade fi vigoureufe, dit très-bien Montaigne, nafquit à mon advis anciennement, de l'impudence de ceux qui font profeffion de fçavoir, & de leur outre-cuidance defmefurée. *Effais,* liv. 3. c. 11. p. m. 173.

Ego enim etsi maxumam actionem puto, repugnare visis, obsistere opinionibus, adsensus lubricos sustinere; credoque Clitomacho ita scribenti Herculi quemdam laborem exanclatum à Carneade, quod (1), *ut feram & immanem belluam, sic ex animis nostris adsensionem, id est, opinationem & temeritatem extraxisset.* (Acad. lib. 2. cap. 34).

Ainsi l'objection suivante de Lucullus est un coup perdu, *brutum fulmen.* « Par rapport à l'é-
» poque, dit-il, Arcésilas raisonnoit plus con-
» séquemment que Carnéade, si ce que quelques
» philosophes pensent de ce dernier, est vrai; car, si
» tout est incompréhensible, comme ils l'ont cru
» tous deux, il faut suspendre son jugement. En
» effet, quoi de plus absurde que d'approuver
» ce qu'on ne connoît point ! & hier même on
» disoit que Carnéade se relâchoit quelquefois
» jusqu'à dire que le sage souscriroit aux propo-
» sitions incertaines, ce qui signifie en d'autres
» termes, qu'il feroit des fautes ».

In qua (adsensionis retentione) melius sibi constitit Arcesilas, si vera sunt quæ de Carneade nonnulli existimant : si enim percipi nihil potest, quod utrique visum est, tollendus adsensus est. Quid enim est tam futile, quàm quicquam approbare non cognitum ? Carneadem autem etiam heri audiebamus solitum esse delabi interdùm, ut diceret, opinaturum, id est peccaturum esse sapientem. (Academ. lib. 2. cap. 18).

Il est clair que Lucullus, ainsi qu'il l'avoue lui-même, ne fonde la prétendue inconséquence de la doctrine de Carnéade, par rapport à la suspension du jugement, que sur un bruit public : *Carneadem autem etiam heri audiebamus solitum,*

___

(1) Il me semble qu'il y a ici une comparaison dont les deux termes sont marqués très distinctement. Ciceron ou plutôt Clitomaque, veut, si je ne me trompe, faire entendre qu'en tuant l'hydre de Lerne ou le lion de la forêt de Némée, Hercule n'avoit rien fait de plus difficile, que Carnéade, en assujettissant l'homme à n'opiner pas. M. Castillon n'a point saisi l'esprit de ce passage; &, par la même inadvertance que Durand, il fait rapporter *feram & immanem belluam* à *opinationem & temeritatem*; ce qui rend le sentiment de Cicéron très-froid, puisqu'on ne voit point dans quel sens il pourroit appeler la crédulité une bête féroce & cruelle. Voici la traduction de M. Castillon: « Je suis de l'avis de Clitomachus, qui
» écrit que Carnéade est venu à bout d'un exploit
» digne d'Hercule, en arrachant de nos ames, pour
» ainsi dire, une bête féroce & cruelle, la croyance;
» c'est-à-dire, la crédulité & la témérité ».

C'est-à-peu-près dans ce style, & avec cette inexactitude & cette obscurité, que M. Castillon a traduit les Académiques, de tous les ouvrages de Cicéron, le plus difficile à entendre, & qui, pour se faire lire avec plaisir dans notre langue, exigeoit un traducteur qui joignît à beaucoup de connoissances & de philosophie, le talent non moins rare d'écrire avec élégance & précision.

&c. C'est donc faussement qu'Eusebe (1) attribue à Carnéade d'avoir enseigné que l'incertain différoit de l'acataleptique, & que tout étoit acataleptique, mais que tout n'étoit pas incertain. Il vaut mieux en croire Clitomaque, disciple de Carnéade, & par conséquent meilleur juge dans ces matières.

Voici donc ce que dit cet *académicien* : « la
» proposition, *le sage suspend son jugement,* a
» deux sens : suivant le premier, on veut dire
» qu'il n'acquiesce absolument à rien ; suivant le
» second, on entend qu'il ménage sa réponse de
» manière qu'il ne nie quoi que ce soit. La chose
» étant ainsi, Carnéade veut que le sage n'ajoute
» foi à rien ; mais quant au second sens , que ,
» se réglant sur la probabilité, il puisse répon-
» dre oui ou non, suivant qu'elle se présente ou
» ne se présente pas. Carnéade approuvant que
» celui qui en tout suspend son jugement, se
» meuve & agisse, nous laissa les perceptions qui
» nous portent à agir, aussi-bien que celles dont
» nous pouvons nous servir, en répondant oui
» ou non, selon la nature des objets ; nous ré-
» glant sur ce que nous trouvons probable,
» pourvu que nous n'y ajoutions pas foi. Ce-
» pendant il ne faut pas approuver toutes les
» perceptions probables, mais celles qui ne sont
» point contrariées (2) ».

Mais personne n'a mieux développé la pensée de Carnéade ; personne n'a mieux exposé son sentiment sur les différens caractères des perceptions qui doivent servir de règle pour la conduite de la vie, pour les recherches & pour les disputes, que Sextus Empiricus. Il ne laisse rien à désirer sur cette matière si obscure par la nature des questions qu'on y fait entrer, & par les subtilités auxquelles leur discussion a donné lieu. C'est donc lui qui va parler dans quelques-uns des pa-

___

(1) *Quippe fieri non posse dicebat, ut qui homo esset, is rebus in omnibus adsensum inhiberet. Aliud porro incertum esse, aliud comprehendi non posse, non omnia tamen incerta esse. Euseb. præpar. Evang. lib. 14. cap. 7. p. 736. D. Edit. cit.*

(2) *Dupliciter dici adsensus sustinere sapientem : uno modo, cum hoc intelligatur, omnino eum rei nulli adsentiri : altero, cùm se a respondendo sustineat, ut neque neget aliquid, neque aiat. Id cùm ita sit; alterum placere, ut numquam adsentiatur, alterum tenere, ut sequens probabilitatem ubicumque hæc aut occurrat, aut deficiat, aut etiam, non respondere posset : nec ut placeat cum qui de omnibus rebus contineat se ab adsentiendo, moveri tamen & agere aliquid, reliqui ejusmodi visa, quibus ad actionem excitemur : item ea, quæ interrogati in utramque partem, respondere possimus, sequentes tantummodò quod ita visum sit, dùm inse adsensu. Neque tamen omnia ejusmodi visa adprobari, sed ea quæ nulla re impedirentur. Cicer. acad. lib. 2. cap. 32.*

tagraphes suivans. Il seroit difficile de choisir un interprète plus fidele & plus instruit de la philosophie des *académiciens*.

Arcésilas avoit dit, comme nous l'avons observé ci-dessus, que, pour ce qui regarde les choses à choisir & à éviter, & en général la conduite, le sage se règle sur la probabilité, & la prend pour *criterium* ; mais Carnéade avança sur cette marque distinctive de l'évidence, du vrai & du faux, un sentiment contraire, non seulement aux stoïciens, mais à tous ceux qui l'avoient précédé.

« Premiérement, dit Sextus, il montre contre l'opinion de tous les philosophes, qu'il n'y a absolument aucun *criterium* de la vérité ; que ce n'est ni la raison, ni les sens, ni la perception, ni aucune autre chose quelconque ; car toutes ces choses, dit-il, nous trompent également.

» Secondement, il fait voir que, quand il y auroit un semblable *criterium*, il n'existeroit pas sans l'impression d'une perception claire sur l'ame. Car puisque l'animal differe des êtres inanimés par la faculté de sentir, certainement c'est par cette faculté qu'il devient capable de s'appercevoir soi-même & d'appercevoir les objets extérieurs. Un sens qui reste immobile, qui ne reçoit aucune impression, qui n éprouve aucun changement, n'est pas un sens, & n'apperçoit rien. Il n'indique les choses que quand il est affecté, & en quelque manière modifié par l'impression des choses sensibles. Il faut donc chercher le *criterium* dans l'impression d'une perception claire sur l'ame. Cette impression doit se montrer elle-même, & montrer l'objet sensible qui l'a causée ; & cette impression n'est autre chose que la perception. Il faut donc dire que la perception est une affection dans l'animal, laquelle se montre elle-même, & montre quelqu'autre chose : comme, lorsque nous regardons un objet, dit Antiochus, notre vue est affectée d'une certaine manière, & elle n'est pas dans l'état où elle étoit avant que nous regardassions. Par ce changement, nous appercevons deux choses : l'une est le changement même, c'est-à-dire, la perception ; la seconde chose est ce qui a produit ce changement, c'est-à-dire, l'objet visible. Il en est de même des autres sens. Comme donc la lumière se montre elle-même, & montre tout ce qu'elle éclaire ; ainsi la perception étant la base de toutes les connoissances qui sont dans un animal, doit, comme la lumière, se montrer elle-même, & indiquer l'objet sensible qui la produit.

» Mais puisque la perception n'indique pas toujours la chose telle qu'elle est réellement ; puisqu'elle trompe souvent, & que, semblable aux messagers infidèles, elle est différente des objets qui l'ont envoyée, il s'ensuit nécessairement qu'on ne peut pas recevoir pour *criterium* de la vérité toute perception, mais seulement celle qui est vraie. D'un autre côté, il n'y en a aucune de si vraie, qu'il soit impossible qu'elle soit fausse, & l'on trouve toujours une perception fausse, semblable à une qui paroit vraie : donc le *criterium* consiste dans une perception qui est commune au vrai & au faux. Une perception commune au vrai & au faux n'est pas cataleptique ; si elle n'est pas telle, il n'y a point de *criterium* ; & si nulle perception ne peut servir à ce jugement, la raison ne peut pas juger non plus ; car on la ramène aux perceptions, & on n'a pas tort ; puisque d'abord on doit avoir quelque connoissance de la chose dont on juge, & cette connoissance on ne peut l'avoir que par quelque sens destitué de raison. Ainsi le *criterium* n'est ni le sens destitué de raison, ni la raison.

» C'est ainsi qu'en s'opposant aux autres philosophes, Carnéade argumentoit contre l'existence d'une règle du vrai & du faux ; mais quand on lui demandoit quelque *criterium* pour régler sa conduite & parvenir à la félicité, il étoit forcé de dogmatiser sur cet article, & il adoptoit la perception probable, celle qui est à la fois probable, non combattue & bien développée.

» Il faut expliquer en peu de mots en quoi different ces perceptions.

» Toute perception est la perception de quelque chose, c'est-à-dire, de l'objet qui l'occasionne, & du sujet qui la reçoit ; l'objet qui est une chose extérieure & sensible ; le sujet qui est l'homme. On peut donc considérer la perception sous deux relations : par rapport à l'objet qu'elle représente, & par rapport au sujet qui en est affecté. Dans le premier rapport, la perception est vraie ou fausse ; elle est vraie, quand elle est conforme à l'objet représenté ; elle est fausse dans le cas contraire. Par rapport à celui qui en est affecté, la perception paroit vraie, ou elle ne paroit pas vraie. Les *académiciens* donnent aux perceptions de la première sorte le nom d'*impressions*, de *probabilités*, de *perceptions probables* ; & à celles qui ne paroissent pas vraies, celui d'*improbabilités*, de *perceptions improbables*. Car, ni ce qui paroit faux de lui-même, ni ce qui est vrai & ne le paroit pas, ne sauroit nous persuader. De ces perceptions, celle qui est manifestement fausse, aussi-bien que celle qui ne paroit pas vraie, doivent être rejettées, & ne peuvent pas servir de marques distinctives de la vérité, non plus que la perception qui vient d'un objet

» réel, mais qui ne lui reſſemble pas, & ne lui
» eſt pas conforme. Telle étoit la perception que
» la vue d'Electre occaſionnoit à Oreſte qui la
» prenoit pour une furie, & s'écrioit : *laiſſez-*
» *moi, vous qui êtes une de mes furies.*

» Parmi les perceptions qui paroiſſent vraies,
» il en eſt de moins claires, comme lorſque, à
» cauſe de la petiteſſe de l'objet ou de l'eſpace,
» ou par la foibleſſe de la vue, l'on voit confu-
» ſément, & ſans que l'objet ſoit bien exprimé
» ou déterminé.

» Il eſt d'autres perceptions qui non ſeulement
» paroiſſent vraies, mais qui le paroiſſent forte-
» ment. Celles qui ſont moins claires & plus
» foibles, ne peuvent pas être la pierre de tou-
» che du vrai & du faux : car ce qui ne peut
» ſe montrer ſoi-même, ni faire voir l'objet qui
» le produit, ne ſauroit nous perſuader, ni nous
» engager à croire. Mais les perceptions qui pa-
» roiſſent vraies, & le paroiſſent aſſez fortement,
» ſont la marque de la vérité, ſelon Carnéade.
» Cette ſorte de perception eſt fort étendue; car
» à meſure qu'on les compare les unes avec les
» autres, elles deviennent plus probables, &
» acquièrent plus de force.

» Ici l'on diſtingue trois ſortes de probable;
» celui qui eſt vrai, & paroît tel; celui qui eſt
» faux, & paroît vrai; & celui qui eſt commun
» à ces deux ſortes. Ainſi la marque de la vérité
» ſera la perception qui paroît vraie, & que les
» *académiciens* appelloient *probable*. Quelquefois
» il ſe préſente des perceptions fauſſes, enſorte
» qu'on eſt forcé de ſe ſervir de celles qui ſont
» communes au vrai & au faux. Mais comme
» celles qui ont l'apparence de la vérité, ſe pré-
» ſentent rarement, les perceptions qui ſont
» vraies le plus ſouvent, n'en deviennent pas
» indignes de croyance. Les jugemens & les ac-
» tions ſe règlent ſur ce qui arrive le plus ſou-
» vent. Voilà donc, ſelon Carnéade, la pre-
» mière & la plus ordinaire règle de nos juge-
» mens.

» Mais parce qu'une perception n'eſt jamais
» ſeule de ſon eſpèce; que l'une tient à l'autre
» comme les anneaux d'une chaîne, il réſulte
» de-là un ſecond *criterium*; c'eſt la perception
» qui, dans le même temps, eſt probable &
» non contrariée. Ainſi, celui qui a la percep-
» tion d'un homme, a néceſſairement celle de
» ce qui lui appartient, & des choſes extérieu-
» res qui l'accompagnent. Celles qui lui appar-
» tiennent, ſont, par exemple, la couleur, la
» taille, la figure, le mouvement, le ſon de la
» voix, l'habillement, la chauſſure; les choſes
» extérieures qui l'environnent, ſont l'air, la
» lumière, le jour, le ciel, la terre, les amis,
» & autres choſes ſemblables.

» Lors donc que les perceptions ne ſe contra-
» rient pas au point de nous faire croire que
» quelqu'une d'elles eſt fauſſe; mais qu'au con-
» traire, par leur accord, elles nous paroiſſent
» toutes vraies, nous leur ajoutons plus de foi.
» Que l'homme que nous voyons, ſoit Socrate,
» nous le croyons, parce qu'il eſt environné de
» tout ce qui a coutume de l'accompagner, la
» couleur, la figure, le port, le manteau; parce
» qu'il eſt où n'eſt perſonne qu'on puiſſe confon-
» dre avec lui......

» Que l'accord conſtant & non contrarié de
» toutes ces circonſtances & conditions nous porte
» à croire, on le voit par l'exemple de Ménélas.
» Débarqué dans l'iſle de Pharos, ce prince avoit
» laiſſé dans le vaiſſeau le ſimulacre d'Hélène,
» qu'il avoit amené de Troie, comme ſi c'étoit
» Hélène; il trouve dans l'iſle la véritable Hé-
» lène; il en a une perception vraie, à laquelle
» pourtant il ne ſe rend pas, parce qu'il en avoit
» une contraire d'avoir laiſſé Hélène dans le
» vaiſſeau.

» Telle eſt donc la perception non contrariée.
» Cette eſpèce de perceptions a de l'étendue,
» parce qu'il s'en trouve qui ſont plus exemptes
» d'oppoſition que d'autres. Parmi les percep-
» tions non contrariées, celles qui de plus ont
» été examinées en détail, ſont plus dignes de
» foi & plus propres à nous guider dans nos
» jugemens.

» Il faut à préſent montrer quel eſt le carac-
» tère de ces dernières.

» Dans la perception non contrariée (1), on
» exige ſeulement qu'aucune de celles qui l'ac-
» compagnent, ne nous entraîne & ne nous diſ-
» traiſe comme fauſſe; que toutes ſoient & pa-
» roiſſent vraies, & non improbables. Mais,
» dans les perceptions réunies & examinées, nous
» conſidérons attentivement auſſi chacune de cel-
» les qui concourent, à-peuprès comme dans les
» comices le peuple examine un à un ceux qui
» ſollicitent quelqu'emploi de magiſtrature ou de
» judicature, pour voir s'ils méritent qu'on les
» leur confie. C'eſt ainſi qu'en examinant le juge,
» le ſujet jugé, le moyen de juger, la diſtance,
» l'intervalle, le lieu, la figure, le temps, l'af-
» fection, l'action ou l'effet, nous conſidérons
» ſcrupuleuſement la qualité de ces choſes. Le
» juge : ſi la vue eſt foible; ſi elle l'eſt, elle n'eſt
» pas propre à juger. Le ſujet jugé; s'il eſt trop
» petit. Le moyen ou milieu; ſi l'air eſt ſombre.

---

(1) Nam in indiſtracta quidem tantum quæritur, ut nulla ex iis quæ ſunt in concurſu, phantaſiis, tanquam falſa non diſtrahat.... in hac vero examinati concurſus attenta conſideramus etiam unamquamque concurrentium phantaſiarum, &c.

» La distance; si elle est trop grande. L'inter-
» valle; s'il est assez petit pour causer de la con-
» fusion. Le lieu; s'il est vaste & ouvert. Le
» temps; s'il est trop court. L'affection; si celui
» qui juge, est hors de sens. L'action; si les
» circonstances le permettent.

» Si toutes ces choses se réunissent, nous avons
» pour règle de nos jugemens, une perception
» probable; une perception probable & non con-
» tredite; une perception probable, non con-
» tredite & examinée en détail. Comme dans la
» vie, quand il s'agit d'une bagatelle, nous nous
» contentons d'un seul témoin; quand la chose
» est plus importante, nous en demandons plu-
» sieurs; & quand elle est de la dernière impor-
» tance, nous examinons chaque témoin, en le
» confrontant avec les autres : de même, dit
» Carnéade, nous jugeons des bagatelles sur les
» perceptions simplement probables; des choses
» de quelque importance, sur les perceptions
» non contredites; & de celles qui regardent
» notre conduite & notre bonheur, sur les per-
» ceptions bien examinées.

» Dans différentes circonstances, nous sui-
» vons, disent les *académiciens*, différentes sor-
» tes de perceptions, comme dans les choses
» d'espèce différente. Nous nous tenons à la per-
» ception simplement probable, lorsque les cir-
» constances ne nous donnent pas le temps de
» bien examiner.

» Par exemple, un homme poursuivi par ses
» ennemis, arrive à un antre; quelque percep-
» tion lui fait craindre que les ennemis ne soient
» en embuscade dans l'antre; frappé de cette
» perception qui est probable, il fuit l'antre; il
» suit la probabilité, sans examiner exactement
» si réellement les ennemis sont ou non dans le
» lieu où il les suppose. Nous suivons les per-
» ceptions probables & bien examinées, lorsque
» nous avons le temps de considérer attentive-
» ment chaque chose en particulier, & de tou-
» cher, pour ainsi dire, tout ce qui se présente
» à nous.

» Par exemple, un homme voit dans une mai-
» son sombre, une corde roulée; d'abord il soup-
» çonne que c'est un serpent, & s'en va : en-
» suite il revient sur ses pas; il cherche la vé-
» rité; il trouve que ce rouleau n'a point de
» mouvement, & il penche à croire que ce n'est
» pas un serpent. Mais faisant réflexion que quel-
» quefois les serpens sont immobiles, quand ils
» sont engourdis par le froid, il frappe ce rou-
» leau avec son bâton. Ayant ainsi examiné en
» détail la perception qui s'est offerte à lui, il
» juge que ce corps n'est pas un serpent, comme
» la vue le lui avoit fait croire.

» Quand nous voyons quelque chose claire-
» ment, nous jugeons, comme je l'ai déjà dit,
» que la perception est vraie, lorsque nous nous
» sommes auparavant assurés que nos organes
» sont en bon état, que nous sommes éveillés,
» que l'air est serein, que la distance est pro-
» portionnée, & que ce que nous voyons est
» immobile. Par ces moyens la perception mérite
» croyance, quand nous avons eu assez de tems
» pour examiner ce que nous voyons dans un lieu
» convenable. Il en est de même de la percep-
» tion non combattue : ces philosophes l'admet-
» tent, quand rien n'en peut détourner, comme
» nous l'avons déjà dit de Ménélas (1) ».

Ainsi les perceptions qui paroissent vraies, &
le paroissent assez fortement, sont la marque de
la vérité, selon Carnéade : ainsi la marque de la
vérité sera la perception qui paroît vraie, & que
les *académiciens* appelloient *probable*. Voilà, selon Carnéade, la première & la règle la plus
ordinaire de nos jugemens.

Le second *criterium* est la perception qui, dans
le même temps, est *probable & non contrariée*.
Parmi les perceptions non contrariées, celles qui
de plus ont été examinées en détail, sont plus
dignes de foi & plus propres à nous guider dans
nos jugemens qui, selon Carnéade, doivent avoir
pour règle une perception probable, une perception probable & non contredite, une perception
probable, non contredite & examinée en détail.

Par exemple, pour appliquer ici la règle de
Carnéade à des cas particuliers & différens (2),
nous jugeons des bagatelles sur les perceptions
simplement probables; des choses de quelque importance, sur les perceptions non contredites,
& de celles qui regardent notre bonheur, sur
les perceptions bien examinées.

Voilà en dernière analyse, sur la force & les
différentes espèces de perceptions, la doctrine
de Carnéade dégagée de tous les raisonnemens
qui lui servent de preuve ou de développement
dans le passage de Sextus Empiricus qu'on vient
de lire, & réduite aux plus simples termes. Rien
n'est plus propre, ce me semble, à donner une

---

(1) Sext. Empiric. adverf. mathemat. lib. 7. contr. logic. lib. 1. a pag. 404. ad pag. 409. Edit. Fabric. Lipf. 1718.
J'ai suivi la version de M. Castillon, à quelques changemens près que l'exactitude & la clarté m'ont paru exiger.

(2) In rebus levibus & non magni ponderis sola probabili phantasia utimur ad judicandum : at in rebus quæ sunt alicujus momenti, indistracta; in iis autem quæ pertinent ad bene beateque vivendum, examinata per partes. *Apud Sext. Empiric. loc. cit. ubi sup. sect.* 184. p. 408.

grande idée de l'étendue, de la clarté & de la subtilité de son esprit.

On voit présentement que les *académiciens* se régloient dans leurs jugemens, comme dans leur conduite, sur la probabilité dégagée, débarrassée, libre, exempte de tout obstacle (1). Ils ne différoient sur ce point des stoïciens, selon Ciceron, qu'en ce que si les choses sont probables, ceux-là disent : *il me semble* ; lorsque ceux-ci disent : *je sais, il est certain* (2).

En effet, la proposition sur laquelle rouloit toute leur dispute, est qu'on ne peut rien savoir de certain. « Pour le prouver, dit Ciceron, on
» se fonde sur quatre principes. Le premier est
» qu'il y a des perceptions fausses ; le second,
» qu'on ne peut pas les saisir ; le troisième, que
» de deux perceptions qui ne différent point,
» on ne sauroit saisir l'une sans saisir l'autre ; le
» quatrième, que les sens ne nous fournissent
» aucune perception vraie sans une fausse qui ne
» diffère point de la vraie, & qui ne peut être
» saisie (3) ». Epicure nioit le premier article, & les stoïciens le dernier.

Par ce principe général que chaque chose est de son espèce ; qu'une chose n'est jamais la même qu'une autre, & ne peut passer de son espèce dans une autre ; & enfin qu'il n'y a pas un poil, un grain entièrement semblable à un autre (4). Ciceron, sans réfuter exactement cette maxime stoïcienne, qui ressemble beaucoup aux indiscernables de Leibnitz, se contente d'observer que pour le sujet en question, soit que les deux choses ne différent absolument point, soit qu'on ne puisse pas distinguer l'une de l'autre, quoiqu'elles différent, c'est la même chose.

Stoïcum id est quidem, nec admodum credibile, nullum esse pilum omnibus rebus talem qualis sit pilus alius, nullum granum. Hæc refelli possunt :
sed pugnare nolo. Ad id enim, quod agitur, nihil interest, omnibusne partibus visa res nihil differat, an internosci non possit, etiamsi differat.
(*Acad. lib. 2. cap. 26*).

Les *académiciens* soutenoient que le faux peut avoir toutes les apparences du vrai, & produire la même perception. (*Acad. l. 2. c. 13*). Ils prouvoient qu'on pouvoit prendre pour réelles bien des choses qui n'existent point, notre esprit étant frappé des chimères tout comme il l'est des réalités ; & raisonnant *ad hominem* contre les stoïciens, ils citoient pour exemple les perceptions que nous avons en songe, celles que nous fournissent les oracles, les auspices, les entrailles des victimes ; car les stoïciens contre lesquels ils disputent, les admettent (1) ; les *académiciens* demandoient donc pourquoi les dieux qui peuvent nous rendre probables les perceptions fausses, ne pourroient pas aussi nous en offrir qui approchassent du vrai d'aussi près qu'il est possible ? S'ils le peuvent, pourquoi ne pourroient-ils pas nous envoyer des perceptions si semblables aux vraies, qu'on auroit beaucoup de peine à les distinguer ? & s'ils le peuvent, pourquoi ne pourroient-ils pas exciter en nous des perceptions qui ne différassent absolument point des vraies ?

« Ensuite, ajoutent-ils, puisque notre esprit se
» meut lui-même, c'est-à-dire, se donne à lui-
» même des perceptions, témoins les objets que
» notre imagination nous peint, & les fantômes
» que voient ceux qui sont hors de sens, ou qui
» rêvent ; n'est-il pas vraisemblable que, dans ce
» cas, l'ame éprouve des impressions telles que
» la différence entre les vraies & les fausses est
» non seulement imperceptible, mais absolument
» nulle (2) » ?

Lucullus avoit dit que les perceptions des hommes endormis, ivres ou maniaques sont plus foibles

---

(1) *Sic igitur inducto & constituto probabili, & eo quidem expedito, soluto, libero, nulla re implicato, &c. Cicer. academ. lib. 2. cap. 33. init.*

(2) *Sed ea, quæ vos percipi comprehendique, eadem nos, si modo probabilia sint, videri dicimus. Cicer. academ. lib. 2. cap. 32. in fine.*

(3) *Quatuor sunt capita quæ concludant nihil esse quod nosci, percipi, comprehendi possit ; de quo hæc tota quæstio est. E quibus primum est, esse aliquod visum falsum : secundum, non posse id percipi : tertium, inter quæ visa nihil intersit, fieri non posse, ut eorum alia percipi possint, alia non possint. Quartum nullum esse visum verum à sensu profectum, cui non adpositum sit visum aliud, quod ab eo nihil intersit, quodque percipi non possit. Primum Epicurus non dat.... omnis pugna de quarto est. Academ. lib. 2. cap. 26.*

(4) Voyez Ciceron, *academicor. lib. 2. cap. 16. & 16. Vide & lib. 2. cap. 13*.

---

(1) *Omnes præter eum (Panætium) stoïci certissimam putant, vera esse, aruspicium, auspicia, oracula somnia, vaticinationes. Cicer. academ. lib. 2. c. 33. Vide & lib. 2. cap. 15*.

(2) *Primum conantur ostendere, multa posse videri esse, quæ omninò nulla sint ; cum animi inaniter moveantur eodem modo rebus iis quæ nullæ sint, ut iis, quæ sint.... quærunt quonam modo falsa visa quæ sint, ea Deus efficere possit probabilia ; quæ autem planè proximè ad verum accedant, efficere non possit ? aut, si ea quoque possit, cur illa non possit, quæ perdifficiliter internoscantur tamen ? &, si hæc, cur non inter quæ nihil sit omninò ! Deindè cum mens moveatur ipsa, per sese, ut & ea declarant, quæ cogitatione depingimus, & ea quæ vel dormientibus, vel furiosis videntur ; nonne inquiunt, veri simile sit, sic etiam mentem moveri, ut non modo non internoscat visa vera illa sint, anne falsa, sed ut in his nihil intersit omninò. Cicer. academ. lib. 2. cap. 15*.

que celles des hommes éveillés, sobres, senfés, & manquant de cette évidence à laquelle nous devons nous tenir fortement attachés ; que dès que nous sommes éveillés, nous méprisons ces visions, &c. (1) : mais, comme l'observe très-bien Cicéron (2), on ne soutient pas que l'homme qui s'est éveillé, ne s'apperçoit pas qu'il a songé, & que le maniaque revenu à lui, regarde comme vrai ce qu'il a vu pendant son accès : ce n'est pas de quoi il s'agit ; on demande comment on voit ces rêves, ces fantômes pendant qu'on les voit. Après s'être éveillé, on peut croire que tout ce qu'on avoit vu ou entendu, n'étoit qu'un songe ; mais pendant qu'on dort, on se rend à ce qu'on voit en songe, comme lorsqu'on est éveillé, à ce qu'on voit pendant la veille. Cicéron prouve ensuite par plusieurs faits, que les maniaques sont aussi vivement frappés par fausses apparences, qu'ils le seroient par des objets réels. Après quoi il ajoute : « on allègue tous ces exemples pour » prouver la chose la plus certaine ; c'est que, » pour ce qui regarde l'acquiescement de l'es- » prit, les perceptions vraies ne diffèrent point » des fausses. C'est en vain que, pour réfuter » les perceptions fausses des fous ou des rêveurs, » vous en appellez à leur souvenir : il n'est pas » question du souvenir de ceux qui sont éveillés, » ou de ceux qui sont guéris de leur folie. Il » s'agit de savoir quelles étoient les percep- » tions qui les frappoient pendant qu'ils extrava- » guoient ou qu'ils rêvoient ».

Il paroît que les *académiciens* n'avoient pas une croyance uniforme : il y avoit même parmi eux, comme dans toutes les autres sectes, des philosophes qui portoient les choses à l'extrême. Les uns disoient que tout est aussi incertain, qu'il l'est si le nombre des étoiles est pair ou impair (1). D'autres s'efforçoient de montrer combien ce qui est incertain diffère de ce qu'on ne peut point saisir. Lucullus vouloit qu'on disputât avec ceux qui font cette distinction, & qu'on abandonnât les premiers comme des malades désespérés. D'autres distinguent (2) ce qui est clair de ce qui est saisi, & tâchent de prouver qu'il y a des choses claires ; que ces vérités sont gravées dans l'esprit & dans l'entendement, & que cependant on ne peut pas les saisir (3), puisque les sens mêmes ne nous annoncent pas la vérité ; que, puisque les perceptions se gravent dans l'esprit (4), leurs impressions sont différentes, mais que leurs apparences ne le sont pas ; que le souverain bien & le principal devoir du sage est de se tenir en garde contre les apparences (5), & de suspendre toujours son jugement, &c. Mais la probabilité étoit, pour ainsi dire, l'article fondamental de la doctrine *académique* ; c'étoit le point de réunion vers lequel tous les sentimens plus ou moins opposés sur d'autres objets, venoient se rendre, comme vers un centre commun : &, ce qui est sur-tout remarquable, cette probabilité à laquelle les *académiciens* réduisoient toutes les connoissances humaines, étoit, pour prendre ici l'esprit d'une comparaison de Cicéron, une ombre sous laquelle ils se retiroient, comme sous un abri, d'où ils paroient tous les coups de leurs adversaires. Ils se régloient donc sur les apparences pour agir ou ne pas agir, &, sans rien affirmer, comme si la découverte de la vérité, leur eût paru une entreprise désespérée, ils se bornoient à suivre ce qui leur paroissoit vraisemblable (6).

---

(1) Omnium deinde inanium visorum, una depulsio est, sive illa cogitatione informantur, quod fieri solere concedimus, sive in quiete, sive per vinum, sive per insaniam: nam ab omnibus ejusdemmodi visis perspicuitatem, quam mordicus tenere debemus, abesse dicemus.... Itaque, simul ut experrecti sumus, visa illa contemnimus. *Academ. lib.* 2. *c.* 16. & 27.

(2) Quasi quisquam neget, & qui experrectus sit, eum somnia ; &, cujus furor consederit, putare non fuisse ea vera, quæ essent sibi visa in furore. Sed non id agitur : tum cum videantur, quomodo videntur, id quæritur.... experrectus enim potuit illa visa putare, ut erant, & somnia : dormienti vero æque ac vigilanti probabantur..... omnia autem hæc proferuntur, ut illud efficiatur quo certius nihil potest esse inter visa vera & falsa ad animi adsensum nihil interesse. Vos autem nihil agitis cum illa falsa vel furiosorum vel somniantium, recordatione ipsorum refellitis. Non enim id quæritur, qualis recordatio fieri soleat eorum, qui experrecti sunt ; aut eorum qui furere destiterunt: sed qualis visio fuerit aut furentium aut somniantium tum cum commovebantur. *Cicer. academ. lib.* 2. *cap.* 27. 28.

Philosophie anc. & mod. Tome I.

(1) Alii autem.... quantum... intersit inter incertum, & id, quod percipi non possit, docere conantur, eaque distinguere. Cum his igitur agamus, qui hæc distinguunt. Illos qui omnia sic incerta dicunt, ut stellarum numerus, par an impar sit, quasi desperatos aliquos relinquamus. *Academ. lib.* 2. *cap.* 10.

(2) Simili in errore versantur, cum convicti ac vi veritatis coacti, perspicua à perceptis volunt distinguere, & conantur ostendere, esse aliquid perspicui, verum illud quidem impressum in animo atque mente, neque tamen id percipi ac comprehendi posse. *Id. ibid. lib.* 2. *cap.* 11.

(3) Quid est ergo, quod percipi possit, si ne sensus quidem vera nuntiant? *Academ. lib.* 2. *cap.* 15.

(4) Ut etiam illud absurdum sit, quod interdum soletis dicere, cum visa in animis imprimantur, non vos id dicere, inter ipsas impressiones nihil interesse, sed inter species & quasdam formas eorum. *Academ. lib.* 2. *cap.* 18.

(5) Quidam academici constituisse dicuntur extremum bonorum & summum munus esse sapientis, obsistere visis, adsensusque suos firmiter sustinere. *Cicer. de finib. bonor. & mal. lib.* 3. *cap.* 9.

(6) Qui (academici) nihil affirmant, & quasi desperata cognitione certi, id sequi volunt, quodcumque verisimile videatur. *Cicer. de finib. bon. & mal. lib.* 2. *cap.* 14.

« Notre sage, disoient-ils, se livrera à toutes
» les perceptions qu'il jugera probables & non
» empêchées : il n'est pas de pierre ou de bois.
» Il a un corps, il a une ame ; il pense, il a
» des idées, il éprouve les impressions des sens :
» plusieurs choses lui paroissent vraies, quoiqu'el-
» les n'aient pas cette marque frappante & dis-
» tinctive qui est nécessaire pour saisir : le sage
» ne suspend son jugement que parce qu'il peut
» y avoir des faussetés qu'on ne peut pas dis-
» cerner des vérités ».

*Et quæcumque res eum sic adtinget ut sit visum
illud probabile, neque ullâ re impeditum, move-
bitur. Non enim est è saxo sculptus, aut è robore
dolatus : habet corpus ; habet animum ; movetur
mente ; movetur sensibus ; ut ei multa vera videantur, neque tamen habere insignem illam & propriam
percipiendi notam : eoque sapientem non assentiri
quia possit ejusdem modi existere falsum aliquod
cujusmodi hoc verum.* (Acad. lib. 2. cap. 31).

« Lorsque je demande, dit Cicéron à Lucul-
» lus, ce qui empêche d'agir un homme qui suit
» la probabilité non contrariée, vous dites : qui
» l'empêchera ? c'est précisément d'être persuadé
» qu'il ne peut pas être certain de ce qu'il ap-
» prouve. La même chose vous empêchera donc
» de vous embarquer, de semer, de vous ma-
» rier, d'avoir des enfans, & de faire plusieurs
» autres actions dans lesquelles vous ne pouvez
» être guidé que par la probabilité ».

*Quid impediet actionem ejus, qui probabilia se-
quitur, nullâ re impediente ? Hoc, inquit, ipsum
impediet, quod statuet, ne id quidem, quod probet, posse percipi. Jam isthuc te quoque impediet
in navigando & in conserendo, in uxore ducenda,
in liberis procreandis, plurimisque in rebus, in
quibus nihil sequere præter probabile.* (Academ.
lib: 2. cap. 34).

Cicéron avoue ailleurs (1) qu'il n'est pas possible que ceux qui philosophent suivant la méthode des *académiciens* marchent sans aucun guide. « Je ne suis pas, dit-il, de ces hommes qu'un
» esprit toujours flottant & incertain tient dans
» un égarement continuel, & qui n'ont aucune
» opinion déterminée sur quoi que ce soit. Que
» seroit-ce que cette intelligence dont nous som-
» mes doués ? que seroit-ce même que la vie,
» s'il n'y avoit rien d'arrêté ni dans nos pensées,
» ni dans notre conduite (2) » ?

---

(1) *Nec tamen fieri potest, ut, qui hac ratione
philosophentur, ii, nihil habeant quod sequantur.
De natur. deor. lib. 1. cap. 5.*

(2) *Non enim sumus ii, quorum vagetur animus
errore: nec habeat unquam quid sequatur : quæ enim*

S. Augustin, par un de ces tours de rhéteur
très-ordinaires, mais du moins ingénieux, prête
à Carnéade une distinction subtile qu'assurément
il n'a pas faite, quoiqu'elle soit d'ailleurs très-
conforme aux principes des *académiciens* & à l'esprit de leur philosophie. Voici le passage de S.
Augustin, qui est très-agréable à lire : l'idée en
est même pittoresque & dramatique.

« On ne peut être certain de rien, dites-vous;
» ici Carnéade s'éveilla ; car de tous ces philo-
» sophes, c'étoit celui qui dormoit le moins pro-
» dément : il s'eveilla, dis-je, & jetta un coup
» d'œil sur l'évidence des choses. Ainsi, parlant
» à soi même comme on fait, il dit : avoueras-
» tu donc, Carnéade, que tu ne sais pas si tu
» es un homme ou une fourmi ? où Chrysippe
» triomphera-t-il de toi ? disons que nous ne sa-
» vons rien des choses qui sont l'objet des re-
» cherches des philosophes,& que le reste ne nous
» regarde pas (1) ».

S. Augustin prétend que cette distinction étoit
une finesse de Carnéade (2) ; mais s'il eût mieux
connu la doctrine des sceptiques, laquelle, sur
la plupart des articles les plus importans, n'est
que celle des (3) *académiciens* un peu exagérée,
il auroit vu que cette distinction est au fond la
même que celle par laquelle les pyrrhoniens li-
mitoient & circonscrivoient, pour ainsi dire, leur
doute.

« En déclarant que le sceptique ne dogmatise
» point, dit Sextus, nous ne prenons pas le mot
» *dogme* dans le sens dans lequel le prennent ceux

---

*esset ista mens, vel quæ vita potius, non modo dis-
putandi, sed etiam vivendi ratione sublatâ ? Cicer. de
offic. lib. 1. cap. 2.*

(1) *Nihilne prorsùs dicitis posse comprehendi? hîc
evigilavit Carneades; nam nemo istorum minus altè
quam ille dormivit, & circumspexit rerum eviden-
tiam. Itaque credo secum ipse, ut fit loquens, ergo-
ne, ait, Carneades dicturus es nescire te utrum homo sis, an formica? aut de te Chrysippus triumpha-
bit? dicamus ea nos nescire quæ inter philosophos
inquiruntur, cætera ad nos non pertinere, ut si in
luce titubavero quotidiani & vulgari, ad illas impe-
ritorum tenebras provocem, ubi soli quidam divini
oculi vident : qui me etiam si palpitantem atque ca-
dentem adspexerint, cœcis prodere nequeant, præsertim arrogantibus, & quos docerit aliquid pudeat.
Contra academic. lib. 3. cap. 10. §. 22. Edit. Paris.
1679.*

(2) *Lautè quidem ô græcâ industriâ, succinctâ &
parata procedis, sed non respicis illam definitionem
& inventum esse philosophi, & in vestibulo philosophiæ fixam atque fundatam. Contr. academ. lib. 3.
cap. 10. §. 22.*

(3) Voyez ci dessous le passage de Sextus Empiricus cité, fol. 58. 59. 60. Il y indique les différences
de ces deux doctrines.

» qui disent en général que dogmatiser, c'est
» acquiescer à quelque chose, puisque le scepti-
» que acquiesce à ce que la perception le force
» à sentir. Par exemple, lorsqu'il a chaud ou
» froid, il ne dit pas: je pense que je n'ai point
» chaud ou froid; mais nous disons que le scep-
» tique n'établit point de dogmes dans le sens
» que quelques-uns donnent à ce mot, par lequel
» ils entendent l'acquiescement accordé à une chose
» douteuse & incertaine, du nombre de celles
» qu'on met en dispute dans les sciences ».

Sed dicimus scepticum dogma non ponere, eo sensu quo dogma nonnulli esse aiunt assensum ad rem aliquam dubiam & incertam earum de quibus in scientiis quaeritur & ambigitur. (Sext. Empir. Pyrrhon. hypotyp. lib. 1. cap. 7. sect. 13. Edit. Fabric.).

Plus on est instruit de la philosophie des *académiciens*, plus on étudie la langue particulière qu'ils s'étoient faite, soit pour correspondre à toute la finesse de leurs idées, soit pour faire illusion à leurs ennemis, c'est-à-dire, à toutes les autres sectes, plus on sent qu'il est difficile d'assigner une différence réelle & précise entre l'hypothèse d'Arcésilas & celle de Carnéade. Je sais que le premier nioit qu'il y eût des vérités, & que les sectateurs de la nouvelle académie en admettoient; mais ils soutenoient qu'on ne peut pas en être certain, ce qui donne à-peu-près le même résultat. *Sint ista vera: (vides enim jam me fateri aliquid esse veri) comprehendi ea tamen & percipi nego.* (Academ. lib. 2. cap. 28). (1). Ils avançoient ces deux propositions; l'une qu'il y a des perceptions fausses; l'autre que les fausses ne diffèrent point des vraies: sur quoi Antiochus le stoïcien leur faisoit une objection subtile & assez spécieuse, mais qui n'étoit que cela.

« On ne fait pas attention, disoit-il, qu'on a
» accordé la première proposition, précisément
» parce qu'on trouvoit quelque différence entre
» les diverses perceptions: on anéantit cette dif-
» férence, en posant que les perceptions vraies
» ne diffèrent point des fausses. Il n'y a point de
» contradiction plus grande. La chose seroit ainsi,
» répond Cicéron, si nous soutenions qu'il n'y
» a rien de vrai. C'est ce que nous ne faisons
» point. Nous voyons également le vrai & le
» faux. Nous avons l'apparence de la probabi-
» lité; nous n'avons aucune marque de la cer-
» titude ».

Cùm enim sumeretur, unum, esse quaedam falsa visa; alterum, nihil ea differre à veris; non attendere, superius illud eâ re à se esse concessum, quod videretur esse quaedam in visis differentia: eam tolli altero, quo neget visa à falsis vera differre: nihil tam repugnare. Id ita esset, si nos verum omninò tolleremus. Non facimus: nam tam vera quàm falsa cernimus: sed probandi species est; percipiendi signum nullum habemus. (Academ. lib. 2. cap. 34).

Bayle dont les ouvrages sont si utiles, si instructifs, mais qui, malgré son grand savoir & son extrême exactitude, s'est trompé quelquefois, comme cela arrive à tout le monde, a cité dans l'article de Carnéade plusieurs passages de Cicéron qu'il avoit lus trop précipitamment, & qui n'ont pas toujours entr'eux la liaison qu'il semble leur supposer, puisqu'il les rapporte dans la même remarque, & pour prouver la même chose. Cette légère faute qu'il auroit facilement évitée, en lisant de suite les *Académiques* de Cicéron, & en faisant sur-tout attention au caractère différent des interlocuteurs que cet orateur fait parler, n'empêche pas qu'il n'ait très-bien jugé de la doctrine de Carnéade, & qu'il n'en ait éclairci tout le mystère. Son excellent esprit le servoit mieux que son érudition, quelque vaste qu'elle fût. Dans cette foule de passages qu'il recueilloit de toutes parts, & qui n'étoient pas tous également applicables & concluans, ce qui auroit dû souvent l'égarer, il distinguoit la vérité par ce coup-d'œil rapide & pénétrant qu'il savoit jetter sur tous les objets; mais on peut dire que tout autre que lui auroit eu bien de la peine à la reconnoître sous cette forme, & à parvenir au même résultat par des voies aussi obliques, aussi embarrassées. Quoi qu'il en soit, on va voir qu'il ne s'est pas trompé sur les différences qui, selon l'opinion commune, se trouvent entre la *moyenne* & la *nouvelle académie*, & qu'il indique avec beaucoup de précision le point dans lequel ces nuances si légères se confondent.

« Il me semble, dit-il, que l'on peut croire
» que Carnéade retenoit tout le fond du dogme
» d'Arcésilas; mais que par politique & pour
» ôter à ses adversaires les prétextes les plus spé-
» cieux de déclamer & de le tourner en ridicule,
» il leur accorda des degrés de vraisemblance qui
» doivent déterminer l'homme sage à choisir (1)
» un tel ou un tel parti dans la pratique de la
» vie civile. Il vit bien que, sans cela, il ne ré-
» pondroit jamais aux objections les plus odieu-
» ses, il ne prouveroit jamais que son principe
» ne réduisit l'homme à l'inaction (2) & au quié-

---

(1) Voyez aussi *de natur. deor.* lib. 1. cap. 5. sub fin. J'ai cité ce dernier passage, p. 22. col. 2. de cet article.

(1) Conférez ici les *Académiques* de Cicéron, l. 2. cap. 32. sub fin. Bayle prend ici le sens général de ce passage du Lucullus que j'ai cité ci-dessus, pag. 44. col. 2.

(2) Le savant Valentia a fait à-peu-près la même remarque.

» tifme le plus honteux.... Si Arcéfilas a fou-
» tenu qu'il n'y a point de vérités, il falloit le
» comparer aux chevaux fougeux qui fuivent leur
» impétuofité jufqu'au fond des précipices : mais
» j'ai de la peine à croire qu'il ait nié abfolu-
» ment l'exiftence des vérités. Il fe contentoit,
» ce me femble, de foutenir qu'elles étoient im-
» pénétrables à l'efprit de l'homme. La chaleur
» de la difpute l'empêcha peut-être de s'exprimer
» auffi prudemment que l'on fit depuis dans l'a-
» cadémie de Carnéade. Celui-ci fe ménagea mieux,
» pour ne pas tomber dans tout le décri de
» l'autre ». *Carneades primo illam velut calum-
niandi impudentiam, qua videbat Arcefilam non mediocriter infamatum, depofuit, ne contra omnia
velle dicere quafi oftentationis caufa videretur.*
(Auguft. cont. academic. lib. 3. cap. 17. §. 39.
Edit. Parif. 1679).

S. Jérôme dit auffi qu'Arcéfilas & Carnéade
ne fupportant pas les reproches que les autres
philofophes leur faifoient de priver de vie la vie
même, trouvèrent la vraifemblance, afin de tempérer l'ignorance par la probabilité qu'ils accordoient aux chofes (1).

Voilà fans doute ce qui a fait dire au pythagoricien Numénius que Carnéade parut reculer
comme les bêtes féroces, pour attaquer avec
plus de force & d'impétuofité. En effet, ajoute-
t-il, « ce philofophe paroiffant céder à fon ad-
» verfaire, & prendre fon parti, accordoit que
» le vrai & le faux fe trouvoient dans les chofes
» mêmes ; mais, par un tour permis dans la dif-
» pute, il fe tiroit du pas où il s'étoit engagé ;
» il montroit que le pour & le contre étoient
» également probables, & il concluoit qu'on ne
» pouvoit être certain ni de l'un, ni de l'autre ..
» c'étoit un brigand & un bâteleur très-adroit &
» très-rufé ; en pofant que le faux eft femblable
» au vrai, & qu'on peut avoir des perceptions
» cataleptiques du faux comme du vrai : en met-
» tant ces chofes fur la même ligne, il ne laif-
» foit fubfifter ni le vrai ni le faux ; il ne don-
» noit la préférence ni à l'un ni à l'autre, par
» rapport à la probabilité. C'étoient des fonges
» contre des fonges, puifque les perceptions
» fauffes étoient femblables aux vraies, comme
» celle qui vient d'un œuf de cire eft fembla-
» ble à celle qui vient d'un œuf réel (1) ».

Numénius a beau s'emporter ici contre Carnéade, & préfenter fa doctrine fous le point de
vue le plus défavorable, & fans les correctifs &
les modifications qui pouvoient adoucir ce qu'elle
avoit de dur & de révoltant, il n'en eft pas
moins vrai que fi ce philofophe juftement étonné
de la hardieffe & de la témérité des affertions
des dogmatiques, & peut-être auffi pour faire
briller la force & la fubtilité de fon efprit (car
il y a de l'homme par-tout, même dans la manière dont il fait le bien), a un peu exagéré l'incertitude des connoiffances humaines, il a du
moins prouvé avec beaucoup d'éloquence la néceffité de fufpendre fon jugement fur un grand
nombre de queftions obfcures, & qu'on ne peut
réfoudre que par approximation, ce qui fuffit
pour rendre le doute néceffaire & raifonnable.
C'eft dans ces idées que Plutarque qui étoit *académicien*, & qui s'appelle (2) lui-même difciple
de *l'académie*, a dit que la fufpenfion d'efprit
eft une habitude, une qualité d'homme fait, qui
nous garantit de l'erreur, & qui n'abandonne
point le foin de juger aux fens toujours fufpects
& variables (3). L'efpèce d'apologie qu'il fait de
l'époque dans ce même traité, eft auffi exacte
que judicieufe : c'eft même un très-beau développement de la doctrine *académique* fur cet article important.

« Notre ame, dit-il, eft affectée en trois ma-
» nières ; car, ou elle reçoit des perceptions,
» ou elle appète, ou elle acquiefce. On ne peut
» pas, même en le voulant, empêcher les per-
» ceptions, puifque nous fommes néceffairement
» frappés des images des objets qui fe préfentent

Illæ autem, dit-il, *aliæ phantafiæ, quibus ad actionem excitemur, ideo relidæ funt, ni apraxia, id
eft æternis univerfæ privatio, quo maximo altero ter-
riculamento ftoici ab Epoche abfterrere volebant, eva-
deferet. Ut enim quis ad actionem moveatur, ac vel
adpetat quid, vel declinet, probabilis vifio rei ad naturam accommodatæ, vel naturæ incommodæ fatis eft,
etiamfi affenfus retineatur.* Petr. Valent. academ. p. 79.
Edent. Durand. Lond. 1740.

(1) *Illi enim omnium philofophorum invidiam non
ferentes, quod vitam è vita tollerent, verifimilia
repererunt, ut ignorantiam rerum probabili affertio-
ne temperarent.* Hieronym. adverf. Rufin. lib. 2.

---

(1) *Fur ergo præftigiatorque fuit Arcefila foler-
tior. Ita enim vero fallum aliquod quodque percipie-
batur phantafiæ percipienti fimile adjungebat, ut paria geminaque ambo cùm oftenderet, fimul nec vero
locum ullum, nec falfo relinqueret, aut neutrum
altero potius verum effe falfumve pateretur, aut fi
alterutrum potius, id tamen non nifi probabilitate
tenus ejufmodi videretur. Somnis ergo fomnia fuc-
cedebant, dùm veris etiam vifis falfa fimilia puta-
bantur, quomodo fi ovi cerei vifum cum vero ovo
componatur.* Apud Eufeb. præpar. Evang. lib. 14. cap.
8. pp. 737. D. & 738. A. B. Edit. Parif. Viger. 1628.

(2) *ἐν ἀκαδημίᾳ γινόμενος.* De εἰ apud Delphos. pag.
387. F. Opp. tom. 2.

(3) *Non ergo fabula eft, aut petulantium & te-
merariorum inventum adolefcentium de cohibenda
adfenfione doctrina.... Sed habitus virorum & affectio
cuftodiens ab errore, neque permittens ita fufpectis
& inconftantibus fenfibus judicium, &c. Adverf. Colotem*, pag. 1124. B. Opp. tom. 2.

» à nous. La faculté appétitive, excitée par les
» perceptions à rechercher ce qui est conforme
» à la nature, nous fait agir par un penchant,
» par un poids qui est dans la partie supérieure
» de notre ame (comme dans une balance). Ceux
» qui suspendent leur jugement en tout, ne dé-
» truisent point cette faculté; ils se prêtent aux
» appétits, qui, par un penchant naturel, les
» portent vers ce qui paroît conforme à la na-
» ture. Quelle est donc la seule chose qu'ils évi-
» tent ? celle qui seule est sujette à l'erreur & à
» la fausseté : ils tiennent en bride la légéreté
» qui engage à croire aisément & sans raison ;
» elle ne convient qu'à des esprits qui, par foi-
» blesse, succombent sous les apparences, & ne
» sert de rien. Car toute action résulte de deux
» choses, de la perception d'un objet convena-
» ble à la nature, & de l'appétit qui nous en-
» traîne vers cet objet. Ni la première, ni la
» seconde de ces deux choses n'est opposée à la
» suspension d'esprit, qui nous éloigne de la
» croyance, non de la perception, ni de l'ap-
» pétit ». (*Cont. Colot. pag.* 1122. *C. D. Parif.*
1624).

En effet, si d'un côté les *académiciens* soutenoient que l'homme ne peut rien (1) saisir, ni par
raisonnement, ni par conjecture, ils reconnoissoient de l'autre qu'il y a des choses probables (2)
que, conformément au précepte de Carnéade,
on doit suivre dans les actions de la vie, dans
les choix, dans les devoirs & dans les dogmes.
Ce n'étoit point dans la nature des choses qui
sont nécessairement telles, c'est-à-dire, vraies ou
fausses, indépendamment de l'usage que l'esprit
fait de ses perceptions, & du jugement qu'il en
porte, que se trouvoit l'obstacle qui s'oppose
dans l'homme à la découverte de la vérité ; mais
dans la nature de l'entendement humain qui n'a
aucune marque distinctive, aucune mesure certaine du vrai & du faux, du connu & de l'inconnu ; &, pour appliquer ici une belle pensée
d'Epicure sur les richesses, ce n'est pas la liqueur
qui est corrompue, c'est le vase. Les stoïciens
disoient : comme c'est par les yeux qu'on apperçoit d'abord les objets visibles, on connoît de
même les autres choses par les perceptions. Les
académiciens l'avouoient ; mais ils prétendoient

(1) Cicéron dit que c'étoit même le seul dogme
que ces philosophes ne cachoient point. *Unum tamen illud non celant, nihil esse quod percipi possit.*
Academ. lib. 2. cap. 18. Il avoit dit cap. 13. *Tunc
perveniunt ad eam partem, ut ne ratione quidem &
conjectura ulla res percipi possit.*

(2) *Tamen dicimus esse quaedam probabilia.* (*Acad.
lib.* 2. cap. 13). *Volunt enim... probabile aliquid esse,
& quasi verisimile, eaque se uti regula & in agenda
vita, & in quaerendo ac disserendo. Id. ib. lib.* 2. c. 10.
in fine.

que ces perceptions ou apparences n'avoient pas
une marque, un caractère qui ne fût commun au
vrai & au faux (1). Il y a des perceptions

(1) *Ut enim illa (quae cerni possunt) oculis modo
cognoscuntur, sic reliqua visis ; sed propria veri, non
communi veri & falsi nota.* Academ. lib. 2. cap. 11.
Vid. & lib. 2. *cap.* 9. *init.*

Cicéron s'exprime ici avec une telle concision, que
sa pensée paroît d'abord assez difficile à saisir. Je vais
la développer en faveur de ceux dont la conception n'étant ni plus vive, ni plus prompte que
la mienne, pourroient, comme moi, se trouver arrêtés par la même obscurité. Il me semble donc que,
par ces autres choses que les perceptions nous font
connoître, (*sic reliqua visis*) Cicéron entend, comme il s'en explique ailleurs, celles qu'on dit n'être
pas apperçues par les sens ; mais en quelque manière
par les sens, c'est-à-dire, certaines idées ou notions
dont les sens ont au moins fourni les premiers matériaux, & en quelque sorte, les élémens : comme
par exemple, c'est du blanc, c'est du doux, c'est
du sonore, c'est de l'odoriférant, c'est du rude, &c.
c'est notre esprit qui apperçoit ces choses ; c'est lui
qui en porte ce jugement, & non pas nos sens. Car
l'esprit qui est la source des sens, est un sens lui-même,
a une certaine force naturelle qu'il applique aux objets qui l'affectent. Ainsi il saisit quelques perceptions pour en faire usage d'abord ; il en met d'autres
en réserve d'où naît la mémoire : il forme les autres sur les ressemblances, c'est l'origine des notions, &c.

*Qualia sunt haec quae sensibus percipi dicimus ; talia
sequuntur ea, quae non sensibus ipsis, percipi dicuntur, sed quodammodo sensibus : ut haec ! illud est album, hoc dulce, canorum illud, hoc bene olens, hoc
asperum. Animo jam haec tenemus comprehensa, non
sensibus..... mens enim ipsa, quae sensuum fons est,
atque etiam ipsa sensus est, naturalem vim habet,
quam intendit ad ea, quibus movetur. Itaque alia visa
sic adripit, ut his statim utatur : aliqua recondit ; e
quibus memoria oritur : caetera autem similitudinibus
constituit, ex quibus efficiuntur notitiae rerum,* &c.
Cicer. academ. lib. 2. c. 7. & c. 10.

Sextus Empiricus a très-bien éclairci toute cette doctrine, & peut servir ici de commentateur à Cicéron.

« Il est impossible, dit-il, que l'homme parvienne
» à découvrir la vérité par le seul secours des sens.
» Incapables par leur nature de former un raisonne-
» ment, & purement passifs comme la cire, ils re-
» çoivent l'impression des objets extérieurs ; mais ils
» n'en connoissent rien au-delà. *Ipsi enim solum pa-
» tiuntur, & instar cerae figuram suscipiunt, nihil
» autem aliud sciunt.* Il ne suffit pas que ce qui doit
» saisir la vérité dans les sujets, soit affecté par la
» blancheur, par la douceur, il faut de plus qu'il
» soit amené à la connoissance de la chose même :
» ceci est blanc, ceci est doux. Il en est de même
» des autres choses : car ce n'est pas l'ouvrage des
» sens que de s'appliquer à cela. Ils ne peuvent sai-
» sir que la couleur, la saveur, le son. Mais qu'une
» chose est blanche ou douce, quoiqu'elle ne soit ni
» couleur, ni saveur, c'est hors de la portée des
» sens ».

*Non solùm enim albo aut dulci affici oportet id quod
comprehensurum est veritatem in subjectis, sed etiam
duci ad ejus rei phantasiam, ac conceptionem, nempe
hoc est album, & hoc est dulce : & in aliis similiter.*

vraies; il y en a de fausses : ce qui est faux ne peut pas être saisi; le faux peut avoir toutes les apparences du vrai, & produire la même perception : entre des perceptions qui ne diffèrent point, on ne sauroit saisir les unes & ne pas saisir les autres : donc il n'y a aucune perception qu'on puisse saisir : il est indifférent que les choses soient parfaitement semblables, ou qu'on ne puisse pas distinguer l'une de l'autre; quand on accorderoit qu'on ne trouve pas dans la nature une ressemblance réelle entre deux individus, elle peut certainement le paroître : elle trompera donc les sens, & une seule ressemblance qui trompe, rend tout douteux, &c. &c. (1).

C'est par ces argumens & d'autres qu'on a pu voir ci-dessus, que les *académiciens* se plaisent à fortifier tout ce qu'on peut objecter contre les sens, contre la certitude, contre l'habitude & contre la raison.

Ce qui les rendoit si réservés, si circonspects, &, si j'ose m'exprimer de la sorte, si cauteleux, c'est qu'ils avoient souvent observé que, même en ne suivant pour guides que les perceptions dont ils s'étoient assurés par un examen & une considération exacte, *ex circumspectione aliqua & accurata consideratione*. (Acad. lib. 2. cap. 11). ils n'évitoient point encore l'erreur; d'où ils avoient conclu avec assez de raison, qu'il peut arriver que le sage, après tous ses efforts pour s'approcher du vrai d'aussi près qu'il est possible (*quam proximè*), après l'examen le plus rigoureux, le plus sévère, tombe sur quelque chose

Non est autem munus sensus ad eam rem applicari. Colorem enim solum & saporem & vocem potest sua natura apprehendere. Hoc autem esse album, aut hoc esse dulce, quùm neque sit color, neque sapor sensu non potest apprehendi. Adverf. mathemat. lib. 7. 1. cont. logic. sect. 193. 341. 345. pp. 428. 437. 438. Edit. Fabric.

M. Castillon qui a tant fait de notes inutiles sur les *Académiques* de Cicéron, auroit dû au moins ne pas omettre si souvent celles qui étoient nécessaires; mais il n'a rien dit sur le passage qui fait l'objet de cette remarque, & sa traduction ajoute même à l'obscurité du texte, puisqu'il rend *sic reliqua visa par*, ainsi l'on apperçoit *tout* par les perceptions : mais Cicéron a dit *reliqua*, & non pas *omnia* : cela est fort différent.

(1) *Eorum, quæ videntur, alia vera sunt, alia falsa : & quod falsum est, id percipi non potest : quod autem verum visum est, id omne tale est, ut ejusdem modi falsum etiam possit videri. Et, quæ visa sunt ejusmodi, ut in iis nihil intersit, non posse accidere ut eorum alia percipi possint, alia non possint. Nullum igitur est visum, quod percipi possit. Nihil interesse autem non modò si ex omni parte ejusdem modi sint, sed etiam si discerni non possint... Negas tantam similitudinem in rerum natura esse... ne sit sanè : videri certè potest. Fallet igitur sensum : & si una fefellerit similitudo, dubia omnia reddidit. Academ.* lib. 2. cap. 13. & cap. 26.

qui lui paroit vraisemblable, & qui pourtant n'est rien moins que vrai : *posse accidere sapienti, ut, cùm omnia fecerit, diligentissimèque circumspexerit, existat aliquid, quod & verisimile videatur, & absit longissimè à vero*. (Acad. lib. 2. cap. 11).

« Nous différons seulement, dit Cicéron à
» Lucullus, en ce que, quand vous êtes frap-
» pé, vous acquiescez, vous croyez, vous ap-
» prouvez; vous prétendez que c'est une chose
» vraie, certaine, saisie, bien comprise, arrê-
» tée, ferme & fixe, & qu'ainsi aucune raison
» ne peut vous faire changer, ni même vous
» ébranler; tandis que je pense qu'en toute occa-
» sion, si je souscris à un sentiment, je puis
» tomber dans l'erreur, puisque le vrai ne diffère
» point du faux ».

Tantùm interest, quòd tu, cùm es commotus, adquiescis, adsentiris, adprobas; verùm illud certum, comprehensum, perceptum, ratum, firmum, fixum fuisse vis; deque eo nullâ ratione neque pelli, neque moveri potes : ego nihil ejusmodi esse arbitror, cui si adsensus sim, non adsentiar sæpe falso; quoniam vera à falsis nullo discrimine separantur. (Acad. lib. 2. cap. 46).

Il y a sur ce point important & fondamental de la controverse qui divisoit les stoïciens & les *académiciens*, un beau passage de Clitomaque, d'où l'on peut inférer que la nouvelle *académie* n'avoit fait, pour ainsi dire, que changer la nomenclature pour la rendre plus précise, &, en substituant ainsi un mot à un autre, porter la même exactitude dans les idées, & perfectionner la langue philosophique.

« Le sentiment des *académiciens*, dit Clito-
» maque, étoit que les choses différoient en ce
» que les unes paroissoient probables, & les au-
» tres improbables; cependant cela n'autorisoit
» point à dire qu'on peut concevoir les unes,
» & non pas les autres, parce que plusieurs
» choses fausses sont probables, & qu'on ne peut
» ni concevoir, ni connoître ce qui est faux. C'é-
» toit une grande erreur de dire que les *acadé-
» miciens* anéantissoient les sens, puisque ces phi-
» losophes n'ont jamais prétendu qu'il n'y eût ni
» couleur, ni saveur, ni son. Ils ont seulement
» affirmé qu'on ne trouvoit pas dans les sens
» une marque distinctive de la vérité & de l'é-
» vidence, qui ne se rencontrât point ailleurs ».

Academicis placere, esse rerum ejusmodi dissimilitudines, ut aliæ probabiles videantur, aliæ contra : id autem non esse satis, cur alia percipi posse dicas, alia non posse; proptereà quod multa falsa probabilia sint, nihil autem falsi perceptum & cognitum possit esse. Itaque ait vehementer errare eos qui dicant ab academia sensus eripi, à quibus numquam dictum sit, aut colorem, aut saporem, aut sonum nullum esse : illud sit disputatum non inesse in his propriam, quæ nusquàm alibi esset, veri & certi notam. (Academ. lib. 2. cap. 32).

Cicéron dit dans un autre ouvrage, ou plutôt fait dire par le stoïcien Balbus, que les *académiciens* infirmoient le témoignage des sens, & nioient que, par leur secours joint à l'application de l'esprit, on pût parvenir à connoître avec certitude la nature des objets extérieurs. *Vos academiæ infirmatis & tollitis quod è sensibus & animo ea quæ extra sunt, percipimus atque comprehendimus.* (De nat. deor. lib. 2. cap. 59).

Un auteur dont l'ouvrage peu connu en France, n'est pas d'ailleurs sans quelque utilité, parce qu'on y a recueilli un grand nombre de passages qui peuvent, à certains égards, abréger les recherches d'un bon esprit, en lui indiquant une partie des choses qu'il doit lire dans les sources : cet auteur, dis-je, qui, à le juger par son livre hérissé d'une métaphysique vague, obscure & souvent inintelligible, s'est plus occupé des rêveries de Platon, ou, ce qui est à-peu-près la même chose, de théologie, qu'à étudier Hobbes, Locke & Condillac, & sur-tout qu'à observer & à penser, prétend que Cicéron & les autres *académiciens* qui nous restent, attaquent par-tout les idées acquises par les sens, & ne disent rien contre les idées purement intellectuelles.

« Je crois, ajoute-t-il, qu'à la réserve (1)
» de quelques mots *lâchés* contre la dialectique
» & contre la géométrie, il sera difficile de me
» montrer le contraire ». (*Note de M. Castillon
sur le Lucullus*, pp. 236. 237).

---

(1) Il semble, à entendre M. Castillon, qu'il faille employer un grand nombre de mots, & par conséquent dire beaucoup de choses inutiles ou communes, pour faire connoître ce qu'on pense d'un fait ou d'une opinion. Mais il avoit oublié sans doute cette observation si profonde d'un ancien cité par Plutarque, observation qui, pour le dire en passant, est applicable aux peuples du nord, comme à ceux du midi. « Tous les habitans de l'Asie sont esclaves » d'un seul homme, parce qu'ils ne savent pas pro-» noncer cette seule syllabe, non ». *Apud Plutarch. de vitioso pudor. tom. 2. pag. 532. Edit. Paris. 1624.*

Il seroit assurément difficile, même à M. Castillon, de dire plus de choses, & de les dire mieux en cent pages.

Une autre remarque qu'il auroit dû faire, & qu'on ne doit jamais perdre de vue lorsqu'on expose la doctrine d'un philosophe ancien ou moderne, c'est que la véritable opinion d'un homme, sur-tout lorsqu'il s'agit de certaines questions philosophiques, n'est jamais celle vers laquelle il semble incliner le plus souvent dans ses ouvrages & même dans ses discours, mais bien plutôt celle qu'il nie une seule fois, ou dont il paroît seulement douter.

Mais il me semble que c'en est bien assez de ces mots *lâchés contre la dialectique & contre la géométrie*, pour me servir du style élégant de l'auteur, & qu'il n'en faut pas davantage pour réfuter son étrange assertion. Il auroit dû voir que les doutes de Cicéron sur la certitude de la géométrie, quoique destitués de fondement, & décelant même, dans cet habile homme, une ignorance peu commune des élémens de cette science, font assez connoître ce que les *académiciens* pensoient de l'évidence que les autres idées intellectuelles peuvent porter dans l'esprit. En effet, puisqu'il n'y a point de concepts où les corps soient plus dépouillés, plus séparés par la pensée de leurs qualités sensibles & individuelles ; en un mot, plus intellectuels que ceux qui sont l'objet des mathématiques en général, où l'on ne découvre & où l'on ne démontre que des vérités de pure abstraction ; puisque ces sciences ont ce singulier avantage qui les distingue même de toutes les autres, & qui en rend les résultats incontestables ; que si la raison pouvoit admettre des esprits purs, & que ces êtres, supposés tels, fissent de la géométrie, elle seroit nécessairement & rigoureusement la même que la nôtre ; il s'ensuit que des philosophes qui nient la vérité des démonstrations mathématiques, ou pour lesquels ces démonstrations ne sont que probables, ne doivent pas, s'ils raisonnent conséquemment à leurs principes, supposer moins d'incertitude ou plus de probabilité dans les autres sciences, & sur-tout dans ces prétendus modèles éternels des choses naturelles, dans ces formes permanentes ou idées archétypes, improduites, immuables, intelligibles, & vainement & si follement imaginées par Platon (1).

M. Castillon n'est pas heureux dans le choix des preuves qu'il donne de son paradoxe, & la confiance avec laquelle il les propose, n'en cache pas la foiblesse.

« Il me semble, dit-il, que Cicéron se déclare
» pour moi, en faisant dire à Lucullus que les
» *académiciens*, pour prouver que le faux peut
» produire la même perception que le vrai, *s'ar-*
» *rêtent* aux sens, & à ce qu'on tire des sens ».
Mais où M. Castillon a-t-il pris le terme que

---

(1) Le platonicien Atticus, cité par Eusèbe, nous apprend qu'Aristote traitoit les idées de Platon, de bagatelles, de chansons insipides & de fables de charlatan : (*nugas, insulsasque cantilenas & circulatorum fabulas*), & il faut avouer qu'il avoit raison. Jamais un bon esprit ne goûtera cette manière de philosopher ; & si le divin Platon n'avoit d'autres droits à l'estime de la postérité que les rêveries dont il s'agit, ses ouvrages ne mériteroient pas qu'on perdît un quart-d'heure à les lire.

Le passage d'Atticus se trouve dans Eusèbe. *Præp. Evan. lib. 15. cap. 13. p. 815. B.*

j'ai souligné, & dont on ne trouve pas même l'équivalent dans le texte de Ciceron ? La pensée de cet orateur, quoiqu'exprimée avec une extrême précision, n'a rien d'obscur pour ceux qui, également versés dans la connoissance de la langue latine & de la philosophie des *académiciens*, réunissent le double avantage d'entendre autant les choses par les mots, que les mots par les choses. Elle se réduit à ceci.

« Pour prouver que le faux peut produire la
» même perception que le vrai, les *académiciens*
» divisent tout, & en grandes parties ; ils trai-
» tent d'abord des sens, ensuite des connoissan-
» ces & des idées qu'on acquiert par les sens,
» & enfin de tout ce qui appartient aux choses
» morales, comme les usages, les loix, les cou-
» tumes, les habitudes ; toutes choses qu'ils tâ-
» chent d'obscurcir ». *Dividunt enim in partes, & eas quidem magnas : primùm in sensibus ; deindè in ea, quæ ducuntur à sensibus, & ab omni consuetudine (1), quæ obscurare volunt.*

M. Castillon n'est point entré ici dans la pensée de Ciceron. La traduction qu'il donne de ce passage, ne manque pas seulement d'exactitude, elle est de plus barbare, inintelligible, & n'offre à l'esprit qu'un pur galimathias. Le lecteur en va juger.

« Ils ont recours aux divisions, d'abord en
» grandes parties, qui sont les sens, & ce qu'on
» tire des sens & de (2) l'expérience qu'ils veu-
» lent rabaisser ».

(1) C'est ainsi que je lis avec Davisius, au lieu de *quam obscurari volunt* que portent toutes les autres editions, & qui ne fait pas un si bon sens. *Vid. Cicer. acad. lib. 2. cap. 13.*

(2) M. Castillon traduit *& ab omni consuetudine* par *l'experience* ; il auroit dû fonder sur un exemple directement applicable au sujet que Ciceron traite ici, le sens qu'il donne à ce mot. Pour moi, fortement persuadé qu'un auteur ancien ou moderne ne peut pas avoir de meilleur interprete que lui-même, j'explique cette expression générale *ab omni consuetudine*, par deux autres passages des *Académiques*, où Ciceron se sert précisément des mêmes termes, dans la même acception, c'est-à-dire pour désigner, comme l'indiquent les énumérations plus ou moins complettes dont ces mots sont partis, les moyens ou raisons de doute (*rationes & loci*) sur lesquels les sceptiques & les *académiciens* établissoient la nécessité de suspendre son jugement. On sait que ce moyen qu'ils réduisoient, ainsi que les neuf autres, à un seul, celui qu'on tire des relations (*omnia ad aliquid*) étoit pris des instituts ou genres de vie divers d'un individu ou d'une nation, des coutumes, des loix, des traditions fabuleuses reçues comme vraies parmi le peuple, &c. Ils définissoient même l'usage, l'habitude ou la coutume (car ces mots ne different point) l'approbation que plusieurs personnes, d'un commun consentement, donnent à une chose quelconque ; approbation dont la transgression n'est

Il est impossible d'entendre & de suivre, dans cette traduction, le raisonnement de Ciceron qui est très-clair dans le latin, & même dans la version de Durand souvent meilleure que celle de M. Castillon. D'ailleurs pourquoi, non content de faire dire à Ciceron ce qu'il n'a point dit, supprime-t-il dans sa note la suite du passage sur lequel il prétend fonder son sentiment ? Est-ce inadvertance ou mauvaise foi ? mais écoutons Ciceron. « Enfin les *académiciens* en viennent à ce
» résultat, qu'il est impossible, même par rai-
» sonnement & par conjecture, de s'assurer de
» quelque chose que ce soit ». *Tum perveniunt ad eam partem, ut, ne ratione quidem & conjectura ulla res percipi possit.* (*Id. ibid. lib. 2. cap. 13*). Paroles décisives, & qui, jointes aux passages si formels contre la dialectique (1) &

point punie, comme celle de la loi. *Mos autem vel consuetudo (nihil enim differunt) est communi multorum assensu rei alicujus comprobatio, quam qui transgreditur, non protinus etiam punitur.* (Sext. Empir. pyrrhon. hypotyp. lib. 1. sect. 145.

Les deux passages des *Académiques* que j'ai indiqués ci-dessus, comparés à celui qui fait l'objet de cette note, n'en déterminent pas seulement la vraie signification, ils prouvent encore que les erreurs des sens n'avoient pas fait moins d'impression sur les stoïciens que sur les *académiciens*.

Neque nos, dit Ciceron, *contra sensus aliter dicimus, ac stoïci ; qui multa falsa esse dicunt, longèque aliter se habere, ac sensibus, videantur.* (Acad. lib. 2. cap. 31. in fin.)

Il paroît même que Chrysippe qu'on appelle la colonne du Portique, *qui fulcire putatur Porticum stoicorum* (Acad. lib. 2. cap. 24), avoit rassemblé avec tant de soin, & vraisemblablement proposé avec tant de force, tout ce qu'on peut objecter contre le témoignage des sens, contre l'évidence, contre toutes les choses autorisées, approuvées par la coutume, & contre la raison, que les stoïciens lui reprochoient d'être resté dans ses réponses au-dessous de lui-même, & d'avoir fourni contre lui des armes à Carneade.

De quo (Chrysippo) quæri solent stoïci, dum studiosè omnia conquisierit contra sensus, [& contra perspicuitatem, contraque omnem consuetudinem, contraque rationem, ipsum sibi respondentem, inferiorem fuisse : itaque ab eo armatum esse Carneadem. (Acad. lib. 2. cap. 27).

Il avoit dit au chap. 24, *quam multa ille (Chrysippus) contra sensus, quam multa contra omnia, quæ in consuetudine probantur.*

M. Castillon a traduit de trois manières différentes les mots que j'ai soulignés, quoique, dans ces trois passages, Ciceron les ait toujours employés dans la même acception, & pour exprimer la même idée.

(1) *Quid est quod ratione percipi possit ? dialecticam inventam esse dicitis, veri & falsi quasi disceptatricem & judicem. Cujus veri & falsi ? & in qua re ? in geometriane, quid sit verum vel falsum dialecticus judicabit, an in litteris, an in musicis ? at ea*
contu-

contre la géométrie, prouvent que les *académiciens* ne trouvoient pas plus d'évidence & de certitude dans les idées purement intellectuelles, que dans celles qui s'acquièrent par les sens, ou, pour exprimer la même chose à la manière de Locke, dans les idées réfléchies que dans les idées directes.

Au reste, cette supposition que, selon Arcésilas & les *académiciens*, les corps n'étant pas des choses vraies, sont l'objet de la probabilité, non d'une entière certitude, & que les choses purement intellectuelles peuvent seules être certaines & l'objet de la science; cette supposition, dis-je, du prétendu platonisme des *académiciens* se trouve dans (1) S. Augustin, à qui M. Cas-

---

non novit. In philosophia igitur? sol quantus sit, quid ad illum? quod sit summum bonum, quid habet ut queat judicare? quid igitur judicabit? quæ conjunctio, quæ disjunctio vera sit, quid ambiguè dictum sit, quid sequatur quamque rem, quid repugnet? si hæc & horum similia judicat, de se ipsa judicat; plus autem pollicebatur: nam hæc quidem judicare, ad cæteras res quæ sunt in philosophia multæ atque magnæ, non est satis, &c. *Academ. lib. 2. cap. 28.*

Voici-présentement ce qu'il dit contre la géométrie.

Geometræ provideant, qui se profitentur non persuadere, sed cogere; & qui omnia vobis, quæ describunt, probant. Non quæro ex iis initia mathematicorum; quibus non concessis, digitum progredi non possunt: punctum esse quod magnitudinem nullam habeat: extremitatem & quasi libramentum in quo nulla omnino crassitudo sit: lineamentum longitudinem latitudine carentem. Hæc cum vera esse concessero: si adjiciam jusjurandum sapientemne priùs quàm Archimedes eo inspectante rationes omnes descripserit eas, quibus efficitur multis partibus, solem majorem esse quam terram, juraturum putas.... quod si geometricis rationibus non est crediturus quæ vim adserunt in docendo, vos ipsi ut dicitis; næ ille longè aberit, ut argumentis credat philosophorum: aut, si est crediturus, quorum potissimum? *Acad. lib. 2. cap. 36.*

Voilà ce que M. Castillon appelle *quelques mots lâchés contre la dialectique & contre la géométrie.*

Il vouloit apparemment que, pour faire connoître ce qu'il pensoit de l'imperfection de ces instrumens appliqués à la recherche de la vérité, Cicéron fît un ouvrage aussi long que les *Académiques.* Pour moi, il me semble que cet orateur ne s'étant point proposé d'écrire directement contre les logiciens & les géomètres, mais seulement d'exposer clairement son sentiment sur la foiblesse & l'incertitude de leurs moyens d'investigation, il n'auroit pu s'étendre davantage sur cette matière sans s'écarter de son sujet. Tout ce qu'il auroit dit de plus, n'auroit pu être que le développement des idées qu'on vient de lire: mais le résultat auroit été absolument le même, & c'est dans les raisonnemens, & les calculs, comme dans les expériences & les observations, tout ce qu'il importe de savoir.

(1) Cont. Academic. lib. 3. cap. 17. sect. 37. 38. 39. de l'Edition des Bénédictins. Mais notez que S.

Philosopie anc. & mod. Tom. I.

---

tillon en doit la première idée; mais il auroit dû voir qu'une conjecture ou une simple assertion n'est pas un fait, & que, par rapport au temps où les philosophes dont il s'agit ont vécu, saint Augustin n'est que d'hier; ce qui rend son autorité absolument nulle, puisqu'il ne cite d'ailleurs aucun auteur contemporain d'Arcésilas & de Carnéade, ou assez voisin de leur siècle, & sur-tout assez judicieux, assez instruit dans ces matières, pour que son témoignage, plus ou moins d'accord avec les monumens qui nous restent, puisse avoir quelque force (1).

Les seuls passages de Cicéron que j'ai cités ci-dessus, joints à celui de Clitomaque que cet orateur nous a conservé, font mieux connoître ce que les *académiciens* pensoient des sens, que tout ce vain étalage d'érudition & de métaphysique qu'on trouve sur ce sujet dans les notes de M. Castillon. C'est à ces philosophes qu'il convient particulièrement de parler de leur doctrine; personne ne l'a ni plus approfondie, ni mieux connue; personne n'en peut être un historien plus fidèle & plus exact; & ce n'est ni Eusebe, ni S. Augustin, ni un auteur moderne quel qu'il soit, pas même M. Castillon, qu'il faut consulter, lorsqu'on veut s'instruire des dogmes d'Arcésilas & de Carnéade, & se faire une idée nette de leur système, si l'on peut en avoir un lorsqu'on ne croit rien (2). C'est Cicéron, c'est Sextus Empiricus, le premier, dans ses *Académiques*; le second, dans ses hypotyposes pyrrhoniennes & dans ses deux premiers livres contre les logiciens. C'est dans ces sources pures qu'il faut chercher les sentimens de la *moyenne* & de la nouvelle *académie*; & après avoir recueilli fidelement de tous les citations de Cicéron & de Sextus, comparés entr'eux & soigneusement analysés, les opinions des *académiciens*, & ce qui les distingue des autres philosophes, présenter au

---

Augustin ne donne cette opinion que comme une simple conjecture:

Audite jam paulò adtentiùs, *dit-il*, non quid sciam, sed quid existimem: hoc enim ad ultimum reservabam, & explicarem, si possem, quale mihi videatur esse totum academicorum consilium.

(1) Je ne dis rien ici d'un autre raisonnement de M. Castillon sur le même objet, parce qu'il suffit de le lire avec une légère attention pour en sentir le ridicule, & que d'ailleurs, si je ne me suis point proposé de relever toutes les erreurs qu'on trouve dans son ouvrage, mais seulement celles dont l'examen & la réfutation peuvent me donner lieu d'éclaircir dans quelques points difficiles ou contestés, la philosophie des *académiciens.* Voyez les pages 236. 237. du tome second de sa traduction.

(2) Si ulla sententia cujusquam esse potest, nihil adprobantis. *Lucul. apud Cicer. academ. lib. 2. cap. 9. in fine.*

H

lecteur les résultats exacts & précis de cette analyse.

Tel est l'esprit dans lequel j'ai cru devoir traiter cet article, où les *académiciens* rendent, pour ainsi dire, témoignage d'eux-mêmes, puisque ce sont presque toujours eux qui parlent. Le seul mérite de ce travail, s'il en peut avoir, c'est de rassembler sur chaque objet avec plus d'ordre & de clarté, des idées ou des raisonnemens épars dans de longs ouvrages, & qui, ainsi rapprochés & enchaînés l'un à l'autre, se prêtent un jour mutuel, & acquièrent réciproquement plus de force & d'évidence.

Je ne suis point surpris qu'oubliant le sage précepte d'Horace, M. Castillon n'ait pas su apprécier le poids du fardeau qu'il s'imposoit en traduisant les *Académiques* de Cicéron : je ne lui fais néanmoins aucun reproche à cet égard ; j'excuse même les fautes assez nombreuses qu'il a commises dans cette traduction ; car quel est celui qui peut se flatter d'éviter toujours l'erreur, sur-tout dans un ouvrage où il faut joindre à une connoissance approfondie de la matière & de la langue dans laquelle elle est traitée, une grande précision de style & d'idées, qualités très-rares parmi les traducteurs, & qu'on ne trouve réunies que dans les écrivains du premier ordre : il seroit donc injuste de les exiger de M. Castillon. Je ne me plaindrai pas même du désordre de ses notes, la plupart inutiles, souvent étrangères à l'état de la question, & qui n'offrant d'ailleurs aucun résultat, ne semblent faites que pour vuider ses recueils. Mais si l'on peut pardonner à cet auteur si dédaigneux, sans en avoir acquis le droit, d'être resté fort au-dessous de son sujet, il ne faut pas dissimuler son peu de bonne foi, ou, pour user d'un terme plus doux, son inexactitude dans l'examen de la question qui nous occupe en ce moment.

En effet, pourquoi ne pas distinguer soigneusement les dogmes de la vieille *académie* dont Platon fut le fondateur, de ceux de la *moyenne* & de la *nouvelle* qui en sont si différens ? pourquoi attribuer à celles-ci les opinions des péripatéticiens & de ceux qu'on nommoit alors *académiciens*, deux écoles, dit Cicéron, dont la doctrine étoit la même sous des noms divers ? *qui rebus congruentes, nominibus differebant.* (Acad. lib. 1. cap. 4). Pourquoi citer un passage des *académiques* à Varron, sans observer qu'il s'agit dans ce passage, non du sentiment de ceux qui fondèrent la seconde & la troisième *académie*, mais de celui de ces philosophes qui, sous les noms d'*académiciens* & de *péripatéticiens*, instituèrent un seul & même corps de philosophie qui n'étoit au fond que celle de Platon ? *Platonis autem autoritate.... una & consentiens duobus vocabulis philosophiæ forma instituta est academicorum & peripateticorum.* (Id. ibid. lib. 1. cap. 4).

En ne confondant ni ces époques, ni ces sectes si distinctes, & dont les différences n'exigent même pour être apperçues, qu'un degré d'attention & de sagacité très-ordinaire, & par conséquent à la portée de M. Castillon, il auroit senti combien son paradoxe étoit insoutenable, & il m'auroit épargné une discussion qui, en éclaircissant un article essentiel de la doctrine *académique*, conduit sans doute à la vérité, mais par une route escarpée & pénible, puisqu'on n'arrive qu'après de longs détours à un résultat qu'on pourroit énoncer dans une seule ligne.

Comme il est très-important de ne laisser à cet égard aucun doute dans l'esprit du lecteur, je rapporterai ici un passage de Cicéron où l'on voit clairement que par inadvertance, par prévention, ou par une de ces illusions communes à tous les érudits qui veulent sortir de leur sphère, & traiter des questions philosophiques, M. Castillon a attribué indistinctement à tous les *académiciens* ce qui n'est vrai que de ceux qui sous l'autorité de Platon, & après lui, formèrent ce qu'on appelle *l'ancienne ou la vieille académie*. Eclaircissons tout ceci par des preuves qui, en découvrant la source de l'erreur de M. Castillon, achèvent de dissiper tous les nuages dont il a couvert cette partie de la philosophie des *académiciens*.

Ceux qui ont étudié avec quelque soin le système de Platon, souvent si difficile à éclaircir & à concilier dans toutes ses parties, savent qu'il enseignoit avec Héraclite, dont il suivoit en ce point la doctrine (1), que les choses sensibles s'altèrent, changent & passent, que toute la matière est dans un flux, un mouvement universel, & que s'il y avoit quelque science, il devoit y

---

(1) Aristote dit positivement que Platon devoit beaucoup à Pythagore, dont il avoit embrassé le système sur plusieurs points, & qu'il avoit aussi quelques idées qui lui étoient propres, & qui n'appartenoient point à la secte italique.

Post dictas vero philosophias disciplina Platonis supervenit in plerique quidem istos (Pythagoricos) secuta, quædam autem etiam propria ultra italicorum habens philosophiam. *Metaphys. lib. 1. cap. 6. init.*

Diogène Laërce dit que la philosophie de Platon étoit un mélange de celle d'Héraclite, de Pythagore & de Socrate.

Miscuit Heracliteorum, Pythagoreorumque ac Socraticorum doctrinas. Atque in his quidem quæ sensibus subjacent, Heracliti partes tuebatur. Porrò in his quæ ad intelligentiam pertinent, Pythagoræ acquiescebat. In rebus autem civilibus Socratem suum maximè amplectebatur. *Diogen. Laërt. in Platon. lib. 3. segm. 8. & 9.* Confer. quæ Apulejus de eodem.

avoir d'autres choses, comme de certaines natures permanentes, différentes des choses sensibles, parce que celles-ci étant dans un état continuel de vicissitude, ne peuvent pas être l'objet de la science (1). Aristote, dont je ne suis ici que l'interprète, ajoute ailleurs que Platon avoit pris ce dogme de Cratyle disciple d'Héraclite, qu'il avoit fréquenté dans sa jeunesse (2).

C'est en partant de ces principes, & en les suivant dans leurs conséquences les plus éloignées, que les anciens péripatéticiens qui ne différoient point, dit Cicéron, de ceux qu'on nommoit alors *académiciens* (3), soutenoient que, quoique nos jugemens tirassent leur origine des idées que nous recevons par les sens (4), ce n'étoit pas néanmoins aux sens à juger de la vérité. Selon eux, l'entendement est le seul juge compétent des choses, le seul auquel on puisse s'en rapporter, parce qu'il est le seul qui voie ce qui existe toujours, ce qui est simple, toujours le même, & tel qu'il est en effet. C'est cet objet de notre esprit qu'ils appellent *idée*, nom que Platon lui (5) avoit déjà

(1) Accidit vero de ideis opinio illis, qui dixerunt, propterea quod de veritate adhæserant Heracliti rationibus, tanquam omnia sensibilia semper fluunt. Quare si qua cujuspiam scientia prudentiaque esset, oportet alias quasdam naturas permanentes esse, præter sensibiles: non enim fluentium esse scientiam. *Aristot. metaphys. lib.* II. *cap.* 4. *p. m.* 420. Édit. Paris. 1654.

Quoique Aristote ne nomme point Platon dans ce passage, il est clair que c'est de lui dont il veut parler. Voyez la note suivante.

(2) Cum Cratylo namque ex recenti conversatus, & Heracliti opinionibus assuetus, tanquam omnium sensibilium semper defluentibus, & de iis non existente scientia, hæc quidem etiam postea ita arbitratus est. *Id. ibid. metaphysic. lib.* I. *cap.* 6. *p. m.* 271. 272.

(3) Illud imprudenter, si alios esse academicos, qui tum adpellarentur, alios peripateticos arbitrantur. *Cicer. academ. lib.* I. *cap.* 6.

(4) Quanquam oriretur à sensibus, tamen non esse judicium veritatis in sensibus. Mentem volebant rerum esse judicem: solam censebant idoneam cui crederetur; quia sola cerneret id, quod semper esset, simplex, & uniusmodi, & tale, quale esset. Hanc illi ideam appellabant, jam à Platone ita nominatam: nos rectè speciem possumus dicere. Sensus autem omnes, hebetes & tardos esse arbitrabantur, nec percipere ullo modo res eas, quæ subjectæ sensibus viderentur; quæ essent aut ita parvæ, ut sub sensum cadere non possent: aut ita mobiles & concitatæ, ut nihil umquam unum esset constans; ne idem quidem, quia continenter laberentur, & fluerent omnia. Itaque hanc omnem partem rerum, opinabilem adpellabant. Scientiam autem nusquam esse censebant, nisi in animi motionibus atque rationibus. *Cic. academ. lib.* I. *cap.* 9.

(5) Platon ce grand maître, non seulement dans l'art de penser, mais encore dans l'art de parler,

donné, & que nous pouvons rendre exactement dans notre langue par le terme de *forme*, *d'apparence* ou *d'image*: à l'égard des sens, ils les récusoient comme des instrumens foibles, imparfaits, incapables de pénétrer en aucune façon les choses mêmes qui paroissent être de leur ressort, parce qu'elles sont, ou si petites qu'elles leur échappent, ou si mobiles & si agitées, qu'elles ne sauroient rester dans un état de stabilité, ni même d'identité, tout ce qui est corps ou matière se trouvant assujetti à des changemens ou écoulemens perpétuels. C'est pourquoi ils disoient que toute cette partie de nos connoissances qui n'est fondée que sur le rapport des sens, ne sauroit être qu'opinion ou conjecture. Pour ce qui est de la science, ils ne la croyoient nulle part, excepté dans les notions de l'ame, & dans les raisonnemens, (c'est-à-dire, selon moi, dans la faculté qu'a l'entendement d'abstraire, de réfléchir sur ses idées & de les comparer.

Il est évident que cette doctrine des anciens péripatéticiens & des *académiciens*, n'est que le développement de celle de Platon sur les choses sensibles & transitoires qui sont l'objet de l'opinion, & sur les choses intelligibles & existantes par elles-mêmes, qui sont du ressort de l'entendement (1): & l'on peut d'autant moins en douter, que Cicéron par l'organe de Varron, nous cet exposé de la dialecque de ces philosophes, en disant: « Voilà la première forme de l'an» cienne philosophie, telle que nos péripatéticiens » ou *académiciens* l'avoient reçue de Platon ».

donne le nom d'idées à ces exemplaires & à ces modèles de chaque chose; il prétend que ces idées sont éternelles, immuables, & ne subsistent que dans l'intelligence & la raison, tandis que les autres choses naissent, passent, s'écoulent, disparoissent, & ne peuvent jamais demeurer dans un état de consistance.

Has rerum formas appellat ideas ille non intelligendi solùm, sed etiam dicendi gravissimus auctor & magister, Plato; easque gigni negat, & ait semper esse, ac ratione & intelligentia contineri: cætera nasci, occidere, fluere, labi, nec diutius esse uno & eodem statu. *Cicer. orat. cap.* I. n°. 10.

Ce passage, en confirmant ceux d'Aristote cités ci-dessus, prouve que Platon, sans être sectateur d'Héraclite, qui ne voyoit dans tous les phénomènes de l'univers que les effets d'une matière diversement modifiée, adoptoit au moins cette partie de son système physique sur l'instabilité des corps & le mouvement universel de la matière. Mais en partant de ce principe du philosophe d'Éphèse, Platon en avoit tiré d'autres conséquences moins philosophiques peut-être, mais qui se lioient mieux à sa théologie, science qui paroît avoir été l'objet de ses plus douces & de ses plus profondes rêveries.

(1) Plato autem omne judicium veritatis, veritatemque ipsam, abductam ab opinionibus & à sensibus, cogitationis ipsius & mentis esse voluit. *Apud Cicer. academ. lib.* 2. *cap.* 46.

Hæc erat illis prima à Platone tradita. (Acad. lib. 1. cap 9. fub. fin).

Quel que foit le motif qui ait pu porter M. Caftillon à confondre des chofes très-diverfes, & que Cicéron même avoit diftinguées avec tant de précifion, on voit affez combien ce qu'il dit du prétendu platonifme des *académiciens*, en général, avoit befoin d'être expliqué & reftreint, puifque cette affertion fi vague, ou plutôt fi fauffe dans les deux cas où elle auroit pu mériter quelque attention & quelque examen, n'eft vrai que de ces premiers *académiciens* difciples de Platon & fes fucceffeurs immédiats dans l'*académie*.

Qu'il me foit permis d'hafarder ici une conjecture fur laquelle je n'infifte pas, & que je ne donne que pour un fimple apperçu ; mais que j'aurai occafion de confirmer ou de détruire, dans l'article PLATONISME, (*voyez* ce mot). C'eft qu'en niant que les chofes fenfibles puffent être l'objet de la fcience, & en ne trouvant de certitude & d'évidence que dans les idées purement intellectuelles, Platon femble avoir voulu faire entendre par là, qu'il n'accordoit le nom de vérités qu'aux démonftrations géométriques qui, à parler avec précifion, peuvent feules conftituer une fcience. Ce qui paroît donner quelque vraifemblance à cette conjecture, c'eft que ce philofophe tenoit un des premiers rangs, pour ne pas dire le premier parmi les géomètres de fon temps, qu'il fit des mathématiques, & fur-tout de la géométrie, la bafe de fes inftructions ; & qu'il ne laiffoit jamais écouler un jour, fans en montrer à fes difciples quelque nouvelle vérité. Tout le monde connoît (1) l'infcription fameufe par laquelle il défendoit l'entrée de fon auditoire à ceux qui ignoroient la géométrie ; il difoit enfin que Dieu (qu'il appelloit l'Eternel géomètre), s'en occupoit continuellement, entendant, fans doute, par là, que toutes les loix par lefquelles il gouverne l'Univers, font des loix mathématiques(2).

Croiroit-on néanmoins que ce philofophe qui inventa l'analyfe géométrique, cette fource féconde de vérités utiles, jufqu'alors inconnues, & , pour ainfi dire, inacceffibles ; à qui quelques-uns attribuent même, mais un peu obfcurément, la découverte des fections coniques ; qui réfolut, il eft vrai ; méchaniquement, mais d'une manière fort fimple & commode dans la pratique, le problème fameux des deux moyennes proportionnelles continues, plus connu dans les écrits des anciens fous le nom de problème *de la duplication du cube* (1) ; enfin qui a fi bien mérité des géomètres & de la géométrie, foit par les découvertes dont il l'enrichit, foit par celles de fes difciples fur lefquelles il a tant influé par fes leçons, par fon exemple, & fur-tout par l'enthoufiafme qu'il fçut leur infpirer pour cette fcience la plus utile de toutes, puifqu'elles ont toutes plus ou moins befoin de fon fecours ; croiroit-on, dis-je, que ce philofophe qui, pour me fervir de l'expreffion d'un favant analyfte moderne, donna une nouvelle vigueur à la géométrie, & lui fit, en quelque forte changer de face, ait été traité par M. Caftillon, de *mince géomètre* (2).

Pour faire fentir toute l'injuftice & l'amertume de cette critique, il eft néceffaire de rapporter ici le paffage qui y a donné lieu.

Platon, ou plutôt Timée de Locres, que Platon (3) fuit ici pas à pas, prétend que Dieu voulant former le monde, réunit d'abord la terre & le feu. Or, deux chofes pour être jointes, en deman-

---

(1) Infcripferat verò fcholæ, quam in academia habebat, limine, nemini geometriæ ignaro ingredi fas efto. Vid. Brucker. *Hift. crit. philof.* part. 2. lib. 2. cap. 6. fect. 1. de Platone, pag. 642. tom. 1.

(2) Voyez l'excellente hiftoire des mathématiques, par M. Montucla, liv. 3. part. prem. paragraphe 14. pp. 171. 172.

(1) Il y employa un inftrument compofé de deux règles, dont l'une s'éloigne parallelement de l'autre, en coulant entre les rainures de deux montans perpendiculaires à la première : cette folution eft commode dans la pratique. (Voyez Montucla, loc. cit. ubi fup. pag. 188). Il eft vrai qu'elle exige un tâtonnement, & l'ufage de quelque inftrument, autre que la règle & le compas, ce qui n'eft point admis dans la rigueur géométrique. Ce défaut que le chef des géomètres ne chercha pas à éviter, nous donne lieu de penfer qu'il n'eut en vue que la facilité de l'exécution, & qu'il facrifia à cet avantage réel, une délicateffe fuperflue.

Voyez l'hiftoire des recherches fur la quadrature du cercle, pp. 240. 241. ch. 5. §. 4 5. & 6. Voyez auffi les Elémens de géométrie du père Lami, liv. 4. fect. 2. p. m. 211. 222. Il rapporte la folution de Platon, en y joignant la figure de l'inftrument dont ce philofophe fe fervit pour réfoudre méchaniquement le problème des deux moyennes.

(2) Voyez fes notes fur les Académiques de Cicéron, tom. 2. note 50. pp. 198. 199.

(3) On fait, & M. Caftillon ne l'ignoroit pas fans doute, que Platon n'eft par-tout, dans fon Timée, que le copifte fidèle & le commentateur obfcur de Timée de Locres. Le petit ouvrage de cet ancien pythagoricien fe retrouve tout entier dans le dialogue qui porte fon nom & dégagé du commentaire, fouvent plus poëtique que philofophique de Platon ; il feroit même en général affez facile à entendre. Le paffage que M. Caftillon attaque, eft expreffément tiré de ce traité de Timée : c'étoit donc contre ce philofophe que notre moderne Ariftarque devoit diriger fa critique bonne ou mauvaife, & non contre Platon, à qui, dans la première fuppofition, on ne pourroit tout au plus reprocher que de n'avoir pas rectifié en cet endroit les idées ou du moins les expreffions de l'auteur dont il expofoit la doctrine.

tent une troisième, & ont besoin, pour ainsi dire, d'un nœud & d'un lien. Le meilleur & le plus beau de tous les liens est celui qui fait un seul tout de lui & des choses qu'il unit ; c'est ce que produit très-bien (1) l'analogie ou proportion. Mais comme il falloit que le monde fût solide, & qu'entre les solides, il n'y a jamais un seul moyen proportionnel, & qu'il y en a toujours deux ; Dieu plaça l'eau & l'air entre le feu & la terre, & les proportionna de manière que le feu fut à l'air comme l'air à l'eau ; & l'air à l'eau comme l'eau à la terre. Ainsi fut formé le ciel visible & tactile (2).

Mon dessein n'est ni d'expliquer, ni de justifier la manière dont Platon veut que les quatre élémens aient été ordonnés, distribués & proportionnés dans l'Univers, pour qu'il en résultât le monde que nous voyons. Il est évident que toute cette théorie n'est que de la mauvaise physique ; mais au moins ce qu'il y a de purement mathé-matique dans le raisonnement de Platon, n'a rien de contraire aux principes de cette science; & bien loin d'en conclure, comme M. Castillon, que Platon n'étoit qu'un *mince géomètre*, l'exemple même dont cet ancien philosophe s'est servi, prouve au contraire qu'il connoissoit parfaitement la théorie des progressions géométriques, ce qui, certes, n'est pas un savoir médiocre pour le temps où il écrivoit ; & ce qui suffiroit seul pour lui mériter l'estime des géomètres, quand il n'y auroit pas d'ailleurs d'autres droits.

Pour ne point hérisser ce texte de calculs & de signes presqu'aussi effrayans pour la plupart des lecteurs que des citations grecques, je renvoie au bas de la page l'éclaircissement de la partie géométrique du passage de Platon. Ce développement pourra faire juger si ce philosophe méritoit le mépris insultant avec lequel M. Castillon a osé en parler dans son fatras pédantesque (1).

___

(1) M. Castillon objecte à cela que *la proportion ne lie rien*. Sans doute : mais on ne lie que ce qui est en proportion. « Qu'un horloger, ajoute-t-il, fasse » quatre roues en proportion continue, s'il ne les » ajuste pas convenablement sur la même platine, » elles ne produiront aucun effet. C'est la platine » qui les lie, ce n'est pas la proportion ». Fort bien : mais la platine ne les lie que parce qu'elles sont en proportion ; ce rapport quelconque qu'elles ont entr'elles, est la cause de leur liaison qui n'auroit pas lieu sans lui. C'est la *conditio sine qua non*. La proportion est donc nécessaire.

Au reste, l'intelligence de cette doctrine, & par conséquent la détermination précise de ce qu'elle a de vrai & de faux, exigeroit une connoissance approfondie de tout le système de Pythagore sur les nombres, que Platon, à l'exemple de l'école italique, avoit introduit dans la physique & dans la métaphysique ; & nous n'avons aujourd'hui que fort peu de lumières sur cet article de la philosophie pythagoricienne, qui, en le supposant même éclairci, ne vaut pas une observation ou une expérience bien faite, & ne peut servir qu'à satisfaire la curiosité d'un érudit qui ne connoît pas le prix du temps.

(2) Quamobrem mundum efficere moliens Deus, terram primùm, ignemque jungebat. Omnia autem duo ad cohærendum, tertium aliquid requirunt, & quasi nodum vinculumque desiderant. Sed virculorum id est aptissimum atque pulcherrimum, quod ex se, atque de his, quæ adstringit, quam maximè unum efficit. Id optimè assequitur, quæ græcè ἀναλογία latinè comparatio, proportiove dici potest... Sed cum soliditas mundo quæreretur. Solida autem omnia uno medio numquam, duobus semper copulantur : ita contigit, ut inter ignem & terram, aquam Deus, animamque poneret, eaque inter se compararet, & proportione conjungeret : ut quemadmodum ignis, animæ ; sic anima aquæ : quodque anima, aquæ ; aqua terræ proportione redderet. Qua ex conjunctione cœlum ita aptum est, ut sub adspectum & tactum cadat. Timæus, seu de universitate : ex Ciceron. interpretat. Confer. quæ Timæus Locrus de anima mundi, pp. 554. 555. Edit. de Gale, Amstelod. 1688.

(1) Soient deux nombres entiers consécutifs, pris dans la suite des nombres naturels 1, 2, 3, 4, 5, 6, &c. représentons ces deux nombres par a & $a+1$: leurs quarrés seront a^2 & $(a+1)^2$. On peut inférer un nombre entier moyen proportionnel géométrique entre ces deux quarrés ; l'expression de ce moyen proportionnel est $a(a+1)$. Par exemple si $a=3$, & par conséquent $a+1=4$, la valeur du moyen proportionnel entre le quarré de 3, ou 9, & le quarré de 4, ou 16, est 12 ; de sorte qu'on a la proportion continue, $\div$ 9 : 12 : 16. Mais entre les cubes a^3 & $(a+1)^3$, on ne peut pas inférer un moyen proportionnel entier ; car l'expression de ce moyen proportionnel seroit $(a^2+a)\sqrt{(aa+a)}$; d'où il suit qu'il faudroit que $aa+a$ fût un quarré parfait ; ce qui est impossible, comme on peut le voir, en faisant successivement $a=1$, $a=2$, $a=3$, $a=4$, $a=5$, &c. mais entre les cubes a^3 & $(a+1)^3$, on peut inférer deux moyens proportionnels géométriques entiers, car soient x & y ces deux moyens proportionnels ; ou supposons qu'on ait la progression géométrique $\div a^3 : x : y : (a+1)^3$. on aura par la théorie des progressions géométriques, $a^9 : x^3 :: a^3 : (a+1)^3$. donc, $x = a^2(a+1)$; & à cause qu'on a, $a^3 : x :: x : y$, on aura $y = a(a+1)^2$. Par exemple, soit $a=2$, & par conséquent $a+1=3$; on aura, $x = 4 \times 3 = 12$,

Un homme rempli de connoissances sur plusieurs matières, peut être très-ignorant en mathématiques; mais s'il a l'esprit juste, il évitera de parler de ce qu'il n'entend pas. Il se souviendra de ce seigneur persan (1), dont les observations ridicules sur la peinture faisoient rire ceux qui broyoient les couleurs dans l'attelier d'Apelles. Littérateur ou philosophe, il étudiera avec soin l'histoire de la géométrie, pour savoir les noms de ceux qui ont cultivé cette science avec plus ou moins de succès, l'époque des plus fameuses découvertes, l'objet général de chacune en particulier : il tâchera même d'avoir une idée claire & précise de la nature des obstacles que les inventeurs avoient à surmonter, & de la mesure de l'espace qu'ils ont parcouru dans cette carrière immense; enfin, si son sujet le force de s'arrêter quelque temps sur ces matières, dont la langue même assez étendue, a aussi ses difficultés, il n'en parlera pas sans doute avec une certaine profondeur, mais ce qu'il en dira, aura du moins le mérite de l'ordre & de l'exactitude, & c'est tout ce qu'on peut exiger de lui.

Si M. Castillon avoit eu ce même esprit de réserve & de tatonnement, si nécessaire lorsqu'on traite de choses qu'on n'a point apprises, ou sur lesquelles on n'a qu'une instruction superficielle (2), il auroit parlé avec plus d'estime des connoissances géométriques de Platon; il auroit senti qu'un homme dont la géométrie avoit fait si long-temps les délices & la principale étude, & qui en avoit même reculé la limite par ses travaux, ne pouvoit pas être raisonnablement accusé d'avoir ignoré les premiers élémens de cette science, & il en auroit conclu ou qu'il n'entendoit pas le sens de la proposition de Platon, ou que son texte & celui de Timée étoient également corrompus, ou, à la plus grande rigueur, que ce philosophe ne s'étoit pas exprimé avec assez d'exactitude & de précision.

Il y a beaucoup d'autres méprises dans l'ouvrage de M. Castillon, mais il n'est pas de mon sujet de les remarquer. Je dois me borner à réfuter celles qui concernent particulièrement la philosophie des *académiciens*, & c'est déjà s'imposer une tâche assez pénible. En effet, les erreurs ne sont pas seulement nuisibles, dangereuses ou funestes par cela même que ce sont des erreurs; un de leurs plus grands inconvéniens, c'est le nombre & la variété des obstacles qu'elles opposent à la découverte de la vérité; c'est le temps qu'un bon esprit qui s'occupe de cette recherche avec un zèle constant & opiniâtre est forcé de perdre pour écarter celles qui retardent sa route; c'est qu'il est souvent très-difficile, même en les réfutant solidement, de leur ôter *la vie éternelle*, pour me servir de l'expression énergique de Bayle. Une seule proposition fausse, avancée légèrement par un homme peu versé dans une matière, ou qui, égaré par ses passions & ses préjugés, ne voit dans les objets qu'il examine que le côté qui favorise les uns ou les autres, peut devenir pour ceux mêmes qui ont fait le plus de progrès dans les sciences, le sujet des plus profondes méditations; & le meilleur dialecticien a souvent besoin d'un énorme enchaînement de faits & de raisonnemens pour réfuter un sophisme ou un paradoxe qu'un ignorant ou un esprit superficiel a avancé dans une seule ligne, ou pour constater une vérité qu'il a voulu ébranler.

Il faut avouer que les objections de l'*académie*, contre les assertions hardies des dogmatiques, ne manquent, en général, ni de force, ni de solidité : mais cette philosophie toujours ingénieuse & subtile, souvent profonde, quelquefois même très-difficile à combattre par des raisonne-

---

$y = 2 \times 9 = 18$; & la progression géométrique $\div$ 8 : 12 : 18 : 27; ainsi que la simple proportion, 8 : 12 : : 18 : 27.

(1) Apelles interrompant Mégabyse, qui vouloit un jour discourir devant lui sur l'ombre & le trait, lui disoit : « Voyez-vous ces enfans qui broient mes couleurs? Avant de vous entendre, ils étoient attentifs, ils admiroient votre or & votre pourpre; depuis que vous parlez de ce que vous n'avez jamais appris, ils se moquent de vous ».

Etenim Apelles pictor adsidenti sibi Megabyso, & de linea nescio quid umbraque volenti disserere; nonne vides, aiebat, puerulos istos qui melidem terunt? tacenti tibi admodum ii fuerunt intenti, purpuram aurumque admirantes; nunc te rident orsum loqui de rebus iis quas non didicisti. *Apud Plutarch. de adulat. & amic. discrimine*, Opp. tom. 2. pag. 58. D. Edit. Paris. 1624.

(2) Il y a quelque part un M. Castillon, qu'on appelle le mathématicien : ce n'est pas sans doute dans le même sens qu'on appelloit Homère, le poëte κατ' ἐξοχήν (par excellence). Car ce M. Castillon, dont aucun géomètre ne parle, qu'aucun ne cite; pas même pour le critiquer, ne doit pas tenir parmi eux un rang fort distingué. C'est en ce genre, comme le disoit plaisamment d'Alembert, un de ces hommes célèbres, qui ne sont pas même connus dans leur montée.

J'ignore si le traducteur des *Académiques* & le mathématicien sont deux auteurs différens, ou si c'est le même; mais soit que ma critique tombe sur le simple littérateur, ou sur le littérateur géomètre, elle est également fondée; & je dirai ici comme ce jeune homme qui, n'en voulant qu'à son chien, avoit par hasard frappé sa belle-mère : *le coup n'est pas perdu*, ou pour me servir de la version naïve d'Amyot : *encore ainsi ne va-t-il pas mal*. Apud Plutarch. septem sapient. conviv. pag. 147. c. opp. tom. 2. Edit. Paris. 1624.

mens fondés sur la logique, la physique & la métaphysique des anciens, a aussi son côté foible. On voit avec peine des philosophes qui avoient seuls la sincérité de proposer avec la même force les argumens des deux partis opposés; qui soutenoient avec raison qu'afin de trouver la vérité, il faut disputer (1) pour & contre tous les systêmes; qui posoient eux-mêmes ce principe que, sans une marque distinctive du vrai & du faux, du connu & de l'inconnu (2), il n'y a point de philosophie; qui faisoient profession d'enseigner ce que chacun doit admettre ou rejetter, s'occuper sérieusement de disputes de mots, & inventer des argumens captieux pour embarrasser leurs adversaires qui, de leur côté, avoient la foiblesse puérile de perdre, à se démêler de ces vains sophismes, un temps précieux qu'ils auroient pu employer à des recherches d'une utilité générale & constante.

Ce qui rend sur-tout les *académiciens* inexcusables, c'est qu'on ne peut pas supposer que des hommes très-instruits, & doués d'une sagacité peu commune, ne sentissent pas le ridicule & la futilité de ces tristes ergoteries auxquelles ils se livroient, moins, sans doute, pour aiguiser leur esprit en l'exerçant sur des questions difficiles (espèce de lutte qui en augmentant pour ainsi dire les forces & le ressort de l'entendement, tourne toujours au profit de la vérité) que pour obscurcir les notions les plus évidentes, & égarer enfin les dogmatiques dans des défilés tortueux dont ils ne pussent plus sortir (3). Les *académi-*

---

(1) Reftat illud, quod dicunt, veri inveniendi causa, contra omnia dici oportere, & pro omnibus. *Apud Cicer. acad. lib.* 2. *cap.* 18.

Le même auteur parlant ailleurs en son nom, dit : *contra autem omnia disputatur à nostris, quod hoc ipsum probabile elucere non posset, nisi ex utraque parte caussarum esset facta contentio. De officiis, lib.* 2. *cap.* 2. ex Edit. Pearce, Londin. 1761.

C'étoit aussi, selon cette méthode, qu'Aristote exerçoit ses disciples. Il les faisoit parler pour & contre, non avec la sécheresse des philosophes, mais avec l'abondance des orateurs. Son but étoit de les mettre en état de traiter avec l'étendue, la fécondité & les ornemens convenables, toutes sortes de sujets.

In hac Aristoteles adolescentes, non ad philosophorum morem tenuiter differendi, sed ad copiam rhetorum, in utramque partem, ut ornatius, & uberius dici posset, exercuit. Cicer. orator. cap. 7. §. 46.

(2) Hano enim esse regulam totius philosophiæ, constitutionem veri, falsi, cogniti, incogniti : quam rationem quoniam susciperent, docereque vellent, quæ à quovis accipi oporteret & quæ repudiari, certè hoc ipsum, ex quo omne veri falsique judicium esset, percipere eos debuisse. Lucul. *apud Cicer. academ. lib.* 2. *cap.* 9.

(3) Cicéron dit lui-même en parlant des sorites : *sed omnes istos aculeos & totum tortuosum genus disputandi relinquamus* Acad. lib. 2. cap. 31.

---

ciens n'avoient nul besoin, pour établir leur dogme favori de l'acatalepsie, d'employer cette méthode vicieuse & captieuse d'argumentation que la saine philosophie n'approuvera jamais, comme l'observe judicieusement Lucullus (1) : ils se seroient rendus beaucoup plus redoutables, & ils auroient montré plus de bonne foi, je dirois presque plus de jugement, en se renfermant strictement dans les seules questions où l'incertitude & les bornes de nos connoissances s'offrent de toutes parts, & sur lesquelles un bon esprit n'a rien de mieux à faire que de suspendre son jugement, & de conclure, pour me servir de l'expression de Bayle, à un *soit plus amplement enquis*. Ils auroient trouvé dans ces questions une source féconde de difficultés la plupart insolubles, même aujourd'hui, mais dont la discussion portée successivement sur toutes les parties de l'objet qu'elles embrassent, les auroit conduits nécessairement à quelque grand résultat plus ou moins éloigné du terme d'où ils seroient partis, à peu-près comme les géomètres sont arrivés par une analyse savante à la solution de plusieurs problèmes importans en cherchant inutilement celle de la quadrature du cercle, de l'hyperbole, de l'ellipse &c.

Telle est la manière dont les *académiciens* auroient dû procéder dans leurs disputes contre les dogmatiques. En donnant trop d'étendue au dogme de l'incompréhensibilité, en se servant indifféremment pour défendre leur cause d'argumens sophistiques & de raisons solides ; en soutenant que la nature ne nous a donné aucune connoissance des bornes que nous puissions assigner avec précision à quoi que ce soit (2), ni du point fixe qui sépare les qualités opposées, en s'efforçant de confondre par de pures subtilités de dialectique très-incommodes quand on veut répondre à tout, la limite du connu & de l'inconnu, limite plus ou moins distincte selon la nature des questions, mais toujours réelle & assignable pour celui que l'esprit de systême, la paresse ou l'ignorance, ne précipite pas dans un doute universel aussi absurde qu'une crédulité aveugle & illimitée ; ils ont montré une indifférence pour la vérité très-nuisible au progrès des sciences, & avec laquelle on ne fait rien d'utile & de grand dans

---

(1) Et primum quidem hoc reprehendendum, quod captiosissimo genere interrogationis utuntur, quod genus minime, in philosophia probari solet. *Apud Cicer. acad. lib.* 2. *cap.* 16.

(2) Rerum natura nullam nobis dedit cognitionem finium, ut ulla in re statuere possimus, quatenus : ne hoc in acervo tritici solum... sed ulla omnino 'n re minutatim interrogati, dives, pauper : clarus, obscurus sit : multa, pauca : magna, parva : longa, brevia : lata, angusta : quanto aut addito, aut dempto, certum quod respondeamus non habemus. *Cicer. acad. lib.* 2. *cap.* 29.

aucun genre. *Magnis semper conatibus adversa* (Tacit. Annal. lib. 15. cap. 50. *in fine*).

Le seul article des *sorites*, de l'argument appellé le *menteur* &c. prouve que toutes les idées fausses, de même que toutes les idées honteuses, sont entortillées comme elles doivent l'être ; ce qui est vrai, ce qui est honnête, est clair, simple, & porte dans l'esprit une lumière douce & pure. Cicéron a bien raison de comparer la dialectique à Pénéloppe qui défaisoit elle-même sa propre toile (1).

Expliquons ici aussi briévement qu'il sera possible, & toujours conformément à nos principes, par les textes mêmes des anciens, ce que c'est que les *sorites* & le *menteur*, ces deux arguments que les *académiciens* & les stoïciens ont rendus si célèbres ; ceux-là par l'art avec lequel ils manioient cette arme offensive, ceux-ci par les efforts qu'ils faisoient pour en briser la pointe, afin de n'en être pas blessés (2).

« Si à quelque grandeur on ajoute quelque chose peu-à-peu, & par degrés, dit Lucullus, les *académiciens* nomment cela des *sorites*, parce qu'en ajoutant un seul grain, ils font le monceau. *Cùm aliquid minutatim & gradatim additur aut demitur, sorìtas hoc vocant, quia acervum efficiunt uno addito grano.* (Acad. Lib. 2. cap. 16).

Cicéron qui semble désapprouver (3) ailleurs cette manière captieuse d'interroger, ou par l'addition successive des plus petites parties de la quantité, on conduit de question en question son adversaire à avouer qu'un seul grain constitue la différence de ce qui est monceau & de ce qui ne l'est pas, employe néanmoins ce sophisme avec confiance dans sa réponse à Lucullus, & il n'oublie même rien pour mettre dans tout son jour, le vice de la solution que Chrysippe donnoit de cette difficulté. Ecoutons cet orateur jouer ici à découvert le personnage d'*académicien*, on trouvera en même temps dans le passage que je vais citer, un exemple de l'usage que ces philosophes faisoient du *sorite* dans leurs disputes contre les stoïciens.

» Nous ne pouvons jamais dire jusqu'où l'on
» doit aller, & cela non-seulement dans un mon-
» ceau de bled, d'où vient le nom de *sorite*, mais
» dans toutes les autres choses où l'on procède
» par une suite graduée d'interrogations, comme
» par exemple, sur ce qu'il faut précisément pour
» être riche ou pauvre, illustre ou obscur ; sur
» ce qui constitue le peu, le beaucoup, le grand,
» le petit, le long, le court, le large, l'étroit &c.
» Nous n'avons rien à répondre de certain sur
» la quantité qu'il faut ajouter ou retrancher pour
» déterminer précisément la nature de chaque
» chose (1).... Chrysippe veut que lorsqu'on
» interroge par degrés, par exemple (2), trois sont-
» ils *peu* ou *beaucoup*? Il veut, dis-je, qu'avant
» d'arriver jusqu'à *beaucoup*, on s'arrête : c'est
» ce qu'ils nomment en grec *se reposer*, ou si
» l'on veut la méthode du repos. Non-seulement
» reposez vous, répond Carnéade, mais ronflez
» même si vous voulez. Cependant qu'y gagne-
» rez vous ? on vous éveillera en vous interro-
» geant de la même manière : si j'ajoute l'uni-
» té au nombre où vous vous êtes arrêté, ce
» nombre sera-t-il *beaucoup*? vous continuerez tant
» qu'il vous plaira. Mais pourquoi insister da-
» vantage? Vous avouez vous-même que vous
» ne pouvez fixer ni le terme (3) où finit le
» petit nombre, ni celui où commence le grand…
» si vous allez jusqu'à neuf, par exemple, &
» que vous répondiez sans hésiter, que c'est *peu*,
» & que vous vous arrêtiez à dix ; vous sus-
» pendez votre jugement dans une chose claire,
» & vous ne me permettez pas de suspendre le
» mien dans les choses obscures. Toute votre
» dialectique ne vous fournit donc aucune dé-
» fense contre les *sorites*, puisqu'elle n'apprend
» pas à celui qui ajoute à un nombre ou qui en
» retranche, ce qui le rend *grand* dans le (4)

---

(1) *Quid, quod eadem illa ars, quasi Penelope telam retexens, tollit ad extremum superiora.* Acad. lib. 2. cap. 29.

Il s'exprime ailleurs avec plus de force : *dialectici ad extremum ipsi se compungunt suis acuminibus, & multa quaerendo, reperiunt non modò ea, quae jam non possint ipsi dissolvere, sed etiam quibus ante exorsa, & potiùs detecta propè, retexantur.* De orator. lib. 2. cap. 38.

(2) C'est à-peu-près la métaphore employée par Cicéron. *As vitiosi sunt sorita ; se fait-il objecter par Lucullus, frangite igitur eos, si potestis ; ne molesti sint ; erunt enim nisi cavetis.* Acad. lib. 2. cap. 29.

(3) Voyez academ. lib. 2. cap. 31. init. J'ai cité le passage ci-dessus, pag. 63. col. 1. note 3.

(1) On peut voir le texte de ce passage ci-dessus ; pag. 63. col. 1. note 2.

(2) M. Castillon traduit : *le nombre est-il grand ou petit*? Ce n'est ni le sens, ni l'esprit des paroles de Cicéron. Voyez le texte cité, pag. 63. col. 1. note 1.

(3) Cicéron veut dire qu'on ne sauroit répondre avec précision, ni sur le dernier grain qu'on ôtera du monceau pour le réduire à peu, ni sur le premier grain qu'on ajoutera pour avoir beaucoup. Durand a fort bien entendu ce passage, mais il a eu tort de mettre la paraphrase dans le texte. V. p. 63. c. 1. not. 1.

(4) Cette dernière phrase pourroit être rendue plus littéralement, mais il s'agit moins ici de traduire les mots, que d'exprimer la pensée avec exactitude & clarté, deux qualités très-essentielles dans toute
» premiè-

« premier cas, & *petit* dans le second (1) ».

On est d'abord très-étonné que les *académiciens* aient proposé avec tant d'assurance un argument si foible, & sur-tout qu'un dialecticien aussi subtil que Chrysippe, ait tenté inutilement de le résoudre. La raison, ou si l'on veut l'æthiologie de ces phénomènes singuliers, ne se présente pas même facilement à l'esprit; mais en y réfléchissant plus attentivement, on voit qu'ils tiennent à la même cause, je veux dire de certains principes philosophiques qui n'étoient ni reçus ni connus des *académiciens* & des stoïciens, & dont l'application à la plupart des matières qu'ils ont traitées, & particuliérement au sophisme en question, leur auroit épargné beaucoup d'erreurs & de faux raisonnemens.

On a toujours parlé du *sorite* avec assez de mépris. Bayle, lui-même, qui, en sa qualité de *fidèle rapporteur*, développe très-bien l'artifice de cet argument, & en enseigne même la topique, se moque avec raison de pareilles ergoteries : mais ni ce philosophe qui peut-être n'étoit pas trop fâché de laisser aux dogmatiques cette difficulté de plus à résoudre, ni personne, que je sache, n'a pris la peine d'y répondre. On ne trouve rien à ce sujet dans la logique de Port-royal, ni dans celle de Wolf les deux seules que j'aie lues. M. Castillon qui commente si longuement & si obscurément tout ce qui est clair, emploie 18 pages in-8°. pour répondre au sophisme appellé *le menteur*, que Valentia réfute très-bien en quatre lignes; & il ne dit rien du *sorite* qui lui auroit offert une nouvelle occasion de débiter sa scholastique & ses lieux communs. Durand renvoie le lecteur à un *anti-académique* qu'il promettoit, & qu'il n'a jamais publié. L'abbé Batteux se contente de remarquer « que les *sorites* sont l'espèce d'argument la plus trompeuse de toutes, parce que dans chacune des propositions qu'on y élève, comme par étage, il se glisse aisément de petites inexactitudes qu'on n'apperçoit pas séparément, mais dont la somme donne dans la conclusion finale une erreur grossière à laquelle on est forcé de souscrire, quand on n'a pas arrêté l'argument dans son progrès (1) ».

Cette remarque de l'Abbé Batteux est juste : mais ce n'est qu'une bonne définition du *sorite*, où l'on indique assez exactement le caractère, &, pour ainsi dire, l'esprit de cet argument, mais sans y joindre la formule qui en donne la solution générale. Pour moi il me semble qu'il en est de certaines subtilités de dialectique, comme de ces erreurs auxquelles le nom seul de ceux qui les soutiennent, donne du poids & de l'importance, & dont il faut au moins arrêter les progrès, si on ne peut pas les empêcher de se produire & d'obscurcir pour un temps des vérités utiles. Le *sorite* & le *menteur* méritoient sous ce point de vue une réfutation directe dont on auroit même établi les principes sur une base invariable, en recherchant comment ces argumens captieux, & qu'on résout très-facilement, en mettant un peu d'exactitude & de précision dans ses idées, avoient pu en imposer aux *académiciens* & aux stoïciens, au point de déterminer ceux-là à en faire pour ainsi dire, leur dernière raison; (*ratio ultima*) & ceux-ci à se donner la torture (2) pour en trouver la solution.

Lorsque Sénèque déclare que si on l'en croyoit, on banniroit cette science futile, à l'aide de laquelle on environne de pièges celui qu'on interroge pour le conduire à des aveux imprévus, à des réponses contraires à sa pensée; lorsqu'il ajoute qu'il faut être plus simple quand on cherche la vérité (3); on voit qu'il avoit en vue le so-

---

traduction, & qu'on trouve rarement dans celle de M. Castillon. Ciceron dit : *quæ nec augenti nec minuenti quid aut primum sit aut postremum docet*, c'est-à-dire, selon M. Castillon : dans un art qui ne vous montre point quel est le commencement & quelle est la fin quand on augmente & quand on diminue. C'est sans doute ma faute; mais j'avoue qu'ici, comme dans beaucoup d'autres passages, j'aurois eu bien de la peine à entendre la traduction sans le secours du texte.

(1) *Placet enim Chrysippo, cùm gradatim interrogetur, verbi causâ, tria pauca sint anne multa; aliquantò priùs quàm ad multa perveniat, quiescere. Id est quod ab iis dicitur ἡσυχάζειν. Per me vel stertus licet, inquit Carneades, non modò quiescas. Sed quid proficit ? Sequitur enim qui te ex somno excitet, & eodem modo interroget, quo in numero conticuisti, si ad eum numerum unum addidero, multane erunt ? progrediere rursùs, quoad videbitur. Quid plura ? hoc enim fateris, neque ultimum esse paucorum, neque primum multorum respondere posse.... Sin autem usque ad novem, verbi gratiâ, sine dubitatione respondes, pauca esse, in decimo insistis; etiam à certis & insustrioribus cohibes assensum. Hoc idem me in obscuris facere non sinis : nihil igitur te contra sorites ars ista adjuvat : quæ augenti nec minuenti quid aut primum sit aut extremum docet. Academ. lib. 2. cap. 29.*
Philosophie anc. & mod. Tom. I.

(1) Hist. des causes premières, sect. 2. art. 1, pp. 233-234.

(2) On peut appliquer à ces questions futiles ce que Seneque dit d'un syllogisme ridicule de Zénon contre la crainte de la mort. « Il n'est pas facile de décider s'il y a eu plus de folie à se flatter de guérir de la crainte de la mort par un pareil raisonnement, ou à se tourmenter pour en chercher la solution, comme si la chose en valoit la peine ».
Non mehercule facile tibi dixerim, utrum ineptior fuerit qui se hac interrogatione judicavit mortis metum extingure : an qui hoc tanquam ad rem pertineret, conatus est solvere. Epist. 82. p. 333. tom 1. var.

(3) *Totum genus istud exturbandum judico, quo circumscribi se qui interrogatur, existimat, & ad confessionem perductus aliud respondet, aliud putat.*

rite, dont il sentoit la foiblesse & l'abus : mais il n'indique aucune voie pour sortir de ce dédale tortueux. Il dit même dans une autre lettre qu'il y auroit plus d'esprit à méprifer ces questions qu'à les réfoudre (1); ce qui est plus ingénieux que folide, puisqu'il est évident qu'on n'est réellement en droit de les méprifer, qu'après les avoir réfolues : enfin il laisse les stoïciens en butte à tous les traits de leurs adverfaires, tandis qu'il fuffifoit d'une feule obfervation pour réduire ces derniers au filence.

En effet, grand & petit font des termes relatifs, & on les confidère dans le *forite* comme exprimant des quantités abfolues, erreur grave fur laquelle cet argument est fondé, & qui le rend vicieux dans tous fes parties. Le même nombre eft grand ou petit felon l'efpèce de celui qui lui fert de terme de comparaifon. Par exemple, toute quantité pouvant, par fa nature, être augmentée ou diminuée à l'infini, dix est un petit nombre relativement à cent, à mille, à dix mille, à cent mille, & ainfi de fuite à l'infini, en multipliant toujours le dernier terme par le premier, ou en élevant feulement celui-ci à la troifième ou à la quatrième puiffance. Mais ce même nombre dix est très-grand relativement à un nombre beaucoup plus petit, comme par exemple à tel terme déterminé ou indéterminé d'une progreffion décroiffante à l'infini, ou fi l'on veut, à une fraction qui auroit pour numérateur l'unité, & pour dénominateur un nombre de trente cinq chiffres plus ou moins.

Il en eft de même du long, du court, du large, de l'étroit &c, tous ces mots font purement relatifs; ils défignent les rapports de ces différentes parties de la quantité, & n'expriment rien de pofitif & d'abfolu. C'eft faute d'avoir fait cette diftinction importante & néceffaire que les anciens fe fent égarés dans une métaphyfique obfcure & vague où l'imagination a plus de part que la réflexion, l'expérience & l'obfervation. Ce défaut général de leur philofophie ; ces faux jugemens fur les qualités relatives de notre ame qu'ils regardoient toutes comme des qualités pofitives, fe remarquent fur tout dans les écrits de Platon : (*voyez* PLATONISME) & c'eft fans doute ce qui a fait dire à Montefquieu (2) « que ces

» dialogues où Platon fait raifonner Socrate ; ces
» dialogues fi admirés des anciens, font aujourd'hui infoutenables, parce qu'ils font fondés
» fur une philofophie fauffe : car tous ces raifonnemens tirés fur le bon, le beau, le parfait,
» le fage, le fou, le dur, le mou, le fec, l'humide, traités comme des chofes pofitives, ne
» fignifient plus rien ».

Voila pour le *forite*; paffons au *menteur*, autre fophifme dont Eubulide, fucceffeur d'Euclide de Mégare, eft encore l'inventeur ; ainfi que de plufieurs autres auffi abfurdes, dont voici les noms : le *trompeur*, *l'électre*, le *voilé*, le *cornu*, le *chauve* &c.

Le *menteur*, fur lequel Sénèque nous apprend que les ftoïciens avoient beaucoup écrit ; *de quo tantùm librorum compofitum eft* (1), confiftoit en certains termes qui femblent fe détruire eux-mêmes. Par exemple, fi vous dites que vous mentez, & que vous difiez la vérité, vous mentez : or vous dites que vous mentez, & vous dites la vérité ; donc vous mentez. *Si dicis te mentiri, verumque dicis, mentiris : dicis autem te mentiri, verumque dicis : mentiris igitur.* (Acad. lib. 2. cap. 30). Cicéron ajoute que ce font des fubtilités de Chryfippe que lui même n'a pas réfolues. *Hæc Chryfippea funt, ne ab ipfo quidem diffoluta* (Id. ibid. cap. 30).

Pour rendre l'argument plus embarraffant, on en propofoit un femblable à celui-là, quant à la forme, & dont la conclufion étoit vraie.

Par exemple : fi vous dites qu'il fait jour à préfent, & que vous difiez la vérité, il fait jour : or vous dites qu'il fait jour, & vous dites la vérité, donc il fait jour. Vous approuvez cette manière de raifonner, & vous avouez que la conclufion eft dans les formes : vous devez donc approuver toute conclufion déduite de cette manière ; ou la logique eft nulle. C'eft l'objection que Cicéron fait à Lucullus.

« *Quomodo igitur hoc conclufum effe judicas ?* ſi *dicis nunc lucere, & verum dicis, lucet igitur* (2).

Pro veritate fimpliciùs agendum eft. *Senec. epift.* 82. *pag.* 337. *tom.* 2. Edit. *var.*

(1) Quid te torques & maceras in ea quæftione, quàm fubtiliùs eft contemplifle, quàm felvere ? *Id. Epift.* 49. *pag.* 168.

(2) Fragment fur le goût imprimé dans l'Encyclopédie, tom. 7. Edit. in-folio. J'ai fait réimprimer depuis ce même fragment fur une copie beaucoup plus correcte, communiquée par M. de Secondat.

Voyez les œuvres pofthumes de M. de Montefquieu, de la 2ᵉ Edit. Paris, 1784.

(1) Senec. Epift. 45.

(2) On voit qu'ici le fyllogifme n'eft pas complet, & qu'il y manque quelque chofe : Davifius y fupplée dans fa note, & il ajoute : *dicis autem nunc lucere, & verum dicis ; lucet igitur.* Il indique même comment ces paroles ont pu être oubliées dans les mff. par l'inadvertance des copiftes qui auront été trompés par la répétition des mêmes mots. *E multis codicibus videntur excidiffe, quod eadem verba repeterentur.* Vid. Davis. not. in hunc loc. J'ai fuivi dans la traduction la conjecture de Davis : M. Caftillon a fait de même, fans en avertir.

Probatis certe genus, & rectissimè conclusum dicitis: itaque in docendo eum primum concludendi modum tradidis. Aut quicquid igitur eodem modo concluditur probabitis, aut ars ista nulla est (Acad. lib 2. cap. 30).

Si l'on conçoit difficilement que des logiciens aussi subtils, aussi contentieux que les stoïciens, aient pu regarder ces syllogismes comme inexplicables (1), il n'est pas moins étonnant qu'Aristote qui joignoit à une grande pénétration (2) beaucoup d'ordre & de justesse dans l'esprit, ait avoué de même en parlant du *menteur*, que ces sophistiqueries étoient presqu'inexplicables (3). Rien ne prouve mieux le pouvoir des opinions préconçues sur les têtes les mieux faites; car on voit que l'habitude où l'on étoit alors de regarder ces argumens comme invincibles, avoit seule déterminé le jugement d'Aristote, & qu'il adopte ici une erreur qu'il avoit trouvée établie parmi les philosophes de son temps : ce qui signifie en d'autres termes qu'il a mieux aimé croire, même au risque de se tromper, que de prendre la peine d'examiner. C'est que les hommes de génie ont tous plus ou moins une certaine paresse d'esprit par laquelle ils confinent, pour ainsi dire, avec le vulgaire ignorant & crédule. Elle les assujettit sur plusieurs points importans aux mêmes préjugés; elle leur fait croire aveuglément des faits absurdes, des fables de vieilles, pour me servir de l'expression de Cicéron (4), parce qu'entraînés de bonne heure vers d'autres objets qui les occupent tout entiers, & avec lesquelles ces fables dont on a nourri leur enfance, n'ont souvent aucun rapport, ou n'en ont qu'un très indirect, & qu'on peut négliger sans erreur dans les résultats, elles s'établissent sans obstacles dans leur esprit, y jettent en tous sens de profondes racines, & deviennent enfin une habitude, & en quelque sorte un vice de la substance renfermée dans la tête, & par conséquent une maladie incurable dans la vieillesse & même dans l'âge mûr. Cette observation générale qu'il suffit d'indiquer, & que chacun peut étendre & appliquer à des cas particuliers, est une vérité incontestable & d'expérience; elle peut servir à expliquer un paradoxe bisarre que présente l'histoire de la vie de plusieurs hommes justement célèbres, & les premiers même dans les sciences qu'ils ont cultivées (1).

On vient de voir un philosophe grave à qui la logique doit plusieurs principes très-utiles, tels par exemple, que le syllogisme; sur lequel tout l'art du (2) raisonnement est fondé, négliger l'application de ses propres règles, & déclarer presqu'insoluble, un argument dont un examen plus sévère lui auroit découvert toute la foiblesse & la futilité; nous verrons bientôt, par une contradiction encore plus étrange que ce jugement d'Aristote, ou plutôt par une de ces distractions extraordinaires & presqu'inexplicables, un savant commentateur des *Académiques* de Cicéron reconnoître d'un côté que la logique ne fournit aucune arme (3) contre ces argumens manifestement défectueux, que ce défaut ne doit pas être rejetté sur l'art, mais sur la négligence des artistes qui n'ont pas trouvé le moyen de découvrir le vice de ces argumens; qu'il suffit même que l'art les remarque, & nous avertisse de nous en garder, comme le pilote remplit son devoir, lorsqu'il montre & évite les bans de sable, quoiqu'il

---

(1) Postulant (stoici) ut excipiantur hæc inexplicabilia. *Acad. lib. 2, cap. 30.*

(2) Ces paroles de Cicéron en donnent encore une plus grande idée: *aut ipsum Aristotelem, quo profectò nihil est acutius, nihil politius.* Acad. lib. 2. cap. 46. in fin. Cicéron fait en cent endroits de ses ouvrages le plus grand éloge d'Aristote. Voyez entr'autres, *Orator cap. 9. parag. 63. cap. 20. parag. 174. Tuscul. lib. 1. cap. 7. &c.*

(3) Præterea sophistarum ratio, quam mentientem vocant, dubitationem affert penè inexplicabilem. *Ethic. ad Nicomach. lib. 7. cap. 2. Edit. Oxon. 1716.*

(4) Superstitiones imbecilli animi atque anilis. *De divination. lib. 2. cap. 60. Edit. Davis.*

---

(1) Joignez à ces réflexions ce que je dis ci-dessous, en observant le même phénomène. *Vid: infrà fol. 84. recto.*

(2) Je n'en excepte pas même les démonstrations mathématiques qui ne sont, à proprement parler, qu'un long enchaînement de syllogismes dont toutes les conséquences sont rigoureusement vraies, parce qu'elles découlent immédiatement de prémisses vraies, & que chaque syllogisme d'où elles sont déduites d'une manière expresse ou tacite, & auquel elles se rapportent, est en bonne forme.

(3) Quæ cum vitiosa manifesto sint, nullum tamen adversus illa auxilium à dialectica adferatur, nullaque artis regula excludantur, sed æquè ac ea quæ vitio carere dicuntur, concludere videantur. Non enim hoc artis vitio tribuendum, sed artificum negligentiæ, qui regulam, qua horum vitium aperiant, commenti non sint. Quin & arti satis est illa notare, & cavère jubere : ut & navis rector satis pro officio facit, si, si brevia de medio non tollit, tamen cavere jubeat ac declinet. Nec ideo ars aliqua damnanda, quia quædam superare non possit .... Itaque meliùs se gerat adversus hujusmodi dialecticas, si tantùm vitiosa dicat, nec explicare anxiè laboret. Etsi non multi negotii foret, distinctione aliqua, illius modi omnia eludere & frangere. Quis unquam dixit, *ego mentior*, cum hoc ipsum pronuntiatum falsum vellet declarare? nemo unquam, ex-istimo, aut nihil dixerit. Sed cùm sic aliquis loquitur, de alio aliquo, paulò antè à se adfirmato, sermonem facit. Si non facit, cùm nihil verum, nec verum, nec falsum dicit. Verum non tantum otii est, ut operam in hisce nostram profundamus. *Petr. Valent. academic. pp.* 62. 63. de l'édition donnée par Durand, & imprimée à la suite de sa traduction des *Académiques de Cicéron.*

ne les ôte pas &c &c, & avouer de l'autre que cependant il ne feroit pas fort difficile d'échapper à ces arguments, & de les énerver par quelque diſtinction. « Qui a jamais dit, je mens, » en voulant déclarer que cette propoſition eſt « fauſſe ? Perſonne, je penſe, ou bien il ne dit » rien. Celui-qui parle ainſi, parle de quelque » autre choſe qu'il vient de dire, autrement il » ne dit rien, & ſa propoſition n'eſt ni vraie ni » fauſſe. Mais je n'ai pas aſſez de loiſir pour » perdre mon temps à ces bagatelles ».

Comment, Valentia n'a-t-il pas ſenti qu'il étoit en contradiction avec lui-même ? comment ne s'eſt-il pas apperçu qu'il réfutoit très-ſolidement en peu de mots ce même ſophiſme, contre lequel il venoit de dire quelques lignes plus haut que la logique ne fournit aucune arme ? C'eſt porter trop loin la défiance de ſes propres forces ; ou plutôt c'eſt donner lieu de croire qu'il avoit rencontré par haſard la vraie ſolution de cette difficulté, comme on frappe quelquefois au but par un trait lancé à l'aventure : c'eſt apprendre à tout le monde qu'il falloit le louer, non de ſon habileté, mais de ſon bonheur. Quoi qu'il en ſoit, la ſolution n'en eſt pas moins bonne ; elle ſuffit même, & M. Caſtillon qui ſait tant de choſes, auroit dû ſavoir encore qu'il étoit auſſi inutile que ridicule, d'employer 18 à 20 pages pour dire au fond la même choſe que Valentia, & pour faire voir à ſes lecteurs qu'il a fait autrefois ſa logique au collège, & qu'il en a conſervé les cahiers.

Si l'on peut juſtement reprocher aux *académiciens* d'avoir fait uſage des *ſorites*, & de toutes ces ſubtilités épineuſes de la ſecte de Mégare, il faut avouer auſſi que les ſtoïciens ne ſe ſont pas rendus moins coupables aux yeux de la raiſon, en les introduiſant dans la morale, dont ils ont fait par leurs ergotiſmes une ſcience contentieuſe & difficile, tandis que les ſimples diſcours de la philoſophie, pour qui ſait les choiſir & les traiter à point, comme dit (1) Montaigne, ſont plus aiſés à concevoir qu'un conte de Bocace. Le beſoin qu'ils avoient, ainſi que les *académiciens*, de plier leur eſprit à toutes les fineſſes, à toutes les diſtinctions futiles de la dialectique, ſoit pour attaquer avec plus d'avantage, ſoit pour ſe défendre avec plus d'art, leur avoit inſpiré ce goût, cette ardeur immodérée de diſputes qui fait négliger l'étude des choſes, pour ne s'occuper que de mots, & dont l'effet néceſſaire eſt de faire perdre inſenſiblement dans toutes les queſtions la trace de la vérité, & de rendre tout incertain & problématique, conformément à cette ancienne & judicieuſe maxime (2), *nimium altercando veritas*

---

(1) Eſſais, liv. 1, cap. 25. p. m. 326. tom. 1.
(2) Publi. Syri ſententiæ.

amittitur. Le philoſophe qui diſcute dans le ſilence de la retraite, peut avoir auſſi ſes préjugés ; mais il eſt du moins tranquille & ſans paſſion ; il cherche ſeulement à s'inſtruire : quel que ſoit le réſultat auquel ſon analyſe exacte & ſévère le conduiſe, il eſt ſatisfait : ou il s'eſt défait d'une erreur, ou il a acquis une vérité ; & dans le premiers cas, il n'a pas ſur-tout à rougir de ſa défaite dont il eſt le ſeul témoin : mais dans la diſpute où tous les reſſorts de l'amour propre ſont tendus de part & d'autre, chacun veut avoir raiſon ; & ce deſir également vif dans les deux adverſaires, les modifie de manière qu'il ne peut plus leur être indifférent de vaincre ou d'être vaincu. Vraie ou fauſſe, ils tiennent à leur opinion, par cela ſeul qu'ils l'ont une fois avancée & ſoutenue ; & s'il arrive par haſard que l'une de ces opinions une fois détruite, entraîne la ruine du ſyſtême de celui qui la défendoit, on ne peut plus eſpérer de l'y voir renoncer. Les démonſtrations mathématiques ne ſont évidentes pour les géomètres, de même que pour ceux qui, plus ou moins étrangers à ces ſciences, en admettent les réſultats ſur parole, & pour ainſi dire, ſur la notoriété publique de leur certitude, que parce que les uns & les autres ſuppoſés dans cet état d'abſtraction, n'ont en général, aucun intérêt à croire ces démonſtrations fauſſes : trouvez un moyen quelconque d'exciter en eux cet intérêt, de le rendre, s'il ſe peut, très-vif, très puiſſant, & ces mêmes vérités également certaines, également rigoureuſes, deviendront auſſitôt problématiques pour eux.

Hobbes eſt une forte preuve de la juſteſſe de cette obſervation. Ce philoſophe qui s'étoit occupé avec autant de ſagacité que de ſuccès des moyens de perfectionner l'entendement humain, & qui a lui ſeul plus contribué aux progrès de la raiſon, qu'aucun de ceux qui l'ont ſuivi dans la carrière, ſans même en excepter Locke qui lui doit tout : (*voyez* l'article HOBBISME, & LOCKE philoſophie). Hobbes, dis-je, jaloux de mériter une autre gloire, à laquelle il n'avoit que de très-foibles droits, voulut ſortir un moment de ſa ſphère, & s'exercer auſſi dans une ſcience dont on tente avec d'autant plus de hardieſſe & de confiance d'éclaircir les difficultés, qu'on eſt ſoi même moins inſtruit ſur ces matières, tandis que ces mêmes difficultés, regardées comme inſolubles par les hommes de génie qui ont le plus aprofondi les ſciences où elles ſe rencontrent, ont ceſſé depuis long-temps d'être l'objet de leurs recherches & de leurs efforts. Hobbes crut donc avoir réſolu les problèmes fameux de la quadrature du cercle & des deux moyennes. Wallis ſi célèbre par l'invention de l'arithmétique des infinis, & par les découvertes qu'il dut à l'uſage & à l'application de cette ſavante méthode, trouva ſans peine le vice des prétendues solutions du philosophe de Malmesbury, & fit imprimer sa réfutation, où la supériorité qu'il avoit, comme géomètre, sur son adversaire, est aussi marquée que le soin qu'il prend de la lui faire sentir. Celui-ci moins humilié peut-être, de ses paralogismes que du ridicule dont il s'étoit couvert aux yeux des géomètres, tourna contre eux tout son ressentiment, & dès ce moment il écrivit contre la géométrie dont il attaqua tous les axiomes, & affecta d'accuser d'incertitude & de mépriser une science qu'il auroit beaucoup mieux fait d'étudier. Tant il est vrai, comme il le remarque lui-même ailleurs, que toutes les fois que la raison sera contraire à l'homme, l'homme sera contraire à la raison (*).

Le lecteur a pu voir par l'exposé que nous venons de faire de la doctrine de la nouvelle *académie*, qu'elle diffère réellement de celle des sceptiques ; mais que les nuances qui les distinguent sont légères & demandent même pour être apperçues une connoissance réfléchie des principes & de l'esprit même de la philosophie de ces deux sectes. Il est donc nécessaire d'indiquer ces nuances assez fines pour échapper à des yeux peu exercés à ces sortes de recherches : c'est ce que Sextus Empiricus a pris soin de marquer avec une précision qui prouve que les pyrrhoniens se faisoient à leurs yeux une sorte de mérite de philosopher sur des principes très-différens de ceux des autres sectes, & de n'avoir ni dans leurs idées, ni dans la langue particulière qu'ils s'étoient faite pour les exprimer, ni dans la fin même ou le but de leur philosophie, rien de commun avec ces mêmes sectes au milieu & des débris desquelles, ils s'étoient, pour ainsi dire, formés. C'est ce qu'on peut inférer du chapitre 33. des hypotyposes de Sextus, où il explique avec beaucoup de subtilité en quoi la sceptique diffère de la philosophie des *académiciens*.

» Quoique les sectateurs de la nouvelle *académie*, dit-il (2), soutiennent l'incompréhensi-
» bilité de toutes choses, ils diffèrent néanmoins
» des sceptiques par cela même qu'ils disent que
» tout est incompréhensible : (car ils disent cela
» affirmativement ; mais le philosophe sceptique
» ne désespère pas que l'on parvienne un jour

(1) Voyez l'Epitre dédicatoire de son admirable *Traité de la nature humaine*.

(2) Jam verò & novæ academiæ alumni etiamsi incomprehensibilia esse dicunt omnia, differunt tamen à scepticis, fortasse quidem & in eo, quod dicunt omnia esse incomprehensibilia : (hoc enim affirmant ; at scepticus non desperat fieri posse ut aliquid comprehendatur) sed apertius etiam ab illis in bonorum & malorum dijudicatione discrepant, &c. Pyrrhon. hypotyp. lib. 1. cap. 33. sect. 226.

» à comprendre quelque chose). Les *académiciens*
» s'éloignent encore plus évidemment de nos
» principes dans la distinction qu'ils font des biens
» & des maux ; car ils disent qu'il y a quelque
» bien & quelque mal, non pas dans le même
» sens que nous, mais dans la persuasion où ils
» sont qu'il est effectivement, que ce qu'ils
» appellent *bien*, l'est effectivement, que ce qui
» lui est contraire ; & ils raisonnent de la même
» manière à l'égard du mal ; au lieu que nous,
» nous disons qu'il n'y a ni bien ni mal, de
» sorte que nous croyons que cette proposition
» est seulement probable, nous conformant d'ail-
» leurs à la coutume (1) & à l'usage commun,
» sans établir aucun dogme, parce que nous ne
» pouvons pas être sans agir ».

» De plus (2), nous disons que relativement à
» la nature des objets extérieurs, il n'y a
» rien dans nos perceptions qui les rende plus
» ou moins dignes de foi ; au-lieu que ceux
» de la nouvelle *académie* prétendent que les unes
» sont probables, & les autres non : ils éta-
» blissent même dans les perceptions différens
» degrés de probabilité. Selon eux, les unes sont
» seulement probables ; d'autres sont probables
» & prouvées par des observations exactes ; d'au-
» tres enfin sont probables, bien examinées, &
» non combattues.

» Par exemple, un rouleau de corde qui est à
» terre dans un lieu obscur, fournit à celui qui
» entre subitement, la perception simplement pro-
» bable d'un serpent. Mais celui qui considère
» attentivement cet objet, qui examine toutes
» les circonstances du phénomène, telle que l'im-
» mobilité de la corde, sa couleur &c. voit
» une corde par une perception probable & bien
» examinée ».

» Mais voici un exemple d'une perception pro-
» bable, bien examinée & (3) combattue.

(1) Ita ut.... sine ulla opinatione sequamur vitam, ne nihil agamus. *Id. ibid. sect. 226. fin.*

(2) Præterea phantasias nos quidem dicimus pares esse ad fidem obtinendam vel non obtinendam, quantùm ad rationem : illi autem alias probabiles esse dicunt, alias non probabiles : quin & probabilium statuunt diversa genera. Alias enim probabiles tantùm esse dicunt, alias autem probabiles & accurata consideratione probatas : alias probabiles & probatas accurata consideratione & quæ nullo dubio impediantur. *Id. ibid. sect. 127.*

(3) Le texte porte ici ἀπερίσπαστος φαντασία, une *perception non combattue* ; mais le raisonnement de Sextus exige nécessairement qu'on lise περίσπαστος, *combattue*. M. Castillon propose cette correction qui est plus heureuse que celle d'Henri-Etienne, & qui a de plus le mérite d'être fort simple, puis-

» On dit qu'Hercule ramena des enfers Al-
» ceste qui étoit morte, & la fit voir à Admète.
» Celui-ci recevoit une perception probable &
» bien examinée d'Alceste; mais sachant qu'elle
» étoit morte, il trouvoit un obstacle à se ren-
» dre à cette perception, & il pensoit à s'y re-
» fuser ».

» Les nouveaux *académiciens* préférent donc
» à une perception simplement probable, celle
» qui est probable & bien examinée; & ils pré-
» fèrent à l'une & à l'autre celle qui est probable,
» bien examinée, & non combattue ».

« Or (1), quoique les *académiciens* & les scep-
» tiques disent qu'ils acquiesçent à quelque chose,
» il y a cependant sur ce point une différence
» manifeste entre la méthode de philosopher des
» uns & des autres. Car ce mot *consentir* se prend
» en plusieurs sens. Tantôt il signifie ne pas
» résister, mais suivre simplement sans être dé-
» terminé par une inclination ou une affection
» violente. C'est ainsi qu'un enfant est supposé
» *consentir* à ce que lui dit son maître. Quelque
» fois *consentir* se prend pour suivre le sentiment
» de quelqu'un, par un choix réfléchi, & par
» cette espèce de penchant qui détermine forte-
» ment l'aquiescement de l'ame. C'est ainsi qu'un
» prodigue *consent* à suivre celui qui lui conseille
» de vivre avec profusion. C'est pourquoi (2),
» puisque Carnéade & Clitomaque disent que le
» consentement à une chose probable, peut-être
» accompagné d'une forte inclination, & qu'au
» contraire nous disons que ce consentement ne
» consiste qu'à céder simplement, & sans au-
» cune inclination ou affection pour quoi que ce
» soit, il est évident que nous différons en cela de
» ces philosophes ».

» A l'égard de la fin (3) de la philosophie,
» c'est encore un article sur lequel nous ne pen-
» sons point comme la nouvelle *académie*; car ceux

qu'elle consiste dans le retranchement d'une seule
lettre, & qu'il seroit difficile de restituer un passage
corrompu par un plus léger changement. *Voyez* le
discours prélimin. de M. Castillon sur les *Académiques*, tom. I. pp. 163. 164.

(1) Quanquàm autem & academici & sceptici se
assentiri aliquibus dicebant, manifesta est tamen hic
quoque differentia quæ est inter eorum philosophias,
&c. *Id. ibid. sect.* 229.

(2) Quare cum Carneades & Clitomachus cum vehementi inclinatione dicant assentiri & probabile
esse; nos autem in cedendo simpliciter sine propen-
sione affectus erga quicquam, in hoc quoque ab illis
differre comperiemur. *Id. ibid. sect.* 230.

(3) C'est-à-dire, des règles, d'après lesquelles on
doit se conduire dans le cours de la vie.

» qui vivent conformément aux principes de cette
» secte, établissent la probabilité pour règle de
» leurs actions; au lieu que nous, nous vivons
» sans adopter aucune opinion, contens de suivre
» les loix, les coutumes, & les impulsions de
» la nature » (1). (*voyez* SCEPTICISME, &
PYRRHONIENE (philosophie).

Ce sont ces différentes nuances qui séparent
la doctrine des pyrrhoniens de celle de la nouvelle *académie*, nuances légères, sans doute, mais
réelles & qu'il est très nécessaire d'observer, qui
ont fait dire à Montaigne avec beaucoup de subtilité, que l'opinion des pyrrhoniens est plus
liée & se soutient mieux que celle des *académiciens*.

» Les *académiciens*, dit-il, recevoient quelque
» inclination de jugement, & trouvoient trop
» cru de dire qu'il n'estoit pas plus vray-sem-
» blable que la neige fust blanche, que noire;
» & que nous ne fussions non plus asseurez du
» mouvement d'une pierre, qui part de nostre
» main, que de celui de la huictiesme sphère.
» Et pour éviter cette difficulté & estrangeté,
» qui ne peut à la vérité loger en nostre ima-
» gination, que malaisement, quoiqu'ils establis-
» sent que nous n'estions aucunement capables
» de savoir, & que la vérité est engouffée dans
» des profonds abismes, où la veue humaine ne
» peut pénétrer; si advouoyent-ils les unes choses
» plus vray-semblables que les autres; &
» recevoient en leur jugement cette faculté, de
» se pouvoir incliner plustôt à une apparence,
» qu'à une autre. Ils lui permettoyent cette pro-
» pension, luy défendant toute résolution. L'ad-
» vis des pyrrhoniens est plus hardy, & quant
» & quant plus vray-semblable: car cette incli-
» nation *académique* & cette propension à une
» proposition plustôt qu'à une autre, qu'est-ce
» autre chose que la recognoissance de quelque
» plus apparente vérité en cette-cy qu'en celle-là?
» Si nôtre entendement est capable de la forme,
» des linéamens, du port, & du visage de la
» vérité, il la verroit entière, aussi bien que
» demie, naissante & imparfaite. Cette apparence
» de vérisimilitude qui les fait prendre plustôt à
» gauche qu'à droite, augmentez-la; cette once
» de vérisimilitude qui incline la balance, mul-
» tipliez-la de cent, de mille onces, il en ad-
» viendra enfin que la balance prendra party tout-à-
» fait, & arrestera un choix & une vérité
» entière. Mais comment se laissent-ils plier à
» la vray-semblance, s'ils ne cognoissent le vray?
» Comment cognoissent-ils la semblance de ce de
» quoy ils ne cognoissent pas l'essence? ou nous

(1) *Voyez* Sextus Empiricus, Pyrrhon. hypotypos.
lib. 1. cap. 33. à sect. 226, ad sect. 232. Edit. Fabricii
Lips. 1718.

» pouvons juger tout à faict, ou tout-à-faict nous
» ne le pouvons pas. Si nos facultés intellec-
» tuelles & sensibles sont sans fondement & sans
» pied, si elles ne font que flotter & vanter,
» pour néant laissons nous emporter nostre juge-
» ment à aucune partie de leur opération, quelque
» apparence qu'elle semble nous présenter ; & sans
» la plus seure assiette de nostre entendement,
» & la plus heureuse, ce seroit celle-là, où il
» se maintiendroit rassis, droit, inflexible, sans
» branfle & sans agitation : *inter visa, vera aut*
» *falsa ad animi assensum, nihil interest*. (Academ.
» quæst. l. 2. c. 28). Montaigne Essays, l. 2.
c. 12 p. m. 569. 570.

Il n'est pas de mon sujet d'examiner ici ce que ces objections de Montaigne ont de spécieux, & ce qu'un *académicien* pourroit lui répondre sur les motifs qui lui faisoient préférer la philosophie pyrrhonienne à celle de *l'académie* ; j'observerai seulement, en général, que les *académiciens* n'ont jamais nié que certaines choses ne leur parussent plus vraisemblables que d'autres, puisque dans toutes leurs actions, de même que dans tous leurs jugements, ils se déterminoient d'après le calcul des probabilités ; règle très-sûre, très-exacte, qui suffit même dans la p'upart des circonstances de la vie, & qui est souvent la seule qu'un esprit net & juste ait pour diriger sa conduite & éviter de s'égarer à son préjudice ou à celui des autres, dans le vaste champ de l'incertitude & de l'opinion. Ainsi Montaigne a raison de dire, (& les *académiciens* le lui auroient accordé sans peine) que cette inclination *académique* & cette propension à une proposition pluftost qu'à une autre, n'est autre que la recognoissance de quelque plus apparente vérité en cette cy, qu'en celle-là : mais ce qu'il n'a pas dit, & ce que peut-être il n'a pas vu, faute d'avoir consideré ces objets avec assez d'attention, c'est que *cette inclination, cette propension à une proposition plutôt qu'à une autre est*, de même que la suspension de jugement (1) dans certains cas, une chose nécessaire & forcée qui a lieu dans l'examen de toutes les questions ; d'où il suit évidemment qu'à parler

avec précision, il n'y a jamais eu & il n'y aura jamais un seul véritable pyrrhonien : & c'est ce que Montaigne lui-même semble reconnoitre indirectement dans un autre chapitre de ses *essays*, où, après avoir dit : « qu'il est indubitable qu'un
» esprit balancé justement entre deux pareilles
» envies, ne prendra (1) jamais party, d'autant
» que l'application & le choix porte inequalité
» de prix » : il nie formellement & avec raison, que deux choses puissent être parfaitement indifférentes ; & rapportant ensuite la réponse peu philosophique que les stoïciens faisoient à cette question : « d'où vient en nostre ame (2) l'é-
« lection de deux choses indifferentes (& qui
» fait que d'un grand nombre d'escus nous en
» prenions pluftost l'un que l'autre, n'y ayant
» aucune raison qui nous incline à la préférence »
il donne lui même la vraie solution de ce problème : « il se pourroit dire, ce me semble,
« pluftost, que aucune chose ne se présente à nous,
» où il n'y ait quelque difference, pour légère
» qu'elle soit : & que ou à la vue ou à l'attou-
» chement, il y a toujours quelque choix qui
» nous tente & attire, quoique ce soit imper-
» ceptiblement ». Réponse très-solide, qui en prouvant que le cas de l'ane ou de l'anesse de Buridan, (car on varie sur le genre de l'animal) est phyfiquement impossible, démontre en même temps que le véritable sceptique est de même un pur être de raison, car il seroit par rapport à toutes les questions soumises à son examen, à son jugement & à sa décision, de même que relativement à toutes ses actions & aux différentes déterminations de sa volonté, rigoureusement dans le cas de l'ane de Buridan ; supposition mathématiquement impossible.

Ceux qui ont parlé des opinions de Carnéade, n'ont pas distingué avec assez de son ses véritables sentimens de ceux qu'on lui attribuoit. En confondant des choses si diverses, ils ont donné lieu d'accuser ce philosophe sinon de contradiction, au moins d'une sorte de relachement dans ses principes, qui leur ôte cette liaison, cet accord & cette unité si nécessaire dans tout système philosophique, & sans lesquels il se réduit à quelques vérités isolées, solitaires, à la décou-

---

(1) Spinosa ne s'y est pas trompé, & il nie sans détour que nous soyons libres de suspendre notre jugement. « En effet, ajoute-t-il, lorsque nous disons
» que quelqu'un suspend son jugement, nous ne di-
» sons autre chose sinon qu'il voit qu'il ne perçoit pas
» la chose d'une manière adæquate : donc la suspen-
» sion de son jugement est réellement une perception,
» & non le résultat d'une volonté libre ».

Ad secundam objectionem respondeo negando, nos liberam habere potestatem judicium suspendendi. Nam cùm dicimus, aliquem judicium suspendere, nihil aliud dicimus, quam quod videt, se rem non adæquatè percipere : est igitur judicii suspensio reverà perceptio, & non libera voluntas. Spinos. Ethices, de mente, parte secundâ schol. pag. 90.

(1) C'est aussi le sentiment de Spinosa :

Quid ergo fiet homo, dit-il, *si in æquilibrio sit, ut Buridani asina? famene, & siti peribit ?* ... *dico, me omninò concedere, quod homo in tali æquilibrio positus, (nempè qui nihil aliud percipit, quam sitim & famem, talem cibum, & talem potum, qui æquè ab eo distant) fame, & siti peribit.* Spinos. Ethices, de mente, parte 2. schol. pag. 89. 91.

(2) Ils disoient que ce mouvement de l'ame est extraordinaire & desreiglé, venant à nous d'une impulsion estrangère, accidentalle & fortuite. *Montaigne, Essays*, liv. 2. ch. 14.

verte desquelles l'auteur semble être arrivé par un heureux hasard bien plus que par une excellente méthode d'investigation secondée d'une méditation forte & continue. Mais en lisant de suite & avec attention le Lucullus de Cicéron, ces prétendus contradictions de Carnéade disparoissent, & on remarque au contraire qu'il se tient strictement renfermé dans les limites très-circonscrites de la doctrine *académique*, & que personne, peut-être, n'a mieux connu les dépendances inévitables de son système.

J'ai fait voir ailleurs (1) sur l'autorité de Clitomaque cité par Cicéron, en quel sens & dans quel esprit Carnéade a pu dire qu'on ne peut être assuré de rien, & que le sage peut ajouter foi à des choses dont il n'est pas sûr, c'est-à-dire avoir des opinions, pourvu qu'il sache que ce sont des opinions & qu'il n'y a rien de certain. Il seroit d'autant plus injuste de regarder ces propositions & d'autres semblables comme autant de brèches plus ou moins fortes qu'il faisoit à son système, que ces espèces d'aveux ou de concessions n'exprimoient point ses véritables sentimens. C'étoient ou des paradoxes qu'il soutenoit dans la dispute (2) pour exercer les forces de son esprit & connoitre avec précision la mesure de celles de ses adversaires; ou des pensées diverses sur la dialectique ou la morale qu'il avançoit (3) sans les approuver, & seulement pour contredire les stoïciens; ou enfin des opinions qu'on lui attribuoit sur de simples (4) bruits publics, espèces de témoins toujours récusables, ou du moins qu'il ne faut admettre en tout qu'avec beaucoup de précaution, parce que la paresse, la crédulité, la haine ou l'ignorance (passions qui gouvernent le monde) ont souvent plus de part à leurs rapports vrais ou faux, que le jugement, les lumières & l'équité. Je renvoie au bas de la page plusieurs passages des *Académiques* qui prouvent ces différentes assertions, & je me borne ici à celui qu'on va lire, &

─────────

(1) Voyez ci-dessus, pp. 43. 44.

(2) Licebat enim percipere, & tamen opinari; quod à Carneade dicitur probatum. Equidem Clitomacho, plus, quam Philoni aut Metrodoro, credens, hoc magis ab eo disputatum, quam probatum puto. *Cicer. acad. lib. 2. cap. 24.*

(3) Introducebat etiam Carneades, non quo probaret, sed ut opponeret stoïcis, summum bonum esse frui his rebus, quas primas natura conciliavisset. *Cic. acad. lib. 2. cap. 42.* Il dit ailleurs en parlant de cette opinion de Carnéade sur le souverain bien. *Fruendi rebus iis quas primas secundum naturam esse diximus, Carneades: non ille quidem auctor, sed defensor differendi causa fuit. De finib. bon. & mal. lib. 5. cap. 7. vid. & lib. 2. cap. 13.*

(4) Voyez ci-dessous, pag. 73. col. 1. les passages de Cicéron cités dans la note 2.

qui donne la clef de tout le système de Carnéade.

Cicéron, après avoir dit que Calliphon plaçoit le souverain bien (1) dans le plaisir joint à l'honnête, nous apprend dans un des chapitres suivans, que Carnéade défendoit l'opinion de Calliphon avec tant de chaleur, qu'il sembloit l'approuver; cependant, ajoute-t-il, Clitomaque assuroit qu'il n'avoit jamais pu pénétrer les vrais sentimens de Carnéade. *Cujus quidem (Calliphontis) sententiam Carneades ita studiosè defensitabat, ut eam probare etiam videretur: quamquam Clitomachus adfirmabat, numquam se intelligere potuisse, quid Carneadi probaretur. Academ. lib 2. cap. 45, sub fin.*

Ce qui rend sur-tout cet aveu très-remarquable, c'est que Clitomaque vieillit avec Carnéade, & joignit à la sagacité de sa nation, (car il étoit carthaginois) un grand désir de s'instruire & beaucoup d'application à l'étude. *Qui (Clitomachus) usque ad senectutem cum Carneade fuit, homo & acutus, ut poenus, & valdè studiosus ac diligens. (Cicer. Acad. lib 2. cap 31).*

Toutes ces circonstances réunies ajoutent, ce me semble, un grand poids au témoignage de Clitomaque, & sont très-propres à fixer nos idées sur Carnéade. On voit dans ce philosophe un homme toujours maître de lui-même, toujours la balance à la main pour peser les vraisemblances & les probabilités, un véritable & parfait *académicien*, qui après avoir examiné dans le silence de la retraite & des passions tout ce qu'on peut dire pour & contre les principes de sa secte, après avoir long-temps considéré les mêmes objets sous toutes leurs faces, & avec une égale attention, compose, pour ainsi dire, son opinion du résultat de ses observations, & ferme dans le poste où il s'est retranché, ne laisse ni à l'autorité, ni à l'argumentation la plus subtile, aucun moyen de le *desloger de sa créance*, pour me servir de l'expression de Montaigne (2).

Rien n'est plus difficile & plus rare; rien ne prouve mieux une force de tête peu commune que de se faire ainsi par la seule réflexion un plan ou système de philosophie qui soit constamment un; d'être intérieurement pour soi-même pendant le cours d'une assez longue vie, tel que l'on s'est montré aux yeux de ses amis les plus intimes, & de ne jamais démentir ni dans ses discours ni dans ses actions particulières, ni même dans les confidences & les épanchemens les plus

─────────

(1) Voluptatem & honestatem finem esse bonorum Callipho censuit, *Cicer. academ. lib. 2. cap. 42.*

(2) Essais, liv. 1. chap. 38. sub init.

douz

doux de l'amitié, ce qu'on a une fois trouvé par la théorie ; ce dont on a une démonstration aussi évidente que le comporte la nature des objets examinés, & que la puisse donner l'application la plus exacte & la plus précise des règles de la logique. Cette uniformité rigoureuse de principes spéculatifs dans les divers âges de la vie, & malgré les changements que les passions, les intérêts, les réflexions, & la vicissitude des circonstances apportent ordinairement dans nos idées, dans nos jugemens & dans notre manière de sentir & de voir, est un phénomène aussi extraordinaire que l'est en morale cette vie toute d'un même ton & sans nulle discordance (*vita unius sine actionum dissensione, coloris*) que Sénèque exigeoit du philosophe, & qui lui a fait dire avec raison, que le plus grand effort, la plus grande preuve de la sagesse, est de monter sa conduite à l'unisson du langage; de faire de l'homme un tout uniforme (1).

Il paroit donc, & c'est une justice que nous devons rendre ici à Carnéade, que sa philosophie spéculative a été constamment la même & qu'on peut regarder ce qu'il a dit sur les erreurs & les illusions des sens, sur l'incompréhensibilité de toutes choses, sur la nécessité de suspendre son jugement, & de se régler en tout par la probabilité, non comme une simple opinion, mais comme un principe auquel il est resté invariablement attaché, en un mot, comme le sommaire & l'abrégé de toute sa doctrine. Le seul témoignage de Clitomaque que je viens de rapporter, a plus de force pour prouver que le système de Carnéade bien étudié, bien compris, se réduit en dernière analyse à ces points fondamentaux, que tous les passages où les interlocuteurs des *Académiques* le font raisonner sur d'autres principes, n'en ont pour établir qu'il a en effet enseigné ce qu'on lui fait dire. Car, outre que tous ces divers passages n'énoncent que des bruits publics, de simples (2) ouï dire ; il faut juger des opinions d'un homme par la même règle dont on se sert pour juger ses actions : il faut prendre la somme totale des unes & des autres, & de leurs différences réciproques, & examiner le résultat. C'est ce résultat qui fera connoître si tel homme est bon ou méchant, vertueux ou vicieux ; & si tel autre est plus ou moins conséquent, plus ou moins de telle ou telle secte ; si ses idées sont plus ou moins liées ; s'il a plus ou moins de profondeur & d'étendue dans l'esprit ; en un mot, si sa philosophie est d'emprunt, ou si, pensant d'après lui, il s'est frayé lui-même la route où il s'est engagé.

En réfléchissant sur ce que Cicéron & Sextus Empiricus nous apprennent de Carnéade, sans avoir aucun égard à ce que les stoïciens lui attribuent, soit pour avoir mal pris sa pensée, soit par une suite de cette mauvaise foi qui règne dans la plupart des disputes, & qui augmente nécessairement en raison composée de la longueur de ces disputes, & de la foiblesse de l'un des deux partis ; en réduisant, dis-je, à la plus simple expression toute la philosophie rationelle de Carnéade, on la trouve renfermée dans les quatre articles énoncés ci-dessus. Ils en donnent même une idée très-exacte & très-conforme au véritable esprit de l'*académie*, dont il s'est moins écarté qu'aucun de ceux qui l'ont précédé ou suivi.

On demandera, peut-être, si ce grand défenseur de l'incertitude des connoissances humaines auroit aujourd'hui, dans la dispute, à peu près les mêmes avantages qu'il eut autrefois sur les stoïciens ? comme l'examen de cette question peut répandre quelque jour sur l'histoire de la philosophie, & en particulier sur le caractère de celle des *académiciens*, il ne sera pas déplacé dans cet article.

Les objections de Carnéade contre les stoïciens, & en général contre les dogmatiques, sont de deux sortes. Les unes ne sont que des argumens *ad hominem*, tels que ceux dont il se sert pour combattre les dogmes théologiques des stoïciens, & qu'on peut voir dans Cicéron au traité de la nature des dieux (1). Ceux-ci n'ont, par

---

(1) Maximum hoc est & ossii um sapientiæ, & indicium, ut verbis opera concordent, ut & ipse ubique par sibi idemque sit. *Senec. Epist.* 20.

(2) Licebat enim nihil percipere, & tamen opinari ; quod à Carneade *dicitur* probatum. *Cicer. acad. lib.* 2. *cap.* 14.

Carneadem autem etiam *heri audiebamus solitum esse* delabi interdùm, ut diceret, opinaturum, id est, peccaturum esse sapientem. *Id. ibid. lib.* 2. *cap.* 18.

Sed quid Catulus sentit ? quid Hortensius ? tùm Catulus egone, inquit ? ad patris revolvor sententiam (quam quidem ille Carneadeam esse dicebat) ut percipi nihil putem posse, adsensurum autem non percepto, id est, opinaturum sapientem existumem : sed ita, ut intellegat se opinari ; sciatque nihil esse quod comprehendi & percipi possit. *Academ. lib.* 2. *cap.* 48.

Philosophie anc. & mod. Tome I.

---

(1) *Lib.* 3. *cap.* 12. 17. *& seqq.* J'observerai à cette occasion que les objections de Carnéade tendoient à renverser des opinions religieuses qu'on retrouve dans des théologies fort différentes de celles du Portique ; car il avoit rassemblé tant d'argumens contre ceux qui disent que les dieux ont fait mille choses sur la terre pour l'utilité de l'homme, qu'il avoit inspiré à plusieurs personnes le desir de rechercher ce qu'il en faut croire.

Sunt autem alii philosophi, & hi quidem magni atque nobiles, qui deorum mente atque ratione omnem mundum administrari, & regi censeant : neque vero id solum, sed etiam ab iisdem vitæ hominum

conséquent, qu'une force purement relative, &, pour ainsi dire, précaire. Les autres font communes à tous les systêmes, sans avoir précisément dans tous le même degré d'importance & de solidité. Celles-ci sont d'autant plus difficiles à résoudre, qu'elles ont leur source dans des questions obscures & indéterminées; dans les phénomènes très-compliqués, mais encore plus mal observés, que présente l'organisation ou la structure particulière & peu connue du cerveau; dans les rapports si souvent incertains & illusoires des sens; dans l'impossibilité, ou du moins dans la difficulté de conclure avec certitude l'existence des corps des perceptions que nous en avons; dans le degré d'évidence ou de probabilité qu'un habile dialecticien peut donner à cet autre paradoxe, que nous n'appercevons jamais autre chose que nos propres sensations ou nos propres idées, c'est-à-dire, nous; dans l'imperfection de la logique & de la physique des anciens; dans cette foule d'erreurs & d'absurdités de toute espèce, qui assiegent, occupent les premières années de notre enfance; & après avoir ainsi faussé notre esprit, nous assujettissent, pendant le cours d'une vie sans cesse agitée de passions diverses, à tous les préjugés, à toutes les terreurs, à tous les écarts inséparables d'une raison foible & peu exercée, & partagent l'intervalle plus ou moins long, plus ou moins pénible de la vieillesse à la mort entre le repentir, la crainte & le désespoir, &c. &c.

On ne peut nier, ce me semble, que les objections fondées sur ces différentes bases, & fortifiées de tout ce que l'éloquence & la subtilité de l'esprit peuvent y ajouter de poids & d'autorité, ne soient, en général, très-embarrassantes, sur-tout lorsqu'on veut y répondre solidement & avec une certaine précision, qualité aussi nécessaire, aussi rare dans les idées que dans le style. Les modernes, environnés de tous les secours que leur offre l'état actuel des sciences, & conduits successivement par la réflexion à des principes dans lesquels, ainsi que Bacon l'avoit prévu, presque toute la métaphysique se réduit à ce qu'elle doit être en effet, c'est-à-dire, à une physique générale & particulière purement expérimentale, peuvent, sans doute, résoudre une partie des difficultés de Carnéade : on leur doit même un très-grand nombre de vérités inaccessibles aux méthodes & aux instrumens des anciens; mais il faut avouer aussi qu'il reste encore une infinité de cas où le philosophe de Cyrène seroit pour nous un raisonneur très-incommode, & qu'il seroit quelquefois impossible de le forcer dans ses retranchemens; tant il est facile de rencontrer les bornes de nos connoissances dans toutes les questions qu'on veut creuser à une certaine profondeur; & tant les causes des effets les plus ordinaires de la nature sont obscures, incertaines & fugitives.

D'ailleurs, s'il n'y a jamais dans chaque nation qu'un certain nombre d'individus dont la raison se perfectionne, & entre lesquels tout le goût, tout le génie, toutes les lumières d'un siècle sont ordinairement partagés dans un rapport qui suit celui des esprits; si ce qu'on appelle *le gros* d'une nation, ce qui en forme la plus grande partie, ne s'éclaire point ou fort peu, & si lentement que ses progrès sont à peine sensibles & calculables au bout d'une assez longue suite de siècles; si ses connoissances, nécessairement très-bornées, & long-temps stationnaires comme celles des différentes corporations, paroissent même quelquefois, si j'ose me servir de cette comparaison, avoir, comme les planètes, un mouvement rétrograde, qu'importe qu'un philosophe se soit occupé avec succès à éclaircir toutes les questions qui concernent les opérations de l'entendement humain, en prenant l'homme depuis ses rudimens les plus informes, & l'observant dans tous les développemens successifs de ses facultés, jusqu'à ce qu'il ait acquis l'organisation qui le constitue un être tel? qu'importe qu'il ait déduit de cette profonde analyse un long enchaînement de vérités neuves, absolument ignorées de la plupart de ceux qui ont traité ces matières, si les principes d'où il est parti dans l'explication de ces phénomènes si compliqués que présente la machine humaine, considérée en tant qu'elle éprouve des sensations, qu'elle pense, qu'elle compare, qu'elle juge, qu'elle agit, qu'elle a des idées, de l'imagination, de la mémoire, des désirs, des aversions, des volontés, qu'elle est saine ou malade, foible ou forte, tranquille ou passionnée, raisonnable ou délirante, &c. ne sont communément ni reçus, ni connus; & si, à l'exception de quelques bons esprits dont la voix est bientôt étouffée par les cris du fanatisme, les autres ne sont guère plus avancés dans la connoissance de l'homme physique. (étude sans laquelle il n'y a pas plus de bonne philosophie que de bonne médecine) qu'on l'étoit du temps de Carnéade ?

En effet, il n'y a peut-être pas en France,

---

consuli, & provideri. Nam & fruges, & reliqua quæ terra pariat, & tempestates, ac temporum varietates, cœlique mutationes, quibus omnia, quæ terra gignat, maturata pubescant, à diis immortalibus tribui generi humano putant : multaque.... colligunt, quæ talia sunt, ut & ipsi dii immortales ad ulum hominum fabricati pænè videantur. Contra quos Carneades ita multa disseruit, ut excitaret homines non socordes ad veri investigandi cupiditatem. *Cicer. de natur. deor. lib. 1. cap. 2.*

J'ai adopté dans ce passage une conjecture du président Bouhier, qui lit *ut & ipsi dii*, au lieu de *ut ea ipsa dii* qui fait aussi un fort bon sens.

en Angleterre, en Allemagne cent personnes qui aient trouvé, par un examen & une discussion exactes des difficultés métaphysiques dont ce subtil *académicien* accabloit les dogmatiques, la vraie manière de les éclaircir & d'en délivrer leur système; il n'y en a pas cent qui, secouant le joug des erreurs & des préjugés dont l'ignorance & la superstition des siècles projettés les uns sur les autres ont enchaîné leur raison, se soient élevés par les seules forces de leur esprit à ces théories savantes, à l'aide desquelles on résout avec autant d'élégance que de clarté les cas les plus difficiles d'une foule de problèmes de philosophie spéculative, insolubles dans toute autre hypothèse; ce qui suffit pour démontrer l'utilité de ces théories, & la nécessité de les admettre, à-peu-près comme les géomètres prouvent les avantages & la généralité d'une méthode en l'appliquant à une expression très-compliquée d'irrationalités.

Disons donc que Carnéade, forcé d'entrer en lice avec quelques philosophes dont la doctrine est fondée sur ces théories si fécondes, si utiles par l'universalité des formules qu'on en peut tirer, verroit, peut-être avec surprise, qu'elles donnent la vraie solution de la plupart de ses difficultés : mais déterminer la mesure des connoissances d'un siècle & de ses progrès dans telle ou telle science; assigner le caractère dominant de son esprit, &, pour ainsi dire, *la quantité* de sa raison, en calculant le produit de celle d'un petit nombre d'hommes élevés au-dessus de la sphère commune, c'est juger de la perfection d'une machine immense par la régularité & l'égalité des dents d'une roue qui en est détachée ; c'est conclure du particulier au général ; c'est tirer d'un fait isolé, des conséquences absolues, méthode vicieuse & la source d'une multitude d'erreurs. Ce qui n'est vrai, ce qui n'est démontré que pour vingt personnes, n'en est pas moins tel, à parler à la rigueur; mais son utilité est, par cela même, très-circonscrite. Ces sortes de vérités, ainsi partagées entre quelques êtres privilégié, épars dans la masse totale où ils sont à peine apperçus, rentrent alors dans l'ordre des vérités purement spéculatives. Or il est certain qu'à l'égard de ces dernieres, la gloire des inventeurs, de même que la reconnoissance de leurs contemporains ou de la postérité, ne commence, dans l'histoire des sciences ou des arts, qu'au moment où un génie moins vaste, moins brillant sans doute, mais aussi heureux & non moins utile, trouve le secret d'appliquer ces découvertes, jusqu'alors stériles, à des objets importans, & rend ainsi ces vérités communes, populaires, & en quelque sorte, pratiques.

Ainsi donc, en supposant que Carnéade disputée contre un de nos philosophes sur les grandes questions qui divisoient les *académiciens* & les stoïciens : pour connoître avec exactitude dans quel rapport seroient entr'elles les forces réciproques de ces deux athlètes ; pour savoir de quel côté, après un mûr examen des raisons pour & contre, un juge éclairé & impartial feroit pencher la balance, il ne faut point examiner s'il y a en effet quelque système particulier dans lequel on puisse dire des objections de Carnéade comme du trait lancé par le vieux Priam contre le fils d'Achille, *telumque imbelle sine ictu, conjecit ;* puisque ce système, quel qu'il soit, n'étant pas celui de tout le monde, & faisant même partie de la doctrine secrète de ceux qui l'ont adopté, ne prouve rien en faveur de la philosophie ou de la science moderne, dont le véritable état ne peut être fidélement représenté que par l'opinion générale & commune. Voilà les seuls argumens qu'il soit permis d'employer contre Carnéade ; il faut prendre ce que nos métaphysiciens ont écrit de nos jours sur ces mêmes matières, & sur toutes celles qui y sont nécessairement liées : c'est-là qu'ils ont donné leur mesure, & qu'on peut se convaincre qu'ils ne seroient pas pour Carnéade des adversaires très-redoutables : peut-être même paroîtroient-ils dans cette espèce d'arène armés un peu à la légère, *levis armaturæ.* J'en dis autant de plusieurs philosophes célèbres qui croyoient penser librement, parce qu'ils rejettoient je ne sais quelles traditions plus ou moins anciennes, & qui sur les questions les plus importantes, & sur lesquelles il n'est pas même permis à un bon esprit d'être sceptique, n'avoient pas en général d'autres opinions que celles du peuple, classe beaucoup plus étendue qu'on ne le suppose ordinairement, & dans laquelle, sur-tout en fait de raisonnement & de philosophie, il faut comprendre presque tous les états de la société. *Vulgum autem, tam clamydatos, quàm coronatos voco* (1).

Il résulte de tout ceci que Carnéade conservant au milieu de nous son caractère d'*académicien*, & tirant même habilement de nos connoissances actuelles de nouveaux moyens d'attaque & de défense, auroit sur la plûpart de nos dogmatiques, philosophes ou théologiens, une grande supériorité dans la dispute : on le verroit bientôt regagnant dans cette seconde lutte tout le terrain qu'il auroit perdu dans (2) la première, établir sur des preuves beaucoup plus fortes son principe favori de l'acatalepsie (), & en déduire

(1) Senec. de vit. beat. cap. 2.

(2) V. dans cette même pag. col. 1. le commencement du paragraphe.

(3) Voluit ostendere, dit *Lactance*, latere in abdito veritatem, ut decretum disciplinæ suæ tueretur, cujus summa sententia est, nihil percipi posse. Divin.

comme une conséquence naturelle & immédiate, la nécessité de s'en tenir à l'*époque* à laquelle il revenoit toujours, & qui, suivant l'expression d'un excellent critique, étoit, pour ainsi dire, *l'analyse de sa foi*. Il avoit même imaginé une espèce de symbole ou d'hiéroglyphe pour représenter cet état particulier de l'esprit. Cicéron, de qui nous apprenons ce fait curieux, a eu soin de nous conserver la figure dont Carnéade se servoit pour rendre son idée plus sensible. « Ce » philosophe, dit-il, compare toujours l'*époque* » ou la suspension à la posture d'un athlète qui » est en garde, & à celle d'un cocher qui retient ses chevaux ». *Nec est melius quidquam, quàm, ut Lucullus;*

Sustineat currum, ut bonus sæpè agitator, equosque. semperque Carneades προβολη pugilis, & retentione aurigæ, similem facit ιποχη. (Epist. ad Attic. lib. 13. ep. 21).

Numénius prétend que Carnéade étoit un sophiste plus dangereux qu'Arcésilas ; il le traite même de voleur (1), qualité qu'il est assez difficile d'appliquer avec quelque justesse à Carnéade, mais qui, étant une injure, fait du moins partie des mots de la langue des controversistes, dont l'esprit est le même dans tous les temps, quel que soit l'objet de la controverse. Si on en croit ce pythagoricien, que la doctrine de sa secte, (*voyez* PYTHAGORISME) une des plus dogmatiques & des plus affirmatives de l'antiquité, devoit rendre l'ennemi irréconciliable des *académiciens*, Carnéade brouilloit tout (2), afin de combattre les stoïques ; il bâtissoit, il démolissoit ; il n'avoit pas plutôt établi une probabilité, qu'il la renversoit lui-même (3).

Je ne doute pas que l'amour du paradoxe qui entraîne quelquefois les meilleurs esprits, une certaine disposition organique au scepticisme, laquelle rend très-difficile en preuves ; plus que tout cela, peut-être, le sentiment réfléchi de sa propre force, &, ce qui en est l'effet nécessaire, l'ambition si naturelle, si pardonnable même d'ap-

---

institut. lib. 5. de justitia, cap. 18. de l'édition donnée par l'abbé Lenglet du Fresnoy. *Paris*, 1748.

(1) *Fur ergo præstigiatorque fuit solertior. Apud Euseb. præp. Evang. lib. 14. cap. 8. pag. 738.*

(2) *Et tamen ille ipse.... stoicos vellicandi studio palam cuncta miscebat. Id. ibid. pag. 738. D. vid. & pag. 739. A.*

(3) *Idem afferebat, idem auferebat, pugnamque suam contrariis sententiis, & versutis quibusdam ac subtilibus argutiis cum multiplici varietate miscebat, affirmando simul ac negando, & oppositis utrinque rationibus disputando. Apud Euseb. præp. Ev. lib. 14. cap. 8. pag. 737. B.*

---

pliquer son génie à la contemplation de grands objets, & d'élever tel ou tel système sur les ruines de celui de ses adversaires, n'aient souvent fait illusion à Carnéade ; il se peut que, révolté par l'orgueil des dogmatiques, dont les jugemens ne pouvoient jamais être déterminés par une évidence proportionnée à la hardiesse & à la généralité de leurs assertions, il ait exagéré à ses yeux & aux leurs l'incertitude de nos connoissances, & qu'au grand scandale des stoïciens, dont il fut un des plus redoutables antagonistes (1), il se soit joué quelquefois avec autant de subtilité que d'éloquence & d'adresse, du vrai & du faux. Mais je ne puis croire qu'il ait porté la fureur de contredire & de disputer au point d'attaquer une des notions les plus claires qui soient dans l'entendement humain ; je ne puis me persuader que Carnéade qui étoit, si l'on veut, un défenseur très-ardent, & même outré de l'acatalepsie, mais qui n'étoit ni un esprit faux, ni un fou, ait combattu sérieusement cette maxime, ou plutôt cet axiome de vérité éternelle ; *les choses égales à une troisième, sont égales entr'elles*, comme Galien le lui impute dans son traité de la meilleure manière d'enseigner. *Carneades*, dit-il, *ne illud quidem quod est omnium evidentissimum, concedit esse credendum, quod magnitudines unicuique æquales, sint etiam inter sese æquales.*

Cet auteur ajoute même que les disciples de Carnéade avoient pris soin de recueillir & de conserver dans leurs livres les objections dont il s'étoit servi pour combattre cette notion commune si évidente, & que ces livres subsistoient encore de son temps.

Rationes igitur quibus conatur destruere & hæc & alia permulta quæ tibi evidenter apparent, credunturque esse vera, adhuc in hunc usque diem servatas habemus, proditas scriptis, ab illius discipulis collectas.

Mais Galien ne nous apprend le nom d'aucuns de ses disciples ; ce qui affoiblit beaucoup son témoignage, & semble nous avertir de chercher dans l'histoire de la vie de Carnéade la véritable explication du fait, ou plutôt du paradoxe rapporté par Galien : car l'époque où il faut placer notre *académicien*, est si éloignée de celle où vivoit le médecin de Pergame, que si le récit de ce dernier n'est pas absolument faux, il ne peut du moins être admis qu'avec certaines restrictions très-essentielles que Galien n'a point indiquées, & dont il ne paroît pas même avoir senti le besoin, tant la secte ou la doctrine religieuse ou

---

(1) *Sed is (Carneades) ut contra stoicos quos studiosissimè semper refellebat, & contra quorum disciplinam ingenium ejus exarserat. Cicer. Tuscul. quæst. lib. 5. cap. 29. sub fin.*

philosophique qu'on a une fois embrassée, rend injuste, partial, intolérant même pour toutes les autres, & porte conséquent à croire légérement & à divulguer plus légérement encore tout ce qui peut servir à les décrier par un vice ou par un ridicule. Cependant Carnéade n'ayant rien écrit selon l'opinion la plus généralement établie (1), la plus vraisemblable & la mieux prouvée, il n'est point indifférent de savoir quels sont les disciples sur l'autorité desquels on lui attribue tel ou tel dogme, sur-tout lorsque ce dogme, quel qu'il soit, est une absurdité palpable, qu'on ne peut soutenir sans violer toutes les règles de l'art du raisonnement, & par conséquent sans renoncer avec une effronterie plus digne d'un sophiste que d'un philosophe, à l'évidence & au bon sens.

La plus foible attention suffit pour se convaincre qu'on ne doit pas regarder comme des disciples de Carnéade tous les *académiciens* qui ont fleuri un siècle ou deux après lui, mais seulement ceux qui ont été ses contemporains, ou ses successeurs immédiats dans *l'académie*; qui, tels que Clitomaque, ont vécu dans lui dans une grande intimité, & qui, ayant pu s'instruire dans ses leçons publiques ou dans ses entretiens particuliers de ses sentimens les plus secrets, ne peuvent pas être soupçonnés d'en avoir altéré la pureté, lorsqu'on sait d'ailleurs que ces disciples joignoient à une grande intelligence des matières philosophiques sans laquelle on confond nécessairement toutes les idées, beaucoup de savoir & de pénétration.

Ce qui n'est pas moins remarquable dans ce passage de Galien, c'est qu'après avoir attribué à Carnéade une opinion absurde, sans discuter l'autorité des témoins sur lesquels il fonde une accusation aussi grave, sans s'appercevoir combien il est peu vraisemblable & même contradictoire de faire raisonner comme un homme hors de sens un des plus profonds philosophes de l'antiquité, il observe que ni les disciples de Carnéade, ni aucun des *académiciens* qui avoient vécu après lui, n'avoient entrepris de réfuter ses objections contre l'axiôme en question; d'où il conclut assez ridiculement, que ces argumens étoient de purs (2) sophismes.

Solutiones autem nec ab illis, nec ab alio quopiam academicorum, qui post Carneadem fuerunt,

───────────

(1) Voyez ci-dessus le passage de Plutarque, cité p. 27. col. 2. not. 1. & joignez-y celui-ci de Diogene Laërce. *Feruntur ejus epistolæ ad Ariarathem Cappadociæ regem. Reliqua ipsius conscripsere discipuli. Ipse enim nihil reliquit.* Diogen. Laërt. de Carneade, lib. 4. segm. 65.

(2) Je le crois comme Galien, mais ce n'est pas sûrement par la raison qu'il en donne.

data sunt. Ea res sola declarat istius rationes omnes esse sophismata.

Enfin il reproche à ces disciples de n'avoir été que simples historiens des sentimens de leur maitre: il les trouve même à cet égard aussi coupables que lui (1); « car, dit-il, il n'y a pas » moins de malignité à conserver dans un livre » des objections, sans en marquer le défaut, qu'à » les inventer ». Mais, outre que c'est mal raisonner que d'établir comme une règle générale ce qui n'est vrai que dans un seul cas (2) où la prudence même, l'amour du repos & le desir si naturel, si impérieux de sa conversation prescrivent l'usage du moyen que Galien condamne; il avoit sans doute oublié que des disciples ne sont pas des juges, & qu'ils en font la fonction, lorsqu'au lieu de transmettre avec ordre & clarté dans leurs écrits la doctrine vraie ou fausse de leur maitre telle qu'ils l'ont reçue de lui, ils joignent à l'exposé qu'ils en donnent, la réfutation des principes qui lui servent de base.

Il y a dans toutes les matières, excepté dans celles qui sont du ressort des sciences exactes où l'on marche toujours le flambeau de l'évidence à la main, un grand nombre de faits qu'il suffit d'énoncer, pour être dispensé de les réfuter, & dont l'impossibilité est démontrée par la nature même de ces faits. Celui que nous examinons, me paroit être de ce genre; & si Bayle ne s'en est pas apperçu, c'est que sans le vouloir, & presque machinalement, avec un jugement d'ailleurs très-sain, très-droit, on est moins enclin, on se sent moins de force à contester un fait qui favorise l'opinion qu'on a une fois adoptée, qui se lie le mieux à notre petit système, & qui a le plus d'analogie avec nos goûts, nos passions, notre tempérament, en un mot avec notre constitution physique. Il étoit cependant assez facile de conclute du caractère de la philosophie de Carnéade, & de l'esprit de sa méthode bien obser-

───────────

(1) *Nobis quærendæ sunt, ô discipuli! istarum solutiones. Improbum est enim hoc: attamen nihilominus, improbum fecerunt illi, qui scripserunt quidem has, cæterum vobis non indicarunt quales essent.* Galien *de optimo docendi genere,* pp. 220. 221.

(2) Comme, par exemple, lorsque, dans un gouvernement où la liberté de penser est le plus grand des crimes, & où la lumière la plus douce blesse les yeux de ceux qui gouvernent, un philosophe qui veut sapper à petit bruit, mais d'une main sûre, les fondemens d'une superstition nuisible qu'il ne pourroit attaquer ouvertement & en son nom, sans se commettre avec les fanatiques qui la prêchent & les imbéciles qui la croient, rapporte historiquement, & sans se permettre aucune réflexion, les objections qu'on peut faire contre cette superstition, & leur donne même toute la force que l'éloquence peut prêter à la raison.

vés, qu'en combattant l'axiôme *quæ sunt idem uni tertio, sunt idem inter se*, son but étoit moins d'exposer son propre sentiment, que de *préparer des tortures* aux stoïciens, & de les troubler, pour ainsi dire, dans la possession des biens dont la jouissance leur étoit la plus chère, & leur paroissoit la plus assurée. Cette supposition est d'autant plus vraisemblable, que ce philosophe, ainsi que nous l'avons remarqué ci-dessus, avançoit très souvent des propositions qu'il soutenoit dans la dispute sans les approuver (1), & seulement pour faire sortir du choc réciproque des idées quelques vérités nouvelles, ou pour humilier l'amour propre des dogmatiques : il prouvoit par là qu'un homme très-instruit, doué d'une grande pénétration, & qui sait manier avec art les armes de la dialectique, peut élever des doutes spécieux, souvent même très-raisonnables sur les définitions, les idées, les notions, les doctrines même les plus généralement admises, & découvrir dans les objets observés avec le plus d'exactitude & les mieux connus, des côtés obscurs dont personne, avant lui, ne s'étoit apperçu, & qu'il n'est pas même accordé à tout le monde de voir après lui. En effet, l'expérience démontre qu'en général on s'approche d'autant plus de l'extrême précision en tout, qu'on s'éloigne davantage des mesures communes & reçues. Le vrai ou le faux, dans la plupart des questions, ne l'est même presque jamais sous les mêmes rapports, ni par les mêmes raisons qu'on en donne, ni au même degré où l'opinion publique les suppose l'un & l'autre. Il y a toujours, dans toutes ces choses qu'on peut considérer plus simplement comme autant de quantités différentes également variables, du plus ou du moins, & par conséquent une différence quelconque dans le résultat total. C'est ce qui rend avec raison, si non très-incertain, au moins très circonspect & très-réservé dans ses jugements, dans ses assertions & dans ses doutes, un philosophe qui ne se contente pas d'appercevoir d'une vue générale que tels ou tels principes, tels ou tels systêmes sont vrais ou faux, mais qui veut savoir encore pourquoi, par quel côté, & jusqu'où ils le sont : toutes choses très-difficiles à déterminer avec une certaine justesse, & sur lesquelles, comme dans beaucoup d'autres matières, les sentimens pour & contre ont une très-grande latitude : car il faut avouer avec un auteur célèbre dont les ouvrages sont, après l'étude de la géométrie, le meilleur cours de logique & de philosophie qu'on puisse proposer aux jeunes gens, « qu'un » grand génie, soutenu d'un grand savoir, ne » trouve guère que le tort soit tout d'un côté, » il découvre un fort & un foible dans chaque » parti ; il comprend tout ce qu'il y a de plus

» spécieux dans les objections de ses adversaires, » & tout ce que ses preuves ont de moins so- » lide ».

C'est à peu-près sous ce point de vue qu'il faut considérer Carnéade, si on veut s'en former une idée exacte ; c'est ainsi qu'il faut expliquer cette défiance un peu exagérée dans ses propres lumières & dans celles des autres ; cette aversion pour toutes les affirmations & les négations absolues, lorsque les propositions qui en sont l'objet, ne sont pas démontrables, ou n'ont pas au moins le degré d'évidence que leur nature comporte ; cet usage si fréquent de l'*époque* ou de la suspension, cette habitude si sage, si réfléchie de dire & d'écouter le pour & le contre, de substituer par-tout la discussion à l'autorité, les faits aux hypothèses, l'examen & la contemplation de la nature aux conjectures & aux spéculations, le doute méthodique & raisonné à la préoccupation & à la confiance, la probabilité à la certitude, & l'espérance de trouver un jour, à l'assurance souvent assez mal fondée d'avoir déjà découvert.

Cicéron qui dans ceux de ses ouvrages philosophiques où il paroit le plus dogmatique, conserve toujours le caractère *d'académicien*, & a même grand soin de renouveller de temps en temps cette espèce de profession de foi, comme s'il craignoit que le lecteur ne prît trop de confiance dans ses assertions, & n'en fût un plus ardent défenseur que lui-même ; Cicéron pour qui les principes mêmes qu'il semble le plus jaloux d'établir, & de la vérité desquels on le croiroit le plus fermement persuadé, n'étoient tous que plus ou moins probables, & dont, en général, il ne faut pas chercher les véritables sentimens ailleurs que dans son troisième livre *de la nature des Dieux*, & sur-tout dans ses *questions académiques* où il se montre naïvement & sans détours ce qu'il étoit réellement, c'est-à-dire, pour me servir de son expression, *un grand opinateur* (1) ; Cicéron, dis-je, qui dans un âge assez avancé, & peu d'années avant sa mort, avouoit ingénument qu'il n'avoit encore rien trouvé de certain, rien qui fixât ses idées, ni par rapport à l'éloquence qu'il avoit étudiée toute sa vie, ni par rapport aux plus hautes sciences & aux plus importantes matières (2), ne perd jamais l'occasion de faire

---

(1) *Ego vero ipse & magnus quidem sum opinator... eo fit, ut errem, & vagor latius. Academ. lib. 2, cap. 10.*

(2) *Habes meum, de oratore, Brute, judicium... potest enim non solùm aliud mihi, ac tibi ; sed mihi ipsi aliud alias videri. Nec in hac modo re... sed ne in maximis quidem rebus quidquam adhuc inveni firmius, quod tenerem, aut quo judicium meum dirigerem, quam id, quodcumque mihi, quam simili*

---

(1) Voyez ci-dessus, p. 71. col. 1. not. 2. & p. 73. col. 2. not. 2. les passages des Académiques.

l'éloge de la secte *académique* & sur-tout de l'excellente méthode d'investigation en usage dans cette école célèbre. « Le propre de *l'académie*, dit-il, est de n'interposer son jugement sur rien ; de faire voir ce qui paroît le plus vraisemblable ; de conférer ensemble les différentes opinions ; d'examiner avec soin tout ce qui peut se dire de part & d'autre ; & de laisser aux auditeurs une entière liberté de juger, sans prétendre que ses sentimens doivent faire autorité : je m'en tiens à cette coutume qui nous est venue de Socrate ».

Cùm autem proprium sit academiæ, judicium suum nullum interponere, ea probare quæ simillima veri videantur, conferre caussas, &, quid in quamque sententiam dici possit, expromere ; nulla adhibita sua auctoritate, judicium audientium relinquere integrum ac liberum : tenebimus hanc consuetudinem à Socrate traditam (de divinat. l. 2 c. 72.) ;

L'orateur philosophe indique même ailleurs avec beaucoup de précision la nuance qui sépare le plus sensiblement la doctrine des *académiciens* de celle des dogmatiques.

» Ce qui nous distingue particuliérement de
» ces philosophes, dit-il, c'est qu'au lieu de sou-
» tenir, comme eux, qu'il y a des choses cer-
» taines & des choses incertaines ; nous disons
» qu'il y en a de vraisemblables & d'invraisem-
» blables. Qui m'empêche donc de suivre ce qui
» me paroît probable, & de rejetter ce que je
» ne juge pas tel, évitant l'arrogance de ceux qui
» affirment, & m'abstenant de rien assurer témé-
» rairement, ce qui est la chose du monde la
» plus contraire à la sagesse. Si nos *académiciens*
» contestent tout, & disputent sur tout, ce n'est
» que parce que ce probable que nous cherchons,
» ne peut se découvrir qu'en agitant le pour &
» le contre ».

Nos autem, ut cæteri alia certa, alia incerta esse dicunt ; sic ab his dissentimus, alia probabilia, contra alia esse dicimus. Quid est, igitur, quod me impediat, ea, quæ mihi probabilia videantur, sequi ; quæ contra improbare ; atque affirmandi arrogantiam vitantem, fugere temeritatem quæ à sapientia dissidet plurimum ? contra omnia disputatur à nostris, quod hoc ipsum probabile elucere non posset, nisi ex utraque parte caussarum esset facta contentio. (de offic. l. 2. c. 2.)

---

limum veri videretur, cum ipsum illud verum in occulto lateret. *Cicéron. orator*, cap. 25. n°. 71.

Je me propose de donner dans l'histoire des dogmes de la *troisiéme académie*, un exposé analytique de la morale & de la philosophie de Cicéron, qu'on regarde communément comme dogmatique sur ces matieres, & dans lequel il ne faut voir qu'un fidele disciple de la nouvelle *académie*, & par conséquent qu'un grand & zélé défenseur du probabilisme.

Cicéron ne se contente pas, toutes les fois que l'occasion s'en présente, de faire valoir par des preuves tirées de l'expérience & du raisonnement, le dogme fondamental de la philosophie *académique*, il fait voir par l'histoire même dès premiers temps de la république, qu'on retrouve encore l'esprit de *l'académie* jusques dans les principes de l'ancienne jurisprudence des romains.

» On doit regarder, dit-il, comme favorable
» à notre méthode la prudence de nos ancêtres,
» qui d'abord voulurent que chacun prêtât ser-
» ment suivant son sentiment, ensuite qu'on ne
» fût coupable qu'en cas qu'on trompât avec
» connoissance de cause, parce que nous sommes
» sujets dans le cours de notre vie à beaucoup
» d'ignorance & d'illusions ; de plus, que celui
» qui rend un témoignage dît *qu'il croyoit*, même
» dans les choses dont il avoit été témoin ocu-
» laire, & que, dans les causes qu'ils avoient
» examinées, les jurés (*jurati judices*), (1), pro-
» nonçassent, non pas que les faits en question
» étoient vrais, mais qu'ils paroissoient tels ».

Quam rationem, majorum etiam comprobat diligentia : qui primum jurare ex sui animi sententia quemque voluerunt : deinde ita teneri, si sciens falleret ; quod inscientia multa versaretur in vita : tum, qui testimonium diceret, ut arbitrari se diceret, etiam quod ipse vidisset : quæque jurati judices cognovissent, ut ea non esse facta, sed ut videri pronuntiarent. (Academ. l. 2. c. 47. sub fin).

C'est dans les idées de *l'académie*, ou si l'on veut, de la sceptique qui en differe en quelques points, ainsi qu'on l'a pu voir ci-dessus, que Montaigne, après avoir exprimé à sa maniere le sens de ce passage, sans en indiquer la source, ajoute cette réflexion si judicieuse.

» On me fait hayr les choses vray-sembla-
» bles, quand on me les plante pour infaillibles.
» J'aime ces mots qui amolissent & modérent la
» témérité de nos propositions ; *à l'avanture,
» aucunement, quelque, on dit, je pense*, & sem-
» blables ; & si j'eusse eu à dresser des enfans,
» je leur eusse tant mis en la bouche cette façon
» de respondre, enquestante, non résolutive ;
» *qu'est-ce à dire ? Je ne l'entends pas ; il pouroit être ;
» est-il vrai ?* qu'ils eussent plustost gardé la forme
» d'apprentis à soixante ans, que de représenter
» les docteurs à dix ans, comme ils font. Qui

---

(1) M. Castillon traduit cette expression de Cicéron par *les juges pris à serment* ; en ce qui il s'est évidemment trompé : *Jurati judices* sont les *jurés* dont l'usage établi par la jurisprudence romaine, se retrouve dans celle des anciens francs, & a été depuis très-sagement adopté par les anglois, de la liberté desquels cette excellente institution est même un des plus fermes appuis.

» veut guérir. de l'ignorance il faut la confesser.
» Iris est fille de Thaumantis. L'admiration est
» fondement de toute philosophie ; l'inquisition,
» le progrez, l'ignorance, le bout. Voyre dea,
» il y a quelque ignorance forte & généreuse,
» qui ne doit rien en honneur & en courage
» à la science ; ignorance pour laquelle conce-
» voir, il n'y a pas moins de science, qu'à
» concevoir la science..... je suis lourd, & me
» tiens un peu au massif, & au vray-semblable....
» Je vois bien qu'on se courouce, & me deffend
» on d'en doubter, sur peine d'injures exécra-
» bles : nouvelle façon de persuader. Pour Dieu
» mercy, ma créance ne se manie pas à coups de
» poing. Qu'ils gourmandent ceux qui accusent
» de faulseté leur opinion : je ne l'accuse que
» de difficulté & de hardiesse ; & condamne l'af-
» firmation oposite également avec eux ; si non
» si impétieusement. Qui establit son discours par
» braverie & commandement, monstre que la
» raison y est foible. Pour une altération ver-
» bale & scholastique, qu'ils ayent autant d'ap-
» parence que leurs contradicteurs ; *videantur sane*,
» *non affirmentur modo* : mais en la conséquence
» effectuelle qu'ils en tirent, ceux-ci ont bien
» de l'avantage &c. ». Essays l. 3. c. 12, p.
m. 1068, & seqq.)

Comme les meilleures choses même ont leur
excès, & par conséquent leurs limites naturelles
& déterminées au-delà desquelles le bien disparoît, & le mal se trouve ; on ne peut nier que
dans leurs disputes contre les dogmatiques,
Arcésilas, Carnéade, & en général, les *aca-
miciens* n'ayent trop souvent porté à l'extrême
cette méthode *enquêtante, non résolutive* si fortement recommandée par Montaigne ; mais abstraction faite de l'abus que ces anciens philosophes en ont fait quelquefois, & considéré simplement en lui même, cet instrument de nos
connoissances ; ce moyen de procéder dans la
recherche du vrai & du faux me paroit la méthode la plus sûre, la plus utile dans l'étude des
sciences, & la plus propre à en reculer les limites ; elle rend moins décisif sur ce qui est possible ou impossible en nature ; elle plie l'esprit
aux méditations les plus abstraites & les plus
profondes ; elle le porte successivement & avec
la même activité sur tous les objets dont il est
important de connoitre les rapports & les qualités ; elle fait remuer les bornes les plus sacrées,
c'est-à-dire, celles que l'ignorance & les préjugés
ont posées de toutes parts pour arrêter les progrès
de l'entendement humain ; elle apprend à distinguer
dans les traditions, dans les faits, dans les raisonnemens & les idées plus ou moins systématiques des physiciens & des philosophes, différens
degrés de probabilité, d'évidence, d'incertitude,
de fausseté, & à régler sur ces degrés déterminés avec exactitude, ce qu'il faut admettre ou
rejetter absolument & sans restriction, ce qu'il
faut soumettre à un plus scrupuleux examen, &
les questions sur lesquelles il faut s'abstenir encore de prononcer, & attendre de nouvelles lumières. En un mot, en appliquant à l'étude des
sciences les principes de cette méthode, principes dont la réunion pourroit former d'excellentes *institutions académiques*, on voit que toute
l'irrésolution du sceptique qui dispute plus pour
s'instruire que par opiniâtreté & pour soutenir
l'honneur de sa secte, ne tombe jamais que sur
les choses obscures, ou fausses ou douteuses,
& que ce qui est vrai, ce qui est fondé sur l'expérience & sur l'observation, se confirme, & s'é-
claircit de plus en plus, & s'épure, pour ainsi
dire, en passant par cette espèce d'épreuve ; car
les vérités s'établissent, s'étendent & se multiplient en quelque sorte, de la même manière, & par
les mêmes moyens que les erreurs se découvrent
& se détruisent, je veux dire, en les généralisant.

En effet, pour ébranler une hypothèse, il ne
faut quelquefois, selon la remarque judicieuse
d'un des plus illustres philosophes de ce siècle,
que la pousser aussi loin qu'elle peut aller........
« L'acte de la généralisation, dit-il, est pour les
» hypothèses du métaphysicien, ce que les ob-
» servations & les expériences réitérées sont
» pour les conjectures du physicien. Les conjec-
» tures sont-elles justes ? Plus on fait d'expé-
» riences, plus les conjectures se vérifient. Les
» hypotèses sont-elles vraies ? plus on étend
» les conséquences ; plus elles embrassent de
» vérités, plus elles acquierent d'évidence & de
» force. Au contraire, si les conjectures & les
» hypothèses sont frêles & mal fondées ; ou l'on
» découvre un fait, ou l'on aboutit à une vé-
» rité contre laquelle elles échouent ».

En examinant d'après cette excellente théorie
plusieurs ouvrages très-étendus dont la réputation, d'abord assez brillante, s'affoiblit & s'éteint
de jour en jour, on les réduiroit à quelques
belles pages, & l'on seroit bien étonné, sans
doute, de ne trouver souvent, au lieu des observations, des raisonnemens, des connoissances
& de l'instruction qu'on y cherche, que des faits
hasardés, des conjectures vagues, & par-tout
un système mal lié dont l'imagination a posé les
fondemens, & dont l'éloquence a fourni les matériaux & les preuves.

Carnéade avoit étudié la logique sous Diogène
le stoïcien. (1) On peut croire qu'il y fit de grands

---

(1) *Ab eo enim stoico dialecticam didicerat*. Cicer. *academ. lib. 2. cap. 30.*

Ce Diogène est le même, si je ne me trompe, avec
lequel Carnéade fut envoyé en ambassade à Rome,
progrès,

progrès, & qu'il forgea dans cette même école les armes avec lesquelles il combattit dans la suite avec tant d'éloquence & de succès la doctrine du portique. De tous les stoïciens qui jouissoient de quelque réputation dans leur parti, Chrysippe fut celui dont les écrits fixerent particuliérement son attention : il les lut avec cet empressement & cette curiosité qu'on a nécessairement pour les ouvrages d'un auteur dont on veut examiner sévérement tous les titres de gloire & de célébrité. Cet adversaire lui parut digne de se mesurer avec lui ; & il eût été bien difficile, en effet, d'en choisir un plus redoutable.

Cette espèce de lutte fut très-utile à Carnéade ; en lui révélant le secret de ses forces, elle les augmenta ; toutes ses pensées, toutes ses réflexions se tournerent bientôt vers une multitude de questions épineuses & abstraites qui n'avoient point été suffisamment éclaircies, & sur lesquelles même la plupart de nos métaphysiciens modernes n'ont pas été plus loin que les anciens ; ce qui vient moins de la difficulté de ces matières que de l'esprit dans lequel on les traite & des préjugés qu'on porte dans ces discussions.

Tout prouve en effet, que le talent du philosophe dans la solution des questions obscures & compliquées, & en général, dans l'étude des sciences, consiste particuliérement à partir des vrais principes, & à savoir les appliquer aux cas proposés, comme le grand art de l'analyse est de choisir des données qui rendent les inconnues plus faciles à trouver.

Le stoïcisme, considéré dans ses différentes branches, correspondoit plus ou moins directement à toutes les sciences qu'il importe le plus à l'homme d'étudier & de perfectionner, mais dont la plupart ouvrent aussi le champ le plus vaste à la dispute & à l'opinion. (*voyez* STOICISME). On conçoit sans peine qu'un dialecticien aussi habile, aussi délié que Carnéade, dut trouver dans l'ensemble & les détails de cette doctrine, une source féconde d'irrésolution ; & c'est aussi le jugement qu'il en porta.

Un autre résultat de cet examen fut de lui inspirer plus de confiance dans ses propres principes ; en effet, plus on observe la nature humaine, plus on connoît toute la subtilité de l'amour propre & la variété des formes qu'il prend, même dans ceux qui ont le moins cette petite foiblesse, ou qui la cachent & la maîtrisent le mieux, plus on est convaincu que Carnéade, après avoir long-temps harcelé les stoïciens, après avoir attaqué avec avantage, & détruit même une grande partie des postes qu'ils occupoient, dut nécessairement se croire plus en sûreté dans celui où il s'étoit retranché. Car, quoique de la fausseté d'un ou de plusieurs systêmes à la vérité de celui qu'on a embrassé, la conséquence ne soit pas bonne ; quoiqu'il ne s'ensuive pas qu'on ait raison de ce que ceux contre lesquels on argumente, sont dans l'erreur ; il n'y a pas néanmoins de sophisme plus commun & plus facile à faire, comme on le voit par plusieurs exemples, & sur-tout par celui des anciens peres dont les meilleures preuves en faveur du christianisme se réduisent en dernière analyse à ce raisonnement (soit qu'ils l'énoncent d'une maniere expresse ou tacite) que l'idolâtrie étant le systême le plus extravagant, le plus monstrueux qu'on puisse imaginer, un homme sensé ne peut pas refuser de croire que la religion chrétienne est la seule raisonnable, la seule vraie, la seule immédiatement révélée de Dieu, & la seule admissible ; comme si ces deux faits si divers, étoient nécessairement liés ; & comme si deux hypothèses religieuses ou philosophiques plus ou moins opposées, ne pouvoient pas être également fausses ! Tant il est vrai, comme Bayle l'observe quelque part, » qu'il n'y eut jamais de miroir aussi flatteur que » la préoccupation ; c'est un fard qui embellit » les visages les plus laids ; elle rend à une doc- » trine les mêmes offices que la Vénus du poëte » romain rendit à son fils.

» Restitit Æneas, claraque in luce refulsit,
» Os humerosque Deo similis : namque ipsa decoram
» Cæsariem nato genetrix, lumenque juventæ
» Purpureum, & lætos oculis afflârat honores.
» Quale manus addunt ebori decus, aut ubi flavo
» Argentum, pariusve lapis circumdatur auro.

(*Virgil. Æneid. lib.* I. *v.* 588 & *seqq.*)

Quoique Chrysippe fut mort, lorsque Carnéade entreprit de réfuter ses ouvrages ; celui-ci n'en fut ni moins ardent à le combattre, ni moins occupé du choix des armes qui pouvoient lui assurer la victoire, & ôter aux stoïciens, si non l'assurance de se défendre, au moins les moyens d'y réussir. C'est à sa dialectique & à son éloquence qu'il dut tous ses succès. Les stoïciens avoient élevé un édifice immense & très-imposant par sa masse & sa hardiesse ; Carnéade en attaqua les fondemens, & fit même dans toutes les parties des brèches très-difficiles à réparer. L'ambition d'être regardé comme le seul appui d'une secte devenue depuis long-temps l'objet de la haine de toutes les autres ; le désir de triompher d'un rival dans lequel toutes les forces du stoïcisme sembloient réunies, & de réduire ses disciples au silence ou à l'absurde sur toutes les matières,

sous le consulat de *Publius Scipion* & de *Marc Marcellus*, c'est-à-dire, l'an 578 de la fondation de Rome ; ce qui correspond à la deuxième année de la 155 olympiade.

Philosophie anc. & mod. Tome I.

comme il avoit fait sur l'article de la religion (1), lui inspirèrent même une passion si violente pour l'étude, qu'il négligeoit de couper ses ongles & laissoit croître ses cheveux (2) : on le voyoit absorbé par la profondeur de ses méditations, oublier de manger à sa propre table, & abandonner à sa servante, qui étoit aussi sa maîtresse, comme cela arrive presque toujours aux célibataires retirés du monde, le soin de lui mettre en mains les morceaux.

L'auteur latin, de qui j'emprunte ces détails, nous représente Carnéade comme un de ces hommes extraordinaires pour lesquelles vivre, c'est penser (3), & qui étant, pour ainsi dire, tout esprit, négligent entièrement le soin de leurs corps, & semblent le regarder comme une enveloppe qui leur est absolument étrangère & inutile.

Ita se mirificum doctrinæ operibus addixerat, ut, cum cibi capiendi caussa recubuisset cogitationibus inhærens, manum ad mensam porrigere oblivisceretur. Sed eum melissa, quam uxoris loco habebat, temperato inter studia non interpellandi, sed inedæ succurrendi, officio, dexteram suam necessariis usibus aptabat. Ergo animo tantummodo vita fruebatur; corpore vero quasi alieno & supervacuo circumdatus erat. (Valer. Max. l. 8 c. 7 num. 5. in extern.)

Un poëte qu'on ne se lasse point de relire parce qu'on y découvre sans cesse quelque grace nouvelle, quelque mérite particulier dans l'expression, dans le style ou dans la pensée, dit quelque part avec cette naïveté inimitable qui le caractérise :

La dispute est d'un grand secours;
Sans elle on dormiroit toujours.

ce qui signifie en d'autres termes que l'homme étant de sa nature un animal inerte, elle donne à son esprit paresseux du ressort, de l'activité, & en développe peu-à-peu toutes les facultés. Carnéade en avoit recueilli ce fruit salutaire : il fait même entendre assez clairement qu'elle avoit étendu la sphère de ses idées & perfectionné sa raison, car il disoit que sans Chrysippe, il n'eût pas été ce qu'il étoit. *Nisi Chryppus fuisset, non essem ego* (1). C'étoit donner à la fois deux grandes leçons ; l'une en reconnoissant que les ouvrages de Chrysippe lui avoient été très-utiles, & qu'il y avoit beaucoup appris : aveu qui l'honnore d'autant plus, qu'il suppose une (2) candeur très-rare, & dont on trouve même peu d'exemples parmi les anciens & les modernes dont on auroit le plus de droit de l'attendre & de l'exiger : l'autre en déclarant qu'il devoit toute sa réputation aux efforts qu'il avoit faits pour la mériter & l'obtenir ; ce qui étoit très-propre à encourager ses disciples, à exciter en eux l'amour du travail, la soif de l'instruction, & le desir de s'associer à sa gloire en marchant sur ses traces.

Comme les faits historiques ne s'inventent point, comme ce sont des objets de recherches & non de découvertes ; ils appartiennent également à tout le monde ; autant à celui qui les cite le dernier, qu'à celui qui les recueille le premier. C'est une espèce de monnoie courante & universelle, qui a par-tout à-peu-près la même valeur intrinsèque, dont chacun a le même droit de se servir, mais qu'il n'est permis à personne d'altérer. On ne doit donc pas s'étonner de trouver dans cet article & dans ceux qui le suivront, des faits que d'autres auteurs, peut-être, ont déjà observés ; mais que je n'ai pas dû omettre dans un ouvrage destiné à éclaircir les idées & les opinions souvent très-obscures des anciens, à faire connoître le tour d'esprit particulier de ces vieux philosophes, & à présenter, dans une histoire abrégée de leur vie publique & privée, tous les traits qui peuvent peindre avec vérité leurs mœurs & leur caractère ; c'est-à-dire, l'homme & le savant. D'ailleurs, la manière de voir les mêmes objets varie, comme leurs im-

---

(1) Cicéron a rapporté fort au long les argumens dont Carnéade se servoit pour prouver que sur tout ce qui concerne la religion & les dieux, les stoïciens ne disoient rien de plausible. *Hæc Carneades agebat*, dit-il, *ut stoicos nihil de diis explicare convinceret*. De natur. deor. lib. 3. cap. 17.

Il est certain qu'à cet égard les objections de Carnéade ne souffrent point de réplique ; mais il faut avouer aussi que rien n'étoit plus facile à réfuter que la partie théologique du stoïcisme, & qu'un dialecticien moins habile que Carnéade, auroit eu le même avantage dans cette dispute dont l'objet principal sera toujours l'endroit foible de tous les systêmes anciens & modernes, parce que ne pouvant jamais être par sa nature plus clair dans un siècle que dans un autre, il fera dire à-peu-près les mêmes choses pour & contre, & excitera en tout temps les mêmes querelles & les mêmes haines entre les hommes. Voyez ci-dessous, folio 85.

(2) *Fuit autem vehementer studiosus... quocirca & cæsariem & ungues nutriebat, tanta erat in litteras intentione. Diogen. Laërt. lib. 4. segm. 62.*

(3) *Cujus vivere est cogitare.* C'est une expression de Cicéron. Voyez ses Tusculanes, lib. 5. cap. 38.

---

(1) Apud Diogen. Laërt. lib. 4. segm. 62. Edit. Menag. 1692.

(2) *Est enim benignum (ut arbitror) & plenum ingenii pudoris, fateri per quos profeceris. Plin. nat. hist. præfat. ad divum Vespasian.*

preſſions, ſelon la nature des eſprits (1) : & c'eſt un ſpectacle curieux, & très digne de l'attention des lecteurs philoſophes, que de ſuivre, dans toute leur diverſité, les effets produits ſur des êtres différemment organiſés, par l'action de cauſes identiques. Tels faits que l'un ſe contente d'expoſer froidement; dont il ne voit ni la tendance, ni la liaiſon, ni les rapports, & qui ne parlent point à ſon imagination, à ſon cœur ou à ſa raiſon, deviennent pour celui qui a plus de lumières, plus de goût, de ſenſibilité, & qui penſe davantage, la matière de pluſieurs réflexions fines, délicates ou profondes, & le conduiſent ſouvent à de grands réſultats, ce qui peut ſeul rendre les vérités utiles, & leur donner, pour ainſi dire, une ſorte de ſanction.

Il eſt vrai que le talent d'appliquer ainſi l'obſervation aux faits, le raiſonnement à l'obſervation, le jugement à la ſcience, d'enviſager un objet ſous toutes les faces poſſibles, d'appercevoir de nouveaux rapports entre ceux que les travaux multipliés des ſiècles précédens ſembloient avoir épuiſés; talent qui diſtingue particulièrement l'homme ſuperficiel & d'une conception ordinaire de l'homme d'eſprit & du philoſophe; il eſt vrai, dis-je, que ce talent eſt un phénomène aſſez rare; & c'eſt, ſans doute, ce qui a fait dire à Pline le naturaliſte avec autant de juſteſſe que de préciſion, qu'il eſt très-difficile de ſaiſir les plus vieilles choſes par quelque coin ſecret que perſonne n'a regardé, & de leur rendre ainſi tout l'éclat, toute la grace & la fraicheur de la nouveauté. *Res ardua, vetuſtis novitatem dare, novis auctoritatem, obſoletis nitorem, obſcuris lucem, faſtiditis gratiam, dubiis fidem &c.* (2). Hiſt. nat. præfat. ad. div. Veſpas.

Tous ceux qui ont quelque teinture de mathématiques, ſavent qu'il y a dans cette ſcience la plus conſtamment & la plus univerſellement utile, puiſqu'elle a perfectionné toutes les autres, quatre ou cinq propoſitions élémentaires & fondamentales qu'on rencontre par-tout ſous différentes formes, qu'on retrouve même dans la géométrie tranſcendante, & que c'eſt par l'uſage que nos meilleurs analyſtes font de ces propoſitions, par l'art avec

---

(1) Les ſcholaſtiques qui, dans leur ſtyle toujours barbare, ont quelquefois dit des choſes très-ſenſées, ſemblent avoir exprimé à leur manière la même penſée dans cet axiome, dont ils ſont néanmoins une autre application. *Quicquid recipitur, ad modum recipientis, recipitur.*

(2) Je ne ſais ſi je dois avertir que mon deſſein n'a pas été de traduire le paſſage de Pline, mais ſeulement de prendre l'eſprit de quelques-unes de ſes expreſſions, ſans m'aſſujettir ni au ſens littéral, ni à l'ordre dans lequel l'auteur a dû néceſſairement préſenter ſes idées, pour rendre ſa période plus nombreuſe.

lequel ils les engagent & les transforment, pour ainſi dire, dans leurs ſavans & pénibles calculs; par les idées neuves & originales dont ces théorèmes ainſi combinés de mille façons diverſes, & vus ſous tous leurs rapports, ſont pour eux la ſource; par l'importance & la généralité des réſultats qu'ils en tirent, & ſur-tout par l'application de ces ſpéculations profondes à de grands objets, que ces hommes juſtement célèbres ſe diſtinguent de la tourbe des géomètres, & donnent même la meſure de l'intervalle immenſe qui ſéparent les inventeurs ſi rares dans tous les genres, de ceux qui ne ſavent que ce que les autres ont trouvé.

Il y a donc un art de s'approprier les faits les plus connus, les vérités les plus communes, les plus uſuelles, & de donner aux uns & aux autres ſinon tout le mérite, au moins preſque tout l'intérêt & l'attrait d'une nouvelle découverte. Mais cet art eſt le ſecret des hommes de génie, & par conſéquent le partage d'un très-petit nombre d'écrivains:

Pauci, quos æquus amavit
Jupiter, aut ardens evexit ad æthera virtus,
Dis geniti, potuere.
Virgil. Æneid. lib. 6. v. 129 & ſeqq.

Cependant ſans ſe flatter d'atteindre au plus haut degré, il y a dans tout un certain point, une certaine ligne de perfection à laquelle avec du travail, de la méditation & de l'aptitude, on peut eſpérer de parvenir. C'eſt même le but qu'un bon eſprit doit ſe propoſer; & quoiqu'il le voye dans un point de vue plus ou moins éloigné, l'effort continuel par lequel il tend à s'en approcher, n'eſt pas tout-à-fait perdu pour ſa gloire, & a néceſſairement quelque utilité: *etiam non aſſecutis, voluiſſe, abundè pulchrum atque magnificum eſt*, comme on l'a dit avec raiſon de toutes les grandes tentatives dans les ſciences ou dans les arts.

J'ai cru ces réflexions néceſſaires pour prévenir les objections de ceux qui ayant parcouru, ou ſi l'on veut même étudié à leur manière un grand nombre de livres, pourroient ſe plaindre avec ce dédain que donne cette eſpèce d'érudition ſouvent ſi mal digérée, & par cela même ſi nuiſible, de trouver ici quelques faits qu'ils ont lus ailleurs, & en conclure très injuſtement, pour ne rien dire de plus (*ne dicam ſtultè*) que je n'ai fait que répéter ce que d'autres avoient dit avant moi: comme ſi j'avois pu changer la nature des choſes; comme ſi un géomètre, par exemple, forcé par l'enchaînement des vérités qu'il doit démontrer, par la dépendance où ces vérités ſont les unes des autres, par l'influence ſenſible & directe que celles qui précèdent ont

sur toutes celles qui les suivent, de traiter dans ses leçons des propriétés des triangles & des rapports des surfaces, propriétés & rapports qui sont nécessairement les mêmes aujourd'hui que du temps d'Euclide, pouvoit faire que les trois angles d'un triangle pris ensemble, n'eussent pas pour mesure la demi-circonférence, ou que le quarré de l'hypoténuse d'un triangle rectangle ne fût pas égal à la somme des quarrés faits sur les deux autres côtés. &c. &c.

Il seroit donc très-injuste de parler avec mépris des premiers livres de son cours, sous prétexte qu'ils n'offrent que des vérités connues il y a trois mille ans : parce que, quelques changemens que puissent subir les autres sciences dans la succession de la durée, il ne sera ni plus ni moins vrai dans dix millions de siècles qu'il l'est aujourd'hui, que la surface de la sphère est égale à celle du cylindre circonscrit, & que les surfaces de deux solides semblables sont entre elles comme les quarrés de leurs côtés homologues. Tous ceux qui, d'ici à cette époque ou à une autre encore plus reculée dans l'avenir, feront de la géométrie, trouveront les mêmes résultats, & seront obligés de les énoncer à peu près de la même manière, ou de dire rigoureusement les mêmes choses en d'autres termes.

C'est donc la simplicité, l'élégance & l'originalité de la méthode par laquelle un géomètre démontre aujourd'hui les anciens théorèmes d'Euclide ; les applications ingénieuses qu'il en fait, les beaux corollaires qu'il en tire, qui peuvent seuls lui mériter quelque célébrité, & l'associer en quelque sorte à la gloire de ces hommes presque tous inconnus qui ont découvert autrefois ces vérités élémentaires si utiles & si fécondes ; de même que le choix des faits, souvent recueil is indistinctement par l'érudit, la manière de les présenter, de les lier, de les comparer entr'eux ou avec leurs analogues, le talent de les généraliser, la détermination précise de leurs différens degrés d'importance & de certitude ; les conséquences nouvelles qu'on déduit de ces mêmes faits, les réflexions neuves, profondes & hardies par lesquelles on en prépare l'exposé, & qui fixent sur eux toute l'attention du lecteur, &c. sont, ainsi que je l'ai insinué plus haut, des espèces de droits qu'on acquiert sur ces faits, & un des plus sûrs moyens de se les rendre propres.

C'est ce que j'ai tâché de faire dans tous mes articles d'Encyclopédie ; c'est le grand problème que je me suis proposé de résoudre ; & si je n'ai pas fait à cet égard tout ce qu'on auroit pu attendre d'un homme plus instruit, plus éclairé, peut-être mon travail en ce genre ne sera-t-il pas sans quelque utilité : j'aurai du moins connu la route la meilleure, la plus sûre ; j'en aurai parcouru une partie, & le peu de pas que j'y aurai faits servira peut-être un jour de guide à ceux qui entreront après-moi dans la carrière. Le bien ne se fait en tout que très-lentement, & par une espèce de tâtonnement qui le prépare ; ce n'est même qu'après une longue suite de tentatives pénibles & trop souvent infructueuses, qu'il peut acquérir cette consistance & cette fixité qui en rendent les effets si salutaires & si féconds.

Achevons présentement de faire connoître Carnéade par tous les faits & les détails particuliers qui peuvent expliquer la considération & l'autorité qu'il s'étoit acquises dans son parti, & justifier aux yeux des lecteurs l'espèce d'enthousiasme avec lequel Cicéron parle de ce philosophe dans ce beau passage où il exprime si éloquemment l'impression vive qu'il éprouva à Athènes, en revoyant les mêmes lieux où il avoit autrefois entendu Carnéade.

» Quoique par-tout ici, dit-il, il y ait beau-
» coup de choses qui fassent ressouvenir des grands
» hommes qui y ont été, je me suis senti touché
» en voyant cet auditoire où Carnéade enseignoit.
» Il me semble que je le vois ; car j'en ai l'i-
» mage présente à l'esprit : il me semble même
» que sa chaire, demeurée, pour ainsi dire, veuve
» d'un si grand homme, regrette à toute heure
» de ne le plus entendre ».

Hoc autem tempore, etsi multa in omni parte athenarum sunt in ipsis locis indicia summorum virorum, tamen ego illa moveor exedra. Modo enim fuit Carneades quem videri videor (est enim nota imago) à sedeque ipsa tanti ingenii magnitudine orbata desiderari illam vocem puto. De finib. bon. & mal. l. 5 c. 2.

On va voir que ce n'étoit pas seulement par la force & la subtilité de ses raisonnemens qu'il s'étoit rendu si redoutable aux stoïciens ; il joignoit encore à un grand esprit une éloquence extraordinaire à laquelle rien ne résistoit ; en réfléchissant sur l'abus qu'il fit quelquefois de ce talent si rare, si utile aux progrès de la vérité, on arrive à ce résultat de Montaigne que la rhétorique est *une art piperesse & mensongère*. Cependant, comme dans l'enchaînement universel & nécessaire des choses, il n'y a point de mal qui ne soit compensé par quelque bien ; comme il n'y a rien en nature qui soit d'une manière absolue & rigoureuse tel ou tel ; si, d'un côté il n'y a presque rien de faux, auquel on ne puisse donner par la force & les grâces de l'élocution un assez haut degré de vraisemblance & de probabilité : si les objets paroissent à-peu-près tels qu'il plaît à l'homme disert de nous montrer, avouons aussi que l'éloquence est l'art sans lequel on peut dire de la vérité ce que Juvénal disoit de la probité ; on la loue, mais elle meurt de froid, elle est sans vie, sans mouvement, sans couleur ; *laudatur & alget* : Carnéade posséda cet art dans un degré éminent. Cicéron dit de lui que jamais il ne soutint rien sans le prouver, & que jamais il n'attaqua rien sans le détruire de fond en comble.

Carneadis vero vis incredibilis illa dicendi, & varietas per quam esset optanda nobis ; qui nullam umquam in illis suis disputationibus rem defendit, quam non probarit ; nullam oppugnavit, quam non everterit. (De orator. l. 2. c. 38. sub fin.)

Il paroît par un autre passage de cet orateur, que Carnéade n'avoit pas moins de sagacité que d'éloquence : il nous le peint même sous ces deux rapports comme un prodige.

Hinc hæc recentior academia emanavit, in qua exstitit divina quadam celeritate ingenii, dicendique copia Carneades. (Id. ibid. l. 3. c. 18.)

Numénius a comparé l'éloquence de Carnéade à un fleuve rapide qui entraîne tout ce qu'il trouve sur son passage (1). Il ajoute que ce philosophe charmoit tellement ses auditeurs qu'il les amenoit captifs à l'obéissance de ses sentimens, & que par force ou par adresse il subjuguoit les personnes mêmes qui avoient pris contre lui les précautions les plus exactes (2). Aucun de ses adversaires ne pouvoit lui résister ; ils lui étoient inférieurs en éloquence ; lui seul triomphoit ; tout le monde embrassoit ses opinions ; celles des autres étoient rejettées. Antipater voulut le combattre, mais il n'osa jamais paroître devant lui, ni dans des leçons publiques, ni dans des promenades, ni dans des conversations. Il se taisoit, il l'attaquoit seulement de loin & en cachette par quelques livres qu'il composoit. La postérité les a vus ; ils n'étoient pas même capables de se soutenir contre Carnéade mort, tant s'en faut qu'ils eussent pu lui résister lorsqu'il florissoit environné d'une gloire si éclatante.

Antipater certe illius aqualis scripto duntaxat aliquid meditabatur, atque id admodum timide.

(1) *Quod si alto quodam & exaggerato dicendi genere opus esset, tum enim vero vehementi ac rapido cursu ferebatur. Ut amnis quidam incitatus & rapax qui omnia passim inundet & obruat : sic in auditorem incumbebat, eumque secum magno cum fragore strepituque rapiebat.* Apud Euseb. præpar. Evang. lib. 14. cap. 8. pag. 737. C. Edit. Paris. 1628.

(2) *At enim vero Carneades intereà dicendi facultate auditorem permulcebat idem, idemque captivum trahebat : & sur occultè, manifestè prædo vel fraude, vel aperta vi paratissimum etiam quemque capiebat. Omnis quippe Carneadis vincebat opinio alia cujuslibet nulla prorsus cum adversarios omnes longè dicendo inferiores haberet.* Id. apud eumdem, pag. 738. B. C.

Nam ad eas disputationes quas à Carneade haberi quotidie audiebat, nunquam in lucem ac publicum prodiit, non in schola non in deambulatione vel hilum à quoquam, ut ajunt, mussare unquam auditus est. Scripta solum quædam eminus intentabat, & angulos latebrasque captans, libros tantum posteris relinquebat. Verum ejusmodi, qui ne nunc quidem, tum vero multo minus Carneadem illum qui tantus ac tam admirabilis ejus ævi hominibus videbatur sustinere possint. Numen. loc. cit. ubi infr. p. 738. c.

L'éloge que Lactance fait de l'éloquence de Carnéade en donne encore une plus grande idée, ce qui tient sans doute à la précision du trait par lequel il la caractérise. Il y rappelle un passage de Cicéron où on introduit Neptune qui, en discourant d'une matière très-difficile, fait voir qu'elle ne pourroit pas être éclaircie quand même Carnéade ressusciteroit (1).

Diogène Laërce nous (2) nous apprend que les rhétoriciens quittoient leurs écoles pour aller entendre Carnéade. Cet hommage public rendu à son éloquence par des rivaux qu'il avoit forcés à l'admirer est un fait dont son ambassade de Rome ne permet pas de douter.

Les athéniens (3) condamnés à une amende de 500 talens pour avoir pillé la ville d'Orope, envoyerent des ambassadeurs à Rome qui obtinrent que cette amende fût réduite à cent talens. Carnéade, *académicien*, Diogène, stoïcien, Critolaus, péripatéticien, trois célèbres philosophes, furent chargés de cette ambassade. Avant que d'avoir audience du sénat, chacun d'eux fit des harangues en présence d'un grand nombre de personnes ; & l'on admira en chacun d'eux un caractère particulier. La force & la rapidité furent celui de Carnéade (4) Caton le censeur fut d'a-

(1) *Carneades academiæ sectæ philosophus cujus in disserendo quæ vis fuerit, quæ eloquentia, quod acumen, qui nescit, is ex prædicatione Ciceronis intelliget, aut Lucilii apud quem disserens Neptunus de re difficillimâ, ostendit non posse id explicari, nec si Carneades ipsum orcus remittat.* Lactant. divin. institut. lib. 9. cap. 15. Edition de l'abbé Lenglet du Fresnoy.

(2) *Adeò autem in philosophia valuit ut oratores quoque cum suis scholis dimissis abirent, ad eum audiendum convenirent.* In Carnead. lib. 4. segm. 62.

(3) Voyez Aulugelle, noct. Attic. lib. 7. cap. 14. d'où ce récit est fidèlement extrait. Conser quæ Plutarch. in Caton. maj. pag. 349. D. Opp. tom. 1. Edit. Ruald. Paris. 1624.

(4) Sed ante ipsi seorsum quoque quisque ostentandi gratia magno conventu hominum dissertaverunt. Tum admirationi fuisse ajunt Rutilius & Polybius philosophorum trium sui cujusquegeneris facundiam.

vis que l'on renvoyât incessamment ces ambassadeurs, attendu qu'il étoit bien difficile de discerner la vérité à travers les argumens de Carnéade.

Cato censorius in illa nobili trium sapientiæ procerum ab Athenis legatione, audito Carneade, quam primum legatos eos censuit dimittendos, quoniam illo viro argumentante, quid veri esset, haud facile discerni posset. (Plinius hist. nat. l. 7. c. 30.

Les ambassadeurs des athéniens disoit-on dans le sénat, ont été moins envoyés pour obtenir quelque chose par la voie de la persuasion, que pour nous forcer à faire tout ce qu'ils voudroient. *Qui tanta gravitate dicendi senatum perpulerunt, ut diceret, miserunt athenienses legatos, non ut nos persuaderent, sed qui cogerent nos facere quod ipsis collibitum esset.* Ælian. var. hist. l. 3. c. 17.). Il n'est pas besoin de dire que cette contrainte signifioit seulement qu'on ne pouvoit résister aux discours de Carnéade.

Plutarque nous apprend que la jeunesse de Rome fut si charmée des beaux discours de Carnéade, qu'elle renonçoit au plaisir (1) & à tout autre exercice, afin de suivre la passion de philosopher qu'il lui avoit inspirée, & dont elle étoit saisie comme d'un enthousiasme. Cela ne plut point à Caton (2), il craignit qu'à l'avenir les jeunes gens n'aimassent mieux étudier qu'aller à la guerre, & il censura dans le sénat la conduite que l'on tenoit à l'égard de ces philosophes ambassadeurs. « Donnons-leur réponse au plutôt, » représenta-t-il, & renvoyons les chez eux : ce » sont des gens qui persuadent tout ce qu'ils » veulent ». *persuadere facile quid vis valent.* (Plutarch. in Caton. maj. pag. 350 A.)

» Il parla de la sorte, ajoute Plutarque, non » par une haine particulière pour Carnéade, comme » quelques-uns l'ont cru, mais parce qu'en général il méprisoit la philosophie & toute l'érudition grecque ». Bayle a raison de dire, que ces dernières paroles de Plutarque ne doivent pas nous empêcher de croire que Caton craignoit sur-tout la subtilité d'esprit, & la force de raisonnement avec lesquelles notre Carnéade soutenoit le pour & le contre : » de telles gens sont » dangereux, ils peuvent nuire aux meilleures » causes, comme Cicéron dit de lui (1). Ils vous » prouvent quelquefois que le blanc est noir ; » ils ressemblent au fils de Mercure dont on » a dit :

» *Nascitur Autolycus, furtum ingeniosus ad omne,*
» *Qui facere assuerat, patriæ non degener artis,*
» *Candida de nigris & de candentibus atra.*
    Ovid. Metamorph. lib. 11. vers. 314.

Observons néanmoins que ce ne fut pas la harangue de Carnéade contre la justice qui détermina Caton à conseiller le renvoi des ambassadeurs athéniens ; ou pour m'exprimer plus exactement, cette harangue ne fut pas le principal motif de ce conseil si sévère & si honorable pour nos philosophes députés : elle influa, sans doute, sur l'opinion de Caton, mais elle n'en fut pas la cause primitive & absolue : il suffit pour s'en convaincre de lire le discours que cet excellent républicain tint à son fils pour le détourner & le dégoûter de l'étude des lettres & des sciences des grecs (2).

Bayle avoit connu un fort habile homme qui s'imaginoit que le vrai motif de la conduite de Caton dans cette circonstance fut que Carnéade avoit attaqué les fondemens de la politique romaine, & dévoilé un mystère qui étoit la base de la puissance & de la gloire de cette ambitieuse république. Ceux qui la gouvernoient, faisoient ensorte que l'on crût que la raison & la droiture étoient la règle de leurs actions ; mais Carnéade, en combattant la justice, se servit entr'autres

---

Violenta, inquiunt, & rapida Carneades dicebat, scita & teretia Critolaus, modesta Diogenes & sobria. Aul. Gell. noct. Attic. lib. 7. cap. 14.

Macrobe rapporte les mêmes choses dans les mêmes termes. Vid. Saturnal. lib. 1. cap. 5.

(1) *Vulgatumque fuit virum græcum ad miraculum usque eximium omnia delinientem & allicientem, mirum infudisse juventuti ardorem, per quem aliquarum voluptatum & oblectamentorum obliti, quasi fanatici raperentur ad philosophiam,* Plutarc. in Cat. maj. pag. 349. E. Opp. tom. 1. Edit. Ruald. Paris. 1624.

(2) *Cato à primo ubi influxit in urbem græcarum disciplinarum admiratio, stomachabatur : veritus ne juventus eo converteret studium atque eloquentiæ gloriam rebus gerendis, & disciplinæ militari anteferret.* Plutarchus, loc. cit. ubi sup. pag. 349. F.

(1) *Ut Carneadi respondeatis, qui sæpe optimas caussas ingenii calumnia ludificari solet.* De republ. lib. 1. apud. Non. Marcel. voce calumnia.

(2) Voici ce discours tel qu'il nous a été conservé par Pline le naturaliste.

Dicam de istis græcis, suo loco, Marce fili : quid Athenis exquisitum habeam & quod bonum sit horum litteras inspicere, non perdiscere vincam. Nequissimum & indocile genus illorum ; & hoc puta vatem dixisse : quandocumque ista gens suas litteras dabit, omnia corrumpet. Tum etiam magis, si medicos suos huc mittet. Jurarunt inter se barbaros necare omnes medicina ; & hoc ipsum mercede faciunt, ut fides iis sit, & facile disperdant. Nos quoque dictitant barbaros, & spurcius nos, quam alios opicos, appellatione fædant. Interdixi tibi de medicis. Apud. Plin. nat. hist. lib. 29. cap. 1. sect. 7. Edit. Harduin. tom. 2. pp. 495. 496.

preuves de celle-ci, que les romains seroient obligés de retourner dans des cabanes, s'ils vouloient agir justement, c'est-à-dire, s'ils vouloient restituer les biens dont ils s'étoient emparés (1). « Je crois, dit Bayle, que cette remarque déplut à Caton, & qu'il en pénétra bien les conséquences ; mais je suis persuadé que de plus fortes raisons l'animèrent contre ces députés des athéniens ».

Quoi qu'il en soit de ces diverses conjectures, lorsqu'on examine avec attention l'esprit du sénat de Rome à cette époque, on conçoit sans peine que l'éloquence de Carnéade dut faire en général sur cette auguste assemblée une impression défavorable & donner lieu à de sérieuses réflexions : que devoient penser en effet ces graves & austères magistrats lorsqu'ils entendirent ce philosophe se jouer ainsi publiquement des notions du juste & de l'injuste, du vice & de la vertu, du vrai & du faux ; plaider un jour avec force la cause de la justice, & discourir le lendemain avec la même véhémence contre la justice (2). « Voilà quel étoit » son élément. Il se plaisoit à défaire son propre » ouvrage, parce qu'au fond tout cela servoit à » son grand principe, qu'il n'y a que des probabilités ou des vraisemblances dans l'esprit de » l'homme ; ce qui fait qu'entre deux choses opposées, on peut choisir indifféremment celle-» ci ou celle-là pour le sujet d'un discours, tantôt négatif, tantôt affirmatif ».

Lactance, dont j'ai cité les paroles dans la note, nous donne ensuite le précis de la dispute de Carnéade contre la justice, & nous fait connoître que ce philosophe raisonnoit de cette façon (3).

S'il y avoit de la justice, elle seroit fondée ou sur le droit positif, ou sur le droit naturel. Or elle n'est fondée ni sur le droit positif qui varie selon les temps & les lieux, & que chaque peuple accommode à ses intérêts & à son utilité, ni sur le droit naturel ; car ce droit n'est autre chose qu'un penchant que la nature a donné à toutes sortes d'animaux vers ce qui leur est utile, & l'on ne peut se régler selon ce penchant, sans commettre mille fraudes, d'où il résulte qu'il ne peut pas être le fondement de la justice ; donc, &c. il montroit (1), par beaucoup d'exemples, que la condition des hommes est telle que, s'ils veulent être justes, ils agissent imprudemment & sottement, & que, s'ils veulent agir prudemment, ils sont injustes ; d'où il concluoit qu'il n'y a point de justice, car une vertu inséparable de la sottise & de l'imprudence ne peut point passer pour juste.

Mon dessein n'est pas de m'engager ici dans une dispute réglée avec Carnéade, & de réfuter pied à pied tous ses sophismes : j'observerai seulement en général qu'il est tout à la fois absurde & faux de dire que si les hommes veulent être justes, ils agissent imprudemment & sottement, & que, s'ils veulent agir prudemment, ils sont injustes. C'est précisément le contraire de ces propositions qui est vrai, & les épicuriens raisonnoient très-sensément lorsqu'ils disoient (2) que « ce » qu'on pourroit retirer d'utilité ou de plaisir » d'une mauvaise action, ne peut jamais diminuer autant les maux & les peines de la vie, » que la mauvaise action les augmente, soit par » les reproches qu'on s'en fait à soi-même, soit » par la punition des loix qu'on appréhende » soit par la haine publique qu'on s'attire ». Il y a sans doute des êtres si malheureusement nés,

---

(1) Omnibus populis qui florerent imperio, & romanis quoque ipsis, qui totius orbis potirentur, si justi velint esse, hoc est, si aliena restituant, ad casas esse redeundum, & in necessitate ac miseriis jacendum. Carneades, apud Lactant. divinar. institut. lib. 5. cap. 17. pag. 403. Edit. Paris. 1748.

(2) Is (Carneades) cum legatus ab atheniensibus Romam missus esset, disputavit de justitia copiose audiente Galba & Catone censorio maximis tunc oratoribus, sed idem disputationem suam postridie contraria disputatione subvertit, & justitiam quam pridie laudaverat, sustulit, non quidem philosophi gravitate, cujus firma & stabilis debet esse sententia, sed quasi oratorio exercitii genere in utramque partem disserendi. Quod ille facere solebat ut alios quodlibet asserentes posset refutare. Lactant. div. institut. lib. 5. cap. 15.

(3) Ejus disputationis summa haec fuit : jura sibi homines pro utilitate sanxisse, scilicet varia pro moribus, & apud eosdem pro temporibus saepe mutata. Jus autem naturale esse nullum : omnes & homines ut alias animantes ad utilitates suas natura ducente ferri ; proinde aut nullam esse justitiam, aut si sit aliqua, summam esse stultitiam ; quoniam sibi noceret alienis commodis consulens. Apud Lactant. divin. inst. lib. 5. cap. 17.

Voyez la suite de ce passage où Lactance rapporte les principales objections de Carnéade contre la justice.

(1) Transcendebat ergo ad majora, in quibus nemo posset sine periculo vitae justus esse. Dicebat enim : nempe justitia est, hominem non occidere, alienum prorsus non attingere. Quid ergo justus faciet, si forte naufragium fecerit, & aliquis imbecillior viribus tabulam ceperit ? nonne tabula deturbabit, ut ipse conscendat, eaque nixus evadat ; maxime cum sit nullus medio mari testis ? si sapiens est, faciet ; ipsi enim pereundum est, nisi fecerit. Si autem mori maluerit, quam manus inferre alteri, jam justus ille, sed stultus est, qui vitae suae non pareat, dum parcit alienae. Id. ibid. lib. 5. cap. 17.

(2) Quae autem tanta ex improbis factis ad minuendas vitae molestias accessio fieri potest, quanta ad augendas, cum conscientia factorum, tum poena legum odioque civium ? Torquatus, apud Cicer. de finib. bon. & malor. lib. 1. cap. 16. Edit. Davis.

que le desir de faire le mal s'accroit en eux (1) à mesure qu'ils ont plus de moyens de le satisfaire ; mais à l'exception de ce petit nombre d'individus qui, selon l'expression de Torquatus, ont plus besoin d'être enchaînés que d'être instruits (2), il est certain que la droite raison invite à la justice, à l'équité & à la fidélité tous les hommes (3) d'un esprit sain ; que leur intérêt bien entendu les éloigne du vice, & qu'il faut être bon, indépendamment des inconvéniens extérieurs attachés à la méchanceté, mais parce qu'elle ne laisse jamais respirer ni reposer ceux dont elle a une fois corrompu le cœur & l'esprit (4).

Telle étoit sur ce point important la doctrine des épicuriens : il suffit de la comparer à celle de Carnéade, pour voir de quel côté est la vérité, & pour sentir combien il y a de différence entre des argumens qui ne sont que subtils, & des principes fondés sur la nature des choses, & dictés par la raison la plus réfléchie.

Montaigne qu'on rencontre si souvent dans la route du vrai; Montaigne qu'il faut lire & étudier sans cesse, parce qu'il voit presque toujours bien, & qu'au mérite de penser avec profondeur, il joint celui d'exprimer avec énergie & précision ce qu'il a conçu fortement, a fait sur le sujet que nous traitons ici, des réflexions très-judicieuses, & qui renferment une bonne réfutation de la fausse hypothèse de Carnéade.

« Il n'est vice, véritablement vice, dit-il, qui
» n'offense, & qu'un jugement entier n'accuse ;
» car il a de la laideur & incommodité si apparente, qu'à l'advanture ceux-là ont raison,
» qui disent qu'il est principalement produit
» par bestise & ignorance : tant il est mal-aisé
» d'imaginer qu'on le cognoisse sans le haïr. La
» malice hume la plupart de son propre venin (5),

___

(1) Et tamen in quibusdam neque pecuniæ modus est, neque honoris, neque imperii, nec libidinum, nec epularum, nec reliquarum cupiditatum; quas nulla præda unquam improbe parta minuit, sed auget potius atque inflammat. *Id. ibid. lib. 1. cap. 16.*

(2) Ut coërcendi magis quàm dedocendi esse videantur. *Id. ibid. loc. cit.*

(3) Invitat igitur vera ratio bene sanos ad justitiam æquitatem, fidem. *Id. ibid.*

(4) Itaque non ob ea solum incommoda, quæ eveniunt improbis, fugiendam improbitatem putamus, sed multò etiam magis, quod cujus in animo versatur numquam sinit cum respirare, numquam adquiescere. *Id. ibid.*

(5) C'est une pensée du stoïcien Attalus, rapportée par Sénèque.

Quemadmodùm Attalus noster dicere solebat : ma-

» & s'en empoisonne. Le vice laisse comme un
» ulcère en la chair, une repentance en l'ame
» qui toujours s'esgratigne & s'ensanglante elle-
» mesme : car la raison efface les autres tristesses
» & douleurs ; mais elle engendre celle de la re-
» pentance qui est plus griefve, d'autant qu'elle
» naist au dedans.... Il n'est pareillement bonté
» qui ne resjouisse une nature bien née. Il y a
» certes je ne sçay quelle congratulation de bien
» faire, qui nous resjouit en nous-mesmes, &
» une fierté généreuse qui accompagne la bonne
» conscience. Une ame courageusement vicieuse
» se peut à l'advanture garnir de sécurité : mais
» de cette complaisance & satisfaction, elle ne
» s'en peut fournir ». (*Montaigne, Essais, Liv. 3. ch. 2. p. m. 13*).

L'observation, l'expérience & la réflexion concourent donc ici à prouver, comme je l'ai dit ailleurs (1), que la vie du méchant, quelque heureuse qu'on puisse la supposer, n'est dans toute sa durée qu'une longue erreur de calcul, & la lutte continuelle d'un seul homme contre tous.

Mais, dira Carnéade, déshonoré dans une société, je passerai dans une autre où je saurai bien me procurer les honneurs de la vertu : erreur. Est-ce qu'on cesse d'être méchant à volonté ? Après s'être rendu tel, ne s'agit-il que d'aller à cent lieues pour être bon, ou que de s'être dit, je veux l'être ? Le pli est pris, il faut que l'étoffe le garde. Nous recevons la vertu, dira encore Carnéade, comme le malade reçoit un remède, auquel il préféreroit, s'il en étoit cru, toute autre chose qui flatteroit son appétit. Cela est vrai d'un malade insensé : malgré cela, si ce malade avoit eu le mérite de découvrir lui-même sa maladie ; celui d'en avoir trouvé, préparé le remède, croyez-vous qu'il balançât à le prendre, quelqu'amer qu'il fût, & qu'il ne se fît pas un honneur de sa pénétration & de son courage ? Qu'est-ce qu'un homme vertueux ? c'est un homme vain de cette espèce de vanité, & rien de plus. Tout ce que nous faisons, c'est pour nous : nous avons l'air de nous sacrifier, lorsque nous ne faisons que nous satisfaire. Il reste présentement à savoir si nous donnerons le nom de sages ou d'insensés à ceux qui se sont fait une manière d'être heureux aussi bisarre en apparence que celle de s'immoler. Pourquoi les appellerions-nous insensés, puisqu'ils sont heureux, & que leur bonheur est

___

litia ipsa maximam partem veneni sui bibit. *Apud Senec. Epist. 81. pag. 329. Edit. Var. confer quæ ipse Seneca epist. 87. pag. 378. Voyez la note de Juste Lipse sur la seconde d'Attalus.*

(1) *Voyez la notice sur la vie & les ouvrages de la Fontaine, imprimée à la tête d'une magnifique édition de ses Fables, faite pour l'éducation du dauphin, pp. 31 & 32. édit. in-8°.*

si conforme à celui des autres ? Certainement ils sont heureux ; car, quoi qu'il leur en coûte, ils font toujours ce qui leur coûte le moins. Mais si l'on veut bien peser les avantages qu'ils se procurent, & sur-tout les inconvéniens qu'ils évitent ; si l'on veut apprécier l'estime des autres & celle de soi-même, tout ce qu'elles valent, on aura bien de la peine à prouver qu'ils sont déraisonnables. Prenons le cas le plus général, le plus commun ; & sans parler ici de ce petit nombre d'êtres privilégiés, assez heureusement nés pour être bons, sans effort, sans réflexion, & pour éprouver habituellement le besoin de faire le bien, comme on se sent tous les jours celui de manger quand la machine est saine & bien réglée ; supposons l'homme entre deux puissances, dont l'une lui montre le bien, & l'autre l'incline vers le mal : il faut prendre parti. Dans les commencemens, le moment du combat est cruel ; mais la peine s'affoiblit avec le temps. Il en vient un où le sacrifice de la passion ne coûte plus rien : je puis même assurer par expérience qu'il est doux : on en prend à ses propres yeux tant de grandeur & de dignité, sans compter que la nature a tellement arrangé les choses, que tous les vices sont châtiés & les vertus doublement récompensées par la douceur de les pratiquer & par l'amour général qu'elles inspirent. « Quand pour sa droi-
» ture je ne suivrois le droit chemin, dit admi-
» rablement Montaigne, je le suivrois pour avoir
» trouvé par expérience qu'au bout du compte,
» c'est communément le plus heureux & le plus
» utile ». (*Essais, liv. 2. ch. 16*).

Carnéade ne raisonne pas plus solidement sur le droit naturel, & ce qu'il dit à ce sujet n'a ni exactitude, ni précision. Il suffit, pour le prouver, d'établir ici quelques principes qui, en dévoilant la foiblesse de ses objections, éclairciront cette question importante que les préjugés & les petites vues des jurisconsultes ont fort embrouillée, & qui, de même que beaucoup d'autres, ne peuvent être bien résolues, que par des philosophes, les seuls hommes qui aient fait briller quelques vérités utiles au milieu de cette nuit profonde où nous errons depuis tant de siècles.

L'auteur dont nous allons exposer les idées, nous paroît avoir envisagé la question du droit naturel sous son vrai point de vue : il n'a consulté ni Grotius, ni Puffendorf, ni Burlamaqui, non par paresse, encore moins par dédain, mais pour être plus sûr de conserver toute la liberté de son esprit, de son jugement & de ses pensées : il a médité profondément son sujet ; il l'a examiné par des côtés que les politiques & les moralistes avoient négligé d'observer ; & ses réflexions nous ont paru très - importantes & très-dignes d'être lues par ceux qui ne craignent point de s'écarter des routes battues, pourvu qu'ils arrivent à quelque résultat certain & évident.

Philosopie enc. & mod. Tom. I.

L'usage de ce mot, *droit naturel*, est si familier qu'il n'y a presque personne qui ne soit convaincu au dedans de soi-même que la chose lui est évidemment connue. Ce sentiment intérieur est commun au philosophe & à l'homme qui n'a point réfléchi ; avec cette seule différence qu'à la question, *qu'est-ce que le droit ?* Celui-ci, manquant aussi-tôt & de termes & d'idées, vous renvoie au tribunal de la conscience & reste muet ; & que le premier n'est réduit au silence & à des réflexions plus profondes qu'après avoir tourné dans un cercle vicieux qui le ramène au point même d'où il étoit parti, ou le jette dans quelqu'autre question non moins difficile à résoudre que celle dont il se croyoit débarrassé par sa définition.

Le philosophe interrogé dit : *le droit est le fondement ou la raison première de la justice*. Mais qu'est-ce que la justice ? *c'est l'obligation de rendre à chacun ce qui lui appartient*. Mais qu'est-ce qui appartient à l'un plutôt qu'à l'autre dans un état de choses où tout seroit à tous, & où peut-être l'idée distincte d'obligation n'existeroit pas encore ? & que devroit aux autres celui qui leur permettroit tout, & ne leur demanderoit rien ? C'est ici que le philosophe commence à sentir que, de toutes les notions de la morale, celle du droit naturel est une des plus importantes & des plus difficiles à déterminer. Aussi croirions-nous avoir fait une chose généralement utile, si nous réussissions à établir clairement quelques principes, à l'aide desquels on pût résoudre les difficultés les plus considérables qu'on a coutume de proposer contre la notion du droit naturel. Pour cet effet, il est nécessaire de reprendre les choses de haut, & de ne rien avancer qui ne soit évident, du moins de cette évidence dont les questions morales sont susceptibles, & qui satisfait tout homme sensé.

I. Il est évident que si l'homme n'est pas libre, ou que si ses déterminations instantanées, ou même ses oscillations, naissant de quelque chose de matériel qui soit extérieur à son ame, son choix n'est point l'acte pur d'une substance incorporelle & d'une faculté simple de cette substance, il n'y aura ni bonté ni méchanceté raisonnées, quoiqu'il puisse y avoir bonté & méchanceté animales : il n'y aura ni bien ni mal moral, ni juste ni injuste, ni obligation ni droit ; d'où l'on voit, pour le dire en passant, combien il importe d'établir solidement la réalité, je ne dis pas du *volontaire*, mais de *la liberté* qu'on ne confond que trop ordinairement avec le *volontaire*. Voyez les articles VOLONTÉ & LIBERTÉ (1).

───────

(1) Nous n'indiquons ici que les quatre premières colonnes de l'article LIBERTÉ (morale), telles qu'on

II. Nous exiſtons d'une exiſtence pauvre, contentieuſe, inquiète. Nous avons des paſſions & des beſoins : nous voulons être heureux, & à tout moment l'homme injuſte & paſſionné ſe ſent porté à faire à autrui ce qu'il ne voudroit pas qu'on lui fît à lui-même. C'eſt un jugement qu'il prononce au fond de ſon ame, & qu'il ne peut ſe dérober. Il voit ſa méchanceté, & il faut qu'il ſe l'avoue, ou qu'il accorde à chacun la même autorité qu'il s'arroge.

III. Mais quels reproches pourrons-nous faire à l'homme tourmenté de paſſions ſi violentes, que la vie même lui devient un poids onéreux, s'il ne les ſatisfait, & qui, pour acquérir le droit de diſpoſer de l'exiſtence des autres, leur abandonne la ſienne? que lui répondrons-nous, s'il dit intrépidement : « je ſens que je porte l'épouvante & le trouble au milieu de l'eſpèce humaine; mais il faut ou que je ſois malheureux, ou que je faſſe le malheur des autres, & perſonne ne m'eſt plus cher que je ne le ſuis à moi-même. Qu'on ne me reproche point cette abominable prédilection; elle n'eſt pas libre? C'eſt la voix de la nature qui ne s'explique jamais plus fortement en moi que quand elle me parle en ma faveur. Mais n'eſt-ce que dans mon cœur qu'elle ſe fait entendre avec la même violence? ô hommes! c'eſt à vous que j'en appelle. Quel eſt celui d'entre vous qui, ſur le point de mourir, ne racheteroit pas ſa vie aux dépens de la plus grande partie du genre humain, s'il étoit ſûr de l'impunité & du ſecret? Mais, continuera-t-il, je ſuis équitable & ſincère. Si mon bonheur demande que je me défaſſe de toutes les exiſtences qui me ſont importunes, il faut auſſi qu'un individu, quel qu'il ſoit, puiſſe ſe défaire de la mienne s'il en eſt importuné. La raiſon le veut, & j'y ſouſcris. Je ne ſuis pas aſſez injuſte pour exiger d'un autre un ſacrifice que je ne veux point lui faire ».

IV. J'apperçois d'abord une choſe qui me ſemble avouée par le bon & par le méchant; c'eſt qu'il faut raiſonner en tout, parce que l'homme n'eſt pas ſeulement un animal, mais un animal qui raiſonne; qu'il y a par conſéquent dans la queſtion dont il s'agit, des moyens de découvrir la vérité; que celui qui refuſe de la chercher, renonce à la qualité d'homme, & doit être traité, par le reſte de ſon eſpèce, comme une bête farouche; & que la vérité une fois découverte, quiconque refuſe de s'y conformer eſt inſenſé ou méchant d'une méchanceté morale.

V. Que répondrons-nous donc à notre raiſonneur violent, avant que de l'étouffer? que tout ſon diſcours ſe réduit à ſavoir s'il acquiert un droit ſur l'exiſtence des autres, en leur abandonnant la ſienne; car il ne veut pas ſeulement être heureux, il veut encore être équitable, & par ſon équité écarter loin de lui l'épithète de *méchant*, ſans quoi il faudroit l'étouffer ſans lui répondre. Nous lui ferons donc remarquer que quand bien même ce qu'il abandonne lui appartiendroit ſi parfaitement qu'il en pût diſpoſer à ſon gré, & que la condition qu'il propoſe aux autres, leur ſeroit encore avantageuſe, il n'a aucune autorité légitime pour la leur faire accepter; que celui qui dit : *je veux vivre*, a autant de raiſon que celui qui dit : *je veux mourir*; que celui-ci n'a qu'une vie, & qu'en l'abandonnant, il ſe rend maître d'une infinité de vies; que ſon échange ſeroit à peine équitable, quand il n'y auroit que lui & un autre méchant ſur toute la ſurface de la terre; qu'il eſt abſurde de faire vouloir à d'autres ce qu'on veut; qu'il eſt incertain que le péril qu'il fait courir à ſon ſemblable, ſoit égal à celui auquel il veut bien s'expoſer; que ce qu'il permet au haſard, peut n'être pas d'un prix proportionné à ce qu'il me force de haſarder; que la queſtion du droit naturel eſt beaucoup plus compliquée qu'elle ne lui paroît; qu'il ſe conſtitue juge & partie, & que ſon tribunal pourroit bien n'avoir pas la compétence dans cette affaire.

VI. Mais ſi nous ôtons à l'individu le droit de décider de la nature du juſte & de l'injuſte, où porterons-nous cette grande queſtion? où? devant le genre humain : c'eſt à lui ſeul qu'il appartient de la décider, parce que le bien de tous eſt la ſeule paſſion qu'il ait. Les volontés particulières ſont ſuſpectes; elles peuvent être bonnes ou méchantes : mais la volonté générale eſt toujours bonne, elle n'a jamais trompé, elle ne trompera jamais. Si les animaux étoient d'un ordre à peu-près égal au nôtre; s'il y avoit des moyens ſûrs de communication entr'eux & nous; s'ils pouvoient nous tranſmettre évidemment leurs ſentimens & leurs penſées, & connoître les nôtres avec la même évidence; en un mot, s'ils pouvoient voter dans une aſſemblée générale, il faudroit les y appeller : & la cauſe du droit naturel ne ſe plaideroit plus pardevant l'humanité, mais pardevant l'animalité. Mais les animaux ſont ſéparés de nous par des barrières invariables & éternelles, & il s'agit ici d'un ordre de connoiſ-

---

les lit dans la première édition de l'Encyclopédie. Ces quatre premières colonnes ſont les ſeules, dans ce long article; dont nous ſoyons l'auteur, & dans leſquelles, ſi nous oſons dire, la queſtion de la liberté nous paroiſſe conſidérée ſous ſon vrai point de vue, & diſcutée, dans des principes que les théologiens n'admettront pas ſans doute, mais dont l'évidence & la juſteſſe ſeront ſenties par tous ceux qui ont réfléchi ſur ces matières avec un eſprit libre de préjugés. (*Voyez* auſſi ce que nous dirons à l'article FONTENELLE (philoſophie de).

fances & d'idées particulières à l'espèce humaine, qui émanent de sa dignité & qui la constituent.

VII. C'est à la volonté générale que l'individu doit s'adresser pour savoir jusqu'où il doit être homme, citoyen, sujet, père, enfant, & quand il lui convient de vivre ou de mourir. C'est à elle à fixer les limites de tous les devoirs. Vous avez le droit naturel le plus sacré à tout ce qui ne vous est point contesté par l'espèce entière. C'est elle qui vous éclairera sur la nature de vos pensées & de vos désirs. Tout ce que vous concevrez, tout ce que vous méditerez sera bon, grand, élevé, sublime, s'il est de l'intérêt général & commun. Il n'y a de qualité essentielle à votre espèce que celle que vous exigez dans tous vos semblables pour votre bonheur & pour le leur. C'est cette conformité de vous à eux tous, & d'eux tous à vous qui vous marquera quand vous sortirez de votre espèce, & quand vous y resterez. Ne la perdez donc jamais de vue, sans quoi vous verrez les notions de la bonté, de la justice, de l'humanité, de la vertu, chanceler dans votre entendement. Dites-vous souvent ; je suis homme, & je n'ai d'autres droits naturels véritablement inaliénables que ceux de l'humanité.

VIII. Mais, me direz-vous, où est le dépôt de cette volonté générale ? où pourrai-je la consulter ?.... dans les principes du droit écrit de toutes les nations policées ; dans les actions sociales des peuples sauvages & barbares, dans les conventions tacites des ennemis du genre humain entr'eux, & même dans l'indignation & le ressentiment ces deux passions que la nature semble avoir placées jusques dans les animaux pour suppléer au défaut des loix sociales & de la vengeance publique.

IX. Si vous méditez donc attentivement tout ce qui précède, vous serez convaincu 1°. que l'homme qui n'écoute que sa volonté particulière, est l'ennemi du genre humain.

2°. Que la volonté générale est dans chaque individu un acte pur de l'entendement qui raisonne, dans le silence des passions, sur ce que l'homme peut exiger de son semblable, & sur ce que son semblable est en droit d'exiger de lui.

3°. Que cette considération de la volonté générale de l'espèce & du désir commun est la règle de la conduite relative d'un particulier à un particulier dans la même société ; d'un particulier envers la société dont il est membre, & de la société dont il est membre envers les autres sociétés.

4°. Que la soumission à la volonté générale est le lien de toutes les sociétés, sans en excepter celles qui sont formées par le crime. Hélas, la vertu est si belle que les voleurs en respectent l'image au fond de leurs cavernes !

5°. Que les loix doivent être faites pour tous, & non pour un ; autrement cet être solitaire ressembleroit au raisonneur violent que nous avons étouffé dans le paragraphe 5e.

6°. Que, puisque des deux volontés, l'une générale, & l'autre particuliere, la volonté générale n'erre jamais, il n'est pas difficile de voir à laquelle il faudroit pour le bonheur du genre humain que la puissance législative appartînt, & quelle vénération l'on doit aux mortels augustes dont la volonté particuliere réunit & l'autorité & l'infaillibilité de la volonté générale :

7°. Que quand on supposeroit la notion des espèces dans un flux perpétuel, la nature du droit naturel ne changeroit pas, puisqu'elle seroit toujours relative à la volonté générale & au desir commun de l'espèce entiere :

8e. Que l'équité est à la justice comme la cause est à son effet, ou que la justice ne peut-être autre chose que l'équité déclarée :

9°. Enfin que toutes ces conséquences sont évidentes pour celui qui raisonne, & que celui qui ne veut pas raisonner, renonçant à la qualité d'homme, doit être traité comme un être dénaturé.

Ces réflexions d'un excellent esprit, sont d'autant plus importantes & mieux placées dans cet article, que les argumens du raisonneur violent qu'on fait parler dans le troisième paragraphe, sont bien d'un autre force que ceux de Carnéade, & que néanmoins les objections du premier disparoissent devant la saine & droite raison, & n'en supportent pas l'examen impartial & la discussion tranquille & réfléchie, ce qui suffit pour déterminer le jugement qu'on doit porter à cet égard des raisonnemens du philosophe de Cyrène.

On peut encore conclure du passage cité ci-dessus, que Lactance étoit peu fondé à dire qu'il ne fut point difficile à Carnéade de réfuter tout ce qu'on disoit de la justice ; car, ajoute-t-il, les payens ne pouvoient pas la connoître, puisqu'ils ignoroient la religion qui en est la source & le fondement (1).

1°. Il est aisé de voir par ce qui précède ;

---

(1) Erat facillimum justitiam radices non habentem labefactare, quia tùm nulla in terra fuit ; ut, quid esset, aut qualis, à philosophis cerneretur.... cujus origo in religione, ratio in æquitate est. Sed ii, qui primam illam partem nescierunt, ne secundam quidem tenere potuerunt. *Lactant. divin. institut. lib.* 5. *cap.* 15.

M 4

que, pour réfuter victorieusement les objections de Carnéade, il est absolument inutile d'avoir recours, comme Lactance, aux lumières de la foi, qui étant d'un tout autre ordre que celles de la raison, ne doivent être employées, même par ceux qui en font usage, que dans les seuls cas où la raison humaine abandonnée à ses propres forces, ne peut donner une solution générale & directe de certaines difficultés ; ce qu'on ne peut pas dire de celles de Carnéade contre la justice, lesquelles ne demandent pas même de grands efforts de tête pour être réduites à leur juste valeur, c'est-à-dire à peu-près à rien.

2°. L'homme bien observé, bien connu, est par-tout un animal peureux, crédule & superstitieux, soit qu'il soit tel par sa nature ou seulement parce qu'il est ignorant. Ces dispositions organiques ou acquises, comme on voudra les appeler, mais qui dans l'une ou l'autre hypothèse s'affoiblissent ou se fortifient sensiblement par l'éducation, n'assurent pas, sans doute, la durée de telle ou telle religion exclusivement ; mais elles prouvent que dans chaque société sauvage ou policée il y a toujours eu & il y aura toujours sous une forme plus ou moins bizarre, avec des rites plus ou moins ridicules & des dogmes plus ou moins absurdes, une superstition, ou, ce qui est la même chose sous un autre nom (1), une religion quelconque, réellement telle, & assez caractérisée pour être appelée de ce nom. En effet l'examen réfléchi de la plupart des opinions, des usages & des institutions des différens peuples anciens & modernes, n'offre en dernière analyse que les effets de la peur & de l'ignorance, & par conséquent que les divers produits de la superstition plus ou moins altérés par l'action tantôt lente, & tantôt accélérée des causes physiques & morales.

La fable parle d'un arbre consacré à la déesse des enfers, *Junoni infernæ sacer* dont chaque branche se reproduisoit sous la main qui la cueilloit : il en est à-peu-près de même de cette plante qu'on appelle *religion* : arrachez-la dans un terrein, elle repousse aussi-tôt plus vigoureuse & plus touffue, avec cette seule différence remarquable, que dans l'arbre fabuleux la branche étoit d'or, & qu'ici la racine, les feuilles & le fruit sont presque toujours également nuisibles. Quoi qu'il en soit, si, par impossible, il n'y avoit point de religion parmi les hommes, la justice n'en existeroit pas moins dans le monde, & n'en auroit pas moins une sanction suffisante & très-réelle, parce que la justice est un rapport ; & que par-tout où il y a seulement deux individus réunis en société, par une convention expresse ou tacite, ou par une coëxistence pure & simple dans le même lieu, ce rapport existe nécessairement par cela seul qu'il est fondé sur la nature de l'homme qui ne change point, sur sa sensibilité & ses besoins physiques qui sont les mêmes pour tous les individus de tous les temps & dans tous les lieux ; enfin sur ses relations sociales plus ou moins étendues & circonscrites, mais toujours suffisantes & nécessaires, puisque par-tout l'homme naît en société, & que l'état de nature rigoureusement tel que certains philosophes l'ont supposé, est un état abstrait & purement idéal ; en effet, pour que cet état chimérique eût eu lieu, il faudroit que l'homme fût tombé tout à coup du ciel dans une île déserte, ce qui est impossible, puisque par-tout l'enfant naît à côté du sein de la mère (1), ce qui établit dès ce moment entre elle & lui des desirs, des besoins & des jouissances réciproques, & par conséquent des relations, qui, à parler avec précision, peuvent être regardées comme les premiers linéamens de l'état social, & l'époque où il commence (2).

Une des choses qui étonne le plus ceux qui étudient les ouvrages philosophiques des anciens, & qui portent dans cette étude souvent difficile toute l'attention & les connoissances nécessaires pour en recueillir le fruit, c'est de voir des hommes d'un rare génie & d'une prodigieuse sagacité, arrêtés tout-à-coup par des difficultés dont l'entière solution ne suppose pas à beaucoup près autant de force de tête, de lumières & de pénétration qu'on en trouve en mille endroits de leurs écrits. Cet étrange phénomène ne peut même s'expliquer que par cette paresse d'esprit qui enchaîne & obscurcit la raison de la plupart des hommes, de ceux mêmes qui semblent le moins faits pour partager l'erreur commune : subjugués par l'habitude où ils sont de ne point examiner certains objets, ou de ne les considérer que par certains côtés, ils aiment mieux admettre pour vrai ou faux un fait, une hypothèse, une théorie, plutôt que d'en faire un examen sévère & rigoureux qui en constatant la vérité ou la

---

(1) Hobbes est le premier qui ait apperçu la vraie & la seule différence assignable entre la religion & la superstition : il définit la religion une superstition autorisée par la loi ; & la superstition, une religion que la loi proscrit. *Metus potentiarum invisibilium, sive fictæ ita sint, sive ab historiis acceptæ sint publice, religio est : si publicè acceptæ non sint, superstitio*. Définition aussi précise qu'exacte & profonde. Voyez le Léviathan, *de Homine, cap. 6*.

(1) Voyez le passage de Cicéron, que je cite à la fin de ce paragraphe, note première.

(2) Nam, dit très-bien Cicéron, *cùm sit hoc naturâ commune animantium, ut habeant libidinem procreandi, prima societas in ipso conjugio est ; proxima in liberis, deinde una domus, communia omnia. Id autem est principium urbis, & quasi seminarium reipublicæ. De offic. lib. 1. cap. 17*.

fausseté de telle ou telle doctrine, empêcheroit désormais un bon esprit de perdre son temps à découvrir une vérité déjà connue, ou à donner aveuglément son acquiescement à des erreurs dont il seroit le premier à rougir & à secouer le joug s'il en connoissoit toute l'absurdité (1)

Conçoit-on en effet qu'un aussi habile homme que Cicéron n'ait pas osé entreprendre de réfuter les raisonnemens de Carnéade contre la justice (2), & que les subtilités par lesquelles il combatoit cette vertu, aient pu un moment faire illusion à ce grand orateur, & lui paroître capables d'empêcher qu'on ne jettât de solides fondemens dans des ouvrages destinés à traiter du droit & des loix ? C'est néanmoins ce qu'il avoue ingénuement dans son livre de Legibus. Il y pose pour base qu'il y a un droit naturel, c'est-à-dire, des actions qui sont justes de leur nature, & que l'on est obligé de faire, non pas à cause que l'on vit dans une société é qui par une loi positive assujettit à la peine ceux qui ne les font point, mais à cause de la justice & de la droiture qui les accompagnent indépendamment de l'institution des hommes. Il prétend qu'il doit supposer cela s'il veut bâtir sur des principes bien choisis & bien concertés, & cependant il n'espère pas que tout le monde les approuve ; il se promet seulement l'approbation des anciens platoniciens, & celle des péripatéticiens & des stoïciens. Il ne se met point en peine de l'école d'Epicure ; elle faisoit profession de se tenir à l'écart de la politique ; il la laisse donc philosopher dans cette retraite comme elle voudra ; mais il demande quartier à Arcésilas & à Carnéade ; il craint que s'ils venoient à l'attaquer, ils ne fissent de trop grandes brèches dans le bâtiment qu'il croyoit avoir construit. Il ne se sent pas assez de courage pour les repousser, il souhaite donc de n'être pas exposé à leur colère, il desire de les appaiser, il ne veut point de guerre avec eux.

Vereor committere, ut non bene provisa & diligenter explorata principia ponantur : nec tamen ut omnibus probentur, nam id fieri non potest, sed ut eis qui omnia recta atque honesta per se expetenda duxerunt, & aut nihil omnino in bonis numerandum, nisi quod per seipsum laudabile esset, aut certe nullum habendum magnum bonum, nisi quod vere laudari sponte sua possit. His omnibus sive in academia vetere cum Speusippo, Xenocrate, Polemone manserunt : sive Aristotelem & Theophrastum cum illis re congruentes, genere docendi paululum differentes, sequuti sunt. Sive, ut Zenoni visum est, rebus non commutatis immutaverint vocabula : sive etiam Aristonis difficilem atque arduam, sed jam tamen fractam & convictam sectam sequuti sunt, ut virtutibus exceptis atque vitiis cetera in summa aequalitate ponerent, his omnibus hac quam dixi probantur ; sibi autem indulgentes & corpori deservientes atque omnia quae sequantur in vita, quaeque fugiant voluptatibus & doloribus ponderantes, etiamsi vera dicant (nihil enim opus est hoc loco litibus). in hortulis suis jubeamus dicere, atque etiam ab omni societate reipublicae cujus partem nec norunt ullam, nec unquam nosse voluerunt paulisper succissant rogemus : perturbatricem autem harum omnium rerum academiam hanc ab Arcesila & Carneade recentem exoremus, ut sileat. Nam si invaserit in has, quae satis scite nobis instructae & compositae videntur rationes, nimias edet ruinas, quam quidem ego placare cupio, submovere non audeo. (Cicer. de legib. l. 1. c. 13.)

Je me suis servi de l'excellent précis que Bayle a donné de ce passage de Cicéron, parce qu'il est très-exact, & que sans s'assujettir à une traduction littérale des paroles de l'orateur romain, il en a si bien saisi l'esprit, qu'on retrouve dans son analyse tout ce que Cicéron dit d'essentiel, & les principales idées sur lesquelles le lecteur peut désirer de s'arrêter. C'est dans les mêmes vues, & par le même motif que dans les premiers paragraphes où je parle de l'éloquence de Carnéade *voyez* ci-dessous, p. 85, & 86) j'ai cité quelquefois trois ou quatre lignes tout où Bayle traduit ou donne à sa manière l'idée de quelque passage des anciens, parce que forcé par la nature de mon sujet de rapporter les mêmes faits, & d'employer quelques-uns de ses recueils après m'être assuré de leur exactitude en les vérifiant sur les originaux, il m'auroit été impossible d'en rendre le sens avec plus de fidélité & de précision. Chercher d'autres termes pour n'exprimer au fond que les mêmes idées, eût été une affectation ridicule & tout-à-fait puérile. J'ai donc profité à cet égard, mais très-rarement, du travail de Bayle, & je ne me suis fait aucun scrupule de dire comme lui, toutes les fois qu'il m'a paru qu'il avoit bien pensé & bien écrit (1).

---

(1) Conférez ici ce que j'ai dit ci-dessus sur le même sujet. Les réflexions auxquelles je renvoie, peuvent servir à confirmer & à fortifier celles-ci. *Vid. supra*, pag. 67. col. 1.

(2) Arguta haec plane & venenata sunt, & quae M. Tullius non potuit refellere. Nam cum faciat Laelium Furio respondentem, eumque justitiam dicentem, irrefutata haec tanquam foveam praetergressus est, ut videatur idem Laelius non naturalem, quae in stultitiae crimen venerat; sed illam civilem defendisse justitiam, quam Furius sapientiam quidem esse confessus, sed injustam. Lactant. divin. institut. lib. 5. cap. 17. Voyez ci-dessus, p. 87. col. 1. n. 2 & 3, quelques-unes des objections de Carnéade : on les trouve toutes dans Lactance, liv. 5. ch. 17.

(1) Notez que j'ai toujours soin d'en avertir le lecteur, soit par un renvoi direct à l'ouvrage de Bayle, d'où je tire ma citation, soit en désignant ce grand

La chose vraiment essentielle est d'être utile, d'exercer beaucoup la raison & le jugement du lecteur, &, selon le précepte & l'expression de Montaigne, *de lui ensucrer les viandes salubres, & enfieller celles qui lui sont nuisibles, afin qu'où est son profit, là soit aussi son esbat*. Pourvu qu'après avoir lu cet article & les suivans, il se trouve plus instruit, plus éclairé sur ce qu'il veut savoir; pourvu qu: de cette multitude de faits & d'opinions qu'on fait passer rapidement sous ses yeux, il puisse tirer quelques grands résultats qui multiplient ses idées, étendent ses connoissances & perfectionnent sa raison, il importe peu que ce soit à Cicéron, à Bayle ou à moi qu'il en ait l'obligation. D'ailleurs, comme l'observe judicieusement l'auteur des Essais, « la » vérité & la raison sont communes à un chacun, & ne sont non plus à qui les a dites » premièrement, qu'à qui les dit après: ce n'est » non plus selon Platon, que selon moy, puisque » lui & moy l'entendons & voyons de mesme ». (Essays, l. 1. c. 25. m. 127.)

Je reviens à Carnéade, & je me hâte de remarquer en général, que, de ce que ce philosophe faisoit tous ses efforts pour renverser les fondemens de la justice, & pour embrouiller par ses sophismes les not ons très-distinctes du juste & de l'injuste, il n'en faut rien conclure contre ses mœurs, ni faire entrer dans l'idée qu'on se forme de tel ou tel homme le jugement qu'on porte de ses opinions vraies ou fausses, utiles ou nuisibles. J'ai déjà eu plusieurs fois occasion d'observer, (& je ne saurois trop insister sur cette vérité importante) que les mœurs d'un homme sont tout-à-fait indépendantes de ses principes spéculatifs, quels qu'ils puissent être. C'est dans cette persuasion que Quintilien a cru devoir prévenir & détruire en même temps les impressions fâcheuses que les argumens de Carnéade en faveur de l'injustice pourroient faire prendre de ses mœurs & de la teneur de sa vie. Il dit expressément que sa probité n'étoit point équivoque, & qu'il ne laissoit pas de se conduire selon l'équité, quoiqu'il combattit fortement pour l'injustice. « C'étoit, *ajoute-t-il*, le caractère distinctif & particulier de la philosophie des *académiciens*: leur spéculation étoit suspendue entre » deux contraires; mais leur pratique se fixoit » à l'un des deux ».

Neque enim academici sum in utramque differunt partem, non secundum alteram vivunt. Neque Carneades ille, qui Romæ audiente censorio Catone non minoribus viribus contra justitiam dicitur disseruisse,

homme par quelques-unes de ses épithètes qui expriment le cas infini que j'en fais, & l'estime qu'il doit inspirer à tous ceux qui pensent avec une certaine profondeur, & qui s'intéressent aux progrès de la raison.

quam pridie pro justitia dixerat, injustus ipse vir fuit. Tant il est vrai, comme l'auteur des pensées sur la comète l'a démontré par les faits & le raisonnement, que les persuasions générales de l'esprit ne sont pas le ressort de nos actions, & que c'est le tempérament, la coutume ou quelque passion particulière qui nous déterminent; d'où il suit qu'il peut y avoir une disproportion énorme entre ce que l'on croit & ce que l'on fait. *Voyez* QUINTILIEN, *institut. orat. l. 12 c. 1*

Si je rappelle ici la dispute de Carnéade contre les stoïciens sur le chapitre de la religion, (dispute dans laquelle, comme je l'ai remarqué ci-dessus, il réduisit ces philosophes à l'absurde) ce n'est pas assurément pour faire honneur de cette victoire à la force de son éloquence. La cause qu'il défendoit étoit si bonne, & celle de ses adversaires si mauvaise, qu'il faut s'étonner, non pas de l'avantage qu'il eut dans une lutte si inégale, mais de voir des philosophes tels que les stoïciens dont l'esprit très-subtil, ne manquoit d'ailleurs ni de justesse ni de profondeur, & que leurs principes philosophiques, s'ils en eussent connu les dépendances inévitables, éloignoient nécessairement de tout système religieux, & par conséquent, de toute espèce de culte, admettre & défendre sérieusement une hypothèse aussi monstrueuse, aussi extravagante que le paganisme. On peut voir dans le traité de Cicéron sur la nature des Dieux, (l. 3. c. 17., & seqq.) les objections de Carnéade contre cette ridicule superstition. Cet orateur les a rapportées fort au long. Il est certain qu'elles ruinent de fond en comble toutes les divinités payennes, & que sous ce point de vue, il est assez étrange qu'elles n'aient point commis Carnéade avec les prêtres du paganisme: mais on voit par l'histoire que s'ils se fâchoient quelquefois très-sérieusement contre les philosophes, sur-tout à Athènes; si leur intérêt personnel qui leur parle toujours si impérieusement; des raisons politiques ou des motifs particuliers de haine enflammoient leur zele dans certaines circonstances, & les rendoient intolerans & persécuteurs, ils souffroient, en général, assez patiemment les sarcasmes & les attaques des philosophes dont les discours & les ouvrages également ignorés du peuple, laissoient à celui-ci toute sa crédulité, & aux prêtres tout leur pouvoir sur son esprit, deux choses qu'il leur importe sur-tout de conserver, & sans lesquelles ils seroient bientôt avilis.

Nous ne voyons point, en effet, que les ouvrages philosophiques de Cicéron, pas même ses livres de la nature des Dieux & de la divination, tous deux si favorables à l'athéisme & si propres à l'établir (1), soit directement, soit comme

---

(1) C'est le jugement que Quintus, frère de Cicéron, porte du premier de ces ouvrages.

conséquence, aient jamais compromis son repos, & lui aient même suscité la moindre querelle avec les augures & les haruspices. Carnéade aussi libre, aussi hardi que lui dans ses disputes contre les stoïciens, jouit de la même sécurité, & ne se fit aucune affaire fâcheuse avec les Eumolpides, quoiqu'il attaquât ouvertement le paganisme par tous les côtés à la fois, & même par ceux que les prêtres de son pays avoient le plus d'intérêt à défendre, comme, par exemple, la certitude des oracles d'Apollon. C'est, sans doute, de sa dispute avec les stoïciens sur cette matière, qu'il faut entendre ce passage de Cicéron, où il dit que Carnéade a écrit avec beaucoup de force & de subtilité contre la divination (1). Quoi qu'il en soit, nous donnerons ici en peu de mots une idée de cette dispute qui touche dans une infinité de points de grandes questions dont l'obscurité se dissipe facilement quand on philosophe sur les vrais principes, mais qui, par cela même ne sont résolues que pour un très-petit nombre de bons esprits ; tant l'homme qu'une longue habitude a façonné au joug de l'erreur, s'achemine d'un pas lent & pénible vers la vérité !

On va voir par les argumens de Carnéade contre la divination, & par les réponses de ses adversaires, que les disputes des augustiniens avec les jésuites & avec les remontrans sur les suites de la prédestination, avoient lieu parmi les anciens philosophes, & Bayle a eu raison de dire que Carnéade a fourni de la tablature aux théologiens prédestinateurs pour objecter à leurs adversaires que Dieu ne préverroit pas les choses futures, si elles dépendoient d'une cause indifférente. Il n'y a que les sociniens qui ayent eu la bonne foi de reconnoître la force évidente de cette objection. Mais écoutons Carnéade.

Il disoit « qu'Apollon ne pouvoit prédire les
» choses futures, à moins qu'elles ne dépendissent
» d'une cause nécessaire ; il lui ôtoit la connois-
» sance de tous les événemens contingens, du
» particide d'Œdippe, par exemple ; car n'y ayant
» point de cause qui ait nécessité cet homme à
» tuer son père, on n'a pu prévoir qu'il le tue-
» roit ; l'avenir ne peut être sçu que quand on
» connoit toutes les causes efficientes d'une ac-
» tion. Il disoit même que les dieux qui pré-
» sidoient aux oracles, ne pouvoient connoître
» le passé lorsqu'il ne restoit point de signes qui
» pussent servir de trace pour remonter au temps
» de l'événement. Il prétendoit sans doute, qu'il
» n'y avoit point d'autre trace qui pût servir à
» cela que l'enchaînement des causes naturelles
» qui agissent sans aucun usage de liberté, &
» qu'ainsi les actes du franc arbitre de l'homme
» rompant cette chaîne, empêchoient les
» dieux de porter leurs vues jusqu'aux siècles pas-
» sés, lorsqu'il ne restoit aucun monument sen-
» sible des événemens &c.

Dicebat Carneades, ne Apollinem quidem futura posse dicere, nisi ea, quorum causas natura ita contineret, ut ea fieri necesse esset. Quid enim spectans deus ipse diceret Marcellum eum, qui ter consul fuit, in mare esse periturum? Erat hoc quidem verum ex æternitate, sed causas id efficientes non habebat. Ita ne præterita quidem ea, quorum nulla signa, tamquam vestigia, extarent, Apollini nota esse censebat : quo minus futura? Causis enim efficientibus quamque rem cognitis, posse denique sciri quid futurum esset : ergo nec de Œdipode potuisse Apollinem prædicere, nullis in rerum natura causis præpositis cur ab eo patrem interfici necesse esset, nec quicquam ejusmodi. (Apud. Cicéron. de fato, c. 14.

» Chrysippe avoit éludé l'instance tirée de ce
» qu'un homme prédestiné à mourir, mourra
» soit qu'il employe des remèdes, soit qu'il n'en
» employe point ; il l'avoit, dis je, éludé en sup-
» posant la complication des événemens prédes-
» tinés, comme qu'un tel homme se servira
» d'un médecin & guérira ; c'est pourquoi les
» remèdes sont alors une annexe de la fatalité de
» la guérison (1). Carnéade ne se payoit point
» de cette réponse, mais pour la bien réfuter, il
» en montroit le grand inconvénient, je veux dire
» l'extinction de la liberté. Si vous joignez ainsi
» dans les arrêts des destinées les causes avec les
» effets, disoit-il, tout se fera par nécessité, & rien
» ne sera en notre puissance ; chaque chose dépendra
» d'une cause antérieure, & toutes sont enchaî-
» nées ensemble d'un lien naturel & indissoluble.
» Mais il est constant qu'il y a des actions qui
» dépendent de nous & sont contingentes : donc
» elles ne se font pas toutes par des causes ex-
» ternes & antécédentes ».

Carneades genus hoc totum non probabat, & nimis inconsiderate concludi hanc rationem puta-

---

Etenim ipse Cotta sic disputat, ut stoicorum magis argumenta confutet ; quam hominum deleat religionem. Tùm Quintus, dicitur quidem isthuc, inquit, à Cotta, & vero sæpius : credo, ne communia jura migrare videatur : sed studio contra stoicos disserendi, deos mihi videtur funditus tollere. Apud Ciceron. de divinat. lib. 1. cap. 5.

(1) *Etenim nobismetipsis quærentibus quid sit de divinatione judicandum, quod à Carneade multa acutè & copiosè contra stoicos disputata sint. Cicer. de divinat. lib. 1. cap. 4.*

(1) *Omnes igitur hujus generis captiones eodem modo refelluntur. Sive tu adhibueris medicum, sive non adhibueris, convalesces ; captiosum : tam enim est fatale, medicum adhibere, quam convalescere. Hæc, ut dixi, confatalia ille appellat. Cicer. de fato, cap. 13. fine.*

bat : itaque premebat alio modo, nec illam adhibebat calumniam. Cujus erat hæc conclusio, si omnia antecedentibus causis fiunt, omnia naturali conligatione conserta contextaque fiunt : quod si ita est, omnia necessitas efficit : id si verum est, nihil est in nostra potestate : est autem aliquid in nostra potestate: at ,si omnia fato fiunt, omnia causis antecedentibus fiunt : non igitur fato fiunt, quæcumque fiunt. (*Apud Ciceron. de fato*, cap 14. *init*).

Si les stoïciens, plus habiles à profiter des avantages que leur donnoient dans cette dispute quelques-uns de leurs principes philosophiques, avoient fait usage de toutes leurs forces contre Carnéade, ils auroient vu deux choses également embarrassantes pour cet *académicien*, & très-favorables à leur cause considérée par un certain côté; la première, que le raisonnement de Carnéade suppose précisément ce qui est en (1) question, & ce qu'en bon logicien, il auroit du prouver solidement avant de passer outre : savoir, que l'homme agit en vertu des déterminations libres de sa volonté; la seconde qu'en partant de cette hypothèse, il se resserroit nécessairement dans un défilé où ils pouvoient l'arrêter long-temps avant d'en recevoir une réponse satisfaisante & qui eût toute l'évidence de leurs objections.

Au reste en défendant la liberté de l'homme, Carnéade n'en étoit pas plus orthodoxe, puisqu'il nioit la prescience divine, & n'accordoit à Dieu d'autre divination, ou d'autre prévoyance que celle qui nous est commune avec lui, & par laquelle il connoit les actions des hommes à mesure qu'elles se font : ce qui est un des côtés foibles du système si peu philosophique & si faux de la liberté des actions humaines, & celui que ses défenseurs les plus ardens n'ont pu encore fortifier au point de le mettre désormais hors de la portée du trait de l'ennemi.

En suivant avec attention les différentes idées de Carnéade sur cette matière, telles qu'on les trouve exposées dans plusieurs ouvrages de Cicéron, on voit que cet *académicien*, d'ailleurs si subtil, si pénétrant, n'avoit pas bien médité ce sujet. Cela paroit encore plus évident, lorsqu'on examine la manière dont il prétendoit que les épicuriens pouvoient répondre aux objections de Chrysippe qui soutenoit que toutes choses arrivent par la force du destin : *omnia fato fieri*. On sait que pour expliquer la liberté des actions humaines (1), Epicure avoit donné à ses atomes un mouvement léger de déclinaison dans des temps & des espaces indéterminés (2). Il avoit très-bien vu que si les atomes par une suite de leur pésanteur, se portoient directement en bas, l'homme n'auroit point de liberté, puisque leur mouvement seroit nécessaire & immuable. Pour sortir de-là, il enchérit sur Démocrite, en supposant que les atomes, outre ce mouvement perpendiculaire que leur donne leur pésanteur, en ont aussi un d'inflexion ou de déclinaison qui les écarte un peu de la ligne droite : mais comme l'observe judicieusement Cicéron, il seroit beaucoup moins honteux d'avouer qu'on ne peut pas répondre à son adversaire, que d'avoir recours à de pareilles solutions (3).

---

(1) Ce vice de l'argument de Carnéade n'a point échappé au savant auteur *des Dissertations sur la recherche de la vérité*. Mais, selon lui, c'étoit l'opinion de Carnéade que notre ame a d'elle-même la puissance de se mouvoir & de se déterminer. « En » effet, ajoute-t-il, il pensoit, aussi bien que Platon » & les pythagoriciens, que c'étoit une force mou- » vante qu'ils regardoient comme une espèce de nom- » bre, *numerus se movens* : & cela posé, la liberté » étoit établie ».

Cela peut être, mais elle n'en étoit pas mieux prouvée, & un argument dont toute la force est fondée sur une opinion particulière à celui qui le propose, n'est d'aucun poids, & tombe avec l'opinion qui lui sert de base, sur-tout lorsque cette opinion est la chose même dont on dispute, ou du moins est un des élémens qu'il faut nécessairement faire entrer en calcul pour résoudre complètement le problème.

---

(1) Ce philosophe raisonnant à cet égard peu conséquemment, & ne connoissant pas les dépendances inévitables de son système, avoit cru devoir introduire ce principe dans la morale, & c'est au contraire un de ceux avec lesquels il est impossible de faire de bonne morale. Voyez à ce sujet ce que j'ai dit dans la première édition de l'Encyclopédie, art. LIBERTÉ (morale), mais dans les quatre premières colonnes seulement, les seules dont je sois l'auteur. La suite est un pur verbiage de M. Mallet, auquel je crus devoir faire un préambule un peu plus raisonnable que les argumens foibles & sophistiques du théologien, & qui pût faire pardonner l'ennui de son bavardage insignifiant. *Nunc veræ voces*.

On écrit ceci au mois de juin 1789.

(2) *Quare in seminibus quoque idem fateare necesse est*
Esse aliam, præter plagas, & pondera, causam
Motibus, unde hæc est nobis innata potestas,
De nihilo quoniam fieri nil posse videmus :
Pondus enim prohibet, ne plagis omnia fiant,
Externa quasi vi ; sed ne mens ipsa necessum
Intestinum habeat cunctis in rebus agendis,
Et devicta quasi cogatur ferre, patique :
Id facit exiguum Clinamen principiorum,
Nec regione loci certa, nec tempore certo.

Lucret. de rer. nat. lib. 2. v. 284 & *seqq.*

(3) *Hoc persæpe facitis, ut cum aliquid non verisimile dicatis, & effugere reprehensionem velitis, afferatis aliquid, quod omnino ne fieri quidem possit : ut satius fuerit illud ipsum, de quo ambigebatur, concedere, quam tam impudenter resistere.*

Carnéade

Carnéade peu satisfait, avec raison de cette réponse des épicuriens, & autant pour défendre son propre sentiment sur la liberté de l'homme, que pour réfuter celui de Chrysippe, & faire perdre à ce stoïcien l'avantage qu'il avoit dans cette dispute, inventa une hypothèse moins liée, moins d'accord avec les phénomènes, en un mot, moins philosophique que celle de Chrysippe, & qui d'ailleurs ne résout pas la difficulté, mais qui en change seulement la nature : ce fut de dire que l'ame avoit un mouvement volontaire dont elle étoit la cause.

Acutius Carneades, qui docebat posse epicureos suam causam sine hac commentitia declinatione defendere. Nam quum doceret esse posse quendam animi motum voluntarium, id fuit defendi melius, quam introducere declinationem, cujus praesertim causam reperire non possunt: quo defenso, facile Chrysippo possent resistere. Cum enim concessissent, motum nullum esse sine causa; non concederent, omnia quae fierent, fieri causis antecedentibus: voluntatis enim nostra non esse causas externas & antecedentes. Communi igitur consuetudine sermonis abutimur, cum ita dicimus, velle aliquid quempiam aut nolle sine causa: ita enim dicimus, sine causa, ut dicamus, sine externa & antecedenti causa, non sine aliqua.... de ipso atomo dici potest, cum per inane moveatur gravitate & pondere, sine causa moveri, quia nulla causa accedat extrinsecus. Rursus autem ne omnes à physicis invideamur, si dicamus quicquam fieri sine causa; distinguendum est, & ita dicendum, ipsius individui hanc esse naturam, ut pondere & gravitate moveatur, eamque ipsam esse causam, cur ita feratur. Similiter ad animorum motus voluntarios, non est requirenda externa causa : motus enim voluntarius eam naturam in se ipse continet, ut sit in nostra potestate, nobisque pareat ; nec id sine causa ; ejus enim rei causa, ipsa natura est. Cicer. de fato, cap. 11. edit. Davis.

Bayle prétend que Carnéade fournissoit là aux épicuriens une réponse, non seulement beaucoup plus solide que celle qu'ils employoient, mais aussi la plus ingénieuse & la plus forte que l'esprit humain puisse produire. Il s'en faut beaucoup que j'en juge aussi favorablement : il en est ici des choses comme des hommes : pour être meilleur qu'un méchant, on n'est pas bon pour cela. L'hypothèse de Carnéade est moins absurde sans doute que celle de la déclinaison des atomes ;

clinamen principiorum ; mais c'est là son seul mérite ; & ce n'est qu'en la jugeant ainsi par comparaison que Bayle a pu en faire un éloge aussi pompeux : elle est d'ailleurs exposée à des objections également insolubles dans un autre genre, & telles, qu'en l'admettant, on retombe d'un côté dans l'abyme qu'on avoit évité de l'autre : *à fronte praecipitium, à tergo lupi.* Cela est si vrai que Bayle qui connoissoit si bien le fort & le foible de toutes les hypothèses sur la liberté, & qui a traité ces différentes questions avec une profondeur, une clarté & une précision très-dignes d'un aussi excellent esprit, a ruiné lui-même par une seule observation la prétendue solution de Carnéade. « J'avoue, dit-il, qu'on eût pu, lui demander : ces actions volontaires de l'ame, qui ne dépendent point d'une cause externe, dépendent-elles de la nature de l'ame comme le mouvement de pésanteur dépend de la nature des atomes selon Epicure ? En ce cas-là vous n'ôtez point la fatalité des stoïciens; car vous n'admettez aucun effet qui ne soit produit par une cause nécessaire. Ni Carnéade, ni aucun autre philosophe payen n'étoit capable de répondre rien de positif à cette question ».

J'ai cité ci-dessus (1) un passage de Quintilien où ce grave rhéteur rend justice aux bonnes mœurs des *académiciens* en général, & en particulier à celles de Carnéade. Il est certain que la morale de ce philosophe, dégagée de tout ce que l'esprit de système y avoit introduit de sophistique & de paradoxal, & réduit à la partie spéculative qui constituoit essentiellement la règle de sa conduite, non pas entant qu'*académicien*, mais entant que philosophe pratique, étoit douce, indulgente & pure : il a même connu & enseigné expressément celui de tous les préceptes que les sectes les plus sévères & les plus rigides ont regardé avec raison comme le plus difficile à pratiquer, & l'extrême de la perfection morale : je veux parler du pardon des injures. C'est Cicéron qui nous a conservé cette belle maxime : » si vous saviez, dit Carnéade, qu'il y eût un » serpent caché en quelque endroit, & qu'un » homme qui n'en sauroit rien, & à la mort » duquel vous gagneriez, voulut aller s'asseoir » dessus, vous feriez mal de ne pas l'en empêcher : cependant vous auriez pu impunément » ne l'avertir pas : car qui vous auroit pu convaincre d'avoir gardé le silence en cette occasion ?

Si scieris, inquit Carneades, aspidem occultè latere uspiam, & velle aliquem imprudentem super eam adsidere, cujus mors tibi emolumento futura sit ; improbe feceris, nisi monueris, ne adsideat : sed impunitè tamen ; scisse enim te quis coarguere

---

velut Epicurus, cum videret, si atomi ferrentur in locum inferiorem suopte pondere, nihil fore in nostra potestate, quod esset earum motus certus & necessarius ; invenit quomodo necessitatem effugeret, quod videlicet Democritum fugerat ; ait atomum, cum pondere, & gravitate directà deorsum feratur, declinare paululum. Hoc dicere turpius est, quam illud, quod vult, non posse defendere. Cic. de nat. deor. lib. 1. cap. 25. Edit. Davis.

(1) Pag. 94. col. 1.

possit ? (*De finib. bonor. & mal. l. 2. c. 18.* J'ai suivi les leçons de Davisius).

Un savant chanoine de Dijon avoue que cette doctrine est admirable; « & sans doute, ajoute-t-il, elle est bien digne du christianisme; car qu'y-at-il de plus digne du christianisme que de faire du bien à son ennemi, & de le faire sans espérance d'en être récompensé en ce monde (1) »? Bayle dit aussi, en parlant de ce même précepte de Carnéade, qu'il n'y a rien de plus chrétien que l'un des dogmes de sa morale (2).

Cet article important de la philosophie de Carnéade nous conduit directement à parler ici de son sentiment sur la nature du souverain bien que l'ancienne *académie* faisoit consister dans une vie honnête & dans la jouissance des choses que la nature a rendu pour nous de première nécessité. Aristote & ses sectateurs paroissent encore s'approcher fort de ce sentiment (3) : mais selon Carnéade, le souverain bien ou la dernière fin de l'homme, est de jouir des principes naturels(4), ou comme Cicéron s'exprime ailleurs, des premiers dons de la nature, soit de tous ensemble, soit du moins des principaux (5) : opinion dont il n'étoit pas l'auteur, (6) & qu'il n'approuvoit pas, mais qu'il avançoit pour exercer les forces de son esprit, & sur-tout pour contredire les stoïciens contre lesquels il étoit en guerre.

Cicéron avoue néanmoins que le souverain bien, selon que le concevoit Carnéade, est de telle nature, qu'étant joint à la vertu, non-seulement il mériteroit d'être admis, mais même qu'il pourroit mettre le comble à la félicité de la vie. *Qua possunt eadem* (il venoit de réfuter l'opinion d'Aristippe & d'Hiéronyme sur le souverain bien) *contra Carneadem illud summum bonum dici : quod is non tam, ut probaret, protulit ; quam ut stoicis, quibuscum bellum gerebat, opponeret. Id autem ejusmodi est, ut additum ad virtutem, auctoritatem videatur habiturum, & expleturum cumulatè vitam beatam* (De fin. bon. & mal. l. 2. c. 13)

On peut recueillir de ce passage & de plusieurs autres du même auteur, que Carnéade bornoit la félicité à la jouissance du bien naturel, sans y comprendre le bien (1) honnête : mais il ne faut pas oublier qu'il n'approuvoit point cette opinion, qu'il ne la soutenoit en quelque sorte que par esprit de contradiction, (*ut opponeret stoicis*) ; par forme d'exercice, & pour se tenir en haleine comme les athlètes, (*differendi causâ :*) d'où il suit qu'on ne peut pas regarder cette doctrine comme faisant partie de sa morale pratique, ni même spéculative : peut-être même donnoit-il à ces paroles *frui his rebus quas primas homini natura conciliat*, un sens beaucoup plus étendu que celui qu'elles nous présentent ; peut-être comprenoit-il dans ces choses qui sont pour nous de première nécessité, la pratique de certains devoirs que la nature impose impérieusement à l'homme en société, & qui étant fondés sur sa sensibilité & ses besoins physiques, sont pour lui la source d'une multitude de jouissances moins vives, moins délicieuses sans doute que celles qu'elle a attachées à la satisfaction de ces mêmes besoins, mais qui ont aussi leur attrait particulier, & qui entrent même pour beaucoup dans la composition du bonheur de l'homme. Il semble que les stoïciens aient été dans les mêmes idées, car ils disoient que tous les devoirs de la vie ayant leur source dans les principes de la nature, il faut aussi que la sagesse y ait la sienne. *Cum autem omnia of-*

---

(1) Dissertations sur la philosophie des académiciens, par M. Foucher, liv. 1. ch. 8. pp. 46. 47. Voyez aussi liv. 3. ch. 4. p. 158.

(2) Diction. hist. & crit. art. CARNÉADE au texte, tom. 2. p. 62. édit. de 1740.

(3) Honestè autem vivere, fruentem rebus iis, quas primas homini natura conciliet, & vetus academia censuit (ut indicant scripta Polemonis quem Antiochus probat maximè) & Aristoteles : ejusque amici nunc proximè videntur accedere. Introducebat etiam Carneades, non quo probaret, sed ut opponeret stoicis, summum bonum esse frui his rebus, quas primas natura conciliavisset. (*Cicer. acad. lib. 2. cap. 42*). Confer quæ de finib. bon. & mal. lib. 2. cap. 11.

(4) Carneadi frui principiis naturalibus esse extremum. *Cicer. de finib. bon. & mal. lib. 2. cap. 11. in fine.*

M. Foucher croit que cela veut dire, exercer en perfection toutes les fonctions de l'entendement & de la volonté, sans en être empêché, soit par l'ignorance ou par les préjugés, soit par quelque autre obstacle extérieur. *Dissertat. sur la philos. des acad. liv. 3. ch. 4. p. 158.*

(5) Nihil bonum, nisi naturæ primis bonis aut omnibus, aut maximis frui, ut Carneades contra stoicos disserebat. *Apud Cicer. Tuscul. disput. lib. 5. cap. 30.*

Davis dit que Carnéade entendoit par là un bon esprit, un corps sain, & des avantages de cette sorte. *Prima naturæ sunt sana mens, valetudo prospera, & si qua similia.* Voyez la note suivante.

(6) Voluptatis, Aristippus ; non dolendi, Hieronymus ; fruendi rebus iis, quas primas secundum na-

turam esse diximus, Carneades : non ille quidem auctor, sed defensor, differendi causâ, fuit. *Cicer. de finib. bon. & mal. lib. 5. cap. 7.* V. la note 5. col. 1.

(1) Ita tres sunt fines expertes honestatis ; unus Aristippi vel Epicuri, alter Hieronymi, Carneadis tertius. *De finib. bon. & mal. lib. 2. cap. 11. Vide & lib. 5. cap. 8.*

Il compte encore ailleurs trois sectes qui excluent la vertu du souverain bien : *tres disciplinas quæ virtutem à summo bono excludunt.* De finib. lib. 3. cap. 11. & cap. 9.

ficia à principiis naturæ proficiscantur, ab iisdem necesse est proficisci ipsam sapientiam. Cicer. de finib. bon. & mal. l. 3. c. 7. init.

Quoi qu'il en soit, Carnéade pensoit que dans toute la question des biens & des maux, il n'y avoit entre les stoïciens & les péripatéticiens aucune différence quant au fond des choses, & qu'il n'y en avoit que dans les termes. *Carneades.... pugnare non destitit, in omni hac quæstione, quæ de bonis & malis adpelletur, non esse rerum stoïcis cum peripateticis controversiam, sed nominum.* (Apud. Cicer. de finib. bon. & mal. l. 3. c. 12.)

Cicéron nous apprend là même que Caton n'étoit point de cet avis (1); mais quand on examine bien attentivement les différences qu'il trouvoit entre ces deux opinions, on est convaincu que Carnéade avoit raison; & Cicéron dont l'autorité est d'un grand poids dans ces matières, n'en doutoit nullement: il prouve même avec beaucoup d'ordre & de clarté dans le quatrième livre *de finibus* (2) que les expressions dont se servent les stoïciens, ne changent rien à la nature des choses, qui demeurent toujours les mêmes sous des termes différens (3).

En effet, puisque les uns reconnoissent pour des *avantages* & des *commodités*, ce que les autres nomment des *biens*: & qu'à cela près ils n'attachent que la même idée aux richesses, à la santé & à tout le reste; leur différend ne roule que sur des mots, ensorte qu'ils sont réellement d'accord. C'est ainsi, ajoute Cicéron, que Car-

---

(1) *Mihi autem nihil tam perspicuum videtur, quam has sententias eorum philosophorum se inter se magis, quam verbis differre. Majorem multo inter stoïcos & peripateticos rerum esse aio discrepantiam, quam verborum.* Cato apud Cicer. de finib. bon. & mal. lib. 3. cap. 12.

(2) Je trouve, dans le cinquième livre de cet ouvrage, un passage encore plus précis. Cicéron y dit nettement que les stoïciens ayant pris des péripatéticiens & des *académiciens*, ont cru les mêmes choses sous des noms différens. *Restant stoïci, qui cum a peripateticis & academicis omnia transtulissent, nominibus aliis easdem res secuti sunt.* De finib. bon. & mal. lib. 5. cap. 8.

(3) *Quæ est igitur ista philosophia, quæ communi more in foro loquitur, in libello, suo? præsertim cum, quod illi verbis suis significent, in eo nihil novetur, de ipsis rebus nihil mutetur, eædem res maneant, alio modo.* Cicer. de finib. bon. & mal. lib. 4. cap. 9.

Il avoit dit, quelques lignes plus haut, en parlant de Zénon: *quis enim ferre posset ita loquentem eum, qui se auctorem vitæ graviter & sapienter agendæ profiteretur, nomina rerum commutantem: cumque idem sentiret quod omnes, quibus rebus eandem vim tribueret, alia nomina imponentem, verba modo mutantem, de opinionibus nihil detrahentem?* Id. ibid.

néade s'érigeant de son chef en arbitre des stoïciens & des péripatéticiens, terminoit leur querelle.

Quorum controversiam solebat tamquam honorarius arbiter judicare Carneades. Nam cum, quæcumque bona peripateticis, eadem stoïcis commoda viderentur: neque tamen peripatetici plus tribuerent divitiis, bonæ valetudini, cæterisque rebus generis ejusdem, quam stoïci, cum ea re, non verbis ponderarentur; causam esse dissidendi negabat. (Cicer. Tuscul. quæst. l. 5. c. 41.)

On voit par les ouvrages de Cicéron que la dialectique & l'éloquence de (1) Carnéade étoient pour les stoïciens deux ennemies très-redoutables dont l'activité se portoit alternativement sur les différentes parties de leur système, & les forçoient de le mutiler tantôt dans un point, tantôt dans un autre. Il se plaisoit à les inquiéter, à les chasser de tous les postes où ils se croyoient le plus en sûreté, ensorte qu'ils étoient obligés de changer de principes & d'idées sur plusieurs choses qui jusqu'alors leur avoit paru démontrées: c'est ce qui leur arriva sur l'article de la bonne réputation, ou de la gloire. Chrysippe & Diogène disoient que si on retranchoit l'utilité qui en revient, elle ne vaudroit pas la peine qu'on en remuât le bout du doigt. Mais les stoïciens qui sont venus après eux, ne pouvant résister aux objections de Carnéade, ont dit que la bonne réputation méritoit par elle-même d'être préférée & choisie, & qu'il étoit d'un homme bien né & bien élevé, de vouloir être estimé de ses parens, de ses proches, & même de tous les honnêtes gens; & cela pour la chose même en soi, sans aucune vue de l'avantage qui en pourroit revenir. Comme à l'égard de nos enfans, disent-ils, même de ceux qui ne viendroient au monde qu'après notre mort, nous voudrions pourvoir à leur avantage pour l'amour d'eux mêmes; aussi il faut avoir soin de notre réputation après notre mort, pour l'amour seul de la bonne réputation, & sans aucune autre vue d'utilité (2).

---

(1) Caton avoue qu'il possédoit, dans un degré éminent, ces deux talens si divers, & qu'il est si rare de voir réunis dans le même homme. *Carneades tuus,* dit-il à Cicéron, *egregia quadam exercitatione in dialecticis, summaque eloquentia.* Apud Cicer. de finib. bon. & mal. lib. 3. cap. 12.

(2) *De bona autem fama.... (aptius est hoc loco bonam famam adpellare, quam gloriam) Chrysippus quidem & Diogenes, detracta utilitate, ne digitum quidem, ejus causa, porrigendum esse dicebant.... qui autem post eos fuerunt, cum Carneadem sustinere non possent, hanc ipsam, quam dixi bonam famam, ipsam propter se præpositam & sumendam esse dixerunt; esseque hominis ingenui & liberaliter educati, velle bene audire a parentibus, a propinquis, a bonis etiam viris, idque propter rem ipsam, non propter usum: dicuntque ut liberis consultum velimus,*

Plus on étudie l'histoire des opinions de Carnéade, plus on y trouve le caractère d'un bon esprit. On voit qu'il avoit des idées très-saines sur des choses fort diverses; ce qui prouve qu'à l'exemple de la plupart des érudits dont les recherches sont d'ailleurs très-utiles, il n'avoit pas porté strictement son examen & ses réflexions sur une seule espèce de vérités (1). Rien, en effet, n'est moins philosophique que cette méthode : en concentrant, pour ainsi dire, dans un seul point toutes les forces de l'entendement, elle borne plus ou moins les connoissances, de quelque ordre que soient d'ailleurs les vérités générales ou particulières, à la contemplation desquelles on s'est consacré exclusivement ; elle inspire sinon de l'éloignement, au moins une sorte d'indifférence pour tous les objets dont on ne s'est pas occupé ; elle fait croire qu'il n'y a de véritablement utile que la science qu'on a cultivée, & qu'où elle finit, là commencent l'obscurité, l'erreur, l'incertitude, les vaines connoissances ou le savoir pédantesque : en un mot, elle laisse, si j'ose ainsi parler, dans les têtes les mieux organisées, un certain nombre de coins absolument sous, ou du moins faux & viciés, par lesquels ces hommes supérieurs se rapprochent de la classe commune, & n'ont plus sur une infinité de matières que les opinions & les préjugés du peuple.

Carnéade avoit évité avec soin cet écueil ; sans avoir fait de chaque science une étude particulière & approfondie, ce qui est autant au-dessus de la portée de l'entendement humain qu'incompatible avec la courte durée de notre vie (2), il

étoit parti dans ses méditations d'un principe lumineux & fécond, & qu'on peut regarder comme la clef de toutes les grandes découvertes dans les arts & dans les sciences ; je veux parler de l'utilité & de la nécessité d'appliquer la philosophie aux différens objets des connoissances humaines : il avoit reconnu que cette application étendoit l'esprit, donnoit au raisonnement plus de force & de précision, & ôtoit à l'argumentation une certaine sécheresse inséparable de l'assujettissement aux formes austères de la logique.

C'est en suivant ces idées, sans découvrir ses véritables sentimens, selon la maxime adoptée de tout temps dans l'*académie* de combattre toutes sortes d'opinions (1), il vouloit faire entendre que les rhéteurs qui se mêlent de donner des règles pour bien parler, n'avoient pas une connoissance réfléchie de la matière qu'ils traitoient, & que si un orateur négligeoit l'étude de la philosophie (2), il ne se distingueroit jamais dans son art. Il fortifioit cette assertion par un grand nombre de raisonnemens & par beaucoup d'éru-

---

(1) Carneades vero,... non quo aperiret sententiam suam (hic enim mos erat patrius academiæ, adversari semper omnibus in disputando), sed tunc maxime tamen hoc significabat, eos, qui rhetores nominarentur, & qui dicendi præcepta traderent, nihil plane tenere ; neque posse quenquam facultatem assequi dicendi, nisi qui philosophorum inventa didicisset. *Cic. de oratr. lib. 1. cap. 18.*

(2) Les anciens donnoient à ce mot un sens plus étendu que celui qu'il a parmi nous ; ils en généralisoient davantage l'idée, & comprenoient sous cette dénomination la logique, la physique, la politique & la morale, comme on le voit par ce passage de Cicéron, où, pour prouver que sans la philosophie on ne sauroit parvenir à l'éloquence, il se sert de ce raisonnement.

« Certainement, dit-il, sans la méthode des logiciens, on ne sauroit connoître ni le genre, ni l'espèce de chaque chose ; on ne sauroit ni définir, ni diviser, ni discerner le vrai d'avec le faux, ni apercevoir la liaison des conséquences avec leurs principes, ni démêler les équivoques, ni découvrir les contradictions. Que dirai-je de la physique qui fournit à l'éloquence un trésor inépuisable de pensées & d'expressions ? que dirai-je de la morale dont l'intelligence est si nécessaire, que sans elle un orateur ne pourroit connoître ni les devoirs de la vie, ni les mœurs, ni les vertus, ni en discourir avec justesse » !

Nec vero sine philosophorum disciplina genus & speciem cujusque rei cernere, neque eam definiendo explicare, nec tribuere, in partes possumus, nec judicare, quæ vera, quæ falsa sint ; neque cernere consequentia, repugnantia videre, ambigua distinguere. Quid dicam de natura rerum, cujus cognitio magnam orationi suppeditat copiam ? de vita, de officiis, de virtute, de moribus, sine multa earum ipsarum rerum disciplina, aut dici, aut intelligi potest ? Cicéron. orator. cap. 2. Voyez aussi de oratore, lib. 1. cap. 14.

---

etiamsi posthumi futuri sint, propter ipsos : sic futuræ post mortem famæ tamen esse propter rem, etiam detracto usu, consulendum. *Cicer. de finib. bon. & mal. lib. 3. cap. 17.*

(1) Ceci me fait souvenir d'un beau passage de Diderot, qu'on peut très-bien appliquer ici. « Heureux, » dit-il, le géomètre en qui une étude consommée » des sciences abstraites n'aura point affoibli le goût » des beaux arts, à qui Horace & Tacite seront aussi » familiers que Newton, qui saura découvrir les » propriétés d'une courbe, & sentir les beautés d'un » poëte, dont l'esprit & les ouvrages seront de tous » les temps, & qui aura le mérite de toutes les » académies ! il ne se verra point tomber dans l'obs» curité ; il n'aura point à craindre de survivre à sa » renommée ». *Pensées sur l'interprétation de la nature, §. 3. pp. 11 & 12.*

(2) Nec dubito, *dit M. Antoine l'orateur*, quin multo locupletior in dicendo futurus sit, si quis omnium rerum, atque artium rationem, naturamque comprehenderit. Sed primum id difficile est factu, præsertim in hac nostra vita, noftrisque occupationibus. *M. Anton. apud Ciceron. de orator. lib. 1. cap. 18. init.* Voyez aussi le premier aphorisme d'Hyppocrate, modèle de précision, & le plus grand, le plus utile résultat que puissent offrir la réflexion, l'expérience & l'observation réunies.

dition, & prouvoit contre Ménédeme (1) que les vrais principes de la prudence politique considérée dans toutes ses parties, ne se trouvent discutés & enseignés que dans les écrits des philosophes; qu'on chercheroit en vain dans ceux des rhétoriciens ce qu'une république a statué relativement à la religion, à l'éducation de la jeunesse, à la justice, à la tempérance, à la modération en tout; en un mot, à toutes les choses sans lesquelles un état ne sauroit être bien réglé, & sans lesquelles il ne sauroit même y avoir de cité.

S'il est vrai, ajoutoit-il, que les rhétoriciens puissent donner des instructions si utiles, pourquoi remplissent ils leurs livres d'exordes, d'épilogues & de semblables bagatelles? (car c'est ainsi qu'il appelloit ces choses) & ne parlent-ils pas de la manière d'instituer une cité, de la composition des loix, de la justice, de l'équité, de la bonne foi, & de tout ce qui sert à régler les mœurs & à modérer les passions?

Quod si tantam vim rerum maximarum arte sua rhetorici illi doctores complecterentur; quærebat cur de proæmiis, & de epilogis, & de ejusmodi nugis (sic enim appellabat) referti essent eorum libri: de civitatibus instituendis, de scribendis legibus, de æquitate, de justitia, de fide, de frangendis cupiditatibus, de conformandis hominum moribus, littera in eorum libris nulla inveniretur. (Id. ibid. lib. 1. cap. 19).

Il portoit plus loin encore le mépris de leurs leçons, & soutenoit (2) que non seulement les rhéteurs sont privés de ces connoissances qu'ils s'arrogent, mais qu'ils ignorent même l'art de parler & de persuader ceux qui les écoutent. Car, disoit-il, le but principal de l'orateur doit être de passer dans l'esprit de ses auditeurs pour (1) tel qu'il voudroit leur paroître, de les modifier à son gré, & de leur faire éprouver successivement tous les sentimens & les passions diverses dont il est de son intérêt qu'ils soient affectés. De ces deux avantages le premier est l'effet d'un grand caractère de probité, vertu dont les rhétoriciens ne traitent point dans leurs livres: à l'égard du second, il est impossible d'émouvoir, d'attendrir le cœur des hommes, de porter le trouble & l'agitation dans leur esprit, si l'on ne connoît les diverses impressions dont ils sont susceptibles, & les autres moyens de disposer comme on veut de leur sensibilité. Or cet art, ce talent sont des espèces de trésors cachés, pour ainsi dire, dans l'intérieur même du sanctuaire de la philosophie, dont les rhéteurs n'ont pas seulement touché le seuil.

Ménédeme tâchoit de se défendre plutôt par des exemples que par des raisons, & il citoit de mémoire plusieurs beaux passages de Démosthène, pour prouver que cet orateur possédoit les qualités qu'on vouloit regarder comme le domaine propre & particulier des philosophes, & qu'il avoit l'adresse de faire prendre aux juges & au peuple les résolutions qu'il vouloit (2).

Carnéade avouoit que l'éloquence de Démosthène étoit admirable, soit qu'il en dût la gloire à son propre génie, soit qu'il en eût l'obligation à Platon dont on sait qu'il avoit été auditeur; il ajoutoit qu'il n'étoit pas question de ce que Démosthène avoit fait, mais de ce qui est enseigné par les maitres de rhétorique (3). Quelquefois

---

(1) Qui (Menedemus) cum diceret esse quandam prudentiam, quæ versaretur in perspiciendis rationibus constituendarum & regendarum rerum publicarum, excitabatur homo promptus ab homine abundanti doctrina & quadam incredibili varietate rerum & copia. Omnes enim partes illius ipsius prudentiæ petendas esse à philosophia docebat, neque ea quæ statuerentur in republica de diis immortalibus, de disciplina juventutis, de justitia, de patientia, de temperantia, de modo rerum omnium, cæteraque, sine quibus civitates, aut esse, aut bene moratæ esse non possent, usquam in eorum inveniri libellis. *Cicer. loc. cit. ubi sup. lib. 1. cap. 19.*

(2) Ipsa vero præcepta sic illudere solebat, ut ostenderet; non modo eos illius expertes esse prudentiæ, quam sibi adsciscerent: sed ne hanc quidem ipsam dicendi rationem, ac viam nosse. Caput enim esse arbitrabatur oratoris, ut & ipsis apud quos ageret, talis, qualem se ipse optaret, videretur; id fieri vitæ dignitate, de qua nihil rhetorici isti doctores in præceptis suis reliquissent: & uti eorum, qui audirent, sic afficerentur animi, ut eos affici vellet orator: quod item fieri nullo modo posse, nisi cognosceret is, qui diceret, quot modis hominum mentes, & quibus rebus, & quo genere orationis in quamque partem moverentur. Hæc autem esse penitus in media philosophia retrusa, atque abdita, quæ isti rhetores in primoribus quidem labris attigissent. *Cic. loc. cit. ubi sup. lib. 1. cap. 19.*

---

(1) Carnéade veut dire que l'orateur ne persuade pas seulement quand il démontre, mais que pour entraîner ses auditeurs, il doit encore leur donner bonne opinion de ses mœurs, parce que le degré de probité est la mesure de la confiance qu'il inspire par ses discours. C'est aussi le sentiment d'Aristote: & quoniam, dit-il, *non solum fites fit ed quæ demonstrat, oratione, sed etiam moratá;* (nam in eo fidem habemus dicenti quod is apparet esse cupisdam modi; hoc est, si bonus appareat, vel benevolus, vel utrumque): oportebit mores reipublicæ cujusque nos tenere, &c *Aristot. de rhetorie. lib. 1. cap. 8. pag. 100. Edit. Cantabrig. 1728. in-8°.*

(2) Ea Menedemus exemplis magis, quam argumentis conebatur refellere: memoriter enim multa ex orationibus Demosthenis præclare scripta pronuntians, docebat illum in animis, vel judicum, vel populi in omnem partem dicendo permovendis, non fuisse ignarum, quibus ea rebus consequeretur, quæ negaret ille sine philosophia quemquam scire posse. *Apud Cicer. de orator. lib. 1. cap. 19.*

(3) Huic respondebat non se negare Demosthenem summam prudentiam, summamque vim habuisse di-

même, emporté par la chaleur de la dispute, il alloit jusqu'à soutenir qu'à la rigueur il n'y a point d'art de parler, & que la nature nous apprend assez à nous rendre maîtres de l'esprit de ceux qui peuvent nous être utiles, à effrayer par des menaces nos ennemis, à exposer un fait, à prouver notre opinion, à réfuter celle des autres, à faire en termes pressans, ou une plainte ou une prière ; que c'est-là tout l'emploi des orateurs, & ce en quoi consiste leur art ; & qu'à l'égard du reste, l'expérience & l'exercice suffisoient pour aiguiser l'esprit, pour le régler, & pour donner une élocution facile & prompte ; ce qu'il prouvoit par un grand nombre d'exemples.

En effet, il faisoit voir que de tous ceux qui ont écrit sur l'éloquence, à commencer par un certain Corax & un Tisias qui en ont été les inventeurs, il n'y en a pas eu un seul de médiocrement éloquent, tandis qu'il nommoit cent orateurs célèbres qui n'avoient jamais eu d'autre maîtres que la nature, & qui n'avoient même aucune connoissance des règles de l'éloquence : il ajoutoit, pour fortifier cette opinion, que les règles d'un art véritablement tel devoient être bien connues, bien approfondies, tendre toutes au même but, & produire infailliblement leur effet ; mais que tout est incertain en matière d'éloquence, parce que les orateurs n'ont pas une intelligence pleine & entière des choses dont ils traitent, & ne se proposent pas d'en instruire à fond leurs auditeurs, mais seulement de leur en donner en peu de temps une notion fausse, ou du moins très-obscure (1).

---

cendi : sed sive ille hoc ingenio potuisset, sive id quod constaret, Platonis studiosus audiendi fuisset ; non quid ille potuisset, sed quid isti docerent, esse quærendum. Sæpe etiam in eam partem ferebatur oratione, ut omnino disputaret, nullam artem esse dicendi : idque cum argumentis docuerat, quod ita nati essemus, ut & blandiri, & suppliciter insinuare iis, à quibus esset petendum, & adversarios minaciter terrere possemus, & rem gestam exponere, & id, quod intenderemus, confirmare, & id, quod contra diceretur, refellere, & ad extremum, deprecari aliquid, & conqueri, quibus in rebus omnis oratorum versaretur facultas : & quod consuetudo, exercitatioque, & intelligendi prudentiam acueret, & eloquendi celeritatem incitaret. Tunc etiam exemplorum copia nitebatur. Id. ibid. apud Ciceron. loc. cit. ubi sup. cap. 20.

(1) Nam primum, quasi dedita opera, neminem scriptorem artis ne mediocriter quidem disertum fuisse dicebat, cum repeteret usque ad Corace nescio quo & Tysia, quos artis illius inventores, & principes fuisse, constaret. Eloquentissimos autem homines qui ista nec didicissent, nec omnino scisse curassent, innumerabiles quosdam nominabat.... artem vero negabat esse ullam, nisi quæ cognitis, penitusque perspectis, & in unum exitum spectantibus, & numquam fallentibus rebus contineretur. Hæc autem omnia quæ tractarentur ab oratoribus, dubia

---

C'est ainsi que Carnéade prouvoit qu'à proprement parler, la rhétorique n'est pas un art, & qu'on ne pouvoit être ni éloquent ni profond, sans avoir fait une étude réfléchie des écrits des philosophes. *Neque artificium ullum esse dicendi, neque quemquam posse, nisi qui illa quæ à doctissimis hominibus in philosophia dicerentur, cognosset, aut callidè, aut copiosè dicere.* (Apud Cic. loc. cit. cap. 20).

Cicéron étoit absolument dans les mêmes principes sur l'utilité de l'étude de la philosophie, pour devenir bon orateur. Il prétend qu'elle contribue à le former, comme la gymnastique sert à former le comédien, & il s'appuie de l'autorité de Platon qui fait dire à Socrate, dans son Phèdre, que Périclès n'avoit surpassé les autres orateurs que parce qu'il avoit été disciple d'Anaxagore qui, non content de lui avoir communiqué les connoissances les plus sublimes de la physique, & d'avoir enrichi son esprit de tout ce qui pouvoit le rendre fécond, lui avoit encore enseigné par quel art & par quel genre d'élocution on peut remuer les différentes passions : en quoi consiste toute la force & toute la vertu de l'éloquence.

Positum sit igitur in primis, quod.... sine philosophia non posse effici, quem quærimus, eloquentem, non ut in ea tamen omnia sint, sed ut sic adjuvet, ut palæstra histrionem.... siquidem etiam in Phædro Platonis hoc Periclem præstitisse cæteris dicit orationibus Socrates, quod is Anaxagoræ physici fuerit auditor ; à quo censet, cùm alia præclara quædam & magnifica didicisset, uberem & fæcundum fuisse, quarumque, quod est eloquentiæ maximum, quibus orationis modis, quæque animorum partes pellerentur. (Cicer. orat. cap. 2).

Mais ce qui mérite sur-tout d'être remarqué, c'est que Cicéron attribue particulièrement à la philosophie des *académiciens* dont il faisoit profession, les progrès qu'il avoit faits dans l'éloquence.

« Je déclare, dit-il, que si je suis orateur, ou,
» pour mieux dire, si j'ai eu quelques succès
» dans cet art, j'en suis beaucoup moins rede-
» vable aux leçons des rhéteurs, qu'au secours
» de la philosophie *académique*. En effet, c'est
» dans ces disputes philosophiques si capables
» d'aiguiser l'esprit, & dans ces nobles exercices
» dont Platon a le premier ouvert la carrière,
» que l'orateur s'est formé, & a puisé ce fonds
» de connoissances dont il tire de si grands avan-

---

esse & incerta ; cum & dicerentur ab iis, qui ea omnia non planè tenerent, & audirentur ab iis, quibus non scientia esset tradenda, sed exigui temporis, aut falsa, aut certè obscura opinio. *Apud Cicer. de orator. lib. 1. cap. 10.*

» tages. C'est de cette source abondante que sont
» sorties toutes les richesses de l'éloquence. C'est
» de là qu'elle tire ses matériaux, quoiqu'ils
» soient peu propres à entrer dans les discours
» du barreau que les philosophes abandonnent,
» pour me servir de leurs termes, à des muses
» plus grossières & moins élevées ».

*Fateor me oratorem, si modo sim, aut etiam
quicumque sim, non ex rhetorum officinis, sed ex
academiæ spatiis extitisse. Illa enim sunt curricula
multiplicium variorumque sermonum, in quibus
Platonis primum impressa sunt vestigia : sed & hujus, & aliorum philosophorum disputationibus, &
exagitatus maximè orator est, & adjutus. Omnis
enim ubertas, & quasi silva dicendi ducta ab illis
est, nec satis tamen instructa ad forenses causas;
quas, ut illi ipsi dicere solebant agrestioribus musis
reliquerunt.* (Cicer. orator, cap. 2).

L'aveu que Cicéron fait ici des obligations qu'il
avoit à la philosophie des *académiciens*, & les
côtés par lesquels il en fait l'éloge, prouvent sa
bonne foi & son discernement. Il est certain que
les principes de cette philosophie solidement analysés, bien compris, & renfermés dans les limites que l'amour de la vérité prescrit à toutes
les recherches dont il est l'objet, peuvent guider un bon esprit dans cette route obscure &
difficile, & lui épargner bien des écarts. On
voit en effet que les *académiciens* s'approchoient
d'autant plus du vrai dans la plupart des questions, qu'ils les discutoient avec moins de passion,
& sans donner trop d'étendue à leur principe chéri
de l'acatalepsie : moins ils s'occupoient de leur
amour propre, de l'honneur de leur secte, &
sur-tout de l'envie de contredire leurs adversaires
& de leur tendre des pièges ; plus leurs disputes,
ainsi réduites à l'utile, multiplioient l'espoir & les
moyens de perfectionner la dialectique & la morale, & de lever au moins une partie du voile
dont la nature a enveloppé les causes des plus
petits phénomènes, si l'on peut dire néanmoins
qu'il y ait de grands ou de petits phénomènes
dans un enchaînement de causes & d'effets nécessaires.

Quoi qu'il en soit, il n'y a point eu parmi
les anciens de secte plus utile, plus digne à tous
égards d'être étudiée & bien connue, en un mot
plus philosophique, & qui ait rendu en général
de plus grands services à la raison, que celle
des épicuriens, des stoïciens (*voyez* ÉPICURÉISME
ET STOÏCISME) & des *académiciens*. Ces derniers, sur-tout, avec des principes très propres
à rectifier l'entendement, à accoutumer l'homme
à une certaine précision d'idées & de logique
qui circonscrit une question & abrège les disputes, auroient peut-être par cela même, mieux
servi que les deux autres la cause de la vérité,
si, contens d'en applanir la route, & travaillant
en silence à connoître toute la force des illusions
des sens & des écarts de l'imagination, à en
calculer, pour ainsi dire le degré & le produit,
& à déterminer la vraie valeur de l'erreur que
ces illusions peuvent causer dans le résultat total, ils n'eussent pas employé & perdu une partie
de leurs forces & de leur temps à lutter contre
les stoïciens, & à inventer des subtilités pour
combattre des sophismes, ou pour obscurcir des
notions évidentes.

La morale des disciples de Zénon, considérée
dans l'ensemble & en général, étoit admirable :
tous les plus grands hommes de l'antiquité s'étoient formés à cette excellente école, la meilleure sans doute, après celle du malheur, & y
avoient pris ce caractère de probité, de droiture
& cette vertu inflexible dont l'histoire de leur
vie offre des exemples si imposans & si instructifs. Il falloit prendre l'esprit de cette morale,
en écartant les paradoxes & les préceptes exagérés qui la déparent en agrandissant l'homme outre
mesure, & en exigeant de lui plus de courage, plus de
force d'ame & de corps que la nature ne lui en a donné. Il falloit sur-tout abandonner la métaphysique
des stoïciens trop contentieuse, trop subtile, trop
vague pour porter dans l'esprit un certain degré
d'évidence qu'on est en droit d'exiger d'une science,
& qui dégénère chez eux, comme dans les écrits
des anciens, en recherches vaines & puériles,
parce qu'ils l'ont séparée de la physique & de
la médecine qui en sont les vraies bases, & d'où
elle tire même tout ce qu'elle enseigne d'utile
& de certain.

Au reste, ce que je dis ici de la nécessité de
fonder la métaphysique sur la physique des grands
& des petits corps & sur la médecine, & de
faire servir celles-ci à éclaircir la première, est
une vérité que les anciens sont d'autant plus excusables d'avoir ignorée, qu'elle n'a pas même été
sentie des métaphysiciens modernes, à l'exception de Hobbes, & de quelques savans (1) médecins, qui ont philosophé en partie sur ce
principe, & qui par cela même ont un peu avancé
la science (2) : mais l'art d'appliquer ainsi les

---

(1) Tels que la Caze, Barthez, *Bordeux, de Seze,
Fouquet, & en général toute l'école de Montpellier, dont les écrits remplis d'excellentes observations & d'une philosophie purement expérimentale,
doivent être lus & médités par tous ceux qui s'intéressent aux progrès des connoissances humaines,
& qui s'occupent des moyens de les accélérer.

(2) Locke lui-même qui avoit étudié la médecine,
ne paroît pas avoir tiré de ses connoissances en ce
genre tout le fruit qu'il auroit pu en recueillir ; &
son Essai sur l'entendement humain, quoique très-bon
à plusieurs égards, sur-tout pour le temps où il a paru,
auroit été beaucoup meilleur & plus court, si moins
timide & plus conséquent à ses principes, l'ame,

connoissances physiologiques & en général les vérités physiques aux questions métaphysiques, de simplifier par cette application les problèmes les plus compliqués de cette science, de donner même de quelques-uns des solutions très-élégantes, & qui ont le double mérite de la clarté & de la généralité : cet art, dis-je, n'a été bien connu, ce me semble, que d'un philosophe (1) célèbre dont l'ouvrage n'est point encore imprimé. Comme il n'avoit pas eu dessein de le publier de son vivant, il est écrit avec cette liberté si nécessaire dans ces sortes de discussions. L'auteur s'avance d'un pas ferme & sûr dans la route qu'il trace : raisonneur aussi profond, aussi conséquent que Hobbes, moins sec, moins diffus que Locke, avec plus de résultats, plus hardi que tous les deux; n'étant arrêté d'ailleurs par aucun des préjugés ou des considérations qui embarrassent si souvent leur marche, & laissent dans leur argumentation je ne sai quoi de vague & d'incertain qui se répand sur les vérités même qu'ils enseignent. Son ouvrage plus original, plus plein, plus substantiel que le leur, instruit davantage & fait beaucoup plus penser.

L'état d'imperfection où nous trouvons la métaphysique des anciens, & dont nous venons d'indiquer une des causes principales, ne doit donc plus nous étonner. Si les académiciens qui, lors même qu'ils s'éloignent le moins de l'esprit de leur philosophie toujours enquérante & ennemie des affirmations absolues (2), sont souvent dans les vrais principes (2), & cotoyent, pour ainsi dire, la vérité, n'ont pas été sur le point en question plus loin que les stoïciens ; s'ils n'ont pas dit que pour bâtir solidement en métaphysique, il falloit abandonner absolument les anciens fondemens, nettoyer l'aire, & changeant désormais toutes les idées, réduire cette branche de connoissances à n'être, comme la vraie & saine physique, qu'une science de faits, d'expérience, d'observation & de calcul ; il faut leur pardonner de n'avoir pas vu dans une matière ce que deux mille ans après eux, avec de meilleurs instrumens, des méthodes plus sures & les connoissances diverses que les siècles projettés les uns sur les autres amènent nécessairement, les modernes n'avoient pas encore découvert. Mais les *académiciens* ont du moins bien connu

---

ou, pour parler plus philosophiquement, la portion de matière de l'organisation particulière de laquelle la pensée & ses différens phénomènes sont le résultat, eût été pour lui ce qu'elle est aux yeux d'un médecin observateur & philosophe.

(1) Diderot.

(2) Voyez le beau passage de Cicéron que je cite à la fin de ce paragraphe.

---

tous les avantages qu'on pouvoit tirer de l'étude de la physique & d'une autre science dont l'invention & les progrès peuvent être regardés, ainsi que celle des arts méchaniques comme l'extrême du génie de l'homme, & de la force prodigieuse de l'entendement humain, je veux parler de l'astronomie dont les *académiciens* ne recommandoient pas moins expressément l'étude à leur sage que celle de la physique. Ils étoient persuadés avec raison de l'utilité de ces recherches dont Cicéron, conformément aux principes de sa secte, parle même avec cet enthousiasme & cette élévation de style & de pensées qu'elles inspirent à ceux qui s'en occupent. Mais ils ne vouloient pas que leur sage, à l'exemple de celui des stoïciens, prétendît être assez instruit sur ces grands objets pour approuver, pour croire, pour affirmer tel ou tel résultat. Il se bornera, disoient-ils, à éviter avec soin les opinions inconsidérées, & il ne sera pas mécontent de lui ni de ses méditations, si dans un sujet aussi vaste, aussi obscur, aussi compliqué, il peut parvenir à trouver quelque chose de vraisemblable.

Nec tamen istas quæstiones physicorum exterminandas puto : est enim animorum ingeniorumque naturale quoddam quasi pabulum consideratio contemplatioque naturæ. Erigimur ; altiores fieri videmur ; humana despicimus ; cogitantesque supera atque cælestia, hæc nostra, ut exigua & minima contemnimus. Indagatio ipsa rerum tum maximarum, tum etiam occultissimarum, habet oblectationem ; si vero aliquid occurret, quod verisimile videatur, humanissima completur animus voluptate. Quare igitur hæc & vester sapiens & hæc noster ; sed vester, ut adsentiatur, credat, adfirmet ; noster, ut vereatur temere opinari ; præclareque agi secum putet, si in ejusmodi rebus, verisimile quod sit invenerit. (Cicer. academic. l. 2. c. 41.)

Le développement des idées de Carnéade sur les secours que l'éloquence peut tirer de la philosophie tient immédiatement à l'histoire des dogmes de la troisième *académie* dont ce philosophe fut le chef. Il étoit d'autant plus nécessaire de s'y arrêter, qu'en éclaircissant cet article de sa doctrine, la liaison des idées souvent indépendante de celle des matières, & par cela même peu sensible pour un lecteur superficiel ou inattentif, nous a conduits à des réflexions qui peuvent répandre quelque jour sur plusieurs points de la philosophie *académique* : ceux qui l'ont étudiée, savent que l'ensemble n'en peut être saisi & bien connu, qu'en formant, pour ainsi dire, des différentes parties de cette philosophie éclairées successivement, une certaine masse de lumière qui se réfléchisse sur le tout, & porte l'évidence dans l'esprit du lecteur.

L'habitude de méditer & d'appliquer continuellement toutes les forces de l'entendement à des questions

questions importantes & d'une discussion difficile, devient pour ceux qui l'ont contractée de bonne heure, & en qui elle se trouve d'ailleurs fortifiée par les dispositions naturelles, un besoin impérieux. Il est aussi nécessaire pour eux de penser, d'abstraire, d'observer ou de calculer, que de se nourir & de réparer par un sommeil plus ou moins long leurs forces épuisées. Leur esprit actif, inquiet, se porte indistinctement, & presque avec un égal attrait sur tout ce qui mérite de fixer leur attention : ils s'occupent un moment d'une matière, & ils apperçoivent d'un coup d'œil ce que personne n'avoit vu avant eux, ou ce qui ne l'avoit pas été sous tel ou tel rapport, & ils arrivent à un nouveau résultat : ils ne diroient ou n'écriroient qu'un mot sur un sujet, que ce mot seroit encore digne d'être recueilli & cité. Telle est entr'autres cette pensée de Carnéade qui n'exprime au fond qu'une vérité assez commune & purement d'expérience, mais qu'il a su rendre piquante, & en quelque sorte s'approprier par la comparaison ingénieuse & fine dont il s'est servi pour l'exprimer, & qui donne à cette pensée présentée sous cette forme nouvelle & originale une force, &, pour ainsi dire, un caractère qui la font remarquer.

Ce philosophe avoit observé que les princes & les grands ne savent rien avec une certaine exactitude ; une des principales causes de cette ignorance qui leur fait commettre tant de fautes, mais dont ils ne souffrent pas néanmoins autant que leurs sujets, est selon lui le vice général de leur éducation, & particulièrement l'art perfide avec lequel on les corrompt dès leur enfance par de viles flatteries. Il auroit pu conclure de ce pernicieux usage dont l'ancienneté se perd dans la nuit des temps, & qu'on retrouve plus ou moins en vigueur dans tous les pays, à quelques exceptions près qui confirment la généralité de la règle, il n'y a presque rien à espérer, & peut-être même rien à faire d'un homme que le hasard de la naissance (1) destine à commander aux autres. Il est déjà à moitié corrompu lorsqu'il arrive au trône, & ce que sa mauvaise éducation n'avoit fait que commencer, l'exercice du pouvoir suprême l'achève & le consolide.

Les faits viennent ici en foule à l'appui de la théorie, & la confirment. Domitien n'étoit encore que César, & ne se mêloit point encore des affaires publiques ; mais, ajoute Tacite, il avoit déjà les vices d'un fils de souverain ; on le reconnoissoit pour tel à l'excès & au caractère de ses débauches. *Nomen sedemque Cæsaris Domitianus acceperat, nondum ad curas intentus, sed stupris & adulteriis filium principis agebat.* (hist. l. 4. c. 2.

Quoi qu'il en soit, voici le mot de Carnéade qui nous a été conservé par Plutarque, ainsi que tant d'autres aussi judicieux qu'il avoit recueillis des écrits des anciens, & dont il a nourri & orné ses ouvrages. « Les enfans des rois & des » riches n'apprennent bien aucun art, si ce n'est » celui de monter à cheval ; leurs autres maitres » les flattent. Ceux qui luttent avec eux se lais- » sent tomber : le cheval seul qui ne sait, ni » ne s'embarrasse si ce sont des particuliers ou » des grands, des riches ou des pauvres, renverse » indifféremment tous ceux qui ne savent pas » le monter (1) ».

Les savans portent communément dans la société & dans la conversation toute la rudesse & l'austérité que donne la vie purement contemplative & abstraite. Ils ressemblent plus ou moins à ces jeunes gens qui, lorsqu'ils sortent des écoles, dit Pétrone, & qu'ils ont à vivre avec d'autres hommes, se croyent transportés dans un nouveau monde : *hoc tantum proficiunt, ut, cum in forum venerint, putent se in alium terrarum orbem delatos.* (Satyric. c. 1.) Carnéade s'étoit garanti de cette espèce de rouille qui attaque les meilleurs esprits : il avoit sçu s'élever aux contemplations les plus hautes de la philosophie, sans négliger, selon le sage conseil de Platon, de sacrifier quelquefois aux graces. Il paroît même qu'un usage, peut-être immodéré, de l'étude & de la méditation (2) ne lui avoit rien fait perdre de sa gaieté naturelle (3). Cicéron cite de lui

---

(1) *Generari & nasci à principibus fortuitum, nec ultra æstimatur.* (*Tacit. hist. lib.* 1. *cap.* 16). Voilà ce qu'on appelle *la noblesse* réduite à sa juste valeur ; il n'y a que l'orgueil & la sottise qui puissent y mettre plus de prix.

(1) *Carneades autem dicebat divitum ac regum filios nihil aliud bene ac recte discere quàm equitare. Quippe magistri in aliis studiis iis assentantur, & qui colluctatur ultro se submittit. Equus nulla habita ratione, privatus an princeps, pauper an dives insidat, vehi, ac equitare nescios excutit.* Apud Plutarch. *de adulat. & amic. discrimin.* Opp. tom. 2. p. 58. F. Edit. Ruald. Paris. 1624.

(2) Voyez le passage de Diogène Laërce, cité ci-dessus, pag. 82. col. 1. not. 3.

(3) Ceci me rappelle un beau passage de Montaigne, que je me fais un plaisir de transcrire. Ses *Essais* sont un de ces livres qu'on doit retrouver presque tout entiers dans l'encyclopédie, & ils n'en seroient pas la partie la moins instructive.

» On a grand tort de la peindre (la philosophie) » inaccessible aux enfans, & d'un visage renfrogné, sourcilleux & terrible. Qui me l'a masquée » de ce faux visage pasle & hideux ? Il n'est rien » plus gay, plus gaillard, plus enjoué, & à peu » que je ne dise follastre. Elle ne presche que feste

plusieurs mots qui rendent cette conjecture fort vraisemblable. Telle est, entre autres, celui-ci : » lorsque Carnéade, dit-il, tomboit sur quelques » disputes subtiles & entortillées, il y mêloit » ce grain de plaisanterie : si ma conséquence » est bonne, j'ai gagné ; si elle ne l'est pas, que » Diogène me rende mon argent (1) ». Ce mot, est d'autant meilleur, qu'on y voit le caractère d'un philosophe qui fortement convaincu par sa réflexion, & par une longue expérience des choses de la vie, que les différentes opinions des hommes ne méritent pas qu'on s'agite, qu'on se tourmente pour elles, & qu'on s'en laisse troubler, les regardoit toutes à peu près avec la

» & bon temps. Une mine triste & transie montre
» que ce n'est pas là son gîte. Démétrius le gram-
» mairien rencontrant, dans le temple de Delphes,
» une troupe de philosophes assis ensemble, il leur
» dit : ou je me trompe, ou à vous voir la con-
» tenance si paisible & si gaye, vous n'estes pas en
» grand discours entre vous. A quoi l'un d'eux,
» Héracleon le Mégarien, respondit : c'est à faire
» à ceux qui cherchent si le futur du verbe βάλλω
» a double λ, ou qui cherchent la dérivation des
» comparatifs χεῖρον & βέλτιον, & des superlatifs
» χείριστον & βέλτιστον, qu'il faut rider le front s'en-
» tretenant de leur science : mais quant aux dis-
» cours de la philosophie, ils ont accoutumé d'es-
» gayer & resjouir ceux qui les traictent, non les
» renfrogner & contrister ».

» L'ame qui loge la philosophie, doit, par sa
» santé, rendre sain encore le corps : elle doit faire
» luire jusques au dehors, son repos & son aise :
» doit former à son moule le port extérieur, &
» l'armer par conséquent d'une gracieuse fierté,
» d'un maintien actif & allaigre, & d'une conte-
» nance contente & debonnaire. La plus expresse
» marque de la sagesse, c'est une esjouïssance cons-
» tante : son estat est comme des choses au-dessus
» de la lune, tousjours serein. C'est *Baroco* &
» *Baralipton* qui rendent leurs supposts ainsi crettez
» & enfumez ; ce n'est pas elle, ils ne la cognois-
» sent que par ouyr dire. Comment ? elle faict
» estat de sereiner les tempestes de l'ame, & d'ap-
» prendre la faim & les fiebvres à rire, non par
» quelques epicycles imaginaires, mais par raisons
» naturelles & palpables ». *Essais*, l. 1. c. 25. p. m. 90. 91.

(1) Cùm aliquid hujusmodi inciderat, sic ludere Carneades solebat : si recte conclusi, teneo : sin vitiose, minam Diogenes reddet. *Apud Cicer. academ. lib. 2. cap. 30. Edit. Davis.*

Cicéron ajoute pour l'intelligence de ce passage, que Carnéade avoit appris la logique de Diogène le Stoïcien, & qu'une mine étoit l'honoraire qu'on donnoit à un logicien. *Ab eo enim stoico dialecticam didicerat : haec autem merces erat dialecticorum.* Cicer. *ibid.*

même indifférence, & ne mettoit pas plus d'importance aux siennes : ce qui est peut-être le plus grand effort & le dernier terme de la sagesse. C'étoit un homme que la nature autant que la raison avoit fait *académicien* : & ces deux grandes institutrices, si j'ose m'exprimer ainsi, sont les seules qui dans toutes les sectes ayent fait les vrais philosophes.

Cicéron rapporte ailleurs un autre mot de Carnéade qui, en faisant sentir la fausseté de la divination par les sorts, prouve que lorsqu'une superstition soit endémique, soit étrangère & transplantée, est enfin reconnue par un certain ordre de citoyens pour une imposture trop long-temps accréditée par les fourbes qui vivent de la sottise commune, elle conserve tout son empire sur l'esprit du peuple (1) où elle a pris naissance, ou chez lequel elle s'est introduite, jusqu'à ce qu'elle y soit remplacée par une autre aussi extravagante. Carnéade tourne finement en ridicule ce dévouement religieux & cette crédulité opiniâtre & aveugle du peuple pour toutes les erreurs dont il a été une fois abreuvé. Il avoit observé que Préneste étoit la seule ville où l'on consultât encore les sorts ; & c'est ce qui lui faisoit dire, au rapport de Clitomaque, qu'il n'avoit jamais vu la fortune plus fortunée qu'à Préneste (2).

Carnéade avoit sur une autre matière un principe dont la vérité ne peut être contestée, & que Cicéron explique avec beaucoup de netteté ; mais j'avoue que je ne vois pas de quel usage ce principe, d'ailleurs très-certain, pouvoit être dans la question à laquelle Carnéade l'appliquoit ; peut-être est-ce ma faute ; peut-être aussi le raisonnement de ce philosophe, tel qu'il est exposé dans Cicéron, laisse-t-il en effet quelque chose à désirer. Le lecteur en va juger.

» Ignorer ce que c'est que le souverain bien (3),

(1) L'exemple des Prénestins témoigne ici en faveur de cette observation. En effet Cicéron dit que la beauté & l'antiquité du temple de la fortune à Préneste, a véritablement conservé le nom des sorts de Préneste, mais parmi le peuple seulement ; & qu'il n'y a point d'homme considérable, soit dans la magistrature, soit par quelqu'autre illustration qui, dans aucune circonstance, fasse le moindre usage de ces sorts.

Fani pulchritudo & vetustas, praenestinarum etiam nunc retinet sortium nomen, atque id in volgus : quis enim magistratus, aut quis vir inlustrior utitur sortibus. Cic. *de divinat. lib. 2. cap. 41.*

(2) Caeteris vero in locis sortes planè refrixerunt. Quo Carneadem Clitomachus scribit dicere solitum, nusquam se fortunatiorem, quam Praeneste, vidisse fortunam. *Apud Ciceron. de divinat. lib. 2. cap. 41.* J'ai suivi la leçon de Davisus.

(3) Summum autem bonum si ignoretur, vivendi rationem ignorari necesse est : ex quo tantus error

» dit cet orateur, c'est ignorer tout ce qui
» regarde la conduite de la vie ; & dès qu'on
» se trompe là-dessus, il est impossible de savoir
» en quel port on doit se réfugier. Mais lorsque
» par la connoissance des choses, on est parvenu
» à savoir quels sont véritablement les plus grands
» biens & les plus grands maux, on peut s'as-
» surer d'avoir trouvé le chemin qu'on doit tenir
» toute sa vie, & on est ferme dans tout ce qui
» en regarde les devoirs. Il y a donc quelque
» chose à quoi tout se rapporte, & qui peut
» faire que les hommes qui tendent tous à être
» heureux, puissent le devenir. Et comme on
» n'est pas bien d'accord de ce que c'est, il faut
» avoir recours à la division de Carnéade, de
» laquelle Antiochus avoit coutume de se servir
» volontiers. Carnéade donc après avoir recher-
» ché avec soin non-seulement combien il y avoit
» d'opinions différentes sur le souverain bien, mais
» combien même il pouvoit y en avoir, disoit
» qu'il n'y avoit aucun art qui se renfermât en
» lui-même (1) ; & que tout art avoit un objet
» hors de soi. C'est une chose qui n'a pas besoin
» d'exemple pour être éclaircie. Car il est évident
» que l'art & l'objet de l'art sont deux choses;
» & la prudence étant l'art de vivre, de même
» que la médecine est l'art de guérir, & le pi-
» lotage l'art de bien gouverner un vaisseau,
» il faut nécessairement que la prudence ait un
» objet hors d'elle. Or presque tout le monde est
» d'accord qu'il faut que l'objet que la prudence
» se propose, & auquel elle veut parvenir, soit
» convenable à la nature, & tel qu'il puisse de
» lui-même exciter en nous ce que les grecs
» appellent ὁρμή & que nous appellons desir &
» appétition. Mais les philosophes ne sont pas
» d'accord entr'eux de ce que c'est précisément
» qui nous excite de la sorte, & que la nature
» nous fait desirer d'abord, & voilà ce
« qui fait toute leur dispute quand ils cherchent
« quel est le souverain bien ».

En parcourant les traités philosophiques de Cicéron, on y trouve çà & là diverses opinions de Carnéade qui auroient donné sur lui de grands avantages aux stoïciens, s'ils avoient sçu en profiter. Tel est entre autres son sentiment sur la liberté des actions humaines, & la critique qu'il faisoit d'une pensée d'Euripide. Le silence des stoïciens sur ces deux articles de la philosophie de Carnéade prouve qu'ils n'étoient pas très-surs de la solidité de leurs principes, & sur-tout qu'ils n'en avoient pas bien vu toutes les conséquences. Cette incertitude & ce défaut de logique les ont souvent mis à la discrétion de leurs adversaires, & en particulier de Carnéade, lorsqu'ils auroient pu lui résister sans peine, & le forcer même dans plusieurs cas d'abandonner promptement son plan & ses moyens d'attaque & de se mettre sur la défensive. J'ai déjà eu occasion dans le cours de cet article de faire cette remarque, & l'objection de Carnéade contre les vers d'Euripide, m'en offre une nouvelle. Eclaircissons tout ceci par un passage des tusculanes qui contient l'objection du philosophe grec, & la réponse de Cicéron à cette objection. En les considérant ainsi l'une & l'autre dans la chaîne des raisonnemens où elles sont placées, &, pour ainsi dire, avec toutes leurs dépendances, nous pourrons en déterminer la valeur avec plus de précision.

---

consequitur, ut, quem in portum se recipiant, scire non possint : cognitis autem rerum finibus, cum intelligitur quid sit & bonorum extremum & malorum, inventa vitæ via est conformatioque omnium officiorum. Est igitur, quo quidque referatur ; ex quo, id quod omnes expetunt, beatè vivendi ratio inveniri & comparari potest. Quod quoniam in quo sit, magna dissensio est ; Carneadea nobis adhibenda divisio est quâ noster Antiochus libenter uti solet. Ille igitur vidit, non modo quot fuissent adhuc philosophorum de summo bono, sed quot omninò esse possent sententiæ. Negabat igitur ullam esse artem, quæ ipsa à se proficisceretur. Etenim semper illud extra est, quod arte comprehenditur. Nihil opus est exemplis hoc facere longius : est enim perspicuum nullam artem ipsam in se versari, sed esse aliud artem ipsam, aliud quod propositum sit arti. Quoniam igitur, ut medicina valetudinis, navigationis gubernator, sic vivendi ars est prudentia ; necesse est eam quoque ab alia re esse constitutam & profectam. Constitit autem ferè inter omnes, id, in quo prudentia versaretur, & quod adsequi vellet, aptum & adcommodatum, naturæ esse oportere, & tale ut ipsum per se invitaret & alliceret adpetitum animi quem ὁρμὴν græci vocant. Quid autem sit, quod ita moveat, itaque à natura in primo ortu adpetatur, non constat ; deque eo est inter philosophos, cum summum bonum exquiritur, omnis dissensio. Cicer. de finib. bon. & mal. lib. 5. cap. 6. Edit. Davis.

(1) Quelle liaison y a-t-il entre ce principe & le nombre déterminé ou possible des opinions sur le souverain bien ? que fait l'espèce d'axiome de Carnéade à cette recherche ? & qu'en peut-il conclure qui puisse faire connoître la nature du souverain bien, & décider cette grande question ? C'est ce que je n'apperçois pas, & ce que j'aurois voulu que Cicéron m'expliquât, au lieu de s'amuser à commenter ce que j'aurois fort bien entendu sans lui, & ce qui, de son propre aveu, n'a pas besoin d'exemple pour être éclairci. Nihil opus est exemplis hoc facere longius.

Plus on étudie les opinions des anciens, plus on s'attache à en faire un exposé fidèle, à s'en rendre à soi-même un compte exact, & plus on sent l'impossibilité d'éviter l'erreur sur une infinité de points. Il y a trop peu de monumens, & ceux qui nous restent, sont trop mutilés par le temps, ou par le défaut d'instruction & d'intelligence de ceux qui nous les ont transmis, pour que nous puissions dans tous les cas fonder sur ces bases mobiles, un résultat positif & sûr. Quand les faits manquent ou qu'ils sont obscurs, il faut avoir recours aux conjectures & aux hypothèses, & elles sont permises lorsqu'on ne les donne que pour telles, & en général pour ce qu'elles valent.

» On assure, dit Cicéron, qu'il s'est trouvé
» des gens qui étant dans la douleur, & enten-
» dant parler de la commune condition des
» hommes, suivant laquelle il n'en est point qui
» puisse se promettre d'être à jamais exempt d'ad-
» versités, ont sur cela senti redoubler leur af-
» fliction. C'est pourquoi au rapport de notre
» ami Antiochus, Carnéade avoit coutume de
» reprendre Chrysippe, pour avoir loué ces vers
» d'Euripide :

» Il ne fut onc homme de mère né
» Qui n'ait esté en ses jours fortuné
» Diversement : il met ores sur terre
» De ses enfans, ores il en enterre,
» Lui-même après enfin s'en va mourant,
» Et toutesfois les hommes vont plorant
» Ceux que dedans la bierre en terre ils portent,
» Combien qu'ainsi comme les espics sortent
» D'elle, qui sont puis après moissonnez :
» Ainsi faut-il que les uns nouveaux nez
» Viennent en estre, & les autres en yssent.
» Qu'est-il besoing que les hommes gémissent
» Pour tout cela, qui doit selon le cours
» De la nature ainsi passer tousjours?
» Il n'y a rien grief à souffrir ou faire
» De ce qui est à l'homme nécessaire ».

» un tel langage paroissoit à Carnéade n'avoir
» rien de consolant. Car, selon lui, c'est un
» nouveau sujet d'affliction que d'être soumis à
» une si cruelle nécessité ; & l'énumération des
» maux d'autrui n'est bonne qu'à réjouir les mal-
» veillans & les envieux ».

» Je pense bien différemment. Car la nécessité
» de supporter la condition humaine, nous dé-
» fend de lutter contre la nature, non plus que
» contre une divinité ; & en m'avertissant que
» je suis homme, elle me rappelle un souve-
» nir propre à me calmer. Si l'on propose aux
» affligés des compagnons d'infortune, ce n'est
» pas pour réjouir les mal-intentionnés ; mais afin
» que celui qui souffre, apprenne à prendre pa-
» tience, en voyant que tant d'autres ont dou-
» cement supporté leurs maux. On a raison de
» chercher à étayer de toutes manières une ame
» ébranlée par la violence du chagrin (1) ».

(1) Itaque dicuntur nonnulli in mœrore, cum de ha: communi hominum conditione audivissent, ea lege esse nos natos ut nemo in perpetuum esse posset expers mali, gravius etiam tulisse. Quocirca, Carnéades, ut video nostrum scribere Antiochum reprendere Chrysippum solebat, laudantem Euripideum carmen illud

Mortalis nemo est quem non adtingit dolor

Il est aisé de voir que ce raisonnement de Cicéron élude ou change la difficulté, plutôt qu'il ne la résout. En effet, c'est un mauvais moyen de consoler un malheureux, que de lui offrir le spectacle affligeant de l'infortune des autres, & l'exemple du courage avec lequel ils supportent leur sort. Un homme sensible n'est ni plus calme & plus patient sur ses propres maux, ni moins vivement touché & troublé de ceux des autres, quoiqu'on l'assure, ou qu'il sache d'ailleurs que ces malheureux souffrent sans se plaindre. Le courage est, pour ainsi dire, une affection de la force ; il la suppose plus ou moins ; il est, comme elle, une pure affaire d'organisation ; & la patience dans la douleur ou l'impassibilité stoïque ne s'enseigne & ne s'acquiert pas plus par de grands exemples en ce genre, qu'on ne rend un homme robuste, en lui citant sans cesse les actions de ceux qui le sont. En ce point, comme en beaucoup d'autres, il n'y a guère à compter que sur les vertus de tempérament ; & ce n'est pas ici un de ces cas où l'institution modifie la nature. Dites à un mouton que c'est une folie que de se laisser dévorer par un loup : prouvez lui par les meilleures raisons qu'il doit désormais défendre sa vie : donnez lui les leçons les plus propres à exciter en lui l'intérêt de sa conservation, (intérêt si actif & le premier de tous pour l'animal en général) il sera entièrement de votre avis ; il goûtera vos préceptes ;

Morbusque; multi sunt humandi liberi,
Rursùs creandi : morsque est finita omnibus,
Quæ generi humano angorem nequicquam adferunt:
Reddenda terræ est terra : tùm vita omnibus
Metenda, ut fruges ; sic jubet necessitas.

Negabat genus hoc orationis quicquam omnino ad levandam ægritudinem pertinere; id enim ipsum dolendum esse dicebat, quod in tam crudelem necessitatem incidissemus. Nam illam quidem orationem ex commemoratione alienorum malorum ad malivolos consolandos esse accommodatam. Mihi vero longe videtur secus : nam & necessitas ferendæ conditionis humanæ, quasi cum deo pugnare prohibet, admonetque esse hominem ; quæ cogitatio magno opere luctum levat : & enumeratio exemplorum non, ut animum malivolorum oblectet, adfertur ; sed ut ille qui mœret, ferundum sibi id censeat, quod videat multos moderate & tranquille tulisse. Omnibus enim modis fulciendi sunt, qui ruunt nec cohærere possunt propter magnitudinem ægritudinis. Cicer. Tuscul. disput. lib. 3. cap. 24. 25. Edit. Davis.

J'ai suivi dans le texte la traduction du président Bouhier, à l'exception des vers qui sont d'Amyot, & qui expriment très-exactement la pensée d'Euripide, au lieu que ceux du président n'en donnent qu'une idée fort incomplette, sans être d'ailleurs beaucoup plus élégans & plus poétiques que ceux du vieux & naïf traducteur de Plutarque. Voyez la consolation à Apollonius sur la mort de son fils. Œuvres morales, tom. 3. pp. 638. 699.

& il deviendra sans autre résistance que celle des cris, la proie du premier loup qui se présentera : tant il est vrai, comme le remarque Montaigne, *qu'en toutes choses, si la nature ne prefte un peu, il est mal-aifé que l'art & l'induftrie aillent guère avant.* (Essais, l. 1. c. 19. p. m 39.)

A l'égard de l'objection de Carnéade contre les vers d'Euripide, elle n'a de force que dans un ordre particulier de phénomènes, ou pour parler plus exactement, dans une certaine hypothèse : elle est absolument vuide de sens dans le syftême de la nécessité fatale de toutes choses que les stoïciens admettoient : (*voyez* STOICISME) en raisonnant conséquemment à leurs principes, ils auroient pu répondre à notre *académicien*.

» Votre morale, moitié fausse, moitié étroite
» aux yeux du philosophe, est contraire à la
» loi générale & constante de la nature, au prin-
» cipe sans lequel il n'y a point de philosophie,
» celui de l'enchaînement éternel & nécessaire
» des causes & des effets; vérité d'observation,
» d'expérience & de raisonnement. S'affliger,
» gémir, crier, faire des imprécations, lorsqu'on
» souffre ou qu'on éprouve quelque malheur,
» c'est mordre ou battre la pierre contre laquelle
» on s'est choqué. La nature est sourde & aveugle ;
» tout est égal pour elle. Le bon & le méchant,
» l'homme heureux & le malheureux sont indi-
» stinctement dans l'arrangement universel : tout
» est lié : on ne va pas, on suit, on est en-
» traîné. Souffrez donc en silence, & pardonnez
» à la nature qui a fait la partie pour le tout ;
» & non le tout pour une des parties. Dans
» un ordre de choses où il n'y a personne
» à accuser, il n'y a point de plainte raisonna-
» ble & légitime : il n'est permis de se plaindre
» qu'à celui qui se croit frappé par un être in-
» telligent & libre ».

Carnéade garda long-temps son école, puisqu'il vécut quatre-vingt dix ans, selon Cicéron (1). Ses disciples s'acquirent une grande réputation. Le plus célèbre de tous fut Clitomaque (2) dont nous parlerons bientôt. Une perfidie très-commune dans la société, & qui, dans nos mœurs actuelles, rend ceux qui la commettent moins coupables, qu'elle ne rend ridicules ceux qui en sont les victimes, empêcha Carnéade de laisser sa chaire philosophique à Mentor son premier disciple, & son légitime successeur dans *l'académie* : il ne put lui pardonner de l'avoir trouvé couché avec sa maîtresse, & de voir sa confiance & ses leçons payées d'une si noire ingratitude. Numénius qui parle de cette trahison de Mentor, se moque à cette occasion de la doctrine de Carnéade sur l'incompréhensibilité de toutes choses.

« Ce philosophe, dit-il, ne disputa point alors
» sur la probabilité, ni sur l'incompréhensibilité :
» il fut à cet égard absolument semblable aux autres
» hommes ; il prit pour une chose certaine & qu'il
» comprenoit très-bien, ce que ses yeux lui
» montroient de l'infidélité de sa maîtresse & de
» son disciple, & il rompit avec Mentor. Celui-ci
» devint dès lors son antagoniste, opposa subti-
» lités à subtilités, & réfuta l'acatalepsie ».

Mentorem Carneades primum habuit discipulum, non tamen successorem. Quod enim illum adhuc vivens cum pellice sua repererat, non jam viso tantum probabili, aut quasi minus hominem comprehenderet, at suis maxime credens oculis, eumque vere comprehendens, ejus deinceps operam & consuetudinem repudiavit. Qui à doctore propterea deficiens mutuis cum illo argutiis technicae pugnare, quaeque ille incomprehensa defendebat pugnare capit. (Numénius apud. Euseb. praeparat. evangel. l. 14. c. 8. p. 738. d. édit. Paris. 1628.)

Un excellent critique dont on lit les ouvrages avec autant de plaisir que d'utilité, parce qu'il a l'art de rendre la raison aimable, & de répandre sur les matières les plus arides un charme, un intérêt qui en fait disparoître la sécheresse, a très-bien jugé de cette action de Mentor.

» Elle est infâme, dit-il, c'étoit le premier
» disciple de Carnéade ; il avoit un accès libre
» chez lui comme l'enfant de la maison ; & il
» abusa de ce privilège pour débaucher la con-
» cubine de ce philosophe On ne peut assez déplorer
» les déréglemens de l'amour. C'est une passion
» brutale qui étouffe tous les sentimens de la
» gratitude & de la générosité. Vous voyez des
» gens qui pour rien du monde ne déroberoient
» à leur ami la valeur d'un sou : ils sentiroient
» des remords insupportables s'ils se pouvoient
» reprocher de l'avoir trahi en la moindre chose :
» la plus belle générosité se conserve dans leur
» ame à tout autre égard, mais ils ne font nul
» scrupule de lui débaucher sa femme ou sa
» fille. Il n'y a point d'amitié qui tienne contre
» le démon de l'impureté. Tout lui paroît de bonne
» prise : *non hospes ab hospite tutus.* Les droits
» d'hospitalité si sacrés, si inviolables, ne l'arrê-
» tent point. Il y trouve au contraire ses prépa-
» ratifs, & l'avancement de ses affaires ».

---

(1) *Sed ipse Carneades diu tenuit ; nam nonaginta vixit annos : & qui illum audierant, admodum floruerunt. Cicer. academic. lib. 2. cap. 6.*

Notez que Diogène Laërce ne le fait vivre que 85 ans. *In Carneade, lib. 4. segm. 65.*

(2) *Hujusce alii complures fuere discipuli, sed excelluit omnes Clitomachus, de quo etiam deinceps dicendum. Diogen. Laërt. lib. 4. segm. 66.*

Les plus grands esprits & le vulgaire ont presque toujours quelques points dans lesquels ils se touchent : s'ils diffèrent entr'eux par les opinions, ils se rapprochent par des foiblesses communes. Carnéade en est un exemple. Ce philosophe, à tant d'égards si supérieur aux autres, n'étoit plus sous un autre rapport qu'un homme ordinaire. Il n'avoit pas ce courage & cette fermeté qui, sans faire dédaigner la vie, sans en inspirer le dégoût, font regarder dans tous les cas la mort avec indifférence, préparent le sage à la voir arriver sans peine & sans plaisir, lui apprennent même quelquefois à ne pas l'attendre, & ôtent ainsi à la fortune presque tous les moyens de le rendre malheureux. Carnéade ne goûtoit pas ces principes qui supposent un grand caractère & une force d'ame peu commune. Diogène Laërce assure même qu'il avoit beaucoup d'aversion pour la mort (1), & qu'il répétoit souvent : *la natura qui a rassemblé, dissipera aussi.* Cela vouloit dire qu'il falloit la laisser faire, & ne la prévenir point en se tuant (2). Lorsqu'on lui eut dit que son adversaire Antipater, philosophe stoïcien, s'étoit empoisonné, il lui prit une saillie de courage contre la mort : *donnez-moi donc aussi*, s'écria-t-il ! *& quoi*, lui demanda-t-on ? *du vin doux, répondit-il* : d'où il paroît que s'il se sentit quelque envie d'imiter son antagoniste ; elle ne lui dura pas long-temps. Diogène Laërce le raille de cette pusillanimité (3), & lui reproche d'avoir mieux aimé souffrir les langueurs d'une phtysie que de se donner la mort.

On ne lit point tous ces détails si peu dignes d'un philosophe, sans se rappeler ce que Tacite dit de ce roi, à qui un amour excessif de la vie avoit fait perdre dans sa vieillesse presque toute la réputation qu'il s'étoit acquise (1). En effet Carnéade sembloit avoir oublié que philosopher, c'est apprendre à mourir (2), & que « (3) l'un des principaux bienfaits de la vertu, c'est le mespris » de la mort, moyen qui fournit nostre vie d'une » molle tranquillité, & nous en donne le goust » pur & aimable : sans qui toute autre volupté » est esteinte ».

On dira sans doute, pour excuser Carnéade, qu'il devoit être d'autant plus attaché à la vie, qu'il n'en espéroit ni n'en attendoit une autre ; qu'il est dans la nature de tenir fortement à toutes les jouissances, à tous les biens dont la perte est irréparable ; que, dans la théologie payenne, le présent étoit le seul temps réel, le seul dont on pût raisonnablement s'occuper, & le plaisir, (en prenant ce mot dans son acception la plus étendue), la seule chose positive & véritablement substantielle (4) ; qu'en distinguant dans Carnéade deux êtres, l'homme sensible ou l'animal, & le philosophe contemplatif, il devoit regarder la mort, ou, pour parler plus exactement, l'idée ou le simple concept de la privation des plaisirs, soit purement physiques, soit intellectuels, qu'on peut goûter dans la vie, comme un véritable mal : en un mot, que tout ce qu'on peut dire pour obtenir des hommes qu'ils commencent à désirer la mort, ou que du moins ils cessent de la craindre, se trouve suffisamment réfuté par ce seul raisonnement de Sappho : « c'est un mal que » la mort ; & la preuve que les dieux l'ont ainsi » jugé, c'est qu'aucun d'eux n'a encore voulu

---

(1) Gravius autem videtur vitæ finem aversatus esse, eum sæpius diceret : quæ constituit natura & compegit, ea & dissolvet. Cum autem didicisset Antipatrum veneno hausto defunctum, & ipse incitatus ad audendum contra mortem : aitque suis, date igitur & mihi. Qui cum dicerent, quid ? ait, mulsum. *Diog. Laërt. in Carnead. lib. 4. segm. 64.*

(2) Quibus verbis significabat expectandum esse naturale mortis tempus. *Henr. Stephan. not. in hunc loc.*

(3) Est autem & in hunc nostrum epigramma Logadico & Archebulco metro :

Quid Carneadem vis, musa, ut arguam ?

Rudis certe est, qui non videt quomodo metueret

Mortem. Unde cum phthisi olim laboraret, pessimo

Morbo, solutionem noluit admittere, sed cum audivisset

Antipatrum hausto extinctum pharmaco :

Date igitur, inquit, & mihi quod bibam. Quidnam ! inquiunt, quid ?

Date mulsum mihi. Porro crebro hæc proferebat. Facilis

Natura, quæ me continet, dissolvet quoque ilico.

At ille nihilominus sub terram cessit

Plura mala lucrifacientem migrare ad orcum.

Vid. *Diogen. Laërt. lib. 4. segm. 65.*

---

(1) Consenuitque (Maroboduus) multum imminuta claritate, ob nimiam vivendi cupidinem. *Tac. annal. lib. 2. cap. 63.*

(2) Tota enim philosophorum vita, ut, ait idem, commentatio mortis est. C'est un mot de Socrate, ou plutôt de Platon, rapporté par Cicéron. *Tuscul. disput. lib. 1. cap. 30. fine.* Confer. *quæ Plato in Phædon. pag. 51. C. D. Edit. Ficin. Francofurt. ann. 1602.*

(3) Montaigne, Essais, liv. 1. ch. 19. p. m. 36.

(4) Il paroît que c'étoit aussi le sentiment des sages de l'Orient : « j'ai reconnu, dit l'un d'eux, qu'il » n'y a rien de meilleur à l'homme que de se réjouir » dans ses œuvres, & que c'est-là son partage. Car » qui le pourra mettre en état de connnoître ce qui doit » arriver après lui » ? *Et deprehendi nihil esse melius quàm lætari hominem in opere suo, & hanc esse partem illius. Quis enim eum adducet, ut post se futura cognoscat.* Voyez le Rosarium persicum, de Saady.

» mourir (1) ». Mais il est certain que soit qu'on admette l'immortalité de l'ame, soit qu'on la nie, le desir immodéré de la vie est en général la passion des ames foibles ; il en est un des caractères principaux. Il est presque nécessairement lié dans l'homme avec une foule de petites passions qui l'agitent, qui le maîtrisent & l'empêchent de faire de grandes choses. « La » préméditation de la mort, dit admirablement » Montaigne, est préméditation de la liberté. Qui » a appris à mourir, il a désappris à servir. Il » n'y a rien de mal en la vie, pour celui qui a » bien compris que la privation de la vie n'est » pas mal. Le sçavoir mourir nous affranchit de » toute subjection & contrainte.... Je veux qu'on » agisse, & qu'on allonge les offices de la vie, » tant qu'on peut, & que la mort me trouve » plantant mes choux ; mais nonchallant d'elle, » & encore plus de mon jardin imparfaict. J'en » vis mourir un, qui estant à l'extremité se plai- » gnoit incessamment dequoy sa destinée coupoit » le fil de l'histoire qu'il avoit en main sur le » quinziesme ou seixiesme de nos rois ». (*Essais*, liv. 1. ch. 19. p. m. 39. 41).

Je ne crains point de le dire, (& cela est également vrai dans toutes les hypothèses sur la nature de l'ame humaine), la honte la plus générale que je connoisse, est celle de mourir, puisqu'au lieu d'avouer franchement le regret de quitter la vie, on a toujours quelque prétexte pour différer : l'un veut achever cet ouvrage ; l'autre je ne sai quoi,

Pendent opera interrupta minæque
Murorum ingentes. (*Virgil. Æneid. lib. 4. v. 88. 89*).

Carnéade mourut, selon Diogène Laërce, la quatrième année de la 162e olympiade, agé de 85 ans (2). Cicéron le fait vivre cinq ans de plus (3) : mais cette différence est légère, & quand elle seroit plus grande, elle seroit encore fort peu importante, sur-tout dans un article de philosophie, où l'on doit plus s'occuper de raisonnement & d'analyse, que de discussions chronologiques, presque toujours si incertaines, &, par cela même, si inutiles.

Clitomaque, le plus habile de ses disciples, lui succéda dans *l'académie*, & y enseigna la même doctrine. Il étoit fort laborieux ; le nombre de ses ouvrages le prouve (1). On ne peut trop regretter la perte des quatre livres qu'il avoit écrits sur la nécessité de suspendre son jugement (2) : ils subsistoient encore du temps de Cicéron qui en cite plusieurs beaux passages dans ses *académiques*.

Cet orateur parle encore d'un autre livre que Clitomaque adressa au poëte Lucilius, après en avoir dédié un sur le même sujet au consul Lucius Censorinus (3). Le premier de ses ouvrages nous seroit d'autant plus utile aujourd'hui, qu'il contenoit les élémens de la doctrine des *académiciens* : Cicéron l'avoit fort étudié (4), & il en rapporte de mémoire deux passages très-importans dont je me suis servi dans l'exposé des dogmes de la troisième *académie* (5).

Si nous avions les ouvrages de Charmadas & de Mélanthius de Rhodes, nous serions plus à portée d'apprécier avec exactitude le mérite de Clitomaque, car Cicéron dit qu'il avoit autant de génie que le premier avoit d'éloquence, & le second de douceur (6) : on peut le regarder comme le meilleur interprète des sentimens de Carnéade ; & son autorité sur cet article est fort préférable à celle de Philon & de Métrodore (7).

---

(1) Apud Aristotel. rhetoric. lib. 2. cap. 24. pag. 361. Edit. Cantabrig. 1728.

(2) Refert Appollodorus in chronicis, humanis cum excessisse rebus Olympiadis centesimæ sexagesimæ secundæ anno quarto cum vixisset annos octoginta quinque. *Diogen. Laërt. lib. 4. segm. 65.*

Brucker a discuté au long toutes les raisons de ceux qui combattent cette chronologie d'Appollodore, & il finit par préférer son témoignage à celui de Cicéron.

Certè hæc id evincunt, dit-il, *magis fidem habendam esse Apollodoro, 'ejusdem cum Carneade ætatis chronologo, cujus fides tantopere veteribus probata fuit, quam Ciceroni, qui alio loco haud obscurè fatetur se in historia legationis illius nec certum satis esse, & lucem ab uno Apollodoro sese expediere.* Hist. crit. philos. part. 2. lib. 2. cap. 6 sect. 4. tom 1. pag. 762.

(7) Voyez le passage de cet orateur, cité pag. 113. col. 1. not. 1.

---

(1) E quibus (qui Carneadem audierant) plurimum in Clitomacho fuit ; declarat multitudo librorum. *Cicer. academic. lib. 2. cap. 6.*

(2) Et quatuor ejus libri sunt de sustinendis adsensionibus. Hæc autem, quæ jam dicam, sunt sumpta de primo. *Cicer. academic. lib. 2. cap. 31.*

(3) Accipe, *dit Cicéron à Lucullus*, quemadmodum eadem dicantur à Clitomacho in eo libro quem ad C. Lucilium scripsit poëtam ; cum scripsisset iisdem de rebus ad L. Censorinum. *Academic. lib. 2. cap. 31.*

(4) Scripsit igitur his fere verbis : sunt enim mihi nota, propterea quod earum ipsarum rerum, de quibus agimus prima institutio & quasi disciplina illo libro continetur. *Id. ibid. lib. 2. cap. 31.*

(5) Voyez ci-dessus, pag. 43. col. 1. p. 44. col. 2.

(6) Ingenii non minus in hoc, quam in Charmada eloquentiæ, in Melanthio Rhodio suavitatis. *Acad. lib. 2. cap. 6.*

(7) C'est le jugement qu'en portoit Cicéron : j'ai cité ses paroles ci-dessus, pag. 43. col. 2. au texte.

Outre qu'il avoit vieilli avec son maître, ce qui suppose nécessairement entre eux de fréquens rapports, & une longue intimité, il joignoit à cet avantage beaucoup de sagacité & d'application à l'étude (1). Tous ces moyens réunis font pencher la balance en sa faveur, & donnent une grande force à son témoignage, au moins relativement à la doctrine publique de Carnéade. Je fais cette restriction parce qu'à l'égard de sa doctrine secrete, Clitomaque avoue ingénuement que c'étoit un problème qu'il n'avoit jamais pu résoudre complettement (2) : on n'en sera point surpris, si l'on considere que les académiciens, presque aussi mystérieux que les pythagoriciens, avoient coutume de cacher leurs sentimens (3), afin, disoient-ils, que celui qui veut s'instruire de leur philosophie, soit guidé par la raison & non par l'autorité.

» Dans la secte que j'ai préférée, dit Cicéron,
» & qui me paroit la plus conforme au goût
» de Socrate, il ne s'agit point de s'ouvrir sur
» ce qu'on croit, mais bien plutôt de montrer
» aux autres qu'ils se trompent, & de chercher
» sur chaque matiere à voir de quel côté
» est la vraisemblance. Ainsi en usoit Carnéade,
» avec tout l'esprit, & avec toute l'éloquence
» possible. Je me suis exercé en ce genre plus
» d'une fois, & depuis peu encore dans mes
» conférences de Tusculum ».

Quibus (dissentientium philosophorum) nos id potissimum consecuti sumus, quo Socratem usum arbitrabamur; ut nostram ipsi sententiam tegeremus, errore alios levaremus; & in omni disputatione quid esset simillimum veri quæreremus. Quem morem cum Carneades acutissime copiosissimeque tenuisset, fecimus & alias sæpe & nuper in tusculano, ut ad eam consuetudinem disputaremus (Tusculan. disput. l. 5. c. 4. Edit. Davis.

Je n'ignore point que le pythagoricien Numénius qui ne trouvoit la vérité que dans sa secte, & qui recueilloit avidement & sans aucun examen tout ce qui pouvoit servir à décréditer les autres, comme si les erreurs vraies ou supposées de ces dernieres, étoient autant d'absurdités à retrancher de celle qu'il avoit embrassée; je n'ignore point, dis-je que cet auteur partial, & plein d'humeur, prétend que la doctrine publique de Carnéade & sa doctrine secrete ne s'accordoient point; & qu'en public il brouilloit tout afin de combattre les stoiciens, mais qu'avec ses amis intimes, il n'avoit pas d'autres opinions que celles du peuple. *Et tamen ille ipse qui stoicos vellicandi studio palam cuncta miscebat, clam sodales inter suos eadem omnia fatebatur, vereque ac certo pronuntiabat, quæ alius quivis è populo.* (Apud Euseb. præpar. évangel. l. 14. c. 8. p. 738. d. édit. viger. Paris. 1628. vide sis p. 739. A).

Cette assertion de Numénius est invinciblement réfutée par le passage des Tusculanes que je viens de citer, & par celui des *académiques*, rapporté pag. 116. not. 2. col. 1.

Je ne puis dire s'il est vrai, comme Saint Augustin l'assure (1), que Cicéron ait écrit en effet que les *académiciens* étoient dans l'usage de cacher leurs sentimens, & de ne les découvrir qu'à ceux qui avoient vieilli avec eux : mais je sais au moins qu'on n'apperçoit aucune trace de cette restriction dans les deux livres des *académiques* qui nous restent, & je ne me rappelle aucun autre ouvrage de Cicéron où elle se trouve. Peut-être Saint Augustin l'avoit il lue dans quelque livre des *académiques* qui n'est pas parvenu jusqu'à nous. Mais dans cette derniere supposition, il y auroit toujours une exception à faire pour Carnéade, puisque, comme je l'ai observé ci-dessus, Clitomaque qui avoit vieilli avec lui, n'avoit jamais pu découvrir ce qui paroissoit le plus vraisemblable à ce philosophe (2).

---

(1) Voyez le passage de Cicéron, cité ci-dessus au texte, pag. 72. col. 2.

(2) Clitomachus adfirmabat, nunquam se intelligere potuisse, quid Carneadi probaretur. *Cicer. academic. lib. 2. cap. 45.* Conférez ce que dessus, p. 72. col. 1. au texte.

(3) Cicéron fait parler ainsi Lucullus : *volo igitur videre, quid invenerint* (academici). *Non solemus, inquit, ostendere. Quæ sunt tandem ista mysteria ? aut cur celatis, quasi turpe aliquid, sententiam vestram ? ut qui audient, inquit, ratione potius quam auctoritate ducantur. Cicer. academic. lib. 2. cap. 18.*

Lucullus ajoute néanmoins que le seul dogme que les *académiciens* ne cachent point, c'est qu'on ne peut rien saisir. *Unum tamen illud non celani, nihil esse, quod percipi possit.* Id. ibid.

(1) Cicero ait illis (academicis) morem fuisse occultandi sententiam suam, nec eam cuiquam, nisi qui secum ad senectutem usque vixisset, aperire consuevisse. *Augustin. contr. academ. lib. 3. cap. 10. Vide & cap. 17. & lib. 2. cap. 13.*

M. Castillon observe sur ce passage, que c'est ce que Cicéron dit expressément dans les écrits qui nous restent de lui. Mais Cicéron ajoute seulement que les *académiciens* cachoient leurs sentimens : *non solemus, inquit, ostendere,* (Academ. lib. 2. cap. 18). Il n'ajoute nulle part qu'ils les découvroient à ceux qui avoient vieilli avec eux. M. Castillon devoit distinguer ces deux assertions, ou citer un passage de Cicéron qui les renfermât expressément toutes les deux. Celui des Tusculanes dont il traduit le commencement, & qu'il a rapporté tout au long dans le texte, (pag. 111. col. 1), ne prouve que la premiere, sur laquelle il n'y avoit aucun doute.

(2) Voyez ci-dessus, pag. 111. col. 2. not. 2. les paroles de Clitomaque, rapportées par Cicéron.

Brucker

Brucker voulant concilier ce passage avec celui de Numénius, imagine ici une distinction qui, même en la supposant aussi réelle qu'elle me paroît chimérique & hasardée, ne fait pas disparoître la contradiction. Après avoir fait entendre que la doctrine intérieure & secrete de l'*académie* étoit le pur platonisme, ce qui, pour l'observer en passant, n'est nullement prouvé, & n'est qu'une conjecture de saint Augustin déjà réfutée (1); il dit que Carnéade, en cela d'accord avec Arcésilas, ne révéloit cette doctrine ésotérique, qu'à un petit nombre de disciples, & seulement à ceux qui vivoient avec lui en une grande intimité, mais qu'il leur cachoit ses vrais sentimens, parce qu'il ne vouloit pas fonder une nouvelle secte (2) : d'où Brucker infère que dans le passage en question, Clitomaque ne parle que des opinions particulières de Carnéade, lesquelles avoient toujours été pour lui un mystère impénétrable, & non pas de cette doctrine intérieure des *académiciens*, qui, selon saint Augustin, est celle de Platon sur les choses purement intellectuelles, & qui seules peuvent être certaines, & l'objet de la science. Mais il suffit de relire le passage de Numénius, & de le comparer à celui de Clitomaque, pour se convaincre qu'ils se contredisent formellement, & que ce dernier est à tous égards d'un tout autre poids que celui du philosophe pythagoricien.

Plus j'examine cette hypothèse du platonisme d'Arcésilas & de Carnéade, adoptée d'abord par Brucker, & renouvellée depuis par M. Castillon, plus elle me paroît n'avoir de réalité que dans l'imagination africaine de saint Augustin. Aucun auteur ancien ne parle de ce prétendu platonisme des *académiciens* : Cicéron n'en dit pas un mot dans ses *académiques*, tels au moins que nous

___

(1) Voyez ci-dessus, pages 57. 58. & suivantes, l'examen de cette étrange assertion de S. Augustin, si légèrement adoptée par M. Castillon.

(2) Nempe Arcesilaus, non minus atque Carneades contra dogmaticos, sectariosque philosophos disputabant, arcanamque academiæ doctrinam paucis & intimæ tantum familiaritatis discipulis servabant : id quod de Carneade quoque diserte tradit Numenius. Brucker cite ensuite le passage de Numénius que j'ai rapporté (pag. 112. col. 2.) après quoi il ajoute :

Quamquam enim his potissimum opponit Baylius.... Clitomachum, ei licet familiarem, fassum, nunquam se intelligere potuisse, quæ Carneadi probarentur : nihil tamen hoc obstare videtur, cum Clitomachus, non de interiori academiæ disciplina, quam ad Platonem & sequaces Carneades, Arcesilaum secutus retulit, sed de propriis Carneadis opinionibus loquatur, quas ille sine dubio discipulis non aperuit, quod novam sectam condere non vellet. In eo itaque Carneadi cum Arcesilao convenisse dubium non est. Brucker, lib. 2. cap. 6. tom. 1. pag. 769.

Philosophie anc. & mod. Tome I.

les avons aujourd'hui. Ses autres ouvrages ne contiennent rien qui puisse mener à cette conjecture, & lui donner quelque vraisemblance. Je ne vois qu'un seul passage de Sextus Empiricus touchant Arcésilas, qui ait pu servir de prétexte à cette étrange supposition; encore Sextus ne rapporte-t-il ce qu'il dit dans ce passage, que comme un bruit public, dont-il ne garantit point la vérité, & qu'il paroît même n'avoir recueilli qu'en qualité de fidèle historien : ceux qui voudront s'assurer par eux-mêmes, que c'est là en effet le vrai sens de ses paroles, les trouveront citées ci-dessus, pag. 16. colon. 2. En les lisant avec quelque attention, ils seront convaincus qu'il faut avoir un grand désir de croire au platonisme des *académiciens* & d'Arcésilas, pour l'établir sur une pareille base.

Cependant supposons un moment que ces bruits publics, qui couroient sur Arcésilas, eussent en effet quelque fondement, (ce qui est suffisamment détruit par l'exposé que nous avons fait de ses sentimens) : qu'est-ce qu'ils prouvent pour le platonisme de Carnéade & des *académiciens* ? Les opinions des philosophes qui avoient embrassé la même secte se touchoient-elles donc dans tous les points ? Ne remarque-t-on pas, au contraire, entr'elles des différences très-sensibles, & qui démontrent même l'impossibilité de faire de la doctrine d'une secte quelconque, un tout uniforme, & un système qui soit UN.

Mais c'est trop nous arrêter à combattre des chimères, & peut-être même n'en ai-je que trop dit sur ce sujet ? C'est qu'en tout la recherche de la vérité est pénible & difficile, & qu'il faut quelquefois, comme je crois l'avoir déjà observé, vingt pages de raisonnemens, & souvent même une longue suite d'expériences, d'observations ou de calculs pour réfuter une erreur, un paralogisme qui n'a coûté à son auteur que le tems de l'écrire.

Revenons à Clitomaque : sa philosophie est absolument la même que celle de Carnéade; & je ne trouve aucun article sur lequel il s'en soit écarté, ou qu'il y ait ajouté : ainsi l'exposé des opinions du maître suffit pour faire connoître celles du disciple. Il en est d'eux à cet égard, comme de deux canaux différens par leurs distances, comme par leur diamètre, & qui ne distribuent que la même eau.

Clitomaque étoit, comme son maître, grand ennemi de la rhétorique, & croyoit qu'il falloit, à l'exemple des législateurs de Crète & de Lacédémone, la bannir des cités (1). Les diffé-

___

(1) Critolaus autem & academici, inter quos Clitomachus & Charmidas, solent hæc præterea rhetoricæ

rentes objections des *académiciens* contre la rhétorique se trouvent dans Sextus Empiricus ; & ce célèbre pyrrhonien n'emploie pas pour la combattre d'autres argumens, comme il l'avoue lui-même (1).

Clitomaque comparoit la dialectique à la lune qui croît & décroît périodiquement. Pour admettre ou pour rejetter cette bisarre comparaison, il faudroit l'entendre, & j'avoue que je ne la comprends pas. Brucker pense que par cette expression figurée, il vouloit indiquer que l'*académie*, après avoir pris, sous Arcésilas, une grande consistance, avoit vu ensuite sa splendeur éclipsée, jusqu'au moment où Carnéade lui rendit son ancien éclat. Il en est de même, ajoute-t-il, de la dialectique ; elle a ses progrès & son déclin, selon le degré d'éloquence & de génie de ceux qui la cultivent (2).

Si c'est là le sens de la comparaison de Clitomaque, ce dont je doute fort, elle seroit aussi froide qu'inutile & déplacée, car ce qu'il dit ici de la dialectique, ne lui convient point exclusivement, & il en auroit pu dire autant de toutes les sciences & de tous les arts, dont l'éclat s'augmente ou s'affoiblit sensiblement, en raison des dispositions naturelles & acquises de ceux qui s'y appliquent.

Sextus Empiricus, reproche à Clitomaque, & en général, aux *académiciens* (tels que Philon, Antiochus, Crantor, Phavorin & autres), d'avoir suivi, en attaquant les dogmatiques, une méthode trop longue, parce qu'ils s'étoient amusés à attaquer en détail & en particulier toutes leurs assertions, au lieu qu'ils auroient dû selon lui, diriger leurs objections contre les principes généraux des sciences, dans lesquels toutes les opinions particulières se trouvant, pour ainsi-dire, comprises & enveloppées, sont, par cela même, suffisamment réfutées, & tombent avec ces principes. Car, dit-il, « comme le fondement d'un mur
» étant ruiné, tout ce qui est appuyé dessus est
» renversé ; de même aussi en renversant l'opi-
» nion de l'existence du vrai, toutes les subtiles
» inventions des dogmatiques se trouvent enve-
» loppées dans cette réfutation (1) ». Sextus ajoute que la méthode contraire avoit jetté les *académiciens* dans des longueurs qui leur ont attiré le reproche d'être diffus & prolixes (2).

Les anciens avoient, en général, une manière de faire des livres, qui étoit très-propre à les multiplier. Ils inséroient souvent dans leurs ouvrages des traités entiers d'auteurs différens, & ils se copioient les uns les autres, quelquefois même sans citer les sources diverses où ils puisoient. C'est ainsi qu'il faut expliquer ce grand nombre de livres que les historiens, les biographes & les faiseurs de recueils attribuent au même auteur. D'ailleurs les mots *liber* & *volumen* n'avoient pas dans leur langue un sens aussi étendu que celui qu'ils ont parmi nous. Comme ils écrivoient sur des rouleaux, d'où est venu le mot *volumina*, & que chaque dissertation, chaque traité particulier, long ou court, formoit un rouleau séparé, cette prodigieuse fécondité de quelques auteurs anciens n'est qu'apparente. Ils compiloient

---

objicere. Artes quidem non expelluntur à civitatibus, ut quæ sciant eas vitæ valde esse utiles : quo modo nec œconomicos expellimus ab ædibus, nec bubulcos à grege. Omnes autem dicendi artem, tanquam infestissimum hostem, ubique persequuntur & undique ejiciunt ut legislator Cretensis, qui insulam ingredi prohibuit eos qui in dicendo se jactant & arroganter sibi placent. Spartanus autem Lycurgus ut qui Thaletis Cretensis esset æmulator, Spartanis eandem sanxit legem. *Sext. Empiric. adverf. rhetor. lib. 2. sect. 20. & seqq. pag. 292. Edit. Fabric. Lipf. 1719.*

(1) Atque hæc quidem de rhetorica in eam invehendo dicuntur ab academicis. *Id. ibid. adverf. rhetores, lib. 2. sect. 43. pag. 297.*

(2) Dialecticam lunæ comparabat, quæ assiduè sive crescat, sive decrescat. Qua comparatione fortunam academiæ designare voluisse videtur, quæ post maxima incrementa discipulorumque ingentem sub Arcesila numerum, decrevit, à Carneade vero refuscitata nova augmenta cepit. Prout itaque dialectica ingenio & eloquentia ornatur, ita quoque vel incrementa vel decrementa capit. *Brucker, hist. crit. philosoph. part. 2. lib. 2. cap. 6. sect. 4. pag. 773. tom. 1.*

(1) Quemadmodum enim quùm muri fundamentum ruinam dedit, omnia etiam superimposita corruunt : sic veri subsistentia sublata, etiam particularia dogmaticorum commenta una excluduntur. *Pyrrhon. hypotypos. lib. 2. cap. 8. in fine, sect. 84.*

(2) Rursus autem hîc quoque constituemus eumdem inquirendi modum, ita ut non immoremur in singularibus, ut fecit Clitomachus & universus chorus academicorum (alienam enim ingressi materiam, & ex concessis eorum qui diversa dogmata statuerunt, disputantes, immoderata & nimis prolixa usi sunt in contradicendo oratione) : sed & ea movebimus quæ sunt præcipua & magis generalia, quibus concussis, labantia cætera quoque habebimus. Quomodo enim in urbium obsidionibus, qui mari fundamentum effoderunt, cum eo turres quoque simul dejiciunt : ita etiam qui in philosophicis considerationibus prima rerum fundamenta expugnant, vi ac potestate abrogant & abolent universæ rei comprehensionem. Nonnulli itaque non improbabiliter assimilant eos qui se demittunt ad singulares quæstiones, venatoribus qui feram vestigiis insequuntur, aut iis qui hamo piscantur, aut iis qui visco & arundine aves aucupantur. Eos autem qui versantur in generalibus singularia omnia labefactant, conferunt iis qui lina paxillos & sagenas circumdant. Unde ut multo est artificiosius una via ac ratione multa venari, quam in singulorum laborare venatione : ita multo præstat communiter adversus omnia afferre contradictionem, quàm inhærere singularibus. *Sext. Empiric. adverf. mathemat. lib. 9. 1. adverf. physic. sect. 1. 2. 3. pp. 548. 549.*

plus que nous, mais ils ne compofoient pas davantage. Cent volumes ne fignifioient que cent traités différens d'une étendue quelconque : d'où l'on peut conclure, que fi Voltaire, par exemple, eût écrit en Grèce ou à Rome, toutes ces pièces fugitives en profe & en vers qui font les délices des gens de goût, tous ces charmans pamphlets qu'on trouve dans le recueil de fes œuvres, & qui n'ont fouvent que cinq à fix pages, plus ou moins, auroient été, felon l'ufage & la langue du tems, transformés par les biographes, en autant de livres différens ; & nous lirions aujourd'hui que ce grand homme avoit compofé plus de quatre cent volumes, comme Diogène Laërce le dit de Clitomaque (1). mais on voit par l'obfervation précédente, que ces paroles de Laërce, prifes dans leur vrai fens, & traduites dans notre langue, fignifient en d'autres termes, que Clitomaque avoit beaucoup écrit. De cette multitude de livres, (car Cicéron n'en fixe pas le nombre), il ne nous refte que quelques fragmens épars dans les *académiques* de cet orateur. Clitomaque, avoit adreffé aux Carthaginois fes compatriotes, un livre pour les confoler de la ruine de leur patrie, & de leur captivité. Cicéron avoit lu cet ouvrage. Si le tems l'eût épargné (2), nous aurions fous un rapport une mefure affez exacte de l'éloquence de Carnéade, & de l'efprit de Clitomaque ; car ce philofophe avoit inféré dans ce livre, une differtation de fon maître contre cette propofition : *le chagrin a prife fur le fage qui voit fa patrie au pouvoir de l'ennemi*. Il paroit même par le texte de Cicéron, que le maître & le difciple étoient fur cette queftion, d'un avis très-différent, & que Clitomaque, en qualité d'*académicien*, & toujours fidèle aux principes de fa fecte, avoit rapporté exactement les raifons pour & contre, ce qui eft en effet la meilleure manière d'éclaircir une matière.

Théophile d'Antioche (3) accufe Clitomaque d'athéïfme, pour avoir confervé & rapporté les objections de Carnéade contre la théologie des ftoïciens. Ces objections qu'on peut voir dans Sextus Empiricus (1), & qu'on trouve plus étendues & mieux développées dans Cicéron (2), font, comme je l'ai dit (3) ailleurs, une bonne réfutation de la religion payenne. Elles avoient paru très-fortes & très-décifives à Clitomaque, & c'eft ce qui le détermina à les recueillir, ainfi que nous l'apprenons de Sextus (4). Je ne doute nullement que Carnéade & fon difciple ne regardaffent en effet l'exiftence de Dieu, comme très-problématique, & qu'en appliquant les principes de leur philofophie à cette queftion, ils n'y trouvaffent de nouvelles raifons de fufpendre leur jugement : mais il n'en eft pas moins vrai que Théophile, fuivi en cela par deux favans modernes (5), fonde l'athéïfme de Clitomaque fur des preuves très-foibles ; car c'eft affurément une bien mauvaife logique, pour ne rien dire de plus, que d'infcrire parmi les athées deux philofophes, fous prétexte que l'un attaque le fyftême religieux d'une fecte quelconque, & en découvre les fondemens ruineux, & que l'autre, traitant, fi l'on veut, les mêmes matières, ou d'autres plus ou moins analogues, rapporte enfuite hiftoriquement, ou même en les approuvant, les difficultés du premier contre ce même fyftême.

Il arrive tous les jours qu'on prouve mal une propofition vraie ; réfuter telle ou telle preuve particulière qu'on en donne, ce n'eft pas nier la propofition. Carnéade pouvoit croire l'exiftence des Dieux, & juger d'ailleurs que la théologie

---

(1) Ad tantum autem peritiæ pervectus eft, ut ultra quadringenta volumina fcripferit, fuccefferitque Carneadi ; cujus etiam dicta maxime illuftravit litteris. *Diogen. Laërt. de Clitomach, lib. 4. fegm. 67.* Voyez le paffage de Cicéron, cité ci-deffus, pag. 111. col. 2. not. 4.

(2) Legimus librum Clitomachi, quem ille everfa Carthagine mifit confolandi causâ ad captivos cives fuos ; in eo eft difputatio fcripta Carneadis, quam fe ait in commentarium retuliffe. Cum ita pofitum effet, videri fore in ægritudine fapientem, patria capta : quæ Carneades contra dixerit, fcripta funt. *Cicero. Tufcul. difput. lib. 3. cap. 22.*

(3) *Ad Autolycum, lib. 3. p. m. 121.*

---

(1) *Adverfus mathematic. lib. 9. 1. adverfus phyficos, fect. 182. & feqq. Edit. Fabric.*

(2) *De nat. deor. à cap. 17. ad cap. 21.*

(3) Voyez ci-deffus, pag. 94. col. 2.

(4) Verum propofuit quoque foritice Carneades, quafdam argumentationes, quæ ejus familiaris Clitomachus confcripfit, ut exquifitiffimas & efficaciffimas, quæ fe habent huc modo. *adverf. mathematic. lib. 9. 1. adverf. phyfic. fect. 182. & feqq.*

De la manière dont Brucker cite une partie de ce paffage, on pourroit croire que c'eft Sextus lui-même qui donne aux objections de Carnéade les épithètes d'*exquifitiffimas* & d'*efficaciffimas* ; mais Sextus dit feulement que Clitomaque avoit rapporté ces objections, parce qu'il les avoit jugées très-fortes & très-fubtiles : *quas Clitomachus confcripfit ut exquifitiffimas & efficaciffimas.*

Je ne relève cette inadvertance de Brucker que pour faire fentir la néceffité de le lire avec précaution ; car ces fortes de fautes font très-communes dans fon ouvrage, & ce ne font ni les plus fréquentes, ni les plus confidérables.

(5) Fabricius & Buddeus : voyez la Bibliothèque grecque du premier, liv. 2. ch. 23. pag. 817, & les thèfes du fecond fur l'athéïfme & la fuperftition chap. 1. §. 14. au texte & dans les notes. Voyez auffi Reinefius, var. lect. lib. 3. cap. 6.

des Stoïciens, mal liée dans toutes ses parties, conduisoit à des conséquences absurdes. Il en est de même de Clitomaque; il auroit pu être très-orthodoxe en matière de religion, & trouver les objections de Carnéade contre cet article de la doctrine stoïque, très-solides & très-dignes d'être consignées dans un ouvrage philosophique. Un historien ne croit pas tout ce qu'il raconte, ne nie pas tous les faits dont il ne parle pas. Comme le silence d'un philosophe sur un dogme, ne prouve pas qu'il l'admette, ses objections contre les preuves bonnes ou mauvaises de ce dogme, ne prouvent pas qu'il le rejette.

Un docteur de Sorbonne (1), dont l'orthodoxie n'a jamais été suspecte, a publié au commencement de ce siècle, un livre où il combat non-seulement les démonstrations de Descartes, touchant l'existence de Dieu, mais aussi la plupart de celles qu'on allègue communément, & qui passent pour les meilleures & les plus évidentes. De cinq qui ont été proposées par saint Thomas, & qui sont ordinairement employées par les philosophes, & par les théologiens, ce docteur en rejette quatre, & n'en reconnoît qu'une seule qui soit concluante contre les athées. Car il regarde comme un paralogisme de prouver la divinité par quelqu'une de ces raisons :

Que tout ce qui existe ne peut pas être contingent, & qu'il doit y avoir un être qui existe nécessairement de lui-même.

Qu'on ne peut point admettre un nombre infini de causes subordonnées entre elles, & qu'il faut absolument reconnoître une première cause de laquelle toutes les autres soient dépendantes.

Que la matière ne peut se donner le mouvement d'elle-même ; que c'est une nécessité qu'il y ait un premier moteur non corporel, de qui elle l'ait reçu médiatement ou immédiatement.

Que se trouvant dans les êtres qui existent divers degrés de perfection, comme de bonté, de beauté, de puissance, &c. il faut qu'il y ait un être souverainement parfait, par rapport auquel on puisse dire qu'ils sont plus ou moins parfaits les uns que les autres, selon qu'ils approchent plus ou moins de sa perfection.

Après avoir mis au rang des sophismes ces quatre démonstrations que j'appelle ainsi pour me conformer aux idées reçues, la cinquième que ce docteur regarde comme une vraie démonstration de l'existence de Dieu, & qui ne peut passer elle-même que pour une simple induction, une analogie, enfin un argument purement préparatoire, est celle qui se tire de la structure de l'univers, & de la manière dont, selon ses panégyristes peu philosophes, il subsiste dans un si bel ordre de toutes ses parties, & avec une régularité si constante de leurs mouvemens.

Seroit-on bien fondé à accuser, ou seulement à soupçonner d'athéisme ce théologien, parce qu'après avoir ruiné les argumens les plus forts sur lesquels on ait établi jusqu'à présent l'existence de Dieu, il regarde comme la seule bonne démonstration de cette existence une preuve que Maupertuis, d'ailleurs tout aussi orthodoxe que lui, traite presque de ridicule, & dont il fait même sentir au long la foiblesse & l'insuffisance (1) ? Ne seroit-il pas de même très-injuste de ranger Maupertuis dans la classe nombreuse des athées, pour avoir substitué à cette méthode, assez constamment en usage, mais puérile & illusoire, de prouver l'existence de Dieu par les merveilles de la nature, son fameux principe métaphysique de la moindre quantité d'action (2) ? Il est néanmoins évident pour quiconque sait juger des choses, qu'en supposant ce principe aussi fécond, aussi universel que l'auteur le prétend, il est bien plus propre à établir que le tout est nécessairement tel, & comme il doit être en vertu de l'existence seule de la matière douée de ses propriétés tant connues, qu'inconnues, & des loix nécessaires du mouvement, qu'à prouver que cet univers est le résultat d'une cause intelligente & libre, & l'effet plus ou moins régulier d'un plan, d'un dessein, en un mot, d'une intention de le produire.

Au reste, Brucker ne s'y est pas trompé, & il dit expressément que ceux qui, pour les raisons alléguées par Théophile d'Antioche, ont rangé Carnéade & Clitomaque parmi les athées, l'ont fait sans aucun motif suffisant, & ont décidé cette question avec trop de précipitation (3).

_____

(1) Il s'appelloit l'*Herminier*. Son livre est intitulé : *summa theologiæ ad usum scholæ accommodata*. Voy. le Journal de Trévoux, mai & juin, 1701.

(1) Voyez son Essai de cosmologie, chap. 1. & l'avant-propos qui est à la tête de cet ouvrage.

(2) Ce principe sur lequel, selon Maupertuis, toutes les loix du mouvement sont fondées, qui s'étend également aux corps durs & aux corps élastiques : c'est que lorsqu'il arrive quelque changement dans la nature, la quantité d'action employée pour ce changement, est toujours la plus petite qu'il soit possible.

(3) Non negamus totam theologiam gentilium argumentis Carneadis convulsum simul labasgere ; stoicorum enim diligentia, in eo sita erat, ut vulgarem religionem rationibus philosophicis exornarent. Verum cum ex hac causa cum Clitomacho, qui scriptas ejus objectiones reliquit, inter Dei religionisque hostes transcribere sine sufficienti ratione & præcipitan-

De la quatrième académie.

Philon & Charmidas furent les chefs de la quatrième *académie* (1) ; mais cet honneur appartient particuliérement à Philon dont le mérite & la réputation ont fait oublier la part que Charmidas peut avoir eu à la fondation de cette nouvelle école. Philon étudia long-temps sous Clitomaque, & tant qu'il vécut, *l'académie* ne manqua pas de défenseurs (2). Cicéron, dont il avoit été un des maîtres (3), & qui l'avoit beaucoup entendu, en parle comme d'un homme très-instruit, & qui avoit l'art de varier la matiere de ses leçons. Il enseignoit à ses disciples la rhétorique dans un temps, la philosophie dans un autre (4) ; méthode excellente, & très propre à étendre leurs idées, à multiplier leur connoissances, sans fatiguer leur attention, en la fixant trop long-temps sur les mêmes objets. Varron qui se connoissoit en mérite nous donne de Philon une idée non moins avantageuse ; il l'appelle un grand homme (5) : or un grand homme pour

Varron, peut passer pour tel aux yeux de beaucoup d'autres juges.

Quoique Philon ait eu plusieurs opinions qui lui sont particulières, & qui modifient dans certains points importans les dogmes de l'ancienne & de la nouvelle *académie*, il ne paroît pas avoir été fort avide d'une espèce de gloire à laquelle, dans les différentes sectes de religion & de philosophie, les hommes sont en général assez sensibles ; je veux parler de celle de passer pour novateur, d'être le chef d'une nouvelle école, & de lui donner son nom. Bien loin d'être animé de cet esprit, Philon cherchoit au contraire à confondre dans ses discours les nuances si distinctes qui séparent la doctrine de l'ancienne & de la nouvelle *académie* : il n'y voyoit point, ou feignoit de n'y pas voir ces différences que d'autres philosophes de son tems y remarquoient, & qui n'exigent pas même pour être apperçues, un examen fort sévère. C'est ce qu'on peut inférer d'un passage de Cicéron où dit expressément que Philon soutenoit dans ses ouvrages & de vive voix, qu'il n'y avoit point deux *académies*, & qu'il combattoit l'erreur de ceux qui en admettoient deux (1). Quand Cicéron ne feroit pas entendre qu'Antiochus, disciple de Philon, n'étoit point à cet égard du sentiment de son maître (2), nous pourrions supposer que ce dernier avoit sur ce point beaucoup de contradicteurs.

Il est certain que Philon défendit & orna d'abord les dogmes de Clitomaque, & prit pour combattre les stoïciens des armes brillantes : Numénius le dit (3), & il a raison ; mais il se trompe, lorsqu'il prétend que Philon charmé & glorieux de ce qu'il venoit de lui confier l'école, & voulant montrer sa reconnoissance, enseigna la doctrine de Carnéade & de Clitomaque : c'est attribuer cette première ferveur de Philon à un motif assez puéril. Rien n'étoit plus ordinaire que de voir un disciple succéder à son maître & philosopher sur les mêmes principes. Cette succession

---

ter fieri credimus. *Hist. crit. philos. part. 2. lib. 2. cap. 6. sect. 4. pag.* 770. *tom.* 1.

Il dit ailleurs : cæterum in doctrina de Deo Clitomachum magistri objectiones contra theologiam stoïcorum studiose collegisse, male propterea notatum, supra in Carneade diximus, monuimusque, perperam ideo inter atheos referri Clitomachum. *Id. ibid. pag.* 773. *tom.* 1.

(1) Quibus (scilicet academicis) & quartam addunt nonnulli, quæ Philonem & Charmidam principes habeat. *Euseb. præparat. Evangel. lib.* 14. *cap.* 4. *pag.* 716. *D. Confer quæ Sext. Empir. Pyrrhon. hypotypos. lib.* 1. *cap.* 33. *sect.* 220.

(2) Jam Clitomacho Philo vester operam multos annos dedit : Philone autem vivo, patrocinium academiæ non desuit. *Lucullus apud Ciceron. academic. lib.* 2. *cap.* 6.

(3) Et principes illi, Diodotus, Philo, Antiochus, Posidonius, à quibus instituti sumus. *Cicer. de nat. deor. lib.* 1. *cap.* 3.

(4) Nostra autem memoria Philo, quem nos frequenter audivimus, instituit alio tempore rhetorum præcepta tradere, alio philosophorum. Cicéron ajoute qu'il avoit fait un semblable partage de son loisir, dans sa maison de Tusculum. « Aujourd'hui comme » hier, dit-il, nous avons donné la matinée à l'art » oratoire, & nous sommes descendus après-midi » dans l'*académie*, où, en nous promenant, nous » avons philosophé ».
Ad quam nos consuetudinem à familiaribus nostris adducti, in Tusculano, quod datum est temporis nobis, in eo consumpsimus. Itaque cum ante meridiem dictioni operam dedissemus, sicut pridie feceramus ; post meridiem in academiam descendimus : in qua disputationem habitam non quasi narrantes exponimus, sed eisdem fere verbis ut actum disputatumque est. *Cicer. Tusc. disput. lib.* 2. *cap.* 3. *sub fin.*

(5) Antiochi magister Philo, magnus vir, ut tu existimas ipse. *Cicer. academic. lib.* 1. *cap.* 4.

(1) Philo.... negabat in libris (quod coram etiam ex ipso audiebamus) duas academias esse, erroremque eorum, qui ita putarunt, coarguit. *Cicer. acad. lib.* 1. *cap.* 4.

(2) Est, inquit, ut dicis : sed ignorare te non arbitror, quæ contra Philonis Antiochus scripserit. *Id. ibid.*

(3) Philo iste, inquit, principio quidem cum ab accepta scholæ præfectura recens adhuc esset, lætitia vehementiore perculsus, ac referendæ gratiæ percupidus, Clitomachi decreta colere, illustrare magis atque magis, stoicos autem,

Radiante lacessere ferro.

Apud Euseb. præparat. Evangel. lib. 14. *cap.* 9. *p.* 739. *B. C. Edit. Viger.*

étoit même une espèce de droit tacitement reconnu, & dont un maître ne pouvoit pas, sans injustice, priver son premier disciple, excepté dans un cas aussi grave que celui où se trouva Carnéade à l'égard de Mentor (1). Philon élevé dans l'école de de Clitomaque, & encore tout imbu de sa doctrine, devoit naturellement en être le défenseur & le promoteur ; & il est inutile d'expliquer par un autre motif, que par sa propre & intime conviction, le zèle avec lequel il adopta & professa d'abord les sentimens de son maître. Il est vrai que Philon mollit dans la suite & changea de sentiment ; mais rien encore n'est plus conforme à la marche progressive de l'esprit humain. L'entendement est un organe perfectible comme les autres sens ; c'est une espèce d'instrument dont on augmente par l'exercice, la souplesse, la force & l'activité.

Numénius qui voit du mystère par-tout, & qui seroit fâché d'expliquer simplement le phénomène le plus commun, prétend que, quelque temps après l'installation de Philon dans la chaire philosophique de Clitomaque, comme la méthode de la suspension étoit tombée en désuétude, & passée de mode, Philon n'étoit pas d'accord avec lui-même, & ne pensoit plus comme il avoit pensé auparavant. « C'étoit, ajoute-t-il, l'accord » & la force des affections qui le tourmentoient. » Convaincu donc & instruit par sa propre cons- » cience, il souhaitoit ardemment, en suis sûr, » de trouver quelqu'un qui le convainquît, pour » ne paroître pas avoir tourné le dos & pris la » fuite volontairement ». (2)

Sans nous arrêter à cette conjecture qui n'est fondée sur rien, & à laquelle Numénius auroit pu en substituer d'autres aussi vraisemblables, mais également destituées de preuves, il vaut mieux s'en tenir aux faits, & dire que Philon abandonna en effet les opinions de Carnéade & de Clitomaque, ou pour m'exprimer plus exactement, qu'il y apporta plusieurs modifications. On peut donc le regarder comme un novateur, & par conséquent comme ayant fondé une nouvelle école, puisqu'il ne transmit pas la doctrine de ses maîtres dans toute sa pureté, & absolument telle qu'il l'avoit reçue d'eux. Aussi Lucullus fait-il entendre très-clairement dans le second livre des *académiques*, que ce philosophe avoit en effet innové.

« Philon, dit-il, imaginant quelques nouveau- » tés, parce qu'il ne pouvoit pas supporter ce » qu'on disoit contre l'opiniâtreté des *académiciens*, » ment évidemment, comme le père de Catu- » lus le lui a reproché ; &, comme Antiochus l'a » fait voir, il se jette dans le précipice qu'il » craignoit. Il avoit dit qu'on ne peut rien sai- » sir, si la perception cataleptique est, comme » Zénon la définissoit, celle qui vient de ce qui » est, & qui est telle qu'elle ne peut pas venir » de ce qui n'est point. Nous disons que la dé- » finition de Zénon est très-bonne : car, com- » ment peut-on saisir une perception, au point » d'être sûr qu'on la connoît, & qu'on l'a saisie, » si elle peut être fausse ? Philon en minant & » détruisant cette marque, anéantit tous les » moyens de distinguer le vrai du faux ; d'où il » résulte qu'on ne peut rien saisir. Ainsi, sans » s'en appercevoir, il retombe dans l'abyme qu'il » vouloit éviter (1).

Si nous avions les deux livres de Philon dont il est parlé dans le *Lucullus*, nous saurions mieux en quoi il s'écartoit de la doctrine de la nouvelle *académie* ; les divers changemens qu'il y avoit faits n'étoient pas fort considérables, au moins si on en juge par un mot de Velléius d'où l'on peut inférer en effet que Philon retenoit le dogme fondamental de l'*académie*, & celui qui révoltoit le plus les dogmatiques. On en voit la preuve dans ce passage.

Cotta prêt à s'engager avec l'épicurien Velléius dans une dispute sur la nature des dieux, voit arriver Cicéron : s'adressant alors à Velléius, il le pria de répéter ce qu'il avoit déjà dit sur cette matière obscure & difficile (2). « Je m'en ferai

___

(1) Voyez ci-dessus, pag. 109. col. 1. & 2.

(2) Cùm vero & tempus lapsum esset, ipsaque illorum epoche usu detrita obsolevisset, non jam amplius sibi constabat (Philo) neque simile quid (prioribus suis decretis) sapiebat. Torquebat autem eum nec quiescere sinebat adfectionum evidentia & concordia. Ergo sua ipse jam apud se conscientia convictus, atque edoctus, vehementer, sat scio, cupiebat, qui se convincerent invenire, ne videretur libens ipse terga vertere & fugere. *Apud Eusb. præp. Evangel. lib. 14. cap. 9. pag. 739. C.*

___

(1) Philo autem, dum nova quædam commovet, quod ea sustinere vix poterat quæ contra academicorum pertinaciam dicebantur, & apertè mentitur, ut est reprehensus à patre Catulo, &, ut docuit Antiochus, in id ipsum se induit, quod timebat. Cum enim ita negaret quicquam esse, quod comprehendi posset (id enim volumus esse καταληπτὸν) si illud esset, sicut Zeno definiret, tale visum (jam enim hoc pro φαντασία verbum satis hesterno sermone trivimus) visum igitur impressum effictumque ex eo unde esset, quale esse non posset ex eo unde non esset; id nos à Zenone definitum rectissimè dicimus : qui enim potest quicquam comprehendi, ut planè confidas id perceptum cognitumque esse, quod est tale, quale vel falsum esse possit ? hoc cùm infirmat tollitque Philo, judicium tollit incogniti & cogniti : ex quo efficitur, nihil posse comprehendi : ita imprudens eo, quo minumè vult, revolvitur. *Apud Ciceron. academ. lib. 2. cap. 6.*

(2) Sed ut hic, qui intervenit, me intuens, ne

» un plaisir, répond Velléius, quoique la per-
» sonne qui vous arrive soit une ressource pour
» vous & non pour moi, car, ajouta-t-il en
» riant, vous avez appris tous deux du même
» Philon à ne rien savoir ».

Repetam vero : quamquam non mihi, sed tibi hic venit adjutor ; ambo enim, inquit adridens, ab eodem Philone nihil scire didicistis. Velléius apud Cicéron. de nat. deor. l. 1. c. 7.

Ce dont on ne peut douter, c'est que ce philosophe abandonna le sentiment de Carnéade & de Clitomaque sur la nécessité de suspendre son jugement, ou la défense d'ajouter foi aux choses douteuses : il croyoit que les choses sont incompréhensibles, si l'on veut en juger par le *criterium* ou par la règle du vrai & du faux des stoïciens (1), & qu'ils disent être la faculté compréhensive de l'imagination, mais qu'elles sont compréhensibles de leur nature (2) : Carnéade, au contraire, soutenoit purement & simplement l'acatalepsie, & pensoit, ainsi que Clitomaque, qu'on ne peut être assuré de rien (3), & qu'au défaut de l'évidence qui semble nous fuir, & résister opiniâtrement à tous les efforts que nous faisons pour la saisir, il falloit dans le choix des opinions, comme dans celui des règles pour la conduite de la vie, se déterminer d'après le calcul des probabilités.

Il paroît que, pour concilier des opinions très-diverses, telles que celles de l'ancienne & de la nouvelle *académie*, Philon prêtoit sans cesse ses propres idées à *l'académie* de Carnéade, & supposoit entre celle-ci & l'ancienne, des rapports & une prétendue identité qui n'existoient que dans son imagination. Mais ce philosophe eut beau dire qu'il n'y avoit jamais eu qu'une seule *académie*, il ne persuada personne, & cette bisarre hypothèse fut même réfutée par son disciple Antiochus qui ne crut pas devoir dissimuler dans une matière si grave, & qui intéressoit également les disciples d'Arcésilas, de Carnéade & de Clitomaque. Tout ceci est bien développé dans un passage des *académiques* où Cicéron fait parler ainsi Lucullus.

» Pendant que j'étois questeur à Alexandrie ;
» j'eus chez moi Antiochus ; j'avois auparavant
» gardé Héraclite de Tyr son ami qui avoit étu-
» dié long-temps sous Philon & Clitomaque....
» j'entendois souvent disputer Antiochus & Hé-
» raclite, mais tous les deux paisiblement. Les
» deux livres de Philon dont Catulus parla hier,
» venoient d'arriver à Alexandrie, & étoient
» tombés pour la première fois, entre les mains
» d'Antiochus. Ce philosophe qui étoit naturelle-
» ment très-doux, se mit en colère (1) : j'en fus
» surpris ; car jusqu'alors, je ne l'avois jamais
» vu dans cet état. Antiochus implorant pour
» ainsi dire le souvenir d'Héraclite, lui demandoit
» s'il croyoit que Philon fût le véritable auteur
» de cet ouvrage, ou s'il avoit jamais entendu
» quelque chose de pareil, soit de Philon, soit
» de quelque autre *académicien*. Héraclite disoit
» que non ; mais que cependant l'ouvrage lui
» paroissoit être de Philon ; & en effet, on n'en
» pouvoit pas douter, puisque Publius & Cajus
» Sélius & Tétrilius Rogus, tous mes amis &
» savans hommes, qui étoient présens, attestoient
» avoir entendu à Rome Philon dire les mêmes
» choses, & assuroient de plus avoir copié ces

---

ignoret quæ res agatur, de natura agebamus deorum : quæ cùm mihi videretur perobscura, ut semper videri solet ; Epicuri ex Velleio sciscitabar sententiam : quamobrem inquit, Vellei, nisi molestum est, repete quæ cœperas. Cotta apud Cicer. de natura deorum, lib. 1. cap. 7.

(1) » Selon ces philosophes, la marque distinctive
» de la vérité est la notion cataleptique.... celle qui
» est imprimée & empreinte dans l'ame par un objet
» réel, qui est conforme à cet objet réel, & qui ne
» peut pas venir d'un objet qui n'est pas réel ».

Carnéade recevoit la première partie de cette définition, mais il nioit la seconde.

» On ne peut pas, disoit-il, accorder que la no-
» tion cataleptique soit telle qu'elle ne puisse pas
» venir d'un objet qui n'est pas réel ; car les notions
» sont produites par les objets qui ne sont pas réels,
» comme par ceux qui sont réels ».

Est enim comprehendens phantasia, ut ab ea incipiamus, quæ ab re quæ exsistit, & congruenter rei quæ exsistit, est insculpta animo & impressa cujusmodi non potest esse ab eo quod non exsistit. Ex his alia quidem se stoicis esse concessurum ait Carneades : illud autem cujusmodi esse non potest ab eo quod non exsistit, minimè posse concedi. Exsistunt enim visa phantasiæ etiam ab iis quæ non exsistunt, tanquam ab iis quæ exsistunt. Sext. Empiric. adverş. mathemat lib. 7. 1. adverş. logicos, sect. 402. Joignez à ceci ce que je dis dans la note 1. de la pag. 122. col. 2.

(2) *Philo autem ait, quantum ad stoïcum criterium, id est phantasiam comprehensivam, res esse incomprehensibiles : quantum autem ad naturam rerum, comprehensibiles. Sext. Empiric. Pyrrhon. hypotypos. lib. 1. cap. 33. sect. 235.*

(3) Voyez ci-dessus, pag. 71. 72. & 73. un sommaire très-exact de la doctrine de Carnéade.

---

(1) Antiochus n'ayant point encore lu ces deux livres, sa colère ne pouvoit pas avoir pour objet les différentes modifications que Philon apportoit à la doctrine de ses maîtres, mais seulement le but général qu'il s'étoit proposé dans cet ouvrage, je veux dire cette assertion, *qu'il n'y avoit jamais eu qu'une seule académie.* Il me semble que c'est là l'esprit du passage de Cicéron, & que les questions d'Antiochus ne peuvent avoir un autre sens. Au reste, cette conjecture vraie ou fausse n'est pas assez importante pour mériter un plus long examen, & j'en laisse la discussion à ceux qu'elle intéresse davantage, ou qui ont plus de loisir que moi.

» deux livres d'après le manuscrit de l'auteur :
» Antiochus ajoûta à ces faits ce que, selon le
» rapport que Catulus nous fit hier, son père
» avoit dit à Philon, & beaucoup d'autres par-
» ticularités : il ne put même s'empêcher de pu-
» blier contre son maître un livre intitulé *So-*
» *sus* (1) ».

Lucullus finit par dire, en parlant de Philon :
» celui qui affirme que les *académiciens* n'ont
» jamais dit ce qu'on a soutenu hier, est un
» foible adversaire; il ment, & cependant ce
« n'est pas un antagoniste redoutable (2) ».

Un autre article sur lequel Philon ne suivit point
les erremens de la nouvelle *académie*, c'est celui
de la rhétorique : nous avons vu ci-dessus (3) les
objections de Carnéade & de Clitomaque contre cet art dont ils ne parloient qu'avec une espèce de mépris, quoiqu'ils en connussent toutes
les finesses, & qu'ils l'exerçassent même avec le
succès le plus brillant. Philon ne pensoit pas comme
eux ; il l'enseignoit à ses disciples, & il alternoit
en quelque sorte ses leçons qu'il partageoit habilement entre des institutions de rhétorique &
de philosophie spéculative. Nous savons même
un des points que ses préceptes d'éloquence avoient
pour objet ; mais pour avoir une idée claire de
cette partie de son système de rhétorique, il est
nécessaire de rapporter ici un passage de Cicéron,
qui peut seul l'éclaircir. Ce passage est d'autant
plus remarquable, qu'il nous apprend en même-
temps la manière dont les péripatéticiens ou les anciens *académiciens* traitoient la rhétorique, &
leurs connoissances profondes dans la politique
que les Grecs regardoient comme la science la
plus importante (1) : ils lui donnoient même un
sens très-étendu, comprenant sous ce mot générique, tout ce qui concerne les choses publiques,
& l'intérêt général.

Cicéron dit donc que selon ces philosophes
politiques, ainsi appellés en Grèce, par excellence, toute oraison, tout discours politique roule
sur un fait particulier, ou sur une question générale. Sur un fait particulier, comme lorsqu'on
demande si Rome devoit racheter ses captifs, en
rendant à Carthage les siens ; sur une question
générale, comme lorsqu'on examine de quelle manière on doit traiter les captifs. Ils nomment
cause ou *controverse* la première sorte d'oraison,
& en font trois genres, le judiciaire, le délibé-
ratif, le panégyrique ; ils donnent à la seconde
le nom de *consultation*, & voilà tout ce qu'ils
en disent (2).

Cicéron prétend que par ce moyen ou cette
division, ils ne se remettent pas dans leurs anciennes possessions, mais qu'ils se contentent de
témoigner que l'orateur n'en doit pas être exclus, & qu'il y a quelque droit (3).

---

(1) Cùm Alexandriæ quæstor... essem, fuit Antiochus mecum, & erat jam antea Alexandriæ familiaris Antiochi Heraclitus, qui & Clitomachum multos annos & Philonem audierat.... cum quo Antiochum sæpè disputantem audiebam: sed utrumque leniter. Et quidem isti libri duo Philonis, de quibus heri dictum à Catulo est, tum erant adlati Alexandriam, tumque primum in Antiochi manus venerant ; & homo natura lenissimus (nihil enim poterat fieri illo mitius) stomachari quidem cœpit. Mirabar : nec enim unquam antea videram. At ille Heracliti memoriam implorans, quærere ex eo, viderenturne is Philonis, aut ea nunc vel è Philone vel ex ullo academico audivisset aliquando ? negabat : Philonis tamen scriptum agnoscebat : nec id quidem dubitari poterat. Nam aderant mei familiares, docti homines, P. & C. Selii & Tetrilius Rogus ; qui se illa audivisse Romæ de Philone, & ab eo ipso duos illos libros dicerent descripsisse. *Tùm & illa dixit Antiochus, quæ heri Catulus commemoravit à patre suo dicta Philoni, & alia plura :* nec se tenuit quin contra suum doctorem librum etiam ederet, qui Sosus inscribitur. *Cicer. academic. lib.* 2. *cap.* 4.

M. Castillon traduit ainsi les deux lignes que j'ai soulignées : « hier Catulus rapporta ce que son père » avoit déja dit à Philon : Antiochus en dit autant, » & bien davantage ».

Ce n'est point le sens de ce passage ; il suffit pour s'en convaincre, d'en faire la construction. Il y a mille inexactitudes de ce genre, & des fautes beaucoup plus graves dans la traduction des *Académiques* que nous a donnée M. Castillon. J'en ai remarqué plusieurs dans l'occasion ; mais je ne me suis point proposé de relever ce que j'y a de répréhensible dans cet ouvrage : c'eût été m'imposer un travail aussi pénible, aussi dégoûtant que celui d'Hercule lorsqu'il nettoya les écuries d'Augias.

(2) Minùs enim acer est adversarius is, qui ista, quæ sunt heri defensa, negat academicos omnino dicere : etsi enim mentitur, tamen est adversarius lenior. *Lucull. apud Ciceron. academic. lib.* 2. *cap.* 4.

(3) Voyez les pages 100. 101. 102. & 103. Sur Clitomaque, voyez la page 113. col. 2. & 114. col. 1.

---

(1) Dicunt igitur nunc quidem illi, qui ex particula parva urbis ac loci, nomen habent, & peripatetici philosophi, aut academici nominantur ; olim autem, propter eximiam rerum maximarum scientiam, à græcis politici philosophi appellati universarum rerum publicarum nomine vocabantur. *Cicer. de oratore, lib.* 3. *cap.* 28.

(2) Omnem civilem orationem in horum alterutro genere versari, aut definita controversia certis temporibus ac reis ; hoc modo placeatne à carthaginiensibus captivos nostros, redditis suis, recuperari : aut infinite de universo genere quærentis, quid omnino de captivo statuendum ac sentiendum sit. Atque horum superius illud genus, causam aut controversiam appellant, eamque tribus, lite, aut deliberatione, aut laudatione definiant : hæc autem altera quæstio infinita, & quasi proposita, consultatio nominatur : atque hactenus loquuntur. *Cicer. de orator. lib.* 3. *cap.* 28.

(3) Etiam hac instituendo divisione utuntur, sed
» ils

« Ils n'ont retenu, ajoute-t-il, que les causes
» déterminées, & encore n'en sont-ils pas les
» seuls maîtres, puisque Philon qui est mainte-
» nant le philosophe le plus célèbre de l'*acadé-*
» *mie*, enseigne la manière de les traiter (1).
» Pour ce qui est de l'autre genre qui s'élève à l'u-
» niversel, ils le renferment à la vérité dans la
» premiere division de l'art, & disent que l'ora-
» teur s'en peut servir, mais ils ne déterminent
» ni sa nature, ni sa forme, ni ses parties, ni
» ses espèces, de sorte qu'il vaudroit mieux n'en
» rien dire du tout, que d'en parler aussi super-
» ficiellement, parce qu'en l'oubliant tout-à-fait,
» ils pourroient faire croire qu'ils l'auroient omis
» à dessein, aulieu qu'en ne l'expliquant pas,
» après en avoir fait simplement mention, ils
» font connoître que c'est un effet de leur in-
» capacité (2) ».

Plutarque fait en peu de mots, & par des
côtés fort divers, un éloge très-flatteur de Philon. Il dit que de tous les disciples de Clitomaque, c'étoit celui que les romains admiroient le
plus pour son éloquence, & qu'ils aimoient le
plus pour la douceur & la sagesse de ses mœurs (3).
L'idée avantageuse que Plutarque nous donne ici
de l'éloquence de Philon, sert à confirmer un
fait que personne, ce me semble, n'a observé
jusqu'à présent, & qu'on peut ajouter à la longue liste des bizarreries & des contradictions de
l'esprit humain ; c'est que les *académiciens*, je ne
dis pas les plus célèbres, (car la grande célébrité n'est pas toujours une preuve certaine du
mérite de ceux qui l'obtiennent (4)) ; mais ceux
qui par leurs lumières, la force & l'étendue de
leur esprit, ont fait la gloire & l'ornement de
cette secte, ont tous été très-éloquents, & qu'à
l'exception de Philon & de Cicéron, ils faisoient
tous fort peu de cas de la rhétorique qui apprend à le devenir. Cela rappelle le père Malebranche, dont l'imagination brillante écrivoit sans
cesse contre l'imagination. Au reste, il est permis de décrier le talent dont on est doué, sur-
tout lorsqu'on le possède dans un degré éminent ;
c'est celui qu'on n'a pas qu'il faut bien se garder de dédaigner. Rien n'est cependant plus commun dans la république des lettres que ces re-
nards nés sans queue, & qui écrivent tous les
jours, pour en prouver les inconvéniens & l'inutilité.

» Votre avis est fort bon (*pourroit-on leur dire*) ;
» Mais tournez-vous de grace, & l'on vous répondra

La Fontaine, liv. 5. fable 5.

On trouve dans Stobée une belle division de
la philosophie morale, tirée des écrits de notre
Philon. La longueur du passage me dispense de
le citer : il suffit d'en donner ici une analyse
succinte ; ceux qui desireront plus de dévelop-
pements, peuvent consulter l'original. Tout ce
que dit Philon se réduit donc à ceci. Un philosophe ressemble à un médecin ; comme la premiere chose que doit faire celui-ci, est de persuader à son malade la nécessité & l'utilité de
sa guérison ; d'employer ensuite les remèdes les
plus efficaces, soit pour détruire la cause de sa
maladie, soit pour lui rendre la santé ; de même
le philosophe doit commencer par exciter l'homme
à la pratique de la vertu, & réfuter fortement
ceux qui la calomnient ; ensuite déraciner en lui
les fausses opinions qui corrompent son jugement,
& les remplacer par des idées saines & précises des choses. Philon ajoute que tous les soins,
toutes les opérations du médecin doivent avoir
pour but la santé du malade, de même que les
leçons, les conseils & les instructions du philosophe doivent toutes tendre au bonheur de
celui qu'il institue, & se rapporter uniquement
à cet objet. Enfin, comme un médecin prescrit
des préceptes pour la conservation de la santé,
le philosophe doit établir de même des règles de
conduite qui puissent, en assurant le bonheur de
l'homme, le diriger dans ses actions particulieres
& publiques, c'est-à-dire, déterminer avec exactitude & clarté les devoirs de l'homme & du
citoyen (1).

---

ita, non ut jure, aut judicio, ut denique recuperare
amissam possessionem, sed ut ex jure civili, surculo
defringendo, usurpare videantur. *Cicer. loc. cit. ubi
supra.*

(1) Nam illud alterum genus, quod est temporibus, locis, reis definitum, obtinent, atque id ipsum lacinia. Nunc enim apud Philonem, quem in
academia maxime vigere audio, etiam harum jam
causarum cognitio, *exercitatioque celebratur. Cicer.
loc. super. laudato.*

(2) Alterum vero tantummodò in prima arte tradenda nominant, & oratoris esse dicunt : sed neque
vim, neque naturam ejus, nec partes, nec genera
proponunt ; ut praeteriri omnino fuerit satius, quam
attentatum deseri : nunc enim inopia reticere intel-
liguntur, tunc judicio viderentur. *Cicer. de orator.
lib. 3. cap. 28. sub fin.*

(3) Schola relicta puerili, (Cicero) Philoni dedit
operam academico, quem romani supra cæteros Clitomachi alumnos, & ob dicendi facultatem admirati
sunt, & dilexerunt ob morum suavitatem. *Plutarch.
in Ciceron. pag.* 861. *F. Opp. tom.* 1. *Edit. Paris.*

(4) De faire que les actions soient cognues & veües,
c'est le pur ouvrage de la fortune, dit judicieusement Montaigne ; c'est le sort qui nous applique la
gloire selon sa témérité. Je l'ay veuë fort souvent
marcher avant le mérite, & souvent outrepasser le
mérite d'une longue mesure. *Essais*, liv. 2. cap. 16.
p. m. 411.

(1) Philosophum medico similem esse, ut scilicet

De la cinquième académie.

C'est pour me conformer à l'usage reçu, & à l'opinion établie du tems même de Sextus Empiricus (1), que je parle d'une cinquième *académie* fondée par Antiochus d'Ascalon. Il est certain que ce philosophe, disciple de Philon, sous lequel il étudia même plus long tems que tout autre la doctrine de l'*académie* (2), se montra d'abord *académicien* très-zélé (3). Il consacra même une grande partie de sa vie à enseigner & à propager les dogmes de cette secte, sur lesquels il écrivit avec beaucoup de pénétration. Il changea depuis de sentiment, & attaqua ces mêmes dogmes dans sa vieillesse, mais non avec plus de force qu'il ne les avoit défendus dans sa maturité (4). Cicéron dont il avoit été un des maîtres (5), & qui l'aimoit beaucoup, dit que de tous les philosophes de son temps, c'étoit celui qui avoit le plus de sagacité & qui s'exprimoit avec le plus de grace & d'élégance (6) ; mais en lui rendant cette justice, il ne dissimule pas que son inconstance dans ses opinions di-

---

primum curationem ægroto persuadeat, tunc vero adhibeat partim sublatis morborum causis, partim sanitatis efficientibus substitutis : ita cum hominem ad virtutem incitare, & ea umniantes refellere ; tum vero falsas opiniones tollere, quibus animæ judicium inficitur, versisque substituere : tertio, ut medicus ad sanitatem, sic omnia referre ad beatitudinem ; quarto, ut medicus præcepta tuendæ sanitatis tradit, ita philosophum vitæ præcepta exponere, quibus opus est ad finem conservandum ; quæ vel ad vitam communem vel ad civilem referenda sunt. *Apud Stobæum serm.* 212. *pag.* 715. *cit.* Brucker. *Hist. crit. philos. part.* 2. *lib.* 2. *cap.* 6. *sect.* 4. pp. 774. 775. *tom.* 1.

(1) Academiæ autem fuerunt, ut aiunt, plures tribus. Una quidem eaque antiquissima, Platonis : secunda & media, Arcesilæ, qui fuit auditor Polemonis : tertia & nova, Carneadis & Clitomachi. Sunt qui his addant quartam Philonis & Charmidæ. Sunt qui etiam quintam adjiciant Antiochi. Sext. Empiric. *Pyrrhon. hypotypos. lib.* 1. *cap.* 33. *sect.* 220.

(2) Qui (Antiochus) hæc ipsa quæ à me defenduntur, & didicit apud Philonem tam diu, ut constaret diutius didicisse neminem. Cicero *academic. lib.* 2. *cap.* 22.

(3) Memini enim, *dit Cicéron*, Antiochum ipsum, cùm annos multos talia sensisset, simul ac visum sit, sententia destitisse. *Academic. lib.* 2. *cap.* 19. *fine.*

(4) Et scripsit de his rebus acutissimè, & idem hæc non acrius accusavit in senectute, quam antea defensitaverat. *Cicer. loc. cit. ubi sup.*

(5) Et principes illi, Diodotus, Philo, Antiochus, Posidonius, à quibus instituti sumus. *Cicer. de natur. deor. lib.* 1. *cap.* 3.

(6) Antiochus in primis, qui me valde movet ; vel quod amavi hominem, sicut ille me ; vel quod ita judico politissimum & acutissimum omnium nostræ memoriæ philosophorum. *Cicer. academic. lib.* 2. *c.* 35.

---

minue son autorité. *Quamvis igitur, fuerit acutus, ut fuit ; tamen inconstantia levatur auctoritas.* (Académic, l. 2. c. 22).

Lorsque cet orateur se retira en Grèce pour se dérober au ressentiment de Sylla, il s'arrêta quelque tems à Athènes, où il entendit Antiochus. Il fut enchanté de son élocution douce, facile & pleine de grâce ; mais, ajoute Plutarque (1), « il n'approuva pas les nouvelles opi-
» nions qu'il avoit introduites dans la philoso-
» phie, car Antiochus avoit déjà abandonné
» la nouvelle *académie*, & la secte de Carnéade,
» soit qu'il eût été désabusé par l'évidence des
» choses, & par le rapport des sens, soit, comme
» quelques-uns le prétendent, que la jalousie &
» l'envie contre les disciples de Clitomaque & de
» Philon l'eussent porté à quitter les sentimens
» de la nouvelle *académie*, pour embrasser la plu-
» part de ceux du portique ».

Cette dernière conjecture de Plutarque, est en quelque sorte confirmée par un passage des *académiques* où Cicéron parle ainsi de cette inconstance d'Antiochus.

» Quelle lumière, dit-il, lui a donc montré
» tout-à-coup cette marque distinctive du vrai
» & du faux, dont il avoit nié si long-tems
» l'existence ? A-t-il fait quelque découverte ? Il
» ne dit rien de plus que les stoïciens. Se re-
» pentoit-il d'avoir pensé comme les *académiciens* ?
» Pourquoi n'a-t-il pas embrassé une autre secte,
» sur-tout celle des stoïciens, car l'article sur
» lequel il abandonnoit l'*académie*, les regardoit
» particulièrement (2). Rougissoit-il de suivre

---

(1) Cæterum metu Syllæ in Græciam profectus est... ut applicuit Athenas, Antiochum ascalonitam audivit, volubilitate captus, & venustate ejus orationis : opinionum vero ejus non probavit novationem. Jam enim a vetere quam vocant academia desciverat, Carneadæ sectæ Antiochus desertor, vel evidentia permotus & sensibus, vel (ut alii dictitant) ambitione aliqua & dissensione cum Clitomachi & Philonis discipulis, stoica præcepta ubique fere mutata sententia amplexus. Plutarch. in Ciceron. pag. 861. B. C. D. Opp. tom. 1. Edit. Ruald. Paris. 1624.

(2) Il y a dans le texte : *eorum enim erat propria ista dissensio.* Cicéron veut faire entendre que le point de la dispute entre les *académiciens* & les *stoïciens* étoit la connoissance ou la détermination précise d'un *criterium* de l'évidence, ou d'une marque distinctive du vrai & du faux. Les stoïciens la trouvoient dans la perception cataleptique qu'ils définissoient, comme nous l'avons dit ci-dessus, pag. 119. col. 1. note 1, celle qui vient de ce qui est, qui le représente tel qu'il est, & qui ne peut point venir de ce qui n'est pas. Tout ce qu'ils disoient contre les *académiciens*, avoit pour but de défendre cette définition que Philon vouloit renverser : *quare omnis oratio contra academiam suscipitur à nobis, ut retineamus eam definitia-*

» Mnésarque ou Dardanus, qui étoient alors à
» Athènes les chefs des stoïciens? Il n'abandonna
» Philon que lorsqu'il commença à avoir des
» auditeurs ».

« D'où a-t-il tout d'un coup rappellé l'ancienne
» *académie*? Il me semble que s'en étant écarté
» pour le fond de la chose, il en a voulu garder
» le nom respectable. On l'accuse de s'être con-
» duit ainsi par ambition, dans l'espérance que
» ses disciples seroient appellés *Antiochiens*. Je
» crois plutôt qu'il ne se sentit pas assez fort
» pour soutenir le choc de tous les philosophes:
» car sur d'autres questions (1) ceux-ci ont entre-
» eux quelques opinions communes; mais parmi
» les dogmes des *académiciens*, il en est un qui
» est rejetté unanimement par toutes les sectes.
» Antiochus céda donc, & comme ceux qui
» commencent à suer, souffrent avec peine l'ac-
» tion des rayons du soleil, de même ce phi-
» losophe se sentant un peu échauffé (contre
» tant d'adversaires), alla se mettre à l'ombre
» de l'ancienne *académie*, comme nous cherchons
» en été celle de nos ménianes » (1).

---

nem, quam Philo voluit evertere. (Lucull. apud Cicer. academ. lib. 2. cap. 6).

Les *académiciens*, au contraire, soutenoient que les sens ne nous fournissent aucune perception vraie sans une fausse qui ne diffère point de la vraie, & qui ne peut être saisie : *nullum esse visum verum à sensu profectum, cui non adpositum sit visum aliud, quod ab eo nihil intersit, quodque percipi non possit.* (Cicer. academ. lib. 2. cap. 16).

Ils s'attachoient donc à prouver contre Zénon que la vérité ne peut produire en nous aucune perception qui soit telle que le faux n'en puisse exciter une semblable. Voilà l'unique sujet de leur dispute qui subsiste encore aujourd'hui : *incubuit autem (Arcesilas) in eas disputationes ut concluderet nullum tale esse visum à vero, ut non ejusdem modi etiam à falso possit esse. Hæc est una contentio, quæ adhuc permanserit.* Cicer. acad. lib. 2. cap. 24.

Ces divers passages de Cicéron, réunis, éclaircissent celui qui est l'objet de cette note, & justifient ma traduction. Celle de M. Castillon n'est ni claire, ni exacte. Cicéron avoit dit : *eorum enim propria ista dissentio* ; ce qui signifie, selon M. Castillon, *dont le rapprochoit son désaveu*. Je laisse à juger si c'est le sens de ce passage.

(1) Le texte porte : *etenim de cæteris sunt inter illos nonnulla communia : hæc academicorum est una sententia, quam reliquorum philosophorum nemo probat*.

M. Castillon n'a point entendu ce passage qu'il traduit ainsi : « car les autres ont tous quelque chose
» de commun ; mais il n'en est aucun qui ne rejette la
» doctrine des *académiciens* ». Il est évident qu'il ne s'agit point ici de *la doctrine des académiciens*, considérée dans tous ses articles sans exception, mais d'un dogme qui leur étoit propre & particulier, & qui faisoit partie de leur système : *hæc academicorum est una sententia*. Ce dogme étoit que les perceptions pouvoient être fausses, & qu'il n'y avoit aucun moyen de distinguer les vraies de celles qui ne le sont pas. *Quod si omnia visu ejusmodi essent, qualia isti dicunt, ut ea vel falsa esse possent, neque ea posset ulla notio discernere ; quo modo, &c.* (Acad. lib. 2. c. 9. init). Ils nioient qu'une chose pût paroître d'une telle façon, que le faux ne pût pas paroître de la même manière : *ut quicquam possit ita videri, ut non eodem modo falsum etiam possit videri.* (Academ. lib. 2. cap. 11). Selon eux, les perceptions, pour ce qui regarde les objets qui les produisent & qu'elles représentent, sont vraies ou fausses ; elles annoncent la vérité où elles trompent ; mais la vérité reste dans les choses mêmes : celles-ci n'entrent point dans notre esprit ; nous n'en avons qu'une certaine image ou ressemblance, qui, de même que les mauvais messagers, a coutume de mentir & de tromper. Ainsi donc tout ce qu'on affirme ou nie, est nécessairement vrai ou faux *du côté de la chose*, comme parlent les modernes, mais les hommes n'ont aucun moyen de discerner le vrai du faux.

Omnia sunt incomprehensibilia, nihilque est quod percipi & comprehendi possit. Verum hoc non rerum ipsarum culpâ ; sed enim ipsæ apud se natura constant, ut si quid de illis affirmetur, aut negetur, effatum aut verum, aut falsum necessario sit à parte rei, ut nostri philosophi loquuntur : tamen hominibus non obtigit facultas vel ars aliqua qua verum à falso discernant, & dijudicare valeant. At cum sua veritas apud se ipsas remaneat, ipsæque præstent (non enim res animos nostros ingrediuntur) immissu tantum nobis ex se phantasia atque similitudine quadam, quæ plerumque, uti mali nuntii, mentiri & fallere solet, &c. Petr. Valent. acad. pp. 51. 52. de l'édition donnée par Durand à la suite de sa traduction des *Académiques* de Cicéron, Londres, 1740.

(2) J'ai suivi ici la leçon de Durand, qui lit ainsi ce passage assez obscur dans toutes les éditions de Cicéron : *itaque cessit, & ut ii qui subsudant (præ calore interno scil.*) *solem non ferant ; item ille, cum æstuaret,* (ex illo concursu scilicet, quem sustinere non poterat) veterum, ut mænianorum sic academicorum umbram secutus est.

Cette correction est très-heureuse, & Durand a raison de dire que rien n'est plus clair, *nihil planius*, que le passage ainsi restitué.

M. Castillon a rendu ce texte avec une telle inexactitude, qu'il est impossible d'y suivre & d'y reconnoître le raisonnement de Cicéron. Voici comme il le fait parler : « & comme ceux qui ne peuvent souf-
» frir le soleil que couvert d'un nuage, Antiochus
» se retira sous l'ombre des anciens *académiciens*,
» comme sous un abri ».

Pour sentir tout le ridicule de cette traduction, & combien le sens de l'auteur y est étrangement défiguré, il suffit de retourner la phrase de M. Castillon : « Antiochus se retira sous l'ombre des anciens
» *académiciens*, comme sous un abri, comme ceux qui
» ne peuvent souffrir le soleil que couvert d'un nuage ».
Voilà bien ce que Boileau appelloit du *galimathias double* ; mais ce galimathias n'est point dans Cicéron ; il n'est que dans la tête & dans le style de son interprète.

Pour ne laisser aucune obscurité dans le passage de l'orateur romain, expliquons ici, d'après Asco-

Cicéron lui fait ensuite une objection, *ad hominem* qui auroit pu embarrasser beaucoup ce déserteur de la nouvelle *académie*.

« Dans le tems, dit-il à Lucullus, qu'Antiochus » soutenoit que nous ne pouvons rien saisir, » il demandoit lequel de ces deux dogmes » Denys d'Héraclée avoit saisi par le moyen de » cette marque certaine à laquelle il faut se » rendre, selon vous; si c'est que l'honnête est » le seul bien, dogme qu'il avoit reçu de son » maître Zénon, & qu'il avoit défendu pendant plusieurs années, ou bien que l'honnête » est un vain nom, & que le plaisir est le plus » grand des biens, dogmes que le même Denys » adopta dans la suite? Par le changement de » ce philosophe, Antiochus vouloit montrer que » le faux peut toujours produire dans notre esprit les mêmes impressions que le vrai. Aujourd'hui il est exposé à la rétorsion de l'argument dont il s'étoit lui-même servi contre » Denys d'Héraclée (1) ».

Sextus Empiricus nous apprend qu'Antiochus » transportoit la philosophie du portique dans l'*académie*; de sorte que l'on disoit de lui qu'il » philosophoit en stoïcien dans l'*académie* car » il prétendoit prouver que les dogmes des Stoïciens se trouvoient dans Platon (1) ». Cette hypothèse que nous examinerons ailleurs, (*voyez* STOÏCISME & PLATONISME) l'avoit conduit à dire que la philosophie des stoïciens (2) étoit plutôt une correction de l'ancienne *académie*, qu'une école nouvelle, sentiment qui paroît avoir été aussi celui de Cicéron, puisqu'il dit ailleurs que les stoïciens ayant tout pris des péripatéticiens & des (anciens) *académiciens*, ont cru les mêmes choses, sous des noms différens (3).

Quoi qu'il en soit, Antiochus ne s'accordoit pas en tout avec les stoïciens, pour lesquels il avoit un si grand zèle (4); car ceux-ci soutenoient, comme on sait, que toutes les fautes étoient égales, proposition qu'Antiochus désapprouvoit fort. Mais voici une différence beaucoup plus grande.

Zénon pensoit que la vie heureuse consistoit uniquement dans la vertu, Antiochus en convenoit; mais il nioit que ce fut la vie la plus heureuse. Cicéron qui, sur cette question étoit flottant, & pour ainsi dire, suspendu entre l'opinion des stoïciens, & celle de Théophraste, dit que Zénon qui établit qu'avec la vertu on a tout,

---

nius, ce que c'étoit que les *ménianes*. Un certain Ménius ayant vendu sa maison aux deux censeurs Caton & Flaccus, pour y bâtir une basilique se réserva le droit d'élever vis-à-vis un grand balcon, d'où il pouvoit, avec sa famille & ses amis, avoir la vue du forum & des combats de gladiateurs. C'est ce qu'on nomma depuis *maeniana*.

Cum domum suam venderet Catoni & Flacco censoribus, ut ibi basilica ædificaretur, exceperat jus sibi unius columnæ : super quam tectum projiceret ex provolantibus tabulatis, unde ipsi & posteri ejus spectare munus gladiatorum possent, quod etiam tum in foro dabatur. Asconius, apud Davis. in notis ad Ciceron. academic. lib. 2. cap. 22.

(1) *Quisnam enim iste dies illuxerit, quæro, qui illi ostenderit eam, quam multos annos esse negitavisset, veri & falsi notam? excogitavit aliquid? eadem dicit, quæ stoici. Pœnituit eum illa sensisse! cur non se transtulit ad alios, & maxumè ad stoicos? eorum enim erat propria dissensio. Quid? cum Mnesarchi pœnitebat? quid? Dardani? qui erant Athenis tunc principes stoicorum. Numquam à Philone discessit, nisi postea quam ipse cœpit, qui se audirent, habere. Unde autem subito vetus academia revocata est? nominis dignitatem videtur, cum à re ipsa discisceret, retinere voluisse. Quod erant qui illum gloriæ causâ fecisse dicerent: sperare enim fore, ut ii, qui se sequerentur, Antiochii vocarentur. Mihi autem magis videtur non potuisse sustinere concursum omnium philosophorum. Etenim de cæteris sunt inter illos nonnulla communia: hæc academicorum est una sententia, quam reliquorum philosophorum nemo probet. Itaque cessit: & ut iique sub nube solem non ferunt, item ille, cum æstuaret, veterum, ut mænianorum, sic academicorum umbram secutus est. Quoque solebat uti argumento, tum cum id placebat nihil posse percipi, cum quæreret, Dionysius ille Heracleotes utrum comprehendisset certa illa nota, qua adsentiri dicitis oportere, illumne, quod multos annos tenuisset Zenoniqui magistro credidisset, honestum quod esset, id bonum solum esse; an quod postea defensitavisset, honesti inane nomen esse, voluptatem esse summum bonum:* qui ex illius commutata sententia docere vellet, nihil ita signari in animis nostris à vero posse, quod non eodem modo possit à falso; is curavit, quod argumentum ex Dionysio ipse sumpsisset, ex eo cæteri sumerent. *Cicer. academ. lib. 2. cap. 22.*

(1) *Quin etiam Antiochus stoicam sectam transtulit in academiam, adeo ut eo dictum sit, ipsum in academia philosophari stoico more. Ostendebat enim apud Platonem esse stoicorum dogmata.* Pyrrhon. hypotypos. lib. 1. cap. 33. sect. 235.

(2) *Verum esse autem arbitror, ut Antiocho, nostro familiari, placebat, correctionem veteris academiæ, potius quam aliquam novam disciplinam putandam. Cicer. academic. lib. 1. cap. 13. Edit. Davis.*

(3) *Restant stoici, qui cum à peripateticis & academicis omnia transtulissent, nominibus aliis easdem res secuti sunt. Cicer. de finib. bon. & mal. lib. 5. cap. 8.*

Il dit ailleurs: Antiocho enim stoici cum peripateticis re concinere videntur, verbis discrepare. *De nat. deor. lib. 1. cap. 7.* Remarquons, en passant, que le stoïcien Balbus nie formellement cette assertion d'Antiochus. *Vid. loc. cit.*

(4) *Quid? cum ipse Antiochus dissentit quibusdam in rebus ab his quos amat stoici, nonne indicat non esse illa probanda sapienti? placet stoicis, omnia peccata esse paria : at hoc Antiocho vehementissimè displicet. Cicer. academ. lib. 2. cap. 43.*

est un Dieu, & qu'Antiochus qui croit qu'outre la vertu il y a plusieurs choses qui nous sont en partie cheres, & en partie nécessaires, est un petit homme (1). « Cependant, ajoute-t-il, je » crains que Zénon (2) n'exagère le pouvoir de » la vertu, & ne la suppose plus forte & plus » grande que nature, sur-tout, depuis que Théo-» phraste a combattu ce sentiment avec beau-» coup de force & d'éloquence. J'ai peur aussi » que Théophraste ne se contredise en avouant » qu'il y a des maux physiques & moraux, & en » soutenant néanmoins que celui qui les souffre » est heureux s'il est sage. Je balance entre ces » deux opinions, & chacune me paroît alterna-» tivement la plus probable: cependant s'il n'y » en a pas une des deux qui le soit, il me sem-» ble que la vertu est absolument anéantie ».

On voit par toutes ces différences, & par quelques autres non moins importantes dont je parlerai bientôt, qu'Antiochus n'étoit pas même aussi bon stoïcien que Cicéron semble le supposer, puisqu'il s'éloignoit sur plusieurs points essentiels & fondamentaux des principes de cette secte: on n'est pas mieux fondé à le compter parmi les anciens *académiciens*, dont il altéroit également la doctrine, comme Cicéron le fait entendre clairement dans ce passage des *académiques*.

En effet, tout le monde sait que selon Zénon, le sage ne craint rien; qu'il ne s'attriste jamais, pas même en voyant la destruction de sa patrie: « la proposition est dure, dit Cicéron, mais c'est » une conséquence nécessaire de ce principe de » Zénon, qu'il n'y a de bien que l'honnête; » elle ne suit pas de même de la doctrine d'An-» tiochus qui reconnoît plusieurs biens outre » l'honnête (1), & outre le deshonnête, plu-» sieurs maux que le sage doit craindre quand ils » viennent, & recevoir avec tristesse, quand ils » sont arrivés. Mais je demande quand l'ancienne » *académie* a-t elle statué que l'ame du sage n'est » ni émue ni troublée? Les anciens *académiciens* » approuvoient en tout de justes milieux, & ils » vouloient que chaque passion fût retenue dans » certaines limites marquées par la nature. Nous » avons lu le traité *de l'affliction* composé par Crantor, qui étoit de l'ancienne *académie*; c'est un petit » livre d'or, & qui mérite d'être appris par cœur, » comme Panétius le conseilloit à Tubéron. Les » anciens *académiciens* alloient même jusqu'à dire » que la nature a assujetti nos ames à ces pas-» sions, pour notre avantage; que la crainte nous » fait tenir sur nos gardes, que la compassion & » la douleur nous portent à la clémence; que la » colère même sert, pour ainsi-dire, à aiguiser le » courage. Avoient-ils raison ou tort? C'est ce que » nous examinerons ailleurs; mais je ne sais, Antiochus, comment votre dureté s'est introduite » dans la vieille *académie* (2) ».

_____

ils disoient qu'il étoit impossible de les saisir & de s'en assurer. *Sint ista vera: (vides enim jam me fateri aliquid esse veri) comprehendi ea tamen & percipi nego.* Cicer. academic. lib. 2. cap. 38. init.

(1) C'est ce qui faisoit dire au stoïcien Balbus, qu'il étoit surpris qu'un homme aussi pénétrant, aussi éclairé qu'Antiochus, n'eût pas observé qu'il y a une très-grande différence entre les stoïciens qui prétendent que l'honnête & le commode different aussi bien de genre que de nom, & les péripatéticiens qui confondent le commode & l'honnête, comme si l'un & l'autre étoient absolument de même genre, & que toute la différence ne fût que du plus au moins. Cette dispute, selon lui, loin de porter sur des termes seulement, attaque le fond des choses.

Miror, Antiochum, hominem in primis acutum, non vidisse, interesse plurimum inter stoicos, qui honesta à commodis, non nomine, sed genere toto disjungerent, & peripateticos, qui honesta commiscerent cum commodis, ut ea inter se magnitudine & quasi gradibus, non genere differrent: hæc enim est non verborum parva, sed rerum permagna dissensio. Apud Ciceron. de natur. deor. lib. 1. cap. 7.

(2) *Sapiensne non timeat? nec, si patria deleatur, non doleat: durum: sed Zenoni necessarium; cui præter honestum, nihil est in bonis: tibi vero, Antioche, minumè, cui præter honestatem, multa bona, præter turpitudinem multa mala videntur; quæ & venientia metuat sapiens necesse est, & venisse doleat. Sed quæro, quando ista fuerint ab academia vetere decreta, ut animum sapientis commoveri & conturbari negarent? mediocritates illi probabant; & in omni permotione naturalem volebant esse quendam modum. Legimus omnes Crantoris, veteri academici, de luctu. Est enim non magnus, verum aureolus, &, ut Tuberoni Panætius præcipit, ad verbum ediscendus libellus. Atque illi quidem etiam utiliter a natura dicebant permotiones istas animis nostris datas: metum cavendi causa: misericordiam ægritudinemque, clementiæ: ipsam iracundiam, for-*

_____

(1) *Ecce multo major etiam dissensio. Zeno in una virtute positam beatam vitam putat. Quid Antiochus? etiam inquit, beatam, sed non beatissimam. Deus ille, qui nihil censuit deesse virtuti: homuncio hic, qui multa putat præter virtutem homini partim cara esse, partim etiam necessaria.* Cicer. academ. lib. 2. cap. 43.

(2) *Sed ille vereor ne virtuti plus tribuat quam natura patiatur, præsertim Theophrasto multa contra diserte copioseque dicente. Et hic metuo ne vix sibi constet; qui cum dicat esse quædam & corporis & fortunæ mala, tamen eum, qui in his omnibus sit, beatum fore censet, si sapiens sit. Dist ahor: cum hoc mihi probabilius, tum illud videatur: & tamen, nisi alterutrum sit, virtutem jacere planè puto.* Cicer. academic. lib. 2. cap. 43.

M. Castillon s'est encore trompé ici en substituant dans sa traduction le mot *vrai* au mot *probable*, dont Cicéron s'est servi conformément au style & au langage des *académiciens* qui n'admettoient guère que des probabilités. *Quare ita placere Carneadi tale visum nullum esse, ut perceptio consequeretur; ut autem probatio multa.* (Cicer. academ. lib. 2. cap. 31.) Ils n'osoient pas nier crûment qu'il y eût des verités; mais

Cicéron parle ailleurs d'une autre opinion d'Antiochus fort opposée à la doctrine de l'ancienne *académie*, dont ce philosophe vouloit néanmoins paroître ne pas s'écarter.

« J'ai lu, dit l'orateur Romain, dans Clito-
» maque, que lorsque Carnéade & le stoïcien
» Diogène étoient au capitole, en attendant que
» le sénat leur donnât audience, Aulus Albinus,
» qui étoit alors préteur, dit en riant à Carnéade:
» *vous ne me regardez pas comme préteur, parce
» que je ne suis pas un sage: Rome ne vous sem-
» ble pas une ville, & vous ne croyez pas qu'elle
» renferme une cité*. Carnéade répondit ; *c'est le
» sentiment de ce stoïcien*. Ni Aristote, ni Xé-
» rocrate, qu'Antiochus prétendoit suivre, n'au-
» roit douté qu'Albinus fût préteur, que Rome
» fût une ville, & qu'elle ne renfermât dans ses
» murs une cité: mais votre Antiochus est, comme
» je l'ai déjà dit, un véritable stoïcien, à quelques
» changemens près, qu'il n'osoit articuler (1) ».

Pour moi je pense qu'à bien prendre l'esprit de la doctrine d'Antiochus, on y retrouveroit plutôt un philosophe éclectique, qu'un disciple de Zénon ou de Crantor, & de Polémon, dont nous savons d'ailleurs qu'il goûtoit extrêmement les écrits (2). Je ne conçois pas même comment Cicéron qui a recueilli plusieurs de ces différences entre les dogmes du portique & ceux d'Antiochus, & qui en connoissoit toute l'importance, a pu dire qu'Antiochus passoit pour *académicien*, mais que réellement, & à très-peu de choses près, c'étoit un vrai & parfait stoïcien. *Qui*, (Antiochus) *adpellabatur academicus, erat quidem , si perpauca mutavisset, germanissimus stoicus*, (académic. l. 2. c. 43). Il me semble, au contraire qu'on ne peut guère appeler *légères* les différences que nous avons indiquées ci-dessus, & qu'à parler avec quelque exactitude, on ne doit pas regarder comme un parfait stoïcien, celui qui abandonne Zénon sur des points aussi capitaux.

L'article du souverain bien sur lequel Antiochus & Zénon ne s'accordoient pas, suffiroit seul pour refuser à Antiochus le nom de stoïcien, puisque selon le principe même de Cicéron, c'est être d'un sentiment différent pour toute la philosophie, que de l'être sur le souverain bien. *Qui autem de summo bono dissentit, de tota philosophiæ ratione dissentit.* (de finib. bon. & mal. l. 5. c. 5.) Or cet orateur n'ignoroit pas que sur la question du souverain bien, Antiochus étoit fort attaché à l'opinion des anciens, qu'il montre avoir été celle d'Aristote & de Polémon. *Antiquorum autem sententiam noster mihi videtur persequi diligentissimè quam eandem Aristotelis fuisse ut Polemonis docet* (id. ibid. c. 5.).

C'est sur-tout dans le premier livre des *académiques*, & dans les 19 premiers chapitres du second, qu'il faut chercher les vrais sentimens d'Antiochus, puisque Varron & Lucullus y soutiennent l'un & l'autre, le parti de ce philosophe, comme nous l'apprenons de Cicéron, qui défend dans les mêmes livres celui de Philon. *Tibi* (Varroni) *dedi partes Antiochias, à quas te probari intellexisse mihi videbar; mihi sumpsi Philonis.* (Cicéron. Epist. ad Varron.) Mais observons aussi qu'on voit bien mieux dans l'ouvrage de Cicéron, les opinions qu'Antiochus n'approuvoit plus, que le systême de celles qu'il avoit embrassées. Ce qu'on y apprend de positif à ce sujet, c'est qu'il avoit abandonné la doctrine de Carnéade pour celle de la vieille *académie*. Cette espèce de transfuge qui, à l'époque de la questure de Lucullus (1), éclipsoit par son génie & par son savoir les autres philosophes, avoit été fort accueilli & fort recherché de ce grand capitaine; il logeoit chez lui, & Lucullus qui étoit très-attaché à la vieille *académie* (2), dont l'école

---

titudinis quasi cotem esse dicebant. Rectè secusne, alias viderimus : atrocitas quidem ista tua quomodo in veterem academiam inruperit, nescio. Cicer. acad. lib. 2. cap. 44.

(1) *Legi apud Clitomachum, cum Carneades & stoïcus Diogenes ad senatum in capitolio starent, A. Albinum (qui tum.... prætor esset).... jocantem dixisse Carneadi: ego tibi Carneade, prætor esse non videor, quia sapiens non sum; nec hæc urbs, nec in ea civitas. Tum ille, huic stoïco non videris. Aristoteles aut Xenocrates, quos Antiochus sequi volebat, non dubitavissent, quin & prætor ille esset, & Roma urbs, & eam civitas incoleret : sed ille vester est plane, ut supra dixi, stoïcus perpauca balbutiens.* Cicer. academic. lib. 2. cap. 45. init.

Je ne sais si je me trompe, mais il me semble que pour entrer ici dans la pensée de Cicéron, il auroit fallu traduire ainsi la dernière ligne de ce passage: *à quelques changemens près sur lesquels il n'étoit pas même très-sûr d'être de son avis.* Je laisse à décider à de meilleurs juges que moi, ce que cette conjecture peut avoir de vrai ou de faux, & je la donne pour ce qu'elle vaut. Je prie seulement le lecteur d'observer qu'on ne balbutie guère lorsqu'on sait très-bien ce qu'on pense, & ce qu'on veut dire :

Verbaque provisam rem non invita sequentur.

Horat. de art. poet. v. 311.

(2) *Scripta Polemonis quem Antiochus probat maxumè.* Cicer. acad. lib. 1. cap. 42.

(1) *Cùm autem è philosophis ingenio scientiaque putaretur Antiochus, Philonis auditor, excellere; cum secum & quæstor habuit,* (Lucullus) *& post aliquot annos, imperator.* (Cicer. academic. lib. 2. cap. 2). Voyez le passage de Plutarque cité dans la note suivante.

(2) *Propriè tamen ab ineunte ætate dilexit & se-*

étoit tenue alors par Antiochus, s'en servit pour l'opposer aux disciples de Philon, parmi lesquels étoit Cicéron. Tout ce que cet orateur fait dire à Lucullus contre la nouvelle *académie*, est tiré des discours & des écrits d'Antiochus, il est même très-vraisemblable que les raisonnemens de ce dernier n'ont rien perdu de leur force & de leur clarté, en passant par la bouche de Lucullus ; car sa mémoire pour les choses étoit prodigieuse, & il y joignoit encore cette mémoire artificielle que Thémistocle avoit méprisée ; il avoit tout écrit dans sa tête (1). « Il retint donc aisément, dit » Cicéron, des choses qu'il entendoit souvent, » & qu'il auroit pu retenir quand même il ne » les auroit entendues qu'une seule fois. D'ail» leurs il se plaisoit extrêmement à lire des ou» vrages relatifs à ce qu'il apprenoit ». *Cumque esset ea memoria, quam ante dixi, ea sæpe audiendo facile cognovit quæ vel semel audita meminisse potuisset. Delectabatur autem mirifice lectione librorum, de quibus audiebat.* (Cicer. academic. l. 2. c. 2.).

Tout cela prouve que nous avons les objections d'Antiochus, contre l'*académie* d'Arcésilas & de Carnéade, à peu-près telles qu'il les avoit proposées ; & Lucullus lui-même voulant inspirer à ses auditeurs plus de confiance dans ses raisonnemens, déclare que ce qu'il va dire, n'est pas de lui. *Dicam enim, nec mea.* « Je me ser» virai, ajoute-t-il, des mêmes argumens qu'An» tiochus employoit. Ces matières me sont très» familières, car j'ai suivi ses leçons avec beau» coup d'application & de liberté d'esprit, & je » l'ai entendu très-souvent traiter le même sujet ».

Agam igitur sicut Antiochus agebat ; nota enim mihi res est : nam et vacuo animo illum audiebam & magno studio, eadem de re etiam sæpius. (Cicer. academic. l. 2. c. 4.). Il termine même sa réfutation des dogmes de la nouvelle *académie* par ces paroles, qui sont une confirmation du passage qu'on vient de lire. « Voilà à-peu-près » ce qu'Antiochus disoit à Alexandrie, & ce que » plusieurs années après, il répéta d'une manière » encore plus positive, lorsqu'il étoit avec moi » en Syrie, un peu avant sa mort ». *Hæc Antiochus fere & Alexandriæ tum, & multis annis post multo etiam adseverantius in Syria, cum esset mecum, paullo antequam est mortuus :* (academic. l. 2. c. 19. init.

Au reste, il paroît qu'en voulant lier & fondre, pour ainsi dire, la doctrine du portique dans celle de l'ancienne *académie*, &, sans quitter le manteau, l'habit & le nom *d'académicien*, se faire pour soi un système particulier de stoïcisme, comme chacun se fait une religion à part & selon ses passions, Antiochus avoit également mécontenté les deux partis, & n'étoit réclamé par aucun : je vois au moins par un passage de Cicéron que de très célèbres stoïciens ne faisoient pas grand cas de cette philosophie mi-partie & conciliatrice d'Antiochus, laquelle tenant par quelques points à divers systèmes, ne prouve par cela même pour aucun en particulier, & ne donne de chacun qu'une idée sinon absolument fausse, au moins très-incomplette.

Pour mieux sentir la force du trait lancé contre notre philosophe académico-stoïque, il faut le voir dans le passage même de Cicéron dont il fait partie.

» Si vous m'arrachez à la secte que je suis, » dit cet orateur à Lucullus, à laquelle me » conduirez-vous ? si vous dites que c'est la vôtre, » j'ai peur que vous ne montriez de la présomp» tion. Cependant il faut que vous le disiez : » vous ne serez pas le seul ; chacun m'entraînera » du côté de la sienne ».

» Résisterai-je aux péripatéticiens qui se disent » alliés des orateurs ; qui assurent que des hom» mes illustres sortis de leur école ont souvent » gouverné l'état ? me refuserai-je aux épicuriens » parmi lesquels j'ai tant d'amis si vertueux, & qui » vivent entr'eux dans une amitié si parfaite ? » que ferai-je du stoïcien Diodote que j'ai eu » pour maître dès l'enfance, qui a vécu tant » d'années avec moi, qui demeure chez moi, » que j'admire, que j'aime, & qui méprise toutes » ces idées d'Antiochus que vous venez de nous » exposer ? (1) ».

---

quartus est academia, non illam quam novam vocabant (quamvis eo tempore Carneadis præceptis per Philonem floreret) sed veterem, quæ acrem antistitem & facundum habebat ascalonitem Antiochum : quem omni studio amicum paravit & convictorem Lucullus quo cum Philonis opponeret auditoribus. In quibus erat Cicero, qui librum admodum doctum pro secta sua scripsit. *Plutarch. in Lucull.* pag. 519. F. 520. *A. Opp. tom. 1. Edit. Paris. 1624.*

(1) *Habuit enim divinam quandam memoriam rerum : verborum majorem Hortensius. Sed, quo plus in negotiis gerendis res quam verba prosunt, hoc erat memoria illa præstantior ... tali ingenio præditus Lucullus adjunxerat etiam illam, quam Themistocles severerat, disciplinam. Itaque, ut litteris consignamus, quæ monumentis mandare volumus : sic ille in animo res insculptas habebat. Cicer. academic. lib. 2. cap. 1.*

(1) *Quæ tandem ea est disciplina, ad quam me deducas, si ab hac abstraxeris ? vereor, ne subadroganter facias, si dixeris tuam. Atque ita dicas, necesse est : neque vero tu solus, sed me ad suam quisque rapiet. Age, restitero peripateticis, qui sui cum oratoribus cognationem esse, qui claros viros a se instructos dicant rempublicam sæpe rexisse. Sustinuero Epicureos, tot meos familiares, tam bonos, tam inter se amantes viros. Diodoto quid faciam stoico ?*

Le choix des opinions, sur-tout en matière de philosophie purement rationnelle, exige, comme condition préliminaire, un examen rigoureux de tous les systèmes, *omnibus rebus auditis, cognitis etiam reliquorum sententiis* (academic. l. 2. c. 3.) & une longue & mûre délibération. Ce n'est pas seulement l'ouvrage du temps, ce doit être encore le résultat d'une logique sévère; d'un jugement droit, d'une multitude d'idées, de connoissances diverses & approfondies, d'une raison perfectionnée & dans toute sa force, en un mot le produit analytique de l'observation, de l'expérience, de la réflexion & du calcul; mais ce problème ainsi résolu dans toutes ses conditions, & ce choix une fois fait, il faut s'y tenir fermement attaché. Le vrai philosophe est un dans sa conduite comme dans ses principes spéculatifs; il n'en change pas selon les temps, les lieux & les circonstances; il ne ressemble pas à ce prince dont parle Tacite, & qui, tantôt d'un avis, tantôt d'un autre, étoit toujours prêt à suivre la dernière impulsion qu'il recevoit. *Ipse modo huc, modo illuc, ut quemque suadentium audierat; promptus*. Ce qui rend absolument inexcusable le changement d'Antiochus, c'est qu'il avoit enseigné la philosophie *académique* pendant une grande partie de sa vie, que personne ne l'avoit plus étudiée que lui (1) & qu'il étoit déjà vieux lorsqu'il embrassa le stoïcisme réformé à sa manière. Il n'avoit donc pas cru légèrement & sur parole que la doctrine de Carnéade étoit la vraie: personne, pour me servir de l'expression ordinaire, n'avoit surpris sa religion; il ne s'étoit pas trouvé lié, comme tant d'autres, avant d'avoir pu choisir le meilleur parti. En effet, comme l'observe très-bien Cicéron, la plupart des hommes « dans l'âge le plus
» tendre, ou par déférence pour un ami, ou
» séduits par les charmes de l'éloquence du seul
» philosophe qu'ils ont d'abord entendu, jugent
» de ce qu'ils ne connoissent point; & comme
» ceux qui font naufrage s'attachent au premier
» rocher sur lequel la tempête les jette, de même
» ceux-ci se cramponnent au premier système que
» le hasard leur offre ».

Nam ceteri primùm ante tenentur adstricti, quam,
___
quem à puero audivi: qui mecum vivit tot annos: qui habitat apud me: quem & admiror & diligo: qui ista Antiochea contemnit. *Cicer. academ. lib. 2. cap. 36.*

Je n'ai suivi qu'en partie la traduction de M. Castillon: il est bien rare qu'on puisse l'employer dans un passage de quelque étendue, sans être obligé de la corriger, soit pour le sens, soit pour le style & la propriété de l'expression. Cette traduction des *Académiques* est un ouvrage à refaire entièrement.

(1) Voyez les passages des *Académiques*, cités ci-dessus, pag. 112. col. 1. au texte & les not. 2. 3. & 4.

quid esset optumum judicare potuerunt: deinde infirmissimo tempore ætatis, aut obsecuti amico cuidam, aut unâ alicujus quam primùm audierunt, oratione capti, de rebus incognitis judicant, &, ad quamcunque sunt disciplinam quasi tempestate delati, ad eam, tanquam ad saxum, adhærescunt. (Cicer. academic. l. 2. c. 3.)

On n'en peut pas dire autant d'Antiochus; il avoit eu tout le temps & le sang-froid nécessaires pour faire un bon & solide examen; il avoit pu observer les objets sous toutes leurs faces; il n'avoit pas à craindre d'avoir procédé, comme disent les logiciens, d'après une énumération incomplète des parties, *à non sufficienti enumeratione partium*: son choix avoit été raisonné, & parfaitement libre, ou du moins volontaire, pour parler plus exactement: l'illusion, la séduction, l'intérêt, en un mot, tous les motifs qui déterminent la croyance du plus grand nombre, & qui en font souvent l'unique base, n'y avoient eu aucune part; il avoit même enseigné long-temps les dogmes de la nouvelle *académie*, ce qui est un moyen sûr de connoître à fond le fort & le foible d'un système, par la nécessité où l'on est sans cesse de répondre aux objections nouvelles qui se présentent, & qu'on n'avoit pas quelquefois prévues. Enfin tout ce qui peut persuader à un philosophe qu'il a en effet trouvé la vérité, & que la route où il s'est engagé est la plus droite & la plus sûre; toutes les vraisemblances, toutes les probabilités qui peuvent militer en faveur de l'opinion à laquelle il s'est attaché, Antiochus les réunissoit: la préférence qu'il donna dans sa vieillesse à des dogmes la plupart diamétralement opposés à ceux qu'il avoit admis & défendus vigoureusement pendant une grande partie de sa vie, ne peut donc s'expliquer que par cette indécision, cette inconstance naturelle de caractère qu'on remarque dans certains hommes, & qui les fait ressembler dans les diverses circonstances de leur vie à ce duvet léger & d'une mobilité extrême, qu'une foible ondulation de l'air, un souffle agite en tout sens, & qui ne reste pas deux instans de suite dans le même lieu ni sous la même forme.

La vieillesse n'est pas la saison des semailles & de la culture, c'est celle de la récolte & de l'emploi; c'est l'époque de la vie où n'ayant plus ni le temps, ni la patience, ni la force, ni quelquefois même le desir & le besoin d'étudier, & où voyant à-peu-près sous leur vrai point de vue, les personnes & les choses, on ne doit plus penser qu'à jouir, à goûter en paix, & dans le silence des passions & des préjugés, le fruit du petit nombre de vérités dont on a pu s'assurer, & qu'on a recueillies sur la route qu'on a parcourue; c'est sur-tout le terme où le sage doit substituer à la recherche pénible & trop souvent stérile des causes obscures, ou incertaines, ou inaccessibles à nos sens d'un grand nombre de phénomènes, l'ignorance & l'incuriosité que Montagne appelle si judicieusement *un doux & mol chevet, & sain à reposer une teste bien faite* (1). Changer d'opinions à cet âge, & ne savoir pas encore ce qu'on doit croire ou rejetter, c'est n'avoir pas cessé d'être enfant ; c'est avouer tacitement à tout le monde qu'on n'a été toute sa vie qu'un sot ; qu'on a pris dans toutes les occasions l'ombre pour le corps, & qu'à l'exemple d'Ixion, on n'a embrassé pendant 50 ou 60 ans qu'une nuée.

Rien de plus bisarre, de moins philosophique, & en général, de plus diamétralement opposé à la marche ordinaire de l'esprit humain que la conduite d'Antiochus. En effet, la plupart des hommes commencent par être dogmatiques sur un grand nombre de questions, & par croire, sans se rendre même fort difficiles sur l'évidence & la valeur des motifs de crédibilité d'après lesquels ils se déterminent ; & ils finissent par douter, si non de tout, au moins de beaucoup de choses qui leur avoient paru autrefois suffisamment démontrées. Telle est l'histoire de l'homme, car ici, comme par-tout ailleurs, les exceptions confirment la généralité de la règle. Antiochus avoit fait précisément le contraire ; il avoit fini par où les autres commencent ; & il étoit devenu sur la fin de sa carrière aussi affirmatif, qu'il avoit été dans sa maturité, négatif, aporétique ou doutant. Aussi Montaigne tire-t-il de ce changement extraordinaire qui s'étoit fait dans les idées & dans l'entendement d'Antiochus, un argument très-subtil & très-ingénieux en faveur du pyrrhonisme.

» Antiochus, dit-il, avoit vigoureusement es-
» cript en faveur de *l'académie* : il print sur ses
» vieux ans un autre party : lequel des deux
» je suyvisse, seroit-ce pas toujours suivre Antio-
» chus ? Après avoir establi le doubte, vouloir
» establir la certitude des opinions humaines,
» étoit-ce pas establir le doubte, non la certitude ;
» & promettre, qui lui eust donné encore un
» aage à durer, qu'il estoit toujours en termes
» de nouvelle agitation, non tant meilleure,
» qu'autre ». (Essais l. 3. c. 9. p. m. 124) (2).

_____

(1) Essais, liv. 3. ch. 13. pag. m. 199.

(2) Le savant Huet a dit dans le même sens, mais non avec la même grace, « qu'en cela même Antio-
» chus confirmoit la doctrine de la nouvelle acadé-
» mie, qu'il entreprenoit de réfuter : montrant assez
» par son inconstance combien les jugemens des hom-
» mes sont peu sûrs pour la connoissance de la vé-
» rité, & combien les hommes sont éloignés de pou-
» voir jamais être assurés s'ils peuvent savoir quelque
» chose ou non ». *Traité de la foiblesse de l'esprit
humain*, liv. 1. ch. 14. §. 23. pag. 219. Edit. d'Amsterdam. 1723.

Philosophie anc. & mod. Tom. I.

Ne soyons donc pas surpris d'entendre le stoïcien Diodote parler d'Antiochus avec beaucoup de dédain : outre que les disciples de Zénon ne pouvoient voir dans notre *académicien* qu'un homme léger & versatile qui étoit à la discrétion du moment, & qui changeroit de sentiment lorsqu'il le trouveroit bon, comme il avoit fait à l'égard de *l'académie* (1), ils n'observoient pas avec moins de peine que ce philosophe, en voulant amalgamer les dogmes de leur secte avec ceux de l'ancienne *académie*, étoit sans cesse obligé de mutiler, d'altérer dans quelques parties les uns ou les autres, & n'étoit au fond ni *académicien* ni stoïcien.

Il ne faut pas se le dissimuler ; à parler avec précision, en religion comme en philosophie, ceux qui ne sont pas ouvertement & affirmativement pour telle ou telle doctrine, sont nécessairement contre : ce mot de J. C *qui non est pro me, est contra me*, est la devise commune & tacite de toutes les sectes religieuses & philosophiques : elles calculent toutes comme Dieu, qui *vomit les tiedes* & les irrésolus. En effet, si l'on veut y réfléchir, on verra que ces esprits modérés & conciliateurs, qui dans la crainte de voir troubler leur tranquillité, & par des considérations purement personnelles, beaucoup plus que par zele pour la religion ou pour les progrès de la philosophie, s'occupent à réunir entr'eux les théologiens des différentes communions, ou les philosophes des sectes opposées, sont de tous les esprits les moins propres à reculer la limite d'un art ou d'une science, à être l'ornement & l'appui d'une secte, à travailler avec succès à l'extension & à la propagation de ses dogmes. Ils n'ont ni l'enthousiasme nécessaire pour consacrer leurs veilles & leur vie même à la recherche pénible du vrai, ni l'instrument avec lequel on le découvre. Ce sont des hommes paisibles, d'un tempérament phlegmatique, amis du repos, sur-tout du leur, aux yeux desquels la vérité ne vaut pas la peine qu'il en coûte pour la trouver & pour la défendre, à qui toutes les opinions sont à-peu-près indifférentes, & qui en remettroient volontiers le choix au sort, comme ce magistrat dont parle Rabelais, qui *par sort & jects des dez faisoit ses jugemens*. S'ils n'enrayent pas le char de la raison, ils ne font rien pour l'accélérer, ils le laissent aller comme les autres le menent, & craignent peut-être plus encore de le devancer que de rester en arrière. Des hommes de ce caractère doivent nécessairement déplaire à tous les partis, puisqu'ils n'en préfèrent aucun exclusivement. On n'a pas sans doute à craindre qu'ils augmentent le nombre des erreurs, mais on peut encore moins espérer qu'ils

_____

(1) Voyez le passage des *Académiques* cité ci-dessus, pag. 122. col. 1. not. 1.

R

ajoutent à celui des vérités ; il n'y a pas dans tous les individus de cette trempe, l'étoffe & la matière d'un seul homme de génie, & l'on peut être sûr de ne jamais trouver leur nom parmi ceux des inventeurs.

Il n'est pas question de savoir si la modestie, ou la défiance dans ses propres lumières, bien ou mal fondée, la modération, l'amour de la paix, l'éloignement pour toutes les décisions absolues, en supposant ces qualités très-propres à assurer à ceux en qui elles se trouvent une certaine somme de bonheur dont la douceur & l'égalité constantes peuvent compenser des jouissances plus flatteuses pour la vanité, & tenir lieu dans le résultat d'une grande célébrité : peut-être, en calculant comme le peuple, (& à cet égard, comme à beaucoup d'autres, la plupart des hommes sont peuple) faut il refuser le nom de sages, & sur-tout d'heureux à ces esprits enquérans, avides de connoissances, d'instruction, & dévorés de la soif de la gloire dont l'infatigable activité lutte sans cesse contre l'impulsion de la nature entière qui leur répète à voix basse, qui leur murmure à l'oreille : demeure en repos, reste comme tout ce qui t'environne ; dure comme tout ce qui t'environne, jouis doucement, comme tout ce qui t'environne, laisse aller les heures, les jours, les années comme tout ce qui t'environne, & passe comme tout ce qui t'environne : peut-être enfin ces enthousiastes du bien public, ces *bisognosi d'Onore* qui s'agitent, qui se tourmentent pour donner cours à des opinions dont la vérité ou la fausseté leur sera également indifférente dans cent ans, plus ou moins, & qui sacrifient sans regret, au plaisir de s'immortaliser par quelques découvertes importantes dans les arts ou dans les sciences, les richesses, le repos, *la vie & la santé* qui, selon l'expression énergique de Montaigne, *sont bien effectuels & substantiaux*, sont-ils une espèce particulière de rêveurs & de foux qui extravaguent avec beaucoup de raison, *multa cum ratione insaniunt.* Ce qu'il y a de sûr, c'est qu'il n'y a rien à attendre d'utile & de grand dans aucun genre de ceux qui ne sont pas animés, soutenus dans leurs travaux par le desir d'obtenir l'estime de leurs contemporains, de voir leur nom inscrit parmi les bienfaiteurs du genre humain, de l'éterniser dans la mémoire des hommes, & pour lesquels ce desir si noble & la cause de tout ce qui s'est fait de beau, & de bon, n'est pas la plus forte & la plus impérieuse de toutes les passions. Il est également vrai que l'homme seroit encore barbare, & inévitablement condamné à tous les malheurs que l'ignorance traîne avec elle, s'il n'y avoit pas eu de tout temps de ces contemplatifs dont le caractère ardent, impétueux s'irrite par les obstacles, & qui ressemblent à cet astronome géomètre qui « souhaitoit, & faisoit

» prières qu'il peust veoir de près le soleil, comprendre sa forme, sa grandeur & sa beauté, & puis en estre brûlé, comme fut Phaëton (1) ».

C'est à des hommes tels qu'Archimède, « qui estoit si ententif (si appliqué) à tracer ses figures de géométrie, qu'il falloit que ses serviteurs l'en retirassent par force, pour le mener huiler & laver en l'estuve ; encore quand il estoit là, traçoit-il avec l'estrille dont on le frottoit, des figures sur la peau de son ventre (2) ». C'est, dis-je, à ces hommes extraordinaires faits pour changer l'état des sciences, pour en accroître le domaine, pour donner une grande impulsion à leur siècle, & sur la tête desquels on voit, pour ainsi dire, brûler la flamme du génie, que nous devons les lumières dont nous sommes environnés en tout sens, & qui ont tant contribué à épurer les mœurs, à rendre les hommes meilleurs, & par conséquent plus heureux (3), car ces deux choses sont nécessairement liées, comme l'effet l'est immédiatement à la cause qui le produit. On l'a dit il y a long-temps ; les grands hommes desirent les grands honneurs : l'estime de la postérité doit être le but de tous nos travaux, de toutes nos actions, l'objet de nos desirs les plus ardens. Le mépris de la gloire est celui des vertus. *Optimus quippe mortalium altissima cupere.....unum insatiabiliter parandum, prosperam sui memoriam. Nam contemptu famæ, contemni virtutes.* (Tacit. annal. l. 4. c. 38.)

Ces réflexions, auxquelles l'irrésolution d'Antiochus & le caractère vague, indéterminé de sa philosophie nous ont conduits, en faisant sentir les inconvéniens de cette méthode de philosopher, prouvent que ces esprits conciliateurs n'appartiennent, à proprement parler, à aucune des sectes dont ils s'efforcent en vain de rapprocher les opinions, & que ni l'ancienne *académie,*

---

(1) *Eudoxus Phaetontis modo comburi voyit, ea lege, ut sibi ante liceret ad solem adstanti, figuram & magnitudinem, formamque astri perdiscere. Plutarch. non posse suaviter vivi secund. Epic. pag. 1094. B. Opp. tom. 2. Edit. Ruald.* J'ai suivi la version d'Amyot.

(2) *Jam Archimedem à descriptionibus geometricis, vi avulsum servi unxerunt. Ille interim strigili lineas in ventre ducebat. Plutarch. loc. super laudat. pag. 1094. C.* Je me suis servi, comme dans le passage précédent, de la version d'Amyot.

(3) On peut joindre à ceci ce que j'ai dit sur la liaison nécessaire des lumières & de la vertu dans le discours préliminaire qui sert d'introduction à la morale de Sénèque. Ce discours forme le second volume de la collection des moralistes anciens, imprimée chez Didot l'aîné en 1782, & dont j'ai publié les quatre premiers volumes, les seuls dont je sois l'auteur, & qui portent la lettre initiale de mon nom.

ni le portique ne peut justement réclamer Antiochus parmi ses disciples. Ainsi cette cinquième *académie* dont il fut, dit-on, le fondateur, n'en mérite pas le nom ; on ne peut pas la regarder comme ayant conservé, enseigné, confirmé les principes fondamentaux des *académiciens* : on n'y retrouve dans aucun article l'esprit de cette école célèbre, mais bien plutôt celui des philosophes dogmatiques ; en un mot, c'est, comme je l'ai insinué ci-dessus, une réforme du stoïcisme, ou un mélange de la doctrine du portique sensiblement altérée en plusieurs points, & de celle de l'ancienne *académie* à-peu-près également mutilée ou réformée, afin d'établir entre ces deux doctrines un rapport, une analogie assez difficile à appercevoir, & au fond plus apparente que réelle.

L'auteur des dissertations sur la recherche de la vérité, prétend qu'Antiochus a eu le même dessein que Philon, mais qu'il s'y est pris d'une autre manière. « Philon, dit-il, avoit montré » que les doutes des *académiciens* se trouvoient » dans Platon, & Antiochus entreprit de faire » voir que la science de Platon se rencontroit » dans les *académiciens*. L'un fit descendre Platon vers les *académiciens*, & l'autre fit remonter les *académiciens* vers Platon. Mais il est » certain que l'un & l'autre ont pensé que les » *académiciens* avoient reconnu des vérités pour » constantes, comme Antiochus le soutenoit » positivement, leur donnant toutes les connoissances de Platon : & Philon réduisant la nouvelle *académie* à l'ancienne, la faisoit entrer » en participation de ses dogmes, aussi bien » que de ses doutes.... Voici donc en quoi l'*académie* d'Antiochus a été différente des autres » *académies* ; c'est en ce qu'il s'est adonné à établir positivement des vérités, au lieu qu'Arcésilas n'avoit fait que combattre & détruire » des préjugés, & que Carnéade ne s'étoit appliqué qu'à donner des règles pour la conduite de la vie, en attendant la connoissance » évidente de la vérité : & Philon a montré » que nonobstant les doutes de l'*académie*, on » pouvoit se promettre d'arriver à la science de » Platon, puisque Platon n'avoit pas moins douté » que les *académiciens*, que l'on a reconnus » pour nouveaux. Nous regarderons donc Antiochus aussi bien que Philon comme des philosophes qui avoient entrepris de réduire toutes » les *académies* à l'ancienne, *remigrando*, dit » Cicéron, *è domo nova in veterem* ». Dissertations sur la philosophie des *académiciens* l. 1. c. 10.

Nous ne discuterons point ici ce qu'il y a de vrai & de faux dans ces assertions. Les détails où nous sommes entrés sur cette matière, & le soin que nous avons donné à l'examen du caractère & de l'esprit particuliers des différentes *académies*, suffisent, ce me semble, pour éclaircir tous les doutes qui pourroient s'élever à cet égard parmi ceux qui veulent sur-tout recueillir de leurs lectures des résultats utiles & certains. Nous nous croyons du moins en droit de conclure des recherches précédentes, qu'à parler avec précision, il n'y a eu que quatre *académies* plus ou moins distinctes ; 1°. celle de Platon, c'est-à-dire, la *première* ou l'*ancienne*, dans laquelle, comme disoit Antiochus (1), on comprend non-seulement ceux qu'on appelle proprement *académiciens*, tels que Speusippe, Xénocrate, Polémon, Crantor, & quelques autres ; mais aussi les anciens péripatéticiens, à la tête desquels est Aristote :

2°. Celle d'Arcésilas, ou la *seconde* & *la moyenne* ;

3°. Celle de Carnéade ou la *nouvelle*.

4°. Enfin celle de Philon qui diffère bien plus de la seconde & de la troisième que celles-ci ne diffèrent entre elles.

Philon eut encore pour disciples Héraclite de Tyr, Varron, Cicéron, &c. (2). Héraclite l'avoit aussi été de Clitomaque, & à ce titre qui paroît lui assurer au moins sur Antiochus le droit de l'ancienneté, j'aurois peut-être dû en parler avant de m'occuper du fondateur de la cinquième *académie* ; mais ce que j'ai pu recueillir de la vie & des opinions d'Héraclite est si incomplet, si insuffisant, que c'est moins pour le faire connoître avec quelque exactitude, que pour ne laisser, autant qu'il m'a été possible, aucun vuide dans l'histoire de la philosophie *académique*, que j'en fais mention dans cet article. Diogène Laërce ne parle point de ce philosophe, non plus que d'Antiochus. Nous apprenons seulement de Cicéron deux faits assez curieux ; l'un que la philosophie des *académiciens*, après avoir été presque abandonnée, avoit repris du temps de Lucullus son ancien éclat ; l'autre, qu'Héraclite s'y étoit rendu fort célèbre (3). Il paroît même qu'il conserva constamment dans toute sa pureté

---

(1) In qua (academia vetere) ut dicere Antiochum audiebas, non ii soli numerantur, qui academici vocantur, Speusippus, Xenocrates, Polemo, Crantor, cæterique, sed etiam peripatetici veteres, quorum princeps Aristoteles, &c. Cicer. de finib. bon. & mal. lib. 5. cap. 3.

(2) Voyez le passage de Cicéron cité ci-dessus, pag. 112. col. 1. not. 5. & ce que dit encore cet orateur dans son Brutus, *sive de claris orator*. cap. 89.

(3) Erat jam antea Alexandriæ familiaris Antiochi Heraclitus Tyrius, qui & Clitomachum multos annos & Philonem audierat ; homo sane in ista philosophia quæ nunc, prope dimissa, revocatur, probatus & nobilis. *Lucullus apud Cicer. academ.* lib. 2. cap. 4.

R 2

la doctrine de ses maîtres : cette conjecture est fondée sur un autre passage de Cicéron, où Lucullus dit qu'il écoutoit attentivement Héraclite disputer contre Antiochus, & Antiochus contre les *académiciens* (1) ; ce qui prouve clairement que celui-ci avoit dès ce temps même abandonné *l'académie* de Carnéade, & qu'Héraclite ferme dans ses principes, & n'approuvant point ceux auxquels son condisciple & son ami donnoit la préférence, avoit avec lui de fréquentes disputes sur ces matières (2).

(*Cet article est de M. NAIGEON.*)

Suite de l'article ACADÉMICIENS.

EXAMEN *de la philosophie de Cicéron.*

L'auteur de l'excellent article qu'on vient de lire, s'étoit proposé, & avoit même promis de terminer l'histoire critique des dogmes de la cinquième *académie* par un examen raisonné des opinions philosophiques de Cicéron. Sans chercher à pénétrer les motifs qui l'ont empêché d'exécuter cet utile dessein, motifs dont, sans doute, il importe peu au public d'être instruit, nous nous empresserons de réparer cette omission qui rendroit très-incomplette cette partie de l'histoire de l'ancienne philosophie. Nous croyons seulement devoir prévenir nos lecteurs que nous ne promettons ici ni ces réflexions philosophiques, souvent neuves & profondes que l'auteur de l'article précédent a eu l'art d'y répandre, ni peut-être cette manière piquante de présenter les objets, de discuter avec une dialectique exacte des questions abstraites, sans négliger la clarté, l'énergie & la correction du style ; en un mot, le savant dont les recherches vont nous servir de guide, ne nous paroît ni un philosophe, ni un raisonneur, ni même un écrivain qui se fasse lire avec la même attention, le même intérêt & le même plaisir que l'auteur de l'article *académiciens* &c. Mais nous espérons qu'on trouvera du moins dans son exposé de la morale & de la philosophie de Cicéron, la même exactitude qu'on a pu remarquer dans l'analyse précédente, & ce mérite si nécessaire dans les matières de fait, est par-tout assez rare pour qu'on doive en tenir compte à ceux qui n'ont rien négligé pour l'acquérir.

(1) Tum igitur & cum Heraclitum studiosè audirem contra Antiochum disserentem, & item Antiochum contra academicos ; dedi Antiocho operam diligentius, ut causam ex eo totam cognoscerem. *Id. apud Cicer. loc. cit. ubi sup.*

(2) Cum quo (Heraclito) Antiochum sæpe disputantem audiebam : sed utrumque leniter. *Lucull. apud Cicer. academ. lib. 2. cap. 4.*

Il est naturel de juger de la philosophie de Cicéron par ses œuvres philosophiques ; mais je crois qu'il est nécessaire, pour en porter un jugement aussi impartial que solide, d'examiner d'abord comment la philosophie s'introduisit à Rome, les progrès qu'elle y avoit faits du temps de Cicéron, & dans quel genre ; combien il y avoit de sectes *académiques*, en quoi consistoit la différence qui étoit entre elles : quelle fut celle que Cicéron adopta, & ce qu'il entendoit lorsqu'il s'appelloit lui-même philosophe *académique*.

L'étude de la philosophie, long-temps inconnue à Rome, ne lui fut pas nécessaire pour apprendre à bien vivre : il puisa dans une autre source la règle de ses mœurs. J'apperçois que l'idée d'une providence qui gouverne tout, qui préside à tout (1), inspira aux romains, dès leur origine, la crainte des dieux, & le respect pour la religion (2). Ces principes gravés dans leur cœur, leur apprirent à ne rien entreprendre sans implorer la Divinité, à regarder comme inviolable tout ce qui étoit consacré par les cérémonies religieuses, & à tenir le serment pour un lien si saint, que la crainte d'y contrevenir surmontoit toute autre crainte (3) :

Rome persista plusieurs siècles dans cette manière de penser & d'agir ; car jamais il n'y a eu de république plus religieuse, plus riche en bons exemples, & où la simplicité & la pauvreté aient été si fort & si long-temps en honneur (4).

En effet, si nous consultons les fastes de ces siècles sans doute les plus beaux de la république, nous y verrons un peuple qui savoit se rendre esclave de la vertu, mépriser les richesses, ne faire cas que de la gloire, & assigner une branche de laurier ou de chêne, en échange du sang versé pour la patrie. Nous y verrons

(1) Pietate ac religione atque hâc unâ sapientiâ quod deorum immortalium numine omnia regi gubernarique perspeximus, omnes gentes nationesque superavimus. *Cicer. de Harusp. resp. & Polyb. lib. 6. cap. 9.*

(2) Cum interesse rebus humanis cœleste numen videretur, eâ pietate omnium pectora imbuerat ut fides ac jusjurandum pro summo legum & pœnarum metu civitatem regerent. *Tit. Liv. lib. 1.*

(3) Nullum enim vinculum ad astringendam fidem jurejurando majores arctius esse voluerunt : id indicant leges sacratæ. *Cicer. offic. lib. 3. cap. 31. & Polyb. lib. 6. cap. 9.*

(4) Nulla unquam respublica nec major, nec sanctior, nec bonis exemplis ditior fuit, nec ubi..... tantus ac tamdiu paupertati ac parcimoniæ honor fuerit. *Tit. Liv. præfat.*

un sénat avoir pour maxime que ce qui n'est pas honnête, ne sauroit jamais être utile (1) : un sénat sage appréciateur des vraies richesses de la république, prononcer que les pauvres payent un assez grand tribut à l'état en nourrissant leurs enfans (2) : un sénat assez éclairé & assez généreux pour décider que des ennemis que leurs disgraces n'avoient pas abattus, méritoient d'être faits citoyens romains : un sénat enfin composé de membres dont l'air grave & majestueux faisoit une telle impression sur les étrangers, qu'ils croyoient voir une assemblée de rois. Nous y verrons des généraux dont la modération & l'innocence faisoient également l'admiration des peuples voisins & des peuples vaincus : ces généraux contens d'avoir rempli les vœux de la république, en terminant heureusement la guerre dont ils étoient chargés, retournoient avec satisfaction cultiver leurs terres ; ces généraux, après avoir triomphé & enrichi la république des dépouilles des ennemis, mouroient pauvres, n'ayant remporté dans leur maison que l'avantage d'une gloire immortelle.

Au surplus, cette sagesse, cette magnanimité qui perçoient toujours à travers leur extérieur simple, les faisoient paroitre plus grands que les rois contre lesquels ils combattoient. Nous y verrons aussi des magistrats pleins d'intégrité qui conservoient toujous leurs mains pures. « Les » romains, dit Polybe, qui dans la magistrature, » & dans les légations, disposent de grandes » sommes d'argent, n'ont besoin que de la re- » ligion du serment pour garder une inviola- » ble fidélité ; & il est rare de trouver parmi » eux un homme entaché de péculat ». (l. 6. c. 9.)

Nous trouverons encore dans les fastes de ces mêmes siècles, que les dames romaines donnèrent très-souvent des marques éclatantes de leur zèle pour le bien public. On se rappelle qu'elles renoncèrent pendant des années entières à leurs parures, pour pleurer la mort des citoyens vertueux regardés comme les soutiens de l'état & les vengeurs de la liberté ; que dans d'autres circonstances elles firent avec autant de joie que d'empressement le sacrifice de leurs bijoux à la patrie & à la religion (3) : pleines de ces sentimens qu'inspire une ame noble & vertueuse, elles savoient, longtemps avant que Plaute l'eût dit, que la véritable dot d'une femme n'est pas l'argent qu'elle apporte en se mariant ; que c'est l'honneur & la pudicité ; que c'est de savoir modérer ses desirs ; d'avoir la crainte des Dieux, d'aimer ceux de qui on a reçu la naissance ; de vivre en bonne intelligence avec ses parens ; d'avoir des déférences pour son mari ; de secourir les gens de bien & de leur être utile (1).

En un mot, les romains, riches en grandes vertus, donnèrent les plus beaux exemples de courage, de constance, de sagesse, de désintéressement, de justice & sur-tout de bonne foi, car ils ne craignoient pas moins d'être infidèles envers les hommes, qu'impies envers les Dieux. Toutes ces belles actions étoient alors si naturelles qu'elles n'avoient rien qui frappât : elles ne devinrent admirables que par la corruption des âges suivans. « Ce qui parut dans la suite, dit Cicéron, » si grand, si héroïque, n'avoit rien, du temps » de nos ayeux, que d'ordinaire & de com- » mun, & c'est moins les hommes qu'il faut » louer, que la vertu du siècle où ils vivoient, » qui ne leur permettoit pas d'agir autre- » ment (2) ».

Rome, néanmoins, dans ces temps là mêmes, vit naitre entre ses citoyens, des animosités, des dissentions, des troubles ; mais bientôt les esprits, ou alarmés par les scrupules qu'inspiroit la religion, ou enchainés à leur devoir par leur attachement au bien public ; bientôt, dis - je, les esprits rappellés à eux mêmes, se réunissoient : on se relâchoit de part & d'autre de ses prétentions, & le calme étoit rétabli.

Si cette harmonie, heureux effet de la religion & des mœurs, se fût toujours maintenue, Rome eût continué de faire, par ses vertus, sa propre félicité & l'exemple des autres nations ; mais tout dégénère, & déjà les romains s'étoient insensiblement écartés des principes & des mœurs de leurs ayeux, lorsque le gain de la bataille de

---

(1) Satis persuasum esse debet nihil esse utile, quod non honestum sit, quamquam id quidem cum sæpe alias, tum Pyrrhi bello, & à C. Fabricio consule iterum & à senatu nostro judicatum est... senatui nostro qui nunquam utilitatem à dignitate sejunxit. *Cicer. offic. lib. 3. cap. 21. 22.*

(2) Pauperes satis stipendii pendere, si liberos educarint. *Tit. Liv. lib. 2. cap. 9.*

(3) *Voyez* Tit. Liv. lib. 2. cap. 6. 16. 40. & lib. 5. cap. 25. Plutarque, Denys d'Halicarnasse, &c.

---

(1) Non ego illam mihi dotem duco esse, quæ dos dicitur :

Sed pudicitiam, & pudorem, & sedatam cupidinem,

Deum metum, parentum amorem & cognatum concordiam :

Tibi morigera, atque ut munifica sine bonis, prosim probis.

Plaut. Amphitr. act. 2. scen. 2. vers. 209. & seqq.

(2) Laus abstinentiæ non hominis est solum, sed etiam temporum illorum. *Cicer. offic. lib. 2. cap. 22. vid. & lib. 3. cap. 31.*

Magnésie, la conquête de la Macédoine, la ruine de Carthage en accélèrerent l'entière décadence. Enrichis des dépouilles de l'orient, les romains ne songèrent qu'à jouir de leur prétendu bonheur ; ils formèrent leurs mœurs sur celles des peuples vaincus, & ils firent des calamités d'autrui, l'ornement de leur patrie. » Combien, dit Polybe, il leur eût été plus avan» tageux de laisser les richesses où elles étoient, » avec l'envie qu'elles attirent, les vices qu'elles » entraînent, & de mettre comme leurs ancêtres, » la gloire de Rome non dans la multitude & » la beauté des tableaux, mais dans la gravité » des mœurs & la noblesse des sentimens (1) ». Les romains ne virent pas le danger ; tout ce qui vint des grecs leur plut ; arts, sciences, spectacles, festins, ils les transportèrent chez eux avec une sorte d'enthousiasme.

Græcia capta, ferum victorem cepit & artes
Intulit agresti latio.
Horat. Epist. lib. 2.

Je n'entre point dans l'examen du bien & du mal qui dut en résulter, je dois me borner à ce qui regarde la philosophie.

Les grands hommes des premiers âges de la république plus curieux d'instruire par des exemples que par des discours & des écrits, ne laissèrent à leurs neveux que le souvenir de leurs vertus (2) ; & c'est ainsi qu'il est beau d'instruire les hommes. « L'héritage, dit Cicéron, le plus » précieux, & le plus noble qu'un père puisse » laisser à ses enfans, c'est la gloire qu'il a ac» quise par ses grandes actions, & les exemples » de vertu qu'il leur a donnés (3).

Pendant long-temps les romains ne connurent point d'autre philosophie ; car tant qu'ils furent pauvres & obligés d'être toujours en action ils pratiquèrent la vertu sans étudier la science de bien vivre. Cicéron, quoique zélé partisan de la philosophie, convient lui-même que tout ce qui pouvoit venir de la nature sans le secours de l'étude, les romains l'avoient possédé à un tel point, que ni la Grèce, ni quelque nation que ce puisse être, ne pouvoit se comparer à eux ; « on trouve, en effet, ajoute l'orateur phi» losophe, ce fonds d'honneur, cette fermeté, » cette grandeur d'ame, cette probité, cette » bonne foi, pour tout dire enfin, cette vertu » sans restriction, au même degré qu'on l'a vu » chez nos pères » (1).

Ce que dit Cicéron est vrai, on le sait par l'histoire, mais nous tenons de la même source, que lorsqu'une suite de victoires & d'heureux succès eut procuré des richesses & du loisir aux romains, ils commencèrent à prendre du goût pour l'étude de la philosophie, & que les mœurs n'y gagnèrent point, parce qu'ordinairement elle ne produit d'heureux effets que dans des ames bien préparées, & déjà les romains corrompus par leur fortune, avoient trop de passions dans le cœur, pour saisir le vrai & se garantir de l'erreur. La révolution arriva l'an de Rome 586, après la défaite des perses, c'est-à-dire, lorsque les richesses apportées de la Macédoine, eurent versé dans le trésor public des sommes si considérables, que les citoyens furent pendant long-temps exempts de tout tribut.

Cicéron qui disoit, comme nous venons de l'observer, que Rome avoit été heureuse sans le secours de la philosophie, semble au commencement de la quatrième Tusculane, rougir en quelque sorte de ce que cette science n'avoit trouvé que très-tard accès dans sa patrie. « Car, » dit-il, peut-on se figurer que pendant tout le » temps que les grecs eurent des établissemens » si considérables dans cette partie de l'Italie » qui fut appellé la grande Grèce, nos romains » n'entendirent parler ni de Pythagore lui» même ni de ses disciples : il est, au contraire, » assez probable, *ajoute-t-il*, que comme sa » doctrine se répandoit de tous côtés, elle par» vint jusqu'à Rome, & que c'est là ce qui de» puis à fait mettre au rang des pythagoriciens » le roi Numa ». Cicéron, néanmoins, avoue peu après, qu'il auroit peine à trouver dans Rome le nom d'un philosophe, avant le temps de Scipion & de Lélius : « ils étoient, dit-il, » fort jeunes, l'un & l'autre, lorsqu'Athènes » députa vers notre sénat Diogène & Carnéade, » celui-ci de la secte *académique*, né à Cyrène, » celui-là stoïcien, né à Babylone (2). Or quelle

_____

(1) Polyb. lib. 6. cap. 9. lib. 9. cap. 3. & exempl. des vertus & des vices, cap. 73. parmi les extraits de Valois.

(2) Hanc amplissimam omnium artium bene vivendi disciplinam, vita magis quam litteris persecuti sunt. *Cicer. Tuscul. lib. 4. cap. 3.*

(3) Optima hæreditas à patribus traditur liberis, omnique patrimonio præstantior, gloria virtutis, rerumque gestarum. *Cicer. offic. lib. 1 cap. 33.*

_____

(1) Jam illa, quæ natura, non litteris assecuti sunt, neque cum Græcia, neque ullà cum gente sunt conferenda. Quæ enim tanta gravitas, quæ tanta constantia, magnitudo animi, probitas, fides, quæ tam excellens in omni genere virtus in ullis fuit, ut sit cum majoribus nostris comparanda ? *Cicer. Tuscul. lib. 1. cap. 1.*

(2) Cicéron auroit pu ajouter : & Critolaus, péripatéticien, qui étoit aussi de l'ambassade. *Voyez* Aulugelle, l. 7. c. 14.

» apparence, *continue Cicéron*, qu'on les eût tirés » de leur école, pour une telle ambaſſade, eux » qui n'avoient jamais eu de part au gouverne- » ment d'Athènes, ſi dès lors quelques - uns » de nos principaux ſénateurs n'avoient pas eu » le goût de la philoſophie ? ».

Il eſt vraiſemblable, comme le penſe Cicéron, qu'il y avoit alors parmi les ſénateurs romains quelques amateurs de la philoſophie, puiſque l'ambaſſade dont il s'agit, ſe fit en 597; ce qui s'accorde avec ce que je viens de dire, que le goût pour la philoſophie s'introduiſit à Rome vers l'an 585, après la conquête de la Macédoine. On ſait que le vainqueur de Perſée, avant de repaſſer en Italie, demanda aux athéniens un excellent philoſophe pour achever l'éducation de ſes fils : ils lui donnèrent Métrodore qu'il emmena avec lui. Cette conduite de Paul-Emile fit croire à quelques autres philoſophes grecs qu'ils ſeroient bien reçus à Rome; pluſieurs vinrent s'y établir, & ouvrirent des écoles : ils eurent un aſſez grand nombre d'auditeurs dans une ville où régnoient le repos & l'abondance ; mais ces exercices inuſités juſques-là, donnèrent de l'inquiétude au gouvernement qui conſervoit encore quelques reſtes des principes & des moeurs antiques. Bientôt le ſénat rendit un décret par lequel il étoit ordonné aux philoſophes & aux rhéteurs de ſortir de Rome (1).

C'eſt cinq à ſix années après cet édit, qu'Athènes fit la fameuſe députation dont parle Cicéron. Les athéniens avoient été condamnés par une ſentence des ſicyoniens rendue ſous l'autorité du ſénat, à une amende de cinq cent talens pour avoir ravagé les terres de la ville d'Orope. Les athéniens mécontens du jugement réſolurent de s'adreſſer au ſénat même, pour obtenir la remiſe de l'amende. Je ne ſais s'ils eurent intention de flatter quelques ſénateurs, en compoſant l'ambaſſade de trois fameux philoſophes ; mais il eſt certain qu'ils choiſirent ceux qu'ils crûrent les plus capables de défendre leur cauſe, & d'emporter, pour ainſi dire, la grace qu'ils demandoient : il y a toute apparence qu'ils avoient très-bien fait leur choix (2) : Carnéade, ſur-tout, homme vif, plein de feu & d'imagination, ſe diſtingua par ſon ſavoir & par ſon éloquence : c'eſt lui qui fut le fondateur de la troiſième *académie* ; *voyez* l'article ACADÉMICIENS (*philoſophie des*) nous aurons occaſion d'en parler.

La plupart des jeunes gens de Rome s'empreſſèrent d'aller viſiter Carnéade & les deux autres philoſophes membres de l'ambaſſade : ils prirent tant de plaiſir à écouter les leçons de ces maîtres célèbres, qu'ils ne ſe laſſoient pas de les entendre. Caton, un de ces citoyens vertueux déſignés dans ce vers d'Ennius,

Moribus antiquis, res ſtat romana, viriſque;

Caton, dis-je, alarmé du concours de la jeuneſſe romaine auprès de ces trois philoſophes & des applaudiſſemens qu'on prodiguoit à leurs diſcours, fit de vifs reproches aux ſénateurs, de ce qu'ils retenoient ſi long-temps ces ambaſſadeurs dans Rome. « Qu'on les congédie promptement, di- » ſoit-il, de peur que notre jeuneſſe, corrom- » pue par les ſubtilités des grecs, ne s'écarte » de la ſimplicité des moeurs anciennes ; qu'ils » s'en retournent dans leurs écoles, & qu'ils » y inſtruiſent tant qu'ils voudront les enfans des » athéniens ; mais que les enfans des romains » n'écoutent ici que les loix & les magiſtrats » comme ils faiſoient avant l'arrivée de ces phi- » loſophes ».

Le ſénat, ſoit par ſimple conſidération pour Caton, ſoit que ſon avis parût ſage, ſe hâta de donner aux députés d'Athènes leur audience de congé.

Le départ de ces hommes célèbres ne ralentit pas le goût que la jeuneſſe romaine avoit conçu pour la philoſophie : les ſavans en tout genre qui venoient fréquemment de Grèce en Italie, fortifièrent cette inclination : enfin le gouvernement s'y prêta, & bientôt Rome devint comme le rendez-vous d'un grand nombre de philoſophes qui tous, à beaucoup près, ne méritoient pas également ce titre.

Scipion & Lélius qui deſiroient ſincèrement former leur eſprit & leur coeur, s'attachèrent au philoſophe Panétius ſtoïcien, aſſez exempt de prévention pour abandonner les déciſions du portique lorſqu'elles ne lui paroiſſoient pas ſuffiſamment établies. Panétius trouva dans ſes deux diſciples le germe de toutes les vertus ; ils goûtèrent ſa morale qui affermit en eux les nobles ſentimens de leur beau naturel. Scipion fit revivre en ſa perſonne les vertus de Scipion l'africain ſon ayeul, & de Paul-Emile ſon père : actions, diſcours, ſentiment, on ne vit rien que de louable en lui pendant tout le cours (1) de ſa vie : Lélius joignoit à beaucoup d'eſprit & de goût pour les ſciences une candeur & une bonne foi qui lui faiſoit rendre juſtice au mérite

---

(1) En 591, ſous le conſulat de Strabon & de Meſſala.

(2) L'amende fut réduite à cent talens.

(1) *P. Scipio Æmilianus, vir avitis P. africani paternisque L. Pauli virtutibus ſimillimus, omnibus belli ac togæ dotibus.... qui nihil in vita niſi laudandum, aut fecit, aut dixit, aut ſenſit. Patercul. lib. 1.*

d'autrui, même à son propre préjudice (1). Pour tout dire en un mot, l'un & l'autre furent des modèles dignes des premiers siècles de la république. Ils portèrent une tendre amitié à Panétius qu'ils admirent à leur familiarité, confiance que méritoit bien un maître qui avoit l'ame aussi belle que celle de ses disciples (2). C'est à ce célèbre stoïcien qu'un jeune homme demanda s'il étoit permis au sage d'aimer : » à l'égard du sage, répondit Panétius, c'est une » question que nous pourrons examiner une autre » fois, mais pour vous & pour moi qui sommes » bien éloignés de la sagesse, nous ferons » parfaitement bien de nous défendre de l'a-» mour » (3).

Si tous les philosophes eussent été des Panétius, & tous les disciples, des Scipions & des Lélius, l'enseignement de la philosophie dans Rome, eût, sans doute, contribué à épurer les mœurs, à encourager le patriotisme, à exciter l'ame aux plus grandes actions. il faut l'avouer, on s'est efforcé envain de jetter un ridicule sur le stoïcisme (voyez cet article) jamais il n'y a eu de secte qui ait fait autant d'honneur à l'humanité, que celle des stoïciens : je ne prétends pas justifier les vices qu'on a reprochés à quelques-uns d'entr'eux, ce sont des défauts de la personne & non pas de leurs dogmes qui, bien imprimés dans l'esprit & dans le cœur, pouvoient seuls faire, dans le paganisme des gens de bien, des citoyens, des grands hommes. Invoquer la divinité, la bénir, la louer, lui obéir sans réserve, faire le bien pour le bien même, passer sans cesse d'une bonne action à une bonne action; étendre son affection à tous les hommes; toujours préférer l'intérêt commun à son intérêt particulier; travailler continuellement au bonheur de ses semblables; mépriser les richesses & les grandeurs; se trouver heureux dans l'infortune, être sage malgré les passions, enfin faire consister le souverain bien de l'homme dans la seule vertu, voilà le précis de la morale des stoïciens.

C'est celle que Panétius enseignoit; elle plut à Lélius & à Scipion; mais à Rome, comme à Athènes, il y avoit des philosophes de plusieurs sectes, & qui par conséquent suivoient une route différente dans l'explication de la nature & de la morale; chacun s'attachoit à la secte qu'il trouvoit la plus conforme à son goût, d'où les Romains apprirent à penser autrement que leurs ancêtres sur les Dieux, sur la providence, sur la religion, sur la vertu. « Cependant, disoit » Caton, les gens de bien qui ont été dans » la république, & dont nous avons ouï parler, » ou que nous avons vus, & qui ont fait tant » de choses louables sans aucune autre instruc-» tion que celle de la nature, ont été bien » mieux instruits par la nature seule, qu'ils » n'auroient pu l'être par la philosophie, à » moins qu'ils n'eussent suivi celle qui ne met » au nombre des biens, que ce qui est hon-» nête, & au nombre des maux que ce qui est » honteux (1) ».

Cette philosophie eut peu de sectateurs, mais on suivit avec empressement celle qui faisoit consister le souverain bien dans la volupté; on voit que je veux parler de la philosophie Epicurienne. (*Voyez* ÉPICURÉISME); le chef de cette secte entendoit par volupté, c'est lui-même qui l'explique (2), les plaisirs du goût & du toucher, les spectacles, les concerts, & tous les différens objets qui peuvent frapper agréablement la vue (3).

Sur la fin du cinquième siècle de la république, cette doctrine étoit encore si inconnue à Rome, que Fabricius & les honnêtes gens ses contemporains furent dans le plus grand étonnement d'entendre dire qu'un homme d'Athènes qui se disoit philosophe, enseignât que la volupté devoit être la fin de toutes nos actions. « Plût à Dieu, disoient en riant ces sages Romains, qu'on pût inspirer un tel sentiment aux » Samnites & à Pyrrhus même, il seroit facile » de les vaincre ». (*Cic. de senect.* c. 13).

---

(1) C'est à l'occasion de Lélius que Cicéron dit in Bruto : *erat omnino tunc mos, ut in reliquis rebus melior, sic in hoc ipso humanior ut faciles essent in suum cuique tribuendo.*

(2) Homo inprimis ingenuus & gravis, dignus illâ familiaritate Scipionis & Lælii, Panætius. *Cicer. de finib. lib. 4. cap. 9.*

(3) De sapiente, inquit, videbimus : mihi & tibi qui adhuc à sapientia longè absumus, non est committendum ut incidamus in rem commotam, impotentem, alteri emancipatam, vilem sibi. *Senec. Ep. 116.*

(1) Bonos viros, fortes, justos, moderatos, aut audivimus in republica fuisse, aut ipsi vidimus; qui sine ulla doctrina, naturam ipsam secuti, multa laudabilia fecerunt: eos melius a natura institutos fuisse, quam instituti potuissent a philosophia si ullam aliam probavissent praeter eam quae nihil aliud in bonis habet, nisi honestum, nihil nisi turpe, in malis. *Caton d'Utique que Cicéron fait parler, de finib. lib. 3. cap. 3.*

(2) Dans un ouvrage qui contient toute la doctrine d'Epicure, & que Cicéron avoit lu; car c'est Cicéron qui parle ici, & non pas un interlocuteur : *in eo quidem libro qui continet omnem disciplinam tuam, Epicure dicis hæc* Tuscul. lib. 3. n°. 18.

(3) Non enim verbo solum posuit voluptatem, sed explanavit quid diceret; saporem, inquit, & corporum complexum, & ludos atque cantus, & formas eas quibus oculi jucundè moveantur. *Tuscul. lib. 3. n°. 19. & 20.*

Si dans ce tems un philosophe Epicurien se fût avisé de venir dogmatiser à Rome, on l'eût, sans doute promptement expulsé : environ cent ans après, ils s'y introduisirent : c'est d'eux que Lélius veut parler, quand il dit « qu'il est d'une » opinion bien différente de celle de ces gens » qui répandent depuis peu dans Rome, que » l'ame meurt avec le corps, & que la mort » détruit également l'un & l'autre (1) ».

A compter de cette époque, les philosophes Epicuriens ne désemparèrent pas de la ville, & même quelques uns publièrent des ouvrages de leur façon en langue latine, & particulièrement un certain Amafinius, qui donna un traité complet de la doctrine d'Epicure. Tout le monde l'embrassa avec vivacité, & même le peuple (2), ou parce qu'il étoit facile de l'apprendre, ou parce que les charmes de la volupté y portoient, ou peut-être aussi, parce qu'on n'avoit encore rien publié à Rome de meilleur en matière de philosophie. Une foule d'écrivains marcha sur les traces d'Amafinius ; ils inondèrent de leurs ouvrages toute l'Italie ; & au lieu de conclure que leur doctrine étant ainsi à la portée & au goût de l'ignorance, elle ne devoit pas être quelque chose d'excellent, ils prétendirent que c'étoit au contraire ce qui en faisoit voir la solidité (3).

Cicéron de qui j'emprunte ce que je viens d'avancer, disoit « qu'il vouloit bien supposer » de bonnes intentions à ces philosophes, mais » qu'ils n'avoient eu ni assez de savoir pour » bien instruire, ni assez de talent pour s'exprimer avec élégance, & que s'ils se trouvoient » à se faire lire, c'étoit seulement des gens de » leur secte, & de ceux qui vouloient qu'on » leur permît d'écrire dans le même goût (4) ».

Les ouvrages dont Cicéron faisoit si peu de cas, ne nous sont point parvenus ; mais nous avons les six livres de la nature dans lesquels Lucrèce développe d'une manière très-séduisante le systême & la doctrine d'Epicure. Le Poëte y représente son maître comme le premier des humains qui ait eu le courage de s'élever contre les préjugés qui aveugloient l'univers.

Certainement Cicéron ne pouvoit pas mettre le poëme de Lucrèce au nombre des ouvrages aussi mal digérés que mal écrits : cependant il n'en fait mention dans aucun de ses ouvrages philosophiques, il en dit seulement un mot dans une lettre à son frère, où il lui marque simplement ; *Lucretii poemata, ut scribis, ita sunt multis luminibus ingenii, multa tamen artis.* Je ne sais d'où provient ce silence de Cicéron, sur un ouvrage qu'il estimoit sans doute, puisqu'il se donna la peine de le corriger après la mort de l'auteur : seroit-ce une prudence de sa part, pour ne pas contredire ce qu'il répète plusieurs fois, que la philosophie n'avoit pas encore dans la langue latine, d'auteurs qui lui eussent donné une sorte d'éclat (1) ? Seroit-ce pour s'attribuer la gloire d'être le premier qui eût traité en latin les questions philosophiques, avec toutes les grâces qui dépendent du langage (2) ? Seroit-ce, enfin, par une espèce de scrupule ; c'est l'opinion de l'abbé d'Olivet, qui pense que Cicéron a affecté ce silence pour ne rien dire à la gloire d'une secte qu'on ne pouvoit trop décrier (3).

Quoi qu'il en soit, les philosophes des autres sectes se contentoient d'enseigner, & leurs disciples les imitèrent ; ils ne publièrent point d'ouvrages : aussi Cicéron se plaint-il de ce que les Romains avoient très-peu écrit sur cette véritable, sur cette belle philosophie, que Socrate avoit fait descendre du ciel, & qui s'étoit perpétuée, tant parmi les péripatéticiens, que parmi les stoïciens & les académiques (4) : cette inac-

___

(1) Neque enim assentior iis qui hæc nuper disserere cœperunt cum corporibus simul animos interire, atque omnia morte deleri. *Cicer. de amicit. cap. 4.*

(2) Nescio quomodo is qui auctoritatem minimam habet, maximam vim, populus cum illis facit, id est cum defensoribus Epicuri. *De finib. lib. 2. c. 14.*

(3) C. Amafinius extitit cujus libris editis commota multitudo contulit se ad eamdem potissimum disciplinam, sive quod erat facilis cognitu, sive quod invitabatur illecebris blandæ voluptatis, sive etiam quia nihil erat prolatum melius illud quod erat, tenebant. Post Amafinium autem, multi ejusdem æmuli rationis multa cum scripsissent, Italiam totam occupaverunt. *Cicer. Tuscul. lib. 4. cap. 3. & quæst. acad. lib. 1. cap. 1. & 2.*

(4) Multi jam esse libri latini dicuntur... Itaque suos libros ipsi legunt cum suis, nec quisquam attingit præter eos qui eamdem licentiam scribendi sibi permitti volunt. *Tuscul. lib. 1. cap. 3. quæst. acad. lib. 1. cap. 2.*

Philosophie anc. & mod. Tome I.

(1) Philosophia jacuit usque ad hanc ætatem, nec ullum habuit lumen litterarum latinarum. *Tuscul. lib. 1. cap. 3.*

(2) Hanc enim perfectam philosophiam semper judicavi quæ de maximis quæstionibus copiose posset ornateque dicere ; in quam exercitationem ita nos studiosi operam dedimus, ut jam etiam scholas græcorum more habere auderemus. *Tuscul. lib. 1. cap. 4.*

(3) Il est bon d'observer que nous n'avons pas tous les ouvrages de Cicéron, & qu'il pourroit arriver qu'il eût parlé du poëme de Lucrèce dans ceux qui sont perdus.

(4) Illius veræ elegantisque philosophiæ quæ ducta à Socrate in peripateticis adhuc permansit, & idem alio modo dicentibus stoicis, cum academici eorum controversias disceptarent, nulla fere sunt aut pauca admodum latina monumenta. *Tuscul. lib. 4. cap. 3.*

tion & cette stérilité provenoient de plusieurs causes qu'il est à propos d'examiner.

Il faut avouer que du tems de Cicéron les sciences & les arts avoient déjà fait de grands progrès chez les Romains : l'émulation s'étoit tellement emparée des esprits, que non seulement les hommes, mais aussi les femmes, & celles même que selon nos mœurs nous appellerions *élégantes*, cultivoient les belles-lettres avec beaucoup de succès. Sempronia qui, au rapport de Salluste, réunissoit tous les talens dangereux qui rendent le vice aimable, possédoit parfaitement les langues grecque & latine, & faisoit des vers avec facilité.

Quant à la philosophie, les progrès n'avoient pas été les mêmes. Depuis que les Grecs étoient venus s'ériger en docteurs à Rome, elle étoit remplie d'une infinité de sectes qui avoient chacune leurs partisans ; les uns, ennemis déclarés de la philosophie, saisissoient toutes les occasions de la tourner en ridicule (1) ; d'autres moins passionnés, & même gens de mérite, désapprouvoient seulement l'étude de la philosophie ; quelques uns, plus indulgens, permettoient de s'en occuper, sans néanmoins y consacrer trop de tems & trop de soin ; plusieurs, & c'étoit le grand nombre, se faisoient gloire d'être attachés à une secte ; mais contens de pouvoir en parler superficiellement, ils n'en approfondissoient pas les principes, parce que bien des gens s'imaginoient qu'il n'étoit pas de la dignité des personnes de nom, ni de celles qui occupoient les grandes places, de faire des compositions philosophiques (2) ; & que d'ailleurs, la langue latine n'étoit ni assez riche, ni assez énergique pour traiter des matières si importantes & si sublimes (3) ; d'autres enfin qui avoient été dans les écoles des Grecs, craignoient de ne pouvoir dire en latin ce qu'ils ne savoient qu'en grec, & cette timidité les avoit empêchés de faire part de leurs connoissances à leur patrie (1) : il n'est donc pas étonnant que la secte d'Epicure, jusqu'alors la seule qui avoit donné son système philosophique en langue latine, eût fait un si grand nombre de prosélytes, d'autant plus que ses dogmes s'accordoient avec le penchant naturel qu'ont les hommes à satisfaire leurs passions.

Les Epicuriens ne restèrent cependant pas sans adversaires : les partisans des autres sectes, & particulièrement ceux qui faisoient profession du stoïcisme, s'élevèrent avec chaleur contre une doctrine qui enseignoit la volupté, & dont les principes conduisoient à une indifférence & à un égoïsme funeste à la société. D'un autre côté les péripatéticiens & les philosophes *académiques*, d'ailleurs peu d'accord entr'eux, étoient en grand débat avec les stoïciens, principalement sur quelques définitions concernant la morale.

Telles étoient les choses relativement à la philosophie, lorsque Cicéron se proposa de traiter en latin les mêmes matières que Platon, Aristote, Carnéade, Théophraste & tant d'autres, avoient traitées en grec : il étoit réservé à ce grand génie, de faire habiter les grâces sur le front austère de la philosophie.

L'orateur philosophe réunissoit à l'art de bien dire l'avantage de connoître la beauté & la force de la langue grecque, comme de la sienne propre (2), & de posséder tout ce que les anciens avoient écrit sur la morale & sur les sciences.

Son goût pour la philosophie ne fut l'effet ni de l'ennui, ni de ses disgrâces : il l'avoit cultivée dès sa jeunesse, & elle avoit continué d'être l'objet de ses méditations & de ses lectures, dans le tems même où ses emplois & ses dignités l'obligeoient de se dévouer tout entier à la république (3) : il nous apprend lui-même que sa mai-

---

(1) *Ut philosophia quidem tantum abest ut.... laudetur, ut à plerisque neglecta à multis etiam vituperetur. Tuscul. lib. 5. cap. 2. Videsis, lib. 2. cap. 1.*

(2) *Nam quibusdam & iis quidem non admodum indoctis totum hoc displicet philosophari. De finib. lib. 1. cap. 1.*

Sunt enim plures qui omnino non ament philosophiam ; reliqui qui etiamsi hoc non improbent, tamen earum rerum disputationem principibus civitatis, non ita decoram putant. In Lucull. cap. 2. de offic. lib. 2. cap. 1. de finib. lib. 1. cap. 1.

(3) *Ego autem mirari non queo unde hoc sit tam insolens domesticarum rerum fastidium.... sæpe disserui latinam linguam, non modo non inopem, ut vulgo putarent, sed locupletiorem etiam esse quam græcam. Cicer. de finib. lib. 1. cap. 1. 2. 3.*

(1) *Complures enim græcis institutionibus eruditi ea quæ didicerant cum civibus suis communicare non poterant, quod illa quæ à græcis accepissent, latine dici posse diffiderent. Cicer. de natura deorum. lib. 1. cap. 4.*

(2) « Tous les jours, dit Cicéron, je m'exerçois à déclamer ; c'étoit souvent en latin, mais plus souvent en grec, soit parce que cette langue qui est féconde en beautés, m'apprenoit insensiblement à enrichir la nôtre, soit parce que mes maîtres étant grecs, ils n'auroient pu m'avertir de mes fautes, si je n'avois pas déclamé dans leur langue ». *De clar. orator. n°. 90.*

« Vous semble-t-il, dit Cicéron dans un autre endroit, que j'entende assez la force des mots, & que j'aie encore besoin d'apprendre à parler grec ou latin ; cependant comme je crois savoir parfaitement le grec, *luculenter sciam*, &c ». *De finib. lib. 2. cap. 5.*

(3) *Ad philosophiam retulissem, cui cum multum*

son étoit le rendez-vous des savans, & qu'il avoit été formé par les plus grands maîtres de son siècle, Diodotus, Philon, Antiochus & Posidonius (1). Ce dernier dont Cicéron tenoit à honneur d'être le disciple & l'ami (2), jouissoit d'une si grande réputation que Pompée, à qui l'orient & l'occident s'étoient soumis, abaissa devant lui les faisceaux de l'empire (3). Posidonius étoit stoïcien.

Diodotus étoit de la même secte : Cicéron l'eut pour maître dès ses plus tendres années, qu'il employa jour & nuit à l'étude. Il ne se lassa jamais d'admirer ce philosophe, & il lui porta une si grande affection qu'il se crut heureux de le pouvoir conserver dans sa maison, jusqu'à la fin de ses jours (4). Il n'eut pas moins d'estime & d'attachement pour Antiochus, zélé philosophe de l'ancienne *académie*, qu'il alla entendre très-assidument pendant son séjour à Athènes. Cicéron avoit alors 26 ans. La manière de parler d'Antiochus, qui étoit douce, coulante, pleine d'agrément & de charmes, l'enchanta tellement, qu'elle augmenta son ardeur pour la philosophie (5), dans laquelle il avoit déjà fait de grands progrès à l'école de Philon, qui étoit venu se réfugier à Rome pendant la guerre de Mithridate : Cicéron étoit alors fort jeune, (environ 19 ans), il se livra tout entier à ce philosophe, un des soutiens de la troisième *académie*, (*voyez* l'art. précédent), & bientôt il tint le premier rang parmi ses disciples. Cicéron parle de Philon avec beaucoup d'éloges, sans cependant le mettre au nombre de ceux de ses maîtres qu'il chérit particulièrement (1). Enfin Cicéron avoit aussi été aux écoles des Epicuriens : il paroît même qu'ils furent ses premiers maîtres; au moins il n'avoit pas encore 15 ans lorsqu'il prit des leçons de Phèdre, alors chef de la secte d'Epicure. C'est ce Phèdre que dans sa première jeunesse il considéroit comme un grand philosophe, avant d'avoir connu Philon, *antequam Philonem cognovimus, valde, ut philosophus probabatur*. Dans la suite, Cicéron entendit Phèdre dans les jardins d'Epicure, ainsi que Zénon, célèbre philosophe de la même secte; c'est Cicéron lui-même qui nous l'apprend.

« J'ai entendu, *dit-il*, Phèdre & Zénon, & » à moins qu'on ne les regarde comme des im- » posteurs, on doit croire que je possède par- » faitement la doctrine d'Epicure; l'exactitude » avec laquelle ils l'expliquoient, est tout ce que » j'en ai approuvé; je les ai même souvent en- » tendus avec Atticus, qui les admiroit tous deux, » & qui aimoit particulièrement Phèdre : quel- » quefois nous nous entretenions sur ce qu'ils » avoient dit, & jamais nous n'avions de dis- » pute sur le sens des paroles, mais seulement » sur les opinions même ». (*De finib*. lib. 1 , c. 5).

D'après ces témoignages, je croirois que jamais Romain ne porta si loin que Cicéron, le goût & l'ardeur pour la philosophie. Peut-être Lucrèce se vantoit-il avec raison d'avoir fait paroître le premier la philosophie dans Rome avec les agrémens de la langue latine.

Denique natura hæc rerum, ratioque reperta est
Nuper, & hanc primus cum primis ipse repertus
Nunc ego sum, in patrias qui possim vertere voces.

Mais Lucrèce avoit seulement traité le système d'Epicure : Cicéron, au contraire, avoit embrassé tous les systêmes ; il les médita, il les approfondit, & se familiarisa tellement avec ces sciences sublimes, qu'il se rendit capable de les exposer de manière à être compris de tout le monde ;

---

adolescens, discendi causâ, temporis tribuissem, postea quam honoribus inservire cœpi, neque totum reipublicæ tradidi, tantum erat philosophiæ loci, quantum superfuerat amicorum & reipublicæ temporibus; id omne consumebatur in legendo, scribendi otium non erat. *De offic. lib. 2. cap. 1.*

Nos autem nec subito cœpimus philosophari, nec mediocrem a primo tempore ætatis, in eo studio operam curamque consumpsimus, & cum minimè videbamur, tum maximè philosophabamur. *Cicer. de nat. deor. lib. 1. cap. 3.*

(1) Doctissimorum hominum familiaritates quibus semper domus nostra floruit; & principes illi, Diodotus, Philo, Antiochus, Posidonius à quibus instituti sumus. *De nat. deor. lib. 1. cap. 3.*

(2) In primisque familiarem nostrum Posidonium. *De finib. lib. 1. cap.* ..... Noster Posidonius quem & sæpe ipse vidi. *Tuscul. lib. 2. cap. 25.*

(3) Pline le naturaliste rapporte que Pompée ayant passé exprès par Rhodes pour voir Posidonius, défendit à son licteur de frapper de sa baguette la porte de la maison de cet homme célèbre, liv. 7.

(4) Diodoto quid faciam stoico? quem à puero audivi, qui mecum vivit tot annos, qui habitat apud me, quem & admiror & diligo. *In Lucullo, cap. 36.*

At vero.... ego noctes & dies in omnium doctrinarum meditatione versabar; eram cum Diodoto stoico, qui habitavisset apud me, mecumque vixisset, nuper est domi meæ mortuus. *De clar. orat. nº. 90.*

(5) Cum venissem Athenas, sex menses cum Antiocho, veteris academiæ nobilissimo & prudentissimo fui, studiumque philosophiæ numquam intermisum, à primaque adolescentia cultum & semper auctum, hoc rursus summo autore & doctore renovavi. *De clar. orator. nº. 91.*

(1) Eodemque tempore, cum princeps academiæ Philo, cum Atheniensium optimatibus Mithridatico bello, domo profugisset, Romamque venisset, totum ei me tradidi admirabili quodam ad philosophiam studio concitatus, in qua hoc etiam commorabar attentius quod, &c. *De claris orator. nº. 89.*

ce qui a donné lieu à Erasme de dire que Cicéron avoit fait monter la philosophie sur le théâtre, *proscenium*, & lui avoit enseigné à parler si clairement, que le parterre même se trouvoit en état de l'entendre & de l'applaudir.

Ce fut, sans doute, dans le dessein de parvenir à ce degré de perfection, que Cicéron adopta celle des sectes *académiques* qui obligeoit ses sectateurs d'étudier historiquement les différentes opinions des philosophes, pour se rendre capable de discuter tous les systêmes, dans la vue de trouver la vérité (1); vrai moyen d'apprendre à bien & solidement philosopher, sans se jetter d'une extrémité à l'autre, (*voyez* l'art. précédent).

Cette secte dont le propre étoit d'exposer le pour & le contre, de ne rien décider, & de laisser à chacun à se déterminer par l'évidence de la chose, sans le secours d'aucune autorité, fut fondée, selon Cicéron, par Socrate, renouvellée par Arcésilas, & affirmée par Carnéade. (*Voyez* sur tout cela l'art. *académiciens*, où l'on trouve à cet égard tous les éclaircissemens qu'on peut désirer, avec les preuves exactes des faits & des opinions qu'on y rapporte & qu'on y discute).

Telles sont les trois époques de l'académie, qui, comme l'on sait, tiroit sa dénomination du lieu où Platon, disciple & successeur de Socrate, donnoit ses leçons. (*Voyez* ACADÉMIE).

Socrate crut devoir suivre dans sa manière d'enseigner une route différente de celle des philosophes ses contemporains ; s'étant apperçu que leur présomption les avoit égarés, il introduisit l'usage de philosopher par demande & par réponse, expédient qui mettoit ses auditeurs dans la nécessité de développer leurs sentimens, qu'ensuite il prenoit plaisir à discuter, sans cependant rien résoudre ni affirmer (2).

Socrate, en admettant cette méthode, n'eut jamais le dessein de jetter de l'incertitude sur tout, il vouloit seulement combattre les préjugés & les détruire, en faisant tomber dans des contradictions les sophistes de son tems, qui,

---

(1) *Quod facere iis necesse est quibus propositum est veri reperiendi causâ, & contra omnes philosophos & pro omnibus dicere. De natur. deor. lib. 1. cap. 5.*

(2) *Socrates percontando atque interrogando elicere solebat eorum opiniones quibuscum disserebat ut ad ea quæ ii respondissent, si quid videretur, diceret. De finib. lib. 2. cap. 1.*

Socrates de se ipse detrahens in disputatione, plus tribuebat iis quos volebat refellere. In Lucull. cap. 5.

---

n'ayant pas encore en main la pierre de touche de la vérité, éblouissoient la jeunesse d'Athènes par leur fausse éloquence & leur mauvaise dialectique; & quoique Socrate parût ne rien résoudre, il ne laissoit pas de conduire l'esprit où il devoit aller pour recevoir les lumières qui servent à faire les véritables décisions ; d'ailleurs, il étoit aisé de sentir combien ses raisons étoient supérieures à celles de ses adversaires, & que c'étoit par ironie qu'il affectoit de ne pas décider (1).

A la vérité Socrate avoit coutume de répéter fréquemment qu'il savoit qu'il ne savoit rien, *scire se nihil scire* : mais ce seroit mal interpréter un discours si modeste, que d'en inférer que Socrate eût voulu introduire l'incertitude dans toutes les connoissances. On ne peut pas douter que ce philosophe ne fût persuadé que la vertu étoit le premier de tous les biens, puisqu'il faisoit consister la vraie félicité dans la pratique de la vertu. Il savoit également qu'il y avoit une divinité, puisqu'il parloit souvent des devoirs qu'on doit lui rendre, & des bienfaits dont elle comble les hommes.

Lors donc que Socrate disoit qu'il étoit seulement assuré de savoir une chose, c'étoit de ne savoir rien, il s'exprimoit ainsi pour confondre l'orgueil de ces sophistes, de ces faux savans, qui, se regardant comme des oracles, se vantoient d'avoir des sciences qu'ils ne possédoient pas. « Je sais que je ne sais rien, disoit-il, c'est par-là que je surpasse ceux qui croyent savoir ce qu'ils ne savent pas, & c'est pour cette raison que l'oracle m'a déclaré le plus sage de tous les hommes » (2); voulant dire que celui là est le plus sage qui reconnoît qu'il n'y a véritablement aucune sagesse en lui. aussi Lucullus, dans Cicéron, ôte-t-il formellement Socrate & Platon du nombre de ceux qui nient que l'on puisse avoir rien d'assuré ; *quorum è numero qui negassent quidquam sciri aut percipi posse, tollendus est Plato & Socrates.* (*academic. quæst. l. 2. c. 5*).

---

(1) *Sed & illum quem nominavi, Gorgiam & cæteros sophistas, ut à Platone intelligi potest, lusos videmus à Socrate. De finib. lib. 2. cap. 1.*

Socratem opinor in hac ironia dissimulantiaque longè lepore & humanitate omnibus præstitisse. De orator. lib. 2. cap. 67.

(2) *Socrates in omnibus ferè sermonibus... ita disputat ut nihil affirmet ipse, refellat alios, nihil se scire dicat, nisi idipsum, eoque præstare cæteris quod illi quod nesciant, scire se putent, ipse se nihil scire, id unum sciat. Ob eamque rem se arbitrari ab Apolline omnium sapientissimum esse dictum quod hæc esset una omnis sapientia non arbitrari sese scire quod nesciat. Quæst. acad. lib. 1. cap. 4.*

Platon, disciple de Socrate, persuadé qu'il étoit important d'entrer dans les vues de son maître, suivit la même route que lui. Tout le monde convient que ses dialogues, dans lesquels il semble devoir ne rien affirmer, contiennent les sentimens qu'il avoit empruntés de Socrate.

Après la mort de Platon, ses disciples se partagerent en deux sectes, qui eurent pour chefs Speusippe & Aristote. Speusippe continua d'enseigner dans l'*académie*, & ses sectateurs prirent le nom de philosophes *académiques*. Aristote établit ses écoles dans le lycée, lieu agréable, situé dans le faubourg d'Athènes ; ceux qui l'y suivirent furent appellés péripatéticiens.

Ces deux sectes qui avoient les mêmes principes à peu de chose près, abandonnèrent insensiblement la méthode observée par Socrate, de ne parler qu'en doutant, & de ne rien affirmer (1) : elles réduisirent la manière de traiter les questions à de certaines règles d'où vint l'art de la dialectique.

Quelque tems après, Arcésilas, disciple de Polémon & de Crantor, qui avoient occupé l'un & l'autre, la chaire de Platon, s'appercevant que l'*académie* étoit devenue aussi hardie dans ses assertions, & aussi affirmative dans ses décisions, que Socrate & Platon avoit été réservés, voulut, à l'exemple de ces deux grands maîtres, philosopher par demande & par réponse (2), c'est-à-dire, réfuter les erreurs, & ruiner les préjugés, plutôt que de développer positivement des vérités que les ignorans n'eussent pas comprises, & auxquelles les esprits mal intentionnés eussent donné une fausse interprétation ; *instituit vir.... dedocere potius quos patiebatur malè doctos, quam docere quos dociles non arbitrabatur.*

Peut-être Arcésilas, par opposition aux dogmatistes, & particulierement aux stoïciens, parut-il soutenir avec trop de chaleur le système de la suspension du jugement, ce qui le fit regarder comme un Sceptique, (*voyez* l'art. ACADÉMICIENS, &c.) ; quoique cependant il y ait lieu de croi e qu'il introduisit la suspension du jugement, non pas comme la dernière fin de la philosophie, ni comme son principal but, mais comme une disposition avantageuse pour éviter l'erreur (3). Cependant ses adversaires qui étoient intéressés à le décréditer, l'accuserent d'enseigner l'acatalepsie dans toute la force de l'expression, & de ne vouloir pas même avouer, comme Socrate, qu'il savoit, qu'il ne savoit rien (1) : ils le traitèrent de novateur ; sa secte fut appellée la seconde *académie*, & ensuite la moyenne.

Arcésilas eut plus d'auditeurs que de disciples (2) ; les dogmatistes prétendoient que ce philosophe n'en auroit même pas eu, si son éloquence & son habileté n'eussent, en quelque sorte, couvert & fait disparoître l'obscurité qui se trouvoit dans son système (3) ; & que d'ailleurs il avoit mis le trouble dans la philosophie, comme Tibérius Gracchus l'avoit mis dans la république ; reproche mal fondé, comme nous le prouverons ailleurs. Quoi qu'il en soit, Carnéade le plus ferme soutien de l'école d'Arcésilas, & comme lui zélé partisan de *la suspension du jugement*, comprit bien qu'il falloit nécessairement, pour ramener les esprits, apporter quelques adoucissemens aux assertions du chef de la moyenne *académie* ; il continua de s'accorder avec lui dans la manière de combattre les préjugés ; *in eadem Arcesila ratione permansit* ; mais il s'approcha de l'affirmative un peu plus qu'Arcésilas ; il convint qu'il y avoit des vérités, mais qu'il sembloit impossible de parvenir à les voir avec certitude ; qu'il y avoit des choses probables & qu'elles devoient être provisionnellement la règle de notre conduite ; qu'enfin le sage pouvoit quelquefois *opiner*, c'est-à-dire, recevoir quelques dogmes, quand même il seroit impossible de comprendre aucune chose par les sens (4).

Je n'examinerai pas si les modifications apportées par Carnéade au système attribué à Arcésilas, le rendoient au fond bien différent de ce qu'il étoit, j'observerai seulement qu'elles firent regarder Carnéade comme le chef d'une nouvelle secte qui prit le nom de nouvelle ou de troisième *académie* : elle s'acquit beaucoup de crédit &

---

(1) *Illam autem Socraticam dubitationem de omnibus rebus, & nullâ affirmatione adhibitâ consuetudinem disserendi reliquerunt. Academ. lib.* 1. *cap.* 4.

(2) *Qui mos, cum à posterioribus non esset retentus, Arcesilas eum revocavit. De finib. lib.* 2. *cap.* 1.

(3) *Arcesilam non obtrectandi causâ, cum Zenone* pugnavisse, *sed verum invenire voluisse sic intelligitur. In Lucull. cap.* 24.

Cum Zenone, ut accepimus, Arcesilas sibi omne certamen instituit, non pertinacia aut studio vincendi, ut mihi quidem videtur, sed earum rerum obscuritate quæ ad confessionem ignorationis adduxerunt Socratem. Cicer. acad. quæst. lib. 1. *cap.* 11.

(1) Voyez Cicéron *academic. quæst. lib.* 1. *cap.* 12. & l'article philosophie des anciens *académiciens*.

(2) *Vid.* Ciceron. *in Lucull. cap.* 6.

(3) *Id. ibid. cap.* 18.

(4) Voyez sur tout cela l'article précédent, où l'on trouve tous les éclaircissemens nécessaires sur les dogmes d'Arcésilas & de Carnéade. *Vide & Lucul. cap.* 21. 24.

de réputation; néanmoins du temps de Cicéron, elle étoit tombée au point qu'à peine avoit-elle quelques défenseurs (1) : c'est cette secte que Cicéron embrassa : il avoue lui même qu'on fut surpris de ce qu'il se déclara pour les intérêts d'une école abandonnée depuis long-temps, & de ce qu'il épousa une secte qui, au lieu d'éclairer l'homme, semble le jetter dans les ténèbres (2).

Cicéron, pour répondre à ces espèces de reproches, n'oublie pas, dans toutes les circonstances où il le croit nécessaire, de déduire les raisons du choix qu'il avoit fait de la secte *académique*, & de s'expliquer sur la manière dont il l'envisageoit (3). Il voulut entendre les plus grands maîtres de toutes les sectes, afin de se mettre en état de discuter les différens systèmes & ensuite de prendre de chacun ce qui lui paroissoit le plus vraisemblable, sans adopter les dogmes particuliers d'aucune école (4), parce qu'il avoit reconnu que ceux qui s'y étoient livrés servilement supportoient avec peine qu'on les attaquât ou qu'on les réfutât, & que souvent ils étoient obligés par l'enchaînement de leurs principes d'admettre des conséquences que sans cela ils auroient rejettées (5).

Cicéron veut donc donner toute la liberté de l'attaquer & de le réfuter, pour être en droit lui-même de contester tout & de discuter sur tout, non pas, dit-il, par ostentation, ni par le desir de faire prévaloir mes sentimens, mais par un pur amour de trouver la vérité. « J'ose l'affirmer, *ajoute-t-il*, je consens même qu'on ait de moi la plus mauvaise opinion si j'y suis engagé par un autre motif (6) ».

(1) Hæc à Carneade usque ad nostram viguit ætatem, quam nunc propè modum orbam esse in ipsa Græcia intelligo. *Cicer. de nat. deor. lib. 1. cap. 5.*

(2) Multis enim sensi mirabile videri eam nobis potissimum probatam esse philosophiam quæ lumen eriperet.. desertæque disciplinæ & jampridem relictæ Patrocinium, nec opinarum à nobis esse susceptum. *De nat. deor. lib. 1. cap. 3.*

(3) Voyez sur tout ceci l'article *Académiciens*, pag. 78. 79. & suiv. & alibi passim.

(4) Quoniam te nulla vincula impediunt ullius certæ disciplinæ, libasque ex omnibus quodcumque te maximè specie veritatis movet. *Tuscul. lib. 6. cap. 29.*

(5) Quod ii ferunt animo iniquo qui certis quibusdam destinatisque sententiis quasi addicti & consecrati sunt, eaque necessitate constricti ut etiam quæ non probare soleant, ea cogantur constantiæ causâ defendere. *Tuscul. lib. 2. cap. 2.*

(6) Ego enim si aut ostentatione aliqua adductus, aut studio certandi ad hanc potissimum philosophiam me applicavi, non modò stultitiam meam, sed etiam

Il est aisé de voir que Cicéron regardoit la secte *académique* comme le seul chemin qui pouvoit conduire à la vérité, & qu'il consideroit les autres comme des routes détournées ou particulières par lesquelles les dogmatiques pouvoient s'égarer du plus au moins dans la confusion de leurs préjugés. L'objet des philosophes *académiques*, en disputant, étoit de détruire l'erreur, & de renverser les opinions mal fondées, sans néanmoins démontrer positivement la fausseté des propositions qu'ils combattoient : d'où il est arrivé qu'on a mal interprété ces philosophes (1), & qu'au lieu d'avouer qu'ils avoient renoncé à toutes sortes de préjugés & de vaines assertions, on les a accusés de tout nier, & de renoncer à toutes sortes de sciences : enfin on a voulu les faire regarder comme des jardiniers mal-habiles qui au lieu de couper seulement les branches inutiles des arbres, & de déraciner les mauvaises herbes, auroient tout coupé & tout arraché. Mais outre qu'il n'est pas vrai que les philosophes *académiques* ayent tout retranché, c'est qu'ils donnoient aux probabilités & aux vraisemblances leur usage raisonnable (2). D'ailleurs Cicéron se déclara ouvertement contre le pyrrhonisme (3), & soutint que cette dangereuse doctrine dépouilloit ses sectateurs du droit de rien enseigner sur les devoirs de l'homme. (*voyez* PYRRHONIENNE (*philosophie*).

Il pensoit de même d'Aristippe qui disoit que la douleur étoit le souverain mal (4), & d'Epicure qui faisoit consister le souverain bien dans la volupté. Répétons les paroles mêmes de Cicéron :

» Tant que les disciples de ces philosophes
» se tiendront à leurs principes, & qu'ils vou-
» dront ne se pas démentir, ils ne pourront
» rien établir sur les devoirs de l'homme ; car
» lorsqu'on ne fait pas dépendre le souverain bien
» de la vertu & de l'honnêteté, & qu'au lieu
» de l'y faire consister, on ne le mesure que
» par l'utilité & l'intérêt, il est évident que si

mores & naturam condemnendam puto.... &c. *Cicer. academ. lib. 2. cap. 10.*

(1) Personne n'a mieux connu & n'a exposé plus fidèlement leurs vrais sentimens que l'auteur de l'article *Académiciens* (philosophie des). Il ne laisse rien à desirer sur cette matière.

(2) Voyez l'article cité dans la note précédente où l'on trouve sur les dogmes des différentes *académies*, des recherches très-exactes & très-philosophiques.

(3) Aristonis, Pyrrhonis, Herilli jampridem explosa sententia est. *De offic. lib. 1. cap. 2.*

(4) Aristippus non dubitavit summum malum dolorem dicere. *Tuscul. lib. 2. cap. 6. & passim.*

» l'on veut être d'accord avec soi-même, & que
» si la bonté du naturel ne l'emporte quelquefois
» sur les principes, on ne sauroit être ni bon
» ami, ni équitable, ni bienfaisant, comme aussi
» il n'est pas possible de trouver ni force dans
» celui qui croit que la douleur est le souverain
» mal, ni tempérance dans celui qui fait son
» souverain bien de la volupté ; c'est ce que
» j'ai prouvé assez longuement ailleurs, ajoute
» Cicéron, quoique la chose soit d'un degré de
» clarté à se faire sentir du premier coup-d'œil (1) ».

Cicéron n'étoit donc pas, comme quelques-uns l'en ont soupçonné, un homme qui ne crut rien : c'étoit un philosophe qui ne se laissant éblouir par l'autorité d'aucune secte, se réservoit le droit d'examiner le pour & le contre de toutes les opinions, & n'usoit de cette liberté que pour s'attacher à ce qu'il croyoit le moins douteux & le plus sain ; c'est même pour jouir de cette liberté qu'il embrassa la secte *académique* ; car il faut remarquer qu'il se contenta d'observer la méthode & les loix de l'*académie*, dans la manière de disputer, sans s'astreindre à suivre les opinions des individus de l'*académie*. Il avoua lui-même qu'il n'approuvoit pas les difficultés que Carnéade faisoit aux stoïciens sur la question de savoir si l'on trouve dans la vertu tout ce qu'il faut pour être heureux. « Ce phi-
» losophe, dit-il, n'aimoit pas les stoïciens ni
» leurs dogmes, il prenoit plaisir à les contre-
» dire à tout propos, & souvent même trop
» durement : mon dessein n'est pas d'en user
» ainsi, d'autant plus qu'étant d'accord avec
» eux sur le fait du souverain bien, il ne reste
» point de difficulté entre nous sur l'article
» principal, que le sage ne sauroit manquer d'être
» toujours heureux (2) ».

Il s'en falloit aussi beaucoup que Cicéron crût comme Carnéade, que le droit naturel étoit une pure chimère, *jus autem naturale nullum esse*. Cicéron, au contraire, s'applique à prouver dans son traité des loix, qu'il y a un droit naturel indépendant de l'institution des hommes, & qui tire son origine de la volonté de Dieu :
il fait voir que c'est là le fondement de toutes les loix justes & raisonnables (1).

Quoique Cicéron fût persuadé de la vérité & de la nécessité des principes qu'il avançoit, il n'ose pas se promettre que tout le monde les approuvât, parce qu'il savoit dans combien d'égaremens l'yvresse de l'esprit avoit jetté un grand nombre de philosophes ; il comptoit cependant sur l'approbation des anciens *académiciens*, des péripatéticiens & des stoïciens. Nous voyons même qu'il adopta celles des opinions des uns & des autres qu'il crut être les plus conformes aux loix de la conscience & de la raison. C'est dans ce sens qu'il faut interpréter Cicéron, lorsqu'il dit qu'il vivoit au jour la journée (2) ; c'est-à-dire, que toute espèce d'assertions de quelques sectes qu'elles vinssent, lui sembloient toûjours bonnes, dès qu'elles le conduisoient au chemin le plus droit pour découvrir la vérité ; qu'on ne devoit donc pas être étonné si un jour il employoit un argument des stoïciens, & le jour d'après un argument des péripatéticiens, parce qu'il pouvoit arriver que ces derniers eussent bien rencontré dans une question, & qu'ils se fussent trompés dans une autre, & ainsi des stoïciens. Il laissoit les philosophes se débattre entr'eux ; pour lui il n'alloit précisément qu'où il falloit aller, se déclarant tantôt pour les uns, tantôt pour les autres, selon que leurs opinions méritoient d'être combattues ou défendues (3) : car Cicéron ne vouloit se tromper avec personne, pas même avec Platon, quoique M. Rollin lui ait reproché d'avoir dit qu'il aimoit mieux se tromper avec Platon, que de penser juste avec les autres philosophes, *errare, me Hercule, malo cum Platone, ... quam cum istis vera sentire*. (Tuscul. l. 1. c. 17.) A la vérité Cicéron met ses paroles dans la bouche d'un de ses interlocuteurs, & il semble les approuver ; mais il suffit de lire ce qui précède & ce qui suit pour être

---

(1) Hic si sibi ipse consentiat & non interdum naturæ bonitate vincatur, neque amicitiam colere possit, nec justitiam, nec liberalitatem : fortis vero dolorem summum malum judicans ; aut temperans voluptatem summum bonum statuens, esse certè nullo modo potest : quæ quamquam ita sunt in promptu, ut res disputatione egeat, tamen sunt à nobis alio loco disputata. *Cicer. de offic. lib. 1. cap. 2.*

(2) Sed Carneades ut contra stoicos quos studiosissimè semper refellebat, neque quorum disciplinam ingenium ejus exarserat : nos illud quidem cum pace agemus, si enim stoici fines bonorum rectè posuerunt, confecta res est : necesse est semper beatum esse sapientem. *Tuscul. lib. 5. cap. 29.*

---

(1) Lex vera atque princeps, apta ad jubendum & ad vitandum, ratio est recta summi Jovis... quæ vis non modo senior est quam ætas populorum & civitatum, sed æqualis illius cœlum atque terras tuentis & regentis Dei. *Cicer. de legib. lib. 2. cap. 4 & 5.*

(2) Nos in diem vivimus, quodcumque nostros animos probabilitate percussit id dicimus. *Tusc. lib. 5. cap. 11.*

Conférez ici ce que l'auteur de l'article *Académiciens* dit de Cicéron, pages 78. 79. & suiv. Il nous paroît à cet égard beaucoup plus près de la vérité, que le savant dont nous employons ici les recherches & les recueils. Ce dernier veut à toute force faire de Cicéron un philosophe très-orthodoxe ; mais cela est beaucoup plus facile à dire qu'à prouver.

(3) Digladientur illi, per me licet, cui nihil necesse est, nisi ubi sit illud quod mihi verisimillimum videatur, inquirere. *Tuscul. lib. 4. cap. 21.*

assuré que c'étoit un langage fictif de la part de Cicéron, & qu'il parloit ainsi pour avoir occasion de développer les sentimens de Platon, principalement sur l'immortalité de l'ame. Au surplus écoutons Cicéron se justifier lui-même des imputations qu'on pouvoit lui faire d'avancer ou de réfuter quelquefois une assertion qui sembloit contredire celle qu'il avoit soutenue ou attaquée dans d'autres endroits de ses ouvrages.

» Quelqu'un s'étonnera, peut-être, c'est Ci-
» céron qui parle, de ce que la plupart des phi-
» losophes convenant, & moi-même ayant éta-
» bli dans plusieurs de mes traités, que quicon-
» que a une vertu, a toutes les autres, je les
» sépare présentement, & que je parle comme
» si un homme pouvoit avoir de l'habileté &
» de la prudence, sans avoir ni justice ni pro-
» bité : mais le langage est différent selon qu'il
» est question ou d'une discussion exacte de la
» vérité, ou de matières qui demandent qu'on
» s'accommode aux opinions communes : je parle
» donc présentement comme le vulgaire, quand
» je dis qu'il y a de la force dans les uns, de
» la probité en d'autres, & en d'autres de la
» justice (1) ».

Ailleurs, Cicéron dit : « dans l'opinion que
» j'ai suivie, comme la plus raisonnable, sur la
» nature des biens & des maux, il est aisé de
» faire voir qu'un insensé n'ayant pas de véri-
» table bien, ne peut avoir de véritable joie :
» mais présentement je conforme mon langage
» aux idées communes : je vous laisse prendre
» pour des biens, les honneurs, les richesses,
» les plaisirs (2) ; de-là il ne s'ensuit pas que
» celui qui en jouit, puisse honnêtement se livrer
» à une joie sans bornes ».

Ces passages, appuyés des raisonnemens précédens, suffisent pour juger Cicéron, comme il le doit être, & pour ne lui pas prêter la sotte vanité d'avoir voulu faire briller son esprit en s'escrimant pour & contre selon que cela lui étoit suggéré par son imagination, sans avoir d'o-pinions fixes ; il en avoit, au contraire, de très-décidées : par exemple, il proteste qu'il n'a jamais cru qu'on pût mettre au rang des biens & des choses desirables ni l'argent, ni les maisons magnifiques, ni le commandement des armées, ni la volupté &c ; & que, quelque raillerie qu'on en pût faire, la droite raison auroit toujours plus de force sur lui, que les opinions du vulgaire, & qu'il ne conviendroit jamais que quelqu'un a perdu son bien, si quelque accident venoit à lui enlever ses meubles & ses troupeaux (1), parce que les seuls biens sont les bonnes actions, les actions honnêtes, les actions de vertu ; *quod rectum & honestum & cum virtute est, id solum opinor bonum* ; que les autres biens sont des biens d'opinion, des prétendus biens communs aux méchans comme aux bons, & qui nuisent souvent à ceux-mêmes qui ont de la probité & de la vertu (paradox. 1. c. 1.) : enfin, que les biens corporels, si tant est que l'on puisse les appeler biens, ne doivent être regardés que comme des biens du plus bas aloi, qui ne méritent même le nom de biens que par l'usage qu'on est nécessité d'en faire, tandis que les biens de l'ame, comme ayant quelque chose de divin, doivent être exaltés de toutes parts & élevés, pour ainsi dire, jusqu'aux cieux (2).

Cicéron avoit donc une opinion déterminée sur la nature des vrais biens. Il étoit également décidé sur la doctrine d'Epicure. « Qu'est-il
» nécessaire, dit-il, en parlant de la doctrine
» de ce philosophe, d'amener la volupté au
» milieu des vertus, comme une courtisane dans
» une assemblée d'honnêtes femmes ? m'objec-
» tera-t-on qu'il n'y a rien d'odieux dans la volupté
» que le nom, & que je n'entends pas de quelle
» volupté Epicure parle ? toutes les fois qu'on
» me tient des propos de cette nature, on me
» les tient souvent, j'avoue que quelque modéré
» que je sois dans la dispute, j'ai peine à ne
» pas entrer dans une espèce de colère (3) ; car

---

(1) Alia est illa, cum veritas ipsa limatur in disputatione subtilitas ; alia cum ad opinionem communem omnes accommodatur oratio : quamobrem ut vulgus ita nos hoc loco loquimur ut alios fortes, alios bonos viros, alios prudentes dicamus. *Cicer. de offic. lib. 2. cap. 10.*

(2) Atque erat facile sequentem eam rationem quæ maximè probatur de bonis & malis negare unquam lætitia affici posse insipientem, quod nihil unquam haberet boni. Sed loquimur nunc more communi ; sint sane ista bona quæ putantur, honores, diviæ, voluptates, cætera ? tamen in eis ipsis potiundis exultans, gestiensque lætitia turpis est. *Tuscul. lib. 4. cap. 31.*

(1) Numquam ego, Hercule, neque pecunias.... voluptates in bonis rebus aut expetendis esse duxi.... quamobrem licet irrideat si quis vult : plus apud me tamen vera ratio valebit, quam vulgi opinio. Neque ego unquam bona perdidisse dicam, si quis pecus aut suppellectilem amiserit ; &c. *Parad. 1. cap. 1. Tuscul. lib. 5. cap. 27 & seqq.*

(2) Sint sane illa genera bonorum, dum corporis & externa jaceant humi, & tantummodo sumenda sunt, appellentur bona : alia autem illa divina, longè latèque se pandant, cœlumque contingant, &c. *Tuscul. lib. 5. cap. 27.*

(3) Quid enim necesse est, tanquam meretricem in matronarum cœtum, sic voluptatem in virtutum concilium adducere ? invidiosum nomen est, infame, suspectum. Itaque hoc frequenter dici solet à vobis,

» je compends fort bien ce qu'il dit, & je vois
» que sa doctrine ne tend qu'à la corruption
» des mœurs, & qu'elle auroit plutôt besoin
» d'être réprimée par un censeur, que d'être
» réfutée par un philosophe (1) ».

» Je veux bien, dit ailleurs Cicéron, qu'Epi-
» cure n'ait pas eu des idées aussi sensuelles &
» aussi voluptueuses qu'on se l'imagine ; j'en suis
» même persuadé, car j'apperçois que dans quel-
» ques endroits, il a parlé gravement & sensé-
» ment ; mais comme je l'ai souvent dit, il n'est
» pas question de ses mœurs particulieres (2), il
» s'agit des conséquences de sa doctrine ; car je
» ne perds point de vue son principe sur l'ob-
» jet du souverain bien (3) ».

___

non intelligere nos quam dicat Epicurus voluptatem. Quod quidem mihi si quando dictum est ; est autem dictum non parum sæpe ; & si satis clemens sum in disputando, tamen interdum soleo subirasci. *De finib. lib. 2.*

(1) Sed planè dicit quod intelligam... quæ jam oratio non a philosopho aliquo, sed a censore reprimenda : non est vitium in oratione solum, sed etiam in moribus. *De finib. lib. 2. cap. 7. & 10.*

(2) Plusieurs hommes célèbres, tant parmi les anciens que parmi les modernes, & même quelques pères de l'église, ont cru devoir rendre justice à la pureté des mœurs d'Epicure & à la droiture de ses intentions ; quant à sa doctrine, j'ai copié ce qu'en a dit Cicéron. Il faut avouer néanmoins qu'il y a souvent eu des débats entre les savans, au sujet de la volupté appellée par Epicure, *la fin de la vie heureuse*. Quelques-uns, pour justifier Epicure, disent que ce philosophe, dans le dessein de reconcilier la volupté avec la vertu, assuroit que la vertu étoit douce, & toujours la compagne de la volupté ; mais que dans la suite ses disciples, à qui il avoit proposé la volupté pour les rendre amateurs de la vertu, ayant reconnu que le plaisir enseigné par Epicure étoit aussi doux que la vertu même, abuserent de l'expression de volupté, & qu'ils publierent une morale opposée au dessein de leur fondateur, d'où il arriva qu'on confondit l'erreur des disciples avec l'opinion du maître qui fut chargé d'opprobres par ses adversaires. Cependant, dit un de ses défenseurs, il ne méritoit l'indignation publique qu'à cause qu'il s'étoit défié du pouvoir de la vertu, & que pour lui acquérir des amans, il l'avoit parée des habits de la volupté. Selon d'autres (Senéque est du nombre) la volupté qu'enseignoit Epicure, consistoit dans l'avantage de n'avoir ni douleur dans le corps, ni de trouble dans l'esprit. Les adversaires d'Epicure se moquoient beaucoup d'une felicité qui consistoit à ne sentir ni tristesse ni douleur ; ils méprisoient ce quiét sine fastidiis dont Epicure faisoit son souverain bien. Enfin plusieurs ont soutenu que la doctrine d'Epicure ne devoit sa mauvaise réputation qu'à la malice de ses ennemis ; que sa morale étoit aussi exacte que celle de Socrate, & que sa conduite répondoit à sa morale ; il y a sûrement de l'exagération.

(3) Dicet aliquis ; quid ? ergo tu Epicurum existimas esse ita voluisse, aut libidinosos ejus fuisse senten-

Philosophie anc. & mod. Tom. I.

Au reste Cicéron s'explique sur la doctrine d'Epicure, au moins aussi clairement dans ses lettres, que dans ses œuvres philosophiques. Les expressions de la lettre qu'il écrivit à Memmius, pour lui recommander un nommé Patron, de la secte Epicurienne, sont très-précises. « Je suis,
» dit-il, fort uni en toutes choses, avec Patron
» l'épicurien, excepté néanmoins que dans la
» philosophie, je suis très-éloigné de ses senti-
» mens : *cum Patrone epicurio mihi omnia sunt ;*
» *nisi quod in philosophia vehementer ab eo dis-*
» *sentio.* (Epist. ad famil. l. 13. epist. 1. & l. 15. epist. 21. Je supprime un grand nombre de passages où Cicéron s'explique à cet égard, d'une manière très-positive.

Cicéron, quoiqu'il se dit philosophe de la nouvelle *académie*, n'étoit donc pas toujours indécis, puisqu'il rejettoit entièrement & sans restriction, toute la doctrine d'Epicure.

Il n'en étoit pas de même de celle des stoïciens ; je sais bien que notre orateur philosophe dans son oraison pour Murena, fait un portrait si chargé de la philosophie stoïcienne, qu'il la rend ridicule & insoutenable ; mais il avoue lui-même ailleurs, qu'alors il plaisantoit, qu'il parloit devant des ignorans, & qu'il étoit nécessaire pour la défense de sa cause, qu'il donnât quelque chose à la multitude (1).

Je vois encore que souvent, Cicéron reproche lui-même, ou fait reprocher par ses interlocuteurs aux stoïciens, d'avoir en changeant les termes, & en rafinant sur les définitions, introduit dans la philosophie, plutôt un langage qu'un terme nouveau (2). Néanmoins Cicéron avoit une haute idée des stoïciens, qu'il regardoit comme

___

tias ; ego vero minimè : video enim ab eo dici multa severè multa præclarè : itaque ut sæpè dixi, de acumine ejus agitur, non de moribus, quamvis spernat voluptates eas quas modo laudavit : ego tamen meminero quod videatur ei summum bonum. *Tuscul. lib. 3. cap. 10. lib. 1. cap. 31. lib. 5. cap. 26.* C'est Cicéron qui parle dans tous ces passages, & non un interlocuteur.

(1) Cum Murænam, te accusante, defenderem, apud imperitos tum illa dicta sunt, aliquid etiam coronæ datum. *De finib. lib. 4. cap. 27.*

(2) Plato reliquit perfectissimam disciplinam, peripateticos & academicos nominibus differentes, re congruentes à quibus stoici verbis magis quam sententiis differunt. *Cicer. in Lucul.*

Restant stoici qui cum à peripateticis & academicis omnia transtulissent, nominibus aliis, easdem res secuti sunt. *De finib. lib. 5. cap. 8.*

Inter Zenonem & peripateticos nihil præter verborum novitatem interesse. *Tuscul. lib. 5. cap. 11.*

T

vrais disciples de Platon; il se faisoit même gloire d'entrer en lice avec ces philosophes: « c'est contre-eux principalement que je dispute, dit-il, sur la fin du deuxième livre de la divination; c'est entre-eux & moi qu'est le débat, non que je les méprise en aucune manière, mais parce que de tous les philosophes, ce sont eux qui passent pour soutenir leurs opinions avec plus d'habileté & de savoir (1) ».

Si Cicéron désapprouvoit la doctrine des stoïciens sur les songes, & sur la divination, il adopta leurs opinions sur des sujets plus importans. Souvent même il se déclare contre les péripatéticiens, en faveur des stoïciens, dans les principes desquels il avoue qu'il trouvoit je ne sais quoi de nerveux & de mâle préférable à l'éloquence & au style pompeux des péripatéticiens, dont le sentiment, principalement sur la question des passions, lui paroissoit n'avoir rien que de mou & de lâche (2): « Aussi, dit-il, pour définir les passions, & pour en marquer les différentes espèces, je suivrai les stoïciens, qui sont de tous les philosophes, ceux qui, dans cette question, ont montré le plus de sagacité... (3); car je trouve excellente la définition que fait Zénon, de ce qu'on appelle passion, qu'il dit être un mouvement de l'ame opposé à la raison, & contraire à la nature, ou en moins de mots, un appétit trop violent, c'est-à-dire, qui fait perdre à notre ame cette égalité, où la nature la voudroit toujours. Que reprendre dans ces définitions, ajoute Cicéron? il y paroît une grande pénétration, une grande justesse d'esprit (4) ».

―――――

(1) Cum quibus omnis feré nobis disceptatio contentioque est, non quod eos maximè contemnamus: sed quod videntur, acutissimè sententias suas prudentissimèque defendere. *De divinat. lib.* 1. *cap.* 37.

(2) Quocirca mollis & enervata putanda est peripateticorum ratio & oratio qui perturbari animos necesse dicunt esse. *Tuscul. lib.* 1. *cap.* 37. *de offic. lib.* 1. *cap.* 25.

(3) Sententiis tamen utendum est stoicorum potissimum, qui maximè forti, & ut ita dicam virili utuntur ratione atque sententia. Nam peripatetici familiares nostri quibus nihil est uberius, nihil eruditius, nihil gravius, mediocritatem, vel perturbationum, vel morborum animi mihi non sanè probant. *Tuscul. lib.* 3. *cap.* 10.

Utimur in his perturbationibus describendis stoicorum definitionibus & partitionibus: qui mihi videntur in hac quæstione versari acutissimè. *Tuscul. lib.* 4. *cap.* 5.

(4) Definitio perturbationis, quâ rectè Zenonem usum puto; ita enim definit: ut perturbatio sit aversa à ratione, contra naturam animi commotio: vel brevius, ut perturbatio sit appetitus vehementior: vehementior autem intellegatur is qui procul absit à naturæ constantia. Quid ad has definitiones possim dicere, &c. *Tuscul. lib.* 4. *cap.* 21.

Enfin, plus j'examine, & plus je crois appercevoir que Cicéron ne fut pas philosophe *académique*, pour tout contester, & n'oser rien croire; qu'il voulut, au contraire, à titre d'*académique*, & comme n'étant lié à aucun système, être en droit de prendre la vérité où il la trouvoit, & d'introduire cette manière de philosopher, qu'on appella depuis *éclectique* (1). (*Voyez* ÉCLECTISME). Je comprends bien que pour donner à cette opinion toute la force qu'elle doit avoir, il convient de faire une analyse discutée de la doctrine de Cicéron, extraite de ses ouvrages: c'est ce que nous nous proposons de faire dans la suite de cet article, où nous tâcherons de faire voir que l'orateur philosophe est celui de tous les anciens qui a le mieux servi la raison.

Nous avons observé & prouvé ci-dessus que l'étude de la philosophie avoit été pendant plusieurs siècles inconnue chez les romains; que même, selon Cicéron, il seroit difficile de trouver le nom d'un philosophe à Rome, avant Lélius & Scipion, formés l'un & l'autre par le philosophe Panétius; que Rome, qui avoit long-temps pratiqué la vertu, sans avoir étudié la science de bien vivre, auroit continué de marcher sur la même ligne, si tous les maîtres eussent été des Panétius, & tous les disciples, des Scipions & des Lélius; que la philosophie, dont l'avantage est de produire d'heureux effets dans des ames bien préparées, ne contribua point à épurer les mœurs des romains, ni à encourager le patriotisme, parce que déjà corrompus par les richesses, ils avoient trop de passions dans le cœur pour saisir le vrai & se garantir de l'erreur. La plupart embrassèrent avec une sorte d'avidité la doctrine d'Épicure, considérée par Cicéron comme la ruine entière de la morale.

On se rappelle que l'orateur philosophe se montra l'ennemi déclaré d'une philosophie qui faisoit consister le souverain bien dans la volupté. Il avoit fait choix, comme l'on sait, d'une des sectes *académiques*: il y en avoit trois, l'ancienne, la moyenne & la nouvelle; j'ai expliqué en quoi elles différoient les unes des autres. Cicéron embrassa la nouvelle, parce qu'elle obligeoit ses sectateurs à étudier les différentes opinions des philosophes, pour se rendre capables de discuter tous les systèmes, dans la vue de trouver la vérité. Cicéron affirme que c'étoit le seul objet de ses recherches; il consentoit même qu'on eût de lui la plus mauvaise opi-

―――――

(1) Si Diogène Laërce eût envisagé Cicéron sous ce point de vue, il n'auroit pas dit que Potamon fût le fondateur de la secte *éclectique*. Potamon étoit un philosophe d'Alexandrie, qui vivoit sous l'empire d'Auguste.

nion, s'il s'y étoit engagé par un autre motif. Je crois Cicéron sur sa parole, & je suis persuadé, ainsi que je l'ai avancé ci-dessus, qu'il ne fut point philosophe académique pour tout contester & pour n'oser rien croire; qu'au contraire, il voulut à ce titre, & comme n'étant lié à aucun systême, être en droit de prendre la vérité où il la trouvoit. Je ne dis rien au hasard : la doctrine de Cicéron est consignée dans ses ouvrages : c'est dans cette source que nous puiserons les preuves qui constatent qu'en métaphysique & en morale, il avoit adopté les principes, les dogmes, les opinions les plus conformes à la nature & à la saine raison.

Personne n'ignore que les anciens renfermoient la métaphysique dans la physique ; présentement & depuis long-temps, on les distingue l'une de l'autre, & l'on en traite séparément. Par physique, on entend la science dont l'objet principal est la recherche des causes & des effets de la nature.

Cicéron savoit, & avoit même approfondi tout ce que les philosophes les plus célèbres avoient dit sur cette matière ; mais persuadé, comme Socrate, que ce qui est hors de nous est plus curieux qu'utile, & qu'il ne s'agit pas pour être heureux & pour contribuer au bonheur des autres, de rechercher les secrets impénétrables de la nature, d'observer le cours des astres, de fouiller dans les entrailles de la terre, afin de découvrir les ressorts imperceptibles qui produisent dans le monde un si grand nombre de phénomènes, Cicéron, dis-je, marchant sur les traces de Socrate, abandonna ces sciences curieuses à quiconque voulut s'y appliquer : pour lui, il fit le sujet principal de ses études & de ses méditations des parties de la philosophie qui ont un rapport direct & nécessaire au bonheur de l'homme, tels que sont la métaphysique & la morale.

La morale est la science qui se propose pour objet de régler les mœurs, c'est-à-dire, d'enseigner aux hommes ce qu'ils doivent faire pour être heureux.

La métaphysique est, comme l'on sait, la partie de la philosophie qui traite des premiers principes des connoissances, des premières vérités, & par conséquent de l'existence de Dieu & des autres notions qui sont une suite de la certitude de cette existence : de-là vient que la métaphysique a un rapport immédiat avec la morale, parce que, selon la remarque d'un (1) empereur philosophe, l'homme ne peut rien faire de bien dans les choses humaines, s'il ignore le rapport qu'elles ont avec les choses divines, ni également rien faire de bien dans les choses divines, s'il perd de vue leur liaison avec les choses humaines.

Il s'agit maintenant de savoir comment Cicéron a traité la métaphysique & la morale.

Pour mettre l'ordre qui convient dans une matière si importante, nous considérerons d'abord quelle a été la doctrine de l'orateur philosophe par rapport à l'être suprême, à ses attributs, à la providence, à la religion, à la nature de l'ame & à son état après la dissolution du corps. Nous considérerons ensuite la morale qu'il a enseignée, en quoi il fait consister le souverain bien, & quelles étoient, selon lui, les vertus qu'il falloit pratiquer & les obligations qu'on devoit remplir pour se procurer le souverain bonheur. Enfin nous examinerons si la conduite & les actions de Cicéron, soit comme homme privé, soit comme homme public, ont été conformes à sa doctrine.

Il arrive souvent qu'on dit avoir lu dans Cicéron une telle assertion : il sera vrai qu'on l'aura lue, mais il sera faux que ce soit l'opinion de Cicéron, parce qu'il lui est ordinaire d'emprunter des propositions de quelques philosophes, non pas pour les adopter, mais pour les réfuter ; c'est à quoi il est très-important de prendre garde : aussi faut-il, pour discerner les vrais sentimens de Cicéron, se bien mettre au fait de la nature de ses œuvres philosophiques, & faire trève avec tous les préjugés. Ses préfaces, sur-tout celles de ses dialogues, méritent la plus grande attention, puisqu'en rendant compte du sujet qu'il va traiter, il développe ordinairement son opinion, de manière que s'il n'est pas lui même un des interlocuteurs, il est facile à un lecteur attentif de distinguer celui sous le nom duquel il soutient la dispute. Enfin, lorsqu'on lit les ouvrages de Cicéron, il faut chercher à y trouver sa doctrine sans partialité, & aussi sincèrement que lui même s'est étudié à trouver la vérité. J'ose dire que c'est ainsi que j'ai lu Cicéron, pour me mettre en état de connoître & d'exposer ses véritables sentimens. Commençons par rechercher tout ce qu'il a dit & tout ce qu'il a pensé sur la divinité.

Si l'on veut remonter jusqu'aux siècles les plus reculés, on trouvera que toutes les nations de l'univers ont cru l'existence d'un être suprême, soit que cette croyance se fût maintenue par la seule tradition, soit qu'elle fût l'effet d'une conviction produite par le spectacle admirable de tout ce qu'on appelle les ouvrages de la nature, dans lesquels il est impossible de ne pas reconnoître le caractère de la divinité. La plupart des phi-

_____
(1) Maximes de Marc-Aurele, liv. 3. n°. 13.

losophes adoptèrent l'opinion commune & si anciennement reçue sur l'existence du souverain Être : Epicure même qui, selon Cicéron, ne faisoit que bégayer en parlant de la nature des dieux (1), *Epicurum balbutientem de naturâ deorum*, n'osoit pas nier cette vérité. Mais quelques philosophes encore plus hardis qu'Epicure, entreprirent d'obscurcir une notion gravée dans le cœur de tous les hommes ; ils employèrent les raffinemens & les subtilités de la dialectique, d'abord pour jetter des doutes sur l'existence de la divinité, & ensuite pour la nier.

Au surplus, les mêmes philosophes qui s'accordoient à reconnoître un être suprême, étoient partagés entr'eux sur l'essence de la divinité & sur le dogme de la providence. Cicéron, après avoir approfondi les différentes opinions des uns & des autres, composa les livres de la nature des dieux.

Parmi les savans qui ont lu cet ouvrage, quelques-uns ont jugé que Cicéron étoit un Pyrrhonien ; qu'il n'avoit point d'opinion fixe, & que son seul but étoit de faire briller son esprit en disputant pour & contre, suivant les circonstances. Ces savans ajoutent qu'on est autorisé à porter ce jugement par le rôle que joue Cotta qui, disent-ils, dans les entretiens sur la nature des Dieux, doit être regardé comme l'organe dont se sert Cicéron pour exprimer ses sentimens.

Je crois que ceux qui ont ainsi parlé de Cicéron d'après la lecture de ses entretiens sur la nature des Dieux, n'ont pas fait attention que cet ouvrage n'étoit pas, à proprement parler, un traité dogmatique, mais un simple exposé des diverses opinions des philosophes sur ce qui regarde les Dieux (2).

Cicéron, pour développer ce chaos d'opinions, fait tenir des conférences par trois philosophes ; l'un, épicurien ; l'autre, stoïcien ; & le troisième, *académicien* : les deux premiers débitent & soutiennent leur doctrine selon les principes de leur secte. Cotta, sans adopter de système, les réfute l'un après l'autre séparément, en leur opposant, non pas ses propres opinions, mais les opinions des autres philosophes. Cotta n'est donc pas dans les livres de la nature des dieux, l'interprète des sentimens de Cicéron, mais bien l'organe dont Cicéron se sert pour déduire les opinions & les raisonnemens de ceux des anciens philosophes qui étoient opposés, soit aux épicuriens, soit aux stoïciens.

Peut-être m'objectera-t-on que Cicéron met quelquefois dans la bouche de Cotta des raisonnemens qui ne sont point empruntés des anciens, & qui par conséquent doivent être regardés comme les vrais sentimens de l'auteur du dialogue : l'objection est juste, mais la conséquence peut être fausse ; parce que souvent il arrive dans la controverse, qu'on emploie un raisonnement plus subtil que solide, soit pour déconcerter son adversaire (1), soit pour se tirer soi-même d'embarras, & qu'alors on se tromperoit, si l'on considéroit un raisonnement de cette espèce comme l'opinion de celui qui le fait. Quoi qu'il en soit, voyons si le langage de Cotta, dans l'ouvrage dont il s'agit, est bien précisément le langage d'un pyrrhonien.

Cotta, après avoir entendu un philosophe épicurien établir l'opinion de son maître sur la nature des dieux, entreprend de réfuter le système d'Epicure & toutes ses conséquences.

D'abord Cotta prétend, & ensuite il démontre, que la physique & la métaphysique de ce philosophe sappoient l'existence des dieux, & que vraisemblablement il en avoit seulement conservé le mot pour se soustraire à l'indignation publique (2) ; » car, dit Cotta, qu'est-ce qu'un Dieu sans » lequel l'édifice de l'univers se construit & » subsiste toujours dans le même ordre ? Qu'est-ce » qu'un Dieu continuellement dans l'inaction ? » Ce Dieu ne peut être heureux, parce que » sans vertu on ne sauroit l'être. La vertu demande » de l'action ; les dieux d'Epicure ne font rien : » ces dieux sont donc sans vertu ; ils ne (3) » sont donc pas heureux ; ils ne sont donc pas » dieux. Qu'est-ce que des dieux, dit encore » Cotta, qui n'ont la volonté ni de faire du bien, » ni de faire du mal ? ce sont des dieux qu'on » ne peut pas se figurer : car peut-il se faire » qu'il y ait une espèce d'être animé qui ne

---

(1) Cic. divinat. lib. 1. n°. 3.

(2) Sed jam, ut omni me invidiâ liberem, ponam in medio sententias philosophorum de natura deorum. Cicer. de nat. deor. lib. 1, n°. 6.

---

(1) Souvent, dit Cicéron, il ne faut point nous déconcerter, ou pour nous renverser, qu'un argument un peu subtil. *Nihil animis oportet confidere : movemur enim sæpe aliquo acutè concluso.* Tuscul. 1. n°. 31.

(2) Nullos esse deos, Epicuro videri ; quæque is de diis immortalibus dixerit, invidiæ detestandæ gratiâ dixisse. Cic. de nat. deor. lib. 1. n°. 44.

Quæ natura primum nulla esse potest : idque videns Epicurus, re tollit, oratione relinquit deos. Ibid. num. 30 & 44.

(3) Videamus nunc de beato ; sine virtute certè, nullo modo. Virtus autem actuosa & Deus vester nihil agens ; expers igitur virtutis : ita, ne beatus quidem. De nat. deor. lib. 1. n°. 40.

» songe à rien du tout ? Enfin, ajoute Cotta, les
» disciples d'Epicure se vantent que leur maître
» a foulé aux pieds la superstition : mais rien
» n'est si facile à quiconque voudra comme lui
» anéantir la divinité (1); car n'est-ce pas l'a-
» néantir, que de soutenir que les dieux ne
» veillent pas sur ce qui regarde les hommes ?
» Epicure, en parlant ainsi, a sappé toute reli-
» gion, & a par ses raisonnemens, comme
» Xercès par ses troupes, renversé temples &
» autels. En effet, quelle raison continue Cotta,
» pourroit nous obliger de songer aux dieux,
» puisqu'ils ne songent point à nous, ne pren-
» nent soin de rien, & n'ont jamais rien fait ?
» pour être tenu à leur marquer du respect &
» de la piété, ne faudroit-il pas en avoir
» reçu des grâces ? car de quoi est on redeva-
» ble à qui n'a rien donné ? La piété est une
» justice qui acquitte les hommes envers les dieux :
» or si vos dieux, comme je viens de l'obser-
» ver, n'ont aucune relation avec nous, si nous
» n'en avons rien reçu, & si nous n'avons au-
» cune faveur à en espérer, quel culte ont-ils
» à exiger de nous (2) ? D'ailleurs (c'est tou-
» jours Cotta qui parle) l'éternité & l'immor-
» talité sont des attributs essentiels de la divinité :
» or, en suivant votre hypothèse, Epicure,
» vos dieux ne peuvent être éternels ni immor-
» tels : car si vos dieux sont composés d'atomes,
» ils ne sont pas éternels ; ils ne sont pas im-
» mortels, puisque tout être qui est un assem-
» blage d'atomes n'existe pas avant d'être composé.
» Donc si les dieux sont un assemblage d'ato-
» mes, ils n'ont pas toujours existé : donc
» n'ayant pas toujours existé, ils auront néces-
» sairement une fin : les dieux d'Epicure sont,
» par conséquent, des dieux chimériques (3) ».

» Lorsque ce philosophe nous parle de divinité,
» de religion, de sainteté, c'est un homme qui se
» joue de nous, & qui a moins de grâce à
» plaisanter, que de hardiesse à écrire tout ce
» qu'il lui plaît. (4).

_____

(1) Nam superstitione, quod gloriari soletis, facile est liberari, cùm sustuleris omnem vim deorum.
Cicer. de nat. lib. 1. n°. 42.

(2) Est enim pietas, justitia adversùm deos : cum
quibus quid potest nobis esse juris, cùm homini nulla
cum Deo sit communitas ! Sanctitas autem est scientia
colendorum deorum : qui quamobrem colendi sunt,
non intelligo, nullo nec accepto ab iis, nec sperato
bono. De nat. deor. lib. 1. n°. 41.

(3) Sic in Epicureo Deo non res, sed similitudines
rerum esse. De nat. deor. lib. n°. 27.

(4) At etiam liber est, Epicuri, de sanctitate ;
ludimur ab homine non tam faceto, quam ad scribendi licentiam libero. De nat. deor. lib. 1. n°. 44.

» Ce n'est pas, dit Cotta, que je ne croie
» point l'existence des dieux, puisque tous les
» philosophes, & moi particuliérement, recon-
» noissons cette vérité ; ainsi ce n'est pas là ce
» que j'attaque : je prétends seulement, Velléius,
» que les raisons que vous en donnez d'après
» Epicure, ne sont pas solides (1) ; que d'ail-
» leurs, le dieu de ce philosophe est, dans son
» système, une pièce hors d'œuvre, & que
» l'on peut supposer n'y être point, sans qu'il
» en résulte aucun changement ».

Ce langage & ces raisonnemens de Cotta
sont-ils ceux d'un pyrrhonien ? je le laisse à
juger ; mais continuons, & voyons si le même
Cotta, dans ses réponses & dans ses objections
contre les stoïciens, a donné des preuves d'un
pyrrhonisme plus décidé que dans sa réfutation
du système d'Epicure.

On sait que Cicéron, dans le second livre
de la nature des dieux, introduit sur la scène
un stoïcien nommé Balbus, qui entreprend de
prouver, à la manière des philosophes de sa secte,
1°. qu'il y a des dieux ; 2°. quelle est la nature
des dieux ; 3°. que les dieux président au gouvernement de l'univers ; 4°. que les dieux veillent en particulier sur les hommes.

Cotta, après avoir entendu Balbus agiter
ces quatre questions importantes, les reprend les
unes après les autres pour les examiner.

Quant à la première, qu'il y a des dieux,
Cotta convient que cette proposition ne peut
être contestée que par des impies outrés : que
cette vérité est gravée dans son ame, & qu'on
ne l'en arrachera jamais (2) : qu'il se fera un
devoir de respecter & de défendre la religion &
les cérémonies qui lui sont venues de ses ancêtres, & que jamais nul discours, ni de savant, ni d'ignorant, ne le fera s'écarter de ce
qu'on lui a enseigné touchant les dieux immortels : qu'en matière de religion, il se rend à
ce que disent les grands pontifes Coruncanius,
Scipion & Scévola, & au droit pontifical de
sa nation, & non pas à la doctrine des stoïciens,
puisqu'ils ne donnent point de preuves démon-
tratives de l'existence des dieux : que tels étoient

_____

(1) Placet enim omnibus ferè philosophis, mihique
ipsi imprimis, deos esse ; itaque non pugno : rationem tamen eam quæ à te affertur, non satis firmam
puto. De nat. deor. lib. 1, n°. 22.

(2) Et si id est primùm, quod inter omnes, nisi
admodum impios, convenit, mihi quidem ex animo
exuri non potest, esse deos. De natura deor. lib. 3.
n°. 3.

ses sentimens, & comme pontife, & comme Cotta (1).

Il est cependant vrai que parmi les anciens philosophes, il n'y en a point qui aient donné de meilleures preuves morales de l'existence de la Divinité, que les stoïciens. Nos auteurs chrétiens, & particuliérement M. (2) de Fénelon, ont trouvé les preuves qu'en donnent ces philosophes, si évidentes, & leurs comparaisons si justes, qu'ils n'ont pas hésité d'adopter les unes & les autres dans les traités qu'ils ont composés sur l'existence de Dieu.

» Qu'on examine avec quelqu'attention, disoient les stoïciens, l'architecture de l'univers & la juste proportion de toutes ses parties, le mouvement réglé, la distinction, la variété, la beauté, l'arrangement du ciel, du soleil, de la lune, de tous les astres, il sera impossible de ne pas reconnoître dans toutes ces merveilles, les traces d'un être suprême (3). Quand, disoit-il encore, on voit des machines qui se meuvent artificiellement, une sphère, une horloge, & autres semblables, on ne doute pas que l'esprit n'ait eu part à ce travail. Douterions-nous (c'est Balbus qui parle) que le monde soit dirigé, je ne dis pas simplement par une intelligence, mais par une excellente, par une divine intelligence (4) ? quand nous voyons le ciel se mouvoir avec une prodigieuse vitesse, & faire succéder annuellement l'une à l'autre, les diverses saisons qui vivifient, qui conservent tout. Mais à force de voir chaque jour les mêmes choses, l'esprit s'y accoutume aussi-bien que les yeux, il n'admire ni ne se met en peine de rechercher la cause des effets qu'il voit toujours arriver de la même sorte; comme si c'étoit la nouveauté, & non pas la grandeur de la chose même, qui dût nous porter à faire cette recherche (5) ».

---

(1) Ego verò eas (sacra) cæremonias religionesque, defendam semper, semperque defendi : nec me ex ea opinione quam à majoribus accepi de cultu deorum immortalium, ullius unquam oratio aut docti aut indocti movebit. Habes, Balbe, quid Cotta, quid pontifex sentiat. De nat. deor. lib. 3. n°. 2.

(2) Fenel. Œuvr. philosoph. edit. 1716. p. 6-20.

(3) Cicer. de nat. deor. lib. 2. num. 2. 17. 38. & alibi.

(4) Dubitamus quin ea non solùm ratione fiant, sed etiam excellenti divinâque ratione. De nat. deor. lib. 2. n°. 38.

(5) Sed assiduitate quotidianâ & consuetudine oculorum assuescunt animi, neque admirantur, neque requirunt rationes earum rerum quas semper vident :

C'est ainsi que parloit Balbus au nom de sa secte : il prouvoit encore l'existence des dieux par des réflexions sur l'homme, sur les animaux, sur les productions de la terre, & par plusieurs belles comparaisons que je ne rapporte point; on peut les lire dans Cicéron & ailleurs.

J'avouerai donc que Cotta s'égare lorsqu'il veut contester aux stoïciens la solidité de leurs raisons sur cet objet; mais si Cotta semble donner dans le pyrrhonisme en considérant, ou en feignant de considérer comme insuffisantes, les preuves que donnoient les stoïciens de l'existence de la divinité, il mérite d'ailleurs quelqu'indulgence, parce qu'il est visible que son objet étoit moins de nier ces preuves, que d'embarrasser par des sophismes Balbus, qui faisoit le rôle d'un philosophe dogmatiste, & auquel il alloit démontrer, un instant après, que les stoïciens étoient dans l'erreur sur la nature de l'être suprême, & que les dieux de ces philosophes n'étoient pas dieux.

Je crois qu'il est inutile d'entrer dans un examen suivi de la doctrine du portique, il suffit d'observer que les stoïciens, dont la morale renfermoit de si beaux préceptes, avoient, en matière de physique & de métaphysique, des notions très-imparfaites : ils ne concevoient rien qui ne fût matériel ; ils n'admettoient que des corps, point de purs esprits (1). Ils étoient persuadés que toute l'ordonnance de l'univers s'étoit faite par les qualités purement matérielles qui résidoient dans les principes de la masse informe, universelle & improductive ; en un mot, ils croyoient un tout matériel & intelligent, c'est-à-dire, que l'intelligence faisoit partie de la matière, & ils attribuoient cette perfection au feu de l'éther (2), différent du feu élémentaire. » L'éther, disoient les stoïciens, est la partie » supérieure de l'Univers ; il a la souveraine rai- » son en partage ; il pénètre tout, il vivifie tout; » & généralement toute force, toute vertu est » renfermée dans cet élément divin ». Aussi Zenon définit-il la nature, un feu artiste qui procéde méthodiquement à la génération (3). Non-seulement

---

proinde quasi novitas nos magis quàm magnitudo rerum debeat ad exquirendas causas excitare. De nat. deor. lib. 2. n°. 28.

(1) Discrepabat etiam Zeno ab iisdem, quod nullo modo arbitrabatur quicquam effici posse ab ea (naturâ) quæ expers est corporis. Cicer. academ. lib. 1. n°. 34.

(2) le ciel ou l'éther étoit, selon les stoïciens, la principale partie du monde ; il environnoit & renfermoit tout : c'étoit la région la plus éloignée de notre séjour, l'extrémité, la borne de l'univers. Cicer. de nat. deor. lib. 2. n°. 40.

(3) Zeno igitur ita naturam definit ut eam dicat

les stoïciens considéroient l'éther comme étant par excellence le principe intelligent, sensitif, raisonnable, & par conséquent Dieu ; mais ils croyoient que les êtres formés de ce que l'éther a de plus pur & de plus mobile, sans mélange d'autre matière, étoient des êtres animés, sensitifs, intelligens, & que même on ne pouvoit pas se dispenser de les mettre au rang des dieux (1). Ils admettoient encore d'autres divinités. Cependant il faut avouer que les stoïciens, malgré leur polythéisme, en revenoient à une espèce d'unité ; car ils disoient, qu'il falloit reconnoître un dieu répandu dans toutes les parties de la nature sous différens noms, & dont chaque ame étoit une parcelle (2).

Mais quel étoit ce dieu qu'ils reconnoissoient ? c'étoit le tout universel ; c'étoit le monde : *être*, disoient-ils, *supérieur à l'homme, parce que l'être qui produit est supérieur à l'être produit*. Ensuite, après avoir établi à leur manière, que le monde est non-seulement ce qu'il y a, mais ce qu'on peut imaginer de meilleur, de plus excellent, de plus beau, ils concluoient qu'il devoit posséder toutes les perfections, par conséquent être animé, sensitif, intelligent, raisonnable ; & pour le prouver, ils disoient (3) : *ce qui raisonne est meilleur que ce qui ne raisonne pas ; or le monde est ce qu'il y a de meilleur, donc le monde raisonne*.

Ils prétendoient prouver par la même raison, que le monde étoit sage, heureux, éternel : » car, ajoutoient-ils, ces qualités sont préféra-» bles à leurs contraires ; donc le monde le » possède, étant ce qu'il y a de meilleur. D'un » tout, disoient-ils encore, qui n'a point de sen-» timent, aucune partie n'en peut avoir : or » quelques parties du monde ont du sentiment, » donc le monde a du sentiment. Rien d'inanimé » & d'irraisonnable, continuoient-ils, ne sauroit » produire un être animé & raisonnable : or le » monde produit des êtres animés & raisonna-» bles, donc le monde n'est pas inanimé & irrai-» sonnable ».

---

ignem esse artificiosum ad gignendum progredientem via. *Cicer. de nat. deor. lib.* 2. n°. 22.

(1) Tribuenda est sideribus eadem divinitas : quæ ex mobilissima, purissimaque ætheris parte gignuntur...... *De natura deor. lib.* 2. num. 15 & 16.

Et ailleurs : quæ cum in sideribus inesse videamus, non possumus ea ipsa in deorum numero reponere. *De nat. deor. lib.* 2. n°. 21.

(2) Cicer. *de nat. deor. lib.* 2. num. 6. 7. 8. 17. 28.

(3) Cicer. *de nat. deor. lib.* 2. num. 11. 12. 17. 18.

Les stoïciens (1) appuyoient ces raisonnemens par des comparaisons : « s'il croissoit, disoient-» ils, sur un olivier, des flûtes qui rendissent » un son mélodieux, douteroit-on que cet » olivier ne sût jouer de la flûte ? on jugeroit » de même que les plantes savent la musique, » s'ils portoient de petites cordes qui raisonnassent » harmonieusement ; pourquoi donc ne croiroit-» on pas que le monde a une ame & qu'il est » sage, puisqu'il produit des êtres animés & » des sages ? (2) *Cur igitur mundus non animans,* » *sapiensque judicetur, cùm ex se procreet ani-* » *mantes atque sapientes* » !

Enfin ils représentoient le monde comme un animal de figure sphérique, espèce de forme à laquelle ils disoient que rien ne peut nuire ; ce même monde étoit, à ce qu'ils prétendoient, doué supérieurement de cette intelligence, de cette raison qu'ils croyoient répandue dans toute la nature, & qu'ils appelloient ame.

Telle étoit la croyance des stoïciens sur l'essence de l'Etre suprême ; tels étoient leurs dogmes qui sont développés très au long dans le second livre de la nature des dieux.

Cotta, dans le troisième, attaque les principes & les conséquences des stoïciens, & les poussant de raisonnemens en raisonnemens, il leur démontre que le monde qu'ils appellent Dieu, ne peut être Dieu, que l'éther & les astres ne peuvent pas être des dieux.

D'abord Cotta convient que le monde est ce qu'il y a de plus beau, & que rien n'est mieux proportionné à nos besoins ; que dans ce sens on peut dire que le monde est ce qu'il y a de meilleur : mais il avoue qu'il ne comprend pas que le monde soit sage, que le monde soit animé, & encore moins que le monde soit Dieu. « Non (3), dit Cotta à Balbus, je ne puis » goûter nullement votre opinion : comment pour-» rois-je y déférer ? Vos argumens, ainsi que » ceux de votre maître Zénon, sont tous dé-» fectueux (4). *Nihil igitur affert pater iste sto-* » *icorum, quare mundum ratione uti putemus, nec* » *cur animantem quidem esse*. Rien de meilleur que » le monde, dites-vous, & moi je vous réponds, » rien de meilleur sur la terre que la ville de » Rome ; jugerez-vous pour cela que cette ville » ait de l'esprit, qu'elle raisonne ? Ou penserez-

---

(1) De nat. deor. lib. 2. n°. 8.

(2) Ibid. Cicer. de nat. deor. lib. 2. num. 11. 18. 45. 46.

(3) Cic. de nat. deor. lib. 3. num. 8. 9. 10.

(4) Ibid. n°. 9.

» vous que la plus belle des villes n'étant pas
» raisonnable, ni même sensitive, ne vaille pas
» une fourmi, parce que, selon vous, une four-
» mi a du sentiment, de l'entendement, de la
» mémoire? Au surplus, Balbus, votre grand
» argument que vous maniez de tant de façons,
» porte uniquement sur cet ancien paralogisme
» de Zénon (1): *Ce qui raisonne est meilleur que
» ce qui ne raisonne pas : or, le monde est ce qu'il
» y a de meilleur, donc le monde raisonne.* En
» vérité, Balbus, j'aimerois autant que vous dis-
» siez : ce qui sait lire est meilleur que ce qui
» ne sait pas lire; or, le monde est ce qu'il y a
» de meilleur, donc le monde sait lire. En con-
» tinuant ce même raisonnement, le monde se-
» roit orateur, mathématicien, philosophe ».

« Je me rappelle encore, Balbus, que vous
» avez souvent répété que Dieu fait tout, &
» qu'une cause ne peut pas produire un effet
» dissemblable à elle-même. Selon cette hypo-
» thèse, non-seulement le monde auroit une ame
» & seroit sage, mais il sauroit aussi jouer de la
» guittare & de la flûte, puisqu'il produit des
» hommes qui en savent jouer. Vous voyez bien,
» Balbus, que votre Zénon, dont vous avez
» emprunté toute la subtilité, ne prouve nulle-
» ment que le monde raisonne, pas même qu'il
» soit animé, ni par conséquent qu'il soit Dieu.
» Or si le monde, à le prendre dans son univer-
» salité, n'est pas Dieu, tous ces astres que vous
» avez déifiés ne sont pas des dieux. Quoi qu'il
» en soit, j'avouerai avec vous, Balbus, qu'il
» y auroit de l'arrogance à s'estimer plus que
» le monde entier ; mais comprendre que nous
» avons du sentiment & de la raison, & croire,
» au contraire, qu'il n'y en a ni dans le soleil,
» ni dans la lune, ni dans les constellations, ce
» n'est point arrogance, c'est bon sens (2) ».

« Enfin, Balbus, quand je vous accorderois
» pour un moment, que le monde fût animé,
» raisonnable, intelligent, il ne seroit pas pour
» cela Dieu ; car pour être Dieu, il faut être
» éternel & impassible. Cependant, en admet-
» tant le système de votre secte, qui ne con-
» çoit rien qui ne soit matériel, Dieu n'auroit
» ni l'une ni l'autre de ces perfections. Ecoutez,
» Balbus, répondez à mon objection, elle est
» de Carnéade : il n'y a point, disoit-il, de
» corps éternel, s'il n'y a point de corps im-
» mortel ; or il n'y a point de corps immortel,

(1) Ibid. num. 9. 10.

(2) Sit sanè arrogantis, pluris se putare, quàm mundum ; at illud non modò non arrogantis, sed potius prudentis, intelligere se habere sensum & rationem, hæc eadem orionem & caniculam non habere. De nat. deor. lib. 3. n°. 10.

» & même il n'y en a point d'indivisible (1),
» ni dont les parties ne puissent être séparées.
» D'ailleurs, si tout animal est passible de sa
» nature, tout animal est donc sujet aux impres-
» sions des corps étrangers : si tout animal est
» mortel, il n'y en a donc point d'immortel ;
» & de même si tout animal peut être divisé,
» il n'y en a donc point d'indivisible, point
» d'éternel : or tout animal est passible, & par
» conséquent divisible, dissoluble, mortel ».

« Continuons : vous dites, Balbus, que tous
» les élémens sont muables, si tous les élémens
» sont muables, tout corps l'est aussi (2), car
» tout corps est, ou air, ou feu, ou terre, ou
» composé de ces quatre élémens tout ensemble,
» ou seulement de quelques-uns ; or, il n'y a
» rien de tout cela qui ne périsse, car tout ce
» qui est de terre est fragile ; l'eau est si molle,
» que le moindre choc en sépare les parties ; l'air
» & le feu cèdent à la plus petite agitation, &
» se dissipent sans résistance : donc s'il n'entre
» rien que de périssable dans la composition de
» tout animal, il n'y a point d'animal éternel ».

« Je vais encore, Balbus, vous donner une
» autre preuve pour montrer qu'on ne sauroit
» trouver d'animal qui n'ait jamais commencé,
» & ne doive jamais finir. Tout animal étant sen-
» sitif, il sent par conséquent le chaud & le froid,
» le doux & l'amer ; & par la même raison qu'il
» a des sensations agréables, il en a de fâcheuses ;
» comme donc il reçoit du plaisir, il reçoit pa-
» reillement de la douleur : or, c'est une néces-
» sité que ce qui reçoit de la douleur, reçoive aussi
» la mort : tout animal est donc mortel ».

« La substance de l'animal est, ou composée,
» ou simple : je dis composée, si plusieurs élé-
» mens y entrent ; je dis simple, si elle est seu-
» lement, ou de terre, ou de feu, ou d'eau ;
» ce qui seroit une espèce d'animal, dont nous
» ne saurions nous former l'idée. Cependant
» comme je sais, Balbus, que vous & les stoï-
» ciens, n'admettez que le feu pour tout prin-
» cipe actif, c'est-à-dire, que vous croyez que
» dans toute la nature il n'y a que le feu qui
» de lui-même soit animé ; supposons que le feu
» ait de lui-même, sans mélange d'autre élément,
» tout ce qui fait l'essence de l'animalité ; du
» moins vous ne pourrez pas dire, qu'il ne soit
» pas sensitif, puisque c'est lui qui rend nos corps
» sensitifs ; on peut donc lui appliquer ce que je
» disois, il y a un moment, que tout ce qui est
» sensitif doit nécessairement sentir le plaisir &
» la douleur : & que tout ce qui ressent les

(1) Cic. de nat. deor. lib. 3. n°. 12.

(2) Cic. de nat. deor. lib. 3. num. 12 & 13.

» atteintes

» teintes de la douleur, est pareillement sujet à
» celles de la mort (1) : par-là vous serez hors
» d'état de prouver que le feu soit éternel, &
» par conséquent Dieu ».

C'est avec de tels argumens que Cotta combattoit Balbus : ces argumens ne sont pas des subtilités d'un Pyrrhonién : ils prouvent certainement que Cotta avoit sur la divinité, des notions bien moins imparfaites que les stoïciens.

Mais, dira-t-on, Cotta va dans un moment nier la providence des dieux. Il n'est pas étonnant que Cotta qui venoit de démontrer que les dieux ; tels que les stoïciens les croyoient, n'étoient pas des dieux, niât la providence de ces mêmes dieux. Au surplus, le dogme de la providence est susceptible de bien des difficultés, & de bien des questions que la seule religion révélée peut résoudre.

Peut-être enfin m'objectera-t on que Cotta combat tout, détruit tout, sans établir aucun dogme positif : l'objection sera juste; mais en cela Cotta remplit l'objet de Cicéron, qui annonce dans sa préface, que son dessein est seulement d'exposer avec impartialité, par l'organe de quelques interlocuteurs, les systêmes des différens philosophes, sans prétendre rien décider (2). D'ailleurs, combattre l'erreur & la détruire, c'est le moyen le plus sûr d'ouvrir la porte à la vérité. Pour tout dire en un mot, ce n'est pas dans les livres de la nature des dieux, que l'on doit chercher les vrais sentimens de Cicéron ; il dit formellement au commencement de ce traité, qu'il ne dira pas sa pensée, & que ce seroit pousser sa curiosité trop loin, que de la lui demander (3).

Si dans ses entretiens sur la nature des dieux, Cicéron ne fait pas connoître sa véritable opinion, il nous en a dédommagé dans plusieurs de ses ouvrages, où il développe d'une manière très-précise, ce qu'il pense sur la divinité, sur le dogme de la providence, & sur d'autres points également importans.

Ouvrons les deux premiers livres des loix, nous y verrons que Cicéron étoit convaincu de l'existence d'un Être suprême ; c'est-là que l'orateur philosophe contemplant avec admiration les merveilles de la nature, considère l'harmonie de l'univers, ses beautés, ses productions, comme un langage dont il est impossible que le son ne se fasse pas entendre. Je ne rapporterai qu'une partie de ce long passage. J'emprunte la traduction de M. l'abbé d'Olivet (1). « Quand nous
» observons, dit Cicéron, qu'on voit toujours
» au temps marqué » :

Une clarté plus pure
Embellir la nature,
Les arbres reverdir,
Les fontaines bondir,
L'herbe tendre renaître,
Le pampre reparoître.
Les présens de Cérès remplir nos magasins,
Et les tributs de Flore enrichir nos jardins.

« Quand nous remarquons que la terre est peu-
» plée d'animaux, les uns pour nous nourrir,
» les autres pour nous vêtir ; ceux-ci pour traîner
» nos fardeaux, ceux-là pour labourer nos champs ;
» qu'au milieu d'eux est l'homme, qui semble
» destiné à contempler le ciel & les dieux, à
» les révérer, & que toutes les campagnes &
» toutes les mers obéissent à ses besoins; pouvons-
» nous, à la vue de ce spectacle, douter qu'il
» n'y ait un Être suprême qui ait formé le
» monde, supposé que, suivant l'opinion de Platon,
» il ait été formé, ou qui le conduise & le gou-
» verne, supposé que, suivant le sentiment d'Aris-
» tote, il soit de toute éternité » ?

« Hæc igitur & alia innumerabilia cùm cerni-
» mus, possumus ne dubitare, quin his præsit ali-
» quis vel effector si hæc nata sunt, ut Platoni
» videtur ; vel si semper fuerint, ut Aristoteli placet,
» moderator tanti operis & muneris » !

Cicéron regardoit aussi le consentement unanime de tous les peuples, comme une des fortes preuves de l'existence de Dieu. Voici comme il s'exprime :

« Le consentement général de toutes les na-
» tions doit être pris pour la voix de la nature ;
» omni autem in re consensio omnium gentium
» lex naturæ putanda est. Or, continue Cicéron,
» il n'y a point de peuple assez barbare, point
» d'homme assez farouche pour n'avoir point l'es-
» prit imbu de l'existence d'un souverain Être :
» plusieurs peuples, à la vérité, n'ont pas une
» idée juste des dieux : ils se laissent tromper par
» des coutumes superstitieuses, mais ils s'enten-
» dent tous à croire une puissance, une nature
» divine, & ce n'est point une croyance qui

---

(1) De nat. deor. lib. 3. n°. 14.

(2) Sed jam ut omni me invidiâ liberem, ponam in medio sententias philosophorum de natura deorum. Cicer. de nat. deor. lib. 1. n°. 6.

(3) Qui autem requirunt quid quâque de re ipsi sentiamus, curiosiùs id faciunt quàm necesse est. De nat. deor. lib. 1. n°. 5.

Philosophie anc. & mod. Tom. I.

(1) Tuscul. 1. num. 28. 29.

V.

» ait été concertée ; les hommes ne se sont point
» donné le mot pour l'établir ; la politique &
» les loix n'y ont point de part (1) ».

« Il faut cependant convenir, ajoute Cicéron,
» que l'impression de la nature se borne à nous
» apprendre l'existence des dieux, & qu'ensuite,
» pour découvrir ce qu'ils sont, nous avons be-
» soin de raisonner (2) ». En conséquence, Cicéron avoit raisonné, & son raisonnement l'avoit
conduit à croire que Dieu étoit purement esprit.
Ecoutons ses propres termes.

« Dieu ne peut se présenter à nous, que sous
» l'idée d'un pur esprit, sans mélange, dégagé
» de toute matière corruptible, qui connoît tout,
» qui meut tout, & qui a en soi un éternel mouve-
» ment (3). La félicité d'un Dieu de cette na-
» ture ne peut consister, c'est toujours Cicéron
» qui parle, ni à se repaître d'ambroisie, ni à
» boire du nectar versé à pleine coupe par Hébé ;
» & il n'est pas vrai que Ganimède ait été ravi
» par les dieux, à cause de sa beauté, pour
» servir d'échanson à Jupiter ; le motif n'étoit
» pas suffisant pour faire à Laomédon une injure
» si cruelle. Homère, auteur de ces fictions, don-
» noit aux dieux les foiblesses des hommes :
» que ne donnoit-il plutôt aux hommes les per-
» fections des dieux ! & quelles sont-elles ? Im-
» mortalité, sagesse, intelligence, mémoire (4) ».

Rapportons encore ce que Cicéron fait prononcer par Uranie, dans le deuxième livre de
l'ouvrage qu'il intitule son *Consulat*. Cette muse, en
parlant de l'Être suprême, qu'elle désigne sous
le nom de Jupiter, s'exprime ainsi :

Il pénètre, il anime & la terre & les cieux ;
L'homme par lui respire & subsiste en tous lieux ;
Et son esprit divin se cache & se renferme
Dans l'abîme éternel d'un espace sans terme (1).
(Traduct. de Regnier Desmarais).

Non-seulement Cicéron croyoit l'existence d'un
Être suprême, il croyoit encore que ce même
Être suprême prenoit soin de l'univers en général, & de tous les hommes en particulier :
il suffit, pour s'en convaincre, de se rappeller
la manière dont notre orateur philosophe expose
le dogme de la providence, & celui de la présence d'un Dieu scrutateur des cœurs.

« On doit avant toutes choses, c'est Cicéron
» qui parle, être intimement persuadé que les
» dieux sont les maîtres souverains de tout, &
» les modérateurs de l'univers ; que tout ce qui
» s'y passe est soumis à leur volonté & à leur
» pouvoir ; qu'ils se plaisent à faire du bien aux
» hommes ; qu'ils examinent attentivement ce que
» chacun d'eux fait, ce qu'il pense, comme il
» se conduit, avec quelle piété & quels senti-
» mens il exerce les actes de la religion ; qu'en-
» fin ils mettent une grande différence entre
» l'homme pieux & l'impie..... Ah ! combien est
» sainte (cette exclamation est de Cicéron) une
» société d'hommes persuadés qu'ils ont au mi-
» lieu d'eux, & pour juges, les dieux immor-
» tels (2) » !

« Certes, ajoute notre orateur philosophe, rien
» ne peut être comparable au bonheur de celui
» qui étant parvenu à une exacte connoissance
» de la vertu, honore religieusement les dieux,
» les sert avec pureté, & emploie sans cesse les
» yeux de l'esprit, pour discerner le bien & le
» mal, de même que nous ouvrons les yeux du
» corps, pour distinguer les différens objets (3) ».

―――――――――

(1) Omnes tamen esse vim & naturam divinam arbitrantur ; nec vero id collocutio hominum aut consensus efficit ; non institutis opinio est confirmata, non legibus. *Tuscul.* 1. n°. 13.

(2) Deos esse natura opinamur, qualesque sint ratione cognoscimus. *Tuscul.* 1. n°. 17.

Ipsique in hominibus nulla gens est neque tam immansueta, neque tam fera, quae non, etiam si ignoret qualem habere Deum deceat, tamen habendum sciat. *De legib. lib.* 1. n°. 8.

(3) Nec vero Deus ipse, qui intelligitur à nobis, alio modo intelligi potest, nisi mens soluta quaedam, & libera, segregata ab omni concretione mortali, omnia sentiens & movens, ipsaque praedita motu sempiterno. *Cicer. consolat. & Tuscul.* 1. n°. 27.

(4) Fingebat haec Homerus, & humana ad Deos transferebat : divina mallem ad nos ; quae autem divina ? vigere, sapere, invenire, meminisse. *Tuscul.* 1. n°. 26.

(1) Vertitur, & totum collustrat lumine mundum,
Menteque divina cœlum terrasque petissit :
Quae penitus sensus hominum vitasque retentat
Aetheris aeterni septa atque inclusa cavernis.
Cic. de consul. lib. 2. & *divin. lib.* 1. n°. 11.

(2) Sic igitur jam hoc à principio persuasum civibus, dominos esse omnium rerum, ac moderatores deos ; eaque quae gerantur, eorum geri judicio ac numine, eosdemque optime de genere hominum bene mereri ; & qualis quisque sit, quid agat, quid in se admittat, quà pietate colat religiones, intueri ; piorumque & impiorum habere rationem... Quamque sancta sit societas civium inter ipsos, diis immortalibus interpositis, tum judicibus, tum testibus ! *Cic. de legib. lib.* 2. n°. 7.

Sed aequalis illius, cœlum atque terras tuentis & regentis Dei. *Ibid.* n°. 4.

(3) Nam cùm animus cognitis perceptisque virtutibus, a corporis obsequio indulgentiaque discusserit...

Ce n'est pas dans ce seul endroit que Cicéron s'explique d'une manière positive sur la providence, il le fait encore dans plusieurs autres de ses traités, & particulièrement dans son quatrième livre (1) des vrais biens, & des vrais maux. Ecoutons ce beau passage :

« La connoissance des choses célestes donne un degré supérieur de sagesse aux hommes qui examinent avec attention le bel ordre de l'univers, & l'intelligence qui règne entre les dieux ; cette connoissance accompagnée de sagesse, inspire aussi du courage & de l'élévation d'ame à ceux qui observent les ouvrages & les actions de ces mêmes dieux : enfin elle porte à la justice, quand on est parvenu à connoître la providence & la volonté du souverain Etre qui gouverne tout, & qui est tellement la règle de tout, que ce n'est qu'en tant que la raison est conforme à la nature de ce souverain Etre, qu'elle est appellée par les philosophes, la véritable & suprême loi (2) ». En effet, remarque ailleurs Cicéron, les sages de tous les tems se sont accordés à croire que l'intelligence divine qui gouverne l'univers par son éternelle raison, est la principale & souveraine loi dont les représentans & les interprètes sur la terre, sont l'esprit & la raison des sages (3).

Enfin Cicéron étoit si convaincu du dogme de la providence, qu'il ne doute pas que ce ne fût pour le bien être & pour les commodités de l'homme, que la nature par un dessein formé, & non par hasard, avoit multiplié, non-seulement les productions de la terre, mais aussi toutes les différentes espèces d'animaux.

Itaque ad hominum commoditates & usus tantam rerum ubertatem natura largita est, ut ea quæ gignuntur, donata consulto nobis, non fortuito nata videantur : nec solùm ea quæ frugibus atque baccis terræ fœtu profunduntur, sed etiam pecudes : quod perspicuum sit, partim esse ad usum hominum, partim ad fructum, partim ad vescendum procreatos. (De legib. l. 1. n°. 8).

Dès qu'on reconnoît un Dieu, dès qu'on admet une providence, il faut aussi admettre un culte ; c'est la conséquence que tiroit Cicéron.

« Si nous n'avions, dit-il, rien à espérer, rien à craindre des dieux, nous n'aurions ni culte ni honneurs à leur rendre (1) ; mais dès qu'il y a des dieux, & dès que ces dieux veillent à ce qui nous regarde, & que nous en recevons des bienfaits, nous avons des obligations indispensables à remplir envers eux (2) ; & nous devons nous occuper de nourrir & d'étendre une religion qui s'allie avec la connoissance de la nature ; comme aussi il faut travailler de tout son pouvoir à extirper les racines de la superstition (3) : car c'est la sainteté de vie, & la piété qui nous rendent les dieux favorables (4) ». *Deos placatos pietas efficiet & sanctitas.* « Mais, continue Cicéron, la piété, non plus que les autres vertus, ne consiste pas en de vains dehors : sans une piété réelle, plus de sainteté, plus de religion ; & dès-lors, quel dérangement, quel trouble parmi les hommes » (5) !

---

omnes naturâ conjunctos, suos duxerit, cultumque deorum & puram religionem susceperit, & exercuerit illam, ut oculorum, sic ingenii aciem, ad bona diligenda & rejicienda contraria... quid eo dici, aut excogitari poterit beatius? De legib. lib. 1. n°. 23.

(1) Cicéron parle seul dans ce 4e livre.

(2) *Modestiam quandam cognitio rerum cœlestium affert iis qui videant, quanta sit etiam apud deos moderatio, quantus ordo; & magnitudinem animi, deorum opera & facta cernentibus ; justitiam etiam, cùm cognitum habeas quid sit summi rectoris & domini numen, quod consilium, quæ voluntas, cujus ad naturam apta ratio, vera illa & summa lex à philosophis dicitur. De finib. bon. & mal. lib. 4, n°. 5.*

De maximâ autem re, eodem modo : divinâ mente atque naturâ, mundum universum atque maximas ejus partes administrari. Ibid.

(3) *Hanc igitur video sapientissimorum fuisse sententiam, legem neque hominum ingeniis excogitatam; nec scitum aliquod esse populorum, sed æternum quiddam, quod universum mundum regeret, imperandi prohibendique sapientia. Tum principem legem illam, & ultimam, mentem esse dicebant, omni ratione aut cogentis aut vetantis Dei, ex quâ illa lex, quam dii humano generi dederunt ; rectè laudata est enim ratio, mensque sapientis ad jubendum & ad deterrendum idonea. Cicer. de legib. lib. 2. n°. 4.*

---

(1) *Sin autem dii... nec quid agamus animadvertunt, nec est quod ab his ad hominum vitam permanare possit : quid est quod ullos diis immortalibus, cultus, honores, preces adhibeamus. De nat. deor. lib. 1. n°. 2.*

(2) *Hæc enim omnia (pietas, sanctitas, religio) purè ac castè tribuenda deorum numini ita sunt, si animadvertuntur ab his, & si est aliquid à diis immortalibus hominum generi tributum. De nat. deor. lib. 1. n°. 2.*

(3) *Esse præstantem aliquam æternamque naturam, & eam suscipiendam admirandamque hominum generi, pulchritudo mundi, ordoque rerum cœlestium cogit confiteri. Quamobrem, ut religio propaganda etiam est quæ juncta cum cognitione naturæ, sic superstitionis stirpes omnes ejiciendæ. De div. lib. 2. n°. 72.*

(4) *Offic. lib. 2. n°. 4.*

(5) *In specie autem fictæ simulationis, sicut reliquæ virtutes, ita pietas inesse non potest; cum quâ*

Se présenter devant la Divinité, avec une droiture de cœur & d'esprit beaucoup plus nécessaire que la pureté du corps, & être assuré que la vertu est plus agréable à Dieu que toutes les riches offrandes qu'on pourroit lui faire (1), voilà ce qu'entend Cicéron, lorsqu'il dit, qu'il faut avoir de la piété sans superstition; mais comme il craignoit qu'on n'interprétât mal sa façon de penser, il ajoute ailleurs : « qu'on ne s'imagine » pas, & c'est ce que je veux qu'on se mette » bien dans l'esprit, qu'en voulant détruire la » superstition, je prétende détruire la religion ; » au contraire, la sagesse exige que nous maintenions les institutions de nos ancêtres, touchant le culte des dieux (2), en examinant » jusqu'à quel point on doit déférer à tout ce » qui regarde la religion, de peur de tomber ou » dans l'impiété, en y apportant de l'indifférence, » ou dans la superstition, en se laissant aller à » une mauvaise crédulité (3) ».

Cicéron regardoit comme crédulité, la croyance où étoient la plupart des hommes, qu'il y avoit une divination, c'est-à-dire, qu'on pouvoit, par différens moyens, avoir un pressentiment & une connoissance des choses futures : il raille même les stoïciens partisans de la divination, de faire, pour soutenir leur opinion, des raisonnemens capables de les compromettre.

En effet, ces philosophes raisonnoient assez mal à cet égard, lorsqu'ils disoient : « s'il y a » des dieux, il y a une divination ; or il y a des » dieux, donc il y a une divination. « Mais, leur » répondoit Cicéron, ne pourroit-on pas conclure » tout aussi probablement, donc il n'y a point de » divination, donc il n'y a point de dieux ? Voyez, » ajoute Cicéron, combien imprudemment les » stoïciens s'exposent à faire dire que s'il n'y a » point de divination, il n'y a point de dieux : » car il est aisé de faire voir qu'il n'y a point » de divination, & on ne peut pas se refuser à » croire qu'il y a des dieux » (1).

Remarquons que Cicéron est toujours occupé à faire sentir la nécessité de l'existence de l'Être suprême, mais il n'est pas étonnant qu'un philosophe si éclairé, & toujours en garde contre la surprise, ne pût se résoudre à reconnoître une divination, ni à ajouter foi aux oracles d'Apollon, non plus qu'à ceux des livres de la Sybille ; il les considéroit, les uns & les autres, ou comme entièrement faux, ou comme échappés au hasard, ou comme si obscurs & si ambigus, que pour les entendre, l'interprète auroit eu besoin lui-même d'avoir pour interprète le plus habile dialecticien (2). Cicéron rapporte à cette occasion, le fameux oracle qui fut rendu à Crésus : *Crœsus Halim penetrans magnam pervertet opum vim.*

« Le roi de Lydie, observe Cicéron, s'ima» gina que ce seroit la puissance de ses ennemis » qu'il renverseroit, & il renversa la sienne : » cependant, que l'une ou l'autre eût été ren» versée, l'oracle auroit toujours dit vrai. Telle » étoit la fourberie des faiseurs d'oracles ».

Ainsi, l'opinion qu'avoit Cicéron, qu'il ne falloit ajouter foi ni à la divination, ni aux oracles, est une preuve de son grand discernement, bien loin d'être une raison de le soupçonner d'irréligion ou de pyrrhonisme ; d'autant plus que, suivant l'exposition exacte que je viens de faire de sa doctrine, il est constant qu'il étoit persuadé, & qu'il vouloit qu'on fût persuadé.

1°. De l'existence d'un Être suprême, & de son attention perpétuelle à veiller sur l'univers en général, & sur chaque individu en particulier.

2°. De la nécessité d'un culte, & de l'obligation indispensable d'en remplir les devoirs, toutefois en ne perdant point de vue que la religion consistoit moins en vains dehors, que dans une piété dégagée de toute superstition.

Continuons d'examiner la doctrine de notre orateur philosophe : j'espère que nous nous convaincrons de plus en plus, qu'il ne fut point

---

simul & sanctitatem & religionem tolli necesse est : quibus sublatis, perturbatio vitæ sequitur & magna confusio. *De nat. deor. lib. 1. n°. 2. Præf.*

(1) Castè jubet lex adire ad deos, animo videlicet in quo sunt omnia : nec tollit castimoniam corporis, sed hoc oportet intelligi : cum multum animus corpori præstet, observeturque ut casta corpora, multo esse in animis id servandum magis...... quod autem pietatem adhiberi, opes amoveri jubet, significat probitatem gratam esse Deo ; sumptum esse removendum. *De leg. lib. 2. n° 10.*

(2) Nec verò, id enim diligenter intelligi volo, superstitione tollendà, religio tollitur : nam & majorum instituta tueri sacris cæremoniisque retinendis, sapientia est. *De div. lib. 2. n°. 72.*

(3) Nam cum omnibus in rebus temeritas in assentiendo, errorque turpis est, tum in eo loco maximè, in quo judicandum est, quantum auspiciis, rebusque divinis, religionique tribuamus : est enim periculum ne aut, neglectis iis impia fraude, aut susceptis anili superstitione obligemur. *De div. lib. 1. n°. 4.*

(1) Si dii sunt, est divinatio : sunt autem dii, est ergo divinatio : multò est probabilius non est autem divinatio : non sunt ergo dii. Vide quàm temerè committant (stoici), ut, si nulla sit divinatio, nulli sint dii : divinatio enim perspicuè tollitur : deos esse retinendum est. *De div. lib. 2. n°. 18.*

(2) Cicer. de divin. lib. 2. num. 54. 55. 56.

philosophe *académique* pour tout contester, & pour n'oser rien croire : ce qu'il a dit sur l'homme, sur la nature de l'ame & sur son état, après la dissolution du corps, nous apprendra jusqu'où ses méditations l'avoient conduit, & quel fruit il en avoit retiré.

Cicéron regarde l'homme comme le plus excellent de tous les êtres animés qui soient sur la terre : il n'hésite pas même d'avancer qu'à considérer seulement la structure du corps humain, & la distribution de ses organes, on apperçoit que tout y semble disposé pour tenir compagnie à la vertu, & pour la servir (1) ; que cette même structure annonce qu'il est moins fait pour habiter la terre, que pour contempler le ciel, où il voit ses devoirs tracés en caractères intelligibles (2) ; que l'avantage de jouir de ce merveilleux spectacle ne peut convenir qu'à l'homme, puisqu'il est le seul animal à qui Dieu ait donné une figure droite, avec des yeux qui ne sont pas tournés vers la terre, comme ceux des autres animaux, mais qui s'élèvent naturellement vers le ciel, pour y regarder sans cesse le lieu d'où il est descendu, & vers lequel il est rappellé par de sublimes espérances (3).

« Loin donc d'ici, s'écrie Cicéron, ces sec-
» tateurs d'une fausse philosophie, qui n'ont pas
» eu honte de faire consister le souverain bien,
» uniquement dans les plaisirs des sens : ces gens-
» là n'ont pas conçu que comme la nature a, en
» quelque sorte, dressé elle-même le cheval pour
» la course, le bœuf pour le labourage, & le
» chien pour la chasse, elle a aussi fait naître
» l'homme comme un Dieu mortel pour deux
» choses, pour l'intelligence & pour l'action ; &
» tout au contraire ils ont prétendu qu'un ani-
» mal si divin n'existoit que pour manger & pour
» la génération, comme les bêtes brutes : en
» quoi ils se trompent, puisqu'il est évident, je
» le répète, que la figure même du corps hu-
» main, & l'intelligence dont l'homme est doué,
» annoncent visiblement qu'il n'est pas né seule-
» ment pour jouir de la volupté ».

« Quant à nous, ajoute Cicéron, qui ju-
» geons différemment du bonheur de la vie, ap-
» pliquons-nous à le chercher, non dans la mol-
» lesse & dans le plaisir, comme Aristippe, ni
» dans la privation de la douleur comme Hiero-
» nyme ; mais travaillons à nous le procurer par
» des actions vertueuses (1), & par de sages mé-
» ditations : car je ne pourrois jamais croire que
» le souverain bien des hommes & des bêtes ne
» soit que le même. Si nous devions, comme
» elles, rapporter toutes choses à la volupté, non-
» seulement l'homme que nous croyons si fort
» au-dessus du reste des animaux, n'auroit aucun
» avantage qui lui fût propre, mais les bêtes l'em-
» porteroient beaucoup sur lui, puisque la na-
» ture d'elle-même, & sans qu'il leur en coûte
» rien, leur fournit abondamment tout ce qu'il
» faut pour leur nourriture, & que nous, avec
» beaucoup de travail, nous avons à peine ce
» qui suffit pour la nôtre ».

Voyez où nous jetteroient les opinions de cette dangereuse philosophie, qui obscurcit les lumières de la raison. La nature a mis dans l'homme, trois caractères ineffaçables qui le distinguent des bêtes, & qui lui indiquent le rang qu'il tient dans l'univers, & la fin pour laquelle il se trouve placé dans le monde : ces trois caractères sont, la notion naturelle qu'il a de la divinité, la raison & la pensée jointes à l'intelligence. Le texte de Cicéron porte :

« Cet animal que nous appellons homme, a
» été singulièrement favorisé par le Dieu suprême
» qui l'a mis au monde ; car de tous les ani-
» maux dont il y a tant d'espèces différentes,
» celui-là est le seul qui ait une idée de Dieu,
» & qui ait reçu en partage la raison & la pen-
» sée (2) : tous les êtres en sont dépourvus ;

---

(1) Tu autem (Torquate) etiam membra ipsa sensusque considera ; qui tibi, ut reliquæ corporis partes, non comites solùm virtutum, sed ministri etiam videbuntur. *De finib. bon. & mal. lib.* 2. n°. 34.

(2) Sed credo deos immortales sparsisse animos in corpora humana ut essent qui terras tuerentur, quique cœlestium ordinem contemplantes, imitarentur eum vitæ modo atque constantiâ. *De senect. cap.* 21.

(3) Figuramque corporis habilem & aptam ingenio humano dedit. Nam cùm cæteras animantes abjecisset ad pastum, solum hominem erexit ad cœlique quasi cognationis, domiciliique pristini conspectum excitavit ; tum speciem ita formavit oris, ut in eâ penitus reconditos mores effingeret. *De leg. lib.* 1. n°. 9.

(1) Sententias.... omnino à philosophiâ semovendas putabo, primùm Aristippi cyrenaicorumque omnium, quos non est veritum, in eâ voluptate, quæ maximâ dulcedine sensum moveret, summum bonum ponere ; hi non viderunt ut ad cursum, equum ; ad arandum, bovem ; ad indagandum, canem ; sic hominem ad duas res, ut ait Aristoteles, intelligendum & agendum esse natum, quasi mortalem deum : contraque ut tardam aliquam & languidam pecudem, ad pastum & ad procreandi voluptatem hoc divinum animum ortum esse voluerunt. Quo nihil mihi videtur absurdius..... Nec enim figura corporis nec ratio excellens ingenii humani significat, ad hanc unam rem natum hominem, ut frueretur voluptatibus.... nos beatam vitam non depulsione mali, sed adeptione boni judicemus ; nec eam cessando, sive gaudentem ut Aristippus, sive non dolentem ut hic, sed agendo aliquid, considerandove quæramus. *De finib. lib.* 2. n°. 13.

(2) Animal.... quem vocamus hominem, præclarâ quadam conditione generatum est à summo Deo. Solum est enim ex tot animantium generibus atque

» car les bêtes ne vont qu'autant que l'instinct
» les mène; elles ne se portent qu'à ce qui est
» devant elles, & ne sont touchées que du pré-
» sent, n'ayant que très-peu de sentiment du passé
» ni de l'avenir (1) ; au lieu que l'homme a
» l'avantage d'être doué de la raison, d'une in-
» telligence vive & perçante, d'une merveilleuse
» sagacité, qui le rendent capable de pénétrer &
» d'examiner plusieurs choses en même-temps,
» de voir les causes & les conséquences de cha-
» que chose, de comparer les unes aux autres,
» de joindre celles qui sont séparées, d'assem-
» bler l'avenir avec le présent, & de voir tout
» d'une vue le cours entier de la vie (2) ».

« C'est cette même intelligence, c'est cette
» même lumière de la raison qui porte l'homme
» à la recherche & à l'examen de la vérité, &
» qui ensuite lui fait comprendre que la con-
» noissance de la vérité toujours pure & simple
» en elle-même, est ce qui appartient le plus in-
» timement à la nature de l'homme ».

Ne perdons pas de vue que je continue de
parler d'après Cicéron (3). « Cette recherche,
» cet examen, cette connoissance de la vérité
» apprennent insensiblement à l'homme, ce qu'il
» doit d'abord aux dieux, ensuite à sa patrie,
» à ses parens, à tous les habitans du monde (4),
» & par conséquent il ne lui reste qu'une pe-
» tite portion de lui-même, dont il puisse dis-
» poser (5) ».

Telles sont les leçons que l'homme reçoit de
la raison, de l'intelligence, & de la notion qu'il
a de la Divinité ; trois avantages qui lui sont
propres, & qui mettent une si grande distance
entre lui & les bêtes : mais plus il est supérieur
aux autres êtres animés, plus il doit être attentif à soutenir sa prééminence par des vertus, &
à ne point se laisser éblouir par l'éclat qui l'environne. Ecoutons comment Cicéron développe
cette pensée.

« Tout homme, dit-il, qui rentrera en lui-
» même, y découvrira des traces de la divinité,
» en se regardant comme un temple où les dieux
» ont placé son ame pour être leur image, il
» ne se permettra que des sentimens, que des
» actions qui répondent à la dignité du don qu'il
» a reçu : un sérieux examen de ce qu'il peut
» être, lui fera comprendre de quels avantages
» la nature l'a pourvu, & combien de secours
» lui facilitent l'acquisition de la sagesse (1). En-
» fin, quand l'homme aura jetté une vue atten-
» tive sur le ciel, sur la terre, sur la mer, sur
» tout ce qui existe ; qu'il aura observé de quoi
» les choses sont formées, d'où elles viennent,
» où elles tendent, comment elles doivent finir,
» ce qu'elles ont d'éternel, ce qu'elles ont de
» périssable ; quand il sera élevé, & qu'il aura
» presque atteint jusqu'à l'Être qui règle & gou-
» verne l'univers ; qu'ensuite, tournant les yeux
» sur lui-même, il verra qu'il n'est pas renfermé
» dans l'étroit espace d'un lieu borné, mais que
» le monde entier ne fait que comme une seule
» ville dont il est citoyen ; oh ! que cette ma-
» gnifique perspective où la nature se montre à
» découvert, le mettra facilement à portée de
» se connoître lui-même ! qu'il saura bientôt
» mépriser, rejetter, compter pour rien tous
» ces objets dont l'ambition vulgaire se forme
» une si grande idée (2) ! »

---

naturis, particeps rationis atque cogitationis, cùm cætera sint omnia expertes. De leg. lib. 1. n°. 9.

Itaque ex tot generibus nullum est animal præter hominem, quod habeat notitiam aliquam Dei. Ibid. n°. 8.

(1) Inter hominem & belluam hoc maximè interest, quod hæc tantum, quantum sensu movetur, ad id solum quod adest, quodque præsens est, se accommodet, paululùm admodum sentiens præteritum aut futurum. Homo autem, quod rationis est particeps per quam consequentia cernit, causas rerum videt. Off. lib. 1. cap. 4.

(2) Homines enim, etsi aliis multis, tamen hoc uno à bestiis plurimùm differunt, quòd rationem habeat à naturâ datam mentemque acrem & vigentem, celerrimèque multa simul agitantem, & ut ita dicam, sagacem, quæ & causas rerum & consecutiones videat, & similitudines transferat, & disjuncta conjungat, & cum præsentibus futura copulet, omnemque complectatur vitæ consequentis statum. De finib. bon. & mal. lib. 2. n°. 14.

(3) Cic. off. l. 1. c. 4 & 6. De finib. l. 2. n°. 14.

(4) Sunt gradus officiorum ex quibus, quid cuique præstet, intelligi possit : ut prima diis immortalibus, secunda patriæ, tertia parentibus, deinceps gradatim reliquis debeantur. Off. lib. 1. cap. 55.

(5) Non sibi se soli natum meminerit, sed patriæ, sed suis, ut perexigua pars ipsi relinquatur. De finib. lib. 2. n°. 14.

(1) Qui se ipse norit, primùm aliquid sentiet se habere divinum, ingeniumque in se suum, sicut simulacrum aliquod dedicatum putabit, tantoque munere deorum semper dignum aliquid & faciet & sentiet : & cum se ipse perspexerit totumque tentârit, intelliget quemadmodum a naturâ subornatus in vitam venerit, quantaque instrumenta habeat ad obtinendam, adipiscendamque sapientiam, De leg. lib. 1. n°. 22.

(2) Idemque cùm cœlum, terras, maria, rerumque omnium naturam perspexerit, eaque undè generata, quò recurrant, quando, quo modo obitura, quid in his mortale & caducum, quid divinum æternumque sit viderit, ipsumque ea moderantem & regentem penè prehenderit, seseque non unius circumdatum mœnibus, popularem alicujus definiti loci, sed civem totius mundi quasi unius urbis agnoverit. In hac illâ magnificentiâ rerum, atque in hoc conspectu & cognitione naturæ, dii immortales ! Quam ipse se noscet : quod Apollo præcipit Pythius ! Quam contemnet, quam despiciet, quam pro nihilo putabit ea quæ vulgò dicuntur amplissima ! De leg. lib. 1. n°. 23.

Mais qu'il est rare que l'on s'élève jusqu'à cette contemplation! aussi très-souvent Cicéron déplore-t-il le mauvais usage que l'homme fait des facultés de l'ame, dans laquelle notre philosophe reconnoît qu'il y a deux sortes de mouvemens, celui de la pensée, & celui de l'appétit; celui de la pensée, qui marche à la découverte de la vérité; & celui de l'appétit, qui détermine à l'action. « De sorte, dit-il, qu'il faut avoir soin » que nos pensées ne s'appliquent qu'à de bon- » nes choses, & que notre appétit ne fasse ja- » mais que suivre les ordres de la raison (1); » parce que, pour être vraiment homme; il est » nécessaire de donner pleine autorité à la par- » tie raisonnable sur celle qui ne l'est pas (2) ».

Les réflexions que Cicéron avoit faites sur les facultés & sur les mouvemens de l'ame, l'avoient conduit à rechercher quelle étoit la nature de l'ame. Après avoir examiné les différens sentimens des anciens, & avoir fait lui-même de profondes méditations sur une question si importante, il donne son opinion, qu'il explique en ces termes:

« On ne peut absolument trouver sur la terre » l'origine des ames; car il n'y a rien dans les » ames qui soit mixte & composé, rien qui » paroisse venir de la terre, de l'eau, de l'air, » ou du feu; tous ces élémens n'ont rien qui » fasse la mémoire, l'intelligence, la réflexion, » qui puissent rappeller le passé, prévoir l'avenir, » embrasser le présent. Jamais on ne trouvera » d'où l'homme reçoit ces divines qualités (3), » à moins de remonter à Dieu; & par consé- » quent, l'ame est d'une nature particulière, » qui n'a rien de commun avec les élémens que » nous connoissons ».

___

(1) Motus autem animorum duplices sunt, alteri cogitationis, alteri appetitus : cogitatio in vero exquirendo maximè versatur : appetitus impellit ad agendum. Curandum est igitur ut cogitatio ad res quàm optimas utamur; appetitum rationi obedientem præbeamus. *Offic. lib. 1. cap. 36.*

(2) Ratio ut imperet illi parti animi, quæ obedire debet, id videndum est viro. *Tuscul. 2. n°. 21.*

(3) Animorum nulla in terris origo inveniri potest : nihil est enim in animis mixtum atque concretum, aut quod ex terrâ natum atque fictum esse videatur; nihil ne aut humidum quidem, aut flabile, aut ignem. His enim in naturis nihil inest, quod vim memoriæ, mentis, cogitationis habeat; quod & præterita teneat, & futura provideat, & complecti possit præsentia : quæ sola divina sunt; nec inveniretur unquam undè ad hominem venire possint, nisi à Deo. Singularis igitur quædam natura atque vis animi, sejuncta ab his usitatis notisque naturis. Itaque, quidquid est illud quod sentit, quod sapit, quod vult, quod viget, cæleste & divinum est; ob eamque rem æternum sit necesse est. *Cons. frag. tusc. l. n°. 27.*

« Quelle que soit donc la nature d'un Être » qui a sentiment, intelligence, volonté, prin- » cipe de vie, cet être-là est céleste, il est divin, » & dès-là immortel ».

Voilà, si je ne me trompe, de la part de Cicéron, un aveu bien authentique de sa manière de penser sur la nature de l'ame, & sur son existence après la dissolution du corps. Peut-être m'objectera-t-on que ce passage est tiré d'un fragment du livre *de la Consolation*; que Cicéron, lorsqu'il composa cet ouvrage, étoit si affecté de la mort de Tullia sa fille, que pour charmer sa douleur, il cherche à se tromper lui-même & à flatter son imagination, en cherchant à se persuader que l'ame étoit une substance sans mélange & immortelle, parce que de-là il concluoit qu'il n'étoit pas pour toujours séparé de sa chère Tullia : mais cette objection tombera d'elle-même, si on se rappelle que Cicéron embrasse avec chaleur cette même opinion dans sa première Tusculane, où il s'échauffe jusqu'à dire, « qu'à moins » d'être d'une ignorance profonde en physique, » on ne peut douter que l'ame ne soit une subs- » tance très-simple, qui n'admet point de mé- » lange, point de composition; d'où il s'ensuit, » ajoute-t-il, que l'ame est indivisible, & par » conséquent immortelle (1) ».

Cicéron s'exprime avec la même force, avec la même précision, dans le *Traité de la Vieillesse*, où il décide clairement que l'esprit est quelque chose de simple, sans mélange d'aucune substance d'une nature différente de la sienne; qu'il est par conséquent quelque chose d'indivisible, & que ce qui est indivisible ne sauroit périr (2).

Cicéron convient que ce n'est pas seulement le raisonnement & la méditation qui avoient imprimé chez lui le dogme de l'immortalité, mais aussi la persuasion qu'en avoit eue toute l'antiquité : « plus elle touchoit de près, dit le phi- » losophe orateur, à l'origine des choses, & aux » premières productions des dieux, plus, sans » doute, la vérité lui étoit connue ». Or, la croyance générale des anciens étoit, que la mort

___

(1) In animi autem cognitione, dubitare non possumus, nisi planè in physicis plumbei simus, quin nihil sit animis admixtum, nihil concretum, nihil copulatum, nihil coagmentatum, nihil duplex. Quod cùm ita sit, certè nec secerni, nec discerpi, nec distrahi potest; nec interire igitur. Est enim interitus quasi discessus ac secretio, ac direptus earum partium, quæ ante interitum junctione aliquâ tenebantur. *Tuscul. 1. n°. 29.*

(2) Et, cùm simplex animi natura esset, neque haberet in se quidquam admistum, dispar sui atque dissimile, non posse eum dividi : quod si non possit, non posse interire. *De senect. c. 21.*

n'éteignoit pas tout sentiment, & que l'homme, au sortir de cette vie, n'étoit pas anéanti (1) ; qu'au surplus, l'ardeur avec laquelle tous les hommes travaillent pour un avenir qui ne sera qu'après leur mort, fait assez connoître que la nature elle-même décide tacitement pour notre immortalité (2). « Puis donc, continue Cicéron, » que le consentement de tous les hommes est » la voix de la nature, & que tous les hommes, » quelque part qu'ils soient, conviennent qu'après » notre mort il y a quelque chose qui nous in- » téresse, nous devons aussi nous rendre à cette » opinion (3), & déférer à l'autorité de nos an- » cêtres, qui ont établi tant de cérémonies re- » ligieuses en faveur des morts, ce qu'ils n'au- » roient jamais fait s'ils avoient considéré la mort » comme un anéantissement (4). Nous devons » déférer à l'autorité de tout ce qu'il y a eu de » plus grands philosophes, qui ont été persuadés » que l'ame tenoit de la nature divine & étoit » éternelle (5) ; à celle de ces grands hommes » qui ont vécu dans la terre que nous habitons, » & qui, par leurs lumières & leurs préceptes, » ont éclairé toute la grande Grèce (6) ; à celle » de Platon, qui apporte tant de preuves de » l'immortalité de l'ame, qu'on voit clairement » qu'il avoit intention de convaincre ses lecteurs, » & qu'il étoit convaincu tout le premier (7) ; » enfin à celle de Socrate, que l'oracle a dé- » claré le plus sage de tous les hommes ». Or nous voyons que cet illustre personnage, qui paroissoit flottant & incertain sur beaucoup d'autres objets, n'a jamais varié sur celui-ci ; il a toujours constamment enseigné que l'ame de l'homme étoit quelque chose de divin ; que le ciel étoit sa véritable patrie, & que le chemin pour y retourner, étoit ouvert à ceux qui se seroient rendus recommandables par leur justice & par leur probité (1) ; mais que ceux qui se seroient laissés dominer par leurs passions déréglées, au lieu d'être admis à l'assemblée des dieux, seroient confinés dans des abîmes où tout seroit horreur & ténèbres (2).

Cette opinion n'étoit point particulière à Socrate, elle étoit celle des sages de l'antiquité, qui, selon Cicéron, s'accordent tous à enseigner que les ames sont distinguées des corps ; que lorsqu'elles en sont séparées (3), elles subsistent par elles mêmes ; qu'après la mort, des récompenses ou des punitions les attendent, selon le bon ou le mauvais usage qu'elles auront fait de leur raison pendant leur séjour ici bas.

C'est ce que Cicéron s'efforce encore de faire connoître dans le songe de Scipion, où il nous présente les ames de Scipion l'Africain, & de Paul Emile, comme deux substances permanentes, individuellement distinctes & jouissant dans le ciel du bonheur destiné aux hommes vertueux (4). En un mot, il falloit que Cicéron fût bien attaché au dogme de l'immortalité de l'ame, puisqu'il déclare que l'opinion où il étoit, fût-elle même une erreur, il la chériroit, & que jamais il ne l'abandonneroit (5) ; que même il étoit dans le

---

(1) Et primùm quidem omni antiquitate : quæ quo propiùs aberat ab ortu & divinâ progenie, hoc meliùs ea fortassé quæ erant vera, cernebat. Itaque unum illud erat insitum priscis.... esse in morte sensum, neque excessu vitæ sic deleri hominem, ut funditùs interiret.....

(2) Maximum verò argumentum est naturam ipsam de immortalitate animarum tacitam judicare, quòd omnibus cara sunt, & maximè quidem, quæ post mortem futura sint. Tuscul. 1. n°. 12 & 14.

(3) Quod si omnium consensus, naturæ vox est, omnesque qui ubique sunt, consentiunt esse aliquid quod ad eos pertineat, qui vitâ cesserint ; nobis quoque idem existimandum est. Tusc. 1. n°. 15.

(4) Plus apud me antiquorum auctoritas valet, vel nostrorum majorum, qui mortuis tam religiosa jura tribuerunt : quod non fecissent profectò, si nihil ad eos pertinere arbitrarentur. De amicit. cap. 4, & tusc. 2, n°. 12.

(5) Aut si, ut antiquis philosophis, hisque maximis longequé clarissimis placuit, æternos animos ac divinos habemus. Cic. de philos. sive hort. frag. de senitâ. cap. 21.

(6) Vel eorum qui in hâc terrâ fuerunt, magnamque Græciam .... institutis & præceptis suis erudierunt. De amicit. cap. 4.

(7) Tot autem rationes attulit, ut velle cæteris, sibi certè persuasisse videatur. Tuscul. 1. n°. 21.

(1) Vel ejus qui Apollinis oraculo sapientissimus est judicatus : qui non tum hoc, tum illud, ut in plerisque, sed idem dicebat semper, animos hominum esse divinos, iisque, cùm è corpore excessissent, reditum in cœlum patere, optimo que ut justissimo cuique expeditissimum. De amicit. cap. 4.

(2) Nam qui se humanis vitiis contaminavissent, & se totos libidinibus dedissent, quibus cæcati, velut domesticis vitiis atque flagitiis se inquinavissent, vel republicâ violandâ fraudes inexpiabiles concepissent, his devium quoddam iter esse, seclusum à consilio Deorum, &c. Tusc. 1. n°. 30.

(3) Nec enim omnibus iidem sapientes arbitrati sunt eumdem cursum in cœlum patere ; nam vitiis & sceleribus contaminatos deprimi in tenebras, atque in cœno jacere docuerunt : castos autem, puros, integros, incorruptos, bonis etiam studiis atque artibus expolitos, levi quodam ac facili lapsu ad deos, id est, ad naturam sui similem pervolare. Consf. fragm. Elzev. p. 1323.

(4) Ea vita via est in cœlum, & in hunc cœtum eorum qui jam vixerunt & corpore laxati, illum incolunt locum quem vides. Somn. Scip. n°s 3 & 9.

(5) Quòd si in hoc erro quòd animos hominum im-
plus

plus grand étonnement, lorsqu'il réfléchissoit sur l'effronterie de certains philosophes qui révéroient leur chef comme un Dieu, parce qu'il les avoit délivrés, disoient-ils, de la plus grande frayeur, en les conduisant, par ses principes, à croire qu'au moment de la mort tout étoit anéanti (1). « Si cela est vrai, dit ailleurs Cicéron, avec un » ton de plaisanterie, je n'ai nullement peur que » ces petits philosophes me reprochent dans ce » temps-là mon heureuse crédulité (2) ».

Malgré ces témoignages authentiques de la croyance de l'orateur philosophe, je ne dissimulerai pas que dans quelques endroits de ses Ecrits, il semble douter de l'existence de l'ame après la dissolution du corps ; d'où il est arrivé que quelques critiques ont cru devoir prendre les beaux sentimens dont Cicéron se fait souvent gloire, moins pour une preuve de sa raison convaincue, que pour un jeu d'esprit, & pour des fleurs d'éloquence.

Avant de décider si ce jugement est bien ou mal fondé, il est à propos d'examiner tous les passages où l'on trouve que le philosophe orateur abandonne le dogme de l'immortalité de l'ame que nous l'avons vu soutenir jusqu'ici : ces passages sont épars de côté & d'autre, mais principalement dans ses lettres. Cicéron, dans celle qu'il écrivit après la bataille de Pharsale à Titius, son ancien ami, pour le consoler de la mort de son fils, lui fait ce raisonnement : « Si » c'est pour vous-même que vous regrettez ceux » que vous avez perdus, ou si c'est la vue de vos » propres intérêts qui vous afflige, je ne pense » pas qu'il soit facile de vous distraire entièrement de cette douleur ; mais si le sujet qui » vous agite & vous tourmente vient plutôt d'un » excès d'amour & de tendresse qui vous fasse » pleurer le malheur de ceux qui sont morts, » je pourrois vous remettre sous les yeux ce que » j'ai souvent lu, & souvent ouï dire, que la » mort n'a rien de mauvais en elle ; que si elle » nous laisse du sentiment après cette vie, on la » doit considérer plutôt, comme une immorta-» lité, que comme une mort ; que s'il ne nous » en reste aucun, on ne doit point croire qu'il » y ait aucune misère où il n'y a point de sentiment (1) ».

Cicéron semble tenir un langage encore plus décidé dans une lettre à Mescinius. L'attachement de Mescinius au parti de Pompée, avoit déterminé César à le bannir de Rome. Cicéron, toujours uni de cœur à ceux qui avoient été les victimes du parti malheureux, étoit en relation avec Mescinius : après l'avoir loué du courage & de la constance qu'il continuoit de montrer depuis sa disgrâce, il lui représente qu'il n'y a rien de redoutable pour ceux dont la conscience est sans reproche ; qu'ayant toujours gardé les bornes d'une juste modération dans la prospérité, il ne falloit point s'en écarter dans l'état désespéré où étoit la république, afin de tirer au moins de ce gouffre de maux, l'avantage de ne pas seulement mépriser, mais de souhaiter la mort, qu'on ne doit pas même appréhender dans un état heureux, lorsque l'on considère qu'il n'y a plus de sentiment après elle (2).

Cicéron s'exprime à-peu-près de même dans trois autres de ses lettres ; elles sont écrites après la bataille de Pharsale, l'une à Téranius, & les deux autres à Torquatus : il y parle de la mort, comme devant être le terme de nos maux (3) & la fin de toutes choses, *præsertim cùm omnium rerum mors sit extremum* (4).

J'ai lu, avec la plus grande attention, ces lettres & les deux précédentes. Cicéron a pour objet, dans les unes & dans les autres, de consoler des amis malheureux. Le philosophe orateur connoissoit certainement le caractère & le génie des personnes auxquelles il écrivoit : il étoit naturel de saisir les motifs de consolations les plus capables de faire impression sur leur esprit : c'est la méthode que suit Cicéron dans les lettres que nous examinons ; les amis qu'il vouloit consoler étoient gens instruits, bons citoyens, mais im-

---

mortales esse credam, lubenter erro ; nec mihi hunc errorem quo delector, dum vivo extorqueri volo. *De seneâ. cap. 23.*

(2) Soleo sæpe mirari insolentiam philosophorum qui naturæ cognitionem admirantur, ejusque inventori ac principi gratias exultantes agunt, eumque venerantur ut Deum ; liberatos enim se per eum dicunt terrore sempiterno.... præclarum autem nescio quid adepti sunt, quòd didicerunt se, cùm tempus mortis venisset, totos esse perituros. *Tuscul. 1. n°. 21.*

(2) Sin mortuus, ut quidam minuti philosophi censent, nihil sentiam, non vereor ne hunc errorem meum mortui philosophi irrideant. *De sen. cap. 23.*

Philosophie anc. & mod. Tome I.

(1) Nihil mali esse in morte, in quâ si resdet sensus, immortalitas illa potiùs quam mors ducenda sit : sin sit amissus, nulla videri miseria debeat, quæ non sentiatur. *Lib. 5. epist. 36.*

(2) Ut hoc saltem in maximis malis boni consequemur, ut mortem, quam etiam beati contemnere debeamus, propterea quòd nullum sensum est habitura, nunc sic affecti, non modò contemnere debeamus, sed etiam optare. *Liv. 5. epist. 21.*

(3) Præsertim cùm impendeat in quo non modo dolor nullus, verùm finis etiam doloris futurus sit. *Liv. 6. epist. 4.*

(4) *Lib. 6. epist. 21, à Teranius.*

X

bus de la doctrine d'Epicure, & nommément les Torquatus (1), à qui sont adressées plusieurs des lettres dont il s'agit.

On se rappelle, & je l'ai déjà observé, que depuis un siècle la philosophie Epicurienne avoit fait à Rome des progrès rapides : or Cicéron, dans des lettres de consolation, ne vouloit pas choquer les préjugés de ceux à qui il écrivoit; au contraire, après leur avoir mis sous les yeux avec une éloquence aussi adroite qu'insinuante, les maximes d'une morale pure & solide, il cherche à les leur faire goûter, en tirant de leur philosophie même des argumens qui, selon leurs principes, étant sans replique, devoient être pour eux des motifs efficaces de consolation. J'apperçois d'ailleurs que Cicéron suppose quelquefois l'ame mortelle, & la mort, comme étant la fin de tout, pour avoir occasion de mieux appuyer le dogme de l'immortalité de l'ame.

Par exemple, dans la première partie de la première Tusculane, il soutient l'immortalité de l'ame; dans la seconde partie, il suppose l'ame mortelle, & il rapporte tous les argumens de ceux qui sont partisans de cette opinion; argumens dont la foiblesse fait valoir encore davantage les preuves qu'il a données dans sa première partie, en faveur du dogme de l'immortalité. Cicéron termine cette discussion philosophique, par ces belles paroles : « Pour nous
» rassurer contre les frayeurs de la mort, tenons-
» nous dans une telle disposition d'esprit, que
» ce jour, si terrible pour les autres, nous pa-
» roisse heureux (2) ».

Selon Platon, Socrate après avoir exposé à ses amis les raisons qu'il avoit de croire l'immortalité de l'ame, leur parle ainsi (3). « De
» vous dire présentement que toutes ces choses
» sont comme vous les avez entendues, c'est ce
» qu'un homme de bon sens ne vous assurera
» jamais; mais que tout ce que je vous ai dit
» de l'état des ames, & des demeures où elles
» sont reçues après la mort, soit absolument
» vrai de la manière que je vous l'ai dit, ou
» d'une manière très-approchante, c'est ce que
» tout homme de bon sens assurera, & il trouvera
» certainement que cela vaut bien la peine qu'on
» en coure le risque ; car quel plus beau danger !
» il faut s'enchanter soi-même de cette espérance
» bienheureuse ».

Il est visible que Cicéron étoit pénétré de ces mêmes principes qu'il avoit puisés dans les ouvrages de Platon, dont il avoit adopté la doctrine sur l'immortalité de l'ame.

Je crois pouvoir observer qu'on trouve dans le passage du Phédon, que je viens de citer, la substance du fameux argument que M. Pascal a poussé avec tant de force dans le chap. VII de ses *Pensées* (1), & qu'Arnobe, maître de Lactance, avoit déjà développé dans son ouvrage *Adversus Gentes* (2). Dans ce chapitre, l'objet de M. Pascal est de prouver que de quelque manière qu'on puisse envisager les choses, soit présentes, soit à venir, il est plus avantageux de croire ce que la religion enseigne, que de ne le pas croire.

Je vois encore que Cicéron suppose dans quelques circonstances, que l'ame meurt avec le corps, non pas pour adhérer à l'opinion des Epicuriens, mais pour les confondre eux-mêmes, & pour les obliger au moins à reconnoître l'utilité des leçons de vertu qu'il donne, & à sentir tout l'avantage qu'il y a de les pratiquer, quand même notre ame seroit anéantie avec le corps.

Jetons un coup-d'œil sur le traité *de la Vieillesse* (3), & sur celui *de l'Amitié* (4), ouvrages si excellens, qu'ils suffiroient seuls pour lui mériter le nom de philosophe, nous verrons que dans l'un & l'autre il parle de la mort, comme d'un passage à une autre vie ; & parmi les preuves qu'il apporte de l'immortalité de l'ame, il y en a plusieurs auxquelles tout esprit sans prévention ne peut résister. Cependant, comme ces deux livres sont adressés à Atticus, zélé partisan de la doctrine d'Epicure, Cicéron croit devoir prendre quelque précaution, afin que dans le cas où son ami persisteroit, malgré la force des preuves qu'il lui donnoit, à ne pas croire l'immortalité de l'ame, au moins il pût retirer quelqu'avantages des maximes contenues dans les deux traités qu'il lui envoyoit. Or Cicéron, dans son livre de l'Amitié, où il se déclare pour le dogme de l'immortalité de l'ame, finit par faire envisager à Atticus, que quand même les ames ne seroient pas immortelles, la vertu fait nécessairement le bonheur des hommes, parce qu'il ne peut rien arriver que d'heureux à l'homme vertueux, &

---

(1) Accurate quondam à L. Torquato, homine omni doctrinâ erudito, defensa est Epicurientia de voluptate, à meque ei responsum. *De fin.* 1. n°. 5.

(2) Eo tamen simus animo, ut horribilem illum diem aliis, nobis faustum putemus. *Tuscul.* 1. n°. 48.

(3) Plat. in Phæd. traduct. de M. Dacier.

(1) Page 43. édit. d'Amsterd. 1701.
(2) Lib. 1. p. 44. ed. Lugd. 1651.
(3) De senect. c. 21, 22, 23.
(4) De amicit. cap. 3 & 4.

que ce même homme fait la gloire de sa patrie, ainsi que les délices de ses parens & de ses amis. Et dans son *Traité de la Vieillesse*, après avoir réuni toutes les preuves de l'immortalité de l'ame, il termine son discours, en conseillant de vivre de manière à ne point se repentir d'être venu au monde, ajoutant que quand même il seroit vrai que l'ame ne fût pas immortelle, il y avoit un certain point dans la vie où l'on devoit trouver bon de finir; que toutes choses ayant leurs bornes dans l'ordre de la nature, la vie devoit aussi avoir les siennes.

Je crois qu'il est aisé de s'appercevoir que Cicéron raisonne ainsi pour ne pas trop heurter son ami Atticus, à qui, dans l'un & dans l'autre de ses traités, il venoit de démontrer très-adroitement que tous les anciens peuples, & tous les sages du premier ordre, avoient reconnu l'immortalité de l'ame, dogme que l'orateur philosophe fortifie par des argumens si puissans, qu'il seroit aussi injuste que déraisonnable de vouloir regarder ce qu'il dit sur l'immortalité de l'ame dans les livres de la vieillesse, de l'amitié, de la consolation, des loix, & dans la première Tusculane, comme détruit & anéanti par quelques assertions échappées dans quatre ou cinq lettres; lesquelles assertions paroissent d'ailleurs être jettées au hasard, car il ne cherche point à les prouver; au lieu que les ouvrages où il traite de l'immortalité de l'ame & de ses preuves sont le fruit de longues & profondes méditations : il assure lui-même qu'il sentoit une douce satisfaction en les relisant. « Quand je » relis, dit-il, mon livre de la vieillesse, j'en » suis touché comme si c'étoit Caton que j'en» tendisse parler, quoique ce soit moi-même que » je lise (1); & je puis dire que la composition » de cet ouvrage m'a fait un si grand plaisir, » que non-seulement elle a dissipé à mon égard » les chagrins de la vieillesse, mais qu'elle m'y » a fait trouver quelque chose d'agréable & de » doux » (2).

Enfin, ne pourroit-on pas dire que dans les circonstances où Cicéron parle de la mort comme étant la fin de toutes choses & le terme de nos maux, il n'entendoit parler que de la mort physique, qui en effet est plutôt une cessation de maux qu'un mal réel, & qu'à bien l'examiner, ce qu'il dit sur la mort dans les lettres de consolation à ses amis, revient à cette sentence commune & si souvent répétée : » La mort est la fin de toutes les choses du monde, & ne laisse aucun sentiment de ce qui se fait sur la terre ».

Mais quand Cicéron auroit eu dans des momens, de l'indécision & de l'incertitude sur le dogme de l'immortalité de l'ame, il lui seroit arrivé ce qui arrive à la plupart des hommes, qui ont quelquefois des doutes sur des vérités qu'ils croient habituellement.

C'est par cette réflexion que je finis cette discussion philosophique dans laquelle je crois avoir exposé, avec autant d'exactitude que d'impartialité, la métaphysique de Cicéron; c'est à-dire, quelle a été sa doctrine sur l'Etre suprême & sur ses attributs, sur la providence & sur la religion, sur la nature de l'ame & sur son état après la dissolution du corps.

Il me reste présentement à examiner sa morale, c'est-à-dire la doctrine qu'il a enseignée sur le droit naturel, sur les moyens d'être heureux & de contribuer au bonheur des autres. Nous verrons que l'orateur philosophe, non seulement reconnoît & croit des vérités, mais encore qu'il les appuie sur des principes puisés dans les sources les plus pures : nous y verrons aussi que ceux-là jugent mal Cicéron, qui se contentent de dire que c'est un beau génie, & le plus bel esprit de l'antiquité : enfin nous y verrons que l'orateur romain est celui des sages du paganisme qui a le mieux servi la raison, & qu'il est philosophe, non pas dans l'acception du langage vulgaire, mais dans le sens de Platon (1), suivant lequel ce titre respectable ne convient qu'à ceux qui, instruits de toute l'étendue des obligations qu'il impose, se font un devoir de les remplir.

Si l'on en croit quelques écrivains, la morale est une science vague, dans laquelle on n'a fait aucuns progrès : selon eux, il est arrivé à cette partie de la philosophie, ce qui arrive aux grands chemins, où les uns vont, les autres reviennent; où quelques-uns se promènent, quelques autres se battent, & personne n'y sème.

Ceux qui ont fait cette comparaison, ou qui l'ont adoptée, se sont sans doute peu mis en peine de contredire toute l'antiquité, & d'attaquer la mémoire de ces hommes célèbres connus sous le nom des *sept sages*, ainsi appelés parce qu'ils passoient pour exceller dans la science de la morale, champ fertile, où à la vérité,

---

(1) Itaque ipse mea legens, sic afficior interdum, ut Catonem, non me, loqui existimem. *De amicit. cap. 1.*

(2) Mihi quidem ita jucunda hujus libri confectio fuit, ut non modò omnes abstersit senectutis molestias, sed effecerit mollem etiam & jucundam senectutem. *De senect. cap. 1.*

---

(1) Plat. dialog. intit. Theætete.

les ennemis de la vertu ont souvent répandu de mauvaise semence.

Quoi qu'il en soit, la morale est à la philosophie ce que les fondemens sont aux édifices ; elle en est la base & le soutien ; sans elle, la philosophie est une chimère : ce qui faisoit dire autrefois à Pythagore, qu'un philosophe qui ne guériroit aucune passion, seroit un homme aussi inutile qu'un médecin qui ne guériroit aucune maladie. La morale est donc véritablement le point le plus essentiel de la philosophie ; & cela est d'autant plus vrai, que les connoissances que procurent les autres parties de cette science, excepté néanmoins la logique, sont en quelque sorte hors de l'homme, ou du moins elles ne vont pas jusqu'à la portion de lui-même la plus intime & la plus personnelle, je veux dire le cœur ; car c'est dans le cœur & par le cœur que nous sommes tout ce que nous sommes, comme Cicéron le fait observer dans le songe de Scipion, n°. 8.

C'est le même Cicéron qui dit, en parlant de la philosophie : « Quoique cette science soit un » pays où il n'y a point de terres incultes ni » de landes, & qu'elle soit fertile & abondante » d'un bout à l'autre, elle n'a point de contrée » plus riche que celle d'où l'on tire les règles & » les préceptes qui peuvent donner à nos mœurs » une forme certaine & constante, & nous faire » vivre selon les loix de l'honnêteté & de la » vertu ». (voyez de offic. l. 3. c. 2.)

Malgré ces grands avantages que Cicéron sait très-bien apprécier, la morale est celle de toutes les connoissances qui a toujours été la plus négligée : les préjugés de l'enfance, l'impression de l'exemple, le torrent de la mode, la tyrannie des opinions, les illusions du cœur, l'amour des plaisirs, le desir de la réputation, des richesses, de la puissance, ont continuellement détourné les hommes de l'étude sérieuse d'une science qui devroit être leur grande affaire & leur principale occupation.

» A peine est-on né (c'est Cicéron qui parle) » que c'est pour ne rien voir, ne rien entendre » qui ne soit pernicieux : on diroit que nous » avons sucé l'erreur avec le lait de nos nour- » rices. Quand ensuite, remis entre les mains » de nos parens, ils nous donnent des maîtres, » nous recevons tant de mauvaises impressions, » qu'enfin la force du préjugé l'emporte sur les » principes de la nature, & le mensonge sur » la vérité (1) ».

Dans tous les temps, les gens qui réfléchissent ont facilement apperçu les causes de l'éloignement de l'homme pour les sciences qui ont rapport à la morale ; de nos jours, Fontenelle ne s'y est pas trompé, c'est lui qui dit fort agréablement dans ses dialogues (1). « La philo- » sophie n'a affaire qu'aux hommes ; & nullement » au reste de l'univers......; mais parce qu'elle » les incommoderoit si elle se mêloit de leurs » affaires, & si elle demeuroit auprès d'eux à » régler leurs passions, ils l'ont envoyée dans le » ciel arranger les planètes & en mesurer les » mouvemens ; ou bien ils la promènent sur la » terre pour lui faire examiner tout ce qu'ils y » voient ; enfin ils l'occupent toujours le plus loin » d'eux qu'il leur est possible ».

Socrate & Platon avoient été témoins du même désordre, que Cicéron vit aussi subsister de son temps. (2) Ces sages auroient voulu, par leur exemple & par leurs leçons, rappeler les hommes à eux mêmes, & leur inspirer du goût pour la morale, la plus noble & la plus excellente de toutes les sciences, puisqu'elle a pour objet de cultiver les facultés de l'ame, & d'apprendre à diriger sagement ces mêmes facultés pour son propre avantage & pour le bien général du genre humain.

Une science si essentielle, d'où dépendent le bonheur de l'homme & l'harmonie de la société, doit être fondée sur des règles certaines & sur des principes inébranlables ; car il ne seroit pas naturel que les principes d'une science plus nécessaire de toutes, ne pussent pas être compris jusqu'à un degré suffisant, indistinctement par tous ceux qui veulent faire usage de leur raison. Aussi les plus sensés des philosophes ont-ils pensé que l'être suprême qui a prescrit les devoirs que la morale renferme, avoit donné à tous les hommes sans distinction la faculté d'en connoître les règles & les principes : l'un de ces philosophes étoit même persuadé que nous avions sous nos yeux, ou au moins fort près de nous, tout ce qui étoit propre à nous rendre heureux & à nous faire croitre en vertu : *Nec de malignitate natura queri possumus......quidquid nos meliores beatosque facturum est aut in aperto aut in proximo posuit* (3). Cicéron

_____

(1) Nunc autem, simul atque editi in lucem & suscepti sumus, in omni continuo pravitate & in summa opinionum perversitate versamur ; ut penè cum lacte nutricis errorem suxisse videamur. Cùm verò parentibus redditi, dein magistris traditi sumus, tum ita variis imbuimur erroribus, ut vanitati veritas & opinioni confirmatæ natura ipsa cedat. Tuscul. 3. n°. 1.

(1) Dialog. des morts anc. part. 1. dial. 4.

(2) Tusc. 1. n°. 1. Lucul. n°. 2. de off. l. 1. n°. 1. de finib. lib. 1. n°. 1 & 2.

(3) Sen. de benef. l. 7. cap. 1.

étoit dans les mêmes principes ; il faudroit, pour en douter, n'avoir jamais jetté un coup-d'œil sur ses œuvres philosophiques. Ecoutons-le lui-même développer ses sentimens.

« L'homme qui fait un sérieux examen de ce » qu'il est & de ce qu'il peut, comprendra fa- » cilement de quels avantages la nature l'a » pourvu (1), & combien il a de secours pour » se procurer l'acquisition de la sagesse : venu » au monde avec des notions générales, qui » d'abord ne sont que comme ébauchées, il » voit que les semences de vertus nées avec lui » suffisent pour le rendre homme de bien, & » par conséquent heureux, si guidé par la sagesse » il leur laissoit la liberté de croître & de fruc- » tifier (2) ».

D'après ce passage & plusieurs autres, dans lesquels Cicéron s'exprime aussi clairement, je suis persuadé que s'il eût vécu dans le dernier siecle, il auroit soutenu l'opinion des idées innées, qui a eu, comme l'on sait, de célebres adversaires. Au reste, sans entrer dans l'examen des raisons de ceux qui adoptent ou qui rejettent le système des idées innées, je pense que si nous n'avons pas des idées innées de nos devoirs, ni des principes sur lesquels ils sont fondés, nous avons certainement en nous les différentes semences de la science des mœurs, & que ces semences fécondées par la raison & la réflexion, produisent la science même.

En effet, pour acquérir une connoissance suffisante de la morale, & pour en trouver les vrais principes sans équivoque, il n'est, pour ainsi dire, pas nécessaire de sortir de soi-même, ni de consulter d'autres maîtres que son propre cœur ; car il faut l'avouer, pour peu que l'homme ait de l'expérience, & qu'il veuille réfléchir sur lui-même & sur les objets qui l'environnent, il appercevra facilement quels sont ses principaux devoirs, qui tous ont leur source dans la loi naturelle, laquelle est fondée elle-même sur la droite raison. Cicéron, de qui j'emprunte cette derniere expression, explique dans un de ses livres de la république, ce qu'il entend & ce qu'on doit entendre par la droite raison.

« La droite raison, dit-il (3), est certainement » une véritable loi, conforme à la nature, cons- » tante, immuable, éternelle, commune à tous les » hommes ; elle leur commande le bien, elle leur » défend le mal ; mais de manière que ses com- » mandemens & ses défenses, qui ne s'adressent » point en vain aux gens de bien, ne font nulle » impression sur les méchans. Il n'est permis ni » de retrancher quelque chose de cette loi, ni » d'y rien changer, ni de l'annuller : personne » n'en peut être dispensé, ni par le sénat, ni » par le peuple : elle n'a besoin que d'elle-même » pour se rendre claire & intelligible : elle n'est » point autre à Rome, autre à Athènes ; seule » aujourd'hui & autre demain : seule éternelle » & invariable, elle obligera toutes les nations » & dans tous les temps. C'est ainsi que Dieu » sera éternellement lui seul, & l'instituteur & » le souverain de tous les hommes : il a conçu » le plan de cette loi, & c'est à lui qu'ap- » partenoit le droit de l'examiner & de la publier ; » quiconque ne s'y soumettra pas, ennemi de » ses propres intérêts, oubliant ce que sa con- » dition d'homme lui prescrit, il trouvera en » cela même la plus affreuse punition, quand il » éviteroit d'ailleurs tout ce qu'on appelle or- » dinairement supplice ».

Dans ce magnifique passage, Cicéron enseigne qu'il y a un Dieu ; que Dieu est l'auteur de la droite raison ; que la droite raison est une loi immuable & éternelle ; que cette loi immuable & éternelle est la base du droit naturel ; que le droit naturel est le développement de ce que nous appellons la loi naturelle ; qu'enfin le vrai bonheur est attaché à l'observation de cette loi naturelle, qui a la vertu propre & interne de procurer l'avantage du genre humain ; d'où je conclus que la morale étant la science qui doit apprendre aux hommes à se rendre heureux, l'objet de cette science doit être d'enseigner les moyens d'accomplir le droit naturel, puisque c'est l'accomplissement du droit naturel qui procure le bonheur : or dès que la morale a sa source dans le droit naturel, & que Dieu est

---

(1) De legib. lib. 1. n°. 22. Tuscul. 3. n°. 1.

(2) Sunt enim ingeniis nostris semina innata virtutum, quæ si adolescere liceret, ipsa nos ad beatam vitam natura perduceret. Tuscul. 3. n°. 1.

(3) Est quidem vera lex, recta ratio, naturæ congruens, diffusa in omnes, constans, sempiterna ; quæ vocet ad officium jubendo, vetando à fraude

deterreat ; quæ tamen neque probos frustra jubet aut vetat, nec improbos jubendo aut vetando movet. Huic legi nec obrogari fas est, neque derogari ex hac aliquid licet, neque tota abrogari potest : nec vero aut per senatum aut per populum solvi hac lege possumus : neque est quærendus explanator aut interpres ejus alius ; nec erit alia lex Romæ, alia Athenis ; alia nunc, alia posthac ; sed & omnes gentes & omni tempore una lex & sempiterna & immortalis continebit ; unusque erit communis quasi magister & imperator omnium Deus Ille legis hujus inventor, disceptator, lator ; cui qui non parebit, ipse se fugiet, ac naturam hominis aspernabitur ; atque hoc ipso luet maximas pœnas, etiamsi cætera supplicia quæ putantur, effugerit. Fragm. de repub. liv. 3. elzev. ann. 1661. p. 1319.

le souverain législateur du droit naturel, la morale doit avoir des règles sûres & des principes inébranlables. C'étoit l'opinion de Cicéron, comme le prouve évidemment le passage que je viens de rapporter.

Ce précieux fragment, & ceux que nous avons encore, donnent une très-haute idée du traité de la république : c'est dans le troisième livre, où il réfutoit directement Carnéade, qui avoit prétendu que le droit naturel étoit une chimère ; *jus autem naturale nullum esse*. L'orateur philosophe regardoit comme un point si essentiel d'établir le contraire, que quoiqu'il eût déjà traité ce sujet important, il en fait encore le principal objet de son ouvrage des loix, dans lequel il s'attache particuliérement à prouver l'existence d'un droit naturel, qu'il ne définit pas comme depuis l'ont défini les juriconsultes romains, qui entendoient par droit naturel (1), ce que la nature enseigne à tous les animaux, & dont, par conséquent, la connoissance n'est point particulière à l'homme, mais est censée commune au reste des animaux.

Cicéron n'admettoit point ce prétendu droit naturel commun aux hommes & aux bêtes, parce qu'il ne croyoit point qu'un être destitué de raison pût être susceptible de loi. « C'est la » raison (2), dit-il, qui élève le plus notre nature au-dessus des bêtes : nous remarquons » bien dans quelques-unes du courage, de la » force & d'autres mouvemens extérieurs qui » ressemblent aux actions des hommes ; mais nous » ne dirons jamais qu'il y ait en elles ni justice » ni probité, parce qu'elles n'ont ni l'avantage » de la raison, ni l'usage de la parole ».

Long-temps auparavant, Hésiode, que Cicéron conseilloit au jeune Lepta (3) d'apprendre par cœur, avoit enseigné la même doctrine « Le » grand Jupiter (4), disoit cet ancien poëte, a » prescrit aux hommes la loi de la justice, qui » est la chose du monde la plus excellente ;

---

(1) Jus naturale est, quod natura omnia animalia docuit ; nam jus istud non humani generis proprium, sed omnium animalium quæ in terrâ, quæ in mari nascuntur, avium quoque commune est. Dig. lib. 1. tom. 1. De justitiâ & jure.

(2) Neque ullâ re (ratione) longiùs absumus à naturâ ferarum, in quibus inesse fortitudinem sæpè dicimus, ut in equis, in leonibus : justitiam, æquitatem, bonitatem non dicimus, sunt enim rationis & orationis expertes. De off. lib. 1. n°s. 16 & 4 in fine ; & de finib. lib. 5. n°. 14.

(3) Lepta suavissimus edisçat Hesiodum. Ep. fam. liv. 6. ep. 18.

(4) Hesiod. oper. & dies. v. 276.

» mais il a établi que les poissons, les bêtes » farouches & les oiseaux se dévorassent les uns » les autres, parce qu'il n'y a point de justice » entr'eux.

Les sages de la plus haute antiquité n'avoient donc pas conçu l'idée d'un droit naturel commun aux hommes & aux bêtes. Quant à Cicéron, il entendoit par le droit naturel, un droit seulement commun à tous les hommes, & qui néanmoins existoit indépendamment de toute institution humaine ; lequel droit déterminoit les règles du juste & de l'injuste, & auquel en conscience on étoit obligé de se conformer.

Tels étoient sur le droit naturel, & sur les obligations qu'il imposoit, les vrais sentimens de Cicéron, exprimés encore en termes très-positifs dans différens passages, dont quelques-uns sont si beaux, que je craindrois, en ne les rapportant pas, de trop dérober à la gloire de l'orateur philosophe. Ecoutons-le lui-même :

» Il y a dans l'homme (1) une puissance qui » porte au bien & détourne du mal, non-seulement antérieure à la naissance des peuples » & des villes, mais aussi ancienne que ce dieu » par qui le ciel & la terre subsistent & sont » gouvernés ; car la raison est un attribut essentiel de l'intelligence divine, & cette raison » qui est en dieu, détermine nécessairement ce » qui est vice ou vertu. Ainsi, quoiqu'il ne fût » écrit nulle part qu'il falloit seul contre toute » armée défendre la tête d'un pont, pendant » qu'on le feroit rompre par derrière, il n'en » est pas moins vrai qu'Horace, en faisant cette » belle action, obéissoit à la loi qui nous oblige » d'être courageux : de même, quoique du » temps de Tarquin la loi contre l'adultère ne » fût pas encore écrite, il ne s'ensuit pas que » le fils de ce roi, en violant Lucrèce, n'ait » pas péché contre la loi qui est de toute éternité ; car l'homme avoit dès lors une raison » qui le portoit au bien & le détournoit du mal ; » raison qui a force de loi, non du jour qu'elle » est écrite, mais du moment qu'elle a commencé. » Or elle a commencé au même instant que l'intelligence divine. Enfin c'est cette loi éternelle » qui est le fondement de toutes les loix justes » & raisonnables établies parmi les hommes ; c'est » encore cette loi, égale pour tout le monde, » & à laquelle nous sommes tous assujettis, qui » non-seulement défend à chacun de rien attenter sur autrui, mais qui aussi nous ordonne » de désirer & de procurer le bien & l'avantage de tous nos semblables (2) ».

---

(1) De leg. l. 2. n°s 4 & 5.

(2) De off. l. 3. c. 6.

Voilà les principes d'où part Cicéron, pour donner des règles & des maximes de morale sûres, invariables & propres à nous faire marcher constamment dans le chemin de la vertu. En effet, l'homme seroit ce qu'il devroit être, s'il observoit la morale qu'a enseignée l'orateur philosophe.

M. Locke étoit si persuadé de l'excellence de la morale de Cicéron, qu'en parlant de ses œuvres philosophiques, & nommément de ses offices, il dit (1) : « Les offices de Cicéron ne » sont pas moins conformes à la vérité, parce » qu'il n'y a personne dans le monde qui en pra- » tique exactement les maximes, ni qui règle » sa vie sur le modèle d'un homme de bien, » tel que Cicéron nous l'a dépeint dans cet ou- » vrage ». Cependant Montaigne s'établissant » juge des traités de morale de Cicéron, dit » avec un air de bonne foi, « que la plupart du » temps il n'y trouvoit que du vent, & que » lui qui ne demandoit qu'à devenir plus sage, » employoit bien des heures avant de rencon- » trer les raisons qui touchoient proprement le » nœud qu'il cherchoit ». Ces plaintes de Mon- taigne sont noyées dans une espèce de déclama- tion qu'il fait contre les ouvrages de Cicéron & de Platon, & qu'il appelle lui-même en plai- santant, une *sacrilége audace*. (Essais l. 2. ch. 10).

Au surplus, lorsque je parcours les ouvrages de Montaigne, je ne suis point surpris qu'il ne trouvât pas ce qu'il vouloit dans ceux de Ci- céron ; car les principes du philosophe romain étoient entièrement opposés à ceux de l'auteur des *Essais* : Cicéron, tout rempli de l'excellence de la nature de l'homme, lui met sans cesse sous les yeux les dons qu'il a reçus de la divinité, non pour nourrir son orgueil, mais pour lui faire sentir ce qu'il vaut (2), *verùm etiam ut bona nostra norimus*, & l'exciter à des actions qui répon- dent à la dignité de sa nature. Je pourrois appuyer le témoignage que je rends à Cicéron, d'une infinité de passages répandus dans ses œuvres philosophiques ; je me bornerai à un seul que je prends dans la Ve. Tusculane.

» Comme chaque genre d'animaux (3) a quel-

» que chose de particulier qui le distingue essen- » tiellement des autres, de même l'homme a reçu » de la nature une propriété plus excellente » encore, si l'on peut parler ainsi, d'un avan- » tage qui n'ayant aucune analogie avec ceux » des bêtes, ne sauroit leur être comparé ; je » parle de notre ame, qui étant une émanation » de la divinité, ne peut, si j'ose le dire, en- » trer en comparaison qu'avec Dieu seul : cela » est si vrai, que si on prend soin de cultiver » cette ame & de la purger des illusions qui » la jettent dans l'aveuglement, elle est capable » de parvenir d'elle-même à ce haut degré d'in- » telligence qui est la raison parfaite à laquelle » nous donnons le nom de vertu ».

On voit dans ce passage, comme dans tant d'autres que j'ai cités, combien Cicéron étoit persuadé de la prééminence de l'homme sur tous les autres êtres animés : au contraire Montaigne semble prendre plaisir à dégrader la nature hu- maine, & à donner aux bêtes des facultés & des qualités qui les assimilent, ou qui même les rendent supérieures à l'homme ; & c'est, selon lui (1), une *impudence à l'homme de prononcer comme il fait sur les bêtes*. (Essais l. 2. ch. 12).

Ce n'est pas sur ce seul point que Montaigne n'est point d'accord avec Cicéron : j'apperçois aussi que l'auteur des Essais, (l. 3. ch. 13.) s'efforce de détruire la certitude & l'évidence des règles de la morale, & qu'il emploie toute la subtilité de son esprit pour insinuer son opi- nion. Un de ses plus forts argumens consiste à dire : « Puisque les loix éthiques qui regardent » le devoir particulier de chacun en soi, sont » si difficiles à dresser comme nous voyons qu'elles » sont, ce n'est point merveille si celles qui » gouvernent tant de particuliers le sont davan- » tage. Considérez la forme de cette justice qui » nous régit, c'est un vrai témoignage de l'hu- » maine imbécillité, tant il y a de contradictions » & d'erreur ». Ensuite il ajoute : « La vérité » doit avoir un visage pareil & universel ; la » droiture & la justice, si l'homme en connois- » soit qui eût corps & véritable essence, il ne » l'attacheroit pas à la condition des coutumes

---

(1) Essai phil. sur l'entend. hum. lib. 4. c. 6.

(2). Ep. 3. ad quint. fr. n. 6.

(3) Ut bestiis aliud alii præcipui à naturâ datum est, quod suum quæque retinet, nec discedit ab eo ; sic homini multò quiddam præstantius, etsi præstantia debent ea dici, quæ habent aliquam comparationem : humanus autem animus decerptus ex mente divinâ, cum alio nullo, nisi cum ipso Deo, si hoc fas est dictu, comparari potest. Hic igitur, si est excultus, & si ejus acies ita curata est, ut ne cœcetur erroribus, fit

perfecta mens, id est, absoluta ratio ; quæ est idem quod virtus. *Tuscul.* 5. n°. 13.

(1) Que M. de Buffon est éloigné de penser comme Montaigne ! « L'empire de l'homme sur les animaux, » dit-il, est légitime ; aucune révolution ne peut le » détruire : c'est l'empire de l'esprit sur la matière. Si » l'homme n'étoit que le premier de l'ordre des ani- » maux, les seconds se réuniroient pour lui disputer » son autorité ; mais c'est par supériorité de nature » que l'homme règne & commande ; il pense, & dès- » lors il est maître des êtres qui ne pensent pas. » *Hist. nat. tom. 7. édit. in-12*.

» de cette contrée ou de celle-là : quelle bonté
» que je vois hier en crédit & demain ne l'être
» plus, & que le trajet d'une rivière fait crime!
» Ceux-là sont plaisans, continue Montaigne,
» quand pour donner quelque certitude aux loix,
» disent qu'il y en a aucunes fermes, perpétuelles,
» immuables, qu'ils nomment naturelles, qui
» sont empreintes en l'humain genre par la con-
» dition de leur propre essence ».

Cependant Montaigne, après avoir, comme l'on voit, nié l'existence des loix naturelles, & raillé ceux qui en admettent, veut bien en moment après convenir qu'il est possible qu'il y ait des loix naturelles, mais qu'elles ont cessé d'exister pour les hommes. « Il est croyable, dit-
» il, qu'il y a des loix naturelles comme se voit
» ès autres créatures, mais en nous elles sont
» perdues, cette belle raison humaine s'ingérant
» par-tout de maîtriser, brouillant & confondant
» le visage des choses selon la vanité & incons-
» tance ».

Au surplus, ces assertions ne sont point particulières à Montaigne, & elles sont réfutées dans Mallebranche, dans Locke, dans Puffendorf & ailleurs : pour moi, mon objet ni mon dessein ne sont pas d'entrer en lice avec l'auteur des *Essais* (1), auquel j'accorderai toujours beaucoup d'érudition, beaucoup d'esprit & de génie; j'observe seulement qu'il se prévaut très-subtilement, même malignement, & de l'opposition que quelques maximes de morale semblent avoir entr'elles, & des bévues de quelques législateurs, pour détruire la certitude de toutes les règles de la morale : en un mot, je crois qu'on peut dire de Montaigne, qu'avec une apparence de naïveté, quelquefois il dissimule, que souvent il se contredit, & qu'enfin, quoiqu'il ne s'avoue d'aucune secte, on démêle très-bien qu'il a pris ses leçons de philosophie dans les jardins d'Epicure; que comme lui il confond l'espèce humaine avec les autres, & rapporte à l'établissement des loix & des coutumes, la distinction du juste & de l'injuste.

Que Cicéron avoit puisé dans des sources bien plus pures ! ami sincère de la vérité, il ne la déguise jamais; il ne *tourne point autour du pot*, comme Montaigne (2) l'en accuse, au contraire il se donne ouvertement pour sectateur de la troisième *Académie*; (1) mais en même-temps il déclare dans au moins sept ou huit endroits (2) de ses ouvrages, qu'il a embrassé cette secte pour conserver une parfaite liberté, & pour se procurer les moyens, en étudiant les différens systèmes & en disputant pour & contre, de découvrir plus sûrement la vérité : il prend même Dieu à témoin qu'il n'avoit pas eu d'autre motif dans le choix qu'il avoit fait. L'excellence des principes & des maximes que contiennent ses œuvres philosophiques, est une preuve de la bonne foi de son serment, de son amour constant pour le vrai, de l'étendue de ses recherches, & de la profondeur de ses méditations qui l'ont conduit à des connoissances surprenantes sur la divinité & sur ses attributs, sur la nature de l'ame & sur son immortalité, sur la religion qu'il reconnoît pour être un culte essentiellement dû à la divinité, enfin sur le droit naturel qu'il ne regarde point comme une fiction, mais comme le résultat d'une loi primitive & éternelle, à laquelle il rapporte la distinction du bien & du mal, de la vertu & du vice.

Voilà quels étoient les principes de Cicéron, qu'il étoit nécessaire, pour prévenir beaucoup d'objections, de mettre sous les yeux & de bien établir, avant d'entrer dans l'examen particulier de sa morale.

Selon Cicéron, la loi naturelle est la même pour tous les hommes; tous sont également tenus de la prendre pour la règle de leur conduite; par conséquent, les grands préceptes de la morale doivent être les mêmes chez toutes les nations. Ces préceptes ordonnent l'observation de certains devoirs qui sont la source & la base du vrai bonheur : or, tous les hommes ont dans le fond de leur nature le desir d'être heureux; ils doivent donc chérir comme leurs amis, & écouter comme leurs maîtres, des devoirs qui les conduisent directement à leur but. Ces devoirs consistent à s'acquitter de ce que l'on doit à Dieu, à soi-même, à la société.

En examinant, dans quelques uns des paragraphes précédens, la métaphysique de Cicéron, j'ai exposé quels étoient ses sentimens sur le culte

---

(1) Pasquier, qui avoit lu les œuvres de Montaigne, & qui avoit été très-lié avec lui, dit dans une de ses lettres, « qu'il n'a jamais connu d'homme qui s'estimât
» autant que lui, quoiqu'il fît *contenance* de se dédaigner, & qu'on devoit prendre de ses Essais ce qui étoit bon, sans s'attacher à aucune *souristanie*. »
» *Pasq. liv.* 18. *lett.* 1.

(2) L'auteur des *Essais* montre toujours de l'humeur quand il parle de Cicéron; dans un autre endroit, il dit de cet orateur, avec un air de mépris : « Je laisse
» volontiers à cet homme ses mots propres : irois-je à
» l'éloquence altérer son parler ? Joint qu'il y a peu
» d'acquêt à dérober les matières de ses inventions,
» elles sont & peu fréquentes & peu roides, & peu
» ignorées. » *Essais, liv.* 2. *chap.* 12.

(1) De nat. deor. lib. 1. n°. 3.

(2) De nat. deor. lib. 1. n°. 5. de div. lib. 2. n°. 3. Tusc. 5. n°. 29. Lucul. n°. 20. de off. l. 1. n°. 2. ibid.

dû à l'Etre suprême. Nous avons vu que l'orateur philosophe met au premier rang des devoirs, l'obligation où sont tous les hommes, d'honorer la Divinité, de lui rendre des hommages & des actions de grâces en reconnoissance de ses bienfaits, d'implorer son assistance avec pureté & simplicité de cœur, en évitant la superstition qui corrompt la piété, & qui donne une fausse idée de la religion.

Ce précis suffit pour rappeler ce que Cicéron pensoit sur les devoirs de l'homme envers Dieu ; passons à ceux que, selon le même Cicéron, nous avons à remplir envers nous-mêmes.

L'homme est le plus parfait de tous les êtres (1) ; composé de deux substances étroitement unies malgré l'opposition de leur nature, il tient par le corps aux objets sensibles, mais il peut par l'ame s'élever jusqu'à la connoissance des choses célestes. Dans cette ame réside la raison, & c'est de la raison que vient la vertu, qui est l'unique source du vrai bonheur (2).

Un être doué de facultés qui peuvent lui procurer de si grands avantages, doit principalement s'occuper à se faire une juste idée de lui-même. La recherche de la connoissance de sa propre nature, a toujours paru si essentielle aux sages de l'antiquité, que la sentence *connois-toi toi-même*, étoit une des trois qu'on lisoit sur le frontispice du temple de Delphes. « Sans doute, » observe Cicéron (3), qu'Apollon n'a point pré- » tendu par cette sentence nous dire de con- » noître notre corps, notre taille, notre figure ; » car nos corps ne sont pas, à proprement parler, » ce que nous appellons nous. Quand donc l'ora- » cle nous dit *connois-toi toi-même*, il veut dire » connois ton ame, dont ton corps n'est que le » domicile ; de sorte que tout ce que tu fais, » c'est ton ame qui le fait. O admirable pré- » cepte, continue Cicéron, que celui qui nous » ordonne de connoître notre ame ! précepte » qui a paru si fort au-dessus de l'esprit humain, » qu'il a été attribué à un Dieu : *Quod præceptum, quia majus erat quàm ut ab homine videretur, idcirco assignatum est deo* ». (De finib. » l. 5. c. 16) ».

(1) De finib. lib. 5. n°. 12.

(2) Tuscul. 5. n°. 6.

(3) Est illud quidem vel maximum, animo ipso animum videre, & nimirum hanc habet vim præceptum Apollinis, quo monet ut se quisque noscat ; non enim, credo, in præcepto ut membra nostra aut staturam, figuramve noscamus ; neque nos corpora sumus ; nec ego tibi hæc dicens, corpori tuo dico : cùm igitur, nosce te, dicit, hoc dicit nosce animum tuum, &c. *Tuscul.* 1. n°. 22.

Philosophie anc. & mod. Tom. I.

Perse, ce poëte qui s'est distingué par l'excellence de sa morale, étoit si persuadé de la nécessité d'observer ce précepte, qu'il en a expliqué toute l'étendue avec autant de précision que d'énergie : qu'il me soit permis de rapporter ses propres paroles, si analogues à mon sujet.

« Apprenez, mortels (1), apprenez de bonne » heure à vous connoître, & à raisonner sur les » choses : apprenez ce que c'est que l'homme, » quelle est la fin pour laquelle il est né, & » quel ordre il doit garder en tout : apprenez » par où il faut commencer, & jusqu'où l'on » doit aller : enfin, mortels, concevez ce que » la Divinité entend que vous fassiez en ce monde, » & le rang qu'elle veut que vous y teniez ».

En effet, la connoissance de soi-même, étudiée & comprise comme il faut, nous apprendra que notre origine & notre destination sont bien différentes de celles des autres êtres animés ; que (2) portant en nous-mêmes les semences de toutes les vertus, nous sommes susceptibles de pratiquer le bien, & d'éviter le mal, si nous prenons soin de faire fructifier (3) ces semences, de manière qu'elles ne soient point étouffées par la révolte des sens contre la raison (4) ; qu'enfin placés au milieu de l'univers, séjour & héritage commun de tous les hommes, nous ne sommes pas nés pour vivre avec nous seuls, mais en société ; d'où il est aisé de conclure que si l'on veut être heureux, il faut savoir vivre avec soi & avec ses semblables, science que l'on doit chercher à se procurer en travaillant à acquérir la vertu. Mais comment desirer d'acquérir la vertu & pouvoir la goûter, si on ignore en quoi elle consiste, & quels sont ses avantages ?

Je sais que, malheureusement, chaque siècle produit des gens qui méprisent la vertu (5), &

(1) Discite vos miseri, & causas cognoscite rerum,
Quid sumus, & quidnam victuri gignimur, ordo
Quis datus, aut metæ quâ mollis flexus, & undè.
Perse sat. 3. v. 66.

(2) Est enim naturâ sic generata vis hominis, ut ad omnem virtutem percipiendam facta videatur. *De fin. lib.* 5. n°. 15.

(3) Sunt enim ingeniis nostris semina innata virtutum : quæ si adolescere liceret, ipsa nos ad beatam vitam natura perduceret. *Tuscul.* 3. n°. 1.

(4) Animorum omnes morbi & perturbationes ex aspernatione rationis eveniunt. *Tuscul.* 4. n°. 14.

(5) A multis ipsa virtus contemnitur, & venditatio quædam, atque ostentatio esse dicitur. *De amicitiâ, cap.* 23.

auprès desquels elle passe pour une vaine ostentation : les Epicuriens prétendoient qu'elle ne peut rien par elle-même, & que ce qu'on appelle honnête & louable, n'est qu'une chimère décorée d'un vain nom. Quelques politiques ont même été jusqu'à dire que la vertu n'est qu'une simple adresse dont il falloit se servir lorsqu'elle réussissoit, & qu'on devoit abandonner dès qu'elle pouvoit nuire. Voilà quel a été de tous les temps le langage de ces hommes pervers, qui, livrés à la corruption de leur cœur, auroient voulu qu'il n'y eût point de vertu, pour n'avoir point de remords, qui sont, quoi qu'ils en disent, un hommage involontaire rendu à la vertu.

Ce n'est donc point à ces sortes de personnes qu'il faut s'adresser pour apprendre quelle est la juste idée qu'on doit se former de la vertu ; mais consultons Cicéron : doué d'un beau génie, d'un esprit juste & pénétrant, d'une ame toujours prête à s'élever vers les objets les plus sublimes, il eut le courage de démontrer les avantages de la vertu, & d'exalter les préceptes de la morale la plus rigide au milieu d'une ville où la doctrine d'Epicure (1) avoit tellement subjugué l'esprit, & corrompu le cœur, qu'on eût dit que la volupté entrée par toutes les portes, y avoit formé comme un fleuve de délices qui noyoit toutes les vertus, & qui traînoit avec lui tous les vices. Ouvrons donc les livres de l'orateur philosophe ; écoutons-le, donner la définition de la vertu, & nous apprendre à en connoître tout le prix.

« La vertu (2) est une qualité de l'ame, mais » qualité permanente, invariable, qui, indépen- » damment de toute utilité, est louable par elle- » même, & rend dignes de louanges ceux qui » la possèdent : par elle nous pensons, nous » voulons, nous agissons conformément à l'hon- » nêteté & à la droite raison ; pour tout dire » en un mot, la vertu est la raison même, ou » si l'on veut, l'exactitude constante & perpétuelle » à suivre la raison (3). »

« Cependant, s'il étoit possible qu'on doutât » de l'existence & de la force de la vertu, je » citerois, dit Cicéron (1), l'exemple du grand » Caton : c'est une preuve que la vertu est une » chose réelle & subsistante, qu'elle est toujours » armée contre les atteintes de la fortune ; qu'elle » tient au-dessous d'elle tout ce qui peut arriver » à l'homme ; qu'elle a un souverain mépris pour » tous les accidens humains qui ne sont point » arrivés par sa faute, & qu'elle regarde comme » absolument étranger, tout ce qui est hors d'elle- » même ».

La vertu est donc un être réel, & la source d'une infinité d'avantages, dont Cicéron semble prendre plaisir à faire l'énumération : selon lui (2) « la vertu inspire cet esprit de modération qui » tempère les émotions de l'ame, qui amortit la » cupidité, qui retient les saillies indécentes de » la joie : elle produit cette droiture de cœur si » puissante dans celui qui en est doué, c'est-à- » dire dans le sage, qu'il ne fait rien dont il » puisse avoir des remords (3) ; qu'il agit en tout » avec dignité, avec fermeté, avec honneur ; » qu'il ne reçoit la loi de personne, qu'au con- » traire, il se décide si librement pour le bien, » qu'il fait consister tout son plaisir à remplir ses » devoirs, (4) qu'il obéit aux loix, non par la » crainte des peines dont elles le menacent, mais » parce qu'il les aime, qu'il les respecte, & qu'il » trouve qu'il n'y a rien de plus salutaire que » de s'y conformer. Ce n'est également ni le » témoin, ni le juge, qui l'empêchent de faire » le mal (5) : auroit-il le secret de se cacher aux » dieux & aux hommes, il ne le feroit pas à » cause de la turpitude attachée nécessairement » au mal même, & parce qu'il est persuadé que » l'on ne peut s'autoriser d'aucun prétexte pour » commettre l'injustice, ni pour s'abandonner à » quelque passion que ce soit : l'anneau de Gigès » lui seroit inutile, parce que son objet est de » pratiquer la vertu, & non pas de se soustraire » au châtiment ; de se satisfaire soi-même, & non » pas de mendier des applaudissemens : car (6) » rien de si louable que ce qui se fait sans os- » tentation, sans témoins ; non que les yeux du

---

(1) Quodque Epicurus & amici ejus & multi postea defensores ejus sententiæ fuerunt ; & nescio quomodo, is, qui auctoritatem minimam habet, maximam vim, populus, cum illis facit ; quos nisi arguimus omnis virtus, omne decus, omnis vera laus deserenda est. Cicer. de fin. lib. 1. n°. 14.

On peut encore voir sur les progrès de cette doctrine à Rome, Tusc. 4. n°. 3. & quæst. acad. l. 1. n°s 1 & 2.

(2) Virtus est affectio animi constans, conveniensque laudabiles efficiens eos in quibus est ; & ipsa per se, suâ sponte, separata etiam utilitate, laudabilis ; ex eâ proficiscuntur honestæ voluntates, sententiæ ; actiones, omnisque recta ratio ; quamquam ipsa virtus brevissimè recta ratio dici potest. Tusc. i. 4. n°. 15.

(3) Una virtus est consentiens cum ratione & perpetuâ constantiâ. Part. 3. cap. 1.

(1) Tuscul. 5. n°. 1. & de amic. c. 2.

(2) Tuscul. 5. n°s. 14. 10.

(3) Nihil quod pœnitere possit, facere. Tuscul. 5. n°. 18.

(4) Parad. 5. cap. 1.

(5) De legib. l. 2. n°. 14. de off. l. 3. cap. 9.

(6) Quin etiam mihi quidem laudabiliora videntur omnia quæ sine venditatione, & sine populo teste fiunt ; non quo fugiendus sit, omnia enim benefacta in luce se collocari volunt, sed tamen nullum theatrum virtuti conscientiâ majus est. Tuscul. 2. n°. 26.

» public ſoient à éviter lorſqu'on fait de belles
» actions, il eſt bon qu'elles ſoient connues ; mais
» enfin le plus grand théâtre qu'il y ait pour la
» vertu, c'eſt la conſcience.

« Cependant la vertu (1) ne ſe renferme pas
» dans elle-même ; ſon principal mérite conſiſte
» dans l'action : auſſi la voit-on s'occuper ſé-
» rieuſement des objets qui l'environnent, ſa bien-
» faiſance s'étend à tous les hommes ſans ac-
» ception ; bien loin d'être pleine de ſon pro-
» pre mérite, & de ſe croire exempte de toutes
» ſortes de devoirs, elle ſe fait une loi de ſe
» rendre la protectrice des peuples, & de leur
» procurer tout le bien qu'elle peut ; ce qu'elle
» ne ſeroit certainement pas, ſi elle n'avoit pas
» pour eux une tendreſſe & une bienveillance
» toute particulière ».

« C'eſt cette même vertu (2) qui deſcendant
» du général au particulier, unit les hommes les
» uns avec les autres ; c'eſt elle qui fait naître
» l'amitié, elle en eſt le ſoutien, & il n'eſt pas
» poſſible qu'il y ait de l'amitié où il n'y a point
» de vertu, parce que ſans elle (3) nous ne
» ſaurions prétendre ni à l'amitié, ni à nulle
» autre choſe de celles qui ſont véritablement
» déſirables ».

Prenons garde que Cicéron n'entendoit point
par amitié ces liaiſons que le ſeul intérêt fait
contracter.

Selon lui (4), « l'amitié eſt un ſentiment que la
» nature forme dans nos cœurs, en nous fai-
» ſant voir dans quelqu'un l'image de la vertu :
» attiré par cette image, un homme de bien s'ap-
» proche d'un autre homme de bien ; ils s'atta-
» chent réciproquement pour goûter les douceurs
» ceurs que le caractère de l'un promet à l'autre :
» touchés au même degré, épris d'une même
» tendreſſe, c'eſt à qui marquera le plus de gé-
» néroſité ».

Une ſi louable émulation fait que l'amitié devient très-utile, ſans que l'utilité ſoit le fondement de l'amitié ; elle a dans la nature une origine plus noble & plus ſolide : car ſi deux cœurs
n'étoient unis que par l'intérêt, ils ceſſeroient
de l'être quand l'intérêt change ; mais la nature
ne pouvant jamais changer, les véritables ami-
tiés ſont éternelles. Telle ſont celles qui ont leur
ſource dans la vertu, & dont l'eſtime eſt la baſe.

« Je ſais, dit Cicéron (1), que ce n'eſt pas
» ainſi que raiſonnent ceux qui, comme les bêtes,
» rapportent tout à la volupté : je n'en ſuis pas
» ſurpris ; des gens occupés d'un objet ſi bas
» & ſi mépriſable, ne peuvent rien concevoir
» de grand, rien de noble & de divin ; mais ce
» n'eſt pas eux qui font notre règle, ni pour
» qui nous parlons (2) ; car ils ne comprennent
» point que de tous les plaiſirs que les ſens peuvent
» ſe procurer, il n'y en a aucun digne d'être
» mis en comparaiſon avec cette eſtime, cette
» conſidération, qui ſont la récompenſe du mé-
» rite & de la vertu ».

Cicéron en atteſte les honneurs rendus au jeune
Scipion : « De tous les jours de ſa vie marqués,
» dit-il (3), par tant de belles actions, le der-
» nier a été le plus illuſtre & le plus glorieux :
» tous les ſénateurs en corps, ſuivis de tout le
» peuple Romain des latins & des alliés, le
» conduiſirent le ſoir juſque chez lui ; & il ſem-
» ble que ce haut point de gloire où il a été
» élevé la veille de ſa mort, a été comme un
» dernier degré d'où il étoit naturel qu'il allât
» prendre place entre les dieux du ciel, en ré-
» compenſe de ſa tendreſſe reſpectueuſe envers
» ſa mère, de ſa libéralité envers ſes sœurs, de
» ſa bonté envers ſes proches, de ſa juſtice envers
» tout le monde ; auſſi ne faut-il que ſe rappeller
» la douleur & la conſternation générale qui parut
» à ſes funérailles, pour juger de la conſidéra-
» tion dont il jouiſſoit, & de l'amour que tous
» les citoyens lui portoient ».

Il y a plus, la vertu a un tel aſcendant ſur
les eſprits, que par-tout où elle paroît on ſe ſent
comme forcé de lui rendre des hommages : *Nihil
eſt enim virtute amabilius ; quam qui adeptus fuerit,
ubicumque erit gentium à nobis diligentur* (4).

« Il n'eſt donc pas étonnant que les heureuſes
» qualités de ceux avec qui nous vivons faſ-

---

(1) Sed eadem bonitas etiam ad multitudinem pertinet ; non eſt enim inhumana virtus, neque immanis, neque ſuperba ; quæ etiam populos univerſos tueri, iſque optimè conſulere ſoleat ; quod non faceret profecto, ſi à caritate vulgi abhorreret. *De amic.* c. 14.

(2) Virtus amicitiam & gignit & continet, nec ſine virtute amicitia eſſe ullo pacto poteſt. *De amicit.* cap. 6.

(3) Sine virtute neque amicitiam neque ullam rem expetendam, conſequi poſſumus. *De amic. cap.* 22.

(4) *De amicit.* c. 9. in fin.

---

(1) Ab iis, qui pecudum ritu, ad voluptatem omnia referunt, longè diſſentiunt ; nec mirum ; nihil enim altum, nihil magnificum ac divinum ſuſpicere poſſunt, qui ſuas omnes cogitationes abjecerunt in rem tam humilem, tamque contemptam. *De amic.* cap. 9.

(2) *De ſenect.* cap. 18.

(3) *De amic.* cap. 3. p. 138. ed. de Dubois. 1725.

(4) *De nat. deor. lib.* 1. n°. 44.

» sent éclore pour eux dans nos ames, des sen-
» timens d'amour & de vénération ; mais le grand
» triomphe de la vertu (1) consiste en ce qu'il est
» prouvé que nous l'aimons dans ceux qui nous
» ne vîmes jamais, & même jusque dans nos
» ennemis. Nous avons chez nous, continue
» Cicéron, des exemples de l'un & de l'autre :
» au seul nom de Fabricius ou de Curius, morts
» long-temps avant que nous fussions au monde,
» ne conçoit-on pas sur-le-champ pour eux une
» sorte de tendresse qui se sent mieux qu'il n'est
» possible de l'exprimer ? Peut-on, au contraire,
» sans être saisi d'horreur, penser à Tarquin-le-
» Superbe, à Sp. Cassius, à Sp. Mælius ? Il en
» est de même de ces deux capitaines qui sont
» venus en Italie nous disputer l'empire : je parle
» de Pyrrhus & d'Annibal ; la probité & la géné-
» rosité de l'un ont dissipé cet esprit d'aigreur
» qu'il est rare de ne pas avoir contre ceux avec
» qui l'on est en guerre ; quant à l'autre, son
» inhumanité lui assure la haine éternelle des
» Romains ».

La vertu est donc un être réel, & tellement
réel, que tout passe, tout périt, & qu'il ne nous
demeure que ce que nous avons acquis par la
vertu (2), *tantum remanet quod virtute & recté
factis consecutus sis* ; les fruits que nous en recueil-
lons, non-seulement nous sont toujours présens
jusqu'aux derniers momens de la vie, ce qui
seroit toujours beaucoup quand il n'y auroit que
cela seul, mais ils sont accompagnés d'une joie
perpétuelle que produit le témoignage de la bonne
conscience, & le souvenir des bonnes actions
que nous avons faites.

« Il n'y a donc de véritablement riches, que
» ceux qui ont de la vertu, puisqu'il n'y a qu'eux
» qui possèdent une sorte de bien qui ne peut
» être enlevé, ni par fraude ni par violence ; qui
» ne craint ni les naufrages, ni les incendies, &
» qui n'est point sujet aux injures du temps,
» ni à l'inégalité des saisons ; aussi je ne comptai
» jamais pour de véritables biens ni les trésors,
» ni les palais, ni ces places qui nous donnent
» un grand crédit, ou qui nous mettent l'auto-
» rité en main, ni ces plaisirs dont les hommes
» sont esclaves. J'ai toujours vu la même
» avidité se conserver au milieu de l'abondance,
» car la soif des passions est insatiable (3) ; &
» ce n'est pas seulement par l'envie d'avoir, &
» d'avoir toujours de plus en plus, que ceux qui
» sont possédés de l'amour de ces biens sont
» tourmentés, ils le sont encore par la crainte
» de les perdre ; pour tout dire en un mot ;
» l'indigence est inséparablement attachée à l'ava-
» rice, parce que les avares & les méchans
» n'ayant que des biens fragiles & soumis aux
» caprices de la fortune, en désirent toujours de
» plus en plus, ne trouvant jamais que ce qu'ils
» ont leur suffise ; ceux, au contraire, dont la
» vertu fait la richesse, toujours contens du bien
» qu'ils ont, ce qui est le véritable caractère de
» l'opulence, ne désirent rien, & par conséquent
» ils ne cherchent rien au-delà de ce qu'ils ont ».
(Voyez *Paradox*. 6. & 3. *Paradox*. 1. c. 1.).

Je le répète, la vertu est donc un bien aussi
réel que permanent, elle fait le bonheur de celui qui en est doué ; elle le couvre d'une gloire
qui l'accompagne jusqu'au-delà du trépas : car (1)
quoiqu'on ne recherche point la gloire directement pour elle-même, elle ne laisse pas de marcher toujours à la suite de la vertu, comme l'ombre à côté du corps.

Tels ont été sur cette partie importante de la
morale, les sentimens de Cicéron, que j'aurois
exprimés avec autant de grâces que d'énergie,
si j'avois cette touche mâle & élégante qu'on
remarque dans tous les différens tableaux que
l'orateur philosophe a faits de la vertu : il en
connoissoit si parfaitement tous les traits, qu'il
n'hésite pas à s'écrier avec Platon, « que la
» vertu est celle de toutes les beautés qui ins-
» pireroit l'amour le plus vif, si elle étoit visi-
» ble aux yeux du corps » (2).

Cicéron auroit désiré, en peignant la vertu
avec tous les charmes qui l'accompagnent, d'exciter pour elle dans le cœur de ses concitoyens,
un attendrissement, une ardeur, capables de faire
revivre la pureté des mœurs antiques ; mais la
doctrine d'Epicure y apportoit le plus grand obstacle ; on s'étoit laissé fasciner par les illusions
d'une morale qui avoit tout perverti : l'orateur
philosophe entreprit de la combattre, dans l'espérance, ou de dessiller les yeux à la multitude
que l'erreur avoit séduite, ou au moins de prémunir contre ses attaques, le petit nombre qui
n'avoit pas encore succombé.

Il n'étoit pas difficile à celui qui ne croyoit
d'heureux que ceux qui vivoient sous l'empire
de la vertu, de découvrir le néant, le vide, les
dangers de la volupté que la doctrine d'Epicure
avoit su faire envisager comme le souverain bien
de l'homme.

---

(1) De amic. cap. 8 & 9.

(2) De senect. c. 19 & c. 3. in fine.]

(3) Nec satiatur cupiditatis sitis.

(1) Etsi enim nihil in se habeat gloria cur expecta-
tur, tamen virtutem tanquam umbra sequitur. *Tuscul.*
1. n°. 45.

(2) De offic. l. 1. cap. 5. & de finib. lib. 2. n°. 16.

Cicéron étoit très-bien instruit de cette doctrine (1), il l'avoit étudiée dans les ouvrages même de l'auteur, & il avoit suivi, tant à Rome qu'à Athènes, les leçons des plus célèbres Epicuriens : « aussi, dit-il (2), j'ai tellement éclairci
» le système de cette secte, que ceux qui la
» soutiennent ne sauroient mieux l'exposer, d'autant plus que je ne pense qu'à chercher la vérité,
» & nullement à combattre ni à vaincre un adversaire ; car je ne prétends point attaquer Epicure (3) ; qu'il ait été doux, humain, bon
» ami, je ne le nie pas, sans néanmoins vouloir
» en être le garant. Quoi qu'il en soit, ce n'est
» vraisemblablement que par l'opinion qu'il a
» laissée de ses mœurs, que ses écrits ont eu
» tant de cours. Dans le cas donc où Epicure
» ait été tel que l'on dit, & que le disent encore ses partisans, je dis alors que ses mœurs
» sont la critique de la doctrine qu'il a enseignée,
» & qui est contenue dans les ouvrages que nous
» avons de lui. Cette doctrine par elle-même,
» & par ses conséquences, est si pernicieuse,
» qu'elle auroit plutôt besoin d'être réprimée par
» le censeur, que réfutée par un philosophe. Ne
» cessons donc jamais de la combattre de toutes
» nos forces, écrivoit Cicéron à son fils (4), si
» nous voulons soutenir le parti de l'honnêteté,
» si honestatem tueri ac retinere sententia est, decertandum est ».

Selon Epicure, la volupté est le plus grand des biens, & la fin où tendent tous les désirs : « Qu'on ne m'objecte pas, dit Cicéron, que je n'entends point ce qu'Epicure
» a voulu dire par le mot volupté ; si Epicure (5)
» pense d'une façon & qu'il parle d'un autre,
» je ne l'entendrai jamais ce qu'il pense, mais je
» comprends très-bien ce qu'il dit. Je possède
» ma langue, & je sais également bien le grec ;
» d'ailleurs, tout le monde est d'accord que ce
» que les grecs appellent ἡδονή, nous l'appelons volupté ; & de l'aveu de ceux qui
» parlent bien, volupté se dit du plaisir qui est
» excité dans le corps par quelque sensation
» agréable : or examinons si Epicure entend
» comme tout le monde, le mot volupté. Pour
» en décider, continue Cicéron, ouvrons le livre
» d'Epicure sur le souverain bien ; c'est dans
» cet ouvrage qu'Epicure s'explique en ces
» termes (1) : Je ne peux comprendre qu'il y
» ait, ou qu'il puisse y avoir d'autre bien que
» celui des voluptés sensuelles, lesquelles il fait
» consister (2) dans les plaisirs du goût du toucher, dans les spectacles, les concerts, &
» dans tous les objets qui peuvent frapper agréablement la vue ». (3) Epicure avoue lui-même qu'il n'a jamais ressenti de joie qu'à la seule espérance de goûter les plaisirs qu'il vient d'indiquer, & de les goûter sans aucun mélange de douleur.

Il seroit difficile, d'après des expressions si précises, de se méprendre sur la qualité des plaisirs d'Epicure, dont tout l'ouvrage est rempli de ces pernicieuses maximes. Aussi ne suis-je pas étonné quand je le vois soutenir que de rapporter toutes choses (4) à l'honnêteté sans y joindre la volupté, c'étoit dire des paroles vides de sens. Les principes de ce philosophe l'empêchoient d'appercevoir que c'étoit lui qui étoit vide de sens, en voulant joindre ainsi l'honnêteté à la volupté ; car c'est à peu-près comme qui voudroit faire (5) un composé de l'homme & de la bête : l'honnêteté ne sauroit supporter un si monstrueux assemblage, elle l'abhorre & le rejette, & d'autant plus, que ce qu'on appelle le souverain bien & le souverain mal doit consister dans quelque chose de précis & de simple, & non pas dans un composé de choses de différente nature. Peut-être me dira-t-on qu'Epicure a souvent parlé avec éloge de la sagesse, de la prudence, de la tempérance, de l'amitié : on l'avoue, répond Cicéron, mais qu'on y prenne garde, il n'en parle ainsi que relativement à la volupté & à l'utilité présente qu'on en retire : la prudence qu'il admet, consiste dans la science de se préparer des plaisirs, & de discerner finement ce qui peut en procurer davantage : s'il recommande l'amitié (6), c'est qu'il croit que

---

(1) Hæc Epicuro confitenda sunt, aut ea quæ modo expressa ad verbum dixi tollenda de libro, vel totus liber potius abjiciendus; est enim confertus voluptatibus. *Tuscul.* 3. *num.* 18 & 19. *de fin. lib.* 2. *num.* 3 & 7.

(2) *De fin.* l. 1. n°. 5. & ep. fam. l. 13. ep. 1.

(3) De finib. l. 2. n°. 25. & l. 2. n°. 31 & n°. 10.

(4) De offic. lib. 3. c. 33. de fin. l. 2. n°s 3 & 6. & 4 & 5, &c.

(5) Si alia sentit, inquam, alia loquitur; numquam intelligam quid sentiat; sed plane dicit quod intelligam. *De fin. lib.* 2. n°. 7.

(1) De finib. l. 1. n°. 3.

(2) Explanavit quid diceret : saporem, inquit, & corporum complexum, & ludos atque cantus, & formas eas, quibus oculi jucunde moveantur. *Tusc.* 3. n°. 20.

(3) Tuscul. 3. *num.* 18. 19. 20.

(4) Si enim ad honestatem omnia referantur, neque in eâ voluptatem dicant inesse ; ait eos inani voce sonare, his enim ipsis verbis utitur. *De finib. lib.* 1. n°. 25.

(5) De off. l. 3. cap. 33. vers la fin.

(6) Amicitiam à voluptate non posse divelli ; ob

sans elle on ne peut vivre en sûreté, ni sans crainte, ni avec plaisir. Il en disoit (1) autant de la justice & des autres vertus qu'il conseilloit de pratiquer, dans la crainte, en ne le faisant pas, d'être troublé dans ses plaisirs, ou de s'exposer à souffrir. Ainsi, selon lui, la volupté est une reine, & les vertus sont ses suivantes, obligées de la servir à son gré, & chargées de l'avertir à chaque moment de ne rien faire qui puisse lui être préjudiciable. « Quelle étrange condition pour la vertu, s'écrie Cicéron (2), que d'être la servante de la volupté ! *Quàm miser virtutis famulatus servientis voluptati !* »

» Plus je réfléchis sur cette doctrine, continue l'orateur philosophe, & plus je suis convaincu qu'en rapportant tout à la volupté ou à la seule utilité, il est impossible de ne pas abandonner la vertu (3); car un homme qui est juste, seulement parce qu'il craint de s'exposer à quelque dommage, à quelque danger, n'est pas juste du fond de sa nature, & il cessera de l'être dès qu'il cessera de craindre : ou il cessera de craindre s'il peut cacher son injustice, ou s'il est assez puissant pour la soutenir ; d'où il est visible qu'au lieu d'une justice vraie & solide (4), Epicure nous propose une justice fausse & simulée, & par-là il nous commande en quelque sorte de mépriser le témoignage infaillible de notre propre conscience, pour paroître dans l'opinion du monde tout autre que nous ne sommes. Enfin Epicure, en rapportant tout à la volupté, dégrade l'homme & le met au-dessous des bêtes ; car la nature, en les portant à faire beaucoup de choses pénibles, comme d'élever leurs petits, ne fait-elle pas voir en quelque sorte, qu'elle leur a proposé quelqu'autre chose que la seule volupté ? il y en a même en qui l'on voit comme des marques de tendresse, de connoissance, de mémoire, d'ordre & de police. Les bêtes auroient donc en elles des images de la vertu humaine distinguées de la volupté, & il n'y aura de vertu dans l'homme que pour l'amour de la volupté. Réfléchissez-y, partisans d'Epicure, nous sommes nés pour quelque chose de plus noble & de plus grand ».

» Considérez (1) toutes les facultés de l'ame qui conserve la mémoire d'une infinité de faits, qui voit l'objet, & les conséquences de chaque chose, qui conçoit la liaison nécessaire des effets avec leurs causes, qui enfin est douée de tant d'autres avantages dont j'ai eu occasion de parler ailleurs, & vous sentirez quelle est la destination de l'homme.

» Considérez ensuite quelle est la structure du corps humain, & vous verrez que tout y semble fait pour tenir compagnie à la vertu & pour la servir. Convenez donc avec moi (2) que l'erreur de celui qui a prononcé que le souverain bien consistoit dans la volupté, vient de ce qu'il n'a pas appelé à son conseil la partie de l'esprit où résident la raison & la sagesse, mais qu'il n'a consulté que sa propre cupidité, c'est-à-dire, ce qu'il y a de moindre & de plus frivole dans l'esprit ».

Néanmoins ce même homme est le seul que je sache qui ait osé s'appeler lui-même sage : (3) Métrodore son disciple n'en prit pas le nom de lui-même, mais seulement il ne le refusa pas lorsque son maître le lui donna ; & quant aux sept qu'on a coutume d'appeler sages, ce ne fut point par leurs propres suffrages, mais par celui de toute la Grèce qu'ils en reçurent le nom.

Au reste, Epicure fit bien d'usurper le nom de sage puisqu'il l'ambitionnoit ; je doute qu'on le lui eût jamais accordé tant qu'il auroit soutenu (4) que l'ignominie la plus marquée n'est point d'elle-même un mal, à moins qu'elle n'occasionne de la douleur, assertion digne de celui qui rapportoit tout à la volupté ; car dès qu'une fois l'on est dans l'erreur sur l'objet du souverain

---

eamque rem colendam esse, quòd sine eâ tuto & sine metu vivi non posset, nec jucundé quidem posset. *De finib. lib. 2. num. 16 & 14.*

(1) *De fin. l. 2. n°. 22. & Tusc. 5. n°. 33.* vers le milieu.

De fin. l. 2. n°. 11.

(2) *De off. l. 3. cap. 33.*

(3) *De fin. l. 2. n°s 18, 22 & 33.*

(4) Ita quod certissimum est, pro verâ certâque justitiâ, simulationem nobis justitiae traditi ; præcipitique quodam modo, ut nostram stabilem conscientiam contemnamus, aliorum errantem opinionem aucupemur. *De finib. lib. 2. n°. 22.*

(1) Ibid. l. 2. n°. 34. *Tuscul. 5. n°. 25.*

(2) Quæ autem est alia causa erroris tanti, tam longè latéque diffusi, nisi quod is qui voluptatem summum bonum esse decernit, non cum eâ parte animi in qua inest ratio atque consilium, sed cum cupiditate, id est cum animi levissimâ parte deliberat. *De fin. l. 2. n°. 34.*

(3) *De fin. l. 2. n°. 3.*

(4) Rogo hoc idem Epicurum ; majus dicet esse malum, mediocrem dolorem, quam maximum dedecus ; in ipso enim dedecore mali nihil esse nisi sequantur dolores. *Tuscul. 2. n°. 11.*

bien, on s'égare continuellement, & on devient incapable d'observer cette tempérance, c'eſt-à-dire, cet ordre & ces meſures ſi juſtes & ſi précises qu'on doit garder dans ſes actions, & même dans ſes paroles. (*de offic. l.* 1 *c.* 2 & 5.).

Cicéron, qui craignoit ſans doute de ne s'être pas aſſez expliqué ſur la ſignification du mot *tempérance*, en donne ailleurs une ſignification plus marquée « J'appelle, dit-il, tempérance, cette » vertu qui doit régler, non-ſeulement les mou-» vemens extérieurs & corporels, mais encore, » & à plus forte raiſon, ceux de l'eſprit ; car » il faut que les uns & les autres ſoient ré-» glés ſelon l'intention de la nature, qui veut » que la raiſon gouverne & que la cupidité lui » ſoit ſoumiſe (1), *ut ratio præſit, appetitus ob-*» *temperet* ; ce qui n'arrivera jamais ſi l'on eſt » dominé par la volupté (2), parce que la vo-» lupté étouffe en nous toutes les ſemences de » la raiſon ; elle en eſt l'ennemie mortelle ; elle » offuſque, ſi l'on peut ainſi parler, les yeux » de l'eſprit, & elle eſt incompatible avec la » vertu ».

Cicéron, en s'élevant contre la doctrine des épicuriens, n'avoit en vue que le bonheur du genre humain. « Je ne combats, c'eſt l'orateur » philoſophe qui parle (3), ni pour la gloire, » ni pour quelque dignité conſidérable ; je mets » le ſouverain bien dans les plaiſirs de l'ame, » les épicuriens le mettent dans ceux du corps ; » je le fais conſiſter dans la vertu, eux dans la » volupté : là-deſſus ils s'échauffent, ils ſe plai-» gnent que j'affecte de déclamer contr'eux ; ils » appellent, & auſſi-tôt la multitude vient à » leur voix ; mais je leur déclare que je ne m'en » embarraſſe pas, & que je leur paſſerai volon-» tiers tout ce qu'ils voudront ; je les avertis » ſeulement que quand il ſeroit vrai que le ſage » dût tout rapporter aux plaiſirs des ſens, ou, » pour parler plus honnêtement, à ſa ſatiſfaction » & à ſon utilité propre, comme ces maximes » ne ſont pas trop-plauſibles, ils feront bien de » s'en féliciter en ſecret, & de ne point van-» ter dans le monde une opinion qui n'a rien en » ſoi de généreux, & pour laquelle ils n'oſeroient » ſe déclarer ni dans le ſénat, ni devant le » peuple, ni à la tête d'une armée, ni devant » les cenſeurs ; opinion (4), dis-je, qui n'a

» pour elle aucun de ces noms illuſtres que la » Grèce a célébrés. J'en ſuis ſi certain, que je » défie le plus ſavant d'entre les épicuriens, » quelque verſé qu'il ſoit dans la connoiſſance » de l'hiſtoire, d'en pouvoir réclamer un ſeul. » Quelle eſt donc l'idée qu'on peut avoir d'une » doctrine en faveur de laquelle on ne peut ci-» ter aucun des grands hommes de l'antiquité, » au lieu que pour témoins & partiſans de celle » que je ſoutiens, nous produiſons d'illuſtres per-» ſonnages qui ont paſſé toute leur vie dans de » glorieux travaux, & qui ne vouloient pas » même entendre parler de la volupté, qu'ils » appeloient (1), avec Platon, l'appas des mé-» chans, parce qu'ils s'y laiſſent prendre comme » les poiſſons à l'hameçon.

» Liſons les éloges qu'on a faits de nos ro-» mains, nous ne verrons perſonne qui ait été » loué pour avoir été un excellent artiſan de » voluptés ; ce n'eſt pas-là ce que portent les » inſcriptions ſur les monumens publics. Enfin (2) » pour ne pas m'étendre davantage, car je n'au-» rois jamais fait, il faut que la véritable vertu » ferme la porte à la volupté, qui n'eſt nulle-» ment un bien réel, parce qu'il eſt contre l'or-» dre de la raiſon de mettre au rang des biens » ce qu'on peut avoir ſans en valoir mieux. » Le bien doit être de telle nature, qu'on ſoit » louable & eſtimable à proportion que l'on en » a ; & tout bien a cela de propre, que l'hon-» nêteté permet à celui qui le poſſède de s'en » féliciter & d'en tirer de la gloire : or pou-» vons-nous rien trouver de tout cela dans la » volupté ? nous rend-elle meilleurs & plus eſti-» mables ? & y a t-il quelqu'un qui oſe entre-» prendre de ſe faire conſidérer par les plai-» ſirs dont il jouit, & qui puiſſe en recueillir » de la gloire ? La volupté ne peut donc pas » être miſe au rang des biens, & elle le peut » d'autant moins que plus elle eſt vive, plus » elle tire l'ame de l'aſſiette qui convient à la » dignité de ſa nature.

» D'après ces principes, qui ſont dictés par » la droite raiſon, ne (3) nous diſſimulons pas » qu'il n'y a point d'autre bien que l'honnêteté » & la vertu, & qu'il n'y a de bonne & heu-» reuſe vie que celle qui eſt conforme à l'une » & à l'autre ».

---

(1) De offic. lib. 1. cap. 28. ſur la fin.

(2) Impedit enim conſilium voluptas, rationi inimica eſt, ac mentis, ut dicam, præſtringit oculos nec habet ullum cum virtute commercium. *De ſeneƈ. cap.* 22.

(3) Tuſcul. 3. num. 21.

(4) De finib. lib. 2. num. 21.

(1) Divinè enim Plato eſcam malorum voluptatem appellat, quod eâ videlicet homines capiantur, ut hamo piſces. *De ſeneƈ. cap.* 13.

(2) Ac ne plura complector, ſunt enim innumerabilia, bene laudata virtus, voluptatis aditus, intercludat, neceſſe eſt. *De finib. lib.* 2. *num.* 31.

(3) Profectò nihil eſt aliud bene & beatè vivere, niſi honeſtè & rectè vivere. *Parad.* 1. *cap.* 3.

D'où Cicéron conclut que la véritable béatitude consiste dans la vertu, & que plus il y a de gens à qui il semble difficile de se le persuader, à cause de la variété & de la multitude des traverses de la fortune, plus on doit faire ses efforts pour en convaincre les esprits (1), n'y ayant point dans toute la philosophie de dogme plus noble, de vérité plus essentielle, que ce qui est renfermé dans cette maxime, dont Cicéron ne s'est jamais départi : ses ouvrages en sont garans ; on l'y voit par-tout soutenir que la vertu est le souverain bien, parce qu'elle indique à l'homme tellement ses obligations, qu'elle le met au-dessus de la crainte du supplice & de l'espoir des récompenses ; qu'elle lui donne cette heureuse tranquillité d'esprit si propre à faire supporter avec patience & grandeur d'ame, tout ce qu'on appelle accidens & afflictions.

Cicéron, en considérant la vertu comme le souverain bien, ne prétendoit pas qu'elle fût le seul & unique bien : il étoit trop éclairé pour ne pas sentir que l'homme étant composé d'ame & de corps, il falloit qu'il pût faire son bonheur de l'un & de l'autre. Aussi convenoit-il qu'on pouvoit distinguer trois espèces de bien (2), ceux de l'ame, ceux du corps, & les biens extérieurs ; les biens de l'ame, qui ayant quelque chose de divin, devoient être exaltés de toutes parts & élevés, pour ainsi dire, jusqu'aux cieux ; les biens corporels & extérieurs, qui n'ayant rien en eux que de fragile & de relatif à la terre, méritoient d'être appelés biens, seulement à cause de l'usage qu'on est nécessité d'en faire.

Cicéron ajoute néanmoins qu'il est convenable (3) de ne pas négliger de se les procurer, parce qu'ils peuvent faire une augmentation au bonheur de la vie : il compare même les biens du corps avec les biens extérieurs ; il fixe (4) leur subordination ; il assigne la préférence qu'on doit accorder aux uns sur les autres, en donnant toujours pour règle (5) que de toutes les choses qui peuvent contribuer aux besoins & à la nature de l'homme, comme les biens, les honneurs, la considération, l'on ne doit rechercher que celles que la vertu peut admettre.

Cicéron, comme l'on voit, se rapproche toujours de la vertu. Nous venons de l'entendre soutenir & démontrer que la vertu est la base du véritable bonheur, & que la volupté est la source de tous les maux ; d'où il a posé pour principe que le premier devoir que l'homme avoit à remplir envers lui-même, consistoit d'une part, à fermer la porte à la volupté ; & de l'autre, à travailler sans cesse à acquérir la vertu.

Peut-être seroit-il nécessaire d'examiner ici les moyens qu'il conseille d'employer pour se procurer un bien si avantageux : mais notre principal objet dans ce supplément à l'article ACADÉMICIENS, étant de donner, d'après les textes mêmes de Cicéron, une idée générale de sa philosophie spéculative, nous croyons devoir nous borner à cet examen. A l'égard du fond même de la question, c'est-à-dire, des vrais sentimens de ce grand orateur : en accordant au savant, dont nous avons employé les recherches, que le point de vue sous lequel il a considéré les ouvrages philosophiques de Cicéron, est véritablement celui où il faut se placer pour découvrir les articles secrets de sa doctrine, il faut avouer qu'il en a bien jugé : mais le résultat auquel il est arrivé par sa méthode, ne seroit pas, sans doute, celui du philosophe à qui nous devons l'histoire critique & raisonnée des dogmes de la moyenne & de la nouvelle *académie* ; c'est ce qu'on peut conjecturer avec une grande vraisemblance de ce que ce dernier dit en peu de lignes de la doctrine ésotérique de Cicéron (voyez ci-dessus p. 78, 79 au texte & dans la note). Nous ajouterons même que ce paragraphe de l'article ACADÉMICIENS, où l'auteur esquissant rapidement & à grands traits le portrait de l'orateur romain, nous le montre comme un *zélé défenseur du probabilisme*, pour me servir de son expression, fait regretter beaucoup qu'il n'ait pas fait, ainsi qu'il l'avoit projeté & annoncé, un examen des opinions de cet orateur philosophe. Cet examen dans lequel il auroit distingué & déterminé avec son exactitude ordinaire la doctrine publique & la doctrine secrette de Cicéron, nous auroit donné, sur ce point important & obscur de l'ancienne philosophie, des connoissances plus sures & plus positives : car parmi les différens instrumens de la vérité, l'esprit philosophique est un de ceux dont l'application est la plus généralement utile ; & ce moyen que l'auteur de l'article ACADÉMICIENS a si souvent employé avec succès, est précisément celui dont le savant, d'ailleurs très-estimable, qui vient de parler dans cet exposé de la philosophie de Cicéron, ne paroit pas avoir fait un usage assez direct & assez fréquent. C'est même le reproche le plus grave qu'on puisse lui faire ; & ce défaut que son style foible & sans couleur rend encore plus sensible, diminue aux yeux des lecteurs philosophes le mérite réel de son travail, & leur laisse bien moins appercevoir

---

(1) Tuscul. 5. num. 1. & 7.
(2) Tuscul. 5. num. 27 & 30.
(3) De finib. lib. 4. num. 12.
(4) De offic. lib. 2. cap. 25.

(5) Cætera autem quæ secundùm naturam essent ita legere, si ea virtuti non repugnarent. *De offic. lib. 3. cap. 3.*

cevoir ce qu'il offre d'utile, que les taches qui le déparent.

(*Cet article est de M.* ROLAND DE CROISSY).

ACADÉMIE, s. f. C'étoit dans l'antiquité un jardin ou une maison située dans le Céramique, un des fauxbourgs d'Athènes, à un mille ou environ de la ville, où Platon & ses sectateurs tenoient des assemblées pour converser sur des matières philosophiques. Cet endroit donna le nom à la secte des académiciens. *Voyez* ACADÉMICIENS.

Le nom d'*académie* fut donné à cette maison, à cause d'un nommé *Académus* ou *Ecadémus*, citoyen d'Athènes, qui en étoit possesseur, & y tenoit une espèce de gymnase. Il vivoit du tems de Thésée. Quelques-uns ont rapporté le nom d'*académie* à Cadmus, qui introduisit le premier en Grèce les lettres & les sciences des phéniciens : mais cette étymologie est d'autant moins fondée, que les lettres dans cette première origine furent trop foiblement cultivées, pour qu'il y eût de nombreuses assemblées de savans.

Cimon embellit l'*académie*, & la décora de fontaines, d'arbres & de promenades, en faveur des philosophes & des gens de lettres qui s'y rassembloient pour conférer ensemble, & pour y disputer sur différentes matières, &c. C'étoit aussi l'endroit où l'on enterroit les hommes illustres qui avoient rendu de grands services à la république. Mais dans le siège d'Athènes, Sylla ne respecta point cet asyle des beaux arts ; & des arbres qui formoient les promenades, il fit faire des machines de guerre pour battre la place.

Cicéron eut aussi une maison de campagne ou un lieu de retraite près de Pouzole, auquel il donna le nom d'*académie*, où il avoit coutume de converser avec ses amis qui avoient du goût pour les entretiens philosophiques. Ce fut-là qu'il composa ses Questions académiques, & ses livres sur la nature des dieux.

Le mot *académie* signifie aussi une secte de philosophes qui soutenoient que la vérité est inaccessible à notre intelligence ; que toutes les connoissances sont incertaines, & que le sage doit toujours douter & suspendre son jugement, sans jamais rien affirmer ou nier positivement. En ce sens, l'*académie* est la même chose que la secte des académiciens. *Voyez* ACADÉMICIENS.

On compte ordinairement trois *académies* ou trois sortes d'académiciens, quoiqu'il y en ait cinq suivant quelques-uns. L'ancienne *académie*

est celle dont Platon étoit le chef. *Voyez* PLATONISME.

Arcésilas, un de ses successeurs, en introduisant quelques changemens ou quelques altérations dans la philosophie de cette secte, fonda ce que l'on appelle *la seconde académie*. C'est cet Arcésilas principalement qui introduisit dans l'*académie* le doute effectif & universel.

On attribue à Lacyde, ou plutôt à Carnéade, l'établissement de la troisième, appellée aussi *la nouvelle académie*, qui reconnoissant que seulement il y avoit beaucoup de choses probables, mais aussi qu'il y en avoit de vraies & d'autres fausses, avouoit néanmoins que l'esprit humain ne pouvoit pas bien les discerner.

Quelques autres en ajoutent une quatrième, fondée par Philon, & une cinquième par Antiochus, appellée l'*Antiochéene*, qui tempéra l'ancienne *académie* avec les opinions du stoïcisme. *Voyez* STOICISME.

L'ancienne *académie* doutoit de tout ; elle porta même si loin ce principe, qu'elle douta si elle devoit douter. Ceux qui la composoient eurent toujours pour maxime de n'être jamais certains, ou de n'avoir jamais l'esprit satisfait sur la vérité des choses, de ne jamais rien affirmer, ou de ne jamais rien nier, soit que les choses leur parussent vraies, soit qu'elles leur parussent fausses. En effet, ils soutenoient une acatalepsie absolue, c'est-à-dire, que quant à la nature ou à l'essence des choses, l'on devoit se retrancher sur un doute absolu. *Voyez* ACATALEPSIE.

Les sectateurs de la nouvelle *académie* étoient un peu plus traitables : ils reconnoissoient plusieurs choses comme vraies, mais ils y adhéroient avec une entière assurance. Ils avoient éprouvé que le commerce de la vie & de la société étoit incompatible avec le doute universel & absolu qu'affectoit l'ancienne *académie*. Cependant il est visible que ces choses même dont ils convenoient, ils les regardoient plutôt comme probables que comme certaines & déterminément vraies : par ces correctifs, ils comptoient du moins éviter les reproches d'absurdité faits à l'ancienne *académie*. *Voyez* DOUTE. *Voyez aussi les* Questions académiques *de Cicéron, où cet auteur réfute avec autant de force que de netteté les sentimens des philosophes de son tems, qui prenoient le titre de sectateurs de l'ancienne & de la nouvelle* académie. *Voyez aussi l'article* ACADÉMICIENS, où les sentimens des différentes *académies* sont exposés & comparés.

ACOUSMATIQUES, adj. pris subst. (*Histoire de la philosophie ancienne*). Pour entendre ce que c'étoit que les *acousmatiques*, il faut savoir que les disciples de Pythagore étoient distribués en deux classes séparées dans son école par un voile; ceux de la première classe, de la classe la plus avancée, qui ayant pardevers eux cinq ans de silence passés sans avoir vu leur maître en chaire, car il avoit toujours été séparé d'eux pendant tout ce temps par un voile, étoient enfin admis dans l'espèce de sanctuaire, d'où il s'étoit seulement fait entendre, & le voyoient face à face; on les appelloit les *ésotériques*. Les autres qui restoient derrière le voile, & qui ne s'étoient pas encore tûs assez long-temps pour mériter d'approcher & de voir Pythagore, s'appelloient *exotériques* & *acousmatiques* ou *acoustiques*. *Voyez* PYTHAGORICIEN. Mais cette distinction n'étoit pas la seule qu'il y eût entre les *ésotériques* & les *exotériques*. Il paroît que Pythagore disoit seulement les choses emblématiquement à ceux-ci; mais qu'il les révéloit aux autres telles qu'elles étoient sans nuage, & qu'il leur en donnoit les raisons. On disoit pour toute réponse aux objections des *acoustiques*, αὐτὸς ἔφα, Pythagore l'a dit: mais Pythagore lui-même résolvoit les objections aux *ésotériques*.

ANTÉDILUVIENNE, (*Philosophie*). ou état de la philosophie avant le déluge. (*Hist. de la philosophie anc.*) Quelques-uns de ceux qui remontent à l'origine de la philosophie, ne s'arrêtent pas au premier homme, qui fut formé à l'image & ressemblance de Dieu; mais comme si la terre n'étoit pas un séjour digne de son origine, ils s'élancent dans les cieux, & la vont chercher jusques chez les anges, où ils nous la montrent toute brillante de clarté. Cette opinion paroît fondée sur ce que nous dit l'Ecriture de la nature & de la sagesse des anges. Il est naturel de penser qu'étant, comme elle le suppose, d'une nature bien supérieure à la nôtre, ils ont eu par conséquent des connoissances plus parfaites des choses, & qu'ils sont de bien meilleurs philosophes que nous autres hommes.

Quelques savans ont poussé les choses plus loin; car pour nous prouver que les anges excelloient dans la physique, ils ont dit que Dieu s'étoit servi de leur ministère pour créer ce monde, & former les différentes créatures qui le remplissent. Cette opinion, comme l'on voit, est une suite des idées qu'ils avoient puisées dans la doctrine de Pythagore & de Platon. Ces deux philosophes, embarrassés de l'espace infini qui est entre Dieu & les hommes, jugèrent à propos de le remplir de génies & de démons: mais, comme dit judicieusement M. de Fontenelle contre Platon, *hist. des Oracles*, de quoi remplira-t-on l'espace infini qui sera entre Dieu & ces génies, ou ces démons mêmes? car de Dieu à quelque créature que ce soit, la distance est infinie.

Comme il faut que l'action de Dieu traverse, pour ainsi dire, ce vuide infini pour aller jusqu'aux démons, elle pourra bien aller aussi jusqu'aux hommes, puisqu'ils ne sont plus éloignés que de quelques degrés qui n'ont nulle proportion avec ce premier éloignement. Lorsque Dieu traite avec les hommes par le moyen des anges, ce n'est pas à dire que les anges soient nécessaires pour cette communication, ainsi que Platon le prétendoit; Dieu les y emploie par des raisons que la philosophie ne pénétrera jamais, & qui ne peuvent être parfaitement connues que de lui seul. Platon avoit imaginé les démons pour former une échelle par laquelle, de créature plus parfaite en créature plus parfaite, on montât enfin jusqu'à Dieu, desorte que Dieu n'auroit que quelques degrés de perfection par-dessus la première des créatures. Mais il est visible que, comme elles sont toutes infiniment imparfaites à son égard, parce qu'elles sont toutes infiniment éloignées de lui, les différences de perfection qui sont entr'elles disparoissent dès qu'on les compare avec Dieu: ce qui les élève les unes audessus des autres, ne les approche guère de lui. Ainsi, à ne consulter que la raison humaine, on n'a besoin de démons, ni pour faire passer l'action de Dieu jusqu'aux hommes, ni pour mettre entre Dieu & nous quelque chose qui approche de lui plus que nous ne pouvons en approcher.

Mais si les bons anges qui sont les ministres des volontés de Dieu, & ses messagers auprès des hommes, sont ornés de plusieurs connoissances philosophiques, pourquoi refuseroit-on cette prérogative aux mauvais anges? leur réprobation n'a rien changé dans l'excellence de leur nature, ni dans la perfection de leurs connoissances; on en voit la preuve dans l'astrologie, les augures & les aruspices. Ce n'est qu'aux artifices d'une fine & d'une subtile dialectique, que le démon tenta nos premiers parens, doit la victoire qu'il remporta sur eux. Il n'y a pas jusqu'à quelques pères de l'église, qui, imbus des rêveries platoniciennes, ont écrit que les esprits réprouvés ont enseigné aux hommes qu'ils avoient su charmer, & avec lesquels ils avoient eu commerce, plusieurs secrets de la nature; comme la métallurgie, la vertu des simples, la puissance des enchantemens, & l'art de lire dans le ciel la destinée des hommes.

Je ne m'amuserai point à prouver ici combien sont pitoyables tous ces raisonnemens par lesquels on prétend démontrer que les anges & les diables sont des philosophes, & même de grands philosophes. Laissons cette philosophie des habitans du ciel & du ténare: elle est trop au-dessus de nous: parlons de celle qui convient proprement aux hommes, & qui est de notre ressort.

Adam le premier de tous les hommes a-t-il été philosophe? c'est une chose dont bien des personnes ne doutent nullement. En effet, nous dit Hornius, nous croyons qu'Adam avant sa chûte fut orné non-seulement de toutes les qualités & de toutes les connoissances qui perfectionnent l'esprit, mais même qu'après sa chûte il conserva quelques restes de ses premières connoissances. Le souvenir de ce qu'il avoit perdu étant toujours présent à son esprit, alluma dans son cœur un désir violent de rétablir en lui les connoissances que le péché lui avoit enlevées, & de dissiper les ténèbres qui les lui voiloient. C'est pour y satisfaire qu'il s'attacha toute sa vie à interroger la nature, & à s'élever aux connoissances les plus sublimes; il y a même tout lieu de penser qu'il n'aura pas laissé ignorer à ses enfans la plupart de ses découvertes, puisqu'il a vécu si long-temps avec eux.

Tels sont à-peu-près les raisonnemens du docteur Hornius, auquel nous joindrions volontiers les docteurs juifs, si leurs fables méritoient quelque attention de notre part.

Voici encore quelques raisonnemens bien dignes du docteur Hornius, pour prouver qu'Adam a été philosophe & même philosophe du premier ordre.

S'il n'avoit été physicien, comment auroit-il pu imposer à tous les animaux qui furent amenés devant lui, des noms qui paroissent si bien des personnes exprimer leur nature? Eusèbe en a tiré une preuve pour la logique d'Adam. Pour les mathématiques, il n'est pas possible de douter qu'il ne les ait sues; car autrement comment auroit-il pu se faire des habits de peaux de bêtes, se construire une maison, observer le mouvement des astres, & régler l'année sur la course du soleil? Enfin ce qui met le comble à toutes ces preuves si décisives en faveur de la philosophie d'Adam, c'est qu'il a écrit des livres, & que ces livres contenoient toutes les sublimes connoissances qu'un travail infatigable lui avoit acquises. Il est vrai que les livres qu'on lui attribue sont apocryphes ou perdus; mais cela n'y fait rien : on ne les aura supposés à Adam que parce que la tradition avoit conservé les titres des livres authentiques dont il étoit le véritable auteur.

Rien de plus aisé que de réfuter toutes ces raisons : 1°. ce que l'on dit de la sagesse d'Adam avant sa chûte, n'a aucune analogie avec la philosophie dans le sens que nous la prenons; car elle consistoit cette sagesse dans la connoissance de Dieu, de soi-même, & sur-tout dans la connoissance pratique de tout ce qui pouvoit le conduire à la félicité pour laquelle il étoit né.

Il est bien vrai qu'Adam a eu cette sorte de sagesse : mais qu'a-t-elle de commun avec cette philosophie que produisent la curiosité & l'admiration, filles de l'ignorance, qui ne s'acquiert que par le pénible travail des réflexions, & qui ne se perfectionne que par le conflit des opinions? La sagesse avec laquelle Adam fut créé, est cette sagesse divine qui est le fruit de la grace, & que Dieu verse dans les ames même les plus simples. Cette sagesse est sans doute la véritable philosophie : mais elle est fort différente de celle que l'esprit enfante, & à l'accroissement de laquelle tous les siècles ont concouru.

Si Adam dans l'état d'innocence n'a point eu de philosophie, que devient celle qu'on lui attribue après sa chûte, & qui n'étoit qu'un foible écoulement de la première? Comment veut-on qu'Adam, que son péché suivoit par-tout, qui n'étoit occupé que du soin de fléchir son Dieu, & de repousser les misères qui l'environnoient, eût l'esprit assez tranquille pour se livrer aux stériles spéculations d'une vaine philosophie? il a donné des noms aux animaux; est-ce à dire pour cela qu'il en ait bien connu la nature & les propriétés? Il raisonnoit avec Eve notre grand'mère commune, & avec ses enfans; en conclurez-vous pour cela qu'il sût la dialectique? avec ce beau raisonnement on transformeroit tous les hommes en dialecticiens. Il s'est bâti une misérable cabane; il a gouverné prudemment sa famille, il l'a instruite de ses devoirs, & lui a enseigné le culte de la religion : sont-ce donc là des raisons à apporter pour prouver qu'Adam a été architecte, politique, théologien?

Enfin comment peut-on soutenir qu'Adam a été l'inventeur des lettres, tandis que nous voyons les hommes, long-temps même après le déluge, se servir encore d'une écriture hiéroglyphique, laquelle est de toutes les écritures la plus imparfaite, & le premier effort que les hommes ont fait pour se communiquer réciproquement leurs conceptions grossières.

On voit par-là combien est sujet à contradiction ce que dit l'ingénieux & savant auteur de l'Histoire critique de la Philosophie touchant son origine & ses commencemens : « elle est née, si on » l'en croit, avec le monde; & contre l'ordi- » naire des productions humaines, son berceau » n'a rien qui la répare, ni qui l'avilisse. Au » travers des foiblesses & des bégayemens de » l'enfance, on lui trouve des traits forts & » hardis, une sorte de perfection. En effet, les » hommes ont de tout temps pensé, réfléchi, » médité : de tout temps aussi ce spectacle » pompeux & magnifique que présente l'uni- » vers, spectacle d'autant plus intéressant, qu'il

» est étudié avec plus de soin, a frappé leur
» curiosité ».

Mais, répondra-t-on, si l'admiration est la mère de la philosophie, comme nous le dit cet auteur, elle n'est donc pas née avec le monde, puisqu'il a fallu que les hommes, avant que d'avoir la philosophie, aient commencé par admirer. Or, pour cela il falloit du temps, il falloit des expériences & des réflexions : d'ailleurs s'imagine-t-on que les premiers hommes eussent assez de temps pour exercer leur esprit sur des systèmes philosophiques, eux qui trouvoient à peine les moyens de vivre un peu commodément ? On ne pense à satisfaire les besoins de l'esprit, qu'après qu'on a satisfait ceux du corps. Les premiers hommes étoient donc bien éloignés de penser à la philosophie : « les miracles de la nature
» sont exposés à nos yeux long-temps avant que
» nous ayons assez de raison pour en être éclai-
» rés. Si nous arrivons dans ce monde avec cette
» raison que nous portâmes dans la salle de l'O-
» péra la première fois que nous y entrâmes, &
» si la toile se levoit brusquement, frappés de
» la grandeur, de la magnificence & du jeu des
» décorations, nous n'aurions pas la force de
» nous refuser à la connoissance des grandes vé-
» rités qui y sont liées : mais qui s'avise de
» s'étonner de ce qu'il voit depuis cinquante ans ?
» Entre les hommes, les uns occupés de leurs
» besoins n'ont guère eu le temps de se livrer à
» des spéculations métaphysiques ; le lever de
» l'astre du jour les appelloit au travail ; la plus
» belle nuit, la nuit la plus touchante, étoit
» muette pour eux, ou ne leur disoit autre
» chose, sinon qu'il étoit l'heure du repos ; les
» autres moins occupés, ou n'ont jamais eu oc-
» casion d'interroger la nature, ou n'ont pas eu
» l'esprit d'entendre sa réponse. Le génie philo-
» sophe dont la sagacité secouant le joug de l'ha-
» bitude, s'étonna le premier des prodiges qui
» l'environnoient, descendit en lui-même, se
» demanda & se rendit raison de tout ce qu'il
» voyoit, a dû se faire attendre long-temps, &
» a pu mourir sans avoir accrédité ses opinions ».
(*Essai sur le mérite & la vertu*, page 92).

Si Adam n'a point eu la philosophie, il n'y a point d'inconvénient à la refuser à ses enfans Abel & Caïn : il n'y a que George Hornius qui puisse voir dans Caïn le fondateur d'une secte de philosophie.

Vous ne croiriez jamais que Caïn ait jetté les premières semences de l'épicuréisme, & qu'il ait été athée. La raison qu'Hornius en donne est tout-à-fait singulière. Caïn étoit, selon lui, philosophe, mais philosophe impie & athée, parce qu'il aimoit l'amusement & les plaisirs, & que ses enfans n'avoient que trop bien suivi les leçons de volupté qu'il leur donnoit. Si l'on est philosophe épicurien, parce qu'on écoute la voix de ses plaisirs, & qu'on cherche dans un athéisme pratique l'impunité de ses crimes, les jardins d'Epicure ne suffiroient pas à recevoir tant de philosophes voluptueux.

Ce qu'il ajoute de la ville que bâtit Caïn, & des instrumens qu'il mit en œuvre pour labourer la terre, ne prouve nullement qu'il fût philosophe ; car ce que la nécessité & l'expérience, ces premières institutrices des hommes, leur font trouver, n'a pas besoin des préceptes de la philosophie. D'ailleurs on peut croire que Dieu apprit au premier homme le moyen de cultiver la terre, comme le premier homme en instruisit lui-même ses enfans.

Le jaloux Caïn ayant porté des mains homicides sur son frère Abel, Dieu fit revivre Abel dans la personne de Seth. Ce fut donc dans cette famille que se conserva le sacré dépôt des premières traditions qui concernoient la religion.

Les partisans de la philosophie *antédiluvienne* ne regardent pas Seth seulement comme philosophe, mais ils veulent encore qu'il ait été grand astronome. Josephe faisant l'éloge des connoissances qu'avoient acquises les enfans de Seth avant le déluge, dit qu'ils élevèrent deux colonnes pour y inscrire ses connoissances, & les transmettre à la postérité. L'une de ces colonnes étoit de brique, l'autre de pierre ; & on n'avoit rien épargné pour les bâtir solidement, afin qu'elles pussent résister aux inondations & aux incendies dont l'univers étoit menacé ; Josephe ajoute que celle de brique subsistoit encore de son temps.

Je ne sais si l'on doit faire beaucoup de fond sur un tel passage. Les exagérations & les hyperboles ne coûtent guère à Josephe, quand il s'agit d'illustrer sa nation. Cet historien se proposoit sur-tout de montrer la supériorité des juifs sur les gentils, en matière d'arts & de sciences : c'est-là probablement ce qui a donné lieu à la fiction des deux colonnes élevées par les enfans de Seth. Quelle apparence qu'un pareil monument ait pu subsister après les ravages que fit le déluge ? & puis on ne conçoit pas pourquoi Moïse qui a parlé des arts qui furent trouvés par les enfans de Caïn, comme la musique, la métallurgie, l'art de travailler le fer & l'airain, &c. ne dit rien des grandes connoissances que Seth avoit acquises dans l'astronomie, de l'écriture dont il passe pour être inventeur, des noms qu'il donna aux astres, du partage qu'il fit de l'année en mois & en semaines.

Il ne faut pas s'imaginer que Jubal & Tubalcaïn aient été de grands philosophes : l'un pour avoir inventé la musique, & l'autre pour avoir eu le secret de travailler le fer & l'airain : peut-être ces deux hommes ne firent-ils que perfectionner ce qu'on avoit trouvé avant eux. Mais je veux qu'ils aient été inventeurs de ces arts, qu'en peut-on conclure pour la philosophie ? Ne sait-on pas que c'est au hasard que nous devons la plupart des arts utiles à la société ? Ce que fait la philosophie, c'est de raisonner sur le génie qu'elle y remarque, après qu'ils ont été découverts. Il est heureux pour nous que le hasard ait prévenu nos besoins, & qu'il n'ait presque rien laissé à faire à la philosophie. On ne rencontre pas plus de philosophie dans la branche de Seth que dans celle de Caïn : on y voit des hommes à la vérité qui conservent la connoissance du vrai Dieu, & le dépôt des traditions primitives, qui s'occupent de choses sérieuses & solides, comme de l'agriculture & de la garde des troupeaux ; mais on n'y voit point de philosophes. C'est donc inutilement qu'on cherche l'origine & les commencemens de la philosophie dans les temps qui ont précédé le déluge. *Voyez* PHILOSOPHIE.

ARABES. (*Etat de la philosophie chez les anciens arabes*).

Après les chaldéens, les perses & les indiens, vient la nation des *arabes*, que les anciens historiens nous représentent comme fort attachée à la philosophie, & comme s'étant distinguée dans tous les temps par la subtilité de son esprit ; mais tout ce qu'ils nous disent paroît fort incertain. Je ne nie pas que depuis l'Islamisme, l'érudition & l'étude de la philosophie n'aient été extrêmement en honneur chez ces peuples ; mais cela n'a lieu & n'entre que dans l'histoire de la philosophie du moyen âge. Aussi nous proposons-nous d'en traiter au long, quand nous y serons parvenus. Maintenant nous n'avons à parler que de la philosophie des anciens habitans de l'Arabie heureuse.

Il y a des savans qui veulent que ces peuples se soient livrés aux spéculations philosophiques ; & pour prouver leur opinion, ils imaginent des systêmes qu'ils leur attribuent, & font venir à leur secours la religion des zabiens, qu'ils prétendent être le fruit de la philosophie.

Tout ce qu'ils disent n'a pour appui que des raisonnemens & des conjectures : mais que prouve-t-on par des raisonnemens & des conjectures, quand il faut des témoignages ?

Ceux qui sont dans cette persuasion que la philosophie a été cultivée par les anciens arabes, sont obligés de convenir eux-mêmes, que les grecs n'avoient aucune connoissance de ce fait. Que dis-je ? Ils les regardoient comme des peuples barbares & ignorans, & qui n'avoient aucune teinture des lettres.

Les écrivains *arabes*, si on en croit Abulfarage, disent eux-mêmes qu'avant l'Islamisme, ils étoient plongés dans la plus profonde ignorance. Mais ces raisons ne sont pas assez fortes pour leur faire changer de sentiment sur cette philosophie qu'ils attribuent aux anciens *arabes*. Le mépris des grecs pour cette nation, disent-ils, ne prouve que leur orgueil & non la barbarie des *arabes* ? Mais enfin, quels mémoires peuvent-ils nous produire, & quels auteurs peuvent-ils nous citer en faveur de l'érudition & de la philosophie des premiers *arabes* ? Ils conviennent avec Abulfarage qu'ils n'en ont point. C'est donc bien gratuitement qu'ils en font des gens lettrés & adonnés à la philosophie.

Celui qui s'est le plus signalé dans cette dispute, & qui a plus à cœur la gloire des anciens *arabes*, c'est Joseph Pierre Ludewig.

D'abord il commence par nous opposer Pythagore, qui, au rapport de Porphyre, dans le voyage littéraire qu'il avoit entrepris, fit l'honneur aux *arabes* de passer chez eux, de s'y arrêter quelque temps, & d'apprendre de leurs philosophes la divination par le vol & par le chant des oiseaux, espèce de divination où les *arabes* excelloient. Moyse lui-même, cet homme instruit dans toute la sagesse des égyptiens, quand il fut obligé de quitter ce royaume, ne choisit-il pas pour le lieu de son exil l'Arabie, préférablement aux autres pays ? Or, qui pourra s'imaginer que le législateur des hébreux se sût retiré chez les *arabes*, si ce peuple avoit été grossier, stupide, ignorant ? leur origine d'ailleurs ne laisse aucun doute sur la culture de leur esprit. Ils se glorifient de descendre d'Abraham, à qui l'on ne peut refuser la gloire d'avoir été un grand philosophe. Par quelle étrange fatalité auroient-ils laissé éteindre dans la suite des temps ces premières étincelles de l'esprit philosophique, qu'ils avoient hérité d'Abraham, leur père commun ?

Mais ce qui paroît plus fort que tout cela, est que les livres saints pour relever la sagesse de Salomon, mettent en opposition avec elle la sagesse des orientaux : or, ces orientaux n'étoient autres que les *arabes*. C'est de cette même Arabie que la reine de Saba vint pour admirer la sagesse de ce philosophe couronné ; c'est l'opinion constante de tous les savans.

On pourroit prouver aussi par d'excellentes raisons, que les mages venus d'orient pour adorer le messie, étoient *arabes*. Enfin, Abulfarage est obligé de convenir qu'avant l'Islamisme même, à qui l'on doit dans ce pays la renaissance des lettres, ils entendoient parfaitement leur langue, qu'ils en connoissoient la valeur & toutes les propriétés, qu'ils étoient bons poëtes, excellens orateurs, habiles astronomes. N'en est-ce pas assez pour mériter le nom de philosophes? Non, vous dira quelqu'un. Il se peut que les *arabes* aient poli leur langue, qu'ils aient été habiles à deviner & à interpréter les songes, qu'ils aient réussi dans la composition & dans la solution des énigmes, qu'ils aient même eu quelque connoissance du cours des astres, sans que pour cela on puisse les regarder même comme des philosophes; car tous ces arts, si cependant ils en méritent le nom, tendent plus à nourrir & à fomenter la superstition, qu'à faire connoître la vérité, & qu'à purger l'ame des passions qui sont ses tyrans.

Pour ce qui regarde Pythagore, rien n'est moins certain que son voyage dans l'Orient; & quand même nous en conviendrions, qu'en résulteroit-il, sinon que cet imposteur apprit des *arabes* toutes ces niaiseries, ouvrages de la superstition, & dont il étoit fort amoureux? Il est inutile de citer ici Moyse. Si cet homme passa dans l'Arabie, & s'il s'y établit en épousant une des filles de Jéthro, ce n'étoit pas assurément dans le dessein de méditer chez les *arabes*, & de nourrir leur sotte curiosité de systèmes philosophiques: la providence n'avoit permis cette retraite de Moyse chez les *arabes*, que pour y porter la connoissance du vrai dieu & de sa religion.

La philosophie d'Abraham, dont ils se glorifient de descendre, ne prouve pas mieux qu'ils aient cultivé cette science. Abraham pourroit avoir été un grand philosophe & avoir été leur père, sans que cela tirât à conséquence pour leur philosophie.

S'ils ont laissé perdre le fil des vérités les plus précieuses, qu'ils avoient apprises d'Abraham; si leur religion a dégénéré en une grossière idolâtrie, pourquoi leurs connoissances philosophiques, supposé qu'Abraham leur en eût communiqué quelques-unes, ne se seroient-elles pas aussi perdues dans la suite des temps? Au reste, il n'est pas trop sûr que ces peuples descendent d'Abraham. C'est une histoire qui paroit avoir pris naissance avec le mahométisme.

Les *arabes*, ainsi que les mahométans, pour donner plus d'autorité à leurs erreurs, en font remonter l'origine jusqu'au père des croyans. Une chose encore qui renverse la supposition de Ludewig, c'est que la philosophie d'Abraham n'est qu'une pure imagination des juifs, qui veulent à toute force trouver chez eux l'origine & les commencemens des arts & des sciences.

Ce que l'on nous oppose de cette reine du midi, qui vint trouver Salomon sur la grande réputation de sa sagesse, & des mages qui partirent de l'Orient pour se rendre à Jérusalem, ne tiendra pas davantage. Nous voulons que cette reine soit née en Arabie: mais est-il bien décidé qu'elle fût de la secte des zabiens? On ne peut nier sans doute qu'elle n'ait été parmi les femmes d'orient une des plus instruites, des plus ingénieuses, qu'elle n'ait souvent exercé l'esprit des rois de l'orient par les énigmes qu'elle leur envoyoit; c'est là l'idée que nous en donne l'historien sacré. Mais quel rapport cela a-t-il avec la philosophie des *arabes*? Nous accordons aussi volontiers que les mages venus d'orient étoient des *arabes*, qu'ils avoient quelque connoissance du cours des astres; nous ne refusons point absolument cette science aux *arabes*; nous voulons même qu'ils aient assez bien parlé leur langue, qu'ils aient réussi dans les choses d'imagination, comme l'éloquence & la poésie: mais on n'en conclura jamais, qu'ils aient été pour cela des philosophes, & qu'ils aient fort cultivé cette partie de la littérature.

La seconde raison qu'on fait valoir en faveur de la philosophie des anciens *arabes*, c'est l'histoire du zabianisme qui passe pour avoir pris naissance chez eux, & qui suppose nécessairement des connoissances philosophiques. Mais quand même tout ce que l'on en raconte seroit vrai, on n'en pourroit rien conclure pour la philosophie des *arabes*; puisque le zabianisme, étant de lui-même une idolatrie honteuse & une superstition ridicule, est plutôt l'extinction de toute raison qu'une vraie philosophie.

D'ailleurs, il n'est pas bien décidé dans quel temps cette secte a pris naissance; car les hommes les plus habiles, qui ont travaillé pour éclaircir ce point d'histoire, comme Hottinger, Pococke, Hyde, & sur-tout le docte Spencer, avouent que ni les grecs ni les latins ne font aucune mention de cette secte.

Il ne faut pas pas confondre cette secte de zabiens *arabes* avec ces autres zabiens dont il est parlé dans les annales de l'ancienne église orientale, lesquels étoient moitié juifs & moitié chrétiens, qui se vantoient d'être les disciples de Jean-Baptiste, & qui se trouvent encore aujourd'hui en grand nombre dans la ville de Bassare, près des bords du Tigre, & dans le voisinage de la mer de Perse.

Le fameux Moyse Maimonides a tiré des auteurs *arabes* tout ce qu'il a dit de cette secte; & c'est en examinant d'un œil curieux & attentif toutes ses cérémonies extravagantes & superstitieuses, qu'il justifie très-ingénieusement la plupart des loix de Moyse, qui blesseroient au premier coup d'œil notre délicatesse, si la sagesse de ces loix n'étoit marquée par leur opposition avec les loix des zabiens, pour lesquels Dieu vouloit inspirer aux juifs une grande aversion. On ne pouvoit mettre entre les juifs & les zabiens qui étoient leurs voisins une plus forte barrière. On peut lire sur cela l'ouvrage de Spencer sur l'économie mosaïque.

On n'est pas moins partagé sur le nom de cette secte que sur son âge. Pococke prétend que les zabiens ont été ainsi nommés d'un mot hébreu qui signifie les *astres* ou *l'armée céleste*, parce que la religion des zabiens consistoit principalement dans l'adoration des astres. Mais Scaliger pense que c'est originairement le nom des chaldéens, ainsi appellés parce qu'ils étoit orientaux. Il a été suivi en cela par plusieurs savans, & entr'autres par Spencer. Cette signification du nom des zabiens est d'autant plus plausible, que les zabiens rapportent leur origine aux chaldéens, & qu'ils font auteur de leur secte Sabius, fils de Seth.

Pour nous, nous ne croyons pas devoir prendre parti sur une chose qui déjà par elle-même est assez peu intéressante. Si par les zabiens on entend tous ceux qui parmi les peuples de l'Orient adoroient les astres, sentiment qui paroit être celui de quelques *arabes* & de quelques auteurs chrétiens, ce nom ne seroit plus alors le nom d'une secte particulière, mais celui de l'idolatrie universelle. Mais il paroit qu'on a toujours regardé ce nom comme étant propre à une secte particulière. Nous ne voyons pas qu'on le donnât à tous les peuples, qui à l'adoration des astres joignoient le culte du feu. Si pourtant au milieu des ténèbres, dont est enveloppée toute l'histoire des zabiens, on peut à force de conjectures en tirer quelques rayons de lumière, il nous paroit probable que la secte des zabiens n'est qu'un mélange du judaïsme & du paganisme ; qu'elle a été chez les *arabes* une religion particulière & distinguée de toutes les autres ; que pour s'élever au-dessus de toutes celles qui florissoient de son temps, elle avoit non-seulement affecté de se dire très-ancienne, mais même qu'elle rapportoit son origine jusqu'à Sabius, fils de Seth ; en quoi elle croyoit l'emporter pour l'antiquité sur les juifs mêmes qui ne peuvent remonter au-delà d'Abraham. On ne se persuadera jamais que le nom de zabiens leur ait été donné, parce qu'ils étoient orientaux, puisqu'on n'a jamais appellé de ce nom les mages & les mahométans, qui habitent les provinces de l'Asie, situées à l'Orient.

Quoi qu'il en soit de l'origine des zabiens, il est certain qu'elle n'est pas aussi ancienne que le prétendent les *arabes*. Ils sont même sur cela partagés de sentiment ; car si les uns veulent la faire remonter jusqu'à Seth, d'autres se contentent de la fixer à Noé, & même à Abraham. Eutychius, auteur *arabe*, s'appuyant sur les traditions de son pays, trouve l'auteur de cette secte dans Zoroastre, lequel étoit né en Perse, si vous n'aimez mieux en Chaldée. Cependant Eutychius observe qu'il y en avoit quelques-uns de son temps qui en faisoient honneur à Juvan, il a voulu sans doute dire Javan ; que les grecs avoient embrassé avidement ce sentiment, parce qu'il flattoit leur orgueil, Javan ayant été un de leurs rois, & que pour donner cours à cette opinion, ils avoient composé plusieurs livres sur la science des astres & sur le mouvement des corps célestes. Il y en a même qui croient que celui qui fonda la secte des zabiens étoit un de ceux qui travaillèrent à la construction de la tour de Babel. Mais sur quoi tout cela est-il appuyé ?

Si la secte des zabiens étoit aussi ancienne qu'elle s'en vante, pourquoi les anciens auteurs grecs n'en ont-ils point parlé ? Pourquoi ne lisons-nous rien dans l'écriture qui nous en donne la moindre idée ?

Pour répondre à cette difficulté, Spencer croit qu'il suffit que le zabianisme, pris matériellement, c'est-à-dire, pour une religion dans laquelle on rend un culte au soleil & aux astres, ait tiré son origine des anciens chaldéens & des Babyloniens, & qu'il ait précédé de plusieurs années le temps où a vécu Abraham. C'est ce qu'il prouve par les témoignages des *arabes* qui s'accordent tous à dire que la religion des zabiens est très-ancienne, & par la ressemblance de doctrine qui se trouve entre les zabiens & les Chaldéens. Mais il n'est pas question de savoir si le culte des étoiles & des planètes est très-ancien. C'est ce qu'on ne peut contester, & c'est ce que nous montrerons nous-mêmes à l'article des CHALDÉENS. Toute la difficulté consiste donc à savoir si les zabiens ont tellement reçu ce culte des Chaldéens & des babyloniens, qu'on puisse assurer à juste titre, que c'est chez ces peuples que le Zabianisme a pris naissance.

Si l'on fait attention que le zabianisme ne se bornoit pas seulement à adorer le soleil, les étoiles & les planètes, mais qu'il s'étoit fait à lui-même un plan de cérémonies qui lui étoient particulières, & qui le distinguoient de toute autre forme de religion ; on m'avouera qu'un tel sentiment ne peut se soutenir. Spencer lui-même, tout subtil qu'il est, a été forcé de convenir que le zabianisme, considéré formellement, c'est-à-dire, autant qu'il fait une religion à part, & distinguée par la forme de son culte, est beaucoup plus récent que les anciens chaldéens & les anciens Babyloniens. C'est pourtant cela même qu'il auroit du prouver dans ses principes ; car si le zabianisme, pris formellement, n'a pas cette grande antiquité qui pourroit le faire remonter au-delà d'Abraham, comment prouvera-t-il que plusieurs loix de Moïse n'ont été divinement établies, que pour faire un contraste parfait avec les cérémonies superstitieuses du zabianisme ? Tout nous porte à croire que le zabianisme est assez récent, qu'il n'est pas même antérieur au mahométisme. En effet, nous ne voyons dans aucun auteur, soit grec, soit latin, la moindre trace de cette secte ; elle ne commence à lever la tête que depuis la naissance du mahométisme, &c. Nous croyons cependant qu'elle est un peu plus ancienne, puisque l'alcoran parle des zabiens, comme étant déja connus sous ce nom.

Il n'y a point de secte sans livres ; elle en a besoin pour appuyer les dogmes qui lui sont particuliers. Aussi voyons-nous que les zabiens en avoient, que quelques uns attribuoient à Hermès & à Aristote, & d'autres à Seth & à Abraham. Ces livres, au rapport de Maimonides, contenoient sur les anciens patriarches, Adam, Seth, Noé, Abraham, des histoires ridicules, & pour tout dire, comparables aux fables de l'alcoran. On y traitoit au long des démons, des idoles, des étoiles & des planètes ; de la manière de cultiver la vigne, & d'ensemencer les champs ; en un mot, on n'y omettoit rien de tout ce qui concernoit le culte qu'on rendoit au soleil, au feu, aux étoiles & aux planètes.

Si l'on est curieux d'apprendre toutes ces belles choses, on peut consulter Maimonides. Ce seroit abuser de la patience du lecteur, que de lui présenter ici les fables dont fourmillent ces livres. Je ne veux que cette seule raison pour les décrier comme des livres apocryphes & indignes de toute croyance. Je crois que ces livres ont été composés vers la naissance de Mahomet, & encore par des auteurs qui n'étoient point guéris, ni de l'idolâtrie, ni des folies du platonisme moderne. Il nous suffira, pour faire connoître le génie de zabiens, de rapporter ici quelques-uns de leurs dogmes.

Ils croyoient que les étoiles étoient autant de dieux ; & que le soleil tenoit parmi elles le premier rang. Ils les honoroient d'un double culte, savoir, d'un culte qui étoit de tous les jours, & d'un autre qui ne se renouvelloit que tous les mois.

Ils adoroient les démons sous la forme de boucs ; ils se nourrissoient du sang des victimes qu'ils avoient cependant en abomination ; ils croyoient par-là s'unir plus intimement avec les démons.

Ils rendoient leurs hommages au soleil levant, & ils observoient scrupuleusement toutes les cérémonies dont nous voyons le contraste frappant dans la plupart des loix de Moïse ; car Dieu, selon plusieurs savans, n'a affecté de donner aux Juifs des loix qui se trouvoient en opposition avec celles des zabiens, que pour détourner les premiers de la superstition extravagante des autres.

Si nous lisons Pococke, Hyde, Prideaux & les auteurs *arabes*, nous trouverons que tout leur système de religion se réduit à ces différens articles que nous allons détailler.

Il y avoit deux sectes de zabiens ; le fondement de la croyance de l'une & de l'autre étoit, que les hommes ont besoin de médiateurs qui soient placés entr'eux & la divinité ; que ces médiateurs sont des substances pures, spirituelles & invisibles ; que ces substances, par cela même qu'elles ne peuvent être vues, ne peuvent se communiquer aux hommes, si l'on ne suppose entr'elles & les hommes d'autres médiateurs qui soient visibles ; que ces médiateurs visibles étoient pour les uns des chapelles, & pour les autres des simulacres ; que les chapelles étoient pour ceux qui adoroient les sept planètes, lesquelles étoient animées par autant d'intelligences, qui gouvernoient tous leurs mouvemens, à-peu-près comme notre corps est animé par une ame qui en conduit & gouverne tous les ressorts ; que ces astres étoient des dieux, & qu'ils présidoient au destin des hommes, mais qu'il étoient soumis eux-mêmes à l'Etre suprême, qu'il falloit observer le lever & le coucher des planètes, leurs différentes conjonctions, ce qui formoit autant de positions plus ou moins régulières ; qu'il falloit assigner à ces planètes leurs jours, leurs nuits, leurs heures pour diviser le temps de leur révolution, leurs formes, leurs personnes & les régions où elles roulent ; que moyennant toutes ces observations, on pouvoit faire des talismans, des enchantemens, des évocations qui réussissoient toujours ; qu'à l'égard de ceux qui se portoient pour adorateurs des simulacres, ces simulacres leur étoient nécessaires, d'autant plus qu'ils avoient besoin d'un médiateur toujours visible, ce qu'ils ne pouvoient trouver dans les astres, dont le lever & le coucher qui se succède régulièrement, les déroboit aux regards des mortels ; qu'il falloit donc leur substituer des simulacres, moyennant lesquels ils pussent s'élever jusqu'aux corps des planètes, des planètes aux intelligences qui les animent, & de ces intelligences jusqu'au Dieu suprême ; que ces simulacres devoient être faits du métal qui est consacré à chaque planète, & avoir chacun la figure de l'astre qu'il représentent ; mais qu'il falloit sur-tout observer avec attention les jours, les heures, les degrés, les
minutes

minutes & les autres circonstances propres à attirer de bénignes influences, & se servir des évocations, des enchantemens & des talismans qui étoient agréables à la planète; que ces simulacres tenoient la place de ces dieux célestes, & qu'ils étoient entr'eux & nous autant de médiateurs.

Leurs pratiques n'étoient pas moins ridicules que leur croyance. Abulfeda rapporte qu'ils avoient coutume de prier la face tournée vers le pole arctique trois fois par jour, avant le lever du soleil, à midi & au soir; qu'ils avoient trois jeûnes, l'un de trente jours, l'autre de neuf, & l'autre de sept; qu'ils s'abstenoient de manger des fèves & de l'ail; qu'ils faisoient brûler entièrement les victimes, & qu'ils ne s'en réservoient rien pour manger.

Voilà tout ce que les Arabes nous ont appris du système de religion des Zabiens. Plusieurs traces de l'astrologie Chaldaïque, telle que nous la donnerons à l'article CHALDEENS, s'y laissent appercevoir. C'est elle sans doute qui aura été la première pierre de l'édifice de religion que les Zabiens ont bâti. On y voit encore quelques autres traits de ressemblance, comme cette ame du monde qui se distribue dans toutes les différentes parties, & qui anime les corps célestes, sur-tout les planètes, dont l'influence sur les choses d'ici-bas est si marquée & si incontestable dans tous les vieux systèmes des religions orientales.

Mais ce qui y domine sur-tout, c'est la doctrine d'un médiateur, doctrine qu'ils auront dérobée, soit aux juifs, soit aux chrétiens; la doctrine des génies médiateurs, laquelle a eu un si grand cours dans tout l'orient, d'où elle a passé chez les cabalistes & les philosophes d'Alexandrie, pour revivre chez quelques chrétiens hérétiques, qui en prirent occasion d'imaginer divers ordres d'éons.

Il est aisé de voir par-là que le Zabianisme n'est qu'un composé monstrueux, & un mélange embarrassant de tout ce que l'idolâtrie, la superstition & l'hérésie ont pu imaginer dans tous les temps de plus ridicule & de plus extravagant. Voilà pourquoi, comme le remarque fort bien Spencer, il n'y a rien de suivi ni de lié dans les différentes parties qui composent le Zabianisme. On y retrouve quelque chose de toutes les religions, malgré la diversité qui les sépare les unes des autres.

Cette seule remarque suffit pour faire voir que le Zabianisme n'est pas aussi ancien qu'on le croit ordinairement, & combien s'abusent ceux qui en donnent le nom à cette idolâtrie universellement répandue des premiers siècles, laquelle adoroit le soleil & les astres. Le culte religieux que les Zabiens rendoient aux astres, les jetta, par cet enchaînement fatal que les erreurs ont entr'elles, dans l'astrologie, science vaine & ridicule, mais qui flatte les deux passions favorites de l'homme; sa crédulité, en lui promettant qu'il percera dans l'avenir; & son orgueil, en lui insinuant que sa destinée est écrite dans le ciel. Ceux qui d'entr'eux s'y sont le plus distingués, sont Thebet-Jben Kerra, Albategnius, &c.

ARISTOTÉLISME. (*Hist. de la philosophie ancienne*).

Aristote, fils de Nicomachus & de Phestiade, naquit à Stagire, petite ville de l'Olynthie en Macédoine, la première année de la quatre-vingt-dix-neuvième olympiade, ce qui répond à l'an 354. Avant Jésus-Christ. Stagire n'est guère connue que par ces deux événemens, qu'elle donna la naissance à Aristote, & qu'ayant été prise dans une guerre, le prince qui l'avoit détruite pour s'en dire le vainqueur & le maître, voulut bien la faire rebâtir, à la considération du philosophe qui y avoit reçu le jour (1).

La mort prématurée de Nicomachus, médecin & ami d'Aminthas, pere de Philippe, fit tomber Aristote entre les mains d'un certain Proxenus, qui se chargea de son éducation, & qui lui donna les principes de tous les arts & de toutes les sciences. Aristote en fut si reconnoissant, qu'il lui éleva des statues après sa mort, & qu'il en usa envers son fils Nicanor, qu'il instruisoit dans tous les arts libéraux, ainsi que son tuteur en avoit usé envers lui.

On ne sait pas trop de quelle manière il passa les premières années de sa jeunesse. Si l'on en croit Epicure, Athénée & Élien, il avoit reçu de son tuteur une très-mauvaise éducation; & pour le confirmer, ils disent qu'abandonné à lui-même, il dissipa tout son patrimoine, & embrassa par libertinage le parti des armes; ce qui ne lui ayant pas réussi, il fut obligé dans la suite, pour pouvoir vivre, de faire un petit trafic de poudre de senteur, & de vendre des remèdes, mais il y en a qui récusent le témoignage de ces auteurs, connus d'ailleurs par leur animosité, & par les traits satyriques qu'ils lançoient contre tous ceux dont le mérite les blessoit; & ils en appellent à Ammonius, lequel rapporte cet oracle d'Apollon, qui lui fut adressé: *allez à Athènes, & étudiez avec persévérance la philosophie, vous aurez plus besoin d'être retenu, que d'être poussé.* Il falloit que les oracles fussent

---

(1) Aristotelis philosophi patriam condidit (Alexander) tantæque rerum claritati tam benignum testimonium miscuit. *Plin. nat. hist. lib. 7. cap. 29.*

alors bien oisifs pour répondre à de pareilles interrogations.

Ceux qui ont dit qu'Aristote avoit été pendant trois ans disciple de Socrate, ont commis un grand anachronisme, car lorsqu'il naquit, il y avoit douze ou quinze ans que Socrate étoit mort.

La grande réputation que Platon s'étoit acquise, engageoit tous les étrangers à se mettre sous sa discipline: Aristote vint donc à l'académie; il avoit alors dix-sept ans. Les leçons de Platon ne lui furent point inutiles, au moins pour empêcher certains défauts de se produire au dehors. On loue d'ailleurs la bonté de son caractère: relativement au corps, il fut moins bien partagé: les auteurs de sa vie ne le peignent pas d'une fort belle stature; il avoit la langue embarrassée, & ce vice naturel chez lui, devint un vice d'imitation chez ceux qui le fréquentoient.

L'école de Platon étoit remplie d'excellens esprits; mais Aristote étudioit avec une telle application, que dès les premiers jours il y parut moins en disciple qu'en génie supérieur. Il devança bientôt tous ceux qui fréquentoient l'académie. On ne l'appelloit que *l'esprit* ou *l'intelligence*. Il étoit, pour ainsi dire, l'ame de l'école de Platon; & lorsque quelque indisposition, ou quelque affaire l'empêchoit de s'y trouver, on disoit que le philosophe de la vérité n'y étoit pas, & l'on ne décidoit rien sans son avis.

Pendant les vingt années qu'il fut disciple de Platon, il n'eut commerce avec personne, & il s'abstint de toute espèce de divertissement, pour ne dérober aucun moment à l'étude qui faisoit toutes ses délices. Son tempérament mélancolique le portoit fortement à la méditation; de-là vint qu'il approfondissoit si fort les choses; & qu'il les disposoit dans un si grand ordre, quand il les avoit une fois approfondies. Galien le loue d'avoir été le premier des philosophes qui a cherché avec soin les causes générales de tous les êtres, & qui a le plus descendu dans leur détail particulier.

Il joignoit à ses talens naturels une ardeur insatiable de tout savoir, une lecture immense qui lui faisoit parcourir tous les ouvrages des anciens. Sa passion pour les livres alla si loin, qu'il acheta jusqu'à trois talens, ceux de Speusippe. Strabon dit de lui, qu'il pensa le premier à faire une bibliothèque. Sa vaste littérature paroît assez dans les ouvrages qui nous restent de lui. Combien d'opinions des anciens a-t-il arrachées à l'oubli dans lequel elles seroient aujourd'hui ensevelies, s'il ne les en avoit retirées, & s'il ne les avoit exposées avec autant de jugement que de variété. Il seroit à souhaiter que sa bonne foi dans leur exposition égalât sa grande érudition. Si nous nous en rapportons à Ammonius, il demeura pendant 20 ans sous la discipline de Platon, dont il honora la mémoire, par un autel qu'il lui érigea, & sur lequel il fit graver ces deux vers:

Gratus Aristoteles struit hoc altare Platoni.
Quem turbæ injustæ vel celebrare nefas.

Il y a bien d'autres preuves de son amour envers son maître, témoin l'oraison funèbre qu'il composa pour lui, & mille épigrammes dans lesquelles il a rendu justice à ses grands talens. Mais il y en a qui prétendent que tous ces témoignages de l'attachement d'Aristote sont démentis par la brouillerie qui s'éleva entre lui & Platon. En effet, le maître se faisoit souvent un plaisir de mortifier son disciple. Il lui reprochoit, entr'autres choses, trop d'affectation dans ses discours, & trop de magnificence dans ses habits. Aristote, de son côté, ne cessoit de railler son maître, & de le piquer dans toutes les occasions qui se présentoient. Ces mésintelligences allèrent si loin, que Platon lui préféra Xénocrate, Speusippe, Amiclas & d'autres qu'il affecta de mieux recevoir que lui, & pour lesquels il n'eut rien de secret. On rapporte même qu'Aristote prit le tems où Xénocrate, étoit allé faire un voyage dans son pays, pour rendre visite à Platon, étant escorté d'un grand nombre de disciples; qu'il profita de l'absence de Speusippe, qui étoit alors malade, pour provoquer à la dispute Platon à qui son grand âge avoit ôté la mémoire; qu'il lui fit mille questions sophistiques, plus embarrassantes les unes que les autres; qu'il l'enveloppa adroitement dans les pièges séduisans de sa subtile dialectique; & qu'il l'obligea à lui abandonner le champ de bataille. On ajoute que Xénocrate étant revenu trois mois après de son voyage, fut fort surpris de trouver Aristote à la place de son maître; qu'il en demanda la raison; & sur ce qu'on lui répondit que Platon avoit été forcé de céder le lieu de la promenade, qu'il étoit allé trouver Platon, qu'il l'avoit vu environné d'un grand nombre de gens fort estimés, avec lesquels il s'entretenoit paisiblement de questions philosophiques; qu'il l'avoit salué très-respectueusement, sans lui donner aucune marque de son étonnement: mais qu'ayant assemblé ses compagnons d'études, il avoit fait à Speusippe de grands reproches d'avoir ainsi laissé Aristote maître du champ de bataille; qu'il avoit attaqué Aristote, & qu'il l'avoit obligé de céder à son tour, une place dont Platon étoit plus digne que lui.

Si Aristote en avoit usé ainsi, il mériteroit d'être détesté; mais je ne crois point que ce conte soit véritable. Ses sectateurs ont soutenu qu'il ne manqua, ni de respect, ni de gratitude envers son maître : ce ne seroit pas en avoir manqué, que d'avoir été l'auteur d'une autre philosophie. Les Platoniciens auroient grand tort d'exiger qu'il eût suivi Platon en toutes choses. Platon n'avoit-il rien ajouté aux lumières que Socrate lui avoit fournies ? La reconnoissance envers un maître, n'impose pas au disciple la loi d'adopter indistinctement tous ses sentimens. D'autres disent que Platon fut vivement piqué que de son vivant Aristote se fût fait chef de parti, & qu'il eût érigé dans le licée une secte entièrement opposée à la sienne. Il le comparoit à ces enfans vigoureux, qui battent leurs nourrices après s'être nourris de leur lait. L'auteur de tous ces bruits si désavantageux à la réputation d'Aristote, est un certain Aristoxene, que l'esprit de vengeance anima contre lui, selon le rapport de Suidas, parce qu'il lui avoit préféré Théophraste, qu'il avoit désigné pour être son successeur.

Il n'est point vraisemblable, comme le remarque fort bien Ammonius, qu'Aristote ait osé chasser Platon du lieu où il enseignoit, pour s'en rendre le maître, & qu'il ait formé de son vivant une secte contraire à la sienne. Le grand crédit de Chabrias & de Timothée, qui tous deux avoient été à la tête des armées, & qui étoient parens de Platon, auroit arrêté une entreprise si audacieuse.

Bien loin qu'Aristote ait été un rebelle qui ait osé combattre la doctrine de Platon pendant qu'il vivoit, nous voyons que même depuis sa mort il a toujours parlé de lui en termes qui marquoient combien il l'estimoit. Il est vrai que la secte péripatéticienne est bien opposée à la secte Académique : mais on ne prouvera jamais qu'elle soit née avant la mort de Platon. Et si Aristote a abandonné Platon, il n'a fait que jouir du droit des philosophes; il a fait céder l'amitié qu'il devoit à son maître, à l'amour qu'on doit encore plus à la vérité. Il peut se faire pourtant, que dans l'ardeur de la dispute il n'ait pas assez ménagé son maître : mais on le peut pardonner au feu de sa jeunesse, & à cette grande vivacité d'esprit qui l'emportoit au delà des bornes d'une dispute modérée.

Platon en mourant, laissa le gouvernement de l'académie à Speusippe, son neveu. Choqué de cette préférence, Aristote prit le parti de voyager, & il parcourut les principales villes de la Grèce, se familiarisant avec tous ceux de qui il pouvoit tirer quelque instruction, ne dédaignant pas même cette sorte de gens qui font de la volupté toute leur occupation, & qui plaisent du moins, s'ils n'instruisent.

Durant le cours de ses voyages, Philippe, roi de Macédoine & juste appréciateur du mérite des hommes, lui manda que son dessein étoit de le charger de l'éducation de son fils. « Je rends » moins graces aux dieux, lui écrivoit-il, de » me l'avoir donné, que de l'avoir fait naître » pendant votre vie ; je compte que par vos » conseils il en deviendra digne de vous & de moi ». *Aul. Gell. lib. 9.* Quel honneur pour un philosophe que de voir son nom lié avec celui d'un héros tel qu'Alexandre le Grand ! & quelle récompense plus flatteuse de ses soins que d'entendre ce même héros répéter souvent : « je » dois le jour à mon père, mais je dois à mon » précepteur l'art de me conduire ; si je règne » avec quelque gloire, je lui en ai toute l'obli- » gation ».

Il y a apparence qu'Aristote demeura à la cour d'Alexandre, & y jouit de toutes les prérogatives qui lui étoient dues, jusqu'à ce que ce prince, destiné à conquérir la plus belle partie du monde, porta la guerre en Asie. Le philosophe se sentant inutile, reprit alors le chemin d'Athènes. Là il fut reçu avec une grande distinction, & on lui donna le lycée pour y fonder une nouvelle école de philosophie. Ce fut alors qu'il composa ses principaux ouvrages : néanmoins Plutarque dit qu'il avoit déjà écrit ses livres de physique, de morale, de métaphysique & de rhétorique ; il rapporte même qu'Alexandre lui reprocha d'avoir rendu publique la philosophie particulière qu'il lui avoit enseignée.

Quoique le soin de ses études l'occupât extrèmement, il ne laissoit pas d'entrer dans tous les mouvemens & dans toutes les querelles qui agitoient alors les divers états de la Grèce. On le soupçonne même de n'avoir pas ignoré la malheureuse conspiration d'Antipater, qui fit empoisonner Alexandre à la fleur de son âge, & au milieu des plus justes espérances de s'assujettir le monde entier.

Cependant Xénocrate, qui avoit succédé à Speusippe, enseignoit dans l'académie la doctrine de Platon. Aristote qui avoit été son disciple pendant qu'il vivoit, en devint le rival après sa mort. Cet esprit d'émulation le porta à prendre une route différente vers la renommée, en s'emparant d'un district que personne encore n'avoit occupé. Quoiqu'il n'ait point prétendu au caractère de législateur, il écrivit cependant des livres de loix & de politique, par pure opposition à son maître. Il observa, à la vérité, l'ancienne méthode de la double doctrine qui étoit si fort en vogue dans l'académie, mais avec moins de réserve & de discrétion que ceux qui l'avoient précédé. Les pythagoriciens & les platoniciens faisoient de cette méthode même un secret de leurs écoles : mais il semble qu'Aristote ait eu envie de la faire connoître à tout le monde, en indiquant publiquement la distinction que l'on doit faire de ces deux genres de doctrines. Aussi s'explique-t-il sans détour & de la manière la plus dogmatique contre les peines & les récompenses d'une autre vie. La mort, dit-il dans son Traité de Morale, est de toutes les choses la plus terrible ; c'est la fin de notre existence ; & après elle, l'homme n'a ni bien à espérer, ni mal à craindre.

Dans sa vieillesse, Aristote fut attaqué par un prêtre de Cerès, qui l'accusa d'impiété, & le traduisit devant les juges. Comme cette accusation pouvoit avoir des suites fâcheuses, le philosophe trouva à propos de se retirer secrétement à Chalcis. En vain ses amis voulurent-ils l'arrêter : empêchons, leur cria-t-il en partant, empêchons qu'on ne fasse une seconde injure à la philosophie. La première sans doute étoit le supplice de Socrate, qui pourroit être regardé comme un martyr de l'unité de Dieu dans la loi de nature, s'il n'avoit pas eu la foiblesse, pour complaire à ses concitoyens, d'ordonner en mourant qu'on sacrifiât (1) un coq à Esculape.

On raconte diversement la mort d'Aristote ; les uns disent que, désespéré de ne pouvoir deviner la cause du flux & reflux qui se fait sentir dans l'Euripe, il s'y précipita à la fin en disant ces mots : *puisqu'Aristote n'a jamais pu comprendre l'Euripe, que l'Euripe le comprenne donc lui-même*. D'autres rapportent qu'après avoir quelque temps soutenu son infortune, & lutté pour ainsi dire contre la calomnie, il s'empoisonna pour finir comme Socrate avoit fini. D'autres enfin veulent qu'il soit mort de sa mort naturelle, exténué par les trop grandes veilles, & consumé par un travail trop opiniâtre : tel est le sentiment d'Apollodore, de Denys d'Halicarnasse, de Censorin, de Laërce : ce dernier, pour prouver son infatigable activité dans le travail, rapporte que lorsqu'il se mettoit en devoir de reposer, il tenoit dans la main une sphère d'airain appuyée sur les bords d'un bassin, afin que le bruit qu'elle feroit en tombant dans le bassin pût le réveiller.

Il rendit l'ame en invoquant la cause universelle, l'Etre suprême à qui il alloit se joindre.

Les Stagiriens devoient trop à Aristote, pour ne pas rendre à sa mémoire de grands honneurs. Ils transportèrent son corps à Stagire, & sur son tombeau, ils élevèrent un autel & une espèce de temple, qu'ils appellèrent de son nom, afin qu'il fût un monument éternel de la liberté & des autres privilèges qu'Aristote leur avoit obtenus, soit de Philippe, soit d'Alexandre.

Si l'on en croit Origène, *Lib.* I. *contra Cels*. Aristote avoit donné lieu aux reproches d'impiété qui lui firent abandonner Athènes pour s'exiler à Chalcis. Dans les conversations particulières, il ne se ménageoit pas assez : il osoit soutenir que les offrandes & les sacrifices sont tout-à-fait inutiles, que les dieux font peu d'attention à la pompe extérieure qui brille dans leurs temples : c'étoit une suite de l'opinion où il étoit, que la providence ne s'étend point jusqu'aux choses sublunaires. Le principe sur lequel il s'appuyoit pour soutenir ce système qui lui est particulier, revient à ceci : Dieu ne voit & ne connoît que ce qu'il a toujours vu & connu : les choses contingentes ne sont donc pas de son ressort : la terre est le pays des changemens, de la génération & de la corruption ; Dieu n'y a donc aucun pouvoir : il se borne au pays de l'immortalité, à ce qui est de sa nature incorruptible. Aristote, pour assurer la liberté de l'homme, croyoit ne pouvoir mieux faire que de nier la providence : en falloit-il davantage pour armer contre lui les prêtres intéressés du paganisme ? Ils pardonnoient rarement, & sur-tout à ceux qui vouloient diminuer de leurs droits & de leurs prérogatives.

De la prétendue supposition des écrits d'Aristote.

Quoique la vie d'Aristote ait toujours été fort tumultueuse, soit au lycée, soit à la cour de Philippe ; le nombre de ses ouvrages est cependant prodigieux : on en peut voir les titres dans Diogène Laërce, & plus correctement encore dans Jérome Gémusæus, médecin & professeur en philosophie à Bâle, qui a composé un écrit intitulé : *de vita Aristotelis, & ejus operum censura* ; encore ne sommes-nous pas sûrs de les avoir tous : il est même probable que nous en avons perdu plusieurs, puisque Cicéron cite dans ses Entretiens des passages qui ne se trouvent point aujourd'hui dans les ouvrages qui nous restent de lui. On auroit tort d'en conclure, comme quelques-uns l'on fait, que dans cette foule de livres qui portent le nom d'Aristote, & qui passent communément pour être de lui, il n'y en a peut-être aucun dont la supposition ne paroisse vraisemblable.

En effet, il seroit aisé de prouver, si l'on vouloit s'en donner la peine, l'authenticité des ouvrages d'Aristote, par l'autorité des auteurs profanes, en descendant de siècle en siècle, depuis

---

(1) Diderot a expliqué très-naturellement, dans un de ses ouvrages, le vrai sens de cet ordre donné par Socrate de sacrifier un coq à Esculape, & il justifie très-bien le philosophe de l'accusation d'idolâtrie dont les chrétiens étoient autrefois aussi prodigues qu'ils le sont aujourd'hui de celle d'athéïsme. Le grand crime, le crime inexpiable pour eux, c'est de faire usage de sa raison. *Note de l'Editeur*.

Cicéron jusqu'au nôtre ; contentons-nous de celle des auteurs ecclésiastiques. On ne niera pas sans doute que les ouvrages d'Aristote n'existassent du tems de Cicéron, puisque cet auteur parle de plusieurs de ces ouvrages, & nomme, dans d'autres livres que ceux qu'il a écrits sur la nature des dieux, quelques-uns qui nous restent encore, ou du moins que nous prétendons qui nous restent. Le christianisme a commencé peu de tems après la mort de Cicéron. Suivons donc tous les pères depuis Origène & Tertullien : consultons les auteurs ecclésiastiques les plus illustres dans tous siècles, & voyons si les ouvrages d'Aristote leur ont été inconnus. Les écrits de ces deux premiers auteurs ecclésiastiques sont remplis de passages, de citations d'Aristote, soit pour les réfuter, soit pour les opposer à ceux de quelques autres philosophes. Ces passages se trouvent aujourd'hui, excepté quelques-uns, dans les ouvrages d'Aristote.

N'est-il pas naturel d'en conclure que ceux que nous n'y trouvons pas ou ont été pris dans quelques écrits qui ne sont pas parvenus jusqu'à nous ? Pourquoi, si les ouvrages d'Aristote étoient supposés, y verroit-on les uns, & point les autres ? Y auroit-on mis les premiers, pour empêcher qu'on ne connût la supposition ? Cette même raison y eût dû faire mettre les autres. Il est visible que c'est ce manque & ce défaut de certains passages, qui prouve que les ouvrages d'Aristote sont véritablement de lui. Si parmi le grand nombre de passages d'Aristote qu'ont rapporté les premiers pères, quelques-uns ont été extraits de quelques ouvrages qui sont perdus, quelle impossibilité y a-t-il que ceux que Cicéron a placés dans ses entretiens sur la nature des dieux, aient été pris dans les mêmes ouvrages ? Il seroit impossible d'avoir la moindre preuve du contraire, puisque Cicéron n'a point cité les livres d'où il les tiroit.

S. Justin a écrit un ouvrage considérable sur la physique d'Aristote : on y retrouve exactement, non-seulement les principales opinions, mais même un nombre infini d'endroits des huit livres de ce philosophe. Dans presque tous les autres ouvrages de S. Justin, il est fait mention d'Aristote.

S. Ambroise & S. Augustin nous assurent dans vingt endroits de leurs ouvrages, qu'ils ont lu les livres d'Aristote ; ils les réfutent ; ils en rapportent des morceaux, & nous voyons que ces morceaux se trouvent dans les écrits qui restent, & que ces réfutations conviennent parfaitement aux opinions qu'ils contiennent.

Allons maintenant plus avant, & passons au sixième siècle : Boëce, qui vivoit au commencement, parle souvent des livres qui nous restent d'Aristote, & fait mention de ses principales opinions.

Cassiodore, qui fut contemporain de Boëce, mais qui mourut beaucoup plus tard, ayant vécu jusques vers le septième siècle, est encore un témoin irréprochable des ouvrages d'Aristote. Il nous fait connoître qu'il avoit écrit d'amples commentaires sur le livre d'Aristote *de l'Interprétation*, & composé un livre *de la division*, qu'on explique en logique après la définition, & que son ami le Patrice Boëce, qu'il appelle *homme magnifique*, ce qui étoit un titre d'honneur dans ce tems, avoit traduit l'introduction de Porphyre, les Catégories d'Aristote, son livre de l'interprétation, & les huit livres des Topiques.

Si du septième siècle, je passe au huitième & au neuvième, j'y trouve Photius, patriarche de Constantinople, dont tous les savans, anciens & modernes, ont fait l'éloge à l'envi les uns des autres : cet homme, dont l'érudition étoit profonde, & la connoissance de l'antiquité aussi vaste que sûre, ratifie le témoignage de S. Justin, & nous apprend que les livres qu'il avoit écrits sur la physique d'Aristote existoient encore ; que ceux du philosophe s'étoient aussi conservés, & il nous en dit mot-à-mot le précis. On sait que St Bernard, dans le douzième siècle, s'éleva si fort contre la philosophie d'Aristote, qu'il fit condamner sa métaphysique par un concile : cependant, peu de temps après, elle reprit le dessus ; & pierre Lombard, Albert le Grand, S. Thomas, la cultivèrent avec soin, comme nous l'allons voir dans la suite de cet article. On la retrouve presqu'en entier dans leurs ouvrages.

Mais quels sont ceux à qui la supposition des ouvrages d'Aristote a paru vraisemblable ? Une foule de demi-savans hardis à décider de ce qu'ils n'entendent point, & qui ne sont connus que de ceux qui sont obligés par leur genre de travail, de parler des bons, ainsi que des mauvais écrivains.

L'auteur le plus considérable qui ait voulu rendre suspects quelques livres qui nous restent d'Aristote, c'est Lamblique qui a prétendu rejetter les Catégories : mais les auteurs, ses contemporains, & les plus habiles critiques modernes, se sont moqués de lui. Un certain Andronicus, Rhodien, qui étoit apparemment l'Hardouin de son siècle, avoit aussi rejetté, comme supposés, les livres de l'interprétation : voilà quels sont ces savans sur l'autorité desquels on regarde comme apocryphes les livres d'Aristote. Mais un savant qui vaut mieux qu'eux tous, & qui est un juge bien plus compétent dans cette matière, c'est M. Leibnitz ; on voudra bien me permettre de le leur opposer. Voici comme il parle dans le second tome de ses *Epîtres*, pag. 115 de l'édition de Leipsic 1738.

« Il est temps de retourner aux erreurs de Ni-
» zolius ; cet homme a prétendu que nous n'avions
» pas aujourd'hui les véritables ouvrages d'Aris-
» tote : mais je trouve pitoyable l'objection qu'il
» fonde sur les passages de Cicéron, & elle ne
» sauroit faire la moindre impression sur mon
» esprit. Est-il bien surprenant qu'un homme ac-
» cablé de soins, chargé des affaires publiques,
» tel qu'étoit Cicéron, n'ait pas bien compris
» le véritable sens de certaines opinions d'un
» philosophe très-subtil, & qu'il ait pu se trom-
» per en les parcourant très-légèrement ? Quel
» est l'homme qui puisse se figurer qu'Aristote
» ait appelé Dieu *l'arceur du ciel* ? Si l'on croit
» qu'Aristote a dit une pareille absurdité, on
» doit conclure nécessairement qu'il étoit insensé :
» cependant nous voyons par les ouvrages qui
» nous restent, qu'Aristote étoit un grand gé-
» nie ; pourquoi donc veut-on substituer par force,
» & contre toute raison, un Aristote fou, à
» l'Aristote sage ? C'est un genre de critique
» bien nouveau & bien singulier, que celui de
» juger de la supposition des écrits d'un auteur
» généralement regardé de tous les grands hom-
» mes , comme un génie supérieur, par quel-
» ques absurdités qui ne s'y trouvent point ; en-
» sorte que pour que les ouvrages d'un philoso-
» phe aussi subtil que profond, ne passent point
» pour supposés, il faudra désormais qu'on y
» trouve toutes les fautes & toutes les imper-
» tinences qu'on lui aura prêtées, soit par inad-
» vertance, soit par malice. Il est bon d'ailleurs
» de remarquer que Cicéron a été le seul que
» nous connoissions avoir attribué ces sentimens
» à Aristote : quant à moi, je suis très-per-
» suadé que tous les ouvrages que nous avons
» d'Aristote, sont constamment de lui ; & quoi-
» que quelques-uns aient été regardés comme
» supposés, ou du moins comme suspects, par
» Jean-François Pic, par Pierre Ramus, par Pa-
» tricius & par Naudé, je n'en suis pas moins
» convaincu, que ces livres sont véritablement
» d'Aristote. Je trouve dans tous une parfaite
» liaison & une harmonie qui les unit : j'y dé-
» couvre la même hypothèse toujours bien suivie,
» & toujours bien soutenue : j'y vois enfin la
» même méthode, la même sagacité & la même
» habileté ».

Il n'est guère surprenant que dans le nombre de quatorze ou quinze mille commentateurs qui ont travaillé sur les ouvrages d'Aristote, il s'en soit trouvé quelques-uns qui, pour se donner un grand air de critique, & montrer qu'ils avoient le goût plus fin que les autres, aient cru de-voir regarder comme supposé quelque livre par-ticulier parmi ceux de ce philosophe Grec : mais que peuvent dix ou douze personnes qui auront ainsi pensé, contre plus de quatorze mille dont le sentiment sur les ouvrages d'Aristote est bien différent ? Au reste, aucun d'eux n'a jamais sou-tenu qu'ils fussent tous supposés ; chacun, selon son caprice & sa fantaisie, a adopté les uns, & rejetté les autres ; preuve bien sensible que la seule fantaisie a dicté leur décision.

Des ouvrages d'Aristote, de sa rhétorique & de sa poétique.

A la tête des ouvrages d'Aristote, sont ceux qui roulent sur l'art oratoire & sur la poétique : il y a apparence que ce sont les premiers ouvrages qu'il ait composés ; il les destina à l'éducation du prince qui lui avoit été confié ; on y trouve des choses excellentes, & on les regarde en-core aujourd'hui comme des chefs-d'œuvre de goût & de philosophie. Une lecture assidue des ouvrages d'Homère lui avoit formé le jugement, & donné un goût exquis de la belle littérature : jamais personne n'a pénétré plus avant dans le cœur humain, ni mieux connu les ressorts invi-sibles qui le font mouvoir : il s'étoit ouvert par la force de son génie, une route sûre jusqu'aux sour-ces du vrai beau ; & si aujourd'hui l'on veut dire quelque chose de bon sur la rhétorique & sur la poétique, on se voit obligé de le répéter. Nous ne craignons point de dire que ces deux ouvrages sont ceux qui font le plus d'honneur à sa mémoire. (*Voyez*-en un jugement plus dé-taillé aux articles *Rhétorique* & *Poëtique*.

De la morale d'Aristote.

La morale d'Aristote est plus simple à la vé-rité, & moins éclatante que celle de Platon : mais elle est plus solide & plus suivie : en voici l'abrégé réduit en principes.

Dans les dix livres qu'Aristote a écrits à son fils Nicomachus, il cherche qu'elle est la fin der-nière de l'homme, qui doit être sa vraie félicité. Après avoir établi qu'il y en a une, il déclare que ce n'est, ni les plaisirs des sens, ni les ri-chesses, ou les autres biens du corps, ni les hon-neurs, ni même la vertu, parce que tous ces biens ont rapport à un autre bien ; & *la vraie béatitude*, dit-il, *est un bien universellement désiré de tout le monde, qu'on desire pour lui-même, & pour lequel on desire tous les autres biens*. C'est la définition qu'il en donne. Comme ce bien ne peut s'acquérir que par la vertu, il explique ce que c'est que vertu. C'est une habitude au bien qui consiste dans une espèce de milieu, qui se trouve entre les deux extrémités du vice ; il montre ce que c'est que ce milieu dans le dé-tail de la force, de la justice, de la prudence, & de la tempérance, qui sont les vertus princi-pales de sa morale. Comme par exemple, ce mi-lieu qui fait la vertu de tempérance, règle la douleur & le plaisir, & réduit l'un & l'autre dans un tempérament juste, qui fait la vertu.

Il y a de la foiblesse à trop aimer le plaisir, comme il y en a à trop craindre la douleur. La tempérance modère ces deux foiblesses, & devient une vertu par le tempérament de l'une & de l'autre.

Cela étant établi, il examine la nature de l'action, qui porte l'homme à la vertu, qui est une opération libre de la volonté, qui se détermine au choix qu'elle fait du bien. Ce qui lui donne lieu d'expliquer au long ce que c'est que la volonté, par le détail de son action libre ou contrainte, volontaire ou non volontaire; cet endroit est un des plus beaux de la morale d'Aristote, parce qu'il y explique tout ce qui regarde la liberté & toute l'économie des actions humaines : d'où il passe à la force & à la tempérance. Il expose la nature & les effets de ces deux vertus, & à l'occasion de la tempérance, il suit toutes ces vertus qui en sont des dépendances, & qui ont les biens & les honneurs pour objet.

Il dit, que la vertu qui regarde l'usage des grandes richesses est la magnificence : celle qui ne regarde que l'usage des médiocres est la libéralité : la vertu qui regarde les honneurs ordinaires, est le desir de la gloire : celle qui regarde les honneurs extraordinaires, est la magnanimité. Et comme la tempérance règle toutes les vertus qui regardent la société, il les expose l'une après l'autre.

La première qui s'occupe à ôter les obstacles du commerce de la vie civile, en réprimant les rudesses & les aigreurs, est la douceur & l'affabilité : les autres vertus dépendantes de la tempérance, qui contribuent à rendre ce commerce de la société sûr & agréable, sont la candeur ou la sincérité qui règle les pensées, l'affabilité qui règle les paroles, & la civilité qui règle les actions.

Ainsi après avoir établi dans la première partie de sa morale, l'essence de la vertu privée, il établit dans la seconde la vertu civile.

Il commence par la justice dont il explique la nature, & distingue les espèces : il conclud le discours qu'il en fait par l'explication du droit naturel, qui est commun aux hommes & aux animaux, & du droit des gens qui n'est commun qu'aux hommes, parce qu'il fait de l'un & de l'autre les principes fondamentaux de la justice. De-là il descend aux vertus de l'entendement, & puis à celles de la volonté : parmi les vertus de l'entendement, il compte la prudence pour la plus considérable : parce que c'est elle seule qui fait la droite raison, sans laquelle il n'y a point de vertu.

L'usage de la prudence, dans la vie civile, est la politique, comme celui de la prudence dans la vie privée, est l'économie : & l'objet général de cette vertu est ce qu'il faut faire, & ce qu'il ne faut pas faire, dans les circonstances qui se présentent.

Il descend jusques à l'explication des dispositions, & des obstacles à la vertu ; il dit que la mollesse & l'impatience sont les obstacles à la vertu, comme la patience & la modération en sont les dispositions : & il ajoute que la douleur & le plaisir sont la matière ordinaire de ces habitudes, car il réduit tout au plaisir & à la douleur, qui sont les ressorts les plus ordinaires des mouvemens de l'ame, & le principe le plus universel des passions.

Il conclud cette partie qui regarde la société, & que Cicéron a si bien expliquée dans le livre de ses offices, par un beau traité de l'amitié : il en explique la nature, les différences, l'usage dans la bonne & dans la mauvaise fortune, & sa nécessité dans l'action la plus ordinaire à l'homme qui est la conversation : il remarque la conduite qu'il faut tenir dans l'amitié pour la cultiver, & il propose diverses questions sur l'amitié, dont il donne la solution.

Enfin, il achève sa morale par la béatitude, qui en est le principe & la fin, & il décrit la nature du véritable plaisir, pour donner une idée de la félicité ; & quoiqu'il avoue que la vertu est le seul moyen de l'acquérir, il prétend que la prospérité & les richesses y peuvent contribuer : & après avoir montré que la souveraine béatitude consiste dans l'action, il conclud qu'il y a une béatitude pratique, qui est celle de l'homme, & une purement contemplative, qui est celle des dieux.

Dans les deux livres des grandes morales, il traite des moyens d'acquérir la vertu par les biens, qu'il regarde comme les instrumens du bonheur : il les distingue, en trois sortes, ceux du corps, ceux de la fortune, ceux de l'esprit ; il considère ensuite les habitudes de l'ame, les principes de ses opérations : & repassant sur ce qu'il a dit dans ses dix Livres, il trace les caractères de la probité, de l'adversité & de la prospérité.

Enfin, dans ses sept Livres à Eudeme, qui étoit son ami, & qui avoit été son disciple, il propose trois sortes de vie, une vie d'occupation, une vie de plaisir, & une vie de repos & de méditation : Il prefere la vie d'occupation & des affaires aux deux autres, il décrit les vertus nécessaires à cette vie occupée, & il fait un éloge de la vertu en général, qu'il appelle comme Platon, l'harmonie de l'ame par le règlement des passions, & il dit quelque chose des vices contraires à la vertu.

Pour completter la morale, il traite dans ces livres de la république, & dans ses livres de Politique, des sociétés, & des gouvernemens, de communautés, de villes, d'états, de républiques: des loix, des délibérations, de l'autorité, de la paix, de la guerre, des séditions, des finances, du commerce, des arts: des devoirs du mari, de la femme, du père, des enfans, des domestiques, des citoyens, sans oublier rien de ce qui regarde la vie civile ou la vie privée. Sa politique est fondée à peu-près sur les mêmes principes que celle de Platon, mais elle paroit plus ample, plus méthodique, plus exacte, & en général, mieux proportionnée à la constitution des choses humaines. Elle n'est pourtant pas complette ni sans défauts. Il y a bien de choses traitées fort légérement & d'une manière assez confuse.

Ainsi la morale d'Aristote est peu (1) différente de celle de Platon, pour les principes. Car ils conviennent d'une fin dernière de l'homme, du moyen d'y parvenir, qui est la vertu: ils distinguent l'un & l'autre les vertus, & les définissent en général de la même manière. La différence qu'il peut y avoir, est que la morale d'Aristote est trop humaine, & trop renfermée dans les bornes de cette vie, il ne propose presque point d'autre félicité à l'homme que celle de la vie civile. La morale de Platon est (2) plus noble & plus relevée; c'est une préparation à une vie plus pure & plus parfaite.

Mais après tout ce que dit Platon de la beauté de la vertu, & de la laideur du vice, des peines & des récompenses, des bonnes & des mauvaises actions, il le dit moins en philosophe qu'en déclamateur: il suppose les choses, sans les prouver: il veut plaire à l'esprit, sans se soucier de le convaincre. Au lieu qu'Aristote n'avance rien qu'il n'établisse: avant que de parler de la dernière fin, il prouve qu'il y en a une: il examine en quoi elle consiste, & il ne dit son sentiment qu'après avoir réfuté les sentimens des autres.

En général, ce philosophe laisse échapper dans cet ouvrage de certaines étincelles de lumière, & des traits de bon sens, qui en rendent la lecture très-utile & très-instructive:

Comme, par exemple, quand il distingue dans l'idée qu'il donne du magnanime, le vrai brave d'avec le faux, en ce que le premier ne s'expose jamais aux grands périls que pour de grandes choses; comme pour sa gloire; pour la patrie; pour son prince; pour ses amis; & il ne s'y expose jamais qu'avec bien de la prudence & de la circonspection. Le faux brave, au contraire, s'expose à tout ce qui a de l'apparence de péril, pour peu de chose, inconsiderément, & sans précaution: ainsi ce n'est toujours qu'un fanfaron, & non pas un vrai brave.

Il dit ailleurs que la pudeur qui peut être une vertu dans un jeune homme, est un défaut dans un vieillard; parce qu'elle ne peut avoir d'excuse raisonnable que par l'ignorance, qui est honteuse dans une personne âgée; & quoique la pudeur serve de frein à l'impudence qui est un vice, néanmoins toute pudeur qu'elle est, ce n'est pas une vertu.

Il enseigne au quatrième livre que la colère qui peut être une vertu dans un soldat, est un vice dans un capitaine. L'un agit de la tête, l'autre de la main; la colère aide au second, & nuit au premier, & cette passion ne doit servir à celui qui commande que d'un supplément à l'autorité. Il ajoute au même lieu, que la colère est une passion moins injuste que l'incontinence, parce que la colère suit toujours quelque apparence de raison, l'incontinence ne la connoît pas même. Il dit que la colère d'un homme sage est pire que celle d'un fou: comme la fureur d'une bête est moins dangereuse que celle d'un homme, parce que celle d'une bête est sans principe, sans méthode, & sans dessein.

Il propose sur la fin du second livre, une règle admirable de la manière dont il faut juger de ces choses, qui deviennent quelquefois dangereuses, parce qu'elles sont trop agréables. Cette règle est prise sur l'exemple du conseil que tint Priam dans l'Iliade d'Homère, quand on délibéra sur ce qu'il falloit faire d'Hélène, lorsque la ville de Troie fut assiégée par les grecs. Le conseil loua la beauté de cette princesse sans s'y laisser surprendre: & il ordonna qu'elle fût renvoyée en son pays sans en être touché. C'est ainsi, dit Aristote qu'il faut juger du plaisir, sans exposer son intégrité, en se laissant corrompre: & c'est ainsi qu'il faut y renoncer, sans même le ressentir, ce qui est un des grands écueils de la vie. Car il est assez difficile à l'homme de n'être pas sensible au plaisir, dont l'attrait est si puissant & si irrésistible.

Il dit au commencement du troisième livre, que dans les délibérations de morale, rien n'est d'ordinaire plus embarrassant, que le discernement juste qu'il faut faire de deux biens utiles, ou de deux biens honnêtes, pour suivre l'un plutôt que l'autre. Comme, par exemple,

---

(1) Idem fons utrique, eadem rerum expetendarum fugiendarumque partitio. *Cic. 1. quæst. acad.*

(2) Plato Aristotele divinior in moralibus. *Carp. in Alcin.*

si Hyppolyte, sollicité par les empressemens & les caresses de sa belle-mère, doit se taire & mourir, ou s'il doit parler. S'il parle, il deshonore la princesse qui l'aime ; s'il se tait, il se deshonore lui-même ; & tout innocent qu'il est, il passe pour criminel auprès de Thésée son père.

Aristote conclud qu'il n'y a rien de plus difficile, que de savoir bien précisément le parti qu'on doit prendre entre deux extrémités si délicates, & qui ne sont ni l'une ni l'autre contraires à l'honnêteté.

Mais rien de plus honnête, ni même de plus conscientieux, que ce qu'il dit pour déterminer ce qu'on doit souffrir, & jusques où l'on doit souffrir pour faire son devoir. C'est-là qu'il propose si l'on doit faire quelque chose d'injuste pour sauver un ami, ou un de ses proches qui seroit entre les mains d'un tyran : & il règle les choses d'une manière, qu'on trouve en cet endroit la véritable distinction, & l'ordre naturel des devoirs, pour les réduire à une juste dépendance les uns des autres.

Le milieu qu'il établit entre la simplicité & la finesse, dans son traité de la prudence, afin que la simplicité ne dégénère point en bêtise, ni l'industrie en finesse & en artifice, est un grand principe pour savoir vivre dans le monde. Il donne par cette distinction le juste tempérament, qui fait la vraie bonté du cœur & de l'esprit. Il remarque au même lieu que la prudence est la règle des actions de l'homme, comme l'art est celle des opérations. Il observe dans son traité de l'amitié, que les bienfaits & les services qu'on reçoit réciproquement de ses amis, ne doivent être que des suites, & des effets de l'amitié, & n'en doivent jamais être la cause.

Mais rien ne me paroît dans toute la morale d'Aristote, d'un jugement plus exquis & d'une plus grande pénétration, que l'observation qu'il fait au chapitre troisième du septième livre, où il enseigne que dans les délibérations des actions humaines, c'est le cœur qui délibère & qui conclut, non pas l'esprit, & que la décision de ce qu'il faut faire se prend moins des vues de l'entendement que du mouvement de la volonté. C'est ainsi que l'homme sensuel dans son raisonnement préfère le plaisir à l'honnêteté, parce que son cœur est moins touché du bien honnête que de l'agréable : le vertueux conclud au contraire, que le bien honnête est préférable au bien sensible : parce qu'il est plus conforme à ses mœurs & à son esprit. Ainsi chacun juge des choses selon le penchant de l'affection qui le possède : & c'est ainsi que la volonté entraîne l'entendement.

Philosophie anc. & mod. Tom. I.

C'est de ce principe que naissent tous ces faux raisonnemens de la passion & de l'intérêt, & d'où se forment tous les sophismes de l'amour propre, sous lequel fléchissent tous les devoirs.

Aristote explique encore mieux ce mystère en cet endroit du livre septième, où il réduit le principe de toutes les actions de l'homme au plaisir & à la douleur, qui sont les deux ressorts universels des passions. Je me suis étendu plus au long sur la morale d'Aristote, parce qu'elle me paroit son chef-d'œuvre : & le seul arrangement de cette morale, réduite à nos manières, selon l'ordre naturel des matières, seroit à mon sens un des plus beaux plans d'ouvrage qu'on pût imaginer.

Cependant, comme il faut être juste en tout, & dire ce que l'on croit vrai d'après un examen exact & sévère, j'observerai ici que la morale d'Aristote, excellente à beaucoup d'égards, & plus méthodique que tout ce que les anciens nous ont laissé sur cette matière importante, n'est pas complette, & qu'il y manque même beaucoup de choses très-essentielles. Il suffit de lire le chapitre dix du livre cinq pour se convaincre que cette morale roule uniquement sur les devoirs du citoyen, & qu'elle ne contient pas les devoirs de l'homme en général, considéré comme tel. On n'y trouve pas un seul mot des loix du droit naturel, qui ont lieu entre les citoyens de divers états ou entre ceux qui ne sont membres d'aucune société civile : & du moins par son silence, ce philosophe semble favoriser l'opinion inhumaine des grecs au sujet de ceux qu'ils traitoient eux mêmes de barbares. On trouve d'ailleurs dans ses morales un assez grand nombre d'idées qui auroient besoin d'être rectifiées. Il y explique assez bien, sans doute, les principes des actions humaines, & il traite même des vertus en particulier d'une manière plus étendue, plus distincte & plus méthodique que n'avoit fait Platon ; mais il faut avouer que sur tous ces points, il laisse encore beaucoup à desirer.

Un autre défaut de sa morale, c'est qu'on y remarque par-tout un raisonneur froid, bien plus qu'un homme sensible : l'auteur s'y montre, il est vrai, avec un grand caractère de probité qui donne plus de sanction à ses préceptes ; mais faute de cette onction si nécessaire à ceux qui veulent faire goûter leurs leçons, il attiédit au lieu d'échauffer ; on ne lui donne qu'une admiration stérile, on ne revient point à ce que l'on a lu. La morale est seche & infructueuse quand elle n'offre que des vues générales & des propositions méthaphysiques, plus propres à orner l'esprit & à charger la mémoire, qu'à toucher le cœur & à changer la volonté. Tel est en général l'esprit qui règne dans les livres de morale de ce philosophe. Voici quelques-uns de ses préceptes, avec le tour qu'il leur donne.

1°. Le bonheur de l'homme ne consiste, ni dans les plaisirs, ni dans les richesses, ni dans les honneurs, ni dans la puissance, ni dans la noblesse, ni dans les spéculations de la philosophie ; mais bien plutôt dans les habitudes de l'ame, qui la rendent plus ou moins parfaite.

2°. La vertu est pleine de charmes & d'attraits ; ainsi, une vie où les vertus s'enchaînent les unes avec les autres, ne sauroit être que très-heureuse.

3°. Quoique la vertu se suffise à elle-même, on ne peut nier cependant qu'elle ne trouve un puissant appui dans la faveur, les richesses, les honneurs, la noblesse du sang, la beauté du corps, & que toutes ces choses ne contribuent à lui faire prendre un plus grand essor, & n'augmentent par-là le bonheur de l'homme.

4°. Toute vertu se trouve placée dans le milieu entre un acte mauvais par excès, & entre un acte mauvais par défaut : ainsi le courage tient le milieu entre la crainte & l'audace ; la libéralité entre l'avarice & la prodigalité ; la modestie entre l'ambition & le mépris superbe des honneurs ; la magnificence entre le faste trop recherché & l'épargne sordide ; la douceur entre la colère & l'insensibilité ; la popularité entre la misantropie & la basse flatterie, &c. d'où l'on peut conclure que le nombre des vices est double de celui des vertus, puisque toute vertu est toujours voisine de deux vices qui lui sont contraires.

5°. Il distingue deux sortes de justices ; l'une universelle, & l'autre particulière : la justice universelle tend à conserver la société civile par le respect qu'elle inspire pour toutes les loix : la justice particulière, qui consiste à rendre à chacun ce qui lui est dû, est de deux sortes ; la distributive & la commutative : la justice distributive dispense les charges & les récompenses, selon le mérite de chaque citoyen, & elle a pour règle la proportion géométrique ; la justice commutative, qui consiste dans un échange des choses, donne à chacun ce qui lui est dû, & garde en tout une proportion arithmétique.

6°. Le droit civil se distingue en droit naturel & en droit positif. Le droit naturel c'est celui qui a par-tout la même force, & qui ne dépend pas des constitutions particulières de chaque état : le positif, c'est celui qui roule sur des choses qu'il étoit libre d'abord de régler de telle ou telle manière, mais qui ne sont plus indifférentes du moment qu'elles ont été établies.

7°. On n'est pas mieux fondé à prétendre trouver la même exactitude dans l'examen de toutes sortes de sujets, qu'à chercher la même régularité dans tous les ouvrages méchaniques. Or en ce qui concerne l'honnête & le juste, qui sont les objets de la politique (1), il y a une si grande diversité d'opinions & tant d'erreurs qu'ils semblent n'avoir aucun fondement dans la nature, mais dépendre uniquement des loix. On ne voit pas moins d'égarement à l'égard des biens, parce que plusieurs personnes en reçoivent du dédommage, car les richesses ont fait périr quelques-uns, & la valeur a été funeste à d'autres. Lors donc que l'on traite de ces sortes de principes, qu'on veut en tirer des conséquences, il faut se contenter de prouver en gros, & sans tant de précision les vérités qu'on a dessein d'établir. Que s'il s'agit de choses qui arrivent ordinairement, mais non pas toujours, on n'en doit tirer aucune conclusion qui ne soit de même nature. C'est aussi sur ce pied-là qu'il faut prendre tout ce que les autres disent. En effet les personnes éclairés ne demandent de l'exactitude dans chaque sujet qu'autant que le permet la nature de la chose : & l'on auroit aussi mauvaise grace d'exiger d'un orateur des démonstrations, que de se contenter de probabilités dans les raisonnemens d'un mathématicien.

8°. La prudence est une habitude d'agir conformément à la droite raison dans les choses qui nous sont bonnes ou mauvaises. De sorte que le caractère d'un homme prudent consiste à savoir bien prendre ses mesures par rapport aux choses qui lui sont avantageuses pour le bonheur de la vie en général.

9°. Les habitudes ne sont pas volontaires de la même manière que les actions. Nous sommes maîtres de celles-ci depuis le commencement jusqu'à la fin parce que nous connoissons toutes les circonstances qui les accompagnent. Mais pour les habitudes, il n'y a que le commencement qui dépende de nous : la jonction & la succession des actes particuliers qui les forment, ne nous est pas plus connue, que la suite des causes d'une maladie. Cependant, comme il étoit en notre pouvoir de faire ou de ne pas faire chaque acte en particulier de telle ou telle manière, les habitudes sont, à cause de cela, réputées volontaires.

---

(1) Aristote n'entend point par-là simplement l'art du gouvernement, mais en général la science des mœurs ou des devoirs d'un citoyen, de quelque condition qu'il soit. Ce mot même parmi les grecs, renfermoit quelquefois toutes les sciences pratiques, comme l'économie, la rhétorique, &c. Voyez l'introduction des Élémens prudent. civil. d'Hertius, §. 1. Note de l'Éditeur.

10°. Il est plus difficile de supporter ce qui cause de la douleur, que de s'abstenir de ce qui donne du plaisir.

11°. Le caractère distinctif de l'injure & des actions innocentes, c'est le volontaire & l'involontaire. Lorsque l'on fait du mal à autrui contre toute attente, c'est un malheur : si l'on a pu le prévoir en quelque manière, en sorte pourtant que l'on agisse sans mauvais dessein, c'est alors une faute.

12°. L'amitié est une bienveillance mutuelle par laquelle on se veut du bien l'un à l'autre, & l'on se le témoigne réciproquement. Elle a pour fondement ou l'utilité ou le plaisir ou la vertu. Mais la dernière est ce qui forme une solide & parfaite amitié, laquelle ne se trouve qu'entre les gens de bien, au lieu que l'intérêt & le plaisir peuvent produire quelque union entre les méchans.

13°. La bienveillance n'est pas, à proprement parler, l'amitié ; mais elle y conduit, & en quelque façon elle l'ébauche, &c. &c.

De la méthode d'Aristote.

Il ne faut pas s'étonner si la méthode de Platon est si diverse & si peu certaine : parce que sa première maxime étant de ne rien assurer, & de douter de tout, il ne doit pas avoir de principes, n'ayant rien à établir.

Aristote fut le premier des disciples de Platon, avec Xénocrate, qui abandonna cette manière de douter pour s'éclaircir des choses en les approfondissant : il se fit une méthode plus simple, & tout ensemble plus certaine que n'étoit celle de Platon, parce qu'il établit des principes. Le premier de ses principes, est qu'il y a une science contre le sentiment de Platon, qui n'en admet point (1), n'estimant rien de certain dans la nature : ce dernier suppose en effet que l'esprit de l'homme s'obscurcit dans le corps en y entrant, comme une lumière s'éteint dans la boue ; que cette connoissance qu'a l'esprit de toutes choses, par la noblesse de son extraction divine & immortelle, se perd tout-à-fait par le commerce de la matière : qu'ainsi la science qui lui vient par l'usage & l'expérience des choses, n'est pas une véritable science, ce n'est qu'une reminiscence toute pure, comme l'explique Plotin. (*Voyez* l'art. Académiciens.)

Aristote est d'un sentiment contraire ; il croit que l'ame n'a d'elle-même aucun principe de connoissance, quand elle s'unit au corps : qu'elle n'acquiert de connoissance que par les sens, qui sont comme autant de messagers établis pour lui rendre compte de ce qui se passe hors d'elle ; que de ces connoissances particulières, qui lui viennent par le ministère des sens, elle se forme d'elle-même, par l'opération de son entendement, des connoissances universelles, certaines, évidentes, qui font la science.

Ainsi la première méthode d'Aristote est tout-à-fait opposée à celle de Platon. Car Platon prétend que pour parvenir à la connoissance des choses, il faut commencer par les universelles, & puis descendre aux particulières ; & Aristote veut que de (1) la connoissance des choses particulières & sensibles, on monte à la connoissance des choses générales & immatérielles : étant persuadé de ce principe, qu'il tient pour indubitable (2), *que rien ne peut entrer dans l'esprit que par les sens* : car l'homme étant fait comme il est, il ne peut juger des choses sensibles avec quelque certitude, autrement que par les sens.

La maxime de Platon est de faire connoitre les choses par les idées qui en sont comme les premiers originaux ; celle d'Aristote est de les faire connoitre par les effets qui sont les expressions & les copies de ces idées. L'ordre que Platon établit, est celui de la nature qui se suit elle-même, procédant de la cause aux effets : celui d'Aristote est l'ordre de la connoissance de l'esprit, qui ne va à la cause que par l'effet.

Voilà sa première méthode, qu'il avoit prise de cet Archytas, qui fut disciple de Pythagore, & qu'Archytas avoit prise de Dexippus. Ce Dexippus, dans l'ordre des catégories dont il avoit dressé le premier plan, mettoit la substance à la tête des autres catégories, comme la plus matérielle & la plus sensible. Mais parce que cette connoissance des choses universelles, formée par la connoissance des particulières, a un principe fautif & sujet à l'erreur, qui est le sens : Aristote cherche le moyen de rectifier ce principe, en le rendant infaillible, par le moyen de son organe universel.

---

(1) In Platonis libris nihil affirmatur : quæritur de omnibus, nihil certi dicitur. *Cic. acad. quæst. lib.* 1.

Utrique Platonis ubertate pleni certam disciplinæ formulam composuerant ; illam autem Socraticam de omnibus rebus, nulla affirmatione adhibita consuetudinem disserendi reliquerunt. *Cic. acad. quæst.*

(1) Aristoteles ad sensibilia traduxit, quæ Pythagorici de numeris & substantiis intelligibilibus dixere. *Bessar. Card. in cælum. lib.* 2. *cap.* 4.

(2) Nihil est in intellectu quod non fuerit prius in sensu. *Ex Aver. text. in Arist. lib.* 1. *post anal. cap.* 13.

C'est la seconde méthode d'Aristote, & c'est dans cet organe qu'il établit l'art de la démonstration, par celui du syllogisme. Car la démonstration est sa méthode la plus ordinaire, comme le témoigne Ammonius, & Aristote appelle lui-même l'art du syllogisme, sa méthode principale. Sa logique ne sert qu'à établir cette méthode, tout ce qu'il y dit, y a du rapport.

Le livre des catégories traite des parties éloignées qui doivent entrer dans la composition du syllogisme, qui sont les termes dans leur signification naturelle.

Le livre de l'interprétation traite de la matière prochaine du syllogisme ; c'est-à-dire des termes entant qu'ils sont capables de liaison pour servir à l'énonciation, qui est la seconde opération de l'esprit.

Le livre des Analytiques considère le syllogisme selon les deux parties essentielles qui le composent : c'est-à-dire sa matière & sa forme, & comme la matière du syllogisme peut être ou nécessaire, ou contingente, ou sophistique, elle est expliquée selon ces différences dans la suite de ces livres.

Le livre des topiques sert à démêler cette matière, quand elle n'est que probable ou contingente.

Le livre des sophismes explique ce qu'elle a de faux & d'équivoque ; & le livre des analytiques postérieures expose ce qu'elle a de certain & de nécessaire.

Telle est, en général, la méthode d'Aristote, une des meilleures que l'on puisse suivre. Car en effet la démonstration faite dans les principes, & de la manière que ce philosophe l'a conçue, est la seule règle infaillible pour acquérir la science, le seul moyen qu'ait l'esprit de l'homme, pour parvenir à la certitude qu'il cherche dans ses connoissances, & le seul instrument capable de rectifier la raison, par le discernement du vrai & du faux. C'est aussi ce qui a rendu l'usage de cette méthode si utile à tous ceux qui se sont mêlés de cette science ; elle a même contribué, plus que toutes les autres méthodes, à l'établissement du christianisme, ce qui a fait dire à Saint-Jérôme, que tout ce qu'il y a d'artifice & de perversité dans le raisonnement humain, & tout ce que la science profane du monde a de force & de pouvoir, peut être renversé par la méthode d'Aristote (1).

(1) Quidquis in sæculo perversorum est dogmatum, quidquid ad terrenam sapientiam pertinet, & putatur esse robustum, hoc dialectica arte subvertetur. Com. in Ezechiel.

Un des moyens les plus ordinaires dont Aristote se sert dans ses démonstrations, comme le remarque Averroës, est de résoudre les difficultés qu'on pourroit lui opposer, avant que d'établir ce qu'il propose : & cet art admirable qu'il a d'établir solidement ce qu'il avance, lui fait avoir du mépris pour la méthode de la division, qu'il juge un moyen trop foible pour parvenir à la démonstration. C'est pour cela qu'il l'appelle un syllogisme défectueux & imparfait, quoi qu'elle fût ordinaire à Platon. Ce n'est pas qu'Aristote ne mette fort en usage l'analyse, sur-tout dans les matières où il est obligé de descendre dans le détail des choses pour les examiner à fond ; & pour s'en faire une connoissance plus distincte. L'estime même qu'il fait de cette méthode, paroît, en ce qu'il cite souvent dans ses autres livres, ses Analitiques.

C'est par cette discussion qu'il fait des matières dont il traite, qu'il les penetre, & qu'il y découvre ce qu'il y a de plus essentiel : pendant que les autres ne voient que l'écorce, & ne s'arrêtent qu'à la superficie. Il est vrai que les maximes qu'Aristote établit dans les sujets qu'il a examinés, sont si réfléchies, qu'elles ne paroissent vraies qu'à ceux qui les aprofondissent. La plupart de ses définitions semblent ou obscures, ou peu justes : on n'en convient qu'avec beaucoup de résistance d'esprit, parce qu'on n'en est pas convaincu d'abord ; mais plus on les médite, plus on les trouve véritables, parce qu'elles sont toujours fondées sur la nature & sur l'expérience. Ce qui a fait dire à un de ses meilleurs interprètes, que la doctrine d'Aristote a pour fondement le plus ordinaire, le sentiment commun ou peuple, & le sens. Voyez Alexandre d'Aphrodissée, in Aristotel.

Il faut toutefois convenir que cette profondeur d'esprit qui distingue Aristote, lui ôte souvent la liberté de s'expliquer avec toute la netteté qui seroit nécessaire à un philosophe qui veut instruire : c'est le défaut le plus ordinaire qu'on lui reproche. Thémistius porte la chose trop loin, quand il dit qu'il y a de la folie de prétendre trouver le véritable sens d'Aristote dans tout ce qu'il dit : ce qui n'est vrai après tout, que dans les choses où il a peine à prendre lui-même parti.

Simplicius a cru qu'Aristote se servoit de cette obscurité pour couvrir ses sentimens, au lieu des fables & des symboles qu'il n'approuvoit pas dans Platon : parce qu'un philosophe qui cherche la vérité pour l'enseigner, doit la découvrir par des effets sensibles ; & parce que la vérité ne peut être déguisée sous la couleur & sous l'ombre des fables, qu'elle ne soit sujette à l'illusion, par des explications équivoques qu'on peut lui donner : & enfin, parce que la vérité, pour se laisser voir toute pure, doit se manifester par l'évidence.

Ce sont les raisons qu'il rapporte dans sa métaphysique, pour condamner cette philosophie symbolique, dont se servoit Platon. Ainsi, quand Aristote ne parle pas clairement, ce n'est pas toujours tant par la qualité de son esprit, qui est naturellement profond, que par une affectation pure d'être obscur & mystérieux, pour n'être pas entendu sans explication ; ce qu'il déclare assez par le titre qu'il donne à quelques-uns de ses livres, qu'il appelle *acroamatiques*, parce qu'il falloit l'écouter pour le comprendre.

Mais je trouve dans sa manière de s'expliquer une sorte de mérite très-remarquable, c'est que cet auteur, d'ailleurs si éclairé, est encore le plus modeste & le moins affirmatif de tous les philosophes : il n'assure presque point ce qu'il avance : il dit simplement que cela lui paroît ainsi, & il semble ne dire ce qu'il pense qu'en hésitant. Quand Aphrodisée ou Averroës parlent de sa doctrine, ils n'en parlent que comme d'une chose évidente, & qui ne se peut contester, & il n'en parle lui-même, qu'en doutant, & avec une retenue admirable : il semble qu'il ait toujours de la peine à décider ; ce qui est un effet d'une connoissance plus profonde : car plus on est éclairé, plus on voit sa foiblesse. Son *peut-être* qu'il mêle si souvent dans tout ce qu'il dit, me paroît si beau, & je le trouve si propre au caractère d'un homme profond & sçavant, qui bien loin de s'enorgueillir, a assez de modestie pour se défier de ses lumières, que j'estime plus dans Aristote sa retenue & sa modération, que toute sa pénétration & sa science ; c'est-là la vertu d'une grande ame. Les grands génies hésitent, où les petits esprits ne s'expliquent que par des décisions, parce qu'ils n'ont pas assez de lumière pour douter. Ce n'est pas ainsi que fait Aristote, il avoue de bonne foi dans les livres de la génération, qu'il a de la peine à éclaircir les difficultés qu'il se propose : il dit ingénuement dans ses météores, que la cause qu'il rapporte des comètes ne le satisfait pas : & dans les autres matières qu'il examine, il ne donne ses solutions que comme des doutes. C'est une candeur très-rare & très-estimable.

De la logique d'Aristote.

La logique d'Aristote est sans doute plus distincte & plus méthodique que celle de Platon : & quoiqu'Aristote se soit fort servi de la logique de Zénon d'Elée, qui en avoit écrit trois livres long-tems avant lui ; quoiqu'il ait tiré de grandes lumières de la dialectique de cet Euclide, qui étoit de Mégare, & disciple de Socrate : il est certain toutefois qu'il a mieux connu la matière de cet art, qu'il l'a plus aprofondie, qu'il en a plus éclairci les parties, & qu'il les a mieux arrangées qu'aucun des philosophes qui en eussent écrit avant lui. On peut dire qu'Archytas, Zenon, Euclide & Platon ont inventé la matière de la dialectique : mais qu'Aristote en a lui seul dressé la forme : ce qui même lui a donné lieu de s'en faire honneur, & de dire que pour ce qui regarde la consommation du syllogisme (1), les autres n'en ont rien dit avant lui. C'est lui en effet qui a inventé l'art de la parfaite démonstration, en renfermant la capacité presque infinie de l'esprit de l'homme dans trois opérations, comme dans des bornes fixes, au-delà desquelles cet esprit, tout libre & indépendant qu'il est, ne peut aller : c'est lui aussi qui a trouvé le secret de rectifier ces opérations pour en faire une matière déterminée au syllogisme.

C'est lui enfin qui a réduit dans trois figures qu'il a inventées, toutes les liaisons imaginables des deux termes qui composent l'énonciation avec le terme commun, pour établir la forme de la démonstration ; mais une forme toujours directement concluante, par une regle qui porte le caractère de la même infaillibilité que les démonstrations de la plus exacte géometrie.

C'est au chapitre quatrième du livre premier des analytiques, qu'il explique ce nouvel art de la construction du syllogisme. Et c'est par cet art merveilleux que ce philosophe a sçu trouver le moyen de donner à la pensée, qu'on suppose toute spirituelle, la même regle qu'on impose à la quantité, qui est toute matérielle ; & d'établir dans le raisonnement de l'esprit humain, & dans ses opérations, qui sont essentiellement libres & contingentes, une infaillibilité pareille à celle qui se trouve dans les démonstrations géométriques, qui sont essentiellement nécessaires : ce qui me paroît très-remarquable & très-digne d'éloge. Car que peut-on concevoir de plus ingénieux que cette invention des trois figures du syllogisme qui se forment de la diverse situation des deux termes avec le terme commun dont il est composé ? Et que peut-on trouver de plus satisfaisant pour un esprit juste que la certitude & l'évidence de la conclusion après les deux prémisses, quand il n'y a rien de vicieux, ni dans la matière, ni dans la forme ?

Quand on fait réflexion à l'arrangement universel de la logique d'Aristote, & à cet ordre

---

(1) In dialecticis nihil penitus, ut ipse testatur Aristoteles ab antiquis scriptum aut dictum erat. *Trapez. in comparat. Plat. & Arist. l. 1.*

merveilleux de toutes les parties qui la composent : quand on examine les précautions que prend ce philosophe dans la préparation générale de la matière qu'il destine à l'argumentation, c'est-à-dire à l'établissement de l'ouvrage le plus solide que l'esprit humain puisse former, & sur le fond le plus frêle & le plus variable qu'on se puisse imaginer, qui est la pensée & la parole : on ne peut s'empêcher de trouver cette conception également grande & forte. Que n'a-t-il point fait aussi pour donner un caractère de fermeté & de consistance à une matière si foible & si incertaine ?

Cet ouvrage renfermoit des difficultés qui paroissoient insurmontables : il falloit ôter l'ambiguité aux paroles, par une explication nette de ce qui étoit équivoque, & de ce qui ne l'étoit pas, en fixant les termes à leur sens propre & naturel. Il étoit nécessaire d'éclaircir la confusion de la pensée, si ordinaire à l'esprit par la multiplicité de ses idées, de développer les plis & les replis des opérations de cet esprit, de dissiper l'embarras presque inévitable des diverses espèces de propositions particulières, universelles, conditionelles, absolues, complexes, incomplexes, affirmatives, négatives, modales, équipollentes, & contradictoires ; afin d'accoutumer l'esprit à une représentation nue & simple, qu'il se doit former des objets, pour juger des choses, comme elles sont en elles-mêmes. Il falloit enfin découvrir les déguisemens & les artifices de l'entendement, qui sont innombrables, pour remédier à tous les défauts & à toutes les illusions de l'argumentation, & mettre au jour les faussetés & les impostures de tous les sophismes, & de tous les paralogismes imaginables.

Ce n'est pas tout : car ce grand homme, après avoir découvert entièrement ce qu'il y a de plus obscur & de plus caché dans l'esprit ; après avoir renfermé dans trois opérations fort simples, l'infinité de la pensée par cet art qu'il a inventé, a encore trouvé le moyen de rectifier ces trois opérations dans toutes les parties de sa logique : il a corrigé les défauts de la première, par le livre des catégories, dans lequel il enseigne à distinguer les idées de chaque chose, selon l'ordre naturel que l'entendement doit garder pour les concevoir : il a réformé les défauts de la seconde opération, qui est l'énonciation, dans le livre de l'interprétation, & dans le traité *des postprédicamens* & *des* (1) *antéprédicamens*, où il explique la signification des termes, & les liaisons contingentes ou essentielles des uns avec les autres. Enfin il redresse ce qu'il y a de défectueux dans la troisième opération, dans les livres des *topiques*, *des analytiques*, *& des sophismes*.

C'est dans ces livres qu'il établit la construction des trois syllogismes, du sophistique qui fait l'erreur, du dialectique qui fait l'opinion, & du démonstratif qui est le seul syllogisme parfait par la qualité de sa matière & de sa forme, & qui fait la science.

Ainsi tout se suit dans la logique d'Aristote, tout va au même but, & tout concourt à l'établissement de la démonstration par le syllogisme, qui est le principe universel de toutes les sciences. Car on ne peut rien savoir sûrement sans cet art, d'autant que par la démonstration, non-seulement on a une parfaite certitude que la chose est : mais on a encore une parfaite connoissance de la raison par laquelle elle est, qui est le fruit le plus essentiel de la science.

Il ne parut rien de reglé & d'établi sur la logique, avant (1) Aristote. Ce génie si plein de raison & d'intelligence, approfondit tellement l'abyme de l'esprit humain, qu'il en pénétra tous les ressorts, par la distinction exacte qu'il fit de ses opérations. On n'avoit point encore fondé ce vaste fond des pensées de l'homme, pour en connoître la profondeur. Aristote fut le premier, qui découvrit cette nouvelle voie, pour parvenir à la science, par l'évidence de la démonstration, & pour aller géométriquement à la démonstration, par l'infaillibilité du syllogisme, l'ouvrage le plus accompli, & un des plus grands efforts de l'esprit humain.

Voilà en abrégé l'art & la méthode de la logique d'Aristote, qui est si sûre, qu'on ne peut avoir de parfaite certitude dans le raisonnement que par cette méthode : laquelle est une règle de penser juste ce qu'il faut penser.

Mais par quelle route est-il parvenu là, & quel art a-t-il mis en usage, pour fixer l'esprit de l'homme naturellement léger & versatile, & pour le rendre inébranlable dans ce qu'il sait ? Il falloit commencer par ôter toute sorte d'ambiguité & d'équivoque à l'expression : faire du raisonnement humain une démonstration parfaite, qui n'a pour tout fondement que la parole &

---

(1) On appelle ainsi en logique, certaines questions préliminaires, qui éclaircissent & facilitent la doctrine des prédicamens & des catégories. Ces questions concernent l'univocité, l'équivocité des termes, &c. On les appelle anté prédicamens, parce qu'Aristote les a placés avant les prédicamens, pour pouvoir traiter la matière des prédicamens, sans aucune interruption.

(1) *Aristoteles utriusque partis dialecticæ princeps.* Cic. *l. Top.*

la pensée revêtue l'une & l'autre de toutes leurs foiblesses, & donner toute la fermeté de la science à une matière la plus vague & la plus incertaine qu'on puisse imaginer. Il ne marche dans la poursuite de ce dessein, que par des voies alors inconnues à la raison, & dont il n'y avoit avant lui presque aucune trace : il ôte à la pensée tous les défauts dont l'expression est capable de l'altérer : il dissipe tous les nuages, dont l'imagination peut offusquer l'esprit.

C'est pour cela qu'il examine dans le livre de l'interprétation, qui est une espèce de grammaire raisonnée, la vertu & la signification des paroles ; qu'il forme les véritables notions des termes dans les catégories, pour les préparer à la division, & à la définition, en les réduisant à leur sens naturel ; que dans ses livres analytiques, il établit les règles des conversions modales de toutes sortes de propositions, & des différentes figures du syllogisme, dont il construit les principaux fondemens sur trois (1) axiomes de sa logique, & toute cette construction est purement son ouvrage.

Il ne démontre rien dans le livre des catégories, qui ne sont que des dispositions à la démonstration : il ne démontre dans le livre de l'interprétation, que le principe des propositions contradictoires : mais dans les livres analytiques ses pensées sont presque autant de démonstrations, & ses démonstrations autant de principes. Les *topiques* ne sont que des lieux communs d'argumens dialectiques, ou vraisemblables. Les *Elenques* sont tous les sophismes imaginables dans leur source. Les deux règles qu'il établit pour la composition parfaite du syllogisme sont, qu'il ne doit rien avoir de faux dans la matière, ni rien de vicieux dans la forme.

Sa manière (2) d'écrire n'a rien de ces langueurs de discours qui se trouvent dans Platon, ni de cet air diffus de son siècle : tout y est vif, serré, concis. Enfin cette méthode purement géométrique de démonstration qu'il a prise, a paru toujours si accomplie, qu'elle a été suivie de tous les savans, dans toutes les sciences, comme la plus solide, & la plus conforme à la manière ordinaire de raisonner. Et cette construction du syllogisme, qui est la véritable logique d'Aristote, est si parfaite en son genre, qu'on n'a pu depuis y rien ajouter, ni en rien diminuer, sans la gâter.

Quand on a le sens droit, on ne peut souffrir d'autre manière de raisonner, ni d'autres principes du raisonnement, que ceux d'Aristote. Et comme l'on dispute de tout temps contre la raison, parce que c'est d'ordinaire l'opinion qui gouverne le monde : les siècles sensés ne se sont distingués des autres, que par l'estime qu'ils ont faite de la logique d'Aristote. Car à dire le vrai, ce qu'il a fait pour rectifier la raison, en retranchant l'équivoque des termes, & la confusion des concepts, est une des choses qui ont le plus contribué aux progrès de la raison.

Il faut toutefois convenir, que le principal but de cette logique est moins d'apprendre à l'homme l'art de raisonner, qu'il sçait naturellement, que de donner des règles pour examiner les faux raisonnemens, pour les bien distinguer d'avec les véritables, & pour se garantir des sophismes de Zénon & de Parmenide. Car il s'étoit formé de son temps une fausse méthode de raisonner, que les sophistes mettoient en vogue, qu'il entreprend de détruire en la faisant connoître. C'est l'idée sur laquelle roule tout le dessein de sa logique.

Mais, est-il certain qu'Aristote soit le véritable auteur de cet art ? j'avoue que pour en préparer la matière, il s'est servi des catégories d'Archytas & d'Ocellus : qu'il a appris de Démocrite & de Socrate l'usage de la définition, pour parvenir à cet art ; qu'il a tiré du Cratyle de Platon la distinction des termes, par leur propre signification ; qu'il a pris du dialogue de l'Euthydème une partie des observations qu'il a faites dans son livre des sophismes ; que la première connoissance de la méthode des conséquences, de tout cet art captieux des dilemmes lui est venue de Zénon d'Élée ; que Timée de Locres lui a donné la première idée du syllogisme, lequel fut depuis perfectionné par Zénon, comme il paroît dans le commentaire de Proclus sur le parmenide de Platon, & qu'enfin il a trouvé les premiers traits de la démonstration dans les propositions évidentes par elles-mes du Timée & du Théætete. Mais après tout, il est indubitable qu'Aristote est le premier auteur de la forme du syllogisme ; & de la méthode d'en rectifier parfaitement la matière, en ôtant à la confusion aux pensées, l'équivoque aux paroles, l'artifice & le déguisement aux propositions, dont se forment les sophismes. Les principaux interprètes d'Aristote sont de (1) ce sentiment.

---

(1) 1. Dictum de omni & dictum de nullo.
2. Ea quæ sunt eadem uni tertio, sunt eadem inter se.
3. Contra historia simul esse non possunt.

(2 Aristotele nemo nervosior in scribendo. *Cic. in Brut.*

(1) Demonstrandi viam rationemque certissimam, quis unquam ante Aristotelem explicavit? *Trapesunt, l. 1. de comp. Plat. & Arist. c. 4.*

Aristoteles dialecticæ artis universæ & inventæ perfectæ autorem se prædicavit, *Ram. c. 7. l. 1. schol.*

Aristote l'avoue lui-même, comme je l'ai remarqué, sur la fin de ses livres de sa dialectique ; & Cicéron le déclare assez ouvertement dans le livre de ses topiques.

Ainsi la différence qu'il y a entre la logique de Platon & celle d'Aristote, est que celle de Platon est répandue dans ses ouvrages, sans ordre, sans dessein, sans principes, & presque sans méthode : & que celle d'Aristote est renfermée dans ses livres de dialectique, où elle est établie solidement dans toutes ses parties : & Gassendy ne l'auroit pas peut-être trouvée imparfaite, par le supplément de Porphyre, qu'il a cru nécessaire pour y servir d'introduction, s'il eût fait réflexion que ce traité qui a été mis à la tête de la logique d'Aristote, est pris de sa métaphysique, d'où Pophyre l'a tiré : & il y a apparence que ce supplément eût été inutile, s'il ne se fût rien perdu des livres de la logique d'Aristote, dont Diogène Laërce fait mention.

Je sai que Gassendi s'étoit proposé de ruiner en particulier la dialectique d'Aristote, comme on le voit par ses *exercitationes paradoxicæ aversus aristoteleos* : il se préparoit à critiquer de la même sorte, la physique, la métaphysique & la morale, lorsqu'ayant appris l'indignation formidable du parti péripatéticien contre lui, il aima mieux abandonner son ouvrage, que de s'exposer à de fâcheuses persécutions.

Mais quoi qu'il en soit des objections de Gassendi contre la philosophie d'Aristote en général, il restera toujours pour constant que le disciple de Platon est un des plus beaux génies qui aient illustré la Grèce. N'est-ce pas en effet une chose admirable, que par les différentes combinaisons qu'il a faites de toutes les formes que l'esprit peut prendre en raisonnant, il l'ait tellement enchaîné par les règles qu'il lui a tracées, qu'il ne puisse s'en écarter sans raisonner inconséquemment.

Ne dissimulons pas néanmoins que, quoiqu'il se trouve dans la logique & dans la physique d'Aristote beaucoup de choses qui marquent l'élévation & la profondeur de son génie ; quoiqu'on puisse louer avec juste raison son traité du syllogisme, sa méthode, quoi qu'approuvée de tous les philosophes, n'est pas exempte de défauts.

1°. Il s'étend trop, & par-là il rebute : on pourroit réduire à peu de pages, tout son livre des catégories, & celui de l'interprétation ; le sens y est noyé dans une trop grande abondance de paroles.

2°. Il est obscur & embarrassé ; il veut qu'on le devine, & que son lecteur produise avec lui ses pensées. Quelqu'habile que l'on soit, on ne peut guère se flatter de l'avoir totalement entendu : témoin ses analytiques, où tout l'art du syllogisme est enseigné : de sorte que si dans la critique que Gassendi a faite de la logique d'Aristote, il a passé la limite, on ne peut nier qu'il n'y ait aussi de l'exagération dans les louanges que plusieurs auteurs ont données à ce traité, le plus foible de ses ouvrages, au jugement de Bayle, c'est-à-dire, de plus habile dialecticien qu'il y ait jamais eu.

De la physique d'Aristote.

Parlons présentement de la physique d'Aristote, & sans entrer ici dans des détails qu'on trouvera à l'article *philosophie péripatéticienne* ; faisons connoître l'objet, & pour ainsi dire, le but général de ce traité, dont on a parlé dans tous les tems si diversement, & que, si lon nous, on a jugé, soit en bien, soit en mal, avec beaucoup d'exagération. Nous prendrons pour guide dans l'examen que nous en allons faire, le célèbre Louis Vivès, qui a disposé dans l'ordre le plus méthodique, les différens ouvrages où elle est répandue.

Il commence d'abord par les huit livres des principes naturels qui paroissent plutôt une compilation de différens mémoires, qu'un ouvrage arrangé sur un même plan. Ces huit livres traitent en général, du corps étendu, ce qui fait l'objet de la physique, & en particulier des principes, & de tout ce qui est lié à ces principes, comme le mouvement, le lieu, le tems, &c. Rien n'est plus embrouillé que tout ce long détail ; les définitions rendent moins intelligibles des choses, qui par elles-mêmes auroient paru plus claires, plus évidentes. Aristote blâme d'abord les philosophes qui l'avoient précédé, & cela d'une manière assez dure, les uns d'avoir admis trop de principes, les autres de n'en avoir admis qu'un seul : pour lui il en établit trois, qui sont, la matière, la forme, la privation. La matière est, selon lui, le sujet général sur lequel la nature travaille, qui est éternel en même-tems, & qui ne cessera jamais d'exister : c'est la mère de toutes les choses qui soupire après le mouvement, & qui souhaite avec ardeur que la forme vienne s'unir à elle. On ne sait pas trop ce qu'Aristote a entendu par cette matière première qu'il définit, *ce qui n'est, ni qui, ni combien grand, ni quel, ni rien de ce par quoi l'être est déterminé*. N'a-t-il parlé ainsi de la matière, que parce qu'il étoit accoutumé à mettre un certain ordre dans ses pensées, & qu'il commençoit par envisager les choses d'une vue générale, avant que de descendre au particulier ? S'il n'a voulu dire que cela, c'est-à-dire, si dans son esprit la matière première

---

Aiglê. Ammon. in Arist. vita ; Philop. c. 22. in analyt. Alex. Aphrod. Simpl. Averroë Theod. Logot.

première n'avoit d'autre fondement que cette méthode d'arranger des idées, ou de concevoir les choses, il n'a rien dit qu'on ne puisse lui accorder : mais aussi cette matière n'est plus qu'un être d'imagination, une idée purement abstraite ; elle n'existe pas plus que la fleur en général, &c. Ce n'est pourtant pas qu'on ne voie aujourd'hui des philosophes qui, tenant d'Aristote la manière de considérer les choses en général, avant que de venir à leurs espèces, & de passer de leurs espèces à leurs individus, ne soutiennent de sang-froid, & même avec une espèce d'opiniâtreté, que l'universel est dans chaque objet particulier ; que la fleur en général, par exemple, est une réalité vraiment existante dans chaque jonquille & dans chaque violette. Il paroît à d'autres que, par *matière première*, Aristote n'a pas entendu seulement le corps en général, mais une pâte uniforme dont tout devoit être construit ; une cire obéissante qu'il regardoit comme le fond commun des corps, comme le dernier terme où revenoit chaque corps en se détruisant ; c'étoit le magnifique bloc du statuaire de la Fontaine :

Un bloc de marbre étoit si beau,

Qu'un statuaire en fit l'emplette :

Qu'en fera, dit-il, mon ciseau ?

Sera-t-il dieu, table ou cuvette ?

Brisez ce dieu de marbre, que vous reste-t-il en main ? Des morceaux de marbre. Cassez la table ou la cuvette, c'est encore du marbre ; c'est le même fond partout ; ces choses ne diffèrent que par une forme extérieure. Il en est de même de tous les corps, leur masse est essentiellement la même ; ils ne diffèrent que par la figure, par la quantité, par le repos, ou par le mouvement, qui sont toutes choses accidentelles.

Cette idée qu'on doit à Aristote, a paru si spécieuse à tous les philosophes, tant anciens que modernes, qu'ils l'ont généralement adoptée : mais cette idée d'une matière générale dans laquelle s'en retournent tous les corps en dernière décomposition, est démentie par l'expérience : si elle étoit vraie, voici ce qui en devroit arriver.

Comme le mouvement fait sortir de cette cire un animal, un morceau de bois, une masse d'or ; le mouvement en leur ôtant une forme passagère, devroit les ramener à leur cire primordiale. Empédocle, Platon, Aristote & les scholastiques le disent ; mais la chose n'arrive point. Le corps organisé se dissout en différentes masses de peaux, de poils, de chairs, d'os, & d'autres corps mélangés. Le corps mixte se résout en eau, en sable, en terre : mais avec les dissol-

Philosophie anc. & mod. Tom. I.

vans les plus forts, avec le feu le plus vif, vous n'obtiendrez point ces corps simples. Le sable reste sable, le fer demeure fer, l'or épuré ne change plus ; la terre morte sera toujours terre ; & après toutes les épreuves & tous les tourmens imaginables, vous les retrouverez encore les mêmes ; l'expérience ne va pas plus loin : les élémens sont chacun à part des ouvrages admirables qui ne peuvent changer, afin que le monde, qui en est composé, puisse recevoir des changemens par leur mélange, & soit cependant durable comme les principes qui en sont la base.

Pour la forme, qui est le second principe d'Aristote, il la regarde comme une substance, un principe actif qui constitue les corps, & assujettit pour ainsi dire la matière : il suit de-là qu'il doit y avoir autant de formes naturelles qui naissent & meurent tour-à-tour, qu'il y a de corps primitifs & élémentaires.

Pour la privation, dit Aristote, elle n'est point une substance ; elle est même à quelques égards une sorte de néant. En effet, tout corps qui reçoit une telle forme, ne doit pas l'avoir auparavant ; il doit même en avoir une qui soit absolument contraire. Ainsi les morts se font des vivans, & les vivans des morts.

Ces trois principes étant établis, Aristote passe à l'explication des causes, qu'il traite d'une manière assez distincte, mais presque sans parler de la première cause qui est Dieu.

Quelques-uns ont pris occasion, tant de la définition qu'il donne de la nature, que du pouvoir illimité qu'il lui attribue, de dire qu'il méconnoit cette première cause : mais nous le justifierons d'athéisme dans la suite de cet article. Selon lui, la nature est un principe effectif, une cause plénière, qui rend tous les corps où elle réside, capables par eux-mêmes de mouvement & de repos ; ce qui ne peut point se dire des corps où elle ne réside que par accident, & qui appartiennent à l'art : ceux-là n'ont rien que par emprunt, & si j'ose ainsi parler, que de la seconde main.

Continuons : tous les corps ayant en eux cette force, qui dans un sens ne peut être anéantie, & cette tendance au mouvement qui est toujours égale, sont des substances véritablement dignes de ce nom : la nature par conséquent est un autre principe d'Aristote ; c'est elle qui produit les formes, ou plutôt, qui se divise & se subdivise en une infinité de formes, suivant que les besoins de la matière le demandent. Ceci mérite une attention particulière, & donne lieu à ce philosophe d'expliquer tous les changemens qui arrivent aux corps.

Il n'y en a aucun qui ne fasse effort pour se mouvoir. Il conclut delà, que la nature inspire je ne sais quelle nécessité à la matière. Effectivement, il ne dépend point d'elle de recevoir telle ou telle forme : elle est assujettie à recevoir toutes celles qui se présentent & qui se succèdent dans un certain ordre, & dans une certaine proportion. C'est-là cette fameuse entéléchie qui a tant embarrassé les commentateurs, & qui a fait dire tant d'extravagances aux scholastiques.

Après avoir expliqué quelle est la cause efficiente, quel est le principe de toute la force qui se trouve répandue dans l'univers, Aristote entre plus avant dans sa matière, & tâche de développer ce qu'est que le mouvement. On voit bien qu'il fait là de grands efforts de génie : mais ses efforts aboutissent à une définition très-obscure, & devenue même fameuse par son obscurité. Plus Aristote s'avance, plus il embrasse de terrein : le fini & l'infini, le vuide & les atomes, l'espace & le temps, le lieu & les corps qui y sont contenus ; tout se présente devant ses yeux : il ne confond rien, une proposition le mène à l'autre ; & quoique ce soit d'une façon très-rapide, on y sent toujours une sorte de liaison.

La doctrine qui est comprise dans les deux livres de la génération & de la corruption, tient nécessairement à ce que nous avons déjà développé de ses principes.

Avant Socrate, on croyoit que nul être ne périssoit, & qu'il ne s'en reproduisoit aucun ; que tous les changemens qui arrivent aux corps ne sont que de nouveaux arrangemens, qu'une distribution différente des parties de matière qui composent ces mêmes corps. On n'admettoit dans l'univers que des accroissemens & des diminutions, des réunions & des divisions, des mélanges & des séparations: Aristote rejetta toutes ces idées, quoique simples, & par-là assez vraisemblables ; & il établit une génération & une corruption proprement dites. Il reconnut qu'il se formoit de nouveaux êtres dans le sein de la nature, & que ces êtres périssoient à leur tour.

Deux choses le conduisirent à cette pensée : l'une, qu'il s'imagina que dans tous les corps le sujet ou la matière est quelque chose d'égal & de constant ; & que ces corps, comme nous l'avons déjà observé, ne différent que par la forme, qu'il regardoit comme leur essence : l'autre qu'il prétendoit que les contraires naissent tous de leurs contraires, comme le blanc, du noir ; d'où il suit que la forme du blanc doit être anéantie avant que celle du noir s'établisse.

Pour achever d'éclaircir ce système, j'y ajouterai encore deux remarques. La première, c'est que la génération & la corruption n'ont aucun rapport avec les autres modifications des corps, comme l'accroissement & le décroissement, la transparence, la dureté, la liquidité, &c. Dans ces modifications, la première forme ne s'éteint point, quoiqu'elle puisse se diversifier à l'infini.

L'autre remarque suit de celle-là ; comme tout le jeu de la nature consiste dans la génération & dans la corruption, il n'y a que les corps simples & primitifs, qui y soient sujets, eux seuls reçoivent de nouvelles formes, & passent par des métamorphoses sans nombre; tous les autres corps ne sont que des mélanges, & pour ainsi dire des entrelacemens de ces premiers.

Quoique rien ne soit plus chimérique que ce côté du système d'Aristote, c'est cependant celui qui a le plus frappé les scholastiques, & ce qui a donné lieu à leurs expressions barbares & inintelligibles : de là ont pris naissance les formes substantielles, les entités, les modalités, les intentions réflexes, &c. tous termes qui ne réveillant aucune idée, perpétuent vainement les disputes & l'envie de disputer.

Aristote ne se renferme pas dans une théorie générale, mais il descend à un très-grand nombre d'explications de physique particulière ; & l'on peut dire qu'il s'y ménage, qu'il s'y observe plus que dans tout le reste ; qu'il ne donne point tout l'essor à son imagination.

Dans les quatre livres sur les météores, il a selon la réflexion judicieuse du père Rapin, plus éclairci d'effets de la nature, que tous les philosophes modernes ensemble. Cette abondance lui doit tenir lieu de quelque mérite, & certainement d'excuse. En effet, au travers de toutes les erreurs qui lui sont échappées faute d'expérience & de quelques-unes des découvertes que le hasard a présentées aux modernes, on s'apperçoit qu'il suit assez le fil de la nature, & qu'il devine des choses, qui certainement lui devoient être inconnues. Par exemple, il détaille avec beaucoup d'adresse tout ce qui regarde les météores aqueux, comme la pluie, la neige, la grêle, la rosée, &c. Il donne une explication très-ingénieuse de l'arc-en-ciel, & qui au fond ne s'éloigne pas trop de celle de Descartes : il définit le vent un courant d'air, & il fait voir que sa direction dépend d'une infinité de causes étrangères & peu connues ; ce qui empêche, dit-il, d'en donner un système général.

Telle est l'abrégé très-sommaire de la physique générale & particulière d'Aristote. Comme la connoissance de la nature est par-tout enveloppée d'obscurités, il prétend que dans cette science on doit s'élever comme par degrés aux notions claires & évidentes, par celles qui ne le font pas, & qu'il faut descendre du général au particulier : il ajoute que c'est ainsi que tout s'éclaircit en devenant sensible par les circonstances particulières de chaque chose ; & il applique cette méthode aux différentes recherches qu'il se propose. Il décrit dans le premier & le second livre du ciel, les astres, la matière dont ils sont formés, leurs qualités, leur mouvement, leur situation, leur figure, & tout ce qui concerne la construction du monde ; & dans le troisième & le quatrième il traite de la pesanteur, de la légèreté des corps célestes, & des opinions différentes qu'en avoient les anciens : il y parle des élémens & de leurs qualités.

Il expose au livre premier des météores, tout ce qui se passe dans l'air : au troisième & au quatrième ce qui se passe sur la terre & dans la mer : c'est là qu'il traite des vents, du tonnerre, des éclairs, des foudres, des exhalaisons, de l'arc-en-ciel, des parélies : & au quatrième il parle du froid & du chaud, de la sécheresse & de l'humidité, de la putréfaction, des sels, des différentes qualités des corps mixtes, de leur mélange, & de leur tempérament.

Il explique dans les trois livres de l'ame tout ce qui regarde sa nature, & ses opérations, soit par l'entremise des sens extérieurs, soit par les facultés intérieures.

Dans les livres des petites questions naturelles, il remarque plus en détail, tout ce qui regarde la sensation, la mémoire, la réminiscence, le sommeil, les veilles, les songes, les pronostics des songes, le mouvement des animaux, leur démarche, la longueur & la brièveté de la vie, la vieillesse, la jeunesse, la réputation, la maladie & la santé.

C'est sans doute ce coup d'œil général & rapide jetté sur la nature & sur les différens phénomènes qu'elle présente à un observateur exact qui a fait dire à Cicéron que la pénétrante curiosité des péripatéticiens s'étoit portée tout-à-la-fois & avec un soin égal sur tous les phénomènes du ciel, de la terre & de la mer. *Natura sic ab iis investigata est, ut nulla pars cælo, mari, terra........prætermissa sit.* (de finib. l. 5. c. 4.). Mais quoiqu'il y ait beaucoup à louer dans cet ouvrage d'Aristote, sur-tout pour le temps où il écrivoit, (ce qu'on doit toujours considérer, lorsqu'on veut juger solidement d'un auteur & du mérite de ses productions), il faut avouer avec un de ses plus grands admirateurs, qu'il y a bien de la confusion dans les huit livres de sa physique...... « Rien n'est plus obscur, plus difficile à comprendre que la matière première, & l'éduction des formes de cette matière : tout le traité du mouvement est abstrait : ce qu'il prétend prouver de l'éternité du mouvement, par la circulation, au huitième livre : est incompréhensible, & tout ce livre est trop métaphysique. Le traité du temps & du lieu n'est point point purement physique, puisqu'il peut convenir aux esprits. Ce qu'il dit du temps est pris d'Archytas, comme ce qu'il dit du mouvement est pris d'Ocellus, & ce qu'il dit du vuide est pris de Timée : ainsi que l'a remarqué Patricius. Ce qu'il avance dans les deux premiers livres du ciel, dans les traités des comètes, de l'arc-en-ciel, & de quelques autres météores, ne se trouve pas véritable en toutes ses circonstances : il faut en excepter le quatrième livre des météores, qui semble plus exact que les autres. La situation qu'il a donnée dans le livre troisième du ciel, à la sphère du feu élémentaire au-dessus de la lune, conformément à l'opinion de Leucippus & de Démocrite, est sans aucun fondement : il a prétendu au livre second des météores, que la terre ne peut être habitée sous l'équateur, ce qui s'est trouvé faux. Mais ce qu'il enseigne de l'éternité du monde, quelque hétérodoxe qu'il soit, est toutefois plus pardonnable que le reste. Il n'a pu concevoir le créateur, que de la manière dont nous concevons le soleil, qui produit la lumière au moment qu'il commence d'être.

» Patricius, philosophe vénitien, dans son livre des discussions de la doctrine d'Aristote ; Ramus dans ses écoles de Physique ; Gassendy dans ses observations contre les péripatéticiens rapportent un grand nombre de choses, où ce philosophe s'est mépris dans la Physique, sur-tout dans l'ordre & la construction des corps célestes, dans l'histoire des animaux, dans l'anatomie du corps humain, & dans quelques autres matières. J'avoue que la Physique moderne s'est tellement instruite par les expériences, & par le secours des nouveaux instrumens dont elle se sert, qu'elle peut avoir surpassé Aristote en certaines choses, qui se sont plus éclaircies dans la suite des temps : & que les opinions des anciens philosophes, contenues dans le second tome des œuvres de Plutarque, sur le ciel & les astres, se sont trouvées la plupart fausses, par les instrumens propres aux observations célestes, inventés dans ces derniers siècles. Enfin je conviens qu'Aristote est moins démonstratif dans sa Physique, que dans les autres parties de sa Philosophie, que sa méthode y est moins exacte, qu'on y reconnoît moins le caractère de son esprit : mais on doit imputer ce défaut encore plus à la matière qu'à l'esprit de l'ouvrier, qui

» est toujours d'une égale force dans tous ses
» raisonnemens, & dans toutes ses réflexions.
» La raison, toute universelle qu'elle est, a ses
» bornes en de certains sujets, & l'on ne peut
» aller au-delà de ces bornes, qu'on n'aille trop
» loin ».

Un des plus excellens esprits que l'on puisse citer dans l'histoire des sciences, & dont les ouvrages mieux apréciés dans ce siecle qu'à l'époque où ils ont paru, ont fort accéléré les progrès de la raison, a fait à la Physique d'Aristote des reprochés beaucoup plus graves, & a même indiqué la source la plus féconde des erreurs de ce philosophe. On peut même dire à la louange de l'habile moderne dont je parle, que le côté particulier par lequel il attaque cette ancienne Physique est un de ceux dont la foiblesse ne pouvoit être sentie que par un esprit aussi pénétrant que le sien.

» Il y a, dit-il, dans la Physique d'Aristote,
» plusieurs questions très-sublimes, qu'il pousse
» & qu'il éclaircit en grand maitre; mais enfin,
» le gros, le total de cet ouvrage, ne vaut
» rien, *infelix operis summa*. La principale source
» de ce défaut est qu'Aristote abandonna le che-
» min des plus excellens physiciens qui eussent
» philosophé avant lui. Ils avoient cru que les
» changemens qui arrivent dans la nature ne sont
» qu'un nouvel arrangement des particules de la
» matiere : ils n'avoient point admis de géné-
» ration proprement dite. Ce fut un dogme qu'il
» rejetta; & par cette rejection, il fut dérouté.
» Il fallut qu'il enseignât, qu'il se produit de
» nouveaux êtres, & qu'il s'en perd : il les dis-
» tingua de la matiere, il leur donna des noms
» inconnus; il affirma ou il supposa des choses
» dont il n'avoit aucune idée distincte. Or il
» est aussi impossible de bien philosopher sans l'évi-
» dence des idées, que de bien naviguer sans
» voir l'étoile polaire, ou sans avoir une bous-
» sole. C'est perdre la tramontane que d'aban-
» donner cette évidence; c'est imiter un voyageur,
» qui dans un pays inconnu se déseroit de son
» guide; c'est vouloir rôder de nuit sans chan-
» delle dans une maison dont on ignore les
» êtres. Chacun sait le nombre infini de formes
» & de facultés distinctes de la substance, que
» les sectateurs d'Aristote ont introduites : il leur
» avoit ouvert ce chemin d'égarement; & si
» dans le dix septieme siecle la Physique a reparu
» avec quelque lustre, ce n'a été que par la
» restauration des anciens principes qu'il avoit
» quittés; ce n'a été que par la culture de l'é-
» vidence; c'est enfin parce que l'on a exclu de
» la doctrine des générations ce grand nombre
» d'entités dont notre esprit n'a aucune idée,
» & que l'on s'est attaché à la figure, au mou-
» vement & à la situation des particules de la
» matiere, toutes choses que l'on conçoit clai-
» rement & distinctement.

Je ne dirai rien ici du livre des couleurs, du traité de la physionomie, des questions méchaniques, de ses problèmes, du livre des plantes, des deux livres de la génération & de la corruption, du livre du monde qu'il composa pour Alexandre, & de plusieurs autres traités qui n'ont ni la même importance, ni la même utilité : je laisse à part ces divers opuscules, dont plusieurs même ne paroissent pas être d'Aristote, pour parler avec quelque étendue du meilleur de ses ouvrages, c'est-à-dire de son histoire des animaux.

De l'histoire des animaux d'Aristote.

Parmi les livres d'Aristote sur l'histoire naturelle, on peut en distinguer de deux classes; les uns où il se contente d'écrire ce qu'il avoit vu ou appris, de dire ce qui est; les autres où il explique les faits qu'il a constatés. Les premiers de ces ouvrages ne contiennent que les faits; les autres en contiennent les causes; c'est la partie systématique de l'histoire naturelle. Les neuf livres auxquels Aristote a donné le titre d'*histoire*, sont entièrement du premier genre; ceux *des parties des animaux*, *de leur génération*, &c. sont de la seconde classe. Les livres de l'histoire sont donc ceux qu'il faut lire les premiers, ainsi que Gesner le conseille : non-seulement parce qu'ils ont été composés les premiers, parmi ceux qui nous restent, mais de plus parce que la raison demande que les faits soient parfaitement connus avant d'entreprendre d'en expliquer les causes.

Le plan de l'histoire des animaux est grand & vaste. Ce sont tous les animaux, hommes, quadrupèdes, poissons, amphibies, oiseaux, insectes qu'Aristote rassemble sous les yeux de son lecteur. Il ne considère point chacun de ses animaux ou séparément ou dans des classes dans lesquelles il les ait rangés; le règne animal entier n'est pour lui qu'un point unique. C'est l'animal en général dont il fait l'histoire; & s'il rapporte telle observation particuliere à tel ou tel animal, ce n'est que, ou pour servir de preuve à une proposition générale qu'il a avancée, ou pour justifier une exception dont il avertit. Ainsi Aristote voulant faire connoitre la nature des animaux, se propose d'abord l'examen des parties de leur corps, comme le premier objet qui frappe la vue; & après avoir donné des définitions générales de ces parties, après avoir distingué différentes espèces parmi les animaux à raison de la variété de leurs formes extérieures, il expose dans les quatre premiers livres tous les détails des parties de leur corps.

Le cinquième, le sixième & le septième livres sont destinés à expliquer de qu'elle manière l'animal naît; le temps où il commence à se reproduire, celui où il cesse de le pouvoir faire, & la durée totale de sa vie. On connoît par la lecture des sept premiers livres, comment le corps de l'animal existe, & comment il se multiplie; les deux derniers apprennent comment l'animal vit & comment il se conserve: l'objet du huitième est sa nourriture, & les lieux qu'il habite; le neuvième traite de ses mœurs, s'il est possible d'user de cette expression; Aristote y dit quelles sont les habitudes des différens animaux; avec qui d'entr'eux ils vivent réciproquement soit en société soit en guerre: comment ils pourvoient à leur conservation & à leur défense. Une pareille histoire n'est-elle pas infiniment préférable à de sèches nomenclatures quelque bien rangées qu'on les suppose, par ordres, classes & genres.

L'étendue du génie d'Aristote se montre par la généralité de ses vues; celle de ses connoissances, par la multiplicité des exemples qu'il rapporte successivement. L'histoire de l'homme, considéré simplement comme animal, est complette dans son ouvrage; & dans le nombre des animaux de l'ancien monde, il n'en est presque aucun depuis le cétacée jusqu'à l'insecte, soit qu'il se meuve sur la terre, qu'il s'élève dans les airs, ou qu'il demeure enseveli sous les eaux, dont Aristote ne nous apprenne quelque particularité: tout ce que nos yeux peuvent découvrir lui semble connu: & l'éléphant qu'il a disséqué, & cet animal imperceptible qu'on voit à peine naître dans la pourriture & la poussière.

Le style de l'histoire des animaux est aussi abondant que les choses; il est pur, coulant, & son plus grand ornement est la propriété des expressions & la clarté.

Oublions pour un moment des découvertes qui ne datent que du dix-septième & du dix-huitième siècle; & voyons comment à une époque éloignée de 21 siècles, Aristote a pu composer des ouvrages qui méritent encore l'attention des naturalistes modernes. Il eut d'abord le secours d'une bibliothèque qu'il s'étoit formée; mais il falloit des secours d'un autre genre, & l'on peut dire que si Alexandre n'eût point été, l'histoire naturelle d'Aristote n'existeroit pas. Ce furent les dépenses vraiment royales de ce prince qui le mirent en état d'écrire sur l'histoire naturelle. Alexandre ne pouvoit pas avoir des vues bornées. Il voulut qu'Aristote écrivît sur la nature des animaux, &, au rapport de Pline (1), il lui fournit quelques milliers d'hommes, qui étoient à ses ordres, pour parcourir l'Asie & la Grèce, prendre des animaux de toute espèce, les observer, les élever, de manière que rien de ce qui les concernoit ne lui demeurât inconnu. Selon Athénée les sommes qu'Alexandre donna à Aristote pour remplir son projet, montèrent à 800 talens, c'est-à-dire, à peu-près à trois millions de notre monnoie, valeur actuelle.

Tel est le jugement que le savant traducteur de l'histoire des animaux d'Aristote porte de ce bel ouvrage. M. de Buffon qui l'a examiné en naturaliste, en donne encore une plus grande idée, & il entre même à cet égard dans des détails très-propres à faire sentir tout le mérite de ce monument si précieux de la science des anciens & de leurs connoissances particulières en histoire naturelle.

L'histoire des animaux d'Aristote, dit cet écrivain éloquent, est peut-être encore aujourd'hui ce que nous avons de mieux fait en ce genre; & il seroit à désirer qu'il nous eût laissé quelque chose d'aussi complet sur les végétaux & sur les minéraux: mais les deux livres des plantes que quelques-uns lui attribuent, ne ressemblent point à cet ouvrage, & ne sont pas en effet de lui. (*Voyez* le comment. DE SCALIGER). Il est vrai que la Botanique n'étoit pas fort en honneur de son temps: les grecs & les romains même ne la regardoient pas comme une science qui dût exister par elle-même, & qui dût faire un objet à part; ils ne la considéroient que relativement à l'Agriculture, au Jardinage, à la Médecine & aux Arts. Et quoique Théophraste, disciple d'Aristote, connût plus de cinq cens genres de plantes, & que Pline en cite plus de mille, ils n'en parlent que pour nous en apprendre la culture; ou pour nous dire que les unes entrent dans la composition des drogues; que les autres sont d'usage pour les Arts; que d'autres servent à orner nos jardins, &c. En un mot, ils ne les considèrent que par l'utilité qu'on en peut tirer, & ils ne se sont pas attachés à les décrire exactement.

L'histoire des animaux leur étoit mieux connue que celle des plantes. Alexandre donna des ordres, & fit des dépenses très-considérables pour rassembler des animaux, & en faire venir de tous

_____

(1) Alexandro magno rege inflammato cupidine animalium naturas noscendi, delegataque hac commentatione Aristoteli summo in omni doctrina viro, aliquot millia hominum in totius Asiæ Græciæque tractu parere jussa, omnium quos venatus, aucupia, piscatusque alebant, quibusque vivaria, armata, alvearia, piscinæ, aviaria in cura erant, ne quid usquam gentium ignoraretur ab eo: quos percuntando quinquaginta ferme volumina, illa præclara de animalibus condidit. *Plin. nat. hist. l. 8. c. 16.*

les pays, & il mit Ariſtote en état de les bien obſerver. Il paroît par ſon ouvrage qu'il les connoiſſoit peut-être mieux, & ſous des vues plus générales, qu'on ne les connoit aujourd'hui. Enfin, quoique les modernes aient ajouté leurs découvertes à celles des anciens, je ne vois pas que nous ayons ſur l'hiſtoire naturelle beaucoup d'ouvrages modernes qu'on puiſſe mettre au-deſſus de ceux d'Ariſtote & de Pline. Mais comme la prévention naturelle qu'on a pour ſon ſiecle, pourroit perſuader que ce que je viens de dire eſt avancé témérairement, je vais faire en peu de mots l'expoſition de l'ouvrage d'Ariſtote.

Ariſtote commence ſon hiſtoire des animaux par établir des différences & des reſſemblances générales entre les différens genres d'animaux, au lieu de les diviſer par de petits caracteres particuliers, comme l'ont fait les modernes. Il rapporte hiſtoriquement tous les faits & toutes les obſervations qui portent ſur des rapports généraux, & ſur des caracteres ſenſibles. Il tire ces caracteres de la forme, de la couleur, de la grandeur, & de toutes les qualités extérieures de l'animal entier, & auſſi du nombre & de la poſition de ſes parties, de la grandeur, du mouvement, de la forme de ſes membres; des rapports ſemblables ou différens qui ſe trouvent dans ces mêmes parties comparées; il donne partout des exemples pour ſe faire mieux entendre: il conſidère auſſi les differentes des animaux par leur façon de vivre, leurs actions, leurs mœurs, leurs habitations, &c. Il parle des parties qui ſont communes & eſſentielles aux animaux, & de celles qui peuvent manquer, & qui manquent en effet à pluſieurs eſpèces d'animaux. Le ſens du toucher, dit-il, eſt la ſeule choſe qu'on doit regarder comme néceſſaire, & qui ne doit manquer à aucun animal: & comme ce ſens eſt commun à tous les animaux, il n'eſt pas poſſible de donner un nom à la partie de leur corps, dans laquelle réſide la faculté de ſentir. Les parties les plus eſſentielles ſont celles par leſquelles l'animal prend ſa nourriture, & celles par où il rend le ſuperflu. Il examine enſuite les variétés de la génération des animaux; celles de leurs membres, & des différentes parties qui ſervent à leurs fonctions naturelles. Ces obſervations générales & préliminaires font un tableau dont toutes les parties ſont intéreſſantes: & ce grand philoſophe dit auſſi qu'il les a préſentées ſous cet aſpect, pour donner un avant-goût de ce qui doit ſuivre, & faire naître l'attention qu'exige l'hiſtoire particulière de chaque animal, ou plutôt de chaque choſe.

Ils commence par l'homme. & il le décrit le premier, plutôt parce qu'il eſt l'animal le mieux connu, que parce qu'il eſt le plus parfait; & pour rendre ſa deſcription moins ſêche & plus piquante, il tâche de tirer des connoiſſances morales en parcourant les rapports phyſiques du corps humain, & il indique les caractères des hommes par les traits de leur viſage. Se bien connoître en phyſionomie, ſeroit en effet une ſcience bien utile à celui qui l'auroit acquiſe: mais peut-on la tirer de l'hiſtoire naturelle? Il décrit donc l'homme par toutes les parties extérieures & intérieures; & cette deſcription eſt la ſeule qui ſoit entière: au lieu de décrire chaque animal en particulier, il les fait connoître tous par les rapports que toutes les parties de leur corps ont avec celle du corps de l'homme.

Lorſqu'il décrit, par exemple, la tête humaine, il compare avec elle la tête de toutes les eſpèces d'animaux: il en eſt de même de toutes les autres parties. A la deſcription du poumon de l'homme, il rapporte hiſtoriquement tout ce qu'on ſavoit des poumons des animaux; & il fait l'hiſtoire de ceux qui en manquent. A l'occaſion des parties de la génération, il rapporte toutes les variétés des animaux dans la manière de s'accoupler, d'engendrer, de porter & d'accoucher. A l'occaſion du ſang, il fait l'hiſtoire des animaux qui en ſont privés; ſuivant ainſi ce plan de comparaiſon dans lequel, comme l'on voit, l'homme ſert de modèle, & ne donnant que les différences qu'il y a des animaux à l'homme, il retranche à deſſein toute deſcription particulière; il évite par-là toute répétition; il accumule les faits, & il n'écrit pas un mot qui ſoit inutile: auſſi a-t-il compris dans un petit volume un nombre infini de différens faits; & je ne crois pas qu'il ſoit poſſible de réduire à de moindres termes tout ce qu'il avoit à dire ſur cette matière, qui paroît ſi peu ſuſceptible de cette préciſion, qu'il falloit un génie comme le ſien pour y conſerver en même-temps de l'ordre & de la netteté. Cet ouvrage d'Ariſtote s'eſt préſenté à mes yeux comme une table de matières qu'on auroit extraites avec le plus grand ſoin de pluſieurs milliers de volumes remplis de deſcriptions & d'obſervations de toute eſpèce: c'eſt l'abrégé le plus ſavant qui ait jamais été fait, ſi la ſcience eſt en effet l'hiſtoire des faits; & quand même on ſuppoſeroit qu'Ariſtote auroit tiré de tous les livres de ſon temps ce qu'il a mis dans le ſien, le plan de l'ouvrage, ſa diſtribution, le choix des exemples, la juſteſſe des comparaiſons, une certaine tournure dans les idées, que j'appellerois volontiers *le caractère philoſophique*, ne laiſſe pas douter un inſtant qu'il ne fût lui-même beaucoup plus riche que ceux dont il avoit emprunté.

De la Métaphyſique d'Ariſtote & de l'hypothèſe des natures actives.

Ariſtote entrant dans la carrière philoſophique, commença par abattre tout ce qui avoit été fait avant lui. Il fit main-basse sur l'unité d'Élée, sur les nombres de Pythagore, sur les atomes de Démocrite, sur les idées de Platon son maître, sur le destin d'Héraclite ; (car les stoïciens n'avoient pas encore paru (1), pour mettre à la place quels principes ? nous voici déja arrêtés.

Comment peut-on les démêler dans ses écrits, qu'il a rendus d'un accès si difficile, que même de son temps, & de son aveu, on ne pouvoit y rien comprendre, si on n'avoit pas entendu ses leçons ? Car c'est lui-même qui en parle ainsi dans une lettre à Alexandre. Ce prince paroissoit mécontent de ce que le philosophe avoit donné au public ses leçons secrettes. « Elles sont don- » nées, lui répond *Aristote*, & ne le sont point ; » car ceux qui ne m'auront point entendu, ne » pourront y rien comprendre (2).

Platon se cachoit dans les replis d'un long dialogue ; Socrate, dans le ton équivoque d'une ironie sérieuse ; les pythagoriciens, dans leurs expressions symboliques ; ceux d'Élée, dans les subterfuges de la sophistique ; Héraclite, dans ses ténèbres chéries : *Aristote* trouva le moyen nouveau de paroître dire sa pensée simplement, sans détour, & d'avoir toutefois, comme les autres, une doctrine publique & des secrets d'école. Il use d'expressions propres ; mais elles sont quelquefois si courtes ou si vagues, qu'il faut la plus grande attention pour en saisir le sens, & pour ne pas l'échapper quand on l'a saisi. Il définit souvent ; mais ses définitions les plus fondamentales sont si abstraites, si générales, d'un sens si vague, qu'il en est peu qui n'aient produit des volumes de commentaires, n'y eût-il que celles de la nature & du mouvement. Il donne des exemples ; mais l'application n'en est pas toujours aisée. Il a des constructions hardies, des ellipses fréquentes, des mots factices qui comprennent un grand nombre d'idées abstraites, difficiles à embrasser, plus difficiles à déterminer ; enfin on trouve chez lui des contradictions réelles ou apparentes, soit par oubli, ou à dessein, ou par changement d'opinion.

Qu'on joigne à ces causes d'obscurité, celles qui tiennent à la matière, qui sera toujours obscure par elle-même, sous la diction la plus claire : celles qui viennent du travail des vers, qui se sont exercés pendant cent trente ans sur ses écrits, enterrés dans un caveau : celles du travail des copistes & des éditeurs, qui ont voulu corriger par conjecture ce qu'ils n'entendoient pas, ou suppléer de génie ce qui leur paroissoit manquer : celles qui viennent des commentateurs, qui ont accablé le texte de leurs propres pensées : enfin qu'on y joigne les suppositions de plusieurs livres, qui ne sont peut-être pas d'*Aristote*, la suppression de plusieurs autres, qui peut-être sont de lui, les interpolations, les transpositions... Toutes ces causes réunies prouvent bien qu'on peut dire avec Thémistius, qu'il y auroit de la folie à espérer de déchiffrer entièrement un texte si énigmatique, & de trouver une clef que l'auteur avoit d'abord cachée lui-même avec tant de soin, & que la rouille des temps & les accidens de toutes espèces ont fait entièrement disparoître.

Le siècle d'*Aristote* n'étoit plus celui où il avoit été permis aux philosophes d'avouer leur ignorance, & de dire que la vérité étoit au fond du puits. La Philosophie étoit devenue un état, qu'il falloit soutenir dans l'opinion publique. Il falloit de toute nécessité, que quiconque entreprenoit de devenir chef de secte, parût savoir ce que les autres avoient ignoré.

Pour cela, on renversoit d'abord tous les systèmes des philosophes antérieurs. Cela étoit aisé quand ils avoient tort ; & ils l'avoient souvent, sinon en tout, du moins en partie. Quand ils avoient raison, on présentoit leur doctrine sous un jour peu favorable. On ajoutoit, on retranchoit, en un mot, on plaçoit ces adversaires trop peu commodes dans des positions où ils ne pouvoient pas tenir ; & quand ils étoient terrassés au pied du nouveau maître, celui-ci, glorieux de sa victoire, s'approprioit les dépouilles des vaincus, & régnoit seul, sans concurrens : à peu près, dit Bacon, comme les empereurs Ottomans, qui égorgent leurs frères, pour régner avec plus de sécurité : *Aristotelem more Ottomanorum putavisse regnare se tutò haud posse, nisi fratres suos omnes contrucidasset* (1).

Aristote n'est pas le seul qui ait employé cette ruse peu philosophique. Qui le croiroit ? Zénon, le sage Zénon, chef des stoïciens ; Épicure, qui se piquoit sur toutes choses d'être philosophe par lui-même, n'ont guère eu d'autre mérite en fait de systèmes, que de fonder des dénominations nouvelles.

Je laisse à d'autres de qualifier cette conduite : je me contente de redire ici ce qui a été dit mille fois par ceux qui avoient de l'autorité en cette partie, que la plupart de ces grands philosophes ayant été la dupe de ceux qui leur avoient promis la vérité, ont cru qu'il leur seroit permis de traiter leurs disciples comme ils avoient été traités par leurs maîtres.

---

(1) Phys. 1. 3. 4.
(2) Aulu-Gel. 10. 5.

(1) *De Augm. scient.* 3. 4.

Et après tout, pouvoient-ils, dans leur position, avouer que leur philosophie, qui faisoit profession d'avoir réponse à tout, qui s'élevoit jusqu'aux limites du monde, & au-delà, pour en rapporter aux mortels étonnés & reconnoissans la sagesse & le bonheur; pouvoient-ils avouer que cette science ne produisoit que des doutes, ou tout au plus des conjectures, la plupart arbitraires ? C'eût été commettre toutes les écoles, & ranger les maîtres les plus accrédités au niveau des sophistes, dont le nom étoit devenu une injure, pour avoir mis des mots à la place des idées, & pour avoir usurpé un empire tyrannique sur les esprits par de vains prestiges & de fausses subtilités.

On peut juger, par ce préliminaire, du dégré de confiance que nous avons nous-mêmes dans l'exposé qu'on va lire. Nous ne parlerons point des trois principes métaphysiques du philosophe, la matière, la privation & la forme, qui ne sont que des êtres de raison, des abstractions creuses, qui n'ont ni réalité en elles-mêmes, ni action sur les êtres.

Considérons d'abord le globe de l'univers, comme suspendu au milieu de l'espace. Dans ce globe, il y a, selon Aristote, trois sortes d'essences ou êtres (1); l'*essence immobile & incorruptible*, qui remplit la première sphère, & enveloppe l'univers, l'*essence incorruptible & mobile*, qui s'étend depuis la première sphère jusqu'à l'orbite de la lune; & l'*essence mobile & corruptible*, qui descend depuis l'orbite de la lune jusqu'au centre de la terre (2). De ces trois essences, les deux premières composent la sphère céleste, & la troisième la sphère sublunaire.

Toutes ces essences ou substances ont en elles, & par elles-mêmes, leurs qualités essentielles, qui ont été de tout temps & seront toujours les causes déterminantes de leurs positions, de leurs formes, de leur état.

Comme des trois essences, il n'y en a que deux qui soient mobiles, il n'y a aussi que deux sortes de mouvement; l'un rectiligne du centre à la circonférence, ou de la circonférence au centre, produit par la pesanteur, ou la légèreté absolue ou relative des substances: l'autre circulaire, pour la substance qui n'est ni pesante ni légère (3).

La portion de la matière sublunaire, qui étoit douée d'une légèreté absolue, forma par son mouvement rectiligne du centre à la circonférence la sphère du feu élémentaire. Celle qui avoit la pesanteur absolue eût le mouvement rectiligne de la circonférence au centre; c'est la sphère de la terre: deux masses, entre lesquelles se trouvèrent nécessairement l'air & l'eau, qui ont à la fois la pesanteur & la légèreté relative; l'air étant plus pesant que le feu, & plus léger que l'eau, l'eau étant plus légère que la terre & plus pesante que l'eau. (1) Ainsi il y eut d'abord autour du centre quatre espèces de corps principes ou élémentaires, renfermés sous l'orbite de la lune, la terre, l'eau, l'air & le feu; où ils éprouvent différens changemens successifs, tant par les contrariétés réciproques de leurs qualités, que par l'action des astres, dont les allées & les retours périodiques ramènent aussi des différences périodiques dans ces élémens.

Quittons la sphère sublunaire, & élevons-nous dans l'espace céleste, où regnent les Dieux. Là, nous trouverons une cinquieme nature, ou *Quintessence*, qui se meut circulairement, parce qu'elle n'est ni grave ni légère; qui n'est sujette à aucune altération, parce qu'elle ne rencontre rien qui lui soit contraire (2); qui est la pature des astres, ou le nectar des Dieux, parce qu'elle est simple & pure comme eux. On la connoit encore sous le nom d'Éther, substance toujours la même, & toujours courante, *au Θιον*.

Enfin au-dessus de cette substance éthérée est l'essence du premier moteur, qui meut sans se mouvoir, ni être mu : éther de l'éther, substance indivisible, infinie, Dieu en un mot, être vivant, éternel, dont la pensée fait la vie (3). Voilà donc Dieu remplissant la sphère extérieure du monde, embrassant, comme dans son sein, les cinq essences ou substances, l'éther, le feu élémentaire, l'air, l'eau, la terre, comme des sphères concentriques, dont la terre est le noyau central.

Quel est le principe d'activité, ou de causalité qui agit dans ces sphères?

Dès qu'Aristote suppose que les cinq essences ont par elles-mêmes, de toute éternité, leurs qualités actives & en action, en vertu desquelles

---

(1) Aristote entend par *Essence*, une substance qui a sa forme propre & naturelle, par laquelle elle est constituée ce qu'elle est. *De Anim.* 2. 1. A.

(2) *De Cælo* 2. 2. 3.

(3) *De Cælo*, 1. 2. Ocellus avoit pris pour principes actifs dans le monde sublunaire, les quatre qualités contraires inhérentes aux élémens; le chaud,

le froid, le sec, l'humide. Aristote trouva que les mêmes effets pouvoient être produits par la gravité, & par la légèreté.

(1) *De Cælo*, 4. 4. 5.

(2) *De Cælo*, 1. 3.

(3) Arist. *Métaph.* 14. 7. A.

elles ont pris leurs positions, il s'ensuit non-seulement que le monde est unique, mais qu'il s'est formé de lui-même, nécessairement & de toute éternité, c'étoit le dogme favori d'Aristote (1); & par conséquent que Dieu n'a rien fait dans aucun temps, ni d'aucune manière, pour arranger les sphères, ni pour les former : tout s'est fait, tout se conserve par les seules forces de la nature : *naturæ viribus, non deorum. De nat. deor.* 3. 11. (2).

A la bonne heure que les grandes parties aient été formées & placées ainsi ; mais le mouvement qu'elles ont chacune à leur manière, & quelquefois dans des sens contraires ; mais les organisations de toutes espèces, qui remplissent le monde sublunaire ; tout cela vient-il des seules qualités naturelles des élémens ? Revenons sur nos pas.

Au-dessus de la sphère des étoiles, qui est la dernière de toutes, est assis le moteur suprême, qui meut sans se mouvoir, parce qu'il est *acte pur*, & qu'en lui il n'y a rien *en puissance* ; ce qui ne seroit pas, s'il pouvoit se mouvoir ou être mu : car se mouvoir ou être mu, c'est passer de la puissance à l'acte.

Comment donc peut-il mouvoir ? Aristote nous l'explique par une comparaison (3). Dieu meut comme l'objet meut l'appétit. Mais si cela est, Dieu ne meut point, puisque l'objet ne meut que comme cause occasionnelle, & non comme cause physique. Les sphères qui se meuvent, & les astres qui se meuvent avec elles, ne sont donc point mues physiquement par le premier moteur.

Par qui le sont-elles ? Par elles-mêmes ? Il le faut bien, puisqu'il n'y a point hors d'elles d'autre cause de leur mouvement. Ainsi la sphère des étoiles se meut par elle-même d'orient en occident, emportant avec elle celles de Saturne, de Jupiter, de Mars, &c. qui se conforment à son mouvement plus ou moins, selon qu'elles sont plus proches ou plus éloignées d'elle (1).

Mais outre ce mouvement commun, les sphères des planetes en ont chacune un autre qui leur est propre, d'occident en orient : d'où peut-il venir ? D'un principe particulier, résidant en chacune d'elles, & résultant de leur substance. Il ne peut venir ni de Dieu, qui n'est point cause physique ; ni du mouvement des étoiles, auquel il est contraire : il faut donc qu'il y ait des principes moteurs, des ames ou natures particulières pour chacune des sphères planétaires, & des planetes.

Il en sera de même du monde sublunaire. Il y a d'abord l'influence sympathique de toutes les sphères, qui agissent sur lui à proportion de leurs forces & de leur distance. Il y a ensuite des principes particuliers, des entéléchies, c'est-à-dire, des espèces d'ames, de natures attachées à chaque individu, pour le former, l'organiser, le conduire aux fins de son espèce. On ne dira point que ces ames sont des parcelles de la divinité, quand on sait que la divinité ne fait rien, même où elle est. Il faut donc dire que les êtres sublunaires sont mus & gouvernés par je ne sais quel principe de mouvement & de repos, résidant en eux, & résultant de leur composition & de leur organisation propre. C'est la doctrine du philosophe (2). On entend alors en quel sens il compare l'univers à la maison d'un père de famille, où il y a des enfans sages, qui ne font jamais que le bien ; (ce sont apparemment les moteurs des étoiles), des esclaves d'un caractère quelquefois rebelle ; (ce sont les moteurs des planetes) & des animaux domestiques, qui n'ont que l'instinct aveugle, & qui font tantôt bien, tantôt mal, au hasard (3), parce que telle est leur nature : on en voit l'effet dans le monde sublunaire, où tout semble se gouverner au gré de la fortune.

C'est donc le caractère de chaque moteur qui décide de tout ce qui se fait, ou qui peut se faire dans chacun, & par chacun des êtres : c'est ce qui les conduit à leurs fins propres. Ce ca-

---

(1) De Cœlo, 1. 8. 9. 10. & 2. 1. Et Phys. 8. 1. & 2. Aristote, faisant le monde éternel, raisonnoit plus juste que les autres philosophes. Il supposoient tous que la matière étoit éternelle, & qu'elle avoit le mouvement par elle-même. En partant de-là, Aristote disoit : ou le mouvement actuel du monde est naturel, ou il est contre nature. S'il est contre nature, c'est un désordre, un état violent : aucun philosophe ne le dit. S'il est naturel, c'est donc celui que la matière a par sa nature de toute éternité. Le mouvement actuel, qui fait l'ordre du monde, est donc éternel ; le monde l'est donc lui-même. Ce raisonnement, qui remplit les livres d'Aristote, tombe de lui-même, si on dit, comme les modernes, que la matière n'a par elle-même ni le mouvement ni le repos ; que ces deux états lui sont indifférens, & qu'elle persévère également, soit dans l'un, soit dans l'autre, s'il ne survient point de cause qui la fasse passer d'un état à l'autre.

(2) Tout ce qui est fait par nature, a en soi le principe de son mouvement & de son repos. *Phys.* 1. 1. text. 3. Et tout être qui a un pareil principe, a ce qu'on appelle nature. *Ibid. text.* 8.

(3) Métaph. 14. 8.
Philosophie anc. & mod. Tome I.

(1) De Cœlo, 2. 10.

(2) Phys. 2. 8.

(3) Métaph. 14. 10. p. 1005. A.

D d

ractère est le résultat (1) nécessaire de la substance & de l'organisation de chacun des êtres ; Leur manière d'agir n'est donc que leur nature, leur manière d'être ; & leur manière d'être n'est qu'un résultat méchanique de leurs principes composans. L'univers n'est donc qu'une grande machine composée de roues qui se meuvent par elles-mêmes, & qui, s'engrenant entre elles, produisent leurs effets selon la nature des principes dont elles sont composées, ou celle des sujets qui reçoivent leur impression. La divinité intelligente n'est cause que comme le seroit un miroir vivant, qui présenteroit le modèle, comme une loi écrite qui indiqueroit l'ordre : tout se fait en sa présence, & rien par elle : toutes les forces sont dans la nature des substances : *natura viribus* (2).

―――――――――

(1) *Naturæ ista sunt, non artificiose ambulantis, sed omnia cientis & agitantis motibus & mutationibus suis.* De Nat. Deor. 3. 11. Un être est par nature, dit Aristote, quand le principe interne qui réside en lui le meut & le conduit à quelque fin. *Phys.* 2. 8. *t.* 13. Il avoit dit un peu plus haut, qu'en suivant cette progression, on voit jusqu'aux plantes agir pour une fin. Si l'hirondelle fait son nid pour une fin, l'araignée sa toile, si les plantes produisent des feuilles pour couvrir leur fruit, & des racines en bas & non en haut, pour se nourrir, il est évident qu'il y a une cause finale dans les êtres & se font par nature. *Text.* 7 Car c'est une absurdité de dire que pour agir pour une fin, il faut *connoître* & avoir délibéré. Si le bois faisoit lui-même un vaisseau, il le seroit comme si la nature le faisoit. Ainsi comme dans l'art il y a des fins, il y en a aussi dans la nature. *Ibid. text.* 15.

(2) *Cic. de Nat. Deor.* 3, 11. Aristote, dans ses livres de Physique (*L.* 8.) donne au premier moteur tous les attributs qui conviennent à Dieu, sans dire que ce premier moteur est Dieu. Dans son 14e livre des Métaph. il applique à Dieu tous ces mêmes attributs, & il dit que *Dieu est immuable & immobile, éternel, unique, immatériel, sans parties, ni grandeur, premier moteur, chef du ciel & de la nature, intelligent, infiniment heureux, & par lui-même.* Que manque-t-il à cette brillante définition, recueillie par Duval, pour être digne de nos plus exacts Théologiens ?

Il ne s'agit point d'ôter ici à Aristote la gloire d'avoir porté jusques-là ses méditations, ni à la vérité un appui tel que celui d'Aristote ; mais d'un autre côté, il ne faut pas chercher à nous tromper nous-mêmes. Nous ne dirons point qu'il y a des savans qui prétendent que le livre 13 des Metaph. d'Aristote est tellement interpolé, qu'on y a glissé quatre ou cinq chapitres qui ne sont point du philosophe. N'est-il pas possible qu'on ait glissé, sinon des chapitres, au moins des mots & des phrases dans le quatorzième ? D'ailleurs ces deux derniers livres ne se trouvent point dans l'édition d'Argyropile, qui est la première. Enfin ils étoient de ceux que, selon le témoignage d'Aristote lui-même, personne ne pouvoit entendre sans une clef, qu'il ne confioit pas à tout le monde. Mais voyons de près les parties de cette définition.

Dieu est ; mais il est au-dessus de la circonférence

Il est aisé de voir par cet exposé, en quoi Aristote differe des autres philosophes, & en quoi il leur ressemble. Timée, pour délivrer Dieu du pénible emploi de gouverner le monde, avoit imaginé une ame comme un ressort universel, composé de forces contraires, qui sem-

―――――――――

du monde, non ailleurs, parce que c'est là qu'il meut. *Phys.* 8. 15. *t.* 24.

Il est immuable & immobile, parce qu'il ne peut passer de la puissance à l'acte ; parce qu'il ne peut recevoir aucune forme nouvelle : c'est par la même raison qu'il n'est ni matière ni rien de matériel ; parce que qui dit *matière*, en Métaphysique, dit *être* qui peut passer de l'état de privation à l'état de forme, ou réciproquement. Ainsi, quand Dieu seroit *éther*, il n'en seroit pas moins immatériel, & comme tel, immuable.

Il est premier moteur ; mais il meut comme l'objet meut la faculté ; ce n'est pas lui qui produit le mouvement, (*Métaph.* 14. 6, & *de An.* 3. 10.) mais il meut par nature, & non par choix ; il ne peut pas ne pas mouvoir, parcequ'il est acte pur, & qu'il ne peut pas être autre chose. *Métaph.* 14. 6.

Il est éternel ; mais parce que le mouvement l'est ; & le mouvement l'est parce que le monde l'est ; & le monde l'est, parce que les principes élémentaires & leurs qualités le sont : ainsi Dieu est éternel comme tout être l'est. *Phys.* 8. 1. & 7.

Il est unique ; parce que le mouvement étant éternel, il est continu : s'il est continu, il est un : s'il est un, il faut que le moteur soit un, ainsi que la chose mue est une. *Phys.* 8. 7. *text.* 7.

Il est intelligent ; mais l'objet de son intelligence est lui seul ; elle ne descend pas aux objets vils, qui sont indignes de lui. *Métaph.* 14. 9.

Il meut les intelligences inférieures, mais comme nous l'avons dit ; & celles-ci meuvent les cinquante-cinq sphères dont Aristote use pour expliquer les mouvemens célestes, comme le premier moteur les meut elles-mêmes, par nature ; parce que telle est leur manière d'être. *Ibid.* 8.

Il n'a point de parties, parce qu'il est un ; il est un, parce qu'il est continu. Il n'a point de grandeur ; parce que s'il avoit une grandeur, elle seroit finie ou infinie : elle ne peut être finie, parce qu'elle meut d'un mouvement infinie. Elle ne peut être infinie ; parce qu'il n'y a point de grandeur infinie. Donc Dieu n'a point de grandeur ni de parties. *Phys.* 8. 15.

Qu'on joigne toutes ces notions avec celle qu'il donne de la nature, on voit combien il y a dans ces idées de complications, de contradictions, d'obscurités, d'embarras. *Quid multis ? Si ex nostris notionibus antiquos auctores, Aristotelem in primis, interpreteris, nihil illis interdum gravius, nihil sapientius, nihil constantius. At si vocabulorum potestates ex ipso explanes Aristotele, si quid ille corpore secretum, quid patribus carens, quid efficientem causam, quid naturam nominaverit exquiras, si universam denique disciplinæ compositionem attentius consideres, habebis cur sententiam mutes, & multum infra veros sapientes hominem colloces.* Mosheim ad Cud. 39.

bloit expliquer tous les phénomènes physiques & moraux. Platon avoit paru applaudir à cette pensée Tout se réduisoit à concevoir, assez grossièrement à la vérité, Dieu pur éther, à la circonférence du monde; & la terre, pure matière au centre; & de la circonférence au centre, un mélange des deux substances & de leurs qualités. Aristote ne pouvant se passer de ces deux principes, tâche de les déguiser; mais c'est toujours à-peu-près la même échelle: des natures mêlées de bien & de mal, au-dessous de la lune, des natures plus parfaites & plus sages au-dessus; & au-dessus encore, la divinité, donnant par nature, au moins aux êtres intelligens, les modèles & les desseins de leur conduite. Timée & Platon restant en-deçà de certains détails, pouvoient croire & laisser croire que Dieu étoit réellement cause; qu'il voyoit, qu'il agissoit: la providence conservoit ses droits. Aristote au contraire, voulant pénétrer jusqu'au fond des causes, se perd lui-même dans ses principes, & nous laisse voir le monde fait, conservé, gouverné par un certain accord de nature, qui rend tout indépendant de Dieu, pour être, pour se mouvoir, & pour agir.

En général, la difficulté insoluble pour tous les philosophes, étoit de placer le principe du mouvement. Dans une intelligence pure, comment agira-t-elle sur les corps? Dans la matière? Celle-ci paroit indifférente au mouvement & au repos; ils imaginèrent un milieu, qui fut d'attacher à une matière infiniment déliée tous les attributs de l'esprit, mais cette idée, employée & retournée de mille manières, pendant quarante siècles, & toujours pleine de contradictions & d'embarras, a ramené enfin la philosophie aux deux substances, esprit & corps, constatées par leurs effets, quoiqu'incompréhensibles en elles-mêmes & dans leur manière d'agir l'une sur l'autre. On s'est enfin souvenu qu'on pouvoit être encore philosophe, en s'arrêtant où le jour s'éteint, & qu'on cesse de l'être en voulant s'avancer au-delà.

Réflexions générales sur la philosophie d'Aristote.

Voici de nouveaux dogmes: nous avons vu que la matière qui compose tous les corps est foncièrement la même, selon Aristote, & qu'elle ne doit toutes les formes qu'elle prend successivement, qu'à la différente combinaison de ses parties. Il s'est contenté d'en tirer quatre élémens, le feu, l'air, l'eau & la terre, quoiqu'il lui fût libre d'en tirer bien davantage. Il a cru apparemment qu'ils suffisoient pour former ce que nous voyons.

La beauté des cieux lui fit pourtant soupçonner qu'ils pouvoient bien être composés de quelque chose de plus beau. Il en forma une quintessence, pour en construire les cieux: c'est de tout temps que les philosophes sont en possession de croire que quand ils ont inventé un nouveau mot, ils ont découvert une nouvelle chose, & que ce qu'ils arrangent nettement dans leur pensée, doit se suite se trouver tel dans la nature: mais, ni l'autorité d'Aristote & des autres philosophes, ni la netteté de leurs idées, ni la prétendue évidence de leurs raisonnemens, ne nous garantissent rien de réel. La nature peut être toute différente.

Quoi qu'il en soit de cette réflexion, Aristote croyoit qu'il n'y avoit dans cet univers que cinq espèces de corps: les premiers qui sont la matière qui forme tous les corps célestes, & meuvent circulairement; & les quatre autres dont sont composés tous les corps sublunaires, ont un mouvement en ligne droite. La cinquième essence n'a ni légèreté, ni pesanteur; elle est incorruptible & éternelle, elle suit toujours un mouvement égal & uniforme; au lieu que des quatre élémens, les deux premiers sont pesans, & les deux autres légers; descendent en bas, & sont poussés vers le centre; les deux autres tendent en-haut, & vont se ranger à la circonférence. Quoique leurs places soient aussi précises & marquées de droit, ils peuvent cependant en changer, & en changent effectivement; ce qui vient de l'extrême facilité qu'ils ont de se transformer les uns dans les autres, & de se communiquer leurs mouvemens.

Cela supposé, Aristote assure que tout l'univers n'est point également gouverné par Dieu, quoiqu'il soit la cause générale de tout. Les corps célestes, ce qui est composé de la cinquième essence, méritent ses soins & son attention: mais il ne se mêle point de ce qui est au-dessous de la lune, de ce qui a rapport aux quatre élémens. Toute la terre échappe à sa providence. Aristote, dit Diogène Laërce, croyoit que la puissance divine régloit les choses célestes, & que celles de la terre se gouvernoient par une espèce de sympathie avec le ciel.

En suivant le même raisonnement, on prouve, d'après Aristote, que l'ame est mortelle. En effet, Dieu n'étant point témoin de sa conduite, ne peut ni la punir, ni la récompenser; s'il le faisoit, ce seroit par caprice & sans aucune connoissance. D'ailleurs, Dieu ne veut point se mêler des actions des hommes: s'il s'en mêloit, il les prévoiroit; l'homme ne seroit point libre: si l'homme n'étoit point libre, tout seroit bien arrangé sur la terre. Or tout ce qui se fait ici-bas, est plein de changemens & de variations, de désastres & de maux; donc l'homme se dé-

D d

termine par lui-même, & Dieu n'a aucun pouvoir sur lui. Une autre raison qui faisoit nier à Aristote l'immortalité de l'ame, c'est l'opinion où il étoit avec tous les autres philosophes, que notre ame étoit une portion de la divinité, dont elle avoit été détachée, & qu'après un certain nombre de révolutions dans différens corps, elle alloit s'y rejoindre & s'y abymer, ainsi qu'une goutte d'eau va se réunir à l'océan, quand le vase qui la contenoit vient à se briser. Cette éternité qu'ils attribuoient à l'ame, étoit précisément ce qui détruisoit son immortalité.

Les fausses idées qu'Aristote s'étoit faites sur le mouvement l'avoient conduit à croire l'éternité du monde. Le mouvement, disoit-il, doit être éternel. En voici la preuve: s'il y a eu un premier mouvement, comme tout mouvement suppose un mobile, il faut absolument que ce mobile soit engendré ou éternel, mais pourtant en repos, à cause de quelque empêchement. Or de quelle façon que ce soit, il s'ensuit une absurdité; car si ce premier mobile est engendré, il l'est donc par le mouvement, lequel par conséquent sera antérieur au premier; & s'il a été en repos éternellement, l'obstacle n'a pu être ôté sans le mouvement, lequel de rechef aura été antérieur au premier.

A cette raison, Aristote en ajoute plusieurs autres, pour prouver l'éternité du monde. Il soutenoit que Dieu & la nature ne seroient pas toujours ce qu'il y a de meilleur, si l'univers n'étoit éternel, puisque Dieu ayant jugé de tout temps que l'arrangement du monde étoit un bien, il auroit différé de le produire pendant toute l'éternité antérieure. Voici encore un de ses argumens sur le même sujet: si le monde a été créé, il peut être détruit; car tout ce qui a eu un commencement doit avoir une fin. Le monde est incorruptible & inaltérable; donc il est éternel. Voici la preuve que le monde est incorruptible: si le monde peut être détruit, ce doit être naturellement par celui qui l'a créé; mais il n'en a point le pouvoir, ce qu'Aristote prouve ainsi. Si l'on suppose que Dieu à la puissance de détruire le monde, il faut savoir alors si le monde étoit parfait: s'il ne l'étoit pas, Dieu n'avoit pu le créer, puisqu'une cause parfaite ne peut rien produire d'imparfait, & qu'il faudroit pour cela que Dieu fût défectueux, ce qui est absurde: si le monde au contraire est parfait, Dieu ne peut le détruire, parce que la méchanceté est contraire à son essence, & que c'est le propre de celle d'un être mauvais, de vouloir nuire aux bonnes choses.

On peut juger maintenant de la doctrine d'Aristote sur la divinité; c'est à tort que quelques-uns l'ont accusé d'athéisme, pour avoir cru le monde éternel; car autrement il faudroit faire le même reproche à presque tous les anciens philosophes qui étoient infectés de la même erreur.

Aristote étoit si éloigné de l'athéisme, qu'il nous représente Dieu comme un être intelligent & immatériel; le premier moteur de toutes choses, qui ne peut être mu lui-même. Il décide même en termes formels, que si dans l'univers, il n'y avoit que de la matière, le monde se trouveroit sans cause première & originale, & que par conséquent il faudroit admettre un progrès de causes à l'infini; absurdité qu'il réfute lui-même. Si l'on me demande ce que je pense de la création d'Aristote, je répondrai qu'il en a admis une, même par rapport à la matière qu'il croyoit avoir été produite. Il différoit de Platon son maître, en ce qu'il croyoit le monde une émanation naturelle & impétueuse de la divinité, à-peu-près comme la lumière est une émanation du soleil. Au lieu que, selon Platon, le monde étoit une émanation éternelle & nécessaire, mais volontaire & réfléchie d'une cause toute sage & toute puissante: l'une & l'autre création, comme on voit, emporte avec soi l'éternité du monde, & est bien différente de celle de Moïse, où Dieu est si libre, par rapport à la production du monde, qu'il auroit pu le laisser éternellement dans le néant.

Mais si Aristote n'est pas athée en ce sens, qu'il attaque directement & comme de front la divinité, & qu'il n'en reconnoisse point d'autre que cet univers, on peut dire qu'il l'est dans un sens plus étendu, parce que les idées qu'il se forme de la divinité, tendent indirectement à la renverser & à la détruire.

En effet, Aristote nous représente Dieu comme le premier moteur de toutes choses: mais il veut en même temps que le mouvement que Dieu imprime à la matière ne soit pas l'effet de sa volonté, mais qu'il coule de la nécessité de sa nature; doctrine monstrueuse qui ôte à Dieu la liberté; & au monde sa dépendance par rapport à son créateur. Car si Dieu est lié & enchainé dans ses opérations, il ne peut donc faire que ce qu'il fait, & de la manière dont il le fait; le monde est donc aussi éternel & aussi nécessaire que lui.

D'un autre côté, le dieu d'Aristote ne peut être immense ni présent par tout, parce qu'il est comme cloué au ciel le plus élevé, où commence le mouvement, pour se communiquer de-là aux cieux inférieurs. Abymé de toute éternité dans la contemplation de ses divines perfections, il ne daigne pas s'informer de ce qui se passe dans l'univers; il le laisse rouler au gré du hasard. Il ne pense pas même aux autres intelligences, qui sont occupées comme lui à faire tourner les sphères auxquelles elles sont attachées. Il est dans l'univers ce qu'un premier mobile est dans une machine : il donne le mouvement à tout, & il le donne nécessairement. Un Dieu si éloigné des hommes, ne peut être honoré par leurs prières, ni appaisé par leurs sacrifices, ni punir le vice, ni récompenser la vertu. De quoi serviroit-il aux hommes d'honorer un Dieu qui ne les connoit pas, qui ne sait pas même s'ils existent, dont la providence est bornée à faire mouvoir le premier ciel où il est attaché ? Il en est de même des autres intelligences, qui contribuent au mouvement de l'univers, ainsi que les différentes parties d'une machine, où plusieurs ressorts sont subordonnés à un premier qui leur imprime le mouvement. Ajoutez à cela qu'il croyoit nos ames mortelles, & qu'il rejettoit le dogme des peines & des récompenses éternelles ; ce qui étoit une suite, comme nous l'avons ci-dessus observé, de l'opinion monstrueuse qui faisoit de nos ames autant de portions de la divinité.

Jugez après cela si Aristote pouvoit être fort dévot envers les dieux. N'est-il pas plaisant de voir que, même dans les plus beaux siècles de l'eglise, il y ait eu des hommes assez prévenus, & non moins impies qu'insensés, les uns pour élever les livres d'Aristote à la dignité du texte divin, les autres pour faire un regard de son portrait & de celui de J. C. ?

Dans les siècles suivans, & même depuis la renaissance des lettres en Italie, on n'a point hésité à mettre ce philosophe au nombre des bienheureux. Nous avons deux ouvrages exprès sur cette matière, l'un attribué aux théologiens de Cologne, & intitulé, *du salut d'Aristote* : l'autre composé par Lambert Dumont, professeur en philosophie, & publié sous ce titre : *Ce qu'on peut avancer de plus probable touchant le salut d'Aristote, tant par des preuves tirées de l'écriture sainte, que par des témoignages empruntés de la plus saine partie des théologiens :* tandis qu'il est constant par l'exposition de son système, qu'il n'a point eu d'idée saine de la divinité, & qu'il n'a nullement connu la nature de l'ame, ni son immortalité, ni la fin pour laquelle elle est née.

On suppose dans ces deux ouvrages comme un principe clair & évident, qu'il a eu une connoissance anticipée de tous les mystères du christianisme, & qu'il a été rempli d'une force surnaturelle. A combien d'excès l'envie opiniâtre de christianiser les anciens philosophes n'a-t-elle point donné naissance ? Ceux qui auroient l'esprit tourné de côté là, ne seroient pas mal de lire l'excellent traité de Jean-Baptiste Crispus, italien, qui florissoit au commencement du seizième siècle. Ce traité est plein d'une critique sûre & délicate, & où le discernement de l'auteur brille à chaque page : il est intitulé, *des précautions qu'il faut prendre en étudiant les philosophes payens.*

Si Aristote a eu des temples, il s'est trouvé bien des infidèles qui se sont moqués de sa divinité : les uns l'ont regardé comme le génie de la nature, & presque comme un dieu : mais les autres ont à peine daigné lui donner le titre de physicien. Ni les panégyristes, ni les critiques n'en ont parlé comme ils le devoient, les premiers ayant trop exagéré le mérite de ce philosophe, & les autres l'ayant blâmé sans aucun ménagement. Le mépris qu'on a eu pour lui dans ces derniers siècles, vient de ce qu'au lieu des originaux, que personne ne lisoit, parce qu'ils étoient en grec, on consultoit les commentateurs arabes & scholastiques, entre les mains desquels on ne peut douter que ce philosophe n'ait beaucoup perdu de ses traits. En effet, ils lui ont prêté les idées les plus monstrueuses, & lui ont fait parler un langage inintelligible. Mais quelque tort que lui aient fait tous ces écarts & toutes ces chimères, au fond il n'en est point responsable. Un maître doit-il souffrir de l'extravagance de ses disciples ? Ceux qui ont lu ses ouvrages dans l'original, lui ont rendu plus de justice. Ils ont admiré en lui un esprit élevé, des connoissances variées, approfondies, & des vues générales ; & si sur la physique il n'a pas poussé les recherches aussi loin qu'on l'a fait aujourd'hui, c'est que cette science ne peut se perfectionner que par le secours des expériences, ce qui dépend, comme l'on voit, du temps.

J'avouerai cependant, d'après le fameux chancelier Bacon, que le défaut essentiel de la philosophie d'Aristote, c'est qu'elle accoutume peu-à-peu à se passer de l'évidence, & à mettre les mots à la place des choses. On peut lui reprocher encore cette obscurité qu'il affecte partout, & dont il enveloppe ses matières.

Je ne puis mieux finir ni faire connoître ce qu'on doit penser du mérite d'Aristote, qu'en rapportant ici l'ingénieux parallèle que le P. Rapin en fait avec Platon, qu'on a toujours regardé comme un des plus grands philosophes. Voici à-peu-près comme il s'exprime :

» Les qualités de l'esprit étoient extraordinaires » dans l'un & dans l'autre : ils avoient le gé- » nie élevé & propre aux grandes choses. Il est » vrai que l'esprit de Platon est plus brillant » & plus poli, celui d'Aristote plus vaste & plus » profond. Platon a l'imagination vive, abon-

» dante, fertile en inventions, en idées, en
» expressions, en figures, donnant mille tours
» différens, mille couleurs nouvelles, & toutes
» agréables à chaque chose. Mais, après tout,
» ce n'est souvent que de l'imagination. Aristote
» est dur & sec en tout ce qu'il dit ; mais ce
» sont des raisons que ce qu'il dit, quoiqu'il
» le dise sechement : sa diction, toute pure
» qu'elle est, a je ne sais quoi d'austère ; &
» ses obscurités naturelles ou affectées, dégoûtent
» & fatiguent les lecteurs. Platon est délicat
» dans tout ce qu'il pense & dans tout ce
» qu'il dit : Aristote ne l'est point du tout,
» pour être plus naturel ; son style est simple
» & uni, mais serré & nerveux. Celui de Platon
» est grand & élevé, mais lâche & diffus
» : celui-ci dit toujours plus qu'il n'en faut
» dire ; celui-là n'en dit jamais assez, & laisse
» à penser toujours plus qu'il n'en dit : l'un
» surprend l'esprit, & l'éblouit par un caractère
» éclatant & fleuri ; l'autre l'éclaire &
» l'instruit par une méthode juste & solide ; &
» comme les raisonnemens de celui-ci sont plus
» droits & plus simples, les raisonnemens de
» l'autre sont plus ingénieux & plus embarrassés.
» Platon donne de l'esprit par la fécondité du
» sien, & Aristote donne du jugement & de
» la raison par l'impression du bon sens qui
» paroît dans tout ce qu'il dit. Enfin, Platon
» ne pense le plus souvent qu'à bien dire, &
» Aristote ne s'occupe qu'à bien penser, à creuser
» les matières, à en rechercher les principes,
» & de ces principes en tirer des conséquences
» infaillibles ; au lieu que Platon, en se donnant
» plus de liberté, embellit son discours & plaît
» davantage : mais par la trop grande envie qu'il
» a de plaire, il se laisse trop emporter à son
» éloquence ; il est figuré en tout ce qu'il dit.....
» Aristote se possede toujours ; il appelle les
» choses tout simplement par leur nom : comme
» il ne s'élève point, qu'il ne s'égare jamais,
» il est aussi moins sujet à tomber dans l'erreur,
» que Platon qui y fait tomber tous ceux qui
» s'attachent à lui ; car il séduit par sa manière
» d'instruire qui est trop agréable. Mais quoique
» Platon ait excellé dans toutes les parties
» de l'éloquence, qu'il ait été un orateur parfait,
» au sentiment de Longin, & qu'Aristote
» ne soit nullement éloquent, ce dernier donne,
» pour l'ordinaire, du fond & du corps au
» discours, pendant que l'autre n'y donne que
» la couleur & la grâce ».

Lorsque les injustes persécutions des prêtres de Cérès contraignirent Aristote de se retirer à Chalcis, il nomma Théophraste pour son successeur, & lui légua tous ses manuscrits. Ce philosophe jouit toute sa vie d'une très-grande réputation : on comparoit la douceur de son éloquence à celle du vin de Lesbos, qui étoit sa patrie. Né doux & obligeant, il parloit avantageusement de tout le monde ; & les gens de lettres, sur-tout trouvoient dans lui un ami aussi sûr que prévenant. Il savoit faire valoir leur mérite lors même qu'ils l'oublioient, ou plutôt, qu'il sembloient l'ignorer par un excès de modestie.

Pendant que Théophraste se distinguoit ainsi à Athènes, Sophocle, fils d'Amphiclide, porta une loi, par laquelle il étoit défendu à tous les philosophes d'enseigner publiquement sans une permission expresse du sénat & du peuple. La peine de mort étoit même décernée contre tous ceux qui n'obéiroient point à ce règlement. Les philosophes indignés d'un procédé si violent se retirèrent tous d'Athènes, & laissèrent le champ libre à leurs rivaux & à leurs ennemis, je veux dire aux rhéteurs & aux autres savans d'imagination.

Tandis que ces derniers jouissoient de leur triomphe, un certain Philon qui avoit été ami d'Aristote, & qui faisoit profession d'honorer les beaux arts, composa une apologie en faveur des philosophes retirés. Cette apologie fut attaquée par Démocharès, homme accrédité, & fils d'une sœur de Démosthène. L'amère critique n'étoit point épargnée dans sa réfutation, & il faisoit sur-tout un portrait odieux de tous les philosophes qui vivoient alors ; & d'autant plus odieux, qu'il étoit moins ressemblant. Ce qu'il croyoit devoir servir à sa cause, la gâta, & la perdit sans ressource : le peuple revenu de sa première chaleur, abolit l'indécente loi de Sophocle, & le condamna lui-même à une amende de cinq talens.

Les jours tranquiles revinrent à Athènes, & avec eux la raison ; les philosophes recommencèrent leurs exercices.

Le Lycée perdit beaucoup par la mort de Théophraste : mais quoique déchu de son ancienne splendeur on continua toujours d'y enseigner. Les professeurs furent Démétrius de Phalère, Straton, surnommé le *physicien*, Lycon, Ariston, de l'île de Céa, Chritolaüs, & Diodore qui vécut sur la fin de la cent-soixantième olympiade. Mais de tous ces professeurs, il n'y eut que Straton qui donna quelque chose de nouveau, & qui attira sur lui les regards des autres philosophes ; car pour ceux que je viens de nommer, on ne sait d'eux que leur nom, l'époque de leur naissance, celle de leur mort, & qu'ils ont été dans le Lycée les successeurs d'Aristote.

Straton ne se piqua point de suivre le pur péripatéticisme. Il y fit des innovations : il renversa le dogme de l'existence de Dieu. Il ne reconnut d'autre puissance divine que celle de la nature ; & sans trop éclaircir ce que ce pouvoit être au fond que cette nature, il la regardoit comme une force répandue par-tout & essentielle à la matière, une espèce de sympathie qui lie tous les corps & les tient dans l'équilibre, comme une puissance, qui sans se décomposer elle-même, a le secret merveilleux de varier les êtres à l'infini ; comme un principe d'ordre & de régularité, qui produit éminemment tout ce qui peut se produire dans l'univers. Mais y a-t-il rien de plus ridicule que de dire qu'une nature qui ne sent rien, qui ne connoît rien, se conforme parfaitement à des loix éternelles ; qu'elle a une activité qui ne s'écarte jamais des routes qu'il faut tenir ; & que dans la multitude des facultés dont elle est douée, il n'y en a point qui ne fasse ses fonctions avec la dernière régularité ? Conçoit-on des loix qui n'ont pas été établies par une cause intelligente ? En conçoit-on qui puissent être exécutées régulièrement par une cause qui ne les connoît point, qui ne sait pas même qu'elle existe. C'est-là l'endroit le plus foible du stratonisme ; c'est une objection qu'il n'a pas prévue, & qui ébranle tout son système que Spinosa a renouvellé de nos jours, & auquel il a donné la forme géométrique. Entre ces deux systèmes, je ne vois d'autre différence si non que Spinosa ne faisoit de tout l'univers qu'une seule substance, dogme qu'il avoit emprunté de Zénophaüs, de Mélissus & de Parménides, au lieu que Straton reconoissoit autant de substances diverses qu'il y avoit de molécules dans la matière. Nous allons en parler plus en détail, & exposer aussi clairement qu'il nous sera possible cette ancienne hypothèse des élémens animés.

Aristote ayant donné une direction fixe au mouvement des élémens qu'il employoit dans la composition du monde, & les portant constamment ou de bas en haut, ou de haut en bas, ou circulairement autour du centre, avoit dans son hypothèse une preuve de l'éternité du monde ; mais les variations irrégulières des êtres naissans & mourans sans cesse, étoient une preuve contre son hypothèse. Pourquoi les matières sublunaires, le feu, l'air, l'eau, la terre étant arrivés une fois à leur lieu naturel, n'y restoient-elles pas éternellement comme les matières célestes dans les leurs ? Ce fut sans doute ce qui détermina Straton à changer les principes de son maître. Il ôta au mouvement des élémens cette direction fixe, pour leur en donner une plus vague, par laquelle on pût expliquer les variations sur-tout du monde sublunaire : mais alors il fallut renoncer à l'éternité du monde.

Peut-être aussi qu'Aristote, dans des circonstances plus délicates, n'avoit pas jugé à propos de dire nettement toute sa pensée. Car après tout, ces natures actives, ou *entelechies*, qu'il attachoit à chaque individu, ne pouvoient être qu'un résultat des deux natures élémentaires dont l'individu étoit composé. Straton, vivant dans un siècle où les dogmes les plus hardis ne faisoient plus qu'autant de sensation qu'il en falloit pour produire la célébrité des auteurs, parla plus clairement que lui. Il osa dire, sans détour & sans mystère, qu'il n'avoit pas besoin d'aucune cause intelligente, pour former, mouvoir, conduire l'univers & chacune de ses parties : qu'un principe spontanée, inhérent à chaque parcelle élémentaire, lui suffisoit pour exécuter tout, selon certaines combinaisons, formées par la diversité des poids, par celle des mouvemens, & par le hasard des rencontres : & à ce principe il donnoit le nom de *nature*. « Straton, » disciple de Théophraste, celui qu'on appelle *le* » *Physicien*, pense que toute la puissance divine » réside dans la nature, qui renferme en elle les » causes de la génération, de l'accroissement, de » la nutrition des êtres, & qui n'a aucune espèce » de sentiment. (1) ». Et ailleurs : Straton de Lampsaque déclare qu'il n'a pas besoin du secours des » Dieux pour faire le monde. Il prétend que tout » ce qui est, est l'ouvrage de la nature. Entrant » dans les détails des parties, il montre que » tout ce qui est, ou qui se fait, se fait, ou a été fait, par les poids & par les mouvemens naturels (2) ».

Deux choses à remarquer soigneusement : *les poids naturels* de chaque particule élémentaire, ce qui constitue le méchanisme ; *les mouvemens naturels* de chacune de ces particules, ce qui constitue le naturalisme. Il y avoit donc dans chaque élément une nature mouvante, & une pesanteur particulière, qui se modifioient l'une par l'autre, & procuroient les rencontres. D'autres les rendent par deux mots, *la nature & la fortune* : Φύσις καὶ τύχη.

Ce système est aisé à comprendre, si on veut y joindre ce que nous dirons des Stoïciens, à l'article Zénonisme. (*Voyez* ce mot), en effet, ôtez au Dieu de Zénon l'intelligence & le sentiment, qui dans le fait lui étoient inutiles pour

---

(1) Theophrasti auditor Strato is qui Physicus appellatur, omnem vim divinam in naturâ sitam esse censet. quæ causas gignendi, augendi, nutriendi habeat, sed careat omni sensu. *Cic. de nat. Deor.* 1. 13.

(2) Strato Lampsacenus negat opera Deorum se uti ad fabricandum mundum : Quæcumque sint, docet omnia effecta esse naturâ. Ipse autem singula mundi partes persequens, quidquid sit aut fiat, naturalibus fieri, aut factum esse docet ponderibus & motibus. *Lucul.* 38.

la formation & la conservation des êtres, vous avez le *naturalisme* de Straton.

Straton croyoit, de même que Zénon, que le monde avoit commencé, & par conséquent, que toutes les espèces étoient nées avec le monde. Comment expliquoit-il cette naissance? Comme Zénon, par les efforts divers des principes composans, qui, se mouvant par eux-mêmes, & chacun à leur manière, devoient avoir produit des rencontres, & par ces rencontres des combinaisons de toutes espèces. Celles de ces combinaisons qui se trouvèrent régulières, c'est-à-dire, aussi bien ordonnées à une fin, que si elles y avoient été dirigées par une intelligence, sont restées dans la nature, & y ont fondé des espèces. Celles au contraire qui ne se sont pas trouvées complettement ordonnées, n'ont point eu de durée, & ont péri avec l'individu imparfait ou imcomplet que le hasard des rencontres avoit formé sans lui avoir donné les accessoires ou dépendances nécessaires pour conserver son espèce (1).

Par exemple, si l'espèce humaine est restée, c'est parce que les combinaisons fortuites des principes ont formé, non un, mais deux individus humains, organisés de manière à pouvoir en produire deux autres semblables à eux; & que dans ces deux individus, placés heureusement à portée l'un de l'autre, il s'est trouvé un instinct & un penchant qui les ont invités à s'unir, pour conserver, sans l'avoir prévu, l'espèce dont ils étoient les modèles originaux & les seuls dépositaires.

C'est, je crois, le vrai sens du passage de Plutarque, que je crains de ne pas entendre, parce qu'on l'a trouvé obscur, & qu'il me semble clair. Le voici.

« Straton a dit que le monde lui-même n'est
» point un être animé; (qu'il n'y a point dans
» le monde d'ame universelle) & que les espèces
» selon nature suivent les rencontres du hasard,
» parce que c'est la spontanéité des mouvemens
» qui commencent, & qu'ensuite les formes & les
» qualités naturelles (qui constituent ce qu'on ap-
» pelle une nature) s'achèvent & s'établissent (2) ».

―――――

(1) Lorsque le hasard a arrangé une composition aussi régulièrement que s'il se fût proposé une fin, la composition a été conservée; ce qui s'est trouvé composé irrégulièrement a péri : c'est ainsi, dit Empédocle, qu'a péri le *Bovigene* & l'*Androprore*. Arist. *Physic.* 2. 8. text. 3.

(2) Adv. Colot. 1115. B. *Voy.* la note de Mosheim sur Cudworth. pag. 102. où le passage de Plutarque est traduit ainsi en latin : *Mundum ipsum non esse animal dicit, naturalia verò sequi fortuita. Initium au-*

C'est le seul texte de l'antiquité où l'on trouve exactement articulés les principes de Straton.

D'après ce texte, on peut se représenter le cahos de Straton, comme un amas immense de parcelles de toutes espèces, de toutes figures, qui, s'agitant par des secousses & des vibrations convulsives, forment toutes sortes d'angles, à-peu-près comme ces points animés qu'on observe avec le microscope dans les infusions des plantes. Or ces vibrations occasionnoient des rencontres, ces rencontres des formes; & par-tout où il y a forme, il y a au moins commencement de nature.

Straton admettoit donc une espèce de vitalité dans la matière principe, un effort qui ressembloit à une sorte d'amour, de désir vague, d'inquiétude sourde, par laquelle un corpuscule cherchoit à s'unir à un autre corpuscule, soit semblable, soit différent, dont il pouvoit résulter des formes différentes, & par ces formes, des natures, & ensuite des mouvemens & des effets différens. C'étoit en quoi il différoit essentiellement des atomistes (1).

Cette qualité fondamentale accordée à la matière, Straton pouvoit bien faire quelques pas dans les explications des effets physiques. Mais si on la lui refusoit, comment la prouver? En disant, comme quelques uns de nos modernes, qu'on voit partout les indications d'une force végétante, qui tend à produire au dehors, à organiser, à multiplier. Cette force existe, il est vrai; mais tirer de-là une preuve de l'état primordial des causes, & prétendre que cette activité est attachée essentiellement, & de toute éternité à la matière, c'eût été de la question même faire sa preuve.

Il auroit eu aussi peu de chose à répondre, si on lui eût demandé pourquoi, de toutes ces particules, il ne s'étoit pas formé une seule masse, dans laquelle elles auroient trouvé leur repos, ou dont il auroit résulté un seul mouvement général, composé de toutes les forces mouvantes particulières. Car il n'y a point de raison dans son système, pour former un nombre infini de concrétions différentes, plutôt qu'une seule.

On auroit pu lui demander encore comment les lois qui tendent à l'organisation spécifique, &

―――――

tem indere automaton, seu spontaneam quandam naturæ vim, tum verò ita continuare affectiones rerum naturalium singulas.

(1) Nec ut ille (*Epicurus*) qui asperis & lævibus, & hamatis, uncinatisque corporibus concreta hæc esse dicat, interjecto inani. Lucul. 38.

à

à la symmétrie universelle, se sont trouvés dans la nature. Répondre, comme dans le passage de Plutarque, que cela s'est fait *par le hasard*, c'étoit rentrer dans les songes de Démocrite, & se charger de tout ce qu'on lui a opposé sur ce point de sa doctrine, *somnia Democriti, non docentis sed optantis.* (Lucul. 38). Ce n'étoit plus être philosophe, ni raisonner par les causes, puisque le hasard n'est rien, & qu'il n'offre aucune idée à l'esprit. Il falloit donc qu'on accordât gratuitement à Straton, non-seulement le principe qui servoit de base à son système, mais encore d'autres suppositions indépendantes de ce principe.

En supposant les élémens animés & vivans par eux-mêmes, Straton avoit encore besoin, comme les autres philosophes, de distinguer, d'après ces phénomènes, deux sortes de matières ; l'une plus subtile, l'autre plus grossière, qu'il partageoit en autant de degrés qu'il en falloit pour établir la continuité de la nature, depuis le plus haut des cieux, jusqu'au centre de la terre, dans ses différentes espèces.

Avec la matière subtile, il formoit les astres, & donnoit à peu près la première raison de leurs mouvemens, par la nature, le nombre & l'arrangement de leurs élémens composans, qu'il pouvoit imaginer & combiner à son gré. Il donnoit de même les raisons des espèces terrestres, en estimant les doses & la nature des pièces composantes, par les fins, les propriétés, les facultés qu'il voyoit dans les espèces composées. Par exemple, la plante étoit plus parfaite que la pierre, parce qu'il entroit dans sa composition, artistement organisée, une plus forte dose de matière active. L'animal étoit plus parfait que la plante, par une dose plus grande & par une organisation plus savante. L'homme à son tour étoit plus ingénieux que l'âne ou le cheval, par un triage de parties plus excellentes, & parce qu'il a outre les yeux & les oreilles, la main fendue en cinq doigts, qui lui rendent le tact plus fin, & les perceptions plus distinctes. Au-dessus de l'homme, il mettoit, selon toute apparence, d'autres espèces encore plus parfaites. Qui pouvoit lui fixer des limites? Ceux qui sont placés au plus haut degré, étoient apparemment ce qu'il appelloit les dieux. Mais circonscrits comme les autres êtres, dans leurs essences ils n'étoient, comme tout le reste, que des parties, & non les maîtres du monde.

On voit les conséquences d'un pareil système, qui ramene tout au hasard des rencontres & à la spontanéité des mouvemens, sans cause intelligente universelle. Tout va où il peut aller, & y va nécessairement. Il n'y a dans le monde, ni centre, ni principe d'union. Que tout soit ensemble ou dispersé, par gradation, ou par saut, bien ou mal, cela ne fait rien à la nature, qui se plaît également dans l'ordre ou dans le désordre : se conservant, s'il le faut ; se détruisant, s'il le faut encore ; toujours entière, toujours également bien, soit dans ses organisations, soit dans ses ruines.

Mais nous devons dire ici que ce système, comme tous les autres faits par les anciens philosophes, pourroit être corrigé, & devenir moins choquant. On pourroit dire qu'il a plu à Dieu d'attacher aux différentes parcelles de la matière cette vitalité vague qui cherche à s'unir à d'autres parties, & à s'organiser, selon des plans tracés dans la nature même des élémens. Cette idée reviendroit à peu près aux natures plastiques. (*Voyez* cet article.) que quelque modernes ont cru pouvoir admettre, & concilier avec le dogme de la providence.

Dans tout ce que nous avons dit jusqu'ici de la philosophie d'Aristote & de celle de Straton, nous n'avons prétendu en donner qu'une idée très-générale, mais exacte & conforme au but que nous nous sommes proposé dans cet article. Tous les détails ultérieurs que le lecteur pourroit desirer à cet égard, se trouveront à l'article *philosophie péripatéticienne* où nous exposerons, par une suite de propositions extraites des ouvrages même d'Aristote, les opinions particulières de ce philosophe sur la Logique, la Physique, la Métaphysique, la Morale &c.

A l'égard de ses disciples les plus célèbres, tels que Straton qui a philosophé sur d'autres principes que ceux de son maître, comme il ne nous reste rien de ses écrits, nous prendrons ses dogmes principaux & qu'on peut-être curieux de connoître, dans Cicéron, & dans les auteurs anciens qui en ont parlé avec le plus d'exactitude & de clarté. C'est pour ne pas donner trop d'étendue à cet article *aristotélisme*, que nous avons cru devoir nous borner à ne présenter au lecteur sur un sujet si vaste que des idées sommaires dont il trouvera le développement dans un autre article que nous ne pourrions omettre, & qui est destiné à servir de supplément, ou plutôt de complément à celui-ci.

De la secte & de la doctrine d'Aristote jusqu'à la venue de Jésus-Christ.

La doctrine d'Aristote demeura tout-à-fait dans l'obscurité, pendant que celle de Platon devint si florissante dans la Grèce & dans l'Italie, alors les seuls pays où les lettres étoient en quelque réputation.

Théophraste, le disciple fidèle d'Aristote, fut son successeur dans le lycée : jamais disciple ne fut plus digne de l'amitié d'un tel maître, dont il prit entièrement l'esprit. On prétend qu'Aristote ne put se résoudre à publier ses écrits, par respect pour Platon : parce qu'il combattoit ses sentimens en bien des choses. Mais il y eût en cette conduite plus de politique que de vertu ; il voulut se ménager, parce que les esprits étoient alors trop prévenus en faveur de la doctrine de Platon. Ainsi pour mettre à couvert ses écrits, il les confia à Théophraste, avec défense expresse de les rendre publics : ce qui fut si exactement observé, que Théophraste qui en fut le dépositaire, Straton, Lycon, Démétrius le phalérien, & Héraclides, qui se succédèrent les uns aux autres dans le lycée, n'enseignèrent la doctrine d'Aristote que par pure tradition. Cette tradition n'étant soutenue d'aucun écrit, devint froide dans la suite, & n'eut rien de cet enthousiasme qu'on remarque dans les autres sectes. Mais les écrits d'Aristote eurent une destinée si étrange, après la mort de Théophraste, au rapport de Strabon, qu'il est bon d'en expliquer le détail & d'en observer toutes les circonstances, pour marquer la cause du silence de ces siècles-là, sur la doctrine d'Aristote, tandis que celle de Platon faisoit tant de bruit.

Théophraste, pour obéir exactement aux ordres de son maître, confia en mourant au plus cher de ses amis & de ses disciples, les écrits d'Aristote, aux mêmes conditions qu'ils lui avoient été confiés. Cet ami s'appelloit Nélée ; il étoit de Scepsis, ville de la Troade, & mourut peu de temps après : ce ne fut pas sans faire comprendre à ses héritiers le prix du dépôt qu'il leur laissoit. Ils le sentirent si bien, qu'ayant appris que le roi de Pergame, de qui la ville de Scepsis dépendoit, faisoit de grandes recherches de livres & d'écrits, pour faire une bibliothèque : ils enterrèrent dans un caveau bâti exprès, les écrits d'Aristote afin de s'en assurer davantage.

Ce trésor si précieux fut caché l'espace d'environ cent soixante années dans ce lieu secret, d'où enfin il fut tiré à demi rongé des vers, & presque tout gâté par l'humidité du lieu où l'on l'avoit mis. Mais on ne l'en tira que pour être vendu fort cher à un riche bourgeois d'Athènes nommé Apellicon, qui vouloit se rendre considérable par la fantaisie qu'il avoit d'amasser des livres, quoi qu'il n'eût pas de génie pour les sciences, comme le remarque Strabon. Les professeurs qui enseignoient alors dans le lycée, l'ayant appris, se concilièrent la confiance & l'amitié de ce bourgeois, qui leur prêta pour quelque temps ces écrits : mais il les retira pour les remettre dans sa bibliothèque, qu'il rendit célèbre par un dépôt de cette importance.

Quelques années après, Sylla s'étant rendu maître de toute la Grèce, & ayant pris Athènes, il sut qu'il n'y avoit rien dans cette ville de plus précieux que ces écrits d'Aristote, dont Apellicon étoit le possesseur ; & il les fit enlever de sa bibliothèque pour les porter à Rome. Mais l'ambition qu'eût Sylla de se rendre maître de la république, ne lui donna pas le loisir de penser à faire connoitre aux romains le trésor qu'il avoit apporté de Grèce : il mourut bientôt après, & ces écrits tombèrent entre les mains d'un grammairien nommé Tyrannion, qui en avoit eu connoissance par la liaison qu'il eut avec le bibliothécaire de Sylla. Quoi que ce grammairien fût fort habile, & qu'il eût dressé une bibliothèque de plus de trente mille volumes, depuis que Lucullus l'eut pris dans la guerre contre Mithridate, & qu'il l'eut amené à Rome, il n'en connut pas mieux le prix des ouvrages d'Aristote.

Mais après sa mort, Andronicus le Rhodien étant venu à Rome, & très-capable d'apprécier le mérite d'Aristote, parce qu'il avoit été nourri dans le Lycée, il traita avec les héritiers de Tyrannion, de ces écrits : & les ayant en son pouvoir, il s'attacha avec tant d'ardeur à les examiner & à les reconnoître, qu'il en fut en quelque façon le premier restaurateur, comme l'assure Porphyre dans la vie de Plotin. Car non seulement il y rétablit ce qui s'y étoit gâté par la longueur du tems, & par la négligence de ceux qui avoient eu ces écrits entre les mains : mais il les tira même de l'étrange confusion où il les avoit trouvés & en fit faire des copies.

Ce fut cet Andronicus qui commença à faire connoître Aristote dans Rome, environ le tems que Cicéron s'élevoit, par sa grande réputation, aux premières charges de la république. Cet orateur philosophe étoit revenu depuis quelque tems d'un voyage de Grèce, où il avoit eu commerce avec tous les habiles gens de ce pays-là : Ainsi il avoit appris ce que c'étoit qu'Aristote, il connoissoit une partie de son mérite, qui n'étoit pas encore bien senti à Rome, comme il paroit par la surprise de Trébatius, qui étant venu rendre visite à Cicéron dans sa maison de Tusculum, & étant entré avec lui dans sa bibliothèque, tomba par hasard sur le livre des Topiques d'Aristote, dont Cicéron avoit une copie. Trébatius lui demanda ce que c'étoit que ce livre, & de quelle matière il traitoit : car quoiqu'il ne fût pas ignorant, il n'avoit pas toutefois encore entendu parler d'Aristote. Cicéron lui répondit qu'il ne devoit pas s'en étonner : *car ce Philosophe n'étoit connu que de fort peu de gens* (1).

_____

(1) Quod quidem minime sum admiratus eum philosophum Trebatio non esse cognitum qui ab ipsis philo-

Pour Platon, ses ouvrages étoient alors fort répandus; car avant la prise d'Athènes par Sylla, on n'enseignoit publiquement à Rome que la Philosophie de Platon avec celle des stoïciens.

Ce qu'on nous dit de Cratippus, qui du tems de Cicéron enseignoit la Philosophie d'Aristote à Mitylene, n'est pas considérable; il ne pouvoit l'enseigner que par tradition.

Ainsi il ne faut pas s'étonner si Cicéron & ses auteurs de son tems donnent l'avantage à Platon sur Aristote: la réputation du premier étoit tout-à-fait établie, & celle du second ne faisoit que de naître. Il est vrai qu'Athénée prétend qu'il y avoit une copie des ouvrages d'Aristote dans cette fameuse bibliothèque des rois d'Egypte, qui fut commencée par Philadelphe, le second des Ptolomées, après la mort d'Alexandre. J'avoue qu'Aristote avoit pû laisser échapper de ses mains quelque chose de ses écrits, comme Alexandre le lui reprocha: mais il n'y a nulle apparence que tous ses ouvrages fussent dans cette bibliothèque: outre qu'il n'y a aucune preuve, que personne n'en ait eu connoissance par cette voie. De sorte qu'il est toujours vrai de dire qu'Aristote fut peu connu jusques au tems d'Auguste, & que Platon le fut beaucoup, quoique les romains se piquassent alors bien moins d'être grands philosophes, que d'être excellens orateurs; parce qu'on ne s'élevoit aux charges, & l'on ne devenoit considérable que par l'éloquence. La Philosophie n'étoit d'usage que pour la morale, dont on se faisoit une religion pour se former des devoirs, à l'égard des dieux & des hommes (1).

De la secte & de la doctrine d'Aristote, dans les huits premiers siècles.

Le mérite d'Aristote commença, comme j'ai dit, à être senti à Rome, par les soins que prit Andronicus, de rétablir ses écrits, & par les fréquens éloges que lui donna Cicéron en divers endroits de ses ouvrages: mais il faut avouer qu'il fallut bien du tems & bien de la lumière pour sonder cet abyme, & pour en connoître le fond; parce qu'après tout, il y avoit dans cet auteur des nuages à dissiper, des difficultés à éclaircir, & bien des épines à déraciner: ce qui a été cause qu'on ne l'a bien connu qu'après l'avoir long-tems étudié, & après en avoir pénétré la doctrine, par de profondes méditations. Voici la suite des aventures de sa secte & de sa philosophie.

Athénodore de Tarse, dont Plutarque fait mention, fut le premier de la cour d'Auguste, qui y fit connoître les catégories d'Aristote, par un commentaire qu'il en fit, dont Simplicius parle avec éloge.

Plutarque dit aussi que Nicolas de Damas, grand péripatéticien, & fort aimé de l'Empereur, lui fit connoître Aristote par les livres qu'il fit sur sa doctrine, dont ce prince ne profita pas beaucoup, parce qu'il n'étoit alors touché que des vers de Virgile & de ceux d'Horace. Strabon dit que du tems d'Auguste, deux autres philosophes nommés Zénarque & Athénée, tous deux de Séleucie, vinrent à Rome pour y enseigner la philosophie d'Aristote, que Zénarque avoit déjà professée à Athènes & à Alexandrie: car tous les habiles gens venoient alors à Rome pour s'y faire connoître, comme j'ai déjà dit. Il n'y eut aucun philosophe sectateur d'Aristote qui s'y acquit de la réputation sous les regnes de Tibere, de Caligula, de Claude, &c.

Néron eut un péripatéticien pour précepteur, nommé Alexandre d'Egée, comme dit Suidas. Mais ce philosophe n'eut pas le crédit de rendre la doctrine d'Aristote fort considérable dans une cour, où Burrhus & Sénèque qui étoient stoïciens l'un & l'autre, avoient tant de pouvoir. Il y eut toutefois un certain Adraste qui travailla sur les écrits d'Aristote, pour arranger les livres de sa philosophie, & pour mettre les chapitres dans leur ordre naturel: mais son ouvrage s'est perdu.

Sotion qui fut précepteur de Sénèque, avoit abandonné avec Sosigenes & Hermippus, la doctrine de Platon, pour suivre celle d'Aristote. Quoi que l'esprit d'intrigue regnât fort parmi les gens de qualité, sous les empereurs suivans, il se trouva toutefois dans la cour de Vitellius, un sage nommé Helvidius Priscus, qui s'appliqua fort à la Philosophie: *non pas*, dit Tacite (1), *pour s'en faire un spécieux prétexte d'oisiveté & de paresse comme les autres: mais pour s'affermir l'ame contre les divers événemens de la fortune*, que la cruauté des empereurs avoit rendus fort fréquens. Ce fut le parti que prirent avec lui Pétus, & son gendre Thraséas, qui avoient l'ame trop grande, pour souffrir l'infamie du gouvernement sans en murmurer.

---

sophis, præter admodum paucos, ignoretur. *Topic. init.*

(1) Ut homo per Philosophiam cultum deorum & religionem susciperet. *Cic. 1. de leg.*

(1) Ingenium illustre altioribus studiis Helvidius dedit: non ut plerique magnifico Philosophiæ nomine segne otium velaret, sed quo firmior adversus fortuita rempub. capesseret. *Tac. 4. hist.*

La persécution de Domitien contre les philosophes, jointe au mépris qu'on avoit à Rome pour la Philosophie, décrédita fort cette étude dans tout l'empire. Mais son crédit commença à se rétablir sous Adrien, & parmi les savans qui eurent de la réputation à sa cour, dont Favorin qui étoit péripatéticien, fut un des plus considérables.

Taurus de Béryte, qui composa un discours sur la différence de la Philosophie de Platon, d'avec celle d'Aristote, se signala dans la cour de Commode & Sosigènes, Hermippus, Alexandre d'Aphrodisée, furent les premiers professeurs de la Philosophie péripatéticienne établis à Rome par les empereurs Marc-Aurèle & Lucius Vérus : comme Alexandre le témoigne lui-même dans ses commentaires. Ce savant homme fut celui qui ouvrit la carrière à cette foule de commentateurs d'Aristote, qui le suivirent, & ce fut le plus habile & le plus éclairé de tous.

Galien, médecin de l'empereur Marc-Antonin, l'esprit le plus galant, le plus délicat, & l'homme le plus savant de la cour, s'attacha fort à la doctrine d'Aristote, & il fit des commentaires pleins d'érudition sur les ouvrages de ce philosophe.

Alexandre de Damas enseignoit alors à Athènes la doctrine d'Aristote, & Ammonius Saccas, l'enseignoit dans Alexandrie. La réputation de cet Ammonius fut grande, à cause du génie extraordinaire qu'il avoit pour les sciences : & comme il s'étoit rempli l'esprit de la doctrine de Platon & de celle d'Aristote qu'il avoit jointes ensemble, il fut le premier qui donna cours à cette Philosophie mêlée de l'un & de l'autre, que les sçavans embrassèrent depuis, comme fit Plotin, Porphyre, Syrien d'Alexandrie, son disciple Proclus, que Simplicius appelle le maître de ses maîtres, & comme firent ensuite quantité d'autres.

Ce temps-là, qui fut si fertile en grands personnages, commença à faire connoître la profondeur du génie d'Aristote. Tous les sçavans s'appliquèrent à étudier sa doctrine, & à l'expliquer par leurs commentaires, comme Aphrodisée sous Antonin, Aspasius sous Commode ; Syranus sous Gordien ; Porphire sous Galien & sous Aurélien ; Proclus sous Julien ; le second Ammonius son disciple, qui a si bien écrit sur le livre de *l'interprétation* d'Aristote, sous Valentinien ; Dydime qui fut maître de S. Jérôme sous Gratien ; Thémistius sous Jovinien & Valens ; St. Augustin sous Honorius ; Olympiodore sous le jeune Théodose ; Simplicius & Philoponus sous Justin & sous Justinien ; Boëce sous l'empereur Anastase & sous le roi Théodoric. Je ne parle point d'Asclépius, de Priscien, de Dexippus, de Damascius, & d'une infinité d'autres.

Tous ces grands hommes qui furent les plus savans de ces siècles-là, contribuèrent par leurs ouvrages à répandre la doctrine d'Aristote, qui faisoit d'autant plus de progrès, qu'on la connoissoit mieux.

La rigueur dont l'empereur Caracalla usa envers les sectateurs de ce philosophe, ne fut pas fort préjudiciable à cette secte, par l'opinion qu'on eut de l'esprit de cet empereur, qui s'étoit rendu méprisable par ses extravagances : car il fit mourir fort injustement Papinien le plus grand homme de l'empire, & il persécuta avec beaucoup de férocité les gens de bien & les sçavans.

Les chrétiens des trois premiers siècles, ne furent pas si favorables à Aristote qu'ils le furent à Platon : mais dans la suite la réputation d'Aristote s'augmenta d'autant plus qu'on s'appliqua à l'étudier, celle de Platon au contraire, diminua à mesure qu'on l'examina. A la vérité les premiers pères se défièrent d'abord d'Aristote, comme d'un philosophe qui donnoit trop au raisonnement & au sens : ils jugèrent la doctrine peu propre au Christianisme, qui demande une soumission parfaite de la raison, que ce philosophe consultoit trop. On le crut trop naturel, trop politique, trop rafiné, enfin trop philosophe : ainsi on ne le souffroit pas même dans les bibliotheques. Tertullien le fit passer pour un misérable sophiste (1), de qui tous les ennemis de la foi prenoient des armes pour la combattre & pour défendre l'erreur : & il prétend que c'étoit contre sa doctrine, que l'apôtre dans l'épitre aux colossiens, avertit les fidèles de prendre des précautions parce qu'elle étoit dangereuse.

On s'aperçut même de ce danger par l'exemple des théodotiens sous l'empereur Sevère, qui se servoient de la méthode & des raisonnemens d'Aristote, pour appuyer leur erreur.

Les carpocratiens furent condamnés pour avoir mis l'image de ce philosophe avec celle de Jésus-Christ, & pour l'avoir adorée par une extravagance de zèle pour sa doctrine. Les aétiens furent excommuniés par l'église, & par les ariens même, dont ils étoient sortis, parce qu'ils donnoient à leurs disciples les catégories d'Aristote pour catéchisme. Les antinomiens se portèrent jus-

---

(2) *Tertul. l. 1. de præscript.*

Videte ne quis vos circumveniat per Philosophiam, *Ad Coloss.*

qu'à cet excès d'impiété, de témoigner plus de respect à ce sage payen, qu'à la sagesse incréée. *Voyez* Eusebe hist. ecclés. c. 27.

Origène dans les livres qu'ils a faits contre Celsus, fut aussi un des premiers à décrier la doctrine d'Aristote parmi les chrétiens, par la préoccupation qu'il avoit pour Platon : & parce qu'en effet il trouva trop de raisonnement dans ce philosophe. Son esprit accoutumé au style fleuri & agréable de Platon, ne put s'accommoder de celui d'Aristote.

La plupart des autres pères entrèrent dans ces sentimens, comme saint Justin dans son dialogue avec Tryphon ; saint Clément d'Alexandrie dans son avertissement aux gentils ; saint Irénée dans son livre contre les hérésies ; Eusebe en divers endroits de ses ouvrages ; saint Athanase contre Macédonien ; saint Basile & saint Grégoire de Nysse contre Eunomius ; saint Grégoire de Nazianze dans ses oraisons vingt-sixième & trente-troisième ; saint Epiphane au livre second des hérésies ; Faustin dans le livre qu'il a fait contre les ariens ; saint Ambroise dans le premier livre de ses offices ; saint Chrysostome sur l'Epitre aux romains ; saint Cyrille contre l'empereur Julien, & tant d'autres qui décrièrent hautement Aristote, dans la crainte qu'il n'inspirât aux chrétiens le goût de la dialectique : car elle fait pointiller sur-tout, & est tout-à-fait contraire à l'esprit de la foi qui ne demande que de la soumission. Ils croyoient qu'on pourroit faire aisément un mauvais usage de la doctrine de ce philosophe : parce qu'ils ne l'avoient pas encore bien comprise. *On nous appelle fidèles*, disoit saint Chrysostome, *afin que par le mépris du raisonnement humain, nous nous élevions aux grandeurs de la foi.* Homel. 24 in joann.

Il se trouva toutefois à la fin, que cet art de raisonner qu'enseigne Aristote n'avoit rien de faux, qu'il étoit même fort solide, & qu'il pouvoit être de quelque utilité à notre religion.

Anatolius, qu'Eusebe appelle le plus sçavant de son tems, & qui fut depuis évêque de Laodicée, fut le premier des chrétiens qui enseigna la doctrine d'Aristote dans Alexandrie, & qui commença à le faire connoître vers la fin du troisième siècle, sous l'empire de Dioclétien. L'autorité de ce sçavant homme rétablit celle d'Aristote dans l'Egypte, & lui donna de la réputation dans l'Italie.

Thémistius, célèbre Péripatéticien, & ami intime de saint Grégoire de Nazianze, n'ayant pas peu contribué à adoucir l'esprit de l'empereur Valens à l'égard des chrétiens, releva beaucoup la gloire d'Aristote sous l'empire de Théodose, qui lui fit l'honneur de lui confier, quoi qu'il fût payen, son fils Arcadius pendant un voyage qu'il fit en Italie.

Saint Jérome parle bien (1) favorablement de la doctrine d'Aristote dans son livre second contre Pélage. saint Augustin dont l'esprit étoit si pénétrant, n'eût pas pensé à travailler sur cet auteur comme il fit, s'il n'eût eu bien de l'estime pour lui : & dans les livres qu'il a faits contre Cresconius, il blâme fort ce grammairien donatiste, de vouloir ôter à l'église l'usage de la dialectique, si utile pour la défense de ses vérités.

Théodoret donna de grands éloges à cet admirable aveugle, Didyme d'Alexandrie, un des plus savans de son temps, parce qu'il avoit bien entendu la doctrine d'Aristote : il le loue de l'avoir si clairement expliquée dans les commentaires qu'il en fit sur la fin du quatrième siècle. Victorin qui fut un des maitres de Saint-Jérome, & que ce père met au nombre des écrivains ecclésiastiques, commença à traduire en latin l'introduction de Porphire, qui est nécessaire pour l'intelligence des ouvrages d'Aristote. Prétextat traduisit dans la même langue les livres des *analytiques*.

L'empereur Théodose le jeune, qui avoit tant de passion pour les lettres, au rapport de Sozomène, fit venir de Grèce un philosophe péripatéticien nommé Celsus, pour enseigner à Rome la philosophie : l'empereur eut bien de la considération pour lui, comme l'assure Symmachus dans ses (2) épîtres. Cet empereur avoit grand soin de faire venir d'habiles gens d'Athènes, pour instruire la jeunesse romaine, & pour faire refleurir l'amour des lettres sous son règne.

Enfin, cet illustre romain, Sévérin Boèce, qui fut trois fois consul, après avoir étudié l'espace de dix-huit ans à Athènes la philosophie d'Aristote, & après l'avoir encore plus particulièrement approfondie par une étude fort particulière, & par de longues méditations, fit une traduction latine des ouvrages de ce philosophe. Ainsi il fut le premier à qui cet auteur dut sa réputation dans l'église latine, où il n'étoit connu que par le bruit qu'y faisoient les traductions & les commentaires des interprètes grecs, dont

---

(1) Peripateticorum sententiæ consentit sanctæ scripturæ autoritas. *Hier.*

(2) Inter præcipua negotiorum, curatum est, ut in erudiendis nobilibus præceptores ex Atticâ poscerentur. *Symm. ep.* 18.

on parloit avec estime depuis quelque temps dans l'Italie. Ainsi donc Aristote ne commença à être tout-à-fait connu en Occident que dans le sixième siècle; & ce fut Boëce qui fut le plus grand génie de son temps pour les lettres, auquel on eut cette obligation.

Mais quoique le travail de Boëce dût attirer des sectateurs à la doctrine d'Aristote, dans un temps où il l'avoit exposée aux yeux de tout le monde avec tant de netteté; néanmoins par le malheur du siècle qui fut fort troublé par les guerres d'Italie, & par l'ignorance des empereurs, il n'y eut depuis Boëce jusques à la fin du huitième siècle, que le seul saint Jean Damascène sous l'empereur Copronyme, qui parût avoir de l'amour pour la Philosophie. Il étoit de Syrie, où il y avoit encore quelque reste de littérature; il s'attacha à l'étude d'Aristote, & il fit un abrégé de sa Logique, de sa Morale, & de ses autres ouvrages.

Mais l'ignorance & la stupidité de ces temps-là & du siècle suivant fut si grande, qu'on prenoit pour des nécromantiens ceux qui sçavoient quelque chose, comme le dit Bellarmin du pape Sylvestre II, qui sçavoit la Philosophie & la Géométrie.

Il résulte de tout ce discours, que la doctrine d'Aristote fut peu connue des pères grecs, encore moins des pères latins; et qu'ainsi elle fut de peu d'usage à la religion dans ces premiers siècles. Voyons si dans les suivans elle n'a point été plus heureuse.

Sentimens des sçavans des huit derniers siècles, sur la doctrine d'Aristote.

La destinée de cette philosophie fut si bisarre dans les derniers siècles, qu'on a de la peine à comprendre comment on a pu faire dans la suite des temps des jugemens si divers d'une même personne: car jamais philosophie n'a été traitée avec plus d'honneur, ni avec plus d'infamie tout ensemble, que celle d'Aristote: le détail en est curieux.

Le peu de sçavans qui se trouvèrent dans le neuvième & le dixième siècle, l'ignorance de la langue grecque, la rareté des bons manuscrits des commentaires faits sur les ouvrages d'Aristote, arrêta fort le cours de sa doctrine: on ne vouloit pas se fier à ses interprètes sans consulter l'original de son texte. Outre que la subtilité ou plutôt la profondeur de sa doctrine, son style pressé & concis, qui demande une grande attention, détourna la plûpart des esprits de s'y appliquer avec tout l'attachement nécessaire: les plus sçavans mêmes imitant les pères des premiers siècles, qui l'avoient négligé, crurent que ce philosophe ne méritoit pas d'être examiné: ils se défièrent aussi bien que ces pères, d'une philosophie trop attachée à la nature, au sens & à la raison, pour être de quelque usage à la religion. Il se trouva même des demi sçavans qui entreprirent de décrier ce philosophe auprès des vrais théologiens, parce qu'ils n'y comprenoient rien.

Voilà l'état où étoit la philosophie d'Aristote dans l'église latine, qui n'eut pas alors des prosélytes fort intelligens, à cause de l'oisiveté où le calme dont elle jouissoit, avoit réduit la plûpart des esprits. Il est vrai que la simplicité qui régnoit dans ce siècle-là, sur-tout parmi les ecclésiastiques, & dans les monastères où étoient les seuls sçavans, ne put s'accommoder des raisonnemens d'Aristote qui sembloit inspirer un esprit de contradiction tout-à-fait opposé à la soumission de la foi. Ce fut aussi ce qui obligea saint Bernard & Otton évêque de Frisingue, de déclamer avec tant de zèle contre Abaillard & Porretin, évêque de Poitiers, qui s'étoient gâté l'esprit par une fausse dialectique qu'ils s'étoient faite en étudiant mal celle d'Aristote.

Les Grecs qui refleurirent dans l'onzième siècle & dans les suivans, avoient mieux compris Aristote, dans ces commentateurs des premiers siècles qu'ils lurent soigneusement: leur langue, qui ne laissa pas de se conserver à Constantinople malgré les guerres, leur servit pour entretenir quelque sorte de commerce avec Aristote & ses commentateurs.

Il y eut alors peu de sçavans qui ne s'attachassent à l'étude de ce philosophe, sur lequel la plûpart même travaillèrent. Sisinnius, sous l'empereur Constantin Monomaque; Psellus, sous Michel Stratonique; Magentin & Michel d'Ephese, sous le règne d'Isaac Comnene; Nicéphore Blemmydès, sous l'empereur Jean Ducas; Eustathius, évêque de Thessalonique; Cantacuzène, qui se fit religieux au mont Athos, après avoir porté la pourpre impériale; George Pachymerès; Théodore Méthochith; George de Chypre; Chilas d'Ephèse; Daniel Cyzigène; Glycis; Grégoras; Planudés, & les autres sous les empereurs suivans, qui donnèrent tous bien du crédit à Aristote dans l'église grecque.

Mais la réputation de ce grand homme s'étoit déjà répandue avec bien plus de bruit dans toute l'Afrique parmi les arabes et les maures. Car Mahomet qui dans le septième siècle s'étoit érigé en prophète, en se faisant général d'armée, & qui avoit établi une nouvelle religion par le fer & par le feu, donna lieu par ses conquêtes à l'amour des lettres, dans un pays où elles étoient fort négligées: ce qui est une suite ordinaire de la puissance & de la prospérité.

Le premier Calife de ses successeurs qui s'est

distingué par son goût pour les lettres, fut Almanzor, fondateur de Bagdad, de la famille de Ben-Abas, qui commença à règner l'an de l'égyre 137, & de Jesus-Christ 755. Il joignit à l'étude de la loi, c'est-à-dire de l'alcoran, qui étoit la seule étude de ses prédécesseurs, celle de la Philosophie & de l'Astronomie.

Le Calife Abdalla qui commença à règner en l'année 815, envoya des ambassadeurs à l'empereur de Constantinople, pour lui demander des livres de toutes les sciences, qu'il fit ensuite traduire dans sa langue, afin d'exciter parmi ses peuples l'amour des lettres & de l'étude : ses soins ne furent pas inutiles, car il s'éleva sous son règne plusieurs philosophes, & de fort habiles médecins.

Il se trouve quelques historiens arabes, qui disent que Mahomet défendit par sa loi, l'étude des lettres, pour mettre à couvert les absurdités de sa religion, sous l'ignorance dont elle faisoit profession; mais le Calife Almamon ou Maïmon réveilla l'amour des lettres, à l'occasion d'un spectre qui lui apparut la nuit sous la figure d'Aristote, qui l'excita à l'étude de la Philosophie. Ce Calife ayant vaincu l'empereur Michel, dans les conditions de paix demanda la communication de leurs livres. Ce fut lui qui, au rapport de Scaliger, fit traduire en sa langue l'Almageste de Ptolomée, pour apprendre à ses sujets l'Astronomie.

C'est ainsi que les sciences qui étoient passées de Grèce en Italie, passèrent d'Italie en Afrique, aussi bien que la domination, qui dura jusques à l'an 1258, auquel temps Bagdad fut prise par les tartares : cet amour des sciences continua encore sous les rois d'Egypte, de Fez & de Maroc : & ces siècles qui furent ceux de l'ignorance en Europe, furent des siècles sçavans en Afrique & en Egypte : car dans tous ces temps-là, il se forma une foule de philosophes, qui répandirent par leurs commentaires la doctrine d'Aristote dans l'Afrique, où elle n'étoit pas encore connue.

Les plus célèbres de ces philosophes furent Alfarabius, Algazel, Albumazar, Maimonidés, Alkindus, Albefager, Albencini ou Avicenne, & Averroés.

Alfarabius ayant trouvé en Mésopotamie les livres de la Physique d'Aristote, il les lut quarante fois de suite; & après les avoir lûs tant de fois, il écrivit à la fin qu'*il étoit prêt de les lire encore.*

Avicenne & Averroés se signalèrent plus que les autres, non seulement par leurs commentaires, mais encore par la passion qu'ils firent éclater dans leurs écrits pour la personne, autant que pour la doctrine d'Aristote : & ils lui donnèrent par-là tant d'autorité, qu'il s'établit des universités pour enseigner la Philosophie d'Aristote à Constantinople, à Tunis, à Tripoly, à Fez, à Maroc. Pic de la Mirande assure que les Arabes firent tant de cas des livres d'Aristote, quand ils en eurent connu le prix, qu'ils abandonnèrent tous les autres. On dit qu'Avicenne apprit par cœur les livres de la Métaphysique, par une suite de l'enthousiasme que lui inspiroit cet ouvrage d'Aristote, un de ceux qu'il estimoit le plus.

Tel fut l'état où ces peuples mirent la doctrine de ce philosophe dans les lieux où ils commandoient pendant les cinq cens ans qu'ils furent les maîtres du monde : car ils étendirent leurs conquêtes jusques en Espagne, où les maures portèrent aussi cet esprit. Ils établirent un college à Cordoue, qui devint encore plus florissant dans les siècles suivans ; & les Espagnols apportèrent en France les commentaires d'Avicenne & d'Averroés sur la philosophie d'Aristote, qui y étoit déja un peu connue; mais qui par les différens goûts des derniers siècles, y avoit eu une destinée & des révolutions assez étranges, aussi bien qu'en Italie.

Les livres d'Aristote ayant été apportés en France dès le commencement du treizième siècle, par les François qui prirent Constantinople, on commença à enseigner sa doctrine publiquement dans l'université de Paris, ce qui dura quelque temps. Mais il se trouva dans cette université un brouillon, nommé Amaury, qui voulant soutenir ses extravagances par les principes d'Aristote qu'on commençoit à enseigner, & dont il avoit lu la physique, fut condamné comme coupable d'hérésie par un concile qui se tint au même lieu, l'an douze cens neuf : les livres d'Aristote furent brûlés, & la lecture en fut défendue sous peine d'excommunication. A la vérité ce prétendu docteur avançoit de grandes absurdités; par exemple, que Dieu servoit de forme à la matière de tous les êtres naturels, que cette matière étant incréée, étoit divine, & de semblables visions. On imputa ces erreurs à Aristote, de qui il en avoit pris les principes à ce qu'on prétendoit, parce qu'on ne le connoissoit pas encore.

Depuis, sa métaphysique fut condamnée par cette assemblée d'évêques qui se tint à Paris sous Philippe Auguste ; & six ans après, le cardinal de Saint-Etienne, envoyé en France par le pape Innocent III, en qualité de légat, défendit aux professeurs de l'université d'enseigner sa physique ; ce qui fut confirmé 16 ans après par une bulle de Grégoire IX, adressée à l'université de Paris. Simon de Tourné, très-célèbre professeur de théologie de la même université, & Pierre de Dinant, maître ès-arts, furent accusés d'hérésie peu de temps après, pour s'être aussi trop attachés aux sentimens d'Aristote.

Mais pendant les revers qu'éprouvoit la doctrine de ce philosophe, il se trouva à Paris les trois plus grands théologiens de ce temps-là, qui commencèrent à l'honorer de leur travail & de leurs commentaires, Alexandre d'Alés, Albert le Grand, & saint Thomas, son disciple. Saint Jean Damascène leur avoit le premier ouvert le chemin qu'ils prirent; car ayant fait un abrégé fort exact de la logique & de la morale d'Aristote, il se servit de cet abrégé pour mettre en ordre ses quatre livres de la foi orthodoxe.

Ce fut sur ce plan & sur ce modèle que près de quatre cens ans après saint Damascène, Pierre Lombard arrangea les opinions des pères sur la théologie, dans son livre des Sentences, ouvrage que saint Thomas a perfectionné en se servant de cet original, dont saint Damascène & le maître des Sentences avoient pris le premier plan dans Aristote. Mais saint Thomas entreprit de suivre leurs traces, sans s'attacher à leur méthode: car il prit une manière qui lui fut particulière, par laquelle il s'érigea en premier fondateur de cette scholastique qui a été depuis si fort en vogue, & qu'il avoit prise vraisemblablement des arabes. Je ne prétends pas qu'on m'en croie sur ma parole; c'est une pensée que je soumets au jugement des sçavans, comme une conjecture sur laquelle je puis me tromper.

Je dis donc, que quand saint Thomas vint au monde, il y avoit près de quatre cens ans que les arabes qui étoient les seuls sçavans, étudioient la Philosophie: au lieu qu'il n'y avoit encore que l'amour des lettres commençoit à se réveiller dans l'Europe.

Ces peuples de qui l'empire a été plus grand que celui des romains, du moins par l'étendue de leurs conquêtes, qui fut depuis les Indes jusques en Espagne, imprimerent leur génie & leurs manières, non seulement à leurs sujets, mais encore à tous les peuples qui eurent quelque commerce avec eux; c'est-à-dire, à toute l'Europe: & comme leur étude se borna à leur religion, aux Mathématiques, & à la Philosophie, & qu'ils ne connurent point l'éloquence, ni les beaux-arts, parce que la peinture & la sculpture leur étoient défendues par leur loi: il ne faut pas s'étonner, si par les contemplations oisives de leur esprit naturellement réfléchi, ils devinrent si spéculatifs, & si métaphysiciens; & s'ils rafinerent enfin si fort sur la Logique & sur la Physique, qui furent l'objet de leurs études les plus chéries, & celles qu'ils cultivèrent le plus.

Ainsi comme ils étoient en possession d'étudier & d'interpréter Aristote, depuis plus de trois cens ans, ils rendirent cette étude & leurs commentateurs nécessaires aux chrétiens, qui voulurent étudier en Occident, quand les lettres s'y rétablirent, vers la fin du douzième siècle, & au tems que les tartares prirent Bagdad.

Les arabes qui étoient les seuls sçavans de ce tems-là, & qui s'étoient acquis une grande autorité dans les lettres, avoient établi dans l'école leur manière d'enseigner. Saint Thomas n'en trouvant point d'autre, la prit: & depuis elle fut suivie par les scholastiques. Ainsi ces termes barbares dont se sont servis depuis nos philosophes sans scrupule, furent pris d'Avicenne & des autres arabes, à qui ces expressions étoient sans doute naturelles & familières; & ces termes, de bon arabe, qu'ils étoient peut-être, devinrent par la traduction un fort mauvais latin.

Ce fut sans doute de cette sorte que la Philosophie se gâta par le commerce de ces peuples qui étoient les maîtres. Il est même à croire que quand saint Thomas auroit connu quelqu'autre méthode de traiter la Philosophie, il auroit eu raison de suivre celle qu'il avoit prise des arabes, pour confondre leur orgueil, & leur faire voir qu'on pouvoit aisément défendre la religion catholique contre leurs calomnies, en prenant leur manière d'enseigner, & en suivant leur Aristote, auquel ils s'attachoient si fort. Il est probable aussi que ce mauvais goût des arabes, qui avoient peu de connoissance des belles lettres, s'établit dans les écoles d'Europe: comme le mauvais goût des goths, s'y établit dans l'architecture & dans les autres arts.

Il faut aussi remarquer que ces peuples s'attachèrent à la Philosophie d'Aristote, plutôt qu'à celle de Platon, parce qu'ils trouvèrent la doctrine d'Aristote plus établie que celle de Platon chez les grecs, de qui ils reçurent les sciences, comme il paroît par saint Jean Damascène, le premier des philosophes chrétiens, qui avoit été sous la domination des musulmans: outre que le génie des arabes contribua beaucoup à leur faire préférer Aristote à Platon, l'éloquence imposante de celui-ci, qu'ils ne goûtoient point, les toucha moins que le style concis, & la manière solide du raisonnement de l'autre. Ce sont des conjectures; & si j'en étois fort entêté, je pourrois peut-être les faire valoir par l'autorité de saint Thomas, & de tous les philosophes les plus judicieux, qui se sont plaint que les arabes avoient gâté la Philosophie.

En effet, c'est par eux qu'Aristote a été connu en Europe, & que ses ouvrages y ont été apportés; mais on peut dire que leurs mains ne furent pas assez pures pour nous transmettre ce dépôt tel qu'ils l'avoient reçu, parce que ces peuples ne sçavoient pas bien le grec.

Mais je reviens à l'histoire & à la destinée d'Aristote dans l'université de Paris.

Il s'y fit une nouvelle réforme l'année 1366, par les cardinaux de faint Marc & de faint Martin, commiffaires d'Urbain V, pour rétablir en France la doctrine d'Ariftote. Il fut ordonné par cette réforme, qu'on ne feroit plus de maîtres ès-arts qui n'euffent été examinés fur la Logique, la Métaphyfique, la Phyfique, & les livres de l'ame d'Ariftote. Le cardinal d'Etouteville fut député en 1466 par Charles VII, pour faire garder ces règlemens, qui dans la fuite furent négligés : quoiqu'il en foit, il ordonna qu'on étudieroit Ariftote plus foigneufement qu'on ne faifoit, pour relever l'éclat de l'univerfité de Paris, qui commençoit à s'obfcurcir par cette négligence.

En l'année 1447, le pape Nicolas V, qui fut le reftaurateur des fciences dans l'Italie, commanda aux plus habiles gens de fon temps, de faire une nouvelle traduction en latin des ouvrages d'Ariftote, pour l'ufage des théologiens de l'églife romaine. Son fecrétaire George de Trébifonde, fçavant péripatéticien, y travailla fort, après s'être fignalé fous le nom de Théodore de Theffalonique avec Scholarius, dans les difputes qu'il eut fur Platon & Ariftote, contre le cardinal Beffarion & Gémifte Pléthon.

Alphonfe d'Arragon, beaucoup plus inftruit que ne le font les princes, ayant commencé à connoître le mérite d'Ariftote par le commerce des commentateurs maures & arabes, & fur-tout par la lecture d'Averroés, pria inftamment le cardinal Beffarion de traduire la Métaphyfique de ce philofophe, ce qu'il fit avec bien du fuccès. Le pape Jean XXII, qui canonifa S. Thomas & fa doctrine, rehauffa l'éclat de celle d'Ariftote, de qui ce grand docteur de l'églife avoit pris fes principes. Enfin fa réputation devint fi univerfelle dans tout le monde, que fa philofophie commença à paffer alors pour la règle & le modèle de toutes les philofophies.

Mais il fe fit fur la fin du quatorzième fiècle un grand rafinement de dialectique, par l'efpèce de fchifme qui s'éleva fur la doctrine d'Ariftote entre les nominaux & les réaliftes, & entre les thomiftes & les fcotiftes, qui avoient entre eux de grandes conteftations ; mais qui tous deux entreprirent les nominaux. Ces difputes partagèrent tellement la plus grande partie des univerfités de l'Europe, que ce caractère folide, qui diftingue la philofophie d'Ariftote, s'évapora un peu par ces fubtilités : la plupart des efprits s'y livrèrent, & altérèrent même par la confufion de leurs idées & de leurs fyftêmes, la pureté de la doctrine de ce philofophe.

Le grand champ de bataille entre les difciples de faint Thomas & ceux de Scot, fut l'*univocation de l'être* ; & le fujet principal de la difpute des nominaux contre les réaliftes, fut la *diftinction des formalités*, que ceux-là prétendoient n'être que purement intellectuelle, tandis que ceux-ci la vouloient réelle. Chacun prit parti dans ces fectes, & dans les autres qui fe formèrent peu après fur la doctrine d'Ariftote, felon l'engagement d'intérêt, d'inclination ou de paffion qu'il avoit, ou même felon l'habit qu'il portoit : ceux qui étoient libres, fuivoient le goût le plus général du fiècle dans lequel ils vivoient.

Mais il fe fit alors un fi grand débordement d'écrits fur la philofophie, que Patricius, philofophe vénitien, prétend que l'on comptoit de fon temps plus de douze mille volumes imprimés fur la feule philofophie d'Ariftote, tant la paffion d'écrire & de rafiner fur cette matière étoit devenue grande : cette paffion parut principalement dans la haine & l'animofité qui éclatèrent entre les difciples de faint Thomas & ceux de Scot, & entre les fectateurs de Biel, d'Occam, & de George d'Arimini.

On porta toutefois fi loin cette animofité, par une liberté de tout permettre à fon imagination, qu'à force de fubtilifer, la doctrine d'Ariftote fe trouva confondue dans tous ces partis. Le tumulte qui s'éleva dans toutes les écoles, qui retentiffoient de fon nom, ne fervit qu'à étouffer fa voix d'une manière à n'être prefque plus diftinguée. En effet, on le déguifa fi fort par *ces entités modales, ces diftinctions de lieu interne & externe, cette prédétermination phyfique, ces précifions, ces intentions reflexes, cette univocation de l'être, ces parties entitatives, cette édution des formes matérielles*, & tout ce galimathias inintelligible de la philofophie fcholaftique, que la vraie doctrine de ce philofophe n'étoit plus reconnoiffable. Il eft vrai que l'oifiveté du fiècle, le mauvais goût qui y régnoit par l'ignorance des bonnes lettres, & la manie de raifonner fur tout, donnèrent un fi grand cours à ces vaines fubtilités, que la philofophie perdit un peu par-là de fon crédit & de fa réputation. Car on cherchoit moins la vérité par ces fubtilités que le plaifir de faire briller fon efprit en inventant de nouvelles difficultés : & comme rien ne gâta davantage la philofophie ancienne que les fauffes fubtilités de Chryfippus, qu'il faifoit entrer dans toutes les queftions, rien n'a auffi fi fort corrompu la véritable philofophie, que le rafinement de quelques modernes fur certaines matières devenues célèbres dans l'école par leur nouveauté. Ainfi la paffion déréglée qu'on eut alors pour Ariftote, que chacun tiroit de fon côté pour l'avoir de fon parti, lui fit plus d'ennemis que de défenfeurs.

Des Reftaurateurs de la Philofophie d'Ariftote.

Jamais on n'a tant cultivé la philofophie que fous les empereurs romains : on la voyoit fur le

Philofophie anc. & mod. Tom. I.

trône comme dans les chaires des sophistes. Ce goût semble d'abord annoncer des progrès rapides ; mais en lisant l'histoire de ces temps-là, on est bientôt détrompé.

Sa décadence suivit celle de l'empire romain, & les barbares ne portèrent pas moins le dernier coup à celle-là qu'à celui-ci. Les peuples croupirent long-temps dans l'ignorance la plus crasse ; une dialectique dont la finesse consistoit dans l'équivoque des mots & dans des distinctions qui ne signifioient rien, étoit alors seule en honneur. Le vrai génie perce ; & les bons esprits, dès qu'ils se replient sur eux-mêmes, apperçoivent bientôt si on les a mis dans le vrai chemin qui conduit à la vérité.

A la renaissance des lettres, quelques sçavans instruits de la langue grecque, & connoissant la force du latin, entreprirent de donner une version exacte & correcte des ouvrages d'Aristote, dont ses disciples même disoient beaucoup de mal, n'ayant entre les mains que des traductions barbares, & qui représentoient plutôt l'esprit tudesque des traducteurs, que le beau génie de ce philosophe. Cela ne suffisoit point pourtant pour remédier entièrement au mal. Il falloit rendre communs les ouvrages d'Aristote ; c'étoit le devoir des princes, puisqu'il ne s'agissoit plus que de faire certaines dépenses. Leur empressement répondit à l'utilité : ils firent venir à grands frais, de l'orient, plusieurs manuscrits, & les mirent entre les mains de ceux qui étoient versés dans la langue grecque pour les traduire. Paul V s'acquit par-là beaucoup de gloire. Personne n'ignore combien les lettres doivent à ce pontife : il aimoit les sçavans, & la philosophie d'Aristote sur-tout avoit beaucoup d'attraits pour lui.

Les sçavans se multiplièrent, & avec eux les versions : on recouroit aux interprètes sur les endroits difficiles à entendre. Jusques-là, on n'avoit consulté qu'Averroès : c'étoit-là qu'alloient se briser toutes les disputes des sçavans. On le trouva dans la suite barbare ; & le goût étant devenu plus pur, les gens d'esprit cherchèrent un interprète plus poli & plus élégant. Ils choisirent donc Alexandre, qui passoit dans le Lycée pour l'interprète le plus pur & le plus exact.

Averroès & lui étoient sans difficulté les deux chefs du péripatétisme, & ils avoient contribué à jetter un grand éclat sur cette secte : mais leurs dogmes sur la nature de l'ame n'étoient pas orthodoxes ; car Alexandre la croyoit mortelle ; Averroès l'avouoit à la vérité immortelle, mais il n'entendoit parler que d'une ame universelle, & à laquelle tous les hommes participent. Ces opinions étoient fort répandues du temps de saint Thomas qui les réfuta avec force. La secte d'Averroès prit le dessus en Italie.

Léon X. souverain pontife, crut devoir arrêter le cours de ces deux opinions si contraires aux dogmes du christianisme. Il fit condamner comme impie la doctrine d'Averroès dans le concile de Latran, qu'il avoit assemblé. « Comme » de nos jours, dit ce souverain pontife, ceux » qui sement l'ivraie dans le champ du seigneur, » ont répandu beaucoup d'erreurs, & en parti- » culier sur la nature de l'ame raisonnable, di- » sant qu'elle est mortelle, ou qu'une seule & » même ame anime les corps de tous les hom- » mes ; ou que d'autres retenus un peu par l'é- » vangile, ont osé avancer qu'on pouvoit dé- » fendre ces sentimens dans la philosophie seu- » lement, croyant pouvoir faire un partage entre » la foi & la raison ; nous avons cru qu'il étoit » de notre vigilance pastorale d'arrêter le pro- » grès de ces erreurs. Nous les condamnons, » le saint concile approuvant notre censure, & » nous définissons que l'ame raisonnable est im- » mortelle ; & que chaque homme est animé » par une ame qui lui est propre, distinguée » individuellement des autres ; & comme la vé- » rité ne sauroit être opposée à elle - même, » nous défendons d'enseigner quelque chose de » contraire aux vérités de l'évangile ».

Les docteurs crurent que les foudres de l'église ne suffisoient pas pour faire abandonner aux sçavans ces opinions dangereuses. Ils leur opposèrent donc la philosophie de Platon, comme très-propre à remédier au mal : d'autres pour qui la philosophie d'Aristote avoit beaucoup d'attraits, & qui pourtant respectoient l'évangile, voulurent la concilier avec celle de Platon. D'autres enfin adoucissoient les paroles d'Aristote, & les plioient aux dogmes de la religion. Je crois qu'on ne sera pas fâché de trouver ici ceux qui se distinguèrent le plus dans ces sortes de disputes.

Parmi les grecs qui abandonnèrent leur patrie, & qui vinrent pour ainsi dire transplanter les lettres en italie, Théodore de Gaza, fut un des plus célèbres ; il étoit instruit de tous les sentimens des différentes sectes de philosophie ; il étoit grand médecin, profond théologien, & sur-tout très-versé dans les belles-lettres. Il étoit de Thessalonique : les armes victorieuses d'Amurat qui ravageoit tout l'Orient, le firent réfugier en Italie. Le cardinal Bessarion le reçut avec amitié, & l'ordonna prêtre. Il traduisit l'histoire des animaux d'Aristote, & les problèmes de Théophraste sur les plantes. Ses traductions lui plaisoient tant, qu'il prétendoit avoir rendu en aussi beau latin Aristote, que ce philosophe avoit écrit lui-même en grec. Quoiqu'il passe pour un des meilleurs traducteurs, il faut avouer avec Erasme, qu'on remarque dans son latin un tour grec, & qu'il se montre un peu trop imbu des opinions de son siècle. Cosme de Médicis se joignit au cardinal Bessarion pour lui faire du bien. Comblé de leurs bienfaits, il auroit pu mener une vie agréable & commode : mais l'économie ne fut jamais son défaut ; l'avidité de certains petits grecs & des Brutiens ne lui laissa jamais de quoi parer aux coups de la fortune. Il fut réduit à une extrême pauvreté ; & ce fut alors que pour soulager sa misère, il traduisit l'histoire des animaux, dont j'ai parlé. Il la dédia à Sixte IV. Toutes les espérances de sa fortune étoient fondées sur cette dédicace : mais il fut bien trompé ; car il n'en eut qu'un présent d'environ cent pistoles. Il en conçut une si grande indignation, & fut si outré que si pénibles & si utiles travaux fussent aussi mal payés, qu'il en jetta l'argent dans le Tibre. Il revint chez les Brutiens, où il seroit mort de faim, si le duc de Ferrare ne lui avoit pas donné quelques secours. Il mourut peu de temps après, dévoré par le chagrin, laissant un exemple mémorable des revers de la fortune.

George de Trébizonde s'adonna, ainsi que Gaza, à la philosophie des péripatéticiens. Il étoit crétois de naissance, & ne se disoit de Trébizonde que parce que c'étoit la patrie de ses ancêtres paternels. Il passa en Italie pendant la tenue du concile de Florence, & lorsqu'on traitoit de la réunion des grecs avec les latins. Il fut d'abord à Venise, d'où il passa à Rome, & y enseigna la rhétorique & la philosophie. Ce fut un des plus zélés défenseurs de la philosophie péripatéticienne ; il ne pouvoit souffrir tout ce qui y donnoit la moindre atteinte. Il écrivit avec beaucoup d'aigreur & de fiel contre ceux de son temps qui suivoient la philosophie de Platon. Il s'attira par là beaucoup d'ennemis. Nicolas V, son protecteur, désapprouva sa conduite, malgré la pente qu'il avoit pour la philosophie d'Aristote. Son plus redoutable adversaire, fut le cardinal Bessarion qui prit la plume contre lui, & le réfuta sous le nom de *calomniateur de Platon*. Il eut pourtant un ennemi encore plus à craindre que le cardinal Bessarion ; ce fut la misère & la pauvreté : cette dispute malheureusement pour lui, coupa tous les canaux par où lui venoient les vivres.

La plume d'un savant, si elle ne doit point être dirigée par les gens riches, doit au moins ne pas leur être désagréable : il faut d'abord assurer sa vie avant de philosopher ; semblables en cela aux astronomes qui, quand ils doivent extrêmement lever la tête pour observer les astres, assurent auparavant leurs pieds. Il mourut ainsi, martyr du péripatéticisme. La postérité lui pardonne plus aisément ses injures contre les platoniciens de son temps, que son peu d'exactitude dans ses traductions : en effet, l'attention, l'érudition, & qui plus est, la bonne foi manquent dans ses traductions des loix de Platon, & de l'histoire des animaux d'Aristote. Il prenoit même souvent la liberté d'ajouter au texte, de le changer, ou d'omettre quelque chose d'intéressant, comme on peut s'en convaincre par la traduction qu'il nous a donnée d'Eusèbe.

On a pu voir jusqu'ici que les savans étoient partagés à la renaissance des lettres entre Platon & Aristote. Les deux partis se firent une cruelle guerre : les sectateurs de Platon ne pûrent souffrir que leur maître, le divin Platon, trouvât un rival dans Aristote : ils pensoient que la seule barbarie avoit pu donner l'empire à sa philosophie, & que depuis qu'un nouveau jour luisoit sur le monde savant, le péripatéticisme devoit disparoître.

Les péripatéticiens, de leur côté, ne défendoient pas leur maître avec moins de zèle : on fit des volumes de part & d'autre, où vous trouverez plus aisément des injures que de bonnes raisons ; ensorte que si dans certains vous changiez le nom des personnes, au lieu d'être contre Aristote, vous les trouveriez contre Platon ; & cela parce que les injures sont communes à toutes les sectes, & que les défenseurs & les aggresseurs ne peuvent différer entre eux, que lorsqu'ils donnent des raisons.

Des Philosophes récens Aristotélico-Scholastiques.

Les disputes de ces savans atrabilaires dont nous venons de parler, n'apprenoient rien au monde : elles paroissoient, au contraire, devoir le replonger dans la barbarie d'où il étoit sorti depuis quelque temps. Plusieurs savans firent tous leurs efforts pour détourner ceux qui s'adonnoient à ces misérables subtilités scholastiques, qui consistent plus dans les mots que dans les choses. Ils développèrent avec beaucoup d'art la vanité de cette méthode. Leurs leçons en corrigèrent quelques-uns ; mais il restoit un certain levain qui se fit sentir pendant long-temps. Quelques théologiens même gâtèrent leurs livres, en y mêlant de ces sortes de subtilités à de bons raisonnemens qui font d'ailleurs connoître la solidité de leur esprit. Il arriva ce qui arrive toujours, on passe d'une extrémité à une autre : on voulut se corriger de ne dire que des mots, & on voulut ne dire que des choses, comme si les choses pouvoient se dire clairement, sans suivre une certaine méthode.

C'est l'extrémité où donna Luther ; il voulut bannir toute scholastique de la théologie. Jérôme Auguste, docteur de Paris, s'éleva contre lui, & lui démontra que ce n'étoit pas les syllogismes qui par eux-mêmes étoient mauvais, mais l'usage qu'on en faifoit. Quelqu'un dira-t-il, en effet, que la méthode géométrique eft vicieufe, & qu'il faut la bannir du monde, parce que Spinofa s'en eft fervi pour attaquer l'exiftence de Dieu que la foi enfeigne ? Faut-il, parce que quelques théologiens ont abufé de la fcholaftique, la bannir ? L'expérience depuis Luther, nous a appris qu'on pouvoit s'en fervir utilement ; il pouvoit lui-même s'en convaincre en lifant S. Thomas. La décifion de l'églife a mis d'ailleurs cette queftion hors de difpute.

Selon Brucker, cette décifion de l'églife pour maintenir la théologie fcholaftique, fit du tort à la bonne philofophie ; il fe trouva par-là que, tandis que dans toutes les univerfités qui n'obéiffoient pas à la cour de Rome on dictoit une philofophie raifonnable, dans celles, au contraire, qui n'avoient ofé fecouer le joug, la barbarie y régnoit toujours. Mais cette affertion de Brucker me paroit démentie par les faits.

Je crois que l'univerfité de Paris à été la première à dicter la bonne philofophie ; & pour remonter à la fource, n'eft-ce pas notre Defcartes qui le premier a marqué la route qui conduit à la bonne philofophie ? Quel changement fit donc Luther dans la philofophie ? Il n'écrivit que fur des points de théologie. Suffit-il d'être hérétique pour être bon philofophe ? Ne trouvons-nous pas une bonne philofophie dans les mémoires de l'Académie ? Il n'y a pourtant rien que l'églife romaine ne puiffe ou ne doive avouer.

En un mot, on trouve de très-grands philofophes parmi les catholiques. Defcartes, Gaffendi, Varignon, Malbranche, Arnaud, & le célèbre Pafcal, prouvent cette vérité mieux que toutes nos raifons. Si Luther & les proteftans n'en veulent précifément qu'à la théologie fcholaftique, on va voir par ceux dont nous allons parler fi leur opinion a le moindre fondement.

A la tête des fcholaftiques, nous devrions mettre, fans doute, S. Thomas & Pierre Lombard ; mais nous parlons d'un temps beaucoup plus récent : nous parlons ici des fcholaftiques qui vivoient vers le temps de la célébration du concile de Trente.

Dominique Soto fut un des plus célèbres ; il naquit en Efpagne de parens pauvres ; fa pauvreté retarda les progrès de fon inftruction ; il fit fes études à Alcala de Naris, & eut pour maitre le célèbre Thomas de Villa-Nova ; de là il vint à Paris, où il prit le bonnet de docteur ; il repaffa en Efpagne & prit l'habit de faint Dominique à Burgos ; peu de temps après, il fuccéda à Thomas de faint Victor dans une chaire de profeffeur à Salamanque : il s'acquit une fi grande réputation, que Charles V,

le députa au concile de Trente pour y affifter en qualité de théologien. La cour & la vue des grands le fatiguèrent ; la chaire de profeffeur avoit beaucoup plus d'attraits pour lui ; auffi revint-il en faire les fonctions, & il mourut peu de temps après. Outre les livres de théologie qui le rendirent fi fameux, il donna des commentaires fur Ariftote & fur Porphyre : il donna auffi en fept livres un traité du Droit & de la Juftice, où on trouve d'excellentes chofes & des raifonnemens qui marquent un efprit très-fin ; il eut pour difciple François Tolet, dont nous parlerons dans la fuite.

François de faint Victor vivoit à-peu-près vers le temps de Dominique Soto ; il naquit au pays des Cantabres ; il fit fes études à Paris, où il prit auffi l'habit de faint Dominique ; on l'envoya profeffer la théologie à Salamanque, où il fe rendit très-célèbre ; il y compofa entr'autres ouvrages, fes livres fur la Puiffance civile & eccléfiaftique : plufieurs affurent qu'ils ont beaucoup fervi à Grotius pour faire fon Droit de la guerre & de la paix ; le vengeur de Grotius paroit lui-même en convenir. On trouve, en effet, beaucoup de vues dans ce traité, & beaucoup d'idées qui font fi analogues à certaines de Grotius, qu'il feroit difficile qu'elles ne les euffent point occafionnées.

Bannès fut encore un des plus célèbres théologiens de l'univerfité de Salamanque ; il étoit fubtil, & ne trouvoit ordinairement dans les pères de l'eglife, que ce qu'il avoit penfé auparavant ; de forte que tout paroiffoit fe plier à fes fentimens : il foutenoit de nouvelles opinions, croyant n'avoir d'autre mérite que de les avoir découvertes dans les pères : prefque tout le monde le regarde comme le premier inventeur de la prémotion phyfique, excepté l'école de faint Thomas, qui l'attribue à faint Thomas même : mais en vérité, je voudrois bien favoir pourquoi les Dominicains s'obftinent à refufer à Bannès le mérite de les exercer depuis fi long-temps. Si faint Thomas eft le premier inventeur de la prémotion phyfique, elle n'en acquerra pas plus de certitude que fi c'étoit Bannès : ce ne font pas les hommes qui rendent les opinions bonnes, mais les raifons dont ils les défendent ; & quoi qu'en difent toutes les différentes écoles, les opinions qu'elles défendent ne doivent leur origine ni à la tradition écrite, ni à la tradition orale ; il n'y en a pas une qui ne porte le nom de fon auteur, & par conféquent le caractère de la nouveauté ; tous pourtant vont chercher des preuves dans l'écriture & dans les pères, qui n'ont jamais eu la première idée de leurs fentimens.

Ce n'eft pas que je trouve mauvais qu'on parle de l'écriture dans ces queftions théologiques ; mais je voudrois feulement qu'on s'attachât à faire voir que ce qui est dans l'écriture & dans les pères ne s'oppose nullement à la nouvelle opinion qu'on veut établir. Il est juste que ce que l'on défend ne contredise point l'écriture & les pères ; & quand je dis les pères, je parle d'eux autant qu'ils constatent la tradition, & non quant à leurs opinions particulières ; parce qu'enfin je ne suis pas obligé d'être platonicien avec les premiers pères de l'église.

Toutes les écoles devroient dire : voici une nouvelle opinion qui peut être défendue, parce qu'elle ne contredit point l'écriture & les pères, & non perdre le temps à faire dire aux passages ce qu'ils ne peuvent pas dire. Il seroit trop long de nommer ici tous les théologiens que l'ordre de saint Dominique a produits : tout le monde sait que de tout temps cet ordre a fait de la théologie sa principale étude, & en cela ils suivent l'esprit de leur institution ; car il est certain que saint Dominique, leur fondateur, étoit plus prédicateur controversiste, que prédicateur de morale ; & il ne s'associa des compagnons que dans cette vue.

L'ordre de saint François a eu des scholastiques fort célèbres ; le premier de tous est le fameux Scot, surnommé *le docteur subtil*. Il faisoit consister son mérite à contredire en tout saint Thomas : on ne trouve chez lui que de vaines subtilités, & une métaphysique que tout homme de bon sens rejette ; il est pourtant à la tête de l'école de saint Thomas : Scot, chez les cordeliers, est une autorité respectable. Il y a plus : il n'est pas permis de penser autrement que lui ; & j'ose dire qu'un homme qui sauroit parfaitement tout ce qu'il a fait, ne sauroit rien. Qu'il me soit permis de faire quelques réflexions ici sur cette manie qu'ont les différens ordres de défendre les systêmes que quelqu'un de leur ordre a trouvés.

Il faut être thomiste chez les jacobins, scotiste dans l'ordre de saint François, moliniste chez les jésuites. Il est d'abord évident que non-seulement cela retarde les progrès de la théologie, mais même les arrête ; il n'est pas possible de penser mieux que Molina chez les jésuites, puisqu'il faut penser comme lui. Quoi ! des gens qui se moquent aujourd'hui de ce respect qu'on avoit autrefois pour les raisonnemens d'Aristote, n'osent pas parler autrement que Scot chez les uns, & que Molina chez les autres ? Mais homme pour homme, philosophe pour philosophe, Aristote les valoit bien. Des gens qui se piquent un peu de raisonner, ne devroient respecter que la raison, consulter en tout l'expérience, & du reste se livrer à leur génie.

Croit-on que si chez les jésuites on n'avoit point été gêné, quelqu'un n'eût pas trouvé un sentiment plus aisé à défendre que les sentimens de Molina ?

Si les chefs des vieilles sectes de philosophie dont on rit aujourd'hui, avoient été de quelque ordre, nous verrions encore leurs sentimens défendus.

Grace à Dieu, ce qui regarde l'hydrostatique, l'hydraulique & les autres sciences, n'a point été livré à l'esprit de corps & de société ; car on attribueroit encore les effets de l'air à l'horreur du vuide.

Il est bien singulier que depuis plus de cent cinquante ans, il soit défendu dans des corps très-nombreux de penser, & qu'il ne soit permis que de savoir les pensées d'un seul homme. Est-il possible que Scot ait assez pensé pour meubler la tête de tous les Franciscains qui existeront à jamais ? Je suis bien éloigné de ce sentiment, moi qui crois que Scot n'a pas pensé du tout : Scot gâta donc l'esprit de tous ceux de son ordre.

Jean Ponsius professa la Théologie à Paris, selon les sentimens de son maître Scot. Il est inutile de peindre ceux qui se sont distingués parmi les Franciscains, parce qu'ils sont tous jettés au même moule ; ce sont tous des scotistes.

L'ordre de Cîteaux a eu aussi ses théologiens : Manriquès est le plus illustre que je leur connoisse ; ce qui le distingue de la plupart des théologiens purement scholastiques, c'est qu'il avoit beaucoup d'esprit, une éloquence qui charmoit tous ceux qui l'entendoient. Philippe IV l'appella auprès de lui ; il fit beaucoup d'honneur à l'université de Salamanque, dont il étoit membre ; aussi l'en nommoit-on l'*Atlas :* c'est de lui que sont les annales de Cîteaux, & plusieurs ouvrages de philosophie & de scolastique.

L'ordre de Cîteaux a produit aussi Jean-Caramuel Lobkowitz, un des esprits les plus singuliers qui aient jamais paru. Il naquit à Madrid en 1607 : dans sa plus tendre jeunesse, son esprit se trahit ; on découvrit ce qu'il étoit, & on put juger dèslors ce que Caramuel seroit un jour. Dans un âge où rien ne peut nous fixer, il s'adonna entièrement aux mathématiques ; les problèmes les plus difficiles ne le rebutoient point ; & lorsque ses camarades étoient occupés à jouer, il méditoit, il étudioit une planète pour calculer ses révolutions. Ce qu'on dit de lui est presque incroyable.

Après sa théologie il quitta l'Espagne, & passa dans les Pays-Bas ; il y étonna tout le monde par son savoir. Son esprit actif s'occupoit toujours, & toujours de choses nouvelles ; car la nouveauté avoit beaucoup de charmes pour lui. Son rare mérite le fit entrer dans le conseil aulique ; mais l'éclat de la cour ne l'éblouit pas. Il aimoit l'étude, non précisément pour s'avancer, mais pour le plaisir de savoir : aussi abandonna-t-il la cour ; il se retira à Bruges, & fit bientôt après ſes vœux dans l'ordre de Cîteaux. Il alla enſuite à Louvain, où il paſſa maître ès-arts, & en 1630 il prit le bonnet de docteur.

Les études ordinaires ne ſuffiſoient pas à un homme comme Caramuel ; il apprit les langues orientales, & ſur-tout celle des Chinois ; ſon deſir de ſavoir s'étendoit beaucoup plus que tout ce qu'on peut apprendre ; en un mot, il avoit réſolu de devenir une encyclopédie vivante.

Il donna un ouvrage qui avoit pour titre *la Théologie douteuſe* ; il y mit toutes les objections des athées & des impies ; ce livre rendit ſa foi ſuſpecte ; il alla à Rome pour ſe juſtifier ; il parla ſi éloquemment, & fit paroître une ſi vaſte érudition devant le pape & tout le ſacré collège, que tout le monde en fut comme interdit. Il auroit peut-être été honoré du chapeau de cardinal, s'il n'avoit pas parlé un peu trop librement des vices qui régnoient à la cour de Rome : on le fit pourtant évêque. Son deſir immodéré de ſavoir fit tort à ſon jugement ; & comme ſur toutes les ſciences il vouloit ſe frayer de nouvelles routes ; il donna dans beaucoup de travers ; ſon imagination forte l'égaroit ſouvent : il a écrit ſur toutes ſortes de matières ; & ce qui arrive ordinairement, nous n'avons pas un ſeul bon ouvrage de lui : que ne faiſoit-il deux petits volumes, & ſa réputation auroit été plus aſſurée ?

La ſociété des jéſuites s'eſt extrêmement diſtinguée ſur la théologie ſcholaſtique ; elle peut ſe vanter d'avoir eu les plus grands théologiens. Nous ne nous arrêterons pas long-temps ſur eux, parce que s'ils ont eu de grands hommes, il y en a parmi eux qui ont été occupés à les louer. Cette ſociété a étendu ſes vues ſur tout, & jamais jéſuite de mérite n'a demeuré inconnu.

Vaſquès eſt un des plus ſubtils qu'ils aient jamais eu : à l'âge de vingt-cinq ans il enſeigna la philoſophie & la théologie. Il ſe fit admirer à Rome & par-tout où il ſe fit connoître la ſubtilité de ſon eſprit ; les grands talens dont la nature l'avoit doué paroiſſoient malgré lui : ſa modeſtie naturelle & celle de ſon état n'empêcherent point qu'on ne le reconnût pour un grand homme : ſa réputation étoit telle qu'il n'oſoit point ſe nommer de peur qu'on ne lui rendît trop d'honneurs ; & on ne connoiſſoit jamais ſon nom & ſon mérite que par le frère qui l'accompagnoit par-tout.

Suarez a mérité à juſte titre la réputation du plus grand ſcholaſtique qui ait jamais écrit. On trouve dans ſes ouvrages une grande pénétration, beaucoup de juſteſſe, un profond ſavoir : quel dommage que ce génie ait été captivé par le ſyſtême adopté par la ſociété ! Il a voulu en faire un, parce que ſon eſprit ne demandoit qu'à créer : mais ne pouvant s'éloigner du molinisme, il n'a fait, pour ainſi dire, que donner un tour ingénieux à l'ancien ſyſtême.

Arriaga, plus eſtimé de ſon temps qu'il ne méritoit de l'être, fut ſucceſſivement profeſſeur & chancelier de l'univerſité de Prague. Il fut député trois fois vers Urbain VIII & Innocent X. Il avoit plutôt l'eſprit de chicane que de métaphyſique : on ne trouve chez lui que des vétilles, preſque toujours difficiles parce qu'on ne les entend point ; peu de difficultés réelles : il a gâté beaucoup de jeunes gens auxquels il a donné cet eſprit minutieux : pluſieurs perdent leur temps à le lire. On ne peut pas dire de lui ce qu'on dit de beaucoup d'ouvrages, qu'on n'a rien appris en les liſant ; vous apprenez quelque choſe dans Arriaga, qui ſeroit capable de rendre gauche l'eſprit le mieux fait & qui paroît avoir le plus de juſteſſe.

La théologie ſcholaſtique eſt ſi liée avec la Philoſophie, qu'on croit d'ordinaire qu'elle a beaucoup contribué aux progrès de la Métaphyſique : ſur-tout la bonne morale a paru dans un nouveau jour ; nos livres les plus communs ſur la morale, valent mieux que ceux du divin Platon ; & Bayle a eu raiſon de reprocher aux proteſtans de ce qu'ils blâmoient tant la théologie ſcholaſtique. L'apologie de Bayle, en faveur de la théologie ſcholaſtique, eſt le meilleur trait qu'on puiſſe lancer contre les hérétiques qui l'attaquent. Bayle, dira-t-on, a parlé ailleurs contre cette méthode, & il a ri de la barbarie qui règne dans les écoles des catholiques. On ſe trompe : il eſt permis de ſe moquer de la barbarie de certains ſcholaſtiques, ſans blâmer pour cela la ſcholaſtique en général. Je n'eſtime point Arriaga ; je ne le lirai pas, & je lirai Suarez avec plaiſir dans certains endroits ; & avec fruit preſque par-tout. On ne doit point faire retomber ſur la méthode, ce qui ne doit être dit que de quelques particuliers qui s'en ſont ſervis.

Des Philoſophes qui ont ſuivi la véritable Philoſophie d'Ariſtote.

On a déjà vu le péripatétiſme avoir un rival dans le platoniſme ; il étoit même vraiſemblable que l'école de Platon groſſiroit tous les jours des déſerteurs de celle d'Ariſtote, parce que les ſentimens du premier s'accordent beaucoup mieux avec le chriſtianiſme. Il y avoit encore quelque choſe de plus en ſa faveur, c'eſt que preſque tous les pères ſont platoniciens. Cette raiſon n'eſt pas bonne aujourd'hui, & je ſais qu'en philosophie, les pères ne doivent avoir aucune autorité : mais dans un temps où l'on traitoit la Philosophie comme la Théologie, c'est-à-dire, dans un temps où toutes les disputes se vuidoient par une autorité, il est certain que les pères auroient dû beaucoup influer sur le choix qu'il y avoit à faire entre Platon & Aristote : ce dernier prévalut pourtant ; & dans le siècle où Descartes parut, on avoit une si grande vénération pour les sentimens d'Aristote, que l'évidence de toutes les raisons de Descartes eurent beaucoup de peine à lui faire des partisans.

Par la méthode qu'on suivoit alors, il étoit impossible qu'on sortît de la barbarie ; on ne raisonnoit pas pour découvrir de nouvelles vérités ; on se contentoit de savoir ce qu'Aristote avoit pensé. On recherchoit le sens de ses livres aussi scrupuleusement que les chrétiens cherchent à connoître le sens des écritures.

Les catholiques ne furent pas les seuls qui suivirent Aristote ; il eut beaucoup de partisans parmi les protestans, malgré les déclamations de Luther ; c'est qu'on aimoit mieux suivre les sentimens d'Aristote, que de n'en avoir aucun. Si Luther, au lieu de déclamer contre Aristote, avoit donné une bonne philosophie, & qu'il eût ouvert une nouvelle route comme Descartes, il auroit réussi à faire abandonner Aristote, parce qu'on ne sauroit détruire une opinion, sans lui en substituer une autre ; l'esprit ne veut rien perdre.

Pierre Pomponace fut un des plus célèbres péripatéticiens du seizième siècle ; Mantoue étoit sa patrie. Il étoit si petit qu'il tenoit plus du nain que d'un homme ordinaire : il fit ses études à Padoue : ses progrès dans la Philosophie furent si grands, qu'en peu de temps il se trouva en état de l'enseigner aux autres. Il ouvrit donc une école à Padoue ; il expliquoit aux jeunes gens la véritable philosophie d'Aristote, & la comparoit avec celle d'Averroès. Il s'acquit une grande réputation, qui lui devint à charge par les ennemis qu'elle lui attira.

Achillinus, professeur alors à Padoue, ne put tenir contre tant d'éloges : sa bile savante & orgueilleuse s'alluma : il attaqua Pomponace, mais en pédant, & celui-ci répondit en homme poli : la douceur de son caractère rangea tout le monde de son parti ; car on ne marche pas volontiers sous les drapeaux d'un pédant. La victoire lui resta donc, & Achillinus n'en remporta que la honte d'avoir voulu étouffer de grands talens dans leur naissance.

Il faut avouer pourtant que, quoique les écrits de Pomponace fussent élégans, eu égard aux écrits d'Achillinus, ils se ressentent pourtant de la barbarie où l'on étoit encore.

La guerre le força de quitter Padoue, & de se retirer à Bologne. Comme il professoit précisément la même doctrine qu'Aristote, & que ce philosophe paroît s'éloigner en quelques endroits de ce que la foi nous apprend, il s'attira la haine des zélés de son temps. Tous les frélons froqués cherchèrent à le picoter, dit un auteur contemporain ; mais il se mit à l'abri de leur aiguillon, en protestant qu'il se soumettoit au jugement de l'église, & qu'il n'entendoit parler de la philosophie d'Aristote, que comme d'une chose problématique.

Il devint fort riche ; les uns disent par un triple mariage qu'il fit, & les autres par son seul savoir. Il mourut d'une rétention d'urine, âgé de 60 ans.

Pomponace fut un vrai pyrrhonien, & on peut dire qu'il n'eut d'autre dieu qu'Aristote : il rioit de tout ce qu'il voyoit dans l'évangile & dans les écrivains sacrés : il tâchoit de répandre une certaine obscurité sur tous les dogmes de la religion chrétienne. Selon lui, l'homme n'est pas libre, ou Dieu ne connoît pas les choses futures, & n'entre en rien dans le cours des événemens ; c'est-à-dire que, selon lui, la providence détruit la liberté, ou que si l'on veut conserver la liberté, il faut nier la providence. Je ne comprends pas comment ses apologistes ont prétendu qu'il ne soutenoit cela qu'en Philosophe, & qu'en qualité de chrétien, il croyoit tous les dogmes de notre religion. Qui ne voit la frivolité d'une pareille distinction ? On sent dans tous ses écrits l'indépendance de son esprit, il n'y a presque point de vérité dans notre religion, qu'il n'ait attaquée. L'opinion des stoïciens sur un destin aveugle, lui paroît plus philosophique que la providence des chrétiens ; en un mot, son incrédulité se montre par-tout. Il oppose les stoïciens aux chrétiens, & s'en faut bien qu'il fasse raisonner ces derniers aussi fortement que les premiers.

Il n'admettoit pas comme les stoïciens, une nécessité intrinsèque ; ce n'est pas, selon lui, par notre nature, que nous sommes nécessités, mais par un certain arrangement de choses qui nous est totalement étranger : il est difficile pourtant de savoir précisément son opinion là-dessus. Il trouve dans le sentiment des péripatéticiens, des stoïciens & des chrétiens, sur la prédestination des difficultés insurmontables, il conclut pourtant à nier la providence.

On trouve toutes ces opinions dans son livre

sur le destin : il n'est ni moins hardi ni plus chrétien dans son livre sur les enchantemens. Le zèle exagéré qu'il avoit pour la philosophie d'Aristote le faisoit donner dans des travers extraordinaires. Dans ce livre on trouve des assertions qui paroîtront fort étranges : nous allons en faire un extrait assez détaillé. Cet ouvrage est très-rare, & peut-être ne sera-t-on pas fâché de trouver ici sous ses yeux ce qu'on ne pourroit se procurer que très-difficilement. Voici donc les propositions de ce philosophe.

1°. Les démons ne connoissent les choses, ni par leur essence, ni par celle des choses connues, ni par rien qui soit distingué des démons.

2°. Il n'y a que les sots qui attribuent à Dieu ou au démon les effets dont ils ne connoissent pas les causes.

3°. L'homme tient le milieu entre les choses éternelles & les choses créées & corruptibles, d'où vient que les vertus & les vices ne se trouvent point dans notre nature ; il s'y trouve seulement la semence des vertus & des vices.

4°. L'ame humaine est *toutes choses*, puisqu'elle renferme, & la sensation & la perception.

5°. Quoique le sentiment & ce qui est sensible soient par l'acte même dans l'ame seulement, selon leur être spirituel, & non selon leur être réel, rien n'empêche pourtant que les espèces spirituelles ne produisent elles-mêmes réellement les choses dont elles sont les espèces, si l'agent en est capable, & si le patient est bien disposé. Pomponace traite cet article fort au long, parce qu'il prétend démontrer par-là que la force de l'imagination est telle qu'on peut lui attribuer les effets extraordinaires qu'on raconte ; tous les mouvemens des corps qui produisent des phénomènes extraordinaires, il les attribue à l'imagination ; il en donne pour exemple les illusions, & ce qui arrive aux femmes enceintes.

6°. Quoique, par les espèces qui sont reçues dans l'ame & par les passions, il arrive des effets surprenans ; rien n'empêche qu'il n'arrive des effets semblables dans des corps étrangers ; car il est certain qu'un patient étant disposé au dehors comme intérieurement, l'agent a assez d'empire sur lui pour produire les mêmes effets.

7°. Les démons meuvent immédiatement les corps d'un mouvement local : mais ils ne peuvent causer immédiatement une altération dans les corps ; car l'altération se fait par les corps naturels qui sont appliqués par les démons aux corps qu'ils veulent altérer, & cela en secret ou ouvertement. Avec ces seuls principes, Pomponace fait sa démonstration.

8°. Il suit de-là qu'il est arrivé beaucoup de choses, selon le cours ordinaire, par des causes inconnues, & qu'on a regardées comme miracles, ou comme les œuvres du démon, tandis qu'il n'en étoit rien.

9°. Il suit de-là encore, que s'il est vrai, comme disent des gens dignes de foi, qu'il y a des herbes, des pierres ou d'autres choses propres à éloigner la grêle, la pluie & les vents, & qu'on puisse s'en servir ; comme les hommes peuvent trouver cela naturellement, puisque cela est dans la nature, ils pourront donc faire cesser la grêle, arrêter la pluie sans miracle.

10°. De-là il conclut que plusieurs personnes ont passé pour magiciennes, & pour avoir un commerce avec le diable, tandis qu'elles croyoient peut-être avec Aristote, qu'il n'y avoit pas de démons ; & que par la même raison, plusieurs ont passé pour saints, à cause des choses qu'ils opéroient, & n'étoient pourtant que des scélérats.

Que si l'on croit qu'il y en a qui font des signes saints par eux-mêmes, comme le signe de la croix, & que d'autres font le contraire ; il répond que c'est pour amuser le peuple, ne pouvant croire que des personnes savantes, aient tant étudié pour augmenter le mal qui se trouve dans le monde.

Avec de tels principes, ce philosophe incrédule renverse aisément tous les miracles, même ceux de Jésus-Christ : mais pour ne pas paroître sans religion, & éviter par-là les poursuites dangereuses, (car il étoit en Italie), il dit que s'il se trouve dans l'ancien & dans le nouveau testament des miracles de Jésus-Christ ou de Moïse, qu'on puisse attribuer à des causes naturelles, mais qu'il y soit dit que ce sont des miracles, il faut le croire à cause de l'autorité de l'église.

Il s'objecte qu'il y a plusieurs effets qu'on ne sauroit attribuer à des causes naturelles, comme la résurrection des morts, la vue rendue aux aveugles : mais il répond que les histoires des payens nous apprennent que les démons ont fait des choses semblables, & qu'ils ont fait sortir des morts de l'enfer, & les ont reproduits sur la terre, & qu'on a guéri des aveugles par la vertu de certaines herbes. Il veut détruire en chrétien ces réponses : mais il le fait d'une manière à faire connoître davantage son incrédulité ; car il dit que ces réponses sont mauvaises, parce que les théologiens l'assurent ; & dans la suite il marque un grand mépris pour les théologiens.

Il est surprenant, dit Pomponace, qu'un aussi grand philosophe qu'Aristote n'eût pas reconnu l'opération l'opération de Dieu ou des démons dans les faits qu'on cite, si cela avoit été réel. Cela jette un doute sur cette question; on sent que Pomponace grossit la difficulté le plus qu'il peut. Il en fait un monstre, & sa réponse ne sert qu'à confirmer de plus en plus l'incrédulité de ce philosophe.

Il apporte la raison pourquoi Aristote a nié l'existence des démons; parce que, dit-il, on ne trouve aucune preuve de ces folies dans les choses sensibles, & que d'ailleurs elles sont opposées aux choses naturelles. Et comme on allègue une infinité d'exemples de choses opérées par les démons, après avoir protesté que ce n'est que selon le sentiment d'Aristote qu'il va parler, & non selon le sien, il dit premièrement que Dieu est la cause universelle des choses matérielles & immatérielles, non-seulement efficiente, mais encore finale, exemplaire & formelle; en un mot, l'archétype du monde.

1°. De toutes les choses corporelles créées & corruptibles, l'homme est la plus noble.

2°. Dans la nature il y a des hommes qui dépendent les uns des autres, afin de s'aider.

3°. Cela se pratique différemment, selon le degré de dépendance.

4°. Quoique Dieu soit la cause de tout, selon Aristote, il ne peut pourtant rien opérer sur la terre & sur ce qui l'environne, que par la médiation des corps célestes; ils sont ses instruments nécessaires: d'où Pomponace conclut qu'on peut trouver dans le ciel l'explication de tout ce qui arrive sur la terre. Il y a des hommes qui connoissent mieux ces choses que d'autres, soit par l'étude, soit par l'expérience, & ces hommes-là sont regardés par le vulgaire, ou comme des saints, ou comme des magiciens.

Avec cela Pomponace entreprend de répondre a tout ce qu'on lui oppose de surnaturel; cette suite de propositions fait assez connoître que ce n'est pas sans fondement que Pomponace est accusé de l'impiété des péripatéticiens: voici encore comme il s'explique dans les propositions suivantes.

Dieu connoît toutes choses soi-même dans son essence, & les créatures dans sa toute-puissance.

Dieu & les esprits ne peuvent agir sur les corps, parce qu'un nouveau mouvement ne sauroit provenir d'une cause immobile, que par la médiation de l'ancien mouvement.

Dieu & les esprits meuvent donc l'entendement & la volonté, comme premiers moteurs, mais non sans l'intervention des corps célestes.

La volonté est en partie matérielle, parce qu'elle ne peut agir sans les corps; & en partie immatérielle, parce qu'elle produit quelque chose qui est au-dessus des corps; car elle peut choisir, elle est libre, (rien n'est moins démontré).

Les prophètes sont disposés par leur nature & les principes de leur génération, quoique d'une façon éloignée, à recevoir les impressions de l'esprit divin: mais la cause formelle de la connoissance des choses futures leur vient des corps célestes. Tels furent Elisée, Daniel, Joseph & tous les devins des gentils.

Dieu est la cause de tout: voilà pourquoi il est la source des prophéties. Mais il s'accommode à la disposition de celui qu'il inspire, & à l'arrangement des corps célestes: or l'ordre des cieux varie perpétuellement.

La santé rendue à un malade miraculeusement, vient de l'imagination du malade; c'est pourquoi si des os réputés être d'un saint, étoient ceux d'un chien, le malade n'en seroit pas moins guéri: il arrive même souvent que les reliques qui opèrent le plus de prodiges, ne sont que les tristes débris d'une disposition particulière du malade.

Les prières faites avec ardeur, pour demander la pluie, ont eu souvent leur effet, par la force de l'imagination de ceux qui la demandoient; car les vents & les élémens ont une certaine analogie, une certaine sympathie avec un tel degré d'imagination, & ils lui obéissent. Voilà pourquoi les prières n'opèrent point qu'elles ne partent du fond du cœur, & qu'elles ne soient ferventes.

Suivant ce sentiment, il n'est pas incroyable qu'un homme né sous une telle constellation, puisse commander aux vents & à la mer, chasser les démons, & opérer en un mot toutes sortes de prodiges.

Nier que Dieu & les esprits soient cause de tous les maux physiques qui arrivent, c'est renverser l'ordre qui consiste dans la diversité.

Comme Dieu ni les corps célestes ne peuvent forcer la volonté à se porter vers un objet, aussi ne peuvent-ils pas être la cause du mal moral.

Les astrologues disent toujours des choses conformes à la raison & au bon sens: l'homme par la force de ce qu'il renferme, peut-être changé en loup, en pourceau, prendre en un mot toutes sortes de formes.

Philosophie anc. & mod. Tom. I.

Tout ce qui commence doit avoir une fin ; il n'est donc pas surprenant que les oracles aient cessé.

L'ancienne loi, selon l'ordre, demandoit des oracles : la nouvelle n'en veut point, parce que c'est un autre arrangement, il falloit faire contracter d'autres habitudes.

Comme il est fort difficile de quitter une ancienne habitude pour en prendre une nouvelle, il s'ensuit que les miracles étoient nécessaires pour faire adopter la nouvelle loi, & abandonner l'ancienne.

Lorsque l'ordre des cieux commencera à changer, tout changera ici bas : nous voyons que les miracles furent d'abord foibles, & la religion aussi ; les miracles devinrent plus surprenans, la religion s'accrut ; les miracles ont cessé, la religion diminue : tel est l'ordre des cieux ; il varie & il variera si fort, que cette religion cessera de convenir aux hommes.

Moïse a fait des miracles, les païens aussi, avec eux Mahomet & Jésus-Christ. Cela est nécessaire, parce qu'il ne sauroit y avoir de changement considérable dans le monde sans le secours des miracles.

La nature du miracle ne consiste pas en ce qu'il est hors de la sphère des choses ordinaires, mais en ce que c'est un effet rare, dont on ne connoit pas la cause, quoiqu'elle se trouve réellement dans la nature.

Telles sont, en partie, les opinions de Pomponace : il avoue néanmoins que Jésus-Christ doit être préféré à Aristote & à Platon. « Et » quoique, dit-il, tous les miracles qui sont » arrivés puissent s'expliquer naturellement, il » faut pourtant croire qu'ils ont été faits sur» naturellement, en faveur de la religion, » parce que l'église veut qu'on le croie ».

Il avoit pour maxime de parler comme le vulgaire, & de penser comme un philosophe ; c'est-à-dire, qu'il étoit chrétien de bouche & incrédule dans le cœur. « Je parle, dit-il, en un endroit, » pour des philosophes qui sont même les seuls » hommes qui soient sur la terre ; car pour » les autres, je les regarde comme de simples » figures propres à remplir les vides qui se trou» vent dans l'univers ».

Il n'est point de mon sujet de réfuter les principes de Pomponace, mais seulement de les exposer fidèlement. Ce philosophe eut plusieurs disciples parmi lesquels se trouve Hercule de Gonzague, qui fut cardinal dans la suite, & qui eut tant d'estime pour son maître, qu'il le fit inhumer dans le tombeau de ses ancêtres. Il paroit par une lettre de Scaliger, qu'il a été disciple de Pomponace.

Augustin Niphus fut l'adversaire le plus redoutable de Pomponace : ce fut un des plus célèbres péripatéticiens de son siècle. Il naquit dans la Calabre, quoique plusieurs l'aient cru suisse. Il est vrai que Niphus lui-même donna occasion à cette erreur ; car il se disoit suisse, parce qu'il avoit vécu long-temps dans ce pays-là, & qu'il s'y étoit marié. Son père se remaria après avoir perdu la mère de Niphus : sa marâtre étoit cruelle & injuste ; elle poussa sa haine si loin, que Niphus, quoique fort jeune, fut obligé d'abandonner la maison de son père. Il s'enfuit à Naples, où il eut le bonheur de rencontrer un suisse à qui il plut : il le regarda comme un de ses enfans, & lui donna la même éducation. On l'envoya faire ses études à Padoue ; il y étudia la philosophie des péripatéticiens, & s'adonna à la médecine.

Selon la coutume de ce temps là, dans l'Italie, ceux qui n'embrassoient pas l'état ecclésiastique, joignoient l'étude de la médecine à l'étude de la philosophie : c'est pourquoi Niphus fut dans son siècle aussi bon médecin que célèbre philosophe. Il avoit eu pour maître un péripatéticien fort attaché aux opinions d'Averroës, surtout à celle de l'existence d'une seule ame : il avoit apporté tant d'argumens pour prouver ce sentiment, que le peuple & les petits philosophes l'adoptèrent avec lui ; de sorte que cette opinion se répandit dans toute l'Italie.

Il avoit encore enchéri sur Averroës ; il soutenoit, entr'autres choses, qu'il n'y avoit d'autres substances immatérielles que celles qui faisoient mouvoir les sphères célestes. Niphus n'examina point dans la suite si ce que son maître lui avoit appris, étoit bien fondé ; il ne chercha que les moyens les plus propres à bien défendre les opinions de ce maître.

Il écrivit dans ce dessein son livre de l'entendement & des démons. Cet ouvrage fit beaucoup de bruit : les moines se recrièrent hautement sur les erreurs qu'il contenoit : ils excitèrent contre lui une si violente tempête, qu'il eut toutes les peines du monde à ne pas faire naufrage. Cela le rendit sage & plus prudent dans la suite. Il enseigna la philosophie dans les plus célèbres académies de l'Italie, & où Achillinus & Pomponace étoient en grande réputation ; comme à Pise, Bologne, Salerne, Padoue, & enfin à Rome, dans le collège de la Sapience.

Niphus nous assure que la ville de Bologne &

celle de Venise lui avoient offert mille écus d'or par an pour professer la philosophie dans leur ville. La maison de Médicis le protégea beaucoup, & en particulier Léon X qui le combla de biens & d'honneurs. Il lui ordonna de réfuter le livre de Pomponace sur l'immortalité de l'ame, & de lui prouver que l'immortalité de l'ame n'étoit pas contraire aux sentimens d'Aristote ; ce que Pomponace prétendoit. C'est ainsi que la barbarie du siècle rendoit mauvaises les meilleures causes. Par la façon ridicule de réfuter Pomponace, ce philosophe se trouvoit avoir raison : car il est certain qu'Aristote ne croyoit pas l'immortalité de l'ame.

Si Niphus s'étoit attaché à prouver que l'ame étoit immortelle, il auroit fait voir que Pomponace avoit tort, avec Aristote, son maître & son guide. Niphus eut beaucoup d'adversaires, parce que Pomponace avoit beaucoup de disciples.

Tous ces écrits contre lui n'empêchèrent pas qu'il ne fût fort agréable à Charles V, & même aux femmes de sa cour ; car ce philosophe, quoiqu'assez laid, savoit pourtant si bien dépouiller la rudesse philosophique, & prendre les airs de la cour, qu'il étoit regardé comme un des hommes les plus aimables.

Il contoit agréablement, & avoit une imagination qui le servoit bien dans la conversation. Sa voix étoit sonore ; il aimoit les femmes, & beaucoup plus qu'il ne convenoit à un philosophe : il poussa quelquefois les aventures si loin, qu'il s'en fit mépriser, & risqua quelque chose de plus. Bayle, comme on sent bien, s'étend beaucoup sur cet article ; il le suit dans toutes ses aventures, où nous croyons devoir le laisser.

Nous ne saurions trop nous élever contre ses mœurs, & contre la fureur de railler indistinctement tout le monde, sur quelque matière que ce fût. Il y a beaucoup de traits obscènes dans ses ouvrages. Le public se venge ordinairement : il y a fort peu de personnes sur qui on fasse des contes aussi plaisans que sur Niphus. Dans certains écrits, on dit qu'il devint fou : mais nous ne devons pas faire plus de cas de ces historiettes que des siennes. On peut assurer seulement que c'étoit un homme de beaucoup d'esprit ; on le voit aisément dans ses ouvrages.

Il a fait des commentaires sur presque tous les livres d'Aristote qui regardent la philosophie : c'est même ce qu'il a fait de mieux ; car ce qu'il a écrit sur la morale n'est pas à beaucoup près si bon. Son grand défaut étoit la diffusion ;

lorsqu'il a une idée, il ne la quitte pas qu'il ne vous l'ait présentée de toutes les façons.

Parmi les derniers philosophes qui ont suivi le pur péripatétisme, Jacques Zabarella a été un des plus fameux. Il naquit à Padoue en 1533, d'une famille illustre.

L'esprit de ceux qui doivent faire un jour du bruit se développe de bonne heure. Au milieu des fautes & des mauvaises choses que fait un jeune homme, on découvre quelques traits de génie, s'il est destiné un jour à éclairer le monde. Tel fut Zabarella : il joignit à une grande facilité un desir insatiable de savoir. Il auroit voulu posséder toutes les sciences, & les épuiser toutes. Il s'escrima de bonne heure dans le péripatétisme ; car c'étoit alors le *nec plus ultra* des philosophes. Il s'appliqua sur-tout aux mathématiques & à l'astrologie, dans laquelle il fit de grands progrès. Le sénat de Venise l'estima si fort, qu'il le fit succéder à Bernard Tomitanus. Sa réputation ne fut point concentrée dans l'Italie seulement. Sigismond, alors roi de Pologne, lui offrit des avantages si considérables pour aller professer en Pologne, qu'il se détermina à quitter sa patrie, & à satisfaire aux desirs de Sigismond. Il a écrit plusieurs ouvrages qui lui donneroient une grande réputation, si nous étions encore dans la barbarie de ce temps-là : mais le nouveau jour qui luit sur le monde littéraire, obscurcit l'éclat que jettoient alors ces sortes de livres.

Les Piccolomini ne doivent point être oubliés ici. Cette maison est aussi illustre par les savans qu'elle a produits, que par son ancienneté. Les parens d'Alexandre Piccolomini ayant hérité de leurs ancêtres l'amour des sciences, voulurent le transmettre à leurs fils : pour cela, ils lui donnèrent toutes sortes de maîtres & les plus habiles. Ils ne pensoient pas comme on pense aujourd'hui : la vanité fait donner des précepteurs & des gouverneurs aux enfans ; il suffit qu'on en ait un, on ne s'embarasse guère s'il est propre à donner l'éducation convenable ; on ne demande point s'il sait ce qu'il doit apprendre à son élève ; on veut seulement qu'il ne soit pas cher. Je suis persuadé que cette façon de penser a causé la chûte de plusieurs grandes maisons. Un jeune homme mal élevé donne dans toutes sortes de travers, & se ruine ; & s'il ne s'écarte pas de ses devoirs, il ne fait pas pour s'avancer, ce qu'il auroit pu faire s'il avoit eu une meilleure éducation.

On dit que les inclinations du duc de Bourgogne n'étoient pas tournées naturellement vers le bien : que ne fit donc pas l'éducation que lui donna le grand Fénélon, puisqu'il en fit un prince que la France pleurera toujours ?

Pour revenir à Alexandre Piccolomini, il fit, avec de tels maîtres, des progrès extraordinaires.

Je crois que ce qu'on dit de lui, tient un peu de l'exagération, & que la flatterie y a eu un peu de part : il est pourtant vrai qu'il fut un des plus habiles hommes de son temps : la douceur de ses mœurs, & son urbanité, dignes du temps d'Auguste, lui firent autant d'amis, que son savoir lui avoit attiré d'admirateurs.

Il n'eut pas seulement le mérite philosophique, on lui trouva le mérite épiscopal ; il fut élevé à cette dignité, & fut ensuite fait coadjuteur de l'archevêque de Sienne. Il vieillit estimé & respecté de tout le monde. Il mourut en 1578, regretté de tous les savans, & de tous ses diocésains, dont il avoit été le père.

On ne sauroit comprendre l'amour qu'il avoit pour les ouvrages d'Aristote ; il les lisoit nuit & jour, & y trouvoit toujours un nouveau plaisir. On a raison de dire qu'il faut que la passion & le préjugé s'en mêlassent : car il est certain que dans quelques ouvrages d'Aristote, les plaisirs qu'un homme d'esprit peut goûter, sont bientôt épuisés. Alexandre Piccolomini a été le premier qui ait écrit sur la philosophie en langue vulgaire : cela lui attira les reproches de plusieurs savans, qui crurent la Philosophie d'Aristote profanée. A peine ces superstitieux osoient-ils l'écrire en latin ; à les entendre, le grec seul étoit digne de renfermer de si grandes beautés. Que diroient-ils aujourd'hui s'ils revenoient ? Notre Philosophie les surprendroit bien ; ils verroient que les plus petits écoliers se moquent des opinions qu'ils ont tant respectées.

Comment se peut-il faire que les hommes, qui aiment naturellement l'indépendance, aient fléchi le genou si long-temps devant Aristote ? C'est un problème qui mériteroit la plume d'un homme d'esprit pour le résoudre : cela me surprend d'autant plus, qu'on écrivoit déjà contre la religion. La révélation gênoit ; on ne vouloit pas captiver son esprit sous les prophètes, sous les évangélistes, sous saint Paul, dont les épîtres peu philosophiques, sont d'ailleurs presque inintelligibles. Je ne suis pas surpris de voir aujourd'hui des incrédules : Descartes a appris à n'admettre rien qui ne soit prouvé très-clairement. Ce philosophe, qui connoissoit le prix de la soumission, la refusa à tous les philosophes anciens. L'intérêt ne le guidoit pas ; car, par ses principes, on a cru ne devoir le suivre que lorsque ses raisons étoient bonnes. Je conçois comment on a étendu cet examen à toutes choses, même jusqu'à la religion : mais que dans un temps où tout en philosophie se jugeoit par autorité, on examinât la religion, voilà ce qui est extraordinaire.

François Piccolomini fut encore un de ceux qui firent honneur à la philosophie péripatéticienne. Il semble que son esprit vouloit sortir des entraves où il étoit.

L'autorité d'Aristote ne lui suffisoit pas : il osa aussi penser comme Platon ; ce qui lui attira sur le bras le fougueux Zabarella. Leur dispute fut singulière ; ce n'étoit point sur les principes de la morale qu'ils disputoient, mais sur la façon de la traiter.

Piccolomini vouloit qu'on la traitât synthétiquement ; c'est-à-dire, qu'on partît des principes pour arriver aux conclusions. Zabarella disoit qu'à la vérité dans l'ordre de la nature on procédoit ainsi, mais qu'il n'en étoit pas de même de nos connoissances ; qu'il falloit commencer par les effets pour arriver aux causes ; & il s'attachoit surtout à prouver qu'Aristote avoit pensé ainsi ; croyant bien avoir terminé les disputes s'il venoit à bout de le démontrer : mais il se trompoit. Lorsque Piccolomini étoit battu par Aristote, il se réfugioit chez Platon. Zabarella ne daignoit pas même l'y attaquer ; il auroit cru manquer au respect dû à son maître, en lui donnant un rival.

Piccolomini voulut accorder ces deux philosophes ensemble, il croyoit que leurs principes étoient les mêmes, & que par conséquent ils devoient s'accorder dans les conclusions. Les zélateurs d'Aristote improuvèrent cette conduite ; ils vouloient que leur maître fût le seul de l'antiquité qui eût bien pensé.

Il mourut âgé de quatre-vingt-quatre ans. Les larmes qui furent versées à sa sépulture, sont l'oraison funèbre la plus éloquente qu'on puisse faire de lui ; car les hommes n'en aiment pas un autre précisément pour ses talens ; si le cœur lui manque, ils se bornent à estimer l'esprit. François Piccolomini mérita l'estime & l'amitié de tous ses concitoyens. Nous avons de lui un commentaire sur les livres d'Aristote qui traitent du ciel, & sur ceux qui traitent de l'origine & de la mort de l'ame ; un système de philosophie naturelle & morale, qui parut sous ce titre : *la science parfaite & philosophique de toute la nature, distribuée en cinq parties.*

Les grands étudioient alors la philosophie, quoiqu'elle ne fût pas, à beaucoup près, si agréable qu'aujourd'hui. Cyriaque Strozzi fut du nombre : il étoit de l'illustre maison de ce nom chez les Florentins: Après une éducation digne de sa haute naissance, il crut nécessaire pour sa perfection, de voyager dans les différentes parties de l'Europe. Il ne le fit point en homme qui voyage précisément pour s'amuser. Toute l'Europe devint un cabinet pour lui, où il travailloit autant, & avec plus de fruit, que certains savans qui croyoient perdre leur temps s'ils voyoient quelquefois le jour.

De retour dans sa patrie on le nomma professeur; car les grands ne se croyoient pas alors déshonorés en prouvant qu'ils en savoient plus que les autres. Il fut ensuite professeur à Bologne, d'où il fut transféré à Pise; par-tout il soutint sa réputation qui étoit fort grande.

Il entreprit de donner au public le neuvième & le dixième livre de la politique d'Aristote, qui sont perdus. Ils ne sont peut-être pas de la force de ceux qui sont sortis de la plume d'Aristote; mais on peut dire qu'il y a de la finesse dans ses réflexions, de la profondeur dans ses vues, & de l'esprit semé dans tout son livre. Or, dans ce temps-là, l'esprit étoit beaucoup plus rare que le savoir; & je suis persuadé que tels qui brilloient alors, ne pourroient pas écrire deux lignes aujourd'hui; il faut allier la science avec l'esprit.

André Césalpin & César Crémonin se rendirent fort illustres dans leur siècle. Il est aisé de fixer les yeux de tout le monde sur soi-même, en écrivant contre la religion, & sur-tout, lorsqu'on écrit avec esprit; on voit que tout le monde s'empresse à acheter ces livres; on diroit que les hommes veulent se venger de la gêne où les tient la religion, & qu'on est bien aise de voir attaquer des préceptes qui sont les ennemis de toutes les passions de l'homme.

Césalpin passa pour impie, & non sans raison: jamais personne n'a fait moins de cas des vérités révélées. Après les études ordinaires, il prit la résolution de devenir habile dans la médecine, & dans la philosophie d'Aristote. Son génie perçant & facile lui fit faire des progrès rapides dans ces deux sciences. Sa vaste érudition couvrit un peu la tache d'impiété dont il étoit accusé; car le Pape Clément VIII le fit son premier médecin, & lui donna une chaire de médecine au collège de Sapience: ce fut-là qu'il fit connoître toute sa sagacité. Il se fit un grand nom par les différens ouvrages qu'il donna, & sur-tout par la découverte de la circulation du sang; car il paroit en cela avoir prévenu Harvei. La justice demande que nous rapportions sur quoi on se fonde pour disputer à Harvei la gloire de cette découverte. Voici comme parle Césalpin:

Idcircò pulmo hauriens sanguinem, eumque per anastomosim arteriæ venali reddens quæ in sinistrum cordis ventriculum tendit, transmisso interim acre frigido per asperæ arteriæ canales, qui juxta arteriæ venalem protenduntur, non tamen oculis communicantes, ut putavit Galenus, solo tactu temperat. Huic sanguinis circulationi ex dextro cordis ventriculo per pulmones in sinistrum ejusdem ventriculum, optime respondent ea quæ in dissectione apparent: nam duo sunt vasa in dextrum ventriculum desinentia, duo etiam in sinistrum; duorum autem unum intromittit tantùm, alterum educit, membranis eo ingenio constituit.

Je laisse aux médecins à juger si ces paroles ne prouvent pas que Césalpin a connu la circulation du sang. La philosophie est ce qui nous intéresse le plus dans la personne de Césalpin; puisque c'est ici de la philosophie seulement qu'il s'agit.

Il s'étoit proposé de suivre Aristote à la rigueur; aucun commentateur n'étoit une autorité suffisante pour lui. Heureux s'il avoit pu secouer celle d'Aristote même! mais il étoit donné à la France de produire ce génie qui devoit tirer d'esclavage tous les esprits du monde.

Lorsqu'il trouvoit quelque chose dans Aristote qui lui paroissoit contraire aux dogmes de la religion chrétienne, cela ne l'arrêtoit point: il poursuivoit toujours son chemin, & laissoit aux théologiens à se tirer de ce mauvais pas. Il paroit même qu'il a prévenu Spinosa dans plusieurs de ses principes impies: c'est ce qu'on peut voir dans ses questions péripatéticiennes sur les premiers principes de la philosophie naturelle.

Non-seulement il a suivi les impiétés d'Aristote; mais on peut dire de plus qu'il a beaucoup enchéri sur ce philosophe. Voilà pourquoi plusieurs personnes distinguées dans leur siècle par leur mérite, l'ont accusé d'athéisme.

Nous allons dire en peu de mots ce qui doit être repris dans Césalpin. Il faut auparavant se rappeller ce que nous avons dit sur le système de la physiologie d'Aristote; car sans cela, il seroit difficile de nous suivre.

Pour mieux faire avaler le poison, il prenoit un passage d'Aristote, & l'interprétoit à sa façon, lui faisant dire ce qu'il vouloit; de sorte qu'il prêtoit souvent à ce philosophe ce qu'il n'avoit jamais pensé. On ne peut lire sans surprise ce qu'il dit de Dieu & de l'ame humaine; car il a surpassé en cela les impiétés & les folies d'Averroès.

Selon Césalpin, il n'y a qu'une ame dans le monde qui anime tous les corps & Dieu même; il paroit même qu'il n'admettoit qu'une seule substance: cette ame, selon lui, est le Dieu que nous adorons; & si on lui demande ce que sont les hommes, il vous dira qu'ils entrent dans la composition de cette ame.

Comme Dieu est un & simple (car tout cela se

trouve réuni dans cette doctrine) il ne se comprend que lui-même; il n'a aucune relation avec les choses extérieures, & par conséquent point de providence.

Voilà les fruits de la philosophie d'Aristote, en partie, il est vrai, mal entendue, & en partie non corrigée; car Aristote ayant enseigné que toutes choses partoient de la matière, Césalpin en conclut qu'il n'y avoit qu'une substance spirituelle; & comme il voyoit qu'il y avoit plusieurs corps animés, il prétendit que c'étoit une partie de cette ame qui animoit chaque corps en particulier. Il se servoit de cet axiome d'Aristote, *quod in se optimum, id se ipsum intelligere,* pour tuer la providence.

Dans la physique, il est encore rempli d'erreurs.

Selon lui, il n'y a aucune différence entre la modification & la substance: & ce qu'il y a de singulier, il veut qu'on définisse la matière, & les différens accidens & les qualités qui les affectent. Il est sans doute dans tout cela plein de contradictions: mais on ne sauroit lui refuser d'avoir défendu quelques-unes de ses propositions avec beaucoup de subtilité & fort ingénieusement.

On ne sauroit trop déplorer qu'un tel génie se soit occupé toute sa vie à des choses si inutiles. S'il avoit entrevu le vrai, quels progrès n'auroit-il point fait? Presque tous les savans, comme j'ai déja remarqué, reprochent le spinosisme à Césalpin: il faut pourtant avouer qu'il y a quelques différences essentielles entre lui & ce célèbre impie. La substance unique dans les principes de Césalpin, ne regardoit que l'ame; & dans les principes de Spinosa, elle comprend aussi la matière: mais qu'importe, l'opinion de Césalpin ne détruit pas moins la nature de Dieu que celle de Spinosa. Selon Césalpin, Dieu est la substance du monde. Il considéroit Dieu par rapport au monde, comme une poule qui couve des œufs. Il n'y a pas plus d'action du côté de Dieu pour faire aller le monde, qu'il y en a du côté de cette poule pour faire éclore ces œufs. Comme il est impossible, dit-il, ailleurs, qu'une puissance soit sans sujet, aussi est-il impossible de trouver un esprit sans corps. Il est rempli de pareilles assertions qu'il seroit superflu de rapporter.

— Crémonin fut un impie dans le goût de Césalpin; leur impiété étoit formée sur le même modèle, c'est-à-dire, sur Aristote. Ces espèces de philosophes ne pouvoient pas s'imaginer qu'il fût possible qu'Aristote se fût trompé en quelque chose; tout ce que le philosophe, leur maître, avoit prononcé, leur paroissoit irréfragable: voilà pourquoi tous ceux qui faisoient profession de le suivre à la rigueur, nioient l'immortalité de l'ame

& la providence; ils ne croyoient pas devoir profiter des lumières que la religion chrétienne avoit répandues sur ces deux points. Aristote ne l'avoit point pensé; pouvoit-on mieux penser après lui?

S'ils avoient un peu réfléchi sur leur conduite, ils se seroient apperçus qu'Aristote n'étoit pas leur maître, mais leur Dieu; car il n'est pas d'un homme de découvrir tout ce qu'on peut savoir, & de ne se tromper jamais. Avec une telle vénération pour Aristote, on doit s'imaginer aisément avec quelle fureur ils dévoroient ses ouvrages.

Crémonin a été un de ceux qui les ont le mieux entendus. Il se fit une grande réputation qui lui attira l'amitié & l'estime des Princes; voilà ce que je ne comprends pas: car cette espèce de philosophie n'avoit rien d'attrayant. Je ne serois pas surpris si des philosophes de ce temps-là avoient été tous renvoyés dans leur école; car je sens qu'ils devoient être fort ennuyeux: mais qu'aujourd'hui ce qu'on appelle *un grand philosophe* ne soit pas bien accueilli chez les rois, qu'ils n'en fassent pas leur ami, voilà ce qui me surprend; car qui dit d'un grand philosophe aujourd'hui, dit un homme rempli d'une infinité de connoissances utiles & agréables, un homme dont toutes les vues sont grandes. On nous dira que ces philosophes n'entendent rien à la politique: ne sait-on point que le train des affaires est une espèce de routine, & qu'il faut nécessairement y être entré pour les entendre? Mais croit-on qu'un homme, qui par ses ouvrages, est reconnu pour avoir un génie vaste & étendu, pour avoir une pénétration surprenante, croit-on, dis-je, qu'un tel homme ne seroit pas un grand ministre si on l'employoit? Un grand esprit est toujours actif & se porte toujours vers quelque objet. Il seroit donc quelque chose; nous verrions certains systèmes redressés; certaines coutumes abolies, parce qu'elles sont mauvaises; on verroit de nouvelles idées éclore, & rendre meilleure la condition des citoyens; la société, en un mot, se perfectionneroit, comme la philosophie se perfectionne tous les jours.

Dans certains états, on est aujourd'hui, eu égard au système du bien général de la société, comme étoient ces philosophes dont je parle, par rapport aux idées d'Aristote; il faut espérer que la nature donnera à la société ce qu'elle a déja donné à la philosophie; la société aura son Descartes qui renversera une infinité de préjugés, & fera rire nos derniers neveux de toutes les sottises que nous avons adoptées.

Pour revenir à Crémonin, le fond de son système est le même que celui de Césalpin. Tous ces philosophes étoient incrédules, parce qu'il ne faut avoir que des yeux pour voir que ce qu'ils soutenoient étoit contraire aux dogmes du christianifme : mais ils croyoient rendre un hommage suffifant à la religion, en lui donnant la foi, & réfervant la raifon pour Ariftote, partage très-défavantageux : comment ne fentoient-ils point que ce qui eft contraire à la raifon, ce que la raifon trouve faux, ne fauroit être vrai dans la religion ? La vérité eft la même dans Dieu que dans les hommes ; c'eft la même fource. Je ne fuis plus furpris qu'ils ne rencontraffent pas la vérité, fi elle n'eft pas dans les dogmes que la foi enfeigne, elle n'exifte pas davantage dans la plupart des principes philofophiques qu'ils admettoient.

Les philofophes dont j'ai parlé jufqu'ici font fortis du fein de l'églife romaine : il y en a eu beaucoup d'autres, fans doute : mais nous avons cru devoir nous arrêter feulement à ceux qui fe font le plus diftingués.

Les proteftans ont eu les leurs ainfi que les catholiques. Il fembloit que Luther eût porté dans ce parti le dernier coup à la philofophie péripatéticienne, en l'enveloppant dans les malédictions qu'il donnoit à la théologie fcholaftique : mais Luther lui-même fentit qu'il avoit été trop loin. La fecte des anabaptiftes lui fit connoître qu'il avoit ouvert la porte aux enthoufiaftes & aux illuminés. Les armes pour les réfuter manquoient aux Luthériens, & il fallut qu'ils empruntaffent celles qu'ils maudiffoient dans la main des catholiques.

Mélanchthon fut un de ceux qui contribua le plus au rétabliffement de la philofophie parmi les proteftans. On ne favoit être dans ce temps-là que péripatéticien.

Mélanchthon étoit trop éclairé pour donner dans les erreurs groffières de cette fecte ; il crut donc devoir réformer la philofophie dans quelques-unes de fes parties, & en conferver le fond qu'il jugea néceffaire pour repouffer les traits que lançoient les Catholiques, & en même-temps pour arrêter les progrès de certaines fectes qui alloient beaucoup plus loin que les proteftans.

Cet homme célèbre naquit à Schwarzerd d'une famille honnête ; il reçut une fort bonne éducation. Dès fes premières années on découvrit en lui un defir infatiable d'apprendre ; les plaifirs ne l'amufoient point ; fon application continuelle le rendoit grave & férieux ; mais cela n'altéra jamais la douceur de fon caractère. A l'âge de douze ans, il alla continuer fes études à Heidelberg ; il s'attira bientôt l'eftime & l'amitié de tout le monde ; le comte Louis de Lowenftein le choifit pour être précepteur de fes enfans. C'eft avec raifon que Baillet l'a mis au nombre des enfans qui fe font diftingués dans un âge peu avancé, où l'on poffède rarement ce qui eft néceffaire pour être favant.

Mélanchthon étoit naturellement éloquent, comme on le voit par fes écrits ; il cultiva avec grand foin les talens naturels qu'il avoit en ce genre. Il étudia la philofophie comme les autres ; car on n'étoit rien fi on ne favoit Ariftote. Il fe diftingua beaucoup dans les folutions qu'il donnoit des difficultés fur les propofitions morales. Il parut un aigle fur les univerfaux.

On fera fans doute furpris de voir que je loue Mélanchthon par ces endroits, on s'en moque aujourd'hui, & avec raifon : mais on doit louer un homme d'avoir été plus loin que tout fon fiècle. C'étoient alors les queftions à la mode, on ne pouvoit donc fe difpenfer de les étudier ; & lorfqu'on excelloit par-deffus les autres, on ne pouvoit manquer d'avoir beaucoup d'efprit ; les premiers hommes de tous les fiècles feront toujours de grands hommes, quelques abfurdités qu'ils aient dites. Il faut voir, dit M. de Fontenelle, d'où ils font partis : un homme qui grimpe fur une montagne efcarpée pourra bien être auffi léger qu'un homme qui, dans la plaine, fera fix fois plus de chemin que lui.

Mélanchthon avoit pourtant trop d'efprit pour ne pas fentir que la philofophie d'Ariftote étendoit trop loin fes droits ; il défapprouva ces queftions épineufes, difficiles & inutiles, dont tout le monde fe tourmentoit l'efprit ; il s'apperçut qu'une infinité de folies étoient cachées fous de grands mots, & qu'il n'y avoit que leur habit philofophique qui pût les faire refpecter. Il eft très-évident qu'à force de mettre des mots dans la tête, on en chaffe toutes les idées ; on fe trouve fort favant, & on ne fait rien ; on croit avoir la tête pleine, & où il n'y a rien.

Ce fut un moine qui acheva de le convaincre du mauvais goût qui tyrannifoit tous les hommes : ce moine un jour ne fachant pas un fermon qu'il devoit prêcher, ou ne l'ayant pas fait, pour y fuppléer, imagina d'expliquer quelques queftions de la morale d'Ariftote ; il fe fervit de tous les termes de l'art : on fent aifément combien cette exhortation fut utile, & qu'elle onction il y mit. Mélanchthon fut indigné de voir que la barbarie alloit jufques-là : heureux fi dans la fuite il n'avoit pas fait un crime à l'églife entière de la folie d'un particulier, qu'elle a défavouée dans tous les temps, comme elle défavoue tous les jours les extravagances que font les zélés !

Il finit fes études à l'âge de dix-fept ans, & fe mit à expliquer en particulier aux enfans, Térence & Virgile : quelque temps après on le chargea d'une harangue, ce qui lui fit lire attentivement Cicéron & Tite-Live ; il s'en acquitta en homme de beaucoup d'efprit, & qui s'étoit nourri des meilleurs auteurs. Mais ce qui furprit le plus Mélanchthon qui étoit, comme je l'ai déjà dit, d'un caractère fort doux, c'est lorsqu'il vit pour la première fois les disputes des différentes sectes; alors celles des nominaux & des réaux fermentoient beaucoup: après plusieurs mauvaises raisons de part & d'autre, & cela parce qu'on n'en sauroit avoir de bonnes là-dessus, les meilleurs poignets restoient victorieux; tous d'un commun accord dépouilloient la gravité philosophique, & se battoient indécemment: heureux si dans le tumulte quelque coup bien appliqué avoit pu faire un changement dans leur tête: car si, comme le remarque un homme d'esprit, un coup de doigt d'une nourrice pouvoit faire de Pascal un sot, pourquoi un trépané ne pourroit-il pas devenir un homme d'esprit? Les accoucheurs de ce temps-là n'étoient pas, sans doute, si habiles qu'à présent, & je crois que le long triomphe d'Aristote leur est dû.

Mélanchthon fut appellé par l'électeur de Saxe pour être professeur en grec. L'erreur de Luther faisoit alors beaucoup de progrès; Mélanchthon connut ce dangéreux hérésiarque; & comme il cherchoit quelque chose de nouveau, parce qu'il sentoit bien que ce que l'on lui avoit appris n'étoit pas ce qu'il falloit savoir, il avala le poison que lui présenta Luther; il s'égara.

C'est avec raison qu'il cherchoit quelque chose de nouveau: mais ce ne devoit être qu'en philosophie: la religion, il est vrai, demandoit aussi un changement, mais on ne fait point une nouvelle religion comme on fait un nouveau système. Il faut y accoutumer peu-à-peu les esprits, & ils n'étoient pas préparés. D'ailleurs la réforme de Luther n'étoit que partielle; elle laissoit subsister des dogmes & des abus aussi absurdes que ceux qui le choquoient; & sottises pour sottises, il valoit autant admettre les anciennes que les nouvelles: quand on croit l'impanation, on n'a pas le droit de rejetter la transsubstantiation &c.

Mélanchthon, depuis sa connoissance avec Luther, devint sectaire & un sectaire ardent, & par conséquent son esprit fut enveloppé du voile de l'erreur; ses vues ne purent plus s'étendre comme elles auroient fait s'il ne s'étoit pas livré à un parti: il prêchoit, il catéchisoit, & enfin il n'abandonna Aristote en quelque chose, que pour suivre Luther, qui lui étoit d'autant moins préférable qu'il attaquoit plus formellement la religion.

Luther répandit quelques nuages sur l'esprit de Mélanchthon, à l'occasion d'Aristote: car il ne rougit pas après les leçons de Luther, d'appeller Aristote *un vain sophiste*: mais il se réconcilia bientôt; & malgré les apologies qu'il fit du sentiment de Luther, il contribua beaucoup à rétablir la philosophie parmi les protestans. Il s'apperçut que Luther condamnoit plutôt la scholastique que la philosophie: ce n'étoit pas, en effet, aux philosophes que cet hérésiarque avoit à faire, mais aux théologiens, & il faut avouer qu'il s'y étoit bien pris en commençant par rendre leurs armes odieuses & méprisables.

Mélanchthon détestoit toutes les autres sectes des philosophes, le seul péripatétisme lui paroissoit soutenable; il rejettoit également le stoïcisme, le scepticisme & l'épicuréisme. Il recommandoit à tout le monde la lecture de Platon, à cause de l'abondance qui s'y trouve, à cause de ce qu'il dit sur la nature de Dieu & de la belle diction; mais il préféroit Aristote pour l'ordre & pour la méthode.

Il écrivit la vie de Platon & celle d'Aristote; on pourra voir aisément son sentiment en les lisant: je crois qu'on ne sera pas fâché que je transcrive ici quelques traits tirés de ces harangues, elles sont rares; & d'ailleurs on verra de quelle façon s'exprimoit cet homme si fameux, & dont les discours ont fait tant d'impression:

Cum eam, dit-il, *quam toties Plato prædicat methodum, non sæpe adhibeat, & evagetur aliquando liberius in disputando, quædam etiam figuris involvat, ac volens occultet, denique cum rarò pronuntiet quid sit sentiendum; assentior adolescentibus potius proponendum esse Aristotelem, qui artes, quas tradit, explicat integras, & methodum simpliciorem, seu filum ad regendum lectorem adhibet, & quid sit sentiendum plerumque pronuntiat: hæc in docentibus ut requirantur multæ causæ graves sunt, ut enim satis dentibus draconis à cadmo seges exorta est armatorum, qui inter se ipsi dimicarunt; ita, si quis sera ambiguas opiniones, exoriuntur inde variæ ac perniciosæ dissensiones.*

Et un peu après il dit qu'en se servant de la méthode d'Aristote, il est facile de réduire ce qui dans Platon seroit extrêmement long.

Aristote, nous dit-il ailleurs, a d'autres avantages sur Platon; il nous a donné un cours entier; ce qu'il commence, il l'achève: il reprend les choses d'aussi haut qu'on puisse aller, & vous mène fort loin. Aimons, conclut-il, Platon & Aristote; le premir à cause de ce qu'il dit sur la politique, & à cause de son élégance; le second à cause de sa méthode: il faut pourtant les lire tous les deux avec précaution, & bien distinguer ce qui est contraire à la doctrine que nous lisons dans l'évangile.

Nous ne saurions nous passer d'Aristote dans l'église, dit encore Mélanchthon, parce que c'est le seul qui nous apprenne à définir, à diviser & à juger; lui seul nous apprend même à raisonner or dans l'église tout cela n'est-il pas nécessaire? Pour les choses de la vie, n'avons-nous bas besoin de bien des choses que la physique seule nous apprend? Platon en parle, à la vérité: mais on diroit que c'est un prophète qui annonce l'avenir, & non un maître qui veut instruire; au lieu que dans Aristote, vous trouvez les principes, & il en tire lui-même les conséquences. Je demande seulement, dit Mélancthon, qu'on s'attache aux choses que dit Aristote, & non aux mots; qu'on abandonne ces vaines subtilités, & qu'on ne se serve de distinctions que lorsqu'elles seront nécessaires pour faire que la difficulté ne regarde point ce que nous avons défendez, au lieu que communément on distingue, afin de vous faire perdre de vue ce qu'on soutenoit: est-ce le moyen d'éclaircir les matières?

Nous en avons, je crois, assez dit pour démontrer que ce n'est pas sans raison que nous avons compris Mélancthon au nombre de ceux qui ont rétabli la philosophie d'Aristote. Nous n'avons pas prétendu donner sa vie; elle renferme beaucoup plus de circonstances intéressantes que celles que nous avons rapportées: c'est un grand homme, & qui a joué un très-grand rôle dans le monde: mais sa vie est très-connue, & ce n'étoit pas ici le lieu de l'écrire.

Nicolas Taurell a été un des plus célèbres philosophes parmi les protestans, il naquit de parens dont la fortune ne faisoit pas espérer à Taurell une éducation telle que son esprit la demandoit: mais la facilité & la pénétration qu'on apperçut en lui, fit qu'on engagea le duc de Virtemberg à fournir aux frais. Il fit des progrès extraordinaires, & jamais personne n'a moins trompé ses bienfaiteurs que lui. Les différends des catholiques avec les protestans l'empêcherent d'embrasser l'état ecclésiastique. Il se fit médecin, & c'est ce qui arrêta sa fortune à la cour de Virtemberg. Le duc de Virtemberg desiroit l'avoir auprès de lui, pour lui faire défendre le parti de la réforme qu'il avoit embrassé, & c'est en partie pour cela qu'il avoit fourni aux frais de son éducation: mais on le soupçonna de pencher pour la confession d'Ausbourg; peut-être n'étoit-il pour aucun parti; de quelque religion qu'il fût, cela ne fait rien à la philosophie. Voilà pourquoi nous ne discutons pas cet article exactement.

Après avoir professé long-temps la médecine à Bâle, il passa à Strasbourg; & de cette ville, il revint à Bâle pour y être professeur de morale. De-là il passa en Allemagne, où il s'acquit une grande réputation: son école étoit remplie de barons & de comtes qui venoient l'entendre. Il étoit si désintéressé, qu'avec toute cette réputation & ce concours pour l'écouter, il ne devint pas riche.

Philosophie anc. & mod. Tome I.

Il mourut de la peste, âgé de cinquante-neuf ans. Ce fut un des premiers hommes de son temps; car il osa penser seul, & il ne se laissa jamais gouverner par l'autorité: on découvre par tous ses écrits une certaine hardiesse dans ses pensées & dans ses opinions. Jamais personne n'a mieux saisi une difficulté, & ne s'en est mieux servi contre ses adversaires, qui communément ne pouvoient pas tenir contre lui.

Il fut grand ennemi de la philosophie de Césalpin: on remarque dans tous ses écrits qu'il étoit fort content de ce qu'il faisoit: l'amour-propre s'y montre un peu trop à découvert, & on y apperçoit quelquefois une présomption insupportable. Il regardoit avec une sorte de dédain tous les philosophes qui l'avoient précédé, si on en excepte Aristote & quelques anciens.

Il examina la philosophie d'Aristote, & il y apperçut plusieurs erreurs; il eut le courage de les rejetter, & assez d'esprit pour le faire avec succès.

Dans la préface de la *méthode de la médecine de prédiction*, car tel est le titre du livre, il dit: « Je » m'attache à venger la doctrine de Jésus-Christ, » & je n'accorde à Aristote rien de ce que Jésus-» Christ paroît lui refuser: je n'examine pas même » ce qui est contraire à l'évangile, parce qu'avant » tout examen, je suis assuré que cela est faux ». Si ce n'est pas là le langage d'une raison bien saine, c'est au moins celui d'une orthodoxie bien ferme, & c'est tout ce qu'on peut exiger d'un chrétien. *Semper aliud ratio, aliud religio dicit.*

Il faut avouer qu'il est difficile de saisir son système philosophique. Je sais seulement qu'il méprisoit beaucoup tous les commentateurs d'Aristote, & qu'il avoue que la philosophie péripatéticienne lui plaisoit beaucoup, mais corrigée & rendue conforme à l'évangile; c'est pourquoi je ne crois pas qu'on doive l'effacer du catalogue des péripatéticiens, quoiqu'il l'ait réformée en plusieurs endroits.

Un esprit aussi hardi que le sien ne pouvoit manquer de laisser échapper quelques paradoxes: ses adversaires s'en sont servis pour prouver qu'il étoit athée: mais en vérité, le respect qu'il témoigne par-tout pour la religion, & qui certainement n'étoit point simulé, doit le mettre à l'abri d'une pareille accusation. Il ne prévoyoit pas qu'on pût tirer de pareilles conséquences des principes qu'il avançoit; car je suis persuadé qu'il les auroit rétractés, ou les auroit expliqués de façon à satisfaire tout le monde. Je crois qu'on doit être fort réservé sur l'accusation d'athéisme, & on ne doit jamais conclure, sur quelques propositions hasardées, qu'un homme est athée: il faut consulter

H h

tous ses ouvrages, & l'on peut assurer que s'il l'est réellement, son impiété se fera sentir partout.

Michel Piccart brilloit vers le temps de Nicolas Taurell : il professa de bonne heure la logique, & s'y distingua beaucoup : il suivit le torrent, & fut péripatéticien. On lui confia, après ses premiers essais, la chaire de méthaphysique & de poésie, cela paroît assez disparate, & je n'augure guère bien d'un temps où on donne une chaire pour la poésie à un péripatéticien : mais enfin il étoit peut-être le meilleur dans ce temps-là, & il n'y a rien à dire, lorsqu'on vaut mieux que tous ceux de son temps.

Je ne comprends pas comment dans un siècle où on payoit si bien les savans, Piccart fût si pauvre, car il lutta toute sa vie contre la pauvreté : & il fit bien connoître par sa conduite que la philosophie de son cœur & de son esprit valoit mieux que celle qu'il dictoit dans les écoles.

Il fit un grand nombre d'ouvrages, & tous fort estimés de son vivant. Nous avons de lui cinquante-une dissertations, où il fait connoître qu'il possédoit Aristote supérieurement. Il fit aussi le manuel de la philosophie d'Aristote, qui eut beaucoup de cours ; la réputation de Piccart subsiste encore ; &, ce qui ne peut guère se dire des ouvrages de ce temps-là, on trouve à profiter dans les siens.

Corneille Martini naquit à Anvers ; il y fit ses études, & avec tant de distinction, qu'on l'attira immédiatement à Amsterdam, pour y professer la philosophie. Il étoit subtil, capable d'embarrasser un homme d'esprit, & se tiroit aisément de tout en bon péripatéticien. Le duc de Brunswic jetta les yeux sur lui pour l'envoyer au colloque de Ratisbonne. Gretzer, qui étoit aussi député à ce colloque pour le parti des protestans, trouva mauvais qu'on lui associât un professeur de philosophie, dans une dispute où on ne devoit agiter que des questions de théologie ; c'est ce qui lui fit dire lorsqu'il vit Martini dans l'assemblée, *quid Saül inter prophetas ?* A quoi Martini répondit, *asinam patris sui.* Dans la suite Martini fit bien connoître que Gretzer avoit eu tort de se plaindre d'un tel second.

Il fut très-zélé pour la philosophie d'Aristote ; il travailla toute sa vie à la défendre contre les assauts qu'on commençoit déjà à lui livrer. C'est ce qui lui fit prendre les armes contre les partisans de Ramus ; & on peut dire que ce n'est que par des efforts redoublés que le péripatétisme se soutint. Il étoit prêt à disputer contre tout le monde : jamais de sa vie il n'a refusé un cartel philosophique. Il mourut âgé de cinquante-quatre ans, un peu martyr du péripatétisme ; car il avoit altéré sa santé, soit par le travail opiniâtre pour défendre son cher maître, soit par ses disputes de vive voix, qui infailliblement usèrent sa poitrine. Nous avons de lui l'analyse logique, & le commentaire logique contre les ramistes, un système de philosophie morale & de méthaphysique. Je ne fais point ici mention de ses différens écrits sur la théologie, parce que je ne parle que de ce qui regarde la philosophie.

Hermannus Corringius est un des plus savans hommes que l'Allemagne ait produits. On pourroit le louer par plusieurs endroits : mais je m'en tiendrai à ce qui regarde la philosophie ; il s'y distingua si fort, qu'on ne peut se dispenser d'en faire mention avec éloge dans cette histoire.

Le duc Ulric de Brunswic le fit professeur dans son université : il vint dans un mauvais temps, les guerres désoloient toute l'Europe ; ce fléau affligeoit toutes les différentes nations ; il est difficile avec de tels troubles de donner à l'étude le temps qui est nécessaire pour s'instruire. Il trouva pourtant le moyen de devenir un des plus savans hommes qui aient jamais paru.

Le plus grand éloge que j'en puisse faire, c'est de dire qu'il fut écrit par M. Colbert sur le catalogue des savans que Louis XIV récompensa. Ce prince lui témoigna par ses largesses, au fond de l'Allemagne, le cas qu'il faisoit de son mérite.

Il fut péripatéticien, & se plaignoit lui-même de ce que le respect qu'il avoit pour ce que ses maîtres lui avoient appris, alloit un peu trop loin. Ce n'est pas qu'il n'osât examiner les opinions d'Aristote : mais le préjugé se mettant toujours de la partie, ces sortes d'examens ne le conduisoient pas à de nouvelles découvertes. Il pensoit sur Aristote, & sur la façon dont il falloit l'étudier, comme Mélanchton.

Voici comme il parle des ouvrages d'Aristote : » il manque beaucoup de choses dans la philo- » sophie morale d'Aristote que j'y desirerois ; » par exemple, tout ce qui regarde le droit » naturel, & que je crois devoir être traité » dans la morale, puisque c'est sur le droit na- » turel que toute la morale est appuyée. Sa mé- » thode me paroit mauvaise & ses argumens » foibles ».

Corringius s'éleva pourtant un peu trop contre Descartes : il ne voyoit rien dans sa physique de raisonnable, & celle d'Aristote le satisfaisoit. Que ne peut pas le préjugé sur l'esprit ? Il n'approuvoit Descartes qu'en ce qu'il rejettoit les formes substantielles. Les allemands ne pouvoient pas encore s'accoutumer aux nouvelles idées de Descartes ; ils ressembloient à des gens qui ont eu les yeux bandés pendant long-temps, & auxquels on ôte le bandeau : leurs premières démarches sont timides ; ils refusent de s'appuyer sur la terre qu'ils découvrent ; & tel aveugle qui dans une heure traverse tout Paris, seroit peut-être plus d'un jour à faire le même chemin si on lui rendoit la vue tout d'un coup.

Corringius mourut, & le péripatétisme expira presque avec lui. Depuis il ne fit que languir, parce que ceux qui vinrent après, & qui le défendirent, ne pouvoient être de grands hommes : il y avoit alors trop de lumieres pour qu'un homme d'esprit pût s'égarer.

Voilà à peu près le commencement, les progrès & la fin du péripatétisme. Je ne pense pas qu'on s'imagine que j'aie prétendu nommer tous ceux qui se sont distingués dans cette secte : il faudroit des volumes immenses pour cela, parce qu'autrefois, pour être un homme célebre dans son siecle, il falloit se signaler dans quelque secte de Philosophie ; & tout le monde sait que le péripatétisme a long-temps dominé. Si un homme passoit pour avoir du mérite, on commençoit par lui proposer quelque argument, *in barocho* très-souvent, afin de juger si sa réputation étoit bien fondée. Si Racine & Corneille étoient venus dans ce temps-là, comme on n'auroit trouvé aucun *ergo* dans leurs tragédies, ils auroient passé pour des ignorans, & par conséquent pour des hommes de peu d'esprit. Heureux notre siecle de penser autrement !

L'auteur a cru pouvoir semer ici quelques morceaux de l'ouvrage de Deslandes qui font environ la dixieme partie de ce long article : le reste est un extrait substantiel & raisonné de l'histoire latine de la philosophie de Brucker, ouvrage moderne, estimé des étrangers, peu connu en France, & dont on a fait beaucoup d'usage pour la partie philosophique de l'Encyclopédie, comme dans l'article *arabes*, & dans un très-grand nombre d'autres.

N. B. On a conservé & entierement fondu dans cet article celui de la premiere Encyclopédie ; mais on y a intercalé un très-grand nombre d'additions importantes qui ont paru absolument nécessaires, soit pour faire connoître avec plus de certitude & de précision la philosophie d'Aristote, soit pour satisfaire la juste curiosité du lecteur sur la destinée bisarre & peut-être unique dans l'histoire des Sciences, de cette philosophie, depuis son origine, jusqu'à nos jours. Tous ces détails, tous ces développemens historiques & philosophiques ont été puisés dans les meilleures sources ; & si l'on joint à cet article ce que nous dirons au mot *Philosophie péripatéticienne*, on aura sur les opinions d'Aristote & de ses disciples les plus célebres,

à-peu-près ce qu'on peut recueillir de plus exact, & peut-être tout ce qu'il est utile d'en savoir, lorsqu'on ne veut pas perdre à étudier exclusivement d'anciens systèmes plus ou moins ingénieux, plus ou moins contraires à l'expérience & à l'observation, un temps précieux que l'on peut employer à des recherches & à des méditations d'une utilité générale & constante, & par conséquent plus dignes d'intéresser & d'occuper un bon esprit.

ASCHARIOUNS, ou ASCHÁRIENS, (*hist. des sectes ou superstitions modernes*) disciples d'Aschari un des plus célebres docteurs d'entre les musulmans. On lit dans l'Alcoran : « Dieu vous fera rendre compte de tout ce que » vous manifesterez en dehors, & de tout ce » que vous retiendrez en vous même ; car Dieu » pardonne à qui il lui plaît, & il châtie ceux » qu'il lui plaît, car il est le tout-puissant, & » il dispose de tout selon son plaisir ». A la publication de ce verset les musulmans effrayés s'adresserent à Aboubekre & Omar pour qu'ils en allassent demander l'explication au saint prophete. » Si Dieu nous demande compte des pensées » mêmes dont nous ne sommes pas maîtres, lui » dirent les députés, comment nous sauverons » nous ? » Mahomet esquiva la difficulté par une de ces réponses dont tous les chefs de secte sont bien pourvus, qui n'éclairent point l'esprit, mais qui ferment la bouche. Cependant pour calmer les consciences, bientôt après il publia le verset suivant : « Dieu ne charge » l'homme que de ce qu'il peut, & ne lui im- » pute que ce qu'il mérite par obéissance ou » par rébellion ». Quelques musulmans prétendirent dans la suite que cette derniere sentence abrogeoit la premiere : les *aschariens*, au contraire, se servirent de l'une & de l'autre pour établir leur systême sur la liberté & le mérite des œuvres, systême directement opposé à celui des Montazales. *Voyez* MONTAZALES.

Les *aschariens* regardent Dieu comme un agent universel, auteur & créateur de toutes les actions des hommes, libres toutes fois d'élire celles qu'il leur plaît. Ainsi les hommes répondent à Dieu d'une chose qui ne dépend aucunement d'eux, quant à la production, mais qui en dépend entièrement quant aux choix. Il y a dans ce systême deux choses assez bien distinguées : la voix de la conscience ou la voix de Dieu ; la voix de la concupiscence, ou la voix du démon, ou de Dieu parlant sous un autre nom. Dieu nous appelle également par ces deux voix, & nous suivons celle qui nous plaît.

Mais les *aschariens* sont, je pense, fort embarrassés, quand on leur fait voir que cette action par laquelle nous suivons l'une ou l'autre voix, ou plutôt cette détermination à l'une ou à l'autre voix, étant une action, c'est Dieu qui la produit, selon eux ; d'où il s'ensuit qu'il n'y a rien qui nous appartienne ni en bien ni en mal dans les actions. Au reste, j'observerai que le concours de Dieu, sa providence, sa prescience, la prédestination, la liberté, occasionnent des disputes & des hérésies par-tout où il en est question, & que les chrétiens feroient bien, dit M. d'Herbelot dans sa *bibliothèque orientale*, dans ces questions difficiles, de chercher paisiblement à s'instruire, s'il est possible, & de se supporter charitablement dans les occasions où ils sont de sentimens différens : en effet, que savons-nous là-dessus ? *quis consiliarius ejus fuit ?*

ASIATIQUES. (*Philosophie des Asiatiques en général.*) Tous les habitans de l'Asie sont ou mahométans, ou payens, ou chrétiens. La secte de Mahomet est sans contredit la plus nombreuse : une partie des peuples qui composent cette partie du monde, a conservé le culte des idoles ; & le peu de chrétiens qu'on y trouve sont schismatiques, & ne sont que le reste des anciennes sectes, & sur-tout de celle de Nestorius.

Ce qui paroîtra d'abord surprenant, c'est que ces derniers sont les plus ignorans de tous les peuples de l'Asie, & peut-être les plus dominés par la superstition. Pour les mahométans, on sait qu'ils sont partagés en deux sectes. La première est celle d'*Aboubècre*, & la seconde est celle d'*Ali*. Elle se haïssent mutuellement, quoique la différence qu'il y a entr'elles, consiste plutôt dans des cérémonies & dans des dogmes accessoires, que dans le fond de la doctrine. Parmi les mahométans, on en trouve qui ont conservé quelques dogmes des anciennes sectes philosophiques, & sur-tout de l'ancienne philosophie orientale.

Le célèbre Bernier qui a vécu long-temps parmi ces peuples, & qui étoit lui-même très-versé dans la philosophie, ne nous permet pas d'en douter. Il dit que les soufis persans, qu'il appelle *cabalistes*, « prétendent que Dieu, ou
» cet être souverain, qu'ils appellent *achar*, im-
» mobile, immuable, a non-seulement produit,
» ou tiré les ames de sa propre substance ; mais
» généralement encore tout ce qu'il y a de ma-
» tériel & de corporel dans l'univers, & que
» cette production ne s'est pas faite simplement
» à la façon des causes efficientes, mais à la
» façon d'une araignée, qui produit une toile
» qu'elle tire de son nombril, & qu'elle répand quand
» elle veut. La création n'est donc autre chose,
» suivant ces docteurs, qu'une extraction & ex-
» tension que Dieu fait de sa propre substance,
» de ces rets qu'il tire comme de ses entrailles,
» de même que la destruction n'est autre chose
» qu'une simple reprise qu'il fait de cette divine
» substance, de ces divins rets dans lui-même,
» en sorte que le dernier jour du monde qu'ils
» appellent *maperlé ou pralea*, dans lequel ils
» croient que tout doit être détruit, ne sera
» autre chose qu'une reprise générale de tous
» ces rets, que Dieu avoit ainsi tirés de lui-
» même. Il n'y a donc rien, disent-ils, de
» réel & d'effectif dans tout ce que nous croyons
» voir, entendre, flairer, goûter & toucher : l'univers
» n'est qu'une espèce de songe & une pure il-
» lusion, en tant que toute cette multiplicité
» & diversité de choses qui nous frappent, ne
» sont qu'une seule, unique & même chose, qui
» est Dieu même ; comme tous les nombres divers
» que nous connoissons, vingt, dix, cent, &
» ainsi des autres, ne sont enfin qu'une même
» unité répétée plusieurs fois »

Mais si vous leur demandez quelque raison de ce sentiment, ou qu'ils vous expliquent comment se fait cette sortie, & cette reprise de substance, cette extension, cette diversité apparente, ou comment il se peut faire que Dieu n'étant pas corporel, mais simple, comme ils l'avouent, & incorruptible, il soit néanmoins divisé en tant de portions de corps & d'ames, ils ne vous paieront jamais que de belles comparaisons ; que Dieu est comme un océan immense, dans lequel se mouveroient plusieurs fioles pleines d'eau ; que les fioles, quelque part qu'elles pussent aller, se trouveroient toujours dans le même océan, dans la même eau, & que venant à se rompre, l'eau qu'elles contenoient, se trouveroit en même-temps unie à son tout, à cet océan dont elles étoient des portions : ou bien ils vous diront ; qu'il en est de Dieu comme de la lumière, qui est la même par-tout l'univers, & qui ne laisse pas de paroître de cent façons différentes, selon la diversité des objets où elle tombe, ou selon les diverses couleurs & figures des verres par où elle passe. Ils ne vous paieront, dis-je, que de ces sortes de comparaisons, qui n'ont aucun rapport avec Dieu, & qui ne sont bonnes que pour jetter de la poudre aux yeux d'un peuple ignorant ; & il ne faut pas espérer qu'ils repliquent solidement, si on leur dit que ces fioles se trouveroient véritablement dans un eau semblable, mais non pas dans la même, & ainsi de tant d'autres objections qu'on leur fait. Ils reviennent toujours aux mêmes comparaisons, aux belles paroles, ou comme les soufis aux belles poésies de leur *Goult-hen-raz*.

Voilà la doctrine des Pendets, gentils des Indes ; & c'est cette doctrine qui fait encore à présent la cabale des soufis & de la plupart des gens de lettres persans, & qui se trouve expliquée en vers persiens, si relevés & si emphatiques dans leur *Goult-hen-raz*, ou *Parterre des mystères*. C'étoit la doctrine de Fludd, que le célèbre Gassendi a si doctement réfutée : or, pour peu qu'on connoisse la doctrine de Zoroastre & la philosophie orientale, on verra clairement qu'elles ont donné naissance à celle dont nous venons de parler.

Après les perses viennent les tartares, dont l'empire est le plus étendu dans l'Asie ; car ils occupent toute l'étendue du pays qui est entre le Mont-Caucase & la Chine.

Les relations des voyageurs sur ces peuples sont si incertaines, qu'il est extrêmement difficile de savoir s'ils ont jamais eu quelque teinture de philosophie. On sait seulement qu'ils croupissent dans la plus grossière superstition, & qu'ils sont ou mahométans ou idolâtres. Mais comme on trouve parmi eux de nombreuses communautés de prêtres, qu'on appelle *Lamas*, on peut demander avec raison, s'ils sont aussi ignorans dans les sciences, que les peuples grossiers qu'ils sont chargés d'instruire : on ne trouve pas de grands éclaircissemens sur ce sujet dans les auteurs qui en ont parlé. Le culte que ces lamas rendent aux idoles est fondé, sur ce qu'ils croient qu'elles sont les images des émanations divines, & que les ames qui sont aussi émanées de Dieu habitent dans elles.

Tous ces lamas ont au-dessus d'eux un grand prêtre appelé *le grand Lama*, qui fait sa demeure ordinaire sur le sommet d'une montagne. On ne sauroit imaginer le profond respect que les tartares idolâtres ont pour lui ; ils le regardent comme immortel, & les prêtres subalternes entretiennent cette erreur par leurs supercheries. Enfin tous les voyageurs conviennent que les tartares sont, de tous les peuples de l'Asie, les plus grossiers, les plus ignorans & les plus superstitieux. La loi naturelle y est presque éteinte ; il ne faut donc pas s'étonner s'ils ont fait si peu de progrès dans la philosophie.

Si de la Tartarie on passe dans les Indes, on n'y trouvera guère moins d'ignorance & de superstition ; jusques-là que quelques auteurs ont cru que les indiens n'avoient aucune connoissance de Dieu : ce sentiment ne nous paroît pas fondé. En effet, Abraham Rogers raconte que les Bramines reconnoissent un seul & suprême Dieu, qu'ils nomment *Vistnou*, que la première & la plus ancienne production de ce Dieu, étoit une divinité inférieure, appellée *Brama*, qu'il forma d'une fleur qui flottoit sur le grand abyme avant la création du monde ; que la vertu, la fidélité & la reconnoissance de Brama avoient été si grandes, que Vistnou l'avoit doué du pouvoir de créer l'univers. (*Voyez* l'art. BRAMINES).

Le détail de leur doctrine est rapporté par différens auteurs avec une variété fort embarrassante pour ceux qui cherchent à démêler la vérité ; variété qui vient en partie de ce que les Bramines sont fort réservés avec les étrangers ; mais principalement de ce que les voyageurs sont peu versés dans la langue de ceux dont ils se mêlent de rapporter les opinions. Mais du moins il est constant, par les relations de tous les modernes, que les Indiens reconnoissent une ou plusieurs divinités.

Nous ne devons pas oublier ici de parler de Budda ou Xékia, si célèbre parmi les indiens, auxquels il enseigna le culte qu'on doit rendre à la divinité, & que ces peuples regardent comme le plus grand philosophe qui ait jamais existé : son histoire se trouve si remplie de fables & de contradictions, qu'il seroit impossible de les concilier. Tout ce que l'on peut conclure de la diversité des sentimens que les auteurs ont eu à ce sujet, c'est que Xékia parut dans la partie méridionale des Indes, & qu'il se montra d'abord aux peuples qui habitoient sur les rivages de l'Océan ; que de-là il envoya ses disciples dans toutes les Indes, où ils répandirent sa doctrine.

Les indiens & les chinois attestent unanimement que cet imposteur avoit deux sortes de doctrines ; l'une faite pour le peuple ; l'autre secrète, qu'il ne révéla qu'à quelques-uns de ses disciples. Le Comte, la Loubere, Bernier, & surtout Kempfer, nous ont suffisamment instruits de la première qu'on nomme *exotérique*. En voici les principaux dogmes.

1°. Il y a une différence réelle entre le bien & le mal.

2°. Les ames des hommes & de animaux sont immortelles, & ne diffèrent entr'elles qu'à raison des sujets où elles se trouvent.

3°. Les ames des hommes, séparées de leurs corps, reçoivent ou la récompense de leurs bonnes actions dans un séjour de délices, ou la punition de leurs crimes dans un séjour de douleurs.

4°. Le séjour des bienheureux est un lieu où ils goûteront un bonheur qui ne finira point, & ce lieu s'appelle pour cela *gokurakf*

5°. Les dieux diffèrent entr'eux par leur nature, & les ames des hommes par leurs mérites ; par conséquent le dégré de bonheur dont elles jouiront dans les champs élysées, répondra au degré de leurs mérites : cependant la mesure de bonheur que chacune d'elles aura en partage, sera si grande, qu'elles ne souhaiteront point d'en avoir une plus grande.

6°. Amida est le gouverneur de ces lieux heureux, & le protecteur des ames humaines, surtout de celles qui sont destinées à jouir d'une vie éternellement heureuse; c'est le seul médiateur qui puisse faire obtenir aux hommes la rémission de leurs péchés, & la vie éternelle. (*Plusieurs indiens, & quelques chinois rapportent cela à Xékia lui-même*).

7°. Amida n'accordera ce bonheur, qu'à ceux qui auront suivi la loi de Xékia, & qui auront mené une vie vertueuse.

8°. Or, la loi de Xékia renferme cinq préceptes généraux, de la pratique desquels dépend le salut éternel : le premier, qu'il ne faut rien tuer de ce qui est animé.

2°. Qu'il ne faut rien voler.

3°. Qu'il faut éviter l'inceste.

4°. Qu'il faut s'abstenir du mensonge.

5°. Et sur-tout des liqueurs fortes.

Ces cinq préceptes sont fort célèbres dans toute l'Asie méridionale & orientale. Plusieurs lettrés les ont commentés, & par conséquent obscurcis; car on les a divisés en dix conseils, pour pouvoir acquérir la perfection de la vertu ; chaque conseil a été subdivisé en cinq *go-fiak-kai*, ou instructions particulières, qui ont rendu la doctrine de Xékia extrêmement subtile.

9°. Tous les hommes, tant séculiers qu'ecclésiastiques, qui se seront rendus indignes du bonheur éternel, par l'iniquité de leur vie, seront envoyés après leur mort, dans un lieu horrible appellé *dsigokf*, où ils souffriront des tourmens qui ne seront point éternels, mais qui dureront un certain tems indéterminé : ces tourmens répondront à la grandeur des crimes, & seront plus grands à mesure qu'on aura trouvé plus d'occasions de pratiquer la vertu, & qu'on les aura négligées.

10°. Jemma-o est le gouverneur & le juge de ces prisons affreuses; il examinera toutes les actions des hommes, & les punira par des tourmens différens.

11°. Les ames des damnés peuvent recevoir quelques soulagement de la vertu de leurs parens & de leurs amis; & il n'y a rien qui puisse leur être plus utile que les prières & les sacrifices pour les morts, faits par les prêtres, & adressés au grand père des miséricordes, Amida.

12°. L'intercession d'Amida fait que l'inexoxtable juge des enfers tempère la rigueur de ses arrêts, & rend les supplices des damnés plus supportables, en sauvant pourtant sa justice, & qu'il les renvoie dans le monde le plutôt qu'il est possible.

13°. Lorsque les ames auront ainsi été purifiées, elles seront renvoyées dans le monde, pour animer encore des corps, non pas des corps humains, mais les corps des animaux immondes, dont la nature répondra aux vices qui avoient infecté les damnés pendant leur vie.

14°. Les ames passeront successivement des corps vils dans des corps plus nobles, jusqu'à ce qu'elles méritent d'animer encore un corps humain, dans lequel elles puissent mériter le bonheur éternel, par une vie irréprochable. Si au contraire elles commettent encore des crimes, elles subiront les mêmes peines, la même transmigration qu'auparavant.

Voilà la doctrine que Xékia donna aux indiens, & qu'il écrivit de sa main sur des feuilles d'arbre. Mais sa doctrine ésotérique ou intérieure est bien différente. Les auteurs indiens assurent que Xékia se voyant à son heure dernière, appella ses disciples, & leur découvrit les dogmes qu'il avoit tenu secrets pendant sa vie. Les voici tels qu'on les a tirés des livres de ses successeurs.

1°. Le vuide est le principe & la fin de toutes choses.

2°. C'est de-là que tous les hommes ont tiré leur origine, & c'est-là qu'ils retourneront après leur mort.

3°. Tout ce qui existe vient de ce principe, & y retourne après la mort ; c'est ce principe qui constitue notre ame & les élémens ; par conséquent toutes les choses qui vivent, pensent & sentent, quelque différentes qu'elles soient par l'usage ou par la figure, ne diffèrent pas en elles-mêmes, & ne sont point distinguées de leur principe.

4°. Ce principe est universel, admirable, pur, limpide, subtil, infini ; il ne peut, ni naître, ni mourir, ni être dissous.

5°. Ce principe n'a ni vertu, ni entendement, ni puissance, ni autre attribut semblable.

6°. Son essence est de ne rien faire, de ne rien penser, de ne rien desirer.

7°. Celui qui souhaite de mener une vie innocente & heureuse, doit faire tous ses efforts pour se rendre semblable à son principe, c'est-à-dire, qu'il doit dompter, ou plutôt éteindre toutes ses passions, afin qu'il ne soit troublé ou inquiété par aucune chose.

8°. Celui qui aura atteint ce point de perfection sera absorbé dans des contemplations sublimes, sans aucun usage de son entendement, & il jouira de ce repos divin, qui fait le comble du bonheur.

9°. Quand on est parvenu à la connoissance de cette doctrine sublime, il faut laisser au peuple la doctrine exotérique, ou du moins ne s'y prêter qu'à l'extérieur.

Il est fort vraisemblable que ce système a donné naissance à une secte fameuse parmi les japonois, laquelle enseigne qu'il n'y a qu'un principe de toutes choses; que ce principe est clair, lumineux, incapable d'augmentation ni de diminution, sans figure, souverainement parfait, sage, mais destitué de raison ou d'intelligence, étant dans une parfaite inaction, & souverainement tranquille, comme un homme dont l'attention est fortement fixée sur une chose sans penser à aucune autre: ils disent encore que ce principe est dans tous les êtres particuliers, & leur communique son essence en telle manière qu'elles sont la même chose avec lui, & qu'elles se résolvent en lui quand elles sont détruites.

Cette opinion est différente du spinosisme, en ce qu'elle suppose que le monde a été autrefois dans un état fort différent de celui où il est à présent.

Un sectateur de *Confucius* a réfuté les absurdités de cette secte par la maxime ordinaire, *que rien ne peut venir de rien*; en quoi il paroit avoir supposé qu'ils enseignoient que *rien* est le premier principe de toutes choses, & par conséquent que le monde a eu un commencement, sans matière ni cause efficiente: mais il est plus vraisemblable que par le mot de *vide*, ils entendoient seulement ce qui n'a pas les propriétés sensibles de la matière; qu'ils prétendoient désigner par-là ce que les modernes expriment par le terme d'*espace*, qui est un être très-distinct du corps, & dont l'étendue indivisible, impalpable, pénétrable, immobile & infinie, est quelque chose de réel. Il est de la dernière évidence qu'un pareil être ne sauroit être le premier principe, s'il étoit incapable d'agir, comme le prétendoit Xékia. Spinosa n'a pas porté l'absurdité si loin, l'idée abstraite qu'il donne du premier principe, n'est, à proprement parler, que l'idée de l'espace qu'il a revêtu de mouvement, afin d'y joindre ensuite les autres propriétés de la matière.

La doctrine de Xékia n'a pas été inconnue aux juifs modernes; leurs cabalistes expliquent l'origine des choses, par des émanations d'une cause première, & par conséquent préexistante; quoique peut-être sous un autre forme. Ils parlent aussi du retour des choses dans le premier être, par leur restitution dans leur premier être, comme s'ils croyoient que leur *En-Suph* ou premier être infini contenoit toutes choses, & qu'il y a toujours eu la même quantité d'êtres, soit dans l'état incréé, soit dans celui de création. Quand l'être est dans son état incréé, Dieu est simplement toutes choses: mais quand l'être devient monde, il n'augmente pas pour cela en qualité; mais Dieu se développe & se répand par des émanations. C'est pour cela qu'ils parlent souvent de grands & de petits vaisseaux, comme destinés à recevoir ces émanations de rayons qui sortent de Dieu, & de canaux par lesquels ces rayons sont transmis: en un mot, quand Dieu retire ces rayons, le monde extérieur périt, & toutes choses redeviennent Dieu.

L'exposé que nous venons de donner de la doctrine de Xékia pourra nous servir à découvrir sa véritable origine.

D'abord, il nous paroit très-probable que les Indes ne furent point sa patrie, non-seulement parce que sa doctrine parut nouvelle dans ce pays-là, lorsqu'il l'y apporta, mais encore parce qu'il n'y a point de nation indienne qui se vante de lui avoir donné la naissance; & il ne faut point nous opposer ici l'autorité de la Croze, qui assure que tous les indiens s'accordent à dire que Xékia naquit d'un roi indien; car Kempfer a très-bien remarqué que tous les peuples situés à l'orient de l'Asie, donnent le nom d'*Indes* à toutes les terres australes.

Ce concert unanime des indiens ne prouve donc autre chose, sinon que Xékia tiroit son origine de quelque terre méridionale. Kempfer conjecture que ce chef de secte étoit africain, qu'il avoit été élevé dans la philosophie & dans les mystères des égyptiens; que la guerre qui désoloit l'Egypte, l'ayant obligé d'en sortir, il se retira avec ses compagnons chez les indiens; qu'il se donna pour un autre Hermès, pour un nouveau législateur, & qu'il enseigna à ses peuples, non-seulement la doctrine hyeroglyphique des égyptiens, mais encore leur doctrine mystérieuse.

Voici les raisons sur lesquelles il appuie son sentiment.

1°. La religion que les indiens reçurent de ce législateur, a de très-grands rapports avec celle des égyptiens; car tous ces peuples représentoient leurs dieux sous des figures d'animaux & d'hommes monstrueux.

2°. Les deux principaux dogmes de la religion des égyptiens, étoient la transmigration des ames & le culte de Sérapis, qu'ils représentoient sous la figure d'un bœuf ou d'une vache. Or, il est certain que ces deux dogmes sont aussi le fondement de la religion des nations asiatiques. Personne n'ignore le respect aveugle que ces peuples ont pour les animaux, même les plus nuisibles, dans la persuasion où ils sont que les ames humaines sont logées dans leur corps. Tout le monde sait aussi qu'ils rendent aux vaches des honneurs superstitieux, & qu'ils en placent les figures dans leurs temples. Ce qu'il y a de remarquable, c'est que plus les nations barbares approchent de l'Egypte, plus on leur trouve d'attachement à ces deux dogmes.

3°. On trouve chez tous les peuples de l'Asie orientale la plupart des divinités égyptiennes, quoique sous d'autres noms.

4°. Ce qui confirme sur-tout la conjecture de Kempfer, c'est que 536 ans avant Jesus-Christ, Cambyse, roi des perses, fit une irruption dans l'Egypte, tua Apis qui étoit le *palladium* de ce royaume, & chassa tous les prêtres du pays. Or, si on examine l'époque ecclésiastique des siamois, qu'ils font commencer à la mort de Xékia, on verra qu'elle tombe précisément au temps de l'expédition de Cambyse; de-là il s'ensuit qu'il est très-probable que Xékia se retira chez les indiens, auxquels il enseigna la doctrine de l'Egypte.

5°. Enfin, l'idole de Xékia est représentée avec un visage éthiopien & les cheveux crêpus: or, il est certain qu'il n'y a que les africains qui soient ainsi faits. Toutes ces raisons bien pésées, semblent ne laisser aucun lieu de douter que Xékia ne fût africain, & qu'il n'ait enseigné aux indiens les dogmes qu'il avoit lui-même puisés en Egypte.

ATHÉES anciens (systême des) *hist. de la philosophie ancienne.* Le systême de *Démocrite* étoit composé de l'ancienne Philosophie des atomistes, & de la pensée où il étoit qu'il n'y a dans le monde, que des corps. *Voyez* ATOMISME. Cette manière de philosopher est un pur athéisme, comme on le va voir; quoique les deux parties, dont elle est composée, n'en puissent pas être accusées, si on les considère séparément

L'ancien systême des premiers atomistes est, comme on l'a dit dans l'article cité ci-dessus, incompatible avec l'athéisme; puisqu'il conduit l'esprit de l'homme à reconnoître qu'il y a des

esprits & un Dieu distinct de la matière. Il se peut faire aussi que ceux, qui croient qu'il n'y a rien que des corps, soient néanmoins persuadés qu'il y a une Divinité, quoique corporelle; & qu'une nature intelligente, logée dans la matière, a formé le monde & le gouverne encore à présent. En effet quelques (1) *corporéalistes* s'imaginèrent autrefois que le monde est un animal sage & intelligent, qui a disposé toutes choses en lui-même, comme elles le sont, & de la manière la meilleure qu'il fût possible, & qu'il les conduit, par sa providence. On ne peut pas nier que ce ne fût, faute de raisonner juste, que ces philosophes ne se trouvoient pas capables de concevoir autre chose que des êtres corporels, c'est-à-dire, étendus & impénétrables; & qu'ils n'eussent une idée de la divinité, non-seulement imparfaite, mais encore fausse, pendant qu'ils la concevoient corporelle. Néanmoins on ne peut pas en conclure qu'ils étoient *athées*. Mais ceux qui admettoient ces deux principes: *qu'il n'y aucune substance que les corps; & que dans les corps il n'y a que de l'étendue, de la solidité, de la grandeur, des figures, une certaine situation & du mouvement, sans aucune qualité*, ne peuvent passer que pour de véritables *athées*, quoiqu'ils le puissent nier. Car enfin il faut qu'ils tirent l'origine de toutes choses d'une matière insensible; au lieu qu'assurer qu'il y a un Dieu, c'est assurer qu'elles la tirent d'une nature intelligente.

Ce n'est pas sans raison qu'un savant anglois remarque qu'on ne doit pas accuser d'athéisme ceux qui croiroient un Dieu corporel. Il y a eu d'anciens chrétiens, comme *Meliton*, *Tertullien* & d'autres, qu'on ne peut soupçonner, sans une extrême injustice, d'avoir été *athées*, & qui ont néanmoins enseigné que Dieu étoit corporel. quelques-uns même lui ont attribué une forme humaine, & cette pensée, toute absurde qu'elle est, ne les a pas fait condamner d'athéisme. *Voyez* là-dessus les dogmes théologiques de *Denys Petau*. Tom. I. liv. II c. 1. & ce qu'on dira ci-dessous, sur le paragraphe XVIII.

II. Néanmoins *Epicure*, qui embrassoit les deux principes des *athées*, dont on a parlé, faisoit profession de croire qu'il y avoit un grand nombre de dieux. Il disoit qu'ils étoient d'une forme, semblable à celle des hommes, mais qu'ils avoient un corps si mince, qu'on pouvoit le nommer immatériel, si on le comparoit avec les nôtres. Ils n'avoient pas du sang, mais comme du sang: *non sanguinem, sed quasi sanguinem*; ni de la chair, mais comme de la chair: *non carnem,*

---

(1) C'est ainsi qu'on nomme, assez heureusement, ceux qui ne reconnoissent que des corps.

sed quasi carnem. Il ne pensoit pas qu'ils fussent dans le monde, sous prétexte qu'il ne savoit où les loger, « On ne peut pas croire, dit *Lucrèce*, (1) » que les saintes demeures des dieux soient en » aucune partie du monde.

Illud item non est, ut possis credere sedes
Esse deûm sanctas in mundi partibus ullis.

C'est pourquoi il les plaçoit en de certains espaces, qu'il nommoit *intermondes*, & qu'il croyoit être vuides, & entre les mondes, dont l'univers étoit composé selon lui. *Lucrèce* décrit ces lieux fort agréablement, en disant « (2) que- » ce sont des lieux, que les vents ne troublent » point, où il n'y a ni nuages, ni pluies, ni » blanches gelées, mais un éther sans brouillards, » & tout éclairé d'une lumière riante.

Quas neque concutiunt venti, neque nubila nimbis
Adspergunt, neque nix acri concreta pruinâ
Cana cadens violat, semperque innubilus Aether
Integit & largè, diffuso lumine, ridet.

Il prétendoit que la souveraine félicité des dieux consistoit à n'avoir rien à faire, & à n'être chargés d'aucun soin, *in omni vacatione munerum.* Quoiqu'ils ne se mêlassent pas, selon lui, de ce qui regarde les hommes, & que les hommes n'en eussent rien à espérer, ni à craindre ; il disoit néanmoins qu'il falloit leur rendre quelque culte, à cause de l'excellence de leur nature & de leur félicité.

Mais il ne falloit pas être fort pénétrant, pour voir que toute cette théologie d'*Epicure* n'étoit qu'une chimère ; puisqu'elle étoit directement contraire aux principes qu'il établissoit, & par lesquels il ne reconnoissoit aucun être, que ceux qui étoient formés d'atomes, & par conséquent corruptibles. Mais il disoit qu'il y avoit des dieux par pure politique, & pour ne pas exciter la haine, qu'un athéïsme reconnu lui auroit attirée. C'est pourquoi *Posidonius* stoïcien disoit « qu'E- » picure croyoit qu'il n'y avoit point de dieux : » & qu'il n'avoit dit des dieux immortels ce » qu'il en disoit, que pour éviter la haine.

Nullos esse deos Epicuro videri, quæque ille de diis immortalibus dixerit, invidiâ detestandâ gratiâ dixisse.

Il se moquoit en même temps du vulgaire crédule :

« *Epicure*, dit le même auteur, introduit, pour » se moquer, des dieux transparens, que l'on peut » dissiper, en soufflant, & qui demeurent, comme » entre deux mondes, de peur d'être accablés » par leurs ruines.

Deos, jocandi causâ, induxit Epicurus perlucidos & perflabiles & habitantes, tanquam inter duos lucos : sic inter duos mundos, propter metum ruinarum.

Mais quand *Epicure* auroit parlé sérieusement en ceci, il n'en sera pas moins *athée*, avec la permission de (1) *Gassendi* ; Pendant qu'on conviendra qu'il a soutenu que le monde a été formé, *sans que personne l'ait disposé ainsi, & sans qu'aucun être bien-heureux & immortel s'en soit mêlé ; & que l'Univers, & même les natures intelligentes doivent leur origine au concours fortuit des atomes.* Lui & *Démocrite* faisoient du monde (2) *un œuf de la nuit* dans le plus mauvais sens que l'on puisse prendre cette expression ; c'est-à-dire, l'ouvrage, non d'une nature intelligente, mais d'une matière insensible, du *Thohou* & du *Bohou*, comme s'exprime Moyse, ou du *chaos*, comme parlent les payens ; & ils cherchoient l'origine de toutes les perfections de l'univers & de tout ce qui y est, dans le plus imparfait & dans le dernier de tous les êtres, ce qui est le plus haut point de l'athéïsme. Pour ces dieux, dont le corps étoit si subtil, s'il parloit sérieusement, lorsqu'il traitoit de cette matière, ce n'étoient que des spectres, ou des phantômes d'hommes, qui vivoient à part, je ne sais où hors du monde.

Comme *Epicure* a caché sa pensée, les autres *athées* ont aussi eu leurs déguisemens ; car l'athéïsme ne paroit ordinairement, que masqué (3). Quoique des personnes crédules se soient laissées si fort imposer par ces manières, & crussent qu'il étoit très-difficile de trouver un *athée* ; néanmoins ceux qui ont plus de pénétration voient facilement l'athéïsme au travers de ces voiles. Quiconque reçoit les principes de *Démocrite*, c'est-à-dire, qui rejette les formes & les qualités des corps, & qui soutient que tout est corporel ; quoiqu'il assure qu'il croit une Divinité corporelle, n'en doit néanmoins pas être cru ; parce que cela n'est pas compatible avec ses principes.

III. C'est pourquoi cette Philosophie mêlée

---

(1) *Liv. V. p.* 595. *Ed. Lamb.*

(2) *Lib. III. initio.* C'est une imitation d'*Homère* Odiss. z. 4. & suiv.

(1) *Voyez sa vie d'Epicure, liv. IV. c. 1. & suiv.*

(2) Ceci fait allusion à un passage d'*Aristophane*, que l'on expliquera dans la suite.

(3) *Occultus enim propter metum judæorum.*

dont *Leucippe*, *Démocrite* & *Protagore* furent les fondateurs, & qu'*Epicure* continua à enseigner, n'étoit autre chose que l'athéisme revêtu d'une forme philosophique ; puisqu'ils entreprenoient d'expliquer tous les phénomènes que l'on voit dans le monde, sans supposer aucun Dieu ; & qu'ils établissoient même des principes, desquels il s'ensuivoit nécessairement qu'il ne peut y avoir aucune divinité, ni corporelle, ni incorporelle.

Mais il y a eu encore une autre sorte d'athéisme philosophique, dont *Straton* de Lampsaque a été auteur, comme on le verra dans la suite. *Voyez* sur Straton l'article ARISTOTELISME.

IV. En parlant des *athées*, qui soutenoient la philosophie corpusculaire, on n'a pas pu parler de l'athéisme *hylozoïque* (c'est-à-dire, qui attribue de la vie & du sentiment à la pure matière corporelle) parce que ses principes sont entièrement contraires à ceux des atomistes. L'athéisme des atomistes ne donne aucune autre notion du corps que comme d'une chose étendue & impénétrable, mais incapable de vie & de pensée : *l'hylozoïsme* (ou l'opinion qui attribue de la vie à la matière) donne au contraire à tous les corps, considérés en eux-mêmes (1), une vie comme leur étant essentielle, sans en excepter le moindre atôme, mais sans aucun sentiment & sans connoissance réfléchie ; comme si la vie d'un côté & de l'autre la matière étoient deux êtres incomplets, qui joints ensemble formassent ce qu'on appelle corps.

Par cette vie que ces philosophes attribuoient à la matière, ils supposoient que toutes les parties de la matière ont la faculté de se disposer elles-mêmes d'une manière artificielle & réglée, quoique sans délibération, ni réflexion, & de se pousser à la plus grande perfection dont elles soient capables. Ils croyoient que ces parties, par le moyen de l'organisation, se perfectionnoient elles-mêmes, jusqu'à acquérir du sentiment, & de la connoissance directe, comme dans les bêtes ; & de la raison & de la connoissance réfléchie comme dans les hommes. Cela étant, il est visible que les hommes n'auroient pas besoin d'une ame immatérielle, pour être raisonnables ; ni l'univers d'aucune divinité, pour être aussi régulier qu'on le suppose.

La principale différence, qu'il y a entre cette manière d'athéisme, & celle de *Démocrite* & *d'Epicure* ; c'est que ces derniers supposent que toute sorte de vie est accidentelle, & sujette à la génération & à la corruption : au lieu que les hylozoïstes admettent une vie naturelle, essentielle, & qui ne s'engendre, ni ne se détruit, quoiqu'ils l'attribuent à la matière, parce qu'ils ne reconnoissent aucune autre substance, dans le monde que celle des corps.

V. Pour prévenir toute sorte de méprise, il faut avertir que quoique les atomistes, de la manière dont l'étoit *Epicure*, soient nécessairement *athées*, tous les hylozoïstes ne le sont pas. Car ceux qui en soutenant qu'il y a de la vie dans la matière, avouent en même temps qu'il y a une autre sorte de substance, qui est immatérielle & immortelle, ne peuvent pas être accusés d'athéisme. Mais au lieu que l'ancien sentiment des atômes menoit droit à reconnoître qu'il y a des substances, qui ne sont pas corps, quoique *Démocrite* ait violemment séparé ces deux dogmes ; il faut avouer que l'hylozoïsme est naturellement uni avec la pensée de ceux qui n'admettent que des corps, comme on l'a déjà fait voir.

On ne conçoit pas facilement comment on pourroit se résoudre à admettre un paradoxe aussi étrange que celui-ci, que chaque atôme de matière insensible, est plus sage que le plus grand politique, & que le plus subtil philosophe ; puisqu'il sait parfaitement tout ce dont il est capable, & tout ce qui lui convient, selon les hylozoïstes, à moins qu'on ne se soit laissé fortement prévenir contre l'existence de toute sorte de substance immatérielle & d'une divinité ; ce que les *athées* regardent comme le plus grand des paradoxes, & que l'on peut le moins accorder. Neanmoins on ne peut pas nier qu'un homme qui croiroit qu'il y a une divinité, & que l'ame raisonnable de l'homme est immortelle, pourroit être aussi persuadé que l'ame sensitive, dans les hommes, comme dans les bêtes, est purement corporelle ; & qu'il y a une vie matérielle & *plastique* (c'est-à-dire, qui a la faculté de former des organes), dans les semences de toutes les plantes & de tous les animaux, par laquelle leurs corps sont formés. Il pourroit croire, en conséquence de cela, que toute la matière a une vie naturelle, en elle-même, quoique ce ne soit pas une vie animale. Pendant qu'il retiendroit la créance d'une divinité, & d'une ame raisonnable & immortelle, nous ne pourrions pas l'accuser de n'être qu'un *athée* déguisé.

VI. Mais encore que l'hylozoïste ne soit pas nécessairement *athée*, néanmoins tout homme qui est hylozoïste & corporéaliste en même-tems, ou qui prétend que la matière a une vie qui lui est essentiellement attachée, & qu'il n'y a dans le monde aucune autre substance que les corps, ne sauroit être justifié d'athéisme, pour deux raisons.

---

(1) On comprendra mieux ce qu'ils vouloient dire, quand on aura lû tout cet article.

La première est qu'il dérive l'origine de toutes choses d'une matière qui a une espèce (1) de vie & même une connoissance infaillible de tout ce qu'elle peut faire & souffrir. Quoique cela semble une espèce de divinité, n'y ayant néanmoins dans la matière, considérée en elle-même, aucune connoissance réfléchie, ce n'est autre chose qu'une vie, comme celle des plantes. La *nature* des hylozoïtes est une mystérieuse absurdité, puisque l'on suppose que c'est une chose parfaitement sage, comme étant la cause de l'admirable disposition de l'univers, & néanmoins qu'elle n'a aucune (2) consistence intérieure, ni connoissance réfléchie; au lieu que la divinité, conformément à sa véritable notion, est une intelligence parfaite, qui sait toutes les perfections qu'elle renferme, qui en jouit, & qui est par-là souverainement heureuse.

Secondement, les corporéalistes hylozoïques, en établissant que toute matière, comme telle, a de la vie en elle-même, doivent reconnoître une infinité de vies, puisque chaque atome a la sienne, collatérales, pour parler ainsi, & indépendantes l'une de l'autre; & non une vie commune, ou une intelligence générale, qui préside sur tout l'univers: au lieu que dire qu'il y a un dieu, c'est supposer qu'il y a un être vivant & intelligent, qui est l'origine & l'architecte de tout.

On voit donc que les corporéalistes hylozoïques sont de véritables *athées*, quoiqu'ils semblent d'un côté approcher de plus près de ceux qui croient un dieu.

C'est une nécessité, que tous les *athées* attribuent quelques-unes des propriétés incommunicables de la divinité à ce qui n'est point dieu, & particulièrement à la matière; car il faut, indispensablement, qu'ils lui attribuent l'existence par elle-même, & la prééminence qui fait qu'elle est le premier principe de toutes choses. La divinité, à qui les corporéalistes hylozoïques rendent tout le culte dont ils sont capables, est une certaine déesse aveugle, qu'ils appellent *nature*, ou *vie de la matière*; & qui est je ne sais quoi de parfaitement sage, & d'infaillible dans ses lumières, sans en avoir aucune connoissance.

Si l'on ne savoit pas, dit à ce sujet un théologien, qu'il y a eu des *athées* & qu'il y en a encore, on auroit de la peine à croire qu'il y ait eu des gens qui n'étoient pas destitués d'esprit, & qui, ne pouvant digérer l'éternité d'un être sage & intelligent, ni la formation de l'univers par cet être, ont mieux aimé attribuer à la matière cette même éternité & cette même création, qui leur faisoient tant de peine, quand on les attribuoit à une nature immatérielle.

Peut-on dire que la matière, considérée en elle-même, ait des caractères d'éternité, qui ne se puissent pas trouver dans un être intelligent?

Peut-on soutenir qu'il est plus facile de concevoir que la matière se meut d'elle-même, & qu'elle a formé par hasard le monde, tel qu'il est; ou que je ne sais quel principe de vie, qui est essentiellement dans les corps, a fait tout ce que nous voyons, & nous a fait nous-mêmes sans savoir ce qu'il faisoit, & sans dessein, que de concevoir qu'une intelligence a remué la matière, & en a tout fait dans certaines vues?

Pourroit-on dire que l'on comprend comment tout ce qui existe a été formé, par un mouvement purement méchanique & nécessaire de la matière, sans projet & sans dessein d'aucune intelligence, qui l'ait conduit; & que l'on ne comprend pas comment une intelligence l'auroit pu faire? Il n'y a assurément personne qui, s'il veut parler sincèrement, n'avoue que le second est infiniment plus facile à comprendre que le premier.

Il s'ensuit de-là que les *athées* avoient des hypothèses beaucoup plus difficiles à concevoir, que celle qu'ils rejettoient à cause de ses difficultés; ce qui fait voir qu'ils s'éloignoient des sentimens communs, plutôt pour se distinguer, que parce que les difficultés leur faisoient de la peine. Autrement ils n'auroient pas embrassé des systèmes tout-à-fait incompréhensibles, parce qu'ils ne comprenoient pas les opinions communes. Ce que je viens de dire des anciens *athées*, on peut le dire des *spinosistes* d'aujourd'hui. Il seroit très-facile de répondre à l'auteur de ces réflexions, & de lui prouver que les objections qu'on peut faire contre le système orthodoxe, ont bien une autre force que celles qu'il fait ici aux *athées*; mais ce n'est pas ici le lieu d'entrer dans cette discussion. Revenons à notre sujet.

VII. Le premier & le principal défenseur de l'athéisme hylozoïque, fut *Straton* de Lampsaque, que l'on nommoit aussi le *physicien*. Il avoit été disciple de *Théophraste*, & s'étoit acquis beaucoup de réputation dans la secte péripatéticienne; mais il la quitta, pour établir une nouvelle espèce d'athéisme. *Velléius* épicurien, & *athée*, en parle de cette manière :

---

(1) La vie attribuée à la matière par les hylozoïtes, n'est pas une vie comme celle des animaux, qui est accompagnée de perception, mais seulement une vie naturelle, une espèce de mouvement naturel & nécessaire, une ombre & un songe de vie, plutôt qu'une véritable vie. *Voyez* Cudworth syst. intellect. pag. 99.

(2) On emploie ce mot en un sens philosophique, qui marque le sentiment que l'on a de ce qui se passe en soi-même. Les Anglois font usage de ce mot dans cette acception, & nous l'avons pris d'eux.

« (1) Il n'en faut pas croire *Straton*, qu'on nom-
» moit le *physicien*, & qui disoit que toute la
» puissance divine est dans la nature, qui renferme,
» selon lui, les causes de la génération, de l'aug-
» mentation & de la diminution, mais qui est
» destituée de sentiment ».

*Nec audiendus Strato, qui physicus appellatur,
qui omnem vim divinam in natura sitam esse censet,
quæ causa gignendi, augendi, minuendive habeat,
sed careat omni sensu.*

Il prétendoit, comme les épicuriens, que tout
avoit été formé, par le concours fortuit des
atomes, à qui il attribuoit je ne sais quelle vie;
ce qui faisoit croire qu'il regardoit la matière ainsi
animée, comme une espèce de divinité. C'est ce
qui a fait dire à *Seneque* :

« Souffrirai-je *Platon*, ou *Straton* le péripaté-
» ticien, dont l'un faisoit un dieu sans corps, &
» l'autre sans esprit ? » (2) *Ego feram aut Platonem,
aut peripateticum Stratonem, quorum alter deum sine
corpore fecit, alter sine animo?*

C'est-là la cause, pour laquelle *Straton* est quelquefois rangé parmi ceux qui croyoient un dieu,
quoique ce fût un véritable *athée*.

On peut s'en assurer encore par ce passage de
Cicéron :

« *Straton de Lampsaque* dit qu'il ne se sert point
» du secours des dieux, pour la formation du
» monde, & que tout ce qui existe a été fait par
» la nature ; mais non pas comme celui qui croit
» que tout est composé de corpuscules raboteux,
» polis, ou pleins de crochets, entre lesquels il
» y a du vide. Il croit que ce sont-là des songes de
» *Démocrite*, qui disoit non ce qu'il pouvoit prou-
» ver, mais ce qu'il souhaitoit ».

(3) *Strato Lampsacenus negat operâ deorum se uti,
ad fabricandum mundum, quæcumque sint docet
omnia esse effecta naturâ, nec ut ille qui asperis &
lævibus, & hamatis uncinatisque corporibus concreta
hæc esse dicit interjecto inani; somnia censet hæc esse
Democriti, non docentis, sed optantis.*

Il nioit donc, aussi bien que *Démocrite*, que le
monde eût été fait par une divinité, ou par une
nature intelligente ; mais il ne tomboit pas d'accord avec lui, touchant l'origine de toutes choses ;

---

(1) De Nat. Deorum. L. I. c. 13.
(2) Apud Augustinum de C. D. Lib. 6. c. 10.
(3) Acad. Quæst. Lib. II. c. 38.

parce que *Démocrite* n'établissant aucun principe actif, ne rendoit aucune raison du mouvement, ni de la régularité que l'on voit dans les
corps. La nature de *Démocrite* n'étoit que le mouvement fortuit de la matière ; mais la *nature* de
Straton étoit une vie intérieure & *plastique*, par
laquelle les parties de la matière pouvoient se
donner elles-mêmes une meilleure forme ; mais
sans sentiment de soi-même, ni connoissance réfléchie. *Quidquid aut fit, aut fiat, naturalibus
fieri, aut factum esse docet, ponderibus & motibus.*
« Il enseigne, dit le même *Cicéron*, que tout ce
» qui est, ou qui se fait, se fait, ou a été fait par
» des poids & des mouvemens naturels ».

Il faut de plus remarquer qu'encore que *Straton*
établisse la vie, dont on a parlé, dans la matière,
il ne reconnoit aucun être, ni aucune vie générale qui préside sur toute la matière pour la former.

C'est ce qui est en partie affirmé par (1) *Plutarque*, & qu'on peut recueillir, ce me semble,
de ces mots :

*Il nie que le monde lui-même soit un animal, mais
il soutient que ce qui est selon la nature suit ce qui est
conforme à sa nature ; que le hasard donne le commencement à tout, & qu'ensuite chaque effet de sa nature
se produit.*

Comme il nioit qu'il y eût un principe commun
& intelligent, qui gouvernât toutes choses, il
falloit qu'il donnât quelque chose au hasard, &
qu'il fit dépendre le système du monde d'un mélange du hasard & d'une nature réglée.

VIII. Il y a néanmoins de l'apparence qu'il y a
eu des *athées* avant *Démocrite* & *Leucippe*, puisque
(2) *Platon* dit, en parlant des *athées* de son tems :
Ce n'est pas vous seul, mon fils, ni vos amis (Démocrite, Leucippe & Protagore) *qui avez eu les
premiers ces sentimens touchant les dieux ; mais il y
a toujours eu plus ou moins de gens attaqués de cette
maladie.*

Il faut donc rechercher si l'on peut trouver
quelque autre philosophe, qui ait été *athée* avant
Démocrite & *Leucippe*, & quelle sorte d'athéïsme il
a défendu. *Aristote*, dans (3) sa métaphysique, assure
que plusieurs de ceux qui ont été premiers philosophes, n'ont reconnu que la matière, pour la première cause de l'univers, sans aucune cause efficiente & intelligente. La raison qu'ils en avoient,
comme ce philosophe le remarque, c'est qu'ils

---

(1) Adversus Colotem.
(2) L. X. de Legg. pag. 888. ed. ser.
(3) Lib. I. c. 3.

assuroient qu'il n'y a aucune substance que la matière, & que tout le reste n'en est que des accidens qui sont engendrés & corruptibles ; au lieu que la matière, qui est toujours la même, n'est ni engendrée, ni sujette à être détruite, mais éternelle.

On comprendra mieux la pensée de ces anciens philosophes, par les objections qu'*Aristote* leur faisoit.

La première, c'est que ne reconnoissant que la matière, qui pût être un principe actif dans l'univers, il ne leur étoit pas possible de rendre aucune raison du commencement du mouvement. *Quoique la génération & la corruption se fasse assurément de quelque chose, soit que ce soit d'une, ou de plusieurs, pourquoi est-ce que cela arrive, & quelle en est la cause ? Car le sujet ne produit aucun changement en lui-même. Par exemple, ni le bois, ni le cuivre, ne sont pas la cause qui change l'un ou l'autre. Le bois ne fait pas de soi-même un lit, ni le cuivre une statue ; mais il y a une autre cause de ce changement. Chercher cette cause, c'est chercher un autre principe, comme nous avons dit, d'où vienne le commencement du mouvement.*

Par ces paroles d'*Aristote*, il paroît que ces anciens physiciens mettoient mal-à-propos du mouvement & de l'action dans le monde ; puisqu'ils ne reconnoissoient d'autre principe que la matière, qui n'est pas capable de se mouvoir d'elle-même.

La seconde objection qu'*Aristote* fait à ces anciens *matérialistes*, dans le même ouvrage, c'est que puisque la matière, destituée de sentiment & naturellement en repos, est le seul principe qu'ils reconnoissent ; ils ne sont pas en état de marquer la cause de ce qu'il y a de bon & de bien fait dans le monde.

Il y a des choses, dit ce philosophe, qui sont bonnes & belles, il s'en fait encore, & il n'est pas vraisemblable qu'on en puisse chercher la cause dans la terre, ou en d'autres choses de cette nature. Ce ne seroit pas bien non plus de croire qu'elles se font d'elles-mêmes, ou de les regarder comme un effet du hasard. Il veut dire que ces gens-là mettant le mouvement dans le monde, sans en marquer de cause, ils doivent l'attribuer au hasard, qui supplée la conduite d'une cause intelligente, qui agisse sur la matière & qui se propose une fin. *Aristote* loue au contraire (1) *Anaxagore* d'avoir mis une intelligence pour principe, en quoi il s'accorde avec lui & avec *Platon*.

IX. On voit donc que ces matérialistes étoient de véritables *athées*, non pas tant parce qu'ils

(1) Voyez Métaph. Lib. I. c. 2. & Lib. 14. c. 10.

n'établissoient que des corps, que parce qu'ils ne mettoient aucune intelligence, qui les mût & qui les gouvernât.

Il y a eu d'autres philosophes, comme *Héraclite*, *Zénon*, &c., qui croyoient que tout est matériel ; mais ils ne laissoient pas de croire qu'il y avoit une intelligence naturellement attachée à la matière, & qui animoit tout l'univers ; à cause de quoi ils disoient que c'est un animal. Ces gens-là ne pouvoient pas être regardés comme *athées*.

Les matérialistes d'*Aristote* croyoient que toutes choses, excepté la substance de la matière, sont sujettes à la génération & à la corruption ; ce qui est un pur athéisme. Car enfin il s'ensuit de-là, que non-seulement les ames des animaux & des hommes, mais encore des dieux, (si ces matérialistes en reconnoissoient, ce qu'ils faisoient peut-être en paroles, & en entendant par-là des intelligences un peu plus parfaites que les ames humaines) étoient engendrées de la matière, & par conséquent corruptibles. Dire qu'il n'y a point d'autre divinité qu'une divinité qui a été produite & qui peut cesser d'être ; qu'il y a eu un tems auquel il n'y en avoit point, & qu'il pourroit se faire qu'il n'y en eût plus, est la même chose que dire, qu'il n'y a point de dieu ; un dieu né & mortel étant une pure contradiction.

X. Il est bon de remarquer ici la grande différence qu'il y a entre ces anciens matérialistes d'*Aristote*, & les philosophes dont on a parlé dans l'article *atomisme*, (voyez ce mot) qui croyoient qu'aucune substance ne s'engendre ni ne se détruit, à cause de cet axiome : *rien ne peut être fait de rien*. Ces derniers étoient principalement les philosophes de la secte italique, ou pythagoricienne. Leur système tendoit, à cet égard, à deux choses :

Premièrement il détruisoit toutes les qualités & les formes des corps, que l'on supposoit être différentes de la matière & de ses modifications. S'il y avoit eu quelque chose de semblable, rien se seroit fait de rien.

Secondement, il tendoit à établir l'immatérialité des ames, & à montrer qu'elles ne sont pas engendrées. Car puisque la vie, le sentiment & l'intelligence ne peuvent pas être regardées comme des modifications de la matière, telles que sont la grandeur, la figure, la situation, le mouvement ; & que ce sont des êtres qui n'ont point de rapport avec la matière insensible & destituée d'intelligence ; il faut que la substance des ames soit immatérielle, & aussi peu sujette à la génération, & à la corruption, que la substance de la matière. Par conséquent, il faut qu'elle préexiste dans la nature avant la génération des corps ; ou que dieu la créé pour les joindre ensemble.

Au contraire, les matérialistes d'*Aristote*, supposant qu'il n'y a d'autre substance que la matière, & que les qualités & les formes du corps sont différentes des modifications de la grandeur, de la figure, &c., & connoissant, par l'expérience que ces qualités sont continuellement engendrées & détruites; comme il est certain aussi que la vie, le sentiment & l'intelligence viennent dans les corps des animaux, où il n'y en avoit point auparavant, & cessent d'y être, quand ces corps meurent; ils en concluoient que les ames sortoient de la matière par la génération, & y retournoient par la mort; & par conséquent que tout ce qui est dans le monde, excepté la seule substance de la matière, est sujet à être produit & détruit. On pourra trouver des passages d'*Aristote*, qui confirment ce qu'on vient de dire, dans son ouvrage du ciel, liv. III, c. 1, & dans sa physique, liv. II, c. 2.

XI. Quand on poussoit ces matérialistes, par le raisonnement des philosophes de la secte italique, que rien ne se faisant de rien, ni n'y retournant, on ne pouvoit pas tirer de la matière ce qui n'y étoit pas, ni dire que des êtres avec lesquels elle n'a rien de commun, y fussent retournées; ils n'osoient pas nier cet axiome. Ils disoient seulement, qu'on ne devoit l'admettre qu'à l'égard de la substance de la matière, qui ne peut-être produite, ni détruite. Mais à l'égard des formes & des qualités des corps, & même des ames, ils prétendoient que tout étoit des accidens de la matière, qui y étoient formés & détruits.

Voici comment en parle *Aristote*, dans sa *métaphysique*, liv. I, c. 3. *Ils ne croient pas que rien soit engendré, ni périsse pendant que cette nature* (celle de la matière) *subsiste. Car comme on ne dit pas simplement que Socrate commence à exister, lorsqu'il devient honnête homme, ou habile dans la musique : on ne dit pas non plus qu'il périsse, lorsqu'il perd ces habitudes, parce que Socrate lui-même, en qui sont ces qualités, demeure. Il en est de même de tout le reste. Il faut qu'il ait une certaine nature, soit qu'on en mette une, ou plusieurs, de laquelle, ou desquelles, il se produise d'autres choses, pendant qu'elle demeure la même.*

On a cité ce passage d'*Aristote*, d'autant plus volontiers, que c'est à-peu-près la doctrine des *athées* d'aujourd'hui. La substance de la matière étendue est, selon eux, le seul être réel qui existe, la seule chose qui n'a point été faite, qui ne peut-être ni anéantie, ni créée, mais qui existe nécessairement de toute éternité. Tout le reste de ce qui existe, comme la vie & l'ame, ne sont, selon ces gens-là, que des modifications de la matière, qui ne renferment aucune entité réelle, mais qui se produisent du néant & qui y retournent; pendant que la matière, dans laquelle ils sont, demeure constamment la même. Le résultat de tout cela, c'est qu'il ne peut point y avoir de divinité, qu'une divinité tirée de la matière insensible, & qui y retourne en périssant. C'est l'opinion d'*athées*, qu'excepté la substance de la matière, tout est sujet à la génération & à la destruction.

XII. On ne peut passer, sous silence, une objection de quelques modernes, contre ce qu'*Aristote* dit des anciens matérialistes. C'est que lui-même, dans son ouvrage du ciel, liv. I, c. 10, avoue que *tous* les philosophes *assuroient que le monde avoit été fait*. De-là ils concluent qu'on ne pouvoit donc faire passer personne d'entr'eux pour *athée*; & par conséquent qu'*Aristote* se contredit, en faisant passer pour tels plusieurs d'entr'eux, à qui il attribue la pensée qu'il n'y a que des êtres matériels, sans aucune cause intelligente qui les ait produits. Mais c'est une grande erreur que de croire que tous ceux qui ont soutenu que le monde a été fait, ont cru qu'il y a une divinité, puisqu'il est certain que les plus anciens *athées* ont soutenu que le monde a eu un commencement, & qu'il auroit une fin. C'est ce qui paroit, par *Lucrèce*, qui le dit clairement : « J'ai fait voir, dit-il, que » le ciel est sujet à périr & qu'il a été fait; & que » tout ce qui s'y fait & s'y fera sera nécessairement » dissous ».

(1) Et quoniam docui mundi mortalia templa
Esse & nativo consistere corpore cœlum,
Et quæcumque in eo fiunt, fiuntque necesse
Esse ea dissolvi.

Il faut en effet que tous ceux qui ont cru que le monde avoit été fait par le concours fortuit des atômes, & que tout a eu un commencement, excepté la matière, aient cru aussi le monde corruptible. C'est donc une erreur vulgaire, que de s'imaginer que tous les *athées* ont cru l'éternité du monde.

Aristote ajoute, au même endroit, que les philosophes, qui croyoient que le monde a été fait, étoient partagés en deux sentimens sur sa durée; les uns le faisant éternel, & les autres corruptible. Ce qu'il y a de singulier, c'est que ceux qui soutenoient que le monde ayant été fait, il est néanmoins éternel, croyoient tous qu'il y a une divinité. Tel étoit *Platon*, qui, dans son *Timée*, introduit la souveraine divinité, disant aux autres, que quoiqu'elles fussent mortelles, de leur nature, elles seroient néanmoins immortelles par sa volonté. *Philon* & d'autres philosophes, persuadés de l'existence d'un dieu, & de la création du monde, ont été aussi dans la pensée, que le monde n'auroit

(1) Lib. 6. non procul ab initio.

point de fin. Au contraire, les épicuriens & les autres *athées* ont cru que le monde finiroit. Mais il est vrai qu'*Empédocle*, *Héraclite* & les stoïciens, qui croyoient une divinité, soutenoient non-seulement que le monde avoit commencé, mais qu'il périroit & recommenceroit tour-à-tour.

Ainsi, ni ceux qui assuroient que le monde avoit eu un commencement, n'étoient tous persuadés de l'existence d'une divinité ; ni ceux qui soutenoient l'éternité du monde n'étoient tous *athées*.

La différence qu'il y avoit entr'eux, c'est premièrement que les uns reconnoissoient qu'une divinité avoit créé le monde, & que les autres attribuoient son commencement au mouvement fortuit de la matière.

Secondement, les anciens *athées*, quoiqu'ils niassent généralement l'éternité du monde, soutenoient néanmoins que la matière avoit non-seulement été éternelle, mais qu'elle existoit par elle-même, & qu'elle étoit indépendante de tout être, puisqu'ils la faisoient l'origine de toutes choses, & par conséquent la seule divinité. Au contraire, ceux qui étoient persuadés qu'il y a un Dieu, disoient que la forme & la substance de la matière avoient toujours dépendu de lui, comme la lumière du soleil. Il en faut néanmoins excepter les stoïciens & quelques autres.

XIII. *Aristote* nous dit que quelques-uns croyoient que cette philosophie des *athées*, qui font venir toutes choses de la matière insensible, comme n'étant que ses formes & ses qualités, étoit très-ancienne & qu'elle égaloit ce que l'histoire des grecs nous apprend de plus éloigné. Ils prétendoient même que les premiers théologiens des grecs avoient été dans cette pensée.

» (1) Il y a des gens, dit-il, qui croient
» que les plus anciens qui ont vécu long-
» temps avant notre âge, & ceux qui ont les
» premiers écrit sur la théologie ont été dans le
» même sentiment touchant la nature. Ils ont
» cru que l'Océan & Téthys ont été les prin-
» cipes à la génération, & que les dieux ont
» juré par l'eau, que les poëtes ont nommé
» Styx ; car elle est la plus honorée, comme étant
» la plus ancienne, & par laquelle on faisoit
» le serment le plus grand de tous.

Il y a de l'apparence où *Aristote* veut désigner *Platon*, qui a dit en effet dans son *Theætetus*, que cette doctrine des *athées* est fort ancienne, ὅτι πάντα ἔκγονα ῥοῆς τε καὶ κινήσεως, que tout tire son origine du flux & du mouvement ; c'est-à-dire, que tout est sorti de la matière. Il en accuse

(1) Lib. 1, métaph., c. 3.

même *Homère*, qui fait naître tous les Dieux de l'Océan, c'est-à-dire, de la matière liquide :

(1) Ὠκεανόν τε θεῶν γένεσιν καὶ μητέρα Τηθύν.

L'Océan, qui est l'origine des dieux, & leur mère Téthys. Il semble donc que ces gens-ci ont été les plus anciens *athées*, quoiqu'ils reconnussent certains êtres au-dessus de la nature humaine, qu'ils nommoient *dieux* ; puisqu'ils tiroient toutes choses de l'Océan, c'est-à-dire, de la matière fluide ; ou, ce qui est la même chose, de la nuit & du chaos ; & qu'ils supposent que tous leurs dieux ont été faits & engendrés, d'où il s'ensuit qu'ils sont mortels & corruptibles.

Aristophane, dans sa comédie intitulée (2) *les Oiseaux*, décrit ainsi le commencement du monde, selon les idées de ces gens-la.

Rien n'existoit que le chaos & la nuit. Avant toutes choses furent (3) l'Erèbe, & le vaste Tartare. Il n'y avoit ni terre, ni air, ni ciel. Mais dans l'étendue immense de l'Erèbe, la nuit à noires ailes fit un œuf, où il n'y avoit que du vent dedans. De cet œuf, quand les saisons de l'année eurent fait leur tour, sortit l'aimable Amour, dont le dos étoit brillant par deux ailes d'or, & qui ressembloit aux tourbillons de vents. Celui-ci se mêlant avec l'obscur chaos, dans le vaste Tartare, produisit notre espèce & la nuit au jour. La race des dieux n'étoit point, avant que l'amour eût mêlé toutes choses.

Quoique le poëte fasse naître les oiseaux de l'amour & du chaos, avant tous les dieux, & qu'il semble l'avoir fait, en se moquant, pour accommoder l'ancienne théologie à sa comédie ; néanmoins *Saumaise* croit, avec beaucoup de vraisemblance, que c'étoit une partie de l'ancienne tradition des *athées*.

Le chaos ou la matière, se mouvant confusément, étoient, selon eux, l'origine de toutes choses, qui en étoient nées ; en sorte que d'une moindre perfection, elles étoient venues peu-à-peu en une plus grande. D'abord les choses inanimées en étoient sorties, comme les élémens, les pierres &c. ensuite les bêtes, après cela les hommes, & enfin les dieux. Ainsi non-

(1) *Iliad*. E, 241.

(2) *Pag*. 573.

(3) L'enfer. Ce mot signifie en Hébreu, les ténèbres, comme celui de tartare, un lieu éloigné, & où l'on souffre.

seulement les corps inanimés des élémens, le feu, l'eau, l'air & la terre, étoient comme (1) parle *Aristote* selon les idées des *athées*, *de leur nature avant la divinité*, *& étoient eux-mêmes des dieux*: φύσει πρότερα τῦ Θεῦ, Θεοὶ δὲ καὶ ταῦτα; mais encore les bêtes, & peut-être aussi les hommes.

C'est là la création du monde, selon les *athées*, dans laquelle les dieux & tout le reste sont sortis de la matière insensible & du chaos ténébreux, comme de leur origine; en quoi ils renversoient entièrement l'ordre véritable de la création.

Néanmoins *Aristote* croit qu'on ne doit pas mettre au nombre des *athées* materialistes *Hésiode*, *Parmenide*, & quelques autres, qui ont parlé de même, & qui ont tiré toutes choses de l'amour & du chaos; parce que, par l'amour, on peut entendre la cause première du mouvement. On trouve aussi quelque chose de semblable, dans *les ailes de Simmias*, de Rhodes.

Si on lit néanmoins avec soin la *Théogonie d'Hésiode*, depuis le vers 116, on aura de la peine à se persuader que ce poëte n'ait pas regardé le chaos, comme une matière éternelle, de laquelle tout est sorti. Il dit formellement qu'il étoit avant les dieux, & il ne fait rien de cet amour qu'il laisse sans occupation, & sans postérité; au lieu qu'il attribue tout au chaos, & qu'il fait des mariages de l'érèbe & de la nuit, du ciel & de la terre, &c. d'où il fait naître toutes choses. Il n'avoit aucune idée d'une divinité éternelle, & les dieux, dont il parle avec le plus de respect, sont Jupiter & les autres, que l'on adoroit communément parmi les grecs, & qui semblent avoir été des hommes.

Ainsi *Hésiode* avoit, dans le fonds, les mêmes principes que les *athées* materialistes, & on ne le peut disculper d'athéisme, qu'en disant qu'il a appellé Dieux *Jupiter* & les autres, comme on faisoit communément en Grèce; par une dépravation de l'ancienne théologie, laquelle dépravation ne valoit guère mieux que l'athéisme. Car enfin des dieux, qui n'ont point créé le monde; des dieux qui ont commencé & qui par conséquent peuvent finir, ne sont pas des dieux.

Quand on recherche si quelqu'un a cru qu'il y a un dieu, on recherche s'il a cru qu'il y a un créateur de toutes choses, sans commencement & sans fin; & si l'on trouve que celui dont on veut savoir le sentiment, n'établit rien de semblable, & qu'il ne fait que nommer *dieux* des divinités imaginaires, qu'il suppose avoir commencé après la création du monde; on ne peut le regarder, que comme une espèce d'athée. *Héraclite* disoit apparemment, pour se moquer de cette théologie poëtique & populaire: *qu'est-ce que c'est que les hommes?* des dieux mortels. *Qu'est-ce que les dieux?* des hommes immortels. En effet les poëtes mêloient des idées incompatibles.

XIV. Mais il vaut mieux abandonner ces temps éloignés, pour continuer à rechercher quels philosophes sont tombés dans l'espèce d'athéisme, dont on vient de parler.

Aristote dans sa Métaphysique, liv. 1. c. 3. accuse la plupart de ceux, qui se sont mêlés les premiers de philosopher, d'avoir cherché les causes de toutes choses dans la seule matière. Il paroit, par la description qu'il en fait, que ces philosophes ne se servoient pas de la voie des atômes; mais qu'ils disoient que tout ce qu'il y a dans l'univers n'est autre chose, que la matière ὕλη ou des *qualités de la matière* πάθη τῆς ὕλης de sorte que ces anciens materialistes, aussi bien que ceux qui ont suivi *Démocrite*, ont tiré tout de la matière, mue par hazard.

La différence, qu'il y avoit entre eux, c'est que ceux qui étoient dans les sentiments de *Démocrite*, se servoient de la supposition des atômes, pour rendre raison des phénomènes: au lieu que les materialistes dont nous parlons, se servoient des formes & des qualités. Mais dans le fonds c'étoit une même hypothèse d'Athéisme, quoique sous différentes formes, & l'on peut nommer les uns *athées atomistes*, & les autres *hylopathiens*, pour les distinguer.

Aristote assure que ces hylopathiens étoient les premiers philosophes de la secte ionique, avant *Anaxagore*. *Thalès* étant le chef de cette secte, *Aristote* le fait aussi le premier auteur de cette manière de philosopher qui cherchoit l'origine de toutes choses dans l'eau, comme avoit fait *Homère*.

Néanmoins de fort bons auteurs représentent les sentiments de Thalès d'une autre manière, & disent formellement qu'il mettoit une divinité, qui avoit tiré toutes choses de la matière fluide, & qu'il croyoit l'ame immortelle. C'est ce que (1) *Cicéron*, *Diogène Laërce*, *Clément d'Alexandrie*, & plusieurs autres, ont assuré. *Aristote* lui-même dit, dans son traité de l'ame, liv. I, c. 5, que *Thalès a cru que tout étoit plein de Dieux*. Ces raisons sont assez fortes pour décharger *Thalès* de l'accusation d'athéisme. Il semble que l'on n'a rapporté si diversement les sentiments de ce philosophe, que parce

---

(1) De Gen. & Corr. Lib. II. c. 6.

(a) De nat. Deor. Lib. X. c. 10.

qu'il

qu'il n'avoit laissé aucuns écrits ; car *Anaximandre* est celui qui a écrit le premier de la philosophie.

Il faut néanmoins avouer que ce dernier, qui a succédé immédiatement à *Thalès*, est coupable de ce qu'on a reproché injustement à son maître. Il disoit que la matière première étoit je ne sais quoi d'infini, qui recevoit toutes sortes de formes & de qualités, sans reconnoître aucun autre principe qui la gouvernât. Il fut suivi de quantité d'athées, entr'autres d'*Hippon*, surnommé l'*athée*, jusqu'à ce qu'*Anaxagore* arrêta ce torrent d'athéisme, dans la secte ionique, en établissant une intelligence pour principe de l'univers.

Cela étant, on peut dire aussi que la raison, pour laquelle *Aristote* parle de *Thalès*, comme du chef de cette sorte d'*athées* hylopathiens ; c'est que ses disciples l'étoient en effet, & qu'*Aristote* jugeoit des sentimens de ce philosophe, par ceux de ses sectateurs. C'est ce qui est souvent arrivé, & qui a fait tort à la mémoire des fondateurs des sectes, qui ont eu de meilleurs sentimens que leurs disciples.

On devoit penser que les Philosophes ne se gênoient pas si fort, qu'ils ne recherchassent & ne soutinssent autre chose que les sentimens de leurs maîtres, & qu'ils y ajoutoient souvent du leur, soit que cela se fît par voie d'explication, ou de conséquences, ou même de nouvelles découvertes, qu'ils mêloient avec les opinions de leurs prédécesseurs.

On a fait encore plus de tort aux sectes anciennes, en attribuant à tous ceux d'une secte tous les sentimens de chacun des particuliers qui faisoient profession de la suivre. Qui peut néanmoins douter que, dans une secte un peu nombreuse, il ne pût y avoir eu une grande diversité de sentimens, quand même on supposeroit que tous ses membres s'accordoient à l'égard des principes généraux ?

On en use de même dans des recherches qui sont de plus grande conséquence que celles des opinions des Philosophes payens.

Par exemple, quand on a trouvé quelques propositions, que l'on croit avoir intérêt de soutenir dans deux ou trois rabbins cabalistes, on dit en termes généraux que c'est-là l'ancienne cabale, & même les sentimens de toute l'église judaïque, qui n'en avoit apparemment jamais ouï parler.

Quand deux ou trois pères ont dit quelque chose, on soutient hardiment que c'est là l'opinion de tout leur siècle, duquel il ne nous reste peut-être que ces seuls écrivains-là, dont on ne sait point si les ouvrages reçurent l'applaudissement général de tout le monde pendant qu'ils vivoient, ou s'ils furent fort connus.

Il seroit à souhaiter qu'on parlât moins affirmativement, sur-tout des points particuliers & des conséquences éloignées, & qu'on ne les attribuât directement qu'à ceux, dans les écrits desquels on les trouve. J'avoue que l'histoire des sentimens de l'antiquité n'en paroîtra pas si complette, & qu'il faudroit parler en doutant, beaucoup plus souvent qu'on ne le fait communément. Mais en se conduisant autrement, on s'expose au danger de prendre des conjectures fausses, ou incertaines, pour des vérités reconnues & indubitables ; & pendant que l'on croit savoir quelque chose, on ne sait effectivement rien.

Le commun des gens de lettres ne s'accommode pas des expressions suspendues, non plus que le peuple. Ils aiment les affirmations générales & universelles, & le ton hardi d'un docteur fait dans leur esprit le même effet que l'évidence, quand ils n'y peuvent pas parvenir ; comme si les choses devenoient plus assurées, par la hardiesse de ceux qui les enseignent, & leurs connoissances plus fixes, lorsqu'ils cessent de douter, quoiqu'ils n'en aient point de raison tirée des choses mêmes !

XV. Il y a un passage, dans la physique d'*Aristote*, qui semble d'abord contraire à ce qu'on a dit du successeur de *Thalès*, & mettre *Anaximandre* dans le rang de ceux qui ont cru une divinité. Après avoir dit que plusieurs anciens philosophes ont fait de l'infini le principe de toutes choses, il ajoute

« (1) *C'est pourquoi, comme nous le disons, il semble qu'il n'y ait point de principe de cet infini, mais qu'il est le principe des autres choses, & qu'il embrasse & gouverne tout : comme le disent tous ceux qui n'établissent aucune autre cause, outre l'infini, telles que sont l'intelligence, ou l'amitié. Il semble que c'est là la divinité immortelle & incorruptible, comme le disent* Anaximandre *& la plupart des physiciens* ».

Quelques modernes ont conclu de cet endroit, qu'*Anaximandre* & les physiciens, dont il est parlé, ont entendu, par l'*infini*, la divinité, ou une intelligence infinie, qui gouverne l'univers ; & que par conséquent *Aristote* se contredit grossièrement, en accusant d'athéisme les philosophes de la secte ionique, jusqu'à *Anaxagore*.

Il se pourroit aussi faire que *Clément* Alexandrin auroit été trompé, par cet endroit d'*Aristote*, lu un peu à la hâte, puisqu'il a mis, dans sa harangue *protreptique* aux grecs, *Anaximandre* parmi ceux

---

(1) *Lib. III, c. 4.*

qui ont reconnu une divinité, en s'élevant au-dessus de la matière. Mais ce passage même d'*Aristote*, bien considéré, fera voir qu'ils se sont trompés; car il y oppose clairement *Anaximandre* & d'autres physiciens à *Anaxagore*, qui, outre une matière insensible & infinie, ou des atômes similaires, établissoit une (1) intelligence par principe de l'univers : comme *Empédocle* supposoit un principe du monde corporel, qu'il nommoit l'*amitié*; d'où il s'ensuit qu'*Anaximandre*, & les autres, n'admettoient pas une intelligence, mais une matière infinie, sans aucune intelligence, pour principe de toutes choses, & que c'étoit toute la divinité qu'ils reconnussent.

Outre cela, *Anaximandre* est mis là, par *Aristote*, dans le même ordre que *Démocrite*; & si *Anaximandre* parloit des dieux, il n'entendoit par là que les différents mondes, qui, selon lui, se formoient & se détruisoient de tems en tems. *Voyez* Cicéron, *de la nat. des Dieux, liv. I, cap.* 10.

XVI. Il est certain que le vulgaire a toujours été un fort mauvais juge de ces matieres, & qu'il a condamné, comme *athées*, des gens qui croyoient une divinité, seulement parce qu'ils n'approuvoient pas quelques opinions ou quelques superstitions de la théologie populaire.

Par exemple, quoiqu'*Anaxagore* de Clazomene fût le premier de la secte ionique (si l'on en excepte *Thalès*) qui reconnût pour principe de l'univers un esprit infini; néanmoins on le traitoit communément d'*athée* : parce qu'il disoit que le soleil n'étoit qu'un globe de feu, & la lune qu'une terre, c'est-à-dire, parce qu'il nioit qu'il y eût des intelligences attachées à ces astres, & par conséquent que ce fussent des divinités.

On accusa de même (2) *Socrate* d'athéïsme, quoiqu'on n'entreprit, dans le procès qu'on lui fit, de prouver autre chose contre lui, sinon qu'il croyoit que les dieux qu'on adoroit à Athènes, n'étoient pas de véritables dieux.

C'est pour cela encore que l'on traitoit d'*athées* les chrétiens pendant les premiers siècles, parce qu'ils rejettoient les dieux du paganisme. Au contraire, le peuple a souvent regardé de véritables *athées*, comme des gens persuadés de l'existence d'une divinité, seulement parce qu'ils observoient la forme extérieure de la religion, & qu'ils se servoient des manières de parler, reçues communément.

Ce n'est pas seulement le peuple ignorant qui s'est laissé tromper par cette sorte de choses, mais aussi bien des gens de lettres, qui examinoient si légèrement les opinions, qu'à peine ont-ils pu trouver, dans les premiers tems de la philosophie, quatre ou cinq *athées*, comme *Diagore*, *Theodore*, *Euhemerus* & *Protagore*, &c. Au lieu que *Démocrite* & *Anaximandre*, avec tous ceux qui ont suivi leurs sentimens, étoient autant *athées* qu'eux, quoiqu'ils parlassent avec plus de précaution, comme on l'a montré assez clairement.

Plutarque, dans son traité des sentimens des philosophes, a eu raison de juger ainsi d'Anaximandre : *Il s'est trompé en établissant la matière & en ôtant toute cause efficiente. Car l'infini n'est autre chose que la matière, & la matière n'a aucune force d'agir, si l'on n'y joint pas une cause efficiente.*

XVII. Après avoir développé les principes de trois sortes d'athéïsme, de celui de *Démocrite*, de celui d'*Anaximandre*, & celui de *Straton*, il en faut encore reconnoître une quatrième espèce, différente des précédentes. Cet athéïsme suppose qu'il y a dans la matière je ne sais quelle nature *plastique*, qui en forme les parties avec art & avec méthode, mais sans aucune intelligence supérieure qui préside sur le tout, & qui conserve toutes choses dans la forme régulière qu'elles ont. Sénèque (1) décrit cette opinion en ces termes :

Sive anima est mundus, sive corpus; natura gubernante, ut arbores, ut sata; ab initio ejus usque ad exitum quidquid facere, quidquid pati debet: inclusum est, ut in semine omnis futuri ratio hominis comprehensa est. Et legem barbæ & canorum nondum natus infans habet. Totius enim corporis & sequentis ætatis, in parvo occultoque lineamenta sunt. Sic origo mundi non minùs solem & lunam, & vices siderum & animalium ortus, quàm quibus mutarentur terrena continuit.

« Soit que le monde soit un animal (car il faut
» lire animal dans le latin, & non anima) soit que
» ce ne soit qu'un corps, que la nature gouverne
» comme les arbres & les plantes, tout ce qui lui
» doit arriver depuis son commencement jusqu'à
» sa fin, y est renfermé, comme tout ce qu'un
» homme sera, est dans la semence dont il est
» formé. Un enfant, qui n'est pas né, est déjà
» soumis à la loi, par laquelle il aura un jour de
» la barbe & des cheveux blancs, & il a les traits
» en petit, & d'une manière cachée, de ce qu'il
» doit être dans la suite. Ainsi, le monde, dans

---

(1) C'est à quoi *Aristote* fait allusion, dans le passage cité ci-dessus.

(2) Voyez l'apologie de *Socrate*, dans *Platon*.

(1) Nat. quest. Lib. III. c. 29.

» son origine, n'a pas moins renfermé le soleil, » la lune, le cours des étoiles qui se succèdent » les unes aux autres, & la naissance des ani- » maux, que les changemens qui devoient arriver » sur la terre ».

Sénèque propose, au commencement de ces paroles, deux systêmes.

Le premier est de ceux qui croyoient que le monde étoit un animal, ou un corps animé par une seule ame, qui la gouvernoit. On ne peut pas traiter ce sentiment d'athéïsme, quoiqu'il renferme plusieurs absurdités.

Le second est l'opinion de quelques philosophes, qui regardoient le monde, non comme un animal, mais comme une plante, qui avoit une ame végétative, qui le faisoit changer & croître régulièrement, comme les plantes; & cela sans aucune intelligence, ni aucun sentiment. Cette pensée est une espèce d'athéïsme, puisque ceux qui la soutenoient, ne reconnoissoient aucun principe intelligent de toutes choses. Mais elle diffère de l'athéïsme hylozoïque, en ce qu'il ne reconnoissoit aucune ame commune de l'univers, & qu'il attribuoit l'origine de tous les êtres, à un certain mélange des effets de la vie, de la matière & du hazard, comme on l'a dit: au lieu que la pensée, qu'on vient d'expliquer, attribue tout à l'ame végétative de l'univers, de laquelle les effets sont réglés.

Quoiqu'il se puisse faire qu'il y ait eu quelque particulier, qui se soit laissé entêter de cette espèce d'athéïsme; on n'en trouve néanmoins aucunes traces que parmi les stoïciens, que Sénèque suivoit, & qui tenoient des discours approchans de ceux-là; mais comme les stoïciens, aussi bien qu'Héraclite, qu'ils avoient suivi en partie, soutenoient, non-seulement que le monde est un animal, mais qu'il y a une suprême intelligence qui l'a formé, & qui le gouverne; on ne peut attribuer cette espèce d'athéïsme, qu'à quelques personnes qui avoient mal entendu leurs sentimens, & qui en avoient tiré de fausses conséquences.

XVIII. Outre ces *athées* philosophiques, dont on vient de décrire les systêmes, on ne peut pas douter qu'il n'y ait eu dans tous les siècles d'autres *athées*; sans aucune teinture de philosophie, & sans aucun systême particulier, ou opinion raisonnée; mais qui sont tombés dans l'athéïsme, par cette incrédulité si naturelle, qui porte à nier l'existence de tous les êtres spirituels, & à ne reconnoître d'autre divinité que l'énergie de la nature que nous touchons pour ainsi dire par tous nos sens.

XIX. Il y a donc eu quatre sortes d'athéïsme philosophique. La première est celle des hylopathiens, d'*Anaximandre*, dans laquelle on tire tout de la matière destituée de sentiment, en lui attribuant des formes & des qualités, qui s'y engendrent, & qui s'y détruisent d'elles-mêmes.

La seconde est celle des atomistes, comme *Démocrite*, qui fait tout venir du concours fortuit & de l'arrangement des atômes.

Le troisième est l'athéïsme stoïcien, où une nature aveugle, mais qui agissant selon certaines règles, préside sur tout l'univers.

La quatrième est l'hylozoïque, ou celle de *Straton*, qui attribuoit à la matière, je ne sais quelle vie, sans sentiment & sans intelligence.

Comme on ne trouve dans l'antiquité, que ces quatre sortes d'athéïsme, on n'en pourroit aussi guère imaginer d'autre, qu'on ne pût rapporter à l'une de ces espèces, & cela pour deux raisons.

Premièrement tous les *athées* sont matérialistes, ou ne reconnoissent aucun autre être que la matière. Car comme il n'y a jamais eu personne, qui avouât qu'il y a des substances immatérielles, & qui niât, en même tems, l'existence d'une divinité: il est certain aussi, qu'il n'y a aucune raison d'admettre des substances immatérielles, & de nier qu'il y ait un Dieu. La même incrédulité, qui fait nier qu'il y ait un Dieu, fait que l'on rejette aussi l'existence de tout ce qui n'est pas corps. Comme les médecins parlent d'une maladie, qu'ils nomment *hydrophobie*, qui fait que l'on a horreur de l'eau, & qui vient d'avoir été mordu par un chien enragé: ainsi les *athées* ont une certaine sorte de rage, que l'on peut nommer *pneumatophobie*, ou crainte des esprits, qui fait qu'ils ont de l'horreur pour toutes les substances immatérielles, & qu'ils ne peuvent souffrir que l'on croie qu'il y en a.

Secondement, quoiqu'il n'y ait point d'*athée* qui ne soit matérialiste, il ne faut néanmoins pas croire que tous les matérialistes soient *athées*. Ceux qui disent qu'encore que tout soit matière, il y a dans la matière une intelligence, qui gouverne tout l'univers, ne peuvent pas passer pour *athées*. Il y a eu des gens, qui, quoique si fort attachés à ce qui frappe les sens, qu'ils croyoient qu'un Dieu immatériel est *un Dieu en paroles*, comme quelques uns parloient, ont soutenu néanmoins qu'il y a une divinité, & que le systême du monde dépend d'un être intelligent qui le gouverne, quoique cet être soit corporel. Les moins sensés se sont imaginés que Dieu avoit une forme humaine, dans laquelle habitoit une intelligence parfaite qui gouvernoit tout.

Cette hypothèse, quoiqu'embrassée par quelques chrétiens, a été rejettée, avec indignation par les stoïciens. *Xénophane*, ancien philosophe, qui a écrit en vers, s'en est aussi moqué assez agréablement en ces termes : *Si les bœufs, ou les lions, avoient des mains, & qu'ils pussent peindre avec ces mains, & faire les ouvrages que font les hommes, ils feroient les peintures & les corps des dieux semblables à celui qu'ils ont.*

Il est bon de remarquer ici que les anciens ébionies étoient aussi *anthropomorphites*, comme il paroît par l'auteur des *Clémentines* dans l'Homélie XVII, où il prouve au long, à sa manière, son sentiment par l'écriture sainte & par des raisonnemens. Afin qu'on ne trouve pas étrange qu'il attribue des membres à Dieu, dont il ne fait aucun usage, voici comme il parle (1) :

Il a une forme, à cause de la première & de l'unique beauté, (que l'auteur trouve dans le corps humain), *& tous les membres, mais non pour s'en servir; car il n'a pas des yeux afin qu'il voie par-là, puisqu'il voit de tous côtés ; ayant un corps incomparablement plus éclatant que l'esprit qui voit en nous, & plus brillant que toute sorte de lumière, en sorte que celle du soleil comparée à la sienne, devient ténébreuse. Il n'a pas non plus des oreilles, pour entendre, car de tous côtés il entend, il connoît, il remue, il opère, il agit. Mais il a la plus belle des formes, à cause de l'homme, afin que ceux qui ont le cœur pur,* (Matth. v. 8.) *le puissent voir, & se réjouir, à cause de ce qu'ils auront souffert ici bas.*

Il n'est pas besoin qu'on en rapporte davantage de paroles ; les curieux pourront recourir à l'original. C'est là en effet de la foiblesse de l'homme, qui a toutes les peines du monde à s'élever au-dessus des sens, & à admettre des esprits purs, dont il faut avouer qu'il est bien difficile de se former des idées claires & distinctes.

XX. Si le premier principe de tout ce qu'il y a dans l'univers, n'est que de la matière destituée de toute sorte de sentiment ; il faut nécessairement qu'on la considère, ou comme une matière immobile & morte, pour ainsi-dire ; ou comme une matière pleine d'une certaine vie végétative & *plastique*, c'est-à-dire, propre à former dans la matière toute la variété que l'on y voit.

Les *athées* qui font sortir toutes choses de cette matière morte & sans activité, doivent le faire, en lui attribuant des qualités & des formes, comme le faisoit *Anaximandre* : ou seulement des atômes de diverses figures, comme *Démocrite*.

Mais ceux qui attribuent une vie végétative à la matière, doivent supposer, ou une vie commune & générale, qui soit dans tout l'univers, comme le faisoient les *athées* stoïciens : ou que chaque particule de matière, qui forme un tout, a une vie & une activité particulière, comme l'enseignoient les *athées* stratoniciens. Ce sont là les quatre formes d'athéïsme, outre lesquelles on n'en sauroit concevoir d'autre.

Il y a eu à la vérité certaines gens, qui sembloient favoriser l'athéïsme, & qui ont voulu établir trois sortes de matières différentes l'une de l'autre, & qui existent de toute éternité ; savoir, une matière destituée de tout sentiment, une sensitive, & une raisonnable ; comme si le système du monde s'étoit pû former de lui-même par un mélange de ces trois sortes de matières, sans l'intervention d'aucune divinité, & que les bêtes & les hommes fussent sortis, comme le reste, de ces principes.

Mais premièrement, c'est là une pure supposition, dont on ne peut rendre aucune raison, qui nous instruise en quoi est fondée cette différence essentielle de ces trois sortes de matières.

En second lieu, selon cette hypothèse, ce dans quoi est la raison & le sentiment ne se produira point, ni ne sera détruit, dans les générations & les corruptions successives des animaux ; mais seulement il sera tantôt séparé, & tantôt réuni, & par conséquent les substances raisonnables & sensitives seront éternelles & incorruptibles ; ce qui est reconnoître l'éternité des ames, chose dont les *athées*, qui entendent bien leurs sentimens, ont autant d'horreur, que de la divinité même.

En troisième lieu, on ne sauroit rendre, par ces principes, aucune raison, pourquoi il ne pourroit pas y avoir une matière divine, douée d'une intelligence parfaite & existante de toute éternité, aussi bien que des matières sensitives & raisonnables. Ainsi cette hypothèse ne vaut rien, pour soutenir l'athéïsme ; & tous ceux qui en entendent les finesses, & qui sont initiés dans les mystères des *athées*, s'accordent à dire que toutes les ames sont engendrées de la matière & y retournent par la corruption.

XXI. Outre les différences que l'on a remarquées entre les sortes d'athéïsme dont on a parlé ; si on les considère d'un autre côté, on y en peut trouver encore une autre. On a remarqué que toutes les sortes d'*athées*, s'ils veulent parler conséquemment, doivent supposer que tout

---

(1) *Pag.* 134. *tom.* 1. *Patr. apost. ed. Amstelod.*

eſt néceſſaire d'une manière, ou d'une autre; car encore qu'Epicure établiſſe de la *contingence* & de la liberté, on ſait aſſez qu'il parle contre ſes propres principes; puis qu'on ne peut concevoir aucune contingence dans le mouvement des atômes. Mais ils n'établiſſent pas tous la même ſorte de néceſſité.

Quelques-uns ſuppoſent une néceſſité de la matière, qui eſt en elle-même morte & ſans action, qu'on peut nommer *néceſſité matérielle*, & qu'*Ariſtote* appelle *une néceſſité abſolue*.

D'autres diſent que cette néceſſité eſt dans la vie de la matière, & *Ariſtote* la nomme *néceſſité conditionnelle*.

La première néceſſité étoit reconnue d'*Anaximandre* & de *Démocrite*; & l'autre par les *athées* ſtoïciens & ſtratoniciens. Les premiers joignoient de plus le hazard à la néceſſité; mais les ſtoïciens nioient tout à fait ce hazard, que les ſtratoniciens admettoient en partie.

Tous ces philoſophes ſe ſervoient du mot de *nature*; mais ce mot avoit deux ſens différens, parmi les *athées*, auſſi bien que dans le langage de ceux qui reconnoiſſoient une divinité. C'eſt ce que le ſtoïcien *Balbus* exprime parfaitement bien en ces termes dans *Cicéron* :

(1) *Alii naturam cenſent eſſe vim quamdam ſine ratione, cientem motus in corporibus neceſſarios; alii autem vim participem rationis atque ordinis, tamquam viâ progredientem, declarantemque; quid cujuſque rei causâ efficiat, quid ſequatur; ejus ſolertiam nulla ars, nulla manus, nemo opifex conſequi poſſit imitando.*

« Les uns croient que la *nature* eſt une certaine
» force deſtituée de raiſon qui excite dans les
» corps des mouvemens néceſſaires; les autres
» croient que c'eſt une force qui a de la raiſon &
» de l'ordre, qui marche avec méthode, & qui
» fait voir pourquoi elle fait chaque choſe, & ce
» qu'elle ſe propoſe, dont aucun art, aucune
» main, ni aucun ouvrier ne peut égaler l'adreſſe
» en l'imitant ». *Cicéron* éclaircit cette penſée par l'exemple des graines, qui produiſent toujours les mêmes plantes.

Selon ces deux notions, du mot de *nature*, on peut encore diviſer en deux ordres les quatre ſortes d'athéiſme dont on a parlé. Le premier ſera celui qui rapporte l'origine de toutes choſes à une nature qui n'obſerve aucun ordre; & le ſecond celui qui les fait venir d'une nature deſtituée à la vérité de ſentiment, mais qui ſuit un certain ordre. Le premier ſera celui d'*Anaximandre* & de *Démocrite*, & l'autre celui des ſtoïciens & de *Straton*.

XXII. Tous les *athées* qui ont tout tiré de la pure matière, mue par haſard, en ſuppoſant l'éternité de cette matière, ont dû, pour parler conſéquemment, dire que le monde ne ſeroit pas éternel, parce que comme le haſard l'avoit formé, le haſard viendroit à le détruire. C'eſt auſſi ce qu'*Anaximandre* & *Démocrite* ont enſeigné. Mais ils diſoient auſſi qu'après que ce monde ſeroit détruit, il s'en pourroit former d'autres en ſa place, & qu'il y en avoit d'autres qui exiſtoient ailleurs, dans l'étendue infinie du vide, en même-tems que celui-ci.

Pour *Straton*, qui joignoit le haſard à la vie de la matière, il ſemble avoir cru qu'encore que la plus grande partie du monde ſubſiſtât, il y arrivoit de grands changemens en pluſieurs endroits; comme il paroît, par quelques paſſages de ce philoſophe, cités par *Strabon*, liv. *I*.

Les *athées* ſtoïciens (car les autres philoſophes de cette ſecte étoient dans un ſentiment tout différent) qui croyoient que le monde étoit conduit par une nature réglée, pouvoient ſoutenir, ſelon leurs principes, & l'éternité du monde, & la conſtance uniforme de tout ce qui s'y paſſe, comme a fait *Pline* (1), & qui, s'il a eu quelque ſentiment fixe, a été du nombre de cette eſpèce d'*athées*, comme on le peut recueillir de ces paroles de ſon hiſtoire naturelle, (2) par où il la commence :

Mundum & hôc, quod nomine alio cœlum appellare libuit, cujus circumflexu teguntur cuncta, numen eſſe credi par eſt, æternum, immenſum, neque genitum, neque interiturum umquam — idemque rerum natura opus & rerum ipſa natura.

« Il faut croire que le monde, & ce que nous
» appellons autrement ciel, qui couvre toutes
» choſes par ſon enceinte, eſt un dieu éternel,
» immenſe, qui n'a pas été produit, & qui ne
» périra jamais, — & que c'eſt en même-tems &
» l'ouvrage de la nature, & la nature elle-même ».

Tous les *athées* ſtoïciens n'ont pas néanmoins été de ce ſentiment, la plupart ayant cru que, dans certains tems, les mondes périſſoient, &

---

(1) *De nat. Deor. Lib.* II. c. 22.

(1) Il varie étrangement & fait de ſi grands galimathias ſur la Divinité, que l'on n'y comprend preſque rien. *Voyez le Liv.* II. *de l'hiſt. Nat.*

(2) *Lib.* II. c. 1.

étoient formés de nouveau; par un principe insensible & semblable à celui qui est dans les plantes, & qui les fait vivre & croitre. (*V.* STOICISME).

ATOMISME. Doctrine des anciens atomistes. (*Hist. de la philosophie ancienne*). Afin de ne point multiplier les renvois dont on doit user sobrement dans un ouvrage de cette nature, & seulement dans les cas où ils sont absolument nécessaires, nous ne ferons ici qu'un seul article de l'hypothèse des anciens *atomistes* & de la philosophie corpusculaire en général, parce que ces deux doctrines, bien comprises, sont les mêmes sous deux noms différens. A l'égard du système d'Epicure qui n'est au fond que celui des anciens *atomistes* renouvellé, réformé, corrigé, augmenté dans plusieurs de ses parties, mais sur-tout entierement dégagé de ces notions plus théologiques que philosophiques qui déparent l'ancienne philosophie corpusculaire, nous nous proposons de l'exposer au long, à l'article EPICUREISME. Nous nous bornons ici à faire connoitre les principes généraux de la physique & de la théologie des anciens philosophes *atomistes*, tels qu'on les trouve dans Platon, Aristote, Plutarque, & les autres sources les plus pures de l'antiquité.

Sans avoir égard au témoignage de Posidonius que nous rapporterons ci-dessous, nous croyons devoir assurer avec la plupart des auteurs les plus instruits sur ces matieres, que Leucippe doit être regardé comme l'inventeur du système des *atomes*, & l'on doit blamer Epicure de ce que bien loin d'avouer qu'il eût profité des inventions de ce philosophe, il nioit qu'il eût existé. *Voyez* GASSENDI *in vit. Epicur.* l. 5. c. 1. C'est le propre des grands esprits, dit à ce sujet un excellent critique, ils avouent difficilement qu'ils soient redevables de leur science aux lumieres de leur prochain; ils veulent qu'on sache qu'ils ont tiré tout de leur propre fonds; & qu'ils n'ont point eu d'autre maitre que leur génie. On a fait ce reproche à Epicure, lui qui n'avoit fait que réformer en certains endroits le système de Democrite, dont Leucippe étoit le premier auteur. Cicéron ne parle en effet d'Epicure, que comme d'un restaurateur de l'hypothèse de Démocrite.

Quid est in physicis Epicuri non à Democrito? Nam etsi quædam commutavit, ut quod paulò ante de inclinatione atomorum dixi; tamen pleraque dicit eadem, atomos, inane, imagines, infinitatem locorum, innumerabilitatemque mundorum, eorum ortus, interitus, omnia ferè quibus natura ratio continetur (de nat. deor. l. 1. c. 26).

Nous reviendrons sur tout ceci à l'article EPICUREISME; nous devons nous occuper ici particulierement de donner un précis exact du système théologico-philosophique des anciens *atomistes*.

Ceux qui croient que toutes les actions des hommes & tous les évenemens sont nécessaires, s'appuient sur l'un ou l'autre de ces fondemens. Ou ils croient que tous les agens agissent, comme ils le font, par une nécessité intérieure de leur nature, & que la liberté, ou la contingence est une chose absurde: ou, s'ils reconnoissent de la liberté en Dieu, ils conçoivent que toutes choses sont nécessairement déterminées par ses décrets; en sorte qu'elles ne peuvent pas n'être point à nôtre égard.

On peut appuyer le premier de ces sentimens, sur deux différens fondemens. Ou l'on suppose qu'il n'y a rien dans le monde que des corps, & du mouvement local, & qu'aucun corps ne se mouvant de soi-même, il est mû par quelque agent extérieur; en sorte que tout est soumis à une nécessité méchanique: ou, qu'encore qu'il y ait des êtres intelligens qui ont un principe d'activité en eux-mêmes, néanmoins il n'y a point de liberté, ou de contingence dans leurs actions, parce que leurs volontés sont nécessairement déterminées par une intelligence supérieure.

Pour ne parler que de la nécessité méchanique, ceux qui la soutenoient étoient de véritables *athées*, comme *Démocrite*, & ceux qui ont renouvellé ses sentimens, au moins en partie, comme *Hobbes* & *Spinosa*.

Leur doctrine étoit fondée sur cette pensée, que tout est composé de corpuscules, qu'ils nomment aussi *atomes*. Sans s'attacher aux menues circonstances de leurs opinions, & aux différends qu'ils pouvoient avoir entre eux, la physique corpusculaire ou des *atomes* suppose que le corps n'est autre chose qu'une masse étendue, & n'y reconnoît rien que ce qui est renfermé en cette idée; c'est-à-dire, une certaine grandeur, jointe à la divisibilité des parties où l'on remarque une figure, une certaine situation, du mouvement & du repos, qui sont des modes de la substance étendue. Par là on prétend pouvoir rendre raison des propriétés de tous les corps, sans avoir recours à aucune forme substantielle, ni à aucune qualité qui soit distincte de ce qui résulte de l'étendue, de la divisibilité de la figure, de la situation, du mouvement & du repos. Cette physique ne reconnoît aucunes *espèces intentionnelles*, ni aucuns écoulemens (1), par le moyen de quoi

---

(1) L'écoulement dont il s'agit ici, est un écoulement *d'images*, & non pas de *particules* qui agissent sur nos yeux, selon les loix du mouvement, comme il paroît par ce qui suit immédiatement, & qui contient une opposition manifeste.

l'on apperçoive les objets. Les qualités sensibles de la lumière, des couleurs, du chaud, du froid, des saveurs, ne sont dans les corps que la disposition des particules dont ils sont composés, & en nous que des sensations de notre ame, causées par l'ébranlement des organes.

C'est là le sentiment de *Descartes*; mais on va voir qu'il étoit beaucoup plus ancien que lui. *Epicure* s'est servi de ces mêmes principes, comme il paroit clairement par plusieurs passages de *Lucrèce*; mais *Epicure* lui-même en étoit redevable à *Démocrite*, qui étoit plus ancien, non-seulement qu'*Epicure*, mais même qu'*Aristote*, & *Platon*, puisqu'il n'étoit né qu'une année après *Socrate*.

Ce fut lui, comme *Sextus Empiricus* & *Diogène Laërce* le témoignent, de qui *Epicure* apprit qu'il falloit *rejeter les qualités*. Le second de ces auteurs soutient même que *Leucippe*, qui étoit un peu plus ancien que *Démocrite*, ne s'en étoit pas avisé le premier.

Aristote, dans sa métaphysique, attribue ce sentiment à l'un & à l'autre, conjointement.

Leucippe, dit-il, & *son compagnon Démocrite, disent que les principes de toutes choses sont le plein & le vide* (le corps & l'espace), *dont l'un est quelque chose, & l'autre n'est rien; & que les causes de la variété des autres êtres, sont ces trois choses, la figure, la disposition & la situation.*

Ailleurs il assure que ces deux philosophes enseignoient que l'on pouvoit expliquer la génération & l'altération, sans le secours des formes & des qualités, par le moyen de la figure & du mouvement local des particules.

Démocrite, dit-il (1), & *Leucippe ayant établi des figures, en font venir l'altération & la génération; car ils disent que la génération & la corruption se font par la séparation & par la conjonction, & l'altération par l'ordre & la situation des particules.*

Ailleurs il nous apprend que les atomistes croyoient que tous les sens sont des espèces d'attouchement, & que l'on peut réduire toutes les qualités sensibles des corps à la figure & à la disposition de leurs particules, sentiment qu'il attribue non-seulement à *Démocrite*, mais à tous les anciens philosophes en général, quoiqu'il le désapprouve beaucoup, & qu'il essaie de le réfuter. *Démocrite*, dit-il, & *la plupart des physiciens,*

(1) *De Gener. & Corrupt. Lib. I. c. 2.*

disent que tout ce qui est sensible se fait toucher, & que les saveurs ont des figures.

Ils le disoient même des corpuscules, qui font la vision, & soutenoient que ce n'est que par le moyen de l'ébranlement des nerfs optiques que l'on voit des couleurs qui ne sont point dans les objets. *Les anciens physiciens*, dit-il, *ne parloient pas bien, lorsqu'ils croyoient qu'il n'y a ni blanc ni noir sans la vision, & qu'il n'y a point de saveur sans le goût.*

Platon a aussi fait mention de ce même sentiment, quoiqu'il ne l'attribue pas à *Démocrite* (qu'il a évité, à dessein, de nommer dans ses ouvrages, comme le croit *Diogène Laërce*) ni à *Leucippe*, mais à *Protagore*.

Dans son *Theætetus*, après avoir dit, en général, que la philosophie protagoricienne supposoit que tout est composé de particules insensibles, & formé par le mouvement local, il parle ainsi des couleurs en particulier, selon la physique de Protagore:

Premièrement, pour ce qui regarde la vue, concevez la chose ainsi: ce que vous appelez couleur blanche n'est pas une chose qui existe hors de vos yeux, ni dans vos yeux; mais le blanc & le noir, & quelqu'autre couleur que ce soit, viennent des différens mouvemens que les objets modifiés diversement causent dans l'œil; en sorte que ce que nous appelons couleur, n'est ni ce qui frappe, ni ce qui est frappé, mais quelque chose de particulier, qui vient de ce qui se fait entre ces deux choses. Immédiatement après, il ajoute: *pourriez-vous assurer que chaque couleur paroit à un chien, ou à quelque autre animal que ce soit, de même qu'à vous?*

Il y a plusieurs autres endroits, dans ce dialogue, qui sont formels là-dessus, & qui sont des preuves de la pénétration de ces anciens philosophes; cependant, *Platon* y étoit fort opposé, apparemment parce que *Protagore* se servoit de ces principes, pour établir le scepticisme & l'athéisme, quoiqu'ils n'en soient nullement une suite.

Il paroit donc, par *Platon*, que non-seulement *Leucippe* & *Démocrite* étoient de ce sentiment, mais encore *Protagore*, quoiqu'on ne le représente que comme un rhéteur. Un savant moderne croit néanmoins qu'ils n'ont pas été les inventeurs de cette opinion, parce qu'encore que ces athées tachassent de s'en servir pour l'établissement de leur athéisme; elle est néanmoins propre, si on la considère en elle-même, à établir solidement l'existence d'une divinité; & ceux qui l'ont employée dans une vue contraire, se sont contredits eux-mêmes. En effet, *Posidonius*, comme *Strabon*

& *Sextus* l'empirique le témoignent, foutenoit que c'étoit une ancienne tradition, dont le premier inventeur étoit un phénicien, nommé *Moschus*, qui avoit vécu avant la guerre de Troie.

Cette remarque étant digne de confidération, on rapportera les mots de *Strabon* & de *Sextus*.

Strabon, liv. XVI, en parlant de l'érudition des phéniciens, dit en propres termes : *S'il faut en croire Pofidonius, le dogme même des atômes eft ancien, & d'un homme fidonien, nommé Mofchus, qui a vécu avant la guerre de Troye.*

Sextus parle ainfi de la même chofe, contre les mathématiciens : *Démocrite & Epicure ont inventé que les atômes étoient les principes de toutes chofes, à moins qu'il ne faille reconnoître que cette opinion eft plus ancienne, & qu'elle eft venue d'un certain Mofchus, fidonien, comme Pofidonius, ftoïcien, l'affure.*

Cudworth croit qu'il eft probable que ce philofophe phénicien étoit le même que le phyficien de Phénicie, nommé *Mofchus*, dont *Jamblique* parle dans la vie de *Pythagore*, & avec les fuccefleurs duquel, qui étoient facrificateurs & prophètes, ce philofophe avoit eu beaucoup de commerce à Sidon, qui étoit, comme il croit, fa patrie. Ce fut peut-être d'eux qu'il apprit ce qu'il croyoit des atomes, comme on le verra dans la fuite.

Mochus ou *Mofchus*, eft vifiblement un nom phénicien ; & *Athénée* parle d'un auteur de cette nation, nommé *Mochus*, que l'interprete latin de cet auteur appelle *Mofchus*. Jean *Selden* approuve la conjecture d'*Arcerius*, qui a, le premier, publié la vie de *Pythagore*, par *Jamblique*, & qui croit que ce *Mochus* a été le même que Moïfe, avec les fuccefleurs duquel Pythagore avoit eu quelque commerce. M. *Huet* eft du même fentiment dans fa *Démonftration Evangélique*, prop. IV, ch. II, §. 7.

On ne peut pas douter que les grecs n'aient confondu les phéniciens avec les juifs, & qu'il n'y ait une grande reffemblance entre le nom de *Mofchus* & celui de *Mofcheh*, comme les juifs écrivent le nom de Moïfe. L'antiquité de l'un & de l'autre peut encore appuyer les conjectures de ceux qui les confondent. Mais quand on confidérera que dans les écrits de Moïfe & des prophètes fes fuccefleurs, il n'y a aucuns veftiges, non-feulement de cette opinion, mais pas même d'aucune partie de la phyfique fpéculative, qui recherche les raifons des effets de la nature ; on aura bien de la peine à fe perfuader qu'il s'agiffe de Moïfe.

Les égyptiens & les phéniciens étoient riches & floriffans, long-tems avant qu'il établît fa république, & il y a plus d'apparence que ces fortes de fciences ont eu leur origine chez eux, que parmi les juifs qui n'en difent rien, & qui n'y font même aucune allufion dans leurs écrits.

Outre cela, ce *Mochus* phénicien étoit un hiftorien, connu du tems de *Jofeph*, qui n'a garde de le confondre avec Moïfe. Après avoir parlé dans fes antiquités, jud. liv. I, c. 3, de la longue vie des patriarches de devant le déluge, & de ceux qui ont vécu peu de tems après, il cite, pour confirmer fon hiftoire, tirée de Moïfe, *Manethon*, qui avoit écrit une hiftoire d'Egypte, *Bérofe* qui avoit fait celle des chaldéens, & enfuite *Mochus*, *Heftiaus*, & *Hiérome* égyptien, qui avoient recueilli celle des phéniciens.

Cela fait voir que le *Mochus* de *Jofeph* & d'*Athénée* n'étoit point, felon l'hiftorien juif, le même que Moïfe.

C'eft ce qui paroît encore par un paffage de *Tatien* de Syrie, dans fa harangue aux grecs, où il parle ainfi, après avoir fait mention des phéniciens : (1) *Ils ont eu trois hommes, Théodote, Hypficrate & Mochus. Létus, qui a écrit avec foin les vies des philofophes, a traduit leurs livres dans la langue grecque.*

Si ce *Mochus* avoit été le même que Moïfe, *Tatien* en auroit parlé tout autrement.

On doit conclure de là qu'on ne doit pas confondre les anciens noms, à caufe de quelque légère reffemblance, & prendre pour le même homme tous ceux à qui l'on attribue quelque chofe de femblable. Rien n'empêche qu'il n'y ait eu un ancien philofophe Tyrien, nommé *Mofchus*, & peut-être encore un hiftorien *Mochus*, qui n'ont eu rien de commun avec le Moïfe des juifs, & je ne voudrois pas me fervir de l'opinion contraire pour vérifier l'antiquité des livres de Moïfe, comme un favant homme l'a fait. Nous ne devons pas chercher dans l'antiquité ce qui nous accommoderoit s'il étoit véritable, mais feulement ce qui eft affuré, & n'en tirer que des conféquences néceffaires.

Pour revenir à l'hiftoire des corpufcules, on peut conclure du témoignage de *Pofidonius*, que l'opinion des atomes étoit fort ancienne, & que *Pythagore* pouvoit l'avoir apprife en orient, comme *Démocrite* pouvoit l'avoir prife de lui.

Il eft au moins certain que *Démocrite* avoit beaucoup d'eftime pour *Pythagore*, comme il l'avoit

---

(1) §. LVIII. *Ed. Oxon.* 1700.

témoigné dans un livre, qui avoit pour titre le nom de ce philosophe. Il soutenoit aussi divers de ses sentimens, puisqu'il enseignoit non-seulement que les atomes se meuvent dans l'univers comme un tourbillon, mais encore *que la terre tournoit autour d'un centre*, την γην οχισθαι περι το μισον διυμενην. C'est ainsi qu'*Aristote* a exprimé l'opinion de *Pythagore*, την γην εν των αστρων ουσαν κυκλω φερομενην περι το μεσον νυκτα και την ημεραν ποιειν : *que la terre étant un des astres* (c'est-à-dire des planettes) *& tournant en rond autour d'un centre, faisoit le jour & la nuit*.

Mais outre cela, *Ecphantus*, célèbre pythagoricien, a témoigné que les *unités*, dont Pythagore disoit (1) que tout est composé, n'étoient que des atomes, ce qu'*Aristote* assure aussi en divers endroits, comme dans ces paroles : *Il n'importe que l'on dise des unités ou des corpuscules* (2).

Empédocle, pythagoricien, disoit de même que la nature de tous les corps ne venoit que du *mélange & de la séparation* des particules ; & quoiqu'il admit les quatre élémens, il prétendoit que ces élémens étoient eux-mêmes composés d'atomes ou de corpuscules, comme on le voit par des passages de *Stobée* & de *Plutarque*. *Platon* lui-même & *Aristote* reconnoissent que ce philosophe expliquoit les qualités sensibles de la même manière que *Démocrite*, c'est-à-dire, par la disposition des particules insensibles. Ce n'étoit donc pas sans raison que *Lucrèce* louoit si fort *Empédocle*, puisque sa physique étoit à plusieurs égards la même que celle d'*Epicure*, quoique le premier niât le vide, & l'indivisibilité des atomes.

Quoiqu'*Anaxagore* fût aussi un *atomiste*, néanmoins on lui attribue un sentiment particulier, qui est que chaque chose étoit composée d'atomes de son espèce, les os d'atomes d'os, la chair d'atomes de chair, les corps rouges d'atomes rouges, &c. *Cudworth* croit que, quoiqu'Anaxagore ait tiré son opinion de celle des anciens atomistes, & qu'il ne reconnût ni génération, ni corruption, il n'entendît pas bien leurs principes, ce qui fait qu'il s'en éloigne trop, puisque les corpuscules, dont il composoit chaque chose, devoient, selon lui, avoir naturellement diverses propriétés & diverses formes ; mais nous aurons occasion d'exposer ailleurs plus en détail le sentiment d'Anaxagore & l'hypothèse des Homoehoméries.

Il y a encore eu plusieurs autres philosophes qui, sans suivre l'athéisme de *Démocrite*, soutenoient que toutes choses étoient composées de corpuscules, comme *Ecphantus*, *Héraclide*, *Asclépiade* & *Métrodore* de Chios. Mais sans ce détail, la simple confession d'*Aristote*, que l'on a rapportée, fait voir que les plus anciens physiciens étoient dans cette pensée.

Ce qu'il y a d'embarrassant en ceci, c'est que le même *Aristote*, *Diogène Laërce*, & plusieurs autres auteurs, ont attribué à *Démocrite* & à *Leucippe* la doctrine des atomes, comme s'ils l'avoient inventée les premiers.

On répond que cela n'est arrivé que parce que ces philosophes ont fait les premiers, de la doctrine des atomes, le fondement d'un *système entier de philosophie*. Ils tiroient tous les êtres de l'univers d'atomes insensibles, qui, n'ayant que de la figure & du mouvement, n'ont rien pu former que de corporel, d'où il s'ensuit qu'il n'y a point de dieu, pas même quand on diroit que ce n'est qu'un corps. Ainsi ce furent les premiers qui joignirent les atomes avec l'athéisme.

Avant ces deux philosophes, la doctrine des atomes n'avoit passé que pour une partie du système philosophique, & qui ne servoit à expliquer que les phénomènes des corps. On croyoit qu'outre les corps, qui agissent suivant les principes de la méchanique, il y a des intelligences, dont la divinité, distincte du monde, est la principale.

On a voulu soutenir, il n'y a pas long-tems, que l'antiquité n'avoit aucune idée d'une substance incorporelle. Mais il est certain que quantité d'anciens philosophes ont enseigné le contraire, comme *Platon*, dont toute la philosophie est pleine de raisonnemens, qui supposent, ou qui prouvent des substances immatérielles. Il dit que *les êtres incorporels, qui sont les plus beaux & les plus grands de tous, ne paroissent qu'à la seule raison*. Τα γαρ ασωματα, καλλιστα οντα και μεγιστα, λογω μονον, αλλω και ουδενι δεικνυται.

Aristote soutenoit de même qu'il y a d'autres substances, outre les sensibles, des substances qui ne sont susceptibles, ni de grandeur, ni de mouvement, ni de division : mais *Platon* avoit parlé plus clairement là-dessus ; & c'est pourquoi *Epicure* a entrepris de le réfuter.

---

(1) *Apud Stobæum. Eclog. phys. l. 1. c. 13. p. 27. Edit. Plant. 1575.*

(2) Aristote n'affirme pas cette proposition purement & simplement, mais par un *il semble*: & tous les petits corps ne sont pas pour cela atomes. De plus toute la suite du discours montre qu'on n'en peut rien conclure par rapport à ce dont il s'agit. *Voy. Aristot. De anima, l. 1. c. 6.*

Philosophie anc. & mod. Tom. I.

Ce n'étoient pas néanmoins *Platon* & *Aristote*, qui avoient parlé les premiers de substances immatérielles, puisque plusieurs des philosophes, qui avoient été avant eux, avoient reconnu, & l'immortalité de l'ame humaine, & l'existence d'une divinité distincte de ce monde sensible. C'est ce que le savant Cudworth a fait voir par les sentimens de *Phérécyde*, de *Thalès*, de *Pythagore*, & de *Parménide*. On peut douter néanmoins d'*Empédocle*, à cause des accusations d'*Aristote*, qui dit qu'il a cru : 1°. Que la connoissance n'est pas distincte des sens : 2°. que l'ame est composée des quatre élémens : 3°. que le hazard a beaucoup de part à la production des animaux, dont quelques uns avoient, selon lui, été moitié bœufs & moitié hommes, Βυγενῆ κ᾽ ἀνδρόπρωρα.

Mais on répond à *Aristote*, premièrement que d'autres qui avoient lu les ouvrages d'*Empédocle*, dont il ne nous reste aujourd'hui que quelques fragmens, en avoient jugé autrement.

Par exemple, *Sextus* l'empirique nous apprend qu'*Empédocle* faisoit juge de la vérité, non les sens, mais la droite raison ; dont il y a, selon lui, de deux sortes, l'une divine, & l'autre humaine.

Secondement, *Aristote* rend lui-même son témoignage suspect, en accusant aussi *Platon* de faire l'ame composée des élémens, ce qui est manifestement faux. Il a donc pu accuser *Empédocle*, avec la même injustice, d'avoir été dans cette opinion.

En effet, il paroit que ce philosophe a cru la préexistence & la transmigration des ames, & leur subsistance après la mort ; ce qu'on ne peut soutenir, ce me semble, sans nier en mêmetems qu'elles soient corporelles. Or on peut prouver par des passages formels, qu'*Empédocle* a soutenu ces dogmes.

Troisièmement, à l'égard des animaux formés par le hazard, ce qui sent la doctrine de *Démocrite*, *Aristote* peut avoir eu des exemplaires peu corrects des œuvres de ce philosophe, que personne n'a accusé de cette opinion, que le seul *Aristote*. En tout cas, si *Aristote* n'a pas mal expliqué les sentimens d'*Empédocle*, il pourroit se faire, qu'à un certain égard, ce dernier eût trop donné au hazard ; quoique d'ailleurs il eût reconnu une divinité immatérielle, par laquelle le monde a été fait. On trouve des preuves claires de ces sentimens, dans les fragmens qui nous en restent, & dans ce qu'en disent les autres philosophes.

Il paroit aussi, par le témoignage de l'antiquité, qu'*Anaxagore* croyoit qu'il y a un être incorporel distinct du monde qui l'a formé des atomes, & que cet être est d'une nature simple, pure & sans mélange.

Ainsi tous les *atomistes*, qui ont vécu avant *Démocrite* & *Leucippe*, ont joint la créance d'une divinité avec la doctrine des atomes ; de sorte qu'on peut dire d'eux tout ce que *Sidonius Apollinaris* (1) a dit d'*Arcésilas*, ou peut-être d'*Archélaüs*, puisqu'il le place immédiatement avant *Socrate*, qui a été son disciple :

Post hos Arcesilas divinâ mente paratam

Conjicit hanc molem, confectam partibus illis,

Quas atomos vocat ipse leves.

« Après eux Archélaüs a conjecturé que ce » monde a été fait par une intelligence divine, » des particules qu'il nomme des atomes legers ».

Tout ce qu'on peut dire de ce recueil des sentimens des anciens philosophes, c'est qu'il est fort difficile de s'assurer, en toutes choses de leurs véritables opinions. Ceux qui ont laissé des écrits ont parlé souvent si obscurément & si confusément des choses les plus importantes ; qu'on devine plutôt leurs sentimens, qu'on ne s'en assure. Il faut quelquefois le tirer de quelques mots, qu'ils ont dits sans dessein, en parlant de toute autre chose, que de ce dont on souhaite savoir leur pensée.

C'est ce qui a fait que les interprètes d'*Aristote* ont disputé entre eux touchant son sentiment sur la divinité & l'immortalité de l'ame ; les uns soutenant qu'il n'a cru ni l'une, ni l'autre, & les autres prétendant qu'il a également soutenu qu'il y a un Dieu & que l'ame est immortelle.

Souvent on consulte d'autres auteurs anciens, qui ont parlé de leurs sentimens, & qui ne les rapportent pas fidèlement, ou parce qu'ils ne les ont pas entendus, ou pour quelqu'autre raison, comme *Aristote* l'a fait à l'égard de *Platon*. Souvent aussi on conjecture qu'un auteur a eu de certains sentimens, parce qu'ils sont conformes à d'autres qu'il a soutenus ; ou l'on juge qu'il n'a pas approuvé certaines pensées, parce qu'elles sont contraires à ce qu'il croyoit. Mais il arrive très-souvent que des auteurs ne voient pas toutes les conséquences de leurs sentimens, & ne s'apperçoivent pas non plus qu'ils admettent des choses, contraires les unes aux autres.

Que si un auteur n'a point laissé d'écrits, il faut

---

(1) *Carm. XV. in Epithalamio Polemii & Araneola*, vers. 94.

s'en fier à ce que d'autres ont dit de lui; ce qui est encore plus incertain que tout ce qu'on vient de dire.

On attribue, par exemple, à *Archélaüs*, la pensée des *atomistes*, qui ont cru que le premier homme étoit né de la boue échauffée par la chaleur du soleil. Mais qui sait si l'on dit vrai, ou non? On attribue le même sentiment à son maître *Anaxagore*, comme on le peut voir, par ce qu'en dit *Diogène Laërce* dans les vies de ces deux philosophes. Cependant *Socrate*, disciple d'*Archélaüs*, semble avoir eu des idées toutes différentes, & cette opinion est d'elle-même incompatible avec l'immortalité de l'ame; car enfin si l'homme est né de la boue, son ame en est aussi sortie, & par conséquent n'est pas plus immortelle que son corps.

D'ailleurs, si une machine, aussi belle que l'est celle du corps humain, a pu naître par la seule chaleur du soleil, le mouvement des atomes a pu faire l'univers, & si l'on établit ce dogme, on viendra facilement à rejetter la providence, & à croire qu'il n'y a point de dieu, comme *Démocrite* & *Leucippe* le croyoient. Que peut-on conclure de tout cela? Autre chose, sinon qu'il faut marcher bride en main, comme l'on dit, dans la recherche des opinions des anciens, & n'en assurer rien positivement que sur de grandes preuves de fait, & qui ne supposent pas trop de fidélité dans les anciennes relations, ni trop d'habileté dans ceux de qui elles parlent.

Il est tems de revenir à la doctrine des corpuscules. L'exemple de *Démocrite*, de *Leucippe* & d'*Epicure*, tous trois aussi grands athées qu'*atomistes*, a fait croire à bien des gens que dès que l'on admettoit les corpuscules, on rejettoit la doctrine qui établit des êtres immatériels, comme la divinité & les ames humaines; mais *Cudworth* a fait voir que non-seulement la Théologie n'est pas incompatible avec la doctrine des atomes, mais même qu'elle a beaucoup de liaison avec elle. Voici comme il s'y prend.

La Physique corpusculaire, s'il est permis de parler ainsi, semble tirer son origine de la raison la plus forte & la plus épurée, puisqu'elle s'oppose aux préjugés, nés du témoignage des sens.

Les anciens considérant l'idée qu'ils avoient de l'ame, & ce qu'ils connoissoient dans le corps, trouvoient qu'ils pouvoient concevoir distinctement deux choses, qui sont les principes de tout ce qu'il y a dans l'univers.

L'une est la matière qu'ils regardoient comme quelque chose d'incapable de soi-même d'agir; & l'autre est une faculté agissante. La pensée & le pouvoir de remuer la matière appartiennent à la seconde, & l'on peut donner à ces deux choses le nom commun de *vie*.

Ainsi ils rapportoient tous les êtres à ces deux sortes, dont l'une est la matière purement passive, & l'autre la faculté d'agir par soi-même. *Duo quærenda sunt*, dit Cicéron, *unum quæ materia sit, ex qua quæque res efficiatur, alterum quæ res sit, quæ quidque efficiat.* « Il faut chercher deux choses, » l'une qui soit la matière, dont chaque chose » soit faite: & l'autre, ce que c'est qui fait toutes » choses ».

On prouve la même chose, par *Séneque* & par l'auteur du livre *de Placitis Philosophorum*, qui est parmi les œuvres de *Plutarque*.

Les anciens concevant qu'il falloit nécessairement reconnoître ces deux principes, s'en formoient aussi des idées toutes distinctes, & ne les confondoient point dans une seule substance, excepté peut-être les stoïciens, dont toute la philosophie étoit forcée, & pleine d'idées contradictoires. (Voyez stoïcisme).

Ils appelloient donc communément la matière, ou le principe passif *corps*, & le principe agissant passoit pour une substance immatérielle.

Outre cela, lorsqu'ils considéroient la matière ou le corps, ils n'y pouvoient rien concevoir clairement, sinon la grandeur, la figure, la situation, le mouvement & le repos, qui sont des modifications de la substance corporelle; ainsi ils concluoient qu'il n'y a dans le corps autre chose que ces propriétés, & ce qui résulte de leurs différens mélanges & de leurs variations, c'est-à-dire, rien qui ne soit sujet aux lois de la méchanique.

Il s'en suivoit de là, que tout ce qu'on supposoit être de plus dans les corps, n'étoit que des manières de sensations que les corps produisent en nous. C'est une conséquence si facile à tirer, que des gens qui n'étoient pas fort habiles dans la Physique corpusculaire, soupçonnoient cette vérité.

Par exemple, *Plotin*, en écrivant du caractère de la vérité & de la force de la raison, s'exprime ainsi: *Quoique ce qui vient par les sens semble avoir beaucoup de certitude, on doute si l'existence apparente qu'il a est dans les sujets mêmes, ou dans les effets qu'ils produisent sur nous; & pour en juger, il faut se servir de son esprit ou de son discernement.*

De là, les anciens concluoient que la nature des choses corporelles, considérée en elle-même, n'est autre chose que la disposition de leurs parties, par rapport à leur grandeur, leur figure, leur situation & leur mouvement, ce qui est cause qu'elles font de différentes impressions sur nos sens.

Ainsi, ce qui arrive dans le monde corporel, doit être expliqué, selon eux, ou par la disposition des particules des corps, ou par la différence des effets qu'elle produit dans nos organes, qui font naître en nous diverses sensations. L'idée abstraite de ces dernières choses, comme celle des couleurs, n'est donc pas hors de nous, mais dans ce qui pense en nous qui est immatériel.

Le résultat de tout cela, c'est que tout ce qui est en nous-mêmes, ou dans tout l'univers, doit être réduit à l'un ou à l'autre de ces principes, *matière passive & étendue*, ou *faculté agissante*; *substance corporelle ou incorporelle*; *mouvement mécanique, ou vie*, ou au moins à une combinaison de ces deux choses.

Il paroît, par cette description de l'origine de la Physique corpusculaire, que la doctrine des substances immatérielles naquit avec elle; mais on le comprendra encore plus clairement par la suite. Il est certain qu'elle tire aussi son origine de ce principe:

De nihilo nihil, in nihilum nil posse reverti.

car encore que *Démocrite*, *Epicure* & *Lucrèce* abusent de cette maxime, contre l'intention des premiers *atomistes*, pour prouver que Dieu ne peut pas créer quelque chose de rien,

Nullam rem e nihilo gigni divinitus unquam;

néanmoins prise en un bon sens; savoir, que rien ne peut sortir du néant de soi-même, ni y rentrer; elle doit passer, non-seulement pour un axiome de la droite raison, mais comme un des principaux fondemens de la Physique corpusculaire, qui, en ôtant les formes & les qualités, ne reconnoît rien que de mécanique dans les corps.

Non-seulement *Démocrite*, *Epicure* & *Lucrèce* ont établi ce principe comme la base de leur physique, mais encore plusieurs anciens physiciens qui reconnoissoient une divinité. Tels étoient *Parménide*, *Mélisse*, *Zénon d'Elée*, *Xénophane*, *Anaxagore* & *Empédocle*.

Aristote assure, des deux premiers, qu'ils disoient qu'aucun être ne se produisoit, ni n'étoit détruit, c'est-à-dire, ne sortoit du néant, ni n'y retournoit. *Simplicius* dit même que *Parménide* en rendoit cette raison, qui est digne de remarque: c'est parce que *si quelque chose se faisoit de rien, il n'y auroit aucune cause qui l'eût fait exister lorsqu'elle auroit commencé à être, ni aucune raison pourquoi elle n'auroit pas existé plutôt ou plus tard*. On peut prouver la même chose des autres philosophes qu'on vient de nommer.

Ce n'étoit pas en vain qu'ils établissoient avec tant de soin ce principe, c'étoit parce que leur physique étoit appuyée là-dessus, & parce qu'il détruisoit toutes les formes & les qualités des corps distinctes de la matière.

Il est visible que si ce sont là des êtres distincts de la matière & de ses modifications, comme la grandeur, la figure, la situation & le mouvement, & que s'ils n'existent néanmoins nulle part avant que d'être joints aux corps, dans toutes les altérations & les générations, il se produira de nouveaux êtres du néant, & que ces nouveaux êtres seront anéantis toutes les fois que les corps viendront à se corrompre. Quand une chandelle sera allumée, par exemple, il faudra reconnoître que la forme substantielle du feu, & que les qualités de la lumière & de la chaleur seront tirées du néant; au contraire, lorsque la flamme s'éteindra, tout cela sera de nouveau anéanti.

Soutenir que dans les changemens perpétuels, qui arrivent dans la matière, il y a des entités réelles qui se produisent du néant, & qui s'anéantissent d'elles-mêmes, leur paroissoit un paradoxe si grand, qu'il ne leur étoit pas possible de le recevoir. La raison leur apprenoit qu'il n'est pas possible qu'un être réel se produise lui-même du néant, & il étoit absurde de faire venir Dieu sur la scène pour faire des miracles perpétuels. Outre cela, chaque chose auroit pu être produite de quelqu'autre quê ce fût, & il n'y auroit eu aucune cause plus propre à produire une chose qu'une autre, si tout étoit produit miraculeusement du néant.

Ils s'apperçurent donc qu'il y avoit dans la nature quelqu'autre mystère, tout différent de ce qu'on croyoit, & qu'on soupçonnoit ordinairement. C'est que tout se faisoit par les différentes combinaisons des particules, dont les corps sont composés, selon la diversité de leurs grandeurs, de leurs figures, de leurs situations & de leurs mouvemens; & que les objets frappant diversement nos sens faisoient naître en nous des images ou des sensations différentes que l'on prenoit mal-à-propos pour des qualités réelles. *Lucrèce* a plusieurs fois exprimé cette doctrine en de très-bons vers, dont on ne rapportera que ceux-ci du livre I.

—— Sunt quædam corpora quorum
Concursus, motus, ordo, positura, figuræ
Efficiunt ignes; mutatoque ordine, mutant
Naturam; neque sunt igni simulata, neque ulla
Præterea rei, quæ corpora mittere possit
Sensibus, & nostros adjectu tangere tactus.

Il paroit par *Ariſtote*, que les anciens *atomiſtes* ſont entrés dans la penſée, où ils ont été, à cauſe de cet axiome que rien ne ſe produit de rien.

Les anciens phyſiciens, dit-il, *concluoient de ce que les contraires naiſſent les uns des autres, qu'ils exiſtent l'un dans l'autre. Ils raiſonnoient ainſi : tout ce qui eſt fait eſt fait de quelque choſe ou de rien. Le ſecond eſt impoſſible, ſelon le conſentement de tous les phyſiciens. Il reſte donc néceſſairement que toutes les choſes corporelles ſoient faites ou engendrées de choſes qui exiſtoient, & qui étoient en d'autres, mais qui étoient inſenſibles, à cauſe de leur petiteſſe.*

On voit par-là de quelle manière les *atomiſtes* raiſonnoient. Il n'y eut qu'*Anaxagore* qui, ne comprenant pas leur raiſonnement, s'imagina qu'il y avoit des atomes de diverſes eſpèces répandus dans tout l'univers; qui produiſoient chacune, lorſqu'ils étoient réunis, une certaine ſorte de corps. *Anaxagore*, dit le même philoſophe, *ſemble avoir ainſi imaginé un nombre infini d'élémens, parce qu'il croyoit véritable le ſentiment commun des phyſiciens, que rien ne ſe fait de rien.*

Ainſi il inventa des atomes revêtus des qualités de toutes choſes : au lieu que les autres *atomiſtes* poſoient des atomes inégaux, & ſans aucunes qualités.

Il faut montrer préſentement comment le même principe a conduit ces phyſiciens à reconnoître des ſubſtances immatérielles, & à mettre les ames dans ce nombre.

Ils prouvoient qu'il n'y a point de formes, ni de qualités dans les corps, leſquelles ſoient des êtres réels, diſtincts de la diſpoſition de la matière, puiſque ces formes & ces qualités naiſſent & périſſent à tous momens. Il n'y eut qu'*Anaxagore* qui attribua mal-à-propos aux atômes les qualités que le peuple attribue aux corps qui en ſont compoſés.

Ils raiſonnoient d'une manière oppoſée, à l'égard des ames des hommes, & des bêtes, & ſuppoſoient que c'étoient des êtres diſtincts de la matière & de ſes modifications, puiſque penſer, ſentir, ſouhaiter, raiſonner, vouloir, &c. n'ont rien de commun avec la grandeur, la figure, la ſituation & le mouvement, ils ne croyoient pas qu'elles fuſſent ſujettes à la génération & à la corruption comme les corps. Il eſt impoſſible, diſoient-ils, que quelque choſe ſe forme de rien : Ἀδύνατον γενέσθαι τι ἐκ μηδενὸς προυπάρχοντος ; & il n'y a aucune ame, aucune raiſon, aucune intelligence, aucune penſée, ni aucune vie dans la matière & dans ſes modifications. Donc lorſqu'un homme eſt engendré, ſon ame ne ſort pas de ſon corps, puiſqu'elle n'y étoit pas. Comme de ce que l'on voit les formes & les qualités naître & périr, on conclut que ce ne ſont pas des êtres réels diſtincts de la matière & de ſes modifications : l'ame étant un être qui en eſt diſtinct, ce n'eſt pas une choſe qui s'engendre & ſe corrompe avec le corps, mais une ſubſtance qui exiſte par elle-même.

C'eſt pourquoi les anciens mettoient une grande différence entre la production des corps inanimés, & la génération des animaux.

La forme d'une pierre, de la chair, du ſang, &c., ne diffère pas plus de la matière dont ces corps ſont compoſés, qu'une maiſon, une table, une chaire, diffèrent de celle dont ils ſont formés.

Il ne ſe forme pas plus de nouvelle entité dans la génération des corps naturels, que dans la formation des artificiels.

Lorſque l'eau eſt changée en vapeur, la chandelle en flamme, la flamme en fumée, l'herbe en lait, en ſang & en os, il ne s'y fait aucun changement dans lequel quelque être nouveau ſorte du néant, non plus que lorſque l'on fait du drap avec de la laine, de la toile avec du lin ou du chanvre, un palais avec les matériaux, qui entrent dans ſa ſtructure. Il n'arrive en tout cela qu'une nouvelle diſpoſition d'une matière qui exiſtoit auparavant. Mais dans la génération des hommes & des bêtes, outre la nouvelle diſpoſition des parties & leur organiſation, il y a une nouvelle entité qui les joint & qui ne peut pas être formée de la matière, mais qui doit s'y joindre d'une autre façon.

Quoiqu'il n'y ait point de différence ſubſtantielle entre un palais, dont le bâtiment ſubſiſte, & les matériaux, lorſqu'il eſt démoli, mais ſeulement dans leurs modifications : néanmoins entre un homme vivant & ſon cadavre, outre la différence des accidens de ſon corps, il y a une différence ſubſtantielle, puiſqu'il y a une ſubſtance immatérielle & agiſſante qui n'y eſt plus.

Anaxagore lui-même, qui établiſſoit des atomes différens, pour tous les corps inanimés, ne mettoit aucuns atômes *ſenſitifs & raiſonnables*. La raiſon de cela n'étoit pas qu'il ne crût que le ſentiment & l'intelligence ne fuſſent des entités auſſi réelles pour le moins que le chaud & le froid, le rouge & le vert, mais parce qu'il ne pouvoit pas croire que le ſentiment & l'intelligence fuſſent des formes & des qualités corporelles, & qu'il les regardoit comme des propriétés des ſubſtances immatérielles. C'eſt pourquoi il ne pouvoit pas nier que les ames n'exiſtaſſent avant & après les corps, auſſi bien que les formes & les qualités dans ſes *atômes ſimilaires*.

Ainſi, l'on voit de quelle manière la maxime, *que rien n'exiſte de rien*, a conduit les anciens à croire que l'ame est immortelle, & qu'elle existe après le corps.

Cette même maxime leur a fait croire la *préexistence des ames*, & leur venue dans les corps, qu'ils nommoient, en grec, μετενσωμάτωσις, comme qui diroit *incorporation*; car l'ame qui existoit avant chaque animal, ou avant sa génération, venoit dans son corps lorsqu'il étoit engendré.

A l'égard de l'autre transmigration des ames, par laquelle on croyoit que les ames des hommes passoient dans le corps des bêtes, quoique plusieurs anciens la crussent, *Timée* de Locres, & d'autres pythagoriciens la rejetoient; & il se pourroit faire que c'eût été une description allégorique du changement que le vice y peut faire.

Au reste, aucun des philosophes qui ont vécu avant le christianisme, n'a soutenu l'immortalité de l'ame, sans croire en même temps sa préexistence, parce qu'ils étoient persuadés que si l'on accordoit une fois que l'ame est engendrée comme le corps, il s'ensuivroit qu'elle pourroit aussi mourir avec lui; c'est pourquoi les défenseurs de l'immortalité de l'ame commençoient ordinairement par prouver sa préexistence, après quoi il ne leur étoit pas difficile de montrer qu'elle subsistoit après le corps, puisqu'elle avoit subsisté devant. *Notre ame*, dit Platon, *étoit en quelque part avant que d'être dans cette forme d'homme, de sorte qu'il paroît par-là que l'ame est immortelle.*

Avant ce philosophe, la principale preuve de la préexistence de l'ame étoit celle-ci : c'est que c'est un être distinct de la matière & de ses modifications, & qu'aucune substance ne sort d'elle-même du néant, ni ne peut être faite d'une autre substance; de sorte qu'on ne pouvoit pas dire qu'elle sortoit de la matière, qui n'a ni vie, ni intelligence.

S'ils disoient que l'animal étoit engendré, ou cessoit d'être, il falloit entendre cela par rapport à l'union de ses parties, ou à leur séparation. La substance de l'ame, selon ces principes, ne peut ni être engendrée, ni se corrompre; elle étoit avant la génération des hommes, comme elle est après leur mort, de même que la substance de leur corps, qu'on soutient avoir été depuis la création, n'est anéantie par la mort en aucune de ses parties, mais seulement divisée & répandue en divers lieux.

Les anciens *atomistes* disoient donc que les ames étant des êtres qui subsistent par eux-mêmes, elles sont aussi anciennes qu'aucune autre substance qui soit au monde, que toute la masse de la matière considérée en général, & que chaque atome en particulier; ainsi, ceux qui croyoient que la matière est éternelle, soutenoient aussi l'éternité des ames des animaux; & ceux qui donnoient un commencement au monde, prétendoient que les ames étoient aussi anciennes que lui, & ne pouvoient souffrir que l'on fît le moindre des atômes plus ancien qu'elles.

Synesius, quoique chrétien, ayant été instruit dans cette philosophie, ne put être porté, par l'espérance d'un évêché, à désapprouver ce sentiment: ἀμέλει, dit-il, τὴν ψυχὴν οὐκ ἀξιώσω ποτὲ σώματος ὑστερογενῆ νομίζειν : *je ne croirai jamais que mon ame soit née après mon corps.*

L'on étoit si indulgent sur ces matières, ou, si l'on veut, l'on avoit tant d'envie d'avoir de beaux parleurs dans les chaires, qu'on lui passa, non-seulement cette doctrine, mais qu'on le consacra, quoiqu'il témoignât qu'il ne croyoit pas la résurrection des corps.

Il est aussi clair que cette doctrine de la préexistence & de l'immortalité de l'ame n'étoit pas renfermée dans les ames des hommes seulement, mais qu'elle s'étendoit encore à celles des bêtes.

On n'avoit jamais douté, avant *Descartes*, si l'ame des bêtes sent & pense : on croyoit, comme une chose indubitable, que tout ce qui a vie, sentiment & pensée, est un être réellement distinct du corps & de ses modifications. La *vie* des ames & le *mécanisme* des corps passoient pour des idées tout-à-fait distinctes. On croyoit donc que toutes les ames qui sont présentement dans le monde avoient commencé avec lui, supposé qu'il eût un commencement, & qu'elles ne cesseroient jamais d'exister. On soutenoit qu'il ne s'en produisoit aucune nouvelle, ou qui n'eût pas existé auparavant, & qu'aucune de celles qui étoient, n'étoit anéantie, non plus que les substances corporelles.

Ainsi, tout le système du monde créé étant composé de corps, & de substances immatérielles, ou d'ames; dans les générations qui s'y font, les corruptions & les morts, tant des autres animaux que des hommes, il ne se faisoit, selon ces philosophes, pas plus de changement que dans les lettres dont une anagramme est composée, & dont on change seulement la situation pour faire différens mots, sans y en ajouter aucunes nouvelles.

On voit donc que les mêmes principes de philosophie qui avoient conduit les anciens à reconnoître les atômes, les conduisirent aussi à croire qu'il y a des choses immatérielles; & que les mêmes maximes qui leur persuadèrent que les formes corporelles ne sont pas des entités distinctes de la substance des corps, leur persuadèrent auſſi que les ames ne ſont ni engendrées avec le corps, ni anéanties après ſa mort.

De peur qu'on ne croie qu'on leur prête des raiſonnemens qu'ils ne faiſoient pas, on produira les propres paroles de quelques-uns d'entr'eux. La choſe eſt aſſez curieuſe pour s'y étendre un peu ; & ceux qui n'entendent pas le grec ni le latin, trouveront dans la verſion françoiſe, les penſées de ces philoſophes rendues avec autant de fidélité, que la différence des langues l'a pu permettre. Voici comme parle (1) *Empédocle* :

Ἄλλο δέ τοι ἐρέω, φύσις ὀδενός ἐστιν ἑκάστου
Θνητῶν, ὀδέ τις ἐλομένη θανάτοιο τελευτή,
Ἀλλὰ μόνον μίξις τε, διάλλαξίς τε μιγέντων
Ἐστί, φύσις δ' ἐπὶ τοῖς ὀνομάζεται ἀνθρώποισι.

Je vous dis une autre choſe : il n'y a point de naiſſance pour chacun des mortels, ni aucune mort, mais ſeulement un mélange & une ſéparation de ce qui étoit mêlé ; & c'eſt ce qui, parmi les hommes, s'appelle naiſſance.

Il avoit apparemment ajouté, dans les paroles ſuivantes, *& mort* ; car la naiſſance eſt le mélange de ce qui étoit ſéparé, & la mort, la ſéparation de ce qui étoit joint.

Voici une paraphraſe de cette penſée, comme *Cudworth* croit qu'il la faut entendre : « Il ne ſe » produit aucune ſubſtance qui n'exiſtât pas aupa- » ravant ; c'eſt pourquoi, dans la génération & » dans la corruption des corps inanimés, il ne ſe » produit ni ne ſe détruit aucune forme, ni au- » cune qualité réellement diſtinctes de la ſubſ- » tance de ces corps, mais ſeulement de nou- » velles modifications, & un nouvel aſſemblage. » Dans la génération, & dans la mort des hommes » & des animaux, dans qui les ames ſont des » ſubſtances réellement diſtinctes de la matière, » il ne ſe fait auſſi qu'une conjonction ou une » ſéparation des ames & de leurs corps particu- » liers, qui exiſtoient avant qu'ils fuſſent nés, » & qui ſubſiſtent après leur mort. Il ne ſe pro- » duit aucune ſubſtance immatérielle ni maté- » rielle qui n'exiſtât pas auparavant, & rien ne » rentre dans le néant. » C'eſt ce que ce même philoſophe exprime encore dans les paroles ſuivantes :

Νήπιοι ὅ γάρ σφιν δολιχόφρονές εἰσι μέριμναι,
Οἳ δὴ γίνεσθαι πάρος οὐκ ἐὸν ἐλπίζουσιν.
Ἤτοι καταθνήσκειν τε καὶ ἐξόλλυσθαι ἁπάντῃ.

Ceux-là ſont des enfans, & des gens dont la vue eſt fort courte, qui s'imaginent qu'il naît quelque choſe, qui n'étoit pas auparavant, ou que quelque choſe meurt & périt tout à fait.

Sur quoi *Plutarque* fait ce commentaire : *Empédocle* ne nie pas la génération, mais celle qui ſe fait de ce qui n'étoit pas ; ni la corruption, mais celle qui eſt jointe avec une deſtruction entière, c'eſt-à-dire, qui anéantit. Voici encore d'autres paroles d'*Empédocle* :

Οὐκ ἂν ἀνὴρ τοιαῦτα σοφὸς φρεσὶ μαντεύσαιτο,
Ὡς ὄφρα μέν τε βιῶσι, τὸ δὴ βίοτον καλέουσι,
Τόφρα μὲν οὖν εἰσι, καί σφι πάρα δεινὰ καὶ ἐσθλά,
Πρὶν δὲ παγῆναι βροτοὶ, λυθέντες τ' οὐδὲν ἄρ' εἰσι.

Qu'un homme ſage ne s'imaginera pas de ſemblables choſes ; que pendant ſeulement que les hommes vivent, ce que l'on appelle vie, alors ils exiſtent, & qu'il leur arrive du bien & du mal ; mais qu'avant qu'ils ſoient formés, & que quand ils ſont diſſous, ils ne ſont rien.

Il eſt bon de remarquer que le dernier de ces vers étoit corrompu, puiſqu'il y avoit, πρὶν δὲ παγῆναι βροτοὶ, κ᾽ λυθέντες ὀδὲν ἄρ᾽ εἰσι paroles où l'on ne voit point de conſtruction, ni de meſure de vers. On les a donc rétablies, en y changeant fort peu de choſe, de ſorte que ces deux choſes s'y trouvent, & que l'on y voit clairement le ſentiment d'*Empédocle*.

Ce ſont, dit *Plutarque* dans ſon traité contre Colotès, (1) *les paroles d'un homme, non qui nioit que ceux qui ſont nés, & les vivans ſoient, mais plutôt qui croyoit que ceux qui ne ſont pas encore nés, & ceux qui ſont déja morts exiſtent.*

Platon, nous dit conformément à cela, que c'eſt une *ancienne tradition* (παλαιὸς λόγος)ou une doctrine qu'on avoit ſoutenue, avant lui, τὰς ζῶντας ἐκ τῶν τεθνεώτων γεγονέναι ὀδὲν ἧττον ἢ τὰς τεθνεῶτας ἐκ τῶν ζώντων : que les vivans naiſſoient des morts, de même que les morts venoient des vivans, & que c'étoit là le cercle conſtant qui ſe faiſoit dans la nature.

Le même philoſophe nous apprend que quelques uns des anciens ſoupçonnoient que ce que nous appellons préſentement mort, étoit une naiſſance pour une autre vie ; & ce que nous appellons naiſſance, étoit une eſpèce de mort. Τίς οἶδεν εἰ τὸ ζῆν μέν ἐστι κατθανεῖν, τὸ κατθανεῖν δὲ ζῆν ; qui ſait ſi vivre n'eſt point mourir, & ſi mourir n'eſt point vivre ?

---

(1) Apud Plutarchum contra Colotem.

(1) Pag. 1119. Ed. *Wechelianæ*.

C'est en effet le sentiment d'*Héraclite*, comme le témoigne *Porphyre*, dans (1) son livre de l'Antre des Nymphes. D'où vient, dit-il, qu'*Héraclite* dit, que la mort n'est pas une mort, mais un plaisir, pour les ames humides, (il entendoit par-là les ames vertueuses) *mais qu'elles n'ont pas du plaisir à naître. Il dit encore ailleurs, que ce que nous appellons vivre est leur mort, & que leur vie est notre mort.*

Pythagore lui-même étoit de ce sentiment, qu'aucun être ne périt dans la corruption, ni n'est produit dans la génération ; mais qu'il ne s'y fait que du changement dans les modifications. *Ovide* (2) exprime le premier, en ces termes :

Nec perit in tanto quidquam, mihi credite, mundo,
Sed variat, faciemque novat ; nascique vocatur,
Incipere esse aliud, quàm quod fuit ante ; morique
Desinere illud idem. Cum sint huc forsitan illa,
Hæc translata illuc ; summâ tamen omnia constant.

« Croyez-moi, rien ne périt dans le monde,
» quelque grand qu'il soit ; mais tout change
» & prend une nouvelle forme. On appelle *naître*,
» commencer à être une autre chose ; & *mourir*,
» finir d'être la même. Ces choses là sont peut-
» être transportées ici, & celles-ci sont trans-
» portées là ; mais le nombre en est toujours
» égal ».

Il enseigne la préexistence & la transmigration des ames, dans ces mots :

(3) Omnia mutantur, nihil interit ; errat & illinc
Huc venit, hinc illuc, & quoslibet occupat artus
Spiritus ; eque feris humana in corpora transit,
Inque feras noster, nec tempore deperit ullo.
Utque novis fragilis mutatur cera figuris,
Nec manet, ut fuerat, nec formas servat easdem ;
Sed tamen ipsa eadem est : animam sic semper eamdem
Esse, sed in varias doceo migrare figuras.

« Tout change, mais rien ne périt. L'esprit
» vient de-là ici, & va d'ici là, & occupe
» quelque corps que ce soit. De ceux des bêtes,
» il passe dans ceux des hommes, & le nôtre va
» dans le corps des bêtes, & ne périt par au-
» cune longueur de tems. Comme la cire molle
» change de figures, & ne demeure pas comme
» elle avoit été, ni ne garde les mêmes formes,

(1) P. 256. Ed. Cantabrig. Holstenianæ.
(2) Ovid. Metam. XV. 254. & seqq.
(3) Ibid. v. 165. & seqq.

» quoique néanmoins elle soit la même : ainsi je
» vous apprends que l'ame est toujours la même,
» mais qu'elle passe sous diverses figures ».

Ainsi, quoique ce soit une chose à laquelle les modernes n'ont pas fait beaucoup d'attention, il est certain que ce principe : *qu'aucun être n'est produit, ni anéanti,* a conduit les anciens philosophes à deux autres sentimens. L'un c'est la préexistence & l'immortalité des ames, qui étant distinctes du corps, ne peuvent être ni engendrées, ni anéanties ; & l'autre que les formes & les qualités des corps ne sont pas des choses distinctes de la matière, puisqu'elles sont engendrées & anéanties.

Il n'y eut qu'*Anaxagore*, qui s'éloignât des sentimens des autres *atomistes*, à cet égard, comme on l'a déjà dit ; si au moins il a cru ce qu'on lui attribue. Il est donc clair que la doctrine de l'immortalité & de l'immatérialité des ames eut la même origine & fut appuyée sur le même fondement, que la doctrine des atomes ; de sorte qu'il n'y a pas sujet d'être surpris que les anciens *atomistes* fussent persuadés qu'il y a un Dieu & des êtres immatériels.

Il est certain que leur raisonnement tiré de ce principe, *que rien ne se fait naturellement de rien, ni ne s'anéantit,* étoit non seulement concluant contre les formes substantielles & les qualités des corps distinctes de leurs modifications ; mais aussi pour prouver que les ames sont des substances immatérielles & qu'elles ne peuvent être produites de la matière ; & particulièrement pour faire voir l'immortalité des ames des hommes. Car puisqu'il est visible que ce ne sont pas de pures modifications des corps, mais des substances, qui en sont réellement distinctes ; nous n'avons pas plus de raison de croire qu'elles puissent d'elles-mêmes tomber dans le néant, que nous ne le croyons de la substance des corps.

Croire que les corps se consument, par le feu, ou par le temps, en sorte que quelque partie de leur substance soit anéantie, passe avec raison pour une erreur populaire ; & il n'est pas moins absurde de croire que l'ame raisonnable soit anéantie par la mort.

On pourroit encore ajouter à cela, que ce même raisonnement des anciens seroit concluant, pour prouver aussi la préexistence & la transmigration des ames ; si nous ne supposions pas que les ames sont créées immédiatement de Dieu, & mises dans les corps engendrés. Car puisqu'elles sont des substances distinctes du corps, & qu'aucune substance ne sort d'elle même du néant ; il faut nécessairement ou qu'elles préexistent avant la génération ; & qu'après la mort d'un d'un corps elles aillent dans un autre ; ou qu'elles soient créées immédiatement de Dieu, qui est la source de toutes choses, & qui a créé au commencement toutes les autres substances, qui sont maintenant dans le monde.

Les anciens ne pouvoient se résoudre à en venir là, parce qu'ils jugeoient qu'on ne devoit pas faire venir Dieu sur la scène à tous momens, & le faire agir dans toutes les générations des hommes & des animaux, en produisant des substances du néant.

Néanmoins, si nous considérons bien la chose, nous trouverons qu'il y a lieu de croire que Dieu n'a pas créé, en un seul temps, tout ce qu'il avoit à créer, pour demeurer ensuite, à cet égard, simple spectateur de ce qui devoit résulter de l'assemblage de ses créatures, sans s'en mêler pas plus que s'il n'y avoit point de Dieu au monde;

Une semblable supposition a fait croire à quelques uns qu'une nature aveugle gouvernoit toutes choses, & qu'il n'y avoit point d'autre Dieu. Dieu peut, pour des raisons qui nous sont inconnues, s'être réservé le soin de créer de nouvelles ames, lorsqu'il en seroit besoin ; & ces ames, quoique plus récentes que les autres substances, ne laissent pas de pouvoir être aussi immortelles que les plus anciennes, sans s'anéantir, non plus que la matière créée depuis plusieurs milliers d'années.

Ainsi l'hypothèse commune de la nouvelle création des ames, étant en elle-même conforme à la raison, elle suffit pour sauver l'immortalité de l'ame; sans introduire sa préexistence & sa transmigration, dogmes qui sont sujets à de très-grandes difficultés.

Mais s'il y avoit des gens, qui, plutôt que d'accorder l'immortalité de toutes les ames, & par conséquent de celles des bêtes, qui ainsi devroient avoir leurs transmigrations, voulussent dire que les ames des bêtes, aussi bien que les sensitives des hommes, sont corporelles, & qu'il n'y a que l'ame raisonnable, qui soit immatérielle; s'il y avoit, dis-je des gens qui fussent dans cette pensée, on n'auroit qu'à leur dire, que ceux qui attribuent de la vie, du sentiment, de la pensée, & quelque degré de raison à de purs corps, ne sont guère en état de démontrer l'immortalité des ames raisonnables des hommes.

Il s'ensuivroit encore de leur sentiment, qu'il pourroit n'y avoir aucune divinité dans l'univers, distincte de la matière, dont il est composé. Mais quoiqu'il n'y eût peut-être pas plus d'absurdité, à reconnoître la perpétuité des ames des bêtes,

Philosophie anc. & mod. Tome I.

que celle des atomes, dont pas un ne périt, dans tout l'univers; néanmoins on peut trouver quelque möien de diminuer cette difficulté.

Que l'on suppose, si l'on veut, que l'ame des bêtes n'est autre chose qu'une espèce d'*irradiation*, s'il faut ainsi dire, & qu'un *écoulement* de la suprême source de la vie, & qui n'entre dans la matière, que lorsqu'elle est disposée à la recevoir & à en être mue; mais qui cesse d'agir sur elle, & retourne à sa source, lorsque les organes du corps des bêtes sont détruits. Cette pensée est venue dans l'esprit de quelques philosophes payens, témoin *Porphyre*, qui dit : *chaque faculté destituée de raison est dissoute & retourne dans la vie universelle de l'univers.*

Cette supposition ne diminue, en aucune sorte, la certitude de l'immortalité de l'ame humaine. Car si nous croyons qu'il y a un Dieu, & que nous en ayons l'idée que nous devons avoir, nous reconnoîtrons que tous les êtres créés ne doivent pas la continuation & la perpétuité de leur existence à une nécessité naturelle, qui soit hors de Dieu & indépendante de lui, mais seulement à sa volonté.

Par ce principe, quand même nous n'aurions pas de certitude que nos ames sont des substances immatérielles, nous ne pourrions néanmoins pas douter de leur immortalité, qui est fondée sur l'immutabilité & la perfection de la volonté de Dieu, qui fait toujours ce qui est le mieux, & le plus conforme à ses vertus.

Dans le fonds, la bonté essentielle & la sagesse de la divinité sont la seule cause de la stabilité des êtres créés. Dieu a pu accorder le privilége de l'immortalité aux ames humaines, à qui il a donné la raison, les idées de la vertu & du vice, & la liberté, pour les rendre capables de blâme & de louange, de récompense & de peine; & ne le donner pas à ces ames beaucoup inférieures aux nôtres, & dans lesquelles il n'y a, s'il faut ainsi parler, ni *moralité*, ni liberté.

Peut-être qu'il se trouvera quelqu'un qui, malgré tout cela, aimera mieux suivre l'ancienne hypothèse de Pythagore ; *que toutes les ames, quelles qu'elles soient, sont aussi anciennes que le monde, & qu'elles dureront autant que lui,* que de recevoir notre nouvelle création de nouvelles ames, qui les fait postérieures à la matière du monde & à leurs propres corps; & que de reconnoître que la puissance que Dieu a de tirer du néant, est comme asservie, & pour ainsi dire, prostituée aux désirs les plus illégitimes & aux conjonctions les plus infames. Sur-tout on pourroit ne vouloir pas admettre cette création & cet anéantissement perpétuel des ames des bêtes; & il faut convenir que l'opinion de ceux qui seroient dans cette pensée, est plus raisonnable & plus tolérable que celle de ceux qui font toutes les ames engendrées, & par conséquent corporelles, ou au moins, ce qu'on appelle l'ame sensitive dans les hommes & dans les bêtes. Car outre l'absurdité de ce dernier sentiment, qui établit dans chaque homme deux ames distinctes & douées de perception, ce qui est assez réfuté par le sentiment que chacun a de soi-même; on se trouve par là, selon lui, dans l'impossibilité de prouver l'immortalité de l'ame raisonnable, l'immatérialité d'aucune substance, & par conséquent l'existence d'une divinité distincte de ce monde corporel.

Pour ce qui est de leur prétention, que la matière insensible peut devenir sensitive, & recevoir la vie & la pensée, comme un corps qui n'a ni chaleur, ni lumière, reçoit l'un & l'autre lorsqu'il est allumé; elle n'est fondée que sur l'ignorance, où ils sont, de la nature des corps.

Les plus habiles physiciens ont montré clairement, que le feu & la flamme ne sont autre chose que la violente agitation des particules d'un corps, qui étant séparées l'une de l'autre & poussant ou agitant les corpuscules voisins, produisent en nous les sensations de lumière & de chaleur. Il n'y a aucune difficulté à concevoir cela, & il ne se fait aucune production de quelque nouvelle entité. La pensée que l'on réfute étoit tombée dans l'esprit des anciens athées, qui soutenoient qu'il n'y a que des corps dans la nature, & qui croyoient que l'ame est un amas de corpuscules de feu; pensée qui est très-facile à réfuter. (Voyez l'art. Athées anciens).

Après avoir montré, de la sorte, que la Physique corpusculaire, & la doctrine de l'immatérialité de l'ame sont nées des mêmes principes, il faut prouver encore que la constitution intérieure de cette Physique mène tout droit là.

Premièrement la Physique corpusculaire, n'attribuant rien au corps, que ce qui est renfermé dans l'idée d'une chose impénétrable & étendue, & qui peut être conçue comme une de ses modifications, comme la grandeur, la divisibilité, la figure, la situation, le mouvement & le repos, & tout ce qui résulte de leurs différentes combinaisons; cette Physique, dis-je, ne sauroit admettre que la vie & la pensée soient des modifications du corps; d'où il s'ensuit que ce sont des propriétés d'une autre substance distincte du corps, ou immatérielle.

En second lieu, cette Physique ne reconnoissant dans les corps autre action, que le mouvement local; & le mouvement étant nécessairement l'effet de l'action d'un être différent du corps mû, il s'ensuit qu'il y a quelque chose dans le monde qui n'est pas corps; sans quoi les corps, dont il est composé, n'auroient jamais commencé à se mouvoir.

En troisième lieu, selon cette Philosophie, on ne peut pas expliquer les phénomènes des corps, par un pur méchanisme, sans admettre des *idées* différentes de ce méchanisme. Or une *idée* n'est pas le mode d'un corps, & par conséquent ce doit être le mode de quelque autre nature qui soit en nous, & qui soit intelligente & immatérielle.

En quatrième lieu, il est évident par les principes de cette Philosophie, que les sensations elles-mêmes ne sont pas des passions qui viennent du dehors puisqu'elle suppose qu'il n'y a rien dans les corps qui soit semblable aux sensations, que nous avons du chaud, du froid, du rouge, du vert, du doux, de l'amer &c; d'où il s'ensuit que ce sont des modifications de notre ame, ce qui est la même chose que de dire qu'elle est immatérielle.

Enfin il est aussi clair, par cette Philosophie, que les sens ne sont pas les juges de la vérité, même à l'égard des corps; puisque les qualités sensibles, dont ils paroissent revêtus, n'y sont nullement. Ainsi il faut qu'il y ait en nous quelque chose de supérieur aux sens, qui juge de leurs rapports, & qui distingue ce qui est véritablement dans les corps de ce qui n'y est pas. Ce ne peut être que par une faculté supérieure, qui se donne à elle-même les mouvemens qu'elle veut; ce qui est dire qu'elle est immatérielle.

Cette même Physique a deux avantages considérables, dont le premier est qu'elle rend le monde corporel intelligible; puisque le méchanisme est une chose que nous entendons, & qu'outre cela nous ne concevons rien distinctement dans les corps.

Dire qu'une chose se fait par le moyen d'une forme ou d'une qualité occulte, n'est autre chose que dire que nous ne savons pas comment elle se fait; ou, ce qui est encore plus absurde, c'est faire, l'ignorance où nous sommes de la cause d'un effet déguisée sous les termes de formes & de qualités, la cause de cet effet-là.

On conçoit encore clairement que le froid, le chaud, &c., peuvent être des modifications de notre ame, dont les mouvemens des corps extérieurs sont des occasions; mais on ne sauroit entendre que ce sont des qualités des corps mêmes, distinctes de la disposition de leurs particules.

Le second avantage que la physique corpusculaire semble avoir, c'est qu'elle prépare l'esprit à trouver plus facilement la preuve de l'existence des substances incorporelles, en établissant une notion distincte du corps. Il faut que celui qui veut prouver qu'il y a quelque chose dans le monde, outre les corps, détermine exactement quelles sont les propriétés des corps; autrement il prouvera seulement qu'il y a quelque chose, outre un je ne sais quoi, qu'il ne connoît pas, & qu'il appelle corps.

Ceux qui rejettent la Philosophie corpusculaire, composent les corps de deux substances, dont l'une est la *matière* destituée de toute forme, & par conséquent de *quantité*, & ainsi incorporelle; & l'autre est la *forme*, qui, étant sans matière, est aussi immatérielle. Par-là on confond si fort les idées de ce qui est matériel & immatériel, qu'on ne peut rien prouver concernant leur nature. Le corps lui-même devient incorporel, car tout ce qui est composé de choses immatérielles est nécessairement immatériel; & ainsi il n'y auroit rien du tout de corporel dans la nature. Mais l'ancienne philosophie corpusculaire établissant une notion distincte du corps, comme on l'a vu, montre clairement jusqu'où ses opérations peuvent s'étendre, où celles des substances immatérielles commencent, & par conséquent qu'il faut de nécessité qu'il y en ait dans le monde.

On voit, par ce que l'on vient de lire, que les premiers *atomistes* étoient bien éloignés de faire, comme *Démocrite* le fit depuis, un univers où il n'y eût rien que des particules de matière, incapables d'agir par elles-mêmes, sans aucuns principes actifs (qu'on nomme en grec ἀσωμάτοι ἀρχαί) & immatériels. Sans cela, ils voyoient bien qu'on n'y pouvoit concevoir aucun mouvement, aucun méchanisme, ni aucune génération; car le mouvement, sans quoi rien ne s'y fait, vient originairement de quelque chose qui n'est pas corps. Quand on pourroit même supposer que le mouvement s'est trouvé dans la masse de la matière, sans être causé par un autre être, on ne comprendroit pas comment il en a pu faire quelque chose, sans être conduit par aucune intelligence; & c'est ce que les anciens *atomistes* soutenoient. Ils auroient regardé comme une folie l'opinion de ceux qui ont cru que les animaux peuvent être de pures machines, ou que la vie, les sens & la raison, ne sont autre chose qu'un mouvement local, & par conséquent qu'ils n'étoient eux-mêmes que de purs automates. Ainsi ils joignoient ensemble des principes *actifs* & *passifs*, corporels & incorporels, & bâtissoient là-dessus toute leur philosophie, qui étoit sans doute véritable.

Mais cela ne dura pas long-temps, ce système ayant été démembré, en sorte que les uns en prirent une partie, & les autres l'autre. Les uns prirent les atomes, & abandonnèrent la doctrine des esprits: & les autres prirent la doctrine des esprits, sans celle des atomes. Les premiers furent *Démocrite*, *Leucippe* & *Protagore*; les seconds, *Platon* & *Aristote*, qui prirent en effet le meilleur, mais qui étant destitués de la doctrine des atomes, se trouvèrent exposés à mille difficultés insurmontables.

Pour représenter plus distinctement les effets du choix de ces philosophes, il faut examiner leurs méthodes l'une après l'autre. *Leucippe* & *Démocrite* étant disposés à croire qu'il n'y a point de Dieu, s'apperçurent bientôt que, selon la manière ordinaire de philosopher, ils ne pouvoient pas se garantir de la crainte d'une divinité, ni persuader leur athéisme aux autres.

Héraclite, & les autres philosophes, qui croyoient que toutes les substances sont corporelles, mettoient néanmoins une divinité, quoique corporelle, car ils disoient que tout le monde corporel étoit Dieu, ou que Dieu étoit ὕλη πῶς ἔχουσα, *la matière disposée d'une certaine manière*, par exemple, un feu doué de raison, qui pénétroit l'univers, comme son âme, les âmes des animaux n'étant que des parties détachées de cette grande âme du monde.

Ainsi, selon eux, toute la masse de l'univers étoit Dieu, ou un animal plein d'intelligence & de sagesse, qui formoit en lui-même tous les corps particuliers que l'on voit dans le monde, & qui se gouvernoit lui-même sagement. Les formes, les qualités, & le pouvoir de se remuer soi-même, que ces philosophes attribuoient au corps, quoiqu'on s'en servît pour appuyer l'athéisme, pouvoit aussi servir de principes pour établir une divinité, telle que la concevoit *Héraclite*.

Pour se défaire de ces embarras, *Leucippe* & *Démocrite* eurent recours à la Physique corpusculaire, qu'ils séparèrent violemment de la doctrine des êtres immatériels, qui lui étoit naturellement unie, & ainsi ils firent un système, auquel l'athéisme étoit mêlé avec la doctrine des atomes.

Il est surprenant que des gens qui se piquoient d'avoir de l'esprit, ne s'apperçussent pas que la supposition des atomes destitués de qualités, les conduisoit à reconnoître des êtres immatériels. Aussi tout leur système est plein de contradictions & d'absurdités mêlées parmi leur athéisme. On peut reconnoître à ceci la force invincible de la vérité, qui surmonte tous les efforts que l'on fait pour l'opprimer, & combien la cause des athées est une cause difficile à défendre, puisque la supposition des atomes, qu'ils regardoient comme leur fort, est le meilleur principe que l'on puisse employer pour ruiner entièrement leurs pensées.

Platon, qui ne prit de l'ancienne Philosophie que la Théologie & la Métaphysique, étoit beaucoup plus excusable. Il y a de l'apparence qu'il n'abandonna en partie la Physique corpusculaire, que parce qu'il voyoit que les athées en abusoient, & en partie parce qu'il avoit plus d'inclination pour la Théologie que pour la Physique, ce qui semble être aussi la raison pour laquelle il ne fit attention au système pythagoricien que dans sa vieillesse. Outre cela, sa manière de philosopher, en admettant des formes & des qualités, est plus spécieuse que l'autre, qui est plus éloignée des sens & des imaginations du vulgaire, & par conséquent plus difficile à entendre.

Pour *Aristote*, il suivit les traces de son maître, non-seulement dans la meilleure partie de son système, qui consistoit à reconnoître un Dieu immatériel & un premier mobile, sans mouvement, mais encore dans la réjection des atomes, qui avoient été si généralement reçus parmi les plus anciens philosophes. Quoiqu'il contredise souvent son maître, il est certain néanmoins qu'il s'accorde avec lui dans les points essentiels, si l'on en veut croire *Simplicius* & d'autres de ses interprètes.

Le système péripatéticien est infiniment à préférer à celui de *Démocrite*, que Pierre Gassendi a tâché de faire valoir en décriant *Aristote*.

On ne peut pas nier que l'hypothèse de Démocrite n'explique mieux les phénomènes des choses corporelles ; mais dans les autres choses, qui sont de beaucoup plus grande conséquence, c'est plutôt une extravagance qu'une philosophie.

Au contraire, le système d'*Aristote* est plein de vérités à cet égard, puisqu'il établit des substances immatérielles, une divinité distincte du monde, une morale naturelle, & la liberté de la volonté. Ainsi, quoiqu'un (1) auteur moderne ait parlé avec beaucoup de mépris de son éthique, il faut rendre justice à *Aristote*, & dire que son éthique est véritablement telle, & qu'elle répond à son titre ; mais que cette nouvelle éthique, que l'on a introduite au monde, avec tant de faste, n'est rien moins que cela, mais seulement l'ancienne doctrine de *Démocrite*, que l'on a fait revivre, & un renversement de toute sorte de morale, dont le dessein ne peut avoir été autre chose que de débaucher le monde.

Ajoutons encore à cela, que le système d'*Aristote* paroît plus compatible avec la piété, que les hypothèses même de *Descartes*, quoique ce dernier suppose aussi des substances immatérielles.

Descartes représente Dieu, ne contribuant pas davantage à la formation de l'univers, qu'en ce qu'il fait tourner sa matière en rond, par le mouvement de laquelle, conformément à certaines loix de la nature, tous les corps, sans en excepter les mieux organisés, comme ceux des animaux, ont été formés, & se conservent par la génération successive, sans qu'aucune intelligence s'en mêle.

La *nature d'Aristote* au contraire n'est pas un principe comme celui-là, elle est un principe qui ne fait rien en vain, mais tout pour de certaines fins & pour le mieux, de sorte qu'on ne la peut considérer que comme subordonnée à la sagesse divine, dont elle exécute les ordres.

On ne peut néanmoins pas nier, que plusieurs (1) anciens auteurs, chrétiens & autres, n'aient accusé *Aristote* de nier l'immortalité de l'ame & la providence de Dieu sur les hommes, que son maître *Platon* reconnoissoit, & qu'il auroit dû reconnoître après lui. Néanmoins pour lui rendre toute la justice que l'on peut, on rapporte ces paroles de son éthique à Nicomaque, où il parle bien de la providence : *si les Dieux ont quelque soin des hommes, comme il le semble, il est raisonnable de croire qu'ils prennent plaisir dans ce qui est le meilleur & le plus semblable à eux (& tel est l'esprit) qu'ils font du bien à ceux qui les aiment & qui les honorent, & qu'ils ont soin de ceux qu'ils favorisent, & qui vivent bien & honnêtement*. Ce qui seroit sans doute une très-belle sentence, si elle n'étoit pas exprimée en doutant.

Il est vrai qu'au lieu, que les autres philosophes assuroient la préexistence, l'immatérialité & l'immortalité des ames, quelles qu'elles soient, *Aristote* nie tout cela, & il en rend cette raison : *il est manifeste que toutes les ames ne peuvent pas préexister, puisque les principes, dont l'action est corporelle, ne peuvent pas exister sans corps ; par exemple, elles ne peuvent pas marcher sans pieds, de sorte qu'il est impossible qu'elles viennent de dehors dans les corps, car elles ne peuvent pas subsister d'elles-mêmes séparées, ni venir dans le corps*.

C'est-là le raisonnement d'*Aristote* ; mais, en même-tems, il soutient que l'*esprit* préexiste & entre dans le corps de dehors : *il reste*, dit-il, *que le seul esprit entre dans le corps de dehors, & qu'il soit seul divin, car l'action corporelle n'a rien de commun avec son action*.

Mais ailleurs, après avoir distingué l'entendement en *agent* & en *patient*, il enseigne que le

---

(1) Thomas Hobbes, qui dans son Léviathan méprise la Morale d'Aristote.

(1) *Voyez* là-dessus la préparation Evangelique d'Eusebe, *Chap.* V, IX, X, XI.

premier seul est immortel, & l'autre sujet à la corruption :

Quelques-uns de ses interprètes, pour l'excuser, disent qu'ici par l'entendement *patient*, ou *passif*, il a voulu marquer l'*imagination*, parce qu'autrement il se contrediroit lui-même, puisqu'il avoit dit auparavant que l'entendement peut être séparé & sans organes, ce qu'ils croient devoir être entendu du *patient*, aussi bien que de l'*agent*. Mais il est difficile de concevoir qu'il parle de l'imagination dans un lieu où il oppose l'entendement *agent* au *patient*.

Il est même difficile de savoir ce qu'il entend par cet entendement *agent*, & si c'est une faculté de l'ame humaine, ou non ; & cela a causé de grandes disputes entre ses interprètes, dont plusieurs croient que l'entendement *agent* est Dieu lui-même, & les autres que c'est au moins quelque chose d'extérieur ; d'où il s'ensuit que c'est une chose douteuse, s'il a reconnu quelque chose d'immatériel & d'immortel en nous.

Ce qui a conduit *Aristote* à assurer que l'ame sensitive est corporelle, & à ne parler qu'avec beaucoup d'incertitude de l'immatérialité de l'ame raisonnable, semble avoir été sa doctrine des formes & des qualités ; par laquelle, comme on l'a dit, les choses corporelles & les immatérielles se trouvent entièrement confondues. C'est pourquoi on ne sauroit louer *Aristote* de ce côté-là ; mais ce qu'il y a dans sa Philosophie, qui est digne de louange, ce sont principalement quatre choses.

La première c'est qu'il établit une intelligence immatérielle, qui est la suprême cause.

La seconde, qu'il introduit la nature, qui est comme un instrument de cette intelligence, agissant, non par une nécessité méchanique, mais pour certaines fins, quoiqu'elles lui soient inconnues ; la troisième, qu'il y a quelque chose, qui est naturellement honnête & deshonnête ; & la quatrième que les esprits des hommes sont doués de liberté.

Quoi qu'il soit fâcheux pour nous qu'il nous faille lire l'antiquité payenne, non pour y chercher proprement la vérité, que rien ne nous oblige de croire se trouver dans les écrits des anciens, avant que nous les ayons examinés ; & qu'il saille prendre d'abord beaucoup de peine pour entendre ce qu'ils disent, avant que de savoir si ce qu'ils disent est vrai ; il faut avouer que quand on a surmonté cette difficulté, il y a beaucoup de plaisir à voir les démarches de l'esprit humain dans la recherche de la vérité, & à suivre même les détours & les égaremens dans lesquels il s'étoit engagé, avant que de la découvrir.

On a vu que les plus anciens philosophes étoient entrés dans le droit chemin, lorsqu'ils avoient établi la Physique corpusculaire, & l'existence des êtres immatériels. Quelques-uns de ceux, qui les suivirent, partagèrent ce système ; & les uns tombèrent dans l'athéisme, parce qu'ils ne reconnoissoient que des corps : les autres au contraire, qui n'établissoient que des principes immatériels, se brouilloient si fort qu'ils ne savoient ce qu'ils vouloient dire. Peut-être que quelqu'un dira que c'est là une marque sensible de la foiblesse de la raison humaine, qui ne sait souvent, ni trouver une vérité inconnue, ni se conserver dans la possession de ce qui a été découvert.

Si l'on entend par *la raison humaine*, la raison particulière de ceux qui se trompent, on la peut accuser avec justice de foiblesse. Mais si l'on entendoit par-là les règles que les philosophes ont données pour la découverte de la vérité, on se tromperoit infiniment. Ce n'est pas pour les avoir suivies, que *Démocrite*, par exemple, & *Aristote* se sont trompés ; c'est au contraire pour avoir abandonné les principes les plus clairs & les plus assurés de la droite raison. Supposer que des atomes, où il n'y a rien que de corporel, se meuvent de toute éternité, sans que rien leur ait donné ce mouvement, non plus que l'existence, & que l'univers s'est formé du concours fortuit de ces corpuscules, sont des absurdités contraires aux lumières du bon sens. Dire qu'il y a des formes & des qualités substantielles, dont on n'a aucune idée, qui avec une matière, qui n'est rien, forment les corps, sont des suppositions que l'on réfute parfaitement bien par la raison.

Ce n'est pas pour avoir trop raisonné, ni pour avoir trop estimé la raison humaine, comme quelques-uns se l'imaginent, qu'il s'est trouvé des gens qui ont adopté ces chimères ; c'est au contraire pour avoir trop peu raisonné, & pour avoir cru qu'il falloit se soumettre à l'autorité des anciens, sans savoir pourquoi ; ou pour avoir donné dans des idées populaires, que l'on avoit peu examinées.

Les philosophes modernes n'ont eu que faire de révélation, pour réfuter *Démocrite* & *Aristote* ; la raison, qui leur étoit commune avec eux, les a fait appercevoir toute seule de leurs erreurs. Ils ont même si bien établi les règles, que l'on doit suivre pour trouver la vérité, que sans une révolution violente, qui rende quelque puissance barbare, ou ennemie de la raison, maîtresse de toute l'Europe, la connoissance ne s'en éteindra jamais.

Ce ne fut pas, par un petit effort de raison, que les premiers *atomistes*, en établissant fort peu de principes, se défirent des préjugés du vulgaire, qui paroissoient être appuyés sur le témoignage des sens, & vinrent à la connoissance des substances immatérielles, & de la divinité, qui est la principale. Mais comme ils étoient arrivés à ces vérités plutôt par la beauté de leur génie, que par les règles de l'art, ils ne surent pas montrer à la postérité le chemin qu'ils avoient suivi, ni établir des règles générales qui l'empêchassent de s'égarer & d'abandonner les vérités déja découvertes. C'est ce qui fit que ceux qui leur succédèrent ne comprirent, comme on l'a vu, ni leur sentiment ni les principes sur lesquels il étoit fondé.

La dialectique, que les péripatéticiens & les stoïciens cultivèrent, comme il sembloit, avec tant de soin n'étoit autre chose qu'un art de chicaner, & de disputer en forme, & qui ne servoit à découvrir aucune vérité. Ainsi elle n'empêcha point que ceux qui la cultivoient le plus, ne tombassent en mille erreurs de Physique & de Métaphysique.

Dans les derniers siècles, toute la Philosophie consistoit, non à raisonner & à examiner les choses en elles-mêmes, mais à rechercher quels ont été les sentiments d'*Aristote*. C'est dans ces temps-là que l'on ne raisonnoit point, ou que l'on raisonnoit mal, qu'il s'introduisit tant de chimères dans la Philosophie, & dont une bonne partie s'est ensuite glissée dans la Théologie scholastique.

Enfin quand *Descartes*, qui a fait revivre l'esprit de recherche & d'examen, vint, il ne lui fallut pas peu de méditations pour revenir lui-même des préjugés du vulgaire & des philosophes; ni peu de courage, pour résister aux attaques qu'on lui fit, & sur-tout pour soutenir l'injure odieuse de novateur. Cependant, comme on l'a vu, c'étoit *Aristote* qui avoit été novateur, & *Descartes* ne faisoit que ramener le monde aux premières idées des plus anciens *atomistes*. Il n'est pas que je croie qu'il ait pris ses sentiments dans les anciens, comme quelques uns l'en ont accusé. Il ne paroît pas avoir été un homme de lecture, & son système est si lié, que l'on voit bien que ce n'est pas un ouvrage de pièces rapportées.

Tout ce qu'on pourroit soupçonner, c'est qu'il auroit lu *Lucrèce*, & qu'il auroit profité de cette lecture, en établissant que tous les corps sont composés de particules insensibles, dont les différentes modifications & conjonctions font toute la variété des corps, que nous voyons. C'est-là, comme on l'a vu, une des plus belles découvertes des anciens *atomistes*, que *Démocrite* & *Epicure*, après lui, empruntèrent d'eux, & que *Lucrèce* a très-bien exprimée en divers endroits de son poëme. Que si cela n'est pas vrai & si *Descartes* est tombé dans la même pensée, à force de méditations; il faudra avouer que si leur hypothèse n'est pas vraie, elle est bien imaginée, puisque tant de beaux esprits l'ont prise pour la vérité, sans s'être entrecommuniqué leurs méditations.

A l'égard des ames des hommes, & celles des bêtes, les ouvertures que l'on a données là-dessus peuvent donner de l'occupation aux philosophes, qui voudront les pousser, & voir quelles conséquences on en pourroit tirer. Il y a très-peu de gens qui puissent se résoudre à croire que les bêtes ne soient que de pures machines; & cela n'étant pas, il faudra nécessairement reconnoître qu'elles sont des intelligences subalternes. Mais quand ont-elles été créées? Cessent-elles d'exister, quand leur corps est dissous, ou subsistent-elles en quelqu'autre lieu, ou y a-t-il métempsychose pour cette espèce d'ames? Quelque parti, que l'on prenne en tout cela, il restera toujours de grandes difficultés, que personne ne résoudra peut-être jamais. En attendant, on doit permettre de conjecturer à ceux qui ont plus de pénétration que les autres; mais à condition qu'ils n'imposeront à personne la nécessité d'embrasser leurs conjectures, & qu'ils n'emploieront que des raisons pour les soutenir.

Nous terminerons cet article par le jugement que le célèbre Wolf porte de la Philosophie corpusculaire, dont, selon lui, on abuse très-souvent, mais par le moyen de laquelle, de l'aveu même de Burnet (1), on a philosophé sur des principes plus solides & plus exacts, & qui a ouvert de nouvelles routes pour arriver à la vraie méthode de traiter les matières de Physique.

Wolf ne fait peut-être pas en général un moindre éloge de cette Philosophie; dans laquelle il trouve beaucoup de choses vraies, mais il indique en passant un des phénomènes dont cette théorie ne rend pas une raison satisfaisante: au reste, ce qu'il dit à ce sujet, attaque plus directement les modernes restaurateurs de cette Philosophie que celle de Démocrite & d'Epicure, proprement dit; le lecteur en va juger.

In scriptis eorum qui Philosophiam corpuscularem excoluère, multum inest veritatis, etsi circa prima rerum materialium principia erraverint autores. Non

---

(1) Quæ (hypothesis atomorum) ... dedit tamen occasionem philosophandi strictius & accuratius... utcumque, cum viam aperuerint (Leucippus & Democritus) ad saniorem disserendi methodum circà res Physicas, & in hac parte de republica litteraria non male meruerint illos laude sua ne defraudemus.) Archæolog. philosop. lib. 1. cap. 11.)

tamen ideò probamus promiscuè quæ ab autoribus Philosophiæ corpuscularis traduntur: nihil enim frequentius est, quàm ut figuras & molem corpusculorum ad libitum fingant: exempli gratiâ, nemo huc usque explicuit qualia sint aëris corpuscula, etsi certum sit per eorum qualitates elasticitatem aëris explicari. Deficiunt hactenus principia, quorum ope certè quid de iis colligi datur. Quamobrem in phænomeno acquiescendum erat quod scilicet aër possit comprimi, & continuè sese per majus spatium expandere nitatur. Enim verò non desunt philosophi qui cum corpuscula principia essendi proxima corporum observabilium esse agnoscant, elaterem quoque aëris per corpuscula ejus explicaturi, figuras aliasque qualitates, pro arbitrio fingunt, etsi nullo modo demonstrare possint corpusculis aëris convenire istiusmodi figuras & qualitates, quales ipsis tribuunt. Minimè igitur probamus, si quis philosophus corpuscularis sapere velit ultra quod intelligit. Absit autem ut Philosophiæ corpusculari tribuamus quod philosophi est vitium. Deinde philosophi corpusculares in universum omnes hactenus in eo peccant, quod prima rerum materialium principia corpuscula esse existiment; M. Wolf parle ici en Leibnitien. Il ajoute : & plerique etiam à veritate aberrant dum non alias in corpusculis quàm mechanicas agnoscunt. Il n'y a qu'à lire tous les écrits que la fameuse baguette divinatoire a occasionnés, pour achever de se convaincre des abus dont la physique corpusculaire est susceptible. Wolf, *Cosmol.* §. 226, *in schol.*

AUTOMATISME (*histoire de la philosophie moderne*). C'est ainsi qu'on désigne l'opinion particulière de certains métaphysiciens plus systématiques qu'observateurs, & plus raisonneurs que philosophes, qui sans consulter l'expérience, & d'après des considérations purement théologiques qu'il faut toujours négliger, lorsqu'on veut faire de la raison, ont prétendu que les bêtes étoient de pures machines.

Cet étrange paradoxe, qu'on peut regarder comme une des plus fortes preuves de la justesse de cette remarque de Cicéron (1), qu'il n'y a rien de si absurde qui n'ait été dit par quelque philosophe, se trouve, selon un savant professeur de belles-lettres, dans les écrits des anciens, d'où si on l'en croit, les modernes en ont pris la première idée.

Si cette assertion a quelque fondement, ce que nous examinerons bientôt, il faut avouer qu'à cet égard les modernes ont porté beaucoup plus loin que les anciens l'amour du paradoxe.

Parmi ces modernes on peut regarder comme

_____
(1) *Nihil tam absurdè dici potest, quod non dicatur ab aliquo philosophorum.* Cicer. *de Divinat.* l. 2.

un des premiers & des plus ardens défenseurs de l'automatisme, un certain médecin espagnol, nommé Gomesius Péréira, qui a vécu au seizième siècle ; il se piqua de l'esprit de contradiction, car il affectoit de combattre les doctrines les mieux établies, & de s'éloigner des sentimens reçus. La liberté de philosopher avoit pour lui un grand charme ; il s'en servit amplement & jusqu'à l'abus. La matière première dont les sectateurs d'Aristote faisoient tant de bruit, fut l'un des monstres qu'il se proposa d'exterminer. Arriaga, l'un des plus subtils scholastiques du dix-septième siècle, nous apprend les objections qu'on faisoit là-dessus à Péréira, & la foiblesse de quelques-unes de ses objections.

On lui objectoit entre autres que si sa doctrine étoit véritable, il ne seroit pas permis de vénérer les ossemens ou les reliques des saints ; car après leur mort il ne resteroit aucune matière qui leur eût appartenu. C'est l'une des cinq objections qu'il pouvoit résoudre fort aisément, si l'on en croit Arriaga, qui observe que l'on ne comprenoit pas le sentiment de ce philosophe. Il se croit donc obligé de le rapporter fidèlement, & puis il l'attaque par d'autres raisons. Péréira, dit-il, n'étoit pas assez insensé pour soutenir que les formes n'étoient point reçues dans un sujet, & que l'homme n'étoit composé que d'ame. Il disoit seulement que le sujet à quoi les ames & les autres formes substantielles sont unies, est un composé des quatre élémens, & non pas une matière première, & il attribuoit aux élémens la même simplicité que l'on attribue à la matière première dans l'école d'Aristote.

Selon Arriaga, la troisième des cinq objections avoit quelque force contre ce sentiment de Péréira, car elle prouvoit qu'un des élémens, produit d'un autre, étoit une chose faite de rien naturellement : Péréira s'embarrassoit peu de cela ; il soutenoit qu'il y a des créatures qui ont la puissance de créer, en quoi Arriaga trouve qu'il avoit raison.

Au reste, quelque avantage que ce médecin ait pu avoir dans cette dispute au fond très-peu importante, ce qu'il mettoit à la place de cette matière première, ne valoit pas mieux que ce qu'il en bannissoit. On ne peut faire quelques pas dans les sciences qu'à l'aide de l'observation & de l'expérience.

Il traita fort mal Galien sur la doctrine des fièvres. Mais ce qu'il y eut de plus surprenant dans ses paradoxes, fut qu'il enseigna que les bêtes sont des machines, & qu'il rejetta l'ame sensitive qu'on leur attribue. On peut voir toutes ces choses dans le livre qu'il intitula *Antoniana maguarita* (1) : il fit allusion dans ce titre au nom de son père & à celui de sa mère. On prétend que Descartes lui a dérobé le paradoxe sur l'ame des bêtes, & que Péréira même n'en a pas été l'inventeur ; mais nous verrons bientôt que Descartes avoit rejetté l'ame des bêtes avant que d'avoir oui dire qu'il y eût dans le monde un tel Péréira. Pour le moins est-il sûr que le livre de cet espagnol n'auroit pu fournir à Descartes que la pensée générale de la réjection du sentiment des animaux. Tout le reste est particulier au philosophe français & ne coule ni des hypothèses, ni des explications de Péréira.

« Si quelque chose peut mortifier l'esprit de » l'homme, dit un philosophe célèbre, c'est assu-» rément la controverse qui s'est élevée de nos » jours entre les Cartésiens & les autres philoso-» phes, au sujet de l'ame des bêtes. Jusqu'au tems » de Descartes, on avoit cru, sans contestations, » que les bêtes connoissoient. Les philosophes » n'avoient point eu en cela d'autres pensées que » le peuple : ils avoient cru, aussi bien que le » vulgaire, que c'étoit un fait de la dernière évi-» dence ; ils disputoient seulement entr'eux pour » savoir si la connoissance des animaux s'étend » jusqu'à la raison, & aux idées universelles, ou » si elle se borne à la réception des objets sensibles. » La plupart des philosophes de l'antiquité ont cru » que les bêtes raisonnoient ; mais parmi les phi-» losophes chrétiens, l'opinion la plus commune » n'a pas été celle-là. Ils se sont contentés, » presque tous, de leur attribuer du sentiment. » Je dis *presque tous*, car il s'en est toujours trouvé » quelques-uns qui ont soutenu qu'elles n'étoient » point privées de la faculté de raisonner. M. de » la Chambre, l'un des plus illustres péripatéti-» ciens de ce siècle, s'est déclaré hautement pour » ce parti, en quoi sans doute il a été incompa-» rablement plus judicieux que les autres sectateurs » d'Aristote, parce que jamais peut-être opinion » n'a été plus insoutenable que de dire que les » actions des bêtes partent d'un principe connois-» sant, & néanmoins que les bêtes n'ont pas la » force de conclure une chose d'une autre. Quoi-» qu'il en soit, de cette dispute particulière, tout » le monde étoit réuni dans ce point fixe, & dans » cet article de croyance que les bêtes ont du » sentiment. Les plus fins eussent parié qu'il n'y » auroit jamais un homme assez fou, pour oser » soutenir le contraire. Il s'en trouva un pourtant

---

(1) Ce livre fut imprimé à Médine, chez Antoine Grasbeet, l'an 1554 & l'an 1587. Voyez la bibliothèque des écrivains médecins. Au reste, il n'est pas vrai, comme Konig le dit, que Péréira n'a eu en vue, dans cet ouvrage que de prouver que les bêtes ne sentent point : il est également faux qu'il ne traite que de cela : ce n'est qu'une très petite partie de l'ouvrage.

» au siècle dernier, qui osa dire ce paradoxe, dans » le pays du monde où l'on auroit le moins soup-» çonné qu'une doctrine si nouvelle prendroit » naissance. On m'entendra bien, si j'ajoute seule-» ment que ce fût un médecin espagnol qui publia » cette doctrine à *Medina del Campo*, l'an 1554, » dans un livre qui lui avoit coûté trente ans de » travail, & qu'il a intitulé, *Antoniana Margarita*, » pour faire honneur au nom de son père & à celui » de sa mère.

» Qui auroit jamais deviné que l'Espagne, où » la liberté des opinions est moins souferte, que » celle du corps ne l'est en Turquie, produiroit » un philosophe assez téméraire pour soutenir que » les animaux ne sentent pas ? Cela valoit bien la » peine d'en parler ici pour la rareté du fait ; & » il est juste que nous ne supprimions point le » nom de ce galant homme, qui a été le premier » auteur, que l'on sache de cet inouï paradoxe. » Il s'appelloit *Gomesius Pereira*, & vivoit dans le » dernier siècle, & non pas dans le douzième, » comme l'a dit un docteur en théologie, nommé » *l'abbé de Gerard*, dans ses entretiens sur *la phi-» losophie des gens de cour*.

» Ce Gomesius Péréira fut vivement attaqué » par un théologien de Salamanque nommé *Michel » de Palacios*, & lui répondit vivement sans dé-» mordre de ce qu'il avoit avancé, *que les bêtes » sont des machines*. Mais il ne fit point de secte, » son sentiment tomba aussi-tôt. On ne lui fit » point l'honneur de le redouter, de sorte qu'il » n'étoit guères plus connu à notre siècle, que » s'il n'eût jamais été mis au monde, & il y a » beaucoup d'apparence que M. Descartes, qui » lisoit peu, n'en avoit jamais oui parler. On » veut néanmoins qu'il ait puisé, dans ce médecin es-» pagnol, l'opinion qu'il a eue touchant les bêtes, » car en disant cela on croit lui ravir la gloire de » l'invention, & c'est toujours autant de gagné » sur lui ».

On trouve dans les nouvelles de la république des lettres, l'extrait d'une lettre que l'auteur avoit reçue de Paris, & qui contenoit entr'autres choses ce que je m'en vais copier. *Il n'est pas vrai, comme vous le dites dans la page 23, que le sentiment de M. Descartes sur l'ame des bêtes, n'est que de ce tems ; car on a disputé de cela autrefois, comme il paroit par un passage de S. Augustin.*

L'auteur reçut une autre lettre qui l'avertit que cette opinion de Descartes étoit beaucoup plus ancienne que S. Augustin. Ce fut M. du Rondel qui écrivit cette lettre. L'extrait en fut inséré dans les nouvelles du mois d'octobre 1684. Je m'en vais le copier, pour la satisfaction des lecteurs.

« Ce n'est pas seulement du tems de S. Augustin, qu'on

» qu'on a douté de l'ame des bêtes ; c'est aussi du
» tems des Céfars, c'est-à-dire, plus de trois
» cents ans avant ce père de l'église. Les stoïciens
» ne parloient d'autre chose, jusqu'à soutenir
» dans leurs écoles, qu'il n'y avoit que de la
» ressemblance entre nos actions, & celles des
» bêtes, & que dans les bêtes & dans les hommes
» il y avoit une nature absolument différente. Ne
» vous allez pas imaginer, s'il vous plaît, qu'ils
» ne disoient cela, que de certaines actions dont
» nous n'avons que peu ou point de sentiment,
» comme de la digestion, de la sanguification,
» de la conception, &c. Ils l'entendoient aussi des
» passions les plus vives, les plus véhémentes,
» & les plus sensibles. Un lion, selon eux, ne
» se mettoit point en colère, quoiqu'il déchirât
» en pièces tout ce qu'il trouvoit devant lui dans
» l'arène. C'est qu'il étoit dans les frémissemens
» & les bouillons de son sang, que par malheur,
» ou autrement, des objets peu convenables à la
» nature de cet animal, avoient brouillé & effa-
» rouché. Pourquoi cela, à votre avis ? C'est,
» monsieur, qu'il arriva à un lion, de la connois-
» sance de Sénèque, de sauver un malheureux,
» sans prétendre qu'on lui en sût gré, ni sans avoir
» eu aucune envie de bien faire. Et d'ailleurs,
» c'est que si les bêtes eussent été capables de se
» courroucer, elles auroient aussi été capables de
» pardonner. Or, comme la clémence est un effet
» de la raison, & que les bêtes n'en ont point,
» ces stoïciens concluoient que les bêtes n'étoient
» point susceptibles de colère, ni de toute autre
» passion. Cependant, monsieur, un Cynique a
» dit tout cela plus de trois cents ans avant les
» stoïciens de Rome. Il a cru & enseigné en
» termes formels, que les bêtes n'avoient ni senti-
» ment ni connoissance. C'est dommage, n'est-ce
» pas, que Péréira n'ait su tout cela ? Il l'auroit
» bien fait valoir contre ceux qui l'accusoient
» de débiter une nouveauté étrange, & il se
» seroit bien moqué de la grande littérature de
» ses adversaires. Le Cynique dit, en parlant des
» bêtes, *qu'à cause de l'épaisseur & de la trop grande*
» *abondance de leurs humeurs, elles ne peuvent*
» *avoir de connoissance ni de sentiment.* Je ne ga-
» rantis pas ce raisonnement de Diogène ».

On trouve dans les nouvelles d'avril 1685, la rétractation du premier extrait. Lisez ce qui suit : *celui qui nous avoit avertis, que S. Augustin témoigne que de son tems on soutenoit que les bêtes n'ont point d'ame, nous a écrit depuis peu qu'ayant consulté le chapitre 30 du livre de quantitate animæ, où on lui avoit dit que cela étoit contenu, il avoit trouvé qu'il n'y étoit nullement question du sentiment de Gomesius Pereira. Ainsi voilà, à cet égard, ma remarque réhabilitée & justifiée, savoir qu'avant Gomesius Pereira, personne n'avoit enseigné que les bêtes sont des machines. Il ne resteroit plus qu'à mettre en question si les passages de M. du Rondel, rapportés dans les nouvelles d'octobre, prouvent bien ce qu'il prétend.* Ces dernières paroles obligèrent M. du Rondel à recueillir plusieurs preuves. Il vouloit en faire part à l'auteur des nouvelles de la république des lettres ; mais il a trouvé qu'elles s'étoient égarées ; il ne s'est sauvé de cette dissipation que ce qu'on va lire.

« Il est certain que Diogène a dû ne point croire
» d'ame dans les bêtes par les principes de sa phy-
» sique, & par la fin de sa morale. Selon lui, il y
» a des êtres & des demi-êtres. C'est par leur
» propre essence, que les premiers sont ce qu'ils
» sont, & c'est par participation ou par imitation,
» comme on parle chez les cyniques, que les
» seconds peuvent passer avec les premiers.

» Ces seconds sont de deux sortes. Les uns
» imitent l'esprit, & affectent les mouvemens
» circulaires ; & les autres imitent l'ame, & se
» meuvent en ligne droite. Au mot de mouvement
» circulaire, vous devinez bien vîte qu'il faut
» que ce soit les orbes des cieux. C'est cela même ;
» mais sur-tout c'est le cercle lactée, auquel les
» cyniques, aussi bien que d'autres philosophes,
» assignoient l'origine des passions. Mais de la ma-
» nière que les anciens décrivoient la descente
» des ames au travers de ces cercles, il est impos-
» sible que les bêtes aient pu avoir de véritables
» passions. Car, en passant par la sphère de Jupiter,
» une ame se revêtoit d'ambition, comme de
» non-chalance dans celle de Saturne, de fierté
» dans celle de Mars, de l'envie de gagner dans
» celle de Mercure, &c.... De sorte que comme
» on ne remarque point semblables passions dans
» les bêtes, du moins de la manière qu'elles se
» remarquent dans les hommes, il falloit qu'elles
» n'eussent point d'ame, séjour ordinaire des pas-
» sions, ou qu'elles n'eussent seulement que des
» passions approchantes & contrefaites, & par
» quelque hasard d'imitation. C'est pour cela que
» les cyniques rangeoient les bêtes parmi les corps
» qui se meuvent en ligne droite, c'est-à-dire,
» parmi les corps pesans qui tendent vers la terre.

» Effectivement la nature des bêtes est toujours
» la même, & toujours dans sa détermination
» ordinaire. Il n'y a ni différence, ni variété,
» dans leurs occupations. Elles sont toutes con-
» damnées à même règle, & leur capacité ne
» s'étend guères plus loin qu'à se loger & à se
» nourir. C'est pourquoi on a dit d'elles, qu'elles
» n'avoient que de basses, pesantes, & dépri-
» mées inclinations, & que la nature les avoit
» faites exprès pour pencher vers la terre.

» Voilà, me direz-vous des pensées platoni-
» ques, & qui ne reviennent guères à ce que l'on
» s'imagine du cynisme. Je n'y saurois que faire.
» C'est le cynique Salluste qui le dit ; & puis

» Diogène n'étoit pas si éloigné du platonisme
» qu'on se le figure ordinairement. Un certain
» Tibérianus nous apprend dans son Socrate,
» que Diogène s'étoit saisi de tout le patrimoine
» philosophique de Platon.

» Mais ce que je vous dis de Diogène pa-
» roîtra encore plus dans la fin de sa morale.

» Selon lui, pour vivre comme il falloit en
» ce monde, il falloit être insensible ; & bien que
» cela paroisse étrange & même impossible, il
» faut pourtant que ce philosophe soit parvenu
» à cet état de philosophie, car l'antiquité est
» trop formelle là-dessus, pour y avoir été trompée.
» Je ne sais s'il se servit pour cela des leçons de
» Chiron, desquelles parle Maxime de Tyr. Je
» ne sais pas non plus, si ce fut sur les régles
» d'Antisthène, qui est l'auteur de l'Apathie :
» mais comme il étoit un ange de Jupiter, envoyé aux
» hommes pour leur apprendre ce que c'est du bien
» & du mal, à ce que prétend Epictète, je
» croirois bien qu'il ne s'en rapporta qu'à soi-
» même, & qu'il n'écouta que son cœur.

» Comme il avoit coutume de dire qu'il fal-
» loit opposer la raison aux passions, le courage
» à la fortune, & la nature aux coutumes, il
» entra enfin dans les desseins de la nature,
» & s'imagina que pour être un véritable enfant
» de cette bonne mère, il falloit ressembler aux
» bêtes, qui en sont une image si naïve & si
» fidèle dans les lieux de leur naissance.

» Diogène donna donc dans cette opinion,
» & s'y maintint par la pauvreté, par le jeûne,
» & par les ascétiques, qu'il a eu l'honneur
» d'inventer. On dit qu'Alexandre le Grand, à
» la veille de conquérir les Indes, & sûr déja
» de ses destinées, eût le courage de souhaiter
» être Diogène. Tant la sécurité lui parut digne
» d'envie ! Tant l'état des cyniques lui sembla
» surpasser la nature ! A dire vrai, c'est un
» état assez étrange que cette insensibilité, &
» il a toujours coûté bien cher à quiconque
» y est arrivé ; mais c'est un état bien commode
» pour les malheurs de cette vie.

N'oublions pas d'observer qu'on *affirme* dans les nouvelles de la république des lettres une *fausseté touchant l'époque de l'opinion de Descartes sur l'automatisme des bêtes.* « Gomesius Péréira » dit l'auteur de ces nouvelles, n'ayant point » tiré son paradoxe de ses véritables principes, » & n'en ayant point pénétré les conséquences, » ne peut pas empêcher que M. Descartes ne l'ait » trouvé le premier par une méthode philoso- » phique. Il ne laisse pourtant pas d'être fort » probable qu'il l'a trouvé sans l'avoir cherché ; » il commença apparemment & finit ses médi- » tations, sans songer à l'ame des bêtes, & » sans avoir abandonné l'opinion qu'il en avoit » eue dès son enfance ; & ce ne fut qu'en con- » sidérant les suites de son principe, touchant » la distinction de la substance qui pense, & de » la substance étendue, qu'il s'apperçut que la » connoissance des animaux renversoit toute l'é- » conomie de son système. Peut-être même qu'il » eut besoin qu'on lui fît cette objection, & » qu'avant cela elle ne lui vint point dans l'es- » prit.

» C'est donc par pure nécessité qu'il a soutenu » que les bêtes ne sentent point. S'il eût pu » sauver ses principes sans cela, il n'eût jamais » attaqué une opinion, qui non-seulement avoit » toujours paru indubitable à toute la terre, mais » qui est aussi revêtue d'une évidence presque » invincible ».

Pour savoir si cet auteur s'est trompé, il faut joindre à ce passage l'éclaircissement qu'il en donna. On le trouve à la fin de sa préface, c'est-à-dire, qu'il fut publié en même temps que le passage qui avoit besoin d'être éclairci.

J'ai dit dans le second article de ces nouvelles, que M. Descartes commença apparemment & finit ses méditations, sans songer à l'ame des bêtes, & sans avoir abandonné l'opinion qu'il en avoit eue dès son enfance. Ce seroit une erreur de fait, si j'entendois parler de ses six célèbres méditations, qui furent dédiées à la Sorbonne, & contre lesquelles on forma tant d'objections ; car le traité de la méthode, imprimé l'an 1637 avant ces six méditations, fait voir clairement que M. Descartes croyoit déjà que les bêtes n'ont point d'ame. Je déclare donc que par les méditations de M. Descartes, je n'ay pas entendu celles qu'il dédia à la Sorbonne. Mon sens est qu'il acheva apparemment de bâtir dans son imagination un nouveau système, sans songer à l'ame sensitive des animaux. Or je ne doute pas qu'avant que de publier sa méthode, il n'eût déjà achevé dans son esprit la construction de son ouvrage.

Non-obstant cette explication, il est certain que cet auteur s'est trompé ; car l'hypothèse des automates est une des plus anciennes spéculations de Descartes, comme il paroît par les preuves que Baillet en a données. Voici ses paroles.

Supposer que ces ouvrages de M. Descartes sont de l'an 1619, c'est donner à son sentiment *de l'ame des bêtes*, plus de vingt ans d'ancienneté au-delà de l'époque à laquelle ses adversaires & quelques savans avec eux avoient tâché de le fixer. Quand on saura que c'est dans ces ouvrages de sa jeunesse que l'on a trouvé ce sentiment, on cessera peut-être de dire « qu'il commença & finit ses méditations sans songer à l'ame des bêtes, & sans avoir abandonné l'opinion qu'il en avoit eue dès son enfance. On ne croira plus que ce ne fut qu'en considérant les suites de son principe, touchant la distinction de la substance qui pense, & de la substance étendue, qu'il s'apperçut que la connoissance des animaux renversoit toute l'économie de son système.

On ne se persuadera plus que l'obligation de répondre aux objections qu'on lui a formées sur ce sujet, lui ait fait naître une pensée dont il n'a été redevable qu'à la liberté de son esprit. Il n'étoit encore dans aucune nécessité de soutenir que les bêtes n'ont point de sentiment, puisqu'il n'avoit pas le don de prévoir ce qui pourroit lui arriver vingt ans après. Il n'avoit pas alors de principes à sauver, n'en ayant encore établi aucun pour la philosophie nouvelle : au moins n'avoit-il encore lu à cet âge, ni saint Augustin, ni Péréira, ni aucun auteur de qui il auroit pu prendre le sentiment de l'ame des bêtes. Cinq ou six ans après, M. Descartes étant retourné de ses voyages à Paris, découvrit ce sentiment à quelques-uns de ses amis, & leur fit reconnoître qu'il ne pouvoit s'imaginer que les bêtes fussent autre chose que des automates. De sorte que ceux qui trouveront de la difficulté à lui attribuer ce sentiment dès l'an 1619, en auront moins pour croire que cette opinion lui est venue dans l'esprit au plus tard vers l'an 1625. Ils ne refuseront peut-être pas de s'en tenir au témoignage de M. Descartes, qui nous apprend qu'elle lui étoit venue quinze ou seize ans avant qu'il eût donné ses méditations métaphysiques.

Au reste, cette opinion des automates est ce que M. Pascal estimoit le plus dans la philosophie de Descartes.

L'honnêteté de Baillet a été si grande, qu'il a réfuté l'auteur des nouvelles de la république des lettres sans le nommer ; & qu'au contraire il l'a nommé, lorsqu'il a été question d'une pensée qui lui paroissoit louable. C'est en quelque façon un excès de cérémonie préjudiciable à la liberté dont on doit jouir dans la république des lettres : c'est y introduire les œuvres de surérogation : il doit y être permis de nommer ceux qu'on réfute ; il suffit de s'éloigner de l'esprit d'aigreur, injurieux & malhonnête.

Rapportons aussi cet autre passage de Baillet : il concerne la même matière.

« Plusieurs ont cru que M. Descartes avoit déterré la fameuse opinion de l'ame des bêtes.... dans le livre de *Gomesius Pereira*.... Mais on a très-grande raison de douter que M. Descartes ait jamais ouï parler de ce Pereira, & que son livre, qui a toujours été assez rare, soit aisément tombé entre les mains d'un homme aussi peu curieux de livres & de lectures, qu'étoit notre philosophe. C'est tout dire pour lever les doutes sur ce sujet, que M. Descartes n'avoit pas encore vu le livre de Péréira l'année d'après la publication de ses méditations métaphysiques, & qu'il avoit déjà fait connoître son sentiment sur l'ame des bêtes plus de quinze ou vingt ans auparavant, selon ce qu'on en a dit au premier livre de cette histoire. D'ailleurs, comme l'a fort bien remarqué M. Bayle, Péréira n'ayant pas tiré son paradoxe de ses véritables principes, & n'en ayant point pénétré les conséquences, il ne peut pas empêcher que M. Descartes ne l'ait trouvé le premier par une méthode philosophique.

Ce dogme au reste n'étoit pas né avec Péréira : & du tems de S. Augustin il étoit agité par de très-savans hommes, comme une chose qui ne laissoit pas de se bien soutenir, malgré l'apparence d'absurdité que le vulgaire y trouvoit. Cette opinion étoit encore plus ancienne que S. Augustin, que Sénèque même, & que les premiers Césars, selon l'observation de M. du Rondel, qui la fait remonter jusqu'aux stoïciens & aux cyniques ».

Si le dogme de *l'automatisme* est fort étrange, il ne faut pas s'en étonner, car lorsqu'on ne philosophe pas sur les vrais principes, de tous les objets physiques, il n'y en a point de plus abstrus, ni de plus embarrassant que l'ame des bêtes. Presque tous les anciens philosophes ont enseigné que cette ame étoit raisonnable. Il falloit donc qu'ils crussent qu'elle ne différoit de celle de l'homme selon le plus ou le moins. Anaxagoras établissoit cette différence-là en ce que l'homme peut expliquer ses raisonnemens, & que les bêtes ne peuvent pas expliquer les leurs.

Pythagoras & Platon ne s'éloignoient pas de cette pensée, puisqu'ils disoient que l'ame des bêtes, raisonnable effectivement, n'agit pas néanmoins selon la raison, à cause que la parole lui manque, & que ses organes ne sont pas bien proportionnés.

Il seroit à souhaiter que Plutarque, qui savoit donner aux matières une si noble étendue quand il vouloit, n'eût pas été si laconique en cette rencontre : mais quelque serré que soit son langage, il ne sauroit nous mettre en suspens à l'égard du dogme de Pythagore. On connoit assez clairement que selon ce philosophe, l'ame des bêtes ne diffère point substantiellement de l'ame de l'homme, car il enseignoit la transmigration des ames, c'est-à-dire qu'elles passoient indifféremment du corps d'un homme dans celui d'un animal, & du corps d'un animal dans celui d'un homme. Il n'y a guère de dogme qui ait eu plus de sectateurs que celui-là.

Je ne pense pas qu'il y ait des philosophes qui aient parlé plus avantageusement de l'ame des bêtes que Porphyre. Il leur a donné, non-seulement la raison, mais aussi la faculté de faire entendre leurs raisonnemens; & il a cru que leur langage a été intelligible à quelques personnes, & que l'homme ne les surpasse qu'en ce qu'il possède un raisonnement plus raffiné. Il prouve cela par des raisons, & par des autorités : il cite Empédocle, Platon & Aristote. Quelques savans ne conviennent pas qu'Aristote soit cité bien à propos : ils prétendent qu'il n'accorde aux bêtes qu'une image, ou qu'une copie de raison, & ils se mocquent de ce prétendu langage intelligible à Tirésias, & à Mélampus, &c., sur quoi ils remarquent qu'un Rabin a suivi l'erreur de Porphyre, & qu'il a cru que Salomon entendoit le même langage.

Peut-être ne leur seroit-il pas bien facile de faire voir, que leur Aristote ait établi une différence substantielle entre l'ame des brutes & celle de l'homme ; car de dire qu'il n'a point cru que les bêtes se conduisent par raison, ne seroit pas une bonne preuve, puisqu'il est certain que les enfans & les frénétiques ont une ame de la même espèce que les personnes les plus raisonnables, & qu'il paroit plus de raison dans la plupart des animaux, que dans les enfans d'un an, & que dans les frénétiques.

On pourroit donc croire qu'Aristote ne reconnoissoit qu'une différence du plus au moins entre l'ame de la bête, & celle de l'homme, c'est-à-dire, que la différence des organes, faisoit, selon lui, que l'ame de l'homme raisonnoit subtilement & facilement, & que celle de la bête ne raisonnoit que d'une façon confuse. On confirmeroit cela par la prétention de ceux qui disent qu'il n'a point cru l'immortalité de l'ame.

Il faut prendre garde à une chose ; c'est qu'on ne trouve pas que les anciens, lorsqu'ils ont quitté ou le style poétique, ou le style d'orateur, aient reconnu une véritable différence entre l'ame humaine & la matière. Je ne parle pas de la matière crasse, pesante, palpable ; mais de celle que les chymistes nomment esprits, & qui est aussi essentiellement corps & matière, que la boue & la chair le peuvent être. Selon cela on ne devoit point penser que l'ame des bêtes & celle de l'homme différassent autrement que du plus au moins, & selon divers degrés de subtilité, & par conséquent on a dû croire que la seule disposition des organes est cause que la raison ne se développe pas dans les animaux comme dans l'homme.

Galien sans doute a été dans ce sentiment, car il n'a point cru que notre ame fût incorporelle ; il ne la distinguoit point de la chaleur naturelle, & de l'harmonie du tempéramment. Je sais bien que plusieurs ont dit que l'ame de l'homme descendoit du ciel : mais cela ne prouve pas qu'ils l'aient crue immatérielle : outre que les stoïciens ont enseigné que toutes les ames, sans exception, découloient de la même source. Pouvoient-ils donc croire que l'ame des bêtes fût destituée du sentiment ? Je ne pense pas qu'ils l'aient cru ; & si Sénèque l'a dit dans les passages que le docte M. du Rondel rapporte, il s'est réfuté lui-même visiblement dans quelques autres. Lisez sa dernière lettre, vous y trouverez qu'il ne refuse aux animaux que la raison, la sagesse, le vrai bien, la félicité, mais non pas le sentiment.

Sénèque pose un principe qui nous fera voir en quel sens il dit ailleurs que les animaux ne se mettent point en colère, & qu'ils ne sont pas capables de conférer un bienfait. Il suppose qu'une nature, qui n'est pas susceptible des deux contraires, ne l'est ni de l'un ni de l'autre : d'où il conclut que les bêtes n'étant pas capables d'agir selon l'ordre, & selon les régles de la raison, & ne pouvant pas avoir la vertu, ne font rien qu'on puisse nommer déréglé, déraisonnable, action vicieuse. Voilà pourquoi il ne nomme point colère la violence ou la fureur des lions ; car, selon les stoïciens, les passions étoient un vice, & par conséquent elles ne pouvoient tomber que dans un sujet qui possède la vertu & la raison, & qui est capable de parvenir à la perfection du sage.

Dans une autre lettre, il établit fortement que les bêtes sentent : il n'eût pas pu s'exprimer plus clairement, s'il eût été de l'opinion de nos scholastiques. Il va même plus loin qu'eux ; car il soutient qu'elles sentent leur sentiment. En cela il ne fait que suivre les principes de sa secte. C'est le propre des animaux, à ce que disoient les stoïciens, de souhaiter leur conservation, & de savoir que la nature les recommande à eux-mêmes.

Quant aux cyniques, le passage de Plutarque, que M. du Rondel rapporte, contient nettement qu'au dire de Diogene les bêtes ne sentoient pas. Je voudrois voir un peu plus au long la doctrine de ce philosophe ; car ce que Plutarque nous en dit est fort obscur ; le commencement & la conclusion y détruisent le milieu. Elles participent à l'intelligence ; voilà le commencement. Elles sont affectées à-peu-près comme les fous ; voilà la fin.

Les fous & les maniaques ne sentent-ils pas ? Si on les eût comparés aux malades de léthargie, ou d'apoplexie, il y eût eu quelque liaison dans le discours.

Quelque puisse être le dogme de Diogene sur ce point-là, il est sûr que l'antiquité fournit beaucoup plus de gens qui le combattent, que de gens qui s'en approchent.

Plutarque a fait un traité exprès pour montrer que les animaux raisonnent. L'ouvrage, où il examine si les animaux terrestres ont plus d'industrie que les animaux aquatiques, tend au même but. J'en tirerai une observation qui me paroit importante. L'auteur voulant réfuter ceux qui disent que, comme il y a des animaux raisonnables, il faut qu'il y en ait d'irraisonnables, soutient que par la même raison on pourroit dire qu'il doit y avoir des animaux qui ne sentent pas, comme il y en a qui sentent. Notez qu'il suppose que jamais personne n'avoit avancé cette derniere division de l'animal ; il la donne comme l'exemple d'un dogme que l'on ne seroit jamais reçu à produire. Son argument est ce qu'on appelle réduction à l'absurde.

Peu après il réfute les stoïques, par une remarque de la même force. Les bêtes, disoient-ils, n'ont point de passions ; leurs desirs ne sont point desirs, mais quasi desirs, &c. Que répondriez-vous donc, leur dit-il, si quelques-uns s'avisoient de dogmatiser qu'elles ne voient, & qu'elles n'entendent pas, mais que leur vue est quasi vue. Cela montre que Plutarque étoit persuadé, que jamais aucun philosophe n'avoit rejetté l'ame sensitive des bêtes. Il falloit donc qu'il entendit l'opinion de Diogene autrement que nous n'entendons le sentiment de Péréira.

Nous pourrions examiner ici plusieurs autres passages relatifs aux dogmes des anciens & des modernes sur la nature de l'ame des bêtes ; mais la crainte d'être prolixe nous force de renvoyer cette discussion à un autre article. (Voyez *philosophie de Rorarius*) ; nous dirons seulement ici que Vossius ne connoissoit point d'auteur qui, avant Péréira, eût soutenu que les animaux ne sentent point. Il observe qu'il y a des philosophes qui n'ont reconnu nulle distinction entre la pensée & le sentiment. Il falloit conclure de là, ou que les bêtes raisonnoient, ou qu'elles ne sentoient point. La derniere partie de l'alternative, ajoute-t-il, n'a plus à personne que je sache dans l'antiquité ; mais elle a été soutenue dans le seizieme siecle par Gomesius Péréira.

Considérez bien deux choses ; l'une, que Péréira n'expliquoit point, par les principes de la méchanique, les mouvemens des animaux, mais par les qualités occultes de l'antipathie, & de la sympatie ; l'autre, qu'il rejettoit l'ame sensitive, parce qu'il ne croyoit pas qu'une chose matérielle, divisible, & mortelle, fût capable de sentir ; d'où il concluoit que si les bêtes avoient une ame douée de sentiment, elle n'étoit pas corporelle.

Quand on lui représentoit les actions des bêtes, celle d'un chien par exemple, il répondoit qu'il n'étoit pas nécessaire qu'elles procédassent d'une faculté sensitive, puisqu'autrement les péripatéticiens auroient tort de n'expliquer point par une ame raisonnable, tant d'actions que fait un chien semblables à celles de l'homme. Il avoit l'adresse de se prévaloir des endroits foibles de la cause de ses adversaires. C'est ce qui sauve presque toujours ceux qui s'engagent à soutenir des absurdités.

Un savant jésuite a fait tous ses efforts pour trouver dans Aristote les semences de la doctrine de Descartes sur l'ame des bêtes : quoique ces recherches, à cet égard, aient été très-infructueuses, ce qu'il rapporte des sentimens d'Aristote sur cette matiere, est très-remarquable & très-digne d'être connu de ceux qui aiment à s'instruire des opinions des anciens sur les grandes questions de la philosophie. C'est ce qui nous détermine à entrer ici dans cette discussion.

Il ne sera peut-être pas inutile, dit le pere Pardies, *d'examiner un peu quelques endroits d'Aristote, pour voir si dans un si grand philosophe on ne trouveroit point quelque chose qui pût autoriser une opinion qui paroit maintenant si nouvelle & si extraordinaire.*

Après cela il cite ceci, tiré du chapitre IX, du livre de *Spiritu*.

« Que la chaleur soit un effet de la nature, cela ne peut pas souffrir grande difficulté : mais il est difficile de comprendre, comment la nature des corps sait employer si à propos la chaleur, & s'en servir comme d'un instrument pour donner à chaque chose ce qu'elle doit naturellement avoir, & imprimer sur chacune son caractere, avec autant de justesse que si ces corps avoient de la connoissance & de la raison. Et certainement il n'est pas possible que toutes ces choses se fassent ainsi sans connoissance, & sans la conduite du raisonnement : mais d'ailleurs on ne voit pas comment on peut attribuer, à des natures matérielles, la faculté de connoître. D'attribuer tout cet artifice à la force du feu, des esprits, ou des corps les plus subtils, c'est ce qui ne se peut nullement : mais de dire

» qu'au-dedans de ces corps il se trouve quelque
» principe qui ait cette faculté de connoître, c'est
» ce qui passe toute admiration. Et nous avons le
» même sujet d'étonnement à l'égard de l'ame
» même des animaux, puisqu'elle est de même
» nature que le feu & les esprits ».

On voit par ce passage, c'est le père Pardies qui parle, qu'*Aristote avoit très-bien connu la difficulté qu'il y a d'attribuer aux corps & aux bêtes des connoissances. Mais ce qu'il n'a fait que proposer ici par voie d'admiration, il semble qu'il l'ait assuré nettement en un autre endroit, où en parlant des animaux, il dit ces paroles expresses*:

« De tous les animaux il n'y a que l'homme seul
» qui ait la faculté de penser. Et quoique les autres
» animaux soient pourvus de mémoire, & ca-
» pables de discipline, il n'y a pourtant que
» l'homme qui puisse se ressouvenir ».

Par ces paroles qu'Aristote a répétées mot à mot dans un autre endroit, il semble qu'il ait accordé aux bêtes la connoissance, puisqu'il les reconnoît pourvues de mémoire; & que s'il les prive de connoissance, ce n'est que de cette sorte de connoissance qui se fait avec une réflexion particulière dans les délibérations, & dans la recherche que nous faisons pour nous ressouvenir. Mais il est certain qu'Aristote a distingué autrement la mémoire & la réminiscence; car selon lui la mémoire ne consiste que dans une image, *& une représentation imprimée sur la substance de l'endroit du corps où est le sens commun, à-peu-près de même que les figures sont représentées sur la cire par l'impression des cachets: de sorte qu'avoir la mémoire de quelques choses, c'est avoir les figures des choses ainsi représentées. Au lieu que la réminiscence emporte outre cela une certaine perception de l'esprit, qui fait qu'en se ressouvenant, on sait cela même qu'on se ressouvient : ce qui est commun à toute sorte de pensées, puisqu'il est impossible de penser sans savoir que l'on pense.*

Ainsi Aristote disant que les bêtes ne se ressouviennent nullement, & qu'il n'y a que l'homme qui ait la faculté de se ressouvenir, il ne faut point trouver étrange s'il a dit aussi, que l'homme seul entre tous les animaux étoit capable de penser. Ce philosophe a donc cru que les bêtes n'avoient point de véritables pensées. Il ne reste après cela, sinon qu'Aristote ait reconnu que les bêtes étoient des automates, & qu'elles ne se mouvoient que par machine, & par des ressorts préparés. Et c'est aussi ce qu'il a dit bien clairement; car voici comme il parle, expliquant comment se fait le mouvement des animaux, « Comme ces machines qu'on
» appelle automates, dit-il, dès lors qu'on les remue
» tant soit peu d'une certaine manière, font incon-
» tinent leurs mouvemens par la force des ressorts
» débandés...... aussi les animaux se meuvent

» de même, ayant des os & des nerfs comme autant
» d'instrumens disposés par l'industrie de la nature,
» qui sont en eux ce que sont dans les machines
» les pièces de bois & de fer avec leurs ressorts »

« Il dit la même chose ailleurs, il peut se faire,
» dit-il, que dans les animaux une chose en meuve
» une autre, & que leurs corps soient comme ces
» merveilleux automates : car en effet, ils sont com-
» posés de membres qui ont cette faculté, même
» lorsqu'ils sont en repos, *de pouvoir faire certains
» mouvemens aussi-tôt qu'on les y détermine. Et com-
» me dans ces machines*, il n'est nullement besoin
» que quelqu'un y touche actuellement, quand
» elles font leurs mouvemens, pourvu qu'on les ait
» auparavant touchées ; *aussi on en peut dire
» autant des animaux* ».

Ces passages font beaucoup d'honneur à Aristote. Ils témoignent; 1°. Qu'il a connu la méchanique que la nature a pratiquée dans le corps des animaux, & qu'elle y exerce journellement.

2°. Qu'il a connu la difficulté inconcevable de la pensée de la matière; mais enfin il n'a jamais avancé ni comme une chose constante, ni comme une supposition que les bêtes ne sentent point : il ne les a pas dépouillées de la pensée, en prenant ce mot comme le prennent les Cartésiens, mais en le prenant dans un sens particulier, pour ce que l'on nomme méditation, réflexion, délibération. Il n'y a nulle apparence qu'il ait défini la mémoire comme le père Pardies l'assure; car cette définition ne met point de différence entre l'imagination & la mémoire. Et en tout cas les bêtes ne seront jamais des machines, pendant qu'elles se pourront former l'image d'un objet absent ; c'est ce qu'emporte la mémoire, selon l'explication même du père Pardies. Enfin, ce jésuite n'a eu aucun droit de se pourvoir contre la critique qui a été faite du traducteur d'Aristote. Βουλευσαι, est une espèce de pensée, & non pas en général la pensée, de sorte qu'encore que l'homme fût seul capable du βουλευσαι, comme le veut Aristote, il ne s'ensuivroit pas qu'il fût le seul qui pensât.

Il n'est pas mieux fondé quand on nous renvoie au quatrième livre des tusculanes de Cicéron, & au témoignage de Porphyre, de Proclus, &c. Il n'y a nulle conformité entre le dogme de automates & ce que disent ces anciens Auteurs. Un savant prélat qui a écrit contre Descartes, l'accuse de n'avancer aucune doctrine que l'on ne voie dans les auteurs qui l'ont précédé.

Pour le prouver il cite quatre autorités, celle de Cicéron, celle de Plutarque, celle de Porphyre & celle de Proclus.

Examinons les un peu l'une après l'autre, & laissons Pérèira qui fait la clôture des paroles du savant Prélat; laissons-le, dis-je, puisque nous en avons assez parlé dans le cours de cet article.

I. Le passage de Cicéron n'est point une bonne preuve, il ne contient autre chose que la distinction que les stoïciens mettoient en avant, & que l'on a vu ci-dessus. Ils prétendoient que les passions & la raison étoient deux choses contraires, & qu'ainsi elles ne pouvoient avoir qu'un même sujet, elles ne pouvoient donc convenir qu'aux animaux raisonnables; elles ne convenoient donc point aux bêtes. C'est ainsi que Cicéron représente une partie des subtilités stoïciennes sur la doctrine des passions. Ce qu'il dit ne signifie en nulle manière que les stoïciens ôtassent aux animaux les sentimens que nous appellons amour, haine, colère, &c. Ils reconnoissent que les animaux font quelque chose de semblable à ce que font les hommes qui se mettent en colère, qui s'abandonnent au plaisir ou à la peur, ou à quelqu'autre passion; mais ils prétendoient que cet état-là n'étoit point réellement ou amour, ou haine, ou colère, ou en général une passion dans les animaux; car, pour être tel, disoient-ils, il auroit fallu que les bêtes y fussent tombées par le mépris de la raison. Or, elles sont irraisonnables, & par conséquent la raison n'est point leur règle, elles ne font rien qui tende, ou à s'écarter de cette règle, ou à s'y conformer; puis donc que les passions naissent dans l'homme parce qu'il s'écarte de la raison qui est sa règle, & puisque leur nature consiste à être contraire à la raison qu'il doit suivre, il faut conclure que ce qui se passe dans les bêtes qui ressemble aux passions, n'est pas néanmoins une passion. C'est à quoi aboutissoient les subtilités des stoïciens, c'étoit proprement une dispute de mots, & pour le moins est-il fort certain qu'ils ne nioient pas que ce que les autres philosophes nommoient colère, ou amour, ou crainte dans les animaux, ne fût un sentiment effectif. Ils ne nioient pas qu'un chien ne connût son maître, & qu'une brebis ne connût un loup comme une chose dont il falloit s'éloigner.

Je ne m'arrêterai pas au recueil des preuves qui pourroient mettre ce fait-là dans la dernière évidence. Il suffit de dire que ceux qui ont le plus affecté de réfuter ce qu'il y avoit de paradoxe dans le système des stoïciens, ne leur ont jamais reproché qu'ils réduisissent les bêtes à la condition des automates. Les auroit-on épargnés sur un tel dogme?

II. Le passage de Plutarque a déjà été examiné ci-dessus. On a déjà vu qu'il est obscur, & composé de parties discordantes. J'ajoute que l'on y voit manifestement une extrême opposition entre la doctrine de Diogène & celle de Descartes.

Celle-là établissoit que les bêtes sont composées de corps & d'ame, & que si leur ame ne sent pas & ne raisonne pas actuellement, c'est à cause que l'épaisseur des organes & l'abondance des humeurs la réduisent à la condition des fous.

Descartes ne reconnoît dans les bêtes aucun principe sensitif, il ne les compose que de matière, il les fait un corps sans ame. Notez que si la doctrine de ce Diogène avoit quelque probabilité, ce ne seroit que touchant les bœufs & les pourceaux, &c. mais elle paroît ridicule quand on l'applique aux hirondelles, aux mouches, aux abeilles & aux fourmis, dont les organes sont incomparablement plus minces, & moins humides que ceux de l'homme.

III. Le passage de Porphyre nous arrêtera un peu plus. Le savant prélat assure que ce philosophe a réfuté ce que Diogène disoit des bêtes, qu'elles n'avoient ni intelligence, ni sentiment; mais il est certain que Porphyre ne réfute qui que ce soit qui eût dit qu'elles étoient insensibles. Son silence à cet égard-là, est une preuve formelle que jamais personne n'avoit débité encore ce paradoxe; car comme rien n'est plus contraire au but que Porphyre se proposoit dans tout cet ouvrage, il n'eût eu garde d'oublier la réfutation de cette hypothèse. Il travailloit à prouver qu'il ne faut point se nourrir de la chair des animaux; il trouvoit plusieurs inconvéniens dans cet usage, & nommément l'introduction à la barbarie. Il ramassoit toutes sortes de réponses aux objections de ses adversaires. Or, quelle objection y avoit-il aussi forte que de dire que les bêtes ne sentent point ? N'est-il pas sûr que cela posé l'on ne seroit pas plus cruel en tuant un bœuf, qu'en arrachant des navaux ?

Voici une autre considération qui me persuade que Porphyre n'avoit point oui parler du paradoxe que l'on prétend qu'il a réfuté. Il pose comme un principe avoué de tout le monde, que les bêtes ont du sentiment, & il en tire cette conséquence, *elles sont donc raisonnables*, & il trouve dans cette conséquence les argumens les plus spécieux qu'il puisse alléguer en faveur de son entreprise.

Il se propose cette objection, *puisque la nature animale renferme des sujets raisonnables, il faut aussi qu'elle en renferme d'irraisonnables*, & il répond comme Plutarque, ou plutôt il copie presque mot à mot, trois ou quatre pages de Plutarque, sans le nommer. Ce qu'il lui dérobe contient nommément ce qu'on a vu ci-dessus : ce sont deux passages qui témoignent démontrativement qu'en ce tems-là, tous les philosophes s'accordoient à dire qu'il n'y a point d'animal insensitif. Amiot a si mal traduit le premier, qu'il est impossible d'y rien comprendre; il a mieux réussi dans le second. Je rapporte ses paroles, & je dirai ci-dessous pourquoi je les mets ici.

« Et quant à ceux qui parlent de cela si lourdement & si impertinément, que de dire que les animaux ne se réjouissent, ni ne se courroucent, ni ne craignent point; que l'arondelle ne fait point de provision, & que l'abeille n'a point de mémoire; mais qu'il semble seulement que l'arondelle use de prévoyance, que le lion semble se courroucer, & la biche trembler de peur, je ne sai pas ce qu'ils respondroyent à ceux qui leur mettroyent en avant, qu'il faudroit donc aussi dire, qu'ils ne voyent, & qu'ils n'oyent point, & qu'ils n'ont point de voix, mais seulement qu'il semble qu'ils voyent & qu'ils oyent, & qu'ils ont voix, & brief qu'ils ne vivent pas, mais qu'il semble qu'ils vivent: car dire l'un, ne seroit pas plus contre toute manifeste évidence, que l'autre ».

J'ai copié ce passage, afin de fortifier la conséquence que j'en ai tirée, qui est que le dogme des automates étoit considéré alors, non pas comme un dogme qui eut jamais été avancé, mais comme un dogme que les stoïques ne pourroient pas réfuter, si quelqu'un se mettoit en tête de se servir de cette objection, pour les battre de leurs propres armes. Plutarque, me dira-t-on, & Porphyre, se servent du mot λιγουσι, qui est le participe du tems présent. Il y avoit donc des personnes qui faisoient actuellement cette objection aux stoïciens. Je réponds que le traducteur françois de Plutarque, comme l'on vient de le voir, s'accorde en cela avec Xylander approuvé par le docte Holstenius, que le mot *legousi* se doit prendre au tems futur conditionnel. La grammaire le souffre, & l'histoire le demande en cet endroit-ci, car les deux grands défenseurs de la raison des animaux, Plutarque & Porphyre auroient sans doute disputé contre le dogme des automates, s'ils eussent sû qu'il avoit, ou qu'il avoit eu des partisans. Or ils n'en disent quoique ce soit.

IV. Quant à Proclus, il est bien vrai qu'il assure que selon Platon, l'ame raisonnable est proprement ame, & que les autres ames ne sont que des images ou des simulacres d'ames; mais il dit en même-tems qu'elles participent à la connoissance & à la vie, & que les animaux raisonnables ne sont pas les seuls qui participent à l'entendement; que tous les autres animaux doués d'imagination, & de mémoire & de sentiment, y participent aussi. N'est-ce pas enseigner fort clairement que l'ame des bêtes est sensitive, & telle en un mot que les sectateurs d'Aristote nous la dépeignent?

J'observerai, que dans la doctrine platonique il y avoit entre l'ame & l'entendement, une différence qui ne ressemble pas mal à la différence que les péripatéticiens mettent entre l'espèce & le genre. Les platoniciens disoient que quatre choses antérieures les unes aux autres, savoir l'essence, la vie, l'entendement, & l'ame avoient précédé les corps; que la vie participoit à l'essence, que l'entendement participoit à la vie & à l'essence & que l'ame participoit à l'entendement, à la vie & à l'essence, & avoit outre cela la raison comme sa nature particulière. C'est ce qu'on appelleroit dans l'école la différence spécifique de l'ame.

Ainsi l'ame pouvoit concourir en quatre manières, à l'arrangement de tous les êtres postérieurs. Elle étendoit jusqu'aux corps ses influences, entant qu'elle existoit; elle étendoit jusqu'aux plantes en tant qu'elle vivoit, & jusqu'aux bêtes entant qu'elle participoit à l'entendement, & jusqu'aux premières natures susceptibles de la raison, avec les autres attributs, en tant qu'elle étoit raisonnable.

Pour ce qui est de l'entendement qui avoit précédé l'ame, & qui étoit la plénitude de la vie, & même de l'être, il influoit en trois manières dans l'économie de l'univers. Il illuminoit par sa vertu spécifique tout ce qui est doué de la faculté de connoitre: & il concouroit à communiquer la vie à un plus grand nombre de choses, & l'essence à tout ce que l'être avoit formé. Les bêtes étoient comprises dans la classe des créatures qui recevoient l'irradiation de sa vertu. Cela est manifeste par les paroles dont Proclus se sert en parlant de ce que fait l'ame entant qu'elle participe à l'entendement. Rien ne seroit plus facile que d'entasser des autorités qui prouveroient clairement que lorsque Platon dit que l'ame des bêtes est un simulacre d'ame, il n'a point prétendu leur ôter le sentiment.

J'ai donné ailleurs l'analyse de quelques endroits de la quarante-unième dissertation d'un philosophe platonicien, qui marque très-clairement ce qui distingue l'ame des bêtes d'avec l'ame humaine: mais il se contente d'ôter la raison aux bêtes, & leur laisse le sentiment. *Sine ratione aut prudentia: ita ut alterum in perniciem alterius natum, improvidum, divinæ virtutis expers, soloque sensu in diem gauderet & ducretur: corporis viribus excelleret, intellectu autem nihil posset. Maxim. Tyr. dissert. 41. p. 491 édit Davis. Lond. 1740.*

AZARECAH

AZARECAH, (*hist. des sectes modernes.*) Hérétiques musulmans qui ne reconnoissoient aucune puissance, ni spirituelle ni temporelle. Ils se joignirent à toutes les sectes opposées au musulmanisme. Ils formèrent bientôt des troupes nombreuses, livrèrent des batailles, & défirent souvent les armées qu'on envoya contr'eux. Ennemis mortels des ommiades, ils leur donnèrent bien de la peine dans l'Ahovase & les Iraques babylonienne & persienne. Iezid & Abdalmelek, califes de cette maison, les resserrèrent enfin dans la province de Chorasan, où ils s'éteignirent peu-à-peu.

Les *Azarecah* tiroient leur origine de Nafé-ben-Azrah. Cette secte étoit faite pour causer de grands ravages en peu de tems: mais n'ayant par les constitutions même aucun chef qui la conduisît, il étoit nécessaire qu'elle passât comme un torrent, qui pouvoit entraîner bien des couronnes & des sceptres dans sa chûte. Il n'étoit pas permis à une multitude aussi effrénée de se reposer un moment sans se détruire d'elle-même; parce qu'un peuple, formé d'hommes indépendans les uns des autres, & de toute loi, n'aura jamais une passion pour la liberté, assez violente & assez continue, pour qu'elle puisse seule le garantir des inconvéniens d'une pareille société; si toutefois on peut donner le nom de société à un nombre d'hommes ramassés à la vérité dans le plus petit espace possible, mais qui n'ont rien qui les lie entr'eux. Cette assemblée ne compose non plus une société, qu'une multitude infinie de cailloux mis à côté les uns des autres, & qui se toucheroient, ne formeroient un corps solide.

B.

BACCHIONITES, (*hist. de la philos. anc.*) C'étoient, à ce qu'on dit, des philosophes qui avoient un mépris si universel pour les choses de ce bas monde, qu'ils ne se réservoient qu'un vaisseau pour boire : encore, ajoute-t-on, qu'un d'entr'eux ayant apperçu dans les champs un berger qui puisoit dans un ruisseau de l'eau avec le creux de sa main, il jetta loin de lui sa tasse, comme un meuble incommode & superflu. C'est ce qu'on raconte aussi de Diogène. S'il y a eu jamais des hommes aussi désintéressés, il faut avouer que leur métaphysique & leur morale mériteroient bien d'être un peu plus connue. Après avoir banni d'entr'eux les distinctions funestes du *tien* & du *mien*, il leur restoit peu de choses à faire pour n'avoir plus aucun sujet de querelles, & se rendre aussi heureux qu'il est permis à l'homme de l'être. [En effet, c'est le *tien* & le *mien* qui rend l'homme méchant : rendez les biens & les femmes communes, & tâchez de découvrir l'origine de quelque vice].

BACONISME ou Philosophie de Bacon, (*histoire de la philosophie mod.*). Nous tâcherons, dans cet article, de faire de la philosophie du chancelier Bacon, un exposé qui puisse en donner au lecteur une idée très-exacte & sur-tout aussi grande que celle que nous en avons conçue nous-mêmes en lisant plusieurs fois ses ouvrages. Mais avant de nous occuper de cette importante analyse, nous croyons devoir faire connoître plus particulièrement & par quelques détails de sa vie publique cet homme d'un génie extraordinaire & original, à qui les sciences, & en général l'esprit humain, ont de si grandes obligations, & qui, malgré les foiblesses & les taches qui déparent quelques lignes de son histoire, joint à des titres incontestables de célébrité, la gloire d'avoir bien connu, & d'avoir même tracé d'une main hardie & sûre, la route que Boyle, Locke & Newton devoient suivre un jour dans la carrière des sciences pour en perfectionner successivement les différentes parties, & en reculer sensiblement les limites.

Si ce précis historique dans lequel il nous est si facile d'être justes, placés à la distance où nous sommes de Bacon, nous force souvent d'admirer en lui le savant, l'écrivain éloquent, le penseur profond, il faut avouer que l'homme s'y montre quelquefois sous un aspect moins favorable ; mais ses fautes, ses défauts même que nous ne devons ni dissimuler ni exagérer, serviront du moins à consoler l'envie que les qualités éminentes affligent d'ailleurs si cruellement, & reconcilieront en quelque sorte ce philosophe avec les autres hommes pour lesquels le sentiment de la supériorité d'un de leurs semblables est ordinairement si pénible, & à qui il en coûte beaucoup moins d'efforts pour pardonner de grands vices que pour louer dignement & de bonne foi de grands talens & de grandes vertus.

François Bacon, grand chancelier d'Angleterre, sous le roi Jacques premier, naquit à l'hôtel d'Iorck, dans le Strand, le 22 janvier 1561. S'il fut heureux de naître dans un siècle où les grands cultivoient les arts & les sciences autant qu'ils les négligent aujourd'hui, il apporta de son côté une aptitude singulière pour toutes sortes de connoissances utiles & agréables. Bien différent de ces savans qui se traînent servilement sur les pas de ceux qui les ont précédés, & qui semblent craindre de penser & de raisonner d'après leurs propres observations, il sembla né pour donner le ton & la loi dans l'empire des sciences, & pour être le précepteur de son siècle & des siècles suivans.

Il entra au collège de la Trinité, en 1573, à l'âge de douze ans : il y fit des progrès si rapides, qu'il eût achevé le cours de ses études, telles qu'on les faisoit dans ce tems-là, avant sa seizième année ; mais ce qui doit surprendre davantage, dès ce tems même, il commença à entrevoir le vide & l'inutilité de la philosophie qui régnoit alors, & il conjectura que l'édifice des connoissances utiles devoit être bâti sur d'autres fondemens & avec d'autres matériaux que ceux que l'on employoit depuis plusieurs siècles : il ne dut cette découverte qu'à son génie, & à son discernement singulier.

Qu'on se transporte dans le tems dont nous parlons, on sentira quelle supériorité d'esprit, & quel courage il falloit pour vaincre seul, & sans guide, les obstacles qu'apportoit à cette grande découverte un préjugé général. Aristote avoit une autorité despotique dans les écoles, où ses décisions étoient reconnues infaillibles en matière de raisonnement.

Notre auteur fut le premier, & le grand réformateur de la philosophie ; tout le fatras aristotélique qui n'étoit que le voile de l'ignorance, céda bientôt la place au véritable savoir ; Bacon eut à combattre des préjugés devenus respectables par leur ancienneté, & (ce qui dut lui donner bien plus de peine) le chagrin & la vanité de tous les savans vieillis dans des opinions transmises d'âge en âge jusqu'à eux, dont le renversement les réduisoit à l'état d'ignorance, & leur enlevoit le fruit de leurs longues études : néanmoins il fut assez heureux pour voir la révolution déjà bien avancée de son tems ; l'âge suivant vit passer, dans le parti du nouveau philosophe, les savans de toutes les nations, & la lumière chassa les ténèbres.

Son père, homme d'un sens très-droit, & de cette simplicité de mœurs qui est presque toujours l'ornement & la caractéristique des grands hommes, le fit voyager à l'âge de seize ans. Bacon, dont l'esprit étoit naturellement porté aux recherches & à la méditation, négligea l'étude des langues des différens pays qu'il parcourut : il crut mieux employer son tems à examiner soigneusement les mœurs & les coutumes des peuples, le caractère de leurs princes, & les différentes constitutions des gouvernemens. Nous avons, parmi ses œuvres, des observations sur l'état général de l'Europe, écrites à-peu-près dans ce tems.

Son père, qui l'aimoit plus que ses autres enfans, avoit amassé, pendant son absence, une somme d'argent assez considérable qu'il destinoit à lui procurer un établissement & un état aisé ; mais le chancelier, prévenu par une mort prompte, ne put effectuer cette bonne volonté ; & le jeune Bacon, obligé de partager avec ses frères, n'eut qu'une petite portion de la somme que son père avoit amassée pour lui seul.

Son peu de fortune le fit songer à prendre une profession, & moins par goût que par la nécessité des circonstances, il se livra à l'étude du droit ; il entra pour cet effet dans la société de Gray's Inn (1) : ses talens supérieurs le rendirent bientôt l'ornement de la maison, en même-tems que ses manières douces & son affabilité lui gagnoient l'affection de tous ceux qui vivoient avec lui ; sa science & sa réputation furent si grandes en peu de tems, que la reine Elisabeth, lorsqu'il n'avoit encore que vingt-huit ans, le nomma son avocat extraordinaire, distinction qu'il ne dut qu'à son mérite, indépendamment des services de son père. Mais on ne peut vaincre son génie ; Bacon avoit un esprit trop vaste & trop étendu, pour se borner à l'étude d'une science qui ne consiste que dans la connoissance des exemples & des autorités, science environnée d'épines, obscure dans son origine, & rendue encore moins intelligible dans la suite, par les efforts mêmes qu'ont fait pour l'éclaircir

___

(1) Gray's inn est une cour où se jugent les causes en première instance.

les commentateurs, les compilateurs & autres savans de cette espèce ; gens à la vérité d'un travail infatigable, mais la plupart sans goût, sans esprit & sans jugement. Aussi Bacon donna-t-il souvent l'essor à son génie, & portant des vues d'un profond examen sur tout l'empire du savoir, il imaginoit des méthodes propres à remédier aux défauts qu'il avoit observés dans chaque science ; & à procurer les avantages qui lui manquoient.

Il donna, pour premier essai, le traité intitulé : *la plus grande production du tems*, titre fastueux qu'il désapprouve lui-même dans une lettre écrite, depuis sa retraite, au père Fulgence Vénitien. Ce traité, que nous n'avons pas, n'étoit que l'esquisse d'un grand dessein qu'il finit par la suite dans son merveilleux ouvrage, *du rétablissement des sciences*.

L'histoire de l'esprit humain, & sa marche, s'il est permis de parler ainsi, dans la découverte des vérités, est le spectacle le plus amusant qu'on puisse présenter à des yeux philosophes ; & c'est peut-être aussi le plus utile pour tous les hommes.

Le lecteur intelligent verra avec plaisir, dans l'ouvrage dont nous parlons, par quelle route Bacon est parvenu à la connoissance de vérités toutes neuves ; il sera surpris en marchant sur les pas de l'auteur, de voir s'élever peu-à-peu devant lui, le grand édifice d'une théorie universelle, inconnue jusqu'alors. Bacon fut si satisfait & si flatté de la grandeur & de la beauté de son système, qu'il ne craignit point de se regarder comme un homme que la nature avoit fait naître pour l'utilité & pour l'avantage du genre humain : dans une de ses lettres, il ne fait point difficulté de dire qu'il a rendu les plus grands services à la société, & que la postérité lui aura des obligations éternelles.

Un nouvel ordre de choses se présente ; jusqu'ici nous avons vu mylord Bacon dans l'ombre & la retraite de son cabinet, conversant avec ses livres ou avec lui-même : maintenant, porté par la fortune sur le théâtre du monde, c'est un homme d'état, occupé des plus grandes affaires, & lié avec les personnages les plus considérables de son tems. Employé avec distinction par un souverain, il fut honoré par son successeur d'une préférence marquée, & obtint toute sa confiance.

Bacon environné de tout ce qui pouvoit exciter son émulation, & pour ainsi dire, sous les yeux des grands hommes en tout genre, qui faisoient une partie de la gloire du siècle & du règne d'Elisabeth, ne se manqua pas à lui-même ; & l'on voit dans ses lettres que, s'il chercha avec soin les occasions de rendre son nom célèbre, il ne négligea rien de ce qui pouvoit éclairer son esprit & étendre ses connoissances. Il déclare qu'avec des sentimens très-modérés pour son avancement & sa fortune, il a une ambition sans bornes & sans mesure pour parvenir dans la carrière des sciences, & sur-tout de la philosophie qu'il regardoit comme son domaine, & qu'il se croyoit chargé de défricher.

Bacon s'attacha au grand trésorier, Milord Burleigh le plus grand homme d'état qui fut alors, & qu'on propose encore pour modèle. Il étoit son parent & tâcha d'obtenir par son crédit quelque place où il pût servir l'état. Le grand trésorier lui fit enfin accorder, après bien des difficultés, la charge de Greffier de la chambre étoilée; cette charge lui rapportoit environ 16 mille livres sterling par an. Ce fut-là l'unique faveur que Mylord Bacon put obtenir pendant tout le règne d'Elisabeth; quoique ses manières insinuantes, son éloquence & son profond savoir lui eussent gagné l'estime & l'admiration des plus grands seigneurs de la cour, & en particulier du célèbre comte d'Essex, auquel il s'étoit attaché dès sa jeunesse, espérant que la protection d'un homme qui étoit très-bien avec la reine, seroit utile à sa fortune.

Elisabeth elle-même lui donna souvent des marques de distinction, l'admit à sa présence, & le consulta quelquefois sur les affaires d'état : les ministres employèrent sa plume pour justifier ou disculper aux yeux du public l'administration présente ; & cependant malgré tant de belles apparences, cette reine qui connoissoit bien le caractère & le prix des hommes, & qui plaçoit ses graces & sa faveur avec discernement, ne lui témoigna jamais de préférence ni de bontés proportionnées à la haute idée que nous avons de son mérite. Ce phénomène qui paroît d'abord assez difficile à expliquer, n'a plus rien qui surprenne, lorsqu'on sait que Cécil, ennemi mortel du comte d'Essex & jaloux en secret de Bacon & de ses talens, représentoit ce dernier à la reine comme un spéculatif qui, entièrement adonné à des recherches philosophiques, neuves & ingénieuses à la vérité, mais chimériques & imaginaires, étoit plus propre à gâter ses affaires que capable de la bien servir.

Bacon irrité du mauvais procédé de son parent, exhala des plaintes amères contre lui, & lui reprocha ouvertement & avec indignation de chercher à perdre en secret un homme qu'il feignoit en public de vouloir servir, lui même plusieurs fois sur le point de tout abandonner, & de se retirer en quelque pays étranger, pour y cacher sa honte & son ressentiment.

Le comte d'Essex voyant qu'il ne pouvoit rien obtenir de la cour pour son ami, & craignant de s'exposer de nouveau à l'affront d'un refus, le dédommagea de son propre bien, & lui donna sa maison de Twithenam & sa terre de Paradis, si nous en croyons Bushel; il est constant du moins que la donation étoit très-considérable, & Bacon avoue lui-même dans son apologie, qu'il vendit pour le prix de dix-huit cent livres sterling & bien au-dessous de leur valeur, les terres dont le comte d'Essex l'avoit gratifié. Une telle générosité accompagnée de toutes ces distinctions flatteuses, dont une ame sensible & délicate est encore plus touchée que du bienfait même, eût gravé profondément dans le cœur d'un honnête homme les sentimens les plus vifs d'une reconnoissance éternelle, & d'un attachement inviolable pour son bienfaiteur : que pouvons-nous donc penser de Bacon & de son caractère, lorsque nous le voyons, après le triste sort de ce seigneur infortuné, publier à la face de toute l'Angleterre le détail des trahisons de Robert comte d'Essex ? Cet infâme procédé lui attira dans le temps, la haine de tout le public, & la honte de cette action vit encore dans plusieurs historiens, qui reprochent à sa mémoire la noirceur de son ingratitude.

La mort ignominieuse & prématurée de ce jeune seigneur, qui périt sur un échafaud dans la fleur de son âge, excita une compassion universelle, & tous murmuroient hautement du sort funeste qu'on lui avoit fait subir : la douleur du peuple s'exhala en réflexions également hardies & injurieuses au parti qui prévaloit alors à la cour ; la reine elle-même ne fut point épargnée, & le gouvernement crut qu'il étoit nécessaire de justifier aux yeux de la nation, par un écrit public, la conduite que l'on avoit tenue dans cette affaire.

Bacon, déjà très-estimé par ses talens, & connu pour un excellent écrivain, eut ordre de travailler à cet ouvrage. Quelques-uns ont dit que la malice de ses ennemis lui avoit fait donner cet emploi, pour écarter de dessus leurs têtes la haine de la nation, & la faire toute retomber sur un seul homme que l'on savoit avoir été l'ami du comte d'Essex, & qu'ils se promettoient de perdre infailliblement dans l'estime publique, en le chargeant d'une commission si odieuse en sa personne : s'il est vrai que ce fût leur intention, ils ne réussirent que trop bien. Bacon souleva contre lui tous les esprits par cet ouvrage, & jamais homme ne fut ni plus universellement blâmé, ni plus longtemps haï. On lui reprochoit en toute occasion, qu'il cherchoit à diffamer la mémoire de son bienfaiteur, lui qui étoit plus obligé que personne à pleurer sa perte & ses malheurs : sa vie fut même en péril, & l'indignation publique lui fit courir plus d'une fois le danger d'être assassiné. C'est alors qu'il publia son apologie que l'on peut voir dans ses œuvres, ouvrage fort long, travaillé avec beaucoup de soin, & qui n'est pas toute-fois satisfaisant dans toutes ses parties.

Je veux croire que Bacon, puisqu'il le dit, n'a jamais rendu de mauvais offices au comte d'Essex auprès de la reine, quoiqu'elle-même paroisse avoir insinué le contraire ; je veux croire que pendant le temps de leur liaison, Bacon n'a donné au comte que des conseils utiles & sincères, qu'il s'est employé vivement, qu'il a fait même les derniers efforts pour sauver ce jeune seigneur, & cela sans aucun intérêt, & sans autre motif que celui de l'amitié ; quand on conviendroit de tout ce qu'il allegue pour sa justification, il reste toujours quelques taches sur son caractere, & il n'est pas possible de le laver de tout reproche en cette rencontre.

Le comte d'Essex n'avoit pas sans doute mérité le sort qu'il éprouva, mais enfin sa mort avoit assouvi la haine de ses ennemis ; l'état & la patrie n'avoient plus rien à redouter de ses desseins ni de ses partisans. La déclaration que le ministere vouloit publier à ce sujet, n'avoit d'autre but que d'arrêter les plaintes & les clameurs de la multitude ; mais quoique les choses contenues dans cette déclaration fussent vraies, ce n'étoit pas à Bacon à écrire & à publier de telles vérités. Il devoit tout à l'amitié du comte, qui de tout tems l'avoit obligé avec une générosité sans exemple. Dans tout autre que Bacon, cette action pouvoit n'être pas blâmable ; chez lui elle ne peut s'excuser, & c'est l'ingratitude la plus lâche & la plus marquée.

Lorsque sous le règne suivant on fit le procès au comte de Sommerset, le sieur Henri Yelverton qui devoit à ce comte sa place de solliciteur général, refusa, au hasard de déplaire au roi & au favori, d'employer son ministere contre celui à qui il en étoit redevable : si c'est un procédé noble & généreux, de la part d'un homme qui pouvoit du moins trouver dans le devoir de sa charge, le prétexte d'être ingrat ; quel nom donner à la complaisance toute volontaire que Bacon eut pour les ministres en cette occasion ? s'il n'eût accepté cette tâche odieuse, croit-on que dans ce grand nombre de gens de loi ambitieux & vendus à la cour, elle n'en eût pas trouvé plus d'un disposé à faire ce qu'elle désiroit ; & alors les ennemis même de Bacon lui auroient tenu compte de son refus : en un mot, l'ouvrage qu'on lui imposoit, n'étoit pas d'une importance essentielle pour l'état, & en s'y prêtant il violoit les obligations les plus sacrées parmi les hommes, l'amitié & la reconnoissance.

Elisabeth ne survécut pas long-temps à son favori, elle mourut l'année suivante, le 24 mars 1603. comblée de jours & d'honneurs. Jacques VI, roi d'Ecosse, lui succéda. Bacon qui s'étoit hâté de rendre hommage au nouveau roi & de lui faire sa cour, en reçut le titre de chevalier, & s'éleva par degrés, sous son règne, à la première magistrature de l'état. Il nous a laissé de ce roi, si peu digne de l'être, le portrait suivant. En le lisant, on plaint les peuples gouvernés par de pareils princes ; qui, s'ils étoient nés simples particuliers, n'auroient pas encore la moitié des vertus & des bonnes qualités nécessaires dans cet état pour se concilier l'estime des autres.

« Son langage, dit Bacon, est doux & coulant » dans le dialecte de son pays ; en affaires il parle » brievement, en conversation son discours est » moins concis. Il affecte d'être populaire, non » par ses manieres qui ne le sont point, mais en » favorisant ceux qu'il sait être agréables au peu- » ple. On lui reproche de n'être pas assez réservé » à accorder ses bonnes graces ; il se montre volon- » tiers en public, mais quoiqu'il paroisse d'un accès » facile, il ne donne pas aisément audience. Pour » parvenir à la réunion des deux royaumes qu'il » désiroit passionnément, il prit les moyens que » son impatience lui suggéra ; & que la saine poli- » tique condamnoit ; aussi ne put-il en venir à » bout ».

En 1605. Bacon publia son traité, *du progrès & de l'avancement des sciences*, cet ouvrage qu'il avoit long-temps médité, lui attira l'estime de ses compatriotes, & lui procura l'avantage de se faire connoître plus particulièrement du roi. Dans ce traité, dont le dessein est aussi neuf que l'exécution en est heureuse, l'auteur se propose principalement d'examiner avec soin l'état & le degré de connoissances où étoit de son temps le monde intellectuel ; quelles sont les parties de ce monde, qui avant lui ont été cultivées sans succès ? Quelles sont celles qui ont été négligées, ou tout-à-fait inconnues ? Enfin, quelles méthodes peuvent conduire à des découvertes nouvelles, & par quels moyens on peut perfectionner les connoissances déjà acquises ? C'étoit sans doute rendre un grand service aux hommes que de leur apprendre en quoi ils se trompoient depuis tant de siècles, ce qui leur manquoit, & de leur indiquer des méthodes générales pour se corriger de leurs erreurs, pour perfectionner leurs connoissances & pour acquérir celles qu'ils n'avoient pas.

Cet ouvrage dont nous parlerons bientôt plus amplement, fut d'abord publié en Anglois, mais l'auteur pour le rendre plus universellement utile, le donna à traduire en latin, au docteur Playfer de Cambridge. Playfer, qui n'étoit qu'un grammairien fort exact, & gâté même par l'envie de phraser, naturelle aux gens de collége, s'attacha à écrire en langage pur & d'un style arrondi & périodique, bien plus qu'à rendre dans toute sa force le véritable sens de son auteur. Bacon, après avoir vu un ou deux essais de sa façon, ne l'encouragea point à poursuivre, & lui-même, lorsqu'il fut retiré de la cour, revit son ouvrage, le corrigea, & l'augmenta de beaucoup, & avec l'aide de quelques amis, le traduisit en langue latine; c'est l'édition de 1623 de la première partie du grand ouvrage intitulé, *le renouvellement des sciences*.

Après bien des instances réitérées, après bien des prières & plusieurs lettres écrites au comte de Salisbury, au chancelier Egerton & au roi lui-même, Bacon obtint en 1607, la place de solliciteur général qu'il attendoit depuis si long-temps, & qu'il désiroit avec tant d'ardeur. C'est une remarque non moins instructive que mortifiante pour tous les hommes de mérite qui se laissent dominer par l'ambition, de voir que Bacon, dont les talens supérieurs étoient reconnus de tout le monde, n'ait jamais été pourvu par la cour d'aucun emploi qu'à force de soins & de complaisance envers les ministres & les favoris.

Au commencement de l'année 1619, il fut créé Chancelier d'Angleterre, & peu de temps après, baron de Vérulam. Il changea l'année suivante ce titre avec celui de vicomte de Saint-Alban. Je ne m'arrête point sur ces événemens. C'étoit un si grand homme, que les honneurs & les dignités ne pouvoient rien ajouter à l'éclat de son nom; si ces honneurs eussent été uniquement la récompense des grands services qu'il avoit rendus à sa patrie & de ceux qu'il pro??soit de lui rendre encore; si la faveur & l'intrigue n'avoient eu aucune part dans les bienfaits qu'il tenoit de la cour, sans doute il seroit à propos d'en parler, non que sa gloire pût recevoir un nouveau lustre de la grandeur de sa fortune, mais pour l'honneur du prince, qui eût sçu connoître & récompenser son mérite.

Ni le faste & la pompe de la cour, ni le poids & la multitude des affaires, ne purent le détourner de l'emploi auquel il se croyoit destiné par la providence; l'étude de la philosophie étoit son unique plaisir & sa plus chère occupation; il y donnoit tout le temps qu'il pouvoit dérober aux soins du ministère, il en faisoit sa grande & son importante affaire; tout le reste lui paroissoit des distractions & des obstacles à l'ouvrage dont il se croyoit redevable à tout le genre humain.

Il publia en 1620 le *novum organum*. C'est la seconde partie de son grand ouvrage du *rétablissement des sciences*; il avoit employé douze années entières à travailler à ce morceau, & à le mettre dans l'état où nous le voyons. C'est de tous ses écrits celui qu'il paroît avoir revu avec le plus de soin, & corrigé avec le plus de rigueur. La forme qu'il lui a donnée, n'admet rien d'étranger, & rejette tout ornement superflu; c'est une suite de principes où les éclairs & les embellissemens de l'imagination, la grace & l'harmonie du style ne peuvent trouver de place, & sont négligés comme des agrémens inutiles & d'un genre inférieur au sujet; l'auteur s'est servi de plusieurs termes dans une signification nouvelle & singulière, ce qui a découragé quelques lecteurs, & fait dire à d'autres que ces termes n'étoient guères plus intelligibles que l'horreur du vuide, les *quiddités* & les *formes substantielles* des anciens auxquelles il faisoit le procès. Aussi c'est de tous ses ouvrages celui qu'on lit le moins, parce que peu de personnes sont en état de l'entendre. Il y propose une nouvelle logique toute différente de celle que l'on connoissoit alors, infiniment plus utile & d'une bien plus grande étendue. Ce n'est point l'art de construire des syllogismes & d'arranger des argumens, méthode qui peut tout au plus servir quelquefois à mettre en ordre des vérités connues, ou à découvrir le foible & le faux d'un raisonnement. C'est un art qui invente des arts nouveaux, qui perfectionne ceux qui sont déjà inventés, qui procure des découvertes neuves, pratiques importantes, & d'une utilité générale. Le moyen dont il se sert pour produire de si grands effets, c'est de fixer & d'arrêter sur les choses mêmes, notre attention occupée avant lui, de notions & d'idées; d'écarter toutes ces spéculations subtiles & frivoles qui éblouissent l'esprit, sans l'éclairer; de s'en tenir à la simple étude des forces de la nature & des loix qui règlent ses opérations; enfin de ne se proposer dans toutes ses recherches, que de découvrir la vérité & d'acquérir des connoissances certaines & fécondes. Il entreprend avant tout de purger l'esprit des erreurs qui semblent naturelles à l'homme, & de celles qu'il tient de l'éducation, & auxquelles il n'ose renoncer par respect pour ces premiers législateurs du genre humain, dont l'autorité est depuis long-temps en possession de conduire ou d'égarer les hommes.

Après cette préparation préliminaire, il passe à la seconde partie de son système, qui est la partie dogmatique ou d'instruction. Il donne la seule & vraie méthode d'entendre & d'interpreter la nature par une exacte observation des faits & par la voie d'une induction juste & raisonnée, procédé bien supérieur de toutes les façons à l'art puéril qui seul avoit régné jusqu'alors en philosophie. Pour faire usage de cette induction, il faut avoir un nombre suffisant d'exemples & de faits recueillis avec exactitude, & exposés avec sincérité; ensuite considérant ces faits sous toutes les faces possibles, pour s'assurer qu'ils ne se contredisent point les uns les autres, on peut se promettre d'en déduire quelque vérité utile, qui conduira à des découvertes nouvelles. Dans cette manière de procéder, l'expérience & le raisonnement réunis se prêtent un mutuel secours, & s'éclairent réciproquement. C'est sans contredit le moyen le plus sûr d'éviter la surprise & l'erreur.

L'année 1621 fût l'époque funeste de la chûte & du renversement de la fortune de Bacon, en recherchant avec exactitude les causes de cet événement d'autant plus triste, que son honneur même se trouva enveloppé dans ce désastre, & parut être enseveli sous les ruines de sa maison, on voit que le malheureux chancelier, quelles que pussent être ses fautes, ne fut sacrifié que pour sauver un ministre beaucoup plus criminel que lui, mais qui possédant le talent précieux d'amuser & de divertir son maitre, fut préféré à un habile & utile ministre; car à la cour les hommes agréables ont toujours l'avantage sur ceux qui ne sont que nécessaires.

Quoiqu'il en soit, Bacon fut accusé d'un crime qui n'est guère d'un philosophe, de s'être laissé corrompre par argent; il fut condamné par la chambre des pairs, à une amende d'environ 400 mille livres de notre monnoie, à être mis dans la tour, pour y demeurer tout le temps qu'il plairoit à sa majesté, déclaré incapable de posséder jamais aucune charge & d'occuper aucune place dans l'état; privé du droit d'entrer dans le parlement, & même de venir dans le ressort de la jurisdiction. Il perdit par ce jugement sévère, le plus beau privilège de la pairie. On usa en cette occasion à son égard, d'une rigueur qui n'est d'usage que dans les cas de trahison ou de lèse-majesté.

La premiere cause du désastre que Bacon essuya dans sa fortune & dans sa réputation, se trouve dans les détails de sa vie publique; & c'est avec raison que son extrême indulgence pour ses domestiques a été regardée généralement, comme la source & l'origine des irrégularités de conduite qui le précipitèrent enfin dans le plus grand des malheurs. Il est dit dans un des chefs de son accusation, que Bacon avoit souffert & permis que ses domestiques fissent des vexations concussionnaires sur-tout ce qui passoit au sceau. Naturellement libéral, ou plutôt prodigue au-delà de ce que doit & peut l'être tout homme jaloux de conserver jusqu'à la fin sa vertu & son intégrité, il toléroit dans sa maison les folies & les dépenses les plus extravagantes; ses valets qu'il ne réprimoit point, abusant de la facilité de leur maître, se permettoient tout pour satisfaire à leur avarice, ou à leurs plaisirs.

On raconte que pendant le cours de son procès, un jour que Bacon passoit dans une chambre où ses domestiques étoient assis, ils se levèrent à son aspect; sur quoi il leur dit: *asseyez-vous mes maîtres; votre élévation a causé ma chûte* (1).

Soit que Bacon ne s'apperçut de ces désordres que lorsqu'il ne fut plus temps d'y remédier, ou soit que son esprit occupé de ses études & plein des grandes vues qu'il rouloit sans cesse dans l'esprit, ne pût se prêter ni descendre aux détails minutieux que demande une sage économie; il est certain que ses affaires une fois dérangées par sa négligence, il fut moins délicat sur le choix des moyens de soûtenir le même train de vie qu'il avoit menée jusqu'alors. Ainsi l'on voit en ce seul homme l'assemblage monstrueux de tout ce qu'il y a dans l'humanité de plus grand & de plus petit, de plus noble & de plus humiliant. De telles inconséquences dans un si grand homme, sont bien capables d'allarmer & d'épouvanter ceux-mêmes qui par une longue habitude & une grande pratique de la vertu, sont le plus affermis dans les principes de l'honneur & de la sagesse.

Bacon ne demeura pas long-temps en prison. Le roi lui rendit peu de jours après la liberté, & lui remit l'amende prononcée contre lui. Comme elle étoit très-considérable, Bacon pour se dispenser de la payer, avoit déjà pris la précaution de faire paroître quelques-uns de ses amis qui se dirent ses créanciers. Le sieur Williams, son successeur, lui reproche avec chaleur ce stratagême, qu'il taxe de fausseté, & l'accuse d'avoir voulu tromper par cette ruse ses créanciers véritables, qui étoient en grand nombre, & qui se trouvoient ruinés par cette banqueroute frauduleuse. Mais je ne puis me persuader que Bacon ait eu cette intention criminelle, & je suis porté à croire qu'il ne cherchoit par-là qu'à se procurer du temps & à se mettre à l'abri des poursuites, jusqu'à ce qu'il pût rétablir ses affaires déjà extrêmement délabrées par sa mauvaise conduite, & désespérées par la perte de son crédit & de ses emplois.

Trois ans après sa condamnation, Bacon présenta requête au roi, pour obtenir des lettres d'abolition; afin, dit-il, que cette tache ignominieuse fût levée, & que sa mémoire ne passât point à la postérité avec une flétrissure. Le roi fit tout ce qui dépendoit de lui, & lui accorda ce qu'il demandoit. La postérité à qui il en appella du jugement de son siècle, n'a point voulu non plus se ressouvenir de sa faute, & les auteurs qui en ont parlé, n'ont pas pour cela prétendu diminuer son mérite

---

(1) L'équivoque qu'offre le mot *rise*, en anglois, *surgere* & *exurgere* en latin, & que nous ne pouvons rendre que par *élévation*, quoiqu'il signifie l'action de se lever, au propre & au figuré, rend l'épigramme bien plus piquante dans l'original.

ni les obligations que lui a le monde savant. Aujourd'hui les anglois révèrent sa mémoire au point qu'à peine avouent-ils qu'il ait été coupable. « Si » l'on me demande ce que j'en pense, dit Voltaire, » je répondrai par un mot que j'ai ouï dire à » mylord Bolinbroke. On parloit en sa présence » de l'avarice dont le duc de Malborough avoit » été accusé, & on en citoit des traits sur lesquels on appelloit au témoignage de mylord » Bolinbroke, qui, ayant été d'un parti contraire, » pouvoit peut-être avec bienséance, dire ce » qui en étoit. *C'étoit un si grand homme, répondit-il, que j'ai oublié ses vices* ».

Bacon délivré du soin & du tumulte des affaires publiques, éloigné du pompeux & frivole théâtre du monde, consacra à l'étude son loisir & sa retraite. Il se plaignoit souvent de la folle ambition & des fausses idées de gloire qui l'avoient si long-temps détourné des occupations les plus nobles, les plus dignes d'un être qui pense, & les seules qui soient véritablement utiles. Convaincu par une fatale expérience du vuide & de l'instabilité des grandeurs humaines, il tourna toutes ses pensées du côté de la Philosophie, qui avoit toujours été sa passion dominante, au milieu même de la cour, & des embarras d'une vie agitée.

Nous allons le suivre dans sa nouvelle situation, moins brillante peut-être, mais incomparablement plus agréable ; puisqu'enfin affranchi de la servitude de la cour, où il n'avoit eu que trop long-temps à souffrir des sottises & des extravagances de la plupart des grands, autant au-dessous de lui par le mérite, qu'ils pouvoient être au-dessus par leur place, il se trouvoit à portée de suivre en liberté l'impulsion de son génie, de vivre indépendant avec lui-même, & de travailler pour l'avantage non de son siècle seulement & de sa nation, mais de tout le genre humain & de tous les siècles à venir.

Le premier ouvrage considérable auquel il s'appliqua depuis sa retraite, a cependant encore les marques de la chaîne qu'il avoit portée. C'est l'histoire de Henri VII, qu'il entreprit par l'ordre du roi, & qu'il publia en 1622. Cet ouvrage dément ceux qui ont reproché à Bacon de n'avoir pas soutenu sa disgrace avec fermeté ; on y voit par-tout les traits mâles d'un esprit que l'âge n'a point affoibli, & que les malheurs n'ont point abbattu. Il fut reçu avec de grands applaudissemens & il essuya beaucoup de critiques, preuve incontestable de sa bonté. Les fautes qu'on y a remarquées, ne doivent point diminuer l'opinion que l'on a du talent de l'auteur. Si Bacon a tâché en plusieurs endroits de dissimuler les fautes, & de voiler les imperfections du prince dont il écrivoit l'histoire ; cependant à travers ces ménagemens,

on découvre Henri VII tel qu'il étoit, & avec tous ses défauts.

Ce qui dépare un peu cet ouvrage, même aux yeux des admirateurs les plus passionnés de Bacon, c'est l'abus des figures qui enflent son style, vice qu'on peut reprocher quelquefois à sa nation, mais pardonnable à son siècle, & peut-être inséparable du génie qui voit tout en images. Pope Blount en observant les défauts de l'écrivain, admire la politique de l'historien, qui couvre par d'heureuses allégories, des vérités qu'il étoit dangereux de dévoiler entièrement. On raconte que le roi Jacques ayant donné un jour à lire la vie d'Henri VII à Fulcon, baron de Brook, celui-ci répondit en renvoyant l'ouvrage de Bacon : *recommandez à cet auteur d'avoir de bon papier & de bonne encre, car il ne lui manque pas autre chose pour être lu & admiré*.

Les essais de morale de Bacon (c'est celui qu'il a intitulé en latin *sermones fideles*) sont peut-être de tous ses ouvrages celui qui eût le plus de succès & ils conservent encore aujourd'hui leur première réputation ; il augmenta considérablement cet ouvrage sur la fin de ses jours. Il en donna même deux éditions, l'une en Anglois, & l'autre en latin, qui étant la langue commune aux savans de tous les pays, lui parut plus propre à faire connoître son ouvrage, & à le faire vivre aussi long-temps qu'il y aura des livres & des gens de lettres. L'auteur s'y propose d'instruire son lecteur, & laisse à d'autres le soin de l'amuser : c'est ce qui a fait dire à M. de Voltaire que les essais de Bacon n'étant ni la satyre de la nature humaine, comme les maximes de la Rochefoucauld, ni l'école du scepticisme, comme les essais de Montaigne, ils sont moins lus que ces deux livres ingénieux. Cette remarque fine & judicieuse fait l'éloge de mylord Bacon. Ce grand homme tenoit trop au-dessous de lui, de courtiser ses lecteurs, & de rechercher leurs applaudissemens par une complaisance fade & déplacée pour la folle curiosité de la plupart, ou par une crainte servile de leur injuste malignité.

Je remets à parler ailleurs des autres ouvrages que mylord Bacon composa depuis sa retraite ; j'observerai seulement ici que le nombre & la nature des écrits qu'il publia dans ces derniers temps, suffisent, sans entrer dans un plus grand détail, pour donner une haute idée de la force de son esprit & de sa patience infatigable.

En effet, dans le court intervalle de cinq années d'exil & d'abandon, malgré le découragement où le devoit jetter une censure infamante, malgré le mauvais état de sa santé, la perte de ses biens & de ses dignités, il fit des choses qui auroient pu occuper le cours de la vie la plus longue & la plus heureuse, & capables d'immortaliser

mortaliſer un auteur. Il enrichit & mit dans un meilleur ordre quelques-uns de ſes premiers ouvrages, en compoſa de nouveaux, non moins conſidérables par l'étendue & la variété des matières, que par la manière de les traiter ; & ce qui diſtingue Bacon de la plupart des ſavans qui ont beaucoup écrit, & en qui l'on ne trouve ſouvent que de l'érudition & du travail ; c'eſt que ſes ouvrages toujours neufs, ou par la matière, ou par la forme, ſont les productions de la réfléxion & du génie ; il tire tout de ſon propre fonds ; ſes idées vaſtes, ſans rien perdre de leur juſteſſe, ſont encore embellies & éclairées par l'heureuſe diſpoſition du plan & du ſyſtême général. Dans l'examen de chaque ſujet, il s'élève au point de vue le plus avantageux, d'où il découvre autour & au-deſſous de lui une vaſte région. Là il diſtingue des endroits ſombres & des côtés lumineux, il marque les places encore en friche, & celles qui ont été cultivées. Tel eſt le caractère original de tous les ouvrages de Bacon, même de ceux qu'il n'a pas eu le tems de perfectionner.

On a beaucoup parlé de l'indigence où Bacon fut réduit après ſa diſgrace. Le Clerc avec une indignation qui fait l'éloge de ſon caractère, reproche vivement au roi Jacques d'avoir abandonné ſans ſecours, & d'avoir laiſſé aux priſes avec la miſère & la triſteſſe, un ſi grand homme, l'honneur de ſon ſiécle & de ſon pays.

Peut-être y a-t-il de l'exagération dans ces plaintes. Si Bacon ne jouit pas d'une grande fortune, il dut être au moins dans une ſituation médiocre, au-deſſus du beſoin & de la néceſſité. Il n'avoit à la vérité rien amaſſé dans le tems de ſa faveur, & ne s'étoit point prémuni dans le cours de ſes proſpérités contre les revers de la fortune ; ce qui juſtifie aſſez l'intégrité & le déſintéreſſement de ſes vues ; mais il lui reſtoit environ 600 livres de rente en fonds de terre, & le roi lui en donnoit trois fois autant. Peut-être que ſes penſions étoient aſſez mal payées par un prince qui connoiſſant peu le véritable uſage de l'argent, dépenſoit tous ſes revenus à entretenir au-dehors des négociations infructueuſes, ou à combler de biens & de récompenſes ceux de ſes ſujets qui en méritoient le moins. Bacon d'ailleurs conſidérablement endetté, dépenſoit toujours beaucoup en eſſais & en expériences. Les perſonnes les plus économes deviennent prodigues & ne ménagent rien, quand il s'agit de ſatisfaire leur paſſion favorite.

Voilà les principales cauſes de l'extrême embarras où Bacon fut ſouvent réduit. Il s'en plaint au roi dans quelques-unes de ſes lettres, & s'abbaiſſe à des prières & à des ſupplications auxquelles

Philoſophie anc. & mod. Tome I.

on ſouhaiteroit, pour ſa gloire, qu'il eût dédaigné de deſcendre.

Les partiſans de la grandeur & de la dignité de l'homme, & ceux qui, au contraire, n'y apperçoivent que du néant & des foibleſſes, trouveront dans l'hiſtoire de mylord Bacon, de quoi appuyer leurs opinions reſpectives. Mais une réflexion juſte & vraie, qu'on doit toujours avoir préſente à l'eſprit, lorſqu'on juge les grands hommes ; c'eſt qu'en morale, auſſi bien qu'en littérature, le cenſeur & le critique n'ont beſoin que d'un diſcernement fort ordinaire, & d'une vertu fort commune pour remarquer les vices & les défauts des plus illuſtres perſonnages & des plus beaux génies qui font l'honneur & l'ornement de l'humanité.

Le roi Jacques mourut en l'année 1625. Le malheureux chancelier ne lui ſurvécut que d'un an.

Le poids des affaires civiles & la multitude de ſes travaux philoſophiques, mais ſur tout les chagrins dont il étoit intérieurement dévoré, avoient abſolument ruiné ſa ſanté. Après avoir langui quelque tems, infirme & s'affoibliſſant de jour en jour, il trouva la fin de ſa vie dans un excès de travail, débauche bien digne d'un philoſophe. Tandis qu'il ſuit avec trop de chaleur & une application au-deſſus de ſes forces, quelques expériences touchant la conſervation des corps, il eſt ſubitement attaqué d'un mal de tête & d'une douleur d'eſtomac, qui le contraignirent de ſe retirer dans la maiſon la plus prochaine à Highgate chez le comte d'Arondel. C'eſt là qu'il mourut au bout de huit jours d'une fluxion de poitrine, le 9 avril 1626, dans la ſoixante-ſixième année de ſon âge.

Je voudrois pouvoir inſtruire le lecteur de quelle manière Bacon ſupporta ſa dernière maladie, & quels furent ſes diſcours & ſa contenance aux approches d'une mort inévitable. Après avoir lu la vie des grands hommes, on eſt naturellement curieux d'apprendre l'hiſtoire de leur mort ; cette dernière ſcène, qui termine la pièce, & dans laquelle nous aurons tous un rôle à jouer quelque jour, eſt pour l'ordinaire la plus intéreſſante. C'eſt elle qui met le ſceau à leur réputation, lorſqu'elle répond à leur vie, ou qui en ternit l'éclat, ſi elle eſt d'un autre ton. Mais malheureuſement nous n'avons rien pour cette importante partie de la vie du mylord Bacon. Le ſeul monument qui nous ſoit parvenu, eſt une lettre qu'il écrivit alors au comte d'Arondel, chez qui il étoit malade. Il y fait paroître beaucoup de tranquillité d'ame & de liberté d'eſprit, dans des momens où il eſt ſi rare & ſi difficile de conſerver l'une & l'autre. Faiſant alluſion à la cauſe de ſa maladie, il compare ſa deſtinée à celle d'un illuſtre philoſophe de l'antiquité, Pline le vieux, qui rencontra la mort ſur le mont Véſuve, où il recherchoit avec trop de curioſité l'origine des volcans.

P p

Bacon fut enterré sans pompe & sans aucune distinction, dans l'église de S. Michel, près Saint-Alban. Quelque tems après, la reconnoissance d'un particulier qui avoit été à son service, lui érigea un monument, qui, dans des tems plus heureux, eût été construit aux dépens du public, en témoignage de l'honneur qu'on portoit à la mémoire d'un citoyen, la gloire de sa patrie & le bienfaiteur de la postérité.

Il y a un passage bien remarquable dans son testament: après avoir, selon l'usage de ces tems, recommandé à Dieu son ame & son corps: je légue, dès ce moment, ma mémoire aux nations étrangères, & ensuite à mes compatriotes, lorsqu'il se sera écoulé quelque tems. En effet, il fut même de son vivant, l'objet de l'estime & de l'admiration des plus illustres personnages de la France & de l'Italie: plusieurs firent exprès le voyage de l'Angleterre pour le visiter. Lorsque le marquis d'Effiat accompagna à Londres la princesse Henriette Marie, épouse de Charles premier, il alla voir mylord Bacon, qui, étant alors malade, le reçut au lit les rideaux fermés; sur quoi le marquis lui dit: *vous ressemblez aux anges; nous les croyons d'une espèce supérieure à la nôtre, nous entendons souvent parler d'eux, & nous n'avons jamais la consolation de les voir.*

Les compatriotes de Bacon, ainsi qu'il l'avoit prédit, lui ont rendu justice un peu plus tard: mais le nom seul de quelques-uns d'entr'eux qui ont adopté ses idées & suivi son système, fait suffisamment son éloge. Sans parler d'un grand nombre d'illustres philosophes, il compte parmi ses disciples & ses sectateurs, Boyle, Locke, & Newton lui-même.

Il étoit sujet à un accident bien singulier, & dont il n'est pas facile de deviner la cause. Dans les éclipses de lune, soit qu'il en fût prévenu ou non, il tomboit en foiblesse: cet accident duroit tout le tems de l'éclipse, & finissoit tout-à-coup, sans lui laisser aucune incommodité.

Le lecteur curieux de savoir comment Bacon gouvernoit sa santé, & quel régime il observoit, peut l'apprendre de son chapelain, dont je rapporte les paroles: il se nourrissoit bien, & mangeoit beaucoup dans sa jeunesse. Il aimoit les nourritures légères & les mets fins & délicats: mais dans la suite il préféra une nourriture plus forte & plus solide, parce qu'elle fournit des sucs plus épais & qui se dissipent moins. Il n'avoit garde de négliger l'usage du nitre, qu'il recommande avec tant d'éloges dans ses ouvrages. Il en prenoit tous les matins environ trois grains dans un bouillon fort léger. Il prenoit aussi tous les six ou sept jours, immédiatement avant le repas, une macération de rhubarbe infusée dans un verre de vin blanc & de bierre mêlée ensemble à la dose d'une once. Sa recette, pour la goutte, dont il obtenoit un entier soulagement en vingt-quatre heures; est à la fin de son histoire naturelle, vol. I, pag. 430, édit de 1765.

Bacon étoit de moyenne taille, il avoit le front large & découvert, marqué, avant le tems, de l'empreinte de l'âge, l'œil vif & pénétrant; toute sa personne étoit agréable, & il suffisoit de le voir pour être prévenu en sa faveur & pour être tout disposé à l'aimer, même avant que de connoître son mérite. On peut lui appliquer ce que Tacite a dit de son beau-père Agricola; que dès la première vue il paroissoit un homme de bien, & qu'après l'avoir fréquenté quelque tems, on étoit charmé de trouver un grand homme.

Toutes les sortes de mérites que la nature partage ordinairement entre les hommes, tous les talens dont un seul suffit pour se faire une grande réputation dans le monde, s'annoncèrent de bonne heure chez mylord Bacon, qui les réunissoit tous dans un degré éminent. Ses contemporains, même ses ennemis qui croyoient avoir à se plaindre du ministre, reconnoissent unanimement la supériorité de l'écrivain, de l'avocat, du philosophe & de l'homme civil.

Il apportoit dans la société un esprit flexible & léger, qui prenoit aisément & avec succès; toutes sortes de caractères; il parloit le langage propre à chacun de ceux qu'il entretenoit avec une facilité qui sembloit naturelle, ou s'il y mettoit de l'art, c'étoit un talent de plus de savoir si bien le cacher. S'il parloit en public, il étoit assuré de l'attention de ses auditeurs, & de maîtriser leurs affections: ses plaidoyers, qu'on lit peut-être aujourd'hui sans beaucoup d'émotion, soutenus par la force & la grace de son action, ne manquèrent jamais de produire les effets qu'il se proposoit, & de remuer les passions qu'il vouloit inspirer.

Au reste ce n'est point ici un tableau de fantaisie & peint d'imagination; je ne parle que sur le témoignage d'un homme (1) connoisseur & difficile, bon juge du mérite & peu sujet à se tromper. Mais la Philosophie est le côté brillant de mylord Bacon; c'est en cette partie qu'il a surtout excellé, & on ne dira rien de trop, en répétant avec M. Adisson, qu'il joignoit à l'étendue des connoissances & au profond jugement d'Aristote, toutes les graces, les charmes & la beauté de l'éloquence de Cicéron.

Tous les savans de l'Europe ont avoué & célébré ses talens; tous le reconnoissent pour l'auteur

---

(1) Janson dans ses découvertes.

& le père de la saine Philosophie, de cette sage & utile Philosophie, qui ne marche qu'à l'aide de l'expérience, & qu'après l'étude de la nature & de ses opérations.

C'est donc sous ce point de vue qu'il faut le considérer désormais ; c'est-là que le lecteur verra tout le mérite de ce grand homme, dont le génie créateur ne fut redevable qu'à lui-même de ses productions. Il ne pouvoit profiter du travail de ceux qui l'avoient précédé, ni s'aider des ouvrages des anciens philosophes ; tous s'étoient entièrement écartés du bon chemin, ou si quelques-uns l'avoient entrevu ; craignant les difficultés & l'ennui qu'on éprouve à se frayer de nouvelles routes, ils l'avoient bientôt abandonné. Bacon ne dut, qu'à son intelligence & à sa pénétration, cette vive lumière qui lui découvrit promptement, & d'un seul coup-d'œil, ce qui avoit échappé, pendant plus de deux mille ans, aux recherches laborieuses de ses prédécesseurs.

Il ne songea point à se faire chef de parti, ni à fonder de nouvelles sectes ; il eût des vues plus nobles & plus sages : il osa entreprendre de détruire les préjugés divers qui asservissoient la liberté de penser, & d'affranchir la raison de l'espèce d'esclavage où la retenoient depuis si long-tems tant de différentes sectes de philosophes, plus jaloux d'une grande que d'une bonne réputation.

En philosophie une hypothèse ingénieuse, une brillante théorie plaisent davantage à l'imagination des lecteurs, & sont plus propres à donner promptement une grande célébrité à leurs inventeurs : l'expérience moins fastueuse & plus sage suit la nature dans tous ses actes, étudie ses phénomènes & ne cherche qu'à découvrir la vérité, à laquelle elle sacrifie volontiers tous les petits intérêts de fausse gloire & d'ambition mal entendues.

Bacon préféra cette dernière méthode : elle étoit neuve, ainsi il n'étoit pas possible qu'elle produisît une révolution subite & générale parmi les savans, mais ses progrès semblables aux effets du temps qui marche d'un pas lent & sûr, sont enfin devenus considérables & universels : & si, après bien des siècles inutilement employés à des études qui ne pouvoient conduire à rien, l'on est revenu à la seule manière utile d'étudier la nature par l'expérience & l'observation des faits ; on en est principalement redevable à notre illustre chancelier.

Ce n'est pas qu'avant lui plusieurs savans ne se fussent écartés des principes & des opinions attribuées à Aristote. Ramus, Patricius, Bruno, Severinus avoient essayé de secouer le joug de ce tyran qui régnoit depuis si long-temps sur les opinions des hommes, avec non moins d'empire & de despotisme que son jeune élève (1) n'en avoit exercé sur les biens & sur les fortunes : mais ces écrivains contens d'avoir observé les erreurs d'Aristote, ne substituèrent rien à leur place, & s'ils donnèrent quelque atteinte à la réputation de ce philosophe, ils firent peu de chose pour la leur.

Quelques autres plus heureux, tels que Gilbert, Harvey, Copernic, le père Paul, ont été plus loin, & ont fait des découvertes nouvelles qui sont assez connues de tout le monde, & qui ont été dignement célébrées. Mais ces découvertes séparées & sans liaison entr'elles, n'éclairoient que quelque partie de la Philosophie, & laissoient encore beaucoup à désirer. On n'avoit point l'idée d'un plan général, universel, qui comprît toutes les branches multipliées de la science, & qui pût guider sûrement les observations & les recherches qu'on voudroit faire dans ses différens domaines. Bacon imagina le premier, & conçut dans toute son étendue ce système merveilleux ; & ce qui doit augmenter notre admiration, il l'inventa & le conduisit à sa perfection, au milieu des embarras des affaires & du tumulte de la cour.

La nature qui sembloit l'avoir destiné au pénible & glorieux emploi de purger les hommes de leurs erreurs, & de les mettre dans le chemin de la vérité, lui avoit donné toutes les qualités & tous les talens nécessaires pour se bien acquitter de cette grande fonction. A une imagination flexible & pénétrante, qui saisissoit rapidement les ressemblances des êtres, il joignoit un jugement sûr, qui étudioit curieusement les plus petites différences qui s'y rencontrent. Porté à la méditation & aux recherches, il sçavoit douter & suspendre sa décision, craignoit d'affirmer légèrement, toujours prêt à se rétracter & à reconnoître son erreur, soigneux & attentif jusqu'au scrupule, dans l'arrangement & la disposition de ses plans ; également éloigné, & de la curiosité amoureuse des nouveautés, & de la superstitieuse idolâtrie que l'on a d'ordinaire, pour tout ce qui est ancien.

Tel est le portrait que Bacon nous a laissé de lui-même, avec cette noble confiance qui appartient si justement aux grands hommes, & qui chez eux annonce le mérite, comme la présomption des petits esprits est la preuve de leur foiblesse. Une ame de cette trempe, douée de tant de qualités, & surtout ennemie de toute imposture, devoit certainement avoir un rapport bien immédiat, & une relation bien intime avec la vé-

---

(1) Alexandre.

rité. Ce portrait n'eſt point flatté, & l'on en reconnoit aiſément tous les traits dans ſon grand ouvrage *du rétabliſſement des ſciences* : ouvrage qui a immortaliſé ſon nom, préſent rare & précieux, qu'il a laiſſé au genre humain, dont il avoit plus en vue l'avantage que ſa propre réputation.

L'auteur l'a diviſé en ſix parties principales. Dans la première qu'il a intitulée *de augmentis ſcientiarum : du progrès & de l'accroiſſement des ſciences*, il ſe propoſe d'examiner en général, l'état & le dégré actuel de toutes les connoiſſances humaines. C'étoit le premier pas qu'il croyoit devoir faire dans le deſſein où il étoit de créer une nouvelle Philoſophie, & d'en établir les fondemens, non ſur des opinions arbitraires, ou des conjectures ſpécieuſes, mais ſur la vérité & l'expérience : une entrepriſe d'une ſi prodigieuſe étendue, demandoit un grand ſavoir, & ſurtout un diſcernement exquis & univerſel, puiſque tout le monde intellectuel étoit l'objet de ſon examen.

Pour ne pas ſe perdre & s'égarer lui-même dans une carrière auſſi vaſte & coupée de tant de routes ; il range ſous trois claſſes, la nombreuſe multitude des ſciences & des arts. Les trois facultés principales de notre ame, qui ſont la mémoire, l'imagination & la raiſon, lui fourniſſent naturellement la diviſion des arts en hiſtoire, Poëſie & Philoſophie, objets de ces trois facultés.

On peut voir dans le ſyſtème détaillé des connoiſſances humaines, qui eſt à la ſuite du diſcours préliminaire de l'encyclopédie, combien cette invention de notre auteur retouchée & perfectionnée par une main habile (1), a jeté d'ordre, de lumière & de méthode dans cette matière que Bacon a tirée le premier du cahos où elle étoit avant lui. Il a ſoin de faire obſerver toutes les erreurs, qui de ſon tems étoient reçues pour des vérités ; il indique ce qui manquoit encore à chaque ſcience, & propoſe les moyens les plus propres à en corriger les défauts, à en écarter l'erreur, & à ſuppléer ce qui y manque : il examine les découvertes qui avoient été faites juſqu'alors, & finit par une expoſition détaillée de toutes les parties du ſçavoir, qui avoient été négligées, ou totalement inconnues. En un mot, c'eſt à cet ouvrage que l'on doit les découvertes les plus importantes, faites depuis par les modernes, qui ont ſuivi dans l'étude de la nature le plan qu'il leur avoit tracé ; c'eſt en marchant ſur ſes pas, dans la carrière qu'il leur a ouverte, qu'ils ſont parvenus à perfectionner le genre de ſcience que chacun d'eux cultivoit.

Le *novum organum*, qui fait la ſeconde partie de l'ouvrage dont nous parlons, en eſt auſſi la plus conſidérable & la plus importante. L'auteur entreprend d'étendre & d'augmenter les forces de l'eſprit humain, par une application utile de ſes facultés, aux différens objets qui ſont du reſſort de la Philoſophie.

Pour cet effet, il imagine une nouvelle Logique, bien ſupérieure à la manière de raiſonner qui étoit en uſage de ſon temps : il abandonne cet eſprit de controverſe, qui ne ſe propoſe que de l'emporter ſur ſes rivaux par la ſoupleſſe & la ruſe du ſyllogiſme ; & laiſſant de côté tout ce mauvais jeu d'eſcrime, qui ne peut être d'aucune utilité, il cherche la nature & la conſidère dans ſes opérations, il étudie ſes forces & ſa marche, par la voie de l'expérience.

Cette nouvelle méthode ſi éloignée de l'ancienne Logique, par le but qu'elle ſe propoſe, n'en eſt pas moins différente dans le moyen & la manière de procéder. Elle ne s'en tient pas à une énumération ſuperficielle ; elle n'appuie pas ſes aſſertions ſur quelque notions particulières, au hazard de rencontrer dans la ſuite des contradictions qui pourront s'élever d'une infinité de cotés différens. C'eſt une induction qui examine ſcrupuleuſement l'expérience dont il s'agit, l'enviſage ſous toutes les faces poſſibles, la retourne de toutes les manières qui peuvent la faire varier, conduit à de nouveaux réſultats, exclut tout ce qui n'appartient pas au ſujet, & ne tire des concluſions que de ce qui reſte, après cette voie de ſéparation.

Il ne ſeroit pas difficile de citer un grand nombre d'exemples du ſuccès de cette dialectique, tirés des découvertes modernes. Combien ne lui doit-on pas de vérités que les anciens n'avoient ni entrevues ni ſoupçonnées ? Mais un ſeul qui en vaut beaucoup d'autres, c'eſt toute la partie du ſyſtème de Newton ſur la lumière. A qui faut-il attribuer les principales propoſitions de cet ouvrage immortel ? Quelle eſt leur baſe la plus ſolide, ſi ce n'eſt une multitude d'expériences analyſées avec un ſoin extrême, & cette décompoſition du plus ſubtil de tous les corps, avec une préciſion qui ne paroiſſoit pas même applicable aux maſſes les plus ſenſibles & les plus groſſières.

Bacon a toujours regardé le *novum ſcientiarum organum* comme ſon chef-d'œuvre ; il employa dix-huit ans à le compoſer.

Voici quelques-uns de ſes axiomes qui feront

---

(1) Diderot auteur de l'excellent proſpectus de la première édition de l'encyclopédie.

connoître l'étendue des vues de ce grand génie.

» 1. La cause du peu de progrès qu'on a » faits jusqu'ici dans les sciences, vient de ce » que les hommes se sont contentés d'admirer » les prétendues forces de leur esprit, au lieu » de chercher les moyens de remédier à sa foi- » blesse.

» 2. La logique scholastique n'est pas plus » propre à guider notre esprit dans les sciences, » que les sciences dans l'état où elles sont, ne sont » propres à nous faire produire de bons ou- » vrages.

» 3. La logique scholastique n'est bonne qu'à » entretenir les erreurs qui sont fondées sur » les notions qu'on nous donne ordinairement : » mais elle est absolument inutile pour nous faire » trouver la vérité.

» 4. Le syllogisme est composé de propositions. » Les propositions sont composées de termes, » & les termes sont les signes des idées. Or, » si les idées qui sont le fondement de tout, » sont confuses, il n'y a rien de solide dans » ce qu'on bâtit dessus. Nous n'avons donc » d'espérance que dans de bonnes inductions.

» 5. Toutes les notions que donnent la lo- » gique & la physique, sont ridicules. Telles » sont les notions de *substance*, de *qualité*, de » *pésanteur*, de *légéreté*, &c.

» 6. Il n'y a pas moins d'erreur dans les » axiomes qu'on a formés jusqu'ici, que dans les » notions : de sorte que pour faire des progrès » dans les sciences, il est nécessaire de refaire » tant les notions, que les principes : en un mot, » il faut, pour ainsi dire, résoudre l'entende- » ment ».

» 7. Il y a deux chemins qui peuvent con- » duire à la vérité. Par l'un on s'élève de l'ex- » périence à des axiomes très-généraux ; ce che- » min est déjà connu : par l'autre, on s'élève » de l'expérience à des axiomes qui deviennent » généraux par degrés, jusqu'à ce qu'on parvienne » à des choses très-générales. Ce chemin est » encore en friche ; parce que les hommes se dé- » goutent de l'expérience, & veulent aller tout » d'un coup aux axiomes généraux, pour se re- » poser.

» 8 Ces deux chemins commencent tous les » deux à l'expérience & aux choses particulières ; » mais ils sont d'ailleurs bien différens : par l'un » on ne fait qu'effleurer l'expérience ; par l'autre » on s'y arrête : par le premier, on établit, dès » le second pas, des principes généraux & abs- » traits : par le second on s'élève par degrés aux » choses universelles &c ».

» 9. Il ne s'est encore trouvé personne qui » ait eu assez de force & de constance, pour » s'imposer la loi d'effacer entièrement de son es- » prit les théories & les notions communes qui » y étoient entrées avec le temps ; de faire de » son ame une table rase, s'il est permis de par- » ler ainsi, & de revenir sur ses pas, pour exami- » ner de nouveau toutes les connoissances parti- » culières qu'on croit avoir acquises.

On peut dire de notre raison qu'elle est obs- curcie & comme accablée par un amas confus & indigeste de notions, que nous devons en partie à notre crédulité pour bien des choses qu'on nous a dites, au hasard qui nous en a beaucoup appris, & aux préjugés dont nous avons été imbus dans notre enfance....

Il faut se flatter qu'on réussira dans la dé- couverte de la vérité, & qu'on hâtera les pro- grès de l'esprit, pourvu que, quittant les notions abstraites, les spéculations métaphysiques, on ait recours à l'analyse, qu'on décompose les idées particulières, qu'on s'aide de l'expé- rience, & qu'on apporte à l'étude un jugement mûr, un esprit droit & libre de tout pré- jugé.....

On ne doit espérer de voir renaître les arts & les sciences, qu'autant qu'on refondra en- tièrement les premières idées, & que l'expé- rience sera le flambeau qui nous guidera dans toutes les routes obscures de la vérité. Personne jusqu'ici, que nous sachions, n'a dit que cette reforme de nos idées eût été entreprise, ou même qu'on y eût pensé ».

On voit par ces aphorismes que Bacon croyoit que *toutes nos connoissances viennent des sens*. Les péripatéticiens avoient pris cette vérité pour fondement de leur philosophie : mais ils étoient si éloignés de la connoître, qu'aucun d'eux n'a su la développer ; & qu'après plu- sieurs siècles, c'étoit encore une découverte à faire : car il a vu que les idées qui sont l'ouvrage de l'esprit, avoient été mal faites ; & que par conséquent, pour avancer dans la recherche de la vérité, il falloit les refaire. C'est un conseil qu'il répète souvent dans son *nouvel organe*. « Mais pouvoit-on l'écouter, » dit l'auteur de l'Essai sur l'origine des con- » noissances humaines ? Prévenu, comme on » l'étoit pour le jargon de l'école, & pour les » idées innées, ne devoit-on pas traiter de » chimérique le projet de renouveller l'enten- » dement humain ? Bacon proposoit une mé-

» thode trop parfaite pour être l'auteur d'une
» révolution ; & celle de Descartes devoit
» réussir, parce qu'elle laissoit subsister une
» partie des erreurs. Ajoutez à cela que le
» philosophe anglois avoit des occupations qui
» ne lui permettoient pas d'exécuter entiérement
» lui-même ce qu'il conseilloit aux autres. Il étoit
» donc obligé de se borner à des avis qui ne
» pouvoient faire qu'une légère impression sur
» des esprits incapables d'en sentir la solidité.
» Descartes, au contraire, livré entiérement
» à la philosophie, & ayant une imagination
» plus vive & plus féconde, n'a quelquefois
» substitué aux erreurs des autres que des er-
» reurs plus séduisantes, qui peut-être n'ont pas
» peu contribué à sa réputation ».

Voltaire a raison de dire que le *novum organum* est *l'échaffaut* avec lequel on a bâti la nouvelle philosophie ; mais je suis fâché qu'il ait ajouté que c'est celui de tous les ouvrages de Bacon qui est aujourd'hui *le moins lu & le plus inutile*. Ce seul mot d'un juge aussi éclairé & dont l'autorité est, avec raison, d'un très-grand poids dans la république des lettres, étoit capable d'ensevelir pour toujours la réputation de Bacon. Les lecteurs voudront bien ne pas regarder comme inutile pour eux, tout ce qui peut le paroître aux vues supérieures d'un homme unique dans son siecle, & peut-être dans l'histoire des lettres. Le *novum organum* n'est, si l'on veut, qu'un échaffaudage, mais avec lequel on bâtira dans tous les temps. Ce livre seul est le germe d'une multitude d'excellens ouvrages de physique déjà faits ou à faire. Son histoire de la vie & de la mort contient le plan & la forme de plusieurs traités de médecine. Enfin le public ne sauroit avoir assez d'obligation à M. Diderot, qui a ressuscité en France la mémoire d'un homme que les philosophes ses rivaux, & l'école ennemie du véritable savoir, avoient fait oublier, pour l'intérêt de leur vogue personnelle. Combien de grands hommes avoient puisé dans cet arsenal littéraire ? Mais aucun avant ce dernier, n'avoit eu assez de philosophie pratique pour dire de Bacon, ce qu'Antisthène avoit dit de Socrate : *voilà le maître qu'il nous faut écouter.*

Quoi qu'il en soit, Voltaire n'en a pas moins parlé avec beaucoup d'éloges *du novum organum* : il seroit même difficile d'en donner en aussi peu de lignes une idée aussi grande & plus exacte. J'ajouterai même que si le mot rapporté ci-dessus, & qui me paroit manquer de justesse, peut faire quelque impression sur des esprits superficiels ou paresseux, & les détourner de l'étude de cet ouvrage très-singulier & vraiment original, les lecteurs philosophes & qui aiment plus les livres qui les font penser que ceux qui les amusent, pourront au moins trouver dans le passage de Voltaire que je vais citer, & qui suit immédiatement le mot en question ; de nouvelles raisons d'estimer ce traité de Bacon qui suffiroit seul pour assurer la gloire de ce précurseur de la philosophie, & pour le placer parmi le petit nombre d'hommes de génie qui ont brillé sur la terre.

» Le chancelier Bacon, dit-il, ne connoissoit
» pas encore la nature, mais il sçavoit & in-
» diquoit tous les chemins qui mènent à elle.
» Il avoit méprisé de bonne heure ce que les
» universités appelloient la philosophie, & il
» faisoit tout ce qui dépendoit de lui, afin que
» ces compagnies, instituées pour la perfection
» de la raison humaine, ne continuassent pas
» de la gâter par leurs *quiddités*, leurs hor-
» reurs du vuide, leurs formes substantielles, &
» tous ces mots impertinens, que non-seule-
» ment l'ignorance rendoit respectable ; mais qu'un
» mélange ridicule avec la religion avoit rendu
» sacrés.

» Il est le pere de la philosophie expérimen-
» tale ; & de toutes les épreuves physiques
» qu'on a faites depuis lui, il n'y en a pres-
» que pas une qui ne soit indiquée dans son
» livre : il en avoit fait lui-même plusieurs. Il
» fit des especes de machines pneumatiques,
» par lesquelles il devina l'élasticité de l'air. Il
» a tourné tout autour de la découverte de
» sa pesanteur. Il y touchoit ; cette vérité
» fut saisie par Toricelli. Peu de temps après
» la physique expérimentale commença tout d'un
» coup à être cultivée à la fois dans presque
» toutes les parties de l'Europe. C'étoit un
» trésor caché dont Bacon s'étoit douté, &
» que tous les philosophes encouragés par sa
» promesse, s'efforcerent de déterrer.

» On voit dans son livre en termes exprès,
» cette attraction nouvelle, dont M. Newton
» passe pour l'inventeur.

» Il faut chercher, dit Bacon, s'il n'y au-
» roit point une espece de force magnétique
» qui opere entre la terre & les choses pe-
» santes, entre la lune & l'océan, entre les
» planetes, &c. En un autre endroit il dit :
» il faut ou que les corps graves soient pous-
» sés vers le centre de la terre, ou qu'ils en
» soient mutuellement attirés ; & en ce dernier
» cas, il est évident que plus les corps en
» tombant s'approcheront de la terre, plus for-
» tement ils s'attireront. Il faut, poursuit-il, ex-
» périmenter si la même horloge à poids ira
» plus vîte sur le haut d'une montagne, ou
» au fonds d'une mine. Si la force des poids
» diminue sur la montagne, & augmente dans

» la mine, il y a apparence que la terre a
» une vraie attraction.

Bacon publia en 1610 son traité *de la sagesse des anciens*, c'est une explication de leur mythologie. Cet ouvrage, comme tous ceux qui sont sortis de sa plume, porte l'empreinte & le caractère d'un genie original & créateur. Evitant de marcher sur les traces de ceux qui l'ont précédé ; gens, comme il le dit lui-même, d'une érudition ordinaire & commune, il se fraye un chemin nouveau, & s'enfonce seul & sans guide dans les plus profondes retraites de cette region obscure & enveloppée de ténèbres.

Ce sujet si peu connu, & tant de fois traité, prend une forme toute neuve entre ses mains.

Au reste si l'on trouve quelque peine à se persuader que les anciens ayent eu le dessein de cacher sous le voile de leurs fables tous les sens, physique, moral ou politique que Bacon a cru y découvrir, on conviendra du moins que, s'il s'est trompé, il n'est pas donné à tout le monde de se tromper de cette manière, & qu'il falloit une pénétration peu commune, pour trouver par la seule voie de la conjecture, des erreurs, s'il faut les nommer ainsi, soutenues d'autant de vraisemblance & de probabilité. Et quand on pourroit révoquer en doute si les anciens ont eu véritablement les vues qu'il leur prête, & s'ils ont été aussi intelligens qu'il les suppose, on ne pourroit refuser son admiration à la sagacité d'esprit, à la profondeur & à la variété des connoissances que l'auteur fait paroître dans cet essai.

Une destinée qui semble avoir été long-tems attachée aux branches de la connoissance humaine qui importent le plus au bonheur du genre-humain, c'étoit d'être traitées d'une manière tout-à-fait absurde & stérile, & cela sous pretexte de leur donner un air de nouveauté & de subtilité. C'est un inconvénient que Bacon paroit avoir eu particulièrement pour objet dans la troisième partie de son *instauration*, en y proposant les matériaux, qui devroient raisonnablement & premièrement entrer dans une histoire naturelle expérimentale. Il regardoit cet ouvrage comme tellement indispensable à la solidité de l'edifice que l'on devoit se proposer d'élever dans les sciences & dans les arts, que sans ce préliminaire, tous les efforts de tous les hommes réunis dans tous les tems & dans tous les lieux, ne lui sembloient devoir produire rien de fort satisfaisant. Mais ce projet étoit si difficile, même au jugement de notre auteur, qu'il ne doutoit nullement que les hommes de l'esprit le plus étendu & le plus pénétrant, n'en pussent être effrayés au premier coup d'œil.

Ce fut là ce qui donna lieu à son ouvrage intitulé : *Sylva Sylvarum*, ou l'histoire de la nature. Il s'imagina que le meilleur encouragement qu'il y avoit à donner à la postérité, afin qu'elle osât le suivre dans la route pénible qu'il avoit ouverte, c'étoit d'y faire les premiers pas. C'est aussi sous ce point de vue qu'il faut considerer ce morceau, si on veut lui rendre justice. Ce n'est ni à la masse de nos connoissances & de nos expériences, ni au progrès de notre philosophie expérimentale qu'il faut le comparer, mais au tems où il a été écrit, & à la disette de lumière où l'on étoit alors. Dans les conjonctures où se trouvoit le chancelier, c'étoit tout ce qu'on pouvoit faire de mieux. Cette collection de phenomènes ne parut qu'après sa mort, & on l'a toujours regardée comme indépendante de son système général ; ce qui achève de démontrer que le but que Bacon s'étoit proposé dans ses travaux, & que le fil qui lioit ensemble ses différentes productions, n'a jamais été apperçu bien distinctement par le grand nombre de ceux-mêmes qui en font le plus de cas, & qui les lisent avec le plus de plaisir.

Le *Sylva Sylvarum* est un grand arsenal où l'on n'a pas rassemblé les objets seulement pour la satisfaction d'une vaine curiosité mais bien pour l'utilité du philosophe auquel ils sont présentés d'une manière tout-à-fait liberale & négligée : il n'a qu'à prendre ce qui lui convient, selon la matière qu'il examine ; le *novum organum* lui a précédemment enseigné l'art de les assembler, de les comparer, de les combiner, & d'en former un tout qui ait pour base quelque axiome important, qui ne puisse être renversé. Il avoit distribué les phenomènes de la nature sous trois classes différentes, qui doivent former tous autant d'histoires générales ; l'histoire des générations ou de la production de toutes les espèces de phenomènes, selon les loix ordinaires de la nature ; l'histoire de ce qu'il appelle des *prætergénérations*, ou de toutes les espèces de phenomènes où la nature semble s'être écartée de sa marche commune ; & l'histoire de la nature employée, contrainte, tourmentée & réduite sous certaines formes usuelles par la main de l'homme, ou l'histoire des arts : nouvelle scène des objets, nouveau monde de connoissances exposés à nos recherches. Il attachoit deux grands avantages à cette histoire ; la connoissance des propriétés des choses, & l'assemblage des matériaux qui devoient servir de fondement à une philosophie utile, qu'il regardoit comme la vraie. Ce fut dans ce dessein qu'il ramassa tous les faits qui remplissent l'ouvrage dont nous rendons compte.

Il ne faut pas s'étonner s'il s'est trouvé parmi ces miscellaneités philosophiques beaucoup de choses fausses ou pour le moins douteuses. Comment éviter cet inconvénient, quand on franchit le prenier des chemins inconnus & difficiles, à travers des espaces immenses, incultes, où personne n'a mis encore le pied ? Si d'autres marchent à sa suite ou découvrent ses méprises, & rencontrent beaucoup d'autres objets plus précieux, ou qu'il n'avoit point apperçus ou qu'il avoit négligés, c'est toujours à ses premières tentatives qu'ils en ont l'obligation. Colomb s'imagina qu'il pouvoit y avoir un nouveau monde ; il monta sur un vaisseau, dans le dessein d'aller vérifier cette grande conjecture, à travers l'étendue & les écueils d'une mer inconnue : il réussit ; il vit ce monde, & l'annonça à une infinité de voyageurs qui s'embarquèrent sur sa parole, s'y rendirent & & en rapportèrent toutes les productions dont ils ont enrichi notre continent. Si ceux-ci ont été beaucoup plus loin ; s'ils ont observé les contrées avec beaucoup plus de soin, s'ils en ont mieux connu les mœurs, les usages, les productions, qu'ont-ils faits qu'il ne fût en droit d'attendre d'eux ; & peut on dire autre chose, sinon, que plus leurs entreprises ont été avantageuses, plus il en résulte de gloire pour celui qui leur a le premier montré la route ?

D'où notre philosophe devoit-il naturellement s'élever, au sortir de sa philosophie naturelle & expérimentale, si ce n'est à cette partie de la connoissance, qu'on a toujours regardée comme la plus pénible, la plus embarrassée & la plus hardie. Mais avant que de s'en occuper, il avoit sagement considéré que cette étude devoit avoir pour préliminaire d'autres études qui servissent d'abord à la culture de l'esprit & aux besoins urgens de la vie.

Ces deux derniers objets remplis, il ajouta une quatrième & une cinquième partie à son ouvrage, sous le titre de l'Echelle de l'entendement, *scala intellectus*, ou d'une suite de degrés par lesquels l'entendement du philosophe doit monter, pour atteindre d'une manière sûre & régulière, à la découverte des vérités. C'est-là qu'il propose des exemples d'investigation, selon la méthode qu'il applique à des objets particuliers ; il observe seulement de les choisir les plus importans & les plus variés qu'il soit possible, afin qu'on ait des modeles de toute espèce.

De ces deux nouvelles sections, l'une étoit destinée à servir d'éclaircissement à l'autre ; on auroit trouvé dans celle-ci l'usage des principes posés dans celle-là, qui n'est qu'un recueil de six traités composés sur six des principaux objets de l'étude de la nature ; savoir, les vents, la vie & la mort, la condensation & la raréfaction ; les trois principes de la Chymie qui sont le sel, le souffre & le mercure ; les corps pesans & legers, la sympatie & l'antipatie.

Les trois premiers de ces traités, dans l'ordre que nous venons de les nommer, ne manquent pas d'étendue ; l'auteur y a suivi sa matière assez loin, pour qu'on y puisse remarquer très-distinctement avec quelle extrême sagacité il savoit lui-même suivre les préceptes qu'il présentoit aux autres, dans l'interprétation de la nature.

Mais ce qui doit principalement étonner, ce n'est pas ce que Bacon a fait ; c'est le peu qu'on a ajouté à son travail, eû égard à l'importance des sujets, & au temps qui s'est écoulé. Ce qu'il a écrit dans les trois derniers traités, n'est proprement qu'une introduction à ce qu'il s'y proposoit. Bacon mourut avant que d'avoir pu se contenter là-dessus : telle est la condition générale des hommes. Ceux d'entr'eux que la nature avoit destinés par leurs talens, à porter le flambeau dans les régions reculées & inconnues de la connoissance humaine, en parvenant au plus grand âge qu'il soit donné à l'homme d'atteindre, meurent toujours trop tôt.

Il ne nous a rien laissé que le titre de la cinquième partie de ses anticipations, *Anticipationes Philosophiæ secundæ*. C'étoit le projet d'un système formé d'après un certain nombre de phénomènes qu'il avoit ou éprouvés, ou découverts, ou étendus. Il eût abandonné dans ce cas, sa méthode propre d'induction, pour s'assujettir à la forme de concevoir, qui est commune au gros des esprits ; se proposant ensuite de renverser cet édifice, pour le rééfidier des mêmes matériaux, selon sa manière de philosopher ; ce projet auroit fourni un moyen sûr de juger de l'une & de l'autre méthode.

Ce qui devoit enfin couronner son ouvrage ; ce qui étoit destiné à en former le sommet, ce qui en auroit fait la partie la plus sublime, c'eût été une chaîne Philosophique d'axiomes, qu'il eût intitulé : *Philosophia prima seu activa*. Cet ouvrage auroit été le terme & la consommation de tous ses travaux. Comme il en connoissoit toute l'importance, il ne se proposoit d'y arriver qu'en déployant à chaque pas l'examen le plus exact & le plus rigoureux, & l'application la plus austère de tous les principes qu'il avoit posés.

Personne ne sentoit mieux que lui la difficulté de ce dessein. Aussi désespéroit-il d'en venir à bout. Les sçavans de tous les pays s'en sont occupés jusqu'à présent, ils se sont distribués entr'eux chaque branche de la connoissance humaine ; il y a de l'apparence qu'ils continueront à travailler avec la même assiduité & sur le même plan, & qu'il s'écoulera bien des siècles encore, avant qu'on voie le système de l'entendement humain aussi généralisé, que Bacon l'auroit souhaité.

Voilà le tableau des vues illimitées que cet homme étonnant s'étoit formées en lui-même, pour l'avancement général des sciences ; voilà ce dont

dont il remplit tous les momens de sa vie, c'est-là qu'il dirigea tous ses travaux. On peut lui appliquer avec vérité, ce que César disoit de Cicéron, qu'il étoit plus glorieux d'avoir étendu les limites de l'esprit humain, que d'avoir reculé celles de la domination romaine. C'étoit, en effet, ce que Bacon avoit exécuté.

Au milieu des intrigues de la cour & des occupations de sa charge, qui demandoient un homme tout entier, il trouva cependant, dit Voltaire, le tems d'être grand philosophe, bon historien, écrivain élégant; & ce qui est encore plus étonnant, c'est qu'il vivoit dans un siècle où l'on ne connoissoit guères l'art de bien écrire, encore moins la bonne philosophie. Il a été, comme c'est l'usage, parmi les hommes, plus estimé après sa mort que de son vivant. Ses ennemis étoient à la cour de Londres, ses admirateurs étoient les étrangers. Descartes fait pour sentir & pour apprécier le mérite par-tout où il l'aperçevoit, desiroit que quelqu'un voulut entreprendre l'histoire des apparences célestes selon la méthode de Bacon, tant cette méthode lui paroissoit un guide sûr dans l'étude des sciences & dans la recherche de la vérité. Gassendi, ce restaurateur de la philosophie corpusculaire, ce philosophe si sage, qui joignit à une érudition très-choisie & très-bien digérée un jugement droit & sain, parle de Bacon avec une sorte d'enthousiasme, & ce qu'il en dit a d'autant plus de poids qu'il fait sortir l'éloge de ce grand homme de l'exposition de ses vues.

» Ce génie vaste, dit-il, entra d'abord en possession de la nature, pour ressusciter ses droits, & changer la face de la philosophie. Il vit qu'on n'y connoissoit rien, & que tout étoit perdu, si l'on ne changeoit de route. Il imagina une logique toute nouvelle, qui donneroit des choses à la place des mots, & des arts pour des raisons. Il inventa le doute pour discuter les notions & reformer les principes. Il détruisit & renversa toutes les idoles de l'entendement, domestiques (1) ou étrangères. Il apprit à régler la marche de l'art sur les pas de la nature, par une anatomie exacte des ressorts & des mouvemens de tous les corps, végétaux ou inanimés. Il conçut la transformation artificielle de la matière, d'après cette analyse infinie dans ses combinaisons. Sa logique étoit toute faite pour sa physique, par opposition à celle d'Aristote, qui raisonne des faits particuliers d'après les axiomes généraux, au lieu que Bacon établit les axiomes généraux sur le détail des faits particuliers suivis l'un après l'autre, & sans intervalle. Aussi désaprouva-t-il le syllogisme, tel qu'on l'emploie dans l'école, parce qu'il porte constamment sur des propositions mal discutées. Enfin tout fut nouveau dans sa philosophie, jusqu'aux termes; & c'est ce dont on ne doit pas faire un crime (1) à un génie créateur comme le sien. »

Ajoûtons à tant d'éloges si flatteurs & si mérités, (2) celui d'un profond connoisseur, (3) qui a étudié Bacon avant de le peindre, & qui l'a représenté avec ces traits énergiques & ressemblans, qui honorent également le peintre & son modèle.

» A la tête des illustres philosophes des derniers siècles doit être placé l'immortel chancelier d'Angleterre, François Bacon, dont les ouvrages si justement estimés; & plus estimés pourtant qu'ils ne sont connus, méritent encore plus notre lecture que nos éloges. A considerer les vues saines & étendues de ce grand homme, la multitude d'objets sur lesquels son esprit s'est porté, la hardiesse de son style qui réunit partout les plus sublimes images avec la précision la plus rigoureuse, on seroit tenté de le regarder comme le plus grand, le plus universel, & le plus éloquent des philosophes. Bacon né dans le sein de la nuit la plus profonde, sentit que la philosophie n'étoit pas encore, quoique bien des gens sans doute se flatassent d'y exceller; car plus un siècle est grossier, plus il se croit instruit de tout ce qu'il peut sçavoir. Il commença donc par envisager d'une vue générale les divers objets de toutes les sciences naturel-

___

(1) C'est ce que Bacon appelle *idola tribus*, c'est-à-dire, les erreurs de famille, ou naturelles à notre espèce, telle qu'est l'habitude de juger de tous les objets par les rapports qu'ils ont avec nous, *en analogia hominis*, & *idola fori*, les erreurs du dehors, c'est-à-dire les préjugés du climat & de l'éducation.

Philosophie anc. & mod. Tom. I.

___

(1) C'est ici qu'il faut appliquer ces vers de l'art poëtique d'Horace.

... si fortè necesse est
Indiciis monstrare recentibus abdita rerum,
Fingere cinctutis non exhaudita cethegis
Continget, dabiturque licentia sumpta pudenter.

(2) Le journal des savans du 9. mars 1666. lui rend aussi son hommage en ces termes:

« Ce grand chancelier est un de ceux qui ont le plus contribué à l'avancement des sciences. Le second livre du *novum organum* est un ouvrage excellent que cet auteur a consideré comme son chef-d'œuvre. La Philosophie naturelle qu'il appelloit fondement de toutes les autres sciences, fut le principal objet de ses travaux. Il fit comme les grands architectes qui commencent par tout abattre, pour élever leur édifice sur un plan tout nouveau. Pour ce dessein il avoit résolu de faire tous les mois un traité de Physique; il commença par celui des vents, ensuite celui de la chaleur, celui du mouvement; enfin celui de la vie & de la mort ».

(3) M. d'Alembert, préface de l'encyclopédie.

» les ; il partagea ces sciences en différentes
» branches, dont il fit l'énumération la plus exacte
» qu'il lui fût possible : il examina ce que l'on sça-
» voit déjà sur chacun de ces objets, & fit le
» catalogue immense de ce qui restoit à décou-
» vrir : c'est le but de son admirable ouvrage *de
» la dignité & de l'accroissement des sciences hu-
» maines.* »

« Dans son *nouvel organe des sciences*, il per-
» fectionne les vues qu'il avoit données dans le
» premier ouvrage : il les porte plus loin, & fait
» connoître la nécessité de la physique expérimen-
» tale, à laquelle on ne pensoit point encore.
» Ennemi des systêmes, il n'envisage la philoso-
» phie que comme cette partie de nos connois-
» sances, qui doit contribuer à nous rendre meil-
» leurs, ou plus heureux : il semble la borner à
» la science des choses utiles, & recommandé par
» tout l'étude de la nature ; ses autres écrits sont
» formés sur le même plan ; tout, jusqu'à leurs
» titres, y annonce l'homme de génie : l'esprit
» qui voit en grand. Il y recueille des faits, il y
» compare des expériences, il en indique un
» grand nombre à faire, il invite les sçavans à
» étudier & à perfectionner les arts, qu'il regarde
» comme la partie la plus relevée & la plus essen-
» tielle de la science humaine : il l'expose avec
» une simplicité noble, *ses conjectures & ses pensées*
» sur les différens objets dignes d'intéresser les
» hommes ; & il eût pû dire, comme ce vieillard
» de Térence, que rien de ce qui touche l'hu-
» manité, ne lui étoit étranger : science de la
» nature, morale, politique, œconomique, tout
» semble avoir été du ressort de cet esprit lumi-
» neux & profond : & l'on ne sçait ce que l'on
» doit le plus admirer, ou des richesses qu'il ré-
» pand sur tous les sujets qu'il traite, ou de la
» dignité avec laquelle il en parle. »

« Ses écrits ne peuvent être mieux comparés
» qu'à ceux d'Hyppocrate sur la médecine ; & ils
» ne seroient ni moins admirés, ni moins lus, si
» la culture de l'esprit étoit aussi chère au genre
» humain, que la conservation de la santé. Mais
» il n'y a que les chefs de secte en tout genre,
» dont les ouvrages puissent avoir un certain éclat.
» Bacon n'a pas été du nombre, & la forme de
» sa Philosophie s'y opposoit ; elle étoit trop sage
» pour étonner personne : la scholastique qui domi-
» noit de son temps, ne pouvoit être renversée
» que par des opinions hardies & nouvelles ; &
» il n'y a pas d'apparence qu'un Philosophe qui
» se contente de dire aux hommes, *voilà le peu que
» vous avez appris, voici ce qui vous reste à cher-
» cher*, soit destiné à faire beaucoup de bruit par-
» mi ses contemporains. Nous oserions même faire
» quelque reproche au chancelier Bacon d'avoir
» été peut-être trop timide, si nous ne sa-
» vions avec quelle retenue, & pour ainsi dire,

» avec quelle superstition on doit juger un génie
» si sublime. Quoiqu'il avoue que les scholastiques
» ont énervé les sciences par leurs questions mi-
» nutieuses, & que l'esprit doit sacrifier l'étude
» des êtres généraux à celle des objets particu-
» liers, il semble pourtant par l'emploi fréquent
» qu'il fait des termes de l'école, quelquefois
» même par celui des principes scholastiques, & par
» des divisions & subdivisions, dont l'usage étoit
» alors fort à la mode, avoir marqué un peu trop
» de ménagement ou de déférence pour le goût
» dominant de son siècle : ce grand homme, après
» après avoir brisé tant de fers, étoit encore rete-
» nu par quelques chaînes, qu'il ne pouvoit ou
» n'osoit rompre ».

Après avoir rassemblé les traits les plus marqués du caractère moral de Bacon ; après l'avoir montré sous le rapport d'homme public, il nous reste à le considérer comme savant & comme Philosophe. Si dans le premier de ces tableaux l'observateur sévère a pu être choqué de quelques traits, d'ailleurs ressemblans ; s'il a désiré quelquefois de les effacer pour ne laisser voir que ceux qui rendent Bacon si cher, si recommandable à la postérité, ce même observateur n'aura pas besoin de la même indulgence pour juger favorablement du génie & des vues profondes & neuves qu'offre la Philosophie du baron de Vérulam ; il pourra se livrer sans effort & sans scrupule au sentiment d'admiration qu'on éprouve en étudiant les ouvrages de ce grand homme, & l'éloge qu'il en fera, sera aussi pur que le plaisir qu'il aura ressenti en se livrant à cette lecture si variée & si instructive.

Nous n'avons donné jusqu'ici des principaux ouvrages de Bacon & de l'objet de chacun en particulier qu'une idée générale & sommaire ; idée très-imparfaite, sans doute ; mais telle à-peu-près qu'on pouvoit l'exiger & la présenter dans un précis historique où les faits les plus importans se pressent, se précipitent en quelque sorte, les uns sur les autres & se succèdent très-rapidement. Nous allons présentement traiter particulièrement de la Philosophie de Bacon ; nous mettrons dans cette analyse, où tout doit être consacré à l'instruction & à l'utilité, toute l'exactitude dont nous sommes capables ; nous aurons soin de ne rien omettre d'essentiel, & de justifier aux yeux de nos lecteurs l'estime, si l'on veut, l'enthousiasme avec lequel nous parlons ici de Bacon : nous tâcherons sur-tout de faire naître en eux le désir de lire l'original où la flamme du génie brille à chaque page, où tous les traits semblent respirer, & ont pour ainsi dire, du mouvement & de la vie, espèce de mérite que ne peut jamais avoir une copie quelque fidèle qu'elle soit, & qui laisse toujours entre elle & le modèle un intervalle immense.

Pour mettre quelque ordre dans notre travail &

afin de faciliter au lecteur les moyens de saisir l'ensemble de la Philosophie de Bacon, nous avons rassemblé sous des titres généraux ses principales idées sur chaque objet de ses méditations. Cette méthode n'est pas, sans doute, celle que le génie préfere & qu'il suit dans sa marche libre & rapide ; mais elle nous paroît nécessaire dans une analyse où les idées doivent être classées & liées fortement les unes aux autres pour en laisser voir plus distinctement les différens résultats.

Apologie des Sciences.

Les sciences énervent les forces, amolissent le courage, nuisent aux mœurs & à la politique. La curiosité nous égarant dans un labyrinte de maximes opposées & d'exemples qui se détruisent, l'esprit flotte dans une incertitude dangereuse, ou bien il s'attache avec roideur à des principes abusifs & trompeurs dans la pratique.

L'entêtement qui naît de l'admiration, produit l'esprit de parti, si contraire à la paix.

L'étude éteint le goût pour les divers états de la vie civile, & sur-tout pour la profession tumultueuse des armes, en inspirant l'amour du repos & de la solitude.

Les discussions de l'école sappent l'autorité de la religion, parce qu'elles apprennent au peuple à douter & à disputer, au lieu de croire & d'obéir. Enfin, comme on le reprochoit à Socrate même, le plus sage des savans, la Philosophie n'est souvent que l'art pernicieux de donner les couleurs de l'équité à l'action la plus noire, & de dérober la vérité sous les faux jours de l'éloquence.

Voilà le crime des lettres, & voici leur défense.

Les bonnes mœurs & les beaux arts se sont toujours suivis dans l'histoire des grands empires : les siecles des Philosophes touchent aux siecles des héros, les fameux triomphes servent d'époques aux plus rares productions du génie ; & de même que la force du corps & la vigueur de l'esprit croissent ensemble & se développent au même âge, ainsi vit-on dans les plus célebres républiques la gloire des lettres accompagner toujours celle des armes.

L'amour de la vertu naît de la connoissance du véritable bonheur, qu'on trouve plutôt dans le silence du cabinet qu'au sein du trouble & de ce reflux perpétuel des passions qui mêlent & divisent les hommes.

Quand bien même le Pyrrhonisme seroit le fruit de l'érudition, ce goût pour l'indolence qu'on reproche aux savans, menace-t-il la tranquillité publique ? La férocité appartient à l'ignorance, qui ne connoit de droits que la force : en effet les siecles de barbarie & de ténebres furent toujours ceux de la révolution des empires.

Si la Philosophie inspire l'indépendance, elle n'aspire pas du moins à la domination. Appellera-t-on encore paresse l'art de penser, & cette activité continuelle de l'esprit qui rappelle incessamment à l'homme son existence ?

Les sciences ne menent pas aux richesses ; mais a-t-on oublié que la pauvreté est le véritable trésor de la vertu ? Une vie obscure & retirée, dès qu'on n'y est pas réduit par la foiblesse du caractere, ou abaissé par le désordre des affaires qu'entraîne celui de la conduite, a bien plus d'attraits aux yeux du sage, que le grand jour des postes éclatans. Heureuse situation qui nous met à l'abri des honneurs qui corrompent l'ame, & des revers qui la désolent ! le défaut d'intrigue & d'usage du monde est du moins compensé par la droiture qui devient alors nécessaire.

Le manége est la ressource des ames foibles, comme l'escrime est le métier des lâches.

Que peut-on conclure de cette négligence dans le maintien dont on fait un ridicule aux spéculatifs ? Sinon qu'un esprit au-dessus des minuties, n'en est que plus propre aux grandes choses. Il n'y a pas de doute que les savans aidés de l'expérience, ne montassent au sommet des honneurs & des dignités plus vite que le commun des hommes, s'ils pouvoient se résoudre à servir sa fortune, & sur-tout à la suivre par ces routes obliques & tortueuses qui menent à la faveur. Manquent-ils de lumieres, ou d'adresse ; Qui le dira ; Mais ramper, mais courir après des objets dont on voit le vuide & le néant ! ...

L'indifférence qui fait qu'on ne dépend ni de ses amis, ni de ses protecteurs, n'est-elle pas déjà la marque d'un courage & d'une grandeur d'ame qui méprise des liens aussi fragiles ? N'annonce-t-elle pas une probité & une simplicité de mœurs qui se renferme en elle même, contente d'attendre, pour se produire, l'occasion d'être utile ? Otez encore à l'homme cette espece de liberté, & vous n'en ferez qu'un vil esclave qui trafiquera de sa candeur & de vos foiblesses ; comme si c'étoit le caractere de l'amitié de se prêter aux inclinations d'autrui pour les tourner au profit de nos penchans.

Platon comparoit Socrate à ces vases de la pharmacie qui ne présentent au déhors qu'une figure de singe, de satyre ou de hibou, mais qui renferment les baumes les plus précieux. Tels font ces philosophes dont on n'observe que la rudesse & la causticité, sans pénétrer au fond de leur ame où le génie & les vertus habitent comme dans leur sanctuaire.

Quant au mépris qu'on attache à la profession d'instruire la jeunesse, doit il aussi retomber sur les lettres; ou parce que l'enfance est un état de foiblesse, le soin de la perfectionner sera-t-il un emploi bas & honteux? Que la scène couvre le pédantisme de ridicule, il n'est pas moins certain que la plupart des républiques n'auroient pas eu besoin de faire tant de loix pour réformer les hommes, si elles avoient pris la précaution de former les mœurs des enfans.

Comment les lettres nuiroient-elles à l'esprit de société, elles qui répandent la douceur dans le caractère & l'urbanité dans les manières, à moins qu'on ne leur attribue aussi le poison de la fausseté qui règne dans la politesse? Si quelqu'un veut rendre les arts comptables de la corruption qui accompagne le luxe, qu'il observe les effets de l'ignorance & des sciences en Asie, & si la stupide croyance du musulman l'a rendu meilleur que le chinois ne l'est dans sa tolérance ou son impiété déterminée; car ces deux peuples sont également gouvernés par le despotisme. Si l'un vivoit donc sous des loix plus douces & plus humaines, s'il étoit plus heureux, à quoi le devroit-il, sinon aux lumières de ses *lettres*? Si l'autre rampe & gémit sous le joug de la superstition, n'est-ce pas l'ignorance qui l'entretient dans son esclavage?

Mais quel que soit l'effet des arts & des sciences par rapport aux mœurs, l'expérience a fait voir que les rois philosophes assurent le bonheur des peuples & la prospérité des états. S'ils ont comme les autres princes les vices de l'humanité & ceux de leur condition, les lumières qu'ils puisent dans l'habitude de la réflexion sont un préservatif contre les excès violens & irréparables de leurs passions; les livres leur parlent au moins, quand leur conseil se tait.

C'est à de vils esclaves qu'on laisse la conduite des bêtes, & les tyrans n'ont que la honte de commander à des esclaves.

La servitude avilit le despotisme; mais y a-t-il rien de plus glorieux que de régner sur des ames libres? Tel est l'empire qu'exerce la raison éclairée par l'étude; les préjugés & les passions, tout lui obéit sans résistance & sans contrainte.

Il n'est pas jusqu'aux habiles imposteurs que les prestiges de l'éloquence ont rendu maîtres des consciences, qui ne ressentent un plaisir touchant de leur autorité sur les esprits; sentiment plus exquis & plus doux que la mort & les supplices ne sont affreux. Que seroit-ce de triompher par la force de la vérité? C'est une gloire digne de la divinité même, & qu'elle se plait à partager avec les ames d'une intelligence supérieure.

Les services des héros sont bornés à leur patrie, à leur siécle, tandis que le génie étend le bienfait de ses lumières de rivage en rivage & jusqu'aux âges les plus reculés. Là, ce sont des pluyes d'orage qui désolent de vastes pays, avant de fertiliser un champ, ici, ce sont de paisibles rosées qui portent la fécondité sur toute la terre.

Où puise-t-on, si ce n'est dans la contemplation de la nature, l'heureux secret de n'être ébloui de rien; & l'admiration, fille de l'ignorance, n'est-elle pas la source de nos travers? La nouveauté sur tout & l'éclat nous frappe & nous séduit; mais il n'y a qu'à lire l'histoire des temps & percer un peu le voile des choses humaines, bientôt ce qui paroissoit extraordinaire, ne l'est plus.

On se laissera bien moins étonner de la pompe & du faste de la grandeur, quand on appercevra de loin dans l'immense étendue de l'univers les habitans de la terre, comme des insectes presque imperceptibles, s'agiter & se rouler autour d'un léger amas de poussière.

Fût-il bien décidé que la carrière des lettres conduit moins à la fortune que la voie des armes, celles-là mériteroient toujours de fixer notre choix, par le seul plaisir de les cultiver.

Ou le succès inespéré d'un projet qui a coûté bien des peines, n'a rien de piquant pour une ame ambitieuse, ou les rêveries d'un homme de lettres sont plus délicieuses que les emportemens de la sensualité.

Le dégoût est si près de la jouissance dans les plaisirs des sens! C'est une fleur dont le parfum s'évapore & dont l'éclat s'éteint sous la main qui la cueille.

La plupart des objets nous enchantent moins par eux-mêmes, que par la bizarrerie des couleurs que leur prête l'imagination.

D'où vient que la volupté règne dans les cabanes, & que les ennuis assiégent la cour; que les macérations produisent les extases, & que l'ambition & les conquêtes traînent à leur suite des langueurs de la mélancolie ? Il faut au contraire qu'il y ait dans l'esprit de l'homme un fonds inépuisable de curiosité pour connoître ce qui l'environne, comme si la spéculation étoit une seconde manière de jouir, & que l'étude soit un aliment bien naturel à notre avidité, puisqu'on ne peut s'en rassasier dans aucune saison de la vie.

Enfin l'espoir de subsister dans la mémoire des hommes vaut peut-être les richesses. Nous travaillons tous pour l'immortalité. Les philosophes même qui ne reconnoissoient point un autre monde, ont voulu s'assurer la possession de celui-ci.

Le désir de se produire & de perpétuer sa gloire & son existence, est écrit par tout; la solemnité des loix du mariage, les titres de noblesse, les inscriptions mêmes des tombeaux ne disent pas autre chose.

Mais quels monumens aussi durables que ceux de l'esprit ? Combien le temps a dévoré de palais, de temples & de villes, depuis qu'Homère est à la tête de tous les génies ? Les tableaux d'Apelles & les statues de Phidias ne sont plus, les modèles en ce genre périssent bientôt, les copies deviennent tous les jours plus infidelles, mais les écrivains célèbres vivront à jamais dans leurs ouvrages, le temps n'altère point leurs traits, le germe de leur fécondité pénètre l'ame des lecteurs & vivifie leurs productions.

Quelles délices pour un cœur avide de réputation, après avoir rempli de sa propre influence cette partie de l'univers qui l'environne, de jouir de son immortalité par l'avant-goût que donne l'espérance, & de mourir avec ce témoignage que son nom va passer au-delà des siècles & des mers !

De l'abus des sciences.

Nos passions ont infecté, de leur venin, toutes les professions. L'amour de la gloire & la curiosité sont les motifs les moins vicieux qu'on soit forcé de pardonner aux savans. Mais faut-il que l'ambition, la cupidité, l'esprit d'orgueil & de jalousie animent les talens ? Cependant les sciences devoient être un magasin ouvert à tous les besoins de la société : graces à la corruption ou à la foiblesse de l'humanité, la satyre a pu les peindre comme un asyle de l'indolence, & comme un vaste champ où l'imagination s'égare dans ses vagues élancemens; tantôt comme un mont sourcilleux d'où la vanité philosophique considère les humains avec une pitié dédaigneuse, & tantôt comme une espèce de fort où l'esprit de chicane s'exerce à la dispute; enfin comme un marché public où les arts deviennent des denrées de commerce.

Le grand nombre des savans n'a étudié que pour s'arroger l'orgueilleux mérite d'instruire : les plus curieux ont sacrifié leur fortune à la gloire d'une invention stérile; d'autres n'ont cherché qu'à étendre & à grossir le volume des sciences, pour leur donner du prix par la difficulté de les posséder; les spéculatifs vouloient charger leur mémoire de tous les systêmes, avant de chercher le véritable; les mieux intentionnés se contentèrent d'expliquer les phénomènes déja connus, sans penser qu'une découverte nouvelle aggrandit plus l'Empire de la philosophie que le registre exact de ses anciennes conquêtes; & puisqu'on ne peut le désavouer, faute de terme, on n'a fait que des écarts perpétuels.

Il y a du vide dans les sciences, comme dans toutes les choses humaines; le frivole & le faux s'y glissent. Les matières solides ont dégénéré quelquefois, & se sont perdues dans une foule de questions abstraites & puériles.

On appelle cette précision d'idées qui décompose tout, finesse de pénétration; mais une Métaphysique qui énerve l'esprit, sous prétexte de l'aiguiser, une Logique qui répand des doutes sur l'évidence même, est-elle fort utile ? Des hommes d'une profession oisive, qui portoient de leur cellule dans les écoles une humeur chagrine & querelleuse, très-peu versés dans la connoissance des tems, encore moins dans l'étude de la nature, ont inventé ce langage épineux au moyen duquel on s'entend à-peu-près, comme si l'on parloit toutes les langues ensemble. De-là, ce mépris de la doctrine qui retombe sur la religion & sur ses ministres. Que résultera-t-il des dissentions scholastiques & de la contradiction de tous les systêmes ?.... cette unique vérité. Que tout n'est qu'erreur.

C'est ce dégoût pour le style barbare des théologiens qui a toujours favorisé les novateurs. Aussi Luther qui avoit besoin de séduire le peuple, eut recours à l'enchantement de l'éloquence; car l'homme a je ne sais quelle maladie de passion qui le fait céder aux charmes de la parole, & l'imposture en profite pour surprendre la crédulité : celle-ci abusée, étend & perpétue son erreur.

L'enthousiasme est une suite de l'égarement : y a-t-il rien qu'on veuille si fort persuader que ce que l'on a cru le plus à la hâte ? C'est en ce sens que l'esprit le plus simple doit être le plus ferme apôtre d'un nouveau dogme.

On reçoit les faits sans méfiance : les annales de l'église fourmillent de traits apocryphes, qui ont fait au christianisme une plaie dont il ne guériroit jamais sans le plus grand de tous les prodiges, & si la main qui l'a fondé parmi les persécutions ne le sauvoit des atteintes du faux zèle. Les écrivains de l'histoire naturelle qui n'avoient pas le même intérêt à s'abuser & à tromper, ont débité de bonne foi des faussetés grossières, leur érudition en a imposé; & combien d'absurdités ont pris créance sur leur témoignage?

On embrasse des erreurs sans réflexion & comme par instinct. Il y a des choses qui ont tant d'affinité avec notre imagination!

L'homme croit aisément ce qu'il craint ou ce qu'il désire. Ainsi l'astrologie qui donnoit au ciel une espèce d'influence bénigne sur la terre, a trouvé du crédit dans les esprits; & bientôt des fourbes ont pris occasion d'en faire un art lucratif. Une autre espèce d'imposteurs a profité de la crainte des enfers pour imaginer un commerce des morts avec les vivans, & la magie est devenue une science. Voilà comme le mensonge a tout corrompu.

On suit des opinions au hasard par un respect aveugle pour les grands noms qui les ont avancées: cette timidité donne, à certains auteurs, un empire despotique. Ce sont des dictateurs que le peuple a créés pour ordonner souverainement, & qu'il n'a jamais la force de déposer. Secouez cette servile déférence; l'assujettissement aux idées d'autrui ne convient qu'à l'enfance qui est l'âge de l'ignorance & de la soumission; encore le disciple ne doit-il à son maître qu'une confiance passagère, jusqu'à ce qu'il soit à portée de rejetter ses sentimens ou de changer son adhésion au système par un examen personnel. Respectons les auteurs; mais attendons encore plus du tems, le plus sûr de tous les maîtres, parce qu'il tient la vérité dans son sein.

Alors tombera cette autre superstition qui nous tient prosternés aux pieds de l'antiquité: il faut y recourir sans doute, & après avoir découvert le bon chemin par son moyen, le suivre sans s'arrêter après un guide que les ans ont rendu chancelant. Mais rien ne perpétuera davantage la vénération pour les anciens que les sottises des modernes. Les charlatans de l'école qui devoient décréditer Aristote en l'interprétant si mal, le firent admirer, dès qu'ils voulurent l'abandonner ou le combattre.

L'amour de la nouveauté est un excès tout opposé qui jette dans d'autres écarts. Aux siècles d'abondance & de génie succède le règne de l'esprit. Tout est brillant & symmétrisé; les sentences remplacent le sentiment; des tours, & point d'invention; l'artifice donne un air ingénieux aux pensées qui le sont le moins. C'est la manie de la médiocrité de vouloir tout embellir: au lieu de produire & d'enrichir, on s'épuise en ornemens. On détruit un système qu'on pouvoit perfectionner: il faudroit abréger, éclaircir; on commente, on surcharge; ce sont les revenus de la littérature qui grossissent, mais à fonds perdus.

Chose singulière! les arts méchaniques ébauchés par les inventeurs, ont reçu lentement & par degrés leurs accroissemens de perfection; la plupart des sciences au contraire, portées du premier essor à leur faite, ont toujours dégénéré, comme si elles étoient des plantes étrangères à la nature, qui doivent sécher sur pied & disparoître dans le sein de l'oubli, tandis que les arts enracinés, pour ainsi dire, dans les besoins de l'homme, ont un esprit de vie qui les soutient contre les ravages du tems; & qui les ressuscite après la révolution des incendies & des déluges. Mais il y a une raison plus sensible encore de ce contraste: c'est que dans le premier cas tous les esprits viennent au secours d'un seul pour achever son ouvrage, & que dans l'autre cas, tous les esprits sont accablés par un seul qu'ils veulent éclipser; effets bien différens de l'émulation & de la jalousie.

Les savans à système, & la plupart des gens de lettres, sont comme les ottomans, qui, pour régner en sûreté, commencent par égorger leurs frères (1).

Point de maladie si délicate que cet affolement de l'amour-propre, qui nous passionne pour nos idées; on veut tirer de son fonds, on invoque sans cesse son génie dont les oracles nous égarent d'autant plus dangereusement, qu'ils flattent notre vanité. Un métaphysicien asservit l'expérience à sa dialectique, un chymiste ne connoit d'autre école de Physique que son laboratoire; l'un a perdu des années à forger son système; l'autre a fondu sa fortune dans son creuset: le moyen de leur ôter cette chimère qui leur a tant coûté?

Mais une prévention bien pernicieuse, c'est de s'imaginer que tout est trouvé, que nos pères n'ont rien laissé à faire à leurs neveux; cependant la nature a repris une partie de ses secrets que le cours des révolutions emporte: le tems en produit chaque jour de nouveaux.

Admirons la contradiction de l'homme: avant l'événement tout lui paroit impossible, mais après coup rien n'étoit plus aisé. Une découverte inconnue, pendant vingt siècles, seroit-elle réservée à nos jours, disons-nous d'abord? Comment pouvoit-on ignorer une chose aussi simple, ajoutons-nous, dès l'instant du succès?

Les sciences sont impérieuses; l'art de douter est

___

(1) Aristoteles, more ottomanorum, regnare se haud tuto posse putabat, nisi fratres suos omnes contrucidasset. de augment. scientiar. l. 3 cap. 4. p. m. 191.

le meilleur secret pour apprendre ; rien n'égare & ne retarde comme la présomption qui donne à tout un air de certitude. Assurer d'abord & puis douter, c'est renverser l'ordre, & finir par où l'on auroit dû commencer. Ce ton magistral qui régne dans l'école, veut établir la conviction avant l'examen, & réduire toutes les questions en principes : c'est le moyen de tout perdre, & ce qu'on avoit acquis, & ce qu'on pouvoit acquérir.

Enfin l'adulation a tout à la fois dégradé les sciences, & deshonoré les sçavans. Pourquoi cet usage des dédicaces ; comme si la vérité avoit besoin de recommandation étrangère ? Du moins les anciens ne choisissoient-ils que des amis pour protecteurs de leurs écrits ; c'étoit un présent & non pas un hommage qu'ils prétendoient en faire, ils ont quelquefois adressé des ouvrages aux rois ou aux grands, pour les instruire, jamais pour les flatter.

Que dire de ces éloges où l'on érige une Fausline en Lucrèce, une Hécube en Hélène ? Pitoyable langage de la servitude, qui mandie une faveur aussi vile que ses talens ! Mais si l'indigence traîne quelquefois un auteur aux pieds de la fortune ou de la grandeur, que celle-ci rougisse d'avoir attendu des vœux qu'elle devoit prévenir.

De la méthode.

La méthode est comme l'architecture des sciences, elle fixe l'étendue & les limites de chacune, afin qu'elles n'empiétent pas sur leur terrain respectif. Car ce sont comme des fleuves qui ont leurs rivages, leur source & leur embouchure.

Il a des méthodes profondes & abbrégées pour les enfans du génie, qui les introduisent tout d'un coup dans le sanctuaire, & levent à leurs yeux le voile qui dérobe les mystères au peuple.

Les méthodes classiques sont pour les esprits communs qui ne sçavent pas aller seuls. Ne diroit-on pas, à entendre les méthodistes de l'école, que le maitre & les disciples ont conspiré contre les sciences ? L'un rend des oracles avant qu'on le consulte, ceux-ci demandent qu'on les expédie : le maître par une fausse vanité cache le foible de son art, & le disciple par indolence n'ose pas le sonder.

Quelques axiomes hasardés sur des observations, faites sans choix, des commentaires chargés d'une érudition épisodique, le tout embarrassé de faits peu concluans ; voilà ce que les anciens nous donnoient pour le traité complet d'une science. Le bel artifice qui, le masque levé, ne laisse voir que de la pâleur avec un décharnement affreux.

Les tables, les préfaces, les plans ont encore aujourd'hui tout le prix des livres. Le corps de l'édifice ne vaut pas l'échaffaudage.

Les axiomes ont cet avantage, qu'ils dévoilent au moins le mérite & le génie d'un homme ; on voit d'abord s'il possede à fonds sa matiere, ou s'il ne va que jusqu'au tuf. Car des axiomes sont puériles, quand ils ne renferment pas le germe des choses. Ce doit être comme le suc extrait d'un riche fonds d'observation, qui tiennent lieu de preuves & de raisonnemens. Il n'appartient donc qu'aux maîtres de l'art de s'expliquer en axiomes, comme aux législateurs d'énoncer leurs volontés par des édits.

Les axiomes par leur précision donnent plus de jeu & d'exercice à l'esprit pour étendre & développer ses connoissances, au lieu que les méthodes trop détaillées ne laissent rien à faire, ni à espérer pour les progrès des sciences : seroit-ce un si grand mal d'en tenir la porte fermée aux curieux oisifs.

On est également diffus, ou par excès, ou par défaut de méthode.

Un traité méthodique, est une espèce de globe lumineux qui répand ses rayons de tous les côtés. Tout système bien ordonné répond de lui-même aux assauts de la dispute.

Comme un seul lustre éclaire mieux une salle, que cent flambeaux mal distribuées ; ainsi de courtes raisons heureusement rapprochées établiront solidement une vérité, au lieu que le temps se perd à lever tous les scrupules & à faire naître mille questions d'une seule, par des réponses toujours moins satisfaisantes.

Si vous voulez enter ou greffer, allez à la racine, & laissez les feuilles.

La philosophie naturelle nous conduit aux arts qui remontent vers elle par une liaison nécessaire ; dès qu'on la perd de vue, tout périt. L'astronomie, la musique, la méchanique, la médecine, la morale même & la politique, sont des branches du grand arbre ; si on les détache du tronc elles sécheront faute de séve. L'esprit philosophique est ce germe de vie qui se répand sur le chaos des sciences, & qui, comme le souffle de la divinité, crée un nouvel ordre de choses.

La méthode des dialecticiens, ou la logique

de l'école n'est qu'un tissu de pieges subtils que l'esprit tend au bon sens. Le jugement a une route naturelle, & une manière de raisonner plus simple.

Le syllogisme est si captieux, l'induction est si pesante, qu'on ne conçoit pas que des génies clair-voyans aient osé les mettre en vogue, s'ils n'avoient employé ces bataillons d'argumens, comme des troupes légères pour harceler & dérouter l'ennemi, dans la vue de faciliter le passage à leurs systèmes.

La marche de la méthode est de monter d'un axiome a l'autre, & par degrès, sans interruption jusqu'au premier, & de descendre successivement du principe à la dernière vérité qui en résulte ; mais en parcourant cette échelle double, un sophisme qui se glisse sur la route vous mène insensiblement à l'absurdité. Tel est l'abus de la forme syllogistique dont tout l'art consiste à déconcerter le raisonnement par un vain cliquetis de termes ambigus, ou à éluder ses traits au moyen d'une distinction magistrale que la prescription du temps a érigée en solution.

C'est une folie de vouloir assujétir tous les arts & tous les esprits à une méthode uniforme. Les mesures de la politique ne se calculent pas comme les dimensions de la géométrie.

Ces méthodes universelles dissipent le fruit des sciences, & n'en laissent que l'écorce.

On apprend tout dans les livres, excepté la manière de s'en servir ; c'est l'ouvrage de la réflexion.

La morale ne semble pas faite pour recevoir la loi de la méthode.

Nos actions ne sont pas liées, le commerce des hommes & le hasard qu'on ne prévoit pas, interrompent la chaîne du plan de conduite le mieux arrangé ; ainsi il arrivera que des maximes de morale éparses & sans suite feront toujours plus d'effet sur le cœur.

Qui le croiroit : la méthode qui semble abréger les voies de s'instruire, arrête le progrès des connoissances.

Les règles sont autant de limites ou d'entraves qu'on donne à l'esprit. Vos pas sont plus mesurés sans doute ; mais irez-vous bien loin ? Il faudroit sortir d'un si étroit horison, & s'étendre dans la sphère d'une certaine spéculation universelle.

On compare les règles & les maximes aux cylindres d'acier, qui ont besoin d'être polis à la lime pour représenter les objets ; en effet l'expérience seule décide de la vérité d'une méthode, & surtout de son utilité.

Une bonne manière d'enseigner, c'est de faire des questions. Cette épreuve décide de la pénétration de celui qui interroge, & de la portée de celui qui répond.

Les méthodes qui donnent cette teinture universelle, ou ce léger vernis d'érudition dont les demi-sçavans osent faire parade, ne ressemblent pas mal à ces magasins de mode où l'on trouve toute sorte de faux brillans à revendre.

De la nature.

La nature est un volume immense à dévorer, mais il faut commencer par l'abécédaire. Le philosophe, cet être sublime, daigne à peine descendre à la hauteur de ses pensées, pour jetter un coup d'œil rapide & superficiel, sur la vaste surface de l'univers qui l'environne. S'il vouloit s'abaisser au détail ; que ses vues s'étendroient bien davantage ! Mais il y a une certaine élévation, disons une enflure d'esprit, qui répond à l'ambition du cœur ; elle se repait d'idées générales & de projets magnifiques de système. C'est un piége adroit que la paresse tend à l'ignorance.

La nature se présente à l'observation sous trois aspects ; dans sa course ordinaire, où elle developpe sans effort les révolutions des astres & la production des végétaux & des animaux ; dans sa marche irrégulière, & interrompue par les obstacles qui naissent du mouvement universel, telle qu'on la voit s'écarter & se jouer dans les monstres & les êtres uniques ou informes ; enfin dans cette métamorphose que lui prête l'art & l'industrie des hommes ; c'est le règne de l'expérience.

L'homme ne peut aider la nature ou l'interpréter, qu'autant qu'il l'a connoîtra par des observations sur les faits. Mais quels sont nos instrumens pour l'appercevoir ? L'esprit & les sens ? L'un est trop subtil, & ceux-ci trop grossiers ; elle est d'ailleurs si bizarre. Il n'y a que deux moyens de la saisir ; le premier consiste à puiser les axiomes dans l'expérience ; & le second, à étendre l'expérience par les axiomes. L'entendement s'établit le juge, les sens lui servent de témoins, & les faits de preuves. Mais la nature en appelle sans cesse à elle-même de nos décisions.

Il faut d'abord travailler sur un fonds suffisant d'histoire naturelle & expérimentale, ramassé à nos propres frais, & ne pas nous en reposer sur la foi d'autrui. Cette histoire est semblable à un fleuve d'autant plus navigable que son lit est plus
chargé

chargé ; mais comme elle se trouve pleine de faits opposés & peu liés ensemble, elle doit être rédigée en forme de tables, qui abrégent les opérations de l'entendement, ou qui les mettent à profit par l'enchaînement. Ces tables sont la règle de l'induction qui met à part & repasse successivement les faits pour & contre le principe qui est à établir, sans oublier même les faits voisins ou limitrophes à la matière donnée. Cette induction est la clef de l'interprétation.

La plûpart des idées que nous avons sur la nature peuvent s'appeller les anticipations de l'entendement qui conclut, avant d'examiner. Cela n'empêche pas qu'elles n'ayent sur l'esprit humain l'autorité des principes : est-ce qu'une erreur de convention, ou qu'une même folie n'opèrent pas l'unité d'harmonie dans la société, du moins pour un temps? Mais l'interprétation de la nature porte sur des faits variés & répétés à l'infini, & sur des réflexions déliées : ce sont comme les mystères à la portée du petit nombre ; il suffit d'un homme au timon.

La nature est connue, a dit l'ignorance du vulgaire après la présomption des philosophes, il ne faut plus l'étudier : c'est un livre fermé jusqu'à présent ; on ne l'ouvrira donc jamais, a conclu le pyrrhonisme ; & les sciences ont également souffert de ces deux systêmes contradictoires. N'y auroit-il pas un parti mitoyen, qui prouveroit aux uns qu'on n'a pas assez vû, & aux autres, qu'on peut voir beaucoup ? Demandons à la raison si elle a fait son devoir dans l'étude de la nature ; mais qu'elle réponse attendre d'un juge qui est toujours partie dans sa cause ? Est-elle plus croyable aujourd'hui qu'autrefois ?

On manque la nature, ou parce qu'on l'observe au hasard & sans dessein, ou parce qu'on la poursuit avec trop d'acharnement. On veut la saisir toute entière dans un seul fait, elle ne s'y montre qu'à demi ; on attend qu'elle nous prévienne & s'arrête à nos yeux, elle ne fait que passer. Ces défauts contraires, jettent dans la philosophie une extrême incertitude & de longues erreurs. Tel est cependant l'enchaînement des opérations de la nature, que des phénomènes particuliers peuvent faire imaginer le systême entier & général, comme le gouvernement intérieur des familles a donné l'idée du gouvernement politique des nations.

Pour bien observer la nature, il faudroit dépouiller l'entendement de toutes les notions qui ne sont pas à lui ; avant de l'appliquer à la spéculation, écarter tout ce qu'il tient des sens, du préjugé, de l'éducation, de l'étude, car voilà de quoi notre raison est composée : c'est après avoir épuré ses idées par des considérations abstraites & indépendantes, qu'on entreroit avec des sens rafraîchis & des moyens nouveaux dans la carrière de l'observation, & que les objets se présenteroient, pour ainsi dire, dans leur nudité, & non avec les couleurs bisarres que leur prêtent nos systêmes. Il faudroit contempler ses ouvrages, tantôt dans l'ensemble de leur structure, & tantôt dans le rapport des pièces. Mais comme ce coup d'œil général absorbe l'imagination & ne laisse pas d'issue aux réflexions, que la seconde étude fatigue l'attention & dissipe les forces de l'entendement, c'est en faisant succéder alternativement ces opérations, que les vues s'étendent & deviennent plus sûres.

Un observateur doit toujours être en garde contre la première impression des objets, de peur d'être dupe de sa surprise.

On ne vient à bout de la nature qu'en lui cédant. On réussit mieux à la tromper qu'à la forcer : son cours est si oblique, qu'on manque sa piste, si l'on va toujours droit. Cependant l'art qui lui fait violence, l'oblige à se découvrir, comme on affecte de contredire un enfant pour faire sortir son caractère. Mais le tems la sert à merveille, en lui donnant le loisir de se développer.

L'étude de la nature est comme la fabrique des arts & des sciences. Si elles ont été des siécles entiers en proie à la barbarie, il faut s'en prendre au despotisme des théologiens, qui avoient renversé tous les principes du raisonnement. Le moyen d'avancer avec un voile sur les yeux & des chaînes aux pieds! La morale & la politique absorbèrent tous les génies vers les derniers tems de l'empire romain, c'est-à-dire, quand la corruption des mœurs & des loix le précipitoit vers sa ruine.

La Philosophie n'a encore eu à faire qu'aux empyriques, ou aux dogmatiques. Les uns assemblent beaucoup de provisions, comme la fourmi : les raisonneurs ne font que tendre des toiles, à l'exemple de l'araignée, sans doute pour surprendre la nature. Pourquoi ne pas imiter l'abeille, qui butine pour ouvrager ?

De l'expérience.

La nature doit beaucoup à l'art, & l'art doit tout à l'expérience. Celle-ci est la mère des systêmes.

Il y a une expérience usuelle qui sert aux arts, & une expérience théorique qui étend les progrès des sciences ; l'expérience usuelle procède des faits à d'autres faits, & l'expérience théorique va des faits aux axiomes. Car tel est leur enchaînement, qu'un fait développe un principe, ce principe produit de nouveaux faits, & ainsi successivement jusqu'à cette généralisation qui est comme la clef des mystères de la nature.

Mais au lieu de donner des aîles à l'entendement pour le faire voler tout d'un coup de la base de l'expérience au faîte des axiomes, il faut que les faits intermédiaires qui remplissent l'intervalle, l'arrêtent comme par autant de poids.

Les découvertes de l'expérience sont le fruit du hasard ou des recherches. Les arts utiles doivent la plûpart de leurs inventions, moins aux spéculations des philosophes (1), qu'à la faveur de la fortune. On a trouvé la poudre en cherchant toute autre chose, peut-être sans avoir aucune vue. Pourquoi supposer du génie à celui qui l'inventa? La boussole n'avoit aucun rapport avec les autres instrumens de la navigation, on ne pouvoit donc parvenir à cette découverte par la voie du raisonnement ou de l'expérience ; ce devoit être un don gratuit de la nature : elle a sans doute dans ses magasins quelque trésor d'un aussi grand prix, qu'elle nous réserve au moment que nous l'attendrons le moins ; on ne l'imagine pas, soyons du moins à portée d'en profiter. Quoique le temps enfante les merveilleux présens qu'elle fait à la terre, il est certain que l'industrie & l'étude hâtent, si l'on peut dire, le terme de son accouchement. Combien de siècles les hommes ont marché sur la soie, avant d'en connoître le prix & d'en composer leur parure ?

Un faiseur d'expériences est une espèce de chasseur qui suit la nature à la piste : mais que les courses inutiles ne le rebutent pas ; un seul phénomène le dédommagera de plusieurs jours perdus. On risque beaucoup plus à ne rien tenter, qu'à ne pas réussir ; la paresse nous prive de grands biens, & l'ambition ne nous dérobe que du temps. Mais y a-t-il ambition plus noble & plus louable que celle d'étendre sa puissance sur la nature, pour y puiser de quoi rendre les hommes plus heureux ?

C'est une pusillanimité pleine d'orgueil, qui avoue la foiblesse des efforts de l'homme, mais qui en rejette le mauvais succès sur une impossibilité prétendue. Pourquoi couper les aîles à l'expérience, & les nerfs à l'industrie? Si un homme s'attachoit à un phénomène particulier, tel que l'aiman, le flux & le reflux de la mer, à force d'étude & de combinaisons, il viendroit sans doute à bout de l'expliquer : mais on borne l'invention à donner aux choses un air de nouveauté, on ajoûte des ornemens, ou l'on retranche du volume de la matière ; on étend en un mot les superfluités du luxe, & cela s'appelle augmenter les richesses des arts.

Il y a de quoi s'étonner qu'on ait eu si tard recours à l'expérience pour éclairer les arts ; mais il n'en est pas des sçavans, comme des fondateurs des empires. Ceux-ci songent aux conquêtes avant d'établir des loix, & les premiers ne pensent aux arts, qu'après avoir bâti leurs systêmes.

Le meilleur observateur est celui qui recueille tout ce qui peut l'éclairer. Voilà la différence du philosophe au chymiste qui ne saisit dans les faits que ce qui revient à son profit. Un chymiste ne cherche qu'à extraire l'esprit de l'esprit ; & un philosophe veut tirer un principe d'une expérience : cela vaut bien de l'or.

Les faits sont toujours la vérification d'un principe.

En matière d'arts & de connoissances naturelles ; il n'y a d'axiomes vrais, que ceux qui sont fondés sur l'expérience. Ainsi toute abstraction est équivoque par elle-même. Il faut donc avoir une proposition en vue, quand on entame une opération. C'est la bonne manière de sonder les profondeurs de la nature, au lieu de chercher au hasard du merveilleux qui nous trompe toujours, ou parce que les phénomènes trop singuliers sont peut-être au dessus de notre intelligence, ou parce qu'on ne peut en tirer des conséquences pratiques & applicables au systême général.

L'expérience est la démonstration des démonstrations. L'évidence qui en résulte, lorsqu'elle ne se dément pas, nous met à l'abri de tout soupçon d'infidélité ou d'illusion : mais ce qui nous égare, ce sont les écarts des idées systématiques, quand nous confondons la ressemblance avec la chose même.

Les comparaisons sont du ressort de l'imagination naturellement vagabonde ; le jugement revient toujours au fait.

Philosophes, laissez d'abord opérer la méchanique, & ne raisonnez que d'après ses épreuves ; alors vos réfléxions étendront l'art & le perfectionneront.

L'expérience a besoin de longues tentatives, avant d'être réduite en art ; mais le grand défaut des hommes, c'est la démangeaison de jouir.

---

(1) Cette assertion, très-souvent répétée par des auteurs célèbres qui ont écrit depuis Bacon, n'en est pas plus vraie, comme je l'ai prouvé ailleurs. Elle est pour me servir d'une expression de Montesquieu, du nombre de ces choses que tout le monde dit, parce qu'elles ont été dites une fois.

On veut d'abord rendre la physique usuelle, soit pour se donner la gloire d'une découverte, soit pour attacher du crédit à sa profession. Ce sont des pommes d'or jettées sur votre chemin, pour vous arracher la victoire. Il faut s'en tenir long-temps aux faits lumineux, avant d'en venir aux faits pratiques. Donnez à ces principes féconds le temps de se développer, & vous en verrez éclore une armée de faits qui se rangeront d'eux mêmes en ordre de système, & formeront cette philosophie expérimentale qui assure l'empire de la rationelle.

L'histoire de cent peuples policés ne donne pas une aussi grande idée du genre humain, que le seul tableau de la république romaine: ainsi un traité de physique expérimentale vous fera mieux connoître la nature, que ne le feroit l'étude de tous les systèmes.

Il faut écrire à mesure qu'on opère. Ce recueil d'observations divisé en tables séparées par l'ordre des faits & des matières, s'appellera une expérience lettrée ou raisonnée. Ainsi l'histoire expérimentale sera la suite & l'explication de l'histoire naturelle.

Les mêmes observations & les mêmes calculs se trouvent également dans l'ancien & dans le nouveau système du monde, ainsi voit-on les expériences communes s'accommoder à toutes sortes de théories. L'expérience encore au berceau prendra pour sa mère indifféremment, quelque philosophie que ce soit; mais l'expérience murie & formée avec le temps & le travail, nous apprendra quelle est la véritable philosophie.

Le moyen de connoître la nature par les épreuves de l'expérience, c'est;

1°. De les varier. On s'exerce tantôt sur la matière ou le sujet; (la fabrique du papier ne comprend jusqu'ici que du linge, mais si on tentoit d'y mêler de la soie?) tantôt sur la cause ou l'agent; (l'expérience du miroir ardent ne s'est faite encore qu'aux rayons du soleil, mais si on l'essayoit au foyer d'un brasier allumé?) tantôt sur la quantité; & c'est ici qu'il faut prendre garde au raisonnement de la ménagère dont parle Ésope, qui s'imaginoit tirer chaque jour deux œufs de sa poule, en lui donnant deux provisions de grain; de même que celui qui penseroit qu'une double dose de matière ou de mouvement doit produire le même effet au double, verroit bientôt que les dégrés d'action & de puissance ne se calculent pas ainsi. Point de foi à l'expérience, si elle n'est tentée sous diverses combinaisons.

2°. De les étendre par la répétition. Le vin distillé devient plus fort; l'esprit de vin augmentera-t-il ou perdra-t-il sa force par une seconde distillation? L'argent vif jetté dans le plomb fondu prend de la consistance & perd sa fluidité, à mesure que le plomb se refroidit; si on lui donnoit plusieurs fois cette trempe, ne pourroit-il pas enfin devenir malléable? On apprend l'histoire dans une galerie de personnages; si ces mêmes tableaux représentoient les actions au lieu des hommes, ne seroit-ce pas un nouveau moyen d'aider & de fixer la mémoire?

3°. De les transporter; ou de la nature à l'art; ainsi l'or qui s'épure dans le sable, se rafine aussi dans le creuset; ou d'un art à un autre art, ainsi l'impression des cachets sur la cire a donné jour à l'invention & à la perfection de l'imprimerie: ou d'un fait à un autre fait, soit de même espèce, soit d'une espèce différente, ainsi l'effet de l'air sur les viandes indique celui qu'il opère sur la santé, toutefois avec de grandes restrictions.

4°. De les opposer par inversion; il faudroit voir si les expériences du froid confirment celles de la chaleur, ou si l'ombre éclaircit les phénomènes de la lumière.

5°. De les épuiser en poussant, pour ainsi dire, la nature à bout. On mesure les forces de l'aiman par le poids du fer, on éprouve le principe de sa vertu par l'application des corps qui l'altèrent ou la dissipent: c'est ainsi que les causes se découvrent par les extrèmes.

L'expérience est une espèce de question que l'art donne à la nature, pour la faire parler.

6°. De les réunir. Voulez-vous des roses dans l'arrière-saison? Coupez les premiers boutons à mesure qu'ils germent, vous aurez des roses tardives; ou bien déchauffez le pied du rosier pour tempérer la chaleur de la terre par la fraicheur de l'air, vous en aurez encore; mais si vous usez de ces deux précautions à la fois, les fleurs ne peuvent vous manquer aux jours que vous les désirez: il en sera de même des fruits. Combien de remèdes ne sont efficaces, que par la combinaison des matières dont ils sont composés? combien de corps, qui dans le mélange produisent un effet tout autre que dans la séparation?

7°. De les hasarder ou d'en tenter le sort (1) par une espèce de fureur expérimentale qui nous

---

(1) Restant fortes experimenti. Hic vero experimen andi modus planè irrationalis est, & quasi furiosus: um aliquid experiri velle animum subit, nos quia ut ratio, aut aliquod aliud experimentum te a i illud educat, sed prorsus quia similis res adhuc numquam entata fuit. de augment. scientiar. lib 4. cap. 2.

pousse vers les nouvelles découvertes. Les prodiges de la nature (1) sont hors de ses routes battues ; la singularité, l'extravagance même d'un projet le mène souvent à une heureuse issue. Ce qu'on adore comme un mystère caché, ne s'apperçoit pas, par cela même qu'il est trop palpable.

La cause de la consistance qu'on appelle solidité dans le fer & la pierre, peut se trouver dans les liquides. Mais comme si un terme expliquoit tout, on ne cherche point la raison pourquoi un corps ne se divise & ne se sépare plus. Qu'on observe comment la liquidité commence à disparoître dans ces bulles qui s'élevent sur la surface de l'eau, & qui semblent s'attacher & se lier pour former une espèce de corps solide, on découvrira la cause de la liquidité & de la solidité. Il faut donc étudier une cause dans toute la nature ; car si l'on s'amuse à tournoyer dans un petit cercle de faits ou d'espèces, on se fatigue sans avancer.

Enfin pour étendre l'empire de l'expérience à tous les arts, il seroit à souhaiter qu'un seul homme en possédât plusieurs, ou qu'il y eût du moins une correspondance établie entre les meilleurs artistes de chaque classe, & l'assemblage de ces divers rayons jetteroient un jour lumineux sur le globe des arts. O! l'admirable conspiration, si l'intérêt & la jalousie ne l'affoiblissoient pas ! Mais un jour viendra que de véritables Philosophes animés du même esprit qui nous inspire, oseront prendre un plus grand essor, & par la route de l'expérience, iront arracher à la nature son voile & ses secrets. Alors il s'élevera de la région des sophistes un essaim nébuleux qui, craignant de voir succéder le mépris à la haine publique, fondra sur ces aigles, & ne pouvant ni suivre, ni arrêter leur vol, s'efforcera de décrier leur triomphe par ses vains croassemens.

De la Métaphysique.

La métaphysique n'est point cette audace puérile de l'esprit qui poursuit des êtres inconnus ou imaginaires, ni cette subtilité pointilleuse qui s'évanouit dans ses dissections à l'infini, c'est la science des principes.

Que lui reste-t-il en effet, si l'on soustrait la nature à ses combinaisons ?..... Remettons les choses à leur place ; la physique tiendra registre des phénomènes, & la métaphysique en rendra raison, l'une traitera des diverses métamorphoses de la matière, & l'autre des causes ou des formes. Mais si l'on n'appelle science que la connoissance des causes, que sçavons-nous ? Renonçons même à l'espérance de jamais rien savoir. C'est ainsi que raisonnent de timides voyageurs qui, dès qu'ils ne voient plus que ciel & l'eau, ne pensent pas qu'il y ait encore des terres au-delà de leur horison. *Ad inventionis possibilitatem quod attinet, sunt certi ignavi regionum exploratores, qui ubi nil nisi cælum & pontus videtur, terras ultra esse prorsus negant.*

La loi des mouvemens, la recherche, la découverte & l'explication de l'action réciproque des corps ; voilà les véritables fondemens des sciences & des arts, qu'on comprend sous le nom de la science des formes. Cette science est faite pour abréger les moyens & diminuer les efforts, sans quoi on se plaindra toujours que la vie est trop courte pour des arts aussi longs. C'est donc en généralisant les principes, jusqu'à les réduire en un seul, s'il étoit possible, qu'on arrêtera le cours des systèmes & qu'on viendra à bout de fixer les variations de l'expérience qui semble se contredire pour se jouer des philosophes.

Les formes ne sont autre chose que les loix & les déterminations de l'acte pur de la matière qui constitue une qualité simple, ou le résultat de toutes les combinaisons qui concourent à opérer une manière d'être, ainsi la forme de la chaleur & de presque toutes les qualités coessentielles des corps paroît être le mouvement. En vain ces formes établissent une identité d'effet entre les causes les plus hétérogènes ; cela même prouve que tout est subordonné dans la nature à un principe initial, élémentaire & perpétuel qui lie, embrasse & conserve la matière dans une fraîcheur éternelle, pour ainsi parler, & c'est par la découverte de ce principe, qu'on réduiroit l'art à imiter toutes les opérations de la nature.

Tous les arts, toutes les sciences sont une espèce de pyramide dont l'expérience est la base, & la métaphysique forme la pointe ou le sommet : c'est le symbole de l'induction qui monte par les faits à la suprême cause. *Sunt enim scientiæ instar pyramidum quibus historia & experientia, tanquam basis unica substernuntur ; ac proinde basis naturalis philosophiæ est historia naturalis : tabulatum primum à basi est physica ; vertici proximum metaphysica.*

La machine la moins composée, dès qu'elle est bonne, est ordinairement la meilleure. Les loix sommaires de la nature ne sauroient donc être en assez petit nombre ; la multitude presqu'innombrable des actes de la matière & de leurs combinaisons suffiroit toujours à expliquer la variété infini des êtres & des phénomènes : cette métaphysique étendroit la puissance de l'esprit humain

---

(1) *Magnalia enim naturæ fere extra vias tritas & orbitas notas jacent, ut etiam absurditas rei aliquando juvet. de augment. scientiar. lib. 5 cap. 2 pag. m. 284.*

en allongeant ses vues, tandis que la physique nous mène lentement, par des chemins étroits & fort obscurs, où l'on n'apperçoit que des détails d'où l'on ne peut rien conclure.

L'application d'une cause générale à quelques faits, ou la vérification d'un fait sur quelques espèces fixeront la physique à d'étranges barrières.

La connoissance de l'anatomie intérieure d'un corps, ou des situations d'une matière combinée, & le calcul des forces d'un agent, étendront les limites de l'invention à la matière analogue ou voisine; mais il n'appartient qu'à la métaphysique de découvrir l'analogie de chaque être avec l'homme, & de chaque être avec le total de l'univers. Elle ira jusqu'où les vicissitudes du temps, les bizarreries du hazard, les tentatives multipliées de l'industrie & de l'expérience, l'imagination même de l'esprit humain ne seroit point allée sans elle. L'invention des formes est donc l'appui de la théorie & le levier de l'opération.

La métaphysique qui est l'ame de l'invention, considère d'abord les qualités primitives de la matière, puis les différences spécifiques des corps, d'où elle passe à leurs propriétés utiles, pour les distribuer à tous les arts pratiques; qui sont le creuset où le vrai système bien éprouvé demeure, tandis que les vaines spéculations s'évaporent en fumée.

Les principes les plus utiles dans la pratique sont aussi les plus sûrs dans la théorie, & c'est à ceux-là que s'attache la métaphysique dont le but est de réunir la vérité à l'utilité qui s'engendrent mutuellement.

Les abstractions sont dans la métaphysique, ce qu'est la dissolution dans la chymie.

Il y a une métaphysique qui vient de la foiblesse de l'esprit, & il y en a une qui montre la force du génie: de la première espèce sont ces nouveaux Ixions qui embrassent les nues, pour enfanter des chimères; de la seconde, sont ces géants qui attaquent la nature de front & par tous les flancs; qui tantôt sondent ses profondeurs, & s'enfoncent dans les abimes où elle prétend enfermer ses secrets, & tantôt s'élèvent jusqu'à la sublimité des causes finales ; qu'ils concilient très bien avec les causes physiques (1), sans les confondre ensemble. C'est ainsi que les volcans du Vésuve, dans les vues de la nature, servent de remède à la terre, quoique par l'éruption d'une fermentation intestine, ils vomissent la mort & la désolation sur les plaines d'alentour.

Cependant l'examen des causes finales est plus dans l'ordre de la morale que de la physique, qui s'appauvrira toutes les fois qu'elle voudra étudier les faits dans les motifs, & qu'au lieu de s'informer comment la nature opère, elle demandera pourquoi.

La recherche des causes finales est stérile : c'est une vierge consacrée à Dieu qui n'engendre point. *Causarum finalium inquisitio sterilis est ; & tanquam virgo Deo consecrata, nil parit.* (de augment. scientiar. l. 3. c. 5.)

Nous perdrons la théologie & la philosophie si nous nous avisons une fois de faire les physiciens dans nos écoles & si les philosophes se mettent à faire les théologiens dans leurs assemblées; ce renversement d'ordre n'a deja que trop retardé le progrès des sciences. *Hæc ordinis inversio defectum insignem peperit, & maximam philosophiæ induxit calamitatem. Tractatio enim causarum finalium in physicis inquisitionem causarum physicarum expulit & dejecit, effecitque ut homines in istiusmodi speciosis & umbratilibus causis acquiescerent, nec inquisitionem causarum realium & vere physicarum strenue urgerent, ingenti scientiarum detrimento.*

Cette curiosité qui vient d'une inquiétude naturelle de l'esprit & de son penchant secret à franchir ses limites, peut avoir sa place, mais à la suite de toutes les autres questions.

La providence nous permet de suivre ses voies pour les adorer, mais non pas d'approfondir ses vues. Elle se plaît à faire sortir du cours de la nature des évènemens inopinés où tous nos jugemens vont échouer ; & par ces routes secrettes qui la dérobent à nos yeux, elle devient plus respectable encore sous le voile du mystère, que si elle avoit marqué dans tous ses pas les desseins de sa sagesse. C'est à son exemple que les maîtres de la terre ont besoin de se rendre quelquefois invisibles pour conserver leur majesté plus admirables, quand ils font naître le bonheur & la tranquillité publique de l'orage des brigues & des passions, que s'ils faisoient ouvertement tout plier sous le poids de leur autorité.

---

(1) *Conspirantibus optime utrisque causis; nisi quod altera intentionem, altera simplicem consecutionem denotet. Neque vero ista res in dubium vocat providentiam divinam, aut ei quicquam derogat; sed potius eandem miris modis confirmat & evehit......* *adeo ut tantum absit, ut causæ physicæ homines à Deo & providentia abducant, ut contra potius philosophi illi, qui in iisdem eruendis occupati fuerunt, nullum exitum rei reperiant, nisi postremo ad Deum & providentiam confugiant.* de augment. scientiar. lib 3. cap. 4. pag. m. 200.

Les pas que Démocrite & les autres antagonistes de la providence faisoient dans l'investigation des effets de la nature étoient plus rapides & plus fermes, par la raison même qu'en bannissant de l'univers toute cause intelligente, & qu'en ne rapportant les phénomenes qu'à des causes méchaniques, leur philosophie n'en pouvoit devenir que plus rationelle. *Philosophia naturalis Democriti & aliorum, qui deum & mentem à fabrica rerum amoverunt & structuram universi infinitis naturæ præclusionibus & tentamentis (quas uno nomine fatum aut fortunam vocabant) attribuerunt; & rerum particularium causas, materiæ necessitati, sine intermixtione causarum finalium, assignarunt; nobis videtur (quantum ex fragmentis & reliquiis philosophiæ eorum conjicere licet,) quatenus ad causas physicas, multo solidior fuisse, & altius in naturam penetrasse.*

La recherche des causes finales est uniquement du ressort de la métaphysique, & ne doit jamais faire partie de l'étude de la physique. C'est une espece de *remora* qui empêche, si j'ose m'exprimer ainsi, le vaisseau des sciences naturelles de faire voile, qui le détourne de son cours, & qui en arrête sensiblement les progrès. *Instar remorarum, uti fingunt (navibus adhærentium) scientiarum quasi velificationem & progressum retardarunt; ne cursum suum tenerent, & ulterius progrederentur: & jam pridem effecerunt, ut physicarum causarum inquisitio neglecta deficeret ac silentio præteriretur.... neque hæc eo dicimus, quod causæ illæ finales veræ non sint, & inquisitione admodum dignæ in speculationibus metaphysicæ, sed quia dum in physicarum causarum possessiones excurrunt & irruunt, misere eam provinciam depopulantur & vastant.*

De la théologie.

La théologie naturelle est la connoissance de Dieu, acquise par les lumieres de la raison, plus propre à combattre l'athéisme qu'à prouver la religion. Les payens imaginoient une chaîne d'or par où Jupiter attiroit les hommes aux cieux, au lieu de descendre lui-même sur la terre. Ainsi l'on s'éleve à connoître la gloire & la puissance de Dieu par la voie de la (1) nature; mais Dieu ne manifeste pas sa volonté par cette même voie.

Scriptum est enim, cœli enarrant gloriam Dei; at nusquam invenitur, cœli enarrant voluntatem Dei.

Les ouvrages des hommes prouvent leur industrie & leur intelligence, mais ne représentent point les traits de leur figure. De même les merveilles de l'univers expriment la puissance du Créateur, mais n'enseignent pas la religion qui est comme le tableau des perfections divines.

La lumiere naturelle est ce langage que toutes les créatures tiennent à notre esprit; & cet autre langage qu'un instinct secret tient à notre cœur; c'est le flambeau de la raison & celui de la conscience qui servent à diriger nos pensées & nos actions. Mais cette lumiere nous reproche plutôt nos fautes, qu'elle ne nous instruit de nos devoirs. Il falloit donc une révélation pour achever de perfectionner nos mœurs & nos idées.

Dieu a des prérogatives & des droits singuliers sur l'homme, celui de soumettre sa volonté, malgré le penchant; & celui de faire plier sa raison, malgré sa résistance. Si l'on ne cede qu'à l'évidence, quand Dieu parle; quel hommage lui rend-on que n'obtienne le témoin le plus suspect? L'incrédulité est donc un attentat contre la puissance & l'autorité de Dieu, comme le désespoir est un outrage fait à sa bonté.

La théologie comprend l'histoire sainte, le dogme & la morale. C'est un champ qui ne demeurera jamais inculte, tant on a soin d'y semer du grain ou de l'yvraie.

La morale appartient aux Casuistes qui apprennent souvent les iniquités au peuple, & le dogme aux Controversistes qui fomentent quelquefois ses querelles. Les Interpretes sont chargés de l'explication des paraboles qui sont une espece de poësie sacrée, & des prophéties qui sont l'histoire de l'avenir que Dieu seul pouvait faire, comme le témoin éternel de tous les tems.

Dieu s'est réservé les fondemens de notre croyance, sans qu'il nous fût permis de les lui contester. Il faut au moins accorder à la théologie le privilege qu'a le jeu des échecs où l'on ne dispute pas des principes: les mysteres établis, que la raison s'éxerce, & la religion aura beau jeu contre l'impiété.

Les mysteres sont donc les conventions de Dieu, comme les lois sont les conventions des rois. Qui peut leur en demander (1) compte?.... & l'on ose interroger Dieu sur ses décrets?

---

(1) Voyez ce que nous dirons ci-dessous de cette preuve que les théologiens employent avec tant de confiance, & qui ne vaut pas mieux que toutes celles qu'ils y joignent. Le *cœli enarrant gloriam Dei* est fort beau en poësie : cela est bien placé dans un pseaume ou dans une hymne où il s'agit bien moins de convaincre la raison que de parler fortement à l'imagination & aux sens. Il faut laisser l'argument dont nous attaquons ici la force & l'évidence aux déclamateurs & aux sermonaires; *questo è buon' per la predica.*

(1) La volonté générale. Il ne faut point comparer les rois à Dieu; ceux-là sont des hommes élus ou consentis librement par d'autres pour faire leurs af-

Les mystères, loin d'humilier l'esprit humain, le rendent supérieur à lui-même, en lui apprenant ce qu'il ne peut sçavoir.

Dieu se sert de nos expressions pour nous parler ; il met également ses opérations à notre portée, quand il veut nous les faire entendre. Ainsi il y a un certain usage de la raison dans les matières de la religion. La raison nous empêche d'aller trop avant, soit dans les principes de la religion, ce qui la rend incroyable, soit dans les conséquences, ce qui la rend impraticable.

La religion payenne étoit propre à former des libertins ; le mahométisme ne veut que des croyans stupides ; la religion chrétienne exige un culte raisonnable. La première ouvroit la porte à toutes les erreurs, l'autre ferme toute issue à la vérité, le christianisme seul ordonne cette soumission éclairée qui tient le milieu entre le pyrrhonisme & la crédulité.

Les Payens disoient que le monde étoit l'image de Dieu, & l'homme une image du monde : le christianisme renverse cet ordre, & place l'homme entre Dieu & le monde, comme pour établir une espèce de communication entre le Créateur & ses ouvrages, par l'hommage que l'homme ne cesse de lui en faire. Ainsi l'univers obéissant annonce à l'homme un maître, & l'homme usant des biens de cet univers reconnoît un père : tout s'accorde à célébrer une grandeur, une bonté sans limites.

Les théologiens font comme les astronomes. Ceux-ci ont imaginé des cercles excentriques ou des épicycles apparens, pour établir la marche des astres & l'ordre de l'univers ; ceux-là forgent des systèmes humains pour expliquer les mystères.

Deux écarts bien vicieux ; l'un d'interpreter la religion par la nature ; & l'autre d'interpreter la nature par la religion : folie des cabalistes, qui bâtissent l'univers sur le texte de la bible ! C'est compromettre l'autorité de l'écriture, en pervertir l'usage, & la défigurer.

Ne diroit-on pas que les théologiens se méfient de la croyance qu'ils professent, quand on les voit prendre tant de précautions humaines pour la maintenir contre les progrès de la philosophie ? Est-ce que les mystères de la nature détruisent ceux de la foi ? Est-ce que l'ignorance ou le mensonge seroit un appui digne de dieu ? Est-ce que le système des hommes peut faire tort à l'histoire sacrée ? Mais s'ils étoient pénétrés de l'immensité de la puissance divine, ils sauroient sans doute qu'elle n'a pas besoin de forces aussi fragiles que celles de leur raisonnement, & que tous leurs moyens sont autant d'outrages faits à sa providence infinie.

Les réponses de Jésus-Christ n'étoient pas toujours directement conformes aux questions qu'on lui faisoit ; souvent même elles ne regardoient pas ceux qui l'avoient interrogé. Le texte de l'évangile ne dit pas aussi quelquefois ce qu'on prétend y lire, il ne renferme pas tous les sens qu'il présente au premier coup-d'œil, ou qu'on lui prête après bien des tortures. Comment résoudra-t-il donc les controverses ? Jésus-Christ a parlé pour tous les hommes de tous les temps, c'est à eux de l'entendre.

N'y auroit-il pas une voie d'éteindre les schismes, & de reconcilier tous les chrétiens ? l'évangile dit : *Celui qui n'est pas pour moi est contre moi* ; mais il dit aussi, *Celui qui n'est pas contre moi, est pour moi*. Ce devroit être le texte de réunion de toutes les églises. Le même baptême, la même foi pour les mystères fondamentaux, le même esprit de charité ne feroit pas tant de partis, qu'une multitude de frères & de fidèles, sans que la diversité de la discipline fut censée détruire cette unité. Si la verité ne souffre pas un tel partage, il ne reste aux chrétiens qu'à pleurer les uns sur les autres ; mais pourquoi se détruire & s'entre-déchirer ?

De la médecine.

La terre a beau être un lieu d'exil & de pélerinage, l'hospitalité n'en est pas moins une vertu. La santé, ce don précieux du ciel, qui suffit à l'homme, & sans lequel il ne sçauroit jouir paisiblement de tous les autres, est le premier de tous les biens du corps.

Les philosophes qui craignoient d'offenser la divinité, en lui demandant des honneurs & des richesses, ont fait des vœux pour la santé.

L'art qui veille spécialement à la prospérité de la nature humaine devroit être le plus recommandable, cependant est-il de profession moins considérée ? Un avocat est dispensé de gagner sa cause ; un pilote n'est chargé que de conduire le vaisseau, quel que soit le débit de la cargai-

---

faires, & à qui par conséquent ils doivent un compte exact de leur gestion, comme un procureur est responsable de la sienne à son commettant : mais Dieu est un être hétérogène qui n'a point son analogue vivant parmi les êtres de notre espèce, dont nous n'avons ni ne pouvons nous former aucune idée distincte & dont nous sommes destinés à ignorer toujours la manière d'être, & d'agir. Voyez ce que j'ai dit à ce sujet dans *une adresse à l'assemblée nationale sur la liberté des opinions religieuses, sur celle du culte & sur celle de la presse &c.*, pag. 10, 11. & suivantes.

son; mais les médecins, comme les hommes d'état, semblent responsables du succès de leurs opérations. Leur réputation dépend des évenemens : & comme la fortune ne voit point le mérite, elle donne la palme au charlatan, & couvre l'habileté de confusion. Voilà pourquoi le découragement leur fait tout livrer au hasard; car si l'érudition échoue, tandis que la nature répare les fautes de l'ignorance, que leur importe pour la gloire & le crédit, de s'épuiser en de longues études, dont tout le fruit devient équivoque.

L'amour de la vie, l'état de crainte & de foiblesse où sont la plupart des malades, le besoin d'un prompt secours, sont les garans de la confiance publique pour tous les médecins, bons ou mauvais. Aussi les plus beaux génies de cette profession ont-ils excellé en d'autres arts qu'ils avoient cultivés par dépit : c'est la faute du peuple, pourquoi va-t-il les mettre en parallele avec de stupides visionnaires & des femmes superstitieuses.

Il faut tout dire; la médecine tient beaucoup de la conjecture. Le corps humain est un composé de tant d'autres corps!

L'eau suffit à la nourriture des plantes, la plupart des animaux vivent des herbes de la terre, l'homme pétrit sa substance d'un mélange de fruits, de grains, de viandes & de liqueurs de toute espèce. De-là vient peut-être ce levain corrupteur qui fait fermenter tous les vices dans son cœur, & qui détruit en lui ces germes de bonté, de sagesse, & de justice que la nature y avoit semés. Il y a tant de variations dans notre manière d'être ! tandis que la nature a réduit les besoins des bêtes à la plus grande simplicité, qu'elle leur fournit tous les soulagemens à si peu de frais, que tout est réglé chez elle, le sommeil, les courses & les veilles; l'homme s'épuise en mille soins superflus, les passions le tiennent dans une agitation violente & continuelle. Notre machine est un instrument si délicat, il faut tant de cordes pour le monter, qu'il est comme impossible de le voir jamais dans une parfaite harmonie.

La médecine a tant de choses à faire ! conserver la santé, guérir les maladies, & prolonger la vie; trois emplois bien différens, quoi qu'ils dépendent d'un seul art & semblent aboutir au même but; car le soin de guérir ne touche qu'à cette portion de nos jours qu'un orage passager vient troubler; mais entretenir les forces du corps & le calme des humeurs, allonger le fil de la vie, c'est à quoi on ne s'est pas assez étudié. Seroit-ce donc empiéter sur la providence de la nature, que d'user des armes qu'elle a mises en nos mains pour résister aux assauts que le temps nous livre ? Il semble qu'elle nous ait environnés de pièges & de secours pour nous tenir sans cesse en haleine ; cependant elle s'intéresse à la conservation de chacun de ses ouvrages, comme si c'étoit l'unique.

N'espérez pas faire rebrousser chemin à la mort par des remèdes d'un grand prix. Non, l'or potable, & l'essence des perles fondues ne sauroient la détourner, ni l'arrêter d'un seul pas ; il faut toutes les forces combinées d'un régime suivi pour écarter le cours d'une maladie, ou retarder la marche de la vieillesse qui arrive toujours trop vite.

Combien de choses entretiennent la fraîcheur & semblent redoubler les forces, qui ne font que hâter la caducité ? Mais aussi ces précautions qu'on prend de longue main pour étendre la durée de la vie, ne laissent pas le loisir de la goûter. L'assujettissement aux régimes équivaut bien quelquefois à une maladie habituelle.

Que sert-il de prolonger la vie à un homme qui n'en fait pas les fonctions ? Ces troncs mutilés, ces squelettes tourmentés tour-à-tour par leurs maux & par les remèdes, qui disputent à la mort des restes languissans, qui expirent en détail, attachés aux débris de leur propre cadavre, vivent-ils dans cette misérable portion d'eux-mêmes ? Oui sans doute : l'adoucissement d'un mal est un plaisir, comme le soulagement d'un besoin. Un malade est encore heureux, quand il peut faire trève avec ses douleurs ; & son dernier moment en devient moins terrible.

Pourquoi les médecins ne se feroient-ils pas un devoir d'écarter de la mort les horreurs qui l'accompagnent ? N'y auroit-il pas un art de faire mourir paisiblement ? Epicure & Antonin l'avoient bien sû trouver. Mais nos médecins ressemblent à nos juges qui, après avoir prononcé un arrêt de mort se retirent ; ils livrent leurs victimes à ses tristes réflexions, à l'appareil funèbre de la religion, aux lamentations d'une famille : il n'en faudroit pas tant pour anticiper l'agonie.

La médecine a long-tems opéré, avant de systématiser ; c'est que le mal n'attend pas les discussions : la marche de la Philosophie est toute opposée, elle bâtit d'abord & puis travaille sur ses fonds. La médecine, sans la Philosophie n'est qu'un art imposteur ; mais un malade est en grand danger quand le médecin l'approche avec un système en tête.

Si les principes généraux nous égarent par leur

leur généralisation même, que sera-ce des principes faux? On ne peut se sauver de ceux-ci, que par d'heureuses inconséquences: il faut bien alors que le hasard lutte contre le médecin, ou que son imprudence corrige la fatalité de ses intentions.

Le défaut de principes est une source de bévues. On ne songe qu'à couper chemin à la douleur qui oppresse, sans remonter à la nature du mal & sans prévoir les suites du remède. Les *quiproquo* des médecins font bien plus de ravage de l'espèce humaine, que ceux de la pharmacie; ils ont pris tant d'empire sur les remèdes, que les remèdes, n'en ont plus sur les maladies. Mais qu'importe à ces docteurs souverains? C'est le peuple qui paye leurs fautes.

Pourquoi tant de maladies *incurables*? Que signifie ce terme? N'est-ce pas l'ignorance des médecins qui, après avoir mené les choses au pire état, prononcent enfin qu'il n'y a plus de remède?

L'efficace des remèdes dépend de leur application. Il y a un ordre, une suite, des intervalles & des mesures à observer. C'est le fil de la méthode qui tire les malades d'affaires, sans quoi ce qui devoit opérer la guérison, fait empirer le mal. Variez selon les crises & les symptômes; tout chemin étroit ne mène pas au ciel: les faits déroutent les plus justes combinaisons, mais le jugement doit agir où l'expérience nous abandonne.

La meilleure étude est celle des tempéramens.

La curiosité a tout épuisé dans les notions générales du corps humain; mais une anatomie comparée qui rendroit raison des différences qu'on trouve dans l'organisation intérieure, seroit autrement utile.

Peu d'expériences suffisent pour une idée générale, au lieu que la connoissance détaillée dépend des observations réitérées.

Une attention longue & réfléchie, & l'on verra que les hommes se ressemblent aussi peu par les fibres du cerveau, que par les traits du visage: *illud intereà minimè dubium est, quod internarum partium figura & structura parum admodum externorum membrorum varietati & lineamentis cedat; quodque corda, aut jecinora, aut ventriculi tam dissimilia sint in hominibus, quam aut frontes, aut nasi, aut aures. Atque in his ipsis differentiis partium internarum, reperiuntur sæpius causæ continentes multorum morborum; quod non attendentes medici, humores interdum minimè delinquentes criminantur: cum ipsa mechanica partis alicujus fabrica in culpa sit.*

Philosophie anc. & mod. Tome I.

Il s'en faut bien que nous ayons tous le cœur fait de la même façon, cela est vrai dans le physique comme dans le moral. C'est pourtant dans ces différences qu'on verroit la source de plusieurs maladies dont on ignore la cause, tandis qu'on s'en prend aux humeurs. Ce n'est pas qu'on doive négliger cette partie, & la regarder comme une superfluité dont le sang se délivre dans son cours. Suivez-les au contraire, observez leur route & les maux ou les biens qu'elles font, soit dans leur passage, soit dans leur séjour.

Autant de mets, autant de maladies, dit un vieux aphorisme. On pourroit ajouter: beaucoup de remèdes, peu de guérisons.

Le choix des alimens est d'une précaution très-décisive pour la santé. Les parties les plus analogues à notre corps s'unissent naturellement, & cimentent une complexion solide. Voyez si l'usage des viandes a dû être aussi ancien que l'homme.

Les médecins, comme les moralistes, recommandent la frugalité; mais une diète fréquente & des excès passagers raffermissent plus le tempérament, qu'un régime uniforme qui appesantit le corps, engourdit les forces & nous rend incapables d'aucun effort. La diète peut altérer le sang, mais elle ne fait jamais autant de ravage que les potions.

Nous avons besoin de remèdes pour réveiller les sens, comme pour chasser les mauvaises humeurs.

L'exercice est une des meilleures provisions de santé. De-là vient l'aisance à tout faire & à tout souffrir: c'est l'école de la souplesse & de la vigueur.

La souplesse rend l'homme ardent & expéditif dans l'action; la force élève le courage au-dessus des douleurs, & met la patience à l'épreuve des besoins.

Nous n'avons plus les jeux des athlètes qui entretenoient les forces de toute une nation. Les exercices des armes & de la danse suppléroient-ils à cette perte? Mais ils n'inspirent que la molesse & la fureur des combats singuliers; deux pestes qui moissonnent la jeunesse des états.

Le meilleur régime de santé, c'est d'avoir l'esprit libre & content aux heures du repas, du sommeil & des occupations pénibles.

Une humeur inquiète, des chagrins violens, des ressentimens couvés, des plaisirs trop sensuels, une profonde mélancolie; autant de fléaux qui abrègent la durée de nos jours.

Goûtez les douceurs de l'espérance, une paisible volupté, plûtôt qu'une joie vive : variez vos amusemens, n'épuisez jamais les plaisirs; un peu de curiosité, des études qui élevent l'ame & divertissent l'imagination, comme la poësie, l'histoire, les merveilles de la nature.

Les grands se croient immortels. Seroit-ce parce que, semblables aux idoles des temples, ils se tiennent immobiles dans leurs palais, à l'abri des injures du tems? Mais le repos fait vieillir, & le néant dont leur oisiveté nous offre l'image, engloutir tôt ou tard cette proie qui lui étoit échappée.

La nature toûjours attentive au bonheur de l'homme, avoit enfoui l'or dans les entrailles de la terre, & couvert sa surface d'alimens & de remedes de toute espece; mais depuis qu'au mépris de ses intentions, l'avarice a ravi ce funeste dépôt au sein des mines qui le tenoient caché, il semble que pour nous punir, cette mere irritée ait tari la vertu des plantes, ou qu'elle nous en ait dérobé le véritable usage. Si cela est, qu'avons-nous fait par ce fatal échange ?

De l'Histoire.

L'histoire est la science des faits.

L'histoire naturelle comprend les faits de la matiere.

L'histoire civile contient les actions des hommes, les exemples mémorables & les vicissitudes des choses humaines.

Supputer les époques & concilier les faits avec le temps, dévoiler le caractere & les mouvemens des passions, rapporter les succès & les obstacles des grandes entreprises, suivre le fil des actions & leurs secrets ressorts, développer ce chaos nettement, d'un style simple ou énergique, sans aucun soupçon de crainte ou de partialité, tel est le rôle d'un historien, qui est peut-être encore à remplir, tant il y a d'obscurité sur les tems reculés, & de danger à traiter les affaires de son siecle! Aussi voit-on presqu'autant de naufrages que d'écueils. L'un s'amuse à recueillir des bruits populaires, l'autre à commenter des fables surannées; ici trop de précision, & là des détails sans fin : tantôt on suit les écarts de son imagination, & tantôt on se livre à ses préventions; ce sont ou des portraits, ou des réflexions, ou des harangues éternelles. Enfin la sévérité des regles de l'histoire monte à ce point qu'il est comme impossible de les observer toutes dans un sujet d'une vaste étendue : la majesté succombe sous le nombre des faits, l'attention qu'on porte toute entiere sur le corps de l'ouvrage, s'affoiblit nécessairement autour des parties, l'esprit de conjecture brille aux dépens de l'exactitude; on perpétue les erreurs, en les transmettant avec confiance, comme on les a reçues.

Séparez de la plûpart des histoires les mensonges; avec les noms célebres qui les appuient, les dissertations épisodiques, les réflexions pénibles, en un mot, l'esprit des écrivains, que vous restera-t-il ?

On pardonne les réflexions qui échappent, pour ainsi dire, comme des fautes; mais quand elles sentent l'apprêt, & que l'historien semble faire des efforts pour en accoucher, c'est une demangeaison de l'esprit qui cause des tourmens insupportables au lecteur.

L'histoire énonce simplement & sans faste les faits authentiques, avec restriction des faits équivoques; mais pour détruire des faussetés accréditées, il faut démasquer leur origine.

L'entreprise d'une histoire universelle paroît bien hasardeuse. Quel est l'homme d'une telle capacité de mémoire, d'un esprit assez judicieux, & sur tout d'une intrépidité d'ame à toute épreuve, pour oser l'entreprendre ? On risque de sacrifier des faits importans à des observations ingénieuses, & de nous donner l'histoire d'un siecle ou celle des pensées d'un homme, pour le tableau général de la nature humaine.

L'histoire ecclésiastique est pauvre par ses richesses mêmes. On l'a si fort chargée de traits qui se ressemblent, que la vérité n'est pas toûjours aisée à distinguer, dans un mélange de faits mal informés. Ceux qui nous ont appris que les voies de Dieu sont impénétrables, devroient se rappeler aussi qu'elles se dérobent quelquefois même aux yeux qui veillent dans le sanctuaire.

Les mémoires ne sont que les matériaux de l'histoire. Les meilleures sources en ce genre, où un historien doive puiser, sont les lettres des gens employés ou intéressés dans les négociations. La vérité s'y trouve plus sûrement que dans les nouvelles publiques, toûjours dictées par la politique; le secret des affaires y est mieux développé que dans les conférences; sur-tout si on avoit un recueil suivi des lettres d'un ministre à un prince, d'un ambassadeur à la cour qui l'envoie, ou d'un député à son corps. Mais ne consultez jamais les orateurs pour l'histoire; ils se font un mérite de défigurer la vérité, sous prétexte de l'embellir.

Les commentaires contiennent la naïve exposition des faits, & la suite des évenemens. César a ſû réunir dans les ſiens tous les mérites de l'hiſtoire, ſans s'écarter du ſtyle modeſte des commentaires.

Les faſtes comprennent les titres & les inſcriptions, le nom & la dignité des perſonnages illuſtres, la ſolemnité des actes publics, & l'origine des monumens célébres.

Les annales marquent les dates & l'ordre des tems. Elles ſemblent écrites d'ordinaire pour l'oſtentation, & prêter aux actions humaines un prix qu'elles n'ont pas ; enſorte qu'une ſatyre donneroit une idée auſſi fidelle des hommes, que ces ſortes de chroniques.

Les journaux ſont les archives des bagatelles, auſſi ne ſont-ils pas faits pour la poſtérité, mais pour entretenir la curioſité d'un public oiſif des fêtes, des ſpectacles & des évènemens périodiques. Il y auroit des journaux d'une eſpèce utile, qui éclaireroient l'art militaire & la navigation, par un détail ſuivi des campagnes & des voyages. Alexandre ne rougiſſoit-il pas qu'on publiât celles de ſes actions qui ne devoient pas entrer dans l'hiſtoire de ſa vie ? Il étoit beau de dire : Alexandre a dîné, Alexandre a dormi ; mais s'il n'avoit fait que cela, ſa mémoire auroit péri avec la gazette de ſon tems.

Les vies font connoître les hommes en petit, pour ainſi dire, & doivent plus à l'exemple qu'à l'admiration.

Les relations inſtruiſent des évènemens remarquables, tels que les conjurations, les traités de paix, les révolutions, & ſemblables intérêts, particuliers à tout un peuple. C'eſt-là ſur-tout qu'un hiſtorien ne peut, ſans ſe manquer à lui-même, trahir la vérité, parce que le ſujet eſt de ſon choix ; au lieu que dans une hiſtoire générale, où il faut que les faits ſuivent l'ordre & le ſort des tems, où la chaîne ſe trouve ſouvent interrompue par de vaſtes lacunes, (car il y a des vuides dans l'hiſtoire, comme des déſerts ſur la mappemonde) on ne peut ſouvent préſenter que des conjectures à la place des certitudes : mais comme la plupart des révolutions ont conſtamment été traitées par des contemporains que l'eſprit de parti met toujours en contradiction, après que la chaleur des factions eſt tombée, il eſt poſſible de rencontrer la vérité au milieu des menſonges oppoſés qui l'enveloppent, & de faire des relations très-exactes avec des mémoires infidèles.

Un genre d'hiſtoire ſingulier, ce ſont les anecdotes ; lorſqu'un auteur recueille un certain nombre de faits curieux & intéreſſans, pour les diſcuter en philoſophe & en politique. C'eſt ce que les anglois appellent *hiſtoire digérée* ; ils la goûtent d'autant plus, qu'elle ſe prête aux profondeurs de la réflexion qui caractériſe leur génie. Mais il n'appartient pas à tout hiſtorien de s'ériger en homme d'état, de cabinet & de tous les conſeils.

Les évènemens conſidérables ne ſont pas tellement reſſerrés dans les bornes d'un ſiècle ou d'un empire, qu'ils ne tiennent au tems, ou aux pays voiſins. La méthode ſeroit donc excellente, de tracer à la tête d'une hiſtoire, un tableau raccourci des hiſtoires limitrophes, qui ſerviroit comme de cartes, ou de bouſſole pour s'orienter.

L'hiſtoire du monde, ſans celle des arts & des lettres, eſt comme la ſtatue de Polyphême ſans œil. *Atque certè hiſtoria mundi, ſi hac parte fuerit deſtituta non abſimilis cenſeri poſſit ſtatuæ Polyphemi eruto oculo.*

L'hiſtoire naturelle qui embraſſe le cours du ciel, les météores de l'air, les productions de la terre & de la mer, & tous les phénomènes de la nature, doit ſe borner à un fait de chaque eſpèce, parce que la raiſon d'un ſeul eſt celle de tous les autres individus.

Le but qu'on ſe propoſe décide des moyens que l'on prend ; ainſi les écrivains de l'hiſtoire naturelle ne conſulteront pas toujours le goût & l'amuſement de la multitude des lecteurs, pas même un intérêt prochain & viſible. S'ils ont des vues philoſophiques, ils n'écriront rien qui ne ſerve à développer les myſtères de la nature, ou à étendre les ſecrets de l'art ; ils obſerveront les différences dans les deſcriptions, les cauſes dans les réflexions, la vérité plutôt que la ſingularité dans les relations, alors ils deviendront utiles.

Il faudroit ſe ſouvenir que l'hiſtoire de la nature eſt le volume des ouvrages de la divinité, & ne pas attribuer des inconſéquences à l'image de toute perfection.

Des langues.

Les langues ſont le véhicule des ſciences. Toutes les diſtinctions qui ſervent à démêler l'innombrable multitude des notions différentes, aident à lier les hommes, & les langues ſont autant d'inſtrumens de la communication de leurs penſées.

Il y a quelque apparence que l'homme eſt fait pour la ſociété, puiſque les peuples qui ne parlent pas la même langue, s'enttendent toutefois par le moyen des geſtes.

Les chinois ont une écriture hyéroglyphique,

qui exprime des choses au lieu de paroles. Ces caractères qui ne ressemblent pas aux lettres ordinaires, rendent pourtant les mêmes idées. C'est une langue muette, propre au commerce, que les étrangers entendent & parlent avec eux. Chacun peut la lire & l'expliquer en sa langue, sans avoir recours aux interprètes & aux traductions.

Les gestes sont les signes naturels des choses, ou la langue de toutes les nations.

Les hiéroglyphes sont des emblêmes qui ont un rapport intelligible avec la chose figurée.

Les caractères ou les lettres sont des signes de convention naturalisés par l'usage.

Les mots sont les signes reçus des idées. Il y a une espèce d'analogie entre les mots & les idées, comme il y a une généalogie entre les mots eux-mêmes, qui les fait presque tous descendre les uns des autres. Mais point de curiosité plus futile que celle des étymologies, à moins qu'on n'établisse les rapports de toutes les langues ensemble, pour découvrir leur racine, & parvenir à cette langue mère, qui s'est partagée en plusieurs branches plus ou moins chargées, selon le génie & le climat des peuples. C'est alors que les langues de chaque nation s'enrichiroient par le mélange, & qu'il pourroit s'en former une excellente, qui redeviendroit générale. Semblable à la Vénus d'Apelle, composée de plusieurs modèles de beauté, elle caractériseroit mieux les passions, peindroit tous les objets, auroit tout à la fois plus d'énergie & d'harmonie, & seroit par excellence le langage de la nature.

Si l'on y fait attention, les mœurs de chaque peuple se dépeignent dans sa langue. La langue hébraïque est originale (1) & sans mélange; on en voit la raison dans l'antiquité du peuple Juif, & sur-tout dans cette loi de sa religion, qui lui défendoit de s'allier aux nations étrangères.

Les grecs peuploient volontiers leur langue de mots nouveaux, les romains beaucoup moins; c'est que ceux-ci étoient nés pour la guerre, & ceux-là pour les arts; le luxe étend la richesse de la langue, & les actions demandent de la précision; aussi le style du commerce est laconique, celui des poëtes & des peintres est abondant.

Les langues anciennes ne finissent pas, tant elles ont de terminaisons & d'inflexions; les modernes abrègent tout, par le moyen des articles & des verbes auxiliaires. Qui ne voit pas que nos pères avoient plus de génie & de fécondité que nous?

L'harmonie d'une langue consiste dans le son, la mesure & l'accent: c'est la consonance ou la dissonance qui décide de sa douceur. Le cri ou le hiatus formé par le concours des voyelles, l'aspérité qui vient du choc des consonnes, donnent une trempe rude à toute langue.

La mesure regarde la poésie; le jugement de l'oreille est le plus décisif sur cet article: toutes les règles de l'art sont en vain exaltées; il gâte la nature, au lieu de l'embellir, dès qu'il veut trop dominer.

Quant à l'accentuation, est-ce la peine de s'arrêter à des points?... Toutefois il faut avoir plus d'égard aux accens dans les phrases, que dans les mots, parce qu'ils portent souvent avec eux le sens d'une pensée. Ils apprennent à élever la voie, quand on interroge, à soutenir l'haleine dans le cours d'une phrase, à baisser le ton vers la fin du discours. Mais à propos de la ponctuation qui concerne particulièrement l'écriture, il se présente une question sur l'orthographe.

Doit-on écrire comme on prononce, prononcer comme l'on écrit, ou suivre un usage pour l'écriture, & une méthode pour la prononciation? Quoique la matière ne vaille peut-être pas une décision, ce dernier parti semble n'avoir point des inconvéniens, que pour les étrangers, au lieu qu'il faudroit tous les jours changer d'orthographe, comme on change de prononciation; double effet d'une inconstance certainement plus vicieuse que la contradiction qui se trouve entre la manière de prononcer, & celle d'écrire. L'orthographe d'ailleurs n'asservit point à ses usages les inflexions du gosier, elle conserve les traces de la génération d'une langue, & rend un hommage durable aux langues mères, que la prononciation semble désavouer, en les défigurant.

---

(1) On trouvera de bonnes preuves du contraire dans l'excellent article *hébraïque* (langue) du savant Boulanger. C'est à cet article très philosophique & rempli de vues neuves qu'il faut renvoyer les stupides admirateurs de l'hébreu & du style trop souvent emphatique, obscur & gigantesque de l'ancien testament, livre d'ailleurs très-curieux sous plusieurs rapports, & qui doit se trouver dans la bibliothèque d'un philosophe, comme dans celle d'un théologien.

Je me rappelle à ce sujet que le savant médecin Falconnet disoit que si on ne lui permettoit de choisir dans sa bibliothèque que quatre volumes, la bible seroit un des quatre qu'il conserveroit. Comme le lecteur sera peut-être curieux de savoir quels étoient les trois autres, je les désignerai dans les mêmes termes dont il se servit & par la même formule. *maître François*, *maître Michel* & *maître Benoist*. Voilà une espèce de credo qui n'est pas chargé d'articles, & qui a sur-tout le mérite de la clarté, avantage qu'ils n'ont pas tous, & qui néanmoins n'est pas à négliger, car, comme le disoit Voltaire avec sa grace & sa finesse ordinaires, *Il faut être clair en vers, & même en prose.*

De l'éloquence.

L'éloquence vaut-elle la sagesse ? consultez le vulgaire qui décide du prix extérieur des choses.

La sagesse se fait respecter, & l'éloquence se fait suivre. Elle est destinée à fortifier l'ame contre le vice, en remplissant l'imagination de ses odieux portraits.

Si la vertu se montroit à la terre, sous une figure humaine, sa beauté lui gagneroit (1) tous les cœurs ; mais l'éloquence ne lui prête-t-elle pas ces traits animés, & ces couleurs vivantes ; & autant que l'imagination peut suppléer aux sens, n'a-t-elle pas le secret de la faire adorer des hommes ?

Les passions une fois soumises à la raison, l'homme n'auroit besoin ni de conseils, ni d'exemples pour se porter au bien ; l'image de ses devoirs, toujours présente à ses yeux, seroit la règle de ses actions : mais depuis le soulèvement & la révolte des passions, depuis ce germe de contradiction enraciné dans le cœur humain, la raison est en proie au désordre des sens ; & ce seroit fait de son pouvoir, si l'éloquence ne venoit au secours, pour la soustraire à l'esclavage dont elle est perpétuellement menacée. Elle forme donc une ligue entre la raison & l'imagination, pour résister à leurs ennemis communs.

Platon disoit-il vrai, quand il mettoit l'éloquence au rang des arts corrupteurs qui accompagnent le luxe, & quand il comparoit l'emploi des rhéteurs à l'industrie des traiteurs qui dénaturent tous les mets, au point de faire goûter ce qu'il y a de plus mauvais ? Mais non, la corruption n'en est pas encore là ; l'éloquence s'attachera toujours plus volontiers à faire valoir la probité qu'à flatter le crime par des couleurs artificielles, parce que l'homme le plus dissolu veut paroître meilleur dans ses discours, qu'il ne l'est au fond par ses sentimens & ses actions. Fera-t-on toujours un reproche aux arts de la perversité des hommes ? Mais s'ils abusoient constamment de ces prétendus biens, (n'importe que la fatalité soit dans l'instrument, ou dans la main qui le tient) devroient-ils en user !

C'est sans doute un vice de l'humanité, & non un crime de l'éloquence, qu'elle se prête au mal comme au bien ; elle a des couleurs pures & innocentes, comme la dialectique a des principes essentiellement droits ; mais le mauvais esprit employra toujours l'une à l'injustice, & l'autre au mensonge, l'abus des meilleures choses fera toujours douter de leur utilité, parce qu'il l'emportera dans la comparaison.

Il y a un art de manier la persuasion qui varie selon les caractères qu'il s'agit de gagner.

On déploie les foudres de l'éloquence contre le peuple qu'il faut terrasser ; on se munit de ses artifices contre des esprits insidieux.

C'est l'éloquence de la politique & des affaires qui manque souvent aux plus habiles orateurs ; ils possèdent tous les tours, mais ils n'ont pas le manège qui est le talent de les appliquer. Au lieu de saisir le foible de leurs parties, ils s'attachent aux ressorts de leur art puissans par eux-mêmes, mais trop usés pour réussir toujours.

L'éloquence est bonne en public, & la raison suffit en particulier.

Le succès de l'éloquence dépend des dispositions de l'auditeur qu'il faut toujours consulter.

Les expressions synonymes dans leur sens naturel ne le sont pas dans leur effet, c'est ainsi que deux traits également aiguisés ne pénètrent pas aussi avant l'un que l'autre, quoiqu'ils soient lancés avec la même force, & d'une pareille distance.

Laissez aux dialecticiens le soin de convaincre : vous qui parlez à la multitude, remuez le cœur, échauffez l'imagination, vous persuaderez. On résiste aux démonstrations, on cède au pathétique. L'homme veut être fléchi : le raisonneur l'attaque à force ouverte, il se défend ou s'échappe ; l'orateur le prie, il est désarmé.

Cette différence est remarquable qui compare le sophiste au lièvre, l'orateur au levrier : l'un poursuit vigoureusement, & l'autre esquive avec adresse.

Le déchaînement d'Aristote contre les rhéteurs de son tems, & l'émulation de Cicéron pour un art qui fut la source de sa gloire & de sa fortune, les firent se surpasser eux-mêmes dans leurs traités de l'éloquence. L'orateur romain est en effet au dessous du modèle qu'il imagine. Nous n'avons rien de comparable à ses préceptes, ni peut-être à ses exemples, si ce n'est les oraisons de Démosthène, qu'il suffit de lire pour se croire animé d'une portion de son génie.

Démosthène qui savoit par expérience la nécessité de prévenir l'auditeur, conseille aux orateurs de faire une provision d'exordes préparés pour le besoin. Cicéron vouloit de plus qu'on

---

(1) C'est une pensée de Platon, rapportée par Cicéron, dans son livre des offices.

eût des sujets traités d'avance, & des discours tout appris dans l'occasion, aux noms & aux circonstances près. Mais ces divins Génies n'avoient-ils pas un fonds assez riche dans leur propre enthousiasme, sans recourir à la ressource des lieux communs ? Leur méthode est cependant d'un grand usage pour les esprits médiocres, qui font une espèce de métier, ou de trafic de l'éloquence.

De quelques arts.

Les mathématiques sont une portion de la métaphysique.

La matière a des appétits naturels, elle a des mouvemens simples & des mouvemens composés. Les mouvemens simples sont comme les premiers pas que la matière fit au sortir des mains de la nature, il n'en reste plus de traces : ces pas aggrandis, redoublés, arrêtés, détournés, répétés, & multipliés à l'infini, sont ce qu'on appelle les mouvemens composés, les quantités, ou les sommes de mouvemens ; telle est la génération, l'altération, la corruption, & toute espèce de changement dans la forme des corps ; c'est ce qui appartient à la Physique.

Les mesures du mouvement sont la combinaison de ses effets, ou la supputation des rapports de la masse avec la distance, de la quantité avec la vélocité, de l'activité avec l'inertie des corps ; ceci regarde les mathématiques naturellement subordonnées à la Physique. D'où vient donc qu'elles ont tellement pris le dessus sur celle-ci, qu'à-peine daignent-elles l'admettre au rang des sciences ?

Les mathématiques ont des parties de spéculation, telles que la Géométrie & l'Arithmétique ; & des parties de pratique, telles que la Perspective, l'Astronomie & la Musique, qui servent à confirmer les axiomes de la Physique ; ensorte que plus celle-ci fera de progrès, plus elle aura besoin de celle-là. Ainsi la Physique & les Mathématiques combinées ensemble, forment les arts pratiques.

Une erreur qui a gâté les esprits & perdu les arts, (celle de s'attacher à la superficie & à l'universalité, plutôt qu'au fonds & au détail des choses) a donné cours à l'étude des Mathématiques. C'est un champ libre où l'esprit va sans s'arrêter ; le plaisir même de la vérité qui ne l'abandonne jamais, semble justifier son goût. Mais que ces vérités sont stériles ! Comment l'homme naturellement avide & intéressé, peut-il s'en contenter ? Tel est donc le sort de son inquiète activité, que qu'il ne se sent pas capable du solide & de l'utile, il s'épuise & se perd dans les matières vagues & superflues.

L'art n'est point si différent de la nature, c'est elle-même sous les dehors que lui prête l'industrie des hommes & des animaux.

L'art n'est pas toujours un simple ornement, il fait plus qu'ajouter à la perfection de la nature, que corriger ses inégalités, & que donner un libre essor à sa puissance, il va quelquefois jusqu'à renverser l'ordre de ses opérations, & jusqu'à changer entièrement les loix de sa constitution. Telle est la puissance de la Méchanique, qu'on peut appeler l'histoire de la nature factice.

Il y a peu de machines de pure invention. Celles que nous tenons plus de nos recherches que du hasard, sont imitées ou composées, & celles-là demandent plus d'esprit que de Philosophie.

Tout ce qui paroît singulier, on le doit à la bonne fortune, aux tentatives de l'expérience, ou aux lumières de la Physique ; mais il faut posséder les choses à fonds pour enfanter du neuf, en quelque genre que ce soit ; on doit donc être physicien profond, si l'on veut devenir à coup sûr habile méchanicien.

La Méchanique & la Philosophie ne s'accordent pas assez : l'une néglige les observations, comme stériles pour la fortune : l'autre dédaigne les opérations manuelles comme indignes de l'esprit. La Philosophie a bâti beaucoup de principes sur peu de faits ; la Méchanique, ainsi que la Chymie, adopte peu de principes sur beaucoup de faits ; abus, excès de part & d'autre. Un méchanicien occupé de son invention, n'ose porter l'esprit ni la main au-delà ; il voudroit ériger un trophée à sa vanité, avant d'avoir fait des conquêtes dans l'empire de la Philosophie. Une expérience lumineuse est pourtant l'ouvrage des ouvrages, parce qu'elle renferme la source de plusieurs découvertes.

La Méchanique est donc la partie essentielle de la Philosophie naturelle, de cette Philosophie moins féconde en vagues démonstrations, qu'en moyens efficaces pour les avantages de la vie. Elle est l'écho de la nature, qui rend ses oracles dans les atteliers ; car la Physique expérimentale n'a montré jusqu'ici que ses jeux. Depuis l'usage des canons, n'explique-t-on pas mieux la foudre ? Elle nous met sur la route des causes & des effets dont elle prépare l'invention. Elle fixe enfin, & rassemble les combinaisons de l'entendement qui, faute d'appui, s'égare & se confond dans la multitude & l'étrange diversité des faits.

L'astronomie ne développe que la surface des cieux, c'est-à-dire, le nombre des astres, leur aspect, leur situation réciproque, & les périodes de leurs mouvemens ; ce n'est-là que le dehors de la sphère.

Les causes physiques, & les principes qui établissent une théorie sûre, comptable des phénomenes, de l'influence des globes célestes, de l'inégalité & de l'irrégularité des mouvemens des planétes, de l'accélération, des stations, & des rétrogradations, tout cela appartient à la Métaphysique.

Les observations astronomiques prouvent bien l'existence ou l'apparence des phénomenes ; mais n'en expliquent pas la nécessité ; & il y a toujours loin des hypothèses à la vérité.

L'astronomie donne les nombres, & les métaphysiciens rendent la somme.

S'il y avoit eu un traité de bonne intelligence entre les astronomes & les philosophes, les premiers auroient observé, & ceux-ci auroient conclu. Mais les visions de l'astronome ont corrompu les meilleures vues de la Philosophie, & celle-ci a dérangé les calculs de sa rivale : les uns ont bâti dans les airs des palais magiques, qu'un enchantement plus fort a dissipé : les autres avoient posé des fondemens plus solides sur la terre ; mais le pouvoir du ciel a tout détruit.

Les systêmes & les phénomenes ont toujours été en contradiction, & la vérité ne s'est rencontrée nulle part.

L'astrologie est pleine de superstition, mais elle n'a besoin que d'être épurée. Le soleil influe visiblement sur la terre par la chaleur de sa lumière ; pourquoi les autres planétes n'auroient-elles pas sur notre globe une influence moins sensible ? Elles ont leurs étés & leurs hyvers, leurs apogées & leurs périgées, comme le soleil. Les corps célestes n'opèrent pas sur les individus ; mais pourquoi non sur les espéces ? Le cours des astres domine sur les saisons, mais non sur chaque jour. Un astrologue pourroit dire sans se tromper : nous aurons une automne pluvieuse ; mais distinguer les jours par la neige ou la grêle ? voilà l'absurdité.

Tout l'univers est lié par les causes physiques, qui entretiennent une communication intime entre ses parties les plus extrêmes.

Une connoissance réfléchie de la sphère, assureroit les prédictions des comètes (car on peut les prédire) & des météores célestes, comme elle assure celle des éclipses ; elle donneroit des indices presque infaillibles des inondations & des sécheresses, des volcans & des tremblemens de terre, des pestes & des maladies, des guerres même & des révolutions.

L'étude de l'histoire, la combinaison des divers aspects des astres avec la situation des peuples, les rapports des saisons avec les plantes, l'action des sphères voisines sur la nôtre, l'impression des changemens de l'air sur les corps & sur l'esprit des hommes, tout cela bien calculé, démontreroit que telle saison doit être plus favorable à l'olivier qu'à la vigne, aux habitans de la montagne qu'à ceux de la vallée, aux gens d'une profession sédentaire qu'à ceux d'une vie agitée & tumultueuse. On apprendroit, en évaluant les circonstances, qu'il y a dans le cours de la durée des tems, des climats ennemis du despotisme & de la servitude, des siécles marqués pour la propagation des arts, & des règnes destinés à la corruption du luxe : car les évènemens, ainsi que les occasions, ne font que circuler, & se répéter : ce qui a été sera encore, le passé redeviendra présent, mais pour le prévoir dans l'avenir, il faudroit pressentir la ressemblance des conjonctures.

De la supputation des tems écoulés qu'on rapprocheroit de nos jours, des expériences déjà faites, comparées ensemble, des transmigrations & des guerres célèbres contractées avec les époques des mouvemens célestes, il résulteroit cet axiome; Que lorsque les situations seroient à-peu-près les mêmes dans le ciel, on éprouveroit sur la terre les mêmes révolutions ; parce que tout cela partiroit d'une cause générale & nécessaire qui suit toujours les mêmes loix : voilà les ailes qui nous font voler dans les cieux.

La Magie est la connoissance des forces secrettes de la nature. Ainsi tout homme qui saura composer des mouvemens, en tirera des effets prodigieux. Chez les perses elle n'étoit que la science des rapports qui sont entre la Philosophie & la politique, ou l'art de conjecturer les révolutions civiles par les mouvemens de la nature. Mais si la Magie étoit la profession des sages, elle a bien dégénéré.

L'opération de la Magie naturelle est comme une de ces liqueurs somniféres qui plongent nos sens dans un agréable délire, où l'on ne voit que des phantômes enchanteurs.

La physionomie est un art où l'on apprend à connoître les inclinations de l'ame par les traits du visage, & par la conformation de tout le corps.

Tous les hommes rient, pleurent, & rougissent à-peu-près de la même façon ; ces signes sont les interprètes les plus naturels de sentimens, mais ne caractérisent pas leurs causes secrettes:

La Chiromancie est un art de pure charlatanerie. La conjecture des songes n'est pas aussi futile. Les songes sont les miroirs où nos passions se représentent. On y découvre les dispositions du corps par les agitations de l'esprit ; ils servent à expliquer ce traité d'alliance (1) qui est entre l'ame & le corps.

Parmi toutes les espèces de divination artificielle, celle qui conclud les évènemens d'après les principes, est la plus sûre ; celle qui s'appuie uniquement sur l'expérience, est sujette à l'erreur, & tient un peu de la superstition.

L'astrologue voit l'avenir dans le ciel, le médecin s'arrête aux symptomes, & le politique prédit d'après l'histoire. Toute autre manière de deviner est suspecte ; soit qu'elle vienne des soudains éclairs de l'ame qui se dégage des sens, soit qu'on l'attribue à une révélation surnaturelle, on doit craindre l'illusion.

Les illuminés se fondent sur deux suppositions, l'une que l'ame recueillie en elle-même, & retirée, pour ainsi dire, des organes qui l'occupoient, a la force de jetter ses lumières sur l'avenir, & que toutes ses sensations se changent alors en pressentiment ; l'autre, que l'ame est le miroir de l'essence divine qui se représente toute entière dans son image. Ils se préparent à cette double opération par la même voie ; c'est-à-dire, par l'abstinence, qui tantôt énerve les forces, & fait voir l'avenir dans une tranquille extase où l'ame jouit d'elle-même & de sa nature ; & tantôt échauffe l'esprit, l'agite, & le jette dans une espèce de fureur & d'impatience sacrée ; c'est alors que la présence divine se fait sentir, révèle ce qui étoit caché, & rapproche ce qui étoit éloigné.

La Magie naturelle, ou la Physique expérimentale est un magasin où l'on voit dans un tas de jouets d'enfans quelques meubles riches & précieux. On y débite du curieux pour de l'utile. Que faut-il de plus pour attirer les grands, & pour former cette vogue passagère qui finit par le mépris ?

La Chymie n'est que l'art d'analyser la matière & de simplifier ses principes ; elle épure les corps souillés par les mélanges ; elle achève l'ouvrage de la nature, en la délivrant des obstacles qui embarrassoient sa marche.

Il est sorti des fourneaux de la Chymie une nouvelle Philosophie qui a confondu tous les raisonnemens de l'ancienne.

Les mines & les forges font connoître la nature par ses causes & ses effets. Les curieux fouillent dans ses entrailles, & les chymistes la mettent sur l'enclume. Ainsi l'homme est condamné à chercher la vérité, tantôt au sommet des cieux, & tantôt dans les abymes de la terre. Le philosophe est donc ce Protée qui lit le passé dans le présent, & l'avenir dans le passé. Il n'a qu'à raisonner d'après les premières affections de la matière, que la Chymie lui découvre. C'est d'elle que dépend la transformation des corps.

Si l'anatomie des corps organisés est un des bons observatoires de la nature, la décomposition des corps insensibles n'est pas moins essentielle. On y suit à la trace la progression des mouvemens, on y surprend les rapports secrets des corps similaires, tels que le fer & la pierre, & les liaisons des parties similaires du même corps, telles que la racine, la feuille & la fleur dans les plantes, la chair, le sang & les os dans l'animal. On dévoile enfin le méchanisme de cette organisation, par les distillations & les dissolutions. Mais on conclud mal-à-propos l'hétérogénéité des principes qui se séparent dans l'analyse, par la prétendue homogénéité des élémens qui s'attachent, parce que l'action du feu, ou de tout autre dissolvant, peut fort bien séparer des corps homogènes, & réunir des corps hétérogènes. Il faut donc soustraire de la combinaison des ressemblances & des différences, le calcul des ravages du dissolvant, & connoître l'effet de tel dégré de chaleur sur tel corps ainsi disposé. Cette subtilité de divisions, loin de multiplier les opérations, ne tend qu'à les simplifier & à les abréger, en assurant leur justesse.

Il faut partir des incommensurables pour arriver à l'exacte mesure des corps. Ainsi la marche des recherches philosophiques procède très-bien de la Physique aux Mathématiques. Ainsi la Chymie se trouve sous l'empire de la Métaphysique qui embrasse les vues & les ressorts de toute la nature.

Mais n'est ce pas un sujet de risée & de pitié, de voir des hommes ronger les débris de leurs jours & de leur fortune, à la poursuite d'une vaine chimère ? Les chymistes ont pourtant mieux réussi qu'ils ne vouloient : car à la place de l'or, la seule chose qu'ils cherchoient & qu'ils n'ont pas trouvée, le terrein inculte devenant fertile, ils ont fait mille découvertes utiles à la Médecine

---

(1) Cette union de l'ame & du corps est une chimère inventée par les théologiens. Il n'y a point d'hypothèse plus absurde, plus contraire à l'expérience, à l'observation & à la saine philosophie. L'homme n'est point composé de deux substances ; il est un : ou n'explique rien sans le corps. Il n'y a point dans la nature un être qui s'appelle l'*ame* ; mais il y a des êtres animées ; il n'y a point dans la nature un être qui s'appelle la *durée* ; mais il y a des êtres durables ; il n'y a point dans la nature un être qui s'appelle *la vie* ; mais il y a des êtres vivans, &c. &c.

cine & à la physique. Quant à leurs théories, on n'y voit qu'extravagance. (1)

La poësie est un arrangement de paroles & un désordre de choses. Mais ce désordre qui représente si bien celui de la nature, transforme les objets & les assujettit aux caprices de l'imagination; au lieu que la raison s'efforce de soumettre l'ame à la situation des objets qui l'environnent. Tel est le penchant de l'homme pour le merveilleux, qu'une beauté réelle, une perfection ordinaire, une variété naturelle ne suffisent pas à la vivacité de ses idées, il conçoit tout au-delà du vrai.

La poësie didactique est une histoire enflée de sons. La poësie dramatique est l'instrument qui met en jeu tous les ressorts de l'ame.

L'allégorie est un miroir énigmatique; il est bon d'amuser l'enfance de ces récits fabuleux. La raison qui vient avec l'âge, lève le voile qui couvroit la vérité, & sçait tirer parti de ces jeux puérils.

La poësie est une espèce de plante sauvage qui croissant dans un terrain inculte s'élève bientôt au-dessus de tous les arbres.

La critique veille à la correction des écrits & à l'exactitude des éditions. C'est par ce double emploi qu'elle assure la gloire des auteurs, & qu'elle pourvoit à l'instruction des lecteurs.

L'interprétation, le commentaire, & les notes sont du ressort des critiques. Mais qu'ont-ils fait jusqu'à présent? Au lieu d'éclaircir le texte, ils l'ont embrouillé par un fatras d'érudition. Ils font semblant de ne pas appercevoir les endroits obscurs, & se dédommagent de ce silence forcé par des digressions éternelles sur les passages aisés à entendre. Il seroit bien à souhaiter qu'un écrivain donnât lui-même ses observations & ses notes sur son propre ouvrage, afin de couper court aux volumes inutiles des mauvais commentateurs.

Quelle puérile défaite de s'en prendre aux fautes de l'édition, comme font quelques critiques, quand un texte les embarrasse! aussi ne manquent-ils pas de le réformer au gré de leurs sens. De-là vient que les éditions les plus châtiées sont souvent les moins pures.

Dès qu'un critique n'entend pas à fond la matiere qu'il traite, tout son travail n'est qu'un griffonage dont le lecteur payera les dépens.

Les arts de luxe sont la peinture, la sculpture, & tous ces arts brillans, qui servent à la magnificence & à la décoration, soit dans les édifices & les jardins, soit dans les habits & les meubles.

Il faut laisser aux poëtes, dont l'imagination bâtit à peu de frais le soin d'embellir leurs palais enchantés, & songer à la commodité, plutôt qu'à l'agrément. Le Vatican & l'Escurial sont superbes à voir, il n'y manque autre chose que du logement.

Les jardins sont l'asyle du plaisir doux & pur, le corps s'y délasse, l'esprit s'y distrait, la nature y étale ses bienfaits & ses ornemens: elle semble disputer à l'art la gloire de les enrichir pour la satisfaction de l'homme.

Les beaux jardins sont aussi rares, que les magnifiques palais sont communs.

On affecte de prodiguer les miracles de l'art dans les jardins royaux, mais la seule parure de la terre y produiroit plus aisément cette voluptueuse rêverie qui fait le charme & les délices des promenades.

Pourquoi mêler le contraire du luxe au désordre énergique de la nature? Profitez de ses libéralités; employez l'industrie à varier ses spectacles; que les eaux fassent naître les bosquets, & que les ombrages des bois endorment les ruisseaux dans un lit de verdure; appellez les oiseaux, leurs concerts attireront les hommes, & feront cent fois mieux l'éloge de votre magnificence, que le marbre & le bronze, dont l'étalage n'excite qu'une admiration stupide.

Le parfum des fleurs artistement variées, les nuances des couleurs flattent aussi délicieusement l'odorat & la vue, qu'une touchante symphonie chatouille agréablement l'oreille.

Ces deux sens, l'ouïe & la vue sont les plus délicats & les plus chastes de tous. Les plaisirs qui les remuent sont aussi les plus innocens; & les arts à qui nous devons ces plaisirs, méritent une place distinguée parmi les arts libéraux, comme étant les plus ingénieux, puisqu'on y emploie toute la subtilité des combinaisons mathématiques.

La peinture réveille l'imagination & fixe la mémoire; la musique agite le cœur & soulève les passions. Elles font passer le plaisir dans l'ame

---

(1) Cela étoit assez vrai du tems de Bacon; & cela le seroit encore de plusieurs théories de nos chymistes modernes dont toutes les æthiologies ne valent pas une bonne expérience.

Philosophie anc. & mod. Tom. I.

l'une par les yeux, l'autre par l'oreille. Elles ont un rapport d'harmonie admirable.

On diroit que les pierreries ont un charme singulier, dont la mode se sert pour fixer la curiosité. Il le faut bien ; car sans cet éclat impérieux, notre folie auroit des bornes, du moins celles que l'inconstance a soin de mettre à tous nos goûts. Est-ce que ces étincelles pures, qui pétillent au sein du diamant, seroient une espèce de collyre pour nos yeux? Les lustres & les glaces seront à ce prix d'une merveilleuse invention, & peut-être ont-elles avec nous une douce sympathie dont nous sentons l'effet sans le deviner. Les plaisirs des autres sens peuvent être plus vifs, mais moins dignes de l'homme.

La propreté est à l'égard du corps, ce qu'est la décence dans les mœurs ; elle sert à témoigner le respect qu'on a pour la société & pour soi-même ; car l'homme doit se respecter. Mais l'afféterie dans la parure, & ces soins exquis de la sensualité ne sont pas encore assez raffinés pour tromper les yeux ; trop embarrassans dans le commerce de la vie, ils nuisent souvent à la santé.

Les odeurs & les délices de la table tiennent plus du vice, que de la vanité. Les plaisirs purement charnels n'ont pas besoin d'art, mais plutôt de remède & d'antidote.

L'expérience de tous les siècles donne une leçon aussi constante que terrible contre le luxe, c'est qu'il annonce la décadence des empires.

Du Scepticisme.

Le doute est l'école de la vérité. Le Scepticisme a commencé par les philosophes naturalistes qui ne voient par-tout que vraisemblance & probabilité. Socrate s'acquit le titre de sage, & la réputation de savant par la profession d'ignorance qu'il affectoit. Comme il paroissoit indécis & mal instruit sur ce qu'il savoit le mieux, on met sur le compte de sa modestie les aveux les plus sincères de son insuffisance. Il érigea toutes les assertions en questions: cependant on dit de lui, qu'il avoit apporté la vérité des cieux ; c'est qu'il apprit aux hommes l'unique moyen de la connoître, l'art de douter. Les autres philosophes bâtissoient des systèmes, & Socrate se faisoit un jeu de les renverser par ses problèmes qui donnèrent de l'exercice à Platon son disciple.

Après les philosophes, les orateurs devinrent sceptiques pour avoir la gloire de soutenir également bien le pour & le contre ; car c'est à ce prix qu'on passa pour disert. Delà cette méthode des jurisconsultes, d'appliquer à presque tous les cas des raisons de douter & d'affirmer, fatale invention qui entraîne la lenteur ou la précipitation des décisions ; car dès que le juge se trouve à chaque pas embarrassé de nouvelles autorités contradictoires, moins éclairé par tant de lueurs tremblantes, qu'il ne l'étoit au premier rayon de lumière, il finit par hasarder ses conclusions à l'aveugle, avec quelques remords de plus.

Les Académiciens ou les sceptiques du dernier ordre, & qui cependant en portoient seuls le nom, établissoient en paradoxes les vérités de goût & de sentiment, éternisant par leurs ingénieuses dissertations les querelles & les injures des savans. Mais de tous les sceptiques les plus insupportables, étoient ceux qui ne vouloient pas s'en rapporter à la fidélité des sens ; car quels autres garans de la certitude établir à leur place ? Il valoit bien mieux rejetter toutes nos erreurs sur les défauts de l'esprit, & s'en prendre à la précipitation de l'entendement qui ne se donne ni le temps d'examiner, ni le soin de juger, à de faux principes, à de mauvaises conséquences, aux méthodes pernicieuses, parce qu'il y a des précautions contre ces surprises; mais rien ne sauve la vérité de l'imposture des sens. Si ses témoins sont corrompus que deviendra le tribunal de la raison la plus intègre ?

Il faut que le chemin qui mène des sens à l'entendement soit coupé de mille sentiers écartés, puisqu'il y a autant d'erreurs que d'opinions sur les voies de la nature.

Quand même on seroit convenu des principes (ce qui n'est pas,) il resteroit toujours une foule de questions au nombre des problèmes. Conclusion du Pyrrhonisme ; rien n'est vrai, tout est faux.

Un philosophe qui sait douter, en sait plus que tous les savans.

Le scepticisme coupe chemin à l'erreur, il délivre la vérité des ombres qui la couvroient, & si on ne l'apperçoit pas c'est qu'elle fuit sans cesse ; il fixe notre attention autour des objets qui nous échappent, mais le Pyrrhonisme donne du crédit aux opinions les plus absurdes ; il ne fait que jetter des ténèbres sur les objets de doute, & des doutes sur la vérité.

Le despotisme des philosophes dogmatistes, & l'indépendance des Pyrrhoniens étoient également propres à déconcerter l'esprit humain.

Aristote ne détruisit l'empire de l'antiquité, que pour l'usurper ; tyran substitué à de petits monarques. Platon, de meilleure foi, n'en vouloit qu'à la prescription des sophistes, tels qu'Hippias &

Protagore, qui fuyoient les discussions du doute, comme un injuste possesseur évite d'en venir à des éclaircissemens. Platon se donnoit du plaisir à fatiguer ses adversaires. Mais il se forma une école plus sérieuse de vrais sceptiques, ils ne prétendoient pas comme Pyrrhon, exclure toute espèce d'examen & de recherche; sans rejetter ouvertement la vérité, sans l'admettre pleinement, ils gardoient une espèce de neutralité dans les opinions, mettant toujours de nouvelles raisons dans la balance, pour la faire pencher alternativement des deux côtés. (Voyez l'article Académiciens.) (Philosophie des).

Le scepticisme est le grand antagoniste de l'orgueil; mais n'est-il pas dans les intérêts de la paresse? Après qu'on s'est persuadé qu'il n'y a rien de vrai, ni de solide, on ne se fait plus que des études de goût & d'amusement. Ce sont les courses errantes d'un héritier émancipé, qui voyage, sans autre dessein que celui de satisfaire sa curiosité, ou de divertir son inconstance. La patrie & l'humanité réclament contre cette Philosophie oiseuse.

Le Scepticisme est très-dangéreux dans la conduite, parce qu'il jette une irrésolution dans toutes nos démarches qui en arrête le succès. On va comme à l'aveugle, avec une méfiance qui déroute les meilleurs projets. C'est un état d'ivresse, où les objets tournoyent sous les yeux dans une confusion perpétuelle: de-là vient que les esprits les plus étendus sont aussi les moins constans, parce qu'ils découvrent des raisons de délibérer, où les autres n'apperçoivent que l'occasion d'agir.

Les problèmes étouffent cette pépinière d'erreurs que l'intrépidité de l'école ose établir en thèses. Peut-être est-ce la vraie méthode de s'instruire, que de proposer les vérités comme des problèmes: car faute d'examen, tout devient préjugé, même la vérité. Mais aussi cette fureur est bien contagieuse; dès qu'une fois le doute s'empare d'une notion, il s'y attache, à ne plus la quitter: bientôt les problèmes acquièrent une espèce d'authenticité, par le crédit que leur donne le partage des opinions; cette licence de douter se répand sur les notions voisines, gagne insensiblement tout le corps des sciences, & se perpétue comme héréditaire; en sorte que la vérité n'est plus qu'un signal de guerre & qu'un cri de triomphe.

L'indépendance de l'esprit est bien autre chose que l'indifférence du Scepticisme.

La vérité n'est pas un joug importun. Son empire doux & naturel, loin d'ôter à l'ame sa liberté, la fixe & l'attache par l'amour du bien & l'intérêt de son repos: elle lui sert d'asyle & de retraite, après bien des excursions dans le pays des préjugés. Mais le scepticisme est une circulation d'erreurs qui plongent continuellement l'esprit de lueurs en abîmes.

Le sceptique ôte aux sens & à l'entendement toutes ses forces & le vrai philosophe lui en rend l'usage.

De l'imagination.

L'imagination est comme la messagère qui entretient les correspondances de l'entendement & de la volonté. Les sens sont à ses ordres pour lui rapporter les objets; elle en rend compte à la raison qui, après les avoir examinés, les renvoie à la volonté pour en décider en dernier ressort. Il ne faut donc pas s'étonner si l'imagination a tant d'empire sur nos pensées & sur nos actions. Comme elle a des ministres infidèles, qu'elle est elle-même une interprète fort équivoque, elle devient la source de nos erreurs & de nos crimes.

La superstition tient beaucoup à l'imagination; voilà pourquoi elle emploie à la frapper les images, les songes & les visions. L'empire du fanatisme commence par gagner l'imagination; on ne croit pas ce qu'on voudroit croire, mais ce qui effraie, ou ce qui séduit.

La superstition est cette espèce d'enchantement ou de pouvoir magique que la crainte exerce sur l'imagination. C'est elle qui a forgé ces idoles du vulgaire, les génies invisibles, les jours de bonheur ou de malheur, les traits invincibles de l'amour & de la haine.

L'esprit & le cœur sont tour-à-tour les dupes de l'imagination; on trouve bon ce qui paroît beau, & l'on aime ce qu'on admiroit. Une maîtresse a toujours des vertus, un bel esprit est toujours agréable.

L'imagination agit sur nos sens, elle tient les rênes du méchanisme de l'homme, ensorte que tel mouvement doit cesser, dès que l'image qui l'a occasionné, disparoît: l'homme qui se promenoit, s'arrête tout-à-coup, parce qu'il est saisi d'une idée qui enchaîne, pour ainsi dire, ses pas, en captivant son imagination.

Une forte persuasion supplée à la réalité, une vive espérance nous y conduit; c'est-à-dire, qu'un homme entêté d'un objet, croira le voir où il n'est pas, & agira comme s'il le voyoit; & qu'un autre parviendra tôt ou tard au terme qu'il a toujours devant les yeux, s'il y court avec cette confiance qu'inspire le génie ou l'instinct; car l'imagination nous pousse avec violence vers le but où la fortune semble nous attendre.

Les remèdes n'opèrent la plupart, qu'en vertu de l'imagination; & leur premier effet consiste à la calmer. Un médecin hâtera la guérison de son malade, s'il peut lui persuader qu'elle n'est pas loin. Cependant on a bien vu des maladies imaginaires devenir réelles par la seule influence de l'imagination; mais on ne voit guères de malades recouvrer la santé, dès qu'ils se croient guéris.

Les songes sont au pouvoir de l'imagination. Elle répète avec plus de force sur les sens, les impressions qu'avoient déjà fait sur eux les objets extérieurs. L'ame & le corps doivent éprouver à peu près les mêmes sensations pendant le sommeil, parce que l'imagination les gouverne alors; aussi ceux qui sont fatigués la nuit par la peur des incubes, imaginent des montagnes & des fardeaux accablans, & souffrent presqu'autant que s'ils les portoient réellement.

Les hypocondriaques sujets aux vapeurs qui s'élèvent du bas ventre au cerveau, comme ils sentent dans les entrailles un bruit & un combat perpétuel de vents opposés, ne rêvent qu'à des tempêtes.

On diroit qu'il y a une espèce d'influence mutuelle entre les esprits, tant l'imagination d'un homme agit sur celle d'un autre homme; de-là vient l'empire de l'éloquence; un orateur inspiré par les vapeurs de l'entousiasme, embrase toute une assemblée de sa propre chaleur, & opère ces révolutions subites dans les mœurs & la croyance qui durent, & tombent avec cette violente impression, delà naît encore la force de l'exemple; un homme emporté par on ne sait quelle ivresse, s'élève tout-à-coup à l'incroyable, & par une action hardie, entraîne des changemens inopinés, tels qu'on en voit dans le sort des batailles & des empires même.

D'où vient que les hommes sont beaucoup plus susceptibles des impressions du pathétique, assemblés que solitaires? N'est-ce pas que le bruit, l'appareil, l'agitation, tout ce qui parle aux sens remue l'imagination? Ces mouvemens sourds de crainte, de pitié que l'acteur répand sur tous les spectateurs, redoublent par leur communication mutuelle, & semblables aux frémissemens de la mer dont les flots s'élèvent & s'entrechoquent, ils jettent la désolation dans tous les cœurs.

Des sortilèges sont les rêves d'une imagination blessée qui communique sa maladie à des cerveaux aussi foibles. Il se peut très-bien que certaines liqueurs prétendues magiques portent à la tête, & causent dans le sang cette fermentation brusque & rapide qui semblable aux transports d'une fièvre maligne, jette dans des convulsions extraordinaires, sur-tout si l'imagination étoit effarée d'avance par des opinions bizarres. Mais que voit-on là de surnaturel?

Les caractères de la magie, ou ne signifioient rien du tout par eux-mêmes, ce qui donnoit un libre champ aux écarts de l'imagination; ou bien avoient du rapport avec les idées de l'enchantement; ce qui contribuoit à en opérer les effets prodigieux. Les charmes dont elle usoit pour inspirer de l'amour ou pour arrêter l'effet des désirs naturels, tenoient tout leur pouvoir du trouble que de vaines menaces répandoient dans l'imagination; la crainte de l'amour dans les uns, & dans les autres, celle de ne pouvoir le satisfaire, rendoit leur résistance inutile, ou leurs efforts impuissans.

On guérit l'imagination d'une illusion par une autre.

La plupart des merveilles qu'on attribue à la sympathie, ne doivent leur existence qu'à l'imagination. Une lettre, un portrait, la boucle de cheveux de celle que l'on aime, réveillent dans tout le corps des émotions involontaires; n'est-ce pas qu'ils rappellent à l'imagination le souvenir ou l'approche d'une agitation plus violente encore?

Les yeux de la beauté ont un ascendant invincible sur tous nos sens, plus ou moins fort à proportion des autres rapports qui se trouvent entre notre cœur & l'objet qui le blesse; ce charme indépendant de l'imagination augmente toutefois, ou s'affoiblit par elle.

Il peut y avoir dans le crâne d'un malheureux expiré d'une mort violente, une vertu sympathique qui opère sur un homme blessé à la tête. Il n'est pas hors de vraisemblance que le cœur d'un lion appliqué tout fumant au cœur d'un homme lâche, lui donneroit du courage.

Indépendamment de la force de l'imagination élevée par ce stratagême, il y a une raison d'analogie entre ces parties. La chair crue & sanglante rend tel peuple guerrier plus féroce au combat.

Quand même la sympathie agiroit à une distance fort éloignée, quelle influence passe d'un homme sur une multitude, ou d'une multitude sur un homme. Cependant, comment expliquer ces illuminations soudaines qui faisoient connoître la victoire d'une armée à un particulier, ou la mort d'un ennemi à toute une nation? On attribuera ces prodiges à une (1) révélation surnaturelle: mais que répondre aux romains, à des payens qui ont vu tout un peuple assemblé dans

---

(1) Celui qui supposeroit une telle cause, seroit un bien mauvais raisonneur. la réponse qu'on peut faire aux deux faits allégués ici par Bacon est très-simple, il faut dire de ces faits comme de beaucoup d'autres, *c'est peut-être que cela n'est pas vrai.*

le cirque pousser des cris de joie & de triomphe, au moment de la bataille qui se donnoit à plus de vingt milles, & remercier les dieux du succès d'un combat trois jours avant d'en recevoir la nouvelle ? Est-ce hasard, est-ce illusion de toutes parts, ou bien l'imagination conçoit-elle un pressentiment assuré de tout ce qu'elle espère ?

L'imagination d'un homme timide ne lui présente que des obstacles qui le découragent ; aussi le voit-on s'appuyer volontiers sur le secours d'autrui, espérer tout des plus vaines promesses, & n'oser jamais rien entreprendre par lui-même, tandis qu'une folle présomption fait réussir souvent des démarches hasardées.

Les arts qui tiennent tout de l'imagination, comme l'astrologie, ne sont merveilleux que dans leurs moyens, car leur but est fort simple. Il est très-possible qu'à l'heure de votre naissance un astre soit placé sous tel point du ciel, à tel aspect, & que la nature alors ait pris une route, qui par le concours de mille causes enchaînées, doit vous être funeste ou favorable. Mais qu'on puisse lire votre sort dans les nues, & que les grimaces d'un extravagant fassent parler les planètes !.... Voilà l'abus & l'imposture.

L'imagination crée, invente, embellit les arts, mais elle nuit aux véritables sciences ; aussi la poésie qui lui doit tout son prix, est moins une science qu'une agréable erreur de l'esprit humain. Les couleurs, les vents, les saisons, tout agit sur l'imagination ; rien ne la rafraîchit comme la vue d'une nappe d'eau, dans un jour calme & sombre.

Cette espèce d'empire que l'honneur, les richesses & la réputation nous donnent sur les esprits, est un plaisir délicat, & semble fait pour l'homme. Mais d'où vient cette pente à prendre notre satisfaction chez autrui, si nous n'existons pas en partie hors de nous-mêmes ? C'est la vie de l'imagination, ce qui l'entretient, l'amuse, & la gouverne, mais une ame grande par elle-même vit de sa propre vertu, laisse l'estime du vulgaire à la vanité, & les respects forcés de la servitude aux oppresseurs de l'univers.

Des préjugés.

Les préjugés sont autant de spectres & de phantômes qu'un mauvais génie envoya sur la terre, pour tourmenter les hommes ; mais c'est une espèce de contagion, qui, comme toutes les maladies épidémiques, s'attache sur-tout au peuple, aux femmes, aux enfans, aux vieillards, & qui ne cède qu'à la force de l'age & de la raison.

Le préjugé n'est pas toujours une surprise du jugement investi de ténèbres, ou séduit par de fausses lueurs ; il naît de cette malheureuse pente de l'ame vers l'égarement, qui la plonge dans l'erreur malgré sa résistance : car l'esprit humain, loin de ressembler à ce cristal fidèle dont la surface égale reçoit les rayons, & les renvoye ou les transmet sans altération, est bien plutôt une espèce de miroir magique, qui défigure les objets, & ne présente que des ombres ou des monstres.

Les préjugés, ces idoles de l'ame, viennent, ou de la nature de l'entendement qui donne à tout une existence intellectuelle, ou de la préoccupation du jugement qui naît de l'obscurité des idées, ou de la diversité des impressions fondée sur la disposition des sens, ou de l'influence des passions toujours mobiles & changeantes.

Il y a des préjugés universels &, pour ainsi dire, héréditaires à l'humanité, telle est cette prévention pour les raisons affirmatives.

Un homme voit un fait de la nature, il l'attribue à telle cause, parce qu'il aime mieux se tromper que douter ; l'expérience a beau manquer souvent, ou démentir ses conjectures, la première opinion prévaudra. C'est cette maladie de l'entendement qui favorise la superstition & mille erreurs populaires.

Un passager échappe du naufrage après un vœu barbare, tous les autres ont péri dans la même tempête, malgré des promesses plus légitimes ; n'importe, c'est un miracle, comme si la nature ne devoit pas changer de cours, pour conserver tant de victimes dignes de sa pitié, plutôt qu'en faveur d'une tête inutile. La providence ne veilleroit donc guères aux intérêts du genre humain.... Mais les noms de quelques heureux sont gravés dans les temples, disoit Diagoras, & la mer tient dans ses abysmes les prières perdues. Les tombeaux couvrent les fautes du médecin, tandis que les convalescens publient sa bonne fortune. C'est ainsi que l'énumération des faits qui décident pour l'affirmative, nous détermine à la conclusion, avant d'examiner les faits négatifs qui détruisent ou diminuent la force des preuves positives. Delà les erreurs fondamentales qui ont corrompu la masse des sciences, & semblent avoir fermé pour jamais à l'esprit humain les voies de la nature & de la vérité.

Autre foiblesse de l'entendement, sa précipitation vers les extrêmes.

Tout est uniforme dans le cours de la nature, voilà le principe : les astres roulent donc tous sur des cercles parfaits, plus d'ovales, plus d'ellipses, conclud le préjugé.

La nature agit toujours par les voies les plus simples ; c'est la maxime générale, le préjugé l'applique à tous les faits particuliers, & veut soumettre tous les phénomènes à cette loi.

Les chymistes sont tellement entêtés de leurs élémens, qu'ils ne voient par-tout que de l'eau ou du feu, semblables à ces fanatiques agités par les fureurs de Cybèle, qui trouvoient à chaque pas des fleuves, des rochers, des forêts embrasées.

Il y a des préjugés particuliers ou de tempéramment, qui varient dans l'homme selon la constitution des humeurs, la force de l'habitude & les révolutions de l'âge. Si un homme renfermé, depuis sa naissance jusqu'à la maturité de l'âge, dans une caverne souterraine, passoit tout-à-coup au grand jour, quelle foule d'impressions singulieres exciteroit au dedans de lui cette multitude d'objets qui viendroient assaillir toutes les avenues de son ame ! Cet emblème que Platon (1) imagina, cache une vérité bien remarquable. En effet, l'esprit de l'homme est comme emprisonné dans les sens, & tandis que les yeux se repaissent du spectacle de la nature, il se forme mille préjugés dans l'imagination qui brisent quelquefois leurs chaînes, & tiennent à leur tour la raison dans l'esclavage.

Il y a des préjugés publics, ou de convention, qui sont comme l'apothéose de l'erreur ; tel est le préjugé des usages, toujours anciens, de la mode, toujours nouvelle, & du langage.

Un esprit pénétrant ne peut développer ses idées, faute d'expressions assez énergiques.

Les définitions ne sont, ni la véritable idée des choses, ni la véritable manière de les concevoir.

Les objets existent d'une façon, nous les appercevons d'une autre, & nous ne les rendons ni tels qu'ils sont, ni tels que nous les voyons.

Nos idées sont de fausses images, nos expressions des signes équivoques.

Il y a des mots dont l'application est si arbitraire, qu'ils deviennent inintelligibles. A-t-on une idée précise de la fortune, de la vertu, de la vérité ? Quand est-ce qu'on fera un traité de convention, sur la signification idéale des termes ? Mais en quelle langue seroit-il écrit, pour être entendu de tous les hommes dans le même sens ? Il faut attendre que la nature ait fabriqué tous les esprits à la même trempe.

Enfin il y a des préjugés d'école, ou de parti, fondés sur de mauvaises notions ou sur de faux principes de raisonnement. On peut mettre à ce rang certaines impossibilités qui semblent avoir prescrit par le temps, *la quadrature du cercle, & le mouvement perpétuel, chimères à trouver. L'art peut faire des mixtions, mais non pas des générations.* Ces démonstrations imperturbables déconcertent les projets & les tentatives.

Les axiomes classiques déroutent les esprits. La plupart ne savent pas voir autrement que les autres, & s'ils l'osoient, que d'obstacles à vaincre pour abbréger les moyens d'instruire ; ne fût-ce que la jalousie despotique d'un corps qui traitera comme un factieux & un ennemi, celui qui ne combattroit pas pour les intérêts de sa doctrine, sous ses enseignes & avec ses armes ! C'est cet esprit de zélotypie qui arrêta long-temps le progrès des connoissances humaines. Les théologiens donnant à Aristote une espèce de suprématie dans l'école, s'arrogèrent le droit exclusif de l'entendre & de l'interpréter, & firent un assortiment profane des vérités révélées avec les vérités naturelles, en les assujettissant à la même méthode. L'appui foible & ruineux que se prêtèrent alors la raison & la foi, en s'expliquant l'une par l'autre, fit confondre les limites de chaque genre de notions. Delà naquit cette guerre intestine entre les philosophes & les théologiens, qui durera peut-être jusqu'à ce que l'ignorance & la barbarie viennent une seconde fois des antres du nord, pour ensevelir toutes les querelles des sçavans dans la ruine des empires.

Les sources du préjugé sont dans les passions ; l'entendement n'y voit rien d'un œil sec & indifférent, tant l'intérêt lui en impose.

Ce qui nous plaît est toujours vrai, juste, utile, solide & raisonnable.

Ce qui est difficile, est regardé comme inutile, pour ménager la vanité, ou comme impossible pour flatter la paresse.

L'impatience craint les lenteurs de l'examen, l'ambition ne peut se contenter d'une espérance modérée, ni d'un succès médiocre, l'orgueil dédaigne les détails de l'expérience, & veut franchir d'un saut l'intervalle qui sépare les vérités moyennes des vérités *sommaires* ; le re-

---

(1) Voyez le septieme livre de sa république, au commencement : c'est un des plus beaux endroits des ouvrages de ce philosophe, & qu'on relit toujours avec un nouveau plaisir. Cette idée neuve & très philosophique ne pouvoit se présenter qu'à un homme de génie.

pect humain fait éviter la difcuſſion de certaines queſtions problématiques : enfin l'entendement eſt ſans ceſſe arrêté dans ſa marche, ou troublé dans ſes jugemens.

Les ſens nous en impoſent, nous ne jugeons que d'après l'impreſſion des objets, qui varie avec nos diſpoſitions. Les plus importans ne ſont ſouvent que de légères impreſſions, & pour notre malheur le méchaniſme de tout le mouvement dépend de ces reſſorts délicats qui nous échappent.

Chacun bâtit dans ſon cerveau un petit univers dont il eſt le centre, autour duquel roulent toutes les opinions qui ſe croiſent, s'éclipſent, s'éloignent & ſe rapprochent au gré du grand mobile qui eſt l'amour propre. La vérité brille quelquefois parmi ces notions confuſes qui s'entrechoquent ; mais elle ne fait que paſſer un inſtant comme le ſoleil au point du midi, de ſorte qu'on la voit, ſans pouvoir la ſaiſir ni ſuivre ſon cours.

Un des préjugés de l'amour propre, c'eſt de croire que l'homme eſt le fils uniquement chéri de la nature, & comme le modele de ſes opérations. On ſuppoſe qu'elle ne pouvoit faire un plus bel animal, rien de plus merveilleux que les productions de l'art. De-là cette plaiſante héréſie des Antropomorphites ; ces pieux ſolitaires qui ſans doute *exterminoient leur face*, ne croyoient pas aſſez honorer Dieu, s'ils ne lui prêtoient une figure humaine (1).

Que l'homme dépoſe ſes préjugés & qu'il approche de la nature avec des yeux & des ſentimens purs, tel qu'une vierge modeſte a le don d'en inſpirer, il la contemplera dans toute ſa beauté, & il méritera de jouir de ſes charmes.

Des paſſions.

Il y a comme deux ames dans l'homme, l'une d'un ordre divin & dont la connoiſſance appartient plus à la religion qu'à la philoſophie, ce n'eſt point à l'homme d'en parler ; l'autre matérielle & ſenſible, qui nous eſt commune avec les bêtes, & qu'on peut regarder comme l'inſtrument de l'ame inviſible. C'eſt un principe actif qui ſe nourrit des élémens les plus ſubtils, qui a la vivacité du feu & la diviſibilité de l'air, pour communiquer & recevoir le mouvement le plus rapide, qui germe dans nos humeurs & s'éteint ſous nos cendres : le corps lui ſert de palais, & le cœur ou le cerveau de ſiège principal. C'eſt de ce trône qu'elle part avec une promptitude inconcevable, pour ſe répandre dans le ſang & donner le reſſort aux nerfs & aux artères. On l'appelle *eſprit*, terme qui s'applique aux ſucs volatils & déliés de toute eſpèce de matière : C'eſt la confuſion de ces deux principes qui a donné lieu à toutes les opinions ſuperſtitieuſes de la métempſycoſe, & à tant d'autres erreurs ſur la nature de l'ame.

Les *paſſions* entretiennent l'alliance qui eſt entre l'ame & le corps. Cependant on les peint comme des ſemences de tempête qui portent le ravage & le déſordre dans le cœur, qui tourmentent la raiſon & tyranniſent la liberté.

La cupidité, cet appétit inquiet du plaiſir, s'allume dans le ſang, & ne s'éteint qu'avec le mouvement : elle ſuit les progrès de l'âge & des forces ; d'abord timide, & ſe cachant ſous le voile de la pudeur ; enfin rompant toutes les barrières de l'éducation & du reſpect humain, elle oblige la vertu à juſtifier ſes écarts ou à ſe retirer. Elle ne s'arrête pas même à la jouiſſance ; le goût d'un plaiſir irrite la ſoif d'un autre : inſatiable dans ſon avidité, elle ſe précipite vers le dernier objet qui la flatte, avec autant de fureur que ſi c'étoit l'unique ou le premier.

L'admiration, qui eſt le germe de la ſcience, eſt un ſentiment agréable ; mais lorſqu'elle excite ou de vaines terreurs ou une curioſité déméſurée, elle devient le tourment de l'eſprit.

Les paſſions violentes ſont autant de tigres qui nous déchirent. Tous les monſtres ſe peignent tour-à-tour ſur le viſage d'un homme emporté par la vengeance ou la colère. La rage du lion eſt ſur ſon front, l'écume de ſa bouche eſt un poiſon comparable au fiel de l'aſpic. S'il étoit vrai que les paſſions des animaux circulent dans leur ſang, ne devrions-nous pas abhorrer les viandes ? Mais la férocité du ſanglier paſſeroit-elle dans l'ame du chaſſeur ?

Les plus brillantes paſſions ont des retours honteux : les grands airs de l'orgueil qui s'admire, & les phrénéſies d'un amour idolâtre de ſon objet, nous rendent ridicules aux yeux de tous ceux qui nous conſidèrent de ſang-froid.

Une paſſion violente ne permet pas la moindre réflexion à la raiſon, & ne ſauroit écouter les avis de l'amitié, tant elle a horreur de ſe rencontrer elle-même.

La paſſion dominante eſt un lierre qui s'at-

---

(1) C'eſt ce qui faiſoit dire au ſage & diſcret Fontenelle, que ſi Dieu avoit fait l'homme à ſon image, l'homme le lui avoit bien rendu.

tache aux vertus mêmes, & les étouffe en les embrassant. Certaines passions n'ont qu'une ivresse passagère, d'autres nous tiennent dans un délire continuel ; mais en général elles ne font jamais de si grands ravages que lorsqu'elles sont menées par la superstition.

Les actions éclatantes & les services les plus signalés partent d'une passion secrete qui les aviliroit, si elle osoit se démasquer. Cependant les passions les plus déshonnêtes ont trouvé des éloges. Que deviendra la vertu, si les muses se prostituent ?

Que faisons-nous, misérables esclaves des honneurs & des richesses, ces tyranniques objets de nos passions ? Nous nous livrons à des courtisannes que nos peres ont enfin laissées, après en avoir été abusés.

Si les passions sont des maladies dans la morale, elles peuvent servir de remèdes dans l'ordre physique.

Une joie modérée adoucit les humeurs, une tranquille mélancolie arrête la dissipation des esprits ; mais un état d'incertitude exerce trop violemment les ressorts du cœur par les dilatations de l'espérance & les resserremens de la crainte.

La compassion qui nous intéresse pour un malheureux étranger, sans un retour prochain sur nous-mêmes, est un sentiment doux & délicat qui nous remue agréablement. Si elle part d'un rapport de situation ou d'un mouvement d'intérêt personnel, elle flétrit le cœur & porte la désolation dans tous les sens.

La timidité, qui suit la modestie, nous met à l'abri des dangers & des grandes agitations, & par cela même devient le pronostic d'une longue vie ; mais la honte, qui vient de l'ignominie, est un poison lent qui mine & consume le tempérament.

L'amour heureux, qui n'est pas sujet à de brusques alternatives de chagrin & de plaisir, assure de beaux jours.

L'espérance est la plus utile de toutes les affections de l'ame, parce qu'elle entretient la santé par le repos de l'imagination.

Un homme qui a des espérances pour de longues années, fournit ordinairement une grande carrière : s'il n'avoit sans cesse devant les yeux un projet à remplir, son terme seroit proche, & sa vie s'eteindroit avec ses desirs.

L'espérance est une espece de joie qui, semblable à l'or en feuilles, se développe & s'étend sur tous les momens de la vie.

L'admiration, qui résulte de la spéculation de la nature, est une émotion paisible qui chatouille les esprits & tient les sens dans une activité favorable. On a remarqué que les philosophes observateurs avoient long-temps joui des charmes de la contemplation ; témoins Démocrite, Platon & Appollonius. Mais il s'agit ici de cette curiosité modérée par l'intérêt de sa propre satisfaction, & non pas de cette avidité de connoître & de savoir qu'inspire un génie inquiet ou une ambition démesurée. Celle-ci fait acheter l'immortalité au prix d'une courte vie, l'autre au contraire prolonge des jours qu'elle ne peut éterniser. En général, la manie de penser use le corps ; celle de parler ne fait vivre que trop long-temps.

Les vapeurs de la mélancolie & de l'ennui sont extrêmement contagieuses ; les saillies de la joie aiment à se communiquer.

Les regards de l'envie sont fixes & sombres ; elle empoisonne tous les plaisirs qu'elle voit ; les regards de l'amour sont pleins d'étincelles, il charme tous les soucis de ceux qui l'approchent.

L'audace a un merveilleux ascendant sur tous les cœurs, comme la pudeur sur les visages ; enfin tous les mouvemens de l'ame & du corps tendent à se répandre.

L'homme de cœur glace un poltron, comme le chien arrête l'oiseau.

Les soupirs des amans sont des esprits enflammés, qui forment cette chaîne invisible & mystérieuse, par où deux cœurs sont attirés & entraînés vers un centre commun : symbole de l'union naturelle où tout reprend sa place.

Les vieillards qui aiment la conversation de la jeunesse, semblent puiser auprès d'elle une nouvelle vie. Enfin on sent par-tout cette influence, que les ames ont naturellement les unes sur les autres, par la communication des passions.

Ce n'est point dans des traités de morale & de philosophie qu'il faut étudier les passions, mais plutôt chez les poëtes & dans l'histoire. Elles y sont développées avec des couleurs & des images plus frappantes que des analyses méthodiques. C'est-là qu'on les voit peintes dans ce désordre qui caractérise leur inconstance. On y apprend par quels foibles ressorts elles se soulevent & s'appaisent ; comment elles se cachent & se trahissent elles-mêmes, leur naissance,

sance, leurs progrès, leurs combats & leurs alternatives, comme elles sont subordonnées entr'elles; l'empire que l'amour propre exerce sur leurs intérêts, & comment il sçait les mettre aux prises, ainsi que le chasseur animant les chiens contre les bêtes, ou le milan à la poursuite des oiseaux, se fait un divertissement de la guerre & du carnage le plus échauffé. Un roi tenant en main le timon de l'empire, n'est pas plus habile à élever son autorité sur les débris des factions opposées, que l'amour propre n'est industrieux à se satisfaire aux dépens de chaque passion.

Du bien.

Il y a dans tous les êtres animés un penchant naturel & invincible vers le bien, qui les intéresse d'abord pour leur existence, ensuite pour le maintien de l'ordre universel, relativement à leur propre conservation qui en dépend. Ce mouvement qui tend à la subsistance du tout, semble imprimé par la nature, dans la matière même, où l'attraction de tous les corps établit l'harmonie de l'univers, qui tient sous la loi tous les autres instincts. Mais l'amour réfléchi du bien général n'appartient qu'à l'homme, qui voyant son bonheur attaché à la félicité publique, travaille sans relâche pour lui-même, lorsqu'il croit ne veiller qu'aux intérêts des autres hommes; ensorte que l'amour de la patrie l'a souvent emporté dans le cœur d'un citoyen, sur le soin de ses jours : mais alors même l'attachement à la vie ne faisoit que céder à la passion de la gloire, qui est toujours un effet de cet amour propre indestructible en nous.

On doit au christianisme (1), l'idée des vertus les plus belles qui aient paru sur la terre, la charité qui embrasse toutes les ressources du bonheur public, & l'humilité qui fonde l'amour & l'estime des autres hommes sur le mépris & le détachement de soi-même. Où a-t-on vu, si ce n'est chez les chrétiens, pousser l'héroïsme jusqu'à desirer l'anéantissement & la privation même de son propre bonheur, si l'on pouvoit à ce prix, racheter celui du genre humain ?

---

(1) Nous ne garantissons point la justesse de toutes les pensées de Bacon : notre devoir est de les exposer fidelement, de le faire parler en philosophe, toutes les fois que ses vues, ses idées ou ses expressions en conservent le caractère; de lui laisser même les préjugés superstitieux dont il ne paroît pas exempt; loin qu'à cet égard peu différent de quelques philosophes célèbres de nos jours, il ait pu en effet pensé comme le peuple; soit que sur ces mêmes objets de même que sur beaucoup d'autres matières, élevé au-dessus de son siècle & des opinions peu réfléchies de la multitude, il ait cru néanmoins devoir s'exprimer comme elle, & payer en public son tribut à l'erreur commune.

Philosophie anc. & mod. Tome I.

pieuse exagération, mais bien conforme à l'esprit d'un législateur, dont la morale ne respire que l'humanité.

La plupart des sectes de la philosophie ancienne bornoient l'homme à lui-même. Ce bonheur que Socrate & Zénon plaçoient dans la vertu, ne tendoit qu'à la tranquillité de l'ame. Epicure qui attachoit la félicité à la suite de la volupté, mais qui établissoit la volupté dans l'exemption du trouble des passions, sacrifioit tout à cette souveraine indépendance des accidens de la vie. Pyrrhon vouloit soustraire l'homme au joug des opinions, pour le délivrer de l'assujettissement à toute espèce de devoirs; & cette liberté qui livre l'ame au pur instinct, lui paroissoit la source du bonheur. Epictète lui-même, le sévère Epictète, qui renferme les desirs dans le cercle des plus étroites espérances, semble soumettre l'ambition à une espèce d'inaction & de langueur tout-à-fait opposée au bien de la société; sa félicité isolée, consiste dans une vaine jouissance de soi-même, plutôt exempte de peines que rassasiée de plaisirs : telle est cette sagesse qui réduit tout au bien particulier.

Depuis que le titre de philosophe tient lieu de profession, la philosophie est devenue un art dont tout le secret aboutit moins à subjuguer ouvertement les passions, qu'à esquiver les surprises du vice.

Ne veulent-ils pas nos philosophes, faire comme cet Hérodicus, dont parle Aristote qui, pour conserver sa santé, prétendoit se mettre à l'abri de l'importunité des besoins de la vie, & qui parvint enfin à perdre tous les plaisirs avec le goût.

Cette *apathie* pour les événemens répand trop d'uniformité dans notre existence, au lieu d'endurcir l'ame à toutes les impressions; car rien ne la fortifie autant que les situations extrêmes.

Qui peut mieux goûter les délices de la vie, que celui qui se forme un tempérament à l'épreuve des saisons.

Une vertu vraiment robuste, est celle qui marche d'un pas ferme à travers les obstacles, & non pas celle qui se sauve en fuyant.

Que signifie cette sagesse, d'une complexion efféminée, qui ne peut soutenir le grand air, ni vivre parmi les hommes, sans contracter la contagion de leurs vices, & qui cherche la solitude, pour échapper à la corruption ? L'honneur & la probité sont-ils d'une étoffe si légère, qu'on ne puisse y toucher, sans l'entamer ? Que feroit un lapidaire, s'il ne pouvoit enlever une tache d'une émeraude, sans retrancher beaucoup de sa grosseur & de son prix ? Il y laisseroit la tache ? ainsi faut-il, en veillant à la sûreté de l'ame, ne point altérer ou diminuer sa véritable grandeur, qui se montre dans les traverses & l'agitation du commerce du monde.

Il y a trois degrés dans l'amour de soi-même, qui répondent à trois espèces de desirs & de biens, tels que celui de la conservation, celui de la perfection ou de l'aggrandissement, & celui de la réproduction.

Le bien de la conservation naît d'un amour qu'on peut appeller *passif*, parce qu'il se retire & se recueille au dedans de chaque être, & ne tend qu'à maintenir le repos du tout, par l'équilibre des parties. Tel est cet amour propre, calme & paisible, qui ne fait que de légères excursions hors de lui-même, & se replie au moindre obstacle, qui n'a qu'une force d'inertie ou de réaction pour résister, sans jamais attaquer.

Le bien de la conservation, n'est que le goût & la jouissance des choses nécessaires à l'entretien de l'existence.

Le sentiment du bonheur, consiste ou dans la simplicité, ou dans la vivacité de la jouissance.

Le plaisir simple, est ce plaisir doux & sans mélange, qui résulte d'une certaine uniformité dans les objets, & de la tranquillité des sens.

La vivacité du plaisir naît de la variété, ou de la vicissitude rapide des mouvemens agréables : mais cette situation appartient davantage à la seconde sorte de bien, qui est celui de la perfection.

L'instinct de s'aggrandir & de s'étendre, est un ressort actif qui met tous les êtres en mouvement. La nature en a fait le principe du méchanisme de l'univers. Il se développe dans l'homme, par l'ambition qui le porte à vouloir occuper de l'espace, à faire du bruit au loin, & à exister en quelque façon où il n'est pas.

L'amour du changement & de la nouveauté, est un effet de cette activité inquiète, qui voltige d'objets en objets, pour étendre les limites du bonheur, & nous devons à cette inconstance, le plaisir que nous cause la variété des merveilles de la nature & de l'art.

Les voluptés sensuelles qui ne tendent qu'à la conservation, sont bornées dans leur étendue & leur diversité ; mais les fatigues de l'ambition & de la cupidité font naître mille plaisirs.

On imagine, on poursuit, on avance, on s'arrête ; on rebrousse, on remonte ; ce sont autant de nouveaux goûts, au lieu qu'une vie sans projets est une espèce de langueur qui approche de la mort. De-là vient que les rois, qui ont le malheur de voir leurs desirs aussi-tôt satisfaits que conçus, prennent quelquefois de l'émulation pour des triomphes aussi frivoles que ceux de la chasse & du jeu ; & ces légers avantages, parce qu'ils sont personnels, souvent les flattent plus que tous les délices de la cour. Alexandre tomboit dans la superstition & la mélancolie, faute de pays à conquérir, quand la mort vint le délivrer de l'ennui de ne rien faire. Mais ce fol amour de la grandeur, & cette heureuse pente de la nature qui croît & s'élève dans tous ses ouvrages, est un fleau pour l'espèce humaine. Ce tourbillon rapide entraîne & renverse tout ; l'homme au lieu de changer de nature, ne fait que changer de place, il ne devient ni meilleur ni plus grand dans l'élévation, où sa vanité le pousse. C'est un malade qui ne sauroit trouver de repos dans son lit, ni hors de sa chambre, il a beau se rouler & s'agiter, son mal le suit par-tout.

L'ambitieux voudroit bien se quitter lui-même ; & dépouiller la foiblesse, & la misère qui le tourmente, mais il ne fait que la porter un peu plus haut, pour la donner en spectacle au monde.

La nature a semé par tout l'univers des germes d'immortalité. Ce n'est pas autre chose que ce penchant furieux qui rapproche & réunit les deux sexes de toutes les espèces vivantes pour se reproduire. La réproduction est une suite, & comme la perpétuité de la conservation. Cet amour actif du bien de soi-même se répand au dehors, s'épuise & s'éteint pour se suivre dans un nouvel être. C'est le plus essentiel de tous les biens, dans les vues de la nature ; aussi y a-t-elle attaché le plaisir le plus sensible ; & cette portion de volupté qu'on éprouve dans le soulagement des besoins ordinaires, n'est pas comparable au désordre & à cette convulsion délicieuse de tous les sens, où il semble qu'un être va se détruire pour se multiplier. Ce ressort puissant contrebalance les principes de mort & les dangers perpétuels dont la condition humaine est environnée.

De-là vient sans doute que nous sommes plus touchés d'un plaisir qui nous a couté des efforts, que de cette molle sensualité qui naît au sein du repos. Mais quelle doit être la situation la plus délicieuse, ou le *bien-aise*, si l'on peut ainsi dire, & la douce satisfaction qui vient du calme de l'esprit & des sens ; ou cet emportement de l'ame enyvrée de sa joie ?

Le plaisir ne se calcule pas ; heureux l'homme qui n'a pas le loisir de l'évaluer, tant il en est rempli ou affamé.

Le bien actif de chaque être est tout-à-fait opposé au bien de tous, quoique souvent ils se rencontrent ensemble. Le premier produit des actes de bienfaisance dont la société tire son avantage ; mais comme le motif en est bien moins dans une bienveillance générale, que dans l'intérêt particulier ; on ne doit pas les confondre. Il n'est que trop aisé de les distinguer, quand le hasard les met en concurrence ; car alors l'attrait du bien particulier fait fouler aux pieds toute considération du bien public, & l'un s'avance sur les ruines de l'autre. Tel est l'amour propre désordonné de ces fameux perturbateurs, nés pour la désolation de la terre. On sçait bien qu'ils veulent faire dépendre le bonheur ou le malheur du genre humain de leur propre destinée, & qu'ils n'aspirent qu'à assouvir les déréglemens de leur imagination, sans avoir égard aux cris de l'humanité.

Tout homme qui pense trop à ses intérêts, est un ami foible, un mauvais citoyen.

Si les princes recherchent leurs avantages, cet amour propre est utile aux peuples, en ce que la prospérité de l'état dépend du bonheur de celui qui le gouverne, & que les véritables intérêts du monarque sont liés à ceux de la patrie. Mais qu'un courtisan, qu'un ministre ne consulte que son ambition, c'est un monstre : s'il est assez puissant, il ne tiendra qu'au hasard, qu'il ne dévore pas sa patrie.

C'est toujours un grand mal que le bien du sujet l'emporte sur le bien du maître : que seroit-ce, si le grand avantage du prince étoit sacrifié au plus léger intérêt du favori ?

A-t-on jamais observé certains rapports entre les biens de l'ame & les biens du corps ? Ceux-ci sont la santé, la beauté, la force & le plaisir.

L'équilibre des passions répond à celui des humeurs ; les talens de l'esprit aux graces du visage ; les vertus à la vigueur des nerfs, & les consolations de la sagesse aux soupirs de la volupté. Mais quelle triste mélange ! Les talens sublimes sont ternis par des passions basses, ou par une conduite déréglée ; les ames d'une trempe mâle & vigoureuse n'ont pas cette urbanité de mœurs qui prévient & attire ; les esprits lians sont d'un commerce dangereux, par l'artifice qui passe du fond du cœur dans les manières : enfin les hommes les plus vertueux deviennent souvent inutiles à eux mêmes, par un défaut d'industrie, ou importuns à leur patrie, par un excès de franchise. Mais qu'il faut plaindre ces farouches stoïciens, pour qui la vertu n'est qu'un sujet de tourmens & de pleurs ! A quoi sont-ils donc réservés ?

De la vicissitude des choses humaines.

Le monde roule incessamment sans jamais s'arrêter, & dans ses révolutions éternelles le temps emporte & ramène de grands spectacles qui sont dans le cercle des événemens périodiques.

La nouveauté n'est souvent que l'oubli du passé.

Les déluges & les tremblemens de terre ouvrent d'épouvantables abîmes où s'engloutissent pour toujours les monumens & l'histoire des nations. Les ravages de la peste, l'incendie des guerres, fléaux particuliers, n'entrent point en comparaison avec ces vastes désolations qui ne laissent qu'un nom, des ruines, & quelques restes malheureux emprisonnés dans les débris de la dévastation. Tout périt donc jusques à la mémoire des siécles antérieurs, dont la communication avec les âges suivans est entièrement rompue par ces violentes crises de la nature.

Ce cahos que les siécles semblent avoir mis entre le nouveau monde & notre continent, ne seroit-il pas la suite d'une de ces terribles inondations qui couvrent la plus grande partie de la terre ? Ces grands fleuves de l'Inde & de l'Amérique, & ses hautes montagnes fortifient assez la conjecture de quelque déluge particulier qui a séparé long-tems ces peuples de notre commerce. Car enfin, le zéle de Grégoire le grand ne sauroit avoir aboli l'histoire de l'antiquité. Un seul homme ne peut rien sur l'univers entier, & les choses qu'on veut dérober à la curiosité avec le plus d'affectation, sont celles qui échappent davantage aux ténèbres de l'oubli.

La grande année de Platon destinée à la dissolution du monde annonce une de ces révolutions, tôt ou tard nécessaires, mais qu'on ne peut ni prévoir ni fixer. Les cieux n'ont point une influence si marquée sur d'aussi petits objets que les hommes. Les comètes dont on craint si vainement les apparitions, sont liées à toute la masse de la matière, & ne peuvent entraîner que des changemens universels. (1)

Les plus (2) grandes révolutions parmi les hommes sont celles de la religion ; on ne parle pas du christianisme.

Quand une religion dominante éprouve des schismes & des scandales qui naissent du relâchement des mœurs ? si le siécle est retombé dans la barbarie & l'ignorance qui suivent de près les siécles de lumière, on peut à coup sûr prédire l'arrivée d'une secte nouvelle : il ne faut dans ces circonstances qu'un génie ardent & curieux des paradoxes, pour tout changer. Son premier moyen sera d'attaquer le gouvernement, & le second de flatter le penchant favori du climat.

Le peuple aime la liberté de ses passions, & porte à regret le joug des anciens maîtres, que le tems appesantit.

Les opinions qui ne tiennent qu'à l'esprit, sans intéresser les sens, ne causent pas de grands mouvemens, il faudroit qu'elles arrivassent dans des jours de mécontentement, pour exciter des révolutions.

---

(1) Il y a dans l'histoire des sciences & des arts un assez grand nombre de faits qui prouvent que la marche de l'esprit humain est quelquefois rétrograde au lieu d'être progressive. Bacon ne croyoit point aux présages des comètes ; & le siécle de Louis XIV si avancé à tant d'autres égards, n'étoit pas encore détrompé de cette étrange erreur, comme on le voit par l'admirable ouvrage de Bayle, chef-d'œuvre de discussion & de dialectique.

(2) Je ne sai pas si ce sont *les plus grandes*, mais je sai que ce sont toujours les plus dangereuses & les plus funestes. Les guerres de religion ont un caractère d'atrocité qui leur est particulier & que n'ont point les autres guerres : celles-ci, quoique souvent injustes & cruelles, offrent encore de grands exemples d'héroïsme & d'autres vertus, tandis que celles-là, inspirées & conduites par le fanatisme, transforment indistinctement les chefs & les soldats des deux partis en vraies bêtes féroces. Quand les hommes, quand les gouvernemens seront-ils assez sages, assez éclairés pour regarder avec la même indifférence tous les dogmes, toutes les professions de foi, toutes les religions ? Pour voir qu'elles ont toutes, comme l'homme, leur enfance, leur jeunesse, leur âge mur & leur décrépitude ; qu'elles sont nécessairement en vicissitude comme toutes les opinions qui n'ont pas pour base l'expérience, l'observation, le raisonnement ou le calcul : que par conséquent, elles doivent passer de mode un peu plutôt, un peu plus tard, ce qui leur arrive en effet ; en un mot, que, soit pour les individus, soit pour les états, changer de religion, ce n'est, en dernière analyse, que changer d'erreur.

Les prestiges, l'éloquence, & le glaive sont les armes des (1) nouvelles sectes ; mais les prodiges les plus efficaces sont les martyrs, (2) après lesquels viennent les impressions d'une vie exemplaire.

Réformer les abus, appaiser les schismes de bonne heure, par la voie de la conciliation, & non par la persécution qui fait un enthousiaste obstiné du croyant le plus relâché ; gagner les chefs de l'innovation, au lieu de les punir, c'est le moyen de prévenir & d'arrêter les maux inséparables de la superstition.

La guerre a changé souvent de théâtre, d'armes, & de discipline. Elle marchoit autrefois d'Orient en occident. On n'a qu'à se rappeller que les Perses, les Assyriens, les Arabes & les Scythes ont été toujours les conquérans de la terre, & jamais ses maîtres ; tant il y avoit peu d'intervalle dans leurs invasions.

Les Gaulois, peuples Occidentaux, n'ont fait que deux irruptions considérables, l'une dans la Gréce Gauloise, & l'autre chez les romains. Ce n'est pas que l'Orient & l'Occident ayent des points fixes dans le ciel, & que ces observations soient fondées sur la raison du climat. Il n'en va pas de même du nord & du midi : car la nature les a trop bien distingués. Rarement a-t-on vu les peuples méridionaux franchir les barrières de leur zone ; tandis que les septentrionaux se sont débordés par essaims, & comme des torrens qui n'ont point de digue. En effet, ils ne sont point bornés par la mer, comme les nations du midi ; le continent est ouvert à leurs excursions, dès que leur génie belliqueux les pousse à quitter leurs frontières : quel que soit le principe de cette humeur guerrière, qu'on peut attribuer au climat où l'air froid échauffe les esprits en resserrant le corps qui s'endurcit par cela même aux fatigues & aux périls de la guerre ; on le remarque aussi dans les terres aus-

---

(1) Pour rendre la proposition de Bacon plus vraie, il ne falloit que la généraliser ; mais ni son siécle, ni lui n'étoit assez avancé pour philosopher sur ce principe. Voyez la note suivante.

(2) Bacon auroit du voir que chaque religion a eu les siens ; que par conséquent un argument en faveur de toutes les religions connues, ne prouve absolument rien pour chacune en particulier. Au reste toutes les fois que Bacon parle du christianisme, l'homme de génie disparoit, & l'on ne voit plus qu'un vieil enfant qui répete avec une confiance aveugle les contes absurdes dont sa nourrice l'a bercé. L'étude de la philosophie avance & mûrit la raison, celle de la religion la recule, l'obscurcit & reporte bientôt l'homme fait & du sens le plus droit à l'état d'enfance & d'imbécillité. Combien de grands hommes auxquels les hautes sciences doivent une partie de leurs progrès constatent la vérité de cette observation !

trales, où les habitans les plus voisins du pôle ne sont pas efféminés, comme les péruviens.

Dès qu'un vaste & puissant empire tombe en décadence, tous les princes voisins s'arment aussi-tôt pour achever sa ruine & partager le butin; & comme dans sa force il s'est épuisé de troupes pour la conquête, qu'il a même dépouillé les provinces conquises de ses habitans, il ne lui en reste plus pour la défense. L'empire romain & celui d'Allemagne ont donné des exemples en ce genre, que l'espagne confirmera tôt ou tard par le sien. Que d'oiseaux viendront alors reprendre leurs plumes?

Tout état particulier qui s'aggrandit considérablement doit s'attendre à la guerre. Avec ces provinces qu'il ajoute à sa domination, c'est un fleuve grossi par des torrens qui menace les peuples d'une inondation universelle; témoins les romains & les turcs.

Ecoutez ceci: quand on ne connoîtra plus de nations barbares, & que la politesse & les arts auront énervé l'espèce; on verra les hommes peu curieux de se marier, dans la crainte de ne pouvoir pas entretenir une famille, (tant il en coutera de vivre chez les nations policées!) ne redoutez pas alors les invasions. Mais si les hommes peuplent beaucoup quelque part, sans s'embarrasser des moyens de pourvoir à la subsistance des enfans, qu'arrivera-t-il? C'est qu'une nation trop chargée refoulera sur un pays voisin, & s'y établira aux dépens de ses habitans naturels. C'est ainsi que sont arrivés les déluges du nord; le peuple tiroit au sort, pour décider qui resteroit dans le pays, ou qui en sortiroit.

Aussi-tôt qu'un peuple naturellement belliqueux sera tombé dans la mollesse & le luxe, la guerre viendra fondre sur lui de tous les côtés. Un empire qui dégénère ne songe qu'à accumuler des richesses; c'est un appas pour les voisins, qui, le prenant dans un temps de foiblesse, en ont bientôt fait leur conquête & leur proie.

Les armes ont changé, c'est-à-dire, qu'elles ont aussi leurs révolutions périodiques, car les Macédoniens connoissoient une espèce de foudre magique, qui peut bien se rapporter à nos canons; la Chine a fait usage de la poudre deux mille ans avant nous. Mais les avantages de nos armes à feu sur toutes les armes des anciens, sont de frapper à plus grande distance, de porter de plus rudes coups, & de faire beaucoup plus de ravage en moins de temps.

Quant à la discipline militaire, tels ont été ses progrès. On fit d'abord consister la force des armées dans le nombre, ensuite dans la valeur des soldats, l'art de camper vint après, puis celui de se ranger en bataille; les ruses de guerre, la science des retraites & des diversions achevèrent de perfectionner un instinct destructeur dont la morale des Philosophes & les secrets de la médecine ne sauroient arrêter, ou réparer les ravages.

Enfin les armes, les lettres & les arts mécaniques font un cercle perpétuel dans le sort des états. La guerre occupe toute leur enfance, & une partie de leur adolescence; les beaux arts font la gloire de leur verte maturité, & le commerce devient leur unique soutien dans la vieillesse. Les lettres passent à leur tour par ces quatre saisons; elles ne font que bégayer dans les commencemens, l'esprit étincelle & pétille au printemps de leur jeunesse, le goût domine dans un âge plus formé, jusqu'à ce qu'un vain babil de la dialectique remplaçant la solide éloquence, annonce leur caducité. C'est ainsi que tout naît, s'accroît, chancelle & dépérit, pour recommencer & finir encore, se perdant & se renouvellant sans cesse, dans les espaces immenses de l'éternité.

Du Gouvernement.

Misérable condition des rois! Ils ont tout à craindre, & presque rien à désirer; leur ame languiroit dans une espèce de néant, sans les soupçons qui la réveillent pour son tourment. Cependant les soins d'un empire sont bien capables de la tenir en haleine, car il est plus difficile & plus pénible encore de gouverner que de conquérir.

L'harmonie, ainsi que le désordre naît du combat des élémens contraires, elle subsiste par leur équilibre, & se détruit, dès qu'il cesse. Néron savoit fort bien monter un luth, il en jouoit avec grace, disoit Apollonius à Vespasien; mais dans le gouvernement de son empire, ses cordes étoient toujours ou trop tendues, ou trop lâches. Rien ne dérange un état, comme ces alternatives de rigueur & de molesse.

Où en sont réduits nos princes aujourd'hui?... à chercher des remèdes tantôt lents, & tantôt violens, pour guérir des maux qu'ils devoient prévoir, & qu'ils pouvoient écarter. Mais ils veulent en venir aux mains avec la fortune; qu'ils veillent donc aux premières semences de trouble, on ne voit pas toujours ni d'où part l'étincelle, ni jusqu'où peut aller l'embrasement.

Les plus grands défauts dans le gouvernement viennent de ceux du prince, quand les rois veulent que tout se fasse, & ne prennent aucun moyen, ni aucun conseil que de leur autorité.

Ceux qui tiennent le timon de l'état, ont besoin d'user d'adresse & de détours, pour obtenir du peuple ce qu'ils en exigent. Ainsi la nature conduit ses ouvrages par des routes secretes; elle opère un effet, tandis qu'il en paroît un autre.

Un monarque a toujours des affaires à démêler; si ce n'est pas avec ses voisins, c'est avec ses propres sujets. Le clergé, la noblesse, les marchands, les troupes, & le peuple lui donnent tour-à-tour des sujets d'inquiétude.

Si un état voisin s'aggrandit par les conquêtes ou le commerce, il peut devenir redoutable; s'il perd beaucoup, nouveau danger du côté de la puissance qui l'opprime, il faut donc maintenir la balance dans l'équilibre. Ainsi outre les cas d'une lésion manifeste, un juste sujet de crainte devient un motif légitime de faire la guerre.

Un clergé trop riche & trop puissant est un fardeau (1) pernicieux à l'état. Combien de fois a-t-on vû la houlette du pasteur aux prises avec le sceptre du monarque? on ne peut remédier à ce désordre qu'en retirant le clergé de toute jurisdiction étrangère, pour le soumettre entièrement à celle du prince, qui deviendra le collateur né de tous les bénéfices.

La noblesse est le soutien du trône: si l'on abat les colonnes, que deviendra l'édifice qu'elles appuyoient? Disons les colonnes, qui sont ordinairement séparées, & placées à une certaine distance, quoique dans le même ordre; car la noblesse ne doit pas faire un corps dans un état monarchique : qu'il lui soit permis de parler, jamais de remuer.

Tout état est un corps, dont les marchands sont comme la *vaine-porte*; sans le commerce qui fait couler l'abondance dans son sein, il séchera tôt ou tard, faute de substance. Les droits de la douane quand ils sont excessifs, quoiqu'ils remplissent d'abord les trésors du prince, épuiseront à la longue ses revenus; car le commerce diminue à proportion que les profits deviennent moins considérables, & les droits engloutissent les profits.

Le peuple est naturellement bon; ne touchez pas à sa religion ou à ses usages; ôtez-lui toute espèce de chef, & laissez lui du pain, vous n'en avez rien à craindre.

Les soldats sont la terreur de l'ennemi; mais ils pourroient devenir celle de l'état s'ils étoient toujours en corps d'armée. Devroit-on s'y attendre? Les largesses rendent le soldat insolent.

---

(1) La France n'a été que trop long-tems la preuve de la vérité de cette observation.

Que fait un prince qui veut entretenir l'harmonie dans son empire? Il combine tellement ses paroles & ses actions, que si elles mécontentent un. parti, elles puissent satisfaire l'autre; il mêle dans ses entreprises particulières un établissement d'éclat, qui remplit les vœux de toute la nation.

Parmi tant de tourbillons opposés, les rois sont comme des astres au-dessus des orages, faisant les beaux & les mauvais jours de leurs peuples, dans un mouvement continuel, sans paroître changer de place.

O la belle sentence dans la bouche d'un monarque! les rois doivent gouverner leurs peuples selon les loix de l'état, comme dieu gouverne le monde selon les loix de la nature. Rarement emploie-t-il sa toute-puissance pour en interrompre ou en changer le cours; c'est-à-dire, que les dérogations & les nouveautés seront comme des miracles dans l'ordre de la politique.

De l'aggrandissement des états.

Il y a des génies étendus & pénétrans qui voyent au-delà des bornes d'un empire, & qui auroient la force de les reculer, mais qui n'ont pas l'adresse de faire jouer heureusement les ressorts d'un état bien monté. Il y a des esprits souples, faits pour le détail du gouvernement, mais peu capables de ces grandes entreprises qui changent la face d'un état. Ils ont le talent d'amuser le prince & le peuple par des modes nouvelles, ou des spectacles, & à l'abri de cette diversion ils se sauvent derrière le rideau, se maintenant & s'avancent en trompant tous les yeux. D'autres soutiendront le poids des affaires avec une vigilance infatigable, ils dirigeront assez habilement la marche d'un empire, sans lui donner jamais cet essor qui étend au loin ses ailes.

La grandeur d'un état se mesure par l'étendue de son territoire, par le calcul de ses revenus, par le dénombrement de ses habitans, par la quantité de ses villes & la force de ses places. Il y a des empires si grands qu'ils ne peuvent que perdre & se démembrer; d'autres si heureusement bornés, qu'ils doivent se maintenir dans leur constitution naturelle.

De bonnes citadelles, des arsenaux bien munis, de nombreux haras, une brillante artillerie ne font pas la force d'un état, s'il n'y a des bras pour les mettre en œuvre, & sur-tout du courage dans le cœur de la nation; on a beau dire que l'argent est le nerf de la guerre, si le soldat n'est pas vigoureux, les troupes étrangères, soudoyées aux frais d'une nation, la défendront, mais ne l'aggrandiront pas.

Urbes munita, plena armamentaria, equorum propagines generosa, currus armati, elephanti machinæ atque tormenta bellica omnigena & similia, sunt certè ista universa nihil aliud, quam ovis induta pelle leoninâ, nisi gens ipsa, stirpe suâ, & ingenio, sit fortis, & militaris. Imo nec numerus ipse copiarum multum juvat, ubi milites imbelles sunt & ignavi..... atque illud magis tritum quam verum, quod nervi belli sunt pecuniæ, si desint nervi lacertorum in gente molli & effeminata.. quod attinet ad copias mercenarias... plena sunt omnia exemplis quibus liquido patet quod quicumque Status illis innitetur, poterit fortasse pennas, ad tempus breve, nido majores extendere; sed deffluent illæ paulo post.

La pesanteur des impôts, arrête les progrès des conquêtes, en épuisant les veines du peuple ; les subsides volontaires ne lui font jamais de tort, il lui reste du courage, au défaut de forces ; mais une nation surchargée de taxes est trop foible pour subjuguer les nations voisines. *Satuatur igitur & hoc, populum tributis gravatum, idoneum ad imperandum non esse.*

Un état qui veut s'aggrandir, doit prendre garde au corps de sa noblesse ; car si elle vient à opprimer le peuple, il arrivera ce qu'on voit dans les forêts où les arbres de haute futaye étouffent les rejettons : l'état a beau peupler alors, il n'en sera pas plus fort. *Adspirantibus ad magnitudinem regnis & statibus, prorsus cavendum ne nobiles & patricii atque, (quos vocamus) generosi, majorem in modum multiplicentur. Hoc enim eorum deducit ut plebs regni sit humilis & abjecta ; & nihil aliud ferè quam nobilium mancipia & operarii. Simile quiddam fieri videmus in sylvis cæduis ; quibus, si major, quam par est, caudicum sive arborum majorum relinquatur numerus, non renascetur sylva sincera & pura ; sed major pars in vepres & dumos degenerabit. Eodem modo in nationibus ubi numerosior justo est nobilitas, erit plebs vilis & ignava.*

L'angleterre ne se soutient que par la force du bas peuple, à qui sa liberté relève le courage. Elle a par cet endroit un avantage visible sur les pays voisins, où un maigre paysan ne peut faire un robuste soldat.

Un grand arbre doit avoir assez de suc dans le tronc, pour nourrir ses branches ; c'est-à-dire, que si l'état conquérant n'est pas aussi peuplé que le pays conquis, les vaincus dévoreront les vainqueurs, comme il arriva à Sparte, qui se perdit dans ses conquêtes ; les romains firent mieux, en répandant le droit de bourgeoisie dans les villes conquises : on diroit que ce ne fut pas Rome qui s'empara de l'univers, mais plutôt que l'univers se fit romain. *Dices profecto, non romanos se diffudisse super universum orbem : sed contra orbem universum se diffudisse super romanos.*

L'Espagne avec ses colonies s'est épuisée d'habitans, elle a beaucoup d'or, & peu de soldats. Est-ce le moyen de s'aggrandir, que d'envoyer la lie & l'écume du peuple dans le pays de conquêtes ? Ces misérables qu'on transplante, porteroient la peste & la corruption dans ces climats éloignés, si elle n'y étoit pas. Comment veut-on que des brigands & des fénéants, qui désoloient ou surchargeoient leur patrie, aillent s'accoutumer au travail & à la discipline, sous un ciel étranger, dans un séjour de licence & d'impunité ? Recevra-t-on après cela de bonnes nouvelles qui encouragent les honnêtes gens à s'expatrier ? De plus, ce qui gâte les colonies, c'est l'envie démesurée d'en sentir d'abord le profit ; il en est comme de la plantation des arbres, dont on ne peut bien juger qu'après vingt ans. C'est donc un mauvais moyen de s'aggrandir que de porter ses conquêtes au loin.

Cependant les conquêtes ne doivent pas toujours se fixer sur les pays voisins. Car il ne faut pas raisonner d'un état comme d'un fonds de terre. Un particulier songe à *s'arrondir* dans son domaine, mais un prince doit faire attention à la solidité plutôt qu'à la proximité de ses conquêtes.

On a cet avantage en portant la guerre au loin, qu'on va combattre des ennemis à demi vaincus par l'étonnement d'une haute entreprise, & par le peu de connoissances qu'ils ont de vos forces, au lieu qu'on est tous les jours à s'essayer avec ses voisins, & qu'après avoir beaucoup pris, il faut tout rendre. Dans ces guerres éloignées, l'appareil extraordinaire des armées, la difficulté de l'expédition, la honte d'échouer, & le désespoir de la retraite mettent le général & le soldat dans la nécessité de vaincre.

L'occasion de faire la guerre à ses voisins renaît souvent, mais rarement est-elle assez avantageuse ; au lieu qu'un conquérant peut saisir des conjonctures favorables pour attaquer des nations étrangères, comme des temps de relâchement & de décadence, le moment d'une conjuration, les suites d'une guerre longue & ruineuse.

Les arts méchaniques qui s'exercent à l'ombre, & les manufactures qui ne demandent que le travail des doigts, sont très-propres à efféminer le courage. Les peuples belliqueux aiment le grand air, détestent l'assujettissement d'une métier sédentaire, & craignent moins les dangers que les travaux assidus & journaliers. Aussi les romains & la plupart des anciennes républiques employoient leurs esclaves, ou des étrangers, aux arts méchaniques.

Ce qu'on nomme peuple dans une nation, est réduit à trois classes, celle des laboureurs, celle des ouvriers ou artisans, & la plus vile de toutes est celle des valets.

Un état conquérant doit être belliqueux par principe; l'esprit de cet état, c'est la guerre; la profession de tout un peuple, ce sont les armes, & sa gloire n'est que dans ses trophées.

C'est un oracle vérifié par le temps & l'expérience, qu'une nation dévouée à la guerre par la nature de son génie & de ses loix, empiétera sur les nations voisines, & les subjuguera tôt ou tard; il faut qu'un pareil état ait dans sa constitution des raisons toujours prêtes de faire la guerre, car il reste encore assez d'équité dans le cœur des hommes, pour qu'on n'ose rien entreprendre ouvertement, sans quelque prétexte spécieux de justice.

Les mahométans ont toujours le zèle de l'alcoran à la main, pour prendre les armes, quand leur intérêt parle. Mais on a contr'eux l'injustice du despotisme & de la tyrannie, qui soulève l'humanité en faveur de la liberté des peuples. Enfin la politique ne manque jamais de motifs, quand elle a des moyens, ne fût-ce que pour entretenir la vigueur des soldats, ou pour étendre le commerce.

Une guerre civile est une ardeur de fièvre qui consume les forces; une guerre étrangère est une chaleur bénigne & nécessaire pour entretenir la prospérité. Une longue paix énerve le peuple & corrompt ses mœurs: *bellum civile profecto instar caloris febrilis est, at bellum externum instar caloris ex motu qui valetudini imprimis conducit. Ex pace enim deside atque torpente & emolliuntur animi, & corrumpuntur mores.*

L'empire de la mer est une espèce (1) de monarchie universelle que la nature semble avoir donnée en dot à la Grande-Bretagne. Un peuple qui a la domination des mers, est toujours libre de faire la guerre ou de se replier; ses armes soutiennent son commerce, & son commerce nourrit ses forces; il aura tôt ou tard tous les trésors de l'Inde à sa disposition: *utriusque Indiæ thesauri & opes, imperio maris, velut accessorium quiddam existunt.*

Il faut chez un peuple conquérant des honneurs & des récompenses militaires. Que reste-t-il dans la plupart des états de ces anciennes distinctions qui ont perpétué les monumens de la valeur romaine? Quelques ordres militaires, & quelque refuge d'invalides. Mais les trophées, les pyramides, les couronnes civiques, les chars de triomphe, les largesses publiques, le partage des dépouilles, tout cet appareil de gloire & de pompe guerrière qui allumoit l'ardeur des combats & la soif de la victoire au fond des cœurs les plus glacés, tout cela n'est plus que dans l'histoire. C'est que les honneurs du triomphe ne conviennent qu'aux républiques qui vivent de la guerre. Cette ostentation seroit dangereuse dans une monarchie, où les rayons de la couronne royale doivent absorber tous les regards.

L'homme, il est vrai, ne peut ajouter une coudée à sa stature; mais il dépend toujours des souverains d'aggrandir le corps d'un empire: les loix, les mœurs, les entreprises sont autant de semences de grandeur; c'est au génie à les développer: mais comme les grands projets sont des peines brillantes, il en coûte moins de livrer un empire au cours de sa fortune.

Des troubles & des séditions.

Les grands orages dans un empire détruisent la subordination, qui fait l'harmonie de la société, & ramènent les choses à cet état d'égalité antérieur à l'ordre & à la police des peuples. Ils s'annoncent par des bruits sourds, par des discours souterrains, par des écrits licentieux & satyriques contre le prince & le gouvernement. C'est alors que les meilleures entreprises, qui dans tout autre temps eussent été applaudies, ne rencontrent que des obstacles insurmontables dans la prévention du peuple & le décri du ministère. On commence par interpréter ou éluder les ordres du prince; l'autorité mollit, la désobéissance prend des forces, chaque parti remue à son tour, & tout finit par une défection générale, après que la religion, la justice, le conseil & les richesses ont manqué successivement; *cum aliqua ex quatuor imperii columnis concutiatur aut labefactetur, (quæ sunt religio, justitia, consilium, opes.)*

La matière des troubles est dans la misère publique & dans le mécontentement universel. *Seditionum materia duplex est; magna inopia & præsentium rerum tædium.* (On diroit que Bacon
écrit

---

(1) *Maris dominium, monarchiæ quædam epitome est.... potentia navalis (quæ quidem huic regno Britanniæ in dotem cessit) summi ad rerum fastigia momenti est.* De augment. scientiar. lib. 8 cap. 3.

écrit l'histoire de notre temps.) *Certissimum est tot esse pro turbis vota quot sunt hominum res attrita, & decocta fortuna...... Tum si primorum hominum indigentia, ac res accisa, cum summa plebis inopia & paupertate conjungantur, periculum imminet grave, rebelliones enim quæ a ventre ortum habent, pessimæ.* La ruine des grands entraîne la disette du peuple ; autant de partis pour la révolution, que de familles épuisées. Les citoyens sont réduits à desirer la guerre, comme une diversion à leurs maux.

Les préventions fâcheuses qui font dans un état civil l'effet des humeurs malignes dans le corps humain, préparent un levain de maladie, & conduisent à l'inflammation : *quantum vero ad alienationes animorum, & tædium rerum præsentium ; sunt certè illa, in corpore civili, instar humorum malignarum in corpore naturali, quæ ad calorem præternaturalem colligendum, & inflammationes apti sunt.*

Justes ou injustes, le peuple est toujours outré dans ses haines ; quels que soient ses griefs, il ne connoît point de mesure dans ses ressentimens, ni de frein dans ses vengeances. *Nemo autem principum sui periculi magnitudinem metiatur, ex eo, quod justa sint aut injusta, illa qua animos populi alienant..... Neque etiam ex hoc quod gravamina, ex quibus invidia oritur, grandia sint aut exigua. Malevolentia enim ex omnibus istis periculosissima sunt, ubi plus timetur, quam sentitur.*

Le mal a des remèdes, la crainte n'en reçoit aucun. *Dolendi modus ; timendi non item.*

Qu'un prince ne se rassure pas sur la légèreté des murmures, sous prétexte qu'ils partent d'une inquiétude passagère ; un nuage qui passe, en va grossir d'autres qui crèvent enfin tôt ou tard : *Neque rursus princeps, aut status, alienationem animorum & invidiam grassantem, minus pendat, quod aut sæpius, aut diutius, illa fastidia animorum astruerint, neque quicquam inde detrimenti resseperit. Verum enim licet sit, quod non omnis vapor in procellam desinat : ita vere dici potest ex altera parte, quod procellæ licet sæpius pertranseant, tandem glomerantur & ruunt.*

Les innovations en matière de religion, la pesanteur des impôts, le changement des lois ou des coutumes, le mépris des privilèges & des immunités particulières, le mauvais choix des ministres, la cherté des vivres, les réformes excessives dans les troupes, la partialité dans les factions, autant de causes de sédition.

Les remèdes sont d'écarter la disette par la facilité du commerce, & l'oisiveté par l'établissement des manufactures ; de réprimer le luxe, ou

Philosophie anc. & mod. Tome I.

de le régler par des loix somptuaires, de faire valoir les terres en donnant du crédit à l'agriculture, de ne point laisser un prix arbitraire aux marchandises, & de modérer les subsides.

Le nombre des citoyens doit toujours être en proportion avec les revenus de l'état, comme les travaux avec le produit.

Ce ne sont point les têtes qu'il faut compter, mais plutôt les bras. Cent mille hommes qui gagnent sans dépenser beaucoup, ne chargent pas l'état, comme font cent familles de ces grands qui dépensent sans travailler, & sur-tout sans payer l'industrie : *sunto enim pauciores qui multum profundunt & parum lucrantur, plus illi atterent statum quam multa plures qui majore parsimonia degunt, pecunias autem congerunt.*

Trop de noblesse appauvrit l'état, un clergé nombreux le (1) surcharge : *nobilium igitur, & eminentioris dignitatis hominum, numerus auctus magis quam pro analogia plebeiorum, celeriter statum depauperat. Quod etiam facit clerus numerosus : illi enim sorti reipubl. nihil addunt.*

Un grand abus, c'est que la carrière des sciences soit ouverte à tout le monde ; il ne faudroit recevoir de jeunesse dans les collèges, qu'autant qu'il y a de places à remplir dans les professions utiles où l'on a besoin des lettres.

C'est le commerce extérieur qui fait la principale richesse des états. Il roule sur la matière, le travail & le transport ; trois objets dans le prix des marchandises. Souvent l'ouvrage surpasse la matière, & le port ou les droits l'emportent sur l'une & l'autre ; c'est alors que l'industrie produit plus que le fonds.

Un état peut être fort riche, & les citoyens mourir de faim, si l'argent ne circule pas : *nummus autem instar fumi, non fructificat, nisi per terram dispergatur.*

L'usure, les monopoles & les banqueroutes font plus de ravages que les brigands de la mer & des forêts.

Le peuple n'a que des bras & des pieds ; les grands n'ont que la tête. Ces deux états séparés ne sont pas à craindre. C'est aux rois de ménager le

---

(1) « Ces deux corps dévorent la partie la plus essentielle de tout empire, c'est-à-dire, le peuple qui veille & travaille, tandis que l'autre partie doit digérer & vaque tout au plus à la présiance affaire de ses plaisirs ». C'est la remarque qu'un excellent esprit a faite il y a plus de trente ans sur ce passage de Bacon.

peuple, afin de l'oppofer aux grands ; Jupiter appelle au fecours les cent mains de Briarée, pour confondre les dieux révoltés : *procul dubio hoc emblema monarchas monet, quàm tutum & falutare fit eis, plebis ftudia conciliare & retinere.*

Laiffez courir le torrent dans les premiers inftans ; un torrent paffe vite ; fi vous l'arrêtez, au lieu de ravager la furface, il minera le fonds. Donnez au reffentiment du peuple le temps de s'exhaler. Réprimer les plaintes & les bruits injurieux qui éventent fa malignité, c'eft l'irriter davantage & groffir la tempête. Subftituez des efpérances aux moyens que vous enlevez. Les hommes ne font rien fans quelque raifon d'intérêt, apparente ou folide ; ainfi promettez des avantages, quand vous demandez des fubfides.

Les princes, quand ils s'attachent à quelque faction, font pancher la barque d'un côté ; c'eft hâter le naufrage. Ils y périffent les premiers : Henri III ne fut-il pas trahi par cette même ligue qu'il avoit foutenue ? *Ipfe enim, à principio, in ligam pro extirpandis proteftantibus, fe recipi voluit : at paulo poft eadem liga contra ipfum regem vertit.*

C'eft aux rois de veiller fur les ligues ; elles n'ont le bras levé que pour renverfer le trône. Ils doivent être la planete centrale qui entraîne tous les globes dans fon tourbillon. Ceux-ci ont un mouvement particulier, mais toujours lent & fubordonné à la marche uniforme & rapide du premier mobile : *motus enim procerum debent effe ficut motus planetarum fub primo mobili (juxta opinionem receptam) qui rapidè quidem circumferuntur fecundum motum primi mobilis, lenifer autem renituntur motu proprio.*

Laiffez aux hommes obfcurs, fans fortune & fans reffources, celle de fuivre le parti dominant ; mais les princes & les grands lutteront contre la force & tiendront l'équilibre. La politique adroite & fouple fe gliffe au milieu de ces cabales, fait bon vifage à l'une fans tourner le dos à l'autre, & va droit à fon but.

La neutralité n'eft pas toujours le parti de la modération, mais plutôt de l'ambition, qui, fans participer aux troubles, en tire fon avantage : dans un homme fupérieur par fa condition, par fes talens, ou par fa vertu, ce ne peut être que l'effet de fa grandeur ou de fa fageffe.

Entre deux factions, la moins nombreufe eft conftamment la plus opiniâtre, & vient à bout de l'autre, puis fe divife & fe déchire elle-même : il faut les balancer.

Dans tous les partis, il y a des gens qui font du bruit & du mal, fans y rien gagner. Ce font des volontaires qui harcelent fans ceffe l'ennemi & le défefpèrent par des efcarmouches.

Les innovations font toujours des difformités dans l'ordre politique. Un ufage affermi par le temps, utile ou non, eft pourtant à fa place dans l'enchaînement des chofes.

Tout eft fi bien lié, que la moindre nouveauté, fubftituée aux abus courans, ne tiendra jamais à la tiffure, comme une partie ufée ; & tel changement feroit bon en lui-même, qui gâteroit tout par la difficulté de l'affortir au refte. Si le temps vouloit s'arrêter pour donner le loifir de remédier à fes ravages..... Mais c'eft une roue qui tourne avec tant de rapidité ; le moyen de réparer un rayon qui manque ou qui menace !...

Les révolutions que le temps apporte dans le cours de la nature, arrivent pas à pas ; il faut imiter cette lenteur dans les innovations qu'on introduit : *prudenter igitur facient homines, fi, in innovitationibus fuis à tempore exemplum petant ; tempus enim innovat vel maximè, fed tacitè, pedentim, ac fine fenfu.*

On rifque beaucoup à innover, parce que celui qui trouve fon avantage dans la révolution, l'efperoit déjà comme un bienfait du temps, & n'en rend graces qu'à la bonne fortune ; mais celui qui perd au changement attendoit le contraire, & s'en prend aux auteurs du prétendu défordre : *at cui incrementum eft novitas, ille fortunæ gratias habet, & tempori ; cui vero nocumento, is novitatis auctorem injuriarum poftulat.*

Quand il s'agit de guérir les plaies d'un corps politique, point d'appareil extraordinaire. Toute fingularité eft pour le moins fufpecte, & fouvent odieufe. Mais comment faire ? Tout remède politique eft une nouveauté ; & fans remède, le mal n'aura point de terme. *Certè, omnis medicina innovatio eft. Et qui nova remedia accipere nolit, nova mala exfpectet. Novator enim maximus omnium tempus. Quod fi tempus, decurfu folo, res in pejus ferat, prudentia vero & induftria eas in melius reftituere non contendat, quis tandem erit finis mali ?*

C'eft à la vigilance de lutter fans ceffe contre les altérations infenfibles du temps ; car le bien ou la réforme, qui arrive dans la chaleur & la violence des paffions, a toute fa force dans les commencemens ; au lieu que le mal qui fuit les progreffions du mouvement des corps, croît & s'augmente par degrés ; l'eau croupit, il n'y a qu'à la remuer, & la pefte vole de toutes parts.

Du conseil.

Un homme de conseil tient en ses mains notre fortune & notre réputation, deux choses dont le détail se partage entre plusieurs personnes ; car nous confions nos biens à des fermiers, notre cœur à une épouse ou à des amis, nos enfans à des gens éclairés ; mais un confident est seul dépositaire de tous nos intérêts.

Les rois ont besoin d'un conseil ; il faut livrer les affaires aux agitations de la fortune, qui va toujours à pas vacillans, comme la marche de l'ivresse, ou les faire passer par les discussions flottantes des délibérations, afin de les fixer.

Le conseil est le lest d'un bon gouvernement ; mais point de mollesse égale à celle d'un prince qui plie, & change au gré de mille conseils. Il n'y a pas moins de foiblesse à se laisser gouverner par un favori. Ces sortes de préférences ne font que des insolens & des jaloux. Tous les traits que la malignité lancera contre l'idole, retombent indirectement sur celui qui l'élève si haut.

L'inconvénient d'un conseil, c'est que les affaires en sont moins secrettes ; & quelques royaumes ont cru vainement y parer par l'établissement d'un conseil de cabinet. Ce cabinet est percé à jour & plein d'issues par où les mystères s'échappent. *Ad quæ mala evitanda, doctrina quorumdam italis, & practica apud gallos temporibus quorumdam regum, introduxit consilia interiora, quæ vulgo vocantur cabinetti : remedium sane morbo deterius.... Quatenus vero ad consilia, quos diximus cabinettos, in illos diverbium illud competit ; plenus rimarum sum.* Un homme vain trahira le secret de l'état par ostentation ; ce sont des occasions de paroître important qui ne reviennent pas deux fois dans la vie ; & le moyen de tenir contre la démangeaison de se faire valoir !

Les confidens des rois devroient avoir moins de curiosité pour dérober leurs secrets, que de zèle pour leur donner de bons conseils ; mais c'est aux princes de savoir arracher un bon conseil, sans laisser échapper leur secret.

L'autorité d'un monarque, loin d'être affoiblie ou éclipsée par les lumières de leur conseil, en tire plus d'éclat & d'avantages ; outre les secours de l'expérience, la majesté royale brille à la tête de ces assemblées augustes, & cette pompe aide à l'illusion.

Quant au danger d'être trahis ou vendus, les rois y remédient, en admettant à leur confiance la candeur & la droiture avant toutes choses. Quelle peste dans une cour, que ces esprits orageux, qui noircissent l'ame d'un prince de mille vaines terreurs ! Car les soupçons, comme des oiseaux de mauvaise augure, volant dans l'obscurité, répandent des nuages sur l'imagination. Tyrans de l'amour & de la confiance, ils rendent les rois cruels, les maris odieux, les gens de bien insociables. Mais quand ils entrent dans l'ame d'un maître, il n'y a plus d'accès pour les bons conseils.

Les grands génies brouillent plus qu'ils n'éclairent, quand la probité ne les inspire pas.

Un prince doit connoître ses ministres, & fomenter entr'eux cette rivalité qui les fait veiller les uns sur les autres ; mais il ne faut pas qu'un ministre apperçoive les foibles du prince, il en abusera pour s'aggrandir aux dépens de l'état & du bien public.

Rois, dévoilez donc vos desseins, mais cachez vos défauts. Prenez l'avis de chaque particulier, sur-tout des subalternes, séparément ; il y a plus de liberté & moins de passion dans le tête-à-tête. Recueillez les opinions en public ; chacun n'a pas tant d'égard à son intérêt dans les assemblées, & les esprits dominans sont plus retenus ; *ab inferioribus in privato potius libertati consulatur ; à grandioribus, in consortio potius ut modestius sententiam ferant. Etenim opinio in secreto prolata, liberior multo est ; sed illa, quæ coram aliis, gravior. Nam in privato quisque propriis affectibus plus inservit : in consortio aliorum affectibus magis obnoxius est.*

Si un roi veut tirer la vérité de son conseil, qu'il ne se hâte point de faire entrevoir son inclination, sans quoi l'adulation, ou le respect humain n'auront qu'un sentiment & qu'un langage qui sera toujours celui du maître ; *rex cum præsidet ipse in consilio, caveat, ne sententiam suam, citius quam par est, declaret ; hoc si fecerit, consiliarii se ad nutum ejus applicabunt, & loco consilii liberi, canticum ei occinant : placebo.*

Il ne reste qu'une ressource pour se sauver des pièges de la flatterie ; c'est de consulter quelquefois les morts & de les confronter avec les vivans, oui, les livres seuls osent dire la vérité ; *illud quoque memoria tenendum, optimi consiliarii mortui libri veritati non pareunt, cum consiliarii vivi forte in adulationem lapsuri sint.*

Ne soyez jamais tellement l'esclave d'un conseil qu'on vous donne, que vous ne mettiez du vôtre dans les raisons ou les motifs qui vous déterminent à le suivre.

Dans toute entreprise il y a trois choses à faire, la concevoir, la discuter, & l'exécuter. Le premier & le dernier article doivent être l'ouvrage d'un seul homme, l'examen & la délibération appartiennent à plusieurs.

La nuit donne conseil, c'est-à-dire, qu'il ne faut jamais délibérer & résoudre le même jour, à moins que l'occasion ne laisse pas de loisir.

Les conseils, soit celui de la guerre, ou du commerce, celui des finances, ou des dépêches, ne doivent être que des commissions perpétuelles, toujours subordonnées à un conseil souverain, qui est proprement celui de l'état & du Roi.

Les détails sont quelquefois essentiels; une table ronde & quarrée, des sièges rangés en file ou en cercle, paroissent des formalités de minutie: cependant autour d'une table ovale, les avis se mêlent mieux, & l'on n'a point à se plaindre que le haut bout d'une assemblée l'a emporté; qu'une affaire n'a pas roulé ou circulé; que les voix enfin n'ont pas été bien recueillies; chaque coin ne se partage pas en autant de factions, *mensa oblonga, & rursus quadrata, sive sedes ad parietes camera consili, videri possunt formalia tantum; sed sunt profecto realia, nam ad mensam oblongam, pauci, qui prioribus locis sedent, res quasi soli transigunt; verum in aliis, quas diximus figuris, major usus consiliariorum qui inferius sedent.*

Des Négociations.

Toute négociation tend à découvrir ou à obtenir quelque chose. On surprend les secrets, ou dans des momens de foiblesse, ou dans la chaleur de la haine, ou dans l'emportement du plaisir. On obtient une grace, en prenant les gens au dépourvu, dans cet instant, où ils n'ont ni le loisir d'examiner, ni la mauvaise humeur de refuser. Dissimulez votre ardeur, si vous avez envie de réussir; tel homme révélera par apostille, comme une chose qu'il oublioit, l'unique affaire qu'il avoit en vue.

Les affaires se traitent mieux de bouche que par écrit; cependant il est des occasions où la voie des lettres est nécessaire préférablement à celle des pour-parlers. Une affaire délicate qu'on n'ose entamer dans la conversation, se hasarde sur le papier. Dans les entretiens, la dignité & la gravité des personnes nous en impose; on n'est jamais aussi libre de répondre, de refuser & de s'expliquer, les écrits restent & servent de témoins.

Quand il s'agit de demander, un entremetteur nous aide mieux que nous-mêmes; prenez des gens simples & pleins de franchise, qui, n'aient rien à ménager que vos intérêts, qui soient portés d'inclination pour vous, & décidés par goût pour votre commission, ils en sont plus ardens & plus industrieux: employez des hommes entreprenans qui aient la hardiesse de répliquer, & le talent de persuader; fertiles en expédiens, résolus quelquefois même jusqu'à l'impudence, intéressés à votre fortune par l'avancement de la leur, ils en deviennent plus actifs; choisissez enfin des négociateurs heureux, dont l'habileté éprouvée par des succès, vous donne de bonnes espérances, & leur serve d'aiguillon. Il faut tout dire, depuis les siècles de corruption, les génies intrigans sont plus utiles aux affaires, que les cœurs vertueux.

L'intrigue est une activité de l'ame qui se porte vers tous les moyens de s'avancer; le manège est une habileté à choisir les meilleurs.

Epiez les hommes, autre chose est entendre les affaires, ou connoître les mœurs & les caractères; c'est la différence du manège à la philosophie. Un habile courtisan peut être un mauvais négociateur; les génies factieux sont de mauvais joueurs qui brouillent bien les cartes.

Combien de gens donneroient tout-à-coup un bon tour aux affaires, sans pouvoir les discuter à fond? Ils voient des jours, ils trouvent des expédiens au hasard & pour le moment; leur politique est comme un édifice où l'on s'introduiroit par de beaux escaliers & de commodes antichambres, mais où l'on ne trouve point d'appartement à loger.

Avec les esprits adroits, consultez plutôt leurs desseins que leurs paroles? or vous connoitrez leurs vues par leurs intérêts. La ruse décèle moins d'esprit que de foiblesse; mais la finesse est le chemin couvert de la prudence.

Etudiez les contenances du visage; il y a une société qui forme un peuple de politiques. Son grand art est de pénétrer les hommes, de lire leurs pensées dans leurs regards; ils se font de la modestie un jeu, pour surprendre les secrets des cours, & des familles.

Les négociations importantes ont besoin de temps pour mûrir. La précipitation fait de grands maux dans les corps politiques, ainsi qu'une digestion trop hâtée détruit l'équilibre des humeurs, & que la crudité des sucs devient le germe des maladies. On avance beaucoup plus à marcher d'un pas égal & soutenu, qu'à courir à perte d'haleine. La vanité de paroître expéditif fait perdre beaucoup de temps; allez plus lentement, vous aurez plutôt fait: *Mance paulisper, ut expediamus celerius.*

Cependant le temps marque le prix des affaires, comme l'argent fixe celui des marchandises; une entreprise est trop chère, quand elle coûte beaucoup de temps : *tempus siquidem negotiorum, sicuti pecunia mercium, est mensura. Emitur igitur negotium magno, ubi nimia is protrahitio.*

La fortune est une espèce de marché public, attendez, ne vous pressez pas, les denrées baisseront : quelquefois aussi ce sont les livres de la sybille, si vous ne les prenez pas au premier mot, c'est une affaire perdue, & la dernière vous coûtera toute seule, autant que tous les sept ensemble : *fortuna foro rerum vænalium similis est ; ubi sæpe (si paululum expectare poteris) minuetur pretium. Rursus ; aliquando sybillæ licitationibus assimulatur ; quæ primo plenas offert merces, mox partes aliquas consumens, integrum tamen pretium postulat.*

Le secret dans les délibérations, & la promptitude dans l'exécution sont en partie le succès des guerres. Un premier coup d'éclat est d'un présage favorable, parce qu'il tient en suspens toutes les opérations de l'ennemi ; mais loin d'user toute son adresse & son activité dans le début, il faut se réserver des forces pour appuyer la fortune. Les grandes fautes & les malheurs arrivent quand les premiers efforts ne sont pas secondés.

Tout danger qui paroît léger, dès-lors même ne l'est plus : nous n'en sommes les victimes que pour en avoir été les dupes. D'un autre côté, trop de vigilance amène le sommeil ; prévoir les malheurs avant le temps, & vouloir les parer de si loin, c'est manquer son coup, les précautions ne portent pas ; concluez, l'occasion n'a qu'un moment, qu'un côté chevelu, c'est celui-là qu'il faut saisir.

Les longues harangues avancent les affaires, comme une robe traînante aide à la course.

Il faudroit cent yeux pour voir, & cent bras pour agir : consulter long-temps, exécuter vite, c'est l'abrégé de la politique : mystère dans les conseils, & activité dans l'action : voilà tout son art : Tel qu'un boulet échappé de la bouche d'un canon, frappe, avant d'être apperçu, le secret des cours n'éclate qu'après son issue ; il passe devant les yeux, & personne ne le voit : *more globuli è tormento emissi, qui tam velociter pertransit, ut ipsam oculorum aciem antevertat.*

La hardiesse est d'un grand secours dans les négociations. Elle tient mal la place des talens réels ; cependant elle n'en a pas moins d'empire sur les hommes qui sont en général plus faciles à séduire qu'à convaincre. Comment le vulgaire n'en seroit-il pas la dupe ? à peine les sages peuvent lui résister : *quin & sapientibus ipsis cum animis vacillent, vim injicit.*

Payez d'effronterie au défaut de ressources plus solides. Mahomet assemble le peuple, il veut faire marcher une montagne, il l'appelle, elle demeure immobile : eh bien ! dit-il, montagne, puisque tu ne veux pas venir à Mahomet, Mahomet ira vers toi. La plaisanterie lui tint lieu d'un prodige, on le suivit comme auparavant ; tout réussit aux fourbes audacieux.

L'audace est aveugle, elle ne voit ni les dangers ni les obstacles ; excellente pour l'exécution, elle ne vaut rien dans les délibérations. A coté d'un homme de conseil, placez un homme actif & plein de résolution, l'un ouvrira les yeux avant de rien arrêter, l'autre les fermera, quand il sera question d'agir ; *audaciam semper cæcam esse : discrimina enim & obstacula nulla videt. Quare in deliberando nocet, in exequendo juvat. Adeo ut, si audaces tuto adhibere velis, summum illis imperium non deferas, secunda classi annumerentur, & ab aliis regantur. Nam in consiliis capiendis, pericula ante oculos habere, bonum est ; in executione autem, oculos claudere oportet, nisi pericula valde magna fuerint.*

Des dignités.

C'est se faire l'esclave du public & du prince, de la renommée & des affaires, que de prendre une charge. Etrange ambition de vendre sa liberté pour un ombre de pouvoir, & de consentir à n'être plus maître de soi-même, pour le plaisir de commander aux autres ! Qu'est-ce donc que la route des honneurs ? des peines qui conduisent à d'autres peines : funeste enchaînement. Encore est-ce par les dégrés de l'infamie qu'on parvient au faîte des dignités. Le chemin est raboteux, le terme glissant, & le retour un précipice : quand même on pourroit sans honte revenir sur ses pas, en a-t-on le courage ? Des hommes accoutumés à une vie active, sont inquiets dans le repos. Il leur faut encore du mouvement au déclin de l'âge ; & des vieillards flétris & défigurés par les ans, vont braver sur leur porte les railleries des passans, *sicut oppidani senes, qui ante ostium sedere volunt, licet se eo pacto derisui exponant.*

Il seroit à souhaiter qu'un homme en place jugeât de son état par l'opinion du vulgaire, il se croiroit heureux ; au lieu que s'il se consulte, il n'est rien moins sans doute.

Nous sommes les premiers à sentir nos peines, & les derniers à appercevoir nos défauts.

Siquidem dolores suos primi omnium sentiunt licet culpas suas omnium novissimi.

Les affaires dérobent le temps de pourvoir à la santé & au repos du cœur ; on ne peut ni s'étudier, ni se connoître, ni jouir de soi-même.

C'est un grand bonheur de ne pas pouvoir faire du mal ; mais qu'il est beau de ne le vouloir jamais ! L'avantage de faire du bien doit être la règle & le terme de l'ambition ; de bonnes intentions sans aucun effet, ne seront que des songes agréables.

L'élévation des dignités est un point de vue avantageux qui nous met à portée de discerner les maux & les besoins des hommes pour y porter du secours : les bienfaits & les services d'une ame généreuse & compatissante, sont la véritable récompense de ses travaux.

L'imitation est la traduction des préceptes en exemples. Un homme qui commence, doit se proposer des modèles ; mais avec le temps, il doit devenir lui même son modèle ; c'est-à-dire, régler ses actions par ses actions, & donner des exemples, après en avoir suivi.

Les exemples ne tirent point à conséquence, parce que les temps changent l'ordre des circonstances & des opérations qui en dépendent : combinez-donc le passé avec l'état présent ; par ce qui a été fait, vous verrez ce qui vous reste à faire.

Chargez-vous des vues générales, laissez le détail aux subalternes. Ne rejettez ni secours, ni conseils, fussent-ils inutiles ; mais recueillez tout, & choisissez. Que l'exercice de votre pouvoir ne soit jamais arbitraire ; ayez des règles constantes, faites les connoître, & si vous vous écartez, ne laissez pas ignorer les motifs de cette dérogation à votre conduite ordinaire.

Un homme en place doit être en garde contre lui-même & contre les autres. Il doit craindre ces inégalités d'humeurs qui font traîner les affaires par des délais & des renvois éternels. L'assiduité à ses heures d'audience, est une partie essentielle des fonctions du magistrat.

N'entamez point plusieurs affaires, si vous voulez en finir une.

La corruption d'un homme public vient de ses cliens : liez-leur les mains ; & fermez les vôtres aux présens : *non solum manus tui ipsius & tuorum liga, ne munera accipiantur ; sed etiam manus supplicantium, ne ea offerantur.*

On appaise les dieux par des offrandes, parce qu'il s'agit d'en obtenir grace ; mais comme on ne doit attendre des magistrats, que la justice, toutes les offres de la séduction sont des attentats contre leur équité.

Qu'on ne vous soupçonne pas même ; le bien public dépend autant de l'opinion qu'on aura de vous, que de votre probité réelle. Un homme qui changeroit de résolution sans des raisons manifestes, se rendroit suspect de passion ou d'intérêt. N'espérez pas en imposer toujours. Un confident, un favori qui se laisse aller à des offres brillantes, donne atteinte à votre réputation ; c'est la fausse porte de la corruption. Soyez également ferme contre les sollicitations ; car si l'on s'apperçoit que vous cédez à l'importunité, on ne se lassera pas de vous accabler.

La sévérité rend la justice redoutable ; mais la fierté la rend odieuse. Les affronts qui partent de si haut, abattent & désespèrent ; applanissez la roideur de votre élévation.

Ou l'on réclame un droit, ou l'on sollicite une faveur ; c'est donc la justice ou le mérite qu'il vous faut consulter. Si le mérite étoit égal, ne vaudroit-il pas mieux la favoriser dans une condition médiocre, que dans un homme déjà distingué par la naissance, ou les richesses ? Cependant comme le mérite est plus rare chez les grands, que parmi les hommes d'une extraction commune, soit que la vertu ne s'allie pas avec la fortune, ou que les talens ne soient pas un héritage purement gratuit de la nature, comme la noblesse, un grand dont le mérite est tout acquis & personnel, ne sauroit être trop élevé aux yeux des hommes, il dédommage la terre de toutes les iniquités de ceux de sa condition.

Les hauts rangs sont la place naturelle de la vertu ; cependant il seroit bien étrange qu'un homme devint meilleur au milieu des honneurs ; c'est-là qu'on connoit le plus éminent de tous les caractères : *Signum est luculentissimum indolis generosa, si quis honoribus emendetur.*

Ménager la mémoire de ses prédécesseurs, c'est assurer sa réputation auprès de ses successeurss, & les gagner d'avance. Enfin plus vous paroitrez oublier les droits de votre rang, plus les autres s'en souviendront.

De la noblesse.

La noblesse peut être considérée comme une

condition de l'homme, ou comme une portion de l'état politique. Une monarchie sans noblesse, est une véritable tyrannie : *monarchia, in qua nulli prorsus nobiles, semper pura est et absoluta tyrannis.*

La noblesse tempère le pouvoir du monarque, & par sa propre splendeur accoutume les yeux du peuple à fixer & à soutenir l'éclat de la royauté, sans en être effrayés.

Une bonne démocratie n'a pas besoin de noblesse, l'état n'en est que plus tranquille, & plus à l'abri des factions & des brigues ; le peuple s'y intéresse pour ses affaires, & non pour la gloire & le nom de quelques particuliers, à moins que leur élévation ne tienne à celle de la patrie ; *in democratiâ vero proceres interdum non desiderantur : imo status ille popularis multo pacarior est, atque minus factionibus et turbis obnoxius, ubi non sunt stirpes nobilium : ille enim in res ipsas oculi hominum conjiciuntur, non in personas ; vel si omnino in personas, id fit, tanquam in maxime idoneis rebus gerendis, minime vero ut ratio habeatur insignium aut imaginum.*

Pourquoi les suisses divisés en tant de cantons, & séparés de croyance, forment-ils une république si bien unie ? C'est qu'ils envisagent leur liberté plutôt que leur renom : *utilitas enim apud illos valet, non dignitas.*

Les droits de la noblesse augmentent la splendeur du monarque & diminuent son autorité, mais en élevant le cœur du peuple, ils épuisent ses ressources : *nobilium potentia & auctoritas in monarchia, principi ipsi impertit splendorem sed potestatem imminuit : populi vero animos auget, fortunas illorum deprimit.*

Une noblesse trop nombreuse appauvrit l'état, sans en devenir plus puissante, & la noblesse une fois ruinée par le luxe, il ne reste plus d'équilibre entre les honneurs & les richesses qui se dévorent & s'absorbent tour-à-tour.

L'ancienne noblesse est l'ouvrage du temps, & la nouvelle est l'ouvrage du prince : *nobilitas enim nova regiæ potentiæ opus est, antiqua vero temporis solius.*

La grande route des honneurs est coupée de petits sentiers tortueux ; on ne peut guère y arriver par la droiture : *ad honores enim raro ascenditur, nisi per mixturam bonarum & malarum artium.*

Ne soyons pas étonnés d'entendre préconiser les héros de l'antiquité ; leurs vices devoient être ensevelis dans leur tombeau, on ne pouvoit trop tôt les oublier.

L'orgueil qu'inspire la naissance, étouffe l'industrie & l'émulation ; en même tems, il aiguise l'envie : *natalium splendor industriam plerumque minuit ; atque qui minus est industrius, aliena invidet diligentiâ.*

Que peut faire un grand qui tient les richesses & les honneurs de ses ancêtres ?.... Il faut bien qu'il retombe dans le néant d'où ses pères etoient sortis, quand il ne voit plus de titres nouveaux à mériter. Mais un homme qui, par l'élévation de son rang, ne peut monter plus haut, de quel œil verra-t-il des hommes qu'il apperçoit à peine dans un lointain obscur, marcher tout-à-coup à ses côtés, & devenir ses égaux, presque sans intervalle ? La jalousie est faite pour les malheureux ; pourquoi les grands en concevroient-ils ? Le peuple est si porté à les honorer, en voyant le jour ils entrent en possession des honneurs, le maniement des affaires tombe naturellement dans leurs mains ; de quoi peuvent-ils se plaindre que d'eux mêmes, quand l'envie & la malignité les attaquent ? Sans doute qu'ils ne sont pas faits pour leur place, quoique la place semblât faite pour eux.

Des devoirs du juge.

Les juges sont les interprètes & non pas les arbitres des loix.

Il n'appartient qu'à l'église romaine d'expliquer le sens des écritures à son (1) gré ; d'y changer, d'y ajouter selon les circonstances & sous divers prétextes & de prononcer ensuite non d'après le résultat de ses recherches, mais conformément à ce qu'il lui est avantageux de faire croire & de consacrer dans l'opinion de ceux qui sont soumis à ses décisions. *Meminisse debent judices, esse muneris sui jus dicere, non autem jus dare : leges inquam interpretari, non condere. Aliter deveniet eorum auctoritas simile quiddam auctoritati illi, quam sibi vindicat ecclesia romana : quæ prætextu interpretationis scripturarum, etiam addit aliquid quandoque & immutat : & pronunciat quod non invenit ; atque specie antiquitatis introducit novitatem.*

Un juge doit avoir plus d'érudition que d'esprit

---

(1) C'est aussi ce qui a fait dire à Bayle que les théologiens de toutes les communions avoient fait de l'écriture un nez de cire auquel ils donnoient selon les circonstances & d'après la dernière impulsion de leur intérêt & de leurs passions, une infinité de formes & de directions différentes. Si ce ne sont pas là les propres termes de Bayle, c'en est au moins le sens.

& moins d'affabilité que de gravité ; s'il est indécis, on ne l'accusera ni de manquer de lumières, ni d'en abuser ; mais s'il prononce trop à la hâte, on pourra bien suspecter son intégrité.

C'est un crime, sans doute, de retrécir les limites de son voisin ; quelle iniquité sera-ce donc de transporter la possession & la propriété des domaines en des mains étrangères ? *Sané qui lapidem, fines distinguentem, transponit culpa non caret ; verum judex injustus ille est qui præcipuè terminos immutat, cum de terris & rerum proprietate iniquam fert sententiam. Una certè iniqua sententia plus nocet quam exempla plurima. Hæc enim rivulos tantum inficiunt, illa autem fontes.*

Une sentence injuste est un attentat contre la loi, plus fort que tous les faits qui la violent ; c'est empoisonner & corrompre les sources mêmes de la justice ; c'est le crime des faux-monnoyeurs qui attaque le prince & le peuple.

Le juge a rapport avec les plaideurs, avec les avocats & les subalternes de la justice, avec le prince ou le gouvernement, autant d'espèces de devoirs.

Quant aux parties, il peut les blesser ou par des arrêts iniques, ou par de longs délais. Qu'il réprime la violence, & découvre la fraude, elle fuit dès qu'on la voit. S'il prévoit que l'iniquité va prévaloir, soutenue par la force ou l'adresse d'une partie, appuyée du crédit des sollicitations, ou déguisée par les détours de la chicane ; c'est à lui de faire tête à tous ces ennemis & de contrebalancer en faveur du bon droit ; ensorte que sa fermeté maintienne ou emporte l'équilibre. Un juge prévenu d'inclination en faveur d'une partie, devroit la porter à un accommodement, plûtot que la juger.

Toutes les contestations honteuses sont la *crapule* du palais ; le sanctuaire de Thémis devroit être aussi pur que celui de la religion, seroit-il l'écho des halles & *des mauvais lieux* ?

La torture qu'on donne aux loix les rend amères, ainsi que le vin trop foulé sous le pressoir devient âpre & fort dur, *cumque torcular vini premitur, fortius vinum prodit acerbum, acinum sapiens. Itaque caveant sibi judices ab interpretationibus legum duris, & illationibus altè petitis. Neque enim pejor est tortura, quam tortura legum.*

Les loix pénales dont la première intention est de prévenir le crime, & non pas de le punir, si on les exécute à la rigueur, seront autant de fléaux qui pleuvront sur la tête du peuple. Laissez-les, non pas dormir tout-à-fait, mais du moins reposer quelquefois. S'il est permis au juge de paroître homme, & de montrer un peu de foiblesse, c'est en faveur de la pitié.

L'avocat attend des juges de la patience, & de la gravité dans l'attention qu'ils lui prêtent.

L'office de juge qu'on peut appliquer au rapporteur, exige qu'il mette de l'ordre dans les preuves, de la clarté dans les informations, de la précision dans la récapitulation, & des motifs dans son avis. Tout le reste a un air d'affectation, d'impatience, ou de légèreté.

C'est quand un avocat perd sa cause, qu'il faut le louer pour lui relever son courage & les forces, de peur que sa réputation n'en souffre, pourvu qu'il soit hors de tout soupçon de prévarication : car alors on accuseroit les juges qui prêteroient la main aux manèges d'un avocat, d'être d'intelligence avec lui contre sa partie, ou de ne donner de la réputation au barreau que pour grossir les épices.

Qu'on fasse entendre aux subalternes que le temple de la justice est un lieu sacré où la corruption ne doit jamais trouver d'asyle, pas même dans les réduits les plus bas. On a comparé les tribunaux au buisson épineux où la brebis cherche un refuge contre les loups, & d'où elle ne sort point sans y laisser une partie de sa toison. C'est aux sang-sues du palais d'entendre ceci ; ces mains avides ne feront-elles que tendre des lacets tracer des lignes obliques, & fabriquer des labyrinthes ?

Il y a ce rapport essentiel & continuel entre le prince & les magistrats, que ceux-ci doivent toujours exécuter la volonté du prince, parce que le prince est supposé ne rien faire, sans avoir pris l'avis de ses magistrats.

Il entre une question de droit dans presque toutes les délibérations politiques, & une raison d'état dans la plupart des faits contentieux ; ainsi toute loi ou tout arrêt par ses conséquences intéresse l'ordre public. Ce peut être une innovation d'un exemple pernicieux, une lésion manifeste des droits du peuple ; & c'est aux magistrats de les balancer perpétuellement, de façon que ceux-ci l'emportent toujours dans la concurrence : car le salut du peuple est la suprême loi. Toutes les loix qui ne viennent pas à l'appui de celle-là, sont des oracles cruels qui ne demandent que du sang & des victimes.

Quoi qu'on en pense, le droit naturel & le droit politique s'accordent très-bien ; la justice est un esprit de vie & de vigueur qui doit couler dans les nerfs d'un état ; c'est-à-dire, que le droit politique ne subsiste que par sa conformité avec les loix civiles.

Les injustices particulières ne font que des remèdes passagers, qui déclarent un grand mal sans le guérir, c'est donc aux juges de réprimer les attentats de la politique sur la liberté publique, & de ménager l'autorité du prince en la modérant. Enfin, qu'ils portent toujours le livre de la loi entre les mains, & l'esprit de la loi dans le cœur.

De l'Usure.

On a beau dire qu'il n'est pas dans l'ordre de la nature, que l'argent produise l'argent, (comme si l'art & l'industrie n'avoient point des secrets inconnus à la nature :) l'usure est devenue un mal nécessaire, depuis que la multitude des ingrats a diminué le nombre & la générosité des bienfaiteurs. Elle a ses inconvéniens, sans doute. C'est d'abord une injustice, de manger votre pain à la sueur de mon front. Ensuite une usure excessive, arrête le commerce en appauvrissant les négocians, parce que si les intérêts absorbent les profits du commerçant, il se retirera. Les recettes des droits & de la douane, qui suivent les rapports des marchandises, diminueront ; la circulation des espèces sera arrêtée entre des mains avares, ainsi que dans le jeu, tout l'argent revient à celui qui tient la banque. Le prix des terres & des marchandises baisse & se réduit enfin à rien faute d'acquéreurs ; plus d'entreprises, parce que l'émulation tombe avec les espérances ; enfin la misère publique consume l'état épuisé de ses ressources.

Mais voici les avantages de l'usure ou du moins ce qui doit l'autoriser. Si l'on ne prêtoit point d'argent, ou si on le prêtoit sans condition, on pourroit le retirer à son gré, & les nouveaux négocians ne pourroient s'avancer, parce qu'ils n'oseroient rien tenter. Un homme faute de ce secours, tomberoit dans les dernières extrémités tout-à-coup, & se verroit obligé de vendre ses fonds au moindre besoin, & de faire une mauvaise affaire pour appuyer une bonne entreprise : ainsi donc, au lieu que l'usure ne mine les fortunes que par degrés, ces aliénations les perdroient de fond en comble dans un moment ; car les prêts sur gage ne remédient à rien, puisqu'ils ne sont pas exempts de tout intérêt, & que les poursuites en justice, au défaut des payemens, entraînent des frais plus criants que ceux de l'usure même. Maudite soit l'usure, disoit un vieillard avare, depuis qu'elle nous a ôté le profit des *morte-payes*. Qu'on substitue un autre véhicule aux affaires, si l'on retranche l'usure ; toutes les républiques l'ont tolérée ; est-ce une preuve de son utilité ?

Il y a des témpéramens à prendre pour arrêter ses ravages. Le premier seroit d'établir une usure publique commune à tous les citoyens autorisée par la loi, celle de cinq pour cent, par exemple, & d'en permettre une plus forte particulière aux commerçans à raison de leurs profits ; laissez-leur le soin de la fixer entr'eux, parce que le sort du commerce étant fort inconstant, il n'est rien de plus incertain que le prix des denrées, & par conséquent de l'argent. Cependant, (& c'est la seconde précaution,) limez si bien les dents de l'usure, que le sort de l'emprunteur vaille mieux que celui du prêteur, & qu'on ne quitte pas le commerce pour entrer dans la banque, quoiqu'elle soit elle-même une branche ou une ressource du commerce.

L'usure est un outil bien tranchant, il s'agit de le manier comme il faut.

De l'Ambition.

L'ambition a ce rapport avec la colère, que si elle ne s'exhale au dehors, elle nous mine & nous consume au fond de l'ame, & se transforme en jalousie dans un mauvais cœur : dès qu'un homme réussit mal, faute de talens ou de ce qu'on appelle bonheur, il commence à regarder de travers les hommes & les affaires, & son grand plaisir est de voir tout empirer ou échouer ; son dépit se change alors en joie. Ainsi les rois qui ont auprès de leur trône des génies ambitieux, doivent toujours leur laisser quelques pas à faire, plutôt que de les forcer à reculer ; car des ministres ambitieux remuent sans cesse, & dès qu'on les arrête, ils s'efforcent d'entraîner tout dans leur chûte.

Etrange situation ! Sans ambition, nous n'agissons pas, & cette passion nous mène toujours trop loin : elle est bien placée à la guerre, surtout dans le cœur d'un général, comme il l'exerce contre l'ennemi, la patrie en profite, sans en avoir rien à craindre. Mais elle est dangereuse dans l'ame d'un courtisan ou d'un ministre, parce qu'ils ne peuvent souvent la satisfaire qu'aux dépens de l'état. Cependant un prince habile saura se faire un rempart de l'ambition des grands qui l'environnent, & se servir d'eux tour-à-tour, comme d'un bouclier qu'il opposera sans cesse à leurs coups ; il les contiendra l'un par l'autre, & sera tranquille au milieu de leur agitation, sur-tout si c'étoient des esprits téméraires, qui, comme des milans à qui on a crevé les yeux, ne volent en haut que parce qu'ils ne voyent rien autour d'eux.

C'est une foiblesse dans un roi que d'avoir des favoris, & malheureusement, c'est presque une nécessité ; car un favori tiendra ses créatures dans la sujettion & la dépendance, si le pouvoir d'abbattre & d'élever est tout dans ses mains.

Philosophie anc. & mod. Tom. I.

L'ambition des nobles eſt redoutable, parce la naiſſance leur donne du crédit & des appuis. La politique veut donc qu'on avance des hommes de néant, pour être comme le fouet de la nobleſſe. *Saltem allicere poterunt principes, & animare aliquos humilioris conditionis qui ambitioſorum veluti flagella ſunt.* Tels étoient à Rome les traitans qui marchoient ſur la tête du peuple, pour monter au niveau des grands.

Les eſprits ſouples & intriguans ont une marche couverte dans leur ambition ; ce ſont des brouillons plus à craindre, que ces ambitieux d'un caractère bruſque & opiniâtre ; le peuple n'aime guère ceux-ci, il ſe plait au contraire à jouir de leur diſgrace & de leur confuſion.

Quand une tempête doit tomber ſur des hommes en place, il faut les effrayer de loin par de ſourdes menaces, les tenir entre la crainte & l'eſpérance par une alternative de graces & de refus ; ils marcheront alors d'un pas lent & mal aſſuré, comme des voyageurs égarés la nuit dans un bois, & cet état d'incertitude les conſternera mieux qu'un coup inattendu ; car dans la chaleur du déſeſpoir, ils oſent quelquefois tout tenter, & ſecouer le trône en tombant.

Cette ambition inquiète & entreprenante, qui embraſſe tous les moyens de faire du bruit, fatigue plus l'état que celle d'un homme actif qui pourſuit une ſeule route, pour arriver au terme d'élévation qu'il s'eſt preſcrit.

L'ambition réglée & bornée par l'émulation de ſe diſtinguer & de dominer dans une carrière, eſt utile à la patrie ; mais celui qui veut tout effacer, pour être ſeul compté, devient une eſpèce de calamité publique, & doit être regardé comme la peſte de ſon ſiècle.

L'ambition a ces avantages, de nous approcher du prince, d'avancer notre fortune, & de nous mettre par cette double poſition en état de faire du bien. C'eſt alors une vertu que le prince ne ſauroit trop récompenſer, puiſque les faveurs particulières que reçoit un homme de probité, deviennent des bienfaits publics entre ſes mains.

Une ame vertueuſe peut embraſſer les affaires par goût, jamais par intérêt ; l'amour du devoir la ſoutient dans ſes fonctions, & lui tint lieu de cette oſtentation qui eſt l'aliment des ames foibles : enfin elle témoignera quelquefois de l'empreſſement qui naît de la bonne volonté, mais elle n'aura point cette précipitation tumultueuſe qu'un naturel ardent porte dans toutes ſes entrepriſes.

Il faut ranger les ambitieux ſous trois claſſes : les uns ne ſongent qu'à s'élever eux-mêmes, eſpèce commune & mépriſable ; les autres, avec les mêmes vues, font entrer dans leurs moyens l'élévation de la patrie, ambition plus noble, plus raffinée, & peut-être plus violente : d'autres enfin embraſſent le bonheur & la gloire de tous les hommes dans l'immenſité de leurs projets ; c'eſt l'ambition des philoſophes qui veulent éclairer l'eſprit, ou corriger les mœurs. L'ambition eſt donc quelquefois un vice, & quelquefois une vertu.

Des richeſſes.

Les richeſſes ſont dans le chemin de la vertu, comme le bagage dans une armée, neceſſaires, mais incommodes ; *impedimenta virtutis* : elles retardent notre marche, & nous font ſouvent perdre la victoire ſur nos paſſions.

Le prix des richeſſes eſt dans la dépenſe, toute autre valeur eſt d'opinion. Leur poſſeſſion & le plaiſir de les garder n'eſt qu'une jouiſſance imaginaire qui ne flatte point les ſens ; mais l'avantage de donner & de ſe procurer du crédit & de la conſidération, en les diſtribuant à propos pour ſon uſage, ou pour le ſoulagement des autres, prouve qu'elles peuvent être l'inſtrument du bonheur. Voyez combien les hommes ſont ingénieux à faire valoir les pierreries & mille autres ſuperfluités, pour attacher du crédit à l'argent : on croiroit bien plutôt qu'ils n'en font aucun cas, quand ils le répandent & le diſſipent en de vains ornemens.

Les richeſſes nous couvrent & nous garantiſſent ; mais elles expoſent notre réputation, & ſouvent notre vie. Concluſion ; deſirez-les ſobrement, uſez-en libéralement, vous les poſſéderez ſans crainte, & les perdrez ſans peine.

On dit que Plutus, lorſqu'il deſcend du ciel, marche à pas lents & boiteux, mais qu'il vole quand il ſort des enfers ; c'eſt qu'on s'enrichit plus vîte par les routes de l'iniquité, que par le chemin de l'honneur. En effet les voies d'acquérir ſont preſque toutes honteuſes ou criminelles. L'économie & la frugalité même n'inſpirent pas cette nobleſſe de ſentimens, qui relève ſi fort la généroſité.

La culture des terres eſt le moyen, non pas le plus court, mais le plus ſimple & le plus honnête d'augmenter ſes revenus : *ſoli cultura quaſi ad divitias maximè genuina. Verum lenta eſt hæc via.* Il y a une certaine ſatisfaction à ne devoir ſa ſubſiſtance qu'aux bienfaits de la nature. Ainſi tout négociant qui vient de faire une grande fortune & qui la met en fonds, est sûr d'accumuler; il verra que la terre rapporte bien autant que la mer.

Les petites fortunes coûtent beaucoup de peine, mais les grandes se font à peu de frais; il n'y a qu'un homme dont la caisse est bien forte, qui puisse faire des entreprises ou des acquisitions considérables, & ce qu'on appelle des coups de fortune, en profitant des bonnes occasions.

La vigilance & le crédit bien établi sont des mines d'or pour un négociant, & pour tout homme qui vit du travail de sa profession. Mais ces sourdes pratiques, ces contrats usuraires, ces menées de la fraude & de la corruption s'éventent tôt ou tard.

Acheter pour revendre, c'est vouloir faire tort à deux personnes, au vendeur, & à l'acquéreur: monopole, usure, que ce commerce. Celui dont la fortune roule sur des profits certains, s'enrichira tard & difficilement; celui qui risque tout, perdra: compensez donc vos risques par vos assurances.

Il est sans doute beau de faire sa fortune au service des rois, ou bien à la suite des grands, quand on marche droit avec eux; mais de toutes les bassesses, la plus honteuse, c'est l'adulation: s'élever en rampant; quelle indignité.

Le mépris des richesses est une ostentation bien équivoque, ordinairement le fruit du désespoir, & le retour de la vanité. Mais laissez avancer un peu ces prétendus philosophes, vous verrez comme ils sont ardens à la proie.

Point de resserrement sur-tout dans les minuties: les richesses ont des ailes, elles s'envoleront malgré nous de nos mains; quelquefois même il faut leur donner l'essor, elles reviendront plus chargées.

Veut-on conserver son capital? Il ne faut dépenser que la moitié du revenu. Veut-on grossir son fonds? On borne sa dépense au tiers du produit.

Un homme n'est jamais assez riche, pour ne pas compter avec lui même.

La paresse & le chagrin de voir diminuer ses ressources, jette les grands dans une ignorance ruineuse sur leurs propres affaires. Cependant on ne peut guérir une plaie, sans la sonder: qu'ils se déchargent au moins du soin de leurs intérêts, sur des hommes dont la probité mérite une confiance entière; mais s'ils affectent de la reserve par hauteur, s'ils craignent de se prodiguer, s'ils font toujours mystère de leur personne & de leurs secrets, ils n'auront auprès d'eux que des ames vénales. Alors ils se verront obligés à changer souvent d'intendant, parce que les nouveaux sont plus sur leurs gardes, & moins faits à tromper.

Celui qui dépense d'un côté, doit œconomiser de l'autre, & retrancher de ses équipages à proportion de ce qu'il donne à sa table; car une prodigalité sans mesure est une ruine générale: se jeter dans le luxe & la somptuosité, c'est étendre sa queue aux dépens de ses aîles.

Un homme qui veut rétablir ses affaires, ne doit ni se presser, ni trop différer d'aliéner. S'il retarde, les intérêts absorberont ses fonds; s'il se hâte, une vente hors de propos fait une brèche irréparable à sa fortune. De plus, en éteignant ses dettes tout-à-coup par une mauvaise affaire, il risque de se rejetter dans la même nécessité, parce qu'une ressource ouverte l'éloignera des précautions: mais un homme qui se libère peu-à-peu, contracte l'habitude de l'économie, il devient frugal, ses mœurs & sa fortune prennent un meilleur train.

Il vaut mieux retrancher les petites dépenses, que courir après de minces profits.

Soyez économe & vigilant dans les dépenses habituelles & journalières, vous pourrez être libéral & paroître même magnifique dans les dépenses extraordinaires.

Le beau sacrifice de ne faire du bien qu'à la mort! On jouira de vos pertes plutôt que de vos dons. Autre abus, celui de restituer au dernier moment: c'est affliger un héritier, sans obliger un créancier.

De l'envie.

Le cœur de l'homme se nourrit de son propre bien, ou du mal d'autrui. Une ame sans vertu & sans talens, portera donc envie au mérite, s'indignera de ses succès, & jouira de ses revers.

L'envie puise un poison mortel dans les yeux de la joie, & ses regards sombres jettent à leur tour une influence maligne sur la prospérité. C'est une passion inquiète, qui ne connoit point de jours de fête, ou de repos; elle cherche au dehors les alimens du feu qui la dévore; elle maigrit & s'épuise elle-même, plus funeste au cœur de l'envieux, qu'à l'objet de l'envie. Elle se décèle dans la curiosité: quand on est content de soi même, quel intérêt a-t-on de savoir les affaires d'autrui ? Mais comment apprendre qu'un voisin prospere, sans devenir jaloux de son sort ? C'est donc le plaisir du théâtre qu'on veut se donner, & plutôt celui de rire des travers, que celui de pleurer sur des malheurs ; dangereuse affection !

Il est naturel qu'un homme de grand nom voye avec quelque chagrin des hommes nouveaux monter tout-à-coup à ses côtés. L'intervalle disparoît, & son étonnement ressemble à celui du passager qui s'imagine reculer, quand un vaisseau s'avance & fait route avec lui : *mutatur intervalium & simile est hoc deceptioni visus ; cum res retrocedere videantur, aliis se promoventibus.*

Tout homme maltraité par la nature, par la fortune ou par les ans, rabaissera la condition des autres, parce qu'il ne peut élever la sienne. Il faudroit avoir l'ame de Tamerlan, pour triompher d'être boiteux.

Si l'infortune rend compatissans les malheureux, elle fait goûter à ceux qui ne le sont plus, une espèce de joie cruelle, à la vue des maux que d'autres éprouvent après-eux ; comme si l'adversité d'autrui étoit un dédommagement de nos propres malheurs.

Un esprit curieux de toute espèce de gloire, porte envie à tous les talens. L'empereur Adrien n'étoit-il pas le rival déclaré des poëtes & des peintres ? Cependant c'est dans les conditions égales, & parmi les gens d'une même profession que l'envie épuise tout son venin.

Les rois rivalisent avec les rois. L'éclat d'un concurrent nous blesse les yeux, sa réputation nous déchire le cœur. C'est une harmonie bien désagréable à nos oreilles, que ce concert d'éloges qu'il reçoit du public.

Il est bon que les brillans succès fassent envie, ils entretiennent l'émulation ; mais pourquoi s'offenser des grandes vertus qu'on ne veut pas avoir sans doute, car il ne tient qu'à nous de compenser par le mérite du cœur le défaut des talens ?

Les places, les honneurs, toutes les distinctions nous exposent à l'envie, les avantages naturels, moins que ceux de la fortune : on pardonne aux grands d'être riches, rarement aux riches de devenir grands. Chose remarquable !

Un homme sans mérite, élevé tout-à-coup, attire d'abord tous les yeux de l'envie, elle le perd bientôt de vue, & s'attache aux grands hommes qu'elle sembloit avoir respectés. Ce n'est pas que leur mérite ait chancellé, mais les réputations nouvelles en ont diminué l'éclat, il est vrai qu'il se ranime après leur mort, pour ne plus s'éteindre. Celui qui s'avance par degrés, frappe moins les regards, il échappe à l'envie.

L'envie est le ver rongeur du mérite & de la gloire : on l'étouffe, en cherchant moins la réputation de la vertu que la vertu même, en cédant au hasard ou à la providence le succès de nos actions. Le moyen encore d'imposer silence à la jalousie, c'est de ne rechercher que des dignités onéreuses. Il se mêle alors un peu de compassion à la malignité du public. Aussi les bons politiques ne parlent-ils que des peines attachées à leur ministère ; ces plaintes affectées appaisent les cris de l'envie.

L'intérêt d'un homme en place est de ménager les subalternes ; ce sont autant de plastrons qui parent les traits de la satire : mais ces cliens d'étalage qui sont, pour ainsi dire, les trompettes de votre mérite, font de voire gloire une espèce de commerce qui, en les avançant dans votre faveur, ne vous rapporte que de l'envie & de la haine.

L'habileté d'un ministre consiste à détourner le cours de l'indignation & du mécontentement sur un compétiteur, car l'envie est une espèce de sort ou d'enchantement qu'un homme ne peut conjurer, sans le rejetter sur quelqu'autre. Au reste on trouve toujours assez d'esprits brouillons, qui achètent la haine du peuple à tout prix.

L'envie ou la malignité publique est une espèce d'ostracisme qui contient l'ambition des grands, & qui sert de frein à l'abus du pouvoir; mais quand elle empire jusques à un mécontentement général, c'est une contagion qui infecte les loix & les meilleures dispositions ; la haine des peuples une fois déchaînée, les bienfaits se changent en poison entre des mains corrompues, il semble donc inutile alors de mêler la clémence à la rigueur, ce seroit une foiblesse qui hâteroit le soulèvement, en paroissant le craindre. On peut laisser aller le torrent, qui ne fera que du bruit, ou qu'un médiocre ravage ; mais si cette fureur attaque tous les ministres d'un état, le souverain doit trembler pour lui.

De la dissimulation.

La dissimulation est le grand art de la vie civile, & le côté foible de la politique. Il faut bien de la pénétration pour saisir les momens de dire la vérité, & beaucoup de force dans l'ame, pour se montrer impunément à découvert.

Un génie heureux & profond distinguera d'un coup d'œil ce qu'il doit taire, manifester, ou laisser entrevoir comme dans un demi-jour; il combinera les circonstances des temps, avec le caractère des personnes; mais à quiconque n'a pas cette finesse de discernement, il ne reste pour se garantir, que de s'envelopper dans le silence, ou de se voiler sous les artifices de la dissimulation.

Un homme qui ne voit pas clairement, marche à tâtons, & il faut bien s'arrêter, quand on ne sait où aller.

Les habiles politiques ne craignent pas d'employer la candeur & la vérité dans les affaires mais ils ont la souplesse des chevaux de manège, pour volter & partir au moindre signe. Qu'arrive-t-il dans un cas pressant, où la dissimulation devient d'un besoin absolu? C'est qu'alors la réputation de droiture & de bonne foi vient au secours, & les rend impénétrables, presqu'autant que la ruse même.

Il y a trois degrés dans l'art de dissimuler, se taire, déguiser, ou feindre, & mentir avec audace.

L'air de mystère est le voile de la politique, il rend ses secrets respectables. C'est aussi le ressort des grandes négociations. Les hommes en sont venus à ce point de corruption & de foiblesse, qu'il faut les tromper pour les servir.

La discrétion est à l'ame, ce que la pudeur est au corps.

Un excès de franchise est une indécence comme la nudité.

Celui qui saura se taire, outre l'avantage de ne point s'exposer, aura celui de percer dans l'ame des autres; il découvrira tout, parce que la plupart cherchent plutôt à se délivrer de leurs secrets, qu'à les bien placer; leurs ouvertures ne viennent point de la confiance, aussi ne méritent-elles guères de la discrétion. Le silence est donc un devoir dans la saine politique, comme il est une vertu dans les règles de la morale. Mais que l'épanouissement du visage ne trahisse point la réserve de l'ame; en vain la langue sera muette, si les yeux parlent.

L'habitude du secret nous mène malgré nous à la dissimulation. Les hommes sont trop curieux & trop adroits, pour vous laisser garder cet équilibre parfait qui met vos sentimens à couvert de leurs conjectures. Ce seront mille questions épineuses dont vous n'échapperez que par un détour, ou par un silence obstiné, & ce silence même fera deviner votre dessein.

Le mensonge décèle une ame foible, un esprit sans ressource, un caractère vicieux; c'est le recours des enfans, des sots & des méchans.

Les avantages de la dissimulation, c'est de prendre les hommes au dépourvu (car l'indiscrétion sonne la trompette pour défier l'ennemi) c'est qu'on n'engage point son honneur & sa réputation, si l'on échoue; au lieu que si votre projet est divulgué, il faut réussir, ou se retirer avec le dépit & la honte d'une mauvaise issue: enfin, en couvrant votre marche, vous surprenez celle d'un concurrent, s'il s'enhardit à penser & à parler librement devant vous, lorsque la subtilité de votre déguisement ne lui laisse point d'ombrage. Vous aurez une vérité pour un mensonge. Voulez-vous savoir la vérité: mentez, mentez, dit le proverbe espagnol. Mais voici des inconvéniens.

La dissimulation est une marque de défiance & les soupçons arrêtent les grandes entreprises, parce qu'ils sont contagieux, & qu'ils forment des préventions & des ombrages dans l'esprit d'autrui. En dérobant ses desseins, on manque de bons conseils qui en auroient avancé l'exécution; on perd tout son crédit qui est le meilleur garant des heureux succès: car tous les hommes, même les frippons, exigent de la bonne foi. Ayez donc la réputation d'être véridique, l'habitude de la réserve, & le talent de feindre ou même de tromper; (car il le faut, quand on veut réussir, avec les hommes); c'est en abrégé la science de la politique.

De l'art de converser & de représenter.

Tout homme borné aux talens solides, aura besoin d'une grande vertu. C'est un rubis sans enchassure, à qui la moindre tache ôteroit tout son prix: *qui realis solummodo est, ei multa virtute opus duco: sicut gemma, quæ sine ornamento omni inseritur, è purissimis & nitidissimis esse debet.*

Il faut des dehors brillans & des termes distingués, pour faire valoir les personnes & les choses; tout cela sert comme de lettres de recommandation.

Manquer aux égards du cérémonial, c'est se faire tort à soi-même; car la plupart des hommes cessent de nous estimer, dès qu'ils cessent de nous honorer : balancez toujours les égards que vous devez, avec ceux qui vous font dus. C'eſt ſur-tout avec les perſonnes indifférentes, ou tout-à-fait inconnues, que les complimens font d'uſage ; mais l'hyperbole en ce genre ſent l'ironie, & devient inſultante ; il y a même un caractère de mauvaiſe foi dans les politeſſes outrées.

La politeſſe affectée eſt un raffinement de la vanité, qui veut ſe faire plus d'honneur qu'elle n'a deſſein d'en rendre.

C'eſt le talent de l'inſinuation qui fait un homme eſſentiel. Soyez réſervé avec vos égaux, & ne ſortez de cette gravité, que vis-à-vis de vos inférieurs, reprenez votre franchiſe en leur rendant leur liberté, pourvu que vous communiquiez par affabilité, plutôt que par foibleſſe.

N'inſiſtez pas ſi fort ſur la cérémonie ; les querelles de préſéance dans un congrès ont ſouvent reculé la paix.

Le maintien répand une certaine décence dans les mœurs qui influe beaucoup ſur la réputation, & de celle-ci dépend notre ſuccès dans le monde : une heureuſe réputation, ſauve tous nos écarts, juſtifie les démarches les plus hazardées, tandis qu'un mauvais renom empoiſonne nos meilleures actions.

Que ſert d'ouvrir la porte de votre maiſon à tout le monde, ſi votre abord glaçant vous ferme l'entrée des cœurs ?

Ne ſoyez ni trop fier, c'eſt attenter ſur l'indépendance des autres ; ni rampant; c'eſt oublier la vôtre.

Des manières recherchées tombent dans le puéril ; & l'on ne ſeroit pas moins ridicule avec des boutons de diamant, qu'avec des pendans de verres.

Il en doit être des manières, comme des habits ; ceux-ci font ſortir la taille, & celles-là font ſortir les mœurs : *mores hominum externi, veſtibus eorum ſimile eſſe debent ; non ſint nimis concinni, nec corpus coarctantes ; ſed qui libertatem præbeant ad exercitia & motum quemlibet.*

Il faut de l'aiſance dans le maintien ; enſorte que le caractère perce à travers, & ſe contienne ſans être gêné. La politeſſe doit au moins cacher les vices, comme la parure maſque les rides.

La converſation ne doit être ni trop étudiée, ni trop négligée.

Le pédantiſme n'eſt pas moins dans l'affectation du ſtyle, que dans l'étalage de l'érudition. C'eſt un abus de la converſation, d'y raiſonner de la plûpart des choſes ſur les règles de l'art.

Un grand parleur fatigue, un homme taciturne ennuye ; il faut ſaiſir le moment de parler, & non pas le chercher : cette inquiétude donne de la mauvaiſe grace à tout ce que vous dites.

On montre moins de l'eſprit, que peu de jugement, à diſputer de tout.

Celui qui ſçait ce qu'on doit taire, vaut bien celui qui ſçait tout dire.

Il y a des choſes qui ne doivent jamais tomber ſous la plaiſanterie dans la converſation ; la religion, le gouvernement, les gens en place, & les malheurs publics ou particuliers.

Un ſatyrique qui fait redouter ſon eſprit, doit craindre la mémoire de ceux qui l'écoutent. *certè, qui ſatyricam amplectitur venam, ſicut aliis metum injicit ab ingenio ſuo, ita ab aliorum memoria metuere debet.*

La médiſance eſt le mauvais aſſaiſonnement d'un bon repas.

Se louer ſoi-même, eſt un vice aſſez ſot, & le plus importun, après celui de cenſurer les autres.

Il faut bien diſtinguer le ſel d'avec le fiel, dans la converſation.

Un beau parleur n'eſt que cela pour l'ordinaire, tandis qu'un homme d'une converſation commune recherche l'eſtime par des voies plus ſolides ; celui-ci gagne à penſer, le tems que l'autre perd à parler.

Il faut varier les ſujets de la converſation, pour la rendre agréable à tout le monde ; ce doit être un champ libre où il eſt permis de s'écarter, & non pas un grand chemin qui mène droit à un terme. *Sermones familiares debent eſſe inſtar campi aperti, in quo ſpatiari licet ; non via regia quæ deducit domum.*

L'emploi fréquent de l'hyperbole dans le diſcours, rend la converſation faſtidieuſe : un moyen ſûr d'affoiblir tout ce qu'on dit, & de le rendre inſignifiant, c'eſt de l'exagérer. *Locutio planè hyperbolica, non ſolum res moleſta, ſed etiam finem & pondus, eorum quæ dicuntur, omnino minuit.*

On a un double avantage à faire des questions; celui de plaire, & celui de s'instruire.

Ne vous pressez pas d'étaler ce que vous savez: si l'on ignore que vous entendez telle matière, on vous tiendra compte aussi de bien des choses que vous ne savez pas : *scientiam si quandoque dissimules eorum, quæ scire existimaris, putaberis alius ea scire, quæ nescis.*

Une estime tardive vaut mieux qu'une opinion prématurée de votre mérite.

On interrompt les grands parleurs, en ne les écoutant pas, comme un violon arrête les danseurs, en cessant de jouer.

Les repliques & les saillies de l'esprit sont d'une grande ressource aux gens qui manquent de fonds.

Ce n'est pas en conversation qu'il faut s'attacher à la précision, sur-tout dans les narrations.

Des entretiens préparés sont la preuve d'une extrême disette; ils seroient bien ennuyeux s'ils ne jettoient pas du ridicule sur ces orateurs fastidieux, dont les gestes & les tons sont compassés & mésurés comme les syllabes de la poësie : *nonnullorum vultus, & gestus, & externa alia, instar versus sunt, in quibus syllabæ singulæ mensurantur. Qui poterit magna comprehendere, qui se tam pusillis rebus submittit?*

Tout sied à un homme déjà recommandé par son mérite; le maintien & les discours sont un ornement de surérogation, & peut-être même que son indifférence sur cet article donne un nouveau relief à ses autres talens.

De la vertu.

La vertu n'est que l'art de tenir les passions en équilibre, & de nous régler dans la jouissance de nos désirs.

La jeunesse n'est pas propre à la morale, dit Aristote, parce que le débordement des passions étouffe les semences de la vertu, & dissipe les conseils de la raison : dans l'âge mûr où l'on pourroit profiter des leçons des philosophes, on ne les lit pas, parce qu'on est détourné par les soins de sa fortune : la vieillesse est corrompue par la politique qui ne met d'autre différence entre les vices & la vertu, que celle du nom, & qui enseigne à juger des devoirs par l'intérêt, & du mérite par les succès. Etrange renversement d'idées, d'appeller louable tout ce qui est utile!

C'est Machiavel qui a dit que César malheureux eût été plus odieux que Catilina; mais César, sans l'abus de l'ambition, étoit le plus grand de tous les hommes, & il restoit toujours à Catilina, mille vices plus détestables que la fureur de dominer. *Quasi vero nihil interfuisset, præter fortunam solum, inter furiam quandam, ex libidini & sanguine conflatam, utque animum excelsum & inter homines naturales maximè omnium (si ambitio abfuisset) suspiciendum!*

Avant d'entrer dans la politique, armez-vous donc d'excellens principes de vertu; on les perd assez tôt dans la cour des princes, ou à la suite des affaires; & plus on goûte du monde, plus on avale de ce poison qui corrompt les mœurs.

Tout sert à la vertu; l'esprit des auteurs que nous lisons, le goût des amis que nous fréquentons, les loix du pays où nous vivons : tout ce que nous voyons, ou que nous entendons, passe dans nos mœurs; elles sont teintes des mêmes couleurs que les objets qui nous environnent.

La sagesse est un effet de la raison.

Les ténèbres de l'esprit, & les débordemens du cœur vont constamment ensemble, & se suivent ou se précèdent mutuellement.

Il y a tant de sympathie entre la vertu & la vérité! Pourquoi donc les gens les plus éclairés sont-ils souvent les plus vicieux? C'est qu'on peut connoître la vérité sans l'aimer, & qu'on peut aimer la vertu sans la connoître; c'est que chaque objet a deux aspects, l'un de vérité, qui appartient à la raison, l'autre de bonté qui est du ressort de la liberté.

Toute notre vie se passe dans une inconstance perpétuelle, nous avons des momens de sagesse & des tems de fureur; si nous pouvions rayer ceux-ci du nombre de nos jours!..... Il n'y a que de longues réflexions, des résolutions souvent reprises, & de fréquens essais de nous-mêmes, qui puissent nous fixer dans le bien.

L'art travaille en détail & par parties. Il n'appartient qu'à la nature de former un tout à la fois. Un sculpteur achève une tête avant de passer au reste du corps; mais une fleur, une plante croît dans toutes ses parties; la nature l'ébauche & la perfectionne d'un même trait, ainsi va la vertu, dès qu'on ne s'attache qu'à une seule, les autres languissent; mais une détermination générale au bien nous les fait acquérir toutes. C'est un germe toujours actif, qui produit toute espèce de bons fruits, selon l'occasion.

Les vertus communes sont assez vantées; tout le monde les voit, tout le monde en parle: mais il y a si peu d'occasions pour les vertus rares, & l'héroïsme ne consiste point dans l'éclat. Une ame généreuse & désintéressée qui se rend compte de l'équité de ses vues, goûte une satisfaction plus délicate après un succès manqué, que si elle se trouvoit au comble des vœux les plus brillans.

Les scélérats, ces ennemis déclarés de la vertu, sont d'un exemple moins pernicieux aux bonnes mœurs, que les faux honnêtes gens, qui masquent la corruption sous les dehors de la probité.

L'adversité fait briller la vertu, on diroit que celle-ci ressemble à ces plantes aromatiques qu'on foule, pour en exprimer le baume & le parfum: *habet certè virtus simile quiddam odoramentis quibusdam pretiosis; quæ fragrantissima sunt, aut insensa, aut tusa. Nam fortuna prospera potissimum vitia hominum indicat; adversa virtutis.*

Les petits défauts font tort aux grandes vertus: pourquoi? C'est que les moralistes nous ont donné de fausses idées de la perfection, ou que les sages n'ont pas su prendre de l'aisance, en avouant leurs foibles. C'est une cruauté, dit fort bien Aristote, de vouloir élever l'homme à une perfection dont il n'est pas capable. Pline n'étoit donc qu'un adulateur, quand il disoit que les dieux ne pouvoient être plus favorables aux mortels que Trajan lui-même.

Un traité de morale qui n'est pas appuyé sur le commerce des hommes, est un ouvrage manqué: tels sont la plûpart des écrits des moralistes trop jeunes ou trop retirés, qui n'ont puisé la connoissance des mœurs que dans l'étude d'eux-mêmes, ou dans les écoles, chez des gens qui par état, ne pouvoient pas avoir la science du monde. Aussi que pense-t-on à la cour de leurs essais de morale? Ce qu'Annibal pensoit des observations de Phormion sur l'art militaire. Les réflexions des philosophes, dit-on, ressemblent aux délires des poëtes, excellens pour amuser l'imagination.

La meilleure disposition pour la vertu, est une intention généralement droite, noble & pure dans toutes nos actions, mais cette droiture doit être proportionnée à la foiblesse humaine: si l'on va toujours tête baissée, on fait des chutes dangereuses.

Le spectateur voit mieux que le joueur, sans doute; mais c'est quand il a lui-même appris le jeu par ses fautes. Il faut donc joindre la prudence à l'innocence, & cette prudence est la connoissance du mal. La vertu sans cela tombe au pouvoir de ses ennemis: & quel empire aura l'honnête homme sur le cœur du méchant, s'il n'a pénétré tous les détours de malice? Car ce qui entretient les ames obliques dans la perversité dont elles se font un système, c'est la persuasion où elles sont que la probité vient de la foiblesse de l'esprit, ou d'une simplicité de mœurs qui ne connoit le vice que par les déclamations de la chair; mais si elles s'apperçoivent qu'on a démêlé le tissu de leurs iniquités; si on leve une fois le voile abominable de leurs pratiques monstrueuses, elles apprendront à respecter les yeux de la vertu.

Ce que la fable a dit du basilic, peut s'appliquer au vice; dès qu'on l'apperçoit & qu'on le prévient, il perd son poison.

Le méchant proverbe des italiens! ils vous diront d'un homme: *Il est si bon, qu'il ne vaut rien. nequam apud Italos jactatur proverbium;* tanto buon, che val niente.

Une des plus grandes dispositions à la vertu, c'est la bonté; ce penchant de l'ame qui va plus loin que l'humanité, en l'intéressant vivement pour toutes les créatures; ce sentiment qui répand dans tous les cœurs une espèce de *complaisance* délicieuse, & qui ne les laisse jamais repentir d'une bonne action, quelle qu'en soit l'issue. Sans ce caractère qui nous rapproche le plus de la divinité, l'homme est un être inquiet, misérable, funeste à la terre & à lui-même.

L'inclination à faire du bien a besoin de règle, pour être une vertu: elle est différente de cette facilité à obliger, qui nous rend l'esclave des hommes plutôt que leur bienfaiteur.

Vous oubliez un ami pour secourir un étranger, vous jetez des perles à un coq qui ne vous demande que du grain; c'est manquer de choix dans les objets & dans les moyens de votre bienveillance. Puisque vous ne pouvez étendre vos soins à tous les hommes, soyez affable envers la multitude, & réservez votre affection, au petit nombre.

L'hospitalité est la vertu d'une grande ame qui tient à tout l'univers, par les liens de l'humanité.

La reconnoissance des moindres bienfaits prouve qu'on préfère les sentimens aux richesses.

Y

Y a-t-il des hommes qui se fassent un plaisir de leur malignité, qui goûtent une singulière joie à voir le trouble & les afflictions des autres hommes, ou ne sont-ce pas des insectes qui s'attachent aux ulceres? C'est pourtant de cette trempe que se forgent les politiques. *Sunt tamen hæc ligna accommodatissima, è quibus fiant mercurii politici.* Aussi Machiavel prétend que la religion chrétienne est utile aux méchans, parce qu'elle livre les bons cœurs à la merci de leur injustice.

Du naturel & de l'habitude.

On peut déguiser son naturel, le vaincre quelquefois, jamais on ne l'étouffe. La violence qu'on lui fait le rend plus impétueux dans ses retours & ses emportemens. C'est à l'éducation de le corriger, à l'habitude seule de le soumettre.

Il y a un art de former l'ame, comme de façonner le corps; c'est de proportionner les exercices aux forces, & de donner du relâche aux efforts.

Il y a deux temps à observer, le moment de la bonne volonté pour se fortifier, & le moment de la répugnance pour se roidir; de ces deux extrémités il résulte une certaine aisance qui tiendra le naturel dans un juste tempérament. On se contrefait en public, & vis-à-vis de ses supérieurs. Le peuple & les grands ne pourront donc jamais connoître le fond d'un caractere.

Un naturel contraint se trahit dans les occasions imprévues, parce que l'habitude n'a plus alors sa force. C'est du naturel que notre sort dépend: heureux celui qui prend un genre de vie conforme au caractere de son esprit! Il trouvera tous ses moyens & ses ressources dans ses goûts & son penchant. Toutes les réflexions ne nous conduisent jamais aussi bien que l'instinct.

Nos sentimens tiennent plus du naturel, nos discours de l'éducation, & nos actions de l'habitude. Si vous avez un assassinat à commettre, dit Machiavel, ne vous en remettez ni sur un caractere féroce, ni sur les sermens dictés par l'intérêt même, mais choisissez une ame sanguinaire, accoutumée aux meurtres; *minimè fidendum est aut naturæ violentiæ, aut verborum grandiloquentiâ, nisi, corroborentur consuetudine. In facinore aliquo audaci & crudeli patrando, non acquiescendum esse, aut in naturâ alicujus ferociâ, aut in promissis constantibus, nedum juramentis, sed committendum scelus viris sanguinolentis, & jamdudum cædibus assuetis.* C'est que la coutume influe sur nos actions plus que le tempérament.

Il n'y a que la superstition qui surmonte le penchant de la nature & l'ascendant de l'habitude;

Philosophie anc. & mod. Tome I.

témoin le moine Clément. Du reste, promesses, résolutions, grands projets, belles paroles, tout cede à la force de la coutume dont l'impulsion agite & fait mouvoir les hommes comme des automates. *Solummodo superstitio, nostris temporibus eo provecta est, ut primæ classis sicarii, laniis obfirmatis minimè cedant; atque decreta votiva, etiam in re sanguinariâ, consuetudinis vires exæquent. In aliis quibuscunque, consuetudinis potentia clarè elucescit, adeo ut miraculi instar sit, audire, quot professiones, protestationes, promissa, verba grandia jactitent plurimi, & tamen istis omnibus posthabitis, pro more consueto agere, ac si imagines essent, & machinæ plani inanimes solis consuetudinis rotis impulsæ & actæ.*

Jusqu'où n'en appelle-t-on pas à la coutume? Un irlandois convaincu de rebellion ne présenta-t-il pas requête au viceroi, pour être pendu avec une branche d'osier plutôt qu'avec une corde; parce que c'étoit, disoit-il, l'usage de traiter ainsi les rebelles: *rebellem quemdam hibernum supplicationem deputato obtulisse ut torque ligneâ, non fune, suspenderetur; quia illud magis in more rebellibus erat.*

Puisque l'habitude fait tout, que n'avons-nous de bonnes mœurs? Elles dépendent de l'éducation, qui est le pli de la coutume pris dès l'enfance. *Certè consuetudo validissima, cum à pueritiâ incipit: hanc educationem appellamus; quæ nihil aliud est, quam à teneris annis inhibita consuetudo.* Cet âge passé, l'homme est décidé; il n'y a que la force prédominante de la nature qui surmonte les obstacles que l'éducation ajoute aux difficultés ordinaires d'un art ou d'une profession. C'est qu'alors le génie, loin de s'étouffer par l'inaction, prend une nouvelle activité de la contrainte qui le resserre, & s'élance avec plus de vigueur dans la carriere qu'on lui tenoit fermée; ou bien que cette inquiétude qui le porte à s'essayer sur différens objets, lui fait enfin trouver une heureuse issue, & découvrir la route de sa destinée.

La coutume ne peut rien sans doute sur les inclinations, ou les facultés purement naturelles qui s'usent au contraire par l'exercice. L'habitude de voir, altere, émousse la vue plutôt qu'elle ne l'éclaircit & ne l'étend; mais les talens, l'industrie, les forces du corps s'assouplissent & s'augmentent par l'éducation.

Il y a des habitudes qu'on prend de soi-même ou de ses penchans, ce sont les plus fortes; & il y en a qu'on contracte par communication ou de l'exemple des autres, celles-ci varient avec le temps. Ainsi les bonnes loix pourront réformer les mœurs dans une ame heureusement née & mal élevée, mais elles ne feront point germer la vertu dans un mauvais cœur: *etenim respublica rectè ad-*

ministrata, quin & leges bona alunt virtutem in herba, sed semina ipsius non multum promovent.

Une habitude contractée à loisir & sans une gêne extrême, forme ce qu'on appelle une seconde nature; une éducation forcée donne à l'homme le caractère du singe qui jette du ridicule sur tout ce qu'il imite.

De la gloire & de la réputation.

La poésie a peint la renommée errante dans les airs & couverte d'ailes légères, autant de symboles de la vanité, de la gloire.

Il y a des courtisans de la renommée qui courent après la gloire au lieu d'attendre qu'elle se présente; c'est le moyen de faire du bruit, mais non pas d'acquérir cette estime solide qui dure d'autant plus, qu'on l'a moins recherchée. D'autres perdent le prix & la réputation de leur mérite, parce qu'ils n'ont pas l'art de le produire. Mais le moyen de se montrer avantageusement, c'est de tenter une route nouvelle ou déjà pratiquée sans succès; on se fait alors un nom où des entreprises plus difficiles & plus importantes n'auroient pu mener, parce qu'on auroit marché sur les traces des autres: *si quis rem suscipiat, simulque perficiat, quæ prius intentata fuerat, aut tentata quidem, sed deserta, aut ad exitum forsan perducta, sed minus commode & feliciter, is honorem adipiscetur majorem, quam si quid perfecisset gravioris sanè difficultatis & momenti, sed in quo alterius tantum vestigia & non ultra premeret.*

C'est être mauvais économe de sa réputation que de hasarder des tentatives où il y a plus de honte à échouer que de gloire à réussir: *honoris sui minimè frugalis dispensator est, qui rem quamvis suscipit, in qua, dedecori plus fuerit, votis excidere, quam obtinuisse, honoris.* L'honneur, qui s'acquiert dans la concurrence, est réfléchi vers nous par tous nos compétiteurs. Ce mérite de comparaison est comme un diamant taillé à facettes qui jette plus d'éclat: *honor qui comparativus est, & alium pragravat reflexionem habet maximè vividam; instar adamantis, aut carbunculi, cum angulis multiplicibus secti.*

Voici les places de la gloire. A la tête des grands hommes marchent les fondateurs des empires, tels que Cyrus & Romulus. Au second rang, les législateurs, qui sont comme des souverains éternels; tels étoient Lycurgue, Solon, Alphonse de Castille. Au troisième rang, les libérateurs de leur patrie; tel fut Auguste, qui étouffa les guerres civiles, & Henri IV, qui éteignit la ligue. Au quatrième rang, les conquérans qui ont étendu les limites de leur empire. Mais la place du mérite, qui est dans le cœur des hommes, est occupée par ces princes justes & vigilans, à qui une certaine tendresse d'entrailles a si dignement acquis le titre de pères de la patrie, en faisant le bonheur des citoyens: *ultimo loco, patres patriæ, qui justè imperant, & temporibus felicibus, quamdiu vivunt, cives suos beant.*

Après les souverains viennent les sujets. Les premiers sujets sont les ministres, ces bras droits du prince qui partagent ou souvent portent seuls tout le fardeau de l'empire. Ensuite les généraux d'armée qui illustrent l'état au gré de celui qui le gouverne. Après eux, il faut compter les courtisans & les favoris qui consolent & soulagent le prince sans accabler le peuple. Au dernier rang d'honneur, sont les hommes laborieux qui se chargent du détail de l'administration, soit de la justice ou des finances. Mettons au-dessus des peuples & des rois ces généreuses victimes qui s'immolent, par le plus beau de tous les sacrifices, au salut ou à la gloire de la patrie, tels que les Régulus & les Décius, *est & genus quoddam honoris quod raro contingit, & tamen inter maximos reponi meretur: hoc est eorum qui se morti & periculis devovent & sacrificant, propter bonum patriæ: quod fecerunt Marcus Regulus & duo Decii.*

Des louanges & de l'ostentation.

La louange réfléchit naturellement sur la vertu, d'où elle prend sa source: mais comme dans un miroir, la réflexion est infidèle, si la glace est fausse: l'encens des louanges tire son prix de la main qui nous l'offre. Celles qui sortent de la bouche du peuple sont bien équivoques; la vaine enflure qu'elles produisent en nous montre assez qu'elles sont le fruit d'un mérite frivole.

Le sublime des mœurs n'est pas à la portée du vulgaire; l'écorce des vertus séduit son admiration, & l'étalage seul lui arrache des applaudissemens, c'est un écho qui rend du bruit pour du bruit.

La renommée est semblable à un fleuve qui soutient les corps légers, tandis que les corps solides tombent au fond & disparoissent sous les eaux: *fama fluvio similis est, quæ levia & inflata attollit, gravia & solida mergit.* Mais quand une réputation est fondée sur l'approbation des sages, & portée sur les ailes de la multitude, alors elle est durable & permanente. Ce n'est plus le vain parfum des fleurs du printemps que les zéphirs dissipent; c'est le baume des plantes qui vit après qu'on les a cueillies.

Les louanges sont une espèce de marchandises qu'il faut bien peser avant d'en accepter; c'est un commerce où l'adulation s'enrichit: elles sont triviales quand celle-ci est basse, elles sont délicates quand celle-ci est adroite & subtile.

Un adulateur ingénieux épiera les traces de votre amour-propre, qui est le plus grand de tous les flatteurs, & ne manquera pas de vous louer par le titre qui vous chatouille davantage: *adulator callidior si sit, vestigia premet adulatoris principalis: intelligo tui ipsius: & in quibus tibi places, aut te ipsum excellere putas, iis adulator inhærebit maximè.*

Une louange peu commune & placée à propos a toujours un grand sel, & flatte bien agréablement celui qui la mérite.

Les éloges que reçoivent les princes & les grands ne sont la plupart que les avis d'une certaine affection qui se couvre du respect; c'est à leur discernement de ne pas s'y méprendre.

Gardez-vous de ces dangereux ennemis, qui ne vous louent que pour donner occasion à la malignité de vous rabaisser. Leurs discours sont l'exorde d'un panégyrique à la tête d'une satyre.

Il n'est pas toujours indécent de vanter son état & sa profession. Il y a une manière de se louer soi-même qui cache un rafinement de vanité sous un voile de modestie; c'est de vanter dans un autre un avantage qui vous distingue, l'éloge retombe heureusement sur vous.

Sotte & puérile confiance de se croire important! Dès qu'on prête la main à une affaire, aussi-tôt c'est nous qui l'avons mise en train, comme s'il n'y avoit pas de ressorts plus puissans, ou que souvent elle n'allât pas d'elle-même?

A cet orgueil se joint l'esprit de manège: on espère beaucoup de soi, on en promet encore davantage, il faut bien s'intriguer; mais qu'arrive-t-il? *Beaucoup de bruit, peu de fruit.* Ces sortes de génies sont pourtant utiles, & souvent nécessaires dans un état. La manie de remuer les feroit d'abord agir contre ceux qui ne les employeroient pas; ensuite ce sont des trompettes qui enflent les tons. Il est question d'engager une ligue de deux puissances contre une troisième: on exagère auprès de chaque prince la force de son voisin; ensorte qu'ils croiront l'un & l'autre former une alliance plus considérable qu'elle n'est réellement. C'est ainsi qu'il se fait quelque chose de rien; car un mensonge établit une heureuse confiance, & l'illusion supplée à la réalité pour produire de grands effets.

On se plaint de ce penchant que nous avons pour l'erreur; mais bannissez de la terre les opinions bizarres, les espérances trompeuses, les faux jugemens, les imaginations extravagantes: que deviendront les hommes?

Le mensonge est comme l'alliage qui rend l'or plus maniable en lui ôtant de son prix.

L'ostentation a toujours réussi dans les démocraties, rarement à la cour des rois ou dans un corps de sénateurs. Elle ne sied pas mal à un homme de guerre, sur-tout à un général; & pour faire aimer la belle gloire, il y faut mêler un peu de la fausse: la bravoure des soldats est toute dans les yeux ou dans la voix de celui qui les commande; ils ont besoin, pour marcher, qu'on leur enfle le cœur de vaines promesses & de magnifiques projets, un fanfaron menera donc mieux les affaires.

Les esprits modestes ont plus de lest que de voile, *qui enim ingenio sobrio sunt, & solido, plus habent saburra quam veli.*

La réputation des savans ne voleroit pas bien loin si l'ostentation ne lui prêtoit des ailes: *rursus in existimatione doctrinæ & literarum cujuspiam, non volitabit fama illius per ora virûm, neque bene alata erit, sine plumis aliquibus ostentationis.* Cicéron n'eût peut-être pas tant fait parler de lui s'il n'en avoit parlé lui-même avec une espèce d'affectation putide.

L'ostentation est un vernis qui a la propriété d'embellir & de conserver tout ce qu'il touche: *jactantia enim, instar vernicis videtur esse, quæ ligna non solum splendere facit, verum etiam durare.*

L'homme veut être applaudi par les autres ou par lui-même. La vertu (faut-il le dire?) a besoin de se faire valoir pour être remarquée; & Socrate, qui connoissoit le foible des hommes, vouloit les frapper par des exemples & des discours imposans. Cependant cette vaine présomption excite l'admiration des sots & la pitié des sages; elle nous rend la dupe des parasites & le jouet de nos propres folies: *gloriosi prudentibus derisui sunt; stultis admirationi; parasitis præda & esca; sibi ipsis & gloriæ vanæ, mancipia.*

Du Mariage & du Célibat.

Une femme, des enfans, autant d'ôtages qu'un homme donne à la fortune; *qui uxorem duxit, & liberos suscepit, obsides fortunæ dedit*, un père de famille ne peut être méchant, ni vertueux impunément.

Celui qui vit dans le célibat, devient aisément philosophe & indifférent sur l'avenir qui ne doit point l'intéresser; mais un père qui doit se survivre dans sa race, tient à cet avenir par des liens éternels. Ce n'est pas qu'on ne voie dans le mariage de ces cœurs isolés & bornés à eux-mêmes, qui ne tiennent compte d'une épouse & des enfans, que dans l'article de leurs dépenses ; *imò & alii nonnulli, uxorem & liberos, tantum in rationibus expensarum habent.* Aussi un avare se croit-il plus riche de ce qu'il n'a point de famille ; comme si les enfans n'étoient pas la véritable richesse d'un père.

Le grand attrait qui porte au célibat, c'est la liberté. Il y a des esprits si amoureux de l'indépendance, que le moindre fil est un triple airain à leurs yeux. Bons amis, excellens maîtres, courtisans affectionnés, mais rarement sujets fidèles, parce qu'ils peuvent emporter leur fortune avec eux dans un pays étranger ; les transfuges sont presque tous des célibataires ; *viri cælibes optimi : sunt amici, optimi erga servos domini, servi etiam erga dominos optimi ; at non semper subditi optimi sunt enim ad fugam expediti : atque revera transfugæ ferè omnes sunt ejus conditionis.*

Le célibat convient aux ecclésiastiques ; car les sources de l'église seroient bientôt taries, si chacun de ses ministres avoit (1) des réservoirs à remplir.

Le mariage est à-peu-près indifférent pour les magistrats. Car si un juge a le cœur corrompu, il ne manquera pas de gens chez lui qui feront acheter son accueil & sa faveur. Un homme d'affaires est un concussionnaire pire que l'épouse la plus dépensière.

Quant aux gens de guerre, le mariage les rend quelquefois plus efféminés, sur-tout dans un état despotique où la servitude n'attache qu'aux plaisirs ; quelquefois aussi plus courageux & plus furieux dans l'action : les généraux Romains échauffèrent plus d'une fois la valeur des soldats, en mêlant au nom de la patrie le souvenir de leurs épouses & de leurs enfans. Ces tendres engagemens sont en effet une école d'humanité, au lieu qu'un célibataire avec beaucoup plus de ressources pour faire du bien, a moins de cette sensibilité d'entrailles qui nous rend bienfaisans. L'inquisition est composée de juges sans pitié, parce qu'ils n'ont pas de famille : *sunt certè porro uxor & liberi, disciplina quædam humanitatis, atque cælibes etsi sæpe numero magis sint munifici & charitativi, quia fortunæ eorum minus exhauriantur, sunt tamen ex altera parte, magis crudeles, & sine visceribus (idonei qui sint severi inquisitiores) quia indulgentia & teneritudo affectuum suorum non tam sæpe evocatur & excitatur.*

Les hommes d'un caractère commun que l'exemple gouverne, sont ordinairement de bons maris. Mais il falloit qu'Ulysse eût bien de la constance pour préférer *sa vieille* à l'immortalité.

La chasteté conjugale inspire une sorte de fierté naturelle aux femmes ; elle va jusqu'à la hauteur si elles ont assez de beauté pour donner de la jalousie *mulieres castæ sunt plerumque superbæ & protervæ, merito pudicitiâ suâ elatæ.*

Les femmes sont nos maîtresses dans la jeunesse, nos compagnes dans l'âge mûr, & nos nourrices dans la vieillesse. On a donc à tout âge des raisons de se marier : *uxores juvenum dominæ sunt ; mediæ ætatis sociæ ; senum nutrices adeo ut adsit ansa ad uxorem ducendam ætatibus singulis.*

Un mariage d'inclination assure constamment à un homme la fidélité de son épouse ; une femme qui a foulé tous les obstacles pour ne s'attacher qu'à celui qu'elle aimoit, auroit honte de témoigner du repentir : *tunc enim animus iis semper adest, ut stultitiæ suæ pænitere non videantur.* Si une femme peut étaler sa patience ; elle supportera les bourasques de son mari, tant la vanité prête de force à la vertu !

Des pères & des enfans.

On ne connoît jamais bien la joie des pères ni leurs chagrins, parce qu'ils ne peuvent exprimer leurs plaisirs, & qu'ils n'osent parler de leurs

---

(1) Ce raisonnement de Bacon en faveur du célibat des prêtres, n'est pas plus solide que tous ceux qu'on a coutume d'employer pour deffendre cette institution si contraire aux bonnes mœurs & dont un des effets les plus funestes est d'isoler les prêtres au milieu de la société qui les nourrit, qui les protège & qui paye si magnifiquement les services peu importans qu'elle en reçoit. Le prêtre est une roue absolument inutile dans la machine politique. Pour compenser par quelque loi sage le vice de cette ancienne institution par-tout si nuisible, il faut faire du prêtre un citoyen, il faut l'attacher à la patrie par le plus fort des liens, par le plus doux des sentimens, en un mot, il faut le marier. Ce ne sont ni les dogmes, ni les disputes théologiques quelqu'en soit l'objet, ni les messes, ni les prières, ni les sermons &c. qui rendent un état florissant ; qui constituent au-dedans sa force, son ressort, qui lui donnent de l'éclat & de la considération au-dehors ; c'est l'état de son agriculture & de son commerce, l'étendue de sa population ; c'est la culture des sciences & des arts ; en un mot ce sont de bonnes loix sur tous ces objets si importans, & leur exécution. « Il ne faut dans un » état, comme je l'ai dit ailleurs, que des citoyens » paisibles, soumis aux loix qu'ils ont instituées » ou consenties librement, strictement attachés à leur » devoir, dont tous les vœux soient pour le bonheur » & la gloire de la patrie ; qui éclairent les autres lu- » mières, qui l'illustrent par leurs talens & par leurs » vertus, & qui soient prêts à verser leur sang pour » sa défense & pour le maintien de ses saintes loix. » Qu'ils soient d'ailleurs juifs, chrétiens, idolâtres, » déistes ou athées, peu importe. Les vrais fidèles, les » vrais saints sont les bons citoyens. &c. » Voyez l'*adresse à l'assemblée nationale sur la liberté des opinions, sur celle de la presse &c.* Imprimée chez Voland au mois de janvier 1790.

peines. L'amour paternel leur rend les foins & les fatigues plus fupportables; mais les malheurs & les pertes doublement amères. Toutefois s'il augmente les inquiétudes de la vie, il adoucit au moins les horreurs & l'image de la mort. *Gaudia parentum occulta funt; nec minus dolores eorum & metus. Illa certè verbis affequi nequeunt, hos autem proferre nolunt certè liberi labores humanos fuaviores, verum infortunia amariora, reddunt curas vitæ multiplicant, fed memoriam mortis mitigant.*

Il y a deux fortes d'immortalité; celle du fang ou de l'efpèce qui fe communique par la propagation, eft commune aux bêtes; celle de la gloire n'appartient qu'à l'homme, & c'eft par d'éclatans fervices ou de bonnes actions qu'il aime à s'éternifer.

Il eft fingulier que ceux qui n'ont point de poftérité, travaillent le plus pour la poftérité. La plûpart des monumens publics ont été érigés par des citoyens qui, mourant fans enfans, vouloient néanmoins perpétuer leur nom & leur mémoire. On eût dit qu'après avoir époufé la patrie, ils vouloient la doter de leurs propres fonds, comme fi celle qui avoit eu toute leur affection pendant leur vie, ayoit dû hériter de leur fortune après leur mort.

On remarque que les pères qui ont fait la fortune ou l'élévation de leur famille, aiment plus tendrement leurs enfans; fans doute parce qu'ils les envifagent fous deux rapports également intéreffans, & comme leurs héritiers & leurs créatures: *qui honores in familiam fuam primi introducunt; erga liberos indulgentiffimi funt: intuentur fi quidem eos, non tantum ut continuationem fpeciei fuæ, fed ut rerum a fe geftarum heredes: ideoque ut liberos, & creaturas.*

D'où viennent ces prédilections dans les familles pour les aînés & les derniers; les careffes pour ceux-ci & les avantages pour ceux-là? Eft-ce que les autres ne font pas auffi bien nés, ni avec d'auffi heureufes difpofitions, ou peut-être qu'ils doivent être les enfans de la fortune, comme les aînés font les enfans de l'amour!

La dureté des pères tourne à leur préjudice; leurs enfans en contractent une baffeffe de fentimens, un efprit de fourberie & de mauvaife conduite qui deshonore entièrement une famille. C'eft une grande fotife d'être avare pour faire tôt ou tard des prodigues.

Détestable pratique, de jeter des femences de jaloufie & d'animofité parmi des frères, par des préférences odieufes! L'intérêt amène affez-tôt les fujets de divifion: pourquoi précipiter la ruine des familles par des diffentions prématurées?

Les italiens qui ne mettent point de différence entre les lignes de filiation, ou dans les dégrés de confanguinité, difent que c'eft toujours fortir du même fang, que fouvent les neveux reffemblent plus à leur oncle que fes propres enfans, & que comme le fang coule & circule au hafard, leur choix auffi peut tenir du caprice.

S'il ne faut pas facrifier des enfans à fon ambition par des deftinations forcées, on peut cependant tourner de bonne heure leurs inclinations, vers le genre de vie dont on a fait choix pour eux, quand ils n'étoient pas encore à l'âge de fe décider. Mais dès qu'un enfant a une répugnance ou un penchant bien marqué, c'eft la voix du deftin, il faut y céder.

De l'amour & de l'amitié.

L'amour a tous les charmes d'une fyrène, & les transports d'une furie. Il eft l'ornement du théâtre, & le perturbateur de la vie civile. Un efprit né pour les grandes chofes, eft rarement fufceptible de cette paffion unique, qui abforbe toute l'âme. Marc-Antoine eft peut-être le feul qui ait réuni, dans le même temps, un violent amour à une exceffive ambition; auffi ces deux paffions infociables, & funeftes l'une à l'autre, cauférent-elles fa perte. Mais le cœur le mieux gardé n'eft point à l'abri des atteintes de l'amour. Il domine par-tout où il fe trouve; fon langage hyperbolique montre bien la force de fes impreffions: rien n'eft outré, rien n'eft affez énergique pour peindre l'amour. Quel eft l'homme auffi épris de lui-même, qu'un amant de l'objet qui l'enchante? C'eft une phrénéfie que tout le monde voit, excepté celui qu'elle poffède. L'idole même de notre paffion s'apperçoit de notre folie, à moins que la fienne ne foit plus forte encore.

Il faut renoncer à fa fortune & à fa réputation, quand on eft amoureux; ainfi point d'amour avec les affaires.

Les guerriers prennent l'amour comme le vin, pour fe délaffer de leurs fatigues; car il faut un dédommagement de plaifir, dans un état de péril & de peine. *Viri militares amoribus dediti funt, opinor, non aliter, quàm vino. Pofcunt enim plerumque pericula, compenfationem voluptariam.*

L'amour nous attaque plus dangéreufement dans nos momens de foibleffe, c'eft-à-dire, dans l'excès de la profpérité ou de l'adverfité; *habet hac paffio æftus fuos in ipfis temporibus quibus animus maximè mollis eft, & infirmus; nimirum in rebus profperis, aut adverfis; quanquam hoc pofterius minus forfan obfervatum fuerit.*

Les soupirs de l'amour semblent être les esprits les plus subtils exhalés du fond du cœur, qui s'attachent ensemble par une chaine invisible, & forment ce tourbillon sympathique qui précipite deux amans l'un vers l'autre.

L'amour est le meilleur & le plus doux de tous les moralistes. Il modère toutes les passions, excepté celle qu'il inspire; il corrige les vices & les travers, il réforme le cœur, il compose les dehors : qui le croiroit! Il met un frein à l'amour propre.

Tous les hommes doivent aimer ; cette portion de sentiment que nous avons dans le cœur, quand on ne la donne pas toute entière à un seul objet, se partage d'elle-même à plusieurs ; & quand on n'est plus amoureux, on devient charitable comme les dévotes, ou zélé comme les directeurs.

L'amitié augmente la joie au double, & diminue les chagrins de la moitié.

Le goût de la solitude qui vient de la haine des hommes, est une humeur farouche, qui nous fait ressembler aux monstres des forêts. *Negari enim non potest, quod insitum & latens odium, seu fastidium societatis, si in aliquo deprehendatur, sapiat nescio quid belluinum.*

Il faut distinguer la société de la cohue ; un homme seul dans une promenade extrêmement fréquentée, est-à-peu-près comme dans un appartement tapissé de personnages. C'est dans les villes les plus peuplées qu'on peut trouver une grande solitude. Mais l'homme uniquement seul est celui qui n'a point d'amis ; le monde n'est pour lui qu'un vaste désert, un lieu d'exil & de tristesse qu'il partage avec les animaux errans : *verissime asserere licet meram & miseram esse solitudinem, ubi desunt amici veri : sine quibus mundus nihil aliud quam eremus est.*

Nous avons des maladies de l'ame qu'on peut comparer aux obstructions ; quand un homme dévore, pour ainsi dire, son propre cœur, & qu'il s'enveloppe dans sa douleur, bientôt le désespoir & l'affreuse haine de soi-même achèvent de le consumer, s'il n'a pas un ami fidèle qui lui arrache ses craintes, ses soupçons, ses noirs soucis & ses tourmens ; *Novimus morbos illos in corpore maximè esse periculosos, qui ex obstructionibus & suffocationibus nascuntur : utque multo secus se res habet in ægritudinibus animæ.... Nulla autem invenitur medicina apertiva ad obstructiones cordis, præter amicum fidelem, cui impertire possis dolores, gaudia, metus, spes, suspiciones, curas, consilia, & quicquid denique cor opprimat, tanquam sub sigillo confessionis civilis.*

Nous avons besoin de conseil pour nos mœurs & pour nos affaires.

On trouve assez de conseils, mais peu qui ne soient à l'avantage de celui qui les donne.

Nos propres réflexions nous désespèrent ; les livres nous ménagent trop ; un ami sincère sera le plus commode censeur, & le meilleur surveillant de notre conduite. On démêle mieux ses intérêts, dans une heure de ces entretiens libres, où président la candeur & la confiance, que dans plusieurs jours de réflexions. Un ami connoît notre caractère, nos talens, nos défauts : un conseil qui portera sur toutes ces considérations sera plus efficace que tous les avis des hommes les plus éclairés ; ainsi qu'un médecin d'habitude qui a suivi votre tempéramment vous guidera mieux que les consultations des experts ; ceux-ci emporteront bien une maladie, & le malade aussi, peu de temps après.

Combien d'avance qu'on ne peut faire par soi-même, & dont un ami nous épargne la peine ou l'humiliation ? Un homme n'ose pas représenter ses besoins, ni parler de sa condition ; un ami la fera valoir, vantera vos avantages, ne rougira ni de votre naissance, ni de votre pauvreté. Loin de montrer pour vos intérêts ce zèle de passion qui refroidit quelquefois un protecteur, il les ménagera mieux, en paroissant moins les rechercher.

L'amitié, qui nous cache nos défauts, nous sert moins que la haine qui nous les reproche. Que de gens en place se sont perdus de réputation & de fortune, faute des secours de l'amitié!

L'amitié ne devoit régner d'abord qu'entre des égaux. Mais aujourd'hui que la fortune semble disposer de toutes les choses humaines, les plus solides attachemens se trouvent parmi des personnes de différente condition.

Les amis des rois sont ceux qui partagent leurs sollicitudes, & non pas leurs plaisirs. La félicité des princes n'est jamais entière ; quand il leur manque des amis. Les sentimens d'époux & de père, les titres chatouilleux de conquérant & de maître, laissent quelque chose à desirer. Mais quoi ?... Un ami. Sylla, le grand César, Auguste, Tibère sentoient bien le besoin d'avoir des amis, même sur le trône. Charles le Hardi éprouva quel malheur c'est d'en manquer, puisqu'au rapport de Commines, ce furent des inquiétudes couvées qui lui affoiblirent la raison. Mais, princes, ne prenez pas pour des amis ces favoris qui éventent vos secrets pour se faire honneur au-dehors de votre confiance ; encore moins ces partisans de faction qui s'attachent à vous par aversion contre un rival; vous n'avez point leur cœur.

Ecartons encore de notre amitié les caractères inquiets & turbulens. On pourroit leur pardonner de l'humeur, à raison de leur franchise; mais ils apportent trop de haines, de querelles & d'affaires dans leur commerce. Eh! qui veut acheter un ami pareil au prix de tant d'ennemis!

De la jeunesse & de la vieillesse.

L'emploi du temps fait le prix des années; on peut donc être vieux à trente ans, & jeune à quatre-vingt-dix.

Il en est des divers âges de l'homme comme de ses pensées; les premières ne valent jamais les secondes pour la solidité.

La jeunesse est la saison de l'imagination. Les esprits vifs & bouillans, emportés par le torrent des passions & par les saillies d'une imagination toujours agitée, ne sont pas propres aux affaires avant d'avoir atteint le midi de leurs années; mais un esprit rassis & naturellement tranquille, peut s'y livrer de bonne heure.

L'invention & l'exécution appartiennent à la jeunesse, le conseil & la délibération trouvent leur place entre les deux âges. Un jeune homme réussit mieux qu'un vieillard dans une entreprise nouvelle, parce que l'expérience qui est toujours la boussole de ce dernier, & qui le dirige bien dans la route ordinaire, le trompe & l'égare dans un chemin nouveau.

Les écarts de la jeunesse mènent trop loin & gâtent tout; ceux de la vieillesse, plus froids & moins violens, ne font d'autre mal que de retarder ou d'arrêter le cours des affaires.

La jeunesse, entreprenante & curieuse de tout, pousse ses projets au-delà de sa portée, ses desirs & ses espérances plus loin que ses forces; elle vole à son but par des moyens peu réfléchis, s'affole de maximes singulières, tente au hasard, marche à l'aveugle, prend toujours des remèdes & des partis extrêmes, fait beaucoup de fautes; & plutôt que de les reconnoître ou de les corriger, elle se précipite en de pires écarts, semblable à ces coursiers indomptés qui ne veulent ni s'arrêter ni tourner.

La vieillesse trouve toujours des difficultés, voit des dangers par tout, délibère éternellement, a des craintes & des remords avant le temps, ne mène jamais une affaire jusqu'où elle doit aller, & compte pour une fortune complette le plus petit succès. Qu'un juste mélange de ces excès réduits à la modération qui fait les vertus, mettroit un excellent tempérament dans les affaires! Alors les vieillards qui ont l'autorité, & les jeunes gens qui ont la faveur du peuple, par ce concours & cette combinaison d'efforts & de vertus, parviendroient à former un bon gouvernement.

Les débauches de la jeunesse sont autant de conjurations contre la vieillesse; on paye cher le soir les folies du matin.

L'aurore voulant jouir éternellement de Tithon, obtint des Dieux qu'il ne mourroit point. Mais elle ne put empêcher qu'épuisé d'années, & flétri par les délices, il ne fût réduit à la forme de la cigale.

La jeunesse abuse du plaisir, comme s'il ne devoit jamais finir; tous ses vœux tendent à le perpétuer, & cependant elle le consume d'avance: il s'éteint, mais les desirs ne meurent point; l'homme se repait alors d'images fugitives qu'un doux souvenir lui retrace.

La volupté vit encore dans les vieillards, mais ce n'est plus que dans leur bouche; les libertins, comme les guerriers, meurent en récitant leurs exploits, que le temps & l'éloignement grossissent toujours.

Les esprits précoces sont comme les fleurs printanières, qui naissent & meurent sous le même soleil; leur subtilité prématurée dégénère en stupidité. Cette éloquence abondante & facile qui plaît dans un jeune homme, ne convient point à l'âge de la réflexion. Hortensius fut bien le même dans sa vieillesse qu'il étoit dans ses beaux jours, dit Cicéron; mais il n'avoit plus la même grace.

Un françois suivant ce tour de plaisanterie familier à sa nation, faisoit un parallèle assez singulier des deux extrêmités de la vie. Il y a, disoit-il, entre les vieillards & les jeunes gens une différence aussi frapante dans le caractère que dans les traits. L'ame de ceux-là éprouve à peu près la même dégradation que le corps. La vieillesse a les doigts crochus & serrés, signe de l'avarice attachée à cet âge. Les sillons de son visage désignent les replis de sa fourberie. Le tremblement de tous les membres marque la vacillation des jugemens.

Mais pour ramener le contraste au sérieux, (puisque la matière a prêté tous ses attributs à l'esprit,) ce front uni, ces couleurs vermeilles du bel âge annoncent sa candeur & sa modestie, qui ne se trouvent plus dans la vieillesse. Le fang qui fermente & bouillonne dans la jeuneffe, la rend fenfible aux impreffions de la religion, de la vertu, de l'amour, & de tout ce qui attendrit l'ame ; il fe rallentit, & fe repofe dans les veillards : de-là ce refroidiffemet pour la plupart des objets capables d'émouvoir le cœur, & ce repli de tout l'homme en lui feul.

Là jeuneffe eft légère par vivacité, la vieilleffe conftante par pareffe. D'un côté la préfomption qui s'égare dans ces projets & fes efpérances, de l'autre, une méfiance générale & des foupçons continuels, défauts qui fe peignent dans les yeux & dans tous les mouvemens du corps.

Le jeune homme eft amoureux de la nouveauté, parce qu'il eft curieux & qu'il aime à changer; on le voit dans l'inquiétude de fes fituations, le vieillard eft entêté de fes vieux préjugés, parce qu'ils font les fiens ; & qu'il n'a plus le temps de s'inftruire, ni la force de fe paffionner.

De la beauté & de la difformité.

La vertu femblable à l'efcarboucle, n'a de prix & d'éclat qu'en elle-même; l'enchaffure de la beauté ne la relève point : rarement fe rencontrent-elles enfemble, comme fi la nature avoit plutôt évité de faire des monftres, qu'afpiré à produire des chef-d'œuvres : *neque fere reperies eximiè formofos virtutibus polere. Ac fi natura in hoc majus incubuiffet, ut non turpiter erraret, quam ut aliquid excellens produceret* ; auffi ne voit-on guères de beau vifage fans quelque difformité dans le refte du corps. La politeffe & l'élégance font les compagnes de la beauté, mais l'élévation du cœur & du génie n'entrent point dans cet affortiment.

La beauté demande la proportion des traits plutôt que le brillant des couleurs, & les graces avant la régularité; elle confifte dans ce charme fympatique qui plaît à tout le monde, on ne fait pourquoi ; dans cette harmonie enchantereffe que tout l'art de la peinture ne fauroit rendre efficacement. L'idée du peintre qui, pour repréfenter Vénus, déroba fes traits à plufieurs modèles, ne devoit faire qu'une beauté de fantaifie fort imparfaite, parce qu'elle n'imitoit pas le défordre gracieux & l'imperfection même de la nature.

La beauté, compagne de la diffolution, après avoir porté de rudes atteintes à la jeuneffe, laiffe en fe retirant de cuifans remords à la vieilleffe.

On diroit que les hommes difgraciés de la nature veulent fe venger de l'affront qu'ils en ont reçu, par l'outrage qu'ils lui font : au lieu de réparer les défauts du corps par les ornemens de l'ame ; faut-il que des mœurs vicieufes contribuent encore à défigurer l'homme ! S'ils pouvoient redreffer & façonner, leur taille & leur vifage, comme ils peuvent former leur caractère, un monftre feroit bientôt un abrégé des graces.

D'où vient que les hommes contrefaits font pour l'ordinaire difficiles, querelleurs, ou moqueurs ? Eft-ce qu'ils fentent le ridicule perpétuel où la nature les a expofés, & que l'amour propre qui ne veut rien perdre, prend fa revanche du côté de la raillerie & de la vengeance; ou qu'en effet ils auroient reçu du courage en dédommagement ? Quoiqu'il en foit, comptez que fi vous avez un travers dans l'efprit ou dans le corps, le fot ou l'homme laid feront les premiers à le remarquer.

Celui qui cache un grand génie fous un dehors manqué, parviendra d'autant plus fûrement que fes compétiteurs ne le redoutent pas.

Il y a des gens pour qui ce qu'on appelle des malheurs, devient une fource de bonheur. Un homme qui a un ridicule perfonnel à défendre, une tache de famille à laver, un affront à venger, en prend occafion de montrer fon courage & fon efprit, & de fe faire un nom par l'endroit même qui le déshonoroit.

On s'étonne que des empereurs ayent pris des eunuques pour favoris : mais outre que des gens foibles par eux-mêmes & méprifés de tout le monde en font plus attachés à leur unique appui, ne voit-on pas qu'ils en faifoient des efpions, des délateurs & non pas des miniftres ?

La vertu ou la méchanceté font les armes des hommes contrefaits. Ces deux refforts peuvent en faire des hommes extraordinaires : l'ame de Socrate répond à tous les traits qu'on lance fur la laideur.

De l'Athéifme & de la Superftition.

Dieu n'a jamais fait de miracles pour convaincre un Athée, parce que rien ne peut l'ébranler, s'il réfifte aux preuves naturelles que l'univers lui (1) donne. Le premier pas de la Philofophie

___

(1) On ne peut trop s'étonner qu'un auffi grand efprit que Bacon n'ait pas vu que cette preuve bannale ne fignifie abfolument rien, puifque l'ordre de l'univers, quel qu'il foit, fera toujours trouvé très-beau par celui qui co-exiftera d'une manière agréable & heureufe avec cet enchaînement fortuit & éternel, de caufes & d'effets néceffaires; de même que cet ordre, reftant d'ailleurs rigoureufement le même, paroîtra très-laid, & très-imparfait à celui qui fouffre, peut

peut mener à l'athéisme, parce qu'on passe aisément de l'extrême imbécilité qui croit tout, à l'extrême audace qui ne croit rien, ou que le désordre apparent des causes secondes fait oublier la cause première : mais la véritable Philosophie qui embrasse l'enchaînement des parties, & leur dépendance d'un souverain moteur, conduit nécessairement à la religion (1).

Le système d'Epicure prouve la divinité plutôt que l'athéisme ; car il est bien moins absurde de supposer le monde co-éternel à dieu, que de l'attribuer au hasard. Epicure a dit qu'il valoit mieux nier l'existence des dieux, que de les revêtir des attributs que leur prêtoit le vulgaire ; le divin Platon n'auroit pas mieux parlé.

L'Athée a-t-il un véritable intérêt à ne pas reconnoître un dieu ? Pourquoi n'est-il donc Athée qu'au fond du cœur ? Sans doute qu'il n'ose faire une profession publique de son impiété. Il seroit Athée tout haut, s'il ne craignoit le peuple & les magistrats ; & il croit donc qu'il n'y a point de providence. Mais une preuve que l'Athéisme n'est pas enraciné dans le cœur, c'est la démangeaison de le répandre. Quand on ne se méfie pas de ses opinions, on n'a pas besoin de leur chercher de l'appui & des défenseurs ; on veut convaincre les autres, afin de se persuader soi-même.

Un phénomène très-extraordinaire, c'est que l'athéisme a eu aussi ses martyrs, lui qui ne promet point de récompenses, & qui n'offre aucun motif capable de faire illusion : *imo, quod monstri simile est, quidam ex illis mortem & cruciatus subierunt, potius quam opinionem suam retractare sustinerent, cum tamen si ex animo sentirent, nihil tale esse quale deus, quid tandem de ea re satagerent ?*

Il n'y a pas autant d'Athées qu'on pourroit le croire, mais c'est le zélotisme qui a étendu cette imputation sur tous les esprits libres, *qui tamen plures esse videntur quam sunt ; quoniam omnibus, qui religionem aliquam aut superstitionem impugnant a secta adversa solet inuri nomen & nota Atheistarum ; sed magni revera Atheistæ sunt hypocritæ.* Les vrais athées, sont les hypocrites qui abusent de la religion & de ses mystères. L'endurcissement vient à la suite de la profanation.

Les portes de l'athéisme sont la tolérance de toutes les religions, (car une secte dominante combattue par une secte rivale, entretient la religion,) les scandales des prêtres*, & les écrits des philosophes dans les temps de lumière & de prospérité ; car l'adversité nous fait recourir aux dieux : *postremo ponuntur sæcula erudita, præsertim cum pace, & rebus prosperis conjuncta. Etenim calamitates & adversa animos hominum ad religionem fortius flectunt.*

La superstition fait le plus grand outrage à la divinité ; c'est aussi le plus terrible fléau des hommes.

L'athéisme n'ôte pas la raison, ne détruit point les sentimens naturels, ne porte aucune atteinte aux loix ni aux mœurs du peuple ; mais la superstition est un tyran despotique qui fait tout céder à ses fantaisies. *Atheismus non prorsus convellit dictamina sensus, non philosophiam, affectus naturales, leges, bonæ famæ desiderium ; quæ omnia,*

& dont la pénible co-existence est une succession presque ininterrompue de maux physiques & moraux. Je ferai voir ailleurs qu'il est impossible à quiconque veut y réfléchir profondément, & ne faire entrer dans ses raisonnemens aucuns des préjugés de son éducation, de s'élever à la connoissance de l'être suprême, par la contemplation de ses ouvrages.

Que le spectacle de la nature ne prouve absolument rien, puisqu'il n'est, à parler avec précision, ni beau ni laid.

Qu'il n'y a point dans l'univers, un ordre, une harmonie, ni un désordre, & une dissonance absolus, mais seulement relatifs, & déterminés par la nature de notre co-existence pure & simple.

Que s'appliquer à la recherche des causes finales des choses naturelles, c'est le fait d'un homme qui établit sa foible intelligence pour la véritable mesure du beau & du bon, de la perfection & de l'imperfection.

Que ces petits physiciens (*minuti philosophi*) qui ont voulu démontrer l'existence & les attributs de Dieu par les prétendues merveilles de la création, n'ont jamais fait faire un pas à la science, & n'ont fait au fond que précohiser, sans s'en appercevoir, leur propre sagesse, & comme dit Montaigne, se donner l'avantage d'avoir dans la tête les bornes & limites de la volonté de Dieu & de la puissance de notre mère nature.

Que l'univers & tous les êtres qui co-existent passeront, sans que qui que ce soit puisse entrevoir & déterminer avec quelque apparence de certitude & même de vraisemblance, ce que deviendront tous ces divers aggrégats & quelle sera leur organisation.

Que, ce qu'il y a de sûr, c'est que, quelle que soit alors la coordination universelle, elle sera toujours belle ; & que, comme il n'y a personne qui puisse accuser celle qui est passée, il est de même impossible qu'il n'y ait quelque être qui accuse celle qui aura lieu dans la succession de la durée, &c. &c.

(1) On ne reconnoît point dans cette page de Bacon, ce jugement si droit, si sûr & cette supériorité de raison qui caractérisent les ouvrages de ce philosophe. Si on y rencontroit souvent des assertions telles que celles qui sont l'objet de cette note, on seroit tenté de croire qu'à l'exemple de Cardan, de Van-Helmont, de Pascal, &c. il n'étoit pas toujours dans son bon sens, & que les grandes vues, les pensées fines, profondes & hardies répandues dans tous ses écrits avec cette profusion & cet abandon, qui annoncent la richesse & même l'abondance, lui étoient pour ainsi dire inspirées dans les intervalles lucides, où sorti de cet état d'orgasme & maître de lui-même, (*sui compos*) ; il pouvoit faire usage de toutes les forces de son entendement.

Philosophie anc. & mod. Tome I.

licet religio abeſſet, morali cuidam virtuti externæ conducere poſſunt ; at ſuperſtitio hac omnia dejicit, & tyrannidem abſolutam in animis hominum exercet.

Un athée, loin de brouiller, eſt un citoyen intéreſſé à la tranquillité publique par l'amour de ſon propre repos ; mais le fanatiſme né du trouble de l'imagination, renverſe les empires : *itaque atheiſmus turbas in reſpublicis raro ciet : homines enim cautos reddit, & ſecuritati ſuæ conſulentes. quin & videmus tempora ipſa in athéiſmum procliviora tranquilla fuiſſe. At ſuperſtitio compluribus regnis & reſpublicis ruinæ fuit.*

Le peuple eſclave de la ſuperſtition, domine ſous ſes étendarts ; la raiſon cède à la force aveugle, & les ſages n'ont plus de voix à faire entendre.

La ſuperſtition eſt une eſpèce de terreur panique qui fatigue l'eſprit, principalement dans la maladie ou dans l'adverſité.

La ſuperſtition fut de tout temps le fléau de la Philoſophie. Les Grecs qui cherchèrent la cauſe du tonnerre, furent condamnés à mort par leurs concitoyens ; & des chrétiens ſavans furent excommuniés par des chrétiens ignorans, pour avoir ſoupçonné que la terre étoit ronde.

L'ignorance & la barbarie introduiſent la ſuperſtition, l'hypocriſie l'entretient de vaines cérémonies, le faux zèle la répand, & l'intérêt la perpétue : *ſtratagemata prælatorum, quibus utuntur ad ambitionem propriam & lucrum.*

Les pratiques ſuperſtitieuſes qui chargent la religion, ſont comme les vers qui s'engendrent dans les meilleures viandes.

La crainte exceſſive de la ſuperſtition jette dans un inconvénient preſqu'auſſi dangereux que la ſuperſtition même ; ainſi en voulant réformer la religion, prenez garde de confondre les bonnes maximes avec les abus ; ſi le peuple s'en mêle, l'inconvénient dont je parle, aura lieu.

De l'eſpérance & de la mort.

Une jouiſſance pure & tranquille, qui ſavoure à loiſir les alimens des paſſions, eſt la plus heureuſe ſituation de l'ame ; mais les emportemens de l'imagination qui s'élance au-delà des objets, jettent le trouble dans le cœur, l'altèrent, l'uſent & le conſument. Telle eſt pourtant la pente de l'eſprit humain vers l'avenir, qu'il ne s'arrête jamais au ſentiment actuel. S'il eſt heureux, ſes eſpérances n'ont point de terme ; s'il ſouffre, il a des craintes ſans bornes.

La crainte n'eſt point un ſi grand mal, parce qu'elle aiguiſe l'induſtrie ; & forme la patience. Mais l'eſpérance eſt du moins inutile. Car d'où vient qu'on anticipe ainſi ſur le bonheur ?

Si le bien qu'on attend, eſt au-deſſous des eſpérances, c'eſt plutôt une perte qu'un gain. S'il eſt au niveau, l'eſpérance en a déjà cueilli la fleur ; il ne reſte que le dégoût tout près de la poſſeſſion. S'il eſt au-deſſus, c'eſt ſans doute une fortune, mais dont elle a pris l'intérêt d'avance ; enſorte que le fonds ſe trouve toujours entamé.

C'eſt ainſi que l'eſpérance nuit à la proſpérité, en lui dérobant le plaiſir de la ſurpriſe. Mais elle augmente encore l'adverſité, parce qu'elle énerve l'ame, lui ôte toute ſa force & ſa dignité ; enſorte qu'elle n'eſt plus en état de réſiſter, lorſque l'eſpérance vient à l'abandonner, ou à la tromper. Car ſupporter ſes malheurs dans l'attente d'un meilleur ſort, c'eſt en détourner la vue, & non leur faire tête ; c'eſt plutôt un égarement de l'imagination, qu'un effort du jugement.

Les poëtes ont beau donner à l'eſpérance la vertu d'un antidote qui appaiſe les douleurs, c'eſt au contraire un appareil qui les aigrit & les enflamme ; elle rouvre les plaies & les multiplie par la lenteur de la guériſon, ou par la fauſſeté de ſes promeſſes. Cependant les hommes ſe laiſſent emporter au gré de ces illuſions flatteuſes : ingrats envers le paſſé, peu ſoigneux du préſent, toujours jeunes & enfans, ils courent après l'avenir, qui fuit devant eux. Mais dans l'incertitude où la fortune fait flotter tous les évènemens, ne faut-il pas mieux eſpérer que ſe défier, puiſque l'eſpérance eſt un port où l'on ſe repoſe en attendant l'orage ?

La ſécurité qui vient de la roideur de l'ame contre les obſtacles, & de l'habitude à enviſager les revers, eſt ſans doute le plus ferme ſoutien de la vie. Mais le calme que donne l'eſpérance, eſt trompeur comme elle, & auſſi paſſager que le vent qui le trouble. Il faut donc prévoir également les biens & les maux, pour préparer ſon ame à tous les évènemens, & afin que la réſolution ſuive de près le beſoin preſſant de l'occaſion. Mais ceux qui s'endorment dans les bras d'un doux eſpoir, écartant de leurs yeux tout ce qui pourroit diſſiper leurs ſonges enchanteurs, n'auront qu'une ame foible, inégale, errante & ſans appui.

Les hommes craignent la mort, comme les enfans craignent les ténèbres, parce qu'on a effrayé leur imagination, par des fantômes auſſi vains que terribles. Qu'eſt-ce après tout que la mort ? une dette qu'on paye à la nature. L'appareil des derniers adieux, les pleurs de nos amis, le deuil & la cérémonie des funérailles, les convulſions de la machine qui ſe diſſout, la pâleur du cadavre : voilà ce qui nous effraye ; mais la mort n'eſt rien. Elle n'eſt pas ſi redoutable, puiſque tant de paſſions en triomphent. La vengeance la défie, l'amour la foule aux pieds l'ambition l'affronte; l'ignominie, le défefpoir, l'ennui même de la vie nous fait aller au devant de la mort.

Les ftoïciens affectoient trop d'apprêts pour ce dernier moment. Ne femble-t-il pas qu'ils vouluffent nous faire regretter la vie par les confolations dont ils ufoient pour en adoucir la perte.

La Philofophie ne tarit pas en précautions fuperflues. Que fert à cette mère de garder fes enfans à vue, elle les perdra tôt ou tard.

Ces remèdes contre la crainte de la mort, contribuent à la redoubler dans notre efprit. Quand on appelle la vie, une continuelle préparation à la mort, c'eft donc contre un ennemi bien formidable, qu'on s'arme de toutes pièces! Fauffes terreurs: la mort eft un préfent de la nature comme la vie. Il n'en coûte pas moins de peine à naître, qu'à mourir. Il faut payer un tribut de douleurs, pour entrer dans le monde, comme pour en fortir. L'enfant crie, & le vieillard foupire.

Inftruction politique, adreffée à un miniftre.

La place que vous occupez eft fans doute éminente, mais encore plus dangéreufe, fi la fageffe n'y eft pas montée avec vous. Vous êtes, non pas un courtifan, mais l'homme de compagnie & de confiance du prince. Toujours fous fes yeux, à fon oreille, vous repofez fur fon fein, & il s'appuie fur vos bras.

Les rois ont des favoris & des prédilections, parce qu'ils font des hommes; profitez de cette foibleffe, tantôt pour leur infinuer vos fentimens, & tantôt pour combattre leurs volontés.

Les rois font au-deffus des peuples, mais non pas à l'abri de leurs cenfures: les miniftres font le bouclier des rois, toujours prêts à parer les traits de la malignité du peuple; à côté du trône, ils en doivent porter le fardeau, puifque l'éclat en rejaillit fur eux.

Les rois ne répondent qu'à (1) Dieu de leurs actions; les miniftres font comptables à Dieu, au prince & au peuple. Un roi ne peut pas fe tromper, parce que toutes fes fautes retombent fur les miniftres qui ont confeillé, ou approuvé fes démarches.

Les rois font comme des dieux: mais ils ne font pas des dieux: ils ne peuvent tout voir & tout entendre; & les miniftres doivent fuppléer au défaut de leurs fens.

Vous êtes donc une fentinelle qui veille perpétuellement contre les furprifes. Flatter le prince, eft un crime de trahifon plus coupable envers lui, que celui d'une rebellion ouverte, & plus dangéreux à l'état, qu'une guerre manifefte. Vous êtes l'aftre fur qui tous les regards font attachés, la moindre de vos négligences eft comme une éclipfe, qui jette la confternation parmi les peuples. Vous ferez enfin le bon ou le mauvais génie de la nation, felon que vous ferez influer le bien ou le mal dans le gouvernement.

Affaifonnez les refus de raifons, ou de manières fatisfaifantes, vous ne défobligerez perfonne. Expédiez les graces, vous épargnerez le temps & l'argent de ceux qui les attendent. Mais foyez en garde contre les préventions favorables.

Si vous aimez quelqu'un, ne le jugez jamais feul; mais recueillez plufieurs avis, afin de fuivre le plus impartial. Car fe livrer aveuglément aux confeils d'un homme, fur tout pour les affaires d'autrui, c'eft vouloir fe tromper quelquefois.

Ecoutez rarement les gens attachés à votre perfonne, l'argent les fait parler, & l'intérêt ne rend guères que de faux oracles.

Quant à la religion, qui eft le premier (1) frein

---

(1) C'eft parce qu'on leur répète fans ceffe cette exécrable maxime, qu'ils font le mal fans pudeur, fans crainte & fans remords. En effet, quel frein peut avoir un defpote, à qui de vils flatteurs ont perfuadé que fon peuple n'a pas le droit de lui demander raifon de fa conduite, & qui croit n'en devoir compte qu'à Dieu feul? Ce n'eft pas des vengeances du ciel dont il faut menacer les mauvais princes; c'eft un lévier, dont le point d'appui n'exifte nulle part, & dont par conféquent la force eft zéro. Ouvrez l'hiftoire; confultez l'expérience, & vous ferez convaincu que ce ne font pas les dieux qui puniffent les tyrans, c'eft le défefpoir des peuples; c'eft la jufte réfiftance de ces peuples fatigués enfin du poids de leurs fers, & qui, après les avoir brifés, en frappent à leur tour leurs cruels oppreffeurs. *Sed de hac re plura alibi.*

(1) On fent le peu de jufteffe de toutes ces penfées, mais ce font celles de Bacon; & nous nous fommes fait une loi expreffe, & même un devoir d'expofer fidèlement fes idées, quelque contraires qu'elles foient d'ailleurs à nos principes. Nous croyons feulement devoir prévenir le lecteur que nous fommes bien éloignés d'adopter toutes les opinions du philofophe dont nous analyfons les ouvrages. Il penfe fouvent avec profondeur, on lui doit même un grand nombre de vues très-neuves & très-utiles fur les moyens de perfectionner les fciences, & de refaire, pour ainfi dire, l'entendement humain; en un mot, fur la plupart des matières qu'il a traitées, il a devancé fon fiècle, dont il a fait toute la gloire, comme il feroit encore un des principaux ornemens du notre; mais lorfqu'il parle de religion, c'eft-à-dire, du chriftianifme qu'il n'avoit point examiné, il ne fait plus ce qu'il dit; ce n'eft plus alors la raifon qu'il confulte, c'eft la force des opinions préconçues qui le fubjugue & qui l'entraîne.

Au refte, à l'époque même où nous écrivons ceci, la plupart de nos favans & de nos gens de lettres, d'ailleurs fi inférieurs à Bacon du côté des connoiffances & de l'étendue de l'efprit, ne font guère

du gouvernement, ne décidez jamais rien sans consulter un théologien sage, rempli de lumières & d'érudition; modéré dans son zèle, & de mœurs exemplaires. Ecartez toute espèce d'innovation, elle n'arrive jamais sans scandale ; elle réveille l'esprit de doute & de schisme, & se libertinage s'accroît parmi les troubles. La religion qui enfante le plus de sectes, est la plus dangereuse à l'état. L'esprit d'intolérance est l'ennemi de la paix, & par conséquent de la monarchie.

Mettez les ecclésiastiques à l'abri du mépris; respectez-les vous-même ; & faites qu'ils se respectent. L'édification de leur vie, & la charité de leurs discours les maintiendront dans la vénération des peuples. Le mauvais exemple d'un ministre de l'église est comme une tache sur le visage, qui efface toute la beauté du corps. Avant de les admettre aux dignités & aux bénéfices, attendez que la voix publique les y appelle : le mérite ne manque jamais de la faire parler. Les places de choix ne doivent point se donner à la brigue, ni à la faveur. La science & la piété y ont des droits exclusifs ; & tandis qu'elles en seront en possession, le patrimoine de l'église ne sera point diverti à des usages profanes.

Le trône des rois est appuyé sur la clémence & la justice : les loix civiles sont la règle de la justice, entre un citoyen & un citoyen. Les loix fondamentales du royaume sont la règle de la justice, entre le prince & le peuple ; elles seules balancent l'autorité avec la liberté. Si l'injustice s'y mêle elle vient de l'homme, & non pas de la loi.

Loin d'une monarchie tout pouvoir arbitraire. Les loix seront chères au peuple, tandis qu'il les regardera comme un rempart contre le despotisme, & comme la sauve-garde d'une juste liberté.

Les loix ne sont vivantes que par l'activité & la continuité de leur exécution. Mais la vigueur de leur action dépend du choix que l'on fera des juges.

La distribution de la justice demande une ame intrépide, éclairée, qui craigne Dieu, & qui aime le travail : un ignorant ne peut, un lâche n'ose être bon juge.

Mettez les juges à l'abri de la sollicitation des grands, & délivrez le roi de l'importunité des courtisans, afin qu'ils ne puissent pas se prévaloir de la faveur du prince contre l'intégrité de la justice. Un juge, fut-il assez ferme pour résister à la protection du prince, n'échapperoit jamais aux soupçons du peuple ; & l'équité d'un juge doit être comme la vertu de la femme de César, c'est-à-dire, n'avoir pas besoin de justification.

Si les commissions sont vénales, celles qui n'étoient que passagères, deviendront perpétuelles. Un homme qui se présente l'argent à la main, ne peut avoir d'autre intention que de vendre au peuple ce qu'il achete à la cour.

Il convient de laisser une place à l'émulation dans tous les états & dans tous les âges, afin qu'on puisse distinguer quelquefois le merite des richesses.

Chaque tribunal doit être contenu dans sa sphère ; l'harmonie régnera, tandis que les limites des jurisdictions seront clairement marquées.

La rigueur de la justice, ou le droit de sévir, est entre les mains du juge ; la faveur, ou le droit de pardonner, appartient au roi. S'il punissoit, son aspect seroit terrible ; si la clémence n'avoit pas les mains liées, son autorité s'aviliroit.

Il faut des exemples de sévérité pour contenir le peuple ; il en faut de bonté pour l'adoucir.

Si un roi ne se fait pas aimer, & si les juges ne se font pas redouter, il ne régnera pas long-temps.

Un roi ne doit appeller à son conseil, c'est-à-dire, au conseil d'état, que des hommes d'une fidélité à toute épreuve, d'un secret inviolable, d'un jugement profond, & d'une expérience consommée. Il ne seroit pas mal d'y admettre quelques jeunes gens capables de se former, & qui n'ont besoin que d'usage dans les affaires. Comme un pareil tribunal ne doit jamais se retracter, rien n'en sortira qu'après les plus amples délibérations; encore ne seront-elles pas suivies d'une prompte exécution, à moins que le délai n'entraîne de

---

plus avancés que lui sur l'article de la religion, & signeroient même sans scrupule ce qu'il dit ici. Rien n'est plus rare dans tous les siècles, que ce qu'on appelle *l'esprit philosophique*. Tout écrivain qui pense avec la profondeur & la hardiesse de du Marsais, de Diderot qu'on peut même regarder à cet égard, comme le dernier des romains, *romanorum ultimum*, on en trouve dix de la force de l'abbé de Condillac, de d'Alembert, &c. &c., parce qu'en effet il y a une grande différence entre dire des choses très-sensées, très-vraies même sur des matières philosophiques, en un mot, entre faire purement & simplement de la raison, & faire de la philosophie. Sans doute il n'y a point de philosophie sans raison ; c'est même, comme parlent les logiciens, *conditio sine quâ non* ; mais il peut y avoir de la raison sans philosophie. En ce sens précis & rigoureux, Fontenelle, du Marsais, Helvétius & Diderot sont de vrais philosophes, & l'abbé de Condillac, d'Alembert sont seulement des métaphysiciens très-circonspects, très-sages, qui ont écrit sur la philosophie, souvent avec justesse, toujours avec ordre & clarté, mais presque par-tout avec peu de philosophie, & qui doivent plutôt être comptés parmi les bons esprits, que parmi les grands esprits : *magis inter bonos, quam inter insignes*.

grands dangers. Le roi paroîtra quelquefois à la tête de ces assemblées, mais rarement, pour les rendre plus augustes. Le sort y fixera toutes les autres places, l'avis de la raison étant toujours le premier & le mieux accueilli, quoiqu'il arrive tard.

On ne peut citer la reine Elisabeth, sans donner le meilleur modèle de politique. Elle destinoit aux ambassades d'éclat & de représentation la plus haute noblesse jointe aux richesses, afin de ménager l'épargne, espérant que la vanité se payeroit de gloire. Mais pour une ambassade de conséquence, où l'état se trouvoit intéressé, elle choisissoit un homme mûr, dont le jugement & l'habileté pussent lui garantir le succès des négociations. Elle n'y employa jamais un homme nouveau dans les affaires; mais elle envoyoit quelquefois un jeune seigneur avec un homme d'expérience, soit pour honorer la commission, soit pour le former lui-même aux négociations. Elle ajoûtoit souvent à la suite d'un ambassadeur, un politique, un interprète savant dans les langues, & un voyageur instruit des lieux, des mœurs du pays & des usages de la cour. C'étoient des assistans qui, pour ne pas dérober ou partager la gloire du principal envoyé, n'avoient qu'une commission secrette. Si l'affaire concernoit le commerce, elle députoit un négociant assisté d'un jurisconsulte, aux frais & dépens de la compagnie de commerce intéressée à la négociation. La récompense des services qu'ils rendoient à l'état, étoient des places honorables où ils fussent dans l'occasion flateuse de lui en rendre de plus importans.

Le meilleur moyen d'entretenir la paix, c'est d'être toujours prêt à faire la guerre. Que vos soldats soient exercés & bien munis, comme à la veille d'une bataille; que vos forts & vos places soient en bon état, comme si vous entendiez le cri de l'ennemi. La sécurité est un péril, & la prévoyance une sûreté.

Maintenez sur-tout vos forces maritimes. Un vaisseau est un instrument de conquête & de défense, qui promène la terreur & la victoire sur tous les élémens; il répare les pertes de terre, & rétablit l'équilibre.

Ne confiez jamais le commandement des troupes, à un jeune téméraire qui aime le faux éclat & la débauche; il est aussi incapable de gouverner les autres, que de se gouverner lui-même.

Tenez les rênes de l'empire plus fermes en temps de guerre, de peur que les mécontens n'achevent l'ouvrage de l'ennemi.

Ne divisez point vos armées; ce sont autant de combats singuliers, où l'état sera toujours vaincu.

Il n'y a ni justice ni convenance à conquérir au loin. Le soldat sert à contre-cœur hors de sa patrie, & presque toujours sans succès.

Avant de fonder des colonies, il faut chercher des côtes maritimes pour la facilité du commerce, un climat analogue à celui du peuple qu'on transplante; un sol où les mines abondent & propre à produire les grains naturels à la nation qui s'expatrie, un pays arrosé de rivières, tant pour l'agrément du séjour, que pour la commodité des transports; une terre peu habitée, pour éviter les hostilités qu'entraîne une invasion, & séparée des autres colonies pour faire des profits considérables & d'autant plus assurés, qu'ils ne seront point disputés. Mais les colonies de la même nation doivent être voisines, pour s'entr'aider & concourir au bien du commerce extérieur.

C'est à une compagnie particulière de se mettre à la tête de pareils établissemens. L'appas du gain ne les laissera jamais manquer d'habitans; mais si le prince s'en mêle, il ne trouvera que des forçats à exiler; il doit permettre les embarquemens, & non les ordonner. Tout se fera cependant sous son nom, & comme la nation doit porter avec elle ses mœurs, ses loix, sa religion & sa discipline militaire, il doit créer un vice-roi qui n'aura toutefois que le nom de gouverneur; il établira un conseil souverain pour fixer les possessions & les intérêts; il enverra un évêque & des prêtres, mais en petit nombre, pour maintenir la religion, sans altérer la paix; enfin il y fixera des officiers plus sages qu'ambitieux; car il faut se défendre, & contre les incursions des naturels, & contre les invasions des étrangers.

On songera d'abord à la nécessité dans les habitations, & aux besoins physiques dans les plantations; le temps du luxe & des commodités viendra. En coupant des bois pour la construction du logement ou des vaisseaux, vous trouverez des mines dans les voisinages de la mer.

Chassez des colonies les banqueroutiers, les assassins, & tous ces brigands qui cherchent un asyle au-delà des mers, & qui ne doivent en trouver nulle part contre la rigueur des loix & la honte du crime qui les poursuivent.

Les droits du prince assiègent les sujets dans toute l'étendue de sa domination. Il pourra donc établir une taille modérée, & quelques levées sur l'exportation & l'importation des marchandises; mais que ces revenus soient légers, s'il veut qu'ils croissent à proportion du commerce. Qu'il oublie même au commencement tous ses droits, pour les retirer avec usure dans la suite.

Ne faites point de vos colonies un lieu de bannissement pour des citoyens libres, ni la patrie des rebelles. Ne dépeuplez pas un pays de ses habitans, pour le repeupler d'étrangers, sous prétexte de la religion; elle ne demande pas du sang, mais des hommages libres. Etablissez-y des manufactures, ou des magasins remplis des marchandises du pays les plus utiles à votre commerce, tant intérieur qu'extérieur, & propres à l'échange de vos denrées. Ecartez les monopoles qui viendroient étouffer la colonie dès sa naissance. Enfin vous pourvoirez à tout par le choix d'un sage gouverneur qui soit capable de jetter les fondemens du bon ordre, & de suppléer, à force de vigilance, les ressources qui manquent aux besoins imprévus. Mais précautionnez-vous contre les insinuations malignes des gens que l'intérêt ou l'envie porte à décrier les hommes nécessaires. Car ces manœuvres sont la peste du zèle & de la bonne foi.

Ayez égard dans le commerce à ce que l'exportation soit plus considérable que l'importation. Cet excès de valeur vous produira un fonds d'argent, qui grossira chaque année les richesses de l'état. Car la circulation & l'industrie se reproduisent tour-à-tour, & de leur influence réciproque dépend l'augmentation du commerce, & par conséquent des richesses.

Dans l'importation de l'étranger, ne donnez entrée aux frivolités qu'autant qu'elles serviront de véhicule aux marchandises solides. Profitez du luxe & de la vanité de vos voisins, pour fournir à ses modes; mais craignez-en la contagion. Imitons plutôt la gravité des espagnols, qui ne permettent les riches étoffes qu'aux comédiens, & aux petits-maîtres de la cour, mais les gens sensés se les interdisent, sous peine d'infamie, & la loi favorise de si sages mœurs, par des amendes portées contre les abus du luxe. Il devroit y avoir de semblables punitions pécuniaires, pour arrêter les débordemens de la débauche dans les festins, & pour corriger le rafinement dans la recherche des mets & des vins. La jeunesse sur-tout a besoin de frein sur ces sortes de dépenses: car la raison & l'intérêt de la santé retient assez les gens d'un certain âge.

Au lieu de porter à un si haut prix, les productions qui viennent de loin, & les curiosités de vos voisins, donnez du cours à vos denrées, & faites valoir l'industrie des citoyens.

Il n'y a point d'œconomie plus généralement recommandable que celle de la culture des terres. Ménagez donc les laboureurs, comme les pères nourriciers de l'état.

On peut dire que dans le corps politique, comme dans le corps humain, les vaisseaux sont un objet d'une attention extrême; la santé, mais sur tout la durée de la vie en dépend.

Le prince doit se regarder comme père de la patrie, & comme père de famille; c'est-à-dire, qu'il doit le secours à ses sujets, & l'exemple à sa cour. Le moindre scandale qu'il donne, est mortel pour les mœurs publiques; les loix, ainsi que sa personne, ne sont sacrées qu'autant qu'il les honore. Ce titre de père de famille l'engage encore aux détails de l'œconomie domestique, & à veiller sur les officiers de la couronne. Les charges de sa maison sont des titres & des emplois. La dignité de ces charges appartient aux grands, qui par une contradiction assez bizarre, s'honorent à la cour de ce qui est vil chez eux, & vont rendre au prince, avec une extrême bassesse, les mêmes services qu'ils viennent d'exiger avec la dernière hauteur de leurs domestiques.

L'office & le détail des fonctions doit tomber sur des gens de confiance, en qui l'on ne demande que du zèle & de la probité. On obtiendra l'un & l'autre par les voies de l'affection, qu'un roi peut consulter dans le choix des sujets qu'il approche de sa personne, pour veiller à l'entretien de sa vie & de sa santé. Mais quand il s'agit des officiers de la justice, & de tous ceux qui ont une liaison essentielle & particulière au bien de l'état, le choix est moins en sa disposition, qu'à la pluralité des talens & des titres de mérite; & comme si sa personne devoit lui être moins chère que celle du peuple, il peut faire un sacrifice de ses intérêts à ses inclinations, pour ce qui le regarde, & ne peut qu'immoler tout à l'équité, dès que l'intérêt des citoyens a parlé.

Un fourbe n'est pas digne d'habiter dans mon palais, disoit David; que seroit-ce donc aujourd'hui, si un honnête homme n'étoit pas fait pour entrer dans la cour des rois, & s'il n'y restoit d'autre parti à la vertu, que celui du silence ou de la retraite? Les officiers chargés des dépenses de la maison royale, doivent être d'une œconomie & d'une délicatesse à toute épreuve, sur l'honneur & l'exactitude.

Ceux qu'on employe aux recettes, ne devroient point abuser de leur commission, pour rançonner le peuple. Tous ces hommes qui grossissent la boule de leur fortune des débris de celle de l'état & du prince, qui parlent sans cesse des besoins de l'un, pour augmenter les charges de l'autre, ressemblent aux crocodiles qui poussent des cris & des plaintes, quand ils veulent dévorer.

Ce n'est pas qu'un prince ne doive lever les droits de sa couronne, & grossir le trésor royal, pour les tems fâcheux; car un coffre vuide n'a pas un son qui en impose aux ennemis. Mais il y faut de la modération, & de l'équité dans les répartitions.

Parmi les objets de luxe qui règnent à la cour, le tems des plaisirs n'est pas à négliger. Il faut des spectacles, des bals & des concerts pour une reine & des princesses; il faut des fêtes pour amuser les étrangers: mais que la joie y brille plus que la dépense.

Les exercices qui conviennent le mieux à la cour, sur tout quand il n'y a point de femmes, sont la paume, la chasse, les joûtes, les tournois, & tous les exercices à cheval, parce qu'ils entretiennent également la santé, la force & l'adresse que la plûpart des autres plaisirs énervent & détruisent.

On ne peut bannir entièrement les jeux de hazard de la saison des amusemens: mais qu'on n'y favorise pas la passion des joueurs & des oisifs.

Quand vous aurez des conseils à donner à votre maître, faites passer vos leçons sous le nom d'un auteur ancien, ou à la faveur d'une reflexion générale que la conscience rend toujours personnelle à celui qui en a besoin.

Puissiez-vous avec de telles vues, être long-tems l'instrument du bonheur de l'état & du prince!

Le chemin de la fortune, ou l'art de parvenir.

L'école de la fortune ne sera jamais déserte, parce qu'on ne saura qu'après coup ce qu'il en coûte pour s'avancer. Il est vrai que le hasard peut tout sur la condition humaine; la faveur des grands, l'occasion, le bonheur de la naissance, une mort imprévue, un héritage inattendu sont les ressorts qui nous élèvent: cependant on peut dire que chaque homme tient sa fortune entre ses mains.

Si la vertu a ses difficultés, la fortune a ses obstacles; on trouve aussi rarement un bon politique, qu'un excellent philosophe: *non enim leviora sunt, aut pauciora, aut minus ardua, quæ ad fortunam comparandam requiruntur, quam quæ ad virtutem: resque est æquè difficilis ac severa, fieri vere politicum, ac vere moralem*; & il ne faut peut-être pas moins de génie & de rares talens pour faire une grande fortune, que pour être un sublime écrivain, ou un modèle de probité. Car il n'est pas question de s'élever en chantant, comme l'alouette; c'est l'essor de l'aigle qu'il faut prendre, soutenir son vol, parcourir les airs, mesurer la terre d'un œil ferme, s'abbattre à propos & saisir sa proie.

L'indépendance & l'avantage d'être soi-même, paroit au philosophe le don le plus sublime & le plus approchant de la divinité; ils renoncent à la fortune pour le plaisir de s'occuper de la contemplation d'objets plus importans: cependant pour un cœur vertueux qui ne chercheroit dans son élévation que la prosperité du genre humain, l'étude de la fortune seroit d'une louable spéculation. Car si la fortune est désirable, c'est parce qu'elle nous place dans la situation délicate de pouvoir être bien faisans, sans craindre les ingrats.

Comme il est essentiel d'être nourri d'une excellente morale, avant d'entrer dans la politique, il faut aussi de l'usage & de la pratique du monde, pour amortir un peu le roideur de la Philosophie.

Les vertus éclatantes conduisent à la gloire, les talens cachés mènent à la fortune; on peut comparer le chemin de la fortune à la voie lactée. C'est un assemblage de petites vertus obscures qui n'ont pas de nom. L'art des expédiens, &, comme disent les espagnols, la *Désemboiture* fait tourner à son gré la roue de la fortune.

Avant de vous mettre en chemin, connoissez les hommes, connoissez-vous-vous-même. Commencez par les grands qui sont à la tête des affaires, consultez des amis sur leurs vertus & leurs talens; des ennemis sur leurs vices & leurs défauts; des domestiques, sur leur humeur & leur caractère; & des confidens, sur leur manière de penser. Étudiez-les vous-même, & pratiquez vous une fenêtre pour lire dans les cœurs; vous la trouverez dans leurs yeux. Le proverbe a beau dire, que les dehors sont trompeurs; l'âme se peint sur le visage, la dissimulation même trahit souvent le caractère, les airs de commande s'oublient, & le naturel perce toujours à travers le masque & l'enveloppe; Tibère avoit un front contraint qui annonçoit la méfiance & qui l'inspiroit.

Un homme se décèle par ses discours. Nous sommes des enjoleurs qui nous vendons nous-mêmes. C'est dans les momens de trouble ou d'inattention que le caractère échappe.

La colère & toute passion violente est une espèce de question qui nous arrache nos secrets: *vino tortus & irâ.*

La vanité ne nous laisse rien de secret; l'amitié, la foiblesse, l'intérêt, enfin tout conspire à nous faire paroître malgré nous ce que nous sommes.

On se manifeste par ses actions. Ceci ne regarde pas toutefois les gens en place, ils changent à tout instant au gré des circonstances; tout autres, quand ils sont eux-mêmes, ils se métamorphosent en public & s'ajustent à toutes les formes que prennent les affaires; de feu ou de glace, ainsi que le temps en ordonne. Mais on juge des actions par les intentions: car la ruse se manque souvent à elle-même pour un plus grand intérêt; & tel qui vous paroîtra généreux par ses bienfaits, n'est rien moins que désinteressé dans ses vues.

Les petits services sont les jeux de l'industrie,

pour amuſer la pareſſe & pour endormir la méfiance.

Il eſt très-difficile de connoître les intentions d'un homme. Nous prêtons aſſez volontiers aux autres notre façon de penſer, & nous agiſſons avec tout le monde comme vis-à-vis de nous ſeuls ; excès de droiture qui mène bien loin au-dela du but. Ne diroit-on pas que tous les yeux ſont également perçans & clairvoyans ?

On a beau ſupputer & compter, il ſe trouve toujours beaucoup moins d'argent, de prudence & de bonne foi qu'on ne penſoit : *nummorum, prudentiæ, fidei, ſemper minores inveniri rationes, quam quis putaret*.

Ne jugez pas de ce qu'a fait un homme, par ce qu'il a dû faire, mais plutôt par ce qu'il a pu faire, eu égard à ſon caractère ou à ſes talens ; celui qui ſaiſit bien la trempe des eſprits, tient auſſi la clef des cœurs.

Les princes ſuivent leurs inclinations, & les particuliers leur intérêt. Eh ! quelles ſeroient les vues des rois ? Tout cède à leurs deſirs, l'exécution eſt auſſi prompte chez eux que la volonté ; auſſi ne ſont-ils impénétrables que par leur inconſtance. Vouloir donner une ſuite à leurs projets, c'eſt borner en quelque façon leur impuiſſance, en leur impoſant des règles & des ſyſtêmes comme au reſte des hommes. Mais un particulier n'eſt qu'un voyageur qui ſe propoſe un terme, en ſorte qu'on peut voir tous les chemins qu'il doit prendre ; il y a de fauſſes routes qui l'écarteroient, on conclud roiſonnablement qu'il les évitera : s'il n'y en a qu'une bonne, on ſuppoſe à ſon avantage qu'il s'y tiendra : *at privatorum nullus eſt, qui non ſit planè veluti viator & proficiſcatur intente ad aliquam itineris metam, ubi conſiſtat : unde non male divinare quis poterit quid facturus ſit, aut non facturus. Si enim in ordine ſit quidpiam ad finem ſuum, probabile eſt facturum, ſin ſit in contrarium finis, minimè*.

Avant de ſonder les hommes, il n'eſt pas inutile d'entendre ces gens déſœuvrés qui n'ont d'autre affaire que de tenir la liſte de tous les noms & le regiſtre de toutes les anecdotes, ou ces eſprits intriguans qui ſavent le compte des revenus & le deſſous des affaires ; ils vous épargneront bien du tems. Mais approchez, & ſuivez par vous-même ce labyrinthe inextricable d'entrepriſes & d'intérêts, de ſyſtême & de conduite, de reſſorts, de paſſions, de chûtes & d'écarts.

Ayez l'adreſſe de parler & de vous taire à propos, tantôt vous oublierez votre réſerve pour faire ſortir la liberté des autres, tantôt vous affecterez de la retenue & de la diſcrétion pour mériter des confidences.

L'eſprit d'obſervation qui garde le ſilence eſt le meilleur de tous, parce qu'il recueile ce qu'on ſeme, & qu'il conclud, tandis qu'on raiſonne, agiſſant & prévoyant tout-à-la fois.

Ces eſprits qui ſont entiérement livrés à ce qu'ils font, tel que Montagne ſe dépeint, avancent beaucoup les affaires des autres ; ce ſont d'excellens miniſtres, de parfaits citoyens, mais leur fortune reſte en arrière, parce qu'ils ne peuvent ſonger à deux choſes *qui eo ſunt ingenio, ut nimium hoc agant, & toti ſint in præſente negotio, quod in manibus habent, de iis autem quæ interveniunt nec cogitant quidem (id quod in ſe agnoſcit Montaneus) illi certe miniſtri regum aut rerum publicar. Sunt vel optimi, ſed ad proprias fortunas claudicant*.

L'homme dévoué à ſon prince, ou, pour mieux dire, à ſa patrie, eſt trop peu attentif à lui-même pour faire ſon chemin.

Un autre écueil à éviter, c'eſt l'eſprit d'irréſolution au milieu de cette agitation perpétuelle de connoiſſances & de réflexions, qui, comme autant d'éclairs, nous dérobent les objets à meſure qu'ils les tirent des tenébres. Les embraſſer tous, c'eſt n'en ſaiſir aucun ; n'ayez qu'un but, employez tout le reſte comme des moyens.

La connoiſſance de ſoi-même eſt la perfection de la morale & le chef-d'œuvre de la politique. L'état dans lequel nous vivons, le rang que nous y tenons, ſont ce qu'on appelle notre miroir politique, c'eſt-là qu'il faut nous contempler.

L'étude de ſoi-même n'eſt pas cette curioſité de l'amour propre qui n'a des yeux que pour lui ; c'eſt le courage & le diſcernement qui nous fait enviſager & diſtinguer nos diſpoſitions pour le vice & pour la vertu, nos talens & nos foibles, nos reſſources & nos obſtacles pour un genre de vie.

Conſidérez d'abord les mœurs de votre ſiécle ; ſi elles ne vous révoltent pas, livrez-vous au torrent, ſuivez le penchant de votre ame & le tourbillon de la fortune ; ſi votre caractère ne peut ſe plier au goût dominant, meſurez vos pas & marchez à l'écart.

Conſidérez les différens états de vie où la naiſſance & l'éducation peuvent vous deſtiner, & conſultez votre génie, avant d'en embraſſer aucun : ce qui perd un homme, & pour ſa fortune & pour ſa réputation c'eſt de ſe jetter dans une profeſſion qui ne lui convient pas ; on ſe trompe en confondant un certain goût avec de véritables diſpoſitions : un eſprit trop facile a du goût, & point de talent. Quittez donc à la première occaſion ce genre de vie où vous vous trouverez engagé par le choix d'autrui, avant

l'âge

l'âge de la réflexion, & fans cette liberté qui fait aimer à chacun ses occupations.

Dès l'entrée de la carriere, mesurez-en d'un coup d'œil tout l'espace ; voyez si elle est couverte de contendans nombreux ou puissans ; choisissez une lice où les grands hommes soient rares ; quels que soient vos talens, il vous sera plus facile d'y percer. César avoit du génie pour l'éloquence ; mais dès qu'il eut entendu Cicéron, il quitta le barreau & se jetta dans un nouveau champ où il sentit bien qu'il éclipseroit Pompée.

Ne formez pas vos liaisons au hasard ; cherchez des caractéres dont le rapport avec le vôtre vous assure un commerce durable. Il faut à l'un des gens discrets & modérés, à l'autre des caracteres entreprenans : *si quidem diversis diversum genus amicorum convenit ; aliis solenne & taciturnum ; aliis audax & jactabundum.*

Choisissez vos modèles, & ne prenez pas quelques traits de ressemblance pour une parfaite conformité.

La grande faute de Pompée fut de se croire un autre Sylla, tandis que rien n'étoit plus opposé que le caractère de ces fameux romains : l'un fougueux & violent, mais plein d'activité, couroit à son but par la voie la plus prompte ; l'autre plus curieux de réputation, composoit tous ses pas, avoit toujours les loix devant les yeux, craignoit de s'exposer, & perdoit à délibérer le tems d'agir.

Après la connoissance de soi-même, vient le talent de se faire connoître. Au défaut du mérite, montrez-en les apparences ; vantez donc vos vertus, vos talens, votre fortune même. Il en est de l'ostentation comme de la calomnie ; il en reste toujours quelque impression dans les esprits, & l'estime de la multitude dédommage un peu du mépris des sages ; *sicut enim dici solet de calumnia, audatter calumniare, semper aliquid hæret : sic dici possit de jactantia, (nisi plane deformis fuerit & ridicula;) audatter te vendita, semper aliquid hæret. Hærebit certè apud populum, licet prudentiores subrideant. Itaque existimatio parta apud plurimos, paucorum fastidium abundè compensabit.* Cette maxime détestable dans la morale est très-utile dans la politique. On ne parle point ici pour les grandes ames à qui la vertu tient lieu de fortune.

L'amour propre est encore plus habile à cacher nos défauts, qu'à montrer nos vertus. Les passions se déguisent à l'ombre des vertus limitrophes ; ainsi la lâcheté se couvre sous le bouclier de la douceur, & l'indolence sous le voile de la modestie. Mais il n'y a peut-être pas de subtilité plus insidieuse que celle de défendre ses côtés foibles, pour mieux sauver ses avantages, comme un Poëte ne demande quartier que pour de méchans vers, & fait semblant d'abandonner les meilleurs à la censure. Cette impudence réussit quelquefois.

Ne paroissez ni trop empressé à offrir vos services, on croiroit les payer assez, en ne les refusant pas ; ni trop sensible à un bon accueil : vous passeriez pour un homme sans expérience : on retranche alors de l'opinion qu'on s'étoit formée de vous, & l'intérêt se réfroidit avec l'estime. Mais gardez-vous sur tout de cette bonté d'ame qui vous expose aux outrages des mauvais cœurs ; si vous êtes dupe, on ne vous tient plus compte de votre affection.

Soyez tout de miel comme l'abeille, mais conservez toujours un aiguillon pour la défense.

Il faut beaucoup d'art pour se couvrir & se développer à propos ; cette profonde dissimulation qui marche toujours dans les ténebres & qui va sourdement à son but, aboutit à de grands inconvéniens. On ne tend point perpétuellement des piéges, sans y tomber soi-même tôt ou tard.

Il y a une politique adroite qui se fait d'autant moins soupçonner, qu'elle marche tête levée. Sylla disoit tout haut qu'il mettroit sous ses pieds la destinée des romains ; il en vint à bout. Quand Auguste tendoit les mains vers la statue de César, répétant sans cesse qu'il envioit sa mort au prix de sa couronne, le peuple rioit de sa folie : Que prétend ce jeune homme, disoit-il? Cependant il fut la dupe de cette ingénuité : Auguste devint le maitre de Rome, & un maître bien plus despotique que César. Pompée au contraire aspiroit à la même élévation par des voies dérobées, il n'y réussit pas. Couvant son ambition dans le cœur, il attendoit que Rome tombée dans l'anarchie vint se jetter entre ses bras & le forcer toute éplorée à prendre en main le timon de son gouvernement. Ce fut en effet le premier romain chargé seul de tout le consulat, mais il n'avança de rien : ses partisans les plus intéressés à seconder ses desseins, ne pouvoient les pénétrer ; enfin il fallut bien se déclarer & prendre le prétexte de contenir l'ambition de César, afin de satisfaire la sienne, en levant son armée au nom de la république. Tant il y a de lenteur, d'obstacles, & de malheurs à supporter dans le chemin de la dissimulation ! C'est une espece de vertu du second ordre dans la politique ; aussi Tibère qui n'avoit que ses artifices ténébreux en sa faveur, étoit-il moins habile qu'Auguste.

Le labyrinthe de la fortune est tortueux, il faut de la souplesse pour ne pas s'y perdre. Sachez biaiser, sans gauchir, & vous accommoder avec les occasions ; trop de roideur vous feroit tomber à chaque pas. Comment pouvoir être toujours le même, quand les circonstances changent d'un instant à l'autre ? Caton le censeur ne parvint

Philosophie anc. & mod. Tome I.

que parce qu'il avoit son esprit à la main pour le plier au besoin.

Un caractère ferme, indépendant, & d'une rigueur inflexible, a plus de mérite que de bonheur; il obtient de l'estime sans faveur.

Cependant il y a des hommes à qui l'expérience, la prévention & une sorte de confiance qui semble tenir de l'inspiration, donnent une constance & une obstination qui réussit. Fabius, dit Machiavel, eut plusieurs armées à combattre; jamais qu'une manière de les vaincre. Les tems & les lieux changèrent, & son art fut le même, celui de la patience qui mine tout. Mais l'obstination est souvent un défaut de lumières qui nous fait manquer l'occasion, parce qu'on ne l'apperçoit que par derrière, quand elle a passé.

Vous êtes comme des athlètes novices dans l'arène, disoit Démosthène aux athéniens; ils ne parent jamais qu'après le coup, & ne se couvrent que du côté où l'on vient de les frapper.

La présomption & la fausse honte gâte aussi nos affaires: on s'est trop avancé; au lieu de battre en retraite, on veut à toute outrance rester maitre du champ de bataille, ou y périt. Cet aheurtement qui ne sait point démordre, ni se déprendre, est la ruine des meilleures entreprises. Il faut que les ressorts de notre esprit suivent le mouvement des roues de la fortune.

Voici des maximes de détail.

1°. Jugez de la plûpart des choses, non par l'estime du vulgaire, mais par le rapport qu'elles ont avec vous; attachez-leur du prix, selon qu'elles vous seront utiles.

On peut avoir un esprit de logique qui voit les conséquences de chaque chose, sans avoir cet esprit de Mathématique qui les réduit à leur juste valeur. *Inveniuntur plurimi quorum mentis pars Logica (si ita loqui licet) est bona; Mathematica, pessima: videlicet, qui de rerum consequentiis satis firmiter judicant; de pretiis vero, imperitissimè.* L'un se croit au faîte de la gloire, s'il a l'oreille du prince; l'autre se prétend au sommet de la fortune, parce qu'il est porté sur les ailes du peuple. Tel mesure la commodité d'un poste sur la peine qu'il lui a coûté; & tel apprécie l'importance d'une affaire par le temps qu'il y a employé. Autant de sources d'erreur, que ces considérations privées & rétrecies à un seul point de vue.

On sait ce que vouloit César, quand il disoit de Caton d'Utique: *cet homme se faisoit une affaire de tout.*

Vous vous croyez en passe, parce qu'un homme d'un nom ou d'un mérite distingué vous protège; illusion: ce n'est pas toujours un bel instrument qu'il vous faut, mais un outil commode & maniable.

Quand vous recommandez vos intérêts à quelqu'un, n'examinez pas tant son rang que son habileté, son crédit que son affection, s'il se prête aisément, que s'il fait du choix dans ses engagemens.

Il y a des moyens indirects & de préparation pour s'avancer, c'est d'écarter d'abord les obstacles personnels qui nous arrêtent; tels sont les travers de l'esprit, les irrégularités de l'humeur, la force des passions & le foible des fantaisies.

Il y a des ressorts qui nous élèvent par eux-mêmes; l'argent est comme le *véhicule* de toutes les affaires: quoique les véritables nerfs de la fortune soient moins dans les richesses que dans l'industrie, l'activité, la constance & l'empire sur soi-même. *Nervos fortunæ, non esse pecuniam, sed potius animi vires, ingenium, fortitudinem, audaciam, constantiam, moderationem, industriam & similia.*

Après l'éclat de l'or, vient celui de la réputation; mais il faut l'employer à tems: car dès que le crédit baisse, on ne le voit plus remonter. Enfin les honneurs attirent & captivent la fortune; mais le grand art de tout ce manège, c'est *l'à propos*. On perd tout en coupant le fil des choses, ou en renversant l'ordre des momens. On court au terme du premier vol & tout d'une haleine, c'est-à-dire, qu'on tombera d'épuisement à moitié chemin.

2°. Ne luttez pas avec la destinée, ni contre le courant, c'est perdre vos forces & vos ressources. Il faut après cela revenir sur ses pas, accablé de honte & de désespoir, tenter une nouvelle route avec moins de courage; au lieu que la modération nous eût ouvert d'autres issues, & qu'on eût rapporté du moins une réputation de sagesse & d'habileté, parce qu'alors tous nos petits succès auroient été mis sur le compte de notre industrie: *denique felicitatis opinionem acquiremus; dum quæ sponte fortasse eventura fuissent, nostra industria accepta ferentur.*

3°. Brusquez cependant l'occasion, quand elle ne vient pas; maitrisez les évènemens, plutôt que de vous laisser entraîner à leur cours. On saisira le moment de l'exécution; mais on n'est point heureux à concevoir, c'est-à-dire, qu'on est fertile en moyens, mais non pas en desseins. D'autres forgent mille projets, & n'en suivent aucun. On ne réussit à rien sans la réunion de ces différents avantages.

4°. Soyez avare du tems. Pourquoi voit-on que les professions les plus laborieuses, comme celles de la jurisprudence, de la médecine, & les occupations des gens de lettres, font les moins lucratives? c'est qu'elles nous dérobent trop de tems: on perd à rassembler des matériaux, ou à échaffauder, les momens précieux de bâtir; tandis qu'on s'use dans le cabinet, le bel âge, les jours de la faveur & de l'occasion se passent.

Qui s'avance dans une république ou dans la cour d'un prince? Est-ce un homme d'état? Non: mais un intrigant sans emploi, qui n'a d'autre soin que celui de sa fortune.

5°. Imitez la nature qui n'a rien fait en vain. Un bon politique doit tirer parti de toutes ses démarches, lier & concerter si bien ses mesures, que jamais sa peine ne soit perdue. Un navire échoué laisse quelque débris où l'on peut s'attacher, pour arriver à des isles fortunées qu'on ne connoissoit pas.

Un but manqué devient un moyen qui nous conduit souvent à un terme plus beau. Ce qui est inutile aujourd'hui, trouvera demain sa place, ce qui nuit à la fortune peut servir à la réputation; autant de batteries toujours prêtes: si elles ne portent pas coup, elles feront peur à l'ennemi.

6°. Ne vous engagez jamais dans une entreprise, sans vous ménager une issue, pour en sortir au cas d'un contre-tems.

Ne vous liez point avec des gens de parti dont il faudroit épouser les sentimens & la mauvaise fortune: c'est contracter des haines furieuses, & des jalousies puériles.

Enfin ce n'est pas toujours le moyen de se faire honneur, que de se montrer sous les plus beaux dehors. Jupiter quand il vouloit plaire aux mortelles, prenoit la forme d'un aigle, d'un cygne ou d'un taureau; mais pour satisfaire Junon, qui croiroit qu'il empruntât la figure de l'oiseau le plus hideux.

Un homme sans mérite ne voit pas volontiers qu'on fasse parade des vertus & des talens qu'il n'a pas. Il faut sans doute pour le flatter, tâcher de lui ressembler, ou se ravaler encore plus bas. On ne sauroit faire un personnage trop vil aux yeux d'un mal-honnête homme. Suivans de la fortune, voyez à quel prix elle s'achète.

Ce ne sont ici que des conseils, qui, comme toute sorte de règles, ont besoin d'être modifiés par l'expérience. Suivis à la rigueur, ils nous font échouer, & sans système on peut réussir; c'est qu'on ne prescrit pas de marche à l'aveugle hasard: il se plaît à déconcerter la prudence, & à tromper les mesures de notre orgueil, pour nous rappeller que ce qui sort du néant & qui doit y entrer, ne peut rien.

N'écoutez pas **Machiavel**; il vous diroit que la réputation de probité peut bien être un moyen de parvenir, mais que la probité même est un obstacle; qu'on ne peut s'assurer des hommes que par la terreur; qu'on amuse les enfans avec des douceurs, & les hommes avec des parjures. Vous l'entendriez s'écrier avec les triumvirs; périssent mille amis, pourvu qu'un ennemi meure; avec Catilina, qu'il faut étouffer un incendie sous les ruines, plutôt que de l'éteindre avec de l'eau. Mais souvenez-vous que les chemins les plus courts sont scabreux & semés de précipices; *sit vero in vita quemadmodum & in via, ut iter brevius, sit foedius & coenosius.* Que l'existence est un présent fatal pour des ames de boue & de sang; qu'une grande fortune est un fléau terrible entre les mains de l'iniquité; que les bonnes mœurs sont la récompense de l'honnête homme tandis que le scélérat porte la vengeance de ses crimes dans son propre cœur.

Retenez-bien ce qu'on a dit d'Auguste: Qu'il n'eût jamais dû voir le jour, tant l'empire lui coûta de meurtres & de forfaits: cependant le bon usage qu'il fit de sa fortune auroit dû effacer l'horreur des moyens qu'il employa pour son élévation; mais ce n'est qu'un reméde après un mal qu'il falloit éviter.

N'oubliez pas ce mot de Charles-Quint: La fortune a les caprices des femmes, qui se refusent par orgueil aux amans les plus passionnés.

Enfin que dit la Philosophie? Attachez-vous à la vertu, vous n'aurez pas à vous plaindre de la fortune.

Aphorismes sur les loix.

I.

Dans toute société, c'est la force ou la loi qui domine. Tantôt la force se couvre de la loi, tantôt la loi s'appuie de la force. Delà, trois sources d'injustice; la violence ouverte, celle qui marche à l'ombre de la loi, & celle qui naît de la rigueur de la loi.

II.

Tout homme qui commet une injustice, y trouve un avantage ou un plaisir réel; mais son exemple devient un danger pour lui-même, & pour la société qui cherche une défense ou un asyle dans les loix. Chaque citoyen est intéressé à se garantir de cet attentat à la sûreté publique, & cet intérêt commun, même au prévaricateur, produit le consentement général qui forme la loi.

Dès que, par l'abus ou le changement des tems, la contravention devenue comme nécessaire, a rendu la loi plus funeste que secourable au nombre des citoyens le plus grand ou le plus puissant, le même accord universel se change en faction, pour détruire & abréger la loi: *quad si ex ratione temporum, & communione culpæ, id eveniat, ut pluribus & potentioribus per legem aliquam periculum creetur, quam caveatur, factio solvit legum.*

III.

Le droit particulier vit sous la tutelle du droit public. La loi veille sur les citoyens, & le magistrat sur la loi. L'autorité des magistrats dépend de la constitution de l'empire, ou de la vigueur des loix fondamentales. Tout languit, quand celles-ci s'altèrent. *Jus privatum sub tutela juris publici latet. Lex enim cavet civibus, magistratus legibus. Magistratuum autem auctoritas pendet ex majestate imperii & fabrica politiæ, & legibus fundamentalibus. Quare, si ex illa parte sanitas fuerit & recta constitutio, leges erunt in bono usu, sin minus, parum in iis præsidii erit.*

IV.

Le droit public embrasse, non seulement la sûreté des intérêts particuliers, mais encore le culte de la religion, la discipline des armées, le luxe des villes, la richesse du commerce, enfin tout ce qu'on appelle le bien de l'état.

V.

Le motif & l'effet des loix doit être la prospérité des citoyens. *Finis enim & scopus quem leges intueri, atque ad quem jussiones & sanctiones suas dirigere debent, non alius est, quam ut civis feliciter degant.* Elle résulte de l'intégrité des mœurs, du maintien de la police, de l'uniformité dans la distribution de la justice, de la force & de l'opulence de l'état ; & les loix sont les nerfs d'une bonne administration. *Harum autem rerum instrumenta & nervi sunt leges.*

VI.

Parmi les loix il y en a d'excellentes, d'indifférentes, & de vicieuses. Une loi, pour être bonne, doit être juste, claire, d'une exécution facile, propre à la forme du gouvernement qui la reçoit, & capable de rendre le citoyen meilleur & vertueux. *Lex bona censeri possit quæ sit intimatione certa, præcepto justa, executione commoda, cum forma politiæ congrua, & generans virtutem in subditis.*

VII.

Toute loi équivoque devient injuste, parce qu'elle frappe sans avertir. La meilleure loi est celle qui laisse le moins à des discussions du juge. *Si incertam vocem det lex, quis se parabit ad parendum? Ut moneat igitur oportet, priusquam feriat. Etiam illud rectè positum est optimam esse legem, quæ minimum relinquit arbitrio judicis.*

VIII.

L'incertitude & l'*inefficacité* des loix vient de leur multiplicité, de la précision, ou de la prolixité de leur style, qui les rend obscures, du partage de interprètes, & de la contradiction des jugemens.

IX.

Comme les loix ne peuvent prévoir ni marquer tous les cas, c'est à la raison de comparer les faits omis avec les faits indiqués.

Le bien public doit décider, quand la loi se trouve muette; la coûtume ne peut rien alors, parce qu'il est dangereux qu'on ne l'applique mal, & qu'on ne veuille la diriger, au lieu de la suivre.

X.

Les cas qui dérogent au droit commun, doivent être exprimés par la loi : cette exception est un hommage qui confirme son autorité ; mais rien ne lui porte atteinte comme l'extension arbitraire & indéterminée d'un cas à l'autre. Il vaut mieux attendre une nouvelle loi pour un cas nouveau, que de franchir les bornes de l'exception déjà faite.

XI.

C'est dans les loix de rigueur, qu'il faut être sobre à multiplier les cas cités par la loi. Cette subtilité d'esprit qui va tirer des conséquences des conséquences mêmes, est contraire aux sentimens de l'humanité, & aux vues du législateur.

XII.

Les loix occasionnées par l'altération des choses & des temps, doivent cesser avec les raisons qui les ont fait naître, loin de revivre dans des conjonctures ressemblantes.

XIII.

La coûtume affermie par une chaîne & une succession d'exemples supplée au défaut de la loi, tient sa place, a la même autorité, & devient une loi tacite ou de prescription.

XIV.

Quand on a besoin d'appuyer une innovation par des exemples, il faut les prendre dans les temps de modération & de tranquillité, & non pas les chercher dans des jours de trouble & de rigueur. Ces enfans de la douleur sont ordinairement des monstres qui portent le ravage & le désordre. *Exempla à temporibus bonis & moderatis petenda sunt : non tyrannicis, aut factiosis, aut dissolutis. Hujusmodi exempla temporis partus spurii sunt : & magis nocent, quam docent.*

XV.

Les exemples récens sont toujours plus sûrs que les anciens, quoiqu'ils aient toujours moins d'autorité sur les esprits.

XVI.

L'antiquité doit être écoutée avec respect, mais suivie avec précaution. Le temps amène tant de changemens & de différences, que ce qui paroît ancien, pourroit être une nouveauté & une singularité intolérable, par une espèce de *non-conformité* avec l'état présent. *At vetustiora exempla, cauté & cum delectu recipienda : decursus siquidem ætatis multa mutat : ut quod tempore videatur antiquum, id perturbatione & inconformitate ad præsentia, sit planè novum.*

XVII.

Quand on veut donner force de loi à un usage ou à un exemple, il faut examiner d'où il vient. Si c'est des scribes, des ministres de la justice, de la pratique courante du palais, ou du peuple ce patron de toutes les erreurs, méprisez-le : si c'est d'une cour supérieure, il est plus respectable. *In exemplis plurimum interest, per quas manus transierint, & transacta sint : si enim apud scribas tantum & ministros justitiæ ex cursu curiæ . . . . aut etiam apud errorum magistrum populum, conculcanda sunt, & parvi facienda. Sin apud senatores aut judices, aut curios principales . . . . plus dignationis habent.*

XVIII.

Tout exemple rendu public a toujours plus de crédit, parce qu'en passant sous les yeux, & par la discussion des uns & des autres, il en reçoit une sorte de sanction : mais s'il ne reste que sur des registres & dans des archives où on le laisse dormir, son autorité n'est plus la même.

XIX.

Dès qu'une loi loin de prendre faveur, souffre des réclamations, il ne faut plus penser à la rétablir. Cette contradiction est un préjugé concluant contre son utilité, au lieu qu'un succès passager ne prouveroit pas toujours qu'elle fût juste. *Neque enim tantum pro illo facit, quod homines illud quandoque usurparunt ; quam contra quod experti reliquerunt.*

XX.

Les exemples ne sont jamais que des conseils ; ils n'ont d'autre autorité, que celle qu'on veut leur donner, & le tems passé n'a aucun droit réel sur le présent. *Exempla in consilium adhibentur, non utique jubent, aut imperant. Igitur ita regantur, ut auctoritas præteriti temporis flectatur ad usum præsentis.*

XXI.

Pourquoi donner la torture aux loix pénales ? On ne sçauroit trop restreindre la rigueur des peines, sur-tout capitales. Cependant il vaut mieux inventer une peine nouvelle, que de laisser un crime impuni. *Durum est torquere leges ad hoc ut torqueant homines. Non placet igitur extendi leges pœnales, multo minus capitales, ad delicta nova. Quod si crimen vetus fuerit, & legibus notum, sed prosecutio ejus incidat in casum novum à legibus non provisum, omnino recedatur à placitis juris, potius quam delicta maneant impunita.*

XXII.

Il ne faut jamais ôter la vie à un homme pour un crime, s'il ne s'est exposé à la perdre par son attentat. Attendez que la loi prononce formellement une peine capitale, avant de la décerner.

XXIII.

S'il y a de la cruauté à punir le simple projet d'un crime, il n'y a que de la clémence à en prévenir la consommation ; & c'est ce qu'on fait, en infligeant des peines modérées pour un crime commencé.

XXIV.

Si l'on doit secourir celui que la loi semble avoir oublié, à plus forte raison faut-il porter du remède à celui que la loi a blessé.

XXV.

Les juges ne doivent pas être les arbitres, mais les interprètes & les défenseurs des loix. Qu'ils prennent garde de supplanter la loi, sous prétexte d'y suppléer. Les jugemens arbitraires coupent les nerfs aux loix, & ne leur laissent que la parole.

XXVI.

On doit motiver des arrêts ; car il s'agit de faire respecter la justice, plutôt que de la faire craindre ; & quoique tout jugement soit libre en ce sens qu'il dépend de la volonté du juge qui prononce, le juge lui-même est soumis au tribunal de l'équité, qui parle ordinairement par le suffrage unanime de l'intérêt public.

XXVII.

Il y a des loix rétroactives qui viennent au secours des loix antérieures, & qui en étendent l'effet sur les cas qu'elles n'avoient pas prévus. Il faut rarement de ces loix à deux faces qui portent sur le passé & sur l'avenir. *Cujus generis leges raro, & magna cum cautione sunt adhibenda. Neque enim placet janus in legibus.*

XXVIII.

Une loi rétroactive doit confirmer & non pas réformer celle qui la précède. La réforme cause toujours des mouvemens de trouble, au lieu que les loix en confirmation affermissent l'ordre & la tranquillité.

XXIX.

Comme la fraude se replie en mille formes,

pour éluder la loi dont elle se voit poursuivie ; si elle évite les traits d'une loi déjà portée, il faut qu'elle tombe sous les coups d'une nouvelle loi : elles se prêtent ainsi la main pour surprendre une ennemie qui veut leur échapper. Autant de pièges d'un côté, autant de chaînes de l'autre : point de refuge à la mauvaise foi.

XXX.

Toute loi déclaratoire regarde vers le passé. Elle est supposée éternelle par sa nature ; il n'y a que sa manifestation qui est nouvelle. C'est l'équité qui s'explique avec le tems qui la consulte, & avec la nécessité qui lui demande du secours.

XXXI.

Les loix devroient servir de flambeau pour nous faire marcher, & ce sont autant d'entraves qui nous arrêtent à chaque pas.

XXXII.

Les loix nouvelles sont faites pour confirmer les anciennes, ou pour les réformer, ou pour les abolir ; toutes les additions ne font que charger & embrouiller le corps des loix : il vaudroit mieux à l'exemple des Athéniens, recueillir de temps en temps les loix surannées, contradictoires, inutiles & abusives, pour épurer & diminuer le code de la nation.

XXXIII.

Les loix sont comme au pillage entre les mains de cette énorme multitude de jurisconsultes ; la seule vue de leurs compilations a de quoi terrasser l'esprit le plus infatigable. Les subtilités des interprètes sont les lacets de la chicane.

Toutes les citations, si ce n'est celle de la loi, devroient être interdites au barreau. Ce ne sont que des hommes qu'on montre à d'autres hommes, & c'est par des raisons, & non par des autorités qu'on doit se décider.

XXXIV.

Il faut se hâter d'abroger les loix usées par le temps, de peur que le mépris des loix mortes ne retombe sur les loix vivantes, & que cette gangrène ne gagne tout le corps du droit.

XXXV.

Quand on dit que personne ne doit s'estimer plus prudent que la loi ; c'est des loix vivantes qu'il s'agit, & non pas des loix endormies.

XXXVI.

Il y a un inconvénient dans l'entreprise de Justinien ; c'est qu'il s'avisa dans un temps de décadence, de réformer la jurisprudence des siècles éclairés. C'est plutôt aux jours de lumières qu'il conviendroit de corriger les jours de ténèbres.

XXXVII.

Les loix peuvent changer ; mais le style doit toujours être le même, c'est-à-dire, simple, précis, ressentant l'antiquité de leur origine, comme un texte sacré & inaltérable.

XXXVIII.

Les loix politiques doivent être spécialement claires. Les préambules sont constamment superflus, quoiqu'ils aient été inventés pour la justification du législateur, & pour la satisfaction du peuple : elles devroient donc commencer directement par les termes de jussion. *Quantum fieri potest tamen, prologi evitentur, & lex incipiat à jussione.*

XXXIX.

Les loix ne sont pas règle de droit. Les règles sont générales, les loix ne le sont pas. Les règles dirigent, les loix commandent ; la règle sert de boussole, & les loix de compas.

XL.

Les arrêts sont les ancres qui fixent les loix, comme les loix fixent elles-mêmes la constitution de l'état. Mais ces ancres sont sujettes à nous laisser flotter, soit par la précipitation des juges, soit par la jalouse émulation des tribunaux, soit par l'énonciation ambiguë des sentences, soit enfin par la facilité des appels & des cassations. Le conflit des jurisdictions est le remède d'une foiblesse attachée à l'humanité ; mais quand il s'y mêle un faux titre d'honneur, c'est une plaie à la justice. Quelle honte de voir des guerres & des factions entre des hommes établis pour maintenir la paix ! Le moyen de prévenir ces puériles hostilités, c'est qu'un tribunal ne casse jamais les arrêts d'une cour subalterne, sans de grands ménagemens, afin d'ensevelir ses jugemens avec honneur. *Judicia enim reddita, si forte rescindi necesse sit, saltem sepeliuntur cum honore.*

De la Philosophie ancienne.

J'étois enseveli dans mes profondes rêveries, lorsqu'un ami que je n'avois pas vu depuis long-temps, vint me secouer au fond de ma retraite. Que faites vous donc, me dit-il, trop heureux disgracié, dans ce parfait loisir, à l'abri des soins & des agitations du ministère ?..... Me voilà plus occupé que jamais : car je travaille à indiquer un plan, une méthode de philosopher qui n'ait rien de vague & d'abstrait, & qui puisse améliorer le sort de l'homme : *meditor instaurationem philosophiæ, quæ nihil inanis aut abstracti habeat, quæque vitæ humanæ conditiones in melius provehat.......* Le projet est digne de vous : mais quels sont vos collaborateurs ?......

Je vis dans la plus profonde solitude...... Soyez sûr que plusieurs personnes ont le même projet que vous...... Ah! vous ranimez mon courage; car je craignois de voir périr mon triste fruit dans la solitude où il est né. *Animum, inquam, reddidisti. Ego enim hoc animo præceperam fœtum meum veluti in eremo periturum.*

Je reviens de France, ajouta mon ami, & voici ce que je vous rapporte de Paris: un homme avec lequel je suis très-lié, m'invite un jour à une assemblée telle que vous pourriez la désirer: c'étoient environ cinquante personnes très-avancées en âge, & sur le visage desquelles on voyoit empreint un certain air de dignité joint à un grand caractère de probité.

Il y avoit dans cette société des grands seigneurs, des magistrats, des prélats, des étrangers de diverses nations, en un mot des personnes de presque toutes les conditions les plus distinguées: pendant qu'il régnoit un silence général, il entre un homme que tous les autres paroissoient attendre; on se lève, il s'assied le premier, & d'un air mêlé de compassion & de dédain, qui sembloit annoncer ce qu'il devoit dire, il prononça le discours que vous allez entendre.

La divinité a livré le monde au pouvoir de nos sens & s'est réservé d'exercer notre foi sur d'autres matières. Elle a jetté sagement un voile sur ce double objet de notre curiosité, mais nous ne devons pas nous en plaindre s'il est vrai que l'excellence des choses que nous découvrons par nos recherches compense l'exercice qu'elles donnent à notre esprit & à notre foi.

Les sciences regorgent d'écrits; mais si les livres ne sont que des répétitions; s'il n'y a d'autre différence dans les systèmes que celle de la méthode & des faits qui les appuient; si le fond des matières reste le même, la superficie uniquement changée; on verra la misère naitre du luxe, & le dégoût de la satiété. *Si omnem illam scriptorum varietatem qua scientia tument & luxuriantur, excutiatis, & de eo quod adferunt, scripta illa interpelletis, & strictè & pressè examinetis; ubique reperietis ejusdem rei repetitiones infinitas; verbis ordine, exemplis, atque illustratione diversas, rerum summâ & pondere, ac vera potestate prælibatas, ac demum fere iteratas; ut in pompa paupertas sit, & in rebus jejunis fastidium.*

Cette énorme multitude de volumes se réduit aux idées de cinq ou six génies. Fouillez les Grecs, les Romains, les Arabes, tous les auteurs des derniers siècles, vous ne verrez par-tout qu'Aristote, Platon, Hippocrate, Euclide & Ptolomée. *Neque enim negabitis, universam istam copiam, nil aliud esse quam portionem quandam philosophiæ græcorum, eamque certè minimè in saltu aut sylvis naturæ nutritam; sed in scholis & cellis tamquam animal saginatum. Si enim à græcis usque pauci abcedatur; (quid tandem habent vel romani, vel arabes, vel nostri, quod non ab aristotelis, Platonis, Hippocratis, Galeni, Euclidis, Ptolemai, inventis derivetur, aut in eadem recidat? itaque videtis divitias vestras esse paucorum census, atque in sex fortasse hominum cerebellis, spes & fortunas omnium sitas esse.*

Disons plus, cette Philosophie dont on vante les pères qu'a-t-elle conservé de la noblesse de son origine? Peut-on reconnoître l'antiquité dans cet attirail bisarre dont la postérité l'a chargée? Non, la sagesse des anciens ne prenoit pas ce ton impérieux que nous lui prêtons. Le scepticisme nous avoit présenté la vérité dans une image inconstante & passagere, mais peut-être aussi fidèle qu'on peut l'espérer; nous n'étions pas assez pauvres ou assez malheureux: il falloit qu'on substituât à cette liberté de penser un despotisme absolu sur les opinions.

La Théologie a ravagé le terrein des philosophes, la politique & la jurisprudence ont aussi fait leurs excursions; les limites des sciences confondues, les termes embrouillés, ce brigandage, par le malheur des temps, par l'ignorance ou la foiblesse des partis, a pris la place de la démocratie littéraire, & nous voilà réduits à vivre des débris d'un héritage tout défiguré.

Comment la vérité se feroit-elle jour à travers les préjugés dont notre esprit se trouve investi? Toutes nos opinions nous sont étrangères, les notions sont confusément placées dans notre entendement, parce qu'elles y sont entrées sans ordre, & comme par force. Faut-il donc renoncer à la lumière, & se plonger, les yeux fermés dans l'erreur?... Pourquoi? Couvrons-nous encore du manteau de cette ancienne Philosophie; parons nos discours de sa morale, jouissons du respect sous le rideau: qu'on nous honore, n'importe à quel titre, puisque nous perdrions la confiance des hommes, en les détrompant sur l'abus de leur estime, & qu'il nous seroit difficile de la ravoir par la seule voie qui la mérite; jusqu'à ce qu'en leur ouvrant les trésors de la nature, par des études plus utiles, nous obtenions un hommage plus flateur que celui de l'admiration. Mais pour tempérer l'orgueil Philosophique apprécions encore un peu notre gloire.

Après tant de recherches, parmi tant de connoissances, où est la vérité? où est l'utilité? Fussions-nous assez équitables pour dépouiller tout-à-coup nos préventions, où trouver une règle de décision, quand on n'est pas d'accord sur les principes? Si nos démonstrations ne sont que des sophismes, comment réformer nos raisonnemens? Il s'agiroit donc de guérir l'entendement avant de l'exercer: car on ne rebâtit pas sur un fonds, sans avoir enlevé les décombres de l'ancien édifice.

Voici des espérances : il y a toujours dans l'esprit humain, tout enveloppé qu'il est de ténèbres, une place libre & lumineuse où la vérité se retranche & se ménage des sorties sur les ennemis qui l'assiégent. Descendons au détail.

Quels sont nos pères dans la Philosophie? les Grecs; de vrais enfans par leur légéreté & la petitesse de leur vanité, caractères bien opposés à la sagesse & à l'esprit de vérité. Que nous ont ils appris? L'art d'un vain babil au lieu du raisonnement, *& certè habent id quod puerorum est ; ut ad garriendum prompti sint, generare autem non possint : nam verbosa videtur sapientia eorum, & operum sterilis.*

Dans quels temps a-t-elle pris naissance? vers cet âge reculé, où l'histoire se trouve ensevelie dans la fable, & la connoissance de la nature encore jeune, resserrée dans un continent très-étroit, où l'on ne pouvoit avoir ni l'antiquité pour conseil, ni l'expérience pour modèle, où ces hommes surnommés divins, ne l'étoient qu'eu égard à la grossière stupidité de leurs contemporains. Quelle géographie! on ne connoissoit dans le Nord que les Scythes, dans l'Occident que les Celtes, l'Asie que par le Gange, & l'Afrique que par l'extrémité de l'Ethiopie; tout le reste du globe étoit compris sous le nom de terres inhabitables.

Aristote & Platon : quels maîtres ! Un esclave est suspect, quand il parle de celui qu'il doit craindre ; ici l'on peut se souftraire à l'autorité, sans offenser la gloire de ces législateurs. Si ce ne sont pas des génies sublimes & profonds, que penser du reste des hommes? Mais dans quelle classe de philosophes les placerons-nous? on sait que la Grèce en distinguoit de trois espèces : les sophistes, (titre qui semble appartenir à l'école comme un héritage des Grecs, & qu'elle partage entre ses Rhéteurs & ses philosophes,) alloient de ville en ville promener leur doctrine, & la débiter à la jeunesse pour de l'argent comme une marchandise. Tels étoient Gorgias, Protagore, Hippias, Charlatans aux dépens de qui Platon donna plus d'une fois la comédie au peuple : cependant ce n'étoient pas de simples rhéteurs qui déclamoient toute la vie une morale écrite à loisir, ils avoient plus que le talent de répéter tous les ans la même leçon.

Les Gymnosophistes avoient des écoles, & des disciples dont ils faisoient autant de sectateurs, à qui ils léguoient leur sagesse, c'est-à-dire, leur doctrine, en patrimoine ; tels furent Zénon, Epicure, (Pythagore a donné trop à la superstition pour être mis à leur rang *pythagoram, ut superstitiosum, omittimus*) : ils professoient leur doctrine avec cet étalage qui attire la vogue & fonde les sectes. Enfin les vrais sages, espèce la plus digne, peut-être parce qu'elle étoit la moins fastueuse, qui, contens de rechercher la vérité pour en jouir loin du bruit & sans faste, se livroient aux charmes de la contemplation, goûtoient dans la retraite le plaisir inexprimable d'être heureux sans le secours des hommes, & de pratiquer la vertu, au lieu de la prêcher ; tels furent Empédocle, Héraclite, Démocrite & Anaxagore; on y ajouteroit Xénophon, si ceux qui cultivent la philosophie, comme un amusement, & non comme une profession, acceptoient aussi le titre de philosophes : ces derniers eurent l'avantage si rare & si peu recherché d'échapper à la vanité, en ne se communiquant qu'après leur mort.

Maintenant pourquoi ne compterions-nous pas Aristote & Platon au nombre des sophistes d'un ordre supérieur? Car si leur génie les met hors de comparaison, leur profession & surtout leur ostentation, quoique plus raffinée, les rapproche bien des philosophes à gage : c'est pourtant sur ces deux planches que les sciences se sont sauvées de l'inondation des barbares.

Aristote ce tyran emporté par on ne sçait quel esprit de contradiction, déclara la guerre, à tous les siècles antérieurs. Il voulut éteindre jusqu'à la mémoire de tous les systêmes, en reformant même les termes des notions communes. On eût dit qu'il avoit pris de son disciple cette ambition excessive ; qu'il aspiroit au despotisme des opinions, comme Alexandre à la monarchie universelle. *Aristotelis confidentiam proindè subit mirari, qui impetu quodam percitus contradictionis, & bellum universæ antiquitati indicens, non solum nova artium vocabula pro libitu cudendi licentiam usurpavit ; sed etiam priscam omnem sapientiam extinguere & delere annisus est..... cæterum de viro tam eximio certè, & ob acumen ingenii mirabili, Aristotele, crediderim facilè, hanc ambitionem cum à discipulo suo accepisse, quem fortassè æmulatus est ; ut sic ille omnes nationes, hic omnes opiniones subigeret, & monarchiam quandam in contemplationibus sibi conderet.*

Mais quel qu'ait été son caractère, examinons ses ouvrages. Qu'est-ce que sa physique? Une dialectique de la nature bien loin de se retrouver, un monde bâti de catégories, tout le méchanisme de la matière embarrassé dans la vaine distinction *d'acte & de puissance. Neque sanè quicquam solidi ab eo sperari, qui etiam mundum è categoriis effecerit. Parum enim interest utrum quis materiam, formam, & privationem, an substantiam, qualitatem & relationem principia rerum posuerit. Verum istis sermonibus supersederi oportet. Nam & justam confutationem instituere, cum neque de principiis, nec de demonstrationum modis conveniat, immemoris esse. Et rursus hominem tantam authoritatem & ferè dictaturam in philosophia adeptum, per satyram perstringere,*

gere, levius pro dignitate sermonis instituti, & tamen superbum fore.. Abrégeons; (ce n'est pas ici la place d'une réfutation, encore moins d'une satire,) & disons en passant, que ce génie ambitieux, bouillant, inquiet, qui ne pouvoit ni s'accommoder des opinions d'autrui, ni se fixer dans les siennes, grand faiseur de questions, plein de contradiction, ennemi juré de l'antiquité, n'ayant des oracles que l'obscurité, vouloit tout-à-fait régner à la place de la vérité. (*Voyez* l'art. ARISTOTELISME).

On répondra qu'il est plus aisé de détrôner Aristote, que de le remplacer; qu'après tout, s'il eût paru quelque chose de meilleur avant ou depuis sa doctrine, sans doute on l'eût oublié, ou abandonné, & qu'un homme qui avoit eu la force de ramener tous les siècles à lui, devoit avoir trouvé l'unique & le véritable système; qu'il ne reste donc qu'à lui donner cette perfection que le tems ajoute aux choses solides.

Mais n'est-ce pas une prévention de l'ignorance ou de la paresse? Car il y a une foiblesse qui, prenant le ton de la raison, souvent réussit mieux à persuader, que la raison même; telle est cette fausse sagesse qui concerte avec l'orgueil & l'indolence, & qui, pour ménager leurs intérêts, établit un culte profane, une espèce d'idolâtrie pour d'anciennes idées, sur la prétendue inutilité des recherches, sur l'abus des systèmes, & sur les écarts ou la lenteur de l'expérience: elle appelle modestie une défiance générale, & substitue une indécision perpétuelle aux ridicules du ton magistral. Quand même Aristote eût éclipsé ses prédécesseurs, s'il n'a fait qu'imiter les hardis imposteurs, en décriant le malheur des tems passés, en prononçant, d'un air d'enthousiasme, qu'il n'avoit encore paru sur la terre que des hommes pétris de boue & d'un limon grossier, dont les idées étoient toutes matérielles; qu'en résultera-t-il à son avantage? Mais ce conquérant, ou plutôt ce destructeur, a-t-il en effet tout envahi? Cependant l'empire romain dans ses jours de lumière, conservoit encore une assez haute idée de Démocrite. *Certè in saculis illis romana doctrina, illa Democriti & mansit & placuit.*

Convenons qu'Aristote doit sa domination en partie, aux ravages de Genseric & d'Attila, qui l'ont épargné par hazard, & que, s'il a échappé à la dévastation universelle de l'empire des sciences, c'est parce que les débris les plus légers se sauvent toujours du naufrage. *Itaque non Aristoteles aut Plato, sed Gensericus & Attila, & barbari hanc philosophiam pessumdederunt tum enim, postquam doctrina humana naufragium perpessa esset, tabula ista Aristotelica & platonica philosophia, tanquam materiæ cujusdam levioris & magis inflatæ servata sunt, & ad nos pervenerunt; dum* Philosophie anc. & mod. Tom. I.

magis solida mergerentur, & in oblivionem ferè venirent.

Avons-nous d'ailleurs des fastes assez fidèles pour connoître le sort des productions du tems & du génie? Savons-nous si ce qu'on regarde comme perdu, ne seroit pas caché dans les ruines de quelque monument célèbre, transplanté dans des climats inconnus? Combien d'avortons merveilleux qui n'ont pas vû le jour? Ne mesurons pas les richesses des nations, & le cercle des événemens à l'étroite sphère de nos connoissances; ne bornons pas l'histoire du monde & des siècles aux limites de notre histoire.

Confondra-t-on encore le suffrage universel de tous les esprits avec cette espèce de consentement involontaire ou peu réfléchi, qui forme la vogue?

Le silence suppose l'approbation, mais la conviction juge & prononce tout haut.

On a passé du joug de l'ignorance à celui des préjugés, & cette rencontre qui tient du hasard, s'est appellée un rendez-vous général.

De plus, quel fonds ose-t-on faire sur l'unanimité des suffrages? Le sage met toujours ses jugemens & ses actions à l'abri de cette maladie épidémique. En matières d'opinions abstraites, le sentiment de la multitude est un préjugé peu favorable. Rien ne plaît au peuple que ce qui frappe l'imagination, comme les objets de la superstition, ou ce qui le séduit, comme les sophismes.

Mais Aristote fut-il plus grand que lui-même, s'il étoit possible, un seul homme ne doit pas être l'oracle de tous. C'est assez de donner quelques années de l'enfance aux opinions d'autrui; quelle honte d'entendre répéter après plus de vingt siècles: *Aristote l'a dit!* Que ne l'imitons-nous plutôt dans son heureuse audace à secouer la domination de l'antiquité? Sans doute, s'il avoit eu l'ame aussi lâche, aussi servile que nous, il ne régneroit pas avec cet empire.

Suivons les philosophes à la lueur de leurs découvertes utiles; mais suivons-les comme des hommes éclairés marchent avec d'autres hommes, & non comme des aveugles qui se laissent traîner par un guide.

Sentez, éprouvez vos forces, & peut-être Aristote ne sera pas toujours le maître. Vous avez des richesses qu'il n'avoit pas; l'histoire naturelle & la Physique expérimentale ont fait des progrès après lui; mettez donc à profit vos talens & les présens du temps; rachetez votre liberté; attachez-vous aux faits, non pas aux opinions.

Platon que les troubles de son temps avoient éloigné des affaires, conserva toujours un penchant décidé pour la Morale & la Politique; il ne prit donc de la philosophie que le titre de philosophe, & tout ce qu'il crut propre à seconder ses vues essentielles, l'art de gouverner les hommes & celui de les rendre meilleurs; estimant tout le reste ou vain ou pernicieux. Il sembla ne voir que l'homme & Dieu dans la nature : aussi sa Théologie a-t-elle répandu sur sa Philosophie autant d'obscurité, que la dialectique d'Aristote avoit jeté de confusion dans sa Physique. *Atque hujus philosophi si quis attentus & scripta & mores consideret, eum de philosophia naturali non admodum sollicitum fuisse reperiet, nisi quatenus ad philosophi nomen, & celebritatem tuendam, vel ad majestatem quandam moralibus & civilibus doctrinis addendam & adspergendam sufficeret. Eundem naturam non minus theologia, quam Aristotelem dialectica inficere : &, si verum dicendum est, tam propè ad poeta; quam ille ad sophista partes accedere.* Mais ce qui lui mérita le surnom de divin, c'est cette élévation & cette supériorité de génie qui le fit monter du premier vol à la recherche des causes & des formes; plus heureux, si appliquant l'induction aux vérités moyennes; avant de la faire passer aux principes généraux, il n'avoit pas voulu prendre un essor trop élevé dans ses abstractions métaphysiques, pour descendre ensuite dans une collection de faits trop détaillée dont il bâtit sa Physique; peu exact dans sa contemplation, parce qu'il étoit trop subtil; & dans ses observations, parce qu'il ne l'étoit pas assez, l'édifice de sa Philosophie manqua moins par les fondemens que par l'échafaudage. Platon enfin noya le monde dans ses idées. Aristote noya ses idées dans les termes, plus occupés l'un & l'autre à discourir qu'à savoir, *at Plato mundum cogitationibus, Aristoteles verò etiam cogitationes verbis, adjudicarunt ...... quare hujusmodi placita magis toto genere reprehendenda, quam propriè confutanda videntur. Sunt enim eorum qui multum loqui volunt & parum scire.*

Parlerai-je des autres philosophes mal connûs par les écrits de leurs sectateurs? En jugera-t-on d'après la satyre d'Aristote, ou par les éloges de Cicéron?

Les opinions ou plutôt les conjectures de Démocrite sont assez heureuses, s'il ne s'y trouvoit pas de la contradiction. Ses atômes n'étoient ni des étincelles de feu, ni des gouttes d'eau, ni des bulles d'air, ni des grains de poussière : (car tous ces corps sont mixtes); ils n'étoient ni pésans, ni legers, ni froids, ni chauds, (ce sont des qualités composées); ils n'avoient point un mouvement de gravité, ni de liquidité; leur mouvement n'étoit ni droit, ni circulaire, (ce sont des directions combinées.) C'étoit un corps, une qualité, un mouvement élémentaire, le principe de tous les corps, de toutes les qualités & de tous les mouvemens.

Telle étoit sa philosophie, incertaine, indéterminée, allant à tâtons & d'un pas chancelant, parce qu'elle étoit encore dans l'enfance. Elle fut d'abord négligée par le peuple, qui ne l'apperçut pas, tant elle étoit au-dessus de sa portée; & tellement embrouillée par les savans qui crurent l'entendre, qu'elle a presque totalement disparu dans la confusion de leurs disputes. Cependant il fut regardé comme un grand homme, à cause de l'étendue de ses connoissances, & comme le meilleur physicien qu'on eût vu jusqu'alors. Aristote & Platon bannirent son système de l'école, mais ils ne purent l'ôter de la tête des philosophes profonds qui le conservèrent en silence, & qui nous l'ont transmis comme à la dérobée. *Ipsa Democriti philosophia de atomis, quæ quia paulo acutius & altius in naturam penetrabat, & à communibus notionibus erat remotior, à vulgo pueriliter accipiebatur : sed & philosophiarum aliarum quæ ad vulgi captum magis accedebant, disputationibus tanquam ventis agitata, & fere extincta est. Et tamen etiam ille vir suis temporibus summa admiratione floruit, & Pentathlus dictus est ob multiplicem scientiam, & inter omnes philosophos, omnium consensu maximè physicus est habitus, ut magi quoque nomen obtineret : neque Aristotelis pugna & dimicationes........ tantum sua violentia, nec etiam platonis majestas & solennia tantum reverentiâ potuerunt ut philosophiam hanc democriti delerent : sed dum illa Aristotelis & Platonis strepitu & pompa professoria in scholis circumsonarent & celebrarentur, hac ipsa democriti apud sapientiores & contemplationum silentia & ardua arctius complexos in magno honore erat.*

Mais rien n'est plus curieux que de voir les anciens courir par bandes après les élémens ou les principes des corps. Les uns en admettoient plusieurs, d'autres un seul; mais ceux-là même étoient les plus divisés entr'eux. Ce principe unique, ils le cherchèrent par tout, excepté sur la terre. Son état de repos, & pour ainsi dire, de mort, ne permettoit pas d'imaginer qu'elle pût avoir d'activité ni de fécondité, si ses germes n'étoient mis en œuvre par une influence supérieure; mais l'harmonie établit une espèce d'hymen entre le ciel & la terre : de-là sont nés les hommes, & tout ce qu'ils voient. La terre a donc été la base des systêmes du monde, non le principe de son origine. *Primo igitur ex iis qui unum rerum principium statuerunt, neminem invenimus qui illud de terra affirmaret. Obstabat scilicet terræ natura quieta & torpens, & minimè activa; sed cœli & ignis et reliquorum patiens; ne id cuipiam in mentem veniret asserere. At tamen prisca sapientia terram proximam à chao ponit, cælique primo parenti, deinde nuptam, ex quo conjugio omnia, neque propterea hoc accipiendum, si veteres unquam statuissent terram principium essentiæ; sed principium vel originem potius schematismi sive systematis.*

Thalès trouva que l'eau devoit être le premier & l'unique élément des choses. Il voyoit presque tout se résoudre en humeur, & toutes les humeurs en eau. Il avoit observé dans le cours de la génération & de la végétation, que tous les germes subsistoient par l'humidité, qu'ils se flétrissoient faute de séve, que les métaux se liquéfioient, il voyoit la terre tirer sa fécondité des pluies, il voyoit l'océan qui, par une infinité de fleuves & de sources, portoit à travers mille veines, la vie & la fraîcheur dans les entrailles & sur la surface de la terre ; ses parties grossières n'étoient donc à ses yeux que le limon de la mer & que les sédimens de l'eau, l'air n'étoient que l'expansion de l'eau, le feu ne se nourrissoit que de la liqueur répandue dans tous les corps ; l'intervalle des cieux n'étoit qu'un amas de vapeurs humides, qui réparoient sans cesse les pertes de la mer, & soulageoient les altérations de la terre, dont le soleil dévoroit la substance : car dequoi auroit-il entretenu ses feux ? La figure sphérique des astres, les ondulations des flammes & de l'air, l'innombrable multitude des poissons & des productions aquatiques, l'analogie des métaux avec les eaux minérales, la diversibilité de cet élément, tout appuyoit son *système* : enfin toujours de l'eau, par-tout de l'eau.

Anaximène de son côté crioit, c'est l'air, oui, l'air est la cause suprême de tout ce qui existe. Il occupe, disoit-il, les espaces déserts qui séparent les grandes masses de la matière ; tout nage dans ce vaste fluide ; il embrasse, il pénètre tous les corps. Les vents qui soulèvent la mer, les combats intestins qui déchirent les entrailles de la terre, & qui couvrent les campagnes de deuil ; tout annonce la puissance de l'air. C'est le médiateur universel de la nature, qui entretient l'équilibre dans toutes ses parties, par sa flexibilité à prendre toutes les impressions. Dispensateur de la lumière & des ténèbres, il disperse les couleurs & répand les ombres ; il donne à la voix sa mélodie, à tous les sons cette harmonie enchanteresse qui enfante le plaisir au sein de l'agitation. Zéphir léger, il porte le parfum des fleurs sur ses aîles caressantes ; arbitre de la foudre, il assemble, il promène les vapeurs de soufre & de métal, les esprits de sel & de feu qui forment les orages. C'est dans son sein que les élémens se divisent & se réconcilient ; il est comme un second cahos où la matière médite & prépare ses révolutions & ses métamorphoses. C'est enfin l'ame de l'univers, le souffle vivifiant, le principe fécond & conservateur, sans lequel l'embryon s'étouffe, & le poisson est suffoqué. Il communique son mouvement à l'eau, le feu s'éteint faute de cet aliment ; mais le feu lui-même n'est-il pas un air enflammé ?

Non : c'est le feu ; disoit Héraclite, qui fait tout, & qui est lui-même toutes choses, le principe de la génération & le terme de la dissolution. Inaltérable, indestructible, il crée, il détruit, il opère tous les changemens. Tous les corps, même les plus solides, croissent & diminuent, perdent de la masse, acquièrent de la figure. Ce sont ou des êtres organisés qui diffèrent par la forme extérieure & sensible ; telles sont les espèces comprises sous les genres animal & végétal, & les individus de chacune de ces espèces : ou ce sont des corps muets & sans organes, qui vus de près ne paroîtront pas moins différens entr'eux ; telles sont les parties même similaires dans l'animal, la cervelle, l'humeur crystalline & la blancheur de la prunelle ; les os, les membranes, le cartilage, le nerf, la veine, la graisse, la moëlle, le sang, le sperme, & le chyle ; autant de matières différentes, comme sont parmi les végétaux, la racine, l'écorce, la feuille & la fleur. Les métaux & les fossiles ne sont pas organisés : cependant que de variété dans chaque espèce, & même entre les individus !

La base de cette diversité qui se trouve dans les êtres le plus ressemblans, est donc la consistance & la solidité. Ce n'est que dans les liquides que cette constitution organique d'où résulte les différences, cesse & disparoît. Mais on les distingue encore par les couleurs & les dégrés de leur fluidité, comme on le voit dans la fonte des métaux, dans la distillation des liqueurs & dans la distribution des sucs végétaux. Cette diversité devient encore moins sensible dans l'air, & dans tous les corps pneumatiques, ensorte que tout semble s'y confondre sous une parfaite ressemblance. L'air n'a point de goût, point de couleur, mais il lui reste l'odeur ; empreinte passagère à la vérité, toutefois suffisante pour distinguer un air d'un autre. On s'apperçoit cependant qu'on s'éloigne de la région des hétérogènes en approchant de la sphère du feu : car alors toute propriété différentielle se mêle & se perd dans une homogénéité générale, comme si c'étoit le terme où la nature épuisée se repose & se rafraîchit.

Héraclite appelloit donc la dissolution, un état de paix, parce que tous les élémens deviennent parfaitement égaux, & génération une espèce de guerre, parce qu'elle enfantoit la division des corps. Il imaginoit un flux & un reflux perpétuel de la matière, qui va & revient sans cesse, de l'uniformité des élémens à la diversité des espèces, & de cette variété à l'unité.

Le feu, disoit-il, se condense & se raréfie ;

cette raréfaction est le signe de l'action directe & progressive de la nature qui tend à sa fin, c'est-à-dire, à la dissolution: cette condensation représente la rétrogadation de la nature qui recommence l'ouvrage qu'elle avoit déjà fait & détruit; ces révolutions ont leurs périodes; le monde doit être un jour en proie à cet embrasement général, mais il renaîtra de ses cendres, ainsi la matière ne sera qu'une continuité de générations & d'incendies; elle s'exténuera par degrés & passera successivement par les métamorphoses de l'eau, de l'air & du feu. Tels seront les progrès de sa décomposition ou plutôt de sa perfection: car plus elle s'éloigne de la nature du feu, moins elle ressemble à elle même. La marche de son retour est toute opposée, & d'abord la terre paroîtra comme les restes du grand incendie; ces cendres deviendront humides, delà le règne de l'eau, qui, à force de se subtiliser, doit finir par le règne de l'air.

Tous ces systèmes portent sur la superficie du méchanisme du monde, sans entrer dans les ressorts intérieurs. Ces philosophes saisis de l'impression la plus forte qui fascinoit leurs yeux, ont imaginé le mystère dans ce qui n'en étoit que le voile: ils sont partis de leurs principes imaginaires, pour en faire vain éclore, & ce verre trompeur a tellement falsifié tous les objets, qu'ils ont toujours vu ce qui n'étoit point. Mais les principes universels de la matière ont des rapports intimes avec les effets les moins sensibles. L'atome invisible est une partie essentielle de l'harmonie; & les corps qui sont le plus de bruit & de mouvement, ne sont pas les plus nécessaires. Si leur principe n'est que l'apparence, les voilà retombés dans les abstractions, si ce n'est qu'ils présentent un spectre corporel à l'imagination.

Mais comment expliquer la nature des qualités contraires qui combattent & se détruisent perpétuellement? Car assurer la chose, sans en rendre raison, c'est abandonner les recherches, pour se livrer à une espèce d'admiration ou de contemplation stupide. Si les sens nous constatoient la réalité de ces principes, on pourroit les avouer & cependant en ignorer la cause; ou si la raison en confirmoit l'existence...... Mais rien ne se prête à l'appui de pareilles conjectures. Un principe universel doit se montrer par tout tantôt par des effets manifestes, & tantôt par des indices: il doit être à portée de communiquer à toutes les extrémités de la sphère. Mais comment le repos & les ténèbres de la terre partiroient-ils du même principe que la lumière & le mouvement du soleil? La terre est toujours contraire à tous les autres élémens; sa dureté combat avec la fluidité de l'air, sa sécheresse avec l'humidité de l'eau. Un principe est le germe de la formation, & le terme de la dissolution; mais l'air & le feu ne sont propres qu'à la destruction, l'eau ne sert qu'à la génération. Un principe doit être incorruptible, & le leur s'épuise dans la transformation. Cette Philosophie des Grecs est comme une flotte qui va échouer à différens écueils, faute d'avoir pris l'expérience pour boussole.

Il nous reste à discuter les deux principes de Parménide, qui sont le ciel ou le feu, & la terre ou le froid. Son système est tout développé dans celui de Télésius, philosophe de nos jours assez bien armé de la logique d'Aristote, si elle étoit de quelque poids: on doit lui savoir gré de s'en servir heureusement contre les Péripatéciens; car il détruit habilement ce que les autres bâtissent, sans oser rien établir lui-même. *Parmenidis vero Placita instauravit sæculo nostro Telesius, vir peripateticis rationibus (si aliquid illæ essent) potens & instructus; quam etiam in illos ipsos vertit, sed affirmando impeditus, & destruendo quam astruendo melior.*

Voici donc ses principes.

Les formes actives & substantielles sont la chaleur & le froid; qualités incorporelles qui opèrent sur la matière comme sur un sujet passif, dénué de toute action, mais susceptible de tous les mouvemens.

Le lumière est la production de la chaleur dispersée qui se multiplie & devient sensible par la réunion des rayons; l'ombre est la fuite & la confusion des atomes rayonnans que le froid dissipe & met en déroute.

La raréfaction & la condensation sont l'ouvrage du chaud & du froid; on peut les comparer à des ouvriers dont l'un épaissit & resserre sa toile, & l'autre l'étend & la relâche. Delà naît une disposition au mouvement, là, plus souple & plus agile, ici, plus engourdie: puis quatre qualités co-essentielles qui émanent des deux principes qu'ils assistent & suivent par-tout; telles sont la chaleur, la lumière, la subtilité & le mouvement qui habitent dans le ciel ou la sphere du feu.

La terre appelle à soi le froid, les ténèbres, la pesanteur & le repos.

Chaque puissance retient ses forces dans le centre; mais l'extrémité de leurs frontières est exposée au combat des élémens contraires qui se mêlent en route.

Le feu qui se trouve comme étranger sur la terre, inquiet, sans cesse harcelé, fuit un séjour qui ne lui fournit qu'à peine de la nouriture.

Le ciel jouit en liberté de la lumière; mais ses rayons ne sont pas assez forts pour vaincre les distances qui le séparent de notre sphère; & le dérobent à nos yeux. De ce combat des deux puissances, résultent le mouvement de rotation qui fait tourner les astres sans cesse autour

BAC

d'eux-mêmes, tantôt plus vîte & tantôt plus lentement, & le mouvement de transport qui les fait rouler sur des cercles ou des lignes spirales.

Les planetes décrivent une spirale plus ou moins approchante du cercle, selon qu'elles sont plus ou moins éloignées de la terre : car on rejette cette beauté mathématique qui réduit tous les mouvemens célestes à des cercles parfaits. A la vérité le mouvement circulaire est le plus beau de tous, parce qu'il semble devoir toujours durer, & n'avoir de terme que lui-même ; tandis que le mouvement direct, ou la ligne droite paroît chercher un terme pour se reposer.

Télésius ne fixe point de barriere aux excursions de la matiere terrestre, au lieu que le centre de la terre est, dit-il, inaccessible à la matiere céleste.

La superficie de notre globe est comme l'écorce d'un grand arbre qui contient les germes de la génération.

Tous les êtres connus, les corps pesans & durs, les métaux, les pierres, la mer même sont les productions que la terre a conçues de la chaleur du ciel ; ils sont composés d'une substance mitoyenne entre le soleil & la terre. Ainsi ce que nous appellons terre pure ou froide, est enfoncé sous les abîmes de la mer & sous la région des minéraux & des végétaux. Mais l'intervalle qui s'étend depuis la terre pure jusqu'à la lune, & peut-être au-dessus, est semé d'élémens mixtes, & qui participent également des deux sphères ennemies. C'est-là, (entre la sublimité du ciel & la profondeur de la terre) que se livre ce combat perpétuel, & cette confusion infernale toute la matiere, tandis que le centre jouit d'un parfait repos. Ainsi les provinces intérieures de deux royaumes voisins sont en pleine paix, quoiqu'une guerre violente ravage leurs confins. Tous ces élémens furieux tendent à se répandre & à se multiplier jusqu'à vouloir occuper toute l'étendue de l'espace ; cet acharnement les porte à se détruire, à se chasser, à envahir leur terrein respectif ; & de la division de tous les êtres, résulte cette admirable variété d'espèces & de propriétés. Cependant la matiere a des regles & des qualités antérieures. Elle ne peut acquérir, ni perdre de sa masse, elle a un mouvement de gravité naturelle : les ténebres ou l'opacité lui sont comme essentielles.

Il s'agit d'expliquer comment l'ordre & la génération peuvent sortir du désordre & de la destruction. Le soleil auroit dû, ce semble, embraser la terre & la consumer. Mais que d'obstacles ! La distance de la terre, la déclinaison des rayons du soleil qui ne tombent jamais perpendiculairement sur toute la surface de la terre ; l'obliquité de son mouvement annuel qui l'empêche de continuer & de réitérer les mêmes impressions, en sorte que sa chaleur ne revient au même degré que par intervalles ; la rapidité de son mouvement diurne qui ne le laisse pas séjourner deux instans sur le même point, la résistance de l'espace intermédiaire qui sépare le soleil de la terre, rempli de corps qui arrêtent, dissipent, énervent la force de ses rayons, surtout vers la surface de la terre où l'action répulsive est dans toute sa vertu, parce qu'elle est plus près de son centre, & où, par une raison opposée, la chaleur du soleil expire... Cette guerre destructive & interminable confondroit les deux sphères dans une seule, tout deviendroit terre ou soleil ; cependant l'ordre & l'harmonie se maintiennent ; les temps & les mesures, tout suit un cours réglé ; chaque action a ses commencemens, ses progrès, sa vigueur, ses temps de langueur & sa fin. Comment cela ? C'est par les loix de l'impuissance.

L'opération de ces deux puissances dépend de la disposition de la matiere, des forces de la chaleur, & de l'application de ces mêmes forces. Ces trois considérations se tiennent lieu de cause mutuellement.

La force de la chaleur dépend, en premier lieu, de la quantité des rayons qui croissent au double par la réflexion simple, & se multiplient à proportion des réflexions ; en second lieu, du séjour des rayons ou de la continuité de leur action.

Toutes les forces naturelles sont subordonnées au temps, soit pour se mettre en exercice, soit pour opérer leur effet. C'est de leur application & de la durée de leur action que naît la vicissitude des saisons, & leur bizarrerie ; ensorte que l'air roulant dans une inconstance perpétuelle, l'été se trouve quelquefois refroidi par des vapeurs humides, & l'hyver souvent interrompu par de brûlantes exhalaisons.

Quoique le soleil continue sa route dans une constante uniformité, la moisson & la vendange éprouvent le changement des vents, qui étendent les nuages autour de la terre, comme un voile impénétrable à la chaleur du soleil. Le ciel nous envoie donc des influences, tantôt bénignes & salutaires, tantôt mortelles & empoisonnées, selon les variations de l'air qui sépare les deux sphères.

Le soleil est l'ame de la génération, cependant le feu est un élément destructeur.... Foible objection ; le feu du soleil & celui de la terre ne sont pas hétérogènes, comme on pourroit le croire, leurs opérations ont une infinité d'effets semblables ; le feu artificiel fait mûrir les fruits, éclorre les œufs, il vivifie les insectes, & conserve les plantes comme le feu du soleil. Mais notre feu est un imitateur imparfait du feu céleste. Celui-ci est plus doux à cause de la distance, il opere plus heureusement par le mélange des corps hétérogènes qu'il rencontre sur son passage, & qui tempèrent la vivacité de son action; il est plus uniforme dans ses inégalités, agissant toujours par degrés, & avec des proportions constantes: au lieu que le feu de la terre ne va que par sauts; tantôt lent jusqu'à l'excès, & tout à-coup d'une violence extrême, sans passer par cette succession réglée d'actions & d'effets.

Le froid, principe actif, rivalise avec la chaleur, & la combat de toutes ses forces. Son trône inébranlable résiste aux assauts du son ennemie, comme l'enclume aux coups de marteau; car si ces principes eussent été sujets l'un & l'autre à l'inconstance & à l'altération, ils n'auroient produit que des actions momentanées & des êtres d'un instant.

Les immenses régions du ciel sont à l'égard de l'étroite sphère de la terre, comme un empire vaste & désert, vis-à-vis d'une petite république extrêmement riche & peuplée. L'espace est compensé par la matière, l'étendue est d'une part, & la force de l'autre. Mais on ne peut bien juger des forces du froid par l'expérience, car les rigueurs de l'hiver, les frimats du Nord, l'horreur des mers glaciales sont au prix du froid central, comme les rayons du printemps auprès d'une forge embrasée.

Quant à la disposition de la matière: 1°. Il y a dans tous les corps un germe de chaleur prêt à se développer au premier feu; car les métaux, la pierre, l'air & l'eau s'échauffent par le frottement, plus ou moins aisément, selon ce degré de chaleur interne; l'air plus vite que l'eau, l'eau plus vite que les métaux, les pierres plutôt que l'eau vers la superficie, l'eau plutôt que les pierres dans le centre. Les corps solides ont moins de commerce entre leurs parties que les liqueurs; c'est pourquoi la surface des métaux est échauffée avant la surface des liquides, & la masse plus tard.

2°. La chaleur est à raison de la quantité ou de l'étendue de la matière. Plus un corps est solide, plus la chaleur s'y concentre, & s'augmente par la réunion de ses forces. Moins il est compact, plus elle se disperse, & diminue à proportion du relâchement des parties. Les métaux embrasés sont plus brûlans que l'eau bouillante, & que le bois enflammé; mais la flamme est plus pénétrante; cependant la flamme agit mollement si le vent ne la pousse, souvent même elle est très-douce & presque supportable à la main, comme on le voit dans l'esprit de vin.

3°. On distingue la chaleur par les effets de son action. Il y a sept degrés dans l'action de la chaleur, qui correspondent aux dispositions de la matière.

La lenteur ou la flexibilité est la disposition d'un corps qui cède à une grande violence, qui peut se comprimer ou se dilater, qui est ductile, ou fusile. La molesse résiste moins à la première impulsion, & suit aisément les impressions de l'attouchement.

La simple adhésion est la disposition d'une matière visqueuse, & pour ainsi dire, un commencement de fluidité; car un corps visqueux, quoiqu'il ait une espèce de consistance & qu'il se retienne dans ses bornes, a une pente naturelle vers la dissipation qui le fait s'attacher à tout ce qui le touche: un corps fluide ne suit que lui-même, un corps visqueux suit tout autre corps.

La fluidité appartient aux corps qui n'ont point de barrières ni de terme, & semblent se fuir & se chercher eux-mêmes.

La vapeur est l'exténuation du corps qui devient impalpable, d'une agitation plus subtile, d'une fluidité plus rapide, telle que l'onde inquiète qui s'évapore.

L'exhalaison est une vapeur digérée & recuite, qui fait qu'un corps approche le plus près de la nature du feu.

Enfin l'air est l'extrême période des progressions de la chaleur. Car l'air est un corps chaud, le seul qui n'est pas sujet aux plus fortes impressions du froid, telles que la gelée & la glace. Il tiédit, dès qu'il est renfermé; comme il arrive dans la laine & dans tous les corps fibreux; il suffoque la respiration, s'il n'a pas un champ libre; autant d'effets & de signes de la chaleur.

Ces différens degrés agissent plus ou moins, selon la quantité des parties similaires du même corps; car ou le corps est un amas d'élémens propres à un des sept effets déjà distingués, ou il est un mixte d'élémens subordonnés à plusieurs de ces effets.

Mais c'est dans la distinction des qualités co-essentielles de la matière, que Télésius se trouve embarrassé. Car enfin il y a des corps chauds sans lumière & des corps lumineux sans chaleur. Ce ne sont donc pas des propriétés inséparables. Le voilà réduit au stratagème de ses adversaires les Péripatéticiens qui, voulant opiner avant d'entendre l'expérience, récusent son témoignage ou le corrompent au gré de leur sens perverti, abusant manifestement des faits, & de leur propre esprit pour demeurer en possession de leur premier jugement.

Cependant Télésius de meilleure foi s'échappe en faisant des vœux pour la perfection de notre intelligence. Il y a, dit-il, tant de combinaisons à faire pour établir tous les degrés de la disposition de la matière & de l'action de la chaleur, que l'esprit humain ne peut espérer d'en venir à bout; ce seroit pourtant le dernier période de la science & la clef des mystères de la nature & de l'art. Mais comment mesurer les forces de la chaleur, comment la diviser en proportions bien justes, comment distinguer la quantité & la disposition de la matière, de façon à pouvoir assigner telle matière à tant de dégrés de chaleur ; telle degré de chaleur à tant de matière : comment fixer les centres & les limites de l'action de la chaleur ? Plaise au ciel, conclud Télésius, d'envoyer sur la terre de ces esprits divins qui, dégagés des besoins de la fortune, de l'esclavage des préjugés, & de la tyrannie des sens, jouissent à loisir de la contemplation de la nature ! Un Péripatéticien auroit ajouté. C'est ce qui n'arrivera pas, puisqu'Aristote & sa secte en sont demeurés-là.

Notre philosophe toujours en contradiction avec eux, ne veut rien entendre à leur harmonie prédominante. Tout se fait dans la nature par voie de conquête, & non par aucune espèce d'accord ou de traité, dit Télésius, d'après Empédocle. Celui-ci avoit établi pour ses principes l'antipathie & la sympathie ; mais il n'admettoit que la première dans l'explication des causes naturelles. Télésius soutient que l'humidité, loin d'appartenir au froid, est l'effet de la chaleur. Un corps humide est celui qui cède, se sépare, se divise, & s'exténue ; or, la chaleur attire, étend, dévore la matière & la transforme en humidité. Le froid au contraire, produit la sécheresse, il durcit & resserre les corps. Aristote étoit donc un bien mauvais observateur, & un raisonneur peu conséquent & grand ennemi de l'expérience, quand il attribuoit la sécheresse à la chaleur dont elle n'est qu'un effet accidentel : car le même feu qui desseche la boue, pour la changer en brique, dès qu'on l'anime à un certain point, fondra la brique, pour en faire du verre. *Ubi vult (Telesius) Aristotelem & hebetem in observatione, & sibi discordem, & erga experientiam imperiosum & libidinosum videri, quod calorem sum siccitate copulet. Nam quod aliquando entia desiccet calor, id per accidens fieri. Nimirum in corpore dissimilari, & ex partibus aliis magis crassis, aliis magis tenuibus coagmentato, eliciendo & (per attenuationem) exitum dando parti tenuiori, dum pars crassior inde cogatur, & magis se constringet : qua tamen ipsa pars crassior, si advenerit calor ferocior, & ipsa fluit ut in lateribus manifestum est : primo enim calor non ita servans lutum cogit in latetes, tenuiore parte evaporata ; at fortior calor etiam illam substantiam lateritiam solvit in vitrum.*

La chaleur chasse les corps ou les transforme.

Le chaud & le froid sont quelquefois aux prises dans un amas d'atomes ou d'élémens rangés de part & d'autre ; après un combat opiniâtre le plus foible cède le champ de bataille, & va camper ailleurs. Mais lorsqu'une des deux puissances se trouve surprise en pelotons, il arrive une transmutation, le parti dominant engloutit l'autre, qui change de nature, au lieu de changer de place. Mais dans la haute région du ciel, la chaleur se réunit & ramasse ses forces pour écarter & repousser le froid qui venoit l'attaquer jusques sur son trône. Celui-ci repoussé, se retire au centre de la terre, pour chasser à son tour les atomes célestes qui désolent les confins de son empire : car la chaleur des feux souterreins est plus violente que celle de la surface du globe ; le froid, en se resserrant, entraîne une partie de ses ennemis ; & les confond dans sa sphère.

La déroute se fait en plein vent, & la transformation en champ clos. Dans un vase bouché, quand l'évaporation des esprits n'est pas libre, il s'ensuit des fermentations qui altèrent les corps jusqu'à la dissolution. Le même changement arrive dans un corps fermé par une enveloppe naturelle, *in aperto sequitur ejectio ; in clauso versio. Hoc autem insigniter conspici in vasibus occlusis ubi emisso corporis attenuati (quod spiritum fere vocamus) prohibita & retrusa profundas & intrinsecas in corporibus alterationes & fermentationes generat : at hoc ipsum simpliciter fieri, cum corpus ob partium compactionem sibi instar vasis occlusi est.* Tels sont les principes de Parménide ou de Télésius auxquels celui-ci ajoute la matière ou la quantité. *Atque hæc sunt quæ Telesio, & fortasse Parmenidi, circa rerum principia visa sunt : nisi quod Telesius hylen addidit de proprio, peripateticis scilicet notionibus depravatus.*

Jusques-là le monde étoit assez bien arrangé ; mais voilà l'homme avec sa méchanique qui vient détruire ce système. C'est une espèce de Philosophie champêtre qui jouit à loisir du spectacle de l'univers, sans approfondir ses ressorts ; en un mot, Télésius n'étoit pas aussi physicien qu'Astronome. *Atque similia veri fuissent, quæ à Telesio dicuntur, si homo tollatur è naturâ & simul artes mechanicæ, quæ materiam vexant, atque fabrica mundi simpliciter spectetur. Nam pastoralis quædam videtur ista philosophia quæ mundum contemplatur placidè & tamquam per otium. Siquidem de systemate mundi differit non malè, de principiis imperitissimè.* Il développe la sphère & ses cercles ; mais la raison des mouvemens l'embarrassoit peu, ou peut-être trop. Encore son système s'écroule par les fondemens, puisqu'il suppose l'éternité du monde, rejettant le chaos & la succession des actes ou des états de la matière.

Il n'y a qu'un esprit peu philosophe, d'une intelligence bornée, qui ne voye pas au-delà de ce qui est, & qui n'imagine pas, soit dans le passé, soit dans l'avenir, un ordre & une sphère toute différente. *sive enim ea est Telesii philosophia, sive peripateticorum, sive quæ alia, quæ in eum modum systema instruat, libret, muniat, ut non v'deatur fluxisse à chao, ea levior philosophia videtur atque onmino ex angustiis pectoris humani.*

Les sens disent assez que le monde n'a pas toujours été ; mais ils disent aussi que la matière est de tout temps, & voilà en quoi leur témoignage ne s'accorde pas avec celui de la foi. La religion suppose la matière tirée du néant, & la Philosophie a de l'horreur pour ce néant qu'elle ne conçoit pas ; la religion attribue la création à la parole de la toute puissance, & la Philosophie convient que la matière est parvenue au méchanisme présent par une suite de degrés & d'efforts : la religion assure qu'avant la prévarication de l'homme, l'univers étoit le meilleur que dieu pût former avec une matière telle que celle qu'il avoit créé ; & la Philosophie qui s'inquiète peu de l'optimisme, prétend que cette décadence est dans la nature même des choses essentiellement changeantes & périssables : *nam omnino secundum sensum philosophanti materia eternitas asseritur; mundi (qualem eum intuemur) negatur; quod & priscæ sapientiæ, & ei, quæ ad ipsam proximè accedit, Democrito visum est. Idem sacræ literæ testantur. Illud præcipuè interest, quod illæ etiam materiam à deo, hi ex sese statuunt : tria enim videntur esse dogmata quæ scimus ex fide, circa hanc rem. Primo quod materia creata sit ex nihilo : secundo, quod eductio systematis fuerit per verbum omnipotentiæ, neque quod materia se ipsa eduxerit è chao in schematismum illum. Tertio, quod schematismus ille (ante prævaricationem) fuerit optimus ex iis quæ materia (qualis creata erat) suscipere posset. At philosophiæ illæ ad nullum horum adscendere potuerunt : nam & creationem ex nihilo exhorrent, & hunc schematismum post multas ambages & molimina materiæ eductum sentiunt ; nec de optimitate laborant, cum schematismus asseratur occiduus & variabilis.*

Revenons aux principes de Télésius. Il seroit bien à souhaiter que les philosophes convinssent une bonne fois de ne faire sortir les êtres que des êtres, les principes que des principes, c'est-à-dire, de ne pas attribuer le nom de substance à des conceptions abstraites, & le nom de principe à des formes périssables. Mais si cela est, nous voilà réduits à l'atome indivisible, commensurable, revêtu d'une forme, placé dans l'espace avec un mouvement, un appétit & une aversion naturelle, éternel, inaltérable, & devant survivre à la destruction de toutes les espèces. En un mot, ce doit être le centre immuable de toutes les combinaisons faites & possibles de la matière. *Atque utinam hoc saltem semel & inter omnes conveniret, ne aut ex non entibus, entia, aut ex non principiis principia, constitui placeret, neque manifesta recipiatur contradictio. Principium autem abstractum non est ens; rursus ens mortale non est principium ut necessitatis planè invincibilis hominum cogitationes (si sibi constare velint) compellat ad atomum, quod est verum ens, materiatum, formatum, dimensum, locatum, habens antitypiam, appetitum, motum, emanationem; idem per omnium corporum naturalium interitus manet inconcussum & æternum. Nam cum tot & tam varia sint corporum majorum corruptiones, omnino necesse est, ut quod tamquam centrum manet immutabile; id aut potentiale quiddam sit ; aut minimum.*

Si l'on n'entend par principe qu'une puissance ou qu'une vaine capacité d'être ; pure abstraction inintelligible. Si c'est un corps, il doit être le plus petit qu'il se puisse, & la divisibilité n'a point de bornes. Ce seroit donc mieux de ne reconnoître aucun principe élémentaire & antérieur à toutes les combinaisons, mais plutôt de les faire servir mutuellement de principes les unes aux autres, & d'établir des formes passagères, en fixant des règles éternelles & constantes à leur manière d'opérer.

Car ce principe invariable a l'inconvénient trop réel de n'exister que dans l'imagination, & de donner des notions phantastiques à la place des êtres, au lieu que le système de ne fixer aucun principe déterminé, revient à une circulation perpétuelle de causes & d'effets, que les révolutions sensibles de toute la nature nous rendent assez palpable.

Le principe que Télésius prête à Parménide, est donc la quantité ou la dose de la matière, en quoi je le trouve bien injuste & peu conséquent dans le partage ou la distribution qu'il fait des troupes & des forces, aux puissances belligerantes. Car d'un côté il oppose le globe unique de la terre à cette armée innombrable d'étoiles : la terre n'a qu'un point dans l'espace, & le ciel occupe toute l'étendue. Mais où sera l'harmonie & l'équilibre, si le ciel, outre l'avantage du nombre, obtient encore celui des armes & de la force, si d'un côté tous les traits portent coup, & si de l'autre ils restent à moitié chemin ? les rayons du soleil agissent sur la terre, & les vapeurs de la terre ne vont point jusqu'au soleil ; l'ombre de la terre n'obscurcit point le disque du soleil & la lumière de cet astre perceroit notre globe de part en part, s'il étoit diaphane. Le froid s'étend encore bien moins que l'ombre ; qu'arrivera-t-il donc ? La combustion universelle d'Héraclite dévorera cet espace & ce qu'il contient, jusqu'aux confins de la terre ; toutes les étoiles ne feront bientôt qu'un amas de matière embrasée, parce que cette vertu que Télésius donne à ses principes de se multiplier, & de transformer tout en leur propre nature, doit agir autant ou même plus sur les corps similaires, que sur les élémens hétérogènes. Allons plus loin.

Combien d'actions & d'effets totalement étrangers au froid & à la chaleur ? Combien, dont le froid & la chaleur dérivent ? mais un principe doit
comprendre

comprendre tous les phénomènes, & ne ressortir d'aucun d'eux. Les principes de Télésius ne sont que des causes instrumentales & secondaires. Cette vertu d'inertie qu'il prête à la matière, est contradictoire à elle-même. Car comment concevoir une force qui repousse la mort & sa destruction, au point que l'affaissement du monde entier ne puisse altérer le plus petit atome, qui rend les molécules de la matière impénétrables, qui leur donne une action répulsive & en même temps extensive, ensorte qu'elles se répandent sans se quitter? Qu'appelle-t-on destinée & nécessité si ce n'est pas cette vertu d'inertie? La voilà sans contredit.

Télésius suppose habilement la masse de la matière fixe & déterminée; mais quand il s'agit d'expliquer la raison de cette quantité indestructible, il se replonge dans les ténèbres du péripatétisme, donnant à la cause principale, la place de l'accessoire, & regardant comme une condition préliminaire, l'action même d'où résultent nécessairement les forces offensives & défensives de la matière, l'inaltérable solidité du tout, & les limites des choses possibles. C'est assez la méthode de l'école de s'attacher à deux ou trois termes qui lui plaisent, & de consacrer certains axiomes, sans se mettre en peine de les appliquer, & d'en connoître les conséquences: dès qu'il est arrêté par un décret formel & définitif, que deux corps ne peuvent occuper à la fois le même espace; plus de questions sur les motifs de cet arrêt, plus de recherches sur l'usage qu'on peut faire de cet axiome dans les sciences, & sur la quantité de lumières qu'elles en tirent. *Schola itidem vulgaris eum facili verborum complexu pueriliter prensat, satisfactum huic cogitationi putans, si duo corpora in eodem loco non posse esse pro canone ponat; virtutem autem istam, atque ejus modum nunquam apertis oculis contemplatur, & ad vivum dissecat, parum scilicet gnara quanta ex ea pendeant & qualis lux inde scientiis exoriatur.*

Télésius établit le vuide, mais à grands amas sans bornes; ensorte que les corps s'écartent quelquefois, & changent tout-à-fait de voisinage & de sphère, contraints par la violence & l'importunité d'un bataillon plus fort. A quel degré s'étend le vuide, à quel point de distance se séparent sans retour, ou se réunissent les élémens écartés? C'est ce qu'on n'a pu déterminer. Mais cette horreur du vuide, ou l'attraction, n'a aucun rapport avec le froid & la chaleur; car la matière chassée, entraîne tous les corps qu'elle rencontre dans sa fuite, homogènes, ou non; froids, ou chauds, ensorte qu'un corps chaud s'attachera plutôt à un corps froid, que de rester isolé, parce que la chaîne de la nature est plus forte que l'antipathie du chaud & du froid; l'adhésion de la matière n'attend pas la liaison des formes, & par conséquent ne

Philosophie anc. & mod. Tome I.

dépend pas du froid & de la chaleur qui font tous les moules.

L'*expatiation* de la matière est cette force, ou ce ressort intérieur, par lequel elle se dilate & se comprime, se condense & se raréfie, se replie & se rétablit; c'est le principe de la fermentation & de l'élasticité que Télésius attribue toujours à ses agens plénipotentiaires, le froid & le chaud, mais bien à la légère. Car ou les corps quittent leurs limites naturelles & leur forme, sans être violentés; ou forcés de changer d'espace, ils conservent leur forme, & reviennent à leur place.

La vertu de progression peut bien venir du froid & du chaud; mais celle de restitution, à quoi l'attribuer? L'eau se répand en vapeurs, l'huile en exhalaisons; mais on ne voit pas que ces liqueurs dissipées reprennent leur ancien état. L'air se raréfie, & c'est par la chaleur, puisque aussi-tôt qu'elle cesse, il retombe & se rapproche de son centre. Mais combien de corps qui, dilatés par toute autre violence que celle du feu, ne laissent pas de refouler avec impétuosité sur eux-mêmes, sans que le froid s'en mêle? L'air même emprisonné, force ses barrières par une activité naturelle.

Le méchanisme du mouvement & la percussion des corps durs qu'on appelle violente, & qui les brise & les exténue jusqu'à l'évaporation ou l'exhalaison, n'est que l'effort naturel des parties qui cherchent à se délivrer de l'état de contrainte & de compression. *Accuratius autem scrutanti manifeste constat corpora, quæ duriora sunt, pressionis esse impatientissima, & ejusdem veluti sensum acutissimum habere, adeo ut quam minimum a naturali positione depulsa, magna pernicitate nitantur ut liberentur & in pristinum statum restituantur.*

Y a-t-il là des traces de froid ou de chaud? Télésius aura recours à cette portion de chaleur assignée à chaque sphère, qu'il suppose être en analogie avec la quantité de la matière; d'où il conclud que s'il y a plus de matière que de ces qualités, leur effet doit être engourdi, émoussé par la masse; vains subterfuges d'un esprit entêté de ses principes, & qui veut suivre ses idées plutôt que la nature. C'est ainsi que les philosophes s'égarent autour des principes essentiels de la matière. La nature, l'art & la violence ne sont chez eux qu'un jeu de mots: *Ista enim natura, ars, violentia, compendia verborum sunt & nugæ.* Il ne suffit pas d'attribuer à la nature ce mouvement par lequel les élémens tendent à se composer en masses homogènes, il falloit chercher dans ce mouvement sensible le ressort secret qui le produit.

Les mouvemens violens sont les plus naturels,

parce qu'ils ont plus d'analogie avec la masse entière. *Quin & ipsi illi motus, quos violentos appellant, magis secundum naturam appellari possint, quam iste quem vocant naturalem. Si sit illud magis secundum naturam quod est fortius, aut etiam quod est magis ex ratione universi.*

Le mouvement de gravité n'est que dérivé ; car la terre, où est toute sa force, n'est qu'une petite province, eu égard au vaste empire de l'univers. *Nam motus iste adscensus & descensus, non admodum imperiosus est, nec etiam universalis, sed tanquam provincialis & secundum regiones ; quin & aliis motibus obsequens & subjectus.*

Cette distinction des corps graves, & de la matière subtile, n'est qu'une répétition du mouvement d'expansion & de condensation. C'est aller aux effets collatéraux, au lieu de remonter à la cause directe. En vain ajoute-t-on un appétit vers le centre, & un autre vers la circonférence, c'est avancer de quelques pas, mais l'espace n'a point de force attractive, un corps n'est poussé que par un corps, & l'espace n'est rien : cette inclination ou cette inquiétude de changer de place, n'est que celle de changer de forme ; *quod vero gravia deorsum ferri aiunt, levia sursum, idem est ac si dicerent gravia esse gravia, levia levia. Quod enim prædicatur id ex vi ipsâ termini in subjecto assumitur. Si verò per grave densum, per leve rarum intelligunt, promovent nonnihil, ita tamen ut ad adjunctum & concomitans potius, quam ad causam rem deducant. Qui vero gravium appetitum ita explicant ut ad centrum terræ illa ferri contendant, levia ut ad circumferentiam & ambitum cœli, tanquam ad loca propria ; asserunt certè aliquid, atque etiam ad causam innuunt ; sed omnino perperam. Loci enim nulli sunt vires, neque corpus nisi à corpore patitur ; atque omnis incitatio corporis quæ videtur esse ad se collocandum, appetit atque molitur configurationem versus aliud corpus, non collocationem aut situm simplicem.*

Tel étoit le système de Parménide, dont l'exposition & la réfutation nous dispensera de parcourir les autres en détail. Télésius, restaurateur de son esprit philosophique, & réformateur des vieilles opinions, aimoit assez la vérité pour éclairer les sciences. Sa place est à la tête des hommes nouveaux ; je dis des hommes, parce que ce n'avoient été depuis Aristote jusqu'à lui que des troupeaux de sectes.

Quoiqu'il en soit des écarts de tous les anciens, la majesté qui respire encore dans ces ruines superbes, nous laisse une assez haute idée, & une juste admiration de tout l'édifice.

Héraclite étoit à la porte de la Philosophie, ce me semble, quand il se plaignoit que le défaut des philosophes étoit de chercher la science & la lumière, chacun dans un monde particulier, & non pas dans ce grand univers commun à tous les hommes. *Nemo enim non quandoque in aliquod verum impingitur. Heraclitum cum scientiam ab hominibus in mundis privatis, non in mundo communi quæsitum diceret, bene in philosophia introitu litasse video.*

Démocrite, en s'écartant des opinions de la plupart des philosophes qui l'avoient précédé, des faiseurs de systèmes, & de ceux qui adoptent servilement les doctrines reçues ; & en cherchant entre ces deux extrèmes, également éloignés de la vérité, une route qui pût l'y conduire sûrement, me paroit avoir philosophé sur les bons principes. *Democritum, cum natura immensam varietatem & infinitam successionem tribuens, se è regione sisteret cæterorum fere philosophorum, secularitatibus detissimorum, & mancipiorum consuetudinis, & hac oppositione utrumque mendacium in se collidendo perderet, & veritati inter extrema viam quandam aperiret, non infeliciter philosophatum esse reputo.*

Les nombres de Pythagore n'étoient pas une absurdité. Mais sa philosophie n'étoit bonne que pour des moines, parce qu'elle donnoit trop à la superstition ; aussi ne prit-elle faveur que chez les Mahométans & les Manichéens. *Tantummodo pythagoræ inventa & placita (licet numeri ejus quiddam physicum innuant) talia majore ex parte fuisse quæ ad ordinem potius quendam religiosorum fundandum, quam ad scholam in philosophia aperiendam pertinerent ; quod & eventus comprobavit : nam eamdem disciplinam plus in hæresi manichæorum & superstitione Mahumeti, quam apud philosophos valuisse.*

Le philosophe des indiens (Dindamus) avoit raison d'appeller la coutume, l'antiphysique. *Dindamum indum quod morem antiphysin dixerit, laudo.*

Epicure me fait plaisir à entendre, quand il détruit l'erreur de ceux qui confondent les causes physiques avec les causes finales. *Quin & epicurum adversus causarum (ut loquuntur) per intentiones & fines explicationem disputantem licet pueriliter & philologe, tamen non invitus audio.*

Pyrrhon m'amuse avec ses sceptiques, quand je les vois se jouer de tous les préjugés, tourner incessamment autour, & les suivre alternativement, semblables à ces amans inquiets & jaloux, qui accablent leurs maîtresses de reproches, & les quittent pour les reprendre. J'écoute enfin Paracelse, quand il me renvoie toujours à l'expérience, comme à la souveraine solution. *Etiam Pyrrhonem & academicos vacillantes, & è lintre loquentes & erga idola se gerentes veluti amatores quosdam morosos (qui amasios suos semper probris afficiunt, numquam deserunt*) *animi & hilaritatis gratia adhibeo. Cæteros enim idola prorsum agunt, hos vero in orbem; quod jocosius est. Denique Paracelsum & Severinum cum tantis clamoribus homines ad experientiæ suggestum provocant, præcones mihi exopto.*

Plus heureux les uns que les autres, (car après tout, leurs mensonges sont moins un crime d'ignorance ou de mauvaise foi que l'effet du malheur de leurs temps) plus curieux la plûpart & plus fidéles observateurs qu'Aristote, ils ont mieux rencontré que lui dans la Physique ; plus sages, plus louables qu'Aristote & Platon d'avoir cherché la vérité sans détour, & d'avoir débité leurs erreurs, sans emprunter l'emphase de l'imposture. Mais pour ne parler point au hasard de ce qu'on ne sait plus, & de peur de substituer nos conjectures à leurs principes ; il en est de leurs Théories ou plutôt de leurs fables philosophiques comme des fictions de théatre, où la vraisemblance plait souvent plus que la vérité même : elles font plus ou moins d'illusion, selon qu'elles sont bien ou mal imaginées. *Verum de Aristotele & de reliquis istis græcis, non dissimile judicium fecit, esse nimirum hujusmodi placita ac theorias, veluti diversa diversarum fabularum in theatro argumenta, in quandam verisimilitudinem, alia elegantius, alia negligentius, aut crassius conficta ; atque habere quod fabularum proprium est, ut veris narrationibus concinniora & commodiora videantur.*

Il est évident que si la Philosophie eut été entre les mains du peuple, comme la religion, toutes ces extravagances de l'esprit humain, portées tour-à-tour sur les ailes de la vogue, auroient trouvé autant de factions, qu'il y avoit de systèmes, & qu'ils auroient tous péri dans la guerre civile des partis.

En parcourant, comme dans une galerie de tableaux, ces fondateurs de l'ancienne Philosophie : on apperçoit un rideau jeté dans l'enfoncement : c'est le voile de cette antiquité reculée, dont il ne nous reste qu'un souvenir obscur. Mais pourquoi se perdre dans une nuit qui ne présente que des ombres & des phantômes ? car l'antiquité ressemble assez à la renommée qui cache sa tête dans les nues, mêlant dans ses récits beaucoup de mensonges à quelques vérités. Avec un peu moins de bonne foi, sans doute il seroit aisé de faire remonter l'origine de la Philosophie à des temps bien antérieurs aux grecs, & de trouver dans l'histoire des raisons du silence & de l'oubli qui nous l'ont dérobée. En coute-t-il beaucoup d'antidater de quelques siécles une vieille noblesse ; & ne sait-on pas que les généalogies sont du ressort de la conjecture ? *Atque scire se, si minus sincera fide agere vellet, non difficile esse hominibus persuadere apud antiquos sapientes, diu ante græcorum tempora,*

scientiam de natura, majore virtute, sed majore etiam fortasse silentio floruisse : atque ideo solemnius fore, ea, quæ jam afferuntur, ad illa referre, ut novi homines solent, qui nobilitatem antiquæ alicujus prosapiæ per genealogiarum rumores & conjecturas sibi affingunt. Mais un honnête homme n'a pas besoin de calomnier ses ennemis : n'allons donc pas troubler ces ténèbres mystérieuses.

La plûpart des fables sont moins les inventions que les traditions des poëtes ; ils nous les ont transmises, comme ils les avoient reçues, un peu plus defigurées, à la vérité : c'est cette origine immémoriale qui nous les a fait révérer de siécle en siécle, comme les restes sacrés d'un âge précieux, ou comme le testament des premiers hommes à la dernière postérité. Quoi qu'il en soit, il n'importe pas plus de savoir si nos nouvelles découvertes appartiennent aux anciens, & si les vicissitudes nécessaires de cet univers ont alternativement fait disparoitre & reproduit sur la scène du monde ces mêmes inventions, qu'il n'est intéressant pour nous de savoir si notre nouveau monde est l'isle atlantique des anciens géographes ; ou si c'est une découverte moderne. C'est au flambeau de l'étude & de l'observation de la nature qu'on fait des découvertes ; mais ce n'est pas dans les ténèbres de l'antiquité qu'il faut chercher la lumière. *Tamen ad id quod agitur, non plus interesse putare, utrum quæ jam itæ veniuntur, antiquis cognita & per rerum vicissitudines, occidentia & orientia sint : quam hominibus curæ esse debere, utrum novus orbis fuerit insula illa atlantis & veteri mundo cognita, an nunc primum reperta. Rerum enim inventionem à naturæ luce petendam, non ab antiquitatis tenebris repetendam esse.*

Que penser donc d'une méthode qui n'a produit que des ronces & des chardons ? Un poëte compareroit bien le péripatétisme à l'écueil de Scylla, ce monstre composé de tant d'autres. La tête en est assez belle, ce sont des axiomes séduisans au premier coup d'œil ; mais quand on s'avance de près, on se voit en proie à une dialectique hérissée d'argumens & de sophismes captieux, où les meilleurs esprits vont faire naufrage. *Fabula illa de scylla in eas (hujusmodi philosophias) ad vivam competere videtur : quæ virginis os & vultum extulit, ad uterum vero monstra latrantia succingebantur, & adhærebant. Ita habere & istas doctrinas quædam primo aspectu speciosa, sed cum ad partes generationis ventum est, ut fructum ex se edant, tum nil præter lites & inquietas disputationes inveniri quæ partus vicem obtineat.*

Aristote se faisoit (1) une gloire, & un jeu cruel

---

(1) La plûpart des reproches que Bacon fait ici à Aristote, sont injustes, & sont bien moins la criti-

d'élever des questions pour les détruire, & d'envelopper la vérité dans un nuage de contradictions artificieuses. Ses disciples avoient toujours en réserve quelque subtilité pour embarrasser leurs ennemis, & se dégager de leurs piéges ; mais que croyoient-il ? Que sçavoient-ils ? Qu'osoient-ils même assurer ? Rien ; c'est-à-dire, qu'ils cherchoient moins à dissiper des doutes, qu'à éterniser les disputes. Aussi de tant de travaux, il ne nous reste pas un seul monument consacré au bonheur de l'humanité ; en sorte que l'instinct des animaux nous a fourni plus d'inventions utiles que la science de tous les philosophes. Du moins s'ils n'avoient rendu d'autre service aux arts, que celui de ne pas leur nuire ; mais il falloit qu'ils fermassent toute issue aux efforts de l'industrie. Les quatre élémens d'Aristote n'étoient pas assurément une découverte fort subtile, car c'est ce qu'il y a de plus grossier & de plus palpable dans la première décomposition des corps ; encore n'étoit-elle pas nouvelle, puisque Empédocle avant lui l'avoit désignée sous le nom d'humeurs & de compléxions. C'est pourtant de cette influence maligne que vient la sécheresse & la stérilité de la philosophie. Les hommes curieux de vains amusemens, & se payant de raisons frivoles, négligèrent l'observation de la nature, où ils pouvoient faire un si riche butin. Voilà les fruits ; passons aux progrès.

Imaginera t-on que les sciences ont un terme fixe d'élévation, où un seul homme doit arriver, dans un espace de tems déterminé ; que c'est à lui d'en marquer les limites & la profondeur,

---

que de ce philosophe, que celle de ses obscurs commentateurs, dont on fait trop souvent partager les erreurs & les ridicules subtilités à celui dont la méthode mieux comprise & rectifiée dans quelques points, auroit facilement garanti ses prétendus interprètes de tous les écueils où ils se sont brisés. (*Voy.* l'art. *Aristotélisme*). Accuser Aristote de toutes les sottises, de toutes les folies que les scholastiques ont débitées à l'occasion de ses écrits, c'est confondre des choses très-diverses ; c'est à-peu-près comme si on rendoit Euclide responsable de tous les paralogismes que quelques géometres ont faits en se servant du même instrument que lui. Il y a sans doute beaucoup d'erreurs dans Aristote, mais enfin il ne doit être reproché des siennes, & c'est déjà bien assez. Il y a néanmoins entre le disciple de Platon & les scholastiques cette différence remarquable, c'est qu'un homme, même très-instruit, trouveroit encore beaucoup de choses à apprendre dans les ouvrages du vieux philosophe entièrement dégagés des absurdes commentaires qu'on y a joints, au lieu qu'on ne peut absolument rien recueillir d'utile de ceux des scholastiques, & que celui qui auroit le malheur d'avoir perdu son tems à les étudier, n'auroit rien de mieux à faire pour *remettre sa raison en meilleure & plus sure posture*, selon l'expression de Montaigne, que d'oublier promptement toutes ces sottises : *stultus est labor ineptiarum*.

de détrôner ses prédécesseurs, pour ne laisser aux siècles à venir, que le soin de l'admirer, de l'étendre & de l'interprêter conformément au goût de chaque nation ? Ce seroit accorder à des objets frivoles, un rang & une considération qu'ils n'ont pas dans l'ordre de la providence universelle ; car tout ce qui est périssable, devient le jouet du hazard trop bien servi par l'inconstance des hommes, qui semble ajoûter à la fatalité des meilleures choses. Tel est le destin des sciences & des arts : après qu'à force d'être remaniées à plusieurs reprises, les matières ont reçu un certain degré de souplesse & de clarté ; il s'élève un génie, ou plus hardi, ou plus éloquent, qui, à la faveur d'une méthode nouvelle, lie en un corps ces membres épars, retranchant à son gré ce qui lui déplaît ou lui résiste, enveloppant les lueurs & les sombres clartés dans une nuit totale, écartant ce qui demande de la peine ou du tems, & se donne ainsi, par la voie du prestige, une espèce d'empire sur la postérité qui, charmée de la fausse lumière qu'on lui prête, adopte aveuglément un système suborneur, & se fait un mérite de son esclavage. Mais tel est le sort de ces théories arbitraires qui ont leur source dans l'imagination, de varier au gré de ses saillies, sans en devenir plus fécondes ; au lieu que la philosophie expérimentale qui a ses racines dans la nature, est comme ces fleuves intarissables, qui grossissent sans cesse dans leur cours.

Consultons les auteurs eux-mêmes sur la solidité de leurs systèmes ; leur témoignage est des moins suspects. Après avoir affecté ce ton de fausse confiance, à quoi sont-ils réduits dans leurs tentatives infructueuses ? A mordre le frein de rage, à se plaindre sans cesse de la subtilité de la nature, de l'*inaccessibilité* des objets, de la brièveté de la vie, & à de semblables défaites artificieuses qu'on doit prendre moins pour un aveu modeste de leur insuffisance, que comme un retour de l'orgueil, qui veut pallier ses défauts, en calomniant la nature. De-là, ce Pyrrhonisme qui condamne l'esprit humain à des tenèbres éternelles, qui tire un voile impénétrable entre le sanctuaire de la nature, & la curiosité de ses observateurs, qui défend à l'industrie de perfectionner l'art, & qui fait enfin de sa propre foiblesse un reproche capital à la condition humaine.

Le succès des entreprises dépend des moyens. Si les appuis de la Philosophie ont été ruineux jusqu'ici, pouvoit-on concevoir des espérances qui ne fussent stériles ? Les fameux obélisques, les arcs de triomphe, ces prodiges de l'antiquité, ne sont point tant l'ouvrage de la force, du nombre, & même de la dextérité des ouvriers, que l'effet des instrumens & des leviers. La main de l'homme seul eût employé plus de siècles à les élever, qu'ils n'ont duré de jours. C'est donc par le moyen des secours que l'expérience prête à l'entendememt, qu'on peut venir à bout de fonder un syftême inébranlable, & qui n'ait à recevoir du tems que des accroiffemens.

On a donc manqué d'inftrumens, on a manqué à l'obfervation ; car qu'eft-ce qu'un faifceau d'expériences triviales, pour juger & prononcer fur tout le méchanifme de la matière ? Infenfés, pleins d'orgueil, nous confidérons la nature dans un vafte lointain, où nous appercevons à peine l'ombre ou le nuage qui l'environne, c'eſt-à-dire, qu'il nous en reſte une image confuſe ; mais les traits épars qui la repréſentent plus diſtinctement, nous échappent dans l'intervalle. A quoi bon monter fur une tour, prendre un téleſcope, contraindre la prunelle, ſerrer les paupières, pour voir ce qu'on a ſous les pieds, tandis qu'il faudroit ſe baiſſer & s'approcher ?

On dira qu'Ariſtote n'a pas fait autre choſe. Y penſe-t-on ? Qu'elle eſt cette méthode qui part d'une induction faite au hazard & ſans choix, pour en venir à des concluſions vagues & générales, ſous qui toutes les obſervations étoient comme forcées de ſe ranger ?

Que faiſoient les anciens ? Ils recueilloient d'abord une multitude de faits qu'ils réduiſoient ſous des titres, avec des notes & de longs commentaires : ces matériaux ſervoient à bâtir leur ſyſtême, au moyen de quelques axiomes généraux qu'ils érigeoient en thèſes. L'ouvrage fini, ils avoient ſoin de faire diſparoître l'échaffaudage qui n'auroit pas fait d'honneur à l'édifice. *Illas procul dubio à meditationum ſuarum principio magnam vim & copiam exemplorum paraviſſe.... Sed poſtquam re comperta, illis pronuntiare viſum eſſet : tunc demum pronuntiata & eorum explicationes & connexiones in ſcripta redegiſſe : addito ſparſim uno aut altero exemplo ad docendi lumen. Sed primordia illa & notas, ac veluti codicillos & commentarios ſuos in lucem edere & ſupervacuum & modeſtum putaſſe. Itaque feciſſe ut in ædificando facere decet : nam poſt operis ipſius ſtructuram, machinas & ſcalas & hujuſmodi inſtrumenta à conſpectu amovenda eſſe.*

Un fait, ou un exemple ſe trouvoit-il contraire à quelqu'un de leurs principes, ils ſe gardoient bien de remettre cet axiome à l'examen; mais le ſuppoſant toujours démontré, il n'étoit queſtion que d'éluder cette objection ruineuſe : au moyen d'une exception, ou d'une diſtinction, on ſe tenoit quitte. Il falloit être d'aſſez bonne foi pour s'en contenter. Si le fait, ſans être tout-à-fait oppoſé, paroiſſoit dur à l'explication, on ſavoit bien l'ajuſter & le faire paſſer à force de ſubtilités. *Verum hæc de ipſis cogitare nobis per ipſos integrum non eſt ☦ formam enim & rationem ſuam inquirendi, & ipſi profitentur & ſcripta eorum ejuſdem expreſſam imaginem præ ſe ferunt. Ea non alia fuit, quam ut ab exemplis quibuſdam quibus ſenſus plurimum aſſueverat, ad concluſiones maxime generales ſive principia ſcientiarum advolarent : ad quorum immotam veritatem, concluſiones inferiores per media derivarent. Ex quibus arte conſtitutâ, tum demum ſi qua controverſia de aliquo exemplo mota eſſet quod placitis ſuis refragari videretur, illud per diſtinctiones aut regularum ſuarum explanationes in ordinem redigerent : aut de rerum particularium cauſis mentio injiceretur, eas ad ſpeculationes ſuas ingenioſe accommodarent. Itaque res & totius erroris proceſſus prorſus patet : nam & miſſio experientiæ præpropera fuit, & concluſiones mediæ (quæ operum vitæ ſunt) aut neglectæ, aut in firmo fundamento impoſitæ ſunt, & ſenſui ipſi, (qui non repræſentatur) ingenii quædam facta eſt ſubſtitutio illegitima & infelix ; & ſi qua frequens alicubi inter eorum ſcripta inveniatur exemplorum & particularium mentio, id ſero, poſtquam jam decretum eſſet de placitis ſuis, factum eſſe conſtat.*

Tel étoit Ariſtote leur maître ; ſa moiſſon de faits ſert moins de baſe que de confirmation à ſon ſyſtême. C'eſt une collection faite après coup. Loin de ſuivre la nature dans ſa marche libre & toujours fidèle, il ſembla vouloir lui en impoſer & corrompre la plus ſûre interprete de la vérité, en lui prêtant des oracles conformes à ſa vanité. Il avoit corrigé une faute eſſentielle (le défaut de l'expérience) par une collection précipitée, négligence plus coupable que la première ; il trouva dans l'oppoſition des faits une contradiction perpétuelle avec ſes idées, il expliqua ces différences par de vaines diſtinctions ; & loin d'éclaircir la matière, il la fit perdre de vue, en la réduiſant à des riens ſcholaſtiques.

Les chimiſtes prirent une autre route, mais auſſi captieuſe ; car en prétendant faire reſſortir la nature de leurs principes hazardés ſur des faits d'une interprétation arbitraire ; à qui reſſemblent-ils, ſinon à cet enfant qui, trouvant un banc ſur le rivage, voulut auſſi-tôt en faire un vaiſſeau ? *Verum & delicatus ille adoleſcentulus, cum ſcamnum in littore reperiſſet, navem ædificare concupivit. Ita carbonarii iſti ex pauculis diſtillationum experimentis philoſophiam condere aggreſſi ſunt, ubique iſtis ſeparationum & liberationum abſentiſſimis idolis obnoxiam.*

Que ſignifient ces élémens qu'ils appellent les matrices de la nature, où toutes les eſpèces forment leurs individus ; enſorte, que chaque corps eſt un mixte de leurs quatre ſemences ? N'ont-ils pas fait de l'homme une eſpèce de pantomime ; *quæ parallela ſomnias idolorum conjugator fanatice (Paracelſus) nam hominem ſcilicet pantomimum effeciſti.*

Il paroît que la magie naturelle a ſéduit le peuple en faveur des chymiſtes ; mais elle eſt trop méprisable pour être réfutée sérieusement. Superstition dans ses dogmes, prestige dans ses œuvres ; que peut-on dire autre chose d'un art qui n'aboutit qu'à surprendre & à éblouir, au lieu d'éclairer & de secourir ? Tel est le propre de la vérité, de se rendre si sensible par la démonstration, qu'elle ne laisse plus de place à l'admiration ; l'imposture au contraire dresse des piéges aux sens, pour jetter la raison dans un étonnement stupide.

Avec si peu d'égard pour l'antiquité, mérite-t-on des ménagemens de la part de ses contemporains ?...... Mais quel est donc mon attentat ? Si j'espérois aller plus loin que les anciens en suivant la même route, cette émulation qu'on devroit encourager, fut-elle téméraire, tourneroit sans doute à ma confusion par l'inégalité de mes talens. Mais s'agit-il ici de mesurer nos forces ? C'est assez avouer ma foiblesse, que de vouloir abbréger le chemin. Je servirai de phare, & non pas de guide ; après tout, seroit-il bien étonnant qu'un boiteux mis dans la voie, arrivât plutôt au terme, qu'un coureur égaré ? Mon projet est innocent, je ne veux faire la guerre à personne. Tout au plus je serai le trompette qui anime les bataillons au combat, encore ne prétends-je point soulever les querelles des savans. S'ils vouloient m'écouter, loin de s'entredéchirer pour l'intérêt frivole de leurs opinions, ils se ligueroient ensemble contre les obstacles de la nature. Après un pareil manifeste qui garantit mes intentions, si j'éprouve encore des hostilités, je proteste que c'est agir contre le droit des gens qui assure un libre accueil chez toutes les puissances, au parti de la neutralité. Mais dût-on me blâmer, je dirai tout haut & sans détour, que les génies de tous les siecles reunis ne sçauroient avancer d'un seul pas dans la connoissance de la nature, par les principes & les moyens qu'on a pris jusqu'ici ; & pour mettre le comble à mon audace, j'ajouterai que les efforts des plus merveilleux génies n'aboutiront qu'à de plus grands écarts, & les engageront dans des ténebres toujours plus épaisses, à mesure qu'ils avanceront, s'ils ne marchent à la lueur de l'expérience.

La dialectique de l'école est trop subtile, trop ingénieuse ; elle échappe à la prise. La méthode que j'ose proposer, est à la portée de tous les esprits ; c'est comme la loi de l'héritage établie chez les Spartiates qui réduit tous les citoyens à l'égalité ; c'est un compas que je veux mettre entre les mains de tout le monde, utile à l'artisan grossier comme au profond mathématicien ; & les opérations de celui-la vaudront bien les combinaisons de celui-ci : c'est aux sens que je prépare des instrumens ; & loin de prêter des ailes à l'entendement, je prétends le fixer par un nouveau contre-poids : car ne croyez pas que la vérité se livre à l'indiscrétion de ces esprits audacieux qui la cherchent dans les espaces vuides de leur imagination ; enfin ce n'est point du merveilleux ; ma marche est toute simple ; c'est l'art d'interpréter sûrement la nature, ou la route des sens à l'entendement.

Voici ma Logique, toute différente de la Philosophie ordinaire :

1°. Par les moyens, je soumets à l'examen les principes que l'école suppose établis.

2°. Par la méthode, j'établis une liaison & une correspondance successive ; une génération & une dépendance mutuelle entre les faits & les axiomes, observant l'intervalle qui sépare les notions, sans passer comme les anciens, d'un fait ou d'une proposition particuliere, à une maxime générale.

3°. Par la fin & le terme de mes opérations, je ne veux aboutir qu'à des inventions pratiques & à des découvertes utiles pour la perfection des arts, & je laisse à mes prédécesseurs les vains raisonnemens de la Dialectique. *Differt autem nostra à logica vulgari tum aliis rebus, tum præcipuè tribus ; videlicet initiis inquirendi ordine demonstrandi, atque fine & officio : nam & inquisitionis initium altius sumit, ea subjiciendo examini, quæ logica vulgaris veluti ex fide aliena & auctoritate cæca recipit ; principia, notiones primas, atque ipsas informationes sensus, & ordinem demonstrandi planè invertit, propositiones & axiomata ab historia & particularibus ad generalia per scalam adsensoriam continenter subvehendo & excitando, non protinus ad principia & magis generalia advolando atque ab illis medias propositiones deducendo & derivando : finis autem hujus scientiæ est, ut res & opera, non argumenta & rationes probabiles inveniantur & judicentur.*

L'entendement a des préjugés dont il faut le guérir, préjugés naturels ou de complexion, préjugés d'habitude ou d'éducation. Un miroir faux défigure les objets, un esprit gauche renverse les notions : *sicut enim speculum inæquale veros rerum radios ex sectione propria immutat ; ita & mens, quando à rebus per sensum patitur, in motibus suis expediendis, haud quaquam optima fide, naturæ suam naturam inserit & immiscet.* On remédie à ce mal par la critique de la raison qu'on force à s'examiner elle-même, par la critique des systèmes, & par celle des principes ou des méthodes. L'esprit oublie d'abord ses anciennes opinions qui, comme une bile jaune coloroient tous les objets, & ne les reprend qu'après une légitime discussion.

Si l'on pensoit, par exemple, que les secrets de la nature sont interdits à l'homme par la divinité ; c'est un préjugé de la superstition, que la religion est bien loin d'avouer, *eoque rem perdu-*

œmus simplici veritate freti, ut non solum ne qua oblatret superstitio, verum etiam ut religio in partes nobis accedat.

Si l'on objecte que les détails & les écarts de l'expérience peuvent jeter l'esprit dans une confusion & une incertitude pernicieuse; c'est un préjugé de l'ignorance qui n'a pas encore étudié la nature, *rursus, si cui hujusmodi quippiam in mentem veniat opinari, magnam illam & sollicitam moram in experientia & in materia & rerum particularium undis quam hominibus imponimus, mentem veluti in tartarum quendam confusionis dejicere, atque ad abstractæ sapientiæ serenitate & tranquillitate, ut à statu multo diviniore, submovere, docebimus atque in perpetuum, ut speramus; stabiliemus (non sine rubore, ut existimamus, omnis schola, quæ meditationibus inanibus, atque ab omni essentia desertissimis apotheosin quandam attribuere non veretur) quantum inter divinæ mentis ideas & humanæ mentis idola intersit.*

Si l'on nous reproche que cet abbaissement vers les arts est tout-à-fait méchanique; c'est un préjugé de l'orgueil qui ne sent pas la contradiction de ces idées, puisque l'invention des arts & de la Philosophie se tiennent par la main. *Quin etiam illis quibus in contemplationis amorem effusis, frequens apud nos operum mentio asperam quiddam atque ingratum & mechanicum sonat, monstrabimus quantum illis desideriis suis propriis adversentur, cum puritas contemplationum atque substructio & inventio operum, prorsus eisdem rebus nitantur ac semel perficiantur.*

Si l'on ajoute que cette régénération des sciences que nous proposons, est un terme vague & sans fin; nous ferons voir que c'est au contraire le meilleur moyen de détruire les erreurs, & d'établir enfin le règne de la vérité, *adhuc si quis hæsitet atque istam scientiarum ab integro regenerationem, ut rem sine exitu, & vastam, & quasi infinitam accipiat, ostendemus eam contra censeri debere potius errorum & vastitatis terminum & verum finitorem.*

Enfin, si l'œconomie civile, & la politique sembloit se défier de nos promesses, & craindre qu'elles n'aboutissent qu'à remuer la surface de la Philosophie, sans en améliorer le fonds; nous pourrions rendre sensible la solidité de nos espérances par la seule exposition de notre méthode de philosopher très-différente de celle dont jusqu'à présent on a fait usage dans les sciences, *atque etiam si quis sobrius (ut sibi videri possit) & civilis prudentia diffidentiam ad hæc transferens existimet hæc quæ dicimus votis similia videri, quæque spei nimis indulgeant, revera autem ex philosophiæ statu mutato nihil aliud secuturum quam ut placita fortasse transferantur, res autem humanæ nihilo futuræ sint auctiores; huic fidem, ut putamus, faciemus, nil minus agi quam placitum aut sectam nostramque rationem ab iis qua hucusque in philosophia & scientiis præbita sunt, toto genere differre;* nous osons même assurer qu'en suivant la route que nous indiquons, on se trouvera récompensé par la plus ample & la plus heureuse moisson, pourvu qu'on ne se hâte pas de la couper en herbe avant la maturité, & de prendre les premiers indices d'une bonne découverte, pour les fruits mêmes de l'invention. *Operum autem certissimam messem sponderi, ni homines muscum, sive segetem herbidam demetere præoccuparint atque affectu puerili & conatu fallaci operum pignora intempestivè captaverint.*

L'observation des faits, mais une observation juste & raisonnable, qui n'entre point dans l'immense détail de tous les individus, des différences, & des variations minutieuses, est la clef des sciences: c'est un moyen plus sûr & plus commode pour connoître ce que nous savons mal, & ce que nous ne savons pas, que ne pourroient l'être tous ces systèmes abstraits qui naissent, se détruisent, varient & chancellent au gré d'une imagination désordonnée, *inquisitionem rerum particularium justam & plenam, demptis individuis & gradibus rerum, & variationibus minutis (id quod ad scientias satis est) atque inde debito modo excitatas notiones sive ideas, rem esse multis modis magis finitam, & habilem & comprehensibilem, & sui certam, & de eo quod confectum est, atque eo quod superest, gnaram, quam speculationes & meditationes abstractas quarum revera nullus est finis, sed perpetua circulatio, volutatio & trepidatio.*

La méfiance, fille de l'orgueil & de la timidité, une fois rassurée, il ne reste plus qu'à prémunir l'entendement contre l'admiration où peut le jeter la singularité de notre entreprise, & pour extirper le mal, c'est assez d'en montrer les racines: *sola enim causarum cognitio miraculum rei, & stuporem mentis solverit:* on n'auroit qu'à parcourir les obstacles qui ont retardé jusqu'ici les progrès de la Philosophie, & l'on verroit que les plus grands sont toujours dans nos défauts, *licet vera illa naturæ interpretatio, quam molimur, merito maximè difficilis, tamen multo maximam difficultatis partem in iis subesse quæ in potestate nostra sunt atque corrigi possunt non in iis quæ extra potestatem nostram sita existunt; in mente (inquam) non in rebus ipsis, aut in sensu.*

Les objets sont plus accessibles que les esprits ne sont maniables, & l'art de l'invention incomparablement moins pénible que celui de l'explication; *itaque ex perpenso & perspecto tam rerum quam animorum statu duriores ferè aditus ad hominum mentes quam ad res ipsas inveniendus ac tradendi labores inveniendi laboribus haud multo leviores experimur;* qu'on ne nous taxe pas ici d'une vaine ostentation qui n'élève si haut la difficulté, que pour augmenter la gloire de la vaincre ; ce faîte feroit d'autant plus déplacé, que nous affections de le pourfuivre partout chez nos prédéceffeurs. Il nous faudra donc céder, & pour faire paffer nos idées, nous charger auparavant de celle qui ne font pas à nous.

Les préjugés veulent être attaqués par artifice, & combattus avec ménagement ; ils s'irritent & s'effarouchent contre la force ouverte, foit que l'homme épris de paffion pour fes auteurs favoris, obftiné par orgueil ou par habitude dans fes fentimens, ne veuille pas fe rendre ; foit que la volonté la plus réfolue ne puiffe commander à l'entendement ; car l'efprit des philofophes, comme celui des prophètes, eft indomptable & ne parle ou ne fe tait pas à leur gré, *omne enim idolum vanum arte atque obfequio, ac debito acceffu fubvertitur, vi & contentione atque incurfione fubita & abrupta efferatur neque hoc ideo tantum fit quod homines vel admiratione authorum captivi, vel propria fiducia tumidi, vel affuetudine quadam renitentes, fe æquos præbere nolint .... Nemo enim intellectui fuo ex arbitrio voluntatis fuæ imperat, neque philofophorum (ut prophetarum) fpiritus philofophis fubjecti funt.* Ainfi nous n'ofons pas tant compter fur la jufteffe, fur la bonne foi & la faculté de ceux qui nous entendront que fur la complaifance que nous aurons de nous prêter à leur foible.

Un autre difficulté que nous nous impofons, vient de la candeur & de la fimplicité dont nous ferons profeffion : éloignés de toute efpèce de détour & d'impofture, même de celle qui donne du cours à la vérité, nous n'irons au terme de nos efpérances, qu'en fuivant l'ordre qui eft le flambeau de toute inftruction, réfolus d'enter nos découvertes & nos principes fur les découvertes & les meilleurs principes des anciens, *tantum modo per ordinis lumen & per novorum fuper faniorem partem veterum folertem infitionem, nos noftrorum votorum compotes fore fperemus.*

La préparation de l'entendement faite par l'examen de fes notions, afin d'en féparer les préjugés, & par la réflexion fur lui-même, afin de fe rectifier ; il ne s'agit plus que de l'appliquer à l'interprétation de la nature qui eft la feconde moitié de la route de l'efprit humain ou la fuite de fa marche. Trois chofes doivent concourir à cet effet, le miniftère des fens, celui de la mémoire, & celui de la raifon: *quæ ad intellectum perficiendum, ad interpretationem naturæ faciunt, dividuntur in tres miniftrationes ; miniftrationem ad fenfum, miniftrationem ad memoriam, & miniftrationem ad rationem.*

1°. Tous les objets ont une analogie avec l'homme, & une analogie avec l'univers ; c'eft aux fens à nous les repréfenter dans leurs rapports mutuels, & refpectifs à nous & à toutes les maffes grandes ou petites de la matière ; la première impreffion eft toujours imparfaite ou fauffe, parce qu'elle ne repréfente qu'une ombre, que la fuperficie, ou qu'un côté.

Les objets fe dérobent aux fens par leur petiteffe ou leur diftance, par la lenteur ou la rapidité de leur mouvement ; ils émouffent & endorment les fens par l'efpèce de familiarité que l'habitude leur fait contracter enfemble. il s'agit donc de rapprocher les objets & de réveiller les fens : quand la nature s'échape, on la rappelle par les inftrumens, c'eft-à-dire, par la répétition des obfervations ; quand elle interrompt fa route, on réunit l'intervalle de fa marche par les fecours de l'expérience ; quand elle difparoit & nous abandonne tout-à-fait, on fupplée à fon abfence par des comparaifons, des fupputations, & des réductions : c'eft à l'entendement de corriger la pareffe ; la précipitation & tous les défauts des fens dont tout l'emploi fe réduit à obferver.

2°. L'emploi de la mémoire eft de recueillir ; mais elle fuccomberoit fous la multitude des faits, & le jugement fe perdroit dans l'immenfité de la matière, fi on n'aidoit l'une & l'autre par l'ufage des tables qui foulagent & abrègent les opérations. Les faits raffemblés, on les fépare en autant de partitions : elles ne feront pas d'abord exactes, parce que les premières recherches ne font que des tâtonnemens ; mais la vérité fe fera plutôt jour au travers de l'erreur que de la confufion, & le tems rectifiera chaque jour les écarts de cette collection. *Citius enim, emerget veritas è falfitate, quàm è confufione ; & facilius ratio corriget partitionem, quam penetrabit maffam.*

3°. La raifon n'a qu'un but, c'eft l'utilité, & deux moyens, contempler & agir. La connoiffance des caufes & la puiffance & la quantité de l'effet font également de fon reffort : *opus autem rationis natura unicum ; fine & ufu geminum eft : aut enim fcire & comtemplari, aut agere & efficere, homini pro fine eft. Itaque aut caufæ expetitur cognitio & contemplatio, aut effecti poteftas & copia.* Poffeder la nature, & la foumettre au pouvoir de l'art ; deux vues qui coïncident, car ce qui tient lieu de caufe dans la fpéculation fert de moyen dans la pratique, & il n'y a de véritable fcience que celle des caufes, ni de fûre opération que par elles. *Nam quod in contemplatione inftar caufæ eft ; in operatione eft inftar medii : fcimus enim per caufas, operamur per media.*

L'inftrument de la raifon dans fa théorie, c'eft l'induction qui fuivant la marche de la nature libre ou follicitée par l'expérience, lie les phénomènes avec les axiômes, & par une progreffion fucceffive & non interrompue de faits & de vérités qui s'engendrent mutuellement, parvient à cette unité de la nature, en quoi confifte le beau, le vrai, le grand.

L'induction

L'induction est une espèce d'échelle double où chaque axiôme sert d'échellon séparé du suivant par une table de faits, dont la conséquence devient un principe ou un dégré pour monter à d'autres faits, qui produiront eux-mêmes un nouvel axiome; & ainsi alternativement jusqu'à cette vérité première & générale, applicable à tous les phénomènes de la matière : de ce sommet on descend par une route semblable à la première, & l'on arrive à ces notions communes, d'où l'esprit étoit parti, pour s'élever à cette haute région qui domine sur toute la nature. L'enchaînement des faits & des axiômes deviendra plus sensible encore, par l'image d'un escalier à plusieurs étages, où les marches représenteront autant de faits d'une espèce liés ensemble; & chaque repos qui interrompt le cours & distingue les étages, figure un axiome qui sépare la région des faits.

Cette induction qu'on peut nommer la clef de l'interprétation, tire toute sa force de sa méthode, & se soutient d'elle-même. *Atque hoc genus inductionis illud est quod interpretationis formulam appellare consuevimus...... Illud interim manifestum est, qua per inductionem cujusvis generis concluduntur, simul & inveniri & judicari, nec à principiis aut mediis pendere, sed mole stare suâ, neque aliunde probari.* La preuve que chaque fait porte avec lui, est à la place qu'il occupe; hors de la chaîne, il ne tient plus à rien ; hors de son rang, il trouble l'ordre, & renverse le fondement de stabilité. C'est elle qui nous mène à la découverte des formes qui ont fait jusqu'ici le désespoir de la Philosophie. *Itaque missis causis finalibus qua naturalem philosophiam prorsus corruperunt, initia sumemus ab inquisitione variata sive accommodata formarum; qua res pro desperata huc usque objecta est; idque merito.* Elle examine d'abord la matière, ensuite l'agent, le progrès insensible & caché des mouvemens créateurs ou destructeurs, & dans ces combinaisons elle tâche de surprendre la forme qui se dérobe.

Il y a des faits lumineux qui, sans présenter autre chose que de simples lueurs, annoncent des clartés; comme ils sont moins sujets à varier, plus universels & plus fréquens dans la nature, ils sont aussi plus féconds en principes, & servent constamment de modèle dans la pratique ou l'imitation de la nature. C'est à ceux-là que l'induction s'attache pour abréger ; car il ne suffit pas de rencontrer le grand chemin, qui peut être fort large, il faut trouver ce milieu toujours plus droit & plus court.

Tout axiome doit être clair, fécond, conséquent à lui-même dans les opérations qui en résultent & à la vérité plus universelle dont il descend ; ensorte qu'il ait les rapports de l'espèce au genre avec les premières notions, & du genre à l'espèce avec ses corollaires ; mais les axiomes qui sortent de l'induction reçoivent à chaque pas un degré de certitude plus satisfaisante que l'évidence des principes reçus. Ces opérations théoriques de la raison, variées & multipliées, sont ce qu'on appelle la vérification de l'induction, sans laquelle on court risque de n'avoir établi que des conjectures, des vraisemblances & des probabilités, & de retomber dans l'inconvénient des préjugés. Elles facilitent les opérations de l'art, que la raison se propose de perfectionner dans ses considérations pratiques, second objet de son ministère.

Pour y réussir, elle aura soin de mêler dans sa marche une opération de théorie à une opération de méchanique, & de les couper l'une par l'autre, afin qu'elles *s'épaulent* & se donnent du jour mutuellement. Les axiomes qui mènent aux arts par la dialectique, ne sont que des indices obscurs; mais ceux qui nous font procéder d'une région de faits, à une autre région de faits, en nous démontrant leur liaison & leur correspondance, sont des oracles infaillibles.

L'induction qui, dans les opérations théoriques, nous fait monter par l'intervalle des faits divisés en tables, d'un axiome à l'autre, jusqu'au premier de tous, dans les opérations pratiques, nous fait descendre du premier au dernier, par ces rangs intermédiaires de faits qui les séparent. Ces sortes d'opérations tombant sur les individus qui sont le plus à notre portée, on ne sçauroit y arriver par les axiomes vulgaires, & les plus connus, parce qu'elles sont le résultat de plusieurs vérités combinées. Il y a une méthode d'invention propre à chaque art, qu'on applique à chaque nouvel essai dans son genre ensuite vient la place des tables pratiques, ou des moyens les plus faciles de tenter ce qu'on se propose, qu'on appelle les règles de l'art, enfin la marche d'un essai à l'autre, par la voie des expériences, sans le mélange des axiomes ; car ainsi qu'il y a une communication secrète d'un axiome à l'autre, que les génies saisissent, sans s'arrêter à l'intervalle des faits qui les séparent & les lient, il y a de même une espèce de liaison entre les expériences, imperceptible pour le vulgaire des physiciens, & jusqu'où la raison des philosophes s'élance, à travers les interstices que les autres sont obligés de garder.

La route établie, finissons par des maximes préliminaires. Les unes regardent l'interprétation, & d'autres, l'interprète.

L'homme ne tirera du secours de la nature, qu'autant qu'il lui en prêtera. Il ne pourra l'entendre & l'employer, qu'après avoir appliqué tour-à-tour son esprit & ses sens à l'observation. Tout son pouvoir se réduit donc à voir & à imiter, sans quoi sa science est vaine, & sa force stérile.

La main a besoin d'instrumens pour produire, ou diriger le mouvement ; l'entendement en a besoin pour s'épurer & contempler. *Instrumenta manus, motum aut cient, aut regunt : & instrumenta mentis, intellectui aut suggerunt, aut cavent.*

Ces instrumens sont foibles, mais la manière de les employer remédie à tout : les objets les plus indépendans sont atteints & réduits, rien d'impénétrable à la sagacité de l'esprit, rien d'impossible à l'industrie de l'art. *Dotes hæ per se tenues & ineptæ, rite tamen & ordine administratæ, tantum possunt, ut res à sensu & actu remotissimas judicio & usui coram sistant, majoremque & operum difficultatem & scientiæ obscuritatem superent, quam quis adhuc optare didicerit.*

La vérité est une ; la façon de l'interpréter simple, mais les sens sont troubles, l'entendement vagabond, les objets tournoyans, & l'ouvrage de l'interprétation plus incertain que difficile. *Una veritas, una interpretatio : sensus autem obliquus, animus alienus, res importuna, ipsum tamen interpretationis opus magis declinans quam difficile.*

L'esprit d'assurance qui n'ayant pas la force de douter, s'appuie sur les premières opinions qu'on lui présente, érigées en autant de vérités, & qui mesure toutes les notions sur ces fausses règles de certitude, est le premier obstacle à l'interprétation. *Quisquis dubitationis impos & assirendi avidus principia demum statuit probata (ut credit) concessa & manifesta ad quorum immotam veritatem cætera, ut pugnantia vel obsecundantia recipiet vel rejiciet is res cum verbis, rationem cum insania, mundum cum fabula commutabit, interpretari non poterit.*

Avant tout, observez la nature de l'esprit humain, l'inconstance de ses mouvemens, les retranchemens de l'erreur qui l'obsède, autrement les sciences seront un pays d'enchantement, où vos yeux fascinés ne verront que des phantômes, à la place de la vérité. *Qui primum & antè alia omnia mimi motus humani penitus non exploraverit, ibique scientiæ meatus & errorum sedis accuratissimè descriptas non habuerit, is omnia larvata & veluti incantata reperiet, fascinum ni solverit, interpretari non poterit.*

Sans cette étendue de génie qui sait mêler, réunir & replonger toutes les espèces, & cette infinité de combinaisons qui les distinguent, dans l'antique masse d'où le mouvement les a fait sortir, on ne verra jamais l'unité de la nature. Eh! comment donc l'interpréter?

Au lieu d'étudier les natures compliquées, telles que la flamme, le sommeil & la fièvre, il faut se retrancher dans les qualités simples, telles qu'elles s'offrent au premier coup d'œil dans l'observation, ou bien pénétrer jusqu'à cette simplicité où les décompositions de l'art nous les représentent ; c'est le moyen d'enrichir le pays des découvertes : *qui in rerum obviarum & compositarum causis exquirendis veluti flamma, somnii, febris, versabitur, nec se ad naturas simplices conferet ; ad istas primo, quæ populari ratione tales sunt ; deinde etiam ad eas, quæ arte ad veriorem simplicitatem reductæ sunt & veluti sublimata ; is fortasse, si cætera non peccat, addet inventis quædam non spernenda, & inventis proxima.*

Ainsi mon interprète sera dans un tel équilibre que, l'antiquité ou la coutume, la mode ou la nouveauté, l'envie de dominer ou le respect humain, n'auront aucun pouvoir sur lui. Sans se précipiter dans un doute absolu, mais aussi sans se presser d'affirmer & de conclure, il mettra chaque notion à sa place dans l'ordre des probabilités, des certitudes ou de l'évidence. L'espérance lui servira d'aiguillon au travail, jamais de prétexte à la paresse. Il jugera du mérite des choses, non par la rareté, la difficulté & la vogue, mais par une constante & solide utilité. En voyant la vérité, comme isolée dans un terrein de toutes parts limitrophe à l'erreur, il se gardera de mépriser & d'admirer. Il assouplira son esprit pour s'insinuer dans celui des autres ; d'un œil, il observera les trésors de la nature, & de l'autre, les besoins de l'humanité. Il pesera sur-tout l'application des mots, espèces d'instrumens qui peuvent être fort utiles ou fort nuisibles, selon l'usage qu'on en fait. Enfin, aussi éloigné de cacher ses connoissances, que d'en tirer vanité, il produira ses découvertes avec candeur & discrétion, mais sur-tout avec ce courage & cette fermeté si nécessaires pour supporter l'injustice de son siècle & pour étendre l'empire de la vérité. *Qui ad interpretandum accesserit, ita se comparet & componat ; sit nec novitatis, nec consuetuainis, vel antiquitatis sectator, nec contradicendi licentiam, nec autoritatis servitutem amplectatur. Non affirmandi sit properus, nec in dubitationem solutus, sed singula gradu quodam probationis insignita provehat : spes ei laboris, non otii auctor sit : res non raritate, difficultate aut laude, sed veris momentis æstimet.... Errorum in veritates & veritatem in errores subingressus prudenter advertat, nihil contemnens aut admirans. Naturæ suæ commoditates norit. Naturæ aliorum morem gerat, cum nemo lapidi impingenti succenseat. Uno veluti oculo rerum naturas, altero humanos usus pererret. Verborum mixtam naturam & juvamenti & nocumenti in primis participem distinctè sciat...... Sit etiam in scientia quam adeptus est, nec occultanda nec proferenda vanus, sed ingenuus & prudens, tradatque inventa non ambitiosè aut malignè sed modo primum maximè vivaci & vegeto, id est ad injurias temporis munitissimo, & ad scientiam propagandam fortissimo &c.* Tel doit être le caractère de l'interprete & voici ses obligations.

Qu'il prépare une histoire naturelle divisée en tables de faits, avec leurs titres & leurs usages. Qu'il tienne registre des phénomènes solitaires & des phénomènes identiques. Qu'il lève une classe séparée de ces faits lumineux qui menent ou à d'autres inventions, ou à la perfection des arts, sans oublier la prééminence due à certains faits plus concluans. Ces combinaisons réitérées plusieurs fois, il ira saisir les mouvemens simples, uniformes & éternels de la matière dont la progression constante & toujours réglée, enfante la durée des siècles & les révolutions merveilleuses de ce grand tout. Cependant chaque jour de sa marche sera marque par quelque heureuse découverte, gage consolant des plus riches inventions. Ses expériences seront ou des indices pour découvrir les secrets de la nature, ou des instrumens pour suppléer à son absence. Autant de ressources ouvertes à la prospérité de la vie ; *ita moratus & comparatus interpres, ad hunc modum procedat... Historiam parabit & ordinatas chartarum sequelas, unaque usus, coordinationes, occurentias & schedulas instituet. Rerum solitudinem & sui similitudinem repræsentabit. Quin & rerum delectum habebit quæque maximè primitiva sunt vel instantes, id est vel rerum aliarum inventione ; vel humanis necessitatibus præcipuè conducunt, præordinabit. Instantiarum etiam præeminentias observabit, quæ ad operis compendium plurimum possunt. Atque ita instructus recordinationes demum & chartas novellas ac ipsam interpretationem facilem jam & sponte sequentem, imo mente ferè præreptum maturè & feliciter aggredietur & perficiet. Quod ubi fecerit, continuo veras æternos & simplicissimos naturæ motus ex quorum ordinato & calculatissimo progressu infinita hæc tum præsentis tum omnis ævi varietas emergit, pura & nativa luce videbit & numerabit. Interimque ab initio operis humanis rebus multa & incognita veluti fenus, assiduè recipere non omittet ; sed hinc denuo totus in humanos usus rerumque præsentium statum conversus & intentus, omnia diversa via & ad actionem ordinabit & disponet. Naturis secretissimis alias declaratorias et absentissimis alias superinductorias assignabit.*

On ne peut s'étonner assez, qu'après avoir manqué, pendant l'espace de plusieurs siècles des trésors qu'ils avoient à la main & sous les yeux, les hommes puissent trouver tout-à-coup cette veine d'abondance qui doit tarir ou adoucir leurs misères ; mais c'est que la lumière de la véritable science est rapide dans la fécondité de ses progrès, au lieu que les productions du tems sont tardives. *Scientia celeris, tempus tardi partus est.*

L'invention est souvent le fruit du hazard ; une découverte n'enfante pas toujours une autre découverte dans le même genre ; les arts roulent autour d'un cercle d'ornemens que l'inconstance des modes leur prête tour-à-tour, sans jamais franchir les bornes de l'imitation.

Les hommes sont enveloppés dans une sphère de mouvemens limités & d'efforts contraints : la volonté de l'homme cède à l'instinct puissant qui gouverne le monde ; ce qu'il rencontre vaut mieux que ce qu'il cherche ; il a des projets sans moyens ou des moyens sans projets ; & ces sortes d'inventions qui sont hors de la sphère de l'imagination, & hors de la route battue du méchanisme, ne peuvent venir que de l'étude de la nature qui, suivie dans les détours écartés, fait découvrir à l'homme ce qu'il n'eût jamais imaginé ni exécuté sans elle. Une dernière précaution, mais la plus essentielle, c'est de ne jamais former un mélange adultère de la nature avec la religion ; cette mésalliance n'a déjà produit que trop d'erreurs. Dieu est absolument seul de son espèce : *Deus autem sibi tantum similis est absque tropo.* La nature n'offre point de miroir de cette ressemblance.

Revenons : l'antiquité, comme on voit, ne perd autre chose de sa gloire, que celle de nous subjuguer. On ne touche ni à la sublimité de ses spéculations, ni à la subtilité de ses méthodes ; en un mot loin d'oser faire assaut, nous évitons d'en venir aux prises. Tel est le projet de la réformation des sciences. Si l'on s'étonnoit de mon audace, je serois bien plus surpris de notre foiblesse, & qu'il n'y eût pas encore eu d'ame assez mâle ou assez généreuse, pour rendre à l'homme son véritable empire sur la nature ; si je ne savois que cette fatalité qui domine sur tous les évènemens, fait que l'homme ne connoît pas ses forces, ou qu'il ne sait pas les mettre à profit ; que tantôt il se méfie de lui-même jusqu'à n'oser rien tenter, & tantôt pousse l'orgueil jusqu'à ne consulter & ne suivre que les impressions de son mauvais génie. Que nous reviendra-t-il de cette nouvelle entreprise ? Non pas de la réputation, non pas des applaudissemens ; tribut indigne d'une ame qui se plait à faire le bien, mais la douceur incomparable d'avoir ouvert à la perpétuité du genre humain, une source intarrissable de remèdes & de plaisirs : juste compensation d'une gloire frivole & passagère qui rend du bruit pour de l'éclat.

Un philosophe jouera mal son rôle, s'il attend sa récompense du jugement des hommes. Il est trop au-dessus d'eux pour en être payé. Les choses utiles ne frappent jamais si vite ni si vivement que les choses curieuses : c'est un riche vieillard qui plante des pépinières pour ses arrières neveux. On l'aura presque oublié, quand le temps sera venu de jouir de ses dons.

Tout va concourir à nous seconder ; les découvertes de notre siècle qui a franchi les limites que l'antiquité donnoit à la terre, qui a pu soumettre au pouvoir de l'art la foudre inimitable, qui a suivi la courſe du ſoleil autour de notre globe, & qui s'eſt frayé ſur la mer une route pareille à celle que cet aſtre parcouroit dans les airs. La navigation & les voyages jettent un jour nouveau dans le cercle de nos connoiſſances, ſoit qu'ils vérifient les conjectures de nos pères, ſoit qu'ils démentent leurs opinions, comme la propagation des limites du monde & la multi-plication des ſciences liées par le même deſtin, euſſent été réſervées au bonheur de nos jours. Ajoutons-y l'art de l'imprimerie qui fait voler, comme un éclair, d'un pole à l'autre, toutes les inventions, *imprimendi artem, antiquis incognitam, cujus beneficio ſingulorum inventa & cogitata fulguris modo tranſcurrere queant.*

Ne laiſſons pas échapper ce concours d'avantages. J'entrevois une révolution prochaine dans la philoſophie. Déjà dans nos entrailles, quoique toutes de glace, dans des jours encore nébuleux, où la ſuperſtition ſembloit avoir éteint tout le feu du génie, n'a-t-on pas eſſayé de s'ouvrir une route vers la nature ? Téléſius eſt monté ſur la ſcène, a produit un ſyſtème plus probable qu'applaudi: *Nam Teleſium noſtra memoria ſcenam conſcendiſſe, & novam fabulam egiſſe, magis argumento probabilem, quam plauſu celebrem.* Gilbert d'Angleterre qui avoit pouſſé la nature à bout ſur le ſecret de l'aimant, qui a pourſuivi ce phénomène avec une nuée de faits & d'expériences ; n'alloit-il pas imaginer un nouvel ordre de choſes, ſans craindre ce reproche de *Xénomanie* que lui valut ſon admiration pour Xénophane ? Fracaſtor, qui n'a voulu ni maître, ni diſciples, pour être plus libre ; Cardan, non moins hardi, mais plus inconſtant, n'ont-ils pas auſſi cultivé de nouvelles branches de la philoſophie naturelle ? Bientôt nos neveux émancipés de la tutelle de l'école, dès qu'ils voudront uſer de leur liberté, me laiſſeront bien loin derrière eux, & diront de moi ce qu'on a dit d'Alexandre ; *tout ſon mérite eſt d'avoir ſu mépriſer de foibles ennemis.* Ils me rendront juſtice, en proteſtant qu'ils ne me doivent rien ; mais ils ſe feroient tort, s'ils oſoient attribuer à leurs efforts, ce qu'ils ne doivent eſpérer que de leur modeſtie & de cette ſageſſe ſi contraire à l'orgueil philoſophique qui a tout confondu. C'eſt un aſſez grand avantage d'avoir convaincu l'homme de ſa foibleſſe, & c'eſt avoir des droits ſur ſa reconnoiſſance, que de lui remettre ſa véritable force entre les mains.

Le philoſophe parla, & toute l'aſſemblée jugea que ſon diſcours étoit plein de ce génie & de ce ſentiment qui élève & honore l'humanité. Sa liberté que les théologiens auroient appellée arrogance, ne fut regardée parmi des ſages, que comme une louable & généreuſe émulation. On les voyoit ſe parler avec complaiſance ; on eût dit qu'ils paſſoient tout-à-coup d'un ténébreux ſouterrain, à la clarté du grand jour. A la vérité ils voyoient moins qu'auparavant, mais ils ſe ſentoient près de la lumière, & aſſurés d'en jouir.

Que penſez-vous de tout ceci, dit mon ami ? Des merveilles, lui dis-je. S'il en eſt ainſi, ne manquez pas, ajouta-t-il, d'inſérer ce diſcours dans vos écrits, afin que le fruit de mon voyage ne ſoit pas entièrement perdu. Je le promis, & je m'acquitte.

La fable raiſonnée.

La fable eſt le tableau mutilé, ou le monument informe de cette première antiquité que le tems a comme enſevelie dans la nuit de l'oubli. C'eſt un voile tiré entre l'hiſtoire perdue, & celle qui nous reſte ; mais un voile tranſparent, qui laiſſe entrevoir la vérité. Car quel que ſoit l'abus de l'allégorie, il faut bien y avoir recours, quand le ſens littéral ne préſente qu'un monſtre d'abſurdité qui n'a jamais pu entrer dans l'eſprit humain, encore moins en ſortir avec ces traits bizarres & difformes qui l'auroient d'abord fait étouffer. Homère, ce génie créateur de tant de merveilles, auroit-il enfanté des dieux ſi ridicules ? Les a-t-il mis en action pour détromper le vulgaire de ſa credulité ; ou a-t-il abuſé de la ſuperſtition pour enchanter les eſprits encore davantage ? Non ſans doute ; mais c'eſt que les poëtes trouvent une carrière plus libre dans la région des immortels, & qu'ils ſont toujours aſſurés d'intéreſſer les hommes par le merveilleux, dès qu'il touchera de près à ce qu'ils aiment, ou qu'ils craignent le plus. Le peuple croyoit d'avance ce qu'Héſiode alloit lui raconter, & ſon hiſtoire étoit fondée ſur la tradition. Elle a été depuis ce tems défigurée par les rêves des enthouſiaſtes, ou par le mépris des ſectes ennemies.

Les philoſophes, les chymiſtes, les théologiens même ont abuſé de la licence que donne l'allégorie, & chacun a prétendu rencontrer ſes dogmes & ſes opinions dans la fable. C'étoit la religion des payens, & chaque peuple y trouve des traces de la ſienne. Mais qu'eſt-ce que la ſuperſtition a de commun avec la vérité, pour qu'on oſe les confondre ainſi ? Voudroit-on nous prouver que toutes les religions viennent des hommes, ou qu'elles ont porté la faux dans le domaine du chriſtianiſme ? Ou bien les paraboles ne ſeroient-elles que des miroirs à pluſieurs faces, où l'erreur ſe reproduit & ſe multiplie ? En vain nous dit-on que l'explication de l'interprète n'a pas d'autre fondement que le texte du poëte, & que l'un & l'autre puiſent dans l'imagination ; ne fût-ce qu'un amuſement, qu'on nous le pardonne, s'il peut donner jour à des conjectures neuves, & à des réfléxions solides. Tâchons de justifier une licence puérile par un usage noble & digne d'un philosophe.

La fable sert de bandeau, ou de flambeau à la vérité. Que d'autres prennent soin de lever ce bandeau pour nous introduire dans le sanctuaire de la divinité, ce dessein est trop hazardeux en des mains profanes. Mais qui nous empêche de découvrir la nature à la lueur de ce flambeau?

Les paraboles furent comme les premiers jeux de la raison qui s'essayoit avec la vérité. On voulut plaire aux hommes avant de les instruire, & amuser l'enfance de l'esprit par des images agréables. Elles précédèrent les discours raisonnés, comme les hiéroglyphes ont précédé l'usage des lettres.

Nous jugeons de tout par comparaison, il faut donc nous dire à quoi une chose ressemble, pour nous apprendre ce qu'elle est. Ainsi la sagesse des premiers siècles, (supposé que la fable ne soit pas le débris de l'histoire ancienne) étoit ou bien ingénieuse d'avoir eu recours à cet artifice innocent pour enseigner la vérité, ou extrêmement heureuse d'être arrivée à ce but, sans y prétendre. Pourquoi n'aurions-nous pas le même sort avec de meilleures vues.

Orphée, ou la Philosophie.

Orphée (ou plutôt sa lyre) après avoir désarmé les mânes inflexibles, enchanta la rigueur de Pluton, qui lui rendit son épouse, mais sous une condition trop cruelle sans doute. Sa passion n'y put tenir, il jette avant le tems un regard sur Euridice; & l'ombre plaintive échappe de ses bras. La perte d'une femme trop chérie les lui fait toutes haïr, il va cacher sa douleur dans une solitude, n'emportant que sa lyre pour toute consolation. D'abord il n'en tira que des sons funèbres que son cœur adressoit à sa chère Euridice, & les tigres attendris vinrent prendre part à sa tristesse, les rochers mêmes & les forêts s'émurent à ses accords touchans, toute la nature cédoit au pouvoir de son harmonie; & des femmes y furent insensibles, tant le dépit de se voir méprisées étouffa les autres sentimens. Les Bacchantes jettèrent le trouble & la désertion dans la troupe féroce qu'il avoit apprivoisée; le bruit épouvantable de leurs tambours, & les sons rauques de leurs voix enrouées firent taire la mélodie du chantre divin; Orphée lui-même est impitoyablement déchiré par ces furieuses, & les lambeaux tout sanglans de son corps mutilé, furent semés dans les campagnes de la Thrace. L'Hélicon par horreur de cet attentat, ou par pitié pour la mort du favori des muses, refusa de couler plus long-temps sur des bords profanés; & se perdant sous le sable, il alla se faire un nouveau lit sous un ciel moins affreux.

Tel est le sort de la Philosophie. Elle porte d'abord un œil curieux sur la nature; mais l'impatience de jouir de ses découvertes, lui en fait aussi-tôt perdre le fruit: elle n'embrasse que des ombres. Désespérée de ses mauvais succès, elle se tourne vers la morale, & ne s'attache plus qu'à fléchir les passions de l'homme; elle réussit à calmer sa férocité, à lui donner des loix, à lui inspirer des vertus sociales: les peuples se lient, les villes se bâtissent, les bois & les champs déserts deviennent des jardins & des promenades enchantées. C'est ainsi que l'impuissance d'arrêter la mort, impose au philosophe la douce nécessité de s'éterniser par ses bienfaits. Peu satisfait de l'immortalité du sang qui vient de la propagation de l'espèce, & que la bête même peut lui disputer, il renonce aux douceurs du mariage, pour jouir des solides plaisirs que donne une réputation établie sur de signalés services, qu'il rend au genre humain. Mais qu'arrive-t-il? Soulevées par la superstition, les sectes détruisent l'ouvrage de la sagesse, les loix sont réduites au silence, l'harmonie cesse dans les gouvernemens politiques, les hommes reviennent à leur première brutalité, les empires les plus peuplés ne sont bientôt que de vastes solitudes, & la philosophie elle-même, en proie à la barbarie, ne laisse que des membres épars; les muses désolées se retirent & vont porter à d'autres nations le goût, la politesse & les arts.

Pan ou la nature.

Pan étoit un dieu composé de la bête & de l'homme. Quelle qu'ait été sa naissance, les Parques étoient ses sœurs. Tout son corps étoit couvert de poil. Comme Dieu des chasseurs, il portoit une peau de léopard; & comme Dieu des bergers, il avoit la houlette & le chalumeau. Une troupe de nymphes dansoient autour de lui, avec un chœur de satyres & de silènes, faisant mille jeux plaisans, sans être agréables: car avec ce cortège & cette pompe bizarre, il répandoit l'épouvante dans les campagnes. Il voulut jouer avec Apollon, il fut humilié; il voulut joûter avec Cupidon, il fut défait; ennemi de l'amour, il n'eut point de postérité.

Pan signifie la nature, ou ce grand tout qui compose l'univers. Le fil des Parques est la chaîne des causes naturelles, qui domine sur la progression des espèces, & sur la durée des individus. En effet la destinée, cette maîtresse des dieux, dont les Parques étoient les ministres, & qui renfermoit tous les événemens dans son sein, n'est que l'ordre de la nature, qui développe le cours des choses avec une harmonie invisible & constante.

Le plus léger mouvement tient à un grand principe, & les révolutions prodigieuses partent du plus simple ressort.

Il n'y a rien d'isolé dans l'univers, la nature embrasse & retient tout avec des nœuds plus forts que le diamant.

Le monde a une espèce de pente vers le chaos; mais ce penchant est combattu par l'équilibre des mouvemens.

Les soulèvemens de la mer, les débordemens du ciel, les épouvantables secousses de la terre ne feront jamais sortir l'univers de ses gonds, tandis que la nature le tiendra comme emprisonné dans ses filets.

Pan habitoit sous le voile des cieux & les parques dans les cavernes de la terre; c'est-à-dire, que la nature se montre en spectacle dans ses révolutions générales; mais la trame qui règle le sort des êtres particuliers est secrette & cachée.

Le corps de Pan monstrueusement assorti figure la liaison des globes célestes avec la terre, ou plutôt le mélange des espèces; car il n'y a point d'être simple, l'homme tient de la bête, l'animal des végétaux, & les plantes ont quelque chose des minéraux. *Nulla enim natura simplex videri potest, sed tanquam ex duobus participans & concreta. Habet enim homo nonnihil ex bruto; brutum nonnihil ex planta; planta nonnihil ex corpore inanimato: omniaque revera biformia sunt, & ex specie superiore & inferiore compacta.*

Le chalumeau composé de sept tuyaux, est l'image de l'accord discordant qui forme l'harmonie dans la musique & dans le cours de la matière. L'habit tacheté du Dieu nous peint l'admirable variété de la nature qui a semé le ciel d'étoiles, la terre de fleurs, la mer de vastes isles, & la plupart des objets de brillantes couleurs. S'il préside aux forêts, c'est que tout est une espèce de chasse dans la nature, les atômes se poursuivent, les desirs courent après leurs alimens, & les passions après les plaisirs comme leur proie. S'il préside aux troupeaux, c'est que la vie champêtre est la plus conforme à la nature. Les nymphes qui formoient sa cour, sont toutes les espèces vivantes qui font l'ornement & les délices de la nature, & qui sont comme l'abrégé des mouvemens universels qui animent ce tout universel & permanent. Les satyres & les silènes représentent assez les folies de la jeunesse, & celles de la vieillesse, deux âges qui divertitroient un Démocrite par les traits ridicules qui les rapprochent. *Utriusque autem ætatis studia vere contemplanti, (tanquam Democrito) fortasse ridicula & deformia videantur instar satyri alicujus aut sileni.*

Les terreurs paniques sont les suites de cette crainte excessive que la nature inspire aux hommes pour la conservation de leur être; & comme il ne sauroit y avoir trop de précaution contre les dangers qui assiègent son ouvrage, ces terreurs superflues en elles-mêmes, doivent entrer nécessairement dans son objet essentiel. On ne prête point d'amours au dieu Pan; car l'amour est un besoin, ou le désir de la jouissance, mais la nature se suffit à elle-même, & jouit continuellement de ses propres charmes; aussi pour achever le parallèle, ne produit-elle rien au dehors, contente de cette fécondité qui met sans cesse au jour des phénomènes long-temps cachés dans son sein.

Le ciel, ou l'origine du monde.

Le ciel étoit le plus ancien des dieux. Saturne, comme s'il eût voulu rester seul, après avoir privé son père de sa fécondité, dévoroit ses propres enfans, à mesure qu'il les produisoit. Jupiter lui échappa, lui fit la guerre, le mit aux fers & s'empara de son trône. Ce n'est pas tout: afin de forcer Saturne à reconnoître son crime par son supplice, il se montra fils barbare à son exemple; il lui ôta l'espoir de devenir pere désormais; jetta les dépouilles de la génération dans la mer, & voilà l'écume dont Vénus naquit. Le règne de Jupiter fut troublé par la révolte des titans & des géants; mais leur défaite assura pour jamais sa gloire & sa puissance.

C'est ici le système de l'éternité de la matière, d'où le temps fit éclorre le monde. Le ciel est ce voile de la nature qui embrasse tout le globe de l'univers. Il est infécond, car la masse de la matière ne peut augmenter. Ces enfans dévorés par Saturne, ne sont que les essais de l'être, toujours détruits, & toujours repris par le temps, ou ces premières combinaisons du mouvement pour enfanter le monde, jusqu'à ce qu'après bien des métamorphoses inutiles & des générations imparfaites, la matière prit cet état de consistence & d'harmonie où nous la voyons. *Agitationes autem & motus materiæ, primò imperfectas & malè cohærentes rerum compages produxisse, & veluti tentamenta mundorum: dein ævi processu fabricam ortam esse quæ formam suam tueri & conservare posset. Itaque priorem ævi distributionem per regnum Saturni significari qui ob frequentes rerum dissolutiones & breves durationes filiorum suorum devorator habitus est.* [Toutes ces idées de Bacon sont très-philosophiques; il paroît qu'elles avoient fortement frappé Diderot, qui les a employées & développées avec beaucoup de clarté & d'éloquence, *non ut interpres sed conditor*, dans l'entretien de Saunderson avec le ministre Holmes. voyez sa lettre sur les aveugles depuis la page 116, jusqu'à la page 126].

L'univers ne fut pas d'abord paisible; les élémens encore indociles, luttèrent contre le nouveau joug, mais l'attraction ramena le calme & l'équilibre: d'autres soulévemens menaçoient la nature; une conspiration générale des vents, des pluies & des feux intestins alloient dissoudre la terre, tout fut arrêté. Cependant Saturne ne périt pas, parce qu'après la succession révolue des siècles, le temps replongera l'être dans la confusion d'où il l'a tiré. Voilà, comme on voit, & de la philosophie dans la fable, & de la fable dans la philosophie. *Saturnum tamen detrusum & deturbatum, non peremptum & extinctum narrant, quia mundum in antiquam confusionem & interregna relabi posse.... Verum de ista fabula utrumque pronunciari potest, & fabulam philosophiam continere, & philosophiam rursus fabulam.*

L'amour ou les atomes.

L'amour & le cahos, tous deux fils de la nuit, enfantèrent les dieux & l'univers. L'amour toujours enfant, aveugle & nud, est armé de flèches. C'est à ce père des immortels que le fils de Vénus, le plus jeune des dieux, a dérobé son appanage & ses caractères.

Tel fut le développement de la matière. Un premier instinct dont on ne peut deviner la cause ni l'origine, antérieur aux autres mouvemens, universel, toujours durable & le plus essentiel de tous, tira les êtres des flancs de l'abîme ou du cahos. C'est cette inquiétude des élémens que les philosophes ont toujours sentie, sans l'expliquer. Car l'appeller un aiguillon ou un attrait violent, comme les péripatéticiens; c'est rendre un son & non pas une idée: la rapporter à dieu, c'est sans doute terminer la difficulté, mais non pas la résoudre. *Philosophia autem græcorum invenitur in rerum materiatis principiis investigandis magis acuta & sollicita: in principiis autem motus (in quibus omnis generationis vigor consistit) negligens & languida. In hoc autem de quo agimus prorsus cæcutire & balbutire videtur: etenim peripateticorum opinio de stimulo materiæ, per privationem, ferè non ultra verba tendit, & rem potius sonat quàm significat: qui autem hoc ad deum referunt; optimè illi quidem, sed saltu non gradu ascendunt.*

Démocrite avoit mieux senti, lorsqu'après avoir arrondi ses atômes, & leur avoir prêté une inclination qui naissoit de leur configuration même, il supposoit qu'ils avoient tous un point de réunion vers le centre du monde: que dans cette impulsion générale, les grands atomes allant avec plus de force à leur terme, chassoient les petits qui se rencontroient dans leur route, & leur communiquoient une direction opposée qui les éloigne autant du centre, qu'ils en approchent eux-mêmes. Mais ce système, plus ingénieux que satisfaisant, n'explique ni les mouvemens circulaires des astres, ni les phénomènes de la condensation & de la raréfaction, ni la compressibilité & l'élasticité des corps. *Verum ista meditatio angusta fuit; & ad pauciora, quàm par erat, respiciens. Neque enim aut corporum cælestium in orbem conversio, aut rerum contractiones & expansiones ad hoc principium reduci, aut accommodari posse videntur.*

Epicure nous replonge dans les ténèbres avec son concours fortuit, & c'est alors que l'amour reste dans la nuit où la fable l'a trouvé. Quand à ses attributs singuliers, les atomes & la petitesse des élémens, avant l'assemblage des masses, développent l'énigme de cette enfance imaginaire; sa nudité nous peint la décomposition des molécules. On le représente aveugle; en effet, ce premier instinct n'est qu'un mouvement embarrassé; sans ordre & sans vues: il n'y a que le second pas de la matière, au sortir du chaos, qui, après des efforts infinis, ait établi cette harmonie & cet arrangement invariable qui nous enchante: ainsi la providence assujettit l'aveugle hasard à ses desseins. Cet arc & ces flèches que signifient-elles, si-non l'influence réciproque des corps qui s'attirent & se repoussent à des distances éloignées? Ne lancent-ils pas leurs rayons imperceptibles, comme autant de flèches à travers les vuides épars, ou par un milieu tout-à-fait invisible? A ce penchant inquiet des atomes qui s'accrochent, rapportez la multiplication & la propagation des espèces. De l'antique amour est sorti le dernier; c'est-à-dire, de l'impulsion universelle, qui lie le ciel à la terre; & de tous les grands corps ensemble, descend la sympathie qui assortit les individus pour la reproduction. Cet amour est le fils de Vénus. Car Vénus nous donne une inclination générale pour un autre sexe, & l'amour la détermine vers un objet particulier qui nous charme, nous rappelle & nous entraîne par des ressorts invincibles à l'union naturelle; source intarrissable de joie & de plaisirs, de bonheur & d'immortalité.

Proserpine ou l'Ether.

Pluton condamné par le destin, à régir les enfers, comprit que son empire n'avoit rien d'assez attrayant, pour engager une jeune déesse à venir partager sa couche. Cependant il ne pouvoit habiter seul le séjour des ennuis & de la tristesse, il se résolut donc à tenter la voie de l'enlèvement. Proserpine digne par sa beauté, du lit de Jupiter, s'occupoit à cueillir des narcisses dans les prairies de la Sicile; elle se sentit tout-à-coup enlevée par des mains invisibles, dans un char ténébreux, qui la transporta d'un clin-d'œil, sous les abysmes de la terre. Cérès ne voyant plus sa fille, la cherche vainement, une torche à la main, de contrée en contrée, elle apprit enfin, ou conjectura ce qu'elle étoit devenue. Elle va toute défolée la demander à Jupiter, qui, touché de fa tendreffe, confent à ce que fa fille lui foit rendue, pourvu qu'elle n'ait encore pris aucune efpèce de nourriture dans les enfers : condition bien injufte de la part du Dieu qui l'impofoit, fçachant qu'elle n'étoit plus poffible, car il ne pouvoit l'ignorer fans être aveugle. Proferpine avoit déjà entamé une pomme de grenade, & quoiqu'elle n'en eût mangé que trois grains, il fallut recourir à de nouvelles fupplications, pour diminuer la rigueur de l'arrêt. Enfin à force de larmes, Cérès obtint que Proferpine partageroit l'année entre fon époux & fa mère. Pendant les fix mois qu'elle féjournoit avec Pluton, Théfée & Pirithoüs effayèrent de la ravir : elle étoit faite pour les enlévemens; ils defcendirent fur un rocher : mais quel fut leur étonnement au réveil, de fe trouver affis pour l'éternité ! Après un fi funefte voyage, il n'étoit plus permis de revoir le jour; cependant Proferpine, en qualité de reine, obtint le privilège d'accorder fon retour à celui des mortels qui lui porteroit un rameau d'or, caché dans l'horreur de la forêt ténébreufe qui conduit aux enfers.

Tel eft l'éther célefte qui, pénétrant le fein de la terre, s'attache aux flancs de ce grand corps, par de vaftes embraffemens, pour y répandre le germe de toutes les productions. Image de cet hymen inexprimable, qui enfante la vie de tout ce qui végete ou refpire, & perpétue ainfi la durée des fiécles & des hommes.

Cet efprit divin donne & répand fa fubftance par des fermentations continuelles, principe de la formation & de la diffolution de tous les corps. Sa nature eft de s'envoler & d'échapper fans ceffe, rien ne peut le retenir, fi ce n'eft la violence de l'art. On le voit dans l'écume, où l'art femble fe marier à l'eau, mais c'eft qu'il y eft contraint par un mouvement rapide & tournoyant, comme les roues d'un char. Quelquefois il s'enferme dans les entrailles de la terre où lui feul préfide à l'entretien des fucs; car la terre eft alors comme morte, infenfible, aveugle & fans reffort. C'eft dans cette prifon qu'il fe nourrit des brebis que la mort laiffe fur fon paffage, lorfque defcendant du figne du fcorpion fur les ailes de l'aquilon, elle vient abbatre les fruits, dépouiller les campagnes de tous fes ornemens, précipiter les vieillards dans la tombe, & détruire l'ouvrage des tiédes zéphirs. C'eft-là qu'il réchauffe & ranime tous les corps par une nouvelle organifation : tandis qu'il s'occupe dans les mines à la formation des métaux, il eft inutile de le folliciter à revenir; mais il arrive une faifon plus heureufe : alors le foleil par fes inftances & l'importunité de fes rayons, l'attire fur la face de la terre où il porte l'abondance & les plaifirs, cortége de l'abondance, jufqu'à ce que le trifte hyver le rappelle dans fes cavernes profondes. Car à peine a-t-il étalé fes charmes & fes tréfors fur l'horifon, qu'il defcend & fe retire dans fa couche ordinaire, pour y travailler à la régénération. Les efprits les plus actifs qui volent fur la terre, pénétrent quelquefois dans fes retraites pour l'enlever, s'il eft poffible, & s'unir à cet efprit de vie; mais ils fe trouvent retenus en chemin, & pour jamais attachés au premier corps fur lequel ils s'arrêtent.

Le rameau d'or eft fans doute le grand œuvre des chymiftes, avec lequel ils prétendent rétablir toutes les fortunes, & éternifer la vie des hommes. Merveilleux fecret enfoncé dans l'épaiffeur des ombres & des ténebres. Mais fi cette illufion déplaifoit aux afpirans de la pierre philofophale, on peut y fubftituer une application moins ingénieufe & plus raifonnable : c'eft l'idée de la confervation des corps par les moyens de l'art; chofe moins abfurde qu'impraticable : on l'a conçue avec quelque apparence de raifon & de fuccès; & fi la vanité qui l'a fait imaginer, pourfuit l'exécution d'un fi rare projet, peut-être ne fera-t-il pas auffi ridicule qu'il le paroit.

Protée ou la Matière.

Protée étoit l'interprête de tous les fecrets? L'avenir & l'antiquité n'avoient rien d'obfcur pour fes yeux perçans. Une grotte étoit l'azile de ce devin; c'eft là qu'il rentroit tous les jours, rappellé par la chaleur du midi, pour y compter les veaux marins que Neptune avoir confiés à fa garde, après quoi il dormoit tranquillement. C'étoit le temps de la furprendre; il falloit enchaîner l'oracle, pour lui arracher la vérité. Mais que ne faifoit-il pas pour échapper à la violence ? Il paffoit fucceffivement par toutes fortes de métamorphofes, jufqu'à ce que forcé de revenir à fa première forme, il dévoiloit tous les myftères que le tems dèrobe à la curiofité des mortels.

C'eft la matière qui fe peint fous cet emblême. Elle erre & fe promène fous l'immenfe concavité de la voûte des cieux, veillant toujours à la confervation de toutes les efpèces. Animaux, plantes & minéraux, tout vit par fes foins. C'eft autour de ces nombreux troupeaux qu'elle épuife fon activité féconde, puis elle paroit s'endormir dans un profond repos.

L'ardeur du midi défigne ce degré de mouvement ou d'action *créatrice*, où étoit la matière, quand embrafée & fondue, pour ainfi dire, elle fe fépara en efpèces innombrables, & chaque efpèce en individus divifibles prefqu'à l'infini.

Jufqu'ici la nature eft repréfentée dans toute

sa liberté, conduisant l'amas prodigieux de tous les êtres. Un philosophe vient, inquiet d'un phénomène qu'il a découvert par l'observation, ou d'une vérité qu'il entrevoit dans les combinaisons d'un système ; il sollicite la nature, elle se refuse ; il la presse & l'emprisonne dans le creuset ou les fourneaux ; & c'est après avoir parcouru le cercle de ses métamorphoses, & s'être changée en eau, en fumée, en poussière, en caillou, qu'elle se montre dans l'analyse, telle qu'elle étoit avant la composition : car l'alambic est comme une espèce de matrice où chaque partie reprend sa forme naturelle. C'est alors que le philosophe connoissant toutes les extrémités des opérations de la matière, & suivant tous les progrès de la formation & de la *dissolution*, voit la route qu'elle a tenue dans l'immensité des siècles passés, & la route qu'elle tiendra dans l'éternité des temps.

Dédale ou les arts.

Dédale fut l'homme le plus admirable & le plus détestable de son siècle, car l'envie lui fit immoler bien des rivaux, comme s'il ne lui suffisoit pas de les surpasser. Exilé de sa patrie, il trouva de l'appui chez les rois étrangers & dans la plupart des villes où la réputation de ses talens l'avoient fait connoître. Il travailla pour la gloire des princes qui l'avoient accueilli ; il embellit les temples des dieux, il enrichit de vastes palais de ses inventions. Mais son génie dévoué au crime, se signala sur-tout par des œuvres d'infamie. L'attentat inouï de Pasiphaé & son fruit exécrable, furent l'ouvrage de son industrie. Le minotaure parut, il voulut cacher ce monstre de brutalité ; mais par un nouveau crime, il imagina le labyrinthe, où il recela toutes les abominations de la nature : car la pudeur n'avoit point eu de part à ses précautions. Cependant pour fournir quelques remèdes au crime, après en avoir fabriqué les instrumens, il inventa ce fameux fil qu'Ariane eut la foiblesse de prêter à Thésée, pour sortir du labyrinthe. Minos poursuivit ce mauvais génie avec une rigueur digne de l'équité d'un grand législateur ; mais le scélérat eut le bonheur de lui échapper, son art & sa renommée lui procurant des ressources par-tout. Enfin victime de ses inventions, il périt comme son fils, dans la mer Egée.

Cette parabole n'a pas besoin d'interprète. On y voit le cours des passions, des crimes & des malheurs attachés au génie. Rien n'est plus impolitique & plus imprudent que de punir un habile artiste en l'exilant ; car il ne manque pas d'asyles que la curiosité ou l'émulation des peuples voisins lui ouvrent de toutes parts. Il se sauve sur cette opinion généralement répandue, qu'un grand homme est toujours, dans sa patrie, au-dessous de son mérite. *Artificum autem admiratio propagatur & augetur apud exteros & peregrinos ; cum insitum animis hominum sit illud ut populares suos, quoad opificia mechanica in minori pretio habeant.*

Le monde profite de quelques inventions ; mais combien de découvertes pernicieuses, fatales influences du génie !

L'art ne semble-t-il pas s'être plutôt exercé à la destruction du genre humain, qu'à perpétuer sa félicité ? Tant d'armes, tant d'instrumens de guerre, tant de poisons mêlés parmi les remèdes, que de secours prêtés à la mort pour dépeupler la terre ! épouvantables monumens de ces esprits créateurs. S'ils rencontrent par hasard & peut-être contre leur intention, un nouveau moyen de vivre & de jouir, n'en font-ils pas aussi-tôt un labyrinthe inexplicable par le mystère dont ils le couvrent, & par le prix énorme qu'ils y attachent ; en sorte que les secrets de la pharmacie ne sont que les rançonnemens de l'avarice.

Le luxe & la débauche puisent dans l'invention des artistes des rafinemens que la politique est tôt ou tard obligée d'interdire ; mais comme dit Tacite (1) en parlant des charlatans de son siècle, il y a une espèce de gens que l'état a beau chasser, quand la nation les retient. Heureusement la vanité de ces arts corrupteurs les fait évanouir plus sûrement que la persécution des loix, Car le libertinage enfin désabusé de ces remèdes qu'on promettoit à ses excès, & sur la foi desquels il avaloit le poison de la débauche ; l'homme ratrappe sa raison & ses mœurs au prix de sa santé.

Le Styx ou les traités.

Les Dieux juroient par le styx ; c'étoit un fleuve qu'on ne repassoit jamais. Aussi le parjure, après ce terrible serment, exclouit la divinité sacrilége de la table de Jupiter.

La nécessité représentée par ce fleuve fatal, est le seul nœud qui lie les rois. *Ea est necessitas (magnum potentibus numen) & periculum status, & communicatio utilitatis.* Tous les autres droits de la naissance, de la religion, de la reconnoissance, de l'honneur même, sont de foibles barrières que l'ambition brise toujours. Il est si aisé à un homme qui ne rend compte à personne de ses volontés, d'interpréter à son gré la foi des traités, & de couvrir ses infractions du plus beau voile. *Tanto magis , quod princi-*

---

(1) Genus hominum potentibus infidum, sperantibus fallax, quod in civitate nostra & vetabitur semper & retinebitur. Tacit. hist. l. 1. c. 22.

Tacite dit cela des astrologues qu'il appelle *mathématiciens*, dénomination très-fausse assurément, mais que l'ignorance de son siècle sur le véritable objet des mathématiques rend excusable.

pibus facile fit per prætextus varios & speciosos, cupiditates suas & fidem minus sinceram (nemine rerum arbitrio cui ratio fit reddenda) tueri & velare.

Iphicrate avoit raison de dire aux Lacédémoniens, que l'unique garant de leur fidélité envers les Athéniens, seroit l'impuissance de leur nuire. Si la couronne ou la vie d'un prince n'est en danger par la rupture d'un traité, on ne doit pas compter sur sa parole.

Achéloüs ou la guerre.

Hercule disputoit Déjanire avec Achéloüs. Un combat devoit décider auquel des deux cette beauté tomberoit en partage. Achéloüs se prépare, & après avoir essayé plusieurs métamorphoses, il se présente enfin à son rival sous la forme d'un taureau menaçant & qui frémit de rage, attendant le premier coup. Hercule avoit dompté tant d'autres monstres, il rompt une corne à celui-ci ; Achéloüs la lui redemande ; & pour l'obtenir, lui donne en dédommagement celle de la chévre Amalthée, qui étoit la corne d'abondance.

Qu'arrive-t-il dans la guerre ? Beaucoup de préparatifs d'un côté pour se défendre ; on fortifie les places, on redouble les garnisons, on coupe les ponts, on garde les défilés, on dépeuple la campagne, on remplit les greniers : l'ennemi vient à la tête d'une armée ou d'une flotte, il fait un siége, on livre une bataille, & tout cet appareil de défense se dissipe ; un boulevard des frontières emporté, tout plie & pour le ravoir, il faut céder de vastes pays au vainqueur. Tel est l'avantage de la puissance qui attaque.

Typhon ou la rebellion.

Junon indignée de n'avoir pas eu de part à la naissance de Minerve, & voulant se venger des mépris de Jupiter, fatigua tout le ciel, pour en obtenir un fruit qui n'appartînt qu'à elle. L'Olympe y consentit, elle frappa la terre, & Typhon sortit de ses entrailles. Cet horrible monstre, nourri par un serpent, devint bientôt un géant qui essaya ses premières forces contre Jupiter ; il vint à bout de vaincre le Dieu, transporta son captif sur ses épaules dans un affreux désert, lui coupa les pieds & les mains, qu'il eut soin d'emporter avec lui comme un trophée. Il n'en jouit pas long-tems ; Mercure atteint le scélérat, lui arracha ses dépouilles encore sanglantes, & rétablit Jupiter dans son premier état. Jupiter attaque le monstre, le blesse d'un trait de foudre ; & son sang empoisonné couvrit aussitôt la terre de serpens ; il fuyoit encore, quand son vainqueur l'arrête en l'accablant sous le poids du mont Æthna.

C'est ici l'image des séditions qui arrivent dans une monarchie. Les rois, quoique subordonnés aux loix fondamentales de l'état, confondent souvent le pouvoir légitime avec le pouvoir arbitraire, & donnent à leurs caprices toute la force de leurs volontés ; au mépris de leur conseil, du sénat & de tous les ordres de leur empire. Alors le peuple forme aussi des entreprises, & de concert avec la noblesse, il enfante des rumeurs sourdes qui éclatent bientôt en des séditions ouvertes. C'est un monstre à cent têtes, qui, par autant de bouches, enflammées, vomit l'incendie dans les provinces, ses mains de fer mettent tout en sang, la rebellion vole jusqu'à la capitale ; & le monarque n'étant plus en sûreté dans sa cour, cherche un asyle secret où son autorité languit & disparoit, jusqu'à ce que des paroles de paix, de modération & d'équité, lui redonnant sa véritable force, il puisse désarmer & confondre les rebelles qui oseroient encore lui tenir tête.

Endymion, ou le favori.

Endymion couchoit dans une grotte sous d'énormes rochers. C'est-là que Diane descendoit souvent, comme pour lui dérober, à la faveur du sommeil, de tendres baisers qu'il n'eût pas eu sans doute la cruauté de refuser. Elle prenoit soin de l'endormir elle-même ; & de peur que son amour ne causât quelque dommage à l'innocent berger, elle veilloit sur la prospérité de son troupeau ; ensorte que sous la garde favorable de la déesse, il devint le plus nombreux & le plus brillant de toute la contrée.

Les princes doivent prendre ces précautions avec leurs confidens. Obligés de se livrer à quelqu'un, ce n'est point à des esprits inquiets & curieux de leurs secrets qu'ils s'ouvriront, mais plutôt à des cœurs simples, en qui la candeur habite avec la modestie, incapables de trahir les mystères qu'on leur révèle, & d'abuser de la confiance de leur maître, pour leur élévation. Loin d'épier avec indiscrétion les démarches que l'on doit respecter en silence, ils ferment les yeux, & paroissent se prêter à la faveur, plutôt que s'empresser après elle. C'est avec eux qu'un roi peut descendre de la majesté du trône, & s'abaisser jusqu'à une espèce de familiarité. Tel étoit Tibère qui fuyoit les regards malins des courtisans trop éclairés, & déposoit sa dissimulation à l'égard de ceux qui n'en avoient point. Tel étoit Louis XI, le prince le plus clair-voyant & le plus impénétrable. Mais un monarque adroit, de peur de faire éclater ses secrets avec sa faveur, ménage si bien les intérêts de son favori, que sa fortune augmente, & s'embellisse imperceptiblement. S'il accorde trop dans les commencemens, que lui restera-t-il à donner dans la suite? Un favori doit se contenter de son crédit, & de l'amitié de son prince, sans exiger de lui des honneurs extraordinaires qui le rendroient odieux.

Actéon & Penthée, ou la curiosité.

Actéon vit Diane au sortir des bains; & ses propres chiens le dévorèrent. Ceci regarde les courtisans assez téméraires pour oser percer dans l'ame des rois, & sur tout assez malheureux pour avoir découvert leurs foibles. A peine ils ont dévoilé le funeste secret, que la haine prépare leur disgrace; ils l'attendent dans l'alarme; enfin le coup éclate, & leurs propres cliens, ceux-mêmes qu'ils nourrissoient à leur suite, engloutissent cette proie de l'infortune.

Penthée voulut sonder les mystères de Bacchus, & le voilà tellement rempli de ses fureurs, que tous les objets se multiplient à ses yeux; il croit voir deux soleils, Thebes se reproduit, il la trouve toujours sur ses pas & il n'y arrive jamais.

N'est-ce pas vous, philosophes, qui, par les secrets de la nature, prétendez-vous élever aux mystères de la religion, & opposer les ouvrages de la divinité contre ses décrets. Bientôt un vertige inquiet s'empare de votre raison, vos yeux troublés voient plusieurs soleils & plusieurs mondes. Le déréglement de votre esprit passe dans votre conduite. Méchans, ou vertueux, au gré de vos opinions flottantes & mobiles, ou plutôt réduits au dernier instinct qui vous agite, vous livrez & le monde & vos actions aux bisarreries du hasard.

Cassandre ou la morosophie.

Cassandre avoit enflammé le cœur d'Apollon: elle éludoit ses désirs, sans rebuter ses espérances. Mais sa curiosité exigeoit, avant de satisfaire celle d'Apollon, que ce Dieu lui accordât la faveur de connoître & de prédire l'avenir.

A peine eut-elle obtenu ce secret de sa complaisance, que ses détours se changèrent en refus déclarés. Le dieu désespéré ne pouvant retirer ses dons, les rendit inutiles; & laissant à l'infidelle prêtresse l'avantage d'annoncer la vérité, il ne lui donna pas le talent de la persuasion. Elle eut beau prédire la ruine de Troie, personne n'ajouta foi à ses oracles.

Tel est le mauvais sort de ces caractères vertueux, qui prenant les instigations d'une fière liberté pour l'inspiration de la sagesse même, donnent de bons conseils, & suivent leur goût pour la vérité, sans attendre le moment favorable de la placer: parce qu'ils n'entendent ni le ton de leur siècle, ni la science des conjonctures, ils dérangent l'harmonie, achèvent de renverser ce qui panchoit, & ne sont reconnus pour de profonds politiques, que par la vérification de leurs sinistres présages. Caton d'Utique avoit sagement prévu la servitude de Rome, & la tyrannie des Césars; mais comme il l'annonçoit en Dieu qui tonne & menace, & non en citoyen que sa tendresse allarme, il ne fit que hâter la chûte de sa patrie. Caton est admirable, disoit Cicéron, il voit le bien, il le sent; mais pourquoi s'imagine-t-il parler à la république de Platon, tandis qu'il a affaire au vil troupeau de Romulus? *Cato optimè sentit, sed nocet interdum reipublicæ: dicit enim sententiam suam tanquam in republicâ Platonis, non tanquam in fæce Romuli.*

Prométhée ou l'homme.

Prométhée avoit fait une statue de boue assez belle, s'il n'y avoit pas mêlé un levain, composé du fiel de l'aspic & de l'écume du lion. Il voulut animer cette masse insensible; le feu du soleil étoit propre à son dessein: il le dérobe aux cieux, & donne la vie à l'homme qui se plaint aussi-tôt aux dieux de ce présent fatal, comme si son premier sentiment eût été celui du malheur. Jupiter écouta l'accusation intentée contre Prométhée, & pour nous dédommager de l'effet de son larcin, avant de le punir, il le répare par un bienfait capable d'adoucir les peines de l'existence; c'étoit le don de rajeunir. L'homme enchanté de son bonheur, sans en connoître le prix, charge un âne de ce fardeau. La bête pressée en chemin d'une soif ardente, s'arrête au bord d'une fontaine que gardoit un serpent, & lui céda pour un peu d'eau la charge qu'il portoit; car le serpent ne la laissa boire qu'à cette condition. Prométhée vengé de l'injustice des hommes, par la perte qu'ils venoient de faire, quand il les vit réduits au premier état où ils étoient en sortant de ses mains, se réconcilia d'abord avec eux, mais ne le pardonna pas à Jupiter; & pour mieux l'outrager, prit le moment d'un sacrifice. Il immole deux taureaux, enveloppe toute la chair des deux victimes sous une peau, tous les os sous l'autre, & donne le choix au maître des dieux. Jupiter vit cette impudente fourberie; mais afin de faire mieux éclater son ressentiment, il dissimula; & comme s'il eût été dupe d'un mortel, il préféra l'offrande la moins acceptable. Cependant il ne tarda pas à décharger sa colère, & le poids en retomba sur tout le genre humain: il ordonne à Vulcain de forger une femme; elle avoit tous les dons de la beauté, chaque trait marquoit un présent des dieux, dont elle étoit l'image. Jusques-là tant de bienfaits n'annonçoient point, ce semble, de vengeance; enfin Pandore fut renvoyée avec une boëte fatale où l'essaim des maux étoit emprisonné. Prométhée fut le premier à qui elle s'offrit avec ces graces séduisantes qui déconcertent la sagesse ; il regarda la femme, & ne toucha point à la boëte. Epiméthée moins soupçonneux, ou plus enyvré des charmes de Pandore, ouvre sa boëte, plein d'impatience & de curiosité ; les crimes & les peines, tous les fléaux de la nature s'envolent aussi-tôt, & couvrent la face de la terre ; il eut beau vouloir retenir ce débordement des maux, il ne resta que l'espérance au fonds de la boëte. Prométhée avoit été puni dans son ouvrage, il devoit l'être encore dans sa personne. Jupiter rappella tous ses crimes, entr'autres son attentat sur Minerve, & le condamna à des tourmens perpétuels. Un vautour attaché sur son cœur, ne lui donnoit point de relâche ; & de peur que son supplice n'eût un terme, ses entrailles renaissoient chaque nuit, pour être incessamment dévorées. Cependant Hercule, après bien des années, parvint au Mont Caucase, tua l'oiseau rongeur à coup de flèches, & délivra Prométhée. On institua la fête des torches, en l'honneur de se réparateur du genre humain. On s'assembloit pour courir avec des flambeaux ; celui qui laissoit éteindre le sien, se retiroit des jeux, & la victoire restoit au premier qui portoit sa torche allumée au bout de la carrière.

Voilà tout l'homme. Son ame est une émanation de cet esprit moteur qui vivifie l'univers. On diroit qu'il est le terme & le centre de ce monde, tant il y a sû tout assujettir à ses besoins ou à ses plaisirs ; la terre semble ne se couvrir de plantes & d'animaux, que pour son usage ; le soleil semble ne luire que pour lui, les astres ne rouler qu'à ses ordres, la nature enfin ne s'occuper dans ses fonctions que des intérêts de l'homme ; il est lui même un composé de tous ses ouvrages, un abrégé de tous ses ornemens. Mais ce qui va dissiper l'enchantement de cette illusion, c'est la misère de sa naissance, la foiblesse & la nudité qui l'accompagne ; il n'a de secours que dans ses larmes, ni d'espoir que dans la compassion qu'excite son indigence. Si la nature l'abandonnoit ! Mais non ? l'instinct, son premier guide, veille à sa conservation. A peine l'ingrat a senti l'impression des bienfaits du ciel, qu'il se plaint de sa condition : il accuse l'auteur de son existence ; & le ciel, loin de s'irriter, accorde à ses murmures tout ce qui lui manque, en lui donnant l'industrie de se le procurer, par la voix de la réflexion & de l'expérience. La main est son principal instrument, & le feu comme le premier des élémens, parce qu'il préside à presque toutes les opérations de l'art. La religion devroit être l'expression de sa reconnoissance, mais l'hypocrisie se mêle à ses offrandes. Il semble vouloir en imposer à la divinité ; & tandis qu'il l'invoque à grands cris, qu'il s'immole tout entier en apparence, son cœur dément le sacrifice ; il n'offre que la dépouille de la victime, ses dehors trompent tous les yeux, excepté l'œil qui sonde les ténèbres de la méchanceté. Bientôt après il s'attaque à la sagesse de Dieu même, & prétend soumettre ses décrets au tribunal des sens & de la raison. C'est alors que la justice infaillible le livre à ses passions. La volupté s'empare de son cœur, il la reçoit comme le plus chéri de tous les dons célestes ; mais que de maux elle traîne à sa suite, sans parler des douleurs qui l'accompagnent ! Eh ! n'est-ce pas de cette source de corruption & de plaisir que sont sorties les pestes qui affligent le cours de la vie humaine ; les guerres qui désolent les empires & tant de révolutions qui ont boulversé la face de la terre ? Heureusement la contagion ne se répand pas dans toute son étendue, & tandis que la foule du genre humain la plus imprudente, ne songe qu'à satisfaire la curiosité du mal qui la presse, qu'on savoure les douceurs du plaisir, sans s'inquiéter de l'amertume qui vient après, ou peut-être qu'on se repait de vaines espérances qui, comme des songes légers, charment le sommeil de la vie ; les autres rejettent les sollicitations de cette enchanteresse. Mais pour être plus sage, on n'en n'est pas plus heureux.

Que de goûts délicieux la raison nous fait sacrifier ! & les remords importuns, & les sombres réflexions, & les agitations perpétuelles de la fortune ! En proie au soulévement des passions, à la tyrannie de la vertu, mille pensées inquiètes & chagrines, la crainte des hommes, la vanité, l'intérêt, la réputation, autant de vautours qui déchirent un cœur attaché à ses résolutions. S'il a des intervalles passagers de consolation, la tréve est bientôt rompue ; & ses ennemis toujours prêts viennent l'attaquer avec un redoublement de forces. Il n'y a qu'une constance infatigable, comme celle d'Hercule, capable de surmonter tant de travaux. Telle est cette intrépidité d'ame qui voit tous les événemens du même œil, reçoit les faveurs & les coups du sort sans aucune altération, & cette magnanimité qu'on a toujours appellé Philosophie, parce qu'elle vient moins d'une indifférence naturelle, que de l'habitude de contempler les orages de la vie & les vicissitudes de la fortune.

Un chrétien pourroit bien entrevoir dans cette fable des allusions aux mystères de sa créance ; mais c'est porter une lumière profane à l'autel du Dieu de sainteté.

Il seroit encore plus naturel d'y trouver des rapports avec l'étude de la Philosophie. On y verroit que le rajeunissement n'est autre chose que l'art de renouveller la vie de l'homme par les secrets de la nature; mais qu'on les a perdus ces secrets, en les confiant à une expérience lente & peu réfléchie; qu'on doit cependant beaucoup plus attendre, en fait de découvertes, des yeux de l'observateur sans génie, que de l'imagination des raisonneurs.

Les jeux institués pour honorer la mémoire de Prométhée, nous rappelleroient que les arts ne peuvent arriver à leur perfection, que par le concours des philosophes de plusieurs siècles; que les esprits les plus bouillans perdent de vue la lumière qu'ils tenoient, & que le flambeau de leurs systêmes s'éteint par la précipitation de leur course. On concluroit donc qu'il faut rallumer cette émulation, ou plutôt cette ardeur générale d'étudier la nature; & tous les partis qu'une ambition puérile a jusqu'ici divisés, se réunissant pour combiner ensemble les résultats de l'observation & de la réflexion, on parviendroit enfin au but de la Philosophie, qui est la vérité, l'utilité, le bonheur des hommes.

Dioméde ou le fanatisme.

Dioméde étoit protégé de Pallas, elle lui inspira l'audace d'attaquer Vénus; car non plus que Junon, elle n'avoit pas oublié le triomphe de sa beauté sur le mont Ida. Dioméde affronte Vénus, & la blesse. On peut juger après cela quel avantage il eut sur les Troyens qui n'étoient que des hommes. Mais son attentat crioit vengeance, & ce fut dans sa patrie, au milieu de sa famille, qu'il éprouva les coups invisibles de son ennemie. Obligé de chercher un asyle en Italie chez des étrangers, il y fut reçu avec les honneurs les plus éclatans, jusques-là qu'on lui érigea des statues comme vainqueur des dieux. Malheureusement la colère de Vénus le poursuivoit, il traîna chez Daunus les calamités qu'il avoit apportées dans son propre palais. Ce roi voyant son pays en proie à la désolation, sentit bien qu'il avoit reçu l'ennemi du ciel: pour appaiser les dieux, il se hâta de leur sacrifier leur victime; & faisant passer les droits de la religion sur ceux de l'inviolable hospitalité, non content d'abattre les statues de Dioméde, il le massacra lui-même impitoyablement. Ce fut encore un crime de pleurer sa mort; & ses compagnons, au milieu de leur deuil furent changés en cygnes.

Tel est l'abus du fanatisme que les payens ne connoissoient guères, parce que leurs dieux n'étoient pas jaloux d'un culte unique.

Quand on attaque une secte, non avec les armes persuasives de l'exemple & de la raison, mais par le fer & le feu, sans-doute on se croit autorisé d'en haut par la sagesse même: cette horreur sacrée de l'impiété trouve un appui dans le peuple ennemi de la modération; il préconise les fureurs du zèle & met au rang de ses Dieux le tyran des infidèles. Mais cette apothéose dure aussi peu que l'illusion qui l'a formée; on se détrompe, on se relâche de cet acharnement, la tolérance vient, ou peut-être la secte accrue par ses martyrs, devient à son tour redoutable à ses persécuteurs, & il ne leur reste plus que la haine & le mépris de ceux qui les encensoient. Juste salaire d'un zèle abominable qui sème la trahison dans les familles, où l'on voit le père & le fils le bras levé pour s'entr'égorger. C'est alors que la piété sacrilège se fait un devoir de fouler aux pieds l'humanité, & que la compassion semble devenir un crime. Dans ces temps de vertige, on voit les hommes courir à l'échaffaut avec des transports de joie; leurs discours semblables au chant du cygne, ont un charme impérieux sur tous les cœurs; on reçoit leurs soupirs, on embrasse leurs chaînes, on bénit leur mort comme un triomphe.

Les syrènes ou les plaisirs.

Les syrènes étoient filles d'Achéloüs & de Therpsicore. Elles avoient des ailes; mais ayant eu la témérité de combattre avec les muses, celles-ci leur coupèrent les plumes & s'en firent des couronnes. Aussi depuis ce temps les divinités du Parnasse parurent toutes, excepté la mère des syrènes, avec des ailes à la tête. Ces Nymphes enchanteresses habitoient des isles délicieuses, où elles essayoient d'attirer les vaisseaux par la mélodie de leurs chants. Les cruelles endormoient les passagers, pour les dévorer. Elles avoient immolé un si prodigieux amas de victimes, que la campagne paroissoit au loin couverte d'ossemens blanchis; personne n'échappoit au charme de leur voix qui attaquoit tous les cœurs par l'endroit foible & sensible. Il n'y eut qu'Ulysse & Orphée qui se sauvèrent de leurs piéges; l'un après s'être bouché les oreilles avec de la cire, se fit encore attacher au mât de son vaisseau; l'autre eut recours aux sons tout-puissans de sa lyre consacrée à la gloire des dieux; & par la supériorité de son harmonie, il effaça la funeste impression de leurs chants.

Les plaisirs naissent au sein de l'abondance & de la joie. Les passions leur prêtent des ailes, pour enlever l'homme à lui-même. Mais la raison & l'étude modèrent ces transports fougueux.

La Philosophie apprend à mépriser l'amorce des voluptés, elle ennoblit & transporte l'ame par la sublimité de ses considérations; & lui fait prendre son vol jusqu'aux cieux, donnant des ailes à toutes ses pensées. Elle ne laisse sur la terre que cette poésie voluptueuse, enfantés dans l'ivresse des festins & d'une tendre extase, délices rafinées dont Pétrone assaisonna ses derniers momens, attendant que la mort le furprit dans les bras des amours, tout couronné de rofes & de myrthes reverdis.

Les plaifirs habitent dans une ifle, c'eſt-à-dire, loin de la foule & du tumulte. C'eſt dans ces folitudes enchantées, que les paſſions douces élèvent une voix féduifante: on l'écoute, on s'en laiſſe charmer; le cœur s'amollit, le penchant gagne, on fuccombe; on fe relève pour retomber encore, l'ame fe plonge toute entière dans le péril qu'elle goûte, elle s'endort, elle eſt perdue: ni fes propres chûtes, ni les fameux naufrages n'ont pu la retenir & l'éloigner de l'écueil où elle va périr. Il y avoit pourtant des remèdes dans la fageſſe, qui lui eût appris à fermer l'oreille à la féduction; à fuir l'occafion, foit qu'elle naiſſe de mauvais exemples, ou de l'oifiveté & des ennuis qui l'accompagnent; à regarder d'un œil de pitié la folie des amans qui fe laiſſent captiver, fouvent par des objets qu'ils mépriſent; à fentir enfin les ridicules d'une paſſion honteuſe: car l'amour n'eſt jamais grand, s'il n'eſt pas vertueux; mais quand la vertu s'y mêle, alors tous les facrifices tiennent à l'héroïſme; & la même action qu'on appelle baſſeſſe dans une ame foible & commune, devient un excès de générofité dans un cœur infpiré par le véritable honneur.

Néméfis, ou les retours du fort.

Néméfis fille de l'océan & de la nuit, étoit redoutable, même aux heureux. Elle avoit des ailes, une couronne; elle étoit montée fur un cerf, tenant la lance d'une main, & de l'autre une bouteille. Son nom fignifie la fatalité. Elle avoit foin de punir l'infolence de la profpérité; & même, afin de prévenir l'enflure & les autres vices qui l'accompagnent, elle mêloit à fes joies quelques fujets de triſteſſe.

Les viciſſitudes de la fortune & les deſſeins fecrets de la providence font repréfentés par l'océan & la nuit. Néméfis a des ailes, car la fortune arrive & difparoît d'un jour à l'autre. On ne peut prévoir fes faveurs, ni détourner fes difgraces. Sa couronne eſt fur la tête du peuple, quand il triomphe de l'abaiſſement des richeſſes & des grands. Sa lance frappe & renverfe ceux qu'elle veut châtier.

Mais cette bouteille eſt le miroir qu'elle préfente fans ceſſe aux yeux de ceux qu'elle ménage. Eh! quel eſt l'homme à qui la mort, les maladies, les trahifons, & mille accidens étrangers ne retracent fouvent les plus affreufes images; comme fi les mortels ne pouvoient être admis à la table des dieux, que pour leur fervir de jouet? Quand on fe rappelle tous les chagrins domeſtiques qui traverférent la profpérité d'Auguſte, il faut bien adorer le pouvoir d'une divinité qui frappe fur les rois, comme fur des victimes ordinaires. Le cerf eſt le fymbole d'une longue vie; la jeuneſſe qui meurt avant le temps, échappe feule aux révolutions du fort; mais le vieillard ne mourra point, fans avoir eſſuyé quelques revers. *Fieri fortaſſe poteſt, ut qui juvenis fato ereptus fit, Nemefin prævertat & effugiat: cui autem diuturna obvenit fœlicitas & potentia, is procul dubio Nemefi fubjicitur, ac veluti fubſternitur.*

Narciſſe, ou l'amour propre.

Narciſſe étoit beau, mais plein de cet orgueil qui fait haïr la beauté; devenu défagréable à tout le monde, & ne fe plaifant qu'avec lui-même, il habitoit les bois & les montagnes défertes. Echo feule enyvrée des charmes de Narciſſe, prefqu'autant que Narciſſe, affectoit de le fuivre par tout. Elle le voyoit chaque jour, à l'ombre d'un berceau, fur le bord d'une fontaine, fe contempler dans un miroir liquide, & s'adorer fans ceſſe. Enchanté de fon image, il repaſſoit tous fes traits qui faifoient les plus profondes bleſſures dans fon ame. Enfin ravi d'amour & d'admiration pour celui qu'il voyoit, il demeura pour toujours attaché fur les bords de cette onde enchantereſſe qui le reproduifoit éternellement à fes yeux. Echo cherchoit encore Narciſſe; elle ne vit plus qu'une fleur, qui fut depuis l'avant-courière du printemps.

L'amour-propre ne fut jamais mieux peint. La jeuneſſe idolâtre de fes talens, de fes graces, & de tous fes avantages, eſt ordinairement fière, dédaigneuſe, infolente: comme elle s'expofe à eſſuyer des rebuts, parce qu'elle n'attend que des careſſes, elle eſt fouvent réduite à vivre ifolée, avec le petit cercle de flatteurs que l'intérêt ou l'illufion raſſemble autour d'elle, pour applaudir à fa folie. C'eſt au milieu de cette cour infidèle, que l'enfant de la fortune, ou des mufes, achève de fe perdre, & qu'il fe plonge dans une molle indolence, où les charmes de l'efprit & toutes les forces de l'ame s'éteignent & difparoiſſent. Auſſi la faifon des talens frivoles eſt déjà paſſée, quand l'âge de la gloire & de la folide réputation arrive.

Vulcain, ou l'artifice.

Vulcain vouloit fe confoler des mépris de Vénus, auprès de Minerve fa rivale; comme il ne put rien en obtenir par la féduction, il eſſaya la violence. Erichthon fut le fruit de fes aſſauts, auſquels il parut être que Minerve avoit réſiſté; car ce n'étoit qu'un homme à demi formé, dont la figure & la taille aſſez avantageuſe d'ailleurs, fe terminoit par une queue de ferpent. Mais pour cacher cette difformité, il inventa les chars, & trouva par ce moyen le fecret d'éblouir.

Ainsi la laideur se voyant rebutée de la nature, ose lui faire violence, & par des apprêts étudiés, masque les taches, compose des graces, & sauve encore les apparences d'un homme sur le fond d'un monstre; ensorte qu'à l'aide des parures & des ornemens postichés, Thersite est un Adonis, Hécube devient une Léda. Enfin un char est le dernier retranchement où l'on peut esquiver le ridicule, & braver encore la beauté qui n'auroit pas un théâtre aussi commode pour s'étaler.

Pensées & vues générales, ou récapitulation.

Me croyant particulièrement destiné par la nature à être de quelque utilité à mes semblables, & regardant le bien de la patrie comme un objet de droit public, je trouvai qu'il n'y avoit point de moyen plus sûr ni plus facile de remplir ses devoirs & d'acquérir quelques droits à l'estime des hommes, que de travailler à l'invention & à la perfection des arts. *Quid hominibus maximè conducere posse, quaesivi, & ad quid ipse à natura optimè factus essem, deliberavi. Inveni autem nil tanti esse erga genus humanum meriti, quam novarum rerum & artium, quibus hominum vita excolatur, inventionem & auctoramentum.*

Qu'on parcoure l'histoire, les premières apothéoses ont été faites pour les inventeurs: les fondateurs des empires, les sages législateurs, les destructeurs de la tyrannie n'eurent que des autels où les autres avoient des temples; leur nom passager qui devoit périr avec le fruit de leurs travaux, ne franchit point les limites de leur empire & de quelques siècles: l'invention obtint seule une recommandation universelle; & parce qu'elle avoit travaillé pour l'éternité, sa gloire fut immortelle, ainsi que ses bienfaits. *Antiquis seculis rerum inventoribus..... divinos honores attributos esse: iis autem qui in rebus civilibus merebantur, quales erant urbium & imperiorum conditores, legislatores, patriarum à diutinis malis liberatores, tyrannidum debellatores, & his similes, intra heroum modum honores stetisse. Nec immerito hanc distinctionem priscis illis temporibus invaluisse, cùm illorum beneficia ad universum genus humanum, horum ad certas regiones & definitas hominum sedes pertinerent.*

J'ai donc pensé que, si quelque génie étendu, pénétrant, jettoit un nouveau jour sur l'empire des découvertes, pour en agrandir les frontières; s'il saisissoit toutes les nuances qui distinguent les objets de notre connoissance, & ce point de vue qui les rassemble tous sous un rapport uniforme & constant; s'il joignoit à la curiosité de s'instruire la patience de douter, au goût de la réflexion, cette heureuse disposition à suspendre son jugement dans les matières qui ne sont pas suffisamment éclaircies; cet homme seroit le vengeur de la foiblesse humaine, & auroit réellement étendu l'empire de l'homme sur l'univers. *Ante omnia, vero si quis non particulare aliquod inventum, licet magnae utilitatis eruat, sed in natura lumen accendat, quod ortu ipso oras rerum, qua res jam inventas, contingunt, illustret, dein paulo post elevatum abstrusissima quaeque patefaciat, & in conspectum det, is mihi humani in universum imperii propagator, libertatis vindex, necessitatum expugnator, visus est. Me ipsum autem ad veritatis contemplationes, quam ad alia magis fabrefactum deprehendi, ut qui mentem & ad rerum similitudinem (quod maximum est) agnoscendum, satis mobilem, & ad differentiarum subtilitates observandas satis fixam & intentam haberem, qui & quaerendi desiderium, & dubitandi patientiam, & meditandi voluptatem, & asserendi cunctationem, & resipiscendi facilitatem, & disponendi sollicitudinem tenerem, quique nec novitatem affectarem, nec antiquitatem admirarer, & omnem imposturam odissem. Quare naturam meam cum veritate quandam familiaritatem & cognationem habere judicavi.*

Une éducation conforme à ma naissance, m'avoit d'abord jetté dans des études purement civiles; j'étois imbu de ces préjugés qu'on inspire à la jeunesse; qu'il faut prendre un état & se faire jour dans quelque carrière; j'étudiai les loix, & je cherchai des protecteurs qui fussent mes amis; mais je n'en conservai pas moins toute l'indépendance de mon caractère. Cependant le bien des hommes étoit tellement ma passion, que prévoyant combien l'étude des sciences profanes borneroit les services que je pouvois rendre à l'humanité, puisqu'ils ne s'étendroient pas au-delà de cette vie étroite & passagère, je me sentis animé par le zèle de la religion, à travailler au salut des ames. Mais cette piété fut soupçonnée d'ambition. Mon âge & ma santé chancelante, tout m'avertit qu'il n'étoit plus temps d'embrasser un autre genre de vie, & que je m'étois mépris en abandonnant les moyens que j'avois en main, pour en suivre de fort incertains, parce qu'ils dépendent du caprice & de la perversité des hommes. Je reviens donc à ma philosophie: elle seule peut remédier aux troubles qui vont désoler l'empire des sciences.

Ce n'est pas qu'on doive craindre une seconde irruption des barbares, à moins que l'Espagne ne prenne de telles forces, qu'elle vienne à subjuguer toutes les nations & à tomber enfin elle-même sous le poids de sa grandeur; *tametsi enim barbarorum incursiones non metuam (nisi forte imperium hispanum se corroboraverit, & aliis armis, se onere oppresserit & debilitarit).* Mais les guerres civiles qui, par le cours qu'elles ont pris, semble devoir ravager notre hémisphère, la fureur des sectes, la misère même des subrilités scholastiques qui ont envahi la place de la véritable érudition, tout menace les lettres d'une extinction prochaine. L'art des imprimeurs ne sauroit parer à tant de maux.

Cette science oisive & pacifique qui se nourrit dans la solitude, n'a pas la manie de faire des partis : celle qui veut s'élever sur les aîles de la gloire & de la fortune, n'a pas le courage de résister aux factions ; les lettres succomberont infailliblement & vont se perdre dans les ruines générales. Il n'en seroit pas de même de la science qui s'établit sur l'invention, *longe alia ratio est scientiæ, cujus dignitas utilitatibus & operibus munitur.*

Mais si je puis résister aux injures du temps, je ne crains pas celles des hommes. Eh ! que m'opposeront-ils en effet ? que je prends un vol trop audacieux ? La modestie est une vertu dans la morale & dans le commerce de la vie ; mais en matière de connoissances, l'amour de la vérité tient la place de toutes les vertus. *In civilibus rebus est modestiæ locum, in contemplationibus veritati.* Me demandera-t-on des preuves de ma théorie ? Je crois qu'il suffit à un homme valétudinaire, occupé toute sa vie dans les fonctions du ministère, d'avoir découvert sans guide & sans flambeau une région ténébreuse, & d'avoir élevé la machine prête à être mise en œuvre. *Aio sine omni impostura me hominem non senem valetudinarium, civilibus studiis implicatum, rem omnium obscurissimam sine duce ac luce aggressum satis profecisse, si machinam ipsam ac fabricam extruxerim, licet eam non exercuerim aut moverim.* J'ajoute que l'interprétation de la nature doit se fixer quelque temps dans les bornes de la spéculation, avant de descendre à une application pratique, parce que la plupart des philosophes sont restés à la porte, pour s'être trop pressés d'entrer. *Ac eodem candore profiteor interpretationem naturæ legitimam in primo adsensu antequam ad gradum certum generalium perventum sit, ab omni applicatione ad opera puram ac sejunctam servari debere. Quin & eos omnes qui experientiæ se undis aliqua ex parte dediderunt, cum animo parum firmi, aut ostentationis cupidi essent, in introitu operum pignora intempestivè investigasse, & inde exturbatos & naufragos fuisse scio.* Peut-être exigeront-ils pour gage, quelque invention utile ? Mais quelle ? leur dirai-je encore ; car ils ne sont pas seulement assez éclairés pour savoir ce qu'ils desirent. Au reste mes idées ne seront pas toujours au niveau de tous les esprits. Eh ? qu'importe au peuple, pourvu qu'il en tire des avantages solides & permanens ? En revanche cette méthode entre les mains de quelques génies supérieurs, fructifiera prodigieusement. Mon cœur indépendant du jugement des hommes, affranchi désormais de toute espèce de crainte ou d'espérance, goûte sa récompense dans sa sécurité. Je ne chasse point à la réputation, encore moins après la fortune. Je ne veux point me faire chef de secte ; la droiture de mes intentions, l'avant-goût d'un succès éternel me mettent à l'abri des atteintes du sort.

Les sciences ont été jusqu'à présent fécondes en disputes, & stériles en œuvres. *Sapientia ista quam à Græcis potissimum hausimus....... controversiarum enim ferax, operum effœta est.*

La médecine a déclaré incurables beaucoup de maladies, & s'est souvent trompée sur le choix des moyens qu'elle a employés pour guérir les autres. Les alchymistes vieillissent & meurent dans les chimères d'une folle espérance.

Les arts méchaniques, au lieu de puiser dans la philosophie une lumière féconde, ne font que s'exercer & tourner, pour ainsi dire, autour d'une même invention : il suffit pour s'en convaincre, de lire avec attention, les livres qu'on a publiés sur ces matières : on n'y rencontre que les mêmes choses traités différemment ; de sorte qu'au premier aspect on se croit plus riche, mais un examen plus sévère dissipe l'illusion, & l'on se retrouve à-peu-près aussi pauvre qu'auparavant. *Si quis in omnem illam librorum varietatem qua artes & scientiæ exultant, diligentius introspiciat, ubique inveniet ejusdem rei repetitiones infinitas, tractandi modis diversas, inventione præoccupatas ; ut omnia primo intuitu, numerosa, sed examine pauca reperiantur.*

La présomption d'une fausse opulence est la cause de la misère. *Opinio copiæ inter maximas causas inopiæ est.*

Le médecin, pour couvrir ses fautes, a recours à des ruses de métier, & s'en prend de l'imperfection de l'art, au défaut de la nature ; ainsi l'art qui devient son propre juge, n'a garde de se condamner. *Medicus enim præter cautelas artis suæ, hanc generalem veluti totius artis cautelam advocat, quod artis suæ infirmitatem in naturæ calumniam vertit ; & quod ars non attingit, id ex arte impossibile in natura supponit : neque certè damnari potest ars, cum ipsa judicet.*

L'alchymiste ne doutant point de la fécondité & de la docilité de la nature, n'accuse que lui-même du mauvais succès de ses épreuves. Tantôt il n'a pas entendu les termes ou le sens de ses auteurs ; tantôt il s'est trompé dans le choix & la quantité de ses matières, ou il a manqué le degré de préparation : il recommence donc ses essais, avec la même confiance ; tout ce qui a un air de nouveauté l'enchante ; il en exagère l'importance & l'utilité, & repait son imagination exaltée de l'espoir d'une fortune fondée sur sa découverte. *Alchymista vero ad artis suæ sublevationem errores proprios reos substituit secum*
accusatorii

accusatorie reputando, se aut artis & authorum vocabula non satis intellexisse....... Aut in practicis scrupulis, proportionibus, & momentis aliquid titubatum esse, unde experimenta felicioribus (ut putat) auspiciis in infinitum repetit. Ac interim cum inter experimentorum vertiginosas ambages, in inventa quædam, aut ipsa facie nova, aut utilitate non contemnenda impingat; hujusmodi pignoribus animum pascit, eaque in majus ostentat & celebrat, reliqua spe sustentat.

Les auteurs nouveaux (on peut le dire dans les arts comme dans les lettres) seroient bien surpris de se trouver anciens; ils se paroîtroient cependant, s'ils n'avoient soin de défigurer le pays où s'est fait le pillage. Qu'arrive-t-il enfin ? C'est qu'on ne croit plus au mystère de l'invention, qui reste isolé dans quelques cerveaux à système, & qu'on s'accorde à ne rien tenter d'utile.

Les sciences ont une avenue brillante, un milieu très-pénible, & pour issue un désert aride : *lata scilicet principia, media ardua, extrema confusa habere.*

Si une mauvaise méthode d'investigation en usage jusqu'à présent, n'avoit pas pour ainsi dire, tué les sciences, on ne les verroit pas depuis tant de siécles presque stationnaires, ou du moins ne rien produire dans ce long intervalle qui soit digne de l'humanité. Il en est résulté un autre mal, c'est que les assertions demeurent assertions; & les questions toujours questions; c'est-à-dire, que rien ne s'éclaircit, & qu'on n'avance point. *Ita habent & scientiæ, quibus insuevimus, generalia quædam blandientia & speciosa; cum ad particularia ventum est, veluti ad partes generationis, ut fructum & opera ex se edant, tum contentiones & ablatrantes disputationes exoriuntur, in quas desinunt, & quæ partus locum obtinent. Præterea, si hujus modi scientia plane res mortua non essent, id minime videtur eventurum fuisse, quod per multa jam sæcula usu venit, ut illæ suis immotæ fere hæreant vestigiis, nec incrementa genere humano digna sumant : eo usque ut sæpe numero non solum assertio, sed etiam quæstio maneat quæstio, & per disputationes non solvatur, sed figatur & alatur.*

Ceux qui cultivent les sciences n'ont point à leur disposition le prix & la récompense de leurs travaux. La difficulté reste toute entière aux génies inventeurs, & le fruit dépend de l'estime du peuple, & du suffrage des grands, lesquels ont à peine une teinture superficielle des lettres; encore cette espèce de phénomène est-il très-rare. *Non enim penes eosdem est cultura scientiarum & præmium. Scientiarum enim augmenta a magnis utique ingeniis proveniunt, at pretia & præmia scientiarum sunt penes vulgus aut principes viros qui (nisi raro admodum) vix mediocriter docti sunt.*

Philosophie anc. & mod. Tome I.

La science est un instrument fort équivoque. Les esprits rusés la méprisent, les simples l'admirent, & les sages en font un usage raisonnable : *callidi litteras contemnunt; simplices admirantur; prudentes opera earum, quantum par est, utuntur.*

L'étude est une occupation solide, ou un amusement agréable. Les études sérieuses nous servent en public & dans le commerce des hommes, celles de pur agrément sont le soutien & les délices de la solitude. *Usus eorum quatenus ad voluptatem, in secessu & otio imprimis percipitur : quatenus ad orationis ornamenta, in sermone tam familiari, quam solenni, locum habet.*

Les livres nous développent les principes de chaque chose, mais le bon-sens & l'expérience déterminent l'application de ces mêmes principes.

Il en est des livres comme des mets & des alimens. Il y en a dont il ne faut que goûter, d'autres qu'on dévore & d'autres qu'on rumine & qu'on mâche à loisir. *Sunt libri, quos leviter tantum degustare convenit; sunt quos deglutire; cursimque legere oportet; sunt denique, sed pauci admodum, quos ruminare & digerere par est.*

La lecture nourrit l'esprit, les entretiens l'aiguisent; mais rien ne le forme comme le soin d'écrire & de composer. *Lectio copiosum reddit, & bene instructum; disputationes & colloquia promptum & facilem, scriptio autem & notarum collectio, perlecta in animo imprimit, & altius figit.*

La philosophie naturelle est l'unique moyen de savoir, & le seul abandonné. Qui la cultive ? Un cénobite tentera quelques expériences dans sa cellule; un gentilhomme relégué s'occupera à herboriser dans ses domaines : mais en général on ne cultive la philosophie naturelle que comme un passage à d'autres études. Les jeunes gens prennent une teinture très-légère de cette science, la première de toutes, sans autre dessein que de s'avancer d'un pas plus rapide & plus sûr, dans une autre carrière. *Accedit & illud, quod naturalis philosophia in iis ipsis viris qui ei incubuerint, vacantem & integrum hominem, præsertim his recentioribus, vix nacta sit; nisi forte quis monachi alicujus in cellula, aut nobilis in villula lucubrantis, exemplum adduxerit : sed facta est demum naturalis philosophia instar transitus cujusdam & pontisternii ad alia, magnamque istam scientiarum matrem in ancillam mutatam esse, quæ medicinæ aut mathematicis operibus ministret, aut adolescentium immatura ingenia lavet & imbuat, veluti tinctura quædam prima, ut aliam rursus felicius & commodius excipiant.*

La véritable philosophie ne fera peut-être jamais fortune, parce qu'elle est timide & modeste; elle parle si bas, que le peuple ne l'entend pas. Mais le fracas de l'éloquence, les images de la poésie, voilà ce qui enchante, ce qui amuse, & ce qui vivra toujours.

Il faut mettre la superstition & le zèle mal éclairé, parmi les causes qui ont le plus constamment retardé les progrès de la philosophie naturelle. *In potentissimis naturalis philosophiæ impedimentis, ea quæ de zelo imperito & superstitione dicta sunt, citra controversiam numerari.*

La théologie qui regardoit la philosophie comme sa rivale, fit d'abord alliance avec elle, mais dans le dessein de la subjuguer : toujours méfiante, parce qu'elle veut régner, tantôt elle craint que si on vient à connoître les moyens & la marche de la nature, on ne s'en rapporte pas aux interprétations de la foi, comme si elle prétendoit appuyer la cause de Dieu par le mensonge, *Deo per mendacium gratificari velle* : tantôt elle s'imagine que la révolution des opinions philosophiques doit influer par le voisinage sur les dogmes de la religion ; tantôt elle tremble qu'on ne trouve dans la nature de quoi renverser les fondemens de sa créance, soupçon qui tient presque à l'incrédulité, comme si celui qui est également l'auteur de la création & de la révélation, avoit pu démentir ses œuvres par sa parole ou sa parole par ses œuvres.

L'abus des méthodes arrête les progrès de l'invention. Les sciences se présentent toujours richement parées, & avec ce ton d'importance qui annonce de grands fonds. Cependant rien de plus maigre. *Si enim methodum aspicias & partitiones, illæ prorsus omnia complecti & concludere videntur quæ in illud subjectum cadere possunt. Atque licet membra illa male impleta, & veluti capsulæ inanes sint, tamen apud intellectum vulgarem scientiæ formam & rationem integræ præ se ferunt.*

Les anciens étoient de meilleure foi, & leur méthode d'investigation étoit plus sûre : ils rédigeoient en forme d'aphorismes & de maximes courtes & détachées, les connoissances qu'ils avoient recueillies de l'étude de la nature, & qu'ils vouloient réduire en pratique, au lieu d'enchaîner systématiquement ces différentes maximes, & de se flatter d'avoir embrassé la science dans toute son étendue & dans tous ses rapports: en montrant ainsi simplement & sans fard les pays connus, & les espaces vuides de l'invention, ils ne trompoient personne. *At primi & antiquissimi veritatis inquisitores meliore fide & fato, cognitionem illam quam ex rerum contemplatione decerpere & in usum recondere statuebant in aphorismos, sive breves, easdemque sparsas, nec methodo revinctas sententias, conjicere solebant, neque se artem universam complecti simulabant, aut profitebantur. Quæ (sententiæ) cum & rerum inventarum nuda simulacra, & rerum non inventarum manifesta spatia & vacua indicarent, minus fallebant.*

Les académies, les colléges, toutes les sources de l'érudition sont infectées par des préjugés de coutume ou de parti. Le génie est emprisonné dans un cercle d'auteurs qui donnent la loi. La méthode des exercices littéraires ne varie jamais dans les écoles. *Rursus in moribus & institutis scholarum, academiarum, collegiorum, & similium conventuum quæ doctorum hominum sedibus & eruditionis culturæ destinata sunt, omnia progressui scientiarum adversa inveniuntur. Lectiones enim & exercitia ita sunt disposita, ut aliud a consuetis haud facile cuiquam in mentem veniat cogitare aut contemplari...... Studia enim hominum in ejusmodi locis in quorumdam Authorum scripta veluti in carceres conclusa sunt, à quibus si quis dissentiat, continuo ut homo turbidus & rerum novarum cupidus corripitur.*

On donne trop à la mémoire & presque rien à la réflexion ; on ne laisse pas à l'imagination le loisir & la liberté de s'égarer, ni au jugement le soin de la redresser. On n'y voit que l'esprit des autres, ou que de rapides essais de son propre génie, essais trop malheureux pour encourager.

La rhétorique & la logique demanderoient une raison mûrie, & c'est l'étude des enfans : aussi rien de plus méprisable, parce qu'elles s'évaporent, l'une en sophismes, & l'autre en de puériles déclamations. *Pro more receptum est, (licet, uti mihi videtur, perperam) ut litterarum studiosi logicam, & rhetoricam præpropere nimis addiscant, artes sanè provectioribus magis convenientes, quam pueris & tironibus...... Haud aliud profecto parit, quam ut harum artium virtus & facultas ferè contempta jaceant, atque vel in puerilia sophismata affectationesque ridiculas degenerent.*

Une société nouvelle a porté la plus heureuse réforme dans les écoles. Pourquoi de tels hommes ne sont-ils pas de toutes les nations, ou que ne les avons-nous dans nos intérêts? Leur méthode pourra s'améliorer à mesure que les sciences se perfectionneront, pourvu qu'elle change avec le temps, & qu'ils osent dépouiller la servitude de leurs usages, comme ils secouent aujourd'hui le joug de la prescription.

Il n'en est pas des nouveautés dans la Philosophie, comme dans la Politique. Les remuemens sont dangereux dans un Etat, parce que la révolution quoique nécessaire & avantageuse, entraîne toujours avec elle des troubles qui en rendent l'utilité très-douteuse aux yeux de beaucoup de gens : d'ailleurs, les loix & les coutumes ne sont point appuyées sur des démonstrations ; c'est l'autorité & le consentement tacite des peuples qui les soutiennent : leur force est dans leur réputation & dans l'opinion : mais dans l'empire littéraire, comme dans les mines d'or, on s'enrichit à proportion que l'on fait de nouvelles tentatives, au lieu de suivre servilement les anciens erremens : *at magnum certè discrimen inter res civiles & artes : non enim idem periculum à novo motu & à nova luce : verum in rebus civilibus mutatio etiam in melius, suspecta est ob perturbationem ; cum civilia authoritate, consensu, famâ & opinione, non demonstratione nitantur. In artibus autem & scientiis tanquam in metalli fodinis omnia novis operibus & ulterioribus progressibus circumstrepere debent.*

L'imposture des mauvais Ecrivains fait un tort considérable aux lettres. Leurs titres, leurs préfaces sont pleines de promesses que jamais ils ne rempliront. Mais ils ressemblent aux vrais génies, comme les Amadis des Gaules ressemblent à César. *Neque enim defuerunt homines vaniloqui & phantastici, qui partim ex credulitate, partim ex imposturâ, genus humanum promissis onerarunt . . . . . Verum de istis largitoribus non multum aberraverit qui istiusmodi judicium fecerit, tantum nimirum in doctrinis Philosophiæ, inter horum vanitates, & veras artes interesse, quantum inter res gestas Julii Cæsaris, aut Alexandri magni, & res gestas Amadicii ex Gallia, aut Arthuri ex Britanniâ, in historiæ narrationibus intersit.*

On s'est mis dans l'esprit que la Philosophie a ses limites périodiques, au delà desquelles nous ne pourrons jamais aller ; soit que l'on considere la foiblesse de l'esprit humain, les bornes de notre vie, ou le concours de toutes les causes qui s'embarrassent mutuellement, ensorte que la superstition, la guerre, mille fléaux particuliers, & peut-être une maladie universelle de la nature, viennent à des temps marqués arrêter les progrès des découvertes, comme de son côté la Philosophie arrive pour mettre un frein aux ravages de la guerre & de la superstition. En effet les sciences n'ont que trois époques mémorables ; elles ont passé des Grecs aux Romains, & des Romains à nous ; mais par quels intervalles ? A peine de trente siècles, en occupent-elles cinq dans l'histoire du monde. Tous les temps & tous les peuples ont été ou emportés par le tourbillon des dissentions & des schismes, ou employés à d'autres études ; & cependant les sciences sont restées sans culture, & ce champ si vaste n'offre aux yeux qu'un désert aride & stérile. *ex viginti quinque annorum centuriis in quibus memoria hominum ferè versatur, vix quinque centurias seponi quæ scientiarum proventui utiles & feraces fuerint, easque ipsas longè maxima ex parte aliis scientiis non illa de naturâ fatas & cultas fuisse. Tres enim doctrinarum revolutiones & periodos numerari : unam apud Græcos, alteram apud Romanos, ultimam apud occidentales Europæ nationes ; reliqua mundi tempora bellis & aliis studiis occupata, & quoad scientiarum segetem, sterilia & vasta inveniri.*

L'esprit humain ne sait ni s'arrêter ni reculer, il va toujours en avant ; mais faute d'observer le présent & de revenir sur le passé, il perd la connoissance de l'avenir, après lequel il court.

La vanité de l'esprit humain l'écarte & le retarde dans sa marche. Il craint de s'avilir dans les détails.

Méditer sur un brin d'herbe, raisonner sur une mouche, manier le scapel, disséquer des atomes, courir les champs pour trouver un caillou ; quelle gloire y a-t-il dans ces occupations méchaniques ; mais sur-tout, quel profit, au prix de la peine ? *Eam esse opinionem sive æstimationem tumidam & damnosam, minui nempe majestatem mentis humanæ, si in experimentis & rebus particularibus sensui subjectis, & in materiâ terminatis, diu ac multum versetur : præsertim cum hujusmodi res ad inquirendum laboriosæ, ad meditandum ignobiles, ad dicendum asperæ, ad practicam illiberales, numero infinita & subtilitate pusilla videri soleant, & ob hujusmodi conditiones gloriæ artium minus sint accomodatæ.*

Cette erreur prend sa source dans une autre qui part du même orgueil, & c'est la persuasion où l'on s'entretient, que la vérité est comme innée dans notre entendement, qu'elle ne peut y entrer par les sens, qui servent plutôt à le troubler qu'à l'éclairer. Cette prévention, ou plutôt cette aliénation de l'esprit, est fomentée par les partisans mêmes des sens ; car en prétendant que nous recevons toutes les vérités par ce canal, ils n'ont pas laissé de perdre leur temps à la spéculation, & d'abandonner l'histoire de la nature, pour suivre les écarts de l'imagination. *Quam opinionem sive animi dispositionem vires maximas sumpsisse ex illâ alterâ opinione elatâ & commentitiâ ; qua veritas humana mentis velut indigena, nec aliunde commigrans ; & sensus intellectum magis excitare, quam informare asserebatur. Neque tamen errorem hunc, & mentis (si verum nomen quæratur) alienationem ab iis ulla ex parte correctam qui sensui debitas, id est, primas partes tribuerunt. Quin hos quoque exemplo & facto suo, relictâ prorsus naturali historiâ, & mundanâ perambulatione, omnia in ingenii agitatione posuisse, & inter opacissima mentis idola sub specioso contemplationis nomine perpetuo volitasse.*

L'entendement crée des êtres à sa façon, c'est-à-dire, des êtres imaginables. Ses conceptions lui représentent la possibilité, & non pas l'existence des choses. Delà le regne des idées abstraites, ou le monde fantastique des intellectuels, tellement accrédité par une espece de superstition pour les choses outrées, que leurs rêves sont devenus un délire général. *Ut cohors somniantium vigilantes*

G g g 2

ferè oppresserit. Tel est l'abus de cette Métaphysique qui supposant des images sans modèles, & des idées sans objet, fait de cet univers une illusion perpétuelle, & comme un chaos de ténèbres palpables.

Le dégoût pour ce qu'on appelle les petites choses dans l'observation, nuit aux progrès de l'histoire naturelle : tout ce qui entre dans l'essence des causes, est l'objet de la science de l'homme, car la science n'est elle-même que la connoissance des causes. Le musc sort de la putréfaction ; ainsi la Philosophie puise sa lumière & sa fécondité dans les cavernes & les ateliers. Celui qui dédaigne la recherche & l'observation des choses ou communes, ou viles, ou dont l'utilité n'est pas bien connue, doit renoncer au rôle de philosophe & de naturaliste *Quoad vero ad rerum utilitatem attinet, vel etiam turpitudinem..... ea res non minus quam latissima & pretiosissima, in historiam naturalem recipienda sunt; neque propterea polluitur naturalis historia..... nam quicquid essentia dignum est, id etiam scientia dignum ; quæ est essentiæ imago. At vilia æquè subsistunt ac lauta. Quin etiam ut è quibusdam putridis materiis, veluti musco & zibetho, aliquando optimi odores generantur, ita & ab instantiis vilibus & sordidis, quandoque eximia lux & informatio emanat..... denique de contemptu in naturali historia rerum aut vulgarium, aut vilium, aut nimis subtilium & in originibus suis inutilium, illa vox muliercula ad tumidum principem qui petitionem ejus ut rem indignam, & majestate sua inferiorem, abjecisset, pro oraculo sit, desine ergo rex esse : quia certissimum est, imperium in naturam, si quis hujusmodi rebus ut nimis exilibus & minutis vacare nolit, nec obtineri nec geri posse.*

Les termes sont une monnoie marquée au coin du vulgaire, par conséquent d'une valeur équivoque, mobile & arbitraire. C'est pourquoi les enfans, en apprenant à parler, sont entraînés par une cabale d'erreurs & de fausses notions qu'ils tiennent de cette première éducation. *Verba enim certè tanquam numismata esse, quæ vulgo imaginem & principatum repræsentant : illa siquidem secundum populares notiones & rerum acceptiones (quæ maxima ex parte erroneæ sunt & confusissimæ) omnia componere & dividere ; ut etiam infantes, cum loqui discunt, infelicem errorum cabalam haurire & imbibere cogantur.* Toute la vie se passe donc à disputer des termes, & cette confusion des langues & des idées arrête l'édifice des sciences. *Unaè fit ut magnæ & solennes disputationes hominum doctorum sæpè in controversias circa verba & nomina desinant..... fit etiam ut verba vim suam super intellectum retorqueant & reflectant, quod philosophiam & scientias reddidit sophisticas & inactivas.*

Les démonstrations sont fausses, les sens varient, l'entendement se préoccupe : mais il y a un moyen de corriger les erreurs des sens & de régler les opérations de l'entendement. *Neque tamen sensibus derogandum, quod quidam fecerunt. Sensuum enim errores in singulis ad summam scientiarum non multum facere ; quin & ab intellectu fidelius informato, corrigi posse.*

Le syllogisme est un bon instrument en matière de morale & de politique, mais il ne s'accommode pas avec la subtilité & l'obscurité de la nature : car le syllogisme est composé de propositions, les propositions de mots, les mots sont les signes des idées, & si celles-ci sont incertaines, qui garantira la justesse du syllogisme ? *Syllogismum rem esse nimirum in doctrinis quæ in opinionibus hominum positæ sunt, veluti moralibus & politicis, utilem & intellectui manum quandam auxiliarem : rerum vero naturalium subtilitati & obscuritati imparem & incompetentem; nam syllogismum certè ex propositionibus constare, propositiones ex verbis, verba notionum sive animi conceptuum testes & signacula esse. Quamobrem notiones ipsæ quæ verborum animæ sunt, si vulgares, nesciæ, nec satis definitæ fuerint, (quod in naturalibus longè maxima ex parte fieri consuevit) omnia ruere.* Il ne reste que l'induction, non pas celle des anciens, tout-à-fait équivoque, insidieuse, sans autre autorité que celle qu'on lui prêtoit ; s'appuyant sur les faits, sans les lier pour conclure ; remontant à des principes généraux, sans y tenir étroitement par la liaison des vérités moyennes ; mais l'induction qui nous manque est celle qui mène de l'observation aux conséquences, & de ces conséquences, comme d'autant de principes, à de nouvelles recherches.

La marche de l'induction est de constater une cause en la séparant d'abord de tout ce qui n'est pas elle, & par l'épreuve des exclusions, d'en venir à une proposition bien positive. Car il faut sçavoir ce qu'une chose n'est pas, avant d'affirmer ce qu'elle est. La vérité tirée par la réduction, on l'applique de nouveau à tous les cas spécifiques, ce qui s'appelle la vérification ; & si dans ce second examen rien ne la combat, elle demeure incontestable.

La preuve qu'on tire de l'induction usitée dans l'école, est précaire, peu concluante, & tombe par la simple contradiction, parce qu'elle ne porte que sur quelques faits susceptibles de diverses applications, ou démentis par d'autres faits. Mais l'espèce d'induction applicable à l'interprétation de la nature, sépare les faits directs des faits collatéraux, étrangers, ou opposés. C'est de toutes les méthodes la moins sujette à l'illusion ; mais aussi celle qui engage dans des discussions plus pénibles. C'est de-là que sortent les axiomes, sur lesquels il y a cette précaution à prendre, que s'ils s'étendent plus loin que l'induction d'où ils résultent, il faut les appliquer une seconde fois aux faits, & voir si ces mêmes faits prouvent non-seulement pour l'espèce en question, mais encore au-delà; ce qui se fait en examinant les rapports & la liaison que les faits compris dans l'axiome, peuvent avoir entr'eux. Sans ces discussions, on demeure borné dans le cercle étroit d'une proposition isolée; ou l'on n'embrasse que des généralités obscures qui sont les ombres de la vérité. Enfin l'esprit doit être tellement appuyé sur les dégrés de certitude tirés de tous ces examens, qu'il sçache faire dépendre la vérité des connoissances qu'il a, de celles qui lui restent à prendre.

La forme du syllogisme est une manière de raisonner très-conséquente à la paresse de l'esprit humain, & à sa pusillanimité. C'est un pivot où il s'appuie au besoin, un terme d'où il part, & où il revient: car dans son inconstance, l'homme cherche à fixer les agitations de son esprit flottant. On est donc convenu d'abord de certains principes acceptés sans trop d'examen. C'est un tribunal où toutes les disputes de l'école semblent devoir se terminer, mais où elles se perpétuent, parce que la raison en appelle toujours, lorsque la subtilité se trouve en défaut.

Le syllogisme peut forcer un raisonneur au silence, mais ne soumet pas la nature à ses conséquences: *assensum itaque constringit, non res.*

Il faut toujours remonter à une vertu primitive, co-essentielle à la matière, & la recevoir telle qu'elle se présente aux yeux, sans essayer de la réduire au pouvoir de notre intelligence.

On suppose la matière éternellement revêtue d'une forme quelconque, & mise en mouvement, avant d'expliquer les différens effets de sa premiere action, ou plutôt de cette action unique qu'elle continue, depuis le commencement jusqu'à la fin des siècles. C'est-là le terme de tous les principes où il faut aboutir, comme au rendez-vous général des systèmes. Car demander des raisons de tout, ou ne vouloir en admettre aucune, ce sont les excès de la Philosophie qui l'ont si fort décréditée jusqu'à nos jours. Au lieu d'accueillir les principes avec la bonne foi qu'exige l'observation, nous avons voulu les soumettre à nos discussions, & sortir hors des voies de la nature, qui lui donner des loix. Où va cet abus de l'esprit & des choses? On s'entête des objets qui frappent le plus singulièrement notre imagination; & lorsqu'on veut s'étendre au-delà de ses premières conjectures, on s'égare, on ne voit plus rien qui ne rentre dans le cercle de ses propres notions; on assujettit les causes générales à la dépendance de ses faux principes. Telle est la manie de ces philosophes qui fabriquent le monde, jugent les rois, & veulent gouverner les astres & les hommes selon les dimensions d'un génie aussi étroit souvent que leur observatoire.

Le chemin de l'invention n'est pas précisément coupé de fausses routes, mais plutôt semé de grands vuides épars, qui jettent les voyageurs dans un embarras stupide & déconcertant. Seroit-il possible que les animaux eussent été nos maîtres & nos modèles en fait d'invention? Les Egyptiens en effet qui érigeoient des statues aux inventeurs, n'ont pas fait de grandes dépenses en ce genre à la gloire de l'humanité: *apud Ægyptios qui rerum inventoribus divinitatem & consecrationem attribuerunt, plures fuisse brutorum animalium imagines, quam hominum: quia bruta animalia per instructus naturales, multa inventa pepererunt; ubi homines ex sermonibus & conclusionibus rationalibus, pauca aut nulla exhibuerint.*

L'invention des dialecticiens se borne à donner à l'art les principes de la spéculation, au lieu de tirer la théorie des pratiques de l'art même: pourvu qu'ils repoussent les objections importunes des esprits curieux & profonds dont ils sont harcelés, & qu'ils puissent les obliger, par une réponse énigmatique & mystérieuse, à prêter serment de fidélité à l'école, les voilà de grands maîtres.

L'expérience n'est qu'un amas de faits disparates & mal assemblés, autour desquels la Physique s'amuse, tantôt réveillée par de fausses apparitions, & tantôt déconcertée par l'illusion de ces spectres.

Ce n'est pas toujours en lui-même qu'il faut étudier un phénomène, c'est dans les faits limitrophes; car le même fait si palpable pour les uns, qu'à peine y prêtent-ils attention, est si prodigieux pour d'autres, qu'ils en sont comme absorbés d'admiration. Ainsi une espèce de fatalité plutôt que l'ignorance a tenu jusqu'ici les philosophes éloignés des sources de l'invention.

Tel est le pouvoir de l'invention. La Poudre, la Boussole & la Typographie ont causé trois grandes révolutions; dans la guerre, dans la navigation, & dans les lettres: de là ce changement universel sur la face de la terre; mais il n'est pas arrivé dans l'empire des arts ce qu'on a vu sur le globe de l'univers, où l'ancien monde étoit plus cultivé que le nouveau. *Vim & virtutem & consequentias, rerum inventarum notare juvat: quæ non in aliis manifestius occurrunt, quam in illis tribus quæ antiquis incognitæ, & quarum primordia licet recentia, obscura & ingloria sunt: artis nimirum imprimendi, pulveris tormentarii & acus nautica. Hæc enim tria rerum faciem & statum in orbe terrarum mutaverunt: primum in re litteraria; secundum in re bellica :: tertium in navigationibus. Unde innumeræ rerum mutationes secutæ sunt, ut non imperium aliquod, non secta, non stella majorem efficaciam*

& quasi influxum super res humanas exercuisse videatur, quam ista mechanica exercuerunt..... at non novum orbem scientiarum & novum orbem terrarum, in eo conventuros, ut vetera novis sint longe cultiora.

La Philosophie de nos jours doit l'emporter sur celle de l'antiquité, parce qu'au lieu de suivre la nature de loin, elle va l'attaquer à force ouverte, pour la réduire au pouvoir de l'art.

Les connoissances légères sont la plupart infructueuses; mais les racines profondes sont aussi les plus fécondes. *Ferè enim perpetuo fieri, ut quod inventu sit obvium, id opere sit infirmum, cum radices demum rerum virtute validæ eadem situ abditæ sint.*

L'invention des arts a cet avantage sur les meilleurs desseins de la politique, qu'elle fait le bien des hommes, sans nuire à personne. *Etenim inventorum beneficia ad universum genus humanum pertinere possunt; civilia ad certas tantummodo hominum sedes: hæc etiam non ultra paucas ætates durant; illa, quasi perpetuis temporibus. Atque status emendatio in civilibus non sine vi & perturbatione plerumque procedit; at inventa beant, & beneficium deferunt absque alicujus injuria aut tristitia.*

Les plus belles conquêtes sont arrosées de sueurs, de larmes & de sang : les plus sages loix sont de petits remèdes à de grands maux; l'inventeur n'a point à redouter les remords inséparables d'une gloire mélangée de crimes & de malheurs.

L'invention semble tirer les choses du néant; c'est par-là que l'homme peut imiter la Divinité; *etiam inventa, quasi novæ creationes sunt, & Divinorum operum imitamenta.*

Le temps où nous vivons est précisément l'antiquité du monde; cette antiquité plus sûre que celle qui nous respectons & qui étoit le printemps & l'enfance des hommes : ce nom convient encore mieux à la postérité qui jouira du grand avantage de la vieillesse; quel est-il? l'expérience.

Les fautes de tous les temps, celles de nos pères & les nôtres, sont des leçons pour l'avenir.

L'équilibre qui s'introduit en Europe, y assure le règne de la paix, & un asyle inviolable & perpétuel aux sciences. *Itaque libratis regum maximorum potentiis, & incusso nationum nobilissimarum statu, res ad pacem, quæ scientiis instar tempestatis serenæ & benignæ est, inclinare.*

Le hazard qui sert les hommes mieux qu'ils ne desirent, ne leur offre toutefois que ce qu'ils ont déjà sous la main, & laisse à l'industrie le soin de chercher ce qui manque à la curiosité, plutôt qu'aux besoins réels. Cependant il les aide toujours, car le hazard ne sauroit vieillir ni s'épuiser; mais l'art doit le prévenir pour en être secondé. *Casum nimirum procul dubio multis inventis principium dedisse sumpta ex natura rerum occasione..... itaque in his, quæ præsto sunt, casum largius inventa exhibere; in iis quæ ab usu quotidiano semota sunt, parcius; sed utcumque omnibus sæculis parturire, & parere. Neque enim causam videri, cur casus consenuisse putetur, aut effœtus jam factus. Si hominibus non quærentibus & aliud agentibus, multa inventa occurrunt, nemini sane dubium esse posse, quin iisdem quærentibus, idque via & ordine, non impetu & desultoriè, longè plura detegi necesse sit.*

Le hazard agit lentement & par degrés, par intervalles & sans suite; l'art opère constamment, avec ordre & par les voyes les plus courtes : *casum enim operari raro, & serò & sparsim; artem contra constanter, & compendio & turmatim.*

Une invention jette de grandes lumières sur celle qui la précède, & quelques lueurs sur celle qui doit la suivre. Ce n'est pas que l'invention soit toujours féconde en elle-même. Les grands fleuves prennent leur source dans la mer, & ne se forment pas les uns des autres. Mais les découvertes qui n'ont point d'analogie ensemble, ne sont pas pour cela stériles, parce qu'elles multiplient les secours, & se reproduisent sous mille moyens qui abrègent la peine de l'homme.

L'artiste & le mécanicien n'inventeront jamais que par hazard; pourquoi? Ils ont envie ou besoin d'argent; la mode a déjà mis un prix à ce qu'ils savent faire; il est naturel qu'ils multiplient un même ouvrage, pour multiplier les signes de leurs richesses; au lieu que le succès de leur étude & le prix de leur invention est toujours incertain.

Il faut être extrêmement riche, ou bien sage, ou bien fol, pour travailler à l'aventure & sans espoir de récompense.

Les chefs-d'œuvre de l'art sont les productions du temps, autant que du génie. *Hujuscemodi inventum procul dubio temporis partum nobilissimum & vere masculum esse.*

Le hasard influe sur les pensées, comme dans les actions de l'homme.

La nature est le modèle de l'art, comme l'art est le miroir de la nature.

L'horlogerie n'imite-t-elle pas dans ses rouages les mouvemens des astres, & les pulsations vitales dans les vibrations réglées du pendule? Cette invention paroît sortir de quelque axiome philosophique; *res enim subtilis est certè & accurata confectio horologiorum, talis scilicet quæ cælestia in rotis, pulsum animalium in motu successivo & ordinato, videatur imitari; quæ tamen res ex uno aut altero naturæ axiomate pendet.* Mais ce qui doit affoiblir l'admiration, c'est que les découvertes de l'Astronomie & de la Musique, l'art de faire le pain & le vin, tous les arts utiles & agréables sont plus anciens que la Philosophie; ensorte que celle-ci, loin d'enfanter de nouveaux chefs-d'œuvre, semble avoir tari les sources de l'invention. *Atque hæc ipsa tamen quorum nunc mentionem fecimus, inventa, Philosophia & artibus intellectus antiquiora fuerunt; adeo ut (si verum dicendum sit) cum hujusmodi scientiæ rationales & dogmaticæ inceperint, inventio operum utilium desierit.*

La Philosophie est une idole immobile & muette, qui perd sa vogue avec le temps. Mais les arts méchaniques toujours vivans, passent par tous les âges de l'homme; avec cette différence, que la vieillesse, au lieu de les abbatre, les couvre de nouvelles fleurs, & leur donne toutes les graces & la faveur de la jeunesse: *quæ (artes mechanicæ) ac si auræ cujusdam vitalis forent participes, quotidie crescunt & perficiuntur; & in primis authoribus rudes plerumque & fere onerosæ & informes apparent, postea vero novas virtutes & commoditatem quandam adipiscuntur..... Philosophia contra, & scientiæ intellectuales, statuarum more adorantur & celebrantur, sed non promoventur. Quin etiam in primo nonnumquam authore vigent, & deinceps degenerant.*

Celui en qui les connoissances sont toutes traditionnelles & comme une succession qu'on lui a transmise, n'est qu'un écolier qui a retenu les leçons de ses maîtres. Cette espèce d'instruction n'a rien qui caractérise l'inventeur ou l'homme qui augmente par quelque grande découverte la richesse du fond que ses prédécesseurs lui ont laissé. *Omnisque traditio & successio disciplinarum repræsentat & exhibet personas magistri & auditoris non inventoris, & ejus qui inventis aliquid eximium adjiciat.*

Il arrive très-rarement qu'un auteur surpasse ceux qu'il admire; il en est de lui à cet égard, comme des jets-d'eaux qui ne s'élèvent jamais plus haut que la source d'où ils partent. *Vix enim datur, authores simul & admirari, & superare: sed fit aquarum more, quæ non altius ascendunt, quam ex quo descenderunt.*

On peut décomposer les corps, & par le moyen de l'analyse découvrir les formes. Il n'y a qu'à suivre les progrès insensibles des mouvemens créateurs & destructeurs, tels que la fermentation, & la combinaison des mouvemens conservateurs, qui forment la consistance. C'est ainsi qu'on parvient à la transmutation des corps, qu'on appelle le *grand œuvre*. Le premier moyen d'y procéder, c'est de considérer un corps, comme un amas d'élémens compatibles qu'on observe séparément; de voir leur manière d'agir, de se mêler & de se lier dans un même corps pour tâcher de les assembler dans un corps étranger. Cette espèce de *transsubstantiation* naturelle est le *nec plus ultrà* de la Philosophie. Au reste c'est la même opération, pour introduire plusieurs natures ou qualités dans un corps, que pour en introduire une seule; si ce n'est que la difficulté augmente à proportion du nombre & de l'opposition des élémens contraires, que l'art ne sauroit réconcilier, quand la nature les a divisés par une certaine antipathie: la considération des propriétés simples, toujours subordonnée aux principes éternels & immuables de la matière, donne à la capacité de l'homme une étendue incompréhensible.

Le second moyen d'opérer la transformation, c'est de considérer le corps dans l'ensemble, de suivre tous les degrés de sa formation, depuis le moment où elle commence, jusqu'à l'instant où elle finit, & de compter tous les pas de la nature. C'est ainsi qu'on épie les progressions du mouvement, dans l'articulation de la voix, depuis l'impression reçue dans l'imagination, jusqu'à la tension des nerfs qui forment les sons & les paroles.

Cette étude des habitudes particulières de la nature, (si l'on peut ainsi parler), abrège les moyens de l'interprétation, & par celle-ci, étend la sphère de la pratique. Elle assure de plus la vérité des spéculations qui ne sont pas à la portée de l'expérience.

Les progressions secrettes de la nature sont très-difficiles à saisir. Avons-nous des échelles, des poids, des mesures bien justes? Sçavons-nous comment un corps se divise dans la digestion, combien il perd en sucs volatils, ce qui en passe dans le sang, les germes qu'il y porte, les obstacles qu'il trouve? Cette infinité de combinaisons subtiles est toutefois essentielle à quiconque veut soumettre la nature à l'art. Nous ne sommes donc qu'au vestibule, loin d'avoir pénétré dans le sanctuaire: *versamur planè adhuc in atriis naturæ, neque ad interiora paramus aditum.*

Il reste une foule d'expériences à faire sur les découvertes déjà faites, pour étendre les progrès de l'invention; c'est un second moyen d'inventer.

Le divorce des talens cause la ruine des sciences & des sçavans. Un homme ne se croit pas assez grand, s'il n'est le seul; ni assez puissant, si on l'aide.

Il suffiroit quelquefois de moissonner toujours. Un bon observateur qui pourroit rendre compte de tous les faits de la nature, aideroit bien vite à découvrir les causes, & toutes les sciences prendroient de la confiftance, parce qu'elles auroient des bornes.

Si un homme feul & fans fecours, d'une fanté délicate, diffipé par les affaires, a pu découvrir & montrer le chemin, que feroit-ce des travaux combinés de plufieurs hommes de génie, qui, pouvant difpofer de leur tems, s'occuperoient toute leur vie à l'enrichiffement des arts; *fi qui diffidant, nec videant hominem inter homines ætatis meæ civilibus negotiis occupatiſſimum, nec firma admodum valetudine..... & veſtigia nullius ſequutum, neque hæc ipſa cum ullo mortalium communicantem, & tamen veram viam conſtanter ingreſſum, & ingenium rebus ſubmittentem, hæc ipſa aliquatenus (ut exiſtimamus) provexiſſe : & deinceps videant, quid ab hominibus otio abundantibus, atque à laboribus conſociatis atque à temporum ſucceſſione, poſt hæc indicia noſtra expectandum ſit?*

Si un homme fe fent deftiné par une certaine adreffe à la mécanique, qu'il s'arrête dans l'obfervation, à ce qu'il trouvera du reffort de la pratique. Un philofophe au contraire, dont l'invention eft toute dans l'efprit, & non pas dans les yeux ou dans les doigts, continuera fon chemin; il n'eft queftion pour lui, que d'obferver & conclure.

L'efprit & les fens font comme des fentinelles qui veillent à l'obfervation de la nature; ils doivent fe relever tour-à-tour; & quand les fens ont fini leur opération fur la fuperficie des corps, l'efprit commence fa fienne fur l'anatomie intérieure, ou la progreffion infenfible des mouvemens cachés : fi la contemplation ceffe, dès que les yeux fe laffent, ou que l'objet difparoît, on ne tient rien : la réfléxion fupplée à l'obfervation, & nous fait connoître ce que nous ne voyons pas, par ce que nous voyons.

Les divifions valent mieux que les abftractions.

Il y a des noms fans êtres, & des êtres fans nom.

Le premier mobile & les épycicles, tous ces cercles imaginaires & fuppofés de la fphère, ne font que des noms.

Les chofes à découvrir n'ont pas encore de nom.

Il y a des définitions hétéroclites. Qu'eft-ce que l'humide? Une qualité qui fe répand & qui fe rapproche, qui fe divife & qui fe lie, à qui le repos & le mouvement femblent convenir. Quelquefois le feu eft humide, & quelquefois l'air ne l'eft pas; cependant l'humidité eft le propre de l'air, & non pas du feu.

Le verre eft humide, quand il eft entier; il fe trouve fec, dès qu'on le pulvérife : enfin on ne fçait où faifir & fixer cette notion, qu'on a prife au hazard dans l'idée de l'eau; il faut donc féparer. Le mot *terre* n'offre qu'une idée confufe & mélangée : le mot *boue* ou *craie* dit quelque chofe de plus. La *génération*, l'*altération*, la *corruption* font des termes encore plus obfcurs, cependant beaucoup moins que les mots *denfité, gravité, légèreté*.

La mécanique eft le terme & le flambeau de l'hiftoire naturelle. Un corps d'hiftoire mécanique feroit compofé non-feulement des arts & métiers, mais encore de cette partie pratique des fciences fpéculatives qui n'a pas encore paffé dans la mécanique, afin de ne rien oublier de ce qui peut aider l'entendement : *corpus talis hiſtoriæ, non ſolum ex artibus iſtis mechanicis, verum & ex operativa parte ſcientiarum liberalium, ac ſimul ex practicis compluribus (quæ in artem non coaluerunt) confici debere, ut nihil utili prætermittatur, quod ad informandum intellectum juvat.*

Il y a une prévention pour les opinions établies qui nous tient en garde contre les nouveautés. Il femble qu'en fait d'erreurs, les anciennes doivent prefcrire, & qu'on ne veuille pas être trompé deux fois. C'eft la même abfurdité, dit-on, qui revient du vieux tems, avec des couleurs fraîches.

Quand une doctrine eft déjà fondée fur la croyance publique, il ne refte plus qu'à la confolider par des raifonnemens; mais dès qu'on heurte les opinions reçues, ou qu'on prétend s'élever au-deffus, il faut d'abord fe faire entendre, avant de prouver; & c'eft par le moyen des comparaifons & par le ftyle figuré, qu'on fe met à la portée des efprits communs. De-là vient que dans l'enfance des beaux arts, vers les fiécles de rudeffe & de groffièreté, tout s'expliquoit en paraboles; autrement les vérités auroient été négligées faute d'êtres fenfibles, ou rejettées comme des paradoxes. Ainfi toute fcience qui n'aura pas fes racines dans des prénotions, ou des préfuppofitions généralement approuvées, doit avoir recours à l'entremife des fimilitudes. *At illi, quorum documenta in opinionibus popularibus jam ſedes ſuas collocarunt, non aliud habent, quod agant, niſi ut diſputent & probent. Illis contra, quorum dogmata opiniones populares tranſcendunt, gemino labore opus eſt : primo ut intelligantur, quæ offerunt; deinde ut probentur : ita ut neceſſum habeant confugere ad auxilia ſimilitudinum, & tranſlationem quo ſe captui hominum inſinuent. Videmus igitur ſub infantia doctrinarum, ſæculis rudioribus, cum ſyllepſes illæ, quæ jam factæ ſunt vulgares & tritæ, novæ fuerant & inauditæ, omnia parabolis & ſimilitudinibus plena fuiſſe. Alias eveniſſet, ut quæ proponebantur, aut abſque nota, ſeu attentione debita tranſmiſſa, aut pro paradoxis rejecta*

rejecta fuissent. Etenim regula quædam est traditivæ, quod scientia omnis, quæ anticipationibus, sive præsuppositionibus non est consona, a similitudinibus & comparationibus suppetias petere debeat.

Les anciens préjugés sont comme les délires des frénétiques qu'il faut paroître approuver quelque temps, pour les en faire revenir. L'esprit de contradiction qui les attaque de front, ne produit que l'aheurtement de toutes parts : *inveteratos semper errores tanquam phreneticorum deliramenta & arte & ingenio subverti, vi & contentione efferari. Itaque prudentia ac morigeratione quadam utendum (quanta cum simplicitate & candore conjungi potest) ut contradictiones ante extinguantur quam excitentur.*

Il y a toujours du trop ou du trop peu dans tout ce que nous faisons.

La Philosophie est chargée à l'excès de faits ou de raisons.

Trois classes de mauvais philosophes : les sophistes qui noyent les idées dans les termes & la vérité dans la dispute ; les empyriques qui donnent tout à l'expérience ; & les superstitieux qui se jettent dans les causes finales ou surnaturelles, d'où naissent les erreurs dans la Philosophie, & les hérésies dans la religion. Ceux-ci pleins d'amour-propre, ramènent tout à l'homme : mais quand aux débordemens du Nil qui engraissent la terre, la nature fait succéder une peste qui dévore ses habitans ; travaille-t-elle alors pour nous ?

Le chymiste s'attache aux causes élémentaires ; mais il a les yeux tellement fascinés de ses principes, qu'il ne voit par-tout que ce qu'il a vu dans ses fourneaux, comme si la nature étoit la même dans son cours libre & dans sa marche forcée.

Le médecin ne saisit que les propriétés du second ordre, ou les qualités composées, telles que la fermentation, & celles qui sont utiles à sa profession. D'autres recherchent les principes muets & passifs, ou les élémens dont les amas se forment, & jamais les principes moteurs ou les agens qui assemblent & composent.

Qu'importent ces termes indéfinis d'*augmentation* & de *diminution*, pour expliquer les changemens qui se font dans les corps, ou les métamorphoses ? C'est dire ce qui se fait, mais non pas comment. On ajoûte tout au plus, pour spécifier les causes, que le mouvement est tantôt naturel, & tantôt violent. Est-ce que tout mouvement n'est pas naturel ? Il faudroit donner la raison de cette attraction universelle qui rapproche tellement les corps, qu'elle ne peut laisser de vuide dans la nature, de cette inclination qui fixe tous les individus à un certain ordre de mouvement, à une certaine figure, hors de laquelle ils reviennent à la forme primitive des élémens, & dis-

Philosophie anc. & mod. Tome I.

paroissent dans les espaces de la matière ; enfin de cette sympathie singulière qui rassemble les parties similaires vers des centres communs, ou les pousse vers les extrémités d'une même sphère. Voilà ce qui meneroit à des imitations heureuses.

On vient à bout des entreprises les plus étonnantes. La puissance des motifs, la sagesse des moyens, & la combinaison des efforts soutenus ne laissent rien soupçonner d'impossible à l'homme. Le progrès des sciences dans un état ne tient donc qu'à la volonté du maître qui le gouverne. S'il daigne ouvrir aux muses des asyles, où sa magnificence éclate dans la grandeur & la commodité des édifices, dans la solidité des revenus, dans la singularité des priviléges, & dans tout ce qui peut attirer le concours & fomenter l'émulation ; s'il élève des bibliothèques où le nombre des livres ne nuise point au choix ; s'il a soin que l'on veille à la netteté des éditions, à l'élégance des traductions & à tout le détail de la bonne littérature ; enfin s'il distingue les savans par des honneurs, dont ils sont bien plus jaloux que des richesses, bien-tôt les lettres feront fleurir tous les autres arts dans son empire.

Le sacerdoce seroit bien déchu de la vénération des peuples, disoit Machiavel, si la pauvreté de certains ordres monastiques n'avoit expié le luxe des évêques. On peut ajoûter que sans les veilles des gens de lettres, l'état perdroit du moins de son éclat, si ce n'est de sa force.

Les savans se plaignent de la stérilité des muses, il faudroit donc les attacher à leurs fonctions par l'intérêt. Il arriveroit qu'un homme passeroit ses jours sans dégoût dans une chaire publique, & qu'il n'y seroit remplacé que par des successeurs d'un mérite égal au sien.

La Méchanique & la Chimie sont des gouffres de dépenses ; mais elles peuvent tant pour l'avancement des sciences, qu'on n'y devroit rien épargner. Dès qu'on est intéressé à découvrir le secret d'une cour étrangère ou la marche de l'ennemi, manque-t-on d'argent pour mettre les espions en campagne ? Pourquoi donc regretter les frais de l'expérience, quand il s'agit de dévoiler les mystères de la nature, souvent plus importans au bien du commerce & de l'état ?

Cette prodigieuse multitude de livres, d'académies & de colléges est précisément la ruine des lettres. C'est ainsi que le luxe absorbe les richesses.

Les princes trouvent par-tout des demi-savans, & pas un politique. Il faudroit établir des éducations publiques, où se formeroient des hommes d'état par l'étude de l'histoire, des langues vivantes, du droit public, des intérêts des nations, & de tout ce qui pourroit les rendre proprès aux affaires. On ne verroit plus au timon de l'empire de ces ministres créés à la hâte, par la faveur, qui ne présentent au public que des talens supposés, & qui ne connoissent leurs devoirs, que par leurs bévues.

Les voyages forment l'éducation de la jeunesse & l'expérience des vieillards. *Peregrinatio in partes exteras in junioribus pars institutionis est ; in senioribus, pars experientiæ.*

Chose surprénante ! Les navigateurs qui ne voient que le ciel & la mer, ne manquent jamais de faire le journal de leur route ; & des voyageurs parcourront quelquefois toute la terre, sans recueillir leurs observations. *Mirabile certè, in navigationibus ubi nihil aspici datur præter cœlum & pontum, conficere consuesse homines diaria ; verum in peregrinationibus per terram in quibus tot res occurrunt observandæ, plerumque hoc omitti.*

Cependant que de curiosités dignes de l'attention d'un spectateur de l'univers ! Les cours des princes, les corps civils & ecclésiastiques, les temples & les anciens monumens, les ports, les fortifications, les bibliothèques, les palais, les jardins, les spectacles, les hommes fameux par leurs talens ou par leurs services ; que de richesses pour un esprit avide de connoissances !

Voyager dans un pays sans avoir fait quelques progrès dans la langue du peuple qu'on veut connoître, ce n'est pas voyager chez ce peuple, c'est aller à l'école chez lui. *Qui proficiscitur in partes exteras, antequam in lingua gentis, quam adit, aliquos fecerit progressus, ad ludum grammaticum vadit, non ad peregrinandum.*

Evitez chez l'étranger de lier avec les gens de votre nation, vous ne verriez ensemble que votre pays.

Qu'on reconnoisse un homme qui a voyagé, moins au goût de sa parure, qu'à la sagesse de ses réflexions.

Trop d'empressement à raconter ce qu'on a vu, marque plus de légèreté, que de connoissances.

Ne changez pas les mœurs de votre patrie pour des mœurs étrangeres ; mais rapportez chez vous de la délicatesse dans vos goûts, des vues politiques, l'amour & l'estime des hommes, comme les riches dépouilles de toutes les nations.

On devroit entretenir un cours de voyages aux dépens de l'état. Les ministres choisiroient les jeunes gens de la meilleure espérance : leurs talens & leur prudence bien éprouvés, on les récompenseroit par des ambassades, ou par des emplois dans les affaires étrangeres. Cette politique est la mère nourrice des plantes publiques.

La nature a lié les familles par les nœuds du sang, & les nations par le commerce. Pourquoi les académies de l'Europe n'entretiendroient-elles pas une correspondance générale ? Rien ne seroit plus utile aux progrès des sciences. *Quemadmodum enim doctrinarum progressio haud parum in prudenti regimine & institutione academiarum singularum consistit, ita magnus ad hoc cumulus accedere possit, si academiæ universæ, per totam Europam sparsæ, arctiorem conjunctionem & necessitudinem contraherent.*

Une bonne entreprise ce seroit celle d'une société de gens de lettres qui enrichiroient, à frais communs, le corps des sciences des parties qui lui manquent.

Par exemple, il nous manque une histoire des choses extraordinaires. *Cæterum narrationem gravem & severam de heteroclitis & mirabilibus naturæ, diligenter examinatam, ac fideliter descriptam, non invenio : præsertim cum debita rejectione, & publica tanquam proscriptione mendaciorum & fabularum quæ invaluerunt.*

Cette collection renfermeroit les productions de la nature, particulieres à chaque climat, les changemens singuliers opérés par le temps dans le cours de la matiere, les sources de ce dérangement ou de cette altération des loix naturelles, les effets de certaines propriétés dont la cause ne peut être expliquée, les différentes espèces de monstres, & les monstres uniques dans leur espèce. Ce recueil d'ouvrages hétéroclites seroit renforcé par une sévère réfutation de toutes les merveilles fabuleuses que l'imagination a forgées. Cette connoissance étendroit infiniment les progrès des arts, tant il y a du rapport entre les prodiges de la nature, & les chef-d'œuvres de l'art ! *Quod à miraculis naturæ, ad miracula artis expeditus fit transitus & pervius.*

Il ne faudroit pas même exclure de ce détail tout ce qui regarde les songes, les prédictions & les enchantemens de la magie ; ce ne sont souvent que des effets tout naturels que la superstition a défigurés. Il résulteroit de cette étude plus d'intelligence dans les secrets de la nature, & plus d'équité dans les arrêts que la justice prononce contre les sortiléges. *È speculatione & consideratione ipsarum (si strenuè excutiuntur) notitiam haud inutilem consequemur, non solum ad delicta, in hoc genere reorum ritè dijudicanda ; sed etiam ad naturæ secreta ulterius rimanda.*

On n'a point encore examiné dans l'article des *quantités*, pourquoi certaines espèces sont si communes & d'autres si rares ; pourquoi l'on voit moins d'or que de fer, beaucoup de gazon à proportion des fleurs. On n'a point cherché pourquoi, malgré la convenance des espèces, le fer n'attire pas le fer. On n'a point expliqué dans le chapitre des *ressemblances* & des *différences*, la nature des espèces équivoques ou hétéroclites, telles que le musc dont l'odeur est mitoyenne entre le parfum & l'infection, les coquillages mitoyens entre les végétaux & l'animal; le papillon qui participe du volatile & du quadrupède. On s'est attaché à de brillantes descriptions qui ne renferment que des mots; & les causes physiques qui satisferoient la raison, sont encore à chercher.

Pourquoi la digestion, la circulation du sang, la vibration des artères qui sont les principes de la vie, échappent-elles à nos regards; comme si la nature avoit craint de nous éclairer, de peur que notre industrie ne lui fît la loi? Il y a une comparaison à établir des mouvemens imperceptibles, avec les mouvemens sensibles qui jetteroit une grande clarté sur ces questions très-curieuses.

La pratique d'Hippocrate étoit excellente de recueillir les maladies & les cures singulières dont il avoit été le témoin. Un pareil corps d'ouvrage qui contiendroit une simple exposition des symptômes & des progrès d'une maladie, avec l'application & le succès des remèdes, seroit le meilleur traité de médecine, pourvu qu'il ne s'y glissât rien de trop extraordinaire, sans en donner raison, ni de trop commun, sans en tirer des réflexions & des conséquences utiles. Le bon morceau, qu'un traité des maladies incurables! Autre ouvrage aussi satisfaisant: l'art d'appaiser les douleurs.

La connoissance de soi-même (*scientia nostri*) est le but naturel de toutes nos études: *hac scientia homini pro fine est scientiarum, at naturæ ipsius portio tantum.*

La science de l'homme comprend les prérogatives & les désavantages de sa condition. Nous avons assez de tableaux des misères humaines: ces sortes de lamentations ont quelque chose de doux & de salutaire. Mais un traité de l'excellence de l'homme ne seroit pas moins utile. Ce seroit un grand tableau tiré d'après l'histoire, qui représenteroit les plus sublimes traits de la nature humaine; on n'y verroit au nombre des vertus, que les plus héroïques; que les actions du premier ordre, & les talens du premier mérite: enfin ce seroient les fastes des triomphes de l'homme: *doctrina de persona hominis duas res præcipuè complectitur; contemplationes scilicet de miseriis humani generis; & de ejusdem prærogativis, sive excellentiis. Atque deploratio humanarum ærumnarum eleganter & copiosè à compluribus adornata est, tam in scriptis philosophicis, quam theologicis. Estque res dulcis simul & salubris. At illa de prærogativis,*
digna visa res nobis quæ inter desiderata proponatur... equidem plurimum ad magnanimitatem & humanum decus conferre posse putarem; si ultimitates (ut loquuntur scholastici) sive summitates (ut pindarus) humanæ naturæ colligerentur, præcipuè ex historiæ fide. Illud est, quod ultimum & supremum fuerit, quo unquam humana natura per se ascenderit, in singulis & corporis & animi dotibus..... verum.... satis patet quid velimus; nempe, ut miracula naturæ humanæ, viresque ejus & virtutes ultimæ, tam animi, quam corporis, in volumen aliquod colligantur, quod fuerit instar fastorum de humanis triumphis.

Il y a dans l'homme un mélange, une association bizarre de force & de foiblesse très-remarquable, quoi de plus frappant en ce genre que de voir un malheureux pleurer, quand on lui coupe les cheveux pour le mener au supplice, & rire au milieu des plus affreux tourmens, en voyant tomber les débris d'un toît sur la tête d'un des assistans? *Is virgis ferreis flagellatus, & forcipibus ignitis laceratus, nullum prorsus gemitum edidit; qui in etiam cum fortè fractum aliquid desuper in caput astantis cujuspiam incideret, ustulatus jam nebulo, & in mediis tormentis risit; qui tamen paulo antè, cum cincinni capillitii, quos gestabat, tonderentur, fleverat.*

Une histoire universelle des sciences & des arts, faite avec exactitude, est un ouvrage qui manque à notre littérature. En voici le plan tel que je le conçois. Elle commenceroit par une idée de tous les arts, des temps & des pays où ils ont fleuri; on suivroit leurs progrès & leurs transmigrations, (car les sciences voyagent aussi-bien que les peuples, *migrant enim scientiæ non secus ac populi*) leur décadence & leur rétablissement: ensuite viendroit l'origine de chaque science avec l'occasion qui l'a fait naître, la manière de la cultiver avec celle de la transmettre, ou de l'enseigner; les sectes, & les querelles que les opinions ont enfantées; leurs défenseurs, leurs adversaires & leurs protecteurs fameux, les auteurs illustres, les livres excellens, & les académies célèbres; enfin tout ce détail essentiel qui appartient à la république des lettres.

Je voudrois qu'un critique exact & judicieux, nous donnât une histoire des opinions des anciens philosophes. Personne encore ne s'est occupé de ce travail: j'observerai donc à ce sujet que chaque Philosophie doit être exposée à part & former un tout. Il ne faut pas faire comme Plutarque, un recueil, une espèce de faisceau d'opinions détachées de tous (1) les systèmes. Une

---

(1) Bacon a ici en vue le traité *de placitis philosophorum* où toute la Philosophie ancienne est éparse & divisée par articles & par chapitres, dans lesquels

Philosophie quelconque, bien complette dans toutes ses parties, se soutient d'elle-même, & ses dogmes, ainsi liés, s'éclaircissent & se fortifient réciproquement, au lieu qu'isolés & dispersés, ils ont je ne sçais quoi d'étrange & de paradoxal. Les mêmes actions de Claude & de Néron, que Tacite rend vraisemblables par les circonstances dont il les accompagne, par la peinture des caracteres de ceux qu'il met en scène, par les occasions dans lesquelles il les fait agir, deviennent dans (1) Suétone un tissu d'horreurs incroyables : *optarim igitur...., opus confici, cum diligentia & judicio, de antiquis philosophis. Tale enim opus nondum extare video, attamen hic moneo, ut hoc fiat distincté : ita ut singula philosophia seorsum componantur & continuentur : non per titulos & fasciculos (quod Plutarchus fecit) excipiantur. Quævis enim philosophia integra se ipsam sustentat : atque dogmata ejus sibi mutuo & lumen & robur adjiciunt : quod si distrahantur, peregrinum quiddam & durum sonant. Certè quando apud Tacitum lego facta Neronis aut Claudii, circumstantiis temporum, personarum, & occasionum vestita ; nil video quod à probabilitate prorsus abhorreat : cum vero eadem lego in Suetonio tranquillo, per capita & communes locos minimeque in serie temporis repræsentata, portenta quidem videntur, & planè incredibilia. Neque absimilis est ratio philosophiæ, quando proponitur integra & quando in frusta concisa & dissecta.*

———

on a rassemblé les opinions des philosophes sur chaque matiere. Au reste, il y a des érudits qui prétendent que ce traité n'est pas de Plutarque ; mais toutes leurs conjectures sur ce point de critique, comme sur beaucoup d'autres plus importans, sont fort incertaines.

(1) C'est que Suétone n'a composé qu'une espece de gazette souvent même assez insipide, & que Tacite, l'incomparable Tacite a écrit l'histoire en homme de génie. L'un nous a transmis froidement la chronique scandaleuse des regnes de plusieurs monstres, & le récit des mêmes évenemens a été pour l'autre l'objet d'une foule d'idées neuves, de réflexions profondes, & de leçons utiles dans tous les ages, & dans toutes les conditions de la vie. Tout le monde peut écrire l'histoire comme Suétone, mais un historien tel que Tacite, est un phénomene extraordinaire, & qu'on n'a encore vu qu'une seule fois. De Thou, Voltaire, excellent chacun dans leur genre, mais en payant à ces deux grands hommes le tribut d'estime & de louanges qu'ils méritent ; en avouant ici avec plaisir, & d'après ma propre expérience, qu'il y a beaucoup à apprendre dans la lecture réfléchie de ces deux historiens si justement célebres, je ne puis dissimuler qu'à tout prendre, je leur préfere Tacite. Virgile, après avoir, pour me servir des termes de Montaigne, étalé les noms des plus grands romains en sa peinture, finit en cette maniere.

His dantem jura Catonem,

On en peut dire autant de Tacite, comparé à tous les historiens anciens & modernes.

L'ame de toute histoire, c'est l'art de combiner les évenemens avec leurs principes ; de remarquer, par exemple, la disposition du climat & du génie à l'égard de chaque espece de science ; les circonstances du tems favorables ou contraires, tant du côté de la religion, que des loix civiles & politiques, & tous les ressorts secrets ou publics qui ont contribué à la propagation des arts. Cet esprit de critique ne doit pas écarter un historien de son devoir principal, qui est de suivre l'ordre des faits. Il a, sans doute, le droit de juger ; mais il doit en user avec mesure & discrétion. Une histoire exécutée sur ce plan, ne seroit pas un simple trophée élevé à la gloire des lettres : elle auroit un objet plus sérieux & plus grave : ce seroit un ouvrage très-propre à faire sortir le mérite de ceux qui ont fait un bon usage des sciences, à marquer le progrès des connoissances humaines, les secousses & les révolutions des empires, les vices & les vertus qui ont souillé ou illustré l'histoire de ces tems, & à perfectionner l'art de gouverner les hommes & les moyens de les éclairer. *Ante omnia etiam id agi volumus (quod civilis historiæ decus est & quasi anima) ut cum eventis causæ copulentur : videlicet ut memorentur natura regionum ac populorum, indolesque apta & habilis, aut inepta & inhabilis ad disciplinas diversas ; accidentia temporum, quæ scientiis adversa fuerint aut propitia ; zeli & mixturæ religionum ; malitiæ & favores legum ; virtutes denique insignes, & efficacia quorundam virorum erga literas promovendas, & similia. At hæc omnia tractari præcipimus, ut non, criticorum more, in laude & censura opus teratur, sed planè historicè res ipsa narrentur, judicium parcius interponatur.......... Quòd ad usum attinet ; hæc eo spectant ; non ut honor & pompa per tot circumfusas imagines celebretur....... Sed præcipuè ob causam magis seriam & gravem : ea est (ut verbo dicamus,) quoniam per talem, qualem descripsimus, narrationem, ad virorum doctorum, in doctrinæ usu & administratione, prudentiam & solertiam maximam accessionem fieri posse existimamus ; et rerum intellectualium, non, minus quam civilium, motus, & perturbationes, vitiaque & virtutes notari posse, & regimen indè optimum educi & institui.*

L'histoire du ciel ne doit pas être celle des systèmes du monde, mais la simple relation des phénomenes. C'est le moyen de parvenir au vrai système ; car si l'on observe les astres avec le télescope, c'est-à-dire avec les préventions de Galilée ou de Tychobrahé, on ne verra que ce qu'ils ont vu, des apparences qui nous empêcheront de parvenir à la réalité. Le dogme jette un nuage sur les faits, il faut commencer par ne rien croire, avant d'examiner. Un système, pour être l'unique enfant de votre génie, n'en mérite pas davantage votre prédilection.

BAC

Il nous faudroit une liſte des problêmes réſolus & à réſoudre, des erreurs populaires de fait ou de principe ſur l'hiſtoire naturelle, des menſonges imprimés dans l'hiſtoire civile; & des héréſies qui concernent les dogmes de la religion; ce ſeroit autant de retranché des articles de notre crédulité.

Il nous manque un inventaire des richeſſes de l'homme, où l'on détailleroit tous les biens que nous tenons de la nature & de l'art, les pertes que nous avons faites d'une part, & les acquiſitions qui nous reſtent de l'autre, afin d'avertir ceux qui tentent de nouvelles découvertes de ne pas perdre leur tems à trouver ce qui l'a été avant eux. On mettroit à côté les tentatives regardées longtems comme impoſſibles, & celles qu'on croyoit preſque déſeſpérées, & qui ont pourtant réuſſi : ce corps d'exemples enhardiroit l'induſtrie à l'invention, la dirigeroit dans les moyens & lui faciliteroit les voies les plus promptes & les plus actives. *Duæ ſunt appendices, magni utraque pretii. Prima eſt, ut fiat inventorium opum humanarum, quo excipiantur & breviter enumerentur omnia hominum bona & fortunæ (ſive ſint ex fructibus & proventibus naturæ, ſive artis,) quæ jam habentur, & quibus homines fruuntur, adjectis iis, quæ olim innotuiſſe conſtat, nunc autem perierunt. Ad hunc finem, ut qui ad nova inventa accingitur, de jam inventis & extantibus, negotium ſibi non faceſſat. Hoc vero inventarium magis erit artificioſum, magiſque etiam utile, ſi quæ communi hominum impoſſibilia reputantur, in unoquoque genere adjunxeris : atque una, proxima impoſſibilibus, quæ tamen habentur, copules, ut alterum humanam inventionem acuat, alterum quadantenus dirigat, utque ex his optativis, & potentialibus, activa promptius deducantur.*

On n'a point écrit encore ſur les affaires. C'eſt que les gens de lettres ne les entendent pas, & voilà le reproche le mieux fondé que l'on puiſſe faire aux ſciences, de rendre un homme inutile au commerce. L'érudition & l'eſprit des affaires ne vont point enſemble. Quant à la Politique, on n'ignore pas que les têtes à ſyſtêmes, peut-être bien réglées en elles-mêmes, gouverneroient aſſez mal le monde. On a tout vu; mais quand on vient à tenir le timon, toutes les idées s'évanouiſſent; le tumulte des affaires, la multitude des vues, la difficulté du choix, les riſques d'une réſolution, tout vous jette dans un cahos où les meilleures ſpéculations s'abiment & ſe confondent. Il s'agiroit donc de traiter à fonds la ſcience des affaires dont nous n'avons qu'une eſquiſſe légère, eu égard à l'étendue de la matière.

L'érudition n'eſt pourtant pas oppoſée à l'eſprit de conſeil, & aux talens de l'adminiſtration. Car auſſi ne faut-il pas livrer ſa ſanté entre les mains d'un empyrique ſans expérience & ſans réflexion, ni ſa fortune à la barbarie d'un légiſte ſans étude, dont la moindre nouveauté met d'abord la pratique à bout.

Un ſavant ou un philoſophe n'eſt jamais qu'un pédant aux yeux d'un miniſtre; cependant Sénéque gouvernoit aſſez bien l'enfance de Néron; Gordien acquit aſſez de gloire, tandis que Miſithée dirigeoit ſa main au timon de l'empire; & la minorité d'Alexandre-Sévère fut heureuſe ſous la régence des femmes, parce qu'elles étoient conduites par d'habiles maîtres.

Quand on n'auroit pas l'adreſſe de ſaiſir les occaſions, il reſte au moins un fonds de lumières pour appercevoir l'équité : mais a-t-on beſoin de remèdes, quand on ne veut pas faire de mal?

On a beau ſe propoſer un modèle, la vie d'un homme eſt trop courte, & ſa conduite trop bornée, pour ſervir d'exemple à un autre homme, & ſur-tout à un homme qui doit en gouverner pluſieurs? Souvent un fils reſſemble moins à ſon père, qu'à ſon biſayeul. Ainſi les exemples anciens quadrent mieux avec les affaires préſentes, que les exemples des ſiècles récens ou des climats voiſins. L'eſprit enfin eſt à l'égard de l'érudition, comme le fonds d'un particulier auprès du tréſor public.

Il nous manque un traité d'éloquence politique, qu'on appelleroit l'art de conférer dans les affaires d'état, ou de faire valoir ſes intérêts particuliers.

Un ouvrage bien inſtructif en fait de morale pratique, ce ſeroit un recueil des artifices de chaque profeſſion, & de ce qu'on appelle *les tours de métier*. La peinture des vices traitée avec toute la gravité & le ménagement d'une ſaine philoſophie, ſans amertume & ſans déclamation, prêteroit de fortes armes à la probité.

Les moraliſtes ſont, en général, comme un maître écrivain qui donneroit de beaux modèles, ſans enſeigner à tenir & à conduire la plume, pour tracer des caractères. Ce ſont des portraits de mœurs finement touchés, de belles images de la vertu, de magnifiques ſentences; mais les moyens & les règles, ce qui fait la partie eſſentielle de la morale, on les laiſſe à l'écart. C'eſt que par un ſentiment d'orgueil & de vanité inné dans l'homme, la plupart des auteurs, ſoit dans le choix de leurs ſujets, ſoit dans la manière de les traiter, ſont bien moins occupés du déſir d'être utiles, que du ſoin & des moyens de faire briller leur eſprit. *In hujus ſcientiæ pertractatione, qui de ea ſcripſerunt, perinde mihi feciſſe videntur, ac ſi quis ſcribendi artem tradere pollicitus, pulchra tantum exhibeat exemplaria, literarum tam ſimplicium, quam copulatorum, de calamo vero ducendo, aut modis characteres efformandi, nihil præcipiat : ita & iſti propoſuerunt nobis exemplaria bella, & luculenta, atque deſcriptiones ſive imagines accuratas boni, virtutis, officiorum, felicitatis, tanquam vera objecta, & scopos voluntatis, & appetitus humani; verum quomodo quis possit optimè ad hos scopos (excellentes sanè & bene ab illis positos) collimare, hoc est, quibus institutis animus ad illa assequenda subigi & componi possit, aut nihil præcipiunt, aut perfunctoriè, & minus utiliter...... hujusce neglectûs causam haud aliam esse reor...... nimirum quod homines ingenita superbia, & gloria vana, eas materias tractationum, eosque modos tractandi sibi delegerint, quæ ingenia ipsorum potius commendent, quam lectorum utilitatibus inserviant.*

Il n'y a personne qui ne parle plus honnêtement qu'il ne pense ou qu'il n'agit. *Siquidem nemo est, quin honestius loquatur, quam aut sentiat aut faciat.*

N'y a-t-il pas un moyen de tendre & de fortifier l'imagination? (*Quomodo imaginatio intendi & fortificari possit*).

Quand elle est une fois exaltée, on voit l'homme opérer des choses prodigieuses. *Quippe si imaginatio fortis tantarum sit virium, operæ pretium fuerit nosse, quibus modis eam exaltari, & se ipsa majorem fieri detur.*

Les anneaux magiques ne tirent point leur pouvoir des mauvais esprits, mais des esprits foibles qui se frappent de certains signes extérieurs que la fourberie employe, comme la religion a recours aux images saintes pour échauffer la piété des fideles & fixer leur attention dans les prieres. *Ceremonias, characteres, incantationes, gesticulationes, amuleta, & similia, non ex aliquo tacito aut sacramentali cum malis spiritibus contractu viros nancisci; sed eo pertinere tantum, ut imaginatio illius, qui his utitur, roboretur & exaltetur: quemadmodum etiam in religione, usus imaginum, ad mentes hominum in rerum contemplatione defigendas, & devotionem precantium excitandam, invaluit.*

Ces cérémonies superstitieuses sont peut-être dignes d'observation; car souvent elles couvrent une opération toute naturelle, dont on attribue l'effet à des puissances invisibles.

Les chaînes de la sympathie, la communication des esprits & des corps à travers de longues distances, ne sont la plupart que les prestiges d'une magie fort simple.

La mémoire tire ses meilleurs secours de l'écriture qui la fixe. L'usage des extraits a ses inconvéniens: l'érudition qui se nourrit de la lecture, & la mémoire qui s'entretient par l'exercice, doivent en souffrir; mais on ne sauroit faire de trop bonne heure de ces provisions littéraires, pourvu que le goût préside au choix.

La mémoire est comme une eau dormante qui a besoin de palissades.

Les vers ont une harmonie & une cadence qui la réveille plus sûrement, que la prose. Quand une expression nous échappe, la mesure la rappelle. L'emblème fixe l'esprit par le moyen des sens. Une image sensible frappe toujours davantage. Le tableau qui représente un chasseur à la piste du liévre, la vue d'un marchand qui arrange son magazin, la voix de l'acteur qui déclame une scène; tout cela nous peint beaucoup mieux l'invention, la disposition & l'élocution, que toutes les définitions de la rhétorique. *Item carmina facilius hærent, & discuntur memoriter, quam prosa. Si enim hæretur in aliquo verbo, subest prænotio, tale debet esse verbum, quod conveniat cum versu..... Emblema vero deducit intellectuale ad sensibile; sensibile autem semper fortius percutit memoriam, atque in ea facilius imprimitur, quam intellectuale...... Itaque facilius retineas imaginem venatoris leporem persequentis, aut pharmacopœi pyxides ordinantis...... Aut mimi in scena agentis; quam ipsas notiones inventionis, dispositionis, elocutionis, memoriæ, actionis.*

Tout ce qui donne beaucoup de peine & peu de profit, doit être rejetté. Ces efforts de mémoire qui consistent à retenir une foule de noms barbares, & à les répéter dans le même ordre; cette stérile facilité d'écrire sur le champ, & de faire des vers sur toute sorte de sujets, cet esprit de maligne plaisanterie, qui manie habilement le ridicule & la satyre; cette subtilité qui élude la force des raisonnemens par de vains subterfuges; ce sont autant de jeux d'enfant, comparables à la souplesse d'un funambule qui cause plus d'étonnement que d'admiration, & plus de frayeur que de plaisir. *Quæ artem jactant; usum non præbent, parvi facimus, nam ingentem numerum nominum, aut verborum semel recitatorum, eodem ordine statim repetere, aut versus complures de quovis argumento ex tempore conficere, aut quicquid occurrit satyrica aliqua similitudine perstringere, aut seria quæque in jocum vertere, aut contradictione & cavillatione quidvis eludere & similia (quorum in facultatibus animi haud exigua est copia, quæque ingenio & exercitatione, aut meditatione usque extolli possunt;) hæc certè omnia & his similia nos non majoris facimus, quam funambulorum & mimorum agilitates & ludicra. Etenim eadem fermè res sunt : cum hæc corporis, illa animi viribus abutantur; & admiratiouis forsitan aliquid habeant, dignitatis parum.*

Belles matieres pour les philosophes: l'énergie de la nature, l'empire de la coutume & de l'éducation, la tyrannie du préjugé, l'ascendant de l'exemple, le pouvoir de l'amitié & des habitudes, l'aiguillon des loüanges & de la honte, l'attrait des honneurs & de la réputation, l'effet des loix, des livres & des études sur le cœur de l'homme; car voilà les ressorts de tous ses mouvemens: quel champ pour la morale!

Le laboureur ne change point la nature d'un terroir, ni la température du climat; le médecin ne peut rien sur la constitution d'un malade, ni contre les révolutions de l'air. Mais il y a un art infaillible de former les ames, & de traiter les maladies de l'esprit. *Agricola nullum est imperium aut in naturam soli, aut in aeris temperiem; itidem nec medico, aut in crasin & constitutionem naturalem ægri, aut in accidentium varietatem. At in cultura animi, & morbis ejus persanandis, tria in considerationem veniunt &c.*

Les politiques & les philosophes ont négligé cette étude essentielle qui consiste à observer les dispositions générales au bien ou au mal; mais sur-tout à épier les inclinations dominantes.

Les poëtes sont pleins de caractères, mais presque toujours outrés par l'imagination qui ne s'arrête point au vrai. Croiroit-on que dans les entretiens familiers, on fait des portraits plus fidèles que dans les livres? *Apud poëtas..... Sparguntur ubique simulacra ingeniorum, licet ferè cum excessu, & præter modum veritatis. Quin & hoc ipsum argumentum, de diversis caracteribus ingeniorum, est ex iis rebus, in quibus sermones hominum communes, (quod valdè raro, interdum tamen contingit) libris ipsis sunt prudentiores.*

C'est aux historiens graves & judicieux, qu'il faut s'adresser pour connoître les hommes, non pas dans les éloges composés après coup à la fin d'une vie, mais dans le corps même de l'histoire, où chaque personnage se montre tel qu'il est à travers les rôles qu'il joue. *At longè optima hujus tractatus supellex & sylva peti debet ab historicis prudentioribus: neque tamen ab elogiis tantum, quæ sub obitum personæ alicujus illustris subnectere solent, sed multo magis ex corpore integro historiæ, quoties hujusmodi persona veluti scenam conscendit.*

Un moraliste ne doit jamais présenter un seul homme pour modèle à tout le genre humain; mais il recueille çà & là des couleurs simples qui, broyées ensemble, peuvent faire d'excellens tableaux de mœurs, & représenter toutes sortes de caractères; c'est par cette ingénieuse dissection du cœur humain, qu'on apprend à le connoître & à le former. *Neque vero volumus, ut caracteres isti in ethicis..... excipiantur, tanquam imagines civiles integræ: sed potius ut imaginum ipsarum lineæ, & ductus magis simplices, quæ inter se composita & commixta quascumque effigies constituunt, quot & quales eæ sint, et quomodo inter se connexæ et subordinatæ; ut fiat tanquam artificiosa et accurata ingeniorum & animorum dissectio.*

La nature a fait tous les frais pour le fonds des ames, mais la forme tient à mille choses, l'âge, le sexe, le climat, le tempérament, la figure, la fortune enfin, tout a droit d'y mettre son empreinte, & ce sont autant de considérations à distinguer dans l'application des remedes de l'esprit, sans quoi l'on tombe dans la chimère des Empyriques qui traitent tous les malades également. *Non minus certè quam ad agriculturam, tractatus de diversitate soli & glebæ: aut ad medicinam, tractatus de complexionibus aut habitibus corporum diversis; id autem nunc tandem fieri oportet, nisi fortè imitari velimus temeritatem empiricorum, qui iisdem utuntur medicamentis ad ægrotos omnes, cujuscumque sint constitutionis.*

La science du monde est très-difficile à traiter; elle dépend si fort du cours des choses & de la vicissitude des circonstances, qu'on ne peut la réduire en principes constans.

La morale a sans comparaison beaucoup plus à faire que la politique, car elle doit former l'honnête homme; & l'autre ne donne que les dehors de la probité, qui suffit au maintien de la société. C'est pourquoi le gouvernement est quelquefois sain, quoique les mœurs soient corrompues. *Ethica munus est quodammodo illo politica difficilius:.... proponit sibi ethica, ut animus bonitate interna imbuatur & cumuletur: at civilis scientia nihil amplius postulat præter bonitatem externam: hæc enim ad societatem sufficit. Itaque non raro accidit, ut regimen sit bonum, tempora mala.*

Les états sont de grandes machines qui se remuent difficilement, aussi durent-elles plus longtems: l'impression des sages institutions qui leur ont donné naissance, éloigne ou retarde leur décadence. Mais la corruption morale s'introduit beaucoup plus rapidement dans les mœurs & dans les principes de chaque individu. *Hoc habent respubl. Ut tanquam machinæ grandiores tardius moveantur, nec sine magno molimine, unde haud tam citò labefactantur. Sicut enim in ægypto septem anni fertiles, steriles septem sustentarunt; in respubl. Priorum temporum bona institutio efficit, ut sequentium errores non statim perniciem inferant: at singulorum hominum decreta, & mores, magis subito subverti solent.*

L'abrégé des devoirs de la vie civile consiste à tenir la balance juste entre nos droits & ceux d'autrui, pour ne rien faire qui nous rende odieux, ou méprisables.

Question délicate dans la morale. Est-il permis d'oublier l'équité pour sauver sa patrie, ou de sacrifier son siècle au bonheur de la postérité? Voici la réponse.

Vous qui siégez à la tête des hommes, suivez ce que la justice & le bien public vous demandent le plus instamment; quant à l'avenir dont vous n'êtes point responsables, puisque vous n'en jouirez pas, laissez-en le soin à la providence qui seule prévoit tout, & dispose de tout.

Quand on considère que les hommes se corrompent & s'empoisonnent mutuellement, croiroit-on qu'ils sont faits pour habiter ensemble?

D'où vient que dans les temples, les spectacles, & dans tous les lieux d'assemblée publique, on est sujet aux pâmoisons de cœur? C'est que les hommes y soufflent une peste subtile. Les troupeaux n'éprouvent pas ces altérations, dans leurs étables; sans doute parce que leur nourriture est plus innocente.

Loin de nous ces méthodes qui ne donnent qu'une teinture d'érudition universelle, si propre à remplir de vanité de jeunes esprits, & à retarder les fruits des lettres par une ostentation de génie prématuré. *Illud imprimis consuluerim, ut caveatur à compendiis, & à præcocitate quadam doctrinâ quæ ingenia reddat audacula, & magnos profectus potius ostentet, quam faciat.*

On peut avancer dans les sciences par des méthodes bien opposées; l'une est de commencer par les choses les plus faciles, & de s'élever par degrés aux plus grandes difficultés; l'autre est d'appliquer d'abord toutes les forces de son esprit à ce qu'il y a de plus abstrait & de plus difficile dans l'étude d'un art ou d'une science, afin que ces épines, une fois écartées, on ne trouve plus que des roses sur le reste de sa route. On apprend à nager avec des vessies, comme on apprend à danser avec de gros souliers. Rien de plus favorable au développement des facultés de l'esprit & du corps que ces deux méthodes réunies avec art & mêlées, pour ainsi dire, dans une juste proportion. *Forsásse adhuc non fuerit notatum, esse duos assuefaciendi & exercendi & præparandi ingenia modos, eosque tanquam antistrophos. Alter incipit à facilioribus, & ad magis ardua paulatim deducit. Alter ad initio duriora imperat & urget, ut iis obtentis facilioribus quis etiam suaviter perfundi possit. Alia enim est methodus, incipere natare cum utribus, qui sublevent; alia incipere saltare cum calceis ponderosis qui aggravant. Neque facile est dictu quantam methodorum prudens intermixtio conferat ad promovendas, tam animi quam corporis, facultates.*

Un esprit médiocre qui veut aller trop loin, perdra courage en route. S'il a trop de confiance, il reste au-dessous de ses espérances; & finit par tomber dans un état de langueur & d'inaction. *Si oneris nimium imponatur apud ingenium mediocre, bene sperandi alacritatem obtundes; apud ingenium fiduciâ plenum, opinionem concitabis, quâ plus sibi pollicetur, quam præstare possit; quod secum trahit socordiam. In utroque autem ingenii temperamento fiet ut experimentum expecta-*tioni non satisfaciat; id quod animum semper dejicit, & confundit.*

La raison a tant de sortes d'ennemis à combattre! Tantôt ce sont les piéges du sophisme, tantôt l'enchantement & la séduction de la parole, enfin la violence des passions: on a réduit en art les moyens de se défendre contre la plupart de ces divers assauts; mais que seroit-ce, si ces armes devenoient meurtrières & funestes à ceux-mêmes qui s'en servent, si la raison n'échappoit à la force ouverte, que pour tomber dans une embuscade?

La dialectique & la morale de l'école ne favoriseroient-elles pas les ennemis de la raison, au lieu de lui prêter du secours contre leurs entreprises?

Les tremblemens des cordes sous l'archet font sur l'oreille la même impression que les rayons du soleil réfléchis par les flots, ou les scintillations du rubis, ont coutume de faire sur la vue. C'est un rapport d'harmonie fondé sur une correspondance d'organes.

Il nous manque un recueil de ces axiomes primitifs, communs à toutes les sciences, également applicables à la Physique, à la morale, & à la politique. Cependant la nature est simple & se ressemble par-tout. En voici des exemples.

I.

Si l'on ajoûte des égaux à des inégaux, les tous seront inégaux.

Axiome de mathématique, qui passe en règle de droit. Car dans la justice distributive qui rend à chacun selon ses œuvres, si l'on traite également des actions inégales; il n'y a plus d'égalité, ni d'équité. Mais la justice commutative qui rend à chacun selon ses choses, partage également des personnes inégales.

II.

La nature se représente toute entière en petit.

Ainsi le mouvement des astres se vérifie dans celui des atômes. La cause de leur révolution diurne, s'expliquera par celle du flux & du reflux de la mer.

Dès que l'on pourra découvrir le principe de la vertu magnétique, ou celui du mouvement circulaire, on connoîtra bien-tôt les loix de l'attraction des corps célestes, & si la terre tourne, ou bien les cieux.

Tel est l'axiome physique de Démocrite, qu'Aristote transporta dans la politique. Car il établit le gouvernement monarchique, sur le gouvernement domestique, & prit le plan de l'état, dans la famille.

III.

III.

L'être ne périt jamais entièrement, quand le tout retourne à ses principes.

Axiome de physique, & maxime de politique. Comme la matière, loin d'être anéantie, reprend sa vigueur dans les élémens; aussi pour empêcher la ruine des empires, les loix doivent rappeller les anciennes mœurs.

IV.

La peste est plus contagieuse dans ses commencemens que dans sa maturité.

C'est une expérience physique, applicable à la morale. Car la corruption des méchans déterminés est moins funeste à la société, que les irrégularités d'une vertu qui plie & se dément.

V.

Les causes les plus générales, ont aussi le plus d'énergie.

Principe universel dans la nature. La grande chaîne qui ne laisse point de vuide, est essentielle à la constitution du monde, & sert à l'entretien de tout le méchanisme; mais la gravité n'est qu'un mouvement particulier à la sphère terrestre, & subordonné au mouvement général qui lie & rapproche tous les êtres : ainsi le grand intérêt de l'état absorbe les petits intérêts des citoyens. La patrie est une mère, mais qui dévore quelquefois une partie de ses enfans, pour conserver la famille, & quelquefois immole la famille aux aînés. Les ressorts qui font subsister ou fleurir la nation, sont toujours plus forts que ceux du bien être des particuliers.

VI.

Les organes de la réflexion ressemblent aux organes des sens.

C'est un axiome commun à la perspective & à l'acoustique. En voici l'explication. Le miroir qui réfléchit les objets, est transparent comme l'œil qui les reçoit. Le rocher qui renvoie les sons, & qui forme l'écho, a la même configuration que l'oreille. Autant de ressemblances, ou plutôt autant de vestiges de la nature, qui a imprimé ses caractères & son sceau sur toute la matière, ensorte que les traits les plus différentiels ne peuvent effacer l'empreinte dominante d'une même puissance.

En voilà assez pour les esprits pénétrans, il n'y en aura que trop pour les autres.

On pourroit faire un recueil d'antithèses intitulé, la logique des rhéteurs, ou l'abus de la raison dans l'éloquence; & voici dans quel ordre on les distribueroit.

MAXIMES POUR ET CONTRE.

I.

La noblesse.

L'honneur rend la probité comme héréditaire à la noblesse.

Si la vertu ne conduit pas à la noblesse, elle en descend encore moins.

II.

Les richesses.

Les philosophes demandent si l'on doit rapporter le bonheur au plaisir ou à la vertu : laissez-les disputer & cherchez les richesses qui sont bonnes à tout.

L'homme qui pense que tout s'acquiert par les richesses, met lui-même son ame à prix.

III.

Les honneurs.

Les honneurs sont les calculs dont la providence se sert, pour apprécier notre mérite, & le rendre public.

Les honneurs sont de faux poids avec lesquels les princes règlent le prix courant des hommes sans estimer leur valeur intrinsèque.

IV.

La fortune.

La fortune est estimable par la sécurité qu'elle nous donne au dedans de nous mêmes, & par le crédit qu'elle nous procure au dehors.

La fortune donne la commodité d'user de ce qu'on doit mépriser, & le pouvoir de faire ce qu'on seroit heureux de ne vouloir pas faire.

V.

La réputation.

Les éloges du peuple tiennent de l'inspiration. Tant de têtes ne se réunissent pas au même sentiment, sans une espèce de miracle.

Le peuple loue les plus minces vertus qui sont à sa portée, il admire les vertus éclatantes qui sont équivoques, & il n'apperçoit pas les vertus sublimes, qui vont se cacher dans les cieux.

Philosophie anc. & mod. Tome I.

VI.
L'affabilité.

L'affabilité qui met les grands au niveau de leurs inférieurs, les élève au-dessus de leurs égaux.

L'affabilité peut être un effet de la foiblesse qui craint les hommes, ou de la vanité qui recherche leur faveur.

VII.
La complaisance.

Un caractère complaisant s'appelle une nature d'or ; est-ce parce qu'il est flexible, parce qu'il est rare, ou parce qu'il est recherché comme l'or.

La complaisance est une servitude perpétuelle : Les refus du complaisant sont des injures, par la raison que ses offres ne sont pas des services.

VIII.
Le silence.

Le silence est aussi dangereux que les ténèbres de la nuit. Il décèle un esprit soupçonneux, & par-là même suspect.

Le silence donne du poids aux pensées, & du crédit aux paroles.

IX.
La vanité.

La vanité corrige beaucoup de vices : elle ne substitue que des ridicules aux travers odieux de l'orgueil ; il est vrai qu'elle fuit d'un côté pour se montrer de l'autre ; mais enfin il faut un peu de vanité, ne fût-ce que pour se mêler des affaires publiques.

La vanité nous rend curieux, empressés, menteurs, inconstans, excessifs en tout, dans le bien comme dans le mal ; elle corrompt le principe des meilleures actions, & nous en dérobe tout le mérite.

X.
La constance.

La constance & l'uniformité dirigent les mouvemens des cieux, & la marche de l'éternité. Où en sommes-nous, si nous ajoutons à l'inconstance de la fortune celle de notre esprit ?

L'homme inébranlable dans ses résolutions ressemble à un portier inflexible & mal avisé, qui de peur de laisser passer la canaille, refuse l'entrée à d'honnêtes gens.

XI.
Le courage.

Le courage nous apprend à voir le danger d'un œil ferme, ou pour l'éviter, si l'honneur le permet, ou pour l'affronter, si l'honneur le commande.

Un homme qui ne craint pas pour sa vie, ne ménage guères celle des autres.

XII.
La vengeance.

La vengeance est un sage conseil de l'amour de soi-même ; c'est un frein d'autant plus nécessaire, que les loix ne veillent pas toujours.

L'homme prompt à se venger, n'attendroit que le moment de faire du mal.

XIII.
L'ingratitude.

L'ingrat rend souvent justice à son bienfaiteur, en l'oubliant ; mais il se rend toujours justice à lui-même, en conservant son indépendance.

Les bienfaits nous imposent des obligations d'autant plus sacrées, qu'elles n'ont dépendu que de notre choix. L'ingratitude est donc une injustice.

XIV.
L'amour.

Tous les hommes se cherchent eux-mêmes ; l'amant est le seul qui se retrouve dans un autre.

L'amour est un être bien équivoque, tantôt fou jusqu'à ne pas se connoître, & tantôt si hideux à ses propres yeux, qu'il a besoin de fard pour se masquer.

XV.
Les partis violens.

La nécessité qui nous précipite dans une résolution hazardeuse, nous donne des moyens pour en sortir heureusement.

Tout remède violent recèle un nouveau mal. Les conseils de la crainte & du désespoir sont un appareil plus mortel que la plaie.

XVI.
La nouveauté.

Les hommes de ta-

Les innovations ont

lent & d'industrie qui annobliſſent leur famille valent mieux que leurs deſcendans : la ſingularité dans la conduite ſuppoſe de la force dans le caractère ; & les eſclaves de la coutume ou de l'exemple, ne produiront jamais rien de grand.

toujours un effet dangereux, du moins quant au préſent ; il faudroit imiter les révolutions du tems qui ſe font par des progrès inſenſibles, quelques ſubites qu'elles paroiſſent à des yeux peu vigilans.

L'enfance de la Philoſophie ſe repaît de fables ſtériles. Loin de l'hiſtoire naturelle toute cette Philoſophie qui perd le tems à ramaſſer des autorités contradictoires ſur un fait ou ſur une opinion. Loin tous les ornemens de l'éloquence, qui rempliſſent l'imagination, aux dépens de l'utile. Loin toute cette magie qui entretient la crédulité, éteint la force du génie, & arrête la marche des ſciences. Tant de préciſion n'amuſera ni l'écrivain ni le lecteur ; mais un ouvrier s'amuſe-t-il à dorer ſes outils pour le plaiſir des yeux? Il les choiſit de la meilleure trempe, & les plus maniables. Un magaſin ou un grenier ne ſont pas faits pour qu'on s'y promène, mais pour loger des proviſions. Ainſi la vanité ſcientifique, & tout le faſte académique mis à part, vite aux faits & à l'ouvrage.

L'hiſtoire des arts mène droit à la pratique. Elle lève cette écorce des choſes, ou ces couleurs fugitives qui produiſent les faux jugemens.

Ayez plus d'un but dans vos opérations. Vous tenez une écreviſſe, ne ſongez pas tellement au profit de la cuiſine, que la Philoſophie n'entre pour rien dans vos vues. Que l'écreviſſe devienne rouge dans l'eau bouillante, il n'importe pour l'aſſaiſonnement, mais beaucoup pour le traité des couleurs, réſervez-vous cependant un objet principal, tel que la diſtance des planetes dans l'hiſtoire du ciel, & les limites de la compreſſion dans l'hiſtoire de l'air.

Cherchez dans l'hiſtoire de la terre, combien la mer occupe de la maſſe ou de la ſurface du globe ; dans l'hiſtoire des métaux, obſervez leur peſanteur réciproque.

Au défaut de l'exactitude dans les obſervations, ayez de la juſteſſe dans vos combinaiſons ; & pour ſaiſir le véritable milieu des choſes, tâchez d'atteindre les extrémités.

Quand il ſe rencontre ſur votre chemin, une erreur populaire, ne manquez pas de la détruire en paſſant, comme un voyageur coupe une ronce, ou tue un ſerpent.

Enfin s'il reſte dans quelques ames du zèle pour le bien des hommes, & de la compaſſion pour leurs maux ; s'il y en a qui aiment la vérité, & qui ſentent toutes les divines impreſſions de la nature ; on les conjure par tout ce qu'il y a de grand, d'utile & de glorieux parmi les hommes, de renoncer à leurs préjugés, de dépouiller l'orgueil de l'école, & d'entrer dans la contemplation de l'univers, avec un eſprit & des vues épurées. Que ces philoſophes ne rougiſſent pas de redevenir enfans, pour étudier les élémens & les vrais principes des choſes ; qu'il emploient toutes les reſſources de l'âge & de la raiſon pour agir, laiſſant le ſoin des paroles aux deux enfances de la vie humaine. Puiſſent-ils vivre long-tems & mourir dans l'étude de la nature.

MAXIMES ET SENTENCES,

Recueillies dans les ouvrages de Bacon.

I.

Les pleurs d'un héritier ſont des ris maſqués. (Cette maxime n'eſt que la traduction littérale d'un vers de Plaute, cité par Montaigne).

II.

L'honnête-homme meurt chaque fois qu'il perd un ami.

III.

On accuſe injuſtement Neptune, quand on fait naufrage pour la ſeconde fois.

IV.

Plus on tend l'arc, plus il eſt prêt à ſe rompre ; mais plus les reſſorts de l'ame ſont relâchés, plus ils ſont prêts à ſe briſer.

V.

Si les vices concouroient au bien, l'homme vertueux ſeroit ſeul pêcheur.

VI.

Les délais ſont toujours prudens quand on délibère ſur des choſes utiles.

VII.

Les flots de la douleur s'appaiſent quand rien ne vient plus les enfler.

VIII.

La célérité même eſt un retard dans l'accompliſſement du deſir.

IX.

Le cheveu le plus ténu donne de l'ombre.

X.

Une belle figure est une recommandation muette.

XI.

Que reste-t-il à celui qui a perdu la confiance & l'estime des hommes?

XII.

La fortune fait des sots de tous ses favoris.

XIII.

L'argent ressemble au fumier, qui ne fait aucun bien s'il n'est dispersé sur la terre.

XIV.

Il est bien malheureux d'être offensé par celui dont on ne peut pas se plaindre.

XV.

On supporte aisément les traits de l'envie, quand on est heureux ou brave.

XVI.

L'homme vertueux peut seul concevoir d'heureuses espérances dans l'adversité.

XVII.

Celui qui insulte un homme en menace mille.

XVIII.

Heureux celui qui meurt avant d'appeller la mort à son secours.

XIX.

Un méchant homme est toujours méchant; mais il ne l'est jamais autant que lorsqu'il affecte d'être bon.

XX.

On conserve difficilement ce qui plaît à beaucoup de monde.

XXI.

C'est mal entendre ses intérêts que de nommer son médecin, son héritier.

XXII.

Celui qui est redouté de plusieurs personnes, a aussi plusieurs personnes à redouter. (C'est la traduction d'un passage latin, cité par Montaigne).

XXIII.

Il n'y a pas de si bonne fortune à laquelle il ne manque quelque chose.

XXIV.

Un refus fait de bonne grace, est une espèce de bienfait.

XXV.

Le poltron se dit prudent, & l'avare économe.

XXVI.

C'est un desir bien étrange dans les hommes, que celui de courir après les places, pour perdre leur liberté.

XXVII.

Les enfans augmentent les soins de la vie; mais ils adoucissent le souvenir de la mort.

XXVIII.

La probité fait honneur à la nature humaine, & un mélange de dissimulation est comme l'alliage qui rend l'argent plus souple en diminuant sa valeur.

XXIX.

La mort ouvre les portes de la renommée, & étouffe les serpens de l'envie.

XXX.

Le schisme, dans le corps spirituel de l'église, cause plus de scandale que la dépravation des mœurs, comme dans un corps naturel, une plaie ou une solution de continuité devient plus nuisible qu'une humeur corrompue.

XXXI.

La vengeance est une justice sauvage, que les loix devroient s'efforcer d'extirper du cœur humain.

XXXII.

Celui qui médite une vengeance tient ses plaies ouvertes.

XXXIII.

Au moral & au physique, quand on ne voit pas bien, on doit aller doucement.

XXXIV.

L'homme discret invite les autres à s'ouvrir à lui comme l'air condensé attire l'air libre.

XXXV.

Tenez votre autorité loin de vos enfans; mais qu'il n'en soit pas de même de votre bourse.

XXXVI.

Les gens de haut parage sont jaloux de ceux qui s'élèvent: cette erreur, chez eux, est la même que celle de l'optique, qui nous fait croire que nous reculons quand les autres avancent.

XXXVII.

Tous les préceptes à donner aux rois, sont renfermés dans ces deux maximes: souviens-toi que tu es homme, souviens-toi que tu es vice-gérent de dieu.

XXXVIII.

L'opinion est libre dans le tête-à-tête, & respectueuse en public.

XXXIX.

En général, il est bon de confier le commencement des grandes affaires à Argus aux cent yeux, & la fin à Briarée aux cent mains; le premier pour veiller, le second pour exécuter.

XL.

Il est certains égoïstes qui mettroient le feu à une maison, pour faire cuire un œuf.

XLI.

Dans toutes les innovations, il seroit bon de suivre l'exemple du tems, qui lui-même est grand ami du changement, mais qui n'agit que par degrés imperceptibles.

XLII.

Ceux qui ont trop de respect pour l'ancien tems, font le deshonneur de leur siècle.

XLIII.

Les espagnols & les Spartes ont toujours passé pour être lents dans leurs expéditions. *Mi venga la muerte di Spagna*, dit le proverbe: que ma mort me vienne d'Espagne.

XLIV.

Ceux qui n'ont point d'amis à qui ils puissent confier leurs chagrins, sont les cannibales de leur propre cœur.

XLV.

Il importe peu qu'une armée qui manque de courage soit nombreuse. Virgile a dit: « le loup » ne regarde jamais à la quantité des brebis ».

XLVI.

Les états qui visent à la grandeur, doivent prendre garde que leur Noblesse & leur bourgeoisie ne se multiplient trop. Les hautes futaies, dans un bois, empêchent le taillis de prospérer.

XLVII.

Une guerre civile ressemble à la chaleur de la fièvre, qui mine le corps; mais une guerre étrangère est comme la chaleur de l'exercice, qui entretient la santé.

XLVIII.

Les soupçons sont souvent comme les chauve-souris qui disparoissent au crépuscule du matin.

XLIX.

La discrétion dans le discours vaut mieux que l'éloquence.

L.

L'ambition est comme la colère: si on la laisse agir, elle donne de l'énergie; mais si elle est retenue, elle consume l'ame ou la plonge dans une sombre mélancolie.

LI.

Si vous cherchez avec empressement la fortune, vous parviendrez à la découvrir, car quoiqu'elle soit aveugle, elle n'est pas invisible.

LII.

La plus belle partie de la beauté est celle que les peintres ne peuvent pas exprimer.

LIII.

Celui qui bâtit une belle maison dans un vilain emplacement, se met lui-même en prison.

LIV.

La renommée est un fleuve qui porte les choses légères, & engloutit celles qui ont du poids.

LV.

Les meilleurs gouvernemens peuvent se comparer aux plus beaux cristaux dans lesquels on apperçoit des protubérances & des irrégularités qu'on ne verroit pas dans des pierres communes.

LVI.

Celui qui diffère ses libéralités jusqu'à sa mort, n'est, à proprement parler, généreux que du bien d'autrui.

LVII.

Les hommes passionnés pour les grandes places, ne peuvent pas supporter la retraite dans la vieillesse même, qui est amie du silence. Je les compare à ces vieux bourgeois, qui se tiennent assis devant leur porte, au risque de compromettre leur caducité.

LVIII.

La fortune ressemble à un marché, dont les prix baissent souvent, si vous attendez un peu.

LIX.

La dépression de la noblesse peut rendre un roi plus absolu, mais alors il sera moins sûr de son autorité.

LX.

Celui qui voyage dans un pays, sans en connoître la langue, ne fait qu'aller à l'école.

LXI.

Une malheureuse condition, & qui cependant est celle des rois, est d'avoir peu de choses à desirer, & beaucoup à craindre.

LXII.

Les nouvelles découvertes sont comme les étrangers; d'abord elles excitent notre admiration, mais elles sont ensuite peu favorisées.

LXIII.

Comme il est de la nature des choses de se porter avec véhémence à leur place, & de se mouvoir lentement dans leur situation naturelle, de même la force est violente dans l'ambition, & calme dans l'autorité.

LXIV.

Les richesses ont des ailes; souvent elles s'envolent d'elles-mêmes; mais il est bon aussi quelquefois de leur donner l'essor.

LXV.

Blâmer l'amour de la gloire dans un soldat, c'est ôter à un cavalier ses éperons.

LXVI.

Sénèque a bien raison de dire que la colère est comme une ruine qui se brise sur celui qu'elle écrase.

LXVII.

Les hommes dévorés par l'ambition, osent seuls servir d'écran aux rois dans les affaires délicates & périlleuses. Quel autre qu'eux voudroit jouer un pareil rôle, à moins qu'il ne fût comme la colombe sillée, qui s'élève toujours & s'enfonce dans la nue, parce qu'elle ne voit pas autour d'elle.

LXVIII.

Les princes & les états doivent choisir des ministres plus occupés de leurs devoirs que de leur fortune, & savoir distinguer l'esprit d'intrigue de l'amour du bien.

LXIX.

L'homme sans un excellent naturel, n'est qu'un insecte.

NB. On s'est servi dans la rédaction de cet article d'un extrait de Bacon, publié en 1755, par un très-bon esprit. Cet extrait auroit même été beaucoup plus utile, si l'auteur, au lieu de joindre par-tout ses propres pensées à celle du philosophe Anglois, eût eu soin de les distinguer par une astérisque, où, ce qui étoit encore plus simple, de les rejetter, en forme de notes, au bas des pages : son travail, alors mieux apprécié, auroit ajouté, sans doute, à sa réputation; & Bacon ainsi réduit aux seules forces de son génie, & montré dans la simplicité noble et pittoresque de sa parure, en eut paru plus original, plus riche même & plus grand. Ce n'est pas que ces pensées du traducteur, insérées avec art & en quelque sorte amalgamées avec celles du baron de Vérulam, ne soient, en général, très-judicieuses, quoique peut-être on puisse dire, pour parler comme Montaigne, que l'auteur s'y est trop plû: mais enfin, elles peuvent faire illusion à un lecteur qui veut s'instruire particulièrement de la philosophie de Bacon, & qui dans les momens qu'il consacre à cette étude, ne peut avoir ni le même intérêt, ni le même desir de connoitre celle de son interprète.

Un autre défaut de l'extrait en question, défaut à-peu-près nul pour les gens du monde auxquels cet extrait paroît exclusivement destiné, mais qui le rend presque entièrement inutile pour un philosophe, c'est qu'on n'y indique aucune des mines que l'on a fouillées : inconvénient d'autant plus grand dans un ouvrage de cette nature, qu'avec des connoissances, &

l'esprit & du goût, il est impossible de lire Bacon, sans être vivement frappé de ces idées profondes & vastes, de ces vues neuves & grandes, de ces comparaisons aussi justes, qu'ingénieuses & fines qu'on rencontre presque à chaque page de ses écrits, & sans desirer d'en voir l'expression dans la langue même dont il s'est servi : or M. de Leyre, n'ayant cité aucun passage de Bacon, on ne peut, ni s'assurer de l'exactitude de sa traduction, en consultant l'original, ni savoir où finit le texte & où commence le commentaire.

Au reste, cet art de fondre ainsi ses pensées & ses réflexions dans celles d'un auteur plus ancien, ces efforts pour faire de toutes ces idées, tirées de sols très-divers par leurs qualités intrinseques & par leur culture, un tout uniforme, un ouvrage un; nous les avions remarqués il y a long temps dans l'extrait de Bacon, publié par M. de Leyre : on trouve en effet dans plusieurs endroits de ce livre un certain goût moderne qui en est même le ton général & dominant, & qui décele le mélange aux yeux de ceux qui suivent les progrès & qui étudient l'esprit particulier de chaque siecle dans les meilleurs ouvrages du tems. Ce défaut de convenance dans l'analyse d'un livre qui a presque partout un caractere antique, nous avoit frappés à la premiere lecture : nous avions dès-lors pressenti et, pour ainsi dire, subodoré ces différentes interpolations ; mais ce qui n'étoit à cette époque qu'une simple probabilité, une de ces conjectures qui peuvent être vraies ou fausses, est devenu aujourd'hui un fait certain dont nous avons acquis la preuve évidente en lisant deux fois de suite avec une grande attention les plus beaux traités de Bacon, c'est-à-dire presque tous ses ouvrages, pour en faire un extrait à notre maniere. Nous avons donc eu soin de retrancher de cette analyse de sa philosophie, la plupart des idées & des réflexions qui appartiennent à son élégant paraphraste. Un homme aussi riche de son propre fonds que Bacon, ne doit pas vivre en partie sur le revenu d'un autre ; & nous avons dû rendre à chacun le sien, aussi souvent que nous avons pu reconnoître & déterminer les limites de leurs possessions respectives. Si, comme cela est très-vraisemblable, il reste dans cet article quelques-unes de ces interpolations que nous n'ayons pas apperçues, nous croyons du moins pouvoir assurer qu'elles sont en petit nombre & peu considérables en elles-mêmes (1).

Egalement éloignés de cette vanité qui s'exagere à elle-même le petit bien qu'elle fait, & de cette fausse modestie, presque aussi ridicule, qui le réduit à rien, nous dirons seulement que sans une étude particuliere & très-reflechie de Bacon, il nous eut été impossible d'y retrouver la plupart des pensées dont M. de Leyre a enrichi son analyse, parce qu'il a souvent réuni dans le même chapitre, & quelquefois dans le même paragraphe des pensées extraites de cinq ou six traités différens, pour en former un discours suivi. En calculant le tems qu'il a du employer à rassembler de tant de points divers & opposés tous ces matériaux épars, à les lier & à consolider ensuite toutes ces petites sutures, on trouve qu'avec moins d'efforts il auroit fait un ouvrage plus varié, plus agréable & sur-tout plus utile, si au lieu de classer & d'aligner, pour ainsi dire, toutes les idées d'un philosophe qui a presque toujours écrit de verve, & comme par une sorte d'inspiration, il eut suivi tout simplement l'ordre dans lequel cet auteur a cru devoir exposer lui-même sa doctrine & ses conjectures. En effet, vouloir enchaîner méthodiquement les pensées diverses, les concepts bizarres & *hétéroclites* que la méditation fait sortir en foule & tumultueusement de la tête d'un homme de génie, & dont quelquefois la liaison très-fine, très-fugitive n'est sensible que pour lui seul, me paroît de tous les travaux le plus ingrat, le plus inutile, & le moins digne d'occuper un bon esprit : c'est ce qu'on peut appeler le secret infaillible d'éteindre, de *tuer* un livre, d'ôter à un auteur original tous les traits, toutes les formes qui le caractérisent ; en un mot, c'est l'art funeste de rendre petit ce qui est grand, de faire, par exemple, d'un philosophe, tel que Montaigne, un moraliste, comme Charron (2) ; c'est-à-dire de

---

(1) Ceci ne doit s'entendre que des cent trente dernieres pages de ce long article, & non des vingt premieres colonnes dans lesquelles, par trop de confiance dans des lumieres étrangeres qui auroient pu nous égarer plus longtems, nous avions adopté un plan de travail que des réflexions ultérieures & surtout une lecture plus approfondie de Bacon, nous ont bientôt fait abandonner.

(2) Charron a peu d'idées à lui ; mais personne, peut-être, n'a mieux connu l'art de disposer avec ordre les pensées des autres. C'est même le principal mérite de cet auteur qui d'ailleurs un sens très-droit, ne peut jamais être comparé à Montaigne, auquel il doit même la partie la plus brillante & la plus assurée de sa réputation. En effet, son livre *de la Sagesse*, si estimable, si utile par l'excellente méthode qui y regne & l'esprit dans lequel il est écrit, n'est presque partout qu'une espece de centon formé des *Essais* de Montaigne, des œuvres morales du chancelier Du Vair, & des politiques de Juste Lipse, qui ne sont elles-mêmes qu'un centon, ou comme l'appelle Montaigne, *un docte & laborieux tissu*.

Je déposerai quelque jour à la bibliotheque du Roi un exemplaire de la *Sagesse* de Charron, sur les

substituer à une lumiere vive & qui éclairoit un vaste horizon, une lueur foible & qui colore à peine les objets placés dans la sphère de son activité : *ut lumen phœbi dulcius esse solet jamjam cadentis.*

Il résulte de ces différentes observations que cet article d'ailleurs très-curieux, très-intéressant même par la profondeur & la variété des matières qui y sont traitées, ne vaut pas une lecture réfléchie de Bacon, & ne donne même qu'une très-foible idée de son génie dont l'étendue, la sagacité, & l'élévation ne se montrent réellement que dans ses ouvrages. C'est dans cette source vive & pure que le lecteur doit chercher la philosophie de ce grand homme : c'est là seulement que Bacon respire encore, & vit, pour ainsi dire, tout entier. L'article précédent ne présente que quelques-uns de ses traits plus ou moins affoiblis & qui peuvent à peine le faire reconnoître de ceux qui, pour parler comme Montaigne, *l'ont vu chez lui.* La seule chose, peut-être, qui puisse donner quelque prix à notre travail, c'est d'offrir au lecteur, dans une assez longue suite de passages, quelques-unes des grandes idées de Bacon exprimées dans sa langue avec cette originalité, cette précision & cette énergie qu'il a sçu donner à son style, d'ailleurs trop souvent embarrassé, selon l'usage du tems, d'un certain jargon scholastique qui le dépare. Ces citations recueillies avec choix, & appliquées à presque toutes les pensées qui se font le plus remarquer dans cette analyse, en seront, sans doute, la partie la plus philosophique & la plus instructive : la doctrine de Bacon, ainsi transmise, fera sur l'esprit du lecteur une impression d'autant plus forte qu'elle sera plus directe & plus rapide : chaque trait y pénétrera plus avant qu'à l'aide du meilleur commentaire dont le dernier résultat est bien moins d'éclaircir ce qui est obscur, de déterminer ce qui est vague, de généraliser un principe pour connoître tous les cas où il s'applique, & ceux qui en sont l'écueil, d'ajouter de nouvelles vues à celles de l'auteur original, &c. &c., que de tourner longtems autour des mêmes pensées, de les étendre, de les délayer, ce qui les énerve nécessairement, en amollit, si j'ose m'exprimer ainsi, & en relâche le tissu, comme un ressort s'affoiblit en se dilatant.

---

marges duquel j'ai indiqué par des guillemets les différens passages des anciens & des modernes qui ont servi à composer cet ouvrage : on y verra que si on restituoit, aux trois auteurs cités ci-dessus, de même qu'à Cicéron, à Séneque & à Plutarque ce que Charron en a tiré, il lui resteroit à cet égard fort peu de choses. Mais ce n'est pas ici le lieu de m'étendre sur ce sujet.

Persuadés avec juste raison de l'intérêt que donnent à cet article les différens textes que nous avons extraits des ouvrages de Bacon, nous aurions rendu ces citations plus longues & plus fréquentes, si nous n'eussions pas craint de trop multiplier les passages latins dans un ouvrage destiné indistinctement à toutes les classes de la société, & dans lequel il faut autant qu'il est possible, se mettre à la portée du plus grand nombre des lecteurs. Nous avons donc dû parler la langue qu'ils entendent tous, plus ou moins ; heureux, si nous pouvions nous flatter d'avoir jetté çà & là dans les notes, quelques-unes de ces vues, de ces idées philosophiques qui font fermenter les têtes pensantes, & qu'il suffit même de généraliser pour s'élever aux résultats les plus importans de l'étude de la philosophie rationelle!

Cet article est de M. NAIGEON.

BARBARES. (*philosophie des*). Les Grecs donnoient le nom de *barbares*, par mépris, à toutes les nations qui ne parloient pas leur langue, ou du moins qui ne la parloient pas aussi bien qu'eux. Ils n'en exceptoient pas même les Egyptiens, chez lesquels ils confessoient pourtant que tous les philosophes & tous les législateurs avoient voyagé pour s'instruire. Sans entrer ici avec Brucker, dans les différentes étymologies de ce terme, ni sans examiner s'il est composé du *bar* des arabes, qui signifie *désert*, ou s'il est dérivé du terme par lequel les chaldéens rendent le *foris* ou *extra* des latins ; je remarquerai seulement que dans la suite des tems, les grecs ne s'en servirent que pour marquer l'extrême opposition qui se trouvoit entr'eux & les autres nations qui ne s'étoient point encore dépouillées de la rudesse des premiers siècles, tandis qu'eux-mêmes, plus modernes que la plupart d'entre elles, avoient perfectionné leur goût, & contribué beaucoup aux progrès de l'esprit humain. Ainsi toutes les nations étoient réputées *barbares*, parce qu'elles n'avoient ni la politesse des Grecs, ni une langue aussi pure, aussi féconde, aussi harmonieuse que celle de ces peuples. En cela ils furent imités par les Romains, qui appelloient aussi *barbares* tous les autres peuples, à l'exception des Grecs, qu'ils reconnoissoient pour une nation savante & policée. C'est à peu près comme nous autres François, qui regardons comme grossier tout ce qui s'éloigne de nos usages. Les Grecs & les Romains étoient jaloux de dominer plus encore par l'esprit, que par la force des armes, ainsi que nous voulons le faire par nos modes.

Lorsque la religion chrétienne parut, ils n'eurent pas pour elle plus de ménagement qu'ils en avoient eu pour la philosophie des autres nations. Ils la traiterent elle-même de *barbare*; & sur ce pied ils oserent la mépriser. C'est ce qui

qui engagea les premiers Chrétiens à prendre contre les Grecs & les Romains, la défense de la philosophie *barbare*. C'étoit un détour adroit dont ils se servoient pour les accoutumer peu à peu à respecter la réligion chrétienne, sous cette enveloppe grossière qui leur en déroboit toute la beauté, & à lui soumettre leur science & leur orgueil. Tatien de Syrie, & disciple de S. Justin, leur a prouvé qu'ils n'avoient rien inventé d'eux-mêmes, & qu'ils étoient redevables à ces mêmes hommes, qu'ils traitoient de *barbares*, de toutes les connoissances dont ils étoient si fort enorgueillis. » Quelle est, leur reprochoit-il malignement, la science parmi vous, qui ne tire son origine de quelqu'étranger ? Vous n'ignorez pas que l'art d'expliquer les songes, vient de l'Italie ; que les Cariens se sont les premiers avisés de prédire l'avenir par la diverse situation des astres ; que les Phrygiens & les Isauriens se sont servis pour cela du vol des oiseaux, & les Cypriotes des entrailles encore fumantes des animaux égorgés. Vous n'ignorez pas que les Chaldéens ont inventé l'astronomie ; les Perses la magie ; les Egyptiens la géométrie ; & les Phéniciens l'art des lettres. Cessez donc, ô Grecs ! de donner pour vos découvertes particulières ce que vous n'avez fait que suivre & qu'imiter ». Quoi qu'il en soit de ces reproches, il est certain qu'ils sont les premiers inventeurs de cette philosophie systématique, qui bravant toute autorité, ne veut se laisser conduire qu'à la lueur de l'évidence dans la recherche de la vérité. La philosophie des autres peuples, & même des Egyptiens qui étoient incomparablement plus éclairés que le reste des peuples, n'étoit qu'un amas de maximes qui se transmettoient par tradition, & qui prenoient sur les esprits le même ascendant que les oracles de leurs dieux. Ce n'est qu'en Grèce qu'on osait raisonner ; & c'est aussi là le seul pays où l'esprit subtil & rafiné enfantoit des systèmes. La philosophie des autres peuples n'étoit, à proprement parler, qu'une théologie mystérieuse. Ainsi l'on peut dire que les Grecs ont été les premiers philosophes, dans le sens rigoureux que l'usage attache à ces termes.

BELBUCH & ZÉOMBUCH, (*Hist. philosophique des superstitions anciennes.*) divinités des Vandales. C'étoit leur bon & leur mauvais génie. *Belbuch* étoit le dieu blanc, & *Zéombuch* étoit le dieu noir. On leur rendoit à l'un & à l'autre les honneurs divins. Le manichéisme est un système dont on trouve des traces dans les siècles les plus réculés, & chez les nations les plus sauvages. [Si ce n'est pas le premier dégré par lequel les hommes se sont élevés à l'athéisme, c'est au moins le pas le plus ferme & le plus direct qu'ils aient fait dans la route qui y conduit : car celui qui commence par établir pour premier article de sa philosophie deux principes, l'un du bien, l'autre du mal, est bien près de les rejetter tous deux. Il ne faut en effet, ni une grande pénétration, ni un long enchaînement de raisonnemens pour voir que si l'on suppose une fois deux dieux ou deux principes co-éternels, & par conséquent indépendans l'un de l'autre, il n'y a point de raison pour s'arrêter à ce nombre, plutôt qu'à tout autre cent fois, mille fois &c., plus grand, & pour ne pas attacher, par exemple, un dieu à chaque phénomène particulier, à chaque changement qui arrive dans le tout (1).

Cette seule objection contre le dogme des deux principes, suffit pour faire naître de nouveaux doutes dans l'esprit du manichéen qui réfléchit & qui aime sincèrement la vérité. Alors, forcé d'abandonner le poste dans lequel il s'étoit d'abord retranché, il cherche une autre issue, & tâche d'arriver à un terme où toutes les difficultés sur l'origine du mal physique & du mal moral disparoissent & soient réduites à leur juste valeur, c'est-à-dire à rien ; & il trouve bientôt cette formule générale qui lui donne la solution complette du problème, ou, comme parlent les géomètres, l'équation finale ; c'est que dans un système, un ordre de choses où tout est lié, tout est nécessaire : donc *la tout* n'est ni bien ni mal ; il est comme il doit être : il n'y a personne à accuser, ni à glorifier, & rien à craindre ni à espérer].

Le manichéisme a la même origine que la métempsycose, les désordres réels ou apparens qui regnent dans l'ordre moral & dans l'ordre physique, que les uns ont attribué à un mauvais genie, & que ceux qui n'admettoient qu'un seul génie, ont regardé *avec très-peu de vraisemblance, & dans des idées plus théologiques que philosophiques*, comme la preuve d'un état à venir, où, selon eux, les choses morales seroient dans une position renversée de celles qu'elles ont. Mais ces deux opinions *sont également sujettes à des difficultés insolubles*.

Admettre deux dieux, c'est proprement n'en admettre aucun. Voyez MANICHEISME. Dire que l'ordre des choses subsistant est mauvais en lui-même, c'est donner des soupçons sur l'ordre des choses à venir ; car celui qui a pu permettre le désordre une fois, pourroit bien le permettre deux. [En effet, si Dieu a pu consentir un instant à être injuste & cruel envers des innocens,

---

(1) Je m'exprime ainsi, parce que la distinction communément reçue d'un monde physique & d'un monde moral est chimérique & contraire à la saine Philosophie : il n'y a pas deux mondes ; il n'y en a qu'un, & c'est le TOUT.

quelle assurance ont-ils, & peuvent-ils avoir qu'il ne les traitera pas encore de même dans l'avenir ? Sur toutes ces questions qu'on ne peut résoudre, ainsi que beaucoup d'autres, que par des principes philosophiques qui ne sont pas *publici saporis*, voyez ce que nous dirons à l'article MANICHÉISME, & sur-tout lorsque nous parlerons des manichéens de l'Arménie qu'on appella *Pauliciens*].

BERKELEISME, (*philosophie de Berkeley*,) ou plus généralement philosophie des Idéalistes. *Hist.* de la philosophie moderne. On appelle *Idéalistes*, ces philosophes qui, n'ayant conscience que de leur existence & des sensations qui se succedent au dedans d'eux-mêmes, n'admettent pas autre chose. Système extravagant, dit très-bien un philosophe, qui ne pouvoit, ce me semble, devoir sa naissance qu'à des aveugles; système qui à la honte de l'esprit humain & de la philosophie, est le plus difficile à combattre, quoique le plus absurde de tous. Il est exposé avec autant de franchise que de clarté dans trois dialogues du docteur Berkeley, évêque de Cloane.

L'auteur expose dans le premier dialogue, le sentiment du vulgaire & celui des philosophes, sur les qualités secondaires & premieres, la nature & l'existence des corps; & il prétend prouver en même tems l'insuffisance de l'un & de l'autre.

Le second dialogue est employé à exposer le sentiment de l'auteur sur le même sujet, savoir, que les choses corporelles ont une existence réelle dans les esprits qui les apperçoivent, mais qu'elles ne sauroient exister hors de tous les esprits à la fois, même de l'esprit infini de Dieu; & que par conséquent la matiere, prise suivant l'acception ordinaire du mot, non seulement n'existe point, mais seroit même absolument impossible.

L'objet du troisieme dialogue est de répondre aux difficultés auxquelles le sentiment qu'on a établi dans les dialogues précédens, peut être sujet, de l'éclaircir de plus en plus, d'en développer toutes les heureuses conséquences, enfin de faire voir qu'étant bien entendu, il revient aux notions les plus communes.

Avant d'exposer plus au long & avec tous les développemens nécessaires pour en faciliter l'intelligence, le système de Berkeley, nous en donnerons ici une idée générale & sommaire.

Selon ce subtil raisonneur, nous ne pouvons connoître l'existence des corps, c'est-à-dire, des substances solides figurées, &c. que par les sens ou par la raison. Par nos sens, nous avons seulement la connoissance de nos sensations & de nos idées. Ils ne nous montrent pas que les choses existent hors de l'esprit telles que nous les appercevons. Si donc nous avons connoissance de l'existence des corps extérieurs, il faut que ce soit la raison qui nous en assure, d'après la perception des sens. Mais comment la raison nous montrera-t-elle l'existence des corps hors de notre esprit ? Les partisans même de la matiere nient qu'il puisse y avoir aucune connexion entre-elle & nos idées. En effet on convient des deux côtés (& ce qui arrive dans les songes, dans les phrénésies, les délires, les extases; en est une preuve incontestible), que nous pouvons être affectés de toutes les idées que nous avons, quoiqu'il n'existe point hors de nous de corps qui leur ressemblent. De là il est évident que la supposition des corps extérieurs n'est pas nécessaire pour la production de nos idées. Si donc nous avons tort de juger qu'il y ait des corps, c'est notre faute, puisque dieu nous a fourni un moyen de suspendre notre jugement.

En accordant aux matérialistes l'existence des corps extérieurs, de leur propre aveu ils n'en connoîtront pas davantage comment nos idées se produisent, puisqu'ils avouent eux-mêmes qu'il est impossible de comprendre comment un corps peut agir sur un esprit, ou comment il se peut faire qu'un corps y imprime aucune idée : ainsi la production des idées & des sensations dans notre esprit, ne peut pas être la raison pour laquelle nous supposons des corps ou des substances corporelles, puisque cela est aussi inexplicable dans cette supposition que dans la contraire. En un mot, quoiqu'il y eût des corps extérieurs, il nous seroit cependant impossible de savoir comment nous les connoissons; & s'il n'y en avoit pas, nous aurions cependant la même raison de penser qu'il y en a, que nous avons maintenant.

Il ne sera pas inutile de réfléchir un peu ici sur les motifs qui portent l'homme à supposer l'existence des substances matérielles. C'est ainsi que voyant ces motifs cesser & s'évanouir par dégrés, nous pourrons nous déterminer à refuser le consentement qu'ils nous avoient arraché. On a donc cru d'abord que la couleur, la figure, le mouvement & les autres qualités sensibles existoient réellement hors de l'esprit; & par cette même raison il sembloit nécessaire de supposer une substance ou sujet non pensant, dans lequel ces qualités existassent, puisqu'on ne pouvoit pas concevoir qu'elles existassent par elles-mêmes. Ensuite étant convaincu que les couleurs, les sons & les autres qualités secondaires & sensibles n'avoient point leur existence hors de l'esprit, on a dépouillé ce sujet de ces qualités, en y laissant seulement les premieres, comme la figure, le mouvement &c. qu'on a conçu toujours exister hors de l'esprit,

& par conséquent avoir besoin d'un support matériel : mais comme il n'est pas possible qu'aucune de ces qualités existe autrement que dans l'esprit qui les apperçoit, il s'ensuit que nous n'avons aucune raison de supposer l'existence de la matière. Voyez les principes de la connoissance humaine par Berkeley, p. 59, 60, 61, & p. 115, 119.

Mon dessein n'est pas de réfuter ici cette bisarre hypothèse, mais seulement de l'exposer fortifiée de toutes les preuves dont l'auteur s'est servi pour la soutenir. Je ne ferai donc que cette seule réflexion qui ne peut même avoir pour juge que ceux qui auront bien compris le système de Berkeley, & qui en auront vu la tendance. En effet, ce philosophe prétend que si on admet pour vrais ses principes, *l'athéisme & le scepticisme tomberont totalement*, tandis qu'il me paroît démontré, au contraire, qu'en suivant rigoureusement ces principes dans toutes leurs dépendances directes & inévitables, l'idéaliste ne doit pas se borner à cette assertion : » La matière n'est qu'un phé- » nomène, une pure illusion de nos sens, & » il n'y a rien hors de nous de semblable à ce » qu'ils nous représentent. Je ne puis reconnoître » dans l'univers qu'une seule espèce de substance ; » je n'y vois que Dieu & quelques êtres pen- » sans, ou peut-être que Dieu & moi ». Mais s'il veut être conséquent, il doit faire un pas de plus, & dire nettement : *non seulement les corps extérieurs & la matière en général n'existent point ; mais Dieu lui-même n'est qu'un phénomène, une illusion particulière de mes sens, & il n'y a dans l'univers que moi.*

Ainsi l'hypothèse de Berkeley généralisée, & poussée aussi loin qu'elle peut aller, bien loin de combattre victorieusement, comme il le prétend, les sceptiques & les athées, conduit au contraire très-directement à l'athéisme, ce qui, en bonne logique, & à ne parler ici que philosophiquement, ne suffit pas, sans doute, pour en démontrer la fausseté ; mais ce qui prouve au moins que Berkeley a plutôt vu dans cette matière les différents côtés par lesquels le caractère particulier de son esprit pouvoit se montrer avec le plus d'avantage, que ceux qui, s'il en eût fait un examen exact & réfléchi, l'auroient conduit à des résultats diamétralement opposés au but qu'il semble s'être proposé dans son livre : de sorte que son système, d'ailleurs si absurde, si évidemment contraire aux notions communes, n'a pas même le petit avantage qu'il lui suppose faussement, & dont il paroît si vain. Concluons de tout ceci que cet auteur qui n'est réellement qu'un théologien déguisé sous le manteau d'un philosophe, a employé beaucoup d'esprit & de tems pour donner quelque vraisemblance à des chimères ; c'est-à-dire pour ne faire au fond, que présenter sous une autre forme, dans d'autres termes, & peut-être avec plus d'art l'hypothèse de Mallebranche, que nous voyons tout en Dieu, en la fortifiant par des raisonnemens très-captieux ; où, selon la méthode ordinaire des sophistes, le vrai se trouve sans cesse mêlé avec le faux, & dont en général la subtilité fait tout le mérite.

Quoi qu'il en soit, nous allons faire connoître à nos lecteurs le système de Berkeley, ou plus généralement, celui des idéalistes. (Voyez EXISTENCE.) Mais pour mettre dans cet exposé toute l'exactitude que l'on peut desirer ; & afin que les défenseurs de ce système, s'il y en a quelques-uns, ne puissent pas nous accuser à tort ou à droit de l'avoir mal compris, ou de l'avoir présenté sans y joindre tous les développemens & les preuves qui peuvent en faire disparoître le paradoxe, lui donner même un plus haut dégré de probabilité, & pour ainsi dire, plus de base, nous allons laisser parler Berkeley lui-même : on ne le soupçonnera pas, sans doute, d'avoir rien oublié de ce qui pouvoit venir à l'appui de son opinion.

On sait, en général, qu'une hypothèse telle que l'idéalisme, dont le résultat est de réduire tous les phénomènes du monde physique, & les diverses impressions que nous recevons par l'action des objets extérieurs sur nos sens à n'être pour nous qu'une succession ininterrompue d'apparences, une longue suite d'illusions différentes selon la nature des causes qui les produisent ; on sait, dis-je, que cette hypothèse ne peut se soutenir que par des raisonnemens ou plutôt par des sophismes très-déliés, & qui ne laissent dans l'esprit qu'une lumière trompeuse ; mais comme ces sophismes sont artistement tissus, & que leur connexion leur donne une certaine force apparente, il faut, pour en bien juger, les voir dans la chaîne générale où ils sont placés, &, si j'ose m'exprimer ainsi, dans le poste particulier qui leur est confié, & qu'ils doivent défendre ; il faut que le lecteur puisse comparer les objections avec les réponses ; déterminer le dégré de probabilité des unes & des autres, & séparer la vérité de l'alliage de l'erreur : toutes choses qu'on ne peut faire avec quelque exactitude sans avoir sous les yeux les différentes parties d'un système, sans examiner chacune séparément, & ensuite dans le système même à l'organisation & au mouvement duquel elle contribue. C'est donc pour faciliter au lecteur les moyens de faire directement ces différentes expériences, qu'au lieu de nous interposer entre Berkeley & lui, nous laisserons cet idéaliste exposer lui-même sa doctrine : personne n'en peut être un interprète plus impartial & plus fidèle.

Quoique les hommes, dit-il, conviennent unanimement que la spéculation doit toujours avoir pour but la pratique, ou qu'il faut la rapporter constamment à la perfection & à la règle de nos mœurs & de nos actions, & bien qu'il paroisse d'un autre côté que tel est le dessein de la nature & de la providence; ceux qui s'occupent le plus des études spéculatives, semblent néanmoins être généralement d'un sentiment différent. En effet, si nous considerons les peines qu'on a prises pour obscurcir les choses les plus claires, cette méfiance des sens, ces doutes & ces scrupules; ces abstractions & ces rafinemens, qu'on nous présente à l'entrée même des sciences; nous ne regarderons pas comme une chose étrange, que beaucoup de gens qui ont du loisir & de la curiosité, s'arrêtent dès les premiers pas qu'ils font, à des recherches infructueuses, sans descendre jusqu'aux parties pratiques, qui pourroient seules les diriger dans la conduite de leur vie, c'est-à-dire, sans penser à acquérir les plus nécessaires & les plus importantes de toutes les connoissances.

Dans les principes ordinaires des philosophes, les perceptions que nous avons des choses ne suffisent pas pour nous assurer de leur existence. On nous enseigne à distinguer leur nature réelle de celle qui tombe sous les sens: de-là le scepticisme & les paradoxes.

Ce n'est pas assez que nous voyions, que nous touchions, que nous goûtions & que nous sentions une chose; sa vraie nature, son entité absolue & extérieure à l'esprit, nous est alors même cachée. Il est vrai que cette prétendue vraie nature n'est rien de plus qu'une fiction de l'imagination: mais c'en est une qu'on a rendue inaccessible à toutes les autres facultés de l'ame. Les sens sont trompeurs; la raison défectueuse: on passe la vie à douter de choses dont le commun des hommes apperçoit évidemment la vérité, ou bien à en croire dont il ne fait que rire, ou qu'il se contente même de mépriser.

Pour détourner l'application de l'esprit humain de recherches si vaines, il m'a donc paru nécessaire de remonter jusqu'à la source de tant d'incertitudes, & d'établir, s'il étoit possible, des principes qui par leur évidence & par le jour qu'ils répandroient dans un pareil cahos, se fissent aisément reconnoître pour vrais, & fussent propres en même tems à nous retirer de ces discussions sans fin, où nous nous trouvons malheureusement engagés, ce qui joint à une démonstration sans replique, tant de la providence immédiate d'un Dieu à qui rien n'est caché, que de l'immortalité naturelle de l'ame, semble être tout à la fois la meilleure préparation & le motif le plus puissant qu'on puisse offrir aux hommes pour leur faciliter l'étude & la pratique de la vertu.

Je communiquai ce dessein au public en 1710, dans la premiere partie que je donnai alors d'un ouvrage que j'ai composé sur les principes de l'entendement humain; & avant que de publier la seconde partie de ce même ouvrage j'ai cru qu'il étoit à propos de traiter plus clairement & plus au long de quelques principes que j'avois établis dans la premiere, & de les mettre dans un nouveau jour. C'est-là l'objet de ces dialogues.

Je n'y suppose au lecteur aucune connoissance de rien de ce que j'ai dit dans le traité précédent, & je préfere d'un autre côté, d'y présenter mes sentimens sous la forme du dialogue, c'est-à-dire, de la maniere la plus familiere & la plus propre à les faire saisir aisément; attendu surtout que ces mêmes sentimens sont fort opposés aux préjugés des philosophes, lesquels ont si longtems prévalu contre le simple bon sens & les notions les plus communes.

Si l'on admet pour vrais les principes que je vais tâcher de répandre parmi les hommes, les conséquences qui, à mon avis, s'ensuivront immédiatement delà, seront que l'athéisme & le scepticisme tomberont totalement, que plusieurs points embarrassans & obscurs se trouveront éclaircis, que de grandes difficultés seront résolues, que plusieurs parties inutiles des sciences en seront retranchées, que la spéculation sera désormais relative à la pratique, & que les hommes seront ramenés des paradoxes au bon sens.

Et quoique ce puisse être une réflexion mortifiante pour des personnes qui auroient jusqu'ici adopté aveuglément les notions raffinées & extraordinaires dont je parle, qu'il faille enfin en revenir à penser comme les autres; il me semble cependant que le retour aux simples leçons de la nature, après avoir erré longtems dans les labyrintes sauvages de la philosophie, devra aussi avoir quelque chose de propre à leur plaire. Ce sera une situation semblable à celle d'un homme qui a enfin regagné sa patrie après un long voyage. Il réfléchit avec plaisir sur les embarras & les dangers d'où il s'est tiré, il met son cœur à l'aise, & il jouit dans la suite de soi-même avec plus de satisfaction.

Comme je me proposois pour but de convaincre par la voie du raisonnement les sceptiques & les athées, j'ai tâché par cette raison d'observer étroitement les loix les plus rigoureuses de la dialectique; & j'espere en conséquence que ce sera dorénavant une chose évidente pour tout lecteur impartial, que la connoissance sublime d'un Dieu & l'attente si consolante de l'immortalité se présentent d'elles-mêmes à l'esprit, lorsqu'il s'applique avec assez d'attention & de méthode; quelles que puissent être les conclusions où aboutit cette maniere de penser vague & sans suite, qu'on a nommé bien plus à propos libertinage d'esprit que liberté de penser, puisqu'elle n'est propre qu'à certains libertins en fait de raisonnement, gens à qui la sévérité d'une bonne logique n'est pas moins redoutable, que celle de la religion ou celle du gouvernement.

Peut-être qu'on reprochera à mon plan, qu'entant qu'il a pour objet de dégager l'esprit de recherches vaines & difficiles, il ne peut intéresser qu'un petit nombre de personnes spéculatives : mais si en dirigeant par son secours les spéculations de ces mêmes personnes d'une manière convenable, je puis dans la suite venir à bout de mettre plus à la mode parmi les gens de génie & de talent, l'étude de la morale & de la loi de la nature, de lever ces doutes qui conduisoient au scepticisme, de marquer exactement les bornes qui séparent le bon du mauvais, & de réduire les principes du droit naturel & de la religion en un système aussi suivi & aussi bien lié que celui de telle autre science que ce puisse être ; il y aura alors lieu de penser, non seulement que cet ouvrage aura beaucoup contribué à rétablir dans le monde le sentiment de la vertu qui en a, de nos jours, presqu'entièrement disparu ; mais encore qu'en me fournissant les moyens de montrer que les points de la révélation, qui sont à portée de la recherche de l'homme, sont très-conformes à la droite raison, il aura pû disposer toutes les personnes sages & dépouillées de préventions, à ne juger qu'avec circonspection & avec respect de ces mystères sacrés qui sont au-dessus de la sphère de nos facultés (1).

Il me reste à prier les lecteurs qui ne goûteroient pas d'abord ces dialogues, de suspendre leur censure jusqu'à ce qu'ils aient lus en entier; sans quoi il pourroit leur arriver mal-à-propos de les laisser là, ou à raison de quelques objections, qu'ils croiroient insolubles, & auxquelles il se trouveroit néanmoins que j'aurois pleinement répondu dans la suite. Pour bien comprendre le dessein d'un traité de cette nature, les preuves & les solutions des difficultés qu'il renferme, la liaison, l'ordre & les rapports de ces différentes parties, il faut l'avoir lû en entier, & avec une attention suivie ; & si l'on croit après cela qu'il mérite une seconde lecture, je m'imagine que ce sera le vrai moyen d'en prendre parfaitement l'esprit, & d'en entendre clairement le système total. On pourra au reste pour y réussir plus facilement, avoir recours à un *essai sur la vision* que j'ai écrit il y a quelques années, ainsi qu'à la partie qui a déja paru de mon traité sur les principes de l'entendement humain ; car j'ai poussé plus loin, & j'ai présenté d'une manière plus lumineuse, dans l'un & dans l'autre de ces ouvrages, quelques pensées que je me contente de proposer simplement ici : en même tems que j'ai touché d'autres points qui tendent naturellement à les confirmer ou à les éclaircir.

PREMIER DIALOGUE.

PHILONOUS. Bon jour, *Hylas*, je ne m'attendois pas à vous trouver hors de chez vous de si bonne heure.

Hylas. Il est vrai que c'est une chose un peu extraordinaire ; mais mon esprit est si occupé d'un sujet dont je me suis entretenu hier au soir, que n'ayant pû dormir de la nuit, j'ai pris le parti de me lever, & de venir jouir du plaisir de la promenade.

Phil. Vous ne pouviez rien faire de mieux. C'est le moyen de vous appercevoir des plaisirs innocens & délicieux que vous perdez tous les matins. Est-il dans le jour un moment plus agréable ? Et l'année offre-t-elle une saison plus charmante ? Ce ciel de pourpre, les accens tout à la fois sauvages & touchans, que les oiseaux font entendre, l'odeur suave que répandent les arbres & les fleurs, la douce influence du soleil levant, ces beautés de la nature, & mille autres qu'on ne sauroit décrire, inspirent à l'esprit de secrets transports ; & sur-tout alors, que nos facultés, pour ainsi dire fraîches & revivifiées, sont propres à ces méditations auxquelles la solitude d'un jardin & la tranquillité du matin nous disposent naturellement. Mais j'appréhende de vous interrompre ; car vous me paroissez fort appliqué à quelque chose.

Hyl. Il est vrai que je le suis, & je vous aurai obligation de me permettre de suivre la même veine d'idées. Non que je consentisse en aucune sorte à me priver de votre compagnie. Mes pensées coulent au contraire plus librement quand je converse avec un ami, que quand je suis seul. Tout ce que je vous demande, c'est de souffrir que je vous fasse part de mes réflexions.

Phil. Avec grand plaisir : je vous en aurois prié moi-même si vous ne m'aviez prévenu.

Hyl. Je médite sur le fatal aveuglement de ces hommes, dont tous les âges nous fournissent des exemples, & qui, soit par une affectation de se distinguer du vulgaire, soit par un tour d'esprit dont il seroit impossible de rendre raison, ont prétendu ou ne devoir rien croire

---

(1) L'Auteur avoit vraisemblablement en vue dans cet endroit, l'Ouvrage qu'il a donné depuis sous le titre d'*Alcyphron ou le Petit Philosophe*, & dont il a paru il y a longtems une traduction en Hollande.

du tout, ou devoir ajouter foi aux opinions les plus extravagantes. Ce seroit une chose qu'on pourroit leur passer, si de pareils paradoxes & un pareil scepticisme n'entraînoient quelquefois après eux des conséquences pernicieuses à tous égards, au genre humain. Mais le mal est que, lorsque des gens qui ont moins de loisir, voient ceux qu'ils supposent avoir passé tout leur tems à acquérir des connoissances, faire profession d'une ignorance profonde de toutes choses, ou avancer des propositions qui répugnent aux principes les plus clairs & les plus universellement reçus, ils sont tentés dès-lors de former des doutes sur des vérités importantes, même sur celles qu'ils avoient regardées jusqu'à ce tems-là, comme sacrées & incontestables.

Phil. Je reconnois sans peine avec vous tout le danger des doutes affectés de quelques philosophes, & des sentimens bisarres de quelques autres. Je me suis même si fort éloigné depuis quelque tems des manieres de penser des uns & des autres, que j'ai entiérement abandonné plusieurs de ces notions sublimes que j'avois puisées dans leur école, comme en échange des opinions vulgaires; & que je vous avoue que depuis ce retour des notions métaphysiques aux préceptes clairs & simples de la nature, & de ce qu'on appelle le sens commun, je me trouve merveilleusement éclairé, & je suis en état de comprendre facilement un grand nombre de choses qui me paroissoient auparavant comme autant de mysteres & autant d'énigmes.

Hyl. Je suis charmé de voir qu'il n'y ait rien de vrai à ce que j'ai entendu dire de vous.

Phil. Et que vous en a-t-on dit, s'il vous plaît.

Hyl. On vous donna hier au soir, dans une compagnie où j'étois, pour quelqu'un qui soutient l'opinion la plus extravagante qui puisse jamais entrer dans l'esprit d'un homme. Vous prétendez, disoit-on, qu'il n'y a point de substances matérielles dans le monde.

Phil. Je suis sérieusement persuadé qu'il n'existe dans le monde rien de pareil à ce que les philosophes appellent des *substances matérielles*. Mais si l'on me faisoit voir qu'il y eût en cela la moindre chose d'absurde, ou qui tirât au scepticisme, j'aurois dès-lors autant de raison de renoncer à ce sentiment, que je pense en avoir maintenant de rejetter l'opinion contraire.

Hyl. Hé quoi! pouvez-vous donc imaginer rien de plus bisarre, rien qui répugne davantage aux notions les plus communes, en un mot un trait de scepticisme plus marqué ou plus manifeste, que de croire qu'il n'y a point de matiere.

Phil. Doucement, mon cher Hylas! Que seroit-ce donc, si je vous prouvois que vous, qui prétendez qu'il y en a, vous êtes, en vertu de cette opinion, un plus grand *sceptique*, & vous soutenez plus de paradoxes & d'absurdités, que moi qui crois qu'il n'y en a point?

Hyl. Il vous seroit aussi facile de me faire croire qu'une partie seroit plus grande que son tout, que de me persuader, que pour éviter de tomber dans l'absurdité & le scepticisme, il me faudroit changer d'avis sur l'existence de la matière.

Phil. Hé bien donc! Conviendrez-vous d'admettre pour vrai, dans la question qui se présente, l'opinion qui après un mûr examen, vous paroitra la plus conforme à la raison, & la plus éloignée du scepticisme?

Hyl. De tout mon cœur. Puisqu'il vous plaît de mettre en problème les choses les plus claires, je serois charmé d'apprendre une bonne fois ce que vous pourrez me dire là-dessus.

Phil. Je vous prie, *Hylas*, qu'entendez-vous par un sceptique?

Hyl. J'entends par là ce que tout le monde entend, un homme qui doute de tout.

Phil. Ainsi celui qui n'a aucun doute sur un point particulier, ne sauroit être regardé comme sceptique sur ce point.

Hyl. J'en conviens.

Phil. Douter, seroit-ce embrasser dans une question, ou l'affirmative, ou la négative.

Hyl. C'est n'embrasser ni l'une ni l'autre; & il ne faut qu'entendre le François pour savoir que c'est au contraire rester en suspens entre les deux.

Phil. Celui qui nie une chose, ne doit donc pas plutôt être dit en douter, que celui qui l'affirme avec le même dégré de confiance.

Hyl. Cela est certain.

Phil. Et par conséquent il ne doit pas plus être envisagé comme sceptique, pour avoir nié cette chose, que s'il l'avoit affirmée.

Hyl. J'en tombe d'accord.

Phil. Pourquoi donc, *Hylas*, me taxez-vous d'être *sceptique*, sur cette seule raison, que je nie ce que vous affirmez, je veux dire, l'existence de la matière; vû surtout que, quoi que vous puissiez dire, je ne suis pas moins décidé pour la négative, que vous pour l'affirmative.

Hyl. Arrêtez, *Philonoüs*. Je me suis un peu trop avancé dans ma définition: mais vous auriez tort de prétendre tirer avantage d'une fausse démarche, que je puis avoir faite imprudemment. J'ai dit que le sceptique est celui qui doute de tout, & j'aurois dû ajouter, ou bien qui nie la vérité ou la réalité des choses.

Phil. Et de quelles choses parlez-vous, s'il vous plait ? Seroit-ce des principes & des théorèmes des sciences ? Mais vous savez que ces théorèmes, & ces principes sont des choses universelles, intellectuelles, & par conséquent indépendantes de la matière. Nier la matière, ce n'est donc pas nier ces choses-là.

Hyl. D'accord ; mais n'y a-t-il point d'autres choses que celles-là ? Que pensez-vous que ce soit, que se défier des sens, que nier l'existence des choses sensibles, & soutenir que nous n'avons aucune connoissance de ces différentes choses ? N'en est-ce pas assez de cela pour faire appeler quelqu'un *sceptique* ?

Phil. Examinons donc lequel de nous deux doit nier la réalité des choses sensibles, ou faire profession d'une plus grande ignorance sur ce sujet : car si je vous ai bien entendu, ce sera celui-là qu'il faudra regarder comme le plus *sceptique* des deux.

Hyl. Je ne demande pas mieux.

Phil. Qu'entendez-vous par choses *sensibles* ?

Hyl. Les choses que nous appercevons par les sens. Pourriez-vous donc imaginer que j'entendisse autre chose par ces mots ?

Phil. Pardonnez-moi, *Hylas*, si je m'attache à prendre bien le sens des notions que vous avez dans l'esprit. Je ne le fais qu'à cause que c'est le meilleur moyen d'abréger la recherche que nous nous proposons. Souffrez donc que je vous fasse encore cette question : N'appercevons-nous par les sens que les seules choses que nous appercevons immédiatement ? ou bien pourroit-on nommer proprement *sensibles*, les choses que nous appercevons *médiatement*, c'est-à-dire, sans que nous puissions nous passer pour cela de l'intervention de quelques autres choses ?

Hyl. Je ne vous entends pas assez bien pour vous répondre.

Phil. Ce que j'apperçois immédiatement lorsque je lis un livre, ce sont les lettres qui y sont tracées ; mais les notions de *Dieu*, de *la vertu*, de *la vérité*, &c. sont alors l'objet médiat de ma perception, ou sont réveillées dans mon esprit par le moyen des lettres. Or que les lettres soient effectivement des choses sensibles ou apperçues par mes sens, c'est ce dont personne ne sauroit douter : mais ce que je voudrois savoir, si vous ne prendriez pas aussi pour sensibles les choses dont celles-ci réveillent l'idée en moi.

Hyl. Non certainement, ce seroit une absurdité que de penser que *Dieu* ou *la Vertu* fussent des choses sensibles, bien que l'un & l'autre de ces deux objets, puissent être représentés à l'esprit par des signes sensibles, avec lesquels ils ont une connexion arbitraire.

Phil. Il semble donc que par *choses sensibles*, vous n'entendez que les seules choses qui peuvent être apperçues immédiatement par les sens.

Hyl. Fort bien.

Phil. Et ne s'ensuit-il pas de là que lorsque je vois une partie du ciel rouge & une autre bleue, & qu'en faisant usage de ma raison, je juge qu'il doit y avoir quelque cause de cette diversité de couleur, cette cause ne sauroit être dite une chose sensible ou apperçue par le sens de la vue.

Hyl. Elle ne le sauroit.

Phil. Et de la même manière, lorsque j'entends une variété de sons, on ne peut dire que j'entende la cause de ces sons.

Hyl. On ne le peut.

Phil. Et lorsque j'apperçois par le moyen du toucher qu'une chose est chaude ou pesante, on ne peut dire non plus avec vérité ni proprement, que je sente la cause de sa chaleur ou de son poids.

Hyl. Pour que vous n'ayez plus de questions de ce genre à me faire, je vous dis une fois pour toutes, que par *choses sensibles*, j'entends seulement celles qui sont apperçues par les sens, & que dans le vrai les sens n'apperçoivent rien qu'ils n'apperçoivent immédiatement. En effet ils ne sauroient faire des inductions, & il n'appartient qu'à la raison de remonter des effets & des apparences aux causes & aux occasions, à quoi se borne tout ce que les sens apperçoivent.

Phil. Nous convenons donc ensemble de ce point, que *les choses sensibles sont celles-là seules que les sens apperçoivent immédiatement*. Je vous prie de me dire de plus, si nous appercevons par la vue autre chose que la lumière, les couleurs & les figures ; par l'ouïe, autre chose que les sons ; par l'organe du palais, autre chose que les goûts ; par l'odorat autre chose que les odeurs ; enfin par le toucher, autre chose que les qualités tactiles.

Hyl. Non sans doute.

Phil. Il semble donc que si nous pouvions venir à bout de séparer des objets leurs qualités sensibles, il n'y resteroit plus rien de sensible.

Hyl. J'en conviens.

Phil. Les choses sensibles ne sont donc rien

de plus que des qualités sensibles, ou des combinaisons de qualités sensibles.

Hyl. Rien de plus.

Phil. Et la chaleur est par conséquent une chose sensible ?

Hyl. Sans contredit.

Phil. La réalité des choses sensibles consiste-t-elle dans la qualité qu'elles ont d'être apperçues ; ou bien y auroit-il en elles quelque chose qui differât de la qualité qu'elles ont d'être apperçues, ou qui ne se rapportât point à l'esprit qui les apperçoit ?

Hyl. Exister est une chose, & être apperçu en est une autre.

Phil. Je ne parle ici que des choses sensibles, & je vous demande si par leur existence réelle, vous entendez une substance extérieure à l'esprit, & qui emporte autre chose que la qualité d'être apperçue ?

Hyl. J'entends par-là quelque chose de réel & d'absolu, qui differe sans doute de la qualité d'être apperçu, & qui ne se rapporte en aucune manière aux perceptions que des esprits peuvent avoir.

Phil. Si l'on donne à la chaleur une existence réelle, il faudra donc dès-lors que la chaleur existe hors de l'esprit ?

Hyl. Il le faudra.

Phil. Dites-moi, *Hylas* : cette existence réelle conviendra-t-elle également à tous les degrés de chaleur ? Ou y auroit-il quelque raison pour nous la faire attribuer à quelques degrés de chaleur & refuser à d'autres : & s'il y avoit quelque raison pour cela, voudriez-vous bien me la faire connoître ?

Hyl. Tout degré de chaleur que nous appercevons par les sens, existe indubitablement dans l'objet qui en occasionne en nous la perception, tel que nous l'appercevons.

Phil. Quoi ! le plus grand aussi-bien que le plus petit ?

Hyl. Je pense qu'il n'y a à cet égard aucune raison de différence entre le plus grand degré de chaleur & le plus petit. En effet, ces deux degrés ne sont pas moins apperçus l'un que l'autre par les sens. Il est vrai qu'on sent plus vivement le plus grand ; mais toute la différence que cela produit entre les deux, c'est qu'on est plus certain de l'existence réelle du plus grand, qu'on ne l'est de celle du plus petit.

Phil. Mais le degré le plus violent & le plus intense de chaleur, n'est-il pas une très-grande douleur ?

Hyl. Personne ne le peut nier.

Phil. Et une chose qui n'est pas douée de la faculté d'appercevoir, peut-elle être susceptible de douleur ou de plaisir ?

Hyl. Non sans doute.

Phil. Votre substance matérielle n'est-elle pas un être destitué de sentiment ? ou prétendriez-vous que ce fût un être doué de la faculté de sentir & d'appercevoir ?

Hyl. Elle est, sans contredit, destituée de sentiment.

Phil. Ce ne peut donc être un sujet susceptible de douleur ?

Hyl. Nullement.

Phil. Ni par conséquent du plus grand degré de chaleur que les sens apperçoivent ; puisque vous reconnoissez que ce degré de chaleur est une grande douleur ?

Hyl. J'en tombe d'accord.

Phil. Que devons-nous donc penser de l'objet extérieur dont vous parlez ? Sera-ce une substance matérielle, ou n'en sera-ce pas une ?

Hyl. Ce sera une substance matérielle revêtue de qualités sensibles qui y seront inhérentes.

Phil. Comment donc un grand degré de chaleur pourra-t-il y exister, puisque vous avouez que ce degré de chaleur ne sauroit exister dans une substance matérielle ? Je vous prie de m'éclaircir ce point.

Hyl. Doucement, *Philonoüs*. Je crains d'avoir été trop vîte, lorsque je vous ai accordé qu'une chaleur intense fût une douleur. Il me paroît plutôt que la douleur est quelque chose de différent de la chaleur, & qu'elle n'en est seulement que la suite ou l'effet.

Phil. Lorsque vous approchez votre main du feu, ne recevez-vous par-là qu'une seule sensation simple & uniforme, ou en recevez-vous deux différentes ?

Hyl. Je n'en reçois qu'une seule, & qui est simple.

Phil. N'appercevez-vous pas immédiatement la chaleur ?

Hyl. Oui.

Phil. Et la douleur ?

Hyl. De même.

Phil. Mais puisque vous appercevez immédiatement, & en même tems l'une & l'autre, & que le feu ne vous affecte que d'une seule idée simple ou non composée, il s'ensuit de là que

que cette même idée simple, ou non composée, est tout-à-la fois la chaleur intense que vous appercevez immédiatement, & la douleur ; & que par conséquent la chaleur intense que vous appercevez immédiatement, n'est point différente d'une espèce particulière de douleur.

Hyl. Il me semble que cela doit être ainsi.

Phil. Allons plus loin. Essayez-en vous-même, *Hylas*, si vous pourriez vous représenter une sensation violente, qui ne fût point accompagnée de douleur ou de plaisir.

Hyl. Je ne le saurois.

Phil. Ou bien si vous pourriez vous former une idée de la douleur ou du plaisir sensible, en général, & abstraction faite de chaque idée particulière de chaleur, de froid, de goût, d'odeur, &c.

Hyl. Je ne trouve pas non plus que je le puisse.

Phil. Et ne s'ensuit-il pas de-là que la douleur sensible ne diffère en rien de ces sensations ou de ces idées, au moins si on les suppose dans un degré intense ?

Hyl. Il n'est pas possible d'en disconvenir ; & pour avouer la vérité, je commence à soupçonner qu'un très-grand degré de chaleur ne peut exister que dans l'esprit qui l'apperçoit.

Phil. Hé quoi ! seriez-vous donc dans l'état du doute *sceptique*, suspendu entre l'affirmative & la négative ?

Hyl. Je pense pouvoir me décider positivement sur le point dont il s'agit ici. Une chaleur très-violente & douloureuse sauroit exister hors de l'esprit.

Phil. Elle n'a donc point, selon vous, d'existence réelle ?

Hyl. Je l'avoue.

Phil. Seroit-il donc certain qu'il n'y a dans la nature aucun corps réellement chaud ?

Hyl. Je n'ai point nié qu'il n'y eût de la chaleur réelle dans les corps. Tout ce que j'ai dit, c'est qu'il ne peut s'y trouver rien de semblable à une chaleur réelle intense.

Phil. Mais n'aviez-vous pas dit auparavant, que tous les degrés de chaleur sont également réels, ou que si l'on peut imaginer quelque différence dans leur réalité, elle ne sauroit consister qu'en ce que nous sommes plus certains de la réalité du plus grand, que de celle du plus petit.

Hyl. Il est vrai ; mais cela venoit de ce que je ne faisois pas attention à la raison qu'il y a

Philosophie anc. & mod. Tome I.

pour mettre une différence entre ces degrés ; raison que j'apperçois clairement maintenant, & qui consiste en ce que la chaleur intense n'est rien de plus qu'une espèce particulière de sensation douloureuse, & que la douleur ne peut exister que dans un être capable de perception ; d'où il s'ensuit qu'une chaleur intense ne sauroit exister dans une substance corporelle & incapable de perception. Mais ce n'est pas de même un motif pour nier que la chaleur puisse exister dans une telle substance en un degré inférieur.

Phil. Mais comment pourrons-nous discerner ces degrés de chaleur, qui n'existeront que dans l'esprit de ceux qui existeront hors de l'esprit ?

Hyl. Ce ne sera pas une chose difficile. Nous savons que la moindre douleur ne sauroit exister sans être apperçue. Tout degré de chaleur qui sera une douleur, n'existera donc que dans l'esprit. Et quant aux autres degrés de chaleur, rien ne nous obligera à en porter le même jugement.

Phil. Je pense que vous m'avez déjà accordé que tout être qui n'est point doué de perception, n'est point susceptible de plaisir, non plus que de douleur.

Hyl. J'en suis convenu.

Phil. Et la chaleur modérée, ou un degré de chaleur plus doux que celui qui nous incommode, n'est-ce pas un plaisir ?

Hyl. Que prétendez-vous conclure de-là ?

Phil. Que la chaleur modérée ne sauroit par conséquent exister hors d'un esprit, ou bien, ce qui est la même chose, dans une substance destituée de la faculté d'appercevoir, ou dans un corps.

Hyl. La conséquence me paroît juste.

Phil. Et si les degrés de chaleur qui ne sont point douloureux ne peuvent, non plus que ceux qui nous incommodent, exister autre part que dans une substance pensante, n'aurons-nous pas raison de conclure de-là que les corps extérieurs sont absolument incapables de quelque degré de chaleur que ce puisse être ?

Hyl. En examinant la chose plus mûrement, je ne vois pas qu'une chaleur modérée soit un plaisir, avec la même clarté que je vois qu'un grand degré de chaleur est une douleur.

Phil. Je ne prétends pas que l'intensité du plaisir que nous cause une chaleur modérée, soit aussi grande que celle de la douleur que nous recevons d'une chaleur violente. Mais si vous m'accordez seulement qu'une chaleur modérée soit un petit plaisir, il n'en faudra pas davantage pour que ma conclusion soit bien tirée.

Hyl. J'appellerois plutôt la chaleur modérée une *indolence*. Il me paroît en effet que ce n'est rien de plus qu'une privation, soit de douleur, soit de plaisir; & je me flate que vous ne me contesterez pas qu'une pareille qualité, ou un pareil état ne puisse convenir à une substance destituée de la pensée.

Phil. Si vous êtes résolu de soutenir que la chaleur modérée n'est pas un plaisir, je ne sache d'autre moyen pour vous convaincre du sentiment contraire, que d'en appeller à vos propres sens. Mais que pensez-vous du froid?

Hyl. J'en pense, à cet égard, la même chose que de la chaleur. Un degré intense de froid est une douleur; car on ne peut ressentir un très-grand froid sans en être fort incommodé. Le grand degré de froid ne sauroit donc exister hors de l'esprit. Mais un moindre degré de froid peut exister hors de l'esprit, aussi bien qu'une chaleur modérée.

Phil. Les corps qui nous font ressentir un degré modéré de chaleur, lorsqu'ils sont appliqués aux nôtres, sont donc ceux dans lesquels vous prétendez que réside la chaleur modérée; & ceux, dont l'application aux nôtres nous fait ressentir un degré de froid d'une intensité à-peu-près semblable, sont de leur côté ceux où vous croyez que réside le petit degré de froid.

Hyl. Précisément.

Phil. Et pensez-vous qu'un sentiment puisse être vrai lorsqu'il conduit inévitablement celui qui l'embrasse, & qui en fait un usage légitime, à des absurdités?

Hyl. Non sans doute, il ne le sauroit être.

Phil. Mais ne seroit-ce pas une absurdité que de penser qu'une même chose pût être en même tems froide & chaude?

Hyl. C'en seroit une.

Phil. Supposons maintenant que vous ayez chaud à l'une de vos mains, & froid à l'autre, & que vous plongiez en même tems l'une & l'autre dans un même vase plein d'eau ni froide ni chaude. La même eau ne vous paroîtra-t-elle pas alors tout à la fois, froide, à en juger par la sensation qu'elle excitera dans l'une de vos mains, & chaude, à en juger par la sensation qu'elle excitera dans l'autre.

Hyl. Cela arrivera sans contredit.

Phil. Et ne faudra-t-il pas par conséquent conclure de vos principes, que cette eau sera tout à la fois froide & chaude; c'est-à-dire, suivant ce que vous m'avez accordé, n'en serons-nous pas venus à devoir adopter une absurdité?

Hyl. J'avoue que cela me semble ainsi.

Phil. Vos principes renfermoient donc eux-mêmes quelque fausseté; puisque vous êtes convenu que des principes qui seroient tous vrais ne sauroient jetter ceux qui les suivroient, & qui en feroient un bon usage, dans des absurdités.

Hyl. Mais après tout, peut-il y avoir rien de plus absurde que de prétendre *qu'il n'y a point de chaleur dans le feu?*

Phil. Pour éclaircir encore plus la chose, supposons que nous nous trouvions successivement dans deux cas parfaitement semblables l'un à l'autre, & dites-moi si nous ne devrons pas alors porter un même jugement de l'un & de l'autre.

Hyl. D'accord.

Phil. Lorsqu'une épingle pique votre doigt, ne déchire-t-elle pas & ne divise-t-elle pas les fibres de votre chair?

Hyl. Elle les déchire & les divise.

Phil. Et lorsqu'un charbon ardent brûle votre doigt, que fait-il autre chose?

Hyl. Rien de plus.

Phil. Mais puisque vous ne jugez pas que la sensation que l'épingle occasionne en vous, ni rien de semblable à cette sensation, soit dans l'épingle; vous ne devriez pas non plus, conformément à ce que vous m'avez accordé tout à l'heure, juger que la sensation que le charbon ardent occasionne en vous, ni rien de semblable à cette sensation, put se trouver dans le charbon.

Hyl. Hé bien, puisqu'il le faut, je me rends sur ce point, que la chaleur & le froid sont de pures sensations qui n'ont d'existence que dans nos ames. Mais il nous reste toujours assez de qualités pour assurer aux choses extérieures à l'esprit leur réalité.

Phil. Et que diriez-vous, *Hylas*, si je vous faisois voir que toutes les qualités sensibles sont dans le même cas; & qu'on ne sauroit supposer qu'elles existent hors de l'esprit, à meilleur titre qu'on pourroit le prétendre de la chaleur & du froid?

Hyl. Il faudroit avouer alors que vous auriez avancé de quelque pas dans la question que nous discutons. Mais c'est aussi ce que je désespere que vous me prouviez.

Phil. Examinons toutes ces qualités les unes après les autres. Que pensez-vous d'abord des goûts? Existent-ils hors de l'esprit, ou n'existent-ils que dans l'esprit?

Hyl. Nul homme qui sera dans son bon sens ne doutera, je pense, que le sucre ne soit doux, & que l'absinthe ne soit amere.

Phil. Apprenez-moi une chose, *Hylas* : le goût de douceur est-il une espèce particulière de plaisir, c'est-à-dire, une sensation agréable, ou n'en est-ce pas une ?

Hyl. C'en est une.

Phil. Et l'amertume, n'est-ce pas une espèce de sensation désagréable, ou de douleur ?

Hyl. J'en conviens.

Phil. Mais si le sucre & l'absinthe sont des substances corporelles, destituées de la pensée, & qui existent hors de l'esprit, comment donc arrivera-t-il que la douceur & l'amertume, c'est-à-dire, un plaisir & une douleur puissent leur convenir ?

Hyl. Attendez, *Philonoüs*. Je vois maintenant ce qui m'a fait illusion jusqu'ici. Vous m'avez demandé si la chaleur & le froid, la douceur & l'amertume, n'étoient pas des espèces particulières de plaisir ou de douleur ; à quoi j'ai répondu simplement qu'oui : au lieu que j'aurois dû faire cette distinction, qu'en tant qu'on apperçoit ces qualités, ce sont à la verité des plaisirs ou des douleurs ; mais qu'en tant qu'elles existent dans les objets extérieurs, on n'en peut plus dire la même chose ; d'où il s'ensuit que nous aurions tort de conclure absolument qu'il n'y a point de chaleur dans le feu, ou de douceur dans le sucre, mais que nous devons nous en tenir à dire que la chaleur ou la douceur, en tant qu'elles sont apperçues de nous, ne sont point dans le feu ou dans le sucre. Que répondez-vous à cela ?

Phil. Que c'est une allégation qui ne fait rien à notre sujet. Notre conversation n'a roulé jusqu'ici que sur les choses sensibles que vous avez définies, *celles que nous appercevons immédiatement par les sens.* Si vous me parlez donc à présent d'autres qualités différentes de celles-ci, je vous repondrai que n'en ai point de connoissance ; & qu'au reste elles ne peuvent en aucune sorte se rapporter à notre question. Vous pouvez, si vous le voulez, prétendre avoir découvert certaines qualités que vous n'appercevez pas, & assurer que ces qualités *insensibles* existent dans le feu & dans le sucre : mais je ne saurois concevoir quel usage vous pourriez faire de ces mêmes qualités dans l'objet que nous nous proposons. Dites-moi donc encore une fois, si vous reconnoissez que la chaleur & le froid, la douceur & l'amertume, (entendant par-là des qualités que nous appercevons par les sens) n'existent point hors de l'esprit.

Hyl. Je vois qu'il ne me serviroit de rien de tenir bon ; ainsi je conviens de tout cela à l'égard des qualités dont nous avons parlé jusqu'ici quoique je vous proteste qu'il y a je ne sais quoi de révoltant à dire que le sucre n'est pas doux.

Phil. Voici ce que je puis ajouter pour vous mieux convaincre de cette dernière vérité. Ce qui paroissoit doux à un homme en santé, lui paroit amer lorsqu'il est malade ; & on ne sauroit douter d'un autre côte que différentes personnes ne trouvent différens goûts à une même nourriture, puisque ce qui plaît à l'une déplaît à l'autre. Or comment cela pourroit-il arriver, si le goût étoit quelque chose d'inhérent à ce qu'on met dans la bouche.

Hyl. J'avoue que je ne le vois point.

Phil. J'en viens maintenant aux odeurs, & je voudrois d'abord savoir de vous, si ce que nous avons déjà dit des goûts ne leur convient pas exactement ; ne sont-ce pas aussi autant de sensations agréables ou désagréables ?

Hyl. Sans doute.

Phil. Pourriez-vous donc concevoir qu'elles existassent dans une chose qui seroit privée de la faculté d'appercevoir ?

Hyl. Nullement.

Phil. Ou pourriez-vous vous imaginer que des saletés ou des ordures affectassent ces animaux brutes qui y vont chercher par choix leur nourriture, des mêmes odeurs que nous y trouvons ?

Hyl. Je ne le saurois ?

Phil. Et ne devons-nous pas par conséquent conclure à l'égard des odeurs, comme nous l'avons fait au sujet des autres qualités dont nous avons déjà parlé, qu'elles ne peuvent exister que dans une substance douée de perception, c'est-à-dire, dans un esprit ?

Hyl. Je le pense.

Phil. Et quant aux sons, que vous en semble ? Sont-ce des accidens réellement inhérens dans les corps extérieurs, ou n'en sont-ce pas ?

Hyl. L'expérience nous prouve clairement que les sons ne sont point inhérens dans les corps sonores ; car, si après avoir mis une cloche sous le récipient de la machine pneumatique, on la fait frapper en cet endroit par un battant, elle ne rendra point du tout de son. C'est donc l'air qu'il faut regarder comme le sujet du son.

Phil. Et pourquoi encore avancez-vous cette dernière assertion, *Hylas.*

Hyl. Parce que toutes les fois qu'il y a un certain mouvement dans l'air, ce mouvement porte à notre oreille un son plus ou moins fort, à proportion qu'il est lui-même plus ou moins grand ; & que nous n'entendons jamais de son sans qu'il y ait un certain mouvement dans l'air.

Phil. Mais quoique je convienne que nous n'entendons jamais de son, sans qu'il y ait alors un certain mouvement dans l'air, & que l'existence d'un certain mouvement dans l'air emporte celle du son, je ne vois pas néanmoins encore comment vous pouvez inférer de-là que le son existe dans l'air.

Hyl. C'est cependant ce mouvement de l'air extérieur qui produit dans l'ame la sensation du son : car en frappant sur le tympan de l'oreille, il excite en cet endroit de notre corps une vibration qui se communique ensuite à notre cerveau par le moyen des nerfs auditifs ; & c'est à cette occasion que notre ame est affectée de la sensation qu'on nomme son.

Phil. Quoi ! le son seroit donc une sensation ?

Hyl. Je pense qu'en tant que nous l'appercevons, c'est une sensation particulière qui existe dans notre esprit.

Phil. Et peut-il exister de sensation hors d'un esprit.

Hyl. Non certainement.

Phil. Comment donc le son qui est une sensation pourra-t'il exister dans l'air, si vous entendez par le mot *air* une substance destituée de sentiment.

Hyl. Il faut distinguer, *Philonoüs*, entre le son tel que nous l'appercevons, & le son tel qu'il est en lui-même, ou ce qui est la même chose, entre le son que nous appercevons immédiatement & celui qui existe hors de nous. Le premier est à la vérité une espèce particulière de sensation ; mais le dernier n'est proprement autre chose qu'un mouvement de vibration & d'ondulation qui a été excité dans l'air.

Phil. Je pensois avoir déja prévenu cette distinction par la réponse que je vous ai faite tout à l'heure, lorsque vous avez voulu vous en servir dans un cas semblable ; mais pour ne point revenir là-dessus, êtes-vous bien sûr que le son ne soit réellement rien de plus qu'un mouvement.

Hyl. J'en suis très-sûr.

Phil. Tout ce qui convient au son réel peut donc être attribué avec fondement & avec vérité au mouvement.

Hyl. Cela n'est point douteux.

Phil. Ce sera donc bien parler que de dire du mouvement ; qu'il est doux, qu'il est aigre, qu'il est aigu, qu'il est grave, &c.

Hyl. Je vois que vous avez résolu de ne m'entendre jamais. Quoi ! n'est-il pas évident que tous ces accidens ou modes n'appartiennent qu'au son sensible, ou au son pris dans le sens qu'on donne ordinairement à ce mot, mais non au son pris dans un sens réel & philosophique, qui, suivant que je vous le disois tout à l'heure, n'est autre chose qu'un certain mouvement dans l'air ?

Phil. Il sembleroit donc qu'il y auroit deux sortes de sons, l'un vulgaire, ou celui qu'on entend, l'autre philosophique & réel.

Hyl. Justement.

Phil. Et le dernier consisteroit dans le mouvement ?

Hyl. C'est la distinction que je fais.

Phil. Répondez-moi, *Hylas* : auquel de nos sens pensez-vous que l'idée du mouvement se rapporte ? Est-ce à celui de l'ouïe ?

Hyl. Non certainement, mais à celui de la vue, & à celui du toucher.

Phil. Il s'ensuivroit donc de-là qu'on pourroit *voir* les sons & les distinguer au *tact*, mais jamais les *entendre*.

Hyl. Vous pouvez, *Philonoüs*, tourner tant qu'il vous plaira mon opinion en ridicule ; mais cela ne changera rien à la vérité des choses. Je vous avoue que les conséquences où vous m'attirez, sonnent un peu mal. Mais on sait que le langage ordinaire a été formé des usages du Vulgaire & pour l'usage du Vulgaire. Il ne faut donc pas s'étonner que les expressions que ce langage nous fournit, paroissent un peu dures & extraordinaires, lorsqu'on les applique à des notions philosophiques.

Phil. Est-il donc vrai que nous soyons déjà si avancés ? Je vous assure que je ne regarde pas comme peu de chose de vous avoir mené au point de vous défier désormais des opinions & des expressions communes : car un article essentiel dans notre recherche, c'est de remonter jusqu'à celles qui renferment les notions les plus éloignées de la manière ordinaire de penser, ou les plus opposées aux sentimens généralement reçus dans le monde. Mais pouvez-vous bien croire que ce ne soit autre chose qu'un paradoxe philosophique, que de dire qu'on n'entend jamais les sons réels, & qu'on en reçoit l'idée par un autre sens que celui de l'ouïe ? N'y a-t-il donc rien là de contraire à la nature & à la vérité ?

Hyl. Pour vous l'avouer franchement, tout cela n'est point du tout de mon goût; & après les aveux que je vous ai déjà faits, j'aurois fait aussi bien de vous accorder que les sons n'ont point d'existence réelle hors de l'Ame.

Phil. J'espere que vous ne ferez point difficulté de reconnoître la même chose à l'égard des couleurs.

Hyl. Pardonnez-moi; il en est tout autrement des couleurs. Quoi de plus clair que cette vérité, que nous voyons les couleurs dans les objets?

Phil. Je m'imagine que les objets dont vous parlez doivent être des substances corporelles qui existent hors des esprits qui les apperçoivent.

Hyl. C'en sont en effet.

Phil. Et ces objets ont-ils des couleurs vraies & réelles qui leur soient inhérentes?

Hyl. Chaque objet visible a en soi la même couleur que nous y voyons.

Phil. Comment donc: Y a-t-il autre chose de visible que ce que nous appercevons par la vûe?

Hyl. Rien de plus.

Phil. Et appercevons-nous par le sens de la vûe rien que nous n'appercevions immédiatement?

Hyl. Combien de fois serai-je obligé de vous répéter la même chose? je vous dis que non.

Phil. Patience, mon cher *Hylas*; dites-moi encore si les sens apperçoivent immédiatement autre chose que les qualités sensibles. Je sais que vous m'avez déjà assuré qu'ils n'appercevoient immédiatement rien de plus; mais je voudrois que vous m'apprissiez si vous persistez toujours dans cette opinion.

Hyl. Sans difficulté.

Phil. Mais, je vous prie, la substance corporelle dont vous me parlez seroit-elle une qualité sensible, ou, seroit-ce un composé de qualités sensibles?

Hyl. Quelle espece de question me faites-vous là? Qui a jamais pû penser que cette substance fût ni l'une ni l'autre de ces deux choses?

Phil. La raison que j'ai pour vous faire cette demande, c'est qu'en disant que *chaque objet visible a la même couleur que nous y voyons*, vous supposez que les objets visibles soient des substances corporelles; ce qui emporte, ou bien que les substances corporelles soient des qualités sensibles, ou bien au moins que la vûe apperçoive autre chose que des qualités sensibles: & comme vous êtes déjà convenu de l'impossibilité du dernier membre de cette alternative, & que vous persistez toujours dans votre aveu, il s'ensuit évidemment de-là que la substance corporelle dont vous parlez ne differe en rien des qualités sensibles.

Hyl. Vous pouvez tirer de mes sentimens toutes les conséquences absurdes qu'il vous plaira; mais vous ne viendrez pas à bout pour cela de me les faire abandonner: je comprends clairement ce que je veux dire.

Phil. Je desirerois fort que vous voulussiez bien me le faire comprendre aussi: mais puisque vous vous obstinez à ne point soumettre à l'examen votre notion de la substance corporelle, je n'insisterai pas davantage sur cet article; je voudrois seulement savoir de vous, si ce sont les couleurs mêmes que nous voyons, qui existent dans les corps extérieurs, ou s'il y en existe d'autres.

Hyl. Les couleurs que nous voyons sont les mêmes qui existent dans les corps.

Phil. Quoi! le rouge & le pourpre que nous appercevons dans ces nuages, y seroient donc réellement? Ne penseriez-vous pas plutôt que ces mêmes nuages n'offrent à nos yeux rien de plus que la forme d'un brouillard épais ou d'une vapeur?

Hyl. Je ne puis m'empêcher de vous avouer que ces couleurs ne sont pas réellement dans les nuages, comme on le jugeroit de loin. Ce ne sont seulement que des couleurs apparentes.

Phil. Apparentes, dites-vous! Et comment distinguerez-vous les couleurs apparentes des réelles?

Hyl. Fort aisément. Je regarde comme apparentes les couleurs qui se montrant à nous de loin, semblent au contraire s'évanouir, lorsque nous nous approchons de plus près de l'objet sur lequel elles nous paroissent peintes.

Phil. Et il faudra, je pense, nommer réelles celles qu'on découvre sur les objets, en les considérant de plus près & plus attentivement?

Hyl. Justement.

Phil. Est-ce par le secours du microscope, ou à l'œil nud, qu'on verra les objets de plus près, & qu'on les examinera le mieux?

Hyl. Sans doute que ce sera avec le secours du microscope.

Phil. Mais le microscope nous fait voir souvent dans les objets des couleurs différentes de celles que nous y appercevions à la simple vue ; & si nous avions des microscopes qui grossissent les objets beaucoup plus encore que ceux dont nous nous servons, il est incontestable qu'aucun objet que nous pourrions voir à travers, ne nous y paroîtroit de la même couleur qu'il nous auroit montrée à l'œil nud.

Hyl. Et que conclurez-vous delà ? Je conviens avec vous qu'à l'aide de certains artifices, on vient à bout d'altérer les couleurs, & même de les faire totalement disparoître des objets : mais ce n'est pas une raison d'inférer qu'il n'y ait réellement & naturellement aucune couleur sur les objets.

Phil. Je crois qu'il s'ensuit évidemment de ce que vous m'avez accordé, que toutes les couleurs que nous appercevons à la simple vue, ne sont qu'apparentes, non plus que celles des nuages ; puisqu'elles disparoissent & s'évanouissent, pour ainsi dire, toutes, lorsqu'on les regarde de plus près & avec plus d'attention, suivant que le microscope en fournit les moyens. Et à l'égard de ce que vous ajoutez en me prévenant, je vous demande à ce sujet, laquelle est la plus propre à bien découvrir un objet, d'une vue fine & perçante, ou d'une vue moins fine & moins perçante.

Hyl. La première sans doute.

Phil. Et la dioptrique ne nous apprend elle pas que les microscopes augmentent la force de la vue, ou qu'ils représentent les objets tels que les yeux les verroient s'ils étoient doués d'une vue plus perçante ?

Hyl. J'en conviens.

Phil. Nous devons donc juger que rien ne peut mieux nous découvrir la nature des choses, ou nous faire connoître les choses telles qu'elles sont en elles-mêmes, que la représentation que le microscope nous en fait. Les couleurs que cette représentation nous offre, sont donc les plus pures, & celles que nous appercevons sans le secours du microscope, le sont au contraire le moins.

Hyl. Il faut avouer qu'il y a du vrai dans ce que vous dites là.

Phil. De plus, n'est-il pas possible qu'il existe des animaux qui ayant reçu de la nature des yeux dont la structure les mette en état d'appercevoir des objets, qui a raison de leur petitesse échaperoient à notre vue ; & n'est-ce pas même une chose manifeste qu'il en existe de tels ? Que pensez-vous de ces autres animaux plus petits qu'on ne sauroit se l'imaginer, & que les verres optiques nous découvrent ? Prétendez-vous qu'ils soient absolument destitués du sens de la vue ; ou au cas qu'ils ne soient pas tout-à-fait aveugles, pouvez-vous douter que la vue ne leur ait été donnée par la nature dans la même intention, dans laquelle elle a été donnée aux autres animaux, je veux dire, pour leur servir à préserver leurs corps des accidens dont ils sont continuellement menacés ? Et si c'est là en effet l'usage de la vue dans ces mêmes animaux, ainsi que dans les autres, n'est-il pas évident en même tems qu'il faut qu'ils apperçoivent des particules moindres que leurs corps, & que ces particules se montrent à eux dans chaque objet d'une manière différente de celle dont elles frappent nos sens ? Nos propres yeux eux-mêmes ne nous représentent-ils pas les objets tantôt d'une manière, & tantôt d'une autre ? Ne savons-nous pas que toutes les choses qu'on voit quand on a la jaunisse, semblent être jaunes ? & n'est-il pas par conséquent extrêmement vraisemblable que les animaux, dans les yeux desquels nous observons une texture fort différente de celle des nôtres, & dont les corps abondent en différentes humeurs qui nous seroient étrangeres, ne voyent point dans chaque objet les mêmes couleurs que nous y découvrons ? Enfin, ne paroit-il pas s'ensuivre de tout cela que toutes les couleurs sont également apparentes, & qu'aucune de celles que nous appercevons dans quelque objet extérieur que ce puisse être, n'y est réellement inhérente ?

Hyl. Il me le semble ?

Phil. Vous n'en douterez certainement plus, pour peu que vous considériez que si les couleurs étoient des propriétés ou des affections inhérentes dans les corps extérieurs, elles ne pourroient jamais souffrir d'altération, qu'autant qu'on remarqueroit des changemens dans ces corps mêmes. Mais n'est-il pas évident, après tout ce que nous avons dit, que, soit que nous voulions faire usage d'un microscope, soit que les humeurs de nos yeux ayent souffert quelque altération, soit enfin que nous nous éloignions ou que nous nous approchions d'un objet, les couleurs de l'objet changeront, ou disparoîtront même quelquefois totalement, sans qu'il soit néanmoins arrivé aucun changement à l'objet ? Supposons même que nous ne changions que la seule situation d'un objet, sans rien altérer des autres circonstances qui concourent à nous le faire appercevoir ; cet objet présentera dès lors différentes couleurs à nos yeux. Il en arrivera encore autant à proportion que ce même objet sera plus ou moins illuminé. Et qu'y a-t-il de plus connu que cette expérience, que les mêmes corps nous paroissent, à la lumière d'une bougie, d'une couleur différente de celle qu'ils nous montrent en plein jour ? Ajoutez encore à cela l'expérience du prisme, qui, en séparant les rayons hétérogènes, change les couleurs de tous les objets, & fait paroître, même à l'œil nud, le blanc le plus pur, d'un bleu ou d'un rouge foncé ; & après cela, dites-moi si vous êtes toujours du sentiment que tous les corps ayent des couleurs vraies & réelles, qui soient inhérentes en eux : & supposé que vous pensiez en effet de la sorte, apprenez-moi de plus, je vous prie, quelle distance & quelle position des objets, quelle configuration ou quelle disposition des différentes parties de l'œil, enfin quel degré ou quelle espèce de lumière seront les plus propres à nous découvrir les vraies couleurs des objets, & à nous les faire distinguer de celles qui ne sont qu'apparentes.

Hyl. J'avoue que je suis maintenant parfaitement convaincu que toutes les couleurs sont également apparentes, & qu'il n'y a rien d'inhérent dans les corps extérieurs, qu'on puisse appeller du nom de couleur ; enfin que les couleurs n'existent seulement que dans la lumière. Ce qui me confirme dans cette dernière opinion, c'est que les couleurs sont toujours plus ou moins vives, à proportion que les objets qui nous les montrent, sont plus ou moins éclairés ; & que lorsque la lumière disparoît tout-à-fait, les couleurs disparoissent aussi en même tems. D'ailleurs en admettant des couleurs sur la surface des objets extérieurs à nous, comment seroit-il possible que nous les apperçussions ? Nul corps extérieur à nous, n'affecte notre ame, à moins qu'il n'ait commencé par agir sur les organes de nos sens. D'un autre côté, l'action des corps ne consiste que dans le seul mouvement ; & le mouvement ne peut se communiquer d'un corps à un autre que par l'impulsion. Un objet éloigné ne sauroit donc proprement agir sur notre œil, ni par conséquent se faire appercevoir de notre ame, ou lui découvrir ses propriétés ; & il s'ensuit clairement de-là que c'est quelque substance contiguë à notre œil, & qui opère sur lui, qui doit occasionner en nous la perception des couleurs. Or telle est la lumière.

Phil. Comment ! la lumière seroit donc une substance ?

Hyl. Je pense, *Philonoüs*, que la lumière extérieure n'est autre chose qu'une substance fluide & rare, dont les particules agitées avec violence, & réfléchies de différentes manières vers nos yeux par les surfaces des objets extérieurs, communiquent différens mouvemens aux nerfs optiques ; & que ces mouvemens se transmettant ensuite jusqu'au cerveau, au moyen de ces mêmes nerfs, ils y font différentes impressions, qui sont suivies des sensations du rouge, du bleu, du jaune, &c.

Phil. Il paroît donc que la lumière ne fait en cela autre chose qu'ébranler les nerfs optiques ?

Hyl. Elle n'y fait rien de plus.

Phil. C'est-a-dire qu'à chaque mouvement particulier que la lumière communique à ces nerfs, l'esprit est affecté d'une sensation qui est une espèce particulière de couleur.

Hyl. Précisément.

Phil. Et ces sensations n'ont point d'existence hors de l'esprit ?

Hyl. Point du tout.

Phil. Comment pouvez-vous donc soutenir que les couleurs soient dans la lumière, puisque vous entendez par le mot *lumière*, une substance corporelle extérieure à l'esprit ?

Hyl. Je conviens que la lumière & les couleurs, en tant qu'elles sont immédiatement apperçues de nous, ne sauroient exister hors de l'esprit. Mais si on les considère en elles-mêmes, on trouvera alors qu'elles consistent uniquement en différens mouvemens & en différentes configurations de certaines particules insensibles de la matière.

Phil. Les couleurs prises dans le sens ordinaire, c'est-à-dire, pour les objets immédiats de la vue, ne sauroient donc se trouver que dans une substance douée de perception ?

Hyl. C'est-la ce que je dis.

Phil. Eh bien donc ! puisque vous convenez de ce que je veux, à l'égard de ces qualités sensibles, qui seules sont regardées par tous les hommes comme des couleurs, vous pouvez prétendre après cela tout ce qu'il vous plaira à l'égard de ces couleurs invisibles qui ne sont connues que des philosophes. Je ne m'engagerai point, quant à moi, dans des disputes sur un pareil sujet. Je me contenterai de vous prier d'examiner, si dans la question dont il s'agit entre vous & moi, vous pouvez avancer avec assurance *que le rouge & le bleu que nous voyons, ne sont point des couleurs réelles, mais que ce ne sont que de certaines figures & de certains mouvemens inconnus, desquels personne ne s'est encore bien assuré, ou ne pourra jamais même se bien assurer.* Ne sont-ce point là des notions choquantes, & qui pourroient nous fournir autant de conséquences ridicules que nous avons tirées de celles auxquelles vous avez été déjà obligé de renoncer, lorsque nous parlions des sons ?

Hyl. Je conviens franchement, *Philonoüs*, que ce seroit en vain que je voudrois plus long-tems défendre l'opinion dont vous me parlez. Je vous accorde donc que les couleurs, les sons, les goûts, en un mot, toutes les qualités qu'on nomme *secondaires*, n'ont aucune existence hors de l'esprit. Mais en faisant cet aveu, je prétends aussi ne donner aucune atteinte à la réalité de la matière ou des objets extérieurs ; & c'est avec d'autant plus de fondement, que telle est en effet la manière de penser de plusieurs philosophes qui sont néanmoins très-éloignés de nier l'existence de la matière. Pour rendre ceci plus facile à comprendre, j'observerai que les philosophes divisent les qualités sensibles en *premières* & en *secondaires*. L'étendue, la figure, la solidité, la pesanteur, le mouvement & le repos, sont celles qu'ils nomment premières, & celles qui selon eux existent réellement dans les corps. Celles dont nous avons parlé jusqu'à présent, ou pour couper court, toutes les qualités sensibles, à l'exception des premières, sont au contraire celles qu'ils appellent secondaires & celles qu'ils ne regardent que comme autant de sensations ou d'idées, & qui de leur aveu n'existent autre part que dans l'esprit. Mais je vous parle de choses dont je ne doute point que vous ne soyez déjà instruit. Je savois, quant à moi, depuis long-tems, que cette division étoit adoptée de plusieurs philosophes ; mais ce n'est que de ce moment que je suis pleinement convaincu de sa nécessité.

Phil. Vous êtes donc de l'opinion que l'étendue & les figures sont inhérentes dans des substances extérieures à l'esprit, & incapables de penser ?

Hyl. Sans doute.

Phil. Que direz-vous donc, si les mêmes argumens que je vous ai apportés contre l'existence des qualités secondaires se trouvent conclure également contre l'existence des autres ?

Hyl. Je serois alors obligé de penser que ces dernières n'existerojent non plus que dans l'esprit.

Phil. Etes vous du sentiment que ce soit cette même figure & cette même étendue que vous appercevez par les sens, qui existe dans les objets extérieurs, ou dans la substance matérielle ?

Hyl. Oui.

Phil. Et les autres animaux sont-ils aussi fondés que vous à penser la même chose de la figure & de l'étendue qu'ils voyent, ou qu'ils touchent ?

Hyl. Sans doute, pour peu qu'ils en ayent une perception.

Phil. Répondez-moi, *Hylas*, pensez-vous que les sens ayent été accordés à tous les animaux pour leur conservation & leur bien-être durant la vie ? Ou, ne seroit-ce qu'aux hommes seuls qu'ils auroient été donnés pour cette fin.

Hyl. Je ne doute nullement qu'ils n'ayent le même usage dans les animaux.

Phil. Et cela posé, n'est-il pas nécessaire que les sens fournissent à tous les animaux, les moyens d'appercevoir leurs propres membres, ainsi que les corps qui pourroient les heurter & les endommager ?

Hyl. Certainement.

Phil. Vous devez donc m'accorder qu'une mite doit voir son pied, & les autres choses qui sont d'une grosseur égale à celle de son pied, ou même moindre, comme des corps assez considérables ; quoiqu'en même tems il nous soit à peine possible de discerner ces mêmes choses, ou qu'elles ne nous paroissent tout au plus que comme autant de points visibles.

Hyl. Je ne sçaurois en disconvenir.

Phil. Et ces mêmes corps paroîtroient encore plus gros à des animaux plus petits que la mite.

Hyl. Il est vrai.

Phil. Si bien qu'un corps que nous ne pourrions discerner qu'à peine, devroit paroître comme une grosse montagne à un animal extrêmement petit.

Hyl. Je vous accorde tout cela.

Phil. Une seule & même chose peut-elle dans un même tems avoir des dimensions différentes ?

Hyl. Il seroit absurde de se l'imaginer.

Phil. Mais de ce que vous m'avez accordé, il s'ensuit que l'étendue que nous appercevons, & celle que la mite apperçoit aussi bien que celles des animaux plus petits pourroient appercevoir de leur côté, sont toutes également la vraie étendue du pied de la mite ; c'est-à-dire, que vos principes vous ont jetté dans une contradiction.

Hyl. Il me semble qu'il y a en cela de la difficulté.

Phil. Revenons. N'avez-vous pas reconnu qu'aucune propriété réelle & inhérente de tel objet que ce pût être, ne sçauroit changer, sans qu'il arrivât quelque changement à l'objet même ?

Hyl. J'en suis convenu.

Phil. Mais l'étendue visible des objets varie ; à proportion que nous nous en approchons, ou que nous nous en éloignons, puisqu'elle est dix & cent fois plus grande à certaines distances qu'à d'autres ; & ne s'ensuit-il pas de là que cette étendue n'est point réellement inhérente dans les objets ?

Hyl. J'avoue que je ne sçais trop qu'en penser.

Phil.

Phil. Vous vous ferez bientôt décidé là-deſſus, pour peu que vous vous permettiez de juger de la qualité dont nous parlons maintenant, avec la même liberté d'eſprit dont vous avez uſé à l'égard des autres. N'avez-vous pas admis pour un bon argument, que ni la chaleur ni le froid ne ſont dans l'eau, parce qu'une même eau paroît quelquefois chaude, à en juger par la ſenſation qu'elle excite dans une main, & froide à en juger par la ſenſation qu'elle excite dans l'autre ?

Hyl. D'accord ?

Phil. Et ne pouvez-vous pas conclure par un raiſonnement parfaitement ſemblable, qu'il n'y a ni étendue ni figure dans aucun objet, puiſqu'un même objet peut paroître à un œil, petit, uni & rond, & à un autre, grand, raboteux & angulaire ?

Hyl. Je le conclurois auſſi ; mais ce dernier fait eſt-il jamais arrivé ?

Phil. Vous pouvez à tout moment en faire l'expérience. Vous n'avez pour cela qu'à regarder un même objet avec un œil nud, en même tems que vous le regarderez auſſi avec l'autre œil armé d'un microſcope.

Hyl. Je ne ſçais comment défendre davantage l'étendue ; & j'ai cependant bien de la peine à l'abandonner. Je vois tant de conſéquences étranges qui ſe préſentent en foule à la ſuite d'un pareil aveu...

Phil. Etranges, dites-vous ! Mais après ce que vous m'avez déjà accordé, je compte que vous ne devez plus rien trouver d'aſſez étrange pour vous arrêter.

Hyl. Je vous cède cet article pour le préſent ; mais je me réſerve toujours le droit de me rétracter, au cas que je découvre dans la ſuite que je n'ai été menés juſques-là que pour avoir ſuppoſé quelque faux principe.

Phil. Ce droit ne ſauroit vous être conteſté ; mais puiſque vous ne voulez pas encore en uſer, & que nous avons d'ailleurs déjà expédié ce qui regarde les figures & l'étendue, paſſons maintenant au *mouvement.* Un mouvement réel de quelque corps que ce ſoit, peut-il être en même tems très-prompt & très-lent ?

Hyl. Ce ſeroit une choſe impoſſible.

Phil. La viteſſe du mouvement d'un corps n'eſt-elle pas réciproquement proportionnelle au tems que ce corps emploie à décrire un eſpace donné quelconque ? Un corps qui décrit une lieue par heure ne ſe meut-il pas, par exemple, trois fois plus vite qu'un autre corps qui ne décriroit qu'une lieue en trois heures ?

Philoſophie anc. & mod. Tome I.

Hyl. J'en tombe d'accord.

Phil. Et ne meſurons-nous pas le tems par la ſucceſſion des idées dans nos eſprits ?

Hyl. Par cela même.

Phil. Et n'eſt-il pas poſſible que les idées ſe ſuccedent les unes aux autres en vous deux fois plus vite qu'elles ne ſont en moi, ou qu'elles ne feroient dans une intelligence d'un autre ordre.

Hyl. Je l'avoue.

Phil. Un même corps peut donc paroître à un autre que vous ſe mouvoir ſur une eſpace donné, dans la moitié du tems qu'il vous paroîtra à vous, avoir employé à ce mouvement : & ce même raiſonnement pourra d'ailleurs s'appliquer à toute autre eſpece de rapport de tems ; & puiſque, ſuivant vos principes, tous les mouvemens qu'on apperçoit, ſont réellement dans l'objet où on les apperçoit ; il ſera par conſéquent poſſible qu'un ſeul & même corps ſe meuve tout à la fois & très-vite & très-lentement, & cela réellement & en un même ſens. Or comment accorder ces conſéquences, non-ſeulement avec ce dont vous êtes déja convenu, mais encore avec les notions les plus ſimples que le bon ſens puiſſe nous fournir !

Hyl. Je n'ai rien à répliquer à ce raiſonnement ?

Phil. Quant à la *ſolidité*, ou vous n'entendez par ce mot aucune qualité ſenſible, & il ſe ſouſtrairoit alors à notre recherche ; ou, ſi vous le rapportez à quelque qualité ſenſible, ce doit être ou à la dureté ou à la réſiſtance. Mais il eſt évident que l'une & l'autre de ces deux qualités ſont entièrement relatives à nos ſens ; puiſque ce qui paroît dur à un animal, peut paroître mol à un autre dont les membres auront plus de force & de fermeté que ceux du premier : & il n'eſt pas moins clair que les réſiſtances que nous éprouvons, ne ſauroient non plus réſider dans les corps qui paroiſſent nous les faire ſentir.

Hyl. J'avoue que la ſenſation même de réſiſtance, en quoi conſiſte tout ce que vous appercevez immédiatement de la ſolidité, n'eſt pas dans le corps. C'eſt la cauſe de cette ſenſation qui y eſt.

Phil. Mais les cauſes de nos ſenſations ne ſont-ce pas les choſes que nous appercevons immédiatement ? Et par conſéquent ne ſont-ce pas auſſi les choſes ſenſibles ? Je crois que c'eſt là un point dont nous ſommes déjà convenus.

Hyl. Je vous l'accorde : mais il faut que vous me pardonniez, ſi je vous parois tomber dans quelques contradictions. Je ne ſais comment me défaire de mes anciens préjugés.

M m m

Phil. Pour vous être en cela de quelque secours, je vous prierai de faire attention qu'après avoir une fois reconnu que l'étendue n'a point d'existence hors de l'esprit, on ne sauroit plus s'empêcher d'en dire autant du mouvement, de la solidité & de la pesanteur ; puisque toutes ces qualités supposent évidemment l'étendue. Il seroit donc inutile de vouloir faire ici des recherches particulieres sur chacune de ces mêmes qualités : en niant l'existence de l'étendue, on nie en même tems l'existence de toutes les autres.

Hyl. Je m'étonnerois, *Philonoüs*, en supposant vrai ce que vous dites-là, que les philosophes qui refusent toute existence réelle aux qualités secondaires, puissent accorder l'existence aux qualités premieres. En effet dès lorsqu'il n'y auroit aucune différence entre ces deux especes de qualités, quelle raison pourroit-on donner d'une pareille contradiction ?

Phil. Je ne me charge point de justifier chaque opinion des philosophes ; mais entr'autres raisons qu'on pourroit donner de la contradiction dont vous me parlez, il est vraisemblable qu'on en trouveroit une dans la douleur ou dans le plaisir, qui sont plus immédiatement liés aux qualités secondaires qu'aux qualités premieres. La chaleur & le froid, les goûts & les odeurs nous affectent avec un peu plus de vivacité d'un sentiment agréable ou désagréable que les idées, pour ainsi dire, seches, de l'étendue, des figures & des mouvemens. Et comme il seroit trop visiblement absurde de soutenir que la douleur ou le plaisir pussent se trouver dans une substance destituée de la faculté d'appercevoir, il est arrivé de là que les hommes se sont plus facilement détachés de l'opinion qui attribue l'existence aux qualités secondaires, que de celle qui ne l'attribue qu'aux seules qualités premieres. Vous vous convaincrez que ce n'est pas là une chose que j'avance tout à fait sans sujet, si vous voulez bien vous rappeller un moment la différence que vous avez faite il y a quelque tems, entre une chaleur intense & un dégré plus modéré de chaleur, & l'inclination que vous aviez à donner à l'une l'existence réelle que vous refusiez néanmoins à l'autre. Au reste la distinction que vous faisiez en cette occasion n'étoit pas fondée en raison ; car il n'est point douteux qu'une sensation à laquelle nous sommes indifférens, ne soit aussi véritablement sensation, qu'une plus agréable ou une plus douloureuse ; & la premiere ne sauroit par conséquent être attribuée, à plus juste titre que les deux dernieres, à un sujet destitué de la faculté de penser.

Hyl. Je viens de me rappeller dans le moment que j'ai entendu quelquefois distinguer entre l'étendue sensible & l'étendue réelle. Or, quoi-qu'il faille reconnoître que la grandeur & la petitesse, qui ne consistent uniquement que dans le rapport que les êtres étendus, différens de nos propres corps, ont aux parties de nos propres corps, ne sont pas réellement inhérentes dans les substances mêmes ; rien ne nous oblige néanmoins d'en dire autant de l'étendue absolue qui est quelque chose d'abstrait des idées de grandeur & de petitesse, ainsi que de telle ou telle quantité, ou de telle ou telle figure particuliere. Il en est de même à l'égard du mouvement. La vîtesse & la lenteur sont entierement relatives à la maniere dont les idées se succedent les unes aux autres dans nos esprits. Mais de ce que ces modifications du mouvement n'existent pas hors de nos esprits, il ne s'ensuit point du tout que nous devions porter un jugement semblable du mouvement absolu qu'on ne peut abstraire.

Phil. Assignez-moi, je vous prie, *Hylas*, ce qui doit servir à distinguer un mouvement ou une étendue, d'une autre. N'est-ce pas quelque propriété sensible, comme différens degrés de vîtesse ou de lenteur, ou bien certaines grandeurs & certaines figures particulieres à chacune de ces deux qualités ?

Hyl. Je le pense ainsi.

Phil. Et par conséquent, si l'on dépouille ces deux qualités de toutes leurs propriétés sensibles, il ne leur restera plus de différences, ni *spécifiques*, ni *numériques*, comme on les nomme dans les Ecoles ?

Hyl. Non.

Phil. C'est-à-dire, qu'elles se réduiront à l'étendue en général, & au mouvement en général.

Hyl. Soit.

Phil. Mais c'est une maxime universellement reçue, que *toute chose qui existe est singuliere* ; & sur ce pied là, comment se pourra-t-il faire que le mouvement en général existe dans une substance corporelle.

Hyl. Je vous demande du tems pour répondre à cette difficulté.

Phil. Mais il me semble à moi qu'on peut se décider promptement sur cet article. Il vous est sans doute facile de me dire, si vous éprouvez qu'il soit en votre pouvoir de vous former à votre gré telles ou telles idées. Or je n'en veux pas davantage pour faire cesser notre dispute. Si vous pouvez vous former dans votre esprit une idée tout à la fois abstraite & distincte, soit du mouvement, soit de l'étendue, dépouillés l'un & l'autre de tous leurs modes sensibles, la promptitude ou la lenteur, la grandeur ou la petitesse, la figure ronde ou quarrée,

& d'autres semblables que vous avez reconnu n'exister que dans l'esprit, je demeurerai d'accord de tout ce que vous voudrez. Mais si vous ne pouvez en venir à bout, ce seroit aussi de votre part une chose déraisonnable que d'insister davantage sur l'existence de ce dont vous n'auriez aucune notion.

Hyl. A vous dire vrai, je ne saurois y réussir.

Phil. Pouvez-vous même séparer les idées de l'étendue & du mouvement des idées de la lumière & des couleurs, de la dureté, & de la mollesse, de la chaleur & du froid, & de toutes ces autres qualités que ceux qui en distinguent de plusieurs espèces, nomment secondaires?

Hyl. Quoi! est-ce que ce n'est pas une chose aisée de considérer l'étendue & le mouvement en eux-mêmes, & abstraction faite de toutes qualités sensibles? Eh, je vous prie, comment donc les Mathématiciens les envisagent-ils lorsqu'ils en traitent?

Phil. Je reconnois, *Hylas*, qu'il n'est point difficile de former des propositions & des raisonnemens généraux sur ces qualités, sans y faire entrer rien de plus, & en ce sens de considérer ces mêmes qualités d'une manière abstraite. Mais de ce que je puis prononcer le mot *mouvement* par lui-même, s'ensuit-il que je puisse me former dans mon esprit une idée du mouvement, où celle du corps n'entre point? ou de ce qu'on peut énoncer & démontrer des Théorèmes sur l'étendue & les figures, sans faire mention de la grandeur ou de la petitesse de ces figures, ou de toute autre de leurs qualités sensibles, peut-on conclure que l'esprit ait la facilité de se représenter & de saisir une idée abstraite d'étendue destituée de telle ou telle grandeur, de telle ou telle couleur, &c? Les Mathématiciens traitent de la quantité, sans faire attention aux autres qualités sensibles dont elle peut être revêtu; parce que ces qualités n'influeroient en rien sur leurs démonstrations. Mais si laissant les mots à part, ils s'abandonnent quelquefois à la contemplation des simples idées, vous trouverez, je pense, que ces idées qu'ils considérent alors, ne sont point les idées pures & abstraites de l'étendue.

Hyl. Mais que direz-vous de l'entendement pur? Qu'est-ce autre chose qu'une faculté qui a la propriété de former des idées abstraites?

Phil. Dès-lors que je ne puis en aucune sorte me former des idées abstraites, il est clair que je ne saurois le faire par le secours de l'entendement pur quelle que soit la faculté que vous entendiez par ces mots; mais sans porter nos recherches jusqu'à la nature de l'entendement pur & de ses objets spirituels, la *vertu*, *la raison*,

Dieu, & d'autres semblables, au moins paroît-il manifeste que les choses sensibles ne peuvent être apperçues de nous que par le secours des sens, & qu'elles ne peuvent nous être représentées que par l'imagination. Les figures & l'étendue, qui sont primitivement apperçues par les sens, ne sont donc point des objets qui appartiennent à l'entendement pur. Que si au reste vous voulez vous en convaincre encore mieux, essayez un moment de vous former l'idée de quelque figure abstraite de toute circonstance spécifique de grandeur, ou même abstraite des autres qualités sensibles.

Hyl. Permettez que j'y pense un peu... Je trouve qu'il me seroit impossible d'en venir à bout.

Phil. Et croyez-vous qu'une chose dont l'idée impliqueroit contradiction, pût exister dans la nature?

Hyl. Nullement.

Phil. Mais puisque vous convenez que l'esprit lui-même ne sauroit désunir les idées de l'étendue & du mouvement, de toutes les autres qualités sensibles, il s'ensuit de là que partout où l'une existe, l'autre doit nécessairement exister aussi.

Hyl. Je le croirois.

Phil. Concluez donc que les mêmes preuves que vous avez jugées démonstratives contre l'existence des qualités secondaires, ne sont pas moins contre celle des qualités premières, sans qu'elles ayent même besoin pour cela d'être étayées par d'autres. D'ailleurs, si vous en appellez au témoignage de vos sens, ne trouverez-vous pas dès-lors que vos sens rapportent toutes les qualités sensibles à un même lieu? & ne vous paroîtra-t-il pas par conséquent évident qu'elles coexistent toutes? Vos sens vous représentent-ils jamais le mouvement ou la figure comme dépouillés de toutes les autres qualités visibles ou tactiles?

Hyl. Ne vous donnez pas la peine de vous étendre davantage là-dessus. Je vous avoue franchement qu'à moins qu'il ne se soit glissé quelqu'erreur ou quelque méprise dans ce que nous avons dit jusqu'à présent, il faut refuser également l'existence hors de l'esprit à toutes les qualités sensibles. Mais ce que je crains, c'est d'avoir été trop vite, de vous avoir trop accordé, & d'avoir ainsi laissé passer, sans m'en appercevoir, quelques propositions que j'aurois dû vous contester. En un mot, je n'ai pas eu le tems de la réflexion.

Phil. Vous pouvez, *Hylas*, prendre autant de tems qu'il vous plaira pour réfléchir sur tout cela. Vous êtes le maître de revenir sur chacun des pas que nous avons faits; & s'il se présentoit à vous quelque chose que vous eussiez omise, & qui vous parût favoriser votre opinion & être en même tems de quelque poids, il ne tiendroit qu'à vous de m'en faire part.

Hyl. Un des plus grands torts que j'aye eus, ça été de ne pas distinguer assez entre l'objet de la sensation & la sensation même. Quoique la sensation ne puisse exister hors de l'esprit, il ne s'ensuit pas delà qu'on doive en dire autant de son objet.

Phil. De quel objet entendez-vous me parler? Est-ce de l'objet des sens?

Hyl. Oui.

Phil. Cet objet est donc selon vous apperçu immédiatement?

Hyl. Sans doute.

Phil. Faites-moi comprendre la différence qu'il y a entre ce qu'on apperçoit immédiatement & une sensation.

Hyl. J'entends par la sensation l'acte de l'esprit qui apperçoit. Il y a outre cela quelque chose que l'esprit apperçoit; & c'est ce que j'appelle l'objet de la sensation. Par exemple, il y a du rouge & du jaune dans cette Tulipe; mais l'acte d'appercevoir ces couleurs n'est qu'en moi.

Phil. De quelle Tulipe me parlez-vous? Est-ce de celle que nous voyons là?

Hyl. De celle-là même.

Phil. Et que voyons-nous-là autre chose que couleurs, figure & étendue?

Hyl. Rien de plus.

Phil. Tout ce que vous dites se réduit donc à avancer que le rouge & le jaune sont coexistans avec de l'étendue; n'est-ce pas?

Hyl. Ce n'est pas là tout. J'ajoute encore que ces couleurs ont une existence réelle hors de l'esprit, & dans une substance destituée de la pensée.

Phil. Que les couleurs soient réellement dans la Tulipe que je vois, c'est une chose manifeste; & on ne sauroit nier non plus que cette Tulipe ne puisse exister indépendamment de votre esprit & du mien. Mais qu'un objet immédiat des sens, c'est-à-dire, une idée ou une combinaison d'idées, puisse exister dans une substance non pensante, ou hors de tous les esprits à la fois, c'est quelque chose qui renferme en soi une contradiction formelle; & je ne saurois m'imaginer comment vous pourriez le conclure de ce que vous avez dit tout à l'heure que le rouge & le jaune étoient dans la Tulipe que vous voyiez; puisque vous ne prétendiez pas voir alors une substance destituée de la pensée.

Hyl. Vous êtes bien adroit, *Philonoüs*, à changer le sujet de la question.

Phil. Je vois que vous voulez qu'on ne vous presse pas sur cet article; & je reviens par cette raison à la distinction que vous faites entre la sensation & l'objet. Si je vous ai bien compris, vous distinguez dans chaque perception deux choses, dont l'une est un acte de l'esprit, & l'autre n'en est pas un.

Hyl. Précisément.

Phil. Et cet acte ne sauroit exister dans une substance destituée de la pensée, ni lui appartenir; mais tout ce que la perception renferme de plus, peut y exister.

Hyl. C'est ainsi que je l'entends.

Phil. Et par conséquent, s'il peut y avoir des perceptions qui ne soient accompagnées d'aucun acte de l'esprit, il sera impossible que de semblables perceptions existent dans une substance non pensante?

Hyl. J'en tombe d'accord; mais je nie en même tems qu'il soit possible qu'on éprouve de pareilles perceptions.

Phil. Quand est-ce qu'on dit que l'esprit est actif?

Hyl. Quand il produit, qu'il détruit, ou qu'il change quelque chose.

Phil. Et peut-il produire, détruire ou changer quelque chose, autrement que par un acte de la volonté?

Hyl. Il ne le sauroit.

Phil. Il ne faut donc le regarder comme actif dans ses perceptions, qu'autant qu'elles renferment quelque volition?

Hyl. Il est vrai.

Phil. Lorsque je cueille cette fleur, je suis actif, parce que c'est là une chose que je fais au moyen d'un mouvement de ma main, c'est-à-dire, en conséquence d'une volition. Je le suis encore quand j'approche cette même fleur. Mais l'une ou l'autre de ces deux choses seroit-elle ce qu'on appelle sentir?

Hyl. Point du tout.

Phil. J'agis encore lorsque j'attire l'air à travers mon nez, parce que c'est aussi par un effet de ma volition que je préfère cette manière d'inspirer à la manière ordinaire. Mais c'est là une action qu'on ne sauroit non plus nommer sentir; car si on pouvoit l'appeler de ce nom, il faudroit qu'on sentît toutes les fois qu'on inspireroit de la sorte.

Hyl. Cela est vrai.

Phil. L'odorat n'est donc que conséquent à tout cela.

Hyl. Sans doute.

Phil. Mais je ne trouve pas que ma volonté fasse rien de plus à la chose ; & s'il se passe en effet quelque chose de plus en moi, comme il arrive, lorsque je reçois la perception de certaine odeur particulière, ou même de quelque odeur que ce soit, ma volonté n'y a nulle part, & je suis en cela entièrement passif. Ne trouvez-vous pas, *Hylas*, qu'il en soit de même de vous ?

Hyl. Précisément.

Phil. Prenant le sens de la vue pour exemple, n'est-il pas en votre pouvoir d'ouvrir les yeux, de les tenir fermés, de les tourner par préférence de tel ou tel côté.

Hyl. Je suis le maître de tout cela.

Phil. Mais lorsque vous regarderez ce Jasmin, sera-ce de même une chose dépendante de votre volonté que d'y appercevoir du blanc plutôt que toute autre couleur ; ou lorsque vous dirigerez les yeux vers cette partie du ciel, pourrez-vous éviter d'y voir le soleil ? En un mot la lumière ou l'obscurité seroient-elles aussi des effets de votre volition ?

Hyl. Point du tout.

Phil. Vous êtes donc absolument passif à tous ces différents égards ?

Hyl. Je l'avoue.

Phil. Dites-moi maintenant si la vue ne consiste pas à appercevoir la lumière & les couleurs, ou si elle consisteroit seulement à ouvrir les yeux & à les tourner de tel ou tel côté.

Hyl. C'est sans doute en ce que vous avez dit d'abord.

Phil. Mais si vous êtes absolument passif dans la perception de la lumière & des couleurs ; que sera donc devenue cette action dont vous me parliez tout-à-l'heure, & que vous paroissez regarder comme devant entrer dans chaque sensation ? Ne s'ensuit-il pas de nos aveux qu'une perception de lumière & de couleur qui ne renfermeroit point d'action, pourroit exister dans une substance qui ne seroit point douée de perception ? Et n'est-ce pas là une contradiction manifeste ?

Hyl. Je ne sai trop qu'en penser.

Phil. D'ailleurs, si vous distinguez l'actif & le passif dans chaque perception, il faudra en faire autant à l'égard de la douleur. Mais comment seroit-il possible qu'une douleur aussi peu active que vous voudriez l'imaginer, existât dans une substance incapable de perception ? Je ne vous demande que de réfléchir un peu sur ce point ; & je suis persuadé que vous avouerez ensuite ingénument que la lumière & les couleurs, les sons & les goûts sont également des passions, c'est-à-dire des sensations qui n'existent que dans l'ame. Vous pourrez si vous voulez les appeler des objets extérieurs, & leur donner dans le discours telle substance qu'il vous plaira ; mais examinez-vous vous-même là-dessus, & dites-moi après cela si les choses ne sont pas comme je l'avance.

Hyl. Je vous avoue, *Philonoüs*, qu'après un examen mûr & circonstancié de tout ce qui se passe dans mon esprit, je n'y saurois découvrir autre chose, sinon que je suis un être pensant, affecté de différentes sensations, & qu'il ne m'est pas possible de concevoir comment une sensation pourroit exister dans une substance qui ne seroit point douée de perception. Mais aussi, lorsque j'envisage les choses sensibles sous un point de vue différent ou que je les considère comme autant de modes ou de qualités, je trouve qu'il est nécessaire de leur supposer ce qu'on appelle un *substratum* ou un *soutien* matériel, & qu'on ne sauroit concevoir sans cela comment elles pourroient exister.

Phil. Un *substratum* ou un *soutien* matériel, dites vous ? Apprenez-moi, je vous prie, auquel de vos sens vous êtes redevable de la connoissance de cet être là.

Hyl. Il n'est point sensible par lui-même : les sens ne peuvent en appercevoir que les modes & les qualités.

Phil. Ce sera donc par la voie de la réflexion & de la raison que vous serez parvenu à vous en former l'idée ?

Hyl. Je ne prétends en avoir aucune vraie idée, aucune idée positive ; mais je conclus qu'il existe, de ce qu'on ne sauroit concevoir que des qualités existent sans un soutien.

Phil. Il semble donc que vous n'en avez qu'une idée rélative, c'est-à-dire, que vous ne vous en formez l'idée qu'en tant que vous appercevez la relation qu'il a aux qualités sensibles.

Hyl. Justement.

Phil. Ayez donc la bonté de me faire connoître en quoi cette relation consiste.

Hyl. N'est-elle donc pas assez clairement exprimée par les termes *substratum*, *soutien* ou *substance* ?

Phil. En supposant ce que vous dites là, le mot *substratum* emporteroit que la chose qu'il signifieroit fut repandue sous les qualités ou les accidens sensibles.

Hyl. Il est vrai.

Phil. Et par conséquent sous l'étendue.

Hyl. J'en conviens.

Phil. Ce seroit donc en soi quelque chose d'absolument distinct de l'étendue?

Hyl. Je vous répete que l'étendue n'est qu'un mode, & que la matière est quelque chose qui sert de soutien aux modes. Et n'est-il pas évident que la chose soutenue est différente de celle qui soutient?

Phil. Si bien que vous prétendriez que quelque chose de différent de l'étendue, & même qui l'excluroit, devroit en être supposé le *substratum* ou le soutien.

Hyl. Précisément.

Phil. Répondez-moi, *Hylas* : une chose peut-elle être *répandue* sans être douée d'étendue? ou l'idée d'étendue n'est-elle pas nécessairement renfermée dans celle d'une chose qui est répandue?

Hyl. J'avoue que cela est vrai.

Phil. Ainsi toute chose que vous supposerez répandue sous un autre, devra avoir en soi une étendue différente de celle de la chose sous laquelle elle sera répandue.

Hyl. Cela est encore certain.

Phil. Et par conséquent, puisque la substance corporelle est, selon vous, le *substratum* ou le soutien de l'étendue, il faudra qu'elle ait en elle-même une autre étendue qui la rende propre à être *substratum* ou *soutien*, & ainsi de suite à l'infini. Or je vous demande si ce n'est pas là une chose absurde en soi, & en même tems contradictoire à ce que vous m'avez accordé tout à l'heure que le *substratum* ou le *soutien* de l'étendue devroit être quelque chose de distinct de l'étendue, & même qui l'excluroit?

Hyl. Mais, *Philonoüs*, vous ne prenez pas bien ce que je dis. Je n'entends point que la matière soit répandue sous l'étendue dans un sens grossier & littéral. On ne se sert du mot *substratum* ou *soutien* que pour exprimer en général la même chose que signifie le mot *substance*.

Phil. Eh bien, examinons donc la relation que renferme le mot *substance* : n'est-ce pas celle d'être sous les accidens?

Hyl. C'est cela même.

Phil. Mais pour qu'une chose soit sous une autre, ou qu'elle en soutienne une autre, ne faut-il pas qu'elle soit étendue?

Hyl. Il le faut.

Phil. Et par conséquent cette supposition n'entraîne-t-elle pas avec elle les mêmes absurdités que la première?

Hyl. Vous prenez toujours ce qu'on dit en un sens étroit & littéral. Cela n'est pas bien, *Philonoüs*.

Phil. Ce n'est point à moi à donner un sens aux mots que vous proférez. Vous êtes maître de les expliquer à votre gré. Tout ce que je vous demande, c'est de faire ensorte qu'ils me présentent quelque sens. Vous me dites que la matière soutient les accidens, ou qu'elle est sous eux. Comment cela, s'il vous plaît? Seroit-ce de la manière dont vos jambes soutiennent votre corps?

Hyl. Non vraiment; c'est-là le sens littéral.

Phil. Faites-moi connoître, je vous prie, quelque sens littéral ou non, dans lequel je puisse prendre ces termes...... Combien de tems me ferez-vous encore attendre votre réponse, *Hylas*?

Hyl. J'avoue que je ne sais que vous dire. J'ai cru autrefois entendre assez bien ce que signifioient ces paroles, *la matière qui soutient les accidens* ; mais maintenant plus j'y pense, & moins je trouve qu'il me soit possible d'y donner un sens. En un mot, je ne sais en aucune sorte ce qu'elles pourroient signifier.

Phil. Il semble donc que vous n'avez absolument aucune idée, ni relative ni positive de la matière. En effet vous ne savez ni ce qu'elle est en elle-même, ni quelle relation elle a avec ses accidens ; & cela bien que ce soient ses seuls accidens qui vous fournissent les moyens de la dénommer.

Hyl. Je le reconnois.

Phil. Et cependant vous avez avancé que vous ne sauriez concevoir comment les qualités ou les accidens pourroient exister réellement sans concevoir en même tems un soutien matériel auquel il appartinssent.

Hyl. Il est vrai que je l'ai affirmé.

Phil. C'est-à-dire, que lorsque vous concevez l'existence réelle des qualités sensibles ; vous concevez en même tems quelque chose que vous ne pouvez cependant pas concevoir.

Hyl. Je conviens du tort que j'ai ; mais je crains toujours qu'il ne se soit glissé quelqu'erreur dans nos raisonnemens. Que penseriez-vous, s'il vous plait, de ceci. Il m'est venu depuis peu dans l'esprit que toutes nos méprises provenoient de ce que nous traitions de chaque qualité en particulier, & séparément des autres. Je vous accorde donc que chaque qualité ne sauroit subsister seule hors de l'esprit ; que la couleur, par exemple, ne le sauroit sans l'étendue, ni la figure sans quelqu'autre qualité sensible. Mais comme c'est l'union & le mélange de plusieurs qualités qui forment les choses sensibles entières, rien n'empêche que je ne suppose en même tems qu'il existe de ces sortes de choses hors de l'esprit.

Phil. Ou bien vous voulez rire, *Hylas*, ou bien vous avez peu de mémoire ? Quoique nous ayions parcouru l'une après l'autre, toutes les qualités sensibles, mes argumens, ou plutôt les aveux que j'ai tirés de vous, n'ont jamais été bornés à vous prouver que chacune des qualités secondaires ne sauroit exister seule & par elle-même hors de l'esprit, & vous avez au contraire toujours pû en inférer qu'aucune de ces qualités ne peut exister hors de l'esprit, de quelque manière que ce soit. Il est vrai qu'en parlant de la figure & du mouvement, nous avons conclu que ces deux qualités ne sauroient exister hors de l'entendement, parce qu'il seroit impossible de les séparer, même par la pensée, de toutes les qualités secondaires, comme il faudroit pouvoir le faire pour les concevoir existantes par elles-mêmes. Mais ce n'a pas été le seul argument dont nous ayions fait usage en cette occasion. En effet, passant sous silence & ne comptant pour rien, si vous le voulez ainsi tout ce qui a été jusqu'à présent, je me retranche à faire dépendre la décision de la question d'un seul point de fait. Je vous demande si vous pouvez concevoir qu'un mélange ou une combinaison de qualités sensibles, ou quelque objet sensible que ce puisse être, existe hors de l'esprit ; & au cas que ce soit là une chose que vous puissiez concevoir, je conviens dès lors avec vous que c'en est une qui a lieu en effet.

Hyl. Si vous réduisez la question à ce point, elle sera bientôt décidée. Quoi de plus aisé que de concevoir un arbre ou une maison existans par eux-mêmes, & indépendamment de tout esprit, c'est-à-dire, sans supposer en même tems qu'aucun esprit les apperçoive ? Je les conçois dans le moment même, existans de la sorte.

Phil. Que dites-vous là ! hé, je vous prie, pourriez-vous voir une chose qui en même tems ne seroit pas vue de vous ?

Hyl. Non : il y auroit en cela une contradiction manifeste.

Phil. Et n'y auroit-il pas une aussi grande contradiction à dire que vous concevriez une chose qui en même tems ne seroit pas conçue de vous ?

Hyl. Sans doute.

Phil. Vous concevez donc la maison ou l'arbre dont vous me parlez ?

Hyl. Comment pourroit-il en être autrement ?

Phil. Et ce que vous concevez est sûrement dans votre esprit ?

Hyl. Cela ne fait point une question : ce que je conçois de moi est dans mon esprit.

Phil. Comment m'avez-vous donc pû dire que vous conceviez une maison ou un arbre, existans indépendamment de tous les esprits & hors de tous les esprits.

Hyl. Je conviens que c'étoit une méprise ; mais arrêtez un peu, & permettez-moi d'examiner ce qui avoit pu m'y conduire........ Vraiment la raison en avoit été assez singulière. Comme je pensois à un arbre, & que je me le figurois dans un endroit écarté où il n'y auroit eu alors personne qui eût pû le voir, s'il y eût été en effet, il m'a paru que c'étoit concevoir un arbre comme existant hors de l'esprit, c'est-à-dire, comme existant, sans qu'il fût néanmoins apperçu ou qu'on y pensât ; & je ne faisois pas attention que je l'appercevois & que j'y pensois moi-même pendant tout ce tems-là. Mais je vois à présent clairement que tout ce que je puis faire sur ce sujet consiste à me former des idées dans l'esprit. Il est, à la vérité en mon pouvoir de concevoir dans ma pensée l'idée d'un arbre, d'une maison, ou d'une montagne ; mais c'est-là tout, & il s'en faut bien que cela ne prouve que je puisse concevoir les choses dont j'ai parlé comme *existantes hors des entendemens de tous les esprits.*

Phil. Vous convenez donc qu'il ne vous seroit pas possible de concevoir comment quelque chose de corporel & de sensible existeroit autre part que dans un esprit ?

Hyl. Je le reconnois.

Phil. Et cependant vous soutenez avec chaleur la réalité de choses que vous ne pouvez pas même concevoir.

Hyl. J'avoue que vous me persuadez ; cependant il me reste toujours quelques scrupules.

N'est-il pas certain que nous voyons les choses à une distance déterminée ? N'appercevons-nous pas, par exemple, la lune & les étoiles dans un très-grand éloignement ? n'est-ce pas-là dis-je, une chose manifeste aux sens ?

Phil. N'appercevez-vous pas aussi dans les songes les mêmes objets ou des objets semblables ?

Hyl. Oui.

Phil. Et ne vous paroissent-ils pas alors dans ce même éloignement ?

Hyl. Il est vrai.

Phil. Mais vous ne concluez pas que les objets que les songes vous offrent soient hors de votre esprit ?

Hyl. Nullement.

Phil. L'apparence des objets sensibles, ni la manière dont les objets sont apperçus de vous, ne doivent donc pas vous suffire pour conclure que ces mêmes objets existent hors de l'esprit.

Hyl. J'en conviens ; mais mes sens ne me tromperoient-ils pas en ces occasions ?

Phil. Cela ne se peut. Ni vos sens ni votre raison ne vous apprennent que l'idée ou la chose que vous appercevez immédiatement existe actuellement hors de votre esprit. Tout ce que vos sens en particulier vous font connoître, c'est que vous êtes affecté de certaines sensations de lumière, de couleurs, &c ; & quant à ces sensations, vous ne direz pas qu'elles existent hors de votre esprit.

Hyl. Je vous l'accorde ; mais après tout, ne pensez-vous pas que la vue porte à l'esprit quelque idée d'extériorité ou de distance ?

Phil. Pour pouvoir mieux répondre à cette question, trouvez bon que je vous demande moi-même si la grosseur apparente & la figure d'un objet éloigné, ne changent pas continuellement, à mesure qu'on s'en approche de plus en plus, ou s'il seroit vrai de dire qu'elles paroissent les mêmes à toutes les distances ?

Hyl. Elles varient continuellement.

Phil. Mais si à mesure que vous vous approchez davantage d'un objet visible que vous avez apperçu immédiatement, il se présente successivement à votre esprit une suite continue d'objets visibles différens, le sens de la vue ne sauroit alors vous donner lieu de penser, ni à plus forte raison vous apprendre en aucune manière, que cet objet existe à une certaine distance, ou que vous l'appercevrez encore lorsque vous vous serez plus avancé vers lui.

Hyl. Non : mais lorsque je vois un objet, je sais du moins quel autre objet j'appercevrai quand je serai parvenu à une certaine distance de l'endroit où je suis placé, & soit que ce doive être exactement le même ou non, il y a toujours dans la perception que j'en ai, quelque chose qui se rapporte à *de la distance*.

Phil. Mon cher *Hylas*, faites seulement quelques réflexions sur le sujet que nous discutons maintenant, & dites-moi ensuite si vous aurez trouvé autre chose, sinon que l'expérience vous a appris à inférer des idées que vous appercevez actuellement par la vue, quelles autres idées doivent vous affecter après une certaine succession de tems & de mouvemens, conformément à l'ordre qui est établi dans la nature.

Hyl. Tout considéré, je pense qu'il n'y a rien de plus dans tout cela.

Phil. Or n'est-il pas clair que si nous supposons qu'un aveugle né vînt tout à coup à être doué de la vue, il n'auroit aucune expérience des idées auxquelles celles qu'il recevroit par la vue devroient le conduire ?

Hyl. Cela est indubitable.

Phil. Il n'attacheroit donc, selon vous, aucune notion de distance aux choses qu'il verroit ; mais il les prendroit pour un nouvel ordre de sensations qui ne pourroient exister autre part que dans son esprit.

Hyl. On ne sauroit le contester.

Phil. Pour vous rendre la chose encore plus claire, dites-moi un peu si toute distance n'est pas une droite qui se termine à l'œil ?

Hyl. Sans contredit.

Phil. Et pensez-vous qu'une ligne située de la sorte puisse être apperçue par l'organe de la vue ?

Hyl. Nullement.

Phil. Et par conséquent ne s'ensuit-il pas de là que la distance n'est point apperçue proprement & immédiatement par la vue ?

Hyl. Cela me paroîtroit ainsi.

Phil. Allons plus loin, croiriez-vous que les couleurs fussent situées à une certaine distance de l'œil qui les apperçoit ?

Hyl. Il faut convenir au contraire qu'elles ne peuvent exister autre part que dans l'esprit.

Phil. Mais les couleurs ne paroissent-elles pas cependant

cependant à nos yeux coexister avec l'étendue & les figures ?

Hyl. Cela est vrai.

Phil. Comment donc votre vue pourroit-elle vous servir à conclure que les figures existent hors de votre esprit, puisque de votre aveu il en est autrement des couleurs, & que l'apparence sensible est d'ailleurs la même des deux parts ?

Hyl. Je ne sais que répondre à ce que vous me dites là.

Phil. Mais quand on vous accorderoit que l'esprit apperçût véritablement & immédiatement la distance, ce n'en seroit pas néanmoins assez pour pouvoir conclure que la distance existât hors de l'esprit. En effet toutes les choses que nous appercevons immédiatement sont des idées, & aucune idée peut-elle exister hors de l'esprit ?

Hyl. Ce seroit une absurdité que de le supposer : mais apprenez-moi, je vous prie, *Philonoüs*, si nous pouvons appercevoir ou connoître rien de plus que nos propres idées ?

Phil. Il n'est point question ici des moyens que la raison pourroit nous fournir pour remonter des effets à leurs causes ; quant à ce qui regarde les sens, vous pouvez décider vous-même si vous appercevez par leur moyen rien que vous n'apperceviez immédiatement. Je vous demande donc de mon côté si vous appercevez immédiatement autre chose que vos propres sensations ou vos propres idées. Il est vrai que vous vous êtes expliqué plus d'une fois là-dessus dans le cours de notre entretien : mais cette dernière question que vous me faites, me donne lieu de juger que vous pourriez avoir abandonné votre premier sentiment.

Hyl. A vous dire la vérité, *Philonoüs*, je croirois qu'il y a deux sortes d'objets ; les uns qui sont dans l'ame même, qu'on apperçoit par conséquent immédiatement, & qu'on appelle par cette raison des *idées* ; & les autres extérieurs à l'ame, qui sont ces choses réelles qu'on apperçoit par la médiation des idées, & dont les idées sont les *images* & les *représentations*. Or je conviens que les idées ne sauroient exister hors de l'esprit ; mais je ne pense pas la même chose de la dernière sorte d'objets dont je viens de vous parler. Je suis fâché de ne vous avoir pas fait plutôt cette distinction ; elle auroit vraisemblablement prévenu ce que vous m'avez dit en dernier lieu.

Phil. Et ces objets extérieurs, est-ce par les sens ou par quelqu'autre faculté qu'on les apperçoit ?

Hyl. C'est par les sens.

Phil. Comment ! on apperçoit donc par les sens quelque chose qu'on n'apperçoit pas immédiatement ?

Hyl. Oui, *Philonoüs*, cela est vrai à quelques égards ; par exemple, quand je regarde un tableau ou une statue qui représente Jules-Cesar, on peut dire d'une certaine manière que j'apperçois Jules-Cesar par les sens, quoique ce ne soit pas immédiatement.

Phil. Il semble donc que vous pensez que nos idées, qui sont les seules choses que nous appercevions immédiatement, sont les portraits des choses extérieures ; & que nos sens apperçoivent les choses extérieures, au moyen de la conformité ou de la ressemblance qu'elles ont avec nos idées.

Hyl. C'est ce que je voulois dire.

Phil. Et comme dans votre exemple Jules-Cesar, tout invisible qu'il est en lui-même, est néanmoins apperçu par la vue, les choses réelles qui ne peuvent non plus être apperçues par elles-mêmes, n'en sont cependant pas moins propres à être apperçues par les sens.

Hyl. Précisément.

Phil. Dites-moi, *Hylas*, lorsque vous appercevez le portrait de Jules-Cesar, vos yeux voyent-ils rien de plus que quelques couleurs & quelques figures, avec une certaine simétrie & une certaine composition de ces deux choses ?

Hyl. Nullement.

Phil. Et un homme qui n'auroit jamais entendu parler de Jules-Cesar, n'en verroit-il pas autant ?

Hyl. J'en conviens.

Phil. Sa vue & l'usage qu'il en feroit ne le céderoient donc point en perfection ni à la vôtre ni à l'usage que vous faites de la vôtre ?

Hyl. J'en conviens encore.

Phil. D'où vient donc que vos pensées se rapportent à l'Empereur Romain, & qu'il n'en seroit pas de même de celles de l'homme dont nous parlons ? C'est une chose dont vous ne sauriez trouver la cause dans les sensations ou les idées des sens que vous appercevez alors ; puisque vous reconnoissez n'avoir à cet égard aucun avantage sur ce même homme : il faut donc la chercher dans votre raison & dans votre mémoire, n'est-ce pas ?

Hyl. A la bonne heure.

Phil. Et par conséquent il ne s'ensuit point du tout de votre exemple que vos sens apperçoivent quelque chose qu'ils n'apperçoivent pas immédiatement. Je vous avouerai cependant qu'on peut dire, suivant une certaine acception des mots, qu'on apperçoit les choses sensibles par la médiation des sens; & c'est en tant que la connexion qu'on a fréquemment observée entre deux idées, fait que la perception immédiate de l'une, laquelle on a eue par le moyen d'un sens, réveille dans l'esprit les perceptions des autres, lesquelles sont ordinairement liées avec celle-ci, & peuvent appartenir à un autre sens. J'entends, par exemple, le bruit d'un carosse qui passe dans la rue : je n'apperçois alors immédiatement que du son; & quoique l'expérience que j'ai qu'un pareil son est lié d'ordinaire à la présence d'un carosse, puisse me faire dire que j'entends le carosse, il est néanmoins très-évident que dans le vrai & dans la rigueur des termes, je ne puis entendre autre chose que du son. Ce n'est donc pas proprement par le sens de l'ouie que j'apperçois alors le carosse; mais c'est l'expérience qui en suggère l'idée à mon esprit, à l'occasion du son que j'ai apperçu par le sens de l'ouie. De même, lorsque nous disons que nous voyons une barre de fer rouge, la solidité & la chaleur du fer ne sont pas alors les objets de notre vûe; mais les idées de ces qualités sont réveillées dans notre imagination par la couleur & la figure que notre vûe apperçoit proprement. En un mot, nos sens n'apperçoivent jamais autre chose, en tel tems que nous puissions choisir pour exemple, que ce qu'ils appercevroient, si c'étoit le premier moment où nous en fissions usage; & il est évident que c'est l'expérience que nous tirons de nos perceptions antérieures, qui offre & qui suggère seule tout le reste à notre esprit. Pour revenir maintenant à votre comparaison du portrait de Jules-Cesar, il est clair que si vous vous en tenez à cet exemple, vous ne sauriez vous empêcher de convenir que les choses réelles ou les archetypes de nos idées, ne sont nullement apperçues par nos sens, & qu'elles ne le sont au contraire que par quelque faculté interne de notre ame, comme la raison ou la mémoire. Je desirerois donc de savoir de vous quels argumens vous pouvez tirer de la raison, pour prouver l'existence de ce que vous appellez les choses extérieures ou les objets matériels; ou bien si vous vous ressouviendriez d'avoir vû autrefois ces choses telles qu'elles sont en elles-mêmes, ou d'avoir oui dire, ou lû quelque part, que quelqu'autre que vous eût jamais eu cet avantage.

Hyl. Je vois, *Philonoüs*, que vous avez envie de railler. Mais ce n'en sera jamais assez pour me convaincre.

Phil. Je ne me propose rien de plus que de savoir de vous comment il faut s'y prendre pour parvenir à la connoissance de ces êtres matériels dont vous me parlez. Tout ce que nous appercevons, nous l'appercevons ou immédiatement ou médiatement, ou par les sens ou par la raison & les réflexions; & puisque vous avez donné l'exclusion à la voie des sens, il ne me reste plus qu'à vous prier de me montrer comment la raison peut vous porter à croire à l'existence de ces mêmes êtres, ou quel raisonnement vous pourriez mettre en usage pour m'en convaincre, ou, si vous aimez mieux, pour vous en convaincre vous-même?

Hyl. Pour vous parler avec ingénuité, *Philonoüs*, à présent que je considére la chose à fond, je n'apperçois aucune bonne raison qu'il me soit possible de vous donner pour cela : mais aussi me paroît-il très-clair qu'on ne sauroit au moins disconvenir que les objets extérieurs ne puissent exister réellement, & puisqu'il n'y a point d'absurdité à supposer qu'ils existent en effet de la sorte, je suis résolu à m'en tenir à ce que j'ai crû jusqu'ici là-dessus, à moins que vous ne m'apportiez des preuves convaincantes pour me persuader du contraire.

Phil. Hé quoi! en êtes vous déjà au point de ne pouvoir vous empêcher d'avouer que vous n'avez d'autre raison de croire à l'existence des objets extérieurs à l'esprit, que leur seule possibilité, & de me demander après cet aveu sur quelles raisons je pourrois me déterminer à rejetter votre sentiment; & cela quoique vous ne puissiez ignorer que la raison veut que ce soit celui qui soutient une affirmative qui soit tenu à produire ses preuves. Après tout, ce même point que vous êtes maintenant résolu à soutenir, sans avoir aucune raison de le faire, n'est en effet autre chose que ce que vous avez crû plus d'une fois, dans le cours de cet entretien, être forcé par de très-bonnes raisons à abandonner entierement. Mais pour passer là-dessus, vous dites, si je vous entends bien, que nos idées n'existent point hors de l'esprit, & que ce ne sont que des copies, des images ou des représentations de certains originaux qui existent hors de l'esprit.

Hyl. Précisément.

Phil. Elles ressemblent donc aux objets extérieurs?

Hyl. Sans doute.

Phil. Ces objets extérieurs ne sont-ils pas d'une nature permanente & indépendante de nos sens; ou seroient-ils sujets à des changemens continuels, suivant qu'il nous plairoit de produire des mouvemens dans notre corps, ou bien encore suivant que les facultés ou les organes de nos sens seroient en exercice, ou qu'ils seroient suspendus, ou qu'ils souffriroient même quelque altération?

Hyl. Il est clair que les êtres réels doivent

avoir une nature réelle & fixe, qui reste toujours la même, malgré les changemens qui peuvent survenir, soit dans nos sens, soit dans les attitudes, ou les mouvemens des différentes parties de notre corps. Tous ces changemens peuvent influer sur les idées que nous avons dans l'esprit; mais leurs effets ne sauroient s'étendre jusques sur les choses qui existent hors de nous.

Phil. Comment peut-il donc se faire que des choses continuellement variables, &, pour ainsi dire, flottantes, telles que sont nos idées, soient des copies ou des images de quelque chose de fixe & de constant? Ou en d'autres termes, puisque toutes les qualités sensibles, telles que la grandeur, la figure, la couleur, &c. en un mot, toutes nos idées participent ou se sentent, à chaque instant, de la moindre altération qui peut survenir dans la distance, le milieu ou les instrumens de la sensation, comment aucun objet matériel déterminé pourra-t-il être successivement représenté ou dépeint à notre esprit par plusieurs choses distinctes les unes des autres, & dont chacune en particulier sera si différente de toutes les autres & leur ressemblera si peu? Et si vous me dites que cet objet ne ressemblera qu'à quelques unes de nos idées seulement, comment pourrons-nous alors distinguer la vraie copie de toutes les autres que vous avouerez être fausses?

Hyl. Je ne vous cache point que vous m'embarrassez beaucoup: je ne sais que dire à tout cela.

Phil. Ce n'est cependant pas là tout. Lequel des deux croyez-vous, que les objets matériels soient en eux-mêmes, propres à être apperçus, ou imperceptibles?

Hyl. Nous ne pouvons appercevoir proprement & immédiatement que des idées. Ainsi les choses matérielles sont en elles-mêmes insensibles, & ne peuvent être apperçues que par la médiation de leurs idées.

Phil. C'est-à-dire, que les idées sont sensibles, & que leurs archétypes ou originaux sont insensibles.

Hyl. Justement.

Phil. Mais comment ce qui est sensible peut-il être semblable à ce qui est insensible? Une chose qui est actuellement *invisible* en elle-même peut-elle donc ressembler à une *couleur*? Ou une chose qu'on ne sauroit *entendre* peut-elle être semblable à un *son*? En un mot, y a-t-il rien qui puisse ressembler à une sensation ou une idée de quelqu'espèce que ce soit, si ce n'est un autre sensation ou une autre idée de même espèce?

Hyl. Je suis obligé de vous avouer que je crois que non.

Phil. Est-il possible que vous formiez le moindre doute là-dessus? N'avez-vous donc pas une connoissance parfaite de vos propres idées?

Hyl. Je les connois sans doute parfaitement, puisque rien de ce que je n'apperçois point, ou de ce que je ne connois point, ne sauroit en faire partie.

Phil. Considérez-les donc avec attention, examinez-les, & dites-moi ensuite si vous y trouverez la moindre chose qui puisse exister hors de l'esprit, ou si vous pouvez concevoir rien qui leur ressemble, & qui en même tems existe hors de l'esprit?

Hyl. Les recherches que je fais là-dessus aboutissent à me convaincre qu'il m'est impossible de concevoir ou d'entendre comment autre chose qu'une idée pourroit ressembler à une idée; il est très-évident qu'aucune idée ne sauroit exister hors de l'esprit.

Phil. Vos principes vous conduisent donc nécessairement à nier la réalité des objets sensibles, puisque vous avez fait consister cette réalité dans une existence absolue extérieure à l'esprit. Vous êtes donc un vrai sceptique, & par conséquent je suis venu à bout de ce que je me proposois dans notre dispute, je veux dire, de faire voir que vos principes conduisoient au scepticisme.

Hyl. Si je ne suis pas tout à fait convaincu, me voilà au moins réduit pour le présent au silence.

Phil. Vous me feriez plaisir de me dire ce que vous pourriez desirer de plus pour qu'il ne manquât rien à votre conviction. Ne vous ai-je point laissé la liberté de vous expliquer de toutes les manières que vous avez voulu? Penseriez-vous que dans le feu du discours, il nous eût pu échapper des méprises que nous aurions mises ensuite mal-à-propos en principes dans quelque raisonnement? N'avez-vous pas été le maître de vous rétracter, ainsi que d'appuyer tout ce que vous m'avez proposé de la manière que vous avez jugée la plus convenable aux vues que vous aviez? N'ai-je pas écouté & discuté tout ce que vous m'avez allégué avec toute la candeur possible? En un mot, n'avez-vous pas été convaincu sur chaque article par vos propres aveux? Et si vous pouvez maintenant découvrir quelqu'erreur dans quelques uns de ceux que vous m'avez faits, ou imaginer quelque subterfuge qui vous resteroit, quelque nouvelle distinction à m'apporter, un nouveau tour à donner à quelque chose que vous m'avez dit, ou quelque commentaire à y ajouter, pourquoi ne vous mettez-vous pas en devoir de le faire?

Hyl. Un peu de patience, *Philonoüs*. Je suis quant à présent si interdit de me trouver arrêté dans les labyrinthes où vous avez eu l'adresse de m'attirer, qu'il ne faut pas vous attendre que je découvre tout d'un coup les chemins par où je pourrois en sortir. Je vous demande du tems pour y songer, & pour me reconnoître.

Phil. Ecoutez, je vous prie; n'est-ce pas la cloche de notre collège que j'entends?

Hyl. Elle nous appelle à la prière.

Phil. Allons-y donc; & si cela vous fait plaisir, nous nous retrouverons demain matin en ce même endroit. Vous pourrez en attendant faire vos réflexions sur la conversation que nous venons d'avoir ensemble, & chercher en même tems à découvrir s'il se seroit glissé des faussetés dans ce que j'ai avancé, ou à imaginer quelque nouveau moyen de vous tirer d'affaire.

Hyl. Volontiers.

SECOND DIALOGUE.

Hyl. Je vous demande pardon, *Philonoüs*, de n'être pas arrivé plutôt à notre tendez-vous; j'ai eu toute la matinée la tête si remplie de notre conversation d'hier, que j'en ai oublié de penser à l'heure qu'il étoit, & même à toute autre chose.

Phil. Je suis charmé que vous vous en soyiez tant occupé, parce que cela me fait espérer que s'il s'est glissé quelqu'erreur dans les aveux que vous m'avez faits, ou quelque fausseté dans les inductions que j'en ai tirées, vous allez maintenant me les faire appercevoir.

Hyl. Je vous proteste que depuis je ne vous ai vû, je n'ai fait autre chose que chercher des erreurs & des faussetés dans notre conversation; & que pour y en découvrir, j'ai même examiné dans le plus grand détail la suite entière de nos discours: mais toutes ces recherches ont été vaines. Plus j'ai réfléchi sur les notions que j'ai reçues de vous, plus elles m'ont paru claires & évidentes; & plus j'y pense encore, plus je trouve qu'il me seroit impossible de leur refuser mon acquiescement.

Phil. Et n'est-ce pas-là, selon vous, une marque que ces mêmes notions sont justes, qu'elles tirent leur origine de la nature, & qu'elles sont conformes à la droite raison? La vérité & la beauté ont cela de semblable, qu'à mesure qu'on les examine de plus près, elles paroissent l'une & l'autre de plus en plus à leur avantage; au lieu que le faux éclat de l'erreur ou du masque ne souffre point l'examen, & qu'il ne sauroit soutenir d'être vû de près.

Hyl. J'avoue qu'il y a beaucoup de solidité dans ce que vous m'avez dit-là; & tant que j'ai devant les yeux les raisonnemens qui conduisent à de si étranges conséquences, on ne sauroit être plus pleinement convaincu que je le suis de leur vérité: mais pour peu que j'en éloigne mon esprit, je trouve d'un autre côté quelque chose de si satisfaisant, de si naturel, & de si intelligible dans la manière dont les modernes expliquent les mêmes phénomènes, que je ne sais non plus comment rejetter leur sentiment.

Phil. J'ignore de quelle explication vous voulez me parler.

Hyl. Je parle de celle qu'on donne de nos sensations & de nos idées.

Phil. Et comment s'y prend-t-on pour rendre raison de la manière dont nous en sommes affectés?

Hyl. On suppose que l'ame fait sa résidence dans quelque partie du cerveau, de laquelle les nerfs tirent leur origine, pour se distribuer ensuite dans toutes les parties du corps; que les objets extérieurs communiquent des mouvemens de vibration aux nerfs, en vertu des différentes impressions qu'ils font sur les organes des sens; que les nerfs qui sont remplis d'esprits, ont par cette raison la faculté de porter ou de répandre ces sortes de vibrations jusqu'au cerveau, ou au siège de l'ame; enfin que notre esprit est affecté de différentes idées, suivant les différentes impressions ou les différentes traces que tout cela forme dans le cerveau.

Phil. Et est-ce là ce que vous appellez une explication de la manière suivant laquelle nous sommes affectés de différentes idées?

Hyl. Pourquoi non, *Philonoüs*? Auriez-vous quelque chose à m'objecter là-dessus?

Phil. Je voudrois savoir d'abord si j'ai bien pris votre hypothèse. Vous prétendez que certaines traces qui se formeroient dans le cerveau, pourroient être les causes ou les occasions de nos idées. Dites-moi, je vous prie, si par le mot *cerveau*, vous entendez quelque chose de sensible?

Hyl. Quelle autre chose pourrois-je donc entendre par ce mot?

Phil. Mais les choses sensibles ont toutes la propriété de pouvoir être apperçues immédiatement: les choses que nous pouvons appercevoir immédiatement ne peuvent d'ailleurs être que des idées: enfin les idées ne sauroient exister que dans l'esprit seulement. Ce sont là, si je ne me trompe, autant d'articles dont nous sommes déjà convenus.

Hyl. Je ne vous le conteste point.

Phil. Et par conséquent le cerveau dont vous

me parlez, & qui est une chose sensible, n'existe que dans l'esprit. Or je voudrois fort savoir si vous penseriez qu'il fut raisonnable de dire, qu'une de nos idées, ou une chose qui n'existeroit que dans notre esprit, seroit l'occasion de toutes nos autres idées; & au cas que vous jugeassiez que ce fût là en effet une chose raisonnable, je vous prierois alors de m'apprendre comment vous expliqueriez l'origine de cette idée premiere, ou du cerveau même.

Hyl. Ce n'est point par ce cerveau que nos sens apperçoivent, & qui n'est lui-même autre chose qu'une combinaison d'idées sensibles, que je prétendrois vous expliquer l'origine de toutes nos autres idées, mais par un autre que j'imagine.

Phil. Mais les choses que nous imaginons, ne sont-elles pas aussi véritablement dans notre esprit, que celles que nous appercevons?

Hyl. Je ne saurois m'empêcher d'en convenir.

Phil. Ce dernier sentiment reviendroit donc en effet à celui dont je vous parlois; & puisque vous n'avez fait jusqu'ici autre chose que de tâcher de m'expliquer l'origine des idées par certains mouvemens, ou certaines impressions qu'on supposeroit dans le cerveau, vous avez prétendu par conséquent pouvoir expliquer ce phénomène par quelques altérations qui surviendroient dans une idée, sensible ou imaginable, qu'importe?

Hyl. Je commence à soupçonner un peu mon hypothèse.

Phil. Tout ce que nous connoissons de différent des esprits se réduit à nos propres idées. Lorsque vous dites que toutes les idées sont occasionnées par des impressions qui se font dans le cerveau, je puis donc vous demander si vous concevez ce cerveau; ou si vous ne le concevez pas; & ajouter à cela que si vous le concevez, vous me parlez d'idées imprimées dans une autre idée, & vous voulez que celle-ci soit la cause de celles-là, ce qui est absurde, & que si vous ne le concevez pas, vous me parlez d'une maniere tout-à-fait inintelligible, bien loin de me proposer une hypothèse fondée en raison.

Hyl. Je vois maintenant clairement que tout ce que je vous disois là n'étoit qu'un beau songe, & que mon système étoit entièrement destitué de solidité.

Phil. Ne vous en affligez pas beaucoup; car après tout, cette manière d'expliquer les choses, pour me servir de vos termes, ne pourroit jamais satisfaire aucune personne sensée. Quelle liaison y a-t-il entre un mouvement dans les nerfs, & les sensations du son ou de la couleur que l'ame reçoit? ou comment seroit-il possible que les dernieres de ces choses fussent l'effet de la premiere?

Hyl. Mais je n'aurois jamais pensé qu'il y eût si peu de fondement à tout cela que je le vois maintenant.

Phil. Eh bien donc, êtes-vous enfin pleinement convaincu que les choses sensibles n'ont point d'existence réelle, & avouez-vous que dans le vrai vous êtes un Sceptique tout-à-fait indécis?

Hyl. La chose est trop claire pour m'y opposer.

Phil. Tournez les yeux, *Hylas*: voyez ces campagnes: ne sont-elles pas couvertes d'une verdure charmante? ne trouvez-vous pas dans ces bois & dans ces bosquets, dans ces ruisseaux & ces sources d'une eau claire, quelque chose qui flatte l'esprit, qui le satisfait & qui le transporte. A la vûe du vaste & profond Océan, de quelques montagnes énormes dont le sommet se perd dans les nues, ou d'une forêt antique & sombre, votre esprit ne se sent-il point rempli d'une espèce d'horreur, où vous découvrez néanmoins encore je ne sai quoi qui vous plaît? L'aspect sauvage des rochers & des déserts n'a-t-il pas aussi ses agrémens? Quelles délices plus pures, que d'admirer les beautés naturelles de la terre? Le voile de la nuit ne vient-il pas alternativement se répandre sur elle, & nous la découvrir, pour renouveller le plaisir que nous goûtons à la contempler; & ne se joint-il pas aux saisons pour en varier la parure? Quel concert dans la disposition mutuelle des élémens! Que de variétés & d'usages dans les pierres & les minéraux! Quelle délicatesse, quelle beauté, & quel artifice dans la construction des corps des animaux & des végétaux? Avec combien de justesse toutes ces choses ne se rapportent-elles point, soit à leurs fins particulieres, soit à la constitution du tout dont elles sont autant de parties? Et en même tems qu'elles s'entraident & qu'elles se soutiennent les unes les autres dans leurs actions, ne contribuent-elles pas en cette sorte à se donner du jour, & à s'embellir mutuellement? De cette boule de terre, élevez maintenant vos regards jusqu'à ces luminaires éclatans qui ornent la voûte céleste. Les situations respectives & les mouvemens des planetes ne sont-il point véritablement merveilleux, soit par l'ordre qui y regne, soit par leurs usages? Ces globes qu'on avoit mal-à-propos nommés errans, se sont-ils jamais écartés de leurs routes dans ces voyages immenses qu'ils ont recommencés tant de fois? Les chemins qu'ils ont parcourus de tous les tems autour du soleil, ont-ils jamais manqué de répondre à des aires de secteurs elliptiques proportionnelles aux tems dans lesquels ils ont été parcourus? Tant il est vrai que les loix, suivant lesquelles l'auteur invisible de la nature agit dans l'univers, font conſtantes & immuables. Combien la lumière que jettent les étoiles fixes, n'eſt-elle pas vive & brillante ? Que de magnificence & de richeſſe ne décele point cette négligente profuſion avec laquelle elles paroiſſent répandues au hazard dans la profondeur immenſe de toute la voûte azurée ? Cependant ſi vous prenez un téleſcope, cette même voûte vous offrira alors de nouvelles légions d'étoiles qui auroient échapé à vos yeux deſtitués de ce ſecours. D'ici elles vous paroiſſent extrêmement petites, & comme ſe toucher ; mais en approchant d'aſſez près, vous découvririez en elles des globes immenſes de lumière, ſitués à des diſtances prodigieuſes les uns des autres, & qui ſe perdent dans les abîmes de l'eſpace. C'eſt maintenant qu'il eſt néceſſaire de vous aider de votre imagination. Les ſens ſont trop foibles, & la ſphère de leur portée trop étroite, pour pouvoir ſaiſir des mondes innombrables, qui tournent autour d'autant de feux placés à leurs centres, & l'énergie d'un eſprit ſouverainement parfait, qui ſe déploie dans chacun d'eux ſous une infinité de formes. Mais ni les ſens ni l'imagination n'ont aſſez de force pour comprendre l'étendue ſans bornes avec tous ſes riches ameublemens. Que l'eſprit de l'homme travaille tant qu'il voudra, & qu'il donne tel exercice qu'il lui plaira à toutes ſes facultés, il ne pourra jamais pouſſer ſi loin les idées qu'il ſe ſera formées, qu'il ne reſte encore après cela un ſurplus immenſe où il n'aura pû atteindre. Cependant, quelque diſtance qu'il y ait entre ces vaſtes corps qui compoſent la fabrique étonnante du monde, il n'en ſont pas moins retenus, & comme enchaînés par un mécaniſme ſecret, par quelque art, & par quelque force divine, dans la dépendance les uns des autres, & dans un commerce mutuel les uns avec les autres, même avec cette terre qui échape preſque à ma penſée, & ſe perd dans la foule des mondes. Le ſyſtème total de ces mêmes corps n'eſt-il pas enfin immenſe, beau & glorieux au-deſſus de l'expreſſion & de la penſée ? Quel traitement ne méritent donc pas ces philoſophes, qui voudroient priver un ſpectacle ſi raviſſant de toute réalité, & quel accueil pourrions-nous faire à des principes qui nous méneroient à penſer que toutes les beautés viſibles de la création, ſemblables à un eſpèce de clinquant, n'ont qu'un brillant paſſager, faux & imaginaire. Pour parler ſans détour, pouvez-vous vous flatter que ce Scepticiſme, où ceux qui ſuivent vos ſentimens ſe ſont laiſſés entraîner, ne ſoit pas regardé comme la choſe la plus abſurde & la plus extravagante, par tous les gens ſenſés ?

Hyl. Tout autre que vous pourra en penſer ce qu'il lui plaira ; mais quant à vous, vous n'avez rien à me reprocher là deſſus : ce qui pourroit me conſoler un peu, c'eſt que vous n'êtes pas moins Sceptique que moi.

Phil. C'eſt en quoi, *Hylas*, je ne ſuis point du tout de votre avis.

Hyl. Quoi vous m'auriez juſqu'ici accordé toutes les prémiſſes, & vous prétendriez vous refuſer aux conſéquences, & me laiſſer ainſi ſoutenir ſeul des paradoxes où vous m'avez vous-même conduit ? Certainement cela ne ſeroit pas joli.

Phil. Je ne conviens pas avec vous d'avoir admis aucune notion qui pût conduire au Scepticiſme. Vous avez dit, il eſt vrai, que la réalité des choſes ſenſibles conſiſtoit en une exiſtence abſolue hors des eſprits, ou diſtincte de la qualité que ces choſes ont d'être apperçues ; & ſuivant cette notion de la réalité, vous êtes obligé de refuſer toute exiſtence aux choſes ſenſibles, c'eſt-à-dire, qu'en conſéquence de votre propre définition, vous devez faire profeſſion du Scepticiſme. Mais je n'ai, quant à moi, ni dit ni penſé que la réalité des choſes ſenſibles pût être définie de la ſorte. Il m'eſt évident à moi, par les raiſons dont vous êtes tombé d'accord, que les choſes ſenſibles ne peuvent exiſter autre part que dans un entendement ou un eſprit ; & je conclus de là, non qu'elles ne dépendent point de ma penſée, ou qu'elles n'ont pas une exiſtence réelle, mais qu'attendu qu'elles ont une exiſtence diſtincte de la qualité d'être apperçues de moi, *il faut qu'il y ait quelqu'autre eſprit dans lequel elles exiſtent*. Ainſi autant qu'il eſt certain que le monde ſenſible exiſte réellement, autant l'eſt-il qu'il exiſte un Eſprit infini, & préſent par-tout, qui le contient & qui le ſoutient.

Hyl. Hé quoi ! il n'y a en cela rien de plus que ce que je penſe auſſi de mon côté avec tous les chrétiens, & même avec tous les autres hommes qui croient qu'il exiſte un Dieu, lequel connoît & comprend toutes choſes.

Phil. Oui ; mais avec cette différence que le motif qu'on a d'ordinaire pour croire que toutes les choſes ſont connues, ou apperçues de Dieu, conſiſte en ce qu'on eſt déjà convaincu de l'exiſtence de Dieu : au lieu que je conclus immédiatement & néceſſairement l'exiſtence de Dieu, de ce que les choſes ſenſibles doivent être apperçues de lui.

Hyl. Au reſte, dès-lors que nous croyons tous deux la même choſe, qu'importe par quel moyen nous ſoyons parvenus l'un & l'autre à l'opinion qui nous eſt commune.

Phil. Mais nous ne convenons pas même dans nos ſentimens ; car en reconnoiſſant ainſi que moi que les êtres corporels ſont apperçus de Dieu, vous leur attribuez de plus avec les philoſophes une ſubſiſtance abſolument diſtincte de la qualité d'être apperçu d'aucun esprit, ce que je ne fais pas. De plus, n'y a-t-il donc point de différence entre dire *qu'il y a un Dieu, & que par conséquent il apperçoit toutes choses*; ou bien dire, *que les choses sensibles existent réellement, que si elles existent réellement, elles sont nécessairement apperçues par un esprit infini, & qu'ainsi il existe un esprit infini, ou un Dieu*. Je tire en cette sorte d'un principe très-évident une démonstration directe & immédiate de l'existence de Dieu. Les Théologiens & les Philosophes se sont servis de la beauté, & des usages de diverses parties du monde créé pour prouver sans réplique que c'est là un chef-d'œuvre de la main d'un Dieu. Mais que sans avoir recours ni à l'Astronomie, ni à la Philosophie naturelle, & que laissant à part la contemplation de l'artifice, de l'ordre, & de la proportion mutuelle qu'on observe dans les êtres créés, on vienne à bout d'inférer nécessairement l'existence d'un esprit infini de la seule existence du monde sensible, c'est un avantage particulier à ceux-là seuls qui ont fait ces réflexions si simples, que le monde sensible n'est autre chose que ce que nous appercevons par le secours de nos différens sens; que les sens ne peuvent d'ailleurs appercevoir rien de plus que nos idées ; enfin qu'aucune idée ou aucun archetype d'idée ne peut exister autre part que dans un esprit. Vous pouvez maintenant, sans vous donner la peine de faire de profondes recherches dans les Sciences, sans recourir aux subtilités de la raison, ou sans vous engager dans des discussions longues ou ennuyeuses, attaquer à découvert, & confondre infailliblement le plus hardi partisan de l'Athéisme. Ces misérables réfugés, soit dans une succession éternelle de causes ou d'effets non pensans, soit dans un concours fortuit d'atômes, ces imaginations extravagantes de Vanini, de Hobbes & de Spinosa, & pour le dire en un mot, le système entier de l'athéisme, tout cela n'est-il pas entièrement renversé par la seule réflexion qu'on peut faire sur la répugnance qu'il y auroit à supposer que la totalité, ou que quelque partie du monde visible, même la plus grossière ou la plus informe, existât hors d'un esprit. Que chacun de ces fauteurs d'impiété tourne son attention sur ses propres pensées, & qu'il essaye s'il pourra concevoir comment un rocher, un désert, un cahos, ou, s'il aime mieux, un amas confus d'atômes, en un mot, une chose telle qu'il voudra, soit sensible, soit imaginable, pourroit exister hors d'un esprit; & il n'aura pas besoin d'aller plus loin, pour se convaincre de sa folie. Peut-on s'imaginer rien de plus satisfaisant que de réduire une dispute au point de donner à son adversaire à décider s'il peut concevoir, même dans sa seule pensée, ce qu'il soutient avoir lieu dans la nature, ou de consentir à lui accorder l'existence réelle de tout ce qu'il prétend être existant, dès-lors qu'il en aura pû établir la notion?

Hyl. On ne sçauroit disconvenir que la religion ne puisse retirer de grands avantages de votre opinion ; mais ne lui trouvez-vous pas quelque ressemblance avec un autre sentiment qui a été embrassé par des modernes d'un mérite éminent, sçavoir, que nous voyons toutes choses en Dieu?

Phil. Je serois charmé d'être instruit de cette opinion, & je vous prie de me l'expliquer.

Hyl. On part du principe que l'esprit de l'homme, qui est immatériel, ne sçauroit s'unir aux choses matérielles, de manière à pouvoir les appercevoir en elles-mêmes, & que par conséquent il ne les apperçoit qu'au moyen de son union avec la substance divine, qui, étant spirituelle & purement intelligible, peut ainsi être l'objet immédiat de la pensée. De plus, l'essence divine renferme en soi des perfections correspondantes à celles de chaque être créé, & qui sont par cette raison propres à représenter ces êtres, & à les faire appercevoir.

Phil. Je ne comprends pas comment nos idées, qui sont des choses absolument passives, ou destituées de toute activité, peuvent être la même chose que l'essence, ou quelque partie (ou comme quelque partie) de l'essence ou de la substance de Dieu, qui est un être indivisible non passif, & au contraire purement actif. Il se présente à moi dès le premier coup-d'œil plusieurs autres difficultés ou objections qu'on pourroit faire contre ce système : mais je me contenterai d'ajouter qu'il faut, si on l'admet, adopter toutes les absurdités des hypothèses que je combats ; puisqu'on doit prétendre alors qu'un monde créé existe autre part que dans l'entendement d'un esprit ; outre qu'il a encore ceci de particulier, que c'est tout-à-fait gratuitement qu'il suppose l'existence du monde matériel. Or si dans les sciences on regarde comme un bon argument contre d'autres systèmes, de faire voir qu'ils supposeroient que la nature ou la sagesse divine auroit fait quelque chose en vain, ou que l'une ou l'autre auroit produit par des moyens trop longs, détournés ou compliqués, ce qu'elle auroit pû produire d'une manière plus courte, plus directe & plus simple ; que faudra-t-il penser d'une opinion où l'on suppose que le monde entier a été créé en vain?

Hyl. Mais que dites-vous là? N'êtes-vous donc pas aussi du sentiment que nous voyons toutes choses en Dieu? Si je ne me trompe, ce que vous avancez revient à peu près à cela.

Phil. Je conviens parfaitement de ce que dit l'écriture Sainte que *nous vivons*, que *nous sommes mus*, & que *nous existons en Dieu*; mais je suis bien éloigné de croire que nous voyons les choses en lui, de la manière que vous venez de l'exposer. Voici en deux mots mon sentiment. Il est évident que je n'apperçois autre chose que mes propres idées, & qu'aucune idée ne sçauroit exister, à moins que ce ne soit dans un esprit. Il n'est pas moins clair que ces idées, ou ces choses que j'apperçois, ou leurs archétypes, existent indépendamment de mon esprit; puisque je sçai que je n'en suis pas moi-même l'auteur, ou qu'il est hors de mon pouvoir de déterminer à mon gré de quelles idées particulières je serai affecté lorsque j'ouvrirai les yeux & les oreilles; & il faut par conséquent que ces mêmes idées existent dans quelqu'autre esprit, à la volonté duquel elles me soient représentées. Toutes les choses que j'apperçois immédiatement sont, dis-je, des idées ou des sensations, quelle que soit celle de ces deux manières dont vous préfériez de les appeler. Mais comment pourroit-il se faire qu'aucune idée, ou aucune sensation existât autre part que dans un entendement, ou qu'elle fût produite par une cause différente d'un esprit? Ce seroit là certainement une chose inconcevable; & affirmer ce qui est inconcevable, c'est dire une absurdité; n'est-ce pas?

Hyl. Sans doute.

Phil. D'un autre côté, il est très-concevable que nos idées existent dans un esprit différent du nôtre, & qu'elles soient produites en nous par un tel esprit, puisque cette opinion ne renferme rien de plus que ce que nous éprouvons tous les jours en nous-mêmes. En effet, n'appercevons-nous pas des idées sans nombre, & ne pouvons-nous pas en former, ou en réveiller à notre gré dans notre imagination une grande variété; avec cette différence cependant, que celles qui auront été produites par notre imagination ne seront pas tout-à-fait si distinctes, si fortes, si vives & si permanentes que celles que nous aurons apperçues par nos sens, & qu'on appelle choses réelles? Je conclus donc de-là qu'il existe un esprit qui m'affecte à chaque moment des impressions sensibles que je reçois; & cela en même tems que la vérité, & l'ordre qui règnent entre ces impressions, & la manière dont j'en suis affecté, me servent à inférer que ce même esprit qui en est l'auteur est sage, puissant & bon, au-delà de ce qu'on peut comprendre. Remarquez bien que je ne dis pas que nous voyons les choses en appercevant les attributs de la substance intelligible de Dieu, qui peuvent nous les représenter; ce seroit là une assertion à laquelle je ne pourrois rien comprendre. Je dis seulement que les choses que nous appercevons sont connues par l'entendement d'un esprit infini, & produites en nous par sa volonté; & tout cela n'est-il pas très-clair & très-évident?

Ou pourriez-vous y trouver autre chose que ce que les observations les plus légères que nous puissions faire sur la nature de notre propre esprit, nous mettent en état de concevoir, & nous obligent même à reconnoître?

Hyl. Je crois vous entendre parfaitement; & j'avoue que la preuve que vous donnez de l'existence de la Divinité, ne me paroit pas moins claire que surprenante. Mais en convenant que Dieu est la cause suprême & universelle de toute chose, ne puis-je pas prétendre qu'il existe encore une troisième espèce de nature, distincte des esprits & des idées? Ne puis-je pas admettre une cause subordonnée & limitée de nos idées? En un mot, ne peut-il pas, malgré cela, exister encore de la matière?

Phil. Combien de fois faudra-t-il que je revienne à vous inculquer une même chose? Vous m'accordez que ce que nos sens apperçoivent immédiatement ne peut exister hors d'un esprit. D'ailleurs il n'est rien d'apperçu par nos sens, qui n'en soit apperçu immédiatement. Il n'y a donc rien de sensible qui existe hors de tout esprit. La matière sur l'existence de laquelle vous insistez toujours, devroit donc, à ce qu'il semble, si elle existoit en effet, être quelque chose d'intelligible, c'est-à-dire, quelque chose dont l'existence pourroit être connue de nous par le secours de la raison, & en même tems ne sauroit l'être par celui des sens.

Hyl. C'est la vérité.

Phil. Faites-moi donc savoir, je vous prie, sur quel raisonnement peut être fondée l'opinion que vous avez qu'il existe de la matière, & ce que peut être la *matière*, dans l'acception suivant laquelle vous prenez maintenant ce mot.

Hyl. Je me trouve affecté d'un grand nombre d'idées, dont je reconnois que je ne suis point la cause : elles ne sont point d'un autre côté les causes des unes ni des autres : enfin elles ne sont point non plus les causes d'elles-mêmes, ou elles ne peuvent subsister par elles-mêmes, attendu que ce sont des êtres entièrement destitués d'activité, passagers & dépendans; elles ont donc quelque cause distincte de moi & d'elles-mêmes, de laquelle je ne prétends connoître autre chose, sinon qu'elle est *la cause de mes idées*; & cette cause, quelle qu'elle puisse être, je l'appelle *matière*.

Phil. Dites-moi, *Hylas*, chacun a-t-il la liberté de changer à son gré la signification reçue & propre des mots dont on fait ordinairement usage dans les langues? Supposé, par exemple, qu'un voyageur vous dît que dans un certain pays où il a été, les hommes passent à travers le feu sans être endommagés, & qu'après avoir tiré de
lui

lui l'explication d'un fait si singulier, vous trouvassiez qu'il entend par le mot *feu* ce que nous entendons par le mot *eau*; ou supposé encore que ce même voyageur affirmât que dans le pays dont il vous parleroit, les arbres marchent sur deux jambes, entendant par le mot *arbre* ce que nous entendons par le mot *homme*; jugeriez-vous que tout cela fût fort raisonnable?

Hyl. Au contraire je penserois qu'il n'y auroit rien de plus puérile. La coutume est, pour ainsi dire, l'*étalon* auquel nous devons toujours rapporter les mots, pour juger de leur propriété s'il arrive donc qu'un homme affecte de parler d'une manière impropre, on peut alors dire de lui qu'il pervertit l'usage du discours; & c'est une chose qui ne peut produire d'autre effet que de prolonger & de multiplier les disputes dans des cas même où l'on ne seroit pas dans le fonds d'un avis différent.

Phil. Et la matière, suivant la manière ordinaire de prendre ce mot, n'est-elle pas une substance étendue, solide, mobile, destituée de la faculté de penser & de celle d'agir?

Hyl. C'est cela même.

Phil. Mais ne vous ai-je pas prouvé évidemment qu'une telle substance ne pouvoit exister; & qu'en supposant même qu'il fut possible qu'elle existât, comment ce qui est destitué d'activité pourroit-il être une cause, ou comment ce qui est destitué de la faculté de penser pourroit-il être cause d'une pensée? Vous êtes à la vérité le maître d'attacher, si vous voulez, au mot *matière*, un sens différent de celui dans lequel on le prend ordinairement, & de me dire que vous entendez par ce mot un être non étendu, pensant & actif, qui est la cause de nos idées: mais que seroit-ce que cela, sinon jouer sur les mots & tomber dans la même faute que vous m'avez reprochée il y a quelque tems, sans en avoir la même raison? Je ne trouve point qu'il y ait rien à reprendre dans le raisonnement par lequel vous déduisez en général l'existence d'une cause de celle des phénomènes; mais je nie que la cause que vous déduisez d'une manière légitime des phénomènes, puisse être nommée proprement *matière*.

Hyl. Il y a en effet du vrai dans ce que vous venez de me dire. Je ne voudrois en aucune sorte que vous pensassiez que je nie que Dieu, ou un esprit infini soit la cause suprême de toutes choses. Tout ce que je prétends, c'est qu'il existe encore d'autres causes subordonnées à l'agent suprême, & d'une nature limitée & inférieure à celle de cet agent, qui concourent avec lui à la production de nos idées, non par un acte de volonté, ni par une activité, ou une influence qui puisse convenir à un esprit, mais par l'espèce d'action qui appartient à la matière je veux dire, par le mouvement.

Phil. Je vois bien que malgré tout ce que nous avons dit jusqu'à présent, vous retombez à tout moment dans votre ancienne opinion, qu'il existe hors de l'esprit une substance mobile, & par conséquent étendue. Quoi? avez-vous donc déjà oublié, que je vous ai pleinement convaincu sur cet article? Et voudriez-vous que je vous répétasse maintenant tout ce que je vous ai dit là-dessus? En vérité ce n'est pas en bien agir, que de continuer toujours à supposer l'existence d'une chose que vous avez si souvent reconnu n'avoir aucune existence. Mais pour ne pas insister davantage sur un point que nous avons déjà si amplement discuté, je me contente de vous demander si toutes nos idées ne sont pas tout-à-fait passives, & dans un vrai état d'inertie, & s'il n'est pas même certain qu'elles ne renferment en elles-mêmes rien qui ait rapport à une action.

Hyl. J'en conviens.

Phil. Et les qualités sensibles sont-elles autre chose que des idées?

Hyl. Combien de fois n'ai-je pas reconnu qu'elles n'étoient rien de plus?

Phil. Mais le mouvement n'est-il pas une qualité sensible?

Hyl. C'en est une.

Phil. Ce n'est donc pas une action.

Hyl. Je vous l'accorde; & en effet il est très-clair, que lorsque je remue mon doigt, mon doigt reste pendant tout ce tems là passif, au lieu que ma volonté qui produit le mouvement est actif.

Phil. Or je voudrois bien sçavoir en premier lieu, si ayant reconnu que le mouvement n'est pas une action, vous pouvez concevoir aucune autre action que la volition; en second lieu, si dire quelque chose, & en même tems ne rien concevoir, ce n'est pas parler d'une manière contraire au bon sens; enfin si après être convenu de la vérité des principes que je viens de poser, vous ne vous appercevez point que ce seroit une chose extrêmement déraisonnable & absurde, que d'imaginer quelque cause efficiente ou active de nos idées, différente d'un esprit.

Hyl. Je conviens de tout cela; mais quoique la matière ne puisse être une cause, je ne vois pas cependant ce qui empêcheroit qu'elle ne fût un instrument qui serviroit à l'agent suprême dans la production de nos idées.

Phil. Un instrument, dites vous? & je vous prie, quels pourroient être les ressorts, les

Philosophie anc. & mod. Tom. I.

roues, le mouvement & la figure de cet inſtrument?

Hyl. Ce ſeroit-là autant de choſes que je ne prétendrois pas déterminer. La ſubſtance & les qualités de l'inſtrument dont je vous parle me ſeroient également inconnues.

Phil. Quoi, vous penſeriez donc que cet inſtrument ſeroit fait de parties inconnues, qu'il auroit des mouvemens inconnus, & une figure inconnue?

Hyl. Je ne croirois point qu'il eût du tout de figure, ou de mouvement; car je ſuis convaincu que nulle qualité ſenſible ne ſçauroit exiſter dans une ſubſtance qui ne ſeroit point douée de perception.

Phil. Mais quelle notion vous ſeroit-il poſſible de vous former d'un inſtrument deſtitué de toutes les qualités ſenſibles, même de l'étendue?

Hyl. Je ne prétendrois en avoir aucune notion.

Phil. Et quelle raiſon auriez-vous donc de penſer que ce *quelque choſe* d'inconnu, & d'inconcevable exiſteroit? Seroit-ce que vous imagineriez que Dieu ne pourroit agir auſſi bien qu'il fait ſans ce ſecours? Ou que vous auriez reconnu par l'expérience, & en formant des idées dans votre propre eſprit, l'uſage de *quelque-autre choſe* de ſemblable?

Hyl. Vous ne ceſſez de me chicanner ſur les raiſons que je puis avoir, pour ajouter foi à mon opinion; & je vous prie, quelle raiſon avez-vous de votre côté pour n'y point croire?

Phil. Quand je n'ai point de raiſon de croire à une choſe, j'ai dès-lors une raiſon ſuffiſante de n'y point croire; mais pour ne nous pas arrêter ſur les raiſons que nous pourrions avoir l'un & l'autre pour croire, ou ne point croire à la choſe dont il eſt ici queſtion entre nous, vous ne ſçauriez au moins venir à bout de m'apprendre quelle ſeroit cette choſe, à laquelle vous voudriez que je cruſſe; puiſque vous avouez que vous n'en avez pas la moindre notion. Or cela poſé, je me borne à vous prier de conſidérer, s'il eſt digne d'un philoſophe, ou même d'un homme ſenſé, de prétendre croire, ſans ſçavoir ni quoi, ni pourquoi?

Hyl. Doucement, *Philonoüs,* lorſque je vous dis que la matière eſt un inſtrument, ne penſez pas que je n'entende par là rien du tout. Il eſt vrai que je ne ſçais pas préciſément quelle eſpèce particulière d'inſtrument la matière peut être; mais j'ai malgré cela quelque notion d'un inſtrument en général, que j'applique en cette occaſion.

Phil. Mais que direz-vous ſi l'on vous prouve qu'il y a, même dans la notion la plus générale d'un inſtrument pris dans un ſens différent de celui d'une *cauſe,* quelque choſe qui rend l'uſage de tout inſtrument incompatible avec les attributs divins?

Hyl. Faites-moi voir cela, & je n'aurai plus rien à vous répliquer.

Phil. Qu'entendez-vous, s'il vous plaît, par la nature ou la notion générale d'un inſtrument?

Hyl. Les propriétés qui ſont communes à tous les inſtrumens particuliers, compoſent la notion générale d'un inſtrument.

Phil. N'eſt-ce pas une propriété commune à tous les inſtrumens, qu'on ne s'en ſerve que pour exécuter les ſeules choſes dont on ne peut venir à bout par un ſimple acte de la volonté? Je ne me ſers par exemple, d'aucun inſtrument pour remuer mon doigt, parce que c'eſt-là une action que je puis faire au moyen d'une ſimple volition; mais j'en emploie, lorſque je me propoſe de remuer une portion de rocher, ou de déraciner un arbre. N'êtes-vous pas de ce même avis? Ou pourriez-vous me faire voir quelques exemples, où l'on fît uſage d'un inſtrument pour produire un effet, qui dépendît immédiatement de la volonté de l'agent;

Hyl. J'avoue que je ne le ſçaurois.

Phil. Comment donc voudriez-vous ſuppoſer qu'un eſprit infiniment parfait, de la volonté duquel il n'eſt rien qui ne dépende abſolument & immédiatement, pût avoir beſoin d'un inſtrument dans ſes opérations; ou que n'en ayant pas beſoin, il en fît néanmoins uſage? Et ne ſemble-t-il pas en conſéquence, que vous ne ſçauriez vous empêcher d'avouer que l'uſage d'un inſtrument inanimé & deſtitué d'activité, eſt incompatible avec la perfection infinie de Dieu; c'eſt-à-dire que de votre propre aveu, vous ne pouvez vous empêcher de vous rendre ſur l'article dont il eſt maintenant queſtion entre nous.

Hyl. Je ne vois pas tout d'un coup, ce que je pourrois avoir à vous répondre.

Phil. Mais je penſois que vous ne feriez point difficulté de céder à la force de la vérité, une fois qu'elle vous auroit été bien prouvée. Il eſt vrai que nous dont la puiſſance eſt limitée, nous ſommes obligés de faire uſage de différens inſtrumens; mais l'uſage même que l'agent qui emploie les inſtrumens en fait, eſt la preuve que ſon activité à reçu des bornes d'un autre être, & qu'il n'eſt point en ſon pouvoir de réuſſir dans ſes deſſeins, autrement que par cette voie ou ſous la condition de la ſuivre. Il paroit donc qu'il s'enſuit clairement de là que l'agent ſuprême, dont la puiſſance eſt ſans bornes, ne doit ſe ſervir en aucune ſorte d'inſtrumens. La volonté d'un eſprit tout-puiſſant n'eſt pas plutôt en exercice, qu'elle est accompagnée de l'effet; & cela sans l'application des moyens, que des agens inférieurs sont au contraire obligés d'employer, non à raison d'une efficacité réelle, ou de quelque disposition nécessaire à la production d'un effet, laquelle ils trouvent en ces moyens, mais uniquement parce qu'ils sont soumis aux loix de la nature, & par rapport à la seule obligation où ils sont, de se conformer aux conditions qui leur ont été prescrites par l'agent suprême, qui quant à lui, ne reconnoît ni limitation ni dépendance.

Hyl. Hé bien, je ne vous soutiendrai plus que la matiere puisse être un instrument; mais ne pensez pas pour cela que je me désiste de croire à son existence. Je vois malgré tout ce que vous m'avez dit, qu'elle peut toujours être une occasion.

Phil. Combien de formes doit donc prendre votre matiere, ou combien faudra-t-il que je vous prouve qu'elle n'existe point, avant que vous puissiez vous résoudre à vous en détacher? Mais pour ne rien ajouter là dessus (quoique suivant les loix de la dispute je serois fondé à me plaindre, de ce que vous changez si souvent la signification du terme dont il est principalement question entre vous & moi) je voudrois bien savoir ce que vous prétendez, quand, après être déjà convenu que la matiere ne peut être une cause, vous avancez qu'elle est une *occasion* : & lorsque vous m'aurez montré en quel sens vous entendez le terme *occasion*, vous m'obligerez encore, si vous voulez bien me faire connoître quelle peut être la raison qui vous porte à croire que nous avions besoin d'*occasions* pour appercevoir nos idées?

Hyl. Quant au premier article, j'entends par *occasion* un être destitué d'activité & de pensée, à la présence duquel Dieu excite des idées dans nos esprits.

Phil. Et quelle peut être la nature de cet être, destitué d'activité & de pensée?

Hyl. Je n'en connois point du tout la nature.

Phil. Passons donc au second article, & assignez-moi quelque raison qui puisse vous porter à attribuer l'existence à cet être non actif, non pensant & inconnu.

Hyl. Lorsqu'on s'apperçoit qu'on est frappé d'une maniere réguliere & constante de différentes idées, il est naturel de penser que ces idées dépendent de quelques occasions constantes & régulieres, à la présence desquelles on en est affecté.

Phil. Vous reconnoissez donc que Dieu est la seule cause de nos idées : & vous ajoutez à cela qu'il nous en affecte à la présence des occasions dont vous parlez?

Hyl. C'est ce que je pense.

Phil. Et ces choses que vous dites être présentes à Dieu, sans doute que Dieu les apperçoit.

Hyl. Certainement; sans quoi elles ne pourroient pas lui fournir une occasion d'agir.

Phil. Sans m'arrêter ici à la demande que je serois fondé à vous faire, de prouver cette hypothèse ou de vous mettre au moins en devoir de repondre à toutes les questions, & à toutes les objections embarrassantes auxquelles elle peut donner lieu, je vous prierai seulement de me dire si la sagesse & la puissance divine ne suffisent pas pour rendre raison de l'ordre & de la régularité qu'on observe dans la succession de nos idées, ou plus généralement dans le cours de la nature; ou bien si ce ne seroit pas déroger aux attributs de l'être infiniment parfait, que de prétendre qu'une substance destituée de la faculté de penser, pût influer sur son action, & la diriger, en lui apprenant ou lui rappellant quand il devroit agir, ou ce qu'il devroit faire; enfin si en supposant même que je vous accordasse tout ce que vous soutenez, cet aveu que vous seriez venu à bout de tirer de moi, pourroit faire la moindre chose à la question que nous agitons, vû sur-tout la difficulté qu'il y auroit à concevoir comment l'existence extérieure & absolue d'une substance non pensante, c'est-à-dire, son existence distincte de la qualité qu'elle auroit d'être apperçue, pourroit être déduite de ce dont je serois convenu avec vous, que parmi les choses qui sont apperçues de l'esprit de Dieu, il peut y en avoir qui lui servent d'occasions pour produire en nous des idées?

Hyl. Je ne sais absolument que penser de tout cela, car cette notion d'occasion me paroit maintenant aussi destituée de sens, que toutes les autres dont il a déja fallu me défaire.

Phil. Ne voulez-vous donc pas vous appercevoir une bonne fois que dans toutes les acceptions différentes, suivant lesquelles vous avez pris le mot *matière*, vous n'avez fait autre chose que supposer l'existence de ce que vous ne connoissiez point, & cela sans avoir ni raison ni motif pour en user de la sorte.

Hyl. Je vous avoue franchement que depuis que vous avez si bien épluché les notions dont j'étois prévenu, j'en suis beaucoup moins entêté; mais il me semble toujours que j'apperçois confusément qu'il existe quelque chose de semblable à de la *matière*.

Phil. Ou vous appercevez l'existence de la matière immédiatement, ou vous l'appercevez par la médiation de quelqu'autre chose. Si c'est immédiatement que vous l'appercevez, je vous prie de m'apprendre quel est celui de vos sens qui vous en fournit la notion ; & si c'est par la médiation d'autre chose que vous en avez la perception, je vous prie de me faire connoître par quel raisonnement vous pouvez venir à bout de la déduire des choses que vous appercevez immédiatement. Je n'en dirai pas davantage sur cette proposition que vous prétendez avoir de l'existence de la matière ; mais quant à la matière elle-même, je vous demanderai encore si c'est un objet, un *substratum*, une cause ou une occasion. Vous avez déjà défendu successivement chacun de ces sentimens, en variant tant qu'il vous a plû sur les notions que vous aviez d'abord adoptées, & en faisant paroître la matière tantôt sous une forme, & tantôt sous une autre. De mon côté j'ai combattu, & je compte même avoir détruit tout ce que vous avez pû jusqu'ici m'alléguer là-dessus, & s'il vous reste quelque chose à me proposer, je ne demande pas mieux que de l'entendre.

Hyl. Je pense que je vous ai déjà dit tout ce que j'avois à vous dire, & je ne vois plus qu'il me reste aucune autre instance à vous faire.

Phil. Et vous avez cependant bien de la peine à vous dépouiller de vos anciens préjugés. Pour vous en faciliter de plus en plus les moyens, je vous prie, indépendamment de ce que je vous ai déjà conseillé, de vouloir bien examiner un moment, si dans la supposition que la matiere existât, vous seriez en état de concevoir comment vous en pourriez en être affecté ; ou si, en supposant qu'elle n'existât point, ce ne seroit pas une chose évidente, que vous pourriez malgré cela être affecté des mêmes idées que vous recevez à présent, & avoir par conséquent les mêmes raisons que vous pouvez avoir maintenant de croire à son existence.

Hyl. Je reconnois qu'il est possible que nous appercevions tout ce que nous appercevons à présent, & de la même manière que nous l'appercevons, sans qu'il y ait de la matière dans le monde ; & je conviens d'un autre côté qu'en supposant de la matière dans le monde, je ne conçois pas comment cette matière pourroit faire naître aucune idée dans nos esprits. J'avoue encore que vous m'avez parfaitement prouvé qu'il est impossible qu'il existe quelque chose de semblable à de la matière, dans quelques-unes des acceptions précédentes ; mais je ne saurois malgré cela m'empêcher de supposer qu'il existe de la matière en un sens ou en un autre : quoiqu'à la vérité je ne prétende point déterminer en quel sens.

Phil. Je ne m'attens pas que vous me donniez une définition exacte de la nature de cet être inconnu. Ayez seulement la bonté de me dire si c'est une substance ; & au cas que vous croyiez que c'en soit une, apprenez-moi encore si vous pouvez concevoir une substance sans accidens ou des qualités, faites-moi, s'il vous plaît, connoître ce que peuvent être ces qualités, ou au moins ce que l'on entend quand on dit que la matière en est le soutien.

Hyl. Nous avons déjà discouru sur tous ces chefs, & je n'ai plus rien à ajouter à ce que je vous ai dit sur chacun en particulier. Mais pour prévenir les questions que vous pourriez me faire encore, je vous déclare que je n'entens plus maintenant par le mot *matière*, ni une substance, ni un accident, ni un être pensant, ni un être étendu ; mais quelque chose d'absolument inconnu, & en même tems de distinct de tout cela.

Phil. Il semble donc que vous ne renfermez plus, dans la notion que vous faites maintenant en sorte de me donner de la matière, que la seule idée générale & abstraite d'*entité*.

Hyl. Je n'y fais entrer rien de plus, si ce n'est que j'ajoute à l'idée générale dont vous parlez, la négation de toutes les choses, ou de toutes les idées particulières, que j'apperçois, que j'imagine, ou dont j'ai l'apprehension, de telle manière que vous voudrez.

Phil. Où supposez-vous, je vous prie, que cette matière inconnue existe ?

Hyl. Ha, *Philonoüs !* vous croyez pour le coup me tenir ; car si je dis qu'elle existe dans un lieu, vous inférerez de là qu'elle existe dans l'esprit, puisqu'il a été prouvé que le lieu ou l'étendue n'existoit autre part que dans l'esprit. Mais je n'ai pas honte d'avouer mon ignorance. Je ne sais où la matière existe : tout ce dont je suis sûr, c'est qu'elle n'existe pas dans un lieu. Je ne vous fais là qu'une réponse négative : mais n'en attendez point d'autres à toutes les questions que vous pourrez me faire dorénavant sur la matière.

Phil. Puisque vous ne voulez pas me dire où la matière existe, ayez du moins la complaisance de m'apprendre de quelle manière vous supposez qu'elle existe, ou ce que vous entendez par son existence.

Hyl. Elle ne pense ni elle n'agit, elle n'apperçoit, ni n'est apperçue.

Phil. Mais que peut-il donc y avoir de positif dans la notion abstraite que vous vous formez de l'existence de la matière ?

Hyl. En examinant la chose de près, je ne trouve point que j'aye aucune notion positive de l'existence de la matière dans aucune acception positive. Je vous dis de nouveau que je n'ai point honte d'avouer mon ignorance. je ne sçais, ni ce que je dois entendre par l'existence de la matière, ni comment la matière existe.

Phil. Continuez, cher *Hylas*, d'en agir d'une manière si ingénue, & dites-moi sincérement si vous pouvez vous former une idée distincte de l'entité en général, abstraction faite de tous les êtres tant pensans que corporels, en un mot, de toutes choses, quelles qu'elles puissent être, ou par exclusion de toutes choses?

Hyl. Attendez, permettez que j'y pense un peu.... Je vous avoue franchement, *Philonoüs*, que je ne trouve point que je le puisse. Il me paroissoit du premier coup d'œil que j'avois quelque notion confuse & superficielle de l'entité pure & abstraite: mais une attention plus mûre a fait disparoître cette notion de mon esprit. Plus j'y pense, plus je me confirme dans la résolution que j'ai prise de ne vous plus faire que des réponses négatives, & de ne plus prétendre à aucune connoissance ou perception positive de la matière, pas même du moindre dégré de clarté. Où est la matière? comment est-elle? qu'est-elle? ou quelles sont les choses qui peuvent lui appartenir? ce sont là autant de points que je fais profession d'ignorer absolument.

Phil. Ainsi quand vous parlez de l'existence de la matière, vous n'avez alors aucune notion dans l'esprit?

Hyl. Aucune.

Phil. Dites-moi, je vous prie, si vous n'avez pas passé, depuis que nous nous entretenons ensemble, par tous les états que je vais vous rappeller? L'opinion où vous étiez qu'il existoit une substance matérielle, vous faisoit soutenir d'abord que les objets immédiats de vos perceptions existoient hors de votre esprit; vous vous êtes réduit après cela, à en dire autant de leurs archétypes, puis de leurs causes, puis de leurs instrumens, puis de leurs occasions; enfin vous vous retranchez maintenant sur *quelque chose en général*, mots qui, pour peu qu'on s'attache à en rechercher le sens, se trouveront ne signifier autre chose que le pur néant. Et ainsi la matière viendra absolument à rien. Qu'en pensez-vous, *Hylas*, n'est-ce pas là le vrai sommaire de tout ce que vous m'avez dit jusqu'à présent?

Hyl. Qu'il en soit ce qu'il vous plaira, j'insiste toujours sur ce point, que de n'être point en état de concevoir une chose, ce n'est pas une raison pour prétendre que cette chose n'existe point.

Phil. Que d'une cause, d'un effet, d'une opération, d'un signe, ou d'une autre circonstance, on puisse inférer avec raison l'existence d'une chose qu'on apperçoit immédiatement, &

qu'il soit absurde de contester l'existence d'une chose par la raison qu'on n'a point une notion directe & positive de cette chose, c'est ce que j'avoue volontiers. Mais lorsque nous ne sommes déterminés par aucun de ces motifs, à croire à l'existence de cette même chose; lorsque ni la raison ni la révélation ne nous y portent; lorsque nous n'avons pas même une notion relative de la chose; lorsqu'il faut, pour tâcher de s'en former une notion de cette espèce, commencer par faire des abstractions, de ce qui apperçoit & de ce qui est apperçu, de l'esprit & de l'idée; enfin, lorsqu'on ne parvient pas même par là à cette notion imparfaite ou foible qu'on cherche à se former; je ne vous dirai pas à la vérité que c'en soit assez de tout cela, pour refuser d'admettre la réalité de la notion dont il s'agit, ou l'existence de la chose qui en est l'objet; mais tout ce que je conclurai, c'est que nous ne pouvons avoir alors aucune notion dans l'esprit; que nous n'emploirons en ce cas les mots qu'en n'y attachant aucun sens, sans motif & sans dessein; & je vous laisse à juger quel cas on doit faire d'un assemblage de mots, qui se réduit à du verbiage tout pur.

Hyl. Pour vous parler franchement, *Philonoüs*, vos preuves me paroissent être en elles-mêmes sans replique; mais l'effet qu'elles font sur moi, ne va cependant pas jusqu'à y produire une conviction parfaite, & encore moins cet acquiescement du cœur, qui est la suite ordinaire de la démonstration: je trouve que je tombe toujours dans un soupçon confus de *je ne sais quelle matière*.

Phil. Mais ne sentez-vous pas, *Hylas*, qu'il faut que deux choses concourent ensemble pour vous ôter tous vos scrupules, & pour porter une conviction entière dans votre esprit? Sous quelque jour qu'un objet visible vous soit présenté, vous ne le verrez néanmoins jamais distinctement, s'il y a quelque imperfection dans votre vue, ou si votre œil n'est pas dirigé vers lui. De même, quelques bons que soient les principes qui servent de fondement à une démonstration, & quelque exacte que soit la forme de cette même démonstration, si celui à qui on la propose, s'est entiché de quelques préjugés, ou qu'il ait laissé prendre quelque mauvais pli à son esprit, en vain s'attendroit-on alors qu'il pût tout d'un coup appercevoir clairement la vérité, ou s'y attacher avec fermeté. Non, il n'en viendra à bout qu'avec du tems & des peines. L'attention ne peut être réveillée ou fixée que par la répétition fréquente de la perception d'une même chose, ou qu'autant que cette chose se sera offerte souvent à nous, soit constamment sous un même point de vue, soit tantôt sous un point de vue & tantôt sous un autre. Je vous l'ai déjà dit, & je vois qu'il faut que je vous le répète, &

que je vous l'inculque encore; vous prenez une licence étrange, en prétendant soutenir l'existence de quelque chose que vous ne connoissez pas, & sans pouvoir dire ni sur quelle raison, ni par quel motif. Me pourriez-vous montrer le parallèle d'une pareille conduite dans aucun art, ou dans aucune science, dans aucune secte, ou dans aucune profession des hommes? ou pourriez-vous rencontrer rien qui fût si manifestement destitué de fondement, ou si déraisonnable dans la conversation ordinaire, même la moins élevée? Mais peut-être que vous continuerez à me dire que la matière peut exister, en même tems que vous conviendrez que vous n'entendez point du tout ce que pourroient signifier les mots *matière* & *existence*. Ce seroit là en vérité une opinion bien singulière, & d'autant plus que vous l'embrasseriez, non seulement volontairement & de votre propre chef, mais encore sans y être conduit par aucune raison; car je vous défie de me montrer dans la nature aucune chose, pour l'explication de laquelle on ait besoin de la matière.

Hyl. Les choses perdront leur réalité si vous ne supposez l'existence de la matière; & pensez-vous que ce ne soit pas là une bonne raison d'en prendre la défense?

Phil. Les choses perdront leur réalité! & quelles choses, s'il vous plaît? les choses sensibles ou les choses intelligibles?

Hyl. Les choses sensibles.

Phil. Mon habit, par exemple.

Hyl. Votre habit, ou tout autre chose que vous puissiez appercevoir par les sens.

Phil. Mais pour nous fixer à quelque chose de particulier, n'est-ce pas pour moi une preuve assez évidente de l'existence de mon habit, que de le voir, de le toucher & de le porter; ou si ce n'en est pas là pour moi une preuve suffisante, comment au moins pourrais-je m'assurer de la réalité de cet habit que j'ai actuellement sur moi, par la supposition que je ferois que quelque chose d'inconnu, que je n'ai jamais vu, ni pu voir, existeroit d'une manière inconnue & dans un lieu inconnu, ou même sans que ce fût dans aucun lieu? Comment, dis-je, la supposition de la réalité de ce qu'on ne sauroit toucher, pourroit-elle servir de preuve à l'existence réelle d'une chose palpable? comment la supposition de la réalité d'une chose invisible pourroit-elle prouver qu'une chose visible existe? ou plus généralement, comment la supposition de l'existence d'une chose que vous ne pouvez appercevoir, vous conduiroit-elle à conclure qu'une chose que vous pouvez appercevoir, existe? Je ne vous demande que de m'expliquer cela, & rien ne me paroîtra jamais difficile pour vous.

Hyl. Je commence par vous avouer sans peine qu'il est absolument impossible de démontrer l'existence de la matière; mais je vous déclare en même tems que je n'en vois pas non plus l'impossibilité directe & absolue.

Phil. Et quand on vous accorderoit que la matière fût possible, auroit-elle à ce seul titre plus de droit à l'existence qu'une montagne d'or, ou un centaure?

Hyl. Je conviens que non; mais au moins ne niez-vous pas qu'elle ne soit possible, & il faut que vous reconnoissiez que ce qui est possible pourroit exister actuellement.

Phil. Vous vous trompez, je nie que la matière soit possible; & je crois vous avoir prouvé, par vos propres aveux, qu'elle ne l'est point. En effet, la matière, dans l'acception ordinaire de ce mot, seroit-elle autre chose qu'une substance étendue, solide, figurée & mobile, qui existeroit hors de l'esprit? Et n'avez-vous pas reconnu plusieurs fois que je vous avois apporté des raisons évidentes contre la possibilité d'une telle substance?

Hyl. Oui, mais ce n'est-là qu'un des sens dans lesquels on peut prendre le mot *matière*.

Phil. Mais n'en est-ce pas le seul sens propre, naturel & reçu? Et lorsque l'on a prouvé que la matière est impossible en ce sens, n'est-on pas bien fondé à la regarder comme absolument impossible? Et comment prouver autrement que telle chose que vous voudriez choisir pour exemple soit impossible? ou plutôt est-il aucune espèce de preuve pour un homme qui prend la liberté de changer & de renverser la signification des mots?

Hyl. Je pensois qu'il étoit permis aux philosophes de parler plus exactement que le vulgaire, & qu'on ne les obligeoit pas toujours à se borner à l'acception ordinaire d'un mot.

Phil. Mais l'acception du mot *matière*, de laquelle nous parlons ici, est le sens de ce mot reçu généralement parmi les philosophes mêmes. Au reste, sans nous arrêter davantage là-dessus, ne vous ai-je pas laissé la liberté de prendre ce mot dans tel sens qu'il vous a plu, & n'avez-vous pas usé de ce privilége dans la plus grande étendue? N'avez-vous pas même changé quelquefois toute la signification de ce même mot, & n'avez-vous pas fait entrer dans sa définition, ou n'en avez-vous pas ôté, à votre gré, tout ce qu'il vous pouvoit convenir le mieux d'y introduire ou d'en retrancher, contre ce que prescrivent les règles les plus connues de la raison & de la Logique. Ces variations (manière de disputer peu convenable, & à laquelle vous ne pouvez cependant manquer de vous reconnoître), ces variations, dis-je, n'ont-elles pas prolongé notre discussion beaucoup plus loin que le sujet ne demandoit, vu la nécessité où elles nous ont mis d'examiner successivement chacun des sens dans lesquels vous prétendiez qu'on pouvoit prendre le mot *matière*,

& de les réfuter les uns après les autres par vos propres aveux? Que pourriez-vous donc demander de plus, pour convenir de l'impossibilité absolue d'une chose, que d'avoir été convaincu qu'elle est impossible dans chaque sens particulier, dans lequel vous, ou tout autre que vous, puissiez la prendre?

Hyl. Mais je ne suis pas si pleinement convaincu que vous ayiez prouvé l'impossibilité de la matière dans le dernier sens; je veux dire dans le sens le plus obscur, le plus abstrait, & le plus indéfini.

Phil. Quand jugez-vous qu'on ait fait voir qu'une chose est impossible?

Hyl. Quand on a démontré une contradiction entre les idées que sa définition renferme.

Phil. Mais où il n'y a point d'idées, on ne sçauroit démontrer de contradiction entre des idées.

Hyl. J'en conviens avec vous.

Phil. Or il est clair, de votre propre aveu, que ce que vous appellez le sens obscur & indéfini du mot *matière*, ne renferme aucune idée; à moins que ce ne soit une idée inconnue, ce qui reviendroit à n'en point renfermer du tout. Ne vous attendez donc pas que je découvre ici une contradiction entre des idées que nous n'avons ni vous ni moi; ni que je vous prouve l'impossibilité de la matière, en prenant ce mot dans un sens inconnu, c'est-à-dire, en ne le prenant dans aucun sens. Tout ce que j'avois à vous faire voir, c'étoit que vous n'attachiez aucun sens aux paroles que vous proférez; & je vous ai réduit au point de n'en pouvoir disconvenir. Je vous ai donc prouvé, en me prêtant successivement à tous les sens que vous avez donnés au mot *matière*, qu'en proférant ce mot, vous n'entendiez rien du tout, ou que vous n'entendiez tout au plus qu'une absurdité, & si ce n'est pas là une preuve suffisante de l'impossibilité de la matière, je vous prie de me faire connoître ce qu'il pourroit me rester à y ajouter.

Hyl. Je reconnois que vous m'avez prouvé que la matière est impossible, & je ne vois plus rien à dire pour la défendre; mais en même-tems que je vous cède là dessus, je soupçonne tout à la fois toutes les autres opinions que j'ai eues jusqu'ici dans l'esprit; & il n'en est aucune dont vous n'ébranliez la certitude. En effet, je n'en vois point qui soit en apparence plus évidente que l'étoit celle dont vous venez de me détromper, & que je trouve maintenant aussi fausse & aussi absurde, qu'elle me paroissoit vraie avant cet entretien. Mais je pense que nous avons poussé pour le présent la dispute assez loin. J'emploierai volontiers le reste du jour à rouler dans mon esprit les différens chefs de notre conversation de ce matin; & je serai charmé de pouvoir vous retrouver ici demain à la même heure.

Phil. Je ne manquerai pas de m'y rendre.

TROISIEME DIALOGUE.

PHILONOUS. Hé bien, *Hylas*, quels sont les fruits de vos méditations d'hier? vous ont-elles confirmé dans les mêmes sentimens où je vous avois laissé en vous quittant? ou avez-vous apperçu depuis ce tems-là des raisons de changer d'avis?

Hylas. En vérité, l'opinion où je suis maintenant, c'est que toutes nos opinions sont également vaines & incertaines. Ce que nous approuvons aujourd'hui, nous le condamnerons demain. Nous parlons beaucoup de connoissances; nous passons même notre vie à chercher à en acquérir: cependant, malheureux que nous sommes, nous ignorons de tout pendant la durée entière jusques-là que je regarderois comme une chose impossible dans notre état actuel de rien connoître absolument. Nos facultés sont trop étroites, & en trop petit nombre. Certainement la nature ne nous a point destinés à la spéculation.

Phil. Quoi, *Hylas*, penseriez-vous que nous ne connoissons rien du tout?

Hyl. Il n'y a pas même jusqu'à notre propre connoissance, dont il ne nous soit impossible de connoître la nature réelle.

Phil. Me direz-vous que je ne connois pas réellement ce que c'est que le feu & l'eau;

Hyl. Vous pouvez connoître à la vérité que le feu paroit chaud & l'eau fluide; mais ce n'est-là autre chose que connoitre quelles sensations produit dans votre esprit l'application du feu & de l'eau aux organes de vos sens. Quant à la constitution intérieure du feu & de l'eau, vous êtes entièrement dans les ténèbres sur ce point.

Phil. Je ne sais pas que le siège sur lequel je suis assis maintenant est une pierre réelle, & que ce que je vois devant mes yeux est un arbre réel?

Hyl. Le savoir! non vraiement: il est impossible que ni vous ni personne au monde le sachiez. Tout ce que vous savez, c'est que vous avez une certaine idée, ou une certaine apparence dans votre esprit: mais quel rapport cela a-t-il à un arbre réel, ou à une pierre réelle? La couleur, la figure & la dureté que vous appercevez par vos sens, ne constituent point du tout les natures réelles de ces choses & ne leur ressemblent même en aucune manière. On peut porter le même jugement du tous les autres êtres qu'on nomme réels, je veux dire, de toutes les subſtances corporelles qui compoſent le monde. Il n'en eſt point qui ayent en elles-mêmes rien de ſemblable à ces qualités ſenſibles que nous y appercevons. Ainſi nous ne ſaurions prétendre pouvoir rien affirmer ni connoître de ce qu'elles ſont dans leurs natures.

Phil. Cependant, *Hylas*, je puis certainement diſtinguer l'or, par exemple, du fer; & comment pourrois-je en venir à bout, ſi je n'avois connu d'avance ce que chacune de ces choſes eſt en elle-même?

Hyl. Croyez-moi, *Philonoüs*, vous ne pouvez faire de diſtinction qu'entre vos propres idées ſeulement. Penſez-vous que cette couleur jaune, ce poids, & ces autres qualités ſenſibles, ſoient reellement dans l'or? Ce ſont-là autant de choſes purement relatives à nos ſens, & qui n'ont point d'exiſtence abſolue dans la nature. En prétendant diſtinguer les eſpèces des êtres réels par les apparences qu'ils produiſent dans votre eſprit, vous pourriez vous conduire à-peu-près auſſi ſagement que celui qui concluroit que deux hommes ſeroient de figure différente, parce que leurs habits ne ſeroient pas de la même couleur.

Phil. Il ſemble donc que nous voilà confinés aux ſeules apparences des choſes, & même à de fauſſes apparences des choſes. Ni ce que je mange, ni l'habit que je porte, n'ont, ſelon vous, rien de ſemblable ni à ce que je vois, ni à ce que je ſens.

Hyl. C'eſt ce que je prétends.

Phil. Mais n'eſt-ce pas une choſe étrange que le monde entier s'en laiſſe ainſi impoſer, & qu'il ſoit aſſez fou pour s'en rapporter aux ſens. Je ne ſais, en vérité, comment il peut arriver que les hommes mangent, boivent, dorment, & exécutent toutes leurs autres fonctions animales, auſſi gayement & auſſi à propos que s'ils connoiſſoient toutes les choſes avec leſquelles ils ſe croyent des relations.

Hyl. Ils le font cependant; mais vous ſavez bien que la pratique ordinaire ne demande pas un grand raffinement de connoiſſances ſpéculatives. Il arrive donc de-là que le vulgaire retient ſes erreurs, & que malgré cela il ſe retire du mieux qu'il peut des affaires de la vie ; mais les Philoſophes connoiſſent mieux les choſes.

Phil. Voulez-vous dire par-là qu'ils ſavent qu'ils ne ſavent rien.

Hyl. C'eſt-là le vrai fait, & la vraie perfection des connoiſſances humaines.

Phil. Mais m'avez-vous parlé tout de bon, *Hylas*, depuis que nous nous ſommes rejoints? & êtes-vous ſérieuſement perſuadé que nous ne connoiſſions rien de réel dans le monde? Quand vous voulez vous mettre à écrire, ne demandez-vous pas une plume, de l'encre & du papier comme un autre homme, & ne connoiſſez-vous pas alors ce que vous demandez?

Hyl. A quoi bon me faire redire que je ne connois la nature réelle d'aucune choſe qui ſoit dans l'univers. Je puis à la vérité faire uſage dans l'occaſion de plumes, d'encre & de papier : mais je déclare que je ne ſais ce qu'aucune de ces choſes peut être dans ſa vraie nature; & qu'il en eſt de même de toutes les autres choſes corporelles. Il y a plus: non-ſeulement nous ne connoiſſons point la nature vraie & réelle des choſes; nous ignorons même leur exiſtence. J'avoue qu'on ne ſauroit nier que nous n'appercevions telles apparences ou telles idées : mais ce ſeroit mal-à-propos qu'on voudroit conclure de-là que les corps exiſtent réellement. Et puiſque j'en ſuis là-deſſus, je dois même, conformément à ce que je vous ai accordé, ajouter à cela qu'il eſt impoſſible qu'il exiſte rien de réel & de corporel dans la nature.

Phil. Vous me ſurprenez : y eut-il jamais rien de plus étrange, & permettez même que je diſe de plus extravagant, que ce que vous ſoutenez-là? & n'eſt-il pas évident que c'eſt l'opinion où vous êtes qu'il exiſte de la matière, qui vous a jetté dans toutes ces abſurdités? C'eſt elle qui vous a fait rêver que vous apperceviez de ces natures inconnues dans chaque choſe. Ça été la ſeule raiſon de la diſtinction que vous avez faite entre la réalité des choſes & leurs apparences ſenſibles. C'eſt à elle que vous êtes redevable d'ignorer ce que tout le monde connoit à merveille. Ce n'eſt pas le tout: non-ſeulement vous ignorez la vraie nature de chaque choſe; vous ne ſavez pas non plus s'il exiſte réellement aucune choſe, ou s'il eſt même de vraies natures; & cela, parce que vous attribuez à vos êtres matériels une exiſtence abſolue ou extérieure, dans laquelle vous faites conſiſter leur réalité ; & qu'étant enſuite obligé de reconnoître qu'une telle exiſtence renferme une contradiction manifeſte dans les termes, ou que c'eſt un mot abſolument vuide de ſens, vous vous trouvez par là dans la néceſſité de vous déſiſter de votre propre hypothèſe de l'exiſtence d'une ſubſtance matérielle, & de nier en conſéquence fermement l'exiſtence réelle de tous les êtres de l'univers; d'où il arrive enfin que vous ne pouvez éviter de tomber dans le ſcepticiſme le plus profond & le plus déplorable où jamais homme ſe ſoit laiſſé entraîner. Dites-moi, *Hylas*, la choſe n'eſt-elle pas comme je le dis? ne vous reconnoiſſez-vous pas à ce portrait?

Hyl. Je conviens avec vous que ma ſubſtance matérielle n'étoit autre choſe que le vain produit d'une hypothèſe, & d'une hypothèſe fauſſe & ſans fondement. Je ne m'arrêterai pas davantage

tage à la défendre. Mais quelque système que vous embrassiez, ou quelqu'arrangement de choses que vous substituiez en place, je ne doute pas que l'un ou l'autre ne se trouve être à tous égards aussi faux. Permettez-moi de vous faire des questions là-dessus, c'est-à-dire, souffrez que je vous serve à votre manière, & je garantis que je vous conduirai peu-à-peu de cette sorte au même état de Scepticisme où me voilà maintenant; & cela à travers autant d'embarras & de contradictions que j'en ai eus à essuyer.

Phil. Je vous assure, *Hylas*, que je ne prétens point du tout faire des systêmes. Je suis de la trempe ordinaire, assez simple pour en croire à mes sens, & pour laisser les choses dans l'état où je les trouve. Si vous voulez que je vous parle plus clairement, mon sentiment est que les êtres réels sont les choses mêmes que je vois, que je touche, en un mot que j'apperçois par mes sens. Je les connois à merveille, & trouvant qu'elles répondent parfaitement à tous les besoins de ma vie, & à ma destination actuelle, je n'aurois point de raison de m'embarrasser l'esprit, ou de m'inquiéter d'aucun être inconnu. Un morceau d'un pain sensible, par exemple, remettra mieux mon estomac que dix mille fois autant de ce pain réel, insensible & inintelligible dont vous me parlez. C'est aussi mon sentiment que les couleurs & les autres qualités sensibles, ne sont point séparées de leurs objets. Je ne saurois pour la vie m'empêcher de penser que la neige est blanche, & que le feu est chaud. Vous qui par la neige & le feu, entendez certaines substances extérieures à l'esprit, non apperçues & qui n'apperçoivent point, vous êtes à la vérité en droit de nier que la blancheur, ou la chaleur soient des affections inhérentes dans ces substances. Mais quant à moi qui entends par ces mots les choses que je vois & que je touche, je suis obligé de penser comme le commun des hommes. Au reste, de même que je ne suis point Sceptique sur la nature des choses, de même aussi ne le suis-je point à l'égard de leur existence. Ce seroit à mon avis une contradiction manifeste, qu'une chose fût apperçue réellement par mes sens, & qu'en même tems elle n'existât point; puisque je ne saurois séparer, même par la pensée, l'existence d'une chose sensible, de la qualité qu'elle a d'être apperçue. Le bois, les pierres, le feu, l'eau, la viande, le fer & d'autres choses semblables que je nomme & dont je parle, sont autant de choses que je connois, sans quoi je n'y aurois jamais pensé, ou je ne les aurois jamais nommées. Je ne les aurois non plus jamais connues si je ne les avois apperçues par mes sens. Les choses que les sens apperçoivent, sont d'ailleurs apperçues immédiatement. Les choses qui sont apperçues immédiatement sont des idées, & les idées ne sauroient exister hors de l'esprit.

Philosophie anc. & mod. Tom. I.

L'existence des choses dont je viens de parler, consiste donc dans la qualité qu'elles ont d'être apperçues; & il s'ensuit de là que lorsqu'on les apperçoit actuellement, on ne sauroit former de doute sur leur existence. Loin de nous par conséquent tout ce Scepticisme, & tous ces doutes tout à la fois philosophiques & ridicules. Quelle puérilité n'est-ce pas, par exemple à un philosophe que de regarder l'existence des choses sensibles comme problématique, jusqu'à ce qu'il soit venu à bout de la prouver par la considération de la véracité de Dieu? & combien ne seroit-il pas ridicule encore, de prétendre que la connoissance que nous avons sur ce sujet, fût d'un degré inférieur à celles que nous acquérons par voie de réflexion ou de démonstration? Je douterois quant à moi aussi-tôt de mon propre être, que de l'être de ces choses que je vois & que je touche actuellement.

Hyl. N'allons pas si vîte, *Philonoüs*. Vous dites, ce me semble, que vous ne sauriez concevoir comment les choses sensibles existeroient hors de l'esprit : n'est-ce pas-là ce que vous dites?

Phil. D'accord.

Hyl. Et ne concevez-vous pas qu'en vous supposant anéanti, il seroit encore possible qu'il existât des choses propres à être apperçues par les sens?

Phil. Je le conçois très-bien : mais j'ajoute que ces choses seroient alors dans un esprit qui ne seroit pas le mien. Lorsque je refuse aux choses sensibles l'existence hors de l'esprit, je n'entens point parler de mon seul esprit en particulier, mais de tous les esprits ensemble. Il est clair que ces choses ont une existence extérieure à mon esprit; puisque l'expérience me fait reconnoître qu'elles en sont indépendantes : mais ce que je dois inférer de là c'est qu'il est quelqu'autre esprit où elles existent même durant les intervalles qui s'écoulent entre les tems où je les apperçois. Il en a été de même avant ma naissance, & la même chose continueroit dans la supposition de mon anéantissement. Et comme ce que je dis-là à l'égard de mon esprit, est également vrai à l'égard de tout autre esprit fini & créé; il s'ensuit enfin nécessairement de tout cela, qu'il existe un esprit présent partout & éternel, qui connoît & comprend toutes choses, & qui nous les représente suivant les règles qu'il s'est prescrites à lui-même, & que nous appellons les loix de la nature.

Hyl. Répondez-moi encore, *Philonoüs*: nos idées ne sont-elles pas des êtres absolument passifs & destitués de toute activité? ou renfermeroient-elles quelqu'activité en elles-mêmes?

Phil. Elles sont purement passives, & destituées de toute activité.

P p p

Hyl. Et Dieu n'est-il pas un agent, & même un être purement actif ?

Phil. Je fais profession de le croire.

Hyl. Nulle idée ne sauroit donc ressembler à Dieu, ou en représenter la nature ?

Phil. J'en conviens.

Hyl. Comment donc, n'ayant point d'idée de l'esprit de Dieu, ou, ce qui paroît revenir au même, ne concevant point l'esprit de Dieu, pouvez-vous concevoir que les choses dont nous parlons doivent exister dans l'esprit de Dieu ? ou, si vous prenez le parti de me dire que vous pouvez concevoir l'esprit de Dieu, sans en avoir une idée, pourquoi ne pourrois-je pas à même titre concevoir l'existence de la matiere, bien que je n'en aye point d'idée ?

Phil. A l'égard de votre premiere question, j'avoue que je n'ai proprement aucune idée ni de l'esprit de Dieu, ni d'aucun autre esprit ; car puisque Dieu & les autres esprits sont des êtres actifs, ils ne sauroient être représentés par des choses destituées de toute activité, telles que sont toutes nos idées. Je sais néanmoins que moi, qui suis un esprit ou une substance pensante, j'existe ; & je le sais avec la même certitude avec laquelle je connois l'existence de mes idées. Je sais encore ce que j'entends par les termes *je* ou *moi*, & je le sais immédiatement, ou intuitivement, quoique je ne l'apperçoive point de la même maniere que j'apperçois un triangle, une couleur ou un son. L'entendement, l'esprit ou l'ame est cette chose indivisible & non étendue, qui pense, agit & apperçoit. Je dis *indivisible*, en tant que non étendue ; & *non étendue*, parce que les choses étendues, figurées & mobiles sont des idées, & que ce qui apperçoit les idées, ce qui pense & ce qui veut, ne sauroit évidemment être une idée, ni semblable à une idée. Les idées sont des choses destituées d'activité & apperçues, & les esprits sont une sorte d'êtres tout-à-fait différens de ceux-là ; & c'est ce qui fait que je me garde bien de dire que mon esprit soit une idée, ou semblable à une idée. Quoi qu'il en soit, je conviendrai, si vous voulez, qu'en prenant le mot *idée* dans un sens étendu, mon esprit me fournit une idée, c'est-à-dire, une image ou une ressemblance de Dieu, quoiqu'à la vérité extrèmement imparfaite ; car je n'ai acquis la notion que j'ai de Dieu, qu'en réfléchissant sur mon propre esprit, en élevant ses facultés ou ses puissances, & en en retranchant toutes les imperfections. Si je n'ai donc pas une idée non active de la divinité, j'en trouve néanmoins en moi-même une espece d'image pensante & active ; & quoique je n'apperçoive point Dieu par les sens, j'en ai cependant une notion, ou je le connois par la voie de la réflexion & du raisonnement. Mon propre esprit & mes propres idées, sont autant d'objets dont j'ai une connoissance immédiate ; & c'est par leur secours & leur médiation, que je parviens à appercevoir l'existence des autres esprits & des autres idées. Enfin mon propre être, & la dépendance que j'éprouve en moi-même & dans mes idées, me fournissent un motif suffisant d'inférer nécessairement, par un acte de raison, l'existence de Dieu, ainsi que celle de toutes les choses créées qui sont dans son esprit. En voilà assez sur votre premiere question. Quant à la seconde, je présume que vous devez être maintenant en état d'y répondre de vous-même. En effet, ni vous n'appercevez la matiere objectivement, comme vous appercevez les êtres destitués d'activité, ou les idées ; ni vous ne la connoissez par un acte réfléchi, comme vous vous connoissez vous-même ; ni vous ne l'appercevez par la méditation, ou de vos idées, ou de votre propre être, & au moyen de sa ressemblance avec l'une ou l'autre de ces deux especes d'êtres ; ni vous ne pouvez enfin en conclure l'existence, par la voie du raisonnement, de ce que vous connoissez immédiatement : choses qui concourent toutes à rendre la considération de la matiere fort différente, à l'égard dont nous parlons, de celle de la divinité.

Hyl. J'avoue que je suis entierement satisfait des réponses que vous venez de faire à mes deux objections. Mais sérieusement pensez-vous que l'existence réelle des choses sensibles ne consiste en autre chose qu'en la qualité qu'elles ont d'être actuellement apperçues ? Si cela est, comment a-t-il pu arriver, que tous les hommes ayent de concert jugé à propos de faire une distinction entre l'une & l'autre de ces deux choses ? Prenez le premier homme que vous rencontrerez ; faites-lui la question, & il vous répondra qu'être apperçu est une chose, & qu'exister en est une autre.

Phil. Je consens, *Hylas*, d'en appeller au sens qu'on donne ordinairement au mot *existence*, pour justifier la vérité de mon sentiment. Demandez à ce garçon jardinier pourquoi il pense que ce cerisier existe dans ce jardin, & il vous dira que c'est parce qu'il le voit, ou qu'il le touche, en un mot parce qu'il l'apperçoit par les sens. Demandez-lui pourquoi il juge qu'il n'y a point d'oranger dans ce même jardin, il vous répondra que c'est à cause qu'il n'y en apperçoit point. Ce qu'il apperçoit par ses sens, c'est ce qu'il appelle *être réel* & qu'il dit *exister* ; & quant à tout ce que ses sens ne peuvent appercevoir, il vous dira que ce sont autant de choses qui n'ont point d'*existence*.

Hyl. Oui, *Philonoüs*, j'avoue que l'existence d'une chose sensible consiste en la qualité que cette chose a de pouvoir être apperçue ; mais je ne conviens pas qu'elle consiste en celle d'être actuellement apperçue.

Phil. Et qu'y a-t-il de propre à être apperçu, sinon les idées ? Et une idée peut-elle exister sans être actuellement apperçue ? Ce sont-là des chefs dont nous sommes déjà convenus depuis longtems ?

Hyl. Quoi qu'il en soit de la vérité de votre opinion, au moins ne nierez-vous pas qu'elle ne soit choquante & contraire au sentiment commun ? Demandez à ce même garçon si l'arbre que voilà a une existence hors de son esprit ; quelle réponse pensez-vous qu'il vous fera ?

Phil. Il m'en fera une semblable à celle que je me ferois moi-même : il me dira que l'arbre existe hors de son esprit ; mais d'un autre côté des oreilles chrétiennes ne sauroient se choquer de m'entendre ajouter à sa réponse que cet arbre réel qui existe hors de son esprit, est véritablement connu & compris par l'esprit infini de Dieu, c'est-à-dire, qu'il existe dans l'entendement divin. Vraisemblablement le garçon dont vous me parlez, ne fera pas attention du premier coup-d'œil à la preuve directe & immédiate qu'on peut donner de ce fait, & cela, parce que l'existence d'un arbre ou de toute autre chose sensible suffit seule pour occuper l'esprit qui l'apperçoit : mais il ne sauroit au moins nier la chose. La question entre les matérialistes & moi, ne consiste point à savoir si les choses ont une existence réelle hors de l'esprit de telle ou telle personne ; mais si elles en ont une absolue & distincte de la qualité qu'elles ont d'être apperçues même de Dieu, ou tout à la fois extérieure à tous les esprits. Il est vrai que quelques payens, & parmi eux quelques philosophes, ont été de ce sentiment ; mais quiconque se sera fait des notions de la divinité, conformes à la manière dont l'écriture sainte nous en parle, sera certainement d'un avis différent.

Hyl. Mais quelle différence y a-t-il dans votre sentiment entre les choses réelles & les chimères que l'imagination a le pouvoir de se former, ou les visions dont nous sommes frappés dans les songes, puisque tout cela est également dans l'esprit ?

Phil. Les idées que l'imagination se forme sont foibles, elles ne sont point distinctes, & elles dépendent outre cela entièrement de la volonté : mais les idées que nous appercevons par les sens, c'est-à-dire, les choses réelles sont plus vives & plus claires ; & comme elles sont imprimées dans notre entendement par un esprit différent de nous, nous n'appercevons pas en elles la même dépendance de notre volonté. Il n'y a donc point de danger de confondre ces dernières idées avec les précédentes, & encore moins de les confondre avec les visions des songes, lesquelles sont toujours obscures, irrégulières & confuses ? En vain ces sortes de visions seroient elles vives & naturelles. Comme elles ne seroient point en même tems liées aux événemens de notre vie qui les auroient précédées, ou qui devroient les suivre, & qu'elles ne formeroient point un ensemble avec elles, on pourroit toujours par cette raison les distinguer aisément des réalités. En un mot, quelque moyen que vous preniez dans votre système pour distinguer les *choses* des *chimères*, je pourrai en faire également usage dans le mien ; car il sera fondé sans doute sur quelque différence que vous aurez apperçue entre ces deux espèces d'objets ; & je ne prétends pas vous priver de la moindre des choses que vous appercevez.

Hyl. Mais toujours est-il vrai, *Philonoüs*, que vous soutenez qu'il n'y a rien dans le monde que des esprits & des idées ; & que vous ne sauriez vous empêcher de convenir que cela sonne très-mal.

Phil. J'avoue que le mot *idée* que j'emploie pour le mot *chose*, contre l'usage ordinaire, sonne dans mon sentiment d'une manière un peu singulière. La raison que j'ai eue pour le prendre dans cette acception, ç'a été qu'on le regarde généralement comme renfermant une relation nécessaire à l'esprit ; & que les philosophes s'en servent aujourd'hui communément pour signifier les objets immédiats de l'entendement. Mais quel que mal que la proposition puisse sonner dans les termes, elle ne renferme néanmoins rien de si étrange ou de si choquant dans le sens ; puisqu'en effet elle se réduit uniquement à dire, qu'il n'existe que des choses qui apperçoivent, & des choses apperçues, ou que tout être destitué de la pensée est nécessairement, & en conséquence de la nature & de son existence, apperçu par quelque esprit, sinon par des esprits finis & créés, au moins par l'esprit infini de Dieu, dans lequel *nous vivons, nous sommes mus & nous existons*. Est-ce donc une chose aussi étrange que de dire, comme vous faites, que les qualités sensibles ne sont point répandues sur les objets, ou que nous ne pouvons être sûrs de l'existence des objets, ni rien connoître de leur nature, lors même que nous les voyons, que nous les touchons, en un mot, que nous les appercevons par tous nos sens.

Hyl. Et en conséquence de ce système, ne devrions-nous pas penser qu'il n'existeroit rien de semblable à des causes physiques ou corporelles? Et quoi de plus déraisonnable que cette prétention?

Phil. Il y auroit sans doute bien moins de raison à dire qu'une chose destituée d'activité opéreroit sur un esprit, & que ce qui n'auroit point la faculté d'appercevoir pourroit être la cause de nos perceptions; & cela, sans s'embarrasser comment une pareille prétention pourroit s'accorder avec cet axiome reçu de tous les tems, qu'aucune chose *ne peut donner à une autre ce qu'elle n'a point elle-même*. Outre que ce qui vous paroît, je ne sais pourquoi, si déraisonnable, n'est rien de plus que ce que les saintes écritures nous assurent en cent endroits. Vous conviendrez avec moi qu'elles nous représentent partout l'être suprême comme le seul auteur & l'auteur immédiat de tous ces effets, que quelques payens & quelques philosophes de nos jours ont coutume d'attribuer à la nature, à la matière, au destin ou à d'autres principes semblables & non pensans. C'est si bien là leur langage constant, que ce seroit une chose superflue que d'entreprendre de prouver ici le fait par des citations.

Hyl. Vous ne prenez pas garde, *Philonoüs*, qu'en regardant ainsi Dieu comme la cause immédiate de tous les mouvemens qui ont lieu dans la nature, vous le rendez auteur du meurtre, du sacrilège, de l'adultère & de plusieurs autres péchés non moins détestables.

Phil. Pour répondre à cela, j'observe d'abord que l'imputation d'un crime n'est pas moins odieuse lorsqu'on est accusé d'avoir commis ce crime avec un instrument; que lorsqu'on est accusé de l'avoir commis sans instrument; d'où il s'ensuit qu'en supposant que Dieu agit par la médiation d'un instrument que vous nommeriez *matière*, vous ne le rendriez pas moins auteur du péché que je ne ferois moi, en le regardant comme auteur immédiat de toutes ces sortes d'opérations qu'on attribue ordinairement à la nature. Je remarque ensuite que le péché ou la difformité morale ne consiste point dans l'action ou le mouvement extérieur & physique, mais en ce que la volonté s'éloigne des loix de la raison & de la religion. La chose est évidente, puisque l'action de tuer un ennemi dans une bataille ou de donner la mort à un criminel en exécution des loix, n'est pas regardée comme un péché, quoique l'acte extérieur soit dans ce cas précisément le même que dans celui du meurtre. Supposer que Dieu soit la cause immédiate des actions physiques, ce n'est donc pas le rendre auteur du péché. Enfin, je n'ai jamais dit que Dieu fut le seul agent qui produisît tous les mouvemens dans les corps. Il est vrai que j'ai nié qu'il y eût d'autres agens que les esprits: mais cela n'empêcheroit point du tout qu'on ne pût attribuer aux êtres pensans & raisonnables d'exercer dans la production des mouvemens quelques puissances limitées, qui dériveroient à la vérité en dernier ressort de Dieu, mais qui seroient d'un autre côté sous la direction immédiate de ces êtres; & c'en est assez pour juger que ces mêmes êtres pourroient être coupables des mauvaises actions qui en émaneroient?

Hyl. Mais nier la matière ou la substance corporelle, *Philonoüs* ! c'est là le point. Vous ne me persuaderez jamais que ce ne soit une chose qui répugne au sentiment universel des hommes. Si notre contestation pouvoit être décidée à la pluralité des voix, je suis bien sûr que vous me céderiez la partie, sans vous donner la peine de recueillir les suffrages.

Phil. Je souhaiterois de tout mon cœur qu'on exposât bien nos deux opinions & qu'on les soumît ensuite au jugement de gens de bon sens, & qui ne fussent point prévenus des préjugés qu'on puise dans les écoles. Représentez-moi comme quelqu'un qui s'en rapporte à ses sens, qui pense connoître les choses qu'il voit & qu'il touche, & qui ne forme aucun doute sur leur existence; & montrez-vous vous-même de votre côté avec tous vos doutes, vos paradoxes, & ce Scepticisme dans lequel vous vous enveloppez continuellement; & je ne demande pas mieux que de m'en rapporter ensuite au jugement de toute personne indifférente. C'est pour moi une chose évidente qu'il n'y a d'autres substances où les idées puissent exister, que les esprits. Nous convenons tous deux que les objets qu'on apperçoit immédiatement sont des idées. Enfin personne ne peut nier que les qualités sensibles ne soient ces objets que nous appercevons immédiatement. Il est donc évident qu'il ne sauroit y avoir d'autre *substratum* ou soutien de ces qualités que les esprits dans lesquels elles existent, non par manière de mode ou de propriété, mais comme une chose apperçue dans celle qui l'apperçoit. Je nie donc qu'il existe aucun soutien non pensant des objets des sens, & par conséquent aucune substance matérielle dans cette acception de ce mot. Mais si l'on entend par substance matérielle les seuls corps sensibles, ceux qu'on voit & qu'on touche (& j'ose dire que la partie non philosophique du monde n'entend autre chose par ces mots); je suis plus certain alors de l'existence de la matère, que vous ou aucun autre philosophe ne puissiez prétendre de l'être. Si quelque chose peut éloigner le commun des hommes des sentimens que j'épouse, c'est de croire mal-à-propos que je nie la réalité des choses sensibles: mais comme c'est vous qui êtes dans cette erreur & non moi, il s'ensuit de là que dans le vrai, c'est contre votre sentiment & non contre le mien, que doit se tourner l'aversion générale. Je déclare donc que je suis aussi certain qu'il y a des corps ou des substances corporelles, (entendant par là les choses que j'apperçois par mes sens) que je le suis de ma propre existence ; à quoi j'ajoute que cela posé, le gros du monde ne doit nullement être inquiet de ce que pourront devenir ces natures inconnues, ou ces qualités philosophiques, pour lesquelles quelques personnes se passionnent si fort, ni se croire en aucune sorte intéressé à leur sort.

Hyl. Que direz-vous à ceci ? Puisque, selon vous, les hommes doivent juger de la réalité des êtres par leurs sens ; comment un homme peut-il se tromper, en prenant la lune pour une surface unie & lumineuse, d'environ un pied de diametre, en jugeant ronde une tour quarrée qu'il voit de fort loin ; enfin en affirmant qu'une rame qui est enfoncée à moitié dans l'eau, n'est pas droite, mais courbe ?

Phil. Cet homme ne se trompe nullement dans les perceptions actuelles qu'il a de ses idées ; mais seulement dans les conséquences qu'il tire de ses perceptions actuelles. Ainsi dans l'exemple de la rame, ce qu'il apperçoit immédiatement par le sens de la vûe, n'est pas droit, mais courbe; & tant qu'il ne fera que le juger tel, il n'aura pas encore commis d'erreur : mais s'il passe de là jusqu'à conclure qu'après avoir retiré la rame de l'eau, il continueroit à y appercevoir par la vue la même courbure, ou même que la rame devroit, en restant dans l'eau, affecter son toucher comme les choses courbes ont coutume de le faire, c'est en cela que se trouvera l'erreur. De même dans les exemples de la lune & de la Tour, si l'homme dont vous parlez, conclut de ce qu'il aura apperçu dans une seule station, qu'en supposant qu'il avançât vers la lune ou vers la tour, & qu'il se transportât ainsi dans des positions différentes, relativement à l'un ou à l'autre de ces corps, il continueroit toujours à être affecté des mêmes idées, il se trompera certainement alors : mais ce n'est point dans sa perception immédiate & actuelle que consistera son erreur (car il y auroit une contradiction manifeste à supposer qu'il pût se tromper à cet égard) ; ce sera seulement dans les faux jugemens qu'il portera sur les idées qu'il concevra comme liées avec celles qu'il aura apperçues immédiatement, ou sur les idées qu'il regardera, d'après ce qu'il aura apperçu alors, comme devant être apperçues dans d'autres circonstances. C'est à peu près ce qui arrive à l'égard de la terre dans le système de Copernic. Quoique nous n'y appercevions d'ici aucun mouvement, ce seroit néanmoins une erreur que de conclure de là qu'au cas que nous en fussions aussi éloignés que nous le sommes maintenant des autres Planetes, nous ne lui découvririons pas alors du mouvement.

Hyl. Je vous entends, & je ne puis m'empêcher d'avouer que vous venez de me dire là des choses assez plausibles : mais permettez-moi de vous proposer une réflexion. Je vous prie, *Philonoüs*, n'avez-vous pas été autrefois aussi décidé sur l'existence de la matiere, que vous l'êtes à présent sur sa non-existence ?

Phil. Je l'étois ; mais voici en quoi consiste la différence. L'opinion où j'étois autrefois, & que je croyois certaine, n'avoit point été soumise à l'examen, & elle étoit fondée sur mes seuls préjugés ; au lieu que la certitude que j'en ai en effet maintenant est le fruit de mes recherches, & est fondée sur l'évidence.

Hyl. Après tout, il me semble que notre dispute roule plutôt sur les mots, que sur la chose même ; en effet nous convenons de la chose, & nous ne différons que sur le nom qu'il faut lui donner. Que nous soyions affectés d'idées qui nous viennent du dehors, rien n'est plus évident ; & il ne l'est pas moins qu'il doit y avoir (je ne dis pas des archétypes) ; mais des puissances existantes hors de l'esprit, qui correspondent à ces idées. Et comme ces puissances ne sauroient subsister par elles-mêmes, il faut nécessairement admettre quelque sujet où elles résident ; sujet que j'appelle *matiere*, & que vous nommez *esprit* : voilà toute la différence.

Phil. Je vous prie, *Hylas*, cet être puissant, ou ce sujet des puissances, est-il étendu ?

Hyl. Il n'a point d'étendue, mais il a le pouvoir de faire naître en nous l'idée de l'étendue.

Phil. Il est donc en soi non étendu ?

Hyl. D'accord.

Phil. N'est-il pas aussi actif ?

Hyl. Sans doute ; autrement comment pourrions-nous lui attribuer des puissances ?

Phil. Permettez-moi de vous faire encore deux autres questions : la premiere, si c'est une chose conforme à l'usage soit des philosophes, soit du reste des hommes, que de donner le nom de matiere, à un être non étendu & actif : la seconde, si ce n'en est pas une absurde jusqu'au ridicule, que de changer les noms d'une maniere contradictoire à l'usage ordinaire du langage ?

Hyl. Hé bien donc, n'appellons plus cet être *matiere*, puisqu'il vous plait de lui refuser ce nom : je veux bien quant à moi qu'il soit d'une nature distincte tout à la fois de la matiere & de l'esprit ; mais quelle raison y a-t-il pour que vous l'appelliez *esprit* ? la notion d'un esprit n'emporte-t-elle pas de penser, aussi bien que d'être actif & non étendu ?

Phil. La raison que j'ai pour cela, c'est que je voudrois m'entendre un peu moi-même dans ce que je dis, & en avoir quelque notion; qu'en même tems je n'ai aucune notion de quelqu'action que ce puisse être, qui seroit distincte d'une volition; & qu'enfin je ne puis concevoir une volition ailleurs que dans un esprit; d'où il s'ensuit que toutes les fois que je parle d'un être pensant, je suis obligé d'entendre par là un esprit. D'ailleurs quoi de plus clair que ces deux vérités, qu'une chose qui n'a point d'idées en elle-même, ne sauroit m'en communiquer, & que tout ce qui a en soi des idées ne peut manquer d'être un esprit. Pour mettre encore, s'il est possible, tout cela dans un plus grand jour, je conviendrai avec vous, que puisque nous recevons des affections du dehors, nous devons admettre des puissances extérieures à nous, & qui résident dans un être différent de nous. Nous sommes d'accord jusques-là; mais nous ne le sommes plus de même sur ce qui regarde la nature de cet être puissant. Je prétends que c'est un esprit, vous que c'est la matière, ou je ne sais quelle troisième espèce de nature, que je puis même ajouter que vous ne connoissez pas mieux que moi. Voici, quant à moi, comment je prouve que c'est un esprit. De la production des effets dont je suis témoin, je conclus qu'il existe des actions; de ce qu'il existe des actions, qu'il existe des volitions, enfin de ce qu'il existe des volitions, qu'il doit exister une volonté. D'ailleurs les choses que j'apperçois doivent, ou elles ou leurs archétypes, avoir une existence hors de mon entendement. Mais puisque ce sont des idées, ni elles ni leur archétypes ne sauroient exister hors de tout entendement. Il existe donc un entendement différent du mien, & qui est la cause de mes perceptions. Mais la volonté & l'entendement forment, dans le sens le plus rigoureux, la notion complette d'un esprit. La cause puissante des perceptions que j'ai de mes idées, est donc un esprit, & cela dans l'acception la plus rigoureuse de ce mot?

Hyl. Je répondrois bien que vous pensez en ce moment avoir répandu un grand jour sur le point que nous discutons; & que vous ne soupçonnez guères que ce que vous venez d'avancer conduise à une contradiction. N'est-ce pas une absurdité que d'imaginer quelque imperfection en Dieu?

Phil. Sans doute.

Hyl. Et n'est-ce pas une imperfection que de souffrir de la douleur?

Phil. J'en conviens.

Hyl. Ne recevons-nous point quelquefois de la douleur & du plaisir qui ont leurs causes dans des êtres extérieurs à nous?

Phil. Je vous l'accorde.

Hyl. Et n'avez-vous pas dit que l'être, dont vous parliez, étoit un esprit, & cet esprit n'est-ce pas Dieu?

Phil. Tout cela est vrai.

Hyl. Mais vous avez avancé pareillement que toutes les idées qui nous viennent du dehors, sont dans l'esprit qui agit sur nous. Les idées de douleur & de déplaisir sont donc, selon vous, en Dieu; ou en d'autres termes, Dieu souffre de la douleur, ou est affecté de différens déplaisirs; c'est-à-dire, qu'il y a une imperfection dans la nature divine; ce que vous avez déjà reconnu pour une absurdité. Vous voilà donc tombé sans y penser dans une absurdité manifeste.

Phil. Que Dieu connoisse ou apperçoive toutes choses, & qu'il connoisse entr'autres choses ce que c'est que la douleur, même jusqu'à chaque espèce de sensations douloureuses, ou qu'il sache ce que c'est pour ses créatures que de souffrir de la douleur, je n'en doute nullement : mais que Dieu, quoiqu'il connoisse & qu'il produise quelquefois en nous des sensations douloureuses, puisse souffrir de la douleur, c'est ce que je nie absolument. Nous qui sommes des esprits limités & dépendans, nous sommes sujets aux impressions des sens; effets qui ont pour cause un agent extérieur, & qui, étant quelquefois produits en nous contre nos volontés, peuvent ainsi être quelquefois douloureux & désagréables. Mais Dieu, qu'aucun être extérieur ne sauroit affecter, qui n'apperçoit rien par les sens comme nous faisons, dont la volonté est absolue & indépendante, qui est la cause de tout, à qui rien ne peut faire obstacle ou résister, un être, dis-je, tel que Dieu, ne peut évidemment rien souffrir, ou ne sauroit être affecté par aucune sensation douloureuse, ni même par aucune espèce de sensation. Nous sommes comme enchaînés à un corps, c'est-à-dire, que nos perceptions sont liées à des mouvemens corporels : les loix de la nature sont que nous nous sentions affectés à chaque altération qui arrive dans les parties nerveuses de ce corps sensible, lequel, à en bien juger, n'est rien de plus qu'une complexion de qualités ou d'idées qui n'ont aucune existence distincte de la propriété d'être apperçues par un esprit; & cette connexion de nos sensations avec les mouvemens de notre corps, n'emporte en effet autre chose qu'une correspondance dans l'ordre de la nature, entre deux suite d'idées, ou de choses qui peuvent être apperçues immédiatement. Mais Dieu est un pur Esprit, dégagé de toutes ces sortes de sympaties ou de liens naturels; & dans cet esprit nul mouvement corporel n'est accompagné de douleur ou de plaisir. C'est certainement une perfection que de connoître tout ce qui peut être connu : mais d'endurer quelque chose, de souffrir quelque chose, ou même d'appercevoir quelque chose par les sens, c'est une imperfection. Je conviens que le premier de ces attributs peut appartenir à Dieu ; en effet Dieu connoît ou a des idées ; mais il n'en seroit pas de même du second, puisque Dieu ne reçoit aucune idée par des sens comme nous faisons. C'est parce que nous ne distinguons point dans une occasion où la différence est si manifeste & si nécessaire, que nous nous imaginons voir une absurdité où il n'y en a aucune ?

Hyl. Mais durant tout ce raisonnement, vous n'avez pas fait attention qu'il a été démontré que la quantité de matière est proportionnelle à la gravité des corps : & que pourroit-on opposer à une démonstration ?

Phil. Voyons un peu comment vous démontrez cela ?

Hyl. Je prends pour principe que les *momens* ou les quantités de mouvement des corps sont en raison composée de la raison directe de leurs vitesses, & de celle des quantités de matière qu'ils renferment ; d'où il s'ensuit que si les vitesses sont égales, les momens seront alors proportionnels aux quantités de matière des corps. Mais l'expérience fait voir que tous les corps descendent avec une vitesse égale, à quelque petite différence près, qu'il faut attribuer à la résistance de l'air. Le mouvement des corps qui descendent, & par conséquent leur gravité, sont donc proportionnels à la quantité de matière que les corps renferment, comme il falloit le démontrer.

Phil. Vous prenez pour un principe évident par lui-même, que la quantité de mouvement d'un corps quelconque, est en raison composée des raisons directes, de la vitesse de ce corps, & de la quantité de matière qu'il contient ; & vous faites en même tems usage de ce même principe, pour prouver une proposition d'où vous inférez l'existence de la matière. N'est-ce pas là, je vous prie, tomber dans un cercle vicieux ?

Hyl. Tout ce que j'entends dire dans la première de mes prémisses, c'est que le mouvement est proportionel au produit de ces trois produisans, la vitesse, l'étendue & la solidité.

Phil. Mais en supposant cela vrai, il ne s'ensuivra pas néanmoins de-là que la gravité soit proportionnelle à la quantité de matière, dans le sens philosophique que vous donnez à ce mot ; excepté que vous ne vouliez comme une chose incontestable, qu'un *substratum* inconnu, soit que vous l'appelliez de ce nom ou de tout autre, doive être proportionnel au produit de ces différentes qualités sensibles ; ce que vous ne pouvez mettre en principe, sans supposer ce qui est en question. Je vous accorde volontiers qu'il est une grandeur, une solidité, & une résistance que les sens apperçoivent ; & je ne vous disputerai pas non plus que la gravité ne soit proportionelle au produit de toutes ces qualités : mais que ces qualités, telles que nous les appercevons, ou les puissances qui les produisent, existent dans un *substratum* ou soutien matériel, c'est-là ce que je nie, & ce que vous affirmez à la vérité de votre côté, mais que vous n'avez pas encore prouvé, malgré votre prétendue démonstration.

Hyl. Je n'insisterai pas davantage là-dessus. Penseriez-vous néanmoins me persuader que les physiciens n'eussent fait, jusqu'à présent, autre chose que rêver ? Et que deviendront, je vous prie, toutes leurs hypothèses & toutes leurs explications des phénomènes, parmi lesquelles il n'en est aucune qui ne suppose l'existence de la matière ?

Phil. Qu'entendez-vous, *Hylas*, par des phénomènes ?

Hyl. J'entends par là des apparences que j'apperçois par les sens.

Phil. Et toutes les apparences que vous appercevez par les sens, ne sont-elles pas des idées ?

Hyl. Je vous ai dit cent fois qu'oui.

Phil. Expliquer des phénomènes, c'est donc montrer comment il arrive que nous soyons affectés de nos idées, en la manière dont nous les recevons par les sens, & dans l'ordre suivant lequel elles s'offrent à nous ?

Hyl. D'accord.

Phil. He bien, *Hylas*, j'avoue que si vous venez à bout de me faire voir qu'aucun philosophe ait encore expliqué par le secours de la matière la production de telle que vous voudrez de nos idées, je ne pourrai en ce cas me dispenser de me rendre ; & que je ne devrai même plus faire désormais aucun cas de tout ce que j'ai dit jusqu'à présent contre la matière. Mais d'un autre côté, si vous ne pouvez y réussir, ce seroit alors en vain que vous persisteriez à m'objecter l'explication des phénomènes. Qu'un être doué de connoissances & de volonté produise ou présente des idées, c'est ce que l'on comprend aisément : mais qu'un être qui seroit entièrement destitué de ces facultés pût produire des idées, ou affecter de quelque manière que ce fût une intelligence, c'est ce que je n'entendrai jamais. Quand bien même il seroit vrai de dire que nous aurions quelque notion positive de la matière ; quand bien même nous en connoîtrions les qualités & que nous en pourrions comprendre l'existence ; nous serions cependant si éloignés d'être en état de rien expliquer d'après cette supposition, que cette supposition même seroit la chose la plus inexplicable. Et mal-à-propos m'objecteriez-vous qu'il paroîtroit s'enfuivre de-là que les phyficiens n'auroient point jufqu'ici avancé du tout dans la connoiffance de la nature ; puifqu'il eft vrai de dire qu'en obfervant la connexion de nos idées, & en raifonnant d'après ces obfervations, ils découvrent peu à peu les loix de la nature, ou les voies qu'elle fuit dans la production de fes effets ; efpèce de connoiffance qui n'eft pas moins utile qu'agréable.

Hyl. Après tout, peut-on fuppofer que Dieu eût voulu nous tromper ? & vous imaginez-vous qu'il eût donné au monde entier un penchant fi décidé à croire que la matière exiftât, s'il n'exiftoit rien de femblable ?

Phil. Je me perfuade que vous ne prétendez pas qu'il faille imputer à Dieu chaque opinion, pour ainfi dire épidémique, qui peut tirer fon origine ou des préjugés, ou des paffions, ou de l'inattention des hommes. Vous ne fauriez en effet le regarder comme auteur d'une opinion, qu'en vertu de l'une de ces deux raifons, ou bien qu'il nous en auroit découvert la vérité par une révélation furnaturelle, ou bien qu'elle feroit fi évidente au témoignage des facultés naturelles que nous tenons de lui, qu'il nous feroit impoffible d'y refufer notre acquiefcement. Mais où eft la révélation, ou bien où eft l'évidence qui nous oblige à croire à la matière ? Comment même feroit-on voir que le monde entier, ou même un petit nombre de perfonnes (fi l'on en excepte quelques philofophes, qui ne favent ce qu'ils prétendent) ayent cru jufqu'à préfent l'exiftence de la matière, en entendant par ce mot quelque chofe de diftinct de ce que nous appercevons par les fens ? Votre queftion fuppoferoit que tous ces points euffent été préalablement éclaircis ; & ce ne fera qu'après que vous aurez en effet pris la peine de me les éclaircir, que je penferai être obligé à vous donner une autre réponfe. Contentez-vous en attendant de la profeffion que je fais de ne fuppofer en aucune forte que Dieu ait trompé le genre humain.

Hyl. Mais la nouveauté, *Philonoüs*, la nouveauté ! il y a en cela du danger ; les nouveaux fentimens ne font gueres fortune ; on s'y oppofe toujours ; ils dérangent les efprits des hommes ; & qui fçait jufqu'où cela peut aller ?

Phil. Je n'imagine point comment en rejettant une opinion qui n'a de fondement ni dans le témoignage des fens, ni dans celui de la raifon, ni dans l'autorité de la révélation divine, je pourrois paffer pour ébranler la certitude ou la vraifemblance de celles qui font appuyées fur l'un de ces fondemens, ou fur plufieurs à la fois. Je ferai le premier à avouer que toute innovation en fait de gouvernement ou de religion, est une chofe très-dangereufe, & à laquelle on doit fans doute s'oppofer fortement. Mais y a-t-il la même raifon de bannir les innovations de la Philofophie ? Faire connoître une chofe qui avoit été jufqu'alors inconnue, c'eft une innovation en fait de connoiffances ; & il faut convenir que fi on avoit profcrit toutes les innovations de cette efpèce, les hommes fe trouveroient maintenant avoir fait de jolis progrès dans les arts & dans les fciences. Mais je n'entreprends point de défendre ici, ni des nouveautés, ni des paradoxes. Prétendre que les qualités nous appercevons ne font point dans les objets ; que nous ne devons point en croire à nos fens ; que nous ne connoiffons rien de la nature réelle des chofes, & que nous ne pouvons jamais être affurés, même de leur exiftence ; que les couleurs & les fons réels ne font rien de plus que certaines figures & certains mouvemens inconnus ; que les mouvemens ne font en eux-mêmes, ni prompts ni lents ; qu'il y a dans les corps des étendues abfolues ; qu'une chofe d'une nature groffière, une chofe deftituée de penfée ainfi que d'action, opère fur un efprit ; que la moindre particule d'un corps eft compofée de parties étendues, dont on ne fçauroit affigner le nombre ; ce font là les nouveautés & les penfées bifarres qui choquent les lumières pures & naturelles, que la raifon préfente à tous les hommes, & qui, une fois qu'on les a admifes, jettent inévitablement l'efprit dans un labyrinthe de doutes & de difficultés fans fin. C'eft contre ces innovations & d'autres femblables, que je me propofe de prendre la défenfe du fimple bon fens. Il eft vrai que dans l'exécution de ce deffein, je puis me trouver obligé de me fervir de quelques circonlocutions, & de quelques manières de parler peu ordinaires : mais une fois qu'on entendra bien mes fentimens, ce qu'on pourra y trouver de plus fingulier, fe réduira feulement à cette propofition, qu'il eft abfolument impoffible & contradictoire qu'un être deftitué de penfée exifte fans être apperçu actuellement par un efprit ; & fi ce fentiment paroît fingulier, il feroit honteux que ce pût être de nos jours, & dans un pays chrétien.

Hyl. Quant aux difficultés auxquelles les opinions des autres peuvent être fujettes, c'eft une chofe étrangère à notre difcuffion. Tout ce que vous devez vous propofer ici, c'eft de défendre la vôtre. Quoi de plus clair que ce fait, que vous prétendez changer toutes les chofes en des idées, vous, dis-je, qui ne vous faites point de fcrupule de me charger de l'imputation du Scepticifme. Cela eft fi évident que vous ne fauriez le nier.

Phil. Vous avez mal pris ce que j'ai dit. Je ne change point les chofes en des idées ; mais je change feulement les idées en des chofes : car ces objets

objets immédiats de la perception, qui, selon vous, ne sont que des apparences de chose, ce que je fais moi, c'est de les prendre pour autant d'êtres réels.

Hyl. Pour des êtres réels ! Vous pouvez prétendre tout ce qu'il vous plaira ; mais il n'en sera pas moins certain que nous ne nous laissons que les vaines formes des choses, le seul dehors qui frappe les sens.

Phil. Ce que vous entendez par les formes & les dehors des choses, me paroît à moi, constituer les choses mêmes ; & tout cela n'est ni vain ni incomplet, si ce n'est dans la supposition que vous faites que la matière soit une partie essentielle des choses corporelles. Nous convenons donc ensemble en ce que nous disons l'un & l'autre que nous n'appercevons que les seules formes sensibles : mais ce en quoi nous différons, c'est que vous prétendez que ces formes ne sont que de vaines apparences, au lieu que j'en fais moi des êtres réels. En un mot, vous ne vous en fiez pas à vos sens, & moi je m'en rapporte aux miens.

Hyl. Vous dites que vous vous en rapportez à vos sens, & vous paroissez vous applaudir d'être en cela d'un sentiment conforme à celui du Vulgaire. Les sens nous découvriroient donc selon vous la vraie nature des choses. Mais, s'il en étoit ainsi, comment pourroit-il arriver qu'on n'apperçût point la même figure, ou en général les mêmes qualités sensibles, par tous les sens à la fois ; & pourquoi seroit-on obligé de se servir d'un microscope pour mieux découvrir la vraie nature d'un corps ; Quel moyen trouverez-vous de vous tirer de ces contradictions ?

Phil. Il est vrai, *Hylas*, qu'à proprement parler, nous ne voyons pas les mêmes objets que nous sentons par le toucher & il ne l'est pas moins que ceux que le microscope nous découvre, ne sont pas les mêmes que nous appercevons à l'œil nud. Mais si la moindre variation nous avoit pû fournir un motif suffisant pour former de nouvelles espèces d'êtres, ou de nouveaux individus, leur nombre infini, & la confusion qu'il auroit introduite dans les noms, auroient rendu le langage impraticable. Pour éviter cet inconvénient, aussi bien que d'autres qu'on apperçoit facilement pour peu qu'on y pense, les hommes ont donc réuni ensemble, par le secours de la mémoire, plusieurs idées qu'ils avoient apperçues par différens sens, ou qu'un même sens leur avoit fournies en différens tems & en différentes circonstances, & entre lesquelles ils avoient observé que la nature mettoit quelque connexion, soit par rapport à la coexistence, soit par rapport à la succession mutuelle ; & les ayant ensuite rapportées à un même nom, ils se sont accoutumés en cette sorte à les considérer comme une même chose.

Philosophie anc. & mod. Tome I.

D'où il s'ensuit que si ayant déjà vû une chose, je l'examine de nouveau par mes autres sens, ce ne doit être nullement dans le dessein de parvenir à la mieux comprendre (l'objet d'un sens ne pouvant absolument être saisi par un autre sens) ; & que de même, si je me sers quelquefois d'un microscope, ce ne sçauroit être, parce que j'espérerois appercevoir par ce moyen plus clairement l'objet que j'ai déja apperçu auparavant de mes yeux ; mais que dans l'un & l'autre de ces deux cas, je ne puis me proposer autre chose que de connoître qu'elles sont les idées qui sont liées ensemble dans l'objet qui fixe mon attention ; enfin que plus un homme connoit de ces sortes de connexions d'idées, plus il doit être dit avoir approfondi la nature des choses. Mais qu'arrivera-t-il si nos idées sont variables, ou si nos sens ne sont pas affectés des mêmes apparences dans toutes les circonstances ? Ce qu'il y a de certain, c'est qu'il ne s'ensuivra point du tout delà que nous ne devions point nous en rapporter à nos sens, ni que nos sens se démentent eux-mêmes, ni que leur témoignage soit contradictoire à aucune notion que nous puissions avoir dans l'esprit, à moins que ce ne fût à celle de je ne sçais quelle nature réelle, singulière, constante, & absolument imperceptible que chaque nom désigneroit, dont nous nous serions laissés préoccuper, qui auroit vraisemblablement tiré son origine des méprises où nous tombons sur le sens du langage ordinaire, lorsque nous entendons les hommes parler de différentes idées distinctes les unes des autres, comme si leur esprit les avoit réunies dans une seule & même chose, & qui seroit à cet égard dans le même cas où plusieurs fausses opinions des philosophes pourroient bien se trouver de leur côté, puisque rien n'est si commun en Philosophie, que de bâtir des systèmes, non sur des notions, mais sur les simples mots que le vulgaire s'est formés, dans la vûe de s'aider par là à s'acquitter avec plus d'expédition des actions ordinaires de la vie, & sans penser du tout à la spéculation.

Hyl. Il me semble que je comprens ce que vous dites-là.

Phil. Vous êtes du sentiment que les idées que nous appercevons par nos sens, ne sont point des êtres réels ; mais que ce ne sont seulement que des images ou des copies d'êtres réels. Cela posé, nos connoissances ne sauroient, selon vous, être réelles qu'autant que leurs objets immédiats seroient de vives représentations de leurs originaux. Et puisque ces originaux que vous supposez, nous seroient d'un autre côté inconnus en eux-mêmes, & qu'il seroit impossible par cette raison de découvrir jusqu'à quel point nos idées pourroient leur ressembler, ou si elles leur ressembleroient

Q q q

même du tout ; il s'enfuit de tout cela que nous ne pourrions dans vos principes être sûrs d'avoir aucune connoissance réelle. De plus nos idées pourroient varier continuellement, sans qu'il arrivât cependant le moindre changement dans ces êtres réels que vous prétendriez exister, & être différens d'elles, on pourroit encore conclure de là, par une conséquence nécessaire, que nos idées ne sauroient être toutes à la fois les vraies copies de ces prétendus êtres ; & que si quelques-unes l'étoient, & que d'autres ne le fussent pas, il seroit en même tems impossible de distinguer celles-ci de celles-là ; ce qui nous plongeroit encore plus profondément dans l'incertitude. Enfin considérant attentivement le point dont il est question entre vous & moi, nous trouverions, ce me semble, que nous ne saurions concevoir comment une idée, ou quelque chose de semblable à une idée, pourroit avoir une existence absolue hors d'un esprit, ni par conséquent, suivant votre opinion, comment il pourroit y avoir rien de réel dans la nature ; & le résultat nécessaire de tout cela seroit infailliblement de nous jetter dans un Scepticisme désespéré, & absolument sans remède. Or permettez-moi de vous demander ici ; en premier lieu, si la vraie source de ce Scepticisme n'auroit pas consisté en ce que vous auriez pris pour les originaux de vos idées certaines substances, douées, selon vous d'une existence absolue, & que vous n'auriez cependant pas apperçues ; en second lieu, si vous êtes informé, soit par les sens, soit par la raison, de l'existence de ces originaux inconnus, & au cas où vous n'en soyez point instruit par l'une de ces deux voies, s'il n'est pas absurde alors de la supposer ; en troisième lieu, si après de mûres réflexions vous trouverez que vous puissiez concevoir ou entendre rien de distinct par ces mots, *l'existence absolue ou extérieure de substances destituées de perception* ; enfin, si tout cela considéré, le parti le plus sage ne seroit pas de suivre la nature, de vous en rapporter à vos sens, d'abandonner pour toujours les recherches épineuses où vous vous êtes livré jusqu'ici sur les substances ou des natures inconnues, & de regarder bonnement avec le vulgaire, comme des êtres réels, tous ceux que les sens apperçoivent.

Hyl. Je ne suis pas maintenant dans le goût de faire des réponses. J'aimerois mieux voir comment vous pourrez vous tirer de ce que je vais vous dire. Les objets qui sont apperçus par les sens d'une personne, ne peuvent-ils pas l'être pareillement par ceux de toutes les autres personnes qui se trouvent en même tems présentes dans le même endroit ? Qu'il y ait ici cent personnes avec nous deux, ne verront-elles pas toutes cent ce jardin, ces arbres & ces fleurs, aussi-bien que je les vois ? & comme elles ne seront pas cependant affectées de la même manière que moi des idées que je me formerai en même tems dans mon imagination, cela n'établit-il pas une différence entre cette dernière sorte d'idées & la première ?

Phil. Je vous l'accorde sans peine ; & je n'ai jamais nié non plus qu'il n'y eût de la différence entre les objets des sens, & ceux de l'imagination. Mais que conclurez-vous de là ? Vous ne prétendriez pas sans doute me prouver que les objets sensibles existent sans être apperçus, par cette raison qu'ils sont apperçues de plusieurs esprits à la fois ?

Hyl. J'avoue que je ne puis rien faire de cette objection : mais elle me conduit à une autre. N'êtes-vous pas d'avis que nous ne pouvons appercevoir par nos sens que les seules idées qui existent dans nos esprits ?

Phil. Oui.

Hyl. Mais la même idée qui est dans mon esprit ne sauroit être dans le vôtre, ou dans celui de telle autre personne que vous voudrez ; & cela posé, ne s'ensuit-il pas de vos principes, que deux personnes différentes ne sauroient voir un même objet ? Enfin n'est-ce pas là une chose étrangement absurde ?

Phil. Si l'on prend le terme *même* dans l'acception vulgaire, il sera certain alors (& nullement contradictoire aux principes que je défends) que différentes personnes pourront appercevoir la même chose, ou que la même chose, ou la même idée pourra exister en différens esprits. Mais les mots sont d'institution arbitraire ; & puisque les hommes ont coutume d'appliquer le mot *même* dans des occasions où ils ne s'apperçoivent d'aucune diversité, ou d'aucune variété, & que je ne prétens rien changer dans leurs perceptions ; il s'ensuit de là que comme on a dit-ci-devant, *que plusieurs personnes voyoient la même chose*, on pourra continuer toujours de se servir dans des circonstances semblables des mêmes expressions, & cela sans s'écarter ni de la propriété du langage, ni de la vérité des choses. Mais si l'on prend le terme *même* dans l'acception des philosophes, lesquels prétendent avoir une notion abstraite de l'identité ; alors, suivant les différentes définitions qu'on en donnera (car ce n'est pas une chose dont on soit encore d'accord, que ce en quoi cette identité philosophique peut consister), il pourra arriver, ou il ne sera point possible que différentes personnes apperçoivent une même chose. Je m'imagine au reste qu'il importe très-peu, que les philosophes jugent ou ne jugent pas à propos d'appeler une chose la *même*. Supposons, par exemple, plusieurs hommes qui n'ayent aucun avantage les uns sur les autres du côté des facultés naturelles, qui par conséquent soient tous affectés par leurs sens d'une manière semblable, & qui n'ayent d'ailleurs connu encore en aucune sorte l'usage du langage; il ne sera point douteux que les perceptions des uns ne doivent être conformes à celles des autres. Cependant lorsqu'ils seront parvenus les uns & les autres à l'usage de la parole, il pourra arriver que quelques-uns d'eux, ayant égard à l'uniformité d'une chose qu'il auront apperçue en différens tems, la nommeront par cette raison *la même*; & que d'autres faisant plûtôt attention à la diversité des personnes qui l'auront apperçue avec eux, prefèreront de lui donner la dénomination de *différentes choses*. Mais qui ne voit que la différence ne roulera alors que sur les mots ? puisqu'il ne s'agira en effet que de savoir si ce qui aura été apperçu par différentes personnes pourra, nonobstant cela être appellé du nom *même*. Supposons encore une maison dont les murs extérieurs n'ayent subi aucun changement, tandis que les chambres en auront été toutes détruites, & qu'on en aura rebâti de neuves en leur place ; & ajoutons à cela que vous disiez que c'est la même maison qu'auparavant, & que je soutienne, moi que ce n'est pas la même. Serons-nous, je vous prie, moins d'accord pour cela dans toutes les pensées que nous aurons l'un & l'autre au sujet de cette maison considérée dans sa nature propre ? & toute la différence ne consistera-t-elle pas dans un son ? Que si vous prétendiez que nous différerions même en ce cas dans nos notions, parce que vous joindriez à l'idée que vous auriez de la maison l'idée abstraite & simple d'identité, ce que je ne ferois pas de mon côté; je vous repondrois alors que je ne saurois ce que vous entendriez par cette idée abstraite d'identité ; & je vous prierois en même tems d'observer avec soin ce qui se passe dans votre esprit, pour découvrir par ce moyen si vous le sauriez en effet vous même.... Comment, *Hylas*, vous ne dites rien? Ne seriez vous donc point encore convaincu que les hommes peuvent disputer sur l'identité & la diversité, sans qu'il y ait dans leurs pensées, & leurs opinions, abstraites des mots par lesquels elles sont signifiées, aucune différence réelle ? Je vais en tout cas vous proposer une réflexion qui pourroit contribuer à achever de vous en convaincre : c'est que soit que vous attribuiez ou que vous n'attribuiez pas l'existence à la matière, cela ne pourra influer en rien sur la décision de la question particulière où nous en sommes maintenant. En effet les matérialistes (entendant par ce mot les partisans de l'existence de la matiere) reconnoissent eux-mêmes que les choses que nous appercevons immédiatement par nos sens, sont nos propres idées; & parconséquent votre difficulté, que deux personnes ne sauroient appercevoir la même chose, prouve autant contre eux que contre moi.

Hyl. Oui, *Phylonoüs*: mais ceux que vous nommez là matérialistes supposent un archétype extérieur; & puisqu'ils y rapportent tous ensemble leurs différentes idées, ils peuvent dire dans le vrai qu'ils apperçoivent tous la même chose.

Phil. Mais (pour ne point vous rappeller ici que nous avons renvoyé bien loin ces archétypes) n'êtes-vous pas le maître de supposer aussi dans mes principes un archétype extérieur, je veux dire, extérieur à votre propre esprit; quoiqu'il doive en même tems exister dans l'esprit de celui qui comprend toutes choses; que rien n'empêche qu'il ne remplisse alors tous les objets de l'identité, aussi-bien que s'il existoit absolument hors de tout esprit, & que certainement il n'en soit pas pour cela moins intelligible, à s'en rapporter même à votre jugement.

Hyl. Vous m'avez, je l'avoue, prouvé clairement qu'il n'y a aucune difficulté dans le fond de la question particulière que nous agitons maintenant; ou que, s'il y en a, elle porte également contre nos deux opinions.

Phil. Or, ce qui porte également contre deux opinions contradictoires, ne sauroit servir de preuve ni à l'une ni à l'autre.

Hyl. Je le reconnois; mais après tout, en considérant bien tout ce que vous me dites contre le scepticisme, il me paroît qu'on en peut renfermer le précis dans cette seule proposition, que nous sommes certains que nous voyons réellement, que nous entendons réellement, que nous sentons réellement, en un mot que nous recevons réellement différentes impressions sensibles.

Phil. Et que nous importe d'en savoir davantage ? Je vois cette cerise ; je l'apperçois par le tact; j'y trouve un goût tout à la fois acide & doux, & je suis sûr que le néant ne sauroit être ni vû, ni touché, ni goûté : elle est donc réelle. Otez les sensations de mollesse, d'aquosité, de rougeur, d'acidité mêlée de douceur, & vous ôtez la cerise, puisque la cerise n'est point un être distinct de ces sensations. Une cerise, dis-je, n'est autre chose qu'un assemblage d'impressions sensibles, ou d'idées apperçues par nos différens sens ; idées que notre esprit réunit en une même chose, c'est-à-dire, auxquelles il donne un nom, parce qu'il a observé qu'elles s'accompagnoient l'une l'autre, ou qu'il arrivoit dans un même tems que le palais fût affecté du goût particulier d'acidité mêlé de douceur, la vue de la couleur rouge, le toucher de la rondeur, de la molesse, &c. De-là vient aussi que lorsque je vois, que je touche & que je goûte la cerise, je suis assuré par la combinaison de ces moyens différens les uns des autres & tous certains, que la cerise existe, ou qu'elle est réelle ; attendu que sa réalité n'est dans mon sentiment rien d'abstrait des sensations que je reçois en ce moment. Mais si par le mot *cerise* vous entendez une nature inconnue & distincte de toutes les qualités sensibles dont j'ai parlé, & par son existence, quelque chose de distinct de la qualité d'être apperçu, j'avoue à la vérité, que ni vous ni moi, ni personne ne pourrons être sûrs alors que la cerise existe.

Hyl. Mais que diriez vous, *Philonoüs*, si je rétorquois contre l'existence des choses sensibles dans l'esprit, les mêmes raisons que vous m'avez alléguées pour me prouver que ces choses n'existent point dans un soutien matériel?

Phil. Quand j'aurai entendu ce que vous avez à me dire, je verrai ce que je pourrai avoir à vous répondre.

Hyl. L'esprit est-il étendu ou non étendu?

Phil. Non étendu sans doute.

Hyl. Ne dites-vous pas que les choses que vous appercevez sont dans votre esprit?

Phil. D'accord.

Hyl. Ne m'avez-vous pas parlé outre cela d'impressions sensibles?

Phil. Je n'en disconviens pas.

Hyl. Hé bien, *Philonoüs*, expliquez-moi maintenant, comment il peut y avoir dans votre esprit de la place pour tous ces arbres & toutes ces maisons que vous dites y exister? Les choses étendues peuvent-elles donc être contenues dans celles qui ne le sont point? Ou comment nous imaginer qu'une chose destituée de solidité puisse recevoir des impressions? Vous ne pouvez pas me dire que les objets soient dans votre esprit, comme vos livres sont dans votre cabinet, ou que votre esprit reçoive l'impression des choses comme la cire reçoit celle du cachet. Apprenez moi donc dans quel sens je dois entendre ces expressions: expliquez-le moi, si vous pouvez; & je serai d'abord après en état de répondre à toutes les questions que vous m'avez faites sur mon *substratum*.

Phil. Prenez garde, *Hylas*, que lorsque je parle de différens objets comme existans dans l'entendement, ou comme faisant impression sur les sens, il ne faut pas m'entendre dans un sens grossier & littéral, tel que celui qui se présente à votre esprit, quand on vous dit qu'un corps existe dans un lieu, ou qu'un cachet a fait impression sur de la cire. Tout ce que je prétends dire par-là, c'est que notre esprit comprend ou apperçoit ces objets, & qu'en même tems il est affecté de dehors ou par quelque être différent de lui-même. Voilà la solution que je donne à votre difficulté; & je voudrois fort sçavoir maintenant comment elle pourroit vous servir à rendre intelligible l'opinion où vous êtes, qu'il existe un soutien de la matière, destitué de perceptions?

Hyl. A la vérité, si c'est là tout ce que vous avez à me dire là dessus, je ne vois pas quel usage j'en pourrois faire. Mais n'êtes-vous pas coupable en cette occasion de quelqu'abus de langage?

Phil. Nullement: je ne dis autre chose que ce qu'a autorisé l'usage, qui, comme vous sçavez, est la règle des langues. Quoi de plus commun que d'entendre les philosophes parler des objets immédiats de l'entendement, comme de choses qui existent dans l'esprit? Qu'y a-t-il même en cela qui ne soit conforme à l'analogie générale du langage, où la plupart des opérations de l'ame sont désignées par des mots empruntés de choses sensibles? C'est ce qu'on voit clairement dans les termes *comprendre*, *réfléchir*, *discourir*, &c. qu'il faut bien se garder de prendre dans leurs sens primitifs & grossiers, lorsqu'on les applique à l'esprit.

Hyl. Me voilà, je vous l'avoue, convaincu sur ce point; mais il me reste encore une grande difficulté, dont je ne prévois guères que vous puissiez vous tirer, & qui est en même tems d'une telle importance, que quand bien même vous m'auriez donné des réponses satisfaisantes sur toutes les autres, ce seroit néanmoins en vain que vous vous flatteriez de m'avoir pour prosélyte, tant que vous ne l'auriez pas résolue.

Phil. Voyons un peu ce que peut être cette difficulté dont vous faites tant de bruit.

Hyl. Il est, à ce qu'il me semble, absolument impossible de concilier votre sentiment avec la relation que l'écriture sainte nous fait de la création. Moyse nous parle d'une création: une création de quoi? d'idées? Non certainement, mais de choses, d'êtres réels, de substances solides & corporelles. Faites quadrer vos principes avec cela, & je serai bientôt d'accord avec vous.

Phil. Moyse nous parle de la création du soleil, de la lune & des étoiles, de la terre & de la mer, des plantes & des animaux. Que toutes ces choses existent réellement, & qu'elles ayent été créées par Dieu dans le commencement des tems, c'est de dont je ne fais pas le moindre doute. Si par des idées vous entendez des fictions & des visions, toutes ces choses ne sont point alors des idées. Mais si par des idées vous entendez des objets immédiats de l'entendement, qui ne puissent exister sans être apperçus, ou hors de l'esprit, toutes ces choses sont alors autant d'idées. Au reste, il importe peu que vous appelliez ces mêmes choses des idées, ou que vous ne leur donniez point ce nom. La différence qu'il y auroit dans ces deux suppositions, entre votre sentiment & le mien, ne sçauroit rouler que sur un simple mot; & soit que nous admissions, ou que nous rejettassions ce mot, le sens, la vérité & la réalité des choses resteroient toujours les mêmes. Ce ne sont point les objets de nos sens qu'on appelle dans le discours ordinaire *des idées*; ce sont les choses. Continuez si vous voulez à appeller les *choses* de la sorte, pourvu que vous ne leur attribuiez point une existence absolue & extérieure; & je ne vous chicannerai pas sur un mot. Je conviens donc que la création a été une création de choses ou d'êtres réels; & il n'y a rien là qu'il soit difficile d'accorder avec mes principes. Ce que je viens de vous dire le prouve évidemment; & vous auriez pû vous en convaincre à moins de frais avec la même évidence, si vous n'aviez pas oublié ce que nous avions déjà si souvent répété. Quant aux substances solides & corporelles dont vous me parlez, je vous prie de me montrer quelqu'endroit où Moyse en ait fait la moindre mention; & s'il se trouve que cet historien sacré ou même quelqu'autre écrivain inspiré que ce puisse être, en ayent en effet dit la moindre chose, il vous restera encore après cela à me faire voir qu'ils n'ont point pris ces mots dans l'acception vulgaire, pour des choses qui tombent sous nos sens, mais qu'ils les ont entendus dans l'acception philosophique, pour une *quiddité* inconnue, douée d'une existence absolue. Ce sera quand vous m'aurez prouvé tous ces chefs, & ce ne sera qu'alors, que vous pourrez vous prévaloir contre moi de l'autorité de Moyse.

Hyl. En vain disputerions-nous sur un sujet si clair. Je veux bien en appeller à votre propre conscience. Avouez la chose. N'êtes-vous pas convaincu qu'il y a une répugnance singulière entre ce que Moyse nous dit de la création & votre sentiment?

Phil. Si tous les sens qu'il est impossible de donner au premier chapitre de la Genèse, peuvent aussi bien s'entendre dans mes principes que dans toute sorte d'autres, il sera certain alors que la répugnance dont vous me parlez ne sauroit être que chimérique. Or parmi tous les sens qu'on pourroit donner à ce chapitre, il n'en est aucun que vous ne conceviez, en croyant ce que je crois, aussi bien que dans tout autre système que vous pourriez embrasser. En effet, après les esprits, vous n'appercevez autre chose que des idées, & je ne nie point l'existence des idées, ni ne prétends qu'elles puissent exister hors d'un esprit.

Hyl. Je vous prie de me montrer une seule interprétation raisonnable que vous puissiez donner au chapitre dont nous parlons.

Phil. Rien de plus aisé que ce que vous me demandez là. Je m'imagine donc que si j'avois été présent à la création, & que c'eût été sous mes yeux que les choses eussent été produites à l'existence, ou qu'elles fussent devenues perceptibles, j'aurois vû arriver ce grand évènement précisément dans le même ordre que l'historien sacré nous décrit. J'ai crû jusqu'à présent fermement à la relation que cet historien nous fait de la création; & je ne découvre maintenant aucune altération dans la foi que j'y ai toujours ajoutée. Lorsqu'on nous dit que les choses commencent ou cessent d'être, nous nous gardons bien d'entendre ces expressions relativement à Dieu; & nous ne les entendons au contraire que relativement aux créatures. Tous les objets sont connus de Dieu de toute éternité, ou, ce qui est la même chose, ils ont tous une existence éternelle dans son esprit: mais lorsque les choses, qui avoient été auparavant imperceptibles aux esprits créés, leur deviennent perceptibles en vertu d'un décret de Dieu, on dit alors, & c'est avec raison, que ces choses commencent une existence relative par rapport à ces mêmes esprits. En lisant donc la relation que Moyse nous a faite de la création, j'entends que les différentes parties du monde sont devenues par degrés perceptibles aux esprits finis doués des facultés d'où dépend la puissance d'appercevoir; de façon que la présence de ces esprits a suffi ensuite pour qu'elles en fussent apperçues. C'est là le sens littéral & naturel que présentent les mots dont se sert ici l'écriture sainte: mots dans lesquels il n'est question en aucune sorte ni de *substratum* ou de soutien, ni d'instrument, ni d'occasion, ni d'existence absolue. Et si l'on faisoit là-dessus quelques recherches, je ne doute point qu'on ne trouvât que les gens de meilleure foi & les plus sensés qui croyent à la création, n'ont jamais pensé à tout cela plus que moi. Quant au sens métaphysique dans lequel vous pouvez entendre ces mêmes paroles; c'est à vous à me dire quel il peut être.

Hyl. Mais, *Philonoüs*, il me semble que vous ne vous appercevez pas que la seule existence que vous donniez dans le commencement des tems aux choses créées, n'est que relative, & par conséquent qu'hypotétique; ce qui reviendroit à dire que ces choses n'ont jamais existé qu'en vertu de la supposition qu'il y eut des hommes pour les appercevoir, & que sans cela elles n'auroient plus eu d'actualité ou d'existence absolue à laquelle leur création eût pû se terminer. Or cela posé, ne suis-je pas fondé à soutenir qu'il doit être, selon vous, absolument impossible que la création d'aucune créature inanimée ait précédé celle de l'homme? & ce sentiment que vous ne pouvez vous empêcher d'adopter, n'est-il pas d'un autre côté directement contraire à la relation de Moyse ?

Phil. Pour répondre à cela, je dis en premier lieu qu'il pourroit y avoir eu des intelligences créées, différentes des hommes, dans les esprits desquelles les choses sensibles eussent commencé d'exister ; & qu'ainsi vous ne sauriez d'abord me montrer aucune contradiction entre ce qu'a dit Moyse, & mon sentiment ; à moins que vous ne me fissiez voir préalablement qu'il n'y avoit à l'instant de la création aucun esprit fini & créé différent de l'homme. Et si pour nous former une notion de la création, nous imaginions qu'il arrivât dans le moment qu'une puissance invisible produisît une certaine quantité de plantes ou de végétaux de toute espèce dans un désert où il n'y auroit personne de présent ; je dirois en second lieu que cette manière d'expliquer ou de concevoir la création s'accorderoit avec mes principes, puisqu'ils ne nous privent de rien, ni de sensible, ni d'imaginable ; & j'ajouterois à cela qu'elle conviendroit en même tems exactement avec les notions communes, naturelles & non corrompues des hommes ; qu'elle manifesteroit combien toutes choses sont dépendantes de l'être suprême ; & qu'en influant en cette sorte sur nos mœurs, elle devroit produire le bon effet qu'on peut attendre de la créance de cet important article de notre foi, je veux dire, celui de rendre les hommes humbles à l'égard de leur souverain créateur ; & résignés à sa volonté. Je dirois enfin que cette même manière de concevoir les choses, en la prenant en elle-même, ou en la dépouillant des mots qu'on pourroit employer pour l'énoncer, ne nous offriroit aucune notion de ce que vous appellez *l'actualité de l'existence absolue*. Vous pourriez à la vérité jetter de la poudre aux yeux avec ces termes, & prolonger ainsi hors de propos notre discussion : mais je vous prie de faire tranquillement en vous-même des réflexions là dessus, & de me dire ensuite si ce ne seroit pas là un jargon tout-à-fait inutile & inintelligible, en un mot, un vrai *persifflage*.

Hyl. J'avoue que je n'y attache pas une notion bien claire : mais que répondrez-vous à cet instance ? Ne faites-vous pas consister l'existence des choses sensibles dans la qualité d'être dans un esprit ? Et toutes choses ne sont-elles pas de toute éternité dans l'esprit de Dieu, & par conséquent ne doivent-elles pas, selon vous, exister de toute éternité ? Or, comment une chose qui est éternelle, peut-elle avoir été créée dans le tems ? Se peut-il rien de plus clair ou de mieux suivi que ce que je vous dis là ?

Phil. Et n'êtes-vous pas vous aussi du sentiment que Dieu a connu toutes choses de toute éternité ?

Hyl. D'accord.

Phil. Toutes choses ont donc toujours eu un être dans l'entendement divin.

Hyl. Je le reconnois.

Phil. Il n'y a donc de votre propre aveu rien de nouveau, ou qui commencé à être relativement à l'entendement de Dieu ; & par conséquent nous sommes l'un & l'autre du même avis sur ce point.

Hyl. Que deviendra donc la création.

Phil. Ne pouvons-nous pas penser qu'elle a été entièrement relative aux esprits finis, & qu'ainsi les choses considérées par rapport à nous peuvent être dites proprement avoir commencé à exister ; ou avoir été créées lorsque, conséquemment à la volonté de dieu, elles sont devenues perceptibles aux créatures intelligentes, dans l'ordre & de la manière que Dieu a réglées de toute éternité, & que nous appellons maintenant les loix de la nature. Vous pouvez, si voulez, appeller cette existence *relative & hypothétique* : mais tant qu'elle nous fournira le sens le plus naturel, le plus simple & le plus littéral de la relation que Moyse nous a faite de la création ; tant qu'elle répondra à toutes les vûes morales que la Religion nous découvre dans ce fait si important ; je dis plus, tant que vous ne serez pas en état d'y substituer un autre interprétation, ou un autre sens, pourquoi rejetterions-nous ceux-ci ? Seroit-ce pour donner dans ce goût ou ce caprice ridicule & sceptique qui voudroit absolument rendre toutes les choses absurdes & inintelligibles ? Je suis bien sûr au moins que vous ne sçauriez dire que ce seroit pour la plus grande gloire de Dieu. Car en supposant qu'il fût possible & concevable que le monde corporel eût une subsistance absolue, extrinsèque à l'entendement de Dieu, aussi bien qu'aux entendemens de nous tous ou des esprits créés ; comment cela pourroit-il contribuer à faire éclater ou l'immensité ou la science infinie de la divinité, ou enfin son domaine nécessaire & immédiat sur tous les autres êtres ? Et ne seroit-ce pas là une chose qui devroit plutôt nous paroître déroger à ces attributs de l'Être suprême ?

Hyl. Fort bien : mais quant à ce décret de Dieu pour rendre les choses perceptibles ; qu'en dites-vous, *Philonoüs* ? N'est-il pas clair qu'il faut opter, ou bien de croire que Dieu l'exécuteroit de toute éternité, ou bien d'avouer que Dieu auroit commencé en un certain tems de vouloir ce qu'il ne vouloit pas actuellement auparavant, mais qu'il résolvoit seulement alors de vouloir. Si vous prenez le premier parti, il ne pourra plus alors y avoir eu de création, ou de commencement d'existence dans les choses finies ; & si c'est au dernier parti que vous vous arrêtiez, il faudra que vous reconnoissiez en ce cas qu'il arrive quelque chose de nouveau à la divinité ;

ce qui emportera que Dieu soit susceptible de quelque sorte de changement ; & vous sçavez que tout changement suppose une imperfection.

Phil. Faites attention, je vous prie, au peu de justice de la conduite que vous tenez maintenant à mon égard. N'est-il pas évident que cette objection conclut également contre la création prise dans tel sens qu'on voudra, & même contre tout autre acte de la divinité que les lumières naturelles puissent nous découvrir, puisque nous n'en pouvons concevoir aucun que comme exécuté dans un tems & ayant un commencement ? Dieu est un être dont les perfections sont transcendantes & illimitées. Sa nature est donc incompréhensible aux esprits finis ; & par conséquent, en vain s'attendroit-on qu'aucun homme, Matérialiste ou Immatérialiste, pût jamais avoir des notions parfaitement justes de la divinité, de ses attributs & des voies qu'elle suit dans ses opérations ? Si vous prétendez donc conclure quelque chose contre moi il faut tirer vos objections, non des notions que nous nous formons l'un & l'autre de la nature divine, puisque les difficultés que ces notions vous pourroient fournir, seroient inévitables dans tous les systêmes ; mais du seul refus que je fais d'admettre l'existence de la matière, chose dont vous ne m'avez pas dit un seul mot, ni directement ni indirectement, dans ce que vous venez de m'objecter.

Hyl. Je ne puis m'empêcher de reconnoître que vous n'êtes tenu maintenant à résoudre que les seules difficultés que je puis tirer de la supposition que la matière n'existe point, ou qui sont particulières à votre sentiment. Jusques là vous avez raison : mais je ne sçaurois non plus en venir à penser qu'il n'y ait point quelque répugnance particulière entre la création & votre opinion ; quoiqu'à la vérité je ne sçache pas précisément en quoi je dois la faire consister.

Phil. Que voudriez-vous donc ? ne reconnois-je pas deux états des choses, l'un Ectype ou naturel, l'autre Archétype & éternel ? Le premier, qui a été créé dans le tems, l'autre qui existe de toute éternité dans l'esprit de Dieu ; & ce que je dis là n'est-il pas conforme au sentiment ordinaire des théologiens ? ou faut-il quelque chose de plus pour concevoir la création ; mais vous soupçonnez, dites-vous, que mon opinion répugne en quelque chose à cet acte de la divinité, sans que vous puissiez en même tems marquer précisément en quoi. Pour vous ôter toute ombre de scrupule sur ce sujet, je me contenterai de vous prier de faire attention à ce raisonnement. Ou bien vous ne sauriez concevoir la création dans aucune hypothèse que ce puisse être ; & si la chose est ainsi, vous ne pouvez être fondé à désapprouver, à cet égard, l'opinion qui m'est particulière ; ou bien il est quelqu'hypothèse où vous pouvez concevoir la création ; & en ce cas pourquoi ne pourriez-vous pas aussi bien la concevoir dans mes principes que dans d'autres ; puisque les miens ne vous enlèvent rien de ce que vous concevez, & ne touchent même à rien de tout cela ? Je vous ai toujours laissé l'entier usage de vos sens, de votre imagination & de votre raison. Tout ce que vous pouviez appercevoir auparavant, soit immédiatement, soit médiatement, soit par vos sens, soit par des raisonnemens fondés sur leur témoignage, tout ce que vous pouviez concevoir, imaginer ou comprendre, vous reste donc toujours ; & parconséquent si la notion que vous vous êtes formée dans d'autres principes, de la création, est intelligible, vous la conservez encore dans les miens ; & si au contraire elle n'est pas intelligible, je penserois dès lors que ce n'étoit point une vraie notion, & qu'ainsi vous n'auriez pas fait une grande perte quand vous vous l'auriez entièrement abandonnée. En effet il me paroit très-clair que la supposition de la matière, c'est-à-dire d'une chose parfaitement inconnue & inconcevable, ne sauroit servir à vous faire concevoir aucune chose que ce soit ; & je me flatte que je n'ai pas besoin de vous prouver que si l'existence de la matière ne rend pas la création concevable, ce n'est pas une objection à faire contre la non existence de la matière que de dire qu'en la supposant, la création seroit inconcevable.

Hyl. Je confesse, *Philonoüs*, que me voilà presque satisfait sur l'article de la création.

Phil. Je voudrois bien savoir pourquoi vous ne l'êtes pas entièrement ? Vous me parlez, à la vérité, d'une répugnance entre le recit que nous fait Moyse & l'immatérialisme ; mais vous ne savez pas en même tems en quoi elle peut consister. Cela est-il raisonnable, *Hylas* ? pouvez-vous vous attendre que je vous résolve une difficulté, sans que vous m'ayez appris en quoi elle consiste ? Mais, pour passer sur tout cela, ne diroit-on pas que vous êtes bien certain qu'il n'y a aucune répugnance entre l'opinion qu'admettent les matérialistes & le texte sacré ?

Hyl. Aussi le suis-je.

Phil. Apprenez-moi donc s'il faut entendre la partie historique de l'écriture sainte dans un sens simple & naturel, ou dans un sens métaphysique & détourné.

Hyl. Dans un sens simple, sans doute.

Phil. Lorsque Moyse parle dans la genèse, d'herbes, de terre, d'eau, &c. comme de choses qui ont été créées par Dieu, ne pensez-vous pas que les choses sensibles que ces mots signifient d'ordinaire, doivent se présenter incontinent à esprit de tout lecteur qui ne sera pas prévenu des notions philosophiques?

Hyl. Je ne saurois en disconvenir.

Phil. Et ne faut-il pas dans les sentimens des matérialistes refuser l'existence réelle à toutes les idées ou à toutes les choses que les sens apperçoivent?

Hyl. Je l'ai déjà reconnu.

Phil. La création ne doit donc pas, selon eux, avoir été une création de ces choses sensibles qui n'ont qu'un être relatif, mais une création de certaines natures inconnues, qui dans leurs sentimens sont seules douées de l'existence absolue, à laquelle cette action divine a dû se terminer.

Hyl. Cela est vrai.

Phil. Et n'est-il pas par conséquent évident que les partisans de l'existence de la matière détruisent le sens naturel & évident des paroles de Moyse, avec lesquelles leur sentiment ne sauroit absolument s'accorder; & qu'ils nous donnent au lieu de cela un je ne sais quoi, qui leur est aussi inintelligible à eux-mêmes qu'il me le paroît à moi?

Hyl. Je ne puis m'opposer à cela.

Phil. Moyse nous parle d'une création: une création de quoi? de quiddités inconnues? d'occasions ou de soutiens? Non certainement, mais de choses propres à être apperçues par nos sens. Il faut que vous commenciez par accorder cela avec votre opinion, avant que de vous attendre que je puisse la goûter.

Hyl. Je m'apperçois que vous m'attaquez maintenant avec mes propres armes.

Phil. Quant à l'existence absolue, a-t-on jamais entendu parler d'une notion plus vuide de sens & plus *creuse* que celle-là? Ce seroit quelque chose de si abstrait & de si inintelligible, que vous avez avoué franchement vous-même n'y pouvoir rien concevoir, & que bien moins encore pourriez-vous vous en servir pour expliquer quelqu'autre chose. Mais en vous accordant qu'il existe de la matière, & que la notion de son existence absolue soit aussi claire que le jour, sera-t-il pour cela vrai de dire qu'on ait jamais pu penser que la vérité de l'un ou de l'autre de ces deux faits dût rendre la création plus facile à croire? & leur supposition n'a-t-elle pas fourni au contraire aux athées & aux infidèles de tous les siècles les argumens les plus plausibles qu'ils ayent jamais employés contre elle. Qu'une substance corporelle à laquelle on supposeroit une existence absolue hors des entendemens des esprits, ait pû être produite de rien, & par la pure volonté d'un esprit; c'est ce qu'on a souvent envisagé comme une chose si contradictoire & si absurde, que non seulement les plus célèbres philosophes anciens, mais même plusieurs philosophes modernes & chrétiens ont inféré de-là que la matière étoit coéternelle avec la Divinité. Rapprochez toutes ces choses les unes des autres, & jugez ensuite vous-même si le matérialisme dispose les hommes à croire à la création.

Hyl. Je vous avoue, *Philonoüs*, que je pense que non. Cette objection que j'ai tirée de la création, étoit la dernière qui se fût présentée à moi; & je ne puis disconvenir que vous n'y ayez suffisamment répondu, aussi-bien qu'aux autres. Il ne reste donc plus rien à vaincre en moi qu'une espèce de répugnance que j'y trouve à me prêter à votre opinion, & dont je ne saurois en même tems rendre raison.

Phil. Quand un homme se sent comme forcé, sans savoir néanmoins pourquoi, à rester dans certain parti, on ne sauroit alors attribuer une pareille disposition à rien autre qu'aux préjugés que les opinions anciennes qui ont jetté de profondes racines dans son esprit, ne peuvent avoir manqué d'y laisser; & je ne puis vous nier en effet qu'à s'en rapporter aux personnes qui ont été élevées dans l'étude des lettres, l'opinion qui admet l'existence de la matière, n'ait à cet égard beaucoup d'avantages sur le sentiment opposé.

Hyl. Je ne vous cache point que cela me paroît ainsi.

Phil. Pour contrepeser des préjugés si forts, mettons de l'autre côté de la balance les grands avantages que nous offre l'immatérialisme, soit à l'envisager par rapport à la religion, soit à le regarder avec des yeux philosophes. L'existence de Dieu, & l'immortalité de l'ame, ces deux grands points de la religion, ne sont-ils pas démontrés dans ce sentiment avec la plus grande clarté & l'évidence la plus immédiate. Quand je dis l'existence de Dieu, je n'entens pas celle d'une cause obscure & générale des choses, de laquelle nous n'ayons point de notion; mais de Dieu dans le sens étroit & propre du mot; d'un être dont la spiritualité, la présence par tout, la providence, la science sans bornes, la puissance & la bonté infinies, sont aussi faciles à appercevoir que l'existence des choses sensibles, de laquelle (malgré les faux-fuyans, les prétentions illusoires, & les scrupules affectés des sceptiques), il n'y a pas plus de raison de douter que de notre propre être. Et relativement aux sciences humaines, dans combien d'embarras, dans combien d'obscurités & de contradictions l'opinion de l'existence absolue de la matière n'a-t-elle pas jetté les hommes? Pour ne rien dire ici des disputes sans nombre, qu'on a formées sur son étendue, sur sa continuité, sur son homogénéité, sur sa gravité, sur sa divisibilité, &c. ne prétend-on pas expliquer toutes choses par des corps qui opéreroient sur des corps, sans qu'on ait néanmoins pû comprendre jusqu'ici comment un corps pourroit en mouvoir un autre. Quand même on admettroit qu'il n'y eut point de difficulté à accorder la notion d'un être auquel conviendroit l'inertie avec celle d'une cause, ou à concevoir comment un accident pourroit passer d'un corps dans un autre, seroit-il néanmoins vrai de dire qu'avec toutes ces pensées bizarres, & toutes ces suppositions forcées on eût pu encore pousser les productions méchaniques jusqu'à en tirer aucun animal ou aucun végétal ; qu'on eut expliqué par les loix du mouvement, les sens, les goûts, les odeurs ou les couleurs, ou le cours réglé des choses ; en un mot, qu'on eût jusqu'à présent rendu raison par des principes physiques de la disposition & de l'artifice des parties, même les moins considérables de l'univers ? Et en supposant au contraire qu'on abandonne la matière & les causes corporelles, & qu'on se contente d'admettre au lieu de cela la seule efficacité d'un esprit souverainement parfait ; tous les effets de la nature ne recevront-ils pas dèslors une explication aisée & intelligible. Si les phénomènes ne sont autre chose que des idées ; aussi Dieu est-il un esprit, & la matière un être destitué d'intelligence & de perception. Si les Phénomènes nous montrent une puissance infinie dans leur cause ; aussi Dieu est-il actif & tout puissant, & la matière une masse où l'on ne découvre que de l'inertie. Si l'on ne peut assez admirer l'ordre, la régularité & les usages de ces mêmes phénomènes ; aussi Dieu est-il un être infiniment sage, dont la providence s'étend à tout ; au lieu que nous n'appercevons dans la matière ni adresse ni dessein. Voilà sûrement de grands avantages dans la physique ; pour ne point ajouter ici que la notion d'une divinité éloignée dispose naturellement les hommes à la négligence dans leurs actions morales, actions auxquelles il seroient au contraire attentifs, s'ils regardoient Dieu comme immédiatement présent, & comme agissant sur leurs esprits sans l'interposition de la matière, ou plus généralement de causes secondes destituées de la pensée. En métaphysique, que de difficultés sur l'entité abstraite, sur les formes substantielles, sur les principes hylarchiques, sur les natures plastiques, sur le principe d'individuation, sur l'origine des idées, sur la manière dont deux substances indépendantes l'une de l'autre, & aussi prodigieusement différentes l'une de l'autre que l'esprit de l'homme & la matière, opéreroient mutuellement l'une sur l'autre ; que de difficultés dis-je, & de recherches sans fin sur tous ces points & sur une infinité d'autres semblables, disparoîtroient à jamais en ne supposant que des

Philosophie anc. & mod. Tome I.

esprits & des idées. Il n'y a pas même jusqu'aux mathématiques qui ne devinssent beaucoup plus claires & beaucoup plus faciles, si l'on renonçoit à l'existence absolue des choses sensibles ; car les spéculations les plus épineuses & les paradoxes les plus choquans qu'on rencontre dans ces sciences, dépendent tous de la divisibilité infinie de l'étendue finie, laquelle dépend elle-même de cette supposition. Mais qu'est-il besoin d'insister ici sur chaque science en particulier ? La contradiction générale de toutes les sciences, je veux dire, l'extravagance des sceptiques anciens & modernes, ne s'appuie-t-elle pas aussi sur ce principe, que la réalité des choses corporelles consiste dans une existence extérieure & absolue ? ou plutôt pourriez-vous produire un seul argument des sceptiques contre la réalité des choses corporelles, ou ce qui reviendroit au même, en faveur de cette ignorance profonde & reconnue, où ces philosophes prétendent que nous sommes à l'égard de la nature de ces choses, qui ne portât sur ce fondement. C'est dans cette hypothèse que les objections qu'on tire des couleurs changeantes que nous offre la gorge du pigeon, ou de l'apparence de rupture que nous appercevons dans la rame plongée dans l'eau, ont véritablement de la force ; au lieu que ces mêmes objections & toutes les autres semblables s'évanouiroient bien vite, si renonçant à défendre l'existence des modèles absolus et extérieurs, nous ne faisions consister la réalité des choses que dans des idées, changeantes & variables à la vérité, mais qui ne changeroient pas non plus au hazard, & dont les variations seroient au contraire réglées conformément à l'ordre fixe de la nature. En effet c'est uniquement en cela que consistent cette constance & cette vérité des choses, qui assurent tous les intérêts de notre vie & qui distinguent ce que nous nommons réel des visions déréglées de l'imagination.

Hyl. Je conviens de tout ce que vous me dites-là ; & je suis en même tems obligé de vous avouer que rien n'est plus capable de m'engager à embrasser votre opinion que les avantages que je vois y être attachés. Je suis naturellement paresseux ; & elle offre de grands abrégés en fait de connoissances. Que de doutes, que d'hypothèses, que de labyrinthes propres à arrêter l'esprit, quel vaste champ de disputes, quel océan de fausse littérature ne peut-on pas éviter, en adoptant l'immatérialisme ?

Phil. Penseriez-vous au reste qu'il pût encore m'être échappé quelque chose de ce qu'il y auroit eu à vous dire pour vous persuader ? Vous pouvez-vous rappeller que vous m'avez promis de vous en tenir à celui de nos deux sentimens, qui après un mûr examen, vous paroîtroit le plus conforme au bon sens, & le plus éloigné du scepticisme. Tel est de votre propre aveu, celui qui nie la matière & l'existence des choses corporelles. Ce n'est pas tout ; je vous l'ai prouvé de différentes manières ; je vous l'ai fait envisager sous différens points de vûe ; je l'ai suivi dans ses conséquences, & j'ai répondu à toutes les objections que vous avez pu lui opposer. La vérité seroit-elle susceptible d'un plus grand dégré d'évidence ? ou seroit-il possible qu'une opinion réunît tous les caractères de la vérité, & qu'elle fût fausse malgré cela ?

Hyl. Je confesse que je suis enfin satisfait à tous égards ; mais quelle sûreté puis-je avoir que je continuerai toujours dans cette même adhésion entière à votre sentiment, & qu'il ne se présentera pas à moi dans la suite quelque objection ou quelque difficulté imprévûe ?

Phil. Je vous prie, *Hylas*, s'il arrive en d'autres occasions qu'on vous ait prouvé évidemment une proposition, les objections auxquelles cette proposition peut être d'ailleurs sujette, sont-elles capables de vous arrêter ? Les difficultés qu'on rencontre dans la théorie des quantités incommensurables, de l'angle de contact, des assymptotes des courbes, ou dans d'autres sujets semblables, suffisent-elles, par exemple, pour vous faire défier des démonstrations mathématiques ? ou refusez-vous de croire à la providence de Dieu, parce qu'il peut y avoir différentes choses particulières, que vous ne sauriez accorder avec cet attribut de l'être suprême ? Si l'immatérialisme est sujet à des difficultés, je vous ai donné d'un autre côté des preuves directes & évidentes de ce sentiment : mais quant à l'existence de la matière, on n'en peut apporter une seule preuve, & elle est d'ailleurs sujette à des objections beaucoup plus nombreuses & tout-à-fait insurmontables. En quoi consisteroient au reste ces difficultés si fortes, sur lesquelles vous insistez ? Vous ne savez ni où elles se trouveroient, ni ce qu'elles pourroient être. Ce seroit, dites-vous, des choses qui pourroient se présenter dans la suite à votre esprit. En vérité si un tel prétexte peut suffire pour vous faire suspendre en effet votre acquiescement ; vous ne le donnerez jamais à aucune proposition, quelque peu sujette à exception qu'elle puisse être, quelque clairement & quelque solidement qu'elle ait été démontrée.

Hyl. Vous m'avez convaincu, *Philonoüs*.

Phil. Pour vous mieux armer contre les objections qui pourroient se présenter de nouveau à votre esprit, je vous prierai seulement de faire attention que ce qui porte également contre deux opinions contradictoires, ne sauroit servir de preuve ni à l'une ni à l'autre. S'il s'offre donc à vous quelque difficulté, commencez pas examiner si vous pouvez en trouver la solution dans l'hypothèse des matérialistes. Ayez attention dans cette recherche, à ne vous point laisser abuser par les mots : interrogez plutôt vos propres pensées ; & au cas que vous ne puissiez concevoir plus aisément par le secours du matérialisme la chose dont il sera question, il est évident qu'elle ne pourra alors servir d'objection contre l'immatérialisme. Si vous aviez suivi cette règle durant cette entretien, vous vous seriez vraisemblablement épargné la peine de m'objecter bien des choses ; puisque je puis mettre en fait que de toutes vos difficultés, vous n'en sauriez montrer une seule qu'on puisse résoudre par le secours de la matière, ou qui ne soit pas même moins intelligible dans la supposition de l'existence de la matière, que dans la supposition contraire, & qui par conséquent ne fasse plutôt *contre* que *pour*. Il faudra donc observer avec soin à chaque occasion si la difficulté provient de la supposition que la matière n'existe point ; car si elle ne vient pas de là, vous ne sauriez non plus vous en prévaloir contre l'immatérialisme, que vous ne pourriez faire de la divisibilité infinie de l'étendue contre la prescience divine ; & je crois cependant qu'en vous rappellant tout ce que nous avons dit jusqu'à présent, vous vous appercevrez sans peine que nous nous sommes trouvés souvent, si non toujours, dans le cas dont je viens de faire mention. Il vous faudra encore prendre garde à ne point tomber dans le sophisme qu'on appelle *pétition de principe*. Nous sommes à la vérité plus portés à regarder des substances inconnues comme des choses reelles, qu'à regader les idées que nous avons dans nos esprits, de cette même manière. Mais qui oseroit dire pour cela que des substances extérieures à nous, & destituées de la pensée, pussent concourir comme causes ou instrumens dans la production de nos idées ? Ne seroit-ce pas là partir de la supposition qu'il existeroit de telles substances extérieures à nous ? Et partir en effet de là, ne seroit-ce pas supposer ce qui est en question ? Soyez sur tout attentif à ne vous en point laisser imposer par cet autre sophisme si commun, qu'on nomme *ignorance de la question*. Vous avez paru souvent, dans le cours de notre conversation, croire que je soutenois que les choses sensibles n'existoient point ; au lieu que dans le vrai, personne ne peut être plus certain que je le suis de leur existence, & que c'est vous qui en doutez ; j'aurois du dire, qui la niez positivement. Chaque chose qu'on voit, qu'on touche, qu'on entend, en un mot qu'on apperçoit par les sens, de quelque manière que ce puisse être, est véritablement un être réel dans les principes que j'embrasse, & au contraire n'en est pas un dans les vôtres. Souvenez-vous que la matière que vous prétendez exister, seroit quelque chose d'inconnu, si même on peut appeller quelque chose, ce qui seroit entièrement dépouillé de toutes les qualités sensibles, & qui non-seulement ne sauroit être apperçu par les sens, mais ne pourroit même être conçu par l'esprit. Rappellez-vous, dis-je, que ce ne seroit un objet ni dur, ni mol, ni chaud, ni froid, ni bleu, ni blanc, ni rond, ni quarré, &c. Car de pareils objets sont autant de choses pour l'existence desquelles je me déclare, quoique je nie à la vérité qu'elles ayent une existence différente de la qualité d'être apperçues, ou qu'elles existent hors de tous les esprits quels qu'ils puissent être. Pensez à tous ces chefs : faites-y mûrement attention : autrement vous ne comprendriez jamais l'état de la question, & moyennant cela vos objections ne porteroient point du tout au but, & elles pourroient même servir, comme il nous est arrivé plus d'une fois, à ceux qui soutiendroient contre vous ma propre opinion.

Hyl. Je suis obligé d'avouer que rien ne m'a plus empêché d'entrer plutôt dans votre sentiment, que d'avoir ainsi pris le change sur la question. J'étois tenté d'abord de m'imaginer qu'en niant la matière vous niiez les choses que vous voyez & que vous touchez : mais la réflexion m'a fait comprendre qu'il n'y a pas de fondement à cela. Que penseriez-vous donc d'un expédient qui me vient dans l'esprit ? Ce seroit de retenir le mot *matière*, & de l'appliquer aux choses sensibles. On pourroit le faire sans qu'il en résultât aucune altération dans vos sentimens ; &, croyez-moi, ce seroit le moyen de les rendre du goût de bien des personnes, qui se choquent plus de la nouveauté des mots que des innovations dans les sentimens mêmes.

Phil. A la bonne heure, retenez, si vous voulez, le mot *matière* & appliquez-le si vous le jugez encore à propos, aux objets des sens ; pourvu toutefois que vous ne lui attribuiez aucune subsistance distincte de la qualité d'être apperçu. Je ne prétends point avoir de querelle avec vous pour une expression. *La matière* ou *la substance matérielle* sont des termes que les philosophes ont introduits ; & à les prendre dans l'acception, suivant laquelle les philosophes les emploient, ils emportent une espèce d'indépendance, ou une subsistance distincte de la qualité d'être apperçu par un esprit. Quant au peuple, ou s'il ne s'en sert jamais, ou s'il s'en sert quelquefois, c'est pour signifier d'une manière générale les objets immédiats des sens. C'est donc une chose certaine que tant qu'on se rappellera les choses particulières, signifiées par les différens noms propres ou collectifs, ainsi que le sens des termes généraux *substance*, *sensible*, *corps*, *chose*, & d'autres semblables, on ne prendra jamais mal dans le discours ordinaire le sens du mot *matière*. Mais il me semble en même tems qu'il n'y auroit rien de mieux à faire que d'abandonner entièrement ce mot dans le discours philosophique ; puisqu'on peut dire qu'il n'est aucune chose qui ait plus favorisé & fortifié le malheureux penchant de l'esprit de l'homme vers l'athéisme que l'usage d'un terme si général & si confus.

Hyl. Soit : mais, *Philonoüs*, puisque je ne fais point de difficulté de me défaire entièrement de la notion d'une substance destituée de la pensée & extérieure à tout esprit, je ne pense pas que vous puissiez de votre côté me refuser le privilége de me servir à mon gré du mot *matière*, & de l'attacher à une collection de qualités sensibles, qui ne subsistent seulement que dans l'esprit. J'avoue franchement qu'il n'y a dans un sens étroit d'autres substances que des esprits ; mais je suis accoutumé depuis si longtems au mot *matière*, que je ne sais comment m'en détacher. C'est toujours une chose choquante pour moi, que de dire, *il n'y a point de matière dans le monde* ; au lieu que je dis sans peine, il *n'y a point de matière, si par ce mot on entend une substance destituée de la pensée & existante hors de l'esprit ; mais il y a de la matière, si on entend par ce mot quelque chose de sensible dont l'existence consiste à être apperçu*. Cette distinction donne un tour tout différent à votre sentiment ; & on n'aura que fort peu de peine à se ranger de votre opinion, lorsqu'elle sera proposée de cette manière ; car après tout, la dispute sur la *matière*, dans l'acception étroite de ce mot, ne roule uniquement qu'entre vous & les philosophes, dont je reconnois que les principes ne sont, à beaucoup près, ni si naturels, ni si conformes, soit à la manière ordinaire de penser des hommes, soit à l'écriture sainte, que les vôtres. Ce que nous desirons ou que nous évitons, se réduit à ce qui fait ou ce que nous imaginons pouvoir faire quelque partie de notre bonheur, ou de nos peines. Mais qu'ont à faire le bonheur ou les peines, la joie ou la tristesse, le plaisir ou la douleur, avec l'existence absolue, ou avec des entités inconnues, abstraites de toutes relations à notre propre être. Il est, dis-je, évident que les choses ne se rapportent à nous qu'autant qu'elles peuvent nous être agréables ou désagréables ; ce qui ne sauroit arriver qu'autant que nous les appercevons. Hors de cette circonstance, elles ne nous intéressent donc plus, & nous n'y faisons aucune attention. Il y a au reste quelque chose de neuf dans votre opinion. Je sens clairement que je ne suis maintenant ni de l'avis des philosophes, ni même tout-à-fait de celui du vulgaire ; & je voudrois fort savoir quel est au juste l'état où je me trouve à cet égard, c'est-à-dire, que vous me dissiez précisément, ou ce que vous avez ajouté aux notions dont j'étois anciennement imbu, ou ce que vous en avez retranché, ou ce que vous y avez changé.

Phil. Je ne prétends point au titre d'auteur de nouveaux sentimens. Tout ce que j'ai tâché de faire dans nos entretiens, ç'a été de réunir, pour ainsi dire, & de mettre en même tems dans un plus grand jour des vérités peu claires qui avoient été jusqu'ici comme partagées entre le vulgaire & les philosophes. Le vulgaire pense que les choses qu'il apperçoit immédiatement sont les choses réelles, & les philosophes soutiennent que les choses qu'on apperçoit immédiatement, sont des idées qui n'existent que dans l'esprit. Joignez ensemble ces deux sentimens, & la conclusion que vous pourrez tirer de leur réunion, vous fournira la substance de ce que j'avance.

Hyl. J'ai été long-tems à me défier de mes sens. Il me paroissoit que je ne voyois les choses qu'à l'aide d'une lumière trouble & à travers d'un verre trompeur. Le verre est maintenant écarté, & un nouveau jour a lui dans mon entendement. Je suis pleinement convaincu que je vois les choses dans leurs propres formes; & je ne me mets plus en peine ni de leur nature inconnue, ni de leur existence absolue. Tel est, dis-je, l'état où je me trouve maintenant: mais j'avoue en même tems que je ne comprends pas bien encore par quelle route vous avez pu m'y conduire. Vous êtes parti des mêmes principes que les *académiciens*, les *cartésiens* & d'autres sectes semblables ont coutume de poser: on auroit dit même pendant long-tems que vous prétendiez mettre en avant les scepticisme philosophique; & il se trouve néanmoins à la fin que vos conclusions sont directement opposées aux leurs.

Phil. Regardez, *Hylas*, l'eau qui jaillit du jet que voilà. Elle s'élève en colomne jusqu'à une certaine hauteur, où elle se brise ensuite pour retomber dans le bassin d'où elle étoit d'abord partie; & son élévation ainsi que sa chûte, proviennent l'une & l'autre du même principe, ou de la même loi uniforme de la gravitation. C'est ce qui nous est arrivé dans le sujet que nous venons de discuter. Les mêmes principes qui du premier coup d'œil paroissoient nous conduire au scepticisme, nous ont ramenés, après que nous les avons eu suivis jusqu'à un certain point, aux notions ordinaires, que suggère le simple bon sens.

Nota. Pour entrer ici dans les vues de Berkeley, & afin de donner sur son système tous les éclaircissemens dont il est susceptible, & qu'on peut raisonnablement désirer dans des matières aussi abstraites, nous allons joindre comme complément de l'article qu'on vient de lire, l'essai du même auteur sur une nouvelle théorie de la vision. Ce supplément nous paroit d'autant plus nécessaire, que cet essai renferme en effet, ainsi que Berkeley l'annonce ailleurs, quelques observations ultérieures sur les mêmes objets, & des développemens de certaines pensées qui ne sont qu'indiquées dans l'écrit précédent: de sorte que ces deux ouvrages dont l'objet est d'ailleurs très divers, s'éclaircissent, dans certaines difficultés qui leur sont communes, l'un par l'autre, & se fortifient réciproquement.

I.

J'ai dessein de montrer comment par le moyen de la vûe, nous appercevons la distance, la grandeur, & la situation des objets: comme aussi de considérer la différence qu'il y a entre les idées de vûe & d'attouchement; & s'il y a quelque idée commune à ces deux sens.

II.

Je crois que tout le monde est d'accord, que la distance est invisible par elle-même. Car, la distance, étant une ligne qui va directement à l'œil, elle ne peut dépeindre dans le fond de l'œil qu'un seul point, qui reste toujours le même, soit que la distance devienne plus grande ou plus petite.

III.

Je trouve aussi qu'on est d'accord, que l'estime, que nous faisons touchant la distance de certains objets considérablement éloignés, est plutôt un acte de notre jugement fondé sur l'expérience, qu'une décision de nos sens. Par exemple, quand j'apperçois un grand nombre d'objets intermédiats, comme des maisons, des champs, des rivieres, que je sçais par expérience occuper un assez grand espace, j'en conclus que l'objet, qui est encore au-delà, doit être bien éloigné. De plus, quand un objet me paroit petit, & frappe foiblement ma vûe, & que j'ai éprouvé qu'à une distance peu considérable ce même objet frappe vivement ma vûe & me paroit grand, j'en infere d'abord qu'il doit être loin. Or, il est évident que tous ces jugemens sont fondez sur mon expérience; sans laquelle je n'aurois rien conclu touchant la distance des objets, de leur petitesse, ou du plus ou moins de vivacité avec laquelle ils frappent ma vûe.

IV.

Mais, quand un objet est placé à une si petite distance, que l'intervalle qui sepáre les yeux a avec cette distance une proportion très sensible, quelques mathématiciens croyent que les deux axes optiques se réunissant à l'objet y forment un angle, par le moyen duquel, suivant qu'il est plus grand ou plus petit, l'objet est connu être plus près ou plus loin (1).

V.

Il y a cette différence entre cette manière d'ap-

---

(1) Voyez ce que Descartes & d'autres ont écrit sur ce sujet.

percevoir la distance & la manière précédente, qu'au lieu qu'il n'y avoit aucune connexion apparente ni nécessaire entre une petite distance & une apparence grande & forte, ou entre une grande distance & une apparence petite & foible, il paroît y avoir une liaison très nécessaire entre un angle obtus & une petite distance, & entre un angle aigu & une distance éloignée. Il n'est pas besoin de la moindre expérience, pour que chacun sache, que plus les axes optiques se joignent près de l'objet, plus l'angle est grand; & que plus le point de leur réunion est éloigné, plus l'angle qu'ils forment, est petit.

V I.

Il y a une autre explication rapportée par ceux qui ont écrit sur l'optique, sur la manière de juger de ces distances, à l'égard desquelles la Largeur de la prunelle a quelque grandeur sensible. Et cette explication est appuyée sur le plus ou sur le moins de *divergence* des rayons, lesquels, partant du point visible, tombent sur la prunelle ; ce point-la étant jugé le plus près, qui est vû par les rayons les plus divergens. Par-là, l'éloignement apparent augmente toujours à proportion que la *divergence* des rayons diminue, jusqu'à ce que la distance devienne infinie, lorsque les rayons qui tombent sur la prunelle sont parallèles par rapport aux organes de la vûe. Et c'est de cette manière, qu'on prétend qu'un objet est vû, lors qu'on ne le regarde que d'un œil.

V I I.

Il est évident aussi dans ce cas, que nous n'avons rien à démêler avec l'expérience : tout homme, qui a la moindre idée de géométrie, voyant que plus les rayons, dans le tems qu'ils tombent sur la prunelle, approchent du parallélisme, plus doit être éloigné le point de leur intersection, ou, ce qui est la même chose, le point visible d'où ils partent.

V I I I.

Les deux explications, qui viennent d'être indiquées, passent communément pour vraies, & sont employées pour cette cause à déterminer les places apparentes des objets. Cependant, elles me paroissent peu satisfaisantes ; & cela, pour les raisons suivantes.

I X.

Il est clair, que quand l'ame apperçoit une idée non immédiatement, elle doit l'appercevoir par le moyen de quelque autre idée. C'est ainsi, par exemple, que les passions, qui sont dans l'ame d'un autre, sont en elles-mêmes invisibles pour moi. Je puis néanmoins les appercevoir par la vûe, si-non immédiatement, du moins par le moyen des couleurs qu'elles peignent sur le visage. Nous voyons souvent la honte ou la crainte dans les regards d'un homme, en appercevant les changemens de couleur qui se font sur son visage.

X.

Outre cela, il est évident, qu'aucune idée, qui n'est pas apperçue elle-même, ne sçauroit servir à en faire appercevoir une autre. Si je n'apperçois pas la rougeur ou la pâleur se répandant sur le visage d'un homme, il est impossible que par leur moyen j'apperçoive les passions qui sont dans son ame.

X I.

Or il paroit par la section II, que la distance est invisible par elle-même : donc, étant apperçue, il faut qu'elle le soit par le moyen de quelqu'autre idée, qui soit elle-même apperçue immédiatement dans l'acte de la vision.

X I I.

Mais, ces lignes & ces angles, par le moyen desquels quelques mathématiciens prétendent expliquer la perception de la distance, ne se voyent en aucune manière, & ne viendroient jamais dans l'esprit de ceux qui n'entendent rien en optique. J'en appelle à l'expérience du premier venu, si, à la vue d'un objet, il en calcule la distance par la grandeur de l'angle, fait par la rencontre des deux axes optiques ; ou bien, s'il pense jamais au plus ou au moins de divergence de rayons qui partent d'un point, & viennent se rendre à sa prunelle? Chacun est le meilleur juge de ce qu'il apperçoit, ou non. En vain un homme me diroit-il, que j'apperçois certaines lignes & certains angles, qui excitent dans mon ame les différentes idées de distance, si moi-même je n'en sçais rien.

X I I I.

Puis donc que ces lignes & ces angles ne s'apperçoivent point par la vue, je conclus de ce qui a été démontré dans la section X, que ce n'est point par le moyen de ces angles, & de ces lignes, que l'ame juge de la distance des objets.

X I V.

La vérité de cette assertion paroîtra encore plus évidente, si l'on fait attention, que ces lignes & ces angles n'existent point réellement dans la nature ; n'étant qu'une hypothèse formée par les mathématiciens, & introduite par eux en optique, afin de pouvoir traiter cette science d'une manière géométrique.

X V.

La dernière raison que j'alléguerai, pour rejetter cette doctrine, est, que quand même nous accorderions l'existence réelle de ces angles optiques, &c.... & qu'il est possible à l'ame de les appercevoir ; ces principes néanmoins ne seroient pas trouvés suffisans pour expliquer les phénomènes de la distance, comme je le prouverai dans la suite.

X V I.

Nous avons déja montré, que l'idée de la distance est suggérée à l'ame, par le moyen de quelqu'autre idée, qui est elle-même apperçue dans l'acte de la vision. Reste donc à sçavoir quelles idées ou sensations il y a qui accompagnent la vision, auxquelles nous pouvons supposer que les idées de distance sont liées, & par le moyen desquelles la distance est apperçue de l'ame ? *Premièrement.* Il est démontré par l'expérience, que quand nous regardons un objet prochain des deux yeux, à mesure qu'il s'approche ou qu'il s'éloigne de nous, nous changeons la disposition de nos yeux, en rétrécissant ou en élargissant l'intervalle qu'il y a entre les prunelles. Cette disposition des yeux est accompagnée d'une sensation, qui me semble être la cause que l'ame, dans le cas en question, a l'idée d'une plus grande ou d'une moindre distance.

X V I I.

Non qu'il y ait aucune connexion naturelle ou nécessaire entre la sensation que nous éprouvons par le changement qui arrive à l'œil, & entre le plus ou le moins de distance, mais, parce que l'ame a trouvé par une constante expérience, que les différentes sensations, qui correspondent aux différentes dispositions des yeux, sont accompagnées chacune d'un différent degré de distance dans l'objet : ces deux sortes d'idées ont contracté ensemble une telle liaison d'habitude, que l'ame n'apperçoit pas plutôt la sensation naissante de la différente disposition qu'elle donne aux yeux, afin de rapprocher ou d'éloigner les prunelles, qu'elle apperçoit en même-tems une idée différente de distance, laquelle avoit coutume d'être liée avec cette sensation ; justement comme, lorsqu'à l'ouïe d'un certain son, l'entendement apperçoit à l'instant l'idée que ce son est en possession d'exciter.

X V I I I.

Et je ne vois guères comment je pourrois me tromper sur cette matière. Je vois évidemment que la distance ne sçauroit être apperçue en elle-même : que, parconséquent, elle doit être apperçue par le moyen de quelqu'autre idée, qui est apperçue immédiatement, & qui varie suivant les différens degrés de distance. Je sçais aussi, que la sensation naissant de la disposition des yeux est immédiatement apperçue, & que les différens degrés en sont liés avec différentes distances, qui ne manquent jamais de les accompagner dans mon ame, lorsque je regarde distinctement des deux yeux un objet, dont la distance est si petite, qu'en comparaison d'elle la distance qu'il y a entre mes yeux a une espèce de grandeur.

X I X.

Je n'ignore pas, que, suivant le sentiment ordinaire, lorsque la disposition des yeux change, l'ame apperçoit si l'angle des axes optiques devient plus grand ou plus petit ; & que parconséquent, grace à une espèce de géométrie naturelle, elle juge que le point de leur intersection est plus près ou plus loin. Mais je suis convaincu par ma propre expérience, que cela n'est point vrai, puisque je ne sens pas que je fasse un pareil usage de la perception qui me vient par la disposition de mes yeux.

X X.

De tout cela il s'ensuit, que le jugement que nous portons sur la distance d'un objet vû des deux yeux, est entièrement le résultat de l'expérience. Si nous n'avions pas constamment expérimenté, que certaines sensations naissent de la différente disposition de nos yeux, & que ces sensations sont acompagnées de certains degrés de distance, nous nous en servirions aussi peu pour juger tout d'un coup de la distance des objets, que nous nous mêlons de juger des pensées d'un homme, lorsqu'il prononce des mots que nous n'avons jamais entendus auparavant.

X X I.

Secondement. Un objet placé à une certaine distance de l'œil, avec lequel la largeur de la prunelle a une proportion assez considérable, étant mis encore plus près de l'œil, est vû plus confusément ; confusion, qui augmente, à mesure que l'objet approche. Or, comme cela arrive toujours ainsi, il naît dans l'ame une connexion d'habitude entre les différens degrés de confusion & de distance ; une plus grande confusion emportant toujours une moindre distance, & une moindre confusion, une plus grande distance de l'objet.

X X I I.

Cette apparence confuse de l'objet semble par conséquent être le moyen, par lequel l'ame juge de la distance dans le cas où les plus fameux auteurs, qui ont écrit sur l'optique, prétendent qu'elle juge par la divergence des rayons, qui, partant d'un point radieux, viennent tomber sur la prunelle. Aucun homme, que je sache, ne sçauroit prétendre voir ou sentir ces angles imaginaires que les rayons sont supposés former en arrivant à l'œil. Mais, il ne peut s'empêcher de voir si l'objet lui paroît plus ou moins confus. Il s'ensuit donc manifestement de ce qui a été démontré, qu'au lieu d'une plus grande ou d'une moindre divergence des rayons, l'ame se sert d'une plus grande, ou d'une moindre confusion dans l'apparence de l'objet, pour en déterminer la place.

XXIII.

Et il ne sert de rien de dire, qu'il n'y a aucune connexion nécessaire entre la vision confuse & la distance, grande ou petite. Car, je demande à celui-là même qui propose cette objection, quelle connexion nécessaire il voit entre la rougeur & la honte ? Et cependant, il ne verra pas plutôt cette couleur se répandre sur le visage de quelqu'un, qu'elle excitera dans son ame l'idée de cette passion, qu'il a remarqué en être la compagne.

XXIV.

Ce qui paroît avoir trompé dans cette matière ceux qui ont écrit sur l'optique, c'est qu'ils ont cru, que les hommes jugent de la distance, comme eux-mêmes font d'une conclusion en mathématiques, entre laquelle & les prémisses, il faut absolument qu'il y ait une connexion visible & nécessaire. Mais il en est tout autrement dans les jugemens soudains que les hommes font touchant la distance. Nous ne devons pas penser, que les brutes & les enfans, ou même les hommes parvenus à l'âge de raison, toutes les fois qu'ils s'apperçoivent qu'un objet s'approche ou s'éloigne d'eux, ont cette perception en vertu d'une démonstration géométrique.

XXV.

Pour qu'une idée puisse en exciter une autre dans l'ame, il suffit qu'on soit accoutumé à les voir ensemble, sans aucune démonstration de la nécessité de leur co-existence, ou même sans sçavoir le moins du monde, ce qui fait qu'elles co-existent ainsi. C'est de quoi il y a une infinité d'exemples, que personne ne peut ignorer.

XXVI.

C'est ainsi, qu'une plus grande confusion ayant été constamment accompagnée d'une moindre distance, la première idée n'a pas été plutôt apperçue, qu'elle excite aussitôt l'autre dans l'ame.

Et si le cours ordinaire de la nature avoit été, que plus un objet est loin de nous, plus il doit nous paroître confus, il est certain, que la même perception, qui nous fait juger à présent qu'un objet approche, nous auroit fait croire alors qu'il s'éloigne de nous. Cette perception, en faisant abstraction de la coutume & de l'expérience, étant aussi propre à exciter en nous l'idée d'une grande, que celle d'une petite distance.

XXVII.

En troisième lieu. Un objet, étant placé à la distance marquée ci-dessus, & étant ensuite mis plus près de l'œil, il ne tient qu'à nous d'empêcher au moins, pour un tems, que l'apparence ne devienne plus confuse, en faisant un effort de l'œil. Auquel cas cet effort supplée à ce qu'il y auroit de confus dans la vision, en aidant l'ame à juger de la distance de l'objet, lequel est estimé être plus près, à proportion que l'effort, qui rend la vision distincte, est plus grand.

XXVIII.

Je viens de faire l'énumération de toutes les sensations ou idées, qui me paroissent être les occasions constantes & générales des jugemens que l'ame porte sur le plus ou le moins de distance des objets. Il est bien vrai que, dans la plupart des cas, plusieurs autres circonstances contribuent à former notre idée de distance ; savoir, le nombre, la figure, le genre, &c.... des choses que nous voyons : circonstances, sur lesquelles, aussi bien que sur toutes les autres occasions dont il vient d'être fait mention, je me contenterai de remarquer, qu'aucune d'elles n'a, dans sa propre nature, la moindre relation ou connexion avec la distance. Ainsi, il est impossible, qu'elles puissent jamais en marquer les différens degrés, à moins que l'expérience n'ait joint constamment dans notre ame des idées, qui par elles-mêmes n'avoient ensemble aucune liaison.

XXIX.

Les principes, que je viens d'établir, me paroissent tout-à-fait propres à rendre raison d'un phénomène, qui jusques à présent a furieusement embarrassé ceux qui ont écrit sur l'optique, & qui est si peu explicable par quelqu'une de leurs théories, que de leur propre aveu, il y est directement opposé. Ce qui suffiroit pour faire révoquer en doute la vérité de ces théories, quand même on ne pourroit pas alléguer contr'elles d'autres argumens. Pour exprimer la difficulté, j'emploierai les propres mots, par lesquels le savant docteur *Barrow* finit ses leçons d'optique.

Hæc sunt, quæ circa partem opticæ præcipue ma-

thematicam dicenda mihi suggessit meditatio. Circa reliquas, (quæ Φυσικώτεραι sunt, adeoque sæpiuscule pro certis principiis plausibiles conjecturas venditare necessum habent,) nihil ferè quicquam admodum verisimile succurrit, à pervulgatis (ab iis, inquam, quæ Keplerus, Scheinerus, Cartesius, & post illos alii tradiderunt) alienum aut diversum. Atqui tacere malo, quàm toties oblatam crambem reponere. Proinde receptui cano ; nec ita tamen ut prorsus discedam anteaquam improbam quandam difficultatem (pro sinceritate quàm & vobis & veritati debeo minimè dissimulandam) in medium protulero, quæ doctrinæ nostræ, hactenus inculcatæ, se objicit adversam, ab ea saltem nullam admittit solutionem. Illa, breviter, talis est : Lenti vel speculo cavo E B F exponatur punctum visibile A, ita distans ut radii ex A manantes ex inflexione versus axem A B cogantur. Sitque radiationis limes (seu puncti A imago, qualem supra passim statuimus) punctum Z. Inter hoc autem & inflectentis verticem B uspiam positus concipiatur oculus. Quæri jam potest ubi loci debeat punctum A apparere ? Retrorsum ad punctum Z videri non sert natura (cum omnis impressio sensum afficiens proveniat à partibus A) ac experientia reclamat. Nostris autem è placitis consequi videtur, ipsum ad partes anticas apparens ab intervallo longissimè dissito, (quod & maximum sensibile quodvis intervallum quodammodo exsuperet) apparere. Cum enim quo radiis minus divergentibus attingitur objectum, eo (seclusis utique prænotionibus & præjudiciis) longius abesse sentiatur ; & quod parallelos ad oculum radios projicit, remotissimum positum æstimetur. Exigere ratio videtur, ut quod convergentibus radiis apprehenditur, adhuc magis, si fieri posset, quoad apparentiam elongetur. Quin & circa casum hunc generatim inquiri possit, quidnam omnino sit, quod apparentem puncti A locum determinet, faciatque quod constanti ratione nunc propius, nunc remotius appareat ? Cui itidem dubio, nihil quicquam ex hactenus dictorum analogia, responderi posse videtur, nisi debere punctum A perpetuò longissimè semotum videri. Verum experientia secus attestatur, illud pro diversa oculi inter puncta B, Z, positione variè distans ; nunquam ferè (si unquam) longinquius ipso A liberè spectato, subindè verò multò propinquius adparere ; quinimo, quo oculum appellentes radii magis convergunt eo speciem objecti propius accedere. Nempe, si puncto B admoveatur oculus, suo (ad lentem) ferè nativo in loco conspicitur punctum A (vel æquè distans, ad speculum ;) ad O reductus oculus ejusce speciem appropinquantem cernit ; ad P adhuc vicinius ipsum existimat ; ac ita sensim, donec alicubi tandem, velut ad Q, constituto oculo objectum summè propinquum apparens, in meram confusionem incipiat evanescere. Quæ sanè, cuncta rationibus atque decretis nostris repugnare videntur, aut cum iis saltem parum amicè conspirant. Neque nostram tantùm sententiam pulsat hoc experimentum ; at ex æquo cæteras quas norim omnes, quærem imprimis ac vulgatam nostræ præ reliquis

affinem ita convellere videtur, ut ejus vi coactus doctissimus A. Tacquetus isti principio (cui penè soli totam inædificaverat catoptricam suam) ceu infido ac inconstanti renunciarit, adeoque suum ipse doctrinam labefactarit ; id tamen, opinor, minimè facturus, si rem totam inspexisset penitius, atque difficultatis fundum attigisset. Apud me verò non ita pollet hæc, nec eousque præpollebit ulla difficultas, ut ab iis, quæ manifestè rationi consentanea video, discedam ; præsertim quum, ut hic accidit, ejusmodi difficultas in singularis cujuspiam casus disparitate fundetur. Nimirum in præsenti casu peculiare quiddam, naturæ subtilitati involutum, delitescit, ægrè fortassis, nisi perfectius explorato videndi modo, detegendum. Circa quod nil, fateor, hactenus excogitare potui, quod adblandiretur animo meo, nedum planè satisfaceret. Vobis itaque nodum hunc, utinam feliciore conatu, resolvendum committo.

Traduction du passage qu'on vient de lire.

» J'ai exposé ici mes pensées sur cette partie
» de l'optique qui tient le plus des mathémati-
» ques. Car, pour les autres parties de cette
» science (lesquelles étant plutôt physiques,
» sont par cela même plutôt fondées sur des
» conjectures plausibles que sur des principes
» certains,) il ne s'est presque rien offert à
» mon esprit, qui fût différent de ce que *Kepler*,
» *Scheiner*, *Descartes*, & d'autres, ont déjà dit.
» Et il me semble qu'il vaut mieux ne rien dire,
» que de repeter ce qui a si souvent été dit
» par d'autres. Je crois donc qu'il est tems que
» je quitte ce sujet : mais, avant que de le
» quitter tout-à-fait, ce que je dois à la vé-
» rité & à vous, m'oblige à vous faire part d'une
» facheuse difficulté, qui paroît directement op-
» posée à la doctrine que j'ai établie jusques à
» présent. Cette difficulté, la voici (1). Que le
» point A soit placé devant le verre convexe
» des deux côtés E, B, F, ou devant le miroir
» concave F, B, E, à une telle distance, que
» les rayons venant d'A, après la refraction ou
» la réflexion, soient réunis quelque part dans
» l'axe A B. Supposez que le point d'union
» (c'est-à-dire l'image du point A) soit Z ; entre
» lequel & B, le sommet du verre ou du mi-
» roir, l'œil doit être conçu placé en quelque
» endroit. La question est présentement, où le
» point A doit paroître ? L'expérience prouve,
» qu'il ne paroît point derrière l'œil au point
» Z, & il ne seroit pas naturel que cela fût
» ainsi ; puisque toute l'impression qui affecte la
» vue vient d'A. Mais, il sembleroit suivre de
» nos principes que le point en question devroit
» paroître devant l'œil à une très-grande distance,

(1) Voyez les figures à la fin des *lectiones opticæ* du docteur Barrow.

» & même si grande qu'elle doit surpasser en
» quelque sorte toute distance sensible. Car,
» puisque, tout préjugé à part, chaque objet
» nous paroît plus éloigné à proportion que
» les rayons qu'il envoye à l'œil sont moins
» divergens ; & que cet objet est censé le plus
» éloigné, duquel des rayons paralleles par-
» viennent jusqu'à l'œil : la raison semble
» donner lieu de penser, que l'objet, qui est
» vû par des rayons convergens, doit paroître
» à une plus grande distance encore.

» Outre cela, on peut demander en général
» touchant le cas en question, ce que c'est qui
» détermine l'endroit apparent du point A, &
» fait que ce point paroît constamment quelques
» fois plus près & d'autres fois plus loin ? Demande,
» à laquelle je ne puis faire d'autre réponse,
» conformément aux principes que j'ai posés,
» sinon que le point A doit toujours paroître ex-
» trêmement éloigné. Mais, au lieu de cela, nous
» sommes assurés par expérience, que le point A
» paroît à différentes distances, suivant les diffé-
» rentes situations de l'œil entre les points B
» & Z ; & que ce point ne paroît jamais plus
» éloigné qu'il seroit s'il étoit vû simplement
» par l'œil, mais au contraire quelquefois beau-
» coup plus près. Outre cela, il est certain,
» qu'à mesure que les rayons tombant sur l'œil
» sont plus convergens, l'objet semble s'appro-
» cher. Car l'œil étant placé tout près du
» point B, l'objet A paroît presque dans sa
» place naturelle, si le point B est pris dans
» le verre ; ou à la même distance, s'il est pris
» dans le miroir. L'œil reculant jusqu'en O,
» l'objet semble approcher : en P, il paroît
» encore plus près. Et ainsi peu à peu, jusqu'à
» l'œil étant enfin parvenu jusqu'en Q, par
» exemple, l'objet paroisse si proche qu'on ne
» puisse plus le voir que confusément. Or, tout
» cela semble contraire à nos principes, ou
» du moins s'accorder assez mal avec eux. Et
» ce n'est pas notre système seul que cette ex-
» périence tende à renverser : toutes les hypo-
» thèses, qui me sont connues, courent le
» même risque que la nôtre. L'ancienne princi-
» palement (qui est la plus communément reçue,
» & qui approche le plus de la mienne) semble
» être tellement détruite par l'objection, dont
» il s'agit, que le savant *Tacquet* a été obligé
» de rejetter, comme faux & incertain, le prin-
» cipe sur lequel seul il avoit bâti presque toute
» sa catoptrique ; détruisant ainsi son propre
» édifice, en lui ôtant le fondement sur lequel
» il l'avoit appuyé. Ce que je ne crois cepen-
» dant pas qu'il eut fait, s'il avoit bien appro-
» fondi la difficulté.

» Pour ce qui me regarde, ni cette difficulté ni
» quelqu'autre que ce soit, n'aura jamais assez de
» pouvoir sur moi, pour me faire renoncer à ce que

» je sais être manifestement conforme à la rai-
» son : particulièrement lorsque (ce qui est ici
» le cas) la difficulté est fondée sur quelque
» cas étrange & particulier. Car, dans l'exem-
» ple présent, il y a quelque-chose de caché,
» une espèce de subtilité de la nature, qui ne
» se découvrira peut-être, que lorsque la ma-
» nière dont se fait la vision sera plus parfaite-
» ment connue. Sur quoi j'avoue ingénument,
» que je n'ai jusques à présent rien trouvé qui
» m'ait, je ne dis pas entièrement contenté,
» mais même donné la moindre ombre de satis-
» faction. Je vous laisserai donc ce nœud à dé-
» nouer, souhaitant que vous y réussissiez mieux
» que je n'ai fait.

XXX.

Le principe ancien & reçu, dont le Docteur *Barrow* fait mention ici comme du fondement de la catoptrique de *Tacquet*, est que, *chaque point visible, vû par réflexion d'un miroir, doit paroître placé à l'intersection du rayon reflechi, & de la perpendiculaire d'incidence* : Intersection, qui, dans le cas dont il s'agit, se fait derriere l'œil, & par cela même semble renverser l'autorité du principe, sur lequel le susdit auteur se fonde dans toute sa catoptrique, en déterminant le lieu apparent des objets vûs par réflexion de quelque miroir que ce soit.

XXXI.

Voyons présentement comment ce phénomène s'accorde avec nos principes. A mesure que l'œil est placé plus près du point B dans les figures précédentes, l'objet est vû plus distincte-ment ; mais quand, il recule vers O, l'apparence de l'objet devient confuse : confusion, qui augmente, lorsque l'œil est en P ; & ainsi toujours de suite, jusqu'à ce qu'étant parvenu en Z, l'œil apperçoit l'objet le plus confusément qu'il est possible. Aussi, par la Section XXI, l'objet doit paroître approcher de l'œil par degrés, à proportion qu'il s'éloigne du point B : c'est-à-dire, qu'en O, il doit (en conséquence du principe que j'ai posé dans la susdite section) paroître plus près qu'il ne faisoit en B, & en P plus près qu'en O, & en Q plus près qu'en P ; & ainsi de suite jusqu'à ce qu'il s'évanouisse en Z. Or, c'est précisément ce qui arrive comme chacun peut s'en convaincre par expérience.

XXXII.

Le cas en question est à peu près le même que si nous supposions, qu'un *Anglois* rencontrât un étranger, qui parleroit le même langage que l'*Anglois*, mais attacheroit aux mots une signification précisément contraire. L'*Anglois* ne manqueroit pas de porter un faux jugement des idées de celui qui prononceroit ces mots, pris dans un sens opposé au sien. De même, dans le cas présent, l'objet parle (si j'ose m'exprimer ainsi) à l'œil, & lui adresse un langage auquel il est bien accoutumé ; je veux dire, le plus ou le moins de confusion dans l'apparence des objets ; mais au lieu que ci-devant une plus grande confusion signifioit toujours une moindre distance, cette même confusion a dans le cas en question une signification parfaitement contraire, puisqu'elle y désigne une distance plus grande. D'où il s'ensuit, que l'œil doit nécessairement être trompé, puisqu'il prend la confusion dans le sens ordinaire, qui est directement opposé à la vérité.

XXXIII.

Comme ce phénomène, d'un côté, renverse entièrement l'opinion de ceux, qui prétendent nous faire juger de la distance par des angles & des lignes ; il me paroît, de l'autre, très propre à confirmer la vérité du principe par lequel je l'ai expliqué. Mais, afin de mettre cette Explication dans tout son jour, & de montrer jusqu'où l'hypothèse de ceux qui croyent que l'ame juge de la distance par le plus ou le moins de divergence des rayons, peut être d'usage, en déterminant le lieu apparent d'un objet, il sera nécessaire de poser quelques principes, qui ne sont bien connus que de ceux qui ont quelques idées de dioptrique.

XXXIV.

Premièrement. Un point radieux est apperçu distinctement, lorsque les rayons, qui partent de ce point, sont, par le pouvoir refractif du cristallin, exactement réunis dans la rétine. mais, s'ils sont réunis, ou avant qu'ils arrivent à la rétine, ou après qu'ils y sont arrivés, la vision devient confuse.

XXXV.

Secondement. Supposons que dans les figures suivantes N P, l'œil soit bien représenté, & conservant sa figure naturelle. Dans la figure I, les rayons tombant presque parallèles sur l'œil, souffrent une refraction en passant par le cristallin A B, de manière que leur foyer ou point d'union F tombe précisément sur la rétine. Mais, si les rayons sont fort divergens lorsqu'ils tombent sur l'œil, comme dans la figure II ; alors, leur foyer, va aboutir plus loin que la rétine : ou, si les rayons sont rendus convergens par un verre convexe des deux côtez, avant que d'arriver à l'œil dans la figure III, leur foyer F sera en deçà de la rétine. Cela étant, il est certain, par la section précédente, que dans les deux derniers cas, l'apparence du point Z sera confuse, & qu'à proportion que la convergence ou la divergence des rayons tombant sur la prunelle sera plus grande, le point de leur réunion sera plus éoigné de la rétine soit avant que d'y arriver, soit après y être parvenus. Et ceci, pour le dire en passant nous fait voir la différence qu'il y a entre la vision foible, & la vision confuse. La vision confuse se fait, lorsque les rayons, partant de chaque point distinct de l'objet, ne sont pas exactement rassemblés dans un seul & unique point sur la rétine, mais y occupent quelque espace ; si bien que des rayons venus de différents points se trouvent mêlés ensemble. Ce cas est opposé à la vision distincte, & a lieu par rapport à des objets qui sont extrêmement près. La vision foible est, lorsqu'à cause de la distance de l'objet, ou de la grossièreté du milieu qui est entre deux, peu de rayons parviennent jusqu'à l'œil. Ce cas-là est opposé à une vision forte, & a lieu par rapport à des objets éloignés.

XXXVI.

L'œil, ou, pour parler exactement, l'ame n'appercevant autre chose que la confusion, sans considérer la cause qui la produit, annexe constamment le même dégré de distance au même dégré de confusion. Et il n'importe que la confusion soit l'effet de la convergence ou de la divergence des rayons. D'où il s'ensuit, que l'œil voyant l'objet Z par le verre Q S (qui fait que les rayons Z Q, Z S, &c.... sont rendus convergens par refraction) doit juger que cet objet est précisément à la distance, à laquelle (en cas qu'il y fût) il feroit parvenir à l'œil des rayons divergens, qui produiroient la même confusion qui est produite à présent par les rayons convergens, c'est-à-dire, qui couvriroient une portion de la rétine égale à D C. *Vid.* Fig. III. Mais alors, ce qui vient d'être dit doit être entendu (pour me servir de la phrase du Docteur *Barrow*) *seclusis prænotionibus & præjudiciis*, en faisant abstraction de toutes les autres circonstances de la vision, comme la figure, la grandeur, la foiblesse, &c.... des objets visibles : Circonstances, qui contribuent ordinairement à régler nos jugemens en fait de distance ; l'ame ayant observé par une fréquente expérience, que les differents dégrés de ces sortes de choses sont liés avec des distances différentes.

XXXVII.

Il s'ensuit manifestement de ce qui a été dit, qu'une personne, qui auroit la vûe aussi courte qu'il est possible de l'avoir, (c'est-à-dire, qui ne pourroit pas voir un objet distinctement, à moins que cet objet ne fût comme appliqué à son œil) ne feroit pas le même faux jugement que les autres dans le cas sus-mentionné. Car, chez lui, une plus grande confusion suggérant constamment l'idée d'une plus grande distance, il doit, à mesure qu'il s'éloigne du verre, & que l'objet devient plus confus, juger qu'il est plus éloigné ; ce qui est précisément le contraire de ce que font ceux, chez qui une perception plus confuse des objets a toujours été liée avec l'idée de leur proximité.

XXXVIII.

Il paroît aussi par ce qui vient d'être dit, qu'on peut très bien employer en optique le calcul des angles & des lignes ; non que l'ame juge immédiatement de la distance par leur moyen, mais parce qu'elle juge par quelque-chose qui a de la connexion avec des lignes & des angles, & à la détermination de quoi ces objets peuvent servir. C'est ainsi que l'ame, jugeant de la distance d'un objet, par la confusion de son apparence, & cette confusion étant plus grande ou moindre pour l'œil, sans le secours d'aucun verre, suivant que l'objet est vû par des rayons plus ou moins divergens, il s'ensuit qu'un homme peut faire usage de la Divergence des rayons en calculant la distance apparente, si-non pour elle-même, du moins à cause de la confusion dont cette divergence est accompagnée. Mais, par malheur, la confusion est entièrement négligée par les mathématiciens, comme n'ayant aucune relation nécessaire avec la distance. C'est aux angles de divergence seuls, (parce qu'ils sont soumis au calcul mathématique), qu'ils ont attribué la propriété de déterminer les lieux apparens des objets, comme s'ils étoient les seules & immédiates causes des jugemens que l'ame forme en fait de distance. Au lieu que, suivant l'exacte verité, ils ne devroient point être considérés en eux-mêmes, ou autrement, qu'autant qu'ils sont supposés être la cause de la vision confuse.

XXXIX.

La bévue, qu'on a commise à cet égard, à causé un embarras, dont il n'y a jamais eu moyen de se tirer. C'est de quoi il suffira d'alléguer ici pour preuve le cas même dont il est présentement question. Comme on a observé, que les rayons, qui ont le plus de divergence, excitent dans l'ame l'idée de la plus proche distance ; & qu'on a jugé, que la connexion entre les différents degrez de divergence & de distance étoit immédiate : il a été naturel de conclure, d'une analogie très mal fondée, que des rayons convergens devoient faire paroître un objet à une distance très considérable ; & que, à mesure que la convergence augmente, la distance (si la chose étoit possible) devroit augmenter aussi. Que c'ait été la cause de l'erreur du D. *Barrow*, c'est une chose qui paroit clairement par ses propres paroles, que nous avons citées. Au lieu que, si ce sçavant homme avoit observé, que les rayons, tant convergens que divergens, quelque opposition qu'il paroisse y avoir entr'eux, s'accordent néanmoins à produire le même effet, sçavoir la confusion dans l'acte de la vision, suivant que la convergence ou la divergence des rayons augmente ; & que c'est pour cet effet, qui est le même dans l'un & l'autre cas, que soit la divergence, soit la convergence, est apperçue par l'œil : je dis que si ce sçavant homme avoit fait seulement cette observation, il est certain qu'il auroit porté un tout autre Jugement, & qu'il auroit conclu, que les rayons, qui tombent sur l'œil avec plus de convergence, doivent faire paroître d'autant plus près l'objet dont ils partent. Mais, il est manifeste, qu'il sera impossible à quelque homme que ce soit de se former de justes notions sur cette matière, aussi long-tems qu'il aura uniquement égard à des lignes & à des angles, & qu'il ne concevra pas la vraie nature de la vision, & jusqu'à quel point elle est soumise au calcul mathématique.

XL.

Avant que de quitter ce sujet, il est nécessaire d'examiner une question qui y a rapport. Cette question est de l'ingénieux M. *Molyneux*, dans son traité de dioptrique (1), où, parlant de cette difficulté, il s'exprime de la manière suivante :

» Et comme il (sçavoir le Dr. *Barrow*) laisse à
» d'autres à résoudre cette difficulté, j'en agirai
» de même, authorisé par un si grand exemple ;
» mais résolu, aussi-bien que cet admirable écri-
» vain, de ne pas abandonner la doctrine évi-
» dente que j'ai établie ci-devant pour déter-
» miner le *locus objecti*, à cause d'une difficulté,
» qui à l'air d'être inexplicable, aussi longtems
» que les hommes n'auront pas une connoissance
» plus intime de la faculté visuelle ». Cependant, je crois devoir proposer à ceux qui ont étudié ces sortes de matières, » si le lieu apparent d'un
» objet, placé comme il est marqué dans cette
» même section, n'est pas autant devant l'œil,
» que la représentation distincte de cet objet
» est derrière l'œil ? » Question à laquelle je crois pouvoir ne hazarder de répondre négativement. Car dans le cas présent, voici la règle pour déterminer la distance entre le verre & le point où concourent les rayons qui partent d'un point de l'objet, c'est-à-dire, le foyer respectif de ce dernier point. *Comme la distance entre l'objet & le foyer du verre est à la distance entre le foyer & le verre, ainsi la distance de l'objet au verre est à la distance entre ce même verre & le foyer respectif qu'on cherche où se trouve la représentation dis-*

(1) Part. 1. Prop. 31. Sut. 9.

tinête de l'objet (2). Suppofons maintenant, que l'objet foit placé à un éloignement du verre, qui vaille une fois & demie la diftance du foyer au verre, & que l'œil foit appliqué contre le verre: il s'enfuivra de la règle, qui vient d'être rapportée, que la diftance de la repréfentation diftincte fera derrière l'œil à une double diftance de celle de l'objet devant l'œil. Si donc la conjecture de M. *Molyneux* étoit vraie, il s'enfuivroit que l'œil verroit l'objet deux fois plus loin qu'il n'eft réellement, & dans d'autres cas jufqu'à trois fois ou quatre fois, & même plus. Mais c'eft ce qui eft manifeftement contraire à l'expérience ; l'objet ne paroiffant jamais éloigné au de-là de fa véritable diftance. Ainfi tout ce qui eft bâti fur cette fuppofition (*Voyez* corol. 1. prop. 57. *ibid*) fe trouve renverfé avec elle.

XLI.

De ce qui vient d'être dit, il s'enfuit manifeftement, qu'un aveugle né, qui commenceroit à voir, n'auroit d'abord point d'idée de diftance par la vue. Le foleil & les étoiles, les objets les plus éloignés, auffi-bien que les plus proches, paroîtroient être tous dans fon œil, ou plutôt dans fon ame. Les objets apperçus par la vue, lui paroîtroient (comme ils le font réellement) n'être autre chofe qu'une fuite de nouvelles penfées ou fenfations, dont chacune eft auffi proche de lui, que les perceptions de peine ou de plaifir, ou les paffions les plus internes de fon ame. Car, le jugement que nous portons touchant les objets que notre vue apperçoit, en décidant qu'ils font à quelque diftance de nous, ou hors de notre ame, eft (*Vid.* Sect. XXVIII.) entièrement l'effet de l'expérience, laquelle n'a pas lieu encor à l'égard de quelqu'un placé dans les circonftances dont il s'agit.

XLII.

Ceci, à la vérité, ne s'accorde pas avec les principes ordinaires fuivant lefquels les hommes jugent de la diftance par l'angle des axes optiques ; précifément comme quelqu'un qui eft dans l'obfcurité, ou un aveugle, par l'angle formé par deux batons, dont il en tiendroit un en chaque main. Car, fi cela étoit vrai, il s'enfuivroit qu'un aveugle-né, commençant à voir, n'auroit befoin d'aucune expérience, afin d'appercevoir la diftance par la vue. Mais, je crois avoir fuffifamment démontré la fauffeté d'une pareille fuppofition.

XLIII.

Et peut-être, qu'après un examen attentif, nous trouverons que même ceux, qui dès leur naiffance ont contracté l'habitude de voir, ne font pas parfaitement perfuadés, que ce qu'ils voyent eft à quelque diftance d'eux. Car tout le monde paroit convenir à préfent, que les couleurs, qui font les objets propres & immédiats de la vue, ne font pas hors de l'ame. J'avoue qu'on peut dire, que par la vue nous avons auffi des idées d'étendue, de figure, & de mouvement : Chofes, qu'on peut placer à quelque diftance de l'ame, quand même aucune diftance n'auroit lieu par rapport à la couleur. Mais, j'en appelle fur ce fujet à l'expérience ; & je demande fi l'étendue vifible d'un objet ne paroit pas auffi proche que fa couleur ? Je dis plus, ne paroiffent-elles pas toutes deux dans le même endroit ? L'étendue, que nous voyons, n'eft-elle pas colorée ; & eft-il poffible pour nous, même par la penfée, de féparer la couleur de l'étendue ? Or, là où eft l'étendue, là fe trouvent fûrement auffi la figure & le mouvement. Je parle de ce qui eft apperçu par la vue.

XLIV.

Mais, pour mettre cette vérité dans un plus grand jour, & pour montrer que les objets immédiats de la vue ne font à aucune diftance de nous, il eft néceffaire que nous approfondiffions davantage ce fujet, & que nous obfervions foigneufement ce qu'on entend dans le difcours ordinaire, lorfqu'un homme dit, que ce qu'il voit eft à une certaine diftance de lui. Suppofons, par exemple, qu'en regardant la lune, je dife qu'elle eft éloignée de moi de cinquante ou de foixante demi-diamètres de la terre. Voyons quelle eft la lune dont je parle. Il eft clair, que ce ne fauroit être la lune vifible, ou quelque chofe de femblable à cette lune, puifque je vois feulement une figure ronde, unie, lumineufe, qui a environ trente points vifibles de diamètre. Car, fi j'étois tranfporté directement de l'endroit où je fuis vers la lune, il eft certain que l'objet changeroit à mefure que j'en approcherois ; & que, lorfque j'aurois parcouru cinquante ou foixante demi-diamètres de la terre, il s'en faudroit tout que je fuffe près d'un objet rond, lumineux, & petit. Cet objet auroit déjà difparu depuis longtems ; & fi je fouhaitois de le revoir, il feroit néceffaire que je retournaffe à l'endroit d'où j'étois parti. De plus, fuppofons que j'apperçoive par la vue l'idée foible & obfcure de quelque objet, à l'égard duquel je fuis incertain fi c'eft un homme, un arbre, ou une tour, mais que je juge être environ à la diftance d'un mille. Il eft certain, que je ne faurois croire, que ce que je vois eft à un mille de moi, ou que c'eft la reffemblance de quelque-chofe qui eft à un mille, puifqu'à chaque pas que je fais vers cet objet, l'appa-

---

(1) Molyneux, Dioptr. Part. 1, Propf. 5.

rence change, & d'obscure, petite, & foible, devient claire, grande & forte. Et, lorsque j'ai fait le mille, je n'apperçois plus ce que je voyois premièrement, ni même rien qui y ressemble.

XLV.

Dans cet exemple, & dans d'autres pareils, voici comme je crois qu'il faut raisonner. Ayant éprouvé par une longue expérience ; que certaines idées qui me sont venues par l'attouchement, comme la distance, la figure, & la solidité, sont liées avec certaines idées de vue ; lorsque j'ai la perception de ces dernières idées, je conclus d'abord quelles idées d'attouchement en vertu du cours ordinaire de la nature, doivent suivre. En regardant un objet, j'apperçois une figure & une couleur, avec un certain degré de confusion & quelques-autres circonstances, qui, à cause de mes observations précédentes, me déterminent à penser, que si j'avance d'un certain nombre de pas ou de milles, je serai frappé de telle ou de telle idée d'attouchement. Si bien, qu'à parler à la rigueur, je ne vois, ni la distance elle-même, ni un objet qui est à quelque distance que ce soit de moi. Je dis, que ni la distance, ni leurs idées, ne sont véritablement apperçues par la vue. C'est de quoi je suis persuadé par rapport à moi-même : & je crois que tout homme, qui rentrera en lui-même, & qui examinera ce qu'il entend, lorsqu'il dit qu'il voit ceci ou cela à une certaine distance, conviendra avec moi, que ce qu'il voit ne suggere autre chose à son entendement, sinon, qu'après avoir parcouru une certaine distance, mesurable par le mouvement de son corps, dont la perception peut s'acquérir par l'attouchement, il appercevra telles ou telles idées d'attouchement, qui ont ordinairement été liées avec telles ou telles idées de vue. Mais pour prouver, que ces suggestions des sens peuvent nous tromper, & qu'il n'y a point de connexion nécessaire entre les idées de vue & d'attouchement, il suffira de consulter le miroir, dont il a été fait mention ci-dessus. Il est bon d'observer, que, lorsque je parle d'idées d'attouchement, je prends le mot d'idée pour quelque objet immédiat de mon attouchement, ou de mon entendement : Signification étendue, dans laquelle les modernes prennent ordinairement ce terme.

XLVI.

Il s'ensuit manifestement de ce qui vient d'être établi, que les idées d'étendue & de choses placées à une certaine distance, ne sont pas, à proprement parler, les objets de la vûe, & ne sont pas autrement apperçues par l'œil, que par l'oreille. Assis dans mon cabinet, j'entends un carosse rouler dans la rue ; je regarde par la fenêtre, & vois le carosse ; je sors, & y entre. N'est-il pas vrai, que les termes que je viens d'employer doivent naturellement faire penser, que j'ai entendu, vu, & touché la même chose ; sçavoir, le carosse ? Il est certain néanmoins, que les idées, excitées par chaque sens, sont très-différentes les unes des autres, mais, comme on a observé qu'elles étoient constamment jointes ensemble, on parle d'elles comme d'une seule & même chose. Par la variation du bruit, j'apperçois les différentes distances du carosse, & sçais qu'il approche avant que de mettre la tête à la fenêtre. C'est ainsi que par l'oreille j'apperçois la distance, précisément de la même manière que par le moyen de l'œil.

XLVII.

Je ne dis pas néanmoins que j'entends la distance, comme je dis que je la vois ; les idées, que j'apperçois par l'ouie, n'étant pas si propres à être confondues avec celles de l'attouchement, que celles de la vûe. De même, un homme est aisément convaincu que les corps & les choses extérieures ne sont pas proprement les objets de l'ouie, mais seulement les sons, par le moyen desquels l'idée de tel ou de tel corps, ou de telle & de telle distance, est excitée dans son ame. Mais, d'un autre côté, un homme a plus de difficulté à discerner la différence qu'il y a entre les idées de vûe & celles d'attouchement : quoiqu'il soit certain, qu'un homme peut aussi peu voir & sentir le même objet, que le sentir & l'entendre.

XLVIII.

C'est de quoi on peut alléguer la raison suivante. On trouveroit qu'il y auroit une grande absurdité, qu'un seul & même objet eut plus qu'une seule étendue, & qu'une seule figure. Mais, l'étendue & la figure d'un corps, étant admises dans l'ame par deux routes, & cela indifféremment, soit par la vûe, soit par l'attouchement ; il paroit s'en suivre, que nous voyons la même étendue & la même figure que nous sentons.

XLIX.

Mais, si nous examinons la chose de près, nous sommes obligés d'avouer, que nous ne voyons & ne sentons jamais le même objet. Ce qui est vû est une chose, & ce qui est senti une autre. Si la figure & l'étendue visibles ne sont pas la même chose que l'étendue & la figure apperçues par l'attouchement, nous ne devons pas inférer qu'une seule & même chose a différentes étendues. La véritable conséquence est, que les objets de la vûe & de l'attouchement sont deux choses distinctes. Il est vrai qu'il faut quelque attention, pour bien concevoir cette distinction. Et ce qui n'augmente pas médiocrement la difficulté, c'est que la combinaison des idées visibles a constamment le même nom que la combinaison des idées apperçues par l'attouchement, avec laquelle elle est liée : conformité de nom, qui est le résultat nécessaire de l'institution du langage.

L.

Afin donc de traiter avec précision la matière de la vision, il faut poser pour principe, que l'œil apperçoit deux sortes d'objets, les uns immédiatement, & les autres médiatement ou par le moyen des premiers. Ceux de la première sorte ne sont, ni ne paroissent être hors de l'ame, ou à quelque distance : ils peuvent à la vérité devenir plus grands ou plus petits, plus clairs ou plus confus ; mais, ils ne sçauroient s'approcher ou s'éloigner de nous. Toutes les fois que nous disons qu'un objet est à une certaine distance, qu'il s'approche ou qu'il s'éloigne de nous, nous parlons toujours de la dernière sorte, qui appartient proprement à l'attouchement, & qui sont moins apperçus que suggérés par l'œil, de la même manière que les pensées sont suggérées par l'oreille.

LI.

Nous n'entendons pas plutôt les mots d'une langue, qui nous est familière, que les idées, qui y correspondent, se présentent à notre ame : le son & la signification entrent dans l'ame au même instant ; & ces choses sont si étroitement unies ensemble, qu'il n'est pas en notre pouvoir d'exclure l'une, à moins que nous n'excluyons aussi l'autre. Nous agissons même à tous égards, comme si nous entendions les pensées mêmes. Pareillement, les objets, qui sont seulement suggérés par la vûe, nous affectent souvent plus fortement, & sont plus considérés que les objets propres de ce sens ; avec lesquels ils entrent dans l'ame, & avec lesquels ils ont une connexion bien plus intime que les idées n'en ont avec les mots. De-là vient la difficulté que nous avons à distinguer entre les objets médiats & immédiats de la vûe, & notre penchant à attribuer aux derniers ce qui appartient aux autres. Ces deux sortes d'objets sont, non seulement jointes, mais comme incorporées ensemble. Et ce préjugé est confirmé en nous par un espace de tems considérable, par l'habitude du langage, & par le manque de réflexion. Cependant, je crois que quiconque considèrera attentivement ce qui a déja été dit, & ce qui nous reste à dire, sur ce sujet, pourra se défaire du préjugé dont il s'agit. Ce qu'il y a de certain, c'est que la chose mérite l'attention de tous ceux qui souhaitent de bien connoitre la nature de la vision.

LII.

Il ne me reste plus rien à dire sur la distance. Voyons à présent comment la grandeur des objets est apperçue par la vûe. Il y en a qui croyent que nous devons cette perception à des angles ou à des angles & à la distance conjointement. Mais comme la vue ne sçauroit appercevoir ni angles ni distance, & que les choses que nous voyons, sont véritablement au dedans de nous, il s'ensuit que, comme nous avons démontré que les lignes & les angles ne sont pas le moyen dont l'ame se sert pour déterminer le Lieu apparent, de même ils ne sont pas le moyen par lequel l'Ame juge de la grandeur apparente des objets.

LIII.

Tout le monde sçait que la même étendue à une petite distance sera mesurée par une ligne opposée à un plus grand angle, & à une plus grande distance par une ligne opposée à un plus petit angle. C'est par ce principe, qu'on prétend que l'ame juge de la grandeur d'un objet, comparant l'angle sous lequel l'objet est vû avec sa distance, & inférant de-là sa grandeur. Ce qui dispose les hommes à tomber dans cette erreur (outre la fantaisie de faire voir les gens géométriquement), c'est que les mêmes perceptions ou idées qui suggerent la distance, suggerent aussi la grandeur. Mais, si nous y prenons garde, nous trouverons qu'elles suggerent la dernière de ces choses, aussi immédiatement que la première. Je dis, que ces perceptions ne suggerent pas premierement la distance, & puis laissent au jugement à s'en servir comme un moyen par lequel il pourra déterminer la grandeur ; mais, qu'elles ont une connexion aussi intime avec la grandeur, qu'avec la distance, & qu'elles suggerent la grandeur aussi indépendamment de la distance, que la distance de la grandeur. Tout cela paroîtra de la derniére évidence à quiconque considèrera ce qui a précédé, & ce qui va suivre.

LIV.

Nous avons dit, qu'il y a deux sortes d'objets apperçus par la vûe, dont chacune a sa grandeur ou son étendue distincte. L'une pouvant être apperçue & mesurée par l'attouchement, & ne tombant pas immédiatement sous le sens de la vûe. L'autre proprement & immédiatement visible, par le moyen de laquelle la première est apperçue. Chacune de ces grandeurs est plus ou moins petite, suivant qu'elles contiennent plus ou moins de points, étant composées de points ou de *minimum*. Car, quelque chose qu'on puisse dire de l'étendue considérée d'une maniere abstraite, il est certain que l'étendue sensible n'est pas divisible à l'infini. Il y a un *minimum* pour l'attouchement, & un *minimum* pour la vûe, au-delà desquels il n'y a plus de perception. C'est ce que chacun sçait par expérience.

L V.

La grandeur d'un objet qui existe hors de l'ame, & qui est à quelque distance, continue constamment à être la même : mais l'objet visible changeant toujours à mesure qu'on en approche, ou qu'on s'en éloigne, n'a point de grandeur fixe & déterminée. Ainsi, toutes les fois que nous parlons de la grandeur d'une chose, par exemple d'un arbre ou d'une maison, nous devons entendre la grandeur apperçue par l'attouchement, sans quoi il y auroit eternellement de l'équivoque. Mais, quoique la grandeur visible, & celle qui est apperçue par l'attouchement, appartiennent réellement à deux objets distincts : je ne laisserai pas (particulièrement à cause que ces objets sont désignés par le même nom, & co-existent) pour éviter l'ennui & la singularité dans l'expression, de parler quelquefois d'eux, comme s'ils appartenoient à une seule & même chose.

L V I.

Afin donc de savoir par quels moyens la grandeur apperçue par l'attouchement est apperçue par la vue; il est simplement nécessaire de réfléchir sur ce qui se passe dans mon ame, & d'observer quelles sont les choses qui excitent les idées du plus grand ou du moindre, lorsque je regarde un objet. Or, je trouve que ces choses sont, *premièrement*, la grandeur ou l'étendue de l'objet visible, lequel, étant immédiatement apperçu par la vue, a de la connexion avec cet autre objet qui peut être apperçu par l'attouchement, & qui est placé à une certaine distance : *secondement*, le plus ou le moins de confusion : & *en troisième lieu*, la force ou la foiblesse de l'apparence visible. Toutes choses égales, plus l'objet visible sera grand ou petit, plus je jugerai grand ou petit le même objet relativement à l'attouchement. Mais, quelque grande que soit l'étendue immédiatement apperçue par la vue, si cependant elle est confuse, je croirai que l'objet même est petit. Que si la perception est foible, je croirai l'objet plus grand. Nous avons expliqué dans la sect. XXXV, ce qu'il faut entendre ici par confusion & par foiblesse.

L V I I.

Outre cela, les jugemens, que nous portons sur la grandeur, dépendent, aussi-bien que ceux que nous formons par rapport à la distance, de la disposition de l'œil, de la figure, du nombre, & de la situation des objets; en un mot, de plusieurs circonstances, qui ont été observées accompagner les objets grands ou petits, qu'on apperçoit par l'attouchement. C'est ainsi, par exemple, que la même quantité d'étendue visible, qui, dans la figure d'une tour suggere l'idée d'une grandeur considérable, suggerera, dans la figure d'un homme, l'idée d'une bien moindre grandeur. Il seroit superflu, je crois, de dire que cette différence vient de l'expérience que nous avons à l'égard de la grosseur ordinaire d'un homme & d'une tour.

L V I I I.

Il est évident aussi, que la confusion ou la foiblesse n'ont pas une connexion plus nécessaire avec le plus ou le moins de grandeur d'un objet, qu'avec son plus ou moins de distance. Elles suggerent également l'une & l'autre de ces idées à notre ame. Et, par conséquent, si ce n'étoit par expérience, nous croirions la foiblesse ou la confusion de l'apparence aussi peu liées avec le plus ou le moins de grandeur, qu'avec le plus ou le moins de distance.

L I X.

On ne trouvera pas non plus, que le plus ou le moins de grandeur d'un objet visible a quelque relation nécessaire avec le plus ou le moins de grandeur d'un objet, qui est apperçu par l'attouchement : tellement que l'une de ces choses doit être inférée de l'autre. Mais, avant que de prouver cette vérité, il faut que nous considérions la différence qu'il y a entre cette étendue & cette figure, qui sont les objets propres de l'attouchement, & cette figure & cette étendue, qui sont les objets de la vue; & pourquoi les premières sont considérées principalement, quoique pas immédiatement, lorsque nous regardons un objet. C'est de quoi nous avons fait mention ci-dessus, mais nous en rechercherons ici la cause. Nous faisons attention aux objets qui nous environnent, à proportion qu'ils sont plus capables de faire du bien ou du mal à nos corps, & de produire dans nos ames, des sensations de plaisir ou de douleur. Or, les corps, opérant sur nos organes par une application immédiate; & le bien ou le mal résultant de cette application, dépendent entièrement de l'attouchement, point du tout de la qualité visible de l'objet; il est très-évident, pourquoi la première de ces choses entre plus en considération chez nous que la seconde : & c'est pour cette fin que le sens de la vue semble avoir été donné aux animaux; savoir, afin que par la perception des idées visibles (lesquelles ne sont pas capables par elles-mêmes d'affecter ou d'altérer en quelque sorte la constitution de leur corps) ils fussent en état de prévoir (par le moyen de leur expérience sur la connexion qui se trouve entre les idées apperçues par l'attouchement & celles qui s'apperçoivent par la vue) le bien ou le mal que tel objet, qui est encore à une certaine distance de leurs corps, pourra y faire lorsqu'il viendra à s'y appliquer : prévoyance absolument nécessaire à un animal, pour que son corps puisse être conservé. De-là vient, que quand nous regardons un objet, nous faisons principalement attention à sa figure & à son attouchement palpables, pendant que nous nous embarrassons très-peu de la grandeur & de la figure visibles, lesquelles, quoiqu'apperçues plus immédiatement, nous intéressent moins, n'étant pas si propres à produire quelque changement dans nos corps.

LX.

La chose paroîtra clairement ainsi à quiconque fera attention, qu'un homme placé à la distance de dix pieds est censé aussi grand, que s'il n'étoit placé qu'à la distance de cinq pieds : ce qui est vrai, non à l'égard d'un objet visible, mais à l'égard de la grandeur d'un objet qui peut être apperçu par l'attouchement ; la grandeur visible étant moindre à la distance de dix pieds, qu'à celle de cinq.

LXI.

Les pouces, les pieds, &c... sont des longueurs établies, par lesquelles nous mesurons les objets, & déterminons leurs grandeurs : nous disons, par exemple, qu'un objet paroît avoir en longueur six pouces ou six pieds. Or, que cela ne doive pas s'entendre de pouces visibles, &c... cela est évident, parce qu'un pouce visible n'est pas en soi une grandeur déterminée ; & par conséquent ne sauroit servir de mesure fixe pour déterminer la grandeur de quelqu'autre objet.

Prenez un pouce marqué sur une règle ; considerez-le successivement, à la distance d'un demipied, d'un pied, d'un pied & demi &c. de l'œil : à chacune de ces distances, & à toutes les distances moyennes, le pouce aura une étendue visible différente, c'est-à-dire, que vous y appercevrez plus ou moins de points.

Cela étant, je demande quelle de ces diverses étendues est cette grandeur fixe & déterminée, qui doit servir de mesure aux autres grandeurs ? Il n'y a aucune raison pourquoi une d'elle seroit préférée aux autres : & , à moins que le mot de pouce n'exprime quelque grandeur fixe & invariable, il est certain, qu'on n'en sauroit tirer grand usage : & que dire, qu'un objet contient tel ou tel nombre de pouces, ce n'est dire autre-chose sinon qu'il est étendu, sans exciter dans l'ame aucune idée particulière de cette étendue.

Outre cela, un pouce & un pied, placés à différentes distances, offriront l'un & l'autre aux yeux la même grandeur visible ; &, cependant, vous direz dans le même temps, que l'un paroit plusieurs fois plus grand que l'autre. Par où il est manifeste, que les jugemens, que nous portons sur la grandeur des objets par la vue, ont toujours rapport à leur grandeur apperçue par l'attouchement. Toutes les fois que nous disons qu'un objet est grand ou petit, de telle ou telle mesure déterminée, je dis que cela doit s'entendre, non de l'étendue visible, mais de l'étendue apperçue par l'attouchement, la première de ces grandeurs étant peu considérée, quoiqu'apperçue immédiatement.

LXII.

Or, qu'il n'y ait aucune connexion nécessaire entre ces deux étendues différentes, cela paroit évidemment ; parce que nos yeux ont pû être formés de manière à n'être capables de voir que ce qui seroit plus petit que le *Minimum tangibile*. Auquel cas, il n'est pas impossible que nous n'eussions apperçu tous les objets immédiats de la vue précisément comme nous faisons à présent : mais, à ces apparences visibles ne se seroient pas trouvées liées ces différentes grandeurs appercevables par l'attouchement, qui y sont jointes présentement. Ce qui montre, que les jugemens que nous portons sur la grandeur des choses placées à une certaine distance, & que nous fondons sur la différente grandeur des objets immédiats de la vue, ne naissent pas de quelque connexion essentielle ou nécessaire, mais seulement d'une liaison d'habitude, que nous y avons remarquée.

LXIII.

Outre cela, il n'est pas seulement certain qu'une idée de vue auroit pû n'être point liée avec telle ou telle idée d'attouchement dont nous la voyons à présent accompagnée : mais aussi, que des objets visibles plus grands auroient pû représenter à l'ame des objets moindres apperçus par l'attouchement, & des objets visibles plus petits représenter des objets palpables plus grands. La chose est même ainsi : un objet, dont la représentation est forte & large, ne paroissant pas aussi près qu'un autre, dont la grandeur visible est plus petite, mais plus foible, & dont la représentation est faite plus bas sur la *Rétine* : foiblesse & situation, qui suggerent l'une & l'autre l'idée d'une augmentation de grandeur & de distance.

LXIV.

Par où, aussi-bien que par les sections LVII & LVIII, il est manifeste, que comme nous n'appercepercevons par la grandeur des objets immédiatement par la vue, de même nous ne l'appercevons point par le moyen de quelque-chose qui ait une connexion nécessaire avec elle. Les idées, qui nous suggèrent à présent les différentes grandeurs des objets extérieurs, avant que nous venions à les toucher, auroient pû ne nous suggérer rien de pareil, ou auroient pû avoir une signification directement contraire : de manière, que précisément les mêmes idées, par la perception desquelles nous décidons qu'un objet est petit, auroient pû nous faire conclurre aussi-bien qu'il est grand. Ces idées étant par elles-mêmes également propres à exciter dans nos ames l'idée du grand & du petit, ou d'aucune grandeur ; précisément comme les mots d'une langue sont indifférens par eux-mêmes à signifier telle ou telle chose, ou rien du tout.

LXV.

Nous voyons la distance, de même que nous voyons la grandeur. Et nous appercevons l'une & l'autre de la même manière que nous appercevons la honte ou la colère dans les regards d'un homme. Ces passions sont invisibles en elles-mêmes : cependant, leur idée passe dans l'ame du spectateur avec celle des couleurs & des changemens de contenance, qui sont l'objet immédiat de la vision ; & qui ne désignent les passions dont il s'agit, pour aucune autre raison, sinon par l'habitude où l'on est de les voir ensemble. Sans quoi, l'acte de rougir auroit pû aussi-bien être pris pour un témoignage de joie, que pour un signe de honte.

LXVI.

Cependant, nous avons un penchant excessif à croire que ces choses, que nous n'appercevons que par le moyen de quelques autres objets, sont elles-mêmes les objets immédiats de notre vue ; ou que, du moins, elles ont dans leur nature une aptitude à être suggerées par ces objets, avant même que leur co-existence eut été démontrée par l'expérience : préjugé, dont les preuves les plus évidentes que la raison puisse fournir doivent même avoir de la peine à nous défaire. Et il y a sujet de penser, que s'il n'y avoit dans le monde qu'une seule langue universelle & invariable, & que les hommes eussent naturellement le talent de parler cette langue, plusieurs croiroient, que les idées, qui sont dans l'ame des autres, sont proprement apperçues par l'oreille, ou du moins ont une connexion nécessaire & inséparable avec les sons qui les expriment : paralogismes, qui viennent tous de ce qu'on ne distingue pas assez les unes des autres les idées qui sont dans notre entendement ; distinction, qui nous empêcheroit de confondre ensemble celles qui sont différentes,

et qui nous feroit voir ce qui est contenu dans telle ou telle idée.

LXVII.

Il y a un célebre phénomêne, dont je tacherai de donner la solution, par les principes qui ont été établis, par rapport à la manière dont nous appercevons par la vue la grandeur des objets. La grandeur apparente de la lune horisontale surpasse de beaucoup celle de ce même astre, lorsqu'il est dans le méridien. Quoique l'angle, sous lequel le diamètre de la lune est vû, ne soit pas plus grand dans le premier cas que dans l'autre. D'un autre côté, la lune horisontale ne paroît pas constamment de la même grandeur, mais quelque-fois plus grande, & d'autres fois moins grande.

LXVIII.

Pour concevoir pourquoi la lune horisontale paroît plus grande qu'à l'ordinaire, il faut observer, que les particules qui composent notre atmosphère interceptent les rayons de lumière venant de quelque objet vers l'œil ; & qu'à mesure que la portion d'atmosphère, qui est entre l'objet & l'œil, est plus grande, le nombre des rayons interceptés est aussi plus considérable, & par conséquent l'apparence de l'objet rendue plus foible : chaque objet frappant la vue avec plus ou moins de force, à proportion qu'il envoie plus ou moins de rayons à l'œil. Cela étant ainsi, entre l'œil & la lune, lorsquelle est horisontale, il y a une beaucoup plus grande quantité d'atmosphère, que lorsqu'elle est dans le méridien : ce qui fait, que l'apparence de la lune horisontale est plus foible, &, que, par une conséquence fondée sur la section LVI, elle est censée plus grande dans cette situation, que dans le méridien, ou dans quelqu'autre point d'élévation au-dessus de l'horison.

LXIX.

De plus, l'air étant tantôt plus, & tantôt moins, imprégné de vapeurs & d'exhalaisons propres à intercepter des rayons de lumière, il s'ensuit que l'apparence de la lune horisontale n'est pas toujours également foible : &, par conséquent, cette planete, quoique dans la même situation, est jugée être plus grande dans un tems que dans un autre.

LXX.

Pour confirmer encore davantage l'explication que nous venons de donner du phénomène de la lune horisontale, je prie mes lecteurs de faire attention aux considérations suivantes. *premierement*, il est clair, que ce qui, dans le cas présent, suggere l'idée d'une augmentation de grandeur, doit être quelque-chose qui soit apperçu; car, ce qui n'est pas apperçu ne sçauroit suggerer à notre ame la perception de quoi que ce soit. *Secondement*, il faut que ce soit quelque-chose de variable, puisque l'apparence de la lune horisontale varie, étant plus grande dans un tems que dans un autre. Et cependant, *en troisieme lieu*? ce ne sçauroit être la figure visible, ou grandeur de la lune, puisqu'elle reste la même ou est plutôt moins grande, à mesure que la lune est plus près de l'horison. Il reste donc, que la véritable cause de ce phénomène soit ce changement de l'apparence visible, qui nait du plus ou du moins de rayons arrivant à l'œil, & que je nomme foiblesse. Et cette solution leve entierement la difficulté.

LXXI.

Ajoutez à cela, qu'ordinairement, pendant un brouillard l'apparence de la lune horisontale est beaucoup plus grande qu'autrement ; ce qui fortifie extrêmement notre opinion : laquelle ne souffriroit aucune atteinte, quand même il arriveroit que la lune horisontale paroîtroit plus grande qu'à l'ordinaire, pendant un temps serein. Car il ne faut pas seulement considérer le brouillard, qui est dans l'endroit où nous sommes; nous devons aussi avoir égard à toute la somme des vapeurs & des exhalaisons, qu'il y a entre l'œil & la lune : somme, qui peut être quelquefois plus grande, quoiqu'il n'y ait pas actuellement de brouillard dans l'endroit où nous nous trouvons.

LXXII.

On peut objecter, qu'en conséquence de nos principes, l'interposition d'un corps tant soit peu opaque, qui intercepteroit une grande partie des rayons, rendroit l'apparence de la lune dans le méridien aussi grande, que lorsqu'elle est près de l'horizon. A quoi je réponds, que ce n'est point la foiblesse quelconque, qui suggere une augmentation de grandeur, n'y ayant point de connexion nécessaire, mais seulement une liaison d'habitude, entre ces deux choses. Pour que la foiblesse augmente l'apparence, il faut qu'elle soit accompagnée de ces sortes de circonstances, qu'on a remarqué être inséparables de la perception des grandes distances. Lorsque, dans un éloignement considérable, nous considérons de grands objets, les particules de l'air & des vapeurs qui sont entre deux, & qui ne sçauroient elles-mêmes être apperçues, interceptent les rayons de lumière, & rendent par-là l'apparence moins forte & moins vive: or, la foiblesse d'apparence de ce genre a été connue par expérience avoir une connexion intime avec une grandeur considérable. Mais, lorsqu'elle est causée par l'interposition de quelque corps opaque & sensible, cette circonstance change tellement le cas, qu'une apparence foible, produite par ce moyen, ne suggere pas l'idée d'une augmentation de grandeur, parce que l'expérience n'a rien décidé sur la co-existence de ces deux choses.

LXXIII.

La foiblesse, aussi-bien que toutes les autres idées ou perceptions, qui nous suggerent la grandeur ou la distance, fait cet effet de la même manière que les mots suggerent les notions auxquelles ils sont liés. Or, tout le monde sçait, qu'un mot prononcé dans de certaines circonstances, ou dans un certain arrangement par rapport à d'autres Mots, n'a pas toujours la même signification qu'il avoit étant prononcé dans d'autres circonstances, ou dans un autre arrangement. Précisément le même objet visible quant à la foiblesse & à tous les autres égards, s'il est placé en haut, ne suggerera pas la même grandeur qu'il feroit, s'il étoit vû à la même distance de niveau avec l'œil. La raison en est, que nous sommes rarement accoutumés à voir des objets à une grande hauteur. Les corps, qui intéressent le nôtre, sont plutôt devant nous qu'au dessus de nous ; & c'est pour cela que nos yeux ne sont point placés sur le sommet de notre tête, mais dans la position qui est la plus propre à nous faire appercevoir les objets éloignés qui sont dans notre route. Et cette situation des objets étant une circonstance qui accompagne ordinairement la vision des objets éloignés, nous pouvons l'employer à rendre raison d'un phénomène très communément observé, sçavoir, pourquoi un objet paroit d'une autre grandeur, lorsqu'il est placé sur un clocher, haut, par exemple, de cent pieds, à quelqu'un qui est au-dessous, que lorsqu'il est placé à la même distance, mais de niveau avec l'œil. Car, nous avons fait voir, que le jugement, que nous portons sur la grandeur d'une chose, ne dépend pas seulement de l'apparence visible, mais aussi de diverses autres circonstances, une desquelles étant omise ou différente, peut suffire pour produire quelque altération dans notre jugement. De-là, la circonstance de voir un objet éloigné dans une situation ordinaire & convenable à la posture accoutumée de la tête & des yeux, étant omise, & remplacée par une autre situation de l'objet, laquelle exige une posture différente de la tête, il n'y a pas lieu de s'étonner, si la grandeur paroit différente.

Mais on peut demander pourquoi un objet élevé paroit constamment plus petit, que lorsqu'il est au niveau de l'œil, à la même distance? On pourroit dire, à la vérité, que la diversité de quelques circonstances pourroit faire varier le jugement porté sur la grandeur des objets élevés, que nous sommes moins accoutumés à regarder ;

mais, il ne paroit point par-là, pourquoi ces objets doivent plutôt être jugés moindres que plus grands ? Je réponds qu'en cas que la grandeur des objets éloignés fut suggerée par l'étendue de leur apparence visible seule, & jugée y être proportionelle, il est certain qu'ils seroient alors jugés être beaucoup plus petits qu'ils ne semblent être à présent. *Vid.* Sect. LXXIX. mais, plusieurs circonstances concourant à former le jugement que nous portons sur la grandeur des objets éloignés, par le moyen desquels ils paroissent beaucoup plus grands que d'autres dont l'apparence visible les surpasse en étendue, il s'ensuit que, par le changement ou l'omission de quelqu'une de ces circonstances, qui ont coutume d'accompagner la vision des objets éloignés, & d'avoir ainsi part aux jugemens que nous portons sur leur grandeur, ces objets doivent paroitre moindres à proportion qu'ils ne feroient sans cela. Car, quelqu'une des choses qui faisoient qu'un objet étoit jugé plus grand, qu'à proportion de son étendue visible, étant omise ou autrement arrangée, le jugement doit se régler davantage sur l'étendue visible, & par conséquent l'objet doit être jugé plus petit. C'est ainsi que, dans le cas présent la situation de la chose vûe étant différente de ce qu'elle est ordinairement dans les objets que nous avons occasion de voir, & dont nous considérons la grandeur, il s'ensuit, que le même objet, étant à la hauteur de cent pieds, doit paroitre moindre que s'il étoit à la même distance, mais de niveau avec l'œil. Ce que nous venons de dire ne contribue certainement pas peu à expliquer le phénomène de l'augmentation de grandeur de la lune horisontale.

LXXIV.

Si nous considérons attentivement le phénomène en question, nous trouverons que la principale cause de la difficulté, qui se trouve à l'expliquer, vient de n'avoir pas distingué les objets médiats d'avec les objets immédiats de la vûe. La grandeur de la lune visible, ou ce qui est l'objet propre & immédiat de la vision, n'est pas plus considérable quand la lune est horisontale, que lorsqu'elle est dans le méridien. D'où vient donc que cet astre paroit plus grand dans une situation que dans une autre ? Qu'est-ce qui trompe l'entendement ? Il n'a point d'autre perception de la lune, que celle qui lui vient par la vûe : & cette lune, qu'il voit, a la même étendue, la même apparence visible, dis-je, ou plutôt moins de grandeur, lorsqu'elle est horisontale, que lorsqu'elle est dans le méridien : &, cependant, elle est jugée plus grande dans la première situation que dans la seconde. C'est en cela que consiste la difficulté, qui s'évanouit d'elle-même, dès que nous considérons, que comme la lune visible n'est pas plus grande étant horisontale que dans le méridien, on ne la croit point aussi aggrandie. On a déjà montré, que, dans tout acte de vision, l'objet visible est peu considéré en lui-même, l'ame portant ordinairement la vûe de cet objet sur quelqu'autre, appercevable par l'attouchement, qu'elle ait observé avoir de la liaison avec le premier. Si bien que lorsqu'une chose est dite paroître grande ou petite, cela ne doit pas s'entendre de l'objet visible, mais de celui qui peut être apperçu par l'attouchement. Ceci étant bien considéré, il n'y aura gueres de difficulté à résoudre la contradiction apparente qu'il y a, que la lune paroisse de différentes grandeurs; sa grandeur visible restant toujours la même. Car, par la section LVI, la même étendue visible, avec un différent dégré de foiblesse, suggerera l'idée d'une étendue différente, appercevable par l'attouchement. Lors donc que la lune horisontale est dite paroître plus grande que dans le méridien, cela ne doit pas être entendu d'une plus grande étendue visible ; mais d'une plus grande étendue palpable, laquelle, à cause de la foiblesse plus qu'ordinaire de l'apparence visible, est suggérée à l'ame avec elle.

LXXV.

Gassendi, *Descartes*, *Hobbes*, & plusieurs autres, ont tâché de rendre raison du phénomène dont il s'agit ; mais, que tous leurs efforts ayent été vains & inutiles, c'est une chose démontrée par les *Transactions Philosophiques* (1), où leurs différentes opinions sont exposées au long, & réfutées. Ceux qui jetteront les yeux sur l'endroit que nous indiquons, ne pourront manquer d'être surpris des fautes grossières que de si habiles gens ont été obligés de faire pour concilier ce phénomène avec les principes ordinaires d'optique. Depuis que ces écrits ont paru, on a publié dans les transactions. (2) une autre pièce sur la même question. Cette pièce est du fameux docteur *Wallis* ; &, quoiqu'elle ne paroisse contenir rien qui soit nouveau, ou différent de ce qui a déjà été dit par d'autres, je ne laisserai pas d'en faire une espèce d'analyse.

LXXVI.

Son sentiment, en peu de mots, revient à ceci. Nous ne jugeons pas de la grandeur d'un objet par l'angle visuel seul, mais par l'angle visuel conjointement avec la distance. C'est ce qui fait, que, quoique l'angle reste le même, ou même devienne plus petit, si cependant la distance semble être augmentée, l'objet devra paroître plus grand. Or, une des manieres dont nous jugeons de la distance d'une chose, est par le nombre & par l'étendue des objets qui sont entre deux. Lors donc que la lune est ho-

---

(1) Phil. trans. num. 117, p. 314.
(2) Num. 187. p. 323.

rizontale, les champs, les maisons, &c..... toute l'étendue de terre ou de mer, qui est entre l'œil & la ligne qui termine l'horizon, suggère à l'ame l'idée d'une plus grande distance, & par cela même aggrandit l'apparence de la lune. C'est-là, suivant le docteur *Wallis*, la véritable explication de l'augmentation de grandeur attribuée par l'ame à la lune horizontale, dans un tems où l'angle, auquel son diametre est opposé, n'est certainement pas plus grand qu'à l'ordinaire.

LXXVII.

Pour ne pas répéter ce qui a déjà été dit au sujet de la distance, je me contenterai de remarquer sur cette opinion: *premièrement*, que si la vue des objets immédiats est ce qui suggère l'idée d'une plus grande distance, & si c'est l'idée de cette plus grande distance, qui excite dans l'ame celle d'une augmentation de grandeur, il s'en suivroit de-là, que si quelqu'un, placé derriere une muraille, regardoit la lune horizontale, elle ne lui paroîtroit pas plus grande qu'à l'ordinaire. Car, en ce cas, la muraille, qui est interposée, l'empêche de voir les champs, les maisons, &c......, que *Wallis* prétend devoir augmenter la distance apparente, & par cela même l'apparente grandeur de la lune. Et ce seroit en vain qu'on diroit, que la mémoire, suppléant à la vue, rappelle au spectateur toute l'étendue de pays qu'il y a entre lui & l'horizon ; souvenir qui l'oblige à juger, que la lune est plus éloignée & plus grande qu'à l'ordinaire. Car, demandez à un pareil homme, qui, considérant du lieu en question la lune horizontale, la trouve plus grande qu'à l'ordinaire, s'il a alors dans son ame quelque idée des objets intermédiats, ou de cette longue étendue de pays qu'il y a entre son œil & la ligne qui termine l'horizon; Et si c'est cette idée qui l'engage à former le susdit jugement? il répondra, si je ne me trompe, négativement; & déclarera, que la lune horizontale lui paroit plus grande que lorsqu'elle est dans le méridien, quoiqu'il ne fasse pas la moindre attention aux objets intermédiats.

Secondement. Il paroit impossible, par cette hypothèse, d'expliquer pourquoi la lune, dans le même degré d'élévation, paroit plus grande dans un tems que dans un autre, ce que nous avons montré être très-conforme aux principes que nous avons posés. Pour mettre ce point dans un plus grand jour, il faut observer que ce que nous voyons proprement & immédiatement n'est autre chose que la lumière & les couleurs, avec leurs différens degrés de foiblesse & de vivacité, de confusion & de distinction: objets, qui sont tous dans l'ame, & qui suggèrent la distance ou la grandeur, précisément comme les mots excitent les idées des choses. Il est nécessaire aussi de remarquer, qu'outre l'effort que fait quelquefois l'œil, comme aussi outre la vivacité & la foiblesse, la distinction & la confusion des apparences (lesquelles ayant quelque analogie avec les lignes & les angles, ont été substituées à leur place) il y a d'autres causes qui suggèrent tant la distance que la grandeur : particulièrement, la situation des points visibles, ou objets, comme supérieurs & inférieurs ; l'une de ces situations faisant paroître un objet plus grand & plus éloigné, que ne fait l'autre. Or, tous ces effets n'ont d'autre cause que l'expérience & l'habitude ; n'y ayant réellement rien d'intermédiat dans la ligne de distance, entre un objet supérieur & un autre inférieur, qui sont tous deux également éloignés, ou plutôt à aucune distance de l'œil; comme aussi il n'y a rien dans ce qui est haut ou bas, qui par une connexion nécessaire doive suggérer plus ou moins de grandeur. Cela étant, comme ces moyens sont en possession de suggérer la distance & la grandeur en même tems, ils suggèrent aussi l'une aussi immédiatement que l'autre. Je dis qu'ils ne (*Vid.* section LIII) suggèrent pas premièrement la distance, & qu'ils laissent ensuite à l'ame le soin d'en inférer la grandeur de l'objet, mais qu'ils suggèrent la grandeur aussi immédiatement & aussi directement que la distance.

LXXVIII.

Ce phénomène de la lune horizontale est un exemple frappant de l'insuffisance des lignes & des angles, pour expliquer le moyen par lequel l'ame apperçoit & estime la grandeur des objets extérieurs. Cependant les angles & les lignes peuvent être d'usage dans le calcul des grandeurs apparentes, en tant que ces choses ont une connexion ou une proportion avec les idées, ou perceptions, lesquelles sont les occasions véritables & immédiates qui suggèrent à l'ame la grandeur apparente des objets. Mais, voici en général ce qu'il faut observer au sujet du calcul mathématique, lorsqu'on l'emploie en optique : que ce calcul ne sauroit jamais être de la dernière précision, puisque les jugemens que nous portons sur la grandeur des objets extérieurs dépendent souvent de différentes circonstances, qui n'ont pas la moindre analogie avec des lignes ou avec des angles.

LXXIX.

De ce qui vient d'être dit, nous croyons pouvoir tirer cette conséquence ; savoir, qu'un aveugle-né, qui viendroit à recouvrer la vue, jugeroit tout autrement que nous de la grandeur des objets, qui s'offriroient d'abord à ses yeux. Il ne consideréroit pas les idées appartenant à la vue, comme ayant quelque rapport ou quelque connexion avec les idées de l'attouchement. Le coup d'œil qu'il jettera sur les objets, se terminant à eux, il ne peut les juger grands ou petits, que par le plus ou moins de points visibles qu'ils contiennent. Or, comme il est certain que quelque point visible que ce soit ne sauroit dérober à la vue qu'un seul autre point visible, il s'ensuit que tout objet, qui empêche qu'un autre ne soit vû, a le même nombre de points visibles que lui; & que, par conséquent, l'homme en question jugera qu'ils sont tous deux de la même grandeur. Il paroit aussi par-là, qu'un aveugle-né, immédiatement après avoir recouvré la vue, jugeroit son pouce, avec lequel il pourroit s'empêcher de voir une tour, égal à cette tour? ou sa main, par l'interposition de laquelle il pourroit se dérober la vue du firmament, égale à ce firmament: quelque prodigieuse inégalité que nous concevions entre ces choses, à cause de la liaison d'habitude qui s'est formée dans nos ames entre les objets de la vue & de l'attouchement; par où les idées différentes et distinctes de ces deux sens sont tellement mêlées & confondues ensemble, qu'on les prend pour une seule & même chose: préjugé, dont nous avons bien de la peine à nous défaire.

LXXX.

Pour faire mieux concevoir la nature de la vision, & mettre dans tout son jour la manière dont nous appercevons les grandeurs, je ferai quelques observations, qui me paroissent de la dernière importance.

Prémièrement. J'observe, que le *minimum visibile* est précisément le même pour tous les êtres, qui sont doués de la faculté de voir. La figure, admirable tant qu'on voudra, de l'œil, ni la perspicacité de la vue, ne sauroit donner à cet égard aucun privilège à quelque créature que ce soit; car, ce *minimum* ne pouvant être partagé en parties, & n'en étant pas composé, il doit être nécessairement le même pour tous. Car supposons, par exemple, que le *minimum visibile* d'un ciron soit moindre que le *minimum visibile* d'un homme: ce dernier *minimum* diminué d'un certain nombre de parties, pourra devenir égal au premier. Il est donc composé de parties: ce qui répugne à la nature du *minimum visibile*, ou point.

LXXXI.

On objectera peut-être, que le *minimum visibile* d'un homme contient réellement des parties, qui le rendent plus grand que le *minimum visibile* d'un ciron, quoique ces parties ne soient pas apperçues par l'homme. A quoi je réponds, que le *minimum visibile* ayant (comme tous les autres objets propres & immédiats de la vue) été démontré n'exister point hors de l'ame de celui qui le voit, il s'ensuit que ce *minimum* ne sauroit avoir aucune partie qui ne soit actuellement apperçue, & par conséquent visible. Or, qu'un objet contienne différentes parties distinctes & visibles, & soit en même tems un *minimum visibile*, c'est une contradiction manifeste.

LXXXII.

Nous appercevons toujours un nombre égal de points visibles, soit que nous considérions un objet qui est tout près de nous, ou un autre beaucoup plus éloigné. Car, comme il est impossible qu'un *minimum visibile* nous dérobe la vue de plus d'un autre point, il s'ensuit clairement, que, lorsque ma vue est bornée de tous côtés par les murailles de mon cabinet, je vois précisément autant de points visibles que je ferois, en cas que, les murailles de mon cabinet étant ôtées, j'eusse la vue des champs, des montagnes, de la mer, & du firmament: car, aussi longtems que je suis renfermé entre les murailles, par leur interposition, chaque point des objets extérieurs est dérobé à ma vue; mais, chaque point, qui est vû, ne pouvant cacher qu'un seul point correspondant, il s'ensuit que, pendant que ma vue ne sauroit aller au de-là de ces murailles, je vois autant de points, ou de *minima visibilia*, que j'en verrois si ces murailles étoient ôtées, en regardant tous les objets extérieurs, dont la vue m'étoit auparavant dérobée. Toutes les fois, par conséquent, que nous sommes dits avoir une vue plus étendue en un tems qu'en un autre, cela doit s'entendre relativement, non aux autres objets immédiats & propres de la vue, mais aux objets médiats, lesquels, comme nous l'avons prouvé, appartiennent proprement à l'attouchement.

LXXXIII.

La faculté visuelle, considérée dans son rapport avec ses objets immédiats, a deux imperfections.

Prémièrement. A l'égard de son étendue, ou du nombre de points visibles qu'elle peut appercevoir à la fois, ce nombre est très-borné.

Secondement. Notre vue manque en ce qu'elle est très-souvent confuse. De ces choses que notre vue embrasse en une fois, nous n'en voyons qu'une très-petite partie distinctement: &, plus nous fixons nos regards sur un objet, plus les autres objets seront-ils vûs confusément.

LXXXIV.

A ces deux défauts de la vue répondent deux perfections, savoir: 1. Celle de comprendre dans un seul coup d'œil un plus grand nombre de points visibles. 2. La faculté de voir tous les points également & à la fois avec la dernière clarté.

LXXXV.

Dans aucun des deux cas sus-mentionnés les microscopes n'augmentent la vue ; car, quand nous regardons par un microscope, nous ne discernons pas un plus grand nombre de points visibles, ni ne demêlons pas plus distinctement les points collatéraux ; que lorsque nous regardons sans microscope un objet placé à une distance convenable. Il semble que le microscope nous transporte dans un nouveau monde : il offre à notre vue une nouvelle scène d'objets visibles, entièrement différents de ceux que notre œil apperçoit par lui-même.

Mais, voici en quoi consiste la différence la plus remarquable : savoir, qu'au lieu que les objets apperçus par l'œil seul ont une certaine connexion avec les objets apperçus par l'attouchement ; connexion par laquelle nous prévoyons l'effet que l'application des objets éloignés pourra produire sur notre corps ; il n'y a pas la moindre liaison pareille entre des objets palpables & ces objet visibles, qui sont apperçus par le secours d'un bon microscope.

LXXXVI.

De-là il s'ensuit clairement, que si nos yeux étoient faits comme des microscopes, nous ne gagnerions gueres au change ; nous perdrions le sursit avantage que nous tirons de la vue ; & il ne nous resteroit que le vain amusement de voir, sans qu'il nous en revînt la moindre utilité.

On dira peut-être, qu'en ce cas notre vue auroit beaucoup plus de perspicacité qu'à présent. Mais, il est certain, par ce que nous avons dit, que le *minimum visibile* n'est jamais plus grand ou moindre, mais dans tous les cas constamment le même : &, dans le cas des yeux faits en microscopes, je vois seulement cette différence ; savoir, que la connexion entre les perceptions de la vue & de l'attouchement ne subsistant plus, cette connexion ne pourroit plus nous servir à regler par le secours de l'œil différentes actions de notre vie.

LXXXVII.

En un mot, il semble, que si nous considérons l'utilité & la fin de la vue, aussi-bien que l'état présent & les circonstances de notre être, nous ne trouverons pas le moindre sujet de nous plaindre de ce que notre vue a quelque imperfection, & que nous serions très-embarassés à y corriger quelque chose. Tant est admirable la sagesse avec laquelle cette faculté est construite, tant pour l'agrément que pour l'utilité de la vie !

LXXXVIII.

Ayant achevé ce que j'avois à dire sur la distance & sur la grandeur des objets, je vais considérer à présent la manière dont l'ame apperçoit leur situation par la vue. Parmi les découvertes de notre tems, une de celles, qui fait le plus d'honneur à notre siècle, est sans doute ce qu'on a écrit sur la matière de la vision. Il n'y a présentement personne qui ignore, que les représentations des objets externes sont dépeintes sur la *rétine* ou fond de l'œil : que nous ne saurions rien voir, qui ne soit dépeint ainsi : & que, suivant le plus ou le moins de confusion dans la représentation, la perception que nous avons de l'objet est aussi plus ou moins confuse. Cependant, il faut avouer que cette explication est sujette à une terrible difficulté. Les objets sont dépeints à la renverse au fond de l'œil, la partie supérieure d'un objet étant peinte sur la partie inférieure de la rétine, & réciproquement. La même difficulté a lieu par rapport au côté droit & au côté gauche d'un objet. Cela étant ainsi, on demande comment il peut se faire que nous voyions les objets dans leur situation naturelle.

LXXXIX.

Pour résoudre cette difficulté, on nous dit, que l'ame, appercevant l'impulsion d'un rayon de lumière dans la partie supérieure de l'œil, considère ce rayon comme venant en ligne directe de la partie inférieure de l'objet ; & que de même elle juge que le rayon, qui frappe la partie inférieure de l'œil, vient de la partie supérieure de l'objet. C'est ainsi, que, dans la figure suivante, C, le point inférieur de l'objet A B C, est tracé en c, la partie supérieure de l'œil. Pareillement, le point supérieur A est tracé en a, la partie inférieure de l'œil ; ce qui fait que la représentation c b a est renversée : mais l'ame, considérant le rayon qui frappe l'œil en c comme venant par la ligne C c du bout inférieur de l'objet ; & l'impulsion en a comme venant par la ligne A a du bout supérieur de l'objet, est déterminée à faire un droit jugement touchant la situation de l'objet A B C, quoique la représentation de cet objet soit renversée.

On éclaircit cette explication par l'exemple d'un Aveugle, lequel, tenant en ses mains deux bâtons qui se croisent, s'en sert pour toucher les extrémités d'un objet, placé dans une situation perpendiculaire. Il est certain, que cet homme prendra pour la partie supérieure de l'objet ce qu'il touche avec le bâton tenu dans la main inférieure, & pour la partie inférieure de l'objet ce qu'il touche avec le bâton tenu dans la main supérieure. Telle est l'explication ordinaire de la cause qui fait que nous ne voyons pas les objets renversés : Explication généralement reçue, & que (à ce que dit M. *Molyneux* (1)) *tout le monde admet comme satisfaisante.*

X C.

Mais cette prétendue solution ne me paroit nullement solide. S'il étoit vrai que j'apperçusse ces impulsions & ces directions des rayons de lumière, de la manière qu'on l'assure, alors, certainement, l'explication en question ne manqueroit pas tout-à-fait de probabilité ; & la comparaison de l'aveugle & des bâtons croisés seroit peut-être recevable. Mais, la chose est tout autrement. Je sais parfaitement, que je n'apperçois rien de pareil : &, par conséquent, je ne saurois déterminer par ce moyen la situation des objets. J'en appelle à l'expérience, & demande au plus zèlé défenseur de cette hypothèse, s'il a jamais pensé à l'intersection des pinceaux radieux, ou à l'impulsion de ces pinceaux en lignes droites, toutes les fois qu'il apperçoit par la vue la situation d'un objet ? Pour moi, il me paroit évident, que croiser & tracer des rayons est une chose à laquelle les enfans, les idiots, &, pour dire le vrai, les hommes en général, à l'exception seulement de ceux qui se sont appliqués à l'étude de l'optique, ne pensent jamais. Cela étant, j'avoue ingénument, que je ne puis concevoir, comment l'ame jugeroit de la situation d'un objet par des choses qu'elle n'apperçoit pas, ou comment elle les appercevroit sans les connoître. Ajoutez à cela, qu'expliquer la manière dont se fait la vision par l'exemple de bâtons croisés, & par l'impulsion de quelques pinceaux radieux, c'est supposer que les objets propres de la vue peuvent être apperçus à quelque distance de nous ; ce que nous avons démontré être impossible.

X C I.

Il reste, par conséquent, que nous trouvions quelqu'autre solution à la difficulté proposée : & je crois que la chose n'est pas impossible, pourvu que nous l'examinions avec attention, & que nous distinguions soigneusement entre les idées de la vue, & celles de l'attouchement ; distinction, qui ne sauroit être trop recommandée, lorsqu'on traite la matière de la vision : car, c'est faute de la bien entendre, & de l'avoir toujours présente à l'esprit, qu'on est si fort embarrassé à expliquer pourquoi on voit les objets dans leur situation naturelle.

---

(1) Diopt. Part. 2. c. 7. p. 289.

X C I I.

Afin donc de nous défaire de tous les préjugés, que nous pourrions encore avoir conservés sur ce sujet, nous croyons qu'il n'y a rien de meilleur, que de ramener la supposition d'un homme, qui seroit né aveugle, & qui à un certain âge commenceroit à avoir l'usage de la vue. Et, quoique peut-être il ne soit guère facile de nous dépouiller entièrement de ce que l'expérience nous a appris en fait de vue, nous devons néanmoins, autant que cela nous est possible, travailler à nous former d'exactes idées de ce qu'on peut raisonnablement supposer se passer dans l'ame d'un tel homme.

X C I I I.

Il est certain, qu'un homme actuellement aveugle, & qui a toujours été tel depuis sa naissance, pourroit parvenir par l'attouchement à se former des idées de plus haut & de plus bas. Par ce mouvement de sa main, il pourroit discerner la situation de quelque objet appercevable par l'attouchement, & placé à sa portée. Cette partie sur laquelle il se sent soutenu, ou vers laquelle il apperçoit que son corps gravite, il l'appelleroit inférieure, & donneroit le nom de supérieure à la partie opposée.

X C I V.

Mais, alors, tous les jugemens qu'il feroit, concernant la situation des objets, seroient uniquement bornés aux objets discernables par l'attouchement. Toutes les choses qui ne sont pas du ressort de ce dernier sens, & qui ont une nature spirituelle, ses pensées, ses désirs, ses passions, & en général toutes les modifications de l'ame, il ne leur appliqueroit jamais les termes de supérieur & d'inférieur, hormis dans un sens métaphorique : il pourroit, peut-être, par voie d'allusion, parler de pensées hautes ou basses ; mais, ces termes, dans leur signification propre, ne seroient jamais appliqués par lui à quelque chose, qu'il ne concevroit pas être hors de son ame. Car l'homme, dont il s'agit, ne pourroit entendre autre chose par supérieur & inférieur, si-non une plus grande ou une moindre distance de la terre : Distance, qu'il mesureroit par le mouvement, ou par l'application de sa main, ou de quelqu'autre partie de son corps. Il est par conséquent évident, que tous les objets, lesquels, les uns à l'égard des autres, seroient estimés par lui supérieurs ou inférieurs, doivent être conçus comme existans hors de son ame, dans l'espace qui est autour de lui.

X C V.

D'où il s'ensuit clairement, qu'un pareil

homme, si nous le supposons commençant à voir, ne croiroit pas au premier instant, qu'aucune chose qu'il verroit seroit haute ou basse, droite ou renversée ; car, il a déjà été démontré dans la sect. XLI, qu'il ne croiroit pas que les choses, qu'il appercevroit par la vûe sont à quelque distance de lui, ou hors de son ame. Les objets, auxquels il avoit appliqué jusqu'alors les termes de haut & de bas, étoient seulement ceux qu'il avoit apperçues par l'attouchement : mais, les objets propres de la vision forment un nouvel ordre d'idées parfaitement distinctes & différentes des premiers, & qui ne peuvent en aucune façon se rendre discernables par l'attouchement. Ainsi, rien au monde ne peut l'engager à croire que ces termes leur soient applicables : & il ne se l'imaginera aussi jamais, jusqu'à ce qu'il ait observé leur connexion avec des objets discernables par l'attouchement, & que le préjugé, qui s'est emparé de l'ame des autres hommes dès leur enfance, se soit rendu maître de la sienne.

XCVI.

Pour mettre ce sujet dans un plus grand jour, je me servirai d'un exemple. Supposons que l'aveugle en question apperçoive par son attouchement un homme qui se tient debout. Voyons comment cela pourra se faire. Par l'application de sa main aux différentes parties d'un corps humain, il a apperçu différentes idées d'attouchement, lesquelles étant rassemblées en diverses classes, sont désignées par des noms différents. C'est ainsi que la combinaison d'une certaine figure, d'une certaine grosseur, & d'une certaine consistance de parties, est appellé tête, une autre main, une troisième pied, & ainsi du reste : Idées complexes, qui ne sçauroient être arrivées dans son ame que par la voye de l'attouchement. Il doit aussi avoir acquis par l'attouchement une idée de cette terre qui le soutient, & vers laquelle il s'apperçoit que tendent les parties de son corps. Cela étant, comme par droit on n'entend autre-chose que cette situation perpendiculaire d'un homme, dans laquelle ses pieds sont le plus près de la terre : si l'aveugle, en promenant sa main sur les parties du corps d'un homme qui se tient devant lui, s'apperçoit que les idées, connuës par attouchement, qui composent la tête, sont les plus éloignées, & celles qui composent le pied les plus proches, de cette autre combinaison d'idées connoissables par attouchement qu'il appelle terre ; il dira que cet homme est droit. Mais, si nous supposons, que tout d'un coup il commence à voir, & qu'il contemple un homme se tenant devant lui, il est évident dans ce cas, qu'il lui sera impossible de juger si l'homme qu'il voit est droit ou renversé. Car, n'ayant jamais sçu que ces termes pouvoient s'appliquer à d'autres objets, qu'à ceux qu'il discernoit par l'attouchement, ou qui existoient dans l'espace hors de lui ; & ce qu'il voit, n'étant, ni discernable par l'attouchement, ni hors de son ame, il ne sauroit sçavoir si les termes en question y sont le moins du monde applicables.

XCVII.

Ensuite, lorsqu'en tournant les yeux du haut en bas, & de la droite à la gauche, il observera que les objets visibles changent, & viendra à connoître qu'ils sont designés par les mêmes noms que les objets apperçus par l'attouchement : alors, certainement, il commencera à parler d'eux & de leur situation dans les mêmes termes qu'il employoit autrefois à l'égard des objets discernables par le seul attouchement ; & ceux, qu'il appercevra en élevant les yeux, il les nommera supérieurs, & inférieurs ceux qu'il appercevra en baissant la vûe.

XCVIII.

Et c'est-là, si je ne me trompe, la véritable raison, pourquoi il jugeroit supérieurs les objets qui sont peints dans la partie inférieure de l'œil ; car, en élevant les yeux, il verra ces objets distinctement : & , pareillement, ceux qui sont peints dans la partie superieure de l'œil, seront vûs distinctement en baissant la vûe, & seront estimés inférieurs pour cette raison : Car, nous avons montré, qu'il n'appliqueroit pas les termes de haut & de bas aux objets immédiats de la vûe, considérés en eux-mêmes. Il faut donc qu'il leur donne cette dénomination, à cause de quelques circonstances qui les accompagnent : & ces circonstances ne sçauroient être que les actions d'élever ou d'abaisser l'œil, lesquelles fournissent une raison très naturelle, pour que l'ame appelle les objets hauts & bas. Et, sans ce mouvement de l'œil, sans cette élévation & cet abaissement afin de discerner les différents objets, sans contredit les mots de droit, de renversé, & d'autres termes pareils relatifs à la situation des objets appercevables par l'attouchement, n'auroient jamais été conçus comme appartenant aux idées de vûe : le simple acte de voir ne renfermant rien de semblable ; au lieu que les différentes situations de l'œil dirigent naturellement l'ame dans les Jugemens qu'elle porte sur la situation des objets qu'elle apperçoit par la vûe.

XCIX.

De plus, lorsque par expérience il a appris la connexion qu'il y a entre les différentes idées de vue & d'attouchement, il sera en état, par la perception qu'il a de la situation des choses visibles les unes à l'égard des autres, de porter un jugement subit & véritable sur la situation des

des choses externes, appercevables par l'attouchement, & correspondant aux premières. Voilà de quelle manière il appercevra par la vue la situation des objets externes, laquelle ne tombe pas proprement sous ce sens.

C.

Je sais bien que nous avons un penchant extraordinaire à penser, qu'après avoir été aveugles jusqu'à présent, si nous venions à voir, nous jugerions de la situation des objets visibles précisément comme nous faisons. Mais, nous avons le même penchant à croire, qu'à la première vue, nous appercevrions la distance & la grandeur des objets comme nous faisons présentement : supposition, dont nous avons ci-devant démontré la fausseté. Le même argument, dont nous avons fait usage alors, peut servir à combattre la persuasion dans laquelle sont la plupart des hommes, que dès le premier instant où ils commenceroient à voir, ils seroient en état de juger si les objets sont droits ou renversés.

CI.

On objectera peut-être, qu'un homme, par exemple, étant censé droit lorsque ses pieds sont près de terre, & renversé lorsque sa tête se trouve là où étoient ses pieds, il s'ensuit de là, que par un simple acte de vision, sans aucune expérience, ou sans rien changer à la situation de l'œil, nous aurions pu décider s'il est droit ou renversé : car, la vue appercevant également, & la terre même, & les membres de l'homme qui s'y tient, on ne peut s'empêcher de voir quelle partie de l'homme est le plus près de terre, & quelle partie en est le plus loin, c'est-à-dire, s'il est droit ou renversé.

CII.

A quoi je réponds, que les idées de la terre & de l'homme, appercevables par l'attouchement, sont entièrement différentes de celles qui constituent la terre & l'homme visibles. Et il ne seroit pas possible, par le moyen de la vue seule, sans aucune expérience d'attouchement, ou quelque changement dans la situation de l'œil, d'avoir jamais su, ou même soupçonné, qu'il y a la moindre connexion entr'elles. Aussi un homme, au premier moment qu'il commenceroit à voir, n'appelleroit-il pas une chose, qu'il verroit, terre, ou tête, ou pied ; &, par conséquent, ne pourroit pas juger par le simple acte de vision, si c'est la tête ou bien les pieds qui sont le plus près de terre. Pour qu'on comprenne mieux encore cette vérité, nous allons comparer ensemble les idées de ces deux sens.

Philosophie anc. & mod. Tome I.

CIII.

Ce que je vois n'est autre chose que de la lumière & des couleurs. Ce que je sens est dur ou mol, chaud ou froid, raboteux ou uni. Quelle ressemblance, quelle connexion, ces idées ont-elles ensemble ? Ou comment est-il possible, que quelqu'un croiroit devoir donner le même nom à des combinaisons d'idées si différentes, avant que d'avoir éprouvé leur co-existence ? Nous ne trouvons pas qu'il y ait aucune liaison nécessaire entre telle ou telle qualité appercevable par l'attouchement, & quelque couleur que ce soit. Et même nous appercevons quelquefois des couleurs là où il n'y a rien à sentir. Tout cela prouve manifestement, qu'aucun homme, qui commenceroit à voir, ne sauroit qu'il y a quelque connexion entre tel ou tel objet particulier de sa vue, & quelque objet d'attouchement avec lequel il se seroit déjà familiarisé : par conséquent, les couleurs de la tête ne lui en suggereroient pas d'avantage l'idée que celle du pied.

CIV.

Outre cela, nous avons montré au long (*Vid.* Sect. LXIII & LXIV) qu'il n'y a point de liaison nécessaire entre quelque grandeur visible, & quelque grandeur discernable par l'attouchement ; mais, que cette liaison est uniquement le résultat de la coutume & de l'expérience, & dépend de quelques circonstances étrangères & accidentelles, afin que par la perception de l'étendue visible nous puissions être informés de l'étendue de quelque objet palpable, qui pourroit intéresser notre corps. D'où il s'ensuit, que ce n'est pas la grandeur visible de la tête, ni du pied, qui exciteroient dans notre ame, au premier moment que nous commencerions à voir, l'idée de la grandeur respective de ces parties appercevables par l'attouchement.

CV.

Il paroît par la section précédente, que la figure visible de quelques parties d'un corps n'a aucune connexion nécessaire avec la même figure appercevable par l'attouchement assez immédiate pour que l'idée en soit suggérée à à la première vue ; car, la figure est ce qui termine la grandeur : d'où il s'ensuit, qu'aucune grandeur visible n'ayant dans sa nature l'aptitude de suggérer l'idée de quelque grandeur particulière discernable par l'attouchement, il n'est pas possible aussi qu'aucune figure visible soit inséparablement liée avec la figure palpable qui lui correspond. C'est ce qu'on trouvera encore plus évident, si l'on considère que ce qui semble uni & rond, à l'attouchement, peut sembler tout autre à la vue, s'il est regardé par un microscope.

C V I.

De toutes ces vérités réunies ensemble, nous pouvons clairement déduire cette conséquence. Dans le premier acte de vision, aucune idée apperçue par l'œil, n'aura aucune liaison marquée avec les idées, auxquelles les noms de terre, d'homme, de tête, de pied, &c.... ont été annexés dans l'entendement d'un aveugle-né ; tellement que la premiere puisse exciter dans son ame quelqu'une des autres, ou être désignée par le même nom, & réputée une seule & même chose, comme cela arrive dans la suite.

C V I I.

Il reste néanmoins une difficulté, qu'on pourroit croire très-forte, & qui mérite certainement d'être examinée. Car, quoiqu'on demeure d'accord, que ni la couleur, ni la grandeur ni la figure du pied visible, n'ont point, avec les idées qui composent le pied discernable par l'attouchement, une connexion nécessaire, qui puisse à la premiere vue les introduire dans l'ame, ou me faire courir risque de les confondre avant que cette connexion m'ait été connue par expérience : cependant, il paroît incontestable, que le nombre des pieds visibles étant le même que celui des pieds appercevables par l'attouchement, j'en puis raisonnablement conclure, sans aucune expérience en fait de vue, que les pieds que je vois, sont des pieds, & point une tête. Je dis, qu'il semble que l'idée de deux pieds visibles suggerera plutôt à l'ame l'idée de deux pieds discernables par l'attouchement que celle d'une tête ; de maniere que l'aveugle-né, commençant à voir, pourra connoître, quels sont les pieds, & quelle est la tête.

C V I I I.

Pour résoudre cette apparente difficulté, il suffira d'observer, que la diversité d'objets visibles n'infère pas nécessairement la diversité d'objets appercevables par l'attouchement, qui correspondent aux premiers. Un tableau, tracé avec une variété de couleurs, affecte l'attouchement d'une maniere uniforme ; ainsi, il est clair, que ce n'est point en vertu d'aucune conséquence nécessaire, indépendante de l'expérience, que je juge du nombre des objets palpables, par le nombre des choses visibles. Par conséquent, au premier instant que je commencerois à voir, je ne conclurois pas, que, parce que je vois deux objets, j'en sentirai deux. Comment donc puis-je, avant que d'être instruit par l'expérience, savoir, que les jambes visibles, à cause qu'elles sont deux, ont une liaison nécessaire avec les jambes palpables ; ou que la tête visible, parce qu'elle est une, a une pareille liaison avec la tête appercevable par l'attouchement ? Ce qu'il y a de vrai, c'est que les choses que je vois sont si différentes & si hétérogènes de celles que je sens, que la perception des unes ne m'auroit jamais suggeré l'idée des autres, ou ne m'auroit jamais mis en état d'en porter le moindre jugement, si l'expérience ne m'avoit indiqué leur connexion.

C I X.

Mais, pour répandre encore plus de jour sur cette matiere, il faut considérer que le nombre (quoiqu'en puissent dire quelques savans) n'est rien de fixe & de déterminé ; ayant son existence dans les choses mêmes. C'est purement une créature de l'ame, qui envisage, ou une idée en elle-même, ou une combinaison d'idées à laquelle elle donne un nom, & qu'elle fait passer ainsi pour une unité. Suivant que l'ame combine diversement ses idées, l'unité varie ; &, avec l'unité, le nombre, qui n'est autre chose qu'une collection d'unités. Nous appellons une fenêtre une, une cheminée une : & cependant, une maison, dans laquelle il y a plusieurs fenêtres, & plusieurs cheminées, a le même droit d'être appellée une : au reste, il faut plusieurs maisons pour faire une ville. Dans cet exemple, & dans d'autres pareils, il est évident que l'*unité* a constamment rapport à la maniere dont l'ame envisage ses idées, auxquelles elle donne des noms, & dans lesquelles elle renferme plus ou moins, suivant qu'elle le trouve à propos. Par conséquent, tout ce que l'ame considere comme un est une unité. Chaque combinaison d'idées est considérée comme une chose par l'ame ; &, preuve de cela, est désignée par un nom. Or, cette action de nommer & de combiner ensemble des idées est parfaitement arbitraire, & faite par l'ame de la maniere que l'expérience lui a enseigné convenir le mieux ; sans quoi nos idées n'auroient jamais été rassemblées en différentes combinaisons, comme elles le sont à présent.

C X.

De-là il s'ensuit, qu'un aveugle-né, qui, parvenu à l'âge de raison, commenceroit tout d'un coup à voir, ne rassembleroit pas, au premier acte de vision, les idées de vue dans des classes distinctes, comme font ceux, qui ont appris par expérience quelles idées co-existent régulierement, & sont propres à être comprises sous un même nom. Par exemple, il ne feroit pas une idée complexe de toutes ces idées particulieres, qui constituent le pied ou la tête visibles. Car, on ne sauroit assigner aucune raison pourquoi il formeroit une pareille idée, simplement à la vûe d'un homme qui se tiendroit devant lui. Son ame seroit frappée tout d'un coup de toutes les idées que sa vûe lui suggéreroit, & il ne seroit capable d'en former différentes classes, que lorsque par l'observation du mouvement des parties qui composent l'homme, & par d'autres expériences, il auroit appris quelles choses doivent être séparées, & quelles doivent être jointes ensemble.

C X I.

Ce qui vient d'être dit démontre clairement, que les objets de la vûe & de l'attouchement sont, si j'ose m'exprimer ainsi, deux classes d'idées, dont l'une est entièrement différente de l'autre. Nous attribuons indifféremment aux objets de chaque classe les épithetes de haut & de bas, de situé à la droite ou à la gauche, & d'autres semblables, afin de désigner par-là la situation des choses : mais, alors, nous devons nécessairement observer, que la situation d'un objet est déterminée uniquement par rapport aux objets de sa classe. Nous disons qu'un objet d'attouchement est haut ou bas, suivant qu'il est plus ou moins éloigné de la terre discernable par l'attouchement. Et semblablement, nous appellons un objet de vûe haut ou bas, à proportion qu'il est plus ou moins éloigné de la terre visible. Mais vouloir déterminer la situation des choses visibles, par le rapport de leur distance de quelque objet palpable, ou réciproquement, seroit une chose absurde & impossible. Car, toutes les choses visibles sont également dans l'ame, & n'occupent aucune partie de l'espace extérieur ; &, par conséquent, sont également éloignées de tous ces objets discernables par l'attouchement ; lesquels existent hors de l'ame.

C X I I.

Ou plutôt, pour parler exactement, les objets propres de la vûe ne sont à aucune distance ni près ni loin, de quelque objet appercevable par l'attouchement. Car, si nous examinons la chose attentivement, nous trouverons que ces choses-là seulement sont comparées en fait de distance, lesquelles ont la même façon d'exister, ou appartiennent au même Sens. Car, par la distance entre deux points, on n'entend autre chose, sinon le nombre des points intermédiaires. Si les points donnés sont visibles, la distance entr'eux est marquée par le nombre des points visibles qui les séparent, s'ils sont discernables par l'attouchement ; mais, si l'un des objets est visible, & l'autre palpable, la distance qui les sépare ne consiste pas en points appercevables par la vûe ou par l'attouchement, c'est-à-dire, est entièrement inconcevable. Bien des personnes auront peut-être de la peine à admettre ce raisonnement : mais, je serois charmé que quelqu'un me montrât en quoi il péche contre les règles de la plus sévère logique.

C X I I I.

La difficulté, pourquoi on ne voit pas les objets renversés, paroit venir principalement de ce qu'on néglige de faire attention à ce qui a été dit dans les deux sections précédentes. La tête, qui est représentée le plus près de terre, semble en être le plus loin : &, d'un autre côté, les pieds, qui sont représentés le plus loin de terre, semblent en être le plus près. En ceci gît la difficulté, qui s'évanouit dès que nous exprimons la chose clairement & sans ambiguité, de la manière suivante. Comment se fait-il, qu'à l'œil, la tête visible qui est le plus près de la terre appercevable par l'attouchement, paroisse le plus loin de la terre ; & que le pied visible, qui est le plus loin de la terre, appercevable par l'attouchement, paroisse le plus près de la terre ? La question étant proposée ainsi, qui ne voit, que la difficulté est fondée sur une supposition, que l'œil, ou la faculté visuelle, ou plutôt l'ame par le moyen de cette faculté, juge de la situation des objets visibles, relativement à leur distance de la terre discernable par attouchement ? Au lieu qu'il est évident, que cette terre-là n'est point appercevable par la vûe. Et nous avons démontré dans les deux dernières sections, que le lieu des objets visibles est uniquement déterminé par la distance qui sépare ces objets ; & que c'est une folie, que de parler de l'éloignement qu'il y a entre un objet visible & un objet palpable.

C X I V.

Si nous fixons notre attention aux seuls objets propres de la vûe, tout est clair & facile. La tête est représentée le plus loin, & les pieds sont représentés le plus près, de la terre visible ; & c'est ainsi que ces objets paroissent. Qu'y a-t-il là-dedans d'étrange ou d'inexplicable ? Supposons que les peintures dans le fond de l'œil soient les objets immédiats de la vûe. La conséquence sera, que les objets paroitront dans la même posture dans laquelle ils sont dépeints. Et la chose n'est-elle pas ainsi ? La tête, qui est vûe, paroit le plus loin de la terre qui est vûe ; & les pieds, qui sont vus, semblent le plus près de la terre qui est vûe. C'est précisément comme cela que ces objets sont représentés.

C X V.

Mais, direz-vous, la peinture de l'homme

est renversée; & cependant, ce que je vois est droit. Je demande : qu'entendez-vous par la peinture de l'homme, ou, ce qui revient au même, par l'homme visible renversé? Vous me dites qu'il est renversé, à cause que les talons sont en haut, & la tête en bas? Expliquez-moi cela. Vous dites, que, par la tête en bas, vous entendez qu'elle est le plus près de la terre; &, par les talons étant en haut, qu'ils sont le plus loin de la terre. Je demande de nouveau: de quelle terre parlez-vous? Vous ne sauriez parler de la terre qui est peinte dans votre œil, ou de la terre visible : car, la peinture de la tête est le plus loin de la peinture de la terre, au lieu que la peinture des pieds en est le plus près; & par conséquent, la tête visible est le plus loin de la terre visible, & le pied visible en est le plus près. Il reste donc, que vous veuillez parler de la terre appercevable par l'attouchement, & qu'ainsi vous déterminiez la situation des choses visibles relativement aux choses palpables, ce que nous avons prouvé être absurde dans les sections CXI & CXII. Les deux mondes, le visible, & celui qui est discernable par l'attouchement, doivent être considérés séparément, & comme si leurs objets n'avoient, ni commerce, ni relation, les uns avec les autres, en fait de distance ou de situation.

CXVI.

Outre cela, ce qui contribue grandement à nous tromper sur ce sujet, c'est que, lorsque nous songeons aux peintures qui sont dans le fond de l'œil, nous nous considérons comme regardant le fond de l'œil d'un autre, ou un autre regardant le fond de notre propre œil, & contemplant les peintures qui y sont tracées. Supposons deux yeux A & B. A, regardant à quelque distance les peintures en B, les voit renversées, & conclut de-là qu'elles sont renversées en B : mais cela n'est pas. Par exemple, les images des peintures de la terre, d'un homme, &c.... qui sont peintes en B, sont tracées en petit sur le fond d'A. Et, outre cela, l'œil A lui-même, avec les objets qui l'environnent, aussi-bien qu'une autre terre, sont tracés un peu plus en grand sur A. Cela étant, l'œil A juge que les plus grandes images sont les véritables objets, & les plus petites seulement des portraits en mignatures : & c'est relativement à ces grandes images, qu'il détermine la situation des petites; si bien que, comparant le petit homme avec la grande terre, A juge qu'il est renversé, ou, ce qui est la même chose, que sa tête est le plus près de cette terre. Au lieu que, si A comparoit le petit homme avec la petite terre, il le verroit droit, c'est-à-dire ayant la tête le plus loin de la petite terre. Mais, nous devons prendre garde que B ne voit pas deux terres, comme fait A : il voit seulement ce qui est représenté par les petites peintures en A, & par conséquent il jugera l'homme droit : car véritablement, l'homme en B n'est point renversé, puisque ses pieds sont près de terre; mais c'est la représentation qui en est renversée en A, puisque la représentation de la peinture de l'homme en B est près de terre, c'est-à-dire la terre qui est hors de la représentation des peintures en B. Car, si vous prenez les petites images des peintures en B, & que vous les considériez seulement les unes par rapport aux autres, elles seront toutes droites, & dans leur posture naturelle.

CXVII.

De plus, il y a une erreur dans la persuasion où nous sommes, que les peintures des objets externes sont tracées au fond de l'œil. Nous avons démontré, qu'il n'y a point de ressemblance entre les idées de vûe & les choses appercevables par l'attouchement. Nous avons démontré pareillement, que les objets propres de la vûe n'existent point hors de notre ame. D'où il s'ensuit clairement, que les peintures tracées au fond de l'œil ne sont pas les peintures des objets externes. Que quelqu'un rentre en lui-même, & puis dise quelle affinité, quelle ressemblance, il trouve entre cette variété & cette disposition de couleurs, qui constituent l'homme visible, ou la peinture d'un homme, & cette autre combinaison d'idées entièrement différentes, appercevables par l'attouchement, qui composent l'homme palpable? Mais, si cela est ainsi, comment se fait-il qu'on les regarde comme des peintures ou des images, puisque cela suppose qu'elles représentent quelques originaux?

CXVIII.

A quoi je réponds : dans l'exemple, qui vient d'être allégué, l'œil A prend les petites images renfermées dans la représentation de l'autre œil B, pour des peintures ou des copies, dont les archétypes ne sont pas des choses existantes au dehors, mais les grandes peintures tracées sur son propre fond; & qui ne sont pas prises par A, pour des peintures, mais pour les originaux, ou choses mêmes. Que si nous supposons un troisième œil C, regardant d'une distance convenable le fond d'A, il est certain en ce cas, que les choses, qui y seront tracées paroîtront peintures ou images à C, dans le même sens que celles qui sont tracées en B, paroissent telles à l'œil A.

CXIX.

Pour bien concevoir ceci, nous devons soigneusement distinguer entre les idées de vue & celles d'attouchement, entre l'œil visible, &

l'œil palpable ; car, il est bien certain qu'il n'y a aucune représentation tracée sur l'œil appercevable par l'attouchement. De plus, l'œil visible, aussi-bien que tous les autres objets visibles, ont été démontrés exister seulement dans l'ame, laquelle appercevant ses propres idées, & les comparant ensemble, appelle peintures les unes relativement à d'autres. Ce qui vient d'être dit, étant bien compris, fournit, si je ne me trompe, une solution véritable à la difficulté qu'on propose sur le phénomene des objets, qu'on ne voit point renversés, quoiqu'ils soient tels dans l'œil : phénomene qui me paroît inexplicable par toutes les théories de vision publiées jusqu'à présent.

CXX.

En traitant ces sortes de matières, les termes qu'on employe, doivent naturellement être accompagnés de quelque obscurité, & exciter de tems en tems, en nous, quelques fausses idées : car, le langage étant proportionné aux notions communes, & aux préjugés des hommes, il n'est guères possible d'exprimer la vérité dans toute sa précision, sans de grandes circonlocutions, & sans des contradictions apparentes (pour un lecteur peu attentif). Cela étant, je demande une fois pour toutes, à tous ceux qui voudront se donner la peine d'entendre ce que j'ai écrit sur la vision, de ne point s'arrêter à telle ou telle phrase ; mais, de tirer de bonne foi ma pensée de toute la substance de mon discours, & mettant à ses mots autant qu'il sera possible, de considérer les notions elles-mêmes, & de juger si elles s'accordent avec la vérité & avec leur propre expérience, ou non.

CXXI.

Nous avons fait voir le moyen par lequel l'ame, par la médiation des idées visibles, apperçoit la distance, la grandeur & la situation des objets discernables par l'attouchement. Recherchons à présent un peu plus particulièrement la différence qu'il y a entre les idées de vue & d'attouchement, qui sont désignées par les mêmes noms ; & voyons s'il y a quelque idée commune à ces deux sens. Par ce qui a été expliqué & démontré au long dans les sections précédentes, il est clair que la vue & l'attouchement n'apperçoivent pas seulement la même étendue numérique ; mais, que les figures & les étendues particulières apperçues par la vue, quoiqu'elles puissent être désignées par les mêmes noms, & réputées les mêmes choses, que celles qui sont apperçues par l'attouchement, sont néanmoins différentes, & ont une existence distincte & séparée : si bien que la question ne roule pas présentement sur les mêmes idées numériques, mais s'il y a une & la même sorte d'idées également appercevable par les deux sens ; ou, pour m'exprimer en d'autres termes, si l'étendue, la figure, & le mouvement, qu'on apperçoit par la vue, n'est pas quelque chose de spécifiquement différent du mouvement, de l'étendue, & de la figure qu'on apperçoit par l'attouchement ?

CXXII.

Mais, avant que d'entrer dans cette discussion, il me paroît nécessaire de considérer l'étendue dans un sens d'abstraction. Car, l'étendue est un sujet très-fréquemment ramené ; & je suis persuadé, que, quand les hommes parlent d'étendue comme d'une idée commune aux deux sens, c'est dans la supposition secrete, que nous pouvons distinguer l'étendue de toutes les autres qualités visibles & discernables par l'attouchement, & nous en former une idée abstraite ; laquelle idée, suivant eux, seroit commune à l'attouchement & à la vue. Nous devons donc entendre par l'étendue prise dans un sens d'abstraction, par exemple, une ligne ou une superficie, dépouillées entièrement de toutes les autres qualités sensibles, qui pourroient en faire quelque objet particulier. Cette ligne n'est, ni blanche, ni noire, ni d'aucune couleur : elle n'a aucune qualité qui puisse avoir rapport à l'attouchement, & par conséquent n'est d'aucune grandeur déterminée ; car, tout ce qui borne une étendue, ou la distingue d'une autre, est quelque qualité qui met de la différence entre elles.

CXXIII.

Or, je ne trouve pas que je puisse en aucune façon me former une idée pareille à celle dont il est ici question. Une ligne, ou une superficie, qui n'est ni noire, ni blanche, ni bleue, ni jaune, &c..... ni longue, ni courte, ni raboteuse, ni unie, ni quarrée, ni ronde, est totalement inconcevable. C'est de quoi je suis convaincu par rapport à moi-même. Pour les autres, je leur laisse à décider jusqu'où vont leurs talens.

CXXIV.

On dit ordinairement, que l'étendue abstraite est l'objet de la géométrie : mais, la géométrie considère les figures ; or, la figure est ce qui borne une grandeur : mais nous avons démontré que l'étendue, envisagée d'une manière abstraite, n'a point de grandeur déterminée. D'où il s'ensuit clairement, qu'elle ne sauroit avoir de figure, &, par conséquent, qu'elle n'est point l'objet de la géométrie. Je sais bien que c'est un sentiment également reçu par les anciens & par les modernes, que toutes les vérités générales ont pour objets des idées abstraites & universelles, sans lesquelles, dit-on, il ne sauroit y avoir en géométrie aucune démonstration de quelque proposition générale. Mais il me seroit assez facile, si cela s'accordoit avec mon dessein, de prouver que les propositions & les démonstrations en géométrie peuvent être universelles, quoique ceux qui les font ne pensent jamais aux idées abstraites des triangles & des cercles.

CXXV.

Après des efforts réitérés pour saisir l'idée générale d'un triangle, j'avoue que je n'en ai pu venir à bout. Et, certainement, si quelqu'un au monde est en état d'exciter cette idée dans mon ame, ce doit être l'auteur de l'*Essai sur l'entendement humain*; lui qui s'est distingué si avantageusement de la plupart des écrivains, par la clarté & par la force de son style. Voyons donc comment ce célèbre auteur décrit l'idée générale ou abstraite, d'un triangle. « Il doit n'être, *dit-il*, ni oxygone, ni » amblygone, ni rectangle, ni équilatère, ni » isoscèle, ni scalène ; mais tout cela, & rien de » tout cela à la fois. En effet, c'est quelque » chose d'imparfait, qui ne sauroit exister ; une » idée, dans laquelle quelques parties de plu» sieurs idées différentes & incompatibles sont » réunies ensemble. *Essai sur l'entend. Humain.* liv. IV. C 7. S. 9. Telle est l'idée, qu'il croit nécessaire pour faire des progrès dans la science, qui sert de sujet aux démonstrations mathématiques, & sans laquelle nous ne pourrions jamais parvenir à connoître quelque proposition générale concernant les triangles. Cet auteur reconnoit, qu'il faut » de l'habileté & de la peine, pour se » former cette idée universelle d'un triangle ». Mais s'il s'étoit rappellé ce qu'il dit dans un autre endroit, sçavoir : » que les idées des modes » mixtes, dans lesquels des idées incompatibles » sont unies ensemble, ne sçauroient pas même » exister dans l'ame, c'est-à-dire, pas même être » conçues. » *vid.* liv. III, chap. 10, seq. 33. *Ibid.* Je dis, que s'il s'étoit rappellé cette vérité, il y a apparence qu'il auroit renoncé au projet de se former l'idée d'un triangle manifestement contradictoire. Il y a certainement lieu d'être surpris qu'un homme, d'ailleurs si clair & si précis dans ses idées, ait pû donner dans une pareille chimère. Mais, l'étonnement diminuera, si l'on considère, que l'origine de l'opinion erronée, dont il s'agit, est la féconde source qui a inondé toutes les parties de la Philosophie d'un nombre innombrable de difficultés & d'erreurs. Mais cette matière, si nous voulions la traiter dans toute son étendue, nous méneroit trop loin.

CXXVI.

Quelqu'un pourra peut-être s'imaginer, que le vuide, ou l'espace pur, est un objet qui appartient à la vûe & à l'attouchement. Mais, quoique nous ayons beaucoup de penchant à penser que les idées de vuide & d'espace, soient l'objet immédiat de la vûe : cependant, j'ose croire que dans quelques-unes des sections précédentes de ce traité, il a été clairement démontré que c'étoit une erreur, venant de la manière subite dont notre imagination offre, & de la façon intime dont elle unit l'idée de distance avec celle de vûe ; union qui nous persuade que la distance est elle-même l'objet propre & immédiat de ce sens, jusqu'à ce que la raison corrige cette Méprise.

CXXVII.

Ayant prouvé, qu'il n'y a point d'idées abstraites de quelque figure, & qu'il nous est impossible de nous former aucune idée d'étendue séparée de toute autre qualité, tant visible qu'appercevable par l'attouchement : la question qui reste à examiner est, si l'étendue, la figure & le mouvement, qu'on apperçoit par la vûe, sont du même genre, que l'étendue, la figure & le mouvement qu'on apperçoit par l'attouchement ? En réponse à cette question, je tâcherai d'établir la proposition suivante : *l'étendue, la figure & le mouvement qu'on apperçoit par la vûe, sont spécifiquement différens des idées d'attouchement, désignées par les mêmes noms ; & il n'y a pas une seule idée, qui soit commune à ces deux sens*. Cette proposition peut, sans beaucoup de peine, être tirée de ce qui a été dit en différens endroits de cet essai. Mais, parce qu'elle paroit si opposée aux notions reçues par le genre-humain, j'essayerai de la démontrer plus particulièrement & au long par les argumens suivans.

CXXVIII.

Premièrement. Lorsqu'ayant la perception d'une idée, je la range sous telle ou telle classe, j'en agis ainsi, parce que je l'apperçois de la même manière, ou qu'elle m'affecte à peu-près de même, que les idées de la sorte sous laquelle je la range. En un mot, elle ne doit pas être entièrement neuve, mais avoir en elle quelque chose que j'aie déja apperçu : elle doit, dis-je, avoir au moins ceci de commun avec les idées que j'ai connues & nommées auparavant, que je puisse la désigner par le même nom qu'elle. Mais il a été, si je ne me trompe, clairement prouvé qu'un aveugle-né, s'il venoit tout d'un coup à avoir l'usage de ses yeux, ne croiroit pas que les choses qu'il voit sont de la même nature que les objets d'attouchement, ou ont rien de commun avec eux ; mais s'imagineroit, que c'est une nouvelle sorte d'idées, apperçues d'une nouvelle manière, & entièrement différentes de toutes celles qu'il avoit apperçues auparavant : si bien qu'il ne leur donneroit pas le même nom ; ni ne les eftimeroit pas être de la même forte, qu'aucun autre objet connu de lui, avant ce tems-là.

CXXIX.

Secondement. Tout le monde tombe d'accord que la lumière & les couleurs conftituent une autre efpèce d'idées que celles de l'attouchement, & je ne crois pas qu'il y ait quelqu'un qui puiffe dire que ces dernières idées foient appercevables par la vue. Mais il n'y a d'autre objet immédiat de la vue, que la lumière & les couleurs. Donc il s'enfuit manifeftement, qu'il n'y a point d'idée commune aux deux fens.

CXXX.

C'eft une opinion reçue, même chez ceux qui ont penfé & écrit avec le plus d'exactitude fur nos idées, & fur les routes qu'elles fuivent pour entrer dans notre entendement, qu'on apperçoit quelque chofe de plus par la vue, que fimplement la lumière & les couleurs. » M. » *Locke* appelle la vue le plus étendu de tous » nos fens, excitant dans nos ames les idées » de la lumière & des couleurs, lefquelles font » particulières à ce fens ; comme auffi les dif- » férentes & belles idées d'efpace, de figure & » de mouvement ». *Effai fur l'entendement humain*, L. II. C. 9. S. 9. Nous avons démontré que l'efpace ou la diftance n'eft pas plus l'objet de la vue, que de l'ouie. *Vid.* Section XLVI. Et, pour ce qui regarde la figure & l'étendue, je laiffe à quelqu'un, qui examinera attentivement fes propres idées, à décider, fi la vue excite en lui proprement & immédiatement quelqu'autre idée, que celle de la lumière & des couleurs ; ou s'il lui eft poffible de former dans fon ame une idée abftraite d'étendue & de figure vifibles, fans le moindre mélange de couleur : & , d'un autre côté, s'il peut concevoir quelque couleur fans étendue vifible ? Pour ce qui me regarde, il faut que j'avoue que je ne me fens pas capable d'une pareille abftraction : à la rigueur, je ne vois rien que de la lumière & des couleurs, avec leurs ombres & leurs différentes variations. Celui qui, outre ces idées, en apperçoit encore d'un autre genre, poffède la faculté de la vue dans un degré plus étendu & plus parfait que moi. J'avoûe bien, que, par le moyen de la lumière & des couleurs, d'autres idées entièrement différentes font fuggérées à mon ame : mais , il en eft de même de l'ouie, laquelle, outre les fons qui font particuliers à ce fens, fuggere par leur médiation, non-feulement l'efpace, la figure, & le mouvement, mais auffi toutes les idées qui peuvent être exprimées par des mots.

CXXXI.

En troifième lieu. C'eft un axiome, à ce que je crois, univerfellement reçu, que des quantités du même genre peuvent être ajoutées enfemble, & faire une certaine fomme. Les mathématiciens ajoutent enfemble des lignes ; mais ils n'ajoutent point une ligne à un folide, ou ne la conçoivent pas comme faifant une fomme avec une furface : ces trois efpèces de quantités étant confidérées comme incapables de pareilles additions, & par conféquent comme ne pouvant pas être comparées enfemble, paffent chez eux pour entièrement hétérogènes. Or, que quelqu'un effaye de joindre par la penfée une ligne ou une furface vifible, à une ligne ou à une furface difcernables par l'attouchement, tellement que ces deux lignes ou ces deux furfaces ne faffent enfemble qu'une feule fomme ou un tout. Celui qui en viendra à bout, aura raifon de croire ces quantités homogènes : mais celui, qui s'en reconnoît de bonne-foi incapable, devra, par l'axiome précédent, les juger hétérogènes. Je puis concevoir une ligne bleue ajoutée à une ligne rouge, de manière, qu'elles faffent une fomme, c'eft-à-dire, une feule ligne continuée : mais de faire, dans mon entendement, une ligne continuée d'une ligne vifible & d'une autre appercevable par l'attouchement, c'eft une entreprife trop difficile pour moi. Que chacun à cet égard confulte fes propres forces.

CXXXII.

Ce que je viens de dire eft confirmé outre cela par la folution du problème de M. *Molyneux*, publié par *Locke* dans fon effai : problème, que je vais transcrire ici, avec le jugement qu'en porte M. *Locke*. « *Suppofons un aveugle-* » *né, parvenu à l'age de raifon, & affez inftruit* » *par fon attouchement à diftinguer entre un cube* » *& une fphère, du même métal, & à peu près de* » *la même groffeur, pour qu'il puiffe dire, lorf-* » *qu'il fent l'un & l'autre de ces corps, quel eft* » *le cube & quelle eft la fphère. Suppofons de plus,* » *que le cube & la fphère foient fur une table, &* » *que l'aveugle commence tout d'un coup à avoir* » *l'ufage de la vue : la queftion eft, fi, avant de* » *toucher ces corps, il pourra préfentement difcerner* » *par la vue, & dire, qu'elle eft la fphère, &* » *quel eft le cube ?* À quoi l'ingénieux auteur » de ce problème répond : *non. Car, quoiqu'il* » *fache par expérience, comment une fphère, &* » *comment un cube, affectent fon attouchement ;* » *il n'a pas encore connu par l'expérience, que* » *ce qui affecte fon attouchement ainfi, doit affecter* » *de telle manière fa vue : ou qu'un angle, qui* » *preffe inégalement fa main, doit paroître à fon* » *œil tel qu'il eft dans le cube.* Je fuis d'accord

» avec M. *Molyneux*, que je me fais une gloire
» d'appeller mon ami, dans fa folution de ce
» problême ; & je fuis de fentiment, que l'aveugle
» ne pourroit pas, au premier coup-d'œil,
» juger avec certitude quel eft le globe, &
» quel eft le cube, s'il ne faifoit que les re-
» garder ». *Effai fur l'entendement humain*, L.
I. C. 9. S. 98.

CXXXIII.

Or, fi une furface quarrée, apperçue par l'attouchement, eft de la même forte qu'une furface quarrée apperçue par la vue ; il eft certain que l'aveugle dont on vient de parler,
pourroit connoître une furface quarrée, auffi-
tôt qu'il la verroit. Ce n'eft qu'introduire dans
fon ame, par une nouvelle porte, une idée,
qui lui étoit déja familière. Puis donc qu'il eft
fuppofé avoir connu par l'attouchement, qu'un
cube eft un corps terminé par des furfaces
quarrées ; & qu'une fphère n'eft point terminée
par de pareilles furfaces : dans la fuppofition
qu'un quarré vifible, & qu'un quarré difcernable par l'attouchement, diffèrent feulement
en nombre, il s'enfuit que par la marque infaillible des furfaces quarrées, il a pû diftinguer
le cube de la fphère, fans courir le moindre
rifque de s'y tromper. Il faut donc que nous
reconnoiffions, ou que l'étendue & les figures
vifibles font fpécifiquement différentes des figures
& de l'étendue appercevables par l'attouchement,
ou que la folution du problême, donnée par
deux hommes diftingués par leur génie & par
leur favoir eft entièrement fauffe.

CXXXIV.

On pourroit alléguer d'autres preuves de la
même vérité ; mais, ce qui vient d'être dit
fuffit, fi je ne me trompe, peut convaincre
tout homme qui aura fait attention aux argumens que j'ai allegués. Car, pour ce qui regarde
ceux, qui ne veulent pas fe donner la peine
de penfer, tous les difcours du monde ne fuf-
firont pas pour leur faire fentir la vérité de
mon explication.

CXXXV.

Il me refte encore un mot à dire fur le précédent
problême. Il a été démontré, qu'un aveuglé-né,
au premier coup-d'œil qu'il viendroit à jetter
fur les objets, ne défigneroit pas une chofe,
qu'il verroit, par les noms qu'il avoit coutume
de donner aux idées d'attouchement. *Vid*. Section CVI. Cube, fphère, table, font des noms
qu'il a appliqués à des chofes appercevables par
l'attouchement ; mais il ne les a jamais appliqués
à des chofes qui n'étoient en aucune manière
difcernables par le tact. Son ame étoit dans
l'habitude d'exprimer toujours par ces mots des
corps, ou des objets, dont la réfiftance lui faifoit inférer la folidité. Mais, la vue n'apperçoit,
ni réfiftance, ni folidité. En un mot, les idées
de vue font pour lui des perceptions entièrement nouvelles, auxquelles fon ame n'a point
encore donné de nom. D'où il s'enfuit, qu'il
ne fauroit entendre ce qu'on lui en dit : & que
lui demander quel des deux corps, qu'il verroit fur la table, eft la fphère ou le cube, feroit lui faire une queftion parfaitement inintelligible ; rien de ce qu'il appercevroit n'étant
capable de lui fuggérer l'idée de corps, de
diftance, ou, en général, de quelque objet
déja connu.

CXXXVI.

C'eft une erreur de croire, qu'une même
chofe affecte la vue & l'attouchement. Si le
même angle, ou le même quarré, qui eft l'objet de l'attouchement, étoit auffi l'objet de la
vue, qu'eft-ce qui empêcheroit que l'aveugle-
né, au premier coup-d'œil, ne fe fût ? Car,
quoique la manière dont un objet affecte la
vue, foit différente de celle dont il affecte l'attouchement ; cependant, puifqu'il y a, outre
cette circonftance, qui eft nouvelle & inconnue,
l'angle ou la figure, qui font des chofes connues, il ne fauroit s'empêcher de difcerner l'objet en queftion.

CXXXVII.

La figure & l'étendue vifibles ayant été démontrées être d'une nature entièrement différente de celle de l'étendue & de la figure appercevable par l'attouchement, il nous refte à
examiner fi le même caractère hétérogène a lieu
par rapport au mouvement. Or, que le mouvement vifible ne foit pas de la même forte que
le mouvement difcernable par attouchement,
ne paroît pas avoir befoin de preuve, cette
vérité étant une conféquence évidente de ce
que nous avons prouvé touchant la différence
qu'il y a entre l'étendue vifible & celle que le
tact nous fait appercevoir. Mais, pour mettre
la juftefle de cette conféquence dans un plus
grand jour, il fuffira de remarquer, qu'un homme,
qui n'auroit encore aucune expérience en fait
de vue, ne connoîtroit pas le mouvement, au
premier coup-d'œil. D'où il s'enfuit clairement,
que le mouvement appercevable par la vue eft
d'une autre forte que le mouvement appercevable par l'attouchement. Voici comme je prouve
l'antécedent. Par l'attouchement, il ne fauroit
appercevoir aucun autre mouvement, que celui
qui fe feroit vers en-haut ou vers en-bas, vers
la droite ou vers la gauche, plus près ou plus
loin de lui : outre ces mouvemens-là, & leurs
différentes complications, il lui eft impoffible
d'avoir

d'avoir aucune idée de mouvement. Ainsi, il ne prendroit pas pour mouvement, & ne désigneroit pas par ce nom, une idée, qu'il ne pourroit pas ranger sous quelque classe des mouvemens qui lui sont connus. Mais il a été prouvé dans la Sect. XCV. que, par un simple acte de vision, il ne sauroit connoître un mouvement qui se feroit vers en-haut ou vers en-bas, vers la gauche ou vers la droite, &c....... D'où je conclus, qu'au premier coup d'œil, il ne se formeroit aucune notion de mouvement. Pour ce qui regarde l'idée abstraite du mouvement, je ne m'y arrêterai point, mais je laisserai à mes lecteurs le soin de la concevoir, s'ils le peuvent. J'avoue ingénument, pour moi que je n'y entends rien.

CXXXVIII.

La considération du mouvement pourroit ouvrir un nouveau champ à nos recherches : mais, comme on peut aisément comprendre par ce qui vient d'être dit, de quelle manière l'ame conçoit, par la vue, le mouvement des objets appercevables par l'attouchement ; je n'insisterai pas davantage sur ce sujet, mais examinerai tout ce qu'on peut alléguer de plus spécieux contre la proposition dont la vérité a été démontrée. Car, une simple démonstration (quelque évidente qu'elle soit) peut à peine suffire à combattre des préjugés aussi forts que ceux dont il est ici question. Nous devons aussi lever les scrupules de ceux qui cherchent de bonne-foi à s'éclairer, montrer d'où naît leur erreur, & les guérir d'une persuasion peu raisonnable, que d'anciens préjugés ont gravée dans leur ame.

CXXXIX.

Prémièrement. On pourra demander, comment les idées que nous avons par la vue, & celles qui nous viennent par l'attouchement, peuvent être désignées par le même nom, si elles ne sont pas du même genre ? Il faut quelque-chose de plus qu'un simple accident, pour produire une coutume aussi constante & aussi universelle que celle-ci, qui a eu droit de bourgeoisie dans tous les siècles, chez toutes les nations du monde, & parmi les savans aussi-bien que parmi les ignorans.

CXL.

A quoi je réponds, qu'il est aussi raisonnable de dire, qu'un quarré visible, & un autre discernable par attouchement sont de la même espèce, à cause qu'ils sont désignés par le même nom, que de dire, qu'un quarré appercevable par l'attouchement, & le mot composé de six lettres, qui marque ce quarré, sont de la même espèce, parce qu'ils ont tous deux le même nom. Il est ordinaire de donner les mêmes noms, aux mots écrits, & aux choses que ces mots signifient ; car, les mots n'étant pas considérés en eux-mêmes, & n'ayant d'autre mérite que celui d'être les marques des choses, il auroit été très-inutile de leur donner d'autres noms qu'aux choses qu'ils désignent. Cette réflexion est applicable à la matière que nous traitons. Les figures visibles sont les marques des figures appercevables par l'attouchement ; & il est clair par la Sect. LIX, qu'elles sont peu considérées en elles-mêmes, & que la valeur, qu'on leur attribue, vient de leur connexion avec des figures palpables qu'elles sont destinées à signifier. Et, parceque ce langage de la nature ne varie pas dans les différens siècles, ou parmi les différentes nations, de là vient, que, dans tous les tems & dans tous les lieux, les figures visibles sont désignées par les mêmes noms, que les figures respectives, appercevables par l'attouchement qu'elles suggèrent, & non pas à cause qu'elles sont de la même sorte que les premières.

CXLI.

Mais direz-vous, un quarré qu'on touche ressemble plus à un quarré visible qu'à un cercle visible. Il a quatre angles, & autant de côtés : mais, le cercle visible n'a rien de pareil, étant terminé par une courbe uniforme, sans lignes droites, ni angles ; ce qui le rend peu propre à représenter un quarré discernable par l'attouchement, mais très-propre à représenter un pareil cercle. D'où il s'ensuit clairement, que les figures visibles sont de la même espèce, que les figures respectives discernables par l'attouchement qu'elles représentent ; qu'elles leur ressemblent ; qu'elles sont propres par leur nature à les représenter, comme étant de la même sorte ; & qu'elles ne sont en aucune façon des signes arbitraires, comme les mots.

CXLII.

Je réponds, qu'on ne sauroit nier, qu'un quarré visible ne soit plus propre qu'un cercle visible à représenter un quarré qu'on touche : mais cela ne vient point de quelque ressemblance, ou de quelque affinité d'espèce ; mais parce que le quarré visible contient en soi différentes parties distinctes propres à marquer les différentes parties distinctes du quarré palpable qui y correspondent, au lieu que cette propriété manque au cercle visible. Le quarré, apperçu par l'attouchement, a quatre angles distincts & égaux, comme aussi quatre côtés distincts & égaux. Il est par conséquent nécessaire, que la figure visible, qui sera la plus propre à marquer cela, contienne quatre parties égales & distinctes, qui correspondent aux quatre côtés du quarré palpable ; comme aussi quatre autres parties distinctes & égales, qui correspondent aux quatre angles du quarré difcernable par l'attouchement. Et voilà pourquoi nous voyons que les figures vifibles contiennent des parties vifibles & diftinctes, qui repondent aux parties diftinctes & palpables des figures qu'elles fignifient ou fuggèrent.

CXLIII.

Mais, il ne s'enfuit point de-là, qu'un quarré qu'on touche foit femblable à un quarré vifible, à moins qu'on ne prouve, que non feulement le nombre, mais aufli le genre des parties, eft le même dans les deux figures. Pour faire mieux comprendre ma penfée j'obferverai que les figures vifibles repréfentent des figures palpables, à peu près de la même manière que des mots écrits repréfentent des fons. Cela étant, à cet égard, les mots ne font pas arbitraires, puifqu'il n'eft pas indifférent quel mot écrit exprime un Son : mais, il eft néceffaire, que chaque mot contienne en foi autant de caractères diftincts, qu'il y a de variations dans le fon qu'il exprime. C'eft ainfi que la lettre *A* eft propre à marquer un fon fimple & uniforme ; & que le mot *Adultere*, eft propre à repréfenter le fon qui y eft annexé, dans la formation duquel, y ayant huit différentes modifications de l'air par les organes de la parole, dont chacune produit une différence de fon, il étoit convenable que le mot, qui repréfente ces différentes modifications, fût compofé d'autant de caractères diftincts, afin d'exprimer chaque différence ou partie de tout le fon : &, cependant, je ne crois pas que quelqu'un s'avifera de dire, que la fimple lettre *A*, ou le mot *adultere*, fe reffemblent, ou font de la même efpèce que les fons refpectifs qu'ils repréfentent. A la vérité, il eft arbitraire, qu'en général les lettres de quelque langage repréfentent des fons. Mais, lorfque cela eft une fois établi, il n'eft plus arbitraire quelle combinaifon de lettres repréfentera tel ou tel fon particulier.

CXLIV.

Il eft certain que nous fommes plus portés à confondre les idées de la vue avec celles de l'attouchement, que d'autres fignes avec les chofes fignifiées. Mais, un peu d'attention nous fera voir comment cela arrive, fans qu'il foit néceffaire de fuppofer que ces idées font de même nature. Ces fignes font conftans & généraux : nous avons apperçu la liaifon qui les unit à des idées difcernables par l'attouchement, dès notre plus tendre enfance ; & depuis ce tems-là, il ne s'eft point paffé de jour qui ne nous ait fourni cent occafions de nous confirmer dans le même préjugé. Quand nous obfervons, que les fignes font variables & d'inftitution humaine, quand nous nous rappellons qu'il y a eu un temps que ces fignes n'étoient pas encore liés dans nos ames avec les chofes qu'ils fuggèrent à préfent dans l'inftant, & que leur fignification a été connue peu à peu par le moyen de l'expérience ; nous ne courons aucun rifque de confondre les fignes avec les chofes fignifiées. Mais, quand nous trouvons que les mêmes fignes fuggèrent les mêmes chofes par tout le monde ; quand nous favons que ces fignes ne font pas d'inftitution humaine, & que nous ne pouvons pas nous fouvenir en quel temps nous avons commencé à en apprendre la fignification, mais croyons que fi nous avions toujours été aveugles, au premier coup d'œil, ils nous fuggereroient les mêmes chofes qu'ils font à préfent : tout cela nous perfuade, qu'ils font de la même efpèce que les chofes refpectives qu'ils repréfentent, & que c'eft par une reffemblance naturelle qu'ils les fuggèrent à notre ame.

CXLV.

Ajoutons à cela, que toutes les fois que nous examinons avec foin un objet, dirigeant fucceffivement les axes optiques vers chacun de fes points, il y a de certaines lignes, & de certaines figures, décrites par le mouvement de la tête ou de l'œil, lefquelles étant réellement apperçues par le tact, ne laiffent pas de fe mêler tellement avec les idées de vue, que nous avons de la peine à nous imaginer qu'elles n'appartiennent pas au même fens. De plus, les idées de vue entrent dans l'ame, en plus grand nombre, & plus diftinctes, que celles des autres fens, hormis l'attouchement. Les fons, par exemple, apperçus au même inftant, fe mêlent fi intimement enfemble, qu'ils ne forment en quelque forte qu'un feul fon : mais, nous pouvons appercevoir dans le même moment une grande variété d'objets vifibles, très-diftincts les uns des autres. Cela étant, comme l'étendue appercevable par l'attouchement eft compofée de plufieurs parties diftinctes, nous pouvons inférer de-là une autre raifon, qui nous engage à concevoir quelque reffemblance, ou quelque analogie, entre les objets immédiats de la vue & de l'attouchement. Mais rien, certainement, ne contribue davantage à les confondre enfemble, que l'étroite liaifon qu'il y a entre elles. Nous ne faurions ouvrir les yeux, que par leur moyen les idées de diftance, de corps, & de figures appercevables par l'attouchement, ne foient excitées dans nos ames. Tant eft rapide & imperceptible la tranfition d'une idée vifible à une autre difcernable par le tact : tranfition, qui fait que nous avons bien de la peine à nous empêcher de croire que les unes ne foient les objets immédiats de la vifion auffi bien que les autres.

CXLVI.

Le préjugé, produit par ces différentes caufes, eft fi profondément gravé au dedans de nous, que, sans un travail obstiné, il n'y a absolument pas moyen de l'effacer. Mais la répugnance qu'on sent à rejetter une opinion n'en démontre point la vérité aux yeux d'un homme qui considere ce que nous avons dit au sujet de nos préjugés sur la distance, la grandeur & la situation des objets : préjugés, si familiers à nos ames, & tellement invétérés, qu'ils ne sauroient être dissipés par la plus lumineuse démonstration.

CXLVII.

De tout ce qui vient d'être dit, on peut, je crois, tirer cette conclusion que tous les objets propres de la vue forment un langage de l'auteur de la nature, par lequel il nous apprend comment nous devons régler nos actions, afin d'obtenir les choses qui sont nécessaires à la conservation & au bien-être de nos corps, & d'éviter celles qui pourroient leur être nuisibles. C'est par ce que ces objets nous apprennent que nous dirigeons principalement toutes les démarches de notre vie. Et la maniere en laquelle ils nous marquent les choses qui sont à quelque distance, est la même que celle qui a lieu dans l'institution des signes humains ; je veux dire des mots qui forment le langage : signes qui ne suggerent pas les choses signifiées, par quelque ressemblance ou identité de nature, mais seulement par une connexion d'habitude que l'expérience nous a fait observer.

CXLVIII.

Supposons qu'un homme, qui auroit toujours continué à être aveugle, apprenne par son guide qu'après avoir fait un certain nombre de pas, il se trouvera sur le bord d'un précipice, ou sera arrêté par une muraille : cela ne doit-il pas lui paroître admirable & étrange ? Un tel homme ne sauroit concevoir comment il est possible à des mortels de faire pareilles prédictions, qui sont aussi inexplicables pour lui que des prédictions, proprement dites, le sont pour d'autres. Ceux même, qui ont l'avantage de voir (quoique l'habitude où ils sont de jouir de cet avantage le leur rende moins remarquable) doivent y trouver de grandes causes d'admiration. L'art merveilleux avec lequel les organes de la vue sont proportionnés aux fins pour lesquelles ce sens a été apparemment donné ; la vaste étendue, le nombre & la variété des objets qui sont apperçus tout d'un coup avec tant de facilité, de vitesse & d'agrément : tout cela fournit un riche & charmant sujet de spéculation & peut nous donner quelque foible image, quelque espece d'avant goût des choses qui sont élevées au-dessus de notre condition présente.

CXLIX.

Je ne m'arrêterai point à tirer des corollaires de la doctrine que j'ai établie dans ce traité. Si elle se soutient, d'autres pourront, s'ils le trouvent à propos, songer à l'étendre davantage, & à en faire l'usage qu'ils trouveront convenable. Seulement ne puis-je m'empêcher de rechercher quel est l'objet de la géométrie, recherche à laquelle le sujet qui vient d'être traité, m'engage naturellement. Nous avons démontré qu'il n'y a point d'idée telle que celle de l'étendue considérée d'une maniere abstraite, & qu'il y a deux sortes d'étendues & de figures sensibles, qui sont parfaitement hétérogenes. Cela étant, il est naturel de demander laquelle de ces deux étendues est l'objet de la géométrie.

C L.

Il y a de certaines choses qui, à la premiere vue, pourroient nous porter à croire que l'étendue visible est l'objet de la géométrie. L'usage constant des yeux, tant dans les parties pratiques que dans les parties spéculatives de cette science, appuye fortement cette opinion. Ce seroit, sans contredit, quelque chose d'étrange que de vouloir convaincre un mathématicien, que les figures qu'il voit tracées sur le papier, ne ressemblent pas aux figures qui sont le sujet de sa démonstration ; le contraire étant regardé comme véritable non-seulement par les mathématiciens, mais aussi par ceux qui s'appliquent plus particulierement à l'étude de la Logique ; je veux dire, qui considerent la nature de ce qu'on appelle science, certitude, & démonstration : une des raisons qu'ils donnent de la clarté extraordinaire de la géométrie, étant que dans cette science les raisonnemens ne sont pas sujets aux inconvéniens qui accompagnent l'usage des signes arbitraires, les idées elles-mêmes se trouvant copiées & exposées à la vue sur le papier. Mais pour le dire en passant, je donne à considérer comment ceci s'accorde avec les idées abstraites, dont ils font l'objet des démonstrations géométriques.

C L I.

Pour résoudre la question proposée, il est nécessaire seulement de se rappeler ce qui a été dit dans les sections LIX. LX. LXI. où nous avons montré que les étendues visibles sont peu considérées en elles-mêmes, & n'ont point de grandeur déterminée ; & que pour mesurer, les hommes appliquent toujours une étendue appercevable par l'attouchement à une autre étendue du même genre. Par où il paroit évident que l'étendue & les figures visibles, ne sont point l'objet de la géométrie.

C L I I.

Il est par conséquent clair que les figures visibles ont le même usage en géométrie que les mots :

& que la dernière de ces choses pourroit aussi bien passer pour l'objet de cette science, que la première ; aucune d'elles n'y ayant d'autre rapport qu'autant qu'elles représentent ou suggèrent à l'ame les figures discernables par l'attouchement avec lesquelles elles sont liées. Il y a, pour dire le vrai, cette différence entre la signification des figures appercevables par l'attouchement, qui nous est donnée par des figures visibles, & celle des idées qui nous est donnée par des mots, qu'au lieu que la dernière est variable & incertaine, dépendant toujours d'une institution arbitraire des hommes, la première est fixe & immuable, la même dans tous les temps & dans tous les lieux. Un quarré visible, par exemple, suggère la même idée appercevable par l'attouchement en *Europe* qu'en *Amérique*. De là vient, que la voix de l'auteur de la nature, qui parle à nos yeux, n'est pas sujette à être mal entendue, & ne court pas à cet égard le même risque que les langages d'invention humaine.

CLIII.

Quoique ce qui vient d'être dit pût suffire pour décider la question touchant l'objet de la géometrie ; je ne laisserai pas pour répandre encore plus de jour sur cette matière, d'examiner la supposition d'une intelligence, ou esprit sans corps, qui verroit parfaitement bien, c'est-à-dire, auroit une perception claire des objets propres & immédiats de la vue, mais qui n'auroit pas le sens de l'attouchement. Il ne s'agit point ici, s'il y a un tel être dans la nature, ou non. Il suffit que la supposition d'un pareil être n'implique point contradiction. Voyons présentement quels progrès une telle intelligence pourroit faire en géométrie : spéculation qui nous aidera à juger s'il est possible que les idées de vue soient l'objet de cette science.

CLIV.

Premièrement, il est certain que la susdite intelligence ne pourroit avoir aucune idée d'un solide ou d'une quantité de trois dimensions, par cela même qu'il lui seroit impossible d'avoir aucune idée de distance. A la vérité, nous avons du penchant à croire, que par la vue nous avons les idées d'espace & de solide, ce qui vient de l'opinion dans laquelle nous sommes qu'à proprement parler nous voyons la distance, & quelques parties d'un objet à une plus grande distance que d'autres ; ce qui a été démontré être l'effet de l'expérience que nous avons touchant la liaison qu'il y a entre telles & telles idées de vue : mais l'intelligence dont il est ici question, n'a aucune expérience en fait d'attouchement. Par conséquent elle ne sauroit juger comme nous, ni avoir quelque idée de distance, ni par conséquent d'espace ou de corps, soit immédiatement, soit par suggestion.

D'où il s'ensuit clairement qu'elle ne sauroit avoir la moindre notion de ces parties de la géométrie, qui ont rapport à la mesure des solides & à leurs superficies convexes ou concaves, & qui considèrent les propriétés des lignes formées par les différentes sections d'un solide.

CLV.

Outre cela, cette intelligence ne sauroit comprendre de quelle manière les géomètres décrivent une ligne droite ou un cercle ; la règle & le compas, aussi-bien que leur usage, étant des choses dont il est impossible qu'elle puisse avoir quelque notion. De même, il lui est impossible de concevoir un angle placé sur un angle, ou un plan sur un plan, pour prouver leur égalité, puisque cela suppose quelque idée de distance, ou d'espace externe. Ainsi, il est évident que l'esprit, dont il s'agit, ne pourroit pas même apprendre les élémens de la planimétrie. Et peut-être qu'après un examen attentif, il se trouveroit qu'il seroit aussi incapable de se former une idée des figures planes, que des solides ; puisqu'il faut quelque idée de distance, pour se former la notion d'un plan géométrique.

CLVI.

Tout ce qui est proprement apperçu par la faculté visuelle n'est autre chose que les couleurs avec leurs variations, & les différentes proportions de lumière & d'ombre : mais la mutabilité perpétuelle de ces objets immédiats de la vue les rend incapables d'être ménagés comme les figures géométriques ; & aussi n'est-il nullement nécessaire que cela soit. Il est vrai, que plusieurs de ces objets sont apperçus à la fois ; mais calculer exactement leur grandeur, & assigner des proportions déterminées entre des choses si variables & si inconstantes, seroit un travail fort peu utile, si tant est qu'il fût possible.

CLVII.

J'avoue que les hommes sont tentés de croire que les figures planes sont les objets immédiats de la vue, quoiqu'ils ne veuillent pas reconnoître la même chose par rapport aux solides. Et cette opinion est fondée sur ce qu'on observe en peinture, dans laquelle (à ce qu'il semble) les idées immédiates imprimées dans l'ame ne sont autre chose que des plans diversement colorés, lesquels par un acte soudain du jugement, sont changés en solides : mais, pourvu que nous y fassions tant soit peu d'attention, nous trouverons que les plans, dont il est ici fait mention, comme étant les objets immédiats de la vue, ne sont pas des plans visibles, mais des plans appercevables par l'attouchement. Car, quand nous disons que des tableaux sont des plans, nous entendons par-là qu'ils paroiffent au tact plans & unis. Mais alors il eft indubitable, que ce n'eft point la vue qui nous aide à porter le jugement dont il s'agit.

CLVIII.

De tout cela nous pouvons conclurre, que les figures font auffi peu les objets immédiats de la vue, que les folides. Nous ne voyons, à proprement parler, ni des folides, ni des plans diverfement colorés, mais uniquement diverfes couleurs. Quelques-unes de ces couleurs fuggèrent à l'ame des folides, & d'autres des figures planes fuivant que l'expérience nous a appris qu'elles font liées avec l'un ou avec l'autre de ces objets : fi bien que nous voyons des plans, de la même manière que nous voyons des folides ; l'une & l'autre de ces chofes étant également fuggérée par les objets immédiats de la vue, lefquels ont obtenu eux-mêmes par-là les noms de plans & de folides. Mais, quoiqu'ils foient défignés par les mêmes noms que les chofes qu'ils défignent, ils font pourtant, comme nous l'avons démontré, d'une nature tout-à-fait différente.

CLIX.

Ce que nous venons de dire eft, fi je ne me trompe, fuffifant pour décider la queftion propofée touchant les talens géométriques d'une intelligence telle que celle qui vient d'être fuppofée. A la vérité, il eft difficile de juger avec précifion des idées qu'auroit la fufdite intelligence ; parce qu'il nous eft presque impoffible de féparer dans nos penfées, les objets propres de la vue de ceux de l'attouchement qui font liés avec eux. Et cela ne nous paroîtra pas étonnant, dès que nous confidèrerons combien il eft difficile à un homme qui entend prononcer quelques mots de fa langue maternelle, de s'empêcher de comprendre le fens qui y eft attaché. Quoiqu'un pareil homme s'applique à féparer le fens du fon, il ne fauroit en venir à bout, & ne pourra jamais fe mettre dans la fituation d'un étranger, qui, n'ayant jamais appris la langue du pays où il eft, n'eft frappé que des fons, fans avoir la moindre idée de leur fignification. Je crois donc qu'il eft clair, que ce n'eft, ni l'étendue envifagée d'une manière abftraite, ni l'étendue vifible qui forment l'objet de la géométrie : vérité, dont la connoiffance auroit peut-être épargné bien des peines inutiles en mathématiques.

BOULANGER (fyftême de) hift. de la Philos. mod. Si l'on ne donne le nom de Philofophie qu'à une fuite d'opinions particulières plus ou moins exactes, plus ou moins réfléchies fur l'origine de nos fenfations, de nos idées, de nos connoiffances, fur la nature & les opérations de l'entendement humain, fur la diftinction chimérique & fi gratuitement imaginée des deux fubftances, fur l'exiftence & les attributs de Dieu, fur la formation de l'univers, & fur les loix néceffaires par lefquelles s'exécutent tous les phénomènes du ciel, de la terre & de la mer &c. &c. : fi, dis-je, on n'appelle Philofophie que les réfultats plus ou moins évidens, plus ou moins conformes à l'expérience & à l'obfervation auxquels les hommes font arrivés fur ces différens objets ; peut-être, en ce fens très-circonfcrit, *Boulanger* ne doit-il pas être regardé comme un Philofophe, & par conféquent fes opinions ne doivent pas faire partie de l'hiftoire de la Philofophie moderne, parce qu'il eft certain qu'il n'a traité fpécialement, &, comme on dit, *ex profeffo*, prefque aucune des matières indiquées dans l'énumération précédente : mais fi, comme la faine raifon le prefcrit, on entend par Philofophe un homme qui penfe beaucoup & qui fait beaucoup penfer ; qui, dans les routes nouvelles qu'il s'eft ouvertes, n'a pas fait peut-être un feul pas qui ne foit d'un homme d'efprit, & quelquefois même d'un homme de génie ; qui envifage les objets particuliers dont il s'occupe par des côtés que perfonne n'avoit obfervés avant lui ; qui, à des connoiffances très-diverfes, fouvent plus profondes qu'on n'a droit de l'attendre de leur variété, joint le talent de généralifer fes idées ; qui applique par-tout la Philofophie à l'érudition ; qui, à l'aide de ces deux inftrumens dont le concours eft toujours fi utile, fi néceffaire & fi rare, parvient à lier entre eux des faits jufqu'alors ifolés, obfcurs & prefque abandonnés par l'impoffibilité de les expliquer partiellement & de les rapporter à leur caufe originelle & primitive ; qui découvre entre ces faits connus & trop négligés, des rapports très-fins, très-fugitifs ; en un mot qui étend de plufieurs côtés la fphère de notre vue, & éclaire tout-à-coup un horifon qu'elle diftinguoit à peine ; il eft évident alors que *Boulanger* eft un vrai Philofophe & qu'il mérite, comme tel, d'occuper une place honorable dans l'hiftoire philofophique des progrès de l'efprit humain.

Le fyftême de ce favant eft lié dans toutes fes parties ; il eft UN : il en a pofé les différentes bafes dans plufieurs articles épars dans la premiere édition de l'Encyclopédie, & qui feront fans doute confervés dans l'Encyclopédie méthodique par les auteurs chargés de traiter les différentes matières auxquelles ces bafes peuvent avoir quelques rapports. (*Voyez* le dictionnaire d'hiftoire naturelle par M. DESMARETS).

Au refte, foit que *Boulanger* ait craint d'abandonner trop légèrement fon fyftême à un rédacteur peu attentif, ou peu inftruit, qui le mutileroit dans quelques-unes de fes parties principales, ou qui le préfenteroit fous un faux jour ;

soit qu'il ait pensé que, toutes choses d'ailleurs égales, un auteur ne pouvoit avoir de meilleur interprète que lui-même, il a tracé avec beaucoup d'ordre & d'exactitude, le plan général de son système, dans un écrit qu'on a trouvé après sa mort, parmi ses papiers.

Dans le tems même où, occupés d'un article particulier que nous destinions à ce philosophe dans l'Encyclopédie Méthodique, nous avions presque achevé l'analyse raisonnée de son système; un de ses amis dépositaire de ses manuscrits, nous a remis celui où il avoit pris soin de faire, pour ainsi dire, l'histoire de ses idées, d'instruire le public de ses recherches, de ses moyens, & d'indiquer même l'ordre de son travail. On sent assez combien une analyse faite par celui-même qui a conçu & construit le système qu'il explique, doit inspirer de confiance au lecteur; c'est ce qui nous détermine à l'insérer ici toute entière.

Rien n'est plus curieux, plus agréable à lire, que ces extraits dans lesquels un auteur rend lui-même compte de son ouvrage, marque le terme d'où il est parti, celui où il est arrivé, les divers obstacles qu'il a rencontrés sur sa route, & donne ainsi la mesure précise de l'espace qu'il a parcouru. Ces sortes d'analyses où, sans rien omettre d'absolument essentiel, plusieurs volumes se trouvent réduits à un petit nombre de pages très-substantielles, n'ont pas, si l'on veut, un intérêt aussi varié que l'ouvrage qu'elles abrègent, mais elles sont plus rapides, plus animées; elles ont je ne sçai quoi de plus libre, de plus original : un autre mérite qui leur est propre, c'est que dans un moindre espace elles renferment quelquefois autant de véritable instruction que le livre même, parce que l'auteur écartant tous les détails, tous les accessoires, toutes les idées intermédiaires, distinguant avec soin les faits des conjectures, & dirigeant tout à l'utile, ne présente que des résultats qui plus reprochés, & se pressant, pour ainsi dire, les uns vers les autres, se prêtent une force mutuelle, & sans fatiguer l'attention, portent dans l'esprit une lumière plus vive & plus pure.

Il est rare que la vie publique ou privée des savans & des philosophes qui ont marqué dans l'histoire des sciences, n'offre pas quelques particularités qui méritent d'être connues : celle de *Boulanger*, enlevé par une mort prématurée aux lettres qu'il cultivoit avec tant d'ardeur & de succès, doit à plusieurs égards exciter la curiosité du lecteur. Nous ferons donc précéder l'extrait de ses ouvrages de plusieurs faits qui concernent cette espèce de phénomène littéraire. Ces faits recueillis par un philosophe célèbre qui avoit été intimement lié avec notre auteur, sont très-propres à donner de son caractère & de ses talens l'idée favorable que les gens de lettres dans la société desquels il avoit vécu, en avoient justement conçue.

Nicolas Antoine *Boulanger*, naquit à Paris d'une famille honnête le 11 novembre 1722 : il fit ses humanités au collège de Beauvais : il montra si peu d'aptitude pour les lettres, que M. l'abbé Crévier, son professeur de rhétorique, avoit peine à croire que cet homme qui se distingua ensuite par sa pénétration & ses connoissances sous le nom de *Boulanger*, fut le même que celui qu'il avoit eu pour disciple. Ces exemples d'enfans rendus ineptes entre les mains des (1) pédans qui les abrutissent en dépit de la nature la plus heureuse, ne sont pas rares; cependant ils surprennent toujours.

En 1739, il s'appliqua aux Mathématiques & à l'architecture, & ce ne fut pas sans succès; c'est-à-dire, qu'avec les connoissances propres à ces deux genres d'études, il puisa dans le premier un esprit net & juste, & dans l'autre un goût simple & grand.

Il accompagna M. le baron de Thiers à l'armée, en qualité de son ingénieur particulier, fonction qu'il exerça pendant les années 1743 & 1744, jusqu'au siège de Fribourg.

Il entra dans les ponts & chaussées en 1745, & fut envoyé dans la Champagne, la Lorraine & la Bourgogne, pour y exécuter différens ouvrages publics.

Il construisit le pont de Vaucouleurs, sur le passage de la France en Lorraine : il fut interrompu dans la conduite de celui de Foulain, près de Langres, par une maladie grave qui le relégua & le retint une saison entière à Châlons-sur-Marne.

Il est impossible que le séjour habituel des champs, le spectacle assidu de la nature, la vue des montagnes, des rivières & des forêts, l'empire absolu sur un nombreux attelier, la conduite de grands travaux n'élèvent une ame bien faite & ne l'étendent. Mais combien de fois n'ai-je pas vu la sienne pénétrée de compassion pour le sort de ces malheureux qu'on arrache à leur chaume & qu'on appelle de plusieurs lieues à la construction des routes, sans leur fournir seulement le

---

(1) Le mépris de la Fontaine pour les pédants perce dans plusieurs endroits de ses fables. Il leur fait même un reproche très grave, & malheureusement très fondé.

Certain enfant qui sentoit son collège;
doublement sot & doublement frippon
par le jeune age & par le privilége
qu'ont les pédants de gâter la raison, &c.

pain dont ils manquent, & sans donner du foin & de la paille à leurs animaux dont on dispose ! il ne paroît jamais de cette inhumanité, si contraire au caractère d'un gouvernement doux & d'une nation bienfaisante, sans déceler une indignation amère & profonde.

Il sortit de Châlons pour venir à Paris assurer dans le sein de sa famille sa guérison & sa convalescence.

Ses supérieurs dans les ponts & chaussées convaincus de ses talens & satisfaits de sa conduite, l'employèrent en Touraine aux mêmes opérations qu'il avoit dirigées en d'autres provinces. Partout il fit voir qu'il étoit possible de concilier les intérêts particuliers avec ceux de la chose publique : il étoit bien loin de servir les petites haînes d'un homme puissant, en coupant les jardins d'un pauvre paysan par un grand chemin qui pouvoit être conduit sans causer de dommage.

On sçait que le corps des ponts & chaussées est distribué par généralités : il entra dans celle de Paris en 1751 : il avoit obtenu le grade de sous-ingénieur en 1749 :

En 1755 il fut employé sur la route d'Orléans ; mais des travaux au-dessus de ses forces & des études continuées au milieu de ces travaux avoient épuisé sa santé naturellement foible, & il fut obligé de solliciter sa retraite des ponts & chaussées en 1758 : on lui accorda avec un brevet d'ingénieur, distinction qu'il méritoit bien, & qui, je crois, n'avoit point encore été accordée. Il sentit alors que sa fin approchoit, & en effet elle ne tarda pas à arriver : il mourut le 16 septembre 1759.

J'ai été intimement lié avec lui. Il étoit d'une figure peu avantageuse ; sa tête applatie, plus large que longue, sa bouche très-ouverte, son nez court & écrasé, le bas de son menton étroit & saillant, lui donnoient avec Socrate tel que quelques pierres antiques nous le montrent, une ressemblance qui me frappe encore.

Il étoit maigre, ses jambes grêles le faisoient paroître plus grand qu'il ne l'étoit en effet : il avoit de la vivacité dans les yeux : sérieux en société, gai avec ses amis : il se plaisoit aux entretiens de Philosophie, d'histoire & d'érudition. Son esprit s'étoit tout-à-fait tourné de ce côté : il étoit simple de caractère, & de mœurs très-innocentes : doux quoique vif, & peu contredisant, quoique infiniment instruit. Je n'ai guère vu d'homme qui rentrât plus subitement en lui-même, lorsqu'il étoit frappé de quelque idée nouvelle, soit qu'elle lui vînt, ou qu'un autre la lui offrît : le changement qui se faisoit alors dans ses yeux, étoit si marqué, qu'on eut dit que son ame le quittoit pour se cacher en un repli de son cerveau.

Une imagination forte jointe à des connoissances étendues & diverses, & à une subtilité peu commune lui indiquoit des liaisons fines, & des points d'analogie entre les objets les plus éloignés.

Les dernières années de sa vie furent laborieuses, contemplatives & retirées. Quelque fois je le comparois à cet insecte solitaire & couvert d'yeux, qui tire de ses intestins une soie qu'il parvient à attacher d'un point du plus vaste appartement à un autre point éloigné, & qui se servant de ce premier fil pour base de son merveilleux & subtil ouvrage, jette à droite & à gauche une infinité d'autres fils, & finit par occuper tout l'espace environnant de sa toile, & cette comparaison ne l'offensoit point. C'est dans l'intervalle du monde ancien au monde nouveau, que notre philosophe tendoit des fils : il cherchoit à remonter de l'état actuel des choses, à ce qu'elles avoient été dans les tems les plus reculés.

Si jamais homme a montré dans sa marche les vrais caractères du génie, c'est celui-ci.

Au milieu d'une persécution domestique (1) qui a commencé avec sa vie, & qui n'a cessé qu'avec elle ; au milieu des distractions les plus réitérées & des occupations les plus pénibles, il parcourut une carrière immense. Quand on feuillette ses ouvrages, on croiroit qu'il a vécu plus d'un siècle ; cependant il n'a vu, lu, regardé, réfléchi, médité, écrit, vécu qu'un moment : c'est qu'on peut dire de lui ce qu'Homère a dit des chevaux des dieux : autant l'œil découvre au loin d'espace dans les cieux, autant les célestes coursiers en franchissent d'un saut.

---

ces vers semblent être une juste représaille du tort que les instituteurs de la Fontaine firent à sa première éducation.

» Elevé par des maîtres qui n'avoient pas, comme » Socrate, l'art de faire *enfanter les esprits*, & d'en » deviner par une finesse de tact & d'instinct très diffi- » cile à acquérir, le caractère propre & particulier, » il resta 22 ans dans une espèce d'inertie qui, s'il » eut été moins heureusement né, auroit éteint le feu » de son imagination, & peut-être entièrement brisé » les ressorts les plus utiles, les plus actifs & les plus » puissants de l'ame, l'intérêt & les passions. Mais il » est des hommes privilégiés que les préjugés, le pédan- » tisme & les vues étroites de ceux auxquels on confie » ordinairement l'institution de la jeunesse ne peuvent » point abrutir : la société offre quelques exemples de » ce fait, & la Fontaine en est un ». Voyez la notice sur la vie de la Fontaine à la tête d'une magnifique édition de ses fables imprimée pour l'éducation du dauphin.

Lorsque j'écrivis le passage qu'on vient de lire, je ne me rappelai pas l'exemple de *Boulanger* dont j'aurois pu fortifier ce que je dis ici du vice de l'éducation de la Fontaine.

---

(1) Ses parens étoient très dévots, & il ne l'étoit guères. Il s'accommodoit fort bien de leurs opinions, mais ils ne lui pardonnoient pas les siennes ; ils disoient comme le christ ; *celui qui n'est pas pour nous est contre nous*.

Après de mauvaises études ébauchées dans des écoles publiques, il fut jetté sur les grands chemins : ce fut-là qu'il consuma son tems, sa santé & sa vie à conduire des rivieres, à couper des montagnes & à exécuter ces grandes routes qui font de la France un royaume unique & qui caractérisent à jamais le regne de Louis XV.

Ce fut aussi là que se développa le germe précieux qu'il portoit en lui : il vit la multitude de substances diverses que la terre recele dans son sein & qui attestent son ancienneté & la suite innombrable de ses révolutions sous l'astre qui l'éclaire ; les climats changés, & les contrées qu'un soleil perpendiculaire bruloit autrefois, maintenant effleurées de ses rayons obliques & passagers & chargées de glaces éternelles : il ramassa du bois, des pierres, des coquilles : il vit dans nos carrieres l'empreinte des plantes qui naissent sur la côte de l'Inde ; la charrue retournant dans nos champs des êtres dont les analogues sont cachés dans l'abime des mers ; l'homme couché au nord, sur les os de l'éléphant, & se promenant ici sur la demeure des baleines : il vit là nourriture d'un monde présent croissant sur la surface de cent mondes passés : il considéra l'ordre que les couches de la terre gardoient entre elles : ordre tantôt si régulier, tantôt si troublé, qu'ici le globe tout neuf semble sortir des mains du grand ouvrier ; là n'offrir qu'un chaos ancien, qui cherche à se débrouiller ; ailleurs que les ruines d'un vaste édifice renversé reconstruit & renversé de rechef, sans qu'à travers tant de bouleversemens successifs l'imagination même puisse remonter au premier.

Voilà ce qui donna lieu à ses premières pensées. Après avoir considéré de toutes parts les traces du malheur de la terre, il en chercha l'influence sur ses vieux habitans ; de-là ses conjectures sur les sociétés, les gouvernemens & les religions. Mais il s'agissoit de vérifier ces conjectures en les comparant avec la tradition & les histoires, & il dit : j'ai vu, j'ai cherché à deviner ; voyons maintenant ce qu'on a dit & ce qui est. Alors il porta les mains sur les auteurs latins, & il s'apperçut qu'il ne savoit pas le latin : il l'apprit donc ; mais il s'en manqua de beaucoup qu'il en pût tirer les éclaircissemens qui lui étoient nécessaires : il trouva les latins trop ignorans & trop jeunes.

Il se proposa d'interroger les grecs. Il apprit leur langue & en eut bientôt dévoré les poëtes, les philosophes & les historiens ; mais il ne rencontra dans les grecs que fictions, mensonges & vanité ; un peuple défigurant tout pour s'approprier tout ; des enfans qui se repaissoient de contes merveilleux où une petite circonstance historique, une lueur de verité alloit se perdre dans des ténèbres épaisses ; par-tout de quoi inspirer le poëte, le peintre & le statuaire, & de quoi désespérer le philosophe. Il ne douta pas qu'il n'y eut des récits plus antérieurs & plus simples, & il se précipita courageusement dans l'étude des langues hébraique, syriaque, chaldéenne & arabe tant anciennes que modernes. Quel travail ? quel opiniatreté ! voilà les connoissances qu'il avoit acquises lorsqu'il se promit de débrouiller la mythologie.

Je lui ai entendu dire plusieurs fois que les systêmes de nos érudits étoient tous vrais & qu'il ne leur avoit manqué que plus d'étude & plus d'attention pour voir qu'ils étoient d'accord & se donner la main.

Il regardoit le gouvernement sacerdotal & théocratique comme le plus ancien connu : il inclinoit à croire que les sauvages descendoient de familles errantes que la terreur des premiers grands évenemens avoit confinées dans les forêts où ils avoient perdu les idées de police, comme nous les voyons s'affoiblir dans nos cénobites à qui il ne faudroit qu'un peu plus de solitude pour être métamorphosés en sauvages.

Il disoit que si la philosophie, avoit trouvé tant d'obstacles parmi nous, c'étoit qu'on avoit commencé par où il auroit fallu finir, par les maximes abstraites, des raisonnemens généraux, des réflexions subtiles qui ont révolté par leur étrangeté & leur hardiesse & qu'on auroit admises sans peine si elles avoient été précédées de l'histoire des faits.

Il lisoit & étudioit par-tout : je l'ai moi-même rencontré sur les grandes routes avec un auteur rabinique à la main.

Ses liaisons se bornoient à quelques gens de lettres & à un petit nombre de personnes du monde.

Il étoit attaqué d'une maladie bisarre qui se portoit sur toutes les parties de son corps, à la tête, aux yeux, à la poitrine, à l'estomac, aux entrailles, & qui s'irritoit également par les remedes opposés. Il étoit allé passer quelque tems à la campagne chez un honnête & célèbre philosophe alors persécuté (1) : son état étoit déja très facheux : il sentit qu'il empiroit & se hâta de revenir à Paris dans la maison paternelle où il mourut peu de semaines après son retour.

A juger des progrès surprenans qu'il avoit faits dans les langues anciennes & modernes, dans

---

(1) *Feu M. Helvétius.* C'est à lui qu'il dédia ses *recherches sur l'origine du despotisme oriental,* dont la première édition a été faite à Geneve. Cette épitre dédicatoire est très-belle & très-philosophique, elle manque dans plusieurs éditions, particulièrement dans celle publiée à Londres, par M. Wilkes.

l'histoire

l'histoire de la nature, celle des hommes, de leurs mœurs, de leurs coutumes, de leurs usages, la philosophie & le peu de tems qu'il avoit pu donner à l'étude, il eût été nommé parmi les plus sçavans hommes de l'europe, si la nature lui avoit accordé les années qu'elle accorde ordinairement à ses enfans. Mais consolons-nous ; si une mort prématurée l'a ravi aux lettres & à la philosophie qu'il honoroit, elle l'a ravi aussi à la fureur des intolérans qui l'attendoit : l'imprudence qu'il avoit eue de répandre quelques exemplaires manuscrits de son *despotisme oriental* auroit infailliblement disposé du repos de ses jours, & nous aurions vu l'ami de l'homme & de la vérité fuyant de contrée en contrée devant les prêtres du mensonge à qui il ne reste qu'à frémir de rage autour de sa tombe.

Il a écrit dans sa jeunesse une vie d'Alexandre qui n'a point été imprimée.

Il a laissé en manuscrit un dictionnaire considérable qu'on pourroit regarder comme une concordance des langues anciennes & modernes fondée sur l'analogie des mots simples & composés de ces langues, sans en excepter la langue françoise ; cet ouvrage est en trois volumes in folio (1).

On a publié il y a quelques années son traité du *despotisme oriental* ; c'étoit le dernier chapitre de l'ouvrage connu sous le titre de *l'antiquité dévoilée par ses usages*, qu'il en détacha lui même pour en faire un ouvrage à part. Il n'a manqué au *despotisme oriental* pour être une des plus belles productions de l'esprit humain qu'une forme plus concise & moins dogmatique, forme qu'il convient d'affecter toutes les fois que l'objet n'est pas démontrable : il faut alors plus compter sur l'imagination du lecteur que sur la solidité des preuves, donner peu à lire & laisser beaucoup à penser.

Outre les *dissertations sur Esope le fabuliste, sur Elie & Enoch, sur saint Pierre*, il en a composé deux autres sur saint Roch & sainte Geneviève qui se sont égarées (2).

---

(1) Il est écrit tout entier de la main de Boulanger, & d'une écriture fort nette. Marc Michel Rey ayant sçu que ce dictionnaire étoit entre les main du pere de notre auteur, me pria de l'aller trouver & de lui offrir quinze louis de ce manuscrit. Ma proposition fut acceptée & j'emportai le livre que j'envoyai à Rey, ce libraire avoit d'abord eu dessein de le publier, mais il changea depuis d'avis & le vendit, je crois, à une bibliotheque publique de Leyde ou d'Amsterdam.

(2) Ces deux dernieres dissertations sont peu considérables. l'auteur y prouve comme dans celle sur saint Pierre, qu'on a fait la legende de ce prétendu saint & de cette sainte également supposée avec les diverses significations de leur nom. Genevieve n'est que la nouvelle porte *janua nova* &c.

J'ai encore vu de lui une *histoire naturelle du cours de la marne & une histoire naturelle du cours de la loire*, avec figures. Ces deux morceaux sont apparemment dans le cabinet de quelque curieux qui n'en privera pas le public.

Il a aussi fait graver une mappemonde relative aux sinuosités du continent, aux angles alternatifs des montagnes & des rivieres. Le globe terrestre y est divisé en deux hémisphères : les eaux occupent l'un en entier ; les continens occupent tout l'autre ; & par une singularité remarquable il se trouve que le méridien du continent général passe par Paris.

Vues générales sur une nouvelle méthode de traiter l'histoire.

J'ai pour objet d'écrire *l'histoire de l'homme en société*, c'est-à-dire, de faire l'histoire de l'origine des législations qui ont formé des peuples policés, & de la succession des divers gouvernemens des nations.

L'histoire entreprise sous ce point de vue général, se partage naturellement en deux portions, dont l'une voilée par le tems, comme par un grand rideau, contient dans l'obscurité & le silence, les premiers pas des sociétés naissantes ; l'autre plus lumineuse & plus connue, expose à découvert ces sociétés toutes formées & toutes établies. La première partie doit nécessairement être la plus intéressante & la plus instructive, elle seule renferme les principes & les causes ; la seconde ne contient que leurs suites & leurs effets. C'est dans la première qu'on verroit, par exemple, si on pouvoit la pénétrer, l'origine très-ignorée du grand empire des assyriens, ou du royaume de l'Egypte, dont nos histoires ne nous montrent, distinctement, que les dernières dynasties. Nous ne connoissons par elle, que leur décadence & leur destruction, & c'est l'autre partie de l'histoire qui renferme leurs premiers principes & tous les degrés qui ont servi à élever sur la terre, ces énormes puissances.

La monarchie des Perses fondée par Cyrus, en 538, & renversée par Alexandre, en 330, avant J. C. est la première des monarchies dont l'histoire puisse embrasser le commencement & la fin ; encore on ne peut dire que l'histoire nous fasse, par là, connoître l'origine des monarchies. Celle des Perses n'a point inventé de nouveaux moyens de conduire les hommes ; elle a trouvé leur société toute formée, & pour la maintenir, elle n'a fait qu'adopter le systême politique des assyriens. Toutes les monarchies que les siècles suivans ont vu naître, n'ont fait, de même, que s'imiter les unes les autres ; elles se ressemblent toutes, & ne different que par leurs surnoms. L'histoire de la première & de la plus ancienne, seroit donc l'histoire de toutes, si elle étoit connue, & elle auroit l'inestimable avantage de pouvoir nous rendre raison des lois, des principes & des usages qu'elle a établis, & que toutes les autres monarchies ayant ensuite suivis, moins par réflexion que par habitude, ne peuvent plus nous expliquer.

L'état actuel de la terre, nous présente des empires plus ou moins absolus & modérés, des républiques de différente nature, des nations civilisées, des peuples barbares, des familles sauvages : depuis environ 3000 ans, la terre ne cesse d'offrir le même tableau. On pourroit dire qu'il n'est rien arrivé de nouveau depuis tant de siècles; en effet, les détails dont est remplie l'histoire, ne sont que des répétitions & des transports de scènes. Quelques nations ont changé à la vérité; mais l'état du genre humain est encore le même. Ainsi ce qu'on appelle histoire n'est que la partie de l'histoire la plus ingrate & la plus inutile, quoiqu'elle soit la plus connue; la véritable histoire est donc au-delà, derriere le voile du tems.

Si l'on doit croire les traditions, il s'en faut de beaucoup que dans les siècles antérieurs à ces 3000 ans, on ait vu règner sur la terre une semblable uniformité. Mais ces traditions nous rapportent des choses si étranges, qu'on n'en a pu faire aucun usage profitable à l'histoire, & que même les écrivains les plus graves ont cru devoir les rejetter. Au-delà du règne des rois, ces traditions placent un règne de héros & de demi-dieux; par-delà encore, elles placent l'incroyable règne des dieux, & le fabuleux âge d'or; toutes nous parlent aussi d'inondations, de déluges & d'incendies qui ont changé la face de la terre, & presque détruit le genre humain; peut-on être surpris que des annales aussi merveilleuses, ayent été rejettées de tous les historiens? Cependant elles ont été autrefois universellement admises; elles ont été révérées de tous les peuples, & plusieurs les rèverent encore. Cette considération ne sembleroit-elle pas avoir dû exiger que le jugement qu'on a porté sur ces annales eût été moins précipité? S'il ne convient pas à la raison d'adopter grossièrement des fables, il ne convient pas non plus de les mépriser tout-à-fait. D'ailleurs ces fables ou ces énigmes sont les seuls monumens qui nous restent des premiers tems, nous n'avons que ceux-là, & l'on ne peut se dissimuler qu'ils sont, en quelque sorte, respectables par leur antiquité & par leur universalité. Les anciens de qui nous tenons ces traditions que nous ne recevons plus que parce que nous ne les comprenons pas, ont pu avoir des motifs de crédibilité que leur proximité des premiers âges, leur donnoit, & que notre éloignement nous refuse. Ils ont nécessairement eu sur bien des choses, des instructions dont nous sommes privés, & l'intelligence de ce qui nous paroît aujourd'hui inintelligible. Enfin il est vraisemblable qu'ils eussent usé de quelques précautions pour nous en transmettre le sens, s'ils eussent pu prévoir que des choses simples & communes de leur tems, sembleroient un jour bisarres & extraordinaires.

Je me détermine donc à faire usage de ces traditions dédaignées; bien plus, je ne veux me servir que d'elles pour remplir le vuide de l'histoire, & pour porter quelque lumière dans les ténèbres épaisses qui enveloppent encore la naissance & le berceau des premières sociétés.

Je n'ignore pas que quelques écrivains ont déjà essayé de mettre en œuvre les mêmes traditions, & qu'ils n'ont pu réussir. L'inutilité de leurs efforts ne prouve point définitivement que le succès soit impossible; l'on doit plutôt présumer qu'ils s'y sont mal pris, qu'ils n'ont point trouvé le vrai point de vue où ils devoient se placer; & qu'il ne suffit pas de faire d'amples commentaires sur chacune de ces traditions, mais qu'il faut encore étudier quelle est leur liaison, quel est leur ordre, & quel est leur ensemble. La difficulté est peut-être plus dans la méthode que dans la chose même.

Je sais encore que le plus grand nombre des écrivains ayant renoncé à ces traditions, ont tenté de remonter à l'origine des sociétés par d'autres voies; que des philosophes, des métaphysiciens, des jurisconsultes, ont cru qu'au défaut de l'histoire, on devoit consulter les lumières de la raison, & qu'après avoir bien médité sur le caractère & sur la nature de l'homme, on pouvoit réussir à deviner ses premières démarches. Si ceux-là n'ont pas fait une histoire vraie, si même quelques-uns en ont fait d'absurdes & d'évidemment fausses, plusieurs en ont fait de vraisemblables & de possibles; c'est tout ce qu'on peut dire en faveur de ces derniers; car on pourra toujours douter qu'ils ayent pu parvenir à la réalité, en étudiant l'homme d'une manière aussi vague & aussi abstraite. Pour moi j'ai toujours soupçonné qu'une connoissance de ce caractère général de l'humanité, étoit insuffisante, & ne pouvoit conduire qu'à de fausses spéculations sur l'origine des sociétés. J'ai pensé qu'il devoit y avoir des circonstances particulières, & même un certain homme particulier qu'il faudroit d'abord découvrir par le secours des traditions, afin de pouvoir ensuite, aidé de la connoissance générale qu'on a du cœur & de l'esprit humain, juger de ses premières démarches, non comme on a fait jusqu'ici d'après des circonstances générales & indéterminées; mais d'après la position particulière où cet homme nous seroit montré par les traditions. Un fait & non une spéculation de métaphysique, m'a toujours semblé devoir être le début nécessaire & naturel de l'histoire.

Je prends donc un fait dans la plus intelligible des traditions dont nous venons de parler. Ce n'est pas celui de l'âge d'or, encore moins celui du règne des dieux ; l'un & l'autre sont incompréhensibles & énigmatiques ; c'est cette fameuse révolution physique qui a, dit-on, changé autrefois le spectacle de l'univers, & donné lieu à un renouvellement de société. Non-seulement cette tradition est intelligible, mais elle présente un fait qui peut se justifier. 1°. Par l'universalité des suffrages, puisque cette tradition se trouve dans toutes les langues & dans toutes les contrées du monde.

2°. Par le progrès sensible des nations, & la perfection successive de tous les différens arts. Quoique l'histoire ne puisse atteindre aux premiers tems, elle nous montre, sinon le genre humain naissant, du moins une infinité de nations encore dans une espèce d'enfance ; elles croissent & se fortifient peu-à-peu, & soumettent insensiblement une grande partie de la terre à leur empire.

3°. L'œil du physicien a fait remarquer les monumens authentiques de ces anciennes révolutions; il les a vu gravés en caractères ineffaçables; il a fouillé la terre, & n'y a trouvé que des débris accumulés & déplacés ; il a reconnu par-là que toute sa surface avoit changé, qu'elle a eu d'autres mers, d'autres continens, une autre géographie, & on ne peut le démentir sans démentir toute la nature qui a dressé elle-même tous ces monumens, & qui les conserve. Voilà certainement un fait qu'on ne peut récuser, & qu'il faudroit croire quand même les traditions ne nous en auroient jamais rien dit.

A la suite de cet événement, les traditions de l'âge d'or & du règne des dieux, paroissent encore plus bisares ; comment trouver leur rapport & leur liaison avec des révolutions qui n'ont dû faire du séjour de la terre qu'un séjour de douleur & de misère ? Il faudroit pouvoir se former quelques idées précises, nettes & vraies de cet âge & de ce règne, sur lesquels nous n'avons que des idées vagues, confuses & fausses ; mais où en sont les monumens, & qui peut nous y conduire ? C'est l'homme échappé de ces révolutions, qu'il faut nécessairement consulter, & qu'il faut d'abord chercher.

L'effet que le tableau de la terre bouleversée & changée, produit naturellement sur ceux qui le considèrent, si d'ailleurs ils savent sentir & penser, c'est de ramener leur esprit, par un retour de réflexion, sur l'homme alors habitant de la terre, & de le leur faire chercher avec une sorte d'inquiétude, dans les débris du monde. On doit s'intéresser au sort de cet homme,

parce qu'il a dû être excessivement malheureux, & que c'est cependant de lui que doivent descendre toutes les races présentes, aujourd'hui si multipliées, si tranquilles & si heureuses.

L'instant de ces anciennes révolutions est en effet l'instant précis où l'on doit remonter pour parvenir à la naissance de nos sociétés ; ce n'est pas qu'au-delà il n'y en ait eu d'autres, mais elles ont été détruites & dissoutes par ces subversions ; il s'en est ensuite reformé de nouvelles dont les nôtres sont issues, & ces nouvelles sociétés tirent toutes leur origine du petit nombre de malheureux qui ont eu le triste bonheur de survivre à l'ancien genre humain & aux grands changemens arrivés dans la nature. Voilà donc cet homme qu'il faut consulter sur l'origine des sociétés présentes, c'est l'*homme échappé aux malheurs du monde*. En vain voudroit-on remonter plus haut & chercher un autre homme ; les révolutions physiques ont mis entre l'ancienne & la nouvelle sociabilité, un mur inpénétrable ; l'homme d'au-delà, tel qu'il ait été, n'est plus pour nous un être historique dont la position puisse être censée connue ; c'est un être abstrait & aussi métaphysique que s'il n'eut jamais existé.

D'ailleurs, cet homme primitif, tel qu'ait été son caractère, a dû essentiellement différer du second dans ses principes & dans sa conduite ; si vous voulez vous en convaincre, regardez de près l'homme échappé aux malheurs du monde, vous verrez que ce n'est pas un homme semblable à l'autre, ni même un homme ordinaire, & que pour lui ressembler, il auroit fallu que le premier se fût trouvé dans une position aussi extraordinaire que la sienne ; vous verrez que cette position a créé, pour ainsi dire, un esprit humain nouveau & singulier, & que l'affreux spectacle d'un monde détruit, a fait que l'homme en est nécessairement résulté des principes nouveaux qui ont influé d'une façon particulière sur sa conduite & sur celle de sa postérité pendant bien des siècles.

Mais n'est-ce pas une chose vraiment étonnante, que l'indifférence extrême qu'ont eue tous les écrivains, pour cet homme échappé aux malheurs du monde? Loin de le chercher & de le regarder, à peine y ont-ils songé. Le déluge (1) même n'est, sous leur plume, qu'un fait isolé, aussi-tôt oublié que raconté ; une inondation du tibre affecte plus les romains, dans Tite-Live, que le déluge n'affecte le genre humain, dans leurs histoires. Ont-ils donc pensé, ces écrivains, que l'homme, dans ces tems malheureux, n'ait été qu'un stupide animal, ou que semblable au

---
(1) Conférez ici les recherches sur l'origine du despotisme oriental, sect. 3. l'auteur s'y exprime à peu-près de la même manière. *Voy.* pag. 38 & 39.

rocher insensible, il n'ait point gémi sous le coup qui le frappoit ? Quoi! le séjour de l'homme, la terre entière sera détruite, le genre humain sera exterminé, & l'homme qui survivra à une catastrophe aussi effroyable la verra avec indifférence & insensibilité ? son caractère n'en sera point changé & sa conduite ne cessera point d'être la même ? il retournera à son ancien genre de vie ; il cultivera la terre aussi tranquillement ; il rebatira ses villes avec intrépidité, & même avec audace ? Non jamais cela n'a dû, & n'a pu être ainsi ; & ceux qui ont écrit sur ce principe, ne nous ont donné qu'un roman insensé, & non une histoire.

Pour moi j'ai vu écrit dans la nature, que l'homme a été vivement affecté & profondément pénétré de ses malheurs, qu'il a eu peur, qu'il est devenu triste, mélancolique & religieux à l'excès ; qu'il a conçu pour cette terre malheureuse un souverain dégoût. J'ai encore lu dans le livre de l'homme, que toutes ses premières démarches ont été réglées par ces différentes affections de son ame, que tout ce qui est arrivé par la suite des siècles, dans ce monde moral, religieux & politique, n'a été que la suite de ces démarches primitives. Enfin j'ai reconnu que cette première position de l'homme qui a renouvellé les sociétés, est la vraie et l'unique porte de notre histoire, & la clef de toutes les énigmes que les traditions nous proposent.

C'est donc par le déluge que commencera notre histoire des sociétés & des nations présentes. S'il y a eu de fausses & de mauvaises religions, c'est au déluge que je remonterai pour en trouver la source. S'il y a eu des doctrines anti-sociales, j'en verrai les principes dans les suites du déluge. S'il y a eu des législations vicieuses, mal vues & mal conçues ; s'il y a eu une infinité de mauvais gouvernemens, je n'en accuserai encore que le déluge. Le déluge est le principe de tout ce qui a fait en divers siécles tantôt la honte & tantôt le malheur des nations, *Hinc prima mali labes*. La peur qui envahit alors l'esprit humain l'empêcha de voir et de prendre alors les vrais moyens de rétablir la société détruite. Son premier pas fut un faux pas, sa première maxime fut une erreur : & ne cessant ensuite d'agir conséquemment à son début, il n'a plus cessé de s'égarer. Ne nous croyons pas cependant en droit d'accuser l'homme & de le reprendre avec amertume ; il n'a fait qu'une seule faute, toutes les erreurs remontent à une erreur primitive, & cette erreur elle-même est bien pardonnable. Qui n'auroit eu peur dans la position déplorable de l'homme accablé des débris de l'univers ? Le déluge qui a été le tombeau de tant de nations, a été également le tombeau de la philosophie & de la raison : il a fallu la succession d'une multitude de siècles heureux & paisibles pour les faire reparoître, & l'une & l'autre sont encore foibles & peu assurées ; le tems a réparé tout-à-fait & depuis bien des ages les désordres physiques que le déluge a produits sur la terre ; mais il n'a pu encore réparer jusqu'à présent tous les désordres moraux que ce même événement a produit aussi dans l'esprit humain.

Voici au reste une légère esquisse de la suite des premiers faits qui ont suivi celui du déluge. L'homme quoiqu'échappé aux malheurs du monde, ne cesse de craindre ; la peur dont il est saisi lui fait regarder les grands coups dont il est frappé comme les préludes de la ruine finale & absolue de l'univers ; il s'y attend de jour en jour & il s'y prépare. Triste & mélancolique son esprit se remplit de différentes chimères qui toutes néanmoins sont relatives à son état & à celui de la nature. Sa morale est la morale du monde agonisant ; il croit qu'il doit d'avance se détacher de tout ce qui appartient à un monde aussi fragile & aussi périssable. Ces principes qu'on appelle aujourd'hui principes célestes & sublimes, ne furent alors que des principes trop simples & trop naturels. La conduite de l'homme devient par-là toute religieuse ; & sa vie n'est que provisoire, parce qu'il ne compte plus sur la durée des choses. Cette vie d'abord très-misérable, mais ensuite plus douce, toujours pauvre cependant, mais toujours innocente & pure, forme un âge d'égalité & de justice ; ces premières sociétés n'ont qu'un cœur & qu'un esprit, ou, selon le langage d'une ancienne tradition, elles n'ont qu'une parole & qu'une levre. Voulez-vous le représenter ? Peignez-vous notre primitive église, & rappellez-vous tous les mobiles de sa morale & de sa conduite. Cette église n'a fait que copier cet âge antique dont la mémoire n'étoit pas encore de son tems tout-à-fait éteinte. Ce premier état des sociétés renaissantes est en effet celui qui a été chanté avec tant d'enthousiasme & d'exagération par tous les peuples de la terre sous le nom de l'âge d'or. Si notre primitive église s'est efforcée de le faire renaître, c'est qu'elle s'attendoit aussi, comme dans cet âge ancien, à une fin du monde, & qu'elle croyoit devoir se préparer à l'avénement prochain du royaume du ciel. Les mêmes causes ont produit les mêmes effets, & ces causes ont également été sous ces deux époques, la peur & la terreur. La seule différence c'est que la peur des derniers (1) tems uniquement occasionnée par de faux calculs & de faux oracles que l'état même de la nature contredisoit, a été folle & ridicule.

Les enfans de l'homme échappé des malheurs du monde, persévèrent quelque-tems dans cet état surnaturel ; plusieurs générations se con-

---

(1) Il y a dans le manuscrit *des premiers* mais c'est visiblement une faute.

duisent sur les mêmes principes ; la première ferveur fait qu'on ne se méfie point de l'avenir, & les préjugés empêchent de prévoir les différens abus qui peuvent naître d'une vie indolente & paresseuse : ces abus cependant s'introduisent sans que les hommes s'en apperçoivent. Déja quelques familles s'écartent du gros de la société, & se perdent dans les déserts de la terre ; d'abord aussi religieuses que solitaires, elles se sécularisent ensuite peu-à-peu en familles indépendantes & vagabondes ; elles perdent à la fin tout esprit d'humanité & de sociabilité, & les trois quarts de la terre ne sont habités que de familles hypocondres & farouches, & de peuplades sauvages, féroces & barbares, toutes issues néanmoins de ces premiers hommes qui dégoûtés du monde, voulurent anticiper sur la vie des anges. L'âge d'or & de ferveur de notre primitive église auroit pu produire un même effet à l'égard des thérapeutes & des moines de l'Egypte, si leurs retraites n'eussent point été environnées de contrées sociales & civilisées. Sans cela ils se fussent dissipés & perdus dans les déserts ; & obligés alors de se perpétuer par eux-mêmes, ces pieux solitaires n'eussent produit de même que des générations farouches qui peut-être aujourd'hui mangeroient de la chair humaine dans les sables de l'Afrique.

Cependant plusieurs familles réunies continuent de vivre en société, & c'est d'elles que descendent les premières nations policées. Ces familles néanmoins ne cessent pas pour cela de vivre sous la discipline de l'âge d'or ; elles se maintiennent par les seules loix de la religion, & n'ont d'autre roi que le Dieu qu'elles prient, qu'elles invoquent & qu'elles attendent sans cesse. Cette manière de vivre habitue insensiblement cette première société à un gouvernement surnaturel & mystique, dont le plan n'est qu'une fiction, & dont on soutient l'extérieur & la forme publique par un appareil conventionnel qu'on imagine & qu'on aggrandit peu-à-peu. La multitude des usages & des suppositions auxquelles on est obligé de recourir, confond d'âge en âge les premières idées des hommes. Leur esprit s'égare, ils prennent tout ce qu'ils voyent à la lettre, & il en résulte successivement une foule de préjugés religieux & politiques, une infinité d'usages bizarres & déraisonnables, des abus & des fables sans nombre qui changent avec le tems la nature de ce gouvernement, en font oublier le nom, les principes & l'origine, & qui précipitent enfin dans le cahos le plus obscur, la religion, la police & l'histoire de tous les premiers âges.

Ce gouvernement surnaturel qui succéda à l'âge d'or, & qui fut une de ses suites principales, est le même qu'une mythologie universelle, qui a recueilli les ombres de ces premiers âges, a appellé *le regne des Dieux*. Ramenons cette expression à notre langage, elle désigne le regne de Dieu encore connu de quelques anciens peuples sous le nom de *théocratie*.

Notre primitive église attendoit aussi, comme l'on sçait, ce regne de Dieu, parce que cette attente singulière est un dogme conséquent de toutes les terreurs apocalyptiques. On l'avoit eu de même dans ces premiers tems, & c'est là ce qui avoit engagé les premières familles à vivre d'abord provisoirement en l'attendant, & enfin à le représenter au milieu d'elles pour mieux s'y préparer. Un des plus mauvais effets de cette vie provisoire & de cette attente fut de remplir toutes les nations d'espérances vagues & indéterminées auxquelles le tems fit prendre toutes sortes de formes. Les dogmes du regne céleste & du Dieu de la fin des tems s'étant bizarrement altérés & corrompus, on attendit de nouvelles monarchies, des rois, des conquérans, & d'autres êtres imaginaires ; & le fanatisme ainsi que l'ambition nourries par les préventions des peuples, ne profiterent que trop souvent de ces erreurs pour changer la face des choses, pour troubler les nations & les assujetir à de nouvelles chimères.

Le tems qui a enveloppé de ses voiles les plus sombres la *théocratie* primitive des nations, n'a point permis jusqu'ici à l'histoire d'en relever les annales & d'en montrer les monumens ; & il n'y a plus d'autres moyens de la faire connoître que de consulter la nature de la chose même. Qu'est-ce qu'une théocratie ? C'est un gouvernement où la société non seulement honore l'être suprême, comme son Dieu, comme le Dieu de l'univers ; mais où elle suppose encore qu'il est son roi immédiat & particulier, en sorte que toutes les loix & toute la police s'y exécutent en conséquence de cette supposition. C'est un gouvernement où moins le lien civil & politique est visible & sensible, plus on fait d'efforts pour y suppléer par un extérieur & un appareil de convention. J'ai donc vu que dans ce gouvernement l'être suprême a été honoré comme un monarque, & qu'il a été traité comme un homme ; ce qui l'a avili ; j'ai vu que la police y a été subordonnée à la religion, ce qui a corrompu & perverti l'une & l'autre. On a donné une maison au Dieu monarque, & cette maison est devenu un temple ; on y a placé un siège qui s'est changé en sanctuaire ; on y a exposé par la suite un emblême quelconque, & cet emblême s'est métamorphosé en idole. On a dressé une table devant le Dieu monarque, & cette table s'est convertie en autel. Deux ou trois fois le jour on couvroit cette table de pain, de vin & d'autres substances alimentaires, & ces différens mets ont été les préludes des victimes sanglantes & des sacrifices humains. En regardant Dieu comme un roi, l'on a cru qu'on devoit le nourrir ; enfin on lui a donné des officiers & des ministres, delà le sacerdoce.

Il a fallu supposer dans un tel gouvernement que toutes les loix que suivoit la société émanoient du Dieu monarque. Voilà la source du systême de la révélation ; il a fallu imaginer des moyens pour connoître les intentions d'un roi qu'on ne voyoit point & qu'on ne pouvoit entendre : de là les divinations, les augures, les aruspices, & tous les oracles de l'antiquité. On eut recours enfin à mille suppositions & à mille conventions de cette nature, toutes instituées sur ce principe illusoire. Le Dieu monarque reçut des dixmes & des tributs : il eut une étiquette royale, un domaine privé qui fit oublier son domaine général, on lui assigna des terres, des bestiaux, des chevaux, des meubles, des armes, des équipages ; & traité en tout comme un mortel ordinaire, il eut jusqu'à des femmes, & ces femmes lui donnèrent des enfans. Chacun de ces usages fut ensuite le principe d'erreurs plus ou moins ridicules, plus ou moins criminelles ; chaque partie du cérémonial fut la source d'un abus, & ces erreurs & ces abus consacrés par le tems ne cessèrent plus d'infecter les législateurs, & d'altérer le bon sens de toutes les nations de la terre.

Si le regne de Dieu ne servit qu'à avilir la divinité en la faisant descendre au rang des hommes, d'un autre côté les hommes s'avilirent eux-mêmes ; la grandeur excessive d'un Dieu monarque exigea d'eux une soumission sans bornes & un respect excessif. D'abord cette soumission ne fut qu'une soumission religieuse ; mais elle se convertit nécessairement en soumission politique ; delà l'esclavage & la servitude. Le regne de Dieu est un regne despotique par sa nature, nul traité, nulle convention à proposer à un monarque de cette espèce. Dieu sous ce gouvernement mystique étoit un sultan invisible ; ses officiers, c'est-à-dire les prêtres, étoient ses visirs, & ils devinrent à la fin les seuls & les vrais maîtres d'une société religieuse imbécille. On pourroit donc donner au regne des Dieux le nom de regne sacerdotal ; en effet c'est sous ce regne que l'histoire n'a jamais pu pénétrer, que les prêtres ont jetté avec une extrème facilité les fondemens de cette énorme puissance, dont on remarque déjà tous les effets dans les annales des plus anciens peuples. Ce regne abusif a commencé par la peur, par la simplicité, par la religion & par la charité, comme dans notre primitive église, & il a fini par la servitude & par la tyrannie. Si les préjugés tous semblables de notre première église n'ont point eu des suites tout-à-fait aussi fatales, c'est que cette église ne se forma point sur une terre déserte & isolée, & que fondée au milieu des royaumes & des puissances alors établies, ces royaumes & ces puissances la contre-balancèrent, & génèrent la marche de ces dangereux préjugés ; mais elle n'en eut pas moins ces préjugés & tous les principes théocratiques qui en dérivent ; elle les a fait valoir autant qu'elle a pu pour arriver à cette monarchie universelle qu'elle se promet. C'est sur ces principes qu'est fondée la puissance de ses pontifes ; & il s'en est peu fallu que ces vicaires, ou plutôt ces visirs du Dieu monarque, n'ayent envahi en effet tous les sceptres & toutes les couronnes de l'Europe, dans nos siècles d'ignorance & de barbarie ; ils en ont été empêchés plus par la jalouse ambition des princes, que par la raison des nations. Voilà pourquoi si ces pontifes ont été forcés de céder à ces princes le droit d'asservir les corps, ces princes indifférens d'ailleurs sur le bonheur des hommes, & ignorant même leurs vrais intérêts, leur ont permis d'asservir la raison & les esprits.

Les ministres de la théocratie primitive abusèrent en mille manières d'un gouvernement illusoire qui leur laissoit toute l'autorité, & qui leur donnoit un pouvoir sans bornes. On remarque sous la théocratie judaïque que les prêtres à la fin ne rendoient plus aucune justice au peuple ; qu'ils dévoroient en entier les victimes qu'on offroit au Dieu monarque, & que leur incontinence égalant leur gourmandise & leur avarice, ils dormoient, comme dit modestement la Bible, avec les femmes qui veilloient à l'entrée de la tente du seigneur. Cette Bible ne parle point des suites particulières de ce dernier crime des enfans d'Aaron, il faut chercher ces suites dans les traditions des autres nations, car elles ont été importantes & très-considérables. On y voit que dans toutes les contrées les prêtres ont abusé de même des femmes du Dieu monarque ; qu'ils ont poussé l'impudence jusqu'à faire passer les fruits de leurs débauches pour les enfans de la divinité ; & que ce furent les suites de ce dernier attentat qui mirent une fin à leur tyrannie ; en causant la ruine de la théocratie même. En effet l'incontinence sacerdotale donna de nouveaux maîtres à l'univers, dès qu'elle eut donné des enfans aux Dieux.

Le préjugé de cette naissance extraordinaire fit d'abord respecter ces enfans par toutes les nations, & l'orgueil d'une telle origine, éleva t l'ame de cette nouvelle espèce d'hommes, le genre humain commença en eux & par eux à se tirer de son engourdissement & de sa stupidité. Ces enfans merveilleux plus libres, plus indépendans & les premiers des hommes qui connurent par une erreur utile la dignité de leur être, se rendirent les protecteurs & les défenseurs des peuples dans toutes les occasions, d'abord contre les bêtes, & contre des nations déjà devenues sauvages & barbares, & ensuite contre les prêtres eux-mêmes qui s'étoient érigés par-tout en tyrans. Deplus ces enfans se rendirent recommandables par les arts qu'ils cultivèrent avec plus de génie que les autres hommes, & par la découverte de plusieurs inventions utiles. En reconnoissance de tant de bienfaits, les nations les reconnurent pour leurs chefs, & elles passèrent ainsi du regne de ces Dieux qu'elles n'avoient jamais pu voir, sous celui de leurs enfans, c'est-à-dire sous celui de ces demi-Dieux qu'elles voyoient au milieu d'elles.

Telle a été l'origine de ce regne des demi-Dieux que l'histoire a cru devoir abandonner à la mythologie, ainsi que le regne des Dieux; mais ces deux regnes qu'elle a rejettés n'en ont pas moins été des regnes réels, quoiqu'illusoires dans leurs principes. L'un & l'autre ont duré très-long-tems, & les événemens qu'y sont arrivés & qu'ils ont produits, ont influé sur tout ce qui est arrivé par la suite des siècles.

Le regne des demi-Dieux fit de grands changemens dans le sort des hommes, & de leur tems la terre prit une face nouvelle. Plusieurs de ces héros divins connurent les vrais principes de la sociabilité, & les mirent en usage. S'étant apperçus que l'homme n'avoit qu'une religion triste & qu'une police provisoire, contraires à son bonheur présent & qui l'empêchoient de faire des établissemens fixes & solides, ils instituèrent ces mystères si fameux dans l'antiquité où ils déposèrent sous le secret la science de la religion, & ses dogmes pour qu'ils ne fussent plus communiqués qu'à un petit nombre de particuliers.

Aux fêtes funèbres & lamentables ils substituèrent des fêtes bruyantes & joyeuses; ils multiplièrent les vignes & l'image du vin pour porter la gaieté dans les ames engourdies. L'homme jusqu'alors n'avoit encore généralement été que chasseur & que pasteur; ils le rendirent cultivateur & agriculteur, & ils le délassèrent après ses travaux par la musique & par la danse.

L'homme alors se multiplia plus qu'il n'avoit encore fait, & ses premières demeures se trouvèrent trop étroites. Les héros l'engagèrent & l'encouragèrent à dessecher & à défricher de nouvelles terres que le tems avoit couvertes d'immenses forêts, & à y faire de nouveaux établissemens. Dès que cette nouvelle & admirable police eut fait succéder l'action à la contemplation, & l'esprit d'intérêt à l'indolence, toutes les nations s'agitèrent sur la terre, le genre humain se réveilla comme d'une profonde léthargie, il descendit des montagnes où la crainte l'avoit si long-tems retenu, & sous la conduite des demi-Dieux il alla chercher des contrées qu'il rendit fécondes & fertiles par un travail assidu; il éleva des villes, & ces villes aggrandies & multipliées formèrent avec le tems, de grands & puissans empires.

Les demi-Dieux cependant ne virent point eux-mêmes ces grandes suites de leurs hautes entreprises, & de leur nouvelle méthode de conduire les hommes. Quoique leur regne ait duré bien des siècles, il ne fut pas de continue, & de longs interregnes rallentirent les progrès de l'esprit législatif. Le même hazard qui avoit fait naître cet esprit, l'arrêtoit, & en suspendoit fréquemment les heureux effets.

L'autorité des demi Dieux ne fut point d'abord héréditaire; le crédit attaché à leur naissance ne s'obtint pendant long-tems que par une naissance semblable. S'il y eut des siècles où l'on vit plus d'enfans des Dieux qu'on auroit voulu (car par la suite leur grand nombre produisit des guerres sanglantes); il y en eut d'autres & sur-tout dans les commencemens, où ils étoient rares, quelque fois aussi ceux qui paroissoient, se trouvoient sans talens & sans mérite. Alors la société que les premiers demi Dieux avoient établie & réglée, tomboit dans l'anarchie; mais ordinairement elle retournoit à sa première théocratie: les prêtres rentroient ainsi dans la jouissance des droits & des fonctions de leur office, jusqu'à ce que quelque nouveau demi Dieu frappant encore les yeux des nations par de grands exploits, les prêtres & leurs idoles étoient de nouveau négligés.

On ne peut mieux se représenter ce gouvernement inconstant & alternatif, que par l'ancien état des hébreux sous leurs juges, qui fut tout à-la-fois leur état théocratique & héroïque. Quand ce peuple avoit le bonheur de rencontrer quelque homme soi-disant inspiré, ou dont la naissance passoit pour miraculeuse, il le suivoit & prospéroit; & même sa religion étoit alors plus saine & plus pure. Mais lorsque la mort les privoit de ce conducteur, & qu'aucun autre de son espèce ne se présentoit pour lui succéder, ce peuple retournoit constamment à Moloch, à Baal, à Astaroth, & son état dépérissoit par les abus fréquens de ce gouvernement indéterminé & indécis.

Les nations s'étant enfin apperçues du vice politique de leur législation, & quelque-fois étant aussi tourmentées par la multitude que par la disette des demi-Dieux, elles songèrent à rendre héréditaire & constante une puissance qui leur avoit déjà été si souvent utile & avantageuse. Quelques nations se donnèrent elles-mêmes des rois, d'autres forcèrent les prêtres à leur en donner; assés généralement on s'accorda à prendre un des enfans des Dieux, & le sceptre rendu & reconnu héréditaire dans leur postérité, fit enfin paroitre le regne des rois que notre histoire a bien voulu admettre, parce que ce regne dure encore; mais à peine en connoit-elle l'origine.

Si le regne des rois eut été l'ouvrage de la seule raison, il auroit pu être aussi utile aux hommes qu'ils l'espérèrent d'abord; mais lorsqu'ils eurent recours à cette institution, leur esprit étoit encore si fort affecté de tous les préjugés que les gouvernemens antérieurs avoient fait naître, que le regne des rois se trouva vicieux dès la première élection.

Les hommes habitués depuis de longs âges à être gouvernés au nom de la divinité, ne s'imaginèrent point se soumettre à un homme en se soumettant à un roi. Ils ne pensoient pas même alors qu'une simple raison humaine pût présider au maintien de la société : triste effet d'une théocratie qui avoit affoibli le ressort naturel des esprits, & conduit insensiblement l'homme au mépris de sa propre raison.

Lorsque les nations se laisserent régir par les enfans des Dieux, ce n'étoit point en eux l'humanité, mais la divinité qu'ils avoient suivie. Les demi dieux en effet n'exercèrent l'autorité qu'au nom des Dieux leurs pères ; & ce ne fut qu'en se servant de leurs noms qu'ils purent réussir à changer la face de la société ; il fallut qu'ils se prêtassent ainsi aux préjugés reçus pour guérir une partie des maux que ces préjugés avoient faits. Le regne des demi Dieux n'a été ainsi qu'une théocratie prolongée ; mais exercée d'une manière plus utile & plus convenable à l'état de l'humanité & de la sociabilité. De leur tems les anciens officiers théocratiques, c'est-à-dire, les prêtres, ne furent point supprimés, leur pouvoir seulement se trouvoit affoibli pour un tems ; & ils étoient alors subordonnés à ces hommes divins dans lesquels les préjugés vulgaires reconnoissoient un droit plus direct & plus naturel de commander aux autres.

Tous ces préjugés passerent sous le règne des rois, cette institution se ressentit de la bisarrerie de tous les hasards qui y conduisirent, & il en est résulté des abus énormes qui ont corrompu la royauté & fait le malheur des hommes dans tous les tems.

Le premier roi ne fut regardé que comme une nouvelle idole propre à représenter la divinité, & on ne changea rien dans l'appareil du Dieu monarque, & dans le cérémonial primitif. Lorsqu'on avoit commencé à représenter la divinité par une image, on avoit pris d'abord des pierres, des animaux & autres figures emblématiques & allégoriques qu'on avoit consacrées par diverses cérémonies ; mais les prêtres ayant à la fin abusé de ces figures muettes & insensibles, on crut devoir prendre un homme pour le faire servir d'Image, & l'on s'imagina qu'en le consacrant par les cérémonies déja usitées, cette nouvelle image seroit inspirée comme les autres, & qu'ayant l'avantage de parler elle-même, elle seroit l'organe direct de la divinité, sans qu'on fut obligé de s'en rapporter aux prêtres, interprêtes trop infidèles.

L'élection des rois ne fut donc encore qu'une simple réforme dans l'image théocratique du Dieu monarque. Après avoir consacré des pierres on consacra enfin des hommes ; & Saül ne fut pas plutôt sacré, dit la Bible, que l'esprit de Dieu se saisit de lui & l'inspira. L'homme sacré ne fut donc plus un homme ordinaire, ce fut une idole vivante, animée d'une nouvelle ame & d'un esprit surnaturel, & la cérémonie la plus essentielle de ces premières élections fut ainsi de faire renoncer les rois à l'état d'une humanité où ils étoient nés, pour les revêtir d'une raison & d'une nature plus qu'humaine.

L'effet de cette malheureuse & aveugle conduite des nations fut de resserrer pour jamais leurs chaînes, & d'éterniser la tyrannie en fondant le pouvoir de la royauté, non sur de vraies maximes politiques, mais sur des chimères & sur de faux titres. Les premiers rois gouvernèrent au nom des dieux & comme des dieux. La royauté devint aussi un nouveau sacerdoce qui fut toujours le rival de l'ancien que ces réformes incomplettes & peu réfléchies laisserent subsister. Ces rois d'ailleurs presque tous issus des enfans des dieux, virent leur immense pouvoir autant légitimé par leur naissance que par les préjugés des peuples. Tous les premiers rois affectèrent donc d'être prêtres, d'être fils de quelques dieux, & dieux eux-mêmes, & ils transmirent ces titres à leur postérité. Leur puissance fut pleine & despotique, tous les droits, tous les honneurs, tous les noms de l'ancien roi théocratique leur furent nécessairement dévolus, & l'étiquette du dieu monarque passa toute entière & sans réserve dans la cour de l'homme monarque.

Ce dernier se rendit de même invisible & inaccessible ; il se fit adorer ; il voulut que sa volonté fût de même immuable, que sa raison fut réputée infaillible. Plusieurs même affectèrent l'immortalité & l'éternité. Non seulement leur puissance sur les hommes fut souveraine, & sans bornes, ils osèrent quelquefois & en certaines contrées pousser l'oubli de leur être jusqu'à commander en formes aux élémens & à la nature ; & a été un tems où toutes les nations religieusement & stupidement constantes envers leurs anciennes chimères, ont souscrit sans murmurer & même avec applaudissement à ces folles prétentions & à ces usages insensés.

Dans la première théocratie les peuples étoient devenus superstitieux & idolâtres parce qu'ils y traiterent Dieu comme un homme ; dans cette seconde théocratie ils se rendirent esclaves & infiniment malheureux, parce qu'ils y traiterent l'homme comme un Dieu. La même imbécillité qui avoit donné une maison, une table, des

meubles

meubles & jusqu'à des femmes à l'être suprême, en donna ensuite la foudre & les rayons à un simple mortel. Voilà dans ces deux excès quels ont été les sources uniques, mais trop fécondes de toutes les erreurs politiques & religieuses, qui dans tous les siècles, & dans toutes les contrées de la terre ont fait le malheur & la honte des nations civilisées & policées.

Je termine ici cette esquisse de mon ouvrage parce qu'il ne contiendra rien au-delà d'aussi nouveau. Je donnerai à l'histoire du déluge qui est mon premier fait, ensuite à celle de l'âge d'or, à celle des dieux & des demi-dieux toute la lumière & toute l'étendue nécessaires pour développer en entier cette grande chaîne des erreurs humaines. Toutes les erreurs remontent en effet à ces âges primitifs restés jusqu'ici sous le voile du tems; ce sont des âges que l'on ne sauroit trop faire connoître, puisqu'eux seuls contiennent les principes & les causes, & que tous les âges postérieurs ne nous montrent que leur suite & leurs effets. Je passerai ensuite au règne des rois, non pour faire l'histoire des royaumes, mais celle de la royauté, & pour faire remarquer par une multitude de détails l'empreinte qu'elle a conservée partout de sa primitive origine, & les tristes effets qui sont résultés d'âges en âges des faux principes & des mauvaises spéculations sur lesquelles les trônes & les puissances de la terre ont été fondées.

Je suivrai aussi dans ses diverses fortunes l'ordre sacerdotal, rival & ennemi naturel des empires temporels; j'examinerai de même les principes chimériques de ses droits, de ses titres & de son caractère, & je ferai voir par une continuité de faits & d'anecdotes que si les anciens préjugés ont fait le malheur commun des nations, ils ont fait aussi le malheur des rois. Les têtes couronnées se sont en effet fréquemment ressenties du vice de leur origine, n'ayant été dans les commencemens rien de plus que des idoles, il est arrivé que les prêtres en divers tems les ont asservis, & ont cru pouvoir en disposer comme des meubles d'un sanctuaire soumis à leurs soins & à leur jurisdiction. Je ferai remarquer de siècle en siècle l'état de l'esprit humain revenant peu à peu & très-lentement de l'oubli de sa raison, luttant sans cesse contre des chimères toujours issues des anciennes, & perpétuellement indécis entre deux tyrannies cruelles la superstition & la servitude, auxquelles il s'est trouvé soumis sans le savoir & sans le vouloir par l'effet ignoré d'erreurs anciennes devenues pour lui énigmatiques & inexplicables.

Je montrerai ensuite dans quelques climats, des nations fatiguées de ces législations irraisonnées, en chercher de plus sages & de plus propres au bonheur des sociétés. Ici diverses républiques se formeront, ailleurs les monarchies seront modérées par des loix constitutives, & tandis que le reste de la terre adorera ses chaînes & ses tirans, nous verrons dans quelques coins du monde, des peuples sentir la dignité de leur être, s'occuper du bonheur commun, réfléchir & consulter la raison & la nature, pour fixer & déterminer leur état. Mais nous verrons aussi de nouvelles fautes; les unes seront produites par l'inexpérience d'une raison encore foible, quoique plus courageuse qu'ailleurs, & d'autres seront encore produites par un reste d'attachement aux anciennes maximes & aux vieux usages. Les plus sages & les plus profonds gouvernemens ne sont point encore tout-à-fait exempts des anciens préjugés, tant les progrès de la science législative ont été retardés par les premiers égaremens du genre humain, & par l'oubli où l'on est ensuite tombé de l'histoire de ces égaremens. Ce sera donc rendre un très-grand service aux législations présentes & même aux législations futures, que de leur présenter ce tableau des fautes des législations passées. Instruire & corriger l'homme par le spectacle de ses erreurs, voilà l'objet de mon ouvrage.

L'histoire de l'homme en société, faite sur un plan aussi nouveau & aussi extraordinaire, m'a toujours fait craindre de ne présenter au commun des hommes qu'un roman bisarre & peut-être ridicule. Les élémens de cette histoire étant tirés d'études préliminaires, j'ai cru que je devois la faire précéder de mémoires & d'instructions aussi préliminaires pour remplir l'esprit du lecteur de la connoissance de l'antiquité, & le préparer à recevoir sans étonnement, cette singulière histoire des premiers âges du monde renouvellé. En général on a de l'antiquité & de ses usages, des idées si décousues & si vagues, qu'il faut nécessairement que je commence par les fixer & par les déterminer, au moins quant aux objets essentiels. On est, par exemple, dans la plus profonde ignorance sur les impressions que le déluge a fait sur les hommes : il faut donc faire connoître, avant tout, combien cet événement a affecté les premières sociétés, & en combien de manières il a influé sur leur façon de penser & d'agir. C'est dans ce dessein que j'ai entrepris un ouvrage particulier qui servira d'introduction à notre histoire; j'ai formé cet ouvrage d'une suite de dissertations où je discute différens sujets & différens usages relatifs à notre objet; & j'ai réuni toutes ces dissertations sous ce titre commun : *de l'esprit de l'antiquité dans ses usages, pour servir d'introduction à l'histoire de l'homme en société.*

EXTRAIT ET ANALYSE DE CES DISSERTATIONS.

Première Dissertation,

Des fêtes commémoratives du déluge.

Il y a eu plusieurs fêtes commémoratives du déluge, chez les grecs & chez les syriens, il y en a encore aux Indes & chez les sauvages. J'examine toutes ces fêtes en particulier, je les compare toutes ensemble pour en trouver l'esprit, il est funèbre & apocalyptique: j'observe ensuite leur étiquette & leurs usages en détail, comme je retrouve cette étiquette & ces mêmes usages dans une multitude d'autres fêtes qui n'ont pas le déluge pour motif apparent, je jette mes regards sur les motifs particuliers de ces autres fêtes, & je reconnois sous le voile de la fable & de l'allégorie, des motifs funèbres & commémoratifs qui appartiennent encore au souvenir du déluge: par cette méthode je parviens à découvrir que presque toutes les fêtes de l'antiquité ont eu pour objet primitif de perpétuer la mémoire des malheurs du monde, non seulement par des fêtes & des cérémonies, mais encore par une multitude d'allégories; entre ces allégories, quelques-unes sont plus ou moins dignes d'attention. Je mets à part la guerre des dieux & des géants, & j'en fais le sujet d'une autre dissertation.

Seconde Dissertation,

De la gigantomachie.

Après avoir rapporté les fables & les traditions qui nous en parlent, & en avoir examiné & comparé les différentes tournures, je démontre que cette gigantomachie n'est, sous le voile de l'allégorie, tantôt qu'une cosmogonie, & tantôt qu'une apocalypse, c'est-à-dire, que chez les uns c'est l'histoire du désordre des élémens lors de la ruine & du rétablissement du monde, & que chez d'autres ce n'est qu'une prophétie de ce qui doit arriver à la fin des tems, lors de la dissolution de l'univers; cette découverte me sert à développer les motifs cachés ou ignorés, d'une infinité de fêtes & de jeux chroniques, chez les grecs, chez les romains & chez d'autres peuples. Je dévoile leurs motifs commémoratifs & funèbres, ce qui me conduit à une autre dissertation où je cherche pourquoi la plupart des usages de l'antiquité avoient un esprit triste & funèbre.

Troisieme Dissertation,

De l'esprit funèbre de la haute antiquité.

Les plus fameuses solemnités ressembloient toutes, chez les anciens, à des fêtes mortuaires. On pleuroit dans les fêtes même les plus dissolues. Le culte d'Osiris & d'Isis étoit un culte de larmes, ainsi que le culte de bacchus, de cérès, d'adonis, d'atys, &c. On rioit à la mort de ses parens, de ses amis, de ses enfans, & l'on pleuroit aux mariages & aux naissances. Certains peuples pleuroient en labourant, en semant, en moissonnant, en faisant la gerbe; en général toutes les premières chansons n'ont été que des élégies & des cris lamentables. Je fais donc voir dans une dissertation, l'ancien genre humain noyé dans les larmes, & absorbé dans une profonde mélancolie. La cause de ce caractère funèbre n'est point difficile à découvrir, tous ces tristes usages faisoient essentiellement partie des fêtes où par différentes cérémonies, on cherchoit à se rappeller la frugalité, la pauvreté & la misère des ancêtres. Cet esprit est donc nécessairement une des suites des impressions morales des anciennes destructions. Comme il nous fait connoître combien les hommes ont été ennuyés & dégoûtés du séjour d'une terre malheureuse; il est naturel de chercher aussi si le mépris du monde, qui a été (voyez les évangiles çà & là) prêché comme une vertu, dans des siècles bien plus modernes, n'a pas eu une même origine: c'est la matière d'une nouvelle dissertation.

Quatrieme Dissertation,

Des sectes religieuses chez les anciens.

Ne voulant désigner notre vie monastique, que par reflet, je la passe sous silence. Je parle d'abord des faquirs de l'Inde, qui existoient déjà au tems d'Alexandre-le-Grand, & auxquels on donnoit, dès lors, une très-haute antiquité. J'interroge les gymnosophistes & les mages, sur leur doctrine; je passe chez les thérapeutes & chez les esséniens; je remonte, par eux, aux pytagoriciens & ensuite aux orphiques; je ne néglige ni les galles, ni les choribantes, ni les moines de la mythologie rabbinique; j'examine leurs légendes, leur genre de vie, leur morale, leurs dogmes & leurs prédictions, & j'entrevois, dès les premiers tems, une science apocalyptique, déjà fort en vogue, & qui se transmet de race en race, par une espèce d'hommes qui pratiquèrent, d'abord dans toute sa rigueur, la morale du monde agonisant, & qui finirent, pour la plupart, par être des fainéans, des charlatans, des devins & des diseurs de bonne aventure. La nature de ce sujet me fait remarquer que tous les premiers hommes vécurent de même provisoirement sans aucune attache pour le monde, & se regardant tous, comme des pélerins & des étrangers sur la terre. La source de cette morale n'est point difficile à trouver; mais je veux rechercher dans une autre dissertation, si la pratique de cette vie morale & mystique, n'auroit point conduit les hommes a une vie farouche, & enfin sauvage & barbare.

CINQUIEME DISSERTATION,

De l'origine des sauvages.

Je fais passer en revue, la plupart des peuples sauvages, non seulement ceux connus des modernes, mais encore ceux qui ont été connus des anciens. J'étudie leurs traditions, leurs fêtes, leurs usages & leur genre de vie. Je remarque qu'ils ont des fêtes diluviennes & commémoratives, des usages funèbres, des dogmes apocalyptiques, un caractère triste & mélancolique. De cet examen bien combiné & bien réfléchi, il résulte que les sauvages n'ont originairement été que des hommes effrayés par les révolutions de la nature, & si dégoûtés du monde, qu'ils n'ont jamais pu, ni ensuite jamais voulu se rallier & faire des établissemens fixes & solides. Ce sont des hommes qui ayant d'abord vécu religieusement & solitairement, ont peu-à-peu perdu de vue leurs premiers principes, & sont devenus errans, hypocondres, sauvages, & enfin antropophages. Je n'ai pu en jettant les yeux sur les sauvages de l'antiquité, ne pas appercevoir que les trois quarts des peuples actuellement policés, n'ont été d'abord que des sauvages, qu'il y a eu un tems où les européens, par exemple, ne différoient en rien des américains d'aujourd'hui. Je me demande comment ces anciens sauvages ont été ramenés à la vie sociale & policée. Cicéron qui dit que ce sont les mystères (1) qui ont tiré les hommes de la vie sauvage, me présente, par cette réponse, le sujet de ma sixième dissertation.

SIXIEME DISSERTATION,

Du secret des anciens mystères.

Ces mystères étoient un composé de cérémonies religieuses & d'instructions peu connues du vulgaire. Les anciens n'en ont parlé qu'avec réserve, mais toujours avec un grand respect. L'origine de ces mystères remonte aux tems héroïques; on désespéreroit d'en trouver le secret sans quelques mots épars çà & là dans les écrits des philosophes, & sans quelques usages qui ont été plus connus: j'examine donc avec soin le peu qui en a été dit, ainsi que ces usages &

___

L'auteur a cité le passage de cet orateur dans ses recherches sur le despotisme oriental, sect. 4. pag. 112. note. Cicéron au reste n'a fait que paraphraser un passage d'Isocrate init. panegyr.

l'esprit de ces usages; je confère ensemble les conséquences que j'en tire, & je les réduis à un seul résultat. Il se trouve que la doctrine des mystères, étoit une science funèbre, morale & apocalyptique, sur l'état de l'homme ici bas, sur son état futur, sur l'origine du monde, sur sa fin, & sur l'avénement du dieu de la fin des tems. Voilà ce dont on instruisoit les initiés, encore se servoit-on d'allégories où la plupart ne comprenoient rien. Quant au peuple qui assistoit à ce qu'il y avoit de public dans ces mystères, on ne lui disoit rien autre chose que d'honorer les dieux qui avoient appris aux nations, la culture du bled & du vin, qui leur avoient donné les arts qui rendent la vie agréable & commode, & qui avoient enseigné les loix pour rendre cette vie sûre, tranquille & paisible. L'on voit ainsi que les mystères avoient un double objet. Le premier de cacher au vulgaire, des dogmes funèbres contraires au repos de leur esprit, & des idées contemplatives opposées au progrès de la vie sociale; & le second d'animer les peuples au travail, d'exciter leur industrie, & de les exhorter à vivre en paix & avec joie. Les mystères ont donc été des moyens très-sages, très-politiques, & en même tems très-efficaces pour tirer les hommes d'une vie indolente, triste & sauvage, & leur faire prendre une vie policée & mieux raisonnée. Le secret des mystères nous conduit aux sybilles dont les livres ont été conservés par les anciens sous un secret aussi très-sévère.

SEPTIEME DISSERTATION,

Du secret des sybilles.

Les ouvrages des anciennes sybilles n'existent plus, nous n'avons que ceux des sybilles modernes, fabriqués par les chrétiens, dans les deux premiers siècles de notre ère. Je fais néanmoins l'analyse de ces fausses sybilles: on sait déjà que ce sont des livres prophétiques & apocalyptiques; cependant comme ces sybilles apocryphes n'ont pu être qu'une imitation des véritables, puisqu'elles ont séduit les payens ainsi que les chrétiens, il faut en conclure nécessairement qu'abstraction faite de ce qui appartient visiblement au christianisme, dans ces sybilles modernes, les sybilles anciennes ont dû leur ressembler infiniment, avoir de même un esprit prophétique & apocalyptique; & c'est ce que confirment en effet, les fragmens qui en sont restés. J'examine ensuite quels ont été tous les cas où les anciens alloient les consulter, & tous ces usages qu'ils pratiquoient après la consultation. Ce dernier examen est très-intéressant, & il en résulte encore que les anciennes sybilles ont réellement été des ouvrages funèbres & apocalyptiques, annonçant les révolutions futures, la fin du monde, un état & un dieu futur, & que la police les tenoit sous le secret dans le même esprit qu'elle tenoit déja sous le secret la doctrine des mystères.

Comme l'antiquité consultoit les sybilles toutes les fois qu'il arrivoit quelque phénomène extraordinaire dans la nature, je fais une dissertation particulière sur la peur que tous les peuples ont eue des éclipses, des comètes, &c.

HUITIEME DISSERTATION,

Des terreurs que les peuples ont eues des éclipses, cometes, météores, &c.

La peur est une chose si naturelle à l'homme, qu'on pourroit se dispenser de chercher pourquoi il s'est effrayé quand il a vu ou cru voir des événemens extraordinaires dans la nature. Mais les hommes ayant consacré & entretenu leurs terreurs par différens usages & par différentes opinions, ce sont ces nuages & ces opinions que j'envisage particulièrement ici. Je rappelle donc tous les usages que les peuples ont pratiqués dans ces circonstances, & je tâche de parvenir jusqu'à l'esprit de ces usages; je rapproche ensuite cet esprit des opinions reçues, & je trouve que ces terreurs remontent toutes à une peur primitive & à une attente de la fin du monde dont l'esprit des anciens étoit sans cesse obsédé. Cette dissertation fait aussi connoître que l'astrologie est la fille des terreurs primitives, que l'astronomie ou la science du ciel n'a été chez tous les peuples qu'une science inquiete & apocalyptique dont les législations sociales ont cru devoir faire aussi un mystère. Voilà pourquoi presque partout l'astronomie a été une science rare & secrette, subordonnée tantôt aux prêtres, & tantôt au pouvoir politique. C'est l'abus de cette science qui a conduit les premières sociétés à l'idolatrie sabéenne; je parle ici de l'étendue de cette ancienne religion & de ses dogmes apocalyptiques qui me conduisent à la dissertation qui suit sur le système de la grande année. Je lui donne pour titre, de *l'esprit cyclique.*

NEUVIEME DISSERTATION,

De l'esprit cyclique.

Je désigne par ce titre un esprit sistématique qui attribuoit une certaine fatalité à l'extinction de tous les périodes chroniques, & qui cherchoit à connoître par les nombres & par les révolutions astronomiques quelle seroit la durée de l'univers. Cet esprit a régné chez les anciens aussi bien que chez les modernes. Ils avoient différentes périodes qu'ils nommoient *grandes années*: j'examine ces périodes & tous les dogmes qui appartenoient à la doctrine des *grandes années*, & je vois que tous ces dogmes ont été apocalyptiques. Ils annonçoient une fin, un renouvellement du monde, & l'arrivée d'un nouveau Dieu; je reconnois par les attributs de ce nouveau Dieu, qu'il n'est que le Dieu exterminateur de la fin des tems, dont la doctrine secrette des mystères & des sybilles prêchoit aussi le futur avénement. Ces dogmes d'un Dieu qui doit venir ayant pris toutes sortes de formes selon les tems & selon les religions, il demande lui seul une dissertation particulière. La délicatesse de la matière exige que je lui donne pour titre : *du retour de Bacchus.* C'étoit sous ce nom que le Dieu futur étoit annoncé par les mystères d'Eleusis & par la secte des Orphiques.

DIXIEME DISSERTATION,

Du retour de Bacchus.

La fin du monde, le jugement dernier & le juge suprême de la fin des tems, sont des dogmes inséparables. Lorsqu'ils se sont corrompus chacun en particulier; les erreurs qui en sont provenues ont été de même inséparables. La ruine des sociétés, des royaumes & des empires n'est qu'une suite nécessaire d'une ruine totale du monde; mais ce sous-détail a souvent été pris pour le dogme même & pour le dogme entier. On a donc conséquemment attendu la ruine de tel ou tel empire, & l'établissement de quelque nouvelle domination. Au lieu d'un Dieu futur, juge suprême de l'univers, on a attendu un roi futur, un conquérant futur, & d'autres personnages imaginaires qui se sont infiniment multipliés dans l'esprit des hommes. Cette attente vague & indéterminée se retrouve dans tous les tems & chez toutes les nations; toutes ont eu des craintes & des espérances illusoires, tantôt sous un nom & tantôt sous un autre. J'examine donc tous ces différents personnages, tant ceux qui doivent venir un jour, que ceux qu'on dit être déja arrivés. Je les rapproche, je les compare, & je les démasque les uns par les autres; & il reste prouvé que ces personnages prennent, ou ont pris la place dans l'esprit des nations du Dieu qui doit venir pour juger le monde à la fin des tems, & changer la face des choses. On découvre encore que souvent ce dogme s'est allié ou confondu avec l'abus qu'on en a fait; d'où il est arrivé que dans tous les tems ou l'on croyoit que ces conquérans devoient paroître, plusieurs dans ces mêmes instans s'imaginoient être proche de la fin du monde, ou s'attendoient à voir un roi Dieu, un Dieu roi & un empire céleste sur la terre. Toutes ces chimères déterminées par la fin & par les renouvellemens des périodes, firent que les retours des périodes rendirent toujours le genre humain inquiet, turbulent, séditieux & frénétique. La folie humaine étoit périodique comme le cours des astres qu'elle consultoit ; & l'on ne sauroit croire combien cette frénésie a produit sur la terre de révolutions civiles, politiques, morales & religieuses : la connoissance de cette erreur résout les plus importantes énigmes de l'histoire de l'esprit humain & de sa conduite en certains siècles.

Je reprends dans la dissertation suivante l'examen du système des périodes. J'ai examiné dans la neuvième dissertation les périodes des *grandes années* ; dans celle-ci je considererai les périodes séculaires, jubilaires, olympiques, les lustres & autres petits cycles. Comme la fin & le renouvellement de ces périodes du second ordre étoient solemnisés par des fêtes & des usages religieux institués par l'esprit du cyclisme, & qu'il est important de bien connoître ces usages pour qu'ils nous guident partout où nous voudrons encore chercher ce cyclisme, je prends pour titre : *des usages cycliques*.

Onzieme Dissertation.

Des usages cycliques.

J'examine d'abord les fêtes séculaires des méxicains, parce que leurs usages modifiés chez eux selon leur véritable esprit, m'expliquent ceux que les romains & les juifs pratiquoient en pareille occasion sans savoir pourquoi. J'analyse séparément & relativement les jubilés, les lustres, tous les jeux chroniques de la Grece & de Rome ; j'entre dans le détail de leur étiquette & de leur cérémonial. C'est là où je traite du feu sacré, des veillées religieuses, de l'abandon de la culture de la terre à la fin de certains cycles, & des meubles brisés chez certains peuples à la fin de leurs siècles. Ces usages & une multitude d'autres ainsi analysés indiquent qu'il y a eu un tems où chaque fin de siècle & de cycle avertissoit les nations de se préparer à la fin du monde, & nous montrent dans la profondeur de la plus haute antiquité, l'existence d'une religion toute funèbre, & d'une liturgie toute apocalyptique.

Je passe dans la dissertation suivante à la recherche du même système dans les fêtes des renouvellemens d'années & de saisons.

Douzieme Dissertation.

Des usages cycliques, des fêtes annuelles, solaires ou lunaires.

J'appelle ici fêtes annuelles celles qui terminent & qui commencent chaque année & chaque saison. La fête du jour de l'an est une fête universelle, de quelque nature que soit l'année, ou vernale ou automnale, ou solsticiale, ou même absolument lunaire. Les dérangemens arrivés dans les divers calandriers des nations anciennes & modernes, ont porté beaucoup de désordre & de confusion dans la distribution des fêtes annuelles ; mais en étudiant l'esprit de leurs usages, je rétablis d'abord l'ordre astronomique qui a réglé primitivement toutes les féries ; & j'indique par-là toutes les véritables fêtes annuelles. Je les analyse ensuite toutes ; j'examine leurs préparations, leurs jeunes, leurs veillées, leur étiquette, leurs usages, & je les ramene avec facilité à un esprit commun. Je vois que les unes ont été commémoratives du passé, que les autres donnoient des instructions pour le futur, & que souvent elles réunissoient ce double objet. Il est vrai que leurs motifs sont la plupart du tems altérés, & quelquefois mythologiques. Mais par l'esprit des usages cycliques, on s'apperçoit aisément que toutes ces fêtes ont eu pour objet de faire souvenir les hommes qu'autrefois le monde avoit péri & qu'il périroit encore, & que la religion qui les avoit instituées, avertissoit ainsi les hommes de se préparer à la fin du monde, à la fin de chaque année, & à la fin de chaque saison. Je destine la dissertation suivante pour les fêtes du période lunaire ou du dernier mois.

Treizieme Dissertation.

Des usages Cycliques des fêtes du mois.

Les fêtes du mois sont la néomènie avec le jour de la pleine lune, & ceux des deux quartiers célébrés plus ou moins universellement. C'est ici que je parle de l'origine du cycle de sept jours, ou de la semaine ; je fais voir qu'on a eu originairement pour objet de consacrer par là à la religion les jours des quatre phases lunaires, comme dans l'année on a consacré les jours des deux solstices & des deux équinoxes qui sont les quatre phases solaires. J'examine donc chez les diverses nations les quatre fêtes lunaires & notamment le sabbat des hébreux ; & par le caractère de leurs usages & de leur cérémonial, je vois encore qu'il y a eu un tems où les quatre mutations de la lune, étoient autant d'occasions pour la religion de rappeller aux hommes que le monde avoit changé, qu'il changeroit un jour ; que ce seroit peut-être à la fin du mois, à la fin même de la semaine, & qu'il falloit se tenir prêt. Il ne me reste plus qu'à examiner l'esprit des usages du période journalier ou du jour.

Quatorzieme et Derniere Dissertation

Des usages cycliques du periode journalier.

Cette dernière dissertation poursuit la recherche

de ce même esprit apocalyptique, jusque dans les usages du periode journalier ; c'est-à-dire dans les actes religieux qui partagent les jours ecclésiastiques; & dans les diverses opinions & préventions que l'on a, ou que l'on a eues sur chaque heure du jour, & particulièrement sur l'heure du matin & du soir, de midi & de minuit, qui sont les quatre phases du jour. Ce dernier examen achève de faire connoître tout le plan des liturgies primitives, plan tout apocalyptique & funèbre qui faisoit craindre aux hommes que le soleil couché le soir, ne se levât pas le matin, & qui les invitoit, par là, à se préparer chaque jour à la fin du monde.

Ces quatorze dissertations seront terminées par un résumé général, & par le tableau réduit de toute cette funèbre doctrine, qui, ayant fait connoître quel a été le véritable esprit de l'antiquité dans ses usages, doit ainsi disposer le lecteur à l'histoire de la conduite de cette même antiquité, c'est-à-dire, à notre *histoire de l'homme en société*.

Nota. Le lecteur a pu reconnoître dans ce qui précède, l'extrait raisonné d'un livre imprimé depuis la mort de *Boulanger*, sous le titre de *l'antiquité dévoilée par ses usages* &c. On peut en effet, d'après ce précis, se former, de cet ouvrage rempli de recherches savantes & curieuses, une idée générale très-exacte ; & c'est le but que nous nous sommes proposé dans cet article.

Nous allons présentement, pour completter le tableau philosophique des opinions de *Boulanger*, faire connoître le livre même auquel celui dont on vient de parler, devoit servir d'introduction, je veux dire son *histoire de l'homme en société*. Il paroît par le soin extrême avec lequel il a présenté les idées principales de cet ouvrage ; par l'enchaînement & le choix des faits destinés à servir de base à ses raisonnemens & aux résultats qu'il en tire ; qu'il attachoit quelque importance à ce dernier fruit de ses veilles & qu'il le regardoit même avec une sorte de prédilection : il est certain qu'il y montre par-tout beaucoup de sagacité & qu'il y fait un emploi très-philosophique de l'érudition & des connoissances diverses qu'il avoit acquises : on en va juger par le morceau suivant que nous en détachons : son étendue, la liaison intime des idées & des raisonnemens, les vues neuves & fines qu'il y a répandues, forment, de cette excellente analyse, un ouvrage très-réfléchi, & qui, sous plusieurs rapports, nous paroit même supérieur à celui dont il n'est que l'abrégé.

Analyse de l'histoire de l'homme en société.

L'œconomie politique est l'art & la science de maintenir les hommes en société, & de les y rendre heureux, objet sublime, le plus utile & le plus intéressant qu'il y ait pour le genre humain.

Nous ne parlerons point ici de ce que font ou de ce que devroient faire les puissances de la terre : instruites par les siècles passés, elles seront jugées par ceux qui nous suivront. Renfermons-nous donc dans l'exposition historique des divers gouvernemens qui ont successivement paru, & des divers moyens qui ont été employés pour conduire les nations.

L'on réduit communément à trois genres tous les gouvernemens établis.

1°. *Le despotique*, où l'autorité réside dans la volonté d'un seul.

2° *Le républicain*, qui se gouverne par le peuple, ou par les premières classes du peuple.

Et 3°. *Le monarchique*, où la puissance d'un souverain unique est temperé par des lois & par des coutumes que la sagesse des monarques & que le respect des peuples ont rendu sacrées & inviolables ; parce qu'utiles aux uns & aux autres, elles affermissent le trône, défendent le prince, & protègent les sujets.

A ces trois gouvernemens, nous en devons joindre un quatrième, c'est le *théocratique*, que les écrivains politiques ont oublié de considérer. Sans doute qu'ils ont été embarrassés de donner un rang sur la terre à un gouvernement où des officiers & des ministres commandent au nom d'une puissance & d'un être invisible ; peut-être cette administration leur a-t-elle paru trop particulière & trop surnaturelle, pour la mettre au nombre des gouvernemens politiques.

Si ces écrivains eussent cependant fixé des regards plus réfléchis sur les premiers tableaux que présente l'antiquité, & s'ils eussent combiné & rapproché tous les fragmens qui nous restent de son histoire, ils auroient reconnu que cette théocratie, quoique surnaturelle, a été non-seulement un des premiers gouvernemens que les hommes se sont donnés, mais que ceux que nous venons de nommer en sont successivement sortis, en ont été les suites nécessaires ; & qu'à commencer à ce terme, ils sont tous liés par une chaine d'événemens continus, qui embrassent presque toutes les grandes révolutions qui sont arrivées dans le monde politique & dans le monde moral.

La théocratie que nous avons ici particulièrement en vue, n'est point comme on pourroit d'abord le penser, la *théocratie mosaïque* ; mais une autre plus ancienne & plus étendue, qui a été la source de quelques biens & de plus grands maux, & dont la théocratie des Hébreux n'a été dans son tems qu'un renouvellement & qu'une sage réforme qui les a séparés du genre humain, que les abus de la première avoient rendu idolâtre. Il est vrai que cette théocratie primitive est presque ignorée, & que le souvenir s'en étoit même obscurci dans la mémoire des anciens peuples ; mais l'analyse que nous allons faire de l'histoire de l'homme en société, pourra la faire entrevoir, & mettre même sur la voie de la découvrir tout-à-fait ceux qui voudront par la suite étudier & considérer attentivement tous les objets divers de l'immense carriere, que nous ne pouvons ici que légerement parcourir.

Si nous voulions chercher l'origine des sociétés & des gouvernemens en métaphysiciens, nous irions trouver l'homme des terres Australes. S'il nous convenoit de parler en théologiens sur notre état primitif, nous ferions paroître l'homme dégénéré de sa premiere innocence ; mais pour nous conduire en simples historiens, nous considérerons l'homme échappé des malheurs du monde, après les dernieres révolutions de la nature. Voilà la seule & l'unique époque où nous puissions remonter ; & c'est là le seul homme que nous devions consulter sur l'origine & les principes des sociétés qui se sont formées depuis ces événemens destructeurs.

Malgré l'obscurité où il paroît que l'on doive nécessairement tomber en franchissant les bornes des tems historiques, pour aller chercher au-delà & dans les espaces ténébreux, des faits naturels & des institutions humaines, nous n'avons point cependant manqué de guides & de flambeaux. Nous nous sommes transportés au milieu des anciens témoins des calamités de l'univers. Nous avons examiné comment ils en étoient touchés, & quelles étoient les impressions que ces calamités faisoient sur leur esprit, sur leur cœur & sur leur caractère. Nous avons cherché à surprendre le genre humain dans l'excès de sa misere ; & pour l'étudier, nous nous sommes étudiés nous-mêmes ; singulierement prévenus que malgré la différence des siecles & des hommes, il y a des sentimens communs & des idées uniformes, qui se réveillent universellement par les cris de la nature, & même par les seules terreurs paniques, dont certains siecles connus se sont quelquefois effrayés. Après l'examen de cette conscience commune, nous avons réfléchi sur les suites les plus naturelles de ces impressions & sur leur action à l'égard de la conduite des hommes ; & nous servant de nos conséquences comme de principes, nous les avons rapprochés des usages de l'antiquité, nous les avons comparés avec la police & les lois des premieres nations, avec leur culte & leur gouvernement ; nous avons suivi d'âge en âge les diverses opinions & les coutumes des hommes, tant que nous avons cru y reconnoître les suites, ou au moins les vestiges des impressions primitives ; & par-tout en effet il nous a semblé appercevoir dans les annales du monde une chaîne continue, quoiqu'ignorée, une unité singuliere cachée sous mille formes ; & dans nos principes, la solution d'une multitude d'énigmes & de problêmes obscurs qui concernent l'homme de tous les tems, & ses divers gouvernemens dans tous les siecles.

Nous épargnerons au lecteur l'appareil de nos recherches ; il n'aura que l'analyse de notre travail ; & si nous ne nous sommes pas fait illusion, il apprendra quelle a été l'origine & la nature de la théocratie primitive. Aux biens & aux maux qu'elle a produits, il reconnoîtra l'âge d'or & le regne des dieux ; il en verra naître successivement la vie sauvage, la superstition & la servitude, l'idolatrie & le despotisme ; il en remarquera la réformation chez les hébreux : les républiques & les monarchies paroîtront ensuite dans le dessein de rémédier aux abus des premieres législations. Le lecteur pesera l'un & l'autre de ces deux gouvernemens, & s'il a bien suivi la chaine des événemens, il jugera, ainsi que nous, que le dernier seul a été l'effet de l'extinction totale des anciens préjugés, le fruit de la raison & du bon sens, & qu'il est l'unique gouvernement qui soit véritablement fait pour l'homme & pour la terre.

Il faudroit bien peu connoître le genre humain, pour douter que dans ces tems déplorables où nous nous supposons avec lui, & dans les premiers âges qui les ont suivis, il n'ait été très-religieux, & que ses malheurs ne lui aient alors tenu lieu de severes missionnaires & de puissans législateurs, qui auront tourné toutes ses vues du côté du ciel & du côté de la morale. Cette multitude d'institutions austeres & rigides dont on trouve de si beaux vestiges dans l'histoire de tous les peuples fameux par leur antiquité, n'a été sans doute qu'une suite générale de ces premieres dispositions de l'esprit humain.

Il en doit être de même de leur police. C'est sans doute à la suite de tous les événemens malheureux qui ont autrefois ruiné l'espece humaine, son séjour & sa subsistance, qu'ont dû être faits tous ces réglemens admirables, que nous ne retrouvons que chez les peuples les plus anciens, sur l'agriculture, sur le travail, sur l'industrie, sur la population, sur l'éducation, & sur tout ce qui concerne l'œconomie publique & domestique.

Ce fut nécessairement sous cette époque que l'unité de principe, d'objet & d'action s'étant rétablie parmi les mortels réduits à un petit nombre & pressés des mêmes besoins ; ce fut alors, dis-je, que les lois domestiques devinrent la base des lois, ou pour mieux dire, les seules lois des sociétés, ainsi que toutes les plus antiques législations nous le prouvent.

Comme la guerre forme des généraux & des

soldats, de même les maux extrêmes du genre humain, & la grandeur de ses nécessités ont donné lieu en leur tems, aux lois les plus simples & les plus sages, & aux législations primitives, qui, dans les choses de police, ont eu souverainement pour objet le véritable & le seul bien de l'humanité. L'homme alors ne s'est point laissé conduire par la coutume; il n'a pas été chercher des lois chez ses voisins; mais il les a trouvées dans sa raison & dans ses besoins.

Que le spectacle de ces premières sociétés devoit être touchant! Aussi pures dans leur morale, que régulières dans leur discipline, animées d'une fervente charité les unes envers les autres, mutuellement sensibles & étroitement unies, c'étoit alors que l'égalité brilloit, & que l'équité régnoit sur la terre. Plus de tien, plus de mien : tout appartenoit à la société, qui n'avoit qu'un cœur & qu'un esprit. *Erat terra labii unius, & sermonum eorumdem. Gen XI.*

Ce n'est donc point une fable dépourvue de toute réalité, que la fable de l'âge d'or, tant célébrée par nos pères. Il a dû exister vers les premières époques du monde renouvellé, un tems, un ancien tems, où la justice, l'égalité, l'union & la paix ont régné parmi les humains. S'il y a quelque chose à retrancher des récits de la mythologie, ce n'est vraissemblablement que le riant tableau qu'elle nous a fait de l'heureux état de la nature; elle devoit être alors bien moins belle que le cœur de l'homme. La terre n'offroit qu'un désert rempli d'horreur & de misère, & le genre humain ne fut juste que sur les débris du monde.

Cette situation de la nature, à qui il fallut plusieurs siècles pour se réparer, & pour changer l'affreux spectacle de sa ruine, en celui que nous lui voyons aujourd'hui, fut ce qui retint long-tems le genre humain dans cet état presque surnaturel. La morale & le genre de vie de l'âge d'or n'ont pu régner ensuite au milieu des sociétés agrandies, parce qu'ils ne conviennent pas plus au luxe de la nature, qu'au luxe de l'humanité, qui n'en a été que la suite & l'effet.

A mesure que le séjour de l'homme s'est embelli, à mesure que les sociétés se sont multipliées, & qu'elles ont formé des villes & des états, le règne moral a dû nécessairement faire place au règne politique, & le tien & le mien ont dû paroître dans le monde, non d'abord d'homme à homme, mais de famille à famille, & de société à société, parce qu'ils y sont devenus indispensables, & qu'ils font partie de cette même harmonie qui a dû rentrer parmi les nations renouvellées, comme elle est insensiblement rentrée dans la nature, après le dernier chaos.

Cet âge d'or a donc été un état de sainteté, un état surnaturel digne de notre envie, & qui a justement mérité tous les regrets de l'antiquité : cependant lorsque les législations postérieures en ont voulu adopter les usages & les principes sans discernement, le bien s'est nécessairement changé en mal, & l'or en plomb. Peut-être même n'y auroit-il jamais eu d'âge de fer, si l'on n'eût point usé de cet âge d'or, lorsqu'il n'en étoit plus tems; c'est ce dont on pourra juger par la suite de cet article.

Tels ont été les premiers, & nous pouvons dire les heureux effets des malheurs du monde. Ils ont forcé l'homme à se réunir; dénué de tout, rendu pauvre & misérable par les désastres arrivés, & vivant dans la crainte & l'attente de ceux dont il se crut long-tems encore menacé, la religion & la nécessité en rassemblèrent les tristes restes, & les portèrent à être inviolablement unis, afin de seconder les effets de l'activité & de l'industrie : il fallut alors mettre en usage tous ces grands ressorts dont le cœur humain n'est constamment capable que dans l'adversité : ils sont chez nous sans force & sans vigueur; mais dans ces tristes siècles il n'en fut pas de même, toutes les vertus s'exaltèrent; l'on vit le règne & le triomphe de l'humanité, parce que ce sont-là ses instans.

Nous n'entrerons point dans le détail de tous les moyens qui furent mis alors en usage, pour réparer les maux du genre humain, & pour rétablir les sociétés : quoique l'histoire ne nous les ait point transmis, ils sont aisés à connoître; & quand on consulte la nature, elle nous les fait retrouver dans le fond de nos cœurs.

Pourroit-on douter, par exemple, qu'une des premières suites des impressions que fit sur les hommes l'aspect de la ruine du monde, n'ait été d'écarter du milieu des premières familles, & même du milieu des premières nations, cet esprit destructeur dont elles n'ont cessé par la suite d'être animées les unes contre les autres? La violence, le meurtre, la guerre, & leurs suites effroyables ont dû être pendant bien des siècles inconnus ou abhorrés des mortels. Instruits par la plus puissante de toutes les leçons, que la providence a des moyens d'exterminer le genre humain en un clin-d'œil, sans doute qu'ils stipulèrent entr'eux, & au nom de leur postérité, qu'ils ne répandroient jamais de sang sur la terre : ce fut là en effet le premier précepte de la loi de la nature où les malheurs du monde ramenèrent nécessairement les sociétés : *requiram animam hominis de manu fratris ejus quicumque effuderit humanum sanguinem*, &c. *Gen. ix. 5. 6.* Les peuples qui jusqu'aujourd'hui ont évité

évité comme un crime de répandre ou de boire le sang des animaux, nous offrent un vestige de cette primitive humanité; mais ce n'en est qu'une ombre foible : & ces peuples, souvent barbares & cruels à l'égard de leurs semblables, nous montrent bien qu'ils n'ont cherché qu'à éluder la première & la plus sacrée de toutes les lois.

Ce n'est point cependant encore dans ces premiers momens qu'il faut chercher ces divers gouvernemens politiques qui ont ensuite paru sur la terre. L'état de ces premiers hommes fut un état tout religieux; leurs familles pénétrées de la crainte des jugemens d'en-haut, vécurent quelque tems sous la conduite des pères qui rassembloient leurs enfans, & n'eurent point entr'elles d'autre lien que leurs besoins, ni d'autre roi que le Dieu qu'elles invoquoient. Ce ne fut qu'après s'être multipliées qu'il fallut un lien plus fort & plus frappant pour des sociétés nombreuses que pour des familles, afin d'y maintenir l'unité dont on connoissoit tout le prix, & pour entretenir cet esprit de religion, d'œconomie, d'industrie & de paix, qui seul pouvoit réparer les maux infinis qu'avoit soufferts la nature humaine : on fit donc alors des lois; elles furent dans ces commencemens aussi simples que l'esprit qui les inspira : pour en faire le projet, il ne fallut point recourir à des philosophes sublimes, ni à des politiques profonds; les besoins de l'homme les dictèrent; & quand on en rassembla toutes les parties, on ne fit sans doute qu'écrire ou graver sur la pierre ou sur le bois, ce qui avoit été fait jusqu'à ce tems heureux où la raison des particuliers n'ayant point été différente de la raison publique, avoit été la seule & l'unique loi; telle a été l'origine des premiers codes; ils ne changèrent rien aux ressorts primitifs de la conduite des sociétés.

Cette précaution nouvelle n'avoit eu pour objet que de les fortifier, en raison de la grandeur & de l'étendue du corps qu'ils avoient à faire mouvoir, & l'homme s'y soumit sans peine; ses besoins lui ayant fait connoître de bonne heure qu'il n'étoit point un être qui pût vivre isolé sur la terre, il s'étoit dès le commencement réuni à ses semblables, en préférant les avantages d'un engagement nécessaire & raisonnable à sa liberté naturelle; & l'agrandissement de la société ayant ensuite exigé que le contrat tacite que chaque particulier avoit fait avec elle en s'y incorporant, eût une forme plus solemnelle, & qu'il devînt authentique, il y consentit donc encore; il se soumit aux lois écrites, & à une subordination civile & politique; il reconnut dans ses anciens des supérieurs, des magistrats, des prêtres : bien plus, il chercha un souverain, parce qu'il connoissoit dès lors, qu'une grande société sans chef ou sans roi n'est qu'un corps sans tête, & même qu'un monstre dont les mouvemens divers ne peuvent avoir entre eux rien de raisonné ni d'harmonique.

Pour s'appercevoir de cette grande vérité, l'homme n'eut besoin que de jetter un coup d'œil sur cette société qui s'étoit déjà formée : nous ne pouvons en effet, à l'aspect d'une assemblée telle qu'elle soit, nous empêcher d'y chercher celui qui en est le chef ou le premier; c'est un sentiment involontaire & vraiment naturel, qui est une suite de l'attrait secret qu'ont pour nous la simplicité & l'unité, qui sont les caractères de l'ordre & de la vérité : c'est une inspiration précieuse de notre raison, par laquelle tel penchant que nous ayons tous vers l'indépendance, nous savons nous soumettre pour notre bien être & pour l'amour de l'ordre. Loin que le spectacle de celui qui préside sur une société, soit capable de causer aucun déplaisir à ceux qui la composent, la raison privée ne peut le voir sans un retour agréable & flatteur sur elle-même, parce que c'est cette société entière, & nous-mêmes qui en faisons partie, que nous considérons dans ce chef & dans cet organe de la raison publique dont il est le miroir, l'image & l'auguste représentation. La première société réglée & policée par les loix, n'a pu sans doute se contempler elle-même sans s'admirer.

L'idée de se donner un roi a donc été une des premières idées de l'homme sociable & raisonnable. Le spectacle de l'univers seconda même la voix de la raison. L'homme alors encore inquiet, levoit souvent les yeux vers le ciel pour étudier le mouvement des astres & leur accord, d'où dépendoit la tranquillité de la terre & de ses habitans; & remarquant sur-tout cet astre unique & éclatant qui semble commander à l'armée des cieux & en être obéi, il crut voir là-haut, l'image d'un bon gouvernement, & y reconnoître le modèle & le plan que devoit suivre la société sur la terre, pour le rendre heureux, & immuable par un semblable concert. La religion enfin appuya tous ces motifs. L'homme ne voyoit dans toute la nature qu'un soleil; il ne connoissoit dans l'univers qu'un être suprême; il vit donc par-là qu'il manquoit quelque chose à sa législation; que sa société n'étoit point parfaite; en un mot qu'il lui falloit un roi qui fût le père & le centre de cette grande famille, & le protecteur & l'organe des loix.

Ce furent-là les avis, les conseils & les exemples que la raison, le spectacle de la nature & la religion donnèrent unanimement à l'homme dès les premiers tems; mais il les éluda plutôt qu'il ne les suivit. Au lieu de se choisir un roi parmi ses semblables, avec lequel la société auroit fait le même contrat que chaque particulier avoit ci-devant fait avec elle, l'homme proclama la

Roi de l'âge d'or, c'est-à-dire, l'Etre suprême; il continua à le regarder comme son monarque, & le couronnant dans les formes, il ne voulut point qu'il y eût sur la terre, comme dans le ciel, d'autre maître, ni d'autre souverain.

On ne s'est pas attendu sans doute à voir de si près la chûte ou l'oubli des sentimens que nous nous sommes plu à mettre dans l'esprit humain, au moment où les sociétés songeoient à représenter leur unité par un monarque. Si nous les avons fait ainsi penser, c'est que ces premiers sentimens vrais & pleins de simplicité sont dignes de ces âges primitifs, & que la conduite surnaturelle de ces sociétés semble nous indiquer qu'elles ont été surprises & trompées dans ce fatal moment.

Peut-être quelques-uns soupçonneront-ils que l'amour de l'indépendance a été le mobile de cette démarche, & que l'homme, en refusant de se donner un roi visible, pour en reconnoître un qu'il ne pouvoit voir, a eu un dessein tacite de n'en admettre aucun.

Ce seroit rendre bien peu de justice à l'homme en général, & en particulier à l'homme échappé des malheurs du monde, qui a été porté plus que tous les autres à faire le sacrifice de sa liberté & de toutes ses passions. S'il fit donc, en se donnant un roi, une si singulière application des leçons qu'il recevoit de sa raison & de la nature entière, c'est qu'il n'avoit point encore épuré sa religion comme sa police civile & domestique, & qu'il ne l'avoit pas dégagée de la superstition, cette fille de la crainte & de la terreur, qui absorbe la raison, & qui prenant la place & la figure de la religion, l'anéantit elle-même pour livrer l'humanité à la fraude & à l'imposture: l'homme alors en fut cruellement la dupe; elle seule présida à l'élection du dieu monarque, & ce fut-là la première époque & la source de tous les maux du genre humain.

Comme nous avons dit ci-devant que les premières familles n'eurent point d'autre roi que le dieu qu'elles invoquoient, & comme c'est le même usage qui s'étant consacré avec le tems, porta les nations multipliées à métamorphoser ce culte religieux en un gouvernement politique, il importe ici de faire connoître quels ont été les préjugés que les premières familles joignirent à leur culte; parce que ce sont ces mêmes préjugés qui pervertirent par la suite la religion & la police de leur postérité.

Parmi les impressions qu'avoient fait sur l'homme l'ébranlement de la terre & les grands changemens arrivés dans la nature, il avoit été particulièrement affecté de la crainte de la fin du monde; il s'étoit imaginé que les jours de la justice & de la vengeance étoient arrivés; il s'étoit attendu de voir dans peu le juge suprême venir demander compte à l'univers, & prononcer les redoutables arrêts que les méchans ont toujours craints, & qui ont toujours fait l'espérance & la consolation des justes. Enfin l'homme, en voyant le monde ébranlé & presque détruit, n'avoit point douté que le règne du ciel ne fût très-prochain, & que la vie future que la religion appelle par excellence *le royaume de Dieu*, ne fût prêt à paroître.

Ce sont-là ces dogmes qui saisissent l'humanité dans toutes les révolutions de la nature, & qui ramènent au même point l'homme de tous les tems. Ils sont sans doute sacrés, religieux & infiniment respectables en eux-mêmes, mais l'histoire de certains siècles nous a appris à quels faux principes ils ont quelquefois conduit les hommes foibles, lorsque ces dogmes ne leur ont été présentés qu'à la suite des terreurs paniques & mensongères.

Quoique les malheurs du monde, dans les premiers tems, n'ayent eu que trop de réalité, ils conduisirent néanmoins l'homme aux abus des fausses terreurs, parce qu'il y a toujours autant de différence entre quelque changement dans le monde & sa fin absolue dont Dieu seul sait les momens, qu'il y en a entre un simple renouvellement, & une création toute miraculeuse: nous conviendrons cependant que dans ces anciennes époques, où l'homme se porta à abuser de ces dogmes universels, il fut bien plus excusable que dans ces siècles postérieurs où la superstition n'eut d'autre source que de faux calculs & de faux oracles que l'état même de la nature contredisoit.

Ce fut cette nature elle-même, & tout l'univers aux abois qui séduisirent les siècles primitifs. L'homme auroit-il pu s'empêcher, à l'aspect de tous les formidables phénomènes d'une dissolution totale, de ne pas se frapper de ces dogmes religieux dont il ne voyoit pas, il est vrai, la fin précise, mais dont il croyoit évidemment reconnoître tous les signes & toutes les approches? Ses yeux & sa raison sembloient l'en avertir à chaque instant, & justifier ses terreurs: ses maux & ses misères qui étoient à leur comble, ne lui laissoient pas la force d'en douter: les consolations de la religion étoient son seul espoir; il s'y livra sans réserve, il attendit avec résignation le jour fatal; il s'y prépara, le desira même; tant étoit alors déplorable son état sur la terre!

L'arrivée du grand juge & du royaume du ciel avoient donc été, dans ces tristes circonstances, les seuls points de vue que l'homme avoit considérés avec une sainte avidité; il s'en étoit entretenu perpétuellement pendant les fermentations de son séjour; & ces dogmes avoient fait sur lui de si profondes impressions, que la nature, qui ne se rétablit sans doute que peu-à-peu, l'étoit tout-à-fait lorsque l'homme attendoit encore.

Pendant les premières générations, ces dispositions de l'esprit humain ne servirent qu'à perfectionner d'autant sa morale, & firent l'héroïsme & la sainteté de l'âge d'or. Chaque famille pénétrée de ces dogmes, ne représentoit qu'une communauté religieuse qui dirigeoit toutes ses démarches sur le céleste avenir, & qui ne comptant plus sur la durée du monde, vivoit, en attendant les événemens, sous les seuls liens de la religion.

Les siècles innattendus qui succédèrent à ceux qu'on avoit cru les derniers, auroient dû, ce semble, détromper l'homme de ce qu'il y avoit de faux dans ses principes. Mais l'espérance se rebute-t-elle? La bonne foi & la simplicité avoient établi ces principes dans les premiers âges ; le préjugé & la coutume les perpétuèrent dans les suivans, & ils animoient encore les sociétés agrandies & multipliées, lorsqu'elles commencèrent à donner une forme réglée à leur administration civile & politique. Préoccupées du ciel, elles oublièrent dans cet instant qu'elles étoient encore sur la terre ; & au lieu de donner à leur état un lien fixe & naturel, elles persistèrent dans un gouvernement, qui n'étant que provisoire & surnaturel, ne pouvoit convenir aux sociétés politiques, ainsi qu'il avoit convenu aux sociétés mystiques & religieuses.

Elles s'imaginèrent sans doute par cette sublime spéculation, prévenir leur gloire & leur bonheur, jouir du ciel sur la terre, & anticiper sur le céleste avenir. Néanmoins ce fut cette spéculation qui fut le germe de toutes leurs erreurs & de tous les maux où le genre humain fut ensuite plongé. Le dieu monarque ne fut pas plutôt élu, qu'on appliqua les principes du règne d'en-haut au règne d'ici bas ; & ces principes se trouvèrent faux, parce qu'ils étoient déplacés.

Ce gouvernement n'étoit qu'une fiction qu'il fallut nécessairement soutenir par une multitude de suppositions & d'usages conventionels ; & ces suppositions ayant été ensuite prises à la lettre, il en résulta une foule de préjugés religieux & politiques, une infinité d'usages bisarres & déraisonnables, & des fables sans nombre qui précipitèrent à la fin dans le chaos le plus obscur, la religion, la police primitive & l'histoire du genre humain. C'est ainsi que les premières nations, après avoir puisé dans le bon sens & dans leurs vrais besoins, leurs loix domestiques & œconomiques, les soumirent toutes à un gouvernement idéal, que l'histoire connoît peu, mais que la mythologie qui a recueilli les ombres des premiers tems, nous a transmis sous le nom de *règne des dieux* ; c'est-à-dire, dans notre langage, *le règne de Dieu*, & en un seul mot *théocratie*.

Les historiens ayant méprisé, & presque toujours avec raison, les fables de l'antiquité, la théocratie primitive est un des âges du monde le plus suspect ; & si nous n'avions ici d'autres autorités que celle de la mythologie, tout ce que nous pourrions dire sur cet antique gouvernement, paroîtroit encore sans vraisemblance aux yeux du plus grand nombre ; peut-être aurions-nous les suffrages de quelques-uns de ceux dont le génie soutenu de connoissances, est seul capable de saisir l'ensemble de toutes les erreurs humaines ; d'appercevoir la preuve d'un fait ignoré, dans le crédit d'une erreur universelle, & de remonter ensuite de cette erreur, aux vérités ou aux événemens qui l'ont fait naître, par la combinaison réfléchie de tous les différens aspects de cette même erreur : mais les bornes de notre carrière ne nous permettant point d'employer les matériaux que peut nous fournir la mythologie, nous n'entreprendrons point ici de réédifier les annales théocratiques ; nous ferons seulement remarquer que si l'universalité & si l'uniformité d'une erreur sont capables de faire entrevoir aux esprits les plus intelligens quelques principes de vérité, où tant d'autres ne voient cependant que les effets du caprice & de l'imagination des anciens poëtes, on ne doit pas totalement rejetter les traditions qui concernent le règne des dieux, puisqu'elles sont universelles, & qu'on les retrouve chez toutes les nations, qui leur font succéder les demi-dieux, & ensuite les rois, en distinguant ces trois gouvernemens comme trois gouvernemens différens. Egyptiens, chaldéens, perses, indiens, chinois, japonois, grecs, romains, & jusqu'aux américains-mêmes, tous ces peuples ont également conservé le souvenir ténébreux d'un tems où les dieux sont descendus sur la terre pour rassembler les hommes, pour les gouverner & pour les rendre heureux, en leur donnant des loix, & en leur apprenant des arts utiles.

Chez tous ces peuples, les circonstances particulières de la descente de ces dieux sont les misères & les calamités du monde. L'un est venu, disent les indiens, pour soutenir la terre ébranlée ; & celui-là pour la retirer de dessous les eaux ; un autre pour secourir le soleil, pour faire la guerre au dragon, & pour exterminer des monstres.

Nous ne rappellerons pas les guerres & les victoires des dieux grecs & égyptiens sur les typhons, les pythons, les géans & les titans. Toutes les grandes solemnités du paganisme en célébroient la mémoire. Vers tel climat que l'on tourne les yeux, on y retrouve de même cette constante

& singulière tradition d'un âge théocratique ; & l'on doit remarquer qu'indépendamment de l'uniformité de ce préjugé qui décele un fait tel qu'il puisse être, ce regne surnaturel y est toujours désigné comme ayant été voisin des anciennes révolutions, puisqu'en tous lieux le regne des dieux y est orné & rempli des anecdotes littérales ou allégoriques de la ruine ou du rétablissement du monde. Voici, je crois, une des plus grandes autorités qu'on puisse trouver sur un sujet si obscur.

« Si les hommes ont été heureux dans les
» premiers tems, dit Platon, *IV. liv. des loix*,
» s'ils ont été heureux & justes, c'est qu'ils
» n'étoient point alors gouvernés comme nous
» le sommes aujourd'hui, mais de la même ma-
» niere que nous gouvernons nos troupeaux ; car
» comme nous n'établissons pas un taureau sur
» des taureaux, ni une chevre sur un troupeau
» de chevres, mais que nous les mettons sous
» la conduite d'un homme qui en est le berger,
» de même Dieu qui aime les hommes, avoit
» mis nos ancêtres sous la conduite des esprits &
» des anges ».

Ou je me trompe, ou voilà ce gouvernement surnaturel qui a donné lieu aux traditions de l'âge d'or & du regne des dieux. Platon a été amené à cette tradition, par une route assez semblable à celle que je suis. Il dit ailleurs, qu'après le déluge, les hommes vécurent sous trois états successifs: le premier sur les montagnes, errans & isolés les uns des autres : le deuxieme, en familles dans les vallées voisines, avec un peu moins de terreur que dans le premier état : & le troisieme, en sociétés réunies dans les plaines, & vivant sous des loix.

Au reste, si ce gouvernement est devenu si généralement obscur & fabuleux, on ne peut en accuser que lui-même. Quoique formé sous les auspices de la religion, ses principes surnaturels le conduisirent à tant d'excès & à tant d'abus, qu'il se défigura insensiblement, & fut enfin méconnu. Peut-être cependant l'histoire qui l'a rejetté, l'a-t-elle admis en partie dans ses fastes, sous le nom de *regne sacerdotal*. Ce regne n'a été dans son tems qu'une des suites du premier, & l'on ne peut nier que cette administration n'ait été retrouvée chez diverses nations fort historiques.

Pour suppléer à ce grand vuide des annales du monde par un autre voie que la mythologie, nous avons réfléchi sur l'étiquette & sur les usages qui ont dû être propres à ce genre de gouvernement ; & après nous en être fait un plan & un tableau, nous avons encore cherché à les comparer avec les usages politiques & religieux des nations. Tantôt nous avons suivi l'ordre des siecles, & tantôt nous les avons ré-

trogradés, afin d'éclaircir l'ancien par le moderne, comme on éclaircit le moderne par l'ancien. Telle a été notre méthode pour trouver le connu par l'inconnu ; on jugera de sa justesse ou de son exactitude par quelques exemples, & par le résultat dont voici l'analyse.

Le gouvernement surnaturel ayant obligé les nations à recourir à une multitude d'usages & de suppositions pour en soutenir l'extérieur, un de leurs premiers soins fut de représenter au milieu d'elles la maison de leur monarque, de lui élever un trône, & de lui donner des officiers & des ministres.

Considérée comme un palais civil, cette maison étoit sans doute de trop sur la terre, mais ensuite considérée comme un temple, elle ne put suffire au culte public de toute une nation. D'abord on voulut que cette maison fût seule & unique, parce que le dieu monarque étoit seul & unique ; mais toutes les différentes portions de la société ne pouvant s'y rendre aussi souvent que le culte journalier qui est dû à la divinité l'exige, les parties les plus écartées de la société tomberent dans une anarchie religieuse & politique, ou se rendirent rebelles & coupables, en multipliant le dieu monarque avec les maisons qu'elles voulurent aussi lui élever. Peu-à-peu les idées qu'on devoit avoir de la divinité se rétrécirent ; au lieu de regarder ce temple comme des lieux d'assemblées & de prieres publiques, infiniment respectables par cette destination, les hommes y chercherent le maître qu'ils ne pouvoient y voir, & lui donnerent à la fin une figure & une forme sensible. Le signe de l'autorité & le sceptre de l'empire ne furent point mis entre des mains particulieres ; on les déposa dans cette maison & sur le siege du céleste monarque ; c'est-à-dire dans un temple & dans le lieu le plus respectable de ce temple, c'est-à-dire dans le sanctuaire. Le sceptre & les autres marques de l'autorité royale n'ont été dans les premiers tems que des bâtons & des rameaux ; les temples que des cabanes, & le sanctuaire qu'une corbeille & qu'un coffret. C'est ce qui se trouve dans toute l'antiquité ; mais par l'abus de ces usages, la religion absorba la police ; & le regne du ciel lui donna le regne de la terre, ce qui pervertit l'un & l'autre.

Le code des loix civiles & religieuses ne fut point mis non plus entre les mains du magistrat, on le déposa dans le sanctuaire ; ce fut à ce lieu sacré qu'il fallut avoir recours pour connoître ces loix & pour s'instruire de ses devoirs. Là elles s'y ensevelirent avec le tems ; le genre humain les oublia, peut-être même les lui fit-on oublier.

Dans ces fêtes qui portoient, chez les anciens, le nom de *fêtes de la législation*, comme le palilies

& les thesmophories, les plus saintes vérités n'y étoient plus communiquées que sous le secret à quelques initiés, & l'on y faisoit aux peuples un mystere de ce qu'il y avoit de plus simple dans la police, & de ce qu'il y avoit de plus utile & de plus vrai dans la religion.

La nature de la théocratie primitive exigeant nécessairement que le dépôt des loix gardé dans le sanctuaire parût émané de Dieu même, & qu'on fût obligé de croire qu'il avoit été le législateur des hommes comme il en étoit le monarque ; le tems & l'ignorance donnerent lieu aux ministres du paganisme d'imaginer que des dieux & des déesses les avoient révélés aux anciens législateurs, tandis que les seuls besoins & la seule raison publique des premieres sociétés en avoient été les uniques & les véritables sources. Par ces affreux mensonges, ils ravirent à l'homme l'honneur de ces loix si belles & si simples qu'il avoit faites primitivement, & ils affoiblirent tellement les ressorts & la dignité de sa raison, en lui faisant faussement accroire qu'il n'avoit point été capable de les dicter, qu'il la méprisa, & qu'il crut rendre hommage à la divinité, en ne se servant plus d'un don qu'il n'avoit reçu d'elle que pour en faire un constant usage.

Le dieu monarque de la société ne pouvant lui parler ni lui commander d'une façon directe, on se mit dans la nécessité d'imaginer des moyens pour connoître ses ordres & ses volontés. Une absurde convention établit donc des signes dans le ciel & sur la terre qu'il fallut regarder, & qu'on regarda en effet comme les interpretes du monarque : on inventa les oracles, & chaque nation eut les siens. On vit paroître une foule d'augures, de devins & d'aruspices ; en police, comme en religion, l'homme ne consulta plus la raison, mais il crut que sa conduite, ses entreprises & toutes ses démarches devoient avoir pour guide un ordre ou un avis de son prince invisible ; & comme la fraude & l'imposture les dicterent aux nations aveuglées, elles en furent toutes les dupes, les esclaves & les victimes.

De semblables abus sortirent aussi des tributs qu'on crut devoir lui payer. Dans les premiers tems où la religion ni la police n'étoient point encore corrompues par leur faux appareil, les sociétés n'eurent d'autres charges & d'autres tributs à porter à l'Etre suprème que les fruits & les prémices des biens de la terre ; encore n'étoit-ce qu'un hommage de reconnoissance, & non un tribut civil dont le souverain dispensateur de tout n'a pas besoin. Il n'en fut plus de même lorsque d'un être universel, chaque nation en eut fait son roi particulier : il fallut lui donner une maison, un trône, des officiers, & enfin des revenus pour les entretenir. Le peuple porta donc chez lui la dîme de ses biens, de ses terres & de ses troupeaux ; il savoit qu'il tenoit tout de son divin roi, que l'on juge de la ferveur avec laquelle chacun vint offrir ce qui pouvoit contribuer à l'éclat & à la magnificence de son monarque. La piété généreuse ne connut point de bornes, on en vint jusqu'à s'offrir soi-même, sa famille & ses enfans ; on crut pouvoir, sans se déshonorer, se reconnoître esclave du souverain de toute la nature, & l'homme ne se rendit que le sujet & l'esclave des officiers théocratiques.

A mesure que la simplicité religieuse s'éteignit, & que la superstition s'augmenta avec l'ignorance, il fallut par gradation renchérir sur les anciennes offrandes, & en chercher de nouvelles : après les fruits, on offrit les animaux ; & lorsqu'on se fut familiarisé par ce dernier usage, avec cette cruelle idée que la divinité aime le sang ; il n'y eut plus qu'un pas à faire pour égorger des hommes, afin de lui offrir le sang le plus cher & le plus précieux qui soit sans doute à ses yeux. Le fanatisme antique n'ayant pu s'élever à un plus haut période, égorgea donc des victimes humaines ; il en présenta les membres palpitans à la divinité, comme une offrande qui lui étoit agréable ; bien plus, l'homme en mangea lui-même ; & après avoir ci-devant éteint sa raison, il dompta enfin la nature pour participer aux festins des dieux.

Il n'est pas nécessaire de faire une longue application de ces usages à ceux de toutes les nations payennes & sauvages qui les ont pratiqués. Chez toutes, les sacrifices sanglans n'ont eu primitivement pour objet que de couvrir la table du roi théocratique, comme nous couvrons la table de nos monarques. Les prêtres de *Belus* faisoient accroire aux peuples d'Assyrie, que leurs divinités mangeoient elles-mêmes les viandes qu'on lui présentoit sur ses autels ; & les grecs & les romains ne manquoient jamais dans les tems de calamités, d'assembler dans la place publique, leurs dieux & leurs déesses autour d'une table magnifiquement servie pour en obtenir, par un festin extraordinaire, les graces qui n'avoient pu être accordées aux repas réglés du soir & du matin, c'est-à-dire aux sacrifices journaliers & ordinaires ; c'est ainsi qu'un usage originairement établi pour soutenir dans tous ses points le cérémonial figuré d'un gouvernement surnaturel, fut pris à la lettre, & que la divinité se trouvant en tout traitée comme une créature mortelle, fut avilie & perdue de vue.

L'antropophagie qui a régné & qui regne encore dans une moitié du monde, ne peut avoir non plus une autre source que celle que nous avons fait entrevoir : ce n'est pas la nature qui a conduit tant de nations à cet abominable excès ; mais égaré & perdu par le furnaturel de ſes principes , c'eſt pas à pas & par degré qu'un culte inſenſé & cruel a perverti le cœur humain. Il n'eſt devenu antropophage qu'à l'exemple & ſur le modèle d'une divinité qu'il a cru antropophage.

Si l'humanité ſe perdit, à plus forte raiſon les mœurs furent-elles auſſi altérées & flétries. La corruption de l'homme théocratique donna des femmes au dieu monarque ; & comme tout ce qu'il y avoit de bon & de meilleur lui étoit dû, la virginité même fut obligée de lui faire ſon offrande. De-là les proſtitutions religieuſes de Babylone & de Paphos ; de-là ces honteux devoirs du paganiſme qui contraignoient les filles à ſe livrer à quelque divinité, avant que de pouvoir entrer dans le mariage ; de-là enfin, tous ces enfans des dieux qui ont peuplé la mythologie & le ciel poétique.

Nous ne ſuivrons pas plus loin l'étiquette & le cérémonial de la cour du dieu monarque ; chaque uſage fut un abus, & chaque abus en produiſit mille autres. Conſidéré comme un roi, on lui donna des chevaux, des chars, des boucliers, des armes, des meubles, des terres, des troupeaux, & un domaine qui devint, avec le tems, le patrimoine des dieux du paganiſme ; conſidéré comme un homme, on le fit ſéducteur, colère, emporté, jaloux, vindicatif & barbare ; enfin, on en fit l'exemple & le modèle de toutes les iniquités, dont nous trouvons les affreuſes légendes dans la théogonie païenne.

Le plus grand de tous les crimes de la théocratie primitive a ſans doute été d'avoir précipité le genre humain dans l'idolâtrie par le ſurnaturel de ſes principes. Il eſt ſi difficile à l'homme de concevoir un être auſſi grand, auſſi immenſe, & cependant inviſible tel que l'être ſuprême, ſans s'aider de quelques moyens ſenſibles, qu'il a fallu preſque néceſſairement que ce gouvernement en vînt à ſa repréſentation. Il étoit alors bien plus ſouvent queſtion de l'être ſuprême qu'il n'eſt aujourd'hui : indépendamment de ſon nom & de ſa qualité de dieu, il étoit roi encore. Tous les actes de la police, comme tous les actes de la religion, ne parloient que de lui ; on trouvoit ſes ordres & ſes arrêts par tout ; on ſuivoit ſes loix, on lui payoit tribut ; on voyoit ſes officiers, ſon palais, & preſque ſa place ; elle fut donc bientôt remplie.

Les uns y mirent une pierre brute, les autres une pierre ſculptée ; ceux-ci l'image du ſoleil, ceux-là de la lune ; pluſieurs nations y expoſèrent un bœuf, une chèvre ou un chat, comme les égyptiens : en Ethiopie, c'étoit un chien ; & ces ſignes repréſentatifs du monarque furent chargés de tous les attributs ſymboliques d'un dieu & d'un roi ; ils furent décorés de tous les titres ſublimes qui convenoient à celui dont on les fit les emblêmes ; & ce fut devant eux qu'on porta les prières & les offrandes, qu'on exerça tous les actes de la police & de la religion, & que l'on remplit enfin tout le cérémonial théocratique.

On croit déja ſans doute que c'eſt là l'idolâtrie ; non, ce ne l'eſt pas encore, c'en eſt ſeulement la porte fatale. Nous rejettons ce ſentiment affreux que les hommes ont été naturellement idolâtres, ou qu'ils le ſont devenus de plein gré & de deſſein prémédité : jamais les hommes n'ont oublié la divinité, jamais dans leurs égaremens les plus groſſiers ils n'ont tout-à-fait méconnu ſon excellence & ſon unité, & nous oſerions même penſer en leur faveur qu'il y a moins eu une idolâtrie réelle ſur la terre qu'une profonde & générale ſuperſtition ; ce n'eſt point non plus par un ſaut rapide que les hommes ont paſſé de l'adoration du créateur à l'adoration de la créature ; ils ſont devenus idolâtres ſans le ſavoir & ſans vouloir l'être, comme nous verrons ci-après, qu'ils ſont devenus eſclaves ſans jamais avoir eu l'envie de ſe mettre dans l'eſclavage.

La religion primitive s'eſt corrompue, & l'amour de l'unité s'eſt obſcurci par l'oubli du paſſé & par les ſuppoſitions qu'il a fallu faire dans un gouvernement ſurnaturel qui confondit toutes les idées en confondant la police avec la religion ; nous devons penſer que dans les premiers tems où chaque nation ſe rendit ſon dieu monarque ſenſible, on ſe comporta encore vis-à-vis de ſes emblêmes avec une circonſpection religieuſe & intelligente ; c'étoit moins dieu qu'on avoit voulu repréſenter que le monarque, & c'eſt ainſi que dans nos tribunaux, nos magiſtrats ont toujours devant eux l'image de leur ſouverain, qui rappelle à chaque inſtant par ſa reſſemblance & par les ornemens de la royauté le véritable ſouverain qu'on n'y voit pas, mais que l'on ſait exiſter ailleurs.

Ce tableau qui ne peut nous tromper, n'eſt pour nous qu'un objet relatif & commémoratif ; & telle avoit été ſans doute l'intention primitive de tous les ſymboles repréſentatifs de la divinité : ſi nos pères s'y trompèrent cependant, c'eſt qu'il ne leur fut pas auſſi facile de peindre cette divinité qu'à nous de peindre un mortel.

Quel rapport en effet put-il y avoir entre le dieu regnant & toutes les différentes effigies que l'on en fit ? Ce ne put être qu'un rapport imaginaire & de pure convention, toujours prêt par conſéquent à dégrader le dieu & le monarque ſi-tôt qu'on n'y joindroit plus une inſtruction convenable ; on les donna ſans doute (ces inſtructions) dans les premiers tems, mais par-là le culte & la police, de ſimples qu'ils étoient, devinrent compoſés & allégoriques ; par-là l'officier théocratique vit accroître le beſoin & la néceſſité que l'on eut de son état ; & comme il devint ignorant lui-même, les conventions primitives se changerent en mystères, & la religion dégénéra en une science merveilleuse & bisarre, dont le secret devint impénétrable d'âge en âge, & dont l'objet se perdit à la fin dans un labyrinthe de graves puérilités & d'importantes bagatelles.

Si toutes les différentes sociétés eussent au moins pris pour signe de la divinité régnante un seul & même symbole, l'unité du culte, quoique dégénérée, auroit encore pu se conserver sur la terre ; mais, ainsi que tout le monde sait, les uns prirent une chose, & les autres une autre ; l'Etre suprême, sous mille formes différentes, fut adoré par-tout sans n'être plus le même aux yeux de l'homme grossier. Chaque nation s'habitua à considérer le simbole qu'elle avoit choisi comme le plus véritable & le plus saint.

L'unité fut donc rompue : la religion générale étant éteinte ou méconnue, une superstition générale en prit la place, & dans chaque contrée elle eut son étendart particulier ; chacun regardant son dieu & son roi comme le seul & le véritable, détesta le dieu & le roi de ses voisins. Bien-tôt toutes les autres nations furent réputées étrangeres, on se sépara d'elles, on ferma ses frontières, & les hommes devinrent ainsi par naissance, par état & par religion, ennemis déclarés les uns des autres.

Inde furor vulgò, quod numina vicinorum
Odit uterque locus, cum solos credat habendos
Esse deos, quos ipse colit.

Juvenal, *Sat.* 15.

Tel etoit l'état déplorable où les abus funestes de la théocratie primitive avoient déja précipité la religion de tout le genre humain, lorsque Dieu, pour conserver chez les hommes le souvenir de son unité, choisit enfin un peuple particulier, & donna aux hébreux un législateur sage & instruit pour réformer la théocratie païenne des nations. Pour y parvenir, ce grand homme n'eut qu'à la dépouiller de tout ce que l'imposture & l'ignorance y avoient introduit : Moïse détruisit donc tous les emblèmes idolâtres qu'on avoit élevés au dieu monarque, & il supprima les augures, les devins & tous les faux interpretes de la divinité, défendit expressément à son peuple de jamais la représenter par aucune figure de fonte ou de pierre, ni par aucune image de peinture ou de ciselure ; ce fut cette dernière loi qui distingua essentiellement les hébreux de tous les peuples du monde. Tant qu'ils l'observerent, ils furent vraiment sages & religieux ; & toutes les fois qu'ils la transgresserent, ils se mirent au niveau de toutes les autres nations ; mais telle étoit encore dans ces anciens tems, la force des préjugés & l'excès de la grossiereté des hommes, que ce précepte, qui nous semble aujourd'hui si simple & si conforme à la raison, fut pour les hébreux d'une observance pénible & difficile ; de-là leurs fréquentes rechûtes dans l'idolâtrie, & ces perpétuels retours vers les images des nations qu'on n'a pu expliquer jusqu'ici que par une dureté de cœur & un entêtement inconcevable, dont on doit actuellement retrouver la source & les motifs dans les anciens préjugés & dans les usages de la théocratie primitive.

Après avoir parcouru la partie religieuse de cette antique gouvernement jusqu'à l'idolâtrie qu'il a produit & jusqu'à sa réforme chez les hébreux, jettons aussi quelques regards sur sa partie civile & politique, dont le vice s'est déjà fait entrevoir. Tel grand & tel sublime qu'ait paru dans son tems un gouvernement qui prenoit le ciel pour modele & pour objet, un édifice politique construit ici-bas sur une telle spéculation a dû nécessairement s'écrouler & produire de très-grands maux ; entre cette foule de fausses opinions, dont cette théocratie remplit l'esprit humain, il s'en éleva deux sortes opposées l'une à l'autre, & toutes deux cependant également contraires au bonheur des sociétés. Le tableau qu'on se fit de la félicité du regne céleste fit naître sur la terre de fausses idées sur la liberté, sur l'égalité & sur l'indépendance ; d'un autre côté, l'aspect du dieu monarque si grand & si immense réduisit l'homme presqu'au néant, & le porta à se mépriser lui-même & à s'avilir volontairement par ces deux extrèmes : l'esprit d'humanité & de raison qui devoit faire ce lien des sociétés se perdit nécessairement dans une moitié du monde ; on voulut être plus qu'on ne pouvoit & qu'on ne devoit être sur la terre & dans l'autre, on se dégrada au-dessous de son état naturel, enfin on ne vit plus l'homme, mais on vit insensiblement paroître le sauvage & l'esclave.

Le point de vue du genre humain avoit été cependant de se rendre heureux par la théocratie, & nous ne pouvons douter qu'il n'y ait réussi au-moins pendant un tems. Le règne des dieux a été célébré par les poëtes, ainsi que l'âge d'or, comme un règne de félicité & de liberté. Chacun étoit libre dans Israël, dit aussi l'écriture, en parlant des commencemens de la théocratie mosaïque : chacun faisoit ce qu'il lui plaisoit, alloit où il vouloit, & vivoit alors dans l'indépendance : *unusquisque, quod sibi rectum videbatur, hoc faciebat.* Jug. xvij. 6.

Ces heureux tems, où l'on doit appercevoir néanmoins le germe des abus futurs, n'ont pû exister que dans les abords de cet âge mystique, lorsque l'homme étoit encore dans la ferveur de sa morale, & dans l'héroïsme de sa théocratie ; & sa félicité aussi bien que sa justice ont dû être passagères, parce que la ferveur & l'héroïsme qui seuls pouvoient soutenir le surnaturel de ce gouvernement, sont des vertus momentanées, & des saillies religieuses qui n'ont jamais de durée sur la terre. La véritable & la solide théocratie n'est réservée que pour le ciel ; c'est-là que l'homme un jour sera sans passions comme la divinité : mais il n'en est pas de même ici-bas d'une théocratie terrestre où le peuple ne peut qu'abuser de sa liberté, sous un gouvernement provisoire & sans consistance, & où ceux qui commandent ne peuvent qu'abuser du pouvoir illimité d'un Dieu monarque qu'il n'est que trop facile de faire parler. Il est donc ainsi très-vraisemblable que c'est par ces deux excès que la police théocratique s'est autrefois perdue : par l'un, tout l'ancien occident a changé sa liberté en brigandage, & en une vie vagabonde ; & par l'autre, tout l'orient s'est vu opprimé par des tyrans.

L'état sauvage des premiers Européens connus & de tous les peuples de l'Amérique, présente des ombres & des vestiges encore si conformes à quelques-uns des traits de l'âge d'or, qu'on ne doit point être surpris si nous avons été portés à chercher l'origine de cet état d'une grande partie du genre humain, dans les suites des malheurs du monde, & dans l'abus de ces préjugés théocratiques, qui ont répandu tant d'erreurs par toute la terre.

En effet, plus nous avons approfondi les différentes traditions, & les usages des peuples sauvages, plus nous y avons trouvé d'objets issus des sources primitives de la fable & des coutumes relatives aux préventions universelles de la haute antiquité ; nous nous sommes même apperçus quelquefois que ces vestiges étoient plus purs & mieux motivés chez les Américains & les autres peuples barbares ou sauvages comme eux, que chez toutes les autres nations de notre hémisphère.

Ce seroit entrer dans un trop vaste détail, que de parler de ces usages ; nous dirons seulement que la vie sauvage n'a été essentiellement qu'une suite de l'impression qu'avoit fait autrefois sur une partie des hommes le spectacle des malheurs du monde, qui les en dégoûta & leur en inspira le mépris. Ayant appris alors quelle en étoit l'inconstance & la fragilité, la partie la plus religieuse des premières sociétés crut devoir prendre pour base de sa conduite ici-bas, que ce monde n'est qu'un passage ; d'où il arriva que les sociétés en général ne s'étant point donné un lien visible, ni un chef sensible pour leur gouvernement dans ce monde, elles ne se réunirent jamais parfaitement, & que des familles s'en séparèrent de bonne-heure, & renoncèrent tout-à-fait à l'esprit de la police humaine, pour vivre en pélerins, & pour ne penser qu'à un avenir qu'elles desiroient & qu'elles s'attendoient de voir bientôt paroître.

D'abord ces premières générations solitaires furent aussi religieuses qu'elles étoient misérables : ayant toujours les yeux levés vers le ciel, & ne cherchant à pourvoir qu'à leurs plus pressants besoins, elles n'abusèrent point sans doute de leur oisiveté, ni de leur liberté. Mais à mesure qu'en se multipliant elles s'éloignèrent des premiers tems & du gros de la société, elles ne formèrent plus alors que des peuplades errantes & des nations mélancoliques qui peu-à-peu se sécularisèrent en peuples sauvages & barbares.

Tel a été le triste abus d'un dogme très-saint en lui-même. Le monde n'est qu'un passage, il est vrai, & c'est une vérité des plus utiles à la société, parce que ce passage conduit à une vie plus excellente que chacun doit chercher à mériter en remplissant ici-bas ses devoirs ; cependant une des plus grandes fautes de la police primitive est de n'avoir pas mis de sages bornes à ses effets. Ils ont été infiniment pernicieux au bien-être des sociétés, toutes les fois que des événemens ou des terreurs générales ont fait subitement oublier à l'homme qu'il est dans ce monde, parce que Dieu l'y a placé, & qu'il n'y est placé que pour s'acquitter envers la société & envers lui-même, de tous les devoirs où sa naissance & le nom d'homme l'engagent. En contemplant une vérité, on n'a jamais dû faire abstraction de la société. Le dogme le plus saint n'est vrai que relativement à tout le genre humain ; la vie n'est qu'un pélerinage, mais un pélerin n'est qu'un fainéant, & l'homme n'est pas fait pour l'être ; tant qu'il est sur la terre, il y a un centre unique & commun auquel il doit être invisiblement attaché, & dont il ne peut s'écarter sans être déserteur, & un déserteur très-criminel que la police humaine a droit de réclamer.

C'est ainsi qu'auroit dû agir & penser la police primitive, mais l'esprit théocratique qui la conduisoit, pouvoit-il être capable de précaution à cet égard ? Il voulut s'élever & se précipita. Il voulut anticiper sur le règne des justes, & n'engendra que des barbares & des sauvages, & l'humanité se perdit enfin, parce qu'on ne voulut plus être homme sur la terre.

C'est ici sans doute qu'on peut s'appercevoir qu'il en est des erreurs humaines dans leur marche, comme des planetes dans leur cours ; elles ont de même un orbite immense à parcourir, elles y sont vues sous diverses phases
&

& sous différens aspects, & cependant elles sont toujours les mêmes ; & reviennent constamment au point d'où elles sont parties pour recommencer une nouvelle révolution.

Le gouvernement provisoire qui conduisit à la vie sauvage & vagabonde ceux qui se séparèrent des premieres sociétés, produisit un effet tout contraire sur ceux qui y resterent ; il les réduisit au plus dur esclavage. Comme les sociétés n'avoient été dans leur origine que des familles plutôt soumises à une discipline religieuse qu'à une police civile, & que l'excès de leur religion qui les avoit portés à se donner Dieu pour monarque, avoit exigé avec le mépris du monde le renoncement total de soi-même, & le sacrifice de sa liberté, de sa raison, & de toute propriété; il arriva nécessairement que ces familles s'étant aggrandies & multipliées dans ces principes, leur servitude religieuse se trouva changée en une servitude civile & politique ; & qu'au lieu d'être le sujet du Dieu monarque, l'homme ne fut plus que l'esclave des officiers qui commanderent en son nom.

Les corbeilles, les coffres & les symboles, par lesquels on représentoit le souverain n'étoient rien, mais les ministres qu'on lui donna furent des hommes, & non des êtres célestes incapables d'abuser d'une administration qui leur donnoit tout pouvoir. Comme il n'y a point de traité ni de convention à faire avec un Dieu, la théocratie où il étoit censé présider a donc été par sa nature un gouvernement despotique, dont l'être suprême étoit le sultan invisible, & dont les ministres théocratiques ont été les visirs, c'est-à-dire, les despotes réels de tous les vices politiques de la théocratie. Voilà quel a été l'état le plus fatal aux hommes, & celui qui a préparé les voies au despotisme oriental.

Sans doute que dans les premiers tems les ministres visibles ont été dignes par leur modération & par leur vertu de leurs maîtres invisibles; par le bien qu'ils auront d'abord fait aux hommes, ceux-ci se seront accoutumés à reconnoître en eux le pouvoir divin; par la sagesse de leurs premiers ordres, & par l'utilité de leurs premiers conseils, on se sera habitué à leur obéir, & l'on se sera soumis sans peine à leurs oracles ; peu-à-peu une confiance extrême aura produit une crédulité extrême par laquelle l'homme, prévenu que c'étoit Dieu qui parloit, que c'étoit un souverain immuable qui vouloit, qui commandoit & qui menaçoit, aura cru ne devoir point résister aux organes du ciel lors même qu'ils ne faisoient plus que du mal.

Arrivé par cette gradation au point de déraison de méconnoître la dignité de la nature humaine, l'homme dans sa misere n'a plus osé lever les yeux vers le ciel, & encore moins sur les tyrans qui le faisoient parler ; fanatique en tout il adora son esclavage, & crut enfin devoir honorer son Dieu & son monarque par son néant & par son indignité. Ces malheureux préjugés sont encore la base de tous les sentimens & de toutes les dispositions des Orientaux envers leurs despotes. Ils s'imaginent que ceux-ci ont de droit divin le pouvoir de faire le bien & le mal, & qu'ils ne doivent trouver rien d'impossible dans l'exécution de leur volonté. Si ces peuples souffrent, s'ils sont malheureux par les caprices féroces d'un barbare, ils adorent les vues d'une providence impénétrable, ils reconnoissent les droits & les titres de la tyrannie dans la force & dans la violence, & ne cherchent la solution des procédés illégitimes & cruels dont ils sont les victimes, que dans des interprétations dévotes & mystiques, ignorant que ces procédés n'ont point d'autres sources que l'oubli de la raison, & les abus d'un gouvernement surnaturel qui s'est éternisé dans ces climats, quoique sous un autre appareil.

Les théocraties étant ainsi devenues despotiques & par leurs préjugés dont elles aveuglerent les nations, couvrirent la terre de tyrans ; leurs ministres pendant bien des siecles furent les vrais & les seuls souverains du monde, & rien ne leur résistant, ils disposerent des biens, de l'honneur & de la vie des hommes, comme ils avoient déja disposé de leur raison & de leur esprit.

Les tems qui nous ont dérobé l'histoire de cet ancien gouvernement, parce qu'il n'a été qu'un âge d'ignorance profonde & de mensonge, ont à-la-vérité jetté un voile épais sur les excès de ses officiers : mais la théocratie judaïque, quoique réformée dans sa religion, n'ayant pas été exempte des abus politiques peut nous servir à en dévoiler une partie ; l'écriture nous expose elle-même quelle a été l'abominable conduite des enfans d'Héli & de Samuel, & nous apprend quels ont été les crimes qui ont mis fin à cette théocratie particuliere où régnoit le vrai Dieu. Ces indignes descendans d'Aaron & de Lévi ne rendoient plus la justice aux peuples, l'argent rachetoit auprès d'eux les coupables, on ne pouvoit les aborder sans présens, leurs passions seules étoient & leur loi & leur guide, leur vie n'étoit qu'un brigandage, ils enlevoient de force & dévoroient les victimes qu'on destinoit au dieu monarque qui n'étoit plus qu'un prête-nom ; leur incontinence égalant leur avarice & leur voracité, ils dormoient, dit la bible, avec les femmes qui veilloient à l'entrée du tabernacle. *I. liv. Reg ch. ij.*

L'écriture passe modestement sur cette derniere anecdote que l'esprit de vérité n'a pû cependant cacher. Mais si les ministres du vrai Dieu se sont livrés à un tel excès, les ministres théocratiques des anciennes nations l'avoient en cela emporté sur ceux des hébreux par l'imposture avec laquelle ils pallierent leurs desordres. Ils en vinrent par-tout à ce comble d'impiété & d'insolence de couvrir jusqu'à leurs débauches du manteau de la divinité. C'est d'eux que sortit un nouvel ordre de créatures, qui, dans l'esprit des peuples imbécilles, fut regardé comme une race particulière & divine. Toutes les nations virent alors paroître les demi-dieux & les héros dont la naissance illustre & les exploits portèrent enfin les hommes à altérer leur premier gouvernement, & à passer du regne de ces dieux qu'ils n'avoient jamais pû voir sous celui de leurs prétendus enfans qu'ils voyoient au milieu d'eux ; c'est ainsi que l'incontinente théocratie commença à se donner des maîtres, & que ce gouvernement fut conduit à sa ruine par le crime & l'abus du pouvoir.

L'âge des demi-dieux a été un âge aussi réel que celui des dieux, mais presque aussi obscur il a été nécessairement rejetté de l'histoire, qui ne reconnoît que les faits & les tems transmis par des annales constantes & continues.

A en juger seulement par les ombres de cette mythologie universelle qu'on retrouve chez tous les peuples, il paroit que le regne des demi-dieux n'a point été aussi suivi ni aussi long que l'avoit été le regne des dieux, & que le fut ensuite le regne des rois; & que les nations n'ont point toujours été assez heureuses pour avoir de ces hommes extraordinaires.

Comme ces enfans théocratiques ne pouvoient point naître tous avec des vertus héroïques qui répondissent à ce préjugé de leur naissance, le plus grand nombre s'en perdoit sans doute dans la foule, & ce n'étoit que de tems en tems que le génie, la naissance & le courage réciproquement secondés, donnoient à l'univers languissant des protecteurs & des maîtres utiles.

A en juger encore par les traditions mythologiques, ces enfans illustres firent la guerre aux tyrans, exterminerent les brigands, purgerent la terre des monstres qui l'infestoient, & furent des preux incomparables, qui comme les paladins de nos antiquités gauloises, couroient le monde pour l'amour du genre humain, afin d'y rétablir par tout le bon ordre, la police & la sûreté. Jamais mission sans doute n'a été plus belle & plus utile, sur-tout dans ces tems où la théocratie primitive n'avoit produit dans le monde que ces maux extrêmes l'anarchie & la servitude.

La naissance de ces demi-dieux & leurs exploits concourent ainsi à nous montrer quel étoit de leur tems l'affreux desordre de la police & de la religion parmi le genre humain : chaque fois qu'il s'élevoit un héros, le sort des sociétés paroissoit se réaliser & se fixer vers l'unité ; mais aussi-tôt que ces personnages illustres n'étoient plus, les sociétés retournoient vers leur première théocratie, & tomboient dans de nouvelles miseres jusqu'à ce qu'un nouveau libérateur vînt encore les en retirer.

Instruites cependant par leurs fréquentes réchûtes, & par les biens qu'elles avoient éprouvés toutes les fois qu'elles avoient un chef visible dans la personne de quelque demi-dieu, les sociétés commencèrent enfin à ouvrir les yeux sur le vice essentiel d'un gouvernement qui n'avoit jamais pu avoir de consistance & de solidité, parce que rien de constant ni de réel n'y avoit représenté l'unité, ni réuni les hommes vers un centre sensible & commun. Le regne des demi-dieux commença donc à humaniser les préjugés primitifs, & c'est cet état moyen qui conduisit les nations à desirer les regnes des rois : elles se dégoûterent insensiblement du joug des ministres théocratiques qui n'avoient cessé d'abuser du pouvoir des dieux qu'on avoit mis en main, & lorsque l'indignation publique fut montée à son comble, elles se soulevèrent contre eux, & placèrent enfin un mortel sur le trône du dieu monarque, qui jusqu'alors n'avoit été représenté que par des symboles muets & stupides.

Le passage de la théocratie à la royauté se cache, ainsi que tous les faits précédens, dans la nuit la plus sombre ; mais nous avons encore les hébreux dont nous pouvons examiner la conduite particulière dans une révolution semblable, pour en faire ensuite l'application à ce qui s'étoit fait antérieurement chez toutes les autres nations, dont les usages & les préjugés nous tiendront lieu d'annales & de monumens.

Nous avons déjà remarqué une des causes de la ruine de la théocratie judaïque dans les desordres de ses ministres, nous devons y en ajouter une seconde, c'est le malheur arrivé dans le même tems à l'arche d'alliance qui fut prise par les philistins. Un gouvernement sans police & sans maître ne peut subsister sans doute ; or tel étoit dans ces derniers instans le gouvernement des hébreux, l'arche d'alliance représentoit le siege de leur suprême souverain, en paix comme en guerre.

Elle étoit son organe & son bras, elle marchoit à la tête des armées comme le char du dieu des combats, on la suivoit comme un général invincible, & jamais à sa suite on n'avoit douté de la victoire. Il n'en fut plus de même après sa défaite & sa prise ; quoiqu'elle fût rendue à son peuple, la confiance d'Israël s'étoit affoiblie & les desordres des ministres avant encore aliéné l'esprit des peuples, ils se soulevèrent & contraignirent Samuel de leur donner un roi qui pût marcher à la tête de leurs armées, & leur rendre la justice. A cette demande du peuple on sait quelle fut alors la réponse de Samuel, & le tableau effrayant qu'il fit au peuple de l'énorme pouvoir & des droits de la souveraine puissance. La flatterie & la bassesse y ont trouvé un vaste champ pour faire leur cour aux tyrans; la superstition y a vû des objets dignes de ses rêveries mystiques, mais aucun n'a peut-être reconnu l'esprit théocratique qui le dicta dans le dessein d'effrayer les peuples & les détourner de leur projet.

Comme le gouvernement qui avoit précédé avoit été un regne où il n'y avoit point eu de milieu entre le dieu monarque & le peuple, où le monarque étoit tout, & où le sujet n'étoit rien; ces dogmes religieux, changés avec le tems en préjugés politiques, firent qu'on appliqua à l'homme monarque toutes les idées qu'on avoit eues de la puissance & de l'autorité suprème du dieu monarque. D'ailleurs comme le peuple cherchoit moins à changer la théocratie qu'à se dérober aux vexations des ministres théocratiques qui avoient abusé des oracles & des emblèmes muets de la divinité, il fit peu d'attention à l'odieux tableau qui n'étoit fait que pour l'effrayer, & content d'avoir à l'avenir un emblème vivant de la divinité, il s'écria : n'importe, il nous faut un roi qui marche devant nous, qui commande nos armées, & qui nous protege contre tous nos ennemis.

Cette étrange conduite sembleroit ici nous montrer qu'il y auroit eu des nations qui se seroient volontairement soumises à l'esclavage par des actes authentiques, si ce détail ne nous prouvoit évidemment que dans cet instant les nations encore animées de toutes les préventions religieuses qu'elles avoient toujours eues pour la théocratie, furent de nouveau aveuglées & trompées par ses faux principes. Quoique dégoûté du ministère sacerdotal, l'homme en demandant un roi n'eut aucun dessein d'abroger son ancien gouvernement; il crut en cela ne faire qu'une réforme dans l'image & dans l'organe du dieu monarque, qui fut toujours regardé comme l'unique & véritable maître, ainsi que le prouve le regne même des rois hébreux, qui ne fut qu'un règne précaire, où les prophetes élevoient ceux que Dieu leur désignoit, & comme le confirme sans peine le titre auguste qu'ont conservé les rois de la terre, d'images de la divinité.

La première élection des souverains n'a donc point été une véritable élection, ni le gouvernement d'un seul, un nouveau gouvernement. Les principes primitifs ne firent que se renouveller sous un autre aspect, & les nations n'ont cru voir dans cette révolution qu'un changement & qu'une réforme dans l'image théocratique de la divinité. Le premier homme dont on fit cette image n'y entra pour rien, ce ne fut pas lui que l'on considéra directement; on en agit d'abord vis-à-vis de lui comme on en avoit agi originairement avec les premiers simboles de fonte ou de métal, qui n'avoient été que des signes relatifs, & l'esprit & l'imagination des peuples restèrent toujours fixes sur le monarque invisible & suprème; mais ce nouvel appareil ayant porté les hommes à faire une nouvelle application de leurs faux principes, & de leurs anciens préjugés, les conduisit à de nouveaux abus & au despotisme absolu.

Le premier âge de la théocratie avoit rendu la terre idolâtre, parce qu'on y traita Dieu comme un homme: le second la rendit esclave, parce qu'on y traita l'homme comme un Dieu. La même imbécillité qui avoit donné autrefois une maison, une table, & des femmes à la divinité, en donna les attributs, les rayons, & le foudre à un simple mortel; contraste bisarre, conduite toujours déplorable, qui firent la honte & le malheur de ces sociétés, qui continuèrent toujours à chercher les principes de la police humaine ailleurs que dans la nature & dans la raison.

La seule précaution dont les hommes s'avisèrent lorsqu'ils commencèrent à représenter leur Dieu monarque par un de leurs semblables, fut de chercher l'homme le plus beau & le plus grand, c'est ce que l'on voit par l'histoire de toutes les anciennes nations; elles prenoient bien plus garde à la taille & aux qualités du corps qu'à celles de l'esprit, parce qu'il ne s'agissoit uniquement dans ces primitives élections, que de représenter la divinité sous une apparence qui répondît à l'idée qu'on se formoit d'elle, & qu'à l'égard de la conduite du gouvernement, ce n'étoit point sur l'esprit du représentant, mais sur l'esprit de l'inspiration du Dieu monarque que l'on comptoit toujours : ces nations s'imaginèrent qu'il se révéleroit à ces nouveaux symboles, ainsi qu'elles pensoient qu'il s'étoit révélé aux anciens. Elles ne furent cependant pas assez stupides pour croire qu'un mortel ordinaire pût avoir par lui-même le grand privilège d'être en relation avec la divinité; mais comme elles avoient ci-devant inventé des usages pour faire descendre sur les symboles de pierre ou de métal une vertu particulière & surnaturelle, elles crurent aussi devoir les pratiquer vis-à-vis des symboles humains, & ce ne fut qu'après ces formalités que tout leur paroissant égal & dans l'ordre, elles ne virent plus dans le nouveau représentant qu'un mortel changé, & qu'un homme extraordinaire dont on exigea des oracles, & qui devint l'objet de l'adoration publique.

Si nous voulions donc fouiller dans les titres

de ces superbes despotes de l'Asie, qui ont si souvent fait gémir la nature humaine, nous ne pourrions en trouver que de honteux & de deshonorans pour eux. Nous verrions dans les monumens de l'ancienne Ethiopie, que ces souverains qui, selon Strabon, ne se montroient à leurs peuples que derrière un voile, avoient eu pour prédécesseurs des chiens auxquels on avoit donné des hommes pour officiers & pour ministres; ces chiens pendant de longs âges avoient été les rois théocratiques de cette contrée, c'est-à-dire les représentans du Dieu monarque, & c'étoit dans leurs cris, leurs allures, & leurs divers mouvemens qu'on cherchoit les ordres & les volontés de la suprême puissance dont on les avoit fait le symbole & l'image provisoire.

Telle a sans doute été la source de ce culte absurde que l'Egypte a rendu à certains animaux; il n'a pu être qu'une suite de cet antique & stupide gouvernement, & l'idolâtrie d'Israël dans le désert semble nous en donner une preuve évidente. Comme ce peuple ne voyoit point revenir son conducteur qui faisoit une longue retraite sur le mont Sina, il le crut perdu tout-à-fait, & courant vers Aaron il lui dit: faites-nous un veau qui marche devant nous, car nous ne savons ce qu'est devenu ce Moïse qui nous a tiré d'Egypte; raisonnement bisarre, dont le véritable esprit n'a point encore été connu, mais qui justifie, ce semble, pleinement l'origine que nous donnons à l'idolâtrie & aux despotisme; c'est qu'il y a eu des tems où un chien, un veau, ou un homme placés à la tête d'une société, n'ont été pour cette société qu'une seule & même chose, & où l'on se portoit vers l'un ou l'autre symbole, suivant que les circonstances le demandoient, sans que l'on crut pour cela rien innover dans le système du gouvernement.

C'est dans le même esprit que ces hébreux retournèrent si constamment aux idoles pendant leur théocratie, toutes les fois qu'ils ne voyoient plus au milieu d'eux quelque juge inspiré, ou quelque homme suscité de Dieu. Il falloit alors retourner vers Moloch ou vers Chamos, pour y chercher un autre représentant, comme on avoit autrefois couru au veau d'or, pendant la disparition de Moïse.

Présentement arrivés où commence l'histoire des tems connus, il nous sera plus facile de suivre le despotisme & d'en vérifier l'origine par sa conduite & par ses usages.

L'homme élevé a ce comble de grandeur & de gloire d'être regardé sur la terre comme l'organe du Dieu monarque, & à cet excès de puissance de pouvoir agir, vouloir & commander souverainement en son nom, succomba presque aussi-tôt sous un fardeau qui n'est point fait pour l'homme. L'illusion de sa dignité lui fit méconnoître ce qu'il y avoit en elle de réellement grand, & de réellement vrai, & les rayons de l'être suprême dont son diadème fut orné, l'éblouirent à un point qu'il ne vit plus le genre humain, & qu'il ne se vit plus lui-même. Abandonné de la raison publique qui ne voulut plus voir en lui un mortel ordinaire, mais une idole vivante inspirée du ciel, il auroit fallu que le seul sentiment de sa dignité lui eut dicté l'équité, la modération, la douceur, & ce fut cette dignité même qui le porta vers tous les excès contraires. Il auroit fallu qu'un tel homme rentrât souvent en lui-même; mais tout ce qui l'environnoit l'en faisoit sortir, & l'en tenoit toujours éloigné. Eh comment un mortel auroit-il pu se sentir & se reconnoître? Il se vit décoré de tous les titres sublimes dûs à la divinité, & qui avoient été ci-devant portés par les idoles & ses autres emblèmes.

Tout le cérémonial dû au dieu monarque fut rempli devant l'homme monarque; adoré comme celui dont il devint à son tour le représentant, il fut de même regardé comme infaillible & immuable; tout l'univers lui dut, il ne dut rien à l'univers. Ses volontés devinrent les arrêts du ciel, ses férocités furent regardées comme des jugemens d'en haut, enfin cet emblème vivant du dieu monarque surpassa en tout l'affreux tableau qui en avoit été fait autrefois aux hébreux; tous les peuples souscrivirent comme Israël à leurs droits cruels & à leurs privilèges insensés. Ils en gémirent tous par la suite, mais ce fut en oubliant de plus en plus la dignité de la nature humaine, & en humiliant leur front dans la poussière, ou bien en se portant vers des actions lâches & atroces, méconnoissant également cette raison, qui seule pouvoit être leur médiatrice.

Il ne faut pas être fort versé dans l'histoire pour reconnoître ici le gouvernement de l'orient depuis tous les tems connus. Sur cent despotes qui y ont régné, à peine en peut-on trouver deux ou trois qui ayent mérité le nom d'homme, & ce qu'il y a de plus extraordinaire, c'est que les antiques préjugés qui ont donné naissance au despotisme subsistent encore dans l'esprit des asiatiques, & le perpétuent dans la plus belle partie du monde, dont ils n'ont fait qu'un désert malheureux. Nous abrégerons cette triste peinture; chaque lecteur instruit en se rappellant les maux infinis que ce gouvernement a faits sur la terre, retrouvera toujours cette longue chaîne d'évenemens & d'erreurs, & les suites funestes de tous les faux principes des premières sociétés: c'est par eux que la religion & la police se sont insensiblement changés en phantômes monstrueux qui ont engendré l'idolâtrie & le despotisme, dont la fraternité est si étroite qu'ils ne sont qu'une seule

& même chose. Voilà quels ont été les fruits amers des sublimes spéculations d'une théocratie chimérique, qui pour anticiper sur le céleste avenir, a dédaigné de penser à la terre, dont elle croyoit la fin prochaine.

Pour achever de constater ces grandes vérités, jettons un coup-d'œil, sur le cérémonial & sur les principaux usages des souverains despotiques qui humilient encore la plus grande partie des nations ; en y faisant reconnoître les usages & les principes de la théocratie primitive, ce sera sans doute mettre le dernier sceau de l'évidence à ces annales du genre humain : cette partie de notre carrière seroit immense si nous n'y mettions des bornes, ainsi que nous en avons mis à tout ce que nous en avons déjà parcouru. Historiens anciens & modernes, voyageurs, tous concourent à nous montrer les droits du dieu monarque dans la cour des despotes ; & ce qu'il y a de remarquable, c'est que tous ces écrivains n'ont écrit ou n'ont vû qu'en aveugles les différens objets qu'ils ont tâché de nous représenter.

Tu ne paroîtras jamais devant moi les mains vuides (*Exode*, xxiij. 15.), disoit autrefois aux sociétés théocratiques le dieu monarque par la bouche de ses officiers. Tel est sans doute le titre ignoré de ces despotes asiatiques devant lesquels aucun homme ne peut se présenter sans apporter son offrande.

Ce n'est donc point dans l'orgueil ni dans l'avarice des souverains, qu'il faut chercher l'origine de cet usage onéreux, mais dans les préjugés primitifs qui ont changé une telle leçon de morale en une étiquette politique. C'est l'idée que toutes choses viennent ici-bas de l'Etre suprême, qu'un gouvernement religieux avoit exigé qu'on lui fît à chaque instant l'hommage des biens que l'on ne tenoit que de lui ; il falloit même s'offrir soi-même : car quel est l'homme qui ne soit du domaine de son créateur ? Tous les hébreux, par exemple, se regardoient comme les esclaves nés de leur suprême monarque : tous ceux que j'ai tirés des miseres de l'Egypte, leur disoit-il, sont mes esclaves ; ils sont à moi ; c'est mon bien & mon héritage : & cet esclavage étoit si réel, qu'il falloit racheter les premiers nés des hommes, & payer un droit de rachat au ministère public. Ce précepte s'étendoit aussi sur les animaux ; l'homme & la bête devoient être assujettis à la même loi, parce qu'ils appartenoient également au monarque suprême.

Il en a été de même des autres lois théocratiques, moralement vraies, & politiquement fausses ; leur mauvaise application en fit dès les premiers tems les principes fondamentaux de la future servitude des nations. Ces lois n'inspiroient que terreur, & ne parloient que de châtiment, parce qu'on ne pouvoit que par de continuels efforts maintenir les sociétés dans la sphère surnaturelle où l'on avoit porté leur police & leur gouvernement. Le monarque chez les juifs endurcis, & chez toutes les autres nations, étoit moins regardé comme un pere & comme un dieu de paix, que comme un ange exterminateur.

Le mobile de la théocratie avoit donc été la crainte ; elle le fut aussi du despotisme : le dieu des scythes étoit représenté par une épée. Le vrai dieu chez les hébreux, étoit aussi obligé à cause de leur caractère, de les menacer perpétuellement : tremblez devant mon sanctuaire, leur dit-il ; quiconque approchera du lieu où je réside, sera puni de mort ; & ce langage vrai quelquefois dans la bouche de la religion, fut ensuite ridiculement adopté des despotes asiatiques, afin de contrefaire en tout la divinité. Chez les perses & chez les medes, on ne pouvoit voir son roi comme on ne pouvoit voir son dieu, sans mourir : & ce fut-là le principe de cette invisibilité que les princes orientaux ont affecté dans tous les tems.

La superstition judaïque qui s'étoit imaginé qu'elle ne pouvoit prononcer le nom terrible de *Jehovah*, qui étoit le grand nom de son monarque, nous a transmis par-là une des étiquettes de cette théocratie primitive, & qui s'est aussi conservée dans le gouvernement oriental. On y a toujours eu pour principe de cacher le vrai nom du souverain ; c'est un crime de lese-majesté de le prononcer à Siam ; & dans la Perse, les ordonnances du prince ne commencent point par son nom ainsi qu'en Europe, mais par ces mots *ridicules* & *emphatiques*, un commandement est sorti de celui auquel l'univers doit obéir, Chardin, *tome VI. ch. xj.* En conséquence de cet usage théocratique, les princes orientaux ne sont connus de leurs sujets que par des surnoms ; jamais les historiens grecs n'ont pû savoir autrefois les véritables noms des rois de Perse qui se cachoient aux étrangers comme à leurs sujets sous des épithètes attachées à leur souveraine puissance. Hérodote nous dit *livre V.* que *Darius* signifioit *exterminateur*, & nous pouvons l'en croire, c'est un vrai surnom de *despote*.

Comme il n'y a qu'un dieu dans l'univers, & que c'est une vérité qui n'a jamais été totalement obscurcie, les premiers mortels qui le représentèrent, ne manquerent point aussi de penser qu'il ne falloit qu'un souverain dans le monde; le dogme de l'unité de dieu a donc aussi donné lieu au dogme despotique de l'unité de puissance, c'est-à-dire, au titre de monarque universel, que tous les despotes se sont arrogé, & qu'ils ont presque toujours cherché à réaliser en étendant les bornes de leur empire, en détruisant autour d'eux ce qu'ils ne pouvoient posséder, & en méprisant ce que la foiblesse de leur bras ne pouvoit atteindre : sous ce point de vûe, leurs vaſtes conquêtes ont été preſque toutes des guerres de religion, & leur intolérance politique n'a été dans ſon principe qu'une intolérance religieuſe.

Si nous portons nos yeux ſur quelques-uns de ces états orientaux qui ont eu pour particuliere origine la ſécularisation des grands prêtres des anciennes théocraties qui en quelques lieux ſe ſont rendus ſouverains héréditaires, nous y verrons ces images théocratiques affecter juſqu'à l'éternité même du dieu monarque dont ils ont envahi le trône. C'eſt un dogme reçu en certains lieux de l'Aſie, que le grand lama des tartares, & que le kutucha des calmoucs, ne meurent jamais, & qu'ils ſont immuables & éternels, comme l'Etre ſuprême dont ils ſont les organes. Ce dogme qui ſe ſoutient dans l'Aſie par l'impoſture depuis une infinité de ſiecles, eſt auſſi reçu dans l'Abiſſinie; mais il y eſt ſpirituellement plus mitigé, parce qu'on y a éludé l'abſurdité par la cruauté; on y empêche le chitomé ou prêtre univerſel, de mourir naturellement; s'il eſt malade on l'étouffe; s'il eſt vieux on l'aſſomme; & en cela il eſt traité comme l'apis de l'ancienne Memphis que l'on noyoit dévotement dans le Nil lorſqu'il étoit caduc, de peur ſans doute que par une mort naturelle, il ne choquât l'éternité du Dieu monarque qu'il repréſentoit. Ces abominables uſages nous dévoilent quelle eſt l'antiquité de leur origine: contraires au bien-être des ſouverains, ils ne ſont donc point de leur invention. Si les deſpotes ont hérité des ſuprêmes avantages de la théocratie, ils ont auſſi été les eſclaves & les victimes des ridicules & cruels préjugés dont elle avoit rempli l'eſprit des nations. Au royaume de Saba, dit Diodore, on lapidoit les princes qui ſe montroient & qui ſortoient de leurs palais; c'eſt qu'ils manquoient à l'étiquette de l'inviſibilité, nouvelle preuve de ce que nous venons de dire.

Mais quel contraſte allons-nous préſenter? Ce ſont tous les deſpotes commandans à la nature même; là ils font fouetter les mers indociles, & renverſent les montagnes qui s'oppoſent à leur paſſage. Ici ils ſe diſent les maîtres de toutes les terres, de toutes les mers, & de tous les fleuves, & ſe regardent comme les dieux ſouverains de tous les dieux de l'univers. Tous les hiſtoriens moraliſtes qui ont remarqué ces traits de l'ancien deſpotiſme, n'ont vû dans ces extravagances que les folies particulieres de quelques princes inſenſés; mais pour nous, nous n'y devons voir qu'une conduite autoriſée & reçue dans le plan des anciens gouvernemens. Ces folies n'ont rien eu de perſonnel; mais elles ont été l'ouvrage de ce vice univerſel qui avoit infecté la police de toutes les nations.

L'Amérique qui n'a pas moins conſervé que l'Aſie une multitude de ces erreurs théocratiques, nous en préſente ici une des plus remarquables dans le ſerment que les ſouverains du Mexique faiſoient à leur couronnement, & dans l'engagement qu'ils contractoient lorſqu'ils montoient ſur le trône. Ils juroient & promettoient que pendant la durée de leur règne, les pluies tomberoient à propos dans leur empire; que les fleuves ni les rivieres ne ſe déborderoient point; que les campagnes ſeroient fertiles, & que leurs ſujets ne recevroient du ciel ni du ſoleil aucune maligne influence.

Quel a donc été l'énorme fardeau dont l'homme ſe trouva chargé auſſi-tôt qu'à la place des ſymboles brutes & inanimés de la première théocratie, on en eût fait l'image de la divinité? Il fallut donc qu'il fût le garant de toutes les calamités naturelles qu'il ne pouvoit produire ni empêcher, & la ſource des biens qu'il ne pouvoit donner: par-là les ſouverains ſe virent confondus avec ces vaines idoles qui avoient encore eu moins de pouvoir qu'eux, & les nations imbécilles les obligerent de même à ſe comporter en dieux, lorſqu'elles n'auroient dû en les mettant à la tête des ſociétés, qu'exiger qu'ils ſe comportaſſent toujours en hommes, & qu'ils n'oubliaſſent jamais qu'ils étoient par leur nature & par leurs foibleſſes égaux à tous ceux qui ſe ſoumettoient à eux ſous l'abri commun de l'humanité, de la raiſon & des lois.

Parce que ces anciens peuples ont trop demandé à leurs ſouverains, ils n'en ont rien obtenu: le deſpotiſme eſt devenu une autorité ſans bornes, parce qu'on a exigé des choſes ſans bornes; & l'impoſſibilité où il a été de faire les biens extrêmes qu'on lui demandoit, n'a pû lui laiſſer d'autre moyen de manifeſter ſon énorme puiſſance, que celui de faire des extravagances & des maux extrêmes.

Tout ceci ne prouve-t-il pas encore que le deſpotiſme n'eſt qu'une idolâtrie auſſi ſtupide devant l'homme raiſonnable, que criminelle devant l'homme religieux. L'Amérique pouvoit tenir cet uſage de l'Affrique où tous les deſpotes ſont encore des dieux de plein exercice, ou des royaumes de Totoca, d'Agag, de Monomotapa, de Loango, &c. C'eſt à leurs ſouverains que les peuples ont recours pour obtenir de la pluie ou de la ſéchereſſe; c'eſt eux que l'on prie pour éloigner la peſte, pour guérir les maladies, pour faire ceſſer la ſtérilité ou la famine; en les invoque contre le tonnerre & les orages, & dans toutes les circonſtances enfin où l'on a beſoin d'un ſecours ſurnaturel. L'Aſie moderne n'accorde pas moins de pouvoir à quelques uns de ſes ſouverains; pluſieurs prétendent encore rendre la ſanté aux malades; les rois de Siam commandent aux élémens & aux génies malfaiſans; ils leur défendent de gâter les biens de la terre; & comme quelques anciens rois d'Egypte, ils ordonnent aux rivières débordées de rentrer dans leurs lits, & de cesser leurs ravages.

Nous pouvons mettre aussi au rang des privileges insensés de la théocratie primitive, l'abus que les souverains orientaux ont toujours fait de cette foible moitié du genre humain qu'ils enferment dans leurs sérails, moins pour servir à des plaisirs que la polygamie de leur pays semble leur permettre, que comme une étiquette d'une puissance plus qu'humaine, & d'une grandeur surnaturelle en tout.

En se rappellant ce que nous avons dit ci-devant des femmes que l'incontinence théocratique avoit données au dieu monarque, & des devoirs honteux auxquels elle avoit asservi la virginité; on ne doutera pas que les symboles des dieux n'ayent aussi hérité de ce tribut infâme, puisque dans les Indes on y marie encore solemnellement des idoles de pierre, & que dans l'ancienne Lybie, au *liv.* I. au rapport d'Hérodote, les peres qui marioient leurs filles étoient obligés de les amener au prince la première nuit de leur noce pour lui offrir le droit du seigneur. Ces deux anecdotes suffisent sans doute pour montrer l'origine & la succession d'une étiquette que les despotes ont nécessairement dû tenir d'une administration qui avoit avant eux perverti la morale, & abusé de la nature humaine.

La source du despotisme ainsi connue, il nous reste pour completter aussi l'analyse de son histoire, de dire quel a été son sort & sa destinée vis-à-vis des ministres théocratiques qui survécurent à la ruine de leur première puissance. La révolution qui plaça les despotes sur le trone du dieu monarque, n'a pu se faire sans doute sans exciter & produire beaucoup de disputes entre les anciens & les nouveaux maîtres: l'ordre théocratique dut y voir la cause du dieu monarque intéressée. L'élection d'un roi pouvoit être regardée en même tems comme une rébellion & comme une idolâtrie. Que de fortes raisons pour inquiéter les rois, & pour tourmenter les peuples! Cet ordre fut le premier ennemi des empires naissans, & de la police humaine. Il ne cessa de parler au nom du monarque invisible pour s'assujettir le monarque visible; & c'est depuis cette époque, que l'on a souvent vu les deux dignités suprêmes se disputer la primauté, lutter l'une contre l'autre dans le plein & dans le vuide, & se donner alternativement des bornes & des limites idéales, qu'elles ont alternativement franchies suivant qu'elles ont été plus ou moins secondées des peuples indécis & flottans entre la superstition & le progrès des connoissances.

Un reste de respect & d'habitude ayant laissé subsister les anciens symboles de pierre & de métal qu'on auroit dû supprimer, puisque les symboles humains devoient en tenir lieu, il restèrent sous la direction de leurs anciens officiers, qui n'eurent plus d'autre occupation que celle de les faire valoir de leur mieux, afin d'attirer de leur côté par un culte religieux, les peuples qu'un culte politique & nouveau attiroit puissamment vers un autre objet. La diversion a dû être forte sans doute dès les commencemens de la royauté; mais les désordres des princes ayant bien-tôt diminué l'affection qu'on devoit à leur trone, les hommes retournèrent aux autels des dieux & aux autres oracles, & rendirent à l'ordre théocratique presque toute sa première autorité. Ces ministres dominèrent bien-tôt sur les despotes eux-mêmes: les symboles de pierre commandèrent aux symboles vivans; la constitution des états devint double & ambiguë, & la réforme que les peuples avoient cru mettre dans leur premier gouvernement ne servit qu'à placer une théocratie politique à côté d'une théocratie religieuse, c'est-à-dire qu'à les rendre plus malheureux en doublant leurs chaînes avec leurs préjugés.

La personne même des despotes ne se ressentit que trop du vice de leur origine; si les nations se sont avisées quelquefois d'enchaîner les statues de leurs dieux, elles en ont aussi usé de même vis-à-vis des symboles humains, c'est ce que nous avons déja remarqué chez les peuples de Saba & d'Abissinie, où les souverains étoient le jouet & la victime des préjugés qui leur avoient donné une existence funeste par ses faux titres.

De plus, comme l'origine des premiers despotes & l'origine de tous les simulacres des dieux étoit la même; les ministres théocratiques les regardèrent souvent comme des meubles du sanctuaire, & les considérant sous le même point de vue que ces idoles primitives qu'ils décoroient à leur fantaisie, & qu'ils faisoient paroître ou disparoître à leur gré; ils se crurent de même en droit de changer sur le trône comme sur l'autel ces nouvelles images du dieu monarque, dont ils se croyoient eux seuls les véritables ministres. Voilà quel a été le titre dont se sont particulièrement servis contre les souverains de l'ancienne Ethiopie les ministres idolâtres du temple de Méroé.

» Quand il leur en prenoit envie, dit Diodore
» de Sicile, *liv. III.* ils écrivoient aux monarques
» que les dieux leur ordonnoient de mourir, &
» qu'ils ne pouvoient, sans crime, désobéir à
» un jugement du ciel. Ils ajoutoient à cet ordre
» plusieurs autres raisons qui surprenoient aisément
» des hommes simples, prévenus par l'antiquité
» de la coutume, & qui n'avoient point le génie
» de résister à ces commandemens injustes. Cet
» usage y subsista pendant une longue suite de
» siècles, & les princes se soumirent à toutes
» ces cruelles ordonnances, sans autre contrainte
» que leur propre superstition. Ce ne fut que

» sous Ptolémée II. qu'un prince, nommé Erga-
» mènes, instruit dans la philosophie des grecs,
» ayant reçu un ordre semblable, osa le premier
» secouer le joug; il prit, continue notre auteur,
» une résolution vraiment digne d'un roi; il as-
» sembla son armée, & marcha contre le temple,
» détruisit l'idole avec ses ministres, & réforma
» leur culte ».

C'est sans doute l'expérience de ces tristes excès qui avoit porté dans la plus haute antiquité plusieurs peuples à reconnoître dans leurs souverains les deux dignités suprêmes, dont la division n'avoit pu produire que des effets funestes. On avoit vu en effet dès les premiers tems connus le sacerdoce souvent uni à l'empire, & des nations penser que le souverain d'un état en devoit être le premier magistrat; cependant l'union du diadème & de l'autel ne fut pas chez ces nations sans vice & sans inconvénient, parce que chez plusieurs d'entre elles le trône n'étoit autre chose que l'autel même, qui s'étoit sécularisé, & que chez toutes on cherchoit les titres de cette union dans des préventions théocratiques & mystiques, toutes opposées au bien-être des sociétés.

Nous terminerons ici l'histoire du despotisme; nous avons vu son origine, son usage & ses faux titres, nous avons suivi les crimes & les malheurs des despotes, dont on ne peut accuser que le vice de l'administration surnaturelle qui leur avoit été donné.

La théocratie dans son premier âge avoit pris les hommes pour des justes, le despotisme ensuite les a regardés comme des méchans; l'une avoit voulu afficher le ciel, l'autre n'a représenté que les enfers; & ces deux gouvernemens, en supposant des principes extrêmes qui ne sont point faits pour la terre, ont fait ensemble le malheur du genre humain, dont ils ont changé le caractère & perverti la raison. L'idolâtrie est venue s'emparer du trône élevé au Dieu monarque, elle en a fait son autel, le despotisme a envahi son autel, il en a fait son trône; & une servitude sans bornes a pris la place de cette précieuse liberté qu'on avoit voulu afficher & conserver par des moyens surnaturels. Ce gouvernement n'est donc qu'une théocratie payenne, puisqu'il en a tous les usages, tous les titres & toute l'absurdité.

Arrivé au terme où l'abus du pouvoir despotique va faire paroître en diverses contrées le gouvernement républicain; c'est ici que dans cette multitude de nations anciennes, qui ont toutes été soumises à une puissance unique & absolue, on va reconnoître dans quelques-unes, cette action physique qui concourt à fortifier ou à affoiblir les préjugés qui commandent ordinairement aux nations de la terre avec plus d'empire que leurs climats.

Lorsque les abus de la première théocratie avoient produit l'anarchie & l'esclavage; l'anarchie avoit été le partage de l'occident dont tous les peuples devinrent errans & sauvages, & la servitude avoit été le sort des nations orientales. Les abus du despotisme ayant ensuite fait gémir l'humanité, & ces abus s'étant introduit dans l'europe par les législations & les colonies asiatiques qui y répandirent une seconde fois leurs faux principes; cette partie du monde sentit encore la force de son climat, elle souffrit, il est vrai, pendant quelques-tems; mais à la fin, l'esprit de l'occident renversa dans la Grece & l'Italie le siege des tyrans qui s'y étoient élevés de toute part; & pour rendre aux européens l'honneur & la liberté qu'on leur avoit ravie, cet esprit a établi par tout le gouvernement républicain, le croyant le plus capable de rendre les hommes heureux & libres.

On ne s'attend pas sans doute à voir renaître dans cette révolution les préjugés antiques de la théocratie primitive; jamais les historiens grecs ou romains ne nous ont parlé de cette chimere mystique, & ils sont d'accord ensemble pour nous montrer l'origine des républiques dans la raison perfectionnée des peuples, & dans les connoissances politiques des plus profonds législateurs : nous craindrions donc d'avancer un paradoxe en disant le contraire, si nous n'étions soutenus & éclairés par le fil naturel de cette grande chaine des erreurs humaines que nous avons parcourue jusqu'ici avec succès, & qui va de meme se prolonger dans les âges que l'on a cru les plus philosophes & les plus sages.

Loin que les préjugés théocratiques fussent éteints, lorsque l'on chassa d'Athènes les Pisistrates & les Tarquins de Rome, ce fut alors qu'ils se reveillerent plus que jamais; ils influerent encore sur le plan des nouveaux gouvernemens; & comme ils dictèrent les projets de liberté qu'on imagina de toute part, ils furent aussi la source de tous les vices politiques dont les législations républicaines ont été affectées & troublées.

Le premier acte du peuple d'Athènes après sa délivrance fut d'élever une statue à Jupiter, & de lui donner le titre de roi, ne voulant point en avoir d'autre à l'avenir; ce peuple ne fit donc autre chose alors que rétablir le regne du dieu monarque, & la théocratie lui parut donc le véritable & le seul moyen de faire revivre cet ancien âge d'or, où les sociétés heureuses & libres n'avoient eu d'autre souverain que le dieu qu'elles invoquoient.

Le gouvernement d'un roi théocratique, & la nécessité de sa présence dans toute société tenoit tellement alors à la religion des peuples de l'europe, que malgré l'horreur qu'ils avoient conçue

pour

pour les rois, ils se crurent néanmoins obligés d'en conserver l'ombre lorsqu'ils en anéantissoient la réalité. Les athéniens & les romains en reléguèrent le nom dans le sacerdoce, & les uns en créant un roi des augures, & les autres un roi des sacrifices, s'imaginèrent satisfaire par-là aux préjugés qui exigeoient que telles ou telles fonctions ne fussent faites que par des images théocratiques. Il est vrai qu'ils eurent un grand soin de renfermer dans les bornes très-étroites le pouvoir de ces prêtres rois; on ne leur donna qu'un faux titre & quelques vaines distinctions; mais il arriva que le peuple ne reconnoissant pour maître que des dieux invisibles, ne forma qu'une société qui n'eut de l'unité que sous une fausse spéculation; & que chacun en voulut être le maître & le centre, & comme ce centre fut partout, il ne se trouva nulle part.

Nous dirons de plus que, lorsque ces premiers républicains anéantirent les rois, en conservant cependant la royauté, ils y furent encore portés par un reste de ce préjugé antique, qui avoit engagé les primitives sociétés à vivre dans l'attente du règne du Dieu monarque, dont la ruine du monde leur avoit fait croire l'arrivée instante & prochaine; c'étoit cette fausse opinion qui avoit porté ces sociétés à ne se réunir que sous un gouvernement figuré, & à ne se donner qu'une administration provisoire. Or, on a tout lieu de croire que les républicains ont eu dans leurs tems quelque motif semblable, parce qu'on retrouve chez eux toutes les ombres de cette attente chimérique.

L'oracle de Delphes promettoit aux Grecs un roi futur, & les sibylles des romains leur avoient aussi annoncé pour l'avenir un monarque qui les rendroit heureux, & qui étendroit leur domination par toute la terre. Ce n'a même été qu'à l'abri de cet oracle corrompu que Rome marcha toujours d'un pas ferme & sûr à l'empire du monde, & que les Césars s'en emparèrent ensuite. Tous ces oracles religieux n'avoient point eu d'autres principes que l'unité future du règne du Dieu monarque qui avoit jetté dans toutes les sociétés cette ambition turbulente qui a tant de fois ravagé l'univers, & qui a porté tous les anciens conquérans à se regarder comme des dieux, ou comme les enfans des dieux.

Après la destruction des rois d'Israel & de Juda, & le retour de la captivité, les hébreux en agirent-à-peu près comme les autres républiques; ils ne rétablirent point la royauté, ni même le nom de roi, mais ils en donnèrent la puissance & l'autorité à l'ordre sacerdotal, & du reste ils vécurent dans l'espérance qu'ils auroient un jour un monarque qui leur assujettiroit tous les peuples de la terre; mais ce faux dogme fut ce qui causa leur ruine totale. Ils confondirent cette attente chimérique & charnelle avec l'attente particuliere où ils devoient être de notre divin Messie, dont le dogme n'avoit aucun rapport aux folies des nations. Au lieu de n'espérer qu'en cet homme de douleur, & ce dieu caché qui avoit été promis à leurs pères; les juifs ne cherchèrent qu'un prince, qu'un conquérant & qu'un grand roi politique. Après avoir troublé toute l'Asie pour trouver leur phantôme, bientôt ils se dévorèrent les uns les autres, & les Romains indignés engloutirent enfin ces foibles rivaux de leur puissance & de leur ambition religieuse.

Cette frivole attente des nations n'ayant été autre dans son principe que celle du Dieu monarque, dont la descente ne doit arriver qu'à la fin des tems, elle ne manqua pas de rappeller par la suite les autres dogmes qui en sont inséparables, & de ranimer toutes les antiques terreurs de la fin du monde: aussi vit-on dans ces mêmes circonstances, où la république romaine alloit se changer en monarchie, les devins de la Toscane annoncer dès le tems de Sylla & de Marius l'approche de la révolution des siècles, & les faux oracles de l'Asie, semer parmi les nations ces allarmes & ces fausses terreurs qui ont agi si puissamment sur les premiers siècles de notre ère, & qui ont alors produit des effets assez semblables à ceux des âges primitifs.

Par cette courte exposition d'une des grandes énigmes de l'histoire du moyen âge, l'on peut juger qu'il s'en falloit de beaucoup que les préjugés de l'ancienne théocratie fussent effacés de l'esprit des Européens. En proclamant donc un Dieu pour le roi de leur république naissante, ils adoptèrent nécessairement tous les abus & tous les usages qui devoient être la suite de ce premier acte, & en le renouvellant, ils s'efforcèrent aussi de ramener les sociétés à cet ancien âge d'or, & à ce règne surnaturel de justice, de liberté & de simplicité qui en avoit fait le bonheur. Ils ignoroient alors que cet état n'avoit été dans son tems que la suite des anciens malheurs du monde, & l'effet d'une vertu momentanée, & d'une situation extrême, qui, n'étant point l'état habituel du genre humain sur la terre, ne peut faire la base d'une constitution politique, qu'on ne doit asseoir que sur un milieu fixe & invariable.

Ce fut donc dans ces principes plus brillans que solides, qu'on alla puiser toutes les institutions qui devoient donner la liberté à chaque citoyen, & l'on fonda cette liberté sur l'égalité de puissance, parce qu'on avoit encore oublié que les anciens n'avoient eu qu'une égalité de misère. Comme on s'imagina que cette égalité que mille causes physiques & morales ont toujours écartée, & écarteront toujours de la terre; comme on s'imagina, dis-je,

Philosophie anc. & mod. Tom. I.

que cette égalité étoit de l'essence de la liberté, tous les membres d'une république se dirent égaux, ils furent tous rois, ils furent tous législateurs ou participans à la législation.

Pour maintenir ces glorieuses & dangereuses chimeres, il n'y eut point d'état républicain qui ne se vît forcé de recourir à des moyens violens & surnaturels. Le mépris des richesses, la communauté des biens, le partage des terres, la suppression de l'or & de l'argent monnoyé, l'abolition des dettes, les repas communs, l'expulsion des étrangers, la prohibition du commerce, les formes de la police & de la discipline, le nombre & la valeur des voix législatives ; enfin une multitude de loix contre le luxe & pour la frugalité publique les occuperent & les diviserent sans cesse. On édifioit aujourd'hui ce qu'il falloit détruire peu après ; les principes de la société étoient toujours en contradiction avec son état, & les moyens qu'on employoit étoient toujours faux parce qu'on appliquoit à des nations nombreuses & formées des loix ou plutôt des usages qui ne pouvoient convenir qu'à un âge mystique, & qu'à des familles religieuses.

Ces républiques se disoient libres, & la liberté fuyoit devant elles; elles vouloient être tranquilles, elles ne le furent jamais ; chacun s'y prétendoit égal, & il n'y eut point d'égalité : enfin, ces gouvernemens pour avoir eu pour point de vue tous les avantages extrèmes des théocraties & de l'âge d'or, furent perpétuellement comme ces vaisseaux qui, cherchant des contrées imaginaires, s'exposent sur des mers orageuses, où après avoir été long-tems tourmentés par d'affreuses tempêtes, ils vont échouer à la fin sur des écueils & se briser contre les rochers d'une terre déserte & sauvage.

Le système républicain cherchoit de même une contrée fabuleuse, il fuyoit le despotisme, & partout le despotisme fut sa fin ; telle étoit même la mauvaise constitution de ces gouvernemens jaloux de liberté & d'égalité, que ce despotisme qu'ils haïssoient en étoit l'asile & le soutien dans les tems difficiles : il a fallu bien souvent que Rome, pour sa propre conservation se soumît volontairement à des dictateurs souverains. Ce remede violent, qui suspendoit l'action de toute loi & de toute magistrature, fut la ressource de cette fameuse république dans toutes les circonstances malheureuses, où le vice de sa constitution la plongeoit. L'héroïsme des premiers tems le rendit d'abord salutaire, mais sur la fin, cette dictature se fixa dans une famille ; elle y devint héréditaire, & ne produisit plus que d'abominables tyrans.

Le gouvernement républicain n'a donc été dans son origine qu'une théocratie renouvellée ; & comme il en eut le même esprit, il en eut aussi tous les abus, & se termina de même par la servitude. L'un & l'autre gouvernement eurent ce vice essentiel de n'avoir point donné à la société un lien visible & un centre commun qui la rappellât vers l'unité, qui la représentât dans l'aristocratie. Ce centre commun n'étoit autre que les grands de la nation en qui résidoit l'autorité, mais un titre porté par mille têtes, ne pouvant représenter cette unité, le peuple indécis y fut toujours partagé en factions, ou soumis à mille tyrans.

La démocratie dont le peuple étoit souverain fut un autre gouvernement aussi pernicieux à la société ; il ne faut pas être né dans l'orient pour le trouver ridicule & monstrueux. Législateur, sujet & monarque à la fois, tantôt tout, & tantôt rien, le peuple souverain ne fut jamais qu'un tyran soupçonneux, & qu'un sujet indocile, qui entretint dans la société des troubles & des dissentions perpétuelles, qui la firent à la fin succomber sous les ennemis du dedans & sous ceux qu'on lui avoit faits au dehors.

L'inconstance de ces diverses républiques & leur courte durée suffiroient seules, indépendamment du vice de leur origine, pour nous faire connoître que ce gouvernement n'est point fait pour la terre, ni proportionné au caractère de l'homme, ni capable de faire ici bas tout son bonheur possible. Les limites étroites des territoires, entre lesquelles il a toujours fallu que ces républiques se renfermassent pour conserver leurs constitutions, nous montrent aussi qu'elles sont incapables de rendre heureuses les grandes sociétés. Quand elles ont voulu vivre exactement suivant leurs principes, & les maintenir sans altération, elles ont été obligées de se séparer du reste de la terre ; & en effet, un desert convient autant autour d'une république qu'autour d'un empire despotique, parce que tout ce qui a ses principes dans le surnaturel, doit vivre seul & se séparer du monde : mais par une suite de cet abus nécessaire, la multitude de ces districts républicains fit qu'il y eut moins d'unité qu'il n'y en avoit jamais eu parmi le genre humain. On vit alors une anarchie de ville à ville, comme on en avoit vu une autrefois de particulier à particulier. L'inégalité & la jalousie des républiques entre elles firent répandre autant & plus de sang que le despotisme le plus cruel ; les petites sociétés furent détruites par les grandes, & les grandes à leur tour se détruisirent elles-mêmes.

L'idolatrie de ces anciennes républiques offriroit encore un vaste champ où nous retrouverions facilement tous les détails & tous les usages de cet esprit théocratique qu'elles conserverent. Nous ne nous y arrêterons pas cependant, mais nous ferons seulement remarquer, que si elles consultèrent avec la dernière stupidité le vol des oiseaux & les poulets sacrés, & si elles ne commencèrent jamais aucune entreprise, soit publique, soit particulière, soit en paix, soit en guerre, sans les avis de leurs devins & de leurs augures, c'est qu'elles ont toujours eu pour principe de ne rien faire sans les ordres de leur monarque théocratique. Ces républiques n'ont été idolâtres que par-là, & l'apostasie de la raison qui a fait le crime & la honte du paganisme, ne pouvoit manquer de se perpétuer par leur gouvernement surnaturel.

Malgré l'aspect désavantageux sous lequel les républiques viennent de se présenter à nos yeux, nous ne pouvons oublier ce que leur histoire a de beau & d'intéressant dans ces exemples étonnans de force, de vertu & de courage qu'elles ont toutes donnés, & par lesquels elles se sont immortalisées; ces exemples, en effet, ravissent encore notre admiration, & affectent tous les cœurs vertueux; c'est-là le beau côté de l'ancienne Rome & d'Athènes. Exposons donc ici les causes de leurs vertus, puisque nous avons exposé les causes de leur vice.

Les républiques ont eu leur âge d'or, parce que tous les états surnaturels ont nécessairement dû commencer par-là. Les spéculations théocratiques ayant fait la base des spéculations républicaines, leurs premiers effets ont dû élever l'homme au-dessus de lui-même, lui donner une ame plus qu'humaine, & lui inspirer tous les sentimens qui seuls avoient été capables autrefois de soutenir le gouvernement primitif qu'on vouloit renouveller pour faire reparoître avec lui sur la terre la vertu, l'égalité & la liberté. Il a donc fallu que le républicain s'élevât pendant un tems au-dessus de lui-même; le point de vûe de sa législation étant surnaturel, il a fallu qu'il fût vertueux pendant un tems, sa législation voulant faire renaître l'âge d'or qui avoit été le règne de la vertu; mais il a fallu à la fin que l'homme redevint homme, parce qu'il est fait pour l'être.

Les grands mobiles qui donnèrent alors tant d'éclat aux généreux efforts de l'humanité, furent aussi les causes de leur courte durée. La ferveur de l'âge d'or s'étoit renouvellée, mais elle n'étoit encore passagère; l'héroïsme avoit reparu dans tout son lustre, mais il s'éclipsa de même, parce que les prodiges ici bas ne sont point ordinaires, & que le surnaturel n'est point fait pour la terre. Quelques-uns ont dit que les vertus de ces anciens républicains n'avoient été que des vertus humaines & de fausses vertus; pour nous, nous disons le contraire : si elles ont été fausses, c'est parce qu'elles ont été plus qu'humaines; sans ce vice elles auroient été plus constantes & plus vraies.

L'état des sociétés ne doit point être en effet établi sur le sublime, parce qu'il n'est pas le point fixe ni le caractère moyen de l'homme, qui souvent ne peut pratiquer la vertu qu'on lui prêche, & qui plus souvent encore en abuse lorsqu'il la pratique, quand il a éteint sa raison, & lorsqu'il a dompté la nature. Nous avons toujours vû jusqu'ici qu'il ne l'a fait que pour s'élever au-dessus de l'humanité, & c'est par les mêmes principes que les républiques se sont perdues, après avoir produit des vertus monstrueuses, plutôt que des vraies vertus, & s'être livrées à des excès contraires à leur bonheur & à la tranquillité du genre humain.

Le sublime, ce mobile si nécessaire du gouvernement républicain, & de tout gouvernement fondé sur des vûes plus qu'humaines, est tellement un ressort disproportionné dans le monde politique, que dans les austères républiques de la Grèce & de l'Italie, souvent la plus sublime vertu y étoit punie, & presque toujours maltraitée : Rome & Athènes nous en ont donné des preuves qui nous paroissent inconcevables, parce qu'on ne veut jamais prendre l'homme pour ce qu'il est. Le plus grand personnage, les meilleurs citoyens, tous ceux enfin qui avoient le plus obligé leur patrie, étoient bannis ou se bannissoient d'eux-mêmes; c'est qu'ils choquoient cette nature humaine qu'on méconnoissoit; c'est qu'ils étoient coupables envers l'égalité publique par leur trop de vertu. Nous conclurons donc par le bien & le mal extrêmes dont les républiques anciennes ont été susceptibles, que leur gouvernement étoit vicieux en tout, parce que préoccupé de principes théocratiques, il ne pouvoit être que très-éloigné de cet état moyen, qui seul peut sur la terre arrêter & fixer à leur véritable degré la sûreté, le repos & le bonheur du genre humain.

Les excès du despotisme, les dangers des républiques, & le faux de ces deux gouvernemens, issus d'une théocratie chimérique, nous apprendront ce que nous devons penser du gouvernement monarchique, quand même la raison seule ne nous le dicteroit pas. Un état politique où le trône du monarque qui représente l'unité a pour fondement les loix de la société sur laquelle il règne, doit être le plus sage & le plus heureux de tous. Les principes d'un tel gouvernement sont pris dans la nature de l'homme & de la planète qu'il habite; il est fait pour la terre comme une république & une véritable théocratie ne sont faites que pour le ciel, & comme le despotisme est fait pour les enfers. L'honneur & la raison qui lui ont donné l'être, sont les vrais mobiles de l'homme, comme cette sublime vertu, dont les républiques n'ont pû nous montrer que des rayons passagers, sera le mobile constant des justes de l'empirée, & comme la crainte des états despotiques sera l'unique mobile des méchans au tartare. C'est le gouvernement monarchique qui seul a trouvé les vrais moyens de nous faire jouir de tout le bonheur possible, de toute la liberté possible, & de tous les avantages dont l'homme en société peut jouir sur la terre. Il n'a point été, comme les anciennes législations, en chercher de chimériques dont on ne peut constamment user, & dont on peut abuser sans cesse.

Ce gouvernement doit donc être regardé comme le chef-d'œuvre de la raison humaine, & comme le port où le genre humain, battu de la tempête en cherchant une félicité imaginaire, a dû enfin se rendre pour en trouver une qui fût faite pour lui. Elle est sans doute moins sublime que celle qu'il avoit en vue, mais elle est plus solide, plus réelle & plus vraie sur la terre. C'est-là qu'il a trouvé des rois qui n'affichent plus la divinité, & qui ne peuvent oublier qu'ils sont des hommes : c'est-là qu'il peut les aimer & les respecter, sans les adorer comme de vaines idoles, & sans les craindre comme des dieux exterminateurs : c'est-là que les rois reconnoissent des loix sociales & fondamentales, qui rendent leurs trônes inébranlables, & leurs sujets heureux, & que les peuples suivent sans peine & sans intrigues des loix antiques & respectables que leur ont donné de sages monarques sous lesquels depuis une longue succession de siècles ils jouissent de tous les privilèges & de tous les avantages modérés qui distinguent l'homme sociable de l'esclave de l'Asie & du sauvage de l'Amérique.

L'origine de la monarchie ne tient en rien à cette chaîne d'événemens & à ces vices communs qui ont lié jusqu'ici les uns aux autres tous les gouvernemens antérieurs, & c'est ce qui fait particulièrement son bonheur & sa gloire.

Comme les anciens préjugés, qui faisoient encore par-tout le malheur du monde, s'étoient éteints dans les glaces du nord, nos ancêtres, tout grossiers qu'ils étoient, n'apportèrent dans nos climats que le froid bon sens, avec ce sentiment d'honneur qui s'est transmis jusqu'à nous, pour être à jamais l'ame de la monarchie. Cet honneur n'a été & ne doit être encore dans son principe que le sentiment intérieur de la dignité de la nature humaine, que les gouvernemens théocratiques ont dédaigné & avili, que le despotique a détruit, mais que le monarchique a toujours respecté, parce que son objet est de gouverner des hommes incapables de cette vive imagination qui a toujours porté les peuples du midi aux vices & aux vertus extrêmes. Nos ancêtres trouvèrent ainsi le vrai qui n'existe que dans un juste milieu ; & loin de reconnoître dans leurs chefs des dons surnaturels, & une puissance plus qu'humaine, ils se contentoient en les couronnant de les élever sur le pavois & de les porter sur leurs épaules, comme pour faire connoître qu'ils seroient toujours soutenus par la raison publique, conduits par son esprit, & inspirés par ses loix. Bien plus : ils placèrent à côté d'eux des hommes sages, auxquels ils donnèrent la dignité de pairs, non pour les égaler aux rois, mais pour apprendre à ces rois qu'étant hommes, ils sont égaux à des hommes. Leurs principes humains & modérés n'exigerent donc point de leurs souverains qu'ils se comportassent en dieu, & ces souverains n'exigerent point non plus de ces peuples sensés ni ce sublime dont les mortels sont peu capables, ni cet avilissement qui les révolte ou qui les dégrade. Le gouvernement monarchique prit la terre pour ce qu'elle est & les hommes pour ce qu'ils sont ; il les y laissa jouir des droits & des privileges attachés à leur naissance, à leur état & à leurs facultés ; il entretint chez chacun d'eux des sentimens d'honneur, qui font l'harmonie & la contenance de tout le corps politique ; & ce qui fait enfin son plus parfait éloge, c'est qu'en soutenant ce noble orgueil de l'humanité, il a su tourner à l'avantage de la société les passions humaines, si funestes à toutes les autres législations qui ont moins cherché à les conduire qu'à les détruire ou à les exalter : constitution admirable, digne de tous nos respects & de tout notre amour ! Chaque corps, chaque société, chaque particulier même y doit voir une position d'autant plus constante, & d'autant plus heureuse, que cette position n'est point établie sur de faux principes : ni fondée sur des mobiles ou des motifs chimériques, mais sur la raison & sur le caractère des choses d'ici bas. Ce qu'il y a même de plus estimable dans ce gouvernement, c'est qu'il n'a point été une suite d'une législation particulière ni d'un système médité, mais le fruit lent & tardif de la raison dégagée de ces préjugés antiques.

Il a été l'ouvrage de la nature, qui doit être à bon titre regardée comme la législatrice & comme la loi fondamentale de cet heureux & sage gouvernement : c'est elle seule qui a donné une législation capable de suivre dans ses progrès le génie du genre humain, & d'élever l'esprit de chaque gouvernement à mesure que l'esprit de chaque nation s'éclaire & s'élève ; équilibre sans lequel ces deux esprits chercheroient en vain leur repos & leur sûreté.

Nous n'entrerons point dans le détail des diversités qu'ont entr'elles les monarchies présentes de l'Europe, ni des événemens qui depuis dix ou à douze siecles ont produit ces variations. Dans tout, l'esprit primitif est toujours le même ; s'il a été quelquefois altéré ou changé, c'est parce que les antiques préventions des climats où elles sont venues s'établir, ont cherché à les subjuguer dans ces âges d'ignorance & de superstition qui plongerent pour un tems dans le sommeil le bon sens des nations européennes, & même la religion la plus sainte.

Ce fut sous cette ténébreuse époque que ces mêmes préjugés théocratiques, qui avoient infecté les anciens gouvernemens, entreprirent de s'assujettir aussi les monarchies nouvelles, & que sous mille formes différentes ils en furent tantôt les fléaux & tantôt les corrupteurs. Mais à quoi sert de rappeller un âge dont nous détestons aujourd'hui la mémoire, & dont nous méprisons les faux principes ? qu'il nous serve seulement à montrer que les monarchies n'ont pu être troublées que par des vices étrangers sortis du sein de la nature calme & paisible. Elles n'ont eu de rapport avec les théocraties, filles de fausses terreurs, que par les maux qu'elles en ont reçus. Seules capables de remplir l'objet de la science du gouvernement, qui est de maintenir les hommes en société, & de faire le bonheur du monde, les monarchies y réussiront toujours en rappellant leur esprit primitif pour éloigner les faux systèmes; en s'appuyant sur une police immuable, & sur des loix inaltérables, afin d'y trouver leur sûreté & celle de la société, & en plaçant entre la raison & l'humanité, comme en une bonne & sûre garde, les préjugés théocratiques, s'il y en a qui subsistent encore. Du reste, c'est le progrès des connoissances qui, en agissant sur les puissances & sur la raison publique, continuera de leur apprendre ce qu'il importe pour le vrai bien de la société : c'est à ce seul progrès, qui commande d'une façon invisible & victorieuse à tout ce qui pense dans la nature, qu'il est réservé d'être le législateur de tous les hommes, & de porter insensiblement & sans effort des lumières nouvelles dans le monde politique, comme il en porte tous les jours dans le monde savant.

Nous croirions avoir omis la plus intéressante de nos observations, & avoir manqué à leur donner le degré d'authenticité dont elles peuvent être susceptibles, si après avoir suivi & examiné l'origine & les principes des divers gouvernemens, nous ne finissions point par faire remarquer & admirer quelle a été la sagacité d'un des grands hommes de nos jours, qui, sans avoir considéré l'origine particulière de ces gouvernemens, qu'il auroit cependant encore mieux vu que nous, a commencé par où nous venons de finir, & a prescrit néanmoins à chacun d'eux son mobile convenable & ses loix. Nous avons vu que les républiques avoient pris pour modele l'âge d'or de la théocratie, c'est-à-dire le ciel même ; c'est la *vertu*, dit M. de Montesquieu, qui doit être le mobile du gouvernement républicain. Nous avons vu que le despotisme n'avoit cherché qu'à représenter le monarque exterminateur de la théocratie des nations ; c'est la *crainte*, a dit encore M. de Montesquieu, qui

doit être le mobile du despotisme. C'est l'*honneur*, a dit enfin ce législateur de notre âge, qui doit être le mobile de la monarchie ; & nous avons reconnu en effet que c'est ce gouvernement raisonnable fait pour la terre, qui laissant à l'homme tout le sentiment de son état & de son existence, doit être soutenu & conservé par l'honneur, qui n'est autre chose que le sentiment que nous avons tous de la dignité de notre nature. Quoi qu'aient donc pu dire la passion & l'ignorance contre les principes du sublime auteur de l'*esprit des loix*, ils sont aussi vrais que sa sagacité a été grande pour les découvrir & en suivre les effets sans en avoir cherché l'origine. Tel est le privilege du génie, d'être seul capable de connoître le vrai d'un grand tout, lors même que ce tout lui est inconnu, ou qu'il n'en considere qu'une partie.

(Cet article, presqu'entierement extrait des papiers de *Boulanger*, est de M. NAIGEON.)

BRACHMANES, s. m. pl. (*Hist. de la Philos. anc.*) Gymnosophistes ou philosophes indiens, dont il est souvent parlé dans les anciens. Ils en racontent des choses fort extraordinaires, comme de vivre couchés sur la terre ; de se tenir toujours sur un pied ; de regarder le soleil d'un œil ferme & immobile depuis son lever jusqu'à son coucher ; d'avoir les bras élevés toute leur vie ; de se regarder sans cesse le bout du nez, & de se croire comblés de la faveur céleste la plus insigne, toutes les fois qu'ils y appercevoient une petite flamme bleue. Voilà des extravagances tout-à-fait incroyables ; & si ce fut ainsi que les *brachmanes* obtinrent le nom de *sages*, il n'y avoit que les peuples qui leur accorderent ce titre qui fussent plus fous qu'eux. On dit qu'ils vivoient dans les bois, & que les relâchés d'entre eux, ceux qui ne visoient pas à la contemplation béatifique de la flamme bleue, étudioient l'Astronomie, l'histoire de la nature, & la politique, & sortoient quelquefois de leurs deserts pour faire part de leurs contemplations aux princes & aux sujets. Ils veilloient de si bonne heure à l'instruction de leurs disciples, qu'ils envoyoient des directeurs à la mere, si-tôt qu'ils apprenoient qu'elle avoit conçu ; & sa docilité pour leurs leçons étoit d'un favorable augure pour l'enfant. On demeuroit trente-sept ans à leur école, sans parler, tousser, ni cracher; au bout de ce tems, on avoit la liberté de mettre une chemise, de manger des animaux, & d'épouser plusieurs femmes ; mais à condition qu'on ne leur révéleroit rien des préceptes sublimes de la gymnosophie. Les *brachmanes* prétendoient que la vie est un état de conception, & la mort le moment de la naissance ; que l'ame du philosophe détenue dans son corps, est dans l'état d'une chrysalide, & qu'elle se débarrasse à l'instant du trépas, comme un papillon qui perce fa coque & prend fon effor. Les évenemens de la vie n'étoient selon eux ni bons ni mauvais ; puisque ce qui déplaît à l'un plaît à l'autre, & qu'une même chose est agréable & désagréable à la même personne en différens tems : voilà l'abregé de leur morale. Quant à leur physique, c'étoit un autre amas informe de préjugés : cependant ils donnoient au monde un commencement & une fin ; admettoient un Dieu créateur, qui le gouvernoit & le pénétroit ; croyoient l'univers formé d'élémens différens ; regardoient les cieux comme le résultat d'une quintessence particulière ; soutenoient l'immortalité de l'ame, & supposoient des tribunaux aux enfers, &c. Clément d'Alexandrie en fait l'une des deux espèces de gymnosophistes. *Voyez* PHILOSOPHIE DES INDIENS ET GYMNOSOPHISTES. Quand ils étoient las de vivre, ils se brûloient ; ils dressoient eux-mêmes leur bûcher, l'allumoient de leurs mains, & y entroient d'un pas grave & majestueux.

Tels étoient ces sages que les philosophes grecs allèrent consulter tant de fois : on prétend que c'est d'eux que Pythagore reçut le dogme de la métempsycose. On lit dans Suidas, qu'ils furent appellés *Brachmanes*, du roi *Brachman* leur fondateur. Cette secte subsiste encore dans l'orient, sous le nom de *Bramènes* ou *Bramines*. *Voyez* BRAMINES.

BRAMINES ou BRAMENES ou BRAMINS ou BRAMENS, sub. m. pl., (*hist. de la philos. anc. & mod.*). Secte de philosophes Indiens appellés anciennement *Brachmanes*. Voyez BRACHMANES. Ce sont des prêtres qui révèrent principalement trois choses, le dieu fo, la loi & les livres qui contiennent leurs constitutions. Ils assurent que le monde n'est qu'une illusion, un songe, un prestige, & que les corps pour exister véritablement, doivent cesser d'être en eux-mêmes & se confondre avec le néant, qui, par sa simplicité fait la perfection de tous les êtres. Ils font consister la sainteté à ne rien vouloir, à ne rien penser, à ne rien sentir, & à si bien éloigner de son esprit toute idée, même de vertu, que la parfaite quiétude de l'ame n'en soit pas altérée. C'est le profond assoupissement de l'esprit, le calme de toutes les puissances, la suspension absolue des sens qui fait la perfection. Cet état ressemble si fort au sommeil qu'il paroît que quelques grains d'Opium sanctifieroient un *Bramine* bien plus sûrement que tous ses efforts. Ce quiétisme a été attaqué dans les Indes & défendu avec chaleur. Du reste ils méconnoissent leur premier origine. Le roi Brachman n'est point leur fondateur. Ils se prétendent issus de la tête du dieu Brama, dont le cerveau ne fut pas seul fécond ; ses pieds, ses mains, ses bras, son estomac, ses cuisses engendrèrent aussi, mais des êtres bien moins nobles que les *Bramines*. Ils ont des livres anciens qu'ils appellent *Sacrés*. Ils conservent la langue dans laquelle ils ont été écrits. Ils admettent la métempsicose, ils prétendent que la chaîne des êtres est émanée du sein de dieu, & y remonte continuellement comme le fil sort du ventre de l'araignée & y rentre. Au reste il paroît que ce système de religion varie avec les lieux. Sur la côte de Coromandel Wistnou est le dieu des *Bramines* ; Brama n'est que le premier homme. Brama reçut de Wistnou le pouvoir de créer ; il fit huit mondes comme le nôtre dont il abandonna l'administration à huit lieutenans. Les mondes périssent & renaissent ; notre terre a commencé par l'eau & finira par le feu : il s'en reformera de ses cendres une autre où il n'y aura ni mer ni vicissitude de saisons. Les *Bramines* font circuler les ames dans différens corps ; celle de l'homme doux passe dans le corps d'un pigeon ; celle d'un tyran dans le corps d'un vautour, & ainsi des autres : ils ont en conséquence un extrême respect pour les animaux ; ils leur ont établi des hôpitaux : la piété leur fait racheter les oiseaux que les Mahométans prennent. Ils sont fort respectés des Benjans ou Banians dans toutes les Indes ; mais sur-tout de ceux de la côte de Malabar, qui poussent la vénération jusqu'à leur abandonner leurs épouses avant la consommation du mariage ; afin que ces hommes divins en disposent selon leur sainte volonté, & que les nouveaux mariés soient heureux & bénis. Ils sont à la tête de la religion ; ils en expliquent les rêveries aux idiots, & dominent ainsi sur ces idiots, & par contre-coup sur le petit nombre de ceux qui ne le sont pas. Ils tiennent les petites écoles. l'austérité de leur vie, l'ostentation de leurs jeûnes en imposent. Ils sont répandus dans toutes les Indes, mais leur collège est proprement à Banassi. Nous pourrions pousser plus loin l'exposition des extravagances de la philosophie & de la religion des *Bramines* : mais leur absurdité, leur nombre & leur durée ne doivent rien avoir d'étonnant : un chrétien y voit l'effet de la colère céleste. Tout se tient dans l'entendement humain ; l'obscurité d'une idée se répand sur celles qui l'environnent ; une erreur jette des ténèbres sur des vérités contigues ; & s'il arrive qu'il y ait dans une société des gens intéressés à former, pour ainsi dire, des centres de ténèbres, bientôt le peuple se trouve plongé dans une nuit profonde. Nous n'avons point ce malheur à craindre, jamais les centres de ténèbres n'ont été plus rares & plus resserrés qu'aujourd'hui : la philosophie s'avance à pas de géant, & la lumière l'accompagne & la suit. Voyez dans la nouvelle édition de Voltaire la lettre d'un Turc sur les *Bramines*.

Voilà, à-peu-près, ce qu'on savoit de plus certain, & ce qu'on pouvoit dire de plus exact sur la religion & la philosophie des *Bramines* à l'époque où ce qu'on vient de lire a été écrit. Depuis ce tems les opinions de ces vieux philosophes ont été examinées avec plus de soin & avec moins de ces anciens préjugés que l'éloignement des tems, la distance des lieux, le défaut de monuments & l'amour si général du merveilleux consacrent si facilement dans l'esprit naturellement paresseux, crédule & superstitieux de la plupart des hommes. Des Anglois très-instruits qui ont séjourné long-tems dans l'Inde, qui ont eu avec les plus savans Brames de fréquens entretiens sur tous les points de leur doctrine publique & secrette, qui ont même appris leur langue, observé leurs mœurs & leurs usages généraux & particuliers, nous ont donné sur ces différens objets, jusqu'alors si peu connus & si défigurés par les récits exagérés & fabuleux de plusieurs voyageurs, des détails très-curieux & qui peuvent servir à rectifier à cet égard la plupart des idées reçues.

A l'aide de ces nouvelles connoissances acquises sur les anciens peuples de l'Hindostan, nous pouvons aujourd'hui présenter à nos lecteurs un exposé plus étendu & sur-tout plus fidèle de leurs dogmes religieux & philosophiques : & c'est ce que nous nous proposons de faire dans l'article suivant. Mais avant d'entrer en matière, nous croyons devoir faire précéder cette analyse historique & philosophique de quelques réflexions préliminaires.

Rien de si intéressant aux yeux de la philosophie que les monuments religieux des nations & les systêmes divers qui ont regné sur une grande multitude d'hommes, sur-tout ceux qui remontent le plus loin dans les tems passés ; ce sont là les vrais matériaux de l'histoire de l'esprit humain. A cet égard, la religion des anciens peuples de l'Hindostan prétend à une supériorité qu'aucune autre ne peut lui disputer. Les deux principaux Shasters datent de plus de 4800 ans, & ces Shasters eux-mêmes ne sont que la réformation de ce systême & des abrégés de la doctrine contenue dans les Bédas les vrais livres originaux de cette religion, auxquels on assigne pour époque celle de la création même.

L'opinion de cette haute Antiquité est fondée sur une tradition immémoriale, constante & uniforme dans l'ordre des Bramines ; mais de quelque poids que puisse être une pareille tradition, vu l'importance des conséquences, il est très-permis de révoquer en doute cette antiquité jusqu'à ce qu'on nous prouve incontestablement la date des Shasters, & qu'on nous fasse voir dans les Bédas même l'histoire religieuse marchant parallèlement avec l'histoire politique & civile. Cette tâche n'est pas aisée à remplir, tant à cause de la difficulté d'obtenir la communication de ces livres sacrés, qu'à cause de la langue dans laquelle ils sont écrits. Si cependant il est vrai, comme on le prétend, que des missionnaires Danois en ayent autrefois rapporté de l'Inde une copie conservée à Copenhague, il ne manque plus qu'un homme assez versé dans le Shanscrit pour tirer de ces archives précieuses des lumières capables peut-être d'opérer la révolution la plus importante dans l'histoire & la philosophie.

Si l'on est en droit de contester aux Bramines la date qu'ils assignent aux Bédas & aux Shasters ; (qui ne furent composés d'après les Bédas, que long-tems après pour rétablir la pureté de leur doctrine qui avoit été altérée), du moins il paroit incontestable que les uns & les autres sont extrêmement anciens. Le voyage de Zerdust ou Zoroastre dans l'Inde, dont les annales des Hindous font mention sous le nom de Zardhurst, celui de Pythagore quelque tems après, que l'on place communément du tems de Romulus, la peine que prirent ces deux grands hommes de s'instruire de la religion & de la philosophie des Bramines, les Dogmes qu'ils en ont évidemment adoptés, prouvent assez que dès long-tems l'Hindostan étoit renommé pour les sciences chez les peuples de l'Asie.

Les connoissances philosophiques que l'on trouve dans les Shasters, la pureté de leurs dogmes concernant l'unité, les attributs & la providence de Dieu, concernant l'immatérialité & l'immortalité de l'ame, la liberté de l'homme, les peines & les récompenses à venir, les questions les plus importantes de la théologie & de la métaphysique, que l'on y voit discutées avec tout l'art du raisonnement, tout cela suppose un période de société très-avancé, la raison perfectionnée par une longue expérience, des progrès immenses dans la marche de l'esprit humain, & par conséquent une prodigieuse antiquité précédente.

D'après quelques conformités dans plusieurs points de la croyance des Hindous avec certains systêmes modernes, des savans, entr'autres Baldeus, ont prétendu qu'il falloit que les Bramines eussent eu anciennement connoissance de ces systêmes ; n'est-ce pas là s'exposer à faire tirer la conséquence directement opposée à celle-là ? Il est bien plus vraisemblable que les Perses & les Egyptiens, les Grecs même & peut-être les Chinois ont originairement tiré leurs connoissances de l'Hindostan. La grande antiquité presque prouvée des sciences en ce pays, la position des lieux, la facilité de la communication, la communication qui a existé postérieurement, ne forment-elles pas une présomption très-forte en faveur de cette supposition ?

Au reste, nous ne prétendons pas pour cela nier que dans des tems très-postérieurs, lorsque l'Islamisme eut soumis une partie considérable de l'Inde ; & depuis qu'une communication facile

& continuelle avec l'Europe y a porté le chriſtianiſme, il n'ait paſſé dans la croyance des Hindous pluſieurs notions analogues, empruntées de ces deux religions; mais cela ne prouveroit rien à l'égard des tems dont nous parlons, non plus qu'à l'égard du ſyſtême général, qu'il faut chercher dans les livres ſacrés & la profeſſion conſtante des ſavans, plus que dans la pratique & les opinions populaires.

Dans tous les tems, dans tous les pays & dans toutes les religions, le peuple par ignorance & par frayeur eſt ſuperſtitieux, on pourroit même dire, à prendre les choſes à la rigueur, qu'il eſt idolâtre. Le climat de l'Aſie ſemble, par ſon influence, augmenter encore dans ſes habitans ce penchant pour la ſuperſtition. Une religion toute ſymbolique, telle que celle des Hindous, donne naturellement accès à toutes les rêveries que peut enfanter l'imagination abandonnée à elle-même. Il ne faut que prendre dans un ſens poſitif les allégories dont elle eſt remplie. Ceux qui pouvoient & devoient par état maintenir la pureté du dogme & la ſimplicité du culte avoient intérêt de corrompre l'un & l'autre. Les *Bramines*, dépoſitaires des titres de la foi, les rendirent inacceſſibles aux autres tribus qui n'eurent plus de notions que celles qu'il plût à leurs tyrans religieux de leur donner. En multipliant les myſtères & les pratiques, ils multiplièrent les liens qui retiennent le peuple dans leur dépendance.

Avec tant de cauſes de corruption, doit-on s'étonner ſi l'ancienne religion s'eſt altérée chez les Hindous, ſi les européens les ont d'abord regardés comme un peuple idolâtre, & ſi l'on n'a plus apperçu qu'un amas monſtrueux de ſuperſtitions, dans un ſyſtême qui, ſous un voile emblématique, renferme les notions les plus ſimples & les plus ſaines de la théologie.

Baldeus, qui avoit demeuré près de trente ans dans l'iſle de Ceylan, s'eſt attaché à faire une traduction littérale du *Bédang*, abuſivement appellé *Védam* ou *Viedam*, ſans chercher à s'inſtruire du ſens caché ſous les allégories de ce livre. Indépendamment de la mauvaiſe foi qui règne dans ſa traduction, ainſi que des infidélités & des bévues dont elle fourmille, faute d'avoir apperçu la vérité ſous ces déguiſemens, il a pris l'ombre pour le corps, & ſon pénible ouvrage, révoltant pour la raiſon, n'a ſervi qu'à répandre & accréditer le préjugé dans lequel on a été juſqu'à préſent en Europe, contre cette religion.

M. Holwell, dans la ſeconde partie de ſon ouvrage ſur le Bengale, publiée en 1767, nous en donne une idée bien différente; mais ſon livre, en détruiſant un grand nombre d'erreurs, devient lui-même un nouveau ſujet de difficultés. D'accord avec M. Dow ſur les articles fondamentaux, il diffère dans les détails, au point que l'on y reconnoît à peine le même ſyſtême de croyance; les Shaſters, dont il parle, ne paroiſſent point être du nombre de ceux que cite M. Dow.

Cette diverſité d'opinions dans deux écrivains qui ont ſéjourné dans l'Inde, & écrit preſque dans le même tems, produit d'abord la plus grande perplexité. Il faut comparer leurs ouvrages avec attention, & bientôt l'incertitude ceſſe. On voit que M. Holwell a puiſé ſes inſtructions dans des ſources moins ſûres, qu'il a pris pour livres authentiques des Shaſters particuliers, tels qu'il y en a pluſieurs de répandus dans les différentes parties de l'Inde; enfin, qu'il s'en eſt trop rapporté à des opinions vulgaires & à des pratiques locales.

Les autorités que cite M. Dow, paroiſſent plus impoſantes; la conformité que l'on remarque entre les différens Shaſters dont il donne des extraits, forme un puiſſant préjugé en leur faveur: la méthode, ſuivant laquelle il développe les allégories de ces livres, eſt ſimple & uniforme, & le ſens qu'il préſente, toujours raiſonnable & ſatisfaiſant. Enfin l'expoſition générale qu'il donne du ſyſtême entier, ſemble plus naturelle, plus vrai-ſemblable, & répond mieux à l'idée que l'on ſe forme d'une religion qui a régné ſur un peuple long-tems floriſſant, & ſans contredit, l'un des plus anciennement inſtruits, & qui a ſoutenu l'épreuve de tant de ſiècles dont pluſieurs pourroient paſſer pour des ſiècles éclairés. A toutes ces probabilités, qui ſont en ſa faveur, M. Dow joint une candeur & une circonſpection qui inſpirent la confiance.

Nous n'en dirons pas davantage de peur de paroître vouloir prévenir le jugement des lecteurs: mais nous ne pouvons nous empêcher de rapporter ici une allégorie des *Bramines*, qui a été omiſe dans le cours de l'ouvrage: elle nous a paru très-ingénieuſe & d'un grand ſens, & par cette raiſon elle ne peut jamais être déplacée. Ils diſent qu'originairement il y avoit dans les *Bédas*, un chapitre qui traitoit de l'eſſence & de la nature de Dieu; mais que Brimha déchira lui-même ce chapitre de ſes livres. La leçon cachée ſous cet emblème, eſt belle ſans doute; Mais c'eſt le défaut de ce chapitre & le deſir de le ſuppléer, qui ont été parmi les hommes la ſource d'erreurs la plus féconde.

Des mœurs, des uſages, du langage, de la religion & de la Philoſophie des Hindous (1).

Les ſçavans de l'europe moderne ont fait un crime aux écrivains de la Grèce & de Rome, de n'avoir pas étendu leurs recherches ſur la reli-

---

(1) C'eſt le nom du Peuple originaire de l'Indoſtan.

la postérité reprochera de même aux anglois de n'avoir pas cherché à connoître le sçavoir & les opinions religieuses qui regnent dans ces contrées de l'Asie, dans lesquelles leur commerce ou leurs armes ont pénétré. Les *Brahmines* ont joui, dans l'antiquité, de quelque réputation en fait de science ; mais on n'a jamais eu la curiosité de s'assurer s'il y avoit du vrai dans ce que les anciennes traditions rapportent sur ce point.

Il faut cependant convenir qu'il y a de quoi justifier notre ignorance touchant les connoissances, la religion & la philosophie des *Brahmines*. Les recherches littéraires ne sont point du tout un objet capital pour la plûpart de ceux qui font le voyage d'Asie. Le petit nombre de ceux qui ont du goût pour ce genre de connoissances, sont découragés par l'extrême difficulté d'apprendre la langue dans laquelle est consignée la science de l'Hindostan, ou par l'impénétrable mystère dans lequel les *Brahmines* ont grand soin de tenir enveloppés leurs dogmes religieux & leur philosophie.

Le concours de ces circonstances a ouvert à la fiction un vaste champ. En conséquence, les voyageurs modernes ont exercé sur cette religion mystérieuse leur talent pour les fables. Il n'est pas aisé de décider si les contes ridicules qu'ils nous ont donnés, viennent de cette prévention exclusive qu'ont les européens, aussi-bien que les nations les moins éclairées, pour la religion & la philosophie de leur pays, ou d'un jugement formé à la légère, d'après quelques cérémonies extérieures des peuples de l'Hindostan. Ce qu'il y a de certain, c'est qu'ils ont rempli l'europe de préjugés contre les *Brahmines*, & que par des exposés infidèles, ils ont décrié un système de religion & de philosophie qu'ils n'avoient point approfondi.

L'auteur dont nous avons tiré les matériaux de cet article, avoue que pendant long-temps il fut entraîné lui-même par le torrent du préjugé. La décadence actuelle des lettres dans l'Hindostan servit à le confirmer dans la croyance des relations fabuleuses qu'il avoit lues en europe, touchant les *Brahmines*. Le hasard lui en fit rencontrer un également distingué par son rang & par ses connoissances ; il ne fut pas peu surpris de trouver ce *Brahmine* parfaitement instruit des opinions qui ont occupé la plume des plus célèbres moralistes de l'Europe ancienne & moderne.

Cette particularité ne manqua pas de piquer sa curiosité, & dans le cours de plusieurs conversations subséquentes, il eut lieu de se convaincre que, pendant les derniers siècles, la philosophie & les sciences avoient fait de grands progrès dans l'orient. Comme il se proposoit de faire un long séjour dans l'inde, il résolut d'acquérir quelque connoissance de la langue Shanscrite,

Philosophie anc. & mod. Tome I.

qui est le grand dépôt de la religion, de la philosophie & de l'histoire des Hindous. Dans cette vûe, il engagea le *Brahmine*, son ami, à lui procurer un pundit (1) de l'université de Bénarès, bien versé dans le Shanscrit & dans toutes les connoissances de ce corps scientifique. Mais avant qu'il eut fait des progrès considérables dans ses études, il survint dans les affaires du Bengale une révolution inattendue qui renversa tous ses projets d'instruction. Alors jugeant que ce qui lui restoit de temps à passer dans l'Inde, étoit trop court pour apprendre le Shanscrit, il prit le parti de s'instruire autant qu'il étoit possible de la mythologie & de la philosophie des *Brahmines*, par le moyen du persan & de la langue vulgaire des Hindous. Pour cet effet, il se procura quelques-uns des principaux Shasters, & son pundit lui expliqua tous les passages de ces livres curieux qui pouvoient contribuer à lui donner une idée générale de la doctrine qu'ils renferment.

Un hommage que doit aux *Brahmines* l'auteur de cet exposé de leur philosophie, c'est d'avouer combien il se reconnoît incapable de développer complettement & d'exposer dans tout son jour cette religion symbolique qu'ils prennent tant de peine à cacher aux étrangers : s'il en est échappé quelques points à ses recherches, il peut du moins certifier qu'il n'en a altéré aucun.

On nomme ordinairement *Bédas* les livres, qui contiennent la religion & la philosophie des Hindous. Ils sont au nombre de quatre, & comme les livres sacrés des autres nations, ils sont réputés avoir été inspirés par la divinité. *Béda*, dans la langue Shanscrite, signifie littéralement *science* : aussi ces livres traitent non-seulement des devoirs religieux & moraux, mais encore de toutes les branches des connoissances philosophiques.

Les *Brahmines* ont un si grand respect pour les *Bédas*, qu'ils n'en permettent point la lecture à d'autres sectes que la leur, & tel est le pouvoir de la superstition & l'ascendant des prêtres sur les esprits, même dans les autres Castes de l'Inde, qu'on regarderoit comme un péché irrémissible de satisfaire sa curiosité sur ce point, quand même on en auroit la facilité. Les *Brahmines*, eux-mêmes, sont astreints par les nœuds de la religion les plus forts à tenir ces écrits renfermés dans leur seule tribu, de manière que si quelqu'un d'entre eux étoit convaincu de les avoir communiqués à d'autres, il seroit aussi-tôt excommunié. Cette punition chez eux est pire que la mort même ; non-seulement le coupable est précipité de l'ordre le plus relevé, dans la caste la plus abjecte ; mais sa postérité devient incagion & la philosophie des Druides. Peut-être que

(1) Un docteur.

pable d'être jamais réintegrée dans son ancienne dignité.

D'après toutes ces considérations, on ne doit plus être étonné que la doctrine des *Bédas* soit si peu connue en Europe. Ce qu'il y a de gens instruits parmi les mahométans d'Asie, la regardent comme une chose mystérieuse & impénétrable, & confessent de bonne foi qu'ils n'ont jamais pu percer cette religieuse obscurité dont elle est enveloppée. A la vérité, on a prétendu que le sçavant Feizi, frere du célèbre Abul Fazil, premier secrétaire de l'empereur Akbar, avoit lu les bédas, & avoit dévoilé à ce prince fameux les principes religieux qu'ils contiennent. Comme l'histoire de Feizi fait grand bruit dans l'Orient, il est à propos d'en rapporter ici les particularités.

Mahummud Akbar, prince d'un génie vaste & élevé, étoit totalement dégagé de ces préjugés de religion que les hommes ordinaires sucent avec le lait de leurs meres & conservent toute leur vie. Quoiqu'élevé dans toute la rigidité du mahométisme, sa grande ame, dans un âge plus mûr, rompit les chaînes de la superstition & de la crédulité dans lesquelles ses tuteurs avoient retenu son esprit captif, pendant sa première jeunesse. Dans la vûe de se choisir une religion, ou plutôt par un motif de curiosité, il se fit un point capital d'examiner en détail tous les systêmes de théologie qui régnent parmi les hommes. L'histoire de la manière dont il fut instruit dans le christianisme par un missionnaire portugais, est trop connue en europe pour occuper une place dans cet article. Comme presque toutes les religions admettent le prosélitisme, Akbar ne trouva aucun obstacle à ses desseins, jusqu'à ce qu'il en fût venu à celle des Hindous, ses propres sujets. Bien différens des autres sectes, ils ne reçoivent point de convertis; ils disent que chacun peut aller au ciel par un chemin particulier, quoique peut être, ils prétendent que le leur est le plus sûr pour arriver à cette importante fin; ils aiment mieux faire mystère de leur religion, que de la faire régner sur la terre, comme les mahométans, le fer en main, ou par le moyen des bûchers & des échaffauds, à la manière de quelques chrétiens qui ont plus de zèle que de lumières & de charité.

Tout le crédit d'Akbar ne put obtenir des *Brahmines* qu'ils lui révélassent les dogmes de leur foi; il fallut avoir recours à l'artifice, pour se procurer les instructions qu'il désiroit. L'expédient qu'il imagina, de concert avec son premier secrétaire Abul Fazil, fut de faire remettre entre les mains des *Brahmines* le jeune Feizi comme un pauvre orphelin de leur tribu. Après que Feizi eût été bien instruit de son rôle, on l'envoya secrettement à Bénarès qui est le principal siége des sciences dans l'Hindostan: la chose fut conduite avec tant d'adresse qu'un sçavant *Brahmine* prit chez lui le jeune homme, & l'éleva comme son propre fils.

Lorsque Feizi, après dix ans d'étude, sçut la langue Shanscrite, & eut acquis toutes les connoissances que possédoient les sçavans de Bénarès, l'Empereur prit les mesures convenables pour assurer son retour. Il y a toute apparence que Feizi, pendant son séjour chez le *Brahmine*, son patron, avoit été touché de la beauté de sa fille unique, & il est à remarquer que les femmes de race *Brahmine* sont les plus belles de l'Hindostan.

Le vieux *Brahmine* voyoit avec plaisir la passion mutuelle de ce jeune couple, & comme il chérissoit Feizi pour ses talens extraordinaires, il lui offrit sa fille en mariage. Feizi partagé entre l'amour & la reconnoissance, ne peut retenir plus long-temps son secret: il tombe aux pieds du bon veillard, lui découvre la trahison, & embrassant ses genoux, il le supplie, les larmes aux yeux, de lui pardonner cet attentat contre le meilleur des bienfaiteurs. Le *Brahmine* demeure interdit & immobile d'étonnement, & sans proférer un seul mot de reproche, il saisit un poignard qu'il portoit toujours à sa ceinture, il alloit s'en frapper : Feizi arrête son bras, met tout en usage pour le fléchir, protestant que s'il est quelque moyen d'expier son outrage, il n'y a rien à quoi il ne soit résolu de souscrire. Le *Brahmine* fondant en larmes lui dit, que s'il vouloit lui promettre deux choses, il lui pardonneroit & pourroit consentir à vivre. Feizi promit sans hésiter, & ces deux choses furent que jamais il ne traduiroit les *Bédas* ni ne révéleroit la croyance des Hindous.

On ne sçait pas jusqu'à quel point Feizi garda le serment qu'il avoit fait de ne point révéler à Akbar la doctrine des *Bédas*; mais c'est un fait incontestable que lui ni personne n'a jamais traduit ces livres. Il est également certain que depuis ce temps, Akbar se montra très-favorable à la foi des Hindous, & qu'il donna beaucoup de mortifications aux zélés mahométans, en pratiquant quelques coutumes indiennes, qu'ils croyoient sentir l'idolâtrie. Au reste, tout ce qu'il y a de personnes impartiales sont toujours convenues qu'Akbar étoit également éloigné des extravagances des deux superstitions religieuses qui partageoient ses sujets.

Mettons fin à cette digression. Les *Brahmines* soutiennent que les bédas sont les loix divines que Brimha, à la création du Monde, donna aux hommes pour leur instruction; mais ils assurent que l'esprit de ces loix fut altéré dans le premier âge par l'ignorance & la méchanceté de quelques princes, qu'ils représentent comme des esprits malfaisans qui habitèrent alors la terre. Ils appellent ces mauvais génies *Dewtas*, & débitent sur leur compte quantité d'histoires allégoriques fort étranges. Ils racontent, par exemple, que les *Bédas* ayant été perdus, ils furent retrouvés par *Bishen*, sous la forme d'un poisson, qui les retira du fond de l'océan, où ils avoient été jettés par un *Deo* ou *Démon*.

Le premier fait croyable concernant les Bédas, c'est que, vers le commencement du *Cal-Jug*, (cette année 1768 répond à la 4886: année de cette ere), ils furent composés ou plutôt recueillis par un grand philosophe, réputé prophète, appellé *Beáss Muni*, ou *Beáss l'inspiré*. On nomme aussi ce sçavant personnage *Krishen Basdeo*, & on prétend qu'il vécut sous le regne de Judishter dans la Ville d'Histanapore, sur la rivière de Jumna, près de l'endroit où est aujourd'hui situé Delhi.

Les *Brahmines* ne reconnoissent point Beáss Muni pour l'auteur des Bédas; ils conviennent que c'est lui qui les a rédigés dans leur forme actuelle, en les partageant en quatre livres distincts, après avoir recueilli de toutes les parties de l'Inde les morceaux détachés dont ils sont composés; leur immensité seule ne permet pas de croire qu'ils soient l'ouvrage d'un seul homme.

Les mahométans d'Asie, aussi-bien que quelques sçavans d'Europe, se sont trompés en prenant Brimha, personnage allégorique, pour quelque célèbre philosophe de l'Inde, qu'ils ont défiguré sous les noms de *Bruma*, *Bruma* & *Bramha*, & en lui attribuant les livres sacrés des Hindous. Ferishta, dans son histoire de l'Hindostan, assure que Brimha étoit de la race de Bang, & qu'il vécut sous le regne de Krishen, premier monarque de l'Hindostan. Mais les *Brahmines* nient qu'il ait jamais existé un semblable personnage, & nous sommes portés à les en croire. *Brihma*, en langue Shanscrite, signifie allégoriquement *la sagesse*, un des principaux attributs de la divinité suprême.

Les quatre Bédas contiennent cent mille versets ou stances en vers chacune composée de quatre lignes.

Le premier Béda est appellé *Rug-Béda*, qui signifie *la science de la Divination*, dont il traite principalement. Il renferme aussi l'astrologie, l'astronomie, la physique, & un récit détaillé de la création de la matière & de la formation du monde.

La second Béda est distingué par le nom de *Sheham*, qui signifie *piété* ou *dévotion* & en conséquence ce livre traite de tous les devoirs religieux & moraux. Il contient aussi plusieurs hymnes à la gloire de l'être suprême & des vers à l'honneur des intelligences subalternes.

Le troisième est le *Judger-Béda*. Conformément à la signification de ce mot, il comprend toute la science des rites religieux & des cérémonies du culte, les jeûnes, les fêtes, les purifications, les pénitences, les pélerinages, les sacrifices, les prières & les offrandes.

Le nom du quatrième Béda est *Obatar-Bah*. Obatar, en Shanscrit, signifie *l'être* ou *l'essence*, & *bah*, veut dire *bon*, ensorte qu'*Obatar-Bah*, signifie littéralement la connoissance de l'être bon, & ce livre renferme toute la science de la théologie & de la métaphysique.

La langue dans laquelle est écrit l'Obatar-Bah-Béda est aujourd'hui hors d'usage, au point qu'il n'y a qu'un très-petit nombre de *Brahmines* qui ayent la prétention de l'entendre. Il est difficile de décider si cela vient de sa grande antiquité, ou de ce qu'il auroit été composé originairement dans un dialecte du Shanscrit peu usité. Nous sommes portés à adopter la première de ces deux causes, & nous ne pouvons être de l'avis d'un écrivain (1) ingénieux (M. Holwell), qui assure dans un ouvrage nouvellement publié que l'Obatar-Bah est d'une date postérieure aux autres bédas.

Nous avons déja remarqué que les bédas sont écrits en Shanscrit. Cette Langue fut-elle dans un certain période de l'antiquité la langue vulgaire de l'Hindostan? ou bien a-t'elle été inventée par les *Brahmines* pour être l'enveloppe mystérieuse de leur religion & de leur philosophie? c'est une question qu'il n'est pas aisé de résoudre. Les autres langues ont été formées fortuitement à mesure que les hommes ont eu des besoins & des idées à exprimer; mais la formation étonnante du Shanscrit paroît être bien au-dessus des productions du hasard. Par la régularité de l'analogie & de l'ordre grammatical, il surpasse de beaucoup l'arabe; enfin, il porte des preuves certaines que c'est avec dessein & sur des principes raisonnés qu'il a été inventé & fixé par un corps de sçavans qui ont recherché la régularité, la justesse, l'harmonie, la grande simplicité & l'énergie de l'expression.

Quoique le Shanscrit soit d'une richesse prodi-

---

(1) L'Auteur de l'ouvrage qui nous sert ici de guide, est obligé de contredire cet écrivain sur presque tous les points relatifs à la religion des Hindous.

gieufe, fes principes fe trouvent raffemblés complettement dans une grammaire & un vocabulaire peu volumineux, & toutes fes racines & fes primitifs dans un traité d'un petit nombre de pages. Dans les dérivations & les inflexions, fa marche eft fi uniforme qu'on découvre avec la plus grande facilité & au premier coup d'œil l'étymologie de chaque mot. La grande difficulté, c'eft la prononciation ; elle eft fi rapide & fi forcée, que dans l'âge où l'organe eft le plus flexible, il faut un long & pénible travail pour parvenir à prononcer correctement. Mais quand une fois on en eft venu à ce point, l'oreille eft charmée par l'étonnante hardieffe & l'harmonie de cette Langue.

L'alphabet du Shanfcrit eft compofé de cinquante lettres, mais dont la moitié expriment des fons combinés, de manière qu'en effet, fes caractères n'excedent point le nombre des nôtres. La planche ci-jointe (1) qui contient l'alphabet & la mefure employée dans les quatre bédas pourra donner quelque légère idée du Shanfcrit.

Avant que d'entamer ce qui regarde la religion & la philofophie des *Brahmines*, il eft à propos d'expofer préliminairement quelques-uns des ufages & des coutumes les plus particulières des Hindous en général. Le nom de *Hindou* leur vient de *Indou* ou *Hindou*, qui en langue Shanfcrite fignifie la lune ; c'eft de cet aftre & du foleil qu'ils tirent leur origine fabuleufe. M. Dow a en fa poffeffion une longue lifte d'une dynaftie de rois appellés *Hindou-buns* ou *Chunder-buns*, deux noms qui fignifient l'un & l'autre *enfans de la lune*. Il a auffi un catalogue de *Surage-buns*, ou enfans du foleil, dont plufieurs rajahs de l'Hindoftan fe prétendent iffus.

La dénomination nationale de l'Inde, *Hindoftan*, eft un compofé de *Hindou*, la lune, & de *Stan*, pays ; & c'eft la nation qui a donné fon nom au grand fleuve *Indus*, & non le fleuve à la nation, comme on l'a prétendu mal à propos en Europe.

Les Hindous ont été, de tout tems, divifés en quatre grandes tribus, dont chacune fe fubdivife en un grand nombre de caftes inférieures.

Ces tribus ne peuvent contracter des mariages, boire ni manger, ni fe mêler ou s'affocier en quelque manière que ce foit, les unes avec les autres, excepté dans les dévotions au temple de Jagganat (2) à Oriffa, où toute diftinction eft un crime.

La première en rang & en dignité, eft la tribu des *Brahmines*. Semblables aux lévites chez les juifs, il ont feuls le droit de remplir les fonctions du facerdoce : mais ils ne font point exclus pour cela du gouvernement, du commerce, ni de l'agriculture, quoique leurs loix leur défendent expreffément toute fonction fervile.

Ils tirent leur nom de Brimha, qui, dans leur manière allégorique de s'exprimer, produifit les *Brahmines* de fa tête, lorfqu'il créa le monde.

Le fecond ordre eft la tribu des *Sittri*, que l'on diftingue encore quelquefois par le nom de *Kittri* ou *Koytri*. Suivant leur inftitution primordiale, ils devroient être tous militaires ; mais il arrive fouvent qu'ils embraffent d'autres profeffions. On dit que Brimha les produifit de fon cœur, emblême du courage dont les guerriers doivent être animés.

La troifiéme tribu porte le nom de *Beife* ou *Bife* ; elle eft compofée en grande partie de marchands, de banquiers, de banians ou artifans. On dit, dans un fens figuré, qu'ils font fortis du ventre de Brimha. Le mot *Beifh*, fignifie un pourvoyeur ou nourricier.

La quatriéme Tribu eft celle de *Sudder* ; ce font les domeftiques. Ils ne peuvent s'élever au-deffus de leur condition, & par allufion à la baffeffe de leur état, on dit qu'ils ont été produits par les pieds de Brimha. C'eft un point capital des loix des Hindous, que perfonne ne peut paffer d'une cafte inférieure dans une tribu plus élevée. Si quelqu'un eft excommunié de l'une des quatre tribus, il eft exclu pour jamais, lui & fa poftérité, de tous les corps de la nation, & ne peut être admis que dans la cafte *Harri*, qui eft l'exécration de toutes les autres tribus, & dévouée aux fonctions les plus viles & aux travaux les plus abjects. C'eft ce qui rend l'excommunication fi redoutable, qu'il n'eft point de Hindous qui ne fouffrît tous les tourmens & la mort même, plutôt que d'enfreindre un feul article de fa foi. Cette févérité prévient le mélange de fang entre les diverfes tribus, de manière qu'on les prendroit plutôt pour quatre nations différentes, que pour les membres d'un même état.

Nous avons déjà obfervé que c'eft un principe particulier à la religion des Hindous de ne point admettre de profélites. Au lieu de prêcher leur

---

(1) On la trouve dans le livre anglois de M. Dow.

(2) *Jagga-nat*, fignifie feigneur de la création. C'eft un des noms de *Bishen* & d'*Obatar*, ou l'être que l'on dit préfider fur la période actuel. Il eft repréfenté fous la figure d'un gros homme affis, les jambes croifées & les bras pendant à fes côtés comme s'ils étoient fans force. Cette dernière circonftance fait allufion à la foibleffe du fiécle préfent. Son temple eft le plus renommé qui foit aujourd'hui dans l'inde.

croyance pour opérer des conversions, ils la couvrent du voile du mystère. » Le ciel, disent-ils, » ressemble à un palais à plusieurs portes, chacun » peut y arriver de son côté ». Cependant cette sorte de tolérance ne fut jamais un motif suffisant pour engager les autres sectes à s'établir parmi eux, ne pouvant d'ailleurs participer, en aucune manière, aux avantages de la société.

Lorsqu'il naît un enfant, on fait venir un des *Brahmines* qui tire son horoscope & prédit sa destinée par le moyen de quelques tables astrologiques dont ils sont en possession. Après cette cérémonie, on brûle de l'encens, & on fait une offrande proportionnée à la fortune des parens; ensuite le *Brahmine*, sans les consulter, attache le *zinar* (1) au col de l'enfant, & lui donne un nom à sa fantaisie.

Entre l'âge de sept & dix ans, les parens concluent le mariage de leurs enfans; on les met ensemble, afin que le jeune couple contracte l'habitude de l'intimité: mais à l'approche du terme de la puberté, on a grand soin de les séparer, jusqu'à ce que la fille donne des marques de nubilité. Alors, on la tire de la maison paternelle pour la faire habiter avec son mari, & depuis ce moment, elle n'a plus la liberté de visiter ses parens.

La parenté, chez les Hindous, fait empêchement aux mariages, jusqu'au huitième dégré. La polygamie est permise, mais peu usitée; ils pensent, avec raison, qu'une seule femme suffit à un seul homme.

La coutume bisarre des femmes de se brûler avec le corps de leurs maris, lorsqu'ils viennent à mourir, est tombée presqu'entièrement dans l'Inde (2), & même jamais elle n'y fut regardée comme un devoir de religion, ainsi qu'on la cru mal à propos dans l'Occident. Cet usage barbare, ainsi que plusieurs autres, fut produit par le fanatisme de quelques esprits foibles (3).

Il y a dans les *bédas* un passage où l'on recommande la fidélité & l'affection conjugales, en ces termes figurés: *Enfin la femme qui meurt avec son époux, jouira de la vie éternelle avec lui dans le ciel*. C'est à l'abus de ce passage, que les *Brahmines* eux mêmes attribuent cette coutume ridicule, & cette explication est plus raisonnable que le conte qui a eu cours en Europe, que c'étoit une institution politique faite, par un des empereurs, pour empêcher les femmes d'empoisonner leurs maris; pratique alors fort commune dans l'Hindostan (4).

Les personnes d'un certain rang, les castes les plus distinguées, brûlent leurs morts, & répandent de l'encens sur le bûcher. Quelques-uns jettent dans le Gange les corps de leurs amis, tandis que d'autres les exposent sur les grands chemins pour servir de pâture aux vautours & aux bêtes féroces.

Il y a une caste, dans le royaume de Bengale, qui expose inhumainement ses malades, sur le bord du fleuve, pour les y laisser mourir. Quelquefois même on les étouffe dans la vase, quand on les croit hors d'espérance d'en revenir. Ce peuple excuse un procédé barbare, en disant que la vie n'est pas d'un prix capable de compenser les souffrances d'une longue maladie.

Les Hindous ont un code de loix dans le Nea-Shafter.

La trahison, l'inceste, le sacrilége, le meurtre, l'adultére avec la femme d'un brahmine, le vol sont les crimes capitaux. Quoique les *Brahmines* soient les auteurs de ces loix, on ne voit pas qu'ils soient exemptés de la peine de mort dans le cas où ils seroient coupables de ces crimes. C'est encore une de ces fables sans nombre que

---

(1) Cordon que portent tous les Hindous par forme de charme ou d'amulette.

(2) M. Holwell dit avoir assisté à plusieurs de ces dévouemens. Il envoya en Angleterre en 1749, une relation détaillée d'une de ces funestes tragédies, accompagnée de circonstances qui la rendent singulièrement intéressante, qu'il a insérée depuis dans l'ouvrage qu'il a publié sous le titre d'*Evénemens historiques relatifs au Provinces de Bengale, &c. seconde partie.*

(3) M. Holwell assigne à cette coutume un autre principe, qui en un sens, n'est que le développement de celui que lui donne M. Dow: » Lorsque Bramha, dit-il, abandonna son existence mortelle, ses » femmes furent si inconsolables de cette perte, » qu'elles ne voulurent pas lui survivre, & se brûlè-

» rent avec son corps sur le même bûcher. Cet exem-
» ple héroïque fut suivi par les veuves des principaux
» Rajahs & des premiers officiers de l'état, qui ne
» voulurent point paroître avoir moins d'attachement
» pour leurs maris. Les *Brahmines*, dont l'ordre avoit
» été institué par Bramha, déclarèrent que ces héroï-
» nes étoient purifiées par ces sacrifices, & seroient
» dispensées de toute transmigration. Leurs veuves
» voulurent jouir du même privilège, & l'enthou-
» siasme gagna jusqu'aux dernières castes; la grandeur
» d'ame de deux ou trois femmes devint un usage
» général, & les *Brahmines* y ajoutèrent le sceau de
» la religion, en prescrivant le cérémonial qui devoit
» s'observer dans ces pieuses exécutions. A la faveur
» de quelques passages obscurs de leurs livres sacrés,
» ils accréditèrent l'opinion de l'efficacité de ces dé-
» vouemens; & dès l'enfance, ils prennent le plus
» grand soin pour accoutumer les jeunes personnes à
» envisager cette catastrophe comme la plus glorieuse
» pour elles-mêmes & comme une source de prospé-
» rité pour leurs enfans ».

(4) Il n'est pas vrai, non plus, que celles qui

les voyageurs modernes ont rapportées d'Orient. Il est vrai cependant que tel est leur crédit, & que leur caractère en qualité de prêtres est si sacré, qu'ils trouvent moyen de se soustraire au châtiment dans des cas où tout autre n'auroit aucune grace à espérer.

Les petites fautes sont punies par des excommunications momentanées, par des pélerinages, des pénitences & des amendes proportionnées à la griéveté du délit & à la fortune des délinquans. Mais comme les Hindous sont aujourd'hui, pour la plus grande partie, sujets des mahométans, ils sont gouvernés par les loix du Koran, ou par la volonté arbitraire du prince.

Les Sénasseys sont une secte de philosophes mendians plus connus sous le nom de *Fakirs*, qui signifie à la lettre *pauvres gens*. Ces fainéans, prétendus dévots, s'assemblent quelquefois en armées de dix ou douze mille, & sous prétexte de faire des pélerinages à certains temples, ils mettent tout le pays à contribution. Ces saints ne sont point vêtus : vigoureux pour la plûpart, ils s'attachent à convertir autant à leur usage qu'à leur religion les femmes les moins pieuses. Ils reçoivent parmi eux tout homme qui a du talent, & prennent grand soin d'instruire leurs disciples dans tous les genres de connoissances capables de donner à leur ordre du relief & de la considération parmi le peuple.

Quand cette armée nue de saints robustes dirige sa marche vers un temple, les hommes dans les provinces, par lesquelles ils passent, fuyent ordinairement devant eux, peu rassurés par leur réputation de sainteté. Mais les femmes plus confiantes & plus déterminées, non-seulement restent dans leurs logemens, mais souvent elles requièrent les prières de ces saints personnages, lesquelles ne sont jamais plus efficaces que dans les cas de stérilité.

Quand un fakir se met en prières avec la maîtresse d'un logis, il laisse à la porte ses sandales ou son bâton : si le mari survient, à la vûe de ce signal imposant, il se garde bien de troubler leur dévotion ; s'il etoit assez mal avisé pour n'y pas faire attention, une ample bastonnade seroit infailliblement le prix de son indiscrétion.

Quoique le respect que le peuple de l'Hindostan a naturellement pour l'ordre des fakirs soit suffisamment étayé par la force de leur bras, pour augmenter encore ce respect, ils s'infligent volontairement à eux-mêmes des pénitences fort extraordinaires : les uns tiennent un bras levé dans une position fixe jusqu'à ce qu'il s'y soit roidi, & demeurent dans cet état le reste de leur vie. D'autres tiennent leurs poings fermés avec force, au point que leurs ongles entrent dans la chair & percent à travers leurs mains. Quelques-uns se tournent le visage pardessus une épaule derrière le dos, & restent dans cette situation jusqu'à ce qu'il leur soit impossible de la quitter. Plusieurs fixent leurs regards à leur nez, & parviennent à ne plus voir que dans cette seule direction. Ces derniers prétendent quelquefois voir ce qu'ils appellent *le feu sacré*, vision qui résulte indubitablement du dérangement causé dans le nerf optique par la contorsion de cet organe.

Les Européens, qui se trouvent dans l'Inde, se font souvent un objet de curiosité & de plaisanterie de converser avec ces philosophes nuds & contrefaits. Il faut avouer que leur extérieur & leur sçavoir offrent un contraste bien frappant. Il y en a quelques-uns qui sont en effet ce qu'ils paroissent, c'est-à-dire des enthousiastes ; mais la plûpart ne se décorent des dehors de la sainteté que pour cacher son libertinage. Ce qui les rend aujourd'hui un fléau public & la terreur des pauvres maris, c'est que les femmes sont persuadées que leur intimité avec un fakir les fait participer à sa sainteté.

Outre les extravagances que je viens de rapporter, il y en a encore beaucoup d'autres qui sont particulières à ces religieux mendians ; quant aux pénitences fanatiques elles ne se bornent pas à eux seuls.

Pendant le jeûne d'opposs, il y a des gens du peuple qui se pendent avec des crochets de fer, pointés dans la chair sous l'os de l'épaule, à un morceau de bois, tournant sur un pivôt, à l'extrémité d'une haute solive. Non-seulement ces enthousiastes paroissent insensibles à la douleur, mais souvent tandis qu'ils sont pirouettés de la sorte avec la plus grande rapidité, ils sonnent de la trompette, & chantent à certains intervalles un cantique à la multitude qui les contemple avec étonnement, & prodigue son admiration à ces efforts de courage & de dévotion. Cet usage ridicule, se pratique en mémoire des

---

refusent de se brûler soient notées d'infamie & même dégradées de leur caste, comme on l'a prétendu. Elles en sont quittes pour être regardées comme plus attachées à la vie qu'à l'opinion publique, au salut de leurs ames, & à la prospérité de leur famille.

Les enfans de celles qui se dévouent ainsi, tirent de-là une grande considération, & sont recherchés en mariage parce qu'il y a de plus considérable dans leur tribu. Ce dévouement doit être volontaire ; mais dès qu'une fois la résolution en a été déclarée devant les *Brahmines*, il n'est plus possible alors de se rétracter : souvent on a vu de ces malheureuses victimes d'un premier mouvement, que l'on contenoit sur le bûcher avec de longues perches, expirer dans les horreurs du désespoir. *Ces notes sont tirées de l'ouvrage de M. Holwell.*

souffrances d'un martyr, qui fut supplicié de cette manière pour sa foi.

De plus longs détails sur les mœurs & sur les usages caractéristiques des Hindous, nous meneroient trop loin. D'ailleurs ce qu'il y a de plus particulier concernant cette nation, se présentera naturellement dans l'exposition de leur religion & de leur Philosophie; c'est le principal objet de cet article. Nous espérons répandre un jour nouveau sur cette matière, si peu connue jusqu'ici dans l'occident.

Quelques écrivains ont publié en dernier lieu, un systême inintelligible, qu'ils nous donnent pour la religion des *Brahmines*, & prétendent tenir leurs instructions des Hindous mêmes. Cela peut être, mais il faut qu'ils n'ayent raisonné sur cette matière qu'avec des gens des tribus inférieures, ou avec ce qu'il y a de moins instruit parmi les *Brahmines*, & il seroit aussi ridicule d'aller chercher dans ces castes non lettrées le véritable état de la religion & de la philosophie de l'Inde, qu'il le seroit à un mahométan à Londres, de s'en rapporter à un bedeau de paroisse, sur les points les plus épineux du christianisme, ou de prétendre se faire une idée des principes & de la philosophie de Newton, d'après une conversation, avec un charetier anglois.

A l'égard de la religion, les Hindous sont partagés en deux grandes sectes: les sectateurs du bedang & ceux du Néadirsin. Comme les premiers passent pour les plus orthodoxes, ainsi qu'ils sont les plus anciens; nous commencerons par exposer leurs opinions, en donnant des extraits traduits littéralement du Shafter (1), original appellé vulgairement *Bedang*.

Bédang, titre du Shafter ou commentaire sur les bédas dont il s'agit ici, est un composé de *Béda*, science, & de *ang*, corps: ainsi *Bédang* peut se rendre à la lettre par *corps de science*. C'est par ignorance qu'en Europe on a donné à ce livre le nom de *Védam*: il est une exposition de la doctrine des Bédas par le grand prophète & philosophe Beáss-Muni qui, selon les *Brahmines*, vivoit il y a environ quatre mille ans.

On prétend que quelques siècles après Beáss-Muni, il fut revu par un certain Sirrider Swami; c'est depuis cette époque qu'il est réputé sacré & non sujet à révision. Presque tous les Hindous du Décan & des côtes de Malabar & de Coromandel sont de la secte du Bédang.

Ce commentaire commence par un dialogue entre Brimha (2), la sagesse de la divinité, & Narud (3) ou la raison, que l'on représente comme fils de Brimha. Narud désire d'être éclairé par son pere, & pour cet effet il lui propose les questions suivantes.

NARUD.

O mon pere! toi, la premiere production de Dieu (4), on dit que tu as créé le monde; & ton fils Narud, étonné de ce qu'il voit, désire de sçavoir comment toutes ces choses ont été faites.

BRIMHA.

Ne te trompes point, mon fils, & n'imagines pas que je fus le créateur du monde, indépendamment du divin moteur (5), qui est la grande essence originale (6) & le créateur de toutes choses. Tu ne vois en moi que l'instrument de

___

(1) *Shafter* signifie à la lettre *connoissance*: mais on entend communément par ce mot un livre qui traite de théologie & des sciences. Il y a plusieurs Shafters chez les Hindous; & les auteurs qui ont assuré qu'il n'y avoit qu'un Shafter dans l'Inde qui, de même que la bible des chrétiens & le koran des sectateurs de Mahomet, contient les premiers principes de la croyance des *Brahmines*, se sont trompés eux-mêmes & ont trompé le Public.

(2) Brimha est le génitif de *Brimh*, nom primitif qui signifie *Dieu*. Il est appellé *Brimha* ou *sagesse*, premier attribut de la divinité suprême. La sagesse divine, sous le nom de *Brimha*, est représentée par une figure emblématique dont la tête a quatre visages, regardant les quatre points du monde, pour faire entendre qu'il voit tout: sur sa tête est une couronne emblème du pouvoir & de la souveraineté. Il a quatre mains pour marquer la toute-puissance de la sagesse divine. Dans la premiere il tient les quatre bédas, symbole de la science; dans la seconde un sceptre qui est la marque de l'autorité, & dans la troisième un anneau ou un cercle, qui désigne l'éternité. Brimha n'a rien dans la quatrième main, pour exprimer que la sagesse de Dieu est toujours prête à secourir ses créatures. Il est représenté monté sur une oie, qui est l'emblème de la simplicité chez les Hindous. Cette dernière circonstance fait allusion à la simplicité des opérations de la nature, qui n'est que la sagesse de la divinité sous un autre nom. Ces explications ne sont nullement des conjectures de l'auteur de cette dissertation; il les tient toutes des *Brahmines* eux-mêmes.

(3) *Narud* signifie littéralement *la raison*, appellée allégoriquement *fils de la sagesse de Dieu*. On le dit fils aîné de Munis, dont nous parlerons ci-après.

(4) Brimh.

(5) La divinité suprême.

(6) *Pirrim purrus*, de *pir*, premier, & de *purrus*, essence ou être.

la grande volonté (1), & une portion de son être qu'il envoya pour exécuter ses éternels desseins.

NARUD.

Que faut-il penser de Dieu ?

BRIMHA.

Etant immatériel (2), il est audessus de toute conception : étant invisible (3), il ne peut avoir de forme (4) ; mais d'après ce que nous voyons dans ses œuvres, nous pouvons inférer qu'il est éternel (5), tout puissant (6), qu'il connoît toutes choses (7), & qu'il est présent partout (8).

NARUD.

Comment Dieu créa-t-il le monde ?

BRIMHA.

L'affection (9) habitoit en Dieu de toute éternité. Elle étoit de trois espèces : l'affection créatrice (10), l'affection conservatrice (11) & l'affection destructive (12). La première est représentée par Brihma, la seconde par Bishen (13), & la troisième par Shibah (14). On vous apprend, ô Narud, à les adorer tous trois sous différentes formes ou représentations comme créateur (15), comme conservateur (16) & comme destructeur (17). Alors l'affection de Dieu produisit la puissance (18), & la puissance s'unissant à un terme préfixe, avec le temps (19) & le destin (20), embrassa la bonté (21), & produisit la matière (22). Les trois qualités agissant alors sur la matière produisirent l'univers de la manière suivante. De l'action opposée de la qualité créatrice & de la qualité destructive dans la matière, naquit d'abord le mouvement (23). Le mouvement fut de trois espèces, mouvement ou force plastique (24), mouvement ou force de désunion (25) mouvement ou force d'inertie (26). Alors le choc des impulsions contraires produisit l'akash (27), élé-

---

(1) Ish-Bur, de *ish*, volonté & *bur*, grand. On prononce communément *ishur*, c'est un des mille noms de Dieu, qui ont si fort embarrassé les écrivains d'Europe. Dans la réponse de brimha, il est fait mention des trois premières divinités des Hindous, qu'ils adorent seulement comme les principaux attributs de Dieu, & nullement comme trois êtres distincts & séparés.

(2) Nid-Akar.

(3) Oderissa.

(4) Sirba-Sirrup.

(5) Nitteh.

(6) Ge-Itcha.

(7) Subittera-Dirsi.

(8) Surba-Birsi. Ce sont autant de termes employés dans le bédang pour désigner Dieu, nous les avons traduits littéralement sur le texte. Nous qui professons le christianisme, avons-nous des idées plus sublimes de l'être suprême que ces hindous, à qui nous prodiguons les noms détestables de payens, d'idolâtres ? C'est une question que nous abandonnons à la décision de tout lecteur impartial.

(9) Maiah ; qui signifie *affection* ou *passion*.

(10) Redjo-goun, qualité créatrice.

(11) Sittoh-goun, qualité conservatrice.

(12) Timmu-goun, qualité destructive.

---

(13) Le conservateur. La providence est personnifiée sous le nom de *Bishen*.

(14) Shibah, l'ennemi de Dieu.

(15) Naat.

(16) Bishen.

(17) Shibah. Les Hindous adorent l'attribut destructif de la divinité sous le nom de *Shibah*, mais par-là ils n'entendent point *le mal* ; car ils assurent qu'il n'y a point de mal que celui qui résulte de l'action libre de l'homme.

(18) Jotna.

(19) Kaal.

(20) Addaristo.

(21) Pir-kirti, de *pir*, bon, *kirti*, action. La bonté de Dieu est adorée comme une divinité sous le nom de *pir-kirti*, & sous plusieurs autres dénominations qui comprennent toutes les vertus. C'est ridiculement qu'on a cru en Europe que purrus & pir-kirti, dans le système des Hindous étoient le premier homme & la première femme : par Purrus, on entend Dieu, ou par emphase, l'être, & par pir-kirti, son attribut de bonté.

(22) Mohat. Dans d'autres endroits du bédang, la matière est désignée par le nom de *Maha-tit*, la grande substance.

(23) Ahankar. Ce mot signifie littéralement, *agir par soi-même*.

(24) Rajas.

(25) Tamas.

(26) Satig.

(27) Sorte d'élément céleste. Dans un autre endroit le bédang parle de l'akash comme d'un élément pur,
ment

ment invisible qui a la propriété de transmettre le son ; & l'akash produisit l'air [1], élément palpable ; le feu [2]. élément visible ; l'eau [3], élément fluide , & la terre [4], élément solide.

L'akash se répandit au-dehors ; l'air forma l'athmosphère ; le feu se rassemblant, alla briller au milieu de l'armée du ciel [5] ; l'eau couvrit la surface de la terre, forcée à s'élever par la pesanteur de ce dernier élément. Ainsi sortit le monde du sein des ténèbres, où Dieu l'avoit autrefois renfermé : l'ordre parut dans l'univers ; les sept cieux furent formés [6], & les sept mondes furent fixés en leurs places, pour y rester jusqu'à la grande dissolution [7], & quand toutes choses seront absorbées en Dieu [8].

Dieu voyant la terre dans toute sa fleur, & les germes en pleine végétation [9], envoya, pour la première fois, l'intelligence [10], qu'il pourvut d'une grande quantité d'organes & de formes différentes pour créer divers animaux [11] sur la terre. Il donna aux animaux cinq sens, le tact, la vûe, l'odorat, le goût & l'ouïe [12] : mais à l'homme ; il donna la réflexion [13], pour l'élever au-dessus des bêtes de la campagne.

Les créatures furent formées mâles & femelles [14], afin qu'elles pussent perpétuer leur espèce sur la terre : toute plante porta sa semence afin que le monde fut revêtu de verdure, & que tous les animaux trouvassent leur subsistance.

NARUD.

Que faut-il entendre, ô mon pere, par l'intelligence ?

BRIMHA.

C'est une portion de la grande ame [1] de l'univers, distribuée dans toutes les créatures pour les animer pendant un certain temps.

NARUD.

Que devient-elle après la mort ?

BRIMHA.

Elle anime d'autres corps, ou comme une goutte elle retourne dans cet immense océan, d'où elle est émanée originairement.

NARUD.

Alors les ames des bons, ne recevront-elles pas des récompenses ; & celles des méchans, des punitions ?

BRIMHA.

Les ames des hommes, sont distinguées de celles des autres animaux ; les premières sont douées de raison [16], & du discernement du bien & du mal. Si donc l'homme suit cette lumière autant qu'il est en son pouvoir, son ame, lorsque par la mort elle sera dégagée de son corps, sera absorbée dans l'essence divine, pour ne plus jamais animer la chair. Mais les ames de ceux qui font le mal [17], ne seront point à la mort délivrées de tous les élémens ; aussi-tôt elles seront revêtues d'un corps de feu, d'air ou d'akash,

---

impalpable, dans lequel se meuvent les planètes. » Cet élément, dit le philosophe, ne fait point de » résistance ; ainsi les planètes continuent à s'y mou- » voir depuis la première impulsion qu'elles reçurent » de la main de Brimha ou Dieu, & elles ne s'arrête- » ront point, ajoute-t-il, jusqu'à ce qu'il les saisisse » au milieu de leur course.

(1) Balow.

(2) Tege.

(3) Joal.

(4) Prittavi.

(5) Dewta, après le quel Surage, le Soleil, a le premier rang.

(6) Les noms des sept cieux sont Bu, Buba, Surg, Moka, Junnok, Tapu & Sutteh. Les sept mondes sont Ottal, Bittal, Seintal, Joal, Tallattal, Rissatal & Pattal. L'auteur de cette dissertation, par une omission dont il a beaucoup de regret, a oublié de prendre l'explication de ces noms, & l'usage que l'on fait des sept cieux.

(7) Maha-Pirly.

(8) Mucht.

(9) Birgalotta.

(10) Mun.

(11) Jount.

(12) Les cinq sens sont appellés Suppursina, ChowkoWna, Nasiga, Rissina & kurnoWa.

Philosophie anc. & mod. Tom. I.

(13) Munus.

(14) Nir & Madda, signifient *mâle & femelle*.

(15) Purmattima, veut dire à la lettre *la grande ame*.

(16) Upiman.

(17) Mund.

Ecee

dans lequel elles seront punies en enfer [1], pendant un temps limité ; & lorsque le temps de leurs souffrances sera venu, elles retourneront animer d'autres corps, & ne seront absorbées en Dieu, que lorsqu'elles seront parvenues à l'état de pureté.

NARUD.

Quelle est la nature de cet état [2] dont les ames des bons doivent jouir après la mort ?

BRIMHA.

C'est une participation de la nature divine, inaccessible aux passions, où le sentiment intérieur se perd dans la béatitude [3].

NARUD.

Tu dis, ô mon pere, que l'ame à moins qu'elle ne soit parfaitement pure, ne peut être absorbée en Dieu ; or, comme les actions de la plûpart des hommes sont, les unes bonnes & les autres mauvaises, où sont envoyées leurs ames immédiatement après la mort ?

BRIMHA.

Il faut qu'elles expient leurs crimes en enfer où elles restent pendant un temps proportionné à leurs iniquités. Alors elles montent au ciel, pour être récompensées de leurs vertus pendant un temps ; ensuite elles reviennent dans le monde animer d'autres corps.

NARUD.

Qu'est-ce que le temps [4] !

(1) Nirick. Les Hindous comptent plus de huit enfers, chacun proportionné à la griéveté des crimes qui y sont punis. Les Brahmines ne croyent pas que tout ce qu'un homme peut commettre de péchés pendant le court espace de sa vie, mérite un châtiment éternel, ni que toutes les vertus qu'il peut pratiquer, lui donnent droit à une éternelle félicité dans le ciel.

(2) Muchti.

(3) Il est assez surprenant que les Hindous fassent consister le bien suprème dans un état d'insensibilité, qui, dans le fait, est la même chose que l'anéantissement : il est certain cependant que toutes les fois qu'ils parlent de cet état de l'ame absorbée dans la divinité, ils le représentent comme un état d'insensibilité parfaite également destitué de peine & de plaisir. Mais ici Brimha semble faire entendre que c'est une espèce d'extase & de ravissement.

(4) Kaal. Il est à propos de dire ici quelque chose

BRIMHA.

Le temps existe de toute éternité avec Dieu : mais il n'a pu se mesurer que depuis que le mouvement fut produit, & l'esprit ne peut le concevoir que par la continuité de sa durée.

NARUD.

Combien de temps doit durer ce monde ?

BRIMHA.

Jusqu'à ce que les quatre jugs soient révolus ; alors Rudder [5], avec les dix esprits de destruction, fera passer sous la lune une comète qui embrasera toutes choses, & réduira le monde en cendres. Alors Dieu existera seul, car la matière sera totalement anéantie [6].

Ici finit le premier chapitre du Bédang.

Le second traite de la providence & du libre arbitre, matière si abstraite qu'il seroit impossible de l'entendre, sans une pleine connoissance du Shanscrit. L'auteur du bédang, pensant peut-être que le catéchisme philosophique que nous venons de traduire étoit trop simple & trop pur, pour des

concernant la manière dont les Hindous computent les tems. La moindre subdivision de tems est le Nemish ou clin d'œil ; trois Nemishs font un kaan, cinquante kaans un Ligger, dix Liggers un Dind, deux Dinds un Gurry, qui équivaut à quarante-cinq de nos minutes ; quatre Gurrys font un Par, huit Pars un Dien ou jour, quinze Diens un Packa, deux Packas un Mash, deux Mashs un Ribbi, trois Ribbis un Aioun ou une année, qui n'a que trois cens soixante jours ; mais quand les jours impairs, les heures & les minutes, qui manquent à l'année Solaire, se montent au point d'égaler une révolution de la lune, on ajoute un mois de plus à cette année pour ajuster le Calendrier. Une année de trois cens soixante jours, ils ne la comptent que comme un jour pour les Dewtas ou l'armée du ciel ; & ils disent qu'il faut douze mille de ces années planétaires pour faire une révolution des quatre jugs ou périodes, dans lesquels ils divisent les âges du monde. Le Sittohjug, ou l'âge de la vérité, est, selon eux, de quatre mille années planétaires ; le Tretajug, ou l'âge de trois, en contient trois mille ; le Duapur-jug, ou l'âge de deux, deux mille, & le kalle-jug, ou l'âge de pollution, mille seulement. A ces quatre périodes, ils en ajoutent deux autres qu'ils placent entre la dissolution & le renouvellement du monde, chacune de mille années planétaires : ils les appelent *Sundeh* & *Sundass* ; de sorte que, d'un Maperly, ou d'une grande dissolution de toutes choses jusqu'à l'autre, il y a trois millions sept cens vingt mille de nos années.

(5) Le même que Shibah, qualité destructive de Dieu.

(6) Nisha.

esprits superstitieux & bornés, a inséré dans son ouvrage un récit allégorique de la création tout-à-fait étrange pour servir de théologie au vulgaire. Dans ce conte, il personnifie les attributs de Dieu, les passions humaines, les facultés de l'esprit & les met en action. Nous allons traduire cette singulière allégorie qui peut être un objet de curiosité pour la plûpart de nos lecteurs.

Brimh existoit de toute éternité sous une forme infinie dans ses dimensions. Lorsqu'il voulut créer le monde, il dit : *Leve toi, ô Brimha* [1] ; aussi-tôt un esprit de couleur de flamme sortit de son nombril, ayant quatre têtes & quatre mains. Alors Brimha regardant autour de lui & ne voyant que cette figure immense de laquelle il étoit émané, il se mit à marcher pendant mille ans, pour tâcher de connoître ses dimensions ; mais, après toutes ses fatigues il se trouva aussi embarrassé qu'auparavant.

Confondu en admiration, Brimha abandonna sa course, il se prosterna & adora avec ses quatre bouches ce qu'il voyoit ; alors le tout-puissant, avec une voix égale à dix mille tonnerres eut pour agréable de lui dire : « Tu as bien fait ô » Brimha, car tu ne peux me comprendre ! vas » & crées le monde ! --- *Comment puis-je le créer ?* » --- Ayes recours à moi, & le pouvoir te sera » donné. --- *O Dieu*, s'écria Brimha, *tu es infini* » *en puissance !* »

Brimha, dès ce moment, apperçut l'idée des choses, comme si elles eussent été flottantes devant ses yeux. Il dit : » Que ces choses soient, & tout ce qu'il voyoit fut réalisé devant lui. Alors la forme de Brimha fut frappée de la crainte que ces choses ne fussent anéanties. » O immortel Brimh, s'écria-t-il, qui est-ce qui » conservera ces choses que je vois. » A l'instant un esprit de couleur bleue sortit de la bouche de Brimha, & dit à haute voix : » Ce sera moi : --- » Ton nom sera donc Bishen [2], puisque tu as » entrepris de conserver toutes choses ».

Alors Brimha ordonna à Bishen de créer tous les animaux avec les végétaux, pour leur subsistance, afin qu'ils possédassent cette terre qu'il avoit faite lui-même. Bishen aussi-tôt créa toutes sortes de bêtes, poissons, oiseaux, insectes & réptiles. L'herbe & les arbres naquirent aussi sous ses mains, car Brimha l'avoit revêtu de puissance. L'homme manquoit encore pour gouverner le tout : Brimha ordonna à Bishen de le former. Bishen commença l'ouvrage ; mais les hommes qu'il fit étoient des imbéciles à gros ventres, car il ne pouvoit leur donner la connoissance ; de sorte qu'en tout, excepté la forme, ils ressembloient aux bêtes des champs ; il n'avoient d'autres passions que celle de satisfaire leurs appétits charnels.

Brimha irrité contre les hommes, les détruisit & ensuite produisit de son propre sein quatre personnes, qu'il appela de quatre noms différens. La première fut nommée Sinnoc [1], la seconde *Sinnunda* [2], la troisième *Sonnatin* [3], & la quatrième *Sinninkunar* [4], Brimha leur commanda de régir les créatures, & de posséder le monde à jamais ; mais elles ne voulurent faire autre chose que louer Dieu, n'ayant rien de la qualité destructive [5] dans leur composition.

Brimha fut irrité de voir ses ordres méprisés, & voilà qu'un esprit brun s'élance d'entre ses yeux : il se tient devant Brimha, & se met à pleurer ; puis levant les yeux : *Qui suis-je*, lui demanda-t-il, *& où doit être ma place ?* » Ton » nom sera Rudder [6], répondit Brimha, & ta » place sera la nature entière. Mais allons, ô » Rudder ! formes l'homme pour gouverner le » monde ».

Rudder obéit aussi-tôt aux ordres de Brimha : il commença l'ouvrage, mais les hommes qu'il fit, étoient plus féroces que les tigres, n'ayant dans leur composition que la qualité destructive. Bientôt ils furent détruits les uns par les autres ; car la fureur étoit leur seule passion. Alors Brimha, Bishen & Rudder réunirent leurs différentes puissances, & créèrent dix hommes, dont les noms furent Narud, Dico, Bashifta, Birga, Kirku, Pulla, Pulista, Ongira, Otteri & Murichi (7), & leur dénomination générale fut les Munies (8). Ensuite Brihma produisit Diruo

---

(1) La sagesse de Dieu.

(2) La providence de Dieu.

(1) Corps.

(2) Vie.

(3) La durée.

(4) L'existence intellectuelle.

(5) Tummu-goun.

(6) Le Pleureur, parcequ'il avoit été produit dans les pleurs. C'est un des noms de Shibah l'attribut destructif de la Divinité.

(7) La signification de ces noms, suivant leur ordre, est la *raison*, l'*ingénuité*, l'*émulation*, la *modestie*, la *piété*, l'*orgueil*, la *patience*, la *charité*, la *fraude*, la *mortalité*.

(8) Les inspirés.

(9) La fortune.

de fa poitrine, Adirmo (1) de fon dos, Loab (2) de fa lèvre, & Kâm (3) de fon cœur. La derniere étant une belle femme, Brimha la garda avec des yeux amoureux ; mais les Munies lui dirent qu'elle étoit fa propre fille ; fur quoi il ferra les épaules, & produifit une jeune fille, ayant la rougeur au front, qu'il appella Ludja (4). Brimha croyant fon corps fouillé, pour avoir jetté les yeux fur Kâm, en prit une autre & produifit dix femmes dont chacune fut donnée à chacun des Munies.

Dans cette divifion du Bédang Shafter, il y a une longue lifte des *furage-buns* ou *enfans du foleil*, que l'on prétend avoir gouverné le monde pendant les premiers périodes. Mais comme ce ne font que des rêveries que croyent à peine les enfans & les femmes ; nous ne fatiguerons pas plus long-temps la patience des lecteurs, en rapportant toutes ces allégories.

Les *Brahmines* des fiecles paffés, composerent plufieurs volumes entiers de romans fur la vie & les actions de ces prétendus rois, pour enfeigner les maximes de la morale fous l'enveloppe de ces fables. Ce fut là la grande fource qui corrompit la religion du peuple dans l'Inde, fi pourtant le peuple en quelque pays que ce foit a befoin de caufes accidentelles pour corrompre fes idées fur une matiere auffi délicate & auffi myftérieufe.

En tout, les opinions de l'auteur du Bedang au fujet de la religion ne font pas dénuées de philofophie. Il pofe pour principes que Dieu a créé de rien le monde, & que ce monde fera un jour anéanti. L'unité, l'infinité, la toute-puiffance de la divinité fuprême, y font enfeignées formellement ; car quoiqu'il nous donne une longue lifte d'êtres fubalternes, il eft évident que ces êtres n'ont qu'une exiftence allégorique & que ni lui, ni fes fectateurs, du moins la partie la plus confidérable, ne croyent point à leur exiftence actuelle & pofitive. Il faut avouer que les Hindous ignorans regardent ces divinités inférieures à-peu près comme les chrétiens regardent les anges : mais l'unité de Dieu fut toujours un dogme fondamental de la faine doctrine des plus fçavans *Brahmines*.

Quant à l'opinion de ce philofophe que l'ame après la mort prend un corps compofé d'élémens plus purs, elle n'eft point particuliere aux *Brahmines* ; elle a paffé des druides de l'Europe aux grecs, & c'eft précifément l'ιιδχκολον d'Homere. Mais la maniere dont il entend la tranfmigration de l'ame humaine dans différens corps eft toute de fon invention. Comme il établit pour maxime que c'eft une portion de la grande ame ou de Dieu qui anime tout ce qui vit, il ne trouve point d'inconféquence à croire que la même portion qui a donné la vie à l'homme, paffe enfuite dans le corps de tout autre animal. Cette tranfmigration, dans fon hypothefe, ne degrade aucunement la dignité de l'ame, puifque, dès qu'elle eft affranchie de fes liens charnels, elle reprend fa nature originelle.

Les fectateurs du bédang Shafter n'admettent point l'exiftence du mal phyfique. Ils foutiennent que Dieu créa toutes chofes parfaitement bonnes, mais que l'homme étant un agent libre, il peut fe rendre coupable de mal moral ; ce qui toutefois n'influe que fur lui & la fociété, fans rien déranger à l'économie générale de la nature.

» Dieu, difent-ils, n'a d'autre paffion que la » bienveillance, & comme il eft incapable de » colere, il ne punit le méchant, que par la » peine & le chagrin qui font les fuites naturel-» les des actions criminelles ». Auffi les *Brahmines* les plus éclairés, affurent-ils que l'enfer dont il eft queftion dans le bédang, n'eft qu'un épouvantail pour le vulgaire, & un moyen de fortifier le pouvoir des obligations morales fur les efprits ; qu'il n'y a point d'autre enfer que la confcience, le remord & les fuites funeftes qui font inféparablement attachés aux mauvaifes actions.

Avant que d'entamer la doctrine du Néadirfen Shafter, il eft à propos de donner la traduction du premier chapitre du Dirm Shafter, il répand une grande clarté fur les dogmes religieux communs aux deux grandes fectes des hindoux. C'eft un Dialogue entre Brimha ou la fageffe de Dieu, & Narud ou la raifon humaine.

NARUD.

O toi, la premiere émanation de Dieu (1) ! Quel eft le plus grand de tous les êtres ?

BRIMHA.

C'eft Brimh, qui eft infini & tout puiffant.

---

(1) L'infortune.
(2) L'appétit.
(3) L'amour.
(4) La honte.

(1) Nous avons déjà obfervé que Brimha eft le génitif de *Brimh*, & que les *Brahmines* regardent la fageffe comme le principal attribut de Dieu.

NARUD.

Est-il exempt de mourir ?

BRIMHA.

Oui, étant éternel & incorporel.

NARUD.

Qui a créé le monde ?

BRIMHA.

Dieu par sa puissance.

NARUD.

Qui est-ce qui est le dispensateur du bonheur ?

BRIMHA.

C'est Bishen (1), & quiconque l'aura adoré jouira du ciel.

NARUD.

Quelle est sa ressemblance ?

BRIMHA.

Il n'a point de ressemblance : mais pour en imprimer quelque idée dans l'esprit des hommes, qui ne peuvent croire à un être immatériel, on le représente sous diverses formes symboliques.

NARUD.

Quelle image pouvons-nous nous en former ?

BRIMHA.

Si votre imagination ne peut s'élever à la dévotion, sans vous en former une image, figurez-vous en vous-même que ses yeux sont semblables au lotos ; que la couleur de son visage est celle d'un nuage ; que ses vêtemens sont composés des éclairs du ciel, & qu'il a quatre mains.

NARUD.

Quelle idée cette forme peut-elle nous donner du tout-puissant ?

___

(1) krishen est dérivé de krish, qui donne, & de ana, joie. C'est un des mille noms de Dieu.

BRIMHA.

On compare ses yeux au lotos, pour faire entendre qu'ils sont toujours ouverts, parce que cette fleur n'est jamais surmontée par l'eau, quelle qu'en soit la profondeur. Sa couleur, semblable à celle d'un nuage, est un emblème de cette obscurité dans laquelle il se dérobe aux yeux des mortels. Les éclairs, qui forment son habillement, expriment la majesté redoutable qui l'environne & ses quatre mains sont le symbole de la force & de sa toute-puissance.

NARUD.

Quelles sont les choses propres à lui être offertes ?

BRIMHA.

Les choses qui sont pures & offertes avec un cœur reconnoissant : mais les choses déclarées impures par la loi, ou qui ont été souillées par l'attouchement d'une femme dans ses tems critiques, celles que votre propre cœur a convoitées, celles qui furent acquises par la fraude ou l'oppression, ou qui ont quelque tache naturelle, sont des offrandes indignes de Dieu.

NARUD.

Il nous est donc ordonné d'offrir à Dieu des choses pures & sans tache, par où il paroîtroit que Dieu mange & boit comme les hommes mortels ; car si cela n'étoit pas, à quoi serviroient nos offrandes.

BRIMHA.

Dieu ne mange ni ne boit comme les hommes mortels ; mais si vous ne l'aimez point, vos offrandes seront indignes de lui. Comme les bonnes choses de ce monde sont l'objet des désirs de tous les hommes, Dieu exige un sacrifice volontaire de ces choses, comme la preuve la plus forte de leur reconnoissance & de leur amour pour lui.

NARUD.

Comment Dieu doit-il être adoré ?

BRIMHA.

Avec un parfait désintéressement par amour pour ses perfections, par reconnoissance pour ses bienfaits, par admiration pour sa grandeur.

NARUD.

L'esprit humain qui est inconstant par sa nature, & qui sans cesse voltige d'objets en objets, comment peut-il se fixer en Dieu?

BRIMHA.

Il est vrai, l'esprit est plus fort que l'éléphant que les hommes ont trouvé le moyen d'assujetter, tandis qu'ils n'ont jamais eu la force d'assujettir leurs propres penchans : mais l'ankush (1) de l'esprit est la vraie sagesse qui voit la vanité de toutes les choses du monde.

NARUD.

Où trouver la vraie sagesse?

BRIMHA.

Dans la société des hommes sages & honnêtes?

NARUD.

Mais, le cœur en dépit de la contrainte, convoite les richesses, les femmes, & tous les plaisirs mondains. Comment réprimer ces appétits?

BRIMHA.

Si la raison ne peut venir à bout de les soumettre, il faut les mortifier par la pénitence. Pour cet effet, il est nécessaire de s'engager par un vœu public & solemnel, de crainte que la résolution que l'on auroit prise, ne cède à la contrainte pénible qu'elle impose.

NARUD.

Nous voyons que tous les hommes sont mortels; quel est l'état qui leur est réservé après la mort?

BRIMHA.

Les ames des bons jouiront du *surg* ou ciel pendant un tems, à proportion de ce qu'elles auront conservé des inclinations mondaines; mais les ames de ceux qui sont saints seront absorbées en Dieu, pour ne plus animer la chair. Les méchans seront punis dans le *nirick* ou enfer pendant un certain espace de tems, après lequel il sera permis à leurs ames d'aller chercher de nouvelles habitations de chair.

NARUD.

Vous parlez de Dieu, comme s'il étoit un, ô mon père! Cependant on nous dit que Râm, qu'on nous apprend à appeller *Dieu*, naquit dans la maison de Jessarit, que kishen, que nous appellons aussi *Dieu*, naquit dans la maison de Basdeo, & ainsi de plusieurs autres. Comment devons-nous donc entendre ce mystère?

BRIMHA.

Vous devez regarder ces naissances comme autant de manifestations particulières de la providence de Dieu, pour quelques grandes fins, comme à l'occasion des seize cents femmes appellées *Gopi*, lorsque tous les hommes de Sirendiep (1) furent détruits à la guerre. Les femmes se mirent en prieres, pour obtenir des maris, leurs desirs furent satisfaits dans une même nuit, & elles se trouvèrent toutes enceintes. Il ne faut pas supposer pour cela que Dieu, que l'on introduit comme agent en cette occasion, soit sujet aux passions & aux fragilités humaines, étant par sa nature incorporel à la pureté même. Il peut, dans le même tems, se montrer en mille endroits différens, sous mille noms & mille formes, sans cesser d'être immuable dans sa nature divine.

Ce chapitre du Dirm Shaster, sans que nous y ajoutions aucune réflexion, suffit pour prouver évidemment que jusqu'ici on a présenté d'une manière peu favorable en Europe, la religion des Hindous. Les sectateurs du Néadirsen Shaster différent beaucoup dans leur philosophie de ceux du Bédang, quoique les uns & les autres s'accordent sur l'unité de l'être suprême. Pour donner une idée de la Philosophie du Néadirsen, nous allons placer ici quelques extraits de ce Shaster.

Néadirsen est un composé de *Nea*, qui signifie droit, vrai, & de *Dirsen*, enseigner, expliquer; de sorte que ce mot peut se traduire *explication de la vérité*. Quoiqu'il ne soit pas réputé aussi ancien que le Bédang, cependant on prétend qu'il fut écrit par un philosophe nommé Goutam, il y a environ quatre mille ans. La Philosophie de ce Shaster est très-métaphysique & très-abstraite; & M. Dow avoue à la décharge de Goutam, que malgré toutes les peines qu'il a prises pour avoir de justes définitions des termes, il ne peut se flatter d'y avoir réussi complettement. Dans cet état d'incertitude, il a préféré de s'en tenir à la signification littérale des mots, plutôt que de s'exposer, par une traduction libre, à s'écarter du sens de son auteur.

Tous les Hindous du Bengale, & toutes les

---

(1) Le nom d'*ankush* est donné à un instrument de fer dont on se sert pour dompter des Eléphans.

(1) L'isle de Ceylan.

provinces Septentrionales de l'Hindoſtan regardent le Néadirſen comme un Shaſter ſacré, ceux du Décan, de Coromandel & de Malabar le rejettent abſolument. Il conſiſte en ſept volumes, il n'y a que le premier qui ſoit tombé dans les mains de M. Dow, qui, à ſon arrivée en Angleterre, l'a dépoſé dans le *Muſæum* Britannique. Il ne peut rien dire de poſitif ſur le contenu des autres volumes, ſinon qu'ils renferment un ſyſtème complet de la Théologie & de la Philoſophie des *Brahmines* de la Secte Néadirſen.

Goutam ne commence pas, comme l'auteur du Bédang, par raiſonner *à priori*. Il conſidère l'état préſent de la nature, & les facultés intellectuelles autant qu'il eſt poſſible à la raiſon humaine de les analyſer, & c'eſt de-là qu'il déduit toutes ſes conſéquences. Il comprend toutes les choſes ſous ſix chefs principaux ; ſubſtance, qualité, mouvement, eſpèce, aſſimilation & conſtruction (1).

Sous le terme de ſubſtance, outre le tems, l'eſpace, la vie & l'eſprit, il comprend la terre, l'eau, le feu, l'air & l'akash.

Les quatre élémens plus groſſiers tombent ſous la perception immédiate des ſens corporels ; l'akash, le tems, l'eſpace, l'ame & l'eſprit ſont du reſſort de la perception intellectuelle.

Il ſoutient que tous les objets de perception ſont egalement réels, puiſque nous ne comprenons pas plus la nature d'un cube ſolide que nous ne comprenons la même étendue d'eſpace. Il aſſure que la diſtance, en fait de tems ou d'eſpace, eſt également incompréhenſible ; de ſorte que, ſi l'on admet que l'eſpace eſt une exiſtence réelle, il faudra admettre que le tems l'eſt auſſi, il aſſure de même que l'ame ou le principe de la vie eſt un élément ſubtil qui pénètre toutes choſes, vu que l'intelligence qui, ſelon l'expérience, à l'égard des animaux, ne peut réſulter de l'organiſation ni du mouvement vital tout ſeul, doit être néceſſairement un principe différent de l'une & de l'autre.

« L'auteur du Bédang (2), dit Goutam, trouvant de l'impoſſibilité à ſe former une idée de
» la ſubſtance, décide que toute la nature n'eſt
» que pure illuſion. Mais comme l'imagination
» ne peut agir que ſur quelque exiſtence réelle,
» & que nous ne concevons pas qu'elle puiſſe
» agir ſur elle-même, il faut en conclure qu'il
» y a quelque choſe de réel, autrement toute
» la Philoſophie eſt à bout ».

Il paſſe enſuite à l'explication de ce qu'il appelle ſon ſecond principe ou Goon, qui, ſelon lui, renferme vingt-quatre choſes : la forme, le goût, l'odorat, le tact, le ſon, le nombre, la quantité, la gravité, la ſolidité, la fluidité, l'élaſticité, la conjonction, la ſéparation, la priorité, la poſtériorité, la diviſibilité, l'indiviſibilité, l'accident, la perception, le plaiſir, la peine, le déſir, l'averſion & le pouvoir (3). Kirmo ou le mouvement, ſelon lui, eſt de deux eſpèces, il eſt ou courbe ou direct. Sammania ou l'eſpèce qui eſt ſon troiſième principe, renferme tous les animaux & toutes les productions naturelles. Il définit Bisheſh une tendence dans la matière à la production ; & Sammabac ou ſon dernier principe eſt la conſtruction artificielle ou la formation des choſes, comme la ſtatue tirée d'un bloc de marbre, la maiſon bâtie de pierres, l'étoffe tiſſue de coton.

Sous ces ſix chefs, Goutam, comme nous l'avons déja obſervé, comprend toutes les choſes qui tombent ſous nos ſens, & après avoir raiſonné ſur leur nature & leur origine, d'une manière tout-à-fait philoſophique, il conclut qu'il y a cinq choſes qui doivent néceſſairement être éternelles.

La première eſt Pirrum Attima ou la grande ame qu'il ſoutient immatérielle, une, inviſible, éternelle & indiviſible, poſſédant la pleine ſcience, le repos, la volonté & le pouvoir (4).

Le ſecond principe éternel eſt Jive attima ou l'ame vitale, qu'il ſuppoſe matérielle, en lui donnant les qualités ſuivantes : nombre, quantité, mouvement, contraction, extenſion, diviſibilité, perception, peine, déſir, averſion, accident & pouvoir. Il employe un grand nombre de raiſons pour appuyer ſon opinion, que l'ame vitale eſt différente de la *grande ame*, & c'eſt ſur ce point que les ſectateurs du Bédang & ceux du Néadirſen ſont partagés. Les pre-

---

(1) Dans le Shanſcrit original, ces ſix choſes ſe nomment *Dirba, Goon, Kirmo, Summania, Bisheſh, Sammabaé.*

(2) Syſtème de philoſophie adopté par un grand nombre de *Brahmines.*

(3) Ces vingt-quatre choſes, ſuivant l'ordre ci-deſſus, ſe nomment dans le Shanſcrit : *Rup, Riſ, Gund, ſupurſa, Skubardo, Sirika, Purriman, Gurritta, Dirbitta, Sirmika, Shanskan, Sangoog, Bibap, Pirribla, Particca, Apporticia, Addariſho, Kud, Sua, Duc, Iſcha, Daſh, Jotna.*

(4) Ces attributs de la Divinité ſont *Nidakaar, Aknia, Oderiſa, Nitta, Apparticiu, Budſirba, Suck, Iſcha otna.*

miers prétendent qu'il n'y a point d'ame dans l'univers que Dieu seul; les autres soutiennent qu'il y en a une, vu qu'ils ne peuvent concevoir que Dieu soit sujet aux affections & aux passions qu'ils sentent en eux-mêmes, & qu'il puisse avoir du penchant au mal.

Selon l'auteur du Shafter Néadirsen, le mal vient uniquement de Jive Attima ou l'ame vitale. C'est un principe d'amour excessif de soi-même, qui est insatiable ; au lieu que la divinité reste dans un éternel repos, sans autre passion que la bienveillance.

Le troisième principe éternel de Goutam est le tems ou la durée qui selon lui, a dû nécessairement exister dès le moment qu'il a existé quelque chose, & qui, par cette raison, est infini.

Le quatrième principe est l'espace ou l'étendue sans laquelle rien ne pourroit avoir été, & comme ce principe renferme toute quantité, ou plutôt qu'il est infini, il assure qu'il est indivisible & éternel.

Le cinquième principe éternel est l'Akash, élément pur & subtil, qui remplit le vuide de l'espace, il est composé de purmans ou quantités infiniment petites, indivisibles & éternelles. » Dieu, dit-il, ne peut ni créer, ni anéantir » ces atômes, tant à cause de l'amour qu'il leur » porte, qu'à cause de la nécessité de leur exis- » tence, mais à tout autre égard, ils sont dé- » pendants de sa volonté ».

« Dieu, dit Goutam, en un certain tems, » doua ces atômes, comme nous pouvons les » appeler, de Bishesh ou d'une force plasti- » que par la vertu de laquelle ils se combinè- » rent d'eux-mêmes, & formèrent les quatre » gros élémens ; le feu, l'air, l'eau & la terre. » Ces atômes étant dès le commencement for- » més par Dieu, pour être les germes de toutes » les productions, Jive Attima se joignit à eux, » & les animaux & les plantes de toute espèce » furent produits sur la surface de la terre ».

« La même ame vitale, continue Goutam, » après avoir été unie au purman, ou aux atô- » mes d'un animal, peut être unie à ceux d'un » homme ». Cette transmigration se distingue par trois noms, mirk, mirren & pirra-purra-purvesh; le dernier signifie à la lettre le changement de demeure.

La supériorité de l'homme, suivant la philosophie du Néadirsen, vient uniquement de son organisation plus parfaite, de laquelle résultent la raison, la réflexion & la mémoire, que les brutes possèdent également, mais dans un degré inférieur, en raison de leur organisation moins déliée.

Goutam pense, avec l'auteur du Bédang, que l'ame, après la mort, prend un corps de feu, d'air & d'Akash, à moins que dans le corps charnel qu'elle habitoit, elle n'ait été purifiée par la piété & la vertu, au point de ne conserver aucune inclination personnelle. En ce cas, elle est absorbée dans la grande ame de la nature, pour ne plus animer la chair. « Telle sera, dit le philosophe » la récompense de tous ceux » qui adorent Dieu par admiration & par amour » pur, sans aucunes vues intéressées. » Quant à ceux qui l'adorent, dans l'espérance du bonheur à venir, leurs desirs seront satisfaits dans le ciel pendant un certain tems ; mais il faudra qu'ils expient leurs crimes par des châtimens proportionnés, après quoi, leurs ames retourneront sur la terre, chercher de nouvelles habitations, & seront unies au premier purman organisé, que le hazard leur fera rencontrer en y arrivant. Alors elles n'auront aucun souvenir de leur état passé, à moins qu'il ne leur soit révélé par Dieu, faveur accordée à bien peu de personnes que l'on distingue par le nom de *Jates summons*, c'est-à-dire, qui ont la connoissance de leur état passé.

L'auteur du Néadirsen enseigne, dans la vue des conséquences morales, que les crimes des pères retomberont sur les enfans, & qu'au contraire les vertus des enfans adouciront la punition des pères dans le Nirik, & hâteront leur retour sur la terre. De tous les vices il regarde l'ingratitude (1) comme le plus odieux. « Les » ames coupables de ce crime affreux, dit-il », » resteront en enfer tant que le soleil restera au » ciel, ou jusqu'à la dissolution générale de toutes » choses ».

» L'entendement, dit Goutam, est formé par » l'action combinée des sens ». Il en compte six, cinq extérieurs (2), & un intérieur. Il appelle le dernier *manus*, & par-là il paroît qu'il entend la conscience. Il y renferme la raison (3), la perception (4) & la mémoire, & conclut que ce n'est que par leur moyen que les hommes peuvent acquérir des connoissances. Ensuite il procède à expliquer la manière dont ces sens agissent.

La vue, dit-il, vient du *Shanskar*, ou des

---

(1) Mitterdro.

(2) Chakous, Shraban, Rasan, Granapi, Tawass.

(3) Onnuman, *raison*.

(4) Upimen, *Perception*.

qualités répulsives des corps, qui réfléchissent sur les yeux de toutes les parties de leur surface, les particules de lumière qui tombent sur eux. Ainsi l'objet est peint parfaitement à l'organe de la vue, lorsque l'âme en reçoit l'image. Il ajoute qu'à moins que l'âme ne fixe son attention sur la figure qui est dans l'œil, l'esprit n'apperçoit rien : un homme dans une profonde rêverie, quoique ses yeux soient ouverts à la lumière, ne distingue rien. « Les couleurs, dit » Goutam, sont des sensations particulières dans » l'œil, qui sont proportionnées à la quantité » de lumière réfléchie de quelque corps solide ».

Goutam définit l'ouie de la même manière que les philosophes européens, avec cette différence seulement, qu'il prétend que le son est transmis, non par l'air, mais par cet élément plus pur qu'il appelle l'akash, erreur étonnante dans un philosophe spéculatif.

Il définit le goût, une sensation de la langue & du palais, occasionnée par la forme particulière des particules qui composent les alimens.

L'odorat, dit-il, vient des émanations qui partent des corps, & frappent les narines.

La sensation qui vient du toucher est produite par le contact des corps denses avec la peau, qui, aussi bien que les corps entier, à l'exception des os, des cheveux & des ongles, est l'organe de ce sens. Il court, dit-il, de toutes les parties de la peau de petits nerfs très-déliés qui tiennent au grand nerf, il l'appelle *medda*; ce nerf est composé de deux membranes différentes, l'une sensitive, l'autre insensible. Il s'étend depuis le crâne le long du côté droit des vertèbres, jusqu'au pied droit (1). Quand le corps est languissant, l'âme fatiguée d'agir, se retire dans la membrane insensible, ce qui arrête l'opération des sens, & occasionne le profond sommeil. S'il reste dans l'âme quelque penchant à agir, il se jette sur la partie sensitive du nerf, & aussi-tôt il en résulte des rêves. Ces rêves, ajoute-t-il, ont infailliblement rapport à quelque chose qui a frappé précédemment les sens, quoique l'esprit ait la faculté de combiner ensemble des idées à son gré.

Manus ou la conscience est le sentiment intérieur de l'esprit, quand il n'est point affecté par des objets extérieurs. « *Onnuman* ou la raison, » dit Goutam, » est cette faculté de l'âme, qui » nous met en état de conclure l'existence des » choses & de leurs circonstances d'après leur » analogie avec les choses qui ont été conçues » précédemment par nos sens corporels : par » exemple, quand nous voyons de la fumée, » nous concluons que c'est du feu qui la pro- » duit ; quand nous voyons le bout d'une corde, » nous concluons qu'il faut qu'elle ait un autre » bout ».

» Par la raison, continue Goutam, » nous appercevons l'existence de Dieu, que nient les » *boad* ou athées, parce que son existence est hors » de la portée des sens. Les athées, dit-il, sou- » tiennent qu'il n'y a pas d'autre Dieu que l'uni- » vers : qu'il n'y a ni bien ni mal dans le » monde, que l'âme est une chimère ; que les » animaux existent par le seul méchanisme de » leurs organes, ou par la fermentation des élé- » mens ; & que toutes les productions naturelles » ne sont que l'effet du concours fortuit des » choses ».

Le philosophe réfute ces opinions de l'athéisme, par une longue suite de raisonnemens, les mêmes qui ont été employés tant de fois par les théologiens d'Europe. Quelque diversité qu'il puisse y avoir dans les effets qu'opèrent la superstition & la coutume dans les diverses contrées, c'est quelque chose de bien surprenant que la conformité des argumens qu'ont opposés toutes les nations à l'athéisme, l'ennemi commun de tous les systêmes de religion.

» Une autre secte d'athées, dit Goutam », prétend que tout fut produit par le hasard (1). » Voici comment il réfute cette doctrine, Loin que le hasard puisse être le principe de toutes choses, il n'a lui-même qu'une existence momentanée, étant tour à tour créé & anéanti par instans d'une infiniment courte durée, & étant absolument dépendant de l'action des êtres réels ; or cette action n'est point accidentelle, elle est immanquablement produite par quelque cause naturelle. Remuez des dés dans un cornet pendant une éternité, leur mouvement est déterminé par des loix invariables. Ce qu'on appelle hasard n'est donc autre chose qu'un effet résultant de causes que l'on n'apperçoit pas.

» La perception, selon Goutam, est cette » faculté par laquelle nous connoissons les choses » dans le moment, sans le secours de la rai- » son ; ce qui se fait par le moyen de certains » rapports, ou de certaines propriétés dans les » choses, telles qu'expriment ces mots : haut

---

(1) Pour l'honneur de Goutam, il faut observer ici que l'anatomie n'est point du tout connue chez les Hindous, leur religion leur défendant, avec la dernière sévérité, de toucher aux corps morts.

Philosophie anc. & mod. Tom. I.

(1) Addaristo.

» & bis, long & court, grand & petit, dur
» & doux, froid & chaud, noir & blanc ».

La mémoire est, selon lui, l'élasticité de l'esprit, elle s'applique à trois usages différens, sur les choses présentes quant au tems, mais absentes quant au lieu, sur les choses passées, & sur les choses à venir. Il paroîtroit par cette dernière partie de l'énumération du philosophe qu'il comprend l'imagination dans la mémoire.

Il définit ensuite toutes les propriétés originelles de la matière, & toutes les passions & les facultés de l'esprit ; après quoi il traite en détail de la nature de la génération.

» La génération, dit-il, peut se diviser en
» deux espèces; *jonidge* ou génération par co-
» pulation & *adjonidge*, génération sans copu-
» lation ; tous les animaux sont produits par la
» première & toutes les plantes par la der-
» nière. Le purman où le germe des choses
» fut formé dès le commencement avec toutes
» ses parties. Lorsqu'il se trouve déposé dans
» une matrice analogue à sa nature, une ame
» vient s'y joindre, & en s'assimilant une plus
» grande quantité de matière, il devient par
» degré une créature ou plante ; car les plantes
» aussi bien que les animaux possèdent une por-
» tion de l'ame vitale du monde ».

Goutam, dans un autre endroit traite au long de la providence & du libre arbitre. Dans l'action de l'homme il considère trois points : la volonté de Dieu, le pouvoir de l'homme, & les causes fortuites ou accidentelles.

En développant le premier, il établit une providence particulière ; dans le second, il soutient la liberté de volonté dans l'homme ; & dans le troisième, il admet le cours ordinaire des choses, conformément aux loix générales de la nature.

A l'égard de la providence, comme il ne pouvoit en nier la possibilité, sans porter atteinte à la toute-puissance de Dieu, il suppose que Dieu ne fait jamais usage de ce pouvoir, qu'il reste dans un éternel repos, sans prendre aucune part aux affaires humaines, ni aux cours des opérations de la nature.

L'auteur du Néardirsen prétend que le monde est sujet à des dissolutions successives, où à des renouvellemens à certaines périodes préfixes, il divise ces dissolutions en moindres & en plus grandes. Les moindres dissolutions doivent arriver à la fin des *jugs*. Alors le monde sera consumé par le feu, les élémens seront confondus, & après un certain espace de tems, ils rentreront dans le même ordre qu'ils avoient auparavant. Après mille de ces moindres dissolutions, viendra un *mahperley* ou une grande dissolution ; tous les élémens seront réduits à leurs purmans ou à leurs atômes originels & resteront long-tems en cet état. Alors Dieu par un pur mouvement de sa volonté & de sa bienveillance, rétablira *Bishesh*, ou la force plastique ; une nouvelle création prendra la place d'une autre, c'est ainsi que les choses se sont passées depuis le commencement, & qu'elles continueront à se passer jusqu'à l'éternité.

Ces dissolutions & renouvellemens réitérés ont ouvert un vaste champ aux fictions des *Brahmines*. Elles ont donné lieu à un grand nombre de systèmes allégoriques de la création dont les Shasters sont remplis ; & c'est de-là aussi sans doute, que sont venues, tant de relations différentes de la cosmogonie des Hindous dont l'Europe est inondée, les voyageurs ayant adopté l'un un système, & l'autre un autre. Sans manquer aux égards dus à ces écrivains, nous osons assurer que les contes qu'ils ont débités sur ce sujet, sont excessivement puériles pour ne pas dire absurdes. Il faut qu'ils ayent tiré leurs instructions des *Brahmines* du dernier ordre que le hasard leur a fait rencontrer, sans qu'ils aient eu la curiosité ou le talent de remonter à la véritable source.

Dans quelques-uns de ces renouvellemens du monde, on représente Brimha ou la sagesse de Dieu, sous la figure d'un enfant tenant son orteil dans sa bouche, flottant sur l'abysme des eaux, porté sur un Comala, fleur aquatique, ou quelquefois sur la feuille de cette plante. Les *Brahmines* par cette allégorie n'entendent autre chose, sinon que dans ce tems la sagesse & les desseins de Dieu paroîtront comme dans un état d'enfance. Brimha flottant sur une feuille, montre l'instabilité des choses à cette époque. L'orteil qu'il suce dans sa bouche, signifie que la sagesse infinie subsiste par elle-même ; & la posture de Brimha est un emblème du cercle sans fin de l'éternité.

Quelquefois on voit Brimha s'échapper d'une coquille tortueuse : c'est un emblème de la manière ineffable dont la divine sagesse émane de l'océan immense de la divinité. D'autrefois on le voit souffler sur le monde avec un tube, ce qui veut dire que la terre n'est qu'une bulle de vanité que le souffle de sa bouche peut détruire. Brimha dans un des renouvellemens est représenté sous la forme d'un serpent, dont une des extrémités pose sur une tortue qui flotte sur le vaste abysme, tandis que de l'autre il supporte le monde. Le serpent est le symbole de la sagesse, la tortue celui de la sécurité qui exprime figurément la providence, & le vaste abysme est l'éternité & l'immensité de Dieu.

Nous en avons dit affez, pour faire envifager, fous un jour nouveau, les opinions des Hindous, tant à l'égard de la religion que des connoiffances philofophiques. On voit, contre l'idée que l'on s'eft formée d'eux dans l'occident, qu'ils croyent invariablement l'éternité, la toute fcience & la toute-puiffance de Dieu : que le polythéifme dont on les a accufés, n'eft qu'un culte fymbolique des attributs divins qu'ils divifent en trois principaux chefs. Sous le nom de *Brimha*, ils adorent la fageffe & le pouvoir créateur de Dieu, fous celui de *Bishen* fa providence & fon pouvoir confervateur, & fous celui de *Shibah* l'attribut qui tend à détruire.

Ce fyftême de culte, difent les *Brahmines*, eft fondé fur deux raifons.

La première eft que Dieu étant immatériel, & parconféquent invifible, il eft impoffible à l'efprit humain de s'en former une jufte idée, par quelque image que ce foit.

La feconde eft qu'à moins qu'on ne frappe l'imagination groffière de l'homme par quelques emblêmes des attributs de la divinité, tout fentiment de religion s'éteindroit naturellement dans fon cœur. C'eft pour cela qu'ils ont imaginé les repréfentations fymboliques des trois fortes d'attributs de la divinité : mais ils confeffent qu'ils ne les regardent nullement comme des intelligences diftinctes & féparées. Brimh ou la divinité fuprême, a mille noms différens; mais ce feroit aux yeux des Hindous l'impiété la plus monftrueufe de le repréfenter fous quelque forme que ce fût. « L'entendement humain, difent-ils, » peut bien concevoir, jufqu'à un certain point » & féparément, quelques-uns de fes attributs; » mais comment pourroit-il embraffer la totalité, » refferré comme il eft, dans la fphère étroite » d'idées finies »?

Que dans certains fiècles, dans certaines contrées la raifon humaine fe foit dépravée au point d'adorer l'ouvrage de la main des hommes à la place du créateur de l'univers, nous regardons ces excès comme un égarement total, infpiré & entretenu par la vanité, l'ambition & les vûes intéreffées des promoteurs des divers fyftêmes de religion. Mais à qui voudra obferver attentivement la nature de l'efprit humain, il paroîtra évident qu'en fait de religion, le fens commun eft affez également réparti entre toutes les nations. La révélation & la philofophie, il faut en convenir, ont retranché quelques-unes de ces excroiffances fuperftitieufes, de ces abfurdités qui naiffent naturellement dans de foibles efprits fur un fujet auffi rempli de myftère : mais il refte encore bien incertain fi c'eft faute de ces fecours pour épurer leurs idées religieufes, que quelques nations font plongées dans une idolâtrie groffière, comme le prétendent quelques zélateurs peu éclairés.

Dans l'Inde, de même que dans plufieurs autres contrées, il y a deux fectes religieufes, l'une voit la divinité à travers le *medium* de la raifon & de la philofophie; tandis que l'autre reçoit comme article de foi, toute légende pieufe, toute allegorie tranfmife par l'antiquité. Par une fuite de ce principe fondamental de la croyance des Hindous, que Dieu eft l'ame du monde, & en conféquence répandu par toute la nature, le vulgaire révère tous les élemens, & tous les grands objets naturels comme contenant une portion de la divinité, & il eft difficile fans doute à de foibles efprits, de fe figurer l'immenfité de l'être fuprême, fans tomber dans cette erreur. C'eft cette vénération pour différens objets, il n'en faut pas douter, qui a donné naiffance parmi le peuple, à la croyance des intelligences fubalternes; mais les *Brahmines* inftruits s'accordent tous à nier l'exiftence de ces divinités inférieures, & tous leurs livres religieux de toute antiquité confirment ce fentiment.

A l'égard de la haute antiquité de l'hiftoire & de la religion des Hindous; nous allons tranfporter ici un morceau fur ce point, tiré de la préface de Mr Dow. » Eft-il vrai, dit-il, que les Hindous » par une fuite de monumens hiftoriques remon- » tent beaucoup plus loin dans l'antiquité qu'aucune » autre nation? c'eft un point fur lequel nous » fommes obligés de nous en rapporter au témoi- » gnage des *Bruhmines* jufqu'à ce que nous foyons » en état de difcuter les titres fur lefquels ils fe » fondent. Leurs prétentions à cet égard font des » plus confidérables & ils nous affurent, avec la » plus grande confiance, que les religions Juive » & Mahométane ne font que des hérefies de ce » qui eft contenu dans les Bédas. Dans des mémoires » d'une antiquité inconteftable, ils attribuent à la » religion Juive une origine tout-à-fait fingulière. » Raja Tura, difent-ils, que l'on place dans les » premiers fiècles du *Caljug*, eut un fils qui apof- » tafia de la foi des Hindous & pour cette raifon » fut chaffé par fon père; l'Apoftat tourna fes pas » vers l'Occident, & fixa fa demeure dans un pays » appellé Mohgod où il établit la religion juive, » qui dans la fuite fut corrompue davantage par » l'impofteur Mahomet. Le commencement du » *Caljug* remonte à 4885 ans de notre tems. Refte » à favoir fi toute cette hiftoire peut s'appliquer » à Térah & à fon fils Abraham, c'eft un point » que nous laiffons à d'autres le foin de décider. «

Il y a une autre particularité plus favorable encore à la fuppofition de quelques rapports entre les Bédas des *Brahmines* & la doctrine contenue dans l'ancien teftament. C'eft que depuis l'établiffement de la religion de Mahomet, qui eft fondée fur Moyfe & les prophètes, les *Brahmines* ont totalement rejetté leur quatrième Béda appellé *Obatar-Bah*, prétendant que c'est ce livre qui a donné lieu au schisme de Mahomet. Quelque extraordinaire que soit cette raison qu'ils donnent de la proscription d'une quatrième partie de leurs archives religieuses, c'est un fait dont il est difficile de douter, & qui est attesté par tous les *Brahmines*.

Catalogue des dieux des Hindous.

Pour prévenir les méprises que pourroient commettre, pour eux & pour les autres, ceux qui écriront sur cette matière, & empêcher qu'ils ne prennent pour autant d'intelligences différentes les noms synonymes des dieux des Hindous, nous en donnons ici un catalogue tiré d'un livre original des *Brahmines*. Une liste de noms propres, sur-tout dans un langage étranger, est en elle-même quelque chose de si sec, qu'il est inutile d'avertir ceux qui ne prennent pas un intérêt particulier à ces détails, de passer cette liste, comme peu propre à les amuser.

Brimh, ou l'Être suprême, selon les *Brahmines*, a mille noms différens dans le Shanscrit; mais il faut observer que dans ce nombre ils comprennent les noms de toutes les sortes de puissances, de toutes les propriétés & tous les attributs qu'ils regardent comme inhérens à la nature divine, aussi-bien que les noms de tous les symboles, de toutes les essences matérielles sous lesquelles Dieu est adoré. Les plus usités sont *Ishbur*, la grande volonté; *Bagubaan*, le réceptacle de bonté; *Narraia*, donneur de mouvement; *Pirrim purrous*, première essence; *Niringen*, sans passion; *Nidakar*, immatériel.

Brimha, ou Dieu dans son attribut de sagesse, est adoré sous les noms suivans: *Attimabah*, le bon esprit; *Béda*, science; *Beddata*, le donneur de connoissances; *Bisheshrick*, la fleur de la création. *Surrajist*, *Purmisti*, *Pittamah*, *Hirinagirba*, *Lokella*, *Saimbu*, *Chottranun*, *Datta*, *Objajoni*, *Birrinchi*, *Commalasein*, *Biddi*.

Bishen, ou Dieu dans son attribut de providence, est adoré sous les noms suivans: *Krishana*, le donneur de joie; *Bishana*, le nourricier; *Baycanta*, *Bitara-Sirba*, *Dammudar*, *Bishi-Kesh*, *Keseba*, *Mahdob*, *Subbuh*, *Deitari*, *Pundericack*, *Gurrud-Idaja*, *Pittamber*, *Otchuta*, *Suringi*, *Bissickson*, *Jannasdan*, *Uppindera*, *Indrabah-raja*, *Sucker;ani*, *Challerbudge*, *Puttanab*, *Muderipu*, *Basdebo*, *Tribikerma*, *Deibukiman*, *Suri*, *Sirriputti*, *Purrusittam*, *Bunnumali*, *Billidinsi*, *Kangsarratti*, *Oddakego*, *Bissimber*, *Koitabagit*, *Sirbassa*, *Lanehana*.

Shibah, ou comme on le prononce plus généralement *Shieb* & *Shiew*, le pouvoir destructeur de Dieu, est connu sous les noms de *Makoissier*, le grand démon; *Mahdebo*, le grand esprit; *Bamdebo*, le redoutable esprit; *Mohilla*, le destructeur; *Kdal*, le temps; *Sumbu*, *Ish*, *Pusshuputti*, *Shuli*, *Surboh*, *Ishan*, *Shawkacarrah*, *Sandrascikar*, *Butchessa*, *Candapursu*, *Girissa*, *Merrurah*, *Mittiaja*, *Kirtibash*, *Pinnaki*, *Pirmatadippo*, *Ugur*, *Choppurdi*, *Sricant*, *Sitticant*, *Copalbrit*, *Birrupacka*, *Trilochuna*, *Kersanwreta*, *Sirbugah*, *Durjutti*, *Neboloito*, *Harra*, *Sarraharra*, *Trimbick*, *Tripurantacka*, *Gangadir-Undukorripu*, *Kirtudansi*, *Birsadija*, *Bumkesa*, *Babah*, *Bimeh*, *Stanu*, *Rudder*, *Ummasutti*.

De même qu'il est dit figurément que la puissance de Dieu prit trois formes masculines dans le tems de la création, de même il est dit que la bonté de Dieu prit trois formes féminines. La première est *Drugah*, ou la vertu, qui, dit-on, fut mariée à *Shibah*, pour faire entendre que le bien & le mal sont si intimement liés l'un à l'autre, qu'ils ne peuvent exister séparément; car s'il n'y avoit pas ce que l'on appelle *mal*, il ne pourroit conséquemment y avoir de *bien*. *Drugah*, en cette qualité, est honorée sous les noms de *Bowani*, le courage; *Maiah*, l'amour; *Homibutti*, *Ishura*, *Shibaë*, *Rudderani*, *Sirbani*, *Surbamungula*, *Assurna*, *Parbutti*, *Kattaini-Gouri*, & une infinité d'autres noms.

En qualité d'épouse de *Brimha*, elle est généralement connue sous les noms de *Sursitti*, qui donne la sagesse; *Giandah*, qui donne la raison; *Gire*, *Baak*, *Bani*, *Sarsah*, *Brimhapira*.

En qualité d'épouse de *Bishen*, elle est révérée sous les noms de *Litchmi*, qui signifie fortune; *Puddamah*, *Leich*, *Commala*, *Siri-Horripria*.

Outre les six divisions principales des attributs divins, rapportés ci-dessus, les Hindous érigent des temples à *Granesh*, la politique, ou la bonne conduite qu'ils invoquent dans toutes les entreprises, sous les noms de *Biggenrage*, *Bismauck*, *Deimatar*, *Gusmadebo*, *Tekdam*, *Herrumboo*, *Lumbodre*, *Gunjanund*. Cette divinité passe pour être le premier enfant de *Shibah*: on le représente avec la tête d'un éléphant n'ayant qu'une seule dent.

Kastick, ou la renommée, est adorée sous les divers noms suivans: *Farruck-gite*, *Mahasin*, *Surjunmah*, *Suranonno*, *Parbutti-nundun*, *Skunda-Sonnani*, *Agnibu*, *Guha*, *Bahullsha*, *Aishaka*, *Schukibahin*, *Shanmattara*, *Shuckliddir*, *Cummar*, *Corrim-Chidarna*: on le dit second fils de *Shibah*.

Cam-Debo, l'esprit d'amour, est aussi connu sous les noms de *Muddun*, *Mannumut*, *Maro*,

Purrudumun, Minckatin, Kundurp, Darpako, Annungah, Panfufur, Skwaro, Sumberari, Munnifigah, Kuffumesha, Ommenidja, Passbadinna, Kulliputti, Nackera-dija, Batimoboo: il est dit être le premier fils de *Bishen*.

Cobere, ou la richesse, est connue sous les noms suivans: *Trumbuca-Suta, Juckrage, Gudja-Keffera, Monnufa-Dirma, Dunnedo, Raja-Raja, Donnadippa, Kinareffo, Borfferbunnu, Polluffa, Narru-Bahin, Joikaika, Ellabilla, Irida pune janisherah. Nill Cobere*, fils de la richesse, est aussi représenté sous les emblêmes du luxe, mais rarement on lui adresse des vœux.

Soorage, le soleil, est adoré sous les noms de *Inder*, ou roi des étoiles; *Mohruttan, Mugubah, Biraja, Packfafen, Birdirfisba, Sonnafir, Purruhutta, Purrinder, Giftnow, Likkerfubba, Sockor, Sukamunuch, Debafputti, Suttrama, Gottrabit, Budgeri, Bafub, Bitterha, Baftofputti, Surraputti, Ballarati, Satchiputti, Jambubedi, Horriheia, Surat, Nomifinundun, Sonkrindana, Duffibina, Turrafat, Negabahina, Akindilla, Sorakah, Bibvkah.*

Chunder, la lune, est adorée sous les noms de *Hindou, Himmanchu, Chundermah, Kumuda-Bindibah, Biddu, Sudduns, Subranfu, Offadiffa, Nishaputti, Objaja, Jomm, Gullow, Merkanku, Kollandi, Dirjarage, Jefadirra, Nuttitreffa, Kepakina.*

Outre toutes ces divinités que nous venons de citer, il y a encore celles que l'on prétend présider aux élémens, aux rivières, aux montagnes, &c. On les adore toutes comme des parties de la divinité, & parce qu'on suppose qu'elle existe dans toutes choses.

Agunni, ou le dieu du feu, a trente-cinq noms; *Birren*, ou le dieu de l'eau, en a dix; *Baiow*, ou le dieu de l'air, en a vingt-trois; il seroit trop ennuyeux de les rapporter.

Les *Jum* sont au nombre de quatorze; ce sont les esprits qui, dit-on, disposent des ames des morts.

Les *Uffera* sont de belles femmes qui habitent le ciel, & chantent les louanges de Dieu.

Les *Gundirp* sont de jeunes garçons qui ont la même fonction.

Les *Rakiff* sont des fantômes ou spectres qui rodent sur la terre.

Les *Deints* ou *Oiffurs*, sont de malins esprits ou démons qui ont été chassés du ciel, & que l'on prétend vivre sous terre.

Les *Deos* ou *Debos*, sont des esprits qui ont un corps de feu; quelquefois on les représente beaux comme les anges, & d'autres fois sous des formes hideuses; on dit qu'ils habitent dans l'air.

Tel est l'étrange système de religion qu'imposa sur le vulgaire, la fourberie des prêtres payens, toujours prompts, dans tous les tems, dans tous les climats, à tirer avantage du penchant des peuples à la superstition. Il y a cependant une chose à dire encore en faveur de la doctrine des Hindous, c'est qu'en même tems qu'elle enseigne la morale la plus pure, elle est encore formée systématiquement sur des opinions philosophiques. Cessons donc enfin de croire une moitié du monde plus ignorante & plus stupide que les pierres qu'on semble y adorer, & soyons assurés que quelles que soient les cérémonies extérieures de la religion, le même Etre infini est l'objet de l'adoration universelle.

(Cet article, presqu'entièrement extrait de l'histoire de l'Hindostan de M. Alexandre Dow, est de M. Bergier).

C.

CAMPANELLA, *(Philosophie de)* hist. de la Philos. mod.

Thomas *Campanella* a été un de ces hommes équivoques dont on a dit beaucoup de bien & beaucoup de mal : mais les passions exagèrent tout, & ne donnent que des notions fausses des personnes & des choses : Il faut se défier également des jugemens favorables ou contraires qu'elles prononcent. La vérité tient le milieu entre ces extrêmes : nous allons tâcher de la trouver.

Notre philosophe naquit à Stilo, village de Calabre, le 5 septembre 1568. Il s'attacha à l'étude dès sa plus tendre enfance, & y fit des progrès rapides qui néanmoins ne produisirent pas ce qu'ils sembloient annoncer, parce que *Campanella* ne rencontra pas des instituteurs qui répondissent par leurs soins & leur capacité aux dispositions heureuses qu'il montroit. (*Voyez* les premières colonnes de l'art. BOULANGER).

Dès l'âge de 14 ans il entra dans l'ordre de S. Dominique, & en prit l'habit. Il ne pouvoit s'accommoder de cet esprit de servitude qui régnoit alors dans les écoles, où il n'étoit pas permis de penser autrement qu'Aristote, & où l'on respectoit beaucoup plus l'autorité de ce philosophe que celle de la raison. Il commença donc à révoquer en doute la doctrine de ses maîtres & il la trouva fausse dans un si grand nombre d'articles, qu'il tomba dans une espèce de pyrrhonisme qui lui faisoit douter des faits les plus incontestables : il avoue lui-même qu'il avoit douté s'il y avoit jamais eu de Charlemagne dans le monde : on peut appeler ce doute l'extrême du pyrrhonisme historique.

Campanella résolut de ne s'attacher à aucun auteur en particulier, mais de profiter de ce qu'il trouveroit de bon dans chacun : cette manière d'étudier les anciens & les modernes, valoit bien celle des collèges & des universités ; & si *Campanella* avoit eu une imagination moins exaltée, & sur-tout un jugement plus droit, il auroit pu rendre de grands services aux sciences.

On l'a appelé le singe de Cardan ; *simia Cardani* ; mais en cela même on lui a fait beaucoup trop d'honneur : Cardan, malgré toutes ses extravagances, étoit un homme de génie ; la trace des pas hardis & difficiles qu'il a faits dans les sciences se voit encore ; & *Campanella* n'a laissé aucun vestige des siens. (*Voyez* CARDAN) (philosophie de). Si Brucker avoit eu une mesure plus juste du mérite de ceux dont il a écrit l'histoire, il n'auroit pas dit que *Campanella* ne ressembloit pas seulement à Cardan *par la force de tête*, mais qu'il en avoit aussi les défauts : *non virtutibus modo intellectus, sed navis quoque Cardano omnino similis est*. Il y a plus de sagacité, plus de profondeur & d'étendue d'esprit dans quelques pages de l'*ars magna* de Cardan, que dans tous les ouvrages de *Campanella* réunis & pressés, pour ainsi dire, jusqu'à la dernière goutte : & rien ne doit paroître plus ridicule à ceux qui ont lu avec attention le traité de Cardan, cité ci-dessus, que de voir Brucker mettre sur la même ligne un homme qui a mérité le titre d'inventeur dans une des sciences les plus utiles & les plus difficiles à perfectionner, & l'auteur presque inconnu d'une foule d'ouvrages oubliés depuis long-tems, dans lesquels il n'y a pas trente pages que l'on puisse lire avec fruit, & pas une seule sur laquelle on soit tenté de revenir après l'avoir lue. Brucker a remarqué quelques-uns des points dans lesquels *Campanella* & Cardan semblent se toucher : mais il n'a pas apperçu l'intervalle qui les sépare à d'autres égards ; & c'est néanmoins cette distance qu'il falloit déterminer pour donner une idée exacte du talent de ces deux philosophes, puisqu'on est convenu de les appeler ainsi ; pour faire connoître le caractère très-divers de leur esprit, & sur-tout pour les mettre chacun à leur vraie place. Mais il paroit que Brucker n'avoit pas même lu le livre *de Arte magna*, du moins il ne le cite dans aucun endroit de son article de Cardan, article d'ailleurs très-mal fait, & qui n'apprend rien, ainsi que beaucoup d'autres du même auteur. Ce seul exemple suffit pour prouver combien il faut se défier des jugemens de ce compilateur, & même de la fidélité de ses recueils. Il est bien rare qu'on remonte aux sources où il a puisé, sans le trouver coupable de quelque omission, de quelque faute plus ou moins grave, & sans regretter qu'un sujet aussi intéressant que l'histoire critique de la philosophie ait été traité par un écrivain superstitieux, & beaucoup plus digne de recueillir avec respect toutes les sottises de la théologie ancienne & moderne, que de faire l'histoire raisonnée des progrès de l'esprit humain.

Au reste l'exposé succinct que nous ferons bientôt de la philosophie de *Campanella*, mettra les lecteurs en état de décider si l'idée générale que nous venons de donner de ses principaux ouvrages est exacte, & si nous avons été trop sévères ou trop indulgens. Achevons présentement de faire connoître ce moine Calabrois, par quelques détails de sa vie, qui le peignent très-ressemblant.

Les disputes publiques qui étoient alors une espèce d'arène où les disciples des différentes écoles descendoient à l'envi pour se combattre réciproquement, & faire briller la subtilité de leur dialectique, développèrent les forces de *Campanella*. Il acquit tant de réputation dans ces luttes plus ou moins difficiles, qu'on dit publiquement que l'ame de Télésius avoit passé dans le corps de *Campanella*. Celui-ci ayant appris ce qu'on pensoit de lui, voulut savoir quel étoit ce Télésius, dont il n'avoit point encore entendu parler. Il sçut que c'étoit un auteur de Cosence qui avoit eu le courage d'écrire contre Aristote; il rechercha ses livres, les lut avec soin, & entra même dans ses sentimens, sans les adopter néanmoins aveuglément & sans réflexion, comme on peut s'en convaincre par son traité *de sensu rerum*, où il réfute assez souvent Télésius.

Etant allé demeurer à Altomonte, il profita du loisir qu'il y trouva, pour étudier les ouvrages des anciens philosophes, & même des nouveaux, sur-tout ceux de Télésius, qui lui parurent mériter une attention particulière.

La liberté avec laquelle il secoua le joug du péripatétisme, qui dans les quinzième & seizième siècle étoit la philosophie, on pourroit même dire la religion dominante, lui suscita de facheuses affaires qui l'obligèrent de changer souvent de séjour. On ne sera pas surpris des persécutions qu'il souffrit, quand on saura qu'il osa enseigner dans le sein de l'église romaine la moins éclairée de toutes les communions, & celle qui a les plus ridicules prétentions, que toute nouveauté ne devoit être suspecte, ni dans l'état, ni dans l'église; qu'on avoit introduit Aristote dans les écoles, au grand préjudice de la religion chrétienne, dans un tems où les ecclésiastiques ne savoient pas même lire; que Canus avoit très-bien observé que les demi savans de son tems mettoient ce philosophe à la place de Christ, & que ce Stagirite étoit la peste des chrétiens. Il y auroit eu moins d'exagération, & plus de vérité à dire que la raison étoit contraire au christianisme, parce que le christianisme, considéré dans la plupart de ses dogmes, étoit contraire à la raison : mais *Campanella* n'étoit pas assez avancé pour arriver à ce résultat, & il se vengeoit sur Aristote du tort que le péripatétisme avoit fait, selon lui, à la religion chrétienne.

» Il faut cependant avouer, dit à ce sujet un
» écrivain judicieux, que *Campanella* poussoit un
» peu trop loin le mépris qu'il témoignoit avoir
» pour les anciens. Il étoit trop hardi & trop
» fier dans ses décisions. Quand on a à combattre
» des opinions généralement reçues, il ne faut
» jamais les attaquer de front. C'est le moyen
» de s'attirer mille ennemis, au lieu de se faire
» des disciples. Il faut alors proposer ses senti-
» mens comme des doutes, sur lesquels on sou-
» haiteroit d'être éclairci. On s'insinue par ce
» moyen insensiblement dans les esprits qui se
» persuadent d'avoir découvert d'eux-mêmes ce
» qu'ils n'ont fait qu'apprendre des autres ».

Ce fut peut-être la simple haine que les hauteurs de *Campanella* lui attirèrent, qui fut cause des accusations atroces qu'on intenta contre-lui, & dont les suites furent si funestes. On lui imputa de vouloir établir une nouvelle religion, & se former une espèce (1) d'empire : on ajouta que, voyant qu'il ne pouvoit réussir ce dessein que par les armes, il résolut d'introduire les turcs dans une ville du golfe de Tarente, & de les rendre ensuite maîtres du royaume de Naples. Cette accusation étant portée devant le vice roi, *Campanella* fut pris & mis en prison, où on lui fit souffrir pendant trente cinq heures les douleurs les plus vives de la plus cruelle question. Enfin il fut condamné à une prison perpétuelle. L'auteur de sa vie croit que, quoiqu'on ne pût convaincre *Campanella* du crime dont on l'accusoit, il est très-difficile de se persuader qu'il en fût tout-à-fait innocent : & il faut avouer en effet qu'un homme dont la tête étoit aussi mal ordonnée que la sienne, a dû nécessairement dire & faire beaucoup de sottises.

Ce fut en 1599 qu'il fut mis en prison, & il y resta environ vingt-sept ans. Ce qu'il dit lui-même dans la préface de son *atheismus triumphatus*, paroît incroyable. Il nous apprend qu'il fut appliqué sept fois à la question, & que la dernière dura quarante heures entières. On l'accusa, entre autres choses, d'avoir composé le fameux livre *de tribus impostoribus*, qu'on trouvoit, dit-il, imprimé trente ans avant qu'il naquit.

Mais il y avoit un autre délit dont *Campa-*

---

(1) Gabriel Naudé qui avoit été l'ami intime de *Campanella*, dit nettement que ce moine eut dessein de se faire roi de la haute Calabre, & qu'il choisit très-a-propos pour compagnon de son entreprise, un frere Denys Pontius qui s'étoit acquis la reputation du plus éloquent & du plus persuasif homme qui fut de son tems Il avoue même que *Campanella* eut dessein d'introduire une nouvelle religion dans la haute Calabre, mais qu'il n'en put venir à bout pour n'avoir pas eu la force en main. *Considérations politiq. sur les coups d'état*, pag. m. 183. 193.

nella ne pouvoit guère fe juftifier dans l'opinion publique. Il faifoit le prophète, & prédifoit plufieurs changemens qu'il croyoit devoir arriver. » S'il s'en fût tenu là, dit un journalifte eftimé, » on auroit pu fimplement le traiter de vifion- » naire, & l'envoyer tout au plus aux petites » maifons. Mais il imitoit la plupart des nou- » veaux prophètes, qui, après avoir prédit plu- » fieurs évènemens, quelquefois funeftes aux » états, font tous leurs efforts pour faire arriver » leurs prédictions, & joignent à la qualité de faux » prophètes, (1) affez méprifable en elle même, » celle de féditieux, qui mérite toujours puni- » tion. Lorfqu'ils ne peuvent pas eux-mêmes » procurer ces changemens par la force des ar- » mes, ils tâchent de les accélérer par des écrits » pernicieux & incendiaires qu'ils répandent par- » tout avec foin, & avec profufion : » (voyez la preuve de ce fait dans la conduite conftante des prêtres & des ci-devant nobles, depuis la *révolution*).

Campanella compofa dans fa prifon plufieurs ouvrages que fes difciples & fes amis eurent foin de publier, ainfi que la plupart de ceux qu'il fit depuis l'époque où on lui rendit fa liberté. Ce fut Urbain VIII. qui la lui procura en 1626. Ce pape le connoiffoit par fes écrits; & le prétexte dont il fe fervit pour le tirer des mains des efpagnols, c'eft que *Campanella* ayant écrit contre l'églife romaine, il devoit être transféré à Rome pour y être jugé par des juges eccléfiaftiques. Mais les Efpagnols le haïffoient trop pour le laiffer en repos. *Campanella* fçut qu'il machinoient fecretement quelque chofe contre lui, & il fe fauva en France en 1634.

Il fut très-bien reçu de Louis XIII & du cardinal de Richelieu qui le confulta fouvent fur les affaires d'Italie. On dit que ce miniftre lui ayant demandé fi le duc d'Orléans parviendroit à la couronne, *Campanella* lui répondit : *imperium non guftabit in æternum*; il ne goûtera jamais de l'empire.

Ce moine brouillon & intolérant, comme ils le font tous, plus ou moins, paffa le refte de fa vie dans la maifon des Jacobins de la rue faint honoré, & il y eft mort le 21 de Mai 1639, âgé de plus de 70 ans.

Cyprianus croit que dans le fonds *Campanella* n'avoit point de religion, mais qu'il la faifoit fervir à fes paffions & à fon intérêt felon les circonftances : fans préjuger ici ce qu'on doit penfer de la religion de ce moine (2) Italien, &

---

(1) Eft-ce qu'il y en a de vrais?
(2) Voyez la fuite de cet article.

par conféquent très-fufpect fur l'article en queftion, j'obferverai en général qu'aux yeux du philofophe, je dirois prefque du chrétien, fi fes principes lui permettoient de faire ufage de fa raifon, le grand mal n'eft pas d'avoir fecoué le joug des préjugés religieux; fur-tout lorfqu'on eft arrivé à ce terme par la vraie route, c'eftà-dire, par la voie de l'examen & de la difcuffion. Mais ce qui eft blamable dans tous les fyftêmes; ce que la faine morale condamne juftement & fans reftriction, c'eft de faire fervir à l'avancement & au fuccès de fes affaires une religion qu'on croit fauffe au fond de fon cœur. Rien de plus lâche, de plus vil, & néanmoins de plus commun que cette efpèce d'hypocrifie; on n'eft point obligé d'admettre comme vrai, comme révélé ce qui paroît abfurde fur le fimple énoncé, & ce qu'on trouve encore tel, après l'avoir paffé, pour ainfi-dire, à la coupelle d'une logique exacte & rigoureufe : mais on eft obligé d'être fincère avec foi-même & avec les autres. Ce n'eft ni du juif, ni du chrétien, ni du déifte dont on a befoin dans la fociété, c'eft de l'honnête homme : ce n'eft pas fa religion, c'eft fa probité qu'on a affaire : que fon *credo* foit d'ailleurs court ou chargé d'articles, peu importe; mais ce qui n'eft pas indifférent, c'eft de favoir quelle eft la teneur de fa vie : voilà le juge incorruptible, & dont perfonne ne peut récufer le témoignage. *Campanella* étoit d'un pays où la religion n'eft qu'un inftrument dont on fe fert avec plus ou moins d'habileté pour arriver à fes fins; & il fuivoit le torrent : mais à cette impulfion qu'il avoit reçue de l'exemple & de l'ufage conftant de la cour de Rome, il joignoit encore l'intolérance ordinaire des prêtres & des moines, car il vouloit qu'on extirpât par le fer & par le feu tous ceux qu'il appelle *hérétiques*, c'eft-à-dire en d'autres termes, tous ceux qui ne croyent pas à la religion du pape. Il dit que Charles-Quint fit bien de tenir à Luther la promeffe qu'il lui donna, lorfqu'il alla à la Diète de Worms, mais qu'à fon retour, il devoit le faire périr, de même que tous les princes qui le protegeoient.

Ces principes atroces ne doivent pas furprendre dans un moine, & fur-tout dans un dominicain : il y a long-tems que l'efprit de perfécution domine dans cet ordre, & en général dans l'églife que les myftiques appellent *la douce épouſe* de Jéfus-Chrift; mais on a peine à croire qu'un théologien qui avoit lui-même befoin de tolérance, puifque fes opinions religieufes étoient directement oppofées à la doctrine Orthodoxe, qui eft toujours celle de ceux qui peuvent profcrire, n'ait pas fenti l'injuftice de refufer à des hommes, qui au fonds s'écartoient très-peu des fentiers battus, une indulgence à laquelle ils avoient plus de droits que lui, & qu'ils auroient même obtenu plus facilement au tribunal fanguinaire

guinaire de l'inquisition : en effet, Luther, Calvin & leurs sectateurs n'étoient réellement que des schismatiques, qui, par une inconséquence bizarre & très-difficile à expliquer, rejettoient comme absurdes certains dogmes, & en admettoient d'autres qui ne l'étoient pas moins, & qui d'ailleurs n'étoient pas mieux prouvés. Ils élaguoient plus ou moins les branches de l'arbre, mais ils conservoient religieusement le reste ; au lieu que Campanella coupoit l'arbre au pied. Il parloit de Moïse avec mépris, & quand on n'estime pas cet ancien législateur des Juifs, il est bien rare qu'on respecte celui des chrétiens.

Une autre contradiction de ce moine, c'est qu'après avoir découvert tous les artifices dont le pape se sert pour conserver son autorité, qu'il soutient être une pure invention humaine, il ne laisse pas d'exhorter tous les princes à maintenir de tout leur pouvoir cette autorité, qui est selon lui le plus sûr moyen de réduire tous les autres hommes en servitude.

Ces différentes opinions de *Campanella* prouvent que l'étude de la philosophie si propre à adoucir les mœurs, à inspirer l'amour de l'humanité, le respect de la justice & des droits des hommes, n'avoit produit en lui aucun de ces bons effets, & lui avoit laissé ce caractère impitoyable & féroce qui a été dans tous les tems celui du prêtre (1), & qui le rend encore si odieux, par-tout où la raison a fait quelques progrès.

Si on en croit l'auteur de sa vie, *Campanella* étoit fort ignorant dans les langues Grecque & Hébraïque, & n'avoit guère lu que les théologiens scholastiques ; il se vante néanmoins d'avoir examiné tous les commentateurs grecs, latins & arabes d'Aristote, pour savoir si leurs principes se trouvoient conformes à ce que l'on voit dans le monde. Il se croyoit fait pour donner à la philosophie une face nouvelle : son esprit hardi & indépendant, ne pouvoit plier sous l'autorité d'Aristote, ni de ses commentateurs. Il voulut donner le ton à son siècle ; & peut-être qu'il en seroit venu à bout, s'il n'eût fallu que de l'esprit & de l'imagination, faculté qui paroit avoir prédominé en lui, & n'avoir laissé à sa raison que des intervalles très-courts (2).

---

(1) Lorsqu'on veut exprimer fortement l'insensibilité de quelqu'un, on dit proverbialement *qu'il est dur comme un prêtre, ou comme un moine*; ce qui est la même chose, car ces deux êtres ne diffèrent que par l'habit.

(2) *Imaginationis vis judicandi facultatem suppressit, & imprimis eam partem perdidit, quâ prudenter studiorum cursus solet regi.* Brucker, tom. 4. part 2. pag. 111.

Philosophie anc. & mod. Tom I.

On ne peut nier qu'il n'ait très-bien apperçu les défauts de la philosophie scholastique ; & rien n'étoit plus facile ; il a même entrevu les moyens d'y remédier : mais son peu de jugement & de solidité le rendirent incapable de réussir dans ce grand projet. Ses ouvrages remplis de galimathias, fourmillent d'erreurs, d'absurdités, de contradictions : cependant il faut avouer qu'on y trouve aussi quelques fois des réflexions très-sensées, & on peut lui appliquer ce qu'Horace a dit du poëte Lucilius,

Cum flueret lutulentus, erat quod tollere velles.

Le livre que ce dominicain a écrit de la monarchie des espagnols, renferme des principes très-conformes à ceux de Machiavel ; tel que celui où il rapporte à la politique toute la religion des princes & des états. D'ailleurs il soupçonnoit tout le monde d'athéisme, sur-tout les savans & les princes d'entre les protestans.

Falleris Scioppi, dit-il, *si cogitas Germanis tuis prædicare novum articulum, credo sanctam ecclesiam : nam oportet incipere à credo in Deum, & per philosophiam naturalem, non per auctoritatem. Nemo enim fidem præstat Bibliis, nec alcorano, nec evangelio, neque Luthero, neque papæ, nisi quatenus utile est. Credit quidem his plebecula : sed docti & principes omnes fere, politici machiavellistæ sunt, utentes religione ut arte dominandi.* (Campanel. Epist. ad Scioppium).

On assure qu'il prétendoit connoître la pensée d'une personne, en se mettant dans la même situation qu'elle, & en disposant ses organes à peu-près de la même manière que cette personne les avoit disposés : *posse hominem, si similem sibi cum aliquo faciem & cætera corporis membra esse sibi persuaserit non ingenium tantum illius, sed & animi sensa illicò cognoscere.* C'est précisément ce que les Mesmériens ou magnétiseurs appellent *se mettre en rapport avec quelqu'un.* On voit que cette folie qui a passé comme une épidémie, est bien ancienne : elle prouve que pour prendre plaisir à débiter des pensées bisarres, hétéroclites, & à dire des choses extraordinaires, il n'est pas nécessaire de les croire véritables ; mais qu'il suffit d'espérer que le peuple les regardera comme des espèces de miracles & que par leur moyen on passera soi-même pour un prodige.

Il est certain que *Campanella* étoit fort prévenu en faveur de l'astrologie judiciaire, & qu'il se mêloit de prédire l'avenir par son moyen. On dit même qu'il fit des prédictions qui eurent leur accomplissement ; & rien n'est plus commun que cet esprit de divination qu'on acquiert par l'habitude d'observer ce qui se passe autour de soi. Quel est l'homme, même médiocre & d'une conception ordinaire, à qui il ne soit pas arrivé plusieurs fois dans le cours de sa vie de prédire certaines choses long-tems avant l'événement ? Les vrais prophêtes sont les bons observateurs ; & la raison n'en reconnoîtra jamais d'autres. *Campanella* pouvoit avoir perfectionné en lui cette espèce de tact que tous les hommes ont plus ou moins, & qui lui faisoit croire qu'il étoit en correspondance avec les démons, ou les génies, & qu'ils lui découvroient l'avenir. Mais toutes les extravagances qu'il a dites à ce sujet, sont les rêves d'un homme qui dort en veillant, (*qui vigilans stertit*), & qui est tout voisin de la folie. Il étoit fortement persuadé que les éclipses annoncent de grands malheurs ; il indique même plusieurs moyens de se soustraire à la prétendue fatalité de ces événemens ; & ses moyens sont aussi ridicules que la terreur qui les lui a fait chercher : car ils consistent, selon lui, à bien fermer sa maison, à y brûler des parfums, à en respirer la vapeur, & à entendre une musique voluptueuse. Il y a mille endroits dans ses ouvrages qui ne peuvent avoir été écrits que dans des accès de délire ou d'un certain enthousiasme qui en a le caractère & même l'expression. Mais pour donner aux lecteurs une idée générale de la philosophie de *Campanella*, nous allons rapporter ici quelques-uns de ses sentimens. Nous écarterons une foule de propositions, qui, débarassées de ce jargon scholastique dans lequel elles sont énoncées, se réduisent à des notions vagues, absurdes, inconsistantes & fausses ; & nous nous bornerons à ce qui nous a paru, nous ne dirons pas utile, mais plus intelligible, & ce qui est du moins susceptible de quelques sens.

Dialectique de Campanella.

1. La dialectique est l'art ou l'instrument du sage, qui lui enseigne à conduire sa raison dans les sciences.

2. La logique se divise en trois parties, qui répondent aux trois actes de l'entendement, la conception, le jugement, & le raisonnement.

3. La définition n'est pas différente du terme : or, les termes sont ou parfaits, ou imparfaits.

4. Les termes sont les semences, & les définitions sont les principes des sciences.

5. La logique naturelle est une espèce de participation de l'intelligence de Dieu même, par laquelle nous sommes raisonnables : la logique artificielle est l'art de diriger notre esprit par le moyen de certains préceptes.

6. Les termes sont les signes de nos idées.

7. Le genre est un terme qui exprime une similitude essentielle qui se trouve entre plusieurs êtres communs.

8. L'espèce est un terme qui exprime une similitude essentielle entre plusieurs individus.

9. La différence est un terme qui divise le genre, & qui constitue l'espèce.

10. La définition est un terme complexe qui renferme le genre & la différence.

11. Le propre est un terme qui signifie l'état particulier des choses.

12. L'accident est un terme qui signifie ce qui n'est point essentiel à un être.

13. La première substance, qui est la base de tout, & qui ne se trouve dans aucun sujet, c'est l'espace qui reçoit tous les corps : en ce sens, Dieu est une substance improprement dite.

14. La substance est un être fini, réel, subsistant par lui-même, parfait, & le premier sujet de tous les accidens.

15. La quantité, qui est le second prédicament, est la mesure intime de la substance matérielle, & elle est de trois sortes ; le nombre, le poids, & la masse ou la mesure.

16. La division est la réduction d'un tout dans ses parties, soit qu'on regarde le tout comme intégral, ou comme *quantitatif*, ou comme *essentiel*, ou comme *potentiel*, ou comme *universel*.

17. Les définitions se tirent des choses que nous sentons, & se transportent à celles qui sont insensibles.

18. Il y a plusieurs manières de définir, parce qu'il y a plusieurs manières d'être.

19. Dieu ne peut point être défini, parce qu'il n'a qu'une différence négative.

20. La description est un discours qui indique l'essence d'une chose par des propriétés, par des effets & par des similitudes.

21. Le nom est un terme qui signifie l'*essence des choses* ; & le verbe est un terme qui signifie l'*action des choses*.

22. L'argumentation est la chose par laquelle l'esprit va de ce qui lui est connu à ce qui lui est inconnu, pour le connoître, le déclarer & le prouver.

23. Les sens sont le fondement de toutes les sciences humaines.

24. Le syllogisme est composé de deux propositions, dans l'une desquelles se trouve le sujet de la conclusion, & dans l'autre l'attribut de la même conclusion.

25. L'induction est un argument qui conclut du dénombrement des parties au tout.

26. L'exposition est la preuve d'une proposition, par d'autres propositions plus claires & équipollentes.

27. L'enthimême est un syllogisme tronqué, dans lequel on sous-entend, ou la majeure, ou la mineure.

28. L'argument est ou démonstratif, ce qui constitue la science, ou seulement probable, ce qui engendre l'opinion.

29. La science consiste à connoître les choses par leurs causes: espèce de connoissance qu'on ne peut jamais porter jusqu'à la perfection.

30. Ce que les sens ont démontré passe dans l'entendement revêtu du même caractère, & pour ainsi dire, avec le même signe.

31. Sentir, c'est sçavoir. On a souvent une connoissance plus exacte & plus étendue des choses particulières & contingentes, que des choses universelles, éternelles & nécessaires.

32. Les propositions probables sont celles qui paroissent telles à la plupart des hommes ou à ceux qui forment le plus petit nombre, mais qui sont les plus éclairés.

Voilà ce qu'il y a de moins déraisonnable dans la logique de *Campanella*. Le lecteur est en état de juger s'il est, ou plus clair, ou plus méthodique qu'Aristote, & s'il a ouvert une route plus aisée & plus courte que cet ancien philosophe, dont il n'estimoit pas beaucoup la logique: il croyoit même que la plupart des raisonnemens des péripatéticiens, étoient de pures pétitions de principes. C'est bien ici le cas d'appliquer le vers de la Fontaine:

Linx envers nos pareils, & taupes envers nous.

Physique de *Campanella*

1. Les sens sont la base de la Physique: les connoissances qu'ils nous donnent sont certaines, parce qu'elles naissent de la présence même des objets.

2. La raison est d'autant plus certaine, qu'elle tient de plus près à la sensation; elle est, au contraire, d'autant plus foible, qu'elle en est plus éloignée, & que l'imagination influe davantage sur ses résultats.

3. L'essence d'une chose n'est point différente de son existence; ce qui n'a point d'existence ne peut avoir d'essence.

4. Ce qui existe physiquement, existe dans un lieu.

5. Le lieu est la substance première: elle est spirituelle, immobile, & capable de recevoir tous les corps.

6. Il n'y a ni haut, ni bas, ni pésanteur, ni légereté: ce ne sont que des signes que nous avons inventés pour marquer des relations.

7. Le lieu où l'espace est au-delà du monde, & il est peut-être infini.

8. Il n'y a point de vuide, parce que tous les corps sentent, & qu'ils sont doués d'un toucher: mais il est possible qu'il y ait du vuide par violence.

9. Le temps est la durée successive des êtres, c'est la mesure du mouvement, non pas réellement, mais seulement dans notre pensée.

10. Le temps peut mesurer le repos, & on peut le concevoir sans le mouvement; il est composé de parties indivisibles d'une manière sensible: mais l'imagination peut le diviser sans fin.

11. Il n'est point prouvé que le temps ait commencé: mais on peut croire qu'il a été fait avec l'espace.

12. Dieu mit la matière au milieu de l'espace, & lui donna deux principes actifs, savoir la chaleur & le froid.

13. Ces deux principes ont donné naissance à deux sortes de corps: la chaleur divisa la matière & en fit les cieux: le froid la condensa, & fit la terre.

14. Une chaleur violente divisa fort vite une portion de matière, & se répandit dans les lieux que nous appellons *élevés*: le froid fuyant son ennemie étendit les cieux, & sentant son impuissance, il réunit quelques-unes de ses parties, & il brilla dans ce que nous appellons *étoiles*.

15. La lune est composée de parties qui ne brillent point par elles-mêmes, parce qu'elles

sont engourdies par le froid de la terre ; au lieu que les cieux étant fort éloignés du globe terrestre, & n'en craignant point le froid, sont remplis d'une infinité d'étoiles.

16. Le soleil renferme une chaleur si considérable, qu'il est en état de se défendre contre la terre.

17. Le soleil tournant autour de la terre & la combattant, ou il en divise les parties, & voilà de l'air & des vapeurs ; ou il la dissout, & voilà de l'eau ; ou il la durcit, & il donne naissance aux pierres : s'il la dissout & la durcit en même temps, il fait naître des plantes ; s'il la dissout, la durcit & la divise en même temps, il fait naître des animaux.

18. La matière est un corps : parce qu'il n'y a rien sans corps, si ce n'est un être purement idéal.

19. Le corps n'a point d'action par lui-même ; mais il reçoit celle qu'on lui communique, ainsi que les différentes formes qu'on lui donne.

20. La matière est invisible, & par conséquent noire. (quelle étrange logique !)

21. Toutes les couleurs sont composées de ténèbres, de la matière & de la lumière du soleil.

22. La lumière est une blancheur vive : la blancheur approche fort de la lumière, ensuite viennent le rouge, le verd, le pourpre, &c.

23. La lumière est la couleur de la chaleur : elle s'appelle lumière, entant qu'elle est l'objet du sens de la vue ; & chaleur entant qu'elle est l'objet du sens du toucher.

24. Le ciel est très-rare, parce que sa nature est d'être en mouvement ; la terre est très-dense, parce qu'elle est destinée à être en repos : celui-là est très-chaud ; celle-ci est très-froide.

25. Le soleil est le principe & la source de tout le feu qui existe dans le monde.

26. Le soleil est toujours en mouvement ; & n'échauffe jamais la même partie de la terre.

27. Les cieux ne sont point sujets à la corruption, parce qu'ils sont composés de feu, qui n'admet point les corps étrangers, qui seuls donnent naissance à la pourriture.

28. Il y a deux élémens, savoir le soleil & la terre, qui engendrent toutes choses.

29. Les comètes sont composées de vapeurs subtiles, éclairées par la lumière du soleil.

30. L'air n'est point un élément, parcequ'il n'engendre rien, & qu'il est au contraire engendré par le soleil ; il en est de même de l'eau.

31. Il y a des générations spontanées ; c'est-à-dire des animaux qui naissent de matières actuellement en putréfaction, & vivifiées par l'action ou l'esprit du soleil qui s'unit à ces matières & les animalise : mais ces générations équivoques ne peuvent avoir lieu qu'entre des animaux de la même espèce. Ainsi des animaux semblables ne peuvent naître que d'animaux semblables. *Animalia dupliciter sunt : alia enim sponte oriuntur, ingenito à sole spiritu in crassa mole, quæ tunc fieri maxime contingit ; cum entia nostra putrefieri inceperint : quæ vero è pluribus constant portionibus, dissimilaribusque nequaquam sponte oriri possunt : hinc similia ex similibus animantibus nascuntur.* (Quoiqu'on retrouve ici le système des générations équivoques, *Campanella* n'en est point l'inventeur : ce système est beaucoup plus ancien que lui : c'étoit la doctrine d'Epicure & de plusieurs philosophes grecs).

32. La différence du mâle & de la femelle ne vient que de la différente intensité de la chaleur.

33. Il est faux que les femmes ne répandent point de semence dans l'acte de la copulation ; car elles ont des testicules intérieurs : mais leur semence a moins de chaleur & de densité.

34. La semence est nécessairement vivante & animée. (Cela est très-conforme à la saine philosophie ; mais cette idée n'appartient point à *Campanella*).

35. Tout sent ; toutes les sensations sont autant de touchers particuliers.

36. Le toucher est répandu dans toutes les parties du corps ; mais il est plus exquis au centre où vont se réunir toutes les sensations, & ce centre est le cerveau.

37. C'est la lumière & non la couleur qui est l'objet de la vue.

38. Le sentiment est un ; mais les sensations & les organes du sentiment sont plusieurs : l'ame sent & raisonne tout ensemble.

39. Nous sommes composés de trois substances, du corps, de l'esprit & de l'ame. Le corps est l'organe, l'esprit est le véhicule de l'ame, & l'ame donne la vie au corps & à l'esprit, &c. &c.

Voilà une très-petite partie des principes & des opinions qu'on trouve dans les ouvrages de *Campanella* sur la physique.

Il est singulier qu'un homme qui se donnoit pour le restaurateur de la philosophie, n'ait pas pris plus de soin de déguiser ses larcins. Il suffit d'avoir une connoissance médiocre des sentimens philosophiques des anciens & des modernes, pour reconnoître tout d'un coup les sources où *Campanella* a puisé la plupart des idées que nous venons d'exposer. Je ne parle point ici des absurdités qui remplissent les ouvrages de notre Dominicain : sottises pour sottises, il me semble que les anciennes sont aussi bonnes que les modernes ; & il étoit assez inutile d'étourdir le monde savant par des projets de réforme, lorsqu'on n'avoit que des chimeres à proposer. (*Voyez* ARISTOTELISME). Cette réflexion de l'abbé Pestré sur la physique de *Campanella* est très-judicieuse.

Comme le livre où *Campanella* donne du sentiment aux êtres les plus insensibles fit beaucoup de bruit dans le temps, on sera peut-être bien aise d'en voir ici l'extrait, d'autant plus que cet ouvrage est extrêmement rare. Il est intitulé : *de sensu rerum & de magiâ*.

Il prétend prouver dans cet ouvrage qu'il y a du sentiment dans tous les corps & dans tous les êtres qui nous paroissent immobiles & insensibles. Les astres, les élémens, les plantes, les cadavres mêmes, tout, selon lui, est sensible dans le monde. Il prétend que les bêtes parlent entre elles, sans quoi leurs sociétés ne pourroient subsister. Il pense que ce sentiment n'est point absurde, puisque les animaux s'entendent les uns, les autres, comme lorsqu'une poule appelle ses poussins. Nous allons rapporter quelques propositions extraites de ce livre, & qui pourront en donner une idée générale.

1. On ne donne point ce qu'on n'a point ; par conséquent tout ce qui est dans un effet, est aussi dans sa cause : or, comme les animaux ont du sentiment, & que le sentiment ne sort point du néant, il faut conclure que les élémens qui sont les principes des animaux, ont aussi du sentiment, donc le ciel & la terre sentent.

2. Le sentiment n'est pas seulement une passion ; mais il est souvent accompagné d'un raisonnement si prompt, qu'il n'est pas possible de s'en appercevoir.

3. La mémoire est un sentiment anticipé : la réminiscence est un sentiment renouvellé dans un sujet semblable.

4. Les bêtes ont de la mémoire & elle raisonnent ; mais les plantes n'ont aucune de ces facultés.

5. Il y a du vuide, mais seulement par violence & non pas naturellement.

6. Le feu est le principe du mouvement dans tous les êtres. Et l'ame motrice est un esprit chaud.

7. Tous les sens sont autant de touchers divers ; mais les *sensorium* & les manieres de sentir sont différens à cause de la nature des organes.

8. Si le sentiment est une *passion*, & si les élémens & les êtres qui en sont composés ont des passions, tous les êtres ont donc du sentiment.

9. Sans le sentiment, le monde ne seroit qu'un chaos.

10. L'instinct est une impulsion de la nature, laquelle éprouve quelque sentiment : donc ceux qui prétendent que tous les êtres agissent par instinct, doivent par conséquent supposer qu'ils agissent par sentiment ; car ils accordent que tous les êtres naturels agissent pour une fin : il faut donc qu'ils en connoissent cette fin ; donc l'instinct est une impulsion qui suppose de la connoissance dans la nature.

11. Tous les êtres ont horreur du vuide ; donc ils ont du sentiment, & on peut regarder le monde comme un animal.

12. Il seroit ridicule de dire que le monde n'a point de sentiment, parce qu'il n'a ni pieds, ni mains, ni nez, ni oreilles, &c. Les mains du monde sont les rayons de lumiere ; ses yeux sont les étoiles, & ses pieds ne sont autre chose que la figure ronde qui le rend propre au mouvement.

13. Il paroît, par l'origine des animaux, que l'ame est un esprit subtil, chaud, mobile, propre à recevoir des passions, & par conséquent à sentir.

14. Tous les êtres ont une ame, comme on peut s'en convaincre par les choses qui naissent d'elles-mêmes, & qui ont toujours quelque degré de chaleur.

15. Les choses les plus dures ont un peu de sentiment ; les plantes en ont davantage, & les liqueurs encore plus. Le vent & l'air sentent facilement ; mais la lumiere & la chaleur sont les êtres qui ont le plus de sentiment, &c.

16. Le monde sent dans toutes ses parties ; mais plus dans l'une, & moins dans l'autre. Comme

l'odorat ne fent point la chaleur du poivre ; de même la langue, ne fent point les fons dont l'air eft le véhicule ; ni l'oreille, la lumière.

17. Les os, les poils, les nerfs, le fang, l'efprit tout eft fenfible ; quoique les affections ou fenfations de toutes ces parties ne foient point apperçues par l'animal, & ne parviennent pas jufqu'à lui.

18. L'ame qui fent & l'ame qui fe reffouvient ne font qu'une feule & même ame : il en eft de même de l'ame qui imagine & de celle qui raifonne.

19. Les bêtes fentent, ont de la mémoire, & font fufceptibles d'inftruction ; elles raifonnent, & elles participent à un entendement univerfel. Mais l'homme a fur elles l'avantage d'une organifation plus parfaite, & la nature de fon ame qui eft immortelle & raifonnable.

20. Si l'homme, outre un efprit corporel a néceffairement une ame immortelle, à plus forte raifon le monde qui eft le plus noble des êtres, doit-il avoir une ame douée de toutes les perfections, fupérieure aux anges, qui veille fur le tout, & qui le conferve.

21. Ainfi le monde eft animé : le ciel eft cet efprit qui le vivifie ; fon corps groffier, c'eft la terre ; la mer eft fon fang ; & fon intelligence eft cette même ame.

22. Le ciel & les étoiles font de la nature du feu, & ont du fentiment : car la chaleur fent ; d'où il fuit que le ciel & les étoiles font doués d'un fentiment très-exquis.

23. Dieu a très-fouvent manifefté fa gloire dans le ciel : mais les vapeurs dont l'air eft continuellement rempli, nous empêchent d'appercevoir toutes ces merveilles qui nous feront révélées, lorfque le monde fera purifié par le feu.

24. Lorfque notre ame fera fortie de l'antre opaque où elle eft renfermée pendant cette vie, elle verra l'air, le vent, les anges, & tous les êtres les plus fubtils & les plus fugaces : elle verra d'autant plus de chofes qu'elle fera plus épurée.

25. L'air imprégné des évenemens préfens & futurs fe communique à nous : mais cela arrive particulièrement dans le fommeil. Eh effet, l'homme qui dort, infpire, pour ainfi dire, avec l'air, une connoiffance prodigieufe des chofes qu'il ne fent pas dans l'état de veille.

26. Perfonne ne doute que les plantes n'aient du fentiment ; puifqu'elles fe nourriffent, qu'elles croiffent, qu'elles produifent des femences & des rejettons, précifément comme les animaux. Elles ont des os, de la moelle, des nerfs, des veines, des fibres ; une enveloppe, des armes, une matière prolifique par laquelle elles fe reproduifent : tout cela prouve que ce font des efpèces d'animaux, & qu'elles font fenfibles. Le bois fec fent auffi, car lorfqu'après l'avoir plié avec effort, on l'abandonne enfuite à lui-même, il fe reftitue comme un reffort, ce qui prouve une averfion naturelle pour toute pofition contraire à celle qu'il a une fois prife.

27. Le fentiment ne ceffe point dans les cadavers ; cela eft démontré par ce fentiment obtus qu'on obferve dans les corps morts : c'eft à cette même fenfibilité qu'il faut attribuer ce mouvement d'ébullition, que la préfence d'un affaffin excite dans le cadavre de celui qu'il a tué.

28. Il y a trois fortes de magies : la divine, que l'homme conçoit à peine, & qu'il ne peut exercer fans le fecours de Dieu : la naturelle, qui dépend de la connoiffance des étoiles & de la médecine jointe à la religion : enfin la diabolique où l'on fait ufage des maléfices & des poifons.

29. L'amitié de Dieu & la foi font néceffaires pour l'exercice de la magie divine ou célefte. Celui qui a Dieu pour ami, peut prendre une telle confiance dans ce fecours, qu'il ait le pouvoir d'opérer des miracles, & de changer au befoin l'ordre & le cours des chofes naturelles. La foi dont il s'agit, n'eft pas une foi incertaine & hiftorique, mais intérieure ; il y faut joindre encore la pureté du cœur : c'eft à ces difpofitions réunies qu'il faut attribuer les miracles des prophètes & des apôtres.

30. Les miracles opérés fans le fecours & l'amitié de Dieu, ne font pas de vrais miracles ; mais les effets de la magie naturelle, ou du démon, ou de l'artifice de l'impofture.

31. Toutes les fciences & tous les arts fervent aux opérations de la magie naturelle, mais les uns plus, les autres moins.

32. L'Aftrologie eft néceffaire à un bon magicien.

33. Les mots & les fons produifent un grand nombre d'effets divers fur les abfens ; mais les démons interviennent fouvent par leurs preftiges dans la production de ces effets, &c, &c.

Robert Burton, après avoir obfervé que Képler croyoit que les plantes étoient habitées, nous apprend à ce fujet que *Campanella* adopte cette opinion dans le chapitre 4. du liv. 1. de fon traité de *fenfu rerum*. « Qu'il prétende qu'elles

sont habitées, dit Burton, « C'est ce qu'il y a
» de sûr ; mais par quelle espèce de créatures,
» c'est ce qu'il ne peut dire : mais il se donne
» beaucoup de peine pour prouver qu'elles le
» sont, & qu'il y a un nombre infini de mondes ».

Un des principaux ouvrages de notre dominicain, est son *atheismus triumphatus*. On prétend que *Campanella*, feignant de combattre les athées dans cet écrit, les a favorisés en leur prêtant des arguments auxquels ils n'ont jamais pensé, & en y répondant très foiblement. Sorbiere parle très-désavantageusement de ce livre, & déclare que la seule chose qu'il y ait apprise, c'est de ne lire jamais d'autre ouvrage du même auteur, à moins qu'il ne veuille perdre son tems. Pour moi, il me semble que *Campanella* est bien plus près du fanatisme & de l'enthousiasme que de l'atheisme ; j'ajouterai même qu'il n'avoit pas assez d'étoffe pour être athée. Car il ne faut pas croire que tout le monde puisse se mettre au niveau de cette opinion ; c'est, au contraire, celle d'un très-petit nombre d'hommes ; au lieu que la superstition étant à la portée de tous les esprits, doit par cela même être très commune. En effet, pour avoir ce qu'on appelle *de la religion*, il ne faut ni instruction, ni lumières, ni raisonnement ; il suffit d'être paresseux, ignorant & crédule ; & tous les hommes le sont plus ou moins : mais pour être athée, comme Hobbes, Spinosa, Bayle, Dumarsais, Helvétius, Diderot & quelques autres, il faut avoir beaucoup observé, beaucoup réfléchi ; il faut joindre, à des connoissances très-étendues dans plusieurs sciences difficiles, une certaine force de tête qui est, au fond, comme je l'ai prouvé ailleurs (1), que celle de tout le système organique. Or, de ces différens moyens également utiles, les uns sont des dons de la nature qu'elle ne prodigue pas ; les autres ne s'acquièrent qu'avec le tems, & par un travail opiniâtre dont la plupart des hommes sont absolument incapables ; ceux-ci, par la foiblesse de leur constitution, ceux-là, pour n'avoir pas contracté de bonne heure l'habitude de l'application. Il doit donc nécessairement y avoir très-peu d'athées, & une multitude innombrable de bons croyans ou de superstitieux : non pas, comme les prêtres le répètent sans cesse, parce que l'atheisme est contraire à la raison & que celle-ci, tranquillement consultée, conduit l'homme à la religion ; mais seulement parce qu'il est plus commode de croire sur parole que de juger d'après un mur & sévère examen ; plus facile de suivre que de précéder, & sur-tout, parce que si le royaume des cieux n'est réservé qu'aux *pau-*

vres d'esprit, (2) ainsi qu'on le leur a autrefois promis, il sera nécessairement très-peuplé.

Il est aussi absurde de multiplier le nombre des athées, comme l'a fait le pere Mersenne dans son commentaire sur la genese (3), que d'en nier absolument l'existence, à l'exemple de quelques théologiens assez ignorans ou assez vains pour croire que tout ce qui leur paroît vrai & démontré, doit être tel pour tout le monde : tandis que, selon l'observation judicieuse de Charron, » c'est un abus de penser trouver aucune
» raison suffisante & démonstrative assez pour
» prouver & établir évidemment & nécessaire-
» ment que c'est que déité : dequoi l'on ne se
» doit pas esbahir ; mais il faudroit s'esbahir s'il
» s'en trouvoit. Car il ne faut pas que les prinses
» humaines, ny que la portée des créatures
» puisse aller jusqu'à-là..... Déité, c'est ce qui
» ne se peut cognoître, ni seulement s'apperce-
» voir : du fini à l'infini n'y a aucune proportion,
» nul passage : l'infinité est du tout inaccessible,
» voire imperceptible. Dieu est la même, vraye
» & seule infinité. Le plus haut esprit & le plus
» haut effort d'imagination n'en approche pas
» plus près que la plus basse & infinie concep-
» tion. Le plus grand philosophe & le plus sça-
» vant théologien ne cognoît pas plus ou mieux
» Dieu que le moindre artisan. Où il n'y a point
» d'avenue, de chemin, d'abord, ne peut y
» avoir de loin ni de près..... Dieu, déité,
» éternité, toute-puissance, infinité, ce ne
» sont que mots prononcez en l'air, & rien plus
» à nous : ce ne sont pas choses maniables à l'en-
» tendement humain..... Si tout ce que nous
» disons & proférons de Dieu étoit jugé à la
» rigueur, ce ne seroit que vanité & ignorance,
» &c. &c. (Charron, *des trois vérités*, liv. I.
» chap. 5.)

On a prétendu que *Campanella* auroit pu intituler son *atheisme mené en triomphe* (atheismus triumphatus,) l'*atheisme triomphant* ; & il paroît que c'étoit l'opinion du pere Mersenne, puis-

---

(1) Voyez l'adresse à l'Assemblée nationale sur la liberté des opinions, quel qu'en soit l'objet, sur celle du culte & sur celle de la presse ; depuis la page 105, jusqu'à la page 109.

(2) Beati pauperes spiritu : quoniam ipsorum est regnum cœlorum. S. matth. Evangil. cap. 5. verset 3.

(3) Il en comptoit au moins cinquante mille dans Paris, à l'époque où il a publié son livre.

At non est, dit-il, quod totam galliam percurramus, nisi siquidem non semel dictum fuit, unicam lutetiam 50. Saltem atheorum millibus onustam esse ; quæ si luto plurimum multo magis atheismo fœteat, adeo ut in unica domo possis aliquando reperire 12. *qui hanc impietatem vomant.*

Notez que ce passage, ainsi que beaucoup d'autres, a été retranché du commentaire du pere Mersenne sur la genese, livre dont il existe même très peu d'exemplaires complets.

qu'il place *Campanella* qui avoit été son ami dans son catalogue des athées : mais j'ose dire que c'est en quelque sorte prostituer ce nom que de le donner à un moine fanatique, sérieusement occupé des rêveries des anciens théurgistes, des prétendus mystères de la cabale, & bien plus fait pour croire à toutes ces vieilles extravagances, que pour penser avec cette profondeur que suppose l'opinion qu'on lui attribue, & pour réformer la philosophie, comme il en avoit le projet & comme il s'y croyoit destiné. Il suffit d'ailleurs de lire sa république du soleil (*civitas solis*) où il établit l'unité de Dieu, le culte du soleil & des astres, & la communauté des femmes, pour se convaincre qu'il y a bien loin de ces sentimens à ceux d'un athée tel qu'on le suppose. Mais ce qui prouve sur-tout que son *athéismus triumphatus* est bien plutôt l'ouvrage d'un superstitieux que d'un athée, c'est qu'on y trouve jusqu'à la doctrine étrange des millénaires. « A la honte
» des impies, dit-il, dans le chapitre 15, j'attens
» sur la terre un prélude du paradis céleste,
» un siècle d'or plein de bonheur, duquel seront
» exclus les incrédules qui se moquent de la piété,
» avec un fouet fait des cordes des créatures,
» comme parle sainte-Catherine de Sienne ».
Ad impiorum opprobrium præstolor etiam in terra præludium paradisi cælestis, aureum seculum, felicitate plenum, à quo facto iterum flagello de funiculis creaturarum, ut inquit Catharina Senensis, excludentur increduli derisores pietatis.

L'exposé que nous venons de faire des différentes opinions de *Campanella*, suffit, ce me semble, pour en donner au lecteur une idée générale assez exacte. Nous allons présentement rapporter ce que Descartes pensoit de la manière de philosopher de cet auteur. Son jugement est ici d'un grand poids; & c'est d'ailleurs la meilleure apologie que nous puissions faire de celui que nous avons porté nous-mêmes dans le cours de cet article des ouvrages & du caractère d'esprit de notre dominicain.

» Vous avez sujet, dit Descartes, de trouver
» étrange que votre *Campanella* ait tant tardé
» à retourner vers vous; mais il est déja vieil,
» & ne peut plus aller fort vite. En effet, bien
» que je ne sois pas éloigné de la Haye de cent
» lieues, il a néanmoins été plus de trois se-
» maines à venir jusqu'ici, où m'ayant trouvé
» occupé à répondre à quelques objections qui
» m'étoient venues de diverses parts, j'avoue
» que son langage & celui de son allemand,
» qui a fait sa longue préface, m'a empêché
» d'oser converser avec eux, avant que j'eusse
» achevé les dépêches que j'avois à faire, crainte
» de prendre quelque chose de leur style. Pour
» la doctrine, il y a quinze ans que j'ai vu le
» livre *de sensu rerum* du même auteur, avec
» quelques-autres traités, & peut-être que celui-ci
» en étoit du nombre; mais j'avois trouvé dès-
» lors si peu de solidité en ses écrits, que je n'en
» avois rien du tout gardé en ma mémoire; &
» maintenant je ne saurois en dire autre chose,
» sinon que ceux qui s'égarent en affectant de
» suivre des chemins extraordinaires, me sem-
» blent bien moins excusables que ceux qui ne
» faillent qu'en compagnie, & en suivant les
» traces de beaucoup d'autres ».

Ce n'est point ici une de ces critiques précipitées telles qu'il en échappe dans une lettre écrite rapidement, & qu'on n'a pas le tems de méditer; car le père Mersenne ayant offert quelque tems après à Descartes, de lui prêter un ouvrage de *Campanella*, Descartes lui répondit : » ce que j'ai vu autrefois de *Campanella*, ne me
» permet pas de rien espérer de bon de son
» livre, & je vous remercie de l'offre que vous
» me faites de me l'envoyer; car je ne desire nul-
» lement de le voir ». (Lettres de Descartes, tom. 4. p. 342). Voyez aussi la lettre 54 du même volume, pag. 283. Ces deux lettres ne sont point datées.

(Cet article est de M. NAIGEON).

CANADIENS. (Philosophie des) *hist. de la philosophie.*

Nous devons la connoissance des sauvages du Canada au baron de la Hontan, qui a vécu parmi eux environ l'espace de dix ans. Il rapporte dans sa relation quelques entretiens qu'il a eus sur la religion avec un de ces sauvages; & il paroit que le baron n'avoit pas toujours l'avantage dans la dispute. Ce qu'il y a de surprenant, c'est de voir un *Huron* abuser assez subtilement des armes de notre dialectique pour combattre la religion chrétienne; les abstractions & les termes de l'école lui sont presqu'aussi familiers qu'à un Européen qui auroit médité sur les livres de Scot. Cela a donné lieu de soupçonner le baron de la Hontan d'avoir voulu jetter un ridicule sur la religion dans laquelle il avoit été élevé, & d'avoir mis dans la bouche d'un sauvage les raisons dont il n'auroit osé se servir lui-même.

La plupart de ceux qui n'ont ni vu ni entendu parler des sauvages, se sont imaginé que c'étoient des hommes couverts de poil, vivant dans les bois sans société comme des bêtes, & n'ayant de l'homme qu'une figure imparfaite : il ne paroit pas même que bien des gens soient revenus de cette idée. Les sauvages, à l'exception des cheveux & des sourcils que plusieurs même ont soin d'arracher, n'ont aucun poil sur le corps; car s'il arrivoit par hazard qu'il leur en vint quelqu'un, il se l'ôteroient d'abord jusqu'à la racine. Ils naissent blancs comme nous; leur nudité, les huiles dont ils se graissent, & les différentes couleurs

leurs dont ils se fardent, que le soleil à la longue imprime dans leur peau, leur hâlent le teint: ils sont grands, d'une taille supérieure à la nôtre, ont les traits du visage fort réguliers, le nez aquilin; ils sont bien faits en général, étant rare de voir parmi eux aucun boiteux, borgne, bossu, aveugle, &c.

A voir les sauvages du premier coup-d'œil, il est impossible d'en juger à leur avantage, parce qu'ils ont le regard farouche, le port rustique, & l'abord si simple & si taciturne, qu'il seroit très-difficile à un Européen qui ne les connoîtroit pas, de croire que cette manière d'agir est une espece de civilité à leur mode, dont ils gardent entr'eux toutes les bienséances, comme nous gardons chez nous les nôtres, dont il se moquent beaucoup. Ils sont donc peu caressans, & font peu de démonstrations: mais nonobstant cela ils sont bons, affables, & exercent envers les étrangers & les malheureux une charitable hospitalité, qui a de quoi confondre toutes les nations de l'Europe. Ils ont l'imagination assez vive; ils pensent juste sur leurs affaires: ils vont à leur fin par des voies sûres: ils agissent de sang-froid & avec un phlegme qui lasseroit notre patience. Par raison d'honneur & par grandeur d'ame, ils ne se fâchent presque jamais. Ils ont le cœur haut & fier, un courage à l'épreuve, une valeur intrépide, une constance dans les tourmens qui semble surpasser l'héroïsme, & une égalité d'ame, que ni l'adversité, ni la prospérité n'alterent jamais.

Toutes ces belles qualités seroient trop dignes d'admiration, si elles ne se trouvoient malheureusement accompagnées de quantité de défauts; car ils sont légers & volages, fainéans au-delà de toute expression, ingrats avec excès, soupçonneux, traîtres, vindicatifs, & d'autant plus dangereux, qu'ils savent mieux couvrir & qu'ils couvrent plus long-temps leurs ressentimens. Ils exercent envers leurs ennemis des cruautés si inouies, qu'ils surpassent dans l'invention de leurs tourmens tout ce que l'histoire des anciens tyrans peut nous représenter de plus cruel. Ils sont brutaux dans leurs plaisirs, vicieux par ignorance & par malice: mais leur rusticité & la disette où ils sont de toutes choses, leur donne sur nous un avantage qui est d'ignorer tous les rafinemens du vice qu'ont introduit le luxe & l'abondance. Voici maintenant à quoi se réduit leur philosophie & leur religion.

1°. Tous les sauvages soutiennent qu'il y a un Dieu: ils prouvent son existence par la composition de l'univers qui fait éclater la toute-puissance de son auteur; d'où il s'ensuit, disent-ils, que l'homme n'a pas été fait par hasard, & qu'il est l'ouvrage d'un principe supérieur en sagesse & en connoissance, qu'ils appellent le *grand esprit*. Ce grand esprit contient tout, il paroît en tout, il agit en tout, & il donne le mouvement à toutes choses; enfin, tout ce qu'on voit & tout ce qu'on conçoit, est ce Dieu qui, subsistant sans bornes, sans limites & sans corps, ne doit point être représenté sous la figure d'un vieillard, ni de quelqu'autre chose que ce puisse être, quelque belle, vaste & étendue qu'elle soit: ce qui fait qu'ils l'adorent en tout ce qui paroît au monde. Cela est si vrai, que lorsqu'ils voient quelque chose de beau, de curieux & de surprenant, sur-tout le soleil & les autres astres, ils s'écrient: *ô grand esprit, nous te voyons par-tout!*

2°. Ils disent que l'ame est immortelle, parce que si elle ne l'étoit pas, tous les hommes seroient également heureux en cette vie, puisque Dieu étant infiniment parfait & infiniment sage, n'auroit pu créer les uns pour les rendre heureux, & les autres pour les rendre malheureux. Il prétendent donc que Dieu veut, par une conduite qui ne s'accorde pas avec nos lumières, qu'un certain nombre de créatures souffrent en ce monde pour les en dédommager en l'autre; ce qui fait qu'ils ne peuvent souffrir que les chrétiens disent que tel a été bien malheureux d'être tué, brûlé, &c. prétendant que ce que nous croyons malheur n'est malheur que dans nos idées; puisque rien ne se fait que par la volonté de cet être infiniment parfait, dont la conduite n'est ni bizarre ni capricieuse. Tout cela n'est point si sauvage.

3°. Le grand esprit a donné aux hommes la raison, pour les mettre en état de discerner le bien & le mal, & de suivre les regles de la justice & de la sagesse.

4°. La tranquillité de l'ame plaît infiniment à ce grand esprit. Il déteste au contraire le tumulte des passions, lequel rend les hommes méchans.

5°. La vie est un sommeil, & la mort un réveil qui nous donne l'intelligence des choses visibles & invisibles.

6°. La raison de l'homme ne pouvant s'élever à la connoissance des choses qui sont au dessus de la terre, il est inutile & même nuisible de chercher à pénétrer les choses invisibles.

7°. Après notre mort, nos ames vont dans un certain lieu, dans lequel on ne peut dire si les bons sont bien, & si les méchans sont mal, parce que nous ignorons si ce que nous appellons *bien* ou *mal*, est regardé comme tel par le grand esprit.

(Cet article est de M. l'abbé PESTRÉ.)

CARDAN (Philosophie de). (*Hist. de la philosop. mod.*)

Nota. Par une transposition dans les cahiers du manuscrit, transposition dont on s'est apperçu trop tard, on se trouve obligé de renvoyer cet article de CARDAN immédiatement après celui de la *philosophie des* CELTES, qu'il auroit dû précéder dans l'ordre alphabétique auquel nous nous sommes astreints dans ce dictionnaire pour la plus grande commodité des lecteurs.

CARTÉSIANISME. *Voyez* DESCARTES. (*Philosoph. de*). histoire de la philosophie mod.

CELTES (*théologie & philosophie des*) hist. de la philosophie ancienne ; ou, pour parler plus exactement, histoire des anciennes superstitions.

La religion des *Celtes* est, sans contredit, un des morceaux les plus interessans de l'ancienne histoire de ces peuples. Comme c'est une chose digne de notre curiosité de chercher ce que nos ancêtres ont pensé sur une matière si importante, on ne peut aussi que ressentir une véritable satisfaction, en voyant qu'ils ont eu des idées plus justes, & plus saines de la Divinité, que les autres payens, sans en excepter même les grecs qui se regardoient comme les plus éclairés, & les plus sages de tous les hommes. Il est vrai qu'au milieu de la satisfaction que l'on doit trouver naturellement dans cette étude ; on a quelquefois le désagrément de remarquer que des peuples qui s'étoient fait une idée si noble de la Divinité, ne laissoient pas de donner dans une infinité de superstitions, qu'ils ont même transmises à leur postérité, bien que sous d'autres noms.

Je n'ignore pas que le sujet que je dois traiter dans cet article a de grandes difficultés, & qu'il paroit presque impossible de satisfaire la curiosité d'un lecteur qui souhaite de connoitre à fond la religion des *Celtes*. Je me propose de représenter cette religion, telle qu'elle étoit avant qu'on connût, dans la *Celtique*, les divinités, & les cérémonies des grecs & des romains. Outre l'éloignement, qui a fait périr un grand nombre d'auteurs qui auroient pû nous faire connoître des tems si reculés, on est encore arrêté par une autre difficulté. Les druides, (1) comme les prêtres des Egyptiens, étoient dans l'opinion que leur doctrine devoit être tenue fort secrete. Regardant comme un sacrilege de l'écrire, ils ne la confioient à leurs disciples, qu'après les avoir éprouvés pendant une longue suite d'années, & après en avoir tiré la promesse solemnelle qu'ils ne la rendroient jamais publique, & qu'ils éviteroient sur-tout de la communiquer à des étrangers.

Cette difficulté seroit insurmontable, si les druides avoient fait un mystère de toute leur doctrine ; mais il est constant que la loi du secret ne regardoit, à proprement parler, que ce que les anciens appelloient la physiologie, & la magie. La première de ces sciences enseignoit la manière d'interpreter les présages & de prédire l'avenir par les causes & par les évenemens naturels, tels que le sont l'eau, le feu, le vent, le vol d'un oiseau, le hennissement d'un cheval. La seconde faisoit connoître les charmes & les maléfices dont il falloit se servir pour opérer toutes les choses extraordinaires qu'un peuple crédule & superstitieux attribue encore aujourd'hui aux sorciers.

Au reste les druides avoient aussi une doctrine publique. Il s'ouvroient à tout le monde sur les points les plus essentiels de leur religion, comme par exemple sur l'objet du culte religieux, sur la nature du culte qu'il falloit rendre à la Divinité, & des (2) récompenses que les gens de bien devoient en attendre. On découvroit d'ailleurs les idées qu'ils avoient de la Divinité, dans leurs sacrifices, dans leurs cérémonies, & dans toutes les autres parties du culte extérieur qu'ils rendoient à leurs dieux.

Il n'est donc pas impossible de connoître, au-moins, les dogmes capitaux de la religion des *Celtes*, pourvû que l'on sache faire usage de ce que des auteurs, bien instruits, en ont écrit en divers tems, & en divers lieux, dans des ouvrages qui ont échappé aux injures du tems.

J'aurois pû me dispenser du pénible travail de rassembler, & de digérer ce que les anciens ont écrit sur le sujet que je vais traiter, si les modernes, qui ont eu le même dessein, avoient exécuté ce que promettoit au public le titre de leurs ouvrages. *Etienne Forcadel,* (3) professeur en droit dans l'université de Toulouse, publia vers le milieu du seizième siècle, un assez gros volume sur l'*empire & la philosophie de Gaulois*. On ne peut pas disconvenir que cet auteur n'eût

---

(1) Neque fas esse existimant, ea litteris mandare.... Id mihi duabus de causis instituisse videntur ; quod neque in vulgus disciplinam efferri velint, neque eos, qui discunt, litteris confisos, minus memoria studere. *Cæsar* 6. 14.

Docent multa nobilissimos gentis, clam & diu vicenis annis, in specu, aut in abditis saltibus. *Pomp. Mel. Lib.* 3. *Cap.* 2. *p.* 73.

(2) Unum ex iis, quæ præcipiunt in vulgus effluit, videlicet ut forent ad bella meliores ; æternas esse animas, vitamque alteram ad Manes. *Pomp. Mela,* ubi sup.

(3) Stephani Forcatuli de Gallorum Imperio & philosophia *libri* 7. Je me suis servi de la seconde édition, imprimée à Geneve, en 1595. Moreri dit que la première parut en 1579. Mais il paroit par l'ouvrage même que l'auteur écrivoit en 1562.

une vaste lecture, & une grande érudition; mais c'est aussi le seul éloge qu'un lecteur équitable ne peut lui refuser légitimement. Il ne paroît pas, au reste, qu'il ait eu, ni assez de droiture pour chercher la vérité, ni assez de discernement pour la trouver. Autant que je puis en juger, il écrivoit dans la vûe de faire sa cour à quelques maisons, & à quelques villes célèbres, en leur attribuant une ancienneté qu'elles n'avoient certainement point. Comme ce qu'il avance de l'empire des Gaulois est faux & insoutenable, ce qu'il dit de leur philosophie n'est rien moins qu'exact.

Diodore de Sicile, parlant des Druïdes, les appelle *Sarvides* ou *Saronides*, & c'est peut-être une faute de copiste. Le faux Berose a pris occasion de-là de forger un roi des Gaules, nommé *Saron*, qu'il fait vivre du tems du patriarche Isaac. On trouvera dans Forcadel toute l'histoire de ce prince, qui n'est autre chose qu'un roman, aussi fabuleux que les Rolands & les Amadis.

On fera bien plus surpris encore d'y voir qu'Homère a parlé de la ville de Toulouse, parce qu'on trouve dans ce poëte le mot *τοιγεα currens*, dont il est facile de faire celui de *Tolosa*, en y ajoutant une seule lettre. Ces deux échantillons suffisent pour montrer ce que l'on doit penser du jugement de l'auteur, & du prix de son ouvrage. S'il falloit en ôter, premièrement une infinité d'épisodes mal placées, qui font perdre de vûe à tout moment ce qui devoit faire le but principal de l'auteur; en second lieu, les fables qu'il débite sur la foi de Bérose, de Manéthon, & des autres Historiens supposés par Annius de Viterbe; & enfin celles qu'il suppose lui-même, ou pour relever la gloire de sa nation, ou dans quelque vue d'intérêt, on retrancheroit au moins les trois quarts du livre; & ce qui resteroit, serviroit plutôt à indiquer les sources où il faut puiser, pour connoître la philosophie & la religion des *Celtes*, qu'à en donner une juste idée.

Philippe *Cluvier* a aussi parlé de la religion des *Celtes*, dans le traité qu'il publia en 1631, sous le titre (1) *d'ancienne Germanie*. Cet auteur avoit beaucoup plus de jugement que Forcadel. Son ouvrage est en lui-même très-bon, & plein de recherches curieuses. Je souhaiterois cependant, pour l'honneur de ce célèbre géographe, qu'il n'eut fait aucune mention de la religion des Germains, ou qu'au-moins il se fut contenté de rapporter ce que les anciens en avoient dit, sans y mêler ses propres conjectures qui tendent, pour la plupart, à montrer que les anciens Germains ont connu non-seulement le vrai Dieu, & la création du monde, mais encore les plus augustes mystères de l'évangile. Il soutient, par exemple, que ces peuples ont eu connoissance du dogme de la trinité long-tems avant qu'il eut été révélé; mais comment prouvera-t-il cet étrange paradoxe ? Voici sa démonstration; dont le lecteur jugera.

» Jules César a remarqué (2), que les Germains ne reconnoissoient point d'autres dieux
» que ceux qu'ils voyoient, & dont ils éprouvoient manifestement le secours. Le soleil, la
» lune, & Vulcain, c'est-à-dire, le feu. Voilà
» (3) manifestement le seul vrai Dieu, & les
» trois personnes de la trinité. Le soleil, c'est
» le père; la lune, le fils; & le feu, le saint-
» esprit ».

Cluvier s'applaudit même si fort de cette découverte, qu'il finit en disant (4) *je craindrois d'ennuyer mon lecteur, si je produisois de nouvelles preuves, pour établir une vérité si claire & si lumineuse.* Que peut-on attendre d'un auteur capable de prendre le change d'une manière si pitoyable ?

Il faut avouer cependant que ce géographe n'est pas le seul que l'envie de trouver par-tout les idées des juifs & des chrétiens, ait jetté dans de semblables écarts. J'aurai souvent occasion de montrer qu'il a été suivi, & quelquefois copié, par la plupart des auteurs qui ont écrit depuis (5), & qu'il n'y a pas jusqu'au chêne de Mambré, que l'on n'ait transplanté dans les Gaules, pour en faire une divinité *Celtique*.

On publia vers le milieu du XVII. siècle, le savant traité d'Elie Schedius, qui a pour titre, *De Diis Germanis, sive de veteri Germanorum, Gallorum, Britannorum, Vandalorum religione syntag-*

---

(1) Philippi Cluveri Germaniæ Antiquæ libri III. Lugd. Bat. 1631.

(2) Deorum numero eos solos ducunt, quos cernunt, & quorum opibus aperte juvantur, Solem, Vulcanum, & Lunam, reliquos ne famâ quidem acceperunt. *Cæs.* 6. 21.

(3) Priscos Germanos unum verum Deum, in Trinitate coluisse, sub Solis, Lunæ, atque Ignis nominibus. *Cluver. Germ. Antiq.* pag. 101.

(4) Sed plura argumenta consectari, in re tam manifesta, tam lucida & clara, molestum fuerit lectoribus, proinde finem facio. *Cluv. ubi sup.*

(5) De ce nombre sont Elie Schedius, dont il est parlé dans le paragraphe suivant, le père Lescalopier, M. Huet, évêque d'Avranche, Jurieu dans son histoire des cultes & des dogmes, l'auteur anonyme de la religion des Gaulois, & plusieurs autres.

mata quatuor (1). Si cet auteur n'a pas mieux réussi que Cluvier, il mérite au moins plus d'indulgence. Schedius étoit un jeune homme fort studieux, qui ayant lu un grand nombre d'anciens auteurs, tant grecs que latins, en avoit recueilli, avec beaucoup de soin, tout ce qui pouvoit avoir quelque rapport prochain ou éloigné à la religion des *Celtes*. Son ouvrage est par conséquent un bon répertoire où l'on trouvera une érudition peu commune. Mais il ne faut pas y chercher de la justesse & de la précision, parce que ce savant fut surpris par la mort à l'âge de 27 ans, avant qu'il eut eu le tems de faire usage du grand nombre de matériaux qu'il avoit recueillis, & parmi lesquels il y en a plusieurs qui sont hors d'œuvre. La chose étoit inévitable dans un ouvrage posthume, qui étant rempli de bonnes choses, mérite d'ailleurs l'indulgence du public, par cela même que l'auteur n'a pas eu le tems de le revoir, & d'y mettre la dernière main.

Le père Lescalopier a aussi fait imprimer un traité de la religion des anciens Gaulois, à la fin de son commentaire sur les livres de Cicéron, *De Natura Deorum*. Ce traité n'est à proprement parler, qu'une courte dissertation, & il n'y a pas de mal qu'elle ne soit pas plus longue, parce qu'on n'y trouve rien de nouveau, ni de curieux. Il semble même que l'auteur ne l'ait composée, que pour y placer la découverte que je vais rapporter, & qui suffira pour mettre le lecteur en état de juger de tout l'ouvrage.

Le père Lescalopier assure donc que l'on rendoit dans le territoire de Chartres des honneurs divins (2) *à la vierge qui devoit enfanter*, & que le simulacre de cette divinité, fut posé cent ans avant Jesus-Christ. Si cela est, il faudra avouer que les Gaulois ne le cédoient point aux Germains, par rapport à la connoissance des mystères de l'évangile. Nous avons vu que les Germains connoissoient déjà le mystère de la trinité du tems de Jules César, qui écrivoit environ cinquante ans avant la venue du Sauveur. Mais il y avoit près de cinquante ans que l'on savoit dans le pays Chartrain, non-seulement que le verbe devoit être incarné; mais encore que la sainte-Vierge devoit être l'objet d'un culte religieux, qui ne s'introduisit cependant que plus de mille ans après.

Il ne sera pas nécessaire que je m'étende ici sur l'ouvrage d'un auteur anonyme, qui parut à Paris en 1727, sous ce titre magnifique, la *religion des Gaulois tirée des plus pures sources de l'antiquité*. Non-seulement cet auteur n'a pas connu la religion des Gaulois, mais son ouvrage même ne peut servir qu'à en donner de fausses idées, parce qu'il travestit perpétuellement les dieux des Grecs & des Romains, en autant de divinités Gauloises.

La religion des peuples *Celtes* est donc jusqu'à présent un sujet à peu-près inconnu. Si on se contente de lire ce que les modernes en ont écrit, on ne saura absolument à quoi s'en tenir. La différence, ou plutôt l'opposition continuelle que l'on trouvera entre leurs opinions, ne pourra même servir qu'à jetter le lecteur dans le pyrrhonisme historique. Mais si l'on veut se donner la peine de consulter les anciens, dont je citerai les passages, on se convaincra bientôt que les modernes, au lieu de puiser, comme ils le devoient, & comme ils le prétendent, dans les plus pures sources de l'antiquité, se sont livrés, les uns à leur propre imagination, les autres à des préjugés qui leur ont fait trouver dans la religion des *Celtes* tout ce qu'ils ont voulu; tantôt les cérémonies des Juifs & des Phéniciens; tantôt la religion des Grecs, des Romains & des Egyptiens, & tantôt la philosophie de Pythagore, de Platon, ou des stoiciens. J'espère montrer dans cet article, que les peuples *Celtes* avoient une religion toute différente de l'idée qu'on s'en est faite sur la foi des auteurs susmentionnés; & je vais la représenter, autant qu'il me sera possible, telle qu'elle étoit avant qu'on eut introduit dans la *Celtique* des cérémonies, & des superstitions inconnues aux anciens habitans de l'Europe.

1°. J'examinerai les principaux dogmes de la religion des *Celtes*, ce qu'ils pensoient de Dieu, de ses perfections, de l'origine du monde, des devoirs de l'homme, & de son état après cette vie.

2°. Je représenterai ensuite l'extérieur de la religion des *Celtes*, & je parlerai à cette occasion des Druides, des tems & des lieux sacrés, des sacrifices, des cérémonies, & de tout ce qui peut avoir quelque rapport à ces matières.

3°. De là je passerai aux superstitions les plus remarquables des *Celtes*, aux charmes & aux maléfices qu'ils pratiquoient, & aux différentes manières de découvrir la vérité, ou de prédire l'avenir, par le duel, par le sort, par les auspices, par l'inspection des victimes, par la foudre, & par les épreuves du feu & de l'eau.

4°. Je donnerai, après cela, une histoire abrégée des plus célèbres philosophes Scythes & *Celtes* tels qu'ont été Orphée, Zamolxis, Abaris,

---

(1) Je me suis servi de l'édition imprimée à Amsterdam en 1648.

(2) Carnutum Dea, virgo paritura. *Cap. X, pag. 270.*

CEL

Toxaris, Anacharsis, & Dicenæus; & je finirai ſo. par quelques remarques ſur la manière dont les peuples *Celtes* ont reçu le chriſtianiſme.

Les anciens donnent un bel éloge aux Scythes, aux *Celtes*, & aux autres peuples qu'il plaiſoit aux grecs d'appeller barbares. C'eſt qu'ils reconnoiſſoient tous une divinité, & que l'on ne voyoit parmi eux, ni des athées déclarés, ni même des gens qui euſſent juſqu'au moindre doute ſur les importantes vérités qui ſont le fondement de toute religion, l'exiſtence de Dieu, & la providence. C'eſt la réflexion de Maxime de Tyr. (1) *Tous les barbares admettent un Dieu.* C'eſt celle d'Elien. (2) « Qui ne loueroit la ſa-
» geſſe des barbares? Aucun d'eux n'eſt jamais
» tombé dans l'athéiſme. Aucun n'a douté
» s'il y avoit des dieux, ou s'il n'y en avoit point;
» s'ils prenoient ſoin du genre humain, ou non.
» Ni les Indiens, ni les *Celtes*, ni les Egyptiens,
» n'ont jamais donné entrée dans leur eſprit aux
» penſées qu'Evemère le Meſſenien, Diogène le
» Phrygien, Hippon, Diagoras, Saſias & Epicure
» ont eues ſur ce ſujet ».

Cela n'a pas empêché cependant que l'on n'ait accuſé quelques peuples *Celtes* d'être Athées, & par conſéquent ſans aucune religion. On voit, par exemple, dans Strabon, (3), *que ſelon quelques auteurs, les habitans de la Galice ne reconnoiſſoient aucune divinité.* Mais non ſeulement ce géographe ne garantit pas l'accuſation, il la détruit même indirectement, en remarquant ailleurs, (4) *que tous les peuples de la Luſitanie, dont la Galice faiſoit partie, étoient fort attachés aux ſacrifices & aux divinations.* Silius aſſure auſſi, (5) *que les habitans de la Galice étoient fort expérimentés dans les préſages que l'on tiroit des entrailles des victimes, du vol des oiſeaux, & du feu.* Enfin

---

(1) Barbari omnes Deum admittunt. *Maxim. Tyr. Diſſ. XXXVIII. p.* 455.

(2) Quis non laudaret Barbarorum ſapientiam? Siquidem nemo eorum in atheiſmum unquam excidit, neque in dubium vocant, ſint ne Dii an non ſint, & curent ne res humanas *an non*? Nemo igitur, neque Indus, neque Celta, neque Ægyptius, eam cogitationem in animum induxit, quam vel Evemerus Meſſenius, vel Diogenes Phryx, vel Hippon, vel Diagoras, vel Soſias, vel Epicurus. *Ælian. Var. Hiſt. Lib. II. cap.* 31.

(3) Callaïcos nonnulli Atheos dicunt. *Strabo 3. p.* 164.

(4) Luſitani ſacrificiis ſtudent, exta intuentur non exſecta &c. *Strabo 3. p.* 154.

(5) Fibrarum & pennæ, divinarumque ſagacem,
Flammarum, miſit dives Gallæcia pubem.

Silius Ital. Lib. 3. v. 344.

CEL

Juſtin parle (6) *d'une montagne de la Galice qu'il n'étoit point permis de labourer, parce qu'elle étoit conſacrée aux dieux.* En voila aſſez pour décharger ces peuples de l'Eſpagne de l'odieuſe imputation d'avoir donné dans l'Athéiſme.

Ce n'eſt pas avec plus de fondement que Cicéron reproche à tous les gaulois, en général, d'être des gens ſans aucune religion. Donnons-nous la peine d'éxaminer les preuves dont il ſe ſert pour appuyer une accuſation ſi grave. On les trouvera dans l'oraiſon qu'il prononça en faveur de Fonteius, qui avoit été le gouverneur de la Gaule Narbonnoiſe, & que l'on accuſoit d'avoir uſé de grandes extorſions contre les habitans de cette province. (7) « Croyez-vous,
» dit-il, que les Gaulois puiſſent reſpecter la
» religion du ſerment, ni que la crainte des
» dieux immortels ſoit capable de les toucher,
» lorſqu'ils ſont appellés à faire une dépoſition?
» Remarquez, je vous prie, combien leur natu-
» rel, & leurs mœurs, ſont oppoſées à celles
» des autres nations! Les autres peuples pren-
» nent les armes pour défendre leur religion.
» Les gaulois, au contraire, déclarent la guerre
» à toutes les religions. Engagés dans une
» guerre, les autres peuples implorent la faveur
» & l'aſſiſtance des dieux, au lieu que les gau-
» lois ſont la guerre aux dieux mêmes.

» Ce ſont ces nations qui partirent autrefois

---

(6) In hujus gentis finibus ſacer mons eſt, quem ferro violari nefas habetur: ſed ſi quando fulgure terra procisſa eſt, quæ in his locis aſſidua res eſt, detectum aurum velut Dei munus colligere permittitur. *Juſtin. XLIV. c.* 3.

(7) An vero iſtas nationes, religione jurisjurandi, ac metu Deorum immortalium, in teſtimoniis dicendis commoveri arbitramini? Quæ tantum a ceterarum gentium more, ac natura diſſentiunt, quod ceteræ pro religionibus ſuis bella ſuſcipiunt, iſtæ contra omnium religiones. Hæ in bellis gerendis, ab Diis immortalibus pacem ac veniam petunt; iſta cum ipſis Diis immortalibus bella geſſerunt. Hæ ſunt nationes; quæ quondam tam longe ab ſuis ſedibus, Delphos uſque ad Apollinem Pythium, atque ad oraculum orbis terræ vexandum, ac ſpoliandum profectæ ſunt. Ab iiſdem gentibus ſanctis, & in teſtimonio religioſis, obſeſſum capitolium eſt, atque ille Jupiter, cujus nomine majores noſtri, vinctam teſtimoniorum fidem eſſe voluerunt. Poſtremo his quidquam ſanctum, ac religioſum videri poteſt, qui etiam ſi quando aliquo metu adducti, Deos placandos eſſe arbitrantur, humanis hoſtiis eorum aras ac templa funeſtant? Ut ne religionem quidem colere poſſint, niſi eam prius ſcelere violarint. Quis enim ignorat, eos uſque ad hanc diem retinere illam immanem, ac barbaram conſuetudinem hominum immolandorum? Quamobrem quali fide, quali pietate exiſtimatis eſſe eos, qui etiam Deos immortales arbitrantur hominum ſcelere, & ſanguine facile poſſe placari. *Cicero Oras. pro M. Fontejo p.* 1149.

» des extrémités de la terre, pour aller attaquer
» le temple de Delphes, & l'oracle d'Appollon
» Pythien qui est consulté & revéré par tous les
» peuples de l'Univers. Ces mêmes peuples,
» dont on nous dit qu'ils respectent la religion
» du ferment, comme la chose du monde la
» plus sacrée, ont assiégé le Capitole, & ce
» Jupiter par le nom duquel nos ancêtres ont
» voulu que toutes les depositions fussent con-
» firmées. Enfin peut-il y avoir quelque-chose
» de sacré pour des gens qui, lors même que la
» crainte de quelque fléau leur fait chercher les
» moyens d'appaiser les dieux, souillent les
» temples & les autels par des victimes humaines,
» & ne peuvent faire un acte de religion qui ne
» soit en même tems un crime, & un outrage
» fait à la religion ? En effet y a-t-il quel-
» qu'un qui ne sache que les gaulois conser-
» vent jusqu'à ce jour la cruelle & barbare cou-
» tume d'immoler des hommes ? Quelles idées
» peut-on donc avoir de la foi & de la piété d'un
» peuple qui est dans l'opinion que les dieux
» peuvent être facilement appaisés par des
» crimes, & par l'effusion du sang humain ? ».

Cicéron, qui plaidoit en faveur de Fonteius, vouloit empêcher que les juges ne fissent attention à la déposition d'une foule de témoins que l'on avoit fait venir des Gaules, pour justifier les faits dont il étoit accusé. Au lieu de fournir des reproches légitimes contre ces témoins, l'orateur romain se jette dans la déclamation, & profére de grands mots qui ne font qu'une suite de paralogismes.

1°. Il me semble qu'il y a de la contradiction de soutenir que les gaulois étoient inaccessibles à toute crainte des dieux, & d'avouer, en même-tems, qu'ils offroient aux dieux des victimes humaines. Il n'y a qu'une crainte excessive qui puisse porter si loin la superstition.

2°. Cicéron soutient que les gaulois attaquoient la religion de tous les autres peuples. Passons lui cette thése, qui cependant auroit besoin de quelque restriction. Mais s'ensuit-il de-là que les Gaulois n'eussent eux mêmes point de religion ? Point du tout. Ils croyoient avoir la seule véritable. Ils déclaroient la guerre aux dieux des grecs & des romains, parce qu'ils les regardoient comme de fausses divinités, qui n'existoient que dans l'imagination déréglée de leurs adorateurs. Ils détruisoient les temples & les idoles, parce qu'ils regardoient comme une impiété, de renfermer la divinité dans des murailles, & de la représenter sous la forme de l'homme. Leur cas étoit donc à peu près le même que celui des Iconoclastes, que l'on a accusés d'impiété & d'athéisme, avec aussi peu de fondement que les gaulois. Le zèle des uns & des autres pouvoit être aveugle & outré. Au lieu de briser les images & les statues, qui sont l'objet du culte religieux d'un idolâtre, il vaudroit mieux arracher de son esprit la fausse idée qu'il s'est faite de la divinité, & de la dévotion superstitieuse qu'il témoigne pour les images. Mais il n'y a que des déclamateurs, qui puissent confondre un Iconoclaste avec un athée & un impie.

3°. J'avoue enfin que les gaulois offroient à leurs dieux des victimes humaines : mais, si la conséquence que Cicéron prétend tirer de-là étoit juste, il faudroit en conclure qu'il n'y avoit absolument ni foi, ni religion dans le monde, parceque cette horrible superstition, au lieu d'être particulière aux *Celtes* étoit commune à tous les peuples de la terre. Nous verrons même, en son lieu, qu'avant & après le tems de Cicéron, les romains ont commis en plusieurs occasions le même sacrilège.

Non seulement les peuples *Celtes* reconnoissoient tous une divinité, on leur rend encore le (1) témoignage qu'ils étoient fort attachés au culte de leurs dieux. Le respect qu'ils avoient pour leurs cérémonies étoit si grand, (2) que dans une longue suite de siècles, ils n'avoient pû se résoudre à y changer la moindre chose. Il faut d'ailleurs que, leur culte parût édifiant aux étrangers, puisque les cérémonies les plus vénérables de la Grece, & en particulier, celles que l'on célébroit avec tant de pompe à (3) Eleusis, ville de l'Attique, y avoient été apportées de Thrace. On prétend même que toute la religion, & toutes les superstitions des grecs, venoient originairement du même pays. C'est ce qu'insinuent, selon Plutarque, (4) & Suidas, le mot de θρησκεύειν, qui désigne en grec, tantôt le service religieux que

---

(1) Domus iis (*Hyperboreis*) nemora, lucique, & Deorum cultus viritim gregatimque. *Plin. hist. nat. lib.* 4. *c.* 12. *p.* 471. Silures Deos percolunt. *Solin. cap.* 35. *p.* 252. Natio est omnis Gallorum admodum dedita religionibus. *Caesar* 6. 16. Religionis haud quaquam negligens est gens Gallorum. *Livius* 5. *cap.* 46.

(2) Nec potuit longa seculorum series ad hunc usque diem efficere, ut patrios Deorum cultus dediscerent, aut mutarent aliquid in ceremoniis Deorum, vel Ægyptii, vel Afri, vel Celtæ, vel Scythæ, vel Indi, vel denique (ut paucis rem expediam) ulla alia gens barbara, præter quosdam qui in aliorum potestatem quondam redacti, coacti sunt victorum ritus recipere. *Dionys. Halic.* 7. 474.

(3) Sacra Eleusinia ab Eumolpo ex Thracia Athenas allata. *Plutarch. de Exul.* T. 2. *p.* 607., Eumolpus Thrax Athenis mysteria (τελετήν) constituerat. *Lucianus Demonad. p.* 553.

(4) θρησκεύειν comme qui diroit imiter les Thraces. Unde θρησκεύειν dictio tributa est, immodicis & superstitiosis sacrificiis. *Plutarch. Alexand. p.* 665. θρησκεύειν.

l'on rend à la divinité, & tantôt une dévotion excessive & superstitieuse.

S'il est constant & indubitable que les peuples *Celtes* avoient une Religion, il faut avouer cependant qu'elle étoit toute différente de celle des autres peuples. La différence, ou plutôt l'opposition étoit si grande, que Lucain ne fait pas difficulté de dire aux gaulois, « Si vous connoissez » les dieux, si vous en avez une juste idée, il » faudra convenir que le reste des hommes ne les » connoît point du tout ! »

(1) *Solis nosse Deos & cæli numina vobis, Aut solis nescire datum.*

C'est pour cette raison que les Scythes & les *Celtes* détruisoient les autres religions par-tout où ils étoient les maîtres, & qu'ils punissoient du dernier supplice ceux qui vouloient introduire parmi eux des superstitions étrangères. Il en couta la vie à un roi des Scythes, nommé Scyles, (2) pour avoir participé au culte de Bacchus, dans une colonie grecque. Le célebre Anacharsis fut traité avec la même sévérité (3) pour avoir voulu introduire parmi les Scythes les ceremonies que les grecs célébroient à l'honneur de la mere des dieux. Tâchons donc de fixer, avant toutes choses, l'idée que les Scythes & les *Celtes* avoient de la Divinité, & de l'objet du culte religieux. C'est le véritable & le seul moyen de voir clair dans leur religion, & de juger en quoi elle différoit de celle des autres peuples.

Les peuples *Celtes* avoient une juste idée de Dieu, & de ses perfections. Peut-être qu'ils donnoient dans le Polythéisme, comme la plûpart des autres nations. C'est une questi n que j'examinerai dans la suite. Mais au moins ils adoroient des intelligences pures, éternelles & immuables ; des Dieux spirituels, dégagés de toute matière, qui ne pouvoient être apperçus des yeux du corps. Ils leur attribuoient une science infinie, une puissance sans bornes, une justice incorruptible.

1°. C'étoit, par exemple, un principe reçu dans toute la *Celtique*, que les dieux connoissent parfaitement tout ce qui échappe aux lumières & à la pénétration de l'esprit humain ; & qu'ainsi le véritable moyen d'acquérir une connoissance claire & sure du passé, du présent, de l'avenir, & en général de tout ce qu'il importoit à l'homme de savoir, c'étoit de consulter la divinité qui résidoit dans toutes les créatures, & qui répondoit en mille manières différentes à ceux qui entendoient, ce que l'on appelloit la science des présages, & des divinations.

2°. L'idée qu'ils avoient de la puissance de Dieu n'étoit pas moins grande. Ils disoient que tout ce qui surpasse les forces de l'homme n'est jamais au dessus de la puissance divine. Ils concluoient de-la, que pour opérer des choses grandes & merveilleuses, il falloit que l'homme cherchât le secret de faire usage, & de disposer à son gré du pouvoir de l'Etre tout puissant qui agit avec efficace dans toutes les créatures. C'étoit le fondement des charmes, & des maléfices dont ils se servoient pour se rendre invulnérables, pour arrêter l'activité naturelle du feu, pour exciter des tempêtes, pour gagner un procès, pour rendre un homme furieux, &c.

3°. Ils étoient si persuadés que la Divinité est incapable de se prévenir, de pervertir le droit, de favoriser une mauvaise cause, qu'ils en concluoient que le seul moyen de ne faire aucune injustice, c'étoit de remettre à l'être souverainement juste la décision des procès, & des contestations qui s'élevoient parmi les hommes. C'est l'origine de l'épreuve du feu, de l'eau, & d'une infinité d'autres pratiques superstitieuses auxquelles on donnoit le nom de *jugement de Dieu*. Si les conséquences que l'on tiroit des principes que je viens d'indiquer étoient quelquefois fausses & insoutenables, il faut convenir, au-moins, que ces principes étoient vrais, & certains, & que les *Celtes* avoient une juste idée des perfections les plus essentielles de la divinité.

Ce ne sont cependant pas ces principes qui distinguoient la religion des *Celtes*. Ils ont été communs à toutes les religions, & à tous les peuples de l'univers. Les nations même qui servoient des dieux visibles & corporels, qui leur attribuoient les foiblesses, les vices, & les misères de la nature humaine, ne laissoient pas de les adorer, de les prier, d'implorer leur secours, & de jurer par leur nom. Par cela même ils leur attribuoient des qualités directement opposées aux premières ; la toute-présence, la toute-puissance, & les autres perfections qu'il faut supposer dans la divinité pour lui rendre un service religieux. Leur culte étoit fondé, non sur l'idée que les poëtes leur donnoient des dieux, mais sur celles que la saine raison se forme de l'Etre infini, qui a produit ce vaste univers, & gravé dans tous ses ouvrages les caractères les

---

Deos colit, Diis ministrat. Dicitur enim Orpheus Thrax, primus tradidisse græcorum mysteria, cultumque Deorum θρησκεύειν dixit, quia Thracium inventum erat. *Suid. in* θρησκεύειν. *T. 2. p. 205.*

(1) *Lucan. lib.* 1. *vs.* 452

(2) *Herodot.* 4. 79, 80.

(3) *Herodot.* 4. 76.

plus sensibles de sa sagesse, de sa puissance, de sa bonté, & de ses autres perfections. Ce que les *Celtes* avoient de particulier, c'est qu'ils raisonnoient conséquemment à leurs principes, & qu'ils en faisoient usage pour la pratique.

1°. Parce qu'ils adoroient des dieux spirituels, il ne vouloient pas qu'on représentât la divinité sous une forme corporelle. Ils se moquoient des peuples qui faisoient des idoles pour adorer l'ouvrage de leurs propres mains. (1) « Les germains, dit Tacite, estiment qu'il ne convient point à la grandeur des dieux célestes de les renfermer dans des murailles, ou de les représenter sous aucune forme humaine (2). Ils consacrent des bois & des forêts, où ils ne voient la divinité que dans le respect qu'ils lui témoignent. »

J'aurai occasion de prouver, lorsque je parlerai du culte extérieur que les peuples *Celtes* rendoient à leurs Dieux ; qu'ils avoient tous anciennement la même aversion pour les images & pour les statues : je montrerai aussi, dans les paragraphes suivans, pourquoi ils se faisoient un scrupule d'ériger des temples à la Divinité. Remarquons seulement ici que les traducteurs de Tacite n'ont pas rendu le sens de ses paroles. *Lucos ac nemora consecrant, Deorumque nominibus appellant secretum illud, quod solâ reverentiâ vident.* La version d'Ablancourt porte, *ils se contentent de leur consacrer des bois, dont le plus caché est ce qu'ils adorent, & qu'ils ne voyent que du penser.* Mezerai paraphrase les mêmes paroles de cette manière (3), *dans ces noirs & obscurs enfoncemens, touchés d'une religieuse horreur, ils s'imaginoient quelque chose de terrible, & appelloient Dieu ce qu'ils ne voyoient point.* Ce n'est point cela. Tacite veut dire qu'il y avoit dans les forêts sacrées, un lieu secret & très saint, où personne n'entroit que les seuls sacrificateurs, & où il n'y avoit d'ailleurs point d'objet sensible de la dévotion. Ce lieu secret portoit le nom (4) du Dieu qui y étoit adoré ; & le peuple ne l'y voyoit que par la profonde vénération avec laquelle il regardoit de loin un sanctuaire où il croyoit la Divinité présente.

2°. Une autre conséquence que les *Celtes* tiroient de l'idée qu'ils avoient d'un Dieu spirituel & éternel, c'est qu'il falloit être aussi extravagant qu'impie, pour adorer des dieux mâles & femelles (1), pour célébrer la fête de leur naissance & de leurs mariages, pour leur rendre un culte religieux auprès de leurs tombeaux, & dans des temples, bâtis sur leurs cadavres. « Ce n'est pas la coutume des Perses, disoit Hérodote (2), d'ériger des statues, des temples, & des autels. Ils accusent même de folie ceux qui le font. La raison en est, à mon sentiment, qu'ils ne croient pas, comme les grecs que les dieux soient issus des hommes.

Clitarque avoit aussi remarqué (3), que les mages rejettoient avec mépris l'opinion de ceux qui distinguoient des dieux mâles & femelles.

A ces conséquences on peut en ajouter quelques autres qui résultent naturellement de la théologie des *Celtes*.

1°. On a assuré, sans aucun fondement, qu'ils adoroient Jupiter, Apollon, & les autres dieux des Grecs & des Romains. Hérodote dit, par exemple, (4) *que les Scythes servent surtout Vesta, ensuite Jupiter & la Terre qu'ils regardent comme la* y étoit adorée, & que les prêtres portoient aussi le nom du dieu dont ils étoient les ministres.

---

(1) Ceterum nec cohibere parietibus Deos, neque in ullam humani oris speciem adsimilare, ex magnitudine cœlestium arbitrantur. Lucos ac nemora consecrant, deorumque nominibus appellant, secretum illud quod solâ reverentiâ vident. *Tacit. Germ. cap. 9.*

(2) C'est encore aujourd'hui l'idée des Czeremisses, qui sont un peuple scythe, établi le long du Volga, dans le royaume de Casan. Ils disent que le dieu *Jumala* est éternel & tout-puissant, & que, par cette raison, il n'est pas permis de le représenter & l'adorer dans des images. *Stralenberg p. 419.*

(3) *Histoire de France avant Clovis*, p. 39.

(4) On verra dans la suite, que les peuples *Celtes* donnoient à leurs sanctuaires le nom de la divinité qui

(1) Les Scythes ne laissoient pas de dire eux-mêmes, que la terre étoit la femme de Jupiter ; mais ils le disoient dans un sens figuré. *Voyez le § suivant.*

(2) Persis neque statuas, neque templa, neque aras extruere consuetudo est, quinimo facientibus insaniam tribuere, ob id (ut mea fert opinio) quod non quemadmodum græci sentiunt, deos ex hominibus esse ortos. *Herodot. 1. chap. 131.*

(3) Magi imprimis repudiant eos qui dicunt, deos mares & fœminas esse. *Clitarch. ap. Diog. Laer.* p. 5. & seq.

(4) Scythæ deorum hos solos propitiantur. Vestam ante omnes, deinde Jovem ac Tellurem, existimantes Tellurem Jovis conjugem esse. Post hos Apollinem, & Cœlestem Venerem, & Martem & Herculem. Hos cuncti Scythæ deos arbitrantur. Sed qui regii Scythæ vocantur, etiam Neptuno sacrificant, appellantes Vestam lingua sua Tabiti, Jovem Papæum, meâ sententiâ rectissime : Tellurem Apiam, Apollinem Oetosyrum, Cœlestem Venerem Artimpasam, Neptunum Thamimasadem. Simulacra & aras & delubra, facienda non putant, præterquam Marti, *Herodot. 4. 59.*

femme

femme de Jupiter ; après ceux-là Apollon, Vénus Uranie, c'est-à-dire la céleste, Mars & Hercule. Tous les scythes reconnoissent ces dieux. Mais les scythes appellés basilii, c'est-à-dire royaux, offrent aussi des sacrifices à Neptune.

Si le fait étoit vrai, il faudroit en conclure que la religion des scythes qu'Hérodote connoissoit, avoit déjà été corrompue par le commerce des Grecs, qui avoient établi des colonies sur toutes les côtes du pont Euxin. Mais j'ose bien assurer que les Scythes les plus voisins de la Grèce, ne connoissoient absolument, du tems d'Hérodote, ni Vesta, sœur ou fille de Saturne, ni Jupiter, père d'Apollon, de Mars, d'Hercule & de Vénus. Ils donnoient à leurs dieux d'autres noms, & ils en avoient une idée qui différoit entièrement de celles des Grecs.

Hérodote reconnoit la première de ces vérités. (.) *Ils appellent dans leur langue Vesta Tabiti. Jupiter Papæus, la terre Apia, Apollon Oetosyrus, Vénus-Uranie Artimpasa, Neptune Thamimasades.*

La seconde n'est pas moins certaine. Je ne dirai pas que, selon Hérodote, (2) Vesta étoit la principale divinité des scythes. Je n'alléguerai pas que les mêmes scythes n'érigeoient des autels qu'à (3) Mars. On verra d'ailleurs dans la suite que leur Vesta étoit l'élément même du feu, leur Apollon le soleil, leur Neptune l'eau. Ils vénéroient toutes ces parties du monde visible, non qu'ils les regardassent comme des divinités, mais parce qu'ils étoient dans l'opinion qu'elles étoient le siège d'un esprit, d'une divinité subalterne qui y résidoit. Ce n'étoit pas-là certainement la religion des Grecs. Mais Hérodote cherche, parmi les scythes, les dieux que l'on adoroit dans son païs, à peu-près comme les modernes, dont j'ai parlé plus haut, ont trouvé parmi les Celtes, les dogmes & les cérémonies des juifs & des chrétiens.

Le même historien remarque (4) *que les Perses offroient des sacrifices à Jupiter & à Vénus Uranie.* Comme il reconnoit que le culte de cette Vénus venoit originairement des (5) Assyriens & des Arabes qui l'avoient communiqué aux Perses, il ne sera pas nécessaire que je m'y arrête. On peut remarquer seulement qu'Hérodote se trompe en assurant qu'on l'appelloit en Perse (6) *Méthra*. Sans examiner ici si ce *méthra*, ou *mithras*, étoit le soleil, comme (7) Strabon le croit, ou le Dieu suprême, comme (8) Hesychius l'assure, ou un Dieu qui tenoit le milieu entre le bon & le mauvais principe, ce qui est le sentiment de Plutarque, [9] il est au-moins certain que le dieu *mithras* avoit été servi de toute ancienneté parmi les Perses, & que par conséquent Hérodote s'est mépris en le confondant avec la Vénus-Uranie, dont ils avoient emprunté le culte des Assyriens. Pour ce qui est du Jupiter des Perses, on ne le regardera assurément pas comme une divinité grecque, si on veut faire attention à ce qu'Hérodote ajoute dans le même endroit, (10) *que les Perses donnoient le nom de Jupiter à toute la voûte des cieux.*

Jules César assure aussi (11) *que les Gaulois adoroient surtout Mercure, & après lui Apollon, Mars, Jupiter & Minerve. Ils ont, dit-il, à peu-près, le même sentiment sur le sujet de ces divinités, que les autres peuples.*

S'il étoit vrai que les Gaulois eussent connu & adoré tous ces dieux du tems de Jules César, comment Cicéron auroit-il pu dire, quelques années auparavant, que les Gaulois déclaroient la guerre aux dieux, & à la religion de tous les autres peuples ? Comment Lucain auroit-il pu écrire, plus d'un demi siècle après, que les Gaulois pensoient sur le sujet des dieux d'une manière toute différente des autres peuples ? La vérité est que Jules César s'est trompé sur cet article, comme sur beaucoup d'autres, & qu'on

―――――――――――――

On verra dans la suite, que le simulacre de Mars étoit, parmi les Scythes, une épée, ou une halebarde.

(1) *Voyez la note précédente.*

(2) *Voyez la note (1)*

(3) *Voyez la même note.*

(4) Moris habent Persæ editissimis quibusque consensis montibus, Jovi hostias immolare, omnem gyrum cœli Jovem appellantes. Uraniæ quoque sacrificant, sic nimirum ab Assyriis Arabibusque edocti. Vocant autem Assyrii Venerem Mylittam, Arabes eamdem Alittam appellant, Persæ Metram. *Herodot.* lib. 1. cap. 131.

Philosophie anc. & mod. Tom. I.

―――――――――――――

(5) *Voyez la note précédente.*

(6) *Voyez la note (4).*

(7) Colunt etiam solem, quem Mithram vocant. *Strab.* lib. 15. p. 732.

(8) Mithras supremus persarum deus. *Hesych.*

(9) Vocavit (*Zoroastres*) illum quidem Oromazem, hunc vero Arimanium ; medium vero amborum Mithram ; propterea & Persæ Mithram Mediatorem vocant. *Plutarch. de Isid. & Osirid* p. 369.

(10) *Ci-dessus note (4).*

(11) Deûm maxime Mercurium colunt ... post hunc Apollinem, & Martem, & Jovem & Minervam. De his eamdem ferme quam reliquæ gentes habent opinionem. *Cæsar.* 6. 17.

Iiii

ne peut l'excuser que par son *à peu-près*, qui lui avoit été suggéré, selon les apparences, par quelques Gaulois qui crurent lui faire leur cour en rapprochant, autant qu'il étoit possible, la religion des vaincus, de celle du vainqueur. Il suffit au reste de lire avec quelque attention cet endroit de Jules César, pour reconnoître qu'il se réfute lui-même. Il assure, à la vérité, que les Gaulois pensoient sur le sujet de Mercure, d'Apollon, de Mars, de Jupiter, de Minerve, à peu-près de la même manière que les autres peuples ; mais il avoue, en même-tems, que, selon les Gaulois, Mercure étoit l'auteur du genre humain ; que Jupiter n'avoit l'empire que des choses célestes. On verra, à mesure que j'aurai occasion d'expliquer tout cela, combien la théologie des Gaulois différoit de celle des étrangers.

Puisque les *Celtes* adoroient des dieux spirituels & invisibles, on peut en conclure qu'on les a accusés mal-à-propos de défier les élémens, & de leur rendre, en conséquence, un culte religieux. Nous verrons ce qui servoit de fondement à cette imputation. Ils croyoient que l'être éternel avoit uni à chaque portion de la matière un esprit capable de donner des instructions, & d'accorder des graces à ceux qui le servoient avec la dévotion qui lui étoit dûe. Mais ils se récrioient contre ceux qui leur imputoient d'adorer l'objet qui tombe sous les sens ; & d'ailleurs puisqu'ils accusoient d'extravagance & d'impiété ceux qui servoient des dieux visibles & corporels, ils établissoient, par cela même, qu'aucune des choses que l'on découvre des yeux du corps, ne peut être une divinité.

Enfin puisque les *Celtes* ne vouloient pas que l'on représentât la divinité sous une forme corporelle, il en résulte naturellement que les images, les statues & les idoles n'appartiennent pas à l'ancienne religion de ces peuples. Par-tout où l'on en trouve, la religion étoit déjà altérée & corrompue par le mélange d'un culte étranger. Aussi verra-t-on que, dans les tems les plus reculés, le service des images & des idoles n'étoit connu ni en Espagne, ni dans la grande Bretagne, ni dans aucune autre partie de l'Europe.

Quoique les *Celtes* adorassent des dieux spirituels & invisibles ils ne laissoient pas aussi d'avoir une profonde vénération pour les élémens, & pour toutes les différentes parties du monde visible. On en trouvera une infinité de preuves & d'exemples dans ce que je dirai de leurs superstitions, & du culte religieux qu'ils rendoient au feu, à l'Eau, aux Vents, à la Terre, aux Arbres, aux Rochers, &c. Cependant, pour mettre le lecteur au fait de ce point capital de la religion des *Celtes*, il faut alléguer ici quelques preuves générales de ce que j'avance. J'ai rapporté ci-dessus un passage d'Hérodote, qui dit *que les Scythes servent sur-tout Vesta, ensuite Jupiter, la Terre, Apollon, Venus-Uranie, Mars, Hercule, & Neptune, appellant dans leur langue, Vesta Tabiti, Jupiter Papeus, la Terre Apia, Apollon Oetosyrus, Venus-Uranie Artimpasa, & Neptune Thamimasades. Vesta étoit l'Elément du Feu, Thamimasades celui de l'Eau, Apia la Terre, Oetosyrus le Soleil. Artimpasa étoit peut être* (1) *la Lune. L'Historien ajoute que les Scythes sont cependant dans l'opinion, qu'il ne faut consacrer des simulacres, des temples & des autels qu'à Mars.* Nous verrons en son lieu, que le Simulacre de Mars étoit une épée, ou une halebarde, l'autel un tas de faisceaux, & le temple une campagne, un lieu découvert. Il suffit de remarquer ici que les Scythes joignoient au culte de Mars, qui étoit leur grande Divinité, celui du Feu, de l'Eau, de la Terre, du Soleil, & de la Lune.

Les Perses ne différoient point à cet égard des Scythes, dont ils étoient apparemment descendus. » Ils ont accoutumé, dit encore Hérodote, » (2) de monter sur les plus hautes montagnes, » & d'y immoler des victimes à Jupiter, ap» pellant de ce nom toute la voute des cieux. » Ils offrent encore des sacrifices au soleil, à la » Lune, à la Terre, au Feu, à l'Eau & aux » Vents. Ce sont là les seuls dieux qu'ils servent » de toute ancienneté ». Strabon rapporte la même chose, (3) & il ajoute, 1°. *que les Perses appelloient le Soleil Mithra,* 2°. *qu'ils offroient surtout des sacrifices à l'Eau & au Feu.*

Joignons aux Scythes, & aux Perses, les Turcs, qui étoient un autre peuple de l'Orient, établi autour du mont Caucase. Théophilacte Simocatta, qui écrivoit au commencement du septieme siecle, dit (6) « qu'ils avoient un

---

(1) C'est le sentiment de Vossius *de origine & progressu Idol. lib. 2. cap. 21. p. 207.*

(2) Persæ moris habent editissimis quibusque conscensis montibus, Jovi hostias immolare, omnem gyrum cœli Jovem appellantes. Soli, lunæque sacrificant, & telluri, igni, aquæ atque ventis ; hisque solis sacra faciunt, jam inde ab initio. *Herodot. lib.* 1. *cap.* 131.

(3) Persæ nec statuas nec Aras erigunt, sacrificant in loco excelso, cœlum Jovem putantes. Colunt etiam solem, quem Mithram vocant, & lunam, & Venerem, & ignem, & terram, & ventos, & aquam. Præcipue igni & aquæ sacrificant. *Strabo, lib.* 15. *p.* 732.

(4) Turcæ admodum effuse ignem colunt ; aerem & aquam venerantur, telluri hymnos concinunt. Adorant autem tantummodo, & Deum nuncupant, illum qui cœlum & terram fecit. Huic equos, boves & oves

» grand respect pour le feu, vénérant encore
» l'Air & l'Eau, célébrant la Terre dans leurs
» hymnes. Ils n'adoroient cependant & n'ap-
» pelloient Dieu, que celui qui a fait le Ciel &
» la Terre. C'est à ce dieu, qu'ils immoloient des
» chevaux, des bœufs, des brebis, se servant
» pour cela du ministère de leurs sacrificateurs,
» auxquels ils attribuoient le don de prédire
» l'avenir ».

Les idées & le culte dont je viens de parler étoient aussi reçus dans tout l'occident. Les gaulois regardoient Mercure comme le plus grand des dieux ; mais ils adoroient avec lui Apollon & Jupiter, c'est à dire, le Soleil, & un Dieu qui présidoit à l'Air.

Canut, roi d'Angleterre, défendant par un Edit l'idolatrie payenne, qui n'étoit pas entièrement détruite dans ses états, la définit de cette manière, (1) *Ce que nous entendons par l'idolatrie payenne c'est lorsqu'on sert les idoles (c'est à dire, les dieux des gentils) comme sont le soleil, la lune, le feu, une eau courante, des fontaines, des pierres, avec toute sorte d'arbres & de forêts.* On voit là que le culte, ou l'idolatrie des anciens bretons, avoit précisément le même objet que celle des scythes, des perses, & des turcs.

Jules César assure aussi, *que les germains ne reconnoissoient point d'autres dieux, que ceux qu'ils voyoient, & dont ils éprouvoient manifestement le secours, le soleil, la lune, Vulcain. Ils ne connoissoient point les autres, non pas même par la renommée.* Quoique Jules César ne connut guères ni les germains, ni leur religion, il est vrai cependant qu'ils rendoient un culte religieux au soleil, à la lune, & au feu.

Agathias, qui écrivoit dans le VI. siecle, sur de très bons mémoires, remarque (2) *que les allemans, bien qu'ils fussent soumis aux francs, servoient encore des arbres, des Eaux courantes, des coteaux, des vallées, leur offrant des chevaux, & d'autres victimes, auxquelles ils coupoient la tête.*

Les germains étoient si prévenus en faveur de ce culte, qu'il fallut des siecles entiers pour le leur arracher. (3) *Cette génération,* disoit Grégoire de Tours, en parlant des francs, *a toujours été attachée à des cultes fanatiques, & n'a point connu Dieu. Ils se sont imaginés des forêts, des eaux, des oiseaux, des animaux, ou des formes d'autres élémens, & se sont accoutumés à les servir, & à leur offrir des sacrifices, comme s'ils étoient Dieu.* De là tant de capitulaires (4) des empereurs, & de canons (5) des conciles, qui défendent *de s'assembler autour des arbres, des rochers, des Fontaines, des carrefours, d'y allumer des chandelles & des flambeaux, ou d'y pratiquer quelque autre superstition.* Les saxons, qui demeuroient au delà de l'Elbe, n'étoient pas encore revenus de ces abus dans le douzieme siecle. C'est la remarque d'Helmoldus qui dit (6) *qu'ils donnoient dans beaucoup d'égaremens, & de superstitions, par rapport au culte des forêts & des fontaines.*

Ce culte des élémens étoit commun aux anciens grecs avec les autres habitans de l'Europe. Autant que je puis en juger (7), disoit Platon, les

---

immolant, habentque sacerdotes in quibus inesse vaticinandi facultatem arbitrantur. *Theophyl. Simoc. lib. 7. cap. 8. p. 176.*

(1) Adorationem gentilem p'enissime vetamus. Gentilis est autem adoratio, sive quis idola, (puta gentium divos) solem, lunam, ignem, profluentem, fontes, saxa, cujusque generis arbores, lignave coluerit. *L. L. Politic. Canuti Regis cap. 5. apud Lindenbrog. in Glossar. p. 1473.*

(2) Arbores quasdam colunt, & fluminum lapsus ιψα ποταμῶν & colles & valles, atque his tanquam justa facientes, equos alia que quamplurima resectis capitibus immolant. *Agathias lib. 1. p. 18.*

(3) Sed hæc generatio fanaticis semper cultibus visa est obsequium præbuisse, nec prorsus agnovere Deum ; sibique sylvarum atque aquarum, avium, bestiarumque, & aliorum quoque elementorum finxere formas, ipsaque ut Deum colere, eisque sacrificia delibare consueti. *Gregor. Tur. lib. 2. p. 278.*

Il semble que ces mots *sibi finxere formas* signifient que les Francs représentoient dans des images, des forêts, des eaux, & qu'ils rendoient à ces images un culte religieux ; mais ce n'étoit point là la pratique des Francs, non plus que des autres peuples germains.

(4) De arboribus, vel petris, vel fontibus, ubi aliqui stulti luminaria, vel alias observationes faciunt, omnino mandamus ut iste pessimus usus & Deo execrabilis ubicunque invenitur, tollatur & destruatur. *Capitul. Karol. Magn. lib. 1. tit. 64. p. 139.* Si in alicujus presbyteri parochia, infideles, aut faculas accenderint, aut arbores, aut fontes, aut saxa venerentur, si hoc eruere neglexerit, sacrilegum se esse cognoscat. *Capit. Karol. Mag. lib. 7. tit. 236. p. 1093.*

(5) Venisti ad aliquem locum, id est ad fontes, vel ad lapides, vel ad arbores, vel ad bivia, & ibi aut candelam, aut faculam pro veneratione loci incendisti. *Burchard. collect. canon. lib. 10. cap. 32. lib. 19. p. 270. apud Lindenbrog. in Glossar. p. 1300.* Voyez les canons cités dans le même glossaire *p. 1357. & 1390.*

(6) Lucorum & fontium ceterarumque superstitionum multiplex apud eos error habetur. *De Saxonibus Nordalbingis, Helmoldus Chron. Slav. cap. 48. p. 106.*

(7) Qui græciam primi incoluere, ii videntur mihi solum illos Deos existimasse, quos nunc etiam barbari multi pro Diis habent, solem, lunam, terram, astra, cœlum. *Plato in Cratylo, & ex illo Euseb. Præp. Evang. lib. 3. cap. 11.*

premiers habitans de la Grece servoient les mêmes dieux que plusieurs barbares reconnoissent encore aujourd'hui, le soleil, la terre, les astres, le ciel. Ainsi Epicharmus, qui passe pour avoir été disciple de Pythagore, suivoit, selon les apparences, les anciennes idées, quand il disoit (1) que les vents, le soleil, la terre, l'eau, le feu & les astres, étoient des dieux.

Enfin les sarmates, bien qu'ils fussent un peuple différent des *Celtes*, étoient parfaitement d'accord avec eux sur cet article (2). « Ils ne » reconnoissoient, au rapport de Procope, » qu'un seul Dieu, qui lance la foudre, & qui » est le maître de l'univers ; ils lui immoloient » des bœufs & d'autres victimes, mais ils véné- » roient aussi les fleuves, les nymphes, & » d'autres divinités subalternes auxquelles ils » offroient des sacrifices. Le but de ces sacrifices » étoient les divinations », c'est-à-dire, qu'ils cherchoient à connoître l'avenir par le battement du poux, & par les entrailles des victimes.

Il paroît par tout ce détail, que les *Celtes* rendoient un culte religieux, 1°. à ce que les Philosophes ont appellé les élémens, au feu, à l'eau, à l'air, & à la terre, 2°. à toutes les différentes parties du monde visible, au soleil, à la lune, aux astres, à la voute des cieux, aux arbres, aux forêts, aux fleuves, aux fontaines, aux pierres, aux rochers, 3°. à ce qui résulte de la combinaison, ou du combat des élémens, comme sont les vents, la foudre, les tempêtes. 4°. Enfin il n'y avoit pas jusqu'au vol & au chant d'un oiseau, & au hennissement d'un cheval, qui ne fut pour eux l'objet d'un respect & d'une frayeur religieuse. Grégoire de Tours l'insinue dans un passage que je viens de citer, & j'aurai occasion de le prouver amplement dans la suite.

Ce n'est pas cependant qu'ils regardassent les êtres visibles, & matériels comme des divinités. Je viens de montrer qu'on les en accusoit ; & on ne peut pas disconvenir qu'ils ne donnassent beaucoup de lieu à l'imputation, puisque leur culte avoit toujours un objet visible. Quelques auteurs assurent même qu'ils avouoient, sans aucun détour, que les élémens étoient de véritables divinités. Ainsi Cassiodore disoit (3) *que les perses appellent mages, ceux qui déifient les élémens.*

On trouve aussi dans Diogene Laerce un passage de Clitarque, qui porte (4) *que les mages raisonnoient beaucoup, tant sur l'essence, que sur l'origine des dieux, & qu'ils étoient dans l'idée que le feu, la terre & l'eau, étoient des dieux, ou que les dieux étoient composés de feu, de terre, & d'eau.* Mais il est constant que ces auteurs, & tous ceux qui ont assuré la même chose, se sont trompés. D'un côté la contradiction saute aux yeux. Comment des peuples qui adoroient des dieux spirituels, invisibles, qui ne vouloient pas qu'on représentât les dieux sous la forme humaine, auroient-ils pû soutenir, en même tems, que les objets visibles étoient de véritables divinités ? D'un autre côté les *Celtes*, au lieu de convenir que les élémens & les choses corporelles fussent des dieux, se récrioient contre ceux qui les accusoient de l'enseigner. Rien de plus formel que la déclaration des turcs, que j'ai déja rapportée *ils n'adoroient & n'appelloient Dieu, que celui qui a fait le ciel & la terre.*

Les perses s'exprimoient d'une manière qui n'étoit pas moins positive, comme M. de Beausobre l'a prouvé dans son histoire du manichéisme, (5) qui malgré les contradictions qu'elle a rencontrées, sera toujours estimée & recherchée par tous ceux qui souhaitent non seulement de connoître l'Hérésie de Manés, mais encore de voir clair dans l'histoire de l'ancienne église. Je montrerai aussi, dans la suite de cet article, que tous les peuples *Celtes*, en général, reconnoissoient un seul Dieu, un Etre suprême, & éternel, quoiqu'ils admissent, en même tems, une Théogonie, c'est-à-dire, une production des divinités subalternes qu'ils plaçoient dans les différentes parties du monde visible.

Si les *Celtes* ne regardoient pas les élémens comme des dieux, ils ne les considéroient pas, non plus, comme de simples images de la divinité. Quelques anciens l'ont crû. Ils ont prétendu que les scythes, les *Celtes*, & les barbares, en général, adoroient, les uns des arbres, parce qu'ils sont les emblèmes d'une divinité

---

(1) Epicharmus Deos esse dicit, ventos, solem, terram, aquam, ignem, astra. *Menander apud Stobæum, sermo.* 218. p. 753.

(2) Unum Deum fulguris effectorem, dominum hujus universi solum agnoscunt, ei que boves, & cujusque generis victimas immolant.... Præterea fluvios colunt, & nymphas & alia quædam numina quibus omnibus operantur, & inter sacrificia, conjecturas faciunt divinationum *Procop Gotth. lib. 3. cap. 14. p. 498.*

(3) Magos appellant Persæ, qui elementa deificant. *Histor. Trip. lib. 10. cap. 30. p. 363.*

(4) Clitarchus asserit, magos de Deorum substantia & ortu sententias proferre, quos & ignem, & terram, & aquam esse arbitrentur. *Diog. Laert. Proem. p. 5. & seq.*

(4) *Histoire du Manich. liv.* 2. *chap.* 1. p. 161. *et s. liv.* 9. *chap.* 1. p. 600-609.

bienfaisante qui protége, & qui nourrit les hommes; & les autres l'eau & le feu, parce que la rapidité, & la force invincible de leur action, est un bel emblême de la manière dont l'Etre tout-puissant opére dans le monde. C'est la remarque de Maxime de Tyr. (1)

» Les premiers hommes dit-il, ont consacré
» pour simulacres à Jupiter le sommet des plus
» hautes montagnes, comme de l'Olympe, &
» du Mont Ida. Dans d'autres endroits on honore
» les fleuves. C'est ainsi que les égyptiens véné-
» rent le Nil, à cause de son utilité. Les Thessa-
» liens le Pénée, à cause de sa beauté, & les
» scythes le danube à cause de sa grandeur. Les
» barbares admettent tous une divinité; mais
» chaque peuple a des simulacres différens.
» Parmi les perses c'est le feu, cet élément
» vorace & insatiable qui ne dure qu'un jour.
» Ils lui rendent un culte religieux, & en jet-
» tant dans le feu des matières combustibles, ils
» lui disent, dévore, o seigneur! Les Celtes
» adorent aussi Dieu, mais le simulacre de Jupiter
» est parmi eux un grand chêne. Les péoniens
» servent le soleil, dont le simulacre est au mi-
» lieu de ce peuple, un petit disque, attaché à
» une longue perche. Les phrygiens qui demeu-
» rent dans le voisinage de la Ville de Celene,
» servent les deux fleuves appellés Marsyas, &
» Meandre, que j'ai eu occasion de voir. Ils
» jettent dans l'eau les cuisses de la victime, en
» célébrant le nom du fleuve, auquel ils ont
» offert le sacrifice. Les cappadoces donnent à
» une montagne le nom de dieu; ils jurent par
» cette montagne, & la regardent comme un
» simulacre du dieu qu'ils adorent. Les peuples
» qui demeurent autour du Palus-Meotide,
» ont la même vénération pour ce lac, & les
» massagetes pour le tanais ». Clément d'Alexan-
drie cite aussi le passage d'un ancien historien, nommé Dinon, qui porte, (2) *que les perses, les medes, & les mages, regardoient le feu, & l'eau, comme les seuls simulacres des dieux.*

J'avoue que j'ai été long-tems dans une opinion peu différente de celle des auteurs que je viens de citer. Comme il est certain, 1°. que les peuples scythes & *Celtes* tenoient leurs assemblées civiles & religieuses en plein air, sur de hautes montagnes, dans des forêts, près des fleuves, & des fontaines, autour d'un monceau de pierres, &c. 2°. qu'ils donnoient à leurs sanctuaires le nom du dieu qui y étoit adoré, j'ai crû qu'on les avoit accusés, par ces raisons, d'adorer les montagnes, des arbres, des fleuves, des fontaines, des pierres. J'ai soupçonné encore qu'on les accusoit d'adorer le feu, parce que tenant la plûpart de leurs assemblées de nuit, ils avoient accoutumé d'y porter chacun sa chandelle, ou son flambeau, & de s'y chauffer pendant le service autour d'un grand feu. Mais je me suis apperçu ensuite que je m'étois trompé, & que mes conjectures n'étoient pas plus fondées, que celles que j'ai rapportées dans le paragraphe précédent. Ces peuples jettoient dans les fleuves & dans les fontaines une partie des victimes qu'ils avoient immolées, ils faisoient (3) aspersion de leur sang sur les arbres consacrées, ils fournissoient des alimens au feu en lui disant, *dévore o seigneur!* De semblables superstitions prouvent qu'ils ne croyoient pas que le feu, l'eau, & les arbres, fussent de simples images de la divinité.

Le véritable fondement du culte que les peuples *Celtes* rendoient aux différentes parties du monde visible, c'est l'opinion où ils étoient que chaque élément, chaque être corporel, étoit le siége, ou le temple d'une divinité subalterne qui y résidoit, qui en dirigeoit les opérations, & qui en faisoit, pour ainsi dire, l'instrument de sa libéralité envers les hommes. C'étoit proprement à cette intelligence, & non à l'objet visible, qu'ils rendoient un service religieux. J'ai déjà produit quelques preuves de cette vérité. Il sera bon de rapporter aussi ce que les habitans de l'isle de Thulé pensoient sur cet article, du

---

(1) Primi homines consecrarunt jovi simulacra ἀγάλματα cacumina montium, Olympi, Idæ, & si quis alius mons cœlo propinquat. Est & alicubi fluviis suus honos, aut utilitatis causa, ut Nilo, apud Ægyptios, aut pulchritudinis, ut Penæo apud Thessalos, aut magnitudinis, ut Istro apud Scythas. Barbari omnes Deum quidem admittunt, signa vero alii alia. Ignem Persæ quotidianum elementum, voracem, insatiabilem, Illi sacra faciunt, alimenta ei subministrantes, dicentes, *comede, o Domine*. Celtæ colunt quidem Deum, Jovis autem simulacrum apud eos, alta quercus. Pæones solem colunt, simulacrum solis pæonicum, brevis discus perticæ longissimæ affixus. Qui Celænas accolunt Phryges, fluvios duos Marsyam colunt & Mæandrum, quorum ipse spectator fui. Femora victimæ in fontes injiciunt, celebrantes nomen fluvii cui victimas mactarunt. Mons Cappadocibus & Deus, & juramentum, & simulacrum. Palus Mæotis, & Tanais, Massagetis. *Maxim. Tyr. Diss.* 38. p. 451-460.

(2) Ignem alii Vulcanum nominant. Persarum magi Ignem colunt, multique Asiæ incolæ, nec non Macedones, ut refert Diogenes in primo persicorum. Quid Sauromatas referam, quos Nymphodorus in moribus barbarorum, ignem colere narrat, vel Persas, & Medos, & Magos. Eos Dino ait sub dio mactare, existimantes ignem & aquam, sola Deorum esse simulacra. *Clem. Alex. Cohort. ad. gent.* p. 56.

(3) J'aurai occasion de parler de cette coutume en représentant les cérémonies de la religion des *Celtes*.

tems de Procope, qui écrivoit son histoire vers le milieu du sixieme siécle. (1) Ctésias, (2) Pythéas de Marseille, & plusieurs autres historiens, ou géographes, avoient dit beaucoup de choses incertaines & fabuleuses de cette isle. Elle commença d'être mieux connue sous l'empire de Justinien, (3) parce que les Herules, qu'Anastase, l'un de ses predecesseurs, avoit reçus & établis dans une contrée de l'Illyrie, ayant tué leur roi Ochon dans une émeute, envoyerent des ambassadeurs dans cette isle, ou une partie de leur nation étoit établie, pour y chercher des princes qui fussent de la race royale.

Ce que des personnes qui avoient été de l'ambassade raconterent à Procope de la situation de l'isle, convient assez à l'islande. (4) *Elle étoit au delà du Danemarck, & au nord de la grande Bretagne. Le soleil ne s'y couchoit pas pendant 41. jours de l'été, & ne s'y montroit pas pendant 41. jours de l'hiver.* Cependant (5) Grotius prétend que l'isle de Thulé n'est pas l'islande, mais la scandinavie, parce que c'est là qu'on trouve les *schritifirmes*, & les *gautes*, que Procope place dans l'isle dont il fait la description. C'est une question qu'il ne m'importe pas de décider.

Quelque parti que l'on prenne, il sera toujours constant que les islandois, ou les suedois, du VI. Siecle, étoient des peuples qui n'avoient aucun commerce avec les nations policées, & que par conséquent leur théologie n'étoit pas encore altérée par des idées étrangeres. Voici ce qu'elle portoit sur le sujet que nous examinons. " Ils servent, dit Procope, (6) plusieurs " dieux & plusieurs génies qu'ils placent dans le " ciel, dans l'air, sur la terre, & dans la mer. " Ils ont encore d'autres divinités moins considé- " rables, qui résident, comme ils le croyent, " dans les eaux, courantes & dans les fontaines. " Soigneux à leur immoler des victimes de toute " espece, ils regardent l'homme comme la plus " excellente de toutes les victimes. Aussi le " premier prisonnier qu'ils font à la guerre est-il " immolé à Mars, qui passe chez eux pour le " plus grand des dieux ".

La théologie des scythes & des *Celtes* ne différoit donc point, au moins à cet égard, de celle des chinois, qui reconnoissant un dieu suprême, attribuent encore à chaque être corporel une intelligence particuliere, qu'ils appellent l'esprit de la montagne, l'esprit du fleuve, &c. Je n'oserais assurer, comme quelques uns l'ont fait, que Pythagore eut pris des *Celtes* la plus grande partie de sa philosophie, & en particulier, la doctrine des élemens, ou des esprits. Il est vrai que ce Philosophe avoit fait un voyage en Thrace. L'historien Hermippus avoit même remarqué, au rapport de Josephe, (7) *que Pythagore avoit suivi en plusieurs choses le sentiment des thraces.* On sçait d'ailleurs que ce Philosophe passa les dernieres années de sa vie dans la grande Grece, c'est à dire, dans le royaume de Naples. Il n'est pas impossible, par conséquent, qu'il ait connu la théologie des samnites, & des autres peuples *Celtes*, qui demeuroient dans le voisinage de Crotone & de Métaponte. C'est ce qu'insinue le passage d'un pythagoricien que l'on trouve dans Clément d'Alexandrie. Il porte (8) *que son maître avoit entendu les Gaulois*. Mais Pythagore avoit aussi parcouru l'Egypte, la Phénicie, & l'Assyrie. On voit même assez clairement dans ce que les anciens rapportent de ses dogmes, qu'il en avoit emprunté une bonne partie des Chaldéens, des mages & des prêtres égyptiens.

Il faut avouer cependant que la théologie de Pythagore approchoit, par rapport à plusieurs articles, de celle des *Celtes*. Je le prouverai dans la suite. Il suffira de remarquer ici que ce philosophe regardoit la divinité comme l'ame du monde. (9) *Il appelloient dieu, l'esprit qui est*

---

(1) *Servius ad Georgic.* 1. *vs.* 30. p. 64. *Bochart. Canaan.* lib. 1. cap. 40. p. 726.

(2) *Strabo*, lib. 1. p. 63. lib. 4. p. 101.

(3) *Procop. Gotth.* lib. 2. cap. 15. p. 423.

(4) *Procop. ubi sup.*

(5) *In præfat. ad Procop.*

(6) Thulitæ complures Deos ac genios colunt, aëreos, terrestres, marinos, & alia minora dæmonia, quæ in aquis fontium & fluminum versari dicuntur. Mactant assidue victimas omnis generis, iisque litant. Præstantissima victimarum apud illos homo est; quem primum bello ceperint, hunc immolant Marti, quem Deorum maximum reputant. Sic autem sacrificant, ut captivum non mactent cæde simplici, sed e ligno suspendant, vel projiciant in spinas, & quovis alio mortis genere miserando conficiant. *Procop. Gotth.* lib. 2. cap. 15. p. 424.

(7) Hæc autem agebat, atque dicebat, judæorum & Thracum opiniones imitatus. *Joseph. cont. App.* lib. 1. 22. p. 1345. Edit. Hudson.

(8) Alexander in libro de symbolis Pythagoricis, vult Pythagoram Gallos audivisse. *Clem. Alex. Strom.* lib. 1. c. 15. p. 358.

(9) Pythagoras censuit deum animum esse per naturam rerum omnem intentum & commeantem, ex quo nostri animi carperentur. *Cicero de Nat. Deor.* lib. 1. c. 27.

Pythagoræ deus est, animus per universam rerum naturam commeans & intentus, ex quo etiam ani-

répandu dans toutes les différentes parties de l'Univers, & qui donne la vie à tous les animaux. C'étoient aussi le sentiment des *Celtes*, avec cette seule différence, que Pythagore semble n'avoir reconnu qu'un seul esprit répandu par tout l'Univers, au lieu que les *Celtes* admettoient un grand nombre d'intelligences, qui avoient chacune son département particulier, mais sous la direction de l'Etre suprême.

Au reste on convenoit de part & d'autre, que dieu remplit, pénétre, anime, & dirige tous les êtres corporels, & en particulier les animaux, qui ne vivent & ne respirent qu'autant qu'ils participent à la vie de la divinité. C'est sur ce principe, qui étoit également reconnu par les pythagoriciens & par les druides, que les uns & les autres fondoient une infinité de divinations, qui leur étoient communes, & dont je parlerai en son lieu. Il faut indiquer présentement quelques unes des principales conséquences que l'on tiroit du dogme dont je viens de parler, & qui étoit reçu universellement dans toute la *Celtique*.

Adorant des dieux spirituels qu'ils croyoient unis d'une manière étroite & intime à toutes les différentes parties du monde, les *Celtes* concluoient de là, premièrement ; qu'il ne faut pas leur bâtir des temples, ni leur consacrer des images & des statues. Ce n'est pas, « disoient- » ils, dans des temples, & dans des Idoles » faites de main, que la divinité réside. Ce » n'est pas là qu'elle opère, & qu'elle prononce » des oracles. Unie naturellement à ses propres » ouvrages, n'ayant point d'autre temple que » l'Univers même, elle ne peut s'unir aux ouvra- » ges de l'homme, qui sont trop imparfaits » pour la recevoir, & trop petits pour la con- » tenir. Il faut donc servir Dieu, & le prier » dans les lieux ou il réside, ou il répond à ceux » qui le consultent, & non pas dans des tem- » ples où il ne se trouve point. On ne fait même » qu'arrêter & suspendre l'action de la divinité, » en séparant les parties du monde visible. Il » faut lui laisser le passage ouvert & libre, si on » veut qu'elle pénétre la matière, & qu'elle y » déploye son efficace ». C'étoit là, comme je l'ai montré, la doctrine des germains. Ils ne croyoient pas qu'il convînt à la grandeur des dieux célestes, de les renfermer dans l'enceinte des murailles, ni de les représenter, sous aucune forme humaine. C'étoit la Théologie des perses. Ils ne vouloient pas, dit un ancien Commentateur (1) de Cicéron, que l'on bâtit des temples aux dieux ; & cela d'autant plus, que le monde entier suffit à peine au seul soleil, c'est-à-dire, que ce seul dieu remplit le monde entier de sa lumière & de sa chaleur, & qu'il seroit peut-être capable d'en remplir encore d'autres. Cicéron lui même remarque (2) que *Xerxès*, par le conseil de ses mages, fit mettre le feu à tous les temples des grecs, parce que ces peuples renfermoient dans des murailles des dieux, auxquels tout doit demeurer ouvert & libre, & dont le monde entier est le temple & la maison. Tous les peuples *Celtes*, en général, au lieu de bâtir des temples, démolissoient ceux que d'autres avoient construits, & tenoient toutes leurs assemblées en plein air sur une montagne, près d'un arbre, d'un fleuve, ou d'une fontaine. Ils poussoient si loin le scrupule sur cet article, qu'ils ne vouloient pas remuer la terre de leurs sanctuaires, de peur de troubler l'action de la divinité qui y résidoit.

Les *Celtes* ayant pour principe, qu'il y a dans les élémens & dans tous les objets visibles une divinité, dont les lumières & les forces sont infiniment plus étendues que celles de l'homme, ils en tiroient encore deux autres conséquences que j'ai déjà observées, & qu'il suffira d'indiquer ici.

D'un côté ils disoient que l'homme peut consulter la divinité, recevoir ses réponses, s'instruire de sa destinée par le moyen du feu, de l'eau, des astres, & de tous les êtres corporels où elle fait sa demeure, pourvu seulement qu'il entende la science des divinations. D'un autre côté ils prétendoient que l'homme peut opérer aussi une infinité de choses extraordinaires, supposé qu'il soit initié dans les secrets de la magie, qui fait servir à ses desseins les puissances spirituelles qui résident, & qui opèrent, dans les différentes parties de l'Univers.

---

malium omnium vita capiatur. *Min. Felix. cap.* 19. *p.* 178.

Pythagoras philosophus, quem quasi magistrum suum philosophia ipsa suscepit, de natura & beneficiis Dei differens, sic locutus est ; animus per omnes mundi partes commeans atque diffusus, ex quo omnia quæ nascuntur animalia vitam capiunt. *Salvian. de Provid. lib.* 1. *p.* 4.

Pythagoras definivit quod esset deus, animus per universas mundi partes, omnemque naturam commeans atque diffusus, ex quo omnia quæ nascuntur vitam capiunt. *Lact. Instit. lib.* 1. *cap.* 5. *de Ira. cap.* 1.

(1) Nulla diis templa condenda esse credebant præsertim cum uni soli, quem venerantur vix mundus ipse sufficeret. *Asconius Pedianus in Ver.* 1.

(2) Non sequor magos persarum, quibus auctoribus Xerxes inflammasse templa græciæ dicitur, quod parietibus includerent Deos, quibus omnia deberent esse patentia, ac libera, quorumque hic mundus omnis templum esset ac domus. *Cicero de Legibus lib.* 2.

Une dernière conséquence que les *Celtes* tiroient du même principe, & qui en résulte effectivement, c'est que tout ce qui se fait par les loix de la nature, est l'ouvrage même de la divinité, & non pas le simple effet du méchanisme des corps. Ils disoient. « Que ce n'est pas aux êtres matériels » qu'il faut attribuer la vertu de se mouvoir, & » de se faire avec ordre. C'est l'intelligence que » Dieu a unie aux corps, qui les pénétre qui les » meut, & qui en regle tous les mouvemens. » Ils ajoutoient que l'homme agit souvent sans » vues & sans dessein ; qu'il n'a jamais que des » vues courtes & bornées ; que tout ce qu'il » fait se ressent ordinairement de la foiblesse de » sa condition. Mais il ne faudroit pas connoître » la divinité pour croire qu'elle puisse faire » jusqu'à la moindre chose sans raisons ; toutes » ses vues sont grandes, nobles, profondes, » dignes de la bonté, de la sagesse, & de la » puissance d'un être infiniment élevé au dessus » de l'homme ». Ils concluoient de là.

1°. Que le tremblement des feuilles d'un arbre, le pétillement & la couleur des flammes, la chute du tonnerre dans un lieu, plutôt que dans l'autre, étant l'ouvrage d'un être intelligent, se faisoit aussi dans des vues que l'homme devoit tâcher de découvrir. Ce sont, disoient-ils, des instructions que Dieu donne au genre humain. Un homme sage doit y faire attention, & en tirer son profit.

2° Rapportant à la même cause, & non pas au méchanisme, ou à l'instinct, les actions des brutes, ils prétendoient que l'homme peut tirer une infinité de présages & de leçons, (1) du vol & du chant d'un oiseau, de l'aboyement d'un chien, du hennissement d'un cheval, du sifflement d'un serpent, de la course d'un lievre. Zestinsi, prince Germain, expérimenté dans la science des auspices, (2) ayant entendu un oiseau qui croassoit sur un arbre, déclara qu'il mourroit lui même au bout de quarante jours. Ainsi la femme d'un (3) esclave Thrace, qui étoit prisonniere avec lui parmi les romains, ayant vû un serpent qui s'entortilloit autour de la tête de son mari pendant qu'il dormoit, prédit par le même art, qu'il parviendroit bientôt à une puissance redoutable.

3°. On étendoit dans un certain sens la même réflexion jusqu'à l'homme. On disoit que tout ce que l'homme fait naturellement, machinalement, par un mouvement involontaire, & sans que la réflexion y intervienne, ne pouvant lui être attribué à lui-même, doit être regardé comme l'ouvrage d'une divinité qui avertit l'homme de sa destinée. Ainsi on trouvoit des présages dans le tremblement involontaire de l'œil, ou de quelque autre membre, dans l'émotion du poux, dans un éternuement, dans le bruit que font des vents renfermés dans les entrailles, & dans quelque chose de moins que cela. Tacite, par exemple, remarque, (4) que les Germains étoient dans l'opinion qu'il y avoit dans les femmes quelque chose de plus divin que dans les hommes, & qu'elles étoient plus propres pour recevoir le don de prophétie. La raison en étoit, que la nature agit plus dans les femmes, que la réflexion. On voit aussi dans Procope, (5) qu'une terreur panique ayant saisi deux armées qui étoient sur le point d'en venir aux mains, les deux partis en conclurent, que cette frayeur salutaire étoit l'ouvrage d'une divinité, qui ne vouloit pas que les gépides & les lombards se ruinassent réciproquement.

Il paroit par ce que je viens de dire, que ce dogme, qu'une divinité réside dans tous les êtres corporels, étoit, parmi les *Celtes*, le fondement d'une infinité de folles superstitions. Comme elles faisoient l'essentiel de la religion de ces peuples, elles étoient aussi le grand objet des recherches de leurs Druides. Il ne faut pas être surpris, par conséquent, que la jeunesse des Gaules, dont on confioit ordinairement l'éducation au clergé, employât jusqu'à vingt années (6) entières à ces belles études. On pourroit s'y appliquer pendant un grand nombre de siècles, sans y être plus avancé. Les anciens habitans de la Toscane étoient fort adonnés aux divinations. J'ai prouvé évidemment ailleurs qu'ils étoient un peuple *Celte* ; Les Perses aussi faisoient un grand cas de la magie. Descendant des Scythes, ils en conservèrent long-tems les superstitions.

---

(1) Sed barbari hi quos dixi ; contendunt & esse Deos, & nostri curam gerere, & præsignificare futura, per aves, per symbola, viscera, & alias quasdam observationes, et doctrinas. Quorum ergo præscientiam homines ex Deorum erga illos providentia habere possint, ea magna ex parte per insomnia et stellas aiunt antea significari. *Ælian. V. H. lib. 2. cap. 31.* Voyez ce que j'ai dit ci-dessus.

(2) *Prosop. Goth. liv. 4. cap. 10. p. 625.*

(3) Spartaci, cùm primum Romam venalis ductus est, aiunt serpentem dormientis circumjectum faciei visum. Uxor autem, ejusdem cum Spartaco generis, fatidica, & numine Bacchi afflata, dixit id signum esse ei ; magnæ & terribilis potentiæ quæ in lætum finem desitura esset. *Plutarch. Crasso. Tom. 1. p. 547.*

(4) Inesse quinetiam sanctum aliquid & providum putant, nec aut consilia earum aspernantur, aut responsa negligunt. *Tacit. Germ. cap. 8.*

(5) *Procop. Goth. lib. 3. cap. 18. p. 615.*

(6) *Cæsar. 6. 14.*

Pline

Pline ne sauroit comprendre (1) que les peuples de la Grande-Bretagne, étant si éloignés des Perses, ne laissassent pas de leur ressembler parfaitement à cet égard. On en voit bien la raison. Sans se connoître, sans avoir ensemble aucun commerce, ils tenoient ces abus de la même source.

Il ne sera pas inutile de rappeller ici une réflexion que j'ai déjà indiquée, mais qui est éclaircie & confirmée par ce qui vient d'être remarqué. Puisque les peuples *Celtes* rendoient tous un culte religieux aux élémens, il est facile de comprendre, après cela, ce qui a donné le change à ceux des anciens qui assurent que ces peuples adoroient Apollon, Neptune, Vulcain, Diane & les nymphes. Ils vénéroient effectivement le soleil, l'eau, le feu, les forêts, &c. Cette vénération étoit fondée sur la persuasion qu'une divinité réside dans les élémens. Mais ils n'avoient pas, sur le sujet de ces divinités, les mêmes idées que les Grecs & les Romains. Neptune, par exemple, n'étoit pas un homme qui eut été mis au rang des dieux après sa mort, & chargé de l'empire de la mer; mais une intelligence émanée du premier principe, qui n'avoit jamais eu d'autres corps, que l'élément même de l'eau.

Continuons d'examiner les principaux points de la théologie des *Celtes*, & voyons présentement quelles étoient leurs idées par rapport à l'unité de Dieu, en tant que ce dogme est opposé, soit au polythéisme des gentils, soit à l'opinion des deux principes. Il est certain que les peuples *Celtes* reconnoissoient tous un Dieu suprême, & nous verrons dans la suite qu'ils le regardoient comme le créateur, tant des corps, que des esprits qui leur sont unis. Selon Jules César, les Gaulois servoient principalement Mercure. Tacite dit la même chose des (2) Germains. D'autres ont prétendu, à la vérité, que c'étoit Mars qui passoit parmi les Germains pour le plus grand des dieux. Procope l'assure en parlant des peuples qui demeuroient dans l'isle de Thulé; & Tacite lui-même, rapportant le discours qu'un ambassadeur des Tenchtères adressa aux habitans de la ville de Cologne, le fait parler de cette manière. (3) *Nous rendons grâces à nos dieux communs, & à Mars, le plus grand des dieux, que vous soyez réunis au corps des peuples Germains,* & *que vous en ayez repris le nom.* Mais la difficulté n'est pas considérable, parce que les noms de Mars & de Mercure, inconnus dans la *Celtique*, n'étoient employés que par des étrangers, & désignoient constamment le même Dieu. J'aurai occasion de le prouver dans la suite: il suffira de remarquer ici, qu'entre les dieux que les Germains servoient, il y en avoit un qu'ils appelloient (4) *le maître de l'univers, auquel tout est soumis & obéissant.*

Hérodote, parlant des Thraces, dit (5) *que quand il faisoit du tonnerre & des éclairs, ces peuples avoient accoutumé de tirer des flèches contre le ciel, comme pour menacer la divinité, parce qu'ils étoient dans l'opinion qu'il n'y avoit point d'autre Dieu que le leur.* Ailleurs il s'exprime de cette manière (6). *Mars, Bacchus & Diane sont les seuls dieux auxquels les Thraces rendent un culte religieux. Outre ces divinités, les rois servent encore Mercure. Il est celui de tous les dieux pour lequel ils ont la plus grande vénération. Ils ne jurent que par son nom, & prétendent même en être issus.* Il est vrai qu'Hérodote fait raisonner les Thraces d'une manière tout-à-fait étrange. Ils reconnoissoient un Dieu, ils soutenoient qu'il n'y en avoit point d'autre; à cause de cela ils étoient assez extravagans, ou assez impies, pour le menacer quand il lançoit la foudre. Il est vrai encore qu'il y a de la contradiction entre les deux passages que je viens de citer. Si les Thraces ne croyoient pas qu'il y eut d'autre Dieu que leur Mercure (car c'est de lui qu'il s'agit dans cet endroit), comment pouvoit-on leur attribuer encore le culte de Mars, de Bacchus & de Diane. Mais on voit au moins dans ces passages, que les Thraces servoient une certaine divinité préférablement à toutes les autres, & qu'ils ne juroient que par son nom. C'étoit aussi l'idée des Scythes. Ils croyoient qu'il ne faut consacrer des simulacres, des autels & des temples qu'au dieu Mars.

Non-seulement les peuples Scythes & *Celtes* admettoient un premier principe, un Dieu suprême; ils l'appelloient encore, dans un certain sens, le vrai & le seul Dieu. Ainsi les

---

(1) *Plin. H. N. L.* 30, *cap.* 1. *p.* 728.

(2) Deorum maxime Mercurium colunt. *Tacit. Germ. cap.* 9.

(3) Redite vos in corpus nomenque Germaniæ, communibus Diis, & præcipue Deorum Marti, grates agimus. *Tacit. Hist.* 4. 64.

Philosophie anc. & mod. Tom. I.

(4) Regnator omnium Deus, cetera subjecta, atque parentia. *Tacit. Germ. cap.* 39.

(5) Thraces, dum tonat & fulgurat, in cœlum sagittas, excutiunt, Deo minitantes, quod nullum alium præter suum esse arbitrantur. *Hérodot.* 4. 94.

(6) Deos autem hos solos colunt, Martem, Liberum, Dianam. Sed reges, præter populares, etiam Mercurium colunt, eumque e Diis præcipue, per quem solum jurant, à quo progenitos se quoque aiunt. *Hérodot. v.* 7.

K k k k

Turcs, quoiqu'ils vénérassent le feu, l'air, l'eau & la terre, ne laissoient pas de soutenir, en même-tems, qu'ils n'adoroient & n'appelloient Dieu, que celui qui a fait le ciel & la terre. Les Thraces aussi disoient qu'il n'y avoit point d'autre Dieu que le leur. Nous avons montré par un passage de Procope, que les Sarmates tenoient le même langage. Ils faisoient profession de ne recoinnoître qu'un seul Dieu qui lance le tonnerre, & qui est le maître de l'univers; mais ils ne laissoient pas de rendre un culte religieux aux fleuves & aux nymphes. Les Sarmates s'exprimoient encore de la même manière du tems d'Helmoldus, c'est-à-dire, dans l'onzième siècle. (1) *Ayant des dieux de différens ordres, ils ne disconvenoient pas qu'il n'y eut dans le ciel un Dieu unique, duquel tous les autres dépendoient.*

Ne reconnoître qu'un seul Dieu, & avoir en même-tems plusieurs objets du culte religieux, il semble qu'il y ait là de la contradiction. Il ne faut pas douter que les *Celtes* ne se tirassent d'affaire par quelque distinction semblable à ce que l'on appelle aujourd'hui le culte de Latrie & de Dulie. Si les tems & les termes ont changé, les idées sont à peu-près les mêmes. Quoi qu'il en soit, je trouve que saint-Augustin (2) met expressément les philosophes Perses, Scythes, Gaulois & Espagnols, au nombre des sages qui ont reconnu un Dieu suprême.

Les *Celtes* n'adoroient donc pas plusieurs dieux égaux en puissance & en dignité, mais un seul Dieu souverain, avec un grand nombre de divinités subalternes. La justice veut qu'on les décharge encore du polythéisme à deux autres égards.

1°. On a multiplié sans raison le nombre de leurs dieux, en faisant autant de divinités particulières de ce qu'on appelle les dieux topiqués, ou locaux. Pour comprendre ma pensée, il faut se souvenir de ce que j'ai déja dit, que ces peuples donnoient à leurs sanctuaires le nom du Dieu qui y étoit adoré. Un homme, par exemple, qui alloit faire ses dévotions dans une forêt consacrée au Dieu *Teut*, ou consulter les sacrificateurs qui présidoient à son culte, disoit qu'il alloit trouver *Teut*. Mais pour distinguer les sanctuaires, on leur donnoit quelque dénomination particulière, prise de la situation du lieu, ou de quelque autre circonstance. Ainsi le Dieu *Pénius* n'étoit pas une divinité particulière, mais le Dieu qui avoit un sanctuaire sur le sommet des Alpes. Le mot de *Pinne* ou de *Penne*, désigne encore aujourd'hui la pointe, ou la cime d'une chose, tant en Allemand, qu'en Bas-Breton. Tout de même l'Apollon *Grinaus* des Mésiens établis en Asie, n'étoit pas un Dieu particulier. C'étoit le nom d'un sanctuaire, que les Mésiens appelloient le soleil verd, (3) parce qu'on y offroit des sacrifices au soleil dans un bocage ou les arbres ne perdoient point leur verdure, & où la terre étoit toujours couverte de fleurs.

2°. Si l'on examine avec attention la théologie des *Celtes*, on reconnoîtra aussi qu'à proprement parler ils ne regardoient pas les élémens, ni les différentes parties de l'univers, comme des dieux. Ils disoient que l'être visible est le temple où la divinité réside, le corps qu'elle anime, l'écorce où elle s'enveloppe, l'instrument qu'elle met en œuvre. Ils plaçoient leurs dieux dans les élémens, de la même manière que les autres payens les croyoient présens dans les temples, & dans les idoles qu'ils leur consacroient; mais ils distinguoient toujours le temple de la divinité qui y fait sa demeure, les intelligences spirituelles des corps célestes ou terrestres qu'elles animoient.

Ce n'est cependant que jusques-là, & à ces différens égards, que je prétends justifier les *Celtes* du Polythéisme. Il faut avouer au reste qu'ils adoroient, avec le Dieu suprême, un grand nombre d'intelligences, qui avoient été produites, comme ils le croyoient, par l'être infini, & unies aux différentes parties de la matière, pour les animer, & pour les conduire aux fins que sa sagesse s'étoit proposées. La question se réduit donc uniquement à savoir quelle idée les peu-

---

(1) Inter multiformia Deorum Numina.. non diffitentur unum Deum in cœlis, ceteris imperitantem. *Helmold. lib.* 1. *cap.* 84. *p.* 182.

(2) Quicunque igitur philosophi de Deo summo & vero ista senserunt, quod & rerum creatarum sit effector, & lumen cognoscendarum, & bonum agendarum : quod ab illo nobis sit, & principium naturæ, & veritas doctrinæ, & felicitas vitæ : sive Platonici accomodatius nuncupentur, sive quodlibet aliud sectæ suæ nomen imponant : sive tantummodo Ionici generis, qui in eis præcipui fuerunt, ista senserunt, sicut idem Plato & qui eum bene intellexerunt : sive etiam Italici propter Pythagoram, & Pythagoreos, & si qui forte alii ejusdem sententiæ indices fuerunt : sive aliarum quoque gentium, qui sapientes vel philosophi habiti sunt, Atlantici, Lybici, Ægyptii, Indi, Persæ, Chaldæi, Scythæ, Galli, Hispani, aliique reperiuntur, qui hoc viderint ac docuerint, eos omnes ceteris anteponimus, eosque nobis propinquiores fatemur. *Augustin. de Civ. De., lib.* 8. *cap.* 9. *p.* 465.

(3) His tibi Grynæi nemoris dicatur origo.
Ne quis sit lucus quo se plus jactet Apollo.
Virgilius Eclog. 6. *vs.* 72.

A Gryna, Mœsiæ civitate, ubi est locus arboribus multis jucundus, gramine floribusque varijs omni tempore vestitus. *Servius ad h. l. p.* 35. *Grun*, en *Tudesque*, signifie verd.

ples *Celtes* avoient de ces intelligences, qui étoient chargées chacune de quelque diſtrict, ou de quelque fonction particulière. Les regardoient-ils ſimplement comme des anges, c'eſt-à-dire, comme des eſprits, qui n'agiſſant que par les ordres, & ſous la direction du Dieu ſuprême, en vertu de la puiſſance qu'il leur communique, ne méritent aucun culte religieux, pour des graces & des délivrances, dont ils ne ſont que les miniſtres & les inſtrumens; ou comme des divinités ſubalternes, qui, participant à la puiſſance & à l'empire du Dieu ſouverain, méritent par cela même d'être aſſociées à ſa gloire, & au culte religieux qu'il reçoit des hommes? Quelques ſavans ſemblent avoir préféré la première de ces opinions.

Ils diſent, par exemple, que les Perſes aſſignoient à chaque royaume un ange protecteur; que chaque mois, chaque jour de l'année, étoit ſous la direction d'un ange. On ne balancera pas d'embraſſer la ſeconde, ſi on veut ſe rappeller ce qui a fait la matière des paragraphes précédens. Les Perſes, comme les Scythes & les *Celtes*, donnoient le nom de Dieu aux intelligences qu'ils plaçoient dans les élémens; ils les invoquoient, leur demandoient des graces, les conſultoient ſur l'avenir, & leur offroient des ſacrifices. Tout cela prouve, qu'ils les regardoient comme des divinités inférieures, à la vérité, à l'être éternel, mais qui ne laiſſoient pas d'être ſouveraines dans leur diſtrict, & d'avoir une ſupériorité aſſez grande ſur l'homme, pour mériter ſon culte & ſes hommages.

A l'égard de l'opinion des deux principes, je ne vois pas que ceux qui l'attribuent aux *Celtes*, ayent appuyé leur thèſe ſur des preuves ſolides, ni ſeulement ſur des conjectures qui approchent de la vraiſemblance.

1°. Hérodote, dans un paſſage que je viens de citer, dit *que quand il faiſoit du tonnerre, & des éclairs, les Thraces tiroient des flèches contre le ciel, comme pour menacer la divinité, parce qu'ils étoient dans l'opinion, qu'il n'y avoit point d'autre Dieu que le leur.* Il ſemble que l'on entrevoit dans ces paroles, que les Thraces regardoient le tonnerre & la foudre comme l'ouvrage d'une divinité malfaiſante qu'ils menaçoient, & qu'ils défioient à coups de flèches, comme étant eux-mêmes ſous la protection du ſeul Dieu tout puiſſant. Mais cette conjecture eſt démentie par les paroles mêmes de l'hiſtorien, qui aſſure que les Thraces ſoutenoient qu'il n'y avoit point d'autre Dieu que le leur. Nous verrons ailleurs ce que c'étoit que ces prétendues menaces qu'ils faiſoient à leur Dieu, en tirant contre le ciel.

2°. Hagenberg a cru que les Germains admettoient un bon & un mauvais principe. (1) Il en donne pour preuve ce paſſage de Tacite. (2) » On montre dans le pays des Naharvales un » bocage où règne une ancienne ſuperſtition... » La divinité qui y eſt ſervie, s'appelle Alcis. » Ils prétendent que c'eſt le même Dieu que les » Romains véneroient ſous le nom de Caſtor & » de Pollux. On n'y voit ni ſimulacre, ni veſtige » d'une ſuperſtition venue d'un pays étranger. » Tout ce que cette ſuperſtition a de commun » avec celle des Romains, c'eſt que l'on y vé- » nère deux jeunes hommes que l'on eſtime » frères ». Mais ce n'eſt là qu'une conjecture haſardée, & deſtituée de tout fondement, qui ne mérite pas que l'on s'arrête à la réfuter.

3°. Saint-Auguſtin parle auſſi de certains (3) démons, que les Gaulois appelloient *Duſii*, & il aſſure, après pluſieurs témoins dignes de foi, que ces malins eſprits aimoient les femmes, n'épargnoient rien pour les corrompre, & en venoient à bout. On ſait que pluſieurs pères de l'égliſe ont ſoutenu cette fable, ſans admettre pour cela l'opinion des deux principes. D'ailleurs la remarque d'Iſidore de Séville, qui dit (4) que les Gaulois appelloient ces *Duſii*, les velus, (*piloſos*) montre clairement que c'étoient les ſatyres des Grecs.

On ne peut pas diſconvenir, à la vérité, que dans le VIII ſiècle du chriſtianiſme, les Saxons & les Sarmates qui leur étoient voiſins, ne ſerviſſent un Dieu mauvais. Mais il eſt conſtant que ce culte ne s'introduiſit parmi eux, que lorſqu'on eut commencé de leur annoncer la religion chrétienne. Comme les prédicateurs leur parloient continuellement de la puiſſance redoutable du démon, & de l'étendue de ſon empire, ces peuples mal inſtruits, le regardèrent comme une véritable divinité, & ſe crurent obligés de le ſervir, afin qu'il ne leur fît point de mal. Auſſi les Saxons le nommoient-ils (5) le Dieu noir, ou *Tybilenus*, ce qui eſt manifeſtement une cor-

---

(1) *Hagenberg. German. Med. Diſſ.* 8. *p.* 110.

(2) *Tacit. Germ. cap.* 43. J'ai ſuivi la verſion de d'Ablancourt qui, étant un peu libre, ne laiſſe pas de bien exprimer le ſens de l'original.

(3) Quoſdam Dæmones, quos Duſios Galli nuncupant, hanc aſſidue immundiriam & tentare & efficere, plures taleſque aſſeverant, ut hoc negare impudentiæ videatur. *Auguſtin. de Civit. Dei, lib.* 15. *cap.* 23. *p.* 153. Heſychius dit que les Illyriens appelloient les Satyres Δευάδαι.

(4) *Iſidor. Orig. lib.* 8. *cap. ult.*

(5) Ante tempora Karoli magni, Saxonibus, præter Tinnum Deum, & Deam Sibam, malus Deus, quem

ruption du mot de diable, les Allemands appellant encore aujourd'hui le démon, *debel, deubel* ou *teufel*. Il faut étendre la même réflexion aux Sarmates qui portoient le nom de Slaves, & qui n'étoient séparés des Saxons, que par le fleuve de l'Elbe. Le mauvais principe portoit parmi eux le nom de (1) *diabol* ou *Zcerneboek*, qui désigne le dieu noir. Ce fut par une méprise à-peu-près semblable, que saint Gui, ou saint Vite, devint parmi les mêmes Sarmates, une grande divinité. (2) Des missionnaires, sortis du célèbre monastère de (3) Corbie, leur ayant vanté les miracles de ce saint, qui étoit le patron de leur abbaye, les Slaves, après être retombés dans le paganisme, en firent une divinité qu'ils appellèrent *suantevith*, & qu'ils servirent comme un Dieu du premier ordre.

On attribue assez généralement aux Perses d'avoir reconnu deux principes éternels, l'un bon, & l'autre mauvais. Le lecteur permettra que je le renvoie sur cet article à ce que M. de Beausobre en a dit, dans son histoire du Manichéisme. J'ajouterai seulement que l'on ne voit aucune trace de ce dogme dans ce que les plus anciens auteurs, comme Hérodote & Ctésias, ont dit de la religion des Perses. Autant que je puis le savoir, Plutarque est le premier qui en ait fait mention. Il assure positivement, *que Zoroastre appella le Dieu bienfaisant Oromazes*,

---

atrum aiebant, colebatur, ne noceret. *Fabric. Orig. Saxon. lib.* 1. apud *Vossium de Orig. & Prog. Idol. lib.* 1. cap. 8. p. 31.

Quem Slavi Zcerneboch, hunc Saxones antiqui, si audimus Fabricium in Saxonia sua, vocant Tybilenum, imo ut ait hodie que sic malum dæmonem nuncupant. *Vossius ub. sup. lib.* 1. cap. 38. p. 142. Vossius reconnoit dans le même endroit que le nom de Tybilenus a été pris de celui de Diabolus.

(1) Slavi omnem prosperam fortunam à bono Deo, adversam à malo dirigi profitentes, ideo etiam malum Deum sua lingua Diabol, sive Zcerneboek, id est nigrum Deum appellant. *Helmold. Chron. Slav. lib.* 1. cap. 53. p. 116.

(2) Prædicantes itaque verbum Dei cum omni fiducia, omnem illam insulam (Rugianorum) lucrati sunt, ubi etiam oratorium fundaverunt in honorem Domini ac Salvatoris nostri Jesu Christi, & in commemorationem sancti Viti, qui est patronus Corvejæ. Postquam autem, permittente Deo, & mutatis rebus, Rani a fide defecerunt, statim, pulsis sacerdotibus, atque Christicolis, religionem verunt in superstitionem. Nam sanctum Vitum, quem nos Martyrem, ac servum Christi confitemur, ipsi pro Deo venerantur, creaturam anteponentes Creatori. *Helmold. lib.* 1. cap. 6. p. 15. & cap. 53. p. 116.

(3) Il s'agit de la nouvelle Corbie. Corwey, en Westphalie.

& le malfaisant *Arimanius*. Entre les deux principes, il en plaçoit un autre qui s'appelloit *Mithra*. C'est pourquoi les Perses donnent encore aujourd'hui à *Mithra* le nom de médiateur. Selon les apparences, cette opinion avoit été apportée en Perse, non de la Scythie, comme M. de Leibnitz l'a soupçonné, elle y étoit parfaitement inconnue, mais des Indes où elle étoit généralement reçue. Hérodote remarque, à la vérité, (4) que la reine Amestris, femme de Xercès, se voyant parvenue à un âge fort avancé, fit enterrer vivans quatorze jeunes seigneurs, comme un sacrifice d'action de graces au Dieu que l'on place sous terre. Mais il est assez probable que cette manière d'enterrer des hommes vivans fit soupçonner à l'historien Grec, que le sacrifice avoit été offert à Pluton, quoique ce Dieu fut inconnu aux Perses. C'est en conséquence du même préjugé (5) que Plutarque assure aussi que ces jeunes gens furent offerts à Pluton.

Je vais parler présentement du Dieu suprême que les *Celtes* adoroient, des noms par lesquels ils le désignoient, & des prérogatives qu'ils lui attribuoient. Je passerai ensuite aux principales divinités que ces peuples plaçoient dans les élémens. Et enfin j'examinerai s'ils rendoient quelque culte aux ames des héros, & s'il est vrai qu'ils vénérassent même Hercule, Bacchus, & d'autres héros étrangers, que l'on avoit mis, après leur mort, au rang des dieux.

Il est surprenant que, depuis qu'on a commencé d'écrire sur la religion des *Celtes*, personne ne se soit apperçu que ces peuples adoroient tous un Dieu suprême, qui portoit le même nom dans toute la *Celtique*, & auquel on attribuoit partout les mêmes prérogatives sur les autres divinités. Je dois le prouver dans cet article, & j'espère que le lecteur ne me saura pas mauvais gré, si j'entre dans quelque détail pour établir cette vérité. D'un côté elle est nouvelle, & à-peu-près inconnue, & de l'autre elle confirme merveilleusement ce que j'ai dit en plusieurs endroits de cet article, que l'Europe étoit autrefois habitée par un seul & même peuple.

Le nom que tous les peuples de l'europe donnoient anciennement au premier principe, c'est celui de *teut* ou de *tis*, d'où a été formé ce-

---

(4) Nam & Amestrin, Xerxis uxorem, jam provectæ ætatis, audio bis septem illustrium Persarum liberos defodisse, ad referendam pro se gratiam Deo qui sub terra esse fertur. *Herodot. lib.* 7. cap. 114.

(5) Amestris, quæ Xerxis fuit uxor, Plutoni duodecim pro se vivos homines defodit. *Plutarch. de Superst.* T. 2. p. 171.

lui de Dieu. Les Espagnols & les Gaulois l'appelloient *teut*; ou d'un nom composé (1) *teutut*, Dieu le père. Les Germains le nommoient *tis* ou *teut*, & souvent d'un nom appellatif *god*, *vod*, *vodan*, *odin*, c'est-à-dire, le bon. Les Thraces l'appelloient *tis* ou *cotis*, le bon *tis*. Les Grecs Δις, Ζιός ou θιός. Les Italiens *dis*, *tus*, *deus* avec une diphtongue, & quelquefois *mantus*, le bon *tus*. Il faut fournir des preuves de ce que je viens d'avancer. Commençons par les Espagnols.

Tite Live, rapportant le siège de la ville de Carthagène, en Espagne, par Scipion l'Afriquain, dit (2) *que ce général ayant passé sur une colline, que les habitans du pays appelloient Mercure teutates, s'apperçut que les murailles de la ville étoient dégarnies de troupes en plusieurs endroits*. On vòit ici que les habitans de Carthagène servoient le Dieu *teut*; qu'ils lui offroient un culte religieux dans un lieu ouvert, sur une colline voisine de leur ville; qu'ils donnoient à cette colline le nom du Dieu qui y étoit adoré; & enfin que les Romains étoient dans l'idée que ce *teutates* étoit le même Dieu que Mercure. Nous dirons tout-à-l'heure la raison de cette méprise. Passons à une seconde preuve.

2°. Strabon, parlant des Celtibères & des peuples qui leur étoient voisins du côté du septentrion, dit (3) *qu'ils avoient accoutumé de s'assembler de nuit, dans le tems de la pleine lune, à l'honneur d'un Dieu sans nom; & qu'ils passoient toute la nuit à danser & à se réjouir avec leurs familles hors des portes*. Pour entendre ce passage, il faut remarquer que les Grecs & les Romains donnoient à leurs dieux un nom commun, & un nom propre. On trouve, par exemple, dans les inscriptions, *Deo mercurio*, *Deo vulcano*. Dieu est le nom commun; ceux de Mercure, de Neptune, de Vulcain, sont les noms propres de chaque divinité. Le Dieu des Celtibères n'avoit point de nom particulier. Quand on leur demandoit le nom du Dieu qu'ils adoroient, ils disoient qu'il s'appelloit *Deus*, ou *teut*. C'est ce que Strabon appelle un Dieu sans nom. Au reste on trouve dans ce passage plusieurs autres coûtumes qui étoient communes aux Celtiberes, avec tous les peuples Celtes. Ils tenoient leurs assemblées les plus solemnelles, de nuit, & hors des portes. Ils célébroient particulièrement le jour, ou plutôt la nuit de la pleine lune; c'étoit une de leurs fêtes. Les danses, & les festins faisoient partie du culte religieux qu'ils offroient à leurs dieux.

3°. On sait que les Phéniciens, s'étant emparés de l'isle de Gades, y bâtirent un célèbre temple en l'honneur d'Hercule, & donnèrent à l'isle le nom de *gadeira*. Denis le Periegète remarque (4) qu'avant ce tems-là, les habitans naturels du pays appelloient cette isle *Cotinusa*, ce qui signifie, comme je l'ai remarqué ailleurs, la maison, l'habitation du dieu *Tis*. Il est vrai que le Scholiaste du géographe prétend que l'isle reçut le nom de *Cotinusa*, parce qu'on y trouvoit beaucoup d'oliviers sauvages, que les Grecs appelloient κοτινους. Mais puisque les Phéniciens étoient dans l'isle long-tems avant qu'elle fut connue des Grecs, & qu'elle portoit déja le nom de *Cotinusa*, lorsque les premiers y envoyèrent une colonie, il est certainement ridicule de donner à ce nom une étymologie grecque.

4°. Ajoutons enfin que l'on trouve en Espagne, comme dans toute la Celtique, des noms propres d'hommes & de villes, dans la composition desquels le nom de *Teut* ou de *Tis*, entre manifestement. Le chef, par exemple, qui commanda les Espagnols, après la mort de *Viriatus*, s'appelloit (5) *Teutamus*. Le nom aussi des villes de (6) *Cottaobriga*, *Deobriga*, *Deobrigula*, dési-

---

(1) Tat, Tad, Pere. *Peyron, antiquité de la nation & de la langue des Celtes* p. 416. *Rostrenen, dictionaire Celtique.* p. 712.

(2) Quod ubi egressus Scipio in tumulum, quem Mercurium Teutatem vocant, animadvertit multis partibus nudata defensoribus mœnia esse. *Livius*, lib. 5. cap. 44. C'est ainsi que portent les anciennes éditions de Tite Live. Celle de J. F. Gronovius, dont je me suis servi, n'a pas le mot de Teutates. Jaques Gronovius, fils du premier, reprend même fort aigrement *Ouzel* (not. ad Minut. Felic. cap 6. p. 54.) d'avoir conservé ce mot en citant le passage de Tite Live. Quand le mot de Teutates seroit une glose, ce qui n'est pas vraisemblable, n'y ayant aucun seul manuscrit où il ne se trouve point, la glose ne laisseroit pas d'être juste, parce qu'il est constant que les Grecs & les Romains donnoient ordinairement le nom de Mercure au Teutates des *Celtes*.

(3) Celtiberos perhibent, & qui ad septentrionem eorum sunt vicini, innominatum quemdam Deum, noctu in plenilunio ante portas cum totis familiis, choreas ducendo, totamque noctem festam agendo; venerari. *Strabo*, lib. 3. p. 164.

(4) In medio columnarum occiduarum, ultima gadeira apparet hominibus, insula circumflua, in finibus oceani, ibi phœnicium hominum genus inhabitant, venerantes magni Jovis filium Herculem; & hanc quidem incolæ, ætate priorum hominum, Cotinulam dictam, Gadeira vocarunt. *Dionys. Perieg. vs.* 450.

Cotinusa, vel Cotinoessa dicta ætate priorum hominum, tanquam multas habens κοτινους quæ sunt species oleæ agrestis. *Eustath. ad h. l.* p. 74.

(5) *Diodor. Sicul. lib.* 32. p. 795.

(6) Cottæobriga, Deobriga Vettonum. *Ptolem. lib.* 2. cap. 5. p. 41. Deobrigula Murbocum. Deobriga Autrigonum. *Ibid. cap.* 6. p. 45.

gne le passage d'une rivière, auprès duquel il y avoit un sanctuaire consacré au dieu *Teut*.

Les Gaulois avoient aussi leur *Teutates*, auquel ils offroient des victimes humaines, comme (1) Lucain, & (2) Lactance l'ont remarqué. C'est le même que Jules César appelle Mercure. (3) » Mercure est celui de tous les dieux au ser- » vice duquel les Gaulois sont le plus attachés, » & dont ils ont le plus de simulacres. Ils le » regardent comme l'inventeur de tous les arts, » comme le guide & le protecteur des voya- » geurs; ils croyent que son pouvoir est très- » grand pour tous ceux qui veulent gagner de » l'argent, ou qui s'appliquent au commerce. » Après lui, ils servent Apollon, Mars, Jupiter » Minerve ».

J'expliquerai tout cela, en examinant pour- quoi la plupart des Grecs & des Latins ont donné le nom de Mercure au *Teutates* des Gaulois. Il suffit de remarquer ici que les Gaulois servoient leur Mercure préférablement à tous les autres dieux. Ils le regardoient comme le Dieu suprême. Tertullien & Minutius Felix suivent les idées de Jules César. Le premier dit (4) *que les Gaulois immolent des vieillards à Mercure*; le second, (5) *que les Gaulois servent Mercure, & lui offrent les victimes humaines qu'il faudroit plutôt appeler inhumaines.*

Au reste ce n'est pas sans raison que j'ai re- marqué ailleurs, que Jules César n'étoit guère au fait de la religion des Gaulois. On en trouve ici une preuve démonstrative. Il assure, *que les Gaulois servent principalement Mercure*. Cela est vrai dans un sens. Le grand Dieu des Gaulois étoit *Teutates*, que la plupart des Grecs, & des Latins, ont pris pour Mercure. Mais voici la bévue. (6) Au commencement du chapitre suiv- vant il ajoute; « Tous les Gaulois prétendent être » issus du père *Dis*, & ils disent l'avoir ap- » pris de leurs druides. C'est pour cela qu'ils » mesurent les tems par le nombre des nuits, » & non par celui des jours. Ils comptent les » jours de leur naissance, les mois, les années, » d'une telle manière, que le jour suive toujours » la nuit ». On voit dans ces paroles, 1°. que Jules César, trompé par la seule conformité de nom, a confondu le *Tis*, ou le *Teut* des Gau- lois, avec le *Dis* des Grecs & des Romains, qui étoit Pluton.

2°. Il n'a pas sû que ce *pere Dis* des Gau- lois étoit le même qu'il venoit d'appeler mer- cure. C'est du dieu *Teus*, que les *Celtes*, en général, & les Gaulois, en particulier, pré- tendoient être descendus. C'est pour cela qu'ils l'appeloient *Teutat*, c'est-à-dire, *le père Teut*.

C'est pour la même raison, qu'ils prenoient anciennement le nom d'enfans de *Teut*, ou de *Teutosages*, qu'un peuple de la Gaule Narbon- noise portoit encore du tems (7) d'Ausone. Les noms de (8) *Teutomat*, de (9) *Teutomal*, & de (10) *Cotis*, que des princes Gaulois ont porté, ont la même origine.

On ne se trompera donc certainement pas en assurant, avec le père Pezron, que les Gaulois étoient originairement le même peuple que les Thraces & les Pélasges, qui sont les Titans des anciens; & de l'autre, ils se glorifioient eux- mêmes d'être descendus du dieu *Teut*. Il seroit à souhaiter seulement que le père Pezron eut mieux choisi ses preuves. Pour montrer, (11) que les Gaulois étoient de la race des Titans, il

---

(1) Et quibus immitis placatur sanguine diro,
Teutates, horrensque feris altaribus Hesus,
Et Taranis Scythicæ non mitior ara Dianæ. *Lucanus, lib.* 1. *vs.* 444.

(2) Galli Hesum, atque Teutaten humano cruore placabant, *Lactant. Institut. lib.* 1. *p.* 91.

(3) Galli Deum maxime Mercurium colunt. Hujus sunt plurima simulacra; hunc omnium inventorem artium ferunt; hunc viarum atque itinerum ducem; hunc ad quæstus pecuniæ, mercaturasque, habere vim maximam arbitrantur. Post hunc Apollinem, & Mar- tem, & Jovem, & Minervam. *Cæsar.* 6. 17.

(4) Major ætas apud Gallos Mercurio procuratur. *Tertullianus, Apologet. cap.* 9. Major ætas, par oppo- sition aux Phéniciens, qui immoloient des enfans.

(5) Colere Gallos Mercurium. *Minut. Felix. cap.* 6. *p.* 13. Mercurio Gallos, humanas, vel inhumanas victi- mas cædere. *Idem, cap.* 30. *p.* 314.

(6) Galli se omnes à Dite patre prognatos prædi- cant, idque ab Druidibus proditum dicunt. Ob eam causam spatia omnis temporis, non numero dierum, sed noctium finiunt, & dies natales, & mensium, & annorum initia sic observant, ut noctem dies subse- quatur. *Cæsar.* 6. 18.

(7) Usque in Teutosagos primævo nomine Volgas. Totum narbo fuit. *Auson. Urb.* 12. *p.* 76.

(8) Tadutomatus, Rex Nitiobrigum. *Cæsar.* 7. 31.

(9) Teutomalius, Saluviorum Rex. *Epitom. Livii* 61.

(10) In Alpibus Manes (Cottii) coluntur. *Ammian. Marcellin. lib.* 15. *cap.* 19. *p.* 101. Cottius Rex. *Aurel. Victor. Cæs. cap.* 5. *Suetonius*, in *Nerone*, *cap.* 18.

(11) Pezron, antiquité de la nation & de la langue des Celtes, *p.* 12-187.

allègue un passage de (1) Callimaque, ou le poëte, parlant des Gaulois qui avoient pillé, quelques années auparavant, le temple de Delphes, les appelle *opsigonoi Titènes*, c'est-à-dire, les nouveaux Titans, les Titans modernes, où si l'on veut la postérité des Titans. Le Scholiaste Grec, auquel le père Pezron renvoye en marge, bien loin d'appuyer la conjecture de ce père, la détruit même formellement. Il dit que Callimaque, appelle les Gaulois Titans (2) *à cause de leurs entreprises*, c'est-à-dire, parce qu'à l'exemple des géants, ils avoient déclaré la guerre aux dieux.

Tacite dit des Germains ce que Jules César avoit dit des Gaulois. (3) *Entre les dieux, ils servent principalement Mercure. Ils croyent même qu'il est permis de lui immoler dans de certains jours des victimes humaines.* Le nom qu'ils lui donnoient dans leur langue, étoit aussi celui de *Teut* ou de *Tuis*. Ils célèbrent, (4) dit le même auteur, *par d'anciens vers, qui sont leurs seules annales, le dieu Tuiston, issu de la terre, & son fils Mannus, auxquels ils rapportent l'origine & l'établissement de leur nation.* Tuiston est le premier homme (5) dont les Germains faisoient un Héros, qu'ils célebroient par leurs cantiques. Comme ils étoient dans l'opinion que le premier homme avoit été tiré de la terre, par la puissance du dieu *Tuis*, ils l'appelloient par cette raison *Tuiston*, c'est-à-dire, le fils de *Tuis* ; & ils se nommoient eux-mêmes *Teutanes*, *Teutonarii*, *Teutoniges*, dénominations qui étoient communes autrefois à tous les peuples de la Germanie, ainsi que je l'ai prouvé ailleurs. Le nom de (6) *Taurisci*, que les Noriciens portoient anciennement, & qui signifie le *royaume de Teut*, marque aussi que ces peuples prétendoient être sous sa protection. C'est conformément à ces idées, que le Scholiaste de Pindare, expliquant un passage du poëte, où il est dit qu'Hercule avoit apporté l'olivier des sources du Danube, remarque (7) *qu'elles étoient dans le pays des Hyperboréens, qui descendoient des Titans, comme Phérénicus l'avoit écrit.*

Dans la suite les peuples de la Germanie s'accoutumèrent insensiblement à désigner le dieu *Teut* par le nom appellatif de *Vodan, Guodan* ou *God*, qui signifie le *bon*. On le voit dans un passage de Paul Diacre, qui mérite d'être rapporté tout entier (8). *Vodan que quelques uns appellent, en y ajoutant une lettre, Guodan, est le même dieu que les Romains appellent Mercure. Il est adoré par toutes les nations de la Germanie. Ce n'est même pas d'aujourd'hui que son culte est établi ; on prétend qu'il étoit servi autrefois jusques dans la Grèce.*

On peut conclure plusieurs choses de ce passage. 1°. Depuis le tems de Tacite, les Germains avoient substitué le nom de *Vodan* ou de *Guodan*, en la place de celui de *Tuis*. Il est facile de comprendre comment ce changement avoit pu se faire. Comme quelques peuples *Celtes* appelloient le Dieu suprême *Tis* ou *Cotis* (*Godtis*) le bon *Tis*, d'autres l'appelloient simplement *God*, le *bon*, & cet usage prévalut tellement en Germanie, qu'à la fin le nom de *Tis* se perdit insensiblement, les Allemands ne se servant depuis long-tems que du nom de (9) *God*, pour désigner la divinité.

2°. Ce *Vodan* étoit le grand dieu des Germains. C'est à quoi s'accorde l'*Edda*, c'est-à-dire, l'ancienne mythologie des Islandois. Elle porte (10) *qu'Odin est le plus ancien des dieux, le Dieu suprême*.

3°. Ce *Vodan* passoit pour être le même Dieu

---

(1) *Callimach. Hymn. in Delum vf.* 174.

(2) *Titènes de via to epikeirèma. Schol. Callimachi.*

(3) *Deorum maxime Mercurium colunt, cui certis diebus, humanis quoque hostiis litare fas habent. Tacit. Germ. cap.* 9.

(4) *Celebrant carminibus antiquis, quod unum apud illos memoriæ & annalium genus est, Tuistonem Deum, terra editum, & filium Mannum, originem gentis, conditoresque. Tacit. Germ. cap.* 2.

(5) Dis, Tuis, Teut, est le dieu suprême des *Celtes*, auquel les Grecs & les Romains donnoient le nom de Mercure, Tuiston, signifie le fils de Dieu, le premier homme. Les Allemands diroient aujourd'hui Tuistsohn. Sohn signifiant en leur langue un fils.

(6) Tau-Rich. Royaume de Teut.

(7) *Schol. ad Pindar. Olymp.* 3. p. 38. 39.

(8) *Vodan sane, quem adjectâ litterâ, Guodan dixerunt, ipse est qui apud Romanos Mercurius dicitur, & ab universis Germaniæ gentibus ut Deus adoratur. Quod non tantum circa hæc tempora, sed etiam longe anterius, nec in Germania modo, sed in Græcia quoque contigisse perhibetur. Paul. Diac. Rer. Longob. lib.* 1. *cap.* 8. p. 357.

(9) *Votam, quidam Gotam adjectâ literâ dixerunt. Ipse est qui apud Romanos Mercurius dicitur, & tunc ab universis Germanis ut Deus adorabatur. Unde usque hodie Goth in Teutonico, latine dicitur Deus. Gothofredus Viterbiens. parte* 17. p. 446.

Vandali accedentes ad idolum suum Gotam, victoriam de Vinnulis postulaverunt. Ibid. Quod ab his gentibus fertur eorum Deum fuisse locutum, quem fanatici nominant Vodanum. Fredegar. apud Du Chesne. T. 1. p. 735.

(10) *Odinus supremus est & antiquissimus Asarum. Edda Island. Mythol.* 18.

que le mercure des Romains. (1) Godefroi de Viterbe & (2) l'auteur de la vie de faint Columban, l'affurent, après Paul Diacre; & il faut que les peuples Germains, en général, fuffent dans la même opinion, puifqu'en recevant le calendrier romain, ils appellerent le mercredi, c'eft-à-dire, le jour confacré à Mercure, *Vonftag*, ou comme prononçoient les peuples du Nord (3) *Odenftag*.

4°. Enfin Paul Diacre, & les auteurs qu'il fuit, ont entrevu, que le Mercure des germains avoit été fervi autrefois, même par les habitans de la Grece. C'eft une remarque dont je ferai ufage dans l'un des paragraphes fuivans.

Il faut paffer aux nations qui demeuroient des deux côtés du Danube, depuis la Bavière jufqu'à fon embouchure. Elles adoroient auffi le dieu *Teut*; Mais comme ces contrées étoient habitées par une infinité de nations différentes, qui s'étoient avancées fucceffivement du Nord & de l'Occident, il ne faut pas être furpris que, felon la différence des dialectes, chaque peuple donnat au nom de *Teut*, quelque inflexion particulière. 1°. J'ai allégué un paffage d'Hérodote, qui porte, *que Mercure étoit celui de tous les dieux, pour lequel les rois de Thrace avoient le plus de vénération. Ils ne juroient que par fon nom, & prétendoient même en tirer leur origine.* Ce Mercure dont les rois de Thrace fe difoient iffus, portoit chez eux, comme par-tout ailleurs, le nom de *Tis*, ou de *Cotis*, qui fignifie, comme je l'ai déja remarqué, le bon *Tis*. C'eft la raifon pour laquelle ces princes affectionnoient fi fort le nom de *Cotis*, (4) ou de *Cotifon* (5), qui marquoit, qu'il étoient de la race de ce dieu.

---

(1) *Voyez* la note (9).

(2) Illi aiunt fe Deo fuo Vodano, nomine, velle litare. *Vita f. Columbani*, apud Duchefne. T. 2. p. 156. L'édition dont M. Mafcau s'eft fervi porte *Deo fuo Vodano, quem Mercurium vocant* &c. Mafcau T. 2. p. 103. ex Surio.

(3) Odens Tag, Mercredi. La Peyrere, relation de l'Iflande, dans le *recueil des voyages du Nord.* Tom. 1. p. 41.

(4) Cotis Thracum Rex. Stobæus, *Serm.* 142. p. 488. *Serm.* 149. p. 519. Cotys Thrax, Odryfarum Rex. Livius, lib. 42. cap. 29. 51. Valef. in excerptis ex Polyb. 27. p. 127. ex Diodor. Sicul. 26. p. 307. *cottus Rex. Cæfar. Bell. Civ.* lib. 3. cap. 36. 95. *Cotys Rex. Tacit. Ann.* 2. 64. Dio. Caff. lib. 54. p. 535 & p. 545. Suid. in κοτυς.

(5) Daci, Cotifonis regis imperio, quoties concretus gelu Danubius junxerat, ripas decurrere folebant Florus 4. 12.

Occidit Daci Cotifonis agmen. Horat. lib. 3. Od. 8. Gotifon fignifie fils de Cotis.

2°. C'eft de la même divinité, qu'il faut entendre ce paffage de Strabon. (6) *La fête que les Thraces célébrent à l'honneur de Cotys & de Bendis, reffemble aux fêtes de Bacchus. Cotys* eft le dieu dont il s'agit ici, l'efprit univerfel, l'ame du monde, ou, comme les anciens Philofophes l'appelloient, le principe actif. *Bendis*, dont je parlerai en fon lieu, étoit la Terre, le principe paffif, que le dieu *Tis* animoit, & dont il s'étoit fervi pour la formation de l'homme. La fête de *Cotys* & de *Bendis* reffembloit aux Bacchanales des grecs par trois endroits. Premièrement on la célébroit de nuit. En fecond lieu la (7) danfe, qui faifoit partie du culte de *Cotys*, imitoit celle des Bacchantes. Enfin toutes les folemnités des Thraces, & des autres peuples *Celtes*, étoient des tems de réjouiffance, & de bonne chere. On y commettoit fur-tout de grands excès par rapport à la boiffon; & ces excès étoient non feulement permis, mais en quelque manière autorifés par la fête.

3°. J'ai eu occafion de montrer ailleurs que les prétendus géants, que les grecs accufoient d'avoir déclaré la guerre à Jupiter, & aux autres dieux, étoient les anciens habitans de la Thrace, qui prenoient le nom de *Titans*, parce qu'ils croyoient défcendre du dieu *Tis*, dont ils defendirent le culte à main armée. Ainfi ce n'étoit pas un privilége particulier aux roi de Thrace, d'être de la race de *Tis*. Le peuple fe glorifioit d'avoir la même extraction, auffi bien que les princes qui le commandoient.

Ce que je viens de dire des Thraces doit s'entendre auffi des autres peuples, qui demeuroient au midi du Danube, tels qu'étoient les dardaniens, les méfiens, les Triballes, les illyriens, les Getes, les pannoniens, &c. Paul Diacre affure que le dieu *Teut*, qu'il appelle *Vodan*, étoit adoré, par toutes les nations de la Germanie, jufques dans la Grece. Effectivement on trouve par-tout des traces du nom de *Teut*. Je pourrois en alléguer une infinité d'exemples, fi je ne craignois de fatiguer le lecteur par tout ce détail. Les illyriens, par exemple, appelloient le pays qui eft autour de Durazzo (8) *Taulant*, c'eft-à-dire, *Païs de Teut*. Les pannoniens auffi avoient une foreteffe qui portoit le nom de (9) *Teutoburgium*,

---

(6) Bacchi facrorum fimilia funt etiam quæ apud Thraces ufurpantur, facra Cotyttia, & Bendidia. Strabo, lib. 10. p. 470. 471.

(7) C'eft celle que Suidas appelle θιασώτες κότυος. *Voyez* ci-deffous note (9).

(8) Taulantii barbari ad Epidamnum. Illyrica gens. Thucyd. lib. 1. cap. 24. p. 14.

(9) Teutoburgium Pannoniæ inferioris. Ptolem. lib. 2. cap. 16. p. 63. Antonin. Itiner. p. 15.

&

& une autre qu'ils appelloient (1) *Taurunum*. Je crois, au-reste, que quelques peuples Getes & Daces appelloient *Seuth* le même dieu que les autres désignoient sous le nom de *Tis*, ou de *Teut*. Ce qui m'a fait naître cette pensée, c'est le nom de *Seuthalc*, ou de *Sitalces*, que plusieurs de leurs princes portoient avec un nom propre. Jornandès, par exemple, dit, (2) *que Diceneus vint en Gothie, sous le regne de Sitalcus Boroïsta*, c'est-à-dire, vers le tems de Jules César, dont ce roi des Getes étoit contemporain. *Thalc*, ou *Schalc* signifioit, dans la langue Celtique, serviteur. Il me paroit vraisemblable que *Sitalcus Boroïsta*, est autant que *Boroïsta Serviteur de dieu*, ou comme on diroit aujourd'hui *Boroïsta, par la grace de dieu*. Ce qui confirme ma pensée, que je ne donne cependant que pour une simple conjecture, c'est que dans la suite plusieurs princes de la même nation prirent le nom, avec le titre de (3) *Rhoemetalces*, ou de (4) *Rymetalces*, c'est-à-dire de *serviteur des Romains*, sans doute pour faire leur cour aux empereurs.

Je ne dois pas oublier ici les peuples qui étoient sortis des contrées dont je viens de parler, & qui avoient passé dans l'Asie mineure. De ce nombre étoient les lydiens, les phrygiens, les bithyniens, les mariandins, les cariens, les paphlagoniens, & plusieurs autres dont je donnerai ailleurs le catalogue. Ils vénéroient tous la terre, avec le dieu (5) *Atis*. *Atis*, ou *As-tis*, est le seigneur *Tis*, que l'on appelloit aussi (6) *Pappas*, le seigneur & pere, parce qu'on le regardoit comme le pere de l'homme qu'il avoit tiré de la terre. Ces peuples avoient d'ailleurs, sur l'origine de l'homme, une tradition assez semblable à celle des anciens habitans de l'Allemagne. *Les Germains célébroient par d'anciens vers le dieu Tuiston issu de la terre, & son fils Mannus*, auxquels ils rapportoient l'origine & l'établissement de leur nation.

La Mythologie des phrygiens & des lydiens portoit, (7) que du Dieu suprême, & de la terre, étoient descendus les *asii*, c'est-à-dire, les seigneurs, les divinités subalternes ; les *Atis* & les *Cotys*, c'est-à-dire, les princes ; les *Mannil*, ou, ce qui est la même chose ; les *Mæones*, & les *Lydi*, c'est-à-dire, les hommes & les peuples. C'est ce qu'on peut voir dans les différens passages que je cite en marge. Il faut seulement remarquer que les grecs, qui nous ont conservé cette tradition, l'ont défigurée en bien des manières, & qu'ils ont sur-tout commis ici deux fautes considérables.

Premièrement ils ont confondu le dieu *Atis*, ou *Cotis*, avec une infinité de princes & de pontifes qui, selon la coûtume de ces peuples, portoient le même nom, les uns parce qu'ils présidoient à son culte, les autres, parce qu'ils prétendoient en tirer leur origine. L'autre faute, que j'ai relevée ailleurs, c'est qu'ils ont rapporté les noms des peuples *Celtes*, comme, par exemple, ceux de *Lydi* & de *Manni*, à quelques anciens rois, qui avoient porté ces noms, & auxquels ils font ordinairement épouser des nymphes, ou des déesses. Ces étymologies sont aussi ridicules que si je disois que les noms d'homme & de peuple viennent de deux princes latins qui s'appelloient *Humus* & *Populus*. Quoi qu'il en soit (car il n'est pas possible de démêler parfaitement la vérité des fables dont on l'a enveloppée), on trouvera parmi les peuples *Celtes* de l'Asie mineure, comme par-tout ailleurs, des noms propres dérivés de celui de *Tis*, (8) ou de *Teut*. Les Gallogrecs aussi, qui

---

(1) *Taurunum*, *Ptolem. ub. sup.*

(2) *Dehinc regnante in Gothis Sitalco Boroïsta, Dicenæus venit in Gothiam.* Jornand. cap. 2. p. 626. Thucydide parle aussi d'un roi des Odryses, nommé Sitalcès. *Thucyd. lib. 2. cap. 19. p. 100.*

(3) *Rhœmetalces. Tacit. ann. 2. 67. 3. 38: 4. 5. & 47.*

(4) *Rex Thraciæ Rymetalces. Plutarch. Apopht. T. 2. p. 207. Dio Cass. lib. 54. p. 535. 545. 569.*

(5) *Virbius est numen conjunctum Dianæ, ut matri Deûm Attis, Veneri Adonis. Servius ad Æneid. 7. vs 761.*

Matrem Dindymenem, multum venerandam invocantes, habitatricem phrygiæ. Titiamque simul & cyllenem, Apollonii Argonaut. lib. 1. vs. 1125. 1126.

Secutus Menandrum, qui dicit Milesios, cum Rheæ sacra faciunt, una sacrificare Titiæ, & Cylleno. Callist. Philosophie anc. & mod. Tome I.

tratus autem ait, Titias Heros indigena, quem alii fabulantur Jovis filium, alii majorem natu filiorum Marianalyni Cimmerii, per quem gens imprimis augetur & beata fit. *Scholiastes Apollon. ad h. l. p. 118.*

Demosthenes pro Ctesiphonte Attis apud Phryges maxime colitur, tanquam famulus matris Deûm. Qua eum spectant explicavit Neanthes. Mysticus autem est sermo. Harpocration in voce ἀττις p. 54.

(6) *Cybele adamavit Attin, qui postea Pappas dictus. Diod. Sic. lib. 3. p. 134.*

(7) *Ex Jove & Terra, Masnes, qui primus in illa regione regnavit, genitum aiunt. Ex hoc vero & Callirhoe, Oceani filia, procreatum Cotyn. Cotys vero qui uxorem duxerat, filiam Tulli terrigenæ Halien, duos fuisse filios, Adyen & Atyn. Ex Aty & Callithea, Chorzi filia, Lydum & Tyrrhenum. Dionys. Halic. lib. 1. p. 21.* Atys, Manis filius. *Herodot. 1. 94. 4. 45. 7. 74. Voyez aussi Plutarque de Isid. & Osirid. p. 360. & Athenée lib. 4. c. 22.*

(8) *Cottas Paphlagoniæ præfectus tempore Sardanapali. Diod. Sic. lib. 2. p. 80. Thyus Paphlagoniæ Præ-*

passerent en Asie plusieurs siècles après les Phrygiens, & les lydiens, avoient deux tribus, dont l'une portoit le nom de *Tectosages* & l'autre, celui de (1) *Teutobodiaci*. Comme j'ai souvent indiqué l'origine de ces dénominations, je crois pouvoir me dispenser d'y revenir dans la suite.

J'ai prouvé ailleurs que les perses appelloit Dieu dans leur langue *God*, de la même manière que les allemans. Mais comme ce terme de *God*, est un nom appellatif qui signifie le bon, la question seroit de savoir si le nom propre de *Tis*, ou de *Teut*, étoit employé par les perses, comme par tous les autres peuples *Celtes* pour désigner le Dieu suprême. J'avoue que je n'en ai trouvé jusqu'à présent aucune preuve positive. Je soupçonne seulement que lorsqu'Hérodote dit, *que la reine Amestris fit enterrer tout vivans quatorze jeunes seigneurs, comme un sacrifice d'actions de graces au dieu que l'on place sous terre*, cet Historien a confondu l'*Atès* des phrygiens & peut-être des perses, avec l'*Adès* ou le Pluton des grecs. Au-moins verrons nous tout à l'heure que les romains ont fait une bévue parfaitement semblable.

Il faut repasser présentement en Europe. Les peuples qui demeuroient au Nord du Danube, & que l'on désignoit sous le nom général de scythes, ont été peu connus des anciens. On entrevoit cependant que les scythes donnoient au Dieu suprême le nom de *Tay*, ou de *Tau*.
1°. Il paroît, par exemple, par un passage de Théophylacte Simocatta, *que les turcs vénéroient le feu, l'air, & l'eau; qu'ils célébroient la terre dans leurs himnes; mais qu'ils n'adoroient & n'appelloient Dieu que celui qui a fait le ciel & la terre*. Dans le chapitre suivant, le même historien remarque (2) *que le souverain de la ville de Taugas, s'appelloit Taïsan, ce qui signifioit en Grec, fils de Dieu. Fan, ou son, signifioit en scythe un fils*. Ainsi *Tai* étoit le nom du Dieu qui a fait le ciel & la terre. Je ne doute pas que les princes turcs ne prissent le nom de *Taïsan*, pour marquer qu'ils tiroient leur origine de ce dieu, & selon les apparences, la vénération que les turcs

___

sectus. Corn. Nep. in Datame. cap. 2. Thys Paphlagoniæ Rex. Athen. lib. 4. cap. 10. Tisanu'a (c'està-dire, maison de Tis) Cariæ urbs. Pomp. Mel. lib. 1. cap. 16. p. 26. Teuthrania quam Mysi antiquitus tenuere. Plin. H. N. lib. 5. cap. 30. Mysæ Mons Teuthras. Plutarch. de flum. Tom. 2. p. 1161. Stobæus, Serm 242. p. 793.

(1) Plin. lib. 5. cap. 32. p. 616. Teuthoden, païs de Teut.

(2) Theophyl. Simocatta lib. 7. cap. 9. p. 176.

___

avoient pour la terre venoit de ce qu'ils la regardoient comme la mere des vivans. Ces idées s'accordent assez avec ce qu'Hérodote dit du Jupiter des scythes & des perses. Les scythes croyoient, *que la terre est la femme de Jupiter*. Ils donnoient à Jupiter le même titre que les Phrygiens, descendus des scythes, donnoient à leur *Atès*. Ils l'appelloient *Pappæus*. Les perses appelloient Jupiter, toute la voute des cieux, c'est-à-dire, l'ame universelle, qui environne, & qui pénètre toutes les différentes parties du monde. Mais il y a au-reste, dans le récit d'Hérodote plusieurs difficultés. J'en ai déjà indiqué quelques unes, & je toucherai les autres dans la suite de cet article.

2°. La chersonnèse cimmerienne, qu'on nomme aujourd'hui la tartarie crimée, étoit appellée par les anciens habitans du pays (3) *Taurich*, c'est-à-dire, le royaume de *Tau*, & ces peuples avoient, comme les autres Celtes, des princes du nom de (4) *Botis*.

3°. Je ne sais si je devine; mais j'ai beaucoup de penchant à croire que le roi (5) *Targitaus*, auquel les scythes rapportoient, selon Hérodote, l'origine de leur nation, étoit le dieu même dont je viens de parler, le bon *Taus*, *Tar-Gith-Taus*, ou comme les allemans diroient aujourd'hui *Der guthe - Taus*.

Il ne me reste plus, pour achever l'énumération que j'ai entreprise, que de parler des anciens habitans de l'Italie, & de la Grece. Avant qu'il eut passé en Italie des Colonies étrangère, les *aborigines*, qui reçurent ensuite le nom de romains, adoroient (6) *le pere Dis*, auquel ils

___

(3) Chersonesus Taurica. C'est l'origine du nom de Tauri, que les Grecs donnoient aux Scythes de cette contrée.

(4) Cotys Rex Bosphori Cimmerii. Arrian. Peripl. Pont. Euxin. p. 130.

(5) Herodot. 4. 5.

(6) Februus est Ditis pater cui eo mense sacrificabatur. Servius ad Virg. Georg. 1. vs. 43. p. 66.

Sexagenarios de ponte olim dejiciebant, cujus causam Manilius hanc refert, quod qui Romam incoluerint primi Aborigines, hominum sexaginta annorum qui essent, immolare Diti patri quotannis soliti fuerint, quod facere eos destitisse adventu Herculis; sed religione postea veteris moris, scirpeas hominum effigies, de ponte in Tiberim vetere more mittere instituisse. Pomp. sest. p. 143.

Argei fiunt è scirpis, simulacra sunt hominum triginta. Ea quotannis è ponte sublicio, à sacerdotibus publicis jaci solent in Tiberim. Varro de Ling. Lat. lib. 6. p. 75. Edit. Popmæ. Vix ea fatus erat, cum

offroient, suivant l'usage des *Celtes*, des victimes humaines. Ces peuples avoient surtout une grande fête, qu'ils célébroient au commencement du printems, & pendant laquelle on avoit accoutumé de précipiter dans le tibre trente hommes sexagénaires. Les auteurs latins assurent qu'Hercule abolit ce barbare usage, mais que pour ne pas effaroucher les esprits, qui demeuroient attachés aux anciennes superstitions, on jugea à propos de conserver au-moins une image de ce sacrifice, (1) & de jetter, tous les ans, dans le tibre, trente hommes de paille. Servius, dans son commentaire sur Virgile, remarque (2) que les Hétrusces appeloient le *Dis* des romains *Mantus*. *Man*, dans l'ancienne langue des peuples de l'Italie, signifioit, comme en allemand, (3) *bon, vaillant*. Ainsi *Mantus* est encore *le bon Tus*. Il n'est pas sans apparence que c'est là la véritable origine du nom de *Tusces*, que les habitans du pays de Florence portoient dans les tems les plus reculés.

Au reste il ne faut pas confondre, comme plusieurs l'ont fait, le *Dis* des aborigines, ou le *Tus* des hétrusces, avec l'*Adès* des grecs modernes, qui est le même que Pluton. Pluton étoit le dieu de la mort & de l'enfer. *Dis* étoit le dieu suprême, celui qui avoit formé l'homme. C'est pour cela qu'on l'appelloit *Dis Pater*, ou *Ditis Pater*, le pere *Dis*, parce qu'on le regardoit comme le créateur & le pere du genre humain. Le Pluton, qui passoit pour avoir été frere de Jupiter & de Neptune, n'étoit assurément point connu par les premiers habitans de l'Italie. Les Hercules, c'est-à-dire, les princes grecs, qui avoient conduit des colonies dans ce pays, au lieu d'abolir son culte, tâchèrent, au contraire, de l'établir; mais ils combattirent, & ils détruisirent, autant qu'il étoit en leur pouvoir, la religion des Titans, c'est-à-dire, des adorateurs du dieu *Tis*.

Il semble que Cicéron lui même ait senti que le *Dis* des anciens romains ne pouvoit être le dieu du Tartare. Il croit (4) *que le pere Dis est la vertu de la terre, d'où tout sort, & où tout rentre*. Les *Celtes* en avoient à peu près la même idée. Ils regardoient *Dis* comme l'ame de la terre, & du monde entier.

Je ne suis cependant pas surpris que plusieurs auteurs célèbres dans l'antiquité, sans faire attention à des différences si notables, ayent confondu le *Dis* des anciens *Celtes*, avec l'*Adès* des grecs modernes. Deux choses ont pu facilement leur en imposer. Premièrement la ressemblance du nom d'*Adès* avec celui de *Dis*. En second lieu la conformité du culte que l'on rendoit à ces deux divinités. Les *Celtes* offroient des victimes humaines à leurs dieux. Ils croyoient les appaiser, & se racheter eux mêmes de la mort en enterrant des hommes tout vivans ou en les noyant. Leurs assemblées religieuses les plus solemnelles se tenoient de nuit. Les grecs aussi offroient à Pluton des victimes humaines. Ils précipitoient, ils noyoient des hommes, pour appaiser le dieu de la mort & de l'enfer. Les sacrifices destinés aux divinités infernales s'offroient ordinairement de nuit. Il n'en falloit pas davantage pour faire croire que le *Dis* des aborigines étoit le Pluton des grecs modernes

Ce fut sur de semblables apparences, que Jules César jugea, que le *Teutates* des gaulois étoit aussi le même que Pluton ; & c'est sur un fondement plus peu léger encore, que Plutarque, l'un des hommes les plus savans & les plus judicieux de son siecle, a soupçonné (5) que les juifs adoroient le dieu Bacchus, parce que les réjouissances, qu'ils faisoient pendant la fête des tabernacles ressembloient aux bacchanales des grecs.

Puisque les anciens habitans de l'Italie adoroient le dieu *Dis*, ou *Teut*, il n'est pas surprenant qu'il y eut dans ce pays, comme dans tout le reste de l'Europe, (6) des *Teutous*, & que l'on ait même placé (7) dans le voisinage du Mont Vesuve le champ de bataille ou les Titans furent défaits par les dieux. Les grecs qui avoient passé dans le

---

more majorum ultro Casnares arripiunt, de ponte in Tiberim proturbant. *Idem in Fragment. Satyr. Menip.* p. 279.

(1) *Voyez la note précédente*.

(2) Alii dicunt Mantuam ideo nominatam, quod Etruscâ linguâ Mantum, Ditem Patrem appellant, cui etiam Tarchon cùm ceteris Urbibus, hanc consecravit. *Servius ad Æneid*. l. 10. vf. 199. p. 606.

(3) Mannos in carminibus saliaribus, Ælius stilo significare ait bonos. *Pomp. Festus, Pauli Diaconi* f. 312. Bonum antiqui Manem dicebant. *Varro de Ling. Lat*. lib. 5. p. 44. Edit. Popmæ.

(4) Terrena autem vis omnis, atque natura, Diti Patri dedicata est ; qui Dives, ut apud Græcos Pluton, quia & recidant omnia in terras, & oriantur e terris. *Cicero de Nat. Deor*. lib. 2. cap. 66.

(5) *Plutarch. Sympos*. lib. 4. *Quæst*. 5.

(6) Alii dicunt incolas ejus oppidi (Pisarum) Teutas fuisse, & ipsum oppidum Teutam nominatum. *Servius ad Æneid*. 10. vf. 179. p. 604.

(7) Typhœus in Campania pugnasse dicitur, ut Inarime Jovis imperiis imposà Thyphœo &c. *Serv. ad Æneid*. 3. vf. 578. p. 311. Circa Japygiam promontorium, ubi inter Herculem, & Gigantes depugnatum, fabulæ testantur. *Aristotél. de Mirabil. Auscult*. p. 707

royaume de Naples vinrent à bout d'y établir leur religion ; mais ce ne fut qu'après avoir soutenu, de la part des habitans naturels, de longues & de violentes oppositions, qui furent quelquefois portées jusqu'à une guerre ouverte.

Pour finir par les grecs, on trouve dans Hérodote quelques passages remarquables sur l'ancienne religion de ces peuples. Il dit, par exemple, (1) *que les noms de la plûpart des dieux* (il s'agit de ceux dont le culte étoit établi de son tems) *avoient passé de l'Egypte en Grece*. Il ajoute, un peu plus bas (2) *que les Pélasges, qui étoient les plus anciens habitans de la Grece, ne donnoient ni nom, ni surnom aux dieux, & qu'ils n'en avoient même pas entendu parler. Ils les ont appellés* dieux, *parce qu'ils avoient disposé, & qu'ils conduisoient toutes choses avec ordre*. Cela ne signifie pas que les Pélasges étoient des Athées. L'historien avoit remarqué, quelques lignes auparavant, (3) *qu'ils immoloient des victimes, & qu'ils faisoient consister l'essence du sacrifice dans la priere dont il étoit accompagné*. Il veut dire que les Pélasges ne se servoient que du nom de θεοι dieu, au lieu que les noms de Jupiter, de Junon, de Neptune, de Bacchus, & les différens surnoms, que l'on donnoit à ces divinités, leur étoient parfaitement inconnus. Hérodote reconnoit donc que le mot de θεοι vient des Pélasges ; mais il lui donne une Etymologie tirée du grec qu'on parloit de son tems, langue qui ne s'étoit formée que depuis l'expulsion des Pélasges. D'autres ont dérivé le mot de θεοι du verbe θεω je cours, ou de celui de θεαομαι je contemple. On a dit encore que le mot de Ζευς ou de Διος ou l'on a fait le génitif Διος vient de Δεω j'arrose. Je me mets peu en peine de ces étymologies, qui, selon les apparences, sont toutes fausses. Mais je suis persuadé que les divers noms de Ζευς, Διος, θεος, sont une corruption de celui de *Teut*, ou de *Tis*, & je ne doute point, par conséquent, de la solidité de la remarque de Paul Diacre, qui dit *que le mercure des germains étoit adoré autrefois jusques dans la Grece*. De là vient qu'on trouve dans ce pays, comme dans tout le reste de l'Europe, des (4) *Titans*, & des princes dont le nom est dérivé de celui de *Teut*. Je trouve encore que la coutume des thraces, qui donnoient à leurs princes le nom du dieu dont ils se croyoient issus, s'étendoit anciennement jusqu'aux (5) Grecs. On prétend même, que ce fut l'une des causes de la grossière idolâtrie ou ces peuples tomberent dans la suite. Donnant à des hommes le nom de dieu, ils s'accoutumèrent insensiblement à leur rendre des honneurs divins.

Il ne sera pas inutile de faire encore ici une remarque qui appartient naturellement au sujet que je traite, & qui servira d'ailleurs à montrer jusqu'à quel point les grecs étoient capables de prendre le change, lorsqu'il s'agissoit des divinités étrangères. La religion des pélasges avoit été bannie de la (6) Grece par la défaite des Titans.

Plusieurs siècles après, vers le tems des poëtes, (7) Eschyle & Aristophane, quelques grecs, qui avoient été dans le pays des thraces appellés Edoniens, en rapportèrent le culte du dieu *Cotys*, qui trouva quelques partisans à Corinthe & à Athènes. Mais comme les assemblées se tenoient de nuit, & qu'on y commettoit des excès de boisson, qui conduisent quelquefois à d'autres débauches, comme la danse de *Cotys*, (8) dont j'ai parlé plus haut, imitoit d'ailleurs celle des bacchantes, on fit non seulement de *Cotys*, une déesse, mais encore une Venus, qui présidoit à l'impureté, & à la prostitution. C'est

---

(1) Omnia fere deorum nomina ex Ægypto in Græciam pervenerunt. *Herodot.* 2. 50.

(2) Pelasgi nulli deorum cognomen aut nomen imponebant, quippe quod nondum audissent. Deos autem vocarunt; propter eam causam, quod res omnes omnesque regiones disposuerunt ordine. Multo deinde progressu temporis, aliorum deorum nomina audiverunt, ex Ægypto allata, post quos diu nomen Dionysii acceperunt. *Herodot.* 2. 52.

(3) Iidem antea in deorum invocatione omnia immolabant. *Herodot. ibid.*

(4) Τιτανιδιω γην Titanum terram nonnulli aiunt Atticam dictam, à Titenio uno ex antiquis Titanibus qui circa Marathonem habitabant. *Suidas Tom.* 3. p. 479. Titanes quosdam in Græcia ferunt fuisse robustos & excellentes viribus populos. *Isidor. Orig. lib.* 9. *cap.* 2. *p.* 1045. On peut voir aussi Pezron ; *Antiquité de la nation, &c. p.* 133. 140.

(5) Δίος antiqui omnes reges vocabant. Tzetz. ad Lycophr. p. 13. Δίς omnes reges, ac dii dicuntur, ibid. p. 123.

(6) Cotyos deæ apud Edonos cultæ, meminit Æschylus, Veneranda Cotys in Edonis montana instrumenta habens. *Strabo. lib.* 10. *p.* 470.

(7) Θιασωτης Κοτυς (lisez *Kotuos*) Dæmon quem Corinthii colunt, qui turpibus præest. *Suidas*, T. 2. p. 197. & in voce *Kotus Tom.* 2. p. 357. Le mot de *Thiasotès* ou de *Thiasos* signifie une danse sacrée, surtout une danse bacchique.

(8) Talia secreta coluerunt orgia tæda,

Cecropiam soliti Baptæ lassare cotytto. *Juvenal. Satyr.* 2. *vs.* 91.

Inultus ut tu riseris Cotyttia

Vulgata, sacrum liberi cupidinis. *Horat. Epod.* 18. *vs.* 4.

pour cela que le poëte Aristophane vouloit (1) que son culte fut banni de toutes les villes bien policées.

Je crois avoir prouvé que tous les peuples de l'Europe adoroient anciennement le Dieu suprême sous le nom de *Teut*. Avant que de passer plus loin, il faut examiner pourquoi la plûpart des anciens ont pris le *Teut* des *Celtes* pour le mercure des grecs, & des romains. J'en trouve deux grandes raisons.

La première est frappante. Les *Celtes*, qui avoient une demeure fixe, & qui étoient établis dans un pays découvert, où il n'y avoit point de forêts, tenoient leurs assemblées civiles, & religieuses, non dans le lieu même de leur habitation, mais hors du village, près du grand chemin, ou sur quelque colline, s'il y en avoit dans le voisinage. Je le prouverai lorsque j'aurai occasion de parler des temples, ou plutôt des sanctuaires que les peuples *Celtes* consacroient à la divinité. Il suffira de remarquer ici qu'Hérodote, rapportant la marche de l'armée de Xercès, dit (2) *que les perses étant arrivés dans le païs des* [3] *Edoniens, & ayant appris que le lieu ou ils étoient campés, s'appelloit les neuf-chemins, y enterrèrent vivants neuf jeunes garçons, & autant de jeunes filles*. Cet endroit qu'on appelloit *les neuf-chemins*, étoit, selon les apparences, un célèbre sanctuaire ou les habitans de neuf cantons différens venoient célébrer la fête de *Cotys*. Ce qu'Hérodote ajoute l'insinue clairement. (4) *Jusqu'à ce jour, les thraces ne labourent, ni ne sement le chemin où Xerxès passa avec son armée, mais ils l'ont en grande vénération.*

On voit ici le scrupule, ou la marote des peuples *Celtes*, dont j'ai déjà fait mention. Ils ne vouloient pas qu'on labourât la terre des lieux consacrés, de peur de troubler l'action de la divinité qui y résidoit. C'est pour cette raison qu'ils portoient dans les lieux ou il avoient accoutumé de tenir leurs assemblées religieuses, un grand nombre de grosses pierres. Ils prenoient cette précaution, non seulement pour avertir les passans qu'il y avoit là un *Mallus*, un sanctuaire, mais encore pour empêcher que la charrue n'y passât, & qu'une main sacrilége ne remuat une terre qui devoit demeurer inculte, afin que la divinité put y rendre ses oracles.

On trouve encore aujourd'hui en divers endroits de l'Allemagne, & de l'Angleterre, de ces amas de pierres, dont on peut voir la description dans la savante dissertation que M. (5) Keysler a publiée sur cette matière. Je ne doute pas qu'on n'en trouve aussi en France. Voici ce qu'en dit le pere de Rostrenen, dans son dictionnaire françois Celtique, au mot de *fée*. (6) *Lieu de fées, ou de sacrifices. C'est ainsi que le Vulgaire appelle certaines pierres élevées, couvertes d'autres pierres plattes, fort communes en Bretagne, & ou ils disent que les payens offroient autrefois des sacrifices.* Strabon assure, sur le rapport d'Artemidore, qui avoit été sur les lieux, (7) que l'on voyoit aussi de ces amas de pierres en Espagne; & s'il faut en croire Quinte Curce, (8) Alexandre le Grand en trouva jusques dans la Scythie.

Les grecs pratiquoient quelque chose de semblable. Ils faisoient sur les (9) colines, & le long des grands (10) chemins, des amas de pierres,

---

(1) Novos vero deos, & in l.s colendis nocturnas pervigilationes, sic Aristophanes facetissimus poeta veteris comœdiæ vexat, ut apud cum Sabazius, & quidam alii dii, peregrini judicati, e civitate ejiciantur. Cicero de legib. lib. 2. cap. 37.

(2) Persæ audientes eum locum novem vias edonorum appellari, totidem illic pueros & puellas vivos defoderunt. Herod. 7. cap. 114.

(3) Les Edoniens étoient voisins de la Macédoine, & la célebre ville d'Amphipolis étoit dans leur territoire. Amphipolis antea novem viæ vocabatur, ut Androtion in XII Atticis. Harpocration p. 20. Novem viæ. Æschines in apologia falsæ legationis, locus in Thracia circa Amphipolim. Idem p. 104.

(4) Hanc autem viam, qua Xerxes duxit exercitum, Thraces neque confundunt, neque serunt, sed ad mea usque tempora magnopere venerantur. Herodot. lib. 7. cap. 115.

(5) Keysler, antiq. selectæ septent. p. 189.

(6) Pag. 402.

(7) Artemidorus ait, ad sacrum promontorium, cui adjacentem regionem cuneum vocant, nullum monstrari fanum Herculis, & id Ephoram finxisse, nam neque Herculis ibi aram esse, neque ullius deorum. Sed multis in locis, lapides ternos aut quaternos esse compositos, qui ab eo venientibus, ex more à majoribus tradito, convertantur, translatique fingantur. Fas ibi non esse sacrificare, neque noctu eum locum adire, quod ferant eum nocturno tempore à diis teneri. Strabo lib. 3. p. 138.

(8) Lapides crebris intervallis dispositi, arboresque proceræ, quarum stipites hedera contexerat. Curtius lib. 7. cap. 9.

(9) Ἔδη ὑπὲρ πόλιος ὅθι ἑρμαῖος λόφος ἐστίν. Jam super urbe ubi tumulus est Mercurii. Homer. Odyss. lib. 16. vs. 471. Mercurius, lapidum congeries, in cacumine montium. Isidor. Glossar. p. 21.

(10) Ἑρμαῖον Ermaion Acervus lapidum, Mercurio La sacer. pidum congeries consecrabant Mercurio in viis incertis. Suidas. Hermas dicunt acervos lapidum qui inviis reperiuntur. Hesych. Phurnutus de Nat. D. p. 57.

qui étoient consacrées à Mercure, le dieu tutelaire des voyageurs, auquel on attribuoit l'inspection des grands chemins. Ils avo.ent encore la coûtume de (1) poser dans les chemins des pierres quarrées, qui étoient sous la protection du même Mercure, & ou l'on marquoit, tant la distance des lieux, que le nom des Villes ou le chemin conduisoit. On voyoit encore de ces pierres quarrées, que les grecs appelloient (2) *Hermas*, à l'entrée des temples, & même des maisons particulières.

Peut-être, que la plûpart de ces coûtumes venoient originairement des pélasges qni étoient un peuple scythe, ou *Celte*, comme je l'ai prouvé ailleurs.

On convient que ces anciens habitans de la Grece offroient leurs sacrifices sur des montagnes, & sur des collines, & (3) qu'au lieu d'avoir des idoles, ou des statues, ils consacroient à la divinité des pierres brutes. Le nom même de *Hermes*, que les grecs donnoient à Mercure, descend peut être de la langue des *Celtes*, dans la quelle *Heer* désignoit une armée, *Heerstraat*, un grand chemin, *Heer-Mann*, un homme de guerre, *Heerberg*, une auberge, *Heerban*, une convocation de l'armée. Selon cette étymologie, le mot de *Hermès* seroit composé de celui de *Heer*, armée, & de *Messen* mesurer, & ne désigneroit que les pierres qui servoient à mesurer les grands chemins, & par conséquent la marche des armées. Quoi qu'il en soit de cette conjecture, que je ne prétens pas garantir, le détail où je viens d'entrer montre au moins clairement comment il a pu arriver que tant d'auteurs célèbres ayent assuré que le *Teut* des *Celtes* étoit le même dieu que Mercure. Les romains & les grecs, qui avoient vû dans leurs pays une infinité d'amas de pierres consacrées à Mercure, & qui en trouvèrent de semblables dans toute la Celtique, en conclurent sans hésiter, que Mercure étoit servi par tous les peuples *Celtes*. Je ne doute pas que les gaulois n'avouassent encore eux mêmes, que leur *Teut* étoit le guide & le patron des voyageurs. Leurs sanctuaires, qui avoient le droit d'asyle, étoient hors des Villes & des villages, le long des grands chemins. Il y avoit une pleine sureté dans les chemins, non seulement pour les gens du pays qui alloient à un sanctuaire, ou qui en revenoient, mais encore pour les voyageurs étrangers, que l'on avoit soin de conduire, & d'escorter d'un canton & d'un territoire à l'autre, afin qu'ils ne fussent point insultés sur la route. C'est-là, autant que je puis en juger, la première, & la principale raison pour laquelle on a confondu si généralement le *Teut* des *Celtes* avec le Mercure des grecs & des romains.

A ces raisons il faut en ajouter une autre, qu'il suffira d'indiquer ici. Entre les différens Mercures, dont la mythologie payenne fait mention, il y en avoit un qu'on appelloit *le céleste*, & qu'on regardoit comme l'ame du monde. Nous verrons tout à l'heure, que c'étoit là précisément l'idée que les *Celtes* avoient de leur *Teut*.

Il s'est trouvé cependant quelques anciens qui ont cru que le *Teut* des *Celtes* n'étoit pas Mercure, mais Saturne. Denis d'Halicarnasse, par exemple, rapporte (4) « que les Pélasges, ayant
» été chassés de leur pays, c'est-à-dire, de la
» Grèce, & ne sachant ou aller, consultèrent
» l'oracle de Dodone, & reçurent pour réponse,
» qu'ils devoient passer en Italie, s'établir dans
» le pays des Aborigines, envoyer à Apollon les
» dîmes de leurs fruits, & offrir, en même-
» tems, des têtes à Pluton, & des hommes à
» son père ».

On voit bien quel étoit le but de cet oracle. Il ordonne aux Grecs qui passeront en Italie, d'un côté, de ne pas négliger le culte d'Apollon,

---

(1) *Hermaios Lapis maximus. Herma quadratus lapis. Suidas. Mercurius fingebatur forma capitis humani, imposita lapidi quadrato, cui inscriptum foret, qua via duceret. Ponebantur autem ejus modi hermæ in biviis, triviis ... quia caput mercuriale imponebatur cubo, Mercurius quadratus dicebatur. Ab eadem causa est, quod Mercurium vocarint lapidum congeriem. Namque viator quisque in acervum mittebat lapidem, ut sic cresceret, ac facilius viam monstraret, eaque lapidum congeries Mercurio erat sacra. Vossius de Orig. & Prog. Idol. lib. 2. cap. 31. p. 239.* Voyez aussi *Selden. de Diis Syris. Synt. 2. cap. 15. La Martinière, diction. Géog. au mot Mercure.*

(2) *Accidit ut una nocte, omnes Hermæ qui in oppido Athenis erant, dejicerentur, præter unum qui ante januam Andocidis erat. Cornel. Nep. Alcib. cap. 3.*

Mercurii statuæ quæ in viis & compitis Athenis positæ sunt plurimæ, pleræque una nocte facies & ora mutilatæ repertæ sunt. Plutarch. Alcibiad. cap. 20.

(3) Τιμὰς ὄτων ἀντὶ ἀγαλμάτων εἶχον ἀργοὶ λίθοι. *Pausan. 7. p. 579.*

(4) *Ite quærentes Siculorum Saturniam terram,*
Et Aboriginem Cotylen, ubi insula vehitur aquis.
Quibus permixti decimas mittite Phœbo,
Et capita Plutoni, & Patri (ipsius) mittite virum.

Dionys. Halic. lib. 1. p. 16. Macrob Saturn. lib. 1. c. 7. p. 153.

& de l'autre, de se conformer aussi à la religion des aborigines, en offrant des victimes humaines aux dieux du pays, qu'il suppose être (1) Pluton & Saturne son père. Mais on voit encore mieux dans cet oracle l'ignorance de l'imposteur qui l'avoit forgé. C'est un Grec, qui ayant ouï dire que les Aborigines offroient des victimes humaines au père *Dis*, (*Diti Patri*), s'imagina que c'étoient deux divinités différentes. Il crut que *Dis*, étoit l'*Adès* des Grecs, & *Pater*, Saturne son père. Pour revenir à Denis d'Halicarnasse, il est dans l'opinion que Saturne étoit adoré par les anciens habitans de l'Italie, & même par tous les peuples *Celtes*. (2).

« Avant, dit-il, qu'Hercule eut passé en Italie, la colline sur laquelle on a bâti le capitole, étoit consacrée à Saturne, & portoit son nom. Toute la contrée aussi, qu'on appelle aujourd'hui Italie, étoit consacrée au même Dieu. Les gens du pays la nommoient

---

(1) Καὶ κεφαλὴν Ἅδῃ, ᾧ, τῷ πατρὶ πέμπησι φῶτα Dionys. Hal. ub. sup.

(2) Sed quantum ego conjecturis comperio, vel antequam Hercules in Italiam veniret, hic locus Saturno sacer erat, & ab ipsis incolis Saturnius vocabatur. Quin etiam tota reliqua ora, quæ nunc Italia vocatur, huic deo erat sacra, & ab incolis Saturnia vocabatur; quod facile reperias tam in quibusdam carminibus Sybillinis, quam in aliis oraculis quæ dii reddiderunt, in quibus hoc declaratum. . . Multa etiam loca hujus dei nomen habent, & præcipue Scopuli & Colles excelsi. *Dionys. Halic. lib. 1. cap. 4. p. 27.*

Aiunt etiam priscos illos homines Saturno victimas humanas immolare solitos fuisse, quemadmodum Carthagine fiebat, quamdiu ea urbs stetit, quemadmodum etiam nunc fit apud Gallos, & nonnullas alias occidentales gentes Herculem vero, cum istum sacrorum morem abolere vellet, & Aram fundasse in Saturnio colle, & autorem fuisse, ut hostiæ sanctæ puris ignibus adolerentur. Ut autem nihil in hominum animis remaneret, quod eos turbaret, quasi patria sacra neglexissent, illius regionis incolas docuisse, ad iram potius placandam, pro hominibus quos pedibus manibusque vinctos in Tiberis profluentem jaciebant, simulacra ad humanæ figuræ similitudinem efficta, & eodem quo homines ornatu, in fluvium projicere, ut quicquid religionis in omnium animis unquam resedisset, revelleretur, quod prisci ritus imago servaretur. Hoc autem usque ad meam ætatem Romani constanter faciebant, paulo post vernum æquinoctium, mensis maii idibus ut vocantur, quo die lunam semiplenam esse, mensemque in duas partes fere æquales divisum dicunt. Hoc die illi qui pontifices vocantur, qui summum inter sacerdotes locum tenent, & cum illis virgines quæ perpetuum ignem servant, & prætores, ceterique cives, quos sacris interesse fas erat, sacrificio rite peracto, simulacra ad humanæ formæ similitudinem facta, numero triginta, de sacro ponte, in Tiberis profluentem jaciunt, quæ Argeos appellant. *Dionys. Halic. ibid. p. 30.*

» *Saturnie*. C'est ce que l'on peut voir dans quel-
» ques poëmes des sybiles, & dans d'autres ora-
» cles où ce nom se trouve. Il y a plusieurs lieux
» qui portent encore aujourd'hui le nom de Sa-
» turne, & surtout les rochers & les hautes
» collines. On prétend aussi que les anciens ha-
» bitans de l'Italie avoient accoutumé d'offrir
» des victimes humaines à Saturne, comme la
» chose se pratiquoit à Carthage, tant que cette
» ville a subsisté, & comme elle se pratique en-
» core aujourd'hui dans les Gaules, & parmi
» quelques autres peuples de l'occident. Hercule,
» voulant abolir ces sacrifices, bâtit un autel
» sur la colline de Saturne, & apprit aux gens
» du pays à y offrir par le feu des victimes
» permises. Cependant, pour arracher de leur
» esprit tout scrupule, & pour empêcher qu'ils
» ne se reprochassent de négliger les cérémo-
» nies, il jugea à propos de conserver une image
» de cette superstition, en ordonnant que pour
» appaiser le courroux de saturne, on jetteroit
» à l'avenir dans le tibre trente hommes de paille,
» au lieu des trente vieillards, qu'on y avoit
» précipités jusqu'alors pieds & poings liés. Les
» Romains conservent encore aujourd'hui cette
» cérémonie, & la célèbrent peu après l'equi-
» noxe du printems, aux Ides de mai, où la
» lune, parvenue, comme ils le disent, à la
» moitié de sa grandeur, partage le mois en deux
» parties à peu-près égales. Ce jour là, les pon-
» tifes, les vestales, les préteurs, & les autres
» bourgeois, qui ont le droit d'assister à la cé-
» rémonie, après avoir offert des sacrifices se-
» lon la coutume, se rendent sur un pont sacré,
» d'où l'on précipite dans le tibre trente hommes
» de paille, que l'on appelle (3) *Argeos* ».

Il n'est pas nécessaire d'avertir que ce Saturne est le père *Dis*, (*Ditis Pater*) des Aborigines.

J'ai montré, dans l'un des paragraphes précédents, que c'est à ce *Dis* que les anciens habitans du territoire de Rome offroient tous les ans trente vieillards. C'est au même *Dis*, que les rochers & les collines étoient consacrés, parce que les Aborigines, comme les autres peuples Scythes & *Celtes*, choisissoient ordinairement des lieux élevés pour y tenir leurs assemblées religieuses. Ainsi Servius remarque (4) que l'on of-

---

(3) La fête aussi portoit le nom d'*Argei*. Multa alia sacrificia, locaque sacris faciendis, quæ Argeos pontifices vocant, dedicavit. *Livius, lib. 1. 21.* Arg signifie en Tudesque *mauvais*, *inutile* On les appelloit aussi *Casnares*. Cas signifioit, parmi les anciens Italiens, *vieux*, & Narr est en allemand un *Radoteur*, un *Fou*. *Cascum*, *vetus* ; ejus origo Sabina, quæ usque radices in Oscam egit. Pappum senem Osci Casnar appellant. *Varro de L. L. lib 6. p. 73. Ed. Popm.*

(4) Soractis mons est Hirpinorum, in Flaminia collocatus. In hoc autem monte cum aliquando Diti patri

froit anciennement des sacrifices au père *Dis*, sur le mont de Soracte, qui fut depuis consacré à apollon. Il ajoute que le *père Dis*, étoit surnommé *soranus*. Sôros signifie en Grec, un tas, un amas. La raison de ce surnom est claire. Les Grecs le donnèrent à *Dis*; parce qu'ils ne virent qu'un amas de pierres dans le lieu où il étoit adoré. Les Grecs qui avoient forgé les poëmes des Sybilles, & les autres oracles dont Denis d'Halicarnasse fait mention, donnèrent, comme je l'ai déjà remarqué, au père *Dis* des Aborigines, le nom de Saturne, parce qu'ils le prirent pour le père de leur *adès*, c'est-à-dire, de Pluton. Il ne faut pas cependant croire que tous les Romains fussent sur cet article du sentiment de Denis d'Halicarnasse. Outre ceux qui ont pris le *Dis* des Aborigines pour Pluton même, je trouve encore dans un ancien calendrier romain, publié par Heinsius, (1) qu'aux Ides de mai on jettoit dans le tibre trente hommes de paille, & que la fête étoit consacrée à Mercure.

Denis d'Halicarnasse croit encore que c'étoit au même Saturne, que les Gaulois & quelques autres peuples de l'occident, offroient des victimes humaines. Il pouvoit se fonder en cela sur l'autorité de Cicéron, qui assure (2) *que Saturne étoit servi dans tout l'occident*; & sur celle de Varron qui avoit dit, au rapport de Saint Augustin, (3) *que les Carthaginois offroient à Saturne de jeunes garçons, & les Gaulois des vieillards*. On voit aussi dans Suidas, (4) *que les habitans de l'isle de Sardaigne immoloient à Saturne l'élite de leurs captifs, & les vieillards qui avoient passé septante ans*. Enfin on lit dans Diogène Laërce (5)

---

sacrum persolveretur &c. Sorani vero a Dite; nam Ditis pater Soranus vocatur. Servius ad Æneid. 11. 785.

(1) *Lib. maj. Scirpea simulacra mittuntur in Tiberim. Festum est Mercurii. Kalendar. roman. ad calcem Ovidii. Edit. Heinsii.*

(2) *Saturnum, vulgo maxime ad occidentem colunt. Cicero de nat. deor. lib. 3. cap. 4.*

(3) *Deinde ideo dicit (Varro) a quibusdam pueros ei solitos immolari, sicut à Pœnis, & a quibusdam etiam majores, sicut à Gallis. Augustin. de civit Dei. lib. 7. cap. 19. p. 407.*

(4) *Sardiniam inhabitantes, captivorum pulcherrimos, & senes qui septuaginta annos excesserant Saturno immolabant. Suidas, in Sardoniis ritus. T. 3. p. 287.*

(5) *Pythagoras habuit servum Zamolxin, cui Getæ sacrificant, Saturnum, ut Herodotus ait, existimantes. Diog. Laert. lib. 7. s. 2. p. 488.*

Herodote ne dit pas ce que Diogene Laërce lui attribue. Voici ses paroles. Getæ immortales mori

que Pythagore eut un esclave, nommé Zamolxis, auquel les Getes offroient des victimes humaines estimant, comme Hérodote l'a remarqué, que c'est le même que Saturne. Il y a dans ces paroles bien des bévues. Je ne les cite ici que pour montrer que, selon l'opinion des Grecs, les Getes immoloient des hommes à Saturne.

Voilà bien de la différence entre les auteurs qui font mention de la religion des Gaulois, & des autres peuples de l'europe. Les uns disent que Mercure étoit le dieu suprême des Gaulois, & que c'étoit à lui qu'ils offroient des vieillards décrépits. Les autres prétendent que c'étoit à *Teutates* que l'on présentoit ces barbares sacrifices.

Ici on assure que c'étoit à Saturne, que l'on rendoit un culte si inhumain dans les Gaules. Diogène Laërce croit, que les Getes sacrifioient des hommes au même Saturne. Jornandès, au contraire, prétend qu'ils les immoloient à Mars. Tout cela cependant peut être facilement expliqué & concilié. Il est constant que *Teut* étoit le dieu suprême des Gaulois, & de tous les autres peuples de l'europe. Ils s'accordoient tous à lui offrir ce qu'ils appelloient la plus excellente de toutes les victimes. J'ai montré que la plupart des étrangers ont pris *Teut* pour Mercure, & j'en ai dit la raison. D'autres ont cru que *Teut* étoit le Mars des Grecs. Nous verrons, dans les paragraphes suivants, sur quoi se fondoient ceux qui ont préféré cette opinion. D'autres encore ont jugé que *Teut* étoit le même dieu que Saturne; effectivement Saturne ressembloit au dieu des *Celtes* par bien des endroits. On offroit à l'un & à l'autre des victimes humaines, avec cette seule différence, que les Phéniciens choisissoient pour ce sacrifice des jeunes garçons, au lieu que les *Celtes* préféroient d'immoler des vieillards. Saturne étoit le père des autres dieux, le mari de *Rhea* ou d'*Ops*, c'est-à-dire, de la terre. Les Scythes & les *Celtes* en disoient autant de leur *Teut*, Enfin, ce qui mérite d'être bien remarqué, les Romains disoient (6) que leur Saturne étoit l'âme du monde, l'esprit qui em-

---

se non existimant, sed mortuum ire ad Zamolxin, quem nonnulli eorum opinantur eundem esse, ac Gebeleisin. Ad hunc mittunt, quovis quinquennio, quempiam ex ipsis sorte delectum. Herodot. 4. 94. C'étoit Mnasèas qui disoit: *Apud Getas Saturnum coli, vocarique Zamolxin. Suidas in Zamolxi.*

(6) *Non igitur mirum si homines antiqui regionem istam Saturno sacram putarint, quod hunc deum, omnis felicitatis humanæ donatorem ac perfectorem existimarent; sive is Chronos, ut Græci volunt, sive Cronos, est appellandus, ut placet Romanis, qui universam mundi naturam amplectitur. Dionys. Halic. lib. 1. p. 30.*

brasse

brassé toute la nature. C'est précisément l'idée que les *Celtes* avoient de leur dieu suprême.

Enfin il y a eu encore des auteurs qui ont donné au *Teut* des Scythes & des *Celtes* le nom de Jupiter. Dans le fond ce sont ceux qui ont le plus approché de la vérité, supposé qu'ils ayent entendu par Jupiter, non le fils de Saturne, mais le premier être, le père des hommes & des dieux. Ainsi quand Hérodote dit *que les Scythes servent Jupiter & la terre ; qu'ils regardent la terre comme la femme de Jupiter ; qu'ils appellent Jupiter Pappaus*, on voit bien que ce Jupiter est le dieu *Tai* ou *Teut*, que les Scythes appelloient le père de l'homme. Peut-être qu'il faut dire la même chose du Jupiter des Perses, *ils appelloient Jupiter toute la voute des cieux* ; c'est-à-dire, l'ame du monde, qui pénètre, anime & dirige toutes les parties de la matière.

Mais il y a, au reste, une grande difficulté dans ce qu'Hérodote dit du Jupiter des Scythes. Non-seulement il le distingue de leur Mars, il prétend encore que ce Jupiter étoit une divinité inférieure à Mars. *Ce n'étoit qu'à Mars qu'il étoit permis de consacrer des simulacres, des autels, & des temples.* Pour moi je suis persuadé qu'Hérodote se trompe, & qu'il distingue mal-à-propos le Jupiter des Scythes, de leur Mars. On verra, dans la suite de cet article, les raisons sur lesquelles mon sentiment est appuyé. Hérodote lui-même fait parler Indathyrsus, roi des Scythes, dans des termes qui marquent que ce prince regardoit Jupiter comme le dieu suprême. Darius avoit écrit à ce prince, & l'avoit exhorté à se rendre vassal des rois de Perse. Indathyrsus lui répond, (1) *je ne reconnois pour mes seigneurs, que Jupiter duquel je descens, & le trône roial des Scythes*. J'ai cité, dans un des paragraphes précédens, un passage de Denis d'Halicarnasse, qui porte que, selon la mythologie des Lydiens, *Masnes*, leur premier roi, étoit fils de Jupiter & de la terre. Il est clair encore que les Grecs ont mis ici le nom de Jupiter en la place de celui de *Tis* ou d'*Atis*. *Masnes* ou *Mannus* est le premier homme qui, suivant la théologie des Lydiens, étoit fils de la terre & du dieu *Atis*. Tout de même, quand Maxime de Tyr dit que, parmi les Gaulois, le symbole de Jupiter est un grand chene, je ne doute pas qu'il ne faille entendre par ce Jupiter, le *Teutates*, le dieu suprême des Gaulois.

Il faut avouer cependant que l'on a aussi donné le nom de Jupiter à un dieu subalterne qui, selon la théologie des *Celtes*, avoit l'empire du ciel, ou de la moyenne région de l'air. C'est de lui qu'il faut entendre le passage de Jules César, qui dit *que les Gaulois adoroient sur-tout Mercure, & après lui Apollon, Mars, Jupiter & Minerve.* (2) *Jupiter avoit l'empire du ciel*, c'est-à-dire, qu'il étoit chargé de la conduite de l'atmosphère, & qu'en cette qualité, il présidoit aux vents & aux tempêtes. C'est peut-être le même que le *Taranis* de Lucain, le dieu du tonnerre. Nous verrons, dans le cours de cet article, que les *Celtes* semblent n'avoir pas été d'accord s'il falloit attribuer le pouvoir de lancer la foudre au dieu suprême, ou à un dieu inférieur.

Quoi qu'il en soit j'ai déjà averti que les Scythes & les *Celtes* rendaient un culte religieux aux vents & à l'air. Il est par conséquent très-facile de comprendre comment on a pu donner à deux divinités différentes, le nom de Jupiter, qui étoit inconnu dans toute la *Celtique*. Des étrangers ayant remarqué que les *Celtes* adoroient un dieu suprême, lui donnèrent le nom de Jupiter. Cela étoit naturel. D'autres aussi ayant observé que ces mêmes peuples vénéroient l'air, c'est-à-dire, une intelligence qui présidoit aux vents, aux tempêtes & à tous les changemens qui arrivent dans l'air, lui donnèrent encore le nom de Jupiter.

Il étoit presque inévitable que les Grecs & les Romains qui, au lieu d'être au fait de la théologie des *Celtes*, n'avoient l'esprit rempli que de leur propre mythologie, prissent facilement le change sur cet article ; & par celà même qu'ils se sont mépris, en désignant sous le nom de Jupiter, & le dieu *Teut*, & le dieu subalterne qui résidoit dans l'air, il n'est pas possible de déterminer précisément quel étoit le Jupiter des Perses. *Ils appelloient de ce nom*, dit Hérodote, *toute la voute des cieux.* Je crois qu'il faut entendre par-là l'être suprême qui environne & enceint tout l'univers. Un passage d'Hesychius m'y conduit naturellement. (3) *Les Perses appellent la grande, ou la glorieuse Dias, le ciel & l'isle qui porte aujourd'hui le nom de Naxos*. C'est-à-dire, tant le Dieu grand & glorieux, que l'isle qui lui étoit consacrée. Si on juge cependant plus à propos d'en faire une intelligence d'un ordre inférieur, qui présidoit à l'atmosphère, je ne m'y opposerai point. Mais il me paroit incontestable que le Jupiter des Scythes, qu'ils appelloient le mari de la terre, & le père de l'homme, étoit le dieu *Teut*. Je trouve au reste que les

---

(1) Quod autem ad cetera, ego solos mihi heros arbitror, Jovem progenitorem meum, & solium Scytharum regium. *Herodot.* 4. 127.

Philosophie anc. & mod. Tom. I.

(2) Jovem imperium coelestium tenere. *Cæsar.* 6. 17.

(3) Δίας μεγάλης ἤ ἔνδοξος, τὸν οὐρανὸν πέρας, καὶ τὴν νῆσον καλουμένην Νάξον. *Hesichius.*

Mysiens, établis en Asie, adoroient un Jupiter, qu'ils appelloient (1) *Abrettenus*, & les Thraces, un autre, nommé (2) *Urius* ou *Surius*. Le premier avoit reçu son nom de la contrée où il étoit servi. Je n'ai rien découvert jusqu'à présent par rapport au surnom du second. Mais comme on le servoit dans un temple, il en résulte que c'étoit un dieu étranger, dont le culte pouvoit avoir été apporté de Phénicie. Le אור signifie en Hébreu, & *Sur* צור étoit le nom Phénicien de la ville de Tyr.

Il ne me reste plus, pour finir ces recherches particulières sur un des points les plus importants de la religion des Celtes, que de parler des prérogatives que les *Celtes* attribuoient au dieu *Teut*. Je les ai déjà touchées, au moins pour la plupart. Il suffira de les rappeller ici en deux mots.

1°. On le regardoit comme le dieu suprême. On l'appelloit, dans un certain sens, le vrai, le seul dieu ; & par cette raison il étoit servi & adoré préférablement à tous les autres. C'est à lui que l'on consacroit la plupart des sanctuaires, & que l'on offroit le plus grand nombre de sacrifices. Les rois de Thrace ne juroient que par son nom.

2°. On lui attribuoit la création de l'univers. Non-seulement les Scythes, bien qu'ils se crussent plus anciens que les Egyptiens (3), convenoient pourtant avec eux d'un commencement de toutes choses ; les Turcs assuroient même formellement que le dieu suprême avoit fait le ciel & la terre. Quoique j'aye prouvé plus haut que les *Celtes* n'admettoient pas deux principes éternels & intelligens, l'un bon, & l'autre mauvais, je ne laisse pas de soupçonner que leurs philosophes croyoient l'éternité de la matière. La doctrine des Druides portoit, comme Strabon l'a remarqué, (4) *que le monde étoit incorruptible, mais que l'eau & le feu prendroient un jour le dessus*. On entrevoit là dedans qu'ils croyoient le monde éternel par rapport à la matière dont il étoit composé, mais non pas par rapport à la forme.

---

(1) Abrettenus Jupiter, quæ magnorum deus est. *Strabo, lib. 12.*

(2) A te Jovis Urii (al. Surii) fanum antiquissimum barbarorum sanctissimum direptum est. *Cicero, orat. in Luc. Pison. p. 1841.*

(3) *Justin 2. 2.* J'ai remarqué ailleurs que ces Scythes étoient, selon les apparences, les Phrygiens.

(4) Mundum incorruptibilem dicunt, aquam tamen & ignem aliquando prævalitura. *Strabo. lib. 4. p. 197.*

3°. Une troisième prérogative du dieu *Teut*, c'est qu'on le regardoit comme le créateur & le père des autres dieux. Tous les peuples *Celtes* admettoient une *théogonie*, une génération des dieux ; & (5) elle faisoit la matière de leurs cantiques sacrés ; mais ces divinités subalternes n'étoient pas des hommes qui eussent été mis, après leur mort, au rang des dieux. C'étoient des intelligences que le premier être avoit produites, & unies à chaque portion de la matière, pour l'animer & pour la conduire.

Je ne doute pas que la théogonie que l'on trouve dans Hésiode ne fût un reste de l'ancienne mythologie des Pélasges. Elle porte (6) *que les dieux & les hommes sont issus du mariage du ciel & de la terre*. Le ciel, que les anciens Grecs appelloient (7) *Adès*, est, selon les apparences, le *Teut* des *Celtes*, le Jupiter, ou l'*Adès* des Phrygiens. La terre, la femme du ciel, c'est la matière d'où les hommes & les dieux ont été pris. Il semble effectivement que les *Celtes* fussent dans l'opinion que non-seulement les hommes, mais encore les dieux, c'est-à-dire, les dieux inférieurs, avoient été tirés de la matière.

---

(5) Magus (carnibus hostias adstans) Theogoniam accinit. Hanc illi dicunt esse incantationem efficacissimam. *Herodot. 1. cap. 131.*

(6) Deorum genus venerandum (musæ) imprimis celebrant carminibus, Quos ab exordio tellus & latum cœlum genuerunt, Quique ex his prognati sunt, dii datores bonorum. *Hesiod. Theog. p. 44.*

Pindare a dit aussi : Unum hominum, unum Deorum genus, & ex una spiramus matre. *Pindar. Neme. 4. initio.* Surquoi le scholiaste du poëte fait cette remarque : Una, inquit, mater, nos genuit & nutrit, deos & homines, terra inquam. Quod autem commune genus sit nobis hominibus cum diis, testatur & Hesiodus, de deorum generatione, dicens (p. 126) terra primum genuit similem sibi, cœlum stellatum, ut illam undequaque tegeret. Ex cœlo autem & terra sunt Saturnus & reliqui Titanes ; & ex Titanibus posteriores dii. *Schol. Pindar. p. 378.*

Phérécyde, qui mit le premier par écrit les anciens cantiques des Grecs, avoit commencé son ouvrage par ces mots : Jupiter & Saturnus, & Tellus semper fuerunt. *apud Bock. G. S. part. 1. lib. 4. cap. 1. p. 236.*

Au reste quoique la Théogonie d'Hésiode s'accorde avec celle des *Celtes* dans ce point essentiel, qu'elle fait descendre les dieux & les hommes du mariage du ciel & de la terre ; il faut avouer cependant qu'elle s'en écarte sur d'autres articles. Le poëte, par exemple, ne fait pas du ciel le premier être. Il dit que ce fut la terre, qui produisit le ciel pour la couvrir. Cela n'est point conforme à la doctrine des Scythes, qui étoit déjà altérée en Grece du tems d'Hésiode.

(7) Adè ouranos, makedonès. *Hesych.*

Ainsi les anciens habitans de l'Islande, *admettoient plusieurs dieux & plusieurs génies, Célestes, Aëriens, Terrestres & Marins*, ce qui peut s'entendre, ou de la manière dont ils étoient formés, ou de l'élément dans lequel ils résidoient. (1) Les mages aussi parlant de la substance & de l'origine des dieux, disoient qu'ils étoient formés de feu, de terre & d'eau.

On voit par-là, pour le dire en passant, que *Manès*, qui étoit Persan d'origine, avoit adouci en quelque manière, la doctrine des philosophes de sa nation. Cet Hérésiarque ne faisoit sortir de la matière que les démons, les intelligences malfaisantes, au lieu que les mages soutenoient que tous les dieux subalternes avoient été tirés de la matière. Au reste la théologie des Sarmates s'accordoit assez sur cet article avec celle des *Celtes*. (2) *Ils ne disconviennent pas*, dit Helmoldus, *qu'il n'y ait dans le ciel un Dieu duquel tous les autres dépendent. Ce Dieu tout-puissant ne prend soin que des choses célestes. Les autres, qui sont chargés chacun de quelque fonction particulière, lui sont soumis. Ils sont tous issus de son sang, & chaque dieu est plus ou moins excellent, selon qu'il est plus ou moins éloigné du dieu suprême.* C'est la doctrine des émanations, qui étoit commune à la plupart des peuples payens.

4°. Outre la production des divinités qui résidoient dans les élémens, on attribuoit encore au dieu *Teut* la création de l'homme. Je l'ai montré fort au long. Les Gaulois se disoient issus de ce dieu, & l'appelloient par cette raison *Teutat*, le père *Teut*. Les Germains appelloient le premier homme, dont il faisoient un héros, *Tuiston*, le fils de *Tuis*. Les rois de Thraces prétendoient descendre de leur mercure. J'ai montré que ce mercure étoit le dieu *Tis*. Les Scythes appelloient leur Jupiter *Papyaus*, le père des hommes. Les Italiens, comme les Gaulois, joignoient toujours le nom de père à celui de leur *Dis*. Ils l'appelloient *Dis Pater*, ou *Ditis Pater*.

L'opinion commune étoit que le dieu *Teut* avoit tiré l'homme de la terre. J'en ai produit plusieurs preuves dans les paragraphes précédens. Les Germains disoient que *Tuiston* étoit issu de la terre. Ils avoient en grande vénération une forêt du pays des Semnons, parce qu'ils croyoient (3) que c'étoit-là que la nation avoit pris son origine, & que résidoit le maître de l'univers. Les Phrygiens faisoient descendre l'homme, (*Manès*) de Jupiter ou d'*Atis*, & de la terre. Les Scythes aussi, qui appelloient Jupiter le père des hommes, disoient que la terre, qu'ils nommoient *Apia*, étoit sa femme. J'ai averti ailleurs que ces noms de père, de mari, de femme, que les Scythes & les *Celtes* employoient dans cette occasion, doivent être pris dans un sens figuré. Car ces peuples se moquoient au reste, de ce que les Grecs disoient du mariage de leurs dieux. *Teut* c'est l'ame du monde, le principe actif qui, en pénétrant la matière, la rend féconde; la terre, c'est la matière dont il s'est servi pour la formation de l'homme & des autres créatures. Je ne doute pas que les Etrusces n'eussent une doctrine à peu-près semblable sur l'origine de l'homme. On l'entrevoit dans ce qu'ils disoient de leur *Tagès*, qui avoit enseigné à sa nation l'art de prédire l'avenir. (4) Un paysan qui labouroit, ayant enfoncé bien avant le soc de sa charrue, vit sortir *Tagès* de dessous une motte de terre. La mythologie des Grecs portoit aussi (5) que du mariage du ciel, & de la terre, étoient nés trois fils d'une grandeur énorme, & d'une force extraordinaire, *Cottus*, *Briareus* & *Gigès*; & ensuite les géans & les titans.

Ce que je viens de dire de la différence, que les peuples *Celtes* mettoient entre le dieu *Teut*, qu'ils appelloient le père des hommes, & la terre, qu'ils regardoient comme la mère du genre humain, doit être remarqué contre ceux qui ont cru que *Teut* étoit la terre même. Ils se sont fondés principalement sur cette preuve étymologique « que les *Celtes* donnoient à la » terre un nom qui approchoit beaucoup de ce- » lui de *Teut*. Les habitans du pays de Galles, » qui ont conservé, à ce qu'on prétend, l'an- » cienne langue Celtique, appellent encore au- » jourd'hui la terre, (6) *Tud*. Ceux de l'armo- » rique, c'est-à-dire, les Bretons la nomment (7)

---

(1) Je parle ailleurs de la contradiction apparente, qu'il y avoit ici dans la théologie des *Celtes*.

(2) Non diffitentur unum Deum in cœlis, ceteris imperitantem, illum præpotentem, cœlestia tantum curare; hos vero, distributis officiis obsequentes, de sanguine ejus processisse, & unumquemque eo præstantiorem, quo proximiorem illi deo deorum. Helmold. Chron. Slav. cap. 94. p. 182.

(3) Inde initia gentis, ibi regnator omnium deus. Tac. Germ. cap. 79.

(4) Cicero de divinat. lib. 1. cap. 50.

(5) Tellure & cœlo prognati sunt tres filii, magni, & prævalidi, Cottus, Briareus, & Gyges. Hesiod. Theog. p. 147. Cœlus primus orbis universi imperio præfuit. Ductâ uxore Tellure, priores ex ea filios sustulit, quos centimanos appellarunt, Briareum, Gyen, & Cœum. Apollodor. lib. 1. p. 1. Terra ex cœlo procreavit Gigantes. Idem p. 14. Voyez aussi Diodor. Sic. lib. 3. p. 132.

(6) Tut, terra. Cambden in Collectan. Leibnitz. T. 1. p. 143.

(7) Dictionaire de Rostrenen p. 916.

» *Douar* ou *Tit.* Selon Tacite, la déesse (1) » *Herthus*, pour laquelle la plupart des peuples » de la Germanie avoient une grande vénéra-» tion, étoit la terre, & ce mot de *herthus*, si-» gnifie en allemand le seigneur *Tus* ».

Je n'entens pas assez la langue du pays de Galles, pour pouvoir déterminer si le mot de *tud* est ancien ou moderne dans cette langue; mais il est constant que dans le pays de Galles, comme dans toute la *Celtique*, on appelloit anciennement la terre *ar*, *er*, *erd*, & avec l'article, *dai-ar*, *dou-ar*, *die-erd*. Ceux qui voudront s'en convaincre pourront jetter les yeux sur la discussion étymologique que je renvoie au bas de cette (2) page.

A l'égard du Bas-Breton, il ne me paroît pas bien clair que le mot de *tit* ait jamais signifié la terre dans cette langue. Le père de Rostrenen avoue qu'il ne subsiste plus dans l'Armorique, mais il juge qu'il a été autrefois en usage, & il le prouve par le mot de *titan*, qui signifie *hommes*, *ou né de la terre*. Il y a là dedans une équivoque que ce père n'a point éclaircie, ni peut-être apperçue. Les Titans se disoient fils de la terre. Mais s'ensuit-il de-là que le nom même de Titan, exprimât cette origine? Je ne le crois pas. Ils le tenoient, non de la terre, mais du dieu *Teut* qu'ils appelloient son mari. Pour ce qui est du nom de *Herthus*, qu'on lit dans Tacite, les Allemands appellent encore aujourd'hui la terre, *erde*. Il paroit par les anciens Glossaires, que ce mot se prononçoit autrefois avec une aspiration (3) *herde*. Les Romains pour lui donner une terminaison latine, le changèrent en *hertus*; mais au reste, il est certain que les Germains distinguoient le dieu (4) *Vodan*, de *Frea*, c'est-à-dire, de la terre, sa femme, de la même manière que les Scythes mettoient de la différence entre Jupiter & *Apia*, les Phrygiens entre Titias & *Rhea*, les Italiens entre (5) *Dis* ou Saturne & *Ops*, les Thraces entre *Cotis* & *Bendis*, & les Samothraces entre le ciel & la terre. Les *Celtes* ne separoient pas le culte de ces deux divinités, sans doute parce qu'ils croyoient que l'une auroit été stérile sans l'autre, au lieu que c'étoit leur union & leur mariage qui avoit produit l'univers en général, & le genre humain en particulier. On voit par là, pour le remarquer en passant, pourquoi les anciennes loix des Athéniens ordonnoient aux fiancés de ne point consommer leur mariage; qu'ils n'eussent offert un sacrifice (6) au ciel & à la terre. C'étoit un reste de l'ancien usage des Pélasges, qui offroient ce sacrifice au père & à la mère du genre humain, pour en obtenir le don de la fécondité.

5°. Une cinquième prérogative du dieu *Teut*, c'est qu'on le regardoit comme l'ame de la terre, & du monde entier. Ayant tout créé, il étoit présent par cela même à tous ses ouvrages. Au lieu que les dieux subalternes n'étoient chargés que de la conduite du corps, ou de l'élément auquel ils étoient unis, le dieu suprême avoit sous sa direction tout l'univers, avec les esprits & les corps qui le composent. Ainsi les Romains disoient que leur Saturne est l'esprit qui embrasse toute la nature. Les Perses disoient de même que leur Jupiter étoit toute la voûte des cieux. On lit aussi dans Ammien Marcellin (7), *que l'empereur Julien, pendant le séjour qu'il fit dans les Gaules, se levoit toujours à minuit, pour invoquer secrettement ce Mercure, que les théologiens regardent comme une intelligence, qui, parcourant le monde avec rapidité, excite l'esprit humain, & le met en mouvement.*

Je ne doute pas que ce Mercure ne fût le *Teut*

---

(1) In commune, Herthum, id est terram, matrem colunt. Tacit. G. cap. 40.

(2) L'ancien nom de la terre, que les peuples *Celtes* prononçoient différemment, étoit Ar, Er, ou Erd. En y ajoutant l'article, on en a fait les noms de Day-ar, Dou ar, Die-erd Th-er, Terra &c. Ainsi dans le troisieme article de l'oraison dominicale les Basques disent, *Cervan be cala*, *eurreau Ere*, comme au ciel, ainsi sur la terre. *Mullerus in alphabetis ac notis diversarum linguarum. p.* 37. Les Gallois *megis yn y net*, *felly ar*, comme au ciel, ainsi sur la terre; ou *Iddair hefyd*, sur la terre, comme au ciel. *Biblia Cambric. Edit. Lond.* 1677. Les anciens Bretons *arrydayar*, ainsi sur la terre. *Mull. ib.* p. 43. Les Bas-Bretons, *en douar evel en enff*, en la terre, comme au ciel. *Muller. ib.* Le père de Rostrenen remarque, dans son dictionaire, que les Bas-Bretons appelloient autrefois la terre, Ar, ou Ter. p. 916.

(3) Antiquissimæ illæ glossæ nostræ, Solum *Herda*, *Herdi*, vocant. Boxhorn. ad Tacit. Germ. cap. 40.

(4) Paul. Diac. Hist. Longob. lib. 1. p. 356. 357. Frea, Frau, en Tudesque, est une femme.

(5) Principes dei, cœlum & terra. Hi dii iidem, qui in Ægypto Serapis & Isis, qui sunt Taautes & Astarte apud Phœnices, iidem principes in Latio, Saturnus & Ops. Terra & cœlum, ut Samothracum initia docent, sunt dei magni, & hi quos dixi multis nominibus. *Varro, de L. L. lib.* 4. *p.* 15. *Edit. Pop. Rheæ latinis Ops. Auson. Idyll.* 12. *p.* 114. Inopem dicit sine pulveris jactu, (nam ops, terra est) id est sine humatione. *Servius ad Æneid.* 6. vs. 325.

(6) Atheniensium leges jubent, ante nuptias cœlo & terræ sacra fiant. *Proclus, comment. in Timæum Platonis, apud Vossium de orig. idol. lib.* 1. *cap.* 58. p. 313.

(7) Julianus nocte dimidiata semper exurgens.... occulte Mercurio supplicabat, quem mundi velociorem sensum esse, motum mentium suscitantem theologicæ prodidere doctrinæ. *Amm. Marcell. lib.* 16. p. 135.

des Gaulois, que les Druides repréfentèrent à Julien comme le dieu des efprits, qu'il devoit invoquer, pour être rendu propre aux grandes entreprifes. Julien le prioit de nuit. La pratique des Gaulois le vouloit ainfi; & cette pratique favorifoit la diffimulation de ce prince qui n'apoſtafia ouvertement qu'après la mort de l'empereur Conſtance. Les Gaulois difoient encore, comme Jules Céſar l'a remarqué, que leur Mercure étoit l'inventeur de tous les arts, que fon pouvoir étoit très-grand pour tous ceux qui vouloient gagner de l'argent, & qui s'appliquoient au commerce. La raifon en eſt claire. C'eſt de lui qu'on obtenoit cet efprit vif & pénétrant, fans lequel ni le marchand, ni l'homme de lettres, ne fauroient exceller dans leurs profeffions.

J'ai remarqué ailleurs, que Pythagore définiſſoit la divinité, *l'efprit qui eſt répandu dans toutes les différentes parties de l'univers, & duquel nos propres eſprits tirent leur origine.* On prétend que c'étoit de lui que (1) Numa Pompilius avoit emprunté les idées qu'il avoit de la divinité. C'eſt un anachroniſme, Numa étant mort dans la (2) XXVII Olympiade, & Pythagore n'ayant fleuri que dans la (3) LXII, c'eſt-à-dire, environ cent quarante ans après. Mais on peut en conclure aſſez naturellement qu'il y avoit, fur cet article, de la conformité entre la doctrine du philoſophe, & celle de Numa Pompilius, qui fuivit conſtamment les idées des *Celtes* dans tout ce qui regardoit la religion.

6°. Je n'oferois affurer que tous les peuples *Celtes* fuſſent dans la même opinion que les Sarmates, qui attribuoient au dieu fuprême le pouvoir de former l'éclair & le tonnerre. Je trouve bien que les Thraces étoient dans ce fentiment. On le voit dans un paſſage d'Hérodote que j'ai déja cité. *Quand il faifoit du tonnerre & des éclairs, ils tiroient des flèches contre le ciel, comme pour menacer la divinité, parce qu'ils étoient dans l'idée, qu'il n'y avoit point d'autre dieu que le leur.* Ce qu'Hérodote ajoute ici du fien, c'eſt que les Thraces prétendoient menacer la divinité en tirant contre le ciel. Ce n'étoit affurement pas leur intention. Au contraire ils prétendoient rendre hommage par là au maître de l'univers, le féliciter de ces glorieufes marques qu'il donnoit de fa puiſſance, lui déclarer qu'il avoit en eux des enfans qui ne dégéneroient point, qui favoient tirer, auffi bien que lui. On n'en doutera pas, fi l'on veut fe fouvenir que tous les peuples *Celtes* étoient perſuadés que le dieu fuprême, qui préfidoit, felon eux, à la guerre, avoit une grande prédilection, non-ſeulement pour les guerriers, & pour les bons tireurs, mais auffi pour tous ceux qui périſſoient dans un combat, ou de quelque autre genre de mort violente. Hérodote lui-même paroît l'inſinuer en remarquant, (4) que les Thraces envoyoient tous les cinq ans à Zamolxis un meſſager, qu'ils chargeoient de leurs commiſſions pour l'autre monde. Après que le meſſager avoit été choiſi par le fort, on le jettoit en l'air, & en même-tems, trois hommes nommés pour cela, tiroient fur lui. S'ils le frappoient, c'étoit une preuve que le facrifice étoit agréable à Dieu: s'ils le manquoient, on choifiſſoit un autre meſſager, & le premier étoit regardé comme fcélérat. Un Dieu lui-même le déclaroit indigne de ce haut degré de gloire & de félicité auquel on n'arrivoit que par une mort violente.

Je trouve encore que lorſque Marc-Aurele eut remporté fur les Quades & les Marcomans, cette célèbre victoire dont on a tant parlé, & à laquelle une groſſe pluie, qui vint rafraîchir l'armée Romaine, contribua beaucoup, (5) *il fe répandit un bruit, qu'un magicien venu d'Égypte, qui étoit à la fuite de l'empereur, avoit conjuré par les fecrets de fon art le Mercure Aërien, & qu'il en avoit obtenu de la pluie.* On fait que les chrétiens attribuèrent cette pluie favorable, & la victoire dont elle fut fuivie, aux prières de la légion *fulminante*. Les Romains attribuèrent, fans doute, les mêmes avantages à la protection de leurs dieux, & à la valeur du foldat. Je foupçonne que ce furent les Germains qui, pour fe confoler de leur défaite, & pour en diminuer la honte, publièrent qu'un magicien étranger avoit trouvé le moyen, par fes conjurations, de mettre leurs propres dieux, & même Mercure, leur dieu fuprême, dans les intérêts des Romains.

Il faut avouer cependant que d'autres peuples *Celtes* ont diſtingué formellement le Dieu fuprême, de celui qui lance le tonnere. Lucain, par exemple, dit que les gaulois fervoient *Teutatès, Hefus & Taranis.* J'ai prouvé que *Teutatès* eſt le

---

(1) Numa Rex Pythagoricus erat, &c. *Clem. Alex. Strom. lib. 1. cap.* 15. *p.* 358.

(2) *Dionyf. Italic. lib. 3. initio.*

(3) Vixit circa 72 olympiada. *Eufeb. Præp. Ev. lib* 10. *cap.* 2. *p.* 296.

(4) *Hérodot.* 4. 94.

(5) Fama eſt Arnuphim quendam Magum Ægyptium, qui cum Marco erat, inter alios dæmones, præſertim Mercurium Aereum, quibuſdam artibus magicis invocaviſſe, & per eos pluviam eliciuſſe. *Xiphilin. ex Dionis. lib.* 71. *p.* 805.

dieu auquel les étrangers donnoient le nom de Mercure. On prétend qu'*Hesus* étoit Mars, & *Taranis* le dieu du tonnerre que les allemands appellent encore aujourd'hui *Donner*, & les habitans du pays de Galles (1) *Taran*. Il est vrai que la preuve que l'on tire de ce passage n'est pas sans réplique. Nous verrons bientôt, que *Teutatés* & *Hesus* étoient le même dieu. Il se pourroit bien, par conséquent, que le nom de *Taranis* fut parmi les gaulois une épithète du Dieu suprême, de la même manière que les romains appelloient leur Jupiter, *Fulminator*. Mais il y a une autre preuve qui me paroit décisive. C'est que les Islandois, les Suedois, & les Germains (2) distinguoient le dieu *Odin*, ou *Vodan*, du dieu *Thor*. Le premier étoit, comme je l'ai montré, le Dieu suprême & le second le dieu du tonnerre. De là vient que ces peuples qui appellèrent le jour que les romains consacroient à Mercure *Vonstag*, ou *Odentag*, donnèrent au jeudi (Dies Jovis) le nom de (3) *Thorsdag*, ou de *Donnerstag*, ce qui signifie le jour de la divinité qui préside au tonnerre. Je ne crois donc pas me tromper en assurant que ce *Thor*, est le même que Jules César appelle Jupiter, & Lucain *Taranis*. Au reste comme les Bretons appellent le tonnerre *Curun*, il me paroit vraisemblable que le dieu *Cernunus*, (4) dont l'idole a été trouvée à Paris & que M. de Leibnitz prend pour Bacchus, étoient plutôt le dieu du tonnerre.

7°. Si l'on pouvoit faire quelque fond sur le fragment d'un auteur étrusque, que Suidas nous a conservé, ce peuple auroit eu une histoire de la création, peu différente de celle que l'on trouve dans nos livres sacrés. Elle portoit, (5)

---

(1) Taran. *Tonitru Wallis. Hagenberg*, diss. 4. p. 188. *Bochart Canaan*, lib. 1. cap. 42. initio. Rostrenen, Diction. p. 918.

(2) Thir, inquiunt, præsidet in aëre, tonitrus & fulmina, ventos, imbresque, serena & fruges gubernat. Thor cum sceptra Jovem exprimere videtur. *Adam Bremens. hist. ecclef.* cap. 233. Suecis trium deorum erectæ imagines habebantur, quorum hæc erant nomina, Thor, Oden, & Fregga. *Ericus Olaus* lib. 1. initio. Fregga, ou Frea, aujourd'hui Frau signifie une femme. C'est la terre, la femme d'Odin.

(3) Thorsdag, Jeudi. *La Peyrere, relation de l'Islande*. p. 41. En allemand Donnerstag.

(4) *Leibnitz, Collect.* T. 2. p. 20.

(5) Tyrrhena regio, & Tyrrheni qui Tusci dicuntur. Historiam apud illos vir eruditus conscripsit. Dixit autem fabricatorem omnium deum, duodecim mille annos operibus suis destinasse, illosque per duodecim, ita dictas domos, extendisse. Primo vero millenario fecisse cœlum & terram. Secundo eum fecisse firmamentum illud quod oculis subjicitur,

» que le Dieu créateur de toutes choses avoit
» destiné douze mille ans à tous ses ouvrages,
» & qu'il avoit partagé ce grand espace de tems
» en douze maisons. Dans le premier millenaire,
» il fit le ciel & la terre. Dans le second, il fit
» le firmament qui se présente à nos yeux,
» l'ayant appellé ciel. Dans le troisième, il fit la
» mer, & toutes les eaux qui sont sur la terre.
» Dans le quatrième, il produisit les grands lumi-
» naires, le soleil, la lune, & les astres. Dans
» le cinquième, il créa tous les animaux, tant
» les oiseaux, que les reptiles, & les bêtes à
» quatre pieds ; qui sont dans l'air, sur la terre,
» & dans les eaux. Dans le sixième il fit l'homme.
» Les six premiers millenaires se sont donc écou-
» lés avant la formation de l'homme. Le genre
» humain subsistera pendant les autres six mille
» ans ; desorte que tout le tems de la durée de
» l'Univers est de douze mille ans ». Mais il est visible que cette prétendue histoire étrusque avoit été supposée, par un chrétien, ou par un Juif. Les six premiers millenaires sont les six jours de la création. L'auteur étrusque, qui avoit emprunté la plus grande partie de son histoire du livre de la Genese en employe quelquefois les propres termes. Les six derniers millenaires sont les six mille ans pendant lesquels le monde doit subsister, selon l'opinion des rabbins. J'aurois beaucoup de penchant à croire que cette fraude pieuse étoit l'ouvrage d'un Juif, si le mot de *junteleia* qui ne se trouve guères que dans le Nouveau Testament ; au moins dans le sens qu'on lui donne ici, n'indiquoit un homme qui avoit lu l'Evangile.

Ce ne seroit pas ici le lieu de parler du dieu Mars, c'est-à-dire, d'un héros qui, selon la doctrine des grecs & des romains, fut mis au nombre des dieux après sa mort, si je n'étois persuadé que ce prétendu Mars est encore le même *Teut* dont j'ai parlé ci-dessus. Je vais exposer les raisons que j'ai de l'assurer ; mais il faut rapporter premièrement en peu de mots ce que les grecs & les latins ont dit du culte que les peuples *Celtes* rendoient à Mars.

I. Comme les *Celtes* étoient des peuples belliqueux, qui n'avoient point d'autre profession que celle des armes, il ne faut pas être surpris qu'on ait dit que Mars, le Dieu qui préside à la

---

illudque cœlum vocasse. Tertio Mare & omnes aquas quæ sunt in terra. Quarto magna luminaria, solem, lunam & astra. Quinto omnia animalia volucria, reptilia, quadrupedia, quæ sunt in aëre, terra & aquis. Sexto hominem. Apparet igitur sex prima millenaria, ante hominis formationem effluxisse. Per ceteros vero sex mille annos mansurum genus humanum, adeo ut totum tempus consummationis *sunteleias* constet duodecim mille annis. *Suidas*.

guerre, étoit leur grande Divinité. On lit, par exemple, dans Strabon, (1) que les lusitains, qui sont les portugais d'aujourd'hui, immoloient à Mars des chèvres, des chevaux & les prisonniers qu'ils faisoient à la guerre. Macrobe remarque aussi (2) qu'un autre peuple de l'Espagne avoit un simulacre de Mars dont la tête étoit environnée de rayons. Jules César dit (3), « que les
» gaulois servent le dieu Mars. Ils sont dans l'o-
» pinion qu'il préside à la guerre. Ainsi quand ils
» ont résolu de donner bataille, ils font vœu le
» plus souvent, de lui offrir tout ce qu'ils pren-
» dront à la guerre. Ils lui immolent l'élite des
» animaux qu'ils ont pris sur l'ennemi. A l'é-
» gard des autres choses ils les assemblent dans un
» même lieu. Il y a plusieurs (4) Villes où l'on
» voit, dans les lieux consacrés, de ces mon-
» ceaux de dépouilles. Il arrive rarement qu'il y
» ait des gens qui, au mépris de ce vœu, osent
» retenir secretement les choses qui ont été ainsi
» vouées, ou les enlever du lieu où elles ont été
» mises en trophée, parce que ce sacrilège est
» puni d'un supplice très cruel ».

Florus aussi, parlant d'une bataille que les romains gagnèrent sur les gaulois, dit (5) que ceux-ci avoient fait vœu, supposé qu'ils remportassent la victoire, d'employer le butin qu'ils feroient sur l'ennemi à un colier pour leur dieu Mars. Je ne fais pas mention de quelques temples que ce même dieu avoit dans les Gaules, (6) selon les itinéraires, parce qu'il y a toute apparence que ces temples, qui étoient dans la province Narbonnoise, avoient été bâtis par les romains.

Les germains servoient le dieu Mars, à peu près de la même manière que les gaulois. *Ils appaisent*, dit Tacite, (7) *Hercule & Mars par des sacrifices d'animaux permis*; ou plutôt, comme les germains étoient beaucoup plus belliqueux, & plus féroces du tems de Tacite, que les gaulois, ils rendoient aussi à Mars un culte plus cruel & plus barbare. Cet historien le reconnoît lui même dans ses annales. Parlant d'une bataille qui se donna entre deux puissans peuples de la Germanie, l'an 58 de Jesus-Christ, il dit (8) *que cette guerre fut heureuse pour les Hermundures, mais pernicieuse aux Cattes, parce que le vainqueur avoit consacré l'armée ennemie à Mars & à Mercure, & qu'en conséquence de ce vœu, on massacroit les hommes, les chevaux, avec tout ce qui avoit vie.*

Il paroit effectivement par un passage de Procope que j'ai rapporté ailleurs, que dans le sixieme siècle, des habitans de l'Islande offroient encore des victimes humaines à Mars. Jornandès remarque aussi, (9) que les goths appaisoient le dieu Mars par un culte extrêmement cruel, & qu'ils lui offroient pour victimes les prisonniers qu'ils faisoient à la guerre. Vitikind, dans sa chronique de Saxe, dit (10) que les anciens saxons érigoient des colonnes à l'honneur de Mars, qu'ils appelloient en leur langue *Hermin*, ou *Hermès*. Effectivement l'idole des Saxons, que Charlemagne fit abbatre, s'appelloit *Irminsul*, ce qui désignoit, selon Vitikind, la colonne de Mars; *Irmin*, ou *Hermann* signifiant en Tudesque un homme de guerre, & *Sul*, une colonne. Cette étymologie est assurément plus naturelle que celle

---

(1) Lusitani Montani Marti capram immolant, prætereaque captivos & equos. *Strabo* 3. p. 155.

(2) Accitani, Hispaniæ gens, simulacrum martis, radiis ornatum, maxima religione celebrant, Neton vocantes. *Macrob. Saturn. lib.* 1. cap. 19. p. 103.

(3) Post Mercurium, (Galli colunt) Apollinem, & Martem & Jovem, & Minervam. De his eandem fere, quam reliquæ gentes, habent opinionem... Martem bella regere. Huic cum proelio dimicare constituerunt, ea quæ bello ceperint, plerumque devovent. Quæ superaverint animalia capta immolant, reliquasque res unum in locum conferunt. Multis in civitatibus harum rerum extructos cumulos, locis consecratis, conspicari licet; neque sæpe accidit, ut neglecta quispiam religione, aut capta apud se occultare, aut posita tollere auderet, gravissimumque ei rei supplicium, cum cruciatu, constitutum est. *Cæsar.* 6. 17.

(4) Civitatibus; ce mot signifie, dans Jules Cesar, un peuple, une république, un état.

(5) Galli, Ariovisto Duce, vovere de nostrorum militum prædâ Marti suo torquem, *Florus* 2. 4.

(6) Ad Martis in Alpibus Cotriis. *Antonin. Itiner.* p. 22. Mansio ad Martem. *Itiner. Burdigalense*, p. 40. Fanum Martis; *Antonin. Itin.* p. 24.

(7) Herculem & Martem concessis animalibus placant. *Tacit. Germ.* cap. 6.

(8) Sed bellum Hermunduris prosperum, Cattis exitiosius fuit, quia victores diversam aciem Marti at Mercurio sacravere, quo voto, equi, viri, cuncta victa (vel viva) occidioni dantur. *Tacit. Ann.* 13. 57.

(9) Gothi Martem semper asperrimâ placavere culturâ, nam victimæ ejus mortes fuere captivorum. *Jornand. cap.* 4. p. 617.

(10) Saxones aram victoriæ construentes, secundum errorem patrum, sacra sua propria veneratione venerati sunt, nimirum (al. nomine) Martem, effigie columnarum... ex hoc æstimationem illorum apparet utcunque probabilem, qui Saxones originem duxisse putant de Græcis, quia Hermin, vel Hermes, Græcis Mars dicitur. *Vitikin: Corbej. An. L.* 1. p. 633.

d'*Adam de Bremen*, qui croit que (1) *Hermanful*, ou *Irmenful*, marquoit la colonne Univerfelle, le fimulacre de celui qui foutient l'Univers. Tous les peuples Scythes, en général, fervoient le dieu Mars. C'étoit leur grande, & en quelque manière leur unique divinité, puifqu'ils ne croyoient pas s'il faut s'en rapporter à Hérodote, qu'il fût permis de confacrer des fimulacres, des temples & des autels à d'autres dieux qu'à celui-là.

Il s'accordoient (2) tous à lui offrir des Victimes humaines, & le fimulacre auquel ils attachoient fon culte étoit une épée. Les anciens habitans de l'Italie fervoient, à ce qu'on prétend, le même dieu fous le nom de (3) *Mamers*, & le fimulacre qu'ils lui confacroient ne différoit guere de celui des fcythes; (4) c'étoit une halebarde. Au refte entre tous les peuples Scythes & *Celtes* il n'y en avoit aucun qui paffât pour être plus attaché au culte de Mars, que les (5) Thraces. S'il faut en croire les poètes, ce dieu (6) étoit né en Thrace. Il y faifoit (7) fon féjour ordinaire. On y voyoit même fon (1) tombeau. Comme il avoit choifi fa patrie (2) pour être le théâtre le plus ordinaire de fes exploits, il y avoit auffi un grand nombre de fanctuaires, (3) fur les montagnes près des fleuves, ou dans des forêts.

Les auteurs qui m'ont fourni ce que je viens de remarquer s'accordent à nous dire que les peuples *Celtes* adoroient le dieu Mars. La plûpart de ces auteurs font même dans l'idée que le Mars des *Celtes* étoit une divinité différente de leur Mercure. Je crois cependant qu'ils fe font trompés, & qu'ils ont attribué, mal à propos, à ces peuples d'adorer avec Mercure, qui étoit leur dieu fuprême, un dieu inférieur qui préfidoit à la guerre. Voici mes raifons.

1°. Il eft conftant que le nom de Mars n'étoit point connu parmi les peuples Scythes & *Celtes*. Ceux qui ont dit que ces nations offroient des facrifices à Mars, ou à (4) Bellone ont fuivi en

---

(1) Truncum ligni non parvæ magnitudinis, in altum erectum, fub divo colebant, patria eorum lingua Irmenful appellantes, quod latine dicitur univerfalis columna, quafi fuftenens omnia. *Adam. Brem. cap. 6.* Selon cette étymologie, Irmenful, feroit autant que Jedermans-Sul.

(2) Ferreus acinaces eft Martis fimulacrum.... Ex captivis centefimum quemque immolant. *Herodot. 4. 62.* Mars omnium Scytharum deus; ei pro fimulacris Enfes, & Tentoria (al. Cinctoria) dedicant, hominefque pro victimis feriunt. *Pomp. Mel. lib. 2. cap. 1. p. 41.* Populis iftis deus Mars eft, pro fimulacris Enfes colunt, homines victimas habent. *Solin. cap. 15. p. 232.*

(3) Mars Sabinis Mamers. *Varro de L. L. 4. 18.*

(4) Ex Varrone difcimus, Romæ antiquitus Martis fimulacrum haftam fuiffe. *Clem. Alex. Cohort. ad g. p. 41.*

(5) Thraces deos hos folos colunt, Martem, Liberum, Dianam. Sed Reges, præter populares, etiam Mercurium. *Herodot. 5. 7.* Mars quem Threffa colit gens. *Aufon. Idyll. 12.* Mars Thracius. *Minut. Felix. cap. 25. p. 258.* Mars dedidit Hebrum. *Prudent. contra Symmach. lib. 2. vf. 494.* Martem Thracibus, *Sidon. Apol. Carm. 9. vf. 174.* Mars donat Rhodopen. *Claudian. de Raptu Proferp. lib. 1. vf. 147.*

Gradivumque patrem, Geticis qui præfidet arvis. *Virgil. Æneid. 3. vf. 35.*

(6) Quis Spartanum fuiffe Martem? nonne Epicharmus vefter? Quis in Thracia fuiffe procreatum? nonne Sophocles Atticus, cunctis confentientibus theatris? *Arnob. lib. 4. p. 179.*

(7) Illi poftquam fortibus vinculis foluti funt, ftatim impetu facto, Mars quidem in Thraciam defcendit, illa vero ad Cyprum. *Homer. Odyff. 8. vf. 360.*

Quantus Biftoniis late Gradivus in oris,
Belligero rapitur curru. *Silius Ital. lib. 1. vf. 433.*

Qualis apud gelidum currus quatit altior Hebrum,
Et Geticas folvit ferventi fanguine Mavors,
Lætus cæde nives, glaciemque Aquilonibus auctam,
Perrumpit ftridens fub pondere belliger axis. *Idem lib. 17. vf. 492.*

Qualis apud gelidi cum flumina concitus Hebri,
Sanguineus Mavors clypeo increpat. *Virgil. Æneid. 12. vf. 331.*

(1) Martis in Thracia fepulcrum demonftratur, *Clem. Rom. Recognit. lib. 10. cap. 24.*

(2) Ille Furentes.

Biftonas, & Geticas populatus cædibus urbes,
Turbidus æthereas currus urgebat ad arces. *Statius, Thebaid. 3. vf. 210.*

(3) Martis oraculum apud hos viros. De Thracibus qui Afiam incolunt. *Herodot. 7. 76.*

Hic (in Biftonibus Mercurius) fteriles, delubra notat Mavortia Sylvas,

Horrefcitque tuens ubi mille furoribus illi,

Cingitur adverfo domus immanfueta fub Æmo. *Statius Thebaid. 7. vf. 40.* Thermodoon Gradivo facer. *Valer. Flacc. Argon. 5. 121.*

(4) Scordifci fævi quondam & truces, ut antiquitas
cela

cela les idées & les façons de parler des grecs & des romains qui mettoient les guerriers sous la protection de ces divinités. Plusieurs auteurs l'ont reconnu. Végece, par exemple, dit, (1) que Mars passoit pour être le dieu des Thraces & des Scythes, parce que ces peuples étoient extrêmement belliqueux, distingués par leur force & par leur valeur, & que c'étoit la raison, pour laquelle on disoit aussi que ce dieu étoit né en Thrace. Clément (2) d'Alexandrie, & (3) Phurnutus ont fait la même remarque. Que peut-on donc conclure des différens passages que je viens de citer, & qui font mention du culte que les *Celtes* rendoient au dieu Mars ? Rien, si ce n'est que ces peuples avoient effectivement une divinité qui, selon leur doctrine, présidoit à la guerre, & à laquelle les armées rendoient un culte religieux autour d'une épée, ou d'une halebarde que l'on plantoit au milieu du camp.

2°. Mais si l'on examine, après cela, qui étoit proprement ce Mars, ce dieu des guerriers, selon la théologie des *Celtes*, on trouvera que c'étoit *Vodan*, ou *Odin*, c'est-à-dire, le dieu suprême que la plûpart des étrangers ont appellé Mercure. C'est à lui que l'on consacroit le butin fait sur l'ennemi, que l'on immoloit des victimes humaines, & en particulier les prisonniers que l'on faisoit à la guerre. C'est auprès de lui que les guerriers qui mouroient sur le champ de bataille alloient jouir de la souveraine félicité. Ainsi *Regnerus Lodbrok*, roi de Danemarck, pour encourager ses troupes au combat, leur disoit : *bientôt nous passerons dans le palais du grand Odin, pour y boire de la cervoise dans le crane de nos ennemis*. L'Edda des islandois, où l'on trouve plusieurs morceaux de l'ancienne doctrine des peuples du Nord, porte aussi, (4) *que tous les hommes qui ont été tués à la guerre, depuis le commencement du monde, vont trouver Odin dans le Valhalla*. Il est vrai qu'il résulte de là qu'il y avoit une contradiction fort sensible dans la théologie des *Celtes*. Ils regardoient *Odin* comme un être bienfaisant ; ils l'appelloient *le bon, le pere des hommes*. Comment pouvoit-il donc prendre plaisir à voir ses enfans se détruire les uns les autres ? Mais dans le fond la même difficulté presse le juif & le chrétien, puisque nos livres appellent aussi le créateur du monde & de l'homme, le dieu des armées, ou des batailles. Nous levons la difficulté en disant que dieu approuve les guerres justes, & qu'il les dirige toutes d'une manière pleine de sagesse & d'équité, se servant même de la méchanceté de l'homme, & de ses fureurs, pour exercer ses justes jugemens, & pour accomplir les sages desseins de sa providence. Les *Celtes* croyoient la lever en disant que dieu avoit placé les hommes sur la terre, comme dans un champ de bataille, pour y exercer leur force & leur bravoure ; qu'il donnoit tout ici bas aux hommes forts, & qu'il réservoit d'ailleurs, dans l'autre vie, une félicité particulière aux braves qui périssoient dans la noble profession des armes.

3°. Une autre preuve, qui mérite d'être bien pesée, c'est que les anciens, peu d'accord entre eux, souvent en contradiction avec eux-mêmes, font quelquefois de Mars le dieu suprême des peuples Scythes & *Celtes*. Jules César, par exemple, dit que Mercure étoit le grand dieu des gaulois. Une loi (5) romaine insinue que c'étoit Mars. Elle défend d'instituer les dieux pour héritiers ; mais elle en excepte Jupiter pour les romains, & Mars par rapport aux gaulois, sans doute parce qu'elle regardoit ce dernier comme le dieu suprême des gaulois qui lui consacroient, depuis un tems immémorial, une partie des biens qu'ils avoient acquis à la guerre. Tacite aussi assure que les germains servoient principalement Mercure. Ailleurs il fait dire à ces peuples, que Mars est le premier de tous les dieux. Dans un endroit il dit, que les germains n'offroient des victimes humaines qu'à Mercure ; dans l'autre il parle d'un voeu par lequel le vainqueur avoit consacré l'armée ennemie à Mars, & à Mercure. Comment accorder

---

docet, hostiis captivorum Bellonæ litantes & Marti, humanumque sanguinem in ossibus capitum cavis, bibentes avidiús. *Amm. Marc. lib.* 27. *cap.* 4. *p.* 482.

(1) Mars Thracibus & Scythis præesse existimatur, quia ea gens maxime bellicosa, præque aliis robore & viribus præstans, unde & apud illos natus dicitur. *Veget. de Rer. Milit. lib.* 1. *cap. ult.*

(2) Άρης ἀπὸ τῆς ἄρσεως, καὶ ἀναιρέσεως Mars à cæde dictus, quam præcipue ob causam, mihi videntur plurimi defixo solum ense, quasi Marti sacra facere &c. *Clem. Alex. Coh. ad g. p.* 56.

(3) Coli vero Mars à Thracibus præcipue, & Scythis, ejusque generis gentibus dicitur, quoniam apud illos bellica exercitia maxime probantur, nec ullam juris rationem habent. *Phurnutus, p.* 57.

(4) Cum omnes homines ab initio mundi in bellis cæsi Valhallam ad Odinum veniant &c. *Edda Island. Myth.* 32.

Philosophie anc. & mod. Tom. I.

(5) Deos instituere non possumus hæredes, præter eos, quos senatusconsulto, constitutionibus principum, instituere concessum est ; sicuti Jovem Tarpejum, Apollinem Didymæum ; sicuti Martem in Gallia, Minervam Meliensem, Herculem Gaditanum, Dianam Ephesiam, matrem deorum Cybelem, quæ Smyrnæ colitur, & coelestum salinensem Carthaginis. *Corpuscul. Juris Tit.* Qui hæredes institui possint, apud Forcatul. *lib.* 5. *p.* 702. & in *Cujac. Opp. Tom.* 1. *p.* 267.

tout cela ? La chose est très facile. Les noms étrangers de Mars, & de Mercure, désignent le même dieu, c'est-à-dire, *Teut*, ou *Odin*, que les *Celtes* regardoient comme le dieu suprême, & en même tems comme le protecteur des guerriers.

4°. Effectivement si l'on veut se donner la peine de comparer exactement divers passages que j'ai eu occasion de citer, on pourra en tirer une preuve démonstrative, que le prétendu Mars des peuples *Celtes* étoit leur dieu suprême, le même dieu qu'ils appelloient *Teut*, *God*, *Vodan*, *Odin*. Jornandès dit, que les Goths immoloient leurs captifs à Mars, qu'ils lui offroient les prémices de leur butin, & que pour l'honorer, ils pendoient à des arbres consacrés les dépouilles de leurs ennemis. Paul Diacre, qui donne à ce dieu le nom qu'il portoit parmi les peuples de la Germanie, dit que c'étoit *Vodan*. Procope dit que les islandois immoloient leurs prisonniers à Mars qu'ils regardoient comme le plus grand des dieux. La mythologie des islandois nous avertit (1) que c'est *Odin* qui est le plus ancien & le plus grand de tous les dieux. Hérodote assure que les scythes ne consacrent des temples, des autels, & des simulacres qu'à Mars. C'étoit donc leur dieu suprême. Les turcs, qui faisoient partie de ces scythes, & qui sont, comme on le prétend les (2) *Iyrca* d'Hérodote, nous disent que leur dieu suprême s'appelloit *Tay*. J'ai montré que c'est le dieu *Tis*, auquel la plûpart des étrangers ont donné le nom de Mercure. Hérodote l'appelle ici Mars. Mais aussi il ne met point Mercure au nombre des divinités qui étoient adorées par les scythes.

Je crois avoir prouvé que l'on a distingué, mal à propos, le Mars des *Celtes*, de leur Mercure. Ces deux noms désignent constamment la même divinité. Il ne reste plus que de résoudre une question que l'on pourroit me faire. Comment a-t-il donc pû arriver que les anciens se soient accordés presque généralement à soutenir que, selon la doctrine des peuples *Celtes*, Mars & Mercure étoient deux divinités différentes ? Voyons donc ce qui a pû leur faire prendre le change. Deux choses y ont sur-tout contribué.

1°. Les divers noms que les peuples *Celtes* donnoient au dieu suprême. Ils l'appelloient non seulement *Teut*, ce qui étoit son nom propre, mais encore *God*, *Guod*, *Guodan*, *Vodan*, *Odin* ; le Bon, ou *Hes*, & avec une terminaison latine, *Hesus*, c'est-à-dire le seigneur. Lucain & Lactance disent que les gaulois offroient des victimes humaines à *Hesus* & à *Teutatès*. Le commun des auteurs prétend que *Teutatès* est Mercure, & *Hesus*, Mars. Peut-être que Lucain, & Lactance qui l'a suivi, ont regardé le *Hesus* & le *Teutatès* des gaulois comme deux divinités différentes. Ils peuvent être tombés dans cette erreur, parce qu'ils ne savoient pas que le mot de *Hesus* est un nom purement appellatif, qui désignoit autrefois dans toute l'Europe, un prince, un grand seigneur. On le donnoit indifféremment aux héros & aux dieux. La mythologie des islandois portoit, par exemple, (3) qu'il y avoit douze dieux (*Asa*) & douze déesses, (*Asynia*) qui méritoient les honneurs divins, mais qu'*Odin* étoit le plus grand & le plus ancien des dieux (*Asarum*). Arngrim Jonas, après avoir remarqué (4) que les chefs d'une célèbre migration des suédois furent appellés *Aser*, ajoute que le singulier de ce nom est *As*, ou *Aas*, & qu'on le donnoit par excellence à *Odin*, avec l'épithète de tout-puissant. On voit aussi dans Olaus Rudbek, (5) que *Fan-As* signifioit autrefois, parmi les suédois, seigneur dieu, & *Fan-asir*, les seigneurs dieux.

La langue des étrusces ne différoit point à cet égard de celle des peuples du Nord. Ils appelloient un grand seigneur (6) *Bannas*, & les dieux (7) *asi* ou (8) *asar*. Les peuples qui avoient passé de Thrace en Asie, comme les Lydiens, & les phrygiens appelloient le dieu suprême *As-Tis*, le seigneur *Tis*, ou *Titias*, *Tis* le seigneur.

---

(1) Est ergo Odinus magnus dominus cum tam innumerabili præsit hominum multitudini. *Edda Island. Mythol.* 35. Odinus supremus est, & antiquissimus Asarum. *Ibid. Mythol.* 18.

(2) Herodot. 4. 22. Effectivement le nom d'*Iyrca*, en y ajoutant l'article Scythe, *Th*, fait le mot *Thiyrca*, *Turca*. Aussi Pomponius Mela appelle-t-il formellement ce même peuple *Turca*. *lib.* 1. *cap.* 19. *in fine.*

(3) Duodecim sunt Asæ, divinis afficiendi honoribus, nec minus Asiniæ sanctæ sunt, aut minoris potentiæ. Odinus supremus est & antiquissimus Asarum, *Edda Island. Mythol.* 18.

(4) Migrationis Asiaticæ principes Æser Asiatici dicti sunt cujus singulare est As, vel Aas, ipsi Odino κατὰ ἐξοχὴν attributum den Almegste Aas. Arngrimi Jonas apud Loccen. *Hist. Suec. lib.* 5. 349. den Almegste *Aas*, signifie le Seigneur tout-puissant.

(5) Fan-As, dominus deus ; (fan Æsir) domini dei. Olaus Rudbek, *Atlantid.* T. 1. p. 364.

(6) *Bannas* Rex apud Italos, aliis supremus princeps. *Hesych.*

(7) Ἀσοί dii apud Tyrrhenos. *Hesych.*

(8) Quod Æsar Etrusca lingua deus vocaretur. *Suet. August. cap.* 97.

Selon les apparences *As-land*, *At-land Afia*, (1) signifioit dans leur langue la terre des héros, le pays où les grands seigneurs passoient pour y moissonner des lauriers, & *Atlas*, ou *Adelas*, un noble seigneur. Peut-être aussi que ce nom d'*As* est caché dans ceux de (2) *Lailas*, de *Bisyras*, de *Titax*, que des héros Thraces & Lydiens ont porté. Les Goths, au lieu de dire *As*, prononçoient (3) *Ans*, & ce mot désignoit parmi eux un héros, un grand seigneur. Les latins, les grecs, les germains & les perses, changeoient encore plus la prononciation de ce mot. Les latins disoient *Herus* le seigneur, *Hera*, la dame. Les grecs (4) *Héros*, un seigneur, un demi-dieu, *Hera*, ou *Era*, la dame, c'est-à-dire la terre, les germains *Hérr*, un maître, un grand seigneur, & les perses (5) *Art*, un homme illustre, distingué, un héros. Le nom Gaulois de *Hefus* étoit donc un titre, une épithète de la divinité. On comprend facilement, après cela, que des étrangers ayant ouï dire aux gens du pays qu'ils adoroient *Hefus Teutatès*, purent croire, que ces deux noms désignoient deux divinités différentes, de la même manière que les grecs, dont j'ai parlé plus haut, firent du *Ditis Pater* des aborigènes, deux dieux différens.

2°. L'autre source de l'erreur où sont tombés les auteurs qui distinguent le Mars des *Celtes* de leur Mercure, c'est la diversité du culte que ces peuples offroient à leur dieu suprême. Les nations qui avoient une demeure fixe tenoient leurs assemblées religieuses, ou dans une forêt, autour d'un arbre consacré, ou sur des collines, autour d'un amas de pierres. Les Nomades, au contraire, c'est-à-dire, les peuples qui menoient une vie errante & vagabonde, formoient avec de la terre & des fascines, (6) une espèce de colline artificielle, au haut de laquelle ils plantoient une épée, & c'étoit là leur sanctuaire, ou comme Hérodote l'appelle, leur temple, aussi long-tems qu'ils demeuroient dans la contrée. Tous les peuples *Celtes*, en général, quand ils faisoient la campagne, & qu'ils étoient à la vue de l'ennemi, plantoient sans autre façon, au milieu du camp, une épée, ou une hallebarde, qui étoit le simulacre du dieu qu'ils adoroient. Il ne faut pas être surpris que les grecs & les romains, prévenus de leurs idées, ayent cru que le dieu que les *Celtes* servoient autour d'un amas de pierres étoit Mercure, & qu'ils ayent pris pour Mars, celui dont le simulacre étoit une épée.

Je crois donc pouvoir conclure présentement, que les peuples *Celtes* n'adoroient tous qu'un seul Dieu suprême qu'ils appelloient *Teut*, ou *Tis*, & que les étrangers ont appellé tantôt Mercure, tantôt Mars, Jupiter, Saturne, ou Pluton, par les raisons que j'en ai alléguées. S'il étoit vrai, comme plusieurs l'ont cru, que le Mars des *Celtes* eut été une divinité particulière & subalterne, j'avoue que je ne saurois qu'en faire, ni dans quelle classe le ranger. Ces peuples ne connoissoient point le culte des morts. Ils ne rendoient point de service religieux aux ames de leurs héros, & à la réserve du Dieu suprême, ils n'en reconnoissoient aucun qui ne fût attaché à quelque élément, au feu, à l'air, à l'eau, à la terre. C'est ce qui me conduit à parler des divinités subalternes que ces peuples plaçoient dans les élémens, & dans les différentes parties de la matière.

J'ai montré au long, dans les paragraphes précédens, que les peuples *Celtes* rendoient un culte religieux aux élémens, & à toutes les différentes parties du monde visible. Ce culte étoit fondé sur la persuasion qu'il résidoit dans l'air, dans le feu, dans l'eau, & dans tous les corps, que nous regardons comme inanimés, des intelligences qui avoient une assez grande supériorité sur l'homme, tant par les lumières, que par la puissance dont elles étoient douées, pour mériter un service religieux, de sa part. Dans le fond cette idée, au lieu de leur être particulière, étoit commune à la plûpart des payens. Ne comprenant pas qu'une matière morte, & insensible, pût avoir en elle-même le principe du mouvement, ni la vertu de se mouvoir, avec une sagesse & un ordre admirable; ne croyant pas que ce fût une chose digne de l'être suprême de descendre dans tous les détails que demande la conservation & la conduite de l'Univers, ils lui associoient des intelligences subalternes qui avoient chacune son district & son département particulier. Il ne faut pas douter que ce ne soit ici l'origine de la plus ancienne idolâtrie. Le soleil, la lune, l'armée des cieux en furent les premiers objets, parce qu'on jugea que les astres

---

(1) vide Herodot. 4. 45.

(2) *Lailas*, Tyrannus apud Lydos. Hesych. *Bisyras*. Heros Thrax. Idem. *Titax*, pretiosus, Dynastes, rex. Idem.

(3) Gothi proceres suos ... non puros homines sed Semideos, id est *Anses* vocaverunt. Jornand. Goth. cap. 13. p. 629.

(4) Ἥρως Præcellentes virtute, Semidei, viri generosi. Hesych. ἥρως rex, princeps. ἥρα ἡ γῆ Terra. Idem. A medietate aëris, usque in montium terræ que confinia, Hemithei, Heroësque versantur, qui ex eo quod heram, terram veteres dixerunt, heroes nuncupantur. Martian. Capell. Satyr. lib. 2. p. 40.

(5) Ἀρτὴς Magnus, illustris. Ἀρταῖοι Heroës apud Persas Hesych.

(6) Herodot. 4. 62.

si beaux, si utiles à l'Univers en général, & au genre humain en particulier, étoient conduits par des intelligences bienfaisantes, & amies de l'homme. Mon dessein n'est pas de parler ici de toutes les divinités subalternes que les peuples *Celtes* plaçoient dans les élémens. Un semblable détail me méneroit à l'infini. Il faudra se contenter de parler des principales divinités qu'ils subordonnoient à l'Être suprême. Je ne toucherai même cette matière qu'autant que la chose pourra servir à faire connoître la parfaite conformité qu'il y avoit à cet égard entre tous les peuples Scythes & Celtes.

Après le Dieu suprême, le grand objet de la vénération de ces peuples, c'étoit la terre. J'ai déjà eu occasion de le prouver en partie. On a vu, par exemple, que les Scythes rendoient un culte religieux à la terre ; que les turcs la célébroient dans leurs hymnes ; que les perses lui offroient des sacrifices ; que les anciens habitans de la Grece la regardoient comme une divinité. En parlant du dieu *Teut*, & de l'idée que les peuples *Celtes* s'en formoient, j'ai prouvé encore qu'on le regardoit comme le mari de la terre, à laquelle il s'étoit uni pour produire l'homme, & toutes les autres créatures. C'étoit la raison pour laquelle on ne séparoit guères le culte de ces deux divinités. Le Dieu suprême n'étoit devenu le pere des hommes que par son mariage avec la terre ; & la terre aussi n'étoit un objet d'adoration qu'autant que l'Être infini s'en étoit servi pour la production de l'homme. Ainsi les Scythes adoroient Jupiter, & *Apia*, c'est-à-dire, la terre, qu'ils appelloient la femme de Jupiter. Les Thraces servoient *Cotis* & *Benais*, les phrygiens *Atis* & *Rhea*, les italiens *Saturne* & *Ops*, les germains *Vodan*, & sa femme *Frea*, c'est-à-dire la terre. Je ne crois pas qu'il soit nécessaire, après cela, que j'entre dans un grand détail, ni pour prouver que la terre étoit une des grandes divinités des peuples *Celtes*, ni pour rechercher les fondemens du culte qu'ils lui rendoient. L'un & l'autre de ces articles me paroissent assez éclaircis. Contentons nous de représenter ici le culte même que ces peuples rendoient à la terre, & les fêtes qu'ils lui consacroient. Elles se célébroient partout avec les mêmes cérémonies, qui ont passé insensiblement de la Scythie dans les provinces Méridionales de l'Europe & jusques dans l'Asie mineure.

Tacite, parlant de divers peuples qui demeuroient dans le Nord de la Germanie, n'y trouve rien qui mérite d'être remarqué, si ce n'est (1) qu'ils adorent tous la déesse *Herthus*, c'est-à-dire la terre, s'imaginant qu'elle intervient dans les affaires des hommes, & qu'elle va visiter les peuples. Il y a dans une des (2) Isles de l'Océan une chaste forêt, dans laquelle on conserve un chariot qui lui est consacré. Il est couvert d'un habit, & personne n'a la permission de le toucher, que le sacrificateur de la déesse. Celui-là observe le tems où elle se trouve dans le lieu qui lui est consacré, & suit avec beaucoup de respect la voiture traînée par deux vaches. On fait de grandes réjouissances, on célebre des fêtes dans tous les lieux où elle passe, & aussi long-tems qu'elle y séjourne. Pendant cette solemnité, ils ne font point la guerre, ne portent point les armes, qui sont toutes enfermées. Ce n'est que pendant cette fête que la paix & le repos sont connus & aimés. Après que la déesse s'est rassasiée d'être dans la compagnie des mortels, le même sacrificateur la remène dans son temple. Ensuite le chariot & les habits, & si on veut les en croire, la divinité elle même est lavée dans un Lac secret & inconnu. On employe à cela des esclaves qui sont d'abord noyés dans le même Lac. Il naît de là une secrete terreur, & une sainte ignorance de ce que peut être une chose qui n'est vûe que par des hommes qui périssent immédiatement après.

Le culte de la terre n'étoit pas particulier aux peuples que Tacite nomme dans cet endroit. Il remarque un peu plus bas (3) que les *Estions*, qui sont les Prussiens d'aujourd'hui, vénèrent la

---

niuntur : nec quicquam notabile in singulis, nisi quod in commune, Herthum, id est terram matrem colunt, eamque intervenire rebus hominum, invehi populis arbitrantur. Est in insula oceani castum nemus, dicatumque in eo vehiculum, veste contectum, attingere uni sacerdoti concessum. Is adesse penetrali deam intelligit, vectamque bobus fœminis, multa cum veneratione prosequitur. Læti tunc dies, festa loca, quæcumque adventu hospitioque dignatur. Non bella ineunt, non arma sumunt, clausum omne ferrum : pax & quies tunc tantum nota, tunc tantum amata, donec idem sacerdos satiatam conversatione mortalium deam templo reddat. Mox vehiculum & vestes, & si credere velis, numen ipsum secreto lacu abluitur. Servi ministrant, quos statim idem lacus haurit. Arcanus hinc terror, sanctaque ignorantia, quid sit illud quod tantum perituri vident. *Tacit. Germ. cap.* 40.

(2) Cluvier prétend que c'est l'Isle de Rügen, dans la mer baltique *Germ. Antiq. p.* 131. Cependant Tacite la place dans la mer océane. Il y a plus d'apparence que c'est l'isle Helligeland, qui est située à l'embouchure de l'Elbe. Les Anglois Angli demeuroient de ce côté là ; & Arnkiel in Arna mestre, dans ses antiquités cimbriques, que les anciens Germains avoient cette Isle en grande vénération. Le mot de Heiligeland, signifie terre sainte.

(3) Æstyi matrem deûm venerantur insigne superstitionis formas aprorum gestant. Id pro armis, omniumque tutela, securum deæ cultorem, etiam inter hostes præstat. *Tacit. Germ. cap.* 45.

---

(1) Rudigni, Aviones, Angli, Varini, Eudoses, Suardones, & Nuithones, numinibus aut sylvis muniuntur :

mère des dieux, & qu'ils portent des figures de fangliers, comme une enfeigne de cette dévotion. Cette figure leur tient lieu d'armes & de défenfe, & met les adorateurs de la divinité en fûreté, même au milieu de leurs ennemis.

Les paffages que je viens de citer méritent quelques réflexions. 1°. La déeffe que les Germains appelloient *Herthus*, c'étoit la terre. Tacite fuit le ftyle des Romains, en l'appellant *la terre mère*, *la mère des dieux*. Mais je ne doute pas que les Germains ne lui donnaffent les mêmes titres, puifqu'ils la regardoient comme la femme du Dieu fuprême, & comme la mère des hommes & des dieux. Le favant M. Keyfler fe trompe donc affurément, lorfqu'il prétend (1) que la mère des dieux vénérée par les Eftions étoit le foleil auquel les anciens offroient des fangliers. Cette conjecture ne peut s'accorder, ni avec la mythologie des peuples Scythes & Celtes, ni avec les paroles de Tacite qui la détruifent formellement.

3°. Je fuis bien trompé fi cette grande folemnité, que plufieurs peuples de la Germanie célebroient à l'honneur de la terre, n'étoit pas la fête de la naiffance du monde, & du premier homme. On y regardoit la terre comme une femme qui relève de couche. On lui faifoit prendre l'air, on la promenoit, on la baignoit. Elle rendoit fes vifites. Chacun la félicitoit, & fe réjouiffoit avec elle de fon rétabliffement, & de l'augmentation de fa famille. Comme cette folemnité avertiffoit les peuples Germains qu'ils avoient tous une origine commune, qu'ils étoient tous enfans de la terre, on ne voyoit par-tout que feftins, que réjouiffances, avec mille démonftrations d'une amitié réciproque. Toutes les armes demeuroient enfermées auffi long-tems que la folemnité duroit, afin que perfonne n'outrageât la mère commune du genre humain par l'effufion du fang de fes enfans. Tous ceux qui portoient fes livrées étoient en fûreté, même au milieu de leurs ennemis qui les regardoient & les traitoient comme des frères. Cette idée étoit auffi belle que jufte. Il auroit été à fouhaiter feulement qu'elle fe fût arrêtée dans l'efprit des Germains, & qu'ils ne fe fuffent jamais départis des leçons qui en réfultoient naturellement. Mais d'abord que la fête étoit paffée, les hoftilités recommençoient au milieu de ces peuples féroces. Alors, comme aujourd'hui, les hommes avoient de beaux principes : mais ces principes n'étoient que de pures fpéculations qu'ils démentoient enfuite par toute leur conduite.

Ceux qui ont quelque connoiffance du culte

que les Lydiens, les Phrygiens & les autres peuples Scythes de l'Afie mineure rendoient à *Rhea*, c'eft-à-dire, à la terre, fe font fans doute déjà apperçus qu'il ne différoit prefque en rien de celui que les Germains offroient à la même divinité. *Les Phrygiens*, dit Firmicus Maternus, (2) *affignent à la terre la primauté fur tous les autres élémens*, & *veulent qu'elle foit la mère de tous*. Ils l'appelloient *la grande mère*, *la mère des dieux*. Elle étoit le grand, & en quelque manière l'unique objet de leur (3) culte. La plupart de fes fanctuaires étoient fur des montagnes couvertes d'épaiffes forêts. Delà les divers noms de (4) *Berecynthia*, *Peffinuntia*, *Idea*, *Dindymene*, *Cybele*, *Agdeftis*, qu'on lui donnoit, & qui étoient tous pris des différentes montagnes de la Phrygie où cette déeffe étoit fervie.

Les Phrygiens, comme les Germains, ne confacroient point de fimulacres à la terre, je parle de ces fimulacres qui repréfentoient la divinité fous la forme de l'homme, ou de quelque animal. On voit dans l'hiftoire Romaine, que le fénat, ayant fait confulter les livres de la fybille, y trouva que le véritable moyen de fe délivrer de la guerre qu'Annibal avoit portée en Italie, c'étoit d'aller chercher à Peffinunte la mère des dieux, & de l'amener à Rome. Les ambaffadeurs, qui avoient été chargés de cette importante commiffion, apportèrent (5) à Rome en grande pompe une pierre que les habitans du pays leur avoient dit être la mère des dieux.

---

(2) Phryges qui Peffinuntem incolunt, circa Galli fluminis ripas, terræ ceterorum elementorum tribuunt principatum, & hanc volunt effe omnium matrem. *Firmic. Matern. de error. prof. relig. p.* 409.

(3) Omnis Phrygia Rheæ facra. *Schol. ad Apollon. Argon. lib.* 1. *p.* 102. Rhea terra eft. *Ibid. p.* 468. Quis ambigat matrem deûm phrygiis terram haberi ? *Macrob. Saturn. lib.* 1. *cap.* 11. *p.* 210. Phryges matrem colunt. *Min. Felx p.* 53 Rhea vocabatur Ma, eroue apud Lydos Taurus facrificabatur, unde urbs Lydiæ Mafaura dicta. *Stephan. de Urb. p.* 540.

(4) Berecynthii Phrygia gens. In univerfum vero Phryges, & Troum illi qui Idam accolunt, Rheam colunt, cique orgia peragunt, matrem deorum appellantes, & Agdeftin, & Phrygiam deûm magnam. A locis autem Idæam, Dindymenen, Pylenen, Peffinuntiam & ybelen. *trabo* 10. *p.* 468. Berecyntius mater Phrygia ; nam Berecynthos mons eft Phrygiæ juxta fangarium fluvium, ubi mater deorum colitur Cybele. *Servius ad Æneid* 6, *f.* 786.

Agdeftis eadem cum matre deorum *Hefych*. Idæus filius Dardani, in montibus qui nunc Idæi ab eo ominantur, fedes pofuit, ubi matri deûm templum exuit, eique facra & myfteria inftituit, quæ ad hoc ufque tempus per univerfam Phrygiam durant. *Dionyf. Halicar. lib.* 1. *p.* 50.

(5) Attalus legatos comiter exceptos. Peffinuntem

---

(1) *Keyfler, antiq. feptent. p.* 158.

Festus & Servius remarquent (1) que les Romains, en recevant la mère des dieux, adoptèrent en même-tems le culte qu'elle recevoit en Phrygie, sans y rien changer.

C'étoit donc des Phrygiens que les Romains avoient appris, (2) à promener tous les ans cette pierre sur un chariot, ou dans une litière, & à la laver ensuite solemnellement dans une petite rivière que le Tybre reçoit au-dessous de Rome. Nous avons vu que les Germains pratiquoient précisément les mêmes cérémonies pendant la fête qu'ils célébroient à l'honneur de la terre. Peut-être même que ce ne seroit pas une conjecture tout-à-fait hasardée de croire que cette divinité qu'ils promenoient dans une voiture, & qu'ils lavoient dans un lac secret & inconnu, étoit aussi une pierre. S. Augustin a remarqué (3) que lorsque les Romains promenoient la mère des dieux, ceux qui assistoient à la procession, chantoient des chansons remplies de sottises & d'infamies. Les couches de la terre, son mariage avec *Atys*, l'action d'*Atys* qui, après la naissance du premier homme, se mit hors d'état d'avoir d'autres enfans avec sa femme, en fournissoient sans doute le sujet.

Enfin les Corybantes, (4) les Telchines, les Dactiles Idéens nous sont représentés comme les ministres, & les assesseurs de la déesse. J'ai montré ailleurs que ce sont les anciens Scythes qui offroient leurs sacrifices avec des chants, des danses, & un tumulte qui les faisoit prendre pour des possédés. La seule différence que je trouve ici entre les Germains & les Phrygiens, c'est qu'en Phrygie la mère des dieux avoit pour sacrificateurs des eunuques, ce qui n'étoit point d'usage en Germanie, autant que je puis le savoir. On prétend que ces sacrificateurs, que l'on appelloit (5) *Galli*, tiroient leur nom de la petite rivière de (6) *Gallus*, qui se jette dans le *Sangarius*, & qui avoit autrefois la vertu de rendre furieux ceux qui buvoient de ses eaux. Il se pourroit fort bien qu'ils portassent le nom de ce fleuve, parce qu'on y lavoit la mère des dieux ; & comme ils faisoient les possédés après la cérémonie, on s'imagina sans doute que c'étoit l'eau même du fleuve qui leur donnoit cette fureur. Peut-être aussi qu'ils portoient le nom de *Galli*, pour marquer qu'ils étoient étrangers (7) & voyageurs sur la terre, qu'ils se promenoient partout avec leur déesse, sans avoir jamais de demeure fixe.

Ce qui pourroit confirmer cette conjecture, c'est que les devins des premiers habitans de la

---

in Phrygiam deduxit, sacrumque iis lapidem quem matrem deûm incolæ esse dicebant, tradidit, ac deportare Romam jussit. *Livius* 29. 2.

(1) Peregrina sacra, quæ ob quasdam religiones, per pacem sunt petita, ut ex Phrygia matris magnæ, ... coluntur eo more à quibus sunt accepta. *Pomp. Fest.* p. 45. Sacra mat. is deûm, Romani more Phrygio coluerunt. *Servius ad Æneid* 12. vs. 836.

(2) Lapis nigellus, evehendus effedo,
Muliebris oris clausus argento sedet,
Quem dum ad lavacrum præcundo ducitis,
Pedes remotis adterentes calceis,

Almonis usque pervenitis rivulum. *Prudentius Petri Steph. Hymn.* 10. vs. 156.

Est locus, in Tiberim, qua lubricus influit Almo ;
Et nomen magno perdit ab amne minor.
Illic purpureâ canus cum veste sacerdos,

Almonis dominam, sacraque lavit aquis. *Ovidius Fast.* 4. vs. 337.

Et lotam parvo revocant Almone Cybelen. *Lucan. lib.* 1. vs. 600.

(3) Berecynthiæ, matri deorum omnium, ante ejus lecticam, die solemni lavationis ejus, talia per publicum cantitabantur à nequissimis scenicis, qualia non dico matrem deorum, sed matrem qualiumcumque senatorum, vel quorumlibet honestorum virorum, imo vero qualia nec matrem ipsorum scenicorum deceret audire. *Augustin. de civit. dei. lib.* 2. *cap.* 4. *Voyez la note de Vivès sur cet endroit.*

(4) Idæos dactylos vocari dicunt . . . quod Rheæ omnia administrent. *Pollux lib.* 2. *cap.* 4. *n.* 31. p. 106. Tityas & Cyllenus idæorum dactylorum duces, & matris deûm assessores. *Scholast. Apollonii. lib.* 1. 116. Rhea mater Jovem recens natum Dactylis Idæis, qui Curetes alio nomine appellati sunt, commendavit. Illi postea ab Ida, Cretæ monte, in Elidem venerunt. *Pausan Elias.* 1. p. 391.

(5) Crinemque rotantes,
Sanguineum populis ululârunt tristia Galli. *Lucan* 1. vs. 567.

(6) Cur igitur Gallos qui se excidere vocamus ?
Cum tanto Phrygiâ Gallica distet humus ?
Inter ait viridem Cybelen, altasque Celenas,
Amnis it insanâ nomine Gallus aqua,
Qui bibit inde furit, &c. *Ovid. Fast.* 4. vs. 361.

Gallus fluvius, a quo nomen traxere matris deûm sacerdotes *Plin.* 5. 32. Gallum dicunt, & Attin abscidisse sibi genitalia. Gallum vero venisse ad Tyriam fluvium, ibique habitasse, & fluvium Gallum vocasse, ab hoc enim homines quibus genitalia abscissa Gallos vocant. *Steph. de Urb.* p. 161.

(7) C'est ce que signifie le mot de Gallus.

Sicile s'appelloient auſſi *Galeoi*. Je ne ſais où S. Jérôme avoit pris que les prêtres Phrygiens, dont nous parlons, (1) *étoient de véritables Gaulois que les Romains choiſiſſoient pour ſervir la mère des dieux, & qu'ils privoient de ce qu'Origène perdit volontairement, pour punir par cet affront une nation qui avoit pris autrefois la ville de Rome.* C'eſt une fable ! Les prêtres de la mère des dieux n'étoient pas des Gaulois, mais des Phrygiens, comme tous les anciens l'ont reconnu. Peut-être que les Phrygiens avoient appris des Orientaux à faire ſervir leur déeſſe par des eunuques. Peut-être auſſi qu'ils trouvoient dans leur mythologie la raiſon de cet uſage. Ils diſoient qu'*Atis* étoit le mari de la terre. Ils le ſervoient avec elle. Ils le regardoient comme l'auteur des proſpérités de leur nation. Parce qu'il n'y a ſur la terre qu'une ſeule eſpèce de créatures raiſonnables, c'eſt l'homme; parce que le créateur ne forme plus de nouveaux êtres, ils diſoient, ſelon les apparences, que depuis la formation du monde & de l'homme, *Atis* avoit perdu la faculté d'engendrer, qu'il s'étoit fait eunuque, & qu'il devoit être imité en cela par ſes ſacrificateurs. C'eſt une conjecture que j'abandonne de bon cœur au jugement du lecteur.

Il ne faut pas quitter les peuples *Celtes* de l'Aſie mineure, ſans dire un mot de la Diane à laquelle ils avoient conſacré un ſanctuaire à Epheſe dans le même lieu où l'on bâtit depuis ce célèbre temple qui paſſoit pour l'une des ſept merveilles de l'univers. Cette Diane étoit originairement une divinité Scythe. La choſe n'eſt pas conteſtée. Quelques-uns ont ſeulement cru que c'étoit la lune. La mépriſe n'eſt pas conſidérable. Nous verrons en ſon lieu, que les Scythes vénéroient auſſi la lune. Mais au reſte la Diane d'Epheſe étoit conſtamment la terre. On le voit dans un paſſage de Callimaque, qui mérite d'être rapporté. Ce poëte, dans ſon hymne à Diane, dit à la déeſſe : (2) « Les belliqueuſes amazones vous conſacrèrent une ſtatue à Epheſe, ſur le bord de la mer, & la poſèrent ſous un hêtre. La prêtreſſe *Hippo* en fit la cérémonie, & après le ſacrifice, les amazones danſèrent ſolemnellement autour de votre ſtatue, ô reine Opis. D'abord elles danſèrent avec leurs boucliers, ce qu'on appelle une danſe armée, enſuite elles firent un grand cercle, & danſèrent un branle au ſon des flûtes. On bâtit dans la ſuite autour de cette ſtatue un vaſte temple, le plus magnifique que l'on trouve dans tout l'Orient. L'impie & furieux Lygdamis menaça de détruire ce temple. Il vint même l'attaquer avec une armée de Cimmériens, qui ſe nourriſſent de lait de cavale, & qui demeurent près du (3) détroit que la fille d'Inachus, transformée en géniſſe, paſſa à la nage. Leur nombre égaloit celui du ſablon de la mer. Cependant cet infortuné prince ſe trouva bien trompé dans ſes eſpérances. Il ne ſavoit pas que ni lui, ni aucun de ceux qui avoient campé, avec leurs chariots, dans les prairies que le Caïſtre arroſe, ne retourneroit dans ſa patrie. C'eſt ainſi, ô Diane, que vos flêches ont toujours couvert la ville d'Epheſe comme un rempart ».

Donnons-nous la peine d'examiner & d'expliquer ce paſſage qui renferme pluſieurs particularités remarquables ſur le ſujet des *Celtes* & de leur religion.

1°. Le poëte dit que les amazones avoient établi à Epheſe le culte de Diane. Il eſt ſuivi en cela par une foule d'auteurs (4) qui attribuent

---

(1) Hi ſunt quos hodie Romæ, matri non deorum, ſed dæmoniorum ſervientes Gallos vocant, eo quod de hac gente Romani truncatos libidine, in honorem Atys, quem Eunuchum dea Meretrix fecerat, ſacerdotes illius mancipârint. Propterea autem Gallorum gentis homines effœminantur, ut qui urbem Romam ceperant, hac feriantur ignominia. *Hieronymus, in Oſe 4. 14.*

(2) Tibi Amazonides belli amantes, in littore Epheſi, ſtatuam (Βρέτας) poſuerunt, fagino ſub trunco, peregitque ſacrum Hippo. Ipſæ vero Amazones, Oupi regina, circum ſolemni ſaltatu tripudiarunt Primum quidem in ſcutis armatum tripudium (πρύλιν) deinde in orbem diducentes latum chorum, ſuccinuerunt autem ſuaves ſubtile quid fiſtulæ, ut ſtipent chorum confertim... Hanc porro deinceps circa ſtatuam, lati fundi templum ædificatum eſt, quo nullum divinius aſpicit oriens. Quare inſaniens vaſtaturum ſe hoc comminatus eſt Lygdamis, homo injurius, & inſuper exercitum Equimulſorum adduxit Cimmeriorum, arenarum inſtar, qui apud ipſum adjacentes, habitant bovis inachiæ tranſitum. Ah miſerum regem, quintum erravit ! neque enim futurum erat ut vel ipſe in Scythiam redux, vel quiſpiam alius, quorumcunque in prato Cayſtrio conſiſtere currus, reverteretur; Epheſo enim ſemper tuæ ſagittæ quaſi propugnaculum objectæ ſunt. *Callimach. Hymn. in Dian. vſ. 239-258.*

(3) C'eſt le Boſphore de Thrace, près de Conſtantinople.

(4) Epheſus magna urbs Dianæ, ubi deæ quondam ædem Amazonides ſtruxere, in trunco ulmi, immenſum hominibus miraculum. *Dionyſ. Perieg. vſ. 827.*

Smyrna Amazon tenuiſſe Epheſum dicitur, à qua vicus quidam urbis Smyrna dicitur. Aiunt ipſam Epheſum Smyrnam dictam. Epheſus vocata a muliere Epheſo, Dianæ miniſtra, Amazonis matre à qua Amazones. *Euſtath. ad h. l. p. 113.*

Smyrna Amazon fuit quæ Epheſum tenuit. *Strabo 14 initio.* Amazones Epheſo multiſque aliis urbibus conditis, partem exercitus cum ingenti præda de-

unanimement à ces femmes belliqueuses la fondation de la ville, & du temple d'Ephèse. Mais personne ne dit qui étoient ces amazones, ni d'où elles étoient venues. Il ne sera cependant pas difficile de le déterminer. Les amazones sont les femmes des Scythes, tant Sarmates, que *Celtes*. Les unes & les autres suivoient leur maris à la guerre, avec cette différence, que les femmes des Sarmates se battoient contre l'ennemi, au lieu que les femmes des *Celtes* se contentoient ordinairement de servir leurs maris, & d'offrir des prières & des sacrifices pour le bon succès de l'expédition. Elles demeuroient chargées, pendant la campagne, de tout ce qui regardoit l'extérieur de la religion. Les amazones dont il s'agit ici étoient *Celtes*. C'étoient les femmes de plusieurs peuples de Thrace, qui ayant passé dans l'Asie mineure, en avoient occupé la plus grande partie. De ce nombre étoient les Lydiens, les Phrygiens, les Mysiens, les Thyniens, les Bithyniens, les Mirandins, les Cariens, les Paphlagons, les Mossyniens & plusieurs autres qui donnèrent chacun son nom aux différentes contrées où ils s'étoient établis. Ceux qui s'étoient emparés du territoire où l'on bâtit depuis la ville d'Ephèse étoient les Lydiens (1) & les Cariens. Ils en furent dépossédés dans la suite par des Grecs (2) Ioniens, qui donnèrent à la contrée le nom d'*Ionie*. Pendant que les Lydiens étoient encore maîtres du territoire d'Ephèse, ils y avoient consacré un sanctuaire à leur Diane. Les amazones sont donc ici les femmes des Lydiens, & particulièrement les prêtresses qui présidoient au culte de la divinité. Effectivement on voit dans Aristophane, (3) que la Diane d'Ephèse étoit encore servie de son tems par des vierges Lydiennes. Le Scholiaste du poète ajoute, que la ville d'Ephèse avoit appartenu anciennement aux Lydiens. La fable qui porte (4) que la ville d'Ephèse fut fondée par une femme du même nom, qui étoit fille de Lyde, & de laquelle les amazones étoient descendues, cette fable aussi insinue assez clairement que les amazones, dont il est question, étoient des vierges, ou des femmes Lydiennes.

2°. Le nom de la déesse à laquelle les amazones avoient consacré le sanctuaire dont nous parlons étoit *Oupis*. *Elles dansèrent*, dit Callimaque, *autour de votre statue, ô reine Oupis*. Pour bien exprimer le sens du poète, il faudroit traduire, *elle dansèrent autour de votre statue* (5) *l'Oupianassa*, c'est-à-dire, qu'en dansant elles chantèrent l'hymne qui commençoit par ces paroles *Oupianassa*, ou comme d'autres prononçoient *Iphianassa*. Un autre poète grec avoit aussi remarqué, (6) que les Ephésiens donnoient à leur Diane le nom d'*Opis*. Cette *Opis* est manifestement la terre, que les Scythes appelloient *Asia*, les Italiens *Ops*, & les Phrygiens (7) *Opis*, ou (8) *Rhea*. Les Ephésiens n'en disconvenoient pas, puisqu'ils représentoient leur Diane (9) avec un

---

m.im dimittunt. *Justin.* 2. 4. In ora autem mantejum Ephesus, Amazonum opus. *Plin.* 5. 29. Ibi Ephesus, & Dianæ clarissimum templum, quod Amazones Asia potitæ consecrasse traduntur. *Pomp. Mela lib.* 1. *cap.* 17 *p.* 21.

Ephesus urbs Ioniæ illustrissima & portus in sinu. Herodotus Lydiæ eam attribuit. Vocabatur vero Smyrna, a Smyrna Amazonis filia. Apellabatur etiam Samorna, & Trachea, & Ortygia, & Ptelea. Erat & illic Dianæ templum. Nominata ab una ex Amazonibus, quam & reginam, & Dianæ sacerdotem fuisse perhibent; habuisse vero filiam Amazona à qua Amazones nomen accepere. *Steph. de Urb. p. 365*.

Smyrna urbs Ioniæ, quam primum condidit & habitavit Tantalus, ac tunc quidem Naulocum, postea vero Smyrna appellata fuit a Smyrna Amazone quæ Ephesum obtinuit. *Idem p. 677.* Epheso dicus templum dianæ, Amazonum fabrica magnificum. *Solin. cap.* 53.

(1) La ville d'Ephèse avoit au nord la Lydie, & au midi les Cariens. In Lydia Ephesus, *Herodot.* 1. 42.

(2) Urbem Cares & Leleges habitavere, quorum maximam partem Androchus ejecit. *Strabo* 14. *p.* 639.

(3) O beata, quæ Ephesi auream habes domum in qua puellæ Lydorum te magnifice colunt ! *Aristoph. Nub. p.* 40. Dianæ Ephesiæ totum ex auro dicitur magnificentissimum templum, quod erat unum ex septem miraculis. Ibi Lydorum virgines venerantur te, o Diana ! Ephesus enim antiquitus Lydorum erat. *Scholiast. ad h. l.*

(4) Ephesus vocata ab Ephesô, Lydes Amazones filia, quæ prima Dianam coluit, Ephesum vocavit. *Etymol. Magn. p.* 406.

(5) Οὖπι ἄνασσα ou ὦπι ἄνασσα ou Ἰφιάνασσα, c'est-à-dire, ô reine Oupis, sur le mot d'Anassa.

(6) Ops terra, est Saturni uxor, quam Græci Rheam dicunt. Sane hoc nomen ipsius Dianæ fuisse, ab Ephesis dedicato templo, Alexander Ætolus poëta, in libro qui inscribitur Musa, refert. *Servius ad Æneid.* 11. *vs.* 532. *p. m.* 672.

Alexander Ætolus poëta egregius in libro qui inscribitur Musa, refert quanto studio populus Ephesius dedicato templo Dianæ, curaverit præmiis propositis, ut qui tunc erant ingeniosissimi, in deam carmina diversa componerent. In his versibus opis, non comes Dianæ, sed Diana ipsa votata est ορησησε ταχιον ακιν Βλητειραν εισιν *Macrob. Saturn. lib.* 5. *cap.* 22. *p.* 364.

(7) Idem currus ille sequatur opis. *Tibull. lib.* 1. *Eleg.* 9.

(8) Rhea est le nom que les Grecs de l'Asie Mineure lui donnoient. Voyez la note (7).

(9) Ephesia mammis multis, & veribus, (al. uberibus) extructa. *Min. Felix. cap.* 21. *p.* 207.

grand

grand nombre de mammelles pleines de lait, caractère qui convient parfaitement à la terre qui nourrit avec abondance l'homme & les animaux; mais qu'on ne pouvoit appliquer à la Diane des Grecs, c'est-à-dire, à une vierge. M. Tournefort fait mention, dans ses voyages, de quelques anciennes médailles de la ville d'Ephèse, qui marquent qu'elle fut bâtie à l'occasion d'un sanglier. Effectivement *Iphi-sou* signifioit en Scythe, le sanglier d'*Opis*. Comme le sanglier étoit consacré parmi les Scythes à la terre, il se peut fort bien que les Lydiens, ayant trouvé dans la forêt une Laye avec des marcassins, y établirent un sanctuaire, auquel ils donnèrent le nom d'*Iphisou*, & qui communiqua ensuite son nom à la ville que l'on bâtit dans le voisinage.

3°. Le célèbre temple d'Ephèse, qui passoit pour l'une des sept merveilles du monde, n'étoit point l'ouvrage des Scythes. Ils ne servoient point la divinité dans des temples faits de main d'homme. Callimaque dit, *que les amazones posèrent la statue de Diane sous un hêtre, au bord de la mer; & que dans la suite on bâtit autour de cette statue un magnifique temple.* Denys le voyageur dit aussi, que, du tems des amazones, le sanctuaire de la déesse étoit le tronc d'un orme. Je n'oserois assurer cependant que les Grecs, qui chassèrent les Lydiens & les Cariens du territoire d'Ephèse, eussent commencé les premiers à bâtir le célèbre temple qu'on voyoit près de cette ville. La religion des Phrygiens & des Lydiens s'altéra bien-tôt, lorsqu'ils se furent établis en Asie. Voisins des Cappadoces, & de divers autres peuples Syriens, ou Phéniciens, ils adoptèrent insensiblement plusieurs de leurs usages, & particulièrement celui de bâtir des temples.

4°. A l'égard de la statue même que les amazones consacrèrent à *Oupis*, je ne sais ce que c'étoit. Callimaque emploie le mot de (1) Ϲπιτας qui signifie un simulacre, mais il ne dit pas quelle étoit la forme du simulacre. S'il faut juger des Lydiens par les Phrygiens, leurs voisins & leurs compatriotes, c'étoit une pierre. On lit dans Claudien, que la déesse *Rhea* (2) avoit sur le mont Ida un sanctuaire où l'on voyoit un caillou sacré, au pied d'un grand arbre. Strabon ajoute ici une particularité qui mérite d'être remarquée. Après avoir dit, que le temple de la Diane d'Ephèse étoit situé sur le bord de la mer, il ajoute, (3) qu'un peu au-dessus on voit une belle forêt au travers de laquelle coule un fleuve, dans lequel on disoit que Latone s'étoit lavée après ses couches. Cela signifie, si je ne me trompe, qu'aussi long-tems que le temple fut possédé par les Lydiens, on lavoit la déesse *Oupis* dans ce fleuve.

5°. Callimaque ajoute, que la déesse étoit servie par une prêtresse qui offrit le sacrifice, pour la dédicace du sanctuaire. Nous verrons tout à l'heure qu'il en étoit de même de la Diane Taurique, & de celle des Thraces. Elles étoient servies l'une & l'autre par des femmes. J'ai lu quelque part qu'il falloit que les prêtresses de la Diane d'Ephèse fussent vierges, & qu'afin que leur pudeur fut dans une pleine sûreté, les prêtres qui servoient avec elles dans le temple, devoient être tous eunuques. Cela peut être; mais cet usage ne venoit point des Scythes, ni des *Celtes*. Je montrerai ailleurs que les Druides étoient mariés, que leurs femmes demeuroient avec eux dans les sanctuaires, & qu'elles immoloient, aussi bien que leurs maris, les prisonniers & les autres victimes. Selon le poète, la prêtresse dont il s'agit ici s'appelloit *Hippo*. Comme les prêtres & les prêtresses des Scythes portoient ordinairement le nom du Dieu dont ils étoient les ministres, ce nom d'*Hippo* pourroit bien être le nom même de la déesse que les Scythes prononçoient *Iphi*. Peut-être aussi que le nom de *Hippo* est pris de l'hymne que l'on chantoit dans les fêtes de Diane. On l'appelloit (4) *Hyppingus*, c'est-à-dire, le sauveur, parce que la danse en étoit fort animée.

6°. *Après le sacrifice, les amazones dansèrent solemnellement autour de la statue l'Oupianassa*, &c. J'ai montré ailleurs que les peuples Scythes & *Celtes* chantoient leurs hymnes au son des instrumens, & que le chant étoit toujours accompagné de la danse. Chaque cantique avoit son air, & sa danse affectée. Il ne sera pas nécessaire de revenir ici à ces usages qu'il suffit d'avoir indiqué une fois.

---

(1) Pollux semble insinuer que ce mot n'étoit pas grec. Quæ colimus simulacra, statuas, sedes deorum vocamus. Voces vero Ϲπιτας & ϛυϰϰλον pro receptis & usitatis non approbo. *Pollux, lib.* 1 *cap.* 1. *Sect.* 3. *p.* 3. Ϲπιτας signifieroit en Scythe la planche de dieu. Bret planche, As dieu.

(2)   attigit Iden.
Hic sedes augusta Deæ, templique colendi,
Relligiosa silex, densis quam pinus obumbrat
Frondibus. *Claudianus de Rapt. Proserp. lib.* 1. *vs.* 201.

(3) Postea portus est nomine Panormus, qui Dianæ Ephesiæ templum habet. Deinde civitas ipsa. La eadem ora, paulo supra mare, est Ortygia, lucus omnis generis arboribus élegans, præsertim cupresso. Per eum Cenchrius Amnis fluit, in quo dicunt Latonam ex partu lotam. *Strabo lib.* 14. *p.* 639.

(4) Propriè Dianæ Hymnus Hyppingus dicitur. *Pollux, lib.* 1. *cap.* 1, *art.* 33, *p.* 12. *Hippen*, signifie en allemand sauter.

7°. Après qu'on eut bâti un temple dans le lieu où les amazones avoient posé leur statue, des Cimmériens, qui avoient passé le détroit de Constantinople, sous la conduite de Lygdamis, menacèrent de détruire ce temple. On en voit bien la cause. Les Cimmériens, qui conservoient encore l'ancienne religion des Scythes, regardoient comme une impiété que l'on bâtît des temples à la divinité, & par cette raison, ils détruisoient tous les temples qu'ils trouvoient sur leur chemin. Le poëte dit que la déesse défendit & préserva non-seulement son temple, mais qu'elle fit périr encore les sacriléges qui étoient venus l'attaquer. Sans doute que la chronique d'Ephèse le portoit ainsi, comme celle de Delphes racontoit qu'Apollon avoit foudroyé les Gaulois qui assiégeoient son temple. Ces fraudes pieuses ont été trop bien, & trop souvent imitées par les chrétiens, pour qu'on puisse les reprocher légitimement aux autres religions. Au reste il est constant que le temple d'Ephèse fut brûlé par (1) Lygdamis, qui, après avoir soumis (2) la Lydie & l'Ionie, alla périr en Cilicie.

Puisque donc les Lydiens, les Phrygiens, & les autres peuples Scythes ou *Celtes* de l'Asie mineure, y avoient passé de Thrace, il est naturel de présumer que c'étoit de-là qu'ils avoient apporté le culte de la reine *Opis*, c'est-à-dire, de la terre. Effectivement il y étoit établi, comme dans tout le reste de la *Celtique*. On le voit dans un passage d'Hérodote, où cet historien rapporte ce qu'il avoit appris dans l'isle de Délos, sur le sujet des Hyperboréens, qui sont ici les peuples Thraces, ou Getes, établis le long du Danube, au-dessus de la Grèce. Le passage est trop long, pour être traduit, ou cité, tout entier. Il suffira d'en rapporter la substance. Hérodote dit donc (3). « Que selon la tradition reçue dans
» l'isle de Délos, les Hyperboréens promenoient (4)
» autrefois les objets de leur culte dans des
» gerbes de froment. Ils envoyoient la voiture
» aux Scythes; (c'est-à-dire, aux peuples de la
» petite Scythie) & de-là on la conduisoit de
» canton en canton, du côté de l'occident. Elle
» s'avançoit ensuite vers le midi. Les Grecs la
» recevoient à Dodone, & la conduisoient suc-
» cessivement jusques dans l'isle de Délos ». Voilà manifestement la déesse que les Germains promenoient d'un peuple à l'autre). « Les habitans
» de l'isle de Délos disoient que lorsque les Hy-
» perboréens leur envoyèrent pour la première
» fois ces gerbes, elles étoient conduites par
» deux vierges qui avoient une escorte de cinq
» hommes. Ces vierges s'appelloient *Hypéroche* &
» *Laodice*. Dans une autre visite, (5) la déesse
» arriva accompagnée de deux autres vierges,
» dont l'une s'appelloit *Hecaerge* ». *Opis* est ici le nom d'une vierge, qui selon l'usage des Scythes, portoit le nom de la terre, dont elle étoit la prêtresse. Delà vient que les Grecs entendent par (6) l'*Opis* des Thraces, tantôt Diane elle-même, tantôt une des suivantes). « Comme ni
» les vierges, ni les hommes qui les escortoient
» ne revinrent pas exactement dans le pays d'où
» ils étoient partis, les Hyperboréens en furent
» fort indignés, & pour empêcher que la chose
» n'arrivât à l'avenir, ils firent avertir leurs voi-
» sins, en leur remettant sur les frontières les
» gerbes & les choses saintes qui y étoient ca-
» chées, de prendre bien garde, à qui ils les
» enverroient « On voit là que les Grecs, qui avoient commencé d'adopter des superstitions & un culte venus d'Orient, méprisèrent & abolirent enfin tout à fait une fête qui les lioit à l'ancienne religion, & à ceux qui en faisoient profession. Après tout ce détail, Hérodote ajoute, (7) *que les femmes des Thraces & des Péo-*

---

(1) Lygdamis ille est, qui Dianæ templum incendit. *Hesych.*

(2) Lygdamis vero suos ducens, usque ad Lydiam Ioniam est progressus, ac Sardes cepit; periit vero in Cilicia. *Strabo 1 p. 61.*

(3) Hérodot: lib. 4. cap. 33-35. Selon Servius, ces Hyperbo éens étoient les Agathyrses. *Agathyrsi frugum primitias, & decimas ad Delum quotannis deferebant, ut scribit Callimachus, Hymno in Delum.* Servius ad Æneid: 4. vs. 146.

(4) Sacra alligata in stipula triticea ex Hyperboreis venisse ad Scythas. *Hérodot:* 4. 35.

(5) Hekaergen vero & Opin una cum ipsis Diis advenisse, idem 4. 35.

(6) Ops una ex virginibus quæ ex Hyperboreis venerunt. *Apollodor. lib.* 1. p. 11.

Esse vero homines, qui supra ventum Boream habitant, primus quidem Hymno quem in Achaïam fecit, scriptis mandavit Olen Lycius. Venisse Delum ex Hyperboreis Achaïam. Postea Odam Melanopus Cumæus, in Opin & Hekaergen decantavit, quo & ipsas testatus est, prius in Achaïam. Et Delum, ab Hyperboreis venisse. *Pausan: Eliac:* 1. cap. 7. p. 332.

Opis est epitheton Dianæ, sive quia curam habet parturientium, sive quod Opis eam educarit, sive propter virgines Hyperboreas Opim, Hekaergem, & Loxonem, quas honoraverunt Apollo & Diana. Ab una quidem Diana assumsit nomen Opidis; ab aliis autem Apollo vocatus Loxias & Hekaerges. *Schol. Callimachi in Hymn. Dianæ vs.* 204.

Quidam dicunt Opim & Hekaergem primas ex Hyperboreis sacra in Insulam Deli occultata in fascibus mergitum pertulisse. *Servius ad Æneid* 11. vs. 533. p. 672. *Voyez* aussi le même, ad Æneid. 11. vs. 836 & 858.

(7) His ego sacris simile quiddam fieri animadverti

aiens, pratiquoient encore de fon tems quelque chofe de femblable, & que toutes les fois qu'elles offroient des facrifices à la Diane royale, elles employoient de la paille de froment. Il ne faut pas en être furpris. Cette Diane royale des Thraces & des Péoniens, étoit la même divinité que celle des Hyperboréens, c'eft-à-dire, la reine *Opis*, dont j'ai parlé dans le paragraphe précédent. Selon les apparences, cette fête, que les Scythes confacroient à la terre, fe célébroit à la fin de l'été. On lui offroit des gerbes ou de la paille de froment, pour la remercier des riches moiffons qu'elle accordoit à fes enfans. On la promenoit d'une campagne & d'un pays à l'autre, pour avertir que c'étoit par fes foins, que la fertilité, l'abondance, & la joie régnoient partout.

Opis étoit donc le nom propre de la terre parmi les Thraces. Mais les Thraces, auffi bien que les Phrygiens, donnoient encore à la terre plufieurs autres noms qui étoient pris des lieux où elle avoit quelque célèbre fanctuaire. Ils l'appelloient, par exemple, (1) *Cimméris*, (2) *Lemnos*, (3) *Bousbatos*. Cependant comme le fanctuaire le plus renommé qu'elle eut dans toute la Thrace étoit celui de (4) *Bendis*, où il y avoit un oracle fort accrédité, les habitans du pays la défignoient ordinairement fous ce nom. Hefychius remarque, (5) *que cette Bendis eft la même que Cybele, ou la grande déeffe*, comme *Ariftophane l'avoit appellée*. Il a raifon. *Bendis* étoit la terre, la femme de *Cotis*, la mère du genre humain. Les Grecs & les Latins ont appellé cette *Bendis* des Thraces, tantôt *Trivia*, tantôt *Hécate*, & le plus fouvent *Diane*. Ils l'ont nommée (6) *Trivia*, la déeffe des carrefours, parce qu'elle étoit fervie hors des villes, dans des lieux où plufieurs chemins aboutiffoient. Ainfi Ovide dit (7) qu'il avoit vu les peuples voifins du Mont *Hémus* offrir des chiens à *Trivia*. Ils l'ont confondue avec *Hécate*, parce que leur *Hécate* (8) qui étoit la lune, étoit auffi fervie fur les grands chemins. Ordinairement il l'appellent (9) Diane, parce qu'elle avoit la plupart de fes fanctuaires dans des forêts, de la même manière que la Diane des Grecs & des Romains. Hérodote dit, par exemple, (10) que les Thraces fervent Bacchus, Mars & Diane. Cette Diane des Thraces eft *Bendis*, comme Hefychius (11) l'a remarqué; mais au refte les Grecs fe font trompés, ainfi que je l'ai déjà dit, lorfqu'ils ont affuré que la Diane des Thraces étoit la lune. C'étoit conftamment la terre.

Les Scythes qui demeuroient au-deffus des Thraces, le long du pont Euxin, & bien avant dans le Nord, avoient auffi leur Diane. C'eft celle que les anciens appellent la *Diane des Scythes*, (12) ou la *Diane Taurique*, parce qu'elle avoit un fanctuaire fort célèbre dans la Cherfonefe Taurique qui porte aujourd'hui le nom de Tartarie Crimée. Le Scholiafte de Pindare dit, (13) que cette Diane étoit la même qui étoit fervie par les amazones. Je n'en doute point du tout. Hérodote cependant eft d'un autre fenti-

---

a fœminis Thraciis atque Pæoniis, quæ in facrificando Regiæ Dianæ, non fine ftipula triticea id faciunt. Herod 4. 33.

(1) Cimmeris Dea, & Mater Deorum Hefych.

(2) Lemnos, infula juxta Thraciam, fic dicta à magna Dea, quam Lemnum appellabant. Huic etiam virgines immolabant. Stephan. de Urb p. 512.

(3) Bousbaton Dianam Thraces dicunt. Hefych.

(4) Bendidium Templum in Thracia. Lucian. Icaro Menip. p. 737. Livius, 38. 41. Appian. Syr: p. 185. 186.

(5) Magna Dea. Sic Ariftophanes Benden vocavit. Thracia enim Dea eft. Hefych. Cybele etiam dicitur Thracia Bendis. Aliis eft Diana. Idem.

(6) Triviæ lucus ad Carcinitem in Scythia. Amm. Marcel. 50. 22, cap. 8. p. 316.

(7) Exta canum vidi Triviæ libare Sapæos,

Et quicunque tuas accolit Hæme nives. Ovid. Faftor. 1. vf. 389.

(8) Admeti filia Hecate, aliis Bendis. Hefych. Hecaten alii Dianam, alii lunam dicunt, Suidas in Hecate. Hecaten in triviis antiquitus colebant, quod eadem luna, Diana, & Hecate. Schol. Arifloph. Plut. p. 63.

(9) Dianæ templum à Brygis ad Iftrum conditum. Valer. lib. 6. p. 419.

(10) Thraces deos hos folos colunt, Martem, Liberum, Dianam. Herodot. 5. 7.

(11) Bendis, fic Diana dicitur hracum Lingua. Apud Athenienfes etiam eft Diana dictum. Hefych.

(12) Martem Thracibus, Scythis Dianam. Sidon. Apoll. Carm. 9. vf. 174.

Et Taranis Scythicæ non mitior ara Dianæ. Lucan. 1. vf. 446.

Dianam Tauri colunt. Minut. Felix, cap. 6. p. 53. Diana Taurica. Idem, cap. 25. p. 259.

Nec procul à nobis locus eft, ubi Taurica dira

Cæde pharetratæ pafcitur ara deæ. Ovid. Trift. lib. 4. Eleg. 4. vf. 63.

(13) Dianam colunt Amazones, & Tauri, gens Scythica quæ ad Iftrum habitat. Schol. ad Pindari olymp. 3. p. 40.

ment. S'il faut l'en croire, (1) *les habitans mêmes de la Tauride assuroient que la Diane à laquelle ils offroient des victimes humaines, étoit Iphigénie, fille d'Agamemnon.* Qu'une princesse Grecque ait été servie comme une divinité, par des Scythes, qui se moquoient de la religion des Grecs, & de ces dieux issus des hommes qu'ils adoroient, c'est ce que l'autorité d'Hérodote, ne persuadera jamais à qui que ce soit. Il ne sera peut-être pas difficile d'indiquer ce qui a donné lieu à cette méprise. J'ai eu occasion de montrer que les Scythes appelloient la terre, *Apia, Ops, Oupis, Iphi.* On a vu aussi, dans les paragraphes précédents, que les noms d'*As* & d'*Asa* signifioient autrefois dans toute la *Celtique* un seigneur, une Dame, & qu'on le donnoit indifféremment aux dieux & aux princes. Enfin, il paroît par un passage de Jornandès, que j'ai cité au même endroit, que les Goths, qui occupoient anciennement la Chersonèse Taurique, au lieu de dire *As*, prononçoient *Ans*, dont le féminin devoit être *Anse*, ou *Ausa*. Ainsi *iphiansa*, ou *iphianassa*, signifioit chez les Goths, comme parmi les Amazones, la dame, ou la reine *Opis*. Agamemnon avoit eu une fille que les poëtes ont appellée, les uns *Iphigénie*, & les autres (2) *Iphianasse*.

Voilà, autant que je puis en juger, ce qui a fait prendre le change aux grecs. Les habitans de la Tauride ont pû leur dire qu'ils adoroient *Iphigénie*, ou *Iphianasse*. Mais que cette *Iphianasse* fut la fille du roi de Mycène, c'est assurément ce que quelque grec y avoit ajouté de son chef. Il y a toute apparence que cette conformité de nom est l'origine d'une autre fable que les grecs ont débitée sur le sujet de leur *Iphigénie* qu'ils font passer dans la Tauride, pour y être prêtresse de diane. J'en ferai mention dans le paragraphe suivant. Il suffit de remarquer ici, 1°. que la (3) diane Taurique avoit son temple sur un rocher.

2°. Ovide rapporte, sur le témoignage d'un homme qui avoit été sur les lieux, (4) qu'on n'y voyoit point de simulacre de la déesse. Il ajoute, à la vérité, qu'il y en avoit eu un autrefois qui avoit été enlevé par Oreste ; & il en donne pour preuve que l'on montroit encore la pierre qui avoit servi de base à la statue. C'est un conte. La perte d'une statue auroit été facile à réparer, supposé que les scythes en eussent consacré à leurs dieux. Il est bien plus naturel de présumer que c'étoit la pierre même qui étoit l'image, ou le symbole de la déesse.

3°. Le temple étoit servi (5) par des filles de la première qualité. 4°. On immoloit à la déesse tous les étrangers que la tempête jettoit sur les côtes. Ammien Marcellin, qui rapporte cette particularité après des auteurs plus anciens, ajoute (6) que les gens du pays appelloient leur diane *Oréiloche*, ou *Orsiloche*. Mais ce nom est manifestement pris des grecs qui le donnoient à la déesse des chasseurs parce qu'elle passoit pour faire sa demeure sur les [7] montagnes, & dans les forêts.

C'étoit une tradition constante, parmi les romains, que le culte & même le simulacre de la diane des scythes, avoit été portés de la Tauride dans une forêt voisine de Rome, que l'on appelloit *Aritia*. Voici comme on rapporte la chose. [8] « Lorsque les femmes de l'isle de
» Lemnos eurent pris la furieuse résolution de
» massacrer leurs maris, Hypsipile sauva son
» pere *Thoas*, & lui fournit les moyens de s'en-
» fuir dans la Tauride où il fut établi roi de la
» Chersonese, & en même tems sacrificateur de
» la diane qui y avoit un temple. On place cet

---

(1) Dæmonem cui immolant, ipsi Tauri aiunt esse Iphigeniam, Agamemnonis filiam. *Herodot.* 4. 103.

(2) Aulide quo pacto Triviai Virginis aram
Iphianassaï turpârunt sanguine fœdè.
Lucretius lib. 1. *vs.* 85.

(3) In rupe præruptâ templum eorum situm est. *Herodot.* 4. 103.

(4) Fama refert illic signum cœleste fuisse,
Quoque minus dubites, stat basis orba deæ.
Ovid. Epist. ex Ponto, libro 3. *Epist.* 2. *vs.* 50.

(5) Fœmina sacra facit, tædæ non nota jugali,
Quæ superat Scythicas, nobilitate nurus.
Ovid. Ep. ex Ponto, lib. 3. *Ep.* 2. *vs.* 54.

(6) Diis enim hostiis litantes humanis, & immolantes advenas Dianæ, quæ apud eos dicitur Oreiloche, vel Orsiloche, cæsorum capita fani parietibus præfigebant, velut fortium perpetua monumenta facinorum. *Ammian. Marcell. lib.* 22. *cap.* 8. *p.* 345.
Voyez aussi *Ovid. ub. sup. vs.* 57. & *Tristium, lib.* 4. *Eleg.* 4 *vs.* 63.

(7) Ὀρσιλοχη in montibus cubans, ab ὄρος Mons, & λέγομαι Cubo.

(8) Ille (*Thoas*) fugit anxius alno,
Taurorumque locos delubraque sæva Dianæ
Advenit, hic illum tristi dea præficit aræ
Ense dato, mora nec terris tibi longa cruentis,
Jam nemus Egeriæ, jam te ciet altus ab Alba,
Jupiter & soli non mitis Aritia regi.
Valer. Flacc. Arg. L. 2. *vs.* 3.

CEL

» événement peu avant l'expédition des Argonau-
» tes, qui précéda d'une génération le siège de
» Troye. Plusieurs années après, *Iphigénie* sur le point
» d'être immolée [1] par les grecs, réunis pour ce
» siège, fut enlevée par Diane, transportée dans la
» Tauride, & remise à *Thoas* qui l'établit prêtresse
» du temple dont il étoit lui même sacrificateur.
» Après la prise de Troye, [2] Menelaüs & Helene,
» ayant aussi passé dans la Tauride, pour y chercher
» Oreste, furent immolés à Diane par *Iphigenie*.
» Oreste entreprit ensuite le même voyage, [3]
» parce qu'il avoit été averti par un oracle, que le
» seul moyen de se délivrer des furies qui le pour-
» suivoient, c'étoit d'aller dans la Tauride, &
» d'en enlever la statue de Diane pour l'appor-
» ter en Grece. Ce prince ayant eu le malheur
» de faire naufrage sur les côtes, fut saisi &
» garotté par les gens du pays qui le menèrent
» au temple de Diane, pour y être immolé.
» *Iphigenie* se préparoit déja à offrir ce barbare
» sacrifice, lorsqu'elle reconnût inopinément
» son frere. Après un entretien secret, le frere
» & la sœur s'enfuirent ensemble [4] empor-
» tant avec eux la déesse, c'est-à-dire, sa
» statue, qu'ils avoient cachée dans des fais-
» ceaux, & vinrent la déposer dans la forêt
» d'*Aritia*. Ils s'étoient auparavant défaits de
» [5] *Thoas*, & selon d'autres, ils le menè-
» rent avec eux en Italie. Je rapporte la tradition
» la plus reçue. Il y en avoit une autre qui portoit
» [6] qu'*Hyppolite*, fils de Thesée, ayant péri
» par la trahison de sa belle mère, Diane, qui
» avoit de l'affection pour lui, chargea Esculape
» de le ressusciter par la vertu de son art, le
» transporta elle même en Italie, où il épousa
» une princesse nommée *Aritia*. On consacra
» ensuite la forêt où il avoit été enterré ; [7] &
» comme il s'étoit tué en tombant de son
» chariot, que les chevaux effarouchés avoient
» entraîné dans des précipices, il fut ordonné
» qu'en mémoire de cet événement, on ne lais-
» seroit plus entrer de chevaux dans la forêt.

Il n'est pas nécessaire d'avertir que ce sont là des fables véritablement Grecques. C'est l'expression dont les Egyptiens se servoient quand on leur racontoit des choses incroyables, & pleines de contradictions. Autant que je puis en juger ce sont les noms de *Thoas* & d'*Iphigenie*, qui ont donné lieu à ces fictions. Les scythes appelloient le Créateur du monde & de l'homme *Tai*, ou *Taut*. Ainsi *Thoas* signifioit parmi eux le seigneur *Tau*. Selon l'usage de ces peuples, le nom de *Thoas*, qui désignoit proprement le Dieu suprême, étoit porté encore par les rois, qui prétendoient en tirer leur origine, & par les pontifes qui présidoient à son culte. *Thoas* est donc ici, (8) un roi, ou un sacrificateur des scythes. *Iphigenie*, ou *Iphianasse*, est aussi un nom que les scythes donnoient, tant à la terre, qu'à ses prêtresses. *Thoas* & *Iphigenie* se trouvent ensemble dans la Tauride, parce qu'on ne séparoit point le culte du dieu *Tau*, de celui d'*Oris* sa femme. Comme les grecs avoient eu un roi du nom de *Thoas*, & une princesse qui portoit celui d'*Iphigenie*, les poëtes jugèrent à propos de leur faire entreprendre le voyage chimérique de la Tauride, & de les transporter de-là d'un plein saut en Italie.

Pour revenir à la Diane qui avoit son temple dans le voisinage de Rome, on l'appelloit la Diane des scythes, non que son culte, ou son simulacre, eussent été apportés de la Scythie, mais parce que c'étoit originairement la même divinité. Elle étoit servie par tous les peuples scythes & *Celtes*, & elle l'étoit par-tout de la même manière. On n'en doutera pas si l'on veut faire les réflexions suivantes.

1°. Les latins l'appelloient la diane royale.

---

(1) Ovid. *Trist. Lib.* 4. *Eleg.* 4. *vf.* 67. *Epist. ex Pon-*
to, L. 3. *Ep.* 2. *vf.* 61. *Servius ad Æneid.* 2. *vf.* 116.
p. 236. *Euripid. Iphig. in Taur. vf.* 5. *& seq.*

(2) Addit, narrare quosdam, in Tauros Scythiæ profectam cum Menelao Helenam, ad investigandum Orestem, immolatam ibi hanc Dianæ una cum Menelao fuisse ab Iphigenia. *Excerpta ex Ptolem. Hephæst. lib.* 4. *ap. Photium note* 140.

(3) *Lucian. Toxari p.* 611. *Ovid. Trist. ub. sup. Servius ub. sup.*

(4) *Ovid. Ep. ex Ponto, L.* 3. *Ep.* 2. *vf.* 92. *Servius ut. sup.* Hoc loco Orestes, oraculo monitus, simulacrum Scythicæ Dianæ, quod de Taurica exculerat priusquam Argos peteret, consecravit. *Solin. cap.* 8. p. 181.

(5) *Servius ad Æneid* 6. *vf.* 136. p. 422.

(6) *Virgil. Æneid* 7. *vf.* 761.

(7) Unde etiam Triviæ templo, lucisque sacratis,
Cornipedes arcentur equi, quod litore currum,

Et juvenem monstris pavidi effudere marinis.
            Virgilius Æneid. 7. *vf.* 778.

Vallis Aricinæ, silvâ præcinctus opacâ
    Est lacus, antiqua relligione sacer,
Hic latet Hippolytus, furiis direptus equorum,
    Unde nemus nullis illud initur equis.
            Ovid. Fast. L. 3. *vf.* 265.

(8) Ovide & Euripide parlent de *Thoas* comme d'un Roi Scythe, sans faire mention qu'il fut venu de Grece, ni qu'il eut jamais quitté la Tauride. *Ovid. Trist. L.* 4. *Eleg.* 4. *vf.* 65. *Epist. ex Ponto lib.* 3. *Ep.* 2. *vf.* 59. *Euripid. Iphig. in Taur.*

Son sacrificateur (1) portoit le titre de roi. La forêt où elle étoit servie, & les terres qui en dépendoient, se nommoient le royaume de la déesse; ces dénominations venoient des scythes. Leurs grandes divinités étoient *Teut*, & *Opis*. Par cette raison, elles portoient, dans un sens particulier, le titre d'*As*, & d'*Asa*, ou d'*Ansa* c'est-à-dire, de roi & de reine. On appelloit le pere du genre humain, *Titi-as*, *Tau-as*, *As-tis*, c'est-à-dire, le roi *Teut*, & la terre *Opianasa*, c'est-à-dire, la reine *Opis*. Les sacrificateurs & les temples portoient aussi le nom du dieu auquel ils étoient consacrés.

2°. Le temple de Diane étoit dans une forêt (2) près de la Ville d'*Aritia*. C'est dans de semblables lieux que les anciens habitans de l'Italie, comme tous les autres peuples *Celtes*, alloient faire leurs dévotions.

3°. Il y avoit dans la forêt un arbre consacré, & il n'étoit pas permis d'en couper une seule branche. Nous verrons en son lieu que la même superstition étoit commune à tous les peuples *Celtes*.

4°. Lorsqu'un fugitif trouvoit le moyen de couper une branche de l'arbre, il la présentoit au sacrificateur de la déesse, qui étoit obligé de se battre en duel avec lui. Si le prêtre étoit tué dans le combat, le vainqueur prenoit sa place sans autre formalité. Cela s'accorde encore avec la pratique des *Celtes* qui disputoient par les armes jusqu'aux dignités ecclésiastiques.

5°. Il y avoit près de la forêt (3) un étang, que l'on appelloit le (4) Lac, ou le (5) miroir de Diane, sans doute parce qu'on y baignoit anciennement la déesse.

6°. Les femmes romaines, (6) quand elles alloient faire leurs dévotions dans la forêt y portoient chacune un flambeau allumé. C'étoit encore un reste de l'ancien usage des peuples *Celtes*, qui faisoient leurs assemblées religieuses de nuit.

7°. Le sanctuaire étoit si respecté, qu'il n'étoit pas permis d'y faire entrer des chevaux. Nous éclaircirons en son lieu cette particularité. Les *Celtes* avoient une si grande vénération pour leurs forêts sacrées, qu'ils en défendoient l'entrée aux animaux qui auroient pû casser ou ronger quelque branche des arbres, & particulièrement de celui qui étoit le symbole de la divinité.

8°. On immoloit dans cette forêt (7) des victimes humaines; & le sacrificateur même de la déesse [8] périssoit ordinairement sous le glaive. C'étoit un usage véritablement barbare & Scythe, comme Strabon l'appelle.

9°. N'oublions pas ici que c'est dans cette forêt que Numa Pompilius, (9) avoit des entretiens secrets avec la nymphe *Egerie*, c'est-à-dire, avec la prêtresse de Diane. J'ai remarqué ailleurs que ce prince demeura toujours attaché à l'ancienne religion des peuples de l'Italie. Tite Live en dit la raison, [10] *il avoit été instruit dès sa tendre*

---

(1) Quæ sublime nemus, Scythicæ quà regna Dianæ. *Lucanus* 3. *vs*. 86.
Regna tenent fortesque manu pedibusque fugaces. *Ovid. Fast. L.* 3. *vs*. 271.
Quæque colunt Scythicæ, regnum nemorale Dianæ, Finitimosque lacus. *Ovid. Metamorph.* 14. *vs*. 331.

(2) Quantum sacrata Dianæ
Distat ab excelsa nemoralis Aritia Roma.
Lucan L. 6. *vs*. 74.

(3) Templum Sylva cingit, cui lacus adjacet instar Maris fluctuans. *Strabo* 5. 239. Lacus antiqua relligione sacer. *Ovid. Fast.* 3. *vs*. 264.

(4) Ausonici totidem numero quós miserat altis Egeria genitos immitis Aricia lucis,
Ætatis mentisque pares, at non dabat ultra,
Cloto dura, lacus, aramquevidere Dianæ.
Silius, L. 4. *vs*. 368.
Nympha mone, nemori stagnoque operata Dianæ.
Ovid. Fast. 3. *vs*. 261.

(5) Est etiam Aricinus lacus, quod speculum vocabatur Dianæ. *Carol. Stephani Dictionar. in* Aritia.

(6) Jamque dies aderat, profugis cum regibus altum,
Fumat Aricinum Triviæ nemus, & face multa,
Conscius Hippolyti splendet lacus. *Statius*, *Sylv.* L. 3. 1. *vs*. 55.
Sæpe potens voti frontem redimita coronis,
Fœmina lucentes portat ab urbe faces.
Ov. Fast. 3. *vs*. 269.
Cum videt accensis devotam currere tædis,
In nemus, & Triviæ lumina ferre dex.
Propert. L. 2. *Eleg.* 32.

(7) Servi immolabantur. *Servius ad Æneid.* 2. *vs*. 116. *p*. 236.

(8) Et perit exemplo, postmodo quisque suo
Ovid. Fast. 3. 272.

(9) Nympha mone nemori stagnoque operata Dianæ, Nympha Numæ conjux ad tua festa veni.
Ovid. Fast. 3. *vs*. 261.
Egeria est, quæ præbet aquas, dea grata camœnis,
Illa Numæ conjux consiliumque fuit. *Ibidem*,
vs. 275. *Voyez aussi* Tite Live *l*. 21.

(10) Instructumque non tam peregrinis artibus,

jeuneffe dans la religion des Sabins, qui étoient un peuple [1] Ombrien, ou Celte. Il y a toute apparence qu'il ne témoigna tant de prédilection pour la forêt d'Aritie, que parce qu'elle étoit l'un des plus anciens & des plus célèbres fanctuaires que la déeffe Ops, qui fut enfuite appellée Diane, eut en Italie.

Le culte de la Diane Taürique étoit auffi établi de toute ancienneté à Lacédémone. [2] » On y offroit, dans le commencement, des » victimes humaines, à la Diane appellée *Ortho-* » *fia*. Mais cette coutume paroiffant trop barbare » à Lycurgue, il y fubftitua celle de faire fouet- » ter des jeunes gens jufqu'au fang devant l'au- » tel de la déeffe ». Paufanias dit la même chofe que Suidas, dont je viens de rapporter les paroles. Mais il ajoute, [3] que l'idole, qui fe plaifoit à l'effufion du fang avoit apporté cette inclination de la Tauride où on lui immoloit des victimes humaines. Cet auteur fuppofe donc que la ftatue de Diane fut portée de la Tauride à Lacédémone, & non pas dans le voifinage de Rome, comme le prétendent les auteurs Latins. Servius croit fort heureufement la contradiction où les hiftoriens font tombés fur cet article, en difant, [4] que ces barbares facrifices, déplaifant aux romains, quoiqu'on n'immolât que des efclaves, la Diane qu'Orefte avoit apportée en Italie fut transférée, après la mort de ce prince à Lacédémone où l'on confervoit encore une image des anciens facrifices, en faifant fouetter des jeunes garçons au pied de l'autel de la déeffe. Je n'examine pas fi cette conciliation peut être reçue. Comment le culte de Diane a-t-il pû être banni de l'Italie par les romains, transporté à Lacédémone, & aboli enfin par Lycurgue, qui vivoit avant la fondation de la Ville de Rome ? Comment peut-on dire que les romains ont aboli de fi bonne heure le barbare ufage d'immoler des victimes humaines, pendant qu'il eft conftant que cette coûtume fubfifta à Rome plufieurs fiècles après la fondation de la Ville ? Solin leveroit bien mieux la difficulté. Il prétend, qu'Orefte retourna à Argos après fon voyage d'Italie ; mais au lieu de lui faire emporter fa Diane, il affure expreffément que ce prince la laiffa à *Aritie*, pour obéir à un oracle qui l'avoit ainfi ordonné. Sans m'embarraffer de ces fables, tout ce que je fouhaite qu'on remarque ici, c'eft que, jufqu'au tems de Lycurgue, les lacédémoniens ont immolé des victimes humaines à la Diane des Scythes c'eft-à-dire, à la terre.

Après le détail où je viens d'entrer, je ferois peut-être en droit de fuppofer que la Diane dont on attribue le culte aux autres peuples *Celtes*, comme, par exemple, [5] aux efpagnols, [6] aux gaulois, [7] aux germains, [8] aux perfes, étoit conftamment la terre. Par furabondance de droit, donnons nous cependant la peine de rechercher fi l'on ne trouveroit pas, parmi les anciens gaulois, quelques traces du culte que les autres peuples *Celtes* rendoient à la terre. [9]

---

quam difciplina tetrica ac trifti veterum Sabinorum. *Livius l. 1§.*

(1) Gentis nomine una cum ipfis fedibus mutato, Sabinos pro Umbris appellatos. *Zenotolus Trœzenius apud Dionyf. Halic. L. 2. p. 112.*

(2) Lycurgus inftituit flagellationem, virtutis exercitium, in locum horrendæ cædis, Ephebos enim antea immolabant Dianæ Orthofiæ. *Suid. in Lycurgo.*

(3) Ουτω τω αγαλματι απο των ιξυσταυρικη ισιων (μεμιησικει ανθρωπων αιματι ηδεσθαι *Paufan. Lacon 36. 146. 250.*

(4) Sed cum poftea Romanis facrorum crudelitas difpliceret, (quamquam fervi immolarentur,) ad Laconas eft Diana tranflata, ubi facrificii confuetudo adolefcentulorum verberibus fervatur, qui vocantur Bomonicæ, quia aris fuppofiti contendebant, qui plura poffet verbera fuftinere. Oreftis vero offa, ab Aritia Romam tranflata funt. *Servius ad Æneid 2. vf. 116. p. 236.*

(5) In Hifpania Sagunti aiunt templum Dianæ, à Zacyntho advectæ, cum conditoribus, annis ducentis ante excidium Trojæ, ut autor eft Bocchus, infraque oppidum. id haberi, cui pepercit relligione inductus Annibal. *Plin. 16. 40.*

(6) Quibufdam Celtis mos eft quotannis Dianæ facere. *Arrian. de Venat. p. 212.* Dianam maxime colunt Galatæ. *Plut. de Virt. mul. T. 2. p. 257.*

(7) Invenit illic (St. Remaculus ad Malmundarium) certa indicia, loca quondam idolatriæ fuiffe mancipata. Erant illic lapides Dianæ, & id genus portentofis nominibus infcripti. *Vita St. Remaculi, apud Duchefne, Tom. 1. p. 644.* La vie de St. Kilian parle d'une Diane qui étoit fervie dans le diocèfe de Vürtzbourg. *Eccard Comm. de Rebus Franciæ Orient. T. 1. p. 270. Mafceau T. 2. p. 263.*

(8) Zaretis, Diana Perfis. *Hefych.* Artaxerxes Afpafium fecit facerdotem Dianæ Ecbatanis cultæ, quam Anitin vocant. *Plutarch. Artaxerx. cap. 14.* Lydis eft Dianæ Anaïtidos fanum. *Paufan. Lacon. p. 249.*

(9) Juxta (Britannides) parvarum infularum alius tractus, quo uxores hominum ex ulteriore ripa illuftriumAmnitarum profectæ, peragunt juxta ritum facra Baccho, redimitæ hederæ nigra folia habentis corymbis, nocturnæ. Strepitus autem tinnulus excitatur. Non fic Thracii juxta ripas Abfinthi, Biftonides inclamant multifremum Iraphioten, neque fic cum Liberis, nigros habentem vortices circa Gangem Indi comeftationem agitant, valde ftrepero Dionyfo, ficut illo in loco erant mulieres. *Dionyf. Perieg. vf. 570. & feq.*

Denis le voyageur, [1] Strabon, & [2] Pomponius Mela font mention d'un oracle célèbre que l'on trouvoit dans une isle voisine des Gaules. Ils ne sont pas parfaitement d'accord, ni sur la situation de l'isle, ni par rapport à plusieurs autres circonstances qui ne sont pas fort importantes. Mais on voit bien cependant qu'ils parlent tous trois de la même isle. Voici à peu près ce qu'on peut tirer des passages de ces auteurs que je cite en marge.

» 1°. Il y avoit, vers les embouchures de la » Loire une petite isle, (3) ou l'on voyoit un sanc-» tuaire, qui étoit servi par des femmes, ou » par des vierges au nombre de neuf ». Nous avons vû que la Diane des scythes étoit aussi servie par des prêtresses, & que les germains avoient de même une isle consacrée à *Hertus*, d'ou la déesse sortoit quelquefois, pour aller visiter les peuples voisins.

» 2°. Dans une certaine saison de l'année, » les femmes du voisinage se transportoient » dans l'isle, pour y célébrer une fête solem-» nelle à l'honneur du dieu auquel le temple » étoit dédié ». Pomponius l'appelle une divinité gauloise. Les deux autres auteurs disent que c'étoit *Bacchus*. Nous verrons bientôt que les *Celtes* n'ont jamais connu, ni servi *Bacchus*. Les étrangers l'ont crû, parce que les fêtes & les solemnités des *Celtes* étoient des tems de joye & de bonne chere, & que leurs danses sacrées ressembloientbeaucoup à celles des *Bacchantes*. Ainsi Grégoire de Tours parlant d'un simulacre de Diane que l'on voyoit autrefois dans le pays de Treves, dit (4), qu'on y chantoit des hymnes, à l'honneur de la déesse, au milieu des vers, & de la débauche. Artémidore avoit remarqué, au rapport de Strabon, [5] « que la fête » qu'on célébroit dans l'isle étoit consacrée à » Cérès, & à Proserpine, & qu'on y observoit » les mêmes cérémonies qui se pratiquoient dans » l'isle de Samothrace ». Cela approche de la vérité. Cérès est ici la terre, la grande divinité des *Celtes* après le dieu *Teut*. Les mystères de Samothrace se célébroient à l'honneur du ciel & de la terre, qui étoient les grands dieux de l'isle, & que l'on appelloit dans le pays *Cotis* & *Bendis*, ou *Opis*, comme j'ai eu occasion de le montrer fort au long. Parce que les femmes gauloises célébroient la fête dont nous parlons pendant la nuit, Artemidore a crû que Proserpine pouvoit y avoir part. Il suivoit en cela les idées des grecs qui sacrifioit de jour aux dieux célestes, & de nuit à ceux de l'enfer.

» 3°. On ne laissoit entrer aucun homme dans » l'isle ; mais les femmes qui y demeuroient, » passoient quelquefois la mer pour avoir la » compagnie de leurs maris, après quoi elles » s'en retournoient dans leur habitation ». Je montrerai en parlant des druides, que les prêtres gaulois demeuroient dans les sanctuaires avec les prêtresses, qui étoient leurs femmes. Ces femmes ne pouvoient donc passer la mer, pour aller trouver leurs maris. On voit bien la raison qu'elles avoient de se transporter en terre ferme. Elles venoient se promener la mere des dieux, & après que la déesse s'étoit rassasiée d'être dans la compagnie des mortels, elle s'en retournoit dans son temple avec sa suite.

Puisque les peuples *Celtes* rapportoient l'origine de toutes choses au dieu *Teut*, & à la terre, tous les autres dieux descendoient donc de deux premiers que l'on appelloit par cette raison les grands dieux, quoique l'on mit au reste une grande différence entre les deux principes, l'un actif, & l'autre passif. Le nombre des divinités subalternes, que ces peuples reconnoissoient, alloit à l'infini. Attachées toutes ensemble à quelque élément, ou à quelque partie du monde visible, il n'y avoit point d'arbre, point de fontaine ni de ruisseau, qui n'eut son esprit, son génie particulier. Ceux qui tenoient le premier rang après le dieu *Teut* & la terre, sa femme, étoient les intelligences que l'on plaçoit dans l'eau & dans le feu. Aussi le culte de ces deux élémens étoit-il établi parmi tous les peuples *Celtes*, & même parmi [3] les sarmates. Il ne me sera pas difficile d'en fournir des preuves. J'en ai déjà produit un bon nombre qu'il faut récapituler en deux mots. Commençons par le culte religieux qu'on rendoit aux fontaines, aux lacs, aux fleuves, & à la mer.

Les scythes que l'on appelloit royaux offroient des sacrifices à Neptune, qu'ils appelloient dans leur langue *Thamimasades*. Ceux qui demeuroient autour du Palus-Méotide regardoient ce lac comme une divinité, & les massagetes avoient

---

(1) In Oceano insulam esse ajunt parvam, non plane in alto sitam, objectam ostio Ligeris, in ea habitare Samniticas mulieres, Bacchico instinctu correptas, quæ Bacchum ceremoniis & sacrificiis demereantur, nullum eo virum venire, sed ipsas navigiis avectas, cum viris suis coire, atque inde in Insulam reverti *Strabo 4. 198.*

(2) Sena, in Britannico mari, Osismicis adversa litoribus, Gallici numinis oraculo, cujus Antistites perpetua virginitate sanctæ, numero novem esse traduntur. Galli Senas vocant. *Pomp. Mela 3. 6. p. 80.*

(3) Bochart dit que c'est l'isle de Sayne, aux extremités de la Bretagne. *Geogr. Sacr. p. 740.*

(4) *Gregor. Turon. L. 8. cap. 15. p. 399.*

(5) Artemidorus perhibet insulam esse, Britanniæ proximam, in qua Cereri, Proserpinæ, sacrificatur, eodem ritu quo in Samothrace. *Strabo 4. 198.*

CEL   CEL

la même idée du Tanaïs qui traverſoit leur pays. Les turcs auſſi vénéroient l'eau. Hérodote remarque que l'eau étoit l'une des divinités que les perſes avoient ſervie de toute ancienneté. Strabon, qui aſſure la même choſe, ajoute, qu'ils offroient ſur-tout des ſacrifices au feu & à l'eau, c'eſt-à-dire, qu'ils ſervoient ces deux divinités, préférablement aux autres dont le géographe venoit de faire mention. Clément d'Alexandrie, [1] & Arnobe ſemblent inſinuer que ce culte étoit aboli de leur tems. On voit cependant dans Sidonius Apollinaris, qui étoit poſtérieur à Arnobe d'environ 153 ans, que Procope, [2] pere de cet Anthémius qui fut dans la ſuite empereur d'Occident, ayant été envoyé au roi de Perſe, fit avec lui un traité dans lequel les Mages jurerent par l'eau & par le feu.

Les germains rendoient un culte religieux au danube, les allemans & les francs aux eaux courantes; & puiſqu'il nous reſte encore des loix & des capitulaires dans leſquels des princes chrétiens defendent aux peuples de la germanie, & de la grande-Bretagne, de ſervir les fontaines & les rivières; c'eſt une preuve que cet abus étoit. auſſi enraciné, & difficile à détruire, qu'il étoit ancien & général parmi ces peuples. Du tems de St. Boniface, [3] il y avoit encore des germains qui ſacrifioient aux forêts & aux fontaines, les uns en ſecret, les autres tout ouvertement.

J'ai rapporté & réfuté, dans l'un des paragraphes précédens, l'opinion de ceux qui ont crû que les Celtes ne rendoient des honneurs divins au feu & à l'eau, que parce qu'ils les regardoient comme des ſymboles, des images de la divinité, & même comme les ſeuls ſimulacres qui la repréſentent parfaitement. Procope a bien mieux rencontré. Parlant des habitans de l'Iſlande, il dit qu'ils ſervent pluſieurs dieux & pluſieurs génies qui réſident dans le ciel, dans l'air, ſur la terre, & dans la mer; qu'ils ont encore d'autres divinités, moins conſidérables qui ſont attachées, comme ils croyent, aux eaux courantes, & aux fontaines. Effectivement les Celtes attribuoient à ces génies, 1°. la connoiſſance du paſſé. C'eſt ſur cette imagination qu'ils fondoient l'épreuve de l'eau. Quand un homme étoit accuſé de quelque crime dont il ne pouvoit être convaincu par les voyes ordinaires, on le jettoit dans une rivière; & l'on étoit perſuadé que les intelligences qui y réſidoient, ne manqueroient pas de le tirer à fond, ou de l'élever ſur la ſuperficie des eaux, ſelon qu'il étoit innocent, ou coupable.

2°. On prétendoit que ces intelligences étoient douées d'une parfaite connoiſſance de l'avenir. Ainſi les femmes qui étoient dans l'armée d'Arioviſte [4] lui défendoient de livrer bataille à Jules-Céſar, avant la nouvelle lune. Elles avoient lû dans le mouvement & dans le murmure des eaux, que les germains ſeroient battus, s'ils haſardoient le combat dans cet intervalle.

3°. Enfin on croyoit que ces génies avoient le pouvoir d'empoiſonner les eaux, d'exciter des tempêtes, & qu'ils étoient en un mot toutpuiſſans dans leur élément.

A l'égard de la nature du culte que l'on rendoit à l'eau, il étoit à peu près le même dans toute l'Europe, & dans les contrées de l'Aſie où il y avoit des peuples Celtes. On trouve dans Grégoire de Tours un paſſage très remarquable où cet hiſtorien fait mention des honneurs religieux que les peuples du Gévaudan rendoient autrefois à un lac que l'on voyoit ſur une des montagnes de leur pays. C'étoit, ſelon les apparences, le mont Loſere, que l'on appelloit alors [5] Helanus. (6) Une grande multitude de

---

(1) Arabes antiquitùs lapidem adorabant, Perſæ fluvium. Clem. Alex. Coh. ad gent. p. 40. Ridetis temporibus priſcis Perſas fluvium coluiſſe. Arnob. L. 6. p. 197.

(2) Procopio dictante magis, juratur ab illis, Ignis & unda deus. Sidon. Apollin. Panegyr. Anthem. vſ. 83.

(3) Alii etiam lignis & fontibus clanculo, alii autem aperte ſacrificabant. Willibald. Vit. St. Bonifac. cap. 8.

Philoſophie anc. & mod. Tome I.

(4) La prêtreſſe de Dodone devinoit auſſi anciennement par le murmure des eaux. Servius ad Æneid. 3. vſ. 466.

(5) Peut-être que le mont Helanus avoit pris ſon nom du Lac qu'on y voyoit. Lenn ſignifie en Bas-Breton un étang, Heaul le ſoleil.

(6) Mons erat in Gabalitano territorio, cognomento Helanus, lacum habens magnum, ad quem certo tempore multitudo ruſticorum, quaſi libamina lacui illi exhibens, linteamina projiciebat, ac pannos qui ad uſum veſtimenti virilis præbentur, nonnulli lanæ vellera, plurimi etiam formas caſei accerę, vel panis, diverſiſque ſpecies, unuſquiſque juxta vires ſuas. Veniebant autem cum plauſtris, potum cibumque deferentes, mactantes animalia, & per triduum epulantes. Quarta autem die, cum diſcedere deberent, anticipabat eos Tempeſtas, cum Tonitruo & coruſcatione valida, & in tantum imber ingens, ac lapidum violentià deſcendebat, ut vix ſe quiſquam eorum putaret evadere. Sic fiebat per ſingulos annos.. Poſt multa vero tempora, quidam ſacerdos ex urbe ipſa, Epiſcopatu aſſumto.. Dei Baſilicam in honorem Beati Hilarii Pictavienſis, eminus ad Aram ſtagni ædificavit.. Tunc homines compuncti, & corde converſi ſunt, & Tempeſtas deinde ab illo loco prohibita eſt. Gregor. Turon. de Glor. Conſeſſ. cap. 2.

payſans s'aſſembloient tous les ans auprès de ce lac. Ils lui offroient une eſpèce de libation, jettant dans l'eau, les uns des pieces de toile, ou de drap, les autres des toiſons. Le plus grand nombre y jettoit, outre cela, des formes de fromage, ou de cire, ou des pains tout entiers, & différentes autres choſes, chacun ſelon ſes facultés. Ils y venoient avec leurs chariots, ſur leſquels ils apportoient de la boiſſon & des vivres ; & après avoir immolé des animaux, ils faiſoient bonne chère pendant trois jours. Le quatrième jour, lorſqu'ils étoient ſur le point de s'en retourner, il ſurvenoit un orage accompagné de tonnerre & d'éclairs ; il tomboit en même tems une pluie abondante, & une ſi grande quantité de pierres, que tous ceux qui étoient venus à la fête craignoient d'y périr. Cela arrivoit régulièrement tous les ans. Long-tems après, un prêtre de la ville, s'étant tranſporté ſur les lieux avec l'évêque, bâtit à quelque diſtance du lac une égliſe à l'honneur de dieu, ſous l'invocation de ſaint Hilaire de Poitiers. Alors les habitans de la contrée, touchés de componction, ſe convertirent, & depuis ce tems-là, l'orage fut détourné de l'endroit.

Le lecteur jugera comme il le voudra du double miracle rapporté dans ces paroles. Je crois le premier ſuppoſé, & par cela même le ſecond devient inutile. Comment étoit-il poſſible que les habitans de toute une contrée vinſſent faire, d'année en année leurs dévotions auprès d'un lac, qu'ils lui offriſſent des préſens de toute eſpèce, & qu'ils célébraſſent une fête ſi ſolemnelle à l'honneur de la divinité qui y réſidoit, s'ils avoient été convaincus par une longue expérience qu'ils n'emporteroient avec eux pour toute bénédiction que des tonnerres, des éclairs, & ſurtout une grêle de pierres, dont ils riſqueroient d'être aſſommés ? Tout ce que je ſouhaite qu'on remarque ici, c'eſt, 1°. que les gaulois établis dans le Gévaudan rendoient un culte religieux à l'eau, & qu'ils ſe rendoient tous les ans, avec leurs familles, à une fête ſolemnelle que l'on célébroit pendant trois jours à l'honneur d'un lac.

2°. Ils immoloient des victimes pendant la fête.

3°. Chacun jettoit dans le lac, à proportion de ſes facultés, de la toile, du drap, de la laine, du fromage, de la cire, du pain, & des autres choſes ſemblables, afin que la divinité bénît la maſſe entière des biens dont on lui offroit les prémices.

4°. Cet abus ſubſiſta dans les Gaules, non-ſeulement après que le chriſtianiſme y eut été établi, mais encore depuis qu'un grand nombre d'égliſes eurent choiſi St. Hilaire de Poitiers pour leur patron.

Les francs auſſi ont pratiqué un ſemblable culte après avoir reçu la religion chrétienne. On voit dans Procope, que les francs, qui avoient paſſé en Italie ſous la conduite du roi Theudibert, s'étant rendus maîtres d'un pont ſur lequel on paſſoit le Pô à Pavie, [1] immoleret les femmes & les enfans des Goths qu'ils y trouvèrent, & jettèrent leurs corps dans le fleuve auquel ils les offroient, comme les prémices de la guerre. Ces barbares, ajoute Procope, bien qu'ils ayent embraſſé le chriſtianiſme, ne laiſſent pas d'obſerver pluſieurs cérémonies de leur ancienne religion, immolant des victimes humaines, avec d'autres abominations, & ſe montrant d'ailleurs fort attachés aux divinations. On peut conclure naturellement de-là que le culte de l'eau étoit l'une des parties les plus eſſentielles de la religion des Celtes ; les ſuperſtitions les plus chéries ſont ordinairement celles qui ſe maintiennent le plus long-tems. Effectivement ce culte étoit établi de toute ancienneté en Occident. Les habitans de l'Iſlande offroient des ſacrifices de toute eſpèce aux génies qui réſident dans les fontaines, & dans les eaux courantes. Les illyriens avoient [2] une fête annuelle dans laquelle ils noyoient un cheval avec certaines cérémonies. Les theſſaliens vénéroient le pénée, & quand ils contractoient des alliances ; la cérémonie s'en faiſoit ſur un (3) pont ſur lequel on immoloit les victimes dont on faiſoit découler le ſang dans le fleuve. On voit dans Horace, (4) que les romains offroient

---

(1) At Franci, ponte occupato, quos ibi invenere Gothorum liberos & uxores immolarunt, eorumque corpora in fluvium, tanquam belli primitias, projecerunt. Barbari enim iſti Chriſtiani effecti, multos priſcæ ſuperſtitionis ritus obſervant, humanas hoſtias, & alia nefanda immolantes, & divinationibus dediti. Procop. Goth. L. 1. cap. 25. p. 448.

(2) Illyriens quotannis, ritu ſacrorum, equum ſolere aquis immergere. Servius ad Georg. 1. vſ. 13. pag. 62.

(3) Iphicrates in Theſſalia, & Jaſon Tyrannus, prope fluvium fœdus componere cum vellent, ... & juramentum per victimas eſſet ſanciendum, Iphicrates in pontem aſcendit, Jaſon vero pecudem abſenti paſtori ereptam, in fluvium immolare cœpit. Polyæn. Stratag. L. 3. cap. 9. not. 40.

(4) O Fons Blanduſiæ ſplendidior vitro,

Dulci digne mero, non ſine floribus,

Cras donaberis hœdo ;

gelidos inficiet tibi,

Rubro ſanguine rivos,

Laſcivi ſuboles gregis. Horatius Carmin. L. 3. Ode 13.

aussi des sacrifices & des présens aux fontaines, & il n'est pas sans apparence que cet usage venoit de l'ancienne religion des peuples de l'Italie. Si de l'Occident nous passons en Orient, nous trouverons que le culte que l'on vient de représenter étoit aussi établi parmi les troyens, qui étoient un peuple scythe venu de Thrace. Ainsi Homère introduit Achille disant à ses ennemis, (1) *ce beau scamandre, auquel vous immolez depuis longtems un grand nombre de taureaux, & dans lequel vous précipitez des chevaux tout vivans, ne vous sauvera pas de mes mains.* Les phrygiens, qui étoient voisins des troyens, & leurs compatriotes, conservoient encore la même coutume du tems de Maxime de Tyr. Ils jettoient dans l'eau les cuisses des victimes, & célébroient le nom du fleuve auquel ils avoient offert le sacrifice. Valerius Flaccus dit aussi, (2) *que les amazones, quand elles revenoient d'une expédition jettoient dans le thermodoon, des chevaux, & des armes, qu'elles lui avoient vouées dans le combat.* Les perses enfin (3) avoient une si grande vénération pour la mer, & pour les fleuves, qu'ils n'osoient y cracher, s'y laver les mains, & encore moins s'y baigner. C'étoit parmi eux une abomination d'y faire ses nécessités, d'y jetter quelque chose d'immonde, ou une bête morte de maladie. Ainsi Tyridate, roi d'Armenie, qui suivoit la religion des mages, (4) ayant été mandé à Rome par l'empereur Néron, refusa de s'y rendre par mer, parce que les mages auroient crû commettre un sacrilège en crachant dans la mer, ou en s'y déchargeant des autres nécessités de la nature. Outre le profond respect que les perses avoient pour l'élément de l'eau, elle étoit encore pour eux l'objet d'un culte religieux. On lui offroit des prières, des sacrifices, des présens, comme à une grande divinité. Hérodote, par exemple, rapportant de quelle manière Xerxès passa le détroit des dardanelles avec son armée, dit (5) « qu'aussitôt que le soleil fut » levé, ce prince monta sur le pont qui joignoit » le continent de l'Asie à celui de l'Europe, & » que l'on avoit couvert de myrte & de toute » sorte de fleurs. Là Xerxès, tenant une phiole » d'or, fit des libations à la mer, & offrit, en » même tems une prière au soleil, lui demandant » qu'il fut favorable à son expédition. Après » cette prière, il jetta dans la mer la phiole, » & outre cela une coupe d'or, & une épée. » L'historien ajoute qu'il ne sauroit dire avec » certitude si ce fut à l'honneur du soleil que » Xerxès jetta cette épée dans l'hellespont, ou » s'il prétendit réparer par ce présent l'outrage » qu'il avoit fait à la mer, en la condamnant à » recevoir trois cents coups de fouet ».

Hérodote lui même pourra servir à résoudre le doute qu'il propose ici, puisqu'il remarque plus bas, (6) « que l'armée de Xerxès, étant ar-» rivée sur les bords du Strymon, les mages im-» molèrent des chevaux blancs qu'ils jettèrent » dans le fleuve avec plusieurs autres choses ». Voilà donc une parfaite conformité entre la religion des perses, & celle des gaulois. Il est vrai que Strabon représente d'une manière un peu différente le culte que les perses rendoient à l'eau. » Voici, (7) dit-il, de quelle manière les perses

---

(1) Neque vobis fluvius quamvis pulchrifluus, argenteis vorticibus,

Proderit, cui jam diu multos sacrificatis tauros,

Vivosque vorticibus immittitis ununguelos equos. Homer. Iliad. 21. vs. 130.

(2) Thermodoon Gradivo sacer, & spoliis ditissimus amnis,

Donat equos, donat votas cui virgo secures. Valer. Flacc. L. V. 1.1.

(3) In flumen [Persæ] neque immeiunt, nec manus abluunt; nec denique simile quippiam faciunt, sed flumina inter omnia religiosissime colunt. Herodot. L. 1. C. 138.

In flumen Persæ non immingunt, nec lavantur in eo, nec aliquid mortuum injiciunt, nec alia quæ immunda esse videantur. Strabo, L. 15. p. 733.

(4) Magus ad eum Tyridatem venerat, Armeniacum de se triumphum asserens, & ideo provinciis gravis navigare noluerat, quoniam expuere in Maria, aliisque mortalium necessitatibus violare naturam eam fas non putant. Plin. L. 30. C. 2.

(5) Postero die tantisper morati sunt dum Solem exorientem cernerent, omnivarios odores in pontibus congerentes, ac Myrto iter consternentes. Ubi Sol exortus est, ex aurea phiala Xerxes libans in Mare, apud Solem vota concepit, ne quid sibi adversi contingeret, quo prius desisteret Europam subigere, quam ad illius terminos pervenisset. Hæc precatus, phialam in Hellespontum abjecit, aureumque craterem, ac gladium Persicum, quem acinacem vocant. Hoc pro comperto dijudicare non possum, utrum Soli dedicans gladium dimiserit in Mare, an Hellespontum, quod cum flagellasse pænituerit, in compensationem gladio donaverit. Herodot. 7. C. 54.

(6) Ad Strymonem Magi, mactatis Equis candidis, litaverunt. His & compluribus aliis medicamentis in flumen factis, per novem vias Edonorum ivere. Herodot. 7. 113. 114.

(7) Persæ Aquæ sacra peragunt hoc modo. In lacum, vel flumen, vel fontem venientes, scrobem faciunt, ibique hostiam jugulant, caventes ne quid proximæ aquæ sanguine contingatur, sic eam omnia pollutum iri. Postea carnibus Myrto Laurogue impositis, eas magi gracilibus virgis comburunt, & factis imprecationibus quibusdam, oleum labe a: melle mixtum infergunt, non in ignem, nec in aquam, sed in terram. Imprecationes diu faciunt, fasciculum virgarum Myricinarum tenuium tenentes. Strabo, L. 15. p. 732. 733.

Ppppp 2

» sacrifient à l'eau. Arrivés à un lac, à un
» fleuve, ou à une fontaine, ils creusent une
» fosse, & ils égorgent la victime, prenant
» bien garde qu'il ne coule point de sang dans
» l'eau, parce que l'eau & le sacrifice en se-
» roient souillés. Ensuite ils étendent la chair de
» la victime sur du myrte & du laurier, & la
» font brûler. On fait le feu avec de petites
» branches, & après quelques prières, ils dé-
» trempent ensemble de l'huile, du lait, & du
» miel, dont ils font des aspersions, non sur le
» feu, ou sur l'eau, mais sur la terre. Ils font
» là de longues prières, tenant entre leurs
» mains des faisceaux composés de petites bran-
» ches de myrte ». Comme Strabon est fort
exact dans ses narrations, & qu'il devoit connoître parfaitement les perses, voisins de sa patrie, je ne vois pas d'autres moyens de le concilier avec Hérodote, que de dire que les choses
avoient changé depuis le tems de l'historien,
qui étoit antérieur à Strabon de 450. ans, plus
ou moins. Quoi qu'il en soit de cette petite différence, elle ne mérite pas de nous arrêter plus
long-tems.

Joignons à ces recherches quelques réflexions
relatives au sujet traité dans cet article.

1o. Ce n'étoit pas sans fondement (1) que les
mages accusoient Hérodote d'ignorance & de
mauvaise foi, pour avoir dit (2) qu'après une
tempête, dans laquelle le pont de bateaux que
Xerxès avoit fait jetter sur la mer souffrit beaucoup, ce prince fit donner à l'Hellespont trois
cents coups de fouet, & que non content de
l'enchaîner comme un criminel, il lui fit encore
imprimer ce que nous appellerions la fleur de lis,
ou la marque du bourreau. Outre qu'il est difficile de comprendre qu'un prince, qui n'avoit
pas perdu le sens commun, pût pousser aussi loin
l'extravagance, Hérodote reconnoit d'ailleurs,
que les perses avoient une dévotion toute particulière pour l'eau, *flumen inter omnia religiosissime
colunt.* Il représente même Xerxès comme un
prince fort attaché à sa religion. Il dit que ce
prince offrit des présens à l'Hellespont, & des
victimes au Strymon. Y pensoit-il, en attribuant
à ce même prince des actions qui auroient passé,
parmi les perses, pour la plus détestable de
toutes les impietés ? Ils aimoient mieux souffrir
la mort & le supplice, plutôt que de faire le
moindre outrage aux élémens, c'est-à-dire, aux
divinités qui les remplissoient. Assurément les
historiens nous en donnent bien à garder lorsqu'ils parlent de quelque religion différente de
celle qu'ils professent, ou qu'ils affectionnent eux
mêmes. Hérodote raisonne à peu près comme
ceux qui reprochent à Calvin d'avoir été le plus
ardent promoteur du supplice de Servet, parce
que celui-ci attaquoit le mystère de la trinité,
& qui ne laissent pas d'accuser Calvin d'avoir été
antitrinitaire, ou socinien. Il faut avoir un
front qui ne rougit de rien pour imputer à
un homme de semblables contradictions.

2o. Le culte que les gaulois rendoient à l'eau,
& la coutume qu'ils avoient d'y jetter du drap, de
la toile, de l'or, de l'argent, en un mot une
partie de tout ce qu'ils avoient de plus précieux,
c'est là, autant que je puis en juger, ce qui a donné
lieu à la fable qui porte, (3) que les gaulois qui
avoient pillé le temple de Delphes, étant de
retour dans leur patrie, & voyant qu'il y avoit
une malédiction attachée au trésor qu'ils avoient
apporté, prirent le parti de le jetter dans un
étang sacré de la ville de Toulouse, d'où le consul Cepion le retira environ 170 ans après. C'est
un conte fait à plaisir. Je ne m'arrête pas à la
contradiction que l'on remarque dans le récit des
auteurs qui rapportent cette fable. J'ai montré
ailleurs qu'elle saute aux yeux. Ils assurent que
les Gaulois ne purent prendre le temple de Delphes ; qu'ils périrent tous dans cette expédition.
Mais si cela est, comment peut-on les faire
retourner dans leur patrie ? D'où veut-on qu'ils
eussent pris un trésor, qui montoit, selon Posidonius, [4] à quinze mille talens, c'est-à-dire à
neuf millions d'écus, & selon [5] Justin, à une

---

(1) Nonnulli Herodotum in jus vocant, mendacii
que arguunt quæ de magis scripsit, neque enim ja-
cula in Solem torsisse Xerxem, ut ille ait, nec com-
pedes Mari immisisse, quod hi a magis dii sunt traditi. Signa tamen & statuas jure sustulisse. *Diogen.
Laërt. Proæm. p. 7.*

(2) Quod cum audisset Xerxes, indigne ferens,
jussit trecenta Hellesponto verbera infligi, & in ejus
Pelagus par compedum demitti. Jam vero audivi,
misisse quoque cum his etiam, qui stigmata Hellesponto inurerent. Certe mandavit ut colaphos Hellesponto incuterent, dicentes barbara ac vesana : O
aqua amara, dominus hanc tibi irrogat pœnam,
quod eum læsisti qui de te nihil male meritus erat.
Herodot. 7. 35.

(3) Tectosagi autem, cum in antiquam patriam
Tolosam venissent, comprehensique pestifera lue
essent, non prius sanitatem recuperaverunt, quam Arus-
picum responsis moniti aurum argentumque, bellis
sacrilegiisque quæsitum, in Tolosensem Lacum mer-
gerent, quod omne, magno post tempore, Cæpio,
Romanus Consul, abstulit; fuere autem argenti pondo
centum decem millia, auri pondo quinquies decies
centum millia. *Justin. 32. 3.º* Regio illa, jam ab antiquo, divitiis abundabat, & donariis quæ olim Galatæ, Brenno exercitum ducente, è Delphico templo
abstulerant, ornata erat. *Excerpt. ex Dione, apud
Vales. p. 630.*

(4) Voyez la note 1 *page suivante.* Quinze mille Talens,
à six cens écus le Talent, font neuf millions d'écus.

(5) Voyez la note 3 ci-dessus.

somme que le grand Budé, [1] n'osoit presque exprimer, tant la chose lui paroissoit incroyable? Pour moi je suis très persuadé que le temple de Delphes fut pris & pillé par les Gaulois. Mais d'un coté, ils n'y trouverent point le trésor qu'ils cherchoient. Les phocéens s'en étoit emparé long-tems auparavant. D'un autre côté ces Gaulois ne sortoient point du Languedoc, & n'y retournerent jamais. Ce qui a fait prendre le change, c'est que les romains, ayant trouvé un si riche trésor à Toulouse, & ne pouvant comprendre, ni comment il y avoit été apporté, ni pourquoi on le laissoit là sans y toucher, crurent bonnement que c'étoit un or & un argent maudit que l'on n'avoit jetté dans l'eau, que parce qu'il avoit été acquis par des sacrilèges. Si les romains s'étoient souvenus qu'il y avoit de riches mines dans le voisinage de Toulouse, s'ils avoient considéré que les Gaulois consacroient à leurs dieux tout ce qu'ils avoient de précieux, & qu'ils punissoient du dernier supplice ceux qui étoient assez impies pour enlever quelque chose des trésors déposés dans les sanctuaires, & dans les étangs sacrés, ils seroient assurément revenus de leur surprise, & ils n'auroient pas eu recours à la fable que je viens de réfuter pour expliquer comment on avoit pu trouver une si grande quantité d'or & d'argent dans un temple de la Ville de Toulouse. Aussi Strabon, après avoir rapporté la tradition qui couroit parmi les romains, se range-t'il à l'opinion de Posidonius, qui est celle que j'ai suivie. Voici les paroles du Géographe. [2]

(1) Hæc summa vix dicere ausim quanti æstimanda sit. *Budæus de Asse*, L. 4. p. 141.

(2) Tectosages dicunt interfuisse Delphicæ expeditioni, & thesauros quos Cæpio, Romanorum Dux, apud illos in urbe Tolosa invenit, partem fuisse pecuniarum Delphis ablatarum. Aiunt etiam addidisse illos homines ex propriis divitiis, easque consecrasse, ut deum placarent.... Probabilior porro est Posidonii narratio. Is inventas Tolosæ pecunias, ait quindecim millia circiter fuisse talentum, partim in sacrariis repositas, partim in sacris Lacubus, neque signatas, sed aurum argentumque infectum fuisse. At templum Delphicum, in illo jam tempore, vacuum fuisse hujusmodi rerum, jam in sacro bello a Phocensibus spoliatum. Quod si quid relictum fuerit, id inter multos divisum, neque verisimile esse, Tectosages in patriam tediis salvos, qui post discessum a Delphis, miseriis pressi, ob dissensionem, alii alio dispersi abierint. Ergo quod hic cum multis aliis tradit, regio illa dives auri cum esset, hominesque eam tenerent superstitiosi, ac in vitam degendam non sumptuosi, factum est ut multis in locis Gallia Thesauros haberet, maxime autem paludes eos tutos præstabant, in quas argenti aut etiam auri pondera demittebant. Romani igitur, potiti ea ditione, paludes publice vendiderunt, multique eorum qui emerunt, molas ex argento ductas repererunt. Tolosæ porro templum fuit sacrosanctum, quod valde venerabantur vicini, ideoque abundabat divitiis, multis donaria dedicantibus, & nemine attingere auso. *Strabo* 4. 188.

On prétend qu'il y avoit des tectosages dans l'armée qui assiégea le temple de Delphes, & que le trésor que Cepion, général romain, trouva dans une de leur Ville, nommée Toulouse, faisoit partie de l'argent qu'ils avoient emporté de Delphes. On dit aussi que les tectosages ajoutèrent de leurs propres biens au trésor, & qu'ils consacrèrent le tout à Apollon, pour appaiser son courroux..... Il y a cependant plus de vraisemblance dans le récit de Posidonius. Cet auteur dit, qu'on trouva à Toulouse environ quinze mille talens qui étoient déposés, en partie dans des étangs consacrés. L'or & l'argent n'étoient point monnoyés, ni travaillés. Il n'y avoit plus dans ce tems là ni or ni argent dans le temple de Delphes, que les phocéens avoient dépouillé pendant la guerre, qu'on appelle sacrée. S'il en restoit quelque peu il fut partagé entre un grand nombre de personnes. Il n'y a d'ailleurs point d'apparence que les tectosages ayent pû revenir sains & saufs dans leur patrie, parce que s'étant attirés mille calamités par leurs dissensions, ils furent dispersés de tout côté. Je m'en tiens donc à ce que Posidonius & plusieurs autres rapportent. C'est que ce pays produisant beaucoup d'or, étant d'ailleurs possédé par des hommes superstitieux & de peu de dépense, il étoit arrivé de là qu'on voyoit en plusieurs endroits des Gaules des trésors consacrés. Il étoient surtout en sureté dans les étangs, où le peuple jettoit des masses d'or & d'argent. Les romains s'étant donc rendus maîtres du pays, firent vendre publiquement ces étangs. Plusieurs des acheteurs y trouvèrent des meules d'argent massif. Il y avoit au-reste à Toulouse un temple qui passoit pour très saint. Tous les peuples voisins l'avoient en grande vénération. C'est pour cela qu'il avoit des richesses immenses, parce qu'on y portoit tous les jours des présens, & que personne n'osoit y toucher. Posidonius a frappé au but, & je n'ai rien à ajouter à ses remarques. On trouva en 1420. [3] dans les bains de Bade, en Suisse, des médailles d'or, d'argent & de cuivre. Je ne doute pas qu'elles n'y eussent été jettées, dans un tems où les Helvétiens, comme les autres gaulois rendoient un culte religieux aux fontaines & leur offroient des présens.

3°. Le petit peuple de la plûpart des Villes de l'Allemagne a une idée qui me paroit un reste de la superstition que j'ai représentée dans ce qui précède. Il place dans les lacs, & dans les fleuves un génie qu'il appellent *der Nix*, le *Nix*, & il est fermement persuadé que les hommes lui doivent un tribut annuel. Ainsi, quand quelqu'un a le malheur de se noyer, les plus crédules ne manquent jamais d'assurer que c'est le *Nix* qui l'a tiré par les pieds, & étouffé dans les eaux.

J'ai montré, dans les recherches précédentes

(6) *Délices de la Suisse*, Tom. 3. p. 440. *La Martinière*, dict. geogr. au mot de *Baden*.

que selon la mythologie des peuples *Celtes*, l'eau & le feu tenoient le premier rang entre les divinités qui étoient émanées du dieu *Teut*, & de la terre sa femme. C'est la raison pour laquelle les perses sacrifioient principalement à ces deux élémens, & qu'ils ne croyoient pas pouvoir engager plus solemnellement leur parole, qu'en prêtant serment par l'eau, & le feu. J'aurois du penchant à croire qu'ils avoient pris ce culte des assyriens, & des chaldéens leurs voisins. Mais d'un côté Hérodote remarque que les perses avoient sacrifié à la terre, à l'eau, au feu, aux vents, de toute ancienneté, c'est-à-dire, avant qu'ils eussent adopté des superstitions etrangeres; & d'un autre côté, ce même culte du feu étoit établi parmi tous les peuples Scythes & *Celtes* de l'Europe. Les macédoniens, & tous les grecs, en général, servoient *Vesta* (ίστα) c'est ainsi qu'ils appelloient le feu, avant qu'ils eussent pris des barbares le mot *Pyr* [πῦρ]. Les romains aussi servoient la même [1] *Vesta*, à l'honneur de laquelle ils entretenoient un feu perpétuel. Comme le temple qu'elle avoit à Rome avoit été fondé par [2] *Numa Pompilius*, qui demeura toujours attaché à l'ancienne religion, [3] on n'y voyoit point de simulacre. *Les germains ne reconnoissoient*, selon Jules César, *point d'autres dieux, que ceux qu'ils voyoient, & dont ils éprouvoient manifestement le secours. Le soleil, la lune, Vulcain*. Vulcain est ici manifestement le feu. C'est à ce Vulcain [4] que des gaulois, conduits par *Viridomarus*, avoient voué les armes des romains, supposé qu'ils eussent le bonheur de les vaincre. Les anciens habitans de l'Angleterre rendoient un culte religieux au feu. Les turcs aussi l'avoient en grande vénération, & les Scythes, en général, lui offroient des sacrifices, l'appellant en leur langue *Tabiti*.

On ne trouve presque rien dans les anciens sur la nature même du culte que les peuples *Celtes* rendoient au feu, & des cérémonies qu'ils y observoient. Voici à peu près tout ce qu'ils en disent. Les anciens habitans de l'Italie entretenoient dans les temples de Vesta, [5] un feu immortel, devant lequel ils alloient faire leurs prieres. Les perses se faisoient un scrupule de jetter dans le feu aucune des choses qui passoient pour immondes; ils étoient même [6] capables de souffrir le plus cruel supplice, plûtot que de commettre un semblable sacrilege. Strabon dit, [7] « quand ils vouloient sacrifier au feu, ils arrangeoient du bois sec dont ils avoient auparavant ôté l'ecorce. Après avoir jetté de la graisse sur le bois, & y avoir versé de l'huile, ils allumoient le feu, non pas [8] en le soufflant de la bouche, mais en faisant du vent avec un évantail. On punissoit du dernier supplice ceux qui souffloient le feu, aussi bien que ceux qui y jettoient de la boue, ou quelque bête morte de maladie. Ils avoient aussi des temples consacrés au feu, qui étoient de grands enclos, dans lesquels on voyoit un autel où les mages conservoient un feu immortel au milieu de beaucoup de cendres. Les mages entroient tous les jours dans ces enclos, & y adressoient des prieres au feu pendant une heure entière, tenant en leurs mains de la verveine, & ayant sur la tête une tiare qui leur pendoient des deux cotés, & dont les bouts leur couvroient les joues & les lèvres ». Maxime de Tyr ajoute, qu'en fournissant au feu des matieres combustibles, ils lui disoient *dévore ô seigneur !* Ces exemples me font juger que les peuples *Celtes* faisoient consister le culte du feu à entretenir dans leurs sanctuaires un feu sacré devant lequel ils faisoient leurs prieres [9].

---

(1) Nec est aliud Vestam, quam vivam intelligo flammam. *Ovid. Fast.* 6. vs. 291. Voyez aussi *Diod. Sic. L. 2. p. 115. 116.*

(2) Regis opus placidi, quo non metuentibus ullum Numinis ingenium terra Sabina tulit. *Ovid. Fastor. L. 6. vs. 259.*

Virgines Vestæ legit, alba oriundum sacerdotium. *Livius Lib. 1. Cap. 20.*

(3) Esse diu stultus Vestæ simulacra putavi, Mox didici curvo nulla subesse tholo. *Ovid. ibid. vs. 295.*

(4) Galli, Viridomaro Rege, Romana arma Vulcano promiserant. *Florus 2. 4.*

(5) *Ovid. Fast.* 6. vs. 300. & seq.

(6) Persa sum indigena, ignemque polluere nobis tristi morte accerscitur. *Suidas in ἀτρέκεως Tom: 1. p. 324.*

(7) Igni sacrificant, arida ligna imponentes ademto cortice, & axunia super injecta. Deinde infuso oleo succendunt, non inspirantes, sed ventilantes. Si quis inspirat, aut mortuum quicquam, cœnumve in ignem injicit, morte plectitur . . . Sunt etiam Pyratheia, septa quædam ingentia, in quorum medio Ara est, in ea Magi, & cinerem multum, & ignem perennem servant, eoque quotidie ingressi, per horam ante ignem imprecationes, verbenas manu tenentes, Tiaris utrinque sic dependentibus, ut vittæ maxillas & labia contegant. *Strabo, 15. 732. 733.*

(8) La raison de ce scrupule étoit, que le souffle de l'homme auroit souillé les intelligences toutes pures qui résidoient dans le feu.

(9) Les Czeremisses pratiquent encore aujourd'hui quelque chose de semblable. Ils jettent dans le feu du pain & de la viande, souhaitant que le parfum soit agréable à Dieu, & en même-tems ils crient *Jumala Sargala*. Grand Dieu, ayez pitié de nous. *Stralenberg, pag. 419.*

Le service religieux que les *Celtes* rendoient au feu avoit le même fondement que celui qu'ils offroient à l'eau. On regardoit le feu comme une divinité. On y plaçoit des intelligences supérieures à l'homme. On les consultoit, tantôt pour découvrir le passé, comme dans l'épreuve du fer rouge & des charbons brulans, tantôt pour être instruit de l'avenir. Il est remarqué, par exemple, que les anciens habitans de la Galice étoient fort expérimentés dans les présages qui se tiroient du feu, c'est-à-dire, qu'ils se vantoient de prévoir & de prédire l'avenir, soit par la couleur & par le pétillement du feu sacré, soit par le feu du ciel.

Hérodote va bien plus loin. Il dit *que les scythes servoient, préférablement à tous les autres dieux, Vesta & ensuite Jupiter, & la terre*. De la manière dont il s'exprime, l'on diroit que les scythes regardoient le feu comme le premier être. Effectivement Justin, dans un discours qu'il attribue aux scythes leur fait dire [1] *que c'est le feu qui a engendré l'Univers*. A ce conte l'opinion des scythes auroit été celle des Stoïciens qui faisoient consister l'essence de leur Jupiter dans un feu subtil qui pénétroit & qui animoit toutes les différentes parties de la matière. Mais il n'y a ici rien de tout cela. On ne peut pas faire beaucoup de fond sur ce qu'Hérodote dit des scythes, qu'il n'a connus que très imparfaitement. Cet historien assure, dans l'endroit que je viens de citer, que les scythes ne consacroient des simulacres, des temples, & des autels qu'à Mars. C'étoit donc là leur dieu suprême. J'ai montré d'ailleurs que le Mars des scythes étoit le même que leur Jupiter. C'est à ce Jupiter, & non au feu, qu'ils rapportoient l'origine de toutes choses. Hérodote lui même l'insinue, en remarquant qu'ils appelloient leur Jupiter *Pappæus*, & qu'ils regardoient la terre comme sa femme. Aussi les turcs, qui avoient un très grand respect pour le feu, ne laissoient-ils pas de le distinguer formellement du dieu qui a fait le ciel & la terre. A l'égard du discours que Justin attribue aux Scythes, il m'a bien l'air d'être, en tout, ou en partie, de la façon de l'historien qui a profité de l'occasion qui se présentoit naturellement, pour y glisser l'opinion des Stoïciens. Au reste, je ne doute pas que les scythes, [2] comme les perses, ne préférassent le feu à tous les autres élémens. Ils croyoient que les intelligences qui y résidoient étoient les plus pures, les plus pénétrantes, les plus actives, & qu'elles méritoient, par conséquent, un culte & des hommages particuliers de la part de l'homme.

Je trouve au reste dans Strabon, [3] que les perses, dans tous les sacrifices, qu'ils offroient aux autres dieux, adressoient premièrement une prière au feu. La raison en est claire. Les sacrifices & le parfum ne pouvoient s'offrir qu'avec le feu sacré que l'on conservoit dans les enclos dont je viens de faire mention. On croyoit [4] que ce feu étoit tombé du ciel. Comme il étoit, en quelque manière, le ministre & le messager qui portoit aux autres dieux le parfum & les sacrifices que les hommes leur offroient, les perses prioient, avant toutes choses, le feu sacré de ne point intercepter l'oblation, mais de la présenter fidèlement au dieu auquel on la destinoit.

Les anciens grecs allumoient du feu devant leurs maisons, quand ils chantoient l'*O.pianassa* à l'honneur de la terre. Je crois l'entrevoir dans le passage d'Hesychius, que l'on trouvera [5] au bas de cette page. On peut excuser par-là ceux qui ont prétendu [6], que Vesta étoit la même divinité que la terre. Mais il est constant au-reste que les scythes distinguoient [6] *Tabiti*, c'est-à-dire, le feu, d'*Apia* qui étoit la terre. Les romains aussi disoient [7] que Vesta étoit la fille d'*Ops* & de *Saturne*. Ils suivoient en cela la théologie des *Celtes*, qui prétendoient que toutes les divinités subalternes étoient émanées du dieu *Teut*, & de la terre sa femme.

---

(3) Persæ cuicunque Deo sacrificent, primum igni imprecationes faciunt. *Strabo* 15. p. 733.

(4) Feruntque, si justum est credi, etiam ignem cælitus lapsum, apud se sempiternis foculis custodiri, cujus portionem exiguam, ut faustam, præiisse quondam Asiaticis regibus dicunt. *Ammian. Marcel.* lib. 23. p. 375. Ignis quem ipsi sacrum & æternum vocabant, argenteis Altaribus præferebatur. *Curtius*, lib. 3. Cap. 3. p. 54.

(5) Opi anaona purra prothuros pur pro ton huson. *Hesych.*

(6) Vestæ autem ignem putant dicatum, quia cum ea Dea sit Terra, & medium mundi locum occupet sublimis ignis inflammationes parit. *Dionys. Halic.* lib. 2. p. 126.

Vesta eadem est quæ Terra, subest vigil ignis utrique. Significant sedem Terra focusque suam. *Ovid Fast.* 6. vf. 267.

Tellus, Vestaque numen idem est. *Ibid. vf.* 460.

τιν Ignis, & Terra, & Dea. *Hesych.*

(7) Ex ope Junonem memorant cereremque creatas semine Saturni: tertia Vesta fuit. *Ovid. ibid. vf.* 285.

---

(1) Sive illuvies aquarum principio eorum terras obrutas tenuit, sive ignis, qui & Mundum genuit, cuncta possidet, utriusque primordii Scythas origine præstare. *Justin* 2.

(2) Persæ & Magi omnes qui Persæ regionis incolunt fines, ignem præferunt, & omnibus elementis putant debere præponi. *Firmic. Matern. p.* 413.

J'aurai occasion de montrer, lorsque je parlerai des superstitions des peuples *Celtes*, qu'ils devinoient, non-seulement par le feu, mais qu'ils l'employoient encore à des usages que nous appellerions magiques. Ils purifioient par le feu les hommes, les animaux, les plantes; & je ne doute pas que l'idée qu'ils avoient des grandes vertus du feu ne servît de fondement au culte qu'ils lui rendoient. Il me paroit assez vraisemblable que les feux qu'on allume en plusieurs lieux de la France, la veille de la saint Jean, sont aussi un reste de l'ancienne superstition, & de la vénération toute particulière que les *Celtes* avoient pour le feu.

On a eu raison de dire au moins dans un certain sens, que les peuples *Celtes* vénéroient les élémens. Quoiqu'ils adorassent des dieux spirituels, ils les attachoient cependant tous à quelque élément, & il n'y avoit point de partie de la matière, & du monde visible, qui ne fut sous la direction de quelque divinité particulière. Les anciens philosophes établissoient quatre élémens, la terre, l'eau, le feu, & l'air. J'ai déjà parlé du culte qu'on rendoit aux trois premiers. Il faut montrer en deux mots que le quatrième, c'est-à-dire, l'air, recevoit les mêmes honneurs. Les violentes agitations de l'air, la force, & la rapidité de son action, les terribles ravages que la pluye, la foudre, les orages, & les tempêtes sont capables de causer; tout cela persuadoit aux *Celtes*; que l'air étoit rempli d'une prodigieuse quantité d'esprits, qui étant maîtres, à plusieurs égards, de la destinée de l'homme, méritoient, par cette raison, de recevoir de sa part un culte religieux. Ainsi les turcs vénéroient l'air. Les perses offroient, de toute ancienneté, des sacrifices aux vents. Les germains avoient leur *Thor*, qui présidoit dans l'air, & qui avoit sous sa direction le tonnerre, la foudre, les vents, la pluie, le beau tems, & les fruits de la terre. J'ai ayertti que ce *Thor* étoit le *Taramis* des gaulois, le même que Jules César a cru devoir appeller *Jupiter*, parce qu'on lui attribuoit l'empire de l'air. Les lacédémoniens aussi (1) offroient anciennement un sacrifice annuel aux vents sur une des montagnes de leur pays; & s'il faut en croire un ancien historien, cité par Clément d'Alexandrie, (2) *les prêtres des macédoniens offroient des prières à Bedy*, (3) *c'est-à-dire, à l'air, lui demandant qu'il leur fut propice & à leurs enfans*.

Je montrerai, en parlant des superstitions des peuples *Celtes*, qu'ils devinoient par l'air, comme par les autres élémens. Ils faisoient surtout beaucoup d'attention aux présages, que l'on tiroit de la foudre. Les scythes (4) juroient par le vent, non seulement parce que la vie de l'homme dépend de l'air qu'il respire, ce qui est le sentiment de Lucien, mais aussi parce qu'ils attribuoient aux intelligences de l'air des connoissances infiniment supérieures à celles de l'homme. Cependant le grand but du culte que l'on rendoit aux divinités qui présidoient à l'air, c'étoit d'en obtenir des saisons favorables, & des influences salutaires. Ainsi les mages nous sont représentés (5) se faisant des incisions, & recourant aux enchantemens pour appaiser une tempête qui avoit fait périr une partie de la flotte de Xerxès. Ce fut, selon les apparences, pour condescendre sur cet article à la superstition des gaulois, (6) que l'empereur Auguste, se trouvant dans la province Narbonnoise, y consacra un temple à un certain vent, que l'on appelloit *Circius*, &, qui étant des plus furieux, ne laissoit pas d'être souhaité par les gens du pays, parce qu'il purifioit l'air des mauvaises exhalaisons dont il étoit chargé. On voit au-reste dans les capitulaires de Charles-Magne, (7) qu'il y avoit encore, du tems de cet empereur, des gens qui se vantoient d'exciter des tempêtes, & d'autres qui prétendoient avoir le don de les appaiser par leurs enchantemens. On appelloit les premiers *Tempestarii*, & les seconds *Obligatores*. Les canons

---

(1) Romani Equum immolabant, mense octobri, in campo Martio, Marti; Lacedemonii in monte Taygeto Ventis. Pomp. Fest. Paul. Diac. p. 345. ανεμώτας apud Tarentinos dicitur Asinus, quem Ventis immolant. Etym: Mag. p. 103.

(2) Neanthes Cyzicenus scribit, sacerdotes Macedonum, in precibus invocare *Bedi*, ut sit eis propicius & filiis, quod quidem interpretantur Aërem. *Clem: Alex. Strom. lib. 5. 673.*

(3) Parmi les Phrygiens *bedi* signifioit de l'eau. *bedi*, aqua Phrygiis, secundum Didymum Grammaticum, & Dionem Thytem. Aliis Aer. *Clem. Alex. ibid.*

(4) Toxaris jurat per Ventum & acinacem. Per Ventum vitæ, per acinacem mortis causam. *Lucian: Toxari p. 630.*

(5) Magi incisiones faciendo, & veneficiis incantando Ventum, ad hæc Thetidi, ac Nereidibus sacrificando, tempestatem compescuerunt. *Herodot: lib. 7. cap. 191.*

(6) Galliam Circius infestat, cui ædificia quassanti, tamen incolæ gratias agunt, tanquam salubritatem Cœli sui debeant ei. Divus certe Augustus, Templum illi, cum in Gallia moraretur, & vovit & fecit. *Seneca, Quæst. Nat. lib. 5. cap. 17.* On prétend que c'est le même vent que Strabon appelle *Melamborus*. Strabo. 4. *182.* Il paroît par Pline Hist. Nat. lib. 2. cap. 47. *Lib. 17. 2,* que le *Circius* étoit un vent d'occident.

(7) Præcipimus ut nec Cascullatores, & Incantatores, nec Tempestarii, vel Obligatores fiant, & ubicunque sunt, emendentur, vel damnentur. *Capitul: Kar. Mag. Lib. 1. Tit. 64. p. 239.* Voyez aussi du Cange, sur l'un & l'autre de ces mots.

défendent,

défendent, avec raison, cette superstition qui étoit aussi vaine, que criminelle.

Des peuples qui vénéroient les élémens, avec toutes les différentes parties du monde visible, devoient avoir naturellement un grand respect pour le firmament, & y placer les intelligences les plus pures & les plus parfaites. La beauté, l'utilité du soleil, qui communique à l'Univers une lumière si agréable & en même tems une chaleur si nécessaire pour la conservation de l'homme, des plantes, & des animaux, devoient aussi le faire regarder comme une grande divinité parmi des peuples qui associoient à tous les corps célestes & terrestres des intelligences, plus ou moins parfaites à proportion de la subtilité & de l'activité de la matière qu'elles animoient. On ne sera pas surpris, par conséquent, de voir que les scythes & les *Celtes* adorassent le soleil. Cette idolâtrie étoit aussi ancienne, qu'elle étoit généralement répandue dans le monde.

Il ne sera pas inutile de faire ici une courte digression sur le nom que les anciens habitans de l'Europe donnoient au soleil. Les allemands l'appellent *Sonn*, ou *Sonne*, les latins *Sol*, les moscovites *Solnze*, & les esclavons, établis le long de la mer Adriatique, *Sunze*, ou *Sunaeze*. S'il faut en croire Jacques Gronovius, les anciens habitans de l'Espagne l'appelloient aussi *Son*, ou *Ton*. J'ai cité plus haut un passage de Macrobe, où il est dit *que les Accitains, qui étoient un peuple de l'Espagne, servoient avec beaucoup de dévotion un simulacre de Mars. Il avoit la tête environnée de rayons ; & les gens du pays l'appelloient Neton, ou comme portent d'autres exemplaires, Neuton.*

Gronovius, dans sa note sur ce passage, prétend (1) que le simulacre représentoit, non le dieu Mars, mais le soleil. Effectivement les rayons qu'il avoit autour de la tête appuyent ce sentiment ; & le mot de *Neu-sonn*, ou de *Neu-ton*, signifie en allemand le nouveau soleil, ou le soleil levant. Quoi qu'il en soit de cette conjecture, la conformité du nom que les latins, les allemands, & les sarmates donnent au soleil, me fait juger que le mot de *Sol*, ou de *Son*, est le nom que cet astre portoit parmi les anciens habitans de l'Europe. Le bas Breton, qui passe pour être l'ancienne langue des *Celtes*, l'appelle cependant *Heaul*, & selon le pere de Rostrenen, (2) ce même nom est aussi en usage dans le pays

---

(1) *Not. ad Macrobium*, p. 212.

(2) Soleil *Héaul*, an *Héaul* (Vannes & haute Cornoüaille) *Hyaul* (Gales) *Haul*, *Houl* als *Sul* qu'on prononçoit *Soul*. De là *Di Jul*, jour du soleil, dimanche. *Rostrenen. Diction. Celtique* p. 872.

Philosophie anc. & mod. **Tom. I.**

de Gáles. Un Etymologiste, qui seroit aussi prévenu en faveur du Tudesque, que le pere Pezron etoit entêté de son bas Breton, dériveroit peutêtre le mot de *Heaul* de l'allemand *Hell*, clair, serain, ou de *Heylen*, guérir, *Heyl*, guérison, salut. La dernière de ces étymologies pourroit même être confirmée par un passage de Jules César qui dit, (3) que les Gaulois servoient Apollon auquel ils attribuoient la guérison des maladies. Mais il me paroit bien plus vraisemblable que le mot de *Heaul* a été emprunté des Grecs, qui avoient une célèbre colonie à Marseille. Les grecs appellent le soleil ἥλιος *Helios*, & ils ont pris eux mêmes ce mot des phéniciens. Le nom propre du soleil, en Phénicien, étoit *Schemesch*. Mais les Idolâtres lui donnoient, après cela, un grand nombre de titres qui marquoient qu'on le regardoit comme l'une des plus grandes divinités. On l'appelloit, par exemple, (4) *Hel*, le dieu fort, *Moloch*, ou *Bal* [5] le roi, *Bal-Schamaïm*, le roi du ciel, *Abel*, le seigneur & pere. C'est de là manifestement que les grecs ont emprunté les noms de ἥλιος *Helios*, ἀβέλιος [6] *Abelios*, ἀπόλλων *Apollon*, qu'ils donnent au soleil, aussi bien que celui de βαλλήν [7] *Ballen*, qui signifioit un roi en Phrygie, & dans la grande Grèce. Par la suite du tems, ces mots passèrent des Grecs, & particulièrement de ceux qui étoient établis à Marseille, aux Gaulois leurs voisins qui désignèrent aussi le soleil, sous le nom de *Heaul*, [8] d'*Abellio*, & de *Belenus*.

Pour revenir à mon sujet, il est constant que tous les peuples Celtes rendoient un culte religieux au soleil. Les anciens qui ont parlé des hyperboréens font mention de leur Apollon, & au travers des fables puériles qu'ils racontent, on

---

(3) Galli Apollinem colunt, quem dicunt morbos depellere. *Cæsar.* 6. 17.

(4) Nam omnes in illis partibus Solem colunt, qui ipsorum lingua *Hel* dicitur, undè & *Helius*. *Servius ad Æneid.* 1. vs. 645.

(5) Lingua Punica *Bel* deus dicitur. Apud Assyrios autem *Bel* dicitur, quadam sacrorum ratione, & Saturnus, & Sol. *Servius ad Æneid.* 1. vs. 733.

(6) ἀβέλιον Solem Cretenses dicunt. ἀβελίην Solarem Pamphilii, *Hesych.*

(7) βαλλήν Rex Phrygibus. *Hesyc.* Balen dicitur rex. Euphorion vero ait Thuriorum esse dialectum. *Scholiast. Æschyli ad Pers.* p. 156. Apud Sophoclem Pastores ιὼ *Ballen* dicunt, quod Phrygice est ιὼ rex. *Sextus Empi. Mss. apud Maussac. Dissert. Crit. ad Harpocration.* p. 358.

(8) Deo Abellioni, *Inscriptiones in Novem populania repertæ apud Gruterum* p. 37. n. 4. 5. 6.

entrevoit que ces peuples avoient une grande vénération pour le soleil. Voici, par exemple, ce que Diodore de Sicile dit des hyperboréens, qu'il place, après Hécatée, dans une isle de l'Océan, à l'opposite de la *Celtique*. (1) *Les arbres de l'Isle portent du fruit deux fois par an. La fable raconte que Latone est née dans ce pays. De là vient que les habitans servent principalement Apollon. Ils sont comme autant de sacrificateurs de ce dieu dont ils chantent journellement les louanges. Il y a dans l'Isle une belle forêt consacrée à Apollon, un temple de figure spherique, rempli de dons, & une Ville dédiée au même dieu. La plûpart de ses habitans sont musiciens. Ils jouent de la guitarre dans le temple d'Apollon, & chantent des hymnes à sa louange.*

Ce qu'Hécatée disoit (2) de la situation de cette isle convient à la Grande-Bretagne. Mais il y a tout lieu de juger qu'il n'en connoissoit pas mieux les dieux, & les habitans, que les arbres & le climat ; & par cette raison, on ne doit pas regretter la perte d'un traité particulier, qu'il avoit composé [3] sur l'Apollon des hyperboréens. Ce n'étoit, selon les apparences, qu'un tissu de fables. On trouve dans les argonautiques d'Apollonius un autre conte encore plus ridicule. Il porte (4) que, lorsque Jupiter eut foudroyé Esculape, Apollon extrêmement affligé de sa mort, se retira dans le pays des hyperboréens, & que l'ambre, qu'on y trouvoit, s'étoit formé des larmes que la perte de son élève avoit fait verser à ce dieu. Ces hyperboréens sont les Gaulois qui demeuroient le long du Po. Comme c'étoit là que les Pannoniens venoient vendre l'ambre, (5) qu'ils achetoient eux-mêmes des Estions, les Grecs ont crû qu'il croissoit dans le pays même d'où ils le tiroient. La plûpart des anciens ont cependant placé les hyperboréens (6) autour du Danube, & ils assurent, assez généralement, (7) qu'Apollon alloit visiter tous les ans ces peuples pour assister à une fête solemnelle qu'ils célébroient à son honneur, & dans laquelle (8) ils lui immoloient des anes. Ce dieu se (9) divertissoit beaucoup à entendre braire ces animaux, & il prenoit, en même tems, un singulier plaisir aux acclamations, aux festins, aux danses & aux autres démonstrations de joye que les hyperboréens lui donnoient pendant une fête dont il étoit le grand & le seul objet. Aussi long-tems que cette solemnité (10) duroit l'oracle de Delphes étoit muet à cause de l'absence du dieu ». Cela signifie, comme on l'entrevoit dans les passages que j'ai cités dans les notes, que les Germains, qui sont les hyperboréens dont il s'agit ici, avoient une fête solemnelle dans laquelle ils se réjouissoient du retour du soleil, lui offrant, entre autres victimes, un grand nombre de chevaux. Effectivement les peuples germains, aussi bien que ceux de la Grande Bretagne, servoient le soleil ; & j'observerai à cette occasion, que la fête du retour du soleil étoit l'une des plus grandes, & des plus solemnelles qu'ils célébrassent. Ils avoient cela de commun avec tous les autres peuples que l'on a désignés sous le nom général de Scythes. La grande vénération qu'ils avoient pour cet astre a fait croire à quelques anciens, (11) qu'ils

---

(1) Diod. Sic. lib. 2. p. 91.

(2) Nam inter antiquitatum scriptores, Hecatæus, & alii tradunt, è regione Celticæ, in Oceano sitam esse insulam, non Sicilia minorem, Arctis subjectam, quam Hyperborei incolunt, sic vocati quod Borea vento sint remotiores. Diod. Sic. ibid.

(3) De Hyperboreo Apolline scripsit Hecatæus Abderita. Ælian. Hist. Anim. lib. 11. cap. 1. p. 636. Cap. 10. p. 644.

(4) Apollon. Argon. lib. 4. p. 440. & seq.

(5) Plin. lib. 37. cap. 3. pag. 369. Solin. cap. 33. pag. 248.

(6) Olivam aliquando Istri ab opacis fontibus attulit Amphitryonides, populo Hyperborcorum cum persuasisset A pollinis cultori. Pindar : Olymp. 3.

(7) Apollo Troja Xanthum properabat, & ad Amazonas equis strenuas, & ad Istrum equos agens Pindar : Olymp : 8. Festinabat ad Amazonas, quæ habitant supra Thermodontem flumen Paphlagoniæ Chorographiæ habita ratione, festinabat primum in Scythiam, inde ad Amazonas, unde transgressus in Scythiam & ad Istrum fluvium. Hyperb r os inrelligit, apud quos Istri fontes. Schol : Pindari ad h. l. Argonautis Latone filius è Lycia rediens, ad latas Hyperboreorum hominum nationes, apparuit. Apollon : Argon. Lib. 2. p. 111. Colitur autem apud Hiperboreos Apollo, propterea illuc tendens visus est Schol. Apollon : ad h. l.

(8) Scythæ Asinos immolare ne desinant. Hujus sacrificii meminit Apollodorus, itemque Callimachus, Phœbus Hyperboreis Asinorum immolationibus exoritur. Idem vero alio in loco, Delectant Phœbum pingues Asinorum immolationes. Clem : Alex : Cohort : ad gent : T. 1. p. 25.

(9) Apud quos olim Perseus Dux epulatus est, ædes ingressus inclytas, Asinorum hecatombas cum invenisset, Deo sacrificantes, quorum festis dapibus, lætisque acclamationibus gaudet maxime Apollo, ridetque videns insolentiam procerorum animalium. Musa autem non abest a moribus ipsorum, sed cumcumque chori virginum, lyrarumque clamores & strepitus ribiorum volvunt, lauroque aurea comas redimientes epulantur h biter. Pindar : Pyth. 10.

(10) Cum pulcher Apollo
Lustrat Hyperboreas Delphis cessantibus aras.
Claudianus de VI. Consul Honorii, vs. 25.

(11) Massagetæ é Diis unum Solem venerantur. Herodot. 1. 116.

ne reconnoissoient point d'autre dieu que le soleil.

Orose prétend que le célèbre temple de Toulouse, dont j'ai parlé plus haut, & où les Romains trouvèrent de si grandes richesses, étoit (1) consacré au Soleil. Le fait n'est pas certain. Il y a même toute apparence que la seule chose qui a donné lieu à cette conjecture, c'est la fable que j'ai réfutée dans le même endroit. Comme on croyoit que l'or & l'argent, que le proconsul Cépion tira d'un étang sacré de Toulouse, faisoient partie du trésor que les Tectosages avoient emporté de Delphes, on jugea aussi que ces sacrilèges avoient restitué à un temple du soleil ce qu'ils avoient pillé dans l'autre. Je ne crois pas non plus (2) que le célèbre temple d'Apollon, que l'on voyoit à Autun, eût été fondé par les Gaulois. Au moins ne l'avoit-il pas été dans le tems que ces peuples regardoient encore comme une abomination de servir la Divinité dans des temples. Mais il est constant au reste que le soleil étoit servi sous le nom de *Belis* ou de *Belenus*, non-seulement par les (3) Noriciens établis autour d'Aquilée, mais encore par les Gaulois qui demeuroient dans le Diocèse de (4) Bayeux, & par ceux de (5) l'Armorique, qui est la Bretagne d'aujourd'hui. J'ai déja dit mon sentiment sur l'origine du nom de *Belenus*, ainsi il ne sera pas nécessaire que je m'y arrête. Les Noriciens pouvoient l'avoir pris des Grecs, qui avoient plusieurs établissemens dans isles de la mer Adriatique, & les Gaulois l'avoient tiré de la célèbre colonie de Marseille.

Voici quelques particularités qui regardent le culte que les peuples Scythes & *Celtes* rendoient au soleil.

1°. Hérodote dit, que (6) les Scythes l'appelloient *Oetosyrus*. Le dictionnaire d'Hesychius porte (7) *Goetosyrus*. Je soupçonne que cette dernière leçon pourroit bien être la véritable, & que le mot de *Goetosyrus*, (*Goet Syr*) qui signifie le bon astre, étoit, parmi les Scythes, non pas le nom propre, mais une épithète du soleil.

2°. Les mêmes Scythes, dans les fêtes qu'ils consacroient au soleil, lui immoloient des chevaux. Ils donnoient pour raison de cet usage, qui étoit commun à tous les peuples de l'Europe, (8) qu'il étoit naturel d'offrir le plus léger des animaux à quatre pieds, au Dieu dont le mouvement est le plus rapide. Comme ces chevaux étoient extrêmement petits, fort laids, & d'un poil roux, plusieurs anciens, sur-tout les poëtes, ont dit, soit par raillerie, soit qu'ils le crussent ainsi, que les Scythes immoloient des ânes à Apollon. Mais les naturalistes, & les historiens qui avoient examiné la chose plus exactement, ont remarqué, (9) qu'on ne voyoit point autrefois de ces animaux, ni dans le Pont, ni en Scythie, ni dans les Gaules. Ils ne pouvoient résister au froid excessif du pays.

3°. Les sanctuaires consacrés au soleil, étoient ordinairement des forêts, & l'on choisissoit préférablement aux autres, celles dont les arbres ne perdoient point leurs feuilles pendant l'hyver. J'ai déja montré que c'est l'origine du nom que les Moesiens donnoient à une de leurs forêts sacrées, qui étoit dans le voisinage de Clazomène. Ils l'appelloient *Apollo Granæus*, c'est-à-dire, le soleil verd. Peut-être qu'il faut dire la même chose de l'Apollon *Grannus*, dont il est fait

---

(1) Cæpio Proconsul, capta urbe Gallorum, cui nomen est Tolosæ, centum millia ponderis auri; & argenti centum & decem millia è templo Apollinis sustulit. *Orosius lib.* 4. *cap.* 15. *p.* 278.

(2) *Eumenius Panegyr. Constantini. cap.* 21. *p.* 216.

(3) Unicuique etiam provinciæ, & civitati suus deus est, ut Syriæ Astarte, & Arabæ Dysares, & Noricis Belenus. *Tertullian. Apologet. cap.* 24. Belenum Noricum. *Idem ad gentes, cap.* 8.

Ceterum nonnulla quoque oracula ferebantur, patrii cujusdam numinis victoriam pollicentis. Belin vocant illum, coluntque maxima cum religione, Apollinem interpretantes. *Herodian. lib.* 8. *p.* 608.

Cum frustra obsideret Aquilejam Maximinus, legatos in eandem urbem misit, quibus populus pene consenserat, nisi Menophilus cum collega restitisset, dicens etiam deum Belenum per Aruspices spopondisse Maximinum esse vincendum. Unde etiam postea, Maximini milites actasse dicuntur, Apollinem contra se pugnasse, nec illam Maximi aut senatus, sed deorum fuisse victoriam. *Capitolin. in Maximin. p.* 47. Apollini Beleno *Inscriptio apud Grut. p.* 36.

(4) Tu Bagocassis stirpe Druidarum satus,
Si fama non fallit fidem,
Beleni sacratum ducis è templo genus.
Ausonii Profess. 4.

(5) Phoebitium qui Beleni ædituus, stirpe satus Druidum gentis Aremoricæ. *Ibidem not.* 10.

(6) Scythæ Apollinem colunt, quem Oetosyrum vocant. *Herodot.* 4. 59.

(7) Γοιτόσυροι Apollinem vocant Scythæ. *Hesych.*

(8) Massagetæ è diis unum Solem venerantur, cui equos immolant. Hic autem est eis mos sacrificandi, ut deorum perniciosissimo, e quadrupedibus omnibus pernicissimum mactent. *Herodot.* 1. 216.

(9) In Ponto, & Scythia non sunt Asini propter frigus. *Aristotel. de Animal. lib.* 8. *cap.* 25. *p.* 563. Nec in Gallia. *Ibid. cap.* 28. *p.* 564. Vim hyemis in Scythia equi perferunt, Muli Asinique, ne incipientem quidem, ferunt. *Herodot.* 4. 28. *Voyez aussi Herodot.* 4. 129. Bochart. *G. S. lib.* 3. *cap.* 11. *p.* 100.

mention dans plusieurs (1) inscriptions que l'on à trouvées en Allemagne & en Ecosse. En attendant qu'on puisse m'enseigner quelque chose de meilleur, je crois que cet Apollon *Grannus* est l'Apollon des *Celtes*, le soleil qui étoit servi dans des (2) bocages toujours verds, & non dans des temples.

4°. Maxime de Tyr a remarqué que les Péoniens, qui étoient un peuple *Celte*, voisin de la Macedoine, avoient un simulacre du soleil. *C'étoit*, dit-il, *un petit disque, attaché à une longue perche*. A Delphes aussi, (3) l'image d'Apollon n'étoit anciennement qu'une simple colonne. On voit bien la raison de cette conformité. L'oracle de Delphes avoit été fondé par des (4) Hyperboréens, qui ne vouloient pas qu'on représentât la divinité sous la forme de l'homme.

5°. Il y avoit ordinairement un oracle dans tous les sanctuaires que les peuples *Celtes* consacroient au soleil. Sans parler de celui de Delphes, on consultoit encore Apollon, & on recevoit ses réponses dans la forêt (5) d'Apollon *Grynæus*, dont je viens de parler, & à Aquilée dans le temple de *Bélénus*. Il y avoit aussi un oracle d'Apollon chez les (6) Agathyrses, qui étoit un peuple Scythe établi au midi du Danube. Effectivement tous les Druïdes se méloient de prédire l'avenir, & selon leur mythologie, le don de prophétie devoit appartenir, d'une façon particulière, aux ministres d'un Dieu qui éclaire, qui pénètre & qui anime toute la nature.

Disons encore un mot du culte que les Perses rendoient au soleil, & profitons de cette occasion pour éclaircir une difficulté que l'on rencontre dans ce que les anciens en ont rapporté.

---

(1) *Gruter. Inscrip. p. 37. 38. Jos. Scalig. Epist. lib. 1. Ep. 66. p. 191. Rychius, Not. ad Tacit. p. 6.*

(2) Grunau, *prairie, bocage verd.* Grün-hus, *maison verte.*

(3) Qui Europiam fecit, narrat Apollinis imaginem, quæ delphis est, columnam esse. *Clem. Alex. Strom. L. 1. p. 419.*

(4) Bœo tamen indigena mulier, Delphis hymno composito, dixit adornasse oraculum deo advenas, ab Hyperboreis profectos. *Pausan. Phocic. lib. 5. p. 809.*

(5) Sed nunc Italiam magnam Grynæus Apollo, Italiam Lyciæ jussere capessere sortes.
Virgil. Æneid. lib. 4. vf. 345.

(6) Agathyrsi, populi Scythiæ, colentes Apollinem Hyperboreum, cujus logia, id est responsa feruntur. *Servius ad Æneid. 4. 146.*

Justin dit (7), que les Perses ne reconnoissoient point d'autre dieu que le soleil. C'est une erreur. Nous avons vu qu'ils plaçoient dans les élémens un grand nombre de divinités subalternes; mais ils reconnoissoient aussi (8) un dieu suprême, qu'ils regardoient comme le père du soleil, & de tous les élémens. Ils prétendoient encore que les intelligences les plus pures, & les plus parfaites, étoient celles qui résidoient dans l'élément du feu; & comme le feu du soleil est le plus ardent, & le plus salutaire, ils plaçoient aussi dans cet astre, la première & la plus parfaite de toutes les émanations divines, à laquelle ils donnoient le nom de *Mithras*. De cette manière on concilie facilement les anciens qui paroissent peu d'accord, & même en contradiction dans ce qu'ils disent du *Mithras* des Perses. On convient (9) que *Mithras* étoit le soleil, & qu'Hérodote s'est trompé, en le confondant avec la *Vénus Uranie* des Assyriens. Mais ce *Mithras*, étoit, selon quelques-uns, le (10) Dieu suprême. Cela est vrai, pourvu qu'on l'entende avec la restriction que Firmicus Maternus fournit. (11) C'étoit la première des intelligences que l'on servoit dans les élémens, & particulièrement dans le feu. Selon d'autres, c'étoit (12) un dieu mitoyen, un médiateur, comme la force même du (13) terme la marque. Effectivement *Mithras*, étant la plus parfaite des émanations divines, tenoit aussi le milieu entre le Dieu suprême & les divinités du plus bas ordre.

Il y avoit au-reste une parfaite conformité entre les *Celtes* & les *Perses*, par rapport au culte que les uns & les autres rendoient au soleil.

1°. Vénérant cet astre comme une grande divinité, les Perses ne vouloient pas qu'on lui érigeât des temples, *parce, disoient-ils, que le monde entier est à peine un temple assez grand pour*

---

(7) Solem Persæ unum deum esse credunt. *Justin. 1. 10.*

(8) *Beausob. hist. du Manich. liv. 9. chap. 1. §. 12. p. 600.*

(9) Solem Mithram vocant. *Strabo lib. 15. p. 732.* μίθρας Sol apud Persas. *Hesych.*

(10) μίθρυς Supremus Persarum Deus. *Hesych.*

(11) Sacra ejus ad ignis transferunt potestatem. *Firmic. Mat. p. 413.*

(12) *Voyez le passage de Plutarque cité ci-dessus.*

(13) *Plut. ibid.* As Dieu, Seigneur. Mitt, Mitten, Mittel, milieu.

le soleil. Ils appelloient le temple d'un Dieu, l'élément, ou la portion de matière à laquelle il étoit uni, le lieu où il résidoit, où il déployoit son efficace, & où il rendoit des oracles. De-là ils concluoient que le soleil, remplissant tout l'univers de sa lumière & de sa chaleur, n'avoit aussi point de maison ni de temple qui fût digne de lui que le monde ; & que c'étoit une extravagance, soit de lui consacrer des édifices qui ne pouvoient, ni le recevoir, ni le contenir, soit de le servir, ou de le consulter dans des lieux dont il étoit absent.

2°. Les Perses, aussi bien que les Scythes, immoloient des chevaux (1) au soleil, & les regardoient comme la victime la plus agréable que l'on pût présenter à ce Dieu.

3°. Enfin leur grande fête étoit celle qu'ils célébroient à l'honneur du soleil. Le roi même y dépouilloit toute sa gravité. Il lui étoit permis (2) de s'enyvrer pour la mieux solemniser, & ce n'étoit que dans ce seul jour de l'année qu'on le voyoit danser publiquement.

Les idolâtres qui ont adoré le soleil, n'ont guères séparé son culte de celui de la lune. Ils plaçoient dans ces astres deux grandes intelligences, dont l'une avoit l'empire du jour, & l'autre, celui de la nuit. Les *Celtes*, en particulier, attribuoient une grande vertu aux influences de la lune. Ils comptoient leurs mois, leurs années, leurs siècles par le cours de cet astre. Sa lumière aussi ne pouvoit être que très agréable à des peuples qui tenoient leurs assemblées religieuses de nuit. Par toutes ces raisons, ils lui offroient un culte particulier, comme à une grande divinité. Les germains servoient, selon Jules César, (3) le Soleil, la Lune, & Vulcain. Les anciens habitans de l'Angleterre offroient un service religieux à la lune, au feu, aux eaux courantes, comme on le voit dans une loi du roi Canut, que j'ai citée ailleurs. Les perses aussi adoroient (4) la lune. Les phrygiens (5) lui rendoient les mêmes honneurs ; & les plus magnifiques temples que l'on voyoit, non seulement dans leur pays, mais aussi dans les provinces voisines (6) du Pont, & de (7) l'Albanie, étoient tous consacrés à cette divinité. Vossius prétend, que la *Venus Uranie* des scythes, qu'ils appelloient dans leur langue *Artimpasa*, étoit la lune. Cette conjecture n'est pas destituée de fondement, d'autant plus qu'Hérodote place cette *Venus Uranie* des scythes d'abord après leur Apollon. Cependant Hesychius assure que les scythes appelloient la lune (8) *Mespie*. Peut être que les scythes d'Hesychius étoient un peuple différent de ceux qu'Hérodote avoit connus.

Les anciens n'entrent dans aucun détail sur la nature même du culte que les *Celtes* rendoient à la lune. Ainsi je ne puis en rien dire. Je trouve seulement, que (9) les albaniens, qui étoient un peuple scythe de l'Asie, offroient à la lune des victimes humaines & que le grand but de ce sacrifice étoit de pénétrer les secrets de l'avenir. Effectivement les divinations faisoient presque l'essence de la religion des *Celtes*. Je ne doute pas que le lecteur ne s'en soit déjà apperçu, & j'aurai occasion d'en fournir de nouvelles preuves dans ce que je dirai de leurs sacrifices, & d'une infinité de superstitions qui tendoient toutes à découvrir, par des moyens extraordinaires, des événemens que la prudence humaine ne pouvoit ni prévoir, ni prédire.

J'ai réfuté, dans l'un des paragraphes précédens, l'opinion de quelques anciens, qui ont cru (10) que la Diane des scythes, & des thraces,

---

(1) Placat equo Persis, radiis Hyperiona cinctum, Ne detur celeri victima tarda deo. *Ovid. Fast. L. 1. vs.* 385. Equos soli sacratos ferunt. *Justin. 1. 10.*

(2) Ctesias scribit, apud Persas uno tantum die, quo Mithræ sacrificant, regi licere ad ebrietatem vino indulgere. Duris ad hunc modum de ea re scribit libro 2. historiarum. Ex omnibus festis diebus, eo solo quo Mithræ sacra faciunt, rex inebriatur, & Persico more saltat, aliorum qui habitant in Asia nemo, sed eo die universi abstinent saltationibus. *Athenæ. L. 10. C. 10.*

(3) *Cæsar. 6. 21.*

(4) *Voyez les passages d'Hérodote & de Strabon ci-dessus.*

Nunc pleno orbe splendeat luna, Chosroe annuente spondens, Persas non amplius rebus creatis divinos honores attributuros esse. *Suidas in ἔγγυον Tom. 1. p.* 675.

(5) *Lucian. in Jove Tragœdo.*

(6) Cabira habet etiam fanum . . . multos sacros servos habens, regionem sacram cujus fructus sacerdos percipit. Est autem lunæ fanum, quemadmodum id quod apud Albanos est, & ea quæ sunt in Phrygia. *Strabo 12. 557. 558.*

(7) *Voyez la note précédente.* Albani deos colunt, Solem, Jovem, sed Lunam, præcipue vero Lunam; cujus templum est Iberiæ. *Strabo 11. 503.*

(8) μέσπλη Luna apud Scythas, *Hesych.*

(9) E cadavere divinationes quasdam concipiunt. *Strabo 11. 503.*

(10) Diana Tausoscytharum erat luna. Τζετ. ad *Lycophr. p. 27.* διλογχον binas lanceas gestantem, Benden, sic vocavit Cratinus in Threissis, sive quod duplicem honorem sortita est. Hastam (λόγχαι) enim

qu'ils appelloient dans leur langue *Opis*, ou *Bendis*, étoit la lune. Je crois avoir prouvé clairement que c'étoit la terre, que ces peuples servoient sous le nom d'*Opis* & de *Bendis*. J'ajouterai seulement ici que cette méprise a fait croire aux mêmes anciens, que la lune étoit l'objet de certaines fêtes qui étoient certainement consacrées à la terre. Ainsi quand Suidas dit, (1) que l'on célébroit dans l'isle de Samothrace les mystères d'*Hécate* il faut se souvenir que cette *Hécate* des samothraces n'est pas la lune, mais la terre, parce qu'il est constant, comme je l'ai montré ailleurs, que les grands dieux de l'isle étoient le ciel & la terre, *Cotis* & *Bendis*.

Ce sont là, autant que je puis en juger les différentes divinités qui étoient l'objet du culte religieux des peuples *Celtes*. Ils adoroient, premièrement un Etre suprême, qu'ils regardoient comme le pere des dieux & des hommes. En second lieu, la terre, qu'ils appelloient sa femme, parce qu'elle étoit le sujet dont il s'étoit servi pour la production de toutes choses. C'étoit, selon les apparences, la matière. Enfin ils adoroient une infinité de divinités subalternes, issues de ces deux principes, & attachées chacune à quelque élément, mais dont les principales résidoient dans l'eau, & dans le feu. Il faut avouer que leur système avoit une grande affinité avec celui de Spinosa, ou plutôt des chinois. Non seulement ils plaçoient une intelligence dans chaque portion de la matière; ils semblent avoir crû encore (1) que les divinités subalternes avoient été tirées de l'élément même qu'elles dirigeoient; ce qui insinue qu'ils regardoient la pensée comme un attribut de la matière. Je ne crois pas me tromper cependant, en assurant que leur système approchoit encore plus de celui de la cabale, ou des émanations, parce qu'ils distinguoient formellement le dieu suprême des dieux inférieurs qui, étant issus de son sang, lui étoient tous soumis.

Quoi qu'il en soit, pourvû qu'on se souvienne

---

fortes (κλήρους) vocabant. Vel quod duas hastas ferat, cum sit venatrix, vel quod duplici lumine splendeat, proprio, & Solis. Lunam enim Bendén, & Dianam credunt esse. *Hesych*. Idem ac Hesychius tradit Proclus, ac nomen Bendis, Thrâcium dicit esse nomen lunæ, & sic vocari ab Orpheo, *ploutônê Euphrosúnê*, *beudiste Krattia*. Attamen non hoc nomine lunam duntaxat signarunt, sed & terram. *Vossius de Orig. & Progr. Idol. lib. 2. cap. 57. p. 313.*

(1) In Samothracia erant initia quædam, quibus initiabantur homines, ut à periculis tuti essent. Erant etiam illic Corybantum & Hecates Mysteria. Item Zerinthum antrum, ubi Hecatæ canes immolabant. His sacris initiatos ex periculis & tempestatibus salvos evadere putabant. *Suid. in ἀλλ' ἤ τις. Tom. 1. p. 108.*

---

de ce que j'ai rapporté jusqu'ici de la théologie des *Celtes*, il sera facile d'éclaircir, & de concilier tout ce que les anciens en ont dit. On assure, par exemple, que les germains & les perses, adoroient des dieux invisibles, qui n'étoient point issus des hommes, comme ceux des grecs, & dont on avilissoit la majesté en les représentant sous la forme humaine. C'étoit effectivement leur doctrine. Mais on a dit aussi, que ces mêmes peuples déifioient les élémens, & qu'ils ne reconnoissoient point d'autres dieux que ceux qu'ils voyoient. Quoiqu'ils se récriassent contre cette imputation, elle ne laissoit pas d'avoir quelque fondement. Attachant des divinités à tous les élémens, n'en reconnoissant aucune qui ne fut revêtue d'un corps visible, ou élémentaire, ils adoroient, sinon l'élément & le corps qui tomboit sous les yeux, au moins l'esprit qui y résidoit, & qui en étoit inséparable. Un lecteur attentif sera encore en état de juger, par ce qui a été dit jusqu'à présent, en quoi les grecs, & les romains avoient retenu la mythologie des anciens peuples de l'Europe, & à quels égards ils s'en étoient écartés. Les latins rapportoient l'origine de toutes choses à Saturne, & à Ops sa femme. Les grecs au ciel, & à la terre; c'étoit l'ancienne doctrine. Les uns & les autres ont retenu le culte des élémens; mais ils en attribuoient la direction à des héros. Neptune, par exemple, avoit l'empire de la mer, Vulcain celui du feu. En cela ils s'écartoient de la doctrine des *Celtes* qui croyoient que les intelligences, auxquelles ils rendoient un culte religieux, n'avoient jamais eu d'autres corps, que l'élément où elles résidoient. Il faut voir présentement si les peuples *Celtes* & Scythes rendoient un culte religieux aux ames de leurs héros, & s'il est vrai qu'ils vénérassent même un Hercule, un Bacchus, & d'autres héros étrangers qui avoient été mis, après leur mort, au nombre des dieux.

Le jugement que les peuples *Celtes* portoient de la théologie des grecs suffiroit presque, sans autre preuve, pour montrer que l'apothéose des morts étoit un dogme inconnu à ces peuples. Ils se moquoient des religions où l'on représentoit la divinité sous la forme de l'homme, où l'on adoroit des dieux mâles & femelles, des dieux issus des hommes, dont on célébroit la naissance, dont on montroit le tombeau. Peut-on persuader après cela qu'ils donnassent eux mêmes dans toutes ces extravagances qui étoient aussi opposées à leur doctrine, qu'elles le sont au sens commun? Cela n'a pas empêché qu'on n'ait attribué presque généralement aux peuples *Celtes* d'adorer, je ne dis pas leurs propres héros, il y auroit là quelque ombre de vraisemblance, mais encore des héros étrangers, tels qu'étoient Hercule, Bacchus, Castor, Pollux, & plusieurs autres. Il faut voir ce qui en est, & découvrir, s'il est possible ce qui a donné lieu à cette imputation. J'examinerai donc ici le culte que les *Celtes* rendoient à Hercule, selon les auteurs grecs, & latins. On prétend qu'il étoit connu & servi dans toute la *Celtique* comme un dieu. Ayant parcouru toutes ces vastes contrées, il n'y en avoit aucune où il n'eut mérité par quelque exploit les honneurs divins que les gens du pays lui rendirent, les uns pendant sa vie, & les autres après sa mort. Je vais donner en deux mots l'histoire d'Hercule, autant qu'elle regarde les *Celtes*. Si je suis obligé de rapporter des fables, ce sera pour les relever, & pour montrer que les Grecs, afin de donner du lustre au plus célèbre de leurs héros, ont débité effrontément les mensonges les plus grossiers & les plus ridicules, & prêté leurs propres idées à des peuples qui en avoient de directement opposées.

On dit donc (1) « que l'un des douze travaux » qu'Eurysthée imposa à Hercule, fut, qu'il lui » amenât les vaches de Geryon. Pour obéir à cet » ordre, le héros se rendit dans l'isle de Crete » où il s'embarqua pour l'Espagne qui étoit gouvernée par un roi nommé Chryseor. Il portoit » ce nom à cause de ses richesses, & avoit trois » fils extrêmement braves. Hercule ayant passé » (2) en Égypte, & (3) en Afrique, arriva à » l'endroit ou la mer Méditeranée étoit fermée, » & séparée de l'Océan, par deux grandes montagnes appellées *Calpé*, & *Abyla*. Pour ouvrir » une libre communication aux vaisseaux, entre » les deux mers, (4) il sépara les rochers, & les » posa sur les deux rivages opposés, (5) comme » un monument de ses courses qu'il n'avoit pû » pousser plus loin parce qu'il n'avoit trouvé au » delà que le cahos, & d'épaisses ténèbres. C'est » en mémoire de cet événement (6) que les deux » montagnes ont reçu le nom de colomnes d'Hercule. Etant ensuite passé en (7) Espagne, il » tua en duel Geryon & ses deux frères. D'autres » disent qu'Hercule vint avec sa flotte dans l'Isle » (8) d'Erythie, (que quelques uns placent sur » les côtes du Portugal, mais qui est constamment l'isle de *Gades*, comme Bochart l'a démontré (9) avec beaucoup d'érudition). Ce fut, » comme ils le prétendent, dans cette isle, » qu'Hercule combattit Geryon, (1) qui est représenté comme ayant trois têtes, & trois corps, » soit parce (11) qu'il étoit roi de trois isles, ou » parce que ces deux frères, & lui, étoient, » (12) comme on le dit en commun proverbe, » trois têtes dans un bonnet. Après s'être emparé » des richesses de Chryseor, & des troupeaux de » Geryon, Hercule poussa plus loin ses conquêtes, bâtit les Villes de (4) Carteja, & de » (13)Sagunte, établit une colonie (14) de Doriens » sur le bord de l'Océan, & s'avança jusqu'aux » monts Pyrénées ou nous le trouverons bientôt. En considération de ces exploits, les habitans du pays consacrèrent à Hercule le célèbre temple que l'on voyoit dans l'isle de *Gades*, & ou (15) il y avoit un oracle fort renommé. Mais ils réso-

[1] *Diod: Sic: lib.* 4. p. 156, & seq. *Dionys Halic.* Lib. 1. cap. 5. p. 31. *Justin:* 54. 4. *Hesiod: theog. vs.* 288, & 980.

[2] *Diodor: Sic: ubi: sup.*

[3] *Diodor: Sic. ibid.* Capsa, cujus conditor Hercules Lybys memorabatur *Salust. Jugurth. Cap.* 89. In eo est specus Herculi sacer, & ultra specum Tingi, oppidum pervetus, & ab Antæo (ut ferunt) conditum. *Pomp: Mel: l.* 1. *Cap.* 5. p. 10. *Eupath. ad Dionys. Perieg. vs.* 174. p. 33.

[4] *Pompon. Mel. Lib.* 1. *Cap.* 5. p. 10. *Plin. H. N. Lib.* 3. *in Proem. Philostrat. Lib.* 2. *Cap.* 14. p. 97.

[5] Cum Chaos & tenebras reperisset, columnas constituit, per quas significavit hunc esse finem maris, ira ut ulterius nihil sit navigabile. *Schol. ad Pindar. Olymp.* 3.

[6] Illic etiam columnæ ad metas Herculis, sunt (magnum miraculum) ad ultimum Gadis. *Dionys. Perieg. vs.* 64.

[7] *Diodor. Sicul. ibid.* Hercules in Hispaniam expeditionem suscepit, *Strabo Lib.* 1. p. 2.

[8] In Lusitania Erythia, quam Geryone habitatam accepimus, *Pom. Mela, lib.* 3. *Cap.* 6. p. 80. Erythræa, in hac habitasse Geryonem, plurimis monumentis probatur, tametsi quidam putent Herculem Boves ex alia Insula abduxisse, quæ Lusitaniam contuetur. *Solin. Cap.* 36. p. 257. *Euripid. Herc. Fur. vs.* 423.

[9] *Geogr. Sacr. Part.* 2. *Lib.* 1. *Cap.* 34. p. 677.

[10] *Hesiod. Theog. vs.* 288. *Silius* 1. *vs.* 277. 3. *vs.* 427. 13. *vs.* 201. Euripid. Hercul. Furens. *vs.* 423. *Apollodor. Lib.* 2. *Cap.* 5.

[11] *Servius ad Æneid.* 7. *vs.* 661.

[12] *Justin* 44. 4.

[13] Calpen ab Hercule quidam conditam aiunt, inter quos est Timosthenes. *Strabon,* 3. 140 Casaubon, dans sa note sur cet endroit de Strabon, prouve qu'il faut lire *Carteja*, au lieu de *Calpe*, qui étoit une montagne.

[14] *Silius lib.* 1. *vs.* 275. 369.

[15] Dorienses antiquiorem secutos Herculem, Oceani locos inhabitasse confines. *Ammian. Marcellin lib.* 15. *Cap.* 9. p. 97.

[16] Cet oracle étoit encore en réputation du tems de l'empereur *Caracalla* qui fit mourir *Cæcilius Æmilianus*, pour l'avoir consulté. *Excerpt: ex Dione apud Valef. p.* 756. J'ai cité dans un des paragraphes précédents une loi romaine, qui permet de faire des legs pieux a l'Hercule de *Gades*.

lurent en même tems, & firent passer en loi, (1) qu'à l'avenir aucun espagnol ne possederoit plus ni or ni argent, parce que ce conquérant n'avoit porté autrefois la guerre dans un pays si éloigné de sa patrie, que pour s'emparer de leurs trésors.

Les auteurs grecs & latins, qui s'accordent presque tous à raconter ces fables, ont bien senti (2) que leur Hercule étoit beaucoup plus moderne que celui qui avoit un temple dans l'isle de *Gades*. Celui-ci étoit d'ailleurs un dieu Phénicien, dont le culte avoit été apporté de (3) Tyr, & non pas de Grece; ou ce qui me paroit encore plus vraisemblable, c'étoit un général Phénicien (4) qui, après avoir établi une colonie de sa nation dans l'isle de *Gades*, périt ensuite dans la guerre contre les espagnols. Par ces raisons, les tyriens, & les carthaginois, qui demeuroient en Espagne, en firent un de leurs dieux tutelaires, & lui rendirent un culte religieux dans le temple ou il étoit enterré. Philostrate prétend, à la vérité, (5) que l'on servoit dans le temple de *Gades* les deux Hercules, savoir l'Egyptien (c'est le même que le tyrien) & le grec. Mais 1°. Philostrate ne mérite aucune foi sur cet article, non seulement parce que c'est un auteur fabuleux, & qu'il ne rapporte la chose que sur un oui-dire, mais encore parce qu'il avoue lui même dans un autre endroit que l'Hercule Egyptien (6) étoit le seul qui fût venu à *Gades*.

2°. Les auteurs plus anciens ne font mention que d'un seul (7) Hercule, qui fut connu & servi à *Gades*, c'étoit le phénicien.

3°. Hécatée, quoiqu'il aimât beaucoup le merveilleux, n'avoit pas laissé de remarquer (8) que le roi Geryon avoit été transplanté fort mal à propos en Espagne. Il avoit regné dans une petite contrée de l'Epire où Hercule alla l'attaquer & lui enlever ses troupeaux.

4°. Après un témoignage si formel, il ne faut pas s'arrêter à celui d'Aristote, qui prétend que l'Hercule grec avoit soumis l'Espagne, & qui en donne pour preuve, que, depuis ce tems là, les espagnols avoient renoncé à l'usage de l'argent. Le philosophe commet dans cette occasion le sophisme que l'on appelle *non causa pro causa*. Les espagnols, non plus que les autres peuples *Celtes*, ne possédoient ni or ni argent du tems d'Aristote, non qu'ils en eussent interdit l'usage, après en avoir reconnu l'abus & le danger, mais parce que c'étoient des barbares qui ne connoissoient pas encore le prix de ces métaux, ni l'utilité qu'une société bien réglée peut en tirer.

5°. Au-reste, que cet Hercule, qui avoit un temple à *Gades*, & qui passoit pour avoir soumis une partie de l'Espagne, fut grec, ou tyrien, il en résultera toujours que c'étoit un héros étranger. Il pouvoit être servi par les grecs, & par les phéniciens, qui avoient plusieurs établissemens sur les côtes de ce royaume; mais il ne l'étoit assurément pas par les habitans naturels du pays. Les peuples ont mis au rang des dieux des conquérans qui les ont élevés, ou tirés de la servitude. Jamais ils n'ont fait le même honneur à des brigands qui les avoient opprimés ou dépouillés.

---

(1) Iberis possidere argentum non licet, hinc orta receptaque lege, quod Hercules aliquando Hispaniæ bellum intulisset, divitiis incolarum invitatus. *Aristot: de Mirab. Auscult : p. 707.*

(2) *Herodot :* 2. 44.

(3) Gaditani à Tyro, unde & Carthaginiensibus origo est, sacra Herculis, per quietam jussi, in Hispaniam transtulerunt. *Justin* 44. 5. Macrobe insinue que c'étoit le soleil. *Saturn : lib.* 1 *cap.* 20. *p.* 207.

(4) Templum Ægytii Herculis, conditoribus, religione, vetustate, opibus illustre, Tyrii condidere. Cur sanctum sit, ossa ejus ibi sita, efficiunt. *Pomp: Mela lib.* 3. *cap.* 6. *p.* 80. Sed postquam in Hispania Hercules, sicuti Afri putant, interiit. *Salust. Jugurth. cap.* 18.

(5) In Templo eodem coli aiunt utrumque Herculem; statuas autem ipsis non esse. Ægyptio quidem Aras esse duas æreas, sine Simulacro, at unam duntaxat Thebano. *Philostrat. Vit. Apollon : lib.* 5. *cap.* 1. *p.* 211.

(6) Unde manifeste satis colligi potest, non Thebanum Herculem, sed Ægyptium ad Gades venisse, ibique terrarum terminos constituisse. *Philostrat : lib.* 2. *cap.* 14. *p.* 474.

(7) Herculem qui Tartessi ab Iberis colitur, Cubi & columnæ quædam sunt Herculeæ dictæ) puto ego Tyrium esse Herculem. Quia Tartessus à Phœnicibus condita est, & Phœnicio ritu templum eo loci Herculi structum est, & sacra fiunt. *Arrian. Exped. Alex. lib.* 2. *p.* 126.

Herculis templum quod est prope columnas, Phœnices mihi videntur extruxisse, quia nunc etiam Phœnicio ritu colitur. Nec Thebanus ipsis Deus est, sed Tyriorum. *Appian. Iber. initio.*

(8) Geryonem adversus quem Hercules Argivus ab Eurystheo missus est, ut boves Geryonis abigeret, & Mycenas duceret, nihil ad Iberorum regionem pertinere dicit Hecatæus Historicus, neque ad Insulam ullam Erythiam in Oceano sitam missum fuisse; sed continentis quæ circa Ambraciam & Amphilochos est regem fuisse Geryonem, & ex illa continente Herculem boves abegisse. *Arrian. Exped. Alex. lib.* 1. *p.* 126. *Eustath. in Dionys. Perieg. vs.* 561. *p.* 92.

6°.

6°. Je ne sçais, au-reste, si ce fut pour s'accommoder aux idées & aux coutumes des espagnols, que les tyriens ne plaçerent point d'idole dans le temple qu'ils avoient consacré à leur Hercule dans l'isle de *Gades*. Cette conjecture paroîtra assez naturelle si l'on considère, d'un côté, que les *Celtes* condamnoient l'usage des simulacres, & de l'autre, que l'isle s'appelloit anciennement *Cotinusa*, c'est-à-dire, la maison, le sanctuaire du dieu *Tis*, qui est le nom que les anciens habitans de l'Europe donnoient à l'Etre suprême.

Revenons présentement à notre héros. On assure (1) que de l'Espagne il passa dans les Gaules. Quelques uns, à la vérité, lui font prendre un cour tout opposé, & prétendent (2) qu'il traversa l'Europe d'Orient en Occident. Mais ils conviennent, au reste, que ce conquérant entra dans les Gaules avec son armée, & les soumit à sa domination. D'abord il vint à la cour du roi des (3) Bebryces, qui demeuroient autour de Narbonne. Là il corrompit la princesse Pyrene, fille du roi, de laquelle les monts Pyrénées ont reçu leur nom. S'étant ensuite avancé jusqu'en Bourgogne, (4) il y construisit la célèbre ville d'Alise, (*Alesia*) (5) que les Gaulois regardoient comme la métropole de leur païs, & qui fut imprenable jusqu'au tems de Jules César. Pendant le séjour qu'il fit dans les Gaules, (6) il eut commerce avec différentes dames du païs, dont il eut plusieurs enfans, & entre autres (7) trois fils, *Celtus*, *Galates*, & *Iber*. Un de ses colonels bâtit aussi une ville dans le Languedoc, à laquelle il donna son nom de *Nemosus*. (Nismes). (8)

Je souscris de bon cœur à la remarque de Pline qui regarde tout ce qu'on disoit d'Hercule (9) & de Pyrene comme de pures fictions. Il y a cependant quelque fondement dans ce que les historiens rapportent, (10) « qu'Hercule passa » dans la *Celtique*, abolissant les injustices, & la » barbare coutume qu'avoient les gens du pays » d'immoler les étrangers ; qu'il tua dans les Gau- » les *Tauriscus* ; (11) qu'il défit les géans *Albion* » & *Bergion*, dans la plaine que l'on appelloit » autrefois (12) *Campi Lapidei*, & que les fleches » lui ayant manqué pendant la bataille, il in- » voqua Jupiter, qui le secourut, en faisant » descendre, sur ses ennemis, une grêle de » pierres ».

Voici, autant que je puis en juger, ce qui a donné lieu à ces fables. L'Hercule, dont il s'agit ici, est un chef des Marseillois, qui avoit gagné une bataille considérable sur les (13) Liguriens établis autour de la ville. Les noms d'*Albion* & de *Bergion*, qui désignent tous deux des Montagnards, insinuent que ces Liguriens étoient de ceux qui demeuroient dans les Alpes voisines, & qui passoient pour le peuple le plus belliqueux de toute la contrée. Ils avoient encore la même

---

(1) *Diod. Sic.* 4. p. 156. &c. Regionem Gallorum incursavit, prædas agens, id temporis cum Geryonis armenta vestigans, occidentalium gentium plerasque pervastaret. *Hercul. Gallic.* p. 858.

(2) *Strabo* 4, p. 183. *Ammian. Marcell. infra not.* (6) & §. 6. *not.* 1.

(3) *Silius, lib.* 3. vs. 410-441.

(4) *Diod. Sic.* 4. 156. V. 210.

(5) Diodore de Sicile dit, qu'il l'appella *Alesia*, parce que son armée s'étoit égarée dans cet endroit. *lib.* 3. p. 158.

(6) Regionum autem incolæ, id magis omnibus adseverant, quod etiam nos legimus in monumentis eorum incisum, Amphitrionis filium Herculem, ad Geryonis ac Taurisci, sævium tyrannorum perniciem festinasse, quorum alter Hispanias, alter Gallias infestabat, superatisque ambobus, coïsse cum generosis fœminis, suscepisseque liberos plures, & eas partes quibus imperitabant suis nominibus appellasse. *Ammian. Marcellin, lib.* 15. c. 9. p. 96.

(7) *Galates Herculis*, qui Alesiam condidit & virginis Celticæ filius. *Diod. Sic.* 5. 210. Celtus & Iber filii erant Herculis, ab uxore barbara ex quibus Iberi & Celtæ. *Eustath. ad Dionys. Perieg.* vs. 282. p. 47.

Philosophie anc. & mod. Tom I.

(8) Nemausus, urbs Galliæ, à Nemauso Heraclide. *Stephan. de Urb.* p. 586. *ex Parthenio.*

(9) At quæ de Hercule ac Pyrene, vel Saturno, traduntur, fabulosa imprimis arbitror. *Plin. H. N.* 3. 1.

(10) *Diod. Sic.* 4. p. 156 &c.

(11) Alioquin litus ignobile est, lapideum ut vocant, in quo Herculem contra Albionem & Bergiona, Neptuni liberos, dimicantem, cum tela defecissent, ab invocato Jove, adjutum imbre lapidum ferunt. Credas pluisse, adeo multi passim & late jacent, *Pomp. Mel. lib.* 2. cap. 5. p. 57. Super Astromelam campi lapidei, Herculis præliorum memoria. *Plin.* 3. 4. Voyez aussi *Strabo* 4. p 183. *Dionys. Halic. lib.* 1. p. 34. *Bochart. Geogr. Sacr. Part.* 2. lib 1. cap. 41, p. 730.

(12) On l'appelle aujourd'hui *la Crau*. Bochart prétend que ce nom a été corrompu de celui de *Craig*, qui signifioit en Gaulois une pierre.

(13) Eschyle avoit remarqué que ce fut contre des Liguriens, qu'Hercule gagna la bataille de la *Crau*. On peut voir le passage de ce poëte dans *Strabon* 4. p. 183, & dans *Denys d'Halicarn. lib.* 1. p. 34. Post Mastylienses sunt Ligyi, quos Lycophron Ligystinos vocat, sic vocati à Ligyo quodam qui Herculi restitit, cum ad Geryonis boves proficisceretur. Quo tempore ut fabula narrat, cum Herculem tela deficissent &c. *Eustath. ad Dionys. Perieg.* vs. 76. p. 21.

réputation du tems de Jules Cefar, qui les appelle (1) *Alicii*. Le nom des *Taurifcus* marque que ces Ligures étoient des *Celtes*, qui fe croyant iffus du dieu *Teut*, portoient par cette raifon le nom de *Tectofages*, c'eft-à-dire, d'enfans de *Teut*, & appelloient leur pays *Tau-rich*, royaume de *Teut*. Il fe peut bien que les fleches ayant manqué fur la fin du combat, le chef des Marfeillois eût ordonné à fes gens de fe fervir, contre l'ennemi, des pierres qu'ils trouvoient fous leurs pieds. Le général grec, ayant foumis les Liguriens, après cette victoire, abolit dans le pays conquis les barbares coutumes d'immoler des étrangers, & de vuider tous les différends à la pointe de l'épée. C'eft là, felon les apparences, ce qui a fourni le cannevas, qu'Efchyle & les autres poëtes ont brodé à leur manière. Ammien Marcellin pouvoit auffi avoir lu quelque chofe de femblable dans une infcription qu'il dit avoir vue. Je ne doute pas qu'on n'y donnât au chef des Marfeillois le glorieux titre d'Hercule, que cet hiftorien a pris mal-à-propos pour le fils d'Amphitrion.

Le héros, dont je viens de parler, ayant été l'ennemi déclaré des Gaulois, on fent bien qu'il ne pouvoit être l'objet de leur culte religieux. Il faut avouer cependant que, dans le fecond fiècle du chriftianifme, les Gaulois adoroient un Hercule qu'ils appelloient *Ogmius*. Mais ce n'étoit affurément pas un héros, encore moins le grand héros des Grecs. C'étoit un dieu Celte; & il fera facile de le reconnoître, pourvû qu'on life avec attention ce qui en a été dit par Lucien qui, autant que je puis le favoir, eft le premier & le feul auteur qui en ait fait mention. Ce philofophe avoit été dans les Gaules. Il y avoit vû le dieu *Ogmius*, repréfenté fous une forme & dans une attitude toute extraordinaire. C'eft le fujet du dialogue intitulé, *l'Hercule Gaulois*, dans lequel on trouve les particularités fuivantes. (2)

« Les *Celtes* nomment Hercule, dans leur
» langue, *Ogmius*. Ils repréfentent ce dieu fous
» une forme toute extraordinaire. C'eft un vieil-
» lard décrépit, qui a le derrière de la tête
» chauve. Le peu de cheveux qu'il conferve fur
» le devant font parfaitement blancs. Il a la peau
» ridée, & d'un noir de fuie comme les vieux
» matelots. Vous diriez plutôt que c'eft, ou Cha-
» ron, ou Japet, ou quelque autre homme re-
» venu de l'enfer; en un mot, à en juger par
» l'image, vous le prendriez plutôt pour tout
» autre, que pour Hercule. Cette figure d'homme
» ne laiffe pas de porter l'équipage d'Hercule.
» Couvert d'une peau de lion, il tient la maffuë
» dans fa main droite. Le carquois lui pend fur
» les épaules, & dans fa main gauche, il tient un
» arc bandé. Enfin il a tout l'attirail d'Hercule.
» Je crus d'abord que les *Celtes* avoient inventé
» cette figure grotefque pour fe moquer des dieux
» des Grecs, & pour fe venger d'Hercule, qui
» avoit autrefois ravagé leur pays, & la plus
» grande partie de l'occident, en allant chercher
» les troupeaux de Geryon. Mais je n'ai pas
» encore rapporté ce qu'il y avoit de plus extra-
» ordinaire dans le tableau. Ce vieux Hercule
» traîne après foi une grande multitude d'hom-
» mes qu'il tient tous attachés par les oreilles
» avec des chaînes d'or émaillé, fort délicates,
» & fort précieufes, qui reffemblent à celles qu'on
» porte autour du cou. Attachés par des liens fi
» fragiles, ils ne penfent cependant pas à s'enfuir,
» bien qu'ils puffent le faire facilement. Ils ne
» refiftent point, & ne fe roidiffent pas contre
» celui qui les tire. Au contraire ils le fuivent
» volontairement, & avec joie, en louant celui
» qui les conduit. Ils fe hâtent même, & l'on
» voit par les chaînons, qui font lâches, qu'ils

---

(1) Maffilienfes Albicos, barbaros homines, qui in eorum fide antiquitus erant, montefque fupra Maffiliam incolebant, ad fe vocaverunt. *Cæfar de Bello Civili lib. 1. c. 34.* Neque multum Albici, virtute noftris cedebant, homines afperi, & montani, exercitati in armis. *Ibid. cap. 57.*

(2) Herculem Celtæ lingua fua Ogmium vocant. Deum ipfum forma plane inufitata depingunt. Senex eft decrepitus, recalvafter, reliquis capillis plane canis, cute rugofa, & in aterrimum exufta colorem, cujus modi funt fenes nautæ. Charontem potius aut Japetum, quempiam ex his qui apud inferos verfantur diceres, in fumma, quidvis potius, quam Herculem effe conjiceres ex imagine. Atque tali fpecie cum fit, tamen Herculis ornatum gerit, ut qui tum leonis exuvium indutus fit, tum clavam dextera teneat, tum pharetram humeris aptatam portet, tum arcum tenfum læva prætendat. Denique modis omnibus Hercules eft. Hæc equidem arbitrabar in græcanicorum deorum contumeliam, perperam facere Celtas, quo nimirum illum talibus picturis ulcifcerentur, quod olim in regionem ipforum incurfiffet, prædas agens id temporis cum Geryonis armenta veftigiis occidentalium gentium pleræque regiones pervaftaret. At nondum etiam dixi id quod erat in imagine maxime paradoxum. Hercules ille fenex, ingentem admodum hominum multitudinem trahit, omnibus ab aure revinctis. Porro vincula funt catenulæ tenues, auroelectrove confectæ; pulcherrimis monilibus fimiles. Atque cum vinculis adeo fragilibus ducantur, tamen neque de fugiendo cogitant, cum alioquin commode poffint, neque prorfus obnituntur, neque pedibus adverfus trahentem obtendunt, fefe refupinantes; verum alacres & læti fequuntur, ducentem laudantes; feftinant omnes, & laxatis funiculis, etiam antevertere ftudent, perinde quafi graviter laturi fi folverentur vinculis. Ne illud quidem pigebit referre quod mihi videbatur omnium abfurdiffimum. Etenim cum non inveniret pictor unde catenularum fummas anfas nectaret, videlicet dextera jam clavam, læva arcum tenente, fummam dei linguam perterebravit, atque ex hac, religatis catenulis, eos trahi fecit. Ipfe nimirum ad eos qui ducebantur, vultum & oculos convertebat arridens. *Lucian. in Hercule Gallico. p. 858.*

» tâchent de dévancer leur conducteur, & qu'ils
» seroient bien fâchés qu'on les déliât. Quand je
» devrois ennuyer mon lecteur, il faut que je
» rapporte encore ce que je trouvai de plus ab-
» surde dans le tableau. Hercule ayant la main
» droite embarrassée de sa massuë, & la gauche
» d'un arc, & le peintre ne sachant où il devoit
» attacher l'autre bout des chaînons, avoit pris le
» parti de percer l'extrémité de sa langue, & d'y
» attacher les petites chaînes qui alloient toutes
» se rendre dans sa bouche, ensorte qu'il tiroit
» toute la foule avec sa langue. Le dieu avoit le
» visage & les yeux tournés sur la multitude qu'il
» regardoit d'un air gracieux & riant ». Un philosophe *Celte*, auquel Lucien demanda l'explication
de ce tableau, lui répondit qu'Hercule présidoit
à l'éloquence parmi les Gaulois.

Pour faire présentement nos réflexions sur ce
passage, je remarquerai d'abord que ce tableau
n'appartient pas, à proprement parler, à la religion des *Celtes*, qui ne vouloient pas qu'on re-
presentât la divinité sous la forme de l'homme.
Je ferai voir en son lieu que ce scrupule étoit
commun aux Gaulois avec tous les autres peuples
Scythes & *Celtes*. Ce tableau avoit été fait depuis le
tems de Jules Cesar, après que les Gaulois eurent
adopté des superstitions étrangeres, & particulièrement la coutume d'avoir des temples & des
idoles. On voit clairement que le peintre, qui
étoit initié dans la mythologie des Grecs & des
Romains, voulant représenter un dieu des Gaulois, & exprimer parfaitement l'idée qu'ils en
avoient, lui attribue les caractères de trois divinités étrangères, l'ancienneté de Saturne, la valeur d'Hercule, & l'éloquence de Mercure. Ce
dieu gaulois est manifestement le *Teut*, l'*Odin*,
dont j'ai parlé au long ci-dessus. Ce *Teut* étoit
regardé comme le père des hommes & des dieux.
C'étoit le premier être, le plus ancien des (1)
dieux, ainsi que le porte l'Edda des Islandois. Par
cette raison il est représenté sous la forme d'un
vieillard. Le même *Teut* étoit le dieu des guerriers. C'est auprès de lui que tous ceux qui
perdoient la vie dans le noble métier des armes
alloient jouir d'une gloire & d'une félicité transcendante. C'est ce que marquent la massuë, l'arc,
en un mot tout l'équipage d'Hercule, dans lequel
il est représenté. Enfin le dieu *Teut* étoit regardé
dans les Gaules comme l'inventeur des sciences & des arts. C'est la raison pour laquelle le
peintre lui attribue ce que les Grecs appelloient
les laqs de Mercure, c'est-à-dire, le don de persuader. Lucien appelle ce dieu Gaulois Hercule.
Il auroit pû l'appeller avec autant & plus de raison Mercure. D'un autre côté, c'est sous ce nom
que les étrangers désignoient ordinairement le *Teut*
des Gaulois. D'un autre côté, c'est là précisément
ce que marque le nom d'*Ogmius*. Edmond Dickinson a crû (2) que cet *Ogmius* étoit *Josué*, qui reçut ce nom après qu'il eut défait Og, roi de Ba-
san. C'est une vision. M. Keysler a prouvé (3)
qu'*Oga*, *Ogum*, & *Ogma*, est un vieux mot *celtique*, qui signifie proprement *des lettres secretes,
écrites en chiffre*, & indirectement une science
occulte. Ainsi le dieu *Ogmius*, c'est le dieu du
savoir & de l'éloquence.

Il faut suivre présentement Hercule dans ses
courses. « Après avoir soumis l'Espagne & les
» Gaules, (4) il se mit en marche pour l'Italie,
» & passa le premier (5) les Alpes, à la tête d'une
» armée. Ce fut en mémoire de son passage, que
» les montagnes, qu'il avoit traversées avec ses
» Grecs, reçurent le nom d'Alpes grecques. On
» prétend même que les Lépontiens, qui demeu-
» roient près des sources du (6) Rhin, descendoient
» d'une troupe de soldats (7) qu'Hercule fut obli-
» gé de laisser en arrière, parce qu'ils avoient eu
» les mains & les pieds gelés dans les neiges.
» Arrivé dans le pays latin, (8) le héros tua le

---

(1) Omnes homines ab initio mundi in bellis cæsi, Valhallam ad Odinum veniunt. *Edda Island. Nytho-log.* 33.

(2) *Dickinson Delphi Phœnicisantes* cap. 4. p. 41.

(3) *Keysler. Antiq. Septentr.* p. 38

(4) Ammien Marcellin prétend qu'Hercule passa d'Italie dans les Gaules & en Espagne. Primam viam The-
bæus Hercules ad Geryonem extinguendum, ut rela-
tum est, & Taurifcum lenius gradiens, prope mari-
timas composuit Alpes, hicque harum (*lisez* hisque
Grajarum) indidit nomen. Monœci similiter arcem
& portum, ad perennem sui memoriam, consecravit.
Ammian. Marcell. lib. 15. *cap.* 10. *p.* 101.

(5) Alpes nemo unquam cum exercitu ante Hanni-
balem, præter Herculem Grajum transierat, quo facto,
is hodie saltus Grajus appellatur. *Cornel. Nep. Hannibal. cap.* 3.

Augusta Prætoria juxta geminas Alpium fauces,
Grajas atque Pœninas. His Pœnos Grajis Herculem
transisse memorant. *Plinius H. N. lib.* 3. *cap.* 17.

Gallorum gens, prima post Herculem, cui ea res
virtutis admirationem, & immortalitatis fidem dedit,
Alpium invicta juga, & frigore intractabilia loca
transcendit. *Justin.* 24. 4.

Primus inexpertas adiit Tirynthius arces. *Silius
lib.* 3. *vs.* 496. Voyez aussi Conon apud Photium n. 136.
Virgil. Æneid. 7. *vs.* 660. 8. *vs.* 192 &c. *Diod. Sic.
L.* 4. *p.* 158. *Dionys. Halic. L.* 1. *p.* 26. 31. *L.* 2. *p.* 77.

(6) *Cæsar.* 4. 10.

(7) Ceteri fere Lepontios relictos ex comitatu Herculis, interpretatione Græci nominis credunt, præustis
in transitu Alpium nive membris; ejusdem exercitus
& Grajos fuisse, Grajarum Alpium incolas. *Plin. L.* 3.
cap. 20. *p.* 376.

(8) *Virgil. Æneid.* 8. 205. *Dionys. Halic.* 1. *p.* 31.
Livius Lib. 1. 7.

» brigand Cacus, qui infestoit depuis long-tems
» la contrée, & qui lui avoit volé à lui-même les
» plus belles vaches de son troupeau. Il établit
» ensuite, sur le bord du tibre, dans le lieu où
» l'on bâtit depuis la ville de Rome, une colonie
» grecque qu'il forma (1) de Péloponésiens tirés
» de son armée, & de quelques prisonniers qu'il
» avoit emmenés de Troye. Non content d'avoir
» fondé la colonie, il voulut contribuer encore
» à l'augmenter. Il épousa pour cet effet deux
» princesses, l'une grecque, (2) & l'autre latine,
» ou Hyperboréenne, & il eut des enfans de l'une
» & de l'autre. Pendant le séjour qu'il fit dans
» cette contrée, il adoucit, à plusieurs égards,
» les mœurs féroces de ses habitans naturels, &
» il abolit, en particulier, la barbare coutume
» qu'ils avoient de précipiter, tous les ans, trente
» hommes dans le tibre, (3) comme un sacrifice
» au dieu Dis. Cependant, pour ne pas effarou-
» cher les esprits attachés aux anciennes super-
» stitions, il jugea à propos de conserver une image
» du sacrifice, & de faire jetter dans le fleuve
» trente hommes de paille, que les Latins appel-
» lèrent *Argei* ; (selon les apparences, parce qu'a-
» vant le changement, introduit par Hercule, on
» noyoit des vieillards, des hommes inutiles à la
» société ».)

Varron a crû qu'ils reçurent le nom (4) d'*Argei*
des grands seigneurs Argiens qu'Hercule avoit
auprès de lui. C'est une étymologie ridicule,
parce qu'il est visible que ces images ne représentoient pas des Grecs, mais des Aborigènes que
l'on offroit au père *Dis*. Cette conjecture de Varron est cependant plus vraisemblable, que celle
d'un certain Epicadus, qui est rapportée par (5)

---

(1) *Dionys. Halic. L. 1. p. 17. 49. 2. 77.*

(2) Nonnulli dicunt Herculem, in his locis, quæ nunc à Romanis incoluntur, filios ex duabus mulieribus susceptas, reliquisse. Pallantem quidem ex Evandri filia, cui Latiniæ nomen ferunt fuisse. Latinum vero ex quadam Hyperborea puella, quam obsidem a patre acceptam, secum duxerat. *Dionys. Halic. L. 1. p. 34. 35.* Ex filia Fauni & Hercule, qui eodem tempore extincto Geryone armenta victoriæ præmia per Italiam ducebat, stupro conceptus Latinus procreatur. *Justin. 43. 1.* Hyperborei filia Palanto, quæ ex Hercule Latinum peperit. *Pomp. Festus. Paul. Diac. 355.* Voyez aussi *Dionys. Halic. L. 1. p. 25.* & *Virgil. Æneid. 7. 656.*

(3) *Macrob. Saturn. L. 2. C. 7. 153. Euseb. Præp. Evang. L. 4. C. 16. p. 160.*

(4) Argeos dictos putant à principibus, qui cum Hercule Argivo venerunt Romam, & in Saturnia subsederunt. *Varro de L. L. Lib. 4. p. 12. Edit. Popmæ.*

(5) Epicadus refert Herculem, occiso Geryone, cum victor per Italiam armenta duxisset, ponte qui nunc Sublicius dicitur, ad tempus instructo, hominum

---

Macrobe. Attribuant à Hercule l'invention de ces
hommes de paille, il disoit, *que ce héros, après
avoir vaincu Geryon en Espagne, fit des statuës de ses
compagnons qui avoient été tués, & qu'il les jetta
dans le Tibre, afin qu'elles descendissent dans la mer,
& qu'elles allassent flotter sur le rivage de leur patrie.
Il prétendoit consoler par là les parens des défunts,
en leur rendant au moins les images de ceux que la
mort leur avoit enlevés.*

Il faut qu'un historien soit simple & crédule au
suprême degré, ou qu'il ait bien mauvaise opinion de ses lecteurs, pour mettre sur le papier
de semblables impertinences. Quoi qu'il en soit,
Hercule passa du pays latin dans le royaume de
Naples, où il défit les Titans, premièrement près
du mont Vesuve, & ensuite plus bas, dans la (6)
Japygie. C'est de là, selon les apparences, qu'il
alla soumettre la (7) Sicile, & la (8) Sardaigne ;
& ce fut en considération de ces exploits,
que les habitans de l'Italie lui consacrèrent, dans
les villes, & le long des (9) grands chemins, des
autels, où on lui offroit des sacrifices annuels.
Ils insérèrent aussi son nom dans l'hymne que les
Saliens chantoient à l'honneur du dieu de la
guerre.

Tite Live regarde comme une fable la tradition qui portoit, (10) qu'Hercule avoit passé les

---

simulacra, pro numero sociorum quos casu peregri-
nationis amiserat, in fluvium demisisse, ut aqua secunda in mare devecta, pro corporibus defunctorum,
veluti patriis sedibus redderentur. Inde usum talia
simulacra fingendi, inter sacra mansisse. *Macrob. Saturn. L. 1. C. 11. p. 168.* On prétend que cet *Epicadus*
est le même dont il est fait mention dans les illustres
grammairiens de Suétone. *Chap. 12.* Il étoit Affranchi
du Dictateur *Sylla* dont il publia les mémoires.

(6) Circa Japygiam promontorium est, ubi inter
Herculem & Gigantes depugnatum fabulæ testantur.
Ferunt & passim etiamnum in Italia, Herculis monumenta extare juxta vias quas ille transivit ; & circa
Japygiæ Pandosiam, vestigia ejus apparere ; quæ ne-
queas pedibus calcare ; & in summa Japygia est lapis,
plaustrali magnitudine, quem Hercules sublatum trans-
tulisse fertur, unoque digito movisse. *Aristot. de
Mirab. Auscult. p. 107.*

(7) *Diodor. Sicul. Lib. 4. p. 158 &c.*

(8) *Voyez Bochart G. S. Part. 2. L. 1. C. 31. p. 631.*

(9) Evander primus Herculem divinis honoribus
placavit, aramque, præ nimia festinatione, ex tempore factam ipsi erexit.... In multis etiam aliis
Italiæ locis, templa huic Deo sunt sacrata, & in
urbibus, ac in ipsis viis aræ sunt erectæ, nec facile
reperias ullum in Italia locum, ubi deus iste non
colatur. *Dionys. Halic. L. 1. p. 32. 33. Virg. Æneid.
8. 185. 268.*

(10) Nisi de Hercule fabulis credere libet. *Livius
Lib. 5. Cap. 34.*

Alpes avec ſes Grecs. Il a raiſon. Je ne doute pas que les Gaulois n'appellaſſent le grand St. Bernard & les montagnes voiſines, *the graüce Alben*, les Alpes griſes, par ce qu'on y voyoit toujours de la neige, de la même manière que les Scythes appelloient le Caucaſe, *Graucaſus*, c'eſt-à-dire, comme Pline l'a remarqué, la montagne toujours couverte de neige. La conformité du mot *celte graüe*, (1) ou *griſe*, avec le mot latin *Graja*, a fait croire que les montagnes, dont il s'agit, portoient le nom d'Alpes grecques. Pour rendre raiſon de cette dénomination, on a ſuppoſé enſuite, qu'Hercule avoit paſſé dans ces montagnes avec ſon armée. Par une ſemblable mépriſe, on a dit que les Alpes Penines étoient ainſi appellées, parce que les troupes Puniques y avoient paſſé ſous la conduite d'Hannibal, quoique ces troupes euſſent pris une route toute différente, & que le nom de *Penn*, ou de *Pinne*, fut un mot *celtique* qui déſignoit, comme je l'ai remarqué, après Tite Live, la cime, le ſommet des Alpes. Mais quoiqu'Hercule n'eut jamais vû les Alpes, ce que la fable débitoit ſur ce ſujet ne laiſſoit pas d'avoir quelque fondement. Il y avoit eu un Hercule dans les Alpes, & un autre dans le pays latin. Le premier étoit encore l'un des chefs de la colonie de Marſeille. Cette ville ſe trouvant extrêmement incommodée par les courſes continuelles que les Montagnards, dont j'ai déja parlé, faiſoient ſur ſon territoire, envoya contre eux un colonel, qui ayant pouſſé l'ennemi, & pénétré avec ſon armée, non pas juſqu'au grand St. Bernard, mais juſqu'aux Alpes maritimes qui ſéparent la Provence de l'Italie, y conſtruiſit deux forts pour tenir en bride les Montagnards. Il appella l'un de ces forts (2) *Nicæa*, Νικαια en mémoire de la victoire qu'il avoit remportée ſur les barbares. L'autre fort, qu'il bâtit ſur un promontoire, fut conſacré par la même raiſon à Hercule ; & c'eſt de ce promontoire que le port qu'il forme reçut le nom de (3) *Portus Herculis Monoeci*. C'eſt-là, autant que je puis en juger, la ſeule armée de Grecs que l'on eut jamais vue dans les Alpes.

Il eſt connu que les Grecs avoient auſſi pluſieurs établiſſemens dans le pays latin, & dans le royaume de Naples. Ces colonies, comme celle de Marſeille, avoient eu leurs Hercules, leurs héros qui avoient ſoumis les habitans naturels du pays, adouci ce qu'il y avoit de feroce dans leur manière de vivre, défait les Titans, c'eſt-à-dire, les partiſans de l'ancienne religion, exterminé des brigands. La fable ne peche ici qu'en ce qu'elle attribue tout cela à un ſeul homme. Je ne doute pas que, par la ſuite du tems, les Grecs n'en fuſſent venus juſqu'à rendre des honneurs divins aux grands hommes à qui ils étoient redevables de leur établiſſement en Italie ; mais j'ai de la peine à comprendre que les Aborigènes, les Auſons, les Opiciens, en un mot des peuples à qui ces conquérans avoient arraché leur religion & leur liberté, ayent jamais pû ſe réſoudre à leur rendre un culte religieux.

Cet Hercule, qui étoit ſervi dans le pays latin, étoit aſſurément un héros grec. L'hiſtorien romain *Cecilius* le croyoit ainſi. Il conjecturoit (4) que la ville de Rome avoit été bâtie par les Grecs, parce qu'on y offroit anciennement des ſacrifices à Hercule, avec les mêmes ceremonies que l'on obſervoit en Grece. Je crois, par conſéquent, que Varron ſe trompoit, lorſqu'il aſſuroit (5) qu'Hercule étoit le même dieu que les Sabins appelloient *Sanctus*, ou *Sancus*. Portius Caton avoit remarqué, (6) que *Sancus* étoit un dieu indigete des Sabins, auquel ils rapportoient l'origine de leur nation. Si ce *Sancus* étoit ſervi le long des grands chemins, ce n'étoit pas, comme (7) Feſtus l'a crû, en mémoire d'Hercule qui y avoit paſſé, mais parce que les anciens habitans de l'Italie, comme les autres *Celtes*, avoient leurs Sanctuaires hors des villes, & le long des chemins.

Il faut dire un mot des autres pays de la *Celtique* qu'Hercule doit avoir traverſés. Les poëtes aſſurent qu'il entra dans le pays des Hyperboréens, & qu'ayant pénétré juſqu'aux ſources du danube, (8) il en rapporta l'olivier dont les branches ſervoient à couronner les vainqueurs dans les jeux

---

(1) *Gris*, en Bas Breton, *Grau*, en Allemand.

(2) *Nicæa oppidum à Maſſilienſibus conditum.* Plin. 3. 5.

(3) *Portus Herculis Monœci.* Plin. ibid.
Quaque ſub Herculeo ſacratus nomine portus.
Urget rupe cavâ pelagus.
Lucan. 1. vſ. 405.

(4) *Strabo L. 5. p. 230.*

(5) Putabant hunc (*deum fidium*) eſſe ſanctum a Sabina lingua, & Herculem a Græca. *Varro de L. L. Lib. 4. 4.* Propter viam fit ſacrificium ; quod eſt proficiſcendi gratia, Herculi aut Sanco, qui ſcilicet idem eſt deus. P. Feſtus, in voce Propter.

(6) Δαίμονα ἐπιχώριον Dionyſ. Halic. L. 2. p. 113. Silius Ital. L. 8. vſ. 421.

(7) *Voyez la note (5).*

(8) Stirpem eam aiunt fuiſſe ex Hyperboreis, ab Hercule primum ad Græcos deportatam. *Pauſan. Eliac. 1. Cap. 7. p. 392.*

olympiques. C'est une supposition. Peut-être que l'Hercule grec s'avança jusqu'au Danube ; mais il ne remonta assurément pas jusqu'aux sources du fleuve ; & ce n'est pas de-là que l'olivier avoit été apporté en Grece. Tacite parle aussi d'une tradition selon laquelle Hercule devoit être parvenu jusqu'au *Sund.* (1) *On publie*, dit-il, *qu'il y a dans l'Ocean germanique des colonnes d'Hercule, soit qu'Hercule ait pénétré jusques là, soit que l'on ait accoutumé d'attribuer à un homme si renommé les grands & magnifiques ouvrages que l'on trouve quelque part que ce soit.* Tacite, en rapportant cette tradition, insinue assez qu'il n'y ajoute point de foi. *Depuis Drusus Germanicus, personne n'a fait des recherches pour découvrir ces colonnes d'Hercule ; & l'on a crû que c'étoit une chose plus digne de la piété & du respect que l'on doit aux dieux, de croire ce qu'on dit de leurs exploits, que d'en avoir une entière certitude.*

Ce n'est cependant que cette particularité que l'historien révoque en doute. Il étoit persuadé au reste qu'Hercule avoit passé dans la Germanie, & qu'il s'y étoit signalé par ses exploits. *Les Germains*, dit-il ailleurs, (2) *rapportent qu'Hercule a passé dans leur pays, & quand ils vont au combat, ils le célèbrent comme le premier de tous les vaillans hommes.* Cet auteur assure même que les peuples de la Germanie rendoient un culte religieux à Hercule. (3) *Ils appaisent Hercule & Mars par des sacrifices d'animaux permis.* Mais Tacite s'est assurément trompé sur cet article. Les Germains avoient leur Mars, auquel ils offroient des sacrifices. J'ai prouvé, ci-dessus, que c'étoit *Odin*. Mais ils n'ont jamais connu l'Hercule grec, & ce n'étoit point ses louanges qu'ils chantoient en allant à la bataille. Nous verrons dans le moment ce qui a fait prendre le change à cet historien. Il étoit bien difficile que des étrangers ne s'y méprissent.

Contentons-nous de remarquer ici, 1°. que c'est en conséquence du préjugé où il étoit, que Tacite, parlant d'une forêt du pays des Cherusques, dit (4) qu'elle étoit consacrée à Hercule.

Hercule est ici *Vodan*, le dieu de la guerre, que les Germains servoient dans leurs forêts consacrées.

2°. On voit le même préjugé dans une inscription qui a été trouvée dans le pays de Cleves. On y lit ces paroles, (5) *Herculi Saxano.* Cette inscription est de quelque Romain, qui voulant donner un nom latin au dieu *Vodan*, que les Germains servoient autour d'un amas de pierres, & qu'ils regardoient comme le dieu des guerriers, l'appella *Hercules Saxanus* ; Hercule, parce qu'il présidoit à la guerre ; *Saxanus*, parce qu'on lui offroit un culte religieux au milieu d'un grand nombre de grosses pierres.

3°. Je ne m'arrête point aux médailles de Postumius, sur lesquelles on lit les noms de *Hercules Deusonensis, Hercules Magusanus*, parce qu'elles ont été constamment frappées par des Romains. Je ne doute pas que la flatterie, pour honorer ce Postumius, que les Gaulois proclamèrent empereur, du tems de (6) Galien, ne lui donne ici le nom d'Hercule. Les mots de *Deusonensis*, & de *Magusanus*, sont, selon les apparences, les noms des lieux où Postumius avoit battu les Germains (7).

La Thrace étoit voisine de la Grece, & remplie de peuples extrêmement belliqueux. Il ne faut pas être surpris que les poëtes grecs en ayent fait le théatre, où leur héros avoit donné les plus grandes preuves de son courage & de sa valeur. On prétend qu'Hercule eut pour maître, dans sa jeunesse, un Scythe, nommé (8) *Teutarus*, qui lui apprit à tirer de l'arc ; & un Thrace nommé (9) *Linus*, qui lui enseigna à jouer de la guitare. L'écolier ayant peu de dispositions, & encore moins de penchant pour la musique, *Linus* osa le frapper, un jour, de sa guitare, ce qui irrita tellement le disciple, qu'il (10) tua son maître sur la place. Arrivé à l'âge viril, Hercule fit plusieurs expéditions en Thrace. Dans l'une, il tua Diomède, roi des Thraces Bistoniens, (11) qui, après

---

(1) Ipsum quinetiam oceanum illa tentavimus, & superesse adhuc Herculis Columnas fama vulgavit, sive Hercules adiit, seu quicquid ubique magnificum est, in claritatem ejus referre consuevimus. Nec defuit audentia Druso Germanico, sed obstitit oceanus, in se simularque in Herculem inquiri. Mox nemo tentavit, sanctiusque ac reverentius visum est, de actis deorum credere, quam scire. *Tacit. Germ.* cap. 34.

(2) Fuisse apud eos & Herculem memorant, primumque omnium virorum fortium, ituri in prælia canunt. *Tacit. Germ. cap.* 2.

(3) Herculem & Martem concessis animalibus placant. *Tacit. Germ.* cap. 9.

(4) Sylva Herculi sacra apud Cheruscos. *Tacit. An.* 2. 12.

(5) *Keysler*, p. 191.

(6) *Zosimus*, L. 1. p. 62.

(7) On peut voir, sur ces médailles, *Mascou*, L. 5. chap. 40. p. 177. *Keysler*, p. 30. 200. *Relig. des Gaulois*, L. 3. p. 28.

(8) Teutarus Scytha, illum arcu jaculari decuit. *Lycophr.* vs. 56. p. 10. & *Schol.*

(9) Hercules à Lino, Orphei fratre, Citharœdicam didicit. *Apollod.* L. 2. p. 83.

(10) *Apollodor.* ibid.

(11) *Apollodor.* 2. 95. *Diodor. Sic.* 4. 156. *Ovid. Ibis.* vs. 381. 401. *Silius Ital.* L. 3. vs. 38. *Euripid. Alcest.* vs. 485. *Hercul. Furens.* vs. 380.

avoir immolé à Jupiter les étrangers qui tomboient entre ses mains, les faisoit ensuite dévorer à ses chevaux. Dans l'autre, (1) il défit les Géans, ou les Titans. Tout cela peut-être vrai, ou avoir au moins quelque fondement, pourvû qu'on en retranche les fables des poëtes qui ont enrichi le sujet à leur manière & aux dépens de la vérité. Ce fut, du tems d'Hercule, une génération avant le siège de Troye, que les Phéniciens & les Egyptiens, qui avoient autrefois passé en Grèce sous la conduite de Cadmus & de (2) Danaüs, s'étant accrus & affermis, soumirent entièrement les Pélasges, qui étoient les anciens habitans du pays, comme je l'ai montré ailleurs. Les Pélasges, qui ne pûrent se résoudre à plier sous le joug du vainqueur, & à embrasser la nouvelle religion qu'il avoit apportée en Grèce, se retirèrent dans la Thessalie, & de là dans la Thrace. Ils y furent poursuivis par les Grecs; & les choses en vinrent à une bataille décisive, dans la plaine de *Phlegra*, où les Titans, c'est-à-dire, les adorateurs du dieu *Tis*, furent entièrement défaits par la valeur d'Hercule qui commandoit l'armée grecque.

Je ne voudrois pas nier non plus, que le même Hercule, ou quelque autre héros grec, n'eût passé dans l'Asie mineure, & qu'il n'eût battu, en plusieurs rencontres, les Scythes qui y étoient établis. Les anciens assurent assez généralement qu'Hercule avoit vaincu (3) les Amazones près du Thermodon, & (4) pris la ville de Troyes, dont il avoit ôté le gouvernement à Laomédon, pour le donner à Priam. Quelques uns ajoutent que dans l'une des expéditions dont je viens de parler, il bâtit la ville (5) d'Héraclée. Mais il y a toute apparence que cette tradition n'étoit fondée que sur le nom même d'Héraclée, que cette ville reçut, non pas parce qu'Hercule l'avoit bâtie, mais parce qu'elle lui avoit été consacrée dans le tems de sa fondation, comme on peut le voir dans (6) Justin. Au reste, il y a ici deux choses qui sont constantes. La première, c'est que l'Asie mineure étoit remplie, du tems d'Hercule, d'un grand nombre de peuples Scythes, qui y avoit passé de l'Europe. La seconde, qu'ils furent dépossédés de l'Eolie, de l'Ionie, & de plusieurs autres contrées, par les Grecs. Il est vrai que la chose n'arriva (7) que long-tems après les expéditions d'Hercule ; mais il ne faut pas douter que les Grecs, avant que de s'établir dans l'Asie mineure, n'y eussent passé plusieurs fois avec leurs flottes. Par ces raisons il ne me paroît pas impossible qu'Hercule n'eût fait quelque tentative sur les villes maritimes de l'Asie mineure. Mais je doute beaucoup qu'il se fût éloigné des côtes, & encore plus qu'il fût parvenu jusqu'à (8) l'Albanie, & au mont (9) Caucase. J'avoue aussi que je ne suis pas en état d'expliquer parfaitement la (10) fable qui porte qu'il délia Promethée que Jupiter avoit fait attacher au mont Caucase par Vulcain, parce qu'il avoit formé le premier homme de terre & d'eau, & volé le feu du ciel pour l'animer. Tout ce que je vois dans ce conte si ridicule, c'est 1°. que le nom de Prometheus signifioit parmi les Scythes (11) *le bon Theus* ; c'est le nom que ces peuples donnoient au dieu suprême, & à ses ministres.

2°. Je ne doute pas que les Scythes, qui attribuoient la production de l'homme au dieu suprême, ne dissent aussi que le bon *Teut* avoit formé le corps de l'homme de terre & d'eau, & qu'il l'avoit animé, en le remplissant d'un feu céleste. Tout cela s'accorde parfaitement avec leur doctrine.

3°. Les Scythes, offrant à leurs dieux des victimes humaines, & le but de ce sacrifice étant de découvrir l'avenir, par l'inspection des entrailles de ces malheureuses victimes, j'entrevois que les Grecs, qui détestoient ce barbare usage, ont pû dire à leurs enfans, que les sacrificateurs scythes

---

(1) Jupiter in prælio contra Gigantes, Herculem in auxilium, per Palladem advocavit. *Apollod.* 1. 14.

(2) *Herodot.* 1. 91.

(3) *Justin.* 2. 4. Euripide dit que ce fut près du Palus Méotide, qu'Hercule vainquit les Amazones. *Hercul. Furens. vs.* 408.

(4) *Dionys. Halic. L.* 1. *p.* 17. *Apollodor. L.* 1. *p.* 8. 2 91.

(5) In Ponto primum Mariandyni urbem habitant, ab Argivo (ut ferunt) Hercule datam. Heraclea vocitatur, id famæ fidem adjecit. *Pomp. Mel. Lib.* 1. *cap.* 9. *p.* 33.

(6) Bœotiis pestilentia laborantibus oraculum Delphis responderat, Coloniam in Ponti regione sacram Herculi conderent. *Justin.* 16. 63.

(7) Hercule vivoit une génération avant le siège de Troyes. Les Ioniens passèrent en Asie 130 ou 140 ans après la prise de cette ville. On prétend que les Eoliens y avoient passé 80 ans plutôt. *Voyez Petav. Rat. Temp. L.* 1. *p.* 53. *Ryckii Canon. Chronol. p.* 405 &c.

(8) Albani Herculem ex Italia, ab Albano monte, cum Geryone extincto armenta ejus per Italiam duceret secuti dicuntur. *Justin.* 42. 3.

(9) Apud Æschylum Hercules, à Caucaso Prometheo soluto, ad Hesperides tendit. *Strabo* 4. 183.

(10) *Apollodor.* 1. *p.* 19.

(11) *From-Theus* le bon *Theus*.

avoient été condamnés par Jupiter à voir dévorer leur propre foye par des vautours.

4°. Mais ce que je ne saurois comprendre absolument, c'est qu'Hercule, qui étoit l'ennemi déclaré de l'ancienne religion, & qui contribua de tout son pouvoir à introduire la nouvelle, n'ait pas laissé d'être le libérateur de Promethée. Je laisse à ceux qui voudront s'en donner la peine, à chercher quelque solution pour lever cette difficulté qui me paroît insurmontable.

Pour finir cette énumération par les Scythes, Hérodote assure, que ceux qui demeuroient au-delà du Danube adoroient, entre autres dieux, Mars & Hercule. J'ai montré que le Mars des Scythes, & des Germains, étoit le dieu suprême qu'ils appelloient *Tay*, *Teut*, ou *Odin*. On verra tout à l'heure ce que c'étoit que cet Hercule dont on prétend qu'ils joignoient le culte à celui de Mars.

Le même historien rapporte ailleurs (1) qu'Hercule, revenant d'Espagne, passa dans la Scythie qui étoit encore inhabitée. Il y trouva cependant une espece de Sirene, qui, étant d'une forme tout-à-fait monstrueuse, sut pourtant l'engager à passer une nuit avec elle, & lui annonça le lendemain qu'elle lui donneroit trois fils. La prédiction ayant été accomplie, elle nomma le premier *Agathyrsus*, le second *Gelonus*, & le troisième *Scytha*. Hérodote avoue de bonne foi que cette fable étoit inconnue aux Scythes (2). Elle venoit des Grecs, qui vouloient absolument que tous les peuples de l'univers descendissent de leur nation. On peut attribuer sûrement aux mêmes Grecs un autre conte qui n'est pas de meilleur alloi. Il porte, que (3) l'on voyoit sur un rocher, près du fleuve de Tyras, l'empreinte du pied d'Hercule, qui avoit deux coudées de long.

Il faut voir présentement comment il a pu arriver que les anciens ayent assuré si généralement que les *Celtes* rendoient un culte religieux aux héros, & sur-tout à Hercule. Ce n'étoit point la coutume de ces peuples de mettre les grands hommes au rang des dieux, ni pendant leur vie, ni après leur mort. Trois raisons le prouvent clairement. La première que j'ai déjà alléguée, c'est qu'ils se moquoient des Grecs qui admettoient des dieux issus des hommes. En second lieu cette Apothéose étoit incompatible avec leur théologie. Soutenant que le monde étoit incorruptible, ils croyoient que le créateur avoit uni, dès le commencement, à chaque élément, une intelligence qui le dirigeoit, & qui ne devoit en être jamais séparée. Quel empire pouvoient-ils donc attribuer, & quel culte pouvoient-ils rendre à de nouveaux dieux qui étoient une pièce hors d'œuvre dans leur système ? Ma troisième preuve, qui est décisive, c'est la doctrine même des *Celtes* sur le sort de l'homme après cette vie (4). Ils ne croyoient pas que l'ame des grands hommes fût élevée après la mort au-dessus de la condition humaine. Ils disoient que les braves alloient trouver *Odin*, le dieu des combats, & qu'ils jouissoient auprès de lui de tous les plaisirs qui peuvent flatter les guerriers. C'est ce que j'aurai occasion d'expliquer plus au long dans la suite.

Voici, autant que je puis en juger, ce qui a fait croire que les peuples Scythes & *Celtes* vénéroient les héros.

1°. J'ai souvent remarqué que ces peuples étoient dans la ferme persuasion qu'un homme qui mouroit à la guerre, ou de quelque autre sorte de mort violente, passoit sûrement & infailliblement à une vie bienheureuse. En conséquence de ce préjugé, les Scythes (5) disoient aux messa-

---

(1) *Herodot.* 4. 8. &c.

(2) Hæc Scythæ de se ipsis pariter ac de regione superiore narrant. At Græci qui Pontum incolunt, ad hunc modum : Herculem Geryonis vaccas agentem, in hanc pervenisse terram, quæ deserta esset &c. *Herodot.* 4. 8.

(3) Vestigium Herculis ostendunt, petræ impressum, virili vestigio simile, Bicubitali magnitudine, juxta fluvium Tyram. *Herodot.* 4. 82.

(4) L'auteur de la religion des Gaulois, *Livre* 1. p. 88. dit : Les Gascons croyoient rendre un bon office aux hommes qu'ils immoloient ; car ils prétendoient que leurs ames étoient déifiées par la voye de l'immolation, & qu'elles avoient rang parmi les dieux. Il le prouve par cet endroit de l'hymne de Prudence, composé à l'honneur des martyrs *Hemiterius* & *Chelidonius*. Jam ne credis bruta quondam Vasconum gentilitas, Quam sacrum crudelis error immolaret sanguinem, Credis in deos relatos hostiarum spiritus ? *Prudent Petri Stephan. Hymn.* 1. vs. 94. Selon les apparences, l'auteur de la religion des Gaulois n'avoit pas lu le passage de Prudence. Ce poëte, rapportant les miracles que Dieu opéroit sur le tombeau des martyrs *Hemiterius*, & *Chelidonius*, dit aux Gascons, croyez-vous présentement ce que vous ne pouviez croire du tems que vous étiez plongés dans les ténèbres du paganisme ? A la vue des miracles, ne reconnoitrez-vous pas que l'ame des martyrs, que vous avez fait mourir si cruellement, a été portée entre les bras de Dieu ?

(5) Getæ immortalitate donant hoc modo. Mori se non putant, sed mortuum ire ad Zamolxim, quem nonnulli eorum opinantur eundem esse ac Gebeleïsin. Ad hunc mittunt assidue, quovis quinquennio, quempiam ex ipsis sorte delectum, præcipientes quod visum fuerit. *Herodot.* 4. 94. Scithis moris est immortalitate donare homines, & ad Zamolxim mittere. *Lucian. Scyth* p. 340.

gers qu'ils envoyoient à Zamolxis, de la manière que je l'ai représenté ailleurs, qu'ils alloient leur donner l'immortalité. Parce que, parmi les grecs, *donner l'immortalité* à un homme, signifioit le mettre au nombre des dieux, on a crû que les Scythes avoient sur cet article la même doctrine, & la même pratique, que les grecs. C'est une chimere. *Donner l'immortalité,* parmi les scythes, c'étoit ce que nous appellerions envoyer un homme à la vie éternelle.

2°. Les Scythes, & les *Celtes*, avoient un profond respect pour leurs druides, & surtout pour leur pape. Je puis bien me servir de ce terme, puisqu'ils en avoient un, aussi bien que les chrétiens. Croyant que les ecclésiastiques, remplis de l'esprit de dieu, connoissoient le passé, le présent, & l'avenir, avec tout ce qu'il y a de plus caché dans la nature, leur attribuant le pouvoir d'opérer les choses du monde les plus extraordinaires, ils vénéroient dans leurs prophétes, & dans leurs prophétesses, le dieu dont ils étoient les ministres & les interpretes, & recevoient leurs décisions comme les oracles même de la divinité. Ainsi Tacite remarque, (1) *que, du tems de l'empereur Vespasien, la plupart des Germains regarderent long-tems Velleda comme une divinité, & qu'ils avoient autrefois vénéré Aurinia, & plusieurs autres femmes, non par flatterie, ni comme s'il leur appartenoit de faire des déesses.*

Cette vénération étoit portée si loin, par les peuples *Celtes*, qu'ils ne faisoient pas difficulté de donner à leurs pontifes le nom même du dieu au culte duquel ils présidoient. Zamolxis, disoit Strabon, (2) *fut d'abord créé sacrificateur du dieu que les Getes servent préférablement à tous les autres. Ensuite il reçut aussi le nom de dieu.* Tacite fait la même remarque en parlant de cette *Velleda* dont je viens de faire mention. (3) *C'étoit,* dit-il, *une vierge, bructere de nation, qui avoit une domination fort étendue. Les Germains ayant accoutumé, de toute ancienneté, de tenir la plupart des femmes pour des prophétesses, & même pour des déesses, quand la superst-* tition vint à s'en mêler. On a prétendu conclure de là que les peuples *Celtes* faisoient des dieux selon leur bon plaisir. (4) *Les Scythes & les Getes,* disoit Lucien, *donnent l'immortalité à qui il leur plait, & mettent au nombre des dieux qui ils veulent, de la même manière que Zamolxis, qui n'étoit qu'un esclave, fut placé parmi les dieux.* C'est encore une illusion. Les *Celtes* donnoient à des hommes le nom de dieu, pendant leur vie, & non pas après leur mort. Le successeur du prophete, ou du pontife, héritoit aussi de son titre. Strabon & Tacite l'assurent expressément. Le premier dit, *que, depuis le tems de Zamolxis, il s'étoit toujours trouvé quelque Pontife qui, se disant rempli de l'esprit de dieu, & servant de conseil au roi, étoit honoré par les Getes du titre de dieu.*

Le second dit, *que les Germains ont vénéré autrefois Aurinia,* c'est-à-dire, pendant sa vie, *& que, sous le regne de Vespasien, ils ont regardé pendant long-tems Velleda comme une déesse,* c'est-à-dire, qu'ils en eurent cette idée jusqu'à ce qu'elle eut été faite prisonniere par les (5) Romains. Alors l'opinion que l'on avoit eue de sa divinité, ou comme nous le dirions, de sa magie, s'affoiblit insensiblement, & se perdit bientôt tout-à-fait.

3°. Après les gens d'église, le grand objet de la vénération des peuples *Celtes* étoient les bons guerriers. J'en ai dit ailleurs la raison. Ces peuples, ne connoissant point d'autre profession que celle des armes, ni d'autre gloire que celle de se distinguer dans ce noble métier, les honneurs, les louanges, les distinctions, la confiance du public, tout cela étoit, pour ainsi dire, consacré aux héros. Vénérés pendant leur vie, ils l'étoient aussi après leur mort. Premièrement on leur donnoit le titre de *Herr,* ou de *Ans,* qui étoit réservé aux dieux & aux princes. Ainsi Jornandès dit, (6) que les Goths, après une victoire signalée, qu'ils avoient remportée sur les Romains, donnerent à leurs généraux le nom d'*Anses,* qui désigne quelque chose de plus qu'un simple homme, & une espece de demi-dieu. La mythologie aussi des Islandois, (7) quand elle parle des héros qui

---

(1) Vidimus sub Divo Vespasiano, veledam diu apud plerosque Numinis loco habitam. Sed & olim Auriniam, & complures alias venerati sunt, non adulatione, nec tanquam facerent Deas. *Tacit. German. cap. 8.*

(2) Itaque hunc Zamolxin, initio sacerdotem creatum Dei qui maxime apud Getas colitur, postea cum nomen Dei etiam accepisse... isque mos ad nostram usque duravit ætatem, semper aliquo reperto qui ita esset animatus, ut regi à consiliis esset, & à Getis Deus nominaretur. *Strabo, 4. 298.*

(3) Velleda Virgo, nationis Brucrerae, late imperitabat; vetere apud Germanos more, quo plerasque fœminarum Fatidicas, & augescente superstitione, arbitrentur Deas. *Tacit: Historiar: 4. 61.*

Philosophie anc. & mod. Tom. I.

(4) Scythæ & Getæ immortalitate donant, & in Deorum numerum referent quoscunque placuerit, eadem ratione qua Zamolxis, cum servus esset, Diis ascriptus est. *Lucian: Deor: Concil. p. 1098.*

(5) Non vacat Arctoas acies, Rhenumque rebellem,
    Captivæque preces Veledæ....
    Pandere. *Statius, Sylvar. Lib. 1. 6arm: 4. vs. 89.*

(6) Gothi jam Proceres suos, quasi qui fortuna vincebant, non puros homines, sed semideos, id est, Anses vocavere. *Jornand Goth: 13 p. 629.*

(7) *Edda Island: Mythol 33.*

font avec *Odin*, dans le *Valhalla*, les appelle toujours (1) *Einherren*, mot que l'interprete latin a rendu par celui de *Monoheroës*.

En second lieu, on célébroit près du tombeau des braves, (2) des festins, & des combats funebres, & dans ces solemnités on dépêchoit souvent au mort un ou plusieurs messagers, pour l'informer des honneurs qu'il recevoit parmi les vivans. Enfin, ce qu'il faut bien remarquer, on composoit à l'honneur des héros quelques-uns de ces cantiques & de ces hymnes qui commençoient par les louanges de dieu. Ils finissoient par l'éloge des grands hommes qui s'étoient distingués au milieu de chaque nation dans le métier des armes, & particulièrement de ceux qui avoient perdu la vie pour la défense, ou pour la gloire de la patrie. (3) On y rappelloit le souvenir de leur bravoure, & de leurs exploits, on y célébroit le bonheur dont ils jouissoient auprès du grand *Odin*. La jeunesse apprenoit ces cantiques, pour se remplir de bonne heure d'une noble émulation. Le soldat les entonnoit en allant à la charge, & s'animoit ainsi lui-même à suivre de si beaux modeles. On les chantoit encore dans toutes les solemnités, & même dans les assemblées religieuses, pour former & pour entretenir, dans le cœur de tous ceux qui y assistoient, les sentimens de valeur & de bravoure que ces hymnes representoient comme le véritable & le seul chemin de l'immortalité. Voilà assurément ce qui a fait croire que les peuples Scythes & *Celtes* rendoient un culte religieux aux héros. Parce que les hymnes, que ces peuples chantoient pendant le service, faisoient mention des héros, on a supposé que ces grands hommes étoient l'objet même du culte. Mais on l'a supposé sans raison, pour avoir jugé de la chose par les apparences, plutôt que par le fond même de la religion des *Celtes*, dont le système étoit incompatible avec un semblable culte. Ainsi Lucien fait dire à un Scythe [4], *Nous offrons des sacrifices aux gens de bien*, c'est-à-dire, aux braves, *& nous célébrons à leur honneur des fêtes solemnelles*. Lucien l'a crû ainsi, parce que les Scythes faisoient mention des héros dans leurs sacrifices, & dans leurs fêtes. Ainsi Hérodote dit, [5] *que Xerxès, étant arrivé à Pergame, y offrit à la Minerve Troyenne mille bœufs, dont les Mages employèrent la chair à faire des obseques aux héros*. Cette Minerve des Troyens étoit la terre, la grande divinité des Amazones, des Phrygiens, des Lydiens, & des autres peuples *Celtes* de l'Asie mineure. Les mages offrirent à la terre mille bœufs, c'est-à-dire, qu'après avoir égorgé les victimes, ils en firent bouillir la chair, l'étendirent sur l'herbe verte, & chantèrent la théogonie, la génération des dieux & des hommes, la production de toutes choses par les deux principes, savoir le dieu suprême, & la terre sa femme. C'est dans le chant de cette sorte d'Hymnes [6] que les mages faisoient consister le sacrifice, ou la consécration de la victime. Comme la chair des victimes étoit ordinairement mangée dans les festins où l'on continuoit de chanter ces hymnes qui commençoient par les louanges de la divinité, & qui descendoient ensuite à l'éloge des guerriers, Hérodote a dit, que ces victimes, immolées à Minerve, servirent aussi à faire des obseques aux héros. Le même Hérodote remarque ailleurs, que les Scythes servent Mars & Hercule. Tacite en dit autant des Germains. Mars est ici *Teut*, ou *Odin*, le dieu de la guerre. Hercule désigne les braves qui jouissoient auprès de ce dieu de la souveraine félicité. Ces historiens ont crû devoir faire une divinité de cet Hercule. On en voit

---

(1) C'est un mot composé de celui d'*Ein*, un, & *Herr*, Seigneur.

(2) J'aurai occasion de le prouver, en parlant de ce que les *Celtes* pratiquoient par rapport aux enterremens, & aux obseques.

(3) On voit dans Horace, que de son tems les Romains chantoient encore de semblables Hymnes dans leurs solemnités,

Nosque & profestis lucibus & sacris,
Inter jocosi munera Liberi,
Cum prole matronisque nostris,
Rite Deos priùs adprecati,

Virtute functos, more patrum, Duces,
Lydis remisso carmine tibiis,
Trojamque & Anchisen, & almæ,
Progeniem Veneris canemus,

Horat Carm: Lib. 4. Od. 15.

(4) Bonos viros sacrificiis prosequimur, eosdem Festis diebus ac celebribus conventibus honoramus. *Lucian. Toxari. p. 611.*

(5) Pergami, Xerxes Minervæ Iliadi mille boves immolavit, quarum libamine Magi Heroibus parentaverunt. *Herodot: 7. 43.*

(6) Persæ sacrificaturi, nec aras erigunt, neque ignem accendunt, neque libamentis utuntur, aut tibiis, infulisve, aut molis. Verum ut quisque Divis hisce sacra facere statuit, in locum mundum Victimam sistens, Deum illum implorat, Myrto maxime cinctam gestans Tiaram.... Ubi in minutas portionculas, membratimque hostiam concidit, carnibus elixis, herbam substernit quam mollissimam, maxime trifolium. Huic impositis carnibus, Magus astans, Theogoniam accinit, siquidem hanc illi dicunt, esse incantationem efficacissimam, citraque Magum nullum illis fit legitimum sacrificium. Mox sacrificus sublatis carnibus utitur in quemcunque usum illi fert animus. *Herodot: 1. 131.*

CEL   CEL   691

la raison dans ce que je viens d'expofer. Il étoit célébré dans des cantiques qui faifoient une partie effentielle du culte de la divinité.

On fent bien au refte que les braves, dont les *Celtes* faifoient l'éloge dans leurs cantiques, n'étoient pas des héros étrangers. De grands hommes de l'antiquité, [1] Varron, par exemple, Ciceron, & Servius, ont reconnu qu'il y a eu plufieurs Hercules, & que l'on a attribué mal-à-propos à un feul homme des exploits, des conquêtes, en un mot une gloire que plufieurs ont partagée. Je fuis très perfuadé de la folidité de cette remarque. Mais fi l'on veut y prendre garde, on fe convaincra facilement que tous les Hercules, dont les Grecs & les Latins vantent les exploits, avoient été les ennemis déclarés des peuples Scythes & *Celtes*, & les deftructeurs de leur religion. Ils avoient exterminés les Titans en Efpagne, en Italie, & en Thrace. Ils avoient défait les géans Albion & Bergion, tué le brigand Cacus, aboli les duels & la coutume barbare d'offrir aux dieux des victimes humaines. Ils avoient bati des villes, pour tenir en bride les peuples qu'ils avoient foumis, & pour enchaîner leur liberté. Comment veut-on que les peuples *Celtes* célébraffent par leurs cantiques des héros de cet ordre ? Etoit-ce le moyen d'allumer le courage du foldat, que de lui faire chanter des hymnes qui lui auroient rappellé la défaite de fa nation ? La vérité eft qu'ils chantoient leurs propres héros. Diodore de Sicile l'avoue fort ingénument, quoiqu'il ait débité bien des fables fur le fujet de l'Hercule grec. [2] *Un Gaulois*, dit-il, *à qui l'on a fait un appel, va au combat en célébrant par fes hymnes la bravoure de fes ancêtres*. *Les Celtes*, dit encore Elien, [3] *choififfent, pour fujet de leurs hymnes, les braves qui ont perdu la vie en combattant vaillamment contre l'ennemi*. Lucien dit la même chofe dans les vers que je cite [4] en marge. Il en étoit des Germains comme des Gaulois. Ammien Marcellin, parlant d'une bataille qui fe donna entre les Goths & les Romains, du tems des empereurs Valens & Gratien, [5] dit *que les barbares commencèrent le combat en chantant d'une voix difcordante les louanges de leurs ancêtres*. Un paffage de Jornandes éclaircit & confirme celui que je viens de citer. [6] *Les Goths chantoient, au fon de la guitare, les exploits de leurs ancêtres, tels qu'avoient été Ethefpamara*, [7] *Hamala, Fridigerne*, [8] *Vidicala, & plufieurs autres dont ce peuple avoit une opinion fort avantageufe, qui furpaffoit, en quelque manière, l'idée qu'une antiquité fabuleufe nous donne des héros.* Je trouve auffi dans Tacite, qui écrivoit fous l'empire de Trajan, [9] que les Germains avoient depuis longtemps un cantique compofé à la louange de cet Arminius qui avoit défendu fi vaillamment leur liberté contre les empereurs Augufte & Tibere. Voilà quels étoient les Hercules des peuples *Celtes*. C'étoient leurs propres héros. Parce qu'ils les appelloient *die Herren*, les Seigneurs, *die Carlen*, les braves, il a pu arriver qu'ils répondiffent affirmativement aux étrangers qui leur demandoient s'ils ne connoiffoient pas Hercule, & s'ils ne le célébroient pas dans leurs cantiques.

Je ne ferai pas auffi long fur le chapitre de Bacchus, que je l'ai été fur celui d'Hercule. On prétend « que Bacchus étoit fervi par divers » peuples *Celtes*, & en particulier par les Efpa- » gnols, les Gaulois & les (10) Thraces. Les » derniers étoient cependant celui de tous les » peuples *Celtes* qui avoient le plus de dévo-

---

(1) Varro dicit : Omnes qui fecerant fortiter Hercules vocabantur, licet eos primo 43. numeraverit. *Servius ad Æneid.* 8. vf. 563. p. 540.

Quem potiffimum Herculem colamus fcire fane velim, plures enim tradunt nobis ii qui interiores fcrutantur, & reconditas litteras. *Cicero de Nat. Deorum. Lib.* 3. *cap.* 42.

Novimus autem quod omnes fortes Hercules dicebantur. *Serv. ad Æneid.* 11. 262.

(2) Galli, fi quis ad pugnam oblatam procedat, majorum fortitudinem hymnis concelebrant. *Diodor : Sic :* 5. 232.

(3) Celtæ Hymnorum fuorum argumentum faciunt viros qui in præliis fortiter pugnantes occubuerunt. *Ælian : Var : Hift. Lib.* 12. *cap.* 23.

(4) Vos quoque qui fortes animas belloque peremptas
    Laudibus in longum vates dimittitis ævum,
  Plurima fecuri fudiftis carmina Bardi.
                                Lucan. 1. *vf.* 440.

(5) Barbari majorum laudes clamoribus ftridebant inconditis. *Amm : Marcellin : Lib.* 31. p. 632.

(6) Majorum facta modulationibus citharifque canebant, Ethefpamaræ, Hamalæ, Fridigerni, Vidiculæ, & aliorum quorum in hac gente magna opinio eft, quales vix Heroas fuiffe miranda jactat antiquitas. *Jornand. cap.* 4. p. 617.

(7) Chef de la famille des *Amali*.

(8) Vidicula Sarmatarum dolo occubuit. *Jornand. cap.* 33. p. 660.

(9) Arminius canitur adhuc apud barbaras gentes. *Tacit. Ann.* 2. 88.

(10) Thraces Deos hos folum colunt, Martem, Liberum, Dianam. *Herodot.* 5. 7. Bacchus Thracibus colitur. *Lucian. Dial. Deor.* p. 83.

» tion pour le Dieu de la vendange. On voyoit
» dans leur pays un grand nombre de sanc-
» tuaires (1) consacrés à ce Dieu, & servis par
» des (2) prêtres, & par des (3) prêtresses, qui
» étoient tous en possession du don de deviner.
» Comme les Thraces appelloient Bacchus dans
» leur langue (4) *Sabus*, ou *Sabazius*, les sanc-
» tuaires qui lui étoient dédiés, les prêtres qui
» présidoient à son culte, les peuples au mi-
» lieu desquels il étoit établi, les fêtes enfin que
» l'on célébroit à l'honneur du Dieu, portoient
» toutes le même nom, ou au-moins un nom
» dérivé de celui-là. Il en étoit de même dans
» toutes les contrées de la (5) Phrygie où les
» Thraces avoient envoyé des colonies ».

Comme la vigne avoit été portée en Espagne, dans les Gaules, & en Thrace par des Orientaux, il ne faudroit pas être surpris qu'ils y eussent introduit le culte du héros (6) Syrien, ou Phénicien, qui passoit pour avoir enseigné aux hommes (7) la manière de faire le vin, & les liqueurs que l'on brasse avec de l'orge. Il semble d'ailleurs que des peuples, qui avoient tous beaucoup de penchant à l'yvrognerie, ont dû adopter avec plaisir un culte qui excusoit, & qui justifioit même, en quelque manière, tous les excès auxquels ils s'abandonnoient. Mais malgré tout cela, je crois pouvoir soutenir que ni les *Celtes*, en général, ni les Thraces, en particulier, n'ont jamais servi, ou seulement connu le Dieu Bacchus. J'espère que le lecteur en conviendra, s'il veut faire avec moi les réflexions suivantes.

Les anciens qui parlent des fêtes que les Thraces célébroient à l'honneur de leur Bacchus, ne sont plus d'accord quand il s'agit de déterminer dans quelle classe il faut le ranger.

1°. Les uns en font le (8) Jupiter, c'est-à-dire, le Dieu suprême des Thraces. A ce conte, *Sabazius*, seroit le *Tis* ou le *Cotis* des *Celtes*, que les étrangers ont appellé, tantôt Jupiter, tantôt Bacchus, tantôt Saturne, tantôt Pluton, & le plus souvent Mercure. Je montrerai tout à l'heure que cette première opinion est la plus raisonnable, & j'espère de l'appuyer d'une manière qui ne laissera aucun doute sur cet article.

2°. D'autres prétendent (9) que *Sabazius* étoit le soleil, & ils se fondent principalement sur cette raison, que ce Dieu rendoit des oracles de la même manière que l'Apollon des Grecs.

3°. Cependant, selon le sentiment le plus reçu, le *Sabazius* des Thraces étoit le Bacchus que les poëtes Grecs & Latins ont chanté, c'est-

---

Crassus Odrysis quia Bacchum colebant, & tunc sine armis obviam ei processerant, pepercit, eisque regionem in qua Bacchum colebant, Bessis tum eam obtinentibus ademtam, dono dedit. *Dio Cass. Lib.* 51. p. 461.

(1) Apud Satras est Oraculum Bacchi, in editissimis Montibus, cujus Vates sunt Bessi. *Herodot.* 7. cap. 3. Orbelos mons, sacris Liberi Patris celebratus. *Pomp. Mel. Lib.* 2. cap. 2. p. 42.

(2) Vologesus Thrax, Bessus natione, & Sacerdos Bacchi, qui apud eos colitur, adsociavit sibi aliquos, multum vana religione usus. *Dio. Cass. lib.* 54. p. 545.

(3) Βασσάραι Tunicae quas gerebant Thraciae Bacchae. *Hesych*. Uxor Spartaci Fatidica, & numine Bacchi afflata. *Plutarch. Crass. T.* 1. p. 547.

(4) Sabazius cognomen Bacchi derivatum a σαβάζειν quod idem est ac Bacchari. Alii Bacchi filium dicunt, quem etiam aliquando Sabum vocant. Phryx autem est Sabazius. *Hesych.*

Ipsa sacra, & ritus initiationis ipsius, quibus Sebadus nomen, testimonio esse poterunt veritati. *Arnob. lib.* 5. p. 188. Thraces Bacchum Sabazium vocant, & Sabos Sacerdotes ejus. *Schol. ad Aristoph. Aves*, pag. 224.

Alii dicunt Sabos vocari initiatos Sabazio, id est Baccho, eundemque esse Sabazium & Bacchum. Mnaseas vero Pataræus ait Sabazium filium esse Bacchi. *Harpocration*, p. 265.

(5) Voyez la note précédente. Phryges Sabazium colunt, id est Bacchum, nam quod Græci ἰυάζειν Barbari *Sabazein* dicunt. Sabas etiam vocant locos ei consecratos, & Dei Bacchos. *Schol. ad Aristoph. Aves*, p. 288. Sabi gens Phrygia. Dicuntur etiam pro Bacchis apud Phryges. *Steph. de Urb.* p. 606. Erant & Thraciæ gens Sabæ, quod Bacchantes designat, Phrygia dialecto, ex quo & Bacchus videtur Sabazius dici. *Eustath. in Dionys. Perieg.* p. 147. Sabazius quoque de Phrygiis est. *Strabo* 10. p. 470.

(6) Bochart, *Geogr. Sacr. Part.* 2. *lib.* 1. Cap. 18.

(7) Euseb. Præp. Ev. lib. 2. Cap. 53.

(8) Q. Nunnius Alexander donum dedit *Jovi Sabazio* Inscript. ap. Gruter pag. 22, n. 5. Sabazium colentes Jovem, anguem, cum initiantur, per sinum ducunt, *Firmic. Matern.* p. 426.

(9) Aristoteles qui Theologoumena scripsit, Apollinem & Liberum Patrem unum eundemque Deum esse cum multis aliis argumentis asserit, etiam apud Ligureos in Thracia ait esse adytum Libero consecratum, ex quo redduntur oracula, sed in hoc adyto vaticinaturi, plurimo mero sumto, effantur oracula. *Macrob. Saturn. lib.* 1. cap. 18. p. 199. Item in Thracia, eundem haberi Solem atque Liberum accepimus, quem illi Sebadium (Sabazium *Meursius*) nuncupantes magnifica religione celebrant, ut Alexander scribit, eique Deo in colle Zelmisso ædes dicata est, specie rotunda, cujus medium iter patet tectum. *Ibid.* p. 201.

à-dire, un héros (1) qui défit les Titans dans l'ifle de Crete, & qui, foumit par les armes (2) l'Italie, (3) l'Efpagne & la Thrace. Diodore de Sicile affure, que ce héros, (4) voulant paffer en europe, « fit alliance avec Lycurgue, roi des » Thraces, qui demeuroient le long de l'Hellef- » pont. Les femmes Bacchantes, ayant paffé les » premières, Lycurgue leur fit courir fus, contre » la foi des traités. Bacchus, en ayant été in- » formé par un homme du pays, nommé *Tha-* » *rops*, paffa la mer, battit les Thraces, prit » Lycurgue qu'il fit crucifier, & donna enfuite fon royaume à *Tharops* ».

Mais affurément tout ce qu'on a dit des exploits & des conquêtes de Bacchus en Europe, n'eft qu'une pure fable. Homère, qui met Bacchus au nombre des dieux, reconnoît cependant (5) qu'il avoit été battu par Lycurgue, roi de Thrace, & qu'il s'étoit jetté dans la mer, pour échapper à fon ennemi. Le poëme dont les ouvrages couroient autrefois fous le nom d'Orphée, difoit de même, (6) que Bacchus avoit été déchiré par les géans; & la chofe étoit encore confirmée par les poëtes Callimaque (7) & Euphorion, qui ajoutoient que les Titans, après avoir coupé le corps de Bacchus par morceaux, le firent bouillir dans une chaudière. Tous ces poëtes ont fuivi, felon les apparences, la tradition des Thraces qui fe glorifioient d'avoir battu & tué ce Bacchus, dont les Grecs leur vantoient les exploits. On peut conclure affez naturellement delà, que les Thraces ne rendoient aucun fervice religieux à ce héros. Je trouve même dans Hérodote, (8) que les Scythes, établis le long du Boryfthène, firent mourir un de leurs rois, nommé Scyles, pour avoir participé à la fête que des Grecs célébroient à l'honneur de Bacchus, dans la colonie qu'ils avoient à l'embouchure de ce fleuve. L'hiftoire rapporte d'ailleurs une circonftance qui mérite qu'on y faffe attention. Scyles, fe voyant découvert, & fentant bien que ce crime étoit capital, s'enfuit, & vint chercher un réfuge auprès de Sitalcus, roi de Thrace, fon oncle. Celui-ci le rendit aux Scythes, à condition qu'ils lui rendiffent un de fes frères, qui s'étoit réfugié chez-eux. Les droits de l'hofpitalité étoient fi facrés, parmi tous les peuples *Celtes*, que je ne faurois me perfuader qu'un roi de Thrace eut pu confentir de livrer aux Scythes fon propre neveu, s'il ne l'avoit regardé comme un impie, & fi le culte de Bacchus, que les Scythes deteftoient, avoit été reçu & autorifé parmi les Thraces.

Mais qu'étoit-ce donc que le *Sabazius* des Thraces, qui a été pris pour Bacchus, par la plupart des anciens? C'étoit conftamment le Dieu fuprême, dont le nom-propre étoit *Tis* ou *Cotis*, mais que l'on appelloit auffi *Sabazius*, par des raifons qu'il faut expofer.

1°. Les Thraces avoient un, ou plufieurs fanctuaires, où il falloit que le prêtre fut yvre, pour avoir le don de prédire l'avenir. Macrobe

---

(1) *Diodor. Sic. Lib.* 3. *p.* 144. 145.

(2) *Bochart. G. S. P.* 2. *lib.* 1. *cap.* 33. *p.* 643.

(3) Tempore quo Bacchus populos domitabat Iberos.
Concutiens thyrfo atque armata Mænade Calpen.
Silius, lib. 3. *vf.* 101.

Tradit Softhenes Ibericorum 3. Bacchum, devicta Iberia, Pana locorum præfidem reliquiffe. Ab hoc regio primo vocata eft Pania, quam pofteri, per derivationem, Spaniam nominaverunt. *Plutarch. de fl. in Nilo T.* 2. *p.* 1159.

Varro tradit Lufum Liberi Patris, aut Lyffam cum eo bacchantem, nomen dediffe Lufitaniæ, & Pana præfectum genti univerfæ. *Plin.* 3. 1.

(4) *Diod. Sic. Lib.* 3. *p.* 139. 4. 148. Ceux qui feront curieux de lire les fables que l'on a débitées fur le fujet de Bacchus & de Lycurge, pourront confulter Apollodore, *Liv.* 3. *Hygin. Fab. Cap.* 132. Plutarch *de Aud. Poet.*

(5) Non ego cum Cœleftibus pugnavero, Neque enim Dryantis fortis filius Lycurgus diu vixit qui cum Diis Cæleftibus certabat, qui olim furentes Bacchi nutrices perfequebatur de facrum Nyfiejum, illæ autem fimul omnes, Thyrfos in terram projecerunt, ab homicida Lycurgo, Verberatæ ftimulo, Bacchus autem territus, fubiit maris undam, Thetis autem excepit finu timentem, vehemens enim tenebat tremor ob viri comminationem. *Iliad.* 4. *vf.* 139. &f.

Bacchus cum è Phrygia in Thraciam pervenit, Lycurgus, Dryantis filius, ftimulo illum propellit per terram, & attingit illum cum nutricibus. Ille vero præ timore in mare defcendit, & à Thetyde recipitur. *Tzetz. ad Lycophr.* 36.

(6) Liberum Orpheus à Gigantibus dicit effe difcerptum. *Servius ad Virg. Georg. lib.* 1. *p.* 167. *p.* 77. Bacchum, qui etiam Zagreus dicitur. Jovis & Proferpinæ filium, membratim difcerpferunt Titanes, cujus cor adhuc palpitans Minerva ad Jovem detulit. *Tzetz. ad Lycoph. p.* 43. Zagreus Bacchus eft. Dicitur enim (*Jupiter*) cum Proferpina concubuiffe, ex qua Bacchus terreftris. *Hefych.*

(7) Titanes Bacchi membra, quæ laniaverant, Apollini fratri ejus tradiderunt, in lebetem injicientes ille vero apud Tripodem depofuit, ut ait Callimachus. Euphorion etiam dicit, Divinum Bacchum in lebetem conjectum igni impofuerunt. *Tzetz. ad Lycophr. p.* 29.

(8) *Herod.* 4. *Cap.* 10.

l'assure positivement, après un auteur plus ancien. *Les Liguriens*, dit-il, *qui sont un peuple de Thrace, ont un sanctuaire consacré à Bacchus, où il y a un oracle. Ceux qui doivent prophétiser ne prononçent des oracles qu'après s'être chargés d'une grande quantité de boisson*. On voit la même chose dans un passage de Plutarque, que Maussac (1) a fort bien rétabli, au lieu qu'il ne forme aucun sens de la manière qu'on le lit dans les éditions communes. Le passage porte, (2) *que les Thraces, établis autour de l'Hèbre, vêtus de peau, & tenant en leurs mains des thyrses, chantent des hymnes, & se montrent sages lors même qu'ils sont insensés*, c'est-à-dire, qu'ils prédisent l'avenir après avoir bû jusqu'à perdre la raison. Sauffen, que les Thraces prononçoient *saben*, signifie en Tudesque boire, s'enivrer. Ainsi on appelloit l'oracle *sab-as*, le dieu de la boisson. Les prêtres qui se remplissoient de vin pour être remplis du don de prophétie, étoient appellés *sabi*, les buveurs. Le peuple qui assistoit à la fête, pendant laquelle on venoit consulter l'oracle de toutes parts, recevoit le même nom, parce qu'à l'exemple de ses prêtres il passoit toute la solemnité dans l'yvresse. Faut-il être surpris que les Grecs ayent cru fermement qu'une fête, pendant laquelle tous les Thraces s'enyvroient, étoit consacrée au Dieu des yvrognes? Mais il y avoit, outre cela, plusieurs autres traits de conformité entre le culte que les Grecs offroient à leur Bacchus, & celui que le dieu *Cotis* recevoit par les Thraces.

2°. J'ai souvent eu occasion d'avertir que les *Celtes* avoient tous leurs sanctuaires hors du lieu de leur demeure, dans des forêts, ou sur de hautes montagnes. C'est-là aussi (3) que les Bacchantes alloient célébrer la fête de leur dieu, & lui offrir des sacrifices.

3°. Les fêtes de Bacchus se célébroient de nuit. (4) On s'y rendoit avec des torches, & des flambeaux. C'est la raison pour laquelle ce Dieu portoit, entre autres noms, ceux de *Phanaces*, (5) & de *Phausturius*. Les *Celtes* aussi tenoient leurs assemblées les plus solemnelles, de nuit, & j'ai eu occasion de citer un passage de Cicéron, par lequel il paroit, que la chose s'observoit en particulier, dans la fête de *Sabazius*.

4°. Les Grecs appelloient Bacchus *Enorchos*, le sauteur, parce que la danse faisoit une partie de son culte. J'ai parlé plus haut de la danse de *Cotis*, qui imitoit celle des Bacchantes.

5°. Enfin les Thraces, dans leurs solemnités, (6) couronnoient leurs lances, leurs casques, & leurs boucliers, de lierre ou de quelque autre verdure, de la même manière que les Bacchantes.

De tout cela les Grecs ont conclu que le dieu *Sabazius*, auquel les Thraces sacrifioient dans des forêts, ou sur des montagnes, à la lueur des flambeaux, & dont la fête étoit un temps de plaisir & de débauche, devoit être infailliblement le même dieu que Bacchus. Effectivement la ressemblance étoit si parfaite, qu'il n'est pas étonnant qu'on s'y soit trompé. Au reste il est constant que le *Sabazius*, ou si l'on veut, le Bacchus des Thraces étoit leur *Cotis*, leur dieu suprême. La fête aussi de *Sabazius*, étoit la même que les Thraces appelloient *Cotittia*, & *Bendidia*, & dans laquelle ils célébroient le mariage de *Cotis* & de *Bendis*, du père, & de la mère des dieux & des hommes. Strabon l'assure formellement dans un passage que j'ai déjà cité. *Les fêtes que les Thraces célèbrent à l'honneur de Cotis & de Bendis ressemblent assez à nos fêtes de Bacchus*. Ainsi, lorsqu'Horace dit (7) qu'il veut célébrer la fête de Bacchus à la manière des Edoniens, c'est-à-dire, s'y enyvrer jusqu'à n'en pouvoir plus, il est visible qu'il fait allusion aux bacchanales que les Edoniens célébroient, non pas à l'honneur de Bacchus, mais de *Cotis*, qui avoit un sanctuaire fort renommé sur une montagne de leur pays.

En voilà assez pour montrer que les peuples *Celtes* n'ont jamais rendu des honneurs religieux

---

(1) Notis ad Harpocrationem, ad vocem περιζων p. 224.

(2) Iacolæ Nebrides induti, & thyrsos ferentes, Hymnum, tunc etiam sapientia fruentes cum extra mentem constituti sunt, ut refert Cleitonymus in tertio Tragicorum. *Plutarch. de Fluv. in Heb.o T. 2. p. 1151.* Euripide dit aussi. Cum enim Deus hic in corpus descenderit multus, dicere Futura insanientes facit. *Euripid. Bacchant. vs. 300.*

(3) Voyez Maussac *in Harpocration p. 218.*

(4) Nocturnique Orgia Bacchi. *Virgil. Georg. 4. vs. vs. 521. Æneid. 4. 303.*

(5) Mystæ (vel Mysii) me Phanacem vocant. *Auson. Epigr. 29.* phaustērios dicitur Bacchus, quoniam *diaphanōs kai lampadon* perficiuntur ejus mystēria; *enorchon*, quia cum saltatione offeruntur. *Tzetz. ad Lycophr. p. 212. Vossius de Orig. & progress. Idol. lib. 2 Cap. 14 p. 191.*

(6) Cujus Dei (Federa) & nuncadnat thyrsos galeasque etiam ac scuta in Thraciæ populis, in solemnibus sacris. *Plin. lib. 16. Cap. 35. p. 275. 276. Voyez la note [2].*

(7) Non ego sanius bacchabor Edonis. *Horat. Carm. lib. 2. Od. 7.*

à leurs Héros, encore moins à des Héros étrangers. Je croirois perdre mon tems, & amuser inutilement le lecteur, si je m'arrêtois à examiner, & à réfuter pied-à-pied ce que les poëtes ont dit des voyages d'Ulysse.

On prétend qu'après la prise de Troye il passa, non-seulement (1) en Sicile, & en (2) Sardaigne, mais qu'il parvint encore, avec sa flotte, jusqu'à l'embouchure du Tage, où il bâtit la ville (3) de Lisbonne. Strabon, l'un des auteurs les plus judicieux de l'antiquité, mais trop prévenu en faveur de son Homère, semble avoir été persuadé de la vérité de cette tradition. Il a du penchant à croire que les champs Elysiens, dont Circé enseigna le chemin au héros, étoient l'Espagne où l'on voyoit une (4) infinité de monumens qui prouvoient qu'Ulysse avoit parcouru ce pays.

Quand tout cela seroit vrai & certain, il faudroit avouer cependant que les auteurs qui l'assurent ne disent rien qui prouve, ou qui insinue seulement, qu'Ulysse ait jamais été servi comme un héros, ni en Espagne, ni en Sicile, ni en Sardaigne. Il y a plus de difficulté dans un passage de Tacite, qui fait mention d'un autel consacré à Ulysse, sur le bord du Rhin.

Au reste, dit-il, (5) *quelques uns estiment qu'Ulysse dans son long & fabuleux voyage, fut aussi porté dans la mer Océane, & qu'il entra dans la Germanie, où il bâtit, & donna son nom à Asciburgium, lieu situé sur le bord du Rhin. Ils ajoutent, qu'on a autrefois trouvé dans le même lieu un autel consacré à Ulysse, avec le nom de son père*

---

(1) Scopuli tres Cyclopum, portus Ulyssis. Plin. 3. 8.

(2) Contra Vibonem parvæ quæ vocantur Ithacesiæ, Ulyssis specula. Plin. 3. 7.

(3) Ibi oppidum Ulysippo, ab Ulysse conditum. Solin. cap. 36. p. 256.

(4) Sed etiam in Hispania urbs Ulyssea, Minervæ templum, & alia sexcenta errorum Ulyssis vestigia. Strabo 3. p. 148.

(5) Ceterum & Ulissem quidam opinantur, longo illo & fabuloso errore, in hunc Oceanum delatum, adiisse Germaniæ terras, Asciburgiumque, quod in ripa Rheni situm hodieque incolitur, ab illo constitutum, nominatumque. Aram quinetiam Ulissi consecratam, adjecto Laertæ patris nomine, eodem loco olim repertam, monumentaque & tumulos quosdam Græcis literis inscriptos, in confinio Germaniæ Rhetiæque adhuc extare. Quæ neque confirmare argumentis, neque refellere in animo est: ex ingenio suo quisque demat, vel addat fidem. Tac. Germ. cap. 3.

Laërte; qu'outre cela il y a encore dans les confins de la Rhetie & de la Germanie des monumens, & des sépulcres, avec des inscriptions en lettres grecques. Mon dessein n'est pas, ajoute Tacite, *de produire des preuves, ni pour confirmer la chose, ni pour la réfuter. Je laisse à chacun la liberté de la croire, ou d'en douter, comme il le jugera à propos*. On voit bien que Tacite n'ajoutoit aucune foi à ces fables. Quand on les regarderoit comme autant de vérités, il seroit toujours certain que tout cela ne touchoit en aucune manière, ni les Germains, ni leur religion. Il est connu que les Germains ne bâtissoient point de villes, qu'ils n'avoient point d'autels, qu'ils ne mettoient point d'inscriptions sur leurs sépulcres, & qu'ils ne savoient même pas écrire, je ne dis pas du tems d'Ulysse, mais encore dans le siècle de Tacite. Il faudroit attribuer, par conséquent, la construction de la ville, de l'autel, & des autres monumens dont Tacite fait mention, à des Grecs. Mais il seroit bien difficile de comprendre, comment ils ont pu pénétrer, ni par mer, ni par terre, dans le cœur de l'Allemagne, & y faire des établissemens.

Il me reste à dire un mot de quelques autres divinités des peuples Scythes & *Celtes*, dont les anciens font mention. On peut les partager en deux classes. Les dieux étrangers, & les dieux indigetes. Les dieux étrangers dont on leur a attribué le culte, outre ceux dont j'ai déja eu occasion de parler, sont,

Premièrement, Priape, le dieu des jardins. Servi par les mysiens, par les phrygiens, & par les autres peuples scythes ou pélasges, de l'Asie mineure; son culte étoit sur-tout établi dans les Villes de (6) Lampsaque, & de (7) Priape, situées l'une & l'autre sur le bord de la mer, à l'entrée de la Propontide. Ce qu'il y a ici de particulier, c'est que les mysiens n'avoient pas reçû le culte de ce dieu, des grecs. Au contraire, il avoit passé de la Mysie en Grece, (8) où il étoit fort nouveau. J'avoue que j'ai été longtems sans pouvoir deviner ce que c'étoit que le Priape des pélasges. A la fin, un passage d'Hérodote m'a mis au fait, en m'avertissant, qu'ils donnoient ce

---

(6) Et te ruricula Lampsace tuta Deo. *Ovid. Trist.* lib. 1. Eleg. 9: vs. 26. *Virgil. Georg.* 4. vs. 111. & not. Serv.

(7) Priapus urbs est Maritima cum Portu, nomenque habet à Priapo qui apud eos colitur. Strabo 13. 587.

(8) Recentiores, Priapum Deorum in censum retulerunt, nam Hesiodus Priapum non novit. Strabo, ibid.

nom à leur Mercure. *Les grecs*, (1) dit cet historien, *ont emprunté des Égyptiens les cérémonies dont je viens de parler, & plusieurs autres dont je ferai mention dans la suite. Ce n'est pas cependant des Egyptiens, mais des pélasges, qu'ils ont appris a représenter Mercure avec le Phallus. Les athéniens sont les premiers des grecs à qui les pélasges ayent communiqué cet usage, & c'est de là qu'il a passé aux autres peuples de la Grece... Les pelasges ont là-dessus une tradition secrete que l'on explique dans les mystères de Samothrace.*

Il paroît par Hérodote, que les pélasges, dont il s'agit ici, sont les peuples thraces, tant ceux qui demeuroient en Europe, au dessus de la Grèce, que ceux qui avoient passé dans l'Asie mineure, où ils portoient le nom de Mysiens, de Phrygiens, de Troïens, de Bithyniens; &c. Nous avons vû aussi que le Mercure de ces peuples, qui avoit un sanctuaire fort célèbre dans l'isle de Samothrace, étoit le dieu *Tis*, ou *Cotis*, auquel ils rapportoient, l'origine de toutes choses, & qu'ils appelloient, par cette raison, le pere des hommes & des dieux. Ces pélasges, demeurant à l'entrée de la Propontide, où sont aujourd'hui les Dardanelles, avoient souvent occasion de voir des égyptiens, qui faisoient un commerce considérable dans la Colchide, où ils avoient plusieurs établissemens, étoient obligés de passer devant les Dardanelles, en allant & en revenant. Il arriva de là que les pélasges, lorsqu'ils commencerent à adopter des superstitions étrangères & à représenter leurs dieux sous la forme de l'homme, trouvant que le *Phallus* des égyptiens étoit un simbole très propre pour désigner leur *Tis* qui, étant le pere de toute la nature, devoit naturellement être représenté avec des organes proportionnés à la grandeur & au nombre de ses productions. Voilà ce que c'étoit que le Priape des pélasges. C'étoit leur Mercure. Un reste de l'ancienne superstition, qui ne vouloit pas qu'on renfermât les dieux dans des temples, & sur-tout un dieu qui remplissoit tout l'Univers, fit que l'on plaça ces statues en plein air, dans les enclos que chacun avoit autour de sa maison; & c'est de cette manière que le Mercure des pélasges devint insensiblement le dieu des jardins. Tout cela étoit expliqué aux personnes que l'on initioit aux mystères de l'isle de Samothrace, & selon les apparences, on enseignoit quelque chose de semblable dans les mystères d'Eleusis qui avoient aussi été apportés de Thrace.

On a dit aussi que les gaulois servoient Castor & Pollux, qui avoient passé dans les Gaules avec les argonautes. Effectivement, entre les fables que l'on racontoit sur le sujet des argonautes, il y en avoit une qui portoit, (2) « que ces guer-» riers, après avoir remonté le Tanaïs, trans-» portèrent leur vaisseau jusqu'à un autre fleuve » qui les conduisit à la mer Océane, & que navi-» gant ensuite du Septentrion à l'Occident, ils » touchèrent à Cadix, d'où il revinrent dans leur pays.

Diodore de Sicile remarque (3) que Timée, & les autres historiens qui faisoient prendre un si grand tour aux argonautes, appuyoient leur sentiment sur ce que les *Celtes* établis le long de la mer Océane servoient principalement les dioscures. Mais les *Celtes* voisins de l'Océan étoient si peu connus du tems de Timée, c'est-à-dire, (4) environ 280 ans avant Jesus Christ, qu'il étoit bien difficile que cet historien pût dire quelque chose de certain de leur religion & de l'objet de leur culte. D'ailleurs la manière dont il racontoit le voyage des argonautes ne donne pas une grande idée de son jugement, & confirme, au contraire, le reproche qu'on lui a fait d'avoir rempli son histoire d'un grand nombre de puérilités. L'opinion commune étoit, (5) que les argonautes, poursuivis par la flotte du roi de Colchos, remontèrent le Danube, & passèrent dans la mer Adriatique, ou par une branche du Danube qui se jettoit dans cette mer, ou en portant leur vaisseau par terre, depuis le Danube, jusqu'au golfe de Venise. Timée, pour augmenter le merveilleux, transporte les argonautes, avec leur vaisseau, dans la mer Océane, & c'est, selon les apparences, pour appuyer cette chymère, qu'il attribue le culte des dioscures aux *Celtes* qui demeuroient le long de l'Océan.

Il faut avouer cependant que Tacite, sans parler aussi positivement que Timée, ne laisse pas de faire mention du culte qu'un peuple établi dans le cœur de la Germanie rendoit à Castor & à Pollux.

---

(1) Hos itaque ritus, & alios præterea, quos ego referam, Græci sunt, ab Ægyptiis mutuati. Sed ut Mercurii statuam facerent, porrecto cum veretro, non ab Ægyptiis, sed a Pelasgis didicerunt, & primi quidem ex omnibus Græcis Athenienses acceperunt, & ab his deinceps alii... De hac re Pelasgi sacrum quendam sermonem retulerunt, qui in Samothraciæ Mysteriis declaratus est. Herodot. 2. 51.

(2) Diod. Sic. lib. 4. cap. 58.

(3) Ubi sup.

(4) Il vivoit en Sicile, du tems d'Agathocle, qui mourut à la fin de la 113. Olympiade.

(5) Appollon: Argon. Lib. 4. vs. 13. 23. 160 260. & Schol. Aristotel. Histor. Animal. Lib. 8. cap. 1. Mirabil. Ausc. p. 1190. Justin. 32. 3. Plin: 3. 18. Strabo. 1. 29. Pisander. ap. Zosim: V. 29. Cassiodor: Hist: Trip: Lib. 1. Cap. 7. p. 205. Isidor: Orig: 9. 2. Donys. Perieg. vs. 489.

Voici

Voici le passage que j'ai déjà eu occasion de citer. (1) *On montre, dans le pays des naharvales, un bocage où regne une ancienne superstition. Le prêtre qui préside au culte de la divinité, qui y est servie, est habillé en femme. La divinité même s'appelle* Alcis. *Ils prétendent que c'est le dieu que les romains vénérent sous le nom de Castor & de Pollux. On n'y voit ni simulacre, ni vestige d'une superstition venue d'un pays étranger. Tout ce que cette superstition a de commun avec celle des romains, c'est qu'on y vénère deux jeunes hommes que l'on estime freres.*

Tacite avoue qu'on ne voyoit dans le bocage consacré à *Alcis*, ni simulacre, ni vestige d'une superstition étrangère. C'est une bonne preuve que les naharvales ne connoissoient point les deux héros qui avoient assisté à l'expédition des argonautes. Mais l'historien dit, en même tems, deux choses qui méritent quelques réflexions.

1°. On vénéroit dans cette forêt deux jeunes dieux, ou hommes, (*Juvenes*) qui passoient pour frères. 2°. Les gens du pays assuroient qu'*Alcis* étoit la même divinité que les romains servoient sous le nom de Castor & de Pollux. Ce que nous avons dit jusqu'ici de la religion des germains, & des autres peuples Celtes, ne nous permet pas de croire qu'ils ayent jamais rendu un service religieux à des hommes, morts ou vivans, jeunes ou vieux ; mais il est certain, qu'ils plaçoient des divinités dans le soleil, dans la lune, dans l'air, dans l'eau & dans le feu.

Nous avons vû aussi que, selon leur doctrine, tous les dieux subalternes étoient frères, enfans du dieu *Teut*, & de la terre sa femme. Peut-être qu'ils appelloient ces deux principes, les dieux anciens, & les esprits qui résidoient dans les élémens, les dieux nouveaux. Ainsi, supposé que les romains entendissent par Castor & Pollux, ou le soleil & la lune, ou deux étoiles dont il n'y en avoit ordinairement qu'une seule qui fut visible, ou un certain Météore qui se formoit dans l'air, ou deux génies, dont l'un présidoit au jour, & l'autre à la nuit, les naharvales ont pû leur dire qu'ils avoient dans leur pays une dévotion semblable.

J'ai rapporté, ci-dessus, un passage de Jules César, qui porte *que les gaulois adoroient surtout Mercure, & après lui Apollon, Mars, Jupiter,* Minerve*, & qu'ils avoient, à peu près, le même sentiment sur le sujet de ses divinités, que les autres peuples.* J'ai aussi eu occasion de montrer ce que c'étoit que le Mercure, l'Appollon, le Mars, & le Jupiter des gaulois.

A l'égard de leur Minerve, j'aurois beaucoup de penchant à croire que c'étoit celle des grecs, & des romains. Jules César dit (2), que Minerve présidoit dans les Gaules, aux métiers & aux arts méchaniques. Il semble que ces idées venoient des étrangers ; car, selon la théologie des gaulois, c'étoit Mercure, ou *Teutat*, que l'on regardoit comme l'inventeur de tous les arts. Il paroit d'ailleurs par Polybe, (3) que le culte de Minerve étoit déja établi, vers l'an 531 de Rome, parmi les insubres, qui étoient un peuple gaulois de l'Italie. Les insubres avoient peut-être reçu son culte des latins, & il pouvoit être passé de Marseille dans les Gaules qui sont au-delà des Alpes. Cependant Solin, parlant de la Minerve des habitans de la Grande Bretagne, dit qu'elle présidoit (4), selon l'opinion de ces peuples, aux fontaines, & aux eaux minérales. En ce cas, la Minerve des *Celtes* auroit été l'un de ces génies qu'ils plaçoient dans l'élément de l'eau, & dont j'ai parlé ci-dessus. (5)

Tacite assure (6), *qu'une partie des sueves, faisoient des sacrifices à Isis. Je n'ai*, dit-il, *pû rien découvrir sur la cause & l'origine de ce culte étranger, si ce n'est, que l'image même, qui ressemble à un vaisseau Liburnien, montre que ce culte a été apporté d'ailleurs.* J'avoue que Tacite me paroit ici en opposition avec lui même. Il assure (7) que les germains ne représentoient pas les dieux sous la forme de l'homme, qu'ils n'avoient ni simulacre, ni objet sensible de leur dévotion. Mais s'il en

---

(1) Apud Naharvalos antiquæ religionis lucus ostenditur. Præsidet Sacerdos muliebri ornatu, sed Deos, interpretatione Romana, Castorem Pollucemque memorant. Ejus numinis nomen Alcis. Nulla Simulacra, nullum peregrinæ superstitionis vestigium, ut fratres tamen, ut juvenes venerantur. *Tacit. Germ.* 43.

Philosophie anc. & mod. Tome I.

(2) Minervam dicunt operum atque artiscioums initia tradere. *Cæsar.* 6. 17.

(3) P. Furio & C. Flaminio Consulibus, Insubre omnibus signis in unum coactis, aureis etiam illis quæ immobilia nuncupant, ex æde Minervæ promtis &c. *Polyb.* l. 2. p. 119.

(4) Quibus fontibus, (*calidis*) præsul est Minervæ numen, in cujus æde perpetuus ignis. *Solin. cap.* 35.

(5) M. Bochart prétend que la Minerve des Gaulois étoit la lune, parce qu'on a trouvé dans le pays de Couserans une inscription qui porte *Minervæ Belisamæ*, & que Belisama, signifie, en Phénicien, la reine des cieux. G. S. P. 2. lib. 1. cap. 42. p. 737.

(6) Pars Suevorum & Isidi sacrificat. Unde causa & origo peregrino sacro, parum comperi, nisi quod signum ipsum, in modum Liburnæ figuratum, docet advectam religionem, *Tacit. G. cap.* 9.

[7] *Tacit. G. cap.* 9.

étoit ainfi, comment Tacite pouvoit-il donc parler, quelques lignes auparavant, du culte que les fuèves rendoient à un fimulâcre d'Ifis?

Indépendamment de cette contradiction, je crois que Tacite a jugé de la religion des germains par celle des Egyptiens, au milieu defquels le vaiffeau étoit un Symbole confacré à Ifis. On voyoit une barque dans un fanctuaire du pays des Suèves. Donc ils fervoient Ifis. La preuve n'eft affurément pas concluante. Les germains avoient accoutumé de dépofer dans les forêts confacrées les enfeignes militaires, & les dépouilles de leurs ennemis. Je ne doute pas, comme je l'ai déja dit ailleurs, que cette barque ne fut une prife que les fuèves avoient faite fur quelque peuple voifin, & qu'ils avoient portée dans un de leurs fanctuaires, pour y être un monument perpétuel de leur victoire. C'eft, autant que je puis en juger, fur ce feul fondement qu'on a attribué aux fuèves le culte d'une divinité qui leur étoit parfaitement inconnue.

J'ai eu occafion de citer ailleurs un paffage d'Hérodote qui porte, que les perfes offroient, à la vérité, des facrifices à *Venus Uranie*, mais que cette *Venus Uranie* étoit, parmi eux une divinité étrangère dont ils avoient reçu le culte des affyriens qui l'appelloient en leur langue *Mylitta*, & des arabes, qui l'apelloient *Alitta*. On peut voir dans les auteurs qui ont écrit de la religion des affyriens, & des arabes, ce que c'étoit que leur (1) *Venus Uranie*. Il n'eft pas néceffaire que j'entre dans cette difcuffion qui n'appartient point du-tout à mon fujet. Hérodote dit, que les perfes appelloient *Metra* la *Venus Uranie* que les affyriens nommoient *Myllitta*, & les arabes *Alitta*. C'eft une erreur. Le *Metra* des perfes étoit le foleil, & de l'aveu même d'Hérodote, (2) le culte du foleil étoit établi parmi les perfes, avant qu'ils euffent aucun commerce avec les affyriens & les arabes.

D'autres ont crû que la *Venus Uranie* des perfes étoient la lune; mais ceux-là auffi fe font trompés. D'un côté les perfes diftinguoient leur *Venus Uranie* de la lune. *Ils fervent*, dit Strabon, *le foleil, qu'ils appellent Mithra, la lune Venus, le feu, la terre, les vents, l'eau*; & de l'autre, la lune étoit auffi du nombre des divinités auxquelles les perfes avoient offert des facrifices, de toute ancienneté. Agathias enfin affure, (3) que les perfes fervoient effectivement Venus, qu'ils appelloient en leur langue *Anaïtis*. Son fentiment peut-être confirmé par un paffage de Clément d'Alexandrie, qui porte, (4) que le roi Artaxercès fut le premier qui érigea des ftatues de la Venus nommée *Anaïtis*, & qui fit rendre à cette déeffe un culte religieux à Babylone, à Sufe, à Ecbatane, &c. Cependant cette conjecture ne me paroît pas plus fondée, que celle de Plutarque qui a dit, que l'*Anaïtis* des perfes étoit la Diane des grecs. Nous verrons tout-à-l'heure qu'*Anaïtis* n'étoit ni le foleil, ni la lune, ni Venus, ni Diane, mais un de ces génies que les perfes plaçoient dans le feu.

Hérodote attribue au-refte le culte de *Venus Uranie*, non feulement aux perfes, mais auffi aux Scythes. J'avois foupçonné que cette Venus des Scythes pourroit bien être la lune. Les germains, lorfqu'ils reçurent le calendrier romain, appellèrent le vendredi, le jour que les latins confacroient à Venus, *Freytag*, le jour de *Frea*, de la femme, c'eft-à-dire, de la terre, qui, felon leur mythologie, paffoit pour être la femme d'*Odin*. Mais cette conjecture ne s'accorde pas avec ce que dit Hérodote, que les Scythes diftinguoient leur *Venus Uranie*, qu'ils appelloient *Artimpafa*, d'*Apia*, qui étoit la terre. Ainfi je me range à l'opinion de Voffius qui croit que l'*Artimpafa* des Scythes étoit la lune. Deux chofes appuyent beaucoup fon fentiment. D'un côté Hérodote la place d'abord après Apollon, qui eft le foleil, & de l'autre, il ne fait pas mention du culte que les fcythes rendoient à la lune, quoiqu'elle fut conftamment une de leurs grandes divinités.

Outre les dieux étrangers, dont je viens de parler, les anciens attribuent encore aux peuples *Celtes* le culte de quelques dieux indigètes. On appelloit ainfi les dieux qui n'étoient fervis que par un certain peuple, & dans une certaine

---

(1) Bochart croit, après Scaliger, que c'étoit la lune. *Geogr. Sacr. Part.* 1. lib. 2. cap. 19. p. 124. lib. 4. cap. 19. p. 277. Voyez auffi Jurieu, *hift. des Cult.* p. 674. 692.

(2) Soli, Lunæ Sacrificant, & Telluri, Igni, Aquæ & Ventis Hifque folis facra faciunt, jam inde ab initio Uraniæ quoque facrificant, fit nimirum ab Arabibus, Affyriifque edocti. Vocant autem Affyrii, Venerem, Mylittam, Arabes eandem Alittam appellant, Perfæ Metram, *Herodot.* 1. 131.

(3) Perfæ Venerem Anaitida vocant. *Agath.* lib. 2. p. 62.

(4) Artaxerxes, Darii filius, Veneris Tanaidis ftatuâ pofitâ Babylone, Sufis & Ecbatanis, Perfis & Bactris, & Damafco & Sardis, exemplo fuo præmonftravit effe colendam. *Clem. Alex. Cohort. ad Gt.* p. 57. Bochart a remarqué qu'il faut lire ἀναΐτιδος au lieu de ταναΐδος Bochart. *G. S. Part.* 1. lib. 4. cap. 19. p. 277.

contrée. Ainsi *Sangus* étoit le dieu indigete des sabins, & (1) *Pleistorus*, celui des thraces que l'on appelloit apsinthiens. Il n'est pas possible de donner beaucoup de lumières sur le sujet de ces dieux indigetes. Les historiens qui en font mention ne nous en ont guères conservé que le nom. Il faudra donc se contenter de donner ici quelques règles générales qui pourront servir à les faire reconnoître, ou qui empêcheront, au-moins, qu'on ne s'en fasse de fausses idées.

1°. Comme les *Celtes* plaçoient des divinités subalternes dans tous les élémens, il ne faut pas douter qu'ils ne distinguassent par des noms propres les différens génies qui résidoient, selon leur doctrine, dans l'air, dans l'eau & dans le feu. Ils appelloient, par exemple, *Tor*, ou *Tanaris*, le dieu qui présidoit à l'air, au tonnerre, aux éclairs, aux vents, & aux pluies. Les noms des divinités qui avoient la direction du feu, de l'eau, des fleuves, des montagnes, des forêts, nous sont inconnus, au-moins pour la plûpart. On pourra cependant en deviner quelques uns, pourvû qu'on lise les anciens avec attention. Strabon, par exemple, après avoir parlé de ces grands enclos où les mages rendoient un culte religieux au feu, de la manière que j'ai représentée ailleurs, ajoute (2) que la chose se pratiquoit ainsi dans les temples d'*Anaïtis*, & d'*Omanus*. *Anaïtis*, & *Omanus*, étoit donc des génies que les perses plaçoient dans l'élément du feu.

2°. Les *Celtes* donnoient souvent à leurs dieux les noms des sanctuaires où ils étoient servis. J'en ai allégué plusieurs exemples. Le nom propre de la terre, parmi les thraces, & les phrygiens, étoit *Opis*, ou *Apia*. Ceux de *Bendis*, de *Cybele*, de *Dindimene*, de *Berecynthia*, sont des noms empruntés des montagnes & des forêts qui lui étoient consacrées. Ainsi *Ardoïna* étoit la divinité qui étoit servie dans la forêt des Ardennes. *Jupiter Peninus* (3) étoit le dieu suprême, qui avoit un sanctuaire au sommet, à la cime des Alpes que les *Celtes* appelloient *Penn*, ou *Pinne*. *Sangus*, dieu indigete des sabins, auquel ils rapportoient l'origine de leur nation, étoit, selon les apparences, le dieu suprême, qu'ils appelloient *Sangus* du nom de quelque forêt qui lui étoit consacrée. *Pleistorus*, (4) dieu indigete des thraces apsinthiens, qui lui offroient des victimes humaines, étoit encore, à mon avis, le dieu suprême, qui pouvoit avoir reçu ce nom des sanctuaires où demeuroient les plistes, (5) c'est-à-dire, des druides, dont la manière de vivre approchoit beaucoup de celle des Esseniens.

Je crois qu'il faut porter le même jugement d'une déesse des habitans de la Grande Bretagne, dont Dion fait mention, & qu'il appelle *Andate*, ou *Andraste*. Cet historien, parlant d'une forêt sacrée où les gens du pays alloient offrir des sacrifices & célébrer des festins sacrés, dit qu'on l'appelloit *Andate*, (6) du nom de la victoire, qui étoit servie dans cette forêt. Il introduit même la reine *Bundovica*, priant la victoire, en ces termes. *Je vous offre, ô Andate, mes actions de graces; & je vous invoque, parce que vous êtes de mon sexe.* Tout cela ne s'accorde guères avec la théologie des *Celtes*. Selon leur doctrine, *Odin* étoit le dieu de la guerre. C'est à lui que l'on offroit des sacrifices après la victoire, & que l'on consacroit les dépouilles de l'ennemi, qui étoient pendues à des arbres, où mises en monceau dans les forêts où il étoit servi. Il y a, par conséquent, toute apparence qu'*Andate*, ou *Andraste*, n'étoit pas le nom d'une divinité, mais d'une forêt consacrée au dieu de la victoire, c'est-à-dire, à *Odin*.

3°. Les dieux mâles & femelles, les dieux que l'on servoit dans des temples, que l'on représentoit sous une forme corporelle, & par conséquent les idoles & les statues, n'appartiennent pas proprement à la religion des *Celtes*. Partout où l'on en trouve, l'ancienne religion étoit déjà altérée par des idées & des superstitions étrangères, qui se provignèrent insensiblement

---

(1) Hérodot. 9. 118. ci-dessus, note s.

(2) Hæc in Anaïtidis, & Omani templis fiunt. *Strabo*, 15. 733.

(3) *Livius*, lib. 11. cap. 38.

(4) Thraces Apsinthii Oebazum in Thraciam fuga elapsum, Pleistoro indigenæ Deo, suo ritu immolaverunt. *Herodot.* 9. 118.

(5) Ζῶσι (Εσσηνοι) δὲ οὐδὲν παρηλλαγμένως, ἀλλ' ὅτι μάλιστα ἐμφέροντες Δακῶν τοῖς πλείστοις λεγομένοις, *Joseph. Antiq.* lib. 18. cap. 1. 5. p. 794. Il semble que ce soient les mêmes que Strabon appelle κτίσται. Autor est Posidonius, esse quosdam Thracas, qui absque mulieribus vivant, eosque conditores (κτίσας) vocari, & sacros honoris gratia haberi, immunesque vivere. *Strabo*, 7. 296. Voyez Hudson sur le passage de Josephe que je viens de citer.

(6) Bundovica, manibus in cœlum extensis, dixit, gratias tibi habeo o! Andraste, teque mulier mulierem invoco... hæc omnia per contumeliam faciebant, dum sacrificabant, & epulabantur, cum in aliis templis, tum maxime in luco Andates. Sic enim Victoriam vocabant, & illam impense colebant. *Xiphilin. Excerpt. Dion. in Nerone* p. 172. 173.

des provinces Méridionales de l'Europe jusques dans le fond du Nord. L'Edda des islandois, qui est du XIII. Siècle, porte *qu'il y a douze dieux*, (Asæ) *qui méritent des honneurs divins, & autant de déesses* (Asiniæ) *dont la puissance, & la sainteté sont égales à celles des dieux*. On ne voit rien de semblable dans Procope, qui avoit représenté, plusieurs siècles auparavant, la religion des mêmes islandois. Krantzius fait aussi mention, (1) d'un grand nombre d'idoles qui étoient adorées par les anciens saxons. Adam de Breme remarque cependant, que, du tems de Charlemagne, le simulacre de Mars, parmi les saxons, n'étoit qu'une colomne, ou plûtôt un tronc d'arbre. Il en étoit de même des gaulois, du tems de Lucain. Les simulacres de leurs dieux étoient de vieux troncs de chêne.

(2) . . . . . . *Simulacraque moesta Deorum*
Arte carent, caesisque extant informia truncis.

On pourra examiner selon ces règles les dieux indigetes des *Celtes*, dont les anciens font mention. Ceux qui appartiennent à l'ancienne religion sont, ou ce que l'on appelloit *Genius loci*, le génie du Lac, des forêts, des montagnes, où les habitans d'une Ville & d'un canton alloient faire leurs dévotions. D'autrefois ce sont des dieux Topiques, qui portoient, comme je viens de le montrer, le nom du sanctuaire dans lequel ils étoient servis, ou qui recevoient quelque dénomination particulière par des raisons que nous ignorons. Les anglo-saxons, par exemple, avoient une déesse qu'ils appelloient *Eostre*, ou *Eostar*, & ils célébroient à son honneur une fête solemnelle, dans le mois d'avril. C'est, comme Bede l'a remarqué, (3) la raison pour laquelle les germains ont appellé la fête de Pâques, *Ostar*, & le mois d'avril *Ostar monath*. Je crois que cette *Eostre* étoit la terre, & on n'en peut guères douter, s'il est vrai (4) qu'on la regardoit comme la déesse de la fertilité, & qu'on lui offrit des sacrifices dans le mois d'avril, pour en obtenir des moissons abondantes. Mais de savoir, après cela, pourquoi on l'appelloit *Eostar*, ou *Ostar*, c'est ce que je ne saurois déterminer ; & je laisse aux étymologistes à rechercher si l'ancien nom *Celtique* de la terre, qui étoit *Ar*, *Er*, ou *Erd*, ne seroit pas caché dans celui d'*Ostar*.

J'ai montré jusqu'a présent quelles étoient les idées des peuples *Celtes* par rapport à l'objet du culte religieux. Ils reconnoissoient un dieu suprême, & une infinité de divinités subalternes, qu'ils plaçoient dans des élémens. Mais on a cru mal à propos qu'ils vénéroient les ames des héros, & qu'ils leur offroient des sacrifices. Je vais parler ici de quelques autres dogmes de la religion des *Celtes*, qui sont parvenus jusqu'à nous, & je finirai cet article, en exposant leur véritable doctrine sur le sort de l'homme après cette vie.

Les *Celtes* admettoient une sorte de création. J'ai eu occasion de le prouver. Reconnoissant que le monde avoit eu un commencement, ils en rapportoient l'origine au dieu *Teut*, & à la terre sa femme. L'un étoit le principe actif, l'autre la matière, ou le principe passif. L'union de ces deux principes avoit produit non seulement les hommes, mais encore les dieux, que l'on faisoit sortir de la matière, aussi bien que tous les êtres visibles & corporels. Il semble qu'il y avoit ici une contradiction assés sensible dans la théologie des *Celtes*. Adorant des dieux spirituels, invisibles, comment pouvoient ils soutenir, en même tems, que ces dieux avoient été tirés de la matière ? Je ne sais de quelle manière ils concilioient ces deux dogmes, qui paroissent incompatibles. Peut-être croyoient-ils que les esprits, les génies, que résidoient dans la matière, émanoient du premier principe, & que la terre n'avoit fourni que le corps auquel ils étoient unis, ou l'élément dans lequel ils résidoient. Peut-être qu'ils reconnoissoient, avec les stoïciens, une matière vivante, active, invisible, qui faisoit l'essence de la divinité, & une matière visible, déstituée par elle même de vie, & de mouvement, qui faisoit la substance des corps. Ils n'est pas possible de rien déterminer là-dessus ; & nous n'avons d'ailleurs aucun intérêt à justifier sur cet article la doctrine des *Celtes*. Peut-être même qu'ils n'ont pas apperçû la contradiction qu'il y avoit entre divers points de leur doctrine ; & dans le fond ils ne sont pas les seuls qui ayent crû & enseigné des choses incompatibles.

Quoique les *Celtes* reconnussent un commencement de toutes choses, ils ne laissoient pas de soutenir aussi (5) que le monde devoit subsister

---

(1) *Hist. Saxon. init.*

(2) *Lucan. l. 3. vs. 412.*

(3) Aprilis Eosturmonath, qui nunc Paschalis interpretatur, quondam à Dea illorum, quæ Eostre vocabatur, & cui in illo festa celebrant, nomen habuit, à cujus nomine nunc Paschale tempus cognominatur, consueto antiquæ observationis vocabulo, gaudia novæ solemnitatis vocando *Beda de Tp. Ratione T. 2. p. 81. Aprilis Ostarmonath. Eginhard. cap. 19.*

(4) *Getike Addit. ad Schottel. p. 69. Hagenberg. Germ. Med. Diss. 8. №. p. 186.*

(5) Incorruptibiles autem dicunt hi, & alii animas

éternellement. Ce dogme avoit une liaison naturelle & nécessaire avec une autre point de leur doctrine, dont je parlerai dans les paragraphes suivans. Ils croyoient que les hommes devoient revivre pour être immortels. Par-cela même, ils assuroient aussi que le séjour, où les hommes devoient jouir d'une vie immortelle, ne seroit jamais détruit. Strabon remarque, (1) que les druides croyoient le monde incorruptible, mais qu'ils avouoient cependant que le feu & l'eau y prendroient un jour le dessus. Il semble que l'on entrevoye là-dedans cette ancienne tradition qui annonçoit deux grandes catastrophes, dont l'une devoit arriver par l'eau, & l'autre par le feu.

Autant que je puis en juger, les *Celtes* croyoient que le monde seroit purifié & renouvellé par un embrasement universel, comme il l'avoit été autrefois par le déluge; & c'est, selon les apparences, ce qui faisoit le sujet d'une ancienne danse, ou d'un ancien cantique, dont Menippe, philosophe Cynique, avoit fait mention. On l'appelloit (2) κόσμου ἐκπύρωσις l'embrasement de l'Univers. Cette manière d'exprimer les dogmes de la religion dans des cantiques & dans des danses venoit assurément des anciens habitans de l'Europe.

La providence est un dogme commun à toutes les religions. Pour rendre à dieu le culte qui lui est dû, & sur-tout pour se soumettre à son autorité, il faut supposer, avant toutes choses, qu'il est l'auteur & le conservateur de notre vie, le maître des événemens, le témoin, le juge de toute notre conduite. Ces vérités n'étoient point contestées parmi les *Celtes*. Au contraire entre les religions payennes, il n'y en avoit peut-être aucune qui donnât plus d'étendue au règne de la providence, que la leur.

J'ai montré ailleurs qu'elle étoit leur doctrine sur cet article. Le tremblement, la chûte d'une feuille, le vol d'un oiseau, la manière dont des branches que l'on employoit dans les divinations tomboient à terre, après avoir été jettées en l'air, en un mot tout ce que nous attribuons aux lois de la pésanteur, au méchanisme des corps, à l'instinct des animaux, ou même à un pur hazard, tout cela étoit, selon les *Celtes*, l'ouvrage de la divinité, qui animoit, & qui dirigeoit les êtres matériels d'une manière pleine de vues profondes, tant pour le présent, que pour l'avenir. Naturellement il résultoit de-là, que la divinité étoit le seul agent, que tout étoit dirigé & déterminé d'une manière infaillible par la providence, & que toute la sagesse de l'homme consistoit à connoître les desseins de dieu, & à y acquiescer. Cependant les *Celtes* employoient, non seulement des prières & des sacrifices, mais encore des charmes & des maléfices, pour détourner le cours naturel des événemens. Selon les apparences, ils ne croyoient pas que ces choses fussent incompatibles. Bien des théologiens, qui admettent un décret infaillible, ne laissent pas de le concilier avec la liberté de l'homme. Ces questions, qui appartiennent plutôt à la philosophie, qu'à la religion, ont été agitées parmi tous les peuples, & comme ceux qui élèvent le plus le franc arbitre de l'homme n'ont pas prétendu nier pour cela la providence, l'équité veut aussi que l'on n'accuse pas ceux qui admettent un décret, une détermination de la providence, d'arracher à l'homme sa liberté, d'autant plus que leur pratique est toute différente de leurs principes.

A l'égard des devoirs de l'homme, les *Celtes* les rapportoient tous à trois chefs généraux. (3) *Il faut servir les dieux, ne point faire de mal, s'étudier à être vaillant & brave.* C'étoit là une espèce d'abrégé de leur morale. Examinons en peu de mots le sens & l'étendue qu'ils donnoient à ces trois maximes. Ils disoient,

1°. *Qu'il faut servir les dieux.* Quoique ces peuples fissent beaucoup de cas des sacrifices, (4) & qu'ils attribuassent une grande efficace à leurs cérémonies, il faut avouer pourtant qu'ils ne faisoient pas consister tout le service des dieux dans ce culte extérieur. Les druides s'appliquoient à l'étude de la (5) morale. Ils la prêchoient aux peuples (6) pour adoucir la férocité de leur naturel. Ils la proposoient (7) comme la volonté de dieu. Le peuple aussi regardoit la

---

esse, & mundum, Ignem tamen & Aquam aliquando prævalitura. Strabo, 4. p. 197.

(1) Voyez la note précédente.

(2) Athenæ 14. cap. 7.

(3) Gymnosophistas & Druidas ænigmatice, & sententias philosophatos esse ajunt. Colendos Deos, nihil mali faciendum, & fortitudinem exercendam. Diogen. Laert. Præm. p. 5.

(4) Et hæc immota fide tenentes, pure rem divinam faciunt, sancte vitam agunt, ceremonias obeunt, Origiorum legem observant, & reliqua patrant, ex quibus certum est, quod Deos firmiter colant & venerentur. Ælian. 1. 31.

(5) Druides, præter Physiologiam, etiam Philosophiam Moralem exercent. Strabo 4. 197.

(6) Dicennæus Ethicam eos (*Getas*) erudivit, ut barbaricos mores ab eis compesceret. Jornand. cap. 2.

(7) Quid Dii velint scire se profitentur. Pomponius Mela, liv. 3. Cap. 2.

justice, la bonne foi, l'hospitalité, comme des vertus qui rendent l'homme agréable à dieu. Tout cela ne permet pas de douter que cette maxime, *Il faut servir les dieux*, n'exprimât en même tems le culte & l'obéissance que les hommes doivent à la divinité.

2°. Le second point de la morale des *Celtes*, c'étoit, *qu'il ne falloit point faire de mal*. Cette maxime recommandoit, non seulement la justice qui ne fait aucun tort au prochain, & que Justin appelle (1) une vertu naturelle aux Scythes; mais encore la tempérance, la chasteté, avec toutes les vertus prescrites par la loi naturelle. Si les *Celtes* avoient des vices, ce n'étoit pas qu'ils ne connussent fort distinctement le bien & le mal, mais parce que la plûpart des hommes, au lieu de suivre leurs principes, se livrent aveuglément à leurs propres penchans. Il est certain cependant que les *Celtes* avoient une idée très imparfaite de la justice qui nous défend de faire aucun mal à qui que ce soit. D'un côté, ils n'étendoient cette obligation qu'aux hommes qui vivent ensemble, dans une même société. Ce n'étoit pas une injustice de piller & de tuer dans un état voisin. De l'autre, ils permettoient aux particuliers de se rendre justice à eux mêmes, de vuider leurs querelles & leurs procès par la voye des armes. Ils donnoient toujours gain de cause au plus fort, ce qui n'étoit autre chose qu'un renversement total de toutes les loix de la justice.

Enfin le dernier chef de la morale des *Celtes* c'étoit *qu'il falloit s'étudier à être vaillant & brave*. La bravoure peut compatir jusqu'à un certain point avec l'amour de la justice, entant qu'elle sert à soutenir & à défendre une bonne cause. C'est, à la vérité, l'opprobre de la nature humaine, que des hommes, qui ont la raison en partage, se trouvent quelquefois réduits à décider leurs différents par la force, & à entreprendre des guerres dans lesquelles celui qui voudroit se relever du tort & de l'injustice qu'il a soufferte s'expose au danger de succomber une seconde fois. Mais enfin dans l'état où sont les choses, la guerre, comme les procès, les prisons, & les supplices, est un mal inévitable; ou plutôt elle est une barrière que l'on a été obligé d'opposer à la méchanceté de l'homme, & que l'on ne sauroit ôter sans ouvrir la porte à la violence, & à l'oppression. Les hommes étant injustes & ravisseurs, il faut, de toute nécessité, que les gens de bien s'arment de force & de courage, pour défendre ceux que l'on opprime injustement, & pour résister eux mêmes à ceux qui leur ôtent ou leur retiennent, contre tout droit & raison, ce qui leur appartient légitimement. Mais comme ces réflexions, n'excusent que les guerres justes, elle montrent aussi que la valeur n'est une vertu que lorsqu'elle prend les armes pour soutenir des droits légitimes.

Il ne paroit pas cependant que les *Celtes* fissent une distinction si nécessaire. Ils estimoient la bravoure en elle même, sans se mettre en peine si elle défendoit une bonne, ou une mauvaise cause. Ils croyoient, comme on le verra bientôt, que tous ceux qui périssoient à la guerre étoient sauvés, élevés à un degré de gloire & de félicité auquel des hommes justes, bienfaisans, ne pouvoient arriver, supposé qu'ils sortissent de la vie par une mort naturelle. Il faut donc passer condamnation sur cet article. La valeur que les druides recommandoient continuellement aux *Celtes* étoit une vertu de brigands, & le paradis qu'ils leur promettoient, au lieu d'être la récompense de sa vertu, étoit véritablement le triomphe de l'injustice, de la violence, & de la fureur.

Les *Celtes*, comme tous les autres peuples payens, avoient l'idée d'un dieu offensé par le péché, mais en même tems d'un dieu placable, qui devoit être appaisé par des sacrifices. Il est vrai que le grand but de leurs sacrifices, étoit de découvrir l'avenir, & de s'instruire de leur destinée qu'il croyoient lire clairement dans les entrailles des victimes. Mais on ne peut pas douter qu'ils n'eussent aussi des sacrifices expiatoires, destinés à délivrer le pécheur de la peine qu'il avoit méritée, par la substitution d'une victime qui étoit immolée en sa place. Jules César l'assure formellement. (2) *Toute la nation des gaulois est fort adonnée aux superstitions. Ainsi, quand ils sont attaqués de quelque maladie dangereuse, quand ils se trouvent dans une bataille, ou dans un grand danger, ils immolent des victimes humaines, ou font vœu d'en offrir, & se servent pour ces sacrifices du ministère des druides. Ils s'imaginent que les dieux immortels ne peuvent être appaisés, à moins qu'on ne rachette la vie d'un homme par celle d'un autre homme.*

Il faut avouer que ce sont là d'étranges idées. On voit dans le passage de Jules César que je

---

(1) Justitia gentis ingeniis culta, non legibus. *Justin.* 2. 2.

(2) Natio omnis Gallorum admodum dedita est religionibus. Ob eam causam qui sunt affecti gravioribus morbis, quique in prælliis, periculisque versantur, aut pro Victimis homines immolant, aut se immolaturos vovent, administrisque ad ea sacrificia Druidibus utuntur; quod nisi pro hominis vita hominis reddatur, non posse Deorum immortalium numen placari arbitrantur, publicæque ejusdem generis habent instituta sacrificia. *Cæsar.* 6. 16.

viens de citer, que les *Celtes* regardoient la divinité comme un être altéré de sang, qui ne faifoit grace de la vie à un homme, que fous la condition qu'on lui en offrît un autre. Je ne fais d'où on avoit pris ces idées, qui ont été communes à la plûpart des peuples payens. Plutarque a dit (1) qu'on offroit ces victimes à des génies malfaifans. On leur lâchoit, comme à des bêtes féroces, une efpèce de proye, afin qu'ils épargnaffent le refte de la fociété. Je ne fais fi c'étoit là véritablement l'opinion des autres payens. Mais conftamment ce n'étoit pas celle des *Celtes* qui offroient ces facrifices au dieu fuprême. On l'appelloit *Teutat*, le pere *Teut*, *Guod*, *Vodan*, l'être infiniment bon. On ne laiffoit pas de croire en même tems qu'il prenoit plaifir à l'effufion du fang, & qu'il réfervoit une félicité particulière aux hommes qui fortoient du monde par une mort violente.

Outre les dogmes dont je viens de faire mention, les druides agitoient encore un grand nombre (2) de queftions fubtiles, & abftrufes.

Il y a, dit Jules César, (3) plufieurs autres chofes qu'ils enfeignent à la jeuneffe, & dont ils difputent dans leurs écoles, comme par exemple, des aftres, & de leur mouvement, de la grandeur du monde & de la terre, de l'Univers, de la puiffance, & de l'empire des dieux.

Ils fe vantent, dit encore Pomponius Mela, (4) *de connoître la grandeur & la forme de la terre, & du monde, les divers mouvemens du ciel, & des aftres, & la volonté des dieux. Ils enfeignent beaucoup de chofes fur ces matières à la nobleffe la plus diftinguée, & cela d'une manière fort fecrette, & pendant longtems, y employant quelquefois jufqu'à vingt ans. Ils donnent leurs leçons dans des cavernes, ou dans des forêts reculées.*

Il n'eft pas néceffaire que je recherche ici ce que les druïdes croyoient fur ces matières. D'un côté la plûpart de ces queftions appartiennent à la philofophie, plutôt qu'à la théologie. De l'autre, celles qui pouvoient avoir quelque influence fur la religion faifoient partie de la doctrine occulte que les druïdes ne confioient qu'aux plus affidés de leurs difciples, parce qu'elle fervoit de fondement aux divinations & à la magie, dont on faifoit un fecret au peuple. La doctrine occulte des thraces, par exemple, enfeignoit un cantique (5) par la vertu duquel un tifon s'enfonçoit dans l'œil d'un homme, fans être pouffé par qui que ce fût. Il falloit bien que l'on difputât fur la puiffance des dieux, pour montrer comment la chofe étoit poffible. Il ne me refte donc plus qu'à examiner ce que les *Celtes* croyoient fur le fort de l'homme après cette vie. Il faudra le faire avec quelque étendue, foit pour établir leur véritable fentiment fur cet important article, foit pour réfuter l'opinion de ceux qui prétendent que ces peuples croyoient la métempfycofe de la même manière que Pythagore.

L'immortalité de l'ame eft un dogme fans lequel on croit communément que la religion ne peut guères fubfifter. Quelque important que foit ce dogme, il ne laiffoit pas d'être fort moderne parmi les grecs, je parle de ce nouveau peuple qui chaffa les pélafges, & qui introduifit en Grece le culte des dieux Egyptiens & Phéniciens. On prétend (6) *que Thalès enfeigna le premier, que l'ame étoi t immortelle*. D'autres difent (7) *que ce fut Phérécyde de Scyros qui avança le premier que l'ame de l'homme étoit éternelle*. Ce qu'il y a de certain, c'eft (8) que Pythagore & (9) Platon contribuèrent le plus à introduire ce dogme par-

---

(5) Scio incantationem Orphei valde bonam, ut fponte fua torris in cranium vadat. C'eft ce qu'un Satyre difoit à Ulyffe qui le prioit de l'aider à pouffer un tifon brûlant dans l'œil du cyclope, Euripid. cyclop. vf. 642.

(6) Thales primus dixit animas effe immortales. Chœrilus Poëta apud Diog. Laert. in *Thalete*. Primus nomine Sapientis ornatus eft, primufque dixit animam effe immortalem. Suidas, in *Thalete*.

(1) Plutarch. de Oracul. Defect. T. 2. p. 417.

(2) Druidæ ingeniis celfiores, ut auctoritas Pythagoræ decrevit, fodalitiis adftricti confortiis, quæftionibus occultarum rerum altarumque erecti funt Amm. Marcell. lib. 15. cap. 9. p. 99.

(7) Pherecydes Syrus primum dixit animos hominum effe fempiternos... hanc opinionem Pythagoras, ejus Difcipulus, maxime confirmavit. Cicer. Tufc. Quæft. lib. 1. cap. 38. Thalès naquit dans le cours de la 35. Olympiade. Phérécyde dans la 45. Suid. in *Thalete* & *Pherecyde*.

(3) Multa præterea de fideribus atque eorum motu, de Mundi ac Terrarum magnitudine, de rerum natura, de Deorum immortalium vi atque poteftate difputant, ac juventuti tradunt. Cæfar. 6. 14.

(8) Diodor. Sic. lib. 18. p. 627.

(4) Hi Terræ Mundique magnitudinem & formam, motus Cœli ac fiderum, & quid Dii velint, fe fcire profitentur. Docent multa Nobiliffimos gentis, clam & diu, vicenis annis, in fpecu, aut in abditis faltibus. Pomp. Mel. lib. 3. cap. 2. p. 73.

(9) Ego perfpectum habeo Chaldæos & Indorum Magos primos dixiffe animam hominis immortalem effe. Affenfi deinde funt eis, tum alii Græcorum, tum omnium maxime Ariftonis filius Plato. Paufan. Meffeniac. 32. p. 360.

mi les Grecs. Il n'est pas possible de déterminer d'où Pythagore avoit tiré la doctrine de l'immortalité de l'ame. Il étoit (1) disciple de Phérécyde qui l'avoit enseignée. Il avoit fait (2) un voyage en Chaldée où elle étoit généralement reçue. Il avoit été en Thrace, & y avoit eu pour maître (3) Abaris l'hyperboréen. Il passa les dernières années de sa vie en Italie où il fut à portée de connoître les opinions des *Celtes*, & c'est là, selon les apparences, comme je l'ai remarqué ailleurs, qu'il eut occasion d'entendre des philosophes gaulois.

Voilà bien des sources où Pythagore avoit pu puiser ses idées sur l'immortalité de l'ame, supposé que sa propre méditation ne les lui eût point fournies. A l'égard de Platon, il avoit (4) étudié en Italie sous des philosophes Pythagoriciens. Il y avoit acheté, pour une grosse somme, les ouvrages de Philolaüs Crotoniate où les sentimens de Pythagore étoient exposés d'une manière fort étendue. Je ne doute point qu'il n'eut tiré de-là ce que l'on trouve dans ses écrits sur la nature de l'ame, & sur son immortalité. Il paroit cependant par un de ses dialogues, qu'il n'a pas ignoré que les thraces croyoient aussi l'ame immortelle. Parlant d'un certain cantique auquel on attribuoit la vertu de guérir les maladies, il dit (5) *qu'il l'avoit appris en thrace d'un de ces prêtres qui exercent la médecine, & qui enseignent que l'ame est immortelle.*

Au-reste l'immortalité de l'ame étoit parmi les grecs un dogme purement spéculatif. Les poëtes la proposoient dans leurs écrits, les philosophes l'enseignoient à leurs disciples, on en disputoit dans les écoles; mais il ne paroit pas qu'on la regardât comme une vérité qui appartînt à la religion; & je ne sais si les philosophes qui disoient qu'il faut aimer la vertu pour elle même n'oublioient pas, dans cet endroit, ce qu'ils avançoient ailleurs des récompenses qui l'attendent dans une autre vie.

Quoi qu'il en soit, la doctrine d'une vie à venir étoit, parmi les *Celtes*, un dogme sur lequel toute la religion étoit appuyée. Les druides avoient une doctrine secrette, dont je parlerai ailleurs, & qui n'étoit que pour les initiés. Mais pour celle-ci, ils ne cessoient de la proposer, (6) & de l'inculquer au peuple, comme servant de base & de fondement à l'obligation où sont les hommes de servir les dieux, d'observer les loix de la justice, & de s'étudier à être vaillans & braves. Le peuple aussi faisoit de cette vérité la matière de ses cantiques sacrés. Il y célébroit l'excellence du bonheur à venir, & des vertus qui conduisoient à cet heureux état. En un mot l'immortalité de l'ame étoit reconnue par tous les peuples *Celtes*; & cette doctrine étoit parmi eux d'une antiquité à laquelle l'histoire ne remonte point. Elle étoit reçue, par exemple, chez les perses, (7) du temps de Cyrus à qui Xénophon fait tenir un beau discours sur l'état de l'ame séparée du corps. On voit bien, à la vérité, que la plûpart des preuves & des réflexions sont du philosophe grec; mais il n'en est pas moins constant que le dogme même étoit reconnu par les anciens perses qui croyoient non-seulement l'immortalité de l'ame, mais encore la résurrection du corps, comme j'aurai occasion de le montrer dans l'un des paragraphes suivans.

Cicéron aussi a remarqué, (8) *que les habitans*

---

(1) Voyez les notes 2. & 8. Pythagoras ejus Discipulus fuisse fertur. Suid. in Pherecyde T. 3. 592.

(2) *Voyez la note* [k].

(3) Audivit primo Pherecydem Syrum Sami; postea Hermodamantem in eadem insula; postea Abaridem Hyperboreum, & Zaretem Magum. Institutus etiam apud Ægyptios & Chaldæos Samum rediit. *Suid. in Pythag. T. 3. p. 131.*

(4) Diog. Laert. In Platone Seg. 9. A. Gell. lib. 3. cap. 17.

(5) Hanc incantationem didici ibidem in exercitu, à quodam Medicorum Zamolxidis sectatorum, qui & immortalitatem afferre dicuntur. (οἱ λέγονται καὶ ἀπαθανατίζειν) Plato. Charmide p. 464.

Plato in Charmide videtur cognovisse quosdam qui dicuntur animam immortalem facere. *Clem. Alex. Strom. lib. 1. cap. 15. p. 356.*

Tous les Druïdes étoient médecins, & ils se vantoient de guérir les maladies par des paroles & des cantiques magiques.

(6) Unum ex iis quæ præcipiunt in vulgus effluit, videlicet, ut forent ad bella meliores, æternas esse animas, vitamque alteram ad Manes. Itaque cum mortuos cremant, ac defodiunt, apta viventibus olim negotiorum ratio, etiam & exactio crediti deferebatur ad inferos, erantque qui se in rogos suorum velut una victuri libenter immitterent. *Pomp. Mel. lib. 3. cap. 2. p. 73.*

Immortales autem dicunt hi (Druïdes) & alii, animas esse, & mundum; ignem vero & aquam aliquando prævalitura. *Strabo 4. 197.*

Inter hos Druidæ ingeniis celsiores, ut auctoritas Pythagoræ decrevit, sodalitiis adstricti consortiis, quæstionibus occultarum rerum altarumque erecti sunt, & despectantes humana, pronuntiarunt animas immortales. *Ammian. Marcell. lib. 15. cap. 9. p. 94.*

(7) Xenophon Cyrop. lib. 8. p. 101.

(8) Unum illud insitum erat priscis illis quos Cascos
de

CEL CEL

de l'Italie étoient persuadés que l'homme né périssoit pas totalement, & qu'il ne perdroit pas tout sentiment par la mort.

Je n'ignore pas qu'il y a dans Pomponius Mela un passage qui porte expressément, que les getes n'étoient pas d'accord entre eux sur le sort de l'homme après cette vie. (1) *Les getes*, dit-il, *meurent sans aucun regret. Ils ont différentes opinions qui servent à les détacher de la vie. Il y en a qui croyent que les ames des morts reviendront au monde. D'autres disent qu'elles n'y reviendront point, mais ils soutiennent, en même tems, qu'au lieu d'être anéanties par la mort, elles passent à un état plus heureux. D'autres enfin avouent que les ames sont anéanties par la mort, mais ils disent que cet état est préférable à la vie.*

Il se peut fort bien que chacune de ces trois opinions eût ses partisans parmi les getes ; mais la première étoit non-seulement la plus reçue ; c'étoit d'ailleurs la seule que la religion autorisat ; & c'est uniquement de quoi il s'agit ici. Il y a eu, dans le sein même de la religion chrétienne, un Synesius qui nioit la résurrection du corps, parce qu'il étoit dans l'idée qu'elle opposeroit des obstacles invincibles à la perfection & au bonheur de l'ame. On trouve, dans toutes les communions chrétiennes, des hommes qui nient l'immortalité de l'ame. Il y en avoit même, déja du tems de saint Paul, qui disoient que l'ame de l'homme, comme celle de la bête, retourne dans la terre.

Tout cela n'empêche pas que l'immortalité de l'ame, la résurrection du corps, l'éternité des peines & des récompenses ne soient des dogmes essentiels, & fondamentaux du christianisme. Comme je représente ici la religion des *Celtes*, les vérités qu'elle enseignoit & non pas les opinions de quelques particuliers, je crois pouvoir poser en fait que le dogme de l'immortalité de l'ame étoit reconnu généralement par tous les peuples *Celtes*.

Mais on leur a attribué, après cela, un autre dogme qui auroit détruit, à peu près, toute l'utilité que la religion peut tirer du premier. On prétend que, selon leur doctrine, l'ame, au lieu d'entrer par la mort dans un état de peines, ou de récompenses, ne faisoit que circuler perpétuellement d'un corps à l'autre. C'est ce que Jules César assure formellement. (2) *Les druides tâchent sur tout égard de persuader au peuple, que les ames ne périssent point, mais qu'après la mort elles passent d'un corps à l'autre. Ils prétendent que cette persuasion contribue, d'une façon toute particulière, à rendre l'homme brave, parce qu'elle l'empêche de craindre la mort.*

Diodore de Sicile dit aussi, (3) *que les gaulois suivent, à cet égard, le sentiment de Pythagore. Ils croyent que l'ame de l'homme est immortelle, qu'elle doit retourner à la vie, & rentrer dans un autre corps, après un certain nombre d'années. De-là vient que dans les obsèques, quelques uns jettent dans le feu des lettres qu'ils écrivent à leurs pères, à leurs mères, ou aux autres parens qu'ils ont perdus, s'imaginant que les morts lisent ces lettres.*

Julien attribue des idées à peu près semblables aux getes. (4) *Ils sont extrêmement belliqueux, non seulement parce qu'ils ont un corps robuste & vigoureux, mais encore parce que Zamolxis, auquel ils rendent un culte religieux, leur a persuadé que les hommes ne meurent point, mais qu'ils passent dans un autre séjour. Attendant fermement ces migrations, ils sont toujours préparés à toute sorte de dangers.*

Porphyre dit aussi, (5) que la Métempsycose étoit l'un des principaux dogmes des mages, & il en donne pour preuve, que dans la célébra-

---

appellat Ennius, esse in morte sensum, neque excessu vitæ sic deleri hominem, ut funditus intereat. Cicero *Tuscul. Quæst. lib. 1. p. 3437.*

(1) Getæ ad mortem paratissimi. Id varia perficit opinio. Alii, redituras putant animas obeuntium. Alii etsi non redeant, non extingui tamen, sed ad beatiora transire. Alii emori quidem, sed id melius esse quam vivere. *Pomp. Mela lib. 2. cap. 2. 43.*

Solin dit à peu-près la même chose. Thracibus & barbaris inest contemptus vitæ & naturalis quædam sapientiæ Disciplina. Concordant omnes ad interitum voluntarium, dum nonnulli eorum putant obeuntium animas reverti, alii non extingui, sed beatas magis fieri. *Solin. cap. 16. p. 214.*

Phosophie anc. & mod. Tom. I

(2) Imprimis hoc volunt persuadere, non interire animas, sed ab aliis post mortem transire ad alios; atque hoc maxime ad virtutem excitari putant, metu mortis neglecto. *Cæsar. 6. 14.*

(3) Invaluit apud eos (*Gallos*) Pythagoræ sententia animas hominum immortales esse, & definito annorum spatio, ad vitam redire, anima in aliud corpus ingrediente. Propterea in funeribus mortuorum, nonnulli epistolas ad parentes, vel proximos mortuos, scriptas rogo injiciunt, existimantes mortuos illas legere. *Diodor. Sic. 5. 212.*

(4) Getæ omnium hominum sunt bellicosissimi, non solum propter corporis robur, sed etiam propter ea quæ ipsis persuasit quem colunt, Zamolxis. Cum enim se non mori sed alio migrare existimant, multo paratiores sunt ad subeunda pericula, quippe qui migrationes (τας ἀποδημίας) præstolentur & expectent. *Julian. Cæsar. in Trajano. p 317.*

(5) Porphyre. *de Abstin. lib. 4. p. 399.*

tion de leurs mystères, chacun d'eux prenoit le nom de quelque animal.

Il y a des auteurs qui vont encore plus loin, & qui soutiennent que c'est de Pythagore même, ou de quelqu'un de ses disciples, que les *Celtes* avoient reçu le dogme de la métempsycose. C'est le sentiment de l'auteur des *philosophumènes*, que l'on attribue communément à Origène. Il dit (1) *que Zamolxis, premièrement esclave, & ensuite disciple de Pythagore, avoit enseigné aux druides les principes de la philosophie Pythagoricienne*. Hérodote aussi avoit appris des grecs établis le long de l'Hellespont, & du Pont Euxin, (2) que Zamolxis, étant de retour de sa patrie, enseigna aux thraces que l'ame étoit immortelle. Je suis persuadé que tout cela est avancé sans fondement, & que les *Celtes* n'ont jamais crû cette transmigration des ames d'un corps à l'autre. Avant que de le prouver, il est à propos de faire ici quelques réfléxions générales.

Il me semble que ceux qui ont assuré si positivement, que les *Celtes* avoient reçu de Pythagore le dogme de la métempsycose, auroient dû bien établir, avant toutes choses, ce que ce philosophe a crû & enseigné sur le sort de l'homme après cette vie. On lui attribue d'avoir crû (3) » que les ames animent successivement divers » corps, passant quelquefois du corps d'un » homme dans celui d'un autre homme, & » d'autrefois dans le corps d'une bête. On ajoute » (4) qu'il se donnoit lui même pour preuve, & » pour exemple, de cette vérité, assurant que » du tems du siège de Troye, son ame avoit » animé le corps d'un certain Euphorbe dont il » est fait mention aux livres XVI. & XVII. de » l'Iliade d'Homere ».

L'opinion commune est, que c'est en cela que consistoit le dogme de la métempsycose, (5) que Pythagore, ou Phérécyde sont maître, enseignèrent les premiers parmi les grecs. Mais est-on bien sûr que Pythagore reconnut effectivement cette circulation perpétuelle des ames d'un corps à l'autre ? La chose ne me paroît pas tout-à-fait démontrée ; & il y a, au-contraire, de fortes raisons d'en douter. Il est constant, 1°. que Pythagore n'a rien écrit, ou qu'au-moins il ne nous reste aucun de ses ouvrages. Comme la doctrine de l'immortalité de l'ame étoit nouvelle parmi les grecs, du tems de ce philosophe, il se peut fort bien que ceux de ses disciples qui ont rédigé par écrit ses sentimens sur cet article ne les ayent pas bien compris.

2°. Effectivement je trouve dans Clément d'Alexandrie, qu'il admettoit les peines & les récompenses d'une autre vie. Ce père dit (6) *que les philosophes barbares & les pythagoriciens, reconnoissent également un avenir heureux pour les gens de bien, & malheureux pour les méchans*.

3°. Si Pythagore établissoit, avec cela, un retour des ames, il ne les faisoit cependant revenir qu'après un certain tems, après un nombre défini d'années pendant lesquelles chacun recevoit, auprès des manes, la peine ou la récompense qu'il avoit méritée. Ce philosophe ne croyoit donc pas que les ames circulassent perpétuellement d'un corps à l'autre.

4°. Il appelloit ce retour, non pas une *Métempsycose*, mais une (7) *Palingénésie*, une nouvelle naissance, ce qui insinue que c'étoit le même homme qui renaissoit dans un état plus parfait. Mais Pythagore a-t-il crû, au-reste que le même homme reviendroit plusieurs fois à la vie, ou qu'il n'y reviendroit qu'une seule fois ? C'est une question qui me paroît assez problématique, & qu'il ne m'importe point du-tout de décider.

En supposant que Pythagore ait eu, sur le sujet de la métempsycose, toutes les opinions qu'on lui attribue communément, il faudroit examiner, après cela, s'il est possible, ou s'il est au-

---

(1) Porro ex Discipulis ... fuere Lysis & Archippus & Pythagoræ servus Zamolxis, qui etiam Druidas dicitur apud Celtas, Pythagoricæ philosophari docuisse. Origen. philosophum. apud Gronov. in Thesauro Antiq. Græc. Tom. 10. p. 164.

(2) Herodot. 4. 95. Suidas in Zamolxi.

(3) Primumque hunc sensisse aiunt, animam circulum necessitatis immutantem, aliis alias illigari animantibus. Diogenes Laert. in Pythag. Seg. 13.

(4) Dicebat apud Trojam se Euphorbum fuisse. Suidas in Pythag. T. 3. p. 231.

(5) Sententiam de Metempsycosi Pythagoras introduxit. Schol. ad Pindar. Olymp. 2. p. 32. Sententiam de Metempsycosi introduxit Pherecydes Syrus. Suidas in Pherecyd. T. 3. p. 592.

(6) Eam spem quæ est post mortem, non solum agnoscunt qui barbaram Philosophiam persequuntur, bonis quidem bonam, malis contrariam, sed etiam Pythagoræi. Clem : Alex : Strom : Lib. 4. p. 619.

(7) Pythagoras vero non μετεμψύχωσιν sed Παλιγγενεσίαν esse dicit, hoc est redire, sed post tempus. Servius Æneid. 3. vf. 67. p. 274. Sententia de Palingenesia antiquior est. Primus Dogma proposuit Pythagoras. Schol : ad Pindar. Olymp. 2. p. 31. Nonnulli dicunt mentionem hic fieri Palingenesiæ, quam Pythagoras statuit. Ille enim animas in alia corpora transeuntes dicit renovari. Demetrius Triclin. : schol : ad Pindar. Olymp. 1. p. 146.

moins vraisemblable, que les *Celtes* ayent adopté sur ce sujet les sentimens du philosophe. Les peuples scythes & *Celtes* détestoient les superstitions étrangères, & faisoient mourir ceux qui entreprenoient de les introduire parmi eux. Quand on accorderoit qu'un disciple de Pythagore avoit enseigné aux thraces les dogmes de son maitre sur l'immortalité de l'ame, & sur ses différentes migrations, comment veut-on qu'au bout de quelques années cette doctrine ait passé, non seulement jusques dans le fond du nord, mais qu'elle ait encore été reçue par tous les peuples *Celtes* comme un article essentiel de la religion? La chose ne paroit assurément guères probable. Mais d'ailleurs ce que les anciens ont si souvent dit & répété, après Hérodote, *que le Zamolxis des thraces avoit été esclave, & ensuite disciple de Pythagore; qu'après la mort de son maitre il s'en étoit retourné dans sa patrie & y avoit répandu les opinions du philosophe;* tout cela n'est, de l'aveu même d'Hérodote, qu'une pure fable. Il ne veut pas garantir ce que les grecs établis le long du Pont Euxin & de l'Hellespont lui ont raconté sur le sujet de Zamolxis. Effectivement la raison qu'il avoit d'en douter est démonstrative, & sans réplique. (1) C'est que Zamolxis étoit beaucoup plus ancien que Pythagore. Assurément ce n'étoit pas des grecs, ni de leurs philosophes, que les barbares avoient emprunté aucune partie de leur doctrine. Au contraire toutes les sciences avoient passé des barbares chez les grecs. Aristote le reconnut, & l'avoua, après avoir recherché, avec beaucoup de soin, l'origine de la philosophie.

Voici ce qu'en dit Diogène Laërce, au commencement de son ouvrage. (2) *Quelques-uns assurent que les barbares sont les premiers qui se soient appliqués à l'étude de la philosophie, & qu'elle doit son origine aux mages parmi les perses, aux chaldéens parmi les assiriens & les babiloniens, aux Gymnosophistes parmi les indiens, aux druïdes & aux semnothées parmi les celtes & les galates.* C'est le sentiment d'Aristote & de Sotion. Nous verrons en son lieu, que Pythagore avoit emprunté des *Celtes*, différentes superstitions, & entre autres, la manière de deviner avec de petites branches d'arbres, qui étoit particulière à ces peuples.

A l'égard de la métempsycose, s'il l'a effectivement crue, il ne la tenoit pas des *Celtes*, à qui ce dogme étoit inconnu. Comme il avoit voyagé en Egypte, & en Orient, dans la vue de connoitre les sentimens des philosophes étrangers, comme Pausanias assure d'ailleurs formellement, que la doctrine de l'immortalité de l'ame avoit passé de l'Orient en Grece, il est assez naturel de présumer que c'étoit de-la que Pythagore avoit apporté l'opinion de la transmigration des ames. (3) On prétend, au-moins, qu'elle étoit généralement reçue, tant en Egypte, que dans les Indes.

Enfin il me semble que, pour ne pas prendre le change dans cette occasion, il auroit été à propos de bien éclaircir cette question capitale, savoir, *si les peuples Celtes ont cru la métempsycose, & s'il y a eu sur cet article une véritable & parfaite conformité entre leur doctrine, & celle de Pythagore.* On l'assure communément, sur la foi de Jules César, qui dit *que, selon la doctrine des druïdes, les ames ne périssent point, mais qu'elles passent d'un homme à l'autre.* Cependant ceux qui ont examiné la chose avec attention y ont trouvé de la différence. Jean Brantius, par exemple, dans son commentaire sur Jules César, a remarqué (4) que les *Celtes* ne croyoient pas qu'une ame raisonnable pût être dégradée, & avilie, jusqu'à passer du corps d'un homme dans celui d'une brute. Le pere (5) Lescalopier, & le savant M. (6) Brucker, souscrivent à cette remarque, qui est effectivement très fondée. Mais si l'on avoit comparé de plus près le systême du philosophe avec celui des druïdes, on auroit pu se convaincre qu'il différoient sur des articles bien plus importans. C'est ce qui va paroitre par l'exposition fidèle de la doctrine des peuples scythes & *Celtes* sur le sort de l'homme après cette vie.

Reconnoissant tous l'immortalité de l'ame, ils croyoient encore que les hommes entrent, après cette vie, dans un état de peines ou de récompenses, selon que l'homme avoit négligé, ou pratiqué les trois grandes vertus dont j'ai parlé

---

(1) Hæc Zamolxim aiunt fecisse, cujus subterraneo ædificio, neque fidem detraho, neque valde credo, sed multis eum ante Pythagoram annis extitisse arbitror. *Hérodot*: 4. 96.

(2) Philosophiam à barbaris initium sumpsisse nonnulli asserunt, Persis enim Magos, Babyloniis & Assyriis Chaldæos, Indis Gymnosophistas, Celtis & Galatis Druides & Semnotheos dictos, ejus rei auctores fuisse ait Aristoteles in Magico, & Sotion in 23. de successionibus Libro. *Diog*: *Laert. Proœm*. p. 1.

Philosophia olim floruit apud barbaros; per gentes resplendens. Postea autem venit etiam ad Græcos. Ei autem præfuerunt, & Ægyptiorum Prophetæ, & Assyriorum Chaldæi, & Gallorum Druidæ, & Semanti Bactrorum, & Celtarum ii qui philosophati sunt, & Persarum Magi, & Indorum Gymnosophistæ, & alii Philosophi barbari. *Clem. Alex. Strom. Lib.* 1. p. 359.

(3) *Brucker*, *Histoire de la philosophie* T. 2. p. 176. 178. 1044.

(4) *Notis ad Cæsar* 6. 14. *pag*. 454.

(5) *L'escalopier Chap*. 17. p. 725.

(6) *Brucker Tom*. 1. p. 196. 198.

Uuuu 2

plus haut, la piété, la justice, & surtout la bravoure. C'étoit la doctrine des gaulois. Ils disoient (1) *que les ames sont immortelles, & qu'il y a une autre vie auprès des manes*. C'étoit celle des getes. Ils croyoient, selon Hérodote, (2) *que l'homme ne meurt point, mais qu'en quittant cette vie, il va trouver Zamolxis, que quelques uns d'entr'eux estiment être le même que Gebeleisis*. Zamolxis est ici le *Tis*, l'*Odin*, le dieu suprême des *Celtes*, que l'on appelloit Zamolxis (3) par des raisons que je pourrai exposer ailleurs, & *Gebeleisis* (4) celui qui donne repos, parce qu'on le regardoit comme l'auteur du repos & de la félicité dont les ames jouissent après la mort. D'autrefois Zamolxis désigne, selon l'usage des peuples *Celtes*, non le dieu suprême, mais le pontife qui présidoit à son culte, & surtout un célèbre druide qui avoit perfectionné considérablement la Théologie, & la morale des getes & des thraces. C'est de ce philosophe qu'il faut entendre un autre passage d'Hérodote, qui porte (5) *que Zamolxis enseignoit à ses conviés, que ni lui, ni eux, ni les hommes qui naissoient tous les jours, ne périroient point, mais qu'ils passeroient dans un lieu où ils jouiroient d'une affluence de toute sorte de biens*.

Cette doctrine, qui étoit commune à tous les peuples Celtes, servoit de fondement à un grand nombre de coûtumes, les unes superstitieuses, les autres barbares, qu'il n'est pas possible de justifier, mais qui montreront, au-moins, combien la persuasion d'une autre vie étoit enracinée dans l'esprit de ces peuples.

Les gaulois, par exemple, (6) prêtoient de l'argent pour leur être rendu dans l'autre vie. Quand on bruloit un cadavre, (7) ils profitoient de l'occasion pour écrire aux parens qu'ils avoient dans l'autre monde & pour leur envoyer un compte exact, tant de l'état de leurs affaires, que des dettes qui étoient rentrées depuis leur mort. On croyoit fermement que ces comptes & ces lettres, qui étoient jettées dans le feu, parvenoient jusqu'au royaume des Ombres, & qu'elles y étoient lues par les morts. Dans tout cela il n'y avoit que de la superstition ; mais voici la barbarie. *Les obseques des gaulois*, dit Jules César (8) *sont magnifiques & somptueuses à leur manière. On jette dans le feu tout ce qui faisoit plaisir au défunt, & même les animaux. Il n'y a pas fort longtems que l'on bruloit, avec le corps du maître, les esclaves, & les clients qu'il avoit affectionnés*.

Les clients dont il s'agit ici sont (9) *Soldurii*, qui faisoient vœu de vivre & de mourir avec leur patron, & qui observoient leur vœu si religieusement, que de mémoire d'homme il ne s'en étoit trouvé aucun qui eût refusé de mourir avec son maitre. Jules César ne fait mention que des clients, & des esclaves.

Mais un passage de Pomponius Mela insinue que les femmes gauloises se faisoient aussi un point d'honneur de ne pas survivre à leurs maris. *Il se trouvoit autrefois*, dit ce géographe, *des personnes qui se précipitoient volontairement dans le feu où l'on bruloit le cadavre d'un homme qui leur avoit appartenu, & cela pour vivre toujours ensemble*. Il paroit par tous ces différens passages, que les gaulois étoient fermement persuadés que tout ce que l'on bruloit ou que l'on enterroit avec un homme, sa femme, ses cliens, ses esclaves, ses chevaux, ses chiens, ses armes, ses habits, tout cela le

---

(1) Voyez le passage de Pomponius Mela ci-dessus.

(2) Getæ mori se non putant, sed mortuum ire ad Zamolxin, quem nonnulli eorum eundem esse opinantur ac Gebeleisin. *Hérodote* : 4. 94.

(3) En parlant du Zamolxis des getes & des thraces, je montrerai qu'ils donnoient ce nom, tant au dieu suprême, qu'à un pontife qui s'étoit rendu fort célèbre au milieu de sa nation.

(4) Loccenius Antiq : Suec-Goth. pag. 7, dérive ce nom, de deux mots de l'ancien Tudesque *Gifwa* donner, *Lusa* repos. Les allemans disent *Geben* donner, *Lassen* laisser. *Herilas* signifioit, parmi les anciens germains, le congé que l'on donnoit aux gens de guerre qui avoient servi dans une armée. *Heer* armée. *Lass*. congé.

(5) Zamolxis docebat, neque se, neque suos convivas, neque illos qui illic assidue gignerentur interire, sed in eum locum ire ubi superstites omnium bonorum compotes essent. *Hérodot*. 4. 95.

(6) Horum (Massiliensium) mænia egresso, vetus ille mos Gallorum occurrit, quos memoriæ proditum est, pecunias mutuas, quæ his apud inferos redderentur, dare solitos quod persuasum habuerint animas hominum immortales esse. Dicerem stultos nisi idem braccati sensissent, quod palliatus Pythagoras credidit. *Val : Max*. Lib. 2. Cap. 6. num. 10. p. 59.

(7) Voyez les passages de Diodore de Sicile, & de Pomponius Mela cités ci-dessus.

(8) Funera sunt pro cultu Gallorum magnifica, & sumptuosa ; omniaque quæ vivis cordi fuisse arbitrantur in ignem inferunt, etiam animalia, ac paulo supra hanc memoriam, servi & clientes quos ab iis dilectos esse constabat, justis funeribus confectis, una cremabantur. *César* : 6. 19.

(9) Soldarios appelabant, quorum hæc est conditio, ut omnibus in vita commodis una cum his fruantur quorum se amicitiæ dediderint, si quid iis per vim accidat, aut eundem una casum ferant, aut sibi mortem consciscant, neque adhuc hominum memoria repertus est quisquam, qui eo interfecto, cujus se amicitiæ devovisset, mori recusaret *César*. 4. 22.

fuivoit dans l'autre vie, & lui rendoit les mêmes services qu'il en avoit tirés ici bas.

De favoir, après cela, comment ils expliquoient la chose, pour lui donner quelque ombre de possibilité & de vraisemblance, c'est ce qu'il ne m'importe pas de deviner. J'ai vu dans quelque auteur moderne, qu'ils croyoient que les images de toutes ces choses s'envoloient du bucher avec l'ame du mort, pour ne la plus quitter. Mais je n'ai trouvé cette particularité dans aucun des anciens que j'ai eu occasion de consulter. Quoi qu'il en soit tous les autres peuples *Celtes*, ayant les mêmes idées que les gaulois par rapport à la vie à venir, avoient aussi des usages parfaitement conformes à ceux que je viens de représenter.

Les germains (1) bruloient, avec le corps du guerrier, ses armes & son cheval. Quand il mouroit un homme parmi les herules, (2) qui étoient un peuple de l'ancienne Germanie, il falloit que sa femme, supposé qu'elle fit profession d'être forte, chaste, & vertueuse, & qu'elle voulut acquérir de la gloire, s'étranglât près du tombeau de son mari. Si elle ne prenoit pas ce parti, la famille du défunt le tenoit pour un affront, & la femme elle même étoit généralement méprisée pendant tout le reste de sa vie. Ce que les anciens ont dit sur cet article, des thraces, & des getes, mérite bien d'être rapporté avec quelque étendue.

1°. Ils pleuroient (3) à la naissance de leurs enfans. Quand on présentoit au pere (4) l'enfant que la femme venoit de lui donner, il le prenoit entre ses bras en répandant des larmes. Les parens (5) venoient ensuite s'asseoir autour du berceau, & dans cette assemblée domestique chacun représentoit, aussi pathétiquement qu'il lui étoit possible, les misères de la vie humaine, & compatissoit aux maux que le nouveau né auroit à souffrir dans le cours d'une vie qui n'étoit qu'un tissu de calamités.

2°. Au lieu de cela, quand on enterroit, où qu'on bruloit un corps mort, la chose se faisoit avec mille démonstrations de joye. (6) Tous ceux qui assistoient à la cérémonie ne s'entretenoient que du glorieux échange par lequel le défunt avoit quitté une vie sujette à tant de misères, pour entrer dans l'état d'une parfaite félicité. En un mot on jouoit, on chantoit, on se régaloit pendant les obsèques, qui duroient ordinairement trois jours, de la même manière qu'on le faisoit dans les fêtes solemnelles, & dans les réjouissances publiques.

3°. Les loix de l'honneur & de la bienséance vouloient (7) qu'une femme qui perdoit son mari renonçât à la vie, & qu'elle se fit enterrer avec lui. Ainsi, lorsque la polygamie eut été introduite parmi les getes & les thraces, (8) on vit naître une noble contention entre les femmes qu'un homme laissoit après lui. Elles prétendoient toutes à la gloire de mêler leurs cendres avec celles de leur mari, & de reposer avec lui dans un même tombeau. Non contentes de solliciter elles mêmes les juges établis pour décider le différend, elles employoient encore tout le crédit de leurs parens, & de leurs amis, pour se faire préférer à leurs rivales. Les juges prononçoient ordinairement en faveur de celle des femmes que le défunt avoit le plus aimée, & qui passoit pour la plus vertueuse; & pendant que les autres femmes se désespéroient d'avoir perdu leur cause, celle qui avoit été préférée, revêtue de tous ses atours, se rendoit en triomphe au tombeau, où son plus

---

(1) Sua cuique arma, quorumdam igni & equus adjicitur. *Tacit : Germ : Cap. 27.*

(2) Ubi vir quispiam Erulus fato concesserat, necessitas incumbebat uxori, quæ virtutem profitebatur, & gloriam acquirere volebat, laqueo ad mariti tumulum vitam finire; ni faceret, ingloriam vitam agebat, & mariti affines offendebat. *Procop : Goth : Lib. 2. Cap. 14. p. 419.*

(3) Lugentur apud quosdam puerperia, natique deflentur. Funera contra festa sunt, & velut sacra, cantu lusuque celebrantur. *Pomp : Mel : 2. 2. p. 43.* Thraciæ vero illa natio merito sapientiæ laudem sibi vindicaverit, quæ natales hominum flebiliter, exequias cum hilaritate celebrant, sine ullis doctorum præceptis verum conditionis nostræ habitum pervidit. *Val : Max. Lib. 2, cap. 6. n. 12. p. 59.*

(4) Apud plurimos luctuosa sunt puerperia denique recentem natum fletu parens accipit. Controversum læta sunt funera, adeo ut exemtos gaudio prosequantur. *Solin. Cap. 15. p. 214.*

(5) Thraufis cum editus est infans, propinqui eum circumsidentes ejulant propter mala quæ necesse est illi, postquam vitam ingressus est, perpeti, ibi omnes humanas calamitates recensent. Ludentes autem & læti mortuum terra operiunt, referentes quot malis liberatus, in omni sit felicitate. *Hérodot : V. 4.*

(6) Voyez les trois notes précédentes.

(7) Getarum leges sunt mulierem in honorem mariti defuncti sacrificari. *Step : de Urb : p. 271.*

(8) Ubi quis (*Thracum*) decessit, disceptatio magna fit inter uxores, acri amicorum circa hanc rem studio, quænam dilecta fuerit a marito præcipue. Quæ talis judicata est, & hunc honorem adepta, ea a viris ac mulieribus exornata, ad tumulum à suo propinquissimo mactatur, unaque cum viro humatur, ceteris uxoribus id sibi pro ingenti calamitate, ducentibus, nam id eis summo dedecori. *Hérodot. V. 5.*

proche parent lui rendoit le service de l'égorger, & de l'enterrer auprès de son mari.

4°. J'ai dit ailleurs, après Hérodote, (1) que les getes envoyoient tous les cinq ans à Zamolxis un messager qu'ils chargeoient de leurs commissions pour l'autre monde. Clément d'Alexandrie, qui rapporte la chose d'une manière un peu différente, ajoute (2), qu'il y avoit dans cette occasion de la contention entre les getes, qui aspiroient tous à une commission si honorable. On immoloit celui qui étoit reconnu pour le plus honnête homme. Ceux qui s'étoient présentés, & que l'on renvoyoit s'affligeoient d'être exclus d'un ministère si glorieux.

Nous apprenons de Servius, (3) que les anciens habitans de l'Italie, quand ils enterroient un homme distingué, & surtout un guerrier, le faisoient accompagner dans l'autre monde par des prisonniers que l'on égorgeoit sur son tombeau.

Enfin tous les peuples inconnus, qui demeuroient au Nord de l'Europe, & que l'on désignoit sous le nom général de scythes, avoient aussi les mêmes usages. (4) Ils enterroient tout vivans, ou ils égorgoient près du tombeau, les personnes que le mort avoit le plus affectionnées.

On peut voir dans Hérodote (5) ce que les scythes, établis le long du Borysthène, pratiquoient dans les obseques de leurs souverains. Après avoir promené le corps mort du roi par tous ses états, on le portoit enfin dans le lieu où la maison royale avoit son tombeau. Là on enterroit, avec le roi, quelqu'une de ses concubines, son échanson, son cuisinier, le maître de ses dépêches, des phioles d'or, avec une partie de ses chevaux, & de ses autres biens. L'année suivante on étrangloit encore, dans le même endroit, cinquante domestiques du roi, & cinquante de ses plus beaux chevaux. Ces barbares usages ont subsisté long-tems parmi les peuples scythes. Ainsi, du tems de l'empereur Justinien, (6) un prince Turc, nommé Turcathi, qui venoit de perdre son père Dilzibul, se fit amener quatre prisonniers Huns, & les dépêcha avec les chevaux de son père, pour lui porter de ses nouvelles.

L'uniformité de ces coûtumes, qui s'étendoient aussi loin que les bornes de l'Europe, & même au de-là, prouve que les peuples scythes & *Celtes* avoient tous l'idée d'une autre vie, à laquelle les hommes passoient par la mort. Ce n'est pas cependant ce premier article qui distinguoit leur doctrine. Nous avons vu que les pythagoriciens reconnoissoient aussi un avenir heureux pour les gens de bien, & malheureux pour les méchans. Il faut donc passer aux autres points de leur créance, par rapport au sujet que nous examinons.

Les *Celtes* croyoient, en second lieu, un retour de l'homme à la vie. Il y a dans Suidas un passage qui prouve, que c'étoit le sentiment des thraces. (7) *Les terises & les crobises disent que les morts vont trouver Zamolxis, mais qu'ils reviendront au monde. Ils repetent la chose,* toutes les fois qu'il meurt quelqu'un, *& ils croyent dire toujours la vérité. De-là vient que, dans les obseques, ils égorgent des victimes, & font bonne chere, dans l'espérance que le mort reviendra.*

La même opinion étoit généralement reçue parmi les germains. *Ils méprisent la mort*, disoit

---

Ne fœminis quidem (*Getarum*) segnis est animus super mortuorum virorum corpora interfici, simulque sepeliri votum eximium habent; & quia plures simul singulis nuptæ sunt, cujus id sit decus, apud judicaturos magno certamine affectant. Moribus datur, eique maxime lætum, cum in hoc contenditur vincere. Mœrent aliæ, & cum acerbissimo planctu efferunt. *Pomp: Mel: 2. 2. p. 43.*

Quæ fœminæ tenaces sunt pudicitiæ, defunctorum insiliunt conjugum rogos, & quod maximum insigne ducunt castitatis, præcipites in flammas eunt. *Solin. Cap. 16. p. 214.*

(1) Quovis quinquennio ad Zamolxin mittunt quempiam ex ipsis forte delectum, præcipientes quod visum fuerit. *Hérodot: 4. 94.*

(2) Legatum eligunt quotannis ad Zamolxin Heroëm. Zamolxis autem erat è Pythagoræ familiaribus. Mactatur igitur qui fuerit judicatus probatissimus, iis qui contenderunt quidem, sed non electi sunt, mœrentibus, ut qui sint repulsi à beato ministerio. *Clem: Alex: Strom: 4. 598.*

(3) Apud Sepulcra & Victimæ cæduntur. Apud veteres & homines interficiebantur. Sed mortuo Junio Bruto, cum multæ gentes ad ejus funus captivos misissent, nepos illius, eos qui missi erant, inter se composuit, & sic pugnaverunt. *Servius ad Æneid. 3. vs. 67. p. 873.* Mos erat in sepulcris, fortium captivos necari, quod postquam crudele visum est, placuit gladiatores ante sepulcra dimicare, qui à Bustis, Bustiarii dicti sunt. *Idem. ad Æneid. X. vs. 519. p. 622.*

(4) Euseb: Præpar:Evang.Lib.1. p. 24. Hieronym. adv. Jovin: Lib. 2. Tom. 2 p. 53.

(5) *Hérodote* 4. 71. *Dio Chrysost.* 13. p. 219.

(6) *Menander in Excerpt. Legat.* p. 164.

(7) Terizi, & Crobizi dicunt mortuos ad Zamolxin migrare, sed redituros; & hæc semper credunt vere se dicere. Mactant autem & convivantur tanquam redituro mortuo. *Suidas in Zamolxi.*

Appien, (1) *parce qu'ils espèrent de revivre.* Les gaulois aussi croyoient, (2) *que les ames retournent à la vie, & rentrent dans un autre corps après un certain nombre d'années.*

Ce second dogme encore étoit commun aux *Celtes*, non seulement avec la secte de Pythagore, mais aussi avec les (3) platoniciens, qui enseignoient que les ames, après avoir passé par les peines, ou par les récompenses de l'autre vie, reviendroient au monde, & rentreroient dans d'autres corps. Platon lui même dit, (4) ou fait dire à l'un de ses interlocuteurs, qu'au bout de neuf ans les ames rentroient dans un autre corps.

Mais voici l'article capital & distinctif de la religion des *Celtes*. Ils croyoient, que les ames ne retourneront à la vie qu'une seule fois. Lucain l'assure formellement, & son témoignage est d'un poids d'autant plus grand, qu'étant né au milieu des *Celtes*, il n'a rien avancé sur leur sujet, qui ne prouve qu'il étoit parfaitement bien instruit. Voici ce qu'il dit, au livre premier de son poëme, en s'adressant aux druides (5) *S'il faut vous en croire, les Ames ne descendent pas dans le séjour des ténèbres & du silence, ni dans l'empire souterrain de Pluton. Vous dites, je ne sais si vous en avez quelque certitude, que le même esprit anime le corps dans un autre monde, & que la mort est le milieu d'une longue vie.* On voit deux choses dans ces paroles. La première, que, selon la doctrine des gaulois, l'ame animoit un nouveau corps, ou plutôt le même corps dans un autre monde dont je parlerai tout-à-l'heure.

---

(1) Germani mortem contemnunt, quod sperent se ad vitam redituros. *Appian. Celt.* p. 1192.

(2) Voyez le passage de Diodore de Sicile, ci-dessus,

(3) *Virg. Æneid.* 6. *vs.* 736. & seq. *Demetr. Triclin. Schol. ad Pindar. Olymp.* 2. p. 146.

(4) Plato *Menon.* p. 415. *Stobæus. Serm.* 141. p. 432.

(5) ... Vobis auctoribus, umbræ,
Non tacitas Erebi sedes, Ditisque profundi
Pallida regna petunt; regit idem spiritus artus
Orbe alio. Longæ, (canitis si cognita) vitæ
Mors media est. Certe populi, quos despicit Arctos,
Felices errore suo, quos ille, timorum
Maximus haud urget leti metus. Indè ruendi
In ferrum mens prona viris, animæque capaces
Mortis, & ignavum redituræ parcere vitæ.
Lucan. lib. 1. *vs.* 449.

La seconde, qu'ils regardoient la mort comme le milieu qui séparoit la vie courte & misérable que les hommes mènent ici bas, de la vie longue & heureuse qui les attendoit dans un autre monde. C'est ce qu'exprime aussi le passage de Pomponius Mela, que j'ai déja cité. *Les druides disoient que les ames sont éternelles, & qu'il y a une autre vie auprès des manes.*

Les perses, comme les gaulois, n'admettoient qu'un seul retour de l'homme à la vie, & ils ne pouvoient même en croire plusieurs, parce qu'ils étoient dans l'idée, que les hommes qui reviendront au monde ne seront plus sujets à la mort. *Les mages enseignoient,* comme Théopompus l'avoit remarqué, (6) *que les hommes retourneront à la vie, pour être immortels, & qu'alors toutes choses demeureront toujours dans le même état.*

Le philosophe Démocrite, [7] qui avoit fait un voyage en Perse, pour y entendre les mages, en avoit aussi rapporté (8) la même doctrine. La métempsycose des peuples *Celtes* n'étoit donc autre chose que la résurrection des morts. Le mot de revivre, ἀναβιῶσαι dont les anciens se servent pour exprimer l'opinion de ces peuples, l'insinue assez clairement. Mais il y en a une autre preuve, qui est encore plus forte, c'est que les *Celtes*, en parlant des plaisirs de l'autre vie, y associoient toujours le corps.

Il paroît par tout ce que je viens de dire, qu'il y avoit effectivement de la conformité entre les sentimens de Pythagore, & ceux des *Celtes*, sur le sort de l'homme après cette vie. Mais il s'en faut de beaucoup que la conformité fût parfaite. On croyoit de part & d'autre, premièrement des peines & des récompenses où les hommes entrent par la mort, & en second lieu un retour de l'homme à la vie. Mais les *Celtes* disoient que les hommes ne reviennent à la vie qu'une seule fois, au-lieu que Pythagore, supposé qu'on ait bien compris ses sentimens, établissoit une circulation perpétuelle des ames, qui passoient successivement d'un corps à l'autre. Le philosophe prétendoit que les peines & les récompenses de l'autre vie ne regardoient que l'ame, & qu'elles ne du-

---

(6) Theopompus 8. Philippicorum dicit, secundum Magos, homines ad vitam redituros (ἀναβιῶσαι) & immortales fore, & omnia quæ sunt suis invocationibus conservanda. *Diogen: Laert. Proœm.* pag. 5. 7.

(7) Democritus Magos quosdam & Chaldæos audiv *Diogen: Laert. in Democrito init.*

(8) Similis & de asservandis corporibus hominum, ac revivisicendi, promissa Democrito vanitas, qui non revixit ipse. *Plin:* 7. 9

roient qu'un certain tems, au lieu que, selon l'opinion des *Celtes*, elles devoient être éternelles, & s'étendre également à l'ame & au corps.

C'est au reste cette espérance d'une résurrection qui apprenoit aux *Celtes* à mépriser le danger, & à braver la mort. Je ne sais si les Pythagoriciens trouvoient de grandes consolations dans le dogme de la métempsycose. On dit qu'ils perdoient la vie sans aucun regret, parce qu'ils la quittoient avec la ferme persuasion d'y revenir. Mais comme, suivant leur doctrine, ils pouvoient y revenir, pour y être plus mal, & pour se voir réduits à la condition des brutes, je ne comprens pas que l'espérance d'un semblable retour dût avoir une grande efficace pour les détacher du monde, & de la vie. J'avoue que je sens encore moins la force d'un raisonnement par lequel on vouloit persuader à l'homme, qu'il ne devoit point craindre la mort, parce qu'il étoit appellé à la souffrir plusieurs fois. Quoi qu'il en soit, si la doctrine de la transmigration des ames avoit quelque vertu pour affoiblir dans l'homme la crainte de la mort, on conviendra au moins que les *Celtes*, qui attendoient une vie immortelle, & qui étoient persuadés encore qu'on ne pouvoit y arriver que par une mort violente, devoient trouver dans cette persuasion des sujets & des encouragemens tout particuliers pour mépriser cette vie temporelle, & pour se précipiter tête baissée dans les plus grands dangers. C'est encore sur l'espérance de la résurrection qu'étoit fondée la coutume qu'avoient les scythes & les *Celtes*, (1) d'enterrer, avec un homme mort, non seulement les personnes qu'il avoit aimées, mais encore de l'or, de l'argent, avec tout ce qu'il avoit possédé de plus précieux. On croyoit, sans doute, que les personnes que l'on enterroit ensemble resusciteroient en même tems, & que les richesses que l'on déposoit dans les tombeaux pourroient leur être utiles après la résurrection.

Voyons présentement où les *Celtes* plaçoient le lieu des peines & des récompenses. Lucain, dans un passage que je viens de citer, dit *que les ames animent le corps dans un autre monde*, c'est-à-dire, dans un pays séparé de notre continent. C'est ce que les anciens habitans de l'Europe, appelloient l'Isle, ou les isles des bienheureux. On trouve dans Démosthène (2), que l'opinion reçue de son tems parmi les grecs étoit que les gens de bien descendent en mourant aux enfers, & vont trouver les dieux Manes. Mais que, selon l'ancienne doctrine, elles étoient transportées dans les isles des bienheureux. C'est dans ces isles, que Lucien (3) place, entre autres héros, les deux Cyrus, Zamolxis, & Anacharsis. Tzetzès, dans son commentaire sur Lycophron, dit (4) qu'*Hésiode, Homère, Euripide, Plutarque, Dion, Procope, Philostrate, & plusieurs autres, s'accordent à placer ces isles dans la Mer Océane; & que c'est là effectivement que l'on trouve l'isle de la Grande Bretagne, & à l'Orient de la Province de Bretagne, & à l'Occident de l'Isle de Thulé.*

Le témoignage de tous ces auteurs ne seroit cependant pas d'un grand poids, s'il ne paroissoit par les passages de Plutarque, & de Procope, que je vais rapporter, que les *Celtes* mêmes plaçoient le paradis dans la Grande Bretagne, ou au-moins dans quelqu'une des isles voisines.

Voici le passage de Plutarque. (5) Demé-

---

(1) Albani pecunias cum defunctis sepeliunt. *Strabo* 11. *pag.* 503. On trouve ordinairement de l'argent dans les urnes que l'on déterre, même dans le Nord de l'Allemagne, où les romains n'ont point pénétré. *Hagenberg Ger: Med: Diss.* 11. *p.* 30.

(2) Nonne hi beati sunt judicandi, quos assessore esse Diis Manibus jure dixeris, eademque esse conditione, qua veteres illos bonos & præstantes viros in Insulis Beatorum. *Demosthen. Orat. Funeb.* p. 157.

(3) *Lucian.* 5. *Histor. lib.* 2. *p.* 396.

(4) Beatorum Insulæ ad Oceanum profundos vortices habentem, secundum Hesiodum, Homerum, Euripidem, Plutarchum, Dionem, Procopium, Philostratum & alios. Ad Oceanum enim est Insula Britanniæ in Occidente sitam, & Thulen quæ ad Orientem. *Tzetz. ad Lycophr.* p. 123. 124. Celebratæ illæ Beatorum Insulæ dicuntur esse in Occidentali Oceano, *Eustath. ad Dion. Perieg.* vs. 541. p. 91.

(5) Demetrius ait, Insularum quæ Britanniæ adjacent, esse multas desertas, quarum nonnullæ Dæmonum, & Heroum nominantur. Porro se, visendi studio, regi aliquando in desertarum proximam navigantі, comitem adjunxisse, quam pauci admodum incolerent, sed qui Britannis sacri omnes erant, & ab omni direptione, injuriaque tuti. Ubi primum eo appulsum esset, fœdam repente coortam in aëre tempestatem, crebra simul prodigia, ventorum procellas, igneosque turbines contigisse. Quorum vis ubi remisisset, dixisse Insulanos, aliquem ex Heroibus, (κρυττоνων) extinctum esse. Quemadmodum enim, inquiebant, lucerna accensa, dum splendet, nihil grave habet, sic vero extinguatur, multis molesta est, sic etiam magnæ animæ, benigno & innoxio fulgore collucent; si vero extinguantur, & pereant, sæpe, ut nunc factum, ventos & grandines excitant, sæpe pestilentiæ veneno aërem infectant. Illic porro Insulam quandam esse, ubi vinctum Saturnum & sopitum Briareus custodiat, novum enim hoc somni vinculum adversus eum excogitatum fuisse. Multos vero circa eum esse dæmones, famulos & ministros. *Plutarch: de Oracl: Defect: T.* 2. *p.* 419. & ex illo *Euseb. Præcep. Ev. Lib. V. Cap.* 17. *p.* 207.

» trius dit, qu'entre les isles, voisines de la
» Grande Bretagne, il y en a quelques unes de
» désertes, que l'on appelle les isles des génies,
» & des héros. Ayant suivi un jour, par curio-
» sité, un roi qui s'embarquoit pour la plus voi-
» sine de ces isles désertes, ils n'y trouvèrent
» qu'un petit nombre d'habitans, qui vivoient
» cependant dans une pleine sureté, parce que
» les bretons les tenoient pour sacrés. Aussi-tôt
» qu'ils furent arrivés à l'isle, il s'éleva une
» violente tempête, accompagnée de différens
» prodiges, de coups de vent, & de tourbil-
» lons de feu. Après que la tempête fut appaisée,
» les habitans de l'isle leur dirent qu'il venoit de
» mourir quelque grand personnage. Car, disoient-
» ils, comme une chandelle allumée n'incom-
» mode personne aussi long-tems qu'elle éclaire,
» au lieu qu'elle répand une odeur désagréable,
» quand elle vient à s'éteindre, de même aussi
» les grandes ames brillent d'une clarté agréable
» & bienfaisante ; mais quand elles viennent à s'é-
» teindre & à périr, elles excitent souvent,
» comme cela vient d'arriver, des vents & de
» la grêle. D'autrefois elles infectent l'air de
» vapeurs pestilentielles. On leur raconta encore
» qu'il y avoit dans ces contrées une isle où le
» géant Briareus gardoit Saturne qu'il tenoit
» enchaîné & endormi. Ce sommeil étoit un
» nouveau charme que l'on avoit inventé pour le
» lier, & il avoit autour de lui plusieurs génies
» pour le servir.

Le passage de Procope est encore plus formel.
» (1) On prétend que les ames des morts sont
» portées dans la Grande Bretagne. Je vais rap-
» porter la chose de la manière que les gens du
» pays me l'ont racontée fort souvent, & fort
» sérieusement, quoique j'aye beaucoup de pen-
» chant à croire que la chose ne se passe qu'en
» rêve. Le long de la côte opposée à cette isle
» il y a plusieurs villages, occupés par des pes-
» cheurs, par des laboureurs, & par des mar-
» chands qui vont trafiquer dans la Grande Bre-
» tagne. Sujets aux Francs, ils ne leur payent
» aucun tribut, & on ne leur en a jamais im-
» posé. Ils prétendent en avoir été déchargés,
» parce qu'ils sont obligés de conduire tour-à-
» tour les ames. Ceux qui doivent faire l'office
» la nuit suivante se retirent dans leurs maisons
» d'abord qu'il fait obscur, & se couchent tran-
» quillement, en attendant les ordres de celui
» qui a la direction du trajet. Vers les minuit,
» ils entendent quelqu'un qui frappe à leur porte,
» & les appelle tout bas. Sur le champ ils se
» jettent à bas de leur lit, & courent à la côte,
» sans savoir quelle est la force secrette qui les y
» entraine. Là ils trouvent des barques vuides,
» & cependant si chargées, qu'elles s'élèvent à
» peine au dessus de l'eau de la hauteur d'un tra-
» vers de doigt. En moins d'une heure ils con-
» duisent ces barques dans la Grande Bretagne,
» au-lieu que le trajet est ordinairement de vingt
» quatre heures pour un vaisseau qui avance à
» force de rames. Arrivés à l'isle, il se retirent
» aussi-tôt que les ames sont descendues du vais-
» seau qui devient alors si léger, qu'il effleure
» à peine l'eau. Ils ne voyent personne, ni pen-
» dant le trajet, ni dans le débarquement. Mais
» ils entendent, à ce qu'ils disent, une voix
» qui articule à ceux qui reçoivent les ames le
» nom des personnes montées sur le vaisseau,
» avec le nom de leur père, & des charges
» dont ces personnes étoit revêtues. S'il y
» avoit des femmes dans la barque, la voix
» déclaroit le nom des maris qu'elles avoient
» eus ».

Les *Celtes*, ou au moins les gaulois, plaçoient
donc le paradis dans la Grande-Bretagne, ou dans
quelqu'une des isles voisines. Il ne faut pas être

(1) Ferunt igitur mortuorum hominum animas eo loco deportari consuevisse; quod quomodo fiat mox declarabo, prout ipse sæpe audivi ab illarum partium incolis, ea valde serio referentibus, quæ vulgo licet jactata, in facultatem aliquam somnificam refundenda existimo. Littus regionis, quæ Brittiæ Oceani Insulæ respondet, plurimi prætexunt vici, in quibus habitant piscatores, agricolæ, & alii qui in eam insulam commercii gratia navigant. Francorum quidem regibus cetera subditi, at semper vacui tributo, hoc onere levati, jam inde olim, cujusdam, ut aiunt, ministerii gratia, de quo nunc dicam. Narrant indigenæ, se id habere munus, ut in orbem, sua quisque vice, deducant animas. Quare qui ad hoc præstandum sequenti nocte se conferre debent, officii vice sibi tradita, ii primis tenebris, in suas domos recedunt, rei præsidem expectantes. Intempesta nocte pulsari fores, seque ad opus, obscura voce, acciri audiunt. Abjecta omni cunctatione corripiunt sese stratis, & ad littus vadunt, ignari quidem qua tandem ad id vi impellantur, sed tamen coacti. Paratas ibi scaphas vident, hominibus penitus vacuas, non suas, verum alias quasdam, quibus conscensis, apprehendunt, remos, & naves sentiunt tot vectoribus onustas, ut ad summam usque tabulam & columbaria immersæ, supra aquam vix digito extent. Neminem ipsi conspiciunt, neque hora plus remigando appellunt in Brittiam, quamvis cum navigiis vehuntur suis, neque velis utuntur, sed remis, vix eo trajiciant noctis unius ac diei spatio. Delati in insulam simul factam exentionem intelligunt, discedunt exoneratis repente navibus, itaque emersis, ut in aquam nonnulli carina tenus depressæ sint. Nullum hominem vident, nec navigantem secum, nec navi egredientem. Solum affirunt audire se inde vocem, quæ vectorum singulorum nomina tradere excipientibus, & dignitates pristinas recensere, patrisque addito nomine ipsos compellare videatur. Si quæ foeminæ una transfretaverint, viros quibuscum matrimonio junctæ vixerint, nominatim inclamant. Hæc ibi indigenæ heri produnt. *Procop: Goth. L. 4. Cap. 20 p 614. & ex illo Tzetz. ad Lycoph. ub. sup.*

Philosophie anc. & mod. Tome I. Xxxx

surpris, après cela, (1) que les druïdes publiassent que leur doctrine avoit été apportée de ce pays là. C'étoit lui assurer une origine céleste & divine. J'ai lû quelque part que la célèbre caverne, que les irlandois appellent le trou, ou le purgatoire de St. Patrice, passoit autrefois pour être l'entrée de l'enfer ; & c'est peut-être là l'endroit où l'on prétendoit que Saturne étoit gardé par le géant *Briareus*.

Les anciens que j'ai eu occasion de consulter n'entrent pas dans un plus grand détail, & ne déterminent pas ce que les *Celtes* pensoient sur la nature même des peines & des récompenses qui attendoient l'homme dans une autre vie. L'edda des islandois suppléera à ce défaut. Cet ouvrage, qui a été compilé dans le XIII. siècle, est un recueil de l'ancienne mythologie des peuples du Nord. Quoiqu'il soit rempli d'une infinité de fables puériles, on ne laisse pas d'y trouver aussi divers morceaux, aussi anciens que curieux, sur la religion de ces peuples. Le lecteur ne sera pas fâché que j'en rapporte ici quelques-uns qui m'ont paru d'autant plus interressans, qu'ils s'accordent parfaitement avec la doctrine que j'ai représentée dans les paragraphes précédens.

Le lieu où les morts jouissoient de la souveraine félicité, étoit le *Valhalla*, le palais du grand *Odin* ; & on ne pouvoit y entrer que par une mort violente. L'edda y est formelle. *Tous les hommes qui ont été tués à la guerre, depuis le commencement du monde, vont trouver Odin dans le Valhalla.* Cette idée subsiste encore aujourd'hui parmi les Obstiaques, qui sont un peuple scythe, établi le long de l'Obi. M. Stralenberg, ayant demandé à un homme de cette nation, (2) *ce que leur ame devenoit après la mort ?* l'obstiaque répondit, *que ceux d'entre eux qui mouroient d'une mort violente, ou à la guerre des ours, entroient d'abord dans le ciel. Mais que ceux qui mouroient dans leur lit, ou d'une autre sorte de mort naturelle, étoient obligés de servir long-tems sous la terre, auprès du dieu rigoureux, avant qu'ils pussent être reçus dans le ciel.*

L'enfer que les islandois appelloient *Nifflheim*, le séjour des vauriens, ou de la canaille, étoit partagé en neuf mondes. Le génie qui en avoit la direction étoit chargé de partager dans ces neuf mondes toutes les personnes mortes de maladie ou de vieillesse. (3) *Hela*, ou *Hécate*, fut envoyé en *Nifflheim*, & reçut l'empire de neuf mondes pour y assigner des demeures à tous ceux qui lui sont envoyés. Là sont tous ceux qui meurent de maladie ou de vieillesse.

Je suis persuadé que ces idées étoient communes à tous les peuples Scythes & *Celtes*. (4) *Les Cimbres & les Celtibères sautoient & dansoient en allant à la bataille, comme devant sortir de la vie d'une manière également glorieuse & salutaire. Mais ils se lamentoient quand ils étoient malades, comme s'ils avoient dû périr de la manière du monde la plus honteuse & la plus misérable.* On en voit la raison dans les idées que je viens d'exposer. Ceux qui perdoient la vie dans un combat mouroient avec la ferme espérance de passer à un état de gloire & de bonheur. Ceux qu'une maladie dangereuse menaçoit d'une mort prochaine étoient environnés des frayeurs de l'enfer qu'ils regardoient comme inévitable pour eux.

Les irlandoises, quand elles étoient accouchées d'un fils, prioient dieu qu'il fît la grace à cet enfant *de mourir à la guerre*, c'est-à-dire, qu'elles faisoient des vœux pour son salut. *Les Thraces s'accordoient tous* (6) *à quitter la vie par une mort volontaire.* Les espagnols prévenoient la vieillesse & la mort naturelle, en se précipitant d'un rocher, ou en se jettant sur leur épée. La plûpart des (8) germains s'étrangloient eux-mêmes. Ils croyoient tous qu'une mort violente étoit la seule porte par laquelle l'homme pût entrer dans le séjour de la gloire & de la félicité. Par la même raison, ces peuples croyoient rendre service aux malades & aux vieillards, en les délivrant de la vie d'une manière qui les délivrât des supplices de l'enfer, & qui leur assurât une place honorable dans le Valhalla.

L'idée que les *Celtes* se faisoient des plaisirs & des délices de l'autre vie s'accordoit parfaitement

___

(1) Disciplina in Britannia reperta, atque inde in Galliam translata esse existimatur ; & nunc qui diligentius eam rem cognoscere volunt, plerumque illo, discendi causâ, proficiscuntur. *Cæsar : 6. 13.*

(2) *Stralemberg pag. 76. not. 2.*

(3) Hélam vero, seu Hécaten, in Niffiheimum demisit, imperiumque dedit super mundos ut mansiones inter eos qui ad ipsum mittuntur, distribuat. Hic sunt omnes ex morbis & senio mortui homines. *Edda Island : Mythol : 28.*

(4) Cimbri & Celtiberi in acie exultabant, tanquam gloriosè & feliciter vita excessuri. Lamentabantur in morbo quasi turpiter & miserabiliter perituri. *Valer. Max : Lib. 2. Cap. 6. n. 11.*

(5) Thraces concordant omnes ad interitum voluntarium. *Solin : Cap. 15. p. 114.*

(6) Germanorum plurimi laqueo mortem sibi inferunt. *Euseb : Præp : Ev. ex Bardesane Lib 6. cap. 10. pag. 177.*

avec les inclinations de ces peuples. Ne connoissant point d'autres plaisirs que celui de manger, de boire, de dormir, & de se battre, ils en faisoient aussi l'unique occupation des bienheureux. Tout le tems que les habitans du paradis ne passoient pas au lit, ou à table, ils l'employoient à s'escrimer & à se battre. Il faut écouter encore l'edda des islandois.

» (1) Le Valhalla a cinq cents quarante portes,
» si larges, que huit cents héros peuvent facile-
» ment entrer, & sortir de front par chacune de
» ces portes. Voici quelle est la récréation jour-
» nalière des héros, quand ils ne passent pas leurs
» tems à boire. D'abord qu'ils sont habillés, ils
» prennent tous leurs armes, & se rendent à la
» place où ils ont accoutumé de s'exercer. Là ils
» se terrassent les uns les autres à grands coups
» d'épée, ce qui est un jeu, & un divertissement
» pour eux. Quand l'heure du dîner approche,
» ils remontent à cheval, & se rendent tous
» sains & saufs à la cour, & s'y mettent à table
» pour boire. Odin est donc un grand dieu, puis-
» qu'il commande à une multitude d'hommes si
» innombrable.

La même mythologie dit que les héros étoient servis à table par des vierges qui leur présentoient à boire dans des cornes. (2) *Il y a encore dans le Valhalla d'autres vierges, qui servent les héros. Elles portent la boisson dans la salle à manger. Elles ont soin de la vaisselle, & de tout ce qui regarde le service de la table. Elles tirent aussi les cornes du buffet, pour les présenter aux héros.* La boisson des héros n'étoit pas l'Ambrosie, mais de la biere. On le voit dans l'hymne de Regnier Lodbrock, roi de Dannemarc, que j'ai eu occasion de citer ailleurs. Menant ses troupes à la bataille, il leur dit, pour allumer leur courage.

(3) Bibemus cerevisiam brevi
Ex concavis craniorum poculis
In præstantis Odini domicilio

Bientôt nous boirons de la biere, qui nous sera présentée dans des cranes, au palais du grand Odin.

A l'égard des mets que l'on servoit sur la table des héros, le plus délicieux étoit le lard de sanglier. (4) *Puisque tous les hommes, qui ont été tués à la guerre depuis le commencement du monde, vont trouver Odin dans le Valhalla, le nombre ne peut en être que très grand, & peu de gens savent d'où les héros tirent leur nourriture. Mais il n'y a jamais dans le Valhalla une si grande multitude d'hommes, que le seul lard du sanglier, que l'on appelle Scrimner, ne leur suffise abondamment. Tous les jours on le cuit, mais le soir on le retrouve tout entier.* Il paroît par ce détail, que les Celtes associoient le corps à la félicité à venir. On y mangeoit, on y buvoit, on s'y battoit. Mais c'étoit un corps impénétrable qui demeuroit toujours dans une immortelle vigueur.

Voilà ce que les peuples *Celtes* pensoient des plaisirs d'une autre vie, & des moyens d'y parvenir. Leur doctrine sur cet article étoit barbare autant que leur naturel. Mais elle influoit sur toute leur conduite. Elle leur apprenoit à mépriser le danger, & à mourir avec une véritable joye. Au-lieu d'attendre la mort, ils la prévenoient. Les chrétiens, qui ont d'autres preuves, & une autre certitude d'une vie à venir, en sont-ils encore plus inaccessibles aux frayeurs de la mort? Attendant un état qui sera le siège & la récompense éternelle de la vertu, aiment-ils la vertu, s'y attachent-ils, autant que les *Celtes* s'attachoient à cette fausse bravoure qu'ils regardoient comme le seul chemin de l'immortalité? Assurément ce parallele, si on vouloit le pousser, au-lieu d'être avantageux au chrétien, tourneroit tout entier à sa confusion.

J'ai achevé ce qu'il y avoit de plus important, & de plus difficile, dans le sujet que je me suis proposé de traiter; c'étoit d'indiquer, & d'établir les principaux dogmes de la théologie des *Celtes*. Il sera facile, après cela, d'éclaircir tout ce qui regardoit l'extérieur de leur religion, leurs cérémonies, leurs superstitions, parce que tout cela étoit fondé sur les principes que je viens d'exposer.

(Cet article extrait en grande partie de l'ouvrage du Savant PELLOUTIER, est de M. ROLAND DE CROISSY).

---

(1) Valhalla 540. fores habet tam amplas, ut per singulas 800 simul Monoheroes egredi & ingredi facilè possint. Recreatio autem Monoheroum quotidiana hæc est, cum poculis non indulgent. Vestiti omnes armantur, in Xystum progrediuntur, & mutuis sternuntur cædibus. Hic illorum ludus est. Instante vero prandii tempore, omnes incolumes in aulam equitant, & ad potandum confident. Est ergo Odinus magnus Deus, cum tam innumerabili præsit. hominum multitudini. *Edda Island. Myth.* 35.

(2) Adhuc aliæ sunt Virgines in Valhalla ministrantes, quæ potum inferunt, mensarumque curant supellectilem, & pocula (*Horn*) promunt Monoheroibus. *Edda Island. Myth.* 31.

(3) Bartholin: de Causis contemtæ à Dunis mortis Lib. 2. Cap. 12. pag. 557. apud Mascov. T. 2. pag. 176.

(4) Cum omnes homines ab initio mundi in bellis cæsi Valhallam ad Odinum veniant, copiosa oportet sit turba, & pauci norunt un de pascantur Monoheroes. Sed nunquam Valhallæ est tanta multitudo hominum, quin sufficere illis queat lardum Apri, qui Scrimner vocatur. Is quotidiè elixatur, sed vespere integer remanet. *Edda Mythol:* 33.

CARTÉSIANISME ou philosophie de Descartes, ainsi appellée du nom latin *Cartesius* de son auteur (*histoire de la philosophie moderne*).

Une note imprimée à la page 619, col. 1er. de ce volume, renvoye l'analyse de la philosophie cartésienne à l'article DESCARTES (philosophie de) mais ayant examiné, de nouveau, les motifs qui nous avoient d'abord déterminés à préférer cette derniere dénomination, nous avons jugé qu'il seroit plus commode pour les lecteurs, subjugués, comme tous les hommes, par le pouvoir de l'habitude, de trouver à l'article CARTÉSIANISME, tout ce qui concerne DESCARTES considéré purement & simplement comme philosophe. A l'égard de l'ordre alphabétique qui par cette derniere considération se trouve incidemment interrompu, il sera facile de le rétablir, & de reporter cet article & celui de CARDAN, à leur vraie place, par le moyen d'une table que nous joindrons à la fin de ce volume, & dans laquelle les differens articles qui le composent seront rangés exactement sous la lettre à laquelle ils appartiennent.

Réné DESCARTES naquit le 31 mai 1596 à la Haye, petite ville de la Touraine, de *Joachim Descartes*, conseiller au parlement de Bretagne, & de *Jeanne Brochard*, fille du lieutenant-général de Poitiers. On lui donna le surnom de *du Perron*, petite seigneurie située dans le Poitou, qui entra ensuite dans son partage après la mort de son pere.

La délicatesse de son tempérament, & les infirmités fréquentes qu'il eut à soutenir pendant son enfance, firent appréhender qu'il n'eût le sort de sa mere, qui étoit morte peu de tems après être accouchée de lui : mais il les surmonta, & vit sa santé se fortifier à mesure qu'il avança en âge.

Lorsqu'il eut huit ans, son pere lui trouvant des dispositions heureuses pour l'étude, & une forte passion pour s'instruire, l'envoya au collège de la Fléche. Il s'y appliqua pendant 5 ans & demi aux humanités ; & durant ce tems il fit de grands progrès dans la connoissance des langues grecque & latine, & acquit un goût pour la poésie, qu'il conserva jusqu'à la fin de sa vie.

Il passa ensuite à la philosophie, à laquelle il donna toute son attention, mais qui étoit alors dans un état trop imparfait pour pouvoir lui plaire. Les mathématiques auxquelles il consacra la dernière année de son séjour à la Fléche, le dédommagèrent des dégoûts que lui avoit causés la philosophie. Elles eurent pour lui des charmes inconnus, & il profita avec empressement des moyens qu'on lui fournit pour s'enfoncer dans cette étude aussi profondément qu'il pouvoit le souhaiter. Le recteur du collège lui avoit permis de demeurer long-tems au lit, tant à cause de la délicatesse de sa santé, que parce qu'il remarquoit en lui un esprit porté naturellement à la méditation. Descartes qui, à son réveil, trouvoit toutes les forces de son esprit recueillies, & tous ses sens rassis par le repos de la nuit, profitoit de ces conjonctures favorables pour méditer. Cette pratique lui tourna tellement en habitude, qu'il s'en fit une maniere d'étudier pour toute sa vie ; & l'on peut dire que c'est aux matinées qu'il passoit dans son lit, que nous sommes redevables de ce que son génie a produit de plus important dans la philosophie & dans les mathématiques.

Son pere qui avoit fait prendre à son aîné le parti de la robe, sembloit destiner le jeune du Perron à celui de la guerre : mais la grande jeunesse & la foiblesse de son tempérament ne lui permettant pas de l'exposer si-tôt aux travaux de ce métier pénible, il l'envoya à Paris, après qu'il eut fini le cours de ses études.

Le jeune Descartes s'y livra d'abord aux plaisirs, & conçut une passion d'autant plus forte pour le jeu, qu'il y étoit heureux. Mais il s'en désabusa bientôt, tant par les bons avis du P. Mersenne, qu'il avoit connu à la Fléche, que par ses propres réflexions. Il songea alors à se remettre à l'étude, qu'il avoit abandonnée depuis sa sortie du collège ; & se retirant pour cet effet de tout commerce oisif, il se logea dans une maison écartée du fauxbourg S. Germain, sans avertir ses amis du lieu de sa retraite. Il y demeura une partie de l'année 1614, & les deux suivantes presque entières, sans en sortir, & sans voir personne.

Ayant ainsi repris le goût de l'étude, il se livra entierement à celle des mathématiques, auxquelles il voulut donner ce grand loisir qu'il s'étoit procuré ; il cultiva particulierement la géométrie & l'analyse des anciens, qu'il avoit déjà approfondie dès le collège.

Lorsqu'il se vit âgé de 21 ans, il crut qu'il étoit tems de songer à se mettre dans le service, il se rendit pour cela en Hollande, afin d'y porter les armes sous le prince *Maurice*. Quoiqu'il choisît cette école, qui étoit la plus brillante qu'il y eût alors par le grand nombre de héros qui se formèrent sous ce grand capitaine, il n'avoit pas dessein de devenir grand guerrier ; il ne vouloit être que spectateur des rôles qui se jouent sur ce grand théâtre, & étudier seulement les mœurs des hommes qui y paroissent. Ce fut pour cette raison, qu'il ne voulut point d'emploi, & qu'il s'entretint toujours à ses dépens, quoique pour garder la forme, il eût reçu une fois la paie.

Comme on jouissoit alors de la trève, Descartes passa tout ce tems en garnison à Breda: mais il n'y demeura pas oisif. Un problème qu'il y résolut avec beaucoup de facilité, le fit connoître à *Isaac Beekman*, principal du collège de *Dordrecht*, lequel se trouvoit à Breda, & par son moyen à plusieurs savans du pays.

Il y travailla aussi à plusieurs ouvrages, dont le seul qui ait été imprimé, est son *Traité de la Musique*. Il le composa en latin suivant l'habitude qu'il avoit de concevoir & d'écrire en cette langue. Après avoir fait quelques autres campagnes sous différens généraux, il se dégoûta du métier de la guerre, & y renonça avant la fin de la campagne de 1621.

Il avoit remis à la fin de ses voyages à se déterminer sur le choix d'un état : mais, toutes réflexions faites, il jugea qu'il étoit plus à propos pour lui de ne s'assujettir à aucun emploi, & de demeurer maître de lui-même.

Après beaucoup d'autres voyages qu'il fit dans différens pays, la reine Christine de Suède, à qui il avoit envoyé son *Traité des Passions*, lui fit faire au commencement de l'année 1649 de grandes instances pour l'engager à se rendre à sa cour. Quelque répugnance qu'il se sentît pour ce nouveau voyage, il ne put s'empêcher de se rendre aux desirs de cette princesse, & il partit sur un vaisseau qu'elle lui avoit envoyé. Il arriva à Stockholm au commencement du mois d'octobre, & alla loger à l'hôtel de *M. Chanut*, ambassadeur de France, son ami, qui étoit alors absent.

La reine, qu'il alla voir le lendemain, le reçut avec une distinction qui fut remarquée par toute la cour, & qui contribua peut-être à augmenter la jalousie de quelques savans auxquels son arrivée avoit paru redoutable. Elle prit dans une seconde visite des mesures avec lui, pour apprendre la philosophie de sa propre bouche; & jugeant qu'elle auroit besoin de tout son esprit & de toute son application pour y réussir, elle choisit la première heure d'après son lever pour cette étude, comme le tems le plus tranquille & le plus libre de la journée, où elle avoit l'esprit plus rassis, & la tête plus dégagée des embarras des affaires.

Descartes s'assujettit à l'aller trouver dans sa bibliothèque tous les matins à 5 heures, sans s'excuser sur le dérangement que cela devoit causer dans sa manière de vivre, ni sur la rigueur du froid, qui est plus vif en Suède, que par-tout où il avoit vécu jusques-là. La reine en récompense lui accorda la grace qu'il lui avoit fait demander, d'être dispensé de tout le cérémonial de la cour, & de n'y aller qu'aux heures qu'elle lui donneroit pour l'entretenir. Mais, avant que de commencer leurs exercices du matin, elle voulut qu'il prît un mois ou six semaines pour se reconnoître, se familiariser avec le génie du pays, & former des liaisons qui pussent le retenir auprès d'elle le reste de ses jours.

Descartes dressa au commencement de l'année 1650 les statuts d'une académie qu'on devoit établir à Stockholm, & il les porta à la reine le premier jour de Février : qui fut le dernier qu'il la vit.

Il sentit à son retour du palais des pressentimens de la maladie qui devoit terminer ses jours; & il fut attaqué le lendemain d'une fièvre continue avec une inflammation de poumon. *M. Chanut* qui sortoit d'une maladie semblable, voulut le faire traiter comme lui : mais sa tête étoit si embarrassée, qu'on ne put lui faire entendre raison, & qu'il refusa opiniâtrement la saignée, disant, lorsqu'on lui en parloit : *Messieurs, épargnez le sang françois*. Il consentit cependant à la fin qu'elle se fît ; mais il étoit trop tard ; & le mal augmentant sensiblement, il mourut le 11 Février 1650, dans sa cinquante-quatrième année.

La reine avoit dessein de le faire enterrer auprès des rois de Suède avec une pompe convenable, & de lui faire dresser un mausolée de marbre : mais M. Chanut obtint d'elle qu'il fût enterré avec plus de simplicité dans le cimetière de l'hôpital des orphelins, suivant l'usage des catholiques.

Son corps demeura à Stockholm jusqu'à l'année 1666, qu'il en fut enlevé par les soins de M. d'Alibert, trésorier de France, pour être porté à Paris, il arriva l'année suivante. Il fut enterré de nouveau en grande pompe le 24 Juin 1667, dans l'église de Sainte-Geneviève du Mont. *Mém. de Littérat. tom.* 31.

Quoique Galilée, Toricelli, Pascal & Boyle soient proprement les pères de la physique moderne, Descartes, par sa hardiesse & par l'éclat mérité qu'a eu sa philosophie, est peut-être celui de tous les savans du dernier siècle à qui nous ayons le plus d'obligation. Jusqu'à lui l'étude de la nature demeura comme engourdie par l'usage universel où étoient les écoles de s'en tenir en tout au Péripatétisme. Descartes, plein de génie & de pénétration, sentit le vuide de l'ancienne philosophie : il la représenta au public sous ses vraies couleurs, & jetta un ridicule si marqué sur les prétendues connoissances qu'elle promettoit, qu'il disposa tous les esprits à chercher une meilleure route. Il s'offrit lui-même à servir de guide aux autres ; & comme il employoit une méthode dont chacun se sentoit capable, la curiosité se réveilla par-tout. C'est le premier bien que produisit la philosophie de Descartes ; le goût s'en répandit bientôt par-tout : on s'en faisoit honneur à la cour & à l'armée. Les nations voisines parurent envier à la France les progrès du *Cartésianisme*, à peu-près comme les succès des Espagnols aux deux Indes, mirent tous les européens dans le goût des nouveaux établissemens. La physique françoise, en excitant une émulation universelle, donna lieu à d'autres entreprises, peut-être à de meilleures découvertes. Le Newtonianisme même en est le fruit.

Nous ne parlerons point ici de la géométrie de Descartes ; personne ne conteste l'excellence, ni l'heureuse application qu'il en a faite à l'optique : & il lui est plus glorieux d'avoir surpassé en ce genre le travail de tous les siecles précédens, qu'il ne l'est aux modernes d'aller plus loin que Descartes. (*Voyez* ALGEBRE). Nous allons donner les principes de sa philosophie, répandus dans le grand nombre d'ouvrages qu'il a mis au jour : commençons par sa méthode.

Discours sur la méthode. Descartes étant en Allemagne, & se trouvant fort désœuvré dans l'inaction d'un quartier d'hiver, s'occupa plusieurs mois de suite à faire l'examen des connoissances qu'il avoit acquises, soit dans ses études, soit dans ses voyages, & par ses réflexions, comme par le secours d'autrui : il y trouva tant d'obscurité & d'incertitude que la pensée lui vint de renverser ce mauvais édifice, & de rebâtir le tout de nouveau, en mettant plus d'ordre & de liaison dans ses connoissances.

1. Il commença par mettre à part les vérités révélées, parce qu'il *pensoit*, dit-il, *que pour entreprendre de les examiner & y réussir, il étoit besoin d'avoir quelqu'extraordinaire assistance du ciel, & d'être plus qu'homme.*

2. Il prit donc pour première maxime de conduite, d'obéir aux loix & aux coutumes de son pays, retenant constamment la religion dans laquelle Dieu lui avoit fait la grace d'être instruit dès l'enfance, & se gouvernant en toute autre chose selon les opinions les plus modérées.

3. Il crut qu'il étoit de la prudence de se prescrire par provision cette règle, parce que la recherche successive des vérités qu'il vouloit savoir, pouvoit être très-longue, & que les actions de la vie ne souffrant aucun délai, il falloit se faire un plan de conduite ; ce qui lui fit joindre une seconde maxime à la précédente, qui étoit d'être le plus ferme & le plus résolu en ses actions qu'il le pourroit, & de ne pas suivre moins constamment les opinions les plus douteuses lorsqu'il s'y seroit une fois déterminé, que si elles eussent été très-assurées. Sa troisième maxime fut de tâcher toujours plutôt de se vaincre que la fortune, & de changer plutôt ses desirs que l'ordre du monde. Réfléchissant enfin sur les diverses occupations des hommes, pour faire choix de la meilleure, il crut ne pouvoir rien faire de mieux que d'employer sa vie à cultiver sa raison par la méthode que nous allons exposer.

4. Descartes s'étant assuré de ces maximes, & les ayant mises à part, avec les vérités de foi qui ont toujours été les premières, en sa créance jugea que pour tout le reste de ses opinions, il pouvoit librement entreprendre de s'en défaire.

« A cause, dit-il, que nos sens nous trompent quelquefois, je voulus supposer qu'il n'y avoit aucune chose qui fût telle qu'ils nous la font imaginer ; & parce qu'il y a des hommes qui se méprennent en raisonnant, même touchant les plus simples matières de géométrie, & y font des paralogismes ; jugeant que j'étois sujet à faillir autant qu'un autre, je rejettai comme fausses toutes les raisons que j'avois prises auparavant pour des démonstrations ; & enfin considérant que toutes les mêmes pensées que nous avons étant éveillées, nous peuvent aussi venir quand nous dormons, sans qu'il y en ait aucune pour lors qui soit vraie, je résolus de feindre que toutes les choses qui m'étoient jamais entrées dans l'esprit, n'étoient non plus vraies que les illusions de mes songes. Mais aussi-tôt après je pris garde que pendant que je voulois ainsi penser que tout étoit faux, il falloit nécessairement que moi qui le pensois, fusse quelque chose : & remarquant que cette vérité, *je pense, donc je suis*, étoit si ferme & si assurée, que toutes les plus extravagantes suppositions des Sceptiques n'étoient pas capables de l'ébranler, je jugeai que je pouvois la recevoir sans scrupule pour le premier principe de la philosophie que je cherchois.

» Puis examinant avec attention ce que j'étois, & voyant que je pouvois feindre que je n'avois aucun corps, & qu'il n'y avoit aucun monde ni aucun lieu où je fusse, mais que je ne pouvois pas feindre pour cela que je n'étois point, & qu'au contraire de cela même, que je pensois à douter de la vérité des autres choses, il suivoit très-évidemment & très-certainement que j'étois ; au lieu que si j'eusse seulement cessé de penser, encore que tout le reste de ce que j'avois jamais imaginé eût été vrai, je n'avois aucune raison de croire que j'eusse été : je connus de-là que j'étois

» une substance dont toute l'essence ou la nature n'est que de penser, & qui pour être, n'a besoin d'aucun lieu, ni ne dépend d'aucune chose matérielle; ensorte que moi, c'est-à-dire, l'ame par laquelle je suis ce que je suis, est entierement distincte du corps, & même que il est plus aisée à connoître que lui, & qu'encore qu'il ne fût point, elle ne laisseroit pas d'être tout ce qu'elle est ».

« Après cela, je considerai en général ce qui est requis à une proposition pour être vraie & certaine : car, puisque je venois d'en trouver une que je savois être telle, je pensai que je devois aussi savoir en quoi consiste cette certitude ; & ayant remarqué qu'il n'y a rien de tout ceci, *je pense, donc je suis*, qui m'assure que je dis la vérité, sinon que je vois très-clairement que pour penser il faut être, je jugeai que je pouvois prendre pour règle en général, que les choses que nous concevons fort clairement & fort distinctement sont toutes vraies ».

5. Descartes s'étend plus au long dans ses *méditations*, que dans le *discours sur la méthode*, pour prouver qu'il ne peut penser sans être ; & de peur qu'on ne lui conteste ce premier point, il va au devant de tout ce qu'on pourroit lui opposer, & trouve toujours qu'il pense, & que s'il pense, il est, soit qu'il veille, soit qu'il sommeille, soit qu'un esprit supérieur ou une divinité puissante s'applique à le tromper. Il se procure ainsi une premiere certitude ; ne s'en trouvant redevable qu'à la clarté de l'idée qui le touche, il fonde là-dessus cette règle célebre, *de tenir pour vrai ce qui est clairement contenu dans l'idée qu'on a d'une chose* ; & l'on voit par toute la suite de ses raisonnemens, qu'il sous-entend & ajoute une autre partie à sa règle, savoir, de ne tenir pour vrai que ce qui est clair.

6. Le premier usage qu'il fait de sa règle, c'est de l'appliquer aux idées qu'il trouve en lui même. Il remarque qu'il cherche, qu'il doute, qu'il est incertain, d'où il infere qu'il est imparfait. Mais il sait en même-tems qu'il est plus beau de savoir, d'être sans foiblesse, d'être parfait. Cette idée d'un être parfait lui paroît ensuite avoir une réalité qu'il ne peut tirer du fond de son imperfection : & il trouve cela si clair, qu'il en conclut qu'il y a un être souverainement parfait, qu'il appelle *Dieu*, de qui seul il a pu recevoir une telle idée. (*Voyez* COSMOLOGIE).

7. Il se fortifie dans cette découverte, en considérant que l'existence étant une perfection, est renfermée dans l'idée d'un être souverainement parfait. Il se croit donc aussi autorisé par sa règle à affirmer que Dieu existe, qu'à prononcer que lui, Descartes, existe, puisqu'il pense.

8. Il continue de cette sorte à réunir par plusieurs conséquences immédiates, une premiere suite de connoissances qu'il croit parfaitement évidentes, sur la nature de l'ame, sur celle de Dieu, & sur la nature du corps.

9. Il fait une remarque importante sur la *méthode* ; savoir » que ces longues chaînes de rai-» sons toutes simples & faciles, dont les géome-» tres ont coutume de se servir pour parvenir » à leurs plus difficiles démonstrations, lui avoient » donné occasion de s'imaginer que toutes les » choses qui peuvent tomber sous la connois-» sance des hommes, s'entresuivent en même » façon ; & que pourvû seulement qu'on s'abs-» tienne d'en *recevoir aucune pour vraie qui ne le* » *soit*, & qu'on garde toujours l'ordre qu'il faut » pour les déduire les unes des autres, *il n'y en* » *peut avoir de si éloignées auxquelles enfin on ne* » *parvienne, ni de si cachées, qu'on ne découvre* ».

10. C'est dans cette espérance que notre illustre philosophe commença ensuite à faire la liaison de ses premieres découvertes avec trois ou quatre règles de mouvement ou de méchanique, qu'il crut voir clairement dans la nature, & qui lui parurent suffisantes pour rendre raison de tout, ou pour former une chaîne de connoissances, qui embrasât l'univers & ses parties, sans y rien excepter.

» Je me résolus, dit-il, de laisser tout ce mon-» de-ci aux disputes des philosophes, & de par-» ler seulement de ce qui arriveroit dans un » nouveau monde, si Dieu créoit maintenant » quelque part dans les espaces imaginaires assez » de matiere pour le composer, & qu'il agitât » diversement & sans ordre les diverses parties » de cette matiere, en sorte qu'il en composât » un chaos aussi confus que les poëtes en puis-» sent feindre, & qu'après cela il ne fit que » prêter son concours ordinaire à la nature, & » la laisser agir selon les loix qu'il a établies.

» De plus, je fis voir quelles étoient les loix » de la nature..... Après cela je montrai com-» ment la plus grande partie de la matiere de » ce chaos devoit, ensuite de ces loix, se dis-» poser & s'arranger d'une certaine façon qui » la rendroit toute semblable à nos cieux ; com-» ment cependant quelques-unes de ces parties » devoient composer une terre, & quelques-unes, » des planetes & cometes, & quelqu'autres, » un soleil & des étoiles fixes..... De-là je vins » à parler particulierement de la terre ; comment » les montagnes, les mers, les fontaines, les » rivieres pouvoient naturellement s'y former, » & les métaux y venir dans les mines, & les

» plantes y croître dans les campagnes, & gé-
» néralement tous les corps qu'on nomme *mêlés*
» ou *composés*, s'y engendrer...... On peut croire,
» sans faire tort au miracle de la création, que par
» les seules loix de la méchanique établies dans
» la nature, toutes les choses qui sont purement
» matérielles, auroient pu s'y rendre telles que
» nous les voyons à présent.

» De la description de cette génération des
» corps animés & des plantes, je passai à celle des
» animaux, & particulièrement à celle des hom-
» mes ».

11. Descartes finit son *discours sur la méthode*,
en nous montrant le fruit de la sienne. « J'ai
» cru, dit-il, après avoir remarqué jusqu'où ces
» notions générales, touchant la physique, peu-
» vent conduire, que je ne pouvois les tenir
» cachées, sans pécher grandement contre la loi
» qui nous oblige à procurer, autant qu'il est en
» nous, le bien général de tous les hommes.
» Car elles m'ont fait voir qu'il est possible de
» parvenir à des connoissances qui sont fort utiles
» à la vie, & qu'au lieu de cette philosophie
» spéculative qu'on enseigne dans les écoles, on
» en peut trouver une pratique, par laquelle con-
» noissant la force & les actions du feu, de l'eau,
» de l'air, des astres, des cieux, & *de tous les*
» *autres corps qui nous environnent, aussi distinc-*
» *tement que nous connoissons les divers métiers de*
» *nos artisans, nous les pourrions employer en même*
» *façon à tous les usages auxquels ils sont propres,*
» *& ainsi nous rendre maîtres & possesseurs de la*
» *nature* ».

Descartes se félicite en dernier lieu des avantages qui reviendront de sa physique générale à
la médecine & à la santé. Le but de ses connoissances est *de se pouvoir exempter d'une infinité*
de maladies, & même aussi peut-être de l'affoiblis-
sement de la vieillesse.

Telle est la *méthode* de Descartes. Telles sont
ses promesses ou ses espérances. Elles sont grandes
sans doute; & pour sentir au juste ce qu'elles
peuvent valoir, il est bon d'avertir le lecteur
qu'il ne doit point se prévenir contre ce renoncement à toute connoissance sensible, par lequel
ce philosophe débute. On est d'abord tenté de
rire en le voyant hésiter à croire qu'il n'y ait ni
monde, ni lieu, ni aucun corps autour de lui:
mais c'est un doute métaphysique, qui n'a rien de
ridicule ni de dangereux; & pour en juger sérieusement, il est bon de se rappeller les circonstances où Descartes se trouvoit. Il étoit né avec
un grand génie; & il régnoit alors dans les écoles
un galimathias d'entités, de formes substantielles,
& de qualités attractives, répulsives, rétentrices,
concoctrices, expultrices & autres non moins
ridicules ni moins obscures, dont ce grand homme étoit extrêmement rebuté. Il avoit pris goût
de bonne heure à la méthode des géomètres, qui
d'une vérité incontestable, ou d'un point accordé,
conduisent l'esprit à quelqu'autre vérité inconnue; puis de celle-là à une autre, en procédant toujours ainsi; ce qui procure cette conviction d'où naît une satisfaction parfaite. La pensée lui vint d'introduire la même méthode dans
l'étude de la nature; & il crut, en partant de quelques vérités simples, pouvoir parvenir aux plus
cachées, & enseigner la physique ou la formation de tous les corps, comme on enseigne la
géométrie.

Nous reconnoîtrions facilement nos défauts,
si nous pouvions remarquer que les plus grands
hommes en ont eu de semblables. Les philosophes
auroient suppléé à l'impuissance où nous sommes
pour la plupart, de nous étudier nous mêmes,
s'ils nous avoient laissé l'histoire des progrès de
leur esprit: Descartes l'a fait, & c'est un des
grands avantages de sa méthode. Au lieu d'attaquer directement les scholastiques, il représente
le tems où il étoit dans les mêmes préjugés, il
ne cache point les obstacles qu'il a eu à surmonter pour s'en défaire; il donne les règles d'une
méthode beaucoup plus simple qu'aucune de
celles qui avoient été en usage jusqu'à lui, laisse
entrevoir les découvertes qu'il croit avoir faites,
& prépare, par cette adresse, les esprits à recevoir les nouvelles opinions qu'il se proposoit
d'établir: Il y a apparence que cette conduite a
eu beaucoup de part à la révolution dont ce
philosophe est l'auteur.

La méthode des géomètres est bonne; mais
a-t-elle autant d'étendue que Descartes lui en
donnoit? Il n'y a nulle apparence. Si l'on peut
procéder géométriquement en physique, c'est
seulement dans telle ou telle partie, & sans
espérance de lier le tout. Il n'en est pas de la
nature comme des mesures & des rapports de
grandeur. Sur ces rapports, Dieu a donné à
l'homme une intelligence capable d'aller fort loin,
parcequ'il vouloit le mettre en état de faire une
maison, une voûte, une digue, & mille autres
ouvrages où il auroit besoin de nombrer & de
mesurer. En formant un ouvrier, Dieu a mis en
lui les principes propres à diriger ses opérations:
mais destinant l'homme à faire usage du monde,
& non à le construire, il s'est contenté de lui en
faire connoître sensiblement & expérimentalement
les qualités usuelles; il n'a pas jugé à propos
de lui accorder la vue claire de cette machine
immense.

Il y a encore un défaut dans la méthode de
Descartes: selon lui, il faut commencer par définir les choses, & regarder les définitions comme
des principes propres à en faire découvrir les
propriétés. Il paroît au contraire qu'il faut commencer

mencer par chercher les propriétés; car, si les notions que nous sommes capables d'acquérir, ne sont, comme il paroît évident, que différentes collections d'idées simples que l'expérience nous a fait rassembler sous certains noms, il est bien plus naturel de les former, en cherchant les idées dans le même ordre que l'expérience les donne, que de commencer par les définitions, pour en déduire ensuite les différentes propriétés des choses.

Descartes méprisoit la science qui s'acquiert par les sens; & s'étant accoutumé à se renfermer tout entier dans des idées intellectuelles, qui pour avoir entr'elles quelque suite, n'avoient pas en effet plus de réalité, il alla avec beaucoup d'esprit, de méprise en méprise. Avec une matière prétendue homogène, mise & entretenue en mouvement, selon deux ou trois règles de la méchanique, il entreprit d'expliquer la formation de l'univers. Il entreprit en particulier de montrer avec une parfaite évidence, comment quelques parcelles de chyle ou de sang, tirées d'une nourriture commune, doivent former juste & précisément le tissu, l'entrelacement, & la correspondance des vaisseaux du corps d'un homme, plutôt que d'un tigre ou d'un poisson. Enfin, il se vantoit *d'avoir découvert un chemin qui lui sembloit tel, qu'on devoit infailliblement trouver la science de la vraie médecine en le suivant.* (*Voyez* AXIOME).

On peut juger de la nature de ses connoissances à cet égard par les traits suivans. Il prit pour un rhumatisme la pleurésie dont il est mort, & crut se délivrer de la fièvre en buvant un demi-verre d'eau-de-vie : parce qu'il n'avoit pas eu besoin de la saignée dans l'espace de 40 ans, il s'opiniâtra à refuser ce secours qui étoit le plus spécifique pour son mal : il y consentit trop tard, lorsque son délire fut calmé & dissipé. Mais alors, dans le plein usage de sa raison, il voulut qu'on lui infusât du tabac dans du vin pour le prendre intérieurement ; ce qui détermina son médecin à l'abandonner. Le neuvième jour de sa fièvre, qui fut l'avant dernier de sa vie, il demanda de sang froid des panais, & les mangea par précaution, de crainte que ses boyaux ne se rétrécissent, s'il continuoit à ne prendre que des bouillons. On voit ici la distance qu'il y a du géomètre au physicien. *Histoire du ciel*, *tome II*.

Quoique Descartes se fût appliqué à l'étude de la morale, autant qu'à aucune autre partie de la Philosophie, nous n'avons cependant de lui aucun traité complet sur cette matière. On en voit les raisons dans une lettre qu'il écrivit à M. Chanut.

« Messieurs les régens de collège, (disoit-il à *Philosophie anc. & mod. Tom. I.*

» son ami) sont si animés contre-moi à cause des » innocens principes de physique qu'ils ont vus, » & tellement en colère de ce qu'ils n'y trouvent aucun prétexte pour me calomnier, que » si je traitois après cela de la morale, ils ne me » laisseroient aucun repos; car, puisqu'un père » jésuite a cru avoir assez de sujet pour m'accuser d'être sceptique, de ce que j'ai réfuté » les sceptiques, & qu'un ministre a entrepris » de persuader que j'étois athée, sans en alléguer d'autres raisons, sinon que j'ai tâché de » prouver l'existence de Dieu : que ne diroient-ils point, si j'entreprenois d'examiner quelle » est la juste valeur de toutes les choses qu'on » peut désirer ou craindre; quel sera l'état de » l'ame après la mort; jusqu'où nous devons » aimer la vie, & quels nous devons être pour » n'avoir aucun sujet d'en craindre la perte! » J'aurois beau n'avoir que les opinions les plus » conformes à la religion, & les plus utiles au » bien de l'état, ils ne laisseroient pas de me » vouloir faire croire que j'en aurois de contraires à l'un & à l'autre. Ainsi, je pense que » le mieux que je puisse faire dorénavant, sera » de m'abstenir de faire des livres ; & ayant » pris pour ma devise, *illi mors gravis incubat*, *qui notus nimis omnibus, ignotus moritur sibi*; » de n'étudier plus que pour m'instruire, & ne » communiquer mes pensées qu'à ceux avec qui » je pourrai converser en particulier ».

On voit par-là qu'il n'étudioit la morale que pour sa conduite particulière ; & c'est peut-être aux effets de cette étude qu'on pourroit rapporter les désirs qu'on trouve dans la plupart de ses lettres, de consacrer toute sa vie à la science de bien vivre avec Dieu & avec son prochain, en renonçant à toute autre connoissance ; au moins avoit-il appris dans cette étude, à considérer les écrits des anciens païens comme des palais superbes, qui ne sont bâtis que sur du sable. Il remarqua dès-lors que les anciens dans leur morale, élèvent fort haut les vertus, & les font paroître estimables au-dessus de tout ce qu'il y a dans le monde ; mais qu'ils n'enseignent pas assez à les connoître, & que ce qu'ils appellent d'un si beau nom, n'est souvent qu'insensibilité, orgueil & désespoir.

Ce fut aussi à cette étude qu'il fut redevable des quatre maximes que nous avons rapportées dans l'analyse que nous avons donnée de sa méthode, & sur lesquelles il voulut régler sa conduite : il n'étoit esclave d'aucune des passions qui rendent les hommes vicieux. Il étoit parfaitement guéri de l'inclination qu'on lui avoit autrefois inspirée pour le jeu, & de l'indifférence de la perte de son tems. Quant à ce qui regarde la religion, il conserva toujours ce fond de piété que ses maîtres lui avoient inspirée à la Fléche. Il avoit compris de bonne heure que tout ce qui étoit l'objet de la foi, ne sauroit l'être de la raison : il disoit qu'il seroit tranquille, tant qu'il auroit *Rome & la Sorbonne* de son côté.

L'irrésolution où il fut assez long-tems touchant les vues générales de son état, ne tomboit point sur ses actions particulieres ; il vivoit & agissoit indépendamment de l'incertitude qu'il trouvoit dans les jugemens qu'il faisoit sur les sciences.

Il s'étoit fait une morale simple, selon les maximes de laquelle il prétendoit embrasser les opinions les plus modérées, le plus communément reçues dans la pratique, & se faisoit toujours assez de justice, pour ne pas préférer ses opinions particulieres à celles des personnes qu'il jugeoit plus sages que lui. Il apportoit deux raisons qui l'obligeoient à ne choisir que les plus modérées, d'entre plusieurs opinions également reçues. « La » premiere, que ce sont toujours les plus com- » modes dans les actions morales, étant ordi- » nairement vicieuses ; la seconde, que ce se- » roit se détourner moins du vrai chemin, au » cas qu'il vînt à s'égarer ; & qu'ainsi il ne seroit » jamais obligé de passer d'une extrémité à l'au- » tre ». *Disc. sur la méth.*

Il paroissoit dans toutes les occasions si jaloux de sa liberté qu'il ne pouvoit dissimuler l'éloignement qu'il avoit pour tous les engagemens qui sont capables de nous priver de notre indifférence dans nos actions. Ce n'est pas qu'il prétendit trouver à redire aux loix qui, pour remédier à l'inconstance des esprits foibles, ou pour établir des sûretés dans le commerce de la vie, permettent qu'on fasse des vœux ou des contrats, qui obligent ceux qui les font à persévérer dans leur entreprise : mais ne voyant rien au monde qui demeurât toujours dans le même état, & se promettant de perfectionner son jugement de plus en plus, il auroit cru offenser le bon sens, s'il se fût obligé à prendre une chose pour bonne, lorsqu'elle auroit cessé de l'être, ou de lui paroître telle, sous prétexte qu'il l'auroit trouvée bonne dans un autre tems.

A l'égard des actions de sa vie, qu'il ne croyoit point pouvoir souffrir de délai ; lorsqu'il n'étoit point en état de discerner les opinions les plus véritables, il s'attachoit toujours aux plus probables. S'il arrivoit qu'il ne trouvât pas plus de probabilité les unes que les autres, il ne laissoit pas de se déterminer à quelques-unes, & de les considérer ensuite, non plus comme douteuses par rapport à la pratique, mais comme très-vraies & très-certaines ; parce qu'il croyoit que la raison qui l'y avoit fait déterminer se trouvoit telle : par ce moyen, il vint à bout de prévenir le repentir & les remords qui ont coutume d'agiter les esprits foibles & chancelans, qui se portent trop légèrement à entreprendre, comme bonnes, les choses qu'ils jugent ensuite être mauvaises.

Il s'étoit fortement persuadé qu'il n'y a rien dont nous puissions disposer absolument, hormis nos pensées & nos desirs ; de sorte qu'après avoir fait tout ce qui pouvoit dépendre de lui p les choses de dehors, il regardoit comme absolument impossible à son égard, ce qui lui paroissoit difficile ; c'est ce qui le fit résoudre à ne desirer que ce qu'il croyoit pouvoir acquérir. Il crut que le moyen de vivre content, étoit de regarder tous les biens qui sont hors de nous, comme également éloignés de notre pouvoir. Il dut sans doute avoir besoin de beaucoup d'exercice, & d'une méditation souvent réitérée, pour s'accoutumer à regarder tout sous ce point de vue ; mais étant venu à bout de mettre son esprit dans cette situation, il se trouva tout préparé à souffrir tranquillement les maladies & les disgraces de la fortune par lesquelles il plairoit à Dieu de l'exercer. Il croyoit que c'étoit principalement dans ce projet, que consistoit le secret des anciens philosophes, qui avoient pu autrefois se soustraire à l'empire de la fortune, & malgré les douleurs & la pauvreté, disputer de la félicité avec leurs dieux. *Discours sur la méthode, pag.* 27, 29.

Avec ces dispositions intérieures, il vivoit en apparence de la même manière que ceux qui, étant libres de tout emploi, ne songent qu'à passer une vie douce & irréprochable aux yeux des hommes ; qui s'étudient à séparer les plaisirs des vices, & qui, pour jouir de leur loisir sans s'ennuyer, ont recours de tems en tems à des divertissemens honnêtes. Ainsi, sa conduite n'ayant rien de singulier qui fût capable de frapper les yeux ou l'imagination des autres, personne ne mettoit obstacle à la continuation de ses desseins, & il s'appliquoit sans relâche à la recherche de la vérité.

Quoique Descartes eût résolu, comme nous venons de le dire, de ne rien écrire sur la morale, il ne put refuser cette satisfaction à la princesse Elisabeth ; il n'imagina rien de plus propre à consoler cette princesse philosophe dans ses disgraces, que le livre de Séneque, touchant la *Vie heureuse*, sur lequel il fit des observations, tant pour lui en faire remarquer les fautes, que pour lui faire porter ses pensées au delà même de celles de cet auteur.

Voyant augmenter de jour en jour la malignité de la fortune, qui commençoit à persécuter cette princesse, il s'attacha à l'entretenir dans ses lettres, des moyens que la philosophie pouvoit lui fournir pour être heureuſe & contente dans cette vie; & il avoit entrepris de lui perſuader que nous ne ſaurions trouver que dans nous-mêmes cette félicité naturelle, que les âmes vulgaires attendent en vain de la fortune, *tom. I des Lett.*

Lorſqu'il choiſit le livre de *Sénèque, de la Vie heureuſe*, « il eut ſeulement égard à la réputation de l'auteur, & à la dignité de la matière, ſans ſonger à la manière dont il l'avoit traitée » : mais l'ayant examiné depuis, il ne le trouva point aſſez exact pour mériter d'être ſuivi. Pour donner lieu à la princeſſe d'en pouvoir juger plus aiſément, il lui expliqua d'abord de quelle ſorte il croyoit que cette matière eût dû être traitée par un philoſophe tel que Sénèque, qui n'avoit que la raiſon naturelle pour guide; enſuite il lui fit voir « comment Sénèque eût dû nous enſeigner toutes les principales vérités, dont la connoiſſance eſt requiſe pour nous faciliter l'uſage de la vertu, pour régler nos deſirs & nos paſſions, & jouir ainſi de la béatitude naturelle; ce qui auroit rendu ſon livre le meilleur & le plus utile qu'un philoſophe païen eût ſu écrire ». Après avoir marqué ce qui lui ſembloit que Sénèque eût dû traiter dans ſon livre, il examina, dans une ſeconde lettre à la princeſſe, ce qu'il y traite, avec une netteté & & une force d'eſprit qui nous fait regretter que Deſcartes n'ait pas entrepris de rectifier ainſi les penſées de tous les anciens.

Les réflexions judicieuſes que la princeſſe fit de ſon côté ſur le livre de Sénèque, portèrent Deſcartes à traiter dans les lettres ſuivantes, les autres queſtions les plus importantes de la morale, touchant le ſouverain bien, la liberté de l'homme, l'état de l'ame, l'uſage de la raiſon, l'uſage des paſſions, les actions vertueuſes & vicieuſes, l'uſage des biens & des maux de la vie.

Ce commerce de philoſophie morale fut continué par la princeſſe, depuis ſon retour des eaux de Spa, où il avoit commencé, avec une ardeur toujours égale, au milieu des malheurs dont ſa vie fut traverſée; & rien ne fut capable de le rompre, que la mort de Deſcartes.

En 1641 parut en latin un des plus célèbres ouvrages de notre philoſophe, & celui qu'il paroît avoir toujours chéri le plus; ce furent ſes *méditations touchant la première philoſophie, où l'on démontre l'exiſtence de Dieu, & l'immortalité de l'ame*. Mais on ſera peut-être ſurpris d'apprendre, que c'eſt à la conſcience de Deſcartes que le public fut redevable de ce préſent. Si l'on avoit eu affaire à un philoſophe moins zélé pour le vrai, & ſi cette paſſion ſi louable & ſi rare n'avoit détruit les raiſons qu'il prétendoit avoir, de ne plus jamais imprimer aucune de ſes écrits, c'étoit fait de ſes *méditations*, auſſi bien que de ſon *monde*, de ſon *cours philoſophique*, de ſa *réfutation de la ſcholaſtique*, & de divers autres ouvrages qui n'ont pas vu le jour, excepté les *principes*, qui avoient été nommément compris dans la condamnation qu'il en avoit faite.

Cette diſtinction étoit bien due à ſes *méditations métaphyſiques*. Il les avoit compoſées dans ſa retraite en Hollande. Depuis ce tems-là, il les avoit laiſſées dans ſon cabinet, comme un ouvrage imparfait, dans lequel il n'avoit ſongé qu'à ſe ſatisfaire. Mais ayant conſidéré enſuite la difficulté que pluſieurs perſonnes auroient de comprendre le peu qu'il avoit mis de métaphyſique dans la *quatrième partie de ſon diſcours ſur la méthode*, il voulut revoir ſon ouvrage, afin de le mettre en état d'être utile au public, en donnant des éclairciſſemens à cet endroit de ſa méthode, auquel cet ouvrage pourroit ſervir de commentaire. Il comparoit ce qu'il avoit fait en cette matière, aux démonſtrations d'Apollonius, dans leſquelles *il n'y a véritablement rien qui ne ſoit très-clair & très-certain, lorſqu'on conſidère chaque point à part. Mais parce qu'elles ſont un peu longues, & qu'on ne peut y voir la néceſſité de la concluſion, ſi l'on ne ſe ſouvient exactement de tout ce qui la précède, à peine peut-on trouver un homme dans toute une ville, dans toute une province, qui ſoit capable de les entendre.* De même Deſcartes croyoit avoir entièrement démontré l'exiſtence de Dieu & l'immatérialité de l'ame humaine. Mais parce que cela dépendoit de pluſieurs raiſonnemens qui s'entreſuivoient, & que ſi on en oublioit la moindre circonſtance, il n'étoit pas aiſé de bien entendre la concluſion; il prévoyoit que ſon travail auroit peu de fruit, à moins qu'il ne tombât heureuſement entre les mains de quelques perſonnes intelligentes, qui puſſent la peine d'examiner ſérieuſement ſes raiſons, & qui diſant ſincèrement ce qu'elles penſeroient, donnaſſent le ton aux autres pour en juger comme eux, ou du moins pour n'oſer les contredire ſans raiſon.

Le P. Merſenne ayant reçu l'ouvrage attendu depuis tant de tems, voulut ſatisfaire l'attente de ceux auxquels il l'avoit promis, par l'activité & l'induſtrie dont il uſa pour le leur communiquer. Il en écrivit peu de tems après à Deſcartes, & il lui promit les objections de divers théologiens & philoſophes. Deſcartes en parut d'autant plus ſurpris, qu'il s'étoit perſuadé qu'il falloit plus de tems pour remarquer exactement tout ce qui étoit dans ſon traité, & tout ce qui y manquoit d'eſſentiel. Le P. Merſenne, pour lui faire voir qu'il n'y avoit ni précipitation, ni négligence dans l'examen qu'il en faiſoit faire, lui manda qu'on avoit déja remarqué que dans un traité qu'on croyoit fait exprès pour prouver l'immortalité de l'ame, il n'avoit pas dit un mot de cette *immortalité*. Descartes lui répondit sur le champ, qu'on ne devoit pas s'en étonner ; qu'il ne pouvoit pas démontrer que Dieu ne puisse anéantir l'ame de l'homme, mais seulement qu'elle est d'une nature entièrement distincte de celle du corps, & par conséquent, qu'elle n'est point sujette à mourir avec lui, que c'étoit-là tout ce qu'il croyoit être requis pour établir la religion, c'étoit aussi tout ce qu'il s'étoit proposé de prouver.

Pour détromper ceux qui pensoient autrement, il fit changer le titre du second chapitre, ou de sa seconde méditation qui portoit : *de mente humanâ* en général; au lieu de quoi il fit mettre : *de naturâ mentis humanae, quod ipsâ sit notior quam corpus*, afin qu'on ne crût pas qu'il eût voulu y démontrer son immortalité.

Huit jours après, Descartes envoya au P. Mersenne un abregé des principaux points qui touchoient Dieu & l'ame, pour servir d'argument à tout l'ouvrage. Il lui promit de le faire imprimer par forme de sommaire à la tête du traité, afin que ceux qui aimoient à trouver en un même lieu tout ce qu'ils cherchoient, pussent voir en raccourci tout ce que contenoit l'ouvrage, qu'il crut devoir partager en six méditations.

Dans la première, il propose les raisons pour lesquelles nous pouvons douter généralement de toutes choses, & particulièrement des choses matérielles, jusqu'à ce que nous ayons établi des meilleurs fondemens dans les sciences, que ceux que nous avons eu jusqu'à présent. Il fait voir que l'utilité de ce doute général consiste à nous délivrer de toutes sortes de préjugés ; à détacher notre esprit des sens, & à faire que nous ne puissions plus douter des choses que nous reconnoîtrons être très-véritables.

Dans la seconde, il fait voir que l'esprit usant de sa propre liberté pour supposer que les choses de l'existence desquelles il a le moindre doute, n'existent pas en effet, reconnoît qu'il est impossible que cependant il n'existe pas lui-même, ce qui sert à lui faire distinguer les choses qui lui appartiennent d'avec celles qui appartiennent aux corps. Il semble que c'étoit le lieu de prouver l'immortalité de l'ame. Mais il manda au P. Mersenne qu'il s'étoit contenté dans cette *seconde méditation* de faire concevoir *l'ame sans le corps*, sans entreprendre encore de prouver qu'elle est réellement *distincte du corps* ; parce qu'il n'avoit pas encore mis dans ce lieu-là les *prémisses* dont on peut tirer cette conclusion, que l'on ne trouveroit que dans la *sixième méditation*.

C'est ainsi que ce philosophe, tâchant de ne rien avancer dans tout son traité dont il ne crut avoir des démonstrations exactes, se croyoit obligé de suivre l'ordre des géomètres, qui est de produire, premièrement, tous les principes d'où dépend la proposition que l'on cherche, avant que de rien conclure.

La première & la principale chose qui est requise selon lui pour bien connoître l'immortalité de l'ame, est d'en avoir une idée ou conception très-claire & très-nette, qui soit parfaitement distincte de toutes les conceptions qu'on peut avoir du corps.

Il faut savoir, outre cela, que tout ce que nous concevons clairement & distinctement, est vrai de la même manière que nous le concevons ; c'est ce qu'il a été obligé de remettre à la *quatrième méditation*.

Il faut de plus, avoir une conception distincte de la nature corporelle ; c'est ce qui se trouve en partie dans la *seconde*, & en partie dans les *cinquième* & *sixième méditation*.

L'on doit conclure de tout cela, que les choses que l'on conçoit clairement & distinctement comme des substances diverses, tels que sont l'esprit & le corps, sont des substances réellement distinctes les unes des autres. C'est ce qu'il conclut dans la *sixième méditation*. Revenons à l'ordre des *méditations*, & à ce qu'elles contiennent.

Dans la troisième, il développe assez au long le principal argument par lequel il prouve l'existence de Dieu. Mais n'ayant pas jugé à propos d'y employer aucune comparaison tirée des choses corporelles, afin d'éloigner autant qu'il pourroit l'esprit du lecteur de l'usage & du commerce des sens, il n'a pu éviter certaines obscurités, auxquelles il avoit déjà remédié dans ses réponses aux premières objections qu'on lui avoit faites dans le pays-Bas, & qu'il avoit envoyées au P. Mersenne pour être imprimées à Paris avec son traité.

Dans la quatrième, il prouve que toutes les choses que nous concevons fort clairement & fort distinctement, sont toutes vraies. Il y explique aussi en quoi consiste la nature de l'erreur ou de la fausseté. Par-là il n'entend point le péché ou l'erreur qui se commet dans la poursuite du bien & du mal, mais seulement l'erreur qui se trouve dans le jugement & le discernement du vrai & du faux.

Dans la cinquième, il explique la nature corporelle en général. Il démontre encore l'existence de Dieu par une nouvelle raison. Il y fait voir comment il est vrai que la certitude même des démonstrations géométriques dépend de la connoissance de Dieu.

Dans la sixième, il distingue l'action de l'entendement d'avec celle de l'imagination, & donne les marques de cette distinction. Il y prouve que l'ame de l'homme est réellement distincte du corps. Il y expose toutes les erreurs qui viennent des sens, avec les moyens de les éviter. Enfin, il y apporte toutes les raisons, desquelles on peut conclure l'existence des choses matérielles. Ce n'est pas qu'ils les jugeât fort utiles pour prouver qu'il y a *un monde, que les hommes ont des corps,* & autres choses semblables qui n'ont jamais été mises en doute par aucun homme de bon sens; mais parce qu'en les considérant de près, on vient à connoître qu'elles ne sont pas si évidentes que celles qui nous conduisent à la connoissance de Dieu & de notre ame.

Voilà l'abrégé des *méditations de Descartes*, qui sont, de tous ses ouvrages, celui qu'il a toujours le plus estimé. Tantôt il remercioit Dieu de son travail, croyant avoir trouvé comment on peut démontrer les vérités métaphysiques: tantôt il se laissoit aller au plaisir de faire connoître aux autres l'opinion avantageuse qu'il en avoit conçue. « Assurez-vous, écrivoit-il au P.
» Mersenne, qu'il n'y a rien dans ma métaphy-
» sique que je ne croie être, *ou très-connu par*
» *la lumière naturelle, ou démontré évidemment,*
» & que je me fais fort de le faire entendre à
» ceux qui voudront & pourront y méditer, &c ».

En effet, on peut dire que ce livre renferme le fond de sa doctrine, & que c'est une pratique très-exacte de sa méthode. Il avoit coutume de le vanter à ses amis intimes, comme contenant des vérités importantes qui n'avoient jamais été bien examinées avant lui, & qui donnoient pourtant l'ouverture à la vraie philosophie, dont le point principal consiste à nous convaincre de la différence qui se trouve entre l'esprit & le corps. C'est ce qu'il a prétendu faire dans ces *méditations* par une *analyse* qui ne nous apprend pas seulement cette différence, mais qui nous découvre en même-tems le chemin qu'il a suivi pour la découvrir.

Descartes, dans son *Traité de la lumière*, transporte son lecteur au-delà du monde dans les espaces imaginaires, & là il suppose que pour donner aux philosophes l'intelligence de la structure du monde, Dieu veut bien leur accorder le spectacle d'une création. Il fabrique pour cela une multitude de parcelles de matière également dures, cubiques ou triangulaires, ou simplement irrégulières & raboteuses, ou même de toutes figures, mais étroitement appliquées l'une contre l'autre, face contre face, & si bien entassées qu'il ne s'y trouve pas le moindre interstice. Il soutient même que Dieu qui les a créées dans les espaces imaginaires, ne peut pas après cela laisser subsister entr'elles le moindre petit espace vuide de corps, & que l'entreprise de ménager ce vuide passe le pouvoir du Tout-puissant.

Ensuite Dieu met toutes ces parcelles en mouvement: il les fait tourner la plupart autour de leur propre centre; & de plus, il le pousse en ligne directe.

Dieu leur commande de rester chacune dans leur état de figure, masse, vitesse, ou repos, jusqu'à ce qu'elles soient obligées de changer par la résistance ou par la fracture.

Il leur commande de partager leurs mouvemens avec celles qu'elles rencontreront, & de recevoir du mouvement des autres. Descartes détaille les règles de ce mouvement & de ces communications, le mieux qu'il lui est possible.

Dieu commande enfin à toutes les parcelles mues d'un mouvement de progression, de continuer tant qu'elles pourront se mouvoir en ligne droite.

Cela supposé, Dieu, selon Descartes, conserve ce qu'il a fait; mais il ne fait plus rien. Ce chaos sorti de ses mains, va s'arranger par un effet du mouvement, & devenir un monde semblable au nôtre; *un monde dans lequel, quoique Dieu n'y mette aucun ordre ni proportion, on pourra voir toutes les choses, tant générales que particulières, qui paroissent dans le vrai monde.* Ce sont les propres paroles de l'auteur, & l'on ne sauroit trop y faire attention.

De ces parcelles primordiales inégalement mues, qui sont la matière commune de tout, & qui ont une parfaite indifférence à devenir une chose ou une autre, Descartes voit d'abord sortir trois élémens; & de ces trois élémens, toutes les masses qui subsistent dans le monde. D'abord les carnes, angles & extrémités des parcelles, sont inégalement rompus par le frottement. Les plus fines pièces sont la matière subtile qu'il nomme *premier élément*: les corps usés & arrondis par le frottement, sont le *second élément* ou la lumière: les pièces rompues; les plus grossières, les éclats les plus massifs & qui conservent le plus d'angles, sont le *troisième élément*, ou la matière terrestre & planétaire.

Tous les élémens mus & se faisant obstacle les uns aux autres, se contraignent réciproquement à avancer, non en ligne droite, mais en ligne circulaire, & à marcher par tourbillons, les uns autour d'un centre commun, les autres autour d'un autre; de sorte cependant que conservant toujours leur tendance à s'en aller en ligne droite, ils font effort à chaque instant pour s'éloigner du centre, ce qu'il appelle *force centrifuge*.

Tous ces élémens tâchant de s'éloigner du centre, les plus massifs d'entr'eux sont ceux qui s'en éloigneront le plus: ainsi l'élément globuleux sera plus éloigné du centre que la matiere subtile; & comme tout doit être plein, cette matiere subtile se rangera en partie dans les interstices des globules de la lumiere, & en partie vers le centre du tourbillon. Cette partie de la matiere subtile, c'est-à-dire, de la plus fine poussiere qui s'est rangée au centre, est ce que Descartes appelle un *soleil*. Il y a de pareils amas de même poussiere dans d'autres tourbillons, comme dans celui-ci; & ces amas de poussiere sont autant d'autres soleils que nous nommons *étoiles*, & qui brillent peu à notre égard, vu l'éloignement.

L'élément globuleux étant composé de globules inégaux, les plus forts s'écartent le plus vers les extrémités du tourbillon; les plus foibles se tiennent plus près du soleil. L'action de la fine poussiere qui compose le soleil, communique son agitation aux globules voisins, & c'est en quoi consiste la lumiere. Cette agitation communiquée à la matiere globuleuse accélere le mouvement de celle-ci: mais cette accélération diminue en raison de l'éloignement, & finit à une certaine distance.

On peut donc diviser la lumiere depuis le soleil jusqu'à cette distance, en différentes couches, dont la vitesse est inégale, & va diminuant de couche en couche. Après quoi la matiere globuleuse qui remplit le reste immense du tourbillon solaire, ne reçoit plus d'accélération ⊙ soleil: & comme ce grand reste de matiere globuleuse est composé des globules les plus gros & les plus forts, l'activité y va toujours en augmentant, depuis le terme où l'accélération causée par le soleil, expire, jusqu'à la rencontre des tourbillons voisins. Si donc il tombe quelques gros massifs dans l'élément globuleux; depuis le soleil, jusqu'au terme où finit l'action de cet astre, ces corps seront mus plus vîte auprès du soleil, & moins vîte à mesure qu'ils s'en éloigneront. Mais si quelques corps massifs sont amenés dans le reste de la matiere globuleuse, entre le terme de l'action solaire & la rencontre des tourbillons voisins, ils iront avec une accélération toujours nouvelle, jusqu'à s'enfoncer dans ces tourbillons voisins; & d'autres qui s'échapperoient des tourbillons voisins, & entreroient dans l'élément globuleux du nôtre, y pourroient descendre ou tomber, & s'avancer vers le soleil.

Or, il y a de petits tourbillons de matiere qui peuvent rouler dans les grands tourbillons; & ces petits tourbillons peuvent non-seulement être composés d'une matiere globuleuse & d'une poussiere fine, qui, rangée au centre, en fasse de petits soleils: mais ils peuvent encore contenir ou rencontrer bien des parcelles de cette grosse poussiere, de ces grands éclats d'angles brisés que nous avons nommés le *troisieme élément*. Ces petits tourbillons ne manqueront pas d'écarter vers leurs bords toute la grosse poussiere; c'est-à-dire, si vous l'aimez mieux, que les grands éclats, formant des pelotons épais & de gros corps, gagneront toujours les bords du petit tourbillon par la supériorité de leur force centrifuge. Descartes les arrête là, & la chose est fort commode. Au lieu de les laisser courir plus loin par la force centrifuge, ou d'être emportés par l'impulsion de la matiere du grand tourbillon, ils obscurcissent le soleil du petit, & ils encroûtent peu-à-peu le petit tourbillon: & de ces croûtes épaissies sur tout le dehors, il se forme un corps opaque, une planete, une terre habitable.

Comme les amas de la fine poussiere sont autant de soleils, les amas de la grosse poussiere sont autant de planetes & de cometes. Ces planetes amenées dans la premiere moitié de la matiere globuleuse, roulent d'une vitesse qui va toujours en diminuant depuis la premiere qu'on nomme *Mercure*, jusqu'à la derniere qu'on nomme Saturne.

Les corps opaques qui sont jettés dans la seconde moitié, s'en vont jusques dans les tourbillons voisins, & d'autres passent des tourbillons voisins, puis descendent dans le nôtre vers le soleil.

La même poussiere massive qui nous a fourni une terre, des planetes & des cometes, s'arrange, en vertu du mouvement, en d'autres formes, & nous donne l'eau, l'atmosphere, l'air, les métaux, les pierres, les animaux & les plantes; en un mot, toutes les choses, *tant générales que particulieres, que nous voyons dans notre monde*, organisées & autres.

Il y a encore bien d'autres parties à détailler dans l'édifice de Descartes; mais ce que nous avons déja vu est regardé de tout le monde comme un assortiment de pieces qui s'écroulent; & sans en voir davantage, il n'y a personne qui ne puisse sentir qu'un tel systême n'est nullement recevable.

1°. Il est d'abord fort singulier d'entendre dire que Dieu ne peut pas créer & rapprocher quelques corps anguleux, sans avoir de quoi remplir exactement les interstices des angles. De quel droit ose-t-on ainsi resserrer la souveraine puissance?

2°. Mais je veux que Descartes sache précisément pourquoi Dieu doit avoir tant d'horreur du vuide: je veux qu'il puisse très-bien accorder la liberté des mouvemens avec le plein parfait; qu'il prouve même la nécessité actuelle du plein: à la bonne heure. L'endroit où je l'arrête, est cette prétention que le vuide soit impossible. Il ne l'est pas même dans sa supposition. Car pour remplir tous les interstices, il faut avoir des poussières de toute taille, qui viennent au besoin se glisser à propos dans les intervalles entr'ouverts. Ces poussières ne se forment qu'à la longue. Les globules ne s'arrondissent pas en un instant. Les coins les plus gros se rompent d'abord, puis les plus petits; & à force de frottemens, nous pourrons recueillir de nos pièces pulvérisées de quoi remplir tout ce qu'il nous plaira: mais cette pulvérisation est successive. Ainsi, au premier moment que Dieu mettra les parcelles de la matière primordiale en mouvement, la poussière n'est pas encore formée: Dieu soulève les angles; ils vont commencer à se briser: mais avant que la chose soit faite, voilà entre les angles des vuides sans fin, & nulle matière pour les remplir.

3°. Selon Descartes, la lumière est une masse de petits globules qui se touchent immédiatement, ensorte qu'une file de ces globules ne sauroit être poussée par un bout, que l'impulsion ne se fasse sentir en même tems à l'autre bout, comme il arrive dans un bâton ou dans une file de boulets de canon qui se touchent.

M. Roemer & M. Picard ont observé, que quand la terre étoit entre le soleil & jupiter, les éclipses de ses satellites arrivoient alors plûtôt qu'il n'est marqué dans les tables; mais que quand la terre s'en alloit du côté opposé, & que le soleil étoit entre jupiter & la terre, alors les éclipses des satellites arrivoient plusieurs minutes plus tard, parce que la lumière avoit tout le grand orbe annuel de la terre à traverser de plus dans cette dernière situation que dans la précédente: d'où ils sont parvenus à pouvoir assurer que la lumière du soleil mettoit sept à huit minutes à franchir les trente-trois millions de lieues qu'il y a du soleil à la terre. Quoi qu'il en soit au reste, sur la durée précise de ce trajet de la lumière, il est certain que la communication ne s'en fait pas en un instant; mais que le mouvement ou la pression de la lumière parvient plus vîte sur les corps plus voisins, & plus tard sur les corps plus éloignés: au lieu qu'une file de douze globes, & une file de cent globes, s'ils se touchent, communiquent leur mouvement aussi vîte l'une que l'autre. La lumière de Descartes n'est donc pas la lumière du monde. (*Voyez* ABERRATION).

En voilà assez, ce me semble, pour faire sentir les inconvéniens de ce système. On peut, avec M. de Fontenelle, féliciter le siècle qui, en nous donnant Descartes, a mis en honneur un nouvel art de raisonner, & communiqué aux autres sciences l'exactitude de la géométrie. Mais on doit, selon sa judicieuse remarque, « sentir » l'inconvénient des systêmes précipités, dont » l'impatience de l'esprit humain ne s'accom- » mode que trop bien, & qui, étant une fois » établis, s'opposent aux vérités qui surviennent ».

Il joint à sa remarque un avis salutaire, qui est d'amasser, comme font les académies, des matériaux qui se pourroient lier un jour, plutôt que d'entreprendre avec quelques loix de méchanique, d'expliquer intelligiblement la nature entière & son admirable variété.

Je sais qu'on allègue en faveur du systême de Descartes, l'expérience des loix générales par lesquelles Dieu conserve l'univers. La conservation de tous les êtres, est, dit-on, une création continuée; & de même qu'on en conçoit la conservation par des loix générales, ne peut-on pas y recourir pour concevoir, par forme de simple hypothèse, la création & toutes ses suites?

Raisonner de la sorte est à peu-près la même chose, que si on assuroit que la même méchanique, qui avec de l'eau, du foin & de l'avoine, peut nourrir un cheval, peut aussi former un estomac & le cheval entier. Il est vrai que si nous suivons Dieu dans le gouvernement du monde, nous y verrons régner une uniformité sublime. L'expérience nous autorise à n'y pas multiplier les volontés de Dieu comme les rencontres des corps. D'une seule volonté il a réglé pour tous les cas, & pour tous les siècles, la marche & les chocs de tous les corps, à raison de leur masse, de leur vîtesse & de leur ressort. Les loix de ces chocs & de ces communications peuvent être sans doute l'objet d'une physique très-sensée & très-utile, sur-tout lorsque l'homme en fait usage pour diriger ce qui est soumis à ses opérations, & pour construire les differens ouvrages dont il est le créateur subalterne. Mais ne vous y méprenez pas: autre chose est de créer les corps, & de leur assigner leur place & leurs fonctions, autre chose de les conserver. Il ne faut qu'une volonté ou certaines loix générales fidèlement exécutées, pour entretenir chaque espèce dans sa forme spéciale, & pour perpétuer les vicissitudes de l'économie du tout, quand une fois la matière est créée. Mais quand il s'agit de créer, de régler ces formes spéciales, d'en rendre l'entretien sûr & toujours le même, d'en établir les rapports particuliers, & la correspondance universelle; alors il faut, de la part de Dieu, autant de plans & de volontés spéciales, qu'il se trouve de pièces différentes dans la machine entière. *Hist. du Ciel*, tome II.

Descartes composa un petit *Traité des Pas-*

ſions l'an 1646, pour l'uſage particulier de la princeſſe Eliſabeth. Il l'envoya manuſcrit à la reine de Suède ſur la fin de l'an 1647. Mais ſur les inſtances que ſes amis lui firent depuis pour le donner au public, il prit le parti de le revoir, & de remédier aux défauts que la princeſſe philoſophe ſa diſciple y avoit remarqués. Il le fit voir enſuite à M. Clerſelier, qui le trouva d'abord trop au-deſſus de la portée commune, & qui obligea l'auteur à y ajouter de quoi le rendre intelligible à toutes ſortes de perſonnes. Il crut entendre la voix du public dans celle de M. Clerſelier, & les additions qu'il y fit augmentèrent l'ouvrage d'un tiers.

Il le diviſa en trois parties, dans la première deſquelles il traite des paſſions en général, & par occaſion de la nature de l'ame, &c. dans la ſeconde, des ſix paſſions primitives; & dans la troiſieme, de toutes les autres. Tout ce que les avis de M. Clerſelier firent ajouter à l'ouvrage, put bien lui donner plus de facilité & de clarté qu'il n'en avoit auparavant : mais il ne lui ôta rien de la brièveté & de la belle ſimplicité du ſtyle; qui étoit ordinaire à l'auteur. Ce n'eſt point en orateur, ce n'eſt pas même en philoſophe moral, mais en phyſicien, qu'il a traité ſon ſujet; & il s'en eſt acquitté d'une manière ſi nouvelle, que ſon ouvrage fut mis fort au deſſus de tout ce qu'on avoit fait avant lui dans ce genre.

Pour bien déduire toutes les paſſions, & pour développer les mouvemens du ſang qui accompagnent chaque paſſion, il étoit néceſſaire de dire quelque choſe de l'animal. Auſſi voulut-il commencer en cet endroit à expliquer la compoſition de toute la machine du corps humain. Il y fait voir comment tous les mouvemens de nos membres, qui ne dépendent point de la penſée, ſe peuvent faire en nous, ſans que notre ame y contribue, par la ſeule force des eſprits animaux : & la diſpoſition de nos membres. De ſorte qu'il ne nous fait d'abord conſidérer notre corps, que comme une machine faite par la main du plus ſavant de tous les ouvriers, dont tous les mouvemens reſſemblent à ceux d'une montre, ou autre automate, ne ſe faiſant que par la force de ſon reſſort, & par la figure ou la diſpoſition de ſes roues.

Après avoir expliqué ce qui appartient au corps, il nous fait aiſément conclure qu'il n'y a rien en nous qui appartienne à notre ame, que nos penſées, entre leſquelles les paſſions ſont celles qui l'agitent davantage; & que l'un des principaux devoirs de la philoſophie eſt de nous apprendre à bien connoître la nature de nos paſſions, à les modérer, & à nous en rendre les maîtres. On ne peut s'empêcher de regarder ce traité de M. Deſcartes, comme l'un des plus beaux & des plus utiles de ſes ouvrages.

Jamais philoſophe n'a paru plus reſpectueux pour la divinité que Deſcartes ; il fut toujours fort ſage dans ſes diſcours ſur la religion. Jamais il n'a parlé de Dieu qu'avec la dernière circonſpection ; toujours avec beaucoup de ſageſſe, toujours d'une manière noble & élevée. Il étoit dans l'appréhenſion continuelle de rien dire ou écrire qui fût indigne de la religion, & rien n'égaloit ſa délicateſſe ſur ce point. *Voyez tome premier & ſecond de ſes lettres.*

Il ne pouvoit ſouffrir ſans indignation la témérité de certains théologiens qui abandonnoient leurs guides, c'eſt-à-dire, l'écriture & les pères, pour marcher tout ſeuls dans des routes qu'ils ne connoiſſoient pas. Il blâmoit ſur-tout la hardieſſe des philoſophes & des mathématiciens, qui paroiſſoient ſi déciſifs à déterminer *ce que Dieu peut, & ce qu'il ne peut pas.* « C'eſt, dit-il, par-
» ler de Dieu, comme d'un Jupiter ou d'un Sa-
» turne, & l'aſſujettir au ſtyx & au deſtin ; que
» de dire qu'il y a des vérités indépendantes de
» lui. Les vérités mathématiques ſont des loix
» que Dieu a établies dans la nature, comme un
» roi établit des loix dans ſon royaume. Il n'y
» a aucune de ces loix que nous ne puiſſions
» comprendre : mais nous ne pouvons compren-
» dre la grandeur de Dieu, quoique nous la
» connoiſſions, &c. »

« Pour moi, dit encore ailleurs Deſcartes,
» il me ſemble qu'on ne doit dire d'aucune
» choſe, *qu'elle eſt impoſſible à Dieu.* Car tout ce
» qui eſt vrai & bon, dépendant de ſa toute-
» puiſſance, je n'oſe pas même dire *que Dieu
» ne peut faire une montagne ſans vallée,* ou *qu'un
» & deux ne faſſent pas trois.* Mais je dis ſeule-
» ment qu'il m'a donné un eſprit de telle na-
» ture, que je ne ſaurois concevoir une mon-
» tagne ſans vallée, ou que l'aggrégé d'un &
» de deux ne faſſent pas trois ». (*Voyez tome II
des lettres.*)

Cette retenue de Deſcartes, peut-être exceſſive, a choqué certains eſprits, qui ont voulu lui en faire un crime. Car, ſur ce qu'en quelques occaſions, il employoit le nom d'un ange plutôt que celui de Dieu, il ménageoit par pur reſpect, quelqu'un (*Beecman*) s'étoit imaginé qu'il étoit aſſez vain pour ſe comparer aux anges. Il ſe crut obligé de repouſſer cette calomnie. » Quant au reproche que vous me faites, dit-il, » page 66, 67, de m'être égalé aux anges, je » ne ſaurois encore me perſuader que vous » ſoyez ſi perdu d'eſprit, que de le croire. Voici » ſans doute ce qui vous a donné occaſion de me » faire ce reproche. C'eſt la coutume des philo-
» ſophes & même des théologiens, toutes les fois

» fois qu'ils veulent montrer qu'il répugne tout-
» à-fait à la raison que quelque chose se fasse,
» de dire que *Dieu même ne le sauroit faire* : &
» parce que cette façon de parler m'a toujours
» semblé trop hardie, pour me servir de termes
» plus modestes, quand l'occasion s'en présente,
» où les autres diroient que *Dieu ne peut faire
» une chose*, je me contente seulement de dire
» *qu'un ange ne la sauroit faire.* ..... Je suis bien
» malheureux de n'avoir pu éviter le soupçon de
» vanité en une chose, où je puis dire que
» j'affectois une modestie particuliere. »

A l'égard de l'existence de Dieu, Descartes étoit si content de l'évidence de sa démonstration, qu'il ne faisait point difficulté de la préférer à toutes celles des vérités mathématiques. Cependant le ministre Voetius, son ennemi, au lieu de l'accuser d'avoir mal réfuté les athées, jugea plus à propos de l'accuser d'athéisme, sans en apporter d'autre preuve, sinon qu'il avoit écrit contre les athées. Le tour étoit assurément nouveau : mais afin qu'il ne parût pas tel, Voetius trouva assez à tems l'exemple de Vanini, pour montrer que Descartes n'auroit pas été le premier des athées qui auroit écrit en apparence contre l'athéisme. Ce fut sur-tout l'impertinence de cette comparaison, qui révolta Descartes, & qui le détermina à réfuter une si ridicule calomnie dans une lettre latine qu'il lui écrivit. Quelques autres de ses ennemis entreprirent de l'augmenter en l'accusant, outre cela, d'un scepticisme ridicule. Leurs accusations se réduisoient à dire que Descartes sembloit insinuer, *qu'il falloit nier* (au moins pour quelque tems) *qu'il y eût un Dieu ; que Dieu pouvoit nous tromper ; qu'il falloit revoquer toutes choses en doute ; que l'on ne devoit donner aucune créance aux sens ; que le sommeil ne pouvoit se distinguer de la veille.* Descartes eut horreur de ces accusations, & ce ne fut pas sans quelque mouvement d'indignation qu'il y répondit.

« J'ai refuté, dit-il, *tome II des lettres*, pag.
» 170, en paroles très-expresses, toutes ces
» choses qui m'avoient été objectées par des
» calomniateurs ignorans. Je les ai refutées même
» par des argumens très-forts ; & j'ose dire plus
» forts qu'aucun autre ait fait avant moi. Afin
» de pouvoir le faire plus commodément & plus
» efficacement, j'ai proposé toutes ces choses
» comme douteuses au commencement de mes
» *méditations*. Mais je ne suis pas le premier qui
» les ait inventées ; il y a long-tems qu'on a
» les oreilles battues de semblables doutes pro-
» posés par les Sceptiques. Mais qu'y a-t-il de
» plus inique que d'attribuer à un auteur des
» opinions qu'il ne propose que pour les ré-
» futer ? Qu'y a-t-il de plus impertinent que
» de feindre qu'on les propose, & qu'elles ne
» sont pas encore réfutées, & par conséquent
» que celui qui rapporte des argumens des athées,
» est lui-même un athée pour un tems ? Qu'y
» a-t-il de plus puérile que de dire que s'il vient
» à mourir avant que d'avoir écrit ou inventé
» la démonstration qu'il espère, il meurt comme
» un athée ? Quelqu'un dira peut-être que je n'ai
» pas rapporté ces fausses opinions comme venant
» d'autrui, mais comme de moi : mais qu'im-
» porte ; puisque dans le même livre où je les
» ai rapportées, je les ai aussi toutes réfutées ».

Ceux qui ont l'esprit juste & le cœur droit, en lisant les *méditations & les principes de Descartes*, n'ont jamais hésité à tirer de leur lecture des conséquences tout opposées à ces calomnies. Ces ouvrages n'ont encore rendu athée jusqu'aujourd'hui aucun de ceux qui croyoient en Dieu auparavant ; au contraire, ils ont converti quelques athées, c'est au moins le témoignage qu'un peintre de Suède nommé *Beck*, a rendu publiquement de lui-même chez M. l'ambassadeur de France à Stockholm. *Voyez tout cela plus au long dans la vie de Descartes*, par Antoine Baillet. (Cet article est de l'abbé PESTRÉ.

[On peut voir dans un grand nombre d'articles de l'Encyclopédie les obligations que les sciences ont à Descartes, les erreurs où il est tombé, & ses principaux disciples. *Voyez* ALGEBRE, EQUATION, COURBE, MOUVEMENT, IDEE, AME, PERCUSSION, LUMIERE, TOURBILLON, MATIERE SUBTILE, &c. &c.

Ce grand homme a eu des sectateurs illustres : on peut mettre à leur tête le P. *Malebranche*, qui ne l'a pourtant pas suivi en tout. *Voyez* MALEBRANCHISME. Les autres ont été *Rohault, Régis*, &c. dont nous avons les ouvrages. *La nouvelle explication du mouvement des planetes*, par M. *Villemot*, curé de Lyon, imprimé à Paris en 1707, est le premier, & peut-être le meilleur ouvrage qui ait été fait pour défendre les tourbillons. (*Voyez* TOURBILLONS).

La philosophie de Descartes a eu beaucoup de peine à être admise en France ; le parlement pensa rendre un arrêt contr'elle : mais il en fut empêché par la requête burlesque en faveur d'Aristote, qu'on lit dans les *Œuvres de Despréaux*, & où l'auteur, sous prétexte de prendre la défense de la philosophie Péripatéticienne, la tourne en ridicule ; tant il est vrai que *ridiculum acri*, &c. Enfin, cette philosophie a été reçue parmi nous. Mais Newton avoit déjà démontré qu'on ne pouvoit la recevoir. N'importe : toutes nos universités & nos académies même y sont demeurées fort attachées. Ce n'est que depuis environ 25 ans qu'il s'est élevé des Newtoniens en France : mais ce mal, si c'en est un (car il y a des gens pour qui c'en est un) a prodigieusement gagné ;

toutes nos académies maintenant sont Newtoniennes, & quelques professeurs de l'université de Paris enseignent aujourd'hui ouvertement la philosophie angloise. (*Voyez* ATTRACTION; *voyez* aussi sur Descartes & les Cartésiens, notre discours préliminaire.

Quelque parti qu'on prenne sur la philosophie de Descartes, on ne peut s'empêcher de regarder ce grand homme comme un génie sublime & un philosophe très-conséquent. La plupart de ses sectateurs n'ont pas été aussi conséquens que lui; ils ont adopté quelques-unes de ses opinions, & en ont admis d'autres, sans prendre garde à l'étroite liaison que presque toutes ont entr'elles. Un philosophe moderne, écrivain élégant, & homme de beaucoup d'esprit, M. l'abbé de Gamaches, *de l'académie royale des sciences*, a démontré à la tête de son *astronomie physique*, que pour un Cartésien, il ne doit point y avoir de mouvement *absolu*, & que c'est une conséquence nécessaire de l'opinion de Descartes, que l'étendue & la matière sont la même chose. Cependant les Cartésiens croient pour la plupart le mouvement absolu, en confondant l'étendue avec la matière.

L'opinion de Descartes sur le méchanisme des bêtes, est très-favorable au dogme de la spiritualité & de l'immortalité de l'ame; (*Voyez* AUTOMATISME.) & ceux qui veulent l'abandonner sur cet article, doivent tout au moins avouer que les difficultés contre l'ame des bêtes sont, sinon insolubles, du moins très-grandes pour un philosophe chrétien. Il en est de même de plusieurs autres points de la philosophie de ce grand homme. L'édifice est vaste, noble & bien entendu: c'est dommage que le siecle où il vivoit ne lui ait pas fourni de meilleurs matériaux. Il faut, dit M. de Fontenelle, admirer toujours Descartes, & le suivre quelquefois.

Les persécutions que ce philosophe a essuyées pour avoir déclaré la guerre aux préjugés & à l'ignorance, doivent être la consolation de ceux qui, ayant le même courage, éprouveront les mêmes traverses. Il est honoré aujourd'hui dans cette même patrie, où peut-être il eut vécu plus malheureux en Hollande.] *Nota.* Tout ce qui est renfermé ici entre deux crochets est une addition de d'Alembert.

Nous terminerons cet article par quelques réflexions sur la haute idée qu'on a eu long-tems de la philosophie de Descartes; je dis de sa philosophie, car nous ne le considérons ici que comme philosophe: (*voyez* APPLICATION DE L'ALGEBRE A LA GEOMETRIE, & les articles DIOPTRIQUE, TOURBILLONS, &c. &c.).

Descartes, nous dit-on, a appris au genre humain à penser: c'est ainsi que l'Europe a parlé de lui pendant un siecle. Ceux mêmes qui ne sont point *Cartésiens*, en portent le même jugement. Me sera-t-il permis de m'arrêter un moment sur cette façon de parler, que beaucoup de gens ont pris trop à la lettre ?

On n'avoit donc point pensé en Allemagne, où Copernic & Tycho-Brahé venoient de donner une consistance fixe aux pensées les plus hardies des hommes sur le système du monde. On ne pensoit point en Italie, où le génie de Galilée découvroit chaque jour aux astronomes de nouvelles merveilles; en Angleterre, où Bacon donnoit le système encyclopédique des sciences actuelles & possibles.

On n'avoit point pensé à Rome, à Athènes, en Egypte, à Babylone; il faut le dire, malgré nos respects, j'ai presque dit notre adoration, pour les restes sublimes des pensées de Rome & d'Athènes; malgré les chefs-d'œuvre de poésie, de peinture, de politique, d'éloquence, d'architecture; malgré la grandeur d'une infinité d'entreprises civiles & militaires, dont l'exécution nous étonne à cause de sa hardiesse & de l'étendue des pensées. On n'a commencé à penser qu'au XVIIe. siecle. Il seroit malheureux pour le talent de penser d'être venu si tard, & précisément lorsque tout l'essentiel étoit fait, pour la gloire & pour le bien du genre humain. Qu'à donc fait le dix-septieme siecle ?

Descartes nous a appris à douter. L'école académique, la plus brillante de l'antiquité, en avoit fait son objet unique pendant trois cents ans. N'y a-t-il pas un doute nécessaire avant tout examen ?

Descartes a fait le procès aux sens. Ils avoient été réduits à leur valeur précise dès le tems de Pythagore. Anaxagore, Démocrite, Leucippe avoient dit que les sens ne nous apprenoient rien de l'essence des êtres; qu'ils pouvoient fonder l'opinion, & nullement la science philosophique.

On nous a donné une méthode qu'on n'avoit pas. Quelle est-elle ? Ne savoit-on pas qu'il falloit dans les jugemens éviter la précipitation & le préjugé; procéder du connu à l'inconnu; diviser avant que de définir; définir par des idées claires, & raisonner par des définitions justes ? Nos historiens narrent-ils mieux que les anciens ? Nos orateurs sont-ils plus logiciens ? Nos géometres plus élégans ? Quelqu'un a-t-il plus de méthode que Démosthene, qu'Aristote, qu'Archimede, qu'Euclide ? Si Platon & Cicéron semblent en avoir eu quelquefois moins que ceux que nous venons de nommer, est-ce parce qu'ils ne le pouvoient pas, ou qu'ils ne le devoient pas, dans des ouvrages où ils vouloient mettre autant d'agrément & de goût que de philosophie?

Descartes nous a appris à penser. Gassendi, qui n'étoit pas moins philosophe que lui, mais qui a fait moins de bruit, parce qu'il étoit de sang-froid, s'est borné à nous apprendre à lire. Mais pensons, puisque nous en avons le talent & le droit, (car nous l'avons aussi-bien que les anciens sans doute,) pourvu que nous daignions lire aussi quelquefois, ne fût-ce que pour donner plus de force & plus d'assurance à nos pensées.

Descartes, riche de sa propre gloire, n'a pas besoin de dérober aux anciens celle qu'ils se sont acquise légitimement. Descartes a terrassé, par sa hardiesse & l'ascendant de son génie, le pédantisme, qui avoit immolé Ramus, & fait trembler Gassendi au milieu de ses succès contre la secte d'Aristote. (*Voyez* ARISTOTELISME).

Il a réduit à sa juste valeur, c'est-à-dire, à un profond mépris, la race hérissée de ces commentateurs anti-philosophes, qui ne connoissoient le prix de la raison, ni du tems. Il a dissipé entièrement l'enchantement de ces mots barbares, vides de sens, que l'esprit de subtilité & de dispute avoit mis à la place de la grossière ignorance des siécles précédens. Il a purgé la terre de deux monstres sourds & aveugles, le *Préjugé* & la *Prévention*, qui fermoient aux hommes les avenues de la vérité, depuis deux mille ans: en un mot, si j'osois m'expliquer ainsi, Descartes a fait une nouvelle édition de l'esprit humain; mais le livre avoit été fait avant lui.

Descartes, transporté dans l'assemblée des philosophes anciens; Descartes, au milieu des Pythagores, des Socrates, des Parménides, des Platons, des Zénons, des Démocrites; Descartes, dans l'académie, dans le Lycée, dans le Portique; le dirai-je? Dans les jardins d'Epicure, se seroit rendu justice à lui-même. Il auroit été saisi de vénération pour ces docteurs du genre humain; il auroit été étonné de leur pénétration & de leurs efforts. Et si dans quelques parties, ils les eût vu chanceler sous le faix, & quelquefois même succomber, il auroit senti, en les jugeant, le tort des circonstances, ou les bornes de l'humanité; sa propre expérience eût fait leur apologie.

Nous en trouverons une preuve suffisante dans l'objet même que nous traitons. On se souviendra qu'il s'agit toujours de pénétrer au-delà de cette ligne, où arrivent les esprits les plus simples par la première réflexion sur les causes, & de voir en lui-même le ressort qui fait jouer la nature.

Les pensées des modernes sur ce point, sont renfermées à peu-près dans le même cercle que celles des anciens. On trouve chez eux, comme ailleurs, des méchaniciens, qui exécutent tout par les qualités premières des corps; des métaphysiciens, qui ont recours à des êtres incorporels; des Physiciens, qui emploient des causes naturelles occultes; enfin des Unitaires, qui disent que tout n'est qu'une même substance, variée par les différentes formes qu'elle produit, ou plutôt qui se produisent par l'activité spontanée qui réside en elle. Nous ne ferons qu'indiquer, nous l'avons dit, les principales opinions, afin de ne point répéter ce qui se trouve par-tout dans les livres qu'on a sous la main.

Il est heureux, après tant de courses pour suivre les traces des grands hommes de l'antiquité, de rencontrer parmi les modernes, un sage qui passe l'éponge sur tout ce qui a été dit avant lui; qui ne reconnoisse en philosophie que l'autorité de la raison; qui ne veuille que des connoissances démontrées par l'évidence même, & qui rejette tout le reste dans la classe des opinions. Voilà une table rase, un homme tout neuf, qui fait profession de ne rien savoir, de ne rien croire, qui se dépouille de lui-même, & qui passe nud dans le parti de l'évidence. Que nous dira-t-il sur les causes principes?

Il abandonnera avec mépris les esprits & les Démons de Pythagore & de Platon, & toute cette hiérarchie spirituelle qui forme l'échelle des dominations sur tous les êtres matériels, simples ou composés. Il rira des qualités contraires, qui se liguent, ou se livrent des combats; de ces formes substantielles sans substance, & de toutes ces vertus magiques, que l'autorité des maîtres & la docilité servile des disciples avoient établies dans la physique, à la place des causes connues par l'expérience. Il se gardera bien de penser que la divinité même puisse être l'ame immédiate, ni informante des êtres corporels. Il dira encore moins que ce monde, si beau & si régulier, soit, ou puisse être le résultat d'un coup de dez, ou l'effet d'un principe brut & aveugle, qui auroit établi des fins & des moyens sans connoître les rapports (quoique pourtant il ne veuille de causes finales que dans la morale, & qu'il les trouve ridicules dans la physique). *Voyez dans l'article* BACONISME *les belles pensées du philosophe anglois sur les causes finales.*

Mais il nous dira que Dieu, dans le commencement, a divisé la matière, laquelle est la même chose, selon lui, que l'étendue ou l'espace; qu'il a imprimé ensuite aux parties de cette matière divisée, un mouvement de rotation sur elle-même; qu'en vertu de ce mouvement il s'est formé trois espèces de corps, les corps lumineux, les corps transparens & les corps opaques; (les Orientaux auroient dit en leur langage, le Dieu de la lumière, le Dieu des ténèbres, & le Dieu médiateur,) que par les directions générales, données à ces différentes espèces d'élémens, il s'est formé autour de divers centres, de grands tourbillons, dont chacun a fait un monde; & dans ces grands tourbillons, d'autres tourbillons plus petits, comme ceux de la lune, de Jupiter, de Vénus & des autres planètes, dans le tourbillon solaire; enfin que Dieu, par sa volonté, a établi des lois qui se conservent dans les corps, & qui maintiennent l'ordre de l'univers.

On se gardera bien de réveiller ici les disputes occasionnées il y a cent ans, par ces assertions gratuites, auxquelles personne aujourd'hui ne prend aucun intérêt. Il est inutile de dire, qu'on ne conçoit pas que l'espace puisse seul constituer ce qu'on appelle *matière*, & que le vide & le plein soient au fond la même idée; qu'on ne conçoit pas davantage la division réelle ou possible des parties d'une étendue qui est infinie, non plus que la possibilité du mouvement de ces parties, qu'on suppose divisées dans le plein, ni encore la différence spécifique des trois sortes d'élémens, qui ne peuvent différer que par le degré de grosseur ou de petitesse; ni enfin la conservation des tourbillons, malgré le mouvement circulaire, qui tend à la dispersion & au mélange, en vertu de la loi posée par le même philosophe, que tout corps mû circulairement, tend à s'éloigner du centre. On ne parle ici que de la cause motrice. Descartes nous apprend-il ce qu'on avoit ignoré jusqu'à lui?

Dieu seul meut le monde & le gouverne. Grands & petits, savans & ignorans le savoient de tout temps. Mais comment le meut-il? Quels sont les moyens qu'il emploie? Est-ce par lui-même immédiatement, ou par des instrumens ou causes actives, qu'il ait formées exprès pour exécuter les mouvemens qu'il avoit ordonnés dès le commencement?

Dieu a imprimé le mouvement à la matière divisée, & il conserve en elle ce mouvement par une influence continue de sa puissance motrice.

On ose dire que ces deux mots ne nous donnent aucune idée philosophique.

Qu'est-ce que cette influence? Est-elle physique ou morale? L'une & l'autre sont également incompréhensibles. Comment se conserve-t-elle? Par la création continuelle du même être dans différens lieux successivement? Subtilités d'école qu'on croit entendre à vingt ou trente ans, & dont on rit à quarante. Par une action continue qu'il exerce sur la matière? Mais on ne conçoit ni cette action, ni sa continuité. Mais n'est-ce pas se rapprocher trop de la pensée des anciens, qui ont répandu la substance de la divinité dans toute la substance de la matière, pour la faire agir sur elle?

Les anciens ont fait de Dieu une ame informante, & Descartes en fait une cause assistante.

On voit bien ici deux mots différens; mais on demande premièrement, s'il est bien clair que les anciens aient fait de Dieu une ame informante? La comparaison de l'homme a pu les induire dans cette pensée. Mais c'est, je crois, traiter trop rigoureusement les anciens, que de les obliger de souscrire à toutes les conséquences qui peuvent naître d'une comparaison, laquelle, lors même qu'elle est juste en plusieurs parties, a nécessairement des disparités dans d'autres.

En second lieu, est-il bien clair que certains de nos modernes n'aient fait de Dieu que l'ame assistante du monde; puisque selon eux, il est le principe intérieur par lequel le monde se meut dans sa totalité & dans ses parties? Mais enfin que ces idées soient au fond les mêmes, ou qu'elles soient différentes, ce qui importe peu, il suffit qu'elles soient également obscures & incompréhensibles. Or c'est de quoi personne ne disconviendra.

Les anciens, dira-t-on encore, divisoient la Divinité en autant de parties qu'il y en a dans la matière, afin d'attacher un principe moteur à ce qu'ils voyoient être mû.

C'étoit une absurdité, supposé qu'ils l'aient dit. Il étoit par-tout, continu, un; par conséquent, il n'étoit pas divisé en lui-même, il ne l'étoit que par les objets en qui il agissoit. Mais les modernes, pour avoir évité cette division de la Divinité par la matière, sont-ils pour cela hors d'embarras? Est-il moins difficile (il l'est peut-être beaucoup plus); d'expliquer une infinité d'effets souvent contraires, par une seule action d'une seule cause, que par les actions multipliées de plusieurs causes?

Il faut prendre, dit-on, la pensée de Descartes dans son point juste. Dieu a voulu une fois de toute éternité, & cette volonté a fait la loi active & fondamentale de l'univers, en vertu de laquelle tout se meut, tout se fait, sans que Dieu y remette la main.

Si c'est-là une idée philosophique, c'est-à-dire claire & évidente, où trouvera-t-on de l'obscurité ? Quel est le sens de ce grand mot, qu'on emploie si souvent, tant en physique qu'en morale & ailleurs? Qu'est-ce que cette loi fondamentale & générale ? Est-ce la pensée interieure, ou exprimée, du moteur suprême ? est-ce un ordre donné une fois à la nature, ou plutôt, n'est-ce pas un plan d'opérations arrêté, auquel Dieu a soumis son influence continue, pour le maintien & la conservation de l'univers? La loi qui gouverne dans un état (car c'est du moral que ce terme a été transporté au physique) est une indication du devoir, accompagnée de la menace de punition, si ce devoir n'est pas rempli. Cette impulsion, qui n'est que morale, peut bien suffire pour déterminer des êtres pensans, actifs, & se mouvans par eux-mêmes. Mais s'il s'agit d'être purement passif, l'indication & la menace sont inutiles ; il n'y a que la force physique appliquée qui puisse produire le mouvement, & la force continuée qui puisse le conserver. La loi active du monde physique ne peut donc être que la force active de Dieu même, qui meut, ou plutôt, qui porte les différens corps aux lieux où ils arrivent. C'est donc Dieu même agissant par-tout & faisant tout. Il est étonnant que parmi les philosophes mêmes, il y ait de ces inattentions qui réalisent de simples abstraits, & qui donnent pour cause physique & pour raison, un mot qui n'est même pris que dans un sens figuré.

Descartes ne nous a donc point donné de lumières nouvelles sur la nature des causes premières, ni sur leur manière d'agir. Il n'a pas reculé d'un point les limites anciennes sur cette partie. Tout est mystère pour nous, comme il l'étoit auparavant. En quoi on ne prétend faire aucun tort à la gloire de Descartes : car si on dit qu'il n'a pas été plus loin que les plus grands hommes, on dit aussi que les plus grands hommes n'ont point été plus loin que lui.

Ce fut l'embarras où se trouvoit Descartes par rapport au principe d'activité universelle, qui jetta son disciple Malebranche dans le système des causes occasionnelles, lequel détruit évidemment toute activité particulière, toute puissance motrice dans les êtres créés.

Dieu est seul cause efficiente dans les corps & dans les ames, quoiqu'avec le concours de ce qu'il appelle causes *occasionnelles*, & que d'autres appellent quelquefois *instrumentales* ou *conditionnelles* ; trois termes qui font toujours entendre que la première cause est cause unique, & que les causes subalternes ne sont pas des causes, mais des façons d'envisager les êtres créés, dans l'ordre de la causalité. Par exemple, le mot *instrumental* semble annoncer que l'action de la première cause est portée, & peut-être modifiée par les sujets qui la reçoivent immédiatement ; pour la rendre ensuite à l'objet où elle se termine : ainsi la plume de celui qui écrit, modifie, par sa conformation, le mouvement de la main, & fait un trait, au lieu d'une tache informe, sur le papier. Le mot *occasionnel* signifie que la première cause agit de telle ou telle manière, toutes les fois qu'elle rencontre une certaine combinaison de causes subalternes: ainsi l'étincelle tombe sur la pierre & s'éteint : tombant sur le salpêtre pétri avec le soufre & le charbon, elle produit une déflagration subite. Enfin le mot *conditionnel* semble signifier que la première cause agira ou n'agira pas, & de telle ou telle sorte, supposé seulement qu'il y ait telle ou telle condition donnée, c'est une loi que la première cause s'est faite, un engagement qu'elle a pris avec elle même, de ne prêter son influence que dans tel ou tel cas. Or il est aisé de voir que ces trois mots ne signifient que la même chose sous des aspects différens. Ces instrumens sont faits, ces occasions sont préparées, ces conditions sont posées, toujours par la volonté, le choix, l'action suprême de la Divinité. C'est elle qui taille la matière, qui la place, qui la combine relativement aux fins qu'elle se propose ; c'est elle qui a établi par sa seule volonté, les plans & les systèmes de tous les mouvemens de nos corps, à l'occasion desquels sont produites, par lui-même, nos perceptions, & ensuite nos volontés. C'est donc Dieu seul qui fait tout, dans nous comme dans tout le reste. Malebranche nie les conséquences qu'on tire de ces principes, & trouve, à force d'art & de méditation, le moyen de concilier beaucoup de choses qui semblent se contredire : tous les philosophes ne le voyent pas comme lui, ni tout ce qu'il voit. (*Voyez* MALEBRANCHISME, & l'histoire des causes premières).

CARTÉSIENS (subst. masc. plur.) est le nom qu'on donne aux partisans de la philosophie de Descartes. On appelle par cette raison cette philosophie, *philosophie cartésienne*, ou *Cartésianisme* ; il n'est presque plus aujourd'hui de *Cartésiens* rigides, c'est-à-dire, qui suivent Descartes exactement en tout, sur quoi *voyez* la fin de l'article CARTÉSIANISME, avant l'addition.

CHALDÉENS. (philosophie des) (*histoire de la philosophie moderne*)

Les *Chaldéens* sont les plus anciens peuples de l'Orient, qui se soient appliqués à la philosophie. Le titre de premiers philosophes leur a été contesté par les Egyptiens. Cette nation, aussi jalouse de l'honneur des inventions, qu'entêtée de l'antiquité de son origine, se croyoit non-seulement la plus vieille de toutes les nations, mais se regardoit encore comme le berceau où les arts & les sciences avoient pris naissance. Ainsi les *Chaldéens* n'étoient, selon les Egyptiens, qu'une colonie venue d'Egypte; & c'est d'eux qu'ils avoient appris tout ce qu'ils savoient. Comme la vanité nationale est toujours un mauvais garant des faits qui n'ont d'autre appui qu'elle, cette supériorité que les Egyptiens s'arrogeoient en tout genre sur les autres nations, est encore aujourd'hui un problème parmi les savans.

Si les inondations du Nil, qui confondoient les bornes des champs, donnèrent aux Egyptiens les premières idées de la géométrie, par la nécessité où elles mettoient chacun d'inventer des mesures exactes pour reconnoître son champ d'avec celui de son voisin; on peut dire que le grand loisir dont jouissoient les anciens bergers de *Chaldée*, joint à l'air pur & serein qu'ils respiroient sous un ciel qui n'étoit jamais couvert de nuages, produisit les premières observations qui ont été le fondement de l'astronomie. D'ailleurs, comme la *Chaldée* a servi de séjour aux premiers hommes du monde nouveau, il est naturel de s'imaginer que l'empire de Babylone a précédé les commencemens de la monarchie d'Egypte, & que par conséquent la *Chaldée*, qui étoit un certain canton compris dans cet empire, & qui reçut son nom des *Chaldéens*, philosophes étrangers auxquels elle fut accordée pour y fixer leur demeure, est le premier pays qui ait été éclairé des lumières de la philosophie. (*Voyez* ASTRONOMIE).

Il n'est pas facile de donner une juste idée de la philosophie des *Chaldéens*. Les monumens qui pourroient nous servir ici de mémoires pour cette histoire, ne remontent pas, à beaucoup près, aussi haut que cette secte: encore ces mémoires nous viennent-ils des Grecs; ce qui suffit pour leur faire perdre toute l'autorité qu'ils pourroient avoir. Car on sait que les Grecs avoient un tour d'esprit très-différent de celui des orientaux, & qu'ils défiguroient tout ce qu'ils touchoient & qui leur venoit des nations *barbares*; car c'est ainsi qu'ils appelloient ceux qui n'étoient pas nés Grecs. Les dogmes des autres nations, en passant par leur imagination, y prenoient une teinture de leur manière de penser; & n'entroient jamais dans leurs écrits, sans avoir éprouvé une grande altération.

Une autre raison, qui doit nous rendre soupçonneux sur les véritables sentimens des *Chaldéens*, c'est que, selon l'usage reçu dans tout l'orient, ils renfermoient dans l'enceinte de leurs écoles, où même ils n'admettoient que des disciples privilégiés, les dogmes de leur secte, & qu'ils ne les produisoient en public que sous le voile des symboles & des allégories.

Ainsi nous ne pouvons former que conjectures sur ce que les Grecs & même les Arabes en ont fait parvenir jusqu'à nous. De-là aussi cette diversité d'opinions qui partage les savans, qui ont tenté de percer l'enveloppe de ces ténèbres mystérieuses. En prétendant les éclaircir, ils n'ont fait qu'épaissir davantage la nuit qui nous les cache: témoin cette secte de philosophes, qui s'éleva en Asie vers le tems où J. C. parut sur la terre.

Pour donner plus de poids aux rêveries qu'enfantoit leur imagination déréglée, ils s'avisèrent de les colorer d'un air de grande antiquité, & de les faire passer sous le nom des *Chaldéens* & des Perses, pour les restes précieux de la doctrine de ces philosophes. Ils forgèrent en conséquence un grand ouvrage sous le nom du fameux Zoroastre, regardé alors dans l'Asie comme le chef & le maître de tous les mages de la Perse & de la *Chaldée*.

Plusieurs savans, tant anciens que modernes, se sont exercés à découvrir quel pouvoit être ce Zoroastre si vanté dans tout l'Orient: mais après bien des veilles consumées dans ce travail ingrat, ils ont été forcés d'avouer l'inutilité de leurs efforts. (*Voyez* l'article de la philosophie des PERSES).

D'autres philosophes, non moins ignorans dans les mystères sacrés de l'ancienne doctrine des *Chaldéens*, voulurent partager avec les premiers l'honneur de composer une secte à part. Ils prirent donc le parti de faire naître Zoroastre en Egypte; & ils ne furent pas moins hardis à lui supposer des ouvrages, dont ils se servirent pour le combattre plus commodément. Comme Pythagore & Platon étoient allés en Egypte pour s'instruire dans les sciences, que cette nation avoit la réputation d'avoir extrêmement perfectionnées, ils imaginèrent que les systèmes de ces deux philosophes Grecs n'étoient qu'un fidèle extrait de la doctrine de Zoroastre. Cette hardiesse à supposer des livres, qui fait le caractère de ces deux sectes de philosophes, nous apprend jusqu'à quel point nous devons leur donner notre confiance.

Les *Chaldéens* étoient en grande considération parmi les Babyloniens. C'étoient les prêtres de la nation; ils y remplissoient les mêmes fonctions que les mages chez les Perses, en instruisant le peuple de tout ce qui avoit rapport aux choses de la religion, comme les cérémonies & les sacrifices. Voilà pourquoi il est arrivé souvent aux historiens Grecs de les confondre les uns avec les autres; en quoi ils ont marqué leur peu d'exactitude, ne distinguant pas, comme ils le devoient, l'état où se trouvoit la philosophie chez les anciens Babyloniens, de celui où elle fut réduite, lorsque ces peuples passèrent sous la domination des Perses.

On peut remarquer en passant, que chez tous les anciens peuples, tels que les Assyriens, les Perses, les Egyptiens, les Ethiopiens, les Scythes, les Etruriens, ceux-là seuls étoient regardés comme les sages & les philosophes de la nation, qui avoient usurpé la qualité de prêtres & de ministres de la religion. C'étoient des hommes souples & adroits, qui faisoient servir la religion aux vues intéressées & politiques de ceux qui gouvernoient. Voici quelle étoit la doctrine des *Chaldéens* sur la divinité.

Ils reconnoissoient un Dieu souverain, auteur de toutes les choses, lequel avoit établi cette belle harmonie qui lie toutes les parties de l'univers. Quoiqu'ils crussent la matière éternelle & préexistante à l'opération de Dieu, ils ne s'imaginoient pas pourtant que le monde fut éternel; car leur cosmogonie nous représente notre terre, comme ayant été un chaos ténébreux, où tous les élémens étoient confondus pêle-mêle, avant qu'elle eut reçu cet ordre & cet arrangement qui la rendent un séjour habitable.

Ils supposoient que les animaux monstrueux & de diverses figures avoient pris naissance dans le sein informe de ce chaos, & qu'ils avoient été soumis à une femme nommée *Omorca*;

Que le Dieu *Belus* avoit coupé cette femme en deux parties, de l'une desquelles il avoit formé le ciel & de l'autre la terre, & que la mort de cette femme avoit causé celle de tous les animaux;

Que *Belus* après avoir formé le monde & produit les animaux qui le remplissent, s'étoit fait couper la tête;

Que les hommes & les animaux étoient sortis de la terre, que les autres Dieux avoient détrempée dans le sang qui couloit de la blessure du Dieu *Belus*, & que c'étoit là la raison pour laquelle les hommes étoient doués d'intelligence, & avoient reçu une portion de la divinité.

Bérose, qui rapporte ceci dans les fragmens que nous avons de lui, & qui nous ont été conservés par le Syncelle, observe que toute cette cosmogonie n'est qu'une allégorie mystérieuse, par laquelle les *Chaldéens* expliquoient de quelle manière le Dieu créateur avoit débrouillé le chaos & introduit l'ordre parmi la confusion des élémens. Du moins, ce que l'on voit à travers les voiles de cette surprenante allégorie, est que l'homme doit sa naissance à Dieu, & que le Dieu suprême s'étoit servi d'un autre Dieu pour former ce monde. Cette doctrine n'étoit point particulière aux *Chaldéens*. C'étoit même une opinion universellement reçue dans tout l'orient, qu'il y avoit des génies, des Dieux subalternes & dépendans de l'Etre suprême, qui étoient distribués & répandus dans toutes les parties de ce vaste univers. On croyoit qu'il n'étoit pas digne de la majesté du Dieu Souverain de présider directement au sort des nations. Renfermé dans lui-même, il ne lui convenoit pas de s'occuper des pensées & des actions des simples mortels: mais il en laissoit le soin à des divinités locales & tutélaires. Ce n'étoit aussi qu'en leur honneur que fumoit l'encens dans les temples, & que couloit sur les autels le sang des victimes.

Mais outre les bons génies qui s'appliquoient à faire du bien aux hommes, les *Chaldéens* admettoient aussi des génies mal-faisans. Ceux-là étoient formés d'une matière plus grossière que les bons, avec lesquels ils étoient perpétuellement en guerre. Les premiers étoient l'ouvrage du mauvais principe, comme les autres l'étoient du bon; car il paroît que la doctrine des deux principes avoit pris naissance en *Chaldée*, d'où elle a passé chez les Perses.

Cette croyance des mauvais démons, qui non-seulement avoit cours chez les *Chaldéens*, mais encore chez les Perses, les Egyptiens & les autres nations orientales, paroît avoir sa source dans la tradition respectable de la séduction du premier homme par un mauvais démon. Ils prenoient toutes sortes de formes, pour mieux tromper ceux qui avoient l'imprudence de se confier à eux.

Tels étoient vraisemblablement les mystères auxquels les *Chaldéens* avoient soin de n'initier qu'un petit nombre d'adeptes, qui devoient leur succéder, pour en faire passer la tradition d'âge en âge, jusqu'à la postérité la plus reculée. Il n'étoit pas permis aux disciples de penser au-delà de ce que leurs maîtres leur avoient appris. Ils plioient servilement sous le joug que leur imposoit le respect aveugle qu'ils avoient pour eux. Diodore de Sicile leur en fait un mérite, & les élève en cela beaucoup au-dessus des Grecs, qui, selon lui, devenoient le jouet éternel de mille opinions diverses, entre lesquelles flottoit leur esprit indécis; parce que dans leur manière de penser, ils ne vouloient être maitrisés que par leur génie. Mais il faut être bien peu philosophe soi-même, pour ne pas sentir que le plus beau privilége de notre raison, consiste à ne rien croire par l'impulsion d'un instinct aveugle & méchanique, & que c'est déshonorer la raison, que de la mettre dans des entraves, ainsi que le faisoient les *Chaldéens*. L'homme est né pour penser de lui-même. Dieu seul mérite le sacrifice de nos lumières ; parce qu'il est le seul qui ne puisse pas nous tromper, soit qu'il parle par lui-même, soit qu'il le fasse par l'organe de ceux auxquels il a confié le sacré dépôt de ses révélations.

La philosophie des *Chaldéens* n'étant autre chose qu'un amas de maximes & de dogmes, qu'ils transmettoient par le canal de la tradition, ils ne méritent nullement le nom de philosophes. Ce titre, dans toute la rigueur du terme, ne convient qu'aux Grecs & aux Romains, qui les ont imités en marchant sur leurs traces. Car, pour les autres nations, on doit en porter le même jugement que des *Chaldéens*, puisque le même esprit de servitude régnoit parmi elles ; au lieu que les Grecs & les Romains osoient penser d'après eux-mêmes. Ils ne croyoient que ce qu'ils voyoient, ou du moins que ce qu'ils s'imaginoient voir. Si l'esprit systématique les a précipités dans un grand nombre d'erreurs, c'est parce qu'il ne nous est pas donné de découvrir subitement, & comme par une espèce d'instinct, la vérité. Nous ne pouvons y parvenir, qu'en passant par bien des impertinences & des extravagances ; c'est une loi à laquelle la nature nous a assujettis. Mais en épuisant toutes les sottises qu'on peut dire sur chaque chose, les Grecs nous ont rendu un service important ; parce qu'ils nous ont comme forcés de prendre, presque à l'entrée de notre carrière, le chemin de la vérité.

Pour revenir aux *Chaldéens*, voici la doctrine qu'ils enseignoient publiquement ; savoir, que le soleil, la lune & les autres astres, & sur-tout les planètes, étoient des divinités qu'il falloit adorer. Hérodote & Diodore sont ici nos garans.

Les étoiles qui formoient le zodiaque, étoient principalement en grande vénération parmi eux, sans préjudice du soleil & de la lune, qu'ils ont toujours regardés comme leurs premières divinités. Ils appelloient le soleil *Belus*, & donnoient à la lune le nom de *Nebo* ; quelquefois aussi ils l'appelloient *Kergal*.

Le peuple, qui est fait pour être la dupe de tous ceux qui ont assez d'esprit pour prendre sur lui de l'ascendant, croyoit bonnement que la divinité résidoit dans les astres, & par conséquent qu'ils étoient autant de dieux qui méritoient les hommages. Pour les sages & les philosophes du pays, ils se contentoient d'y placer les esprits, ou des dieux du second ordre, qui en dirigeoient les divers mouvemens.

Ce principe une fois établi que les astres étoient des divinités, il n'en fallut pas davantage aux *Chaldéens* pour persuader au peuple qu'ils avoient une grande influence sur le bonheur ou le malheur des humains. De-là est née l'astrologie judiciaire, dans laquelle les *Chaldéens* avoient la réputation d'exceller si fort sur les autres nations, que tous ceux qui s'y distinguoient s'appelloient *Chaldéens*, quelle que fût leur patrie. Ces charlatans s'étoient fait un art de prédire l'avenir par l'inspection du cours des astres, où ils feignoient de lire l'enchaînement des destinées humaines. La crédulité des peuples faisoit toute leur science ; car quelle liaison pouvoient-ils appercevoir entre les mouvemens réglés des astres & les évènemens libres de la volonté ? L'avide curiosité des hommes pour percer dans l'avenir, & pour prévoir ce qui doit leur arriver, est une maladie aussi ancienne que le monde même. Mais elle a exercé principalement son empire chez tous les peuples de l'orient, dont on sait que l'imagination s'allume aisément. On ne sauroit dire jusqu'à quel excès elle y a été portée par les ruses & les artifices des prêtres. L'astrologie judiciaire est le puissant frein avec lequel on a de tout temps gouverné l'esprit des orientaux. Sextus-Empiricus déclame avec beaucoup de force et d'éloquence contre cet art frivole, si funeste au bonheur du genre humain, par les maux qu'il produit nécessairement. En effet, les *Chaldéens* rétrécissoient l'esprit des peuples, & les tenoient indignement courbés sous un joug de fer, que leur imposoit leur superstition ; il ne leur étoit pas permis de faire la moindre démarche, sans avoir auparavant consulté les augures & les aruspices. Quelques crédules que fussent les peuples, il n'étoit pas possible que l'imposture de ces charlatans de *Chaldée* ne trahît & ne décélât très-souvent la vanité de l'astrologie judiciaire. Sous le consulat de M. Popilius & de Cneius-Calpurnius, il fut ordonné aux *Chaldéens*, par un édit du préteur Cor. Hispollus, de sortir de Rome & de toute l'Italie dans l'espace de dix jours ; & la raison qu'on en donnoit, c'est qu'ils abusoient de la prétendue connoissance qu'ils se vantoient d'avoir du cours des astres, pour tromper des esprits foibles & crédules, en les persuadant que tels & tels évènemens de leur vie étoient écrits dans le ciel. Alexandre lui-même, qui d'abord avoit été prévenu d'une grande estime pour les *Chaldéens*, la leur vendit bien cher par le mépris qu'il leur porta, depuis que le philosophe Anaxarxus lui eut fait connoître toute la vanité de l'astrologie judiciaire.

Quoique l'astronomie ait été fort en honneur chez les *Chaldéens*, & qu'ils l'aient cultivée avec beaucoup de soin, il ne paroit pas pourtant qu'elle eût fait parmi eux des progrès considérables. Quels astronomes, que des gens qui croyoient que les éclipses de lune provenoient de ce que cet astre tournoit vers nous la partie de son disque qui étoit opaque ? Car ils croyoient l'autre lumineuse par elle-même, indépendamment du soleil :

où

où avoient-ils appris que le globe terreftre feroit confumé par les flammes, lors de la conjonction des aftres dans le figne de l'écreviffe, & qu'il feroit inondé fi cette conjonction arrivoit dans le figne du capricorne? Cependant ces *Chaldéens* ont été eftimés comme de grands aftronomes ; & il n'y a pas même long-temps qu'on eft revenu de cette admiration prodigieufe qu'on avoit conçue pour leur grand favoir dans l'aftronomie, admiration qui n'étoit fondée que fur ce qu'ils font féparés de nous par une longue fuite de fiècles. Tout éloignement eft en droit de nous en impofer.

L'envie de paffer pour le plus ancien peuple du monde, eft une manie qui a été commune à toutes les nations. On diroit qu'elles s'imaginent valoir d'autant mieux, qu'elles peuvent remonter plus haut dans l'antiquité. On ne fauroit croire combien de rêveries & d'abfurdités ont été débitées à ce fujet. Les *Chaldéens*, par exemple, prétendoient qu'au temps où Alexandre, vainqueur de Darius, prit Babylone, il s'étoit écoulé quatre cents foixante & dix mille années, à compter depuis le tems où l'aftronomie fleuriffoit dans la *Chaldée*. Cette longue fupputation d'années n'a point fa preuve dans l'hiftoire, mais feulement dans l'imagination échauffée des *Chaldéens*. En effet, Callifthene, à qui le précepteur d'Alexandre avoit ménagé une entrée à la cour de ce prince, & qui fuivoit ce conquérant dans fes expéditions militaires, envoya à ce même Ariftote des obfervations qu'il avoit trouvées à Babylone. Or, ces obfervations ne remontoient pas au-delà de mille neuf cents trois ans ; & ces mille neuf cents trois ans, fi on les fait commencer à l'année 4383 de la période Julienne, où Babylone fut prife, iront, en rétrogradant, fe terminer à l'année 2480 de la même période. Il s'en faut bien que le tems marqué par ces obfervations remonte jufqu'au déluge, fi l'on s'attache au fyftême chronologique de Moyfe, tel qu'il fe trouve dans la verfion des Septante. Si les *Chaldéens* avoient eu des obfervations plus anciennes, comment fe peut-il faire que Ptolémée, cet aftronome fi exact, n'en ait point fait mention, & que la première dont il parle tombe à la première année de Merdochai, roi de Babylone, laquelle fe trouve être dans la vingt-feptième année de l'ère de Nabonaffar ? Il réfulte de-là que cette prétendue antiquité, que les *Chaldéens* donnoient à leurs obfervations, ne mérite pas plus notre croyance que le témoignage de Porphyre qui lui fert de fondement. Il y a plus : Epigene ne craint point d'avancer que les obfervations aftronomiques qui fe trouvoient infcrites fur des briques cuites qu'on voyoit à Babylone, ne remontoient pas au-delà de 720 ans ; & comme ils leur eût encore trop long, Bérofe & Critodeme renferment tout ce tems dans l'efpace de 480 ans.

Après cela, qui ne riroit de voir les *Chal-*
Philofophie. anc. & mod. Tom. I.

déens nous repréfenter gravement leurs obfervations aftronomiques, & nous les apporter en preuve de leur grande antiquité ; tandis que leurs propres auteurs leur donnent le démenti, en les renfermant dans un fi court efpace de tems ? Ils ont apparemment cru, fuivant la remarque de Lactance ; qu'il leur étoit libre de mentir, en imaginant des obfervations de 470000 ans, parce qu'ils étoient bien fûrs qu'en s'enfonçant fi fort dans l'antiquité, il ne feroit pas poffible de les atteindre. Mais ils n'ont pas fait attention que tous ces calculs n'opèrent dans les efprits une vraie perfuafion, qu'autant qu'on y attache des faits dont la réalité ne foit pas fufpecte.

Toute chronologie qui ne tient point à des faits, n'eft point hiftorique, & par conféquent ne prouve rien en faveur de l'antiquité d'une nation. Quand une fois le cours des aftres m'eft connu, je puis prévoir, en conféquence de leur marche affujettie à des mouvemens uniformes & réguliers, dans quel tems & de quelle manière ils figureront enfemble, foit dans leur oppofition, foit dans leur conjonction. Je puis également me replier fur les tems paffés, ou m'avancer fur ceux qui ne font pas encore arrivés ; & franchiffant les bornes du tems où le Créateur a renfermé le monde, marquer dans un tems imaginaire des inftans précis où tels & tels aftres feroient éclipfés. Je puis, à l'aide d'un calcul qui ne s'épuifera jamais, tant que mon efprit voudra le continuer, faire un fyftême d'obfervations pour des tems qui n'ont jamais exifté ou même qui n'exifteront jamais. Mais de ce fyftême d'obfervations, purement abftrait, il n'en réfultera jamais que le monde ait toujours exifté, ou qu'il doive toujours durer. Tel eft le cas où fe trouvent par rapport à nous, les anciens *Chaldéens*, touchant ces obfervations qui ne comprenoient pas moins que 470000 ans. Si je voyois une fuite de faits attachés à ces obfervations, & qu'ils rempliffent tout ce long efpace de tems, je ne pourrois m'empêcher de reconnoître un monde réellement fubfiftant dans toute cette longue durée de fiècles ; mais parce que je n'y vois que des calculs qui ne traînent après eux aucune révolution dans les chofes humaines, je ne puis les regarder que comme les rêveries d'un calculateur. (Cet article eft de DIDEROT).

Penfées des Chaldéens fur les caufes premières, ou la lumière & les ténèbres.

Ceux des enfans de Noé qu'un fort heureux laiffa dans la Méfopotamie, n'eurent pas befoin de beaucoup de temps pour y affermir leur établiffement. En defcendant de l'arche, ils n'eurent qu'à ufer des arts qui en defcendirent avec eux.

Parmi les différentes familles qui fe portè-

A a a a

rent fur différens objets de befoin ou d'utilité, felon le goût ou le génie de leurs chefs, il y en eut qui fe dévouèrent d'une façon fpéciale à l'étude des chofes faintes. Leur piété ayant attiré l'attention publique, ils obtinrent des roi de Babylone des privilèges & une demeure à part, dans le voifinage de cette capitale, en tirant vers le golfe Perfique & l'Arabie déferte (1). C'eft-là qu'ils furent connus dès la plus haute antiquité fous le nom de *Chaldéens*. On prétend que ce fut d'une de leurs villes, *de Ur Chaldæorum*, qu'Abraham partit pour fuivre la voix de Dieu, qui l'appelloit dans la terre de Chanaan.

L'hiftoire facrée & profane s'accordent à regarder les *Chaldéens* comme les plus anciens des philofophes. Doués de fagacité & de génie (2), placés fous le plus beau ciel du monde, & dans le fol le plus fertile; ils furent bientôt en état, par le loifir & l'abondance dont ils jouiffoient, de faire des recherches fur les caufes, & de remettre fur le tapis les opinions, qui probablement avoient déja exercé les efprits avant le déluge.

Ils étoient philofophes dans la rigueur du terme, s'il eft vrai, comme l'a dit Platon, que la Philofophie ne foit que l'étude des chofes divines & humaines, & des rapports qui lient ces chofes entre elles. (3) Ils n'étudioient la nature, que pour parvenir à mieux connoître la divinité, & à juger de l'influence que celle-ci avoit fur le bonheur ou le malheur des hommes : caractère fpécial de la philofophie antique, qui fut toujours frappée d'enthoufiafme & de religion, & chez les *Chaldéens* plus qu'ailleurs.

Les *Chaldéens* conçurent dans leur Cofmogonie, de même que Moïfe, 1°. Une maffe informe, un cahos, mêlé d'eau, de terre, de ténèbres, &c. 2°. Autour ou au-deffus de cette maffe, une fubftance lumineufe, qui s'étendoit à des diftances indéfinies. Il faut fe fouvenir de ces deux idées fondamentales, qui fe retrouveront toujours dans tous les fyftêmes des anciens fur cette matière.

Ces deux idées étant pofées, il étoit naturel que l'imagination des *Chaldéens* fe peignît la divinité comme régnant au milieu de l'efpace lumineux : c'eft l'idée que nous nous en faifons nous-même encore aujourd'hui. Ils allèrent plus loin : ils donnèrent à Dieu le nom de cette lumière; ils l'appellèrent, *feu principe, feu intelligent, fplendeur éternelle*; dénominations figurées, qui ne devoient être employées qu'avec des modifications & des reftrictions que probablement les *Chaldéens* ceffèrent d'y mettre, lorfque la pureté des idées primitives fe fut altérée dans leurs efprits. S'ils prirent le change dans cette matière fi délicate, du moins choifirent-ils l'image qui fembloit approcher le plus de l'immatérialité : celle que Dieu confacra lui-même dans la fuite, lorfqu'il apparut à Moïfe, fous la forme d'un buiffon ardent, lorfqu'il marchoit à la tête de fon peuple, fous la forme d'une colonne de feu; enfin lorfque dans fon tabernacle, il inftitua le feu facré, pour être l'image fenfible de fa préfence & de fon action.

A l'idée de cet *être-lumière*, les *Chaldéens* attachèrent tous les attributs qui appartiennent à la divinité. Il étoit éternel, tout-puiffant, infiniment fage, infiniment bon ; c'étoit lui qui, par un choix libre de fa volonté, avoit formé le monde; c'étoit lui qui le gouvernoit par fes décrets (4) : en un un mot, comme le dit un oracle de Zoroaftre, cité par S. Juftin & Eufebe, les Chaldéens *avoient fur la divinité, la même doctrine & les mêmes idées que les Hébreux* (5). Voilà donc un premier principe d'activité & de bonté, reconnu par les plus anciens philofophes du monde.

Le fpectacle des maux qui affligent la nature, & dont le fentiment eft fi vif dans tous les hommes, leur en fit bientôt chercher un fecond. Comment attribuer à un être infiniment bon, tant de chofes qui femblent mal dans l'ordre phyfique, & qui le font en effet dans l'ordre moral ? Car l'objection eft de tous les tems.

Les *ténèbres*, qui par elles-mêmes infpirent

---

(1) Strab. L. 15.

(2) Cic. *de Div*. 1. 51. Les *Chaldéens*, dit Héfychius, étoient des efpèces de mages qui poffédoient toutes les fciences Ils s'appliquoient fur-tout à l'Aftronomie, & y firent tant de progrès, qu'ils parvinrent par leurs obfervations, à décider, comme Strobée nous l'apprend. « Que les comètes font des étoiles ou » planètes qui fe cachent pendant quelque tems, parce » qu'elles font très-éloignées de nous, & qui reparoif- » fent quand elles defcendent vers nous; & qu'elles » ne femblent s'évanouir, que parce qu'elles retournent » dans leurs régions, dans les profondeurs de l'Æther, » comme les poiffons dans le fond des mers ». Eclog. » *Phyf*. 63. Si on jugeoit des *Chaldéens* par cet échan- » tillon, ils auroient été non-feulement les plus an- » ciens, mais les plus judicieux & les plus profonds » des philofophes ».

(3) Scientia rerum divinarum humanarumque, caufarumque quibus hæ res continentur. Cic. de Off. 2. n°. 2.

(4) Diod. Sic. I. 2.

(5) Par. ad Gent. & Démonft. Ev. 7. Soli Chaldæi fortiti funt & Hæbræi, puré colentes Deumege n per fe genitum.

l'horreur & la crainte, & dont par conséquent la notion est mêlée de puissance & de malignité, leur parut un dénouement aussi heureux que simple. Comme ils avoient attaché à *l'être-lumière* toutes les notions du bon, ils attachèrent à *l'être-ténèbre* toutes les notions du mauvais. Moïse, parlant de la lumière & des ténèbres, leur avoit assigné à chacune, dans l'espace, un domaine séparé : *Divisit lucem & tenebras*. De ce fonds donné, ils firent deux masses de substances contraires, deux genres de cause qui, marchant en sens contraire dans la nature, montroient l'empreinte de leur activité dans tous les êtres, où il paroissoit un mélange de bien & de mal.

Cette duplicité de principes métaphysiques sembla se confirmer par ce qu'il y a de plus sensible dans toute la nature, par le jour & par la nuit. Le soleil roi de l'un, la lune reine de l'autre, marquèrent nettement les deux empires. Bientôt on fit de ces deux astres deux Dieux, qui eurent leurs temples, leurs autels, leur culte. (*Voyez* l'art. BELBUCH & ZEOMBUCH).

La même division se porta sur les planètes, auxquelles on attribua un pouvoir bien ou malfaisant, selon les caractères qu'on crut remarquer dans la couleur & les degrés de leur lumière. Enfin on alla jusqu'à s'imaginer que les phases, les aspects réciproques, les levers, les couchers, les rencontres des corps célestes, étoient le livre de l'avenir. On inventa un art pour interpréter les pronostics du bonheur & du malheur ; & on vint en tremblant, l'or à la main, aux pieds des prêtres, dépositaires de cette science, demander les arrêts du sort, dont on leur croyoit l'intelligence & la clef. Voilà en deux mots l'histoire de la philosophie, ou plutôt de la théologie des *Chaldéens*. L'erreur commença par la distinction si naturelle de la lumière & des ténèbres : la superstition & l'intérêt firent le reste (1).

Cependant, & il est essentiel de le dire ici, les savans conviennent assez unanimement, qu'il y avoit, selon les *Chaldéens*, au-dessus de cette lumière opposée aux ténèbres, une autre lumière, principe unique, seul Dieu suprême, qu'ils appelloient *lumière incréée, lumière par excellence*, pour la distinguer de cette autre substance secondaire, qui figuroit avec les ténèbres.

On ne me demandera pas, je crois, des explications détaillées de la manière dont les anciens *Chaldéens* développoient ces dogmes, & les concilioient les uns avec les autres. On sait que tous les monumens de l'antiquité profane sont trop modernes pour nous en fournir. Nous pouvons seulement dire en général que l'idée si naturelle de l'unité qui s'est conservée dans tout l'orient & qui y a décidé de la forme des gouvernemens, toujours monarchiques dans cette partie du monde, a dû se conserver chez les *Chaldéens* plus qu'ailleurs, à cause du voisinage des Hébreux, auxquels ils touchoient. Si les Perses qui étoient plus éloignés des Hébreux, admettoient, outre les deux principes secondaires, un conciliateur suprême, maître des deux autres, comme nous le prouverons ailleurs, (*Voyez* PERSES (philosophie des)); à plus forte raison doit-on faire honneur de ce dogme si sensé à cette portion de l'Asie qui a eu dans les commencemens la plus grande réputation de sagesse & de piété. (*Voyez l'histoire des causes premières*).

CHAVARIGTES, s. m. pl. (*Hist. des superstitions modernes*) hérétiques mahométans opposés aux Scyrhes. Ils nient l'infaillibilité de la prophétie de Mahomet, soit en elle-même, soit relativement à eux ; parce qu'ils ne savent, disent-ils, si cet homme étoit inspiré, ou s'il le contrefaisoit ; que, quand ils seroient mieux instruits, le don de prophétie, n'ôtant point la liberté, leur prophète est resté maître pendant l'inspiration de l'altérer & de substituer la voix du mensonge à celle de la vérité ; qu'il y a des faits dans l'alcoran qu'il étoit possible de prévoir ; qu'il y en a d'autres que le tems a dû amener nécessairement ; qu'ils ne peuvent démêler dans un ouvrage aussi mêlé de bonnes & de mauvaises choses, ce qui est de Mahomet & ce qui est de Dieu ; & qu'il est absurde de supposer que tout appartienne à Dieu : ce que les *chavarigtes* n'ont point de peine à démontrer par une infinité de passages de l'alcoran, qui ne peuvent être que d'un fourbe & d'un ignorant. Ils ajoutent que la prophétie de Mahomet leur étoit superflue, parce que l'inspection de l'univers leur annonçoit mieux que tout son enthousiasme, l'existence & la toute-puissance de Dieu ; que quant à la loi établie avant lui, le don de prophétie n'ayant nulle liaison avec elle, elle n'a pû lui accorder le droit de lui en substituer une autre ; que ce que leur prophète a révélé de l'avenir a pu être de Dieu, mais que ce qu'il a dit contre la loi antérieure à la sienne, est certainement de l'homme ; & que les prophètes qui l'ont précédé, l'ont décrié, comme il a décrié ceux qui viendroient après lui, comme ceux-ci décrieront ceux qui les suivront : enfin ils prétendent que si la fonction de prophète devient un jour nécessaire, ce ne sera point le privilège de quelques-uns d'entr'eux ; mais que tout homme juste pourra être élevé à cette dignité. Voilà les contestations qui déchirent & qui déchireront les hommes qui auront eu le malheur d'avoir un méchant pour législateur, que Dieu abandonnera à leurs déréglemens, qu'il n'éclairera point de la

---

(1). *Voy.* Stanlei & Bruker.

lumière de son saint évangile, & dont la loi sera contenue dans un livre absurde, obscur, & menteur. *Voyez l'hist. ottom. & Moreri.* (*Ancienne Encyclopédie*).

CHINOIS (philosophie des). (*Histoire de la philosophie ancienne & moderne*).

Ces peuples qui sont, d'un consentement unanime, supérieurs à toutes les nations de l'Asie, par leur ancienneté, leur esprit, leurs progrès dans les arts, leur politique, leur goût pour la philosophie, le disputent même dans tous ces points, au jugement de quelques auteurs, aux contrées de l'Europe les plus éclairées.

Si l'on en croit ces auteurs, les *Chinois* ont eu des sages dès les premiers âges du monde. Ils avoient des cités érudites; des philosophes leur avoient prescrit des plans sublimes de philosophie morale, dans un tems où la terre n'étoit pas encore bien essuyée des eaux du déluge: témoins Isaac Vossius, Spizelius, & cette multitude innombrable de missionnaires de la compagnie de Jésus, que le desir d'étendre les lumières de notre religion, a fait passer dans ces grandes & riches contrées.

Il est vrai que Budée, Thomasius, Gundling, Heumann, & d'autres écrivains dont les lumières sont de quelque poids, ne nous peignent pas les *Chinois* en beau; que les autres missionnaires ne sont pas d'accord sur la grande sagesse de ces peuples, avec les missionnaires de la compagnie de Jésus, & que ces derniers ne les ont pas même regardé tous d'un œil également favorable.

Au milieu de tant de témoignages opposés, il sembleroit que le seul moyen qu'on eût de découvrir la vérité, ce seroit de juger du mérite des *Chinois* par celui de leurs productions les plus vantées. Nous en avons plusieurs collections; mais malheureusement on est peu d'accord sur l'authenticité des livres qui composent ces collections: on dispute sur l'exactitude des traductions qu'on en a faites, & l'on ne rencontre que des ténèbres encore fort épaisses, du côté même d'où l'on étoit en droit d'attendre quelques traits de lumière.

La collection publiée à Paris en 1687 par les pères Intourta, Hendrik, Rougemont & Couplet, nous présente d'abord le *Ta-hio* ou la *scientia magna*, ouvrage de Confucius, publié par Cemeu, un de ses disciples. Le philosophe *Chinois* s'y est proposé d'instruire les maîtres de la terre dans l'art de bien gouverner, qu'il renferme dans celui de bien connoître & d'acquérir les qualités nécessaires à un souverain, de se commander à soi-même, de savoir former son conseil & sa cour, & d'élever sa famille.

Le second ouvrage de la collection, intitulé: *Chum-yum*, ou *de medio sempiterno*, ou *de mediocritate in rebus omnibus tenenda*; n'a rien de si fort sur cet objet, qu'on ne put aisément renfermer dans quelques maximes de Sénèque.

Le troisième est un recueil de dialogues & d'apophthegmes sur les vices, les vertus, les devoirs & la bonne conduite; il est intitulé: *Lun-y-u*. On trouvera à la fin de cet article, les plus frappans de ces apophthegmes, sur lesquels on pourra apprécier ce troisième ouvrage de Confucius.

Les savans éditeurs avoient promis les écrits de Mencius, philosophe *Chinois*; & François Noël, missionnaire de la même compagnie, a satisfait en 1711 à cette promesse, en publiant six livres classiques chinois, entre lesquels on trouve quelques morceaux de Mencius. Nous n'entrerons point dans les différentes contestations que cette collection & la précédente ont excitées entre les érudits. Si quelques faits hasardés par les éditeurs de ces collections, & démontrés faux par de savans Européens, tel, par exemple, que celui des tables astronomiques données pour authentiquement chinoises, & convaincues d'une correction faite sur celle de Ticho, sont capables de jetter des soupçons dans les esprits sans partialité; les moins impartiaux ne peuvent non plus se cacher que les adversaires de ces pénibles collections ont mis bien de l'humeur et de la passion dans leur critique.

La chronologie chinoise ne peut être incertaine, sans que la première origine de la philosophie chez les *Chinois* ne le soit aussi. Fo-hi est le fondateur de l'empire de la Chine, & passe pour son premier philosophe. Il régna en l'an 2954 avant la naissance de Jésus-Christ. Le cycle *chinois* commence l'an 2647 avant la naissance de Jésus-Christ, la huitième année du règne de Hohangli. Hohangli eut pour prédécesseurs Fo-hi & Xi-nang. Celui-ci régna 110, celui-là 140; mais, en suivant le système du P. Petau, la naissance de Jésus-Christ tombe l'an du monde 3889, & le déluge, l'an du monde 1656; d'où il s'ensuit que Fo-hi a régné quelques siècles avant le déluge, & qu'il faut ou abandonner la chronologie des livres sacrés, ou celle des *Chinois*. Je ne crois pas qu'il y ait à choisir, ni pour un chrétien, ni pour un Européen sensé qui, lisant dans l'histoire de Fo-hi, que sa mère en devint enceinte par l'arc-en-ciel, & une infinité de contes de cette force, ne peut guère regarder son règne comme une époque certaine, malgré le témoignage unanime d'une nation.

En quelque temps que Fo-hi ait régné, il paroît avoir fait dans la Chine, plutôt le rôle d'un Hermès ou d'un Orphée, que celui d'un grand philosophe, ou d'un savant théologien. On raconte de lui qu'il inventa l'alphabet & deux instrumens de musique, l'un à vingt-sept cordes, & l'autre à trente-six. On a prétendu que le livre *Ye-Kim*, qu'on lui attribue, contenoit les secrets les plus profonds; & que les peuples qu'il avoit rassemblés & civilisés, avoient appris de lui qu'il existoit un Dieu, & la manière dont il vouloit être adoré.

Cet *Ye-Kim* est le troisième de Lu-Kim ou du recueil des livres les plus anciens de la Chine. C'est un composé de lignes entières & de lignes ponctués, dont la combinaison donne 64 figures différentes. Les *Chinois* ont regardé ces figures comme un histoire emblématique de la nature, des causes de ses phénomènes, des secrets de la divination, & je ne sais combien d'autres belles connoissances, jusqu'à ce que Léibnitz ait déchiffré l'énigme, & montré à toute cette Chine si pénétrante, que les deux lignes de Fo-hi n'étoient autre chose que les élemens de l'arithmétique binaire. Il n'en faut pas pour cela mépriser davantage les *Chinois*; une nation très-éclairée a pu, sans succès & sans deshonneur, chercher pendant des siècles entiers ce qu'il étoit réservé à Léibnitz de découvrir.

L'empereur Fo-hi transmit à ses successeurs sa manière de philosopher. Ils s'attachèrent tous à perfectionner ce qu'il passe pour avoir commencé, la science de civiliser les peuples, d'adoucir leurs mœurs, & de les accoutumer aux chaînes utiles de la société. Xin-num fit un pas de plus. On reçut de lui des préceptes d'agriculture, quelques connoissances des plantes, les premiers essais de la médecine. Il est très-incertain si les *Chinois* étoient alors idolatres, athées ou déistes. Ceux qui prétendent démontrer qu'ils admettoient l'existence d'un dieu tel que nous l'adorons, par le sacrifice que fit Chin-Gtang dans un tems de famine, n'y regardent pas d'assez près.

La philosophie des souverains de la Chine paroît avoir été long-tems toute politique & morale, à en juger par le recueil des plus belles maximes des rois Yao, Xum & Yu: ce recueil est intitulé, U-Kim; il ne contient pas seulement ces maximes; elles ne forment que la matière du premier livre qui s'appelle Xu-Kim.

Le second livre, ou le Xi-Kim, est une collection de poëmes & d'odes morales.

Le troisième est l'ouvrage linéaire de Fo-hi dont nous avons parlé.

Le quatrième, ou le Chum-cicu, ou le printems & l'automne, est un abrégé historique de la vie de plusieurs princes, où leurs vices ne sont pas déguisés.

Le cinquième, ou le Li-Ki, est une espèce de rituel, où l'on a joint à l'explication de ce qui doit être observé dans les cérémonies profanes & sacrées, les devoirs des hommes en tout état, au tems des trois familles impériales, Hia, Xam & Cheu.

Confucius se vantoit d'avoir puisé ce qu'il connoissoit de plus sage dans les écrits des anciens rois Yao & Xum.

L'U-Kim est à la Chine le monument littéraire le plus saint, le plus sacré, le plus authentique, le plus respecté. Cela ne l'a pas mis à l'abri des commentateurs; ces hommes, dans aucun tems, chez aucune nation, n'ont rien laissé d'intact. Le commentaire de l'U-Kim a formé la collection, Su-xu. Le Su-xu est très-estimé des *Chinois*, il contient la *scientia magna*, le *medium sempiternum*, les *ratiocinantium sermones*, & l'ouvrage de Mencius *de natura, moribus, ritibus & officiis*.

On peut regarder la durée des règnes des rois philosophes, comme le premier âge de la philosophie chinoise. La durée du second âge où nous allons entrer, commence à Roosi ou Li-lao-Kium, & finit à la mort de Mencius. La Chine eut plusieurs philosophes particuliers long-tems avant Confucius. On fait sur-tout mention du Ro-osi ou Li-lao-Kium. Lao-lan naquit 346 ans après Xo kia, ou 504 avant J. C., à Zo-ko-ki, dans la province de Soo. Sa mère le porta 81 ans dans son sein; il passa pour avoir reçu l'ame de Sancti-Kasso, un des plus célèbres disciples de Xe-kia, & pour être profondément versé dans la connoissance des dieux, des esprits, de l'immortalité des ames, &c. Jusqu'alors la philosophie avoit été morale. Voici maintenant de la métaphysique, & à sa suite des sectes, des haines & des troubles.

Confucius ne paroît pas avoir cultivé beaucoup cette espèce de philosophie; il faisoit trop de cas de celle des premiers souverains de la Chine. Il naquit 451 ans avant J. C., dans le village de Ceu ye, au royaume de Xan-tung. Sa famille étoit illustre: sa naissance fut miraculeuse, comme on pense bien. On entendit une musique céleste autour de son berceau. Les premiers services qu'on rend aux nouveaux nés, il les reçut de deux dragons. Il avoit à six ans la hauteur d'un homme fait & la gravité d'un vieillard. Il se livra à quinze ans à l'étude de la littérature & de la philosophie. Il étoit marié à vingt ans. Sa sagesse l'éleva aux premières dignités; mais inutile, odieux peut-être, & déplacé dans une cour voluptueuse & débauchée, il la quitta pour aller dans le royaume de Sum, instituer une école de philosophie morale.

Cette école fut nombreuse; il en sortit une foule d'hommes habiles & d'honnêtes citoyens.

Sa philosophie étoit plus en action qu'en discours. Il fut chéri de ses disciples pendant sa vie; ils le pleurèrent long-tems après sa mort. Sa mémoire & ses écrits sont dans une grande vénération. Les honneurs qu'on lui rend encore aujourd'hui, ont excité entre nos missionnaires les contestations les plus vives. Ils ont été regardés par les uns comme une idolâtrie incompatible avec l'esprit du christianisme; d'autres n'en ont pas jugé si sévèrement. Ils convenoient assez les uns & les autres, que si le culte qu'on rend à Confucius étoit religieux, ce culte ne pouvoit être toléré par des chrétiens: mais les missionnaires de la compagnie de Jésus ont toujours prétendu qu'il n'étoit que civil.

Voici en quoi le culte consistoit. C'est la coutume des *Chinois* de sacrifier aux ames de leurs parens morts: les philosophes rendent ce devoir particulièrement à Confucius. Il y a proche de l'école Confucienne un autel consacré à sa mémoire, & sur cet autel l'image du philosophe avec cette inscription: *C'est ici le trône de l'ame de notre très-saint & très-excellent premier maître Confucius.* Là s'assemblent les lettrés, tous les équinoxes, pour honorer, par une offrande solemnelle, le philosophe de la nation. Le principal mandarin du lieu fait la fonction de prêtre, d'autres lui servent d'acolytes; on choisit le jour du sacrifice avec des cérémonies particulières; on se prépare à ce grand jour par des jeûnes. Le jour venu, on examine l'hostie, on allume des cierges, on se met à genoux, on prie; on a deux coupes, l'une pleine de sang, l'autre de vin; on les répand sur l'image de Confucius; on bénit les assistans, & chacun se retire.

Il est très-difficile de décider si Confucius a été le Socrate ou l'Anaxagore de la Chine: cette question tient à une connoissance profonde de la langue; mais on doit s'appercevoir par l'analyse que nous avons faite plus haut de quelques-uns de ses ouvrages, qu'il s'appliqua davantage à l'étude de l'homme & des mœurs, qu'à celle de la nature & de ses causes.

Mencius parut dans le siècle suivant. Nous passons tout de suite à ce philosophe, parce que le Ro-osi des Japonois est le même que le Li-laokium des *Chinois,* dont nous avons parlé plus haut. Mencius a la réputation de l'avoir emporté en subtilité & en éloquence sur Confucius; mais de lui avoir beaucoup cédé par l'innocence des mœurs, la droiture du cœur, & la modestie des discours.

Toute littérature & toute philosophie furent presque étouffée par Xi-hoamli qui régna trois siècles ou environ après celui de Confucius. Ce prince jaloux de ses prédécesseurs, ennemi des savans, oppresseur de ses sujets, fit brûler tous les écrits qu'il put recueillir, à l'exception des livres d'agriculture, de médecine & de magie. Quatre cens soixante savans qui s'étoient réfugiés dans des montagnes avec ce qu'ils avoient pu emporter de leurs bibliothèques, furent pris & expirèrent au milieu des flammes. D'autres à-peu-près en même nombre, qui craignirent le même sort, aimèrent mieux se précipiter dans les eaux du haut des rochers d'une isle où ils s'étoient renfermés. L'étude des lettres fut proscrite sous les peines les plus sévères; ce qui restoit des livres fut négligé; & lorsque les premiers de la famille de Han s'occupèrent du renouvellement de la littérature, à peine put-on recouvrer quelques ouvrages de Confucius, & de Mencius. On tira des crevasses d'un mur, un exemplaire de Confucius, à demi-pourri; & c'est sur cet exemplaire défectueux qu'il paroit qu'on a fait les copies qui l'ont multiplié.

Le renouvellement des lettres peut servir de date à la troisième période de l'ancienne philosophie chinoise.

La secte de Foë se répandit alors dans la Chine, & avec elle l'idolâtrie, l'athéïsme, & toutes sortes de superstitions; ensorte qu'il est certain que l'ignorance dans laquelle la barbarie de Xi-hoamli avoit plongé ce peuple, fut l'unique & véritable cause des erreurs dont ils furent infectés. *Voyez* à l'article de la PHILOSOPHIE DES JAPONOIS, l'histoire de la philosophie de Xekia, de la secte de Roosi, & de l'idolâtrie de Foë. Cette secte fut suivie de celle des quiétistes ou Uuguei-kiao, *nihil agentium.*

Trois siècles après la naissance de J. C. l'empire fut plein d'une espèce d'hommes qui s'imaginèrent être d'autant plus parfaits, c'est-à-dire, selon eux plus voisins du principe aérien, qu'ils étoient plus oisifs. Ils s'interdisoient, autant qu'il étoit en eux, l'usage le plus naturel des sens. Ils se rendoient statues pour devenir air: cette dissolution étoit le terme de leur espérance, & la dernière récompense de leur inertie philosophique. Ces quiétistes furent négligés pour les *Fan-kin*; ces épicuriens parurent dans le cinquième siècle. Le vice, la vertu, la providence, l'immortalité, &c. étoient pour ceux-ci des noms vuides de sens. Cette philosophie est malheureusement trop commode pour cesser promptement; il est d'autant plus dangereux que tout un peuple soit imbu de ses principes.

On fait commencer la philosophie chinoise du moyen âge aux dixième & onzième siècles; sous les deux philosophes *Cheu-cu* & *Chim-ci*. Ce furent deux polythéistes, selon les uns, deux athéistes selon les autres, deux théistes selon quelques-uns qui prétendent que ces auteurs défigurés pa les commentateurs, leur ont l'obligation entière de toutes les abfurdités qui ont paffé fous leurs noms.

La fecte des lettrés eft venue immédiatement après celle de *Cheu-cu* & de *Chim-ci*. Elle a divifé l'empire fous le nom de *Ja-kiao*, avec les fectes *Fo-kiao* & *Luo-kiao*, qui ne font vraifemblablement que trois combinaifons différentes de fuperftition, d'idolâtrie & de polythéifme, ou d'athéifme. C'eft ce dont on jugera plus fainement par l'expofition de leurs principes, que nous allons placer ici. Ces principes, felon les auteurs qui paroiffent les mieux inftruits, ont été ceux des philofophes du moyen âge, & font encore aujourd'hui ceux des lettrés, avec quelques différences qu'y aura apparemment introduit le commerce avec nos favans.

Principes des philofophes Chinois du moyen âge & des lettrés de celui-ci.

1. Le devoir du philofophe eft de chercher quel eft le premier principe de l'univers : comment les caufes générales & particulières en font émanées ; quelles font les actions de fes caufes ? quels font leurs effets ? qu'eft-ce que l'homme relativement à fon corps & à fon ame ? comment il conçoit ; comment il agit ; ce que c'eft que le vice, ce que c'eft que la vertu ; en quoi l'habitude en confifte ; quelle eft la deftinée de chaque homme ; quels font les moyens de la connoître ; & toute cette doctrine doit être expofée par fymboles, énigmes, nombres, figurées, & hiéroglyphes.

2. La fcience eft ou antécédente, *Lien tien-hir*, & s'occupe de l'être & de la fubftance du premier principe, du lieu, du mode, de l'opération des caufes premières confidérées en puiffance ; ou elle eft fubféquente ; & elle traite de l'influence des principes immatériels dans les cas particuliers ; de l'application des forces actives pour augmenter, diminuer, altérer ; des ouvrages ; des chofes de la vie civile ; de l'adminiftration de l'empire ; des conjectures convenables ou non ; des tems propres ou non, &c.

Science antécédente. 1. La puiffance qui domine fur les caufes générales, s'appelle *Ti-chu-chu-zai-kwinwang-huang* : ces termes font l'énumération de fes qualités.

2. Il ne fe fait rien de rien. Il n'y a donc ni principe, ni caufe qui ait tiré tout du néant.

3. Tout n'étant pas de toute éternité, il y a donc eu de toute éternité un principe des chofes antérieur aux chofes : *Li* eft ce principe ; *Li* eft la raifon première, & le fondement de la nature.

4. Cette caufe eft l'Etre infini, incorruptible, fans commencement ni fin ; fans quoi elle ne feroit pas caufe première & dernière.

5. Cette grande caufe univerfelle n'a ni vie, ni intelligence, ni volonté ; elle eft pure, tranquille, fubtile, tranfparente, fans corporéité, fans figure : ne s'atteint que par la penfée comme les chofes fpirituelles ; & quoiqu'elle ne foit point fpirituelle, elle n'a ni les qualités actives, ni les qualités paffives des élémens.

6. *Li*, qu'on peut regarder comme la matière première, a produit l'air à cinq émanations, & cet air eft devenu par cinq viciffitudes fenfible & palpable.

7. *Li* devenu par lui-même un globe infini, s'appelle *Lai-hien*, perfection fouveraine.

8. L'air qu'il a produit à cinq émanations, & rendu palpable par cinq viciffitudes, eft incorruptible comme lui ; mais il eft plus matériel & plus foumis à la condenfation, au mouvement, au repos, à la chaleur & au froid.

9. *Li* eft la matière première, *Tai-kie* eft la feconde.

10. Le froid & le chaud font les caufes de toutes générations & de toute deftruction. Le chaud naît du mouvement. Le froid naît du repos.

11. L'air contenu dans la matière feconde ou le cahos a produit la chaleur en s'agitant de lui-même. Une portion de cet air eft reftée en repos & froide. L'air eft donc froid ou chaud. L'air chaud eft pur, clair, tranfparent & léger. L'air froid eft impur, obfcur, épais & pefant.

12. Il y a donc quatre caufes phyfiques, le mouvement & le repos, la chaleur & le froid. On les appelle *Tung-cing-in-iang*.

13. Le froid & le chaud font étroitement unis ; c'eft la femelle & le mâle. Ils ont engendré l'eau la première, & le feu après l'eau. L'eau appartient à *l'In*, le feu à *l'Iang*.

14. Telle eft l'origine des cinq élémens qui conftituent *Lai-kie*, ou *in-iang*, ou l'air revêtu de qualités.

15. Ces élémens font l'eau, élément feptentrional ; le feu, élément auftral ; le bois, élément oriental ; & la terre qui tient ce milieu.

16. *Lin-yang* & les cinq élémens ont produit le ciel, la terre, le foleil, la lune & les pla-

nètes. L'air pur & léger porté en haut, a fait le ciel ; l'air épais & lourd, précipité en bas a fait la terre.

17. Le ciel & la terre unissant leurs vertus, ont engendré mâle & femelle, Le ciel & la mer sont d'*Iang*, la terre & la femme sont d'*In*. C'est pourquoi l'empereur de la Chine est appellé roi du ciel ; & l'empire sacrifie au ciel & à la terre ses premiers parens.

18. Le ciel, la terre, & l'homme sont une source féconde qui comprend tout.

19. Et voici comment le monde fut fait. Sa machine est composée de trois parties primitives, principes de toutes les autres.

20. Le ciel est la première ; elle comprend le soleil, la lune, les étoiles, les planètes, & la région de l'air où sont épars les cinq élémens dont les choses inférieures sont engendrées.

21. Cette région est divisée en huit kuas, ou portions, où ces élémens se modifient diversement, & conspirent avec les causes universelles efficientes.

22. La terre est la seconde cause primitive, elle comprend les montagnes, les fleuves, les lacs & les mers, qui ont aussi des causes universelles, efficientes, qui ne sont pas sans énergie.

23. C'est aux parties de la terre qu'appartiennent le *kang* & l'*yeu*, le fort & le foible, le dur & le mou, l'âpre & le doux.

24. L'homme est la troisième cause primitive. Il a des actions & des générations qui lui sont propres.

25. Le monde s'est fait par hasard, sans dessein, sans intelligence, sans prédestination, par une conspiration fortuite des premières causes efficientes.

26. Le ciel est rond, son mouvement est circulaire, ses influences suivent la même direction.

27. La terre est quarrée, c'est pourquoi elle tient le milieu comme le point du repos. Les quatre autres élémens sont à ses côtés.

28. Outre le ciel, il y a encore une matière première infinie, elle s'appelle *Li*; le *Tai-kie* en est l'émanation : elle ne se meut point ; elle est transparente, subtile, sans action, sans connoissance, c'est une puissance pure.

29. L'air qui est entre le ciel & la terre est divisé en huit cantons : quatre sont méridionaux, où règne *lang* ou la chaleur ; quatre sont septentrionaux, où dure *Lin* ou le froid. Chaque canton a son *Kua* ou sa portion d'air ; c'est-là le sujet de l'énigme de *Fo-hi*. Fo-hi a donné les premiers linéamens de l'histoire du monde. Confucius les a développés dans le livre *Lie-kien*.

Voilà les systèmes des lettrés sur l'origine des choses. La métaphysique de la secte de *Tao-cu* est la même. Selon cette secte, *Tao* ou cahos a produit *un* ; c'est *Lai-kie* ou la matière seconde ; *Tai-kie* a produit *deux*, *In* & *leang*; deux ont produit trois, *Tien*, *Ty*, *Gin*, *San*, *Zay*, la terre, & l'homme ; trois ont produit tout ce qui existe.

Science subséquente.

Vuem-Vuam, & *Cheu-kung*, son fils, en ont été les inventeurs : elle s'occupe des influences célestes sur les tems, les mois, les jours, les signes du zodiaque, & de la futurition des événemens, selon laquelle les actions de la vie doivent être dirigées. Voici ses principes :

1. La chaleur est le principe de toute action & de toute conservation ; elle naît d'un mouvement produit par le soleil voisin, & par la lumière éclatante : le froid est cause de tout repos & de toute destruction ; c'est une suite de la grande distance du soleil, de l'éloignement de la lumière & de la présence des ténèbres.

2. La chaleur règne sur le printems & sur l'été ; l'automne & l'hiver sont soumis au froid.

3. Le zodiaque est divisé en huit parties ; quatre appartiennent à la chaleur, & quatre au froid.

4. L'influence des causes efficientes universelles se calcule en commençant au point cardinal ou *Kua* appellé *Chin* ; il est oriental, c'est le premier jour du printems, ou le 5 ou 6 de février.

5. Toutes choses ne sont qu'une seule & même substance.

6. Il y a deux matières principales ; le cahos infini, ou *ly*, l'air ou *tai-kie*, émanation première qui entre conséquemment dans toutes ses productions.

7. Après la formation du ciel & de la terre, entre l'un & l'autre se trouva l'émanation première ou l'air, matière la plus voisine de toutes les choses corruptibles.

8. Ainsi, tout est sorti d'une seule & même essence, substance, nature, par la condensation,

principe

principe des figures corporelles, par les modifications variées selon les qualités du ciel, du soleil, de la lune, des étoiles, des planetes, des élémens, de la terre, de l'instant, du lieu, & par le concours de toutes ces qualités.

9. Ces qualités sont donc la forme & le principe des opérations intérieures & extérieures des corps composés.

10. La génération est un écoulement de l'air primitif ou du chaos modifié sous des figures, & doué de qualités plus ou moins pures, qualités & figures combinées selon le concours du soleil & des autres causes universelles & particulières.

11. La corruption est la destruction de la figure extérieure; & la séparation des qualités, des humeurs & des esprits unis dans l'air. Les parties d'air désunies, les plus légères, les plus chaudes & les plus pures montent; les plus pesantes, les plus froides & les plus grossières descendent; les premières s'appellent *Xin* & *Ho-en*, esprits purs, ames séparées; les secondes s'appellent *Kuei*, esprits impurs ou les cadavres.

12. Les choses different, & par la forme extérieure, & par les qualités internes.

13. Il y a quatre qualités : le *Ching*, droit, pur & constant; le *Pien*, courbe, impur & variable; le *Tung*, pénétrant & subtil; le *Se*, épais, obscur & impénétrable. Les deux premières sont bonnes & admises dans l'homme; les deux autres sont mauvaises, & reléguées dans la brute & les inanimés.

14. Des bonnes qualités naît la distinction du parfait & de l'imparfait, du pur & de l'impur dans les choses; celui qui a reçu le premier de ces modes, est un héros ou un lettré; la raison le commande; il laisse loin de lui la multitude : celui qui a reçu les secondes qualités est obscur & cruel; sa vie est mauvaise; celui qui participe des unes & des autres, tient le milieu, c'est un bon homme sage & prudent; il est du nombre du *Hien-lin*.

15. *Tai-kie*; ou la substance universelle, se divise en *lieu* & *vú* : *vú* est la substance figurée corporelle, matérielle, étendue, solide & résistante; *lieu* est la substance moins corporelle, mais sans figure déterminée, comme l'air; on l'appelle *Vu-kung-hieu*, *Vu-kung*, néant, vuide.

16. Le néant ou vuide, ou la substance sans qualité & sans accident, *Tai-vu*; *Tai-kung*, est la plus pure, la plus subtile & la plus simple.

17. Cependant elle ne peut subsister par elle-même, mais seulement par l'air primitif; elle entre dans tout le composé; elle est aérienne, on

Philosophie anc. & mod. Tome I.

l'appelle *Ki* : il ne faut pas la confondre avec la nature immatérielle & intellectuelle.

18. De *Li* pur, ou du cahos, ou séminaire universel des choses, sortent cinq vertus; la piété, la justice, la religion, la prudence & la fidélité avec tous ses attributs : de *Li* revêtu de qualités, & combiné avec l'air primitif, naissent cinq élémens physiques & moraux, dont la source est commune.

19. *Li* est donc l'essence de tout, ou, selon l'expression de Confucius, la raison première ou la substance universelle.

20. *Li* produit tout par *Ki* ou son air primitif; cet air est son instrument, & son régulateur général.

21. Après un certain nombre d'ans & de révolutions, le monde finira; tout retournera à sa source première, à son principe : il ne restera que *Li* & *Ki*; & *Li* reproduira un nouveau monde, & ainsi de suite à l'infini.

22. Il y a des esprits, c'est une vérité démontrée par l'ordre constant de la terre & des eaux, & la continuation réglée & non interrompue de leurs opérations.

23. Les choses ont donc un auteur, un principe invisible qui les conduit; c'est *Chu*, le maître; *Xin-Kuei*, l'esprit qui va & revient; *Li-Kium*, le prince ou le souverain.

24. Autre preuve des esprits, ce sont les bienfaits répandus sur les hommes, amenés par cette voie au culte & aux sacrifices.

25. Nos pères ont offert quatre sortes de sacrifices; *Lui* au ciel, & à *Xangh-ti* son esprit; *In* aux esprits des six causes universelles, dans les quatre tems de l'année, savoir : le froid, le chaud, le soleil, la lune, les pluies & la sécheresse; *Vang*, aux esprits des montagnes & des fleuves; *Pien*, aux esprits inférieurs, & aux hommes qui ont bien mérité de la république.

D'où il suit, 1°. que les esprits des *Chinois* ne sont qu'une seule & même substance avec la chose à laquelle ils sont unis.

2°. Qu'ils n'ont tous qu'un principe, le chaos primitif; ce qu'il faut entendre du *Tien-Chu*, notre Dieu, & du *Xangh-ti*, le ciel ou l'esprit céleste.

3°. Que les esprits finiront avec le monde, & retourneront à la source commune de toutes choses.

4°. Que relativement à leur substance primitive, les esprits sont tous également parfaits,

Bbbbb

& qu'ils ne sont distingués que par les parties plus grandes ou plus petites de leur résidence.

5°. Qu'ils sont tous en vie, sans intelligence, sans liberté.

6°. Qu'ils reçoivent des sacrifices seulement selon la condition de leurs opérations & des lieux qu'ils habitent.

7°. Que ce sont des opérations de la substance universelle qui ne peuvent être séparées des êtres où on les suppose, sans la destruction de ces êtres.

26. Il y a des esprits de génération & de corruption qu'on peut appeler *esprits physiques*, parce qu'ils sont causes des effets physiques; & il y a des esprits de sacrifices qui sont, ou bien, ou mal-faisans à l'homme, & qu'on peut appeler *politiques*.

27. La vie de l'homme consiste dans l'union convenable des parties de l'homme, qu'on peut appeler l'entité du ciel & de la terre; l'entité du ciel est un air très-pur, très-léger, de nature ignée qui constitue *l'Hoen*, l'ame ou les esprits animaux; l'entité de la terre est un air épais, pesant, grossier, qui forme le corps & ses humeurs, & s'appelle *Pe*, corps ou cadavre.

28. La mort n'est autre chose que la séparation de *Hoen* & de *Pe*, chacune de ces entités retourne à sa source, *Hoen* au ciel, *Pe* à la terre.

29. Il ne reste après la mort que l'entité du ciel & l'entité de la terre; l'homme n'a point d'autre immortalité; il n'y a proprement d'immortel que *Li*.

On convient assez de l'exactitude de cette exposition; mais chacun y voit, ou l'athéisme, ou le déisme, ou le polithéisme, ou l'idolâtrie, selon le sens qu'il attache aux mots; ceux qui veulent que le *Li* des *Chinois* ne soit autre chose que notre Dieu, sont bien embarrassés quand on leur objecte que ce *Li* est rond; mais de quoi ne se tire-t-on pas avec des distinctions? Pour disculper les lettrés de la Chine du reproche d'athéisme & d'idolâtrie, l'obscurité de la langue prêtoit assez; il n'étoit pas nécessaire de perdre à cela tout l'esprit que Leibnitz y a mis.

Si ce système est aussi ancien qu'on le prétend, on ne peut être trop étonné de la multitude surprenante d'expressions abstraites & générales dans lesquelles il est conçu. Il faut convenir que ces expressions qui ont rendu l'ouvrage de Spinosa si long-tems inintelligible parmi nous, n'auroient guère arrêté les *Chinois* il y a six ou sept cens ans : la langue effrayante de notre athée moderne est précisément celle qu'ils parloient dans leurs écoles.

Voilà les progrès qu'ils avoient fait dans le monde intellectuel, lorsque nous leur portâmes nos connoissances. Cet événement est l'époque de la philosophie moderne des *Chinois*. L'estime singulière dont ils honorèrent les premiers Européens qui débarquèrent dans leurs contrées, ne nous donne pas une haute idée des connoissances qu'ils avoient en méchanique, en astronomie & dans les autres parties des mathématiques. Ces européens n'étoient même dans leur corps, que des hommes ordinaires : s'ils avoient quelques qualités qui les rendissent particulièrement recommandables, c'étoit le zèle avec lequel ils couroient annoncer la vérité dans des régions inconnues, au hasard de les arroser de leur propre sang, comme cela est si souvent arrivé depuis à leurs successeurs. Cependant ils furent accueillis; la superstition si communément ombrageuse s'assoupit devant eux; ils se firent écouter; ils ouvrirent des écoles, on y accourut, on admira leur savoir. L'empereur Cham-hy, sur la fin du dernier siècle, les admit à sa cour, s'instruisit de nos sciences, apprit d'eux notre philosophie, étudia les mathématiques, l'astronomie, les méchaniques, &c. Son fils Yong-Tching ne lui sembla pas; il relégua à Canton & à Macao les virtuoses européens, excepté ceux qui résidoient à Pekin.

Il nous reste maintenant à faire connoître la philosophie pratique des *Chinois* : pour cet effet nous allons donner quelques-unes des sentences morales de ce Confucius, dont un homme qui aspire à la réputation de lettré & de philosophe, doit savoir au moins quelques ouvrages entiers par cœur.

1. L'éthique politique a deux objets principaux: la culture de la nature intelligente, l'institution du peuple.

2. L'un de ces objets demande que l'entendement soit orné de la science des choses; afin qu'il discerne le bien & le mal, le vrai & le faux; que les passions soient modérées, que l'amour de la vérité & de la vertu se fortifient dans le cœur, & que la conduite envers les autres soit décente & honnête.

3. L'autre objet est, que le citoyen sache se conduire lui-même, gouverner sa famille, remplir sa charge, commander une partie de la nation, posséder l'empire.

4. Le philosophe est celui qui a une connoissance profonde des choses & des livres, qui pèse tout, qui se soumet à la raison, & qui marche d'un pas assuré dans les voies de la vérité & de la justice.

5. Quand on aura consommé la force intellectuelle à approfondir les choses, l'intention & la volonté s'épureront, les mauvaises affections s'éloigneront de l'ame, le corps se conservera sain, le domestique sera bien ordonné, la charge bien remplie, le gouvernement particulier bien administré, l'empire bien régi ; il jouira de la paix.

6. Qu'est-ce que l'homme tient du ciel ? La nature intelligente : la conformité à cette nature constitue la règle, l'attention à vérifier la règle & à s'y assujettir est l'exercice du sage.

7. Il est une certaine raison ou droiture céleste donnée à tous ; il y a un supplément humain à ce don quand on l'a perdu. La raison céleste est du saint ; le supplément est du sage.

8. Il n'y a qu'un principe de conduite ; c'est de porter en tout de la sincérité, & de se conformer de toute son ame & de toutes ses forces à la mesure universelle : ne fais point à autrui ce que tu ne veux pas qu'on te fasse.

9. On connoît l'homme en examinant ses actions, leur fin, les passions dans lesquelles il se complait, les choses en quoi il se repose.

10. Il faut divulguer sur le champ les choses bonnes à tous ; s'en réserver l'usage exclusif, une application individuelle, c'est mépriser la vertu, c'est la forcer à un divorce.

11. Que le disciple apprenne les raisons des choses, qu'il examine, qu'il raisonne, qu'il médite, qu'il consulte le sage, qu'il s'éclaire, qu'il bannisse la confusion des pensées & l'instabilité de la conduite.

12. La vertu n'est pas seulement constante dans les choses extérieures.

13. Elle n'a aucun besoin de ce dont elle ne pourroit faire part à toute la terre, & elle ne pense rien qu'elle ne puisse s'avouer elle-même à la face du ciel.

14. Il ne f... liquer à la vertu que pour être vertueux.

15. L'homme parfait ne se perd jamais de vue.

16. Il y a trois degrés de sagesse ; savoir, ce que c'est que la vertu, l'aimer, la posséder.

17. La droiture du cœur est le fondement de la vertu.

18. L'univers a cinq règles ; il faut de la justice entre le prince & le sujet ; de la tendresse entre le père & le fils ; de la fidélité entre la femme & le mari ; de la subordination entre les frères ; de la concorde entre les amis. Il y a trois vertus cardinales, la prudence qui discerne, l'amour universel qui embrasse, le courage qui soutient ; la droiture de cœur les suppose.

19. Les mouvemens de l'ame sont ignorés des autres : si tu es sage, veille donc à ce qu'il n'y ait que toi qui voie.

20. La vertu est entre les extrèmes ; celui qui a passé le milieu n'a pas mieux fait que celui qui ne l'a pas atteint.

21. Il n'y a qu'une chose précieuse, c'est la vertu.

22. Une nation peut plus par la vertu que par l'eau & par le feu ; je n'ai jamais vu périr un aussi fort appui.

23. Il faut plus d'exemples au peuple que de préceptes ; il ne se faut charger de lui transmettre que ce dont on sera rempli.

24. Le sage est son censeur le plus sévère ; il est son témoin, son accusateur & son juge.

25. C'est avoir atteint l'innocence & la perfection, que de s'être surmonté ; & que d'avoir recouvré cet ancien & primitif état de droiture céleste.

26. La paresse engourdie, l'ardeur inconsidérée, sont deux obstacles égaux au bien.

27. L'homme parfait ne prend point une voie détournée ; il suit le chemin ordinaire, & s'y tient ferme.

28. L'honnête homme est un homme universel.

29. La charité est cette affection constante & raisonnée qui nous immole au genre humain, comme s'il ne faisoit avec nous qu'un individu, & qui nous associe à ses malheurs & à ses prospérités.

30. Il n'y a que l'honnête homme qui ait le droit de haïr & d'aimer.

31. Compense l'injure par l'aversion, & le bienfait par la reconnoissance, car c'est la justice.

32. Tomber & ne point se relever, voilà proprement ce que c'est que faillir.

33. C'est une espèce de trouble d'esprit que de souhaiter aux autres, ou ce qui n'est pas en notre puissance, ou des choses contradictoires.

34. L'homme parfait agit selon son état, & veut rien qui lui soit étranger.

35. Celui qui étudie la sagesse a neuf qualités en vue ; la perspicacité de l'œil, la finesse de l'oreille, la sérénité du front, la gravité du corps, la véracité du propos, l'exactitude dans l'action, le conseil dans les cas douteux, l'examen des suites dans la vengeance & dans la colère.

La morale de Confucius est, comme l'on voit, bien supérieure à sa métaphysique & à sa physique. On peut consulter Bulfinger sur les maximes qu'il a laissées du gouvernement de la famille, des fonctions de la magistrature & de l'administration de l'empire.

Comme les mandarins & les lettrés ne font pas le gros de nation & que l'étude des lettres ne doit pas être une occupation bien commune ; la difficulté en étant là beaucoup plus grande qu'ailleurs, il semble qu'il resteroit encore bien des choses importantes à dire sur les *Chinois*, & cela est vrai ; mais nous ne nous sommes pas proposé de faire l'abrégé de leur histoire, mais celui seulement de leur philosophie. Nous observerons cependant, 1°. Que, quoiqu'on ne puisse accorder aux *Chinois* toute l'antiquité dont ils se vantent, & qui ne leur est guère disputée par leurs panégyristes, on ne peut nier toutefois que la date de leur empire ne soit très-voisine du déluge.

2°. Que plus on leur accordera d'ancienneté, plus on aura de reproches à leur faire sur l'imperfection de leur langue & de leur écriture : il est inconcevable que des peuples à qui l'on donne tant d'esprit & de sagacité, aient multiplié à l'infini les accens, au lieu de multiplier les mots, & multiplié à l'infini les caractères, au lieu d'en combiner un petit nombre.

3°. Que l'éloquence & la poésie tenant de fort près à la perfection de la langue, ils ne sont, selon toute apparence, ni grands orateurs ni grands poëtes.

4°. Que leurs drames sont bien imparfaits, s'il est vrai qu'on y prenne un homme au berceau, qu'on y représente la suite de toute sa vie, & que l'action théâtrale dure plusieurs mois de suite.

5°. Que dans ces contrées le peuple est très-enclin à l'idolâtrie, et que son idolâtrie est fort grossière, si l'histoire suivante qu'on lit dans le P. le Comte est bien vraie.

Ce missionnaire de la Chine raconte que les médecins ayant abandonné la fille d'un Nankinois, cet homme qui aimoit éperdument son enfant, ne sachant plus à qui s'adresser, s'avisa de demander sa guérison à une de ses idoles. Il n'épargna ni les sacrifices, ni les mets, ni les parfums ni l'argent. Il prodigua à l'idole tout ce qu'il crut lui être agréable ; cependant sa fille mourut. Son zèle alors & sa piété dégénérèrent en fureur ; il résolut de se venger d'une idole qui l'avoit abusé. Il porta sa plainte devant le juge, & poursuivit cette affaire comme un procès en règle qu'il gagna, malgré toute la sollicitation des Bonzes, qui craignoient avec juste raison que la punition d'une idole qui n'exauçoit pas, n'eût des suites fâcheuses pour les autres idoles & pour eux.

Ces idolâtres ne sont pas toujours aussi modérés lorsqu'ils sont mécontens de leurs idoles ; il les haranguent à-peu-près en ces termes : « Crois-tu » que nous ayons tort dans notre indignation ? » sois juge entre nous et toi ; depuis long-tems » nous te soignons ; tu es logée dans un temple, » tu es adorée de la tête aux pieds ; nous t'avons » toujours servi les choses les plus délicieuses, » si tu n'en as pas mangé, c'est ta faute. Tu ne » saurois dire que tu aies manqué d'encens ; nous » avons tout fait de notre part, et tu n'as rien » fait de la tienne : plus nous te donnons, plus » nous devenons pauvres ; conviens que si nous » te devons, tu nous dois aussi. Or, dis-nous de » quels biens tu nous a comblés ? » La fin de cette harangue est ordinairement d'abattre l'idole & de la traîner dans les boues.

Les bonzes débauchés, hypocrites & avares, encouragent le plus qu'ils peuvent à la superstition, ils en sont sur-tout pour les pélerinages, & les femmes aussi *qui donnoient beaucoup dans cette dévotion, qui n'est pas fort du goût des maris jaloux, au point que nos missionnaires ont été obligés de bâtir aux nouveaux convertis des églises séparées pour les deux sexes.* Voyez le P. le Comte.

6°. Qu'il paroît que parmi les religions étrangères tolérées, la religion chrétienne tient le haut rang ; que les mahométans n'y sont pas nombreux, quoiqu'ils y aient des mosquées superbes : que les jésuites ont beaucoup mieux réussi dans ce pays que ceux qui y ont exercé en même-tems ou depuis les fonctions apostoliques : que les femmes chinoises semblent fort pieuses, s'il est vrai, comme le dit le P. le Comte, *qu'elles voudroient se confesser tous les jours, soit pour le sacrement, soit tendre piété, soit quelqu'*■■■*on qui leur soit particulière :* qu'à en juger par ■■ objections de l'empereur aux premiers missionnaires, les *Chinois* ne l'ont pas embrassée en aveugles. *Si la connoissance de J. C. est nécessaire au salut,* disoit cet empereur aux missionnaires, *& que d'ailleurs Dieu nous ait voulu sincèrement sauver, comment nous a-t-il laissé si long-tems dans l'erreur ? Il y a plus de seize siècles que votre religion est établie dans le monde, & nous en n'avons rien su. La Chine est-elle si peu de chose qu'elle ne mérite pas qu'on pense à elle, tandis que tant de barbares sont éclairés !* C'est une difficulté qu'on propose tous les jours sur les bancs en

Sorbonne. *Les missionnaires*, ajoute le P. le Comte, qui rapporte cette difficulté, *y répondirent*, *& le prince fut content*; ce qui devoit être : des missionnaires seroient, ou bien ignorans, ou bien maladroits, s'ils s'embarquoient pour la conversion d'un peuple un peu policé, sans avoir préparé une satisfaisante réponse à cette objection commune. *Voyez* les articles FOI, GRACE, PREDESTINATION.

7°. Que les *Chinois* ont d'assez bonnes manufactures en étoffes & en porcelaines; mais que s'ils excellent par la matière, ils pêchent absolument par le goût & la forme; qu'ils en seront encore long-tems aux magots; qu'ils ont de belles couleurs & de mauvaises peintures; en un mot, qu'ils n'ont pas le génie d'invention & de découvertes qui brille aujourd'hui dans l'Europe : que s'ils avoient eu des hommes supérieurs, leurs lumières auroient forcé les obstacles par la seule impossibilité de rester captives; qu'en général, l'esprit d'orient est plus tranquille, plus paresseux, plus renfermé dans les besoins essentiels, plus borné à ce qu'ils trouvent établi, moins avide de nouveautés que l'esprit d'occident. Ce qui doit rendre particulièrement à la Chine les usages plus constans, le gouvernement plus uniforme, les loix plus durables; mais que les sciences & les arts demandant une activité plus inquiete, une curiosité qui ne se lasse point de chercher, une sorte de capacité de se satisfaire, nous y sommes plus propres, & qu'il n'est pas étonnant que, quoique les *Chinois* soient les plus anciens, nous les ayons devancés de si loin. *Voyez les mémoires de l'académie, année 1727. L'histoire de la philosophie de Bruck. Bulsing. Leibnitz. Le P le Comte. Les mémoires des missionnaires étrangers.. &c. Et les mémoires de l'académie des inscriptions.*

(Cet article est de DIDEROT)

COLLINS (*philosophie de*) *histoire de la philosophie moderne.*

Notre dessein n'est pas de consacrer, dans ce dictionnaire, un article particulier à tous les auteurs modernes qui ont écrit sur des matières philosophiques, mais seulement au petit nombre de ceux qui les ont traitées en philosophes, & dont les ouvrages pensés avec cette profondeur sans laquelle on n'éclaircit rien dans aucune science, ont été utiles au progrès des lumières & de la vérité. On ne doit donc pas s'étonner de trouver ici l'article de *Collins*, & de n'y pas voir celui du docteur Clarke plus théologien que philosophe, & par conséquent plus fait pour figurer dans le catalogue des ennemis de la raison, que dans la liste, moins longue, de ceux qui en ont reconnu, assuré & fait respecter les droits. Les écrits de ce ministre socinien, d'ailleurs plus instruit que le prêtre de telle ou telle communion ne l'est ordinairement, peuvent avoir quelque prix aux yeux de ceux qui, vivant de l'ignorance & de la crédulité des peuples, ont un grand intérêt à entretenir & à augmenter cette source impure de leurs richesses & de leur pouvoir; mais ces mêmes écrits, peu connus aujourd'hui des philosophes, ne se recommandent par aucun côté à leur estime, tandis que ceux de *Collins* plus judicieux, plus réfléchis, & conduisant à des résultats très-importans, ont mérité leur attention en les plaçant d'abord & dès leur entrée dans la carrière, sur la route de la vérité. On se souviendra long-tems du traité de cet auteur sur la liberté des actions humaines, & de son essai sur la nature & la destination de l'ame. Ces deux ouvrages, les seuls dont nous parlerons avec quelque étendue dans cet article, parce que c'est particulièrement à eux que *Collins* doit toute sa célébrité & l'honneur d'être compté parmi les bons esprits du dix-huitième siècle, seront encore lus avec fruit, lorsque ceux de Clarke, négligés, perdus dans la poussière des bibliothèques, seront absolument oubliés, ou ne seront cités qu'avec ce froid mépris que les sages ont eu dans tous les tems pour les productions de ce genre : *Opinionum commenta delet dies, naturæ judicia confirmat.*

Rien n'est beau que le vrai : le vrai seul est aimable.

Antoine *Collins* naquit à Heston dans le comté de Middlesex, le 21 juin 1676.

Pour donner au lecteur une idée générale, mais très-juste, de ses talens & de ses vertus, il suffit de dire qu'il fut l'ami intime de Locke, & que cette amitié particulière fut fondée sur l'estime, le seul sentiment qui puisse rendre le premier durable : c'est ce qui est bien prouvé par les lettres que Locke écrivoit à *Collins*, & que Des-maiseaux a publiées dans un recueil de diverses pièces de Locke qui ne se trouvent point dans ses œuvres. Nous ne citerons des lettres de ce philosophe, que deux fragmens qui feront assez connoitre le caractère d'esprit, & les qualités morales de *Collins*.

Voici ce que Locke lui écrivoit le 11 septembre 1704.

MON CHER MONSIEUR.

« Quiconque a affaire à vous, doit avouer que
» l'amitié est un fruit naturel de votre caractère;
» votre ame, terroir vraiment excellent, est
» enrichie des deux plus estimables qualités de
» l'humanité, la vérité & l'amitié. Quel trésor
» pour moi, d'avoir un ami de ce caractère,
» avec lequel je puisse avoir commerce, & dont
» je puis recevoir des lumières sur les sujets les
» plus relevés ».

Dans une autre lettre du 1 octobre 1704, il lui dit : « Mes infirmités augmentent si fort, qu'à moins que vous ne vous hâtiez de vous rendre ici, je pourrai bien être privé pour jamais de la satisfaction de voir un homme que je mets dans le premier rang de ceux que je laisse après moi ». Locke donne, dans d'autres lettres, les mêmes témoignages d'estime & d'amitié à *Collins*.

Quoique ce philosophe eut avancé dans ses écrits bien des choses hardies & peu conformes aux idées, ou plutôt aux préjugés reçus, il s'étoit acquis l'estime générale par sa pénétration, & la justesse de son esprit, mais sur-tout par son attachement à ses devoirs & sa probité.

Il a long-tems exercé avec bonheur, la charge de magistrat dans la province d'Essex, & on y étoit si persuadé de sa bonne foi & de son désintéressement, qu'on lui confia l'administration des deniers de cette province, que les trésoriers ses prédécesseurs avoient souvent divertis. Il mourut à Londres, le 13 décembre 1729, & fut universellement regretté ; ceux même qui, pendant sa vie, l'avoient calomnié sans pudeur, lui rendirent justice dès qu'il ne fut plus. *Virtus post fata quiescit*. Sa mort fut pour les gens de lettres une perte très-difficile à réparer : sa bibliothèque leur étoit toujours ouverte ; il se faisoit un plaisir de leur communiquer ses lumières, & de leur offrir les moyens de se rendre utiles au public, & cela sans acception de personne. Il prêtoit des livres à ceux qui travailloient à le réfuter, & leur indiquoit même la manière de le combattre avec plus de force & de succès. La corruption qui règne parmi les chrétiens de toutes les communions, & l'esprit persécuteur du clergé dans tous les pays où le christianisme s'est établi, avoient prévenu fortement *Collins* contre cette religion, & l'avoient enfin porté à croire, avec beaucoup d'autres philosophes, que, telle qu'on l'enseigne aujourd'hui parmi les catholiques & les protestans, elle est pernicieuse au genre-humain, & sollicite impérieusement une réforme générale, soit dans le nombre, soit dans la nature de ses dogmes, si évidemment contraires à la raison. Comme il avoit un grand fond d'humanité, de douceur & de modération, il voyoit avec douleur que ces vertus étoient bannies de la société, & qu'on se servoit de la religion comme d'un manteau pour couvrir toutes les sortes de violences & d'injustices. Il étoit civil, affable & d'une humeur gaie, mais trop attaché à la méditation & à la lecture. Libre de toute ambition, il se répandoit peu, & n'avoit pas pu prendre ces manières aisées & ces formes agréables qu'on n'acquiert que par un grand usage du monde, mais qui font trop souvent tout le mérite de ceux qui composent ce qu'on appelle *la bonne compagnie*.

La santé de *Collins* avoit commencé à s'affoiblir plusieurs années avant sa mort, et il étoit extrêmement tourmenté de la gravelle, qui termina enfin sa vie dans sa maison de la place de Harley. Il fut enterré dans la chapelle qui porte le titre d'*Oxford*, où on lui érigea un monument avec une épitaphe latine, qui en faisant l'éloge de son cœur & de son esprit avec cette simplicité plus persuasive que l'enthousiasme, est très-propre à faire respecter sa mémoire.

Quoique tout ce que *Collins* a écrit contre la révélation puisse offrir un champ très-vaste aux réflexions de ceux dont l'opinion sur ces matières n'est pas encore arrêtée, & qui *dorment à midi*, pour me servir de l'expression symbolique de Pythagore, nous n'en parlerons point dans cet article. Nous supposerons que tous les lecteurs qui ont quelque instruction savent désormais à quoi s'en tenir sur ces questions tant de fois agitées, & qui, pour l'observer ici en passant, ne méritoient sous aucun rapport le tems qu'elles ont fait perdre. Nous regretterons même que *Collins*, qui pouvoit faire un meilleur emploi des forces de son esprit, ait daigné s'occuper si long-tems de ces discussions dont les différens objets sont si futiles, & qu'il ne les ait pas abandonnées d'abord à l'ergoterie des théologiens : il se seroit montré plus philosophe ; avec moins d'efforts il auroit pénétré plus avant dans la route des sciences purement rationelles ; & sur-tout il auroit vécu plus tranquille, considération qui n'est pas à négliger dans ce court passage qu'on appelle la vie.

Nous passerons donc sous silence toutes les disputes de *Collins* avec Wiston, Bentley, & d'autres théologiens aussi superstitieux. Peu de gens s'intéressent aujourd'hui à ces querelles, dont l'objet a tellement perdu de son importance aux yeux de la saine raison, que si notre auteur ne s'étoit distingué dans la république des lettres que par les coups multipliés & plus ou moins redoutables qu'il a portés à la religion, son nom, bientôt ignoré, ne se retrouveroit plus que parmi les débris épars & méprisés de l'édifice qu'il a renversé. Mais les réflexions philosophiques de *Collins* sur la liberté des actions humaines, & sa dispute avec Clarke sur l'immatérialité & l'immortalité naturelles de l'ame, lui ont acquis de justes droits à la célébrité ; c'est, comme je l'ai observé ci-dessus, par ces deux ouvrages qu'il a mérité le titre de philosophe ; c'est par eux que nous allons le faire connoître et qu'on pourra le juger.

Les raisonnemens de *Collins*, liés entre eux comme les divers anneaux d'une chaîne, sont serrés & précis. Dans la crainte d'en diminuer l'évidence ou la force en les présentant isolés &

séparés des principes d'où ils sont déduits, & auxquels ils servent de développemens, de preuves & d'éclaircissemens, nous le laisserons exposer lui-même ses pensées dans l'ordre où elles se sont offertes à son esprit, sans nous interposer, par quelques réflexions incidentes, entre le lecteur et lui. On va voir que les objections les plus spécieuses des partisans de la liberté (objections que *Collins* n'a ni dissimulées ni affoiblies) ne sont que des sophismes plus ou moins subtils. Clarke lui-même qui, pour avoir employé plus d'art dans la contexture de ses paralogismes, s'est acquis parmi les chrétiens la réputation d'un grand raisonneur, mais dans lequel un dialecticien exact & sévère ne voit qu'un sophiste plus habile & plus hardi, n'a fait que balbutier sur la question de la liberté & sur celle de l'existence de Dieu, parce qu'on n'éclaircit rien par la théologie, & que Clarke, qui connoissoit bien tous les lieux communs & ce qu'on appelle la topique de cette science vaine & contentieuse, ne savoit manier avec quelque adresse que cette espèce d'arme, dont on fait d'autant plus d'usage qu'on en fait moins de sa raison & de son jugement.

C'est à des penseurs profonds, tels que Hobbes, Bayle, &c. qu'il convient de traiter la question de la liberté ; c'est par leurs principes, les seuls qu'un bon esprit puisse admettre, qu'on la résout complettement, ainsi que beaucoup d'autres qui y sont liées, & c'est un des plus précieux avantages de leur philosophie. Mais pour avoir été précédé par ces deux grandes lumières, *Collins* n'en a pas moins la gloire de s'être ouvert de nouvelles routes dans la même carrière, & il auroit pu mettre pour épigraphe, à la tête de sa dissertation, le mot célèbre du Corrège : *ed'anche io son pittore*.

Il existe deux traductions également estimées de cette dissertation ; j'ai préféré celle qui parut en 1756, parce qu'elle est enrichie de notes très-propres à confirmer les idées de l'auteur. Je sais que les autorités n'ont de force qu'autant que celui qui les allègue a mis préalablement la raison de son côté ; c'est même le seul cas où elles signifient quelque chose, & où il soit permis d'y avoir recours. Mais d'une autre part, comme selon l'observation judicieuse d'un homme de lettres, il y a très-peu de gens qui soient de leur avis, les autorités qui viennent à l'appui de principes déjà démontrés ; peuvent déterminer l'assentiment de ces hommes foibles & sans caractère, qui, jettés par hasard sur la route de la vérité, ou parvenus par leurs propres recherches à la découvrir, y marchent néanmoins avec crainte & d'un pas chancelant jusqu'à ce qu'ils voient quelqu'un prendre le même chemin, à-peu-près comme ces enfans timides & pusillanimes que la nuit surprend au milieu des rues, & qui ont besoin pour se rassurer d'y rencontrer beaucoup de monde. Mais il est tems d'entendre *Collins*.

Nous vivons, dit-il, dans un siècle où un auteur ne sauroit prendre trop de précautions pour prévenir les fausses interprétations & les commentaires malins, auxquels ses raisonnemens & ses expressions peuvent donner lieu. Ce soin me paroît sur-tout indispensable à la tête d'un ouvrage où l'on traite de la *liberté* & de la *nécessité*. Quoique je dusse naturellement m'attendre à être lu, avant que d'être jugé (1) dans une matière aussi importante & aussi délicate, j'ai cru qu'il seroit à propos d'offrir ici à mes lecteurs quelques observations préliminaires.

Je déclare donc, en premier lieu, qu'en niant la *liberté* au sens qu'on attache ordinairement à ce mot, je me fais en même tems un devoir de la reconnoître & de la maintenir au sens où elle signifie *le pouvoir qu'a l'homme de faire ce qu'il veut ou ce qu'il lui plaît*. Cette définition de la *liberté* est conforme aux idées qu'en ont eues *Aristote*, *Cicéron*, *M. Locke*, & plusieurs autres philosophes anciens & modernes. Je puis dire que j'ai pesé avec la plus scrupuleuse exactitude les sentimens des plus célèbres auteurs qui aient écrit sur cette matière, & les raisons sur lesquelles ils les ont appuyés : je suis demeuré convaincu, après cet examen, que quelque opposées que semblent entr'elles les opinions de ces divers écrivains sur la *liberté*, & quoiqu'en apparence les définitions qu'ils en donnent semblent être contraires à la mienne, au fonds toutes ces idées sont absolument les mêmes, & qu'en les approfondissant un peu, il est aisé de voir qu'elles ne diffèrent que dans les termes.

J'avertis en second lieu, qu'en soutenant la *nécessité*, j'entends uniquement la *nécessité morale*, & que tout ce que je prétends prouver par-là, c'est que *l'homme étant en même tems un être intelligent & sensible, est déterminé dans ses actions par ses sens & par sa raison*. Je suis fort éloigné de penser que la *nécessité* qui fait agir l'homme soit précisément la même que celle qui fait agir (2) une pendule & d'autres êtres semblables, qui, faute d'intelligence & de sentiment, sont assujettis à une *nécessité absolue, physique ou méchanique*. J'ose assurer avec confiance que ma définition s'accorde en cela avec celles des plus grands

---

(1) *Qui æquum statuerit parte inauditâ alterâ, etiamsi æquum statuerit, non æquus fuerit.*

(2) Il est donc clair que notre auteur n'a ici rien à démêler avec le docteur *Clarke* qui soutient [dans son *traité de l'existence & des attributs de Dieu*, tom. 1 c. 2) contre *Spinosa*, *Hobbes*, & leur sectateurs, que l'homme n'est point un être dont les *actions soient aussi nécessaires que les mouvemens d'une pendule*. p. 1, 2 & suivantes.

partisans de la *liberté*, qui n'ont point fait difficulté de soutenir, comme je fais, la *nécessité morale*, ou du moins l'idée exprimée par ces mots.

En troisième lieu, je me flatte d'avoir détruit d'avance la plus forte de toutes les objections qu'on pouvoit me faire, en démontrant avec la derniere évidence que mes idées sur la *liberté*, loin d'être incompatibles (1) avec la *moralité* des actions & avec l'esprit des lois dans l'institution des peines & des récompenses, sont au contraire les plus fermes & même les seuls fondemens du système de la société civile, dont les notions que j'entreprends de réfuter, entraînent nécessairement la destruction. Je me suis cru obligé d'entrer dans ces considérations en traitant un sujet qui a tant de rapport avec les premiers principes de la morale : j'ai toujours été persuadé que la vérité ne pouvoit se trouver dans des choses qui alloient au renversement de l'ordre, & que tout raisonnement qui heurtoit de front l'évidence morale, étoit essentiellement défectueux ; car je ne vois point de différence entre l'évidence morale & l'évidence spéculative ou métaphysique considérées toutes deux relativement aux impressions qu'elles doivent faire sur nous : je ne sais même, à tout prendre, si l'évidence n'est pas d'une toute autre importance dans la morale, que dans quelque autre science que ce soit.

IV. J'ai donné à cet ouvrage le titre de *dissertation philosophique*, parce que je me suis borné aux preuves tirées de la raison & de l'expérience, & que j'ai mis à l'écart les argumens purement théologiques. J'ai ainsi trouvé le moyen d'être concis, & j'ai tout lieu d'espérer qu'on ne me saura pas moins de gré d'avoir suivi cette méthode, que si j'avois fait usage des lieux communs de la théologie scolastique. Il n'y a que des gens de mauvaise humeur ou des enthousiastes qui puissent condamner ma façon d'agir : mais je me consolerai aisément de leur censure, si je puis avoir pour moi le suffrage des personnes sensées, qui font consister la véritable théologie dans le résultat de l'expérience & du raisonnement.

V. Je pourrois répondre d'avance à ceux qui me demanderont de quelle utilité peut être un pareil traité, 1°. que la connoissance de la vérité en général est toujours avantageuse ; 2°. qu'on ne sauroit rendre un plus grand service à la société, que d'établir, comme je fais, des vérités relatives à la moralité des actions & à l'institution des peines & des récompenses parmi les hommes ; mais je me contenterai de remarquer ici que cet écrit ne peut manquer d'être utile à tous ceux qui cherchent sincèrement la vérité, & qui sont persuadés que l'examen est le moyen le plus propre pour parvenir à l'éclaircissement des questions que j'y agite. Quant à ceux qui ne réfléchissent sur rien, & qui sont ennemis de toute spéculation, ou à ceux qui sont accoutumés à décider sur tout sans examen, ou à ceux qui ne lisent un livre que pour se confirmer dans les opinions qu'ils ont déjà embrassées, je conviens de bonne foi que mon livre leur est tout-à-fait inutile ; mais ils me permettront de leur dire aussi qu'ils ne sauraient empêcher les autres d'avoir un goût différent du leur.

C'est un préjugé presque universel dans le monde, & même dans le monde savant, de croire qu'il y a certaines matieres de spéculation si abstraites & si obscures par elles-mêmes, qu'il est impossible de les traiter avec clarté & avec précision. C'est la raison pour laquelle les hommes pardonnent si aisément aux théologiens & aux philosophes, l'obscurité & l'inintelligibilité des dissertations qu'ils font tous les jours sur les points les plus importans ; mais il n'y a point de question sur laquelle les auteurs ayent écrit plus obscurément, & sur laquelle on ait cru plus impossible d'écrire clairement, ou sur laquelle on s'attende à moins de précision & de netteté, que celle de la *liberté* & de la *nécessité*. J'ose dire néanmoins, que ce préjugé est une erreur dans laquelle les savans au moins n'auroient pas dû tomber.

En effet, quelque abstrait, quelque profond que soit le sujet de nos méditations, quand il s'agiroit même de l'idée de *Dieu* ou de son *Unité en trois* personnes, rien n'empêche que nous n'en ayons des idées aussi claires & aussi distinctes que si nous réfléchissions sur les choses les plus communes ; car toutes les fois que les idées nous manquent sur une matiere, il n'est pas possible que nous en fassions l'objet de notre pensée. Il est certain que nous ne saurions avoir l'idée d'une chose sans être au même instant en état de communiquer cette idée aux autres par le moyen des mots (1) : effectivement, les mots étant les signes arbitraires de nos pensées, il est impossible que nous

---

(1) Ceux qui voudront voir cette objection proposée dans toute sa force & dans toute son étendue, n'auront qu'à consulter le livre intitulé : *Recherches philosophiques sur la nécessité de s'assurer par soi-même de la vérité*, &c. par un membre de la société royale de Londres, qui parut in-8°. à Roterdam & à la Haye en 1741. l. 1. art. 41. pag. 61.

(1) Les idées simples sont dans ce cas ; ces sortes d'idées ne peuvent nous être connues que par l'application de leurs objets à notre faculté pensante : or dès qu'une fois nous en avons eu la perception, & que nous sommes convenus de certains termes pour les représenter, nous sommes en état de les communiquer aux autres par le moyen des mots.

en manquions jamais pour exprimer nos idées, tant que nous aurons à notre disposition une si grande quantité de termes déjà inventés, & que nous aurons la faculté d'en créer tous les jours de nouveaux suivant les occasions (1).

S'il est vrai que nous ne soyons capables de méditer que sur les choses dont nous avons des idées, & que nous puissions revêtir de signes toutes les idées que nous avons, pour en faire part aux autres, je voudrois bien savoir pourquoi nous ne serions point en état d'exprimer une idée aussi heureusement qu'un autre ? pourquoi nous ne serions point capables de comparer nos idées sur cet objet-ci aussi-bien que sur celui-là ? & pourquoi il ne seroit point en notre pouvoir d'énoncer une certaine proposition avec autant de clarté & de méthode, que nous énoncerions telle autre ?

Lorsque nous nous servons du nom de *Dieu*, l'idée exprimée par ce mot doit nécessairement être aussi distincte & aussi déterminée dans notre esprit, que l'est l'idée de *triangle* ou de *quarré*, lorsqu'il nous arrive de parler de l'une ou de l'autre de ces deux figures ; autrement le nom de *Dieu* n'est qu'un son vuide de sens. Qu'est-ce qui nous empêche de raisonner sur l'idée attachée au mot *Dieu* avec autant de clarté que nous le ferions sur l'idée d'un triangle ou d'un quarré ? Pourquoi la comparaison de l'idée de la Divinité comparée avec une autre idée, seroit-elle plus difficile à faire que celle de deux autres idées ensemble ? Cette comparaison d'idées ne consiste-t-elle pas uniquement dans l'observation de leur différence & de leur convenance respectives ? Or pour parvenir à ce point est-il besoin d'autre chose que de bien déterminer & de bien distinguer ces idées dans notre esprit ? Or, puisqu'il est nécessaire que nous ayons une idée claire du mot *Dieu* toutes les fois que nous nous en servons, & même une idée aussi distincte que celle que nous avons d'un triangle ou d'un quarré: puisque nous pouvons en faire le sujet d'une proposition ; puisque nous sommes en état de comparer l'idée claire & déterminée que nous en avons, avec d'autres idées quelconques, je ne vois pas pourquoi il ne nous seroit pas possible d'exprimer nos pensées sur la *Divinité* avec autant de méthode & de clarté que nous le ferions sur la *figure* & sur la *quantité*.

Qu'on ne s'imagine cependant pas que mon intention, en parlant ainsi, soit de supposer que l'idée de *Dieu* soit en nous aussi *complette* que l'idée d'un *triangle* ou d'un *quarré*, ou qu'il nous soit aussi aisé de la former dans notre esprit que celle de ces figures, ou que l'assemblage & la comparaison des différentes idées *simples* qui composent l'idée *complexe* de la Divinité, ne demandent pas un grand effort de conception ; je ne prétends point dissimuler ici les doutes, les difficultés, les objections presque insolubles auxquelles cette idée peut donner lieu ; mais en convenant de tout cela, je n'en suis pas moins persuadé que ce ne sont point là des raisons qui puissent justifier le galimathias & l'obscurité ; car, 1°. une idée, quelque *incomplette* qu'elle puisse être, n'en est pas pour cela moins distincte ni moins vraie relativement à ce qu'elle renferme, qu'une idée *complette* : rien n'empêche, par conséquent, qu'elle ne soit susceptible, dans son énonciation, du même degré de clarté ;

2°. Quoiqu'il ne nous soit pas aussi aisé de former dans notre esprit l'idée de *Dieu*, que celle d'un *triangle* ou d'un *quarré* ; quoique nous ayons besoin d'une grande application pour parvenir à rapprocher & à comparer ensemble les différentes idées qui composent l'idée complexe de la Divinité, je ne vois là tout au plus que des motifs pour s'appliquer plus sérieusement, ou bien pour se dispenser d'écrire sur ce sujet ;

3°. Au cas qu'un écrivain, par rapport à la matière qu'il traite, ait des difficultés qu'il ne puisse résoudre à sa propre satisfaction, il est au moins en état d'exprimer ses doutes avec autant de netteté qu'il feroit toute autre de ses pensées ; tout ce qu'on peut exiger de lui en pareil cas, c'est qu'il n'aille point au-delà de ses idées, qu'il sache s'y renfermer exactement, & qu'il ne cherche point à en faire plus entendre à son lecteur qu'il n'en conçoit lui-même : en effet, pour peu qu'il sorte du cercle de ses idées, il ne peut manquer d'être obscur & inintelligible malgré toutes les peines qu'il prendra pour se faire entendre. L'unique but d'un homme qui écrit doit être d'exprimer les choses qu'il conçoit ; & le vrai moyen de contenter ses lecteurs, & de passer auprès d'eux pour un écrivain clair & méthodique, est de raisonner sur un sujet conformément aux notions qu'il en a.

Il en faut donc conclure que quand un auteur parle obscurément de Dieu ou de quelque autre objet de sa pensée, c'est uniquement sa faute, & non point celle de son sujet. Car enfin qui l'oblige à écrire sur une matière avant que de l'avoir bien conçue ou avant que de s'être mis en état d'expliquer aux autres ses idées ? Y a-t-il au monde quelque chose de plus ridicule que de balbutier devant des gens qu'on prétend instruire ?

Il ne me seroit pas difficile de justifier ces

(1) *Voyez* dans les Œuvres diverses de Locke, édition de Rotterdam 1710, en un vol. *in-*12. le traité de la conduite de l'esprit dans la recherche de la vérité, p. 275. & suiv.

réflexions par des exemples tirés des ouvrages des plus célèbres philosophes. En effet, lorsque de grands génies, tels que *Gassendi*, *Descartes*, *Cudworth*, *Locke*, *Bayle*, *Newton*, & M. *de Fontenelle* ont eu à traiter les questions les plus épineuses de métaphysique, d'ontologie, de mathématique, &c., ils ont eu soin de ne faire usage que des notions claires & distinctes qu'ils en avoient; ils sont ainsi parvenus à écrire sur les sujets les plus abstraits avec autant de clarté & de précision que d'autres auteurs en avoient employé en maniant l'histoire & les sujets les plus communs.

D'un autre côté, toutes les fois que des écrivains, dont le mérite à tout autre égard n'étoit point inférieur à celui de ces hommes célèbres, n'ont point voulu, en traitant un sujet, s'en tenir aux notions claires & distinctes qu'ils pouvoient en avoir, ils sont tombés dans les mêmes inconvéniens (1), & ont avancé les mêmes absurdités que les auteurs les plus ignorans qui entreprennent de parler de choses qu'ils ne connoissent point du tout, ou dont ils ont des idées très-confuses.

Nous avons sous les yeux tant d'exemples d'une pareille présomption, nous avons tous les jours tant d'occasions de nous plaindre de l'impudence d'auteurs qui dissertent sur tout, à tort & à travers, que je crois pouvoir me dispenser ici de désigner aucun auteur en particulier. Cependant après le passage que j'ai lu dernièrement au sujet de l'ingénieux P. Malebranche dans une des *lettres de Bayle*, juge compétent en ces matières, qui étoit son ami, & qui avoit été le plus empressé à prendre son parti dans d'autres occasions, je ne puis m'empêcher de citer en cet endroit l'exemple même du P. Malebranche. Ce philosophe a soutenu dans plusieurs de ses ouvrages l'opinion que *nous voyons tout en Dieu*. Bayle, qui étoit sans contredit un des meilleurs dialecticiens de son siècle, déclare néanmoins, après avoir lu tous les ouvrages du P. Malbranche, & nommément son dernier, qu'il y *a moins compris que jamais sa prétention* (2). Il n'en faut pas davantage pour faire voir que le P. Malebranche a eu un très-grand tort de parler d'une chose sur laquelle il n'avoit point d'idées claires, & dont il ne pouvoit donner aux autres des notions plus nettes & plus distinctes.

Vous voyez, mon cher Lucius, que je ne me ménage à moi-même aucun avantage, & que je ne cherche point à me disculper d'avance, au cas qu'il m'arrive de manquer de clarté & de méthode dans ma *dissertation*, & que je ne réussisse point à vous prouver ce que j'ai entrepris de vous démontrer.

Etat de la question.

Je fixe d'abord l'état de la question. L'homme est un *agent* (3) *nécessaire*, si ses actions sont tellement déterminées par les causes qui les précèdent qu'aucune des actions passées n'ait pu être différente de ce qu'elle a été, & qu'aucune des actions futures ne puisse être autre que ce qu'elle doit être. L'homme au contraire est un *agent libre* s'il a la faculté de faire dans un certain tems, vis-à-vis certaines circonstances, une chose ou une autre totalement différente, ou, pour me servir d'autres termes, s'il n'est point absolument nécessité à faire précisément, dans un tel instant, dans telles circonstances, & conséquemment à telles causes, qui influent sur lui, telle action qu'il fait, & s'il ne lui est pas totalement impossible d'en faire une autre.

Argument tiré de l'expérience.

Comme il s'agit ici d'une question de fait, je veux dire du principe de nos actions, il est naturel de faire d'abord attention à notre propre expérience. C'est un point sur lequel assurément nous n'aurons point de peine à nous éclaircir, & dont l'examen, d'ailleurs, suffit seul pour décider la question. Les partisans de la liberté parlent de l'expérience d'un air si triomphant, & nous l'opposent avec tant de confiance, qu'il n'est pas étonnant de me voir commencer par quelques observations sur l'expérience en général : je me propose de faire ensuite quelques reflexions particulières sur notre propre expérience.

Observations sur l'expérience en général.

Le vulgaire élevé à croire la *liberté* ou le *franc-*

---

(1) C'est ce qui est arrivé à *Pascal*, lorsqu'il a voulu parler de la nature de l'esprit humain, & des contradictions auxquelles il est sujet :

(2) ,, J'ai parcouru le nouveau livre du P. Malebran-,, che contre M. *Arnauld*, & j'y ai moins compris que ,, jamais sa prétention, que les idées, par lesquelles ,, nous connoissons les objets, sont en Dieu, & non ,, dans notre ame: il y a un du mal-entendu : ce sont, ,, ce me semble, des équivoques perpétuelles ,,. *Voyez* les lettres de Bayle, let. du 16 octobre 1705. à M. Desmaizeaux.

(3) ,, Le docteur *Clarke* reproche à *notre auteur* de ,, confondre toutes les idées, parce qu'il appelle ,, l'homme un *agent nécessaire*. Le docteur dit, qu'en ,, ce cas l'homme n'est point un *agent*. Mais qui ne ,, voit, que c'est là une véritable chicane? *Notre au-,, teur* appelle *agent nécessaire* tout ce qui produit des ,, effets nécessaires. Qu'on l'appelle *agent* ou *patient*, ,, qu'importe? le point est de savoir s'il est déterminé ,, nécessairement. *Voyez* la métaphysique de Newton (chap. 4.) par M. de Voltaire, tom. 10 de ses œuvres, édit. in-16 de 1751.

arbitre, pour se confirmer dans cette opinion se fait gloire d'en appeller à l'expérience, & se contente, pour vous prouver que ses *actions* sont *libres*, de vous dire qu'il éprouve intérieurement en mille occasions le sentiment de sa *liberté*. La source de son erreur vient, ce me semble, de ce qu'il n'apperçoit point les causes qui le font agir, ou plutôt de ce qu'il n'y fait aucune attention, ce qui lui arrive principalement dans les choses de peu d'importance, & qui lui fait croire qu'il est libre ou qu'il n'est déterminé par aucunes causes à faire ce qu'il fait.

Ajoutez à cela que ces mêmes personnes viennent souvent à se repentir dans la suite, des actions qu'elles ont faites, & que, dans les accès de leur repentir, elles n'ont point présens à leur esprit les motifs qui ont déterminé leurs actions : il ne leur en faut pas davantage pour conclure qu'ils auroient aussi bien pu ne pas faire ce qu'ils ont fait, & que, comme aucun obstacle extérieur ne les a empêchés d'agir, la nécessité ne les a aucunement poussés à faire telle action plutôt qu'une autre.

Outre cela, il se présente tous les jours mille occasions où elles ont le pouvoir de faire ou de ne faire pas une telle chose à leur gré, sans que rien au monde ne les empêche de suivre leur volonté, soit qu'elles veuillent ou ne veuillent pas agir. Elles savent d'ailleurs qu'elles changent souvent de résolution, qu'elles peuvent choisir & qu'elles choisissent réellement pour agir l'instant qui leur plaît ; qu'il leur arrive fréquemment de délibérer & de demeurer par conséquent en suspens & dans une espèce d'indifférence par rapport au jugement qu'elles doivent porter sur certaines propositions, ou relativement au choix qu'elles doivent faire de certains objets préférablement à d'autres.

Ce sont ces expériences journalières qui leur font illusion, & qu'elles prennent de bonne foi pour les symptômes de leur *liberté* ou de *leur affranchissement des loix de la nécessité*. Demandez-leur si elles croyent être libres ? elles vous répondront sans hésiter, oui, & ne feront point difficulté de vous alléguer en preuve leur expérience personnelle ; rien, selon elles, ne prouve mieux leur *liberté*, que le pouvoir qu'elles ont de faire ce qu'elles veulent.

Des philosophes & des théologiens célèbres, tant anciens que modernes, qui avoient approfondi cette matière, ont tenu à-peu-près le même langage ; ce qui n'a pas empêché qu'ils n'ayent donné de la *liberté* des définitions qui pouvoient aussi bien convenir à la *nécessité* ou au *fatum* des anciens. Il faut cependant leur rendre justice : ils ont fait en même-tems leurs efforts pour faire croire qu'ils avoient les meilleures intentions du monde ; il n'a pas tenu à eux que plusieurs des actions humaines ne fussent *libres & affranchies des loix de la nécessité* (1) Cicéron, par exemple, définit la liberté le pouvoir que nous avons de faire ce que nous voulons, en quoi il a été suivi par plusieurs modernes : un d'eux (2) prétend que la liberté est le pouvoir d'agir ou de ne pas agir à notre volonté. Un autre (3) en donne une définition plus étendue, en disant : que c'est en nous le pouvoir de faire ce que nous voulons, précisément parce que nous le voulons : de telle sorte, que si nous ne voulions pas le faire, nous ne le ferions pas, & que nous ferions le contraire si nous le voulions. Un troisième (4) la définit le pouvoir que l'homme a de faire une telle action ou de s'en abstenir, conformément à la détermination ou à l'impression qu'a reçue son esprit, & qui le porte à agir, & à n'agir pas.

Pour peu que le lecteur se donne la peine de réfléchir sur toutes ces définitions, il n'aura point de peine à reconnoître qu'en affranchissant les actions humaines de tout obstacle extérieur, elles ne sont point capables de les soustraire à la *nécessité*, c'est ce que je me réserve de faire voir dans la suite de ce discours. Mon dessein est en adoptant l'idée générale que ces auteurs nous ont donnée de la liberté comme d'un pouvoir de faire ce que nous voulons, de démontrer en même-tems que cette définition de la liberté n'exclut point la nécessité.

Alexandre l'Aphrodisien (5), un des plus subtils philosophes du deuxième siècle, le plus ancien des commentateurs d'*Aristote* dont les ouvrages soient parvenus jusqu'à nous, & qui passe généralement pour son meilleur interprète, définit ainsi la liberté. (6) C'est, dit-il, le pouvoir que nous avons de choisir ce que nous avons à faire après avoir délibéré, & de faire ce que notre raison nous dicte de faire, au lieu qu'en agissant autrement nous suivrions notre caprice. Or je voudrois bien savoir si un choix fait après une mûre délibération est un choix moins nécessaire

---

(1) *Voyez* ses œuvres, édit. de Gronovius, p. 3968.

(2) Placette, éclaircissement sur la liberté, p. 2.

(3) Jacquelot, dans son traité de l'*existence de Dieu*, où Spinosa est réfuté en quelque endroit. Jacquelot étoit ministre François à la Haye.

(4) Locke, *essai sur l'entendement humain*, l. 2., c. 11, n. 8.

(5) *Voyez* Fabricii biblot. græc. tom. 4, 63. & *Voss. de sectis philos.* c. 18.

(6) *De fato*, p. m. 57.

qu'un choix fait par le caprice. Car enfin, quoiqu'un choix fait par le caprice, ou sans délibération soit d'une espèce, & un choix fait après une mûre délibération soit d'une autre toute différente, cela n'empêche pas que ces deux choix, fondés sur ce qui a été jugé meilleur, ne soient également nécessaires l'un pour une raison, & l'autre pour une autre; les bonnes ou les mauvaises raisons, le jugement réfléchi ou précipité, l'examen ou le caprice n'y mettent aucune différence essentielle.

On en peut dire autant de la définition que nous donne de la liberté, l'évêque *Bramhall* (1) dont nous avons plusieurs ouvrages sur cette matière, & dont les principes à cet égard, s'accordent avec ceux d'*Aristote* : L'acte, dit-il, dans lequel réside véritablement la liberté de l'homme est l'élection ou le choix qu'il fait de l'un de plusieurs expédiens que lui présente son esprit, soit en préférant ou bien en rejettant l'un ou l'autre, soit en adoptant l'un avant l'autre. Pour se convaincre que l'auteur en définissant ainsi la liberté, la fait uniquement consister dans le choix (exclusif) de celui de ces expédiens qui paroît à l'homme le meilleur, & non dans le pouvoir de choisir indistinctement celui qui lui paroît le pire ou bien celui qui lui semble le plus avantageux; il suffit de jetter les yeux sur différens passages de ses écrits, tels que ceux qu'on va lire.

Il avance dans un endroit, « que les actions » que nous faisons dans les accès d'une passion » violente, ne sont point libres, parce qu'elles » ne sont alors le résultat ni du choix ni de la » délibération... Prétendre que la volonté de » l'homme est déterminée par des motifs, c'est- » à-dire, par la raison & par la réflexion, c'est » précisément la même chose que si on soutenoit » que l'homme est un agent libre ou déterminé » par lui-même. En effet ces motifs-là ne le dé- » terminent point physiquement, mais morale- » ment : or cette espèce de détermination n'ex- » clut point la vraie *liberté*. Dire que notre volonté » se laisse nécessairement entraîner vers le côté » où la raison fait pencher la balance, ce n'est » point détruire la *liberté* des *volitions* de l'homme, » mais établir seulement une espèce de *nécessité* » *hypothétique*. »

Toutes ces expressions ne prouvent-elles pas clairement que *Bramhall* fait consister la *liberté* dans la *faculté de choisir ou de rejetter* nécessairement une chose après la délibération : par conséquent que cette *faculté de choisir ou de rejetter* est morale-

___
(1) *Voyez* les œuvres de Bramhall, p. 697. 702 707. 735.

ment & *hypothétiquement nécessaire* ou déterminée en conséquence de cet examen préalable.

Enfin un grand théologien de la secte *Arminienne*, qui a donné au public un *cours de philosophie*, & qui a eu occasion d'entrer dans des discussions fréquentes au sujet de la *liberté*, prétend qu'elle est « simplement l'état d'indifférence où » se trouve notre esprit, tandis qu'il délibère » sur quelque chose; en effet, (ajoute-t-il) » pendant le tems que notre esprit délibère, il » est libre jusqu'au moment de l'action, puisque, » durant cet intervalle, rien ne le détermine à » agir ou à ne pas agir. » (2) Mais qu'on me dise un peu si, lorsque notre esprit délibère sur une chose, c'est-à-dire, lorsqu'il balance & compare ensemble divers motifs ou différentes idées, il est déterminé moins nécessairement à cet état d'indifférence ou de balancement par les apparences de ces idées & de ces motifs, qu'il ne l'est au moment même de l'action. Si un homme étoit réellement libre dans cet état d'indifférence, il faudroit qu'il fût en son pouvoir de n'être point indifférent dans le tems même où il l'est.

En supposant donc, pour un instant, que l'expérience serve à prouver la *liberté de l'homme* au sens que les auteurs, ci-dessus cités, ont attaché à ce mot, je suis en droit de soutenir qu'elle sert en même-tems à démontrer que cette liberté n'exclut point la *nécessité*.

Jusqu'ici je me suis attaché à faire voir combien les définitions que plusieurs écrivains nous ont données de la *liberté* comme fondées sur l'expérience, étoient éloignées de faire évanouir toute idée de *nécessité*; je vais maintenant faire usage de plusieurs aveux faits sur cette importante matière par les plus zélés partisans de la *liberté*, & m'en servir avantageusement pour détruire les argumens qu'on tire ordinairement de l'expérience en faveur *du franc arbitre*.

Erasme, (3) dans son traité du *franc arbitre*, qu'il a écrit contre *Luther*, avoue de bonne foi que de toutes les questions qui ont jusqu'ici exercé la plume des philosophes & des théologiens de tous les âges, il n'y en a point de si obscure ni de si difficile à résoudre que celle du *franc arbitre*. M. le Clerc (4) en rendant compte de l'ouvrage d'*Erasme*, dit que cette question du *franc arbitre* étoit

___
(2) *Voyez* sa *bibliothèque choisie*, tom. 12, p. 105. C'est aussi dans le même endroit qu'il dit, que *toutes les actions de l'ame consistent en ses jugemens & en ses volitions, qui ne sont libres que lorsque rien ne l'y détermine nécessairement, c'est à-dire, quand il ne s'agit ni de l'évidence, ni du bien en général.* Ibid.

(3) *Voyez* Œuvres d'Erasme, tom. 9. p. 1219.

(4) *Voyez* sa bibliothèque choisie, tom. 12. p. 52.

trop subtile pour Erasme, qui n'avoit point l'esprit philosophique : *ce qui fait*, ajoute M. *le Clerc*, *que quelquefois il n'est pas tout-à-fait d'accord avec lui-même* (1).

Le feu *évêque de Sarum*, dans le même ouvrage où il soutient que tout homme éprouve au-dedans de lui-même le sentiment de sa *liberté*, est obligé de reconnoître, que ce sujet offre de toutes parts de grandes difficultés, & qu'il ne prétend point non plus les éclaircir ou les résoudre toutes.

Le fameux *Bernardin Ochin*, savant auteur italien, a fait un traité très-subtil & très-ingénieux (2), intitulé *Labyrinthi de Prædestinatione & libero arbitrio. Labyrinthi, hoc est, de libero aut servo arbitrio, de divinâ præmotione, destinatione, & libertate, disputatio, & quonam pacto sit ex iis labyrinthis exeundum, autore Bernardino Ochino Sanensi, nunc primùm ex italico in latinum translati. Basileæ, apud Petrum Pernam*. Il y montre avec une grande force, que ceux qui soutiennent que l'homme agit librement, s'embarrassent dans quatre grandes difficultés, & que ceux qui prétendent que l'homme agit nécessairement, tombent dans quatre autres embarras aussi grands, si bien qu'il forme *huit labyrinthes*, quatre contre le *franc-arbitre*, & quatre contre la *nécessité*. Il se tourne de tous les côtés imaginables pour tâcher de rencontrer une issue, & n'en trouvant point, il conclut à chaque fois par une prière ardente adressée à Dieu afin d'être délivré de ces abîmes. Néanmoins dans la suite de l'ouvrage, il entreprend de fournir des ouvertures pour sortir de cette prison : mais il conclut que l'unique voie est de dire, comme Socrate, *unum scio, quod nihil scio, tout ce que je sais, c'est que je ne sais rien*. » Il faut se taire, (dit-il) & juger » que Dieu n'exige de nous ni l'affirmative ni la » négative sur des points de cette nature. » Voici le titre de son dernier chapitre. *Quâ viâ ex omnibus supradictis labyrinthis citò exiri possit, quæ docta ignorantia via vocatur, le chemin le plus court pour sortir de tous ces labyrinthes, appelé le chemin de la docte ignorance.*

Un illustre auteur, (3) qui en appelle sans cesse à la commune expérience pour prouver la *liberté*

---

(1) Dans son expos. *pag.* 117.

(2) *Bernardin Ochin* a fait plusieurs ouvrages, dont la liste est insérée dans la *Bibliothèque des Anti-Trinitaires*. Bayle ne croit pas qu'il ait publié aucun ouvrage en latin ; il composoit tout en italien, & il trouvoit ensuite des traducteurs ; le livre dont il s'agit ici, est dans ce cas.

„ Il n'y a qu'un jour, (dit *Bayle*, art. *Bernardin* „ *Ochin*, remarque P.) que j'ai parcouru les *Labyrin-* „ *thes* traduits en latin : ils m'ont paru l'ouvrage d'un „ homme qui avoit l'esprit fort net & fort péné- „ trant „.

Quant à la personne de cet auteur, voici ce que Bayle en dit dans le même article. *Bernardin Ochin* fut un de ces ecclésiastiques d'Italie, qui sortirent de leur pays au seizième siècle pour embrasser la religion protestante. Il étoit de Sienne : il avoit été d'abord cordelier, puis capucin. Il demeura dans ce dernier ordre depuis l'an 1534 jusqu'à l'année 1542. Ceux qui ont dit qu'il en fut le fondateur ou l'un des quatre premiers qui s'y engagèrent, se trompent ; mais il est vrai, qu'il en fut élu général. Quelques-uns disent, qu'il avoit été confesseur & prédicateur du Pape. Il observoit sa règle avec une merveilleuse austérité, & il prêchoit avec un zèle incomparable ; & apparemment il ne songeoit à rien moins qu'à quitter son froc & son église, lorsque les conversations d'un jurisconsulte espagnol [nommé *Joannes Valdesius*] qui avoit pris goût en Allemagne à la doctrine de *Luther*, lui mirent des doutes dans l'esprit. Ce fut à Naples, qu'il parla avec ce jurisconsulte, & qu'il commença de prêcher des choses, qui paroissoient fort nouvelles. Il devint suspect, & il fut cité à la cour de Rome. Il y alloit, mais il trouva à Florence *Pierre Martyr*, son bon ami, auquel il communiqua les avis qu'il avoit reçus du hasard où il se mettroit en se livrant à la discrétion du pape. La chose bien examinée, ils résolurent tous deux de se retirer en pays de sûreté. *Ochin* partit le premier, & prit sa route vers Genève...

Un continuateur de *Baronius* (*Spond.anus ad annum* 1525 *num*. 17) assure qu'*Ochin* fit provision d'une femelle qui le suivit à Genève, & avec qui il se maria publiquement, afin de donner une preuve très-authentique de son renoncement à la papauté. Il ne se fixa point à Genève, il s'en alla à Ausbourg... Il fit le voyage d'Angleterre avec *Pierre Martyr* l'an 1547.... Les changemens qui se firent dans la religion de ce pays-là, après la mort du roi *Edouard*, contraignirent ces deux docteurs d'en sortir. Ils repassèrent la mer en 1543, & se retirèrent à Strasbourg. *Ochin* étoit à Basle l'an 1555, mais il fut appelé la même année à Zurich pour y être ministre de l'église italienne qui s'y forma.... *Ochin* chassé de Zurich & de Basle, à l'occasion de quelques dialogues qu'il avoit fait imprimer ; qui contenoient entr'autres erreurs, celle de la *polygamie*, se retira en Pologne à l'âge de soixante-seize ans, mais le nonce *Commendon* l'en chassa bien-tôt par l'édit qu'on accorda contre les hérétiques étrangers... *Ochin* s'en alla en *Moravie*, & y mourut peu après de la peste... On parle diversement des circonstances de sa mort, & l'on ne s'accorde pas sur les hérésies, qu'il embrassa depuis sa sortie de Suisse : les uns disent qu'il se fit anabaptiste après avoir prêché hautement l'hérésie de *Macedonius* ; les autres disent en général qu'il combattit le mystère de la trinité. Les anti-trinitaires le comprennent au nombre de leurs auteurs... C'est à tort que quelques-uns ont assuré qu'il étoit l'auteur du livre *de tribus impostoribus*...

(3) Guillaume King, docteur en théologie, évêque de Londonderi. *Voyez* son ouvrage intitulé *de origine mali*, dont on donna une nouvelle édition à Brême, chez Philippe-Godefroi Saurman en 1704 (*in-*4°.) sur la copie de Londres. M. Leibnitz, dans ses remarques sur ce livre du docteur King, dit qu'il est plein de *savoir & d'élégance*.

de l'homme, convient que dans toute la philosophie il n'y a point de question plus obscure ni plus embarrassante que celle de la *liberté*, & qu'il n'y a point de sujet sur lequel il règne plus de contradiction entre les savans que celui-là : il se déclare hautement contre l'idée qu'on a communément de la *liberté*, & en propose une nouvelle, qu'il avoue lui-même n'être pas sans difficulté.

Or comment est-il possible qu'on voie si peu clair dans une simple question de fait, où il ne s'agit, dit-on, que de consulter l'expérience ? Quelle difficulté peut-il donc y avoir à prouver une chose déja démontrée par le sentiment intérieur ? Eh quoi, est-il besoin de tant de philosophie pour cela ? pourquoi tant de contradictions sur un pareil sujet ? & comment peut-il arriver que tous les hommes éprouvent en eux-mêmes le sentiment de la *liberté*, tandis qu'on avoue que l'idée qu'on a communément de la *liberté*, est fausse & démentie par l'expérience, tandis qu'on en propose une nouvelle inconnue jusqu'alors, ou du moins connue de peu de personnes, & qu'on se sert de l'expérience pour la prouver ? Puisqu'il règne tant d'obscurité sur cette matière, il faut sans doute que l'expérience ne décide point aussi positivement qu'on voudroit nous le faire croire en faveur de la *liberté*.

D'autres partisans de la *liberté* semblent n'avoir embrassé ce système qu'en considération des prétendus inconvéniens attachés à celui de la *nécessité*. Le grand *Episcopius*, dans son traité du *franc arbitre*, reconnoit en effet que les partisans de la *nécessité* paroissent avoir pour eux l'expérience, & qu'ils sont en grand nombre ; (1) il ne se dissimule point la force de ce fameux argument, qu'il appelle lui-même triomphant, savoir, que la *volonté est déterminée par l'entendement* : il est le premier à soutenir que « si cela n'étoit point, la
» volonté dans l'homme seroit une faculté aveu-
» gle qui pourroit se proposer pour objet le mal
» comme mal, & rejetter même les choses qui
» lui plairoient : que par une conséquence néces-
» saire, il seroit aussi inutile d'user de promesses,
» d'insinuations, de raisonnemens & de menaces
» avec un homme qu'avec une pierre ou un
» arbre. » Il ajoute que « tout cela est fort
» plausible & a une grande apparence de proba-
» bilité ; » il va même jusqu'à dire que *c'est là
» le sentiment de presque toutes les écoles.* » C'est là
» (ajoute-t-il) l'écueil contre lequel les plus ha-
» biles défenseurs de la *liberté* sont venus échouer :
» jamais ils n'ont répondu à cet argument, qui
» semble tiré de l'expérience, & qui a été cause
» (selon lui) que tant de personnes, dans les
» siècles passés & dans le nôtre, ont admis le
» système d'une nécessité fatale en toutes choses. »
Mais comme un pareil système rend toutes nos actions nécessaires, & qu'il détruit par conséquent (selon lui) la religion, les lois, les peines & les récompenses : cela lui suffit pour conclure qu'il est faux, & pour lui faire abandonner, sans autre examen, une opinion qui lui avoit paru si *plausible*.

Plusieurs autres défenseurs de la *liberté*, à l'exemple d'*Episcopius*, n'ont pas eu d'autres raisons pour se refuser au témoignage manifeste de l'expérience que ces mêmes difficultés imaginaires. J'en appelle hardiment à l'expérience : en effet, n'est-il pas évident que nous sommes déterminés par le plaisir ou par la peine, & que notre jugement, notre volonté & nos actions ne se décident qu'en faveur des choses qui nous paroissent raisonnables, ou contre celles qui ne nous paroissent pas telles ? Il y a toute apparence que si l'on parvenoit à persuader à *Episcopius* & à ses semblables que la moralité des actions & l'institution des peines & des récompenses dans la société ne peuvent subsister sans l'admission du système de la *nécessité*, & que la religion, les mœurs, & les lois ne sauroient avoir aucun fondement solide tant qu'on regardera l'homme comme un *agent libre* ; (ce que je compte bien démontrer dans la suite avec la dernière évidence) il y a, dis-je, toute apparence qu'ils n'hésiteroient pas un moment à nier la *liberté* dès qu'ils seraient assurés que l'établissement de ce dogme n'est nullement nécessaire pour le maintien de l'ordre dans la société civile. Au surplus, je renvoye mon lecteur aux ouvrages des plus habiles défenseurs du système de la liberté : il verra combien de fois il leur arrive de se contredire eux-mêmes (comme ils le reprochent si fort aux autres), de battre la campagne, d'employer des expressions obscures, & de parler de la *liberté* d'une manière inintelligible ; il apprendra enfin à ne faire pas plus de cas de leurs traités sur cette matière, que M. *Locke* (2) n'en faisoit de celui d'*Episcopius*, dont tous les autres ouvrages annoncent un écrivain profond, nerveux & méthodique.

Parmi les auteurs qui soutiennent la liberté, comme parmi ceux qui la nient, il s'en trouve un grand nombre qui interprètent différemment le sentiment intérieur par rapport à cette question de fait, & qui tirent de leur propre expérience des conséquences différentes de celles qu'en tirent ordinairement les partisans déclarés du *franc-arbitre*.

(3) Un ancien auteur s'exprime ainsi en parlant

---

(1) *Voyez* ses œuvres, tom. I, p. 198, 199, 200.

(2) Dans ses lettres, p. 521.

(3) Alexander, dans son traité ci-dessus cité, *de Fato*.

de la *fatalité* : « La fatalité, dit-il, est un dogme
» suffisamment prouvé par l'opinion universelle-
» ment reçue parmi les hommes. Car il n'est guère
» possible que les hommes se trompent sur certains
» points sur lesquels ils sont tous d'accord, ex-
» cepté un petit nombre, qui ne s'écartent du
» sentiment général que par attachement à cer-
» taines idées particulieres dont ils se sont coëffés.
» Ainsi, ajoute-t-il, il ne faut pas écouter
» *Anaxagore de Clazomène*, philosophe d'ailleurs
» assez estimable, lorsqu'il réclame en sa faveur
» le sentiment général, & nous dit que rien
» ne s'opere dans le monde par la *fatalité*, & que
» ce mot n'est qu'un son vuide de sens. »

S'il en faut croire le témoignage de tous les
auteurs anciens qui ont écrit sur cette matiere,
le dogme de la *fatalité maitresse de tous les événemens* a été, dans les siècles passés, un point de
foi généralement établi dans l'esprit du peuple (1)
& des philosophes, comme les relations modernes
de nos voyageurs nous apprennent que c'est aujourd'hui une opinion adoptée par la plus grande partie du genre humain. Quoique ce dogme n'ait point
trouvé autant de partisans parmi les chrétiens que
parmi les sectateurs des autres religions, il est
pourtant certain qu'il y a eu & qu'il y a encore
parmi (2) les chrétiens un grand nombre de

---

(1) L'accord des sages avec le peuple, c'est-à-dire,
de ceux qui examinent avec ceux qui n'examinent point,
& celui des sages entre eux dans une même opinion,
sont des signes caractéristiques de vérité, sous lesquels il est presque impossible que l'erreur se cache.
Voulez-vous distinguer exactement le vrai du faux
dans un préjugé vulgaire ? vous trouverez ordinairement que, dans ce qu'il a de vrai, les sages s'accordent avec le peuple, & que, dans ce qu'il a de faux,
ils s'accordent tous contre lui. *Boullier, essai philos.
sur l'ame des bêtes, tom. 2, part. 2, chap. 5, not. 1,
p. 61.*

(2) Témoin, entr'autres, Leibnitz, dont le système
sur la création de l'univers & sur son existence se
réduit à dire, que Dieu, par la constitution de sa
nature, a été inévitablement déterminé à créer un
univers, & à le créer tel que nous le voyons : que
ses perfections infinies ne lui ont pas permis de refuser sa puissance à l'exécution de cette idée : que
toutes les parties de l'univers corporel sont des machines ou parties de machines, dont chacune concourt
avec les autres pour exécuter le jeu auquel elles sont
destinées : qu'outre cela, il n'a pu se refuser de donner
l'existence à des natures capables de penser, qui s'ima-
gineroient recevoir des impressions de la part des
machines corporelles, & influer sur leurs mouvemens,
quoiqu'en tout cela il n'y eût rien de réel, que des
sentimens & des volontés accompagnés de la persuasion trompeuse d'y contribuer. Or je demande, si ce
n'est pas là admettre un pur *fatalisme* ?

On peut voir l'exposé que fait Bayle du système
de M. Leibnitz sur l'*harmonie préétablie, dict. crit.* art.
Rorarius, Rem. H. L. & la replique aux réflexions contenues dans cet art. sur ce sujet, dans le *recueil de
diverses pièces sur la phil.* tom. 2, p. 389, ainsi que la
Théodicée de M. Leibnitz, & son éloge par M. de
Fontenelle.

---

fatalistes. Les théologiens les plus zélés pour la
défense du *libre arbitre* n'ont pas fait difficulté
d'avouer eux-mêmes, (3) *que parmi les chrétiens il
se rencontre des fatalistes aussi décidés qu'on en ait
jamais vu parmi les philosophes de l'antiquité.*

Bayle, ce philosophe si subtil & si pénétrant,
assure qu'il s'en faut beaucoup que ceux qui ont
été les plus attentifs à suivre les mouvemens des
hommes, & qui ont réfléchi le plus profondément
sur le principe de leurs actions, s'accordent dans
les conséquences qu'ils tirent de leurs observations avec ceux qui ne raisonnent, dans ces sortes
de matieres, que sur de pures suppositions. (4)

Le célebre M. de *Leibnitz*, ce génie transcen-
dant & universel, (5) prétend que le docteur *King*
a eu tort d'en appeler à l'expérience pour justifier
la définition qu'il nous donne (6) de la liberté
en ces termes : « C'est une faculté, dit-ce pré-
» lat, qui, indifférente par elle-même à tous les
» objets, sert à régler nos passions, nos appétits,
» nos sens & notre raison, choisit arbitrairement
» entre plusieurs objets, & rend celui qu'elle
» préfere agréable en vertu du choix qu'elle en
» fait. » M. de *Leibnitz* nie formellement que
nous éprouvions en nous-mêmes un pareil ou tout
autre sentiment de *liberté* : il soutient au contraire
que nous éprouvons une certaine détermination
dans toutes nos actions. « Nous sentons, dit-il,

---

(3) *Voyez* Reeves's Apol. vol. I. p. 150, & *Sherlock,
of. Prov.*, p. 66.

(4) ,, Ceux (dit Bayle) qui n'examinent pas à fond
,, ce qui se passe en eux-mêmes, se persuadent facile-
,, ment qu'ils sont libres ; mais les personnes qui ont
,, étudié avec soin les ressorts & les circonstances de
,, leurs actions... doutent de leur franc arbitre, &
,, viennent même jusqu'à se persuader que leur raison
,, & leur esprit sont des esclaves, qui ne peuvent
,, résister à la force qui les entraîne où ils ne vou-
,, droient point aller. ,, Voyez le *dictionnaire historique
& critique* à l'article *Hélène*, remarque T. de la seconde
édit., & Y de la derniere. V. aussi des passages sur
cela. *Ibid.* à l'art. *Ovide*, remarque G. de la seconde
édit. & H. de la derniere.

Voici ce qu'il dit dans un autre endroit. ,, M. Jac-
,, quelot (dans son livre de l'*existence de Dieu*) prouve
,, contre Spinosa la *liberté* du créateur par celle que
,, nous éprouvons dans notre ame ; mais il est certain
,, que notre expérience de *liberté* n'est pas une bonne
,, raison de croire que nous soyons libres, & je n'ai
,, encore vu personne qui ait prouvé qu'il soit pos-
,, sible qu'un être créé soit la cause efficiente de ses
,, volitions. Toutes les meilleures preuves qu'on al-
,, legue, sont que, sans cela, l'homme ne pécheroit
,, point, & que Dieu seroit l'auteur des mauvaises
,, pensées comme des bonnes. V. les *lettres de Bayle*,
let. du 13 décembre 1696 à M. l'abbé Dubos.

(5) Dans ses remarques sur le livre de l'origine du
mal, p. 76.

(6) Dans son livre de l'origine du mal,

» quelque chose en nous qui nous pousse à faire
» un choix ; s'il arrive que nous ne puissions
» sur-le-champ rendre raison des motifs qui nous
» déterminent, une légère attention sur la con-
» stitution de notre machine, sur celle des corps
» qui nous environnent, sur l'état actuel & pré-
» cédent de notre esprit, & sur mille petites
» circonstances qui rentrent toutes dans ces causes
» principales, nous convaincra bientôt qu'il est
» inutile de chercher ailleurs le principe de
» notre détermination, & d'avoir recours, pour
» l'expliquer, à un état de pure indifférence &
» à je ne sais quel pouvoir de l'esprit, qui pro-
» duiroit sur les objets les mêmes effets que les
» couleurs produisent, à ce qu'on nous dit,
» sur le caméléon. » En un mot, il est si peu
disposé à convenir avec le docteur *King*, que
l'expérience puisse servir de fondement à son
système sur la *liberté*, qu'il le regarde comme une
chimère, & le compare à la puissance, qu'on attribue ordinairement aux fées de métamorphoser
les choses à leur volonté.

Il paroît enfin que les journalistes de Paris sont
fort éloignés d'adopter les idées du docteur *King*
sur la *liberté*, & de croire avec lui que l'expérience
les justifie. (1)

Ainsi, tout bien examiné, les preuves que
l'expérience administre en faveur de la *liberté*, se
réduisent à fort peu de choses, ou plutôt à rien.
En effet, résumons un peu les raisonnemens des
auteurs sur cette matière. Plusieurs ont honoré
du nom de *liberté* des actions qui, au fond & à
les considérer attentivement, sont nécessaires :
quelques-uns ne peuvent s'empêcher de contredire eux-mêmes la commune expérience, à laquelle ils en appellent pourtant sans cesse, en
convenant que la question de la *liberté* est très-
obscure, & en le prouvant très-bien par leurs
propres écrits ; les uns se déclarent pour la
liberté qu'à cause des difficultés imaginaires qu'entraîne, selon eux, le système de la *nécessité*, &
n'ont point d'autre motif pour combattre une
opinion qu'ils avouent être, suivant toutes les
apparences, conforme à l'expérience : les autres,
& ce sont les plus judicieux, ou pensent que la
liberté ne sauroit se prouver par l'expérience,
ou bien sont persuadés que l'expérience suffit

seule pour apprendre aux hommes qu'ils sont des
agens nécessaires : enfin le gros du genre-humain
a toujours eu pour principe que la nécessité déterminoit ses actions.

Réflexions particulières sur notre propre expérience.

Après m'être préparé les voyes en faisant voir
que l'expérience ne prouve point la *liberté*, &
en me servant pour cela des armes des défenseurs
même de la *liberté* : après avoir détruit, par une
conséquence naturelle, tous les argumens tirés
de l'expérience en faveur de la *liberté*, il est tems
d'entrer dans un examen sérieux & profond des
différentes actions de l'homme relatives à mon
sujet ; cet examen nous fera infailliblement connoître jusqu'à quel point nous devons compter
sur l'expérience pour l'éclaircissement de l'importante question de savoir si les hommes sont des
êtres libres ou nécessaires. Je crois que ces actions
peuvent se réduire aisément à quatre, qui sont,
1°. *la perception des idées* ; 2°. *le jugement* ou *la
faculté de juger de plusieurs propositions* ; 3°. *la volonté* ; 4°. *le pouvoir de faire ce que nous voulons*,
& qui vont faire le sujet d'autant d'articles différens.

De la perception des idées.

Quant à cette première opération de l'esprit,
tout nous prouve qu'elle n'est nullement volontaire, & conséquemment qu'elle est *nécessaire*.
En effet, toutes nos idées, tant celles qui
nous viennent des sens que celles qui naissent de la réflexion, s'offrent à nous, soit que
nous le voulions ou que nous ne le voulions point,
de façon même que nous ne sommes point les
maîtres de les rejetter.

Lorsque nous pensons, nous ne pouvons nous
empêcher de sentir que nous pensons : donc les
idées qui naissent de la réflexion sont nécessaires.
Lorsque nous veillons nous ne saurions nous dispenser de faire usage de nos sens : donc les idées
qui nous viennent par les sens sont nécessaires.
La même nécessité, qui nous force à recevoir
des idées, fait aussi que chaque idée en particulier, est nécessairement ce qu'elle est dans notre
esprit : car il n'est pas possible qu'une chose soit
dans aucun cas différente d'elle-même ; il est évident que ce premier acte une fois nécessaire, est
le principe & la cause originaire de tous les actes
intellectuels de l'homme, (2) qu'il rend pareil-

---

(1) ,, M. King (disent les journalistes en rendant
,, compte de son livre de l'*origine du mal*) n'est content
,, d'aucune des opinions qu'on a sur la *liberté* ; il en
,, propose une nouvelle : il suit le sentiment commun,
,, en ce qu'il veut que la *liberté* soit exempte de *né-
,, cessité* aussi bien que de contrainte ; mais il en pousse
,, l'indifférence jusqu'à soutenir que le plaisir n'est pas
,, le motif, mais l'effet du choix de la volonté, *placet
,, res quia eligitur, non eligitur quia placet...* Cette
,, pensée le fait tomber dans beaucoup de contradic-
,, tions ,,. V. le *journal des savans* du 16 mars 1705.

(2 L'ame agit par ses desirs sur certains endroits
du cerveau, sans savoir comment elle agit, quel sera
l'effet de son action.... les desirs qu'il faut concevoir
en même-tems comme autant d'efforts & d'impulsions,
heurtent, ébranlent certaines parties du *Sensorium*,
sphère de son activité. Cet ébranlement, en vertu du
concert, qui règne entre toutes les pièces de la ma-
lement

lement nécessaires. Car, comme l'a fort bien remarqué un auteur (1) judicieux qui s'étoit attaché à obferver la marche & les opérations de l'efprit humain. » Si les temples font remplis d'i-
» mages facrées qui ont toujours eu la plus grande
» influence fur les actions de la plupart des
» hommes, on peut en dire à-peu-près autant
» des idées & des images peintes dans nos ames,
» & qui font comme des puiffances invifibles,
» qui nous fubjuguent, & qui gouvernent abfo-
» lument toutes nos actions ».

Du jugement.

La feconde opération de l'efprit eft le *jugement* ou la *faculté de juger de plufieurs propofitions*. Toute propofition doit me paroître ou évidente par elle-même, ou évidente en vertu de certaines preuves, ou feulement probable ou improbable, ou bien douteufe ou fauffe. Or ces différentes apparences d'une propofition, relativement à moi, ne provenant que du degré de fon évidence à mon égard & de la fituation actuelle de mon efprit, je fuis auffi peu le maître de changer quelque chofe à ces diverfes apparences par rapport à moi, que je le fuis d'altérer l'idée qu'a fait naître en moi la fenfation d'une certaine couleur déterminée, comme du rouge, par exemple. Il ne m'eft pas poffible non plus de porter un jugement contraire à ces apparences : car enfin, juger de plufieurs propofitions, eft-ce autre chofe que prononcer fur leurs apparences telles qu'elles nous affectent ? On ne fauroit fe difpenfer de prononcer ainfi, à moins qu'on ne rejette le témoignage de fa propre confcience : or c'eft ce qui eft impoffible. Tout homme qui s'imagine qu'il eft en fa puiffance de juger qu'une propofition n'eft point évidente quoiqu'elle lui paroiffe telle, ou de prononcer à fon gré, qu'une propofition vraifemblable, l'eft plus ou moins qu'elle ne lui paroît en conféquence des preuves : un pareil homme, dis-je, ne fait ce qu'il dit, & ne tardera pas à reconnoître l'abfurdité de fa prétention, pour peu qu'il veuille fe donner la peine de définir les mots & d'analyfer leur valeur.

La néceffité de cette détermination réfultante des apparences des objets a été foutenue par tous les philofophes anciens, même par les *académiciens* & les *fceptiques*. Voici comment Cicéron s'exprime : (2) « Vouloir ôter à un homme le pou-
» voir d'acquiefcer à une propofition dont il
» connoît l'évidence, c'eft vouloir le priver de
» fes fens & de fes facultés intellectuelles : car
» enfin fon efprit eft auffi néceffairement déter-
» miné à cet acquiefcement, que l'eft une balance
» à pencher vers le côté où fe trouve le plus
» grand poids. En un mot, de même que les ani-
» maux, en général, n'ont de goût que pour
» les chofes qui ont de la convenance avec leur
» nature, l'homme auffi ne peut acquiefcer qu'aux
» chofes qui lui paroiffent claires & évidentes :
» il eft donc inutile, ajoute-t-il, de differter ici
» fur l'acquiefcement que nous devons donner
» aux chofes dont il eft queftion entre nous, fi
» elles font réellement vraies. En effet, celui
» qui perçoit ou conçoit clairement une chofe,
» ne peut manquer d'y acquiefcer au même inf-
» tant. Ce n'eft pas feulement dans la pra-
» tique du vice, mais encore dans celle de la
» vertu, que l'approbation ou l'acquiefcement
» précède l'action : tout dépend, dans l'un comme
» dans l'autre cas, de l'objet auquel l'homme a
» d'abord donné fon approbation. Avant que nous
» nous déterminions à agir, & même afin que
» nous agiffions, il faut néceffairement qu'il y ait
» eu précédemment quelque objet dont l'appa-
» rence quelconque nous ait affecté, & ait entraîné
» notre acquiefcement. Il n'eft donc pas poffible
» d'ôter à l'homme le pouvoir d'acquiefcer à
» une propofition en conféquence de l'impreffion
» qu'elle a faite fur fon efprit fans détruire en lui
» au même inftant, toute action ».

Il eft facile d'étendre les conféquences de ce raifonnement à tous les jugemens que nous portons fur les chofes, relatifs aux apparences qu'elles nous offrent. Ce ne feroit pas même faire tort à *Cicéron*, que de penfer qu'en qualité d'académicien & de fceptique, il regardoit comme néceffaires toutes les efpèces de jugemens ou d'acquiefcemens de l'homme fondés fur les apparences

---

chine, caufe dans toute cette machine un mouvement propre à fatisfaire ce defir.... La liaifon entre ce defir actif & le mouvement qui en réfulte eft néceffaire. Boullier, *Effai Philof. fur l'ame des bêtes*, tom. 2. part. 2. chap. 8. not. 5. pag. 173 & 174.

(1) M. Locke, dans fes œuvres diverfes, édit. de Rotterdam, 1710, en un vol. in-12. *Traité de la conduite de l'efprit dans la recherche de la vérité*, 141, 143. *Philofophie anc. & mod.* Tom. I.

(1) At verò animus quodam modo eripitur his, quos neque fentire neque affentiri volunt. Etenim neceffe eft, ut lancem in librâ, ponderibus impofitis, deprimi, fic animum perfpicuis cedere. Nam, quomodo non poteft animal ullum non appetere id, quod accommodatum ad naturam appareat, (Græci id *œkion* appellant), fic non poteft objectam rem perfpicuam non approbare : quanquam, fi illa, de quibus difputatum eft, vera funt, nihil attinet de affenfione omninò loqui. Qui enim quid percipit, affentitur ftatim... Maximè autem abfurdum, vitia in ipforum effe poteftate, neque peccare quemquam fine affenfione : hoc idem in virtute non effe, cujus omnis conftantia & firmitas ex his rebus conftat, quibus affenfa eft, & quas approbavit : omninoque antè videri aliquid, quàm agamus, neceffe eft, eique, quod vifum fit, affentiri. Quare qui aut vifum aut affenfum tollit, is omnem actionem tollit è vita. *Cicer. Quæft. academ. lib. 2.*

des objets qu'il appelloit *visa*, & les grecs *phainomena*. « Ceux qui prétendent, dit (1) *Sextus Empyricus*, que les *Sceptiques* détruisent, par » leur systême, les *apparences* des choses, ou » n'ont jamais conversé avec eux, ou ne les ont » pas bien entendus. En effet, détruisons-nous les » sensations, les affections auxquelles nos sens » sont sujets tous les jours, soit que nous le vou- » lions ou non, & qui nous forcent à nous sou- » mettre aux apparences qu'elles nous offrent ? » Lorsqu'on nous demande *si les objets sont tels » qu'ils paroissent*, on ne nous entend ni douter » de ces apparences, ni les nier, mais seulement » douter si les objets extérieurs sont réellement » tels qu'ils nous paroissent. »

De la volonté.

Je viens maintenant à l'examen de l'acte, que l'on appelle en nous *volonté*. Nous éprouvons tous les jours que ce qui nous porte à faire une action, ou bien à nous en abstenir, à la continuer ou à la finir, est un certain motif de préférence résultant d'une première perception, lequel nous détermine pour l'un ou l'autre de ces différens partis. Ainsi, ayant que nous ayons eu le tems de délibérer ou de faire des réflexions sur notre état actuel, nous donnons la préférence à un objet sur tous ceux qui se trouvent être en concurrence avec lui. Semblablement, soit que nous nous abstenions de certaines actions, dont nous ayons eu précédemment l'idée, soit que nous persistions dans celles que nous ayons une fois commencées, soit que nous les finissions ; tout ce que nous faisons enfin dans l'un ou l'autre de ces trois cas, est une suite nécessaire du premier parti que nous avons pris en préférant une chose à l'autre. Ce pouvoir qu'a l'homme de faire une chose ou de s'en abstenir, de la poursuivre ou de la mettre à fin, est ce qu'on appelle proprement la *volonté*, (2) dont l'exercice actuel se nomme *vouloir*.

On agite ordinairement à ce sujet deux questions, qui consistent à savoir, 1°. si nous sommes libres de vouloir ou de ne vouloir pas ; 2°. si de deux ou de plusieurs objets nous sommes libres de choisir l'un plutôt que l'autre.

Sommes-nous libres de vouloir ou de ne vouloir pas ?

A examiner cette première question de sang-froid, on ne balancera point un moment à se déclarer pour la négative. Car supposons qu'on propose à un homme de faire une certaine action, comme de se promener, & qu'on laisse la chose à son choix ; je soutiens que, dans un pareil cas, la volonté de se promener ou de ne se pas promener existe à l'instant dans cet homme. Quand on lui proposeroit même de faire cette action demain, comme par exemple de se promener demain, sa volonté n'en seroit pas moins nécessitée à se déterminer sur-le-champ : car le parti qu'il prendroit alors seroit ou de différer à en prendre un sur la chose proposée, ou bien de se déterminer dans le moment : or, soit dans un cas, soit dans l'autre, il est toujours vrai de dire que sa volonté se décide sur-le-champ ainsi que dans la première hypothèse, où il n'étoit question que de se déterminer à se promener ou à ne se pas promener. Ainsi, dans quelque position qu'on mette un homme, il ne peut se dispenser de prendre à l'instant un parti, quel qu'il soit. C'est ce qui fait voir l'erreur de ceux (3) qui prétendent que les hommes sont libres de vouloir ou de ne vouloir pas, *parce que*, disent-ils, *ils sont les maîtres de suspendre leur volonté relativement aux actions qui sont renvoyées au lendemain* ; mais il est évident que ces personnes-là abusent des termes.

En effet, lorsqu'on dit que l'homme est nécessairement déterminé à vouloir, on n'a jamais entendu qu'il fût nécessairement déterminé à vouloir ou à choisir sur-le-champ un certain objet entre deux dans chaque cas proposé, ou à faire précisément un certain choix dans certains cas, comme par exemple à voyager en *France* ou en *Hollande* ; tout ce qu'on a voulu dire par là, c'est qu'il est nécessité à prendre, dans quelque circonstance que ce soit, une résolution quelconque. Eh quoi, en est-il moins déterminé en général à vouloir, parce qu'il lui arrive souvent, en certains cas, de suspendre son *vouloir* ou son choix ? Suspendre son vouloir, qu'est-ce autre chose qu'un acte même de sa volonté ? En effet, n'est-ce pas proprement vouloir différer son choix, sa *volition* sur le sujet dont il s'agit alors ?

Enfin, quelques efforts qu'on fasse pour prouver la *liberté*, au moins dans le cas de la suspension

---

(1) Dans ses hypothyposes pirrhoniennes, liv. 1, c. 10.

(2) M. Locke n'en a pas une autre idée, lorsqu'il dit „ la *liberté* consiste dans le pouvoir de suspendre l'accomplissement de ses desirs, de les comparer avec d'autres desirs, jusqu'à ce que reconnoissant le parti le plus avantageux, on se trouve mal „ à son aise de ne le pas suivre „. Or cette *liberté* renferme les idées de perception, de jugement, de volonté, d'action résultante de la dernière résolution. La perception est nécessaire, personne n'en doute : juger, c'est découvrir qu'une opinion est supérieure en preuves à une autre opinion ; ainsi, à le bien prendre, cette faculté ne diffère point de la perception. Elle est donc nécessaire aussi. La volonté se tourne nécessairement vers le plus grand bien reconnu pour tel actuellement, &c. Voyez *l'essai sur l'entendement humain*, liv. 2, chap. 21.

(3) Locke, *ibid*.

du choix, on ne parviendra jamais à me persuader qu'il y ait quelque différence réelle entre le cas de cette suspension & les autres cas les plus ordinaires, où notre choix & notre volonté ne se déterminent qu'en conséquence du degré d'excellence qu'un objet nous semble avoir sur un autre. Car un homme, par exemple, qui aime mieux vivre en Angleterre que d'en sortir, (lequel assurément n'est déterminé que par la satisfaction qu'il goûte à vivre en Angleterre,) rejette la pensée, la volonté de quitter ce pays pour aller vivre ailleurs; il en est de même d'une personne qui suspend son choix sur quelque sujet proposé : quel rôle joue-t-elle alors ? Ou elle ne veut rien faire dans ce moment, ou elle refuse absolument de prendre là-dessus une résolution : mais soit qu'elle refuse absolument de se déterminer, ou bien qu'elle refuse simplement de le faire pour le présent, cela change-t-il rien au fond de la question ?

Concluons donc hardiment que vouloir suspendre son choix n'est pas un acte moins essentiel de la *volonté* que les autres *vouloirs* ou choix, de quelque nature qu'ils soient, & par conséquent qu'il n'est pas plus exempt qu'eux des loix de la *nécessité*. (1)

De plusieurs objets sommes-nous libres de choisir l'un plutôt que l'autre ?

Il est d'abord indispensable d'examiner si nous sommes libres de choisir l'un ou l'autre de deux objets, entre lesquels nous appercevons quelque différence, c'est-à-dire, dont l'un nous paroît plus avantageux que l'autre, ou bien dont l'un nous semble moins nuisible que l'autre.

Pour éclaircir cette question, il ne faut que considérer la nature & l'essence de la *volonté*. Le choix de préférence où la *volition* est relativement au bien & au mal, c'est le jugement par rapport à la vérité ou à la fausseté d'une proposition. (2) Vouloir une chose préférablement à une autre, c'est proprement juger qu'une chose, tout considéré, est meilleure ou n'est pas si mauvaise qu'une autre. En un mot, comme nous jugeons de la vérité ou de la fausseté d'une proposition selon les apparences qui nous affectent, de même aussi nous voulons ou nous choisissons nécessairement tel ou tel objet en conséquence de l'impression que ses apparences font sur nous, à moins qu'on ne soutienne qu'il nous est possible de nous refuser au témoignage de notre propre conscience, & de regarder comme très-mauvais, ce qui s'offre à nous sous une apparence contraire, & *vicissim*.

---

(1) Quelque soit notre vouloir, *il nous est imprimé, & c'est par cette impression victorieuse, que nous voulons ce qu'elle nous nécessite à vouloir. En un mot, notre volonté veut du vouloir dont elle veut, comme les corps se meuvent du mouvement dont ils se meuvent : ce mouvement, qui est en eux, n'est pas d'eux.* V. *l'essai philos. sur la prov.*

(2) Il échappe à M. Chub, un des défenseurs les plus zélés & les plus méthodiques de la *liberté*, de dire à ce sujet, ,, que si la liberté d'un agent consiste dans le pouvoir d'assigner la différence des ,, choses, c'est-à-dire, de déterminer arbitrairement ,, ce qui sera bon ou mauvais, juste ou injuste, & par ,, conséquent ce qui lui plaira ou ne lui plaira pas, ,, il faut avouer qu'il n'y a ni ne sauroit y avoir de ,, *liberté*, parce que les choses dont il s'agit sont fondées dans la nature indépendamment de toute dé- ,, cision ; à quoi il faut ajouter, que la supposition ,, d'un tel pouvoir renferme une absurdité ; car, ,, comme le juste & l'injuste, le bien & le mal sup- ,, posent une différence naturelle dans les choses ; ,, aussi, sans cette différence, il ne sauroit y avoir ,, de raison pourquoi une chose nous plairoit ou nous ,, déplairoit plus qu'une autre : ainsi supposer un ,, pouvoir qui met de la différence dans de certaines ,, choses, dans le tems qu'il n'y en a aucune dans la ,, nature, c'est supposer que les choses peuvent dif- ,, férer pendant qu'elles sont semblables ,,. Aussi, pour tâcher d'éviter les conséquences qui résultent naturellement de ces réflexions, est-il obligé de restreindre la *liberté au pouvoir, qu'a l'homme d'agir d'une manière convenable ou contraire à la convenance morale des choses, supposé que cette différence soit dans la nature...* ,, Ainsi, (continue-t-il) quoique par la nature ,, de la chose chaque homme soit disposé à préférer ,, le bonheur à la misère, & quoique la constitution ,, particulière de chaque homme puisse l'incliner à ,, préférer une sorte de plaisir à une autre, (ce qui, ,, à ce que je crois, est tout ce qu'on peut m'objecter ,, de plus fort,) cependant aucun homme n'est dé- ,, terminé par-là à être généreux ou bassement inté- ,, ressé, à être vertueux ou vicieux... Le fondement ,, de cette différence, savoir qu'un homme est bien- ,, faisant ou vertueux, & que l'autre est mal-faisant ,, ou vicieux, ne vient point de la différence natu- ,, relle des choses, car alors tous les hommes seroient ,, également vertueux ou vicieux, ni d'une inclination ,, qui tire son origine de la constitution particulière ,, de chaque homme, & qui le porte à préférer une ,, sorte de plaisir à une autre, ayant également ,, lieu à l'égard des gens vertueux, & à l'égard ,, de ceux qui ne le sont pas : mais il vient clairement ,, de ce pouvoir ou de cette liberté qui se trouve ,, dans tous les hommes, & par laquelle ils dirigent ,, ou arrêtent leurs inclinations ou leurs efforts comme ,, ils le jugent à propos. ,,

Or je demande au lecteur impartial, si tous ces raisonnemens détruisent l'influence nécessaire qu'ont sur nos actions la *différence naturelle des choses*, & la constitution particulière de chaque individu que notre auteur a été forcé de reconnoître, jointes à la diversité des circonstances, où chaque individu se trouve placé, & qui peuvent varier à l'infini ses perceptions, ses jugemens, ses passions & ses affections ; diversité que M. Chub n'ignoroit certainement point, mais dont il n'a pas jugé à propos de faire mention ici, l'on devine aisément pour quelle raison. Voyez les *nouveaux essais sur la bonté de Dieu, la liberté de l'homme, & l'origine du mal*, traduits de l'anglois, de M. Chub. A Amsterdam, chez François Changuion, 1733.

Un auteur célèbre avoue qu'il n'y a point de question plus absurde que de demander si l'homme est libre de choisir celui qui lui plaît du mouvement ou du repos : une pareille demande, ajoute-t-il, suffit pour nous faire voir que la liberté & la volonté n'ont rien de commun ensemble ? En effet, demander si l'homme est libre de vouloir demeurer en repos ou se mouvoir, parler ou se taire, c'est demander si un homme est libre de vouloir ce qu'il veut ou d'agréer ce qui lui plaît, question qui ne mérite aucune réponse. » (1)

Suppofer qu'un être fenfible, quelque nom que vous lui donniez, est capable de choisir le mal & de rejetter le bien, c'est nier qu'il soit réellement fensible, c'est lui enlever une faculté que votre première hypothèse admettoit en lui : car tout homme qui jouit de ses sens, cherche naturellement son plaisir & son bonheur, évite la peine & le *méfaise*, (2) & cela même dans l'instant où il se laisse aller à des actions qui, par l'événement, peuvent avoir des conséquences funestes pour lui.

_____

(1) ,, C'est demander (dit-il encore) si une faculté a ,, une autre faculté, une autre puissance ,,. V. l'*essai sur l'entendement humain*, par M. Locke, liv. 2, ch. 21, sect. 25.

(2) ,, Il est prouvé par l'expérience, (dit M. ,, Locke au même endroit) que ce n'est pas le plus ,, grand bien même quand il est reconnu pour tel, ,, qui détermine la *volonté*, mais que c'est quelque ,, *méfaise* dont on est travaillé : de quoi voici les ,, raisons. Nous ne pouvons être heureux tant que nous ,, nous fentons mal à notre aise. 1. Toutes nos actions tendent à la félicité, le seul méfaise nous ,, empêche d'en jouir ; bien plus il gâte les plaisirs ,, que nous goûtons actuellement ; car une petite ,, douleur peut corrompre les plus grands plaisirs. ,, L'exemption de la douleur étant donc le premier ,, pas vers le plaisir, il est naturel que ce soit par là ,, que l'esprit soit déterminé premièrement. 2. Comme ,, il n'y a rien de présent à l'ame que le *méfaise*, ,, il s'ensuit que feul il a la puissance de nous déterminer. Mais l'esprit (dira-t-on) ne peut-il pas être ,, touché d'un bien absent par l'examen qu'il en a ,, fait ? Oui, l'esprit peut avoir l'idée d'un bien absent : mais fi cette idée n'excite pas en nous un ,, désir, & par ce désir un *méfaise* qui soit plus ,, puissant pour nous déterminer que tous les autres, ,, cette idée n'est dans l'esprit que comme plusieurs ,, autres idées, que comme une spéculation entièrement inactive. On peut dire aussi que c'est le bonheur ou le bien qui excite le désir ; mais ce ne font ,, pas toutes fortes de biens avoués pour tels, qui font ,, naître le désir ; l'homme ne desire que cette portion ,, de bien qui, selon la disposition présente de son ,, esprit, lui paroît nécessaire, essentielle pour être ,, heureux : hors cette portion, tous les autres biens, ,, quelque grands qu'ils soient, n'excitent nullement ,, ses desirs. . . . .

Ces réflexions pourroient seules servir de réponse aux longs raisonnemens de M. *Chub*, à ce sujet, qui se réduisent à dire : ,, que la perception & le jugement de l'entendement, peuvent être considérés ,, comme le même acte, ou comme deux actes différens, c'est-à-dire, que quoique chaque acte de ,, jugement puisse être dit un acte de perception, ,, chaque acte de perception néanmoins n'est pas un acte ,, de jugement : si bien, continue-t-il, que la perception, quand on la distingue du jugement, consiste ,, à voir les choses telles qu'elles sont ou qu'elles ,, paroissent être, avec leurs circonstances & leurs ,, conséquences, au lieu que juger, consiste à prononcer ,, sur leur convenance ou leur non-convenance avec ,, les circonstances auxquelles elles ont rapport. .... ,, Quoique nous soyons passifs, ajoute-t-il quelques ,, lignes plus bas, à l'égard de ces perceptions, & ,, que nous ne puissions voir les choses autrement ,, qu'elles nous paroissent, & d'un autre côté, quoiqu'il ne puisse y avoir d'action sans une perception ,, précédente, la perception & l'action ne sont cependant pas nécessairement liées.... Il est parfaitement clair par l'expérience, qu'un homme préfère ,, par cupidité le moindre bien de lui-même au plus ,, grand bien du sien ou au bien du public, quand ,, il trouve ces choses en opposition, & qu'un autre ,, préfère généreusement le plus grand bien d'un ,, autre ou le bien du public au moindre bien qui ,, ne regarde que lui, si ces choses sont incompatibles : ,, ce qui seroit impossible si la perception & l'action ,, étoient nécessairement liées ensemble : car, si cela ,, étoit, tous les hommes seroient également généreux ou également intéressés. " (M. *Chub* me permettra de lui faire observer ici en deux mots, qu'il faudroit pour cela nécessairement supposer, que tous les hommes eussent précisément la même organisation, la même *appréhenfion*, les mêmes habitudes, les mêmes appétits, les mêmes passions ; ce qui n'est point & qui ne peut être), fuivant que leur entendement ,, les informeroit des conséquences de leurs actions ,, par rapport au mal d'eux mêmes ou des autres : la ,, même cause produiroit le même effet, & la même ,, perception la même action dans chaque sujet : mais ,, l'expérience démontre le contraire ,,.

J'arrête ici Chub, & je lui soutiens que l'expérience prouve contre lui, que la même cause produit le même effet dans les mêmes circonstances, & sur un même sujet, & que la même perception produit la même action sur le même sujet disposé de la même manière & placé dans les mêmes circonstances.

Ce qu'il ajoute n'est pas plus concluant en faveur de son système. ,, J'avoue bien, dit-il, que l'action suit ,, ou accompagne quelquefois les perceptions que ,, nous avons en songe : les hommes parlent quelquefois, se promènent ou font d'autres actions en ,, songe : mais cela est rare, au lieu que cela seroit ,, toujours, si l'action étoit nécessairement liée avec ,, la perception, il ajoute, que, quand même la faculté qui apperçoit seroit trompée, les objets de ,, la perception n'étant pas réels, cela ne seroit néanmoins rien dans le cas dont il s'agit, à l'égard ,, de l'influence physique d'une telle perception, puisque la perception seroit réelle, quoique les objets ,, de la perception ne fussent pas. . . . . Enfin *perception* ,, & *action* font les effets de deux causes qui n'ont ,, pas plus de connexion ensemble que les qualités ,, d'actif et de passif : si je passe, par exemple, dans ,, une rue, & qu'un objet digne de pitié se présente ,, à ma vue, ma perception est nécessaire, l'idée de ,, cet objet étant excitée en mon ame indépendamment de ma volonté, & si je sens que j'ai le pouvoir de soulager la misère de ce malheureux &

L'ingénieux M. *Norris* fait à ce propos une réflexion très-juste. « Ceux qui commettent de grandes
» fautes, dit-il, s'imaginent au moment qu'ils s'y
» déterminent, prendre le meilleur parti, ou du
» moins le moins mauvais, autrement il ne seroit
» pas possible qu'ils les commissent; » il justifie
cette réflexion par l'exemple de *saint Pierre*, qui
nia trois fois *Jesus-Christ.* « Il est certain, ajoute
» notre auteur, que cet apôtre en niant son divin
» maître, jugeoit ce parti le plus avantageux de
» tous ceux qu'il pouvoit prendre alors, c'est-à-
» dire, qu'il jugea que, dans cette occasion, le
» péché qu'il commettoit en niant *Jesus-Christ*,
» étoit un moindre mal que le danger qu'il couroit en ne le niant point, & qu'il se détermina
» en conséquence de ce jugement. Si au contraire il avoit su qu'il commettoit un plus
» grand mal en niant son maître, il se seroit déterminé *gratis*, c'est-à-dire, sans motif & sans
» cause, & auroit conséquemment préféré le mal
» comme mal, ce qui est une absurdité palpable. » (1)

„ que je juge qu'il est juste que je le fasse, je suis à
„ l'égard de ces perceptions passif jusqu'à ce point,
„ que si je fais attention à l'objet dont il s'agit, je
„ n'en puis penser autrement que je n'en pense : mais
„ si je soulage ce misérable, il faut que je le fasse
„ par un pouvoir, dans l'exercice duquel je ne suis
„ pas passif, mais actif, (Me prouverez-vous bien
„ cela, M. Chub ?) il faut que je donne à mon corps
„ les mouvemens qui sont nécessaires pour produire
„ cet effet dans le tems que j'ai la liberté de faire
„ usage de cette faculté active ou de rester en repos.
(Quel moyen de démontrer cette *liberté* prétendue,
à moins que Chub ne détruise ce qu'il vient lui-même de
reconnoître, je veux dire, cette perception nécessaire
de l'objet, suivi de ce jugement également nécessaire,
résultant, comme la perception des causes & des
circonstances qui les ont précédées & accompagnées ?
De grace ne glissons sur aucune anneau de cette
chaîne non interrompue de causes & d'effets qui sont
tous également nécessités à être ce qu'ils sont indépendamment de notre caprice ou de notre choix).
„ Or si je fais un tel jugement, ce n'est ni la per-
„ ception de l'objet misérable, ni la faculté que j'ai
„ de le soulager, ni la convenance d'en agir ainsi,
„ ni la perception de ce soulagement lui même, qui
„ en est la cause physique : toutes ces perceptions peu-
„ vent avoir lieu en songe, sans qu'il s'en suive le
„ moindre mouvement : le mouvement étant produit
„ par un pouvoir aussi différent de la perception,
„ que la perception l'est elle-même de l'action.
Savez-vous bien, M. Chub, pourquoi les mêmes
perceptions ne produisent pas les mêmes effets en
songe, que pendant la veille ? (car vous avez tort
de dire qu'en songe elles ne produisent aucune action :
en effet si elles n'en produisent pas d'extérieures, il
ne s'ensuit pas qu'elles n'en produisent aucune intérieure dans le cerveau dont elles altèrent la disposition, ce qui produit les rêves) ; c'est qu'en songe les
dispositions de l'esprit & des organes sont différentes
de ce qu'elles sont pendant la veille. Qu'y a-t-il donc
d'étonnant, que des causes différentes produisent des
effets différens. *Voyez* Chub, *ibid.*

(1) *Voyez* la théorie de l'amour, de M. Norris,
pag. 199.

Un des plus grands philosophes de ce siècle (2)
observe aussi « qu'il y a en France plusieurs nou-
» veaux *réunis*, qui vont à la messe avec un dépit
» qui approche de la fureur : ils savent qu'ils
» offensent Dieu mortellement ; mais comme cha-
» que absence leur coûteroit deux pistoles, plus
» ou moins, & qu'ayant bien supputé, ils trouvent
» qu'au bout d'un certain tems cette amende, au-
» tant de fois payée qu'il y a de jours de fêtes
» & de dimanches, les réduiroit eux & leurs
» enfans à mendier de porte en porte, ils con-
» cluent qu'il vaut mieux offenser Dieu que de se
» réduire à la mendicité. »

En un mot, quoiqu'il n'y ait presque point
d'absurdité qui n'ait été soutenue par quelque
ancien philosophe, (3) il n'y en a néanmoins,
au rapport de Platon, aucun qui ait poussé l'extravagance jusqu'à avancer que les hommes
fissent le mal volontairement & en connoissance
de cause. (4) Le même auteur assure, « que faire
» le mal pour le mal & rejetter le bien reconnu
» pour tel, répugne absolument à notre nature.
» Toutes les fois, ajoute-t-il, qu'un homme est
» forcé de choisir entre deux maux, vous ne le
» verrez jamais choisir le plus grand, pour peu
» qu'il soit en son pouvoir de choisir le moindre. »

Le plus ardent défenseur de la *liberté* (5),
parmi les modernes, est même obligé d'avouer
que quelque choix que fasse notre *volonté*, il est
toujours fondé sur l'idée de bien que nous attachons à l'objet préféré, & que l'objet de notre
choix, en général, est le bien qu'on peut regarder comme la fin & comme le but de toutes nos
actions.

Je crois qu'il n'en faut pas davantage pour
démontrer que l'homme n'est point libre de choisir
entre deux objets entre lesquels, tout considéré,
il apperçoit quelque différence, & pour en dire
autant de tous les choix ou volitions de cette espèce qu'il est possible d'imaginer.

Enfin la dernière ressource des partisans de la
liberté, est de dire que notre choix au moins
est libre entre plusieurs choses indifférentes ou
semblables, comme, par exemple, entre plu-

---

(2) Bayle, réponse aux questions d'un provincial,
vol. 3. *pag.* 756.

(3) *Sed nescio, quomodo nihil tam absurdè dici
potest, quod non dicatur ab aliquo philosophorum.*
Voyez Cicer. de Divin. lib. 2. 119.

(4) *Voyez* Platonis opera, *edit. Serr. vol.* 1 *p.* 345.
346.

(5) *Voyez* les œuvres de Bramhal, *p.* 656. 658.

sieurs œufs : que, dans de tels cas, l'homme ne trouvant dans les objets mêmes aucun motif de détermination, n'est point nécessité à choisir l'un plutôt que l'autre, puisqu'il n'apperçoit entre eux aucune différence : mais qu'il est alors uniquement déterminé par un pur acte de sa volonté sans le secours d'aucune autre cause que celui de son franc arbitre.

A cela je réponds, 1°. en demandant à ceux qui font cette objection, si le cas qu'ils proposent & autres pareils sont les seuls où l'homme ait un choix libre entre plusieurs objets ? Si l'on avoue que ce sont là les seuls cas où la volonté de l'homme soit libre dans son choix, alors on m'accordera beaucoup plus qu'on ne pense, & l'avantage sera entièrement de mon côté. En effet il y a, en général, fort peu d'objets, si même il y en a, qui soient parfaitement semblables. D'ailleurs on ne sauroit me faire cette concession sans convenir que la nécessité a lieu dans tous les cas où notre esprit peut appercevoir quelque différence dans les objets, & conséquemment dans tous les cas qui ont trait à la morale & à la religion, en faveur desquelles néanmoins on s'est fait un devoir de maintenir un système aussi absurde, aussi inconséquent que celui de la *liberté* ou de la *volonté* exempte de *nécessité* ; de sorte que, par ce moyen, la *liberté* pour laquelle on a fait de si grands efforts, se trouve presque réduite à rien, & détruite dans le point le plus important, dans celui précisément où l'on s'imagine avoir le plus d'intérêt de l'établir. Si au contraire les cas proposés ne sont pas les seuls où l'homme soit libre dans son choix entre plusieurs objets, que n'assigne-t-on ces autres cas, au lieu de se borner à des exemples qui ne peuvent être d'aucun poids, & dans lesquels la grande ressemblance des objets entr'eux, & d'autres raisons de la même force, servent uniquement à rendre la cause de nos déterminations plus difficile à connoître, par conséquent à obscurcir davantage la question qui seroit aisée à éclaircir, pour peu qu'on voulût les réduire simplement à savoir si la volonté de l'homme est libre dans des cas de la plus grande importance. (1)

Je dis en second lieu, que toutes les fois que notre volonté se détermine à faire un choix, il est impossible qu'il y ait eu une parfaite égalité entre les circonstances qui l'ont précédé. Car dans le cas, par exemple, où il s'agit de choisir entre deux œufs, entre lesquels notre esprit n'apperçoit aucune différence, on ne prouvera jamais qu'il y ait eu ou qu'il puisse y avoir eu une égalité parfaite entre les circonstances qui ont précédé le choix que j'ai fait d'un de ces œufs préférablement à l'autre. Pour rendre toutes choses égales par rapport à la volonté, il ne suffit pas que ces choses soient égales ou semblables entr'elles : les differentes dispositions de notre esprit, nos opinions, nos préjugés, notre tempéramment, nos passions, nos habitudes & notre situation actuelle, tout cela doit être mis en ligne de compte, & regardé comme faisant partie des causes (2) qui déterminent notre choix conjointement avec les objets extérieurs entre lesquels nous choisissons. L'influence que toutes ces choses ont sur notre volonté est si considérable, qu'elles sont seules capables de la déterminer & de nous faire donner

―――――――

(1) *Voyez* la Théodicée de Leibnitz, *tome I*.

―――――――

(2) ,, Il se peut faire, qu'en conséquence des loix ,, coéternelles à la matière, les mouvemens de mon ,, corps m'obligent à certaines pensées, m'attachent ,, à certains desirs, que je ne sois pas libre dans ,, le tems où je crois l'être le plus. Dans cette sup- ,, position, mes craintes, mes espérances, mes sou- ,, haits, mes idées, mes peines, mes joies, seront des ,, modifications nécessaires de mon esprit. Le prin- ,, cipe en sera dans les mouvemens de mon corps, ,, qui eux-mêmes seront nécessaires en qualité de ré- ,, sultat particulier des impressions générales de la ,, masse universelle. Le mouvement du tout entraînera ,, & modifiera les mouvemens des parcelles du tout. ,, Je serai ce qu'est une goutte d'eau au milieu des ,, profonds abimes de la mer. Cette goutte d'eau ne ,, peut rien contre l'effort des colonnes environ- ,, nantes pressées par les colonnes éloignées, dont ,, l'effet, quoique médiat, est invincible. Il faut que ,, cette goutte aille à l'entrainement qui la surmonte. ,, Voilà mon image. Je suis une foible portion de ,, tout vaste, que j'appelle *Univers*. Je vais, non où je ,, veux, mais où la rapidité m'emporte. Je ne veux ,, que ce qu'il me fait vouloir par l'impression qu'il ,, donne à mon corps, & qui se communique imper- ,, ceptiblement à mon ame par le rapport des moda- ,, lités de la double substance qui me compose. Je ,, suis pressé, contraint, agité, poussé par les êtres ,, qui m'environnent, & je communique à mon tour ,, aux êtres voisins, une partie de la violence que ,, j'éprouve. Rien n'est désuni, rien n'est isolé : tout ,, se touche & se donne la main, pour ainsi dire : ,, un seul atôme tient à tous les autres par l'inter- ,, position des atômes placés dans les interstices. Voyez ,, une troupe de bergers & de bergères qui dansent ,, en rond. La troupe, quoique divisible en autant ,, de personnes qu'il y a de bergers & de bergères, ,, ne forme pourtant qu'un tout unique ; les mouve- ,, mens particuliers de chacun sont déterminés par ,, les mouvemens communiqués de proche en proche. ,, Ces mouvemens propres & personnels sont tout à- ,, la-fois le secours & l'impression l'un de l'autre ; ,, celui qui cause est causé : mais comme ce mouve- ,, ment est circulaire, il ne commence & ne finit ,, dans aucun des danseurs : il se partage & n'est ,, entier que dans la troupe entière. Cette naïve ,, comparaison m'éclaircit ma propre pensée ; il me ,, semble que j'en connois mieux comment chaque ,, partie de l'univers est entraînée par le tout de ,, l'univers ''. *Voyez* l'essai philosophique sur la pro- ,, vidence : on attribue cet ouvrage à M. l'abbé Hou- ,, teville, auteur du livre de la religion chrétienne ,, prouvée par les faits ; l'on remarque qu'il règne à ,, peu-près la même méthode dans ces deux traités, je ,, veux dire, que les objections & les difficultés, que ,, l'auteur se propose dans l'un & dans l'autre, sont ,, toujours plus fortes que les solutions qu'il en donne.

la préférence à un objet sur un autre, dans le cas même où ces objets ont entr'eux toute la ressemblance possible.

Dans le cas d'un choix à faire entre deux œufs semblables, pour me servir de l'exemple proposé, il y a d'abord dans la personne qui doit faire le choix une disposition à manger un de ces œufs, ou d'en faire quelque autre usage, disposition qui n'est assurément autre chose en elle qu'une volonté causée par quelque motif précédent & résultant de son état actuel, dont elle n'est point maîtresse.

Elle a, en second lieu, une autre volonté, qui est de n'en choisir qu'un ou de n'en prendre d'abord qu'un.

En troisième lieu, & en conséquence de ces deux premières volontés, elle en choisit & en prend un dans le même instant : or ce choix d'un de ces œufs préférablement à l'autre est ordinairement la suite nécessaire de la disposition où se trouvent actuellement nos organes, disposition dont on ne peut rapporter la cause qu'à des habitudes précédentes & formées depuis long-tems, ou bien le résultat d'une détermination instantanée, occasionnée par quelques circonstances présentes.

En réfléchissant sur nos propres actions, nous pouvons aisément reconnoître que la plupart des choix que nous faisons se rapportent aux dernieres causes que nous venons d'indiquer toutes les fois que nous ne pouvons les attribuer à la considération des qualités des objets. En effet, l'expérience nous apprend que le jeu de nos organes & des différentes parties de notre corps est déterminé par des habitudes précédentes & formées depuis long-tems, ou bien par quelque cause particulière qui agit actuellement sur elles.

En quatrième lieu, dans cet enchaînement de causes & d'effets qui se précedent & qui se suivent, dont les plus proches paroissent se ressembler entre eux, il existe réellement certaines différences si légères à la vérité, qu'elles nous échappent, & que nous sommes hors d'état de discerner par le peu d'habitude où nous sommes d'y prendre garde : ce qui n'empêche cependant pas qu'en concurrence avec d'autres causes elles ne produisent des effets aussi nécessaires que peut (1) l'être, pour faire pencher une balance d'un côté, celui d'un grain mis dans un de ces bassins, quoique l'œil ne puisse discerner précisément de combien le poids d'un de ces bassins l'emporte sur l'autre. J'ajoute que, comme nous parvenons sans que nos yeux portent leurs découvertes jusques-là, à nous assurer que si le bassin d'une balance s'élève & l'autre baisse, il y a réellement un plus grand poids dans un bassin que dans l'autre, & que le moindre poids ajouté suffit pour faire pencher la balance d'un côté : nous pouvons de même savoir que la moindre circonstance ajoutée à la chaîne des causes qui précedent chaque effet, suffit pour la modifier ou pour en produire un nouveau. Quand on sait d'ailleurs que toutes les choses qui ont un commencement ont nécessairement une cause, il est facile d'en conclure que nos choix doivent avoir une cause quelconque, quand bien même nous serions incapables de la discerner. (2)

Ce dernier principe doit nous porter à reconnoître dans l'homme une cause quelconque de son action, quoique nous ne l'appercevions pas distinctement, de la même manière que nous con-

___

(1) *Voyez* la réponse aux questions d'un provincial, à l'endroit déjà cité.

(2) „ Les deux sources de l'erreur, où l'on est sur „ la *liberté*, sont que l'on ne fait que ce que l'on veut „ faire, & qu'on délibère très souvent si on fera ou „ si on ne fera pas. Un esclave ne se croit point *libre*, „ parce qu'il sent qu'il fait malgré lui ce qu'il fait, „ & qu'il connoît la cause étrangère qui l'y force; „ mais il se croiroit libre s'il se pouvoit faire, qu'il „ ne connût point son maître, qu'il exécutât ses ordres „ sans le savoir, & que ces ordres fussent toujours „ conformes à son inclination. Ainsi les hommes se sont „ trouvés en cet état, ils ne savent point que les „ dispositions du cerveau font naître toutes les pen- „ sées & toutes leurs diverses volontés; & les ordres „ qu'ils reçoivent, pour ainsi dire, de leur cerveau, „ sont toujours conformes à leurs inclinations, puis- „ qu'ils causent leur inclination même. Ainsi l'ame a cru „ se déterminer elle-même parce qu'elle ignoroit & „ ne connoissoit en aucune manière le principe étranger „ de sa détermination.... En second lieu on a déli- „ béré, & parce qu'on s'est senti partagé entre vou- „ loir & ne pas vouloir, on a cru, après avoir pris „ un parti, qu'on eût pu prendre l'autre. La consé- „ quence étoit mal tirée ; car il pouvoit aussi bien „ se faire qu'il fût survenu quelque chose qui eût „ rompu l'égalité qu'on voyoit entre les deux partis, „ & qui eût déterminé nécessairement à un choix : „ mais on n'avoit garde de penser à cela, puisqu'on „ ne sentoit pas ce qui étoit survenu de nouveau ; „ & faute de le sentir, on a dû croire que l'ame „ s'étoit déterminée elle-même, & indépendamment „ de toute cause étrangère. Ce qui produit la déli- „ bération & ce que le commun des hommes n'a „ pu deviner, c'est l'égalité de force qui est entre „ deux dispositions contraires du cerveau, & qui „ donne à l'ame des pensées contraires. Tant que „ cette égalité subsiste, on délibère, mais dès que „ l'une des deux dispositions matérielles l'emporte „ sur l'autre par quelque cause physique que ce puisse „ être, les pensées qui lui répondent la fortifient & „ deviennent un choix. De-là vient qu'on se détermine „ souvent sans rien penser de nouveau, mais seulement „ parce qu'on pense quelque chose avec plus de „ force qu'auparavant. De-là vient aussi qu'on se „ détermine sans savoir pourquoi. Si l'ame se déter- „ minoit elle-même, elle devroit toujours en savoir la „ raison ». *Voyez*, dans les nouvelles libertés de penser, petit in-16 imprimé à Amsterdam, 1748, le traité de la liberté, par M.... partie 4.

cevons qu'un plus grand poids peut seul faire pencher la balance d'un côté, quoique nos yeux ne puissent découvrir aucune différence sensible entre les poids respectifs des deux bassins.

Mais je suppose, pour un moment, le cas d'une véritable égalité & d'une parfaite indifférence : je prétends qu'en ce cas-là même ma proposition acquiert un nouveau degré d'évidence. Je suppose donc qu'il s'agisse de deux œufs, qui paroissent à un homme parfaitement semblables, & qu'il n'ait ni la volonté de les manger ni celle d'en faire quelqu'autre usage que ce soit, car il faut le supposer dans cet état pour que les objets en question lui soient parfaitement indifférens : car si une fois on admettoit en lui une volonté de manger des œufs, cette première disposition entraîneroit nécessairement un enchaînement de causes & d'effets capables de détruire cette égalité absolue dans les circonstances relatives aux objets du choix qui seroit à faire : cette première volonté seroit bientôt suivie d'une seconde, c'est-à-dire, de celle de manger d'abord un de ces œufs : ces deux volontés ne manqueroient pas de mettre en jeu les organes de cet homme, & de leur donner une certaine détermination toujours subordonnée à des habitudes précédentes ou à des impressions instantanées, occasionnées par quelques circonstances particulières & actuelles, ce qui suffiroit pour porter cet homme à choisir & à prendre d'abord un de ces œufs plutôt que l'autre. En supposant ainsi le cas d'une parfaite égalité, je soutiens qu'il n'est pas possible que cet homme fasse jamais un choix. En effet il est clair qu'il rencontre, dès le commencement, des obstacles insurmontables qui l'empêchent de se déterminer. N'éprouvons-nous pas tous les jours qu'avant que de pouvoir choisir entre deux œufs, il est nécessaire que nous ayons préalablement la volonté de manger un œuf ou d'en faire un autre usage : qu'autrement nous n'y toucherions jamais ? n'en est-il pas de même, en général, par rapport à toutes les choses qui peuvent devenir les objets de notre choix ? Ne sentons-nous pas que jamais nous ne parviendrions à nous déterminer entre ces objets, si nous n'avions précédemment une volonté de choisir ? Il n'arrive jamais à un homme d'épouser une femme plutôt qu'une autre, ou de voyager en France plutôt qu'en tout autre pays, ou de composer un livre sur un sujet plutôt que sur un autre, qu'il n'ait eu antecédemment une volonté générale de se marier, de voyager ou d'écrire.

C'est donc aller manifestement contre l'expérience que de supposer, comme font nos adversaires, qu'un homme dans un état d'indifférence parfaite puisse faire un choix. L'expérience prouve au contraire que l'homme est toujours déterminé par quelque chose, quelque volonté qu'il ait ou quelque choix qu'il fasse.

Du pouvoir de faire ce qu'on veut.

Jettons maintenant les yeux sur les actions de l'homme résultantes de sa volonté ou du choix par lui fait : voyons si ces actions sont libres. Consultons pour cela l'expérience, & nous reconnoîtrons sans peine que, nécessaires dans leur principe, elles ne le sont pas moins considérées en elles-mêmes. Soit que notre volonté nous porte à réfléchir ou à délibérer sur quelque chose, soit à lire, par exemple, à nous promener ou à courir, nous nous sentons nécessités à faire ces actions, à moins que quelque obstacle étranger, comme une apoplexie ou quelque autre accident ne nous en empêche. Dans le cas même de ces accidens, nous sommes aussi nécessités à abandonner ou à interrompre une action que nous l'aurions été à l'entreprendre ou à l'exécuter conformément aux dispositions de notre volonté, si nous n'en avions pas été détournés par cet empêchement extérieur. Quand il nous arrive de changer de volonté après avoir commencé une action, cela vient de ce que nous sommes nécessairement déterminés à interrompre cette action, & à faire (1) un nouveau choix.

Aristote pensoit à-peu-près de même sur ce sujet. » Comme dans les matières de spéculation, dit-il, » nous acquiesçons nécessairement aux inductions » & aux conséquences tirées des prémisses, de » même s'il nous arrive de faire l'application de » ces raisonnemens à la pratique, nous y conformons nécessairement nos démarches, nos actions. Par exemple, un homme qui de ces pré» misses, *toute chose saine est bonne à manger*, ou » *cette chose est saine*, en inféreroit, *donc elle est* » *bonne à manger*, seroit nécessité à manger de » cette chose saine, à moins que quelque obstacle ne s'y opposât. » (2)

Veut-on une nouvelle preuve tirée de l'expérience en faveur de la *nécessité*, qu'on se donne la peine de comparer les actions des êtres sensibles

___

(1) « Il est évident qu'un poids de cinq livres emporté par un poids de six, est emporté aussi nécessairement que par un poids de mille livres, quoiqu'il le soit avec moins de rapidité ; ainsi ceux qui ont l'esprit sain, étant déterminés par une disposition du cerveau, qui est un peu plus forte que la disposition contraire, sont déterminés aussi nécessairement que ceux qui sont entraînés par une disposition qui n'a été ébranlée d'aucune autre : mais l'impétuosité est bien moindre dans les uns que dans les autres, & il paroît qu'on a pris l'impétuosité pour la nécessité, & la douceur du mouvement pour la liberté. On a bien pu par le sentiment intérieur juger de l'impétuosité ou de la douceur du mouvement : mais on ne peut que par la raison juger de la nécessité ou de la liberté ». *Ibid.*

(2) *Ethica, lib. 7. cap. 5. Oper. édit. Paris vol. 2. page 88.*

& doués d'une intelligence inférieure à la nôtre, (1) avec les actions des hommes.

Tout le monde convient que les bêtes font des agens nécessaires : (2) or il est certain qu'on n'apperçoit entre leurs actions (3) & les nôtres aucune différence qui puisse faire conjecturer que nous soyons des êtres libres, tandis qu'elles sont des agens (4) nécessaires. Les brebis, par exemple, sont regardées comme des êtres nécessaires dans toutes leurs actions, comme lorsqu'elles se couchent sur le gazon, qu'elles vont d'un pas lent ou précipité, selon le sentiment qui les affecte : quand elles vont à droite ou à gauche : lorsqu'elles s'arrêtent ou qu'elles bondissent sur l'herbe : quand elles balancent ou qu'elles délibèrent sur le chemin qu'elles suivront : lorsque la faim ou la soif les porte à manger ou à boire : quand elles boivent ou mangent selon leurs dispositions actuelles, ou suivant que la boisson ou le pâturage leur plaît : quand elles préfèrent le pâturage le plus beau, le plus gras : lorsqu'elles choisissent entre plusieurs pâturages qui leur sont indifférens ou qui paroissent semblables : quand elles viennent à l'accouplement : lorsqu'elles sont chaudes ou froides dans leurs amours : quand elles prennent plus ou moins de soin de leurs petits : lorsqu'elles sentent les impressions de la crainte : quand elles appréhendent le danger, & qu'elles fuient pour l'éviter, ou qu'elles ont le courage de se défendre elles-mêmes, comme il leur arrive souvent lorsqu'il s'élève entr'elles quelques démêlés occasionnés par l'amour ou par quelque autre motif, & qui se terminent quelquefois par des combats : quand elles suivent celles de leurs compagnes qui s'avisent de marcher à la tête du troupeau : enfin lorsqu'elles obéissent au berger & à son chien, ou qu'elles se mutinent contr'eux. Par quel privilège l'homme seroit-il censé libre, lorsqu'il fait des actions, ou purement les mêmes, ou du moins semblables ? J'avoue qu'il a plus de connoissances que la brebis. Il est vrai qu'il est sensible à plus de plaisir que cet animal, & qu'outre les sensations agréables qui lui sont communes (5) avec la brebis, il a encore les sentimens de vertu & d'honneur qui sont pour lui une source de voluptés délicates inconnues à la brute ; (6) il a aussi l'avantage d'être plus affecté qu'elles par les objets absens & par les choses futures : il est sujet à plus de vaines craintes, à plus de méprises, à plus de mauvaises actions, & à beaucoup plus d'absurdités par rapport aux notions des choses : il a plus de pouvoir & de force, plus d'art & d'industrie : il est en même tems capable de faire plus de mal & de bien à ses semblables, que ne le sont les bêtes. Mais enfin toutes ces facultés, tous ces pouvoirs essentiellement les mêmes dans l'homme & dans la brute, & différens uniquement par rapport au degré, ne renferment virtuellement en eux aucune

---

(1) » Vous n'ignorez pas que les Cartésiens sont
» déjà divisés en deux factions à l'égard de l'ame des
» bêtes : les uns disent qu'elle n'est point distincte
» du corps ; les autres, qu'elle est un esprit, & par
» conséquent qu'elle pense ». *Bayle, dans les nouvelles lettres contre l'histoire du calvinisme, lettre* 2. *page.* 51.

(2) » Il paroît de là que le pouvoir de l'ame sensitive (de l'ame des bêtes) doit être resserré dans
» un cercle beaucoup plus étroit. Si elle ne sentoit
» point, elle n'agiroit point aussi. Car sur quoi agiroit-
» elle ? quel seroit l'objet, quelle seroit la matière
» de son action ? Sa sphère d'activité est donc renfermée dans ses sensations. Mais ces sensations sont
» des perceptions confuses qui lui deviennent présentes.
» Elle n'est donc point maîtresse de suspendre son
» attention à leur égard, d'éloigner, d'appeller celles
» qu'il lui plaît, de les comparer ensemble par la
» réflexion, d'en faire naître de nouvelles pour les
» opposer aux autres. .... L'ame sensitive se remuera
» donc toujours dans le petit cercle de ses sensations,
» & n'agira qu'autant que ce qu'elle sent lui donnera
» lieu d'agir. D'ailleurs n'étant pas maîtresse de se
» donner d'autres perceptions que celles qui l'affectent dans ce moment, si elle agit, ce sera conformément à la sensation présente. ... La douleur &
» le plaisir sont, pour ainsi dire, les poids & les
» ressorts qui l'inclineront, & la plus forte sensation l'emportera par conséquent sur la plus foible ».
Essai philos. sur l'ame des bêtes, par Boullier, tom. II. part. 2. chap. 12. pag. 266. 267.

(3) *Voyez* l'histoire critique de l'ame des bêtes, par M. *Guer*, tom. II. l'essai philosophique sur l'ame des bêtes, par *Boullier*, tom. 1. part. 2. chap. 3. Locke, essai sur l'entendement humain, *liv.* 2. *chap.* 9. § 14. Bayle, dictionnaire critique, *art.* Rorarius, remarque E.

(4) *Voyez* sur le degré de la liberté des animaux, *Puffendorff, droit de la nature & des gens,* liv. 2 ch. 1. §. 4. qui fait voir, qu'elles n'ont point de principe de moralité, qui mette un frein à leur liberté.

Philosophie anc. & mod. Tome I.

(5) *Voyez* l'Histoire crit. de l'ame des bêtes, *ibid.* l'essai philosoph. sur l'ame des bêtes, par Boullier, tom. 1. part. 2. c. 9. p. 190. & *suiv. édit de* 1737, Shaftsbury 6. Caract. tom. 3. Misc. p. 220. *le* spectateur anglois *tom.* 2. discours 11 de la trad. de l'histoire du Formicaleo par M. Poupart, dans les mémoires de l'académie royale des sciences, an. 1704. p. 319. édit. de Hollande ; la lettre de M. Leewenhoek sur le mouvement de rotation de certains animalcules apperçus par le microscope sur de la lentille sauvage, mouvement qui leur sert à amener leurs nourritures ; les transactions philosoph. *vol.* 28. an. 1713. *p.* 160. Cicer. de naturâ deorum, *cap.* 48. Willis, de animâ brutorum, *cap.* 6. M. de Fontenelle, éloge de M. de Billettes, &c.

(6) On peut consulter sur tout cela le P. Pardies, dans son discours de la connoissance des bêtes, §. 70. 75. Bayle, dict. crit. art. Pereira, Rem. C. E. H. tom. 4. & nouvelles de la rep des lettres., mars 1684. pag. 22. Huet Cens. philos. cartes. c. 8. §. 9. p. 160. Descartes, ép. ad H. Morum, qui est la 117 du vol. 1 de ses lettres, & dans son *traité des passions :* la philosophie de Regis, Phys. liv. 8. part. 2. chap. 24. *pag.* 84. le P. Malebranche, *traité de morale*, Willis, *ibid.* Borelli, *de moribus animalium*, & les raisonnemens du P. Guerinois, journal des savans, suplement d'avril 1707. pag. 117 120. édit. d'Amsterdam.

E e e e e

forte de *liberté*: ces différences même de degré, qui ne changent rien à leur essence, ne sauroient mettre entre l'homme & la bête, (1) c'est-à-dire, entre deux êtres doués de sentiment, une disparité telle qu'elle fasse de l'un un *agent libre*, & de l'autre un *agent nécessaire*: de même que cette diversité de degré dans les facultés (2) & dans les organes des diverses espèces de bêtes, telle que celle que les oiseaux, les poissons & les reptiles, ne peut influer en manière quelconque sur la nature & sur l'essence de leurs actions. Ainsi je n'ai pas besoin ici de recourir d'un côté aux actions des animaux les plus subtils, (3) tels que le renard, le castor, &c.

& de l'autre (4) à celles des enfans, qui, de l'aveu même des partisans de la *liberté*, sont des *agens* absolument *nécessaires*; je me contenterai de faire quelques questions par rapport à ces derniers.

1°. Jusqu'à quel âge les enfans continuent-ils d'être des *agens nécessaires*?

2°. Quand deviennent-ils véritablement *libres*?

3°. Quelle différence y a-t-il entre les affections, les sentimens qu'ils éprouvent à l'âge où on les suppose libres, & ceux qu'ils éprouvent tandis qu'ils étoient déterminés nécessairement?

4°. Quelles sont précisément les actions auxquelles on peut reconnoître qu'ils sont des agens nécessaires à un certain âge, & celles par le moyen

---

(1) Les actions des animaux, qui nous paroissent les plus spirituelles, les actions des hommes mêmes ne prouvent point la présence d'une ame, comme l'immobilité qui nous paroît la plus stupide n'en prouve pas l'absence: ce qui constitue l'ame, c'est le sentiment du *soi*, dont nous ne pouvons juger que pour nous: il nous est donc impossible de prouver directement que les bêtes ont une ame, ou de prouver qu'elles n'en ont point; nous n'en pouvons juger qu'obliquement & par analogie, à-peu-près comme nous jugeons des habitans des planetes. *Voyez* les lettres de M. de Maupertuis, 2ᵉ *édit. in-16*, *à Berlin*, (*Paris, Durand* 1753) *let.* 5. *pag.* 41.

(2) » Qu'appercevons-nous chez elles (les brutes)? » des actions suivies, raisonnées, qui expriment un » sens & qui représentent les idées, les desirs, les » intérêts..... il est vrai qu'elles ne par-» lent pas. Cette disparité entre les bêtes & l'homme » vous servira tout au plus à prouver qu'elles n'ont » point comme lui des idées universelles, qu'elles » ne forment point de raisonnemens abstraits; mais » elles agissent d'une manière conséquente. Cela prouve » qu'elles ont un sentiment d'elles-mêmes, & un » intérêt propre, qui est le principe & le but de » leurs actions.... Elles ont une correspondance avec » les hommes, témoins les chevaux, les chiens, &c. » On les dresse, ils apprennent: on leur commande, » ils obéissent.... ils aiment, ils haïssent.... la les » animaux font réfléchir sur les objets, rappeller » le passé, prévoir l'avenir, tirer des conséquences » de ce qu'ils ont vu à ce qu'ils n'ont point vu; on » les voit, logiciens & politiques nouveaux, profiter » de l'expérience, conclure juste de certains prin-» cipes, imaginer des ruses, former & conduire un » dessein avec la derniere finesse, & donner souvent » le change aux hommes, en ce cas la plus bêtes » qu'eux » *Essai philosophique sur l'ame des bêtes*, *tom.* 1. *part.* 1. *chap.* 6. *pag.* 98 & *suiv. Voyez* aussi tout le chap. 7 du même essai; & le traité de la connoissance des animaux, par de la Chambre.

(3) « Hæc animalibus inest cunctis, nec inseritur, » sed innascitur.... Sine ullà cogitatione, sine consilio » fit quidquid natura præcipit. Non vides quanta subti-» litas sit apibus ad fingenda domicilia? quanta dividui » laboris obeundi concordia? Non vides, quam nulli » mortalium imitabilis sit illa araneæ textura? quanti » operis sit fila disponere, alia in rectum, &c. Nas-» citur ars ista, non discitur ». *Seneque, epist.* 121.

» Corpora quidem magnitudine, viribus, firmitate, » patientiâ, velocitate præstantiora in illis mutis » videmus.... moliri cubilia, & nidos texere & edu-» care fœtus & excludere: quin etiam reponere in

» hiemem alimenta; opera quædam nobis inimitabilia, » qualia sunt cerarum & mellis, efficere, non nullius » fortasse rationis est ». *Quintil.* 1. *instit. orat. c.* 16.

Voyez Aristote, hist. animal. Elien, de nat. animal. *cap.* 11. Pline hist. nat. *cap.* 1. init. Grotius, de jure belli & pacis, disc. prælim. § 7. avec les notes sur la sociabilité des bêtes; Bayle dict. crit. art. Barbe, Rem. C. Les histoires des insectes, par M. de Reaumur; le mémoire de M. Bon sur la soie d'araignée, dans les mémoires de l'académie royale des sciences, an. 1710. & des observations curieuses sur les castors qui se trouvent dans une lettre de M. Sarrazin à M. de Tournefort, insérée dans les mémoires de l'académie royale des sciences, an. 1710. p. 82.

(4) ,, Conformément aux vrais principes de la phy-,, sique, il paroît, que l'état de veille ou celui du ,, sommeil, une passion, ou une fievre chaude, l'en-,, fance & l'âge avancé sont des choses, qui ne dif-,, ferent que du plus ou du moins, & ne doivent ,, pas, par conséquent, emporter une différence essen-,, tielle, telle que seroit celle de laisser à l'homme ,, sa liberté ou de ne la lui pas laisser. « *Voyez* dans ,, les nouvelles libertés de penser déjà citées, le Traité ,, de M... sur la liberté, part. 4. p. 132 ,, Les phi-,, losophes sont hors d'état de prouver, que l'ame ,, de l'homme & l'ame des bêtes soient de différente ,, nature. Qu'ils disent & qu'ils répètent mille & mille ,, fois: celle de l'homme raisonne & connoît les uni-,, versaux & le bien honnête, celle des bêtes ne con-,, noît rien de tout cela : nous leur répondons, ces ,, différences ne sont que des accidens, & ne font ,, point une marque d'une distinction spécifique entre ,, des sujets. Aristote & Ciceron à l'âge d'un an n'a-,, voient point de ces pensées plus sublimes qu'à celles ,, d'un chien, & s'ils eussent vécu dans l'enfance 30 ,, ou 40 ans, les pensées de leur ame n'eussent été ,, que des sensations & de petites passions de jeu & ,, de gourmandise : c'est donc par accident qu'ils ,, ont surpassé les bêtes, c'est à cause que les or-,, ganes, dont leurs pensées dépendoient, ont acquis ,, telles ou telles modifications, à qui les organes ,, des bêtes ne parviennent pas. L'ame d'un chien ,, dans les organes d'Aristote & de Ciceron n'eût pas ,, manqué d'acquérir toutes les lumieres de ces deux ,, grands hommes ,,. Bayle, dict. crit. art. Rorarius Rem. E.

desquelles on peut s'assurer dans la suite qu'ils jouissent d'une liberté pleine & entière ?

Argument tiré de l'impossibilité de la liberté.

Une autre raison, qui prouve invinciblement que l'homme est un *agent nécessaire*, & que j'ai indiquée dans le chapitre précédent, c'est que toutes ses actions ont un commencement : or tout ce qui a un commencement, a nécessairement une cause, & toute cause est nécessaire. En effet, s'il étoit possible que quelque chose au monde eût un commencement sans avoir de cause, le néant produiroit quelque chose : mais si cela pouvoit être, il faudroit donc dire aussi que le monde a eu un commencement sans avoir eu de cause, ce qui seroit tomber dans la plus grande des absurdités.

D'un autre côté, si une cause n'est point nécessairement ce qu'elle est, il n'y a plus de causes réelles dans le monde. Effectivement, dès que les causes ne sont plus nécessaires, elles ne peuvent plus être propres à produire précisément certains effets, ou, pour m'exprimer autrement, elles n'ont que de l'indifférence pour tels ou tels effets.

Une autre conséquence de cette hypothèse, c'est qu'elle tend à ressusciter & à rendre possible le système d'Epicure fondé sur le *hasard* : en ce cas-là le monde, dont nous admirons l'ordre & la symmétrie, aura fort bien pu avoir été produit par un concours irrégulier ou fortuit d'atômes, ou, ce qui revient absolument au même, sans aucune cause antécédente. Car, pour réfuter le système d'Epicure, ne soutenons-nous pas (& avec raison) que le hasard ne sauroit avoir produit un tout si régulier, que tout *effet* doit être proportionné, assorti à sa *cause* ; qu'un tout aussi régulier que notre monde, ayant eu un commencement, a eu nécessairement pour cause un être intelligent, qu'autrement l'effet n'auroit été analogue à la cause ni la cause à l'effet ? Or, de tout cela il résulte que certaines causes correspondent, se rapportent à certains effets & non à d'autres : mais, si ces causes sont relatives à ces effets & non à d'autres, il s'ensuit qu'elles doivent nécessairement exclure ces derniers. Il n'y a donc point de différence entre une cause qui n'est point affectée à un certain effet, & une cause nulle ; si une cause n'a point de rapport à un effet, elle n'est point cause : donc une cause relative à un effet, est une cause nécessaire : car si elle ne produit point cet effet, elle n'a point de rapport avec lui, ou bien elle n'est point cause relativement à lui. Par conséquent la *liberté* ou le pouvoir d'agir, de faire telle ou telle autre chose dans des circonstances parfaitement semblables, est une chose impossible & aussi absurde que le système des athées.

Comme l'hypothèse de la *liberté* ne sauroit avoir d'autres fondemens que les principes sur lesquels les athées & les épicuriens établissent ordinairement la leur, il n'est pas étonnant de voir au nombre des défenseurs zélés de la *liberté* les plus grands athées de l'antiquité (1), & de voir, d'un autre côté, les stoïciens, (2) c'est-à-dire, la secte la plus religieuse de l'antiquité, au nombre des partisans de la *nécessité* (3) ou du *fatum*, comme ils

---

(1) Pour s'en convaincre, il suffit de jetter les yeux sur ces vers de *Lucrèce*,

Denique si semper motus connectitur omnis,
Et vetere exoriri semper novus ordine certo :
Nec declinando faciunt primordia motus
Principium quoddam, quod fati fœdera rumpat ;
Ex infinito ne causam causa sequatur :
Libera per terras unde hæc animantibus extat,
Unde est hæc, inquam, fatis avolsa voluntas,
Per quam progredimur, quò ducit quemque voluptas?
Declinamus item motus, nec tempore certo,
Nec regione loci certâ, sed ubi ipsa tulit mens,
Nam dubio procul his rebus sua cuique voluntas
Principium dat : & hinc motus per membra rigantur.
Nonne vides etiam patefactis tempore puncto
Carceribus, non posse tamen prorumpere equorum
Vim cupidam tam de subito, quàm mens avet ipsa?
Omnes enim totum per corpus materiai
Copia conquiri debet, concita per artus
Omnis, ut studium mentis connexa sequatur :
Ut videas initum motûs à corde creari,
Ex animique voluntate id procedere primum :
Inde dari porro per totum corpus & artus...
Jamne vides igitur, quanquam vis extera multos
Pellit & invitos cogit procedere sæpe,
Præcipitesque rapit ; tamen esse in pectore nostro
Quiddam, quod contrà pugnare obstareque possit...

De rerum natura *lib.* 2. v. 251.

Le docteur Clarke a donc tort de dire (dans son Traité de l'existence & des attributs de Dieu, *tom.* I. *chap.* II.) ,, que tous les athées s'accordent à rejetter cette proposition, qu'une puissance infinie ,, peut donner le pouvoir de commencer le mouvement, parce que (ajoute-t-il) la liberté de la volonté en est une suite nécessaire. ,, p. 188 & suiv.

(2) *Voyez* Euseb. Præpar. Evangel. *liv.* 6. *cap.* 7.

(3) Voici comme Seneque s'exprime : ,, Fata nos ,, ducunt : & quantum cuique restat, prima nascentium hora disposuit. Causa pendet ex causâ : privata & publica longus ordo rerum trahit. Ideo fortiter omne ferendum est : quia non, ut putamus,

l'appeloient. (1)

La même (2) chose est arrivée chez les juifs, je veux dire, dans cette nation qui, outre les lumières naturelles, avoit en sa possession une grande quantité de livres inspirés, dont la plupart sont actuellement perdus, & qui d'ailleurs avoit de fréquentes conversations très-intimes avec la divinité. Ils étoient divisés en trois sectes principales, savoir les *Sadducéens* (3), les *Pharisiens*, (4) & les *Esséniens*. (5) Les *Sadducéens*, qui passoient assez généralement pour des athées & des gens sans religion, soutenoient que l'homme étoit libre. Les Pharisiens, au contraire, qui affectoient une grande piété, rapportoient toutes choses à une espèce de *fatalité*, ou à la volonté de Dieu : le premier article de leur foi étoit que le destin & Dieu font tout ; il n'étoit donc pas possible qu'ils songeassent sérieusement à maintenir le système de la *liberté* lorsqu'ils admettoient une espèce de *libre arbitre*, après avoir

reconnu cette *nécessité souveraine de toutes choses*. Les *Esséniens*, qui étoient les plus religieux d'entre les juifs, & dont la conduite n'a jamais été l'objet de la censure de Notre-Seigneur, comme celle des *Pharisiens*, soutenoient hautement une *fatalité* & une *nécessité* absolues. M. *Dodwel* (6) « prétend » que saint Paul (7), qui étoit fils d'un *Pharisien*, » & qui l'étoit lui-même, avoit reçu cette doc- » trine touchant le fatalisme des docteurs de cette » secte, qui la tenoient eux-mêmes des stoïciens. » Cet auteur ajoute, » que la philosophie stoïcienne » est très utile, & même nécessaire (8) pour » l'explication de plusieurs points de la théologie » chrétienne : que l'écriture sainte est pleine de » passages où le saint-esprit parle conformément » aux opinions des stoïciens, & que quiconque » cherchera à pénétrer le vrai sens de tout ce que » dit saint Paul (9) sur la prédestination & sur la » réprobation, reconnoîtra aisément la conformité » des principes de cet apôtre avec ceux des stoï- » ciens. »

Ainsi la liberté, qu'on peut regarder comme le plus ferme appui de l'athéisme, a aussi été reconnue & adoptée par les athées les plus déterminés, tandis que la fatalité & la nécessité de toutes choses a toujours été considérée comme une opinion religieuse, & a été le principe constant des sectes les plus pieuses & les plus respectables parmi les payens comme parmi les juifs. C'a même été la doctrine de saint Paul, ce grand apôtre des gentils.

Argument tiré de l'imperfection de la liberté & de la perfection de la nécessité.

Les partisans de la liberté ne cessent de nous la vanter comme une des plus grandes perfections.

" incidunt cuncta, sed veniunt. Olim constitutum est,
" quid gaudeas, quid flens : & quamvis magnâ vi-
" deatur varietate singulorum vita distingui, summa
" in unum venit Accepimus peritura perituri. Quid
" ita indignamur ? Quid querimur ? Ad hæc parati
" sumus. Utamur, ut vult, suis natura corporibus.
" Nos læti ad omnia & fortes cogitemus nihil pe-
" rire de nostro. Quid est boni viri ? Præbere se fato.
" Grande solatium est cum universo rapi. Quidquid
" est, quod sic vivere jussit, sic mori : *eadem necessi-*
" *tate* & deos alligat : irrevocabilis humana pariter ac
" divina cursus vehit. Ille ipse omnium conditor ac
" rector scripsit quidem fata, sed sequitur. Semper
" paret, semel jussit. Quare tamen Deus tam iniquus
" in distributione fati fuit, ut bonis viris pauperta-
" tem, vulnera, & acerba funera adscriberet ? Non
" potest artifex mutare materiam. Hæc passa est. Quæ-
" dam separari à quibusdam non possunt, cohærent :
" individua sunt. Languida ingenia in somnum itura
" aut in vigiliam somno simillimam, inertibus nectun-
" tur elementis : ut efficiatur vir cum curâ dicendus,
" fortiore fato opus est ". *De Provid.* cap. 5.

(1) *Voyez* Cicer. de Naturâ Deorum, *lib.* I. & de Fato, *lib. singul.*

(2) On en pourroit dire autant des deux sectes, qui divisent actuellement l'église de France.

(3) „ Chez les juifs la Métempsycose a été crûe
 „ par les pharisiens, qui étoient les principaux doc-
 „ teurs de leur nation „. *Voyez* les recherches phi-
 „ losophiques sur la nécessité de s'assurer par soi-même
 „ de la vérité, sur la certitude de nos connoissances,
 „ & sur la nature des êtres, accompagnées de remar-
 „ ques historiques & critiques, par un membre de
 „ la société royale de Londres, [à Amsterdam & à la
 „ Haye, chez la veuve Johnson & fils, 1742. in-8o.)
 „ *liv.* I. *art.* 43. *p.* 65.

(4) *Voyez* l'historien Josephe, de la guerre des juifs, *liv.* II.

(5) *Voyez* le même, antiquités judaïques, *liv.* 18, *chap.* 2. Selon Blondel, Scaliger, & plusieurs autres écrivains, les Therapeutes n'étoient autre chose que les Esséniens.

(6) *Voyez* Prolegomena. ad Stearn. de obstin. sect. 40 & 41.

(7) „ Et dicit : ego sum judæus, natus in Tarso Cili-
 „ ciæ, nutritus autem in istâ civitate, secùs pedes
 „ Gamaliel, eruditus juxta veritatem paternæ legis,
 „ æmulator legis... act. des apot. *chap.* 22. *v.* 3.

(8) Celle d'Aristote ne l'est pas moins, s'il en faut croire Palavicin dans son histoire du Concile de Trente, lorsqu'il dit, Senza Aristotile noi mancavano di molti articoli de fede. On ne pourroit-on pas en dire autant de Platon, *voyez* là-dessus le Platonisme dévoilé. (*vol. in-12* à Cologne 1700.) *cap.* 5, 7, 9, 12, 13, 18, *part.* 1.

(9) „ Quod enim operor, non intelligo. Non enim
 „ quod volo bonum, hoc ago : sed quod odi malum,
 „ illud facio...Nunc autem jam non ego operor illud, sed
 „ quod habitat in me peccatum.. Scio autem quod
 „ non habitat in me, hoc est in carne meâ, bonum ;
 „ nam velle adjacet mihi : perficere autem bonum, non
 „ invenio... Video autem aliam legem in membris meis
 „ repugnantem legi mentis meæ, & captivantem me
 „ in lege peccati, quæ est in membris meis...„ Ep. aux romains, *chap.* 7. ℣. 15, 17, 18, 23.

De l'imperfection de la liberté.

Je me propose ici de détruire toutes leurs prétentions à cet égard, en leur faisant voir que la liberté, à la considérer relativement aux différentes définitions que nous en donnent les théologiens & les philosophes, seroit souvent une imperfection dans l'homme, mais jamais une perfection, ce qui ne me sera pas plus difficile à prouver que l'impossibilité (1) de cette même liberté qui fait le sujet du chapitre précédent.

De la liberté considérée comme le pouvoir de porter, dans des circonstances pareilles, différens jugemens sur plusieurs propositions individuellement les mêmes, & qui ne sont pas plus évidentes les unes que les autres.

De cette définition qui, de l'aveu même de nos adversaires, (2) n'exclut point la nécessité où nous sommes de porter le même jugement sur plusieurs propositions également évidentes, de cette définition, dis-je, une fois admise, il s'ensuivroit que les hommes, dans leurs jugemens, jouiroient d'une liberté qui ne serviroit qu'à les rendre des êtres imparfaits & déraisonnables.

En effet, s'il est vrai qu'ils agiroient en êtres déraisonnables, en jugeant que des propositions réellement évidentes ne le seroient pas : montreroient-ils plus de bon sens, en décidant que des propositions probables seroient improbables, ou que d'autres improbables seroient probables ? Les apparences que nous offrent les propositions, soit qu'elles nous paroissent évidentes, probables ou improbables, peuvent seules être la base des jugemens que nous en portons. D'ailleurs les apparences des propositions probables ou improbables relativement à nous, résultent aussi nécessairement des raisons respectives, qui nous les font paroître telles, que les apparences de propositions évidentes peuvent résulter des raisons qui nous les font paroître évidentes. Si c'est une marque de perfection & de bon-sens, dans un homme, de se déterminer sur des apparences de clarté & d'évidence, il n'est pas moins digne de sa qualité d'être raisonnable, de se déterminer sur des apparences de probabilité ou d'improbabilité ; donc ce seroit une imperfection en lui de se déterminer autrement.

C'est avancer une absurdité palpable, & ôter à l'homme une perfection, au lieu de lui en donner, que de soutenir qu'il n'est point nécessairement déterminé dans ses jugemens respectifs par des apparences probables ou improbables, comme il l'est par des apparences évidentes ; il y a même plus, c'est que n'être point déterminé par des apparences de probabilité, annonceroit en lui une imperfection plus grande que de ne pas l'être par des apparences d'évidence.

En effet, presque toutes nos actions ont pour principe les apparences probables des choses ; il y en a, au contraire, fort peu qui soient fondées sur les apparences évidentes ; si donc il étoit possible que nous jugeassions improbable ou fausse une proposition qui nous paroîtroit probable, il faudroit avouer en même-tems aussi que nous manquerions de règle sûre (3) pour nous décider dans nos jugemens & dans nos actions.

---

(1) „ Every act of man's will and every desire, and
„ inclination proceedeth from some cause, and that
„ from another cause, wich causes in a continuall chain
„ (whose first link in the hand of god the first off
„ all causes) proceed of necessity. So that to him,
„ that could see the connexion of those causes, the
„ necessity of all mens voluntary actions would ap-
„ pear manifest.... they can have non passion nor ap-
„ petite to any thing, of wich appetite god's will
„ is not the cause. And did not his will assure the ne-
„ cessity of man's will, and consequently of all that
„ on man's will dependeth, the Liberty of men would
„ be on contradiction and impediment to the om-
„ nipotence and *liberty of god*. Hobbes's Leviathan part.
2. c. 21. p. 108.

(2) „ Quand je dis, que nous sommes libres, j'en-
„ tends (selon la définition de la liberté) qu'abso-
„ ment parlant je pourrois juger, ce que je juge
„ vrai, ne l'est pas, & que, quand je m'examine
„ moi-même, je me sens à cet égard dans une dis-
„ position toute différente, qu'à l'égard des propo-
„ sitions évidentes : je sens que je ne puis pas ne pas
„ croire les dernières, & que je puis douter des au-
„ tres, „ (Telles sont les absurdités où conduit l'entêtement que l'on a pour un système en faveur duquel
on s'est une fois laissé prévenir. *Voyez* la bibliothèque
choisie de le Clerc, tom. 1. p. 88. 89.

(3) Que dire après cela de la définition que Chub donne de la liberté ? « C'est, dit-il, *ce pouvoir qu'a
„ chaque homme d'agir ou de ne point agir conformément
„ ou d'une manière contraire à une règle*. » Rien n'égale l'absurdité d'une pareille définition, si ce n'est peut-être le raisonnement dont il l'appuie. » L'homme,
„ continue-t-il, a une ame capable d'entendement
„ & d'affections : chacune de ces facultés lui offre
„ différens motifs d'agir ou de ne point agir, suivant
„ les différentes circonstances où il se trouve. Or
„ quoiqu'un motif soit nécessaire pour qu'il agisse,
„ [puisque la faculté active ne se déploiera pas à
„ moins que quelque raison précédente ne l'y pousse]
„ nous n'en sommes pas moins libres pour cela. Car
„ comme les motifs agissent sur nous par persuasion
„ & non pas par contrainte, aussi tout homme a le
„ pouvoir d'admettre ou de rejetter ces motifs, c'est-
„ à-dire, a la liberté d'agir ou de ne pas agir d'une
„ manière conforme ou contraire à ce à quoi ces
„ motifs tâchent de nous porter.... Or quoique, quand
„ nous sommes excités par quelque chose à agir,
„ quelque motif finalement doive prévaloir, & que
„ ce motif par rapport à l'événement soit aussi ef-
„ ficace pour produire ou pour empêcher l'action,
„ qu'une nécessité physique, néanmoins il n'y a pas
„ dans un cas la même compulsion que dans l'autre. „
[Mais je demanderai à *Chub*, qu'importe ici le plus ou

De la liberté considérée comme le pouvoir de subjuguer notre raison par la force du choix.

Telle est l'idée que le docteur King (1) paroît vouloir nous donner de la *liberté*, lorsqu'il dit que la *volonté semble avoir un si grand pouvoir sur l'entendement, que celui-ci une fois subjugué par le choix de la volonté, non seulement regarde comme mauvais ce qui est réellement bon, mais se voit aussi obligé à admettre comme vrai ce qui est faux.* On conviendra sans peine avec moi, que l'homme, doué d'une pareille faculté, seroit l'être le plus déraisonnable & le plus inconséquent qu'on pût imaginer, & que rien au monde ne seroit plus imparfait que lui au moment où il s'aviseroit d'en faire usage. En effet peut-on concevoir rien de plus extravagant ni de plus absurde que le pouvoir de refuser, selon notre caprice, notre acquiescement à des propositions évidemment vraies, & de le donner au contraire à d'autres qui nous paroissent évidemment fausses, c'est-à-dire, de rejetter le témoignage de notre propre conscience?

De la liberté considérée comme le pouvoir de vouloir ou de choisir le mal (reconnu pour tel) ou le bien indistinctement. (2)

Une pareille faculté dans l'homme regardé comme un être doué de sentiment, seroit une véritable imperfection, s'il est vrai que la misère en soit une dans sa nature. En effet, vouloir ou choisir le mal comme mal, c'est vouloir être misérable, c'est souhaiter sciemment sa propre destruction. Les mortels sont déjà assez malheureux par les faux jugemens & par les fausses démarches qu'ils font tous les jours, trompés par les apparences des objets, & entraînés par la fougue de leurs passions. Combien notre sort ne seroit-il pas encore plus triste & plus affreux, si, au lieu de choisir, comme il nous arrive souvent dans notre situation actuelle, le mal pour le bien, dont il a les apparences, nous étions les maîtres de choisir indifféremment le bien ou le mal, & de nous déterminer ainsi à notre gré en vertu de ce pouvoir décoré du nom de liberté ! Dans une pareille position, & avec une pareille liberté, nous ressemblerions à des enfans abandonnés à eux-mêmes, qui ne sauroient marcher, & qui ne font usage de leur liberté que pour tomber ; ou à des enfans, dans la main desquels on met un couteau, ou enfin à de jeunes danseurs de corde, qu'on laisse aller seuls sur la corde après les premières leçons, sans avoir personne auprès d'eux pour les retenir au cas qu'ils fassent quelque faux pas. Les inconvéniens qu'entraîne nécessairement cette prétendue liberté ont même frappé les plus zélés partisans de ce système (3) au point qu'ils ont reconnu « que les êtres créés dans le séjour de la » félicité suprême cessent d'être libres, c'est-à- » dire, d'avoir la liberté de choisir le mal comme » mal, & qu'ils sont alors inviolablement attachés » à leur devoir en vertu de l'état heureux dans » lequel ils se trouvent. (4) »

De la liberté considérée comme le pouvoir de choisir, dans des circonstances parfaitement égales, l'un ou l'autre de plusieurs objets indistincts ou semblables.

Telle est la définition que quelques auteurs ont donnée de la liberté ; mais à l'envisager même sous cet aspect, je ne vois pas qu'elle renferme aucune perfection. En effet ces objets, qu'ils appellent *indistincts* ou semblables, peuvent être regardés ou comme réellement différens l'un de l'autre, & nous paroissant semblables & indistincts uniquement à cause de notre défaut de discernement, ou bien comme exactement semblables l'un à l'autre. Or, plus nous aurons d'occa-

---

le moins de compulsion ?] ,, Le motif qui prévaut ,, n'est pas une raison active, mais seulement une raison ,, passive d'agir ou de n'agir pas ,,. [*Chub* nous donne ici des différences de noms pour des différences de choses] ,, parce qu'il y a cette différence entre *motif* & ,, *nécessité physique*, savoir que l'un prévaut & l'autre ,, ne fait qu'inviter : l'un conseille un être actif ,, [voilà un conseil qui a bien l'air d'un commandement !] ,, & l'autre agit sur un être passif. D'où il ,, suit que l'homme a autant le pouvoir & la liberté ,, de rejetter le motif qui prévaut que celui qui ne ,, prévaut pas. De plus, si les motifs agissent d'une ,, manière irrésistible, alors le pouvoir actif doit iné- ,, vitablement être excité à agir à ne pas agir dès ,, qu'il y aura quelque motif présent à notre ame. ,, Mais l'expérience démontre que cela n'est point, ,, parce que le motif présent prévaut quelquefois & ,, quelquefois point. De plus, si les motifs agissent ,, d'une manière irrésistible, alors dans chaque occa- ,, sion où deux motifs sont présens à l'esprit, dont ,, l'un excite à agir, & l'autre à n'agir pas [ce qui ,, arrive souvent], un homme sera dans la nécessité ,, de faire & de ne pas faire une chose dans le même ,, but, ce qui est contradictoire ". [point du tout, la contradiction n'est que dans les raisonnemens de Chub. Dans le cas qu'il propose, il arrivera de deux choses l'une : ou un homme agira, ou bien il n'agira pas ; quelque parti qu'il prenne, ce sera toujours le plus fort motif qui l'emportera. Au reste, je défie l'homme le plus inconséquent de rassembler plus de contradictions & d'absurdités en moins de lignes, que ne l'a fait Chub en cet endroit : c'est de pareils argumens qu'on peut dire, avec Tertullien : *Etiam solummodò demonstrare, destruere est.*

(1) Dans son livre de l'*origine du mal* déjà cité.

(2) Cheyné *Philos.* princ. liv. 3. f. 13.

(3) « On ne peut pas dire que les bienheureux » ayent la même liberté par rapport à la sainteté, » qu'Adam avoit par rapport à l'innocence, & qu'ils » puissent la perdre. Si cela étoit, leur bonheur seroit » incertain, & par conséquent imparfait ». Bib. Ch. tom. 12. pag. 95.

(4) Œuvres de Bramhall, *page* 655.

sions de faire usage de notre liberté vis-à-vis d'objets de la première espèce, c'est-à-dire, plus il se rencontrera de cas où les objets nous paroîtront semblables sans l'être réellement, plus nos erreurs & nos méprises seront fréquentes. Car si nous avions des idées justes de ces choses, nous reconnoîtrions d'abord qu'elles ne sont nullement semblables. Une liberté de cette nature ne pourroit donc être que la suite nécessaire d'une imperfection réelle de nos facultés. Quant au pouvoir de faire un choix de préférence dans des circonstances supposées parfaitement égales, de l'un ou de l'autre de deux objets réellement indistincts & semblables, je voudrois bien savoir de quelle utilité pourroit être à l'homme un pouvoir pareil, & quel nouveau degré de perfection lui procureroit cette faculté d'exercer uniquement son *libre arbitre* sur des objets absolument semblables.

De la liberté considérée comme une faculté qui, indifférente par elle-même à tous les objets, sert à régler nos passions, nos sens, nos appétits & notre raison, choisit arbitrairement entre plusieurs objets, & rend celui qu'elle préfère agréable, en vertu simplement du choix qu'elle en fait.

Il ne me sera pas difficile de faire, à l'égard de cette définition du docteur (1) *King*, ce que j'ai fait à l'égard des définitions précédentes, je veux dire, de démontrer que la liberté exempte de nécessité, sous quelque point de vue qu'on la présente, ne sauroit être dans l'homme qu'une imperfection. Pour sentir le peu de solidité d'une pareille hypothèse, il est d'abord nécessaire de se rappeler ici les argumens dont je me suis servi plus haut pour prouver que l'existence d'une faculté telle que seroit celle de se déterminer arbitrairement, est contraire à l'expérience, & même impossible; que nos passions, nos appétits, nos sens, ou notre raison nous déterminent dans tous nos choix; que nous préférons tels ou tels objets uniquement parce qu'ils nous plaisent; qu'il n'est donc pas vrai, comme le prétend le docteur *King*, que les objets nous plaisent seulement en vertu de notre choix. Cela une fois posé, il ne me reste plus qu'à faire voir qu'une pareille faculté seroit dans l'homme une véritable imperfection.

1°. Les avantages que l'homme pourroit retirer d'une liberté telle que le docteur *King* l'imagine, ne seroient presque rien en comparaison de ceux que lui procure tous les jours une détermination nécessaire, telle que je la conçois. En effet, tout l'agrément, toute l'utilité que cette prétendue liberté lui promet, consiste dans le pouvoir qu'on

(1) Dans son livre de *l'origine du mal*, chap. 5. pag. 107. 108. 113.

suppose qu'il auroit de se créer de nouveaux plaisirs en vertu des choix qu'il feroit.

Or l'homme, considéré comme un être intelligent & nécessaire, auroit autant de droit au privilège de se rendre heureux par le choix de tels ou tels objets, qu'un autre être quelconque, que l'on supposeroit *libre* dans le sens du docteur *King*; s'il est vrai, comme il le soutient, que les objets plaisent en vertu du choix que l'on en fait, ce qui doit avoir également lieu pour l'homme déterminé nécessairement, & pour l'autre être supposé *libre*. Ainsi, à cet égard, l'avantage est égal de part & d'autre.

Mais indépendamment de tout cela, l'homme, en tant que déterminé nécessairement, a encore le bonheur d'être immédiatement affecté par les objets, & entraîné invinciblement vers eux par les apparences de bonté ou de convenance que l'expérience, aidée de la réflexion, lui offre, & qui les lui font paroître, doux, utiles ou agréables. Il n'est pas possible qu'il ait de l'indifférence pour ce qui lui cause quelque plaisir ou quelque *mésaise* (2). Il

(2) ,, Quant au cœur, c'est-à-dire, au sentiment &
,, à la volonté, il est vrai, que j'y vois une loi gé-
,, nérale gravée dans le premier instant de son exis-
,, tence, c'est-à-dire, l'amour du plaisir & l'aversion
,, de la douleur: cette loi est généralement observée
,, par tous les hommes, il n'y en a aucun, qui s'en
,, écarte un seul instant. Cette loi a attaché le plaisir
,, aux actions propres ou même nécessaires à notre
,, conservation: elle a attaché la douleur à celles,
,, qui y sont contraires, & par un instinct naturel,
,, l'amour du plaisir nous porte nécessairement à faire
,, les unes, & l'aversion de la douleur à éviter les
,, autres. L'effet de notre instinct est tel, que nous
,, ne sommes pas les maîtres d'y résister. Entre plu-
,, sieurs plaisirs nous choisissons celui qui est le plus
,, grand à nos yeux, de même qu'entre plusieurs dou-
,, leurs nous craignons davantage la plus vive. Nous
,, pouvons envisager la privation d'un plaisir comme
,, plus fâcheuse qu'une douleur positive, ou la souf-
,, france d'une douleur comme plus difficile à suppor-
,, ter que la privation d'un plaisir; mais quoique
,, nous fassions, c'est toujours l'apparence du plus
,, grand plaisir & de la plus grande douleur, qui fait
,, la plus vive impression, & c'est toujours cette im-
,, pression, qui détermine & qui entraîne la volonté.
,, La raison consiste dans la comparaison de ces dif-
,, férens degrés d'impression & dans le choix des
,, moyens que nous employons pour parvenir au plai-
,, sir & pour éviter la douleur. Ceux-là passent pour
,, raisonnables, qui s'accordent avec les autres hommes
,, dans ce qu'ils regardent comme le plus grand plai-
,, sir & la plus grande douleur: comme ceux-là pas-
,, sent pour sensés & pour prudens, qui paroissent
,, appercevoir les objets de même que les autres,
,, & qui, dans la conduite de la vie, arrivent plus
,, ordinairement au but où ils tendent, c'est-à-dire,
,, au bonheur, & sont déterminés par l'apparence
,, des objets à suivre le chemin qui y conduit or-
,, dinairement. Voilà la loi que les hommes portent
,, gravée dans le cœur, & par laquelle ils sont per-
,, pétuellement conduits, & à laquelle ils ne peuvent
,, non plus se soustraire, que les êtres corporels aux

ne sauroit rejetter les choses propres à flatter ses passions, ses appétits ou sa raison. S'il lui arrive quelquefois de suspendre son choix par rapport à un objet qui se présente à lui comme agréable : c'est qu'alors il doute, il balance, & qu'il examine d'abord si cet objet, tout considéré, est capable de le rendre heureux ; c'est que se sentant en même-tems sollicité par sa raison, ses sens, ses appétits & ses passions, il souhaiteroit faire le meilleur choix possible, enfin un choix qui satisfît également son cœur & son esprit, ou du moins qui satisfît celle de ces deux facultés qui lui semble la plus nécessaire à son bonheur. Si, par hasard, son choix tombe sur un objet qui, par l'événement, se trouve disgracieux, l'expérience qu'il en fait sert à le précautionner pour l'avenir, & à le mettre en état de faire une autre fois un choix plus satisfaisant pour lui. Ainsi, dans ce cas-là même, son malheur tourne à son profit, & il est vrai de dire que, dans tous les tems & dans toutes sortes de circonstances, il recherche, il obtient le plus grand bonheur que sa situation actuelle puisse comporter.

Il ne sera pas inutile de remarquer ici que, parmi les plaisirs que les objets extérieurs (1) procurent tous les jours à l'homme, plusieurs sont si fort éloignés d'être l'effet de son propre choix, qu'ils ne sont pas même le fruit de la plus légère méditation ou de la moindre opération précédente de sa part. Tel est, par exemple, le cas d'un homme qui rencontre un trésor sur sa route, ou celui d'un particulier qui reçoit un legs d'une personne inconnue.

Je soutiens en second lieu, que cette *faculté de choisir arbitrairement*, exposeroit l'homme à faire des choix pires que ceux qu'il feroit en vertu d'une *détermination nécessaire*. Et en effet, un homme nécessairement déterminé dans son choix par les apparences des objets, & en conséquence de l'état actuel de ses organes & de son entendement, ne risque autre chose que de se méprendre sur le degré de relation des choses avec lui ; au lieu qu'un être absolument indifférent à tous les objets, & qu'aucun motif ne dirige dans le choix qu'il en fait, choisit à l'aventure. Le seul cas où il puisse faire un bon choix, c'est lorsqu'il lui arrive, comme la définition du docteur *King* le fait assez entendre, de préférer un objet qu'il puisse, en vertu de sa faculté créative, rendre agréable, de façon que son choix soit réellement louable & digne d'être approuvé. Cette prétendue faculté, d'ailleurs, loin de tirer aucun avantage de l'expérience, doit nécessairement continuer toujours à faire des choix à l'aventure, & à n'en faire de bons qu'en conséquence d'un heureux concours de circonstances ; car, si elle profitoit de l'expérience, & si elle avoit quelque égard à ce que les objets peuvent offrir d'agréable ou de disgracieux, elle cesseroit d'être une faculté telle que le docteur *King* la conçoit, & ne seroit plus qu'une simple faculté nue & affectée par la nature réelle ou apparente des objets.

Il est donc hors de doute que l'homme supposé indifférent à tous les objets, devroit faire des choix pires que le même homme considéré comme un agent nécessaire ; de même qu'il est incontestable que la faculté de choisir à l'aventure & sans le moindre motif, expose à des choix pires que l'usage nécessaire de nos sens, de notre expérience & de notre entendement.

En troisième lieu, il est évident qu'une pareille faculté de choisir arbitrairement entre plusieurs objets, sans aucun égard à leurs qualités, détruiroit absolument l'exercice naturel de nos sens, de nos appétits & de nos passions, qui nous ont été donnés pour nous aider dans la recherche de la vérité & du bonheur, & pour assurer la conservation de notre être. En effet, si l'homme jouissoit du pouvoir de choisir sans aucun égard aux inspirations ni aux avertissemens que ses sens & sa raison lui administrent tous les jours ; si son choix subjuguoit également son cœur, son esprit & ses sens, tout ce dont il pourroit se vanter, ce seroit d'avoir la faculté de ne point suivre, quand il le voudroit, le *dictamen* de sa conscience.

De la perfection de la nécessité.

Pour achever de nous convaincre de l'imperfection de la liberté, en tant qu'elle exclut toute nécessité, attachons-nous un instant à considérer la perfection, qui suit naturellement d'une détermination nécessaire. En effet, peut-on dire qu'une chose soit parfaite lorsqu'elle n'est point telle nécessairement ? Tout ce qui n'est point nécessairement parfait, peut être imparfait, & dès-là l'est réellement.

N'est-ce point une perfection dans Dieu, que de connoître nécessairement toute vérité ? N'est-ce pas aussi une perfection en lui, que d'être nécessairement

---

„ loix qui règlent leurs mouvemens „. *Voyez* la lettre de Trasibule à Leucippe, traduite sur la version angloise de l'original grec du 2ᵉ siècle.

(1) Quis animo amplectitur aliquid quod eum non delectat ? aut quis habet in potestate, ut occurrat quod eum delectare possit, vel delectet cùm occurrerit. *S. Aug. lib. 1. quæst. 2. ad.* Simplician. *n. 21.*

Voluntas ipsa, nisi occurrerit quod delectet, atque invitet animum, moveri nullo modo potest. Hoc autem ut occurrat, non est in hominis potestate. *Ibid. n. 22.*

Quis nescias, non esse in hominis potestate quid sciat, nec esse consequens, ut quod appetendum cognitum fuerit, appetatur, nisi tantùm delectes, quantum diligendum est. *Idem, lib. de Spiritu & Lit. c. 34.*

fairement heureux? N'est-ce pas même une perfection en lui, que de vouloir & de faire toujours le *mieux*? En effet, si toutes choses lui étoient indifférentes, comme le soutiennent (1) quelques partisans de la liberté, & si elles ne pouvoient devenir bonnes qu'en vertu de son choix, il est évident que ce ne seroit ni ses propres idées ni la nature ou les qualités des choses qui le détermineroient à préférer une de ces choses à l'autre, & que, par conséquent, ses volontés n'auroient aucune cause, aucun motif (2) ce qui est absolument impossible dans quelque être que ce soit, & qui répugne à cet axiôme incontestable, que tout ce qui a un commencement doit avoir une cause. Si, au contraire, toutes choses ne sont pas indifférentes à Dieu, il s'ensuit qu'il est nécessairement déterminé par le *mieux*. (3) Comme d'ailleurs il est souverainement sage, il doit avoir un but, un

---

(1) Le docteur King dans son livre de l'Origine du mal, *p. 177.*

(2) ,, Quoique Dieu soit l'auteur de la nature & de
,, ces relations que les choses ont entr'elles, cependant
,, les choses étant faites & ayant de certaines relations,
,, le bien & le mal naîtra nécessairement de la nature
,, & des relations des choses mêmes & non pas de
,, la volonté arbitraire de leur auteur. Ainsi la dou-
,, leur est un mal, quand Dieu déclareroit le con-
,, traire : sa décision ne sauroit jamais nous porter
,, à y trouver de l'agrément, parce que nous sommes
,, convaincus par sentiment, qu'il n'y en a point...
,, Si les actions de Dieu sont dirigées par quelque loi,
,, cette loi ne sauroit être autre chose que l'ordre ou la
,, convenance des choses : &, par conséquent, il ne sau-
,, roit être dit agir d'une manière arbitraire ou d'une
,, manière opposée en aucun sens, qu'autant qu'il est lié
,, ou n'est pas lié par la convenance morale des choses.
,, Si la convenance morale des choses est un motif
,, propre à diriger la conduite de Dieu dans un cas,
,, ce motif doit avoir la même influence dans tous
,, les cas, l'efficace en devant être nulle, ou toujours
,, la même.... Comme ce qui est juste & convenable
,, dans la nature des choses, devient règle & loi pour
,, nous en tant qu'êtres intelligens : de même dans
,, la nature des choses c'est une règle pour Dieu,
,, c'est-à-dire, il est aussi convenable que Dieu suive
,, cette règle, que quelqu'autre intelligence que ce
,, puisse être. Et par conséquent comme ceci sera tou-
,, jours la mesure des actions de Dieu, de même il
,, approuvera ou désapprouvera les actions de ces
,, créatures intelligentes à proportion qu'elles auront
,, plus ou moins de convenance avec cette règle. Tel-
,, lement que la raison pourquoi Dieu aime une ac-
,, tion & en hait une autre, n'est pas à cause que
,, l'une est faite pour obéir à ses commandemens,
,, & l'autre non, mais parce que ces actions en elles-
,, mêmes sont des objets propres à être approuvés
,, ou désapprouvés : car comme la valeur de chaque
,, commandement a sa source dans la fin louable, à
,, laquelle ce commandement sert, de même aussi la
,, valeur de l'obéissance doit avoir une origine toute
,, pareille. Quand on fait une chose uniquement parce
,, qu'elle est commandée, il n'y a d'un côté rien de
,, louable dans l'action, & de l'autre il en revient
,, du déshonneur au législateur, parce qu'il paroît
,, que l'action n'a été faite que pour plaire à son hu-
,, meur fantasque... *Voyez* les nouveaux essais de
Chub déja cités.

Philosophie anc. & mod. Tom. I.

(3) ,, Si Dieu est réellement un être sage & bon..
,, alors il s'ensuit qu'il soutiendra ce caractère dans
,, la conduite qu'il tiendra à l'égard de ses créatures...
,, Il suit que Dieu est toujours en état de faire ce
,, qui en lui-même est le plus estimable & ce qui
,, dans la nature des choses est droit, bon & con-
,, venable : connoissant en quoi la convenance, la
,, bonté, & l'excellence de chaque chose consiste.
,, Or il se conduira toujours d'une manière conforme
,, à cette connoissance, parce que ce qui est conve-
,, nable & bon, est si beau en lui-même & telle-
,, ment préférable dans la nature des choses au mau-
,, vais & non-convenable, que cette considération
,, seule sera un motif suffisant pour déterminer la
,, volonté divine & pour diriger sa conduite à l'égard
,, de ses créatures ; car, comme il n'est pas susceptible
,, d'intérêt, il est clair qu'il ne sauroit être porté
,, à agir d'une autre manière. C'est ainsi que je prouve
,, que Dieu se servira toujours de ses propriétés na-
,, turelles (de sa science & de son pouvoir) pour
,, des desseins de bienfaisance ; car comme Dieu con-
,, noît par la nature des choses, que la communica-
,, tion du bonheur est l'usage le plus estimable &
,, le plus noble qu'il puisse faire, cette seule raison
,, suffit toujours pour déterminer un être tel que lui
,, à faire toujours ce qui est le plus louable & le
,, meilleur.... Dieu gouverne ses actions par des
,, principes de raison : par où j'entends que, dans la
,, conduite que Dieu tient avec ses créatures il n'a-
,, git pas arbitrairement, mais fait de la raison des
,, choses, la règle & la mesure de ses actions. A l'é-
,, gard à la convenance morale des loix qu'il pres-
,, crit, & aux qualités des sujets à qui il dispense
,, des faveurs, ou inflige des peines. Commander ce
,, qui est juste & convenable qu'un être sage & bon
,, commande, & ce qu'il convient que des créatures
,, placées dans les circonstances où nous sommes,
,, fassent, est si excellent en soi-même & si préfé-
,, rable à ce qui lui est contraire, que Dieu sera dis-
,, posé par la nature des choses à en faire la règle
,, & la mesure de son autorité. Au lieu que, d'un
,, autre côté, gouverner arbitrairement & jouer ainsi
,, le rôle d'un enfant, ou d'un être mauvais est quel-
,, que chose de si bas & de si méprisable, que par
,, cela même Dieu aura toujours un éloignement infini
,, à se conduire de cette manière ; de plus aimer &
,, estimer, haïr & mépriser arbitrairement, soit les
,, personnes, soit les choses, sans avoir égard aux
,, qualités des personnes ou des choses, est la plus
,, grande extravagance, au lieu qu'au contraire aimer
,, & estimer ce qui est réellement estimable & aimable
,, en soi, & haïr & mépriser ce qui est véritable-
,, ment digne de mépris & de haine, est quelque
,, chose de si juste & de si convenable, que par cela
,, même Dieu sera toujours disposé à en faire la règle
,, & la mesure de ses actions. Récompenser & punir
,, arbitrairement sans faire de la convenance des choses,
,, & des qualités des sujets, la mesure de ses récom-
,, penses & de ses châtimens, est une honteuse injus-
,, tice. D'un autre côté récompenser & punir sui-
,, vant des règles de raison, c'est-à-dire, selon que les
,, créatures sont par leurs vertus ou par leurs vices
,, des objets propres à amour ou de haine, est quel-
,, que chose de si juste ou de si convenable, que par
,, cela même Dieu sera toujours disposé à en faire
,, la règle & la mesure de ses actions. Par ce que je
,, viens de dire il paroît que la nature des choses
,, prouve évidemment & certainement, que Dieu est
,, un être sage & bon, qui se propose des fins de

Fffff

dessein, & comme il est aussi souverainement bon, les choses ne sauroient lui être indifférentes lorsque le bonheur d'êtres intelligens & sensibles dépend de la volonté qu'il suivra dans la formation des choses. Quelle inconséquence n'y a-t-il donc point dans les raisonnemens des défenseurs de la liberté, qui conçoivent Dieu sous l'idée d'un être souverainement sage & bon, & qui soutiennent en même-tems que toutes les choses lui sont indifférentes avant l'instant où il choisit une d'entr'elles, & qu'il peut les vouloir & les faire toutes indistinctement, ce qu'ils regardent eux-mêmes en morale, comme la marque du caractère le plus méchant & le plus injuste?

Pour confirmer ce dernier argument, je rapporterai ici le témoignage du feu évêque de *Sarum*; témoignage qui doit avoir d'autant plus de poids en cette matière, qu'il nous est administré par un des plus zélés partisans de la liberté, (1) & qu'il lui a été arraché par la force de la vérité. Il est effectivement obligé de convenir que « la » perfection infinie de l'être suprême exclut ab-» solument en lui toute succession d'idées; qu'ainsi » l'essence de Dieu est en elle-même une idée » parfaite, dans laquelle il voit & veut tout » en un seul instant: que, quoique ses actes pas-» sagers, comme la création, sa providence & » ses miracles, s'exécutent dans des tems suc-» cessifs, néanmoins ses actes immuables, tels » que sa science & ses décrets, ne font qu'une » seule & même chose avec son essence: qu'on » ne sauroit se former une autre idée de l'essence » divine. »

Il avoue formellement que les plus grandes difficultés qui s'élèvent contre la liberté de Dieu, viennent de la considération de son essence & de ses attributs. » En effet, dit-il, en » supposant libres & non nécessaires les actes » immuables de Dieu, il n'est pas aisé de s'ima-» giner comment ces actes ne font qu'une seule & » même chose avec l'essence divine, dont assuré-» ment la nécessité d'existence est inséparable: or, si » une fois les actes immuables de Dieu sont né-» cessaires, les actes passagers doivent l'être aussi, » comme étant des effets certains des actes im-» muables; ce qui produit nécessairement une » fatalité générale, à laquelle toutes les choses » sont subordonnées; au moyen de quoi Dieu » lui-même n'est plus un être libre, & n'agit » plus que par une suite nécessaire de sa nature. » Et cette nécessité, ajoute-t-il, à laquelle Dieu » se trouve assujetti, n'entraîne aucune absurdité, » s'il en faut croire quelques auteurs. Selon eux, » Dieu est nécessairement juste, vrai, sage & » bon, par une nécessité intrinsèque & résultante » de la perfection infinie de sa nature; en consé-» quence, voici comment ils raisonnent: Puisque » Dieu agit en vertu de sa sagesse & de sa bonté » infinie, les choses n'ont pu absolument être au-» tres que ce qu'elles sont dans l'ordre actuel; » car un être infiniment sage & bon ne sauroit » changer de nature ni se déterminer indistincte-» ment pour le mieux ou pour le pis. » L'évêque de *Sarum* conclut enfin de tout cela, que la solution des difficultés que présente cette question, est au-dessus de ses forces; bref, il n'ose s'engager dans la discussion des divers expédiens proposés par quelques théologiens pour concilier toutes choses.

(1) D'un autre côté, quelle est la raison pour laquelle on regarde les anges & les autres êtres célestes comme plus parfaits que les hommes? N'est-ce pas parce qu'ayant une connoissance plus intime de la nature des choses, ils sont nécessairement déterminés à porter un jugement sain par rapport à leur vérité ou à leur fausseté, & à faire entr'elles un juste choix relativement à leurs qualités bonnes ou mauvaises, au plaisir ou au *mésaise* qu'elles peuvent leur causer, & qu'ils sont, par conséquent, forcés d'agir toujours bien conformément à leur choix une fois fait, & à leur jugement une fois porté? L'homme pareillement, ne seroit-il pas infiniment plus parfait qu'il ne l'est dans son état actuel, si, ayant une connoissance intime de la nature des choses, il étoit nécessairement déterminé à acquiescer uniquement à la vérité, à faire seulement des choix capables de le rendre heureux, & à y conformer ensuite ses actions?

Une chose, d'ailleurs, dont on convient assez généralement, c'est que l'homme est d'autant plus parfait, qu'il est plus disposé à la conviction, & plus capable de se rendre à l'évidence. Or je demande si une pareille disposition ne doit pas plutôt se trouver dans un être déterminé nécessairement dans ses jugemens par la vérité apparente, & dans ses volitions par le bien apparent, que dans un homme qui seroit indifférent pour

---

„ bienfaisance dans l'usage qu'il fait de ses propriétés
„ naturelles, & qui règle ses actions par des prin-
„ cipes de raison.... Ce qui se réduit à ceci, que
„ comme se servir de ses connoissances & de son
„ pouvoir, pour faire du bien & agir par des règles
„ de raison, est quelque chose de véritablement ex-
„ cellent, un être tel que Dieu, dont l'intelligence
„ & la puissance n'ont point de bornes, qui connoît
„ parfaitement la différence morale des choses, &
„ qui ne sauroit être réduit par aucun intérêt, sera
„ par la nature des choses, disposé à préférer une
„ conduite raisonnable & juste à une conduite injuste
„ & extravagante „. *Ibid.*

(1) Exposition des trente-neuf articles de l'église anglicane, *pag.* 26, 27.

(1) Œuvres de Bramhall, *pag.* 656, 695.

toutes sortes de propositions, malgré l'apparence de vérité qu'elles lui offriroient, & pour tous les objets, malgré l'apparence de bonté qu'ils lui présenteroient. Un pareil être ne pourroit être convaincu par aucune raison, quelque forte qu'elle fût, & seroit le plus indocile & le plus intraitable de tous les animaux. Les axiômes les plus incontestables, les argumens les plus solides, les conseils les plus sensés, rien ne pourroit faire impression sur lui ; vous étaleriez en vain devant lui les grands principes, les plus beaux raisonnemens ; en vain vous lui offririez le plaisir & la douleur, il resteroit toujours tranquille & ferme comme un roc. Son esprit, à son gré, rejetteroit ce qui paroîtroit vrai, & acquiesceroit à ce qui lui sembleroit absurde : sa volonté dédaigneroit les choses dont elle connoîtroit la bonté, pour l'attacher à d'autres, qu'elle sauroit être mauvaises. Il est donc clair que cette indifférence à la vérité & à l'erreur, je veux dire, la liberté de rejetter la vérité en connoissance de cause, & cette indifférence au plaisir & à la douleur, je veux dire, la liberté de choisir celle-ci préférablement à celui-là, sont des obstacles réels à notre bonheur & à l'augmentation de nos connoissances. Au contraire, cette nécessité de détermination de l'apparence de la vérité & de celle de la bonté des choses, doit contribuer à nous rendre plus heureux & à nous rapprocher davantage de la vérité : elle doit même être considérée comme la perfection de notre entendement & de notre organisation. Est-il une bizarrerie plus étrange, que de regarder, d'un côté, comme une perfection dans Dieu & dans les anges (1) cette détermination nécessaire résultante de la connoissance intime qu'ils ont de la nature des choses, d'avouer pareillement que les pendules, les montres, les moulins, & autres agens artificiels privés d'intelligence, sont d'autant plus parfaits, qu'ils sont déterminés plus nécessairement à bien aller en vertu des poids & des rouages, & de considérer d'un autre côté, comme une perfection dans l'homme, un affranchissement total de toute cause & de toute raison avec la liberté d'agir contre l'une & l'autre ? N'y auroit-il pas pour le moins autant de bon sens à soutenir que la plus grande perfection d'une horloge seroit de n'être point nécessairement déterminée à bien aller, & d'avoir des mouvemens qui dépendissent uniquement du hasard.

A quelques erreurs, à quelques méprises que nous exposent tous les jours la foiblesse & l'imperfection de nos organes & notre entendement, par rapport à la vérité & à la bonté apparentes des choses, il est pourtant certain qu'une détermination nécessaire, relativement aux opérations (2) de notre entendement & de notre volonté, & résultante du rapport des objets avec nous, ne sauroit nous rendre à beaucoup près ni aussi malheureux ni aussi ignorans que le seroit infailliblement le pouvoir d'agir contre notre propre sentiment & notre propre connoissance ; car, dans une pareille position, ce qui nous paroîtroit faux pourroit aussi bien servir à caractériser la vérité, que ce qui nous sembleroit vrai, & ce qui nous paroîtroit mauvais pourroit servir à caractériser le bien moral ou physique, comme ce qui nous sembleroit bon ; propositions insoutenables, & dont on ne tardera pas à reconnoître l'absurdité, dès qu'on fera réflexion qu'il existe un être parfaitement sage & bon, qui a donné des sens & une raison à l'homme pour se conduire.

Enfin une détermination nécessaire de notre jugement & de notre volonté, même par rapport aux choses les plus indifférentes, doit être regardée comme une perfection ; en effet, si, dans de pareils cas, nous choisissions sans motif & sans cause, il s'ensuivroit de là que tous nos choix seroient faits à l'aventure, que jamais nous ne serions portés nécessairement par la plus grande évidence à embrasser la vérité, ou par l'amour déterminant du bien-être à préférer le plaisir à la peine, (3) ce qui néanmoins seroit une véri-

___

(1) « Personne ne peut dire que Dieu soit saint » librement ; car il ne peut pas n'être pas saint, étant » immuable comme il l'est ». *Voyez* le Clerc, bibliothèque choisie, *tome* 11. *pag.* 95.

___

(2) Dans l'appendice, qu'on trouve à la suite du traité de l'existence & des attributs de Dieu, par M. Clarke, on lit trois lettres écrites par un savant de Cambridge, à ce docteur, avec ses réponses sur la nécessité & sur la liberté des actions humaines. Il paroît que les réponses de M. Clarke ont satisfait le théologien de Cambridge : pour moi j'avoue, à ma honte, qu'il me reste encore quelques difficultés dans l'esprit, sur ces importantes questions, malgré tous les argumens, dont le docteur Clarke fait usage pour convaincre le savant auquel il a affaire, & qui lui avoit proposé contre la liberté de l'homme, des objections, à mon avis insolubles. Avec tout le respect que je dois à ce grand métaphysicien, je ne puis croire qu'il les ait bien résolues, en disant (car c'est à cela que se réduisent tous ses raisonnemens à ce sujet) que *le dernier jugement de l'entendement ne peut avoir d'influence sur le pouvoir de se mouvoir soi-même parce qu'il n'y a aucune ressemblance entre une action & une perception de l'esprit*, &c. Cela prouve tout au plus que la cause n'est point l'effet, & que l'effet n'est point la cause ; en un mot, qu'une chose n'est point une autre ; mais cela ne prouve nullement que la cause ne doive pas précéder son effet, & encore moins, qu'elle ne doive pas le produire nécessairement.

(3) « .... Et l'être suprème, lui-même, est néces- » saire dans toutes ses actions, à prendre le mot de » *nécessaire* dans son sens propre & naturel ; car il » est aussi contradictoire de supposer la toute sagesse, » s'il m'est permis de me servir de ce terme, agissant

table perfection. Si l'on admet une fois qu'une action quelconque se fait sans cause, il en résulte indispensablement que les effets & les causes n'ont ensemble aucune connexité, &, par une conséquence aussi naturelle, qu'on ne sauroit imaginer aucun cas où nous soyons déterminés nécessairement.

Argument tiré de la certitude de la prescience divine.

La considération de la certitude de la prescience divine me fournit un quatrième argument pour prouver la nécessité des actions humaines. En effet cet attribut de l'être suprême suppose que toutes les choses futures doivent certainement exister dans un tel tems, dans un tel ordre, dans de telles circonstances, & non autrement. Car si les choses futures étoient *contingentes* (1) ou incertaines, si elles dépendoient du *libre arbitre* de l'homme, si elles pouvoient aussi-bien arriver ou ne pas arriver, leur existence certaine ne pourroit être l'objet de la prescience divine, puisque la connoissance de la certitude d'un événement incertain seroit contradictoire; & Dieu, en ce cas, ne pourroit faire autre chose, que conjecturer, deviner l'existence de ces choses. Or, si la prescience divine suppose l'existence certaine de toutes les choses futures (2), elle suppose pareillement leur existence nécessaire. En effet Dieu ne sauroit prévoir leur existence certaine, que parce que cette existence est l'effet de sa volonté suprême,

---

» injustement, cruellement, c'est-à-dire, sans sagesse,
» que de supposer la toute-puissance renfermée dans
» des bornes : puisque l s perfections morales de la
» Divinité lui sont aussi essentielles que les physiques,
» & sont, par conséquent, également nécessaires Mais
» si c'est là une perfection dans le créateur, pourquoi
» seroit-ce une imperfection dans la créature ?....
Voyez ibid. la seconde lettre du savant de Cambridge
à Clarke, & la réponse de ce docteur.

(1) ,, Pour ce qui regarde (dit M. *Chub*, ibid.) le
,, terme de *Contingent*, dont on se sert quelquefois
,, dans la matière que nous traitons : si on l'appli-
,, que seulement à ces circonstances des actions hu-
,, maines, qui arrivent non-seulement sans, mais quel-
,, quefois contre la volonté & l'intention de l'agent,
,, & qui ainsi sont parfaitement accidentelles : je crois,
,, qu'il n'y a rien dans la nature, qui puisse être un
,, fondement de prescience à l'égard de telles cir-
,, constances. Je vais plus loin & suis persuadé que
,, la même vérité a lieu par rapport à toutes les ac-
,, tions, qui sont produites par de pareilles circons-
,, tances : car s'il n'y a pas moyen de prévoir les cir-
,, constances accidentelles des actions humaines, il
,, ne sauroit aussi y avoir de moyen de prévoir ces
,, actions, qui sont étroitement & inséparablement
,, liées avec les circonstances dont nous parlons, &c.,,.

(2) Je ne vois pas que les raisonnemens du docteur
Clarke à ce sujet détruisent le moins du monde cette
démonstration. ,, Il est évident, dit-il, que la pré-

---

ou bien parce qu'elle dépend de causes relatives à la nature même de ces choses. S'il prévoit cette

---

,, science divine ne sauroit toute seule fournir de
,, preuve suffisante pour détruire la liberté, a moins
,, qu'on n'appelle au secours les autres argumens
,, dont on se sert pour prouver que la liberté des
,, actions humaines est une chimère, une pure impos-
,, sibilité. Car la prescience toute seule n'a aucune
,, influence sur la manière de l'existence des choses.
,, Tout ce que les plus grands ennemis de la liberté
,, ont dit ou peuvent dire sur ce sujet, revient à
,, ceci : que la prescience emporte la certitude & la
,, certitude la nécessité. Mais ni l'un ni l'autre n'est
,, vrai, (c'est ce qu'il s'agit de prouver). La certi-
,, tude n'emporte pas la nécessité.,,. (Entendons-nous,
de grace, M. Clarke ; je conviens avec vous que ce
n'est pas la certitude qui cause la nécessité, mais cela
empêche-t-il que la nécessité n'emporte, ne cause la
certitude ? peut-on enfin concevoir que la certitude
de la prescience des événemens puisse subsister sans
leur nécessité, c'est-à-dire, que l'effet puisse subsister
sans sa cause ?),, Et la prescience ne renferme point
,, d'autre certitude, que celle qui se rencontreroit éga-
,, lement dans les choses : encore qu'il n'y eût point
,, de prescience, (d'accord ; mais on ne vous dit
point que ce soit la certitude qui cause la nécessité ;
ainsi, qu'on prévoye les choses ou non, elles n'en
sont pas moins nécessaires ; mais ce n'est qu'en conséquence de leur nécessité, qu'on peut parvenir à
les prévoir).,, Je dis premièrement, ajoute-t-il, que
,, la certitude de la prescience n'est pas la cause de
,, la certitude des choses, [qui est-ce qui vous le
,, dispute ?] mais qu'elle est fo dée elle-même sur
,, la réalité des choses. Tout ce qui existe aujourd'-
,, hui, existe certainement, & il étoit hier & de
,, toute éternité aussi certainement vrai qu'il existe-
,, roit aujourd'hui, qu'il est maintenant certain qu'il
,, existe. Cette certitude d'événemens est toujours la
,, même, & la prescience n'y change rien, [mais
qui vous dit qu'elle y change quelque chose ?].,,
,, La considération de notre propre connoissance don-
,, nera peut-être quelque jour à ce que je dis sur la
,, prescience divine. Nous savons très-certainement,
,, que certaines choses existent. (Le saurions-nous
,, certainement, si elles n'existoient pas de même ?
,, Et il n'est pas possible que les choses dont nous sa-
,, vons ainsi l'existence, n'existent en effet. Il est pour-
,, tant de la dernière évidence que notre connoissance
,, ne contribue en rien à leur existence, il est tout
,, aussi évident que la certitude de leur existence con-
,, tribue beaucoup à la certitude de notre connoissance,)
» & qu'elle ne les rend ni plus certaines ni plus néces-
» saires) il est aussi très-clair que cette certitude de
leur existence rend notre connoissance plus certaine
& plus nécessaire. » Or la prescience de Dieu est la
» même chose que la connoissance. « (Soit, je vous
l'accorde) « Si vous la considerez par rapport à sa
» connoissance & à sa puissance, toutes choses lui
» sont également présentes. Il connoît très-parfaite-
» ment tout ce qui est, & il prévoit, il sait tout
» ce qui sera, aussi parfaitement qu'il connoît ce
» qui est. (Eh pourquoi cela ?) Comme donc sa con-
» noissance n'influe en rien sur les choses qui sont
» actuellement, sa prescience aussi ne peut avoir aucune
» influence sur celles qui sont à venir ». Tout cela est
vrai, mais voici une chose qui ne l'est pas moins :
comme la certitude de ce qui est actuellement influe
nécessairement sur sa connoissance, la certitude de
ce qui est à venir influe de même aussi sur la prescience). » J'avoue qu'il n'est pas possible d'expliquer
» comment Dieu peut prévoir les choses futures, à

existence parce qu'elle est l'effet de sa volonté suprême, son décret rend alors cette existence nécessaire ; car il seroit absurde qu'un être tout-puissant voulût une chose qui ne dût pas nécessairement exister. Si au contraire il prévoit cette existence parce qu'elle dépend de ses propres causes, cette sorte d'existence n'en est pas pour cela moins nécessaire : car, puisque les causes & les effets ont ensemble un rapport nécessaire, & dépendent absolument les uns des autres, il ne seroit pas moins contradictoire que des causes ne produisissent point leurs effets, (1) qu'il le seroit qu'un événement que Dieu voudroit, n'existât point nécessairement.

On lit dans les œuvres philosophiques de *Cicéron* plusieurs passages qui peuvent servir à prouver ce que j'avance ici : » Comment, dit-il dans » son traité de la divination, » est-il possible de » prévoir l'existence future d'une chose dont nous » ignorons la cause, ou plutôt qui n'en a aucune ?... Quelle est donc la manie de ceux qui » attribuent certains événements au hasard ou à » la fortune ?... Fut-il jamais d'idée plus extravagante & plus déraisonnable ? Jamais on ne » parviendra à me (2) persuader que Dieu puisse » prévoir des choses qui doivent arriver par un » pur hasard. En effet, s'il connoît ces choses, » elles doivent nécessairement exister un jour ; » or, si leur existence est certaine, il n'y a donc » plus de fortune : mais, selon vous, il y en a » une ; donc ces choses, que vous supposez fortuites, ne sauroient être prévues ni pressenties. »

L'illustre auteur de la réformation, (3) *Luther*, s'exprime ainsi dans son *traité contre le libre arbitre* : » La prescience & la toute-puissance de Dieu une » fois admises, il s'ensuit, par une conséquence » naturelle & irrésistible, que nous ne nous » sommes point faits nous-mêmes, que nous n'agissons qu'en vertu de sa toute-puissance. S'il » est vrai qu'il nous ait créés tels que nous sommes, & qu'il nous meuve, nous détermine » tous les jours de telle manière : je ne vois » point comment la liberté pourroit avoir lieu

---

» moins de supposer une chaîne de causes nécessaires : (vous avouez donc la dette, M. Clarke ?) « nous » pouvons cependant nous en faire quelque espèce » d'idées générales. Il peut arriver qu'un homme » intelligent connoisse par avance ce qu'un autre » homme, sur les actions duquel il n'a pourtant aucune influence, fera en certains cas. Un second, » qui a plus de pénétration & d'expérience que le » premier, peut prévoir plus probablement encore » ce que fera, en certaines circonstances, une personne dont les dispositions lui sont parfaitement » connues. Nous concevons qu'un ange peut pénétrer plus avant encore dans les actions futures de » l'homme & avec un plus grand degré de certitude ». (Mais que seroient tous ces différens degrés de pénétration & de sagacité, si les actions qu'il s'agit de prévoir n'étoient point nécessaires ? Dans un pareil cas, l'ange seroit tout aussi avancé que toutes ses lumières, que l'être le plus bornée. Il n'y auroit pas même d'exception en faveur de l'être suprême). » Or » cela étant ainsi, il est très-raisonnable de concevoir » qu'à plus forte raison Dieu, dont la nature est » infiniment plus parfaite, peut par sa prévision avoir » une connoissance beaucoup certaine (mais toujours fondée sur la nécessité de la chose prévue) des *événemens libres*, » [permettez-moi de vous dire que le mot *libre* est ici de trop, & implique contradiction.] qui sont à venir, que n'est celle que » les hommes ou les anges sont capables d'en avoir. » Il nous est impossible, à la vérité, d'expliquer » distinctement comment il prévoit cet ordre d'événemens, [Je n'ai pas de peine à le croire] supposé que ces deux choses [la prescience & la liberté] fussent réellement incompatibles, & que » l'une des deux dût être anéantie : qui ne voit » que, l'introduction d'un destin absolu & universel, » le tombeau & l'extinction entière de la religion & » de la morale, seroit une brèche à la gloire de » Dieu, bien plus considérable que ne seroit la négation de sa prescience qui dans cette supposition » seroit impossible & contradictoire ? En ce cas-là » un homme qui nieroit la prescience de Dieu & » lui raviroit pourtant pas sa toute-puissance, [mais voilà un expédient qui ne remédieroit à rien, puisque ce n'est pas la prescience qui cause la nécessité des événemens, & qu'elle peut être anéantie, sans que la cause, je veux dire la nécessité le soit : car on n'a jamais dit que l'inverse de cette proposition, *sublatâ causâ tollitur effectus*, pût avoir également lieu.... *Voyez* le traité de l'existence & des attributs de Dieu, *chap.* 11. *prop.* 10. *pag.* 218. & suiv. & les nouveaux essais de M. Chub, ci-dessus cités.

(1) Quicumque unquam effectus productus sit, productus est à causâ necessariâ. Nam quod productum est, causam habuit integram, hoc est, omnia, ea quibus suppositis, effectum non sequi, intelligi non possit : ea vero causa necessaria est. *Voyez* Hobbes. Philosoph. prim. *chap.* 9 & Leviathan, or the matter, forme, & Power of a common-wealth Ecclesiast. and civil. (*London* 1651. 1 *vol. in-4.*) part. 2. *chapitre* 11. *page* 107. & *suiv*.

(2) Qui potest provideri quicquam futurum esse, quod neque causam habet ullam, neque notam, cur futurum sit ? Quid est igitur, quod casu fieri aut forte fortunâ putemus ?... Nihil enim est tam contrarium rationi & constantiæ, quàm fortunæ ; ut mihi ne in Deum cœdere videatur, ut sciat qui casu & fortuito futurum sit : si enim scit, certè eveniet ; sin certè eveniet, nulla est fortuna. Est autem fortuna. Rerum igitur futurarum nulla est præsensio. De Divin. c. 2.

(3) Concessâ igitur præscientiâ Dei & omnipotentiâ, sequitur naturaliter irrefragabili consequentiâ, nos per nosmetipsos non esse factos, nec vivere, nec agere quicquam, sed per illius omnipotentiam. Cùm autem tales nos ille præscierit futuros, talesque nunc faciat, moveat & gubernet : quid potest fingi, quæso, quod in nobis liberum sit, aliter & aliter fieri ; quàm ille præscierit aut nunc agat ? Pugnat ergo ex diametro præscientia, & omnipotentia Dei cum nostro libero arbitrio. Aut enim Deus falletur præsciendo, errabit & agendo... aut nos agemus & agemur secundùm ejus præscientiam & actionem.

» en nous, ni comment nous pourrions faire
» des actions autres que celles par lui prévues,
» ou celles auxquelles il nous détermine actuel-
» lement. Il est donc clair que la prescience &
» la toute-puissance de Dieu forment des obsta-
» cles invincibles à notre liberté. Car il faut
» nécessairement que Dieu soit trompé dans sa
» prescience, & que son action sur nous demeure
» sans effet, ou bien que ses mouvemens & nos
» actions soient des suites nécessaires de sa pres-
» cience & de la détermination qu'il nous donne.
» Le savant docteur *South* ne craint point (1) de
» dire que la prescience d'un événement emporte
» la conséquence certaine & nécessaire que cet
» événement doit exister, d'autant plus que la
» certitude de la prescience est uniquement fondée
» sur la certitude de l'existence future de la chose
» prévue; en ce sens-là, la promesse & la
» volonté de Dieu donnent une existence né-
» cessaire à la chose par lui promise & arrêtée,
» c'est-à-dire, que sa volonté & son décret en
» déterminent nécessairement l'existence : ainsi,
» ajoute-t-il, il étoit aussi impossible que Jésus-
» Christ ne ressuscitât point, qu'il l'étoit que
» Dieu voulût & promît une chose qui ne dût
» point exister dans son tems. »

Il me seroit aisé de citer ici, pour fortifier mes raisonnemens, plusieurs passages tirés même des écrits des plus grands théologiens (2) & des plus célèbres philosophes qui se sont hautement déclarés pour la liberté. En effet, presque tous sont forcés de convenir de l'impossibilité où ils sont eux-mêmes de concilier ensemble la *prescience divine* (3) & la liberté de l'homme; or c'est là à quoi se réduit précisément la preuve que j'ai prétendu faire résulter de la considération de la prescience divine.

Argument tiré de la nature des récompenses & des châtimens établis dans la société civile.

Un autre argument qui démontre invinciblement que l'homme est un *agent nécessaire*, se tire de l'essence des châtimens & des récompenses dont on fait tous les jours usage dans la société pour son plus grand bien. Il est indubitable que, si l'homme n'étoit point un agent nécessaire, déterminé par le plaisir & par la douleur, les récompenses & les peines légales, qu'on peut regarder comme la base du système de la société, ne porteroient sur aucun fondement. (4)

En effet, si les hommes n'étoient pas nécessairement déterminés par le plaisir & par la douleur, ou, ce qui revient au même, si ces deux sentimens n'étoient point les causes déterminantes de leurs volontés, je ne vois pas de quelle utilité pourroit être l'établissement des récompenses pour les porter à observer les loix, ou l'institution des peines, pour les empêcher d'enfreindre ces mêmes loix. Dès qu'ils seroient les maîtres de choisir le mal comme mal, & de rejetter les sensations agréables reconnues une fois pour telles, toutes les récompenses & toutes les peines du monde seroient des motifs impuissans pour les engager à faire une certaine action ou pour les détourner d'une autre. Si, au contraire, il est vrai que le plaisir & la douleur produisent un effet nécessaire sur la volonté de l'homme, & qu'il ne puisse se dispenser de choisir ce qui lui paroit bon, & de rejetter ce qui lui paroit mauvais, il s'ensuit de là que l'établissement des peines & des récompenses est absolument nécessaire par rapport à l'homme, & que la vue des unes & des autres ne peut manquer de faire impression sur tous

---

(1) Serm. *vol.* 3. *pag.* 448.

(2) *Voyez* entr'autres les sermons de Tillotson, *vol.* 6. *pag.* 157. Stillin-fleet dans son livre de la satisfaction de J. C. *pag.* 55. Descartes, première partie de ses principes, *chap.* 147. *art.* 41 des lettres de Locke, *p.* 27. Boursier, de l'action de Dieu sur les créatures, traité dans lequel on prouve la prémotion physique par le raisonnement, &c. imp. à Lille 1713 *vol.* 1. 2. &c.

(3) » Il est certain que, quelque habiles que fus-
» sent les astronomes, ils ne pourroient pas prévoir
» les éclipses; si le soleil ou la lune pouvoient quel-
» quefois se détourner de leurs cours indépendamment
» de quelque cause que ce soit & de toute règle.
» Donc Dieu ne pourroit pas non plus prévoir les
» éclipses, & ce défaut de prescience en Dieu ne
» viendroit non plus que d'où viendroit le défaut
» de prescience des astronomes. Or le défaut de
» prescience dans les astronomes ne viendroit pas
» de ce qu'ils ne seroient pas les auteurs des mou-
» vemens célestes, puisque cela est indifférent à la
» prescience, ni de ce qu'ils ne connoîtroient pas
» assez bien les mouvemens, puisqu'on suppose qu'ils
» les connoîtroient aussi bien qu'il seroit possible;
» mais le défaut de prescience en eux viendroit uni-
» quement de ce que l'ordre établi dans les mouve-
» mens célestes ne seroit pas nécessaire & invariable :
» donc de cette même cause viendroit en Dieu le
» défaut de prescience : donc Dieu, bien qu'infini-
» ment puissant & infiniment intelligent, ne peut
» jamais prévoir ce qui ne dépend pas d'un ordre
» nécessaire & invariable : donc Dieu ne prévoit point
» du tout les actions des causes qu'on appelle libres.
» D'où il suit qu'il n'y a point de causes libres, ou
» que Dieu ne prévoit point leurs actions. En effet,
» il est aisé de concevoir que Dieu prévoit infailli-
» blement tout ce qui regarde l'ordre physique de
» l'univers, parce que cet ordre est nécessaire & sujet
» à des règles invariables qu'il a établies... Il n'est
» point de la gloire de Dieu ni de sa grandeur de
» prévoir des choses qu'il auroit fait lui-même de nature
» à ne pouvoir être prévues ». *Voyez* dans les nouvelles libertés de penser, le traité de la liberté, par M... *première partie, page* 115 *& suivantes.*

(4) Solon rempublicam contineri dicebat duabus rebus, præmio & pœnâ, *Cic.* Epist. 15. *ad* Brutum,

ceux qui ne pourront s'empêcher de regarder les récompenses comme des plaisirs & les châtimens comme des peines ; & c'est là le seul cas où les châtimens & les récompenses peuvent porter l'homme à observer les loix, & l'empêcher de les transgresser.

D'ailleurs, puisqu'actuellement même la société civile renferme dans son sein tant de voleurs, de meurtriers, & d'autres malfaiteurs, qui, malgré toutes les peines & toutes les récompenses établies par les loix, prennent le parti d'enfreindre ces loix, comme celui qui leur paroît le meilleur ou le moins mauvais, & refusent d'y obéir, parce que cette obéissance leur paroît un plus grand mésaise ou un moindre bien : où en seroit la société, à combien d'autres désordres ne seroit-elle point exposée, si les récompenses & les châtimens, considérés comme des plaisirs & des peines, n'avoient absolument aucun pouvoir pour déterminer la volonté des hommes, si, au lieu de cela, rien ne les empêchoit de préférer le châtiment considéré même comme peine, ni de rejetter les récompenses envisagées même comme plaisir ? Il est évident que les hommes, dans cet état, n'auroient absolument aucun frein, & que leur association ne pourroit subsister long-tems.

Argument tiré de la nature de la moralité.

Me voilà enfin arrivé à mon sixième & dernier argument en faveur de la nécessité. Je soutiens donc ici, que si l'homme n'étoit point un agent nécessaire & déterminé par le plaisir ou par la douleur, il faudroit le regarder comme un être dépourvu de toute idée de moralité dans ses jugemens, & de toutes sortes de motifs dans ses actions ; il ne seroit plus question de distinguer entre la *moralité* & *l'immoralité* des actions, entre la vertu & le vice : l'homme enfin perdroit la qualité d'être moral.

La *moralité* (1) ou la vertu a uniquement rapport aux actions, qui de leur nature, & tout considéré, sont satisfaisantes, agréables ou convenables, au lieu que l'immoralité ou le vice n'est relatif qu'à celles qui, de leur nature, & tout considéré, sont non-convenables ou disgracieuses. Il est nécessaire qu'un homme soit affecté par le plaisir ou par la douleur, pour qu'il puisse reconnoître la moralité, & la distinguer de l'immoralité ; il doit pareillement être affecté de l'un ou de l'autre de ces sentimens pour avoir quelque motif qui le détermine à pratiquer cette moralité ou cette vertu ; car, hormis le plaisir & la douleur, il n'y a point de motif qui puisse porter un homme à faire une certaine action ou l'en détourner. En un mot, plus l'homme a de capacité pour distinguer & pour reconnoître les actions qui peuvent lui apporter du plaisir ou lui causer de la peine, plus il est en état de mettre de la moralité dans ses actions ; j'ose même avancer qu'il n'auroit rien à desirer à cet égard, s'il étoit nécessairement déterminé par le plaisir & par la douleur en connoissance de cause. Mais si l'homme est indifférent au plaisir & à la douleur, si le sentiment qu'il a de l'un & de l'autre n'est ni distinct ni complet, quelle règle a-t-il donc pour reconnoître la moralité & pour la distinguer de l'immoralité ? quel motif peut-il avoir pour s'abstenir de celles-ci & pour pratiquer celles-là ? il s'ensuivroit de là, qu'il auroit une parfaite indifférence pour la moralité & l'immoralité, pour la vertu & le vice. L'homme, dans sa condition actuelle, est déjà assez sujet à se méprendre sur la moralité ou l'immoralité des actions, & à faire de faux jugemens & de mauvais choix par rapport aux qualités apparentes des objets ; il y a tout lieu de croire que s'il avoit une indifférence réelle pour le plaisir & la douleur, il n'auroit absolument aucune règle pour se guider dans ses jugemens, dans ses volitions & dans ses actions, qu'ainsi il ne feroit jamais que de mauvais choix, de faux jugemens.

Réponse aux objections.

Quoique j'aie eu l'attention, en proposant mes argumens, d'aller au-devant de toutes les objections qu'on a coutume de faire contre le système de la nécessité, il ne sera pas, je crois, hors de propos de répondre ici plus particulièrement aux principales.

Première objection.

» Si les hommes, nous dit-on d'abord, étoient
» des agens nécessaires, s'ils étoient nécessaire-
» ment déterminés à enfreindre les loix, il seroit
» souverainement injuste de les punir d'une faute
» ou d'un crime qu'ils n'auroient pu s'empêcher
» de commettre. » (1)

Réponse.

A cela je réponds, que l'unique but qu'on se

---

(1) *Voyez* Locke, essai sur l'entendement humain, liv. 2. chap. 10. & Serjeant, solid. Philos. assert. pag. 215.

(1) Peccata hominum & delicta non sustentanda neque condicenda sunt ipsis voluntatibusque eorum, sed necessitati cuidam & instantiæ, quæ oritur ex fato, omnium quæ fit rerum domina & arbitra, per quam necesse sit fieri quidquid futurum est ; & propterea nocentium pœnas legibus iniquè institutas, si homines ad maleficia non sponte veniunt, sed fato trahuntur. Aulu Gel. noct. attic. lib. 6. cap. 2. edit. de Leyde 1644.

propose dans une société en établissant des peines, c'est de prévenir, autant qu'il est possible, la *commission* de certains crimes, & que les peines produisent l'effet qu'on a eu en vue dans leur sanction de deux manières : 1°. en réprimant & en retranchant de la société les membres corrompus ; 2°. en intimidant les autres, & en les retenant dans leur devoir par la terreur des exemples. Que les châtimens en question aient été établis dans l'une & l'autre de ces vues, il est toujours évident qu'on n'a jamais songé pour rendre ces punitions justes, à supposer la liberté des actions humaines, & qu'au contraire les législateurs ont cru pouvoir les établir sans blesser la justice, quoiqu'ils sussent que l'homme étoit un agent nécessaire. (1)

En premier lieu, pourquoi retranche-t-on de la société comme des pestes publiques les meurtriers, par exemple, ou d'autres membres vicieux, si ce n'est parce qu'on ne les cas, loin de les considérer comme des agens libres, on les regarde comme indignes de rester dans la société, & qu'on les traite, ainsi qu'une branche pourrie qu'on retranche du corps de l'arbre, ou comme un chien enragé qu'on assomme au milieu de la rue. La peine qu'on inflige alors à ces sortes de gens est juste, en ce qu'elle retranche de la société des membres dangereux. Par la même raison, les fols & les insensés, que tout le monde convient être des agens nécessaires, sont, en plusieurs pays, sujets à certaines peines légales, ou abandonnés à la discrétion des particuliers ; il en est de même des personnes infectées de quelque maladie contagieuse, lesquelles ne sont assurément point des agens libres, & ne sont coupables d'aucun crime. N'arrive-t-il pas tous les jours que l'on retranche, & avec raison, ces sortes de gens de la société, & cela uniquement pour prévenir les funestes effets de la contagion ? En second lieu, à envisager l'inflixion des peines sur la personne de quelques malfaiteurs, comme un moyen d'intimider les autres membres de la société, & de les retenir dans leur devoir par la terreur des exemples, il y a tout lieu de croire que les législateurs qui ont établi les peines dans cette dernière vue, n'ont pu avoir égard à la liberté des actions humaines, dans l'idée de rendre juste la sanction des peines. Pour que les châtimens soient justes, il suffit que les hommes soient déterminés par leur volonté, ou qu'ils aient eu la volonté de commettre le crime qui les a mis dans le cas d'encourir ces châtimens. La loi, conforme en cela à la justice & à la droite raison, considère uniquement la volonté de l'homme, sans porter ses vues jusqu'aux autres (1) causes qui ont précédé l'action.

Supposons, par exemple, que la loi défende, sous peine de mort, de voler, & qu'il se trouve un homme qui, par la force de la tentation, soit nécessité à commettre un vol, & qu'en conséquence il soit puni de mort, le châtiment de cet homme, dans un pareil cas, ne sert-il point à détourner les autres de voler ? N'est-ce pas là une cause qui empêchera ces autres de commettre le même crime, qui pourra les éloigner du mal & les engager à pratiquer la justice ? au lieu que le supplice d'un criminel, qu'on ne regarderoit que comme un agent involontaire, d'un homme, par exemple, qui en auroit tué un autre par mégarde dans un accès de fièvre, ou dans d'autres circonstances pareilles, le supplice d'un tel homme, dis-je, ne pourroit, en aucune manière, empêcher d'autres de commettre un crime semblable. En effet, on auroit aussi peu de raison de regarder cet homme comme un être intelligent

---

(1) « Quant à la morale, ce système rend la vertu » un pur bonheur, & le vice un pur malheur : il détruit » donc toute la vanité & toute la présomption » qu'on peut tirer de la vertu, & donne beaucoup » de pitié pour les méchans sans inspirer de haine » contre eux. Il n'ôte nullement l'espérance de les » corriger, parce qu'à force d'exhortations & d'exemples, » on peut mettre dans leur cerveau, les dispositions » qui les déterminent à la vertu, & c'est » ce qui conserve les loix, les peines & les récompenses. » Les criminels sont des monstres qu'il faut » étouffer en les plaignant, leur supplice en délivre » la société, & épouvante ceux qui seroient portés » à leur ressembler. *Voyez* dans les nouvelles libertés » de penser, le traité de la liberté, par M... *part.* 4. *page.* 140.

(1) « Sur les mouvemens volontaires du corps, » l'opinion commune est que l'on remue librement » le pié, le bras, & il est vrai que ces mouvemens » sont volontaires, mais il ne s'en suit pas absolument » de-là qu'il soit libre. Ce qu'on fait parce » qu'on le veut, est volontaire, mais il n'est point » libre à moins qu'on ne put s'empêcher réellement ou » effectivement dans son cerveau. Quand je remue la » main pour écrire, j'écris parce que je le veux, » & si je ne le voulois pas, je n'écrirois pas ; cela » est volontaire, & n'a nulle contrainte. Mais il y » a dans mon cerveau une disposition matérielle qui » me porte à vouloir écrire, ensorte que je ne puis » pas réellement ne le pas vouloir ; cela est nécessaire » & n'a nulle liberté ; ainsi ce qui est volontaire » est en même-tems nécessaire, & ce qui est » sans liberté, n'a pourtant pas de contrainte. L'ame » est déterminée nécessairement par son cerveau à » vouloir ce qu'elle veut, & sa volonté excite nécessairement » dans son cerveau un mouvement par » lequel elle l'exécute. Ainsi, si je n'avois point d'ame, » je ne ferois point ce que je fais, & si je n'avois » point un tel cerveau, je ne le voudrois point faire... » Donc il n'est point absolument de la nature des » mouvemens volontaires d'être libres. En effet c'est » l'ame de ce fol (dont il est ici question,)qui remue » son bras parce qu'elle veut tuer, mais elle est nécessairement » portée à vouloir tuer en conséquence » de telles dispositions de son cerveau. *Voyez* dans les nouvelles libertés de penser, le traité de la liberté, par M.... en 4 parties, 3 *part. pag.* 137 & suivantes.

par

par rapport à l'action qu'il a faite, que d'attribuer de l'intelligence à une maison qui écrase une personne par accident; par conséquent, toutes les fois qu'un homme est déterminé par sa volonté à commettre un crime, & que sa punition peut servir à détourner les autres du même crime, les loix ne lui font aucune injustice en le punissant d'avoir commis un crime que la force de la tentation, jointe à de mauvaises habitudes, ou d'autres causes l'ont nécessité à commettre. (1)

J'ajoute ici une remarque à l'occasion d'une loi qui a lieu parmi nous. Personne n'ignore que la rigueur des loix n'épargne pas les biens des enfans de ceux qui se sont rendus coupables de haute trahison, & qu'elle leur fait porter la peine du crime de leurs pères; cependant les dispositions des lois à cet égard ont toujours été regardées comme justes, parce qu'on les considère comme des moyens capables de retenir les pères dans leur devoir par la vue du malheur où leur rebellion plongeroit leurs enfans. On ne sauroit nier que, dans ce cas, les loix d'Angleterre, loin d'exiger que les personnes sujettes à ces châtimens soient des agens libres, ne les considèrent seulement pas comme des agens volontaires, ni même comme coupables personnellement du crime pour lequel elles subissent ces châtimens.

Deuxième objection.

« Il est inutile d'ordonner des peines & d'en
» infliger aux coupables pour empêcher les au-
» tres de commettre les mêmes crimes, si toutes
» leurs actions sont les suites d'une détermination
» nécessaire. » (2)

Première réponse.

Je soutiens en premier lieu, que les peines établies sont elles-mêmes des causes qui déterminent nécessairement plusieurs personnes à se conformer aux loix, & à ne point commettre les crimes auxquels ces peines ont été attachées; l'institution de ces peines est donc utile par rapport à tous ceux dont les volontés sont propres à être nécessairement déterminées par là. L'utilité des loix pénales relativement à ces sortes de caractères, est même égale à celle de la chaleur du soleil pour mûrir les fruits de la terre, ou à celle de toutes les autres causes pour produire leurs effets respectifs. L'on seroit aussi bien fondé à soutenir que la chaleur du soleil est inutile, quoiqu'elle contribue nécessairement à faire mûrir les fruits de la terre, qu'on le seroit à dire que l'établissement des loix pénales ne peut être d'aucune utilité par rapport à ceux pour lesquels ces sortes de réglemens sont des espèces de freins qui les empêchent nécessairement de faire une mauvaise action. En général, les loix pénales dans le cas où elles punissent les coupables de crimes qu'ils n'ont pas pu se dispenser de commettre, est avantageuse à la société, en ce que, d'un côté, elles créent, pour ainsi dire, de nouvelles causes nécessaires qui influent sur les volitions de tous ceux qui ont besoin de ce joug pour obéir aux loix, & en ce que de l'autre elles retranchent de la société les membres corrompus & dangereux.

Deuxième réponse.

Je dis, en second lieu, que les loix pénales, loin d'être inutiles dans le cas où les hommes seroient des agens nécessaires, ne sauroient au contraire atteindre le double but que la société se propose d'ordinaire en les établissant, qui est de punir les coupables & de retenir les autres dans leur devoir, à moins que les hommes ne soient des agens nécessaires & déterminés invinciblement par le plaisir & par la douleur. En effet, si les hommes étoient libres ou indifférens au plaisir & à la peine, les châtimens ne pourroient jamais être des motifs nécessairement déterminans pour les porter à l'observance des loix.

Troisième réponse.

Je maintiens en troisième lieu, que nous avons tous les jours devant les yeux des exemples de l'utilité des peines infligées à des êtres intelligens & sensibles que l'on regarde généralement comme des agens nécessaires. Tous les jours il nous arrive de châtier des chiens, des chevaux & d'autres animaux avec succès, & de parvenir ainsi à les dépouiller de leurs mauvaises habitudes, & à les rappeler à leur bon naturel. Ce sont là des faits incontestables, & que nous offre l'expérience journalière. Il est vrai que les défenseurs de la liberté ont fait tous leurs efforts pour éviter les conséquences qu'on pourroit en tirer contre

---

(1) « .... Enfin ce système ne change rien à l'ordre
» du monde, sinon qu'il ôte aux honnêtes gens un
» sujet de s'estimer & de mépriser les autres, &
» qu'il les porte à souffrir des injures sans avoir d'in-
» dignation ni d'aigreur contre ceux dont ils les re-
» çoivent. J'avoue néanmoins que l'idée que l'on a
» de pouvoir se retenir sur le vice, est une chose
» qui aide souvent à nous retenir, & la vérité
» que nous venons de découvrir est dangereuse pour
» ceux qui ont de mauvaises inclinations. Mais ce
» n'est pas la seule matière sur laquelle il semble que
» Dieu ait pris soin de cacher au commun des hommes
» les vérités qui leur auroient pu nuire..... » *Ibid.*
part. 4 pag. 150.

(2) Ce raisonnement ne ressemble pas mal à celui que feroit un horloger à un homme qui lui présenteroit une montre pour la raccommoder, & qui lui diroit sérieusement : « Toutes les peines que je
» pourrois me donner, tout le travail que je pour-
» rois faire pour mettre votre montre en meilleur
» état, seroient inutiles, puisque son dérangement
» est la suite d'une détermination nécessaire, &c. »

Philosophie anc. & mod. Tom. I.

leur système : ils ont, (1) par exemple, appelé *analogiques*, les peines & les récompenses que l'on emploie à l'égard des brutes : ils viennent vous dire très-sérieusement que *les coups & les alimens qu'on donne aux bêtes ne sont que des ombres, des figures de récompenses & de châtimens*. Ce qui n'empêche cependant pas que les supplices infligés aux animaux ne soient même de quelque utilité relativement à leurs semblables. En effet, nous lisons dans *Rorarius* (2) que certains peuples d'Afrique sont dans l'habitude d'attacher les lions à des croix, afin d'épouvanter les autres & les éloigner des villes ; le même auteur nous apprend, qu'en voyageant dans le pays de *Juliers*, il avoit observé que la coutume des habitans étoit de pendre les loups, afin de mettre leurs troupeaux en sûreté. En Angleterre, les gens de la campagne n'ont-ils pas toujours soin de pendre au milieu de leurs champs des grôles & des corneilles, pour préserver leurs grains des déprédations de ces animaux, de même que nous pendons les meurtriers pour détourner les autres du même crime, & pour assurer le repos de la société civile ? Mais qu'ai-je besoin de descendre jusqu'aux brutes pour prouver l'utilité des loix pénales relativement à des êtres nécessaires ? Les châtimens ne sont pas même sans effet par rapport aux imbécilles & aux insensés : ils servent à les contenir jusqu'à un certain point : les châtimens enfin ne sont-ils point un des moyens les plus efficaces dont se servent les pères & les mères pour former l'esprit de leurs enfans & pour les retenir dans le devoir ? Il est vrai qu'en général les peines font plus d'impression sur les enfans que sur les personnes faites, & qu'elles ont plus de pouvoir & plus d'influence sur leurs mœurs & sur leurs actions, que sur celles des hommes faits, dont on a plus de peine à déraciner les mauvaises habitudes ; autre raison qui devroit bien convertir nos adversaires, & achever de les convaincre de l'utilité des loix pénales par rapport à des êtres nécessaires.

Troisième objection.

» Si les hommes sont des agens nécessaires, » les raisonnemens, les représentations, les me» naces, les conseils, les avertissemens, les ré» primandes, les louanges, tout cela est donc » superflu à leur égard. »

(1) A cette objection voici ma réponse. J'ai toujours pensé que les différens motifs dont on vient de faire l'énumération, étoient des causes nécessaires qui contribuoient à déterminer certaines personnes à faire ce que nous souhaitons d'elles ; que par conséquent chacun d'eux avoit son utilité, puisqu'ils influoient tous sur la volonté des agens nécessaires, dont ils déterminoient nécessairement les actions, au lieu que ces mêmes motifs seroient tout-à-fait inutiles si les hommes étoient libres, ou si leurs volontés ne pouvoient jamais en être affectées. Ainsi les auteurs d'une pareille objection tombent, sans y songer, dans une double absurdité, en soutenant, d'un côté, qu'une cause qui ne produit aucune action, & qui n'influe point sur la volonté, est utile, &, de l'autre, qu'une cause, dont l'effet est nécessaire, est inutile.

Quant aux louanges, elles demandent quelques réflexions particulières. De tout tems l'on a comblé d'éloges les hommes pour des actions généralement réputées nécessaires. Les poëtes épiques, par exemple, qui sont comme les panegyristes des grands hommes, se sont fait une espèce d'habitude, qui est devenue une loi, d'attribuer les actions glorieuses & courageuses de leurs héros à quelque divinité qui les protège & qui les accompagne par-tout. (4) Homère donne presque à chacun de ses héros un dieu ou une déesse, qu'il charge du soin de le suivre dans les combats & de l'aider dans le malheur. Virgile nous représente

___

(1) *Voyez* les œuvres de Bramhall, page 685.

(2) *Rorarius*, lib. 2. pag. 109. *Voyez* le dict. crit. de Bayle, art. *Rorarius*, Rem. C. D. E. E. F.

(3) *Voyez* ci-dessus, la note 54.

(4) Entre plusieurs passages que je pourrois rapporter pour confirmer ce que j'avance, je me bornerai à ceux-ci. Hom. Odiss. liv. 1.

Minerve mit dans le cœur de Télémaque de la force & de la hardiesse.

Ibid. liv. 2.

Donec illa hunc habebit animum, quem quidem nunc illi

In pectoribus posuerunt dei.

Ibid. liv. 14.

Immortalis autem Deus aliquando quidem ante Ulyssem Apparebat audaciam acuens, aliquando procos turbans Currebat in domum.

Ibid. vers la fin du même livre,

Inspiravit robur magnum Pallas Minerva.

Multos & nostra civitas & Græcia tulit singulares viros, quorum neminem nisi juvante deo talem fuisse credendum est. Quæ ratio poetas maximeque Homerum impulit, ut principibus heroum Ulyssi, Diomedi, Agamemnoni, Achilli certos Deos discriminum & periculorum comites, adjungeret Cic. de. nat. Deor. n. 46.

Énée dirigé dans toutes ses actions par les conseils & par les inspirations de quelque divinité (1). Le *Tasse* a eu l'attention de ne point laisser ses guerriers chrétiens manquer de secours célestes.

Les orateurs & les historiens ont souvent loué des actions purement nécessaires, & qu'ils annonçoient même comme telles. Quand Cicéron (2) faisoit entendre au peuple romain que les dieux avoient inspiré à Milon le dessein & le courage de tuer Clodius, son intention n'étoit point de diminuer la gloire de son client, mais au contraire de la rehausser encore davantage. (3) Peut-on mieux faire l'éloge d'un homme, que de dire de lui, comme *Velleius Paterculus* a dit de Caton, qu'il étoit *bon par nature, parce qu'il ne pouvoit s'empêcher de l'être*. En effet la seule bonté solide & véritable naît de nos dispositions naturelles ou acquises; cette sorte de bonté est la seule sur laquelle on puisse sûrement compter, parce qu'elle ne sauroit jamais se démentir, ou du moins fort rarement. Au contraire, une bonté fondée sur des raisonnemens quelconques n'est qu'une bonté précaire. Il suffit, pour être entièrement persuadé de cette vérité, de jetter les yeux sur la conduite ordinaire des rhéteurs, qui font profession de déclamer contre le vice ; tous ces messieurs, malgré l'étalage continuel qu'ils nous font de tous les lieux communs tirés de l'excellence de la vertu & de la difformité du vice, malgré la connoissance qu'ils peuvent avoir des récompenses attachées à la première, & des peines inséparables du dernier ; tous ces messieurs, dis-je, n'en ont pas pour cela plus de bonté réelle que ceux qui n'ont pas, à beaucoup près, leur science. Enfin le proverbe, *gaudeant bene nati, heureux ceux qui sont bien nés*, doit nous apprendre quel fonds il y a à faire sur des êtres qui ne sont point nécessairement déterminés à pratiquer la vertu.

Quatrième objection.

» Si tous les événemens sont nécessaires, dit-on
» encore, le cours de la vie de chaque homme
» doit avoir un terme fixe & déterminé ; si cela
» est, il faut donc aller jusqu'à dire que le dé-
» faut de soins, les violences, les maladies ne
» sauroient l'abréger ; que de même les soins &
» les remèdes administrés par la médecine ne
» peuvent le prolonger, &, par une conséquence
» nécessaire, qu'il est inutile de faire usage de
» tous ces secours. » (4)

Je conviens avec nos adversaires, que si le cours de notre vie a un terme fixe & limité (ainsi que je l'ai toujours pensé,) nos jours doivent nécessairement finir dans le tems prescrit, & qu'aucun incident ne sauroit en abréger ni en prolonger la durée. Ce terme marqué ne peut être avancé ni reculé ; le défaut de soins, les violences, les maladies ne peuvent rien changer à cet ordre immuable, non plus que les soins de nos amis ni les secours de la médecine : mais quoiqu'en général, ou dans un certain sens, ces choses ne puissent servir à prolonger ou bien à abréger notre vie, il est cependant certain, qu'en qualité de causes nécessaires, & faisant partie de la chaîne des causes qui contribuent à donner à la vie d'un homme une étendue plus ou moins considérable (5),

---

(1) *Voyez* les livres 1, 2, 4, 9, &c. de l'Enéide.

(2) Sed hujus beneficii gratiam, judices, fortuna populi romani, & vestra felicitas & dii immortales sibi deberi putant. Nec verò quisquam aliter arbitrari potest, nisi qui nullam vim esse ducit numenve divinum, quem neque imperii vestri magnitudo, neque sol ille, nec cœli signorumque motus, nec vicissitudines rerum atque ordines movent, neque id, quòd maximum est, majorum nostrorum sapientia.... Est, est profectò illa vis; neque in his corporibus atque in hâc imbecillitate nostra inest quiddam, quod vigeat & sentiat; & non inest in hoc tanto naturæ tam præclaro motu... Ea vis, ea igitur fuit, quæ sæpè incredibiles huic urbi felicitates atque opes attulit; quæ illam perniciem extinxit & sustulit: cui primùm mentem injecit, ut vi irritare ferroque lacescere fortissimum virum auderet, vinceretur ab eo, quem si vicisset, habiturus esset impunitatem & licentiam sempiternam. Non est humano consilio, nec mediocri quidem, judices, deorum immortalium curâ, res illa perfecta; religiones mehercule ipsæ aræque, cùm illum bellum arderunt, commosse se videntur, & jus in illo suum retinuisse, &c. *Cicer. Orat. pro A. Milone.*

(3) Je pourrois citer ici plusieurs autres passages de différens auteurs, mais je me contenterai de rapporter ceux-ci. *Stace, Thébaïde. liv.* 10.

Diva Jovis solis juxtà comes, unde per orbem
Rara dari, terrifque solet contingere virtus,
Seu pater omnipotens tribuit, sive ipsa capaces
Elegit penetrare viros.

Horace, Carm. sæcul.

Dii probos mores docili juventæ.

Et senectuti placidæ quietem... date.

---

(4) *Voyez* ci-dessus la note 54.

(5) Il faut que je rapporte ici une idée singulière de M. de Maupertuis. « Non-seulement, dit-il, on peut
» prolonger ou retarder la vie de différentes sortes
» d'insectes pendant qu'ils sont dans leur premier
» œuf, en empêchant cet œuf d'éclore : mais on peut
» encore la prolonger ou la retarder, lorsqu'ils sont
» sous la forme de chrysalide, en les tenant seulement
» dans un lieu froid, c'est-à-dire, en diminuant ou
» suspendant l'activité du mouvement de leurs parties.
» Cette prolongation ou ce délai qu'on peut causer
» à la vie de ces insectes est même plus considérable
» qu'on ne le penseroit : elle peut aller jusqu'à des

elles doivent indispensablement précéder cet effet, comme les autres causes précèdent leurs effets respectifs ; d'où il suit que de l'omission ou de l'emploi de ces moyens considérés comme causes nécessaires, dépend essentiellement le bon ou le mauvais succès qu'on avoit lieu d'espérer ou d'appréhender de l'omission ou de l'emploi de tels ou tels moyens requis pour amener tel ou tel événement.

Supposons, par exemple, que les inondations annuelles du Nil (1) soient fixes & déterminées, tout cela n'empêche pas que tous les moyens requis pour causer ces inondations, ne doivent les précéder nécessairement. Car il seroit absurde de dire que les inondations annuelles du Nil, une fois supposées fixes & déterminées, pussent arriver sans qu'il fût nécessaire que les moyens requis pour les produire les précédassent. Il n'y auroit pas moins d'absurdité à conclure de ce que le cours de la vie humaine est déterminé, à en conclure, dis-je, quelque chose contre la nécessité des moyens & des causes qui contribuent à donner à notre vie une étendue plus ou moins considérable.

Cinquième objection.

» On demande comment un homme pourroit agir contre sa propre conscience, & sentir jamais des remords, s'il savoit que ses actions sont nécessaires, & si, en commettant un péché, il pensoit agir pour le mieux ? »

A cela voici ma réponse. Notre conscience n'étant autre chose que l'opinion que nous avons de nos propres actions, relative à quelque règle, il peut nous arriver au moment où nous faisons une mauvaise action, de savoir que nous agissons contre cette règle, & de nous porter à cette action avec une répugnance qui ne soit cependant pas suffisante pour nous en détourner. Mais, lorsque cette action est absolument consommée, nous pouvons, non seulement juger que nous avons violé cette règle, mais en avoir même des remords très-cuisans par la honte à laquelle elle nous expose, ou par la vue des châtimens auxquels elle nous assujettit ; sentiment qui nous occupe alors d'autant plus fortement, que nous ne sommes plus distraits par l'apparence du plaisir qui nous avoit d'abord séduits ; (2) c'est alors que nous nous savons mauvais gré d'avoir fait cette action, que nous nous accablons de reproches secrets, & que, dans l'amertume de notre repentir, nous voudrions bien ne l'avoir pas faite, & cela uniquement à cause des conséquences qu'elle entraîne avec elle.

Sixième & dernière objection.

» Maintenant, dit-on enfin, si tous les événemens sont nécessaires, il étoit donc aussi impossible, par exemple, à Jules Cæsar de fuir la mort qui l'attendoit au milieu du sénat, qu'il l'est en arithmétique, que deux fois deux fassent six. Mais comment penser que l'un fût aussi impossible que l'est l'autre, puisque rien ne nous empêche d'imaginer que Jules Cæsar pouvoit finir ses jours en tout autre lieu du monde comme dans le sénat ; & qu'au contraire il n'est pas possible de concevoir que deux fois deux fassent six. »

Je suis le premier à reconnoître que, si tous les événemens sont nécessaires, il étoit aussi impossible à Jules Cæsar d'éviter la mort qui l'attendoit au milieu du sénat, qu'il l'est en arithmétique que deux fois deux fassent six. J'ajoute même qu'il n'est pas plus possible de concevoir que Jules Cæsar pût finir ses jours ailleurs que dans le sénat, qu'il l'est de penser que deux fois deux fassent six. En effet, pour parvenir à concevoir que Jules Cæsar pût mourir ailleurs, il faut nécessairement supposer d'autres circonstances qui eussent précédé ce nouveau genre de mort, différentes de celles qui ont réellement précédé son assassinat. Mais si l'on suppose une fois sa mort précédée & accompagnée des mêmes circonstances dont l'histoire nous dit que son assassinat fut précédé

» années ; & fut une vie dont la durée ordinaire n'est que de quelques jours, des années sont plus que ne seroient pour nous plusieurs siécles. Si donc on trouvoit l'art de ralentir la végétation de nos corps, peut-être parviendroit-on à augmenter de beaucoup la durée de notre vie : ou si on pouvoit les tenir dans une suspension plus parfaite de leurs fonctions, peut-être parviendroit-on à remettre différentes périodes de notre vie à des tems fort éloignés ». *Voyez* les lettres de M. de Maupertuis, 2. édit. in-16. 1753, let. 18. pag. 163. & suiv.

(1) On a beaucoup parlé des débordemens du Nil. On peut voir ce qu'en pensoit *Héliodore* qui vivoit sous l'empire d'*Arcadius* & d'*Honorius*, dans son *Histoire Æthiopique*, ou les *amours de Théagène & de Chariclée*, liv 2, pag. 111, *Edit. de Lyon* 1611. Ce roman, composé en grec par Héliodore, évêque de Tricca en Thessalie, a été traduit en françois par Octavien de Saint Gelais, évêque d'Angoulême, & par Amyot, évêque d'Auxerre.

(2) .... « Comme ces choses sont très-différentes dans leur nature, l'une devient nécessairement l'objet de notre approbation & de nos desirs, & l'autre celui de notre aversion : car quoique dans certaines occasions, le bien naturel puisse être rejetté, & le mal naturel choisi, cela ne leur arrive pas à cause d'eux-mêmes, mais par la relation qu'ils ont avec quelque bien ou quelque mal : c'est ainsi que nous rejettons la jouissance de quelque bien qui feroit perdre à nous ou aux autres un bien plus considérable : il en est de même du choix que l'on fait de certains maux ». *Voyez* les nouveaux essais de M. Chub.

& accompagné, il n'est pas du tout possible alors, pour peu qu'on ait l'esprit juste, de concevoir que sa mort ait pu arriver dans un autre lieu, de même qu'il est impossible que deux fois deux fassent six. Il est à propos d'observer ici que, supposer les circonstances d'une action possible différentes de celles qui la précedent & qui l'accompagnent, c'est avancer une contradiction, une absurdité. En effet, comme toutes les actions possibles ont chacune leurs circonstances (1) particulieres, il est aussi impossible qu'aucune de ces circonstances vienne à manquer, qu'il l'est que deux fois deux fassent six.

Opinions des savans sur la liberté.

Après avoir, à ce qu'il me semble, prouvé avec la derniere évidence la proposition que j'ai avancée, & avoir répondu d'une maniere satisfaisante aux plus fortes objections qu'il soit possible de me faire, il ne me reste plus qu'à rendre compte en peu de mots des opinions des savans sur cette importante question, & à confirmer ainsi la mienne par des autorités vis-à-vis des personnes qui ne se rendent qu'aux autorités dans les matieres de spéculation.

La *liberté*, la *nécessité*, le *hasard* ont été le sujet des disputes des philosophes de tous les âges; & la plûpart d'entr'eux (2) se sont hautement déclarés pour le système de la nécessité, & ont nié formellement l'existence de la liberté & celle du hasard.

Les questions concernant la liberté & la nécessité ont aussi donné lieu à une infinité de débats entre les théologiens dans les différens siecles de l'église, sous les noms de franc arbitre & de prédestination. (3) Ceux d'entre ces derniers qui ont nié le franc arbitre, & qui ont soutenu la prédestination ou la prémotion physique, en adoptant les raisonnemens des anciens philosophes, les ont fortifiés par des considérations tirées (4) de plusieurs points de doctrine particuliers à la religion chrétienne. Quant au hasard, au sort & à la fortune, il n'y a pas, je crois, de théologien qui ne les ait regardés comme des mots vuides de sens.

Plusieurs églises chrétiennes ont même poussé, à cet égard, le zèle jusqu'au point de condamner la doctrine du libre arbitre comme hérétique; la réjection de ce point de doctrine est même devenu un des articles de foi de diverses églises. (5)

Dans de pareilles circonstances, il est clair que les partisans de l'opinion que je défends ont pour eux l'autorité d'un aussi grand nombre d'hommes savans & religieux, que les partisans de l'opinion contraire.

Mais aussi, comme je n'ignore pas que l'on trouve en général fort peu de gens disposés à se laisser ébranler par l'autorité de ceux qui font profession de soutenir des sentimens opposés aux leurs, quoique ce soit toujours l'autorité de quelque personne qui les porte à embrasser une opinion préférablement à une autre; je consens volontiers à renoncer à tout l'avantage que je pourrois tirer de l'autorité des philosophes & des théologiens dont les sentimens s'accordent manifestement avec le mien; par cette raison je me dispenserai d'entrer dans un plus grand détail à leur sujet: je me contenterai de faire ici usage de l'autorité de ceux qui ont maintenu le système de la *liberté*. Au fonds, parmi ceux qui pensent ainsi, il y en a fort peu qui soient réellement contraires à l'opinion que je défends: après un examen sérieux & réfléchi, il est aisé de se convaincre que la plûpart de ceux qui soutiennent la *liberté*, quant aux mots, la nient quant à la chose, lorsque l'on vient à fixer l'état de la question. En effet, qu'on se donne la peine de suivre les raisonnemens des auteurs les plus subtils qui ont écrit en faveur de la *liberté*, ou d'argumenter avec ceux qui prétendent que (6)

---

(1) Le rapport des moyens à leur fin, n'est pas plus arbitraire que celui des effets avec leur cause... Il est impossible que les mêmes moyens ayent des rapports également directs, également naturels & nécessaires avec deux fins différentes. *Voyez* le traité de la certitude morale, [*chap.* 6.] qui est à la tête de l'essai philosophique sur l'âme des bêtes, par M. Boullier, 2 édit. Amsterdam 1737.

(2) *Voyez* l'histoire critique de la philosophie, par M. Deslandes, *tom.* 1. & 2.

(3) *Voyez* le dictionnaire hist. & crit. de Bayle, art. saint Augustin, remarque E. & G. [*tom.* I. 5. édit.] art. Bellarmain, rem. G. art. Pauliciens, rem. K. AA. & l'art. Rorarius, rem. F.

(4) On peut consulter saint Augustin en différens endroits de ses ouvrages, principalement, *de g. st.* Pelag. c. 26. & 28. & l. 2. *Operis. imperf. contra.* Jul. n. 12. p. 960. l. 3. n. 1. p. 1053. l. 3. n. 166. p. 1115. l. 4. n. 8. p. 1140. l. 5. n. 4. p. 1225.

(5) Il ne faut pas croire que les PP. du concile de Trente soient fort éloignés de cette maniere de penser; pour s'en désabuser, on n'auroit qu'à bien peser un passage du catéchisme de ce concile, *in art. Symboli Credo in Deum Patrem omnipotentem creatorem cœli & terræ.*

(6) *Voyez* le volume qui comprend toutes les pieces de la dispute entre M. Bramhall, évêque de Derry, & M. Hobbes, lequel parut, pour la premiere fois, imprimé à Londres en 1656, & qui porte pour titre, *Questions touchant la liberté, la nécessité & le hasard éclaircies & débattues entre le docteur Bramhall... & Thomas Hobbes de Malmesbury.* Il y en a une édi-

l'expérience fournit une preuve évidente de la *liberté*, & l'on reconnoîtra bien-tôt qu'ils font obligés de convenir que notre volonté fe détermine en conféquence des jugemens de notre efprit, & que toutes les fois que notre volonté a à choifir entre deux objets dont l'un lui paroît meilleur que l'autre, elle ne fauroit donner la préférence au pire, c'eft-à-dire qu'elle ne fauroit choifir le mal comme mal : (1) Or, en faifant ce premier aveu, ils donnent gain de caufe à leurs adverfaires qui prétendent uniquement que la volonté ou le choix de l'homme eft toujours déterminé par ce qui lui femble le meilleur. Je me bornerai à l'exemple de l'illuftre docteur Clarke, dont l'autorité eft feule capable de balancer celle de tous les autres théologiens réunis enfemble, ce qui me difpenfera d'en citer d'autres après lui. Cet auteur (2) avance que la volonté eft déterminée par des motifs moraux, & appelle néceffité morale celle qui nous oblige à un choix en vertu de ces motifs. Voici comme il s'explique à ce fujet, avec fa candeur & fa précifion ordinaires. « Si le pouvoir d'agir fuit néceffairement
» le jugement de l'entendement, la néceffité,
» dont il s'agit, ne doit être confidérée com-
» me *motif moral, néceffité morale*... Un homme
» (par exemple) ajoute-t-il, qui n'eft tour-
» menté d'aucune douleur corporelle, & dont
» l'efprit eft en bonne affiette, juge qu'il n'eft pas
» raifonnable qu'il fe bleffe ou qu'il fe tue lui-
» même : à moins que quelque tentation ou quel-
» que violence extérieure ne vienne à la tra-
» verfe, il n'eft pas poffible qu'il agiffe d'une ma-
» nière oppofée à ce jugement ; non pas manque
» de pouvoir naturel, mais parce que ce feroit
» une chofe abfurde & mauvaife, & qu'il eft
» moralement impoffible qu'il prenne ce parti.
» De là vient que les créatures raifonnables les
» plus parfaites ne peuvent mal faire. Elles ont
» toutes les facultés néceffaires pour faire l'action
» matérielle, mais connoiffant parfaitement ce
» qui eft le meilleur, & n'ayant aucune tenta-
» tion qui les porte au mal, il eft moralement

---

tion poftérieure de l'an 1684, dans un ouvrage intitulé *Hobbes's Tripos*, où l'on trouve fon livre *de la nature humaine*, fon traité *du corps politique*, & fon traité de la *liberté & de la néceffité*.

(1) „ Nous voulons invinciblement être heureux. „ Ainfi nous fommes mûs phyfiquement & même in-„ vinciblement vers le bien en général, ou vers le „ bien qui renferme généralement tous les biens. Je „ crois que tous les hommes admettent cette *pré-„ motion*. „ *Voyez* le P. Mallebranche, réflexion fur la prémotion phyfique, page 2.

(2) Dans fon traité de *l'exiftence & des attributs de Dieu*, &c. de la traduction de M. Ricotier, chap. 11. prop. 10. pag. 225. & fuiv. & les lettres d'un favant de Cambridge à M. Clarke, avec fes réponfes dans l'appendice.

» impoffible qu'elles fe déterminent par choix à
» agir d'une manière déraifonnable & extrava-
» gante ».

Or je demande, fi ce n'eft pas là reconnoître bien pofitivement l'efpèce de néceffité que j'ai cherché à établir dans cet ouvrage. En effet le docteur Clarke affigne-t-il aux actions humaines des principes differens de ceux que je leur ai moi-même affignés (3). Ne donne-t-il pas autant d'empire, que moi, à la néceffité fur nos volitions, lorfqu'il dit, qu'un homme, déterminé par des caufes de cette nature, ne peut agir autrement qu'il ne fait ? lorfqu'il ajoute, qu'un homme, que les circonftances préfentes portent à penfer qu'il eft contre la raifon de fe nuire à foi-même ou de fe détruire, pourvû cependant qu'aucune tentation ou violence extérieure ne vienne à la traverfe, qu'un tel homme, dis-je, ne peut agir contre fon jugement actuel ?

Quant à ce qu'il avance au fujet de ce pouvoir naturel ou phyfique d'agir contre fon jugement actuel, & de fe nuire à foi-même ou de fe détruire, qu'il admet dans cet homme, je foutiens que ce pouvoir, de quelque nature qu'il foit, loin d'être incompatible avec la néceffité, en eft au contraire une fuite infaillible. En effet, fi l'homme eft néceffairement déterminé par certaines caufes morales, & s'il ne peut alors agir

---

(3) A-t-il répondu à ce raifonnement du favant de Cambridge ? „ Toutes les fois que, dans quel-„ que cas fuppofé, il implique contradiction, qu'un „ être, un mode, ou une action ait été autrement „ qu'elle n'eft ; cet être, ce mode, ou cette action „ eft abfolument & proprement parlant néceffaire „ dans ce cas-là. J'applique ceci à notre queftion, „ qui eft de favoir fi les actions de l'homme font „ proprement & à la rigueur, néceffaires. Vous con-„ venez que dans chaque acte de la volonté le der-„ nier jugement de l'entendement eft néceffaire ; „ par conféquent chaque action ou chaque mouve-„ ment interne, quelle qu'en puiffe être la caufe ou „ le principe, doit être auffi, ce me femble, néceff-„ faire. Car ou cette action fuit néceffairement le „ dernier jugement ou la volition de l'homme, ou „ bien elle ne le fuit pas. Si elle le fuit, elle eft „ abfolument néceffaire, à parler proprement & à „ la rigueur ; & fi elle ne le fuit pas, n'y a-t-il pas une contradiction formelle dans les „ termes ? N'eft-ce pas fuppofer que le même être „ fe meut & ne fe meut pas en même - tems ? Si „ donc l'idée de la *liberté* eft l'idée du *pouvoir de fe „ mouvoir foi-même*, elle eft fi peu oppofée à la *néceff-„ fité*, qu'elle peut être & qu'elle eft même, je crois, „ néceffaire : & ainfi la néceffité eft compatible avec „ une parfaite liberté, c'eft-à-dire, avec le pouvoir „ de fe mouvoir foi-même, & l'être fuprême lui-„ même eft néceffaire dans toutes fes actions, à „ prendre le mot de néceffaire dans un fens propre „ & naturel. Je prends toujours ici le mot de néce-„ ffité pour fignifier une *néceffité* interne qui réfulte „ de la nature même & de la conftitution des êtres „ raifonnables. « *Ibid*. 2 lettre dans l'ap.

autrement qu'il ne fait, il en résulte, que les causes de sa détermination venant à changer totalement, il doit avoir le pouvoir d'agir d'une façon différente & même contraire. L'homme, en tant que déterminé par des causes nécessaires, ne peut choisir le mal comme mal, ni, par conséquent, préférer la mort à la vie, au moment même, où il regarde la vie comme un bien & la mort comme un mal. Par la même raison il peut lui arriver de préférer la mort à la vie, toutes les fois que la vie lui paroît un mal, & la mort (1) un bien. C'est ainsi, que les causes morales, (2) relativement à leurs différences respectives, & à la diversité des faces, sous lesquelles elles se présentent à notre esprit, nous déterminent différemment, & supposent par conséquent en nous un pouvoir naturel de mettre autant de variété dans nos choix & dans nos actions, qu'il y en a dans le nombre infini de causes qui influent sur nos volontés.

---

(1) Tel a été le cas des Décius, lorsqu'ils se dévouèrent au trépas pour sauver leur patrie; de Curtius, lorsqu'il s'élança dans le sein de la terre entr'ouverte; de Caton, lorsqu'il se donna lui-même la mort; tel a été aussi celui des martyrs qui ont cimenté de leur sang la religion chrétienne, &c.

(2) Il n'en faut pas davantage pour réfuter le bel argument que Clarke propose en ces termes : « Je sai ceux qui combattent la liberté, répliquent... qu'il n'y a point de différence entre la *nécessité morale* & la *nécessité physique*. Un homme, disent-ils, dont le corps & l'esprit sont en bon état, est dans une impossibilité naturelle de se faire du mal à lui-même ou de se tuer... mais en parlant ainsi ils abandonnent l'argument pris de la nécessité où la volonté se trouve de suivre le dernier dictamen de l'entendement, & ils reviennent à leur premier argument pris de l'impossibilité absolue qu'il y ait *aucun premier principe de mouvement*, &c. » (Qu'on lise ce qui précède & ce qui suit le texte, auquel cette note se rapporte, & l'on verra que ce n'a jamais été là notre prétention). *Voyez* le traité de *l'existence & des attributs de Dieu*, &c. chap 11. prop. 10. pag. 226 & suiv. Le docteur Samuel Clarke, auteur de ce célèbre ouvrage, sacrifia sa fortune à son Système sur la trinité. Il conserva toujours dans le fond du cœur le même attachement à sa doctrine. La cour le destinoit à l'archevêché de Cantorbery ; mais il perdit cette espérance par une raillerie du docteur Gibson, évêque de Londres, que la reine Anne consulta sur ce choix : De toutes les qualités archiépiscopales, lui dit-il, je n'en connois qu'une qui lui manque, c'est d'être chrétien. Il vivoit en philosophe ; c'est-à-dire, dans une grande négligence pour sa personne & avec beaucoup de frugalité. Il ne changea pas même de conduite lorsqu'il eut la cure de saint James qui vaut 1100 liv. sterling de rente. Il s'absentoit exprès de son église toutes les fois qu'on y récitoit le symbole de saint Athanase, suivant l'ordre de la liturgie. Il fut toujours un des plus zélés partisans de la liberté d'écrire & de penser, & l'on reconnoit facilement au style, que la plupart des ouvrages anonymes qui parurent de son tems, en faveur de la presse, sont sortis de sa plume. *Voyez* le pour & contre, tome V, n. 64. pag. 93. & suivantes.

Pour peu qu'on ait de penchant à se décider sur des autorités, on pourra aisément s'assurer par soi-même du petit nombre de ceux qui ont réellement soutenu la liberté des actions humaines, & de la foule prodigieuse de ceux, qui prétendant prouver la liberté, n'ont fait que fournir de nouvelles preuves de la nécessité, telle que je la conçois, & telle que j'ai tâché de l'expliquer dans tout le cours de cet ouvrage.

Conclusion de l'ouvrage, ou précis du systême de l'auteur sur la liberté.

Je terminerai cette dissertation par quelques observations qui me paroissent indispensables, & qui serviront à prévenir toutes les objections fondées sur le sens équivoque du mot *liberté*, semblable en cela à plusieurs autres termes usités dans les disputes, dont les acceptions différentes donnent lieu tous les jours à des abus dangereux. Quoique j'aye soutenu que la *liberté*, exempte de toute nécessité, étoit contraire à l'expérience, c'est-à-dire impossible, ou que, si elle étoit possible, elle seroit une imperfection dans l'homme (3) : qu'elle ne pouvoit s'accorder avec les perfections divines, & qu'enfin elle renverseroit toutes les loix, & détruisoit la moralité des actions ; je me crois cependant obligé de déclarer ici en termes clairs & précis mes véritables sentimens sur cette importante question. Mon dessein n'a jamais été de nier, que l'homme n'eût une certaine liberté très-réelle, mais bien différente de celle qu'on lui accorde d'ordinaire ; je reconnois sincèrement qu'il a le pouvoir de faire ce qu'il veut ou ce qui lui plaît : ainsi, soit qu'il veuille ou parler ou se taire, s'asseoir ou se tenir debout, courir ou se promener, aller d'un côté ou d'un autre, marcher vite ou lentement, quelque chose qu'il veuille enfin, sa volonté, changeât-elle comme une girouette, il jouit toujours de la faculté de faire ce qu'il veut ou ce qui lui plaît, à moins qu'on ne le suppose arrêté par quelque obstacle extérieur, ou subjugué par quelque impulsion étrangère, ou accablé par la douleur, hors de lui-même, agité de mouvemens convulsifs, ou privé de l'usage de ses membres, ou bien qu'on ne suppose d'autres circonstances pareilles.

Le pouvoir qu'a l'homme relativement aux actions de son corps, il l'a également par rapport aux opérations de son esprit, (4) il peut selon qu'il

---

(3) O desideranda necessitas ! donabit eam veritas, ut sit certa securitas, sine quâ non potest esse illa, cui non est aliquid addendum, jam plena nostra felicitas, dit saint Augustin, dans son livre intitulé : *l'ouvrage imparfait*, liv. 6, n. 61, pag. 11, 81, 1282.

(4) « L'agent intelligent, pour être libre, n'a donc point un pouvoir illimité. Ses idées sont ses limites,

le veut ou qu'il lui plaît, penser à une chose ou à une autre, continuer ou suspendre ses réflexions, délibérer, remettre sa délibération à un autre tems ou la prendre : former des résolutions ou bien différer à le faire : changer enfin, à son gré, de sentimens & de volontés, à moins qu'on ne le suppose surpris par quelque accident, tel qu'une attaque d'apoplexie, une létargie, &c. ou qu'il ne survienne tout-à-coup quelque inconvénient ou quelque empêchement auquel il ne puisse résister.

Ne devons-nous point regarder comme une grande perfection dans l'homme, le pouvoir également relatif à ses pensées & à ses actions, de faire ce qu'il veut ou ce qui lui plaît, joint à la faculté d'en faire usage dans tous les cas où son cœur & son esprit peuvent se trouver intéressés ? Est-il possible de concevoir en lui un pouvoir plus étendu & plus avantageux que celui dont il est revêtu, & qui le met à portée de faire ce qu'il veut ou ce qui lui plaît ? Comment imaginer quelque autre sorte de puissance, de liberté, qui pût lui être d'une plus grande utilité ? Si le pouvoir, si la liberté dont il jouit, s'étendoit à tout, il ne seroit plus homme, il seroit égal au Tout-puissant.

Le lecteur est maintenant en état de juger si la dissertation de *Collins* mérite l'éloge que nous en avons fait ci-dessus, & si Voltaire n'a pas eu raison de dire que de tous les philosophes qui ont écrit hardiment contre la liberté, celui qui, sans contredit, l'a fait avec plus de méthode, de force & de clarté, c'est *Collins*.

Nous allons présentement voir ce philosophe provoquer au combat le plus célèbre théologien de son tems ; nous allons le voir luttant avec succès contre ce sophiste subtil, énoncer avec cette simplicité qui convient à l'évidence & à la raison, des vérités très-nouvelles à l'époque où il écrivoit, & qui ne sont guère plus communes aujourd'hui ; tant il est difficile à des têtes courbées, depuis des siècles, sous le joug de la superstition, *oppressa gravi sub relligione*, de s'élever à ces grands résultats de la philosophie qui affranchissent l'homme de la crainte puérile des puissances invisibles, & qui le montrent tel qu'il est, portion nécessairement organisée d'une matière éternelle, nécessaire & douée d'une infinité d'attributs ou de propriétés tant connues qu'inconnues (*Voyez* SPINOSISTES).

De toutes les erreurs que les théologiens ont consacrées & introduites dans la morale, (comme s'il étoit jamais permis d'étayer une vérité par un mensonge,) une des plus graves & des plus enracinées dans l'esprit du vulgaire ignorant & crédule, c'est certainement le dogme absurde de l'immatérialité & de l'immortalité naturelles de l'ame. *Collins* l'a combattu fortement : sa dispute avec Clarke, sur cette matière, le degré d'évidence auquel il a porté l'opinion qu'il a soutenue contre ce théologien qu'on pourroit appeller avec plus de raison que Scot, *le docteur subtil*, l'art avec lequel il a su circonscrire la question dans ses véritables limites, empêcher son adversaire de divaguer & d'accumuler des difficultés absolument étrangères à l'objet principal de la discussion, &c. prouvent l'extrême netteté de son esprit, l'exactitude de sa dialectique & l'excellence de sa méthode d'investigation. Il faut lire cet ouvrage de *Collins* ; il faut observer toutes les ruses, tous les moyens dont Clarke, pressé de toutes parts par les argumens de ce philosophe, fait usage pour lui échapper ; il faut comparer la vigueur de l'attaque à la foiblesse de la défense, pour voir avec quelle inégalité, avec quel désavantage l'erreur lutte contre la vérité, & combien la clarté, l'ordre & la précision des idées peuvent applanir de difficultés, simplifier les questions, & abréger les disputes.

Ce qui mérite sur-tout d'être remarqué, c'est qu'en Angleterre même, où les opinions philosophiques d'une certaine hardiesse sont peu goûtées, & où, à quelques exceptions près, ceux que les anglois appellent *libres penseurs*, ne vont guères, dans leurs discours, ni dans leurs écrits, au delà du déisme qui paroît être pour eux comme pour la plupart des philosophes de cette isle, l'extrême de la raison humaine ; (1) en Angleterre, dis-je,

---

» & comme il ne peut agir indépendamment de toute
» idée, son pouvoir se renferme dans la sphère de
» sa perception. Il en suit toujours quelque une, &
» il ne sauroit suivre celles qu'il n'a pas. L'ame humaine n'est pas maîtresse de se dépouiller de toute
» perception, ni de séparer son action de toute lumière,
» puisque l'action de l'ame doit avoir essentiellement
» un objet que lui offrent ses idées ; la lumière des
» idées éclairant cette action, la dirige & la renferme
» nécessairement dans de certaines limites »... *Essai philosop; sur l'ame des bêtes*, par M. Boullier, tom. 1. part. 2. chap. 12. pag. 265. & suivantes... « Je n'ai
» point prétendu nier ici qu'il n'y ait souvent dans
» notre ame plusieurs pensées involontaires qu'elle
» s'efforce inutilement d'écarter. Outre les idées que
» les sens nous offrent, on sait quelle est quelquefois la tyrannie de l'imagination. On sait qu'il y
» a des pensées que le hasard nous présente & que
» notre esprit reçoit à l'improviste par une espèce
» d'enthousiasme ; il y a si peu de part qu'elles s'étonnent, & qu'il ne peut comprendre par quelle
» voie elles lui viennent. *Voyez* là-dessus *Wollaston*.

(1) J'observerai à cette occasion que l'Angleterre est peut-être le pays de l'Europe où l'on imprime, & par conséquent où l'on vend le plus de catéchismes, de sermons, de défenses du christianisme, & en général de livres de dévotion. On ne lit point les papiers publics de Londres, sans y trouver l'annonce d'une

cet essai de *Collins* sur la nature & la destination de l'ame, est regardé, avec raison, comme un des plus excellens morceaux de métaphysique qui ayent paru dans aucune langue. Il est certain qu'il renferme dans un assez court espace ce qu'on peut dire de plus judicieux, de plus sensé sur un sujet aussi délicat & aussi abstrait. J'avois d'abord tenté d'en faire l'analyse, & ce travail, plus difficile qu'il ne paroît au premier aspect, étoit même assez avancé: mais après avoir relu mon extrait pour juger par moi-même de l'enchaînement des idées de l'auteur & des résultats que cet extrait, travaillé avec tout le soin qu'il exige, & dont je suis capable, pouvoit offrir à l'esprit du lecteur, j'ai bien-tôt reconnu qu'une bonne analyse de l'ouvrage de *Collins* seroit aussi longue que l'ouvrage même, & n'en auroit d'ailleurs ni la force, ni la clarté. C'est ce qui me détermine à rapporter ici les argumens de notre auteur, dans la forme même qu'il leur a donnée, & sans en intervertir l'ordre, condition essentielle pour la solution de tout problème un peu compliqué, & d'où dépend le plus souvent le degré d'évidence & de précision qui l'accompagne.

L'écrit dont il est question, renferme quatre pieces ou traités particuliers qui se sont succédés dans l'espace d'un an. Voici à quelle occasion ces différens traités furent composés.

En 1672 Dodwel publia une lettre sur la manière d'étudier la théologie, où il prétendoit que l'ame n'étoit rendue immortelle que par un esprit d'immortalité que Dieu y joignoit à l'égard de ceux qui étoient dans son alliance. Plus de trente ans après en 1704, il développa sa pensée dans un discours sur l'obligation de se marier avec des personnes de sa religion. Ce discours devenu public occasionna deux lettres qu'un auteur inconnu à Dodwell écrivit à un de ses amis. Cet anonyme, prenant mal la pensée de Dodwell, supposoit que celui-ci soutenoit que l'ame de tous ceux qui n'étoient pas dans l'alliance, étoit actuellement mortelle. Cette méprise donna lieu à un nouvel ouvrage de notre savant théologien, qui parut en 1706 sous ce titre : Discours épistolaire où l'on prouve par l'écriture & par les premiers pères, que l'ame est un principe naturellement mortel ; mais qu'il est actuellement rendu immortel par la volonté de Dieu pour le punir ou le recompenser : immortalité qui lui est communiquée en vertu de son union avec l'esprit divin qu'il reçoit dans le baptême ; & où l'on fait voir que personne, depuis les apôtres, n'a le pouvoir de donner ce divin esprit immortalisant, excepté les évêques.

Cet ouvrage fit beaucoup de bruit : en effet, c'étoit établir l'immortalité de l'ame sur un fondement bien ruineux, que de la faire dépendre du pouvoir spirituel des évêques. On écrivit beaucoup contre le discours de Dodwell. Les philosophes ne virent pas sans quelque plaisir un ecclésiastique réduit à soutenir que l'ame est un principe naturellement mortel, qui a besoin d'être uni à l'esprit divin pour participer à l'immortalité. Parmi le grand nombre de théologiens qui réfutèrent ce sentiment, Clarke se signala : quoiqu'il ne fût encore que maître ès arts, il s'étoit déjà fait un nom, & ceux qui connoissent ses ouvrages peuvent juger combien la prévention a de part à la réputation des auteurs. Quoi qu'il en soit, il publia une petite brochure sous ce titre : Lettre à M. Dodwell où l'on réfute en détail tous les argumens qu'il a proposés dans son discours épistolaire contre l'immortalité de l'ame, & où l'on expose fidèlement le sentiment des pères sur cette matière. Cette lettre tomba entre les mains de *Collins* qui fut sur-tout choqué du ton décisif qu'y prenoit le maître ès arts. Car Clarke prétendoit donner une démonstration rigoureuse de l'immatérialité & de l'immortalité naturelles de l'ame. Pour tempérer cette extrême confiance, *Collins* composa une lettre fort courte adressée à Dodwell avec quelques remarques sur cette prétendue démonstration dont il fit voir le défaut. L'argument de Clarke bien apprécié se trouva n'être qu'un paralogisme. Cependant comme on défend tout lorsqu'on ne parle pas pour dire quelque chose, mais seulement pour ne pas rester muet, (*voyez* l'article CONSCIENTIAIRES,) Clarke répondit aux remarques de *Collins* : celui-ci en justifia la justesse. Le théologien répliqua : *Collins* fit voir la foiblesse de ses répliques. Il est sûr que Clarke varia plus d'une fois dans ses principes : tantôt il rétracta ce qu'il avoit avancé : tantôt il nia des conséquences légitimes ; souvent il se contredit, il affecta même d'embrouiller la matière, & de distraire l'attention du lecteur par des questions étrangères. Aussi eut-il la dernière parole, parce que c'est toujours celui qui a raison qui se tait le premier. *Collins* répondit aux trois premières défenses de Clarke ; mais ne pouvant attribuer qu'à une opiniâtreté invincible la résistance du théologien, il prit le

---

multitude de livres de piété dont la plupart roulent même sur des sujets peu relevés, & qui ne supposent ni dans ceux qui les traitent, ni dans ceux auxquels ils les destinent, une raison très-perfectionnée. Comme c'est d'ailleurs une opinion généralement reçue que les anglois s'occupent fort peu des matières de religion, & qu'ils ont même prodigieusement élagué cet arbre. *ævo sessa, undique satiscens*, ma remarque paroîtra sans doute un paradoxe, mais j'ose assurer qu'elle n'en est pas moins exacte & fondée sur un grand nombre de faits recueillis dans différens journeaux publiés depuis vingt cinq ans, & dans les catalogues des plus célèbres libraires de Londres.

Philosophie anc. & mod. Tom. I.

fa[...] parti du silence, & renonça au vain espoir de persuader un sophiste très-vain qui disputoit de mauvaise foi, & avec cette aigreur qu'on remarque constamment dans l'argumentation de ceux qui ont la raison contre eux.

Ainsi se termina cette dispute qui dura un an entier & qui eut le sort de toutes les querelles de ce genre, c'est-à-dire de confirmer chacun dans son opinion. Les théologiens, espèce de raisonneurs peu difficiles en preuves, donnèrent gain de cause à leur confrère : *Collins* eut pour lui les philosophes & la raison ; sa lettre à Dodwell & ses répliques aux trois premières défenses de Clarke forment un traité complet de la nature & de la destinée de l'ame, qu'il ne publia néanmoins que comme un essai ; il sentit que le meilleur moyen de préparer utilement l'esprit du lecteur aux vérités qu'on lui enseigne, c'est de ne pas lui paroître trop sûr d'avoir raison. L'extrême confiance d'un écrivain affoiblit nécessairement celle qu'il veut inspirer, dispose au doute, même à la contradiction, tandis que la persuasion a, pour ainsi dire, son siége (1) sur les lèvres d'un auteur modeste & circonspect qui incline doucement le jugement de son disciple, (car chacun de nous l'est plus ou moins de celui qu'il lit); qui lui cache avec art le fil avec lequel il le conduit, &qui, en lui traçant d'une main sûre la route qu'il doit suivre, a l'air de la chercher avec lui.

Collins commence par quelques réflexions sur le droit sacré & imprescriptible qu'a tout homme de penser, de parler & d'écrire sur toutes les matières & sur les avantages qui résultent pour la société dont il est membre du libre exercice de ce droit.

Rien n'est plus déraisonnable, dit-il, que de s'imaginer qu'il soit dangereux d'accorder aux hommes la liberté d'examiner les fondemens des opinions reçues : rien n'est plus déraisonnable que de soupçonner les bonnes intentions de ceux qui usent de cette liberté. Jusqu'à ce que les hommes ayent un meilleur guide que la raison, il est de leur devoir de suivre cette lumière partout où elle les conduit. Si l'on met des entraves à la liberté de penser, de parler & d'écrire, si l'on défend aux hommes le libre usage de leur raison, comment un japonois pourra-t-il se convertir au christianisme ? comment un espagnol pourra t-il embrasser le protestantisme ? Nous avons tous la faculté de raisonner ; mais quel progrès pouvons-nous faire dans quelque science que ce soit, sans l'exercice de cette excellente faculté ?

Ce qui prouve encore davantage combien il est injuste de soupçonner la droiture de ceux qui ne veulent pas croire sans examen, c'est que cet examen-là même est une marque de candeur & de sincérité : car on court beaucoup plus de risque de se tromper en admettant aveuglément les opinions reçues, qu'en les faisant passer par l'épreuve du raisonnement. Il est sûr, que c'est une disposition d'esprit plus favorable à la vérité que la disposition contraire. La raison étant la même chez tous les hommes, l'usage de cette faculté commune nous conduira plus sûrement au vrai, qu'une condescendance aveugle pour quelqu'une de ces doctrines contradictoires entre elles qui rendent l'homme ou impie ou orthodoxe, selon qu'il change de climat.

S'adressant ensuite à Dodwell, dont l'ouvrage a été l'occasion du sien, *Collins* ajoute : puisqu'il y a des gens fourbes & impérieux, toujours prêts à décourager & à persécuter ceux qui cherchent sincèrement la vérité, surtout lorsque ceux-ci donnent quelque prise à la malignité, soit par la nature de leur état supposé en contradiction avec leurs sentimens, soit par leurs vertus mêmes dont on falsifie le principe ; je vous fais publiquement mes remerciemens pour l'excellent discours où vous avez donné un si bel exemple de la liberté de penser, en attaquant généreusement l'immortalité naturelle de l'ame. Votre piété envers Dieu, votre charité envers les pauvres, votre patience au milieu des persécutions occasionnées par votre attachement inébranlable à vos principes qui furent autrefois ceux de l'église anglicane, sont trop bien établis dans le monde par les suffrages de ceux mêmes qui cherchent aujourd'hui à vous mettre aussi mal dans l'esprit des autres que vous étiez bien ci-devant dans le leur, pour ne pas donner quelque crédit à ceux qui suivent courageusement vos traces, ou du moins pour ne pas repousser les traits de la satyre & de l'invective. Vous avez donné au monde un bel exemple de l'accord du zèle religieux avec la liberté de penser. Vous avez plus fait : vous avez montré que votre zèle pour la religion avoit occasionné la liberté que vous avez prise.

Sous vos auspices, & pour ainsi dire à l'ombre de votre autorité, je vais exposer librement ma pensée sur le grand sujet de l'immortalité naturelle de l'âme, m'attachant à mettre dans cette discussion importante & délicate autant de précision que de clarté, & sur-tout à entrer dans l'esprit qui caractérise votre discours sur cette matière. Car, quoique je ne prétende pas prouver par la raison que l'âme soit naturellement mortelle, cependant si je puis faire voir que le plus fort argument allégué en faveur de son immortalité naturelle n'est rien moins que concluant,

---

(5) C'est ce qu'on a dit de l'éloquence de Périclès ; voyez Plutarque, *in vitâ Pericl.*

ceux qui se fondent entièrement sur cet argument n'auront plus aucun prétexte pour se refuser à l'évidence des preuves que vous avez tirées de l'écriture & des premiers pères pour montrer que l'âme est un principe naturellement mortel.

Le principal argument en faveur de l'immortalité naturelle de l'ame est fondé sur la supposition de son immatérialité. C'est pourquoi l'on a fait les plus grands efforts pour prouver que l'ame étoit une substance immatérielle. Parmi ceux qui se sont distingués dans cette carrière, le célèbre & savant docteur Samuel Clarke tient sans contredit le premier rang. Il a répondu à votre discours, & dans sa réponse il s'est proposé de démontrer qu'il étoit impossible que l'ame fût matérielle. Ses raisonnemens subtils & adroits méritent un examen impartial.

Je suppose que le docteur Clarke entend par l'ame un principe pensant, ou, comme il s'exprime lui-même, un principe qui a un sentiment intérieur individuel, une conscience.

En disant que l'ame ne peut pas être matérielle, il entend sans doute que la substance qui a de la solidité, ne peut pas avoir la faculté de penser, ou que la même substance ne peut pas être en même tems solide & pensante.

Pour démontrer cette impossibilité, il falloit d'abord commencer par expliquer le vrai sens du mot substance, & puis faire voir en quoi consiste l'identité de la même substance. Mais on a jugé à propos d'omettre ces préliminaires, quelque nécessaires qu'ils fussent. Le docteur Clarke ayant rapporté les divers argumens qui, dit-il, ont été employés par les hommes les plus savans & les plus célèbres dans tous les âges pour prouver que la matière ne peut pas être élevée à la faculté de penser, il ajoute. « La même chose
» peut se démontrer par la simple considération
» du sentiment intérieur que l'ame a d'elle-même.
» Car, la matière étant une substance divisible,
» composée de parties qui peuvent toujours être
» séparées les unes des autres, ou qui même
» sont actuellement séparées & distinctes, il est
» évident qu'un système de matière quelconque,
» dans quelque composition ou division que ce
» soit, ne peut être une substance individuelle
» ayant le sentiment intérieur de son individualité.
» Elle ne pourroit avoir ce sentiment intérieur
» à moins qu'il ne lui fût essentiel ; & s'il lui
» étoit essentiel, chaque particule de matière
» seroit le résultat d'une multitude innombrable
» de sentimens intérieurs séparés & distincts.
» Supposons deux ou trois unes parties de ma-
» tière éloignées les unes des autres d'un mille,
» ou de toute autre distance quelconque : est-il
» possible que ces parties ainsi séparées forment
» une substance individuelle qui ait le sentiment
» intérieur de son individualité ? Rapprochons
» ces parties jusqu'à se toucher, de sorte qu'elles
» soient réunies en un système ou corps : donnons-
» leur encore du mouvement ; en seront-elles
» moins réellement distinctes dans cet état d'ag-
» grégation & d'agitation, que lorsqu'elles étoient
» plus éloignées les unes des autres ? Comment
» donc leur réunion, ou leur mouvement pour-
» roit il en faire un être individuel sentant in-
» térieurement son individualité ? Faites inter-
» venir, si vous voulez, la puissance infinie de
» Dieu. Supposez qu'il ajoute le sentiment inté-
» rieur à cette masse composée de l'assemblage
» de plusieurs parties ; comme chacune de ces
» parties est un être distinct, leur collection ne
» pourra pas encore être le sujet d'inhérence
» d'une telle faculté. Car ce n'est point un seul
» sujet ; ce sont plusieurs sujets. Il n'y auroit donc
» pas un seul sentiment intérieur, mais autant
» de sentimens intérieurs que de parties ; & dès-
» lors point d'individualité. Si donc Dieu ajoute
» le sentiment intérieur d'individualité à un
» système quelconque de matière, ce ne peut
» être qu'en lui unissant une autre substance in-
» dividuelle. Donc l'ame, principe pensant qui
» a le sentiment intérieur de son individualité,
» ne peut pas être une substance matérielle. »

Tel est le raisonnement du docteur Clarke. Je l'ai copié en entier, afin que l'on soit en état de juger de la justesse ou de la fausseté des observations suivantes.

I. Il suffit à un sujet quelconque d'être une substance individuelle pour être capable de recevoir la faculté de penser soit à titre d'appanage naturel, soit comme un présent de la libéralité de Dieu. M. Clarke le suppose. Il suppose de plus que la matière consiste en une multitude de parties actuellement séparées & distinctes. Il est vrai qu'il la croit aussi divisible, ce qui m'étonne ; car ce qui est actuellement divisé en parties séparées & distinctes n'est plus divisible. Quoi qu'il en soit, tenons-nous-en aux deux premières suppositions qui servent de base à l'argument de cet habile métaphysicien, & voyons si elles ne le meneront pas à une conclusion contraire à celle qu'il en tire. Tout sujet individuel peut avoir la faculté de penser ; la matière est composée de parties séparées & distinctes. Or chaque partie de matière séparée & distincte est un être individuel : car, qu'est-ce que l'individualité, sinon ce qui sépare ou distingue un être de tous les autres ? Donc chaque partie de matière peut être un principe pensant, ou avoir un sentiment intérieur individuel. M. Clarke se trouve ainsi forcé, par son propre raisonnement, à reconnoître que l'ame qui pense, ou qui a un sentiment intérieur individuel, peut être une substance matérielle.

II. Puisque, suivant notre docteur, un être individuel peut seul être le sujet de la faculté de penser, pourquoi plusieurs parties de la matière, réunies en un seul systême, ne pourroient-elles pas devenir propres à recevoir cette faculté ? Dieu ne peut-il pas en faire un tout individuel, c'est à-dire les unir tellement ensemble, qu'elles ne puissent pas être séparées ni divisées par aucune cause naturelle ? Dans cet état d'union, que leur manqueroit-il pour être capables de penser ? Le corps, qu'elles formeroient par leur réunion intime, auroit l'individualité : il auroit donc la seule chose requise pour être capable de penser : il pourroit donc devenir un être pensant.

En supposant plusieurs parties si étroitement unies ensemble qu'elles ne pussent plus être séparées les unes des autres, en quoi consisteroit la distinction ou l'individualité de chaque partie ? Il me semble, à moi, qu'elle ne seroit plus. Cette union intime l'anéantiroit ; & un tel composé n'auroit point de parties distinctes, comme l'être immatériel n'en a point, quoiqu'il soit étendu ; car suivant M. Clarke, l'idée d'immatérialité n'exclut point celle d'extension. En supposant cette union complette & entière, les parties sont aussi incapables de division, que celles de l'étendue immatérielle. Toute la différence qu'il y a entre la substance immatérielle & la substance matérielle, indépendamment de la solidité de celle-ci, que l'autre n'a point, consiste en ce que l'une est peut-être individuelle par sa nature, & que l'autre devient par un acte particulier de la puissance divine ce que la première est par la création. Je ne vois pas du reste que cette différence suffise pour rendre l'une capable de penser, & l'autre incapable de recevoir la faculté de penser, à moins que cette faculté ne puisse pas se trouver avec la solidité dans le même sujet.

III. Mais supposons, avec le docteur Clarke, qu'une substance matérielle dans quelque état qu'elle soit, n'est point un être individuel. Je ne vois pas encore qu'un systême de matière, composé de parties actuellement séparées & distinctes, soit incapable de recevoir une faculté individuelle, telle que la faculté de penser. Je ne vois point qu'il faille absolument & nécessairement que le sujet d'une faculté individuelle soit lui-même un être individuel. Si la nature nous offre des êtres qui ne sont rien moins qu'individuels, & qui néanmoins possèdent des facultés individuelles, soit comme un présent de Dieu, soit comme une appartenance d'un tel systême de matière composé de parties actuellement séparées & distinctes, que devient l'argument du docteur Clarke ? Il tombe sans force. Cependant c'est un fait, ou plutôt une multitude de faits. Il suffit d'avoir des yeux pour appercevoir de tous côtés des systêmes de matières revêtus de certaines facultés qui ne résident ni dans chacune ni dans aucune des parties qui les composent, considérées en particulier, & sans rapport au tout. Prenons une rose. Elle est composée de plusieurs parties dont chacune, prise séparément, n'a point la faculté de produire cette sensation agréable qu'elles causent lorsqu'elles sont unies ensemble. Il faut donc que dans un tel systême chaque partie contribue à la puissance individuelle qui est la cause externe de la sensation, vu que Dieu dont le pouvoir est infini, donne à cet aggrégat matériel la propriété de produire dans nous cette sensation. Voilà, selon moi, un exemple de la manière dont la faculté individuelle de penser peut se trouver dans la matière. Les parties qui composent le cerveau humain peuvent avoir, sous cette modification, la faculté de penser, ou à titre de production naturelle ou comme une vertu que Dieu ajoute à une telle combinaison de parties matérielles, quoique chacune prise séparément ou sous toute autre forme, n'ait point cette faculté.

Le défaut du raisonnement de M. Clarke, lequel me paroit avoir échappé à sa pénétration, consiste en ce qu'il entend par une faculté individuelle, une propriété qui ne peut appartenir qu'à un être individuel. C'est-là supposer ce qui est en question, savoir si la faculté de penser est une propriété individuelle de cette espèce. Notre docteur ne dit pas un mot qui tende à prouver cette assertion ; & il a bien raison ; car pour la prouver il faudroit connoître parfaitement la nature de la pensée. Nous pouvons, à la vérité, distinguer plusieurs espèces de pensées les unes des autres. Mais la pensée est-elle une opération qui ne puisse procéder que d'un être individuel ? Ou bien peut-elle résider dans un être composé de parties actuellement séparées & distinctes ? c'est ce que nous ignorerons jusqu'à ce qu'on en donne une meilleure preuve que celle du docteur Clarke. Il ne suffit pas d'appeller la faculté de penser une propriété individuelle, pour démontrer qu'elle appartient en propre à un être individuel, à l'exclusion de tout autre.

IV. Accordons à M. Clarke tout ce qu'il peut desirer. Supposons que ce savant théologien a prouvé que le sentiment intérieur ne sauroit se trouver que dans un être individuel, & que de plus cet être individuel doit être une substance immatérielle ; il n'a pas prouvé pour cela que l'ame soit naturellement immortelle, de sorte que tous ses beaux & longs raisonnemens en faveur de l'immatérialité de l'ame sont en pure perte pour l'objet principal qui est son immortalité naturelle. L'ame étant supposée un principe immatériel pensant, pour démontrer l'immortalité naturelle de l'ame, il faut prouver qu'un principe immatériel pensant est naturellement immortel, & pour démontrer ce dernier point, il faut faire voir qu'il y a une connexion nécessaire entre être immatériel & penser. Cependant nous avons bien des raisons de croire que la pensée est une action qui ne commence qu'un certain tems après l'existence de son sujet d'inhérence, & qu'elle peut périr ou cesser, sans que son sujet cesse d'être. Ainsi l'on ne prouve pas mieux l'immortalité naturelle de l'ame par son immatérialité, qu'on ne prouve l'immortalité naturelle des corps humains qui sont dans le tombeau, en faisant voir que la matière ne peut périr que par l'anéantissement. Dans ce dernier cas, nous n'avons point de preuves qui nous forcent à croire que les parties du corps doivent nécessairement continuer d'exister ensemble ; dans l'autre cas, nous manquons aussi de preuves suffisantes pour faire voir que la pensée soit une propriété inséparable de l'être immatériel. Quel avantage la morale & la religion peuvent-elles donc tirer de tous les raisonnemens que l'on fait sur cette matière ? Si nous n'avons pas d'autre assurance d'une vie future ou autrement d'un état futur de perception après cette vie, que celle qu'on peut tirer de la prétendue démonstration de l'immortalité naturelle de l'ame, nous n'en avons aucune. Si elle est nulle, quelle influence peut-elle avoir sur nos mœurs & nos actions dans l'économie présente ?

V. Supposons enfin que la faculté de penser, ou le sentiment intérieur individuel prouve l'immatérialité de l'ame, & que l'immatérialité de l'ame prouve son immortalité naturelle ; voyons à quelle conséquence nous conduisent ces suppositions. Elles élevent toutes les créatures sensibles de cet univers à la condition & à la destination de l'homme, en le rendant capable comme lui d'une éternité de bonheur. Pour éluder cette conclusion, on est contraint d'admettre l'une de ces deux propositions :

1.° Ou que toutes ces créatures sensibles ne sont que de pures machines ;

2°. Ou que leurs ames seront anéanties à la dissolution de leurs corps.

Ces deux systèmes sont aussi mal conçus l'un que l'autre. Quant au premier, l'expérience démontre que les bêtes perçoivent, pensent, &c. comme les hommes. Nous les voyons éviter la peine & chercher le plaisir. Nous sommes témoins des marques non équivoques qu'elles donnent de la douleur qu'elles ressentent ou de la satisfaction qu'elles goûtent. Elles agissent en cela à la manière des hommes. Elles évitent la douleur & recherchent le plaisir, par les mêmes motifs qui portent les hommes à en faire autant ; en réfléchissant sur leurs actions passées, sur celles de leurs semblables, & sur les suites des unes & des autres, elles apprennent à faire un choix entre les objets qui se présentent. Aussi nous voyons celles qui ont le plus d'expérience, agir plus conformément à leurs intérêts. Si pourtant les brutes sont de pures machines, comment prouvera-t-on que les hommes ont une ame immatérielle ? Si les opérations des bêtes ne suffisent pas pour les distinguer d'une montre, je crains bien que nous ne soyons aussi des machines un un peu plus parfaites.

A l'égard de l'autre alternative qui consiste à soutenir que les ames des brutes seront anéanties à la mort de leurs corps : elle est directement contraire à la preuve de l'immortalité naturelle de nos ames, tirées de son immatérialité. Elle lui ôte toute sa force, car alors cette Immortalité supposée naturelle ne nous garantit pas de l'anéantissement.

Je n'ai plus qu'un mot à ajouter. La raison démontre ni l'immatérialité ni l'immortalité de l'ame ; mais l'une & l'autre se démontrent par l'Evangile de Jésus-Christ. Je doute comme philosophe, & je crois comme chrétien. Que ceux donc qui pourroient s'offenser de la liberté que j'ai prise, considèrent qu'il y a autant de religion à réfuter un argument en faveur de l'immortalité de l'ame, lorsqu'on le croit mauvais & dangereux, qu'il y a à le soutenir lorsqu'on le croit bon & utile. Deux hommes peuvent être animés du même zèle & tendre à la même fin en prenant une voie différente. Que dans la question présente, l'un des deux, savoir du docteur Clarke ou de moi, se trompe, cette erreur ne tombera que sur la nature d'un argument. Nous devons donc nous abstenir de tout soupçon défavorable. Ce n'est pas s'en abstenir que de dire qu'on s'en abstient : car cette réticence est déjà un commencement de soupçon. Il faut s'en abstenir, sans le dire.

RÉPLIQUE A LA DÉFENSE DE M. SAMUEL CLARKE.

M. *Evolve igitur librum Platonis qui est de animo: amplius quod desideres, nihil erit.*

A. *Feci mehercule & quidem sæpius : sed nescio quomodo dum lego assentior ; cùm posui librum & mecum ipse immortalitate animorum capi cogitare, assensio omnis illa delabitur.* CICERO Tuscul. Quæst. Lib. I.

Il est si important pour connoître la nature de l'ame, de savoir si la matière peut penser, & M. Clarke soutient avec tant d'habilité l'opinion qu'il a embrassée sur ce point, que je crois faire plaisir au lecteur impartial de lui offrir un essai de réponses aux nouveaux argumens que ce savant théologien vient de publier, pour défendre la preuve qu'il avoit donnée de l'immatérialité & de l'immortalité naturelles de l'ame. Ces réponses sont de l'auteur même des objections publiées en forme de lettre contre cette preuve qu'il persiste à regarder comme insuffisante, & dont il se propose de montrer de nouveau l'insuffisance dans cette réplique au docteur Clarke. Ce sera moins combattre l'immortalité de l'ame, que l'établir sur la seule évidence que Dieu a jugé à propos de nous en donner par la révélation. Ce sera de plus présenter au monde savant un nouvel exemple de la liberté dont nous jouissons dans ce pays, d'examiner les principes & les raisons des opinions dominantes. Quand même je ne réussirois pas dans l'exécution de mon dessein, soit par la foiblesse de ma cause, soit par ma propre insuffisance à combattre un adversaire aussi redoutable; mon erreur seroit toujours de peu de conséquence, puisqu'il ne s'agit ici que d'un objet de pure spéculation. Du reste je suivrai du plus près qu'il me sera possible les raisonnemens de M. Clarke, sans y mêler aucune digression étrangère suivant en cela le chemin qu'il m'a lui-même tracé, & qui est la voie la plus courte pour éclaircir & résoudre les questions les plus difficiles.

Commençons par rapporter la preuve que donne M. Clarke de l'immaterialité & de l'immortalité naturelles de l'ame. La voici: » l'ame ne sauroit
» être matérielle: c'est ce qu'on peut démontrer
» par la simple considération du sentiment intérieur qu'elle a d'elle-même. Car, la matière
» étant une substance divisible, composée de parties qui peuvent toujours être séparées les unes
» des autres, ou qui même sont actuellement séparées ou distinctes, il est évident
» qu'un système de matière quelconque, dans
» quelque composition ou division que ce soit
» ne peut être une substance individuelle, ayant
» le sentiment intérieur de son individualité.
» Elle ne pourroit avoir ce sentiment intérieur
» à moins qu'il ne lui fût essentiel, & s'il lui
» étoit essentiel, chaque particule de matière seroit le résultat d'une multitude innombrable de
» sentimens intérieurs séparés & distincts. Supposons deux ou trois cens parties de matière,
» éloignées les unes des autres d'un mille, ou
» de toute autre distance quelconque: est-il
» possible que ces parties ainsi séparées forment
» une substance individuelle qui ait le sentiment
» intérieur de son individualité? Rapprochons
» ces parties jusqu'à se toucher, de sorte qu'elles
» soient réunies en un système ou corps; donnons-leur encore du mouvement: en feront-elles moins réellement distinctes, leur état
» d'aggrégation & d'agitation, que lorsqu'elles
» étoient plus éloignées les unes des autres?
» Comment donc leur réunion, ou leur mouvement, pourroit-il en faire un être individuel
» sentant intérieurement son individualité? Faites
» intervenir, si voulez, la puissance infinie de
» Dieu. Supposez qu'il ajoute le sentiment intérieur à cette masse composée de l'assemblage de plusieurs parties: comme chacune
» de ces parties est un être distinct, leur collection ne pourra pas encore être le sujet
» d'inhérence d'une telle faculté. Car ce n'est
» point un seul sujet; ce sont plusieurs sujets.
» Il n'y auroit donc pas un seul sentiment intérieur mais autant de sentimens intérieurs que
» de parties, & dès-lors point d'individualité.
» Si donc Dieu ajoute le sentiment intérieur d'individualité à un système quelconque de matière,
» ce ne peut être qu'en lui unissant une autre
» substance individuelle. Donc l'ame principe
» pensant qui a le sentiment intérieur de son
» individualité, ne peut pas être une substance
» matérielle. »

A ce raisonnement j'ai opposé plusieurs objections que je vais répéter & défendre dans le même ordre que M. Clarke a suivi en les réfutant. Voici ma première objection.

» I. Supposons, avec le docteur Clarke, qu'une
» substance matérielle, dans quelque état qu'elle
» soit, n'est point un être individuel. Je ne
» vois encore qu'un système de matière,
» composé de parties actuellement séparées &
» distinctes, soit incapable de recevoir une faculté individuelle, telle que la faculté de
» penser. Je ne vois pas qu'il faille absolument
» & nécessairement que le sujet d'une faculté
» individuelle soit lui-même un être individuel.
» Si la nature nous offre des êtres qui ne sont
» rien moins qu'individuels, & qui néanmoins
» possedent des facultés individuelles, soit comme
» un présent de Dieu, soit comme une appartenance
» d'un tel système de matière, composé de parties actuellement séparées & distinctes, que
» devient l'argument du docteur Clarke? Il tombe sans force. Cependant c'est un fait, ou
» plutôt une multitude de faits. Il suffit d'avoir
» des yeux pour appercevoir de tous côtés des
» systèmes de matière revêtus de certaines facultés qui ne résident ni dans chacune ni dans
» aucune des parties qui les composent, considérées en particulier, & sans rapport au
» tout. Considérons une rose. Elle est composée de
» plusieurs parties dont chacune prise séparément
» n'a point la faculté de produire cette sensation
» agréable qu'elle cause lorsqu'elles sont unies
» ensemble. Il faut donc que dans un tel système
» chaque partie contribue à la puissance individuelle qui est la cause externe de la sensation,
» ou que Dieu dont le pouvoir est infini, donne
» à cet aggrégat matériel la propriété de produire dans nous cette sensation. Voilà, selon

» moi, un exemple de la manière dont la faculté
» individuelle de penser peut se trouver dans la
» matière. Les parties qui composent le cerveau
» humain peuvent avoir sous cette modification,
» la faculté de penser, soit à titre de produc-
» tion naturelle, soit comme une vertu que Dieu
» ajoute à une telle combinaison de parties ma-
» térielles, quoique chacune prise séparément ou
» sous toute autre forme, n'ait point cette fa-
» culté.

» Le défaut de l'argument de M. Clarke,
» lequel me paroît avoir échappé à sa pénétra-
» tion, consiste en ce qu'il entend par faculté
» individuelle, une propriété qui ne peut appartenir
» qu'à un être individuel. C'est-là supposer ce qui
» est en question, savoir si la faculté de penser est
» une propriété individuelle de cette espèce.
» Notre docteur ne dit pas un mot qui tende
» à prouver cette assertion ; & il a bien raison :
» car pour le prouver, il faudroit connoître
» parfaitement la nature de la pensée. Nous pou-
» vons, à la vérité, distinguer plusieurs espèces
» de pensées les unes des autres. Mais la pensée
» est-elle une opération qui ne puisse procéder
» que d'un être individuel ? Ou bien peut-elle
» résider dans un être composé de parties actuel-
» lement séparées & distinctes ? C'est ce que
» nous ignorerons jusqu'à ce qu'on en donne une
» meilleure preuve que celle du docteur Clarke.
» Il ne suffit pas d'appeler la faculté de penser
» une propriété individuelle pour démontrer
» qu'elle appartient en propre à un être indi-
» viduel, à l'exclusion de tout autre.

» M. Clarke répond à cette objection que toutes
» les propriétés, qualités, ou facultés peuvent se
» ranger sous trois classes.

» I. Il y en a qui sont, à proprement parler,
» inhérentes à la substance à laquelle on les attribue ;
» & il est évident qu'une qualité ou faculté de cette
» espèce qui est ou qui peut être inhérente à
» un systême quelconque de matière, n'est que
» la somme ou l'aggrégat des qualités ou facultés
» de la même espèce inhérentes à chaque partie
» du composé. La grandeur d'un corps n'est que
» la somme des grandeurs de toutes ses parties.
» Son mouvement n'est que la somme des mou-
» vemens de toutes ses parties. Si la pensée pou-
» voit de-même être une faculté inhérente à un
» systême de matière, elle seroit nécessairement
» la somme & le résultat des pensées des di-
» verses parties, & ainsi, il y auroit dans le corps
» total autant de pensées ou de sentimens in-
» térieurs individuels que de particules matériel-
» les.

» II. Il y a d'autres facultés que l'on regarde
» ordinairement comme individuelles qui ré-
» sident dans le systême total & résultent du
» tout-ensemble, sans résider partiellement dans
» chacune ou aucune de ses parties composantes :
» telle est l'odeur de certains corps, la couleur,
» & autres semblables ; mais leur prétendue indi-
» vidualité est une erreur grossière & populaire.

» III. D'autres facultés, comme le magnétisme,
» & l'attraction électrique, ne sont pas du tout
» des qualités réelles qui résident dans quelque
» sujet, mais des noms abstraits dont nous nous
» servons pour exprimer les effets de certains
» mouvemens déterminés d'un fluide matériel.
» La pesanteur n'est pas elle-même une qualité
» inhérente à la matière, ni qui puisse résulter
» d'aucune composition ou combinaison de par-
» ties, mais un effet de l'action continue & ré-
» gulière d'un autre corps sur elle, en vertu de
» quoi toutes ses parties tendent les unes vers
» les autres.

» Il faut nécessairement que toutes les qualités
» possibles, modes ou facultés, se rangent dans
» l'une de ces trois classes. Il est donc question
» de savoir de quelle espèce est la faculté que l'on
» nomme sentiment intérieur ou faculté de penser.
» Il ne paroît pas qu'elle soit un nom abstrait ;
» & je ne suppose pas que personne la regarde
» comme un effet produit dans ou sur une sub-
» stance étrangère, semblable à l'odeur & à la
» couleur d'une rose qui ne sont point des qualités
» individuelles propres de la rose même, mais de
» simples sensations excitées dans celui qui la flaire
» ou qui la voit. La pensée est une qualité ou
» faculté vraiment & réellement inhérente à la
» substance qui la possède. Si donc cette sub-
» stance pensante est un systême matériel, il
» est démontré en toute rigueur philosophique
» que le sentiment intérieur est inhérent à chaque
» portion d'un tel systême prise séparément,
» comme au tout-ensemble. Supposer qu'une
» faculté ou qualité de ce genre résulte des
» différentes parties qui composent le tout, c'est
» une contradiction directe & manifeste. C'est
» supposer un composé sans parties, un effet
» sans cause. Ou bien il faut prétendre que Dieu,
» par sa puissance infinie, tire cette faculté du
» néant & la met dans un sujet où il la fait
» exister sans qu'elle lui soit inhérente, quoiqu'en
» même temps on suppose qu'elle lui appartient
» en propre. »

Avant que de répondre directement à M. Clarke, il est à propos de fixer la signification précise de quelques mots décisifs dans la question présente. Il s'agit de savoir si un systême de matière peut avoir la faculté de penser, ou un sentiment intérieur individuel, soit à titre de modification naturelle, soit comme une vertu que Dieu ajoute à un tel arrangement de parties matérielles. Il paroît évident, par cet énoncé même, que par la faculté de penser, on n'entend pas ici la seule capacité d'avoir une pensée ou une autre, mais la pensée actuelle; autrement le docteur Clarke ne pourroit pas employer le terme de *sentiment intérieur individuel* comme synonyme, pour désigner la faculté de penser. Car le sentiment est l'acte de la faculté & non la simple faculté.

Le mot *individuel*, appliqué à une faculté, doit désigner la simple faculté sans aucune détermination, soit que cette faculté procède d'un être individuel, ou d'une substance actuellement divisée ou divisible. Si une faculté individuelle signifie une propriété inhérente à un être individuel, si l'on suppose que le sentiment intérieur est une propriété individuelle de cette espèce, & que la question soit de savoir si le sentiment intérieur, ou une faculté individuelle peut résider dans un système de matière, c'est-à-dire dans un être qui n'est point individuel; il n'y a plus de dispute: la supposition décide la question. Dans une telle hypothèse, la matière ne peut pas penser. Dès que l'on suppose la matière composée de parties; & la faculté de penser ou le sentiment intérieur une propriété individuelle qui ne peut résider dans une substance composée de parties, il est inutile de demander si la matière peut avoir la faculté de penser. C'est comme si l'on demandoit si ce qui ne peut pas penser peut penser. Est-ce-là une question à faire? Je ne prétends pas empêcher M. Clarke de soutenir que la faculté de penser ou le sentiment intérieur est une propriété qui ne peut résider que dans un être individuel. Il peut, en toute liberté, agiter cette question tant qu'il voudra, & je serai charmé de recevoir d'un savant aussi distingué des lumières sur la nature de la pensée. Tout ce que je lui demande, c'est de ne pas supposer que la pensée soit une faculté individuelle au sens propre de la question présente, avant que de l'avoir prouvé, c'est-à-dire une faculté qui ne puisse résider dans une substance composée de parties; & quand il l'aura prouvé je conviendrai qu'un système de matière est incapable de penser, & conséquemment que le principe qui pense est une substance immatérielle. Mais supposer n'est pas prouver.

Après ces observations préliminaires, je passe à une réponse directe.

I. Cette belle division des qualités ou facultés en trois classes, est ce qu'on appelle dans l'école, *argumentum ad ignorantiam*. En distinguant les propriétés ou facultés de la matière en trois espèces, en montrant que les deux dernières espèces portent improprement le nom de propriétés ou facultés, M. Clarke suppose que le corps n'a & ne peut avoir que des qualités d'une seule espèce, telle que la grandeur & le mouvement

qui sont des sommes ou des aggrégats des mêmes qualités qui résident dans chacune de ses parties. Cela veut dire seulement qu'il ne connoît dans la matière que des qualités de l'espèce de la grandeur & du mouvement qui sont des assemblages, des résultats des qualités semblables que possède en petit chaque particule matérielle. En conclure que la matière ne peut pas avoir des qualités d'un autre genre, c'est une conclusion purement gratuite.

Ce que nous voyons, ce que nous savons ne conclut rien contre la possibilité de ce que nous voyons & ne savons pas. Si M. Clarke avoit prouvé, comme il se l'étoit proposé, qu'un système de matière ne peut point avoir de qualités qui ne soient la somme ou l'aggrégat des qualités semblables inhérentes aux moindres particules matérielles, alors il auroit été en droit de conclure que si le sentiment intérieur étoit réellement inhérent à un système quelconque de matière, il ne pourroit être que la somme ou le résultat des sentimens intérieurs de ses différentes parties. Tant qu'on ne prouvera pas que les facultés des corps ou systèmes de matière ne peuvent être autre chose que des sommes ou aggrégats des propriétés particulières à leurs élémens, on pourra toujours supposer que les particules différentes de la matière ont ou peuvent avoir des propriétés différentes qui leur sont inhérentes, ou qu'elles tiennent, comme une addition arbitraire, de la puissance infinie de Dieu; que l'action ou la faculté réduite en acte, qui résultera de leur union en un seul système, sera d'une espèce différente des propriétés particulières à chaque partie du composé considérée séparément; & qu'ainsi loin d'être la somme ou l'aggrégat de plusieurs facultés semblables, elle sera au contraire le résultat d'un certain nombre de propriétés de différente espèce.

Ainsi M. Clarke doit prouver que le sentiment intérieur n'est pas un acte, ou une faculté actuelle qui résulte de l'union de différentes espèces de facultés; ou il doit renoncer à démontrer que la matière soit incapable de penser parce qu'elle est divisible à l'infini, ou actuellement divisée en une infinité de parties. En effet, dans la supposition que différentes parties d'un seul système de matière ont des facultés d'une espèce différente, & tant qu'il n'est pas prouvé que le sentiment intérieur soit une faculté individuelle dans le sens propre, c'est-à-dire, une faculté qui ne sauroit appartenir à un être divisible ou divisé, quelle raison a-t-on de prétendre que si le sentiment intérieur est inhérent à un système de matière, il est la somme ou le résultat des sentimens intérieurs inhérents à ses différentes parties? au contraire si le sentiment intérieur appartient au tout ensemble, les différentes parties

parties du composé contribueront à le former, sans qu'aucune le possède : il ne sera donc pas la somme de plusieurs sentimens intérieurs semblables, mais le produit d'une certain nombre de propriétés d'une autre espèce.

Voilà comme s'évanouissent les difficultés de M. Clarke, fondées sur la divisibilité & la division actuelle de la matière en particules distinctes. On pourra supposer, sans contradiction, dans un tout une faculté qui ne résidera point dans les diverses parties dont il sera composé ; comme il est aisé de concevoir qu'une montre n'est pas la même chose que chacune des pièces qui la forment. La propriété qui résulte de différentes propriétés qui concourent en seul système n'appartient en propre à aucune partie de ce système considérée en elle-même ; elle n'est pas non plus de la même espèce que les propriétés singulières de chaque partie isolée, mais elle en est le produit. Je ne suppose point un tout sans parties : je suppose seulement que le tout est différent de ses parties, ce qui est évident. Un particulier dans la société civile n'est qu'un individu considéré en lui-même : il n'est point le corps politique, il contribue à le composer ; le corps politique résulte de la réunion & du concours de plusieurs hommes d'un caractère, d'un génie, & d'un état très-différent. Je ne suppose point aussi un effet sans cause ; puisque les diverses propriétés de chaque partie d'un système de matière, unies ensemble pour former une seule faculté & concourir ensemble à une seule opération, sont la cause efficiente de la faculté du système total, faculté qui n'existoit point dans chaque partie considérée séparément.

On peut ainsi concevoir que les différentes parties dont la réunion forme le cerveau avoient avant leur assemblage, la faculté de contribuer à l'acte que nous appellons *pensée*, quoiqu'elles n'eussent point de pensée ou de sentiment intérieur ; tout comme les parties d'une fleur séparées les unes des autres, & déguisées sous un autre forme, n'ont point la faculté de produire en nous cette douce sensation d'odeur qu'elles nous causent lorsqu'elles se trouvent réunies & combinées sous une telle forme.

2°. J'ai supposé jusqu'ici que les différentes parties matérielles d'un même système avoient des propriétés essentiellement différentes les unes des autres. Je ne tiens (1) point à cette diffé-rence, & je conviendrai, si l'on veut, que toute la matière est parfaitement homogène, que chacune de ses parties a les mêmes propriétés que toutes les autres ; qu'en prenant tout le monde matériel ensemble, chaque particule est également propre à entrer dans quelque composé que ce soit, de concourir avec telle autre particule à toutes les facultés actuelles de la matière. Mais si ces facultés actuelles n'existent qu'en vertu de telles combinaisons particulières, & qu'il faille que les parties matérielles du système où elles résident reçoivent telle disposition par le mouvement, pour que ces facultés puissent s'exercer ; il s'ensuivra également que les facultés du système total ne sont point la somme de plusieurs facultés partielles semblables, mais qu'elles résultent au contraire de la réunion d'un certain nombre de propriétés d'une autre espèce, parce que, comme chaque partie a la même propriété dans des circonstances semblables, elle a aussi une propriété différente dans une position & une combinaison différentes. J'aime mieux admettre cette homogénéité des élémens de la matière, que de leur supposer des différences spécifiques & essentielles qui fondent des facultés réellement différentes. Nous voyons la matière changer continuellement de forme, & par ce changement un corps devenir tout autre corps. Les mêmes parties matérielles deviennent avec le temps fumier, terre, herbe, bled, bœuf, cheval, homme &c. & elles ont diverses propriétés dans ces systêmes différens.

Une autre vérité de fait, du moins elle me semble telle, c'est que la matière qui dans l'œuf couvé constitue l'embrion, reçoit par l'incubation certaine disposition organique qui la rend capable de sensation, sans qu'elle ait besoin d'une ame immatérielle & immortelle pour sentir. Il me paroît qu'une telle ame n'est pas plus nécessaire au système matériel pour lui donner la faculté de sentir le froid, le chaud, de voir le rouge, le bleu, le jaune, &c. qu'elle n'est nécessaire aux plantes pour qu'elles exercent la faculté végétative, ou aux corps de ce monde sublunaire pour graviter les uns sur les autres. Les faiseurs de systèmes n'en conviendront pas ; mais ils ont un intérêt qui leur est plus cher que la vérité, celui de faire valoir leurs hypothèses.

---

(1) *Collins* a tort d'abandonner cette opinion dont la vérité est démontrée par une multitude d'expériences de chymie, d'où il résulte que l'homogénéité de la matière est une des plus grandes absurdités qu'on puisse avancer en philosophie spéculative. Ce n'est ni aux théologiens, ni même aux métaphysiciens qu'il convient de parler de la matière, c'est aux chymistes ; c'est dans leur laboratoire, qu'on apprend à la connoître ; c'est là qu'on peut s'assurer par soi-même que le mouvement lui est aussi essentiel que l'impénétrabilité, la gravitation, ou toute autre propriété qui la constitue un être tel : en un mot, c'est là qu'on peut, pour ainsi dire, toucher par tous ses sens cette hétérogénéité de la matière, que *Colins* avoit d'abord admise, & à laquelle il nous paroît renoncer ici un peu légèrement.

3.° M. Clarke n'a pas fait une énumération juste & complette de toutes les facultés de la matière. Pour mieux comprendre combien sa division est défectueuse, considérons ce qu'on entend par *faculté* dans la question que nous agitons. C'est, si je ne me trompe, la capacité actuelle d'opérer ou de souffrir un changement, d'agir ou d'être le sujet passif d'une action. D'après cette définition, il s'agit de savoir si dans un système quelconque de matière, toute capacité actuelle d'opérer ou de souffrir un changement, d'agir ou d'être le sujet passif d'une action, est la somme ou l'aggrégat de plusieurs capacités du même genre. Or ce qui prouve incontestablement qu'il y a dans les corps des capacités actuelles d'opérer ou de souffrir un changement qui ne soit point la somme ou l'aggrégat d'autres capacités semblables, c'est que la grandeur & le mouvement ne suffisent pas au corps pour qu'il puisse opérer ou recevoir du changement; la texture des parties lui est également nécessaire. La texture d'un œil, d'une oreille, ou de telle autre partie de l'homme est différente de celle des autres corps animés & elle est encore différente des autres parties du même corps; & c'est de cette texture, aussi bien que de sa grandeur & de son mouvement, que la matière qui compose l'œil, tire la faculté d'opérer ou de recevoir du changement, d'agir ou d'être le sujet passif d'une action. Cette faculté dépend tellement de l'organisation particulière de l'œil, que s'il survient la moindre altération dans quelque partie de l'œil, l'organisation en étant dérangée, la faculté cesse, il ne peut plus ni recevoir l'impression des objets extérieurs, ni contribuer à l'acte de la vision. Si donc les facultés du système quelconque de matière cessent par le moindre dérangement d'une de ses parties, il est évident qu'elles ne sont point dans lui des qualités du même ordre que la grandeur & le mouvement: car qu'on change & qu'on divise ces parties tant que l'on voudra, elles auront toujours de la grandeur, & elles seront susceptibles de mouvement; au-lieu qu'en séparant ou en changeant une seule partie de l'œil, vous détruisez la faculté de la vue & l'acte de la vision.

4.° J'ai dit: » Le défaut de l'argument de » M. Clarke consiste en ce qu'il entend par » faculté individuelle une propriété qui ne peut » appartenir qu'à un être individuel. C'est-là » poser ce qui est en question, savoir si la fa- » culté de penser est une propriété de cette es- » pèce. Notre docteur ne dit pas un mot qui tende » à prouver cette assertion; & il a bien raison: » car pour le prouver, il faudroit connoître par- » faitement la nature de la pensée. Nous pouvons » à la vérité, distinguer plusieurs espèces de pen- » sées les unes des autres. Mais la pensée est- » elle une opération qui ne puisse procéder que » d'un être individuel? Ou bien peut-elle résider » dans un être composé de parties actuellement » séparées & distinctes? C'est ce que nous igno- » rerons jusqu'à ce qu'on en donne une meil- » leure preuve que celle du Dr. Clarke. Il ne » suffit d'appeller la faculté de penser une pro- » priété individuelle pour démontrer qu'elle ap- » partient en propre à une être individuel, à » l'exclusion de tout autre ».

Pour mieux faire sentir l'insuffisance du raisonnement de M. Clarke, j'observe qu'il s'étoit proposé de démontrer que la faculté de penser, ou le sentiment intérieur, ne peut pas résider dans un système de matière, & de le démontrer par la seule considération du sentiment intérieur. Voici le précis de sa démonstration: » La ma- » tière est une substance composée de parties » toujours séparées & distinctes; le sentiment in- » térieur est une faculté individuelle: une fa- » culté individuelle ne peut pas résider dans une » substance composée de parties actuellement sé- » parées & distinctes, qu'elle ne réside pareil- » lement dans toutes les parties de cette subs- » tance; & si elle résidoit dans chaque partie, » il y auroit autant de facultés ou de sentimens » intérieurs que de parties, de sorte que le sen- » timent intérieur seroit en même-tems indivi- » duel & multiple, ce qui ne peut pas être. » Donc une faculté individuelle ne peut pas » être inhérente à une substance matérielle: » donc un système de matière ne peut pas avoir » la faculté de penser. » Telle est la force du raisonnement de M. Clarke, sur quoi je ferai les remarques suivantes.

D'abord, l'idée que nous attachons au mot *matière*, dans la dispute présente, désigne un être solide composé de parties actuellement séparées & distinctes.

Ensuite, dire que le sentiment intérieur est une faculté individuelle, comme le disent tant de métaphysiciens; c'est uniquement lui donner un autre nom, sans expliquer ce que c'est que le sentiment intérieur, ni en quoi il consiste. C'est pourtant-là ce qu'il faudroit faire pour démontrer par sa nature, qu'il ne sauroit exister dans un être composé de parties actuellement séparées & distinctes. Si quelqu'un disoit que le sentiment intérieur est une qualité qui suppose que l'être où elle se trouve, n'est point composé de parties distinctes, pour rendre la vérité de cette assertion évidente, il faudroit qu'il prouvât que ces deux qualités, avoir un sentiment intérieur, & être composé de parties distinctes, sont des propriétés, facultés, ou affections incompatibles, & ne peuvent pas coexister ensemble dans un même sujet; & pour démontrer leur incompatibilité, il ne suffiroit pas de donner au sentiment intérieur un autre nom arbitraire, il faudroit en expliquer la nature & l'essence, & faire voir que cette essence répugne à celle d'une substance composée de parties distinctes. Ce seroit le seul moyen de donner à sa preuve l'évidence qu'elle doit avoir pour entraîner notre assentiment. Car si un autre philosophe entreprenoit de me prouver que le sentiment intérieur ne peut appartenir qu'à un système de matière, & que pour le démontrer il me dît que le sentiment intérieur est une opération purement organique; je le prierois de m'expliquer en quoi consiste le sentiment intérieur ou la pensée, afin de me mettre en état de connoître si c'est une opération purement organique, comme il le prétend, ou s'il se trompe. Tant qu'il me dit seulement que la pensée est une opération organique, mon esprit reste en suspens, la lumière me manque pour juger de la vérité ou de la fausseté de cette assertion, parce que j'ignore en quoi consiste l'essence de la pensée : il suppose que la matière seule pense, mais il ne le prouve pas. Telle est l'insuffisance du raisonnement de M. Clarke. Il se propose de prouver que la matière ne peut pas penser ; & au lieu de le prouver, il le suppose.

Pour démontrer par le seul sentiment intérieur, que la matière ne peut pas penser, M. Clarke ne devoit pas se contenter de dire que la faculté de penser est une faculté individuelle, c'est-à-dire, une faculté qui ne sauroit résider que dans un être individuel, ou non composé. Il devoit le prouver par l'essence de la pensée : car cette proposition n'est point évidente par elle-même, elle demande à être démontrée. Autrement elle laisse l'esprit dans le doute, sans opérer le moindre degré de conviction.

« La matière est une substance toujours composée de parties actuellement séparées & distinctes ; le sentiment intérieur, ou la pensée, ne peut pas se trouver dans une substance toujours composée de parties actuellement séparées & distinctes : donc le sentiment intérieur ou la pensée ne peut pas se trouver dans la matière : donc la matière ne peut pas penser ».

Ce raisonnement n'est rien moins que convaincant. On demande la preuve de la seconde proposition, savoir que le sentiment intérieur, ou la pensée, ne peut pas résider dans un sujet composé de parties actuellement séparées & distinctes. Et quelle preuve en donne M. Clarke ? Il dit » que le sentiment intérieur, ou la faculté de penser, » est une faculté individuelle, & qu'une faculté » individuelle ne sauroit se trouver dans un sujet » composé de parties actuellement séparées & dis- » tinctes ». Voilà tout : n'est-ce pas-là rester au milieu de sa démonstration, ou plutôt s'arrêter à l'endroit le plus décisif ? Il devoit poursuivre & prouver l'individualité de la faculté de penser, faire voir comment & pourquoi elle ne peut résider dans une substance composée de parties, expliquer clairement ce que c'est que la pensée, & tirer de son essence des raisons qui fissent comprendre qu'elle ne peut s'allier en un même sujet, avec la distinction des parties.

Après avoir exposé l'insuffisance du raisonnement de M. Clarke, tel qu'il est dans sa lettre à M. Dodwell que j'avois sous les yeux lorsque je pris la liberté d'y faire quelques objections, lettre dans laquelle ce savant théologien suppose évidemment ce qui est en question, je relis sa défense, & je cherche ce qu'il y allègue pour démontrer que la faculté de penser est une propriété qui ne peut appartenir qu'à un sujet individual. Voici tout ce que je trouve à ce propos :

« Toute qualité ou faculté qui est ou qui peut » être inhérente à un système quelconque de ma- » tière, n'est que la somme ou l'aggrégat des » qualités ou facultés de la même espèce inhé- » rentes à chaque partie du composé. . . . . . . » de sorte que si la pensée pouvoit être une fa- » culté inhérente à un système de matière, » elle seroit nécessairement la somme ou le ré- » sultat des pensées des diverses parties. . . . ce qui » est évidemment absurde ».

Quoique cela ne prouve pas que la faculté de penser soit une faculté individuelle au sens de M. Clarke, cependant en supposant que toutes les qualités ou facultés de la matière ne sont autre chose que des sommes ou aggrégats de qualités ou facultés partielles du même genre, il en conclut que le sentiment intérieur, ou la pensée qui, comme il l'a supposé dans son premier argument, n'est point une qualité de cette espèce, mais une faculté individuelle, ne peut pas appartenir à la matière. Cette façon de raisonner s'appelle accumuler des suppositions, & non assembler des preuves. Il restoit d'abord à prouver que la pensée étoit une qualité individuelle, c'est-à-dire une qualité qui ne pouvoit pas résider dans une substance composée de parties. M. Clarke s'impose aujourd'hui une nouvelle tâche, savoir de prouver encore que toutes les qualités ou facultés inhérentes à la matière, ne sauroient être autre chose que des sommes ou des aggrégats de qualités ou facultés partielles du même genre ; mais il ne remplit ni l'une ni l'autre.

5°. Avant que de passer outre, je vais répondre en peu de mots à deux ou trois petits articles de la défense de M. Clarke, qui n'ont pas une connexion essentielle avec la question présente, & qu'il est à propos néanmoins de ne pas négliger entièrement.

M. Clarke m'accuse d'avoir dit que l'odeur

étoit dans la rose; & je dis au contraire que la rose est un système, de matière « composé de plusieurs parties, dont chacune, prise séparément, « n'a point la faculté de produire cette sensation « agréable qu'elles causent lorsqu'elles sont unies « ensemble ». Il étoit donc inutile que notre docteur fît un effort de philosophie pour me démontrer la méprise grossière & populaire de ceux qui mettent l'odeur dans les corps qui l'excitent, à moi qui suis du même sentiment que lui sur ce point. Je ne connois personne qui soit plus en état d'instruire les autres, que M. Clarke, & je voudrois, de grand cœur, pour ma propre instruction, qu'il eût choisi un sujet sur lequel nous fussions d'un sentiment différent. Alors, je l'aurois écouté avec docilité & sans prévention: j'aurois vu, sans chagrin, mon opinion détruite; mieux il l'auroit combattue, plus j'aurois eu de satisfaction à me voir si ingénieusement réfuté, ou même si pleinement convaincu. Mais M. Clarke a-t-il bonne grace à tirer avantage d'une ignorance qu'il me suppose gratuitement? Et devoit-il, pour montrer avec succès l'étendue de son savoir, feindre que j'ignorois les premiers principes de la physique?

M. Clarke dit que les propriétés de la rose ne sont autre chose qu'un nombre de mouvemens ou de formes similaires; proposition qui renferme deux choses à prouver: 1°. que la forme & le mouvement des parties d'une rose produisent seuls ou sont la seule cause externe de la sensation qu'elle occasionne; 2°. que ces mouvemens & ces formes sont parfaitement similaires.

M. Clarke dit que la pesanteur est l'effet de l'action continue & régulière de quelque autre être sur la matière. Il ne pense donc pas que la matière pèse ou gravite en vertu d'une propriété dont Dieu l'a douée dès le commencement, & aux loix de laquelle il la livre à présent. Cependant il n'est pas plus inconcevable que la matière se meuve ou agisse en vertu d'une propriété originelle, qu'il ne l'est qu'elle ait été mise en mouvement par un être immatériel, & qu'elle y persévère.

II. J'ai dit: « Il suffit à un sujet quelconque » d'être une substance individuelle pour être ca- » pable de recevoir la faculté de penser, soit à » titre d'appanage naturel, soit comme un présent » de la libéralité de Dieu. M. Clarke le suppose. » Il suppose de plus que la matière consiste en une » multitude de parties actuellement séparées & » distinctes. Il est vrai qu'il la croit aussi divisible, » ce qui m'étonne; & ce qui est actuellement » divisé en parties séparées & distinctes, n'est plus » divisible. Quoi qu'il en soit, tenons-nous-en » aux deux premières suppositions qui servent de » base à l'argument de cet habile métaphysicien, » & voyons si elles ne le meneront pas à une con- » clusion contraire à celle qu'il en tire. Tout sujet » individuel peut avoir la faculté de penser: la » matière est composée de parties séparées & » distinctes. Or chaque partie de la matière sépa- » rée & distincte est un être individuel: car qu'est- » ce que l'individualité, sinon ce qui sépare ou » distingue un être de tous les autres? Donc cha- » que partie de matière peut être un principe » pensant, ou avoir un sentiment intérieur indi- » viduel. M. Clarke se trouve ainsi forcé par son » propre raisonnement, à reconnoître que l'ame » qui pense, ou qui a un sentiment intérieur in- » dividuel, peut être une substance matérielle ».

Qu'est-ce que l'on répond à cette objection? On dit » que quand même on supposeroit que » chaque particule de matière est un être indivi- » duel, c'est-à-dire un atôme indivisible, il ne » s'ensuivroit pas que chaque particule matérielle » fût capable de penser; car quoique la divi- » sibilité d'un sujet le rende incapable d'avoir » aucune faculté individuelle, telle que la fa- » culté de penser, il ne s'ensuit pas que tout » ce qui est indivisible soit propre à recevoir » la faculté de penser ». J'aurois donc eu tort de dire que, suivant M. Clarke, il suffit à un sujet quelconque d'être une substance individuelle pour être capable de recevoir la faculté de penser. Voyons si j'ai mal compris M. Clarke, ou si c'est lui qui se contredit.

1°. Si l'individualité, ou l'indivisibilité est la seule condition requise, suivant le raisonnement de notre docteur, pour qu'un sujet quelconque puisse avoir la faculté de penser, il s'ensuivra certainement que tout ce qui est divisible ne sauroit penser, & de plus que tout ce qui est indivisible peut penser, à moins que M. Clarke, corrigeant son premier argument, n'y ajoute de nouvelles considérations qui prouvent qu'il ne suffit pas à un sujet d'être une substance individuelle pour être propre à recevoir la faculté de penser. Mais jusques-ici, il n'a pas exigé d'autre condition que l'individualité, pour rendre un sujet capable de penser. Car pourquoi, selon lui, la matière ne peut-elle pas penser? C'est, dit-il, que la faculté de penser est une propriété individuelle, qui ne peut résider que dans un être individuel, & que la matière n'est pas un sujet individuel. Voilà le seul empêchement dont il fasse mention. Quoique la divisibilité, ou défaut d'individualité rende un sujet incapable de penser, il ne s'ensuit pas en général que tout être indivisible soit, pour cela seul, capable de penser; cela suit pourtant du raisonnement de M. Clarke, tel qu'il est dans sa lettre à M. Dodwell. Il ne sauroit en disconvenir. Il aura beau interpréter, étendre, & développer son premier argument, il ne m'y fera jamais appercevoir un seul principe qui m'empêche d'en inférer légitimement que tout être individuel, soit matériel ou immatériel, est un sujet convenable pour la pensée.

M. Clarke dit aujourd'hui que, quoique la » distinction des parties, ou le défaut d'individualité soit la seule raison qu'il ait alléguée » de l'incapacité de penser qu'il attribue à la » matière, on ne doit pourtant pas dire que la » seule chose requise dans un sujet quelconque » pour devenir capable de penser, soit d'être » une substance individuelle ». Pourquoi donc M. Clarke n'en a-t-il point exigé d'autre condition? Il convient qu'en regardant l'individualité comme la seule condition requise pour rendre un sujet capable de penser, tout être individuel, matériel ou immatériel, peut devenir un sujet propre à penser. Mais peut-il nier que son raisonnement ne me porte naturellement à regarder l'individualité comme la seule condition requise pour que la matière puisse recevoir la faculté de penser? Et s'il le nie, qu'il me montre la différence qu'il y a entre dire *la matière ne peut pas penser parce qu'elle n'est pas un sujet individuel*, ou *la matière pourroit penser si elle étoit un sujet individuel*. Le défaut d'individualité n'est-il pas dans ces deux propositions, le *seul obstacle* qui empêche la matière de penser, ou autrement, la *seule raison* de son incapacité à cet égard?

2°. Si j'avois inféré de l'argument de M. Clarke, que tout ce qui est indivisible, ou individuel est par cela seul capable de penser; je ne vois pas comment cet habile métaphysicien pourroit tirer des seuls principes qu'il a employés, quelque considération propre à faire voir qu'un être matériel individuel n'est pas capable de penser. Et s'il ne le peut pas, il s'ensuit donc qu'en général tout être indivisible ou individuel est par cela seul capable de penser.

Mais M. Clarke nie la supposition sur laquelle cette objection est fondée : il nie qu'aucune particule de la matière soit réellement indivisible. Ainsi je ne peux plus raisonner sur cette hypothèse. Je croyois pourtant raisonner dans les principes de M. Clarke, puisqu'il dit que la matière consiste dans une multitude de parties actuellement séparées & distinctes. Il me sembloit qu'il falloit des êtres simples pour former des composés ; & je pensois que M. Clarke donnoit le nom de parties à ces êtres simples qui composent les corps. Il paroît à-présent qu'il n'admet dans la matière que des parties improprement dites, c'est-à-dire des parties apparentes, mais qui ne sont pas réellement telles. Ainsi mon objection tombe sans effet ; je n'en regrette pas la perte.

3°. J'ai accordé à M. Clarke tout ce qu'il pouvoit desirer. « Supposons, ai-je dit, que ce » savant théologien a prouvé que le sentiment » intérieur ne sauroit se trouver que dans un » être individuel, & que de plus cet être individuel doit être une substance immatérielle ; » il n'a pas prouvé pour cela que l'ame soit naturellement immortelle, de sorte que tous ses » beaux & longs raisonnemens en faveur de l'immatérialité de l'ame sont en pure perte pour » l'objet principal qui est son immortalité naturelle. L'ame étant supposée un principe immatériel pensant, pour démontrer son immortalité naturelle, il faut prouver qu'un principe » immatériel pensant est naturellement immortel ; » & pour démontrer ce dernier point, il faut » faire voir qu'il y a une connexion nécessaire » entre être immatériel & penser. Cependant » nous avons bien des raisons de croire que la » pensée est une action qui ne commence qu'un » certain tems après l'existence de son sujet d'inhérence, & qu'elle peut périr ou cesser, sans » que son sujet cesse d'être. Ainsi l'on ne prouve » pas mieux l'immortalité naturelle de l'ame par » son immatérialité, qu'on ne prouve l'immortalité naturelle des corps humains qui sont » dans le tombeau, en faisant voir que la matière ne peut périr que par l'anéantissement. » Dans ce dernier cas, nous n'avons point de » preuves qui nous forcent à croire que les parties du corps doivent nécessairement continuer » d'exister ensemble ; dans l'autre cas, nous manquons aussi de preuves suffisantes pour faire » voir que la pensée soit une propriété inséparable de l'être immatériel. Quel avantage la » morale & la réligion peuvent-elles donc tirer » de tous les raisonnemens que l'on fait sur cette » matière ? Si nous n'avons pas d'autre assurance » d'une vie future, ou autrement d'un état futur de perception après cette vie, que celle » qu'on peut tirer de la prétendue démonstration de l'immortalité naturelle de l'ame, nous » n'en avons aucune. Si elle est nulle, quelle » influence peut-elle avoir sur nos mœurs & nos » actions dans l'économie présente ? »

M. Clarke répond à cela « qu'il n'y a point » de puissance naturelle capable d'agir sur les » qualités & les modes d'un être indivisible. Car, » dit-il, toutes les qualités réelles & inhérentes » d'une substance quelconque sont ou des modifications de la substance même, ou des propriétés que Dieu ajoute à la substance en vertu » de son pouvoir sur tous les êtres créés. Or il » n'y a point de puissance naturelle capable d'agir » sur les qualités inhérentes ou ajoutées à un être » indivisible ; car si elle agissoit sur elles, ce ne » seroit qu'en produisant quelque changement » dans la substance même de cet être, c'est-à-» dire dans la disposition de ses parties : ce qui » ne peut pas arriver, puisqu'un être indivisible » n'a point de parties ».

1°. J'observe en premier lieu que cette réponse ne s'accorde point avec le fait, ou que même elle suppose l'ame matérielle & divisible. Nous savons par expérience que l'ame, ou l'être qui pense, subit divers changemens ou altérations. L'ame non-seulement éprouve diverses passions, comme de chagrin, d'amour, &c.; ce sont des modifications qui ne durent qu'un tems. L'ame a encore d'autres qualités ou propriétés, comme de voir & d'entendre, qui cessent par la mauvaise disposition des organes appropriés à telles opérations de l'ame. De plus, il ne paroît pas que l'ame pense dans le sommeil. Comment M. Clarke accordera-t-il cette succession de diverses passions dans l'ame, l'interruption de certaines qualités ou facultés, & même la cessation totale de la pensée, avec son principe » qu'il n'y a point de puissance naturelle qui » puisse agir sur les qualités & les modes d'un » être indivisible, ni y produire le moindre » changement ? » Je lui promets bien de rendre raison de ce phénomène psychologique, & de faire voir comment un être immatériel peut cesser de penser par l'impression d'une puissance naturelle. Mais s'il nie qu'un être immatériel puisse recevoir aucune impression d'une puissance naturelle, ne dois-je pas en conclure que notre ame qui, par l'expérience, est soumise à l'action de plusieurs puissances naturelles dont elle ressent l'influence, est un être matériel ?

2°. On entend ici par puissances naturelles les êtres matériels ou immatériels créés, & leurs diverses influences & actions les uns sur les autres. Or jusqu'à ce que M. Clarke ait une idée complette de ces deux sortes d'être, & des influences & actions diverses qu'ils exercent les uns sur les autres, il lui est impossible de décider en quoi consiste & jusqu'où s'étend l'action de l'un sur les facultés & les opérations de l'autre. En supposant qu'il y a des êtres dans le monde qui pensent, & dont la substance ne m'est pas mieux connue que sous l'idée d'une substance qui ne sauroit être divisée par aucune puissance naturelle ; je ne comprends pas comment ces êtres indivisibles pensent, ni comment ils peuvent exercer d'autres facultés, ni même quelles sont les qualités ou facultés qu'ils ont. Je ne connois donc pas toutes les facultés des êtres soit matériels, soit immatériels, ni leur manière d'opérer. Sur quoi donc puis-je déterminer, comment ce dont je n'ai point d'idée affecte l'action ou la faculté d'un autre être dont je n'ai point non plus d'idée, comment cette faculté s'exerce, comment elle réside dans son sujet, en un mot en quoi consiste son essence ?

3°. M. Clarke dit » qu'il n'y a point de puissance naturelle capable d'agir sur les qualités » indivisibles ni sur les modes d'un être indivisible, parce que, si elle agissoit sur ces qualités ou modes, ce ne seroit qu'en produisant » quelque changement dans la substance même » de cet être, c'est-à-dire, dans la disposition » de ses parties, & que cela ne peut pas arriver à l'égard d'un être qui n'a point de » parties ».

Je demande à M. Clarke si Dieu ne peut pas détruire un mode ou une qualité d'un être immatériel, sans produire aucun autre changement dans la substance même de cet être. S'il convient que Dieu le peut, alors il n'y a point de répugnance dans la nature de la chose, qu'un mode, ou une qualité, puisse être détruit sans qu'il arrive aucun autre changement à la disposition des parties de la substance qui sert de sujet à ce mode ou à cette qualité.

Si M. Clarke dit que Dieu peut détruire un mode ou une qualité d'un être immatériel, sans produire aucun autre changement dans la substance de cet être, mais qu'il n'y a point de créature qui puisse la même chose, quelque vertu ou pouvoir qu'elle reçoive de Dieu ; je le prierai alors de vouloir bien tirer de ses principes un argument qui prouve qu'une créature ne peut pas agir sur les qualités ni sur les modes d'un être immatériel, sans produire quelque changement dans sa substance, & qui ne démontre pas aussi légitimement que Dieu même ne le peut pas à moins qu'il n'anéantisse le sujet de ces modes ou qualités. Si l'indivisibilité d'un être immatériel fait que ses qualités ne peuvent cesser par l'action des êtres créés sur lui, elle doit de même empêcher que Dieu puisse faire cesser simplement les qualités de l'être immatériel & indivisible. Car suivant M. Clarke, Dieu ne peut pas plus produire du changement dans les parties d'une substance immatérielle, qu'aucune créature.

M. Clarke niera peut-être que Dieu puisse détruire un mode ou une qualité d'un être immatériel, sans causer quelque changement dans la substance de cet être. Et je répondrai que si Dieu peut causer quelque changement dans les parties de la substance de cet être en détruisant une faculté ou qualité qu'il y avoit ajoutée, cette substance immatérielle est aussi réellement divisible par la puissance de Dieu, qu'aucun être matériel. Ainsi tous les raisonnemens par lesquels notre habile théologien s'efforce de prouver que la matière est incapable de penser, se tournent contre lui : car le changement de parties dans une substance finie, est une marque aussi évidente de divisibilité, que la solidité. Enfin M. Clarke dira-t-il que Dieu ne peut détruire aucune faculté ni qualité d'une substance immatérielle, sans annihiler le sujet même ? Comment prouvera-t-il que Dieu qui a pu ajouter une faculté à une substance immatérielle, comme notre docteur en convient, ne peut pas la lui ôter en laissant le sujet dans le même état qu'il étoit avant qu'il eût reçu cette faculté ?

4°. Pour ne rien laisser à desirer sur ce sujet, j'alléguerai l'exemple d'une qualité d'un être immatériel qui doit sa conservation à l'action des êtres créés, & qui peut cesser sans qu'il arrive aucun changement à la substance de cet être. C'est du mouvement de l'ame que je veux parler. Comme M. Clarke n'exclut point l'étendue de l'idée de l'être immatériel, il est évident que quand nous changeons de place, notre ame se meut avec notre corps, quoique l'ame n'ait point, à proprement parler, de mouvement, si elle n'a point d'étendue. Ce mouvement de l'ame est entierement dû aux causes externes & matérielles; non seulement pour le degré de vitesse, mais encore pour la détermination & la direction: dès que l'action des causes externes & matérielle cesse, le degré & la détermination particuliere du mouvement de l'ame cesse aussi; & si ce mouvement particulier d'un être immatériel dépend des causes externes matérielles, tous ses autres mouvemens en dépendront aussi. Du moins je ne vois pas ce qui pourroit empêcher qu'ils n'en dépendissent tous. Et s'il est ainsi, il n'y a point de contradiction à supposer que l'ame puisse être en repos, sans aucun mouvement actuel, sans que sa substance en soit ni changée ni anéantie. Nous avons donc un être immatériel qui peut recevoir & perdre un mode, une qualité, savoir le mouvement, par l'action d'une puissance naturelle, sans même qu'il arrive aucun changement à la disposition de ses parties. Que devient à-présent cette proposition générale de M. Clarke ? « Qu'il n'y a » point de puissance naturelle capable d'agir sur » les qualités ou sur les modes d'un être indi- » visible, parce que si elle agissoit sur ces qua- » lités ou modes, ce ne seroit qu'en produi- » sant du changement dans la substance de cet » être, c'est-à-dire, dans la disposition de ses » parties ».

5°. Supposons que M. Clarke a prouvé ce qu'il n'a pas même rendu vraisemblable, savoir que toute l'ame, ou le principe immatériel qui pense, ne sauroit être divisé par aucune force naturelle, & que par conséquent il est naturellement immortel dans ce sens, cependant cette indivisibilité & cette immortalité ne sont rien de plus, que ce qu'il accorde à quelques particules de matière : « car il dit expressément qu'il y a des » ticules élémentaires, parfaitement solides, qu'au- » cune force naturelle ne peut diviser ». Et pourtant il me reprend d'avoir donné le nom d'être individuel à des particules élémentaires de la matière parfaitement solides qu'aucune cause ou force naturelle ne sauroit diviser. Si donc un atôme de matière, quoique naturellement indivisible, n'est pas naturellement immortel, parce qu'il n'est pas indivisible dans le sens que M. Clarke exige pour fondement de l'immortalité naturelle, savoir de ne pouvoir être divisé par Dieu même, il faut prouver que l'ame ne sauroit être divisée par la force infinie de Dieu, s'il veut démontrer qu'elle est naturellement immortelle. Mais il n'a rien dit qui prouve que l'être immatériel soit indivisible en ce sens. Il l'a supposé : une supposition aussi gratuite n'est pas une preuve.

IV. « Puisque, suivant notre docteur, un être » individuel peut seul être le sujet de la faculté » de penser, pourquoi plusieurs parties de la matière » réunies en un seul système, ne pourroient-elles pas » devenir propres à recevoir cette faculté ? Dieu » ne peut-il pas en faire un tout individuel, c'est- » à-dire les unir tellement ensemble qu'elles ne » puissent pas être séparées ni divisées par au- » cune cause naturelle ? Dans cet état d'union, » que leur manqueroit-il pour être capables de » penser ? Le corps qu'elles formeroient par leur » réunion intime, auroit son individualité : il auroit » donc la seule chose requise pour être capable » de penser : il pourroit donc devenir un être » pensant.

« En supposant plusieurs parties si étroitement » unies ensemble qu'elles ne pussent plus être » séparées les unes des autres, en quoi consis- » teroit la distinction ou l'individualité de chaque » partie ? Il me semble, à moi, qu'elle ne seroit » plus. Cette union intime l'anéantiroit ; & un » tel composé n'auroit point de parties distinctes, » comme l'être immatériel n'en a point, quoi- » qu'il soit étendu. En supposant cette union » complette & entiere, les parties sont aussi » incapables de division, que celles de l'étendue » immatérielle. Toute la différence qu'il y a entre » la substance immatérielle & la substance ma- » térielle, indépendamment de la solidité de celle- » ci qui manque à l'autre, consiste en ce que » l'une est peut-être individuelle par sa nature, » & que l'autre devient par un acte particulier » de la puissance divine ce que la première est » par la création. Je ne vois pas du reste que » cette différence suffise pour rendre l'une ca- » pable de penser, & l'autre incapable de re- » cevoir la faculté de penser, à moins que cette » faculté ne puisse pas se trouver avec la soli- » dité dans le même sujet ».

Pour réfuter cette objection, M. Clarke tâche d'établir une différence essentielle entre un système de matière tel que je le suppose, & un être immatériel, fût-il même étendu. « Le cas » est différent, dit-il, parce que quelques-unes » des premieres & des principales propriétés » que nous connoissons à la matière, telles que

» celle d'avoir des parties diſtinctes les unes
» des autres (*partes extra partes*) ou celle d'être
» compoſée de parties qui peuvent exiſter ſépa-
» rément & qui n'ont point de dépendance né-
» ceſſaire les unes des autres, en ſont évidem-
» ment un être diviſible, au lieu que nous ne
» connoiſſons point dans les êtres immatériels,
» de propriétés pareilles qui ſuppoſent en au-
» cune manière la diviſibilité ».

N'en déplaiſe à M. Clarke, je ſoutiens qu'il n'y a aucune différence entre un ſyſtême de matière tel que je le ſuppoſe dans l'objection précédente, & un être immatériel étendu. Quoique toute la matière ſoit compoſée de parties qui ne dépendent point néceſſairement les unes des autres pour leur exiſtence, cependant un ſyſtême de matière tel que je l'ai ſuppoſé ne peut pas plus être diviſé par les cauſes naturelles, qu'un être immatériel. Or M. Clarke eſt ſi éloigné de nier ma ſuppoſition qu'il la réduit en fait, en diſant qu'il y a des particules de matière qu'aucune puiſſance naturelle ne ſauroit diviſer. Or s'il y a des ſyſtêmes de matière qu'aucune force naturelle ne puiſſe diviſer, quoiqu'ils puiſſent être diviſés par la puiſſance divine, il n'y a entre eux & les êtres immatériels finis, aucune différence au premier égard.

Quant au ſecond qui conſiſte à pouvoir ou à ne pouvoir pas être diviſés par la puiſſance de Dieu, je ne vois encore aucune différence entre de tels ſyſtêmes de matière & les êtres immatériels finis ſuppoſés étendus. Tous les êtres finis étendus, ſoit matériels ou immatériels, réſultent d'une quantité de parties tellement diſpoſées que la partie d'un côté n'eſt pas celle de l'autre. C'eſt une continuité de la même ſubſtance. Je ne vois pas pourquoi une ſubſtance ainſi continue ne ſeroit pas diviſible. Que M. Clarke nous faſſe voir par quelle raiſon une ſubſtance ſolide continue peut être diviſée par la puiſſance de Dieu, & cette raiſon prouvera la même diviſibilité de toute autre ſubſtance continue.

Suppoſons que l'ame a quatre pouces quarrés d'étendue : cette ſuppoſition devient raiſonnable dès que l'on regarde l'ame comme une ſubſtance étendue. Je demande donc à M. Clarke ſi le dégré de l'étendue de l'ame ne dépendoit pas autant de Dieu, lorſqu'il créa cette ſubſtance penſante, que celui de la grandeur de toute particule de matière reconnue pour indiviſible par aucune cauſe naturelle, Dieu n'auroit-il pas pû ne lui donner que deux pouces d'étendue, s'il avoit voulu, comme il pouvoit diminuer la maſſe des particules de la matière ? Je ſuppoſe que M. Clarke m'accordera l'un & l'autre. Or, ſi Dieu peut faire des êtres immatériels de différentes dimenſions, qui peut l'empêcher de diminuer à-préſent l'étendue qu'il donna à un être immatériel en le créant, ſans l'empêcher également de diminuer la grandeur qu'il donna à un ſolide continu en le créant ? Il me ſemble qu'un pouce d'étendue du côté droit d'un être immatériel ne dépend pas plus, quant à ſon exiſtence, d'un pouce d'étendue du côté gauche, que chaque côté d'une particule de matière parfaitement ſolide ne dépend de l'autre au même égard. Nous avons donc découvert dans les êtres immatériels une propriété qui ſuppoſe la diviſibilité, comme nous en connoiſſons de pareilles dans la matière. L'étendue continue rend l'être qui la poſſède auſſi réellement diviſible, que la ſolidité continue.

» On peut démontrer, ajoute M. Clarke, que
» les parties connues de l'eſpace ſont abſolument
» indiviſibles ; de ſorte qu'il n'eſt pas difficile de
» comprendre que les êtres immatériels étendus
» ſoient pareillement indiviſibles ».

Quand même on pourroit démontrer que les parties connues de l'eſpace ſont abſolument indiviſibles, il ne s'enſuivroit pas qu'il fût aiſé de s'imaginer qu'une ſubſtance immatérielle pût être pareillement indiviſible. L'eſpace eſt ſuppoſé infiniment étendu, parce qu'il n'eſt autre choſe que l'abſence ou la place des corps, au-lieu qu'un être immatériel eſt quelque choſe d'étendu & de fini.

Cependant ſi Dieu peut diviſer tous les êtres finis étendus, tout ce que M. Clarke allègue en preuve de l'incapacité de penſer qu'il attribue à la matière, aura la même force pour prouver que l'être immatériel ne peut pas penſer. On s'en convaincra par les paroles même de ce ſavant théologien en ſubſtituant ſeulement le terme de matière ou d'être immatériel, à celui d'ame ou d'être immatériel étendu.

» Suppoſez, dit-il, un être étendu auſſi petit
» qu'il vous plaira, doué du ſentiment intérieur
» ou de la penſée. Si cet être étendu, tout pe-
» tit qu'il eſt, peut-être diviſé en deux parties
» par la puiſſance de Dieu, qu'arrivera-t-il na-
» turellement à ſa faculté de penſer, en conſé-
» quence de cette diviſion ? Si cette faculté
» ſubſiſte encore, il y aura deux ſentimens inté-
» rieurs diſtincts, un dans chaque partie ſéparée ;
» ou bien la faculté qui continuera d'exiſter dans
» l'eſpace ou diſtance intermédiaire qui ſépare
» les deux parties, n'aura point de ſujet, ou elle
» aura pour ſujet quelque choſe qui ne ſera pas
» une ſubſtance matérielle. Si l'on prétend qu'après
» la diviſion il n'y a qu'une ſeule des deux par-
» ties ſéparées qui conſerve la faculté de penſer,
» il faut de deux choſes l'une, ou qu'avant la
» diviſion, il n'y eût qu'une partie qui la poſſé-
» dât, & alors on demandera ce qu'il arrive-
» roit ſi cette partie penſante étoit diviſée ; ou
qu'une

» qu'une seule & même qualité individuelle soit transférée d'un être à un autre, ce que tous les philosophes du monde regardent comme une chose impossible. Enfin dira-t-on que la division de l'être immatériel étendu, détruit entièrement la faculté de penser ? Il s'ensuivra ni que cette faculté n'étoit point une qualité réelle inhérente à la substance même de l'être étendu, dans laquelle la division des parties ne doit point produire d'altération, mais un simple accident, comme la rondeur, qui périt par la séparation des parties : ce qui sera reconnu sans peine pour une absurdité ».

V. Me voici parvenu à la cinquième & dernière objection. « Supposons enfin que la faculté de penser, ou le sentiment intérieur individuel prouve l'immatérialité de l'ame, & que l'immatérialité de l'ame prouve son immortalité naturelle ; voyons à quelle conséquence nous conduisent ces suppositions. Elles élèvent toutes les créatures sensibles de cet univers à la condition & à la destination de l'homme, en les rendant capables comme lui d'une éternité de bonheur. Pour éluder cette conclusion, on est contraint d'admettre l'une de ces deux propositions :

« 1°. Ou que toutes ces créatures sensibles ne sont que de pures machines ;

« 2°. Ou que leurs ames seront anéanties à la dissolution de leurs corps.

» Ces deux systêmes sont aussi mal conçus l'un que l'autre. Quant au premier, l'expérience démontre que les bêtes perçoivent, pensent, &c. comme les hommes. Nous les voyons éviter la peine & rechercher le plaisir. Nous sommes témoins des marques non-équivoques qu'elles donnent de la douleur qu'elles ressentent, ou de la satisfaction qu'elles éprouvent. Elles agissent en cela à la manière des hommes. Elles évitent la douleur & recherchent le plaisir, par les mêmes motifs qui portent les hommes à en faire autant ; en réfléchissant sur leurs actions passées, sur celles de leurs semblables, & sur les suites des unes & des autres, elles apprennent à faire un choix entre les objets qui se présentent. Aussi nous voyons celles qui ont plus d'expérience, agir plus conformément à leurs intérêts. Si pourtant les brutes sont de pures machines, comment prouvera-t-on que les hommes ont une ame immatérielle ? si les opérations des bêtes ne suffisent pas pour les distinguer d'une montre, je crains bien que nous ne soyons aussi des machines un peu plus parfaites.

» A l'égard de l'autre alternative qui consiste à soutenir que les ames des brutes seront anéanties à la mort de leurs corps, elle est directement contraire à la preuve de l'immortalité naturelle de nos ames, tirée de son immatérialité. Elle lui ôte toute sa force ; car alors cette immortalité naturelle ne nous garantit pas de l'anéantissement ».

M. Clarke répond que : « quoique les créatures sensibles ayent certainement quelque chose d'immatériel en elles, il ne s'ensuit pas qu'elles doivent être anéanties à la dissolution de leurs corps, ou devenir capables de recevoir un bonheur éternel comme l'homme. C'est comme si quelqu'un prétendoit que tout ce qui n'est pas exactement comme lui, n'existe point du tout ».

La force de cette réponse pose sur ce que je parois soutenir qu'il est nécessaire ou que les ames des bêtes soient anéanties à la dissolution de leurs corps, ou qu'elles deviennent capables d'un bonheur éternel, comme les ames humaines. Quand ce seroit-là réellement ma pensée, ce raisonnement ne ressembleroit pas pour cela à celui d'un homme qui prétendroit que tout ce qui n'est pas exactement semblable à lui n'existe point du tout. Car je ne dis pas que les ames des bêtes sont capables d'un bonheur éternel, ou qu'elles n'existent pas ; mais qu'elles doivent ou devenir capables d'un bonheur éternel ou être anéanties à la dissolution de leurs corps. Il s'ensuit peut-être que tout être immatériel qui n'est pas capable d'un bonheur éternel ne sauroit exister après la dissolution du corps qu'il anime ; mais il ne s'ensuit pas qu'il ne puisse point exister d'être immatériel, ou d'ame qui ne soit capable d'un bonheur éternel, comme l'homme, ou pour me servir des termes de M. Clarke, qui ne lui ressemble parfaitement à l'égard de cette qualité.

Mais mon intention n'étoit pas de soutenir que les ames des bêtes devoient absolument être anéanties à la dissolution du corps animal, ou devenir capables d'un bonheur éternel comme les ames humaines ; mais seulement qu'elles devoient être anéanties dans un temps ou dans un autre, ou participer à l'immortalité avec les ames des hommes. Car, quand je me suis objecté à moi-même que les ames des bêtes seront anéanties à la dissolution de leurs corps, je me suis imaginé que ceux qui supposeroient l'annihilation des ames des bêtes, regarderoient la mort corporelle comme le terme le plus naturel de leur existence, & je ne me suis pas trompé, comme il paroît par les réponses qui ont été faites au discours de M. Dodwell qui lui-même supposant l'ame naturellement mortelle, quoique capable de recevoir l'immortalité, conclut que la dissolution du corps est le temps le plus propre à la mort de l'ame. Je demande donc la permission d'entendre dans ce sens ce que dit M. Clarke » que quoique toutes » les créatures sensibles ayent certainement en

» elles quelque chose d'immatériel, il ne s'ensuit
» pas qu'elles doivent être anéanties à la dis-
» solution de leurs corps, ou devenir capables
» d'un bonheur éternel, comme les ames humaines »... Puisque M. Clarke convient que les
bêtes, ou les créatures sensibles, ne sont pas
de pures machines, mais qu'elles ont en elles
quelque chose d'immatériel, qu'il me dise, lui
qui conclut l'immortalité naturelle de notre ame
de son immatérialité, ce qu'on peut penser de
plus raisonnable de l'ame des brutes que de dire
ou qu'elle sera anéantie dans un temps ou dans
un autre, ou qu'elle jouira, comme la nôtre,
du privilège de l'immortalité bienheureuse. Cette ame, si elle n'est pas anéantie, doit, suivant
notre docteur, conserver pour toujours la faculté de sentir ou de percevoir. Ses perceptions
doivent être ou agréables ou désagréables. Ainsi
elle doit être supposée capable ou d'avoir éternellement des perceptions agréables, ou d'avoir
éternellement des perceptions désagréables, ou
d'avoir un mélange éternel de perceptions agréables & de perceptions désagréables. Surement
M. Clarke n'admettra ni la seconde ni la troisième alternative, à l'exclusion de la première,
puisqu'elles détruiroient toutes les preuves de
l'immortalité de l'ame humaine.

Ma dernière objection dégagée de toute expression obscure ou douteuse, & à laquelle je
serois charmé de recevoir une bonne réponse, se
réduit à ceci : si la faculté de penser prouve l'immatérialité de l'ame humaine, & si de son immatérialité on peut inférer son immortalité naturelle, & conséquemment qu'elle est capable
d'un bonheur éternel ; la faculté de penser
qu'on ne peut refuser aux bêtes prouve l'immatérialité de leur ame ; & l'immatérialité de l'ame
des bêtes, prouve qu'elle est naturellement immortelle, & conséquemment capable d'un bonheur éternel. Si d'un autre côté l'ame des bêtes peut
être anéantie dans un temps ou dans un autre,
la nôtre peut l'être aussi ; & dès lors l'argument
tiré de l'immatérialité de l'ame humaine ne prouve point qu'elle doive être immortelle, ni qu'elle
le sera.

*Postscript sur la réponse de M. Milles au discours
épistolaire de M. Dodwell.*

Je finissois ma réplique à la défense de M.
Clarke, lorsque j'ai reçu la réponse de M. Milles
au discours de M. Dodwell. Dans la préface
de cette réponse l'auteur prend la défense de
l'argument de M. Clarke en faveur de l'immatérialité & de l'immortalité naturelles de l'ame, contre mes objections. Mais les principes sur lesquels il se fonde détruisent ce qu'il veut établir,
& il donne aux paroles de M. Clarke un sens tout-
à-fait contraire à celui que ce dernier leur donne
lui-même dans sa défense. Par exemple, M. Milles
dit que » si l'être pensant est étendu, il doit avoir
» des parties. » Et M. Clarke soutient précisément le contraire. Il ajoute que » par un être in-
» dividuel M. Clarke entend un être inétendu. »
Ce qui est absolument faux, puisque M. Clarke
ne refuse pas l'étendue au principe immatériel qui
pense dans nous. Il m'accuse encore » de n'avoir
» pas bien compris mon adversaire, lorsque j'ai
» dit qu'il n'excluoit point l'étendue de l'idée
» de l'immatérialité ». Il s'en faut bien que ce soit-
là une méprise de ma part. M. Clarke ne me
fera point un pareil reproche. Loin de prétendre
que si l'être qui pense dans nous est étendu, il
doit avoir des parties. Il convient avec moi dans
sa défense que l'étendue n'est point exclue de
l'idée qu'il a de l'immatérialité, & il me donne
gain de cause si je prouve que toute étendue
finie a des parties, c'est-à-dire si je prouve ce
que M. Milles regarde comme vrai, ce qu'il
admet pour un principe évident. Au lieu donc
de répondre en particulier aux observations de
M. Milles, il me suffit de le renvoyer à la défense de M. Clarke, où il verra que non-seulement il n'est pas entré dans le sens de M. Clarke,
mais de plus qu'il l'a contredit expressément, &
qu'il ne peut plus le défendre sans rétracter sa
préface. En effet, si un être immatériel pensant,
ou l'ame, est un être étendu suivant M. Clarke,
& qui pourtant ne peut être divisé par aucune
force naturelle ni divine, on ne peut pas soutenir, avec M. Milles, que si ce qui pense dans
nous est étendu, il est composé de parties, « &
» qu'il est impossible qu'un être composé de par-
» ties devienne le sujet de la pensée ». Ou si
ces deux propositions de M. Milles sont vraies,
elles détruisent la démonstration de l'immatérialité
de l'ame proposée par M. Clarke. Car, en supposant que tout ce qui est étendu est composé
de parties, & que tout être composé de parties ne sauroit penser, la substance immatérielle
de M. Clarke, ne peut pas être un principe pensant, puisqu'il lui accorde l'étendue. Ainsi, M.
Milles détruit l'immatérialité de l'ame, au sens
de M. Clarke, en voulant la défendre ; & s'il
entreprend de nouveau d'appuyer l'argument de
M. Clarke, il doit commencer par rétracter ce
principe de sa préface ; savoir *que si ce qui pense
est étendu, il est composé de parties*. Autrement il
ne pourra jamais démontrer l'indivisibilité de
l'être étendu, ni conséquemment prouver l'immatérialité & l'immortalité naturelles de l'ame,
au sens de M. Clarke.

Quoique M. Milles ait si mal compris M.
Clarke, cependant il est juste que le lecteur sache
la raison pour laquelle il lui fait dire que l'être
immatériel est un être inétendu. La voici :

« L'auteur des remarques sur l'argument de M.
» Clarke, dit-il, lui fait beaucoup de tort, en
» lui imputant de ne pas exclure l'étendue de

» l'idée de l'immatérialité ; puisqu'il est évident
» que notre argument seroit sans force, si l'on
» ne supposoit pas comme un principe suffisam-
» ment prouvé, que la substance immatérielle
» qui pense, est inétendue ». C'est pour cette
prétendue bévue que M. Milles me fait la faveur
de supposer *que je méprise la logique*. En vérité,
il me fait bien de la grace. Je ne lui rendrai
point politesse pour politesse ; & quoique sa méprise soit aussi réelle que la mienne est imaginaire de sa part, je prendrai la liberté de l'attribuer à une cause plus louable, d'autant plus
qu'il a la modestie de dire qu'il a tâché d'imiter
la méthode qu'a suivie le grand théologien Chil-
lingworth dans son traité de l'immatérialité de
l'ame.

Comme M. Milles n'est pas d'accord avec
M. Clarke sur les principes de l'immatérialité de
l'ame qu'ils soutiennent l'un & l'autre, de même
nous ne sommes pas tout-à-fait d'accord, M. Milles
& moi, sur les principes que l'on doit suivre
dans des discussions telles que celle qui nous
occupe. En fait de spéculations philosophiques,
ce n'est ni l'autorité de Cicéron, quand même
on pourroit reconnoître ses véritables sentimens
qu'il est très-difficile de saisir au milieu des opinions diverses qu'il fait soutenir aux interlocuteurs
de ses dialogues, ni l'autorité de tous les philosophes du monde, ni à plus forte raison celle
des pères de l'église, qui me règlent. C'est la raison
seule que je suis. De quelque côté qu'elle vienne,
je m'y soumets. C'est par elle seule que nous nous
proposons, M. Clarke & moi, de discuter la
question présente. Lors donc que M. Milles,
pour prouver que la faculté de penser est inséparable de l'être immatériel, se contente de dire
» que la faculté de penser a toujours été & est
» encore aujourd'hui réputée par tout le monde
» pour une propriété nécessaire de l'immatérialité, » je ne pense pas qu'il convienne de répondre à un homme qui semble ignorer que l'objet que nous discutons, M. Clarke & moi, n'est
pas une question qui se décide par l'autorité de
personne, & que M. Clarke lui-même s'est proposé dans l'argument que j'examine, de démontrer l'immatérialité & l'immortalité naturelles de
l'ame, par la seule raison.

En un mot, le fait ne prouve rien dans l'objet dont il s'agit ici. Ce que les autres ont pensé,
ne décide rien pour nous : Comme si l'on prétendoit prouver par des raisonnemens profonds
& recherchés que les pères de l'église étoient
de grands philosophes, tandis que le contraire
est évident par la confrontation de quelques passages
de leurs ouvrages que l'on trouve dans les écrits
de MM. Milles & Dodwell.

RÉFLEXIONS SUR LA SECONDE DÉFENSE DE M. CLARKE.

— *Vimque omnem eam, quâ vel agamus quid, vel sentiamus, in omnibus corporibus vivis æqua-liter esse fusam, nec separabilem esse à corpore, quippe quæ nulla sit, nec quicquam, nisi corpus unum & simplex, ita figuratum ut temperatione naturæ vigeat & sentiat* : affirmat DICÆARCHUS apud CICERONEM Tuscul. Quæst.

Nos autem animam corporalem & hic profitemur, & in suo volumine probamus, habentem proprium genus substantiæ, soliditatis, per quam quid & sentire & pati possit. TERTULLIANUS de resur-rectione carnis.

Si le lecteur n'est point fatigué de ma disput philosophique avec M. Clarke, je vais continuer à examiner si la matière peut ou ne peut pas penser. Depuis que la seconde défense de cet habile théologien a paru, le public a eu tout le loisir d'en porter son jugement, & m'en rap-portant entièrement aux lumières & à l'équité des savans, je ne chercherai point à les prévenir en ma faveur ni contre mon adversaire. Je com-mencerai plutôt par rendre à M. Clarke & au lecteur la justice que je leur dois, en avouant que, dans ma dernière réplique à la première défense de M. Clarke, j'ai omis une ligne d'un passage que j'ai cité (1). Que cette omission soit une faute typographique, ou une négligence de ma part, je l'ignore ; mais je suis bien sûr qu'elle n'a pas été préméditée, & que je n'ai point eu dessein d'altérer le sens de ce passage. J'espère que le lecteur voudra bien me croire, en considérant que je n'ai tiré aucun avantage de cette omission, & me la pardonner avec la même indulgence dont M. Clarke a usé à mon égard.

Il s'agit donc de savoir si un système de matière

---

(1) M. Clarke se plaint dans sa seconde défense, que M. *Collins* a tronqué un passage de sa première défense, en le citant. « En répétant ma réponse à
» votre première objection, lui dit-il, vous citez
» ainsi mes paroles : *supposer qu'aucune faculté ou qua-*
» *lité de ce genre résulte des différentes parties qui com-*
» *posent le tout, c'est une contradiction directe & mani-*
» *feste*. Il y a une ligne entière omise dans ce passage.
» J'ai dit : *Supposer qu'aucune faculté ou qualité de ce*
» *genre résulte de l'ensemble d'un système de matière sans*
» *appartenir aux différentes parties qui composent le tout,*
» *c'est une contradiction directe & manifeste*. Je ne doute
» point que cette omission ne soit une faute typo-
» graphique. Je crois pourtant devoir la relever ici parce
» que le lecteur ne prendra peut-être pas la peine
» de confronter la citation à l'original, & que
» peut-être ce passage ainsi tronqué pourroit avoir
» un sens différent de celui que j'ai eu en vue. *Seconde*
» *défense de l'immatérialité & de l'immortalité naturelles*
» *de l'ame.*

peut avoir la faculté de penser, ou un sentiment intérieur individuel, soit comme une modification naturelle, soit comme une addition faite à sa substance.

Par le terme d'*individuel* appliqué au sentiment intérieur, nous entendons, M. Clarke & moi, un seul sentiment intérieur, en opposition à une certaine quantité de sentimens intérieurs distincts.

Par la faculté de penser, j'ai cru devoir entendre la pensée actuelle, & non la simple capacité de penser : « autrement, ai-je dit, le docteur » Clarke ne pourroit pas employer le terme de » sentiment intérieur individuel comme synonyme » pour désigner la faculté de penser ».

M. Clarke ne paroît pas approuver cette distinction. Il dit qu'il ne voit pas la raison de ma délicatesse sur ce point. « Car, ajoute-t-il, il s'agit de » prouver qu'une substance divisible n'est pas capable de recevoir la faculté de penser. Or que » l'on entende par la faculté de penser la pensée » actuelle, ou la simple capacité d'avoir une » pensée, quelle différence cela peut-il mettre » dans la question présente ? Aucune assurément ; » car je ne présume pas que l'on nie que ce qui » est prouvé incapable d'avoir une pensée actuelle, ne soit également prouvé inhabile à » posséder la simple capacité de penser ? & que » de même tout ce qui est prouvé inhabile à posséder la capacité de penser, ne soit aussi prouvé » incapable d'avoir une pensée actuelle ».

Pour mieux faire voir l'inutilité de ma distinction entre la pensée actuelle & la capacité de penser, M. Clarke permet au lecteur » d'entendre in» différemment par le terme de sentiment intérieur, ou la capacité de penser, ou la pensée » actuelle, ou l'acte réfléchi de la pensée ; parce » que *son* argument prouve universellement que » la matière est également incapable & de la pensée » directe ou actuelle, & de l'acte réfléchi de la » pensée, & de la capacité de penser ».

1°. Après cette explication de M. Clarke, n'a-t-on pas lieu de s'étonner qu'il me fasse une querelle d'avoir voulu fixer le sens de ces expressions *faculté de penser*, ou *sentiment intérieur* ? De trois sens qu'il propose indifféremment, j'en ai adopté un. De quoi peut-il donc se plaindre ? Je ne pouvois pas mieux entrer dans ses vues, & certainement je n'ai point falsifié son raisonnement, en adoptant un des trois sens qu'il permet au lecteur d'adopter indifféremment. « Mon argument, » dit-il, prouve universellement que la matière » est également incapable & de la pensée directe » ou actuelle, & de l'acte réfléchi de la pensée, » & de la capacité de penser ? . . . . . « Tout ce » qui est prouvé incapable de la pensée actuelle, » est également prouvé inhabile à posséder la ca» pacité de penser ». Et je pourrois ajouter que tout ce qui est prouvé incapable de la pensée actuelle est aussi prouvé incapable de l'acte réfléchi de la pensée. J'ai donc entendu M. Clarke dans un sens qui répond parfaitement à ses vues.

2°. Ce qui prouve combien M. Clarke a mauvaise grace de se plaindre de moi en cette occasion, c'est qu'il permet au lecteur d'entendre indifféremment par le terme de *sentiment intérieur* ou la pensée actuelle, ou l'acte réfléchi de la pensée, ou la simple capacité de penser ; de sorte que si le lecteur adopte la première signification à l'exclusion des deux autres, M. Clarke ne peut le trouver mauvais. J'ai pris la liberté qu'il permet au lecteur de prendre. Peut-il m'en faire un crime ? Je n'ai donc pas besoin de justification, à moins que M. Clarke ne me fasse voir que la permission générale qu'il accorde à tout lecteur, ne me regarde pas.

Afin que l'on soit plus en état de juger si la plainte de M. Clarke est bien fondée, & quelle espèce de satisfaction je lui dois, j'en vais rapporter les propres termes, d'autant plus qu'ils me semblent contenir une distinction des plus délicates que j'aye jamais entendue. » Le lecteur, » dit-il, ne doit point s'embarrasser de cette dis» tinction délicate, mais il peut donner indiffé» remment au sentiment intérieur, l'une de ces » trois significations, ou toutes les trois ensem» ble ». C'est-à-dire que le lecteur ne doit pas, ou n'est pas obligé de donner indifféremment au terme de *sentiment intérieur*, l'une des trois significations mentionnées, & que cependant il peut lui donner indifféremment l'une ou l'autre. Voilà une subtilité que je ne comprends pas, & qui n'a point ici d'application. Si l'on peut entendre indifféremment par le sentiment intérieur, ou la pensée actuelle, ou l'acte réfléchi de la pensée, ou la simple capacité de penser, ou ces trois choses ensemble, il est bien permis aussi d'en adopter une à l'exclusion des deux autres, & de l'en distinguer ainsi, sans faire tort à raisonnement de M. Clarke. Car qu'est-ce qu'adopter l'une ou l'autre de ces explications, sinon s'en tenir à l'une des trois, abstraction ou exclusion faite des deux autres ?

3°. Puisque j'ai entendu M. Clarke dans un sens qui répond parfaitement à ses vues, & dans lequel il permet à tout lecteur de l'entendre, auroit-il dû me supposer une intention aussi peu louable que celle qu'il m'attribue ? Il prétend qu'en distinguant la pensée actuelle de la capacité de penser, j'ai voulu embarrasser le lecteur en mêlant une nouvelle question à la question présente. » Je » ne vois pas pourquoi, me dit-il, (si ce n'est » pour embarrasser le lecteur, par une nouvelle » question, savoir si l'ame pense toujours actuel-

» lement ou non, question absolument étrangère à celle que nous agitons à-présent) ; je ne vois pas pourquoi vous décidez si positivement que le terme de *sentiment intérieur* ne peut pas être employé comme synonyme pour désigner la faculté de penser, à moins que par la faculté de penser, on n'entende la pensée actuelle, & non la simple capacité de penser ».

Si M. Clarke n'a pas vu la raison de ma distinction, il pouvoit au moins se dispenser de m'en supposer une qui étoit bien éloignée de ma pensée. Il convient que le terme de *sentiment intérieur* peut être pris dans trois sens : il permet au lecteur de l'entendre indifféremment dans l'un des trois, ou de les adopter tous les trois. J'en adopte un & j'en rejette un autre. Faut-il que j'aye eu en cela des vues bien raffinées ? Mais sur quoi fondé M. Clarke soupçonne-t-il que j'ai eu envie d'embarrasser le lecteur par une nouvelle question ? Ai-je réellement traité cette nouvelle question, ou séparément, ou en la mêlant à l'ancienne question ? N'est-il pas évident au contraire qu'en distinguant la pensée actuelle de la simple capacité de penser, je m'en suis tenu strictement à la question présente ? Il y a plus, c'est que j'ai adopté le sens qui m'a paru le plus analogue au raisonnement de M. Clarke, & au véritable état de la question, comme il en convient lui-même, & voilà l'unique raison pour laquelle je l'ai préféré à tout autre. Il me semble que je ne pouvois mieux entrer dans ses vues, & qu'il devoit s'applaudir que j'eusse si bien pris sa pensée. Je ne pénétrerai point dans les intentions de M. Clarke : je ne chercherai point la raison qui a pu lui faire imaginer que j'avois dessein d'embarrasser le lecteur : je ne dirai point qu'il a voulu répandre des nuages sur le point de la question qu'il étoit le plus important d'éclaircir. Je me contenterai de lui demander la raison de ses soupçons à mon égard, car je n'en puis assigner aucune qui soit à son avantage. Ne devois-je pas attendre plus de justice de sa part, si ce qu'il dit de « la candeur & de l'ingénuité qui caractérisent ma réplique » n'est point un pur compliment ? Il devoit supposer que j'avois une raison suffisante d'entendre par le sentiment intérieur la pensée actuelle, & conséquemment de distinguer la pensée actuelle de la simple capacité de penser. Je viens de lui dire ma raison, c'est que le sens que j'ai choisi m'a paru être celui que le raisonnement de M. Clarke avoit directement en vue, comme le plus conforme au véritable point de la question.

4°. Je veux donner une entière satisfaction sur ce point à M. Clarke & au lecteur. Pour cet effet je prétends faire voir que toute la dispute roule sur ma distinction ; que mes objections ont pour base cette distinction, & que, pour l'avoir négligée, M. Clarke n'a fait aucune réponse directe à ce que je lui avois objecté.

M. Clarke avoit dit : « Il est clair qu'à moins que la matière n'ait essentiellement le sentiment intérieur... aucun système de matière, quelque composition ou division qu'on lui suppose, ne peut devenir un être individuel doué de ce sentiment intérieur. » Dans mes principes qui sont, je crois, ceux de tous les métaphysiciens qui pensent avec moi qu'un être divisible peut avoir la faculté de penser, il est impossible de répondre convenablement à cette proposition, si l'on ne restraint pas le sens du terme *sentiment intérieur*. Car, si l'on suppose qu'il signifie en même-tems la pensée directe, l'acte réfléchi de la pensée, & encore la capacité de penser, ce que l'on pourroit croire suivant l'explication qu'en donne M. Clarke lui-même, je pourrai accorder ou nier la proposition générale, parce qu'elle sera en partie vraie & en partie fausse. En effet M. Clarke auroit raison de prétendre que, si Dieu ne peut pas donner à la matière la faculté de penser, ou qu'elle ne l'ait pas essentiellement, aucun système de matière, quelque composition ou division que l'on suppose, ne peut devenir un être individuel, doué du sentiment intérieur, c'est-à-dire que le mouvement ne peut pas donner à la matière la faculté de penser. Mais il auroit tort de soutenir qu'à moins que toute la matière ne pense actuellement ou n'ait essentiellement le sentiment intérieur, aucun système de matière, quelque composition ou division qu'on suppose, ne peut penser actuellement. Voici donc en deux mots ce que je pense : Ou la matière est naturellement & originairement capable de penser, ou Dieu peut lui en donner la capacité, après l'avoir créée, & quoiqu'il se puisse faire qu'actuellement aucune partie de la matière ne pense, cependant en vertu de sa capacité de penser, quelques systèmes de matière peuvent devenir, par certaines compositions ou divisions, des êtres pensans. Alors le produit de ces compositions ou divisions ne seroit rien autre chose, selon moi, qu'une nouvelle opération, ou la pensée actuelle. Mes principes me conduisoient donc à entendre, par la faculté de penser, la pensée actuelle, & conséquemment à distinguer la pensée actuelle de la simple capacité de penser. Si l'intérêt de la vérité avoit exigé une distinction ultérieure, j'aurois pris la liberté d'entendre le sentiment intérieur dans le sens le plus strict du mot, pour l'acte réfléchi de la pensée, par lequel je connois que je pense, comme je l'ai pris pour la pensée actuelle.

5°. Je ne pouvois faire aucune objection au raisonnement de M. Clarke, avant que d'avoir distingué la pensée actuelle de la capacité de penser. On va voir qu'en effet ma première objection est toute fondée sur cette distinction. Je parle de la pensée comme d'un acte direct, & je dis : « C'est un fait, ou plutôt une multitude de faits. » Il suffit d'avoir des yeux pour appercevoir de » tous côtés des systêmes de matière revêtus de » certaines facultés qui ne résident ni dans cha- » cune, ni dans aucune des parties qui les com- » posent, considérées en particulier & sans rap- » port au tout. Prenons une rose. Elle est com- » posée de plusieurs parties dont chacune prise » séparément n'a point la faculté de produire » dans nous cette agréable sensation qu'elles » causent lorsqu'elles sont unies ensemble. Il faut » donc que, dans un tel système, chaque partie » contribue à la puissance individuelle qui est la » cause externe de la sensation. » On voit clairement que je suppose la matière de ces différens composés matériels, essentiellement capable des propriétés individuelles qui sont le résultat d'une certaine combinaison de leurs parties; que je suppose, par exemple, la matière de la rose, essentiellement capable d'exciter en nous une douce sensation d'odeur, & que c'est de l'arrangement des parties matérielles sous la forme de rose que résulte cette opération particulière qui produit en nous une telle sensation.

I. M. Clarke, voulant prouver que le sentiment intérieur ne sauroit avoir pour sujet d'inhérence une substance divisible, range toutes les propriétés possibles de la matière sous trois classes.

» 1°. Les propriétés réellement inhérentes au » sujet auquel elles sont attribuées, comme la » grandeur & le mouvement qui sont des sommes » ou agrégats de propriétés partielles de la même » espèce.

» 2°. Les modes produits dans quelques autres » sujets : par exemple, l'odeur & la couleur d'une » rose. On regarde vulgairement ces modes, » comme des propriétés individuelles; mais, dit » M. Clarke, leur prétendue individualité n'est » qu'une erreur grossière & populaire.

» 3°. Certains effets ou certaines qualités qui » ne résident proprement dans aucun sujet, comme » le magnétisme & l'électricité. »

Il suit de cette énumération que, selon M. Clarke, la matière ne sauroit avoir que des propriétés de l'espèce de la grandeur & du mouvement qui sont des sommes ou aggrégats de propriétés partielles de la même espèce. Aussi prétend-il que » si la pensée pouvoit être une faculté inhérente » à un système de matière, il seroit néces- » sairement la somme & le résultat des pensées » des diverses parties & qu'ainsi il y auroit dans » le système total autant de pensées ou de sen- » timens intérieurs individuels que de particules » matérielles » : ce qu'il regarde comme une absurdité avouée de tout le monde. Je n'ai pas fait un grand accueil à cette belle division des qualités ou facultés de la matière en trois classes : je l'ai traitée d'*argumentum ad ignorantiam* suivant le jargon de l'école. « En distinguant les pro- » priétés ou facultés de la matière en trois es- » pèces, en montrant que les deux dernières » espèces portent improprement le nom de pro- » priétés ou facultés, M. Clarke suppose que » le corps n'a & ne peut avoir que des qualités » d'une seule espèce, telles que la grandeur & » le mouvement qui sont des sommes ou des » aggrégats des mêmes qualités qui résident dans » chacune de ses parties. Cela veut dire seule- » ment qu'il ne connoît dans la matière que des » qualités de l'espèce de la grandeur & du mou- » vement qui sont des assemblages, des résultats » des qualités semblables que possède en petit » chaque particule matérielle. En conclure que » la matière ne peut pas avoir des qualités d'un » autre genre, c'est une conclusion purement » gratuite. Ce que nous voyons, ce que nous » savons ne conclut rien contre ce que nous ne » voyons & ne savons pas ». En un mot c'est ce qu'on appelle *argumentum ad ignorantiam* ; argument peu philosophique qui ne prouve rien.

M. Clarke réplique : « Si la disjonction est » complette, si j'ai énuméré toutes les différentes » sortes de qualités ou propriétés dont la ma- » tière est capable, & que vous-mêmes vous » n'en puissiez pas assigner une autre espèce, il » me semble que vous devez convenir qu'elle » contient toutes les qualités particulières con- » nues ou inconnues que la matière peut posséder ».

1°. Il est vrai, si la disjonction est complette, elle contient toutes les qualités particulières connues ou inconnues, de la matière. Je n'ai garde de le nier, car ce raisonnement signifie en termes équivalens, que, si la disjonction est complette, elle est complette. Mais M. Clarke ne prouve point qu'elle l'est. Il distingue trois sortes de propriétés, il range toutes celles de la matière sous une seule classe, il appelle cela une disjonction, & il dit que cette disjonction est complette, sans en donner aucune preuve. Dans sa distribution, il parle de diverses qualités de la matière, que l'on connoît ; mais prouve-t-il que ces qualités connues soient exclusives de toute autre qualité inconnue d'une espèce différente ? S'il ne le prouve pas, sa distribution est abusive : il n'a pas droit de conclure de ce qu'il sait à ce qu'il ne sait pas. M. Clarke ne prend pas bien le sens de mon objection, lorsqu'il dit que sa disjonction doit être admise pour complette, ou que je dois assigner une nouvelle espèce de facultés propres de la matière qui n'y soit pas comprise. Car la nature de l'objection ne m'oblige pas de donner un nouveau membre à sa disjonction, mais elle lui impose l'obligation de faire voir que sa disjonction n'est pas susceptible d'un nouveau membre. Tant qu'il ne l'aura pas prouvé, on pourra toujours lui dire qu'il raisonne d'après une supposition gratuite, qu'il conclut de ce qu'il sait à ce qu'il ne sait pas ; que la matière peut avoir des qualités inconnues qui ne ressemblent point aux qualités que nous connoissons, & qui par conséquent ne sont point comprises dans sa distribution. Il exige que je lui assigne quelqu'une de ces qualités inconnues : c'est trop exiger. Car, dans mon objection, je n'assure pas qu'il y en ait. Je dis seulement qu'il peut y en avoir, & qu'il raisonne de ce qu'il ne connoît pas comme de ce qu'il connoît. Pour satisfaire à mon objection, M. Clarke devoit donc prouver que la matière ne peut pas avoir des qualités d'une autre espèce que celles que nous lui connoissons.

2°. Je ne me suis pas contenté de faire voir l'insuffisance de sa disjonction précaire, en soupçonnant que la matière pouvoit avoir des propriétés inconnues qu'elle ne comprit pas ; j'ai encore assigné certaines propriétés connues de la matière, qui ne rentrent point dans cette disjonction. Telle est, par exemple, la propriété que l'œil a de contribuer à l'acte de la vision. Car, quoique je regarde l'œil comme l'organe de la vision, le nez celui de l'odorat, le poumon celui de la respiration, & le cerveau celui de la pensée, cependant, afin de ne pas tomber dans l'inconvénient de supposer ce qui fait l'objet de la question, je n'attribue au système de matière appellé œil, que ce qui est reconnu de tout le monde pour un fait incontestable, savoir, que, par une disposition singulière des parties qui le composent, il reçoit l'impression des objets extérieurs, & contribue ainsi par sa modification propre à l'acte de la vision. Or certainement cette modification d'un tel système de matière n'est point inhérente dans ses différentes parties, de la même manière que la grandeur & le mouvement dans le corps. « Que l'on divise & que
» l'on varie la matière autant que l'on voudra,
» il y aura toujours de la grandeur & il pourra
» y avoir du mouvement ; mais que l'on divise
» ou altère quelque partie de l'œil, fût-ce la
» plus petite, la propriété de contribuer à l'acte
» de la vision cesse entièrement ».

Pour mettre cette matière dans une nouvelle évidence, j'observerai que l'œil n'est pas le seul système de matière qui ait une propriété dont les différentes parties qui le composent, ne jouissent point en particulier & séparément du tout. Les organes des autres sens ont le même privilège. Que dis-je ? Tout ce que nous voyons, goûtons, entendons, touchons ou sentons, peut nous convaincre qu'il existe dans divers systèmes de matière, des qualités qui ne sont point la somme d'autres qualités partielles semblables. Un instrument de musique, touché d'une certaine manière, peut produire en nous diverses sensations agréables : cette propriété qu'il a d'être touché, & d'agir agréablement sur nous, est une modification particulière du corps total qu'on ne peut pas regarder comme le résultat d'autres propriétés de la même espèce inhérentes à ses différentes parties prises séparément, puisque leur union en un tel système de matière est absolument nécessaire pour qu'il conserve la faculté de produire en nous des sensations flatteuses. Les cordes seules d'un violon sans la caisse, ni la caisse seule sans les cordes, ne produiroient point ces sons harmonieux que produit l'instrument entier sous l'archet d'un habile musicien.

Les figures particulières des corps, telle que la rondeur, le quarré, &c. ne sont-elles pas encore des qualités qui ne se forment point d'autres qualités semblables ? Car les parties d'un corps rond ne sont pas nécessairement rondes, ni les parties d'un corps quarré ou cubique, nécessairement quarrées ou cubiques. Qu'on divise un corps rond en un certain nombre de parties, la rondeur cessera entièrement : Elle n'étoit donc pas la somme d'autant de rondeurs qu'il y avoit de parties dans le corps entier. Un quarré peut être divisé en quatre parties triangulaires : dans cette supposition la quadrature du corps entier n'est pas la somme de quatre quarrés, mais de quatre triangles assemblés d'une certaine manière.

Mais, dit M. Clarke » la vue n'est point une
» qualité qui soit réellement inhérente dans l'œil.
» Il n'y a, dans cette organe extérieur, qu'une
» certaine situation de parties, une disposition
» particulière de pores, qui devient l'occasion
» d'un effet tout-à-fait étranger à l'œil produit
» dans quelque autre substance par les rayons qui,
» traversent les pores de l'œil, sont transmis
» au delà. Ainsi cette prétendue qualité de l'œil
» doit être rangée dans la troisième classe ; c'est
» une de ces qualités improprement dites, ou
» plutôt de ces noms purement abstraits inventés
» pour désigner certains effets ou phénomènes
» qui ne résident en aucun sujet. »

M. Clarke paroît confondre, dans cet article, la seconde & la troisième classes des qualités improprement dites. Selon lui la faculté de voir, attribuée à l'œil, est un effet produit dans quelque autre substance, & en même-tems un effet qui ne réside dans aucun sujet. Je vais tâcher de prouver que la vision n'est ni l'un ni l'autre. D'abord pour m'en tenir aux termes de M. Clarke, qu'est-ce que la transmission des rayons, sinon une opération des parties de l'œil modifiées d'une certaine manière ? N'est-ce pas par cette opération particulière de l'œil, que l'ame devient capable de voir les objets ? Cette opération, ou modification ne cesse-t-elle pas entièrement dès que la moindre partie de cet organe délicat est altérée & viciée? Cette opération enfin n'est-elle pas le propre du système entier de l'œil ? Ne diffère-t-elle pas de l'action particulière de chacune de ses parties considérées séparément, & même de l'action du système total différemment modifié? Or c'est cette façon d'agir particulière à la structure de l'œil, que j'appelle *la propriété de l'œil*, qui certainement n'est pas inhérente dans les diverses parties de l'œil de la même manière que dans le tout ensemble, & dont l'idée ne renferme pas un effet produit dans une autre substance, tel que la vision actuelle dans l'ame, mais une modification du sujet même ou de l'organe de la vision. Je le suppose de même. Ainsi la pensée ne me paroît pas être seulement un effet produit dans une autre substance, tel que les idées ou images des choses, mais plûtôt quelque chose de semblable à l'action du cerveau, ou des esprits du cerveau sur les idées & les images des choses. Si donc la propriété qu'a l'œil de contribuer à la vision est un mode, un mouvement particulier de ce système de matière, ce mouvement doit être réputé véritablement inhérent au sujet qu'il affecte : donc la propriété qu'a l'œil de contribuer à la vision n'est ni un effet produit dans un autre substance, ni un effet qui ne réside dans aucun sujet.

On peut objecter à cet exemple, ainsi qu'aux autres que j'ai allégués, que la propriété de contribuer à la vision attribuée à l'œil, & celle d'un instrument de musique de produire des sons harmonieux, n'étant rien autre chose qu'une espèce particulière de mouvement que ces systêmes de matière sont capables de recevoir en vertu d'une certaine disposition de leurs parties analogues à l'action des autres corps sur eux; que la rondeur & la quadrature n'étant aussi que des modes de la figure; la propriété de l'œil, celle de l'instrument de musique, & les qualités du corps rond & du corps quarré, sont uniquement des sommes des mouvemens & des figures des parties, c'est-à-dire des sommes de propriétés & de qualités de même espèce; conséquemment qu'elles rentrent dans la première classe des propriétés de la matière, que M. Clarke a mise à la tête de sa distribution, qu'ainsi elles ne prouvent point qu'il existe dans aucun système de matière des propriétés ou qualités qui ne soient point inhérentes à chacune des parties de ce système considérée séparément du tout.

Voilà, je crois, tout ce qu'on peut dire de plus fort contre moi, & contre les exemples allégués. L'éclaircissement de ce point répandra un nouveau jour sur la question qui nous occupe, & satisfera peut-être M. Clarke, en faisant voir le vice essentiel de son argument, & ce qui l'a induit en erreur.

Puisque j'ai entrepris de prouver, par le seul fait, qu'il y a des propriétés individuelles inhérentes dans certains systêmes de matière, & qui n'appartiennent point de la même manière aux parties de ces systêmes prises séparément, je suis obligé ou de rendre plus sensibles les exemples que j'ai donnés, ou d'en apporter d'autres plus décisifs. Autrement je paroîtrois m'être trop avancé, & convenir tacitement que la matière n'a point de propriétés connues qui ne soient des sommes d'autres propriétés de même espèce. Mes exemples me paroissent justes & pertinens; & pour faire voir qu'ils le sont, je distingue des propriétés numériques & des propriétés génériques. Par *propriétés numériques*, j'entends des propriétés telles que des figures & des mouvemens de même espèce. La propriété de contribuer à la vision accordée à l'œil, est une espèce de mouvement, la rondeur est une espèce de figure. Par *propriétés génériques*, j'entends toutes les espèces particulières des propriétés numériques; ainsi le mouvement est une propriété générique qui désigne toutes les différentes espèces de mouvemens, comme la figure désigne toutes les espèces de figures. Que le lecteur applique cette distinction très-simple, à l'objection que je viens de me faire, & il concevra d'abord qu'elle est fondée sur une équivoque qu'il est aisé de faire disparoître. L'équivoque est dans ces termes *propriétés semblables, ou propriétés de même espèce*. Si l'on entend par-là des propriétés génériquement semblables, je conviens que la matière n'a point de propriétés connues qui ne soient des sommes d'autres propriétés de la même sorte. Si l'on entend des propriétés numériquement semblables, c'est-à-dire des propriétés qui existent réellement de la même manière de part & d'autre, dans le tout & dans chacune de ses parties, je prétends que certains systêmes de matière ont des propriétés qui ne sont point des sommes d'autres propriétés semblables. La rondeur d'un corps n'est point la somme des rondeurs des parties : la propriété de rendre des sons harmonieux, n'est point dans un instrument de musique, la somme d'autres propriétés de même espèce inhérentes à ses différentes parties considérées séparément.

* J'applique la même distinction au sentiment intérieur ou à la faculté de penser; & pour me rendre plus intelligible, je suppose que le sentiment intérieur, dont nous sommes censés ignorer la nature, est une modification de mouvement, & non pas un mode de quelque propriété inconnue; & je fais d'autant plus librement cette supposition que je parle à un savant trop au fait des règles de la logique pour regarder comme mon sentiment ce qui n'est qu'un supposé de ma part. Considérons donc le sentiment intérieur sous l'idée d'une modification de mouvement, comme la rondeur est une modification de figure. Dans cette hypothèse, il s'en faut bien que si le sentiment

timent intérieur est inhérent dans un système quelconque de matière, il y soit la somme des sentimens intérieurs inhérens à ses parties. Il y auroit autant de contradiction à le prétendre, qu'il y en auroit à dire que la rondeur d'un corps est la somme des rondeurs de ses parties. Il seroit donc absurde de regarder le sentiment intérieur comme une propriété générique, telle que la figure & le mouvement, pour en conclure qu'il est la somme & le résultat d'autres sentimens intérieurs, & qu'il y a dans un système de matière autant de sentimens intérieurs distincts, que de parties.

En voilà assez, je pense, pour justifier les exemples que j'ai rapportés. Ils me semblent prouver incontestablement qu'il y a dans la matière des propriétés qui ne sont point des sommes d'autres propriétés semblables; & conséquemment que le sentiment intérieur dont nous ignorons la nature, pourroit exister dans un système quelconque de matière, sans y être la somme des sentimens intérieurs vainement supposés inhérens à ses parties. Qu'il me soit donc permis d'admettre dans la matière, outre les propriétés génériques, telles que le mouvement & la figure, dont M. Clarke compose sa première classe qui renferme, selon lui, toutes les propriétés possibles de la matière; qu'il me soit, dis-je, permis d'y admettre des propriétés numériques ou individuelles, comme les nomme M. Clarke, telles que des modifications particulières de mouvement ou de figures qui ne sont point comprises dans la disjonction de notre docteur. S'il eût considéré le sentiment intérieur comme une modification particulière de quelque propriété de la matière, loin de dire, « si le sentiment intérieur pouvoit être une qua- » lité inhérente dans un système quelconque de » matière, il y doit être nécessairement la somme » des sentimens intérieurs de ses parties »; il auroit dit au contraire, si le sentiment intérieur de l'homme est une modification de quelque propriété générique de la matière, il ne peut pas être la somme des modifications semblables, ou des sentimens intérieurs de ses parties.

Je trouve dans Bayle, philosophe aussi savant qu'ingénieux, un passage qui a rapport au point que nous discutons, & qui peut l'éclaircir. Dans ce passage, Bayle soutient l'immatérialité de l'ame, & refuse à la matière la faculté de penser: « Car, dit-il, toutes les modalités dont on a » quelque connoissance sont d'une telle nature » qu'elles ne cessent que pour faire place à une » autre modalité du même genre. Il n'y a point » de figure qui soit détruite que par une autre » figure, ni point de couleur qui soit chassée » que par une autre couleur. Ainsi pour bien » raisonner, l'on doit dire qu'il n'y a point de » sentiment qui soit chassé de la substance que

Philosophie anc. & mod., Tome I.

» par l'introduction de quelque autre senti- » ment (1). »

Je suis bien éloigné de vouloir nier une chose évidente d'elle-même. Une modalité ne cesse que pour faire place à une autre modalité; & quoique ces modalités, qui se remplacent, soient toujours du même genre, c'est-à-dire qu'une couleur succède à une couleur, une figure à une figure, puisque la matière doit toujours paroître figurée & colorée aux yeux des animaux, il ne s'ensuit pourtant pas que chaque modalité doive être remplacée par une modalité numériquement semblable, la rondeur par la rondeur, le bleu par le bleu, &c. Car alors il n'y auroit, dans la matière, ni changement ni succession de modes, & dans l'univers, ni mouvement ni variété. En supposant donc que la pensée est une espèce de mouvement, elle ne pourroit cesser que pour faire place à un autre mouvement (les particules de tous les corps étant perpétuellement agitées aussi bien que figurées & colorées) mais il ne s'ensuit pas que ce mouvement sera toujours une pensée; j'en ai dit les raisons, & les exemples allégués ci-dessus les font connoître assez. Je n'y vois pas plus de nécessité, qu'il n'est nécessaire que le mouvement d'une montre existât avant l'union de ses parties, ou qu'il continue d'exister après leur séparation.

Je me crois donc en droit de conclure que la pensée est un mode de quelque faculté générique de la matière. Ce sentiment est pour moi de la dernière évidence, & je crois qu'il paroîtra tel à tout homme qui ne consultant que sa propre expérience, voudra bien ne se pas laisser séduire par des distinctions & des sophismes inintelligibles. La pensée, où le sentiment intérieur de l'homme, commence, continue & finit, comme les autres modes de la matière: la pensée est comme eux, divisée & déterminée, simple ou composée, &c. Si l'ame ou la substance pensante est indivisible, comment peut-elle penser successivement, diviser, faire des abstractions, combiner ses pensées, les amplifier, les retenir dans sa mémoire? Mais sur-tout comment peut-elle en oublier aucune? Au lieu que tous ces phénomènes se conçoivent naturellement, & peuvent s'expliquer commodément par des traces, des vibrations, des mouvemens & des réceptacles admis dans le cerveau, ainsi que par la force, la perfection, ou le désordre & la défaillance des organes corporels, & non dans l'hypotèse d'une substance indivisible.

L'expérience ne nous démontre-t-elle pas que nos habitudes ordinaires sont aussi corporelles que nos actions, celles de contempler & de méditer comme celles de chanter & de danser?

(1) Dictionnaire historique & critique, p. 1044.

Les unes & les autres nous fatiguent également : ce qui ne devroit pas être, si la contemplation & la méditation étoient des actes d'un principe immatériel. L'action réciproque des pensées & des paroles les unes sur les autres prouve que les unes & les autres appartiennent au corps. Un mot entendu excite dans nous l'idée dont il est le signe extérieur : de même une idée présente à l'esprit, nous rappelle immédiatement le mot qui l'exprime. L'oubli de l'une ou de l'autre annonce quelque vice de l'organe, comme dans les enfans & dans les vieillards. Dans les uns, l'oubli vient de ce que les fibres des nerfs sont trop molles & trop lâches, & de ce que le cerveau trop humide n'a pas encore une consistance suffisante pour retenir les traces qui y sont faites, au lieu que dans les autres les fibres tant des nerfs que du cerveau sont trop séches & trop dures. Dans les personnes d'un âge mitoyen, le défaut de mémoire, & la lenteur de la conception viennent aussi de quelque cause qui affecte l'organisation du cerveau. La pensée, dans l'homme, étant une modification de la matiere, on peut supposer que toutes les parties de la matiere sont capables de la produire ou de la recevoir, non pas nécessairement à la vérité, & dans tous les tems, mais par une structure & une organisation particuliere. Il en est, à cet égard, de la pensée comme de toutes les autres modifications que la matiere ne produit ou ne reçoit qu'en vertu d'une certaine disposition ou texture de ses parties.

Ces principes suffisamment établis & développés, peuvent servir à résoudre les autres difficultés que M. Clarke se plaît à accumuler. Je pourrois donc me contenter de cette solution générale, & laisser le reste à faire au lecteur intelligent & à M. Clarke lui-même. Pour lui montrer néanmoins combien je suis porté à lui donner toute la satisfaction que mérite un savant aussi distingué par ses profondes lumieres, je vais encore entrer plus avant, s'il est possible, dans le fond de la question, & traiter ce qui me paroît en être le point le plus essentiel.

Supposer dans la matiere une propriété qui n'appartient point aux différentes parties dont le tout est composé, ce n'est pas supposer le tout sans parties, « mais plutôt supposer le tout dif-
» férent de ses parties, & faire résulter une pro-
» priété particuliere de l'assemblage & du con-
» cours d'autres propriétés particulieres diffé-
» rentes. Ainsi chaque homme est un particulier
» considéré en lui-même, quoique pour le consti-
» tuer tel, il faille différentes propriétés qui ne
» sont point des hommes, mais qui concourent
» à faire un homme. Ainsi un particulier, dans
» la société civile, n'est qu'un individu consi-
» déré en lui-même : il n'est point le corps poli-
» tique, il contribue seulement à le composer ;
» & le corps politique résulte de la réunion &
» du concours de plusieurs hommes d'un carac-
» tere, d'un génie, & d'un état très-différent ».
Voilà ce que j'avois dit en moins de mots.

M. Clarke me répond : « Si le tout ou le
» résultat, que vous appellez une propriété par-
» ticuliere, est entierement ou spécifiquement
» différent de chacune des propriétés particulieres
» qui y contribuent, ce qui est évident par rap-
» port à un systême de matiere pensant qui ré-
» sulte de parties qui ne pensent point, vous
» verrez, si vous voulez bien y faire attention,
» qu'il est géométriquement sûr qu'un tel com-
» posé est plus grand que toutes ses parties en-
» semble, parce qu'il contient quelque chose de
» plus que toute & chacune de ses parties ».

Pour sentir plus aisément la justesse ou le défaut de cette réponse, appliquons-la à la rondeur. Car si elle prouve démonstrativement que la pensée ne peut pas se trouver dans un systême de matiere dont les parties prises séparément ne pensent point, elle prouvera de même que la rondeur ne peut pas être la modification d'un corps dont les parties prises séparément ne sont pas rondes. Cependant, dans un corps rond d'un pouce de diametre, il est impossible qu'aucune partie de la surface soit parfaitement ronde comme le corps total, & il n'est pas nécessaire qu'aucune des parties internes le soit : ainsi il est très-probable que dans plusieurs corps ronds il n'y a pas une seule partie qui soit ronde. Il n'est pas plus essentiel à la rondeur d'être une somme d'autres rondeurs, qu'au sentiment intérieur d'être une somme de sentimens intérieurs ; & elle est une figure spécifiquement différente de toute autre figure, comme le sentiment intérieur differe du mouvement circulaire. Cela posé, mettons la rondeur à la place de la pensée.

M. Clarke dit donc : « Si le tout ou le résultat,
» que vous appellez une propriété particuliere,
» est entierement & specifiquement différent de
» chacune des propriétés particulieres qui y
» contribuent, ce qui est évident par rapport
» à un *corps rond* qui résulte de parties qui ne
» sont point *rondes*, vous verrez, si vous voulez
» bien y faire attention, qu'il est géométri-
» quement sûr qu'un tel composé est plus grand
» que toutes ses parties ensemble, parce qu'il
» contient quelque chose de plus que toutes &
» chacune de ses parties ».

Loin qu'il soit géométriquement sûr qu'un tel composé, soit le principe pensant ou le corps rond, soit plus grand que toutes ses parties ensemble, il me paroît démontré précisément égal à toutes ses parties ensemble. En effet qu'est-ce que la rondeur dans le corps rond, sinon le résultat précis de tel arrangement de ses parties quoique non rondes ? Et qu'est-ce que la pensée dans le principe pensant, sinon le résultat naturel & précis de telle combinaison systématique de ses parties quoique non pensantes ?

Faisons un pas de plus. Quand je ne serois pas en état d'expliquer comment un tel arrangement des parties de la matière produit la pensée ou la rondeur, en seroit-on mieux fondé à prétendre que les êtres créés ne puissent pas donner à la matière des modalités qu'elle n'a pas de sa nature, & qui ne sont pas toujours en elle ? Si la matière n'est pas essentiellement active, & je présume que M. Clarke pense qu'elle ne l'est pas, je demande si, en supposant quelques corps en repos, d'autres corps finis & agités d'un certain degré de mouvement, ne sont pas capables d'eux-mêmes de mouvoir ceux qui sont en repos, & conséquemment d'y produire une modification qui n'y étoit pas. Ne suffit-il pas à la matière d'être susceptible de mouvement, pour se mouvoir dès qu'elle reçoit l'impression ou le choc de quelque mobile ? De même la capacité de penser suffit pour nous faire penser en certaines occasions, quoique nous ne pensions pas toujours. Il suffit que nous puissions penser à un triangle pour y penser effectivement, dès que cette figure frappe nos yeux, quand nous n'y aurions jamais pensé auparavant. C'est le cas de toutes les opérations des êtres finis quels qu'ils soient. Loin qu'il répugne de supposer un commencement à leur existence, si nous ne lui en supposons pas un, il n'y aura ni changement, ni succession, ni variété dans l'univers.

3°. M. Clarke prétend « qu'il y a de l'absurdité à attribuer le sentiment intérieur à une » substance aussi fragile que le cerveau ou les » esprits du cerveau. Car si les parties ou les » esprits du cerveau sont dans un flux & un chan» gement continuel, (ce qui est très-certain), » il s'ensuivra que le sentiment intérieur par le» quel vous vous rappelez non seulement que » certaines choses ont été faites il y a tant d'an» nées, mais encore qu'elles ont été faites par » cet être individuel qui se les rappelle, est trans» féré d'un sujet à un autre ; c'est-à-dire que ce » sentiment intérieur est une qualité réelle qui » ne réside pourtant dans aucun sujet. »

Plus j'examine ce raisonnement, moins il me semble fondé en raison. Je suis fâché de me trouver toujours dans la dure nécessité de contredire M. Clarke. L'absurdité ne consiste pas à attribuer le sentiment intérieur à une substance aussi fragile que le cerveau. Mais il y en auroit à l'attribuer à une substance moins fragile. Car, si nous oublions, ou autrement si nous perdons le sentiment intérieur de plusieurs choses que nous avons aussi certainement faites dans les premiers tems de notre vie, que beaucoup d'autres dont le souvenir nous est encore présent ; si dans le fait nous oublions tout ce que nous n'avons pas soin de nous imprimer dans la mémoire en nous le rappelant, en renouvellant & revivifiant nos idées ; si avec cela les parties de notre cerveau sont dans un flux continuel, de sorte qu'au bout d'un certain tems le cerveau se trouve renouvellé en partie ou totalement, nous avons la raison de l'oubli total de certaines choses & de l'oubli partiel de quelques autres. On ne peut mieux rendre compte de ces phénomènes qu'en les attribuant au flux continuel de la substance de notre cerveau ? Qu'est-ce qui prouve mieux que le sentiment intérieur n'est point transporté d'un sujet à autre, que cet oubli-là même, toujours proportionné au flux & au changement des particules du cerveau ?

Je suppose que je me souvienne d'avoir fait certaines choses, quoique je n'aie plus aucune des parties de mon cerveau que j'avois lorsque je les ai faites. Comment puis-je avoir le sentiment intérieur ou le souvenir de les avoir faites, sans que ce sentiment soit passé d'un sujet à un autre, savoir de la substance qui composoit alors mon cerveau, à celle dont il est aujourd'hui composé ? Voilà l'objection de M. Clarke dans toute sa force : on ne m'accusera pas de l'affoiblir. Je suppose donc qu'à quarante ans, je me souvienne d'avoir été au marché ou à la foire à l'âge de cinq ans ; & il est vraisemblable qu'à quarante ans il ne me reste plus aucune des parties de matière que j'avois à cinq ans, de sorte que mon cerveau est totalement renouvellé. Pour retenir le sentiment intérieur de cette action, il est nécessaire d'en faire revivre l'idée avant une dissipation trop considérable des particules de mon cerveau, autrement j'en perdrois le souvenir comme de beaucoup d'autres choses qui me sont arrivées dans mon enfance. Mais en faisant revivre de tems à autre l'idée de cette action, j'entretiens le sentiment intérieur qui s'exprime de rechef dans mon cerveau & dans les nouvelles parties qui lui surviennent. Ce méchanisme ayant lieu à mesure que le cerveau se renouvelle, le souvenir de telle action s'y conserve de la même manière que le cerveau reçoit de nouvelles idées par de nouvelles traces qui y sont empreintes. En effet le souvenir ou le sentiment intérieur d'avoir fait l'action dont il s'agit, est une idée de cette action revêtue de ses circonstances : cette idée est une impression faite dans le cerveau : donc en conservant ou entretenant cette impression, on conserve l'idée correspondante qui est le sentiment intérieur d'avoir fait telle action ; l'impression faite dans le cerveau s'y entretient & se grave sur les nouvelles parties de matière qu'il reçoit par le rappel de l'idée, & le rappel de l'idée eſt l'effet des traces ſubſiſtantes avant la diſſipation totale des parties où ces traces ſont empreintes. M. Clarke peut concevoir à-préſent comment un homme peut avoir le ſentiment intérieur d'avoir fait certaines actions, quoiqu'il ne lui reſte à cette heure aucune particule du cerveau qu'il avoit lorſqu'il fit ces actions, ſans que pourtant on en puiſſe inférer que le ſentiment intérieur ait été transféré d'un ſujet à un autre, en aucun ſens abſurde.

4°. J'avois dit, comme par occaſion, dans ma réplique à la première défenſe de M. Clarke : « Une vérité de fait, du moins elle me ſemble » telle, c'eſt que la matière qui, dans l'œuf » couvé, conſtitue l'embrion, reçoit par l'incu- » bation certaine diſpoſition organique qui la » rend capable de ſenſation, ſans qu'elle ait beſoin » d'une ame immatérielle & immortelle pour » ſentir ».

M. Clarke me réfute en ces termes : « Ce pré- » tendu fait eſt entièrement contraire à toutes » les découvertes anatomiques, & à tous les » principes de la vraie philoſophie. Il eſt faux » que la matière de l'œuf devienne par aucune » diſpoſition particulière de ſes parties, effet de » l'incubation, un fœtus-poulet : elle ne le de- » vient pas plus qu'on ne voit l'œuf entier ſe » changer en poulet. La matière de l'œuf ſert » ſeulement à la nourriture & à l'accroiſſement » de l'embrion, tant qu'il y reſte enfermé. Il » eſt auſſi impoſſible que le corps organiſé d'un » poulet ſe forme, en vertu d'un mouvement » méchanique quelconque, de la matière inor- » ganique d'un œuf, qu'il étoit impoſſible que » le ſoleil, la lune & les étoiles ſortiſſent du » cahos, par un ſimple méchaniſme. Il eſt encore » plus impoſſible que le mouvement donne à » cette même matière une diſpoſition ou texture » particulière qui la rende capable de ſenſation. » Car c'eſt vouloir tirer d'une choſe ce qui n'y » eſt pas, ce qui n'y a jamais été. N'eſt-ce pas » là une contradiction des plus manifeſtes ? Vous » regardez comme ridicule de recourir à une » ame immatérielle & immortelle pour faire ſentir » un poulet. A la bonne heure. Je puis aſſément » ſuppoſer, s'il vous faut d'autres hypothèſes, que » la ſubſtance immatérielle qui ſent dans le poulet » n'eſt point une addition poſtérieure à ſa for- » mation, qu'elle exiſtoit dans le germe ou prin- » cipe ſéminal dès le commencement de ſon » organiſation ; & qui nous dira quand cette orga- » niſation a commencé ? Plus l'anatomie fait de » profondes découvertes par les obſervations mi- » croſcopiques, plus ces myſtères ſecrets de la » nature paroiſſent hors de la portée des yeux, » des inſtrumens & de la pénétration des obſer- » vateurs les plus aſſidus & les plus attentifs. Sup- » poſé donc qu'on ne puiſſe expliquer, par aucune » théorie vraiſemblable, quand & comment le » principe immatériel de ſenſation eſt entré dans » le poulet, doit-on nier pour cela la vérité de » certaines preuves qui démontrent qu'il y exiſte » un tel principe ? La difficulté (qui certaine- » ment auſſi eſt très-grande) d'expliquer dans » aucune hypothèſe comment & d'où vient le » corps organiſé du poulet, nous fait-elle nier » l'exiſtence des ſens que nous lui connoiſſons ».

Je ne conviens point, avec M. Clarke, que ma ſuppoſition ſoit contraire à toutes les découvertes anatomiques & à tous les principes de la vraie philoſophie. Si cet habile métaphyſicien avoit bien voulu rapporter ces découvertes anatomiques & ces principes philoſophiques, avec la vérité & la candeur dont il fait profeſſion, il auroit vu que je ne les contredis point ; & que s'il y a quelque choſe qui leur ſoit contraire, c'eſt de prétendre que l'embrion du poulet ne ſoit pas une partie de la matière de l'œuf. Quand l'origine des corps organiſés ſeroit un myſtère impénétrable pour nous, fort au-deſſus de la portée de nos yeux, de nos inſtrumens, & de l'entendement humain, on n'en pourroit rien conclure contre les faits. Et malgré les connoiſſances anatomiques que M. Clarke peut avoir, & les découvertes microſco- piques dont il veut parler, je perſiſte à ſoutenir que nos yeux voient clairement que le corps or- ganiſé du fœtus-poulet eſt une partie de la ma- tière de l'œuf. Il n'y a point d'obſervations microſ- copiques qui détruiſent un fait de cette nature. Les obſervations microſcopiques peuvent nous aider à découvrir l'exiſtence de certaines choſes, & à reconnoître la beauté & la texture merveil- leuſe de quelques autres, que nos ſens ne peuvent appercevoir par eux-mêmes ; mais elles ne peuvent pas faire que nous voyons rien où nous voyons quelque choſe.

Je ne nie pas que le germe du poulet n'exiſte avant que d'être renfermé dans l'œuf : je dis ſeule- ment que lorſqu'il y eſt renfermé, il fait partie de la matière de l'œuf. Je ſuppoſe de plus qu'il ne devient capable de ſentiment qu'après un cer- tain développement, lorſqu'il s'eſt approprié une certaine portion de la matière de l'œuf, laquelle en ſervant à ſa nourriture & à ſon accroiſſement, eſt ainſi devenue la ſubſtance de l'animal même. J'avoue en même tems que je ne vois point d'ab- ſurdité à ſuppoſer que, par la ſeule vertu d'un mouvement méchanique, le corps organiſé de l'animal ſe forme d'une telle manière inorganique, ſi toutefois on peut dire que la matière de l'œuf ſoit inorganiſée. Il eſt vrai qu'elle n'eſt ni un œuf, ni une aile, ni telle autre partie du fœtus, & dans ce ſeul ſens elle eſt inorganiſée. Cependant elle eſt tellement diſpoſée, travaillée, ou organi- ſée, qu'elle peut, par le moyen du mouvement, contribuer à la formation d'un pied ou d'un œil, & composet ainsi la substance de l'animal. Dans l'état présent de l'univers, la matière ne doit point être comparée à un chaos ; j'accorde qu'un ouvrage régulier ne peut pas être le produit du pur méchanisme, & que la puissance de Dieu a tout arrangé dans un état de regularité. Comme il ne répugne pas que le corps organisé d'un animal ait été formé au commencement par un mouvement régulier de la matière, & que d'autres parties de matière mues regulièrement se soient unies & assimilées à ce corps, il ne répugne pas plus que la formation du corps organisé de l'animal commence aujourd'hui dans l'œuf où il y a de la matière propre à y contribuer, qu'il ne répugne qu'elle se soit faite il y a mille ans hors de l'œuf ; d'autant plus qu'il est sûr dans l'œuf par les nouvelles parties de matière qu'il approprie à sa substance.

M. Clarke ajoute : « il est impossible que le » mouvement donne aux parties de cette matière » une disposition, une texture particulière qui la » rende capable de sensation. Car c'est vouloir » tirer d'une chose ce qui n'y est pas, ce qui n'y » a jamais été ». Je suppose la sensation dans toutes les parties de l'animal, comme la rondeur est sur toute la surface du corps rond. Chaque partie du corps animal participe à la sensation, comme chaque partie du corps rond participe à la rondeur ; & lorsque toutes les parties du corps animal ont une disposition convenable, la pensée a lieu, comme la rondeur existe par l'assemblage des parties du corps rond.

Supposons que la sensation n'existe pas dans les parties avant leur union, de même qu'il n'y a point de mouvement dans des parties de matière qui sont en repos. La sensation actuelle ne peut-elle pas avoir lieu en vertu de la capacité de sentir antérieurement inhérente aux diverses parties du corps animal, & excitée par leur réunion en un seul système, quoiqu'elles ne sentent pas toujours ; de même que la matière peut passer du repos au mouvement en vertu de la capacité qu'elle a de se mouvoir, quoiqu'elle ne soit pas toujours dans un mouvement actuel.

Il est vrai ; je crois qu'il est absurde de recourir à une ame immatérielle & immortelle pour faire sentir les animaux ; & j'en ai dit la raison. C'est que je ne puis me persuader qu'il y ait un état futur & éternel de récompenses & de peines réservé non seulement aux gros animaux, quadrupeds, reptiles & volatiles, mais aussi au nombre infini de créatures sensibles découvertes par les observations microscopiques dans toutes les parties de l'univers, dans nos propres corps & dans les liqueurs que nous buvons.

« A la bonne heure, poursuit M. Clarke. (C'est-à-dire, qu'il y ait du ridicule à recourir à une ame immatérielle & immortelle pour faire sentir les animaux.) » Je puis aisément suppo-» ser, puisqu'il vous faut des hypothèses, que » cette ame immatérielle & *immortelle* qui sent » dans le poulet, n'est point une addition pos-» térieure à sa formation, qu'elle existoit dans » le germe ou le principe seminal dès le com-» mencement de son organisation. » Je rejette tout ce qui n'est que pure hypothèse ; & j'en combats une de cette espèce dans l'endroit même où M. Clarke parle de mon prétendu goût pour les hypothèses. Il est vrai que je ne fais pas une mention expresse de celle que M. Clarke a la bonté de mettre sur mon compte ; je suis pourtant aussi sûr qu'elle se trouve réfutée par mon sentiment qui n'admet que de la matière dans l'animal, que si j'en avois directement parlé. Je suis donc étonné que notre docteur s'imagine qu'une de ces hypothèses soit plus capable de me contenter qu'aucune autre, & que j'aie du goût pour les hypothèses. Les faits seuls peuvent me satisfaire. Je crois ce que je vois, jusqu'à ce qu'une nouvelle observation me prouve par des faits mieux vus & mieux constatés, que les premières apparences étoient fausses : alors je reforme mon sentiment sur la seconde vue. La micrographie & l'astronomie nous servent à établir des faits importans sur lesquels il nous seroit aisé de nous tromper sans leur secours & leurs instrumens. Quant aux suppositions que l'on fait pour rendre raison des faits & des phénomènes apperçus, je les nie toutes, à moins que je ne voye une nécessité absolue de les admettre, c'est-à-dire à moins qu'il n'y ait une contradiction manifeste à ne les pas admettre. Je permets à M. Clarke d'admettre un ou vingt êtres inconnus dans le corps d'un animal, car il y a de la contradiction à en admettre un comme vingt. Il me permettra aussi de m'en tenir au témoignage de mes yeux, sans aller au-delà, & de ne reconnoître, dans les animaux, que de la matière, puisque je n'y vois que de la matière.

5°. Voici un autre objet qu'il est à propos de discuter. M. Clarke avoit dit : « La pesanteur » est l'effet de l'action continue & régulière de » quelque autre être sur la matière. » ... « Il » ne pense donc pas, ai-je répondu, que la matière » pèse ou gravite en vertu d'une propriété dont » Dieu l'ait douée dès le commencement & » aux loix de laquelle il la livre à-présent. Cepen-» dant il n'est pas plus inconcevable que la ma-» tière se meuve ou agisse en vertu d'une pro-» priété originelle, qu'il ne l'est qu'elle ait été » mise en mouvement par un être immatériel, & » qu'elle y persévère. »

M. Clarke trouve dans cette réponse, une méprise impardonnable dans un philosophe. « Car, dit-il, lorsqu'une pierre en repos, perdant tout-à-coup son appui, commence à tomber, qu'est-ce qui produit en elle ce mouvement ou cette chûte? Est-il possible que ce soit un effet sans cause? Une action ou impulsion sans agent? Ou une simple loi ou propriété (c'est-à-dire un nom abstrait, une notion complexe, & non pas un être réel) peut-elle pousser cette pierre & la faire se mouvoir? »

La question n'est pas de savoir si quelque être réel meut une pierre qui étoit en repos, lorsque perdant son appui elle commence à tomber : mais si un autre être, ou un être distinct de la matière, la pousse continuellement, soit immédiatement ou médiatement : car je ne nie pas qu'il ne faille qu'un être en pousse un autre pour produire l'espèce de mouvement appellé pesanteur. M. Clarke change donc l'état de la question, lorsqu'il dit qu'il faut nécessairement qu'un être réel pousse la pierre qui tombe lorsqu'elle a perdu son appui, au lieu de prouver que la pesanteur est un effet de l'action continue & régulière d'un autre être sur la matière. Il pouvoit se dispenser de demander ce qui produit la chûte ou le mouvement de cette pierre, si c'est un effet sans cause, une action ou impulsion sans agent, si une simple loi ou propriété (c'est-à-dire un nom abstrait, une notion complexe, & non pas un être réel) peut pousser cette pierre & la faire se mouvoir. Toutes ces demandes ne font rien à la question présente qui consiste à savoir si l'espèce de mouvement appellé gravitation est nécessairement l'effet de l'action continue & régulière d'un être immatériel sur la matière.

Comme je ne nie pas que l'impulsion des corps contigus au corps qui gravite, n'entre pour quelque chose dans la cause de sa gravitation, & que je n'en exclus que l'action continue & régulière d'un être immatériel sur ce corps, je ne pense pas aussi que l'impulsion des corps qui l'environnent suffise pour produire cet effet. Et pour dire ouvertement ma pensée, je mets en fait que la figure extérieure & la texture interne des parties de la matière, sont dans l'espèce les dispositions qui les rendent propres à recevoir des autres corps environnans l'impulsion ou l'espèce de mouvement appellé pesanteur. Jettez du haut d'une tour une livre de plomb en forme de boule, elle tombera très-rapidement. Changez-en la figure externe, frappez cette boule avec un marteau, applatissez-la, elle tombera moins vîte. Variez-en le tissu, en la faisant fondre au feu, ses particules devenues subtiles s'éleveront au lieu de descendre. L'action des corps contigus produit ces trois différens effets, par la seule disposition différente des parties de la même quantité de plomb. Cette détermination de la matière paroît donc être due entièrement aux causes & aux propriétés que j'ai assignées. J'ai souvent admiré que la pesanteur fut regardée parmi les philosophes comme un objet d'une très-grande difficulté. Dès que l'on estime le mouvement inherent dans la matière, & qu'on en suppose toutes les parties perpétuellement agitées & agissant continuellement les unes contre les autres, comme personne, je crois, ne le révoque en doute, une partie doit avoir telle direction, une autre partie une autre direction ; & la pesanteur n'étant qu'une détermination ou direction particulière du mouvement, une tendance vers un centre, soit le centre du tourbillon entier, ou seulement celui de notre terre, ou le centre particulier de la sphère d'activité d'un mouvement quelconque ; il est absolument nécessaire, que certaines parties de la matière gravitent, & que d'autres parties ayent d'autres mouvemens. Je dis plus : il n'y a point de mouvement qui, à proprement parler, ne soit une pesanteur respective. Car ce qui monte par rapport à nous, descend à l'égard d'autres corps ; comme ce qui descend relativement à nous, monte par rapport à d'autres corps. Si donc il y a du mouvement dans l'univers, il doit y avoir de la pesanteur.

Lors donc que je prétends que la matière pèse ou gravite en vertu d'une propriété dont Dieu l'a douée originairement & aux loix de laquelle il la livre à présent, & qu'il est aussi aisé de concevoir que la matière se meuve & agisse par une propriété originelle, qu'il l'est qu'elle ait été mise en mouvement par un être immatériel, & qu'elle y persévère ; je ne dis pas pour cela qu'un corps agisse actuellement sans l'impulsion ou l'action directe d'un autre corps : je veux dire seulement qu'il est aussi aisé de comprendre que la matière puisse agir, sans impulsion, en vertu des propriétés dont Dieu l'a douée au commencement, que de concevoir qu'un être immatériel l'ait mise en mouvement sans pouvoir la toucher. Quand M. Clarke m'expliquera clairement comment un être immatériel peut mouvoir la matière, ou dans quel point de l'univers il conçoit que Dieu commence le mouvement de pesanteur ou de légèreté, lorsqu'il n'y a réellement ni haut ni bas dans l'univers ; (car dire que Dieu agit respectivement, ce seroit rendre ma demande encore plus juste & plus légitime, puisqu'alors Dieu se trouveroit nécessairement placé vis-à-vis d'un centre assignable ; je lui promets de lui expliquer comment la matière peut se mouvoir en vertu des propriétés dont Dieu l'a douée, sans l'impulsion d'autres corps, même en vertu de ce que M. Clarke appelle un nom abstrait, une notion complexe.

Enfin quand je penserois que la matière agit en vertu des propriétés dont Dieu l'a douée, sans l'impulsion de la matière, M. Clarke ne pourroit pas s'empêcher d'être de mon avis, puisqu'il prétend que toute la matière est composée de parties actuellement séparées & distinctes. Si toutes les parties de la matière sont séparées & distinctes, il n'y a point de contact entre elles, & sans contact point d'impulsion. S'il n'y a point d'impulsion, & que pourtant il y ait du mouvement, il faut que la matière se meuve en vertu de quelques autres propriétés, à moins que M. Clarke n'aime mieux dire que tout mouvement est produit par un être immatériel constamment & immédiatement appliqué à chaque particule de matière. Quel que soit le sentiment de M. Clarke, le grand Newton a soupçonné « que » plusieurs phénomènes naturels dépendoient de » certaines forces qui, par des causes encore » inconnues, poussoient les corps les uns vers » les autres & les faisoient adhérer ensemble sous » des formes régulières, ou bien les détachoient » & les faisoient éloigner les uns des autres; » & l'ignorance de ces forces est, selon lui, la » cause du peu de progrès des recherches des » philosophes sur la nature (1) ».

II. Après avoir répondu directement à la prétendue démonstration de M. Clarke, je vais tâcher de faire voir que si elle prouvoit qu'il fût impossible que la matière pensât, elle prouveroit de même qu'il est impossible qu'un être immatériel pense, parce que M. Clarke n'exclut point l'étendue de l'idée de l'immatérialité. Toute la force de sa démonstration porte sur cette proposition. » La divisibilité & la pensée ne sauroient » exister ensemble dans le même sujet. » M. Clarke accorde qu'il y a des particules de matière qu'aucune force naturelle ne sauroit diviser. Et moi j'infère de là que s'il y a des atômes de matière naturellement indivisibles, on ne peut alléguer aucune preuve de leur divisibilité qui ne prouve également la divisibilité de tout être fini étendu, quoiqu'immatériel; d'où il suit ou que la matière quoique divisible est capable de recevoir la faculté de penser, ou que l'ame, substance immatérielle étendue & conséquemment divisible, est elle-même aussi incapable de penser, que la matière.

M. Clarke répond mal à ce dilemme, en disant « qu'il ne touche point au fond de la ques» tion, & que si la preuve qu'il a donnée de » l'incapacité de penser, dans la matière, n'est » pas démontrée insuffisante, il s'ensuit nécessairement que l'ame doit être une substance » indivisible, quoiqu'étendue ».

1.° Quand on ne prouveroit pas aussi évidemment que je l'ai fait, l'insuffisance de l'argument de M. Clarke, il ne s'ensuivroit en aucune manière que l'être fini étendu fût indivisible, car il est de la dernière évidence que Dieu peut diviser l'être fini étendu immatériel, comme l'être étendu matériel (j'en ai donné les preuves dans ma réplique), j'y renvoie le Lecteur) & si d'un autre côté, j'ai la même évidence qu'un être divisible est incapable de penser, comme on le suppose, quel parti reste-t-il à prendre entre ces deux évidences égales, sinon celui du doute, de l'incertitude & du scepticisme? Pour faire mieux comprendre que l'argument de M. Clarke ne prouve pas davantage contre la matière, que contre l'être immatériel étendu, je vais appliquer à celui-ci la façon de raisonner par laquelle ce savant croit prouver que la matière est incapable de penser.

D'abord, la première raison que donne M. Clarke de l'incapacité de penser qu'il attribue à la matière, c'est que Dieu peut la diviser. Comme je ne vois pas à cet égard de différence entre un être fini étendu & la matière, cette première raison de M Clarke me semble prouver que l'être immatériel fini ne sauroit penser. Je dis donc: Tout ce qui peut être divisé par la puissance de Dieu, est incapable de recevoir la faculté de penser; l'être immatériel étendu peut être divisé par la puissance de Dieu, supposé que toute matière soit divisible, car on ne peut pas prouver la divisibilité d'un atôme matériel, sans prouver la divisibilité des êtres finis étendus quoiqu'immatériels; donc un être immatériel est incapable de recevoir la faculté de penser. Or s'il est prouvé qu'un être immatériel ne peut pas penser, il s'ensuit que le principe qui pense est & doit être matière. Si pour affoiblir cette preuve, on objectoit que toute substance matérielle est divisible, la réponse de M. Clarke seroit à l'avantage de la substance matérielle contre la substance immatérielle: il pourroit dire » la difficulté ne touche point le » fond de la question, & que si la preuve al» léguée de l'incapacité de penser dans l'être im» matériel, n'est pas démontrée insuffisante, il » s'ensuit nécessairement que l'ame est une sub» stance matérielle indivisible ».

2.° » Mais, ajoute notre docteur, il y a des » démonstrations, même dans les Mathématiques » abstraites, dont la certitude ne sauroit être » révoquée en doute, & qui pourtant sont » sujettes à des difficultés insolubles. Telle » est, par exemple, la divisibilité de la ma» tière à l'infini; l'éternité de Dieu, & son im» mensité sont encore des questions sujettes à des

---

(1) Suspicor ea omnia (phænomena naturæ) ex viribus pendere posse, quibus corporum particulæ per causas nondum cognitas in se mutuo impelluntur, & secundum figuras regulares cohærent, vel ab invicem fugantur & recedunt: quibus viribus ignotis, philosophi hactenus naturam frustra tentarunt *Newtoni Præfatio ad Philosophiæ naturalis Principia mathematica.*

» difficultés auxquelles on ne sauroit répondre
» d'une manière satisfaisante ».

Je réponds que, s'il y a des démonstrations, même géométriques, dont il suive nécessairement des absurdités & des contradictions suivant notre façon de concevoir les choses, ces absurdités & ces contradictions affoibliront assez la demonstration à mon jugement pour me faire suspendre mon assentiment. Pour juger d'une proposition, nous n'avons d'autre moyen que la perception de la convenance ou de la disconvenance des idées énoncées par les termes de cette proposition. Si donc les objets prennent une telle apparence aux yeux de notre entendement, que nous percevions ou que nous nous imaginions percevoir *à priori* une preuve démonstrative de la vérité d'une proposition, & que d'un autre côté nous percevions ou croyions percevoir qu'il suive nécessairement des absurdités & des contradictions de cette proposition prétendüement démontrée, qu'en résulte-t-il ? Deux demonstrations d'un poids égal qui se réfutent l'une & l'autre & qui tiennent l'esprit en suspens. D'une part, je ne puis pas supposer que mon esprit me trompe. De l'autre, je n'ai pas lieu de soupçonner que ma raison m'égare. Je perçois donc ou je m'imagine percevoir une convenance & une disconvenance démontrées entre les idées ou les termes d'une telle proposition. Le doute est le résultat de cette égalité.

3°. Mais je nie qu'il y ait des vérités de cette espèce dans la nature, des vérités démontrées & sujettes à des absurdités & des contradictions pareillement démontrées. Je nie en particulier que la divisibilité de la matière à l'infini, l'éternité & l'immensité de Dieu soient des exemples de cette espèce. Je prie donc M. Clarke de me bien définir ces termes, de me dire clairement ce qu'ils signifient dans son entendement ; & si, au lieu de prendre des notions abstraites pour des êtres réels, ce qu'il entend par ces termes s'accorde avec la réalité des choses, je lui demande de me faire voir l'absurdité ou la contradiction qui suit évidemment, selon lui, de la divisibilité de la matière à l'infini, de l'éternité & de l'immensité de Dieu, suivant notre façon de concevoir. S'il ne peut pas me satisfaire, il n'a pas droit de réduire l'esprit humain au doute & au scepticisme sur ces articles.

4°. Pour prouver qu'un être immatériel peut être indivisible quoiqu'étendu, M. Clarke allègue l'exemple de l'espace. Je conviens que l'espace qui, selon lui-même, n'est qu'une idée abstraite de l'immensité, est indivisible. Mais qu'est-ce que l'indivisibilité de l'espace fait à la question présente ? L'espace est infini, & il s'agit d'une substance étendue finie. L'espace n'est pas seulement infini, il est encore incapable d'être considéré comme un agent ou comme le sujet d'une action, en un mot ce n'est ni un être ni une substance. Son indivisibilité ne prouve donc rien en faveur d'une substance étendue finie. Elle prouve contre, puisque l'espace n'est indivisible qu'à cause de deux qualités qui le rendent essentiellement différent d'un être étendu fini.

5°. M. Clarke insiste sur une autre raison de la différence qu'il veut établir entre la substance immatérielle & la substance matérielle à l'égard de la divisibilité. « On ne peut pas supposer la substance immatérielle divisée par « Dieu même » en plusieurs parties, quoiqu'on puisse supposer » la substance matérielle ainsi divisée, parce » que la première supposition détruiroit l'es- » sence de la substance immatérielle ».

M. Clarke admet toujours pour un principe, ce qui n'est que supposé ou par lui ou par d'autres. Que tous les philosophes conviennent que toute matière est divisible, que M. Clarke nie tant qu'il voudra que la substance immatérielle soit divisible ; cela ne prouve pas qu'il y ait une différence réelle entre l'être matériel & l'être immatériel étendu par rapport à la divisibilité. Affirmer & nier ne sont pas démontrer. La divisibilité de la substance matérielle ne dépend pas de l'aveu des philosophes ; & pour montrer que la substance immatérielle est indivisible quoique étendue, il ne suffit pas de le dire. S'il ne falloit que supposer pour démontrer, il me seroit facile de rétorquer l'argument de M. Clarke, & de dire : Je reconnois que la substance immatérielle est divisible, mais je ne nie que l'on puisse supposer la substance matérielle pensante divisée en plusieurs parties, parce que cette supposition détruiroit la substance même. En effet j'ai tout autant de raison de supposer qu'un être matériel, tel qu'un atôme, ne peut être divisé par aucune force naturelle, qu'en a M. Clarke de supposer l'indivisibilité de l'être immatériel étendu. C'est-à-dire que la supposition est également précaire de part & d'autre.

Cependant mon savant adversaire a tort de dire qu'on reconnoît que toute matière est divisible. Loin d'avoir fait un pareil aveu, j'ai dit expressément dans ma réplique, qu'il n'étoit pas possible de prouver la divisibilité d'un atôme par aucun argument qui ne prouvât également la divisibilité d'un être immatériel étendu ; & conséquemment que si les raisons alléguées sont insuffisantes pour prouver la divisibilité d'un être immatériel, elles ne prouvent pas non plus la divisibilité de toute substance matérielle. Loin donc de convenir que toute matière soit divisible, tant que M. Clarke soutiendra l'indivisibilité d'une substance immatérielle étendue & finie, je soutiendrai par les mêmes raisons l'indivisibilité des atômes de la matière.

III.

III. J'ai prouvé par deux raisons principales que l'immatérialité de l'ame supposée démontrée n'est d'aucun avantage pour remplir les fins & les grandes vues de la religion. « Car, ai-je dit, pour démon-
» trer l'immortalité naturelle de l'ame, il faut
» prouver qu'un principe immatériel pensant est
» naturellement immortel ; & pour démontrer ce
» dernier point, il faut faire voir qu'il y a une
» connexion nécessaire entre être immatériel &
» penser. Cependant nous avons bien des raisons
» de croire que la pensée est une action qui ne
» commence qu'un certain tems après l'existence
» de son sujet d'inhérence, & qu'elle peut périr
» ou cesser, sans que son sujet cesse d'être........
» Quel avantage la morale & la religion peuvent-
» elles donc tirer de tous les raisonnemens que
» l'on fait sur cette matière ? Si nous n'avons pas
» d'autre assurance d'une vie future, ou autre-
» ment d'un état futur de perception après cette
» vie, que celle qu'on peut tirer de la prétendue dé-
» monstration de l'immortalité naturelle de l'ame,
» nous n'en avons aucune. Si elle est nulle, quelle
» influence peut-elle avoir sur nos mœurs & nos
» actions dans l'économie présente ? »

Pour répondre à ce passage, il y avoit deux partis à prendre. Ou il falloit prouver une connexion nécessaire entre être immatériel & penser, c'est-à-dire prouver que l'ame ou la substance immatérielle est & sera toujours dans un état actuel de perception. Ou bien il falloit montrer que, quand même on ne prouveroit pas que l'ame dût toujours être dans un état actuel de perception, il suffisoit qu'elle fût immatérielle pour répondre aux grandes vues de la religion.

Pour moi, qui suis d'avis qu'un être immatériel peut cesser de penser & d'agir, j'ai observé, dans ma réplique, que l'ame pouvoit non-seulement avoir différentes passions en différens tems, comme de chagrin, d'amour, &c. qui sont des modifications passagères de sa substance, lesquelles commencent & finissent ; mais qu'elle avoit encore des qualités & propriétés, comme les facultés de voir & d'entendre, qu'elle pouvoit perdre pour un tems ou pour toujours, par le vice des organes qui leur sont propres. J'ai aussi parlé du mouvement de l'ame d'un lieu à un autre qui doit être attribué entièrement aux causes extérieures & matérielles.

Qu'est-ce qu'a répondu M. Clarke pour faire voir l'utilité de son argument par rapport aux grandes vues de la religion ? Il a changé les termes de la question, & le sens de ces termes. Car au lieu de considérer la pensée comme un acte, il ne l'a plus regardée que comme la simple capacité de penser, & dans la seconde défense, il a mis la mobilité à la place du mouvement. Les facultés de voir & d'entendre par lesquelles j'avois

Philosophie anc. & mod. Tome I.

prouvé contre lui que la substance immatérielle pouvoit cesser de penser, ont été transformées en une simple capacité de voir & d'entendre. Ainsi le but & l'effet de mon raisonnement ont été détruits, l'état de la question a été altéré, & le lecteur trompé. M. Clarke lui-même qui s'étoit si fort récrié sur l'extrême délicatesse de ma distinction, la trouve aujourd'hui fort convenable à ses desseins. En conséquence il distingue la pensée actuelle de la capacité de penser, le mouvement actuel de la mobilité, &c. Cependant je ne lui en ferois pas un crime, s'il n'avoit pas embrouillé la matière & tendu un piège au lecteur en introduisant une nouvelle question, savoir *si l'ame est toujours capable de penser*, qui n'a point de rapport essentiel avec la question présente. Qu'importe aux mœurs & à la religion que l'ame ne puisse pas exister sans la capacité de penser, si elle peut exister sans la perception actuelle, & devenir par-là aussi incapable de récompense & de châtiment qu'un aveugle-né est incapable de voir les couleurs, ou un mort d'entendre des sons ?

Ce qui suit étant fondé sur cette substitution de termes, & cette altération de la question, il est inutile d'y répondre.

IV. Ma dernière objection étoit conçue en ces termes : « Si la faculté de penser prouve l'imma-
» térialité de l'ame humaine, & si de son imma-
» térialité, on peut inférer son immortalité na-
» turelle, & conséquemment qu'elle est capable
» d'un bonheur éternel ; la faculté de penser qu'on
» ne peut refuser aux bêtes prouve l'immatéria-
» lité de leur ame ; & l'immatérialité de l'ame
» des bêtes prouve qu'elle est naturellement im-
» mortelle & conséquemment capable d'un bon-
» heur éternel ».

» Mais, répond M. Clarke, Dieu ne peut-il
» pas, s'il lui plaît, faire périr les ames des bêtes
» à la dissolution de leurs corps, ou les anéantir
» dans un tems ou dans un autre » ?

J'avois prévu cette réponse, & je suis étonné que M. Clarke l'ait répétée après l'usage que j'en avois fait contre lui. Seroit-il possible qu'il n'eût pas lu les derniers mots de ma réplique, ou qu'il n'eût pas senti combien ce qu'il allègue pour sa défense est à son désavantage ? Puisqu'il le veut, je répéterai la fin de mon objection : j'espère qu'il comprendra enfin combien sa réponse est vaine & illusoire. Car » si l'ame des bêtes peut être anéan-
« tie dans un tems ou dans un autre, la nôtre peut
» l'être aussi, & dès lors l'argument tiré de l'im-
» matérialité de l'ame humaine ne prouvera point
» qu'elle doive être immortelle, ni qu'elle le
» sera ».

M. Clarke fait une autre réponse. « Dieu, dit-
» il, ne peut-il pas faire passer les brutes dans

» une condition convenable à leur nature qui ne » soit pourtant pas un état de bonheur éternel » semblable à celui de l'homme » ? M. Clarke interprète mal ce que j'ai dit. En supposant les brutes capables d'un bonheur éternel, comme l'homme, j'ai entendu seulement un état dans lequel les brutes pourroient avoir éternellement des perceptions agréables, sans entrer dans aucun parallèle des degrés du bonheur éternel dont les différens ordres des êtres créés jouiront, chacun selon sa nature. Mais puisque M. Clarke reconnoît toutes les créatures sensibles capables d'une récompense éternelle, je prends la liberté de lui demander s'il croit les mites, les mouches, les puces, les huîtres, les rats, &c. également capables d'un châtiment éternel. S'il dit que les brutes sont seulement capables d'une récompense éternelle, il les met au-dessus de l'homme, & rend leur condition préférable à la nôtre. S'il dit qu'elles sont également capables d'une récompense & d'une peine éternelles, je lui demande pourquoi certains animaux seront éternellement récompensés dans l'autre vie, & d'autres éternellement punis. Si les brutes doivent être éternellement punies ou récompensées, ce sera pour avoir suivi ou violé certaines règles de conduite qui leur étoient prescrites. Alors il faut convenir qu'elles sont des agens moraux, qu'elles ont toutes les facultés & les conditions requises dans les hommes pour que leurs opérations soient estimées des actions morales. La moralité des actions est le seul fondement des châtimens & des récompenses. Si Dieu récompense les bêtes innocentes ou opprimées dans cette vie, s'il punit celles qui se seront livrées à l'esprit de rapine & de cruauté en dévorant leurs semblables, ou même en dévorant les habitations des hommes, il agit avec elles comme avec nous. C'est ainsi que raisonnoient les juifs qui pensoient que les brutes étoient capables de peines & de récompenses éternelles. » Quand on leur demandoit, dit M. Arnauld dans ses *Réflexions sur le système du P. Malebranche*, quelle justice il y avoit dans la mort » des bêtes, quel péché elles avoient commis, » & pourquoi Dieu vouloit, puisque sa providence s'étendoit à tout, qu'un rat innocent fût » déchiré par un rat, ils répondoient que Dieu » l'avoit ainsi ordonné, mais qu'il récompenseroit » ce rat dans le siècle à venir ».

Ces conséquences & d'autres semblables qui suivent de l'argument de M. Clarke, nous représentent la condition de l'homme sous des traits si étranges, que je crois rendre un service réel à la religion en faisant voir qu'elle n'en peut tirer aucun avantage, la certitude d'un état futur étant fondée sur des preuves d'un autre genre auxquelles les incrédules ne sauroient répondre, & qui ne sont sujettes à aucune sorte d'absurdité ni de contradiction.

V. M. Clarke termine sa seconde défense par quinze propositions que je vais examiner l'une après l'autre, quoiqu'il y en ait plusieurs qui se trouvent déjà pleinement réfutées dans les réflexions qu'on vient de lire. Ma réponse en sera plus complette & plus satisfaisante.

Première proposition.

« Tout système de matière est composé d'une » quantité plus ou moins grande de parties distinctes ».

Cette proposition que M. Clarke regarde comme avouée de tout le monde, est niée, au contraire du plus grand nombre des philosophes. Du moins je le crois ainsi par de bonnes raisons. Cependant je ne veux point entrer en discussion sur ce point. Je continue à la supposer vraie, comme je l'ai supposé jusqu'ici.

Deuxième proposition.

« Toute qualité réelle est inhérente dans quel- » que sujet ».

Troisième proposition.

« Une qualité individuelle ou singulière d'une » particule de matière, ne peut pas être la qua- » lité individuelle ou singulière d'une autre parti- » cule de matière ».

J'accorde ces deux propositions.

Quatrième proposition.

« Toute qualité réelle simple qui réside dans » un système total de matière, réside aussi dans » toutes les parties de ce système ».

Cinquième proposition.

« Toute qualité réelle composée, qui réside » dans un système total de matière, est un nombre » de qualités simples qui résident dans toutes » les parties de ce système, l'une dans une partie, » l'autre dans une autre partie, &c. ».

Je ne contesterai point à M. Clarke ces deux propositions, quoiqu'il me semble confondre les qualités simples & les qualités composées; car dans l'explication qu'il donne de la quatrième proposition, il allègue pour exemple d'une qualité simple, le mouvement d'un corps, qu'il dit être la somme des mouvemens des différentes parties de ce corps. Dans l'explication de la cinquième proposition, il donne pour exemple d'une qualité composée, la couleur verte qui est un composé de bleu & de jaune. Or le mouvement d'une montre me paroît une qualité pour le moins aussi composée que la couleur verte. Car les mouvemens particuliers de chaque pièce d'une montre, qui forment son mouvement total, dont l'un est perpendiculaire, l'autre circulaire, l'autre oscillatoire, &c. sont d'une espèce aussi différente que le bleu & le jaune. J'avoue donc que je ne comprends pas bien quel sens M. Clarke attache aux mots simple & composé dans ces deux propositions.

Sixième proposition.

« Toute qualité réelle, simple ou composée, » qui résulte d'un système total de matière, mais » qui ne réside point en lui, c'est-à-dire qui ne » réside ni dans toutes ses parties distinctes, ni » dans toutes les parties d'une certaine portion » de ce système, suivant l'explication des deux » propositions précédentes, n'est point une mo- » dification de cette substance, mais de quelque » autre substance ».

J'accorde cette proposition, à condition néanmoins que l'on mette un *autre sujet* au lieu d'une *autre substance*. Je conviens, par exemple, que la douceur ne réside point dans une canne à sucre, c'est-à-dire ni dans toutes ses parties distinctes, ni dans toutes les parties de quelque portion de la canne à sucre; mais elle est produite dans un autre sujet, & non dans une autre substance, comme les autres sensations ou modes de la pensée, dont je prétends que le sujet est matériel.

Septième proposition.

« Toute faculté, simple ou composée, qui » résulte d'un système total matériel, mais qui ne » réside point en lui, c'est-à-dire dans toutes » ses parties distinctes, suivant la manière dont » je viens de l'expliquer, & qui ne réside point » aussi dans aucune autre substance comme dans » son sujet d'inhérence, n'est point une qualité » réelle; mais ce doit être ou une substance » réelle, ce qui ne paroît pas concevable, ou un » nom abstrait, comme sont tous les universaux ».

Huitième proposition.

« Le sentiment intérieur n'est ni un nom abstrait » comme les facultés dont il vient d'être parlé » dans la proposition précédente, ni une faculté » de produire ou d'occasionner différentes moda- » lités dans un être étranger, comme les qua- » lités sensibles des corps mentionnés dans la » sixième proposition, mais une qualité réelle, » véritablement & proprement inhérente dans » son sujet, qui est la substance pensante ».

Avant de répondre directement à cette proposition, il est à propos d'éclaircir avec précision ce qu'elle a d'obscur & d'embarrassé. M. Clarke confond deux choses qu'il est essentiel de distinguer, savoir la faculté de produire des modes dans un sujet étranger, & ces modes-là même. Ainsi il dit que les qualités sensibles des corps sont des propriétés qu'ils ont d'exciter des modes dans un autre sujet, au lieu que la douceur, le son, &c. que l'on appelle vulgairement les qualités sensibles des corps, ne sont que des idées, des sensations ou des modes de pensée dans nous; & n'existent en aucune manière dans les corps dont on dit qu'ils sont des qualités sensibles. Les propriétés réelles des corps sont donc bien différentes de ces qualités, aussi différentes que la cause l'est de son effet; & pour procéder avec plus de clarté, je supposerai que la faculté d'exciter des modes dans un sujet étranger est une espèce particulière du mouvement dans quelques systèmes de matière.

Après cette distinction nécessaire, je vais répondre directement à la proposition de M. Clarke dans les deux sens dont elle est susceptible.

1°. Je conviens que le sentiment intérieur n'est point un nom abstrait, de l'espèce des qualités dont il est parlé dans la septième proposition, qu'il n'existe point dans le cerveau, comme l'odeur est supposée exister dans la rose, & comme on suppose que toutes les qualités sensibles existent dans les corps; mais qu'elle est une qualité réelle, véritablement & proprement inhérente dans son sujet, qui est le cerveau; comme le mouvement réside dans les corps mus, & la rondeur dans les corps ronds.

2°. Je conviens encore que le sentiment intérieur n'est point une pure abstraction, mais une propriété du cerveau qui répond aux facultés des corps par lesquelles ils produisent en nous certaines sensations. Car comme ces facultés, ou ces espèces de mouvement sont particulières à certains systèmes de matière, & qu'ils ne sont point des sommes d'autres facultés partielles numériquement semblables, de même le sentiment intérieur n'est point une somme d'autres sentimens intérieurs numériquement semblables, & comme ces systèmes de matière produisent dans nous certaines idées par une espèce particulière de mouvement, nous pouvons de même, en vertu de la faculté de penser dont nous sommes doués, étendre ou abstraire nos idées, c'est-à-dire les modifier, y produire du changement, ainsi que les objets extérieurs sensibles peuvent occasionner en nous des modes & des changemens. Donc le sentiment intérieur répond & peut être comparé aux facultés de quelques systèmes de matière, qui occasionnent des modes dans un autre sujet; il est en même tems une qualité inhérente dans la matière, comme le mouvement d'une montre est inhérent dans la montre, comme la rondeur ou tout autre figure particulière & individuelle réside dans un corps.

Neuvième proposition.

« Une qualité réelle ne peut pas résulter de la composition ou assemblage de qualités différentes ; de sorte que cette composition produise dans le même sujet une qualité toute neuve, d'un genre ou d'une espèce totalement différente de toutes & de chacune des qualités composantes ».

J'accorde cette proposition suivant l'explication que M. Clarke en donne. En effet le mouvement ne peut produire que du mouvement, la couleur ne peut produire que de la couleur. Mais la vérité de cette proposition ainsi expliquée ne s'étend point aux facultés numériques : elle ne regarde point sur-tout le sentiment intérieur. Une faculté réelle numérique, telle que je suppose la pensée, ou telle qu'est la rondeur, peut résulter de la composition de qualités différentes, comme la rondeur peut résulter de différentes espèces de figures, & être conséquemment, dans le même sujet, une qualité toute neuve, différente, pour le genre & l'espèce, de toutes les autres qualités composantes ; au lieu que le mouvement étant une faculté générique, je conviens qu'il est une somme des mouvemens des parties, comme la figure est composée des figures des parties. Si le sentiment intérieur étoit une propriété générique, comme la figure & le mouvement, il seroit composé de même des sentimens intérieurs des parties.

Dixième proposition.

« Le sentiment intérieur étant donc une qualité réelle (Propos. 8.) & d'une sorte spécifiquement différente de toutes les autres qualités, connues ou inconnues, qui de l'aveu de tout le monde ne sont point des espèces de sentimens intérieurs, il ne peut absolument point résulter d'aucune composition ou combinaison de ces qualités ».

Quoique le sentiment intérieur soit une qualité réelle, différente de toutes les autres qualités, connues ou inconnues, qui, de l'aveu de tout le monde, ne sont point des espèces de sentimens intérieurs, elle peut néanmoins résulter de la combinaison ou composition de ces qualités spécifiquement différentes dont aucune, considérée en particulier, n'est un sentiment intérieur. La rondeur est une qualité réelle, spécifiquement différente de toutes les autres qualités, connues ou inconnues, qui ne sont point des rondeurs ; cependant elle peut résulter de la composition de ces qualités. La proposition peut être vraie dans le sens que M. Clarke donne à ces mots, *qualités réelles*; mais alors elle ne regarde point le sentiment intérieur qui n'est point une propriété générique, mais seulement un mode d'une propriété générique.

Onzième proposition.

» Une qualité individuelle ne peut être transportée d'un sujet à un autre ».

J'en conviens : la qualité d'un sujet ne peut être que la qualité du sujet dans lequel elle existe, & non celle d'aucun autre sujet. Le mouvement d'un certain système de matière, ne peut être le mouvement d'un tel système. Le sentiment intérieur d'un être, ne peut être que le sentiment intérieur de cet être particulier. Il y a plus : le mouvement qu'un corps a un certain jour ne peut jamais être le mouvement d'un autre jour, comme le sentiment intérieur que j'ai aujourd'hui, n'est point le même sentiment intérieur numérique que j'avois hier ; soit que le principe qui pense en moi soit divisible ou indivisible. La même qualité individuelle numérique ne peut pas plus résider de nouveau dans le même sujet individuel où elle a résidé antérieurement, qu'elle ne peut être transportée de ce sujet dans un autre.

Douzième proposition.

« Les esprits ou les particules du cerveau, lâches & dans un flux perpétuel, ne peuvent pas être le siège d'un sentiment intérieur par lequel l'homme se souvient, non-seulement d'avoir fait certaines actions il y a plusieurs années, mais par lequel encore il est intimement convaincu qu'il est le même être individuel qui a fait ces actions ».

Quoique les esprits ou particules du cerveau, lâches & dans un flux perpétuel, ne puissent pas être le siège d'un sentiment intérieur par lequel je sois intimement convaincu que je suis aujourd'hui le même être individuel que j'étois il y a un an ; car je nie que nous ayons aucun sentiment intime de la persévérance d'une telle individualité dans différens tems; cependant s'il n'y a point d'absurdité à supposer que la matière pense ; la matière doit en même tems connoître qu'elle pense, ou avoir le sentiment intime de sa pensée ; & si elle peut connoître à cet instant qu'elle pense, je ne vois pas pourquoi elle ne pourroit pas se rappeler demain les pensées qu'elle a aujourd'hui, quoiqu'il lui manque quelques-unes des particules qu'elle avoit hier. Si la matière peut se rappeler dans un tems les pensées qu'elle a eues dans un autre, le souvenir en peut exister encore lorsqu'elle n'a plus aucune des parties qu'elle avoit quand elle a eu de telles pensées; il suffit pour cela qu'elle se les rappelle de tems en tems, & que par ce rappel réitéré, les idées se gravent de nouveau, & forment de nouvelles empreintes dans le cerveau, à mesure qu'il reçoit de nouvelles particules, & avant que les premières se soient entièrement écoulées. Ce méchanisme me fait comprendre comment un système de matière lâche & dans un flux perpétuel, conserve aussi bien la mémoire des choses passées, qu'un système qui auroit plus de consistence & de permanence. Que l'être pensant soit individuel ou divisible, le sentiment intérieur d'hier n'est point celui d'aujourd'hui : il en est parfaitement distinct dans l'être individuel & dans l'être divisible. Toutes les fois que M. Clarke expliquera, dans un être indivisible, le souvenir d'une action ou d'une pensée, je lui promets d'expliquer aussi aisément le même phénomène de mémoire dans un être divisible.

Treizième proposition.

« Le sentiment intérieur qu'un homme a dans
» un seul & même tems, est un seul sentiment in-
» térieur, & non pas une somme de plusieurs
» sentimens intérieurs distincts; comme la solidité,
» le mouvement ou la couleur d'un corps est une
» somme de plusieurs solidités, mouvemens, ou
» couleurs ».

Quatorzième proposition.

« Le sentiment intérieur ne peut donc pas avoir
» la substance du cerveau, ni les esprits du cer-
» veau, ni tout autre système matériel, pour
» sujet d'inhérence; mais il doit être une qualité
» d'une substance immatérielle ».

Si l'on entend par le sentiment intérieur une qualité numérique correspondante, soit à la rondeur d'un corps, ou à un mouvement propre d'un certain système de matière, cette quatorzième proposition n'est point du tout une conséquence des précédentes. Car, si le sentiment intérieur est une faculté numérique, elle ne rentre dans aucune des classes sous lesquelles M. Clarke a prétendu ranger toutes les qualités de la matière. En effet, ce n'est point un effet qui ne réside dans aucun sujet, supposé toute-fois qu'il y ait de pareils effets dans la nature, ce que je nie absolument: ce n'est point une propriété comme la douceur, ni toute autre qualité sensible des corps étrangers, car ces qualités n'appartiennent point aux corps auxquels on les attribue; elles sont dans nous des espèces de pensées ou des perceptions: ce n'est point enfin une qualité telle que la figure & le mouvement qui sont des sommes, des figures & des mouvemens des parties. D'où il est évident que nous n'avons pas, M. Clarke & moi, la même idée du sentiment intérieur. Quand donc il pourroit démontrer que la matière est incapable de penser dans le sens qu'il donne au mot *pensée*, je pourrois aussi persister à nier qu'il eût donné aucune preuve de l'incapacité de la matière à cet égard, suivant le sens que je donne au mot *pensée*; & que lui donnent tous ceux qui soutiennent avec moi que la matière peut penser, ou avoir le sentiment intérieur. Je puis donc convenir de la bonté de sa démonstration, sans nuire en rien au fond de la question, parce qu'elle ne regarde qu'une idée chimérique qu'il s'est faite de la pensée, ou du sentiment intérieur. On peut démontrer ainsi des chimères, sans que la réalité des choses en souffre. Sa démonstration est bonne, & j'en conviens sans peine, si le sentiment intérieur est regardé comme une propriété générique, telle que le mouvement & la figure, ou comme une qualité semblable à l'odeur de la rose qui n'appartient point à la rose, mais qui est une perception de nous, ou comme un effet qui ne réside dans aucune substance. Alors le sentiment intérieur ne pourra résider dans un système de matière, & M. Clarke auroit raison. Mais si le sentiment intérieur n'est de l'espèce d'aucune de ces qualités, la démonstration de M. Clarke qui n'est bonne que pour ces trois classes de qualités de la matière, ne touche point du tout l'état de la question; & le terme de *sentiment intérieur* qu'il y emploie, n'étant pas entendu dans sa véritable signification, n'affecte pas plus le point contesté entre nous, que tout autre terme qui n'y auroit aucun rapport.

Quinzième proposition.

» Les difficultés que l'on peut faire ensuite
» touchant les autres qualités de la substance im-
» matérielle, telle que son étendue ou son inéten-
» due, n'infirment point la vérité de la démonstra-
» tion présente ».

Le lecteur peut juger par la II Section de mes Réflexions, combien l'étendue de la substance immatérielle infirme la vérité de la prétendue démonstration de M. Clarke. Quand aux difficultés qui pourroient naître de son inétendue supposée, je ne préviendrai point M. Clarke sur cet objet: j'attendrai qu'il définisse les termes d'*inétendu* & d'*être*, afin de mieux comprendre ce qu'ils signifient lorsqu'ils sont joints ensemble. Alors je ferai voir combien l'inétendue supposée de la substance immatérielle affecte sa prétendue démonstration, comme j'ai fait à l'égard de son étendue.

Je n'ai plus rien à ajouter à cet examen des quinze propositions de M. Clarke. Il me suffit d'avoir montré qu'elles n'éclaircissent en aucune manière la question qui nous occupe. Je conclus en observant qu'il n'y en a pas une qui tende à prouver l'avantage que la morale & la religion peuvent retirer de son argument, fût-il aussi juste & aussi concluant qu'il le prétend. Je renvoie donc le lecteur à ce que j'ai dit, touchant ce point, dans la section III, des réflexions présentes.

RÉPONSE A LA TROISIÈME DÉFENSE DE M. CLARKE.

——Neque decipitur ratio neque decipit unquam.

MANILIUS.

Le sujet du différend élevé entre M. Clarke & moi, est la force de l'argument dont il s'est servi dans sa lettre à M. Dodwell pour prouver l'immatérialité naturelle de l'ame. Je lui ai fait quatre objections contre cet argument. Il en a négligé trois, sans presque en faire mention. Pour répondre à la quatrième, il s'étoit proposé de faire voir que si la pensée résidoit dans un système quelconque de matière, elle y seroit la somme des pensées des parties qui le composent; parce qu'étant absurde, selon lui, que la pensée du système total fût la somme de plusieurs autres pensées, il s'ensuivoit que la matière étoit incapable de penser. Mais, au lieu de prouver cette assertion, M. Clarke s'est emparé du parallèle que j'avois fait de la rondeur & du sentiment intérieur, s'attachant à faire voir que la rondeur d'un corps est la somme de plusieurs pièces ou formes qui tendent vers la rondeur. Quand cela seroit, que pourroit-il en conclure? Que, si le sentiment intérieur est dans son sujet matériel, comme la rondeur dans le corps rond, il y est la somme, non pas de plusieurs sentimens intérieurs, mais de plusieurs tendances vers le sentiment intérieur; ce qui l'éloigne étrangement du point de la question, & fait disparoître l'absurdité dont il s'efforçoit de charger l'opinion contraire à la sienne. Quand je réfléchis à cette conduite, je ne sais pourquoi je reprends la plume pour répondre à sa troisième défense. Il me semble que je devrois me contenter d'en appeler au lecteur savant & impartial, persuadé qu'il n'a pas besoin que je lui fasse appercevoir combien M. Clarke semble abandonner la défense de son argument & donner gain de cause à ses adversaires. Cependant, comme en disputant l'objet principal de notre dispute, il est entré quelques points incidentels qu'il est important d'éclaircir, j'ai cru que les amateurs de la vérité ne seroient pas fâchés de me voir ajouter de nouvelles considérations à mes réflexions précédentes sur la prétendue démonstration de l'immatérialité & de l'immortalité naturelles de l'ame.

I. Il y a peu de disputes de conséquence où l'on ne révoque en doute la règle qui doit les décider. Lorsque la raison est de notre côté, nous nous soumettons volontiers à ses principes & à ses lumières: nous espérons que les autres voudront bien en faire autant. Mais lorsque le système que nous avons embrassé se trouve sujet à des difficultés que nous ne pouvons résoudre, nous soutenons alors que la raison est foible. Son insuffisance prétendue sert de prétexte à notre obstination. Nous soutenons la vérité de notre système indépendamment de l'impossibilité où nous sommes de répondre aux objections qui le réfutent.

M. Clarke a jugé à propos de suivre cette méthode avec moi, & je crois nécessaire d'examiner, avant tout, ce qu'il dit à ce sujet, afin d'établir un point fixe qui serve de moyen sûr pour terminer la question qui fait l'objet de notre différend. Il est en effet inutile de disputer de la vérité & de la fausseté des propositions, lorsque par des doutes & des scrupules sur la faculté qui doit juger de cette vérité & de cette fausseté, le vrai & le faux deviennent des noms vuides de sens, ou du moins signifient différentes choses dans les différens esprits.

1°. On démontre, suivant M. Clarke, que la matière est incapable de penser, parce que Dieu peut la diviser; d'où il conclut que la faculté de penser doit résider dans un être immatériel, quoiqu'étendu. C'est-à-dire que la pensée peut & ne peut pas résider dans un être indivisible: car qu'est-ce qui prouve que Dieu peut diviser la matière, sinon l'étendue propre du sujet matériel? Et si la matière est divisible parce qu'elle est étendue, tout être étendu est divisible, & conséquemment incapable de penser, à moins que M. Clarke ne dise que l'être divisible est en même tems capable & incapable de penser.

Pour éluder cette contradiction manifeste, M. Clarke a recours à une distinction au moyen de laquelle on peut tout croire, & raisonner sur rien. « Il est absurde, dit-il, de supposer que Dieu ne » puisse pas diviser la matière; mais supposer que » Dieu ne peut pas diviser une substance immaté- » rielle étendue, ce n'est point une absurdité, » mais seulement une supposition sujette à des » difficultés qu'on ne peut entièrement résoudre ». Pour éclaircir cette distinction singulièrement subtile, il ajoute « qu'il ne faut pas mettre au même » rang les difficultés insolubles & les absurdités » ou contradictions manifestes, parce que les pre- » mières ne naissent pas, comme les autres, de la » perception d'une disconvenance réelle entre les » idées, mais seulement du vice & de l'imperfec- » tion des idées mêmes ». J'aimerois autant dire que les difficultés qu'on ne peut pas entièrement résoudre ne naissent pas de la perception de la disconvenance des idées, mais de la perception de la disconvenance des idées. Car qu'est-ce qu'une difficulté qu'on ne peut pas éclaircir parfaitement à cause du vice des idées, sinon une difficulté insoluble qui naît de la perception de la disconvenance des idées? Je n'y vois pas de différence, ou elle n'est que dans les mots, s'il dit qu'il y a de la différence entre une difficulté qui naît de la perception d'une disconvenance réelle entre des idées parfaites, & une difficulté qui résulte de la perception de la disconvenance des idées imparfaites; je réponds que cette distinction est vaine & sans fondement, & que quand même elle seroit fondée en raison, il n'en pourroit tirer aucun avantage, comme on peut s'en convaincre en considérant ce qu'on entend par des idées parfaites & des idées imparfaites. Ecoutons un grand maître en fait de raison.

« J'appelle idées complettes ou parfaites celles qui représentent parfaitement les originaux d'où l'esprit suppose qu'elles sont tirées.... Par exemple, comme nos idées complexes des modes sont des assemblages volontaires d'idées simples que l'esprit joint ensemble, sans avoir égard à certains archétypes ou modèles réels & actuellement existans, elles sont complettes & ne peuvent être autrement, parce qu'en n'étant pas regardées comme des copies de choses réellement existantes, mais comme des archétypes que l'esprit forme pour s'en servir à ranger les choses sous certaines dénominations, rien ne sauroit leur manquer, puisque chacune renferme telle combinaison d'idées que l'esprit a voulu lui donner, & par conséquent telle perfection qu'il a eu dessein de lui donner; de sorte qu'il en est satisfait & n'y peut rien trouver à redire ».

Les idées incomplettes sont celles qui ne représentent qu'une partie des originaux auxquels elles se rapportent. Si, par exemple, je comprends dans l'idée de l'or que sa couleur & son poids, cette idée ne représente point entièrement son archétype ou original; elle n'en représente qu'une partie, elle est imparfaite ou incomplette. Il est probable que toutes nos idées qui se rapportent à des êtres réels, sont incomplettes, parce que nous ne pouvons jamais être sûrs de rassembler dans l'idée que nous avons d'un être quelconque, tout ce que contient son essence, toutes ses propriétés & affections & il est comme impossible qu'il ne nous en échappe quelque chose.

Voilà, si je ne me trompe, tout ce qui peut servir de fondement à la distinction des idées en idées complettes & idées incomplettes. Je sais que M. Locke prétend que nos idées simples sont complettes. Mais je ne vois pas sur quel principe il le prétend: car s'il est vrai que nos idées simples soient complettes, toute distinction à cet égard est nulle, & il n'y a plus d'idées incomplettes. » Toutes nos idées simples sont complettes, dit-il, parce que n'étant autre chose que des effets de certaines puissances que Dieu a mises dans les choses pour produire telles & & telles sensations en nous, elles ne peuvent qu'être conformes & correspondre entièrement à ces puissances. » S'il est ainsi, toute idée est complette dès qu'elle est exacte & employée judicieusement, car nous ne devons employer un mot que pour désigner ce que nous avons dans l'esprit, c'est-à-dire autant que l'idée que nous y attachons correspond à l'original auquel elle se rapporte. Si, dans l'idée que j'ai de l'homme, je comprends une substance solide, la vie, le sentiment, le mouvement spontané & la faculté de raisonner; il est évident que tout cela convient à l'homme, & correspond aussi parfaitement au sujet ou archétype que j'ai en vue, quoiqu'il y soit très-incomplettement représenté, que l'idée de quelque puissance ou propriété que ce soit. Les idées simples ne peuvent pas être précisément les mêmes dans différentes personnes, à cause de la variété des organes des sens. Elles doivent donc être incomplettes dans presque tous, sinon dans tous les hommes, si on les considère comme des effets de la puissance ou faculté qui les produit, quoiqu'elles soient complettes en tant qu'elles répondent entièrement à cette puissance naturelle. Or, si toutes nos idées considérées comme des copies des êtres réellement existans, sont imparfaites & incomplettes, & si par rapport à ces êtres il n'y a point d'autre critère de vérité que la perception de la convenance ou de la disconvenance des idées, alors M. Clarke ne peut, sans renoncer à tous les principes de nos connoissances relativement aux êtres réels, mettre aucune distinction entre les difficultés qui naissent de la perception de la disconvenance des idées imparfaites, & les difficultés qui résultent de la perception de la disconvenance des idées parfaites ou complettes. Si donc il convient que les difficultés de la première espèce, celles qui naissent de la perception de la disconvenance réelle des idées incomplettes, sont des absurdités & des contradictions, il renonce à sa distinction. Il n'a donc que deux partis à prendre, ou de contredire tous les principes de la science relativement aux êtres réellement existans, ou de convenir qu'il n'y a aucune différence entre les difficultés qui naissent de la perception de la disconvenance des idées complettes, & les difficultés qui résultent de la perception de la disconvenance des idées incomplettes.

2°. Mais pour faire mieux voir la solidité des principes de nos connoissances, & combien la distinction de M. Clarke est vaine, j'observe que, quoique nous ne puissions jamais nous assurer d'avoir des idées complettes de quoi que ce soit, cependant nous sommes fondés à croire que nos idées, toutes incomplettes qu'elles sont, correspondent néanmoins à la réalité des choses, comme des idées complettes pourroient correspondre à leurs archétypes. On peut donc comparer ensemble des idées incomplettes, & cette comparaison peut produire des jugemens aussi sûrs que pourroient être ceux qui résulteroient de la comparaison d'idées complettes. Je suppose qu'au travers d'un brouillard épais, j'apperçoive quelque forme qui ressemble à un homme ; quoique je ne puisse pas assez bien distinguer cet objet pour décider si c'est une statue, ou un homme véritable, je puis néanmoins prononcer avec certitude que ce n'est pas un clocher, parce que je perçois de la disconvenance entre l'idée que j'ai d'un clocher & la figure que je vois, tout comme je connois la fausseté d'une proposition de morale ou de géométrie, en percevant la disconvenance des idées qui la composent. Puisque nous pouvons aussi bien nous assurer de la vérité ou de la fausseté des choses par la perception de la convenance ou disconvenance des idées incomplettes que par la perception de la convenance ou disconvenance des idées complettes, les difficultés qui naissent de la perception de la disconvenance de deux idées, soit complettes ou incomplettes, sont également des contradictions, & conséquemment la distinction de M. Clarke est nulle.

3°. Si les difficultés qui naissent de la perception de la disconvenance de deux idées incomplettes, n'étoient pas des absurdités & des contradictions, ainsi que les difficultés qui naissent de la perception de la disconvenance de deux idées complettes, il s'ensuivroit que nous ne pourrions pas raisonner avec quelque certitude des principaux objets de la religion, tels que dieu & ses attributs. Les idées que nous attachons à ces mots, *dieu & ses attributs*, sont assurément des idées incomplettes. Cependant on raisonne tous les jours sur la justice de Dieu, sur sa véracité, sa bonté, sa sainteté & sa sagesse. On dit souvent dans les discours publics que telle chose doit être parce qu'elle suit évidemment de la supposition de ces attributs, & que d'autres choses ne peuvent pas être parce qu'elles répugnent aux mêmes attributs : c'est-à-dire, que telles choses sont conformes & d'autres contraires aux idées que nous avons de la justice, de la véracité, de la sainteté, de la bonté & de la sagesse de dieu. Nous disons par exemple, qu'il est contraire à la justice de dieu de punir éternellement l'homme fidèle à sa loi, & de récompenser celui qui la viole, nous disons qu'il est conforme à sa justice de récompenser l'homme qui pratique fidèlement sa loi & de punir celui qui la viole.

M. Clarke prouve de même « que les actions moralement bonnes ou moralement mauvaises doivent nécessairement être récompensées ou punies, parce que les mêmes raisons qui démontrent que dieu est nécessairement juste & bon, que les règles de la justice, de l'équité & de la bonté sont sa volonté inaltérable & essentiellement droite, & qu'elles doivent faire la loi de tous les êtres créés ; démontrent aussi qu'il ne peut pas s'empêcher d'approuver & d'aimer les créatures qui l'imitent, qui lui obéissent, & qui observent sa loi ; qu'il désapprouve de même celles qui font le contraire & conséquemment, qu'il doit mettre de la différence dans sa conduite envers les unes & les autres, & traiter chacune comme elle le mérite. . . . . Mais puisque la condition des hommes dans ce monde est telle que l'ordre naturel des choses est souvent renversé, de sorte que la vertu & la bonté, loin de procurer à l'homme la juste récompense qui lui est due, en le fixant dans un état de bonheur & de contentement proportionné à ses mérites, sont souvent une source de malheurs pour les gens vertueux. . . . Il doit nécessairement y avoir une vie future qui rétablisse les désordres de celle-ci par une juste distribution de récompenses & de peines, & justifie ainsi le système entier de la providence, qui dans la foible portion que nous en appercevons, nous paroît à tant d'égards obscur & incompréhensible ».

Sur quoi ce raisonnement de M. Clarke est-il fondé ? Sur une idée incomplette de la justice de dieu. D'où vient la force de cette démonstration d'une vie future, en la supposant concluante ? N'est-ce pas de la perception qu'il a de la disconvenance des désordres apparens de ce monde, avec cette idée incomplette de la justice de dieu ? C'est cette disconvenance qui prouve la nécessité d'une économie à venir pour réparer l'inégale distribution des biens & des maux qui a lieu dans le système présent. Puis donc que M. Clarke croit pouvoir conclure avec certitude la nécessité d'une vie future, d'une idée imparfaite & incomplette, car il n'en a point d'autre dans le cas présent, il ne sauroit nier que la certitude ne puisse résulter de la comparaison de deux idées incomplettes, comme de celle de deux idées complettes. Donc, la perception de la convenance ou de la disconvenance des idées, soit parfaites ou imparfaites, complettes ou incomplettes, est le seul critere de vérité que nous ayons. Ou bien M. Clarke doit nier la validité de sa démonstration d'un état futur, ou prétendre que nous avons une idée complette des attributs de dieu.

4°. Mais supposons que l'on soit fondé à distinguer la connoissance que nous avons des êtres réellement existans, de celle qui regarde les idées de l'esprit qui n'ont point d'originaux ou d'archetypes réels de leur existence, & que ces deux especes de connoissances ne soient pas d'une égale certitude. Cependant cette distinction devient inutile dans la question présente ; & c'est vouloir l'embrouiller de gaieté de cœur que de l'y employer. La prétendue démonstration de l'immatérialité & de l'immortalité naturelles de l'ame, ne peut être fondée que sur la comparaison des idées incomplettes de la matière, de l'esprit & de la pensée. D'où il résulte qu'une objection ou une difficulté

difficulté qui naît de la perception de la disconvenance réelle de ces idées incomplettes, est une démonstration aussi certaine de la fausseté de l'assertion qui y est sujette, que la perception de leur convenance est une démonstration de la vérité de l'assertion composée de ces idées. Donc, la distinction de M. Clarke, fondée ou non fondée, est tout-à-fait inutile dans la question présente.

5°. Les écrits des catholiques romains sur la transsubstantiation, & ceux de quelques théologiens protestans contre le socinianisme, pourroient donner lieu de croire que dans certaines questions, il peut y avoir des démonstrations également fortes pour & contre, d'où l'on seroit en droit d'inférer que la perception de la convenance ou de la disconvenance des idées n'est point une regle de vérité. Quant à moi, je dirai naturellement ma pensée. Je crois que tout ce qu'on peut démontrer, ne sauroit être sujet à des difficultés insolubles ; que tout homme qui entend bien la démonstration d'une vérité, est en état de résoudre toutes les objections que l'on peut faire contre cette vérité, & qu'en particulier on peut répondre clairement à toutes les difficultés que l'on propose ordinairement contre l'immensité & l'éternité de dieu, & que M. Clarke tient pour insolubles. Tout ce que je demande, pour y faire une réponse satisfaisante, c'est que M. Clarke veuille bien définir les termes d'*immensité*, d'*éternité*, d'*être immatériel*, & faire voir que les définitions qu'il en donnera s'accordent avec la réalité des choses auxquelles elles se rapportent.

» Notre raison, dit ce profond métaphysicien,
» est capable de percevoir clairement la démons-
» tration de la vérité de certaines choses, quoi-
» que l'imagination ne soit pas en état d'embras-
» ser toutes les idées des choses mêmes ». Cela signifie, si je ne me trompe, que nous pouvons concevoir clairement qu'il existe, par exemple, un être immatériel, autrement qu'il existe quelque chose de correspondant à l'idée que nous attachons à ces mots *être immatériel*, quoique nous ne soyons pas en état de comprendre tout ce qui existe dans l'être auquel notre idée se rapporte. Mais quoi ? s'ensuit-il qu'il y ait quelque différence entre les difficultés qui naissent de la perception de la disconvenance de deux idées complettes, & les difficultés qui résultent de la perception de la disconvenance de deux idées incomplettes ? Quoique je ne connoisse qu'en partie l'archétype auquel se rapporte l'idée que j'ai d'un *être immatériel*, s'ensuit-il que je ne puisse connoître un tel être, du moins autant que mon idée me le représente ? Et si l'on ne peut pas nier que je ne connoisse de cet être tout ce que contient l'idée claire que j'en ai, pourquoi ne serois-je pas en état de répondre à toutes les objections que l'on feroit contre l'existence de ce que je conçois clairement existant ? Y a-t-il même un autre moyen

Philosophie anc. & mod. Tom. I.

de m'assurer que les termes d'*être immatériel*, d'*infinité*, d'*immensité* &c., sont des idées intelligibles & significatives qui correspondent à de choses réellement existantes ? Si des idées intelligibles & significatives ne peuvent pas être dégagées de toute difficulté, de toute ambiguité, comment pourrai-je jamais concevoir de la différence entre l'intelligible & l'inintelligible, entre ce qui est conséquent & ce qui ne l'est pas ?

Cette explication met le lecteur intelligent à même de juger si, « en regardant des difficultés
» reconnues pour insolubles comme des contradic-
» tions & des absurdités, je m'éloigne de cette
» honnêteté qui, selon M. Clarke, caractérisoit
» mes premières remarques ». J'espère que M. Clarke voudra bien encore se rétracter une seconde fois en ma faveur, puisqu'aujourd'hui il reconnoît l'honnêteté de mes premières observations qu'il avoit néanmoins méconnue dans sa seconde défense ; j'ai lieu de croire, après les éclaircissemens que je viens de donner, qu'il rectifiera dans la suite ce qu'il m'impute dans sa troisième défense. Il est plus glorieux de reconnoître ses torts qu'il n'est honteux d'en avoir.

II. Je reviens à présent au point de la question, savoir si la matiere peut avoir la faculté de penser. J'ai fait voir que l'étendue finie d'un être immatériel le rend aussi véritablement divisible que la matérialité du corps, & conséquemment, suivant M. Clarke, un être immatériel d'une étendue finie, est aussi incapable de penser qu'un systême quelconque de matière. A présent, je vais tâcher d'accorder M. Clarke avec lui-même, en faisant voir que son argument, tiré de la divisibilité de la matiere, ou, ce qui est la même chose, de son étendue, ne conclut rien. Voici cet argument :
« Toutes les qualités ou propriétés, connues ou
» inconnues, qui sont dans la matiere, ou qui
» lui sont vulgairement attribuées, se réduisent
» nécessairement à ces trois classes » :

« 1. Ou bien ce sont des qualités réellement &
» proprement inhérentes dans le sujet auquel on
» les attribue, comme la grandeur & le mou-
» vement sont dans la matiere. Ces qualités y
» sont toujours les sommes ou les aggrégats des
» facultés semblables inhérentes aux diverses par-
» ties du sujet matériel. Si donc le sentiment
» intérieur pouvoit être une qualité de cette es-
» pece, réellement inhérente dans un systême
» de matiere, elle y seroit la somme ou le ré-
» sultat des sentimens intérieurs de ses parties, de
» sorte qu'il y auroit dans un tel systême autant
» de sentimens intérieurs distincts qu'il a de par-
» ties composantes.

« 2. Ou ce sont des qualités qui ne résident
» point réellement dans le sujet auquel on les
» attribue, mais qu'on doit regarder comme des
» modes excités & résidans dans quelqu'autre sub-

» ſtance. Telles ſont les couleurs, les ſons & en
» général toutes les qualités ſenſibles de la ma-
» tière. Elles n'exiſtent point du tout dans les
» corps auxquels on les rapporte, mais dans quel-
» que autre ſubſtance. Comme on ne peut pas
» dire que la penſée ne réſide point dans le prin-
» cipe eſtimé penſant, mais dans un autre ſujet ;
» elle ne peut pas être miſe au nombre de cette
» ſeconde eſpèce de qualités de la matière, qu'on
» nomme qualités ſenſibles. »

« 3. Ou enfin ce ſont des qualités telles que
» l'électricité, l'attraction, le magnétiſme, la ré-
» flexibilité, la réfrangibilité & autres ſemblables.
» Celles-ci n'ont point de ſujet réel d'inhérence.
» Il n'en eſt pas ainſi de la penſée : elle ne peut
» donc pas être regardée comme une propriété
» de la matière, de cette troiſième eſpèce. »

J'ai d'abord répondu que cette énumération
des qualités ou propriétés de la matière étoit incomplette, parce qu'elle ne renfermoit point les
modes des propriétés de la première claſſe ; &
que la penſée étant ſelon moi un mode d'une
propriété qui appartenoit à la première claſſe ;
l'argument de M. Clarke n'avoit aucune force
pour prouver que la penſée ne pût pas réſider dans un ſujet matériel ; car il réſultoit ſimplement de ſa démonſtration, que la penſée n'é-
toit aucune des qualités de la matière énoncées
dans ſa diſtribution : ce qui n'empêchoit pas qu'elle
ne pût être une autre qualité ou propriété de
la matière, différente des trois eſpèces qu'il avoit
aſſignées. Suppoſons, par exemple, que le ſentiment intérieur ou la penſée ſoit dans la matière
une qualité ou propriété correſpondante à un mode
du mouvement ou de la figure, comme pourroit être le mouvement particulier d'une montre ou la rondeur ; n'eſt-il pas évident qu'en con-
ſidérant le ſentiment intérieur ſous cette idée,
le raiſonnement de M. Clarke ne fait rien du tout
à la queſtion ? En effet ſi le ſentiment intérieur eſt
regardé comme la rondeur ou toute autre figure
particulière, ou comme un mode du mouvement
ſoit un mouvement animal particulier ou le mouvement d'une montre, il eſt manifeſte premièrement qu'il a un ſujet réel d'inhérence, qu'il n'eſt
point un effet ſans ſujet, & conſéquemment qu'il
ne reſſemble ni à l'électricité, ni au magnétiſme,
ni à toute autre qualité de cette eſpèce ; ſeconde-
ment qu'il eſt réellement inhérent dans le ſujet
auquel il eſt attribué, & en conſéquence qu'il ne
répond ni à la couleur, ni au ſon, ni à aucune
autre qualité ſenſible qui ne réſident point dans le
ſujet auquel on les attribue ; troiſièmement que
quoique réellement & proprement inhérent dans
la matière, il n'y eſt pourtant pas comme la figure,
la grandeur, & le mouvement. Car la rondeur
n'eſt point la ſomme des rondeurs des diverſes parties du corps rond, puiſque peut-être aucune de
ſes parties, priſe ſéparément, n'eſt ronde. De

même, le mouvement total d'une montre
ne réſide point de la même manière dans chacune de ſes parties diſtinctes. Je n'ai point oſé
déterminer de quelle eſpèce de propriété la penſée
étoit le mode ; ſeulement pour plus de clarté,
j'ai pris la liberté de la conſidérer comme un mode
du mouvement. Suppoſons, ſuivant la même hypothèſe, que le ſentiment intérieur ſoit compoſé
de dix mille mouvemens différens, il eſt auſſi
impoſſible que le ſentiment intérieur total réſide
dans chaque particule du ſyſtême matériel, qu'il
eſt impoſſible que toute la rondeur d'un cercle,
ſoit dans chaque partie de ce cercle, ou que tout
le mouvement d'une montre ou d'un animal ſoit
dans chacune des parties diſtinctes de cette montre
ou de cet animal. Toute la force de l'argument
de M. Clarke conſiſte donc en ce qu'il prétend que
le ſentiment intérieur eſt une idée incompatible
avec toute propriété matérielle qui réſulte de la
diviſion ou compoſition des parties. C'eſt tout
ce qu'il prouve dans ſa lettre à M. Dodwell. C'eſt
pourquoi je pourrois admettre ſa démonſtration
pour bonne, ſans croire qu'il a démontré le point
eſſentiel, parce qu'il a raiſonné d'après une ſuppoſition tout-à-fait gratuite, en ſe faiſant du ſentiment intérieur une idée chimérique pour m'obliger à le ranger dans une claſſe de propriété à laquelle je ne conviens point qu'il appartienne.

M. Clarke prétend avoir prouvé invinciblement
que la matière eſt incapable de penſer : pour
fortifier & éclaircir ſa preuve, il ajoute dans ſa
troiſième défenſe « qu'il eſt abſolument impoſ-
» ſible & évidemment contradictoire qu'aucune
» qualité réelle ſoit véritablement & proprement
» inhérente dans un ſyſtême de matière, ſans
» être la ſomme ou l'aggrégat d'un certain nom-
» bre de qualités diſtinctement inhérentes dans
» les parties de ce ſyſtême, & toujours de la
» même ſorte que la qualité totale qui en ré-
» ſulte ».

Je ſoutiens que la matière peut penſer : M.
Clarke dit que la matière ne peut pas penſer. Il devoit donc en venir à une concluſion ouvertement
contradictoire à la mienne, & ne pas s'exprimer
d'une manière ambiguë, & telle que je puiſſe
l'admettre ſans renoncer à mon ſentiment. En
effet je conviendrai aiſément avec lui que toute
qualité inhérente dans un ſyſtême de matière doit
être, dans un ſens, de la même ſorte que la
qualité totale qui réſulte de celles des parties.
Dans un corps rond, par exemple, ou de toute
autre figure individuelle, les parties doivent avoir
une figure de la même eſpèce que la rondeur,
c'eſt-à-dire une figure qui tende à former la rondeur par leur réunion & leur combinaiſon en
un ſeul ſyſtême. Je ſuis toujours convenu que dans
ce ſens, le ſentiment intérieur réſultoit de qualités ou propriétés de la même ſorte, c'eſt-à-dire
de qualités qui tendoient à produire, par leur

réunion, le sentiment intérieur. Si le sentiment intérieur est inhérent dans un système de matière, il faut nécessairement que les diverses parties de ce système concourent à la pensée, comme les différentes portions d'un cercle concourent à former le cercle. Autrement la pensée seroit & ne seroit pas dans un tel système : ce qui est une contradiction formelle. L'éclaircissement que donne aujourd'hui M. Clarke est donc insuffisant, & le lecteur observera avec moi qu'il ne répond point à mon objection à moins qu'il ne fasse voir que toute qualité inhérente dans un système de matière est également inhérente toute entière, & sous la même forme dans chaque partie de ce système, que, par exemple, chaque partie d'un corps rond est ronde. Rien n'est plus contraire à l'expérience. N'importe, M. Clarke s'est engagé à prouver cette assertion, toute contradictoire qu'elle est, ou il ne doit pas espérer de me réfuter, ni de prouver que si le sentiment intérieur résidoit dans un système de matière ; il seroit composé de plusieurs sentimens intérieurs de même espèce que celui du système total.

M. Clarke s'étend beaucoup sur les acceptions diverses de ces mots *propriétés de même espèce*. Il me permettra d'observer qu'il a pris à ce sujet une peine tout-à-fait inutile. Car lorsque l'on définit les termes & que l'on donne des exemples conformes aux définitions, alors il ne reste plus aucun doute sur le sens que l'on attache à ces termes. Ainsi il devient superflu d'entrer dans une longue énumération des significations différentes que les logiciens leur donnent ou leur supposent. Cette énumération étoit d'autant moins nécessaire dans le cas présent, que l'autorité de l'école est toute entière en faveur du sens dans lequel j'ai employé les termes dont il s'agit. Du reste, quand je n'aurois pas cette autorité pour moi, & que je me serois trompé sur le sens le plus naturel de deux ou trois mots, le mal ne seroit pas grand, puisque j'ai prévenu toute méprise en les définissant. Revenons donc à l'argument de M. Clarke.

« Quand j'affirme, dit-il, que la rondeur ou
» telle autre figure du corps doit être la somme
» des qualités de même espèce inhérentes dans les
» différentes parties de ce corps, il est évident
» que je ne veux pas dire que la rondeur soit
» composée d'autant de rondeurs qu'il y a de
» parties distinctes, comme le nombre *vingt* n'est
» pas composé de vingtaines, ni le mouvement
» d'un pied cubique de matière d'autres mouve-
» mens de pieds cubiques de matière. Je prétends
» seulement que la figure ronde totale est néces-
» sairement formée de plusieurs pièces ou por-
» tions de rondeur qui sont de la même espèce
» qu'elle ; comme les nombres qui composent une
» vingtaine sont de la même espèce que le nombre
» total, ou comme les mouvemens des parties
» qui composent un pied cubique de matière,
» & qui sont des parties du mouvement total,
» sont aussi de la même espèce que lui. Mais la
» figure, & ce qui n'est point figuré ne sont pas
» de la même espèce en aucun sens. Ce qui est
» sans figure ne peut pas être partie d'une figure
» quelconque : ce qui est sans courbure ne peut
» pas être partie d'une circonférence ronde. Ce
» qui n'a pas le degré particulier de courbure
» propre à former un cercle d'un diamètre dé-
» terminé ne peut pas être une portion de la
» circonférence de ce cercle. De même ce qui
» est sans aucune sorte de pensée ne peut devenir
» partie constituante de la pensée ».

M. Clarke emploie ensuite plus de vingt pages à prouver que la rondeur est composée de pièces ou portions de rondeur de la même espèce qu'elle. Ce sont vingt pages d'érudition qu'il auroit dû s'épargner. Tout ce qu'il dit à cet égard ne fait rien au véritable point de la question. M. Clarke devoit prouver que si la matière étoit capable de penser, le sentiment intérieur seroit dans le corps pensant la somme de plusieurs sentimens intérieurs de la même espèce que le sentiment intérieur total, & qu'ainsi il n'y auroit pas dans ce corps un seul sentiment intérieur individuel, mais autant de sentimens intérieurs qu'il contient de parties. Pour faire sentir l'inconséquence de ce raisonnement, entre tous les modes de mouvement & de figure, j'avois choisi la rondeur pour exemple d'une qualité inhérente dans un système de matière, sans qu'il y fût la somme de plusieurs qualités de la même espèce ; & il est évident qu'un corps peut être rond, sans que chacune de ses parties prises séparément soit ronde comme lui. J'inférois de-là que le sentiment intérieur pouvoit résider dans un système de matière, comme la rondeur dans le corps, sans que chaque partie de ce système eût son sentiment intérieur particulier.

Aujourd'hui M. Clarke prenant avantage de la comparaison que j'ai faite de la rondeur avec le sentiment intérieur, trouve un sens dans lequel la rondeur est composée de qualités de la même espèce, pour prouver contre moi que si le sentiment intérieur étoit dans un système quelconque de matière, il y seroit la somme de qualités particulières de la même espèce. Mais dès-lors qu'il change le sens de la question il ne prouve plus rien. Il a beau dire que la rondeur est réellement composée de qualités de la même espèce dans un certain sens, si ce sens n'est pas celui de la question, tout son raisonnement tombe à faux. Je n'ai pas nié que la rondeur ne fût formée de plusieurs portions de rondeur qui sont de la même espèce que la rondeur, en ce sens qu'elles sont des figures comme elle, ou même dans un sens encore plus particulier, en les considérant comme de petites courbes ou de petits arcs. Je conviens que, dans un sens pareil, le sentiment intérieur est composé de qualités de même espèce : car, selon moi, il est composé de plusieurs parties qui ont une tendance vers la pensée ou le sentiment intérieur, comme la rondeur est composée de parties ou figures qui tendent à la rondeur. Cependant ni la pensée ni la rondeur ne sont composées de qualités de la même espèce dans le sens que suppose sa prétendue démonstration de l'immatérialité de l'ame. Elle suppose en effet que dans un corps rond toutes les parties sont aussi rondes que le tout, & que dans un système de matière doué du sentiment intérieur, chaque partie a un sentiment intérieur de la même espèce que celui du système total. Et si la rondeur & la pensée ne sont pas composées de propriétés de la même espèce dans ce sens strict, son argument est insoutenable. Il l'est en effet, & tout ce que M. Clarke allègue pour sa défense tourne à son désavantage, & en démontre la fausseté.

La rondeur n'est plus, selon lui, la somme d'une certaine quantité d'autres rondeurs semblables, mais le résultat de plusieurs pièces ou portions de rondeur qu'il nomme qualités de la même espèce que la rondeur parce que ce sont toutes des figures, & que par leur courbure elles ont plus d'affinité avec la rondeur que les lignes droites. N'est-ce pas avouer qu'il peut y avoir, & qu'il y a dans la matière des propriétés qui ne sont point la somme d'autres propriétés de la même espèce numérique ? Et c'est assez pour détruire l'argument de M. Clarke. Car dès-lors qu'il est possible que dans un corps rond, aucune des parties composantes ne soit ronde, il se peut de même que dans un corps doué du sentiment intérieur, aucune partie n'ait un sentiment intérieur individuel. En quoi consiste donc la nouvelle défense de M. Clarke ? A expliquer ces mots *propriétés de la même espèce* dans un sens différent de celui qu'il leur avoit donné d'abord, & ce sens nouveau réfute pleinement sa prétendue démonstration. Au moyen de cette variation, il se trouve en état de conclure, comme il avoit fait auparavant, que la matière ne peut pas avoir de propriétés qui ne soient la somme d'autres propriétés de la même espèce. Cette conclusion est légitime dans le nouveau sens qu'il adopte. Mais ce sens loin d'être celui de sa démonstration, prouve qu'elle n'est qu'un paralogisme. L'artifice est grossier, & ne peut en imposer qu'aux lecteurs inattentifs ou prévenus.

Voyons à présent comment, après avoir employé vingt pages entières à prouver que la rondeur est composée de qualités de même espèce dans le nouveau sens que je ne conteste pas, il applique cette longue & inutile preuve à la question principale, savoir : « que si le sentiment intérieur réside dans
» un système de matière, il doit y être la somme
» des sentimens intérieurs distincts des parties de
» ce système ».

Voici ce que je trouve à ce sujet dans sa troisième défense. « Comme la rondeur individuelle d'un
» globe n'est pas composée d'un certain nombre
» de rondeurs semblables à celle du tout, mais
» pourtant d'une certaine quantité de figures qui
» sont des portions de rondeur, ou des pièces
» douées d'un degré numérique d'une courbure
» ou rondeur déterminée, & qu'elle ne peut pas
» être formée de lignes droites ni d'autres figures
» qui ne soient pas des portions de rondeur, ou des
» pièces douées d'un degré numérique & déterminé de courbure ou de rondeur ; ainsi le sentiment
» intérieur individuel que je trouve dans moi à ce
» moment, supposé que le principe pensant soit
» un système de matière, n'est pas réellement
» composé d'un certain nombre de sentimens intérieurs tout-à-fait semblables, mais d'un nombre de qualités qui sont aussi véritablement de
» l'espèce du sentiment intérieur numérique du
» tout, que les arcs du cercle sont de l'espèce de
» la circonférence totale, ou que les portions d'une
» sphere sont de la même espèce que la sphere entière. C'est-à-dire que le sentiment intérieur du
» système entier est composé de sentimens intérieurs, mais qui sont pourtant de vrais sentimens intérieurs, & non des mouvemens ni des
» figures ni toute autre qualité ; comme la rondeur
» d'un cercle n'est point composée de lignes droites,
» ni de couleurs, ni de sons &c., ou comme la
» surface d'une sphere ne peut être composée que
» de portions sphériques ».

Cette façon de raisonner, bien appréciée, se réduit à ceci : Quoique la rondeur soit composée de pièces ou portions de rondeur qui peuvent pourtant n'être pas des rondeurs ; cependant, si le sentiment intérieur réside dans un système de matière, comme la rondeur réside dans le corps, c'est-à-dire, qu'il soit composé de parties qui puissent ne point avoir le sentiment intérieur, il doit y avoir autant de sentimens intérieurs distincts que ce système a de parties. Il valoit autant dire ouvertement que si la pensée réside dans la matière de la même manière que la rondeur, elle y réside néanmoins d'une manière différente ; ou bien que si la pensée inhérente dans un système de matière, n'y est pas composée des pensées des parties distinctes de ce système, elle est pourtant composée des pensées de ses parties distinctes.

Voilà le fond de la défense de M. Clarke. Le lecteur peut en juger. Pour moi, je ne dois pas y répondre : premièrement, parce qu'un tel raisonnement se réfute de lui-même ; en second lieu parce qu'après avoir poussé la complaisance pour M. Clarke jusqu'à mettre sous ses yeux sa démonstration dans toute sa force, je ne veux pas lui ôter la satisfaction qu'elle lui procure ; & je suis persuadé qu'elle lui en procure beaucoup. Troisièmement je ne risque rien de n'y pas répondre : elle ne séduira personne. Quatrièmement enfin j'y répondrois vainement & sans fruit, suivant ce mot de Hobbes que M. Clarke adopte : « Les meilleures raisons font rarement impression sur les gens d'esprit & les savans, lorsqu'ils se sont engagés dans une opinion contraire ». Qu'il jouisse donc paisiblement de la douceur qu'il trouve à se complaire dans sa prétendue démonstration. Je n'aurai point la cruauté de la lui envier.

Mais une chose que je dois faire remarquer au lecteur, c'est que je me suis servi de l'exemple de la rondeur uniquement pour donner une idée de la manière dont la pensée peut résider dans un système de matière sans y être la somme d'un nombre de pensées de la même espèce. Du reste je n'examine point si à d'autres égards la pensée a quelque analogie avec la rondeur. Je crois plutôt que la pensée diffère sous plusieurs rapports de la rondeur & de tous les autres modes figurés des corps. Ainsi je ne suis point responsable des différences ou disconvenances que l'on peut trouver entre la rondeur & le sentiment intérieur, pourvu que l'une & l'autre ne soient point des sommes ou agrégats de qualités semblables ; car voilà à quoi se réduit le parallèle que j'ai fait de la rondeur avec le sentiment intérieur.

J'aurois pu apporter pour exemple tout autre mode de la matière : tout autre que la rondeur eût également servi à mon dessein. J'en laisse la considération à faire au lecteur. J'ai établi des principes propres à répondre d'une manière satisfaisante à tout ce que pourroit m'objecter M. Clarke. J'en ai peut-être déjà trop dit. Les répétitions ne servent quelquefois qu'à embrouiller la matière.

Je passe donc à quelques autres Articles de la troisième défense de mon savant adversaire.

III. Pour me rendre plus intelligible, & mettre dans un plus grand jour mon objection à l'argument de M. Clarke « j'ai supposé que le sentiment » intérieur, dont nous sommes censés ignorer la » nature, étoit une modification du mouvement » & non pas un mode de quelque propriété in- » connue, & j'ai fait d'autant plus librement cette » supposition que j'ai cru parler à un savant trop » au fait des règles de la logique pour m'imputer » comme mon sentiment particulier ce qui n'étoit » qu'un supposé de ma part ».

Devois-je m'attendre, après un pareil avertissement, que M. Clarke renonçant & aux règles de la logique, & au caractère de l'honnêteté qui ne doit pas nous être moins cher, me rendroit responsable de l'absurdité qu'il trouve à faire consister la pensée dans une espèce de mouvement ? Il devoit donc aussi m'imputer l'absurdité de faire du sentiment intérieur une espèce de figure, puisque j'avois comparé le sentiment intérieur à la rondeur aussi bien qu'à un mode du mouvement. Comment n'a-t-il pas vu que n'ayant pas dessein de décider en quoi consiste la nature de la pensée, j'étois fort éloigné d'avancer, comme mon sentiment particulier, que la pensée fût un mode du mouvement, ni une espèce de figure telle que la rondeur ? On ne doit donc exiger autre chose de moi, que de faire voir la légitimité de la supposition, que j'ai employée comme un exemple sensible d'une propriété de la matière, qui n'étoit point composée d'un nombre de propriétés de la même espèce, dans le sens supposé par l'argument de M. Clarke. Qu'il y ait de l'absurdité à faire consister la pensée dans une espèce de mouvement ; il ne s'ensuivra pas que ma supposition soit absurde, puisque je ne la propose pas comme une réalité, mais uniquement pour faire comprendre comment le sentiment intérieur pourroit être inhérent dans un système de matière, sans être la somme d'autant de sentimens intérieurs distincts qu'il y a de parties dans un tel système. Si ma supposition remplit son but, peu m'importe qu'il y ait de l'absurdité à croire que la pensée soit réellement un mode du mouvement. Lors donc que M. Clarke se propose de prouver contre moi qu'il est absurde de supposer que la pensée est réellement un mode du mouvement, il prend le change, & réfute sans nécessité une supposition pour laquelle je n'ai témoigné aucun penchant, & qui est aussi indifférente à la question principale, que la supposition du monde la plus étrangère. Cependant comme il se pourroit que M. Clarke eût mieux réussi dans cette discussion que dans celle qui concerne la rondeur, je prendrai la liberté de m'éloigner avec lui du véritable état de la question pour examiner si ç'a été pour prouver une proposition sur laquelle nous ne disputions point, qu'il a négligé de prouver celle qui faisoit l'objet de notre différend. J'espère que le lecteur voudra bien me permettre cette digression en faveur de ma complaisance excessive pour M. Clarke. Je vais commencer par quelques recherches abrégées sur la nature de la pensée, pour être plus en état d'apprécier la force des raisons par lesquelles M. Clarke prétend faire voir que la pensée ne peut pas être un mode du mouvement.

1°. La pensée est une action qui ne commence d'être en nous que lorsqu'elle y est excitée par l'impression des objets extérieurs qui n'agissent sur nos organes que par le mouvement & le contact. Ainsi un moulin à vent ne commence à aller que lorsque le vent ou un autre corps en agite les ailes. Car toutes nos pensées se résolvent en dernière analyse dans des idées simples de sensation & de réflexion. Nous recevons par la sensation toutes les idées des qualités sensibles des corps. La réflexion nous donne les idées de la pensée & de ses modes, comme du doute, de la volonté, de la connoissance, &c. Les idées que

nous tenons de la réflexion ne font que postérieures & conséquentes aux idées qui nous viennent de la sensation, parce qu'il faut commencer par penser avant que de réfléchir sur ses pensées. Ainsi nos premières pensées ne pouvant pas être des idées de réflexion, il faut qu'elles soient des idées simples de sensation. Il est de fait que quand nous venons à réfléchir sur les idées simples de sensation, ce n'est & ce ne peut être qu'après avoir reçu ces idées, ou les impressions des objets extérieurs qui les excitent en nous. Qu'est-ce que le feu, sinon une propriété ou affection matérielle qui commence dans un corps libre de toute espèce de mouvement jusqu'à ce qu'il reçoive le mouvement particulier qui produit le feu? Que sont toutes les autres propriétés ou affections de la matière, telles que l'amertume, la douceur, l'aigreur, le poli, le raboteux, le froid, toutes sortes de goûts, de saveurs, de sons, &c. sinon des modes du mouvement ou de la figure, qui naissent dans des corps particuliers par l'action d'autres corps sur eux?

Si nous avions des idées avant l'action de la matière sur nos sens, alors on pourroit avec quelque apparence de raison soupçonner que la pensée n'est point une propriété de la matière, parce que la pensée ne pourroit pas être rapportée à la matière, & qu'elle nous paroîtroit indépendante de son action. Mais la pensée étant une suite de l'impression de la matière sur nos sens; nous avons tout lieu de conclure que c'est une propriété ou affection de la matière occasionnée par l'action de la matière, comme le feu est une propriété de la matière produite par le choc de deux cailloux, ou par le frottement d'une roue & de son essieu. En vérité, je ne vois pas pourquoi il ne seroit pas aussi nécessaire de mettre une substance immatérielle dans les corps inanimés pour expliquer leurs opérations surprenantes, que d'en supposer une dans l'homme & dans les bêtes pour rendre compte de leurs pensées & de leurs actions. Je ne doute pas que l'on ne pût parvenir à faire recevoir par la plupart des savans de l'Europe comme un point de religion, (si l'on peut juger de leur penchant à croire par la nature des choses qu'ils croient) que l'écho ou la répétition d'un certain nombre de syllabes doit être rapporté à un être intelligent ou immatériel qui se moque de nous, tel qu'Ovide le peint dans ces vers:

. . . . . Quæ nec reticere loquendi
Nec prior ipsa loqui didicit, resonabilis Echo.
Corpus adhuc Echo, non vox erat: & tamen usum
Garrula non alium, quam nunc habet, oris habebat;
Reddere de multis ut verba novissima possit.
. . . . in fine loquendi
Ingeminat voces; auditaque verba reportat.

Alors nous verrions de beaux & savans traités où l'on s'efforceroit de prouver qu'il est impossible qu'une répétition si régulière de sons articulés vînt d'un autre être que d'un sujet immatériel, le seul qui puisse avoir de la mémoire & la faculté de réfléchir, comme on a vu Tertullien & quelques autres des anciens pères soutenir la matérialité de l'ame, & comme on voit quelques modernes soutenir son immatérialité.

2°. La pensée humaine est successive comme toutes les actions de la matière, & elle a des parties comme elle. Nos pensées se succedent les unes aux autres: on peut les arrêter en un point, ou les continuer comme tous les modes du mouvement. Elles ont donc des parties distinctes & assignables comme eux.

3°. La pensée a ses modes, tels que le doute, la volonté, la connoissance, le plaisir, la peine, &c. comme toute autre propriété de la matière a ses modes particuliers. Le son, qui dans le corps auquel il est attribué n'est qu'un mode du mouvement, a des modes tels que l'aigu, le grave, &c. dont les dégrés peuvent être variés à l'infini, & comme les sons peuvent être lents ou vifs, réguliers ou irréguliers, selon l'action différente de la matière; de même l'ame pense vite ou lentement, régulièrement ou irrégulièrement, elle est sobre, elle est indépendante, elle a du plaisir ou de la peine, selon les mouvemens différens produits dans nos corps.

4°. Il est évident pour moi que Dieu doit être un être immatériel, c'est-à-dire un être qui n'a aucune des propriétés de la matière, ni solidité, ni étendue, ni mouvement, ni lieu; & non pas un être étendu, suivant l'idée que M. Clarke a de l'immatérialité: car un être étendu, selon moi, a des parties & existe dans un lieu. Or la pensée, dans Dieu, ne peut avoir pour fondement l'action des objets sur lui; elle n'est dans lui n'est point successive; elle n'a ni parties, ni modes, parce que les modes de la pensée sont des actes distincts de la faculté de penser. Mais, comme son essence est éternelle & immuable, sans la moindre variation ou altération, sa pensée est supposée être un seul acte numérique individuel, qui comprend en une seule vue toutes les réalités existantes & possibles: acte aussi invariable, aussi permanent, aussi complet, aussi indivisible que son essence. Si nous devons juger de la nature de la pensée dans l'homme par sa conformité avec les propriétés de la matière, & par sa disconvenance totale avec la pensée du seul être immatériel dont nous connoissons l'existence, nous ne pouvons nous empêcher de conclure que la pensée de l'homme est une propriété ou affection de la matière.

Si l'on me demande à présent de quelle espèce de propriété matérielle la pensée est un mode? Si elle est un mode du mouvement ou de quelque propriété inconnue ? Je réponds que je ne prétends point décider. C'est un secret impénétrable pour moi comme pour les autres. Je me contenterai donc de joindre ici deux courtes observations.

Première observation. M. Clarke reconnoît que la matière ou les organes corporels agissent sur l'ame. La matière ne peut pourtant pas agir sur un être immatériel en le mûvant, parce qu'il ne peut pas y avoir de point de contact entre un être immatériel & une substance matérielle. Il y a donc dans la matière, suivant les principes même de M. Clarke, une certaine propriété qui nous est inconnue & dont nous n'avons point d'idée. Cette propriété inconnue de la matière ne peut-elle pas comprendre sous elle la pensée & ses modes, comme la figure comprend la rondeur, le carré, &c. ou comme le mouvement comprend les différentes espèces de mouvemens & leurs modes ?

Seconde observation. Bien des gens ont de la peine à concevoir comment, par un simple choix de l'entendement, nous remuons la main droite qui étoit en repos, & faisons cesser le mouvement de la main gauche, & comment par une autre volonté nous remuons celle-ci & mettons l'autre en repos ; de sorte que nous remuons nos membres au gré de notre volonté. Cette difficulté disparoît en supposant que la pensée est un mode du mouvement, ou de la matière mue d'une certaine façon. Alors il est aussi aisé de concevoir comment la pensée produit ces mouvemens de nos membres, que de comprendre comment le ressort d'une montre fait marcher l'aiguille sur le cadran.

Venons aux raisons alléguées par M. Clarke, qui le portent à croire que la pensée ne peut pas être un mode du mouvement.

1°. Voici sa première raison : « Tous les modes
» du mouvement ne sont que des mouvemens par-
» ticuliers, & l'idée que nous pouvons en avoir
» ne contient rien qui ne se rapporte au mouve-
» ment.... Or j'ai une perception claire & distincte
» que le sentiment intérieur contient quelque
» chose de plus que du mouvement, comme je
» vois clairement qu'il contient autre chose que
» de la figure. ... Donc je suis aussi intuitivement
» sûr que la pensée ne peut pas être un mode
» du mouvement, que je suis certain qu'une
» chose n'en est pas une autre quand je perçois
» clairement que l'idée de la première est abso-
» lument différente de l'idée de la seconde ».

Sur quoi fondé M. Clarke prétend-il avoir une perception claire & distincte que le sentiment intérieur contient quelque chose de plus que du mouvement ? Connoît-il tous les modes du mouvement ? Nous avons une idée abstraite du mouvement qui doit comprendre, & qui comprend en effet tous les modes du mouvement qui existent, ou peuvent exister. Mais cette idée ne nous représente point tous les modes du mouvement qui existent, & encore moins tous ceux qui peuvent exister : car l'idée abstraite du genre ne comprend toutes les espèces, que d'une manière abstraite & non représentative. Nous avons des idées des modes les plus simples du mouvement, comme du mouvement en ligne droite ou du mouvement circulaire. Mais lorsque le mouvement devient plus complexe, tel que le mouvement végétatif d'un arbre, ou le mouvement organique qui fait vivre & sentir l'animal ; alors nous n'en avons point une perception distincte. Tout ce que nous en savons c'est que ce sont des modes du mouvement dont l'idée ne peut rien contenir qui n'ait rapport au mouvement, comme s'exprime M. Clarke ; qu'ils sont successifs, qu'ils ont des parties, qu'ils peuvent être variés de plusieurs manières.

Si nous comparons à-présent ce que nous connoissons de plus certain touchant la pensée, à un mode quelconque du mouvement, il ne sera pas difficile de reconnoître que la pensée est produite dans nous par l'action de la matière, comme toute espèce de mouvement, qu'elle est modifiée par le mouvement des organes, qu'elle produit à son tour des mouvemens distincts d'elle-même ; qu'elle est successive, qu'elle a des parties, & qu'elle est susceptible d'une infinité de modes. Puis donc que nous ne pouvons avoir aucune notion ou perception de la pensée sans y faire entrer le mouvement, & que d'ailleurs nous n'avons point d'idées distinctes des modes les plus compliqués du mouvement qui existent, il est impossible à M. Clarke de prouver que la pensée n'est point un mode très-composé du mouvement. Ainsi jusqu'à ce qu'il ait une idée plus distincte de la nature de la pensée que celle que je viens d'en donner, & une idée plus distincte du mouvement complexe des esprits animaux en quoi consiste la vie & le sentiment, il ne sera pas plus capable de savoir si la pensée n'est point un mouvement animal, que de juger de la convenance ou de la disconvenance de deux choses dont il n'a point d'idée distincte. On peut bien assurer qu'une roue en mouvement ne pense point, ou que la pensée ne consiste pas dans un mouvement de rotation, parce que nous ne voyons aucun des effets de la pensée résulter du mouvement de rotation. Je ne doute pas néanmoins que si la pensée résultoit d'un mouvement circulaire comme elle résulte du mouvement complexe particulier au corps de l'homme, M. Clarke n'eût recours encore à l'hypothèse d'un être immatériel, & qu'il ne donnât à chaque roue une substance immatérielle pour produire le mouvement circulaire, & par lui la pensée. Mais nous ne pouvons pas assurer que la pensée ne consiste pas dans le mouvement particulier des esprits dans le cerveau, à moins que nous n'ayons une idée du mouvement de ces esprits, & une idée de la nature de la pensée qui nous la représente aussi distinctement comme quelque chose de différent d'un mode du mouvement, ou comme différente de toute propriété ou affection de la matière : idées que M. Clarke ne peut pas se flatter d'avoir. Du moins il n'y paroît pas.

Je me suis un peu étendu sur cet article, parce que j'étois bien aise de poser des principes qui servissent à faire envisager la question sous son véritable point de vue. Autrement je n'aurois rien eu à répondre à un raisonnement qui ne faisant qu'affirmer, sans donner de preuves, n'est rien pour quiconque cherche à être convaincu.

En effet M. Clarke se contente d'assurer qu'il a une certitude intuitive que la pensée n'est pas un mode du mouvement. Tant qu'il se bornera à l'assurer sans le prouver, un autre pourra dire avec la même confiance qu'il connoit assez la nature de la pensée, & les différens effets du mouvement pour percevoir clairement que la pensée est un mode du mouvement ; & un troisième pourra avouer qu'il connoit trop peu la nature de la pensée, pour savoir si elle est ou si elle n'est pas un mode du mouvement. Il en résulteroit trois sentimens destitués de preuves que l'on pourroit soumettre au jugement des savans, mais dont aucun ne seroit propre à convaincre. A la vérité, M. Clarke affirme son sentiment en des termes beaucoup plus forts que ceux que j'ai rapportés, & il veut bien regarder mes doutes & mes suppositions comme plus absurdes & plus ridicules que les propositions les plus fausses & les plus extravagantes qu'il leur compare. Mais au fond des mots ne sont pas des preuves, & ses assertions les plus violentes ne sont pas mieux prouvées que les propositions les plus modestes & les plus honnêtes. Cependant, comme il leur donne le caractère de démonstration, sans doute parce qu'elles le portent dans son esprit, je me crois obligé de les examiner pour en faire connoître le fort ou le foible.

2°. La seconde raison qui porte M. Clarke à décider que la pensée ne peut pas être un mode du mouvement, c'est que « si la pensée étoit une » espèce de mouvement, il s'ensuivroit que tous » les mouvemens seroient des degrés de la pen- » sée ».

Il suffit de répondre à cela & à tout ce que M. Clarke y ajoute, que la matière est par-tout la même, & toute homogène, mais que suivant les différentes modifications qu'elle reçoit du mouvement elle devient feu, ou eau, &c. ou qu'elle produit des odeurs, des saveurs, des sons, &c. Et comme on suppose que le mouvement ne sauroit produire que du mouvement, toutes les différences d'un corps à un autre ne sont que des modes du mouvement. Si donc il s'ensuit que l'on ait raison de dire que tout mouvement est un degré de feu, un degré d'eau, ou un degré de toutes les espèces d'odeurs, un degré de tous les sons, un degré d'amertume & de douceur, un degré de végétation ou de corruption, &c. je permets que l'on dise dans ce sens que tout mouvement est un degré de pensée, supposé que la pensée soit un mode du mouvement.

3°. « Si la pensée étoit un mode du mouve- » ment, dit encore M. Clarke, le mouvement » seroit alors une propriété plus générique que » la pensée : au lieu qu'il est évident que la pensée » est une faculté infiniment plus générique que » la figure & le mouvement, ou toute autre » qualité de la matière. Il y a autant d'idées de » figures qu'il y a de figures mêmes ; & il y a » autant d'idées de mouvemens qu'il y a d'es- » pèces de mouvemens. Il y a de plus autant » d'autres idées qu'il y a d'autres choses dans le » monde auxquelles l'esprit peut penser ; & toutes » ces nouvelles idées sont des modes ou des espèces » de pensées. Donc il y a plus de pensées que » de figures & de mouvemens : donc la faculté » de penser est plus générique que la figure & le » mouvement ».

D'abord lorsqu'on dit que le mouvement est plus générique qu'aucune espèce particulière du mouvement, & que la figure est de même plus générique qu'aucune espèce particulière de figure, on considère la figure & le mouvement comme des idées abstraites qui comprennent tous les modes possibles de la figure & du mouvement, en ce sens que toute espèce particulière de mouvement ou de figure se rapporte à ces idées abstraites du mouvement & de la figure ; au lieu que l'idée abstraite du mouvement circulaire, & celle du quarré, ne comprennent qu'un mode particulier du mouvement & une espèce de figure Ainsi le mouvement & la figure sont réputés plus génériques qu'aucune espèce particulière de figures & de mouvemens, parce qu'ils comprennent les idées de toutes les espèces ou de tous les modes possibles de la figure & du mouvement.

Mais lorsque M. Clarke appelle la pensée une propriété plus générique dans l'homme que le mouvement & la figure, j'avoue de bonne foi que je ne comprends pas ce qu'il veut dire. Entend-il que la pensée est une faculté composée de mouvement & de figure? Et en vérité je ne vois pas qu'il puisse entendre autre chose, suivant le sens propre que les termes de *propriété plus générique* peuvent avoir ici. Or si telle est sa pensée, & que d'ailleurs on ait raison d'appeler une propriété

priété individuelle ce qui eſt compoſé & de tous les mouvemens & de toutes les figures poſſibles, que fait M. Clarke en prétendant que la penſée eſt plus générique que le mouvement ? Il en fait une action très-matérielle. En effet la penſée pour devenir plus générique que le mouvement & la figure, doit comprendre tous les modes de l'un & de l'autre, & être ainſi le genre de toutes les eſpèces de figures & de mouvemens comme la figure & le mouvement comprennent tous les modes de la figure & du mouvement; & dans ce cas la penſée eſt une propriété auſſi matérielle que la figure & le mouvement. Ou bien M. Clarke emploie le mot *générique* en un ſens dans un endroit, & dans un autre endroit il lui donne un autre ſens : ce qui eſt abuſer des termes & de la faculté de raiſonner, pour ne rien prouver.

Si dans l'un & l'autre endroit il attache le même ſens au mot *générique*, & qu'il prétende qu'en aſſurant que la penſée eſt une propriété plus générique que la figure & le mouvement, il en réſulte qu'elle eſt compoſée de figure & de mouvement, & non pas de la figure ſeule, de ſorte qu'il a eu raiſon de dire que la penſée n'étoit pas un mode du mouvement ; je réponds que la penſée étant ſuppoſée un mode du mouvement des eſprits animaux, la ſtructure & la figure de ces eſprits ainſi que des principales parties de l'homme contribuent avec le mouvement à l'acte de la penſée : car ſans l'organiſation des ſens & des parties principales, il n'y auroit dans l'homme de mouvement ni conſéquemment de penſée. L'eſpèce de mouvement appellée végétation auroit-elle lieu dans un chêne ſans la ſtructure & l'organiſation des parties de cet arbre ?

Si M. Clarke ſe ſert du terme *générique* dans un ſens trompeur, c'eſt-à-dire dans un autre ſens que celui qu'il a lorſqu'on dit que la figure eſt plus générique que la rondeur, pour ſignifier que la penſée contient plus d'idées ou d'eſpèce de penſées que la figure & le mouvement ne comprennent de modes de la figure & du mouvement, alors tout ſon raiſonnement tombe à faux, & il pourroit ſubſtituer au mot générique tout autre terme étranger, ſans faire tort à ſa prétendue preuve. Que la penſée comprenne, outre les idées de tous les modes de la figure & du mouvement, une infinité d'autres idées, & qu'en ce ſens elle ſoit plus générique que la figure & le mouvement, c'eſt-à-dire que ſes objets ſoient en plus grand nombre que les ſujets du mouvement & de la figure ; qu'eſt-ce que cela fait à la queſtion préſente où il ne s'agit point de la généralité des objets de la penſée, mais de la généralité de la penſée même.

M. Clarke ſe tire d'affaire du mieux qu'il peut en diſant que les idées de la figure & du mouvement ſont des modes ou des eſpèces de penſée.

Philoſophie anc. & mod., Tome I.

Mais c'eſt une méprise manifeſte ; il confond la faculté avec ſon objet. Il n'y a point ſans doute de penſée ſans une idée ou un objet, & il ne peut y avoir d'idée ou d'objet de la penſée ſans penſée. Ces choſes ſont auſſi relatives que les idées de père & de fils : elles doivent donc ſe trouver enſemble. Mais la penſée, lors par exemple qu'elle a la rondeur pour objet, n'eſt pas plus l'idée matérielle à laquelle nous penſons, ni cette idée n'eſt pas plus la penſée, que l'idée du père n'eſt celle du fils, ou l'idée du fils celle du père.

Que la penſée ſoit dans l'homme, ce qu'il plaît à M. Clarke, qu'elle ſoit une qualité d'une ſubſtance étendue, compoſée d'une figure & d'un mouvement & non des figures & des mouvemens de pluſieurs parties, indiviſible même par la puiſſance de Dieu, quoiqu'un côté de ſon étendue ſoit néceſſairement diſtinct de l'autre côté de ſon étendue. Cet être étendu de M. Clarke, qui n'a qu'une figure & qu'un mouvement, ne perçoit-il pas en vertu de cette propriété ſuppoſée, les idées des figures & des mouvemens ? Or ſi une propriété peut percevoir une autre propriété, comme le ſuppoſe M. Clarke, je ne vois pas pourquoi les figures ne pourroient pas être les objets d'un mode du mouvement, comme ils ſont les objets d'une autre propriété quelconque d'une ſubſtance qui ne contient ni modes du mouvement ni modes de la figure.

On eſt obligé de convenir que toute penſée particulière eſt un mode de la penſée, & qu'ainſi la penſée a un très-grand nombre de modes. Cependant toutes nos penſées ſont finies & limitées. M. Clarke a beau aſſurer que la penſée de l'homme comprend les idées de tous les modes de la figure & les idées de tous les modes du mouvement ; je mets en fait que la penſée comprend au plus les modes les moins compoſés du mouvement & de la figure : comme d'ailleurs toutes nos penſées ſont finies en nombre, je ne vois pas que leur variété, quelque grande qu'on la ſuppoſe, empêche que la penſée ne puiſſe être un mode du mouvement. Si nous conſidérons l'étonnante variété des ſons qui ſont des modes diſtincts du ſon, il eſt auſſi aiſé de concevoir que la penſée, quoiqu'un mode du mouvement, comprenne une ſi prodigieuſe multitude de penſées différentes, que de concevoir que le ſon ait une variété ſi ſurprenante de modifications.

4°. Pour quatrième raiſon propre à faire voir que la penſée ne peut pas être un mode du mouvement, M. Clarke allègue un paſſage de l'eſſai de Locke ſur l'entendement humain, & il eſpère, dit-il, que je voudrai bien en reconnoître l'autorité, & m'y ſoumettre.

Sur quel fondement M. Clarke ſuppoſe-t-il que

O o o o o

je me rendrai à l'autorité d'un homme, à moins qu'il n'ait l'évidence pour lui? Je suis aussi étonné de cette supposition gratuite, que je le suis de voir M. Clarke citer Locke comme une autorité à laquelle on doive se soumettre. Cependant puisque M. Clarke a assez de modestie, & en mêmetems une idée assez fausse de ma façon de penser, pour croire que j'aie plus de déférence pour l'autorité d'un autre philosophe que pour la sienne, je suis bien aise de le détromper à cet égard & de déclarer nettement, que je crois au contraire qu'il est du devoir de tout être raisonnable de ne déférer au sentiment de personne, ni d'un homme ni de plusieurs hommes, dans les matières d'opinion ou de pure spéculation, & que si j'étois assez lâche pour rendre ma raison esclave de l'autorité, Locke seroit le dernier à l'opinion duquel je me soumettrois. Car une pareille conduite ne pourroit avoir que l'intérêt pour motif; & sûrement il me seroit beaucoup plus avantageux de me soumettre aux décisions & aux volontés des heureux du siècle qui sont les distributeurs des biens & des avantages temporels, que d'ambitionner le triste & foible avantage d'être partisan d'un auteur tel que Locke, qui ne pourroit me donner que de la raison, espèce de bien avec lequel on ne joue pas un grand rôle dans le monde.

Quant au passage de Locke, je laisse au lecteur à juger combien il a de rapport avec la question agitée entre M. Clarke & moi, savoir si la pensée peut être un mode du mouvement. Locke se propose de réfuter ceux qui disent que Dieu est un système de matière, pensant, & il prouve contre eux que la pensée dans Dieu ne peut pas être le mouvement des parties d'un système de matière. Or cette question n'est pas la même que la nôtre; aussi les raisons que Locke apporte pour faire voir qu'il est absurde de supposer que la pensée soit, dans Dieu, un mode du mouvement d'un système de matière, ne sont point applicables à la pensée de l'homme. Il dit, entre autres raisons, que si Dieu étoit un système de matière pensant, il s'ensuivroit que toutes les pensées de Dieu seroient accidentelles & limitées, en tant que modes du mouvement; ce qui prouve suffisamment l'absurdité des déistes que Locke réfute. Mais il n'y a point d'absurdité à soutenir que les pensées de l'homme soient limitées & accidentelles. La démonstration de Locke ne prouve donc rien contre la pensée de l'homme, & M. Clarke a tort de s'en autoriser, & encore plus de vouloir que je m'y soumette (1).

5°. M. Clarke ne veut pas que l'on distingue les mouvemens & les figures en modes ou espèces

_____
(1) *Voyez* l'essai concernant l'entendement humain, livre IV, chap. X, § 17.

de mouvement & de figure; disant que si une pareille distinction étoit juste & raisonnable, il s'ensuivroit qu'un syllogisme pourroit aussi bien être appellé un mode ou une espèce de mouvement, qu'un mouvement particulier quelconque, soit circulaire ou en ligne droite. Sur quoi il en appelle au sens commun du genre humain.

Cet argument regarde la propriété du langage. Je me contenterai donc de répondre que j'ai des idées distinctes de plusieurs mouvemens & de plusieurs figures, & qu'au moyen de ces idées je distingue aussi bien ces mouvemens & ces figures de toute autre figure & de tout autre mouvement que je distingue le mouvement de la figure; que quelques uns de ces mouvemens & quelques unes de ces figures particulières ont des noms qui leur ont été donnés, & conséquemment ces mouvemens & ces figures doivent être rangés en espèces ou sortes, quand même on ne devroit jamais les appeler des espèces ou sortes de mouvement & de figure parce qu'on seroit convenu de les distinguer autrement. Qu'est-ce qu'on entend par espèce ou sorte, sinon des êtres ou des modes particuliers qui ont du rapport à une idée abstraite appellée genre? Si donc notre idée de la rondeur est applicable à la figure d'un certain nombre de corps, je serai aussi obligé de les appeler tous des corps ronds, & de regarder leur figure ronde & leur rondeur, comme une espèce de figure, que d'appeler un nègre une espèce d'homme, parce que je trouve qu'il se rapporte à l'idée abstraite que j'ai de l'homme, quand même on ne seroit pas accoutumé à se servir du terme d'espèce dans un cas comme dans l'autre. Après tout je ne vois pas pourquoi M. Clarke me fait une mauvaise chicane sur cette façon de parler, lui qui répète souvent dans sa troisième défense que les figures diffèrent spécifiquement les unes des autres.

Je n'ai plus rien à dire sur l'argument que M. Clarke a allégué pour prouver que la pensée ne peut pas être un mode du mouvement. J'en ai discuté toutes les raisons, & il résulte de cette discussion que M. Clarke n'a rien prouvé. Il me reste à examiner l'apologie qu'il veut bien faire pour moi au sujet de l'opinion absurde qu'il m'impute, comme il m'avoit déjà imputé de soutenir que l'odeur étoit dans la rose, quoique j'eusse dit formellement le contraire. Voici cette apologie.

« En examinant de nouveau la question qui » nous occupe, je me persuade que vous avez » pris le change, & que la vivacité de votre » esprit vous a emporté plus loin que vous n'aviez » dessein d'aller. Quelques uns de nos savans » contemporains ont entrepris de soutenir que » Dieu, par un acte immédiat de sa toute-puis- » sance, pouvoit faire penser la matière, quoi-

» qu'il soit impossible que la pensée résulte naturellement d'aucune composition, division ou combinaison des élémens de la matière, ni d'aucune modification de ses qualités. Ils veulent dire sans doute que la matière étant supposée arrangée d'une certaine façon, & affectée d'une espèce particulière de mouvement, Dieu, par sa toute-puissance, peut lui communiquer la faculté de penser... Mais soutenir que la pensée est un mode particulier du mouvement, que la matière affectée de ce mouvement particulier est une matière pensante, qui peut cesser de penser en perdant ce mouvement, c'est une absurdité extravagante & si révoltante que l'on ne conçoit pas qu'elle ait pu entrer dans l'esprit d'un homme, dans un siècle aussi éclairé que le nôtre, où la philosophie a fait de si grands progrès ».

M. Clarke suppose donc que je me suis mépris, que je me suis mal exprimé; il soupçonne que j'ai seulement voulu dire que Dieu pouvoit absolument & par un acte immédiat de sa toute-puissance faire penser la matière; au lieu que j'ai avancé que la pensée pouvoit être un mode naturel du mouvement; absurdité beaucoup plus grande & plus extravagante que l'assertion de nos savans contemporains qui n'ont pas osé priver Dieu de la puissance de faire penser la matière.

Je pourrois dire à M. Clarke qu'il s'est lui-même mépris dans son argument, & que sa méprise est plus grande que celle de Descartes & de plusieurs autres savans, lorsqu'il soutient que l'ame est une substance immatérielle étendue, que Dieu pourtant ne sauroit diviser. Nous avons tous la liberté de juger & de conclure pour nous-mêmes. C'est un privilège que possède M. Clarke, dont je veux jouir pareillement, & qu'on ne sauroit refuser à personne.

Un autre privilège moins flatteur, qui nous est aussi commun à nous tous, c'est celui de pouvoir nous tromper, juger d'une manière qui semble absurde aux autres. Lorsque nous croyons appercevoir une absurdité dans le raisonnement d'un autre, nous ne devons pas croire pour cela qu'il s'est mal exprimé, qu'il a mal rendu sa pensée, qu'il a dit une chose voulant en dire une autre. Lorsqu'un Papiste soutient la transsubstantiation, je ne vois pas pourquoi on lui imputeroit de ne se pas bien exprimer, de soutenir une chose pour une autre, parce que quelques théologiens de l'église anglicane n'admettent que la présence réelle.

Jettons un coup d'œil sur les opinions les plus accréditées dans le monde dans un temps ou dans un autre, nous verrons avec la plus grande évidence que les hommes les plus savans sont capables de croire & de défendre des absurdités réelles. N'est-ce pas même dans les écrits des Savans & des philosophes que l'on trouve les opinions les plus extravagantes ? De toutes les créatures, l'homme seul est sujet au privilège de l'absurdité; & de tous les hommes les savans sont ceux qui usent le plus de ce privilège, peut-être même sont-ils les seuls qui en usent. Car le peuple, incapable de se livrer aux spéculations scientifiques, n'entre dans les idées & les opinions de son pays, que comme les soldats dans une guerre, en montrant beaucoup de courage & de chaleur pour défendre ce qu'il ignore. Nous avons eu le bonheur en Angleterre d'avoir des parlemens & des assemblées qui n'ont rien statué que de raisonnable & de vrai. L'Anglois n'en est pas plus privilégié pour cela contre l'erreur & l'absurdité, qu'un homme né en Turquie, en France ou en Espagne. Et il peut croire & défendre l'une & l'autre avec autant d'honnêteté & de sincérité qu'un turc ou un espagnol. Si j'étois tombé en contradiction, M. Clarke auroit pu dire que je m'étois mépris dans mon raisonnement, comme je crois que M. Clarke se méprend en faisant de l'être immatériel étendu une substance en même tems divisible & indivisible. Mais dire que je me suis mépris, parce que je surpasse un autre en absurdité, cela même est une méprise qui marque si peu de connoissance de la nature de l'homme, malheureusement enclin à l'erreur & à l'absurdité, que je ne sais comment le qualifier, ni sous quelle espèce de méprises la ranger.

IV. Une des grandes raisons de l'incapacité de penser dans la matière est, selon M. Clarke, « l'absurdité d'attribuer le sentiment intérieur à une substance aussi fragile que le cerveau, ou les esprits du cerveau. Car si les parties ou les esprits du cerveau sont dans un flux & un changement continuel (ce qui est très-certain) il s'ensuivra que le sentiment intérieur par lequel vous vous rappelez non-seulement que certaines choses ont été faites il y a tant d'années, mais encore qu'elles ont été faites par cet être individuel qui se les rappelle, est transféré d'un sujet à un autre; c'est-à-dire que ce sentiment intérieur est une qualité réelle qui ne réside pourtant dans aucun sujet ».

J'ai répondu que l'homme n'a point un jour le même sentiment intérieur numérique qu'il avoit le jour précédent; que le sentiment intérieur de tel jour est numériquement différent de tous les sentimens intérieurs passés, & ne peut pas plus être un seul & même sentiment intérieur individuel avec les autres sentimens intérieurs passés, que le mouvement d'un corps mû aujourd'hui n'est le même mouvement numérique individuel qu'il avoit hier.

J'ai ajouté que nous n'avons point le sentiment intérieur que nous persévérions deux momens de suite dans la même individualité numérique;

que nous oublions ou ceſſons de nous rappeller bien des choſes que nous avons faites dans les premieres années de notre vie, quoique nous ſoyons auſſi ſûrs de les avoir faites, que nous ſommes certains d'avoir fait celles dont nous nous ſouvenons; que nous oublions par degrés les choſes dont nous n'avons pas ſoin de nous rafraîchir de tems en tems le ſouvenir; que pour conſerver la mémoire ou le ſentiment intérieur d'une action paſſée, il eſt néceſſaire d'en faire revivre l'idée avant le renouvellement entier des particules du cerveau où elle étoit empreinte; qu'en la réimprimant ainſi dans les nouvelles particules qui ſurviennent, nous en avons un ſouvenir ou un ſentiment intérieur auſſi parfait que celui que nous en avions le jour même après l'avoir faite, quoique notre cerveau n'ait peut-être plus aucune des particules, aucun des eſprits qu'il avoit ce jour-là, parce que le cerveau conſerve l'idée de cette action de la même maniere qu'il a de nouvelles idées, comme d'un triangle, ou autre, par les nouvelles traces qui y ſont empreintes. Voilà comment un homme peut avoir le ſentiment intérieur d'avoir fait certaines actions; quoiqu'il ne lui reſte à cette heure aucune des particules du cerveau qu'il avoit lorſqu'il fit ces actions, ſans que pourtant on en puiſſe inférer que ce ſentiment intérieur ait été transféré d'un ſujet à un autre, en aucun ſens abſurde. D'ailleurs rien n'eſt plus propre à rendre compte de l'oubli total de certaines choſes, & de l'oubli partiel de quelques autres, que de ſuppoſer le ſentiment intérieur inhérent dans une ſubſtance dont les parties ſont dans un flux continuel.

M. Clarke trouve cette réponſe vicieuſe & illuſoire. « Le vice en eſt évident, dit-il, c'eſt » une pétition de principe. Car aſſurer que les » nouvelles particules de matiere qui remplacent » dans un tel ſyſtème celles qui s'écoulent, puiſ- » ſent par des réimpreſſions ou recollections » d'idées, recevoir le ſouvenir ou le ſentiment » intérieur de ce qui a été fait précédemment par » le ſyſtème total, ce n'eſt pas expliquer ni » prouver le point de la queſtion, c'eſt le ſuppoſer » par une hypothèſe impoſſible ».

Il me ſemble d'abord que ce n'étoit pas à moi de prouver mon hypothèſe, au moins ſuivant les règles ordinaires uſitées dans les diſputes de l'eſpèce de celle-ci. Il me ſuffiſoit d'en propoſer une qui fût poſſible, parce que le poſſible ne pouvant être taxé d'abſurdité, toute hypothèſe poſſible réfute ſuffiſamment un argument par lequel on ſe propoſe de démontrer le contraire. Or je crois avoir aſſigné une hypothèſe poſſible dans la réponſe que je viens de mettre ſous les yeux du lecteur. M. Clarke la croit impoſſible. Je laiſſe à tout homme raiſonnable à juger ſi elle eſt poſſible ou impoſſible. Pour ſa réalité, j'en appelle à l'expérience de chacun. Mais ce dont je ſuis ſûr, c'eſt que M. Clarke ayant taxé mon hypothèſe d'impoſſibilité, au lieu de fournir les preuves de cette impoſſibilité prétendue, raiſonne d'après la ſuppoſition de ſa poſſibilité. Ce procédé mérite certainement plus d'être appellé une pétition de principe que le mien, puiſque je n'étois pas obligé de prouver, mais ſeulement d'aſſigner une hypothèſe. Quant aux raiſonnemens qu'il fait ſur la ſuppoſition de la poſſibilité de mon hypothèſe, comme ils regardent l'identité perſonnelle & la juſtice des récompenſes & des peines futures; je les examinerai dans un autre article.

V. J'avois dit, dans la lettre à M. Dodwel, que quand même l'immatérialité de l'ame prouveroit ſon immortalité ou ſon indiviſibilité naturelle, il ne s'enſuivroit pourtant pas que l'ame conſidérée comme principe penſant, fût naturellement immortelle; qu'à moins de prouver que la ſubſtance immatérielle, actuellement penſante, doit toujours penſer ou percevoir, l'argument de M. Clarke ne concluoit rien en faveur d'un état futur de peines & de récompenſes, & qu'ainſi la religion ne pouvoit en tirer aucun avantage par rapport à ſes grandes vues, ſavoir de porter les hommes au ſervice de Dieu & à la pratique de la vertu par la certitude d'une vie à venir.

Que répond M. Clarke? « Que ſon argument » eſt d'une grande utilité, ſi le ſentiment qu'il » combat eſt deſtructif de toute religion ».

Je ſuppoſe que le ſentiment qu'il combat eſt deſtructif de toute religion. Je ne vois pas qu'on en puiſſe inférer que la preuve de l'immatérialité de l'ame ſoit une preuve d'un état futur de peines & de récompenſes. Si la certitude d'un état futur de peines & de récompenſes n'eſt pas une conſéquence de l'immatérialité de l'ame, j'ai eu raiſon de dire que ſon argument n'a point l'effet qu'il s'en promettoit, & qu'il n'eſt pas d'un plus grand avantage à la religion pour établir le dogme d'une vie future, que toute autre opinion directement contraire à ce dogme. Car tout argument qui ne prouve point ce qu'il devoit prouver ſuivant l'intention de celui qui l'emploie, eſt auſſi inutile à cet égard que toute autre propoſition, fût-elle de la dernière abſurdité. Concluons que, quand même M. Clarke feroit voir que mon ſentiment eſt deſtructif de toute religion, cela ne ſuffiroit pas pour prouver l'utilité de ſa prétendue démonſtration de l'immatérialité de l'ame: & que ſes déclamations ſur cet objet ne toucheroient pas davantage le véritable point de la queſtion que les vains efforts qu'il a faits pour montrer que la rondeur eſt compoſée de rondeurs, ou que la penſée n'eſt pas un mode du mouvement. Mais je n'ai garde de convenir que mon ſentiment ſur la nature de l'ame ſoit deſtructif de toute religion, & les raisons de M. Clarke ne sont guère propres à m'en convaincre.

1°. « Si l'esprit humain, dit M. Clarke, n'est qu'un systême de matière, & que la pensée ne soit qu'un mode du mouvement de ce systême, comme chaque détermination du mouvement dépend nécessairement de l'impulsion qui la cause, la pensée seroit une opération nécessaire dans l'homme, & entièrement dépendante des causes extérieures. Il n'y auroit donc en nous ni liberté, ni libre arbitre, ni détermination spontanée. Il ne faut pas un long raisonnement pour faire sentir si des montres & des pendules peuvent être des agens moraux & religieux ».

Je réponds en premier lieu que je n'ai point affirmé que la pensée fût un mode ou une espèce de mouvement dans un systême de matière. Ainsi la conséquence que l'on tire de cette assertion ne me regarde point, & fût-elle aussi juste & aussi concluante qu'on le prétend, elle ne prouveroit pas encore que mon sentiment fut destructif de toute religion.

En second lieu, quand j'aurois avancé que l'esprit humain n'est qu'un systême de matière, & la pensée une espèce de mouvement dans ce systême, que par conséquent il n'y a dans nous ni liberté, ni libre arbitre, ni détermination propre, pas plus que dans des montres & des pendules; comment s'ensuit-il que mon sentiment soit destructif de toute religion?

Des montres, dit-on, sont des êtres nécessairement déterminés dans leurs opérations, & conséquemment incapables de religion. Je pourrois dire, avec autant de raison, qu'une substance immatérielle étant aussi réellement étendue qu'une montre, elle est également incapable de religion. Qu'est-ce qui fait de l'homme un être religieux? C'est son entendement. Et qu'est-ce qui empêche une montre d'être un agent religieux? C'est qu'elle n'a point d'entendement. L'un & l'autre sont des agens nécessairement déterminés dans leurs actions, l'homme par l'apparence du bien & du mal, la montre par le ressort qui la fait aller. Comment cette ressemblance empêcheroit-elle l'homme d'être un agent religieux? Un être intelligent & nécessaire ne peut-il être capable de religion, parce qu'un autre être nécessaire, privé d'intelligence, n'en est pas capable? Quand M. Clarke m'aura prouvé qu'un agent intelligent n'est pas susceptible de religion, s'il est nécessité dans ses actions, je conviendrai avec lui que l'homme n'est pas plus un être religieux qu'une montre. J'irai même plus loin, & je conviendrai qu'il ne peut pas y avoir de religion. Car de toutes les spéculations relatives à l'esprit humain ou à toute autre sorte d'êtres intelligens, je n'en connois point de plus évidente que celle qui réduit l'homme ou quelque intelligence que ce soit à la seule liberté de faire ce qu'il veut, & de ne pas faire ce qui ne lui plaît pas. Si je veux rester dans ma chambre, j'ai la faculté d'y rester, & si j'en veux sortir, je puis en sortir; voilà en quoi consiste toute la liberté humaine. Quelle que soit la détermination de mon esprit, soit pour rester ou pour sortir, je puis toujours faire ce que je veux, à moins que quelque obstacle ne m'empêche de suivre ma volonté. Si, par exemple, la porte de ma chambre est fermée, je ne suis plus libre de sortir ou de rester. J'aurois beau vouloir sortir : je ne le pourrois pas. Si de même on me chassoit par force de ma chambre, je ne serois plus libre au même égard ; en vain je voudrois rester, je serois obligé de céder à la force, & de faire ce que je ne voudrois pas. Toutes les fois donc que je puis suivre les déterminations de ma volonté, je suis libre, c'est-à-dire, rien ne m'empêche de faire ce que je veux, & rien ne me force à faire ce que je ne veux pas. Car lorsque je préfère de sortir à rester, cette préférence de ma volonté me détermine aussi réellement à sortir, si je le puis, que les grilles & les verroux m'empêchent de suivre cette détermination de mon esprit. La seule différence est que dans une de ces circonstances je suis nécessité à faire ce que je veux, & que dans l'autre je fais forcément ce que je ne voudrois pas faire.

Telle est, selon moi, l'idée que l'on doit avoir de la liberté humaine. Si M. Clarke peut établir une autre espèce de liberté qui soit intelligible, d'accord avec elle-même & avec la connoissance que nous avons des actions de notre esprit, & s'il prouve qu'un agent nécessaire dans le sens que je viens d'exposer n'est pas capable de religion, alors il suivra de ses principes que l'homme n'est point un être religieux. Mais il me semble évident que nous ne saurions avoir d'autre idée intelligible & raisonnable de la liberté humaine que celle que j'en donne. C'est la seule qui soit conforme aux opérations des êtres intelligens, & qui soit proprement distinguée de la nécessité. Si M. Clarke attache quelque sens intelligible aux termes de *liberté* & de *détermination propre*, il entend par ces mots *la faculté de vouloir ou de choisir l'un des deux contraires dans les mêmes circonstances*; c'est-à-dire, que, quoique j'aime mieux rester dans ma chambre que de me jetter par la fenêtre, je pouvois, dans les mêmes circonstances où j'ai choisi de rester dans ma chambre, préférer de me jetter par la fenêtre ; ou en d'autres termes, que je pouvois préférer ce que je n'ai pas préféré, quoique les raisons de préférences continuassent à être les mêmes. Je dis, moi, que cette faculté est une contradiction formelle. Lorsque je préfère une chose à une autre, c'est sur des motifs qui me déterminent à cette préférence; & je sens que je ne puis pas m'empêcher de faire le choix que je fais, à moins que je n'aye d'autres motifs qui me déterminent à faire un choix contraire; & en particulier, dans l'exemple allégué, la considération de ce que je dois à Dieu & à ma patrie, l'amour de la vie, &c. sont quelques-uns des motifs qui me déterminent à rester dans ma chambre, plutôt qu'à me jetter par la fenêtre. Dire donc que malgré ces motifs, je pouvois préférer le parti contraire dans les mêmes circonstances, c'est soutenir que je puis préférer ce qui me répugne, & vouloir contre ma volonté. N'est-ce pas-là une contradiction des plus sensibles? Je sais que la doctrine de la nécessité est communément regardée comme impie & irréligieuse : ce qui me surprend d'autant plus que les prédestinateurs sont en si grand nombre dans toutes les sectes chrétiennes, & que la nécessité se trouve expressément établie dans plusieurs professions de foi. Je ne doute pas que parmi les réformés il n'y ait plus de calvinistes que d'arminiens; & si dans l'église romaine les jansénistes ne sont pas aussi nombreux que leurs adversaires, leurs écrits montrent qu'ils sont fort au-dessus d'eux par le mérite & la force d'esprit (1). Si les membres de l'église anglicane penchent vers l'arminianisme, il paroît cependant que les articles de notre croyance approchent davantage du calvinisme, & que surement ils n'ont pas été dressés à dessein de prévenir ou d'en exclure le sens des calvinistes pourroient leur donner. Cela suffit pour faire soupçonner que ceux qui les dressèrent étoient calvinistes dans le cœur, ou du moins qu'ils ne croyoient pas que le calvinisme conduisît à l'irréligion. Je pourrois nommer plusieurs théologiens de notre église qui enseignent expressément la doctrine de la nécessité; & il seroit véritablement étrange qu'il n'y eût pas quelques théologiens qui soutinssent ce qui semble si évidemment être la doctrine réelle de l'église. Je me contenterai de nommer le docteur South qui se connoît aussi bien en orthodoxie qu'il est zélé pour elle. Ceux qui ont lu ses savans ouvrages, savent qu'en penser. Lorsqu'il déclare ingénument ce qu'il regarde comme la doctrine ordinaire de l'église, concernant la trinité, il soumet humblement son opinion au jugement de l'église d'Angleterre (2). Je puis donc réclamer ici son autorité, comme une preuve suffisante qu'un pauvre laïque peut soutenir la nécessité de tous les événemens, aussi innocemment que le fait un aussi savant & aussi respectable ecclésiastique, sans que M. Clarke soit plus fondé à l'accuser d'irréligion pour avoir admis un principe dont on n'a jamais pensé à faire un crime au docteur South.

» La providence, dit ce savant théologien, (3)
» ne fait rien au hasard : c'est une flèche qui vole
» la nuit comme le jour : Dieu est celui qui la
» lance, & Dieu la dirige vers un but, la nuit
» comme le jour. Le cours des événemens n'est
» point dans un état d'incertitude ou d'indiffé-
» rence. On ne peut pas dire d'aucune chose
» qu'elle ne doit pas plus arriver que ne point
» arriver. Tout est réglé d'avance, & tout procède
» d'une loi déterminée par un décret antécédent...
» Les péchés des hommes sont dirigés vers une
» fin ; & le crime atroce par lequel notre sauveur
» fut attaché sur une croix n'étoit point un évé-
» nement laissé à la disposition du hasard & de
» l'incertitude (4). Il est dit dans les actes des
» apôtres, qu'il fut livré entre les mains barbares
» de ses meurtriers par un conseil & une déter-
» mination de Dieu (5). Surement le fils du Très-
» Haut ne pouvoit pas mourir par un accident
» fortuit. Le plus grand événement dans l'ordre
» de la nature & de la grace, ne pouvoit point
» être un effet du hasard.... Ceux qui (6) font
» dépendre les desseins de Dieu & les résolutions
» de son intelligence éternelle, des actions de
» sa créature, qui veulent que Dieu attende ce
» que la créature voudra & fera pour y adapter
» ses décrets & ses desseins, oublient que ce
» grand Etre est la première cause de toutes
» choses, & raisonnent d'une manière aussi peu
» philosophique qu'absurde & peu conforme à
» son essence infinie. Son influence est le pre-
» mier mobile de tout ce qui arrive. Il doit
» être regardé comme le premier agent. Tout
» ce qu'il fait, procède d'une volonté déterminée
» avant l'acte : tout ce qu'il veut, il l'a voulu
» de toute éternité. Il seroit tout-à-fait con-
» traire aux premières notions que nous avons
» de la perfection infinie de la nature divine,
» d'admettre ou de supposer dans Dieu un nouvel
» acte, une nouvelle détermination. Les stoïciens
» admirent une fatalité, & un cours inaltérable
» des choses; mais ils se trompèrent en ce qu'ils
» mirent la nécessité des choses dans les choses
» mêmes, prétendant que Dieu n'y pouvoit rien
» changer : en ce sens ils firent de Dieu un être
» sujet à l'enchaînement fatal des causes; au lieu
» qu'ils auroient dû rapporter la nécessité de tous
» les événemens de ce monde à la libre déter-

---

(1) Arnauld, Pascal, Nicole, &c.

(2) *Voyez* son livre anglois intitulé : *animadversions on D. Sherlock's vindication of the trinity* p. 140.

(3) *Voyez* le 1 vol. des sermons du Dr. South, p. 381.

(4) Ibidem, p. 382.

(5) Actes des apôtres, chapitre II, verset 23.

(6) Sermons du Dr. South, vol. 1, p. 383, 384, 385.

» mination de Dieu qui exécute nécessairement ce qu'il a librement déterminé ».

On ne sauroit établir d'une manière plus expresse la nécessité de tous les événemens de ce monde. Quoique le docteur South distingue le système chrétien du système des stoïciens, ce n'est pourtant que par rapport à la cause de la nécessité. Du reste, une nécessité fondée sur la volonté de Dieu détruit aussi réellement la faculté de la détermination propre, qu'une nécessité qui provient d'un enchaînement fatal de causes.

Supposons pour un moment que la nécessité des actions humaines détruise la religion, en détruisant la détermination propre; je demande à M. Clarke, qui soutient la certitude de tous les événemens, quelle influence la nécessité de nos actions peut avoir sur la détermination propre ou le libre arbitre, que n'ait pas la supposition de la certitude de nos actions (1). Si, avant l'existence d'une action quelconque, il est certain qu'elle existera avec toutes les circonstances, est-il plus en mon pouvoir de me dispenser de cette action ou d'aucune de ses circonstances, que d'une action qui existera nécessairement? A moins donc qu'il ne montre clairement une telle différence entre la certitude & la nécessité de nos actions, que l'une laisse subsister la détermination propre détruite par l'autre; il doit convenir ou que ses propres principes sont destructifs de toute religion, ou que la nécessité des actions humaines n'a rien de contraire à la religion.

D'ailleurs, M. Clarke doit supposer lui-même que Dieu peut n'avoir d'autre liberté que celle de faire ce qu'il veut, lorsqu'il dit d'un ton dogmatique: « que les différentes relations éternelles & nécessaires qui distinguent les choses les unes des autres déterminent toujours & nécessairement la volonté de Dieu; & que Dieu est absolument déterminé à faire ce qui est le meilleur en tout (2) ». Si la volonté de Dieu est toujours nécessairement & absolument déterminée, Dieu n'a point cette liberté de détermination propre dont nous venons de parler, & s'il ne l'a point, peut-il, dans les mêmes circonstances, agir autrement qu'il ne fait? Si encore la volonté de Dieu est toujours nécessairement déterminée, quelle autre espèce de liberté lui reste-t-il, que la faculté de faire ce qu'il veut, & de ne pas faire ce qu'il ne veut pas? La force de la vérité a arraché ces expressions à M. Clarke, & je le prie de vouloir bien

---

(1) Démonstration de l'existence & des attributs de Dieu par le Dr. S. Clarke, tome 1.

(2) Preuves de la religion tant naturelle que révélée.

les accorder, s'il le peut, avec la critique qu'il fait de l'auteur de l'*Essai sur l'usage de la raison dans les propositions dont l'évidence dépend du témoignage humain*, qui soutient la même opinion. Je le prie d'accorder la liberté de détermination propre qu'il attribue à l'homme, avec son principe de la détermination nécessaire de la volonté de Dieu. Car, s'il veut bien réfléchir sérieusement sur cette matière, il trouvera que comme la volonté de Dieu est nécessairement déterminée par ce qu'il y a de meilleur en tout, la volonté humaine est de même nécessairement déterminée par ce qui lui paroît le meilleur; il verra qu'il est impossible de concevoir qu'un agent intelligent soit autrement déterminé, & que ce qui distingue les êtres intelligens, des êtres privés d'intelligence, est la faculté d'être déterminés par l'apparence du bien & du mal, & d'agir conformément à ces déterminations. Qu'est-ce que l'homme peut desirer de plus que d'avoir une volonté, un choix, une préférence, & la liberté de faire ce qu'il veut, ce qu'il choisit, ce qu'il préfère? Desireroit-il de pouvoir choisir & vouloir la peine, vouloir & choisit le plaisir? Ou desireroit-il, lorsqu'il veut & choisit le plaisir, d'être capable d'agir d'une manière contraire à cette volonté & à ce choix? Voudroit-il être une intelligence assez malheureuse pour vouloir le mal en tant que mal, & n'avoir que des actions involontaires en agissant contre sa volonté? C'est pourtant ce qui suit de la détermination propre supposée dans l'homme, & de la liberté prétendue de vouloir contre sa volonté. Graces au ciel! nous sommes dans une meilleure condition: nous sommes environnés d'objets que nous ne pouvons nous empêcher de préférer les uns aux autres, autant qu'ils nous semblent préférables. Et lorsque nous en préférons un, nous ne pouvons nous empêcher d'agir conformément à cette préférence: il n'y a que la force qui puisse nous empêcher de suivre notre volonté; & certainement personne ne desire de se trouver dans le cas d'une telle violence. Il est vrai que notre liberté a des bornes. Si nous voulions aller dans la lune, ou nous élever au-dessus de l'atmosphère, nous n'aurions pas la liberté ou la faculté d'exécuter une telle volonté. Si nous avions la faculté de faire ce que nous voulons dans tous les cas possibles, nous serions tout-puissans.

2°. La seconde raison qui prouve, suivant M. Clarke, que mon sentiment est incompatible avec la religion, c'est que, s'il étoit vrai, « le dogme de la résurrection seroit inconcevable & incroyable, & il n'y auroit point de justice dans la distribution des peines & des récompenses futures ».

Tout ce qu'on dit pour rendre ces conséquences légitimes, est fondé sur la question de l'identité personnelle. Il est donc à propos d'exposer brièvement & clairement mon opinion sur ce point, je considérerai ensuite ses difficultés.

Premièrement, une substance particulière est, selon moi, la même qu'elle étoit auparavant lorsqu'elle répond parfaitement à l'idée que j'en avois alors & que je supposois lui être conforme comme à son original. Par exemple, l'identité d'une substance matérielle, en différens tems, consiste en ce qu'elle soit exactement composée des mêmes parties numériques, sans qu'elle en ait de nouvelles, & sans qu'il lui en manque aucune de celles qu'elle avoit d'abord.

En second lieu, un mode particulier, tel qu'un mode du mouvement, n'étant pas capable d'une continuité d'existence, comme l'être & la substance, mais périssant à chaque instant, ne peut pas avoir une identité semblable à celle de la substance, une identité qui consiste dans le même mode numérique de mouvement en différens tems. Un mode n'est point le même en des tems différens : il n'est numériquement le même que dans le moment qu'il existe. De même un mode particulier de la pensée est incapable d'une continuité d'existence. Son identité consiste donc uniquement à être l'acte numérique qu'il est en effet.

Troisièmement, l'identité d'un chêne, d'un animal, d'un homme, consiste dans une continuité d'existence sous une organisation déterminée de parties. Un chêne dont l'ombre couvre plusieurs toises de terrein, est réputé le même qu'il étoit il y a cent ans lorsqu'il avoit à peine quelques pieds de hauteur, parce qu'il continue d'exister ou de végéter sous une certaine organisation de parties, propre des végétaux ; & de même un animal, un homme, est appellé le même homme ou le même animal à vingt ans, qu'il étoit à quatre, parce qu'il continue à vivre sous la forme & l'organisation animale ou humaine, quand même la vie végétale, animale & humaine se trouveroit unie dans le chêne, dans l'animal & dans l'homme, à différentes parties de matière en différens tems.

Quatrièmement, outre ces trois espèces d'identité, il y en a une quatrième fort différente de celles-là, & qu'on appelle quelquefois identité personnelle. Pour comprendre en quoi consiste l'identité personnelle, ce qui constitue le *moi*, examinons quelles sont les idées auxquelles on a coutume d'appliquer le *moi*, ou la personnalité. Si quelqu'un m'accuse d'avoir commis cette nuit un meurtre dont je ne me sens pas coupable, je nie que j'aye fait cette action, & je ne saurois me l'attribuer, parce que je n'ai pas le sentiment intérieur de l'avoir faite. Supposons pourtant que dans le tems d'une courte frénésie j'aye tué un homme, & que revenu à moi au bout de quelques heures, je n'aye aucun souvenir, aucun sentiment intérieur d'avoir commis ce crime, je ne puis pas plus m'attribuer cette action, à *moi*, que je ne le pourrois si elle avoit été faite par un autre. L'homme frénétique & l'homme jouissant de sa raison, sont deux personnes aussi distinctes l'une de l'autre que deux autres hommes, & doivent être considérés comme tels dans les tribunaux de justice, lorsqu'il est prouvé que le sentiment intérieur manque : il seroit aussi injuste de punir l'homme sage des crimes commis par l'homme frénétique, que de punir un homme quelconque des fautes d'un autre homme, quoique l'homme sage & l'homme frénétique soient pourtant le même homme dans deux états différens, ou sous deux personnes différentes.

Enfin si j'avois l'imagination assez frappée pour être persuadé d'avoir commis un meurtre que je n'ai pourtant pas commis, ensorte que je ne pourrois distinguer en moi cette action des autres que j'ai réellement faites, je ne pourrois pas plus m'empêcher de m'attribuer ce crime, que toute autre action dont j'aie le sentiment intérieur. Il paroit donc évident que l'identité personnelle consiste uniquement dans le sentiment intérieur, puisque je ne puis me distinguer des autres, & m'attribuer certaines actions passées, qu'autant que mon sentiment intérieur s'étend sur ces actions. Pour avoir une idée encore plus claire de l'identité personnelle, on n'a qu'à considérer que notre chair, tandis qu'elle est unie par la vie à la pensée ou au sentiment intérieur qui fait le *moi*, est une partie de nous-mêmes ; mais que quand elle en est séparée elle cesse d'être une partie de nous-mêmes ; & qu'alors la nouvelle chair qui la remplace, unie au même sentiment intérieur, devient aussi réellement partie de nous-mêmes que l'autre l'étoit auparavant.

La question entre M. Clarke & moi, est de savoir si la supposition que l'identité personnelle consiste dans le sentiment intérieur, & que le sentiment intérieur est un mode d'un système de matière qui s'écoule sans cesse, si, dis-je, cette supposition rend le dogme de la résurrection inconcevable & incroyable, & la distribution des peines & des récompenses de l'autre vie, tout-à-fait injuste.

« Si la pensée, dit M. Clarke, n'est réellement
» qu'un mode qui résidant dans un système de
» matière lâche & dans un flux continuel, doit
» se dissiper continuellement, & périr enfin à la
» dissolution du système corporel, alors la réhabilitation de la faculté de penser dans le même
» corps au moment de la résurrection, ne sera
» pas un rétablissement réel de la même personne
» individuelle, mais la création d'une nouvelle
» personne, comme l'union d'une nouvelle faculté
» de

» de penser à un nouveau corps seroit la création
» d'un nouvel homme ».

On se trompe. Si l'identité personnelle consiste dans le sentiment intérieur, & si le sentiment intérieur réside dans un système de matière lâche & dans un flux continuel, le sentiment intérieur ne peut pas plus périr à la dissolution du corps qu'il ne périt lorsque nous cessons pour un moment de penser, ou d'avoir ce sentiment intérieur présent à l'entendement. Je suppose que m'étant endormi je sois mis en pièces pendant mon sommeil, & qu'au matin toutes les parties de moi-même étant remises dans leur premier état je me réveille comme si j'avois profondément dormi toute la nuit. Je ne doute pas que je n'eusse alors tout le souvenir ou le sentiment intérieur que j'aurois, si j'avois persévéré dans mon état ordinaire. Cette supposition est l'image de la résurrection. Le sentiment intérieur n'est pas plus créé de nouveau dans un cas que dans l'autre. Il n'y a qu'une suspension de l'acte de la pensée. Ainsi la réhabilitation de la faculté de penser dans le même corps, ou, si vous voulez, dans un autre corps, à la résurrection avec le souvenir ou le sentiment intérieur des actions de la vie, sera un rétablissement de la même personne, & non la création d'une nouvelle personne; au lieu que l'union de la faculté de penser à un nouveau corps seroit la création d'un nouvel homme. La raison est que l'identité de l'homme consistant dans la continuité de la vie sous une certaine organisation des parties, il y a un nouvel homme de créé, lorsque la vie commence; mais comme l'identité personnelle consiste seulement dans le sentiment intérieur ou le souvenir des actions passées, le rétablissement de ce sentiment intérieur rend à l'homme son identité personnelle dans l'autre monde comme dans celui-ci après une nuit de sommeil, ou un plus long tems. Ce souvenir ou ce sentiment intérieur assure l'homme ressuscité qu'il n'est point une nouvelle personne: car une nouvelle personne n'auroit que des idées neuves, & non point de souvenir ni de sentiment intérieur d'actions passées.

Il paroît que M. Clarke n'a pas la même notion que moi de l'identité personnelle. Il entend par la même personne individuelle, le même être numérique avec le même sentiment intérieur numérique persévérant en différens tems: c'est ce qu'on lit expressément en plusieurs endroits de sa troisième défense, & sur-tout vers la fin. En ce cas je conviens avec lui qu'à la résurrection il n'y aura point un rétablissement de l'individualité personnelle. Je me crois même en état de démontrer qu'une telle espèce de rétablissement de la personnalité est absolument impossible. Et voici comment je le démontre.

1°. L'être entant qu'être n'est capable ni de récompense ni de châtiment.

Philosophie anc. & mod., Tome I.

2°. L'être n'est capable de récompense & de châtiment que comme être pensant ou doué du sentiment intérieur.

3°. Le sentiment intérieur résulte d'un certain nombre d'actes particuliers de la faculté de penser, qui, soit qu'ils résident dans une substance indivisible ou dans un système de matière fluide, ne peuvent avoir chacun qu'une existence, & ne sauroient exister en différens tems comme les substances, mais périssent au moment qu'ils commencent.

4°. Puisqu'il est impossible que ces actes individuels numériques de la faculté de penser existent de nouveau lorsqu'ils sont passés, le même être numérique revêtu des mêmes pensées ou du même sentiment intérieur ne peut pas exister en deux tems différens, & conséquemment ne peut pas être puni ou récompensé pour une action qu'il a faite.

5°. Si donc l'identité personnelle consiste dans le même être numérique doué du même sentiment intérieur numérique, il ne peut pas y avoir de résurrection de la même personne; ou même une personne quelconque ne peut pas être la même en deux tems différens.

Ainsi ma notion de l'identité personnelle est si éloignée de détruire le dogme de la résurrection, ou de le rendre impossible & incroyable, qu'il ne sauroit au contraire y avoir de rétablissement réel de la même personne que dans mes principes, savoir, en supposant que l'identité personnelle consiste dans le sentiment intérieur ou le souvenir, & que le sentiment intérieur ou le souvenir n'est autre chose que la représentation intellectuelle présente d'une action passée. Car dans cette supposition l'être pensant peut avoir à la résurrection un souvenir ou un sentiment particulier de ses actions passées, comme après une nuit de sommeil; au lieu que si le même sentiment intérieur numérique individuel, qui a existé dans ce monde, doit exister de nouveau à la résurrection, comme M. Clarke le prétend, cette espèce de résurrection renferme une condition absolument contradictoire.

Je ne vois qu'une seule objection contre ma notion de l'identité personnelle qui mérite une réponse. « Les parties de matière qui pendant le
» cours de vingt ou trente années ont composé
» successivement la substance de mon corps, peu-
» vent suffire à composer vingt corps comme le
» mien; si donc, répond M. Clarke, la réunion
» d'un sentiment intérieur semblable à celui que
» je trouve maintenant en moi, ajouté à un de
» ces corps au tems de la résurrection en doit
» faire une même personne individuelle avec
» moi; la réunion d'un pareil sentiment intérieur
» à vingt corps différens, en fera non pas seule-

Ppppp

» ment vingt personnes semblables à moi ; mais
» vingt autres moi-même, vingt personnes dont
» chacune sera la même personne individuelle
» que moi, & la même personne individuelle
» que chacune des autres : ce qui est la plus grande
» absurdité qu'il puisse y avoir au monde... C'est
» faire une seule & même personne individuelle
» de vingt personnes différentes & distinctes entre
» elles ».

Je commence par demander comment ces vingt êtres pensans connoissent qu'ils sont la même personne ou vingt personnes différentes. Ont-ils un autre moyen de le savoir que le sentiment intérieur ? Je demande encore si chacun d'eux doit inévitablement se croire la même personne que M. Clarke. Si chacun de ces vingt êtres pensans ne peut s'empêcher de se croire la même personne que M. Clarke, il est sûr que dans ce cas l'identité personnelle ne regarde que la représentation actuelle de ses actions passées, ou le sentiment intérieur qui les rappelle, sans aucun égard à l'identité ou au changement de substance. Je conviens donc que, dans la supposition que fait M. Clarke, ces vingt corps ressuscités ayant tous le sentiment intérieur, ou le souvenir des actions passées de M. Clarke, qu'ils se représenteroient comme leurs propres actions, feroient chacun la même personne que M. Clarke, parce que l'identité de personne, n'est selon moi, que le souvenir ou la représentation présente d'une action passée que l'on s'attribue. Ainsi qu'au lieu de vingt, M. Clarke suppose mille ou dix mille corps différens, & qu'il leur donne à tous le souvenir ou le sentiment intérieur de ses propres actions, & que chacun se les attribue, chacun ayant ce sentiment intérieur qui seul constitue l'identité personnelle, sera réellement la même personne que M. Clarke. Ces vingt ou dix mille corps distincts ne nuiront pas plus à l'identité personnelle, que les parties distinctes qui composent un seul corps. Quelque grand que soit le volume de matière qui m'est approprié, il ne constitue point différentes personnes : il ne fait que constituer le *moi* par l'intérêt que je prends à ses parties distinctes, & quoique j'éprouve des sensations différentes dans chaque partie selon qu'elle est diversement affectée. Si M. Clarke refuse de m'en croire sur ma parole, je lui allèguerai l'autorité du philosophe qu'il m'a proposé lui-même comme digne de ma soumission, & j'espère à mon tour qu'il voudra bien la reconnoître, moins pourtant parce que c'est l'autorité de Locke, que parce que Locke parle le langage de la vérité.

« On doit reconnoître, dit Locke, que si la
» même conscience peut être transportée d'une
» substance pensante à une autre substance pen-
» sante (*comme il montre qu'elle peut l'être en un*
» *certain sens*) il se pourra faire que deux subs-
» tances pensantes ne constituent qu'une seule
» personne. Car l'identité personnelle est con-
» servée, dès-là que la même conscience ou le
» même sentiment intérieur se trouve dans la
» même substance ou dans différentes substan-
» ces (1) ».

C'est un article de la foi chrétienne que les corps ressusciteront avec les mêmes parties numériques qui sont dans le tombeau, & l'on ne peut douter que ce miracle ne soit possible à la toute-puissance de Dieu, s'il a déclaré que telle étoit sa volonté. Ces mêmes parties qui sont dans le tombeau, rétablies dans un même corps, feront donc la même personne, & par ce rétablissement au tems de la résurrection l'identité personnelle sera conservée comme elle l'est après une nuit de sommeil. Si Dieu donnoit vingt sentimens intérieurs, ou vingt représentations actuelles des mêmes péchés à autant d'êtres distincts, & qu'il les punît en conséquence ; le péché seroit puni vingt fois autant qu'il le mérite, ce qui est contraire à la justice divine. Mais comme Dieu ne veut pas punir le péché plus qu'il ne mérite, il n'est pas à croire qu'il y ait à la résurrection deux êtres pensans qui aient le sentiment intérieur des mêmes actions numériques, & qui se les attribuent.

En supposant que chacun des vingt êtres distincts de l'hypothèse de M. Clarke, est une seule & même personne avec lui, & de plus qu'ils ne peuvent pas être considérés comme des personnes distinctes l'une de l'autre (quoique pourtant ils le puissent comme je l'ai fait voir) ; il me semble encore que ce n'est pas-là une si grande absurdité, une absurdité égale à celle de la transsubstantiation & que M. Clarke ne doit pas la regarder comme telle, mais plutôt comme une difficulté insoluble, surtout s'il veut bien réfléchir qu'un autre article de la foi chrétienne nous oblige à croire que deux personnes complettes, considérées distinctement, savoir la seconde personne de la trinité & une personne humaine, ne constituent par l'union hypostatique, qu'une seule personne.

Mais dans le système de M. Clarke, outre l'absurdité qu'il y a à faire du même sentiment intérieur individuel numérique une condition necessaire pour constituer l'identité personnelle, je crois en appercevoir une autre qui est de vouloir que l'identité de substance soit encore nécessaire pour constituer le même *soi* ou l'identité de personne. Car, dans ce cas, comment rendre raison de la résurrection ? Je suppose qu'un homme croie & vive en bon chrétien pendant quarante ans, qu'à cet

---

(1) Essai concernant l'entendement humain, liv. 2. chap. 17 §. 13.

âge, il lui arrive quelque accident, qui dérangeant tout le fyftême organique du cerveau, faffe perdre à la fubftance immatérielle & individuelle numérique, toutes les idées qu'elle a eues, de forte qu'il ne lui refte plus ni fouvenir ni fentiment intérieur de toutes fes perceptions de quarante années : je fuppofe de plus qu'il commence à avoir de nouvelles idées comme un enfant qui vient de naitre, & que de ce moment jufqu'à la mort il mène une vie débauchée & anti-chrétienne. Dans cette fuppofition, il y a, fuivant mes principes, un même être en différens tems, mais deux perfonnes auffi diftinctes que deux hommes quelconques, comme nous avons vu que le même homme fage dans un tems, & enfuite devenu fou, fait deux perfonnes différentes. Je demande donc à M. Clarke s'il penfe que l'accident furvenu à l'homme de ma dernière hypothèfe, & fon changement de vie en font deux perfonnes diftinctes, ou fi c'eft toujours la même perfonne, malgré cette étrange métamorphofe. S'il dit que ce font deux perfonnes diftinctes, comment fe pourra-t-il faire fuivant fes principes, que l'une foit éternellement récompenfée, & l'autre éternellement punie, fi la même fubftance numérique individuelle eft néceffaire pour conftituer la même perfonne ? S'il répond qu'il n'y a qu'une feule perfonne, je lui demanderai de nouveau fi cet être doit être puni ou récompenfé, & quelle efpèce de fentiment intérieur il aura, lorfqu'il fera récompenfé ou puni. Lorfqu'il voudra bien fe rendre raifon à lui-même de ces queftions, & prendre la peine, avant que d'effayer de les réfoudre, de méditer attentivement le chapitre de *l'identité & de la diverfité* dans l'effai de Locke concernant l'entendement humain, il verra que, quelque notion imaginaire qu'il puiffe fe faire de l'identité perfonnelle, il n'y en a aucune qui ne fe trouve fujette à des contradictions, excepté celle qui fait confifter l'identité perfonnelle dans la confcience ou dans le fentiment intérieur; & qu'en particulier la fuppofition que je viens de faire, détruit abfolument l'idée qu'il a de l'identité perfonnelle qu'il fait confifter dans un même individuel numérique avec la même confcience numérique. En voyant qu'il eft impoffible que la même confcience numérique perfévère plufieurs momens de fuite dans un être fini, & qu'au contraire le fentiment intérieur eft à chaque inftant une nouvelle action, il fentira qu'il eft tout-à-fait inutile de difputer fi le *moi* ou l'identité perfonnelle peut réfider en différens tems dans la même fubftance ou dans les fubftances différentes; parce qu'il eft auffi aifé de concevoir que la même confcience peut exifter dans différentes fubftances en différens tems, que de concevoir qu'elle puiffe réfider dans le même être numérique en différens tems, & l'on peut avoir une idée auffi claire de l'identité perfonnelle confervée malgré le changement de fubftance, que de l'identité d'un animal ou d'un homme qui, confiftant dans la continuité de la vie fous une même organifation de parties, ne peut pas être détruite par l'altération de la fubftance, fi les parties qui fe diffipent font remplacées par d'autres. Et d'ailleurs fi le flux ou la diffipation des particules de la fubftance, étoit abfolument incompatible avec l'identité perfonnelle, Dieu tout-puiffant pourroit auffi aifément empêcher cette diffipation de parties qu'il peut préferver l'être immatériel & inétendu de l'annihilation.

Quant à ce que dit M. Clarke de l'injuftice des châtimens, dans la fuppofition que l'identité perfonnelle confifte dans le fentiment intérieur & que le fentiment intérieur eft une efpèce de mouvement intérieur d'un fyftême de matière, il n'eft pas à propos d'entrer dans l'examen de cette queftion, jufqu'à ce que nous foyons convenus enfemble du but & de la fin qui rendent les châtimens éternels & temporels néceffaires ou utiles. Quand M. Clarke aura affigné le vrai but des châtimens, il fera tems affez de faire voir que mes principes n'y font pas plus contraires qu'aucuns autres principes.

Etant parvenu à la conclufion de la réponfe que j'ai cru devoir faire à la troifième défenfe de M. Clarke, concernant la poffibilité de penfer dans la matière, j'obferverai ici, pour conftater de la manière la plus précife le véritable point de la queftion, que nous n'avons parlé de la matière M. Clarke & moi, que fous la notion la plus fûre que nous en ayons, c'eft-à-dire comme de quelque chofe de folide, de forte que le vrai objet de notre recherche eft de favoir fi la penfée peut être une affection, une qualité de la folidité. Quand même donc il auroit démontré avec la plus grande évidence l'impoffibilité de ce que j'ai avancé, ce qu'il n'a certainement pas fait, il ne pourroit pas encore prouver d'après fes principes qu'il y a différentes efpèces de fubftances dans le monde. Ne fuppofe-t-il pas en effet que « nous ignorons » la fubftance ou l'effence de toutes chofes, qu'il » n'y a point de fubftance dans le monde dont » nous connoiffons quelque chofe de plus qu'un » certain nombre de fes propriétés ou attri- » buts (1) » D'où il fuit qu'il eft dans une impoffibilité abfolue de prouver qu'il y ait deux efpèces de fubftances dans l'univers, parce que n'ayant point d'idée de la fubftance de la matière, ni de la fubftance d'aucun être diftinct de la matière, il lui eft impoffible de favoir fi la fubftance de l'un n'eft pas la fubftance de l'autre, ou s'il exifte quelqu'autre fubftance que celle de la matière.

Il n'y a de vrai pour nous que ce que nous connoiffons intuitivement, ou par la perception de

---

(1) Démonftration de l'exiftence & des attributs de Dieu.

la convenance ou de la disconvenance de deux idées par le moyen d'autres idées intermédiaires.

Or n'ayant d'idées ni de la substance de la matière, ni de la substance de l'esprit, ou d'un être distinct de la matière, il ne peut pas comparer ce dont il n'a point d'idées, ni connoître conséquemment par intuition si la substance de l'une n'est pas la substance de l'autre; ou bien il faudroit qu'il perçût de la différence où il ne peut pas en percevoir.

Il ne peut pas aussi percevoir de différence entre ces deux substances par le moyen d'une idée intermédiaire, parce qu'une idée intermédiaire ne peut faire découvrir la différence ou la convenance de deux autres qu'autant qu'elle est confrontée à deux autres; & dans le cas présent il n'y a point & ne sauroit y avoir de confrontation pareille, puisque les idées auxquelles elle devroit être comparée, nous manquent. Mettez un denier de cuivre dans une boîte, & une bague d'or dans une autre. Comment un homme qui n'auroit d'idée ni du denier, ni de la bague, pourroit-il, au moyen d'une idée intermédiaire, connoître la différence de l'un à l'autre? Supposez encore qu'un homme dise à un autre qui n'auroit point d'idées correspondantes à ces mots *trois angles d'un triangle & deux angles droits*, que les trois angles d'un triangle sont égaux à deux droits; comment cet homme si peu versé dans la géométrie pourra-t-il connoître cette idée intermédiaire, lorsqu'il n'est pas en état de la comparer aux idées des termes de comparaison qui lui manquent? D'autres angles ne pourront jamais lui faire appercevoir la convenance de deux choses dont il n'a pas d'idées, & dont conséquemment il ne peut rien affirmer ni rien nier.

On n'a pas manqué d'objecter à M. Clarke cette démonstration évidente de la fausseté de son sentiment. Voici tout ce qu'il a répondu. Il prétend " que les attributs de Dieu & les propriétés de de la matière que nous connoissons, nous fournissent des raisons convaincantes que leurs essences sont entièrement différentes, quoique nous ne sachions pas distinctement en quoi consistent ces essences. Les attributs de Dieu dont nous avons des preuves démonstratives, sont l'aséité, l'éternité, l'infinité, l'intelligence, la liberté, la sagesse, &c. Les propriétés connues de la matière sont de ne point exister par elle-même, d'être dépendante, finie, divisible, passive, privée d'intelligence, &c. (1) ". Mais pourrois-je demander à M. Clarke, quelle idée intermédiaire démontre que la substance de la matière n'existe point par elle-même, qu'elle est dépendante, finie, passive, divisible, privée d'intelligence, &c.? En supposant que nous n'avons point d'idée de la substance de la matière, ne doit-il pas convenir que nous ignorons si elle existe par elle-même, si elle est dépendante, finie, passive, divisible, privée d'intelligence, ou non? Comment donc M. Clarke peut-il affirmer si dogmatiquement, ce qu'il devroit regarder comme une chose problématique, suivant ses principes? Il n'y a rien dans la matière qui paroisse dépendant, passif, fini & créé, &c. si ce n'est la solidité & les affections ou qualités de la solidité. Quant à la substance dans laquelle réside la solidité, n'en ayant pas d'idée nous ne sommes pas en droit d'affirmer qu'elle est finie, dépendante, divisible, créée, privée d'intelligence, &c. Ainsi ni M. Clarke, ni aucun de ceux qui disent avec lui que nous ne connoissons point les essences des choses, ou que nous n'en avons point d'idée, ne doivent pas entreprendre de prouver qu'il y a différentes substances dans l'univers, sans risquer de se contredire, en supposant qu'ils connoissent & qu'ils ont une idée des substances, & des essences des choses, en même tems qu'ils conviennent qu'ils ne les connoissent pas & qu'ils n'en ont pas d'idée.

Locke, qui parle toujours de la substance, comme de quelque chose d'inconnu, & dont nous n'avons d'autre idée, soit qu'on l'applique à la matière ou aux substances supposées immatérielles, qu'une idée purement relative d'un support ou d'un soutien de certaines qualités, peut bien dire que " n'ayant aucune notion de la substance spirituelle, nous ne sommes pas plus autorisés à conclure la non-existence des esprits, qu'à nier par la même raison l'existence des corps : car il est aussi raisonnable d'assurer qu'il n'y a point de corps, parce que nous n'avons aucune idée de la substance de la matière, que de dire qu'il n'y a point d'esprit parce que nous n'avons aucune idée de la substance d'un esprit (2) ". En effet dans la supposition que nous n'avons point d'idée de la substance, & que pourtant elle est quelque chose de différent de ce que nous appellons ses propriétés, il n'y a ni spinosiste ni matérialiste en état de prouver qu'il n'y ait point d'autre substance dans l'univers que la matière. Mais d'un autre côté il est également impossible de prouver qu'il y ait deux espèces de substances, parce que, comme nous n'avons point d'idée ni de la substance de la matière, ni de celle de l'esprit, nous n'avons aucune raison qui nous convainque que la substance de la matière n'est pas la substance de l'esprit, ou, pour mieux dire, si le sujet de la

---

(1) Preuves de la religion, tant naturelle que révélée, préface.

(2) Essai concernant l'entendement humain; liv. 2, chap. 23, §. 5.

solidité n'est pas celui de la pensée. Tout ceci prouve d'une manière évidente que ni M. Clarke ni ceux qui sont dans les mêmes principes, ne démontreront jamais que la faculté de penser doive avoir pour sujet d'inhérence un être immatériel. Quand ils démontreroient que la pensée ne peut pas résider dans la matière, parce qu'elle est solide & divisible, cela signifieroit seulement que la pensée ne sauroit être une affection de la solidité : car la matière ne nous est connue que comme quelque chose de solide, c'est-à-dire sous la notion de solide ; mais n'ayant point d'idée de la substance de la matière, ils ne sont pas autorisés à dire que la pensée ne peut pas résider dans un sujet dont ils n'ont pas d'idée. Donc, en accordant que la pensée ne peut pas être une affection de la solidité, il ne s'ensuit pas qu'elle ne puisse être inhérente dans une substance dont la solidité est une propriété.

Locke, pour se justifier de considérer, ce qu'il considère toujours, la substance comme quelque chose d'inconnu qui sert de soutien à certains accidens, dit : « Un philosophe qui dit » que la substance, ou ce qui sert de sujet aux » accidens est quelque chose qu'il ne connoit » pas, ou un paysan qui dit que les fondations » de la grande église de Harlem sont soutenues » par quelque chose qu'il ne connoit pas, ou » un enfant, assis dans l'obscurité sur le manchon » de sa mère sans le savoir, qui diroit qu'il est » assis sur quelque chose qu'il ne connoit pas, » parleroient aussi exactement l'un que l'autre (1) ». Il se pourroit néanmoins qu'ils ne parlassent pas tous avec une égale exactitude : car le paysan & l'enfant peuvent avoir une idée abstraite de l'être solide ou de la matière, & imaginer l'un que l'église de Harlem a ses fondations assises sur quelque matière solide, & l'autre qu'il est lui-même sur quelque espèce de corps solide ; au lieu que le philosophe n'a point du tout d'idée. En effet que le philosophe dépouille une portion quelconque de matière de sa solidité, il ne restera plus rien de concevable, rien qui puisse être le sujet d'inhérence de la solidité. L'espace dans lequel la matière existe ne peut pas être la substance où réside la solidité, parce que l'espace est quelque chose de distinct de la substance de la matière, & de purement accidentel à la matière, puisque l'espace est immuablement & constamment dans la même place, si je puis ainsi m'exprimer, quelque espèce de matière qui remplisse cet espace, ou qui en soit ôtée.

Mais, autant que j'en puis juger, il me semble que ce raisonnement sur les essences des choses prétendument inconnues, est une méprise parfaite ; & il est clair, selon moi, que l'essence ou la substance de la matière consiste dans la solidité, & que l'essence ou la substance d'un être immatériel, doit être inétendue, & qu'on peut la définir une inétendue. Rien ne peut exister avec les parties de l'espace, pour ainsi dire, que ce qui est solide : & faire un être immatériel étendu, comme fait M. Clarke, c'est faire un être immatériel matériel : ce qui du reste n'est pas plus étrange que de faire un être étendu indivisible, quoiqu'il n'ait pas d'autre raison que l'étendue de la matière pour la croire divisible.

Ce que dit M. Clarke en réfutation de ma proposition qui attribue la cause de la gravitation à l'impulsion de la matière, est fondé sur ce « qu'un boulet, une plume & une pièce d'or ont » la même pesanteur dans le vuide ». D'où il conclut que l'impulsion de la matière ne peut pas être la cause de la gravitation. Il est bon d'observer avant tout, que l'on entend par *le vuide* le récipient de la machine pneumatique lorsqu'on en a pompé l'air, suivant la définition que Boyle lui-même a donnée du vuide, en pareil cas, entendant par-là non pas un espace sans corps, mais un espace presqu'entièrement vuide d'air (2). Je prends donc le terme de *vuide* dans le même sens : car sans admettre un plein parfait, on peut nier que le vuide soit entièrement dépourvu de matière ; il y a même des expériences qui prouvent qu'il reste toujours quelque matière dans le récipient après qu'on en a pompé l'air, & que cette matière peut être actuellement modifiée par le mouvement des corps qui sont au-dehors du récipient. Ainsi un boulet, une plume & une pièce d'or peuvent descendre avec une égale vitesse dans ce vuide en vertu de l'impulsion des parties de la matière qui les environne, comme la même quantité de plomb sous trois formes différentes monte ou descend suivant la différente pression de l'air ambiant. Quand au mouvement extérieur qui est la cause de l'espèce de mouvement appelé gravitation, je pense que l'expérience de plusieurs fils attachés à la partie intérieure d'un cerceau, tendant vers un centre, sur un globe qui tourne sur son axe au milieu du cerceau, & l'expérience des corps qui ne descendent pas dans le vuide, ainsi que l'appelle M. Clarke, avec une égale vitesse à une plus grande distance, qu'ils font près de la terre, prouvent évidemment que le mouvement de la terre est une cause prochaine de la pesanteur des corps à sa surface, & indiquent la cause de la pesanteur dans tout le système matériel. Quoi qu'il en soit, à moins que M. Clarke ne prouve qu'il y a un vuide réel dans la nature, c'est-à-dire un espace sans corps ; à moins qu'il

---

(1) Letter to the Bp. of W. p. 16.

(2) Nouvelles expériences touchant l'air. in-4°. p. 10, en anglois.

la convenance ou de la difconvenance de deux idées par le moyen d'autres idées intermédiaires.

Or n'ayant d'idées ni de la fubftance de la matière, ni de la fubftance de l'efprit, ou d'un être diftinct de la matière, il ne peut pas comparer ce dont il n'a point d'idées, ni connoître conféquemment par intuition fi la fubftance de l'une n'eft pas la fubftance de l'autre; ou bien il faudroit qu'il perçût de la différence où il ne peut pas en percevoir.

Il ne peut pas auffi percevoir de différence entre ces deux fubftances par le moyen d'une idée intermédiaire, parce qu'une idée intermédiaire ne peut faire découvrir la différence ou la convenance de deux autres qu'autant qu'elle eft confrontée à deux autres ; & dans le cas préfent il n'y a point & ne fauroit y avoir de confrontation pareille, puifque les idées auxquelles elle devroit être comparée, nous manquent. Mettez un denier de cuivre dans une boîte, & une bague d'or dans une autre. Comment un homme qui n'auroit d'idée ni du denier, ni de la bague, pourroit-il, au moyen d'une idée intermédiaire, connoître la différence de l'un à l'autre? Suppofez encore qu'un homme dife à un autre qui n'auroit point d'idées correspondantes à ces mots *trois angles d'un triangle & deux angles droits*, que les trois angles d'un triangle font égaux à deux droits; comment cet homme fi peu verfé dans la géométrie pourra-t-il connoître cette idée intermédiaire, lorfqu'il n'eft pas en état de la comparer aux idées des termes de comparaifon qui lui manquent ? D'autres angles ne pourront jamais lui faire appercevoir la convenance de deux chofes dont il n'a pas d'idées, & dont conféquemment il ne peut rien affirmer ni rien nier.

On n'a pas manqué d'objecter à M. Clarke cette démonftration évidente de la fauffeté de fon fentiment. Voici tout ce qu'il a répondu. Il pretend " que les attributs de Dieu & les propriétés de » de la matière que nous connoiffons, nous four- » niffent des raifons convaincantes que leurs » effences font entièrement différentes, quoique » nous ne fachions pas diftinctement en quoi con- » fiftent ces effences. Les attributs de Dieu dont » nous avons des preuves démonftratives, font » l'aféité, l'éternité, l'infinité, l'intelligence, » la liberté, la fageffe, &c. Les propriétés con- » nues de la matière font de ne point exifter par » elle même, d'être dépendante, finie, divifible, » paffive, privée d'intelligence, &c. (1) ". Mais pourrois-je demander à M. Clarke, quelle idée intermédiaire démontre que la fubftance de la matière n'exifte point par elle-même, qu'elle eft dépendante, finie, paffive, divifible, privée d'intelligence, &c. ? En fuppofant que nous n'avons point d'idée de la fubftance de la matière, ne doit-il pas convenir que nous ignorons fi elle exifte par elle-même, fi elle eft dépendante, finie, paffive, divifible, privée d'intelligence, ou non? Comment donc M. Clarke peut-il affirmer fi dogmatiquement, ce qu'il devroit regarder comme une chofe problématique, fuivant fes principes? Il n'y a rien dans la matière qui paroiffe dépendant, paffif, fini & créé, &c. fi ce n'eft la folidité & les affections ou qualités de la folidité. Quant à la fubftance dans laquelle réfide la folidité, n'en ayant pas d'idée nous ne fommes pas en droit d'affirmer qu'elle eft finie, dépendante, divifible, créée, privée d'intelligence, &c. Ainfi ni M. Clarke, ni aucun de ceux qui difent avec lui que nous ne connoiffons point les effences des chofes, ou que nous n'en avons point d'idée, ne doivent pas entreprendre de prouver qu'il y a différentes fubftances dans l'univers, fans rifquer de fe contredire, en fuppofant qu'ils connoiffent & qu'ils ont une idée des fubftances & des effences des chofes, en même tems qu'ils conviennent qu'ils ne les connoiffent pas & qu'ils n'en ont pas d'idée.

Locke, qui parle toujours de la fubftance, comme de quelque chofe d'inconnu, & dont nous n'avons d'autre idée, foit qu'on l'applique à la matière ou aux fubftances fuppofées immatérielles, qu'une idée purement relative d'un fupport ou d'un foutien de certaines qualités, peut bien dire que " n'ayant aucune notion de la fubftance fpiri- » tuelle, nous ne fommes pas plus autorifés à » conclure la non-exiftence des efprits, qu'à nier » par la même raifon l'exiftence des corps : car il » eft auffi raifonnable d'affurer qu'il n'y a point de » corps, parce que nous n'avons aucune idée de » la fubftance de la matière, que de dire qu'il » n'y a point d'efprit parce que nous n'avons au- » cune idée de la fubftance d'un efprit (2) ". En effet dans la fuppofition que nous n'avons point d'idée de la fubftance, & que pourtant elle eft quelque chofe de différent de ce que nous appellons fes propriétés, il n'y a ni fpinofifte ni matérialifte en état de prouver qu'il n'y ait point d'autre fubftance dans l'univers que la matière. Mais d'un autre côté il eft également impoffible de prouver qu'il y ait deux efpèces de fubftances, parce que, comme nous n'avons point d'idée ni de la fubftance de la matière, ni de celle de l'efprit, nous n'avons aucune raifon qui nous convainque que la fubftance de la matière n'eft pas la fubftance de l'efprit, ou, pour mieux dire, fi le fujet de la

---

(1) Preuves de la religion, tant naturelle que révélée, préface.

(2) Effai concernant l'entendement humain; liv. 2, chap. 23, §. 5.

solidité n'est pas celui de la pensée. Tout ceci prouve d'une manière évidente que ni M. Clarke ni ceux qui sont dans les mêmes principes, ne démontreront jamais que la faculté de penser doive avoir pour sujet d'inhérence un être immatériel. Quand ils démontreroient que la pensée ne peut pas résider dans la matière, parce qu'elle est solide & divisible, cela signifieroit seulement que la pensée ne sauroit être une affection de la solidité : car la matière ne nous est connue que comme quelque chose de solide, c'est-à-dire sous la notion de solide ; mais n'ayant point d'idée de la substance de la matière, ils ne sont pas autorisés à dire que la pensée ne peut pas résider dans un sujet dont ils n'ont pas d'idée. Donc, en accordant que la pensée ne peut pas être une affection de la solidité, il ne s'ensuit pas qu'elle ne puisse être inhérente dans une substance dont la solidité est une propriété.

Locke, pour se justifier de considérer, ce qu'il considère toujours, la substance comme quelque chose d'inconnu qui sert de soutien à certains accidens, dit : « Un philosophe qui dit » que la substance, ou ce qui sert de sujet aux » accidens est quelque chose qu'il ne connoit » pas, ou un paysan qui dit que les fondations » de la grande église de Harlem sont soutenues » par quelque chose qu'il ne connoit pas, ou » un enfant, assis dans l'obscurité sur le manchon » de sa mère sans le savoir, qui diroit qu'il est » assis sur quelque chose qu'il ne connoit pas, » parleroient aussi exactement l'un que l'autre (1) ». Il se pourroit néanmoins qu'ils ne parlassent pas tous avec une égale exactitude : car le paysan & l'enfant peuvent avoir une idée abstraite de l'être solide ou de la matière, & imaginer l'un que l'église de Harlem a ses fondations assises sur quelque matière solide, & l'autre qu'il est lui-même sur quelque espèce de corps solide ; au lieu que le philosophe n'a point du tout d'idée. En effet que le philosophe dépouille une portion quelconque de matière de sa solidité, il ne restera plus rien de concevable, rien qui puisse être le sujet d'inhérence de la solidité. L'espace dans lequel la matière existe ne peut pas être la substance où réside la solidité, parce que l'espace est quelque chose de distinct de la substance de la matière, & de purement accidentel à la matière, puisque l'espace est immuablement & constamment dans la même place, si je puis ainsi m'exprimer, quelque espèce de matière qui remplisse cet espace, ou qui en soit ôtée.

Mais, autant que j'en puis juger, il me semble que ce raisonnement sur les essences des choses prétendûment inconnues, est une méprise parfaite ; & il est clair, selon moi, que l'essence ou la substance de la matière consiste dans la solidité, & que l'essence ou la substance d'un être immatériel, doit être inétendue, & qu'on peut la définir une inétendue. Rien ne peut exister avec les parties de l'espace, pour ainsi dire, que ce qui est solide : & faire un être immatériel étendu, comme fait M. Clarke, c'est faire un être immatériel matériel : ce qui du reste n'est pas plus étrange que de faire un être étendu indivisible, quoiqu'il n'ait pas d'autre raison que l'étendue de la matière pour la croire divisible.

Ce que dit M. Clarke en réfutation de ma proposition qui attribue la cause de la gravitation à l'impulsion de la matière, est fondé sur ce » qu'un boulet, une plume & une pièce d'or ont » la même pesanteur dans le vuide ». D'où il conclut que l'impulsion de la matière ne peut pas être la cause de la gravitation. Il est bon d'observer avant tout, que l'on entend par *le vuide* le récipient de la machine pneumatique lorsqu'on en a pompé l'air, suivant la définition que Boyle lui-même a donnée du vuide, en pareil cas, entendant par-là non pas un espace sans corps, mais un espace presqu'entièrement vuide d'air (2). Je prends donc le terme de *vuide* dans le même sens : car sans admettre un plein parfait, on peut nier que ce vuide soit entièrement dépourvu de matière ; il y a même des expériences qui prouvent qu'il reste toujours quelque matière dans le récipient après qu'on en a pompé l'air, & que cette matière peut être actuellement modifiée par le mouvement des corps qui sont au-dehors du récipient. Ainsi un boulet, une plume & une pièce d'or peuvent descendre avec une égale vitesse dans ce vuide en vertu de l'impulsion des parties de la matière qui les environne, comme la même quantité de plomb sous trois formes différentes monte ou descend suivant la différente pression de l'air ambiant. Quand au mouvement extérieur qui est la cause de l'espèce de mouvement appellé gravitation, je pense que l'expérience de plusieurs fils attachés à la partie intérieure d'un cerceau, tendant vers un centre, sur un globe qui tourne sur son axe au milieu du cerceau, & l'expérience des corps qui ne descendent pas dans le vuide, ainsi que l'appelle M. Clarke, avec une égale vitesse à une plus grande distance, qu'ils sont près de la terre, prouvent évidemment que le mouvement de la terre est une cause prochaine de la pesanteur des corps à sa surface, & indiquent la cause de la pesanteur dans tout le système matériel. Quoi qu'il en soit, à moins que M. Clarke ne prouve qu'il y a un vuide réel dans la nature, c'est-à-dire un espace sans corps ; à moins qu'il

---

(1) Letter to the Bp. of W. p. 16.

(2) Nouvelles expériences touchant l'air, in-4°. p. 10, en anglois.

ne prouve de plus que la portion entière de l'espace contenue dans le récipient dont on a pompé l'air est absolument sans la moindre particule de matière, de sorte qu'on puisse être sûr que les corps y pèsent ou descendent sans être touchés ni poussés par aucune sorte de matière, il ne sera pas autorisé à croire que l'on ait tort de rapporter la cause de la pesanteur à l'impulsion de la matière. Je puis même ajouter qu'il est probable, que, si un corps se trouvoit d'abord dans une telle situation qu'il ne fût environné immédiatement que de l'espace pur & vuide, il n'auroit ni mouvement ni pesanteur. En voilà assez, je pense, pour obvier à tout ce que M. Clarke avance contre cet article. D'ailleurs je laisse tomber les traits qu'il lance contre moi ; je n'en releverai qu'un, parce qu'il attaque un célèbre philosophe. « J'insinue, suivant notre docteur, que » Newton est de mon sentiment sur la présente » question ». Je puis assurer le lecteur que c'est une pure fiction.

VI. « Les grands phénomènes de la nature, » dit M. Clarke, ne peuvent pas procéder d'aucune puissance méchanique de la matière & » du mouvement : ils doivent être produits par » la force & l'action de quelque principe supérieur & élever ainsi, avec une certitude » mathématique, à la considération des êtres » immatériels, & enfin à la contemplation du » créateur de l'univers ».

1°. Le célèbre Robert Boyle a répondu pour moi dans ses *recherches sur la notion que l'on a ordinairement de la nature* (1). « Il paroît assez » évident, dit ce grand physicien, que tout » ce qui se fait dans le monde, hors l'intervention de l'ame raisonnable, dépend des causes » & des agens matériels qui agissent dans un » monde tel que le nôtre, suivant les loix établies » par l'auteur universel des choses dont la con» noissance s'étend à tout. Un ouvrier montre » bien plus de savoir en fabriquant une machine » qui, par le jeu de ses parties quoique destituées » d'intelligence, remplisse la fin pour laquelle » elle a été faite, sans qu'il soit nécessaire qu'il » la retouche & la remonte sans cesse, que s'il » étoit nécessaire, pour la faire aller, d'y em» ployer sans cesse la main du maître, soit pour » faire agir le ressort, régler le mouvement de » telle ou telle partie, soit pour remettre ou » maintenir la machine en ordre lorsqu'elle se » détraque. Dieu montre donc plus de savoir & » de sagesse dans la fabrication de cette vaste ma» chine que nous nommons le monde, si, soutenue par le concours ordinaire & universel » du premier moteur, elle produit tous les phé» nomènes de la nature par les seules loix du » mouvement, que si elle avoit sans cesse besoin » de l'intervention immédiate d'un agent intelligent pour régler le mouvement de ses » parties ». D'où il suit, selon Boyle, que si les grands phénomènes de la nature étoient constamment produits par la force & l'action des êtres immatériels, ils annonceroient moins de savoir & de sagesse dans le suprême auteur du monde que s'ils dépendent uniquement de la seule action des puissances méchaniques de la matière & du mouvement ; & conséquemment que dans le premier cas elles détruisent l'existence d'un être infiniment parfait, en ne lui supposant pas toute la sagesse imaginable.

2°. Quoi qu'il en soit, la preuve de M. Clarke en faveur de l'existence d'un Dieu créateur de toutes choses, me semble aussi obscure & aussi défectueuse que celle que Descartes prétendoit tirer de l'idée de Dieu. Il s'agit de savoir s'il existe de toute éternité un être immatériel, infiniment parfait qui a créé de rien toutes les choses. Comment l'existence d'un tel être peut-elle jamais être prouvée avec quelque certitude par la simple supposition qu'il existe deux êtres de différente espèce ? Il ne s'ensuit point du tout que l'un ait créé l'autre de rien. Il faut donc chercher d'autres raisons qui le prouvent (2)

Inférer de l'existence de deux êtres différens que l'un est le créateur de l'autre, c'est une façon de raisonner qui ne se trouve chez aucun ancien auteur profane. Les anciens n'avoient pas même de termes qui exprimassent la production des choses *ex nihilo*. Les juifs n'en avoient pas non plus, & le terme hébreu que nous rendons par celui de *création*, désigne plutôt toute autre action ou effet ordinaire que la production *ex nihilo*. C'est donc une question purement moderne, ainsi par respect pour l'antiquité profane & sacrée, il ne convient pas à M. Clarke de supposer que la simple existence de deux êtres différens soit suffisante pour démontrer que l'un a créé l'autre de rien.

3°. Puisque à l'occasion de la lecture établie par M. Boyle, on agite souvent la question de l'existence de Dieu, qui sans cela, je crois, deviendroit rarement le sujet d'un discours public ; & puisque les habiles théologiens qui remplissent cette fondation, se proposent de donner des preuves démonstratives de l'existence de Dieu, ainsi que s'exprime M. Clarke, ce qui nous donne droit à nous autres d'exiger d'eux des démonstrations : je vais proposer au lecteur quelques

---

(1) En anglois, p. 66 p 7.

(2) Démonstration de l'existence & des attributs de Dieu.

observations sur les conditions qui me semblent préalablement nécessaires pour parvenir à une preuve démonstrative de l'existence de Dieu, tant par la grande envie que j'ai de voir la religion établie sur des principes démontrés, que pour satisfaire le desir que les athées même doivent avoir, suivant la remarque de M. Clarke, de voir des vérités si utiles aux hommes, mises en évidence : car dit-il (1) « quelque hypothèse qu'ils » admettent, il est sûr que l'homme considéré » comme abandonné à lui-même & sans être » conduit & protégé par un être supérieur, est » dans une condition cent fois moins agréable » que sous le gouvernement, la providence, & » la conduite particulière d'un Dieu bienfaisant ». Voyons donc ce qu'il faut pour démontrer un point dans lequel je penserois que la probabilité seule devroit suffire pour déterminer un homme raisonnable.

Autant que je puis juger des opinions de Straton, de Xénophanes, & de quelques autres anciens athées, par quelques lambeaux de leur philosophie échappés à la fureur du tems qui dévore tout ; autant que je puis juger des sentimens des lettrés de la Chine par les relations que nous en donnent les voyageurs, & sur-tout le P. Gobien, dans son *histoire de l'édit de l'empereur de la Chine en faveur de la religion chrétienne*, il me semble qu'ils conviennent tous avec Spinosa, qu'il n'y a point d'autre substance dans l'univers que la matière à laquelle Spinosa donne le nom de *Dieu*, & Straton celui de *nature*. Ce système est décrit ainsi par le poëte Manilius.

Omnia mortali mutantur lege creatâ.

Nec se cognoscunt terræ vertentibus annis

Exutas. Variant faciem per sæcula gentes.

At manet incolumis mundus, suaque omnia servat,

Quæ nec longa dies auget, minuitque senectus.

Nec motus puncto currit, cursusque fatigat :

Idem semper erit, quoniam semper fuit idem.

Non alium videre patres, aliumve Nepotes

Aspicient. Deus est qui non mutatur in ævum.

Pour répondre à ces athées d'une manière démonstrative & absolument sans réplique, je pense, avec M. Clarke, qu'il faut démontrer la création de la matière *ex nihilo*, c'est-à-dire que la matière n'est point une substance existante par elle-même. Car si l'on convient une fois que la matière existe par elle-même, comme la religion chrétienne nous oblige à croire qu'il n'y a qu'un seul être existant par lui-même & que cet être est Dieu, il faudroit avouer que la matière est Dieu, & qu'elle a toutes les perfections. Car c'est de l'aséité de Dieu que nous inférons toutes les qualités & perfections divines. Si d'un autre côté nous reconnoissions deux êtres existans par eux-mêmes, la matière & l'esprit, rien ne nous empêcheroit d'en admettre une infinité d'autres existans aussi par eux-mêmes ; d'où il résulteroit une pluralité de Dieux aussi incompatible avec l'essence de Dieu comme créateur, qu'avec l'aséité de la matière. Il est donc évident que pour éviter ces deux extrêmes également dangereux de croire ou qu'il n'existe que de la matière dans l'univers, ou qu'il y a deux êtres différens existans par eux-mêmes, nous devons non-seulement savoir qu'il existe deux êtres d'une nature différente (quoique M. Clarke pense que ce seul point suffise) nous devons encore voir dans une idée claire qu'il est possible que la matière n'ait pas toujours existé : car ainsi il s'ensuivra que l'être qui pourra être conçu n'avoir pas toujours existé, ne sera point existant par lui-même, qu'il aura été créé, & conséquemment qu'il y a un être créateur dont il tire son existence.

Comment prouver que la matière n'existe point par elle-même, ou qu'elle a été créée de rien, car c'est la même chose ? Nous n'avons pas d'autre moyen pour cela, que de nous former une idée claire de la création *ex nihilo*, comme nous avons une idée de différentes propriétés de la matière qui commencent à exister en elle. Car tant que nous ne concevons pas clairement que la matière a été créée de rien, nous ne pouvons nous dispenser de la regarder comme un être existant par lui-même : car qu'est-ce qu'un être existant par lui-même, sinon un être que nous ne pouvons pas concevoir non-existant ? Et qu'est ce que l'idée de la création *ex nihilo*, sinon l'idée de la simple possibilité de l'existence d'un être non-existant, ou autrement, une idée par laquelle nous concevons que la matière peut commencer d'exister ? Ainsi notre idée de la création des propriétés de la matière, est une idée qui nous représente aussi distinctement la possibilité qu'il y a que ces propriétés commencent à exister, que l'idée de ses propriétés actuellement existantes nous les représente clairement comme telles. Or pour avoir une idée claire de la création, ou pour concevoir que la matière puisse commencer d'exister, nous devons, suivant le langage de l'incomparable Locke qui s'exprime fort modestement sur cette matière, « nous devons nous éloigner des » idées communes, sortir de la sphère des notions » vulgaires, donner l'essor à notre esprit, & nous » engager dans l'examen le plus profond que nous » pouvons faire de la nature des choses : alors » nous pourrons en venir jusqu'à concevoir, quoi» que d'une manière imparfaite, comment la » matière peut d'abord avoir été produite & avoir » commencé d'exister par le pouvoir de ce premier

(1) Ibidem.

» être éternel (1) ». Mais comme il croyoit que cette discussion l'auroit trop éloigné des idées ordinaires, & des principes philosophiques communément reçus, & que sans doute il n'étoit pas prudent de s'écarter à un certain point des notions vulgaires; les bornes que je me suis prescrites dans cette réponse & M. Clarke, & la multitude des préjugés qu'il faudroit combattre & détruire pour donner une idée de la création *ex nihilo*, me dispensent assez, moi qui suis si inférieur à Locke, d'entrer dans cette importante considération. Je la livre à la sagacité des savans ecclésiastiques payés pour remplir chaque année la fondation de M. Boyle.

Je devrois peut-être avant que de finir, relever quelques termes de mépris dont M. Clarke a jugé à propos d'user envers moi, dans sa troisième défense, croyant sans doute que ses raisons avoient besoin d'un pareil renfort. Mais un pareil langage ne mérite point de réponse. Je suis bien aise de dire à M. Clarke que je pardonne de bon cœur à quiconque me dit des injures, & que je me crois obligé à ce pardon comme chrétien & comme philosophe. D'ailleurs, je suis persuadé que M. Clarke s'est efforcé de mettre de la politesse dans ses paroles, & qu'il a été aussi honnête qu'il pouvoit l'être. Je suppose donc que les lecteurs assez philosophes pour ne point accorder à des termes injurieux une autorité qui n'appartient qu'aux raisons, & pour croire que l'honnête est la première & la meilleure réponse. Cependant nos ecclésiastiques sont si singuliers, qu'un deux a dit & imprimé, il n'y a pas long-tems, que le bon caractère & la bonne humeur rendent les hommes athées & sceptiques (2).

Une chose qui m'a extrêmement surpris dans M. Clarke, & dont je ne le croyois pas capable, c'est d'avoir lu dans sa défense qu'il me soupçonnoit *de croire trop peu*. Chacun peut faire des jugemens de cette espèce, & former des soupçons qui ne font guère honneur à leurs auteurs, & qui sont ordinairement fort mal reçus de tout lecteur judicieux & honnête. Je ne me crois pas obligé de me laver d'un soupçon avancé sans preuves; je n'y répondrai qu'en rendant témoignage à l'orthodoxie de M. Clarke. Je prends donc congé de lui en assurant le public qu'il ne croit ni trop ni trop peu, qu'il est parfaitement & exactement orthodoxe, & qu'il le sera toujours.

Ce qu'on vient de lire suffit pour donner une idée exacte de la philosophie de *Collins*, & de sa manière de raisonner sur les matières purement spéculatives, mais très-dignes d'être méditées avec soin par tous ceux qui savent combien les progrès que l'on fait dans les sciences & dans la vertu dépendent de la manière dont on débute dans la recherche de la vérité, & dans la carrière aussi épineuse de la vie. En effet, les erreurs sont comme les vices, (3) elles ne vont jamais seules: un premier sophisme en entraîne bientôt un second; celui-ci un troisième, & ainsi de suite. Une fois sorti de la bonne route dans ses actions, comme dans ses raisonnemens, on ne peut plus savoir où l'on s'arrêtera. Une fausse vue, un faux principe en morale, en philosophie rationelle conduit nécessairement à une conséquence vicieuse; & le résultat total se trouve faux.

De tous les ouvrages de *Collins*, j'ai choisi ceux qui pensés avec force, avec profondeur, m'ont paru mériter l'attention des lecteurs philosophes. Il en a fait plusieurs autres qui, sans avoir la même importance, puisque la plupart roulent sur des matières théologiques, sont remplis de réflexions très-judicieuses & qui peuvent éclairer peu-à-peu ceux dont la vue foible & encore peu exercée, ne pourroit pas souffrir d'abord une lumière plus vive. Parmi ces derniers ouvrages, on estime particulièrement son essai sur l'usage de la raison dans les propositions dont l'évidence dépend du témoignage humain, & son discours sur les fondemens & les raisons de la religion chrétienne. Le but que je me suis spécialement proposé dans cet article, me dispense de tout détail ultérieur sur ces différens traités. Il suffit d'observer en général que *Collins* n'appercevoit dans l'ancien & le nouveau testament aucun des caractères de divinité que les chrétiens de toutes les sectes s'obtinent à y reconnoître; & que, malgré les efforts réunis de tous les théologiens, ses objections à cet égard attendent encore une bonne solution.

Ceux qui ont lu son *discours sur la liberté de penser*, s'étonneront, peut-être, de ne trouver ici aucune notice de cet ouvrage qui a fait beaucoup de bruit en Angleterre, & qui est même plus connu en France qu'aucun de ceux qui sont sortis de la plume de cet illustre philosophe. Pour expliquer, ou, si l'on veut, pour réparer cette omission préméditée, j'en exposerai ici les motifs. *Collins* publia ce discours en 1713, & la même année, il en parut dans notre langue une traduction. Soit

---

(1) Essai philosophique concernant l'entendement humain, liv. IV, chap. X, § 18.

(2) Edward's preface to the doctrine of Faith, &c. page 19.

(3). La Fontaine dit que *les vices sont frères*:

Dès que l'un de ceux-ci s'empare de nos cœurs,
Tous viennent à la file, il ne s'en manque guères.
J'entends de ceux qui n'étant pas contraires
Peuvent loger sous même toit.

qu'on

qu'on prisât moins alors les qualités du style, aujourd'hui si estimées; soit qu'on pardonnât à la foiblesse de celui du traducteur, en faveur du soin qu'il avoit pris de faire connoître un ouvrage composé dans une langue presque généralement ignorée en France à cette époque; il est certain que cette traduction *du discours sur la liberté de penser* eut un grand succès : mais malgré les éloges que quelques incrédules ont prodigués à cet écrit, sans doute par un effet de cette indulgence irréfléchie qu'on a pour un ouvrage dans lequel on retrouve ses sentimens secrets, je ne dissimulerai pas qu'il me paroît fort au-dessous de sa réputation, & qu'il n'ajoute rien à celle de *Collins*. On n'y remarque point cette logique exacte & sévère, & cet esprit d'analyse & d'observation qui sont les caractères distinctifs de ses *recherches philosophiques sur la liberté des actions humaines* & de son *essai sur la nature & la destination de l'ame*. En général, le plan de ce traité me paroît mal conçu; l'exécution en est foible & manque d'une certaine dignité. *Collins* s'étoit élevé par le travail & la méditation au-dessus des préjugés religieux dont l'empire est si étendu, & l'influence si funeste : il les comptoit même parmi les fléaux les plus destructeurs de l'espèce humaine. Pour tarir cette source de tant de maux, & rendre à la raison trop long-tems enchaînée toute sa force & son énergie, il falloit sapper sans bruit & d'un coup bien assuré les fondemens ruineux de la croyance des chrétiens, rendre les prêtres odieux, mais sur-tout ridicules, car le prêtre dont on se moque est bientôt avili, & cesse alors d'être dangereux. *Collins* à qui l'étude de la théologie considérée dans toutes ses parties, ne paroissoit propre qu'à corrompre, à fausser le jugement de ceux qui s'y livrent, & à leur faire perdre le goût & la trace de la vérité, avoit passé rapidement du mépris de cette science au mépris de ceux qui l'enseignent. Ces opinions dans lesquelles certains lecteurs dédaigneux, verront peut-être que les premiers pas d'une raison un peu cultivée, n'étoient pas alors fort répandues; & s'il ne falloit pas un grand effort de tête pour découvrir des vérités de cet ordre, il y avoit au moins du courage à les rendre publiques, sur-tout à l'époque où notre philosophe écrivoit; car c'est toujours ce qu'il faut considérer dans le jugement qu'on porte d'un ouvrage, (1) & de l'espace qu'un auteur a franchi. D'ailleurs, *Collins* n'avoit pas borné sa carrière philosophique à mépriser secrettement le prêtre, & à regarder du même œil ce recueil indigeste de dogmes absurdes, inintelligibles & contraires aux notions communes, de maximes fausses, incohérentes, exagérées qui forme ce qu'on appelle *la religion*, dans les écoles

de théologie. Il avoit été beaucoup plus loin; & de ces principes si simples, si élémentaires; de cette vue générale portée sur l'esprit du clergé, & sur les crimes de toute espèce dont les opinions religieuses ont couvert la terre, il avoit tiré cette conséquence très-importante & dont l'énoncé ne peut blesser que des têtes étroites : c'est que le pouvoir des prêtres étant fondé par-tout sur la religion qu'ils prêchent par intérêt, par fanatisme ou par conviction, c'est-à-dire, comme dupes ou comme fripons, le moyen le plus sûr d'affoiblir, de détruire même ce pouvoir, souvent si redoutable, étoit d'en renverser toutes les bases, conformément à cet ancien axiome : *sublatâ causâ, tollitur effectus*. L'expérience & l'observation lui avoient sans doute appris que la superstition est une plante parasite & vivace qu'on rencontre par-tout à des profondeurs inégales, & qu'on ne parvient point à détruire, si l'on n'en arrache à-la-fois toutes les racines. (2) C'est à ce résultat, qui certes, n'est pas celui d'un petit esprit, que nous devons les meilleurs ouvrages de *Collins*, & particulièrement ceux qui ont fait le sujet de cet article. Quand on les a lus avec attention; & qu'on en a bien vu la tendance, on ne conçoit pas ce qui a pu le déterminer à publier le *discours sur la liberté de penser*, dans lequel il discute très-gravement plusieurs points de critique & d'érudition dont la solution ne doit point faire partie des recherches d'un philosophe, & sur lesquels ceux qui les croyent fort importans peuvent écrire, de part & d'autre, de gros volumes, sans que le fond du procès en soit mieux éclairci.

En effet, quand il seroit vrai que nous avons aujourd'hui le texte de l'ancien & du nouveau testament dans toute sa pureté originelle & primitive; quand tous les livres compris dans le canon des écritures seroient véritablement des auteurs dont ils portent les noms; quand on pourroit prouver que l'église chrétienne a constamment admis dans ce canon les mêmes ouvrages qu'on y trouve aujourd'hui, & constamment rejetté, comme apocryphes, ceux qui en sont exclus, on ne seroit pas en droit d'en conclure, que ces livres apocalyptiques, remplis d'oracles & de faits miraculeux presque aussi certains que ceux qui sont rapportés dans les actes des saints de Bollandus, ont été divinement inspirés. Il semble, d'ailleurs, qu'après avoir attaqué successivement les principaux dogmes du christianisme, & porté jusqu'à l'évidence la fausseté & le paralogisme des preuves sur lesquelles on établit communément la liberté de l'homme, la spiritualité

---

(1) Voyez à ce sujet les réflexions préliminaires qui servent d'introduction à l'article CONDILLAC (philosophie de).
Philosophie anc. & mod. Tom. I.

(2) Conférez ici ce que j'ai dit dans une *adresse à l'assemblée nationale, sur la liberté des opinions, sur celle de la presse*, &c. imprimée au mois de janvier 1790. Voyez les pages 38, 39 & 48 de cet écrit.

& l'immortalité de l'ame, il étoit assez inutile de faire naître des doutes sur l'authenticité, l'autorité & le sens des écritures. Quelle importance toutes ces questions qui ne devroient s'agiter que dans des écoles de théologie, peuvent-elles avoir pour celui qui n'admet ni la liberté de l'homme, ni la distinction aussi chimérique des deux substances, & qui connoît les dépendances inévitables de ces premiers principes de toute bonne philosophie ? Des livres où l'on parle sérieusement de morts ressuscités, de revenans, de démons chassés du corps des possédés par l'efficace de certains mots, d'un dieu transporté par le diable sur une haute montagne, & où l'on rapporte cent autres contes aussi absurdes, ne sont-ils pas assez solidement réfutés par l'impossibilité pure & simple des faits qu'ils contiennent ?

En se renfermant strictement dans les limites de son sujet, ainsi que l'exigeoient l'ordre & la clarté des idées, Collins auroit écarté toutes ces discussions qui seroient mieux placées dans les prolégomènes d'un commentaire sur la bible, que dans un *Discours sur la liberté de penser*. Il y a d'ailleurs dans cet ouvrage un autre défaut très-sensible, & qui lui ôte sur-tout ce caractère grave & sévère qu'un philosophe, jaloux de mériter le suffrage des lecteurs instruits, doit imprimer à tous ses écrits ; c'est le genre de preuves que *Collins* a cru devoir employer : il avoit procédé jusqu'alors dans la recherche de la vérité par une méthode d'autant meilleure, qu'en éclairant successivement les différentes parties d'un objet, elle le fait voir tout entier & dans tous ses rapports. A peine remarque-t-on dans son *Discours sur la liberté de penser* quelques traces de cette excellente méthode : *il s'y laisse si fort aller sur les bras d'autrui*, pour me servir de l'expression de Montaigne, *qu'il anéantit ses forces*, & n'y montre guères qu'*une suffisance relative & mendiée*. Il semble avoir oublié que c'est également un mauvais moyen d'attaque & de défense que de prouver par des autorités ce qu'on peut établir solidement par une bonne argumentation, sur-tout quand un examen rigoureux de la valeur de ces autorités & de celles qu'on peut leur opposer, n'en a pas précédé & déterminé le choix (1). Horace a dit quelque part :

Nil agit exemplum litem quod lite resolvit.

C'est ce qu'on pourroit inscrire sur tous les livres dont les auteurs se jettent réciproquement à la tête une multitude de passages, & où celui qui en ramasse le plus, croit sa victoire assurée & complette. S'appuyer rarement sur la raison des autres, faire beaucoup d'usage de la sienne, observer souvent, calculer quelquefois, voilà une partie des devoirs du philosophe. Les seules armes dont il lui soit permis de se servir, sont celles de la dialectique. En effet, le raisonnement est un instrument qui s'applique à tout avec succès : c'est lui qu'on peut appeler, par excellence, l'organe universel des sciences & des arts, *generale scientiarum & artium organum*, & sans lequel on ne perfectionne ni les unes ni les autres. Rien n'est plus illusoire que de juger de la bonté d'une cause par le nombre des avocats qui la défendent. Il faut laisser cette fausse mesure de la vérité & de l'évidence à ces *savanteaux* que Montaigne appelle dans son vulgaire périgordin *lettres férits*, & qui doués particulièrement de la mémoire des mots, munis d'une grande lecture, & entourés de leurs recueils, sont à-peu-près sûrs de prouver tout ce qu'ils veulent, en matières de faits anciens, espèce de dépôt, où, comme dans les livres des juifs & des chrétiens, on trouve des autorités pour & contre la plupart des opinions qu'on veut défendre & propager.

(Cet article est de M. NAIGEON).

---

(1) *Voyez* ce que nous avons dit au commencement de cet article, des cas où il est permis d'employer la voie de l'autorité pour confirmer une vérité, ou pour détruire une erreur. On peut consulter aussi sur le même sujet l'article ACADÉMICIENS, *pag.* 35 colon. prem.

Fin du Tome premier.

www.ingramcontent.com/pod-product-compliance
Lightning Source LLC
Chambersburg PA
CBHW070855300426
44113CB00008B/850